Zimmermann, Hottmann, Kiebele, Schaeberle, Völkel
Die Personengesellschaft im Steuerrecht

Die Personengesellschaft im Steuerrecht

Von

Prof. Reimar Zimmermann, Prorektor a. D.,
    Steuerberater u. Rechtsanwalt

Prof. Jürgen Hottmann,

Dipl.-Finanzwirtin (FH) Sabrina Kiebele,
    Regierungsamtfrau

Prof. Jürgen Schaeberle,

Prof. Dieter Völkel

Die Autoren sind bzw. waren Dozenten an der Hochschule für öffentliche Verwaltung und Finanzen Ludwigsburg

10. Auflage
2009

efv ERICH FLEISCHER VERLAG · ACHIM

Zitierweise

Zimmermann u. a., B. Rz. 165
          (Beispiel: Abschnitt B.,
          Randziffer 165)

Bearbeiter

Zimmermann: Abschnitte A., B. 1.1, E., F., N. 1, O. 1, P. 1, Q.,
                      R. 1 und 2

Hottmann: Abschnitte B. 1.2 bis 1.11 und 2, C. 1, D. 1, G. 1,
                      J. 1, K. 1, M. 1, R. 4 bis R. 6.4, R. 7 bis 9

Kiebele: Abschnitte S. und T.

Schaeberle: Abschnitte H. 1 bis 7, L. 1 bis 4, R. 3, 6.5 und 10

Völkel: Abschnitt U. sowie sämtliche Ausführungen zur
                      Umsatzsteuer

Koordination

Zimmermann

Bibliografische Information Der Deutschen Bibliothek

Die Deutsche Bibliothek verzeichnet diese Publikation in der Deutschen Nationalbibliografie; detaillierte bibliografische Daten sind im Internet über http://dnb.ddb.de abrufbar.

ISBN 978-3-8168-4090-9

© 2009 Erich Fleischer Verlag, Achim.

Ohne Genehmigung des Verlages ist es nicht gestattet, das Buch oder Teile daraus nachzudrucken oder auf fotomechanischem Wege zu vervielfältigen, auch nicht für Unterrichtszwecke. Auswertung durch Datenbanken oder ähnliche Einrichtungen nur mit Genehmigung des Verlages.

Gesamtherstellung: Griebsch & Rochol Druck GmbH & Co. KG, Hamm

Vorwort zur 10. Auflage

Die meisten Kommentare, Lehrbücher und Aufsätze zum Thema „Personengesellschaften im Steuerrecht" sind in ihren Ausführungen entweder zu abstrakt oder zu wissenschaftlich. Für Leser, die nicht ständig mit dieser Materie arbeiten, sind diese Abhandlungen häufig nur schwer zu verstehen.

Wir haben in langjähriger praktischer und pädagogischer Tätigkeit erkannt, dass sich steuerliche Probleme viel leichter verständlich machen lassen, wenn im Text einer Abhandlung **Beispiele** im Vordergrund stehen. Diese Erkenntnis haben wir nicht nur in der Ausbildung von Anfängern, sondern auch in Fortbildungslehrgängen, Seminaren und Arbeitsgemeinschaften bei schon lange im Beruf stehenden Beratern und Steuerbeamten gewonnen.

Der vorliegende Band verfolgt daher ein **anderes Konzept:** Im Rahmen einer **systematischen streng gegliederten Darstellung** wird dem Leser der gesamte Problembereich mit mehr als **800 Beispielen** anschaulich nahegebracht. Auf Details haben wir dabei nicht verzichtet. Der Band befindet sich auf aktuellem Rechtsstand Anfang des Jahres 2009. Alle relevanten, bis Februar 2009 ergangenen Gesetzesänderungen, insbesondere das **Unternehmensteuerreformgesetz** 2008 vom 14.08.2007 (BStBl I 2007, 630) und das **Jahressteuergesetz 2009** vom 19.12.2008 (BStBl I 2009, 74) sind eingearbeitet. Besonders sei auch auf die umfangreiche Überarbeitung des Erbschaftsteuerteils hingewiesen, die durch das **Erbschaftsteuerreformgesetz** vom 24.12.2008 (BStBl I 2009, 140) erforderlich wurde. Berücksichtigt sind die maßgebenden BFH-Entscheidungen, die aktuellen EStR mit EStH sowie alle wichtigen BMF-Schreiben.

Das Buch wendet sich als Nachschlagewerk bzw. Handbuch zunächst an die Steuerfachleute im Beratungsbereich und in den Finanzabteilungen der Unternehmen sowie an die Steuerbeamten in der Praxis. Darüber hinaus wird das Buch auch den Studierenden an den Hochschulen und Fachhochschulen für Steuerrecht oder im Bereich der betriebswirtschaftlichen Steuerlehre an den Universitäten sowie den Kandidaten für die Beraterexamina ein zuverlässiger Ratgeber sein.

Ausführlich dargestellt werden wie bisher die unterschiedlichen Steuerarten Einkommen-, Gewerbe- und Umsatzsteuer sowie die Erbschaft-/Schenkungsteuer, die Grunderwerbsteuer und das Verfahrensrecht.

Für Kritik und Anregungen sind wir weiterhin dankbar.

Ludwigsburg, im Februar 2009   Die Verfasser

Inhaltsübersicht

Seite

A. Bürgerlich-rechtliche, handelsrechtliche und steuerrechtliche Grundlagen – Allgemeine Zusammenhänge

1	**Gesellschaftsformen und ihre Abgrenzung**	37
1.1	Gesellschaften – andere Rechtsgebilde	37
1.2	Gesellschaften – Abgrenzung von der Begriffsbestimmung her	39
1.3	Vereinigungen mit und ohne Rechtsfähigkeit	44
1.4	Personengesellschaft – Kapitalgesellschaft	44
1.5	Außen-, Innengesellschaft	45
1.6	Vermögensstruktur	46
2	**Besondere Wesens- und Unterscheidungsmerkmale**	49
2.1	Entstehung – Registereintrag – Form des Gesellschaftsvertrags	49
2.2	Besondere Eignung der Gesellschaftsformen	50
2.3	Kapital – Mindesteinzahlung – Art der Einlage	52
2.4	Gewinn-und-Verlust-Beteiligung, Entnahmerecht	53
2.5	Geschäftsführungs- und Vertretungsbefugnis	55
2.6	Haftung im Außenverhältnis	58
2.7	Eintritt, Austritt, Gesellschafterwechsel	62
2.8	Auflösung der Gesellschaft	64
2.9	Verbundene Unternehmen	65

B. Laufende Besteuerung der Personengesellschaft

1	**Einkommensteuer**		69
1.1	Mitunternehmerschaft		69
	1.1.1	Die steuerliche Bedeutung der Mitunternehmerschaft	69
	1.1.2	Mitunternehmerschaft und Gewerbebetrieb	70
	1.1.3	Gesellschafter und Mitunternehmer	71
	1.1.4	Der Begriff der Mitunternehmerschaft	72
	1.1.4.1	Grundsätze	72
	1.1.4.2	Unternehmerrisiko – Unternehmerinitiative	73
	1.1.4.3	Beteiligung am Vermögen einschließlich der stillen Reserven und dem Geschäftswert	74
	1.1.4.4	Beteiligung am laufenden Gewinn und Verlust	76
	1.1.4.5	Bürgerlich-rechtliche Haftung	76
	1.1.4.6	Am Geschäftserfolg orientiertes Entnahmerecht	77
	1.1.4.7	Mitarbeit	77
	1.1.4.8	Stimmrechte	78
	1.1.5	Beginn und Ende der Mitunternehmerschaft	79
	1.1.6	Die einzelnen Gesellschaftsarten	79
	1.1.6.1	Offene Handelsgesellschaft	79
	1.1.6.2	Kommanditgesellschaft	80
	1.1.6.3	Gesellschaft bürgerlichen Rechts	80
	1.1.6.4	EWIV	81
	1.1.6.5	Stille Gesellschaft – Unterbeteiligung	82
	1.1.7	Treuhand und Mitunternehmerschaft	83
	1.1.7.1	Zivilrecht	83

Inhalt

	1.1.7.2	Mitunternehmerschaft	83
	1.1.8	Freiberufler und Mitunternehmerschaft	86
	1.1.8.1	Die echte Sozietät	86
	1.1.8.2	Praxisgemeinschaft	87
	1.1.8.3	Der echte Zusammenschluss zwischen Freiberuflern und Berufsfremden (§ 15 Abs. 1 Nr. 2 EStG)	89
	1.1.8.4	Der Berufsfremde im Nichtgesellschaftsverhältnis	91
	1.1.9	Ergänzende Beispiele	92
	1.1.10	Verdeckte Mitunternehmerschaft	94
	1.1.10.1	Allgemeines	94
	1.1.10.2	Gesellschaftsverhältnis	98
	1.1.10.3	Mitunternehmerinitiative	98
	1.1.10.4	Mitunternehmerrisiko	100
	1.1.10.5	Zusammenfassung und Ausblick	101
	1.1.10.6	Ergänzende Beispiele	112
1.2		Die einkommensteuerliche Stellung der Personengesellschaft und ihrer Gesellschafter	116
	1.2.1	Die Stellung der Personengesellschaft	116
	1.2.2	Die Stellung der Gesellschafter	117
	1.2.2.1	Vollständige Regelung des § 15 Abs. 1 Satz 1 Nr. 2 Satz 1 EStG	117
	1.2.2.2	Vorgeschichte	118
	1.2.2.3	Sinn und Zweck der gesetzlichen Regelung	119
	1.2.2.4	Annäherung Mitunternehmer an Einzelunternehmer	121
1.3		Betriebsvermögen	122
	1.3.1	Grundsätze	122
	1.3.1.1	Handelsrechtliches Vermögen	122
	1.3.1.2	Steuerliches Vermögen	124
	1.3.2	Gesamthandsvermögen als Betriebsvermögen	125
	1.3.2.1	Ohne bilanzierungsfähiges Gesamthandsvermögen kein Betriebsvermögen	126
	1.3.2.2	Gesamthandsvermögen, jedoch kein Betriebsvermögen	129
	1.3.2.3	Grundstücke und Grundstücksteile, die Wohnzwecken der Gesellschafter dienen	132
	1.3.2.3.1	Unentgeltliche Überlassung	132
	1.3.2.3.2	Entgeltliche Überlassung	135
	1.3.2.3.3	Steuerfreie Entnahme Grund und Boden nach Errichtung Gebäude	138
	1.3.2.4	Betriebsvermögen einer atypischen stillen Gesellschaft	139
	1.3.3	Sonderbetriebsvermögen	139
	1.3.3.1	Begriff	139
	1.3.3.2	Wirtschaftsgüter im Alleineigentum eines Gesellschafters	140
	1.3.3.2.1	Zuführung aus dem Privatvermögen	140
	1.3.3.2.2	Zuführung aus einem Betriebsvermögen	140
	1.3.3.3	Wirtschaftsgüter, die einer Bruchteils- oder Gesamthandsgemeinschaft gehören (Schwester-Personengesellschaft)	142
	1.3.3.3.1	Überlassung durch eine aktiv gewerblich tätige oder gewerblich geprägte Personengesellschaft	143
	1.3.3.3.2	Überlassung im Rahmen einer mitunternehmerischen Betriebsaufspaltung	146
	1.3.3.3.3	Überlassung im Rahmen einer Betriebsverpachtung	149
	1.3.3.3.4	Überlassung durch eine land- und forstwirtschaftlich oder freiberuflich tätige Personengesellschaft	152

	1.3.3.3.5	Überlassung durch eine vermögensverwaltend tätige Personengesellschaft oder Bruchteilsgemeinschaft	152
	1.3.3.4	Einteilung des Sonderbetriebsvermögens	154
	1.3.3.5	Notwendiges Sonderbetriebsvermögen	154
	1.3.3.6	Gewillkürtes Sonderbetriebsvermögen	169
	1.3.3.7	Darlehen des Gesellschafters an die Personengesellschaft	174
	1.3.3.7.1	Abgrenzung	174
	1.3.3.7.2	Eigenkapital	175
	1.3.3.7.3	Sonderbetriebsvermögen	176
	1.3.3.7.4	Weder Eigenkapital noch Sonderbetriebsvermögen	184
	1.3.3.7.5	Bürgschaften	187
	1.3.3.8	Darlehen der Personengesellschaft an ihre Gesellschafter	189
	1.3.3.9	Darlehen zwischen Schwester-Personengesellschaften	194
1.4		Ermittlung des Gesamtgewinns der Mitunternehmerschaft	196
	1.4.1	Allgemeines	196
	1.4.2	Additive Gewinnermittlung mit korrespondierender Bilanzierung	198
1.5		Besonderheiten bei der Buchführung und beim Abschluss	199
	1.5.1	Buchführungspflicht	199
	1.5.2	Bilanzaufstellung	201
	1.5.2.1	Aufstellung der Schlussbilanz	201
	1.5.2.2	Aufstellung der Eröffnungsbilanz	202
	1.5.3	Buchmäßige Besonderheiten in der Bilanz der Personengesellschaft	203
	1.5.3.1	Kapitalkonten	203
	1.5.3.1.1	Handelsrechtliche Bestimmungen	203
	1.5.3.1.2	Steuerrechtliche Bestimmungen	207
	1.5.3.2	Entnahmen und Einlagen	210
	1.5.3.2.1	Bei einer OHG	210
	1.5.3.2.2	Bei einer KG	210
	1.5.3.2.3	Bei einer GbR und einer atypischen stillen Beteiligung	210
	1.5.3.3	Ausweis des Jahresergebnisses	211
	1.5.3.4	Negatives Kapitalkonto	213
	1.5.3.4.1	Beim Kommanditisten	213
	1.5.3.4.2	Bei atypischen stillen Gesellschaftern	219
	1.5.3.4.3	Übrige Gesellschafter	219
	1.5.4	Buchmäßige Behandlung der Ergänzungsbilanz	220
	1.5.5	Buchmäßige Behandlung der Sonderbilanz	222
1.6		Besonderheiten bei der Gewinnermittlung auf der ersten Stufe im Einzelnen	224
	1.6.1	Grundsätze	224
	1.6.2	Sonderfälle bei der Aufstellung der Steuerbilanz	228
	1.6.2.1	Beteiligung der Personengesellschaft an einer Kapitalgesellschaft	228
	1.6.2.1.1	Bilanzierung und Bewertung der Beteiligung	228
	1.6.2.1.2	Buchmäßige Behandlung des Anspruchs auf Dividende bzw. auf Gewinnausschüttung	231
	1.6.2.1.3	Veräußerung von Anteilen an Kapitalgesellschaften durch Personengesellschaften	235
	1.6.2.2	AfA bei Gebäuden	238
	1.6.2.3	Sonderabschreibungen und erhöhte Absetzungen	241
	1.6.2.3.1	Anspruchsberechtigter ist die Personengesellschaft	241
	1.6.2.3.2	Anspruchsberechtigt sind die einzelnen Gesellschafter	242

1.6.2.3.3	Besonderheiten für Personengesellschaften bezüglich Investitionsabzugsbeträgen und Sonderabschreibungen zur Förderung kleiner und mittlerer Betriebe nach § 7 g EStG	242
1.6.2.4	Rücklage gem. § 6 b EStG bei Personengesellschaften	247
1.6.2.4.1	Vorbemerkungen	247
1.6.2.4.2	Gesellschafterbezogene Regelung ab 01.01.2002	247
1.6.2.4.3	Veräußerung von Anteilen an Kapitalgesellschaften	260
1.6.2.5	Entnahmen	265
1.6.2.5.1	Private Kfz-Nutzung	265
1.6.2.5.2	Fahrten zwischen Wohnung und Betriebsstätte	270
1.6.2.6	Schuldzinsenkürzung (§ 4 Abs. 4 a EStG)	271
1.6.2.7	Zinsschranke (§ 4 h EStG)	278
1.6.2.7.1	Grundsätze	278
1.6.2.7.2	Betrieb	279
1.6.7.2.3	Kapitalforderungen/Fremdkapital	279
1.6.7.2.4	Zinsaufwendungen/Zinserträge	280
1.6.2.7.5	Steuerliches EBITDA	281
1.6.2.7.6	Ausnahmen von der Zinsschranke	283
1.6.2.7.7	Nicht konzernangehörige Betriebe	283
1.6.2.7.8	Escape-Klausel	284
1.6.2.7.9	Weitere steuerliche Behandlung des Zinsvortrags	285
1.6.2.7.10	Zusammenfassung	286
1.6.2.8	Rechtsverhältnisse zwischen einer Personengesellschaft und Angehörigen eines Gesellschafters	286
1.6.2.8.1	Arbeitsverhältnisse mit dem Ehegatten eines Gesellschafters	286
1.6.2.8.2	Darlehensverträge	288
1.6.2.9	Personenversicherungen bei der Personengesellschaft	290
1.6.2.9.1	Allgemeine Grundsätze	290
1.6.2.9.2	Private Personenversicherungen	290
1.6.2.9.3	Betriebliche Personenversicherungen	291
1.6.2.10	Vermittlungsprovisionen	292
1.6.2.10.1	Vermittlungsprovisionen bei gewerblich tätigen oder gewerblich geprägten Personengesellschaften	292
1.6.2.10.2	Vermittlungsprovisionen bei Personengesellschaften mit Einkünften aus Vermietung und Verpachtung	293
1.6.2.11	Steuerabzug von Vergütungen für im Inland erbrachte Bauleistungen (§§ 48–48 d EStG)	294
1.7	Die Gewinnermittlung auf der zweiten Stufe im Einzelnen	296
1.7.1	Grundsätze	296
1.7.2	Vergütungen für Arbeitsleistungen	299
1.7.2.1	Allgemeines	299
1.7.2.2	Laufende und einmalige Vergütungen	300
1.7.2.3	Pensionszusagen an einen Gesellschafter	302
1.7.2.4	Pensionszusagen an Hinterbliebene eines früheren Gesellschafters	309
1.7.3	Vergütungen für Dienst- und Werkleistungen sowie Geschäftsbesorgungen	312
1.7.4	Vergütungen für die Hingabe von Darlehen	315
1.7.5	Vergütungen für die Überlassung von Wirtschaftsgütern	316
1.7.6	Zeitliche Erfassung der Vergütungen	318

	1.7.7	Auswirkungen des Eintritts in eine Personengesellschaft auf bereits bestehende Rechtsbeziehungen zwischen Gesellschafter und Personengesellschaft	320
	1.7.8	Sonderbetriebseinnahmen	322
	1.7.9	Sonderbetriebsausgaben	323
	1.7.10	Buchmäßige Behandlung der Sondervergütungen und der Sonderbetriebsausgaben bei der steuerlichen Gewinnermittlung	326
	1.7.10.1	Vergütungen für Arbeitsleistungen	326
	1.7.10.2	Vergütungen für Dienstleistung	332
	1.7.10.3	Vergütungen für die Gewährung von Darlehen	335
	1.7.10.4	Vergütungen für die Überlassung von Wirtschaftsgütern	337
	1.7.10.5	Sonderbetriebseinnahmen im Zusammenhang mit Wirtschaftsgütern des notwendigen Sonderbetriebsvermögens II bzw. gewillkürten Sonderbetriebsvermögens	340
1.8	Gewinnverteilung		342
	1.8.1	Zivilrechtliche Grundlagen	342
	1.8.1.1	Gesetzliche Regelung	342
	1.8.1.2	Vertragliche Regelung	343
	1.8.2	Steuerrechtliche Regelung	344
	1.8.2.1	Grundsatz der Maßgeblichkeit der Handelsbilanz	344
	1.8.2.2	Einschränkungen der Maßgeblichkeit	346
	1.8.2.3	Maßstäbe der Gewinnverteilung	347
	1.8.2.3.1	Grundsätze	347
	1.8.2.3.2	Gewinnverteilung nach Köpfen	347
	1.8.2.3.3	Gewinnverteilung nach Kapitaleinsatz, Arbeitseinsatz und sonstigen Faktoren	348
	1.8.2.4	Beginn der Gewinnverteilung	352
	1.8.2.5	Änderung der Gewinnverteilung	356
	1.8.2.5.1	Änderung für die Zukunft	356
	1.8.2.5.2	Änderung für die Vergangenheit	356
	1.8.2.6	Verteilung steuerlicher Mehrgewinne	358
1.9	Übertragung von Wirtschaftsgütern		365
	1.9.1	Arten der Übertragung	365
	1.9.2	Modalitäten der Übertragung und steuerliche Behandlung im Überblick	366
	1.9.3	Entgeltliche Übertragungen	367
	1.9.3.1	Das Entgelt entspricht dem tatsächlichen Wert	368
	1.9.3.2	Das Entgelt liegt über dem tatsächlichen Wert	371
	1.9.4	Übertragung gegen Gewährung (Minderung) von Gesellschaftsrechten	373
	1.9.4.1	Übertragungen aus dem Privatvermögen ins Gesamthandsvermögen und umgekehrt	375
	1.9.4.2	Aus einem Einzelunternehmen oder aus einem Sonderbetriebsvermögen des Gesellschafters ins Gesamthandsvermögen und umgekehrt	377
	1.9.5	Unentgeltliche Übertragungen	387
	1.9.5.1	Aus dem Gesamthandsvermögen ins Privatvermögen und umgekehrt	387
	1.9.5.2	Aus dem Gesamthandsvermögen in ein Einzelunternehmen des Gesellschafters oder in sein Sonderbetriebsvermögen bei dieser oder einer anderen Personengesellschaft und umgekehrt	390

1.9.5.3	Aus dem Sonderbetriebsvermögen eines Gesellschafters ins Sonderbetriebsvermögen eines anderen Gesellschafters derselben Personengesellschaft	391
1.9.6	Übertragung teilweise entgeltlich, teilweise gegen Gewährung (Minderung) von Gesellschaftsrechten	393
1.9.7	Übertragung teilweise entgeltlich, teilweise unentgeltlich	397
1.9.8	Übertragung auf eine Schwestergesellschaft	401
1.9.9	Überführungen innerhalb des Vermögens des Gesellschafters	403
1.9.10	Übertragungen bei einer atypischen stillen Gesellschaft	405
1.9.10.1	Der Geschäftsherr veräußert ein Wirtschaftsgut an sich selbst	405
1.9.10.2	Der Geschäftsherr veräußert ein Wirtschaftsgut an den stillen Gesellschafter	406
1.9.10.3	Der Geschäftsherr überträgt ein Wirtschaftsgut gegen Minderung von Gesellschaftsrechten oder unentgeltlich an den stillen Gesellschafter	406
1.9.10.4	Der stille Gesellschafter veräußert ein Wirtschaftsgut an den Geschäftsherrn	406
1.9.10.5	Der stille Gesellschafter überträgt ein Wirtschaftsgut gegen Gewährung von Gesellschaftsrechten oder unentgeltlich auf den Geschäftsherrn	406
1.9.10.6	Der stille Gesellschafter überführt ein Wirtschaftsgut aus seinem Einzelunternehmen oder seinem Privatvermögen in sein Sonderbetriebsvermögen bei der stillen Gesellschaft und umgekehrt	407
1.10	Buchmäßige Behandlung von Beteiligungen bei der Einzelfirma	407
1.10.1	Buchmäßige Behandlung in der Handelsbilanz	407
1.10.2	Buchmäßige Behandlung in der Steuerbilanz	410
1.11	Steuerermäßigung bei Einkünften aus Gewerbebetrieb gemäß § 35 EStG	414
1.11.1	Persönlicher Anwendungsbereich	414
1.11.2	Zweck der Vorschrift	414
1.11.3	Regelungszusammenhang	415
1.11.4	Ermittlung der begünstigten gewerblichen Einkünfte	416
1.11.5	Ermittlung des Ermäßigungshöchstbetrags	417
1.11.6	Summen- oder Einzelbetrachtung der gewerblichen Einkünfte	419
1.11.7	Anteiliger Gewerbesteuer-Messbetrag bei Mitunternehmerschaften	421
1.11.8	Ermittlung des Gewerbesteuer-Messbetrags bei unterjähriger Unternehmensübertragung und Gesellschafterwechsel	423
1.11.9	Anrechnungsüberhänge	424
1.11.10	Verfahrensrecht	425
1.12	Begünstigung nicht entnommener Gewinne (§ 34 a EStG)	425
1.12.1	Vorbemerkung	425
1.12.2	Belastungsvergleich	426
1.12.3	Voraussetzungen	427
1.12.4	Gewinnermittlung bei einer Personengesellschaft	427
1.12.5	Begünstigter Gewinn	428
1.12.6	Nicht entnommener Gewinn	429
1.12.7	Besonderheiten bei Personengesellschaften	432
1.12.8	Antrag	434
1.12.9	Nachversteuerungspflichtiger Betrag	435
1.12.10	Begünstigungsbetrag	436
1.12.11	Wahlrecht	437
1.12.12	Nachversteuerungsbetrag	439

Inhalt

	1.12.13	Nachversteuerungsfälle	441
	1.12.14	Ausnahmen von der Nachversteuerung	442
2	**Gewerbesteuer**		**443**
2.1	Begriff des Gewerbebetriebs		443
2.2	Die Personengesellschaft als Gewerbebetrieb		444
	2.2.1	Gewerbliche Tätigkeit als Voraussetzung	444
	2.2.2	Sonderfall Arbeitsgemeinschaften	448
	2.2.3	Sonderfall atypische stille Gesellschaft	448
	2.2.4	Sonderfall Abschreibungsgesellschaften	448
	2.2.5	Umfang der gewerblichen Betätigung	451
	2.2.6	Organschaft	452
2.3	Beginn und Ende der Gewerbesteuerpflicht		453
	2.3.1	Beginn der Steuerpflicht	453
	2.3.2	Ende der Steuerpflicht	454
2.4	Umfang und Besonderheiten beim Gewerbeertrag		456
	2.4.1	Grundsätze	456
	2.4.2	Gewinn aus Gewerbebetrieb	458
	2.4.3	Hinzurechnungen und Kürzungen	463
	2.4.3.1	Hinzurechnungen nach § 8 Nr. 1 GewStG	463
	2.4.3.2	Erträge aus Beteiligungen an Kapitalgesellschaften	467
	2.4.3.2.1	Kürzung gemäß § 9 Nr. 2 a GewStG	467
	2.4.3.2.2	Hinzurechnung nach § 8 Nr. 5 GewStG	471
	2.4.3.3	Gewinnminderung durch Teilwertabschreibung und Veräußerungsverluste	473
	2.4.3.4	Gewinnanteile und Verlustanteile einer Personengesellschaft	474
	2.4.3.5	Kürzungen für Grundbesitz	475
	2.4.4	Familienpersonengesellschaften	477
	2.4.5	Gewerbeverlust gem. § 10 a GewStG	478
	2.4.5.1	Grundsätze	478
	2.4.5.2	Besonderheiten bei Personengesellschaften	481
	2.4.6	Freibetrag gem. § 11 GewStG	490
3	**Umsatzsteuer**		**492**
3.1	Allgemeine Prinzipien zur umsatzsteuerrechtlichen Behandlung der Personengesellschaft		492
	3.1.1	Die Umsatzsteuerrechtsfähigkeit der Personengesellschaft	492
	3.1.2	Die Unternehmereigenschaft der Personengesellschaft	493
	3.1.3	Die Unternehmereigenschaft des Gesellschafters einer Personengesellschaft	495
3.2	Leistungen der Personengesellschaft		500
	3.2.1	Leistungen der Gesellschaft an Gesellschafter oder diesen nahestehende Personen	500
	3.2.1.1	Unentgeltliche Leistungen	501
	3.2.1.2	Verbilligte Leistungen	504
	3.2.2	Leistungen der Gesellschaft an den Geschäftsführer	507
	3.2.3	Leistungen der Gesellschaft an außenstehende Personen	509
	3.2.4	Einzelbeispiele zu Leistungen an außenstehende Personen	510
	3.2.5	Ergänzende Beispiele	512
3.3	Leistungen des Gesellschafters		518
	3.3.1	Leistungen des Gesellschafters an die Gesellschaft ohne Sonderentgelt	519

	3.3.2	Leistungen des Gesellschafters an die Gesellschaft gegen Sonderentgelt	521
	3.3.2.1	Verbilligte Leistungen des Gesellschafters an die Gesellschaft	522
	3.3.2.2	Leistungen an Arbeitsgemeinschaften	523

C. Gründung der Personengesellschaft

1	**Einkommensteuer**		525
1.1	Allgemeines		525
1.2	Bargründung		525
	1.2.1	Bargründung einer OHG	525
	1.2.2	Bargründung einer KG	527
	1.2.3	Bargründung einer GbR	528
1.3	Sachgründung		528
	1.3.1	Einbringung einzelner Wirtschaftsgüter aus dem Privatvermögen der Gesellschafter	528
	1.3.2	Einbringung einzelner Wirtschaftsgüter aus dem Betriebsvermögen der Gesellschafter	531
1.4	Einbringung eines Betriebs, Teilbetriebs oder Mitunternehmeranteils		536
	1.4.1	Allgemeines	536
	1.4.2	Geltungsbereich	538
	1.4.3	Art und Weise der Einbringung	539
	1.4.4	Zeitpunkt der Einbringung	541
	1.4.5	Wirkung der Rückbeziehung	542
	1.4.6	Grundfälle	543
	1.4.6.1	Wahlrecht	543
	1.4.6.2	Einbringung zum Buchwert	545
	1.4.6.3	Einbringung zum gemeinen Wert	551
	1.4.6.3.1	Grundsätze	551
	1.4.6.3.2	Bilanzberichtigung bei fehlerhaftem Ansatz der gemeinen Werte	555
	1.4.6.4	Einbringung zum Zwischenwert	555
	1.4.6.5	Einbringung in den Fällen des § 24 UmwStG mit Zuzahlung	560
	1.4.6.5.1	Einbringung mit Zuzahlung zu Buchwerten	561
	1.4.6.5.2	Einbringung mit Zuzahlung mit den gemeinen Werten	566
	1.4.6.5.3	Fazit	567
	1.4.6.6	Gründung einer atypischen stillen Gesellschaft	568
	1.4.7	Sonderfälle	571
	1.4.7.1	Einbringung einer 100%igen Beteiligung an einer Kapitalgesellschaft	571
	1.4.7.2	Einbringung von steuerfreien Rücklagen	576
	1.4.7.3	Anwendung des § 6 b EStG auf den Einbringungsgewinn	577
	1.4.7.4	Behandlung einer Pensionsverpflichtung	578
	1.4.7.5	Einbringung der Wirtschaftsgüter eines Betriebs teilweise ins Gesamthandsvermögen und teilweise ins Sonderbetriebsvermögen	579
	1.4.7.6	Zurückbehaltung einzelner Wirtschaftsgüter	582
	1.4.7.7	Zurückbehaltung von steuerfreien Rücklagen	587
	1.4.7.8	Behandlung von Sonderabschreibungen, erhöhten Absetzungen, Investitionsabzugsbeträgen und Investitionszulagen	588
	1.4.7.9	Wahlrecht bei Gewinnermittlung nach § 4 Abs. 3 EStG	589
	1.4.7.10	Unentgeltliche Übertragung	594
	1.4.8	Steuerliche Folgen bei der Personengesellschaft	598

	1.4.8.1	Überblick	598
	1.4.8.2	Weitere Behandlung der AfA	602
	1.4.8.3	Weitere Behandlung von Sonderabschreibungen, erhöhten Absetzungen, Investitionsabzugsbeträgen und Investitionszulagen	608
	1.4.8.4	Wertausgleich für übertragene stille Reserven durch unterschiedliche Gewinnverteilung	611
	1.4.8.5	Behandlung bei abweichendem Wirtschaftsjahr	612
1.5		Zusammenfassendes Beispiel	614
2		**Umsatzsteuer**	**629**
2.1		Ausgangsumsätze der Personengesellschaft bei Gründung	629
2.2		Eingangsumsätze der Personengesellschaft bei Gründung	630
2.3		Ausgangsumsätze des Gesellschafters bei Gründung einer Personengesellschaft	631
	2.3.1	Bargründung	631
	2.3.2	Sachgründung	631
	2.3.3	Typische Einzelbeispiele zur Sacheinlage	634
	2.3.4	Einbringung eines Betriebs, Teilbetriebs oder Mitunternehmeranteils	636
	2.3.4.1	Allgemeines	636
	2.3.4.2	Einbringung eines Betriebs	636
	2.3.4.3	Einbringung eines Teilbetriebs	637
	2.3.4.4	Einbringung eines Mitunternehmeranteils	639
	2.3.4.5	Besonderheiten bei der Einbringung eines Betriebs	639
	2.3.4.5.1	Behandlung von Pensionsverpflichtungen, die von der neu gegründeten Gesellschaft übernommen werden	639
	2.3.4.5.2	Zurückbehaltung einiger Wirtschaftsgüter bei Einbringung eines Betriebs	639

D. Eintritt eines Gesellschafters in eine bestehende Personengesellschaft

1	**Einkommensteuer**	**641**
1.1	Allgemeines	641
1.2	Kapitalerhöhung	653
	1.2.1 Entgeltliche Kapitalerhöhung	653
	1.2.2 Unentgeltliche Kapitalerhöhung	658
1.3	Erweiterung einer Personengesellschaft mit Zuzahlung aus dem Privatvermögen	659
1.4	Besonderheiten	661
2	**Umsatzsteuer**	**661**
2.1	Allgemeines	661
2.2	Besonderheiten	663

E. Verlustabzugsbeschränkungen bei § 15 a und § 15 b EStG

1	**Verluste bei beschränkter Haftung gem. § 15 a EStG**	**665**
1.1	Bedeutung, Zweck und Voraussetzung der Anwendung des § 15 a EStG	665
	1.1.1 Bedeutung und Zweck des § 15 a EStG	665
	1.1.2 Voraussetzung der Anwendung des § 15 a EStG	666
1.2	Grundsätzliche Auswirkungen des § 15 a EStG	667

Inhalt

1.3	Begriffe im Rahmen des § 15 a EStG		670
	1.3.1	Anteil am Verlust	670
	1.3.2	Einlage	671
	1.3.3	Kommanditist	671
	1.3.4	Kapitalkonto	673
1.4	Verlustausgleichsvolumen		675
	1.4.1	Steuerbilanz und Ergänzungsbilanz	675
	1.4.2	Abgrenzung Gesamthandsvermögen – Sonderbetriebsvermögen in der Hauptbilanz	677
	1.4.2.1	Privat-Darlehens- und Verrechnungskonten	677
	1.4.2.2	Nachschusspflicht	680
	1.4.2.3	Eigenkapitalersetzende Gesellschafterdarlehen	681
	1.4.2.4	Finanzplandarlehen – gesplittete Einlagen	681
	1.4.2.5	Bürgschaften	683
	1.4.3	Einlagen	684
	1.4.3.1	Zeitkongruente Einlagen	685
	1.4.3.2	Nachgelagerte Einlagen	685
	1.4.3.3	Vorgezogene Einlagen	685
	1.4.4	Leistung einer Einlage	688
	1.4.4.1	Bar-Einzahlung	688
	1.4.4.2	Sacheinlagen	689
	1.4.4.3	Bloße Einlageverpflichtung	689
	1.4.4.4	Einlage durch Umbuchung auf ein Darlehenskonto	689
	1.4.5	Verlustausgleichsbeschränkung	690
1.5	Erweiterte Haftung und Verlustausgleich		690
	1.5.1	Der Anwendungsbereich des § 15 a Abs. 1 Satz 2 EStG	690
	1.5.2	Voraussetzungen	695
	1.5.3	Andere Haftungstatbestände	697
1.6	Verlustverrechnung mit späteren Gewinnen (§ 15 a Abs. 2 EStG)		698
1.7	Die Gewinnzurechnung gem. § 15 a Abs. 3 EStG		701
	1.7.1	Haftungsminderung	701
	1.7.2	Einlageminderung	703
	1.7.2.1	Wiederaufleben der Haftung	704
	1.7.2.2	Gewinnzuschlag gem. § 15 a Abs. 3 Satz 1 EStG	705
	1.7.3	Begrenzung des Zurechnungsbetrags	709
1.8	Gesonderte Feststellung des verrechenbaren Verlustes gem. § 15 a Abs. 4 EStG		711
1.9	Ausscheiden eines Kommanditisten bei noch nicht verrechnetem Verlust		711
	1.9.1	Übertragung des Kommanditanteils	711
	1.9.2	Liquidation der KG	714
	1.9.3	Unentgeltliche Übertragung des Kommanditanteils	714
	1.9.4	Ein Kommanditist wird unbeschränkt haftender Gesellschafter	714
	1.9.5	Ein Komplementär wird Kommanditist	715
1.10	Die entsprechende Anwendung des § 15 a EStG		715
	1.10.1	Bei vergleichbaren Unternehmensformen	715
	1.10.2	Bei den Einkünften aus Kapitalvermögen und Vermietung und Verpachtung	717
1.11	Gestaltungsmöglichkeiten		718
	1.11.1	Gestaltungen im Bereich der Sondervergütungen	718

Inhalt

	1.11.2	Gestaltungen im Bereich des Sonderbetriebsvermögens	721
	1.11.3	Gestaltungsmöglichkeiten bei drohenden Verlusten	723

2 Verluste im Zusammenhang mit Steuerstundungsmodellen gem. § 15 b EStG . 725
- 2.1 Zweck des § 15 b EStG und Vergleich mit § 2 b EStG. 725
- 2.2 Wirkungsweise des § 15 b EStG . 726
- 2.3 Modellhafte Gestaltung gem. § 15 b Abs. 2 EStG . 727
- 2.4 Verlustquote gem. § 15 b Abs. 3 EStG. 728
- 2.5 Nicht betroffene Steuersparmodelle . 729
- 2.6 Geschlossene Fonds . 731
  - 2.6.1 Arten . 731
  - 2.6.2 Fonds mit mehreren Einkunftsarten . 731
- 2.7 Einzelinvestitionen . 733
  - 2.7.1 Arten . 733
  - 2.7.2 Berechnung des Verlustes . 736
- 2.8 Zeitliche Anwendung des § 15 b EStG . 736

F. Besonderheiten bei Familienpersonengesellschaften

1 Allgemeines . 739
- 1.1 Begriff der Familienpersonengesellschaft. 739
- 1.2 Steuerliche Anerkennung . 739
- 1.3 Motive zur Gründung der Familienpersonengesellschaft. 739
  - 1.3.1 Steuerersparnis . 739
  - 1.3.2 Außersteuerliche Motive . 740
- 1.4 Familienangehörige . 741
  - 1.4.1 Ehegatten . 741
  - 1.4.2 Eltern und Kinder . 742
  - 1.4.3 Großeltern und Enkel . 742
  - 1.4.4 Schwiegereltern und Schwiegerkinder . 742
  - 1.4.5 Onkel/Tante und Neffe/Nichte . 743
  - 1.4.6 Geschwister . 743
  - 1.4.7 Verlobte . 743
  - 1.4.8 Lebensgefährten . 744
  - 1.4.9 Eingetragene Lebenspartnerschaften . 744
  - 1.4.10 Gesellschafterstämme . 744
  - 1.4.11 Beteiligung fremder Dritter . 745
- 1.5 Rechtsformen der Familienpersonengesellschaft . 745
  - 1.5.1 GbR . 745
  - 1.5.2 OHG . 745
  - 1.5.3 KG . 745
  - 1.5.4 Stille Gesellschaft . 745
  - 1.5.5 Unterbeteiligung . 746
- 1.6 Vor- und Nachteile der Familienpersonengesellschaft . 746
- 1.7 Die Voraussetzungen für die steuerliche Anerkennung im Allgemeinen . 746

2 Bürgerlich-rechtlich wirksamer Gesellschaftsvertrag . 747
- 2.1 Abschluss des Gesellschaftsvertrags. 747
- 2.2 Zivilrechtliche Wirksamkeit . 749
  - 2.2.1 Allgemeines. 749
  - 2.2.2 Notarielle Beurkundung des Schenkungsvertrags . 750

Inhalt

	2.2.3	Pflegerbestellung	752
	2.2.4	Genehmigung durch das Vormundschaftsgericht	754
3	**Prüfung der Mitunternehmerschaft**		**756**
3.1	Strenge Voraussetzungen bei Familienpersonengesellschaften		756
3.2	Fremdvergleich		757
	3.2.1	Rücktrittsrechte und Rückfallklauseln	758
	3.2.2	Kündigung zum Buchwert	760
	3.2.3	Kündigungsbeschränkungen	760
	3.2.4	Scheidungsklauseln	761
	3.2.5	Mehrheitsprinzip und Ausschluss des Widerspruchsrechts	761
	3.2.6	Entnahmebeschränkungen	762
	3.2.7	Änderung der Festkapitalkonten	763
	3.2.8	Kontrollrechte bei stiller Gesellschaft und Unterbeteiligung	763
	3.2.9	Nachträgliche Aufhebung oder Nichtanwendung einer kritischen Klausel	764
3.3	Tatsächlicher Vollzug des Vertrags		764
	3.3.1	Leistung der Einlage	765
	3.3.2	Eröffnungsbilanz	765
	3.3.3	Gewinnverwendung	766
	3.3.4	Nichtentnahme von Gewinnanteilen	767
3.4	Zusammenfassung		768
3.5	Folgen der Ablehnung der Mitunternehmerschaft		769
3.6	Umdeuten in ein anderes Rechtsverhältnis		771
4	**Angemessenheit der Gewinnverteilung**		**771**
4.1	Vorbemerkung		771
4.2	Höhe der Gewinnbeteiligung im Einzelnen		772
	4.2.1	Vereinbarungen unter Fremden	772
	4.2.2	Steuerlich angemessene Gewinnverteilung bei Mitunternehmerstellung der Beteiligten	772
	4.2.2.1	Mitarbeit aller Gesellschafter	772
	4.2.2.2	Mitarbeit nicht aller Gesellschafter	773
	4.2.2.3	Durchführung der steuerlichen Gewinnverteilung bei KG	774
	4.2.2.4	Ermittlung des Gewinnprozentsatzes bei einem Kommanditisten	774
	4.2.2.5	Beispiel einer Änderung der steuerlichen Gewinnverteilung	775
	4.2.2.6	Sonderfälle	776
	4.2.2.7	Sonderbetriebsvermögen bei der Gewinnverteilung	777
	4.2.2.8	Änderung von Gewinnverteilungsabreden bei einer bestehenden Familienpersonengesellschaft	778
4.3	Besonderheiten bei stiller Beteiligung und Unterbeteiligung		778
	4.3.1	Atypisch stille Beteiligung und atypische Unterbeteiligung	778
	4.3.2	Typisch stille Beteiligung und typische Unterbeteiligung	778
5	**Einzelfälle**		**782**
5.1	Gründung einer KG mit Kind und Enkel unter Einbeziehung eines Firmenwerts – Schenkung – keine Mitarbeit		782
5.2	Gründung einer KG mit drei Kindern, nur zwei sind volljährig – ein Kind arbeitet mit – Schenkung – kein Abschlusspfleger – Firmenwert – Einschränkung des Kündigungsrechts – negative Ergänzungsbilanz		784
5.3	Gründung einer GmbH & Co. KG mit minderjähriger Tochter – Sonderkündigungsrecht des Vaters und Abfindung mit stillen Reserven, aber ohne Firmenwert – Schenkung		787

5.4	Gründung einer stillen Beteiligung mit minderjähriger Tochter – Schenkung – Tochter ist am Gewinn und Verlust beteiligt	789
5.5	Enkel gewähren einer Familien-KG nach Schenkung der Geldbeträge jeweils ein Darlehen – Sicherung des Darlehens	790
5.6	Gründung einer GmbH & Co. KG – Schenkung – Kinder werden typisch stille Gesellschafter – Schätzung der Gewinnerwartung bei neuem Betrieb	791

G. Beteiligung einer Personen-Gesellschaft an einer anderen (doppel- oder mehrstöckige Personengesellschaft)

1	Einkommensteuer	793
1.1	Einführung	793
1.2	Gesetzliche Regelung	794
1.3	Steuerliche Konsequenzen im Überblick	795
1.4	Voraussetzungen im Einzelnen	797
1.4.1	Obergesellschaft als Mitunternehmer	797
1.4.2	Untergesellschaft	799
1.4.3	Mittelbarer Gesellschafter als Mitunternehmer der Obergesellschaft	799
1.4.4	Ununterbrochene Mitunternehmerkette	800
1.5	Abgrenzung Doppelgesellschaft – Schwesterpersonengesellschaft	801
1.6	Umfang Mitunternehmeranteil	803
1.7	Steuerliche Behandlung der doppel- oder mehrstöckigen Personengesellschaft	804
1.7.1	Beteiligung Obergesellschaft an Untergesellschaft	804
1.7.2	Verhältnis Obergesellschafter – Untergesellschaft	807
1.7.2.1	Arbeits- und Dienstverträge zwischen dem Obergesellschafter und der Untergesellschaft	807
1.7.2.2	Mietverträge zwischen Obergesellschafter und Untergesellschaft	810
1.7.2.3	Darlehensverträge zwischen Obergesellschafter und Untergesellschaft	812
1.7.2.4	Die Untergesellschaft ist eine GmbH & Co. KG	812
1.7.3	Verhältnis Untergesellschafter – Obergesellschaft	816
1.7.4	Übertragung von Wirtschaftsgütern	817
1.7.5	Rücklage gem. § 6 b EStG bei Doppelgesellschaften	819
1.8	Ermittlung des Gesamtgewinns	820
1.8.1	Gesamtgewinn der Untergesellschaft	820
1.8.2	Gesamtgewinn der Obergesellschaft	823
1.9	§ 15 a EStG bei doppelstöckigen bzw. mehrstöckigen Personengesellschaften	827
1.10	Veräußerung der Beteiligung an einer anderen Personengesellschaft	838
1.10.1	Steuerliche Behandlung beim Veräußerer	838
1.10.2	Steuerliche Behandlung beim Erwerber	846
1.11	Beteiligung einer nicht gewerblich tätigen Personengesellschaft an einer gewerblich tätigen Personengesellschaft	849
1.12	Zebragesellschaften	851
2	Umsatzsteuer	858
2.1	Allgemeines	858
2.2	Organschaft bei Beteiligung einer Gesellschaft an einer Kapitalgesellschaft	859

H. Betriebsaufspaltung

1	**Allgemeines**		861
1.1	Die Aufspaltung eines Betriebs		861
1.2	Arten der Betriebsaufspaltung		862
	1.2.1	Echte (eigentliche) Betriebsaufspaltung	862
	1.2.2	Unechte (uneigentliche) Betriebsaufspaltung	863
	1.2.3	Umgekehrte Betriebsaufspaltung	863
	1.2.4	Kapitalistische Betriebsaufspaltung	864
	1.2.5	Mitunternehmerische Betriebsaufspaltung	864
1.3	Mögliche Rechtsformen der Betriebsaufspaltung		864
2	**Beweggründe für die Betriebsaufspaltung**		865
2.1	Haftungsbeschränkung		865
2.2	Betriebsverfassungsrecht		867
2.3	Mitbestimmungsgesetze		867
2.4	Erbrechtliche Gesichtspunkte		868
2.5	Rechnungslegungs- und Publizitätspflicht		868
2.6	Steuerliche Beweggründe		868
	2.6.1	Einkommensteuer	868
	2.6.2	Gewerbesteuer	869
	2.6.3	Sonstige Auswirkungen	870
	2.6.4	Nachteile der Betriebsaufspaltung	870
3	**Zivilrechtliche Entstehungsmöglichkeiten der Betriebsaufspaltung**		871
3.1	Umwandlung		871
3.2	Sachgründung		872
3.3	Bargründung		874
3.4	Zeitpunkt des Abspaltungsvorgangs		876
3.5	Mitunternehmerische Betriebsaufspaltung		876
3.6	Zivilrechtliche Einzelfragen		880
	3.6.1	Behandlung der Arbeitsverhältnisse nach Entstehung einer echten Betriebsaufspaltung	880
	3.6.2	Miet- und Pachtverträge zur Durchführung der Betriebsaufspaltung	881
	3.6.2.1	Inhalt der Pachtverträge	881
	3.6.2.2	Hinweise zur Berechnung der angemessenen Pachtzinsen	882
	3.6.3	Sonstige abzuschließende Verträge zwischen Besitz- und Betriebsgesellschaft	887
	3.6.3.1	Bestehende Mietverträge mit Dritten	887
	3.6.3.2	Versicherungsverträge	887
	3.6.3.3	Übernahme laufender Verträge	887
	3.6.3.4	Firmenfortführung	888
4	**Steuerliche Fragen bei der Entstehung der Betriebsaufspaltung**		888
4.1	Personelle Verflechtung		889
	4.1.1	Beteiligungsidentität	889
	4.1.2	Beherrschungsidentität	889
	4.1.3	Beherrschung durch Familienverband	897
	4.1.4	Beteiligung minderjähriger Kinder	903
	4.1.5	Beherrschung durch mittelbare Mehrheitsbeteiligung	905
	4.1.6	Abweichung der Kapitalbeteiligung von den Stimmrechten	905

4.1.7		Mehrfache Betriebsaufspaltungen	907
4.1.8		Mitunternehmerische Betriebsaufspaltung	907
4.2		Sachliche Verflechtung durch Verpachtung wesentlicher Betriebsgrundlagen	912
5		**Grundsätze der laufenden Besteuerung bei der Betriebsaufspaltung**	**922**
5.1		Bewertung der Wirtschaftsgüter beim Aufspaltungsvorgang	922
5.2		Buchführungspflicht	924
5.3		Laufende Besteuerung bei der Einkommensteuer	924
	5.3.1	Einkunftsart beim Besitzunternehmen	924
	5.3.2	Behandlung der Tätigkeitsvergütung des Gesellschafter-Geschäftsführers	929
	5.3.3	Substanzerhaltungsverpflichtung	930
	5.3.4	Eigene Investitionen der Betriebsgesellschaft	932
	5.3.5	Rücklagen für Ersatzbeschaffung gem. § 6 b und Investitionsabzugsbetrag gem. § 7 g EStG	932
	5.3.6	Bilanzierungsfragen beim sog. Sachwertdarlehen	933
	5.3.7	Verluste	933
	5.3.8	Zusammenfassung	934
6		**Beendigung der Betriebsaufspaltung**	**935**
6.1		Allgemeines	935
6.2		Beendigung der sachlichen Verflechtung	935
6.3		Beendigung der Betriebsaufspaltung wegen Wegfalls der persönlichen Voraussetzungen	937
	6.3.1	Verkauf eines Teils der GmbH-Anteile	937
	6.3.2	Verkauf eines Anteils am Besitzunternehmen	939
	6.3.3	Insolvenz des Betriebsunternehmens	940
	6.3.4	Unentgeltliche Übertragung von Anteilen am Besitz- oder Betriebsunternehmen	941
	6.3.5	Wegfall der personellen Verflechtung für volljährig werdende Kinder	941
	6.3.6	Vermeidung der Auflösung der stillen Reserven	942
6.4		Verpachtung an Dritte	943
6.5		Zusammenfassung beider Unternehmen	943
6.6		Veräußerung des Besitzunternehmens und der Anteile am Betriebsunternehmen	943
7		**Auswirkungen bei der Gewerbesteuer**	**944**
7.1		Selbständige Gewerbesteuerpflicht des Besitzunternehmens	944
7.2		Verhältnis der Betriebsaufspaltung zur Organschaft	946
7.3		Ermittlung des Gewerbeertrags	947
	7.3.1	Grundsätze zur Ermittlung des Gewerbeertrags	947
	7.3.2	Hinzurechnungen nach § 8 Nr. 1 GewStG	948
	7.3.3	Hinzurechnungen des Entgelts für Schulden	948
	7.3.4	Hinzurechnung von Renten und dauernden Lasten	949
	7.3.5	Hinzurechnung der Miet- und Pachtzinsen	950
	7.3.6	Freibetrag für die Zurechnung nach § 8 Nr. 1 GewStG	951
	7.3.7	Ausschüttungen und Dividenden, die nach § 3 Nr. 40 EStG und § 8 b KStG steuerfrei bleiben	951
	7.3.8	Kürzung nach § 9 Nr. 1 GewStG	952
	7.3.8.1	Kürzung um 1,2 % des Einheitswerts des zum Betriebsvermögen gehörenden Grundbesitzes	952
	7.3.8.2	Erweiterte Kürzung nach § 9 Nr. 1 Satz 2 GewStG	952

	7.3.8.3	Gewerbesteuerliches Schachtelprivileg nach § 9 Nr. 2 a GewStG ..	953
7.4		Gewerbesteuerpflicht der Betriebskapitalgesellschaft	953
8		**Umsatzsteuerrechtliche Behandlung der Betriebsaufspaltung**	954
9		**Haftungsbeschränkung bei der Betriebsaufspaltung bezüglich Betriebssteuern**	957
9.1		Allgemeines	957
9.2		Haftung für Umsatzsteuer	957
9.3		Haftung für Gewerbesteuer	958

J. Ausscheiden eines Gesellschafters aus einer bestehenden Personengesellschaft

1		**Einkommensteuer**...	959
1.1		Handelsrechtliche Beurteilung	959
1.2		Steuerrechtliche Behandlung im Überblick	960
	1.2.1	Veräußerung eines Mitunternehmeranteils.....................	960
	1.2.1.1	Allgemeines..	960
	1.2.1.2	Begriff Mitunternehmeranteil	961
	1.2.1.3	Grundsätzliche steuerliche Behandlung bei den verbleibenden Gesellschaftern	963
	1.2.1.4	Besonderheiten bei atypisch stillen Gesellschaftern	964
	1.2.2	Veräußerung eines Teils eines Mitunternehmeranteils	965
	1.2.3	Aufgabe eines Mitunternehmeranteils	965
	1.2.4	Unentgeltliche Übertragung eines (Teils eines) Mitunternehmeranteils	966
	1.2.4.1	Persönlicher Anwendungsbereich...........................	966
	1.2.4.2	Mitunternehmeranteil ohne Sonderbetriebsvermögen	966
	1.2.4.3	(Teil eines) Mitunternehmeranteil(s) mit Sonderbetriebsvermögen .	967
	1.2.4.3.1	Sonderbetriebsvermögen keine wesentliche Betriebsgrundlage ...	968
	1.2.4.3.2	Sonderbetriebsvermögen wesentliche Betriebsgrundlage	968
	1.2.5	Überblick	983
1.3		Ausscheiden gegen Barabfindung	983
	1.3.1	Zeitpunkt des Ausscheidens	983
	1.3.2	Steuerliche Behandlung im Einzelnen	985
	1.3.3	Ausscheiden zum Buchwert	1000
	1.3.3.1	Gründe..	1000
	1.3.3.2	Behandlung beim ausscheidenden Gesellschafter	1000
	1.3.3.3	Behandlung bei den verbleibenden Gesellschaftern	1002
	1.3.4	Ausscheiden über Buchwert	1004
	1.3.4.1	Gründe..	1004
	1.3.4.2	Behandlung beim ausscheidenden Gesellschafter	1005
	1.3.4.2.1	Ermittlung des Veräußerungsgewinns	1005
	1.3.4.2.2	Übertragung von Wirtschaftsgütern des Sonderbetriebsvermögens .	1006
	1.3.4.2.3	Rücklage gem. § 6 b EStG	1008
	1.3.4.2.4	Freibetrag gem. § 16 Abs. 4 und § 18 Abs. 3 EStG................	1009
	1.3.4.2.5	Steuerermäßigung gem. § 34 Abs. 1 und 3 EStG.................	1013
	1.3.4.3	Behandlung bei den verbleibenden Gesellschaftern	1015
	1.3.4.3.1	Entschädigung für vorhandene stille Reserven	1016
	1.3.4.3.2	Ansatz eines Firmenwerts bei den verbleibenden Gesellschaftern ..	1017

	1.3.4.3.3	Abfindung für entgehende künftige Gewinnaussichten	1018
	1.3.4.3.4	Lästiger Gesellschafter	1019
	1.3.4.3.5	Schenkung der verbleibenden Gesellschafter an den ausscheidenden Gesellschafter	1020
	1.3.4.3.6	Teilentgeltliche Veräußerung eines Mitunternehmeranteils	1020
	1.3.4.3.7	Buchmäßige Behandlung des Ausscheidens	1021
	1.3.4.3.8	Weitere steuerliche Behandlung bei den verbleibenden Gesellschaftern	1023
	1.3.4.4	Bilanzmäßige Behandlung im Einzelnen	1029
	1.3.5	Ausscheiden unter Buchwert	1035
	1.3.5.1	Gründe	1035
	1.3.5.2	Behandlung beim ausscheidenden Gesellschafter	1036
	1.3.5.3	Behandlung bei den verbleibenden Gesellschaftern	1036
	1.3.5.3.1	Der Teilwert der Wirtschaftsgüter ist niedriger als der Buchwert	1036
	1.3.5.3.2	Der ausscheidende Gesellschafter verzichtet aus betrieblichen Gründen auf einen Mehrbetrag	1038
	1.3.5.3.3	Die Gesellschafter sind sich über die Abfindung unter dem Buchwert einig	1039
	1.3.5.3.4	Der ausscheidende Gesellschafter verzichtet aus privaten Gründen auf einen Mehrbetrag	1040
	1.3.6	Abfindung bei negativem Kapitalkonto	1041
1.4	Ausscheiden gegen Sachwertabfindung		1052
	1.4.1	Allgemeines	1052
	1.4.2	Grundsätzliche Behandlung	1052
	1.4.3	Wertansatz	1053
	1.4.4	Rechtsfolgen für den ausscheidenden Gesellschafter	1053
	1.4.5	Rechtsfolgen für die verbleibenden Gesellschafter	1054
	1.4.6	Fallkombinationen	1054
	1.4.7	Bilanzmäßige Behandlung im Einzelnen	1064
1.5	Veräußerung eines Mitunternehmeranteils an einen Dritten (Gesellschafterwechsel)		1068
	1.5.1	Allgemeines	1068
	1.5.2	Veräußerung zum Buchwert	1070
	1.5.3	Veräußerung über Buchwert	1070
	1.5.4	Veräußerung unter Buchwert	1073
	1.5.5	Ausscheiden eines Kommanditisten mit negativem Kapitalkonto	1074
	1.5.6	Weitere steuerliche Behandlung beim neu eingetretenen Gesellschafter	1076
	1.5.6.1	AfA	1076
	1.5.6.2	Sonderabschreibungen und erhöhte Absetzungen	1081
	1.5.6.3	Nicht abziehbare Schuldzinsen	1081
	1.5.6.4	Investitionszulage	1081
	1.5.6.5	Rücklage gem. § 6 b EStG	1081
1.6	Veräußerung eines Mitunternehmeranteils gegen Raten		1082
	1.6.1	Behandlung beim ausscheidenden Gesellschafter	1082
	1.6.2	Behandlung bei den verbleibenden Gesellschaftern	1084
1.7	Veräußerung eines Mitunternehmeranteils gegen Rente		1088
	1.7.1	Abgrenzung der Veräußerungsrenten von den Versorgungsrenten	1088
	1.7.2	Übersicht über die steuerliche Behandlung der Renten	1090
	1.7.3	Behandlung der Rente beim ausscheidenden Gesellschafter	1091
	1.7.3.1	Betriebliche Veräußerungsrente	1091

Inhalt

1.7.3.1.1	Leibrente	1091
1.7.3.1.2	Fester Kaufpreis und Leibrente	1093
1.7.3.1.3	Abgekürzte Leibrente	1094
1.7.3.1.4	Verlängerte Leibrente	1095
1.7.3.2	Betriebliche Versorgungsrente	1095
1.7.3.3	Außerbetriebliche Versorgungsleistungen	1096
1.7.4	Behandlung der Rente bei den verbleibenden Gesellschaftern	1096
1.7.4.1	Betriebliche Veräußerungsrente	1096
1.7.4.2	Betriebliche Versorgungsrente	1097
1.7.4.3	Außerbetriebliche Versorgungsleistungen	1097
1.7.4.4	Bilanzmäßige Behandlung im Einzelnen	1098
1.8	Veräußerung eines Mitunternehmeranteils gegen laufende Bezüge in Form einer Gewinn- oder Umsatzbeteiligung	1101
1.8.1	Behandlung beim ausscheidenden Gesellschafter	1101
1.8.2	Behandlung bei den verbleibenden Gesellschaftern	1102
1.9	Realteilung von Personengesellschaften	1103
1.9.1	Begriff	1103
1.9.2	Abgrenzung Realteilung und Sachwertabfindung	1105
1.9.3	Realteilung ohne Wertausgleich	1106
1.9.3.1	Übertragung aller Wirtschaftsgüter ins Privatvermögen der Gesellschafter	1106
1.9.3.2	Übertragung aller Wirtschaftsgüter in das (Sonder-)Betriebsvermögen der Gesellschafter	1108
1.9.3.3	Mischfälle	1111
1.9.3.4	Missbrauchsfälle bei der Übertragung einzelner Wirtschaftsgüter	1113
1.9.3.4.1	Körperschaftsklausel	1113
1.9.3.4.2	Sperrfrist	1115
1.9.3.5	Fallkombination zur Realteilung ohne Wertausgleich	1118
1.9.4	Realteilung mit Wertausgleich	1126
1.9.4.1	Grundsätze	1126
1.9.4.2	Fallkombination zur Realteilung mit Wertausgleich	1127
1.10	Tausch von Mitunternehmeranteilen	1131
1.11	Verpachtung von Betrieben	1132
1.11.1	Allgemeines	1132
1.11.2	Gesellschafterwechsel	1133
1.11.3	Ausscheiden von Gesellschaftern	1133
1.11.4	Gesellschafterbeitritt	1134
1.11.5	Ausscheiden eines verpachtenden Mitunternehmers	1134
1.11.6	Gewerblich geprägte Personengesellschaft	1135
2	**Umsatzsteuerrechtliche Behandlung**	**1136**
2.1	Allgemeines	1136
2.2	Umsatzsteuerrechtliche Behandlung des Ausscheidens beim Gesellschafter	1137
2.3	Umsatzsteuerrechtliche Behandlung der Abfindung des ausscheidenden Gesellschafters bei der Gesellschaft	1138
2.4	Umsatzsteuerrechtliche Behandlung der Abfindung des ausscheidenden Gesellschafters mit wiederkehrenden Bezügen	1141
2.5	Veräußerung eines Mitunternehmeranteils an einen Dritten (Gesellschafterwechsel)	1142
2.6	Vollständiger Gesellschafterwechsel	1143

K. Umwandlung einer Personengesellschaft in eine andere Personengesellschaft (Formwechsel)

1	**Einkommensteuer**	1145
1.1	Begriff des Formwechsels	1145
1.2	Arten	1146
1.3	Steuerliche Behandlung	1147
2	**Umsatzsteuer**	1148
2.1	Allgemeines	1148
2.2	Umwandlung einer stillen Gesellschaft in eine Außengesellschaft	1149

L. Umwandlung einer Personen-Gesellschaft in eine GmbH

1	**Allgemeines**		1151
2	**Zivilrechtliche Grundsätze für die Umwandlung**		1151
2.1	Änderung der Unternehmensform durch Einzelrechtsnachfolge		1151
	2.1.1	Sachgründung einer GmbH	1151
	2.1.2	Sachkapitalerhöhung	1153
	2.1.3	Begründung einer Betriebsaufspaltung	1154
	2.1.4	Bargründung einer GmbH (verschleierte Sachgründung)	1154
2.2	Änderung der Unternehmensform durch Anwachsung		1155
2.3	Umwandlung durch Formwechsel und Gesamtrechtsnachfolge		1157
3	**Ertragsteuerliche Folgen der Umwandlung**		1158
3.1	Allgemeines		1158
3.2	Voraussetzungen für die Anwendung des § 20 UmwStG		1160
3.3	Bewertungsgrundsätze für das eingebrachte Betriebsvermögen		1161
3.4	Buchwertansatz und seine Auswirkung		1164
3.5	Wertansatz mit dem gemeinen Wert und seine Auswirkung		1168
3.6	Zwischenwertansatz und seine Auswirkungen		1170
4	**Besteuerung beim Anteilseigner bei Umwandlungen nach dem 12.12.2006**		1171
5	**Ertragsteuerliche Folgen bei Anwachsung**		1173
6	**Umsatzsteuerrechtliche Folgen**		1174

M. Verschmelzung und Spaltung von Personengesellschaften

1	**Einkommensteuer**		1175
1.1	Arten der Verschmelzung		1175
1.2	Arten der Spaltung		1176
1.3	Verhältnis UmwG – UmwStG		1181
1.4	Steuerliche Behandlung der Verschmelzung		1183
1.5	Steuerliche Behandlung der Spaltung		1189
	1.5.1	Aufspaltung	1190
	1.5.2	Abspaltung	1193
	1.5.3	Ausgliederung	1195

Inhalt

1.6	Einbringungsfolgegewinn	1196
1.7	Verluste bei beschränkter Haftung (§ 15 a EStG)	1197
2	**Umsatzsteuer**	1198

N. Auflösung der Personengesellschaft

1	**Einkommensteuer**		1199
1.1	Grundlagen		1199
	1.1.1	§ 16 EStG	1199
	1.1.2	§ 34 a EStG	1200
1.2	Veräußerung des Gewerbebetriebs		1200
1.3	Die Aufgabe des Gewerbebetriebs		1205
1.4	Allmähliche Auflösung der Personengesellschaft (Liquidation)		1209
	1.4.1	Allgemeines	1209
	1.4.2	Zivilrechtliche Auflösungsgründe	1210
	1.4.3	Negative Kapitalkonten in der Liquidationsbilanz	1210
1.5	Gesellschafterforderungen bei Insolvenz oder Liquidation der Gesellschaft		1215
1.6	Forderungen bei Veräußerung oder Aufgabe der Personengesellschaft		1217
	1.6.1	Die Forderung aus einer Betriebsveräußerung im Ganzen	1217
	1.6.2	Die Forderung aus einer Veräußerung eines Teilbetriebs	1217
	1.6.3	Forderungen des Sonderbetriebsvermögens bei Veräußerung oder Aufgabe der Personengesellschaft	1218
1.7	Schulden und Zinsen bei Betriebsaufgabe und Betriebsveräußerung		1219
	1.7.1	Schulden und Zinsen bei Betriebsaufgabe bzw. einer Betriebsveräußerung im Ganzen	1219
	1.7.2	Schulden und Zinsen bei Teilbetriebsaufgabe bzw. einer Teilbetriebsveräußerung	1222
	1.7.3	Schulden und Zinsen bei Betriebsaufgabe und -veräußerung im Rahmen des Sonderbetriebsvermögens	1224
	1.7.3.1	Schulden im Sonderbetriebsvermögen II	1224
	1.7.3.2	Schulden im Sonderbetriebsvermögen I	1225
	1.7.3.3	Schulden im Gesamthandsvermögen	1227
	1.7.3.3.1	Schuldenumschichtung ins Gesamthandsvermögen	1228
	1.7.3.3.2	Überführung von Wirtschaftsgütern in das Sonderbetriebsvermögen	1229
	1.7.4	Schuldenerlass nach Veräußerung oder Aufgabe des Betriebs	1230
1.8	Ereignisse nach Auflösung der Personengesellschaft		1231
	1.8.1	Rückwirkende Berichtigung	1232
	1.8.2	Kein rückwirkendes Ereignis	1232
2	**Umsatzsteuer**		1233
2.1	Allgemeines		1233
2.2	Auflösung einer Personengesellschaft durch Liquidation		1233
2.3	Auflösung einer Personengesellschaft durch Austritt aller Gesellschafter bis auf einen		1235
	2.3.1	Erwerb der Anteile aller übrigen Gesellschafter durch einen Gesellschafter	1236
	2.3.2	Ausscheiden aller Gesellschafter bis auf einen gegen Abfindung seitens der Gesellschaft	1237

Inhalt

O. Erbfolge, Erbauseinandersetzung und die Personengesellschaft

1	**Einkommensteuer**	**1239**
1.1	Einleitung	1239
1.2	Bürgerlich-rechtliche Grundsätze	1240
1.3	Die frühere ertragsteuerliche Rechtslage	1240
	1.3.1 Betriebsvermögen	1240
	1.3.2 Privatvermögen	1241
1.4	Die Entscheidung des Großen Senats des BFH vom 05.07.1990	1241
1.5	Der Erbfall	1242
	1.5.1 Allgemeines	1242
	1.5.2 Zum Nachlass gehört nur ein Betrieb	1242
	1.5.3 Zum Nachlass gehört nur Privatvermögen	1244
	1.5.4 Mischnachlass	1244
	1.5.5 Übertragung des Erbanteils	1244
1.6	Erbauseinandersetzung ohne Abfindung	1245
	1.6.1 Grundsätze	1245
	1.6.2 Aufteilung nur eines Betriebs	1246
1.7	Erbauseinandersetzung mit Abfindung	1247
	1.7.1 Zum Nachlass gehört nur ein Betrieb	1247
	1.7.1.1 Abfindung aus eigenen Mitteln	1247
	1.7.1.2 Abfindung mit Gegenständen des Betriebs (Sachwertabfindung)	1251
	1.7.2 Privatvermögen	1253
	1.7.2.1 „Ein" Wirtschaftsgut	1253
	1.7.2.2 „Mehrere" Wirtschaftsgüter	1254
	1.7.3 Mischnachlass	1257
	1.7.3.1 Abfindung mit Geldmitteln des Nachlasses	1257
	1.7.3.2 Aufteilung der Anschaffungskosten bei mehreren Wirtschaftsgütern	1258
1.8	Abfindung, Schuldübernahme und Anschaffungskosten	1263
1.9	Vermächtnis, Pflichtteil, Auflagen, höferechtliche Abfindung	1266
	1.9.1 Privatvermögen	1266
	1.9.2 Betriebsvermögen	1268
	1.9.3 Darlehen	1268
1.10	Zinszahlungen bei Erbfällen	1268
	1.10.1 Unentgeltliche Übertragungen	1268
	1.10.2 Teilentgeltliche Übertragungen	1269
	1.10.3 Übernahme vom Objekt losgelöster Verbindlichkeiten	1270
	1.10.4 Übernahme von Verbindlichkeiten über die Erbquote hinaus	1272
	1.10.5 Erbfallverbindlichkeiten	1272
1.11	Erbauseinandersetzung bei verpachtetem Betrieb	1273
1.12	Teilauseinandersetzung	1274
1.13	Verhinderung der Entstehung von Veräußerungsgewinnen bei Erbauseinandersetzungen	1275
	1.13.1 Verhinderung durch die Erben	1275
	1.13.1.1 Schaffung von Privatvermögen	1275
	1.13.1.1.1 Sofortige Entnahme liquider Mittel	1276
	1.13.1.1.2 Allmähliche Entnahme liquider Mittel zum Erwerb privater Güter	1276
	1.13.1.1.3 Allmähliche Entnahme liquider Mittel zum Lebensunterhalt	1277
	1.13.1.1.4 Allmähliche Entnahme liquider Mittel zu Reparaturen an privaten Gütern	1277

Inhalt

	1.13.1.2	Übernahme von bestehenden Schulden	1277
	1.13.1.3	Begründung von Betriebsschulden	1278
	1.13.1.4	Teilauseinandersetzung	1279
	1.13.2	Verhinderung durch den Erblasser	1280
	1.13.2.1	Teilungsanordnung	1280
	1.13.2.2	Vermächtnis	1281
	1.13.2.3	Vorausvermächtnis	1281
1.14	Personengesellschaften – bürgerlich-rechtliche Grundlagen		1282
	1.14.1	Grundsätze	1282
	1.14.2	Schlichte Fortsetzungsklausel	1283
	1.14.3	Nachfolgeklausel	1283
	1.14.4	Eintrittsklausel	1286
	1.14.5	Übertragung des Gesellschaftsanteils unter Lebenden mit Wirkung auf den Todesfall	1287
	1.14.6	Übersicht	1288
1.15	Personengesellschaften – einkommensteuerliche Folgen		1288
	1.15.1	Ausgangsfall	1288
	1.15.2	Auflösung der Gesellschaft	1289
	1.15.3	Fortsetzungsklausel	1290
	1.15.4	Einfache Nachfolgeklausel	1295
	1.15.4.1	Die Erbfolge	1295
	1.15.4.2	Die Erbauseinandersetzung	1296
	1.15.5	Qualifizierte Nachfolgeklausel	1303
	1.15.5.1	Die Erbfolge	1303
	1.15.5.2	Die Erbauseinandersetzung ohne Sonderbetriebsvermögen	1304
	1.15.5.3	Die Erbauseinandersetzung mit Sonderbetriebsvermögen	1305
	1.15.6	Teilnachfolgeklausel	1316
	1.15.7	Eintrittsklausel oder Übernahmerechte für sämtliche Erben	1318
	1.15.8	Eintrittsklausel oder Übernahmerechte nicht für alle Erben	1319
	1.15.9	Eintrittsklausel oder Übernahmerecht fremder Dritter, insbesondere der Altgesellschafter	1320
	1.15.10	Tod eines Kommanditisten	1322
	1.15.11	Nachfolgeklausel zugunsten eines Vermächtnisnehmers	1322
	1.15.12	Nicht entnommene Gewinne gem. § 34 a EStG bei Erbauseinandersetzungen	1323
	1.15.12.1	Grundlagen	1323
	1.15.12.2	Einzelbetrieb	1324
	1.15.12.3	Bestehende Personengesellschaft	1326
	1.15.12.3.1	Auflösung der Personengesellschaft	1326
	1.15.12.3.2	Fortsetzungsklausel	1326
	1.15.12.3.3	Einfache Nachfolgeklausel	1327
	1.15.12.3.4	Qualifizierte Nachfolgeklausel	1328
2	**Umsatzsteuer**		1329
2.1	Erbauseinandersetzung bei Erbengemeinschaften		1329
2.2	Erbfolge beim Tod eines Gesellschafters		1330
	2.2.1	Allgemeines	1330
	2.2.2	Auflösung	1331
	2.2.3	Fortsetzung unter den verbleibenden Gesellschaftern	1331
	2.2.4	Nachfolgeklausel	1331
	2.2.5	Eintrittsklausel	1331

Inhalt

P. Die vorweggenommene Erbfolge

1 Einkommensteuer ... 1333
- 1.1 Allgemeines ... 1333
- 1.2 Grundsätze zur Übertragung von Privat- und Betriebsvermögen ... 1334
  - 1.2.1 Abgrenzung entgeltlich, teilentgeltlich und unentgeltlich allgemein ... 1334
    - 1.2.1.1 Vollentgeltlicher Erwerb (Kauf) ... 1335
    - 1.2.1.2 Teilentgeltlicher Erwerb (gemischte Schenkung) ... 1335
    - 1.2.1.3 Unentgeltlicher Erwerb (Schenkung) ... 1336
  - 1.2.2 Das Problem der Anschaffungskosten bei einzelnen Leistungen ... 1339
    - 1.2.2.1 Private Versorgungsleistungen ... 1339
    - 1.2.2.2 Abstandszahlungen ... 1348
    - 1.2.2.3 Geldleistungen an Dritte ... 1348
    - 1.2.2.4 Leistungen aus übernommenem Vermögen ... 1348
    - 1.2.2.5 Einräumung von Nutzungsrechten ... 1349
    - 1.2.2.6 Sachleistungen aus eigenem Vermögen ... 1350
    - 1.2.2.7 Wahlrechte oder anderes Verhalten des Übernehmers ... 1350
    - 1.2.2.8 Übernahme von Verbindlichkeiten ... 1351
    - 1.2.2.9 Die einzelnen Leistungen sind nicht sofort zu erbringen ... 1351
  - 1.2.3 Trennungstheorie ... 1353
  - 1.2.4 Zinsbelastungen ... 1357
- 1.3 Die Übertragung einzelner Wirtschaftsgüter des Betriebsvermögens ... 1358
  - 1.3.1 Unentgeltliche Übertragung ... 1358
  - 1.3.2 Teilentgeltliche Übertragung ... 1359
- 1.4 Die Übertragung von Betrieben, Teilbetrieben und Mitunternehmeranteilen ... 1359
  - 1.4.1 Abgrenzung entgeltlich, teilentgeltlich und unentgeltlich ... 1359
  - 1.4.2 Rechtsfolgen beim Übergeber ... 1362
    - 1.4.2.1 Teilentgelt höher als der Buchwert des Kapitalkontos ... 1362
    - 1.4.2.2 Teilentgelt bis zur Höhe des Buchwerts des Kapitalkontos ... 1364
  - 1.4.3 Rechtsfolgen beim Übernehmer ... 1365
    - 1.4.3.1 Die Problematik der Einheitstheorie allgemein ... 1365
    - 1.4.3.2 Teilentgelt bis zur Höhe des Buchwerts des Kapitalkontos ... 1366
    - 1.4.3.3 Teilentgelt höher als der Buchwert des Kapitalkontos ... 1367
  - 1.4.4 Übernahme von privaten Verbindlichkeiten ... 1368
  - 1.4.5 Übernahme von betrieblichen Verbindlichkeiten ... 1369
    - 1.4.5.1 Vollentgeltliche Betriebsveräußerung ... 1369
    - 1.4.5.2 Unentgeltliche Betriebsübertragung ... 1369
    - 1.4.5.3 Teilentgeltliche Betriebsübertragung ... 1370
    - 1.4.5.4 Das negative Kapitalkonto ... 1372
  - 1.4.6 Unentgeltliche Übertragung eines Mitunternehmeranteils gegen Versorgungsleistungen ... 1374
- 1.5 Das Sonderbetriebsvermögen ... 1377
  - 1.5.1 Die Übertragung einzelner Wirtschaftsgüter des Sonderbetriebsvermögens ins Privatvermögen oder in ein anderes Betriebsvermögen des Übernehmers ... 1377
    - 1.5.1.1 Die unentgeltliche Übertragung ... 1377
    - 1.5.1.2 Die teilentgeltliche Übertragung ... 1378
  - 1.5.2 Die Übertragung einzelner Wirtschaftsgüter des Sonderbetriebsvermögens in ein anderes Sonderbetriebsvermögen derselben Mitunternehmerschaft ... 1378

29

Inhalt

	1.5.2.1	Die unentgeltliche Übertragung	1378
	1.5.2.2	Die teilentgeltliche Übertragung	1379
	1.5.3	Das Sonderbetriebsvermögen bei Übertragung des gesamten Mitunternehmeranteils	1380
	1.5.3.1	Das Sonderbetriebsvermögen als wesentliche oder unwesentliche Betriebsgrundlage	1380
	1.5.3.2	Das Sonderbetriebsvermögen ist vom Übernehmer herauszugeben.	1381
	1.5.4	Das Sonderbetriebsvermögen bei Übertragung eines Teils eines Mitunternehmeranteils	1382
	1.5.4.1	Übertragung mit nicht wesentlichem Sonderbetriebsvermögen	1382
	1.5.4.2	Quotale Übertragung eines Teils des Sonderbetriebsvermögens	1382
	1.5.4.3	Unterquotale Übertragung eines Teils des Sonderbetriebsvermögens	1383
	1.5.4.4	Überquotale Übertragung eines Teils des Sonderbetriebsvermögens	1384
1.6	Mischfälle		1385
1.7	Nicht entnommene Gewinne gem. § 34 a EStG bei vorweggenommener Erbfolge		1387
1.8	Kosten bei vorweggenommener Erbfolge		1388
	1.8.1	Anschaffungskosten entstehen	1388
	1.8.2	Anschaffungskosten entstehen nicht	1390
2	**Umsatzsteuer**		1391
2.1	Allgemeines		1391
2.2	Übertragung eines Einzelunternehmens im Wege der vorweggenommenen Erbfolge auf mehrere künftige Erben		1391
2.3	Übertragung eines Gesellschaftsanteils im Wege der vorweggenommenen Erbfolge		1392

Q. Nießbrauch und Personengesellschaftsanteil

1	**Allgemeine zivilrechtliche Grundlagen**		1395
2	**Der Nießbrauch am Gesellschaftsanteil selbst**		1397
2.1	Zivilrecht		1397
	2.1.1	Der Vollrechtsnießbrauch mit Treuhandverhältnis	1397
	2.1.2	Der echte Nießbrauch	1397
	2.1.3	Gemeinsamkeiten	1398
2.2	Mitunternehmerstellung		1399
	2.2.1	Nießbraucher	1399
	2.2.2	Der Nießbrauchsbesteller	1400
	2.2.3	Zusammenfassung	1401
2.3	Ertragsteuerliche Rechtsfolgen		1401
	2.3.1	Gewinnverteilung allgemein	1401
	2.3.2	Kapitalkonten	1402
	2.3.3	Der handelsrechtliche Gewinnanteil	1402
	2.3.4	Entnahmefähiger Gewinn	1402
	2.3.5	Sondervergütungen	1403
	2.3.6	Sonderbetriebsvermögen, Sonderbilanzen	1403
	2.3.7	Gewinnverteilung konkret	1404
2.4	Besonderheiten im Ertragsteuerrecht		1405
	2.4.1	Keine Bilanzierung des Nießbrauchsrechts	1405

	2.4.2	Verluste in der Personengesellschaft	1405
	2.4.3	Ergänzungsbilanzen	1406
	2.4.4	Das Nießbrauchsentgelt	1407
	2.4.5	Der Nießbrauch am Sonderbetriebsvermögen	1407
	2.4.5.1	Unentgeltlich oder entgeltlich eingeräumter Nießbrauch	1407
	2.4.5.2	Vorbehaltsnießbrauch	1408
	2.4.6	Einheitliche und gesonderte Gewinnfeststellung	1409
	2.4.7	Gestaltungsüberlegungen	1410
	2.4.8	Checkliste der erforderlichen Vereinbarungen	1412
3	**Der Nießbrauch an Gewinnanteilen**		**1413**
3.1	Zivilrecht		1413
	3.1.1	Der Ertragsnießbrauch	1413
	3.1.2	Nießbrauch an einzelnen Gewinnansprüchen	1414
	3.1.3	Der Nießbrauch am Gewinnstammrecht	1414
	3.1.4	Gemeinsamkeiten	1415
3.2	Mitunternehmerstellung		1415
3.3	Ertragsteuerliche Rechtsfolgen		1415
	3.3.1	Allgemeines	1415
	3.3.2	Der Zuwendungsnießbrauch an Gewinnanteilen	1416
	3.3.3	Anteilsübertragung unter Nießbrauchsvorbehalt an Gewinnanteilen	1416
	3.3.4	Der Vermächtnisnießbrauch	1418
	3.3.4.1	Vermächtnisnießbrauch zugunsten des Ehepartners bzw. der Abkömmlinge des Erblassers	1419
	3.3.4.2	Vermächtnisnießbrauch zugunsten anderer Personen	1419
	3.3.5	Entgeltlich eingeräumter Nießbrauch an Gewinnanteilen	1420
	3.3.5.1	Nießbrauchsbestellung im Zusammenhang mit dem Gesellschaftsanteil selbst	1421
	3.3.5.2	Nießbrauchsbestellung im Zusammenhang mit anderen Einkunftsarten	1422
	3.3.5.3	Nießbrauchsbestellung ohne Zusammenhang mit einer Einkunftsart	1423
3.4	Gestaltungsüberlegungen		1424
4	**Testamentsvollstreckung am Gesellschaftsanteil**		**1425**
4.1	Allgemeines		1425
4.2	Testamentsvollstreckung an einem Kommandit-Anteil		1425
4.3	Testamentsvollstreckung an einem OHG- oder Komplementäranteil		1426

R.	**Besonderheiten bei der GmbH & Co. KG**		
1	**Zivil- und handelsrechtliche Grundlagen**		**1427**
1.1	Begriff		1427
1.2	Geschäftsführung		1429
1.3	Vertretung		1431
1.4	Außenhaftung		1431
1.5	Aufsichtsorgane		1432
1.6	Motive zur Bildung einer GmbH & Co. KG		1433
2	**Mitunternehmerschaft**		**1434**
2.1	Allgemeines		1434
2.2	Komplementär-GmbH als Mitunternehmer		1434

Inhalt

2.3	Kommanditisten der GmbH & Co. KG als Mitunternehmer		1435
2.4	Die Geprägevorschrift des § 15 Abs. 3 Nr. 2 EStG		1436
	2.4.1	Allgemeines	1436
	2.4.2	Tatbestandsmerkmale des § 15 Abs. 3 Nr. 2 EStG	1437
	2.4.2.1	Einkünfteerzielungsabsicht	1437
	2.4.2.2	Personengesellschaft	1439
	2.4.2.3	Keine Tätigkeit i. S. des § 15 Abs. 1 Nr. 1 EStG	1439
	2.4.2.4	Ausschließlich eine oder mehrere Kapitalgesellschaften als persönlich haftende Gesellschafter	1440
	2.4.2.5	Geschäftsführungsbefugnis	1441
	2.4.3	Die Entstehung einer gewerblich geprägten KG und deren Rechtsfolgen im Einzelnen	1442
	2.4.4	Doppel- und mehrstöckige GmbH & Co. KG	1445
	2.4.5	Gestaltungsmöglichkeiten	1445

3 Gründung der GmbH & Co. KG ... 1447
3.1 Unternehmensneugründung ... 1447
    3.1.1 Errichtung der GmbH ... 1447
    3.1.2 Errichtung der KG ... 1448
3.2 Zusammenschluss bestehender Gesellschaften ... 1449
3.3 Umwandlung einer GmbH in eine GmbH & Co. KG ... 1449
    3.3.1 Allgemeines ... 1449
    3.3.2 Umwandlung durch Formwechsel ... 1450

4 Betriebsvermögen bei der GmbH & Co. KG ... 1452
4.1 Allgemeines ... 1452
4.2 Sonderbetriebsvermögen der GmbH ... 1452
4.3 Sonderbetriebsvermögen der übrigen Gesellschafter ... 1456

5 Gewinnermittlung ... 1458
5.1 Allgemeines ... 1458
5.2 Geschäftsführergehälter ... 1458
    5.2.1 Geschäftsführer der GmbH ist nicht an der GmbH & Co. KG beteiligt ... 1458
    5.2.2 Geschäftsführer der GmbH ist auch Kommanditist der GmbH & Co. KG ... 1460
5.3 Pensionszusagen an den Gesellschafter-Geschäftsführer ... 1462
    5.3.1 Geschäftsführer der GmbH & Co. KG ist nicht an der GmbH & Co. KG beteiligt ... 1462
    5.3.2 Geschäftsführer der GmbH ist auch Kommanditist der GmbH & Co. KG ... 1464
5.4 Dividenden der Komplementär-GmbH ... 1466
5.5 Körperschaftsteuerguthaben der Komplementär-GmbH ... 1467
5.6 Zwangsversteuerung von ehemaligem EK 02 der Komplementär-GmbH ... 1468
5.7 Beirats- und Aufsichtsratsvergütungen ... 1469
    5.7.1 Aufsichtsorgan bei der GmbH & Co. KG ... 1469
    5.7.2 Aufsichtsorgan bei der Komplementär-GmbH ... 1470
5.8 Gründungskosten der Komplementär-GmbH und der GmbH & Co. KG ... 1471
5.9 Sonstige Vergütungen ... 1471

6 Gewinnverteilung ... 1472
6.1 Allgemeines ... 1472
6.2 Gewinnverteilung bei kapitalmäßiger Beteiligung der Komplementär-GmbH ... 1472

	6.2.1	Angemessene Vergütung für Geschäftsführung	1473
	6.2.2	Angemessene Vergütung für darlehens- und pachtweise überlassenes Vermögen der GmbH	1473
	6.2.3	Angemessene Vergütung für die kapitalmäßige Beteiligung	1473
	6.2.4	Angemessene Vergütung für das Haftungsrisiko	1474
	6.2.5	Form der Gewinnverteilung	1474
6.3		Gewinnverteilung, wenn die Komplementär-GmbH weder am Kapital noch an den stillen Reserven der KG beteiligt ist	1475
	6.3.1	Allgemeines	1475
	6.3.2	Angemessene Vergütung für das Haftungsrisiko	1475
6.4		Änderung der Gewinnverteilung	1476
6.5		Verdeckte Gewinnausschüttung bei der GmbH & Co. KG	1476
	6.5.1	Grundsatz	1476
	6.5.2	Einzelfälle der verdeckten Gewinnausschüttung	1476
	6.5.3	Folgen einer verdeckten Gewinnausschüttung	1478
7		**Buchführung bei der GmbH & Co. KG und der GmbH**	**1479**
7.1		Allgemeines	1479
7.2		Buchführung der KG	1480
7.3		Buchführung der Komplementär-GmbH	1481
	7.3.1	Laufende Buchhaltung	1481
	7.3.2	Jahresabschluss	1482
7.4		Buchmäßige Behandlung im Einzelnen	1483
7.5		Zusammenfassendes Beispiel	1485
8		**Übertragung von Wirtschaftsgütern**	**1504**
9		**Veräußerung eines Anteils**	**1504**
9.1		Veräußerung nur eines GmbH-Anteils	1504
9.2		Veräußerung GmbH-Anteil und Mitunternehmeranteil	1505
9.3		Veräußerung nur des Mitunternehmeranteils	1506
10		**Organschaft bei der GmbH & Co. KG**	**1506**
10.1		GmbH & Co. KG als Organträger	1506
10.2		Komplementär-GmbH als Organträger	1507
10.3		GmbH & Co. KG als Organ	1507
10.4		Komplementär-GmbH als Organ	1507
11		**Umsatzsteuerliche Fragen im Zusammenhang mit der GmbH & Co. KG**	**1507**
11.1		Allgemeines	1507
11.2		Komplementär-GmbH als Unternehmer	1508
	11.2.1	Selbständigkeit	1508
	11.2.2	Nachhaltige Tätigkeit in Einnahmeerzielungsabsicht	1510
	11.2.3	Ergänzende Beispiele	1511
11.3		Aufsichtsratstätigkeit bei der GmbH & Co. KG	1513
11.4		Gründung der GmbH & Co. KG	1515
11.5		Veräußerung einer GmbH & Co. KG	1515

Inhalt

S. Erbschaft- und Schenkungsteuer

1	**Die Reform des Erbschaftsteuer- und Bewertungsrechts ab 2009**	1517
1.1	Anstoß der Reform	1517
1.2	Das Gesetz zur Reform des Erbschaftsteuer- und Bewertungsrechts	1518
1.3	Anwendungszeitpunkt	1518
1.4	Wahlrecht	1519
1.5	Missbrauchsklausel	1519
2	**Die erbschaft- und schenkungsteuerliche Qualifizierung der Personengesellschaft**	1520
3	**Die erbschaft- und schenkungsteuerliche Behandlung der Nachfolge in Personengesellschaftsanteile**	1523
3.1	Erwerbe von Todes wegen	1523
3.1.1	Die zivilrechtliche Vererblichkeit von Personengesellschaftsanteilen	1523
3.1.2	Die Fortsetzungs- und Übernahmeklausel	1525
3.1.3	Die Nachfolgeklauseln	1526
3.1.3.1	Erbrechtliche Nachfolgeklauseln	1526
3.1.3.1.1	Der erbschaftsteuerliche Erwerb der Miterben	1527
3.1.3.1.2	Die einfache Nachfolgeklausel	1528
3.1.3.1.3	Die qualifizierte Nachfolgeklausel	1528
3.1.3.2	Rechtsgeschäftliche Nachfolgeklauseln	1530
3.1.4	Die Eintrittsklausel	1531
3.1.4.1	Die Treuhandvariante	1531
3.1.4.2	Die Abfindungsvariante	1531
3.1.5	Die Nachfolge in Personengesellschaftsanteile durch Vermächtnis	1532
3.1.6	Der Erwerb einer Hinterbliebenenversorgung	1533
3.2	Begünstigte Erwerbe unter Lebenden	1534
3.2.1	Teilentgeltliche Zuwendung – gemischte Schenkung – und Schenkung unter Auflage	1534
3.2.1.1	Die schenkungsteuerliche Behandlung der gemischten Schenkung und der Schenkung unter Auflage	1535
3.2.1.2	Die Schenkung von Anteilen an einer vermögensverwaltenden Personengesellschaft	1537
3.2.2	Mittelbare Zuwendungen	1539
3.2.3	Schenkung treuhänderisch gehaltener Beteiligungen	1540
3.3	Sonstige Erwerbstatbestände	1541
4	**Der erbschaftsteuerliche Wert des Betriebsvermögens**	1543
4.1	Das Verfahren der Wertermittlung	1543
4.2	Der Bewertungsgegenstand	1544
4.3	Der Umfang des Betriebsvermögens	1547
4.3.1	Betriebsgrundstücke (§ 99 BewG)	1547
4.3.2	Der Ansatz von Schulden (§ 103 BewG)	1548
4.3.3	Besonderheiten bei Personengesellschaften (Gesamthandsvermögen)	1548
4.4	Die Bewertung des Betriebsvermögens	1549
4.4.1	Allgemeines	1549
4.4.2	Grundsätze der Bewertung	1551
4.4.3	Bewertung unter Berücksichtigung der Ertragsaussichten	1552
4.4.3.1	IdW Standard S 1	1552

Inhalt

		4.4.3.2	Discounted-cash-Flow-Methode	1553
		4.4.3.3	AWH-Verfahren (Handwerk)	1553
		4.4.3.4	Leitfaden der Oberfinanzdirektionen Münster und Rheinland	1553
		4.4.4	Bewertung anhand anderer anerkannter Methoden	1553
		4.4.5	Bewertung mit dem vereinfachten Ertragswertverfahren	1554
		4.4.5.1	Ermittlung des jeweiligen Jahresertrags	1554
		4.4.5.2	Vervielfältiger	1556
		4.4.5.3	Sonderbetriebsvermögen der Gesellschafter und Ergänzungsbilanzen	1556
		4.4.6	Bewertung mit dem Substanzwert	1557
	4.5		Die Aufteilung des erbschaftsteuerlichen Werts des Betriebsvermögens bei Personengesellschaften	1557
5			**Die Begünstigung der Nachfolge in Personengesellschaftsanteile**	1558
	5.1		Das begünstigte Vermögen	1558
		5.1.1	Der Erwerbsgegenstand in den Fällen des zweistufigen Erwerbs	1559
		5.1.2	Mitunternehmeranteil als begünstigtes Vermögen	1561
	5.2		Die begünstigten Erwerbsvorgänge	1562
	5.3		Die Begünstigungen	1563
		5.3.1	Allgemeines	1563
		5.3.2	Verschonungsabschlag	1564
		5.3.3	„Gleitender" Abzugsbetrag	1565
		5.3.4	Tarifbegrenzung beim Erwerb von Betriebsvermögen	1566
		5.3.5	Voraussetzungen: Kein schädliches Verwaltungsvermögen	1566
	5.4		Verstöße gegen die Begünstigungsvoraussetzungen	1568
		5.4.1	Lohnsummenerhalt	1568
		5.4.2	Veräußerungsverbot	1570
		5.4.3	Überentnahmeregelung	1571
		5.4.4	Anzeigepflichten	1572
		5.4.5	Doppelbelastung mit Einkommen- und Erbschaftsteuer	1572
	5.5		Die Steuerstundung (§ 28 ErbStG)	1574
6			**Die Tarifstruktur des ErbStG**	1574
	6.1		Freibeträge und Tarifverlauf	1574
	6.2		Der Generationensprung	1577

T. Grunderwerbsteuer

1			**Die grunderwerbsteuerliche Rechtsfähigkeit der Personengesellschaft**	1579
	1.1		Der Steuergegenstand des Grunderwerbsteuerrechts	1579
	1.2		Die zivilrechtliche Ausgangslage	1580
	1.3		Die Auswirkungen der zivilrechtlichen Diskussion auf das Grunderwerbsteuerrecht	1580
	1.4		Die grunderwerbsteuerliche Selbständigkeit der Personengesellschaft	1585
		1.4.1	Die Bedeutung der grunderwerbsteuerlichen Selbständigkeit der Personengesellschaft	1585
		1.4.2	Die Reichweite der grunderwerbsteuerlichen Selbständigkeit der Personengesellschaften	1586
2			**Steuerbare Rechtsträgerwechsel**	1587
	2.1		Rechtsträgerwechsel auf gesellschaftsvertraglicher Grundlage	1589
		2.1.1	Die Bemessungsgrundlage	1589
		2.1.2	Einlage und Entnahme	1590

35

Inhalt

	2.1.3 Sonstige Fälle des Rechtsträgerwechsels auf gesellschaftsvertraglicher Grundlage	1591
2.2	Rechtsträgerwechsel auf austauschvertraglicher Grundlage	1594
2.3	Veränderungen des Gesellschafterbestandes	1594
	2.3.1 Die Rechtsprechung des BFH zum Gesellschafterwechsel	1595
	2.3.2 Die Regelung des § 1 Abs. 2 a GrEStG	1597
3	**Steuerbefreiungen**	**1601**
3.1	Die Anwendbarkeit der personenbezogenen Befreiungsvorschriften (§ 3 Nr. 2 bis 7 GrEStG)	1601
3.2	Die Befreiungsvorschriften der §§ 5, 6 und 7 Abs. 2 und 3 GrEStG	1602
3.3	Einschränkungen der Befreiungsvorschriften	1604
	3.3.1 Die gesetzlichen Regelungen der § 5 Abs. 3, § 6 Abs. 4 und § 7 Abs. 3 GrEStG	1604
	3.3.2 Die einschränkende Rechtsprechung des BFH zu den § 5 Abs. 2, Abs. 1 und § 6 Abs. 3 GrEStG	1605
4	**Festsetzungsverfahren**	**1607**

U. Verfahrensrechtliche Besonderheiten

1	**Allgemeines**	**1609**
2	**Erklärungspflicht bezüglich der Feststellungsbescheide**	**1611**
3	**Adressierung und Bekanntgabe von Bescheiden**	**1612**
3.1	Allgemeines	1612
3.2	Besonderheiten bei der Adressierung von Bescheiden, die die Personengesellschaft als solche betreffen	1613
3.3	Adressierung von Bescheiden, welche die Gesellschafter betreffen	1616
3.4	Bekanntgabe von Bescheiden an Empfangsbevollmächtigte gem. § 183 AO	1618
3.5	Vereinfachte Bekanntgabe von Einheitswertbescheiden nach § 183 Abs. 4 AO	1621
4	**Rechtsbehelfsbefugnis bei einheitlichen Feststellungsbescheiden**	**1622**
5	**Hinzuziehung zum Rechtsbehelfsverfahren**	**1623**
6	**Verfahrensrechtliche Behandlung der stillen Gesellschaft**	**1623**
6.1	Allgemeines	1623
6.2	Verfahrensrechtliche Behandlung der typischen stillen Gesellschaft	1624
6.3	Verfahrensrechtliche Behandlung der atypischen stillen Gesellschaft	1624
7	**Unterbeteiligung an einer Personengesellschaft**	**1624**
7.1	Allgemeines	1624
7.2	Typische stille Unterbeteiligung	1625
7.3	Atypische stille Unterbeteiligung	1626
8	**Feststellungsverjährung für einheitliche und gesonderte Feststellungen**	**1627**
8.1	Allgemeines	1627
8.2	Feststellungsverjährung bei einheitlichen und gesonderten Gewinnfeststellungen	1627
8.3	Feststellungsverjährung bei Einheitswertbescheiden	1629
Literaturverzeichnis		**1631**
Abkürzungen		**1635**
Stichwortverzeichnis		**1639**

A. BÜRGERLICH-RECHTLICHE, HANDELSRECHTLICHE UND STEUERRECHTLICHE GRUNDLAGEN – ALLGEMEINE ZUSAMMENHÄNGE

1 Gesellschaftsformen und ihre Abgrenzung

Im Rechtsleben gibt es die verschiedensten Gebilde von Zusammenschlüssen oder Verbindungen von Personen, z. B. Bruchteilsgemeinschaft, Erbengemeinschaft, GbR, OHG, KG, Partnerschaft, EWIV, Genossenschaft, GmbH, AG, KGaA, Stiftung, Körperschaften und Anstalten des öffentlichen Rechts, Staat, Stadt, Gemeinde, Verein, nichtrechtsfähiger Verein, Ehe, stille Gesellschaft, Partenreederei, Kartelle, Arbeitsgemeinschaften usw. Wir haben uns in diesem Buch zur Aufgabe gemacht, die Personengesellschaften im Steuerrecht darzustellen. Dies setzt voraus, dass wir zunächst einige Abgrenzungen vornehmen. **1**

1.1 Gesellschaften – andere Rechtsgebilde

Gesellschaften sind alle privatrechtlichen Personenzusammenschlüsse zur Erreichung eines gemeinsamen Zwecks, die durch Rechtsgeschäft (Gesellschaftsvertrag oder Satzung) begründet werden. Damit fallen nicht unter den Begriff der Gesellschaft **2**

— Staaten, Landkreise, Städte, Gemeinden und alle Körperschaften, Anstalten und Stiftungen des öffentlichen Rechts, wie z. B. Universitäten. Sie alle sind keine privatrechtlichen Zusammenschlüsse;

— Bruchteilsgemeinschaften (§§ 741 ff. BGB); sie sind meistens nicht rechtsgeschäftlich begründet;

— Stiftungen (§§ 80 bis 88 BGB); dies sind selbständige Vermögensmassen, d. h., es liegt kein Personenzusammenschluss vor;

— eheliche Gütergemeinschaft (§§ 1415 ff. BGB); dies ist kein Zusammenschluss zu einem durch Rechtsgeschäft begrenzten gemeinsamen Zweck;

— Erbengemeinschaft (§§ 2032 ff. BGB); dies ist eine durch Zufall entstandene oder von einem Außenstehenden (beim Testament) gewollte Vereinigung.

Das schwierigste Abgrenzungsmerkmal steckt im Begriff **gemeinsamer Zweck**. Es gibt im Rechtsleben viele gegenseitige Verträge, sog. Austauschverträge, wie Kauf, Tausch, Miete, Darlehen oder Schenkung, denen dieser **3**

A. Grundlagen

gemeinsame Zweck ganz offensichtlich fehlt. Es gibt aber auch Verträge, bei denen der gemeinsame Zweck nicht sofort erkennbar ist.

Beispiele:
Gemeinschaftspraxis von Ärzten oder Steuerberatern, Anwaltssozietät, Arbeitsgemeinschaft von Baufirmen, Toto- und Lottotippgemeinschaft, Wohngemeinschaft, Urlaubsfahrt zweier Freunde mit einem gemeinsam erworbenen PKW oder gemeinsamer Kasse.

In diesen Fällen wird gemeinsam ein bestimmtes Ziel, ein gemeinsamer Zweck zu erreichen versucht, es liegen daher Gesellschaften vor. Wenn aber Konkurrenten über Einflussteilungen oder Marktabgrenzungen Verträge schließen, dann liegen keine Gesellschaftsverträge, sondern gegenseitige Verträge, insbesondere Austauschverträge, vor.

Optisch lässt sich dies wie folgt darstellen:

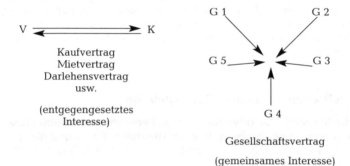

Anlass und Zweck zur Bildung einer Gesellschaft können sehr verschiedenartig sein. Meist liegt der Grund zum Zusammenschluss darin, dass die Kräfte des Einzelnen nicht ausreichen, einen bestimmten Zweck zu verwirklichen oder bestimmte Aufgaben zu lösen. Diese Aufgaben können wirtschaftlicher Natur sein. So ermöglicht z. B. die Gründung einer Handelsgesellschaft die Arbeitsteilung, die Kapitalbeschaffung und die Risikobeschränkung. Die Aufgaben, die es zu lösen gilt, können aber ebenso ideeller oder kultureller Art sein. So bezweckt ein Sportverein die Förderung der Leibesübungen oder ein geselliger Verein die Pflege der Geselligkeit innerhalb eines bestimmten Personenkreises.

4 In diesem Zusammenhang ist auch das **partiarische Rechtsverhältnis,** d. h. das partiarische Darlehen, der partiarische Lizenzvertrag oder das partiarische Angestelltenverhältnis, von einem Gesellschaftsverhältnis abzugrenzen. Bei einem partiarischen Rechtsverhältnis besteht das Entgelt des einen ganz oder zum Teil in einer Gewinnbeteiligung. Dass der am Gewinn Beteiligte ein eigenes Interesse am Gewinn des anderen hat, dürfte klar sein.

1 Gesellschaftsformen und ihre Abgrenzung

Durch dieses Interesse wird aber noch lange kein gemeinsamer Vertragszweck, ein gemeinsames Ziel, das sich aus dem Vertrag ergibt, verfolgt. Vielmehr hat jeder ein eigenes Ziel auf eigene Rechnung und Gefahr. Der Gewinn ist nur eine Rechnungsgröße. In der Praxis ist hierbei die Abgrenzung zwischen partiarischem Darlehen und stiller Gesellschaft oft sehr schwer. Es ist nur über den einzelnen Vertrag, z. B. aus dem Rahmen der Kontroll- und Mitwirkungsrechte des Geldgebers, erkennbar, ob ein gemeinsamer Zweck und damit eine stille Gesellschaft vorliegt.[1]

Folgende in der Praxis bedeutsame Rechtsverhältnisse sind fast immer, aber nicht notwendig, Gesellschaften. Der gemeinsame Zweck muss hier immer besonders geprüft werden:

— Kartelle. Dies sind Zusammenschlüsse oder nur Verträge von selbständigen Unternehmen zur Wettbewerbsbeschränkung auf dem Gebiet des Preises, des Kontingents oder des Rabatts. Sie können als GbR, Verein, AG oder GmbH gebildet werden, es kann aber auch nur ein Austauschvertrag vorliegen, für sie gilt § 1 GWB.

— Syndikate. Dies sind Kartelle mit zentralisiertem Verkauf.

— Konzerne. Dies sind Unternehmensverbindungen zwischen einem herrschenden und einem oder mehreren abhängigen Unternehmen unter der einheitlichen Leitung des herrschenden Unternehmens (§ 18 AktG).

— Konsortien. Dies sind meistens Gelegenheitsgesellschaften zwischen Banken zur Emission von Aktien und Obligationen.

— Interessengemeinschaften. Dies sind Verbindungen zwischen rechtlich selbständigen Unternehmen, um ein einzelnes Ziel gemeinsam zu verfolgen (z. B. Arbeitsgemeinschaften).

— Poolverträge. Dies sind Absprachen von Gesellschaftern zur gemeinsam abgestimmten Stimmrechtsabgabe.

1.2 Gesellschaften – Abgrenzung von der Begriffsbestimmung her

— GbR

Sie ist formal eine nichtrechtsfähige Personenvereinigung zur Erreichung eines bestimmten Zwecks durch gemeinsame Leistungen, insbesondere durch Beiträge (§ 705 BGB). Der BGH hat die GbR durch Urteile vom 29.01.2001[2] und vom 16.07.2001[3] jetzt der OHG gleichgestellt.

— GbR mit Haftungsbeschränkung (= m.b.H.)

Sie ist eine GbR besonderer Art. Die Haftung einzelner oder aller Gesellschafter ist auf das Gesellschaftsvermögen beschränkt, und zwar durch Ein-

---
1 Fleischer/Thierfeld, Abschnitt 1.6 ff.
2 NJW 2001 S. 1056; BB 2001 S. 374.
3 NJW 2001 S. 3121.

A. Grundlagen

zelvereinbarung mit den Gläubigern. Diese GbR ist mit einer KG vergleichbar.

— **OHG**

7 Sie ist eine Gesellschaft, deren Zweck auf den Betrieb eines Handelsgewerbes unter gemeinsamer Firma gerichtet ist und bei der jeder Gesellschafter gegenüber den Gesellschaftsgläubigern unbeschränkt mit seinem ganzen Vermögen haftet (§ 105 HGB). Die OHG ist zwar nicht rechtsfähig, kann aber gem. § 124 HGB unter ihrer Firma Rechte erwerben, Verbindlichkeiten eingehen, vor Gericht klagen und verklagt werden. Im Rechtsleben wird sie fast wie eine juristische Person behandelt.

— **KG**

8 Sie ist eine Gesellschaft, deren Zweck auf den Betrieb eines Handelsgewerbes unter gemeinschaftlicher Firma gerichtet ist und bei der einer oder einige der Gesellschafter die Haftung gegenüber den Gesellschaftsgläubigern auf einen bestimmten Betrag beschränkt haben (Kommanditisten, § 161 Abs. 1 HGB). Ansonsten gilt OHG-Recht (§ 161 Abs. 2 HGB).

— **Partnerschaft**

9 Sie ist eine Gesellschaft, in der sich Angehörige freier Berufe zur Ausübung ihrer Berufe zusammenschließen. Sie übt kein Handelsgewerbe aus. Angehörige einer Partnerschaft können nur natürliche Personen sein (§ 1 PartGG). Ansonsten gilt GbR- und OHG-Recht (§ 1 Abs. 4; § 6 Abs. 3; § 7; § 8 Abs. 1; § 9 Abs. 1; § 10 Abs. 1 PartGG).

— **EWIV**

10 (Europäische wirtschaftliche Interessenvereinigung) ist eine übernationale europarechtliche Gesellschaftsform. Ihre Rechtsgrundlage ergibt sich aus der EG-Verordnung 2137/85 des Rates der EG vom 25.07.1985 (§ 1 EWIV-Ausführungsgesetz)[4]. Gemäß Art. 235 des EWG-Vertrags ist dieses Recht unmittelbar anzuwenden, d. h., es verdrängt nationales Recht. Hat eine EWIV ihren Sitz in der BRD, sind auf sie die Vorschriften des HGB zur OHG subsidiär anzuwenden.[5]

— **GmbH**

11 Sie ist eine Gesellschaft des Handelsrechts gem. §§ 1 ff. GmbHG mit eigener Rechtsfähigkeit, bei der die Gesellschafter den Gesellschaftsgläubigern gegenüber grundsätzlich nicht haften und der Geschäftsanteil jedes Gesellschafters sich nach seinem Nennbetrag bestimmt (§§ 13, 14 GmbHG).[6]

---

[4] BGBl I 1988, 514.
[5] Vgl. Littmann/Bitz/Pust, § 15 Rz. 55, 55 a; Schmidt/Wacker, § 15 Rz. 333; H 15.8 Abs. 1 (EWIV) EStH; ausführlich Spangemacher u. a., S. 320 ff.
[6] Vgl. Hottmann u. a., B. Rz. 1 ff.

1 Gesellschaftsformen und ihre Abgrenzung

— Ltd. (Private Limited Company)

Die Ltd. ist eine Gesellschaft des Handelsrechts nach englischem Recht.[7] Sie ist mit der deutschen GmbH vergleichbar. Nach der Entscheidung des EuGH vom 30.09.2003[8] ist es Unternehmern in Deutschland nicht mehr verwehrt, z. B. in Großbritannien eine Ltd. zu gründen und mit dieser in Deutschland tätig zu werden.

Bei der Ltd. bedarf es keines Mindestkapitals. Die Rechtssubjektfähigkeit mit der Konsequenz der Haftungsbeschränkung entsteht mit der Eintragung der Gesellschaft in das Register. Das Gründungsverfahren bis zur Eintragung dauert i. d. R. höchstens zwei Wochen. Eine Ltd. kann theoretisch mit einem Kapital von nur einem englischen Penny (ca. 1,5 Euro-Cent) errichtet werden. Üblicherweise wird jedoch ein Kapital von 100 englischen Pfund bestimmt. Zur Gründung einer Ltd. genügt ein Gesellschaftsvertrag in einfacher Schriftform. Ein Gang zum Notar bzw. zu einer entsprechenden englischen Stelle ist somit nicht erforderlich. Aufgrund dieses einfachen Gründungsverfahrens ist die Zahl der von Deutschen in Großbritannien gegründeten Limiteds sprunghaft gestiegen.

— AG

Sie ist eine Gesellschaft des Handelsrechts gem. §§ 1 ff. AktG mit eigener Rechtsfähigkeit, bei der die Gesellschafter den Gesellschaftsgläubigern gegenüber nicht haften und der Gesellschaftsanteil jedes Gesellschafters (= Aktie) einen Teil des Grundkapitals darstellt.

— SE (Europäische Aktiengesellschaft)

Die Europäische Aktiengesellschaft ist unter dem lateinischen Namen „**Societas Europaea**", **abgekürzt SE,** durch eine EG-Verordnung[9] vom 08.10.2001 in Form einer juristischen Person eingeführt worden. Die SE-Verordnung (SE-VO) ist drei Jahre später am 08.10.2004 in Kraft getreten. Neben der SE-VO gibt es eine weitere VO zur Ergänzung der SE hinsichtlich der Beteiligung der Arbeitnehmer (SE-RL).[10] In fast allen betreffenden Staaten sind inzwischen auch Ausführungsgesetze ergangen, in Deutschland das SE-Ausführungsgesetz (SE-AG) vom 22.12.2004.[11]

Diese SE ist eine Gesellschaft mit eigener Rechtspersönlichkeit, also eine juristische Person. Trägerin von Rechten und Pflichten gegenüber Dritten (Außenstehenden) ist die Gesellschaft und nicht die Gesamtheit ihrer

---

7 Sec 1 Companies Act 1985 Großbritannien; sehr ausführlich in Spangemacher u. a., S. 300 ff. dargestellt. Die Ltd. wurde durch den Companies Act 2006 umfassend reformiert. Vgl. hierzu Nave in NWB Fach 18, Seite 4639 und ausführlich Hoffmann u. a. A.4.
8 „Inspire Art", BB 2003 S. 2195 = NJW 2003 S. 3331 = GmbHR 2003 S. 1260.
9 EG-VO Nr. 2157/2001 ABl. 2001 Nr. L 294/1 und ABl. 2004 Nr. L 168/1; sehr ausführlich zur SE Spangemacher u. a., S. 327 ff.
10 EG-VO Nr. 2001/86 ABl. 2001 Nr. L 294/22.
11 BGBl I 2004 H, 3675.

A. Grundlagen

Gesellschafter. Die SE ist partei-, konto-, grundbuch-, beteiligungs- und eigentumsfähig. Die Rechtsfähigkeit der SE beginnt mit der Eintragung in das zuständige Register, Art. 16 Abs. I SE-VO.
Die Rechtsform der SE ist vor allem auf Großunternehmen zugeschnitten. Die SE soll insbesondere den international agierenden Unternehmen eine Alternative bieten zu den bisher bestehenden Möglichkeiten der Konzerngliederung und der Kooperation mit anderen Unternehmen. Die SE soll es ermöglichen, europaweit mit einer einzigen Gesellschaft zu agieren und dadurch erhebliche Kosten zu ersparen.

— KGaA

13 Sie ist eine Gesellschaft mit eigener Rechtspersönlichkeit, bei der mindestens ein Gesellschafter den Gesellschaftsgläubigern unbeschränkt haftet (persönlich haftender Gesellschafter, Komplementär). Die übrigen Gesellschafter sind an dem in Aktien zerlegten Grundkapital beteiligt, sie haften nicht persönlich (Kommanditaktionäre, § 278 AktG).

— GmbH & Co. KG

14 Sie ist eine KG, bei der ein Gesellschafter eine GmbH ist. In der Praxis ist die GmbH der Vollhafter (= Komplementär), während andere, meistens Einzelpersonen, die Kommanditisten sind. Dies ist jedoch auch anders möglich.

— GmbH & Co. GbR mit Haftungsbeschränkung (= m.b.H.)

15 Sie ist eine GbR besonderer Art. Gesellschafter sind eine oder mehrere GmbHs sowie fast immer zusätzlich eine oder mehrere natürliche Personen, die die Haftung beschränken (wie bei der GbR mit Haftungsbeschränkung). Eine oder mehrere GmbHs führen meistens allein die Geschäfte. Diese GbR ist einer GmbH & Co. KG vergleichbar.[12]

— eG (Genossenschaft)

16 Sie ist eine Gesellschaft des Handelsrechts mit eigener Rechtsfähigkeit und nicht geschlossener Mitgliederzahl, bei der die Genossen den Genossenschaftsgläubigern gegenüber nicht haften und bei der im Statut bestimmt sein muss, bis zu welchem Betrag sich die einzelnen Genossen mit Einlagen beteiligen können (Geschäftsanteil) und bis zu welchem Betrag sie einzuzahlen verpflichtet sind. Die Einzahlungen müssen bis zu einem Gesamtbetrag von mindestens $1/10$ des Geschäftsanteils nach Betrag und Zeit bestimmt sein (§§ 1, 2, 7 GenG).

— SCE (Europäische Genossenschaft)

Die EU hat am 22.07.2003 die „Verordnung über das Statut der Europäischen Genossenschaft (SCE)", gestützt auf Art. 308 EG-VO, beschlossen.[13]

---

12 Vgl. R. Rz. 17 ff.
13 EG-VO Nr. 1435/2003 ABl 2003 Nr. L 207/1; ausführlich zur SCE Spangemacher u. a., S. 354 ff,

1 Gesellschaftsformen und ihre Abgrenzung

Die Verordnung ist am 18.08.2006 (Art. 80 SCE-VO) in Kraft getreten und soll Unternehmen jedweder Rechtsform die grenzüberschreitende Zusammenarbeit in Form einer Europäischen Genossenschaft (Societas Cooperativa Europaea, SCE) ermöglichen. Charakteristisch für die Genossenschaft ist, dass sie die Belange der Mitglieder vor allem durch den Abschluss von Geschäften mit diesen fördert.

Für die in Deutschland ansässigen SCE wurde am 14.08.2006 das SCE-Ausführungsgesetz (SCE-AG) beschlossen.[14] Für die Arbeitnehmer gilt das SCE-Beteiligungsgesetz (SCE-BG) vom 14.08.2006.[15]

Nach Art. 1 Abs. 3 SCE-VO ist Hauptzweck einer SCE, den Bedarf ihrer Mitglieder zu decken und/oder deren wirtschaftliche und/oder soziale Tätigkeiten zu fördern. Sie verwirklicht diesen Zweck insbesondere durch den Abschluss von Vereinbarungen mit ihren Mitgliedern über die Lieferung von Waren oder die Erbringung von Dienstleistungen oder die Durchführung von Arbeiten im Rahmen der Tätigkeiten, die die SCE ausübt oder ausüben lässt. Die SCE bildet eine Rechtsform für die länderübergreifende Verwirklichung genossenschaftlicher Zwecke.

Die SCE besitzt eine eigene Rechtspersönlichkeit, Art. 1 Abs. 5 SCE-VO. Das Grundkapital ist in Geschäftsanteile zerlegt, Art. 1 Abs. 2 Unterabs. 1 SCE-VO. Die Mitgliederzahl und das Grundkapital sind veränderlich, Art. 1 Abs. 2 Unterabs. 2 SCE-VO. Die Genossenschaft hat damit sowohl personalistische als auch kapitalistische Elemente. Das Grundkapital muss mindestens 30.000 Euro betragen, Art. 3 Abs. 2 SCE-VO.

Die Haftung der SCE ist unbeschränkt. Die Haftung der Mitglieder ist grundsätzlich auf die Höhe des eingezahlten Geschäftsanteils beschränkt, es sei denn, die Satzung sieht etwas anderes vor, Art. 1 Abs. 2 Unterabs. 3 Satz 1 SCE-VO.

— **Stille Gesellschaft**

Sie ist eine Gesellschaft, bei der sich jemand mit einer Vermögenseinlage an dem Handelsgewerbe eines anderen beteiligt (§ 230 HGB).   17

— **Unterbeteiligung**

Sie ist eine Gesellschaft, bei der sich jemand an einem Anteil an einer anderen Gesellschaft (z. B. GbR, OHG, KG, GmbH, AG oder stillen Beteiligung) beteiligt. Sie ist eine GbR Innengesellschaft, die der stillen Gesellschaft sehr nahe steht (§§ 705 ff. BGB mit §§ 230 ff. HGB).   18

---

14 BGBl I 2006, 1911.
15 BGBl I 2006, 1917.

A. Grundlagen

1.3 Vereinigungen mit und ohne Rechtsfähigkeit

19 Eine der wohl wichtigsten Unterscheidungen ist die nach der bürgerlich-rechtlichen Rechtsfähigkeit. Ist eine Gesellschaft rechtsfähig, ist ein neues Rechtssubjekt entstanden. Die Mitglieder sind nicht mehr unmittelbar am Betriebsvermögen beteiligt, sondern haben nur noch Rechte und Pflichten gegenüber der juristischen Person. Diese ist Inhaberin ihres Vermögens, Eigentümerin, Gläubigerin der Gesellschaftsforderungen und Schuldnerin der Gesellschaftsschulden. Wenn eine juristische Person (durch ihre Organe Vorstand oder Geschäftsführer) etwas kauft, wird sie allein aus dem Vertrag berechtigt und verpflichtet, nicht die Mitglieder. Bei den Zusammenschlüssen ohne Rechtsfähigkeit ist dies anders.

Rechtsfähige Gesellschaften	Nichtrechtsfähige Gesellschaften
— rechtsfähiger Verein §§ 21 – 53, 55 – 79 BGB	— BGB-Gesellschaft (GbR) §§ 705 – 740 BGB
— Aktiengesellschaft (AG) §§ 1 ff. AktG	— offene Handelsgesellschaft (OHG) §§ 105 – 160 HGB
— Europäische Aktiengesellschaft (SE) EG-VO Nr. 2157/2001	— Kommanditgesellschaft (KG) §§ 161 – 177 a HGB
— Kommanditgesellschaft auf Aktien (KGaA) §§ 278 – 290 AktG	— Partnerschaft, § 1 PartGG
	— EWIV, EG-Verordnung 2137/85
— Gesellschaft mit beschränkter Haftung (GmbH) §§ 1 ff. GmbHG	— stille Gesellschaft §§ 230 – 237 HGB
— Private Limited Company (Ltd.) Companies Act 1985 Großbritanien	— Unterbeteiligung § 705 BGB mit §§ 230 ff. HGB
— eingetragene Genossenschaft (eG) §§ 1 ff. GenG	— Partenreederei §§ 489 – 508 HGB
— Europäische Genossenschaft (SCE) EG-VO Nr. 1435/2003	— nichtrechtsfähiger Verein § 54 BGB
— Versicherungsverein auf Gegenseitigkeit (VVaG) §§ 7, 15 – 53 VAG	— ältere bergrechtliche Gewerkschaft Preuß. Allg. Landrecht (II, 16); jetzt abgewandelt in §§ 226 ff. ABG
— bergrechtliche Gewerkschaft landesrechtliche Berggesetze, vor allem §§ 94 – 134 preuß. Allg. BergG (ABG)	

1.4 Personengesellschaft – Kapitalgesellschaft

20 Die **Personengesellschaft** ist eine Unterart, und zwar die wichtigste der Gesamthandsgemeinschaften. Dazu rechnen GbR, OHG, KG, Partnerschaft,

EWIV, nicht dagegen der nichtrechtsfähige Verein. Die Personengesellschaft baut auf der Persönlichkeit der einzelnen Gesellschafter auf; die Mitgliedschaft ist im Grundsatz nicht übertragbar; sie ist gekennzeichnet durch persönliche Haftung und persönliche Mitarbeit (Selbstorganschaft). Reiner Typ ist die GbR, die OHG, die Partnerschaft und die EWIV; die KG ist schon eine Mischform, da der Kommanditist nur mit der versprochenen Einlage haftet und unter Umständen die KG geradezu beherrschen kann („kapitalistische KG").

Die **Kapitalgesellschaft** ist eine Unterart der juristischen Personen, und zwar des Handelsrechts. Dazu rechnen z. B. die AG, SE, GmbH und KGaA. Die Kapitalgesellschaft ist eine Kapitalsammelstelle, bei der es auf die Persönlichkeit des Mitgliedes nicht ankommt. Die Mitgliedschaft ist grundsätzlich frei übertragbar; es besteht keine persönliche Haftung, die Geschäftsführung erfolgt meist durch Dritte (Fremdorganschaft). Die GmbH ist eine Mischform, da die Mitgliedschaft nur durch notariellen Vertrag übertragen werden kann, die Gesellschafter für einige Pflichten selbst haften und meist selbst mitarbeiten.

1.5 Außen-, Innengesellschaft

Diese Unterscheidung ist ohne Bedeutung bei den juristischen Personen, insbesondere den Kapitalgesellschaften, denn sie treten nach außen immer durch ihre Verwaltungsorgane auf, sie sind immer Außengesellschaften.

Von Bedeutung ist diese Unterscheidung aber bei den Personengesellschaften, die man danach auch unter steuerlichen Gesichtspunkten in neun Gesellschaftsformen aufgliedern kann:

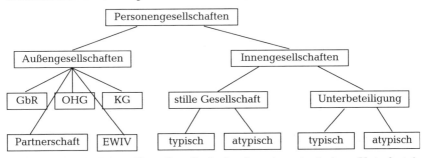

Von einer **typischen** stillen Gesellschaft oder einer typischen Unterbeteiligung spricht man, wenn keine Beteiligung an den stillen Reserven im Falle der Liquidation und kein Einfluss auf die Geschäftsführung vorliegen. Und **atypisch** ist ein solches Gebilde, wenn eine Beteiligung an den stillen Reserven im Falle der Liquidation oder besonderer Einfluss auf die Geschäftsführung gegeben ist.

A. Grundlagen

Der Unterschied zwischen einer Außen- und einer Innenpersonengesellschaft zeigt sich im Wesentlichen an zwei Kriterien:

— **Auftreten der Gesellschaft nach außen**

24 Bei einer Außengesellschaft werden die Rechtsgeschäfte im Namen der Gesellschaft abgeschlossen, und berechtigt und verpflichtet werden sämtliche Gesellschafter. Bei einer Innengesellschaft schließt der tätige Gesellschafter die Rechtsgeschäfte im eigenen Namen ab, nur der tätige Gesellschafter wird berechtigt oder verpflichtet, nicht auch der Innengesellschafter.

— **Gesamthandsvermögen**

25 Bei den Innengesellschaften, auch bei den atypischen, gibt es kein Gesamthandsvermögen, d. h. kein gemeinschaftliches Vermögen der Gesellschafter, wie bei der GbR (wenn sie überhaupt Vermögen hat), der Partnerschaft, der OHG, der EWIV und der KG (§ 718 BGB), sondern es bestehen nur schuldrechtliche Beziehungen. Der tätige Gesellschafter ist Alleineigentümer des „Gesellschaftsvermögens". Der Innengesellschafter hat nur einen schuldrechtlichen Auseinandersetzungsanspruch bei Auflösung der Gesellschaft.

> **Beispiel:**
> St will sich als stiller Gesellschafter am Handelsbetrieb des G dadurch beteiligen, dass er ein Grundstück als Einlage einbringt.
> St muss das Eigentum dieses Grundstücks auf G übertragen, d. h., es sind ein notarieller Vertrag und eine Auflassung erforderlich (§ 230 Abs. 1 HGB, §§ 311 b, 873 und 925 BGB). Eigentümer des Grundstücks ist nach Einlage nicht die stille Gesellschaft, sondern G als Inhaber des Betriebs, er wird im Grundbuch eingetragen. Wollten St und G eine OHG gründen in diesem Sinne, würde das Grundstück Gesamthandsvermögen, d. h., es gehörte St und G zusammen zur gesamten Hand und würde auch so im Grundbuch eingetragen.

26 Die Innengesellschaft darf nicht mit dem Innenverhältnis zwischen den Gesellschaftern, das bei allen Personengesellschaften, d. h. auch bei den Außengesellschaften, besteht, verwechselt werden. Dieses Innenverhältnis (z. B. Regelung der Geschäftsführung, Ansprüche zwischen den Gesellschaftern) ergibt sich schon aus der Notwendigkeit einer Einigung der Gesellschafter über die Verfolgung eines gemeinsamen Zwecks.

1.6 Vermögensstruktur

27 Das bürgerliche Recht kennt das Alleineigentum, das Bruchteilseigentum und das Gesamthandseigentum. Alle drei Arten kommen bei Gesellschaften vor.

28 Unter einer **Bruchteilsgemeinschaft** versteht man die Beteiligung mehrerer an einem Recht i. S. der §§ 741 ff. BGB; jeder Beteiligte hat an jedem einzelnen zur Gemeinschaft gehörenden Gegenstand einen ideellen Bruchteil,

über den er frei verfügen kann. **Verfügen** heißt zivilrechtlich ein Recht übertragen (Eigentumsübertragung, Forderungsabtretung), ein Recht belasten (Grundschuldeintragung), ein Recht inhaltlich ändern (Aufspaltung eines GmbH-Anteils) oder ein Recht aufgeben (Zeitung wegwerfen).

Beispiel 1:

Zwei Brüder, A und B, sind im Grundbuch als Eigentümer zu je $^1/_2$ eingetragen. A veräußert und übereignet seinen Anteil an X. X wird daraufhin anstelle des A als Eigentümer des Grundstücks zu $^1/_2$ im Grundbuch eingetragen.

In der Praxis kommen Bruchteilsgemeinschaften sehr häufig vor bei Eheleuten, die gemeinsam, d. h. zu je $^1/_2$, eine Eigentumswohnung oder ein Wohnhaus erwerben. Häufigster Fall ist das Wohn- oder Teileigentum. Hier ist der im Grundbuch eingetragene Eigentümer einer bestimmten Wohnung oder eines Geschäfts gleichzeitig Bruchteilseigentümer am Grund und Boden und dem sonstigen gemeinschaftlichen Eigentum (z. B. Keller, Hausflur, Boden, Dach, tragende Wände usw.). Der Bruchteil ist in großen Einheiten in Tausendstel ausgedrückt.

Bei einer **Gesamthandsgemeinschaft** steht das Gesellschaftsvermögen den Gesellschaftern in ihrer Vereinigung zu, also zur gesamten Hand. Über einen Gegenstand des Gesamthandsvermögens können alle nur gemeinsam verfügen, ein Gesellschafter kann also nicht über einen etwaigen Anteil am einzelnen Gegenstand verfügen (§ 719 Abs. 1 BGB).

Beispiel 2:

Sind im obigen Beispiel 1 A und B als Gesellschaft (GbR) Eigentümer des Grundstücks und auch so im Grundbuch eingetragen, dann kann A an X seinen ideellen Anteil am Grundstück nicht veräußern.

Diese Nichtverfügungsbefugnis am einzelnen Gegenstand darf nicht verwechselt werden mit einer etwaigen Verfügungsmöglichkeit über den Anteil am Gesamthandsvermögen. Dies ist je nach Gesamthandsgemeinschaft gesetzlich anders geregelt. Es gibt davon **drei Arten.** Bei der Personengesellschaft (§ 719 Abs. 1 BGB) und bei der Gütergemeinschaft (§ 1419 Abs. 1 BGB) ist auch dies gesetzlich verboten, während es bei der Erbengemeinschaft (§ 2033 Abs. 1 BGB) gesetzlich erlaubt ist. In der Praxis der Personengesellschaften wird aber trotzdem über den Gesellschaftsanteil verfügt.[16] Im obigen Beispiel 2 kann A nur seinen gesamten Anteil an der GbR mit Zustimmung des B an X übertragen.

Im Rahmen von Gesellschaften kann nun das Vermögen wie folgt gebunden oder verteilt sein:

---

16 Vgl. ausführlich unter A. Rz. 62 und A. Rz. 63.

A. Grundlagen

— AG, SE, GmbH und andere rechtsfähige Gesellschaften

30 Hier ist als Gesellschaftsvermögen nur Alleineigentum denkbar, da diese juristischen Personen selbst Träger von Rechten und Pflichten sind. Dabei ist natürlich nicht ausgeschlossen, dass eine juristische Person an einer Bruchteilsgemeinschaft oder Personengesellschaft beteiligt ist. Dann gehört der jeweilige Anteil der juristischen Person, z. B. der AG oder der GmbH.

Beispiel 3:

Ist im obigen Beispiel 1 A eine AG und B eine GmbH, dann sind diese Gesellschaften Eigentümer zu je $1/2$ des Grundstücks.

— Stille Gesellschaft, Unterbeteiligung

31 Hier ist ebenfalls nur Alleineigentum denkbar, da der Stille bzw. Unterbeteiligte Sacheinlagen bürgerlich-rechtlich auf den Inhaber des Betriebs bzw. den Hauptbeteiligten übertragen muss.[17]

— GbR, OHG, EWIV, Partnerschaft, KG

32 Als Gesellschaftsvermögen kommt nur Gesamthandseigentum in Betracht. Bruchteilseigentum und Alleineigentum ist nur dann möglich, wenn die Gesellschafter dies besonders vereinbaren.

Beispiel 4:

A und B bilden eine OHG. Sie wollen gemeinsam für die OHG ein Grundstück erwerben, aber als Bruchteilseigentum zu je $1/2$. Dies ist nur so möglich, dass A und B zu je $1/2$ Eigentümer werden, also nicht die OHG. Dieser kann es dann nur nutzungsmäßig zur Verfügung gestellt werden.

Beispiel 5:

Wie Beispiel 4, jedoch soll A das Grundstück allein erwerben. In diesem Fall würde A allein im Grundbuch eingetragen, und er würde es der OHG nutzungsmäßig zur Verfügung stellen. In beiden Beispielen spricht man steuerlich vom Sonderbetriebsvermögen des A und B bei der OHG.[18]

Die Personengesellschaften können selbst Bruchteilseigentümer sein. Dann ist aber der Bruchteil Bestandteil des Gesamthandsvermögens.

Beispiel 6:

Eine OHG erwirbt eine Eigentumswohnung. In diesem Fall wird die OHG im Grundbuch z. B. als Bruchteilseigentümer zu $25/1000$ am Grund und Boden usw. eingetragen.

---

17 Vgl. A. Rz. 25.
18 Vgl. B. Rz. 96 ff.

2 Besondere Wesens- und Unterscheidungsmerkmale

2.1 Entstehung – Registereintrag – Form des Gesellschaftsvertrags

Die Gesellschaften entstehen grundsätzlich durch den Abschluss eines Gesellschaftsvertrags von mindestens zwei Gesellschaftern. Bei GmbH und AG heißen diese Personen Gründer, bei der e. G. Genossen. Bei der AG und bei der GmbH reicht ein Gründer (§ 2 AktG) bzw. ein Gesellschafter (§ 1 GmbHG), während bei der e. G. mindestens sieben Genossen (§ 4 GenG) notwendig sind.

Die **Eintragung** in das Handelsregister (bei e. G. Genossenschaftsregister) ist zum Teil zur Entstehung überhaupt nicht erforderlich, zum Teil wirkt die Eintragung deklaratorisch, zum Teil konstitutiv.

Keine Eintragung	Eintragung deklaratorisch	Eintragung konstitutiv
– GbR[19] – stille Gesellschaft – Unterbeteiligung	– OHG, die Handelsgewerbe betreibt (§§ 1 und 105 HGB) – GbR, wenn sie eingetragen wird[19]	– OHG mit geringem Umfang, landwirtschaftlich oder vermögensverwaltend tätig (§ 1 Abs. 2, §§ 2, 105 Abs. 2 HGB) – KG (§§ 161, 162, 172 Abs. 1 HGB) – Partnerschaft (§ 7 Abs. 1 PartGG) – EWIV (Art. 2 Abs. 1 EG-VO 2137/85) – GmbH (§ 11 GmbHG) – Ltd. (Sec 1 CA 1985) – AG (§ 41 AktG) – SE (EG-VO Nr. 2157/2001) – e. G. (§ 13 GenG) – SCE (EG-VO Nr. 1435/2003)

Der **Gesellschaftsvertrag** kann grundsätzlich formlos, d. h. mündlich, abgeschlossen werden, wird in der Praxis jedoch meistens schriftlich abgefasst. Ausnahmsweise ist Schriftform bzw. notarielle Beurkundung erforderlich. Bei der AG heißt der Gesellschaftsvertrag Satzung, bei der e. G. Statut.

---

19 Nach dem BGH-Beschluss vom 16.07.2001, NJW 2001 S. 3121, kann jetzt die GbR auch im Handelsregister eingetragen werden.

A. Grundlagen

Formlos	Schriftlich	Notarielle Beurkundung
– GbR	– e. G. (§ 5 GenG)	– GmbH (§ 2 GmbHG)
– OHG	– Partnerschaft (§ 3 PartGG)	– AG (§ 23 AktG)
– KG		– SE (Art. 3 und 15 SE-VO)
– stille Gesellschaft	– EWIV (Art. 2 Abs. 1 EG-VO 2137/85)	
– Unterbeteiligung	– Ltd. (Sec 1 ff. CA 1985)	
	– SCE (Art. 17 SCE-VO)	

Soll im Rahmen eines Gesellschaftsvertrags über das Eigentum an Grundstücken verfügt werden, ist in jedem Falle die notarielle Beurkundung erforderlich (§§ 311 b, 873, 925 BGB).

2.2 Besondere Eignung der Gesellschaftsformen

35 Die **GbR** kommt bei gemeinsamer Interessenverfolgung in Betracht, wenn kein Registereintrag erfolgen soll, d. h. beim Zusammenschluss von kleineren Betrieben, und wenn das Gewerbe nicht auf Dauer gemeinsam ausgeübt werden soll – Gelegenheitsgesellschaften, Meta-Verbindungen, Vermögensverwaltungen, Sozietäten von Freiberuflern, Arbeitsgemeinschaften, Joint Ventures, Holdinggesellschaften, Objekt- und Besitzgesellschaften, Immobilienverwaltungsgesellschaften, Ehegatten-Grundstücksgesellschaften, Emissions-Konsortien, Immobilienfonds und Bauherrengemeinschaften. Durch die Entscheidungen des BGH vom 29.01.2001 und vom 16.07.2001[20] kann sich jetzt die GbR an allen anderen Gesellschaften (z. B. GbR, OHG, KG, GmbH) beteiligen.

Sie kann jetzt vertragliche und gesetzliche Ansprüche sowie dingliche Rechte erwerben, sie kann Schuldner sein. Darüber hinaus ist die GbR jetzt erb-, wechsel- und scheckfähig. Sie kann jetzt Adressat eines Steuerbescheids sein, sie ist im Zivilprozess parteifähig und kann insolvent werden. Da die GbR im Handelsregister nicht eingetragen werden muss – nur kann –, bei ihrer Gründung daher kaum Kosten entstehen, wird sie zukünftig im Wirtschaftsleben eine große Bedeutung bekommen.

Die **OHG** ist im Wirtschaftsleben die Gesellschaft für gleichberechtigte Partner, die alle in der Gesellschaft tätig werden wollen. Sie setzt gegenseitiges Vertrauen voraus und ist infolge ihrer Haftungsstruktur sehr kreditwürdig.

Die **KG** als Abart der OHG ist geeignet, wenn einer oder mehrere Partner sich nur kapitalmäßig beteiligen, d. h. in der Gesellschaft nicht tätig sein wollen oder können, und insbesondere nicht voll haften wollen, z. B. Erben eines bisher voll haftenden Gesellschafters.

Die **Partnerschaft** ist vor allem für die freien Berufe interessant, die aus berufsrechtlichen oder berufsethischen Gründen die Kapitalgesellschaft

---

20 Vgl. Fn. 2 und 3.

ablehnen, deren Zusammenschlüsse in der Praxis aber nach der Zahl der Partner, der Art der gesellschaftsrechtlichen Struktur (Zweigstellen, überörtliche Sozietäten usw.) und dem Kapitaleinsatz über die GbR hinausgewachsen sind (z. B. bei Anwälten, Steuerberatern, Ärzten oder Architekten).

Die **EWIV** hat nach Art. 3 Abs. 1 der EG-VO 2137/85 den Zweck, die wirtschaftliche Tätigkeit ihrer Mitglieder zu erleichtern oder zu entwickeln sowie die Ergebnisse dieser Tätigkeit zu verbessern oder zu steigern. Die EWIV tritt nicht an die Stelle der Haupttätigkeit der Mitglieder, sondern übt „Sekundär-Aktivitäten" aus, d. h. fördert durch Kooperation Synergieeffekte bei den Mitgliedern.[21] Sie hat nicht das Ziel, selbst Gewinne zu erzielen, sondern dient im Wesentlichen dem Verlustausgleich über die Grenzen innerhalb Europas. Sie ist daher eine Verlustgesellschaft.[22] Die EWIV kommt z. B. in Betracht bei gemeinsamer Teileherstellung, gemeinsamen Forschungs- und Entwicklungsaktivitäten, gemeinsamer Nutzung von Transportmitteln, Lagerhallen, Büros oder Datenbanken, bei gemeinsamen Schulungs- und Fortbildungsmaßnahmen usw.

Die **stille Gesellschaft** wird vereinbart, wenn die Beteiligung nach außen nicht bekannt werden soll (Öffentlichkeit, Gläubiger, Kunden oder Belegschaft sollen davon nichts wissen).[23]

Die **Unterbeteiligung** wird gewählt, wenn sich jemand an einer Gesellschaft beteiligen will, aber dort nicht direkt aufgenommen werden kann oder will. Da die Unterbeteiligung meistens gleichzeitig eine stille Gesellschaft ist, ist auch der dort genannte Grund oft maßgeblich. Hinzu kommt das eingeschränkte Haftungsrisiko.[24]

Mit der **GmbH** kann am einfachsten die Haftung für alle Beteiligten voll beschränkt werden. Sie ist als Kapitalgesellschaft geeignet, wenn der allgemeine Kapitalmarkt nicht in Anspruch genommen werden soll oder muss. Es sind keine besonderen Formen erforderlich.[25] Für die **Ltd.** gilt dies entsprechend.

Die **AG** ist die allgemeine Rechtsform für Großunternehmen, die Kapital am Kapitalmarkt suchen und bei denen die Anteile an der Börse gehandelt werden sollen. Es sind strenge Formen sowohl bei Gründung als auch später vorgeschrieben. Für die **SE** gilt dies entsprechend. Diese Rechtsform ist geeignet, wenn das Großunternehmen im europäischen Raum tätig ist.

Die **e. G.** kommt in Frage, wenn viele Partner insbesondere ihre eigene Branche fördern wollen. Wichtige Genossenschaften gibt es in der Landwirtschaft und im Kreditbereich des Mittelstandes (Volks- und Raiffeisenban-

---

21 Littmann/Bitz/Pust, § 15 Rz. 55 a m. w. N.
22 Autenrieth, BB 1989 S. 305; Weimar, NWB F. 18, 3031; Bach, BB 1990 S. 1432; Fey, DB 1992 S. 233; Klein-Blenkers, DB 1994 S. 2224.
23 Ausführlich Fleischer/Thierfeld, S. 13 ff.; Hottmann u. a., O. Rz. 3 ff.
24 Fleischer/Thierfeld, Abschn. 4.3.
25 Einzelheiten in Hottmann u. a., B. Rz. 1 ff.

A. Grundlagen

ken) sowie auf dem Wohnungsmarkt (Baugenossenschaften). Für die **SCE** gilt dies entsprechend. Diese Rechtsform ist geeignet, wenn das Unternehmen im europäischen Raum tätig ist.

Die **GmbH & Co. KG** ist nur eine besondere Form der KG. Sie ist in zurückliegenden Jahren besonders häufig errichtet worden, um als Personengesellschaft so weit wie möglich der steuerlichen Doppelbelastung zu entgehen und trotzdem bürgerlich-rechtlich die Haftung dadurch voll zu beschränken, dass nur die GmbH Komplementärin wurde. Nach der Einführung des früheren körperschaftsteuerlichen Anrechnungsverfahrens oder dem heutigen Halbeinkünfteverfahren ist sie aus steuerlichen Gründen gegenüber der reinen GmbH nur noch interessant, wenn mit Verlusten gerechnet wird. Denn Kommanditisten einer GmbH & Co. KG können ihre Verluste aus der KG, es sei denn, § 15 a EStG ist einschlägig, mit ihren anderen Einkünften ausgleichen. Bei einer reinen GmbH ist dies nicht möglich. Hier bleibt der Verlust in der GmbH.

Die **GbR mit Haftungsbeschränkung** und die **GmbH & Co. GbR mit Haftungsbeschränkung** sind geeignet, wenn Haftungsbeschränkungen gewünscht werden, aber die Eintragung einer KG nicht gewünscht wird und eine reine GmbH aus anderen Gründen nicht in Frage kommt. Sie werden auch bei Überleitung einer KG errichtet, um die Besteuerung stiller Reserven zu vermeiden, wenn die Gewerblichkeit der KG wegfällt.[26]

2.3 Kapital – Mindesteinzahlung – Art der Einlage

36 Bei den Personengesellschaften **GbR, Partnerschaft, EWIV** und **OHG** ist weder ein festes Kapital noch eine Mindesteinlage vorgeschrieben. Dies gilt auch für die Komplementäre einer KG. Bei der **KG** muss die Kommanditeinlage und bei der **stillen Gesellschaft** die Einlage des stillen Gesellschafters mit einem festen Betrag, der Höhe nach jedoch nicht begrenzt, vereinbart werden. Bei der KG muss der Betrag der Kommanditeinlage zusätzlich im Handelsregister angemeldet werden.[27] Bei der **Unterbeteiligung** ist die Festlegung eines bestimmten Betrags nicht erforderlich, die Unterbeteiligung kann auch anders, z. B. quotenmäßig zu je ½ oder prozentual, vereinbart werden.

37 Bei den meisten Personengesellschaften können die Einlagen in Geld, Sachwerten, Nutzungseinlagen oder in Dienstleistungen bestehen. Die Einlage eines Kommanditisten kann zwar in Geld oder Sachwerten erfolgen, muss aber bei Sachwerten immer in einem Geldbetrag bestimmt sein (§ 161 Abs. 1 HGB).

---

26 Vgl. § 15 Abs. 3 Nr. 2 EStG und R. Rz. 17 ff.
27 Vgl. § 162 Abs. 1 HGB für die KG und § 232 Abs. 2 Satz 1 HGB für die stille Gesellschaft.

Beispiel:

B will sich an einer OHG beteiligen. Welche Möglichkeiten einer Beteiligung sind denkbar?

- **Bareinlage;** B hat in das Gesamthandsvermögen einen Betrag in bar einzubringen. Überweisung oder Scheckeinreichung genügt selbstverständlich.
- **Sacheinlage;** B hat das Eigentum eines Gegenstandes, z. B. eines PKW oder eines Grundstücks, in das Gesamthandsvermögen zu übertragen. Dabei ist bei Grundstücken notarielle Form erforderlich (§§ 311 b, 873, 925 BGB). Eigentümer ist dann die OHG. Auch die Abtretung einer Forderung kann eine Sacheinlage sein.
- **Nutzungseinlage;** B stellt einen Gegenstand, z. B. einen PKW oder ein Grundstück, der OHG nur zur Nutzung zur Verfügung, und zwar gegen besonderes Entgelt (= eine Art Miete) oder unentgeltlich (= eine Art Leihe). Bei Grundstücken ist keine notarielle Form erforderlich. Eigentümer bleibt B oder der Dritte (z. B. Ehegatte), der den Gegenstand zur Verfügung stellt. Aber auch Rechte, z. B. ein Patent, können zur Verfügung gestellt werden.
- **Leistungseinlage;** B stellt der OHG seine eigene Arbeitskraft oder die Arbeitskraft eines Arbeitnehmers seiner Einzelfirma mit dessen Zustimmung gegen besonderes Entgelt oder unentgeltlich zur Verfügung.

2.4 Gewinn-und-Verlust-Beteiligung, Entnahmerecht

Zunächst ist festzuhalten, dass der Begriff Gewinn (und damit auch Verlust) im Steuerrecht und im Handelsrecht verschieden gebraucht wird. **38**

Steuerlich ist gem. § 4 Abs. 1 EStG Gewinn der Unterschiedsbetrag zwischen dem Betriebsvermögen am Schluss des Wirtschaftsjahres und dem Betriebsvermögen am Anfang des Wirtschaftsjahres + Entnahmen ./. Einlagen, also immer und nur eine innerhalb eines Zeitabschnitts bewirkte Vermehrung des Betriebsvermögens (also ausschließlich vom Erfolg bezüglich des Vermögens betrachtet).

Das Handelsrecht zielt dagegen in erster Linie ab auf die Ermittlung eines verteilbaren Betrags, verteilbar im Hinblick auf die Zurückhaltung ausreichender Mittel zur Stärkung der Kapitalkraft und Liquidität des Unternehmens. Der Begriff des Gewinns kommt im Handelsrecht daher im Wesentlichen im Zusammenhang mit seiner Verteilung bei den in Gesellschaftsform betriebenen Unternehmen gesetzlich vor:

— § 120 HGB (Gewinnermittlung zur Verteilung an die Gesellschafter),
— § 231 HGB (Gewinnermittlung bei der stillen Gesellschaft),
— § 174 AktG (Verteilung des Bilanzreingewinns),
— § 29 GmbHG (Verteilung des Bilanzreingewinns),
— §§ 238 ff. HGB sprechen nicht vom Gewinn (nur von Buchführung, Bilanz und Inventar).

A. Grundlagen

Am besten ist der Unterschied aus § 158 AktG zu sehen. Danach ist Gewinn: „Der nach Einreichung eines Gewinnvortrags oder Kürzung eines Verlustvortrags in der V+G auszuweisende Jahresüberschuss oder -fehlbetrag, der noch um Entnahmen und Einstellungen bei den Gewinnrücklagen zu berichtigen ist (§ 158 Abs. 1 Satz 1 Nr. 5 AktG)." Oder einfacher: Der für den Gewinnverwendungsbeschluss zur Verfügung stehende Teil des Vermögens. Der betriebswirtschaftliche bzw. steuerliche Gewinn (wenn man von den besonderen, zwingenden Bewertungsvorschriften des EStG aus Vereinfachungsgründen einmal absieht) ist nach § 275 Abs. 2 Nr. 20, Abs. 3 Nr. 19 und nach Abs. 4 HGB der „Jahresüberschuss oder Jahresfehlbetrag".

39 Die Gewinn-und-Verlust-Beteiligung richtet sich bei fast allen Gesellschaften nach dem Gesellschaftsvertrag (bzw. Satzung oder Statut) und, wenn nichts Besonderes ausgesagt ist, nicht nach dem steuerlichen, sondern nach dem handelsrechtlichen Gewinn. Sind keine Vereinbarungen dahin gehend getroffen – in der Praxis sehr selten –, werden Gewinn und Verlust verteilt bei den Personengesellschaften:

— **GbR** nach Köpfen, d. h. zu gleichen Teilen (§ 722 BGB);

— **Partnerschaft** wie GbR, da das PartGG keine besondere Regelung enthält (§ 1 Abs. 4 PartGG);

— **OHG** nach Köpfen, wobei die Kapitalanteile vorab mit 4 % verzinst werden (§ 121 HGB);

— **KG** nach Köpfen in angemessenem Verhältnis, wobei auch hier die Kapitalanteile vorab mit 4 % verzinst werden (§§ 167, 168 HGB);

— **EWIV** nach Köpfen wie bei der OHG;

— **stille Gesellschaft** in angemessenem Umfang (§ 231 HGB).

40 Das Entnahmerecht ist den Regelungen zur Gewinn-und-Verlust-Verteilung angepasst. Auch hier ist vieles durch Gesellschaftsvertrag, Satzung oder Statut regelbar. Bei den Personengesellschaften gilt nach Gesetz:

— **GbR:** Bei Gesellschaften von längerer Dauer sind im Zweifel Entnahmen nur zum Schluss des Geschäftsjahres möglich. Bei anderen Gesellschaften besteht ein Entnahmerecht erst bei Auflösung der Gesellschaft (§ 721 BGB).

— **Partnerschaft** wie GbR, da das PartGG keine besondere Regelung enthält (§ 1 Abs. 4 PartGG).

— **OHG:** Es besteht ein jährliches Entnahmerecht bis zu 4 % des Kapitalanteils, darüber hinaus nur, wenn es nicht zum Schaden der Gesellschaft geschieht (§ 122 HGB).

— **KG:** Die Kommanditisten haben kein Entnahmerecht. Sie haben nur einen Anspruch auf Auszahlung des Gewinnanteils, solange ihr Kapitalanteil nicht unter die bedungene Einlage sinkt (§ 169 HGB).

— **EWIV:** Soweit es überhaupt in Betracht kommt, wie bei OHG, weil das OHG-Recht subsidiär anzuwenden ist.
— **stille Gesellschaft:** Der Stille hat nur einen Anspruch auf Gewinnauszahlung zum Schluss eines Geschäftsjahres. Solange seine Einlage durch Verlust gemindert ist, muss sie durch spätere Gewinne erst wieder aufgefüllt werden (§ 232 HGB).

2.5 Geschäftsführungs- und Vertretungsbefugnis

Geschäftsführung ist jede zur Förderung des Gesellschaftszwecks bestimmte, für die Gesellschaft wahrgenommene Tätigkeit, die nicht die Grundlagen der Gesellschaft betrifft. Darauf, ob es um Handlungen tatsächlicher oder rechtsgeschäftlicher Natur geht, ob die Tätigkeit sich auf das Innenverhältnis beschränkt oder ob sie Außenwirkungen hat, namentlich in der Vertretung der Gesellschaft Dritten gegenüber besteht, kommt es nicht an.   41

Von der Geschäftsführung als einer Tätigkeit im Interesse der Gesellschaft zu unterscheiden ist die **Geschäftsführungsbefugnis,** d. h. das Recht des Gesellschafters zum Handeln für die Gesellschaft (sein „rechtliches Dürfen"). Ihre Ausgestaltung und ihr Umfang richten sich bei den Gesamthandsgemeinschaften nach gesellschaftsvertraglicher Vereinbarung, bei deren Fehlen nach Gesellschaftszweck und gesetzlicher Regel (z. B. § 709 BGB). Um Geschäftsführung handelt es sich grundsätzlich auch dann, wenn Geschäftsführer bei ihrer Tätigkeit die Grenzen ihrer Befugnisse überschreiten. Kannten sie die Überschreitung oder hätten sie sie z. B. nach Maßgabe von § 708 BGB erkennen müssen, so bestimmen sich die Rechtsfolgen ihres Handelns gegenüber der Gesellschaft nach den Vorschriften über die Geschäftsführung ohne Auftrag.[28]

Die **Vertretung** der Gesellschaft gegenüber Dritten ist nicht etwa eine von der Geschäftsführung zu unterscheidende Tätigkeit, sondern derjenige Teilbereich der Geschäftsführung, der das rechtsgeschäftliche Außenhandeln der Geschäftsführer umfasst. Die verbreitete Gegenüberstellung von Geschäftsführung als Handeln im Innenverhältnis und Vertretung als Außenhandeln ist daher unzutreffend. Wohl aber ist – ähnlich wie zwischen Auftrag und Vollmacht – zwischen Geschäftsführungsbefugnis und Vertretungsmacht zu unterscheiden. Jene bestimmt das „rechtliche Dürfen", diese das „rechtliche Können".[29]   42

Nicht zur Geschäftsführung gehören schließlich alle diejenigen Maßnahmen, die die Grundlagen der Gesellschaft, insbesondere deren Zusammensetzung und Organisation, betreffen. Insoweit handelt es sich um Fragen, die der Gestaltung durch die Gesamtheit der Gesellschafter im Rahmen des

---

28 Baumbach/Hopt, § 114 Anm. 15.
29 Baumbach/Hopt, § 114 Anm. 1 u. 2.

A. Grundlagen

Gesellschaftsvertrags vorbehalten sind. Dies ist je nach Gesellschaftstyp mehr oder weniger im Gesellschaftsvertrag vereinbar. Dessen jeweilige Ausgestaltung bildet die Basis der Geschäftsführung. Sie steht nicht zur Disposition der Geschäftsführer, soweit ihnen nicht ausnahmsweise im Gesellschaftsvertrag eine entsprechende Ermächtigung möglich und eingeräumt ist.[30] Bei den **Personengesellschaften** gilt:

— GbR:

43 Die **Geschäftsführung** steht grundsätzlich allen Gesellschaftern gemeinsam zu (§ 709 BGB).

Die Geschäftsführung kann jedoch vertraglich auf einen oder mehrere Gesellschafter beschränkt werden (§ 710 BGB). Den nicht zur Geschäftsführung zugelassenen Gesellschaftern steht ein Widerspruchsrecht (§ 711 BGB) und ein Nachprüfungsrecht zu (§ 716 BGB).

Die **Vertretungsmacht** nach außen richtet sich – wenn nichts anderes vereinbart ist – nach der Geschäftsführungsbefugnis (Gesamtvertretungsmacht, Einzelvertretungsmacht; §§ 714, 715 BGB).

— OHG:

44 Zur **Geschäftsführung** sind grundsätzlich alle Gesellschafter **einzeln** berechtigt und verpflichtet (§ 114 HGB). Der durch Gesellschaftsvertrag von der Geschäftsführung ausgeschlossene Gesellschafter hat ein Widerspruchsrecht (§ 115 HGB) und ein Kontrollrecht (jederzeitige Bucheinsicht, § 118 HGB). Darüber hinaus hat er mitzuwirken bei ungewöhnlichen Geschäften, bei Erteilung der Prokura, bei Entziehung der Geschäftsführungsbefugnis und bei Änderung des Gesellschaftsvertrags (§§ 116, 117 HGB); denn hierzu ist die Zustimmung aller erforderlich. Die Mitwirkung erfolgt in Form von Gesellschaftsbeschlüssen. Sie sind grundsätzlich einstimmig zu fassen; der Gesellschaftsvertrag kann Mehrheitsbeschlüsse vorsehen (§ 119 HGB).

Entsprechend der Geschäftsführungsbefugnis hat jeder Gesellschafter **Einzelvertretungsmacht,** sofern im Gesellschaftsvertrag nichts anderes bestimmt ist. Im Vertrag kann auch vereinbart sein, dass alle oder mehrere zusammen (Gesamtvertretungsmacht) oder zusammen mit einem Prokuristen die Gesellschaft vertreten (§ 125 HGB).

Die Vertretungsmacht kann nur durch Urteil entzogen werden (§ 127 HGB).

Die Vertretungsmacht erstreckt sich auf die gerichtlichen und außergerichtlichen Handlungen einschließlich der Veräußerung und Belastung von Grundstücken sowie der Erteilung von Prokura. Die Vertretungsmacht erstreckt sich aber nicht auf solche Geschäfte, die das innere Verhältnis der Gesellschafter zueinander betreffen, z. B. Änderung des Gesellschaftsvertrags, Auflösung der Gesellschaft oder Aufnahme eines Dritten. Eine

---

30 Baumbach/Hopt, § 114 Anm. 3.

2 Besondere Wesens- und Unterscheidungsmerkmale

Beschränkung des Umfangs der Vertretungsmacht ist Dritten gegenüber nicht möglich (§ 126 HGB).

Beispiel:
A ist Geschäftsführer der A+B-OHG und veräußert ein Grundstück der OHG. Die Veräußerung eines Grundstücks ist ein ungewöhnliches Geschäft, § 116 Abs. 1 und 2 HGB (außer bei Grundstückshandelsgesellschaften). A hat daher gegen seine Geschäftsführungsbefugnis verstoßen. Hat A die Vertretungsbefugnis, ist die Veräußerung des Grundstücks zivilrechtlich nicht zu beanstanden (§ 125 Abs. 1 HGB). Er macht sich dann nur im Innenverhältnis schadensersatzpflichtig. Hat A keine Vertretungsbefugnis (§ 125 Abs. 1 HGB), ist die Veräußerung zivilrechtlich nicht in Ordnung. Dann hat er dem Käufer gegenüber gem. §§ 179 ff. BGB einzustehen.

— **Partnerschaft:**
Wie bei der OHG, vgl. § 6 Abs. 3 und § 7 Abs. 3 PartGG. **45**

— **KG:**

Die Geschäftsführung kann vertraglich beliebig geregelt werden. Sofern **46** nichts Besonderes vereinbart ist, liegt sie bei den persönlich haftenden Gesellschaftern einzeln. Es gilt für die Komplementäre Entsprechendes wie für die Gesellschafter der OHG. Die Kommanditisten sind von der Geschäftsführung grundsätzlich ausgeschlossen, nur bei ungewöhnlichen Geschäften ist ihre Zustimmung erforderlich (§ 164 HGB). Abweichende Vereinbarungen sind aber möglich; insbesondere können wichtige Geschäfte von der Zustimmung des Kommanditisten abhängig gemacht werden, oder es kann ihm sogar die Geschäftsführungsbefugnis erteilt werden.

Die Kontrollrechte des Kommanditisten sind schwächer; sie sind im Wesentlichen auf die Bilanzprüfung beschränkt (§ 166 HGB).

Der Kommanditist ist von der **Vertretung** zwingend ausgeschlossen (§ 170 HGB), doch kann ihm Prokura oder Handlungsvollmacht erteilt werden. Die Gesellschaft wird durch die Komplementäre vertreten. Für die Komplementäre gelten die Vorschriften der OHG.

— **EWIV:**
Nach Art. 1 Abs. 2 EG-VO Nr. 2137/85 ist die EWIV selbst geschäftsfähig. **47** Sie handelt durch ihren Geschäftsführer. Bestellung, Abberufung und Haftung des Geschäftsführers ähneln weitgehend dem deutschen GmbH-Recht (Art. 19, 20 EG-VO). Der Geschäftsführer ist damit auch vertretungsbefugt.[31]

— **Stille Gesellschaft:**
Geschäftsführung und Vertretungsmacht hat nur der tätige Gesellschafter. **48** Bei mangelhafter Geschäftsführung ist der Stille auf Schadensersatzansprü-

---
31 Littmann/Bitz/Pust, § 15 Rz. 55 a.

A. Grundlagen

che beschränkt. Vertraglich kann dem Stillen eine Mitwirkung bei der Geschäftsführung eingeräumt werden.

— **GmbH & Co. KG:**

49 Die Geschäftsführung liegt grundsätzlich bei der Komplementär-GmbH, die ihrerseits durch ihre Organe (in der Regel Geschäftsführer) handelt, ansonsten wie bei der KG.

Die Gesellschaft wird in der Regel durch die Komplementär-GmbH vertreten. Diese wird ihrerseits durch ihre Geschäftsführer vertreten, ansonsten wie bei der KG.

2.6 Haftung im Außenverhältnis

50 Zunächst sei kurz dargestellt, dass streng dogmatisch ein Unterschied zwischen **Schuld** und **Haftung** besteht. Man schuldet, wenn man zu einer Leistung verpflichtet ist (§ 241 BGB). Man haftet, wenn man für eine eigene oder fremde Schuld mit seiner Person oder seinem Vermögen auch einzustehen hat. Der Verlobte ist an sich zur Eingehung der Ehe verpflichtet, er haftet aber nicht mit seiner Person (§ 1297 BGB). Dagegen haftet er u. U. mit seinem Vermögen (§§ 1298 ff. BGB). Falsche gerichtliche Urteile und falsche Verwaltungsakte bewirken bei Rechtskraft bzw. Bestandskraft eine Haftung, der keine korrekte Schuld zugrunde liegt. Denn beide wirken nur deklaratorisch, nicht konstitutiv. In der Praxis, aber auch in vielen Gesetzen, wird dieser Unterschied zwischen Schuld und Haftung nicht klar eingehalten. Dieser Unterschied ist jedoch zum Verständnis vieler rechtlicher Probleme in diesem Zusammenhang von großer Bedeutung.

51 Weiter ist zu unterscheiden zwischen der Haftung (und Schuld) im **Innenverhältnis** und der im **Außenverhältnis**. Die Haftung im Innenverhältnis sagt fast nichts über die unterschiedliche Struktur der einzelnen Gesellschaften aus. Im Folgenden geht es daher nicht um die Frage, ob und wie ein Gesellschafter bei Pflichtverletzungen im Innenverhältnis, d. h. seinen anderen Gesellschaftern gegenüber, für den angerichteten Schaden einzustehen hat. Dies hängt im Allgemeinen vom jeweiligen Gesellschaftsvertrag ab. Ist im Gesellschaftsvertrag nichts geregelt, gelten gesetzliche Vorschriften (z. B. § 708 BGB).

Es geht also um die Frage, ob und inwieweit ein Gesellschaftsgläubiger sich an die Gesellschaft oder an die Gesellschafter oder an beide halten kann, d. h., ob das Gesellschaftsvermögen oder das Vermögen der einzelnen Gesellschafter oder alles Vermögen für die Forderung(en) des Gesellschaftsgläubigers einzustehen hat. Wir nehmen als Grundsituation an, dass die Gesellschaft ein Wirtschaftsgut gekauft und erworben hat, es jedoch nicht bezahlen will oder kann. Welche Möglichkeiten hat der Gläubiger bei den einzelnen Gesellschaftsformen?

2 Besondere Wesens- und Unterscheidungsmerkmale

Bei den **juristischen Personen** besteht nur eine Forderung des Gläubigers, der eine Schuld der Gesellschaft entspricht. Die Gesellschafter schulden nicht und haften nicht. Bei einer **GmbH** z. B., deren Geschäftsanteile von A und B gehalten werden, ergibt sich daher folgendes Bild:

```
Gläubiger ————▶ GmbH
                A
                B
```

Diese Feststellung darf nicht verwechselt werden mit einer möglichen **mittelbaren Haftung** einem Gesellschaftsgläubiger gegenüber. Hat im vorliegenden Beispiel A seinen Geschäftsanteil an der GmbH noch nicht oder noch nicht voll eingezahlt, kann ein Gläubiger dieser GmbH den Anspruch der GmbH gegen A selbstverständlich pfänden. Diese Möglichkeit spielt jedoch bei der Frage der Außenhaftung keine Rolle. Will er pfänden, muss er allerdings zunächst ein Urteil mit Vollstreckungsklausel gegen die GmbH erwirken.

52

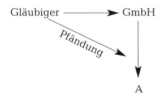

Bei einer **OHG** ist die Rechtslage anders. Die OHG und damit das Gesamthandsvermögen wird im Rechts- und Wirtschaftsleben wie eine juristische Person behandelt, obwohl sie keine ist (quasijuristische Person). Dies ergibt sich aus § 124 HGB und hat zur Folge, dass ein Gläubiger gegen die OHG eine Forderung hat, die OHG verklagen und mit einem rechtskräftigen Urteil in das Gesamthandsvermögen selbständig vollstrecken kann. Gleichzeitig schulden und haften aber auch gem. § 128 HGB die einzelnen Gesellschafter mit ihrem Privatvermögen,[32] sodass in der Praxis der Gesellschaftsgläubiger bei einem Streit alle Beteiligten verklagt. Bei zwei Gesellschaftern ergibt sich folgendes Bild:

53

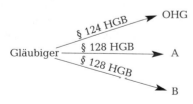

---

32 Vgl. Baumbach/Hopt, § 128 Anm. 1 und 2.

A. Grundlagen

Zahlt der Gesellschafter A auf eine Gesellschaftsschuld, kann er von der Gesellschaft gem. § 110 HGB vollen und vom Gesellschafter B gem. § 426 BGB anteilmäßig Ersatz verlangen. Der Ersatz gem. § 110 HGB geht vor.[33]

54 Bei der **Partnerschaft** ergibt sich dieselbe Situation wie bei der OHG, da gem. § 7 Abs. 2 PartGG § 124 HGB entsprechend anwendbar ist. Außerdem entspricht § 8 Abs. 1 PartGG dem § 128 HGB, und § 110 HGB ist ebenfalls entsprechend anwendbar (§ 6 Abs. 3 PartGG).

55 Bei der **EWIV** haften die Gesellschafter wie bei der OHG als Gesamtschuldner unbeschränkt. Die Inanspruchnahme der Gesellschafter setzt aber im Gegensatz zur OHG voraus, dass die EWIV zuerst zur Zahlung aufgefordert wurde und die Zahlung nicht in angemessener Frist erfolgt ist.[34]

56 Bei einer **KG** ist die Rechtslage wieder anders. Da der Kommanditist nur bis zur Höhe seiner Einlage haftet, kommt es für die Außenhaftung des Kommanditisten darauf an, ob er schon seine Einlage in Höhe der im Handelsregister eingetragenen Haftsumme erbracht hat oder nicht oder ob seine Haftung aufgrund von Entnahmen wieder aufgelebt ist oder nicht (§§ 171, 172 HGB). Bei diesen Fragen ist zwischen der Haftsumme (Haftbetrag), der Pflichteinlage und der tatsächlich geleisteten Einlage scharf zu unterscheiden.[35] Im Übrigen ist die KG der OHG gleichgestellt:

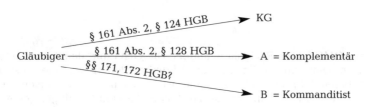

57 Bei der **stillen Beteiligung** und bei der **Unterbeteiligung** ist die Rechtslage sehr einfach. Einmal gilt § 124 HGB für diese Gesellschaften nicht. Damit schuldet und haftet die Gesellschaft als solche nicht. Zum anderen gibt es bei diesen Gesellschaften kein Gesamthandsvermögen. Daraus folgt, dass nicht alle Gesellschafter schulden und haften. Vielmehr wird allein der Inhaber des Handelsgeschäfts bzw. der Hauptgesellschafter berechtigt und verpflichtet (§ 230 Abs. 1 und Abs. 2 HGB). Nur zwischen Inhaber bzw. Hauptgesellschafter einerseits und Stillem andererseits bestehen Rechtsbeziehungen.

---

33 Vgl. Baumbach/Hopt, § 128 Anm. 25 und 27.
34 Littmann/Bitz/Pust, § 15 Rz. 55 a.
35 Vgl. zu dieser Problematik im Einzelnen die Ausführungen zu § 15 a EStG unter E. Rz. 8 und E. Rz. 43 ff.

2 Besondere Wesens- und Unterscheidungsmerkmale

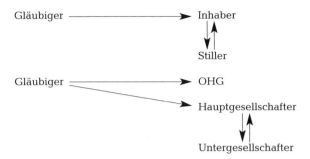

Jahrelang war die Haftungsfrage bei der **GbR** heftig umstritten. Man unterschied zwischen den Gelegenheits- und den Erwerbsgesellschaften.[36] Da durch die Urteile des BGH vom 29.01.2001 und vom 16.07.2001[37] die GbR analog § 124 HGB wie die OHG für quasirechtsfähig und im Handelsregister eintragungsfähig erklärt wurde, ist auch die Haftungsfrage jetzt wohl ausgestanden. Damit haften wie bei der OHG das Gesellschaftsvermögen für sich und die Gesellschafter zusätzlich als Gesamtschuldner gem. § 128 HGB. Es ergibt sich jetzt dasselbe Bild wie bei der OHG.[38] **58**

Bei der Partnerschaft ist die Rechtslage ähnlich wie bei der OHG, denn § 7 PartGG verweist auf die §§ 126, 127 HGB. Allerdings kann ein Partner seine persönliche Haftung beschränken (§ 8 PartGG). **59**

Besondere Probleme entstehen bei der **GbR mit Haftungsbeschränkung** (= GbR m.b.H.) und der **GmbH & Co. GbR mit Haftungsbeschränkung** (= GmbH & Co. GbR m.b.H.). Beides sind GbRs, sodass das bisher Erwähnte auch hier gilt. Die Haftung einzelner oder aller Gesellschafter ist aber auf das Gesellschaftsvermögen beschränkt. Die Haftungsbeschränkung ist nur noch bei ausdrücklicher Vereinbarung mit den einzelnen Gläubigern möglich. Die Haftungsbeschränkung durch ausdrücklichen Hinweis im Briefkopf und im Geschäftsverkehr lässt der BGH nicht mehr zu.[39] Die Haftungsbeschränkung erfasst nur die rechtsgeschäftlich begründeten Verbindlichkeiten und tritt grundsätzlich nur zugunsten der nicht selbst handelnden, also der vertretenen Gesellschafter ein. **60**

Im Gesellschaftsvertrag der GbR ist erforderlich, die Haftungsbeschränkung für Geschäftsführung und Vertretung zu definieren. Besteht die GbR bereits, ist für eine Vertretungsbegrenzung ein wirksamer Gesellschafterbeschluss erforderlich. Damit die Haftungsbeschränkung durch den geschäftsführen-

---
36 Vgl. insoweit A. Rz. 55 und 56 der 7. Auflage dieses Bandes.
37 Fußnoten 2 und 3.
38 Vgl. Rz. 53.
39 Urteil vom 27.09.1999, DStR 1999 S. 1704 = NJW 1999 S. 3483. Vgl. hierzu Schmidt/Wacker, § 15 a Rz. 202; Henze, BB 1999 S. 2260; Petersen/Rothenfußer, GmbHR 2000 S. 757 und 801.

A. Grundlagen

den Gesellschafter auch immer vereinbart und offen gelegt wird, sollte eine entsprechende Verpflichtung in den Gesellschaftsvertrag aufgenommen werden.[40]

Sind die Voraussetzungen alle erfüllt, ist die GbR mit Haftungsbeschränkung einer KG vergleichbar.

Im Bereich der Haftung gibt es noch viele Fragen, die hier nicht angesprochen werden können, z. B. Schuld und Haftung beim Austritt und Eintritt eines Gesellschafters, bei der Übertragung des Gesellschaftsanteils, vor Gründung und bei Auflösung der Gesellschaft oder inwieweit Gesellschaftsanteile gepfändet werden können usw. Insoweit sei auf die spezielle Literatur und Rechtsprechung verwiesen.

2.7 Eintritt, Austritt, Gesellschafterwechsel

61 Bei der **AG** wird die Mitgliedschaft durch die Übertragung einer Aktie erworben. Daher ist ein Eintritt oder Austritt ohne Übertragung der Aktie nicht denkbar. Bei Gründung und Auflösung der AG, bei Kapitalerhöhung und Kapitalherabsetzung gibt es einige Besonderheiten.

Entgegen der Regelung bei der AG ist die Übertragung eines **GmbH**-Geschäftsanteils nur in notarieller Form möglich (§ 15 Abs. 3 GmbHG), ein Umstand, der die – im Gegensatz zur AG – noch persönliche Beziehung des Gesellschafters zu seiner GmbH zeigt.

62 Bei den **Personengesellschaften** (GbR, OHG, Partnerschaft, KG) ist dies etwas komplizierter geregelt. Zunächst kann durch formlosen Vertrag – auch wenn zum Gesamthandsvermögen Grundstücke gehören – jederzeit ein neuer Gesellschafter eintreten oder ein bisheriger Gesellschafter austreten. Bei Eintritt und bei Austritt ist die Rechtslage beim Eigentum und beim Vermögen verschieden. Gemäß § 738 Abs. 1 Satz 1 BGB wächst beim Ausscheiden eines Gesellschafters sein Anteil am Gesellschaftsvermögen den übrigen Gesellschaftern zu. Dies ist eine Regelung zum Eigentum, d. h., das Gesamthandsvermögen, das z. B. bisher vier Gesellschaftern gehört hat, gehört jetzt nur noch drei Gesellschaftern (Anwachsungsgrundsatz). Dem Ausscheidenden „wächst" das Vermögen „ab", d. h., er ist nicht mehr Miteigentümer am Gesamthandsvermögen der Gesellschaft. Allerdings erhält er durch das Ausscheiden einen schuldrechtlichen Anspruch in Geld für den hingegebenen Anteil am Eigentum (Abfindungsanspruch, § 738 Abs. 1 Satz 2 BGB). Beim Eintritt ist dies genauso. Dem Eintretenden wächst ein Anteil am bisherigen Gesamthandseigentum der anderen Gesellschafter zu; dafür ist er aber schuldrechtlich verpflichtet, seine Einlage – in welcher Form auch immer – zu leisten.

---

40 Neufang/Henrich, INF 1995 S. 107.

2 Besondere Wesens- und Unterscheidungsmerkmale

Jahrelang war umstritten, ob bei den Personengesellschaften **GbR** und **OHG** auch die direkte Übertragung des Gesellschaftsanteils möglich ist. Dies hängt mit der Vorschrift des § 719 Abs. 1 BGB zusammen, der auch für die OHG (§ 105 Abs. 2 HGB) gilt. Danach kann ein Gesellschafter nicht über seinen Anteil am Gesellschaftsvermögen verfügen. Offen war, ob dieses Verbot zwingend oder abdingbar ist.

Heute steht fest, dass § 719 BGB sich darauf beschränkt, den unauflöslichen Zusammenhang zwischen Gesellschafterstellung und Gesamthandsberechtigung zu betonen.[41] Daher ist heute ein Gesellschafterwechsel in zweifacher Form zulässig, und zwar durch:

— **Ausscheiden und Eintritt**

Der ausscheidende und der neu eintretende Gesellschafter treffen jeweils entsprechende Vereinbarungen mit den übrigen Gesellschaftern (Theorie des **Doppelvertrags**). Es handelt sich immer um zwei getrennte Rechtsgeschäfte, gleich, ob Ausscheiden und Neuaufnahme in einer oder in zwei Vertragsurkunden erfolgen. Unmittelbare gesellschaftsrechtliche Rechtsbeziehungen zwischen den beiden wirtschaftlich beteiligten Personen bestehen nicht. Der Übergang des Gesamthandsvermögens vollzieht sich im Wege der Anwachsung mit anschließender Abwachsung bei den Mitgesellschaftern (§ 718 BGB).[42]

— **Verfügung über den Gesellschaftsanteil**

Diese Möglichkeit wird heute gegenüber früher allgemein für zulässig gehalten, weil § 719 Abs. 1 1. Fall BGB als dispositiv verstanden wird. Einzige Voraussetzung ist: Es muss die Zustimmung der Mitgesellschafter vorliegen. Dies kann ganz allgemein schon im Gesellschaftsvertrag vereinbart sein oder durch einen Gesellschafterbeschluss bei der Übertragung geregelt werden. Im Gegensatz zum Ausscheiden und Neueintritt haben wir hier nur einen Vertrag, d. h. unmittelbare Rechtsbeziehungen zwischen Anteilsveräußerer und -erwerber. An- und Abwachsung des Vermögens tritt in diesen Fällen nicht ein.[43] Daher unterscheidet sich die Rechtsstellung des Erwerbers regelmäßig nicht von derjenigen des Veräußerers. Beim Doppelvertrag werden mit dem Erwerber dagegen oft neue Vereinbarungen getroffen.

In beiden Fällen ist eine besondere Form für das Verpflichtungs- und das Verfügungsgeschäft nicht vorgeschrieben; auch dann nicht, wenn zum Gesamthandsvermögen Grundstücke gehören. Denn es werden nicht Grundstücke veräußert, sondern die Mitgliedschaft wird übertragen.[44]

---

41 Vgl. Ulmer, § 719 Anm. 2.
42 Vgl. Ulmer, § 719 Anm. 17 ff.
43 Vgl. Ulmer, § 719 Anm. 21 ff.
44 Vgl. Ulmer, § 719 Anm. 33.

A. Grundlagen

Die Ausführungen zur GbR und OHG gelten für die Übertragung eines **Komplementär**anteils an einer KG entsprechend (§ 161 Abs. 2, § 105 Abs. 2 HGB, § 719 Abs. 1 BGB). Dies gilt auch für die **Partnerschaft** (§ 9 Abs. 1 PartGG).

64 Die Übertragung des Gesellschaftsanteils ist aber auch für den **Kommanditisten** möglich, einmal durch Ausscheiden und Eintritt, zum anderen, indem er seine Beteiligung in Höhe seiner tatsächlich geleisteten Einlage und damit seine Mitgliedschaft auf einen neu eintretenden Kommanditisten überträgt. Für die echte Übertragung ist dabei genauso wie beim Komplementär Voraussetzung, dass entweder der Gesellschaftsvertrag dies ausdrücklich zulässt oder die anderen Gesellschafter der Abtretung des Gesellschaftsanteils zustimmen.[45]

Hat der Kommanditist seine Einlage zumindest in Höhe der Haftsumme geleistet, bleibt die Einlage für die Gläubiger als Haftungsgrundlage unverändert erhalten. Daher wird überwiegend die Ansicht vertreten, dass die persönliche Haftung des Kommanditisten gem. § 172 Abs. 4 HGB nicht wieder auflebt, wenn er seinen Kommanditanteil auf eine andere Person überträgt. Er wird also frei.[46]

65 Der **stille Gesellschafter** oder der **Unterbeteiligte** kann seine Gesellschafterstellung kündigen (§§ 234, 132 HGB). Die Mitgliedschaft ist aber grundsätzlich unübertragbar. Dies ergibt sich aus § 717 BGB, da der Stille und der Unterbeteiligte nur einen Anspruch gegen den Geschäftsinhaber bzw. den Hauptgesellschafter haben. Bei Zustimmung des Geschäftsinhabers bzw. des Hauptgesellschafters oder wenn schon der Gesellschaftsvertrag eine Übertragung vorsieht, ist auch die direkte Übertragung durch Abtretung zulässig.[47]

2.8 Auflösung der Gesellschaft

66 Die Auflösungsgründe sind gesetzlich geregelt und bei den einzelnen Gesellschaftsformen unterschiedlich.

AG und **GmbH** werden insbesondere aufgelöst durch Zeitablauf, Beschluss der Hauptversammlung ($^3/_4$-Mehrheit) und Eröffnung des Insolvenzverfahrens (§ 262 AktG, § 60 GmbHG).

Auch **GbR, OHG, Partnerschaft** und **KG** enden durch Zeitablauf, Beschluss der Gesellschafterversammlung und Eröffnung des Insolvenzverfahrens. Bei der GbR kommen noch Gesellschafter-Insolvenz, Tod eines Gesellschafters, wenn keine Fortsetzungsklausel vereinbart ist, Kündigung durch einen Gesellschafter, Anteilsvereinigung und Erreichen oder Unmöglichwerden

---

45 BGH vom 28.04.1954, BB 1954 S. 486, 487.
46 Maiberg, Anm. 169; Baumbach/Hopt, § 173 Anm. 12.
47 Maiberg, Anm. 196.

des Gesellschaftszwecks (§§ 723 bis 728 BGB) hinzu. Die OHG wird zusätzlich durch gerichtliche Entscheidung aufgelöst. Dagegen wird die OHG nicht aufgelöst durch den Tod eines Gesellschafters, die Gesellschafter-Insolvenz und die Kündigung eines Gesellschafters oder eines Privatgläubigers. In diesen Fällen scheidet der Gesellschafter nur aus (§§ 131 ff. HGB). Der Tod eines Kommanditisten hat die Auflösung der Gesellschaft ebenfalls nicht zur Folge (§ 177 HGB). Für die Partnerschaft gelten die gleichen Regeln wie bei der OHG (§ 9 Abs. 1 PartGG i. V. m. §§ 131 bis 144 HGB). Zusätzlich scheidet ein Partner aus, wenn er die Zulassung zu seinem Beruf verliert (§ 9 Abs. 3 PartGG). Beim Tod eines Partners gelten Sonderregelungen (§ 9 Abs. 4 PartGG).

Bei den bisher erwähnten Gesellschaften entsteht nach Auflösung jeweils eine Abwicklungs- oder Liquidationsgesellschaft. Dabei kann aus der entstandenen Abwicklungs- bzw. Liquidationsgesellschaft durch Gesellschafterbeschluss wieder eine neue Erwerbsgesellschaft entstehen. Auch kann jede Gesellschaftsform in eine andere umgewandelt oder mit einer anderen verschmolzen werden. **67**

Die **stille Gesellschaft** und die **Unterbeteiligung** werden ebenfalls beendet durch Zeitablauf, Vereinbarung, Eröffnung des Insolvenzverfahrens über das Vermögen des Hauptgesellschafters, gerichtliche Entscheidung und Anteilsvereinigung.[48] Durch den Tod des Stillen oder des Unterbeteiligten wird die Gesellschaft nicht aufgelöst (§ 234 Abs. 2 HGB). **68**

Im Falle der Auflösung entsteht keine Abwicklungsgesellschaft, denn es ist kein Gesamthandsvermögen vorhanden. Die Beteiligten haben sich vielmehr entsprechend § 235 HGB in Geld auseinanderzusetzen.

2.9 Verbundene Unternehmen

In einer hoch entwickelten und leistungsfähigen Volkswirtschaft stehen die einzelnen Unternehmensformen meistens nicht isoliert im Raum. Die Unternehmen verbinden und verflechten sich in den verschiedensten Formen. Die Beweggründe dafür sind sehr vielschichtig: Konzentration allein aufgrund der Komplexität hoch technisierter Produktionen, Machtstreben über die Produktionsmittel, Erwerb von Know-how oder Kapazitäten aus Konkurrenzgründen, Konzentration der Leitungsfunktionen, Erweiterung der Haftungsgrundlage, erbrechtliche und steuerliche Überlegungen usw. **69**

Die einzigen gesetzlichen Regelungen im Zivilrecht sind die §§ 15 bis 22 und §§ 291 bis 328 AktG. Es könnte daher der Eindruck entstehen, dass Probleme im Bereich der verbundenen Unternehmen nur im Aktienrecht auftauchen. Dem ist jedoch nicht so. Denn schon der Unternehmensbegriff

---

48 §§ 234, 236 HGB und Maiberg, Anm. 197.

A. Grundlagen

ist im AktG, insbesondere in § 15 AktG, nicht genau definiert.[49] Als Rechtsform kommen daher im Rahmen des § 15 AktG auch Personengesellschaften und Einzelunternehmen in Betracht.[50]

Wichtig ist jedoch, dass auch nur zwischen Personengesellschaften viele Vertragsgestaltungen vorkommen, die in den §§ 291 ff. AktG aufgeführt sind, z. B.:

70 — Eingegliederte Gesellschaften, die nach außen eine OHG darstellen

Beispiel 1:

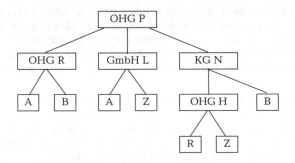

71 — Eingegliederte Gesellschaften, die nach außen eine KG darstellen
(_____ = Komplementär):

Beispiel 2:

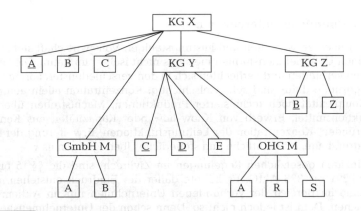

---

49 Vgl. BGH vom 13.10.1977, BB 1977 S. 1665 ff.
50 Maiberg, Anm. 277.

2 Besondere Wesens- und Unterscheidungsmerkmale

— **Wechselseitig beteiligte Unternehmen:** 72

Beispiel 3:

— **Beherrschungsverträge oder Beherrschungssituationen:** 73

Beispiel 4:

Einzelunternehmer A ist zu mehr als 50 % an der OHG beteiligt. A kann in der OHG seinen Willen durchsetzen, ob ein besonderer Vertrag zwischen A und OHG geschlossen ist oder nicht, also

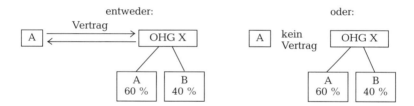

Beispiel 5:

A ist bei der OHG X zu mehr als 50 % beteiligt. Die OHG X ist an der OHG Y zu mehr als 50 % beteiligt. A kann seinen Willen auch in der OHG Y durchsetzen:

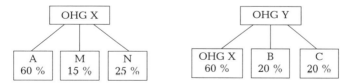

A. Grundlagen

74 — **Geschäftsführungsverträge:**

Beispiel 6:
OHG X und OHG Y vereinbaren, auf Dauer denselben Geschäftsführer zu bestellen.

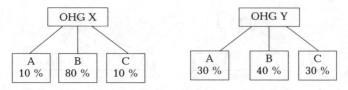

Wenn A in beiden Gesellschaften alleiniger Geschäftsführer ist, ist eine auf beide Gesellschaften abgestimmte Geschäftspolitik zu erwarten.

B. LAUFENDE BESTEUERUNG DER PERSONENGESELLSCHAFT

1 Einkommensteuer

1.1 Mitunternehmerschaft

1.1.1 Die steuerliche Bedeutung der Mitunternehmerschaft

Gemäß § 15 Abs. 1 Nr. 2 EStG sind die Gewinnanteile der Gesellschafter einer OHG, einer KG und einer anderen Gesellschaft, bei der der Gesellschafter als Unternehmer (Mitunternehmer) anzusehen ist, Einkünfte aus Gewerbebetrieb.

Die grundsätzliche steuerliche Konsequenz dieser Vorschrift zeigt sich an folgendem einfachen

Beispiel:

A und B heiraten. A ist Kfz-Mechaniker und will eine Kfz-Reparaturwerkstatt eröffnen. B ist Eigentümerin eines Gebäudegrundstücks. Sie stellt es A für die Werkstatt zur Verfügung. Gleichzeitig gibt sie A 200.000 €, um die wichtigsten Geräte zu kaufen, und übernimmt die Buchführungsarbeiten.

Für die Lösung des Falles kommt es darauf an, ob § 15 Abs. 1 Nr. 2 EStG anwendbar ist, d. h., ob eine Mitunternehmerschaft vorliegt oder nicht. Ist eine Mitunternehmerschaft gegeben, erzielen A und B gemeinsame gewerbliche Einkünfte. Ist eine Mitunternehmerschaft abzulehnen, d. h., ist anzunehmen, dass A den Gewerbebetrieb allein führt, hat er im Rahmen seiner Einkünfte aus Gewerbebetrieb Betriebsausgaben, wenn er an B Miete, Darlehenszinsen und Lohn bezahlt. In diesem Falle hat dann B Einkünfte aus Vermietung und Verpachtung, aus Kapitalvermögen und aus nichtselbständiger Arbeit.

Die Frage der Mitunternehmerschaft ist daher zunächst entscheidend für die Art der Einkünfte. Zusätzlich hat diese Entscheidung aber weitere Konsequenzen. Ist B Mitunternehmer, dann ist einmal das Grundstück als Betriebsvermögen zu erfassen und zum anderen werden ihre Einkünfte gewerbesteuerpflichtig.

Infolge dieser Konsequenzen ist es wohl verständlich, dass Rechtsprechung, Verwaltung und Literatur sich seit Jahrzehnten mit dem Begriff der Mitunternehmerschaft auseinandersetzen und dass sich die Abgrenzungskriterien dieses Begriffs im Laufe der Zeit gewandelt haben und weiter wandeln werden.

B. Laufende Besteuerung

1.1.2 Mitunternehmerschaft und Gewerbebetrieb

2 Heute ist man sich einig, dass Voraussetzung für die Annahme einer Mitunternehmerschaft gem. § 15 Abs. 1 Nr. 2 EStG ist, dass ein gewerbliches Unternehmen betrieben wird.[1] Deshalb fallen nicht unter den Begriff der Mitunternehmerschaft im Sinne des § 15 EStG Gesellschafter einer Personengesellschaft,

— die Land- und Forstwirtschaft betreiben,

— die freiberuflich tätig sind,

— die vermögensverwaltend tätig sind.[2]

Es liegen vielmehr andere Einkünfte vor, also Einkünfte aus §§ 13, 18, 20 oder 21 EStG.

Für die Frage, ob ein Gewerbebetrieb vorliegt, kommt es auf die Eintragung im Handelsregister nicht an, entscheidend ist die tatsächlich ausgeübte Tätigkeit. Die Eintragung im Handelsregister ist allerdings ein starkes Beweisanzeichen für einen Gewerbebetrieb.[3] Aber einmal ist der handelsrechtliche Begriff des Handelsgewerbes mit dem steuerlichen Begriff des Gewerbebetriebs nicht völlig identisch.[4] Handelsrechtlich braucht vor allem keine Gewinnerzielungsabsicht gegeben zu sein. Zum anderen können Besonderheiten vorliegen, z. B. eine landwirtschaftliche Gesellschaft lässt sich gem. § 3 HGB im Handelsregister eintragen oder eine zunächst zu Recht eingetragene OHG beschränkt später ihren Wirkungskreis auf eine rein freiberufliche Tätigkeit (zunächst Werbeberatung und Betriebsberatung, später nur noch Betriebsberatung). In beiden Fällen liegen Handelsgesellschaften vor, die jedoch Einkünfte nach § 13 bzw. § 18 EStG haben.

§ 15 Abs. 2 EStG bringt eine ausführliche Definition des Begriffs Gewerbebetrieb. Dessen Voraussetzungen müssen nicht nur bei einem Einzelbetrieb, sondern auch bei der Personengesellschaft vorliegen.

3 Sind an einer Personengesellschaft ausschließlich Kapitalgesellschaften beteiligt, lag nach der früheren Rechtsprechung immer ein Gewerbebetrieb vor.[5] Auch bei der GmbH & Co. KG sah der BFH[6] immer einen Gewerbebetrieb, wenn die geschäftsführende GmbH die alleinige Komplementärin war. Dies galt auch für andere GmbH & Co. KGs, bei denen die GmbH der

---

1 BFH vom 25.06.1984, GrS, BStBl II 1984, 751, vom 25.02.1991, GrS, BStBl II 1991, 691, und vom 09.12.2002, BStBl II 2003, 294. Vgl. auch Littmann/Bitz/Pust, § 15 Anm. 14; Schmidt/Wacker, § 15 Rz. 180.
2 BFH vom 25.09.1970, BStBl II 1971, 130, vom 11.07.1996, BStBl II 1997, 39, und vom 18.05.2000, BStBl II 2000, 498.
3 BFH vom 06.10.1977, BStBl II 1978, 54, und BFH, GrS, vom 25.06.1984, BStBl II 1984, 751.
4 BFH vom 09.07.1964, BStBl III 1964, 530, und vom 25.06.1984, GrS, BStBl II 1984, 751 zu C. IV. 3. Vgl. auch Schmidt/Wacker, § 15 Rz. 320.
5 BFH vom 22.01.1972, BStBl II 1973, 405.
6 Vom 03.08.1972, BStBl II 1972, 799.

KG das Gepräge gab.[7] Inzwischen hat der BFH zwar anders entschieden.[8] Doch hat der Gesetzgeber den heute geltenden § 15 Abs. 3 EStG mit Rückwirkung eingefügt,[9] sodass sich an der materiellen Rechtslage kaum etwas geändert hat.[10]

Ist die Tätigkeit einer Personengesellschaft nur zum Teil eine gewerbliche, so sind alle Einkünfte gewerblich (§ 15 Abs. 3 Nr. 1 EStG, sog. **Abfärbetheorie**);[11] z. B. Werbeberatung und Betriebsberatung bei einer OHG oder Fabrikation und landwirtschaftlicher Nebenbetrieb bei einer OHG (evtl. liegen auch zwei Betriebe vor). Betätigt sich ein Steuerberater im Rahmen einer beratenden Sozietät als Treuhänder für eine Bauherrengemeinschaft, ist die gesamte Tätigkeit der Sozietät gewerblich.[12] Dies gilt auch bei einer Gemeinschaftspraxis von Augenärzten mit angeschlossener Augenklinik.[13] **4**

Die Abfärbung, also die umqualifizierende Wirkung des § 15 Abs. 3 Nr. 1 EStG, **greift** allerdings **nicht,** wenn die originär gewerbliche Tätigkeit einen äußerst geringen Anteil an der Gesamttätigkeit hat.[14]

Dem Gewerbebetrieb der Mitunternehmerschaft sind auch solche Geschäfte zuzurechnen, die zum Gesellschaftszweck gehören, die ein Mitunternehmer jedoch berechtigt oder unberechtigt im eigenen Namen durchführt. Will ein Gesellschafter einen eigenen Gewerbebetrieb nebenher führen, so ist dies nur möglich, wenn beide gewerblichen Bereiche sorgfältig voneinander getrennt sind.[15] **5**

Bilden Angehörige eines freien Berufs mit berufsfremden Personen eine Personengesellschaft zur Ausübung der freien Berufstätigkeit, so liegt ein Gewerbebetrieb vor, wenn die berufsfremden Personen auch Mitunternehmer sind.[16]

1.1.3 Gesellschafter und Mitunternehmer

Dem Wortlaut nach setzt § 15 Abs. 1 Nr. 2 EStG voraus, dass jemand zugleich Gesellschafter und Mitunternehmer ist. Nach dem BFH-Urteil vom 28.11.1974[17] ist aber weder jeder, der bürgerlich-rechtlich Gesellschafter ist, gleichzeitig Mitunternehmer, noch jeder, der nicht mehr Gesellschafter ist, **6**

---

7 BFH vom 17.03.1966, BStBl III 1966, 171.
8 Beschluss des Großen Senats vom 25.06.1984, BStBl II 1984, 751.
9 Vgl. § 52 Abs. 20 b EStG in der Fassung vom 24.01.1984, BStBl I 1984, 51.
10 Vgl. hierzu R. Rz. 17 ff.
11 BFH vom 09.07.1964, BStBl III 1964, 530, vom 11.05.1989, BStBl II 1989, 797, und vom 01.02.1990, BStBl II 1991, 625.
12 BFH vom 11.05.1989, BStBl II 1989, 797, ausführlich unter B. Rz. 26 ff.
13 BFH vom 30.08.2001, BStBl II 2002, 152.
14 BFH vom 11.08.1999, BStBl II 2000, 229, bei 1,25 % originärer gewerblicher Tätigkeit.
15 Schmidt/Wacker, § 15 Rz. 190 und 193.
16 BFH vom 17.01.1980, BStBl II 1980, 336, vom 11.06.1985, BStBl II 1985, 584, und vom 09.10.1986, BStBl II 1987, 124, ausführlich unter Rz. 26 ff.
17 BStBl II 1975, 498; Littmann/Bitz/Pust, § 15 Anm. 23 ff.; Schmitt/Wacker, § 15 Rz. 259.

B. Laufende Besteuerung

nicht mehr Mitunternehmer. Der bürgerlich-rechtliche Begriff des Gesellschafters und der steuerliche Begriff des Mitunternehmers sind daher zwar verschieden, sie sind jedoch einander zugeordnet. Daraus folgt, dass Handelsgesellschaften im Allgemeinen typische Fälle einer Mitunternehmerschaft sind.

Heute verlangt die Rechtsprechung in den Fällen, in denen kein echtes Gesellschaftsverhältnis vorliegt, ein anderes Rechtsverhältnis, das diesem wirtschaftlich vergleichbar ist.[18] In Betracht kommen daher vor allem die Erbengemeinschaft, die Gütergemeinschaft und die Bruchteilsgemeinschaft.

Es lässt sich nicht zwingend von dem Begriff des Gesellschafters auf den des Mitunternehmers schließen.[19] Im Einzelfall kann daher ein Gesellschafter nicht Mitunternehmer sein[20] oder ein Nichtgesellschafter ist Mitunternehmer.[21]

Diese Fragen sind sehr umstritten. Wir verweisen insoweit auf unsere Ausführungen zur „verdeckten Mitunternehmerschaft".[22]

1.1.4 Der Begriff der Mitunternehmerschaft

1.1.4.1 Grundsätze

7 Eine Definition des Begriffs Mitunternehmerschaft ist bis heute nicht gefunden.[23] Eine Mitunternehmerschaft liegt vor, wenn mehrere Personen durch gemeinsame Ausübung der **Unternehmerinitiative** und gemeinsame Übernahme des **Unternehmerrisikos** auf einen bestimmten Zweck hin tatsächlich zusammenarbeiten.[24] Nach dem BFH-Urteil vom 09.09.1954[25] ist eine Mitunternehmerschaft gegeben, wenn mehrere Personen nach dem Gesamtbild der tatsächlichen Verhältnisse „auf Gedeih und Verderb mit dem Unternehmen verbunden" sind, d. h. auf eigene Rechnung und Gefahr das Unternehmen zusammenführen. Nach dem Urteil vom 15.07.1986[26] ist Mitunternehmer, wer zivilrechtlich Gesellschafter einer Personengesellschaft ist und eine gewisse unternehmerische Initiative entfalten kann sowie

---

18 BFH, GrS, vom 25.06.1984, BStBl II 1984, 751; BFH vom 28.01.1986, BStBl II 1986, 599, vom 05.06.1986, BStBl II 1986, 802, und vom 10.05.2007, BStBl II 2007, 927.
19 BFH, GrS vom 03.05.1993, BStBl II 1993, 616, 621; Schmidt/Wacker, § 15 Rz. 259.
20 BFH vom 22.11.1955, BStBl III 1956, 4, vom 29.04.1981, BStBl II 1981, 663, und vom 11.10.1988, BStBl II 1989, 762, und vom 28.10.1999, BStBl II 2000, 183.
21 BFH vom 29.01.1976, BStBl II 1976, 332.
22 B. Rz. 36 ff.
23 Littmann/Bitz/Pust, § 15 Rz. 23.
24 BFH vom 11.12.1980, BStBl II 1981, 310, vom 26.06.1984, GrS, BStBl II 1984, 751, 769, und vom 21.04.1988, BStBl II 1989, 722.
25 BStBl III 1954, 317.
26 BStBl II 1986, 896.

unternehmerisches Risiko trägt.[27] Alle drei Definitionen sind richtig und sinnvoll.

Der Begriff der Mitunternehmerschaft ist ein „offener Typusbegriff", d. h. kein abstrakter Begriff mit abschließender Aufzählung bestimmter Tatbestandsmerkmale. Er ist nur umschreibend zu bestimmen, da es auf das Gesamtbild des Einzelfalles ankommt. Der Begriff setzt sich aus einer Vielzahl von Einzelkriterien, d. h. konkreten Merkmalen, zusammen, die sich zum Teil nochmals aufgliedern lassen und die untereinander auch noch verschieden wichtig sind. Die Rechtsprechung ist kasuistisch.

1.1.4.2 Unternehmerrisiko – Unternehmerinitiative

Diese beiden Begriffe sind die Hauptkriterien. Sie lassen sich nochmals aufgliedern. Einzelkriterien beider Begriffe müssen jedoch vorliegen, um von einer Mitunternehmerschaft sprechen zu können.

Ein Beteiligter hat ein **Unternehmerrisiko,** wenn der Betrieb auch auf seine Rechnung geführt wird und ihn der Fehlschlag unternehmerischer Entscheidungen mittrifft.[28] Es muss also eine Beteiligung am Unternehmererfolg und die Gefahr des Verlustes des eingesetzten Kapitals vorliegen. Es ist daher keine Mitunternehmerschaft gegeben, wenn die an einem Betrieb Beteiligten sich darüber einig sind, dass einer von ihnen allein auf eigene Rechnung und mit eigenem Risiko die Unternehmertätigkeit ausüben soll, und wenn diese Vereinbarung auch tatsächlich durchgeführt wird.[29] Dies gilt auch dann, wenn ein Kommanditist weder am laufenden Gewinn noch am Gesamtgewinn beteiligt ist.[30] Anhaltspunkte sind:

8

— Beteiligung am Vermögen,

— Beteiligung an den stillen Reserven des Anlagevermögens, einschließlich eines Geschäftswerts,

— Beteiligung am Gewinn und Verlust,

— unmittelbare bürgerlich-rechtliche Haftung,

— am Geschäftserfolg orientiertes Entnahmerecht.

Eine **Unternehmerinitiative** liegt vor, wenn der Beteiligte selbst den Erfolg des Unternehmens durch Entscheidungen zu beeinflussen in der Lage ist, d. h. selbst entscheiden kann oder unternehmerische Entscheidungen seiner Partner blockieren kann.[31]

9

---

27 Vgl. auch H 15.8 Abs. 1 (Allgemeines) EStH.
28 H 15.8 Abs. 1 (Mitunternehmerrisiko) EStH. Vgl. BFH vom 28.10.1999, BStBl II 2000, 183, m. w. N. unter II. 1. a); Schmidt/Wacker, § 15 Rz. 264.
29 Littmann/Bitz/Pust, § 15 Rz. 23 d.
30 BFH vom 28.10.1999, BStBl II 2000, 183.
31 H 15.8 Abs. 1 (Mitunternehmerinitiative) EStH; Schmidt/Wacker, § 15 Rz. 263.

B. Laufende Besteuerung

Anhaltspunkte sind:

— Geschäftsführungs- und Vertretungsbefugnis,

— Stimmrecht,

— Widerspruchsrechte,

— Kontrollrechte,

— Zustimmungsbefugnisse,

— Mitarbeit.

Je stärker die einzelnen Kriterien bei einem Beteiligten vorliegen bzw. ausgeprägt sind, desto eher ist er Mitunternehmer; je weniger Kriterien vorliegen bzw. ausgeprägt sind, desto eher ist die Mitunternehmerschaft zu verneinen.

Dabei ist folgendermaßen vorzugehen:

— Zunächst ist zu prüfen, ob die Hauptkriterien Haftung, Beteiligung am Vermögen, am Gewinn, Verlust und an den stillen Reserven vorliegen; dann ist grundsätzlich eine Mitunternehmerschaft gegeben. Denn wenn diese Hauptkriterien vorliegen, ist nahezu ausgeschlossen, dass dieser Beteiligte neben seinem Unternehmerrisiko keine Unternehmerinitiative hat.

— Liegt eines oder liegen mehrere dieser Hauptkriterien nicht vor, entscheiden die gesamten Umstände des Einzelfalles, also im Wesentlichen das Vorliegen oder die Ausprägung der anderen Kriterien.

Einige der angegebenen Kriterien, soweit sie nicht aus sich heraus verständlich sind, sollen daher im Einzelnen untersucht werden. Die **Geschäftsführungs-** und **Vertretungsbefugnis** ist schon oben[32] dargestellt.

1.1.4.3 Beteiligung am Vermögen einschließlich der stillen Reserven und dem Geschäftswert

10 Diese Beteiligung wird von der Rechtsprechung als das wesentliche Tatbestandsmerkmal der Mitunternehmerschaft angesehen.[33] Grundsätzlich notwendig ist daher die Beteiligung am Anlagevermögen. Besteht lediglich eine Beteiligung am Umlaufvermögen, reicht dies grundsätzlich für eine Mitunternehmerschaft nicht aus.[34] Unter der Beteiligung an den stillen Reserven ist eine Beteiligung bei Ausscheiden oder Auflösung der Gesellschaft gemeint. Denn bei bestehender Gesellschaft nimmt im Normalfall auch ein typisch stiller Gesellschafter an der Aufdeckung laufender stiller Reserven teil, z. B. beim Verkauf des regelmäßig zu erneuernden PKW, der

---

32 A. Rz. 40 ff.
33 Littmann/Bitz/Pust, § 15 Rz. 23 e.
34 RFH vom 17.07.1935, RStBl 1935, 1192.

abgeschriebenen Schreibmaschine, des überzähligen Inventars und dergleichen. Beim Verkauf eines Grundstücks kann dies je nach Vertragsgestaltung anders sein.[35]

Das Kriterium der Vermögensbeteiligung ist bei nichttätigen Gesellschaftern oft allein ausschlaggebend. Bei ihnen (z. B. nichttätiger Kommanditist oder nichttätiger atypisch stiller Gesellschafter) spielen die gesellschaftsrechtlichen Verwaltungsrechte kaum eine Rolle.[36]

Die Beteiligung am Vermögen ist jedoch auch nicht zwingend, z. B. bei **Gelegenheitsgesellschaften,** die kein eigenes Vermögen besitzen und den Gewinn sofort verteilen;[37] in diesen Fällen kommt es primär auf die Gewinnbeteiligung an. Eine Mitunternehmerschaft ist auch möglich bei reinen Pachtgesellschaften ohne eigenes Anlagevermögen oder bei reinen Innengesellschaften.[38]

11

Eine Mitunternehmerschaft setzt nicht voraus, dass jeder am Geschäftswert beteiligt ist.[39] Die Ermittlung des Geschäftswerts ist schwierig. Daher ist es nicht unvernünftig, zur Vermeidung von Streitigkeiten im Gesellschaftsvertrag für den Fall des Ausscheidens eines Gesellschafters auf eine Auszahlung des anteiligen Werts zu verzichten.[40]

Ist im Gesellschaftsvertrag der Ausschluss von den stillen Reserven nur für bestimmte Fälle vorgesehen (Kündigung des Gesellschafters entweder durch ihn selbst oder bei wichtigem Grund durch die Gesellschaft; Tod eines Gesellschafters), so steht dies der Annahme einer Mitunternehmerschaft nicht entgegen.[41] Denn diese Gesellschafter sind grundsätzlich am Anlagevermögen und den stillen Reserven beteiligt und sollen nur in diesen besonderen Fällen ihren Buchwert ersetzt bekommen („Buchwertklausel"). Ist ein Gesellschafter aber allgemein, auch im Falle der Auflösung der Gesellschaft, von den stillen Reserven ausgeschlossen, so spricht dies gegen eine Mitunternehmerstellung; eine solche Beteiligung ist aber keine unabdingbare Voraussetzung.[42] Mitunternehmerschaft kann sogar noch vorliegen, wenn der Gesellschafter mit dem Buchwert zu einem bestimmten Zeitpunkt ausscheiden muss, sofern bis zu seinem Ausscheiden keine stillen Reserven entstanden sind.[43]

---

35 Vgl. im Einzelnen Fleischer/Thierfeld, Abschn. 1.8.2 und 2.2.
36 BFH vom 16.05.1995, BStBl II 1995, 714.
37 BFH vom 11.04.1973, BStBl II 1973, 528.
38 Littmann/Bitz/Pust, § 15 Anm. 23 b.
39 BFH vom 11.04.1973, BStBl II 1973, 528.
40 BFH vom 14.02.1956, BStBl III 1956, 103.
41 BFH vom 16.07.1964, BStBl III 1964, 622.
42 BFH vom 11.04.1973, BStBl II 1973, 528.
43 BFH vom 13.02.1962, BStBl III 1963, 84.

B. Laufende Besteuerung

1.1.4.4 Beteiligung am laufenden Gewinn und Verlust

12 Ist ein Gesellschafter weder am laufenden Gewinn noch am Verlust beteiligt, erhält er also z. B. eine feste Vergütung, ist im Allgemeinen keine Mitunternehmerschaft anzunehmen.[44]

Umgekehrt bedeutet eine reine Beteiligung am Gewinn und Verlust nicht, dass eine Mitunternehmerschaft vorläge; hier müssten weitere Kriterien hinzukommen. Dies zeigt schon der Fall des typischen stillen Gesellschafters, der am Gewinn und Verlust beteiligt sein kann, jedoch im Normalfall nicht Mitunternehmer ist.

Eine bloße Gewinnbeteiligung (d. h. Ausschluss einer Verlustbeteiligung) spricht gegen eine Mitunternehmerschaft.[45] Liegen aber noch andere Kriterien vor, kann der Ausschluss der Verlustbeteiligung trotzdem zu einer Mitunternehmerschaft führen.[46]

Umgekehrt reicht ein Anteil am laufenden Verlust ohne Aussicht auf einen Gewinnanteil allein auch nicht aus, um ein Mitunternehmerrisiko annehmen zu können.[47]

1.1.4.5 Bürgerlich-rechtliche Haftung

13 Unter dem Begriff der bürgerlich-rechtlichen Haftung ist die oben[48] dargestellte Haftung im Außenverhältnis gemeint. Mittelbare, d. h. indirekte Haftungsverhältnisse sind im Allgemeinen keine Grundlage für die Annahme einer Mitunternehmerschaft.

Liegt jedoch eine unmittelbare Außenhaftung aufgrund eines Gesellschaftsverhältnisses vor, so ist dies ein sehr starkes Indiz für eine Mitunternehmerschaft. So hat z. B. der BFH in seinem Urteil vom 11.06.1985[49] die Mitunternehmerschaft eines persönlich haftenden Gesellschafters (natürliche Person) einer KG bejaht, obwohl dieser

— keine Einlage zu erbringen hatte,

— nicht am Gewinn oder Verlust beteiligt war,

— nicht zu Entnahmen berechtigt war,

— die einzige Kommanditistin, eine KG, ihn im Innenverhältnis **von seiner Haftung freigestellt hatte** und

— er den Weisungen der Kommanditistin zu folgen hatte.

Es lag zwar ein außergewöhnlicher Fall vor, sodass der BFH selbst vom „angestellten Komplementär" spricht. Trotzdem hat der BFH die Mitunternehmerschaft dieses Komplementärs bejaht. Die Mitunternehmerinitiative sah

---

44 BFH vom 28.10.1999, BStBl II 2000, 183; Schmidt/Wacker, § 15 Rz. 269.
45 BFH vom 05.08.1965, BStBl III 1965, 560.
46 BFH vom 09.10.1969, BStBl II 1970, 320.
47 BFH, GrS, vom 25.06.1984, BStBl II 1984, 751, 770.
48 A. Rz. 48 ff.
49 BStBl II 1987, 33.

er als gegeben an, weil dem einzigen persönlich haftenden Gesellschafter zwar die Geschäftsführungsbefugnis, nicht aber die Vertretung entzogen werden kann. Und das Mitunternehmerrisiko sah er im Bestehen der Haftung. Denn nach § 161 Abs. 2, § 128 Satz 2 HGB sind Vereinbarungen, die die Haftung des Komplementärs im Innenverhältnis ausschließen, im Außenverhältnis wirkungslos. Damit lässt sich der Eintritt der Haftung nicht verhindern.

In den Urteilen vom 25.04.2006 und 10.05.2007[50] hat der BFH seine Rechtsauffassung mit ausführlicher Begründung bestätigt.

Aus diesen Urteilen lässt sich entnehmen, dass in krassen Fällen das Vorliegen einer Außenhaftung fast ausreicht, eine Mitunternehmerschaft zu begründen.[51]

1.1.4.6 Am Geschäftserfolg orientiertes Entnahmerecht

Es spricht gegen eine Mitunternehmerschaft, wenn der Gesellschafter über seinen Gewinnanteil nicht verfügen oder ihn nicht entnehmen kann.[52] Dieses Verbot spielt insbesondere bei Familiengesellschaften eine Rolle, ist aber auch bei Gesellschaften zwischen Fremden von erheblicher Bedeutung. Diese Einschränkung dürfte nur dann keine Rolle spielen, wenn sie sämtliche Gesellschafter für eine bestimmte Zeit beschließen, um das Gesellschaftskapital zu verstärken. Deshalb stehen auch Vereinbarungen einer Mitunternehmerschaft nicht entgegen, Teile des Gewinns im Betrieb stehen zu lassen.[53]

14

1.1.4.7 Mitarbeit

Handelsrechtlich kann sich ein Gesellschafter an seiner Gesellschaft auch ohne Kapitalbeteiligung nur durch Einbringung seiner Arbeitskraft beteiligen (§ 706 Abs. 3 BGB, § 105 Abs. 3 und § 161 Abs. 2 HGB). Selbst die Einlage, die der stille Gesellschafter gem. § 230 HGB zu erbringen hat, kann in der Einbringung der Arbeitskraft bestehen.[54]

15

Ein Gesellschafter, der nur seine Arbeitskraft einbringt, ist normalerweise kein Mitunternehmer, denn der Begriff der Mitunternehmerschaft ist wirtschaftlich auszulegen. Die Rechtsprechung nimmt aber in Ausnahmefällen eine Mitunternehmerschaft an, wenn die Arbeitskraft für den Betrieb eine wesentliche Bedeutung hat.[55]

---

50 BStBl II 2006, 595, und BStBl II 2007, 927.
51 Sehr ausführlich und kritisch zum ersten Urteil Fischer, BB 1986 S. 770, und Paus, DStZ 1989 S. 162.
52 BFH vom 04.08.1971, BStBl II 1972, 10.
53 Zur Familiengesellschaft vgl. unten Teil F.
54 BFH vom 27.02.1963, BStBl III 1963, 370.
55 BFH vom 26.08.1958, BStBl III 1958, 445.

B. Laufende Besteuerung

Im Normalfall ist eine Mitunternehmerschaft nur gegeben, wenn neben der Mitarbeit noch andere Kriterien vorliegen. Haftet z. B. der Gesellschafter, der nur seine Arbeitskraft einbringt, den Gesellschaftsgläubigern gegenüber persönlich (als OHG- oder GbR-Gesellschafter oder als Kommanditist), dann liegt in der Regel eine Mitunternehmerschaft vor. Genauso wäre zu entscheiden, wenn dieser Gesellschafter zusätzlich zu seiner Arbeitskraft der Gesellschaft ein Anlagegut zur Nutzung zur Verfügung stellt.[56]

Die Frage, ob eine Mitunternehmerschaft oder ein Angestelltenverhältnis vorliegt, richtet sich daher – wie in allen anderen Zweifelsfällen – nach dem Gesamtbild.[57]

Trotz Eintragung der Gesellschaft im Handelsregister kann ein Gesellschafter in Ausnahmefällen wirtschaftlich nur Arbeitnehmer der Gesellschaft sein.[58] Dies ist z. B. der Fall, wenn die stillen Reserven im Betriebsvermögen keine große Bedeutung haben und der Gesellschafter vom Gewinn und Verlust unabhängige, ihm in jedem Fall verbleibende laufende Bezüge erhält.[59]

1.1.4.8 Stimmrechte

16 Das Stimmrecht bezieht sich auf Entscheidungen in Angelegenheiten der Gesellschaft, also Entscheidungen im Gesellschafterbereich, nicht auf solche der Geschäftsführung. Der Gesellschaftsvertrag kann die laufende Geschäftsführung gegenüber den Angelegenheiten der Gesellschaft abgrenzen. Er kann aber auch bestimmte Angelegenheiten der laufenden Geschäftsführung auf die Gesellschafterebene verlagern und zu zustimmungspflichtigen Angelegenheiten machen, z. B. Kreditaufnahmen, die über eine gewisse Größenordnung hinausgehen, oder Einstellungen und Kündigungen für bestimmte Personen oder Personengruppen.[60]

Die Stimmrechte können also eine sehr starke Mitunternehmerinitiative begründen, sie können aber auch sehr eingeschränkt sein.

Im Allgemeinen gelten die Stimmrechte auf Gesellschafterebene für folgende Entscheidungen:

— Änderung des Unternehmenszwecks,

— Änderung des Gesellschaftsvertrags,

— Aufnahme neuer Gesellschafter,

— Änderung der Gewinnverteilung,

— Gewinnfeststellung,

— Bestellung von Geschäftsführern.

---

56 Vgl. Fn. 54.
57 BFH vom 11.06.1985, BStBl II 1987, 33.
58 BFH vom 22.11.1955, BStBl III 1956, 4, und vom 08.02.1966, BStBl III 1966, 246.
59 BFH vom 26.06.1964, BStBl III 1964, 501.
60 Ausführlich Schulze zur Wiesche, DB 1997 S. 244.

Wer vertraglich vom Stimmrecht ausgeschlossen ist oder dem Mehrheitsgesellschafter auch bei Änderungen des Gesellschaftsvertrags nicht entgegentreten kann, ist lt. BFH kein Mitunternehmer.[61]

1.1.5 Beginn und Ende der Mitunternehmerschaft

Für die Frage, ob und in welcher Art eine Mitunternehmerschaft vorliegt, ist grundsätzlich der Gesellschaftsvertrag maßgebend.[62] Alle mit der Mitunternehmerschaft im Zusammenhang stehenden Fragen, z. B. welche Gesellschaftsart gegeben ist, wie die Beteiligungen, die Rechte und Pflichten ausgestaltet sind, beantworten sich anhand des oder der Verträge, gleichgültig, ob sie schriftlich oder nur mündlich geschlossen sind. **17**

Die Frage, wann eine Mitunternehmerschaft beginnt oder endet, ist jedoch nicht rechtlich, sondern wirtschaftlich zu beantworten, weil der Begriff der Mitunternehmerschaft wirtschaftlich auszulegen ist. Daher entstehen oder erlöschen alle Mitunternehmerschaften – unabhängig von ihrer zivilrechtlichen Form – nicht erst mit der Eintragung oder Austragung im Handelsregister oder dem förmlichen Abschluss der Gesellschaftsverträge, sondern mit dem tatsächlichen Beginn oder Ende der gemeinsamen gewerblichen Betätigung.[63] In der Praxis weicht jedoch im Allgemeinen die tatsächliche Durchführung von den Vertragsbestimmungen – was das Entstehen und das Ende einer Mitunternehmerschaft anlangt – kaum ab.

Ein **rückwirkender Abschluss** des Gesellschaftsvertrags oder eine rückwirkende Änderung des Gesellschaftsvertrags wird von der Rechtsprechung steuerlich grundsätzlich nicht anerkannt.[64] Bei einem mündlich geschlossenen Vertrag genügt jedoch sein tatsächlicher Vollzug, auch wenn die bestätigende schriftliche Festlegung und die genauere Vereinbarung über einzelne noch offene Punkte erst später erfolgen soll.[65]

Diese dargestellten Grundsätze gelten auch für den Ein- und Austritt von Gesellschaftern[66] und für die Änderung von Gewinnverteilungsabreden.[67] Zum Ende der Mitunternehmerschaft vgl. im Einzelnen unten N.

1.1.6 Die einzelnen Gesellschaftsarten

1.1.6.1 Offene Handelsgesellschaft

Die Gesellschafter einer OHG sind fast immer Mitunternehmer, denn die meisten der angegebenen Kriterien sind bei ihr erfüllt. **18**

---

61 BFH vom 11.10.1988, BStBl II 1989, 762; Schmidt/Wacker, § 15 Rz. 272.
62 Schmidt/Wacker, § 15 Rz. 195.
63 Littmann/Bitz/Pust, § 15 Anm. 20.
64 Schmidt/Wacker, § 15 Rz. 195, 196.
65 BFH vom 25.10.1960, BStBl III 1961, 94.
66 BFH vom 21.12.1972, BStBl II 1973, 389, und vom 08.11.1972, BStBl II 1973, 287.
67 Littmann/Bitz/Pust, § 15 Rz. 20.

B. Laufende Besteuerung

Nur in Ausnahmefällen, wenn der zivilrechtliche und der wirtschaftliche Tatbestand weit auseinanderfallen, ist eine Mitunternehmerschaft zu verneinen.

Dass eine Landwirtschaft betreibende oder vermögensverwaltende OHG keine Mitunternehmerin im Sinne des § 15 Abs. 1 Nr. 2 EStG ist, wurde oben[68] schon dargestellt.

1.1.6.2 Kommanditgesellschaft

19 Auch die Kommanditisten sind regelmäßig Mitunternehmer, obwohl ihre Haftung beschränkt ist und sie außer ihren geringen Mitwirkungs- und Kontrollrechten keine Unternehmerinitiative haben.[69] Dies gilt auch für die sog. Abschreibungs- bzw. Verlustzuweisungsgesellschaften, deren Geschäftszweck aus der Sicht der Kommanditisten fast ausschließlich die Inanspruchnahme steuerlicher Vergünstigungen ist.[70] Der Kommanditist ist dann jedoch steuerlich nur Darlehensgeber, wenn er überhaupt keine Unternehmerinitiative entfalten kann oder kein nennenswertes Unternehmerrisiko trägt oder nicht am laufenden und Gesamtgewinn der KG beteiligt ist.[71] Wenn z. B. der Gesellschaftsvertrag das Ausscheiden eines Kommanditisten vor der erwarteten Gewinnphase vorsieht und bis zum Ausscheiden auch nicht mit nennenswerten stillen Reserven gerechnet werden kann, dann ist er nicht Mitunternehmer. Darf ein Kommanditist in der Gesellschafterversammlung nicht mitstimmen und ist für ihn das Widerspruchsrecht nach § 164 HGB abbedungen, ist er kein Mitunternehmer. Dem Ausschluss des Stimmrechts steht gleich, wenn Kommanditisten in keinem Fall den Mehrheitsgesellschafter an einer Beschlussfassung hindern können, z. B. auch dann nicht, wenn es um die Änderung der Satzung oder die Auflösung der Gesellschaft geht.[72]

1.1.6.3 Gesellschaft bürgerlichen Rechts

20 Die Gesellschafter einer GbR sind Mitunternehmer, wenn sie gewerblich tätig sind, z. B. die Zusammenschlüsse von Kleinhandwerkern und sonstigen Kleingewerbetreibenden, aber auch als OHG oder KG in das Handelsregister eingetragene Gesellschaften, deren gewerbliche Betätigung zum Kleingewerbe herabgesunken ist.[73]

Auch hier scheidet die land- und forstwirtschaftliche, die freiberufliche und die vermögensverwaltende Tätigkeit aus.[74] Auch die meisten Gelegenheitsgesellschaften sind keine Mitunternehmerschaften.

---

68 B. Rz. 2.
69 BFH vom 03.07.1975, BStBl II 1975, 818, und vom 11.06.1985, BStBl II 1987, 33.
70 Vgl. jedoch unter E. die Darstellung zu § 15 a EStG.
71 BFH vom 10.11.1977, BStBl II 1978, 15; und vom 28.10.1999, BStBl II 2000, 183.
72 BFH vom 11.10.1988, BStBl II 1989, 762. Vgl. auch B. Rz. 18 und Rz. 43.
73 BFH vom 11.12.1986, BStBl II 1987, 553.
74 Vgl. B. Rz. 2.

Die **Interessengemeinschaften,** die Handwerker oft schließen, die aber die 21
Selbständigkeit der einzelnen Handwerker unberührt lassen, sind im Allgemeinen keine Mitunternehmerschaften. Der Zweck zielt nicht auf den Betrieb eines gemeinschaftlichen Unternehmens.[75]

Dagegen können **Arbeitsgemeinschaften,** die nach außen im eigenen Namen auftreten, eine Mitunternehmerschaft sein. Ist aber ihr Zweck nur die Erfüllung eines einzigen Werk- oder Werklieferungsvertrags (sog. kleine Arge), liegt keine Mitunternehmerschaft vor. Dies gilt genauso für die sog. **Gelegenheitsgesellschaften,** die **Meta-Verbindungen** und die **Joint Ventures,** z. B. die Verwirklichung und Vermarktung **eines** Bauvorhabens.[76]

So genannte **Hilfsgesellschaften,** die nur ihren Gesellschaftern für deren Betriebe durch die gemeinsame Übernahme von Aufwendungen wirtschaftliche Vorteile vermitteln wollen, z. B. Labor-, Büro-, Apparate- oder Werbegemeinschaften, sind in der Regel mangels Gewinnerzielungsabsicht keine Mitunternehmerschaften.[77] Die Betriebsausgaben und die Betriebseinnahmen der Gesellschafter können aber trotzdem einheitlich und gesondert festgestellt werden.[78]

Konsortien sind regelmäßig keine Mitunternehmerschaften.[79]

Viele Vorgesellschaften, die vor der Errichtung von Handelsgesellschaften (z. B. OHG, KG, GmbH) entstehen und bestehen, sind Mitunternehmerschaften, wenn der werbende Betrieb schon vor der eigentlichen Errichtung der Handelsgesellschaft beginnt.

1.1.6.4 EWIV

Nach Art. 3 Abs. 1 der EG-VO 2137/85 hat die EWIV nicht den Zweck, für sich selbst einen Gewinn zu erzielen; dies ist jedoch auch nicht verboten. Sie kann daher Gewinnerzielungsabsicht haben. Dabei spielen auch die Vergütungen, die die Mitglieder von der EWIV erhalten, gem. § 15 Abs. 1 Nr. 2 EStG eine Rolle.

Hat die EWIV aufgrund ihres Zwecks Gewinnerzielungsabsicht und einen Gewerbebetrieb, liegt eine Mitunternehmerschaft vor. Dies gilt auch dann, wenn die Gewinnerzielungsabsicht nur Nebenzweck ist.[80] In diesem Fall ist eine einheitliche und gesonderte Feststellung von Besteuerungsgrundlagen zu fertigen.

---

75 BFH vom 09.10.1964, BStBl III 1965, 71; Littmann/Bitz/Pust, § 15 Anm. 54.
76 BFH vom 23.02.1961, BStBl III 1961, 194, und vom 02.12.1992, BStBl II 1993, 577. Vgl. Schmidt/Wacker, § 15 Rz. 320 ff. m. w. N.
77 Schmidt/Wacker, § 15 Rz. 327.
78 BMF vom 02.05.2001, BStBl I 2001, 256.
79 BFH vom 02.04.1971, BStBl II 1971, 620.
80 Siehe oben A. Rz. 10 und Rz. 35; Schmidt/Wacker, § 15 Rz. 333; Littmann/Bitz/Pust, § 15 Rz. 55; BMF vom 27.02.1987, BStBl I 1987, 362.

B. Laufende Besteuerung

Meistens ist die EWIV aber nur eine Kostengesellschaft, weil sie nur Kostenvorteile für die einzelnen Gesellschafter erstrebt. In diesem Fall liegt keine Mitunternehmerschaft vor. Verfahrensmäßig ist in diesem Falle nur eine Kostenfeststellung gem. § 180 Abs. 2 AO zu erstellen.

1.1.6.5 Stille Gesellschaft – Unterbeteiligung

22 Der echte oder **typische stille Gesellschafter** ist nicht Mitunternehmer, denn er hat wirtschaftlich die Stellung eines Darlehensgebers. Der unechte oder atypische stille Gesellschafter ist dagegen Mitunternehmer. Im Allgemeinen liegt eine atypische stille Gesellschaft vor, wenn der Stille nicht nur am Gewinn und Verlust teilnimmt, sondern zusätzlich – dinglich oder schuldrechtlich – am Anlagevermögen einschließlich der stillen Reserven und am Geschäftswert beteiligt ist.[81]

Für die **Unterbeteiligung** gelten die gleichen Grundsätze. Handelt es sich um eine typische Unterbeteiligung, d. h., beschränken sich die Ansprüche des Unterbeteiligten gegen den Hauptbeteiligten auf einen Anteil am laufenden Gewinn und ist er bei Beendigung der Gesellschaft nicht an den stillen Reserven beteiligt, dann liegt keine Mitunternehmerschaft vor. Gehen die Ansprüche dagegen über den laufenden Gewinn hinaus, ist er vor allem an den stillen Reserven beteiligt (atypische Unterbeteiligung), dann ist eine Mitunternehmerschaft gegeben.[82]

Ist der Unterbeteiligte auch Mitunternehmer der Hauptgesellschaft? Im Urteil vom 23.01.1974[83] hat der BFH entschieden, dass ein Unterbeteiligter, selbst wenn er über den Hauptgesellschafter am Gewinn, Verlust und an den stillen Reserven der Hauptgesellschaft beteiligt und außerdem leitender Angestellter der Hauptgesellschaft ist, nur dann als Mitunternehmer der Hauptgesellschaft angesehen werden kann, wenn er einen nicht unbedeutenden Dispositionsspielraum hat und zusätzlich auf die Geschäftspolitik und andere grundsätzliche Fragen Einfluss nehmen kann. Der Unterbeteiligte war daher damals nur in Ausnahmefällen Mitunternehmer der Hauptgesellschaft.[84]

Durch die Einfügung des § 15 Abs. 1 Nr. 2 Satz 2 EStG durch das StÄndG 1992 ist für Wirtschaftsjahre, die nach dem 31.12.1991 enden, diese Rechtsprechung überholt.[85]

---

81 BFH vom 05.07.1978, BStBl II 1978, 644, vom 10.08.1978, BStBl II 1979, 74, vom 08.08.1979, BStBl II 1979, 768, vom 22.01.1981, BStBl II 1981, 424, vom 27.05.1993, BStBl II 1994, 700, vom 06.07.1995, BStBl II 1996, 269 zu 2 a, und vom 26.11.1996, BStBl II 1998, 328 zu II.
82 BFH vom 20.03.1962, BStBl III 1962, 337, vom 03.05.1979, BStBl II 1979, 515, vom 26.06.1985, BFH/NV 1987 S. 24, und vom 06.07.1995, BStBl II 1996, 269.
83 BStBl II 1974, 480.
84 Vgl. auch BFH vom 29.10.1991, BStBl II 1992, 512, und vom 02.10.1997, DStR 1998 S. 203; Littmann/Bitz/Pust, § 15 Anm. 53; Schulze zur Wiesche, DB 1974 S. 2225.
85 § 52 Abs. 18 EStG 1992.

Der nach außen allein auftretende Gesellschafter hält die Beteiligung auch für Rechnung der Innengesellschaft (= Unterbeteiligung), sodass der Unterbeteiligte als Gesellschafter dieser Innengesellschaft „mittelbar über eine Personengesellschaft beteiligt ist". Damit ist der Unterbeteiligte auch Mitunternehmer der Hauptgesellschaft. Hierzu sei auf das BFH-Urteil vom 02.10.1997,[86] mit ausführlicher Begründung, verwiesen. Trotzdem ist diese Rechtsfrage in der Literatur weiterhin heftig umstritten.[87] Die steuerlichen Konsequenzen sind ausführlich in G. Rz. 7 ff. (vor allem in den Beispielen 4 und 5) dargestellt.

1.1.7 Treuhand und Mitunternehmerschaft

1.1.7.1 Zivilrecht

Bei der **Übertragungstreuhand,** auch **echte** Treuhand genannt, wird das **23** Treuhandverhältnis in der Regel durch Übertragung des Gesellschaftsanteils begründet. Der Empfänger des Gesellschaftsanteils, der Treuhänder, wird unmittelbar Gesellschafter. Er tritt in die Gesellschaft ein, der Überträger, der sog. Treugeber, scheidet aus der Gesellschaft aus.[88]

Bei der **Verwaltungstreuhand,** auch **unechte** Treuhand genannt, wird das Treuhandverhältnis dadurch begründet, dass ein Gesellschafter mit einem Dritten vereinbart, er, der Gesellschafter, werde die Beteiligung nunmehr als Treuhänder für den Dritten, den Treugeber, treuhänderisch verwalten. Hier entstehen nur schuldrechtliche Beziehungen.[89] Diese Art ist steuerlich anerkannt, kommt in der Praxis aber nicht häufig vor.

Bei Kapitalanlegern ist es weit verbreitet, dass sich der Interessent nicht unmittelbar selbst an der Personengesellschaft beteiligt, sondern ein Treuhänder – in der Form der echten Treuhand – dazwischengeschaltet wird.[90]

Man spricht von einer **offenen** Treuhand, wenn das Verhältnis bei den anderen Gesellschaftern bekannt ist, von einer **verdeckten** Treuhand, wenn die anderen Gesellschafter das Verhältnis nicht kennen.[91]

1.1.7.2 Mitunternehmerschaft

Trotz fehlender zivilrechtlicher Gesellschafterstellung ist steuerlich aufgrund **24** § 39 Abs. 2 Nr. 1 Satz 2 AO grundsätzlich nur der **Treugeber** Mitunternehmer und damit originär Bezieher der gewerblichen Einkünfte.[92] Der Treu-

---

86 BStBl II 1998, 137.
87 So wie hier Schmidt/Wacker, § 15 Rz. 365 und 623; Littmann/Bitz/Pust, § 15 Anm. 53; A. A. Schwichtenberg, DB 1987 S. 963; Seer, StuW 1992 S. 35/44.
88 BFH vom 16.05.1995, BStBl II 1995, 714; Schmidt/Wacker, § 15 Rz. 295 ff.; Littmann/ Bitz/Pust, § 15 Rz. 30; Ritzrow, StLex 2, 37–42, 49; alle mit weiteren Nachweisen.
89 BFH vom 15.07.1997, BStBl II 1998, 152.
90 Littmann/Bitz/Pust, a. a. O.
91 BFH vom 24.05.1977, BStBl II 1977, 737, und vom 01.10.1992, BStBl II 1993, 574, 576.
92 BFH, GrS, vom 25.06.1984, BStBl II 1984, 751; vgl. auch Fn. 1.

B. Laufende Besteuerung

geber ist Träger des Kapitals. Er hat das Unternehmerrisiko. Der Annahme seiner Mitunternehmerstellung steht nicht entgegen, dass nach dem Gesellschaftsvertrag nur der Treuhänder die Stimm-, Kontroll- und Widerspruchsrechte hat, der Treugeber daher nur mittelbar die Mitunternehmerinitiative entfalten kann. Dass dem so ist, setzt voraus, dass der Treugeber das Treuhandverhältnis beherrscht. Beherrscht er es nicht, besteht kein steuerlich anzuerkennendes Treuhandverhältnis.[93] Man kann dies auch so sehen: Einmal leistet der Treugeber über den Treuhänder seinen Gesellschaftsbeitrag (Mitunternehmerrisiko).[94] Zum anderen wirkt der Treugeber mit seinem Weisungsrecht gegenüber dem Treuhänder bei der Willensbildung der Gesellschaft mit (Unternehmerinitiative).

Der **Treuhänder-Kommanditist** ist kein Mitunternehmer.[95] Dagegen ist der **Treuhänder-Komplementär** aufgrund der unbegrenzten Außenhaftung und der nichtentziehbaren Vertretungsmacht in der Regel neben dem Treugeber Mitunternehmer.[96] Dies ist insbesondere für die Sondervergütungen und das Sonderbetriebsvermögen von Bedeutung.

Die Voraussetzungen für die Mitunternehmerstellung des Treugebers sind:

— Das Treuhandverhältnis muss zivilrechtlich in Ordnung sein und nachgewiesen werden. In § 159 AO ist sogar eine besondere Nachweispflicht des Treuhänders geregelt. Der Treuhandvertrag kann zwar stillschweigend oder mündlich geschlossen werden, wegen der besonderen Nachweispflicht ist aber eine schriftliche Vereinbarung zu empfehlen.[97] Dies gilt besonders bei Treuhandverhältnissen zwischen nahen Angehörigen, denn hier werden strenge Anforderungen gestellt.[98]

— Das Treuhandverhältnis muss tatsächlich durchgeführt sein.[99]

— Eine angemessene Vergütung muss vereinbart sein.[100]

— Der Treuhänder muss in der Gesellschaft die Rechtsstellung haben, die ihn als Mitunternehmer erscheinen lassen würde, wenn er auf eigene Rechnung handeln würde.[101]

25 In der Praxis gibt es viele Treuhandverhältnisse im Bereich der Verlustzuweisungsgesellschaften bzw. Publikumsgesellschaften. Zum Unternehmerrisiko meint Ritzrow[102]:

---

93 BFH vom 27.01.1993, BStBl II 1994, 615, und vom 20.01.1999, BStBl II 1999, 514.
94 BFH, GrS, vom 25.06.1984, BStBl II 1984, 751.
95 BFH, GrS, vom 25.02.1991, BStBl II 1991, 691, und BFH vom 16.05.1995, BStBl II 1995, 714.
96 Schmidt/Wacker, § 15 Rz. 298; Littmann/Bitz/Pust, § 15 Rz. 30.
97 BFH vom 11.10.1984, BStBl II 1985, 247.
98 FG Rheinland-Pfalz vom 21.09.1992, EFG 1993 S. 232; Littmann/Bitz/Pust, § 15 Rz. 30.
99 BFH vom 28.02.2001, BStBl II 2001, 468; Schmidt/Wacker, § 15 Rz. 296.
100 FG Köln vom 04.12.1992, EFG 1993 S. 501.
101 Littmann/Bitz/Pust, § 15 Rz. 30.
102 StLex 2, 37–42, 49.

1 Einkommensteuer

„Bei diesen Gesellschaften sind oft Regelungen im Treuhandvertrag bzw. Gesellschaftsvertrag festzustellen, die eine Tendenz erkennbar machen, die Rechte des Treugebers einzuschränken und vor allem seine kapitalorientierte Stellung zu betonen. Diese Einschränkungen schließen die Mitunternehmerstellung des Treugebers jedoch nicht aus, da auch in diesen Fällen der Treuhänder bei der Wahrnehmung der ihm eingeräumten Rechte und Pflichten aus dem Treuhand- und dem Gesellschaftsvertrag in der Regel an die Weisungen der Treugeber gebunden ist.[103] Der sachenrechtlichen (Mit-) Berechtigung des Treugebers am Betriebsvermögen der Personengesellschaft für die Qualifizierung als Mitunternehmer kommt keine Bedeutung zu.[104] Es spielt keine Rolle, dass der Treugeber gegenüber dem Treuhänder keinen durchsetzbaren Anspruch auf Herausgabe des Treugutes, also der Mitgliedschaft an der Personengesellschaft, und damit keine Möglichkeit hat, das Verfügungsrecht über das Treugut durch direkten Gesellschaftsbeitritt selbst wahrzunehmen. Gegenstand des Treuhandverhältnisses ist es gerade, dass der Treugeber zivilrechtlich in keiner Beziehung zu der Gesellschaft steht. Unmittelbare Rechtsbeziehungen bestehen – und zwar lediglich auf schuldrechtlicher Grundlage – zwischen ihm und dem Treuhänder durch den als **Geschäftsbesorgungsvertrag** anzusehenden Treuhandvertrag. Nur so kann das Treuhandverhältnis die ihm zugedachte Funktion erfüllen."[105]

Zur Mitunternehmerinitiative meint Ritzrow[106]:

„Die Mitunternehmerinitiative der Treugeber einer Publikums-KG ist nicht deshalb zu verneinen, weil nach dem Treuhandvertrag der einzelne Treugeber in der Ausübung der Mitwirkungs- und Kontrollrechte beschränkt ist, und zwar so, dass nicht jeder einzelne Treugeber gegenüber dem Treuhänder weisungsbefugt ist. Im Urteilsfall vom 21.04.1988[107] wurden diese Rechte durch den Treuhänder ausgeübt und der einzelne Treugeber konnte nur im Zusammenwirken mit den anderen Treugebern auf den Treuhänder Einfluss nehmen. Zur Wahrung ihrer Rechte aus dem Treuhandvertrag hatten die Treugeber sich zu einer GbR zusammengeschlossen. Der Treuhänder war bei Wahrnehmung seiner Rechte und Pflichten aus dem Gesellschaftsvertrag an die Beschlüsse der Gesellschaftsversammlung gebunden. Ausgeschlossen wurde lt. Treuhandvertrag nur die Bindung an Weisungen und Aufträge einzelner Treugeber.

Der Ausschluss des Weisungsrechts einzelner Treugeber bei den besonderen Gegebenheiten einer Publikumspersonengesellschaft mit zahlreichen Gesellschaftern ist notwendig, um die Lebens- und Funktionsfähigkeit der Gesellschaft insgesamt zu gewährleisten. Publikumspersonengesellschaften

---

103 BFH vom 10.12.1992, BStBl II 1993, 538, 541.
104 BFH vom 10.12.1992, BStBl II 1993, 538, 540.
105 BFH vom 21.04.1988, BStBl II 1989, 722, 724.
106 StLex 2, 37–42, 49.
107 BFH vom 21.04.1988, BStBl II 1989, 722, 724.

B. Laufende Besteuerung

müssen, um lebensfähig zu sein, weitgehend kapitalistische und kooperative Züge annehmen, insbesondere also nach Kapitalanteilen abstimmen."

1.1.8 Freiberufler und Mitunternehmerschaft

26 Beim Zusammenschluss von Freiberuflern sind vier Betätigungsarten zu unterscheiden:
- Die echte Sozietät gem. § 18 Abs. 4 Satz 2 und § 15 Abs. 1 Nr. 2 EStG.
- Die Praxisgemeinschaft, bei der jeder eine eigene Einkunftsquelle gem. § 18 Abs. 1 Nr. 1 EStG hat.
- Der echte Zusammenschluss zwischen Freiberuflern und Berufsfremden (§ 15 Abs. 1 Nr. 2 EStG).
- Der Berufsfremde im Nichtgesellschaftsverhältnis; § 18 EStG einerseits, §§ 19, 20, 21, 22 EStG andererseits.

Damit ist die echte Freiberufler-Sozietät von den anderen Betätigungsarten abzugrenzen:

1.1.8.1 Die echte Sozietät

27 Bei der echten Freiberufler-Sozietät schließen sich die Beteiligten zur gemeinsamen Berufsausübung in der Rechtsform der GbR oder der Partnerschaft zusammen. Sie mieten ggf. gemeinsam die Räume, bezahlen gemeinsam die Angestellten, haben im Briefbogen einen gemeinsamen Briefkopf und rechnen nach außen auch gemeinsam ab. Dies ist selbst dann eine gemeinsame Tätigkeit, wenn sie die einzelnen Mandanten/Patienten getrennt betreuen.

Alle Beteiligten haben Mitunternehmerinitiative und tragen ein Mitunternehmerrisiko. Anzuwenden sind § 18 Abs. 4 Satz 2 i. V. m. § 15 Abs. 1 Nr. 2 EStG. Sie haben Einkünfte aus § 18 EStG.

Eine echte Sozietät von Freiberuflern kann aber auch originäre gewerbliche Einkünfte haben. Dies ist z. B. bei ärztlichen Laborgemeinschaften möglich. Schließen sich Laborärzte zu einer Laborgemeinschaft zusammen, so haben sie dann Einkünfte aus freiberuflicher Tätigkeit gem. § 18 Abs. 1 Nr. 1 Satz 2 EStG, wenn sie gemeinsam auch unter Mithilfe fachlich vorgebildeter Arbeitskräfte aufgrund der eigenen Fachkenntnisse leitend und eigenverantwortlich tätig sind (sog. **Stempeltheorie**). Nach dem BMF-Schreiben vom 14.11.2002[108] ist dies nach den Umständen des Einzelfalls zu beurteilen. Hierfür sind die Praxisstruktur, die individuelle Leistungskapazität der Ärzte, das in der Praxis anfallende Leistungsspektrum und die Qualifikation der Mitarbeiter zu berücksichtigen. Eine leitende und eigenverantwortliche Tätigkeit liegt im Einzelfall aber dann nicht vor, wenn die Zahl der vorgebildeten Arbeitskräfte und die Zahl der täglich anfallenden Untersuchungen

---

108 BStBl I 2003, 170, mit Einzelheiten zu den verschiedenen Varianten.

1 Einkommensteuer

eine Eigenverantwortlichkeit ausschließen. In diesem Fall hat die Laborgemeinschaft Einkünfte aus Gewerbebetrieb gem. § 15 Abs. 1 Nr. 2 EStG.

1.1.8.2 Praxisgemeinschaft

Im Gegensatz zu einer Sozietät schließen sich bei einer Praxisgemeinschaft die Beteiligten nicht zu einer freiberuflichen Mitunternehmerschaft i. S. des § 18 Abs. 4 Satz 2 EStG zusammen, sondern wollen nur ihre Kosten minimieren. Bürgerlich-rechtlich liegt keine Partnerschaft, sondern entweder eine Bruchteilsgemeinschaft oder – meistens – eine GbR vor. **28**

Beispiel:
A und B haben gerade ihr Steuerberaterexamen bestanden und wollen gemeinsam eine Praxis führen. Sie mieten gemeinsam Räume dafür, stellen gemeinsam eine Sekretärin ein und kaufen gemeinsam einen Buchungsautomaten und den üblichen Bürobedarf. Jeder fährt seinen eigenen PKW, betreut bestimmte Mandanten – ohne Einfluss durch den Partner –, und jeder stellt persönlich seine Rechnungen. Auf den Briefbögen firmiert jeder allein. Jeder ermittelt seinen Gewinn gem. § 4 Abs. 3 EStG.

Sofern sie sich zur Halbierung der Kosten entschlossen haben, tragen A und B jeweils die Hälfte der Miete, des Lohns und der Kosten des Bürobedarfs. Insoweit haben sie zu je $1/2$ Betriebsausgaben.

Den Buchungsautomaten können sie abschreiben. Dabei können sich A und B völlig frei entscheiden, denn sie haben jeweils einen Bruchteil zu $1/2$ erworben. Auch dann, wenn man annimmt, A und B hätten den Buchungsautomaten im Rahmen einer GbR (gemeinsamer Zweck Kostenminimierung) erworben, geht § 39 Abs. 2 Nr. 2 AO bei Zurechnungsfragen steuerrechtlich von einer Bruchteilsgemeinschaft aus. Daraus folgt, dass **jeder ein** Wirtschaftsgut in Form des hälftigen Buchungsautomaten erworben hat.

A und B können daher z. B. die Nutzungsdauer verschieden beurteilen, d. h. verschieden lang abschreiben.

Die Verwaltung war früher anderer Ansicht (einheitliche AfA).[109]

Vergleiche auch das BFH-Urteil vom 19.02.1974.[110] Hier hat der BFH bei einem Mietshaus – also bei **einem** Wirtschaftsgut – entschieden, dass mehreren Miteigentümern eines solchen Gebäudes ein Wahlrecht zwischen der § 7 Abs. 4 EStG- und der § 7 Abs. 5 EStG-AfA zusteht.

Bei der **echten Sozietät** ist dies anders. Hier haben die Beteiligten eine **einheitliche Gewinnerzielungsabsicht**. Bei Gewinnermittlung gem. § 4 Abs. 3 EStG werden die Betriebseinnahmen und die Betriebsausgaben **gemeinsam** ermittelt. Wenn sie bilanzieren, müssen sie **eine** Bilanz erstellen. In diesen Fällen ist dann auch eine gemeinsame AfA-Ermittlung erforderlich. **29**

---
109 In R 44 Abs. 7 EStR 2004. Wie hier Schmidt/Drenseck, § 7 Rz. 36.
110 BStBl II 1974, 704.

B. Laufende Besteuerung

Dies hat der BFH mit Urteil vom 14.04.2005[111] bestätigt und besonderen Wert auf die **gemeinschaftliche Gewinnerzielungsabsicht** einer echten Sozietät gelegt. Der Tenor des Urteils lautet:

> „Im Unterschied zu einer Gemeinschaftspraxis (Mitunternehmerschaft) hat eine Büro- und Praxisgemeinschaft lediglich den Zweck, den Beruf in gemeinsamen Praxisräumen auszuüben und bestimmte Kosten von einer Praxisgemeinschaft tragen zu lassen und umzulegen. Ein einheitliches Auftreten nach außen genügt nicht, um aus einer Bürogemeinschaft eine Mitunternehmerschaft werden zu lassen."

Sachverhalt zu diesem Urteil:

Ein Steuerberater (S1) und zwei Rechtsanwälte (R1 und R2) hatten ihre selbständigen Kanzleien nach außen in Form einer Sozietät und nach innen in Form einer Bürogemeinschaft verbunden. Dazu gründeten sie zum 01.01.02 eine GbR, deren Zweck die gemeinsame Berufsausübung war. Sie vereinbarten u. a., dass jeder Partner seine Tätigkeit unabhängig und in eigener Verantwortung ausüben soll und dass nach außen die GbR unter gemeinsamem Praxisschild und Briefpapier auftritt.

Im April 03 veräußerte S1 einen 25%igen Anteil seiner Beteiligung an der GbR an die Steuerberaterin S2. Das Finanzamt lehnte für die S1-S2-R1-R2 & Partner GbR die Durchführung einer einheitlichen und gesonderten Feststellung ab, da es die GbR nicht als Mitunternehmerschaft ansah. Es stellte die Einkünfte der S1 & S2 Steuerberatersozietät einheitlich und gesondert fest und sah dabei die Veräußerung an S2 nicht als begünstigte Anteilsveräußerung an. Das Finanzgericht wies die Klage des S1 gegen beide Bescheide ab.

Der BFH bestätigte die Auffassung des Finanzamts und des Finanzgerichts. Danach setzt eine freiberufliche Mitunternehmerschaft in Form einer Gemeinschaftspraxis (Sozietät) eine **gemeinschaftliche Gewinnerzielungsabsicht auf der „Ebene der Gesellschaft"** voraus.

Aus den im Gesellschaftsvertrag getroffenen Vereinbarungen (jeder Partner ermittelt das Betriebsergebnis für seinen Bereich völlig getrennt; alle der gemeinschaftlichen Berufsausübung dienenden Gegenstände sowie der Praxiswert bleiben Vermögen des einzelnen Partners) gehe aber eindeutig hervor, dass keine gemeinschaftliche, sondern eine **individuelle** Gewinnerzielung beabsichtigt sei. Hier sei lediglich eine **Bürogemeinschaft** vereinbart worden. Allein das einheitliche Auftreten nach außen genüge nicht, um diese zur Mitunternehmerschaft werden zu lassen.

Damit scheide eine **begünstigte Anteilsveräußerung** zwischen S1 und S2 von vornherein aus. S1 habe erst durch die Veräußerung eines Teils seiner Einzelpraxis eine Mitunternehmerschaft mit S2 begründet.[112]

Inzwischen hat der Gesetzgeber den § 16 EStG geändert. Nach § 16 Abs. 1 Satz 2 EStG ist die Veräußerung eines Teils eines Mitunternehmeranteils

---

111 BStBl II 2005, 752.
112 Zur Bewertung des Urteils vgl. Hutter, LSW Gruppe 3, S. 1138.

nicht mehr begünstigt. Die Kernaussagen des Urteils sind nach wie vor für Praxisgemeinschaften sehr wichtig.

1.1.8.3 Der echte Zusammenschluss zwischen Freiberuflern und Berufsfremden (§ 15 Abs. 1 Nr. 2 EStG)

Dieser Zusammenschluss liegt vor, wenn alle Beteiligten im Sinne einer Mitunternehmerschaft – gemeinsames Mitunternehmerrisiko und gemeinsame Mitunternehmerinitiative – zusammengehen, aber einige der Beteiligten freiberuflich tätig sind, während andere – unter Umständen sogar nur zum Teil – gewerblich tätig sind. 30

Beispiel 1:
A, B und C haben eine Steuerberaterpraxis gemeinsam (§ 18 Abs. 4 Satz 2 EStG). Gewinnermittlung nach § 4 Abs. 3 EStG. Seit Anfang des Jahres 04 vermittelt B den Mandanten der Gemeinschaft Bausparkassenverträge.

Die Tätigkeit des B wird ab 04 zum Teil gewerblich. Diese Gewerblichkeit schlägt dann nicht nur auf seine Tätigkeit, sondern auch auf die gesamte Gemeinschaft durch (§ 15 Abs. 3 Nr. 1 EStG, sog. **Abfärbetheorie**[113]). Damit haben ab dem Jahr 04 alle Beteiligten einen Gewerbebetrieb. Sie werden damit im Normalfall auch buchführungspflichtig und müssen zur Gewinnermittlung gem. § 5 EStG wechseln, mit allen ihren Folgen.[114] Dies ist nur dann anders, wenn sich die Tätigkeiten trennen lassen. In H 15.6 (gemischte Tätigkeit) EStH nimmt die Verwaltung hierzu ausführlich unter Hinweis auf die BFH-Rechtsprechung Stellung. In Beispiel 1 sind die Tätigkeiten derart miteinander verflochten, dass sie sich gegenseitig unlösbar bedingen. B berät Mandanten gleichermaßen steuerlich und finanziell.

Beispiel 2:
Eine Personengesellschaft berät Unternehmen und führt Arbeiten durch, die alle Probleme aus dem Anwendungsbereich der EDV umfassen. Sechs Gesellschafter haben ein naturwissenschaftliches und sieben ein wirtschaftswissenschaftliches Studium hinter sich. Drei Gesellschafter haben die mittlere Reife und eine kaufmännische oder gewerbliche Lehre.

In seinem Urteil vom 11.06.1985[115] sah der BFH in den drei Gesellschaftern mit mittlerer Reife und den sieben Gesellschaftern mit wirtschaftswissenschaftlichem Studium sog. berufsfremde Personen. Die Tätigkeit dieser zehn Gesellschafter sei nicht der eines beratenden Betriebswirts ähnlich. Die Aus-

---

113 Zur **Abfärbetheorie** vgl. BFH vom 30.08.2001, BStBl II 2002, 152, vom 11.08.1999, BStBl II 2000, 229, und vom 28.06.2006, BStBl II 2007, 378 (zum Verhältnis Sonderbereich – Gesamthandsbereich). Die Abfärbetheorie gilt auch dann, wenn sich eine Freiberufler-Kapitalgesellschaft mitunternehmerisch an einer Freiberufler-Personengesellschaft beteiligt. Die Personengesellschaft erzielt dann insgesamt gewerbliche Einkünfte, BFH vom 08.04.2008, BStBl II 2008, 681.
114 Vgl. R 4.6 EStR und H 15.6 (Gemischte Tätigkeit) EStH und oben B. Rz. 5.
115 BStBl II 1985, 584.

B. Laufende Besteuerung

übung eines dem Ingenieurberuf ähnlichen Berufs könne nur bejaht werden, wenn die Tätigkeit eine „gewisse fachliche Breite des Ingenieurberufs" aufweist. Die Gesellschaft war daher insgesamt gewerblich tätig.[116]

Der Zusammenschluss von Angehörigen unterschiedlicher freier Berufe muss aber nicht zwingend zur Gewerblichkeit führen, und zwar dann nicht, wenn jeder nur auf seinem jeweiligen Fachgebiet tätig wird.[117]

Beispiel 3:

31 Eine freiberufliche **Partnerschaftsgesellschaft** aus Steuerberatern ist als Kommanditistin an einer gewerblich tätigen GmbH & Co. KG beteiligt und auch als Kommanditistin im Handelsregister eingetragen. Die Partnerschaftsgesellschaft hält die Beteiligung jedoch nur als **Treuhänder** für eine größere Zahl von Einzelpersonen, zu denen auch die Gesellschafter der Partnerschaftsgesellschaft gehören. Für die Tätigkeit als Treuhänder erhält die Partnerschaftsgesellschaft eine jährliche Vergütung i. H. von 0,2 % des treuhänderisch gehaltenen Kommanditanteils. Ist die Tätigkeit der Partnergesellschaft gewerblich?

Die OFD Karlsruhe hat in einer internen Dienstbesprechung diesen Fall wie folgt gelöst:

„Weder die Treuhänderstellung der freiberuflich tätigen Personengesellschaft noch die dafür vereinnahmte Vergütung führt dazu, dass die freiberuflichen Einkünfte in solche aus Gewerbebetrieb umzuqualifizieren sind.

Zivilrechtlich ist die Partnerschaftsgesellschaft als solche Gesellschafterin der GmbH & Co. KG. Im Rahmen der Gewinnfeststellungen der GmbH & Co. KG wird ihr ein entsprechender Anteil an deren gewerblichen Einkünften zugerechnet. Im Rahmen der gebotenen weiteren Gewinnfeststellung für die Treuhandschaft werden diese Einkünfte allerdings in vollem Umfang den Treugebern zugerechnet.

Im Ergebnis ist die Partnerschaftsgesellschaft damit nicht an den gewerblichen Einkünften der KG beteiligt. Sie erzielt insoweit keine gewerblichen Einkünfte, die die Rechtsfolge des § 15 Abs. 3 Nr. 1 EStG auslösen könnten. Da ihr die Einkünfte der KG wegen ihrer Treuhänderstellung nicht zugerechnet werden, können ihr auch die Tätigkeiten der KG nicht i. S. des § 15 Abs. 3 Nr. 1 EStG zugerechnet werden. Anders als eine echte Beteiligung an einer gewerblich tätigen Personengesellschaft kann deshalb eine nur treuhänderisch gehaltene Beteiligung die Rechtsfolge des § 15 Abs. 3 Nr. 1 EStG nicht auslösen.[118]

Für diese Frage ist es ohne Bedeutung, dass die Partnerschaftsgesellschaft die Kommanditbeteiligung teilweise auch als Treuhänder der eigenen Gesellschafter hält. Auch insoweit ist die Beteiligung an der GmbH & Co. KG wegen des Treuhandverhältnisses den einzelnen Gesellschaftern und

---

116 Vgl. im Einzelnen H 15.6 (Gesellschaft) EStH.
117 BFH vom 23.11.2000, BStBl II 2001, 241; H 15.6 (Gesellschaft) EStH.
118 BFH-Urteil vom 08.12.1994, BStBl II 1996, 264. Zur Treuhandschaft vgl. oben B. Rz. 23 ff.

nicht der Partnerschaftsgesellschaft als solcher zuzurechnen. Eine gewerbliche Beteiligung eines Gesellschafters einer freiberuflich tätigen Personengesellschaft führt nicht zu einer gewerblichen Infizierung der freiberuflichen Einkünfte der Gesellschaft. Für diese rechtliche Beurteilung ist ohne Bedeutung, ob das Treuhandverhältnis gegenüber der KG offen gelegt worden ist oder ihr gegenüber geheim gehalten wird.

Auch die von der Partnerschaftsgesellschaft vereinbarte Treuhandvergütung kann in dem zur Beurteilung anstehenden Einzelfall nicht zu einer gewerblichen Infizierung der Einkünfte der Partnerschaftsgesellschaft führen. Die Tätigkeit als Treuhänder führt im Regelfall zu Einkünften aus sonstiger selbständiger Arbeit i. S. des § 18 Abs. 1 Nr. 3 EStG. Eine Ausnahme gilt, wenn der Treuhänder nicht im Bereich der Vermögensverwaltung tätig wird, sondern für die Treugeber andere Aufgaben abwickelt, z. B. als Baubetreuer.[119] Im vorliegenden Fall überschreitet die Treuhandtätigkeit nicht den Rahmen einer sonstigen selbständigen Arbeit i. S. des § 18 Abs. 1 Nr. 3 EStG.

Eine Tätigkeit i. S. des § 18 Abs. 1 Nr. 3 EStG kann allerdings aufgrund der sog. Vervielfältigungstheorie gewerblichen Charakter annehmen, wenn der Steuerpflichtige (bei einer Personengesellschaft die Gesellschafter) nicht mehr leitend und eigenverantwortlich i. S. des § 18 Abs. 1 Nr. 1 Satz 3 EStG tätig ist.[120] Im vorliegenden Fall gibt es keine Anhaltspunkte dafür, dass die Gesellschafter der Partnerschaftsgesellschaft bei Erfüllung ihrer nicht sehr umfangreichen Aufgaben als Treuhänder nicht leitend und eigenverantwortlich tätig geworden sind.

Bei Vorliegen auch gewerblicher Einkünfte der Partnerschaftsgesellschaft müsste noch geprüft werden, ob diese von untergeordneter Bedeutung sind. Das ist jedenfalls bei einem Anteil von nur 1,25 %, bemessen nach den Umsätzen, der Fall.[121] Sie führen dann nicht zu einer Umqualifizierung der gesamten Einkünfte in gewerbliche.

1.1.8.4 Der Berufsfremde im Nichtgesellschaftsverhältnis

Beispiel: 32

Arzt A (Röntgenologe) hat seine Ausbildung beendet und will sich niederlassen. Seine Ehefrau B erwirbt mit eigenem Kapital die gesamte Einrichtung (400.000 €) und einen PKW (60.000 €) und überlässt beides ihrem Mann entgeltlich/unentgeltlich. Sie lässt es zu, dass A in ihrem eigenen Haus im Erdgeschoss seine Praxis entgeltlich/unentgeltlich betreibt. Außerdem ist sie als Sprechstundenhilfe in diesem Betrieb entgeltlich/unentgeltlich tätig.

---

119 BFH-Urteil vom 11.05.1989, BStBl II 1989, 797.
120 BFH-Urteil vom 12.12.2001, BStBl II 2002, 202, zur Tätigkeit eines Rechtsanwalts als Insolvenzverwalter.
121 H 15.8 Abs. 5 (Geringfügige gewerbliche Tätigkeit) EStH. Vgl. auch BFH vom 11.08.1999, BStBl II 2000, 229.

B. Laufende Besteuerung

Obwohl die Ehefrau einen erheblichen Kapitalbetrag einbringt und auch als Sprechstundenhilfe tätig ist, wird man nicht von einer Mitunternehmerschaft der beiden Beteiligten ausgehen können. Der Ehemann tritt als Arzt nach außen nicht nur seinen Patienten gegenüber allein auf, er ist in der gesamten Tätigkeit dieses Betriebs auch allein verantwortlich. Die Ehefrau hat daher, wenn sie Lohn erhält, Einkünfte aus § 19 EStG und, wenn sie sich Zinsen oder Mieten zahlen lässt, auch Einkünfte aus §§ 20, 21, 22 EStG. Nur für den Fall, dass die Eheleute eine interne Gewinnverteilungsabrede geschlossen haben sollten, könnte man ausnahmsweise von einer atypischen stillen Beteiligung und damit von einer Mitunternehmerschaft gem. § 15 Abs. 1 Nr. 2 EStG ausgehen. Dies wäre eine Form der verdeckten Mitunternehmerschaft.

1.1.9 Ergänzende Beispiele

33 **Beispiel 1:**

A ist Inhaber einer Bauunternehmung. Sohn B ist im Betrieb des Vaters tätig und vertritt im Namen des Vaters das Unternehmen. Er kann auch im Namen des Vaters Kredite aufnehmen und ist am Gewinn und den stillen Reserven, nicht am Verlust beteiligt. Ein festes Gehalt erhält B nicht. Ein schriftlicher Vertrag liegt nicht vor. Mitunternehmer?

Zivilrechtlich ist wohl von einer stillen Beteiligung auszugehen. Die Beteiligung des B am Gewinn und den stillen Reserven sowie seine Tätigkeit als Vertreter des Baugeschäfts lassen auf ein Gesellschaftsverhältnis schließen. Ein partiarisches Darlehensverhältnis ist daher auszuscheiden. Die Einlage des B besteht in seiner Arbeitskraft.

Wäre B am Verlust beteiligt, könnte man **steuerlich** ohne weitere Überlegungen von einer Mitunternehmerschaft ausgehen. Da B aber eine sehr starke Mitunternehmerinitiative hat – er kann nicht nur allgemein vertreten, sondern auch Kredite aufnehmen –, ist die fehlende Verlustbeteiligung nicht schwerwiegend. B ist nach dem Gesamtbild Mitunternehmer, und zwar als atypisch stiller Gesellschafter.

Beispiel 2:

A ist Prokurist der X-OHG und erhält ein monatliches Gehalt von 4.000 €. Um seine Stellung zu verstärken, beteiligt er sich am Vermögen der OHG mit 20.000 €. Es wird vereinbart, dass er anteilmäßig an den stillen Reserven beteiligt sein soll. Ab Beteiligung erhält er ein Gehalt von 7.000 €. Die 20.000 € werden mit 5 % verzinst. Ansonsten ist er am Gewinn und Verlust nicht beteiligt. Mitunternehmer?

Zunächst ist **zivilrechtlich** sehr schwer zu entscheiden, ob A Mitgesellschafter der X-OHG oder atypisch stiller Gesellschafter der X-OHG wurde. Wird A nicht im Handelsregister eingetragen und tritt er auch sonst nach außen weiterhin nur als Prokurist, also nicht als Gesellschafter, auf, dann wäre A wohl nur atypisch stiller Gesellschafter.

Steuerlich ist diese offene Frage nicht bedeutsam. Denn er ist in jedem Fall Mitunternehmer. Er ist durch die 20.000-Euro-Einlage am Vermögen und an den stillen Reserven beteiligt. Außerdem ist die sehr große Gehaltsdifferenz von 4.000 Euro auf 7.000 Euro eine Art Gewinnbeteiligung. Schließlich erhält er noch Zinsen und hat eine starke Mitunternehmerinitiative als Prokurist.

Beispiel 3: 34

A und B haben zwei getrennte Einzelbetriebe. Jeder benötigt ab und zu einen LKW. Da jedoch keiner von ihnen einen eigenen LKW auslasten kann, schaffen sie sich gemeinsam einen gebrauchten LKW für 60.000 € an und teilen sich die Nutzung und die Lasten zu je $^1/_2$. Eventuell auftretende Schäden sind durch Versicherungen abgedeckt, deren Prämien sie ebenfalls zu je $^1/_2$ tragen. Mitunternehmer?

Zivilrechtlich liegt in Bezug auf den LKW je nach Vereinbarung eine **GbR** oder eine **Bruchteilsgemeinschaft** vor. Zivilrechtlich reicht für das Vorliegen eines gemeinsamen Zwecks (= GbR) der Umstand, dass beide die Kosten minimieren möchten. Steuerlich spielt dies bei Zurechnungsfragen keine Rolle (§ 39 AO), denn steuerlich werden bei Gesamthandsvermögen Bruchteile unterstellt.

Steuerlich ist aber keine Mitunternehmerschaft anzunehmen. Denn A und B schließen sich nicht echt betrieblich zusammen, sondern sie nutzen den LKW nur abwechselnd in ihren eigenen Betrieben. Sie haben also keine gemeinsame Initiative und kein gemeinsames Risiko, selbst hinsichtlich des LKW nicht, da sie ihn getrennt nutzen. Sie haben auch keine gemeinsame Einkünfteerzielungsabsicht.

Es liegt daher nur eine **Interessengemeinschaft** vor.[122] Folge ist, dass beide den LKW zu je $^1/_2$ in ihren Einzelbetrieben bilanzieren müssen und auch die Aufwendungen zu je $^1/_2$ ihre Einzelbetriebe belasten. A und B bilanzieren jeweils ihren Bruchteil zu $^1/_2$ an dem LKW, denn insoweit sind sie zivilrechtlich Eigentümer. Jeder kann über den Bruchteil auch verfügen (§§ 742, 747 BGB). Da somit auch getrennte Wirtschaftsgüter vorliegen, kann jeder seinen Anteil auch getrennt, d. h. verschieden, abschreiben. Unseres Erachtens kann dabei z. B. jeder wählen, welche Nutzungsdauer er ansetzen will.[123] Die Verwaltung verlangte früher eine einheitliche Abschreibung.[124]

---

122 BFH vom 14.04.1972, BStBl II 1972, 599, und Rz. 12 Mitunternehmer-Erlass.
123 Vgl. oben B. Rz. 28 und Schmidt/Drenseck, § 7 Rz. 36 unter Hinweis auf BFH, BStBl II 1974, 704, zu Grundstücken.
124 R 44 Abs. 7 EStR 2004. In R 7.4 EStR 2005 ist diese Anweisung gestrichen worden. Auch hierzu oben B. Rz. 28.

B. Laufende Besteuerung

35 **Beispiel 4:**

M ist als Gesellschafter der Y-OHG im Handelsregister eingetragen. Er hat eine Bareinlage i. H. von 20.000 € erbracht. Durch Gesellschaftervertrag hat M auf jegliche unternehmerische Entscheidung verzichtet und auch eine Beteiligung am Verlust abgelehnt. Auch an den stillen Reserven ist M im Gegensatz zu den anderen Beteiligten nicht beteiligt. Mitunternehmer?

Zivilrechtlich liegt eine OHG vor. M haftet aufgrund der Eintragung im Handelsregister voll für die Schulden der OHG (§ 128 HGB).

Steuerlich ist dieser Sachverhalt sehr schwer zu entscheiden. Wenn M durch einen Mitgesellschafter oder einen Dritten nur als Strohmann vorgeschoben ist, dann ist nicht M, sondern der Mitgesellschafter oder der Dritte Mitunternehmer.

Hat M aber aus anderen Gründen auf eine Verlust- und Stille-Reserven-Beteiligung verzichtet, dann kann er trotzdem Mitunternehmer sein. Seine volle Haftung wirkt schwer zugunsten einer Mitunternehmerschaft.[125] Außerdem ist er durch seine Einlage am Vermögen beteiligt. Ein Kommanditist hat z. B. auch kaum Mitwirkungsrechte und ist im Normalfall Mitunternehmer, obwohl seine Haftung sogar beschränkt ist.

Beispiel 5:

K ist als Komplementär der Z-KG im Handelsregister eingetragen. Er ist am Gesellschaftsvermögen und den stillen Reserven nicht beteiligt. Er ist auch sonst weder berechtigt noch verpflichtet, eine Einlage zu leisten. Er hat wirtschaftlich nur die Stellung eines bezahlten kündbaren Geschäftsführers.

Der RFH hat im Urteil vom 15.01.1931[126] diesen Fall als Arbeitsverhältnis angesehen. Diese Entscheidung dürfte der BFH jedoch anhand der derzeitigen Rechtsprechungsgrundsätze nicht aufrechterhalten. Denn dieser Gesellschafter-Geschäftsführer hat Unternehmerinitiative, und da er voll gem. § 128 HGB auch ohne Kapitaleinlagepflicht haftet, trägt er auch ein Unternehmerrisiko.[127]

1.1.10 Verdeckte Mitunternehmerschaft

1.1.10.1 Allgemeines

In keinem Bereich ist die Problematik der Mitunternehmerschaft besser zu verdeutlichen als hier. Insbesondere sind durch die neuere Rechtsprechung zur verdeckten Mitunternehmerschaft die Grenzen des Mitunternehmerbegriffs aufgezeigt worden. Daher möchten wir diesen Problemkomplex etwas ausführlicher darstellen, zumal er in der Praxis zu erheblichen Schwierigkeiten geführt hat und noch weiter führen wird.

---

125 Vgl. BFH vom 11.06.1985, BStBl II 1987, 33.
126 RStBl 1931, 275.
127 Vgl. hierzu BFH vom 08.02.1966, BStBl III 1966, 246, vom 11.06.1985, a. a. O. im Beispiel 4, und die Ausführungen zur verdeckten Mitunternehmerschaft B. Rz. 36 ff.

1 Einkommensteuer

— **Begriff:**

Der verdeckte Mitunternehmer ist formal nicht als Gesellschafter am Unternehmen (Personengesellschaft oder Einzelunternehmen) beteiligt; er steht vielmehr mit dem Unternehmen formal in anderen obligatorischen Rechtsbeziehungen (Dienstvertrag, Darlehensvertrag, Pachtvertrag). Tatsächlich besteht aber zwischen ihm und dem Unternehmer bzw. den Personengesellschaftern ein Gesellschaftsverhältnis, in Ausnahmefällen auch ein vergleichbares Rechtsverhältnis (z. B. eine Erben-, Güter- oder Miteigentümergemeinschaft), aufgrund dessen der verdeckte Mitunternehmer Unternehmerinitiative ausübt und Unternehmerrisiko trägt. **36**

Verdeckte Mitunternehmerschaft liegt aber auch in dem Fall vor, dass zwischen der Person und dem Unternehmer bzw. der Gesellschaft bereits formal ein Gesellschaftsverhältnis in der Gestalt einer typischen stillen Gesellschaft (keine Beteiligung an den stillen Reserven und am Geschäftswert) vereinbart wurde, daneben aber weitere formal obligatorische Rechtsbeziehungen bestehen (insbesondere Dienstvertrag, Pachtvertrag) und die Person deshalb bei Würdigung aller Rechtsbeziehungen Unternehmerinitiative ausübt und Unternehmerrisiko trägt. Bei dieser Fallgestaltung handelt es sich letztendlich um eine Variante der atypischen stillen Gesellschaft.

Zusätzlich kann eine verdeckte Mitunternehmerschaft vorliegen, wenn zwar zivilrechtlich ein echtes Gesellschaftsverhältnis (GbR, OHG, KG) vereinbart wurde, dieses aber zivilrechtlich fehlerhaft ist. Ein zivilrechtlich **fehlerhaftes Gesellschaftsverhältnis** kann gegeben sein, wenn entweder die Willenserklärungen bei Gründung wegen Irrtums, arglistiger Täuschung oder Drohung anfechtbar sind (§§ 119, 123 BGB) oder wenn ein Dissens (§ 154 BGB), die Vereinbarung einer auflösenden Bedingung, die Mitwirkung Minderjähriger oder Geschäftsunfähiger sowie ein Verstoß gegen ein gesetzliches Verbot (§ 134 BGB) oder die guten Sitten (§ 138 BGB) vorliegen. Zur zivilrechtlichen Problematik ausführlich Goette.[128] Er kommt zum Ergebnis, dass eine fehlerhafte, in Vollzug gesetzte Gesellschaft zivilrechtlich nach innen und außen als existent zu behandeln sei und dass die Fehlerhaftigkeit nur für die Zukunft in Form von Kündigungsmöglichkeiten zivilrechtlich bedeutsam sei. Da im Ertragsteuerrecht die wirtschaftliche Betrachtungsweise gilt, ist das fehlerhafte Gesellschaftsverhältnis in jedem Fall zu beachten, und zwar zumindest im Rahmen der verdeckten Mitunternehmerschaft, ganz gleich, ob man das Gesellschaftsverhältnis zivilrechtlich als existent betrachtet oder nur dessen wirtschaftliche Durchführung für wesentlich hält. **37**

Vielfach handelt es sich bei dem verdeckten Gesellschaftsverhältnis um ein Bündel von Vereinbarungen, z. B. um einen Dienstvertrag mit Geschäftsführungsbefugnis, einen Darlehensvertrag und einen Vertrag über die Überlassung von Wirtschaftsgütern zur Nutzung.

---

[128] In DStR 1996 S. 266.

B. Laufende Besteuerung

38 Man war sich lange nicht einig, ob man dieses Gebilde **verdeckte oder faktische** Mitunternehmerschaft nennen soll. Bitz[129] meint, eine faktische Mitunternehmerschaft gäbe es nicht, wenn darunter etwas anderes zu verstehen sein sollte als ein stillschweigend begründetes Gesellschaftsverhältnis oder ein Gemeinschaftsverhältnis, das mit einem Gesellschaftsverhältnis vergleichbar ist. Heute wird der Begriff „faktisch" kaum noch verwendet. Auch wir geben dem Begriff „verdeckte" Mitunternehmerschaft den Vorzug. Denn es handelt sich jeweils um einen Mitunternehmer, der nach außen hin nicht als Gesellschafter erkennbar ist, der sozusagen durch ein anderes Rechtsverhältnis, z. B. einen Arbeits- oder Pachtvertrag, „verdeckt" ist. Der Begriff „faktisch" kann irritieren, denn er setzt überhaupt kein Rechtsverhältnis voraus. Die tatsächlichen Umstände, die früher die faktische Mitunternehmerschaft gestützt haben, werden heute als stillschweigender Abschluss eines Gesellschaftsvertrags gewertet.[130]

— **Sinn und Zweck:**

39 Mit den Grundsätzen zur verdeckten Mitunternehmerschaft wird bei der steuerlichen Beurteilung der Frage, ob eine Mitunternehmerschaft gegeben ist, auf die tatsächliche Gestaltung des Rechtsverhältnisses abgestellt, unabhängig von den formellen Vereinbarungen zwischen den Beteiligten. Damit ist die Möglichkeit eröffnet, wirtschaftlich gleiche Tatbestände – unabhängig von ihrer formal-rechtlich unterschiedlichen Ausgestaltung – steuerlich gleich zu behandeln.

Im Ergebnis heißt dies: Liegt eine verdeckte Mitunternehmerschaft vor, ist § 15 Abs. 1 Nr. 2 EStG mit allen seinen Konsequenzen anzuwenden. Der Gewinn unterliegt z. B. der Gewerbesteuer, einem Dritten gehörige Wirtschaftsgüter können notwendiges Betriebsvermögen sein, und bei Familienpersonengesellschaften muss die Gewinn-und-Verlust-Verteilung angemessen sein.

— **Sachlicher Anwendungsbereich:**

40 Die Grundsätze zur verdeckten Mitunternehmerschaft gelten nur bei Unternehmen in der Rechtsform der Einzelfirma oder der Personengesellschaft (einschließlich der GmbH & Co. KG), nicht aber im Verhältnis zur Kapitalgesellschaft.[131] Im Verhältnis zur Kapitalgesellschaft ist die formale Ausgestaltung der Rechtsbeziehungen entscheidend. Eine Mitunternehmerschaft zwischen Kapitalgesellschaft und ihrem Gesellschafter ist daher nur anzunehmen, wenn sie von vornherein klar und eindeutig vereinbart ist,[132] z. B. als atypische stille Gesellschaft mit Beteiligung am Vermögen einschließlich der stillen Reserven und des Firmenwerts (sog. GmbH und atypisch Still).[133]

---

[129] In Littmann/Bitz/Pust, § 15 Anm. 24.
[130] Fichtelmann, INF 1996 S. 257.
[131] Vgl. Schmidt/Wacker, § 15 Rz. 289.
[132] BFH vom 09.12.1976, BStBl II 1977, 155, und vom 21.06.1983, BStBl II 1983, 563.
[133] Vgl. Hottmann u. a., O. Rz. 1 ff.

1 Einkommensteuer

— **Zeitlicher Anwendungsbereich:**
Der BFH hat erstmals sehr eindeutig im Urteil vom 29.01.1976[134] eine Mitunternehmerschaft eines formal nicht als Gesellschafter am Unternehmen Beteiligten angenommen. **41**

Dem Grundsatzurteil vom 29.01.1976 lag folgender Sachverhalt zugrunde:

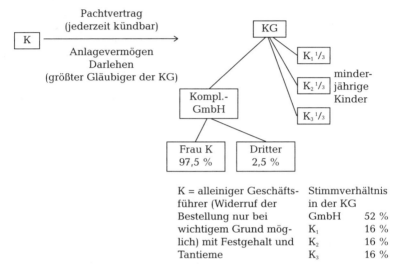

Das Widerspruchsrecht der Kommanditisten nach § 164 HGB ist ausgeschlossen; bei Ausscheiden sollten weder die stillen Reserven noch ein Firmenwert vergütet werden.

Der bisherige Einzelunternehmer K (Produktionsbetrieb) verpachtete das Anlagevermögen an eine neu errichtete GmbH & Co. KG und veräußerte das Umlaufvermögen an sie.

Der BFH entschied, dass die minderjährigen Kinder trotz formaler Kommanditistenstellung nicht Mitunternehmer, K dagegen (verdeckter) Mitunternehmer der KG sei.

Bei der Einschätzung der aus diesem Urteil zu ziehenden Konsequenzen wurde zunächst in der Praxis (auch in der Praxis der Verwaltung) davon ausgegangen, dass das Urteil einen Sonderfall betreffe und allgemeine Folgerungen nicht daraus abzuleiten seien. Mit Urteil vom 05.07.1978[135] hat dann der BFH die Auffassung bestätigt, dass bei der Beurteilung der Mitunterneh-

---
134 BStBl II 1976, 332.
135 BStBl II 1978, 644, wo die Mitunternehmerstellung eines stillen Gesellschafters, der weder am laufenden Verlust noch an den stillen Reserven beteiligt war, aufgrund der weiteren vertraglichen und tatsächlichen Beziehungen zwischen dem Unternehmen und ihm bejaht wurde.

B. Laufende Besteuerung

merstellung einer Person auf deren rechtliche und tatsächliche Möglichkeit, in starkem Maße auf die Geschicke des Unternehmens Einfluss zu nehmen, abzustellen sei. Diese Auffassung wurde endgültig bestätigt und abgesichert in einer Reihe von Urteilen der Jahre 1980 bis 1982.[136]

1.1.10.2 Gesellschaftsverhältnis

42 Auch bei einer verdeckten Mitunternehmerschaft muss nach dem Wortlaut des § 15 Abs. 1 Nr. 2 EStG eine Art Gesellschaftsverhältnis vorliegen. Es reicht daher nicht aus, dass zwischen den beteiligten Personen lediglich obligatorische Rechtsbeziehungen bestehen; vielmehr muss das **gemeinsame** Betreiben eines Gewerbebetriebs seine Grundlage in einer gesellschaftsvertraglichen Vereinbarung haben. Da ein Gesellschaftsvertrag aber keiner Form bedarf, also auch stillschweigend durch gleichgerichtetes Handeln gegeben sein kann, liegt nach Auffassung des BFH[137] schon dann ein Gesellschaftsverhältnis vor, wenn mehrere Personen durch gemeinsame Ausübung der Unternehmerinitiative und gemeinsame Übernahme des Unternehmerrisikos auf einen bestimmten Zweck hin tatsächlich zusammenwirken.

Es ist auch nicht erforderlich, dass das gleichgerichtete gemeinsame Handeln nach außen in Erscheinung tritt; eine reine Innengesellschaft ist ausreichend.[137] Entscheidend ist daher nur, dass sich mehrere Personen zur Erreichung eines gemeinsamen Zwecks verbinden und diesen gemeinsamen Zweck durch Zusammenwirken fördern wollen (§ 705 BGB).

Ein gemeinsames Gesellschaftsvermögen muss nicht vorhanden sein; es ist zulässig, dass die Gesellschafter eigenes Vermögen zur Erfüllung des gemeinsamen Zwecks einsetzen, ohne dies auf die Gesellschaft zu übertragen. Ebenso wenig ist eine gemeinsame Haftung der Gesellschafter für die Gesellschaftsschulden Voraussetzung eines Gesellschaftsverhältnisses.

Der BFH hat sich auch in neuerer Zeit wiederholt mit den Anforderungen an ein Gesellschaftsverhältnis befassen müssen.[138]

1.1.10.3 Mitunternehmerinitiative

43 Diese entfaltet derjenige, der die rechtliche oder tatsächliche Möglichkeit hat, auf die Geschicke des Unternehmens Einfluss zu nehmen. Mitunternehmerinitiative wird daher insbesondere durch die Ausübung des Stimmrechts in der Gesellschafterversammlung der Personengesellschaft wahrgenom-

---

[136] Beginnend mit dem Urteil vom 27.02.1980, BStBl II 1981, 210.
[137] BFH vom 19.02.1981, BStBl II 1981, 602.
[138] Vgl. die Urteile vom 22.10.1987, BStBl II 1988, 62, vom 06.12.1988, BStBl II 1989, 705, vom 26.06.1990, BB 1990 S. 2242, vom 20.11.1990, DB 1991 S. 1052, vom 11.12.1990, DB 1991 S. 1054, vom 08.07.1992, BFH/NV 1993 S. 14, vom 13.08.1992, BStBl II 1993, 518, vom 26.06.1990, BStBl II 1994, 645, vom 13.07.1993, BStBl II 1994, 282, vom 21.09.1995, BStBl II 1996, 66, vom 08.11.1995, BStBl II 1996, 133, vom 01.08.1996, BStBl II 1997, 272, vom 16.12.1997, BStBl II 1998, 480, und vom 18.04.2000, BStBl II 2001, 359.

men. Ein solches hat der verdeckte Mitunternehmer aber gerade nicht, da er ja nicht formal als Gesellschafter beteiligt ist.

Nach der Rechtsprechung reicht aber eine **leitende Tätigkeit** aufgrund eines Dienstvertrags aus, z. B. als Geschäftsführer, Prokurist, Generalbevollmächtigter, selbst dann, wenn sich die Gesellschafter für gewisse Geschäfte (z. B. Erwerb, Belastung und Veräußerung von Grundstücken, Errichtung und Schließung von Zweigniederlassungen, Aufnahme von Krediten einer bestimmten Größenordnung, Errichtung von Baulichkeiten etc.) eine Zustimmung durch die Gesellschafterversammlung vorbehalten haben.

Es ist nicht erforderlich, dass die Person als einzige leitend tätig ist; es genügt vielmehr Alleinvertretungsbefugnis bei mehreren Geschäftsführern bzw. Prokuristen. Verlangt wird keine Beherrschung, sondern nur eine Mitunternehmerinitiative.

Bei Gesamtvertretungsbefugnis mehrerer Geschäftsführer ist nur bei Vorliegen besonderer Umstände eine Mitunternehmerinitiative zu bejahen, z. B. der andere Geschäftsführer ist nur vorgeschoben oder wird tatsächlich nur selten tätig oder es sind gleichlaufende Interessen anzunehmen, da beide Geschäftsführer Ehegatten sind.

Auch eine mittelbare Entfaltung der Unternehmerinitiative ist denkbar.[139] **44**

Beispiel:

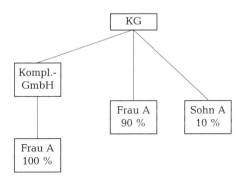

Alleinvertretungsberechtigter Geschäftsführer der GmbH ist Herr A. Geschäftsführer der KG ist die GmbH.

A entwickelt Mitunternehmerinitiative in der KG, da er als alleiniger Geschäftsführer der Komplementär-GmbH auf die Geschicke der KG Einfluss nimmt. Damit ist die Frage der verdeckten Mitunternehmerschaft jedoch noch nicht entschieden, denn dies hängt von der zweiten Voraussetzung ab, nämlich ob A auch ein Mitunternehmerrisiko trägt.[140] Ohne zusätzliches Unternehmerrisiko –

---

139 Vgl. hierzu BFH-Urteile vom 13.07.1993, BStBl II 1994, 282, vom 21.09.1995, BStBl II 1996, 66, und vom 01.08.1996, BStBl II 1997, 272.
140 Vgl. B. Rz. 46 ff.

B. Laufende Besteuerung

wie hier dargestellt – ist A nicht Mitunternehmer. Im Gegensatz zur Betriebsaufspaltung[141] wird das Kapitalrisiko der Ehegatten und der minderjährigen Kinder bei vorliegender Frage nicht zusammengerechnet.

45 Vergleichen wir nun diese Ausführungen mit der Rechtsstellung eines Kommanditisten. Denn unstreitig ist der Kommanditist einer gesetzestypischen KG (= einer Gesellschaft, deren Gesellschaftsvertrag den gesetzlichen Regelungen der §§ 161 ff. HGB entspricht) Mitunternehmer. Seine gesetzlichen Mitwirkungsrechte, d. h. seine rechtlichen Möglichkeiten, auf die Geschicke des Unternehmens Einfluss zu nehmen, sind allerdings denkbar gering: Er ist von der Geschäftsführung ausgeschlossen; lediglich bei außergewöhnlichen Geschäften (z. B. Errichtung einer Zweigniederlassung, Errichtung eines Gebäudes auf dem Geschäftsgrundstück, Ersteigerung von Grundstücken etc.) steht ihm ein Widerspruchsrecht zu (§ 164 Satz 1 HGB). Er kann eine Prokura weder erteilen noch widerrufen (§ 164 Satz 2 HGB). An der Aufstellung und Feststellung des Jahresabschlusses nimmt er nicht teil; er ist lediglich berechtigt, eine Abschrift der jährlichen Bilanz nebst Gewinn-und-Verlust-Rechnung zu verlangen und deren Richtigkeit durch Einsichtnahme in Bücher und Papiere zu überprüfen (§ 166 Abs. 1 HGB). Darüber hinaus ist er nicht befugt, sich von den Angelegenheiten der Gesellschaft selbst zu unterrichten und zu diesem Zweck Bücher und Papiere einzusehen (§ 166 Abs. 2 HGB). Ein außerordentliches Überwachungsrecht zur Kontrolle der Geschäftsführung steht ihm lediglich nach Anordnung des Registergerichts bei Vorliegen eines wichtigen Grundes zu (§ 166 Abs. 3 HGB). Unternehmerinitiative entwickeln kann der Kommanditist somit lediglich über das Widerspruchsrecht bei außergewöhnlichen Geschäften, das von der höchstrichterlichen Zivilrechtsprechung[142] als Zustimmungserfordernis ausgelegt wird.

Trotz dieser geringen Ausformung der Unternehmerinitiative ist der Kommanditist Mitunternehmer, weil seiner vermögensmäßigen Beteiligung und damit dem von ihm getragenen Unternehmerrisiko entscheidendes Gewicht zukommt. Daraus folgt, dass verdeckte Mitunternehmerschaft in aller Regel nur bei stärkerer Ausgestaltung der Unternehmerinitiative als beim gesetzestypischen Kommanditisten vorliegen kann.

1.1.10.4 Mitunternehmerrisiko

46 Da der verdeckte Mitunternehmer gerade nicht am Vermögen der Gesellschaft (einschließlich stiller Reserven und Firmenwert) beteiligt ist, ergibt sich sein Mitunternehmerrisiko aus anderen rechtlichen und tatsächlichen Merkmalen.

---
141 Vgl. H. Rz. 1 ff.
142 Z. B. schon RGZ 158, 305.

1 Einkommensteuer

Beim Mitunternehmerrisiko kann man unterscheiden zwischen dem Ertragsrisiko und dem Kapitalrisiko.

— Das **Ertragsrisiko** ergibt sich grundsätzlich aus gewinnabhängigen Vergütungen (Tantiemen, Erträgen aus partiarischen Darlehen und stillen Beteiligungen). Im Ausnahmefall kann ein Ertragsrisiko bei festen, gewinnunabhängigen Vergütungen bestehen, wenn die Gesellschaft wegen der Höhe der zu zahlenden Tätigkeitsvergütung (einschließlich der Zuführung zu der Pensionsrückstellung) keinen die Tätigkeitsvergütung übersteigenden Gewinn erzielen kann.[143]

47

— Das **Kapitalrisiko** ergibt sich aus einem wesentlichen Beitrag zur Kapitalausstattung des Unternehmens. Dieser erfolgt in der Regel durch Zuführung von Fremdkapital (Darlehen, stille Beteiligung), womit dann gleichzeitig auch die Möglichkeit des Kapitalverlustes **(Kapitalverlustrisiko)** verbunden ist.

48

— Der wesentliche Beitrag zur Kapitalausstattung des Unternehmens kann sich aber auch ergeben aus der Überlassung von wertvollem und betriebsnotwendigem Anlagevermögen (z. B. Betriebsgrundstücke, Patente). Obwohl in diesem Fall den Überlassenden ein Kapitalverlustrisiko nicht trifft, ist bei ihm dennoch ein Kapitalrisiko in Form des **Kapitalnutzungsrisikos** (Risiko des Ausfalls des Nutzungsentgelts) gegeben.

— Im Regelfall ist ein Unternehmerrisiko nur zu bejahen, wenn beide Komponenten, nämlich Ertragsrisiko und Kapitalrisiko – mindestens in der Form des Kapitalnutzungsrisikos –, vorliegen. Die Komponente Kapitalrisiko kann aber entfallen in Betrieben, die kein oder kein nennenswertes Kapital benötigen (z. B. Unternehmensberater, Immobilienmakler, Handelsvertreter etc.).

Im Urteil vom 29.01.1976[144] hat der BFH das Unternehmerrisiko des K in der Erfolgsbezogenheit der Geschäftsführer-Tantieme (Ertragsrisiko), in der Überlassung des Anlagevermögens (Kapitalrisiko in der Form des Kapitalnutzungsrisikos) und in der Gewährung des Darlehens (Kapitalrisiko in der Form des Kapitalverlust- und Kapitalnutzungsrisikos) gesehen. Da er außerdem als alleiniger Geschäftsführer der GmbH, dem die Geschäftsführungsbefugnis nur aus wichtigem Grunde entzogen werden konnte, mittelbar in der KG Unternehmerinitiative entwickelte, war er Mitunternehmer der KG.

1.1.10.5 Zusammenfassung und Ausblick

Aus dem bisher Dargestellten ergibt sich folgende Übersicht:

49

---

143 BFH vom 11.12.1980, BStBl II 1981, 310.
144 BStBl II 1976, 332. Vgl. auch oben B. Rz. 36 ff.

B. Laufende Besteuerung

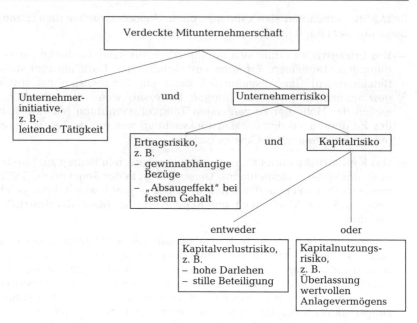

Das Urteil des VIII. Senats des BFH vom 22.01.1985[145] hatte in der Literatur vielfach zur Ansicht geführt, die verdeckte Mitunternehmerschaft habe sich überlebt.[146]

Der Sachverhalt ergibt sich aus dieser Übersicht:

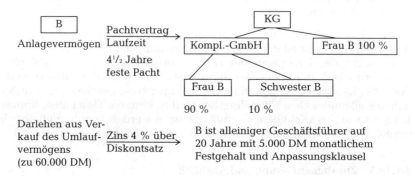

---

145 BStBl II 1985, 363.
146 Z. B. Lucas, FR 1986 S. 112; Neufang/Boeckh, INF 1986 S. 13, und Hennerkes/Binz, DB 1985 S. 1307.

1 Einkommensteuer

Der Leitsatz des Urteils lautet:

„Wer, ohne Gesellschafter zu sein, einer Personengesellschaft als Angestell- **50**
ter, Darlehensgläubiger, Vermieter oder Verpächter seine Dienste, Kapital
oder Wirtschaftsgüter zur Verfügung stellt und dafür Vergütungen bezieht,
die dem Wert seiner Leistungen entsprechen, ist nicht Mitunternehmer. Das
gilt auch dann, wenn er in der Personengesellschaft unternehmerische Entscheidungen zu treffen oder an ihnen mitzuwirken hat und wenn der
Bestand seiner Rechtsbeziehungen zur Gesellschaft und die Höhe und Realisierbarkeit seiner Ansprüche in nicht unbedeutendem Maß von der jeweiligen wirtschaftlichen Lage der Gesellschaft abhängen."

Ein Mitunternehmerrisiko wäre im vorliegenden Fall auch nach den oben dargestellten Kriterien nicht gegeben. Zwar leistete B mit der Verpachtung des Anlagevermögens einen wesentlichen Beitrag zur Kapitalausstattung der KG; damit trug er auch ein Kapitalrisiko in Form des Kapitalnutzungsrisikos. Es fehlte aber das Merkmal „Ertragsrisiko", da B weder erfolgsbezogene Vergütungen bezog noch die Festvergütungen zu einer Gewinnabsaugung bei der KG führten.

Der Senat begnügte sich allerdings nicht damit, die Mitunternehmereigenschaft des B anhand der bisherigen Kriterien abzulehnen. Er nahm den Fall vielmehr zum Anlass, grundsätzliche Ausführungen zum Kriterium der Mitunternehmerschaft – aufbauend auf dem Beschluss des Großen Senats vom 25. 6.1984[147] – zu machen und die bisherigen Grundsätze der Rechtsprechung zu präzisieren. Demnach muss das mitunternehmerische Zusammenwirken mehrerer Personen in einem zivilrechtlichen Gesellschaftsverhältnis oder – in Ausnahmefällen – in einem wirtschaftlich vergleichbaren Gemeinschaftsverhältnis erfolgen. Darüber hinaus sei es gerechtfertigt, von einer einem Gesellschafter einer Personengesellschaft „wirtschaftlich vergleichbaren Stellung" zu sprechen, wenn Personen so gestellt sind, als wären sie Gesellschafter.

Wirtschaftlich vergleichbare Verhältnisse sind nach Auffassung des Senats: **51**

— Erbengemeinschaften, Gütergemeinschaften, Bruchteilsgemeinschaften, wenn die Gemeinschafter über das gemeinsame Zustehen eines Rechts hinaus sich ausdrücklich oder stillschweigend gegenseitig verpflichtet haben, die Erreichung eines gemeinsamen Zwecks in der vereinbarten Weise zu fördern,

— die fehlerhafte Gesellschaft (das ist eine Gesellschaft, deren Gesellschaftsvertrag nichtig ist, die aber trotzdem in Vollzug gesetzt wird),[148]

— ein Unterbeteiligter, der über einen Hauptgesellschafter am Gewinn und Verlust und an den stillen Reserven der Gesellschaft beteiligt ist und

---
147 BStBl II 1984, 781.
148 Vgl. ausführlich Goette, DStR 1996 S. 266, und oben B. Rz. 37.

B. Laufende Besteuerung

außerdem als leitender Angestellter mit einem nicht unbedeutenden Dispositionsspielraum Einfluss auf die Geschäftspolitik und andere grundsätzliche Fragen der Geschäftsführung ausübt,

— Angestellte, Darlehensgläubiger, Vermieter oder Verpächter, die für die Zurverfügungstellung ihrer Dienste, die Hingabe von Kapital oder die Überlassung von Wirtschaftsgütern eine unangemessen hohe Vergütung erhalten und außerdem Mitunternehmerinitiative in der Gesellschaft ausüben.

Die Meinungen in der Literatur, die vorgaben, die verdeckte Mitunternehmerschaft habe sich durch dieses Urteil vom 22.01.1985 überlebt, wurden u. E. allein schon durch das spätere Urteil des BFH vom 02.09.1985[149] widerlegt.

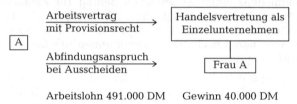

Arbeitslohn 491.000 DM   Gewinn 40.000 DM

Der Leitsatz des Urteils lautet:

„Mitunternehmerschaft setzt ein zivilrechtliches Gemeinschaftsverhältnis voraus; nur faktische Beziehungen genügen nicht. Ob ein Gesellschaftsverhältnis vorliegt, richtet sich nach der Art der vereinbarten Leistungen, nicht nach der von den Beteiligten gewählten Bezeichnung."

52 Der BFH sah A als Mitunternehmer an. Er führte aus, Mitunternehmer i. S. von § 15 Abs. 1 Nr. 2 EStG sei nach ständiger Rechtsprechung, wer ein Unternehmerrisiko trage und Unternehmerinitiative entfalten könne. Dies müsse durch ein Gesellschaftsverhältnis oder – über den Wortlaut hinausgehend – aufgrund eines damit vergleichbaren Gemeinschaftsverhältnisses gewährleistet sein; dabei könne es sich auch um eine Innengesellschaft handeln. Tatsächliche Einflussmöglichkeiten genügten hierfür nicht. Wie die Zivilrechtsprechung die Lehre von den faktischen Vertragsverhältnissen nicht weiterverfolgt habe, so habe auch der BFH die im Schrifttum vertretene Vorstellung von einer nur faktischen Mitunternehmerschaft nicht aufgegriffen. Das FG habe bei der Würdigung der im Streitfall gegebenen tatsächlichen Verhältnisse an Ausführungen im Beschluss des Großen Senats vom 25.06.1984[150] angeknüpft. Danach könne **bei Bejahung der Merkmale der Mitunternehmereigenschaft in der Regel auf eine besondere Prüfung**

---
149 BStBl II 1986, 10.
150 BStBl II 1984, 751, 768.

des Gesellschafterverhältnisses verzichtet werden, weil ein Mitunternehmer regelmäßig auch zivilrechtlich Gesellschafter sei. Das FG habe deshalb die Merkmale der Mitunternehmerinitiative und des Mitunternehmerrisikos untersucht, eine besondere Prüfung des Gesellschaftsverhältnisses aber für entbehrlich gehalten. Die Ausführungen des BFH müssten dahin gehend verstanden werden, dass beim Vorliegen der genannten Voraussetzungen **der Abschluss eines Gesellschaftsvertrags zu vermuten sei.** Das Vorliegen eines solchen Gesellschaftsverhältnisses habe das FG schließlich unter Hinweis auf die Höhe der vereinbarten Erfolgsbeteiligung bejaht. Insbesondere könne ein Gesellschaftsverhältnis auch dann bestehen, wenn die Beteiligten ihren Rechtsbeziehungen einen anderen Namen gegeben haben. Vertragliche Beziehungen würden den schuldrechtlichen Vertragstypen entsprechend den vereinbarten Leistungen zugeordnet; dies gelte auch für die Frage, ob eine Vertragsbeziehung als Gesellschaftsverhältnis anzusehen sei. Das BFH-Urteil vom 05.06.1986[151] bestätigt dies.

Materiell hat sich damit u. E. durch die neueren BFH-Urteile nicht viel geändert. Gegenüber der früheren Rechtslage vor dem Urteil vom 22.01.1985 wird nunmehr in strittigen Fällen mehr das Vorliegen eines Gesellschafts- oder Gemeinschaftsverhältnisses in den Vordergrund gestellt. Es kommt nicht auf die Bezeichnung der Rechtsbeziehung als Dienstvertrag, als Darlehen, als Miete usw. an, sondern allein maßgeblich ist, welchen materiellen Gehalt die rechtsgeschäftliche Beziehung hat. Liegen Mitunternehmerinitiative und Mitunternehmerrisiko vor, ist eine gesellschaftsrechtliche Position (und damit eine Mitunternehmerschaft) des formalen Nichtgesellschafters zu vermuten.

Die neuere BFH-Rechtsprechung bejaht die verdeckte Mitunternehmerschaft seltener. Es wird heute z. B. die Beteiligung am Gewinn einer Gesellschaft nur noch angenommen, wenn formal Austauschverträge vorliegen, bei denen sich die Gegenleistung „nicht durch die erhaltenen Sachleistungen erklären lässt".[152] Entscheidend sind daher vor allem unangemessene Gesamtbezüge.

In zwei Urteilen aus dem Jahr 1990 hat der BFH u. E. sogar etwas überzogen:

— **BFH-Urteil des VIII. Senats vom 20.11.1990:**[153]

Es ging um eine GmbH & Co. KG. Der Sachverhalt ergibt sich vereinfacht aus folgender Übersicht:

---

151 BStBl II 1986, 802.
152 BFH vom 21.09.1995, BStBl II 1996, 66.
153 DB 1991 S. 1052.

B. Laufende Besteuerung

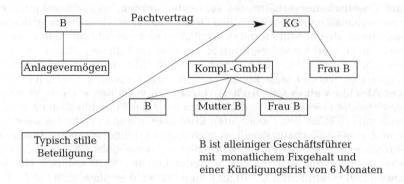

Einzige Kommanditistin war die Ehefrau. Die GmbH als Geschäftsführerin bedurfte zu allen Geschäften, die außerhalb des üblichen Geschäftsverkehrs anfielen, der Zustimmung aller Gesellschafter. An der GmbH waren der Ehemann mit 2.000 DM, dessen Mutter mit 10.000 DM und die Ehefrau mit 8.000 DM beteiligt. Das Gehalt betrug monatlich 15.000 DM. Der Ehemann hatte das Unternehmen ursprünglich als Einzelunternehmen selbst betrieben und sodann geteilt, indem er den Betrieb und das bewegliche Anlagevermögen an die GmbH & Co. KG veräußerte und sich für den Kaufpreis die typisch stille Beteiligung einräumen ließ. Die Immobilien wurden für 2.500 DM monatlich an die GmbH & Co. KG vermietet.

Vergleicht man dieses Urteil mit dem Urteil desselben Senats vom 22.01.1985,[154] so kann man kaum Unterschiede feststellen. Trotzdem hat der BFH hier den still Beteiligten B als Mitunternehmer angesehen. Littmann/ Bitz/Pust,[155] meinen hierzu:

„Der Begründung des BFH in diesem Fall ist energisch zu widersprechen. ... Der BFH zieht die Aktivitäten des Besitz-Ehegatten als angestellter Geschäftsführer der GmbH zur Anreicherung der aus der typisch stillen Beteiligung nur sehr schwach ausgeprägten gesellschaftsrechtlichen Einflussnahmemöglichkeiten (Mitunternehmerinitiative) heran. Den BFH störte nicht, dass der Ehemann keinen beherrschenden Einfluss auf die Gesellschaft hatte, da ihm sein Einfluss durch eine Änderung der Gesellschaftsverträge oder auf andere Weise hätte entzogen werden können. Auch die Beschränkung der Geschäftsführerbefugnis (Zustimmungserfordernis der übrigen Gesellschafter) auf übliche Geschäftsvorfälle hinderte den BFH nicht an der Bejahung einer Mitunternehmerstellung. Weiterhin hält der BFH das aus der fehlenden Beteiligung an den stillen Reserven resultierende geringe Mitunternehmerrisiko für vernachlässigbar. Kernsatz der Begründung des BFH ist: ‚Mitunternehmer kann auch sein, wer geringes Mitunternehmerrisiko trägt, aber ausgeprägte Mitunternehmerinitiative entfalten kann. ... Die Erwägungen in der Urteilsbegründung sind

---

154 BStBl II 1985, 363.
155 § 15 Anm. 24 c.

1 Einkommensteuer

mE wegen fehlender Trennung der Rechtsverhältnisse abzulehnen ..., denn die Bündelung mehrerer erfolgsorientierter schuldrechtlicher Rechtsbeziehungen führt nicht zur Annahme einer Mitunternehmerschaft, soweit angemessene leistungsbezogene Entgelte vereinbart sind ... und ein auf den Abschluss eines Gesellschaftsvertrags gerichteter Bindungswille der Beteiligten nicht erkennbar ist."

Dem ist nichts hinzuzufügen. Wir schließen uns dieser Meinung voll an.

— **BFH-Urteil des VIII. Senats vom 11.12.1990**[156] —

Auch in diesem Fall hat der VIII. Senat den Besitz-Ehegatten als stillen Gesellschafter einer GmbH & Co. KG mit 60 % Beteiligung am Gewinn ohne Verlustbeteiligung und ohne Beteiligung an den stillen Reserven als Mitunternehmer eingestuft. Der Kernsatz der Begründung lautet:

„Im Streitfall wird das wegen der Nichtbeteiligung am Verlust, den stillen Reserven und dem Geschäftswert weniger stark ausgeprägte Merkmal des Mitunternehmerrisikos ... durch eine sehr starke Ausprägung seiner Mitunternehmerinitiative ausgeglichen ... Das Ergebnis dieser Gesamtbildbetrachtung ist, dass ... eine Unternehmerinitiative entfalten kann, die dem persönlich haftenden Gesellschafter einer KG nahezu gleichkommt."

Auch dieses Urteil ist abzulehnen. In der Praxis sollte aber sicherheitshalber bei Betriebsaufspaltungen eine stille Beteiligung des verpachtenden Ehegatten an der Betriebs-KG vermieden werden.[157]

In der Zwischenzeit sind weitere Urteile ergangen:

— **BFH-Urteil vom 26.06.1990**[158] —

Die Verwaltung hat vier Jahre benötigt, um das Urteil im BStBl zu veröffentlichen!

In dem Gesellschaftsvertrag einer GmbH & Co. KG war vereinbart, dass die Ehefrauen als Kommanditistinnen im Scheidungsfall aus der Gesellschaft ausgeschlossen werden können. Die Ehemänner, nur Anteilseigner der Komplementär-GmbH, sollten an ihre Stelle treten. Um die Scheidung nicht zu riskieren, konnten die Ehefrauen von den ihnen formell zustehenden Rechten nur insoweit Gebrauch machen, wie die Interessen ihrer Ehemänner nicht berührt wurden. Der BFH nahm daher wirtschaftliches Eigentum der Ehemänner an den Gesellschaftsanteilen ihrer Ehefrauen an und qualifizierte sie anstelle ihrer Ehefrauen zu verdeckten Mitunternehmern der KG.

— **BFH-Urteil vom 13.07.1993**[159] —

Einzelunternehmer X hatte sein Unternehmen an eine GmbH & Co. KG veräußert, an der er nicht persönlich beteiligt war, sondern nur seine Ehefrau. X

---

156 DB 1991 S. 1054.
157 So auch Littmann/Bitz/Pust, § 15 Rz. 24 c.
158 BStBl II 1994, 645.
159 BStBl II 1994, 282.

B. Laufende Besteuerung

wurde Gesellschafter der Komplementär-GmbH und deren alleinvertretungsberechtigter Geschäftsführer. X stundete der GmbH & Co. KG die Kaufpreisschuld aus der Betriebsveräußerung in Form eines ungesicherten Darlehens. Am Stammkapital der Komplementär-GmbH waren zu 40 % X und zu 60 % seine Ehefrau beteiligt. X wurde zum ersten und alleinigen Geschäftsführer mit uneingeschränkter Geschäftsführungsbefugnis auch für alle außerordentlichen Geschäfte bestellt. Der Geschäftsführervertrag wurde auf unbestimmte Zeit abgeschlossen und konnte nur aus wichtigem Grund gekündigt werden. Gesellschafterbeschlüsse waren mit einfacher Mehrheit zu fassen. Neben einem relativ geringen Festgehalt hatte X nach Erstellen des Jahresabschlusses Anspruch auf eine Tantieme i. H. von $33^1/_3$ % des „erwirtschafteten Gewinns" der GmbH & Co. KG.

Der BFH verwies das Verfahren an das FG zurück. Der BFH hatte aber bei einer Tantieme von $33\,^1/_3$ % des erwirtschafteten Gewinns keine Bedenken gegen die Angemessenheit der Vergütung. Auch das ungesicherte Darlehen hinsichtlich der gestundeten Kaufpreisforderung aus der Betriebsveräußerung hat den BFH nicht zur Annahme eines Mitunternehmerrisikos bewogen. Sowohl Schmidt[160] als auch Littmann/Bitz/Pust,[161] haben Bedenken gegen diese Entscheidung, da solche Vereinbarungen zwischen Fremden kaum üblich sind. Auch wir schließen uns den Bedenken an.

— **BFH-Urteil vom 21.09.1995**[162] —

55 In diesem Urteil hat der BFH im Falle einer Ehegatten-GmbH & Co. KG eine verdeckte Mitunternehmerschaft des Ehemanns angenommen. Der Ehemann war alleiniger Anteilseigner der Komplementär-GmbH. Die GmbH war zu 96 % an der KG beteiligt. Die Ehefrau war nur zu 4 % Kommanditistin der KG. Außerdem war das Widerspruchsrecht der Ehefrau gem. § 164 HGB ausgeschlossen. Der Ehemann erhielt aufgrund eines mit der KG (!!) geschlossenen Anstellungsvertrags als Geschäftsführer neben einem Festgehalt eine Tantieme von 56 % des Reingewinns der KG vor Ertragsteuern. Der BFH hat vor allem wegen der ungewöhnlich hohen Erfolgsbeteiligung seine Entscheidung begründet, u. E. zu Recht.

— **BFH-Urteil vom 08.11.1995**[163] —

Der BFH ließ offen, ob eine verdeckte Mitunternehmerschaft bestand, und verwies das Verfahren zurück an das FG.

Die Ehefrau F hatte eine Heilpraktiker-Praxis, in der ihr Ehemann formal als Angestellter mit einem Arbeitsvertrag arbeitete. Auch er hatte die Heilpraktikerprüfung abgelegt, sodass er die entsprechende Eigenverantwortung haben konnte. Die Eheleute zerstritten sich.

---

160 FR 1994 S.193.
161 § 15 Anm. 24 a.
162 BStBl II 1996, 66.
163 BStBl II 1996, 133.

1 Einkommensteuer

— **BFH-Urteil vom 01.08.1996**[164] —

Auch hier wies der BFH das Verfahren wieder an das FG zurück. Es lag eine GmbH & Co. KG vor. Gesellschafter der KG waren eine GmbH als Komplementärin und die Ehefrau des Klägers als Kommanditistin. Der Kläger war Gesellschafter der GmbH und deren Geschäftsführer. Er gewährte der KG ein hohes Darlehen durch Einbringung seines früheren Einzelunternehmens, wobei er entscheiden konnte, ob die Zinsen ausbezahlt oder seinem Darlehenskonto gutgeschrieben werden sollten. Außerdem verpachtete er das Grundstück an die KG. Im Streitjahr erzielte die KG einen Handelsbilanzgewinn von 43.744 DM, während der Kläger folgende Beträge erhielt:

Gehalt und Tantieme	270.000 DM
Pachteinnahmen	30.000 DM
Darlehenszinsen	29.000 DM
insgesamt	329.000 DM

Das FA legte den Anstellungsvertrag des Klägers mit der GmbH als Mitunternehmerverhältnis zur KG aus und erfasste dessen Bezüge als Sondervergütungen gem. § 15 EStG.

Die Leitsätze des BFH-Urteils lauten:

„1. Ein mit der geschäftsführenden Komplementär-GmbH von einem an der KG nicht gesellschaftsrechtlich Beteiligten abgeschlossener Geschäftsführer-Vertrag darf im Hinblick auf die rechtliche Selbständigkeit der GmbH als juristische Person des Privatrechts nicht im Wege des Durchgriffs als ein zur KG bestehendes verdecktes Gesellschaftsverhältnis als notwendige Grundlage für eine Mitunternehmerstellung bei der KG ausgelegt werden.

2. Für die Annahme eines durch schlüssiges Verhalten zustande kommenden Gesellschaftsverhältnisses, sei es in der Rechtsform einer stillen Gesellschaft mit der KG, sei es als Innengesellschaft mit den Gesellschaftern der KG, muss anhand der gesamten äußeren Umstände des Einzelfalles ein auf den Abschluss eines solchen Gesellschaftsvertrags gerichteter Rechtsbindungswille vom FG als Tatsacheninstanz festgestellt werden. Ein entsprechender Verpflichtungswille darf nicht lediglich unterstellt werden. Weder ein rein tatsächliches Miteinander noch bereits die tatsächlichen Einflussmöglichkeiten für sich betrachtet erlauben schon den Schluss auf ein stillschweigend begründetes Gesellschaftsverhältnis. Im Rahmen der gebotenen Gesamtwürdigung sind insbesondere diejenigen Umstände als Beweisanzeichen heranzuziehen, die auch für die Abgrenzung gegenseitiger Austauschverträge von dadurch verdeckten Gesellschaftsverhältnissen bedeutsam sein können."

---

164 BStBl II 1997, 272.

B. Laufende Besteuerung

— BFH-Urteil vom 16.12.1997[165] —

Auch in diesem Urteil hat der BFH im Falle einer Ehegatten-GmbH & Co. KG eine verdeckte Mitunternehmerschaft des Ehemanns angenommen. Vergleiche Urteil vom 21.09.1995.[166] Die Ehefrau war einzige Kommanditistin einer GmbH & Co. KG und an der Komplementär-GmbH zu 95 % beteiligt. Der Ehemann hielt nur 5 % der GmbH, war aber Geschäftsführer der GmbH. Die GmbH war Komplementärin der KG.

Der Ehemann war Angestellter der KG und erhielt für seine Verkaufstätigkeit 5 % Provision vom Nettoumsatz und 20 % Tantieme vom Reingewinn. Außerdem gewährte er der KG ein Darlehen, verpachtete ihr ein Grundstück und tätigte von Anfang an Entnahmen und Einlagen bei der KG. Seine Forderungen ließ er sich einige Jahre mit 10 % verzinsen. Später verzichtete er auf die Zinsen.

Der BFH begründete seine Entscheidung vor allem damit, dass ein fremder Geschäftsführer keine Entnahmen und Einlagen tätigen kann und auch nicht auf Zinsen verzichten würde.

56 In **Baden-Württemberg hat die Finanzverwaltung** zur Gesamtproblematik mit der Verfügung vom 14.09.1989[167] Folgendes zusammenfassend ausgeführt:

„(1) Mitunternehmer i. S. von § 15 Abs. 1 Nr. 2 EStG ist, wer als Gesellschafter an einer Personengesellschaft oder aufgrund eines wirtschaftlich vergleichbaren Gemeinschaftsverhältnisses Unternehmerrisiko trägt und Unternehmerinitiative entfalten kann.[168] Die Gesellschaft kann dabei als Außen- oder als Innengesellschaft vereinbart werden.

(2) Früher hatte die Rechtsprechung ein Gesellschaftsverhältnis oft schon dann bejaht, wenn Mitunternehmerinitiative und Mitunternehmerrisiko vorhanden waren. Diese Auffassung hat der BFH – ohne es ausdrücklich zu sagen – in seinen neueren Urteilen aufgegeben.[169]

(3) Ob ein Gesellschaftsverhältnis vorliegt, ist allein nach zivilrechtlichen Grundsätzen zu beurteilen (§ 705 BGB). Es ist zu bejahen, wenn sich die Beteiligten zur Erreichung eines gemeinsamen Zweckes zusammenschlie-

---

165 BStBl II 1998, 480.
166 BStBl II 1996, 66, und oben B. Rz. 55.
167 ESt-Kartei Baden-Württemberg, Karte 40 zu § 15 EStG. In der neueren Kartei ist die Verfügung nicht mehr enthalten.
168 Vgl. BFH-Urteil vom 06.12.1988, BStBl II 1989, 705, unter Hinweis auf den Beschluss des Großen Senats des BFH vom 25.06.1984, BStBl II 1984, 751.
169 Vgl. die Urteile vom 24.07.1984, BStBl II 1985, 85, vom 22.01.1985, BStBl II 1985, 363, vom 05.06.1986, BStBl II 1986, 802, und vom 11.09.1986, BStBl II 1987, 111, sowie zuletzt BFH-Urteil vom 06.12.1988, BStBl II 1989, 705.

1 Einkommensteuer

ßen und sich gegenseitig verpflichten, diesen Zweck durch ihre Beiträge zu fördern. Ein schriftlicher Gesellschaftsvertrag, gemeinsames Gesellschaftsvermögen sowie die gemeinsame Haftung für Gesellschaftsschulden sind dazu nicht erforderlich.

(4) Ein Gesellschaftsverhältnis liegt nicht vor bei Verträgen, die auf den Austausch von beiderseitigen Leistungen zielen (z. B. Dienstleistungen gegen Vergütung). Hier verfolgt jeder Beteiligte nicht einen gemeinsamen Zweck, sondern nur seine eigenen Interessen. Kann dagegen zivilrechtlich ein Gesellschaftsverhältnis bejaht werden, so spricht dies dafür, dass der einzelne Gesellschafter auch Mitunternehmer ist. Etwas anderes könnte nur dann gelten, wenn die Rechtsstellung des Gesellschafters wesentlich hinter dem zurückbleibt, was das Zivilrecht zumindest für einen Kommanditisten vorsieht.[170]

(5) Eine Gesellschafterstellung kann auch durch ein verdecktes Gesellschaftsverhältnis begründet werden.[171] Hier bezeichnen die Beteiligten nach außen ihre Rechtsbeziehungen als Arbeits-, Miet- oder Darlehensvertrag. Bei der gebotenen Gesamtwürdigung ergibt sich dann aber, dass ein Zusammenschluss zur Erreichung eines gemeinsamen Zweckes und damit ein Gesellschaftsverhältnis vorliegt.

(6) Schließen umgekehrt die Beteiligten typische Arbeits-, Darlehens- oder Mietverträge ab, wie sie auch unter Fremden üblich sind, und halten sie sich an diese Vereinbarungen, ist es regelmäßig nicht möglich, ein verdecktes Gesellschaftsverhältnis anzunehmen. Insbesondere ist es kein Indiz für ein Gesellschaftsverhältnis, wenn gewinn- oder umsatzabhängige Entgelte oder leistungsbezogene Vergütungen in der üblichen Höhe vereinbart werden.[172] Entsprechendes gilt bei einem vereinbarten Arbeitsverhältnis, wenn der Arbeitnehmer im Konfliktfall weisungsgebunden ist. Denn die Annahme eines verdeckten Gesellschaftsverhältnisses setzt voraus, dass dem Arbeitnehmer nicht nur ein Mitspracherecht eingeräumt wird, wie dies in Arbeitsverhältnissen durchaus vorkommt, sondern ihm ein Widerspruchsrecht gegen eigene Entscheidungen des Arbeitgebers gewährt wird, wie es den zur gemeinsamen Geschäftsführung berufenen Gesellschaftern einer BGB-Gesellschaft zukommt.[173] Die Beweislast liegt grundsätzlich beim Finanzamt. Das Gleiche gilt, wenn die Beteiligten keine oder nur unklare Vereinbarungen treffen oder wenn sie von den getroffenen Vereinbarungen abweichen. Auch hier muss das Finanzamt nachweisen, dass die Abweichung ihre Ursache in dem stillschweigenden Abschluss eines Gesellschaftsvertrages

---

170 Vgl. Beschluss des Großen Senats des BFH vom 25.06.1984, BStBl II 1984, 751.
171 Vgl. BFH-Urteil vom 06.12.1988, BStBl II 1989, 705.
172 Vgl. BFH-Urteile vom 24.07.1984, BStBl II 1985, 85, vom 11.09.1986, BStBl II 1987, 111, und vom 22.10.1987, BStBl II 1988, 62.
173 Vgl. BFH-Urteil vom 11.09.1986, BStBl II 1987, 111.

B. Laufende Besteuerung

hat. In diesem Zusammenhang kann auch von Bedeutung sein, ob die Beteiligten nach außen als Mitunternehmer auftreten."[174]

1.1.10.6 Ergänzende Beispiele

57 **Beispiel 1:**

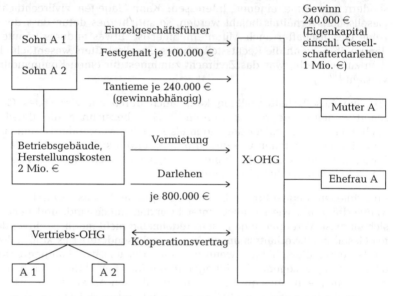

Zwischen der X-OHG und den Brüdern A 1 und A 2 ist eine Zusammenarbeit gegeben, die sich rechtlich als stille Gesellschaft darstellt.[175] Dafür spricht die ungewöhnlich hohe Erfolgsbeteiligung (mehr als das Doppelte des Festgehaltes und insgesamt doppelt so hoch wie der der X-OHG verbleibende Gewinn). Die Mitunternehmerschaft der beiden Brüder an der X-OHG ergibt sich aus ihrer Geschäftsführerstellung und ihrer Erfolgsbeteiligung. Entscheidend ist, dass sie wie ein Unternehmer auf das Schicksal des Unternehmens und damit auch auf ihre eigene Erfolgsbeteiligung Einfluss nehmen können. Zusätzlich haben sie noch ein Betriebsgebäude vermietet und einen Kooperationsvertrag zwischen der X-OHG und ihrer Vertriebs-OHG abgeschlossen.

---

174 Vgl. BFH-Urteil vom 05.06.1986, BStBl II 1986, 798.
175 BFH vom 28.01.1982, BStBl II 1982, 389.

1 Einkommensteuer

Beispiel 2: 58

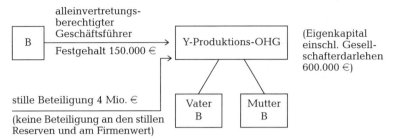

B entwickelt als alleinvertretungsberechtigter Geschäftsführer in der OHG Mitunternehmerinitiative. Sein Gehalt ist zwar gewinnunabhängig, er nimmt aber über den Gewinn- bzw. Verlustanteil aus der stillen Beteiligung am Unternehmenserfolg teil (Ertragsrisiko). Da die stille Beteiligung außerdem eine bedeutsame Kapitalausstattung der OHG darstellt, ist auch das Merkmal des Mitunternehmerrisikos stark ausgestaltet, sodass eine Mitunternehmerschaft des B an der Y-Produktions-OHG wohl gegeben ist.

Das Beispiel zeigt, dass trotz formaler Ausgestaltung des Gesellschaftsverhältnisses als gesetzestypische stille Gesellschaft (§§ 230 ff. HGB) allein durch die Höhe der Einlage (Verhältnis zum Eigenkapital) und durch den Abschluss des Dienstvertrags ein anderes Gesellschaftsverhältnis gewollt und daher eine Mitunternehmerschaft des Stillen begründet wird.

Unseres Erachtens wäre B selbst dann als Mitunternehmer zu behandeln, wenn im Vertrag über die stille Beteiligung seine Verlustbeteiligung gem. § 231 Abs. 2 1. Halbsatz HGB ausgeschlossen worden wäre.

Beispiel 3: 59

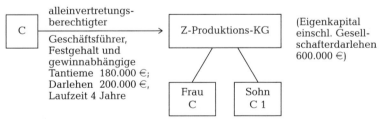

C ist nicht Mitunternehmer der KG. Er entwickelt zwar als alleinvertretungsberechtigter Geschäftsführer der KG Mitunternehmerinitiative, und er trägt außerdem aufgrund der Erfolgsbezogenheit der Tantieme ein Ertragsrisiko; das Darlehen ist aber im Verhältnis zum Eigenkapital der KG nicht von großem Gewicht. Wegen der geringen

113

B. Laufende Besteuerung

Ausformung des vermögensmäßigen Risikos ist C nicht Mitunternehmer.

60 **Beispiel 4:**

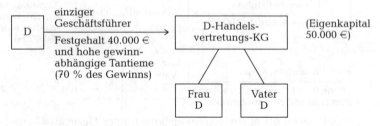

D leistet zwar keinen Kapitalbeitrag zum Unternehmen, es ist aber zu beachten, dass die Handelsvertretung kein nennenswertes Eigenkapital benötigt, sondern nahezu ausschließlich durch persönlichen Arbeitseinsatz steht oder fällt. Entscheidende Bedeutung kommt demnach für die Frage der Mitunternehmerschaft in solchen Unternehmen nicht dem Kapitalrisiko, sondern der Unternehmerinitiative und dem Ertragsrisiko zu. D entwickelt als Geschäftsführer Unternehmerinitiative. Sein Ertragsrisiko ist sehr hoch. Von dem erwirtschafteten Betriebsergebnis entfällt der weitaus überwiegende Teil auf die Bezüge des D. Es ist anzunehmen, dass ein Gesellschaftsverhältnis des D zur KG besteht.

D ist daher u. E. wohl als Mitunternehmer der KG anzusehen.

61 **Beispiel 5:**

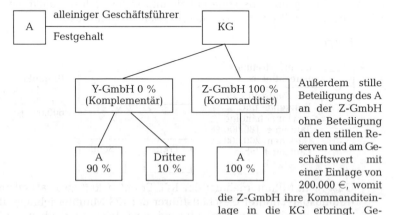

A entwickelt als alleiniger Geschäftsführer Unternehmerinitiative. Er leistet einen bedeutsamen Beitrag zur Kapitalausstattung der KG, da deren Gesamtkapital aus seiner Einlage als stiller Gesellschafter in der Kommanditisten-GmbH stammt.

Sein Erfolgsrisiko ist sehr hoch, da er über seine Unterbeteiligung an der Kommanditisten-GmbH zu 85 % am Gewinn/Verlust der KG (nach Abzug der Haftungsvergütung für die Komplementär-GmbH) teilnimmt.

A ist u. E. wohl als Mitunternehmer der KG anzusehen, obwohl formalrechtlich neben dem Dienstvertrag nur noch eine gesetzestypische stille Beteiligung an der Kommanditisten-GmbH vereinbart wurde.

Beispiel 6: 62

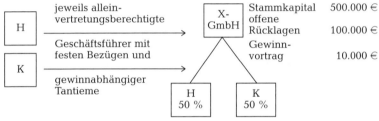

Außerdem stille Beteiligungen von H und K an der X-GmbH ohne Beteiligung an den stillen Reserven und am Geschäftswert i. H. von jeweils 400.000 €.

Gewinn-/Verlustverteilung:
GmbH 20 %, H 40 %, K 40 %.

Die Grundsätze zur verdeckten Mitunternehmerschaft sind im Verhältnis zur Kapitalgesellschaft nicht anzuwenden.[176] H und K sind daher nicht Mitunternehmer des von der X-GmbH betriebenen Unternehmens. Die „GmbH und typisch Still" läuft demnach – derzeit noch – nicht Gefahr, in eine Mitunternehmerschaft ausgedeutet zu werden.[177]

---

176 Siehe oben B. Rz. 40 und BFH-Urteil vom 01.08.1996, BStBl II 1997, 272.
177 Vgl. hierzu Fleischer/Thierfeld, Abschnitt 3.3.

B. Laufende Besteuerung

1.2 Die einkommensteuerliche Stellung der Personengesellschaft und ihrer Gesellschafter

1.2.1 Die Stellung der Personengesellschaft

63 Personengesellschaften unterliegen **nicht** der Einkommensteuer, weil nach § 1 EStG nur natürliche Personen unbeschränkt oder beschränkt einkommensteuerpflichtig sind.

Sie unterliegen auch nicht der Körperschaftsteuer, weil sie weder Körperschaften, Personenvereinigungen noch Vermögensmassen sind (§ 1 Abs. 1 KStG). Die gewisse **rechtliche Selbständigkeit,** die das Handelsrecht den Personenhandelsgesellschaften (§ 124 Abs. 1 HGB) und die Rechtsprechung des BGH den GbR gewährt[178] und die u. a. dazu führt, dass jede Personengesellschaft Arbeitgeber im lohnsteuerlichen Sinne sein kann,[179] reicht dafür nicht aus.

Im Interesse der Gleichmäßigkeit der Besteuerung muss jedoch der Gewinn der Personengesellschaft einer Personensteuer unterworfen werden.

Der Gesetzgeber hat sich dafür entschieden, diesen Gewinn von den einzelnen Gesellschaftern versteuern zu lassen, denn nach § 15 Abs. 1 Satz 1 Nr. 2 1. Halbsatz EStG sind Einkünfte aus Gewerbebetrieb die **Gewinnanteile** der Gesellschafter einer OHG, einer KG und einer anderen Gesellschaft, bei der der Gesellschafter als Unternehmer (Mitunternehmer) des Betriebs anzusehen ist.

Daraus folgt:

Sind Gesellschafter (Mitunternehmer)

- **natürliche** Personen, unterliegen ihre Gewinnanteile der Einkommensteuer,
- **juristische** Personen, unterliegen ihre Gewinnanteile der Körperschaftsteuer,[180]
- **andere Personengesellschaften,** unterliegen die Gewinnanteile dieser (anderen) Personengesellschaften bei deren Gesellschaftern (Mitunternehmern) der Einkommensteuer bzw. Körperschaftsteuer.[181]

Durch die Formulierung „Gewinnanteil" wird auch klargestellt, dass der einzelne Gesellschafter weder verpflichtet noch berechtigt ist, für seinen Anteil am Gesamthandsvermögen der Personengesellschaft eine eigene Bilanz zu erstellen.

Der Gewinnanteil kann nur auf der Basis des Gewinns der Personengesellschaft als solcher ermittelt werden. Das bedeutet, die Personengesellschaft ist zwar nicht Steuersubjekt im Sinne der Tatbestandsverwirklichung des

---

178 Siehe im Einzelnen A. Rz. 6 ff. und 53 ff.
179 BFH vom 17.02.1995, BStBl II 1995, 390.
180 Siehe R.
181 Siehe G.

§ 15 Abs. 1 Satz 1 Nr. 2 EStG, sondern nur Objekt. Die Personengesellschaft ist aber Subjekt der Gewinnermittlung, hat damit grundsätzlich eine **eigene** Bilanz zu erstellen und die Aufzeichnungspflichten zu erfüllen (§§ 140 ff. AO). Das gilt nicht nur für Personenhandelsgesellschaften, sondern auch für mitunternehmerisch tätige Gesellschaften des bürgerlichen Rechts.[182]

1.2.2 Die Stellung der Gesellschafter

1.2.2.1 Vollständige Regelung des § 15 Abs. 1 Satz 1 Nr. 2 Satz 1 EStG

Nach § 15 Abs. 1 Satz 1 Nr. 2 Satz 1 2. Halbsatz EStG gehören zu den Einkünften aus Gewerbebetrieb eines Gesellschafters (Mitunternehmers) neben dem Gewinnanteil auch die Vergütungen, die der Gesellschafter von der Personengesellschaft 64

— für seine **Tätigkeit** im Dienst der Gesellschaft oder
— für die **Hingabe von Darlehen** oder
— für die **Überlassung von Wirtschaftsgütern**

bezogen hat.

Die Erfassung dieser Vergütungen als Gewinn aus Gewerbebetrieb erfolgt nicht nur während der Zugehörigkeit des Gesellschafters zu dieser Personengesellschaft, sondern gem. § 15 Abs. 1 Satz 2 EStG auch für nachträgliche Einkünfte i. S. von § 24 Nr. 2 EStG, die der Gesellschafter nach seinem Ausscheiden aus der Personengesellschaft bezieht.

Der Gewinn, den der Gesellschafter (Mitunternehmer) einer Personengesellschaft zu versteuern hat, setzt sich somit aus **zwei** Komponenten zusammen: 65

1. aus dem Gewinnanteil, der nach der gesetzlichen oder vertraglichen Gewinnverteilungsabrede vom Gewinn der Personengesellschaft auf ihn entfällt (insoweit ist § 15 Abs. 1 Satz 1 Nr. 2 Satz 1 EStG eine **Zurechnungsnorm**),

und

2. aus den Vergütungen für

— eine Tätigkeit im Dienste der Gesellschaft,
— die Hingabe von Darlehen und
— die Überlassung von Wirtschaftsgütern.

Insoweit ist § 15 Abs. 1 Satz 1 Nr. 2 Satz 1 EStG eine **Qualifikationsnorm**, denn ohne diese Regelung wären diese Vergütungen beim Gesellschafter als Einkünfte aus nichtselbständiger Arbeit, aus selbständiger Arbeit, aus Kapitalvermögen oder aus Vermietung und Verpachtung zu erfassen.

Beide Einkünfteanteile (Gewinnanteil und Vergütungen) sind **additiv** miteinander verbunden.[183] Bereits der mögliche Wortsinn der Vorschrift schließt

---

[182] BFH vom 25.02.1991, BStBl II 1991, 691, und vom 02.12.1997, BStBl II 2008, 174.
[183] BFH vom 25.02.1991, GrS, BStBl II 1991, 691, Abschn. C. II. 1.

B. Laufende Besteuerung

es aus, die Sondervergütungen als Teil des Gewinnanteils anzusehen. Vielmehr sind sie den Gewinnanteilen hinzuzurechnen, um zum Gesamtgewinn des Mitunternehmers zu gelangen.

Darstellung der additiven Gewinnermittlung:

> Gewinnanteil des Gesellschafters (§ 15 Abs. 1 Satz 1 Nr. 2 Satz 1 **1. Halbsatz** EStG)
> + Sondervergütungen (§ 15 Abs. 1 Satz 1 Nr. 2 Satz 1 **2. Halbsatz** EStG)
> = Gesamtgewinn des Mitunternehmers

1.2.2.2 Vorgeschichte

66 Aus der bis 1934 geltenden gesetzlichen Regelung, wonach bei den Gesellschaftern als Einkommen aus Gewerbebetrieb deren „Anteil am Geschäftsgewinn **zuzüglich** (und nicht **und**) etwaiger besonderer Vergütungen, die der Gesellschafter für Mühewaltungen im Interesse der Gesellschaft bezogen hat" erfasst wurde, entwickelte sich die **Bilanzbündeltheorie,** die von der völligen Gleichbehandlung von Einzelunternehmer und Mitunternehmer ausging.

Danach stellte sich die Personengesellschaft als eine rechtliche Art der Ausübung des Gewerbebetriebs durch jeden einzelnen Gesellschafter dar, allerdings mit der Einschränkung, dass jeder Gesellschafter einer Personengesellschaft ein durch die Rechte der anderen Gesellschafter beschränkter Inhaber des ganzen Betriebs war. Konsequenterweise wurden darum die Sondervergütungen als in den Gewinnanteil eingerechnet angesehen und Rechtsbeziehungen zwischen der Personengesellschaft und ihren Gesellschaftern nicht anerkannt, sondern als Entnahmen und Einlagen behandelt. Es gab folglich auch keine Steuerbilanz der Personengesellschaft, sondern nur Bilanzen für die einzelnen Gesellschafter, die allerdings gebündelt in einer für die Gesamtheit der Gesellschafter einheitlichen Bilanz dargestellt wurden. Immerhin führte die „Einheitlichkeit" dazu, dass Bilanzierungs- und Bewertungswahlrechte trotz mehrerer Bilanzen nur einheitlich ausgeübt werden durften.

Der BFH löste sich zunächst vorsichtig von der Bilanzbündeltheorie,[184] bis dann der Große Senat des BFH[185] im Jahre 1980 mit folgender Entscheidung die Bilanzbündeltheorie endgültig aufhob:

> „Der Gewinn oder Verlust der Personengesellschaft ist durch einen Vermögensvergleich der Personengesellschaft und nicht durch Vermögensvergleiche der einzelnen Gesellschafter zu ermitteln."[186]

---

[184] BFH vom 29.01.1976, BStBl II 1976, 372, und vom 28.01.1976, BStBl II 1976, 744.
[185] BFH vom 10.11.1980, GrS, BStBl II 1981, 164.
[186] Bestätigt durch BFH vom 25.06.1984, GrS, BStBl II 1984, 751, 764.

1 Einkommensteuer

1.2.2.3 Sinn und Zweck der gesetzlichen Regelung

67 Da das EStG zwischen Gewinnanteil und Sondervergütungen unterscheidet, sind auch die Tatsachen zu trennen, auf denen der jeweilige Einkünfteanteil beruht. Daraus folgt nach Auffassung des Großen Senats des BFH:[187]

1. Der Gewinnanteil des Gesellschafters ist der Anteil am Steuerbilanzgewinn der Personengesellschaft.
2. Die Sondervergütungen beruhen auf **besonderen** Vertragsbeziehungen zwischen der Personengesellschaft und einzelnen Gesellschaftern, z. B. auf einem Dienstvertrag (§ 611 BGB), auf einem Darlehensvertrag (§ 488 BGB) oder auf einem Mietvertrag (§ 535 BGB). Sie sind bei der Personengesellschaft Betriebsausgaben, beim Gesellschafter Sonderbetriebseinnahmen.

Beispiel 1:

Nach der Gewinnverteilungsvereinbarung im Gesellschaftsvertrag einer OHG, deren Gesellschafter A und B je zur Hälfte beteiligt sind, erhält A für seine Geschäftsführertätigkeit vorab einen Betrag von 120.000 €, während der restliche Gewinn je zur Hälfte auf A und B verteilt wird. Der Gewinn im Jahre 01 beträgt 520.000 €.

Die Tätigkeitsvergütung für A ist bei dieser gesellschaftsvertraglichen Vereinbarung Teil des Gesamtgewinns der OHG, da sie nicht auf einer besonderen (schuldrechtlichen) vertraglichen Vereinbarung beruht. Sie stellt für A einen Teil seines Gewinnanteils i. S. von § 15 Abs. 1 Satz 1 Nr. 2 Satz 1 1. Halbsatz EStG dar und ist ihm als Vorabgewinn zuzurechnen. Sollte A im Vorgriff auf diesen Gewinnanteil bereits im Laufe des Jahres 01 einen Teil oder den Gesamtbetrag von 120.000 € überwiesen bekommen haben, liegt eine Privatentnahme des A vor. Der Vorabgewinn mindert also weder den Handelsbilanz- noch den Steuerbilanzgewinn der OHG.

Die Gewinnverteilung ist wie folgt vorzunehmen:

		A	B
Gewinn der OHG	520.000 €		
Vorabgewinn A	./. 120.000 €	120.000 €	
verbleiben	400.000 €		
davon je ½		200.000 €	200.000 €
Gewinnanteil		320.000 €	200.000 €

Beispiel 2:

Wie Beispiel 1, jedoch hat die OHG mit A einen Geschäftsführervertrag abgeschlossen, wonach A für seine Geschäftsführertätigkeit eine monatliche Vergütung von 10.000 € erhält. Dieser Betrag wird gewinnmindernd gebucht. Der Gewinn der OHG beträgt folglich nur noch 400.000 €.

In diesem Fall liegt keine gesellschaftsrechtliche Regelung vor. Die besonderen vertraglichen Beziehungen zwischen A und der OHG sind anzuerkennen und

---

[187] BFH vom 25.02.1991, BStBl II 1991, 691, 697.

führen in der Handelsbilanz und in der Steuerbilanz zu einer Gewinnminderung. Der Gewinn der OHG von 400.000 € wurde zutreffend ermittelt. Das Gehalt von 120.000 € stellt jedoch eine Sondervergütung i. S. von § 15 Abs. 1 Satz 1 Nr. 2 Satz 1 2. Halbsatz EStG dar und gehört zu den Sonderbetriebseinnahmen des A.[188]

Der steuerliche Gesamtgewinn der OHG beträgt 400.000 € + 120.000 € = 520.000 € und ist wie folgt auf A und B zu verteilen:

		A	B
steuerlicher Gesamtgewinn der OHG	520.000 €		
Sondervergütung A	./. 120.000 €	120.000 €	
verbleiben	400.000 €		
davon je ½		200.000 €	200.000 €
Gesamtgewinn der Mitunternehmer		320.000 €	200.000 €

Besondere Vertragsbeziehungen in diesem Sinne können auch vorliegen, wenn die Vereinbarungen im Gesellschaftsvertrag getroffen wurden.[189] Dazu muss im Gesellschaftsvertrag geregelt sein, dass die Vergütung als **Aufwand** der Personengesellschaft behandelt und auch dann gezahlt werden soll, wenn ein Verlust erwirtschaftet wird.

Abgrenzung: Wird dem Gesellschafter einer Personengesellschaft eine (zusätzliche) Vergütung gewährt, die nicht durch Dienstleistungen oder Nutzungsüberlassungen i. S. des § 15 Abs. 1 Nr. 2 EStG, sondern durch das Bestreben veranlasst ist, ihn vorzeitig an noch nicht realisierten Gewinnen der Personengesellschaft zu beteiligen, so handelt es sich um eine Entnahme des Gesellschafters.[190]

68 Der Vergleich der beiden Beispiele führt in Übereinstimmung mit der Rechtsprechung des BFH zu folgenden Erkenntnissen:

1. Die Vorschrift des § 15 Abs. 1 Satz 1 Nr. 2 EStG schließt schuldrechtliche Beziehungen zwischen Gesellschafter und Personengesellschaft nicht aus, sondern erkennt sie an.
2. Dadurch mindert sich der Handelsbilanz- und der Steuerbilanzgewinn der Personengesellschaft.
3. Die Hinzurechnung nach § 15 Abs. 1 Satz 1 Nr. 2 Satz 1 2. Halbsatz EStG verhindert aber, dass die Vergütungen den Gewinn des Gesellschafters aus der Personengesellschaft und damit den aus der Summe der den einzelnen Gesellschaftern zustehenden Anteile am Gesellschaftsgewinn sowie ihrer Sonderbetriebseinnahmen bestehenden Gesamtgewinn schmälern.

---

188 Wegen der umsatzsteuerlichen Behandlung siehe B. Rz. 523 ff.
189 BFH vom 13.10.1998, BStBl II 1999, 284, und vom 23.01.2001, BStBl II 2001, 621; siehe im Einzelnen B. Rz. 310.
190 BFH vom 24.01.2008, BStBl II 2008, 428.

4. Die Sondervergütungen werden in ihrem Anwendungsbereich als Einkünfte aus Gewerbebetrieb qualifiziert.
5. Der steuerliche Gesamtgewinn der Personengesellschaft ist Grundlage für die Ermittlung des Gewerbeertrags und damit der Gewerbesteuer.

Diese Erkenntnisse gelten gem. § 13 Abs. 7 EStG und § 18 Abs. 4 Satz 2 EStG auch für Personenzusammenschlüsse, die Einkünfte aus Land- und Forstwirtschaft oder aus selbständiger Arbeit beziehen, mit der Variante, dass

— alle Einkünfte solche aus Land- und Forstwirtschaft bzw. aus selbständiger Arbeit sind,
— diese Personenzusammenschlüsse keine Handelsbilanz erstellen müssen und damit keinen Handelsbilanzgewinn erzielen und
— die Gewinne dieser Personengesellschaften nicht der Gewerbesteuer unterliegen.

1.2.2.4 Annäherung Mitunternehmer an Einzelunternehmer

Die Hinzurechnung der Sondervergütungen verfolgt auch den Zweck, die Mitunternehmer einer Personengesellschaft dem Einzelunternehmer anzunähern, weil dieser keine Verträge mit sich selbst schließen kann und deshalb z. B. seinen Gewinn nicht um fiktive Geschäftsführergehälter mindern kann. **69**

Die früher vom BFH[191] und der Finanzverwaltung vertretene These

„Zweck des § 15 Abs. 1 Satz 1 Nr. 2 EStG ist es, den Mitunternehmer dem Einzelunternehmer nach Möglichkeit gleichzustellen"

gilt nur noch, **soweit** das Gesetz eine solche Gleichstellung zulässt[192] = sog. **partielle Gleichbehandlung.**

Auch die These, wonach im Zweifel dem Ergebnis der Vorzug zu geben ist, das bei wirtschaftlich vergleichbaren Sachverhalten zu einer gleichmäßigen Besteuerung von Einzelunternehmern und Mitunternehmern führt, gilt nur noch, soweit das Gesetz dies zulässt, weil nach Auffassung des BFH das Bestreben nach Gleichstellung nicht dazu führen darf, die handelsrechtliche Selbständigkeit der Personenhandelsgesellschaft einkommensteuerrechtlich als unbeachtlich anzusehen. Das bedeutet, der BFH stellt im Rahmen der Gewinnermittlung, der Entwicklung im Zivilrecht folgend, auf die Einheit der Personengesellschaft ab, und zwar unabhängig davon, ob es sich um eine Personenhandelsgesellschaft oder um andere mitunternehmerisch tätige Gesellschaften (insbesondere GbR) handelt. An die Stelle der Bilanzbündeltheorie ist daher die **Einheitstheorie** getreten. **70**

---
191 Zuletzt Urteil vom 25.01.1980, BStBl II 1980, 275.
192 BFH vom 21.04.1988, BStBl II 1988, 883, vom 28.10.1999, BStBl II 2000, 339, und vom 27.04.2006, BStBl II 2006, 755.

B. Laufende Besteuerung

Danach ist entsprechend der zivilrechtlichen Rechtszuständigkeit der Gesamthand die Personengesellschaft insoweit Steuersubjekt, als sie in der Einheit ihrer Gesellschafter Merkmale eines Besteuerungstatbestandes verwirklicht, welche den Gesellschaftern für deren Besteuerung zuzurechnen sind. Es bleibt dabei, die Personengesellschaft ist kein Subjekt der Einkommensbesteuerung, wohl aber ein Subjekt der Gewinnerzielung und der Gewinnermittlung, also ein eingeschränktes Steuersubjekt.

71 Die Einheit der Personengesellschaft muss aber in folgenden Fällen hinter die „Vielheit" der Gesellschafter zurücktreten:
1. Bei der Gewährung von Steuervergünstigungen, wenn das Steuerrecht an persönliche Merkmale in der Person des Gesellschafters anknüpft (z. B. bei § 7 Abs. 5 EStG bezüglich der Frage, wer Bauherr ist).
2. Bei der Bestimmung der Einkunftsart eines an einer vermögensverwaltend tätigen Personengesellschaft beteiligten gewerblichen Gesellschafters. Die Einkünfte stellen (nur) bei diesem Einkünfte aus Gewerbebetrieb dar.
3. Bei der Besteuerung der inländischen Einkünfte eines beschränkt steuerpflichtigen Gesellschafters durch Steuerabzug nach § 50 a EStG.[193]
4. Bei der Behandlung eines mittelbar Beteiligten gem. § 15 Abs. 1 Satz 1 Nr. 2 Satz 2 EStG.[194]
5. Bei der gesellschafterbezogenen Gewinnermittlung, die neben die gesellschaftsbezogene Gewinnermittlung tritt, wenn die Anschaffungskosten des Gesellschafters für eine Beteiligung an der Personengesellschaft höher oder niedriger sind als der Buchwert seines Kapitalkontos.[195]
6. Bei der Frage, ob ein gewerblicher Grundstückshandel vorliegt, weil mehr als drei Objekte veräußert wurden.

1.3 Betriebsvermögen

1.3.1 Grundsätze

72 Bei der Zuordnung von Wirtschaftsgütern zum Betriebsvermögen der Personengesellschaft sind zum einen die handelsrechtlichen Vorschriften und zum anderen die Spezialvorschrift des § 15 Abs. 1 Satz 1 Nr. 2 EStG zu beachten.

1.3.1.1 Handelsrechtliches Vermögen

73 Das HGB enthält keine speziellen Vorschriften für die Behandlung von Personengesellschaften. Die ergänzenden Vorschriften des Zweiten Abschnitts des Dritten Buchs HGB gelten – abgesehen von den Fällen in § 264 a HGB –

---

[193] BFH vom 23.10.1991, BStBl II 1992, 185.
[194] Siehe G.
[195] Siehe C. und I.

nur für Kapitalgesellschaften und sind somit auf Personengesellschaften nicht anwendbar.

Als Kaufleute i. S. der §§ 1, 2 oder 6 HGB besteht für Personenhandelsgesellschaften gem. §§ 238 ff. HGB Buchführungspflicht. Somit gilt der Erste Abschnitt des Dritten Buchs HGB auch für Personenhandelsgesellschaften und damit insbesondere auch die Ansatzvorschriften der §§ 246 bis 251 HGB wie bei jedem Einzelunternehmer.

Das führt nach der Stellungnahme des HFA[196] zu folgenden Feststellungen:

1. Vermögensgegenstände, die bei wirtschaftlicher Betrachtung Gesamthandsvermögen bzw. Gesellschaftsvermögen der Personenhandelsgesellschaft sind, sind zu bilanzieren, soweit nicht ein Aktivierungsverbot gem. § 248 HGB oder ein Passivierungsverbot gem. § 249 Abs. 3 HGB eingreift.

2. Es kommt für die Bilanzierung nicht darauf an, ob diese Vermögensgegenstände von der Personengesellschaft für eigenbetriebliche Zwecke genutzt werden oder nicht, weil eine Personengesellschaft kein Privatvermögen haben kann.

3. Auch Vermögensgegenstände des Gesamthandsvermögens, die von einem, mehreren oder allen Gesellschaftern für eigene private Zwecke genutzt werden, sind zu bilanzieren und stellen damit handelsrechtlich Betriebsvermögen dar.

4. Vermögensgegenstände, die einzelnen Gesellschaftern gehören, aber nicht Gesellschaftsvermögen sind, können handelsrechtlich auch dann nicht von der Personengesellschaft bilanziert werden, wenn sie dem Geschäftsbetrieb dieser Personengesellschaft dienen (z. B. von einem Gesellschafter an die Personengesellschaft vermietetes Grundstück).[197] Auch § 5 Abs. 4 PublG, der ein Ausweisverbot für das Privatvermögen und die darauf entfallenden Aufwendungen und Erträge bei Personenhandelsgesellschaften, die dem PublG unterliegen, ausspricht, bestätigt den Nichtausweis des Privatvermögens. Es ist jedoch zulässig, derartige Gegenstände unter der Bilanz zu vermerken.

5. Eine wirtschaftliche Zugehörigkeit zum Gesellschaftsvermögen liegt bei Grundstücken und ggf. auch bei anderen Vermögensgegenständen allerdings dann vor, wenn sie der Personengesellschaft aufgrund einer gesellschaftsvertraglichen Einbringung (Einlage nicht nur zur Nutzung, sondern auch dem Werte nach) überlassen worden sind und weder zivilrechtlich Gesamthandseigentum besteht noch eine formgerechte Verpflichtung zur Übertragung des Eigentums auf die Personengesellschaft vorliegt. Im Interesse der Bilanzklarheit ist jedoch auf ein derartiges Rechtsverhältnis durch einen Bilanzvermerk hinzuweisen.

---
196 IDW RS HFA 7, WPg 2002 S. 1259.
197 Küting/Weber, § 246 HGB, Anm. 9; Winnefeld, L. Rz. 457.

B. Laufende Besteuerung

Ist ein derartiges Grundstück für Schulden des Gesellschafters dinglich belastet, so ist diese Belastung als Bestellung von Sicherheiten für Verbindlichkeiten eines Gesellschafters angabepflichtig.

6. Als Schulden sind in der Bilanz einer Personenhandelsgesellschaft nur die Gesamthandsverbindlichkeiten zu passivieren, auch soweit es sich um Schulden gegenüber den Gesellschaftern handelt.
7. Persönliche Steuerschulden eines Gesellschafters sind nicht passivierungsfähig. Es ist jedoch wünschenswert, diejenigen Eigenkapitalanteile in der Bilanz kenntlich zu machen, die den sich aus der Beteiligung am Vermögen und Gewinn der Personengesellschaft ergebenden Steuerschulden der Personengesellschaft entsprechen und zu deren Tilgung ein Entnahmerecht besteht.

1.3.1.2 Steuerliches Vermögen

74 Zwischen dem Vermögen der Personengesellschaft und dem Vermögen des Gesellschafters ist strikt zu trennen, weil der Gewinn (bzw. der Verlust), der sich aus dem Gesamthandsvermögen ergibt, den Gesellschaftern anteilig zuzurechnen ist und der Gewinn (bzw. der Verlust), der sich aus dem Vermögen der Gesellschafter ergibt, diesen in voller Höhe zuzurechnen ist.[198]

75 Nach R 4.2 Abs. 2 Satz 1 EStR umfasst das Betriebsvermögen einer Personengesellschaft sowohl die Wirtschaftsgüter, die zum **Gesamthandsvermögen** der Mitunternehmer gehören, als auch diejenigen Wirtschaftsgüter, die einem, mehreren oder allen Mitunternehmern gehören.[199] Für dieses Vermögen hat der BFH den Begriff **Sonderbetriebsvermögen** geprägt.[200] Gleichgültig ist, ob die Mitunternehmer ihre Wirtschaftsgüter der Personengesellschaft **entgeltlich** oder **unentgeltlich** überlassen. Bei der entgeltlichen Überlassung ergibt sich die Zugehörigkeit zum Betriebsvermögen bereits aus § 15 Abs. 1 Satz 1 Nr. 2 EStG, denn Vermögen, mit dem Gewinneinkünfte erzielt werden, gehört auf jeden Fall zum Betriebsvermögen. Bei der unentgeltlichen Überlassung ergibt sich die Rechtsgrundlage für die Zugehörigkeit dieser Wirtschaftsgüter zum Betriebsvermögen unmittelbar aus § 4 Abs. 1 EStG, weil mit diesem Vermögen zumindest mittelbar Gewinneinkünfte erzielt werden.[201]

76 Diese Ausführungen gelten auch bei land- und forstwirtschaftlichen und freiberuflichen Mitunternehmerschaften (§ 13 Abs. 7, § 18 Abs. 4 Satz 2 EStG).

77 Das Sonderbetriebsvermögen ist aber kein von der Personengesellschaft völlig zu trennendes Betriebsvermögen, sondern wird dem steuerlichen

---
198 BFH vom 23.07.1975, BStBl II 1976, 180.
199 BFH vom 11.10.1979, BStBl II 1980, 40, vom 07.12.1984, BStBl II 1985, 241, und vom 12.11.1985, BStBl II 1986, 55.
200 BFH vom 05.07.1972, BStBl II 1972, 929.
201 BFH vom 02.12.1982, BStBl II 1983, 215.

Betriebsvermögen der Personengesellschaft hinzugerechnet.[202] Es ergänzt das Gesamthandsvermögen, und beide stellen eine wirtschaftliche Einheit dar (vgl. nachstehende Übersicht).

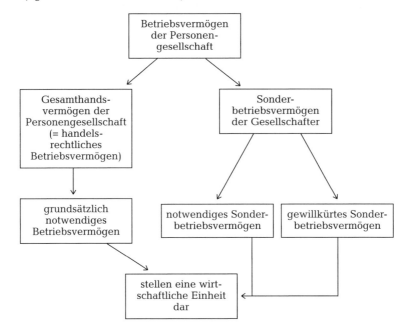

1.3.2 Gesamthandsvermögen als Betriebsvermögen

Ausgangsbasis für die steuerliche Erfassung von Wirtschaftsgütern als Betriebsvermögen ist deren handelsrechtliche Behandlung. Dies ergibt sich aus dem Grundsatz der Maßgeblichkeit der Handelsbilanz für die Steuerbilanz. Die steuerrechtliche Bezeichnung „Wirtschaftsgut" anstelle der handelsrechtlichen Bezeichnung „Vermögensgegenstand" stellt keine Unterscheidung rechtlicher Art dar, sondern entspricht nur der steuerlichen Terminologie. Nur wenn zwingende steuerrechtliche Vorschriften dem entgegenstehen, wird dieser Grundsatz durchbrochen.[203] Aus diesen Überlegungen heraus können folgende Thesen aufgestellt werden:

1. Was handelsrechtlich nicht zum bilanzierungsfähigen Gesamthandsvermögen gehört, ist auch einkommensteuerlich nicht Betriebsvermögen.

---
202 BFH vom 14.08.1975, BStBl II 1976, 88.
203 BFH vom 22.05.1975, BStBl II 1975, 804.

B. Laufende Besteuerung

2. Bilanzierungsfähiges Gesamthandsvermögen im handelsrechtlichen Sinne ist aber nicht ohne weiteres Betriebsvermögen.

1.3.2.1 Ohne bilanzierungsfähiges Gesamthandsvermögen kein Betriebsvermögen

79 Gesamthandsvermögen sind nach § 718 BGB
- die Beiträge der Gesellschafter,
- die durch die Geschäftsführung für die Personengesellschaft erworbenen Gegenstände und
- was aufgrund eines zum Gesellschaftsvermögen gehörenden Rechts oder als Ersatz für die Zerstörung, Beschädigung oder Entziehung eines zum Gesellschaftsvermögen gehörenden Gegenstandes erworben wird.

Dies gilt nicht nur für die GbR, sondern gem. § 105 Abs. 3 HGB auch für die OHG und gem. § 161 Abs. 2 HGB auch für die KG.

Zum bilanzierungspflichtigen Gesamthandsvermögen gehören sowohl die Wirtschaftsgüter, die im bürgerlich-rechtlichen Eigentum, als auch die Wirtschaftsgüter, die im wirtschaftlichen Eigentum (§ 246 Abs. 1 HGB, § 39 Abs. 2 AO) der Personengesellschaft stehen.[204] Zu beachten ist, dass allein eine sog. Scheidungsklausel noch nicht dazu führt, dass der rechtliche Eigentümer sein wirtschaftliches Eigentum verliert.[205]

Beispiel 1:

Eine KG erwirbt am 01.06.01 eine Maschine für 200.000 €. Der Kaufpreis ist vereinbarungsgemäß in zehn monatlichen Raten à 20.000 € zu bezahlen, erstmals am 01.07.01.

Bei Kauf unter Eigentumsvorbehalt ist die KG bereits mit der Übergabe der Maschine am 01.06.01 als wirtschaftliche Eigentümerin zu betrachten. Sie hat deshalb in ihrer Handelsbilanz und in ihrer Steuerbilanz die Maschine in 01 zu aktivieren und erhält bereits für 01 die anteilige Jahres-AfA.

Beispiel 2:

Eine OHG erwirbt ein Grundstück. Laut Kaufvertrag gehen Nutzen und Lasten mit Wirkung vom 01.12.01 auf die OHG über. Die Eintragung im Grundbuch erfolgt erst am 10.03.02.

Die OHG ist bereits ab 01.12.01 wirtschaftliche Eigentümerin dieses Grundstücks. Deshalb muss es bereits in ihrer Handels- und Steuerbilanz zum 31.12.01 ausgewiesen sein.

Beispiel 3:

Ein Gesellschafter einer OHG ist seit Jahren Eigentümer eines unbebauten Grundstücks, das er an die OHG vermietet und zu Recht als Sonderbetriebsvermögen aktiviert hat. Die OHG errichtet darauf – nach Zustimmung des Gesellschafters – ein Bürogebäude für 800.000 €, das sie ab der Fertigstellung im

---

[204] BFH vom 16.03.1983, BStBl II 1983, 459.
[205] BFH vom 04.02.1998, BStBl II 1998, 542.

1 Einkommensteuer

Oktober 01 für eigene betriebliche Zwecke nutzt. Aufgrund einer vertraglichen Vereinbarung erhält die OHG bei Beendigung des Grundstücksmietvertrags für das Gebäude eine Entschädigung in Höhe des dann noch vorhandenen gemeinen Werts.

Baut jemand auf einem fremden Grund und Boden ein Gebäude, wird der Grundstückseigentümer im Regelfall durch die Verbindung des Gebäudes mit dem Grund und Boden zivilrechtlicher Eigentümer des Gebäudes (§ 94 Abs. 1 BGB), es sei denn, der Bauherr errichtet das Gebäude nur zu einem vorübergehenden Zweck oder aufgrund eines dinglichen Rechts an dem Grundstück (§ 95 Abs. 1 BGB). Abweichend davon kann der Bauherr aber wirtschaftlicher Eigentümer des Gebäudes sein, wenn der Grundstückseigentümer durch vertragliche Vereinbarung oder aus anderen Gründen für die gewöhnliche Nutzungsdauer von der Einwirkung auf das Gebäude ausgeschlossen ist. Dies ist dann anzunehmen, wenn der Herausgabeanspruch des zivilrechtlichen Eigentümers keine wirtschaftliche Bedeutung mehr hat oder kein Herausgabeanspruch besteht.[206] Substanz und Ertrag sind dem Nutzungsberechtigten deshalb auch dann zuzurechnen, wenn er für den Fall der Nutzungsbeendigung einen Anspruch auf Ersatz des vollen Verkehrswertes des Gebäudes gegen den Grundstückseigentümer hat.[207]

Das bedeutet: Die OHG muss das Gebäude mit ihren Herstellungskosten von 800.000 € aktivieren und schreibt es gem. § 7 Abs. 4 Nr. 1 EStG mit 3 % ab.

Beispiel 4:

Wie Beispiel 3; mit Wirkung vom 01.04.06 überträgt der Gesellschafter das Grundstück unentgeltlich auf seine Tochter.

An der Aktivierungspflicht des Gebäudes durch die OHG ändert sich nichts.

80 Die Wirtschaftsgüter des Gesamthandsvermögens rechnen auch dann zum **notwendigen Betriebsvermögen** der Personengesellschaft, wenn sie dem Betrieb der Personengesellschaft nicht unmittelbar dienen oder zu dienen bestimmt sind.

Diese Regelung ergibt sich zum einen aus dem Grundsatz der Maßgeblichkeit der Handelsbilanz für die Steuerbilanz, zum anderen aus § 15 Abs. 3 Nr. 1 EStG, wonach bei **allen** Personengesellschaften die mit Einkünfteerzielungsabsicht unternommene Tätigkeit in **vollem Umfang** als Gewerbebetrieb gilt, wenn die Personengesellschaft auch eine Tätigkeit i. S. des § 15 Abs. 1 Satz 1 Nr. 1 EStG ausübt.

Fraglich ist, ob diese Grundsätze auf solche Mitunternehmerschaften übertragbar sind, die Einkünfte aus Land- und Forstwirtschaft oder aus selbständiger Arbeit beziehen. Insoweit mangelt es an der Verpflichtung zum Ausweis des Gesellschaftsvermögens in der Handelsbilanz. Ferner verweisen § 13 Abs. 7 EStG und § 18 Abs. 4 Satz 2 EStG zwar auf § 15 Abs. 1 Satz 1 Nr. 2 EStG und § 15 Abs. 2 Sätze 2 und 3 EStG, nicht aber auf § 15 Abs. 3

---

206 BFH vom 20.08.1989, BStBl II 1990, 368, m. w. N., und vom 21.05.1992, BStBl II 1992, 944.
207 BFH vom 18.07.2001, BStBl II 2002, 281.

B. Laufende Besteuerung

Nr. 1 EStG. Folglich muss es u. E. diesen Mitunternehmern freistehen, einzelne Wirtschaftsgüter des Gesamthandsvermögens, soweit sie nicht zum notwendigen Betriebsvermögen gehören, auch außerhalb des Betriebsvermögens zu halten.

Beispiel 5:

Eine KG erwirbt Wertpapiere.

Während Einzelunternehmer ein Wahlrecht haben, diese Wertpapiere zum gewillkürten Betriebsvermögen oder zum Privatvermögen zu rechnen, gehören diese Wertpapiere bei der KG zwingend zum Betriebsvermögen.

Beispiel 6:

Eine GbR ist an einer GmbH als stille Gesellschafterin mit einer Einlage von 100.000 € beteiligt. Sowohl an der GbR als auch an der GmbH sind A und B je zur Hälfte beteiligt.

Nicht nur Personenhandelsgesellschaften, sondern auch GbR können stille Gesellschafter sein.[208] Diese Beteiligung dient zwar nicht unmittelbar dem Betrieb, trotzdem gehört sie als Gesamthandsvermögen der GbR auch zu deren handelsrechtlichem Betriebsvermögen. Da für den Erwerb der stillen Beteiligung keine privaten Gründe ausschlaggebend waren, stellt diese Beteiligung auch steuerrechtlich notwendiges Betriebsvermögen der GbR dar. Die Beteiligung ist mit den Anschaffungskosten von 100.000 € als Anlagevermögen bei den Finanzanlagen unter den „Sonstigen Ausleihungen" zu aktivieren.

Der Gewinnanspruch der GbR stellt ebenfalls handelsrechtlich und steuerrechtlich Betriebsvermögen dar und muss als Umlaufvermögen bei den Forderungen unter den „Sonstigen Vermögensgegenständen" im Zeitpunkt der Entstehung aktiviert werden. Dies ist zumindest dann, wenn beide Gesellschaften von denselben Gesellschaftern beherrscht werden, bereits mit Ablauf des Wirtschaftsjahrs der Fall, in dem der Gewinn von der GmbH erwirtschaftet wurde.[209] Das bedeutet, die GbR kann ihre Bilanz erst nach der GmbH aufstellen.

Beispiel 7:

Eine OHG erwirbt ein Kraftfahrzeug, das von den Gesellschaftern zu 75 % für Privatfahrten verwendet wird.

Das Kraftfahrzeug gehört bei der OHG zwingend zum Betriebsvermögen.

Beispiel 8:

Eine OHG nutzt ein zum Gesamthandsvermögen gehörendes Grundstück (Wert einschließlich Grund und Boden 200.000 €) wie folgt:

a) eigenbetriebliche Zwecke	30 %
fremdbetrieblich vermietet	30 %
zu Wohnzwecken an Dritte vermietet	40 %

Nach R 4.2 Abs. 4 EStR besteht das Gebäude aus drei Wirtschaftsgütern, die jedoch anders als bei einem Einzelunternehmer alle aktiviert werden müssen, weil sie zum notwendigen Betriebsvermögen gehören (R 4.2 Abs. 11

---

[208] Schlegelberger/K. Schmidt, § 230 HGB Rz. 30.
[209] BFH vom 19.02.1991, BStBl II 1991, 569.

EStR). Wie das Gebäude muss auch der dazugehörende Grund und Boden in vollem Umfang aktiviert werden.

b) eigenbetriebliche Zwecke 10 %
fremdbetrieblich vermietet 40 %
zu Wohnzwecken an Dritte vermietet 50 %

Lösung wie bei a). Es ist unbeachtlich, dass der eigenbetrieblich genutzte Teil von untergeordneter Bedeutung ist (siehe § 8 EStDV).

1.3.2.2 Gesamthandsvermögen, jedoch kein Betriebsvermögen

Aufgrund der ständigen Rechtsprechung des BFH reicht der Umstand, dass ein Wirtschaftsgut zivilrechtlich zum Gesamthandsvermögen gehört, nicht aus, es zum Betriebsvermögen zu rechnen. Fehlt aus der Sicht der Personengesellschaft jeglicher betriebliche Anlass für den Erwerb eines aktiven oder passiven Wirtschaftsguts, so kann es nicht in deren Betriebsvermögen einbezogen werden, sondern stellt notwendiges Privatvermögen der Personengesellschaft dar. Der Grundsatz der Maßgeblichkeit der Handelsbilanz für die Steuerbilanz wird insoweit durch die steuerrechtlichen Vorschriften über das Betriebsvermögen (§ 4 Abs. 1 EStG) und über die Betriebsausgaben (§ 4 Abs. 4 EStG) durchbrochen. Das Gleiche gilt, wenn ein Wirtschaftsgut ausschließlich oder fast ausschließlich der privaten Lebensführung eines, mehrerer oder aller Mitunternehmer der Personengesellschaft dient.[210]

81

Beispiel 1:

Aus außerbetrieblichen Erwägungen erworbene Anteile an einer gemeinnützigen Wohnungsbaugesellschaft stellen Privatvermögen dar.

Beispiel 2:

Eine KG erwirbt von einem ihrer Gesellschafter (bzw. von einer einem Gesellschafter nahestehenden Person) eine Darlehensforderung, die kurze Zeit danach ausfällt.

Obwohl diese Forderung zivilrechtlich Gesamthandsvermögen wird, darf sie nicht zum Betriebsvermögen der KG gerechnet werden, weil für den Erwerb kein betrieblicher Anlass bestanden hat und es nach Lage des Falles ausgeschlossen ist, dass die KG die Forderung von einem Fremden erworben hätte.[211] Der Ausfall der Forderung mindert daher nicht den Gewinn.

Beispiel 3:

Eine KG übernimmt aus außerbetrieblichen Gründen (z. B. für einen Gesellschafter oder einen früheren Gesellschafter) eine Bürgschaft.

Die Bürgschaftsschuld gehört nicht zum Betriebsvermögen der KG,[212] etwaige Verluste aus der Inanspruchnahme sind nicht als Betriebsausgaben abzugsfähig, sondern stellen Entnahmen der Gesellschafter dar.

---

210 BFH vom 26.06.2007, BStBl II 2008, 103.
211 BFH vom 22.05.1975, BStBl II 1975, 804.
212 BFH vom 02.06.1976, BStBl II 1976, 668.

B. Laufende Besteuerung

Beispiel 4:

A ist Komplementär der KG A und der neu gegründeten KG X. Zur Durchführung eines Auftrags der KG X gewährte die KG A der KG X hohe Darlehen. Die KG X geriet in Vermögensverfall; die Eröffnung des Insolvenzverfahrens wurde kurze Zeit später mangels Masse abgelehnt. Die KG A nahm bereits im Jahr der Darlehenshingabe eine Wertberichtigung in voller Höhe vor.

Der BFH[213] entschied, dass die Gewährung des Darlehens nicht betrieblich veranlasst war, sodass die erforderlich werdende Wertberichtigung keine Betriebsausgabe der KG A darstellt. Vielmehr erfolgte die Darlehensgewährung aus privaten Erwägungen des Komplementärs A, nämlich zur Unterstützung seines Engagements in der KG X.

Beispiel 5:

Eine OHG erwirbt ein Kraftfahrzeug, das nur zu 5 % für betriebliche Zwecke, im Übrigen aber von den Gesellschaftern für Privatfahrten verwendet wird.

Weil dieses zum Gesamthandsvermögen gehörende Kraftfahrzeug nahezu ausschließlich privaten Zwecken der Gesellschafter dient, gehört es nicht zum Betriebsvermögen der OHG. Die Abgrenzung ist wie bei einem Einzelunternehmer vorzunehmen, das bedeutet: Bei einer betrieblichen Nutzung von weniger als 10 % liegt kein Betriebsvermögen der Personengesellschaft vor. Die im Zusammenhang mit den betrieblichen Fahrten stehenden Aufwendungen sind dagegen als Betriebsausgaben der OHG abzugsfähig.

82 Die Anschaffung von Wirtschaftsgütern (im Urteilsfall von Wertpapieren), die zum Gesamthandsvermögen einer Personengesellschaft gehören, ist nicht nur dann der Privatsphäre der Gesellschafter zuzurechnen, wenn schon beim Erwerb erkennbar war, dass diese für den Betrieb keinen Nutzen, sondern nur Verluste bringen werden. Auch aus Umständen anderer Art, z. B. aus der Behandlung der Geschäfte in der Buchführung, kann auf die private Veranlassung geschlossen werden.[214] Das Gleiche gilt bei der Aufnahme von Darlehen.[215]

Sind diese Wirtschaftsgüter zu Unrecht als Betriebsvermögen aktiviert worden, so müssen sie mit dem Buchwert ausgebucht werden. Stehen mit diesen Wirtschaftsgütern Schulden in wirtschaftlichem Zusammenhang, sind sie keine Betriebsschulden und müssen ebenfalls ausgebucht werden.

83 Auf der anderen Seite sind auf die Gewinnermittlung einer Personengesellschaft die zur Gewinnermittlung eines Einzelkaufmanns entwickelten Rechtsgrundsätze hinsichtlich der Aufnahme einer **Kontokorrentverbindlichkeit** sinngemäß anzuwenden.[216]

---

213 Urteil vom 19.07.1984, BStBl II 1985, 6.
214 BFH vom 15.11.1978, BStBl II 1979, 257, und vom 05.03.1981, BStBl II 1981, 658.
215 BFH vom 12.09.1985, BStBl II 1986, 255.
216 BFH vom 04.07.1990, BStBl II 1990, 817.

Das bedeutet: Werden von einem Kontokorrentkonto der Personengesellschaft nicht nur betriebliche Auszahlungen oder Überweisungen getätigt, sondern auch Entnahmen der Gesellschafter, so ist nur der betriebliche Teil des Kredits dem Betriebsvermögen der Personengesellschaft hinzuzurechnen, denn allein die Zwischenschaltung eines Kontokorrentkontos der Personengesellschaft ändert an einer außerbetrieblichen Veranlassung nichts, und eine Entnahme ist keine betrieblich veranlasste Aufwendung.[217]

Nur die auf diesen Teil des Kontokorrentkredits entfallenden Schuldzinsen dürfen als Betriebsausgaben abgezogen werden. Wegen der Zinsaufteilung und der Umschuldungsmöglichkeit durch vorrangige Zuordnung von Betriebseinnahmen zum privat bedingten Schuldsaldo siehe BFH[218] und BMF.[219]

Beispiel 6:

Eine OHG nahm ein Darlehen von 400.000 € auf. Unmittelbar nach der Gutschrift auf dem Bankkonto der OHG entnahm Gesellschafter A diesen Betrag und finanzierte damit den Kauf eines privaten Wirtschaftsguts. Das Kapitalkonto des A betrug nach der Entnahme ./. 100.000 € und musste von ihm bei der Gewinnverteilung mit 6 % verzinst werden. Die Darlehenszinsen behandelte die OHG als Betriebsausgaben.

Die Kreditaufname der OHG zur Finanzierung der Entnahme ihres Gesellschafters führt auch dann nicht zum Abzug der Schuldzinsen als Betriebsausgaben, wenn der entnehmende Gesellschafter sein negatives Kapitalkonto verzinsen muss, dieses Konto aber als Beteiligungskonto und nicht als Darlehenskonto anzusehen ist.[220] Dies gilt nicht nur für den negativen Teil des Kapitalkontos von 100.000 €, sondern für das Gesamtdarlehen von 400.000 €. Entsteht der Finanzierungsbedarf nur dadurch, dass Gelder entnommen werden sollen, dann sind die Entnahme und die Darlehensaufnahme zusammenhängende Vorgänge mit der Folge, dass die Darlehensmittel nicht für betriebliche Zwecke aufgenommen und eingesetzt werden, sondern für eine Entnahme.

Zum Vergleich die folgenden Beispiele 7 und 8.

Beispiel 7:

Eine gewerblich tätige GbR hat ein positives Bankguthaben von 80.000 €, das Gesellschafter B am 18.05.01 für private Zwecke entnimmt. Am 21.05.01 erwirbt die GbR eine Maschine für 70.000 € und nimmt zur Bestreitung des Kaufpreises ein Darlehen auf.

Das Darlehen wurde nicht zur Finanzierung einer Entnahme, sondern für betriebliche Aufwendungen aufgenommen. Es gehört somit zum notwendigen Betriebsvermögen der GbR und muss passiviert werden. Die Schuldzinsen stel-

---

217 BFH vom 05.03.1991, BStBl II 1991, 516, vom 04.03.1998, BStBl II 1998, 511, vom 19.03.1998, BStBl II 1998, 513, und vom 21.09.2005, BStBl II 2006, 125.
218 BFH vom 15.11.1990, BStBl II 1991, 226.
219 BMF vom 10.11.1993, BStBl I 1993, 930, und vom 17.11.2005, BStBl I 2005, 1019.
220 BFH vom 15.11.1990, BStBl II 1991, 226, und vom 05.03.1991, BStBl II 1991, 516.

B. Laufende Besteuerung

len Betriebsausgaben dar. Es spielt keine Rolle, ob im Zeitpunkt der Privatentnahme durch B der Erwerb der Maschine bereits feststand oder nicht.

Beispiel 8:
Gesellschafter C einer KG hat zur Finanzierung seines privaten Einfamilienhauses ein Darlehen i. H. von 400.000 € aufgenommen. Gleichzeitig besitzt die KG zwei betriebliche Bankkonten. Ab sofort werden auf dem ersten Bankkonto nur noch Einnahmen gutgeschrieben und auf dem zweiten nur noch sämtliche Betriebsausgaben und Anschaffungen der KG abgebucht. Die Betriebseinnahmen vom ersten Bankkonto werden von C entnommen und zur Tilgung seines privaten Darlehens verwendet. Innerhalb von sechs Monaten hat C 400.000 € vom ersten Bankkonto entnommen und damit sein privates Darlehen vollständig getilgt. Gleichzeitig sind auf dem zweiten Bankkonto Überweisungen von 380.000 € vorgenommen worden, was zu einem Schuldsaldo in dieser Höhe geführt hat. Die Schuldzinsen auf diesem Konto behandelte die KG als Betriebsausgaben.

Nach dem vom BFH anerkannten 2-Konten-Modell ist diese Vorgehensweise der KG und ihres Gesellschafters C nicht zu beanstanden.[221]

1.3.2.3 Grundstücke und Grundstücksteile, die Wohnzwecken der Gesellschafter dienen

84 Auch Grundstücke und Grundstücksteile, die Wohnzwecken der Gesellschafter dienen, gehören zum notwendigen Privatvermögen, wenn für ihren Erwerb jeglicher betriebliche Anlass fehlt.

1.3.2.3.1 Unentgeltliche Überlassung

85 Bei der **unentgeltlichen** Überlassung von Grundstücken (Grundstücksteilen) fehlt jeglicher betriebliche Anlass. Das gilt nicht nur beim Erwerb von bebauten Grundstücken, sondern auch, wenn ein zum Gesamthandsvermögen einer Personengesellschaft gehörendes Grundstück (Grundstücksteil) mit einem Gebäude bebaut wird, das auf Dauer eigenen Wohnzwecken eines, mehrerer oder aller Gesellschafter dienen soll, denn auch in diesem Fall verliert das Grundstück (der Grundstücksteil) durch die Bebauung i. d. R. seine Eignung, dem Betrieb der Personengesellschaft zu dienen (H 4.2 Abs. 11 EStH). Das Grundstück bleibt Gesellschaftsvermögen der Personengesellschaft, denn es wird durch die Bebauung zivilrechtlich nicht auf ein anderes Rechtssubjekt übertragen. Es verliert lediglich seine Eigenschaft als Betriebsvermögen und wird Privatvermögen der Personengesellschaft.[222]

Jede Entnahme setzt eine Entnahmehandlung voraus. Bei Einzelunternehmern stellt die Bebauung eines Grundstücks mit einem auf Dauer privat genutzten Gebäude die Entnahmehandlung dar. Bei Personengesellschaften liegt dagegen eine Entnahme nur vor, wenn diese Entnahme bereits im

---
221 BMF vom 17.11.2005, BStBl I 2005, 1019, Rz. 4.
222 BFH vom 16.03.1983, BStBl II 1983, 459, vom 30.06.1987, BStBl II 1988, 418, und vom 28.07.1998, BStBl II 1999, 53.

Gesellschaftsvertrag vorgesehen ist oder **alle** Gesellschafter dieser Entnahme ausdrücklich oder durch schlüssiges Handeln (z. B. Einverständnis mit der Bebauung) zustimmen, sofern nicht im Gesellschaftsvertrag eine andere Stimmenmehrheit vereinbart ist.

Der BFH begründet seine Entscheidung damit, dass handelsrechtlich in diesen Fällen – anders als steuerrechtlich – lediglich eine Nutzungsentnahme durch die Gesellschafter vorliegt, der alle Gesellschafter zustimmen müssen. Fehlt diese Zustimmung, ist die Nutzungsentnahme handelsrechtlich unzulässig und zurückzugewähren.

In diesem Fall liegt dann auch steuerrechtlich keine Entnahme des Grundstücks vor, weil nicht gesichert ist, dass das Wirtschaftsgut auf Dauer Privatzwecken des Gesellschafters dient. Notwendiges Privatvermögen kann daher dann nicht angenommen werden.

Übersicht über die unterschiedlichen Nutzungsmöglichkeiten:

a) **Grundstück dient ausschließlich privaten Wohnzwecken eines, mehrerer oder aller Gesellschafter der Personengesellschaft**

Das Grundstück ist zwar in der Handelsbilanz der Personengesellschaft zu aktivieren, nicht aber in der Steuerbilanz (H 4.2 Abs. 11 EStH).

86

Beispiel 1:

Eine OHG erwirbt ein Einfamilienhaus (Anschaffungskosten 500.000 €) und überlässt es kostenlos auf Dauer ihrem Gesellschafter A für private Wohnzwecke. Zur Bestreitung des Kaufpreises nimmt die OHG ein Darlehen i. H. von 300.000 € auf.

Das Grundstück gehört von Anfang an zum Privatvermögen der OHG, weil es seit dem Erwerb privaten Zwecken zu dienen bestimmt ist.[223] Der Kaufpreis ist bei Bezahlung als Entnahme aller Gesellschafter zu buchen. Das Darlehen teilt das Schicksal des Grundstücks und gehört ebenfalls zum Privatvermögen. Die laufenden Grundstücksaufwendungen sind folglich keine Betriebsausgaben, sondern Privatentnahmen aller Gesellschafter.

Beispiel 2:

Eine KG errichtet auf einem seit zehn Jahren zum Betriebsvermögen gehörenden unbebauten Grundstück (Buchwert 80.000 €, Teilwert 200.000 €) ein Einfamilienhaus für 500.000 €, welches sie ab der Fertigstellung unentgeltlich auf Dauer ihrem Komplementär B überlässt. Die Bebauung erfolgt mit Zustimmung aller Gesellschafter. Zur Bestreitung der Herstellungskosten nimmt die KG ein Darlehen von 300.000 € auf.

Da alle Gesellschafter der Bebauung und damit der Entnahme zugestimmt haben, gehören das Einfamilienhaus und die Darlehensschuld von Anfang an zum Privatvermögen der KG. Folglich muss der Grund und Boden entnommen werden, was zu einem Entnahmegewinn von 120.000 € führt, der **allen** Gesellschaftern entsprechend ihrer Gewinnbeteiligung zuzurechnen ist, weil alle

---

223 BFH vom 06.06.1973, BStBl II 1973, 705.

B. Laufende Besteuerung

Gesellschafter nach wie vor Miteigentümer des Grundstücks sind. Nur wenn im Gesellschaftsvertrag vereinbart worden ist, dass Entnahmen und dadurch realisierte stille Reserven dem Gesellschafter zuzurechnen sind, der sie tätigt, ist der Entnahmegewinn von 120.000 € in voller Höhe dem entnehmenden Gesellschafter zuzurechnen.

Die Entnahme muss an dem Tag erfolgen, an dem feststeht, dass das Gebäude auf Dauer Gesellschafter B überlassen wird, frühestens also bei Baubeginn, spätestens beim Einzug des B. Die laufenden Grundstückskosten stellen wie im Beispiel 1 Privatentnahmen der Gesellschafter dar.

Für die weitere steuerliche Behandlung gelten die Ausführungen im Beispiel 1 entsprechend.

b) **Grundstück dient teilweise eigenbetrieblichen Zwecken der Personengesellschafter und teilweise eigenen Wohnzwecken eines, mehrerer oder aller Gesellschafter**

87 Soweit das Grundstück betrieblichen Zwecken dient (eigenbetrieblichen Zwecken, zu gewerblichen Zwecken oder zu Wohnzwecken vermietet), muss es bilanziert werden.[224] Dagegen ist der eigenen Wohnzwecken dienende Grundstücksteil nicht aktivierungsfähig, weil er zum notwendigen Privatvermögen der Personengesellschaft gehört. Dies gilt unabhängig davon, ob dieser Grundstücksteil von allen, von mehreren oder nur von einem Gesellschafter unentgeltlich für private Wohnzwecke genutzt wird.

Beispiel 3:

Eine OHG nutzt ein zum Gesamthandsvermögen gehörendes Grundstück (Wert einschl. Grund und Boden 400.000 €) wie folgt:

eigenbetriebliche Zwecke	30 %
zu Wohnzwecken unentgeltlich an Gesellschafter überlassen	70 %

Das Gebäude besteht aus zwei Wirtschaftsgütern (R 4.2 Abs. 4 EStR). Der für eigenbetriebliche Zwecke genutzte Grundstücksteil muss als notwendiges Betriebsvermögen aktiviert werden (R 4.2 Abs. 7 EStR). Dagegen gehört der eigenen Wohnzwecken der Gesellschafter dienende Grundstücksteil zum Privatvermögen der OHG.

Beispiel 4:

Wie Beispiel 3, aber Nutzung wie folgt:

eigenbetriebliche Zwecke	60 %
zu Wohnzwecken unentgeltlich an Gesellschafter überlassen	40 %

Das Gebäude besteht gem. R 4.2 Abs. 4 EStR aus zwei Wirtschaftsgütern, wobei der eigenbetrieblich genutzte Grundstücksteil von der OHG aktiviert werden muss. Der eigenen Wohnzwecken der Gesellschafter dienende Grundstücksteil gehört dagegen zum notwendigen Privatvermögen.

---

224 Siehe B. Rz. 80, Beispiele 8 a und 8 b.

1 Einkommensteuer

Beispiel 5:

Wie Beispiel 3, aber Nutzung wie folgt:

eigenbetriebliche Zwecke	30 %
zu Wohnzwecken an Dritte vermietet	35 %
zu Wohnzwecken unentgeltlich an Gesellschafter überlassen	35 %

Nach R 4.2 Abs. 4 EStR besteht das Gebäude aus drei Wirtschaftsgütern. Der eigenbetrieblichen Zwecken dienende Teil und der zu Wohnzwecken an Dritte vermietete Teil gehören zum notwendigen Betriebsvermögen.

Der Wohnzwecken der Gesellschafter dienende Teil gehört gem. R 4.2 Abs. 4 EStR zum notwendigen Privatvermögen.

c) **Eigengewerblich genutzter Grundstücksteil von untergeordneter Bedeutung**

Beispiel 6: 88

Wie Beispiel 3, aber Nutzung wie folgt:

eigenbetriebliche Zwecke	5 %
zu Wohnzwecken unentgeltlich an Gesellschafter überlassen	95 %

Das Gebäude besteht wiederum aus zwei Wirtschaftsgütern, wobei der Wohnzwecken dienende Teil wie bei Beispiel 3 nicht aktiviert werden darf.

Der eigenbetrieblichen Zwecken dienende Grundstücksteil ist dagegen von untergeordneter Bedeutung, weil sein Wert nicht mehr als 20.500 € beträgt (§ 8 EStDV). Die Finanzverwaltung lässt hier auch für das Gesamthandsvermögen bei Personengesellschaften gewillkürtes Betriebsvermögen zu (R 4.2 Abs. 11 Satz 3 i. V. m. R 4.2 Abs. 8 Satz 2 ff. EStR). Somit hat die OHG ein Wahlrecht, diesen Grundstücksteil zu aktivieren oder ihn als Privatvermögen zu behandeln. Insofern ist der Grundsatz, dass bei zum Gesamthandsvermögen gehörenden Wirtschaftsgütern gewillkürtes Betriebsvermögen nicht denkbar ist, durchbrochen.

Hinweis: In allen Fällen der teilweisen betrieblichen Nutzung eines Gebäudes gehört der zum Gebäude gehörende Grund und Boden anteilig zum Betriebsvermögen. Grund und Boden und das darauf errichtete Gebäude sind bei der Frage der Zurechnung zum Betriebsvermögen oder Privatvermögen einheitlich zu beurteilen.

1.3.2.3.2 Entgeltliche Überlassung

Eine entgeltliche Überlassung des Grundstücks liegt (nur) in folgenden Fällen vor: 89

— Abschluss Mietvertrag zwischen Personengesellschaft und Gesellschafter.

— Nutzung des Grundstücks ist Teil des Entgelts für eine Geschäftsführer- oder sonstige Tätigkeit und im **Anstellungsvertrag** geregelt.

— Nutzung des Grundstücks ist im **Gesellschaftsvertrag** geregelt.

— Die Miete ist im handelsrechtlichen Gewinn der Personengesellschaft enthalten. Dabei ist es auch zulässig, wenn die Miete durch Verrechnung mit dem Gewinnanteil erhoben wird.

B. Laufende Besteuerung

90 Werden Grundstücke **in vollem Umfang entgeltlich** überlassen, liegt in der Erzielung von Mieteinnahmen ein betrieblicher Anlass vor. Da Erträge bei einer Personengesellschaft nach § 15 Abs. 3 Nr. 1 EStG stets zu den Einkünften aus Gewerbebetrieb gehören, stellt das Grundstück zwingend notwendiges Betriebsvermögen der Personengesellschaft dar (Umkehrschluss aus H 4.2 Abs. 11 EStH).[225]

Für diese Auffassung spricht auch die Rechtsprechung des BFH,[226] der folgendes Beispiel zugrunde liegt.

> **Beispiel 1:**
>
> Eine KG belastet ein ihr gehörendes Grundstück mit einem Erbbaurecht zugunsten ihres Gesellschafters A, der darauf ein selbstgenutztes Einfamilienhaus errichtet. A muss jährlich einen Erbbauzins von 600 € bezahlen.
>
> Das Grundstück bleibt weiterhin Betriebsvermögen der KG, denn die Grundstücksnutzung verhält sich wie die Vermietung und Verpachtung eines Grundstücks zum Betrieb der KG neutral. Grundstück und Erbbaurecht sind zwei selbständige Wirtschaftsgüter, und das Grundstück verliert durch die Bebauung nicht die Fähigkeit, auf Dauer dem Betrieb der KG zu dienen, wie sich an der Erzielung von Einnahmen in Form des Erbbauzinses zeigt.

Die Konsequenz dieser Auffassung ist, dass die vom Gesellschafter gezahlte Miete den Gewinn der Personengesellschaft in vollem Umfang erhöht. Auf der anderen Seite sind die laufenden Grundstückskosten als Betriebsausgaben abzugsfähig.

91 Bei einer **verbilligten** Vermietung ist § 21 Abs. 2 Satz 2 EStG **nicht** entsprechend anzuwenden mit der Folge, dass die Personengesellschaft die Grundstückskosten nur anteilig – dem Umfang der entgeltlichen Überlassung entsprechend – als Betriebsausgaben abziehen kann.[227]

> **Beispiel 2:**
>
> Die OHG AB überlässt ihrem Gesellschafter A (Beteiligung 25 %) gegen eine Miete von monatlich 800 €, die dem ortsüblichen Mietwert entspricht, ein ihr gehörendes Einfamilienhaus auf Dauer für private Wohnzwecke. Die Grundstückskosten betragen einschl. AfA 12.000 € pro Jahr.
>
> Das Grundstück bleibt notwendiges Betriebsvermögen der OHG. Die Mieteinnahmen erhöhen den Gewinn der OHG, die Grundstücksaufwendungen sind in voller Höhe als Betriebsausgaben abzugsfähig.

> **Beispiel 3:**
>
> Wie Beispiel 2, die Miete beträgt nur 400 € pro Monat.
>
> Das Grundstück bleibt auch in diesem Fall notwendiges Betriebsvermögen der OHG. Die Mieteinnahmen erhöhen den Gewinn der OHG, die Grundstücks-

---

225 Zumindest indirekt bestätigt durch BFH vom 30.06.1987, BStBl II 1988, 418.
226 BFH vom 10.04.1990, BStBl II 1990, 961, und vom 23.11.2000, BStBl II 2001, 232.
227 BFH vom 29.04.1999, BStBl II 1999, 652.

aufwendungen können allerdings nur i. H. von 50 % = 6.000 € als Betriebsausgaben abgezogen werden.

Die steuerliche Behandlung kann zusammenfassend aus folgender Übersicht entnommen werden: 92

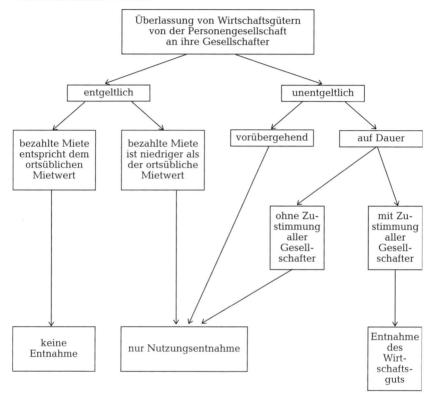

Hinweis: 93

Sind die Gesellschafter keine Mitunternehmer, weil die Personengesellschaft nur **vermögensverwaltend** tätig ist und somit nur Überschusseinkünfte erzielt, kann ein Mietverhältnis dieser Personengesellschaft mit ihrem Gesellschafter nur insoweit anerkannt werden, als diesem das Grundstück nach § 39 Abs. 2 Nr. 2 AO nicht anteilig zuzurechnen ist.[228]

Beispiel 4:

An einer (nur) vermögensverwaltend tätigen GbR mit Einkünften aus Vermietung und Verpachtung sind A mit 60 % und B mit 40 % beteiligt. Die GbR ver-

---

228 BFH vom 18.05.2004, BStBl II 2004, 929.

mietet eine Wohnung zum ortsüblichen Mietwert von monatlich 1.500 € an ihren Gesellschafter A, der sie für eigene Wohnzwecke nutzt.

Der Mietvertrag kann nur insoweit anerkannt werden, als A nicht an der GbR beteiligt ist, also zu 40 %. Nicht die GbR, sondern B erzielt Einnahmen aus Vermietung und Verpachtung i. H. von monatlich 600 €. Konsequenterweise können folglich auch nur 40 % der auf diese Wohnung entfallenden Kosten einschließlich AfA von B als Werbungskosten abgezogen werden. Die Bezahlung der restlichen Miete von 900 € stellt eine einkommensteuerrechtlich unbeachtliche Entnahme dar, denn A nutzt das Grundstück im Rahmen seines Miteigentumsanteils aus eigenem Recht.

1.3.2.3.3 Steuerfreie Entnahme Grund und Boden nach Errichtung Gebäude

94 Wird Grund und Boden dadurch entnommen, dass auf diesem Grund und Boden die Wohnung des Steuerpflichtigen (oder eine Altenteilerwohnung) errichtet wird, bleibt nach § 13 Abs. 5 EStG der Entnahmegewinn außer Ansatz; der Steuerpflichtige kann die Regelung nur für eine zu eigenen Wohnzwecken genutzte Wohnung (und für eine Altenteilerwohnung) in Anspruch nehmen. Hat das Grundstück im VZ 1986 zu einem gewerblichen oder einem der selbständigen Arbeit dienenden Betriebsvermögen gehört, so gilt § 13 Abs. 5 EStG entsprechend (§ 15 Abs. 1 Satz 3 und § 18 Abs. 4 Satz 1 EStG).

Steuerpflichtiger in diesem Sinne ist der einzelne Gesellschafter und nicht die Personengesellschaft. Das bedeutet, für **jeden** Gesellschafter kann u. E. ein Grund und Boden steuerfrei entnommen werden.

> **Beispiel:**
>
> Eine OHG hat ein seit 1980 zum Gesamthandsvermögen gehörendes unbebautes und ungenutztes Grundstück als notwendiges Betriebsvermögen mit den Anschaffungskosten von 210.000 € aktiviert. Zu Beginn des Jahres 2008 teilt sie das Grundstück in drei Parzellen auf und errichtet darauf drei Einfamilienhäuser, die sie unentgeltlich ihren drei Gesellschaftern für deren private Wohnzwecke überlässt. Alle Gesellschafter haben der Bebauung und der Entnahme zugestimmt. Objektverbrauch liegt bei keinem Gesellschafter vor.
>
> Die Einfamilienhäuser gehören von vornherein nicht zum Betriebsvermögen, sondern zum Privatvermögen der OHG. Der Grund und Boden muss zu dem Zeitpunkt ins Privatvermögen der OHG überführt werden, wo feststeht, dass die Einfamilienhäuser von den Gesellschaftern auf Dauer unentgeltlich für eigene Wohnzwecke genutzt werden, spätestens beim Einzug. Der Entnahmegewinn aller drei Grundstücke fällt unter § 13 Abs. 5 i. V. m. § 15 Abs. 1 Satz 3 EStG, denn der Objektverbrauch ist personenbezogen. Damit ist der Entnahmegewinn in vollem Umfang steuerfrei.

Von einer **Errichtung** eines Gebäudes kann nur gesprochen werden, wenn durch die Baumaßnahme ein **Neubau** entsteht. Bei Umbauten, Ausbauten und Modernisierungsmaßnahmen liegt ein Neubau nur vor, wenn die eingefügten Neubauteile dem Gesamtgebäude das Gepräge geben, sodass es in bautechnischer Hinsicht neu ist.[229] Liegt tatsächlich ein Neubau vor, erstreckt sich die Steuerbefreiung aber nur auf den Grund und Boden. Der Entnahmegewinn für die Altbausubstanz unterliegt der Besteuerung.

Daraus ist abzuleiten, dass z. B. der Ausbau eines bisher ungenutzten Dachbodens für eigene Wohnzwecke in einem von der Personengesellschaft vermieteten Gebäude zur steuerfreien Entnahme des anteiligen Grund und Bodens führt.

1.3.2.4 Betriebsvermögen einer atypischen stillen Gesellschaft

Die atypische stille Gesellschaft hat kein Gesellschaftsvermögen (Gesamthandsvermögen). Soweit die dem Betrieb dienenden Wirtschaftsgüter im Alleineigentum des Inhabers des Handelsgeschäfts stehen, sind sie dessen Betriebsvermögen i. S. von § 4 Abs. 1 und § 5 EStG. Bei der atypischen stillen Gesellschaft entspricht das Betriebsvermögen des Inhabers des Handelsgeschäfts dem Gesellschaftsvermögen einer Personengesellschaft mit Gesamthandsvermögen, weil die atypische stille Gesellschaft eine reine Innengesellschaft ist.[230] Der stille Gesellschafter hat nach § 230 Abs. 1 HGB seine Einlage so zu leisten, dass sie in das Vermögen des Inhabers des Handelsgeschäfts übergeht. Rechtsträger des dem Handelsgewerbe dienenden Betriebsvermögens ist deshalb grundsätzlich nur der Inhaber des Handelsgeschäfts. Das bedeutet, der Inhaber des Handelsgeschäfts kann kein Sonderbetriebsvermögen haben. Neben dem Betriebsvermögen des Inhabers kommt jedoch Sonderbetriebsvermögen in Betracht, wenn der atypische stille Gesellschafter dem Inhaber des Handelsgeschäfts Wirtschaftsgüter zur Nutzung überlässt.

95

Die Steuerbilanz der Personengesellschaft entspricht somit bei der atypischen stillen Gesellschaft der Steuerbilanz des Inhabers des Geschäftsbetriebs.

1.3.3 Sonderbetriebsvermögen

1.3.3.1 Begriff

In die Gewinnermittlung durch Betriebsvermögensvergleich bei einer Personengesellschaft wird nicht nur das Gesamthandsvermögen, sondern auch das Sonderbetriebsvermögen einbezogen (R 4.2 Abs. 2 Satz 1 EStR). Diese Zusammenfassung ergibt sich zwangsläufig aus der Betrachtung der wirtschaftlichen Einheit der Personengesellschaft und der Gesellschafter. Sinn und Zweck der Einbeziehung von Sonderbetriebsvermögen in die Gewinnermittlung ist neben der Sicherung des Aufkommens der **Gewerbesteuer**[231] vor allem die Erfassung der in den Wirtschaftsgütern enthaltenen stillen

96

---

229 BFH vom 25.05.2004, BStBl II 2004, 783; siehe im Einzelnen H 7.4 (Neubau) EStH.
230 BFH vom 02.05.1984, BStBl II 1984, 820.
231 BFH vom 03.04.2008, BStBl II 2008, 742.

B. Laufende Besteuerung

Reserven bei der Realisierung durch Veräußerung oder Entnahme der Wirtschaftsgüter, um eine Annäherung des Mitunternehmers an den Einzelunternehmer zu erreichen.

Das Sonderbetriebsvermögen kann notwendiges und gewillkürtes Betriebsvermögen enthalten und umfasst

- Wirtschaftsgüter, die einem Mitunternehmer allein gehören und dem Betrieb der Personengesellschaft dienen oder zu dienen bestimmt sind,
- Wirtschaftsgüter, die einer Bruchteilsgemeinschaft gehören, an der ein Gesellschafter oder mehrere Gesellschafter beteiligt sind, und dem Betrieb der Personengesellschaft dienen oder zu dienen bestimmt sind,
- Wirtschaftsgüter, die einer neben der Personengesellschaft bestehenden Gesamthandsgemeinschaft gehören, an der ein Gesellschafter oder alle Gesellschafter beteiligt sind, und dem Betrieb der Personengesellschaft dienen oder zu dienen bestimmt sind.

1.3.3.2 Wirtschaftsgüter im Alleineigentum eines Gesellschafters

1.3.3.2.1 Zuführung aus dem Privatvermögen

97 Wirtschaftsgüter, die bisher zum Privatvermögen eines Gesellschafters gehört haben, gehören ab dem Zeitpunkt zum (notwendigen) Sonderbetriebsvermögen, zu dem sie der Personengesellschaft zur Nutzung überlassen werden.

> **Beispiel:**
> A ist an einer OHG zu $1/4$ beteiligt. Zu seinem Privatvermögen gehört seit acht Jahren ein unbebautes Grundstück. Ab 01.04.01 vermietet er dieses Grundstück an die OHG. Die Anschaffungskosten des Grundstücks haben 60.000 € betragen, der Teilwert im Zeitpunkt der Vermietung beträgt 100.000 €.
>
> Durch die Vermietung an die OHG gehört das Grundstück ab dem 01.04.01 zum notwendigen Sonderbetriebsvermögen und muss mit dem Teilwert von 100.000 € eingelegt werden. Die Einlage ins Betriebsvermögen stellt keine Veräußerung i. S. von § 23 EStG dar. Sollte jedoch die OHG das Grundstück innerhalb der nächsten beiden Jahre und damit innerhalb von zehn Jahren seit der ursprünglichen Anschaffung durch den Gesellschafter veräußern, gilt die Einlage nach § 23 Abs. 1 Satz 5 Nr. 1 EStG als Veräußerung.

1.3.3.2.2 Zuführung aus einem Betriebsvermögen

98 Überlässt der Gesellschafter einer Personengesellschaft dieser entgeltlich oder unentgeltlich ein Wirtschaftsgut, das bisher in seinem Einzelunternehmen als Betriebsvermögen aktiviert war, so gehört dieses Wirtschaftsgut zwingend zu seinem (notwendigen) Sonderbetriebsvermögen und darf nicht im Einzelunternehmen des Gesellschafters bilanziert werden.[232] Der BFH hat die sog. Subsidiaritätstheorie aufgegeben, obwohl dies zu einer Durch-

---

[232] BFH vom 18.07.1979, BStBl II 1979, 750.

brechung des Grundsatzes der Maßgeblichkeit der Handelsbilanz für die Steuerbilanz führt, da bestimmte Wirtschaftsgüter, die in der Handelsbilanz zu erfassen sind, steuerlich in die Gewinnermittlung der Mitunternehmerschaft als Sonderbetriebsvermögen einbezogen werden müssen. Diese Abweichung vom Handelsrecht ist lt. BFH durch zwingende steuerliche Vorschriften bedingt, welche dem Handelsbilanzrecht vorgehen.

Für die Zuordnung zum Sonderbetriebsvermögen kommt es nicht darauf an, ob der Gesellschafter die Personengesellschaft beherrscht oder nicht. Das heißt, die Merkmale der mitunternehmerischen Betriebsaufspaltung[233] werden verdrängt,[234] sie sind **nicht** auf den Fall anzuwenden, in dem ein Gesellschafter **Alleineigentümer** eines Wirtschaftsguts ist.[235] **99**

Beispiel 1:

Gesellschafter einer gewerblich tätigen GbR ist u. a. A, der daneben noch ein Einzelunternehmen betreibt. In der Bilanz dieses Einzelunternehmens ist ein Grundstück als gewillkürtes Betriebsvermögen ausgewiesen. Dieses Grundstück vermietet A mit Wirkung vom 01.01.01 an die GbR, die es für eigene betriebliche Zwecke nutzt.

Unabhängig davon, in welchem Umfang A an der GbR beteiligt ist, gehört dieses Grundstück ab 01.01.01 zum notwendigen Sonderbetriebsvermögen des Gesellschafters A und darf nicht mehr in der Bilanz des Einzelunternehmens aktiviert werden.

Die Aufgabe der Subsidiaritätstheorie betrifft nicht nur natürliche Personen, sondern auch **juristische Personen,** die Gesellschafter einer Personengesellschaft sind. **100**

Beispiel 2:

Eine GmbH, die als Komplementärin an einer GmbH & Co. KG beteiligt ist, vermietet gegen angemessene Miete ein ihr gehörendes Grundstück ab 01.08.01 an die KG.

Das Grundstück gehört ab 01.08.01 zum notwendigen Sonderbetriebsvermögen der GmbH bei der KG. Es darf in der Steuerbilanz der GmbH nicht mehr aktiviert werden, obwohl es nach wie vor zum handelsrechtlichen Vermögen der GmbH gehört und in der **Handels**bilanz der GmbH auch weiterhin bilanziert werden muss.

Dasselbe gilt für Personengesellschaften, die an einer anderen Personengesellschaft beteiligt sind (sog. **doppelstöckige** oder **mehrstöckige Personengesellschaften**).[236] **101**

---

233 Siehe B. Rz. 103 ff.
234 BFH vom 18.08.2005, BStBl II 2005, 830.
235 Insoweit ist das BMF-Schreiben vom 10.12.1979, BStBl I 1979, 683, weiter anzuwenden, siehe BMF vom 28.04.1998, BStBl I 1998, 583, Rz. 6.
236 Siehe im Einzelnen G.

B. Laufende Besteuerung

Beispiel 3:

Wie Beispiel 2, aber an einer KG ist eine gewerblich tätige OHG als Komplementärin beteiligt.

Das Grundstück gehört ab 01.08.01 zum notwendigen Sonderbetriebsvermögen der OHG bei der KG.

102 Materiell-rechtliche Folgerungen aus der Zuordnung zum Sonderbetriebsvermögen statt zum Betriebsvermögen des eigenen Gewerbebetriebs ergeben sich z. B.

— für die Erfassung der Vergütungen als Sonderbetriebseinnahmen und der damit im Zusammenhang stehenden Aufwendungen als Sonderbetriebsausgaben,[237]

— für die Qualifikation von Forderungen gegen die Personengesellschaft als Eigenkapital,[238]

— für den Wertansatz bei Begründung und Auflösung von Sonderbetriebsvermögen,[239]

— bei § 15 a EStG für beschränkt haftende Mitunternehmer,[240]

— für das Verpächterwahlrecht, das nicht ausgeübt werden kann, solange der Betrieb eines Gesellschafters im Ganzen an die Personengesellschaft verpachtet wird,[241]

— für die Gewährung von Investitionszulagen und Sonderabschreibungen nach dem FördG, denn anspruchsberechtigt ist die Personengesellschaft,[242]

— für die Gewerbesteuer, z. B. bei der Frage Schulden und Schuldzinsen,[243]

— für die Höhe der Gewerbesteuer wegen der unterschiedlich hohen Hebesätze.

1.3.3.3 Wirtschaftsgüter, die einer Bruchteils- oder Gesamthandsgemeinschaft gehören (Schwester-Personengesellschaft)

103 Sind an zwei Personengesellschaften zum Teil oder in vollem Umfang dieselben Gesellschafter beteiligt, spricht man von **Schwester-Personengesellschaften.**

---

[237] Siehe B. Rz. 347 und 348.
[238] Siehe B. Rz. 136 ff.
[239] Siehe B. Rz. 386 ff.
[240] Siehe E.
[241] Siehe J. Rz. 292.
[242] BMF vom 28.06.2001, BStBl I 2001, 379.
[243] Siehe B. Rz. 467.

Überlässt eine Personengesellschaft ein Wirtschaftsgut einer ganz oder teilweise gesellschafteridentischen Personengesellschaft, sind folgende Fallgestaltungen denkbar:
Die überlassende Personengesellschaft ist:
— **aktiv gewerblich** tätig
— **gewerblich geprägt** i. S. von § 15 Abs. 3 Nr. 2 EStG
— **land- und forstwirtschaftlich** tätig
— **freiberuflich** tätig
— **vermögensverwaltend** tätig
  — im Rahmen einer mitunternehmerischen Betriebsaufspaltung
  — nicht im Rahmen einer mitunternehmerischen Betriebsaufspaltung

Abgesehen von den Fällen der Überlassung von Wirtschaftsgütern durch eine vermögensverwaltend tätige Personengesellschaft außerhalb einer mitunternehmerischen Betriebsaufspaltung ergibt sich bei allen anderen Fallgestaltungen wie beim Einzelunternehmer eine **Bilanzierungskonkurrenz.** Diese Bilanzierungskonkurrenz wird vom BFH[244] und der Finanzverwaltung[245] zugunsten der Rechtsgrundsätze der Betriebsaufspaltung gelöst. Das heißt, die Wirtschaftsgüter bleiben Betriebsvermögen der überlassenden Personengesellschaft.

Ausnahme:

1. Bei einer **unentgeltlichen** Überlassung von Wirtschaftsgütern ist keine mitunternehmerische Betriebsaufspaltung anzunehmen, weil es in diesem Fall an der Gewinnerzielungsabsicht und damit an einer eigenen gewerblichen Tätigkeit der Besitzpersonengesellschaft fehlt. In diesem Fall bleibt § 15 Abs. 1 Satz 1 Nr. 2 EStG (Vorrang Sonderbetriebsvermögen vor Betriebsvermögen) weiterhin anwendbar.

2. Bei einer **teilentgeltlichen** Nutzungsüberlassung ist eine eigene gewerbliche Tätigkeit der Besitzpersonengesellschaft und damit eine mitunternehmerische Betriebsaufspaltung nur anzunehmen, wenn die Voraussetzungen der Gewinnerzielungsabsicht bei der Besitzpersonengesellschaft vorliegen. Ansonsten bleibt § 15 Abs. 1 Satz 1 Nr. 2 EStG ebenfalls anwendbar.

1.3.3.3.1 Überlassung durch eine aktiv gewerblich tätige oder gewerblich geprägte Personengesellschaft

Die Rechtsgrundsätze der Betriebsaufspaltung gelten sowohl für gewerblich tätige Personenhandelsgesellschaften (OHG, KG) als auch für die gewerblich tätige GbR[246] und sind unabhängig davon anzuwenden, ob ganz oder

---
244 BFH vom 16.06.1994, BStBl II 1996, 82, und vom 22.11.1994, BStBl II 1996, 93.
245 BMF vom 28.04.1998, BStBl I 1998, 583.
246 BFH vom 25.02.1991, GrS, BStBl II 1991, 691 und 702.

B. Laufende Besteuerung

teilweise dieselben Gesellschafter beteiligt sind und ob diese in demselben Verhältnis beteiligt sind.[247] Dies gilt auch, wenn den Leistungen (Dienste, Nutzungsüberlassung) keine fremdüblichen Konditionen zugrunde liegen.

107 Diese Wirtschaftsgüter bleiben Betriebsvermögen bei der überlassenden Personengesellschaft mit der Folge, dass die entrichtete Miete beim Mieter eine Betriebsausgabe und beim Vermieter eine Betriebseinnahme darstellt.

Beispiel 1:

Eine KG, an der A, B und C je zu $^1/_3$ beteiligt sind, vermietet gegen angemessene Miete ein Grundstück an eine OHG, an der A, B, C und D je zu $^1/_4$ beteiligt sind.

Das Grundstück gehört als Gesamthandsvermögen zum Betriebsvermögen der KG und ist nicht als Sonderbetriebsvermögen der Gesellschafter A, B und C bei der OHG auszuweisen.

Beispiel 2:

Wie Beispiel 1, aber an der KG sind A, B, C und D je zu $^1/_4$ beteiligt.

Das Grundstück gehört ebenfalls als Gesamthandsvermögen zum Betriebsvermögen der KG und ist nicht als Sonderbetriebsvermögen der Gesellschafter A, B, C und D bei der OHG auszuweisen.

Beispiel 3:

Wie Beispiel 1, aber Vermieterin ist eine gewerblich tätige GbR.

Da die GbR einen eigenen Gewerbebetrieb unterhält und nach dem Grundsatz der Gleichmäßigkeit der Besteuerung wirtschaftlich gleiche Tatbestände auch gleich zu behandeln sind, wird die GbR den Personenhandelsgesellschaften gleichgestellt. Das Grundstück bleibt deshalb Betriebsvermögen der GbR und ist nicht als Sonderbetriebsvermögen der Gesellschafter A, B und C bei der OHG auszuweisen.

108 Zu den mitunternehmerischen Personengesellschaften gehören nach der Rechtsprechung des BFH auch gewerblich geprägte Personengesellschaften i. S. von § 15 Abs. 3 Nr. 2 EStG, z. B. eine gewerblich geprägte KG[248] und eine gewerblich geprägte atypische stille Gesellschaft.[249]

109 Auch diese Personengesellschaften sind als Subjekt der Gewinnerzielung und Gewinnermittlung anzusehen und den Personenhandelsgesellschaften gleichgestellt.[250] Das heißt mit anderen Worten, bereits durch die gewerbliche Prägung einer Personengesellschaft i. S. von § 15 Abs. 3 Nr. 2 EStG wird die Anwendbarkeit des § 39 Abs. 2 Nr. 2 AO und damit die anteilige Zurechnung der zum Gesamthandsvermögen gehörenden Wirtschaftsgüter zum Sonderbetriebsvermögen der Gesellschafter ausgeschlossen.

---

247 BFH vom 31.07.1991, BStBl II 1992, 375.
248 BFH vom 16.06.1994, BStBl II 1996, 82.
249 BFH vom 26.11.1996, BStBl II 1998, 328.
250 BFH vom 25.02.1991, GrS, BStBl II 1991, 691, vom 03.05.1993, GrS, BStBl II 1993, 616, und vom 22.11.1994, BStBl II 1996, 93.

Beispiel 4:

Die gewerblich geprägte X-GmbH & Co. KG vermietet ein Grundstück an die Y-GmbH & Co. KG. An beiden Personengesellschaften sind neben den Komplementär-GmbHs A und B je zur Hälfte als Kommanditisten beteiligt.

Obwohl die X-GmbH & Co. KG keinen aktiven Gewerbebetrieb betreibt, sondern nur gem. § 15 Abs. 3 Nr. 2 EStG Einkünfte aus Gewerbebetrieb erzielt, gehört das Grundstück weiterhin zum Betriebsvermögen der X-GmbH & Co. KG und wird damit **nicht** je zur Hälfte Sonderbetriebsvermögen der Gesellschafter A und B bei der Y-GmbH & Co. KG.

Beispiel 5:

Wie Beispiel 4, aber an der X-GmbH & Co. KG sind A und B je zur Hälfte und an der Y-GmbH & Co. KG A, B und C je zu $^1/_3$ jeweils neben den Komplementär-GmbHs beteiligt.

Unabhängig davon, ob an beiden Personengesellschaften dieselben Gesellschafter in demselben Umfang beteiligt sind oder nicht, ist die gewerblich geprägte Personengesellschaft wie eine originär gewerblich tätige Personengesellschaft zu behandeln, da sie ihr gleichzustellen ist. Das Grundstück bleibt somit in vollem Umfang Betriebsvermögen der X-GmbH & Co. KG und wird **nicht** in Höhe des Anteils des A (50 %) Sonderbetriebsvermögen des A bei der Y-GmbH & Co. KG.

Beispiel 6:

An einer gewerblich geprägten GmbH & Co. KG ist A mit 60 % und B mit 40 % beteiligt. Die KG vermietet ein Grundstück an eine Steuerberatungssozietät, an der A und B je zur Hälfte beteiligt sind.

Da die KG gewerblich geprägt ist, ist das vermietete Grundstück weiterhin ihr Betriebsvermögen und nicht in der Sonderbilanz des A zu aktivieren. Es spielt dabei keine Rolle, dass Mieterin eine freiberufliche Sozietät ist.

Unter diese Rechtsprechung sind auch Vermietungen von Wirtschaftsgütern **110** einer gewerblich tätigen oder gewerblich geprägten Personengesellschaft an eine ganz oder teilweise gesellschafteridentische land- und forstwirtschaftlich oder freiberuflich tätige Personengesellschaft zu subsumieren.[251]

Beispiel 7:

Eine OHG, an der A und B je zur Hälfte beteiligt sind, vermietet gegen angemessenes Entgelt ab 01.07.01 ein bebautes Grundstück an eine Rechtsanwaltssozietät, an der A und C je zur Hälfte beteiligt sind.

Das Grundstück gehört weiterhin in vollem Umfang zum Betriebsvermögen der OHG und ist nicht zur Hälfte als Sonderbetriebsvermögen des A bei der Sozietät zu bilanzieren. Folglich stellt die bezahlte Miete Betriebseinnahmen der OHG dar und erhöht deren gewerbesteuerpflichtigen Gewinn. Auf der anderen Seite mindert die bezahlte Miete den nicht der Gewerbesteuer unterliegenden Gewinn der Sozietät.

---

251 BFH vom 10.11.2005, BStBl II 2006, 173.

B. Laufende Besteuerung

111 Materiell-rechtliche Folgerungen aus der Zuordnung zum Betriebsvermögen der überlassenden Personengesellschaft ergeben sich z. B.

- für die **Veräußerung** von Mitunternehmeranteilen i. S. von § 16 EStG der Gesellschafter der nutzenden Personengesellschaft, da kein Sonderbetriebsvermögen vorliegt;[252]
- für die **Einbringung** von Mitunternehmeranteilen in eine Kapitalgesellschaft i. S. von § 20 UmwStG;[253]
- für die Behandlung von **Forderungen** und **Schulden** zwischen den Personengesellschaften, denn das Korrespondenzprinzip gilt nicht mehr;[254]
- bei der Ermittlung der größenabhängigen Vergünstigungen des **§ 7 g EStG** (Gesamthandsvermögen und Sonderbetriebsvermögen sind zusammenzurechnen);
- bei **§ 15 a EStG** für beschränkt haftende Mitunternehmer;[255]
- bei der **unentgeltlichen Übertragung** einzelner Wirtschaftsgüter zwischen zwei ganz oder teilweise identischen Schwester-Personengesellschaften sind die stillen Reserven zwingend aufzudecken (§ 6 Abs. 5 Sätze 1 und 3 EStG);
- bei der **Gewerbesteuer** wegen Ausschöpfung der Freibeträge, der unterschiedlich hohen Hebesätze, des Verrechnungsverbots eines negativen Gewerbeertrags der Betriebspersonengesellschaft mit einem positiven Gewerbeertrag der Besitzpersonengesellschaft (oder umgekehrt) und der Frage Schulden und Schuldzinsen.[256]

1.3.3.3.2 Überlassung im Rahmen einer mitunternehmerischen Betriebsaufspaltung

112 Entgegen der früheren Rechtsprechung des BFH,[257] wonach das zur Nutzung überlassene Wirtschaftsgut Sonderbetriebsvermögen bei der nutzenden Personengesellschaft war, haben nunmehr im Fall der Vermietung zwischen Schwester-Personengesellschaften die Grundsätze der mitunternehmerischen Betriebsaufspaltung Vorrang vor der Anwendung des § 15 Abs. 1 Satz 1 Nr. 2 Satz 1 2. Halbsatz EStG.[258]

Die materiell-rechtlichen Folgen sind dieselben wie oben schon dargestellt.[259] Zusätzlich ist zu beachten,[260] dass

---

252 Siehe J. Rz. 70 ff.
253 Siehe L.
254 Siehe B. Rz. 135 ff.
255 Siehe E.
256 Siehe B. Rz. 467.
257 BFH vom 25.04.1985, BStBl II 1985, 522.
258 BFH vom 23.04.1996, BStBl II 1998, 325, und vom 18.08.2005, BStBl II 2005, 830.
259 Siehe B. Rz. 107–111.
260 BMF vom 28.04.1998, BStBl I 1998, 583, Tz. 2.

1 Einkommensteuer

- bei einem Gesellschafter, der nur an der Besitz-, nicht aber an der Betriebspersonengesellschaft beteiligt ist, seine Anteile an den Wirtschaftsgütern nunmehr zum Betriebsvermögen (der Besitzpersonengesellschaft) gehören und er nicht mehr Einkünfte aus Vermietung und Verpachtung, sondern Einkünfte aus Gewerbebetrieb erzielt;
- der Gewinn der Besitzpersonengesellschaft der Gewerbesteuer unterliegt;
- die Besitzpersonengesellschaft ggf. der Abfärbung gem. § 15 Abs. 3 Nr. 1 EStG unterfällt, wenn sie Wirtschaftsgüter zum Teil an die ganz oder teilweise personenidentische Personengesellschaft und an fremde Dritte vermietet;[261]
- bei der Investitionszulage nicht mehr die Betriebspersonengesellschaft, sondern die Besitzpersonengesellschaft anspruchsberechtigt ist.[262]

Beispiel 1:

An einer OHG sind A und B je zur Hälfte beteiligt. Beide sind auch je zur Hälfte an einer Grundstücks-GbR beteiligt. Die GbR ist Eigentümerin eines Grundstücks, das sie an die OHG vermietet. Das Grundstück stellt bei der OHG eine wesentliche Betriebsgrundlage dar.

In diesem Fall sind die Voraussetzungen der mitunternehmerischen Betriebsaufspaltung erfüllt. Das Grundstück ist als Betriebsvermögen bei der GbR zu bilanzieren. Die von der OHG bezahlte Miete stellt bei ihr Betriebsausgaben und bei der GbR Betriebseinnahmen dar.

Beispiel 2:

An einer OHG sind A, B und C je zu $^1/_3$ beteiligt. Mit Wirkung vom 01.09.01 mietet die OHG von einer Grundstücks-GbR ein Grundstück. An der GbR sind A, B, C und D je zu $^1/_4$ beteiligt. Das Grundstück stellt bei der OHG eine wesentliche Betriebsgrundlage dar. Bei beiden Gesellschaften gilt nicht das Einstimmigkeitsprinzip.

Weil die Voraussetzungen der mitunternehmerischen Betriebsaufspaltung erfüllt sind und diese Regelungen Vorrang haben vor § 15 Abs. 1 Satz 1 Nr. 2 EStG, ist das Grundstück in vollem Umfang bei der Grundstücks-GbR zu aktivieren. Das bedeutet, auch die auf D anteilig entfallenden Mieteinnahmen sind Einnahmen aus Gewerbebetrieb.

Beispiel 3:

Wie Beispiel 2, aber die GbR überlässt das Grundstück unentgeltlich.

Im Falle einer **unentgeltlichen** Überlassung von Wirtschaftsgütern liegt keine mitunternehmerische Betriebsaufspaltung vor, weil es an einer Gewinnerzielungsabsicht und damit an einer eigenen gewerblichen Tätigkeit der Besitzper-

---
261 BFH vom 24.11.1998, BStBl II 1999, 483.
262 Die ausführliche Darstellung der mitunternehmerischen Betriebsaufspaltung erfolgt bei H. Rz. 34 ff. und 77 ff.

B. Laufende Besteuerung

sonengesellschaft fehlt.[263] Somit gehört das Grundstück bei A, B und C mit je 25 % zu ihrem notwendigen Sonderbetriebsvermögen und bei D mit 25 % zu seinem Privatvermögen. Die Grundstücksaufwendungen stellen bei A, B und C Sonderbetriebsausgaben dar; bei D sind sie mangels Einkünfteerzielungsabsicht nicht abzugsfähig.

Beispiel 4:

Wie Beispiel 2, aber die Miete ist auf Dauer niedriger als die Aufwendungen für das Grundstück.

Die Lösung ist dieselbe wie bei Beispiel 3, mit der Variante, dass die saldierten Aufwendungen von A, B und C Sonderbetriebsausgaben darstellen und bei D nicht abzugsfähig sind.

Die Grundsätze der mitunternehmerischen Betriebsaufspaltung gelten nach Auffassung der Finanzverwaltung auch bei einer **Bruchteilsgemeinschaft**, weil auch diese „Besitzgesellschaft" sein kann.[264] Der BFH geht in diesen Fällen davon aus, dass zwischen den Miteigentümern einer Bruchteilsgemeinschaft, die ein Grundstück einer von ihnen beherrschten Betriebsgesellschaft überlassen, regelmäßig eine zumindest konkludent vereinbarte GbR bestehen wird,[265] zumindest dann, wenn die Vermietung gegen ein ausreichendes Entgelt und somit mit Gewinnerzielungsabsicht betrieben wird.[266]

Endet die mitunternehmerische Betriebsaufspaltung durch Wegfall der personellen Verflechtung, z. B. durch die Eröffnung des Insolvenzverfahrens, tritt die Eigenschaft als Sonderbetriebsvermögen wieder in Erscheinung, mit der Folge, dass das überlassene Wirtschaftsgut ab dem Ende der mitunternehmerischen Betriebsaufspaltung wieder bzw. erstmals in der Sonderbilanz des bzw. in den Sonderbilanzen der Gesellschafter der nutzenden Personengesellschaft aktiviert werden muss. Die Überführung des Wirtschaftsguts erfolgt nach § 6 Abs. 5 Satz 3 Nr. 1 EStG zwingend zum Buchwert.[267]

Beispiel 5:

Wie Beispiel 2, aber ab 01.01.07 gilt aufgrund einer Änderung im Gesellschaftsvertrag bei der Grundstücks-GbR das Einstimmigkeitsprinzip.

Ab dem 01.01.07 liegen die Voraussetzungen der mitunternehmerischen Betriebsaufspaltung wegen Wegfall des Mehrstimmigkeitsprinzips nicht mehr vor. Damit lebt bei A, B und C die Eigenschaft als Sonderbetriebsvermögen wieder auf. Diese müssen ihre Anteile an dem Grundstück (jeweils $^1/_4$) nach § 6 Abs. 5 Satz 3 Nr. 1 EStG zwingend zum Buchwert – und damit gewinnneutral – in ihre Sonderbilanzen übernehmen. Dagegen liegt bei D hinsichtlich seines Grundstücksanteils eine nach § 6 Abs. 1 Nr. 4 EStG mit dem Teilwert zu bewer-

---

263 BMF vom 28.04.1998, BStBl I 1998, 583, Rz. 1.
264 BMF vom 07.12.2006, BStBl I 2006, 766.
265 BFH vom 29.08.2001, BFH/NV 2002 S. 185.
266 BFH vom 18.08.2005, BStBl II 2005, 830.
267 BFH vom 30.08.2007, BStBl II 2008, 129.

tende Entnahme ins Privatvermögen vor, weil er nicht an der OHG beteiligt ist. Dies führt bei D zu einem steuerpflichtigen Entnahmegewinn. Sofern jedoch D ein Einzelunternehmen betreibt oder an einer anderen Personengesellschaft beteiligt ist, könnte er dort seinen Grundstücksanteil als gewillkürtes (Sonder-)Betriebsvermögen ausweisen. Die Überführung des Grundstücksanteils würde ebenfalls zwingend nach § 6 Abs. 5 Satz 3 Nr. 1 oder 2 EStG zum Buchwert erfolgen.

Abgrenzung: 113

Überlässt eine vermögensverwaltend tätige Personengesellschaft oder Gemeinschaft Wirtschaftsgüter an eine ganz oder teilweise personenidentische **freiberufliche** GbR bzw. Partnerschaft, begründet dies nach der Rechtsprechung des BFH **keine mitunternehmerische Betriebsaufspaltung**.[268] Die überlassenen Wirtschaftsgüter stellen aber notwendiges Sonderbetriebsvermögen I der Gesellschafter der GbR bzw. Partnerschaft dar, mit der Folge, dass die Mieterträge insoweit als Einkünfte aus selbständiger Arbeit zu qualifizieren sind (§ 18 Abs. 4 Satz 2 EStG i. V. m. § 15 Abs. 1 Satz 1 Nr. 2 EStG). Dies gilt u. E. auch, wenn die nutzende Personengesellschaft **land- und forstwirtschaftlich** tätig ist.

Beispiel 6:

Eine Grundstücks-GbR, an der A, B und C je zu $^1/_3$ beteiligt sind, vermietet ein Grundstück für monatlich angemessene 3.000 € an eine Rechtsanwalts-GbR, an der die beiden Rechtsanwälte A und B je zur Hälfte beteiligt sind. Bei beiden Personengesellschaften gilt nicht das Einstimmigkeitsprinzip.

Obwohl A und B beide Personengesellschaften beherrschen und das Grundstück eine wesentliche Betriebsgrundlage darstellt, liegt keine mitunternehmerische Betriebsaufspaltung vor, weil das Grundstück an eine freiberufliche GbR vermietet wird. Folglich gehört das Grundstück, soweit es A und B zuzurechnen ist, zu deren notwendigen Sonderbetriebsvermögen I. Soweit das Grundstück dem Gesellschafter C zuzurechnen ist, gehört es zu seinem Privatvermögen. Die Mieterträge stellen bei A und B Sonderbetriebseinnahmen i. H. von monatlich je 1.000 € dar, die im Rahmen der einheitlichen und gesonderten Gewinnfeststellung der Rechtsanwalts-GbR zu erfassen sind. Bei C stellt die anteilige monatliche Miete von 1.000 € Einnahmen aus Vermietung und Verpachtung dar. Die mit dem Grundstück im Zusammenhang stehenden Aufwendungen (einschließlich AfA) sind ebenfalls aufzuteilen und stellen i. H. von $^2/_3$ Sonderbetriebsausgaben bei A und B und i. H. von $^1/_3$ Werbungskosten des C dar.

1.3.3.3.3 Überlassung im Rahmen einer Betriebsverpachtung

Verpachtet eine Personengesellschaft ihren Betrieb oder einen Teilbetrieb 114 i. S. von § 16 Abs. 1 Nr. 1 EStG an eine Personengesellschaft, an der dieselben Gesellschafter beteiligt sind, gibt der BFH[269] ebenfalls den Rechts-

---
268 BFH vom 10.11.2005, BStBl II 2006, 173.
269 BFH vom 29.08.2001, BFH/NV 2002 S. 185.

B. Laufende Besteuerung

grundsätzen der mitunternehmerischen Betriebsaufspaltung Vorrang vor dem Wahlrecht bei der Betriebsverpachtung zwischen Betriebsfortführung und Betriebsaufgabe.

Wie der BFH weiter ausführt, führt die Beendigung der Betriebsaufspaltung durch Wegfall der sachlichen Verflechtung von Besitzpersonengesellschaft und Betriebspersonengesellschaft nicht zur Betriebsaufgabe bei der Besitzpersonengesellschaft, wenn außer den Voraussetzungen einer Betriebsaufspaltung auch die Voraussetzungen einer Betriebsverpachtung vorliegen.

Beispiel 1:
Eine KG betreibt eine Fabrik. Mit Wirkung vom 01.01.01 verpachtet sie ihr Anlagevermögen an eine neu gegründete GmbH & Co. KG, an der die Gesellschafter der KG als Kommanditisten beteiligt sind, und überträgt das Umlaufvermögen zum Buchwert. Die GmbH & Co. KG führt den Betrieb fort.

Im vorliegenden Fall sind die Voraussetzungen der mitunternehmerischen Betriebsaufspaltung erfüllt. Die Regelungen der Betriebsaufspaltung haben sowohl Vorrang vor der Vorschrift des § 15 Abs. 1 Satz 1 Nr. 2 EStG als auch vor dem Wahlrecht bei der Betriebsverpachtung zwischen Betriebsfortführung und Betriebsaufgabe. Die Wirtschaftsgüter des verpachteten Unternehmens stellen damit weiterhin zwingend Betriebsvermögen der KG dar. Die von der GmbH & Co. KG entrichtete Miete stellt bei ihr Betriebsausgaben und bei der KG Betriebseinnahmen dar.

115 Dasselbe gilt, wenn nicht alle Gesellschafter der verpachtenden Personengesellschaft Gesellschafter der pachtenden Personengesellschaft werden bzw. sind, aber die Voraussetzungen der mitunternehmerischen Betriebsaufspaltung vorliegen.[270]

Beispiel 2:
An einer KG sind A, B, C, D und E mit je 20 % beteiligt. Die KG betrieb bis zum 31.12.01 einen eigenen Gewerbebetrieb. Mit Wirkung vom 01.01.02 verpachtet sie ihr gesamtes Anlagevermögen an die zu diesem Zeitpunkt neu gegründete OHG, an der A, B und C mit je $^1/_3$ beteiligt sind; gleichzeitig überträgt sie ihr Umlaufvermögen zum Buchwert auf die OHG. Bei beiden Gesellschaften gilt nicht das Einstimmigkeitsprinzip.

Die Voraussetzungen einer mitunternehmerischen Betriebsaufspaltung liegen vor. Deshalb gehört das gesamte verpachtete Vermögen weiterhin in vollem Umfang zum Betriebsvermögen der KG. Auch die nicht an der OHG beteiligten Gesellschafter D und E haben weiterhin zwingend Betriebsvermögen und damit Einkünfte aus Gewerbebetrieb. Das Verpächterwahlrecht steht auch ihnen nicht zu.

116 Nicht ganz so einfach ist die Rechtslage, wenn im vorigen Beispiel nicht alle Gesellschafter der bisher gewerblich tätigen Personengesellschaft Gesellschafter der neu gegründeten Betriebspersonengesellschaft werden und die Voraussetzungen der mitunternehmerischen Betriebsaufspaltung wegen

---
[270] Wegen Einzelheiten siehe J. Rz. 297 ff.; siehe auch Schmidt/Wacker, § 16 Rz. 707.

fehlender personeller Verflechtung nicht vorliegen. Die Wahl zwischen Betriebsverpachtung und Betriebsaufgabe kann nur einheitlich ausgeübt werden. Gleichzeitig steht aber das Wahlrecht den Gesellschaftern nicht zu, die auch Gesellschafter des Betriebsunternehmens sind, weil insoweit die Voraussetzungen des § 15 Abs. 1 Satz 1 Nr. 2 EStG vorliegen und Wirtschaftsgüter, die zum notwendigen Sonderbetriebsvermögen gehören, nicht durch Aufgabeerklärung Privatvermögen werden können. In diesen Fällen kann die Wahl nur von den Gesellschaftern ausgeübt werden, die die Voraussetzungen erfüllen, von diesen aber einheitlich.[271]

Beispiel 3:

An einer KG sind A, B, C, D und E mit je 20 % beteiligt. Die KG betrieb bis zum 31.12.01 einen eigenen Gewerbebetrieb. Mit Wirkung vom 01.01.02 verpachtete sie ihr gesamtes Anlagevermögen an die zu diesem Zeitpunkt neu gegründete OHG, an der A und B mit je $^1/_2$ beteiligt sind; gleichzeitig übertrug sie ihr Umlaufvermögen zum Buchwert auf die OHG.

Die Voraussetzungen einer mitunternehmerischen Betriebsaufspaltung liegen nicht vor. Trotzdem führt die Aufgabe der aktiven gewerblichen Tätigkeit der KG nicht zur Betriebsaufgabe, weil die Voraussetzungen einer Betriebsverpachtung vorliegen. Sollte die KG die Betriebsaufgabe erklären, erzielen die nicht an der OHG beteiligten C, D und E einen nach §§ 16, 34 EStG begünstigten Aufgabegewinn. Bei A und B gehören dagegen die Anteile an den Wirtschaftsgütern ab diesem Zeitpunkt zu ihrem notwendigen Sonderbetriebsvermögen bei der OHG.

Fazit:

Verpachtet eine Personengesellschaft ihren Betrieb oder Teilbetrieb an eine andere Personengesellschaft, so liegt **Betriebsvermögen** bei der **verpachtenden Personengesellschaft** vor, wenn sie

1. weiterhin gewerblich tätig ist, z. B. bei Verpachtung eines Teilbetriebs,

2. gewerblich geprägt ist,

3. die Verpachtung im Rahmen einer mitunternehmerischen Betriebsaufspaltung erfolgt oder

4. die Verpachtung zwar nicht im Rahmen einer mitunternehmerischen Betriebsaufspaltung erfolgt, die Gesellschafter aber nicht die Betriebsaufgabe erklären.

Dagegen liegt **Sonderbetriebsvermögen** vor, wenn

keine mitunternehmerische Betriebsaufspaltung vorliegt und die nicht an der Pächterin beteiligten Gesellschafter die Betriebsaufgabe erklären.

---

271 Schmidt/Wacker, § 16 Rz. 708 und 715.

1.3.3.3.4 Überlassung durch eine land- und forstwirtschaftlich oder freiberuflich tätige Personengesellschaft

118 Überlässt eine land- und forstwirtschaftlich oder freiberuflich tätige Personengesellschaft ein Wirtschaftsgut an eine ganz oder teilweise personenidentische Personengesellschaft mit Einkünften aus Gewerbebetrieb, so unterfällt die Besitzpersonengesellschaft der Abfärbung gem. § 15 Abs. 3 Nr. 1 EStG und erzielt in vollem Umfang Einkünfte aus Gewerbebetrieb.[272] Eine Entscheidung des BFH hierzu steht noch aus.

> **Beispiel:**
>
> Zum notwendigen Betriebsvermögen einer Architektengemeinschaft, an der A und B je zur Hälfte beteiligt sind, gehört auch ein Bürogebäude (= wesentliche Betriebsgrundlage). Die Gemeinschaft vermietet das Grundstück mit Wirkung vom 01.07.01 an eine (gewerblich tätige) OHG, an der A, B und D je zu ¹/₃ beteiligt sind. Bei beiden Personengesellschaften gilt das Einstimmigkeitsprinzip nicht.
>
> Das Grundstück gehört weiterhin zum Betriebsvermögen der Freiberufler-GbR, weil eine mitunternehmerische Betriebsaufspaltung vorliegt. Die Freiberufler-GbR erzielt gem. § 15 Abs. 3 Nr. 1 EStG (Abfärbetheorie) gewerbliche Einkünfte. Die von der OHG entrichtete Miete stellt bei ihr Betriebsausgaben und bei der Architektengemeinschaft Betriebseinnahmen dar.

1.3.3.3.5 Überlassung durch eine vermögensverwaltend tätige Personengesellschaft oder Bruchteilsgemeinschaft

119 Ist die überlassende Personengesellschaft bzw. Bruchteilsgemeinschaft nur vermögensverwaltend tätig und liegen die Voraussetzungen einer mitunternehmerischen Betriebsaufspaltung nicht vor, gehören die überlassenen Wirtschaftsgüter zum Sonderbetriebsvermögen der nutzenden Personengesellschaft, wenn diese Gewinneinkünfte bezieht, soweit die Gesellschafter an beiden Personengesellschaften bzw. Gemeinschaften beteiligt sind,[273] denn die **mittelbare** Leistung über einen **nicht gewerblich tätigen** Personenzusammenschluss – gleichgültig, in welcher Rechtsform dieser organisiert ist – steht hier der unmittelbaren Leistung gleich.[274]

> **Beispiel 1:**
>
> A und seine Ehefrau sind je zur Hälfte Eigentümer eines bebauten Grundstücks, das sie an eine OHG für deren betriebliche Zwecke vermietet haben, an der A, B und C zu je ¹/₃ beteiligt sind.
>
> Da die Voraussetzungen einer mitunternehmerischen Betriebsaufspaltung nicht vorliegen, gehört das Grundstück (Grund und Boden und Gebäude) zu 50 % zum Sonderbetriebsvermögen des A und muss in einer Sonderbilanz akti-

---

272 BMF vom 28.04.1998, BStBl I 1998, 583, Rz. 2 b.
273 BFH vom 25.04.1985, BStBl II 1985, 622, und vom 18.05.1995, BStBl II 1996, 5.
274 BFH vom 22.11.1994, BStBl II 1996, 932.

viert werden. Der Anteil der Ehefrau gehört dagegen weiterhin zum Privatvermögen, weil sie nicht an der OHG beteiligt ist.

Beispiel 2:

Wie Beispiel 1, aber das Grundstück gehört A und seinen Brüdern C, D und E je zu 25 %.

Das Grundstück gehört i. H. von 50 % zum Sonderbetriebsvermögen, und zwar zu jeweils 25 % den Gesellschaftern A und C, weil nur diese sowohl an der Grundstücksgemeinschaft als auch an der Personengesellschaft beteiligt sind und die Voraussetzungen einer mitunternehmerischen Betriebsaufspaltung wiederum nicht erfüllt sind.

Beispiel 3:

Wie Beispiel 2; es handelt sich um eine Erbengemeinschaft.

Lösung wie Beispiel 2.

Beispiel 4:

Wie Beispiel 1, aber das Grundstück gehört A, B und C je zu $^1/_3$.

Im Gegensatz zu den Beispielen 1 bis 3 liegen hier die Voraussetzungen einer mitunternehmerischen Betriebsaufspaltung vor. Die Grundstücksgemeinschaft erzielt in Höhe der erzielten Miete Einnahmen aus Gewerbebetrieb, deshalb gehört das Grundstück zum notwendigen Betriebsvermögen der Grundstücksgemeinschaft.

Beispiel 5:

A ist mit 5 % an einem geschlossenen Immobilienfonds beteiligt. Dieser Immobilienfonds vermietet ein Grundstück an eine OHG, an der A und B je zur Hälfte beteiligt sind.

Bei diesem Fonds handelt es sich um eine Personengesellschaft, die vermögensverwaltend tätig ist und deshalb Einkünfte aus Vermietung und Verpachtung erzielt. Das Vermögen dieses Fonds gehört folglich zum Privatvermögen. Soweit das Grundstück anteilig Gesellschafter A zuzurechnen ist, stellt es wie in den Beispielen 1 bis 3 Sonderbetriebsvermögen bei der OHG dar, also mit 5 %. Der Anteil der übrigen Gesellschafter des geschlossenen Immobilienfonds gehört dagegen weiterhin zum Privatvermögen. Die Mieterträge sind aufzuteilen. Bei A gehören sie zu den Vergütungen i. S. von § 15 Abs. 1 Satz 1 Nr. 2 EStG und damit zu den Einkünften aus Gewerbebetrieb, bei den übrigen Gesellschaftern zu den Einkünften aus Vermietung und Verpachtung.

Beispiel 6:

Eine OHG, an der A und B zu je 50 % beteiligt sind, mietet **die Hälfte** eines Grundstücks, dessen Eigentümer A, C, D und E zu je 25 % sind, die andere Hälfte wird von den Eigentümern privat genutzt.

Die Voraussetzungen einer mitunternehmerischen Betriebsaufspaltung liegen nicht vor, deshalb kann nur Sonderbetriebsvermögen bei A gegeben sein. Weil auch die Nutzung aufgeteilt werden muss, nutzt A seinen Anteil (= 25 %) zur Hälfte durch Vermietung an die OHG und zur Hälfte für private Zwecke. Der

B. Laufende Besteuerung

Teil des Grundstücks, der an die OHG vermietet ist, also ½ von 25 % = 12,5 % vom Grundstück, gehört zum Sonderbetriebsvermögen des A bei der OHG.

1.3.3.4 Einteilung des Sonderbetriebsvermögens

120 Das Sonderbetriebsvermögen eines oder mehrerer Mitunternehmer setzt sich nach R 4.2 Abs. 2 EStR wie folgt zusammen.

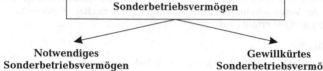

Notwendiges Sonderbetriebsvermögen	**Gewillkürtes Sonderbetriebsvermögen**
1. Wirtschaftsgüter, die unmittelbar für betriebliche Zwecke der Personengesellschaft genutzt werden	1. Wirtschaftsgüter, die objektiv geeignet sind und subjektiv durch entsprechende Widmung dazu bestimmt sind, mittelbar den Betrieb der Personengesellschaft zu fördern
(Notwendiges Sonderbetriebsvermögen I)	**(Gewillkürtes Sonderbetriebsvermögen I)**
2. Wirtschaftsgüter, die unmittelbar zur Begründung oder Stärkung der Beteiligung eines Mitunternehmers an der Personengesellschaft eingesetzt werden sollen	2. Wirtschaftsgüter, die objektiv geeignet sind und subjektiv durch entsprechende Widmung dazu bestimmt sind, mittelbar die Beteiligung des Mitunternehmers fördern
(Notwendiges Sonderbetriebsvermögen II)	**(Gewillkürtes Sonderbetriebsvermögen II)**

Die Unterscheidung von Sonderbetriebsvermögen I und II hat evtl. rechtliche Bedeutung für die Wertung als wesentliche Betriebsgrundlage. Sonderbetriebsvermögen II stellt zwar keine wesentliche Betriebsgrundlage i. S. von § 20 UmwStG dar, wohl aber bei § 16 EStG.[275]

1.3.3.5 Notwendiges Sonderbetriebsvermögen

121 Zum notwendigen **Sonderbetriebsvermögen I** gehören alle materiellen und immateriellen Wirtschaftsgüter, die unmittelbar dem Betrieb der Personengesellschaft zu dienen bestimmt sind, insbesondere weil sie der Personengesellschaft **entgeltlich** oder **unentgeltlich** zur Nutzung überlassen sind und von ihr auch tatsächlich für betriebliche Zwecke genutzt werden.[276]

---

275 Siehe C. und J.
276 BFH vom 06.05.1986, BStBl II 1986, 838, vom 16.12.1997, BStBl II 1998, 379, und vom 10.06.2008, BStBl II 2008, 863.

1 Einkommensteuer

Beispiel 1:

An einer gewerblich tätigen OHG sind A, B und C zu je $^1/_3$ beteiligt. Die Gesellschafter überlassen der OHG folgende in ihrem Alleineigentum stehende und zu ihrem Privatvermögen gehörende Wirtschaftsgüter, die von der OHG für ihre eigenen betrieblichen Zwecke genutzt werden:

- A überlässt unentgeltlich ein unbebautes Grundstück.
- B vermietet ein bebautes Grundstück. Die Miete entspricht 60 % der ortsüblichen Miete.
- C räumt gegen angemessene Entschädigung eine Lizenz an einer von ihm hergestellten – patentierten – Erfindung ein.

Unabhängig davon, ob die Wirtschaftsgüter der OHG entgeltlich, teilentgeltlich oder unentgeltlich überlassen werden, gehören sie bei den Gesellschaftern zu ihrem notwendigen Sonderbetriebsvermögen I. Die Einlage aus dem Privatvermögen ist nach § 6 Abs. 1 Nr. 5 EStG zu bewerten. Das Aktivierungsverbot des § 5 Abs. 2 EStG für die selbst hergestellte Erfindung greift bei Einlagen nicht ein (R 5.5 Abs. 3 EStR).

Beispiel 2:

Einzelunternehmer D hat mit S mit Wirkung vom 01.01.01 eine atypische stille Gesellschaft geschlossen. Am 01.04.02 stellen D und S jeweils ein bisher zu ihrem Privatvermögen gehörendes bebautes Grundstück entgeltlich der stillen Gesellschaft zur Verfügung.

Die beiden Grundstücke gehören ab 01.04.02 zum (Sonder-)Betriebsvermögen. Zu beachten ist, dass bei einer stillen Gesellschaft der Inhaber des Geschäftsbetriebs kein Sonderbetriebsvermögen haben kann.[277] Das von D überlassene Grundstück gehört zu seinem Betriebsvermögen und ist in der Steuerbilanz des D, die der Steuerbilanz der atypischen stillen Gesellschaft entspricht, zu aktivieren. Das Grundstück des S gehört dagegen zu seinem notwendigen Sonderbetriebsvermögen I und ist in seiner Sonderbilanz zu aktivieren. Die Einlage der beiden Grundstücke ist nach § 6 Abs. 1 Nr. 5 EStG zu bewerten.

Beispiel 3:

Gesellschafter E ist Alleineigentümer eines Kraftfahrzeugs, das er für monatlich 300 € + 57 € USt an die OHG vermietet. Das Kfz wird ausschließlich von E genutzt, und zwar zu 70 % für Geschäftsreisen der OHG und zu 30 % für Privatfahrten.

Das Kfz gehört zum notwendigen Sonderbetriebsvermögen I des E, weil es an die OHG vermietet ist und zu mehr als 50 % für betriebliche Fahrten genutzt wird.[278]

Beispiel 4:

Kommanditist F überlässt einer KG, die ein Kiesabbauunternehmen betreibt, gegen Entgelt ein bisher zu seinem Privatvermögen gehörendes Grundstück zur Ausbeute der darin befindlichen Bodenschätze.

---

277 Siehe B. Rz. 95.
278 Zur umsatzsteuerlichen Problematik siehe Abschn. 6 Abs. 3 UStR; siehe auch B. Rz. 529 ff.

B. Laufende Besteuerung

Der Bodenschatz entsteht als ein vom Grund und Boden getrennt zu behandelndes Wirtschaftsgut, wenn er zur nachhaltigen Nutzung in den Verkehr gebracht wird, indem mit seiner Aufschließung begonnen wird.[279] Bis zu seiner Entstehung bleibt er unselbständiger Teil des Grund und Bodens. Der Bodenschatz gehört ab der Überlassung zum notwendigen Sonderbetriebsvermögen I.[280] Der Einlagewert beträgt allerdings 0 €, sodass F keine AfS erhält.[281]

Nach diesen Grundsätzen gehört auch ein Nießbrauchsrecht zum notwendigen Sonderbetriebsvermögen, wenn der Gesellschafter aufgrund dieses Nießbrauchsrechts das mit dem Nießbrauch belastete Wirtschaftsgut – in der Regel ein Grundstück – der Personengesellschaft zur Nutzung überlässt.[282]

Beispiel 5:

An einer KG sind F und sein Sohn S je zur Hälfte beteiligt. F hat der KG ein Grundstück vermietet und es in seiner Sonderbilanz aktiviert (Buchwert Grund und Boden 80.000 €, Buchwert Gebäude 280.000 €; Teilwert Grund und Boden 190.000 €, Teilwert Gebäude 350.000 €). Die AfA beträgt jährlich 3 % = 9.600 €. F überträgt das Grundstück im Wege der Schenkung unter Vorbehalt des lebenslänglichen Nießbrauchs bürgerlich-rechtlich wirksam auf S. Dieser aktiviert das Grundstück in seiner Sonderbilanz mit dem Buchwert. In Ausübung des Nießbrauchs vermietet F das Grundstück weiterhin an die KG.

Das Grundstück scheidet infolge der Schenkung aus dem Sonderbetriebsvermögen I des F aus. Weil S das Grundstück nicht der KG überlässt, gehört es bei ihm nicht zum notwendigen Sonderbetriebsvermögen. Er hat es aber zulässigerweise als gewillkürtes Sonderbetriebsvermögen aktiviert, weil es nach dem Tode des Nießbrauchsberechtigten von ihm voraussichtlich weiterhin der KG überlassen wird.[283]

Die Übertragung des Grundstücks erfolgt nach § 6 Abs. 5 Satz 3 EStG zwingend zum Buchwert. Die Aktivierung durch S ist zu empfehlen, weil dadurch die Aufdeckung der stillen Reserven vermieden wird.

S muss in seiner Sonderbilanz die AfA seines Rechtsvorgängers nach § 7 Abs. 4 Satz 1 EStG i. H. von 9.600 € fortführen. Diese AfA darf jedoch den Gewinn nicht mindern, weil S mit dem Grundstück – noch – keine Gewinnerzielungsabsicht hat. Der Betrag von 9.600 € ist deshalb außerhalb der Bilanz dem Gewinn des S wieder hinzuzurechnen.

Das Nießbrauchsrecht gehört als immaterielles Wirtschaftsgut zum notwendigen Sonderbetriebsvermögen I des F, kann jedoch nicht mit dem Teilwert ins Betriebsvermögen eingelegt werden. Nach dem Beschluss des BFH[284] kann aber ein Stpfl., der Herstellungskosten für ein auf einem fremden Grund und Boden stehendes Gebäude getragen hat, nach dem sog. Nettoprinzip diese

---

279 BMF vom 07.10.1998, BStBl I 1998, 1221.
280 BFH vom 26.11.1993, BStBl II 1994, 293.
281 BFH vom 19.07.1994, BStBl II 1994, 846.
282 BFH vom 18.03.1986, BStBl II 1986, 713.
283 BFH vom 01.03.1994, BStBl II 1995, 241.
284 BFH vom 30.01.1995, GrS, BStBl II 1995, 281.

Herstellungskosten als eigenen Aufwand im Wege der AfA als Betriebsausgaben abziehen. Daraus folgt das Recht, steuerlich noch nicht verbrauchten eigenen Aufwand weiterhin geltend zu machen, wenn der Stpfl. zwar das Wirtschaftsgut auf einen Dritten übertragen, er sich aber die weitere Nutzung des Wirtschaftsguts für Zwecke seiner Einkunftserzielung vorbehalten hat.

Das Nießbrauchsrecht ist somit in Höhe des noch nicht verbrauchten eigenen Aufwands für das Gebäude wie ein materielles Wirtschaftsgut zu bilanzieren und im Wege der AfA wie bisher abzuschreiben.[285] Die Aufwendungen für den Grund und Boden sind nicht als Betriebsausgaben abzugsfähig und deshalb auch nicht als Teil des Nießbrauchsrechts aktivierungsfähig.

Die Buchungen des F in seiner Sonderbuchführung lauten wie folgt:
1. Nießbrauchsrecht Gebäude 280.000 € an Gebäude 280.000 €
   Privatentnahme 80.000 € Grund und Boden 80.000 €

2. AfA 9.600 € an Nießbrauchsrecht
                    Gebäude 9.600 €

Beim Erlöschen des Nießbrauchsrechts durch den Tod des Nießbrauchsberechtigten ist der Restbuchwert gewinnneutral auszubuchen, weil der eigene Aufwand des Vorbehaltsnießbrauchers zur Wahrung des Nettoprinzips lediglich aus bilanztechnischen Gründen wie ein materielles Wirtschaftsgut behandelt wird. Von diesem Augenblick an steht der steuerlich noch nicht verbrauchte Aufwand dem Eigentümer zu.

Beispiel 6:
Wie Beispiel 5, aber S ist nicht Mitunternehmer der KG.
In diesem Fall muss das Grundstück mit dem Teilwert gem. § 6 Abs. 1 Nr. 4 EStG entnommen werden. Der steuerpflichtige Entnahmegewinn beläuft sich auf 180.000 €. Das Nießbrauchsrecht gehört ebenfalls zum notwendigen Sonderbetriebsvermögen. Es kann jedoch nicht mit dem Teilwert ins Betriebsvermögen eingelegt werden. F kann wie im Beispiel 5 seine eigenen Aufwendungen, die im Zusammenhang mit dem betrieblich genutzten Grundstück stehen, durch Absetzung einer entsprechenden Einlage gewinnmindernd berücksichtigen. Allerdings sind die eigenen Herstellungskosten im Hinblick auf die erfolgswirksame Entnahme des gesamten Grundstücks in Höhe des Entnahmewerts anzusetzen. Der Entnahmewert ist zugleich auch die Bemessungsgrundlage für die künftige AfA,[286] weil kein Fall des § 7 Abs. 1 Satz 5 EStG vorliegt. Die AfA beträgt danach 2 % von 350.000 € = 7.000 € (R 7.3 Abs. 6 EStR),[287] weil das Gebäude nicht mehr zum Betriebsvermögen gehört und bei S auch nur die ermäßigte AfA als erfolgsneutraler Wertverzehr angesetzt wird.

Bei S stellt das Grundstück Privatvermögen dar, Einkünfte fallen keine an. Ist S Gewerbetreibender, könnte er das Grundstück als gewillkürtes Betriebsvermögen mit dem Teilwert einlegen. Die AfA könnte jedoch wie im Beispiel 5 nicht als Betriebsausgaben abgezogen werden.

---

285 BFH vom 16.12.1988, BStBl II 1989, 763.
286 BFH vom 20.09.1989, BStBl II 1990, 368.
287 Wegen Einzelheiten siehe Falterbaum/Bolk/Reiß/Eberhart, S. 780 ff., Horschitz/Gross/Fanck, S. 330 ff., und Brandenberg, DB 1990 S. 1835.

B. Laufende Besteuerung

Es ist deshalb nicht zu empfehlen, das Grundstück als gewillkürtes Betriebsvermögen zu aktivieren.

Sofern die Wirtschaftsgüter unmittelbar von der Personengesellschaft genutzt werden, spielt es keine Rolle, ob sie der Personengesellschaft aufgrund einer im Gesellschaftsverhältnis begründeten Beitragspflicht oder aufgrund eines neben dem Gesellschaftsvertrag bestehenden Mietvertrags, Pachtvertrags, Leihvertrags oder anderer Rechtsverhältnisse zur Nutzung überlassen werden.[288] Dies gilt nicht nur bei gewerblich tätigen Personengesellschaften, sondern auch bei solchen, die Einkünfte aus Land- und Forstwirtschaft oder aus selbständiger Arbeit beziehen.[289]

> **Beispiel 7:**
>
> An einer land- und forstwirtschaftlich tätigen Personengesellschaft (OHG, KG, GbR) sind die Eheleute A und B sowie C und D beteiligt. Die Ehegatten A und B sind Miteigentümer eines Hausgrundstücks, das unmittelbar an das Grundstück des land- und forstwirtschaftlichen Betriebs angrenzt und von den Ehegatten bewohnt wird. Der Betrieb der GbR wird von A geleitet.
>
> Bei Land- und Forstwirten gehört das Wohngebäude grundsätzlich zum notwendigen Betriebsvermögen. Hiervon ist auch auszugehen, wenn der land- und forstwirtschaftliche Betrieb mehreren Personen gehört und nur einer von ihnen den Betrieb vom Wohnhaus aus leitet.[290]
>
> **Beispiel 8:**
>
> Die Eheleute E und F betreiben gemeinsam einen land- und forstwirtschaftlichen Betrieb in der Rechtsform einer OHG. Die OHG überträgt eine von ihr bewirtschaftete Fläche auf den Ehemann. Die gesamte Fläche wird weiterhin gemeinsam von den Eheleuten bewirtschaftet.
>
> In der Land- und Forstwirtschaft spricht eine tatsächliche Vermutung dafür, dass die bestehenden wirtschaftlichen Beziehungen aufrechterhalten bleiben. Die von der Ehefrau übertragene Fläche stellt folglich nunmehr notwendiges Sonderbetriebsvermögen I des Ehemannes dar.[291]

122 Wirtschaftsgüter, die von einem Gesellschafter der Personengesellschaft überlassen werden und von dieser für eigene Rechnung an Dritte weitervermietet werden (z. B. im Rahmen einer Betriebsaufspaltung an das Betriebsunternehmen), gehören zum notwendigen Sonderbetriebsvermögen I,[292] weil zu den gewerblichen Einkünften auch die Vergütungen gem. § 15 Abs. 1 Satz 1 Nr. 2 EStG gehören und eine gewerblich tätige Personengesellschaft auch dann Einkünfte aus Gewerbebetrieb erzielt, wenn sie neben ihren typischen gewerblichen Tätigkeiten Nutzungen aus der Überlassung von Kapital oder Grundstücken zieht.

---

288 BFH vom 21.07.1982, BStBl II 1983, 288.
289 BFH vom 02.12.1982, BStBl II 1983, 215.
290 BFH vom 19.02.1987, BStBl II 1987, 430.
291 BFH vom 16.02.1995, BStBl II 1995, 592.
292 BFH vom 23.05.1991, BStBl II 1991, 800.

123 Unerheblich ist, ob die überlassenen Wirtschaftsgüter für die Zwecke der Personengesellschaft „nötig" sind, denn derartige Anforderungen werden auch bei einem Einzelunternehmer nicht gestellt.

Beispiel 9:

Gesellschafter G vermietet sein bebautes Grundstück an eine OHG, an der er zu 50 % beteiligt ist. Die OHG nutzt das Grundstück zu 60 % für eigene betriebliche Zwecke. Die restlichen 40 % vermietet sie an einen fremden Dritten zu gewerblichen Zwecken.

Das Grundstück gehört in vollem Umfang zum notwendigen Sonderbetriebsvermögen I des Gesellschafters G, weil die OHG hinsichtlich des an den Dritten weitervermieteten Grundstücksteils Nutzungen zieht.

124 Zum notwendigen Sonderbetriebsvermögen I gehören nach der ständigen Rechtsprechung des BFH[293] nicht nur die Wirtschaftsgüter, die ein Gesellschafter der Personengesellschaft zur betrieblichen Nutzung überlässt, sondern alle dem Gesellschafter gehörenden Wirtschaftsgüter, die objektiv erkennbar zum unmittelbaren Einsatz im Betrieb der Personengesellschaft bestimmt sind.

Dazu gehören z. B.

— unbebaute Grundstücke, die ein Gesellschafter einer Personengesellschaft, deren Gesellschaftszweck in der Errichtung und Vermarktung von Eigentumswohnungen im Bauherrenmodell besteht, für diese Zwecke zur Verfügung stellt,[294]

— Festgeldkonten der Gesellschafter für Gesellschaftsmittel.[295]

125 Zum notwendigen Sonderbetriebsvermögen gehören außerdem die Wirtschaftsgüter, die in einem unmittelbaren wirtschaftlichen Zusammenhang mit der Beteiligung eines Mitunternehmers an der Personengesellschaft stehen **(Sonderbetriebsvermögen II)**. Das ist der Fall, wenn das betreffende Wirtschaftsgut ein Mittel darstellt, um besonderen Einfluss auf die Personengesellschaft auszuüben und damit **unmittelbar** die Stellung des Gesellschafters in der Personengesellschaft zu stärken. Die Beteiligung des Gesellschafters an der Personengesellschaft kann dabei sowohl dadurch gestärkt werden, dass der Besitz des Wirtschaftsguts für das Unternehmen der Personengesellschaft wirtschaftlich vorteilhaft ist, als auch dadurch, dass es der Mitunternehmerstellung des Gesellschafters selbst dient.[296] Darunter fallen auch negative Wirtschaftsgüter, d. h. Schulden. So stellt z. B. ein Darlehen, das ein Gesellschafter zur Finanzierung eines Wirtschaftsguts auf-

---

293 Vgl. z. B. BFH vom 13.09.1988, BStBl II 1989, 37, m. w. N.
294 BFH vom 19.02.1991, BStBl II 1991, 789.
295 FG Baden-Württemberg, EFG 1990 S. 293; a. A. FG Köln, EFG 1990 S. 290.
296 BFH vom 24.09.1976, BStBl II 1977, 69, vom 23.05.1991, BStBl II 1991, 800, vom 03.03.1998, BStBl II 1998, 383, und vom 26.08.2005, BStBl II 2005, 833.

B. Laufende Besteuerung

genommen hat, das er der Personengesellschaft überlässt, notwendiges Sonderbetriebsvermögen II dar.[297]

Beispiel 10:

Gesellschafter B ist Alleineigentümer eines Kfz. Dieses nutzt er zu 40 % für Geschäftsreisen zugunsten der OHG, zu 40 % zu Fahrten zwischen Wohnung und Betriebsstätte der OHG und zu 20 % für Privatfahrten. Die Aufwendungen für das Kfz trägt B allein.

Das Kfz gehört zum notwendigen Sonderbetriebsvermögen II des B, da es zu mehr als 50 % für betriebliche Fahrten genutzt wird.

Beispiel 11:

Gesellschafter C ist Alleineigentümer eines Kfz, das er wie folgt nutzt:
- 60 % für Geschäftsreisen der OHG,
- 30 % für Geschäftsreisen im Rahmen seiner gewerblichen Einzelfirma und
- 10 % für Privatfahrten.

Das Kfz gehört u. E. zum notwendigen Sonderbetriebsvermögen II des C, weil es zu mehr als 50 % für Fahrten der OHG genutzt wird. Die Kfz-Kosten stellen jedoch nur i. H. von 60 % Sonderbetriebsausgaben des C dar, i. H. von 30 % sind sie als Betriebsausgaben bei der Einzelfirma abzugsfähig.

Beispiel 12:

Wie Beispiel 11, aber die Kfz-Nutzung beträgt bei der OHG 30 % und im gewerblichen Betrieb 60 %.

Das Kfz gehört jetzt zum notwendigen Betriebsvermögen der Einzelfirma, weil es dort zu mehr als 50 % betrieblich genutzt wird. 30 % der Kfz-Kosten stellen jedoch Sonderbetriebsausgaben des C dar.

Beispiel 13:

Wie Beispiel 11, aber die Nutzung ist wie folgt:
- 40 % Geschäftsreisen OHG
- 40 % Geschäftsreisen im eigenen gewerblichen Betrieb
- 20 % Privatfahrten

Das Kfz gehört u. E. zum notwendigen Betriebsvermögen, weil es zu mehr als 50 % für betriebliche Fahrten genutzt wird. Da jedoch keine der beiden betrieblichen Nutzungen mehr als 50 % beträgt, hat C ein Wahlrecht, ob er das Kfz in der Bilanz der Einzelfirma oder in seiner Sonderbilanz aktiviert. Auf jeden Fall sind die Kfz-Kosten i. H. von 40 % Betriebsausgaben bei der Einzelfirma und zu 40 % Sonderbetriebsausgaben bei der OHG.

Beispiel 14:

A tritt gegen Zahlung von 100.000 € als Gesellschafter in eine OHG ein. Zur Bestreitung der 100.000 € nimmt er bei einer Bank ein Darlehen auf.

---

[297] BFH vom 20.09.2007, BStBl II 2008, 483.

Das Darlehen gehört zum notwendigen Sonderbetriebsvermögen II des A. Das Gleiche gilt, wenn der Gesellschafter seine Beteiligung aufstockt und aus diesem Grund ein Darlehen aufnimmt.

Zu den Wirtschaftsgütern des notwendigen Sonderbetriebsvermögens II **126** gehören insbesondere folgende **Beteiligungen an Kapitalgesellschaften:**

1. Beteiligung eines Kommanditisten an der Komplementär-GmbH

Diese Anteile ermöglichen es dem Kommanditisten, über seine Stellung in der Komplementär-GmbH Einfluss auf die Geschäftsführung der GmbH & Co. KG auszuüben und diese letztlich mitzubestimmen. Dadurch wird seine Stellung verstärkt.[298] Dies kann u. U. auch dann der Fall sein, wenn die Beteiligung keinen beherrschenden Einfluss vermittelt, aber der Stärkung der Beteiligung der Mitunternehmer der Personengesellschaft dient, z. B. durch die Möglichkeit der Einflussnahme auf die Geschäftsführung in der GmbH.[299]

Beispiel 15:

Gesellschafter einer KG sind eine GmbH als Komplementär sowie A und B als Kommanditisten. A und B sind auch je zur Hälfte Gesellschafter der GmbH.

Die Anteile an der Komplementär-GmbH gehören bei A und B zu ihrem notwendigen Sonderbetriebsvermögen II, denn diese Anteile ermöglichen es den Kommanditisten, Einfluss auf die Geschäftsführung der KG auszuüben.

Die Anteile an der Komplementär-GmbH gehören dagegen **nicht** zum notwendigen Sonderbetriebsvermögen II, wenn die GmbH noch einen eigenen Geschäftsbetrieb von **nicht ganz untergeordneter Bedeutung** unterhält.[300] Sie können jedoch als gewillkürtes Sonderbetriebsvermögen aktiviert werden.

Ist die GmbH Komplementärin mehrerer KGs und beschränkt sich ihre Tätigkeit auf die Geschäftsführung bei diesen KGs, sind die GmbH-Anteile dem notwendigen Sonderbetriebsvermögen II der Kommanditisten der zuerst gegründeten GmbH & Co. KG zuzurechnen.

Abgrenzung:

Der Geschäftsanteil eines Kommanditisten an der Kommanditisten-GmbH derselben KG gehört dann zu seinem notwendigen Sonderbetriebsvermögen II bei der KG, wenn die Kommanditisten-GmbH keiner eigenen Geschäftstätigkeit nachgeht und ihr alleiniger Zweck die Beteiligung an der KG in einem erheblichen Umfang ist (im Urteilsfall 50 % des Festkapitals der KG).[301]

---

298 BFH vom 05.12.1979, BStBl II 1980, 119.
299 BFH vom 03.03.1998, BStBl II 1998, 383.
300 BFH vom 12.11.1985, BStBl II 1986, 55, vom 11.12.1990, BStBl II 1991, 510, und vom 07.07.1992, BStBl II 1993, 328.
301 BFH vom 23.01.2001, BStBl II 2001, 825.

B. Laufende Besteuerung

Beispiel 16:

An einer GmbH & Co. KG sind beteiligt als Komplementär die B-GmbH und als Kommanditisten die H-GmbH sowie 20 natürliche Personen. Diese natürlichen Personen sind auch im selben Verhältnis Gesellschafter der beiden GmbHs. Die H-GmbH hat ihren Betrieb an die KG verpachtet.

Zum notwendigen Sonderbetriebsvermögen II der natürlichen Personen gehören nicht nur die GmbH-Anteile der B-GmbH, sondern auch der H-GmbH.[302] Ausschlaggebend dafür ist nicht, dass die H-GmbH ebenfalls Kommanditistin der KG ist, sondern dass die von der H-GmbH an die KG verpachteten Wirtschaftsgüter die wesentlichen Betriebsgrundlagen für den Gewerbebetrieb der KG darstellen.

2. Beteiligung eines atypisch stillen Gesellschafters an der GmbH bei einer GmbH & atypisch Still

Der GmbH-Anteil eines atypischen stillen Gesellschafters bei einer GmbH & atypisch Still ist als notwendiges Sonderbetriebsvermögen II wie bei einem Kommanditisten zu aktivieren, wenn der Anteil unmittelbar zur Begründung oder Stärkung der Beteiligung an der Mitunternehmerschaft eingesetzt werden soll. Eine solche Stärkung der Beteiligung ist zweifelsohne gegeben, wenn der Anteil des atypischen stillen Gesellschafters nicht nur von untergeordneter Bedeutung ist.[303]

3. Beteiligung eines Gesellschafters einer Besitzpersonengesellschaft an der Betriebs-GmbH

Die Anteile an der Betriebs-GmbH sind erforderlich, damit überhaupt eine personelle Verflechtung zwischen Besitzgesellschaft und Betriebsgesellschaft und damit eine Betriebsaufspaltung vorliegen kann. Die beide Unternehmen beherrschende Person oder Personengruppe verwirklicht ihren einheitlichen geschäftlichen Betätigungswillen durch die Geschäftstätigkeit der Betriebs-Kapitalgesellschaft. Aus diesem Grund gehören die Anteile an der Betriebs-Kapitalgesellschaft zum notwendigen Sonderbetriebsvermögen II der Gesellschafter der Besitzpersonengesellschaft.[304]

Beispiel 17:

Gesellschafter A und B sind im Rahmen einer Betriebsaufspaltung zu je 50 % an der Besitz-OHG und der Betriebs-GmbH beteiligt.

Die GmbH-Anteile der Gesellschafter A und B gehören zu ihrem notwendigen Sonderbetriebsvermögen II, weil sie ihrer Beteiligung unmittelbar zu dienen bestimmt sind.

---

302 BFH vom 14.08.1975, BStBl II 1976, 88.
303 BFH vom 15.10.1998, BStBl II 1999, 286; siehe auch OFD München vom 02.04.2001, DStR 2001 S. 1032.
304 BFH vom 04.07.2007, BStBl II 2007, 772. Wegen Einzelheiten zur Betriebsaufspaltung siehe H.

Beispiel 18:

Einer KG mit den Gesellschaftern X, Y und Z obliegt der Alleinvertrieb für eine Produktions-GmbH. Gesellschafter der GmbH sind ebenfalls X, Y und Z.

Die GmbH-Anteile von X, Y und Z gehören – unabhängig davon, ob eine Betriebsaufspaltung vorliegt – zu ihrem notwendigen Sonderbetriebsvermögen II, weil zwischen beiden Gesellschaften enge wirtschaftliche Beziehungen bestehen.[305]

Beispiel 19:

Wie Beispiel 18, aber die Geschäftsbeziehungen zwischen der GmbH und der KG sind von geringer Bedeutung.

Die Anteile an der GmbH gehören bei X, Y und Z nicht zu ihrem notwendigen Sonderbetriebsvermögen II, weil die Geschäftsbeziehungen zwischen der KG und der GmbH von geringer Bedeutung sind. Dies gilt selbst dann, wenn – wie im vorliegenden Fall – die Gesellschafter der KG die GmbH beherrschen.[306]

4. Beteiligung eines Gesellschafters eines Organträgers an der Organgesellschaft

Ist eine Organgesellschaft nahezu ausschließlich für die Organträger-Personengesellschaft tätig, so stellen die Anteile, die Mitunternehmer der Organträgerin an der Organgesellschaft halten, notwendiges Sonderbetriebsvermögen II bei der Organträgerin dar. Dies gilt unabhängig von der Größe der Beteiligung.[307] In diesem Fall sind die wirtschaftlichen Beziehungen zwischen einer Organgesellschaft und der Organträger-Personengesellschaft mit derjenigen zwischen Betriebs-Kapitalgesellschaft und Besitz-Personengesellschaft vergleichbar.

Beispiel 20:

Die AB-OHG (Gesellschafter A und B je zur Hälfte) ist mit 80 % an der X-GmbH beteiligt. Die übrigen Gesellschafter der X-GmbH sind A und B mit je 10 %. Zwischen der OHG und der GmbH besteht ein Organschaftsverhältnis. Die GmbH ist nahezu ausschließlich für die OHG tätig.

Weil die GmbH nahezu ausschließlich für die OHG tätig ist, gehören die Anteile von A und B an der GmbH zu ihrem notwendigen Sonderbetriebsvermögen II bei der OHG.

Ist die Organgesellschaft nicht nahezu ausschließlich für die Organträgerin tätig, können die von einem Mitunternehmer der Organträgerin gehaltenen Anteile an der Organgesellschaft dann notwendiges Sonderbetriebsvermögen II sein, wenn sie die Stimmrechtsmehrheit bei der Organgesellschaft und damit deren finanzielle Eingliederung vermitteln.

---

305 BFH vom 06.07.1989, BStBl II 1989, 890.
306 BFH vom 31.10.1989, BStBl II 1990, 677, und vom 28.06.2006, BStBl II 2007, 378.
307 BFH vom 28.08.2003, BStBl II 2004, 216.

B. Laufende Besteuerung

Beispiel 21:

Wie Beispiel 20, aber die GmbH ist nicht für die OHG tätig.

Die Anteile an der GmbH gehören bei A und B nicht zum notwendigen Sonderbetriebsvermögen II bei der OHG, weil die Anteile nicht die Stimmrechtsmehrheit bei der GmbH vermitteln, denn die OHG hält schon selbst die Mehrheit der Anteile an der GmbH.

Darüber hinaus gehört eine Beteiligung an einer Kapitalgesellschaft zum notwendigen Sonderbetriebsvermögen II des Gesellschafters, wenn sie in erster Linie im geschäftlichen Interesse der Personengesellschaft gehalten wird. Dies ist z. B. der Fall, wenn die Beteiligung aufgrund geschäftlicher Überlegungen bei der Personengesellschaft zur Produktions- und Vertriebssicherung (Verhinderung des befürchteten Zusammenbruchs der Unternehmensgruppe) für die Personengesellschaft erforderlich ist. Im Urteilsfall trug die Verbindung zur GmbH mehr als 30 % des Gesamtumsatzes der Personengesellschaft bei.[308]

127 Die Beteiligung des Gesellschafters einer Personengesellschaft wird auch dadurch gestärkt, dass der Gesellschafter Wirtschaftsgüter im Interesse der Personengesellschaft an Dritte überlässt, weil der Besitz der Wirtschaftsgüter für die Personengesellschaft wirtschaftlich vorteilhaft ist.[309]

Beispiel 22:

Gesellschafter H vermietet ein ihm gehörendes bebautes Grundstück an einen Arbeitnehmer der OHG. Für die Vermietung an den Arbeitnehmer waren betriebliche Gründe ausschlaggebend.

Das bebaute Grundstück gehört zum notwendigen Sonderbetriebsvermögen II des D.

128 Zum notwendigen Sonderbetriebsvermögen II gehört u. U. sogar das gesamte Betriebsvermögen des eigenen Betriebs, wenn der Gesellschafter einer Personengesellschaft in diesem eigenen Betrieb ausschließlich für die Personengesellschaft tätig wird[310] oder wenn der Gesellschafter sein bisheriges Einzelunternehmen im Ganzen an die Personengesellschaft verpachtet. Im letzteren Falle steht dem Gesellschafter das Verpachtungswahlrecht nicht zu mit der Folge, dass er die Betriebsaufgabe nicht erklären kann.[311]

Beispiel 23:

A ist Gesellschafter einer OHG. Aufgrund eines mit der OHG abgeschlossenen Beratervertrags ist er verpflichtet, Modelle zu entwerfen und deren Fertigung zu überwachen. Die Entwurfsarbeiten führt er in einem Zimmer seiner Eigen-

---

308 BFH vom 13.02.2008, bisher noch nicht im BStBl veröffentlicht.
309 BFH vom 01.12.1976, BStBl II 1977, 315; FG München, EFG 1999 S. 469.
310 BFH vom 14.04.1988, BStBl II 1988, 667.
311 Siehe J. Rz. 302.

tumswohnung aus. Mit Ausnahme der Beratertätigkeit für die OHG führt A in seiner freiberuflichen Praxis keine Aufträge aus.

Nach Auffassung des BFH gehört das gesamte Betriebsvermögen der freiberuflichen Praxis (Grundstücksteil, Einrichtungsgegenstände usw.) zum notwendigen Sonderbetriebsvermögen II des A, weil es der Beteiligung des Gesellschafters zumindest förderlich ist, da der Gesellschafter in seinem eigenen Betrieb **ausschließlich** für die Personengesellschaft tätig wird.

Grundstücke, die der Gesellschafter einer Personengesellschaft an einen Dritten vermietet, der sie seinerseits an die Personengesellschaft untervermietet, gehören zum notwendigen Sonderbetriebsvermögen II, denn das Eigentum der Gesellschafter an dem Grundstück ist in diesen Fällen für die Personengesellschaft wirtschaftlich vorteilhaft. Dies kann auch dann gelten, wenn der Gesellschafter es einem Dritten langfristig überlässt, der Mietvertrag mit der Personengesellschaft jedoch nur auf unbestimmte Dauer abgeschlossen wird.[312] **129**

Beispiel 24:

Gesellschafter A ist an einer OHG beteiligt. Er vermietet ein ihm gehörendes Grundstück an eine GmbH, die es aufgrund einer Vereinbarung mit A an die OHG weitervermieten muss. Zwischen der OHG und der GmbH bestehen aufgrund eines Agenturvertrags laufende Geschäftsbeziehungen.

Das Grundstück gehört zum notwendigen Sonderbetriebsvermögen II des A bei der OHG, weil für die Vermietung an die GmbH Gründe ausschlaggebend waren, die der Beteiligung des Gesellschafters an der OHG unmittelbar zu dienen bestimmt sind.[313]

Das gilt selbst dann, wenn der Gesellschafter das Grundstück zu einem Zeitpunkt erworben und an den Dritten vermietet hat, in dem er noch nicht Gesellschafter war. Das Grundstück wird dann in dem Zeitpunkt notwendiges Sonderbetriebsvermögen II, in dem der Vermieter in die Personengesellschaft eintritt.[314]

Beispiel 25:

A ist an einer OHG beteiligt. Er bestellt einem Dritten an einem ihm gehörenden unbebauten Grundstück ein Erbbaurecht. Der Erbbauberechtigte erstellt darauf ein Bürogebäude, das er nach der Fertigstellung vereinbarungsgemäß an die OHG zur betrieblichen Nutzung vermietet.

Der Grund und Boden gehört zum notwendigen Sonderbetriebsvermögen II des Gesellschafters A, weil das Erbbaurechtsverhältnis seinem Leistungsinhalt nach einem entgeltlichen, rein schuldrechtlichen Nutzungsverhältnis wie Miete oder Pacht nahe steht und folglich auch bilanzrechtlich wie ein schuldrechtliches Nutzungsverhältnis als schwebendes Geschäft gewertet wird.[315] Einkommensteuerrechtlich ist nicht der kapitalisierte Wert der Erbbauzinsen, sondern

---

312 BFH vom 24.02.2005, BStBl II 2005, 578, m. w. N.
313 BFH vom 15.01.1981, BStBl II 1981, 314.
314 BFH vom 09.09.1993, BStBl II 1994, 250.
315 BFH vom 07.04.1994, BStBl II 1994, 796.

B. Laufende Besteuerung

sind die jährlichen Erbbauzinszahlungen als Sonderbetriebseinnahmen zu erfassen.

130 Stellt dagegen ein Wirtschaftsgut sowohl Sonderbetriebsvermögen I bei einer Personengesellschaft als auch Sonderbetriebsvermögen II bei einer anderen Personengesellschaft dar, so ist die Bilanzierungskonkurrenz zwischen Sonderbetriebsvermögen I und II ebenso wie im Verhältnis zwischen Personengesellschaft und dem eigenen Gewerbebetrieb eines Gesellschafters im Sinne des Vorrangs von Sonderbetriebsvermögen I zu lösen. Nach Auffassung des BFH[316] kann es keinen Unterschied machen, ob ein Geschäftsvorgang, der dem Sonderbetriebsvermögen I eines Gesellschafters bei einer Personengesellschaft zuzuordnen ist, gleichzeitig einem Einzelunternehmen desselben Gesellschafters förderlich ist oder aber dessen Beteiligung an einer Personengesellschaft stärkt.

131 Dagegen liegt in folgenden Fällen **kein** notwendiges Sonderbetriebsvermögen II vor:

Beispiel 26:

Der Gesellschafter einer KG erwirbt eine Beteiligung an einer GmbH im Wert von 10.000 €. Weil die GmbH im darauf folgenden Jahr in finanzielle Schwierigkeiten gerät, gewährt ihr der Gesellschafter noch ein Darlehen i. H. von 70.000 €. Trotz dieses Darlehens verlor der Gesellschafter sowohl seine GmbH-Anteile als auch sein Darlehen.

Der Gesellschafter behandelte die Beteiligung und das Darlehen als notwendiges Sonderbetriebsvermögen mit der Begründung, er habe seine Eignung zum verantwortlichen Leiter eines kaufmännischen Betriebs den übrigen Gesellschaftern in einem anderen Unternehmen beweisen wollen.

Der BFH lehnte die Behandlung der Wirtschaftsgüter als notwendiges Sonderbetriebsvermögen mit der Begründung ab, sie dienten nicht unmittelbar der Stärkung der Beteiligung.[317]

Beispiel 27:

A ist Komplementär und alleiniger Geschäftsführer einer KG, die ein Fliesenverlegungsunternehmen betreibt. Außerdem ist er Gesellschafter einer GmbH, die einen Fliesenhandel unterhält. In einem Vertrag mit den übrigen Gesellschaftern der GmbH verpflichtete sich A, alle Einkäufe an Fliesen über die GmbH zu tätigen und die bisherigen Handelskunden an die GmbH zu verweisen.

Die GmbH-Anteile gehören nicht zum notwendigen Sonderbetriebsvermögen II des A, weil sie weder der KG noch **unmittelbar** seiner Gesellschafterstellung dienen.[318] Sie können jedoch als gewillkürtes Sonderbetriebsvermögen aktiviert werden.

---

316 BFH vom 06.10.1987, BStBl II 1988, 679, vom 18.08.2005, BStBl II 2005, 830, und vom 24.02.2005, BStBl II 2006, 361.
317 BFH vom 24.09.1976, BStBl II 1977, 69.
318 BFH vom 13.05.1976, BStBl II 1976, 617, und vom 07.07.1992, BStBl II 1993, 328.

1 Einkommensteuer

Beispiel 28:

Eine KG, an der A als Kommanditist beteiligt ist, betreibt ein Unternehmen des Hoch- und Tiefbaus. A hält daneben eine 50%ige Beteiligung an einer GmbH, die ein Parkhaus betreibt, das von der KG errichtet wurde.

Die Anteile des A an der Parkhaus-GmbH gehören nicht zu seinem notwendigen Sonderbetriebsvermögen, weil zwischen der GmbH und der KG keine enge wirtschaftliche Verflechtung in der Weise besteht, dass die GmbH für die KG eine wesentliche wirtschaftliche Funktion erfüllt.[319] Die Errichtung des Parkhauses für die GmbH gehört zu den üblichen Geschäftsbeziehungen der KG. Die KG erstellte daneben noch in erheblichem Maße Bauten für Dritte.

Beispiel 29:

Eine Bankhaus-OHG ist die Hausbank der X-GmbH. An beiden Gesellschaften ist B beteiligt. Außerdem gewährte B der GmbH Darlehen.

Weder die GmbH-Anteile noch die Darlehen gehören zum notwendigen Sonderbetriebsvermögen des B, weil die Unterhaltung von Geschäftsbeziehungen, wie sie üblicherweise auch mit anderen Unternehmen bestehen, grundsätzlich nicht ausreichen, und zwar auch dann nicht, wenn diese Geschäftsbeziehungen besonders intensiv sind.[320] Selbst wenn sich durch die Beteiligung des B und seine Darlehensgewährung das Kreditrisiko der OHG verringert hat, dienen diese Vorgänge höchstens mittelbar dem Geschäftsbetrieb der OHG. Notwendiges Sonderbetriebsvermögen liegt jedoch nur vor, wenn das Wirtschaftsgut unmittelbar dem Betrieb der Personengesellschaft oder der Beteiligung des Gesellschafters an der Personengesellschaft dient.

Beispiel 30:

Der Gesellschafter einer OHG pachtete von einem Dritten ein Grundstück. Er war berechtigt, das Grundstück nach freiem Ermessen zu nutzen und es insbesondere auch ganz oder teilweise unterzuverpachten. Das Pachtverhältnis war von beiden Seiten unkündbar. Außerdem gewährte der Verpächter dem Pächter ein Ankaufsrecht. Er verpflichtete sich, nach Ablauf des Pachtvertrags dem Pächter bzw. dessen Rechtsnachfolger das Grundstück zu verkaufen.

Der Gesellschafter stellte das Grundstück der OHG zur Verfügung. Die OHG durfte darauf ein Geschäftsgebäude errichten. Sie verpflichtete sich, das Grundstück so zurückzugeben, wie es übernommen wurde.

Das Ankaufsrecht gehört nicht zum notwendigen Sonderbetriebsvermögen, weil es weder dem Betrieb der Personengesellschaft noch der Beteiligung des Gesellschafters unmittelbar diente oder zu dienen bestimmt war.[321]

Beispiel 31:

An der A-KG sind beteiligt die S-GmbH als Komplementärin und die B-KG als Kommanditistin. Alleiniger Gesellschafter der S-GmbH und Komplementär der B-KG ist U.

---

[319] BFH vom 23.01.1992, BStBl II 1992, 721.
[320] BFH vom 31.01.1991, BStBl II 1991, 786.
[321] BFH vom 29.07.1981, BStBl II 1982, 107.

Die GmbH-Beteiligung des U gehört nicht zum Sonderbetriebsvermögen der A-KG, weil nur solche Wirtschaftsgüter zum Sonderbetriebsvermögen II einer Personengesellschaft gehören, die im Eigentum eines ihrer Gesellschafter stehen. U ist aber an der A-KG nicht beteiligt, die mittelbare Beteiligung über die B-KG reicht nicht aus.[322]

Beispiel 32:

Der Kommanditist einer KG gewährt einer GmbH, an welcher er nicht beteiligt ist und die für die KG die Herstellung und den Vertrieb von Produkten übernommen hat, ein Darlehen zu marktüblichen Bedingungen.

Die Darlehensforderung des Kommanditisten gehört weder zum notwendigen Sonderbetriebsvermögen I noch zum Sonderbetriebsvermögen II des Kommanditisten.[323] Selbst wenn zwischen der KG und der GmbH ein Organschaftsverhältnis bestehen sollte, bleibt die rechtliche Selbständigkeit beider Gesellschaften unberührt, sodass das Darlehen steuerrechtlich auch nicht unmittelbar der KG zugerechnet werden könnte.

Beispiel 33:

An der AB-OHG und AB-GmbH sind A und B je zur Hälfte beteiligt. Es liegt eine Betriebsaufspaltung vor. Daneben besteht eine GbR, an der A, B und die Ehefrauen von A und B je zu $1/4$ beteiligt sind. Die GbR vermietet ein Grundstück an die GmbH.

Zwischen der GbR und der GmbH besteht keine Betriebsaufspaltung, weil die Gesellschafter, die sowohl an der GbR als auch an der GmbH beteiligt sind, die GmbH nicht beherrschen. Die GbR ist somit nur vermögensverwaltend tätig und erzielt Einkünfte aus Vermietung und Verpachtung. Das Grundstück gehört nicht zum Betriebsvermögen der GbR, sondern zum Privatvermögen der Gesellschafter. Die Anteile der Gesellschafter der OHG an der GbR sind durch die Vermietung des Grundstücks an die GmbH auch nicht Sonderbetriebsvermögen II bei der OHG geworden, sofern die Vermietung des Grundstücks nicht durch den Betrieb der OHG, sondern durch die privaten Interessen der Gesellschafter an den Einkünften aus Vermietung und Verpachtung der GbR veranlasst sind. Eine durch den Betrieb der OHG veranlasste Überlassung liegt **nicht** schon dann vor, wenn das Wirtschaftsgut für die Betriebs-GmbH besondere Bedeutung besitzt, sondern nur, wenn es für deren Betrieb **unverzichtbar** ist. Die Anforderungen, die unter dem Gesichtspunkt der Unverzichtbarkeit durch das Betriebsunternehmen zu stellen sind, sind höher als die, die an eine wesentliche Betriebsgrundlage zur Betriebsaufspaltung gestellt werden. Für die private Veranlassung spricht insbesondere, dass die Gemeinschafter, soweit sie zugleich Gesellschafter der OHG sind, die GbR nicht rechtlich oder tatsächlich beherrschen. An anderen Indizien für eine durch den Betrieb der OHG veranlasste Vermietung an die GmbH fehlt es, wenn der Mietvertrag weder an die Dauer der Beteiligung der Gesellschafter der OHG an der GmbH gebunden ist noch ein zeitlicher Zusammenhang zwischen seinem Abschluss und der

---

[322] BFH vom 12.11.1985, BStBl II 1986, 55.
[323] BFH vom 30.03.1993, BStBl II 1993, 864.

Begründung der Betriebsaufspaltung besteht noch das Grundstück zu unangemessenen oder unüblichen Bedingungen vermietet ist.[324]

Benötigt der Gesellschafter das Grundstück aber für eine Tätigkeit, die er ausschließlich im Interesse der Personengesellschaft ausübt, gehört es (anteilig) zum notwendigen Sonderbetriebsvermögen.[325]

1.3.3.6 Gewillkürtes Sonderbetriebsvermögen

132 Gewillkürtes Sonderbetriebsvermögen können grundsätzlich alle Wirtschaftsgüter sein, die auch ein Einzelunternehmer zu gewillkürtem Betriebsvermögen machen kann. Im Hinblick darauf, dass der Gesellschafter selbst keinen eigenen Betrieb unterhält, kann ein Wirtschaftsgut aber nur dann gewillkürtes Sonderbetriebsvermögen sein, wenn es dazu bestimmt ist, den Betrieb der Personengesellschaft oder die Beteiligung des Gesellschafters an der Personengesellschaft mittelbar zu fördern, bzw. in einem objektiven Zusammenhang mit diesem Betrieb steht (R 4.2 Abs. 2 Sätze 3 und 4 EStR).[326] Insoweit können sich zwangsläufig Unterschiede gegenüber einem Einzelunternehmer ergeben.

133 Folglich ist ein Wirtschaftsgut auch nicht den Betrieb der Personengesellschaft zu fördern geeignet und somit kein gewillkürtes Sonderbetriebsvermögen, wenn es lediglich im Wege eines rein formalen Buchungsaktes in die Sonderbilanz des Gesellschafters aufgenommen wird, die Erträge aus dem Wirtschaftsgut dagegen allein dem Gesellschafter außerhalb des Betriebs der Gesellschaft zufließen und von ihm auch die Aufwendungen getragen werden. Grundstücke können nach R 4.2 Abs. 12 EStR grundsätzlich unter den gleichen Voraussetzungen wie bei einem Einzelunternehmer (R 4.2 Abs. 8 und 9 EStR) als gewillkürtes Sonderbetriebsvermögen aktiviert werden.

Wie bei einem Einzelunternehmer setzt die Behandlung als gewillkürtes Sonderbetriebsvermögen voraus, dass das Wirtschaftsgut in der Sonderbilanz des Gesellschafters oder auch fälschlicherweise in der Bilanz der Personengesellschaft ausgewiesen wird.

134 Eine Einlage ins Sonderbetriebsvermögen ist wie bei einem Einzelunternehmer nicht (mehr) möglich, wenn die Wirtschaftsgüter im Zeitpunkt der Einlage infolge der wirtschaftlichen Entwicklung dem Betrieb der Personengesellschaft keinen Nutzen, sondern nur noch Verluste bringen können.[327]

Beispiel 1:
Eine OHG nimmt bei einer Bank ein Darlehen auf. Zur Sicherung verpfändet Gesellschafter A ihm gehörende Wertpapiere.

---

324 BFH vom 01.10.1996, BStBl II 1997, 530, und vom 10.06.1999, BStBl II 1999, 715.
325 BFH vom 13.10.1998, BStBl II 1999, 357.
326 BFH vom 23.07.1975, BStBl II 1976, 180, vom 21.10.1976, BStBl II 1977, 150, vom 19.03.1981, BStBl II 1981, 731, und vom 02.12.1982, BStBl II 1983, 215.
327 BFH vom 19.02.1991, BStBl II 1991, 789, und vom 10.01.1992, BStBl II 1992, 720.

B. Laufende Besteuerung

Weil die Wertpapiere in einem gewissen objektiven Zusammenhang mit der OHG stehen, kann A sie als gewillkürtes Sonderbetriebsvermögen in seiner Sonderbilanz aktivieren.[328]

Beispiel 2:

Eine GbR (Gesellschafter A und B je zur Hälfte) nutzt eine Wohnung als Architekturbüro. Die Genehmigung dazu erhielt sie gemäß der Zweckentfremdungs-Verbots-Verordnung nur mit der Auflage, Ersatzwohnraum anzuschaffen und ausschließlich zu Wohnzwecken zu vermieten. In Erfüllung dieser Verpflichtung erwarben A und B gemeinsam ein bebautes Grundstück und vermieteten es zu Wohnzwecken an Fremde.

Das bebaute Grundstück gehört nicht zum notwendigen Sonderbetriebsvermögen II, weil es nicht selbst für betriebliche Zwecke genutzt wird. Die Absicherung des bereits betriebenen Architekturbetriebs ist vergleichbar der Absicherung eines Betriebskredits durch ein im Privatvermögen gehaltenes Grundstück.[329] A und B können jedoch das Grundstück als gewillkürtes Sonderbetriebsvermögen aktivieren.

Beispiel 3:

Gesellschafter B erwirbt ein unbebautes Grundstück, das als Tauschobjekt zum Erwerb eines dann der Personengesellschaft zur eigenbetrieblichen Nutzung zu überlassenden Wirtschaftsguts vorgesehen ist oder konkret in Betracht kommen kann.

Das unbebaute Grundstück kann als gewillkürtes Sonderbetriebsvermögen behandelt werden.[330]

Beispiel 4:

An einer KG sind A und B beteiligt. A ist Alleineigentümer eines Grundstücks, das er in der Absicht erworben hat, es später der KG zur Nutzung zu überlassen oder es ihr zu verkaufen.

Das Grundstück gehört nicht zum notwendigen Sonderbetriebsvermögen I, weil es der KG nicht zur Nutzung überlassen ist. Notwendiges Sonderbetriebsvermögen II liegt nicht vor, weil das Grundstück nicht dazu bestimmt ist, der Beteiligung des A an der KG zu dienen.

A kann jedoch das Grundstück als gewillkürtes Sonderbetriebsvermögen aktivieren, da es in einem gewissen objektiven Zusammenhang mit der KG steht.

Beispiel 5:

Gesellschafter B ist Eigentümer eines unbebauten Grundstücks, das er zulässigerweise als gewillkürtes Sonderbetriebsvermögen aktiviert hat. Er errichtete darauf ein Mehrfamilienhaus, dessen Erlöse er als private Einkünfte aus Vermietung und Verpachtung behandelt. Der Grund und Boden wird weiterhin bilanziert, das Gebäude wird als Privatvermögen behandelt.

Ein Grundstück und ein darauf errichtetes Gebäude können nur einheitlich entweder als Betriebs- oder als Privatvermögen qualifiziert werden. Der Grund

---

[328] BFH vom 04.04.1973, BStBl II 1973, 628.
[329] BFH vom 10.11.2004, BStBl II 2005, 431.
[330] BFH vom 19.03.1981, BStBl II 1981, 731.

und Boden ist deshalb mit dem Beginn der Maßnahmen, die auf diese außerbetriebliche Nutzung gerichtet sind, d. h. spätestens im Zeitpunkt der Nichtaktivierung des (unfertigen) Gebäudes, zu entnehmen.[331]

Beispiel 6:

A war bis zum 31.12.09 Einzelunternehmer. Sein Sohn S arbeitete seit 01 im Unternehmen des Vaters. Zum Betriebsvermögen des Einzelunternehmens gehört auch ein Zweifamilienhaus, das jahrelang verbilligt an Betriebsangehörige als Werkswohnung vermietet war, seit 07 an S mit seiner Familie. Mit Wirkung vom 01.01.10 gründeten A und S eine KG. A brachte in die KG sein Einzelunternehmen ein, jedoch ohne das Zweifamilienhaus. Dieses behandelte er als Sonderbetriebsvermögen und aktivierte es in seiner Sonderbilanz.

Das Grundstück gehört nicht zum notwendigen Sonderbetriebsvermögen des A, weil es nicht der KG überlassen wird, sondern an einen Gesellschafter verbilligt vermietet wird. A kann jedoch das Grundstück als gewillkürtes Sonderbetriebsvermögen aktivieren, denn es ist wegen seiner Lage für den Betrieb als Werkswohnung besonders geeignet. Da die Vermietung an den Kommanditisten S nur vorübergehend ist, kann es auch in Zukunft wieder als Werkswohnung eingesetzt werden.[332] Dies gilt, solange eine Wiederverwendung als Werkswohnung nicht ausgeschlossen erscheint und das Grundstück nicht durch eine auf Entnahme gerichtete Handlung entnommen wird.

Beispiel 7:

Gesellschafter B vermietet sein Mietwohngrundstück zu Wohnzwecken. Eine der vier Wohnungen ist an einen Angehörigen, der gleichzeitig Mitgesellschafter ist, zum ortsüblichen Mietpreis vermietet. Das Grundstück ist mit Grundpfandrechten zur Sicherung von Krediten der OHG belastet.

B kann dieses Grundstück auf jeden Fall dann als gewillkürtes Sonderbetriebsvermögen behandeln, wenn es mit Grundpfandrechten zur Sicherung von Krediten der OHG belastet ist,[333] weil dadurch eine Beziehung zum Betrieb geschaffen wird. Die Vermietung einer Wohnung an einen Angehörigen und Mitgesellschafter der OHG zu marktüblichen Bedingungen ändert daran nichts.

Beispiel 8:

Kommanditist A ist Alleineigentümer eines Mietwohngrundstücks, das er auf Dauer an Personen vermietet hat, die in keiner betrieblichen Verbindung zur KG stehen.

Sofern das Grundstück zur Sicherung eines der KG gewährten Kredits dient oder als Tauschobjekt vorgesehen ist, kann das Grundstück als gewillkürtes Sonderbetriebsvermögen aktiviert werden. Das Gleiche gilt, wenn vorgesehen ist, das Grundstück später einmal für betriebliche Zwecke der KG einzusetzen.[334] Selbst wenn dies nicht gegeben ist, besteht u. E. die Möglichkeit, dieses Grundstück als gewillkürtes Sonderbetriebsvermögen zu behandeln (siehe

---

331 BFH vom 27.01.1977, BStBl II 1977, 388.
332 BFH vom 11.10.1979, BStBl II 1980, 40.
333 BFH vom 17.05.1990, BStBl II 1991, 216.
334 BFH vom 19.03.1981, BStBl II 1981, 731, und vom 15.04.1981, BStBl II 1981, 618.

B. Laufende Besteuerung

auch H 4.2 Abs. 12 EStH i. V. m. R 4.2 Abs. 9 EStR). Der BFH hat diese Frage bisher ausdrücklich offengelassen.[335]

Beispiel 9:
Komplementär B überlässt ein ihm gehörendes Einfamilienhaus an einen Kommanditisten der KG unentgeltlich zu Wohnzwecken.

Ein Grundstück, das ein Gesellschafter einer KG einem anderen Gesellschafter für dessen Wohnzwecke **unentgeltlich** überlässt, ist notwendiges Privatvermögen.[336]

Beispiel 10:
Mit Wirkung vom 01.01.02 bringt K sein Einzelunternehmen zum Buchwert in eine KG ein. Ein Grundstück, das K an Dritte zu Wohnzwecken vermietet und in seinem Einzelunternehmen als gewillkürtes Betriebsvermögen aktiviert hatte, möchte K als gewillkürtes Sonderbetriebsvermögen aktivieren.

Das Grundstück kann bereits dann als gewillkürtes Sonderbetriebsvermögen behandelt werden, wenn es schon vor der Gründung der KG im Einzelunternehmen des K als gewillkürtes Betriebsvermögen bilanziert war.[337]

Beispiel 11:
Ein Gebäude, das im Alleineigentum eines Gesellschafters einer OHG steht, wird wie folgt genutzt:

für betriebliche Zwecke der OHG	60 %
an Dritte für Wohnzwecke vermietet	15 %
für eigene Wohnzwecke	25 %

Das Gebäude besteht nach R 4.2 Abs. 4 EStR aus drei Wirtschaftsgütern. Der an die OHG entgeltlich oder unentgeltlich überlassene Grundstücksteil (60 %) stellt notwendiges Sonderbetriebsvermögen dar und muss aktiviert werden (R 4.2 Abs. 12 Satz 1 EStR). Soweit das Grundstück eigenen Wohnzwecken dient (25 %), darf es nicht aktiviert werden, weil es zum notwendigen Privatvermögen gehört (R 4.2 Abs. 12 Satz 2 EStR). Der an Dritte für Wohnzwecke vermietete Grundstücksteil kann aktiviert werden, wenn er mit Verbindlichkeiten belastet ist, als Tauschgrundstück vorgesehen ist oder später der OHG zur Nutzung überlassen oder verkauft werden soll (R 4.2 Abs. 9 EStR). Liegen dagegen die Voraussetzungen von R 4.2 Abs. 9 EStR nicht vor, ist nach R 4.2 Abs. 10 Satz 1 EStR eine Aktivierung dieses Grundstücksteils ab VZ 1999 nicht mehr möglich.

Beispiel 12:
Wie Beispiel 11, aber das Gebäude wird wie folgt genutzt:

für betriebliche Zwecke der OHG	10 %
an Dritte für Wohnzwecke vermietet	45 %
für eigene Wohnzwecke	45 %

Der Wert des Grundstücks beträgt 200.000 €.

---

[335] BFH vom 11.10.1979, BStBl II 1980, 40.
[336] BFH vom 08.02.1996, BStBl II 1996, 308.
[337] BFH vom 07.04.1992, BStBl II 1993, 21.

Das Gebäude besteht nach R 4.2 Abs. 4 EStR aus drei Wirtschaftsgütern, wobei das Wirtschaftsgut „eigene Wohnzwecke" nicht aktiviert werden darf und das Wirtschaftsgut „fremde Wohnzwecke" grundsätzlich als gewillkürtes Sonderbetriebsvermögen aktiviert werden kann. Das Wirtschaftsgut „eigenbetriebliche Zwecke" gehört zwar grundsätzlich zum notwendigen Sonderbetriebsvermögen, weil aber der betrieblich genutzte Grundstücksteil im Verhältnis zum Wert des ganzen Grundstücks gem. § 8 EStDV von untergeordneter Bedeutung ist (= weder mehr als $^1/_5$ noch mehr als 20.500 € beträgt), braucht dieses Wirtschaftsgut nicht aktiviert zu werden, d. h., der Gesellschafter kann dieses Wirtschaftsgut als gewillkürtes Sonderbetriebsvermögen behandeln (R 4.2 Abs. 12 Satz 3 EStR).

Hinweis: Steht dieses Grundstück im Miteigentum mehrerer Gesellschafter, braucht das Wahlrecht **nicht** einheitlich ausgeübt zu werden.

Beispiel 13:

A ist Gesellschafter einer OHG. Ihm und seinem Bruder, der nicht Gesellschafter der OHG ist, gehört je zur Hälfte ein Grundstück. Dieses Grundstück dient zu 70 % dem Betrieb der OHG und zu 30 % privaten Wohnzwecken der Brüder.

Das Gebäude besteht aus zwei Wirtschaftsgütern. Die Hälfte des betrieblich genutzten Gebäudeteils, also 35 %, stellt notwendiges Sonderbetriebsvermögen des A dar. Der andere Teil des Gebäudes, der auf A entfällt (= $^1/_2$ von 30 % = 15 %), kann nicht als gewillkürtes Sonderbetriebsvermögen aktiviert werden, weil er privaten Wohnzwecken der Gesellschafter der Grundstücksgemeinschaft dient.

Beispiel 14:

Gesellschafter A und seine Ehefrau sind je zur Hälfte Eigentümer eines bebauten Grundstücks, das an einen Dritten zu Wohnzwecken vermietet ist. A hat seinen Anteil am Grundstück zulässigerweise als gewillkürtes Sonderbetriebsvermögen in seiner Sonderbilanz aktiviert. Am 30.06.01 ist seine Ehefrau gestorben, Alleinerbe wurde A.

Nach der Rechtsprechung des BFH[338] hat A **drei** Möglichkeiten:

1. Er kann den von seiner Ehefrau geerbten Grundstücksteil ebenfalls als gewillkürtes Sonderbetriebsvermögen bilanzieren. Dazu muss er diesen Teil einlegen. Die Bewertung erfolgt gem. § 6 Abs. 1 Nr. 5 a EStG.

2. Er entnimmt den bisher bilanzierten Grundstücksteil im Wege einer nach § 6 Abs. 1 Nr. 4 EStG zu bewertenden Entnahme.

3. Er belässt alles beim Alten, d. h., er bilanziert weiterhin seinen bisherigen Grundstücksteil als gewillkürtes Sonderbetriebsvermögen und behält den von seiner Ehefrau geerbten Grundstücksteil in seinem Privatvermögen.

Beispiel 15:

Ein Gesellschafter einer OHG erwirbt Beteiligungen an sog. Abschreibungsgesellschaften und behandelt sie als gewillkürtes Sonderbetriebsvermögen.

---

338 BFH vom 08.03.1990, BStBl II 1994, 559, vom 10.11.2004, BStBl II 2005, 334, und vom 21.04.2005, BStBl II 2005, 604.

B. Laufende Besteuerung

Da die Beteiligungen objektiv nicht geeignet sind, den Betrieb der Personengesellschaft oder die Beteiligung des Gesellschafters zu fördern, können sie nicht als gewillkürtes Sonderbetriebsvermögen behandelt werden, sondern gehören zum notwendigen Privatvermögen.[339]

Beispiel 16:

Ein Komplementär, der alleiniger Geschäftsführer einer KG ist, besitzt ein Kfz, das er zu 70 % für Privatfahrten und zu 30 % für Fahrten zwischen Wohnung und Betriebsstätte verwendet. Die Aufwendungen für das Kfz trägt er allein.

Da das Kfz der Beteiligung des Komplementärs an der KG zu dienen bestimmt ist, kann er es in einer Sonderbilanz als gewillkürtes Sonderbetriebsvermögen aktivieren. Nur wenn die betriebliche Nutzung weniger als 10 % betragen würde, könnte es nicht mehr als gewillkürtes Sonderbetriebsvermögen behandelt werden.

Beispiel 17:

An einer OHG sind A und B je zur Hälfte beteiligt. Zum notwendigen Sonderbetriebsvermögen des A gehört ein bebautes Grundstück, das er an die OHG vermietet hat. Mit Wirkung vom 01.07.01 räumt er seinem Neffen C unentgeltlich für zehn Jahre den Nießbrauch an diesem Grundstück ein. In Ausübung des Nießbrauchsrechts vermietet C das Grundstück weiterhin an die OHG.

A bleibt wirtschaftlicher Eigentümer des Grundstücks. Das gilt sowohl für einen entgeltlich als auch für einen unentgeltlich bestellten Nießbrauch.[340] Das Grundstück verliert zwar die Eigenschaft als notwendiges Sonderbetriebsvermögen, bleibt aber gewillkürtes Sonderbetriebsvermögen, solange es nicht von A entnommen wird. Entscheidend ist, ob es nach Wegfall des Nießbrauchsrechts voraussichtlich weiterhin dem Betrieb der OHG dienen soll. Bei einer Nießbrauchsbestellung von zehn Jahren kann davon ausgegangen werden.

Die Einräumung des Nießbrauchs führt aber zur Entnahme der mit der Nutzung verbundenen Aufwendungen für das Grundstück einschließlich AfA.[341]

1.3.3.7 Darlehen des Gesellschafters an die Personengesellschaft

1.3.3.7.1 Abgrenzung

135 Geldforderungen eines Gesellschafters gegen die Personengesellschaft sind handels- und steuerrechtlich daraufhin zu untersuchen, ob

— sie **Eigenkapital** darstellen,

— sie als Darlehensforderungen zum **Sonderbetriebsvermögen** des Gesellschafters gehören und demzufolge die Personengesellschaft eine Verbindlichkeit zu passivieren hat oder

— kein Zusammenhang mit dem Gesellschaftsverhältnis besteht und deshalb **kein Sonderbetriebsvermögen** und **kein Eigenkapital** vorliegt.

---

339 BFH vom 20.06.1985, BStBl II 1985, 654.
340 BFH vom 10.04.1990, BStBl II 1990, 961, und vom 28.01.1992, BStBl II 1992, 605.
341 BFH vom 24.05.1989, BStBl II 1990, 8, m. w. N.

1.3.3.7.2 Eigenkapital

Handelsrechtlich gehören zum Eigenkapital nur solche Guthaben des Gesellschafters, **136**

— die im Fall der Insolvenz der Personengesellschaft nicht als Insolvenzforderung geltend gemacht werden können oder

— die im Fall seines Ausscheidens oder der Liquidation der Personengesellschaft erst nach Befriedigung aller Gesellschaftsgläubiger mit dem sonstigen (negativen) Eigenkapital auszugleichen sind, d. h. in die Ermittlung des Abfindungsguthabens des Gesellschafters eingehen,[342] oder

— die mit künftigen Verlusten der Personengesellschaft bis zur vollen Höhe – auch mit Wirkung gegenüber den Gesellschaftsgläubigern – zu verrechnen sind[343] oder

— die während des Bestehens der Personengesellschaft vom Gesellschafter nicht gekündigt werden können **(Finanzplandarlehen).**[344]

Zum Eigenkapital des Gesellschafters gehören danach:

1. Die vereinbarten Beiträge, die der Gesellschafter nach § 705 BGB beim Eintritt in die Personengesellschaft zu leisten hat.

   Begründung: Der Gesellschafter leistet in Erfüllung seiner Einlageverpflichtung und erwirbt dafür die Beteiligung als solche.

2. Gesamthänderisch gebundene **Rücklagen,** die aufgrund des Gesellschaftsvertrags gebildet werden und deren Auflösung nur durch einen Beschluss der Gesellschafterversammlung möglich ist.

3. Der gesamte Gewinnanteil, der den voll- oder teilhaftenden Gesellschaftern aufgrund des gesetzlichen oder vertraglichen Gewinnverteilungsschlüssels zuzurechnen ist. Zu diesem Gewinnanteil gehört auch eine eventuelle Kapitalverzinsung.

   Aber: Zum Eigenkapital eines Kommanditisten einer KG nach Handelsrecht gehört der Gewinnanteil nur, solange er dem Kapitalkonto zuzuschreiben ist, weil die vereinbarte Pflichteinlage noch nicht erbracht worden ist bzw. durch zwischenzeitliche Verlustabbuchungen unter den Betrag der vereinbarten Pflichteinlage gesunken ist (vgl. § 167 Abs. 2 und 3 HGB).

4. Einlagen eines Gesellschafters, die ihm **keine** echte Gläubigerstellung gegenüber der Personengesellschaft einräumen.

Die Verzinslichkeit der Konten gibt keinen Hinweis auf die Zuordnung zum Eigen- oder Fremdkapital, weil eine Verzinsung von Fremdkapital und eine

---

[342] BFH vom 04.05.2000, BStBl II 2001, 171, vom 07.04.2005, BStBl II 2005, 598 und vom 15.05.2008, BStBl II 2008, 812.
[343] Stellungnahme 2/1993 des HFA des IDW, WPg 1994 S. 22; siehe auch BFH vom 03.02.1988, BStBl II 1988, 551, vom 27.06.1996, BStBl II 1997, 36, und vom 04.05.2000, BStBl II 2001, 171.
[344] BFH vom 07.04.2005, BStBl II 2005, 598; siehe auch E. Rz. 18.

B. Laufende Besteuerung

Verzinsung von Eigenkapital im Rahmen der Gewinnverteilung gleichermaßen üblich und typisch sind.[345]

Wird ein Kapitalkonto verzinst, dient die Verzinsung allein einer zutreffenden Gewinnverteilung. Die vom Gesellschafter zu leistenden Zinsen sind dann keine Betriebseinnahmen und haben keine Auswirkung auf die Höhe des von der Personengesellschaft erzielten Gewinns. Sie sind folglich als Einlage zu verbuchen.[346]

1.3.3.7.3 Sonderbetriebsvermögen

137 Handelt es sich bei den Geldforderungen des Gesellschafters nicht um Eigenkapital im zivilrechtlichen Sinne, ist zu bedenken, dass die Gewährung eines Darlehens vom Gesellschafter an die Personengesellschaft eine Leistung ist, die mindestens auch der Verwirklichung des Gesellschaftszwecks dienlich ist.[347] Bestätigt wird diese Überlegung durch § 15 Abs. 1 Satz 1 Nr. 2 EStG, wonach Vergütungen für die Gewährung von Darlehen unter diese Vorschrift fallen. Der Begriff des Darlehens i. S. von § 15 Abs. 1 Satz 1 Nr. 2 EStG ist allerdings umfassender als der zivilrechtliche Darlehensbegriff. Er umfasst jede Überlassung von Kapital zur Nutzung, z. B.

1. Darlehen i. S. von § 488 Abs. 1 BGB, auch soweit sie von einem Einzelunternehmen des Gesellschafters der Personengesellschaft gewährt werden,

2. Überlassung von Kapital zur Nutzung, z. B. Stundung von Gehalts-, Kaufpreis- oder Mietforderungen und Aufwendungsersatz (§ 110 HGB),

3. Inanspruchnahme aus einer Bürgschaft zugunsten der Personengesellschaft für Verbindlichkeiten der Personengesellschaft,

4. eine typische stille Beteiligung,[348]

5. Gewinnanteile eines Kommanditisten einer KG, wenn die vereinbarte Pflichteinlage voll erbracht ist bzw. nach Verlusten wieder ausgeglichen ist (§ 169 HGB).

Beachte: § 169 HGB kann durch Gesellschaftsvertrag abbedungen werden. In diesem Fall stellen diese Gewinnanteile Eigenkapital dar.

Folge: Führt eine KG ein sog. Privatkonto für den Kommanditisten, das allein jederzeit fällige Forderungen des Gesellschafters ausweist, kann nur aufgrund ausdrücklicher und eindeutiger Regelung im Gesellschaftsvertrag angenommen werden, dass das Konto im Fall der Liquidation oder des Ausscheidens des Gesellschafters zur Deckung eines negativen

---

345 BFH vom 03.02.1988, BStBl II 1988, 551, und vom 15.05.2008, BStBl II 2008, 812.
346 BFH vom 04.05.2000, BStBl II 2001, 171, und vom 23.01.2001, BStBl II 2001, 621. Wegen der buchmäßigen Behandlung der Kapitalkonten siehe B. Rz. 178 ff.
347 BFH vom 08.12.1982, BStBl II 1983, 570.
348 BFH vom 10.11.1983, BStBl II 1984, 605.

Kapitalkontos herangezogen werden soll. Das bedeutet, dieses Konto stellt i. d. R. ein Darlehenskonto dar.[349]

Ebenso wie die übrigen Wirtschaftsgüter unabhängig davon zum Sonderbetriebsvermögen gehören, ob die Überlassung entgeltlich oder unentgeltlich erfolgt, gehören **verzinsliche** und **unverzinsliche** Darlehensforderungen zum notwendigen Sonderbetriebsvermögen I.

138 Zwischen den übrigen Wirtschaftsgütern des Sonderbetriebsvermögens I und Geldforderungen des Sonderbetriebsvermögens I besteht aber ein wesentlicher Unterschied. Das Darlehen erscheint zwar in der Sonderbilanz des Gesellschafters als Forderung. Dieser Forderung steht aber in der Handels- und Steuerbilanz der Personengesellschaft eine Verbindlichkeit gegenüber. In der (steuerlichen) **Gesamtbilanz der Personengesellschaft** stellt die Geldforderung des Gesellschafters, die von § 15 Abs. 1 Satz 1 Nr. 2 EStG erfasst wird, **Eigenkapital** dar. Es entsteht durch Wegfall der Forderung in der Sonderbilanz des Gläubiger-Gesellschafters und der Schuld in der Steuerbilanz der Personengesellschaft unter Erhöhung des Gesamtkapitalkontos des Gesellschafters.[350]

Die Zuordnung der Darlehensgewährung zu § 15 Abs. 1 Satz 1 Nr. 2 EStG hat zur Folge, dass die Hingabe des Darlehens steuerrechtlich als Einlage des Gesellschafters und die Rückzahlung des Darlehens als Entnahme des Gesellschafters zu beurteilen sind.[351]

Aus dieser steuerlichen Betrachtungsweise heraus ergeben sich folgende Konsequenzen:

139 1. Es spielt einkommensteuerlich grundsätzlich keine Rolle, ob Guthaben eines (voll oder beschränkt haftenden) Gesellschafters auf für ihn geführten Kapitalkonten[352] zivilrechtlich Darlehen oder Einlagen ausweisen.

Beispiel 1:

Eine KG betreibt ein Bankgeschäft. Ihre Komplementäre und Kommanditisten unterhalten bei ihr **privat** Giro- und Sparguthaben.

Die Guthaben auf den Giro- und Sparkonten gehören zum notwendigen Sonderbetriebsvermögen I mit der Folge, dass auch die gutgeschriebenen Zinsen zu den Vergütungen i. S. von § 15 Abs. 1 Satz 1 Nr. 2 EStG gehören.[353]

---

349 BFH vom 26.06.2007, BStBl II 2008, 103.
350 Schmidt/Wacker, § 15 Rz. 540; siehe auch BFH vom 08.12.1982, BStBl II 1983, 570, und vom 14.11.1985, BStBl II 1986, 58.
351 BFH vom 08.03.1974, BStBl II 1974, 562, vom 08.01.1975, BStBl II 1975, 437, vom 18.07.1979, BStBl II 1979, 673, und vom 11.12.1980, BStBl II 1981, 422.
352 Siehe hierzu B. Rz. 178 ff.
353 BFH vom 25.01.1980, BStBl II 1980, 275.

B. Laufende Besteuerung

140 2. **Kapitalersetzende Darlehen** eines Kommanditisten i. S. von § 172 a HGB stellen handelsrechtlich[354] und steuerrechtlich[355] grundsätzlich Fremdkapital dar und sind als solche in der Bilanz der Personengesellschaft auszuweisen, obwohl der Gesellschafter-Gläubiger das Darlehen im Insolvenzverfahren der Personengesellschaft nicht geltend machen kann und das Darlehen nicht zurückgezahlt werden darf, soweit eine Unterbilanz oder Überschuldung besteht. Einkommensteuerlich sind die kapitalersetzenden Darlehen wie die übrigen Darlehen in der Sonderbilanz des Gesellschafters zu aktivieren.

Beachte: Nach § 15 a EStG gehört zum negativen Kapital (= Verlustausgleichsvolumen) nur das zivilrechtliche Eigenkapital.[356]

141 3. Kapitalersetzende Darlehen könnten u. U. unter die Regelung des § 5 Abs. 2 a EStG fallen, wenn zwischen der Personengesellschaft und ihrem Gesellschafter ein **Rangrücktritt** vereinbart wurde. Dies ist jedoch aus nachfolgenden Gründen grundsätzlich nicht der Fall.

Zunächst ist zwischen einem **einfachen** und einem **qualifizierten** Rangrücktritt zu unterscheiden.

Bei einem **einfachen** Rangrücktritt vereinbaren Schuldner und Gläubiger, dass eine Rückzahlung der Verbindlichkeit nur dann zu erfolgen habe, wenn der Schuldner dazu aus zukünftigen Gewinnen, aus einem Liquidationsüberschuss oder aus anderem – freien – Vermögen künftig in der Lage ist und der Gläubiger mit seiner Forderung im Rang hinter alle anderen Gläubiger zurücktritt.

Bei einem **qualifizierten** Rangrücktritt erklärt der Gläubiger sinngemäß, er wolle wegen der Forderung erst nach Befriedigung sämtlicher Gläubiger der Personengesellschaft und – bis zur Abwendung der Krise – auch nicht vor, sondern nur zugleich mit den Einlagenrückgewähransprüchen der Gesellschafter berücksichtigt, also so behandelt werden, als handele es sich bei seiner Forderung um statuarisches Kapital.[357] Ziel der Vereinbarung eines qualifizierten Rangrücktritts ist, die Verbindlichkeit in der insolvenzrechtlichen Überschuldungsbilanz der Personengesellschaft nicht auszuweisen.

Zunächst ist festzuhalten, dass die Vereinbarung eines einfachen oder eines qualifizierten Rangrücktritts keinen Einfluss auf die Bilanzierung der Verbindlichkeit bei der Personengesellschaft und der Forderung beim Gesellschafter hat. Im Gegensatz zu einem Forderungsverzicht min-

---

354 Hoyos/M. Ring in Beck'scher Bilanzkommentar, § 266 Anm. 255.
355 BFH vom 05.02.1992, BStBl II 1992, 532, vom 30.03.1993, BStBl II 1993, 502, 504, vom 26.09.1996, BStBl II 1997, 277, vom 28.03.2000, BStBl II 2000, 347, und vom 07.04.2005, BStBl II 2005, 598.
356 Wegen Einzelheiten siehe E. Rz. 17 und OFD Koblenz vom 15.01.2007 – S 2241a A – St 311.
357 BGH vom 08.01.2001, BGHZ 146, 264–280.

dert sich oder erlischt weder die Forderung noch die Verbindlichkeit. Es ändert sich lediglich die Rangfolge der Tilgung.

Voraussetzung für die Anwendung des § 5 Abs. 2 a EStG ist, dass zwischen dem Ansatz der Verbindlichkeit und Gewinnen und Einnahmen eine Abhängigkeit im Zahlungsjahr besteht. Bei einem einfachen Rangrücktritt besteht diese erforderliche Abhängigkeit nur, wenn die Bezugnahme auf die Möglichkeit einer Tilgung auch aus sonstigem freien Vermögen fehlt, was i. d. R. nicht der Fall sein wird. Bei einem qualifizierten Rangrücktritt besteht diese Abhängigkeit niemals.[358]

Das bedeutet, die Darlehensforderung des Gesellschafters und die Verbindlichkeit der Personengesellschaft sind **trotz Rangrücktritt** zu bilanzieren. Eine Ausnahme ist nur möglich bei einem einfachen Rangrücktritt, wenn die oben dargestellte Abhängigkeit besteht.

4. Entnahmefähige Gewinnanteile, die nicht zum zivilrechtlichen Eigenkapital gehören, stellen einkommensteuerrechtlich genauso wie nichtentnahmefähige Gewinnanteile Eigenkapital dar. **142**

5. Darlehen, die ein Gesellschafter im Rahmen seines daneben bestehenden Einzelunternehmens der Personengesellschaft gewährt, stellen nach Aufgabe der Subsidiaritätstheorie grundsätzlich Eigenkapital bei der Personengesellschaft dar. Die Überführung des Darlehensbetrags ist bei der Personengesellschaft als Sonderbetriebsvermögen I in der Sonderbilanz des Gesellschafters zu aktivieren, stellt damit eine Einlage dar und ist in dem Einzelunternehmen als Entnahme auszubuchen. **143**

Beispiel 2:
A ist an einer OHG beteiligt und betreibt daneben ein Einzelunternehmen. Aus Mitteln dieses Einzelunternehmens gewährt er der OHG ein Darlehen i. H. von 200.000 €.

Es sind folgende Buchungen vorzunehmen
— im Einzelunternehmen:
Privatentnahme   200.000 €   an Bank   200.000 €
— in der Buchführung der Personengesellschaft:
Bank   200.000 €   an Darlehen   200.000 €
— in der Sonderbuchführung des Gesellschafters:
Darlehensforderung   200.000 €   an Privateinlage   200.000 €

6. Darlehen der Gesellschafter einer Besitzpersonengesellschaft an die Betriebs-GmbH im Rahmen einer Betriebsaufspaltung stellen notwendiges Sonderbetriebsvermögen II dar, wenn die Darlehen bei Begründung der Betriebsaufspaltung gewährt worden sind, ungesichert und unkündbar sind und ihre Laufzeit an die Dauer der Beteiligung der Gesellschaf- **144**

---
358 BMF vom 08.09.2006, BStBl I 2006, 497.

B. Laufende Besteuerung

ter an der GmbH gebunden sind, weil es sich hier um **eigenkapitalersetzende** Darlehen handelt.[359]

Beispiel 3:

Gesellschafter A und B sind im Rahmen einer Betriebsaufspaltung je zur Hälfte an der Besitz-OHG und an der Betriebs-GmbH beteiligt. Bei der Begründung der Betriebsaufspaltung gewährten sie der GmbH ungesicherte und unkündbare Darlehen i. H. von jeweils 3 Mio. €, deren Laufzeit an die Dauer ihrer Beteiligung an der GmbH gebunden ist.

Die Darlehen gehören zum notwendigen Sonderbetriebsvermögen II der Gesellschafter A und B bei der OHG, weil sie nicht marktüblichen Bedingungen entsprechen, sondern – wegen der Bindung der Laufzeit an die Beteiligung an der GmbH – unmittelbar zur Begründung oder Stärkung der Beteiligung der Gesellschafter an der OHG eingesetzt werden, denn sie verbessern die Vermögenslage und die Ertragslage der GmbH.

Kapitalersetzend sind Darlehen (auch) in Fällen der Betriebsaufspaltung dann, wenn sie zu einem Zeitpunkt hingegeben werden,

- in dem sich die GmbH bereits in der Krise befindet,
- in dem sich die GmbH noch nicht in der Krise befand, die Darlehen aber bei Eintritt der Krise stehen gelassen wurden, oder wenn sie
- für den Fall der Krise bestimmt sind.[360]

Krise ist nach § 32 a Abs. 1 Satz 1 GmbHG a. F. der Zeitpunkt, in dem ein Gesellschafter der Gesellschaft als ordentlicher Kaufmann Eigenkapital statt eines Darlehens gewährt hätte.

Ob sich eine GmbH in der Krise befindet, ist aufgrund einer Gesamtwürdigung der Umstände des Einzelfalls anhand gesellschaftsbezogener und kreditbezogener Indizien zu beurteilen.

Das Stehenlassen der Darlehen

- bei einem **erheblichen,** nicht durch Eigenkapital gedeckten **Verlust,**
- die **Unverzinslichkeit** der Darlehensforderungen,
- die Erklärung eines **Rangrücktritts,**
- das **Fehlen von Sicherheiten,**
- die **lange Laufzeit** des Darlehens von mindestens 20 Jahren und
- die **Erschwerung der Kündigung** der Darlehensbeträge durch die Abhängigkeit von der Einwilligung in die Kündigung durch die Gesellschafterversammlung

indizieren, dass sich die GmbH in der Krise befindet.[361] Unerheblich ist nach dieser BFH-Entscheidung, ob die Darlehen bereits bei Begründung

---

[359] BFH vom 21.05.1974, BStBl II 1974, 613, vom 10.11.1994, BStBl II 1995, 452, und vom 19.10.2000, BStBl II 2001, 335.
[360] BFH vom 07.07.1992, BStBl II 1993, 333, vom 06.07.1999, BStBl II 1999, 817.
[361] BFH vom 10.11.2005, BStBl II 2006, 618.

der Betriebsaufspaltung oder erst zu einem späteren Zeitpunkt der GmbH gewährt wurden.

7. Nach der additiven Gewinnermittlung mit korrespondierender Bilanzierung dürfen Forderungen in der Sonderbilanz nicht auf den niedrigeren Teilwert abgeschrieben werden. Dies gilt auch für Wertminderungen aufgrund einer Wechselkursänderung.[362] **145**

Wertminderungen wirken sich für den Gesellschafter erst mit Vollbeendigung der Personengesellschaft oder bei vorheriger Betriebsaufgabe i. S. von § 16 EStG oder bei seinem Ausscheiden aus der Personengesellschaft gewinnmindernd oder als nachträgliche negative gewerbliche Einkünfte aus.

Beispiel 4:

A gewährt der OHG, an der er beteiligt ist, ein langfristiges Darlehen i. H. von 300.000 € zu Konditionen wie unter Fremden. Wegen der schlechten finanziellen Lage der OHG beträgt der Wert des Darlehens am Bilanzstichtag nur 230.000 € (voraussichtlich dauernde Wertminderung i. S. von § 253 Abs. 2 HGB).

Die Darlehensforderung ist weiterhin zwingend mit dem Nennwert von 300.000 € zu aktivieren. Eine Gewinnauswirkung tritt dadurch nicht ein.

Beispiel 5:

Ein Gesellschafter einer OHG hat aufgrund eines schuldrechtlichen Vertrags Anspruch auf eine Tätigkeitsvergütung von jährlich 100.000 €. Die Vergütung für 01 wurde bis zum 31.12.01 noch nicht ausbezahlt. Wegen der schlechten finanziellen Lage der OHG ist davon auszugehen, dass die Forderung des Gesellschafters nur noch einen Teilwert von 40.000 € hat.

Die Forderung ist in der Sonderbilanz des Gesellschafters zum 31.12.01 mit 100.000 € zu aktivieren. Das bedeutet, dass die noch zu entrichtende Tätigkeitsvergütung bei der OHG im VZ 01 gewinnmindernd und in der Sonderbilanz des Gesellschafters gewinnerhöhend mit 100.000 € zu erfassen ist, obwohl nur mit einer Zahlung von 40.000 € gerechnet werden kann.

8. Verzichten Gesellschafter des Besitzunternehmens auf ihre Darlehensforderungen gegenüber der Betriebskapitalgesellschaft, liegt kein Fall der korrespondierenden Bilanzierung vor. Teilwertabschreibungen dieser Darlehensforderungen sind daher nicht von vornherein ausgeschlossen. Sie kommen jedoch nach der BFH-Rechtsprechung[363] nur nach Kriterien in Betracht, die für die Teilwertabschreibung der Beteiligung der Gesellschafter an der Betriebs-GmbH gelten. Auch ein gedachter Erwerber des Besitzunternehmens würde den Wert der eigenkapitalersetzenden Darlehensforderungen ermitteln wie den Wert der Anteile am Betriebsunternehmen selbst. Denn beide Werte werden nicht nur durch die Substanz **146**

---

362 BFH vom 26.09.1996, BStBl II 1997, 277, und vom 19.05.1993, BStBl II 1993, 714.
363 BFH vom 10.11.2005, BStBl II 2006, 618.

B. Laufende Besteuerung

und Ertragsaussichten des Betriebsunternehmens, sondern auch durch die wirtschaftliche Bedeutung des Betriebsunternehmens für die gesamte unternehmerische Betätigung im Rahmen der Doppelkonstruktion von Besitzunternehmen und Betriebsunternehmen bestimmt. Aus diesem Grunde scheidet eine Teilwertabschreibung gem. § 6 Abs. 1 Nr. 2 Satz 2 EStG im Wege der Abzinsung der Darlehensforderung aus. Dies gilt unabhängig davon, ob die Darlehensschuld der Betriebs-GmbH nach § 6 Abs. 1 Nr. 3 Satz 1 EStG abzuzinsen ist oder nicht.[364]

Für die Bestimmung des Teilwerts der eigenkapitalersetzenden Darlehen ist auf eine Gesamtbetrachtung der Ertragsaussichten von Besitz- und Betriebsunternehmen abzustellen.

147 9. Bei einem Verzicht eines Gesellschafters auf seine Darlehensforderung gegenüber der Personengesellschaft ist zu unterscheiden:

a) Verzichtet der Gesellschafter aus **gesellschaftlichen Gründen** auf eine Forderung, die er als Sonderbetriebsvermögen in seiner Sonderbilanz aktiviert hat, ist der Verzicht unabhängig davon, inwieweit die Forderung noch werthaltig ist, in vollem Umfang erfolgsneutral über „Privat" auszubuchen.

b) Verzichtet der Gesellschafter dagegen aus **eigenbetrieblichen** Interessen auf seine Forderung, z. B. zur Erhaltung von Geschäftsbeziehungen, liegt in Höhe des noch werthaltigen Teils der Forderung bei der Personengesellschaft eine Einlage und beim Gesellschafter eine Entnahme und in Höhe des nicht mehr werthaltigen Teils bei der Personengesellschaft ein steuerpflichtiger Ertrag und beim Gesellschafter ein abzugsfähiger Aufwand vor. In diesen nur **ausnahmsweise** vorkommenden Fällen wird die Forderung in der Regel im Einzelunternehmen des Gesellschafters aktiviert sein. Das bedeutet, diese Behandlung ist sinngemäß dieselbe wie beim Forderungsverzicht eines Gesellschafters einer Kapitalgesellschaft.[365]

In beiden Fällen ist die erfolgsneutrale Erhöhung des Kapitals der Personengesellschaft, sofern die Gesellschafter nichts anderes vereinbaren, allein dem verzichtenden Gesellschafter zuzurechnen und erhöht daher sein Kapitalkonto in der Steuerbilanz der Personengesellschaft.[366]

Beispiel 6:

Kommanditist A gewährt der KG ein Darlehen i. H. von 100.000 € und aktiviert es zutreffend in seiner Sonderbilanz. Wegen auftretender finanzieller Schwierigkeiten der KG verzichtet A einige Zeit später aus gesellschaftlichen Gründen

---

364 Der BFH hält die Abzinsung für fraglich (BFH vom 10.11.2005, a. a. O.). Die Finanzverwaltung ist dagegen für eine Abzinsung (BMF vom 26.05.2005, BStBl I 2005, 699, 702).
365 Hottmann u. a., E. Rz. 351 ff.
366 Gl. A. Schmidt/Wacker, § 15 Rz. 550.

auf das Darlehen. Der Teilwert der Forderung beträgt noch 40.000 €. Vereinbarungen über die Folgen eines Forderungsverzichts liegen nicht vor.

Bei der **KG** ist der Forderungsverzicht wie folgt zu buchen:
Darlehen   100.000 €   an Privateinlage A   100.000 €

Bei **A** ist der Forderungsverzicht in seiner Sonderbuchführung wie folgt zu buchen:
Privatentnahme   100.000 €   an Darlehensforderung   100.000 €

Beispiel 7:
Wie Beispiel 6, aber A hat das Darlehen zutreffend in seinem Einzelunternehmen aktiviert.

Die Buchungen sind dieselben wie im Beispiel 6.

Beispiel 8:
Wie Beispiel 7, A verzichtet aber aus eigenbetrieblichen Interessen auf seine Forderung.

Bei der **KG** ist der Forderungsverzicht wie folgt zu buchen:
Darlehen   100.000 €   an Privateinlage A   40.000 €
                                         Sonstige
                                         betriebliche Erträge   60.000 €

Bei **A** ist der Forderungsverzicht in seinem Einzelunternehmen wie folgt zu buchen:
Privatentnahme   40.000 €   an Darlehensforderung   100.000 €
Sonstige betriebliche
Aufwendungen   60.000 €

Abgrenzung:

Verzichtet der Gesellschafter einer Besitzpersonengesellschaft auf seine Darlehensforderung gegenüber der Betriebskapitalgesellschaft gem. § 397 BGB, ist der Grundsatz der korrespondierenden Bilanzierung wiederum nicht anzuwenden. In Höhe der im Zeitpunkt des Verzichts noch werthaltigen Darlehensforderung liegt eine verdeckte Einlage in die GmbH vor, die bei der Besitzgesellschaft in dieser Höhe zu nachträglichen Anschaffungskosten der GmbH-Beteiligung führt.

Beispiel 9:
Gesellschafter einer Besitz-GbR und einer Betriebs-GmbH sind A und B je zur Hälfte. Beide haben der Betriebs-GmbH ein Darlehen i. H. von je 200.000 € gewährt. Wegen der schlechten finanziellen Situation der GmbH verzichten beide auf ihre Forderungen, die im Zeitpunkt des Verzichts noch einen Wert von je 80.000 € haben.

Die Darlehensforderungen gehören zum notwendigen Sonderbetriebsvermögen II von A und B. In Höhe des im Zeitpunkt des Verzichts noch werthaltigen Teils der Darlehensforderungen von je 80.000 € liegt eine verdeckte Einlage von A und B in die GmbH vor. Die verdeckte Einlage führt zu einer Erhöhung der Anschaffungskosten der GmbH-Beteiligung. Der Verzicht auf die

B. Laufende Besteuerung

Forderungen wirkt sich folglich i. H. von 120.000 € gewinnmindernd und i. H. von 80.000 € gewinnneutral aus. In den Sonderbuchführungen von A und B muss jeweils gebucht werden

GmbH-Beteiligung	80.000 €	an Darlehensforderung	200.000 €
Sonstige betriebliche Aufwendungen	120.000 €		

149 10. Die Regelungen zur Abzinsung von Verbindlichkeiten gem. § 6 Abs. 1 Nr. 3 und 3 a Buchstabe e Satz 1 EStG gelten auch bei Darlehen eines Gesellschafters an seine Personengesellschaft, soweit es sich dabei ertragsteuerlich **nicht** um Einlagen handelt.[367]

Allerdings geht die Finanzverwaltung bei unverzinslichen Gesellschafterdarlehen grundsätzlich davon aus, dass es sich um Einlagen handelt. Daher stellt sich die Frage der Abzinsung von vornherein nicht.

Ein Darlehensvertrag wäre z. B. anzuerkennen, wenn das Darlehen aus originären Mitteln des Sonderbetriebsvermögens stammt (z. B. Umwandlung einer Pachtforderung des Sonderbetriebsvermögens in eine zinslose Darlehensforderung). Selbst wenn die Restlaufzeit des Darlehens mindestens noch ein Jahr beträgt, ergibt sich in diesem Fall u. E. keine Abzinsung, weil dieses Darlehen in der steuerlichen Gesamtbilanz der Mitunternehmerschaft Eigenkapital darstellt.

1.3.3.7.4 Weder Eigenkapital noch Sonderbetriebsvermögen

150 Weder zum Eigenkapital noch zum Sonderbetriebsvermögen gehören folgende Forderungen des Gesellschafters gegenüber der Personengesellschaft:

1. Forderungen, die ein Gesellschafter an einen Nichtgesellschafter abgetreten hat.[368] Dies gilt auch bei einer Abtretung an Kinder des Gesellschafters.[369] Die Finanzverwaltung[370] wendet diese BFH-Rechtsprechung aber nur an, wenn die Vereinbarungen denen zwischen fremden Dritten entsprechen, sofern der Gesellschafter, mit dessen Angehörigen der Vertrag abgeschlossen wird, die Personengesellschaft beherrscht.[371] Das bedeutet, beherrscht der abtretende Gesellschafter die Personengesellschaft nicht, kann der Schuldzinsenabzug nicht vom Ergebnis eines

---

367 BMF vom 26.05.2005, BStBl I 2005, 699, Rz. 23, unter Hinweis auf BFH vom 12.12.1996, BStBl II 1998, 180.
368 BFH vom 13.10.1972, BStBl II 1973, 116.
369 BFH vom 22.05.1984, BStBl II 1985, 243.
370 BMF vom 11.04.1985, BStBl I 1985, 180.
371 BFH vom 21.05.1987, BStBl II 1987, 628, vom 15.12.1988, BStBl II 1989, 500, und vom 20.09.1990, BStBl II 1991, 18.

Fremdvergleichs hinsichtlich der Darlehensbedingungen abhängig gemacht werden.[372, 373]

Beispiel 1:

A ist an der AB-OHG zur Hälfte beteiligt. Er hat der OHG ein Darlehen i. H. von 150.000 € gewährt bei einer Verzinsung von 10 %. Diese Darlehensforderung tritt er am 01.07.01 an seinen Sohn S unentgeltlich ab. Dieser tritt in den Darlehensvertrag mit der OHG ein.

Durch die Schenkung wird die Forderung aus dem Sonderbetriebsvermögen gewinnneutral entnommen. Die Zinsen bis zum 30.06.01 i. H. von 7.500 € stellen Sonderbetriebseinnahmen des A dar.

In der Bilanz der OHG ändert sich nichts. Die Verbindlichkeit ist weiterhin mit 150.000 € zu passivieren, die Zinsen stellen Betriebsausgaben der OHG dar.

Beispiel 2:

Wie Beispiel 1, aber S ist auch Gesellschafter der OHG.

Die Forderung ist aus der Sonderbilanz des A auszubuchen und in der Sonderbilanz des S zu aktivieren. Die Zinsen für 01 stellen i. H. von je 7.500 € Sonderbetriebseinnahmen bei A und S dar.

Bei der OHG ergeben sich keine Änderungen.

2. Forderungen eines Gesellschafters, der daneben ein gewerbliches Einzelunternehmen betreibt, aus **laufenden** Lieferungen oder Leistungen, die nicht wirtschaftlich mit dem Gesellschaftsverhältnis zusammenhängen und wie zwischen Fremden üblich abgewickelt werden, z. B. Forderungen aus Warenlieferungen.[374] **151**

Beispiel 3:

Einzelunternehmer A liefert im November 01 Waren zu üblichen Konditionen an eine OHG, an der er beteiligt ist, und bucht

Forderungen	23.800 €	Warenverkauf	20.000 €
		Umsatzsteuer	3.800 €

Wegen längerfristiger Zahlungsschwierigkeiten der OHG ist die Forderung am 31.12.01 nur noch 18.000 € (netto) wert.

Die Forderung gehört nicht zum Sonderbetriebsvermögen des A, sondern zum Betriebsvermögen des Einzelunternehmens und muss dort gem. § 253 Abs. 3 HGB i. V. m. § 6 Abs. 1 Nr. 2 EStG mit dem Wert von 18.000 € zzgl. USt aktiviert werden. Dadurch tritt eine Gewinnminderung von 2.000 € ein.

In der Bilanz der OHG ist die Schuld weiterhin mit 23.800 € zu passivieren.

3. Forderungen, die nicht durch das Gesellschaftsverhältnis veranlasst sind, z. B. weil die Darlehensgewährung und Mitunternehmerschaft desjeni- **152**

---

372 BFH vom 15.12.1988, BStBl II 1989, 500.
373 Siehe B. Rz. 296 ff.
374 BFH vom 06.09.1960, BStBl III 1960, 443.

B. Laufende Besteuerung

gen, der das Darlehen gewährt, nur zufällig und vorübergehend zusammentreffen.[375]

Beispiel 4:

A ist als Kommanditist an einer Bankhaus-KG beteiligt. Er beerbt den Privatmann B, der bei der KG ein Sparguthaben unterhalten hat. Kurze Zeit nach dem Erbfall löst A das Sparkonto auf.

In diesem Fall gehört das Sparguthaben des A zum Privatvermögen, weil es nur zufällig und vorübergehend mit der Mitunternehmerschaft zusammentrifft.

Ebenfalls zum Privatvermögen gehört eine Darlehensforderung des Gesellschafters, wenn die Darlehensmittel auf ein Kontokorrentkonto der Personengesellschaft überwiesen werden und damit die **Privat**schulden der Personengesellschaft getilgt werden.[376] Werden mit den Darlehensmitteln dagegen die betrieblichen Kontokorrentschulden getilgt, gehört das Darlehen des Gesellschafters zu seinem Sonderbetriebsvermögen I.[377]

153 4. Forderungen aus Leistungen, die vor Eintritt des Gesellschafters in die Personengesellschaft voll erbracht waren.

Beispiel 5:

C, ein Arbeitnehmer einer OHG, wird mit Wirkung vom 01.04.02 in diese OHG als Gesellschafter aufgenommen. Die OHG hatte zu diesem Zeitpunkt das Gehalt für die Monate Januar bis März 02 i. H. von 18.000 € noch nicht ausbezahlt. Am 20.04.02 wird dieser Betrag auf ein Girokonto des C überwiesen.

Die Forderung des C bezieht sich auf die Arbeitsleistung, die vor seinem Eintritt in die OHG voll erbracht wurde. Sie gehört deshalb zu seinem Privatvermögen. Der Arbeitslohn, der zu den Einkünften aus nichtselbständiger Arbeit gehört, fließt am 20.04.02 zu.

Aber: Werden die Forderungen mit Rücksicht auf das Gesellschaftsverhältnis als Darlehen überlassen oder geht die Forderung durch den Beitritt des Gläubigers als Gesellschafter bürgerlich-rechtlich unter, liegt entweder Sonderbetriebsvermögen oder überhaupt keine Schuld mehr vor.

Hier bedarf es besonderer (ausdrücklicher oder stillschweigender) Vereinbarungen, die darin bestehen können, dass entweder ein Darlehen vereinbart wird oder die Forderung mit Rücksicht auf das Gesellschaftsverhältnis zum Fälligkeitszeitpunkt nicht geltend gemacht oder die Forderung als Gesellschaftseinlage behandelt wird.[378]

---

375 BFH vom 25.01.1980, BStBl II 1980, 275.
376 BFH vom 08.11.1990, BStBl II 1991, 505, und vom 28.10.1999, BStBl II 2000, 390.
377 Wegen der Zuordnung von Kontokorrentschulden zum Betriebsvermögen oder zum Privatvermögen siehe B. Rz. 83.
378 BFH vom 18.07.1979, BStBl II 1979, 673.

Beispiel 6:
Wie Beispiel 5, mit Rücksicht auf das Gesellschaftsverhältnis wird das rückständige Gehalt am 02.04.02 in eine Darlehensforderung umgewandelt und mit 10 % verzinst. Die Zinsen werden jeweils am 01.04. fällig. Das Darlehen ist zum 31.03.07 zurückzuzahlen.

Am 02.04.02 gilt das Gehalt bei C als zugeflossen und stellt bei ihm Einnahmen aus nichtselbständiger Arbeit dar. Das Darlehen hat er in seiner Sonderbilanz zu aktivieren. Die Zinsen gehören zu den Vergütungen i. S. von § 15 Abs. 1 Satz 1 Nr. 2 EStG und sind in der Sonderbilanz zum 31.12.02 mit 10 % von 18.000 € = 1.800 €, davon $^9/_{12}$ = 1.350 € zu aktivieren. Der Gewinn des A beträgt insoweit 1.350 €.

Die OHG passiviert am 02.04.02 die Darlehensschuld gegenüber ihrem Gesellschafter und in der Bilanz zum 31.12.02 zusätzlich eine sonstige Verbindlichkeit von 1.350 €, was zu einer entsprechenden Gewinnminderung führt.

Beispiel 7:
Wie Beispiel 5, aber die Einlageverpflichtung des C beträgt 20.000 €. Diese wird durch Umwandlung der rückständigen Gehaltsforderung und eine Barzahlung von 2.000 € entrichtet.

Die Gehaltsforderung des C geht bürgerlich-rechtlich unter. Gleichzeitig gilt das Gehalt als zugeflossen. In der Sonderbilanz des C ist nichts zu aktivieren.

In der Bilanz der OHG ist umzubuchen
Sonstige Verbindlichkeiten an Kapital C 18.000 €

Beispiel 8:
D gewährt einer OHG, an der er nicht beteiligt ist, am 01.07.01 ein Darlehen i. H. von 80.000 €, fällig am 30.06.06, Zinssatz 10 %. Die Zinsen sind jeweils am 30.06. zu entrichten. Mit Wirkung vom 01.01.02 tritt D in die OHG ein, der Darlehensvertrag bleibt unverändert bestehen.

Das Darlehen gehört ab 01.01.02 zum notwendigen Sonderbetriebsvermögen des D und ist in der Sonderbilanz des D zu aktivieren. Die Zinsen gehören – unabhängig vom Zeitpunkt der Bezahlung – zu den Einnahmen aus Kapitalvermögen, soweit sie auf die Zeit bis zum 31.12.01 entfallen. Die Zinsen, die auf die Zeit ab 01.01.02 entfallen, gehören dagegen zu den Vergütungen i. S. des § 15 Abs. 1 Satz 1 Nr. 2 EStG.

1.3.3.7.5 Bürgschaften

Für die Bilanzierung von Bürgschaftsverpflichtungen gelten bei einer Personengesellschaft und ihren Gesellschaftern dieselben Grundsätze wie bei Einzelunternehmern. Das bedeutet, bei Übernahme einer Bürgschaft ist eine Bilanzierung nicht möglich. Lediglich unter der Bilanz ist diese Bürgschaft gem. § 251 HGB zu vermerken.

Droht allerdings im Zusammenhang mit der Übernahme der Bürgschaft eine Haftungsinanspruchnahme, so ist gem. § 249 Abs. 1 HGB eine Rückstellung für ungewisse Verbindlichkeiten zu passivieren. Sofern nicht die

B. Laufende Besteuerung

Personengesellschaft, sondern ihr Gesellschafter eine im Zusammenhang mit der Beteiligung stehende Bürgschaft zugunsten eines Dritten übernommen hat und daraus ein Verlust droht, ist die Rückstellung in der Sonderbilanz dieses Gesellschafters zu passivieren.

Hat der Gesellschafter diese Bürgschaft zugunsten der Personengesellschaft übernommen, ist dagegen eine Rückstellung in der Sonderbilanz nicht zulässig.[379]

Wird der Gesellschafter vom Gläubiger der Personengesellschaft aus dieser Bürgschaftsverpflichtung in Anspruch genommen, entsteht bei ihm eine Forderung gegen die Personengesellschaft, die er in seiner Sonderbilanz aktivieren muss. Die Schuld der Personengesellschaft gegenüber dem Dritten ist zu einer Schuld gegenüber dem Gesellschafter geworden und muss von der Personengesellschaft weiterhin passiviert werden.[380] Das bedeutet, dieser Fall wird genauso behandelt wie die unmittelbare Darlehensgewährung eines Gesellschafters an seine Personengesellschaft; in der steuerlichen Gesamtbilanz der Personengesellschaft liegt Eigenkapital vor.[381]

Ein etwaiges Wertloswerden dieser Forderung, die zum notwendigen Sonderbetriebsvermögen I gehört, wirkt sich somit erst bei Beendigung der Personengesellschaft bzw. beim Ausscheiden des Gesellschafters aus der Personengesellschaft steuerlich aus,[382, 383] weil auch für diese Rückgriffsforderung keine Teilwertabschreibung zulässig ist.

Hat der Gesellschafter zur Bestreitung der Bürgschaftsverpflichtung ein Darlehen aufgenommen, gehört diese Schuld zum notwendigen Sonderbetriebsvermögen II und muss in seiner Sonderbilanz passiviert werden.[384]

Beispiel 1:

Eine KG nimmt am 10.09.01 ein Darlehen i. H. von 600.000 € auf. Kommanditist A übernimmt dafür eine Bürgschaft. Am 31.12.02 muss A mit einer Inanspruchnahme aus der Bürgschaft rechnen, am 12.02.03 wird er tatsächlich i. H. von 600.000 € in Anspruch genommen. Seine Rückgriffsforderung gegenüber der KG ist am 31.12.03 nur noch 300.000 €, am 31.12.04 nur noch 100.000 € wert.

In der Bilanz zum 31.12.01 darf A wegen der drohenden Inanspruchnahme aus der Bürgschaft keine Rückstellung bilden. Die Überweisung des Darlehensbetrags von 600.000 € stellt einkommensteuerrechtlich Eigenkapital dar und muss in der Sonderbilanz des A als notwendiges Sonderbetriebsvermögen I aktiviert werden. Teilwertabschreibungen darauf sind vor Beendigung der Personengesellschaft bzw. vor dem Ausscheiden des A aus der KG nicht zulässig.

---

379 BFH vom 21.06.1989, BStBl II 1989, 881.
380 BFH vom 04.07.1974, BStBl II 1974, 677, und vom 12.07.1990, BStBl II 1991, 64.
381 Siehe B. Rz. 137.
382 Siehe auch N. Rz. 12 ff.
383 BFH vom 19.03.1981, BStBl II 1981, 570, vom 12.07.1990, a. a. O., und vom 19.01.1993, BStBl II 1993, 594.
384 Wegen der Hinzurechnung von Bürgschaftsverpflichtungen zum Kapital i. S. von § 15 a EStG siehe E. Rz. 19.

Beispiel 2:
Im zeitlichen Zusammenhang mit der Begründung einer Betriebsaufspaltung übernahmen die drei Gesellschafter der Besitz-OHG und der Betriebs-OHG zur Sicherung von Kreditansprüchen der Bank gegen die Betriebs-OHG jeweils unentgeltlich selbstschuldnerische Bürgschaften. Am 31.12.01 mussten sie wegen der schlechten finanziellen Lage der GmbH mit einer Inanspruchnahme aus der Bürgschaft rechnen.

Die Bürgschaftsverpflichtungen und die mit ihnen korrespondierenden Befreiungs- und Ersatzansprüche der Gesellschafter rechnen zum notwendigen Sonderbetriebsvermögen II der Gesellschafter bei der Besitz-OHG, weil sie die Bürgschaften nicht zu marktüblichen Bedingungen übernommen haben.[385] Die Bürgschaften dienen dazu, die Vermögenslage und die Ertragslage der Betriebs-GmbH zu verbessern, und stärken dadurch zugleich die Beteiligung der Gesellschafter an der Besitz-OHG auf zweifache Weise: zum einen zur Sicherung der laufenden Pachteinnahmen und zum anderen durch die Erhaltung bzw. die Erhöhung des Werts der ebenfalls zum notwendigen Sonderbetriebsvermögen II gehörenden GmbH-Anteile.

Anders als in den Fällen der Bürgschaftsübernahme gegenüber der Personengesellschaft ist in diesen Fällen in den Sonderbilanzen der Gesellschafter zum 31.12.01 dann eine Rückstellung zu bilden, wenn und soweit die mit der Inanspruchnahme korrespondierenden Regressansprüche gegenüber der GmbH am 31.12.01 nicht mehr werthaltig sind.

Anmerkung: Die Inanspruchnahme aus der Bürgschaft führt bei den Gesellschaftern – anders als bei § 17 EStG – nicht zu nachträglichen Anschaffungskosten der GmbH-Anteile, sondern zu sofort abzugsfähigen Betriebsausgaben und deshalb zur Passivierung der Rückstellung.

1.3.3.8 Darlehen der Personengesellschaft an ihre Gesellschafter

Darlehen einer Personengesellschaft an ihre Gesellschafter sind handelsrechtlich Bestandteil des Gesamthandsvermögens der Personengesellschaft und in ihrer Handelsbilanz zu aktivieren. Auch aus steuerlicher Sicht können sich Personengesellschaften und ihre Gesellschafter wie Fremde gegenüberstehen. § 15 Abs. 1 Satz 1 Nr. 2 EStG ist nach Auffassung der Finanzverwaltung und der Literatur[386] auf Leistungen einer Personengesellschaft an ihre Gesellschafter nicht anzuwenden, denn das EStG kennt keine „negativen Sondervergütungen", vielmehr gelten die Vorschriften über die Gewinnermittlung in §§ 4 bis 6 EStG. Das Darlehen gehört nach Auffassung der Finanzverwaltung[387] aber nur zum steuerlichen Betriebsvermögen, wenn für die Hingabe des Darlehens eine betriebliche Veranlassung vorgelegen hat. In diesen Fällen ist der Darlehensvertrag wie ein Rechtsverhältnis zwischen Fremden nach allgemeinen bilanzsteuerrechtlichen Grundsätzen zu erfassen mit der Folge, dass die Zinsen zu den Betriebseinnahmen

---
385 BFH vom 18.12.2001, BStBl II 2002, 733.
386 Z. B. Schmidt/Wacker, § 15 Rz. 625 ff. m. w. N.
387 OFDen Münster und Düsseldorf vom 18.02.1994, BB 1994 S. 545.

B. Laufende Besteuerung

der Personengesellschaft gehören und ihren Gewinn erhöhen. Die mit dem Darlehen verbundenen Aufwendungen, z. B. Refinanzierungskosten, stellen in voller Höhe Betriebsausgaben der Personengesellschaft dar und mindern ihren Gewinn.

156 Die Bewertung des Darlehens erfolgt nach § 253 Abs. 2 und 3 HGB i. V. m. § 6 Abs. 1 Nr. 2 EStG. Wird das Darlehen notleidend, ist wegen des Grundsatzes der korrespondierenden Bilanzierung der Ansatz eines niedrigeren Teilwerts jedenfalls dann nicht möglich, wenn die Darlehensschuld beim Gesellschafter zum Sonderbetriebsvermögen gehört. Eine Teilwertabschreibung ist darüber hinaus ebenfalls nicht zulässig, soweit der Forderung ein Guthaben des Gesellschafters nach § 738 Abs. 1 Satz 2 BGB gegenübersteht, gegen das im Auseinandersetzungsfall aufgerechnet werden könnte, oder wenn nicht die üblichen Schritte zur Durchsetzung der Forderung ausgeschöpft werden. Im Übrigen ist jedoch der wertgeminderten bzw. uneinbringlichen Darlehensforderung durch gewinnmindernden Ansatz der Forderung mit dem niedrigeren Teilwert Rechnung zu tragen.[388]

157 Eine betriebliche Veranlassung liegt vor, wenn

— die Darlehenshingabe aus Sicht der Personengesellschaft zu marktüblichen Konditionen erfolgt. Die Art der Verwendung der Darlehensmittel ist in diesem Fall unerheblich, d. h., der Gesellschafter kann das Darlehen verwenden

  — für **betriebliche** Zwecke im Rahmen eines Sonderbetriebsvermögens bei dieser oder einer anderen Personengesellschaft oder im Rahmen des Betriebsvermögens eines Einzelunternehmens;

  — für **private** Zwecke im Rahmen einer Überschusseinkunftsart oder für die private Lebensführung, z. B. zur Finanzierung eines Gebäudes für eigene Wohnzwecke;

— **marktunüblich** günstige Konditionen durch ein besonderes betriebliches Interesse der Personengesellschaft an dem Verwendungszweck bedingt sind.

Beispiel 1:

Die AB-OHG gewährt ihrem Gesellschafter A am 01.10.02 ein Darlehen i. H. von 100.000 € zu Bedingungen wie unter Fremden. Der Zinssatz beträgt 10 %, die Zinsen sind vierteljährlich zu entrichten, erstmals am 31.12.02. Für die Hingabe des Darlehens liegt eine betriebliche Veranlassung vor. Der Gewinn ist je zur Hälfte auf A und B zu verteilen.

Handelsrechtlich und steuerrechtlich gehört das Darlehen zum notwendigen Betriebsvermögen der OHG.

---

[388] BFH vom 09.05.1996, BStBl II 1996, 642.

Buchungen der OHG in Handels- und Steuerbilanz:
am 01.10.02:
Darlehensforderung   100.000 €   an Bank   100.000 €

am 31.12.02:
Bank   2.500 €   an Zinserträge   2.500 €

Das Darlehen gehört beim Gesellschafter A entweder zu seinem passiven Sonderbetriebsvermögen bzw. zum Betriebsvermögen in seinem Einzelunternehmen oder zu seinem Privatvermögen. Dementsprechend sind die Zinsen entweder Sonderbetriebsausgaben bzw. Betriebsausgaben im Einzelunternehmen und mindern dort seinen Gewinn(anteil) oder Werbungskosten oder sind als Kosten der Lebensführung nichtabzugsfähig.

158 Dagegen liegt nach Auffassung der Finanzverwaltung **keine betriebliche** Veranlassung vor, wenn

— das Darlehen zu **unüblichen Konditionen** gewährt wurde, es also einem Fremdvergleich nicht standhält, z. B. keine oder niedrige oder zu hohe Verzinsung vereinbart wurden, ohne dass ein besonderes betriebliches Interesse der Personengesellschaft vorliegt, Tilgung nicht im üblichen Zeitraum,[389]

— der Darlehensanspruch bei langfristigen Darlehen (= Laufzeit mehr als vier Jahre) **nicht verkehrsüblich gesichert ist**,[390]
Aber: Bei kurz- oder mittelfristigen Darlehen hat die Gestellung oder Nichtgestellung von Kreditsicherheiten für die Beurteilung der Marktüblichkeit keine allein entscheidende Bedeutung, sie ist aber bei der gebotenen Gesamtwürdigung als zusätzliches Indiz für eine gesellschaftliche bzw. private Veranlassung der Darlehensvergabe zu werten,

— mit einer **Rückzahlung** der Darlehenssumme im Zeitpunkt der Darlehensgewährung wegen der schlechten finanziellen Situation des Gesellschafters nicht gerechnet werden kann,[391]

— bei einer Refinanzierung durch die Personengesellschaft die Refinanzierungskosten **auf Dauer** höher sind als die Zinseinnahmen der Personengesellschaft,

— der Zinssatz zwar einem Fremdvergleich standhält, die Personengesellschaft das Geld aber zur Tilgung eigener, höher verzinslicher Schulden verwenden könnte,

— die Personengesellschaft ein **zinsloses** Darlehen gewährt hat.

159 In diesen Fällen gehört die Darlehensforderung zwar zivilrechtlich zum Gesellschaftsvermögen und damit zum handelsrechtlichen Betriebsvermögen der Personengesellschaft, nicht aber zum steuerlichen Betriebsver-

---
389 BFH vom 20.09.1990, BStBl II 1991, 18, und vom 09.05.1996, BStBl II 1996, 642.
390 BFH vom 09.05.1996, BStBl II 1996, 642.
391 BFH vom 19.07.1984, BStBl II 1985, 6.

B. Laufende Besteuerung

mögen. Es liegt eine Entnahme der Darlehensvaluta aus dem Betriebsvermögen der Personengesellschaft in ihr Privatvermögen vor. Diese Entnahme ist – sofern keine abweichende vertragliche Vereinbarung vorliegt – **allen** Gesellschaftern entsprechend ihrem Anteil am Gesamthandsvermögen zuzurechnen, da ihnen der Darlehensbetrag spätestens im Rahmen der Liquidation anteilig zurückfließt. Deshalb sind Tilgungsleistungen sowie Zinsleistungen des Darlehensnehmers bei **allen** Gesellschaftern anteilig als Einlagen zu erfassen, führen also weder bei der Personengesellschaft zu Betriebseinnahmen noch beim Gesellschafter zu abzugsfähigen (Sonder-)Betriebsausgaben bzw. Werbungskosten. Eine Teilwertabschreibung dieses Darlehens ist wegen der Zugehörigkeit zum steuerlichen Privatvermögen der Personengesellschaft nicht möglich.[392]

160 Buchungstechnisch ist in einer (negativen) Ergänzungsbilanz des Gesellschafters ein „Minderwert Forderungen" zu passivieren.

Beispiel 2:

An der CD-OHG sind C und D je zur Hälfte beteiligt. Die OHG gewährt C am 02.01.01 ein Darlehen i. H. von 200.000 €, das am 02.01.11 zurückzuzahlen ist. Die Zinsen von 8 % sind jeweils am Jahresende zu entrichten. Zur Finanzierung dieses Gesellschafterdarlehens nahm die OHG bei einer Bank ein Darlehen von 200.000 € auf (Laufzeit zehn Jahre, Zinssatz 10 %). Die Zinsen sind ebenfalls jeweils am Jahresende zu entrichten.

Das Gesellschafterdarlehen sowie das Refinanzierungsdarlehen gehören zum handelsrechtlichen Betriebsvermögen.

In der Handelsbilanz ist wie folgt zu buchen:

am 02.01.01
1. Darlehensforderung   200.000 €   an Bank   200.000 €
2. Bank   200.000 €   an Darlehen   200.000 €

am 31.12.01
1. Bank   16.000 €   an Zinserträge   16.000 €
2. Zinsaufwendungen   20.000 €   an Bank   20.000 €

Steuerrechtlich gehört dagegen weder das Gesellschafter- noch das Refinanzierungsdarlehen zum Betriebsvermögen der OHG, weil die Refinanzierungskosten der OHG auf Dauer höher sind als die Zinseinnahmen der OHG. Die Entnahme bzw. Einlage ist allen Gesellschaftern anteilig zuzurechnen, weil keine abweichenden Vereinbarungen vorliegen. Ebenfalls als Entnahmen bzw. Einlagen aller Gesellschafter sind die entrichteten bzw. erhaltenen Zinsen zu behandeln.

In der Steuerbilanz ist wie folgt zu buchen:

am 02.01.01
1. Privatentnahme C   100.000 €   an Bank   200.000 €
   Privatentnahme D   100.000 €

---

[392] BFH vom 09.05.1996, BStBl II 1996, 642.

2. Bank	200.000 €	an Privateinlage C	100.000 €
		Privateinlage D	100.000 €
am 31.12.01			
1. Bank	16.000 €	an Privateinlage C	8.000 €
		Privateinlage D	8.000 €
2. Privatentnahme C	10.000 €	an Bank	20.000 €
Privatentnahme D	10.000 €		

Der Steuerbilanzgewinn ist um 4.000 € höher als der Handelsbilanzgewinn. Dieser Mehrgewinn ist C und D je zur Hälfte zuzurechnen.

Hinweis: Buchungstechnisch ist es auch zulässig, keine abweichende Steuerbilanz zu erstellen, sondern die aus steuerlichen Gründen notwendigen Korrekturen in zwei negativen Ergänzungsbilanzen der Gesellschafter C und D vorzunehmen.

Statt den Buchungen in der Steuerbilanz wäre in den Ergänzungsbilanzen **jeweils** zu buchen:

am 02.01.01
1. Privatentnahme 100.000 €   an Minderwert
                                Darlehensforderung 100.000 €
2. Minderwert Darlehensschuld
   100.000 €   an Privateinlage 100.000 €

am 31.12.01
1. Minderzinserträge 8.000 €   an Privateinlage 8.000 €
2. Privatentnahme 10.000 €   an Minderzinsaufwendungen 10.000 €

In beiden Ergänzungsbilanzen ergibt sich jeweils ein Gewinn von 2.000 €, der den steuerlichen Gewinn von C und D erhöht.

Anmerkungen:

1. Bei **unüblich niedriger** Verzinsung liegt nach u. E. zutreffender Literaturmeinung zumindest dann eine betriebliche Veranlassung vor, wenn im Übrigen die Konditionen denen eines Fremdvergleichs entsprechen und eine Rückzahlung des Darlehens gesichert erscheint. Folglich sind die tatsächlich vereinbarten Zinsen Betriebseinnahmen der Personengesellschaft und beim Gesellschafter je nachdem Sonderbetriebsausgaben, Betriebsausgaben, Werbungskosten oder nicht abzugsfähig.

2. Gewährt die Personengesellschaft ein **zinsloses** Darlehen, wird dieser Darlehensvertrag grundsätzlich weder handels- noch steuerrechtlich anerkannt. Nach Auffassung der Finanzverwaltung[393] sind Auszahlungen an Gesellschafter ohne (angemessene) Gegenleistung als Einlagenrückgewähr anzusehen[394] und damit als Entnahme zu buchen. Das gilt auch, wenn gleichzeitig die Pflicht besteht, entsprechende Geldmittel später wieder einzulegen. Eventuelle Aufwendungen im Zusammenhang mit diesem Darle-

---
393 OFDen Münster und Düsseldorf vom 18.02.1994, BB 1994 S. 545.
394 Vgl. BGH vom 09.05.1963, BGHZ 39, 319, 331.

B. Laufende Besteuerung

hen (z. B. Refinanzierungskosten) sind nicht als Betriebsausgaben abzugsfähig, sondern stellen eine Privatentnahme dar, vergleichbar der Regelung bei privaten Kontokorrentschulden.[395]

Ausnahme: Ein unverzinsliches Darlehen von der Personengesellschaft an einen Gesellschafter wird trotz der Unverzinslichkeit steuerrechtlich anerkannt, wenn der Gesellschafter mit den überlassenen Mitteln ein Wirtschaftsgut finanziert, das er anschließend der Personengesellschaft zur Nutzung überlässt. Das Darlehen stellt in diesem Fall negatives Sonderbetriebsvermögen (§ 15 Abs. 1 Satz 1 Nr. 2 EStG) des betreffenden Gesellschafters dar. Eine Abzinsung nach § 6 Abs. 1 Nr. 3 EStG erfolgt nicht.[396]

> **Beispiel 3:**
> Eine KG gewährt am 01.07.02 ihrem Kommanditisten K ein unverzinsliches Darlehen i. H. von 150.000 €, das am 30.06.12 fällig ist. K hat mit diesen Darlehensmitteln eine Maschine für 190.000 € angeschafft, die er sofort nach dem Erwerb an die KG für monatlich 3.000 € vermietet. Die Aufwendungen des K betragen in 02 (einschließlich AfA) 10.000 €.
>
> Obwohl die KG ihrem Kommanditisten ein unverzinsliches Darlehen gewährt hat, ist der Darlehensvertrag anzuerkennen, weil K mit diesen Mitteln ein Wirtschaftsgut erworben hat, das er sofort an die KG vermietet hat. Die KG passiviert die Darlehensschuld von 150.000 € und K aktiviert in seiner Sonderbilanz die Darlehensforderung von 150.000 €. Die KG hat monatliche Betriebsausgaben von 3.000 € und K hat Sonderbetriebseinnahmen von monatlich 3.000 € sowie Sonderbetriebsausgaben in Höhe von 10.000 €.

3. Nach neuester – noch nicht im BStBl veröffentlichter – Rechtsprechung des BFH[397] ist die steuerliche Berücksichtigung von Darlehen **nicht** davon abhängig, dass die Anforderungen eines Fremdvergleichs erfüllt sind. Damit sind Absprachen über eine fremdübliche Verzinsung, Sicherheiten und Tilgungsmodalitäten nicht erforderlich. In der Zinslosigkeit könne jedoch möglicherweise nur eine Nutzungsentnahme zu sehen sein. Es bleibt abzuwarten, ob die Finanzverwaltung diese beiden Urteile anwenden wird.

1.3.3.9 Darlehen zwischen Schwester-Personengesellschaften

161 Geschäfte zwischen Personengesellschaften, die ganz oder teilweise dieselben Gesellschafter haben, können zu Gewinn oder Verlust wie unter fremden Dritten führen. Voraussetzung dafür ist, dass die Rechtsbeziehung ihre Veranlassung nicht im Gesellschaftsverhältnis hat. Dies ist z. B. der Fall, wenn sich der zugrunde liegende Geschäftsvorfall, z. B. eine Warenlieferung, eine Dienstleistung oder eine Kreditgewährung, nach wirtschaftlichem Gehalt wie ein zwischen Fremden üblicher Leistungsaustausch darstellt.[398]

---

395 Siehe B. Rz. 83.
396 BMF vom 26.05.2005, BStBl I 2005, 699, Rz. 23, unter Hinweis auf BFH vom 09.05.1996, BStBl II 1996, 642.
397 BFH vom 24.01.2008, DStR 2008 S. 761, und vom 16.10.2008, DStR 2009 S. 212.
398 BFH vom 24.03.1983, BStBl II 1983, 598.

1 Einkommensteuer

Beispiel 1:

Gesellschafter einer OHG und einer KG sind A und B je zur Hälfte. Die OHG gewährt der KG ein langfristiges Darlehen von 100.000 €. Die Vereinbarungen über Zins und Tilgung entsprechen denen unter Fremden. Am 31.12.01 beträgt der niedrigere beizulegende Wert bzw. der niedrigere Teilwert der Darlehensforderung auf Dauer nur noch 80.000 €, weil die KG unerwartet in Zahlungsschwierigkeiten geraten ist.

Der Darlehensvertrag zwischen der OHG und der KG ist auch mit steuerlicher Wirkung anzuerkennen. Weil am Bilanzstichtag 31.12.01 der Wert der Forderung auf Dauer gesunken ist, ist nach § 253 Abs. 2 HGB und § 6 Abs. 1 Nr. 2 EStG die Forderung sowohl in der Handelsbilanz als auch in der Steuerbilanz mit dem niedrigeren Wert von 80.000 € zu aktivieren. Der Gewinn der OHG mindert sich im Wj. 01 um 20.000 €.

Die KG muss die Darlehensverbindlichkeit mit den Anschaffungskosten = Nennwert von 100.000 € passivieren. Eine Gewinnauswirkung tritt dadurch bei der KG nicht ein.

Ein solcher Leistungsaustausch liegt jedoch nicht vor, wenn die beiden Personengesellschaften sich wechselweise versprechen, bis zur Höhe ihrer jeweiligen Gewinne der anderen Personengesellschaft bis zur Höhe ihres Verlustes Vermögenswerte in Geld zuzuwenden. Zwischen fremden Dritten sind derartige Vereinbarungen nicht üblich. Eine solche Vereinbarung wäre nicht durch den Betrieb, sondern durch die gesellschaftsrechtliche Beteiligung derselben Personen an beiden Unternehmen veranlasst.[399]

Beispiel 2:

C und D sind je zur Hälfte an einer OHG und einer KG beteiligt. Der Gesellschaftsvertrag der OHG enthält zur Gewinn-und-Verlust-Verteilung u. a. die Regelung, dass aus dem Gewinn eine Zahlung bis zum Ausgleich eines eventuellen Verlustes der KG an diese zu leisten ist. Eine inhaltsgleiche Regelung enthält der Gesellschaftsvertrag der KG.

Im Jahre 01 erzielte die OHG einen Gewinn von 100.000 € und die KG einen Verlust von 60.000 €. Entsprechend der Vereinbarung im Gesellschaftsvertrag überwies die OHG im Jahre 02 einen Betrag von 60.000 € an die KG. Diese Überweisung wurde bei der OHG gewinnmindernd und bei der KG gewinnerhöhend jeweils im Jahre 01 unter Ausweis einer Verbindlichkeit bzw. einer Forderung buchmäßig erfasst. Der erklärte Gewinn der OHG beträgt daher nur noch 40.000 €, der Gewinn der KG 0 €.

Die Verlustdeckung durch die OHG ist als Entnahme durch die Gesellschafter C und D der OHG und nicht als Betriebsausgabe der OHG anzusehen. Entsprechend wirkt sich die Zahlung bei der KG nicht gewinnerhöhend aus. Bei der KG liegen vielmehr Einlagen von C und D vor. Diese Entnahmen und Einlagen dürfen aber erst bei Überweisung im Jahre 02 gebucht werden. Die Verbindlichkeit der OHG bzw. die Forderung der KG, die im Jahre 01 gebucht wurde, ist rückgängig zu machen.

---

[399] BFH vom 24.03.1994, BStBl II 1994, 398, und vom 26.01.1995, BStBl II 1995, 589.

B. Laufende Besteuerung

Nach der Auffassung des BFH ist die Überführung des Gewinns in das Betriebsvermögen der KG auf Veranlassung der Gesellschafter aus der Sicht der OHG in gleicher Weise eine Entnahme wie die Übertragung des Gewinns in das Privatvermögen ihrer Gesellschafter. Das Geld wird für einen anderen betriebsfremden Zweck i. S. des § 4 Abs. 1 Satz 1 EStG, nämlich zum Zweck der Stärkung der Beteiligung der Gesellschafter an der KG, entnommen.

1.4 Ermittlung des Gesamtgewinns der Mitunternehmerschaft

1.4.1 Allgemeines

163 Die gewerblichen Einkünfte eines Mitunternehmers sind gem. § 2 Abs. 2 Nr. 1 i. V. m. § 15 Abs. 1 Satz 1 Nr. 2 EStG sein Anteil am **Gesamtgewinn der Mitunternehmerschaft.** Dies gilt nach § 15 Abs. 1 Satz 2 EStG auch für einen ehemaligen Mitunternehmer oder dessen Rechtsnachfolger. Dieser Gesamtgewinn der Mitunternehmerschaft[400] wird in **zwei Stufen** wie folgt ermittelt:

1. Aufstellung der **Handelsbilanz** der Personengesellschaft
2. Aufstellung der **Steuerbilanz** der Personengesellschaft, die nach Maßgabe der einkommensteuerrechtlichen Bilanzierungs- und Bewertungsvorschriften (§§ 4 bis 7 EStG) aus der Handelsbilanz abgeleitet wird
3. Aufstellung der **Ergänzungsbilanzen** für die Gesellschafter, die Korrekturen zu den Wertansätzen für die Wirtschaftsgüter des Gesamthandsvermögens der Steuerbilanz der Personengesellschaft enthalten
4. Aufstellung der **Sonderbilanzen** für die Gesellschafter, in denen das Sonderbetriebsvermögen der Gesellschafter zu aktivieren und zu passivieren ist

Das Ergebnis der Sonderbilanzen umfasst:

— den Aufwand und Ertrag der zum steuerlichen Sonderbetriebsvermögen der Gesellschafter gehörenden Wirtschaftsgüter,

— die in § 15 Abs. 1 Satz 1 Nr. 2 2. Halbsatz EStG genannten Sondervergütungen an die Gesellschafter und

— andere Sonderbetriebseinnahmen und Sonderbetriebsausgaben der Gesellschafter, die ihre Ursache im Sonderbetriebsvermögen oder in der Beteiligung an der Gesellschaft haben.

Zur **Steuerbilanz erster Stufe** gehören

— die aus der Handelsbilanz abgeleitete Steuerbilanz zzgl.

— der Ergänzungsbilanzen der Gesellschafter.

---

400 BFH vom 10.11.1980, BStBl II 1981, 164, und vom 02.12.1997, BStBl II 2008, 174.

Zur **Steuerbilanz zweiter Stufe** gehören
— die Sonderbilanzen der Gesellschafter.
Die Steuerbilanzen der beiden Stufen bilden die **Gesamtbilanz der Mitunternehmerschaft**.[401]

164 Die Notwendigkeit zur Erstellung mehrerer Bilanzen für den einheitlichen Betrieb der Personengesellschaft erklärt sich daraus, dass der Vermögensbegriff stets nur auf einen Vermögensträger bezogen ist und der Gesellschafter als Vermögensträger bezüglich der Wirtschaftsgüter, die der Personengesellschaft unmittelbar zur Nutzung überlassen wurden, keinen eigenen Betrieb unterhält.

So wie die gewerblichen Einkünfte eines Mitunternehmers eine komplexe Größe sind, ist es auch

— der Anteil aus aktivem und passivem Betriebsvermögen der Mitunternehmerschaft (er umfasst den Anteil am Betriebsvermögen der Personengesellschaft und das Sonderbetriebsvermögen = wirtschaftliche Einheit);[402]

— der Anteil am Eigenkapital der Mitunternehmerschaft (er umfasst den Anteil am Eigenkapital der Personengesellschaft nebst Ergänzungsbilanzen und das Eigenkapital aus den Sonderbilanzen).

Daraus ergibt sich die Notwendigkeit, den Gewinn entweder in vollem Umfang durch Betriebsvermögensvergleich gem. § 5 EStG bzw. § 4 Abs. 1 EStG zu ermitteln oder in vollem Umfang durch Einnahmen-Überschuss-Rechnung nach § 4 Abs. 3 EStG, wenn keine Buchführungspflicht nach HGB besteht (§ 140 AO), die Buchführungsgrenzen nach § 141 AO nicht überschritten sind und auch freiwillig keine Bücher geführt werden. Es ist also ausgeschlossen, den Gewinn auf der 1. Stufe durch Betriebsvermögensvergleich und auf der 2. Stufe nach § 4 Abs. 3 EStG zu ermitteln.

Der anteiligen Zurechnung des Gesamtgewinns anstelle des einzelnen Geschäftsvorfalls steht § 39 Abs. 2 Nr. 2 AO nicht entgegen, weil es sich bei § 15 Abs. 1 Satz 1 Nr. 2 EStG um eine Spezialvorschrift handelt und der Grundsatz gilt:

Spezialrecht bricht Grundrecht

Anmerkung:

165 Bei (atypisch) stillen Gesellschaften ist zu beachten, dass die stille Gesellschaft als Innengesellschaft nicht Kaufmann i. S. des § 6 HGB und deshalb nach § 238 HGB weder buchführungs- noch bilanzierungspflichtig ist. Die in § 232 HGB vorgeschriebene Gewinnermittlung erfolgt auf der Grundlage des Jahresabschlusses des Geschäftsinhabers. Ebenso ist der nach § 15

---

401 BFH vom 14.11.1985, BStBl II 1986, 58, vom 11.03.1992, BStBl II 1992, 797, und vom 02.12.1997, BStBl II 2008, 174.
402 Siehe B. Rz. 75–77.

B. Laufende Besteuerung

Abs. 1 Satz 1 Nr. 2 EStG zu ermittelnde Gewinnanteil des stillen Gesellschafters nur auf der Grundlage der Bilanz des Inhabers des Handelsgeschäfts zu ermitteln. Der steuerliche Gesamtgewinn der Mitunternehmerschaft ergibt sich aus der Addition der Ergebnisse der Steuerbilanz des Geschäftsinhabers und einer etwaigen Sonderbilanz des stillen Gesellschafters unter Hinzurechnung des Gewinnanteils und etwaiger Sondervergütungen/-ausgaben des stillen Gesellschafters.[403]

1.4.2 Additive Gewinnermittlung mit korrespondierender Bilanzierung

166 Bei der Ermittlung des Gewinns der Sonderbilanz, d. h. für den Bereich der Vergütungen i. S. von § 15 Abs. 1 Satz 1 Nr. 2 Satz 1 2. Halbsatz EStG, ist nach Auffassung des BFH[404] und der Literatur[405] korrespondierend zu bilanzieren. Das bedeutet: Das Imparitätsprinzip greift nicht. Der BFH leitet das Prinzip der additiven Gewinnermittlung mit korrespondierender Bilanzierung für die Sondervergütungen aus dem Zweck des § 15 Abs. 1 Satz 1 Nr. 2 EStG ab, die Mitunternehmer einer Personengesellschaft einem Einzelunternehmer anzunähern, weil dieser keine Verträge mit sich schließen kann, und das Besteuerungsergebnis unabhängig davon zu machen, ob Gesellschafterleistungen durch Vorabgewinn oder Sondervergütungen abgegolten werden.

Dieser Zweck erfordert jedoch nur für solche Ansprüche des Gesellschafters einen korrespondierenden Aktivposten in der Sonderbilanz, die zu einer Sondervergütung im Sinne dieser Vorschrift führen. Bei einer Nutzungsüberlassung durch einen Gesellschafter sind folglich nur die Ansprüche des Gesellschafters gegen die Personengesellschaft in der Sonderbilanz zu aktivieren, die als Gegenleistung für die Nutzungsüberlassung des Wirtschaftsguts erbracht werden.

Beispiel:
Gesellschafter einer KG sind K als Komplementär und L als Kommanditist. Die KG errichtet auf einem ihr von K überlassenen unbebauten Grundstück ein Gebäude. Sie ist verpflichtet, nach Ablauf des Pachtvertrags von 20 Jahren den ursprünglichen Zustand wiederherzustellen. Aus diesem Grund bildet die KG in ihrer Bilanz nach § 249 Abs. 1 HGB eine Rückstellung für die Abbruchverpflichtung in zutreffender Höhe.

In diesem Fall greift der Grundsatz der additiven Gewinnermittlung mit korrespondierender Bilanzierung nicht ein.[406] Der Abbruch des Gebäudes bei Vertragsende ist nicht die Gegenleistung der KG für eine Nutzungsüberlassung durch K. Entgelt für die Nutzung des unbebauten Grundstücks ist allein der zu

---
403 Verfügung der OFD Frankfurt vom 26.06.1996 (StLex 3, 15, 557).
404 Z. B. BFH vom 12.07.1990, BStBl II 1991, 64, vom 19.05.1993, BStBl II 1993, 714, vom 16.12.1992, BStBl II 1993, 792, vom 25.01.1994, BStBl II 1994, 455, und vom 12.12.1995, BStBl II 1996, 219, 225.
405 Schmidt/Wacker, § 15 Rz. 403–405 m. w. N.
406 BFH vom 28.03.2000, BStBl II 2000, 612.

zahlende Pachtzins und nicht die Entfernung des Gebäudes. Der Abbruch des Gebäudes kann auch nicht unter dem Gesichtspunkt als Vergütung der KG an K qualifiziert werden, dass die KG damit Aufwendungen, die K obliegen, übernommen und dieser somit eigene Aufwendungen erspart hätte, denn die Entfernungspflicht ist nach der gesetzlichen Regelung eine eigene Verpflichtung des Mieters oder Pächters, der das Bauwerk auf fremdem Grund und Boden errichtet hat.

Das heißt, K muss und darf keinen Aktivposten in Höhe der gebildeten Rückstellung in seiner Sonderbilanz aktivieren.

1.5 Besonderheiten bei der Buchführung und beim Abschluss

1.5.1 Buchführungspflicht

Ausgehend von der Rechtsprechung des BFH, wonach die Gewinnermittlung bei Mitunternehmerschaften in der Weise erfolgt, dass die Steuerbilanz der Personengesellschaft mit den Ergebnissen etwaiger Ergänzungsbilanzen und Sonderbilanzen der Gesellschafter zusammengefasst wird, ergibt sich für die Buchführungspflicht der Personengesellschaft Folgendes: **167**

1. Personen**handels**gesellschaften (OHG, KG und EWIV) sind als Vollkaufleute (§§ 1, 6, 105 ff., 161 ff. HGB) nach den Vorschriften der §§ 238 ff. HGB buchführungspflichtig. Dies gilt nach § 105 Abs. 2, § 161 Abs. 2 HGB auch für Gesellschaften, deren Gewerbebetrieb nicht schon nach § 1 Abs. 2 HGB Handelsgewerbe ist, weil ihr Gewerbebetrieb nach Art oder Umfang einen in kaufmännischer Weise eingerichteten Gewerbebetrieb nicht erfordert, wenn die Firma der OHG, KG oder EWIV in das Handelsregister eingetragen ist. Diese Buchführungspflicht, die mit der Betriebsaufnahme bzw. in den Fällen des § 105 Abs. 2 HGB mit der Eintragung ins Handelsregister beginnt, erstreckt sich allerdings nur auf das Gesamthandsvermögen, denn das Sonderbetriebsvermögen gehört nicht zum Vermögen der Personengesellschaft und darf deshalb nicht in der Handelsbilanz der Personengesellschaft ausgewiesen werden. **168**

Dasselbe gilt für land- und forstwirtschaftlich tätige Personengesellschaften, wenn ihr Unternehmen nach Art und Umfang einen in kaufmännischer Weise eingerichteten Geschäftsbetrieb erfordert und die Personengesellschaft auf Antrag aller Gesellschafter als **Kannkaufmann** nach § 3 Abs. 2 HGB in das Handelsregister eingetragen wurde. **169**

Die steuerrechtliche Buchführungspflicht dieser Personengesellschaften für das Gesamthandsvermögen ergibt sich folglich aus § 140 AO. Für das Sonderbetriebsvermögen ergibt sich die Buchführungspflicht aus § 141 AO. Buchführungspflichtig bezüglich des Sonderbetriebsvermögens ist aber gem. § 141 AO die Personengesellschaft.[407]

---

407 BFH vom 23.10.1990, BStBl II 1991, 401, und vom 11.03.1992, BStBl II 1992, 797.

B. Laufende Besteuerung

170 Der Umstand, dass die in das Handelsregister eingetragene kleine Personengesellschaft nach § 2 Satz 3 HGB jederzeit die Möglichkeit hat, die Löschung zu bewirken und dadurch ihre Kaufmannseigenschaft und ihre nach § 238 HGB, § 140 AO bestehende Buchführungspflicht zu beenden, kann bei diesen zu einem Zeitraum ohne Buchführungspflicht führen, denn die Buchführungspflicht nach § 141 AO ist erst vom Beginn des Wirtschaftsjahres an zu erfüllen, das auf die Bekanntgabe der Mitteilung folgt, durch die das Finanzamt auf den Beginn der Verpflichtung hingewiesen hat. Dieses Problem kann das Finanzamt dadurch beseitigen, dass es schon vorsorglich während der Handelsregistereintragung auf die nachrangig bestehende, für den Fall der Löschung eintretende Buchführungspflicht nach § 141 AO hinweist. Diese greift ein, sobald die kleine Personengesellschaft ihre Handelsregistereintragung löschen lässt, frühestens mit Beginn des Wirtschaftsjahres, das auf die Bekanntgabe der Mitteilung folgt.

Hiervon ist folgender Fall zu unterscheiden:

Erfolgt die optionsbedingte Eintragung eines Kleingewerbetreibenden zeitlich nach einer Mitteilung i. S. des § 141 Abs. 2 AO, wird die Buchführungspflicht aus § 141 AO aufgrund der Handelsregistereintragung durch die Buchführungspflicht nach § 140 AO ersetzt, allerdings nur solange die Handelsregistereintragung dauert. Bewirkt die kleine Personengesellschaft ihre Löschung, entfällt die Buchführungspflicht aus § 140 AO und die aus § 141 AO lebt wieder auf, ohne dass es einer erneuten Mitteilung nach § 141 Abs. 2 AO bedürfte.

171 2. Die übrigen Personengesellschaften, z. B. die gewerblich tätige GbR, deren Unternehmen nach Art oder Umfang einen in kaufmännischer Weise eingerichteten Geschäftsbetrieb nicht erfordert und die auch nicht auf Antrag in das Handelsregister eingetragen worden sind, die nicht im Handelsregister eingetragene land- und forstwirtschaftlich und die freiberuflich orientierten Personengesellschaften, sind keine Kaufleute und damit nicht nach §§ 238 ff. HGB buchführungspflichtig. Für diese Personengesellschaften ergibt sich die Buchführungspflicht für das Gesamthandsvermögen und das Sonderbetriebsvermögen nicht aus § 140 AO, sondern aus § 141 AO, wenn die dort genannten Voraussetzungen (Umsatz höher als 500.000 Euro, Gewinn höher als 50.000 Euro (bis 2007: 30.000 Euro) vorliegen. Damit scheidet von vornherein die Freiberufler-Personengesellschaft aus, denn für diese gibt es keine Buchführungspflicht. Für die übrigen Gesellschaften tritt Buchführungspflicht nur und erst ein, wenn eine der Grenzen des § 141 AO überschritten ist.

Bei der Prüfung dieser Buchführungspflicht bezieht sich der Betrag von 50.000 Euro (Gewinngrenze) auf das gesamte Betriebsergebnis einschließlich des Sonderbetriebsvermögens. Auch hier sind somit das

Gesamthandsvermögen und das Sonderbetriebsvermögen als Einheit zu behandeln.

Dagegen dürfen bei der Umsatzgrenze von 500.000 Euro die Umsätze der Personengesellschaft aus dem Gesamthandsvermögen und die Umsätze des Mitunternehmers aus seinem Sonderbetriebsvermögen **nicht** zusammengerechnet werden, weil die Personengesellschaft und die Mitunternehmer gem. § 2 UStG verschiedene Unternehmer sind.

3. Eine atypische stille Gesellschaft besitzt kein Gesellschaftsvermögen. Sie ist eine reine Innengesellschaft, die nach außen nicht in Erscheinung tritt. Daraus ergibt sich, dass sie kein Unternehmensträger ist und daher einen Jahresabschluss weder erstellen kann noch muss. Das bedeutet: Nur der Geschäftsherr erstellt einen Jahresabschluss. Diese Handelsbilanz ist die Steuerbilanz der atypischen stillen Gesellschaft, in der allerdings die Einlage des stillen Gesellschafters statt als Verbindlichkeit als steuerliches Eigenkapital auszuweisen ist. Für das Sonderbetriebsvermögen des atypischen stillen Gesellschafters gilt das zu 1. Gesagte entsprechend. **172**

4. Ebenfalls ihren Gewinn nach § 4 Abs. 1 EStG ermitteln müssen ausländische Personenhandelsgesellschaften, die über keine Betriebsstätte im Inland verfügen, soweit dieser für Zwecke des Progressionsvorbehalts von Bedeutung ist, weil diese Gesellschaften nicht nach §§ 238 ff. HGB buchführungspflichtig sind.[408] **173**

5. Personengesellschaften, die nur vermögensverwaltend tätig sind, z. B. geschlossene Immobilienfonds und Grundstücksgesellschaften, erzielen nur Überschusseinkünfte. Selbst wenn sie nach § 105 Abs. 2 HGB in das Handelsregister eingetragen und damit als Kaufmann i. S. von § 2 HGB nach §§ 238 ff. HGB buchführungspflichtig sind, ergibt sich für sie eine steuerliche Buchführungspflicht weder aus § 140 AO noch aus § 141 AO. Diese Überschusseinkünfte sind steuerrechtlich nach wie vor durch Gegenüberstellung der Einnahmen und Werbungskosten zu ermitteln und niemals durch Betriebsvermögensvergleich. **174**

1.5.2 Bilanzaufstellung

1.5.2.1 Aufstellung der Schlussbilanz

Nach § 243 Abs. 3 HGB hat ein Kaufmann die Bilanz innerhalb der einem ordnungsmäßigen Geschäftsgang entsprechenden Zeit aufzustellen. Bei Einzelunternehmern und Personengesellschaften gibt es somit, anders als bei Kapitalgesellschaften, grundsätzlich keinen bestimmten Zeitpunkt für die Aufstellung. **175**

---

408 Siehe Steuer-Seminar Fall 52/1992; BFH vom 22.05.1991, BStBl II 1992, 94.

B. Laufende Besteuerung

Diese handelsrechtliche Regelung ist nach Auffassung des BFH auch bei der Erstellung der Steuerbilanz zu beachten und so auszulegen, dass eine Gewinnermittlung aufgrund ordnungsmäßiger Buchführung nicht vorliegt, wenn der Unternehmer die Bilanz nicht innerhalb eines Jahres nach dem Bilanzstichtag aufstellt.[409]

Ausnahmen:
1. Da die ergänzenden Vorschriften für Kapitalgesellschaften (§§ 264 ff. HGB) nach § 264 a HGB für solche OHGs und KGs gelten, bei denen nicht wenigstens ein persönlich haftender Gesellschafter eine natürliche Person oder eine OHG, KG oder andere Personengesellschaft mit einer natürlichen Person als persönlich haftendem Gesellschafter ist, müssen diese Personengesellschaften ihren Jahresabschluss innerhalb von **drei Monaten** bzw. **sechs Monaten** (bei kleinen Gesellschaften) nach Ablauf des Geschäftsjahres aufstellen (§ 264 Abs. 1 HGB).[410]
2. Personengesellschaften, die unter das PublG fallen, müssen nach § 5 Abs. 1 PublG ihren Jahresabschluss in den ersten **drei Monaten** des Geschäftsjahrs für das vergangene Geschäftsjahr aufstellen. Unter § 1 Abs. 1 PublG fallen aber nur Personengesellschaften, bei denen an drei aufeinanderfolgenden Abschlussstichtagen jeweils mindestens zwei der drei nachstehenden Merkmale zutreffen:
   — Bilanzsumme höher als 65 Mio. Euro
   — Umsatzerlöse höher als 130 Mio. Euro
   — Zahl der beschäftigten Arbeitnehmer durchschnittlich mehr als 5.000

1.5.2.2 Aufstellung der Eröffnungsbilanz

176 Bei der Gründung von Personengesellschaften ist stets eine Eröffnungsbilanz zu erstellen; auch wenn die Gründung im Laufe eines Jahres erfolgt mit der Folge, dass sich sowohl für den Einzelunternehmer als auch für die Personengesellschaft ein Rumpfwirtschaftsjahr ergibt (§ 242 Abs. 1 HGB), es sei denn, die Personengesellschaft wählt von Anfang an ein abweichendes Wirtschaftsjahr.

177 Dagegen ist es beim Wechsel von Gesellschaftern nicht erforderlich, eine Zwischenbilanz aufzustellen, wenn die Personengesellschaft im Übrigen unverändert fortbesteht,[411] da der Beginn eines Handelsgewerbes hier nicht in Frage steht. Anders ist es dagegen, wenn ein Gesellschafter aus einer zweigliedrigen Personengesellschaft ausscheidet und der andere, nachdem er Alleininhaber der Firma geworden war, wiederum eine OHG gründet. Dies ist darauf zurückzuführen, dass in den Fällen, in denen eine Personengesellschaft im Laufe eines Jahres infolge Ausscheidens eines Gesellschaf-

---
409 BFH vom 06.12.1983, BStBl II 1984, 227.
410 Wegen Einzelheiten siehe Förschle in Beck'scher Bilanzkommentar, § 264 a Anm. 45 ff.
411 BFH vom 09.12.1976, BStBl II 1977, 241, und vom 14.09.1978, BStBl II 1979, 159.

ters als Einzelunternehmen fortgeführt wird, stets eine Eröffnungsbilanz zu erstellen ist.[412]

1.5.3 Buchmäßige Besonderheiten in der Bilanz der Personengesellschaft

1.5.3.1 Kapitalkonten

Die laufende Buchhaltung der Personengesellschaften weist im Vergleich zur Buchführung der Einzelfirmen keine wesentlichen Besonderheiten auf. Es werden lediglich mehrere Kapitalkonten und mehrere Privatkonten (für jeden Gesellschafter je eines) geführt. **178**

1.5.3.1.1 Handelsrechtliche Bestimmungen

Das Bilanzrecht enthält für den Ausweis des Eigenkapitals bei Personenhandelsgesellschaften – wie bei Einzelkaufleuten – grundsätzlich keine besonderen Vorschriften, denn die Regelung in den § 120 Abs. 2, § 161 Abs. 2 und § 167 Abs. 2 HGB, wo von dem **Kapitalanteil** der Gesellschafter die Rede ist, ist weder zwingendes Recht, noch handelt es sich primär um Bilanzierungsvorschriften. **179**

Der Eigenkapitalausweis erfolgt daher nach den Grundsätzen ordnungsmäßiger Buchführung, die allerdings nicht einheitlich sind, sodass verschiedene Ausweistechniken zur Anwendung kommen. Eine Aufgliederung des Eigenkapitals kann dabei selbstverständlich auch in Anlehnung an die für Kapitalgesellschaften geltenden Vorschriften (§§ 264 ff. HGB) vorgenommen werden.

Personengesellschaften, die unter § 264 a HGB oder unter das PublG fallen,[413] müssen den Ausweis des Eigenkapitals nach § 264 c HGB bzw. § 5 Abs. 1 PublG sinngemäß nach den Vorschriften für Kapitalgesellschaften (§ 266 Abs. 3 Buchstabe a HGB) vornehmen. **180**

Nach § 264 c HGB ist das Eigenkapital wie folgt zu gliedern:
A. Eigenkapital
  I. Kapitalanteile
  II. Rücklagen
  III. Gewinnvortrag/Verlustvortrag
  IV. Jahresüberschuss/Jahresfehlbetrag

Im Einzelnen gilt nach § 264 c Abs. 2 HGB Folgendes: **181**
1. Die Kapitalanteile der persönlich haftenden Gesellschafter sind grundsätzlich einzeln auszuweisen, sie dürfen aber auch zusammengefasst werden. Dagegen sind die Einlagen von Kommanditisten zusammengefasst gesondert gegenüber den Kapitalanteilen der persönlich haftenden Gesellschafter auszuweisen.

---
412 BFH vom 10.02.1989, BStBl II 1989, 519.
413 Siehe B. Rz. 175.

B. Laufende Besteuerung

2. Der auf den Kapitalanteil eines persönlich haftenden Gesellschafters und eines Kommanditisten für das Geschäftsjahr entfallende Verlust ist von dem Kapitalanteil abzuschreiben.
3. Soweit der Verlust den Kapitalanteil übersteigt, ist zu unterscheiden:
   - Besteht **keine** Zahlungsverpflichtung, ist der Betrag als

     „Nicht durch Vermögenseinlagen gedeckter Verlustanteil persönlich haftender Gesellschafter/Kommanditist"

     zu bezeichnen und am Schluss der Bilanz auf der Aktivseite gesondert auszuweisen.
   - Besteht eine Zahlungsverpflichtung des Gesellschafters, ist der negative Betrag auf der Aktivseite unter der Bezeichnung

     „Einzahlungsverpflichtung persönlich haftender Gesellschafter/Kommanditist"

     unter den Forderungen gesondert auszuweisen.

   Bei Kommanditisten darf eine Forderung nur ausgewiesen werden, soweit eine Einzahlungsverpflichtung besteht; dasselbe gilt, wenn ein Kommanditist Gewinnanteile entnimmt, während sein Kapitalanteil durch Verluste unter den Betrag der geleisteten Einlage herabgemindert ist, oder soweit durch die Entnahme der Kapitalanteil unter den bezeichneten Betrag herabgemindert wird.
4. Als gesamthänderisch gebundene Rücklagen, an der die Gesellschafter im Verhältnis ihrer bedungenen Einlage gesamthänderisch beteiligt sind, sind nur solche Beträge auszuweisen, die aufgrund einer gesellschaftsrechtlichen Vereinbarung gebildet worden sind. Eine Aufteilung in Gewinn- und Kapitalrücklagen ist nicht erforderlich. Werden gesamthänderisch gebundene Rücklagen ausgewiesen, sind Verluste jedoch zuerst von diesen abzuschreiben.

Problematisch an dieser gesetzlichen Regelung ist der Ausweis von „Jahresüberschuss" und „Jahresfehlbetrag". Ein gesondert ausgewiesener Jahresfehlbetrag, wie ihn § 264 c Abs. 2 Satz 1 HGB vorschreibt, ist nach § 264 c Abs. 2 Satz 3 HGB gar nicht möglich, denn nach dieser Vorschrift ist der auf einen Gesellschafter entfallende Verlust vom Kapitalanteil abzuschreiben.[414] Dies gilt für vollhaftende und teilhaftende Gesellschafter. Aber auch der Ausweis eines Jahresüberschusses, Gewinnvortrags und einer Rücklage ist nicht möglich, wenn der in der Bilanz ausgewiesene Kapitalanteil dem Kapitalanteil nach § 120 Abs. 2 HGB entsprechen soll. Bei einem vollhaftenden Gesellschafter ist der Gewinnanteil seinem Kapitalanteil zuzuschreiben, bei einem teilhaftenden Gesellschafter ist der die Kommanditeinlage übersteigende Gewinnanteil als Verbindlichkeit dieses Gesellschafters auszuweisen. Besteht **keine** abweichende Regelung im Gesellschaftsvertrag, wird das

---

[414] Förschle/Hoffmann in Beck'scher Bilanzkommentar, § 264 c Tz. 40 und 50.

Eigenkapital einer OHG und einer KG nur aus dem Posten „Kapitalanteile" bestehen. Das entspricht einer Bilanzierung nach vollständiger Ergebnisverwendung i. S. des § 268 Abs. 1 HGB.[415]

182 Bei unter das PublG fallenden Personengesellschaften gelten bezüglich Ausweis des Eigenkapitals nach § 5 Abs. 1 PublG die §§ 266, 268 und 272 HGB sinngemäß. Folgende Unterschiede bestehen zu § 264 c HGB:[416]

1. Die Kapitalanteile der Kommanditisten dürfen zu einem Posten zusammengefasst werden, müssen aber nicht.
2. Ausstehende Pflichteinlagen sind auf der Aktivseite der Bilanz auszuweisen oder auf der Passivseite offen von den Kapitalanteilen abzusetzen. Noch nicht eingeforderte Beträge sind kenntlich zu machen.
3. Das Jahresergebnis kann
   — unverteilt ausgewiesen werden,
   — in der Vorspalte der Bilanz in einer Darstellung der Veränderungen der Kapitalanteile im Laufe des Geschäftsjahrs einbezogen werden und
   — den jeweiligen Gesellschafterkonten gutgeschrieben oder belastet werden, sodass nur deren Stand nach Berücksichtigung der Gewinn-/Verlustanteile ausgewiesen wird.

183 Sind bei der Personengesellschaft dagegen diese Vorschriften nicht anzuwenden, wird in der Regel hinsichtlich der Eigenkapitalkonten bei der Personengesellschaft für **jeden persönlich haftenden Gesellschafter** (alle Gesellschafter einer OHG, einer GbR und die Komplementäre einer KG) **ein variables** Konto gebildet, das alle Einlagen, Entnahmen und Gewinne bzw. Verluste aufnimmt.[417] Infolge hoher, das Kapital übersteigender Verluste oder durch überhöhte Entnahmen kann sich ein Negativsaldo ergeben. Dieser ist dann auf der Aktivseite der Bilanz auszuweisen.

Allerdings gibt es auch bei Personengesellschaften nach gesellschaftsvertraglichen Bestimmungen häufig **Festkapitalkonten** (sog. **Kapitalkonten I**), die das von den Gesellschaftern aufzubringende und einzulegende Kapital aufnehmen, während die **variablen** Kapitalkonten (sog. **Kapitalkonten II**) die Gewinn- bzw. Verlustanteile, die Entnahmen und die Einlagen beinhalten. Sie **können** jeweils zu einem Posten zusammengefasst werden.

184 Ausstehende Pflichteinlagen von Gesellschaftern sind auf der Aktivseite der Bilanz als solche auszuweisen oder auf der Passivseite von den Kapitalanteilen abzusetzen. Noch nicht eingeforderte Beträge sind kenntlich zu machen.[418] Dabei können die Bestimmungen des § 272 Abs. 1 HGB sinn-

---

415 IDW RS HFA 7.36, WPg 2002 S. 1259.
416 IDW RS HFA 7.36, WPg 2002 S. 1259 ff.
417 IDW RS HFA 7, WPg 2002 S. 1259, 1262.
418 IDW RS HFA 7, WPg 2002 S. 1259 ff.

B. Laufende Besteuerung

gemäß angewendet werden, d. h., auch ein Ausweis der ausstehenden Pflichteinlagen auf der Aktivseite unter den Forderungen ist möglich.[419]

185 Das Eigenkapital der Personengesellschaft ist von etwaigen Forderungen an Gesellschafter und Verbindlichkeiten gegenüber Gesellschaftern sorgfältig abzugrenzen; dieser Abgrenzung ist durch einen klaren Bilanzausweis Rechnung zu tragen oder sie ist durch Vermerk kenntlich zu machen.

Sind feste Kapitalanteile vereinbart, so ist es notwendig, den Charakter von Gesellschafterforderungen und von etwaigen Rücklagekonten zu bestimmen.[420] Eine Aufteilung der Rücklagen in Kapitalrücklagen und Gewinnrücklagen ist nicht erforderlich.

186 Der im Schrifttum gelegentlich geforderte Vermerk der Hafteinlagen der Kommanditisten in der Bilanz wird vom HFA nicht für erforderlich gehalten. Er ist allerdings zweckmäßig und wünschenswert, soweit die Hafteinlage höher ist als die bedungene Pflichteinlage.

187 Auch für die nicht persönlich haftenden Gesellschafter **(Kommanditisten)** wird grds. ein **variables** Konto geführt, allerdings mit der Einschränkung, dass ihre Gewinnanteile dem Kapitalkonto nur so lange gutgeschrieben werden, als die vereinbarte Pflichteinlage noch nicht erbracht worden ist bzw. durch zwischenzeitliche Verlustabbuchungen unter den Betrag der vereinbarten Pflichteinlage gesunken ist (vgl. § 167 Abs. 2 und 3 HGB). Darüber hinausgehende Gewinne sind über Forderungskonten der Kommanditisten zu verrechnen, die den Kommanditisten eine echte **Gläubigerstellung** gegenüber der Personengesellschaft einräumen und von denen sie entnehmen können, ohne auch bei später eintretenden Verlusten erstattungspflichtig zu werden (vgl. § 169 Abs. 2 HGB). Auch beim Eigenkapitalausweis der Kommanditisten trifft man in der Praxis häufig feste Kapitalkonten I an, die ihre bedungenen Pflichteinlagen aufnehmen. Die ausstehenden Einlagen können in der Bilanz als solche oder als „Einzahlungsverpflichtung" bezeichnet werden. Im Hinblick auf die Verpflichtung, die Kommanditeinlage mit einem festen Betrag zu vereinbaren und diese zusätzlich im Handelsregister anzumelden, ist diese Darstellung empfehlenswert. Die wohl h. M. bejaht ebenfalls die Ansatzmöglichkeit, wenn nicht sogar die Ansatzpflicht dieser ausstehenden Einlagen.[421]

Bei dieser Darstellung sind dann Gewinne nicht passivisch dem Festkapitalkonto zuzuschreiben, sondern von den Posten „ausstehende Einlagen" bzw. „Einlageverpflichtung" abzusetzen und Verluste diesen Posten zuzuschreiben.

188 Zu beachten ist auch, dass das Kapital der Kommanditisten nur dann als gezeichnetes Kapital betrachtet werden kann, wenn es **zugleich** den Cha-

---
419 Küting/Weber, § 247 HGB, Rn. 103.
420 Wegen der Abgrenzung siehe B. Rz. 136 und 137.
421 Vgl. Hofbauer, WPg 1964 S. 654; Klussmann, DB 1967 S. 389; Winnefeld, L. Rz. 525 ff.

rakter einer **Haft-** und einer **Pflichteinlage** erfüllt.[422] Dabei sind folgende Fälle zu unterscheiden:

1. Hafteinlage 400.000 € = Pflichteinlage 400.000 €
   Ausweis als gezeichnetes Kapital 400.000 €
2. Hafteinlage 500.000 €, Pflichteinlage 400.000 €
   Ausweis als gezeichnetes Kapital 400.000 €
3. Hafteinlage 400.000 €, Pflichteinlage 500.000 €
   Ausweis als gezeichnetes Kapital 500.000 €
4. Hafteinlage 400.000 €, Pflichteinlage 500.000 €, bereits geleistet erst 400.000 €
   Ausweis als gezeichnetes Kapital 500.000 €. Der noch zu leistende Betrag von 100.000 € wird auf der Aktivseite als „Einzahlungsverpflichtung" (bzw. als ausstehende Einlagen) ausgewiesen.[423]

1.5.3.1.2 Steuerrechtliche Bestimmungen

Da die Steuerbilanz aus der Handelsbilanz abgeleitet wird, gelten die handelsrechtlichen Bestimmungen grundsätzlich auch in der Steuerbilanz.

189

Davon ausgehend sind folgende buchungstechnische Möglichkeiten empfehlenswert:

— **bei einer OHG**

190

1. Für jeden Gesellschafter wird (nur) **ein variables** Konto geführt, auf dem die Kapitaleinlage, alle entnahmefähigen und nicht entnahmefähigen Gewinne und Verluste, satzungsmäßige und vertragliche Rücklagen sowie Entnahmen und Einlagen erfasst werden. Dabei werden Entnahmen und Einlagen wie bei Einzelunternehmern auf einem Unterkonto „Privat" erfasst.

   Eventuelle Darlehen des Gesellschafters an die Personengesellschaft werden in der Bilanz der Personengesellschaft als Verbindlichkeit und in der Sonderbilanz des Gesellschafters als Forderung bilanziert.[424] In der Gesamtbilanz der Mitunternehmerschaft stellen diese Darlehensforderungen des Gesellschafters Eigenkapital dar. Auf die Bezeichnung der Konten in der Bilanz der Personengesellschaft kommt es dabei nicht an.

   Darlehen der Personengesellschaft an die Gesellschafter stellen kein Eigenkapital dar und werden auch in der Steuerbilanz der Personengesellschaft als echte Forderungen bilanziert.[425]

2. Für jeden Gesellschafter wird ein **Festkapitalkonto** (sog. **Kapitalkonto I**) geführt, das die Kapitaleinlage aufnimmt.

---

[422] Zum Begriff vgl. E. Rz. 8.
[423] Adler/Düring/Schmaltz, § 247 Anm. 64, a. A. Küting/Weber, § 247 Rn. 104.
[424] Siehe B. Rz. 135 ff.
[425] Siehe B. Rz. 155 ff.

B. Laufende Besteuerung

Auf einem **variablen** Kapitalkonto (sog. **Kapitalkonto II**) werden alle anderen Kapitalanteile erfasst = ausstehende Einlagen, Gewinne und Verluste, satzungsmäßige und vertragliche Rücklagen, Entnahmen und Einlagen.

Die Buchung der Darlehen erfolgt wie unter 1.

191 — **bei einer KG**

a) für die **Komplementäre**

die buchmäßige Behandlung entspricht in vollem Umfang derjenigen bei der OHG

b) für die **Kommanditisten**

- aa) jeweils ein **festes Kapitalkonto,** auf dem die Pflichteinlage gebucht wird
- bb) ein zweites Konto – **Kapitalkonto II** –, auf dem die noch ausstehenden Einlagen, die satzungsmäßigen und vertraglichen Rücklagen **(Kapitalrücklagen),** die **nicht** entnahmefähigen Gewinnanteile **(Gewinnrücklagen)** sowie die Verlustanteile erfasst werden
- cc) ein drittes Konto – **Kapitalkonto III** –, auf dem die entnahmefähigen Gewinnanteile und sonstigen Entnahmen ausgewiesen werden
- dd) ein Konto Darlehensverbindlichkeiten für vom Kommanditisten der Personengesellschaft gewährte Darlehen; diesem Konto steht in der Sonderbilanz des Gesellschafters ein Forderungskonto gegenüber
- ee) ein Konto Darlehensforderungen für von der Personengesellschaft dem Kommanditisten gewährte Darlehen

Ein Privatkonto braucht für Kommanditisten nicht eingerichtet zu werden,[426] ist jedoch wegen der Gewinnermittlung aus steuerlichen Gründen durchaus überlegenswert.

Bei den Konten unter aa) – dd) handelt es sich steuerrechtlich um Eigenkapital, bei dem Darlehenskonto unter ee) liegt dagegen ein echtes Forderungskonto vor.[427]

Bezüglich des Kapitals i. S. von § 15 a EStG liegt dagegen – entsprechend den handelsrechtlichen Bestimmungen – nur in den Fällen aa) und bb) ein Kapitalkonto vor.[428]

Beachte:

— Wird neben dem (festen) Kapitalkonto lediglich ein weiteres Konto zur Erfassung von Gewinnen, Einlagen und Entnahmen der Kommanditisten geführt, handelt es sich nicht um ein Darlehenskonto, wenn auf dem

---

426 Begründung siehe B. Rz. 195, siehe auch Röhrig/Döde, DStR 2006 S. 489.
427 BFH vom 19.01.1993, BStBl II 1993, 594.
428 BFH vom 26.06.2007, BStBl II 2008, 103; siehe auch E. Rz. 15.

Konto auch Verluste verbucht werden.[429] Bestehen insoweit Zweifel, weil z. B. bisher keine Verluste angefallen sind und die vertraglichen Vereinbarungen keine Aussagen darüber enthalten, so ist anhand der sonstigen Umstände des Falles zu untersuchen, ob es sich bei den von den Kommanditisten vereinnahmten Beträgen um Entnahmen oder um Darlehen handelt.[430]

— Ein Finanzplandarlehen stellt ein Kapitalkonto dar, obwohl auf diesem Konto keine Verluste verbucht werden, weil diese nicht kündbaren Darlehen im Falle der Liquidation oder des Ausscheidens des Gesellschafters mit negativen Kapitalkonten verrechnet werden.[431]

— Bei einem als „Darlehenskonto" bezeichneten Konto eines Kommanditisten, das im Rahmen des sog. Vier-Konten-Modells dazu bestimmt ist, die nicht auf dem Rücklagenkonto verbuchten Gewinnanteile aufzunehmen, kann es sich auch dann um ein **Kapitalkonto** i. S. des § 15 a Abs. 1 Satz 1 EStG handeln, wenn es **gewinnunabhängig** zu verzinsen ist. Voraussetzung ist allerdings, dass entweder auf diesem Konto

  ○ die **Verluste** der KG verbucht werden oder

  ○ dass das Konto im Fall der **Liquidation** der KG oder des Ausscheides des Gesellschafters mit einem etwa bestehenden negativen Kapitalkonto zu **verrechnen** ist.[432]

— Pflichteinlagen gehören auch dann zum Kapitalkonto i. S. des § 15 a Abs. 1 Satz 1 EStG, wenn sie unabhängig von der Gewinn- oder Verlustsituation verzinst werden.[433]

— **bei einer GbR und einer atypischen stillen Gesellschaft**   **192**

Da diese Gesellschafter im Steuerrecht denjenigen einer OHG insoweit gleichgestellt werden, sind für sie dieselben Kapitalkonten einzurichten wie für die OHG-Gesellschafter. Für die stillen Gesellschafter gelten dieselben Regelungen wie für Kommanditisten.

Weil die Einrichtung der Kapitalkonten gesetzlich grundsätzlich nicht vorgeschrieben ist und nach den Grundsätzen ordnungsmäßiger Buchführung mehrere Möglichkeiten gegeben sind, ist es selbstverständlich allen Personengesellschaften nicht verwehrt, für ihre Gesellschafter weitere Kapitalkonten einzurichten.   **193**

---

429 BFH vom 28.03.2000, BStBl II 2000, 347.
430 BFH vom 27.06.1996, BStBl II 1997, 36.
431 BFH vom 07.04.2005, BStBl II 2005, 598; siehe auch B. Rz. 136.
432 BFH vom 15.05.2008, BStBl II 2008, 812.
433 BMF vom 30.05.1997, BStBl I 1997, 627.

B. Laufende Besteuerung

1.5.3.2 Entnahmen und Einlagen

1.5.3.2.1 Bei einer OHG

194 Nach § 122 HGB ist jeder Gesellschafter berechtigt, Geld bis zum Betrag von 4 % seines für das letzte Geschäftsjahr festgestellten Kapitalanteils ohne Rücksicht auf Gewinn oder Verlust zu entnehmen. Übersteigt der Gewinnanteil des Vorjahres diesen Betrag, darf auch der übersteigende Betrag entnommen werden, soweit es nicht zum offenbaren Schaden der Personengesellschaft gereicht.

Im Übrigen ist der Gesellschafter nicht befugt, ohne Einwilligung der anderen Gesellschafter seinen Kapitalanteil zu vermindern. Im Gesellschaftsvertrag können jedoch davon abweichende Regelungen beschlossen werden. Oftmals wird in diesen Fällen dann ein Darlehensvertrag abgeschlossen.

Einlagen können, sofern der Gesellschaftsvertrag nichts anderes vorsieht, jederzeit in beliebiger Höhe vorgenommen werden.

1.5.3.2.2 Bei einer KG

195 Bei den Komplementären gilt gem. § 161 Abs. 2 i. V. m. § 122 HGB dasselbe wie bei den Gesellschaftern einer OHG.

Kommanditisten haben dagegen kein Entnahmerecht. Nach § 169 HGB haben sie nur Anspruch auf Auszahlung des ihnen zukommenden Gewinns. Solange ihr Kapitalanteil allerdings durch Verlust unter den auf die bedungene Einlage geleisteten Betrag herabgemindert ist oder durch die Auszahlung unter diesen Betrag herabgemindert werden würde, haben sie keinen Anspruch auf Auszahlung des Gewinns. Auch hier sind jedoch vertraglich abweichende Vereinbarungen möglich. Umgekehrt ist ein Kommanditist nicht verpflichtet, den bezogenen Gewinn wegen späterer Verluste zurückzuzahlen (§ 169 Abs. 2 HGB). Aus diesen Gründen ist es nicht unbedingt erforderlich, für Kommanditisten Privatkonten einzurichten.[434]

Einlagen können sowohl von den Komplementären als auch von den Kommanditisten in beliebiger Höhe vorgenommen werden.

1.5.3.2.3 Bei einer GbR und einer atypischen stillen Beteiligung

196 Wie den Kommanditisten steht auch diesen Gesellschaftern kein gesetzliches Entnahmerecht zu. Sie haben nur Anspruch auf Auszahlung des ihnen zukommenden Gewinns. Auch hier können vertraglich abweichende Vereinbarungen getroffen werden. Bei den Einlagen gilt das oben Gesagte genauso.

---

[434] Wegen der wechselseitigen Vereinbarung von Verlustdeckungen durch **Schwester-Personengesellschaften** siehe B. Rz. 161 und 162.

1 Einkommensteuer

1.5.3.3 Ausweis des Jahresergebnisses

Wie Einzelfirmen, so sind auch Personengesellschaften nicht gehalten, ihre Gewinne bzw. Verluste in den Bilanzen auszuweisen. Den Personengesellschaften steht es frei, ihre „internen" Kapitalverhältnisse in ihren Bilanzen offenzulegen. Lediglich Kommanditgesellschaften müssen die Kapitalanteile der Komplementäre und der Kommanditisten getrennt ausweisen. Der Ausweis eines Kapitals einer Personengesellschaft kann daher auf mannigfaltige Weise geschehen, wie nachfolgende Beispiele, die keinen Anspruch auf Vollständigkeit erheben, für die Gestaltung der Passivseite aufzeigen:[435]

197

— **Kein besonderer Ausweis des Gewinns** **198**

Beispiel 1:
Kapital	600.000 €
übrige Passiva	400.000 €
	1.000.000 €

Beispiel 2:
Kapital: Anteil A	150.000 €	
Anteil B	200.000 €	
Anteil C	250.000 €	600.000 €
übrige Passiva		400.000 €
		1.000.000 €

— **Einbeziehung des Gewinns in die Darstellung der Veränderungen der Kapitalkonten** **199**

Beispiel 3:
Kapital Stand 31.12.	500.000 €	
+ Gewinn	100.000 €	600.000 €
übrige Passiva		400.000 €
		1.000.000 €

Beispiel 4:
Kapital Vortrag 01.01.	550.000 €	
./. Entnahmen	75.000 €	
+ Einlagen	25.000 €	
+ Gewinn	100.000 €	600.000 €
übrige Passiva		400.000 €
		1.000.000 €

---

435 Siehe Bp-Kartei der OFDen Düsseldorf, Köln, Münster unter Konto: Kapital.

B. Laufende Besteuerung

Beispiel 5:

Kapital:				
Anteil A				
Stand 31.12.	130.000 €			
+ Gewinnanteil	20.000 €	150.000 €		
Anteil B				
Stand 31.12.	170.000 €			
+ Gewinnanteil	30.000 €	200.000 €		
Anteil C				
Stand 31.12.	200.000 €			
+ Gewinnanteil	50.000 €	250.000 €	600.000 €	
übrige Passiva			400.000 €	
			1.000.000 €	

Beispiel 6:

Kapital	A	B	C	
	€	€	€	
Vorträge 01.01.	140.000	190.000	220.000	
./. Entnahmen	15.000	25.000	35.000	
	125.000	165.000	185.000	
+ Einlagen	5.000	5.000	15.000	
	130.000	170.000	200.000	
+ Gewinnanteile	20.000	30.000	50.000	
	150.000	200.000	250.000	600.000 €
übrige Passiva				400.000 €
				1.000.000 €

200 — **Unverteilter (offener) Ausweis des Gewinns**

Beispiel 7:

Kapital	500.000 €	
übrige Passiva	400.000 €	
Gewinn	100.000 €	
	1.000.000 €	

Beispiel 8:

Kapital: Anteil A	130.000 €	
Anteil B	170.000 €	
Anteil C	200.000 €	500.000 €
übrige Passiva		400.000 €
Gewinn		100.000 €
		1.000.000 €

Bei dieser Art der Darstellung erfolgt die Gutschrift der Gewinnanteile auf den Kapitalkonten der Gesellschafter erst zu Beginn des nächsten Jahres. Der unverteilte Ausweis des Jahresergebnisses ist nach Auffassung des IdW jedoch nur insoweit zulässig, als nach dem Gesellschaftsvertrag eine Gewinnverwendung noch von einer entsprechenden Beschlussfassung der Gesellschafter abhängig ist.[436]

1.5.3.4 Negatives Kapitalkonto

1.5.3.4.1 Beim Kommanditisten

201 Ein negatives Kapitalkonto liegt vor, wenn nach der Saldierung der verschiedenen Kapitalkonten ein negativer Betrag übrig bleibt. In diese Berechnung ist das Sonderbetriebsvermögen nicht mit einzubeziehen.[437] Obwohl Kommanditisten nach § 171 Abs. 1 HGB nur bis zur Höhe der Einlagen haften und nach § 167 Abs. 3 HGB – sofern nichts anderes vereinbart ist – am Verlust nur bis zum Betrag des Kapitalkontos und der noch rückständigen Einlagen teilnehmen, ist es nach der herrschenden **handelsrechtlichen** Auffassung zulässig, einen Kommanditisten über seine Einlage hinaus mit Verlusten zu belasten, sodass sein Kapitalkonto negativ wird. § 167 Abs. 3 HGB bezieht sich nur auf die endgültige Verlusttragung. Solange das Kapitalkonto des Kommanditisten negativ ist, kann der Kommanditist die Auszahlung künftiger Gewinne nicht fordern, sondern muss diese Gewinnanteile zur Deckung des negativen Kapitalkontos verwenden. Der Verlust ist somit nach § 169 Abs. 1 Satz 2, § 161 Abs. 2 i. V. m. § 120 HGB mit späteren Gewinnen zu verrechnen.

202 In Höhe des negativen Kapitalkontos kommt folglich keine Ausgleichsverpflichtung des Kommanditisten und keine Ausgleichsforderung der KG, sondern nur eine Verlusthaftung mit künftigen Gewinnen zum Ausdruck.

Daraus ergibt sich für die Handelsbilanz: Das negative Kapitalkonto ist für die Ermittlung des Jahresergebnisses der KG ohne Bedeutung; insoweit handelt es sich um einen **Luftposten.** Es hat lediglich für die Verteilung des Bilanzgewinns Bedeutung und ist ein Korrekturposten zum allgemeinen Gewinnverteilungsschlüssel und insoweit ein bloßer **Erinnerungsposten** oder ein **Merkposten.**

203 **Steuerrechtlich** gilt Folgendes:[438]

— Einem Kommanditisten ist der auf ihn entfallende Verlustanteil einkommensteuerlich auch insoweit zuzurechnen, als er zu einem negativen Kapitalkonto des Kommanditisten führt. Dies gilt **nicht,** soweit bei Aufstellung der Bilanz nach den Verhältnissen am Bilanzstichtag feststeht, dass ein Ausgleich des negativen Kapitalkontos mit künftigen Gewinn-

---
436 IDW RS HFA 7, WPg 2002 S. 1259, 1262.
437 BFH vom 14.11.1985, BStBl II 1986, 58.
438 BFH vom 10.11.1980, GrS, BStBl II 1981, 164.

B. Laufende Besteuerung

anteilen des Kommanditisten nicht mehr in Betracht kommt **(Verlustzurechnungsverbot).**

— Beim **Wegfall** eines durch Verlustzurechnung entstandenen negativen Kapitalkontos eines Kommanditisten ergibt sich in Höhe dieses negativen Kapitalkontos ein steuerpflichtiger Gewinn. In gleicher Höhe ist dem persönlich haftenden Gesellschafter und anderen Kommanditisten, die ein positives Kapitalkonto besitzen, oder die zwar ein negatives Kapitalkonto haben, bei denen aber die Voraussetzungen für dessen Wegfall nicht vorliegen, ein Verlustanteil zuzurechnen.

— Dieser Gewinn entsteht zu dem Zeitpunkt, in dem der Betrieb der KG veräußert oder aufgegeben wird (also nicht der Zeitpunkt, für den die Liquidationsbilanz aufgestellt wird). In diesen Fällen liegt dann ein nach §§ 16, 34 EStG begünstigter Veräußerungs- oder Aufgabegewinn vor. Soweit jedoch schon früher feststeht, dass ein Ausgleich des negativen Kapitalkontos des Kommanditisten mit künftigen Gewinnanteilen des Kommanditisten nicht mehr in Betracht kommt, ist dieser Zeitpunkt maßgebend. In diesen Fällen liegt dann ein laufender Gewinn vor.

204 Kapitalkonto in diesem Sinne ist nur das aus der Handelsbilanz abgeleitete Kapitalkonto der Steuerbilanz erster Stufe (Bilanz der KG einschließlich Ergänzungsbilanz). Das Kapitalkonto aus der Steuerbilanz zweiter Stufe (Sonderbilanz) gehört nicht zu diesem Kapital. Folglich gehören Rückgriffsforderungen eines Kommanditisten gegenüber der KG aus einer Bürgschaftsinanspruchnahme genauso wenig zum Kapital in diesem Sinne wie kapitalersetzende Darlehen. Diese Darlehensforderungen des Kommanditisten stellen bei der KG Fremdkapital und beim Gesellschafter notwendiges Sonderbetriebsvermögen dar und führen somit erst in der steuerlichen Gesamtbilanz der KG zu Eigenkapital.[439] Daraus folgt, dass einem Kommanditisten laufende Verlustanteile aus der Gesellschaftsbilanz (einschließlich der Ergänzungsbilanzen) selbst dann nicht mehr zugerechnet werden können, wenn sich der Kommanditist für Verbindlichkeiten der KG verbürgt hat, weil die Ersatzansprüche des Kommanditisten gegenüber der KG zu seinem Sonderbetriebsvermögen gehören.[440]

205 Wenn ein Ausgleich des negativen Kapitalkontos mit künftigen Gewinnanteilen des Kommanditisten nicht mehr in Betracht kommt, sinkt der rechtliche und wirtschaftliche Gehalt des Verlustanteils des Kommanditisten zur Bedeutungslosigkeit herab. Der Verlust ist in diesem Fall und zu diesem Zeitpunkt auf die persönlich haftenden Gesellschafter und auf die übrigen Kommanditisten – auf diese allerdings nur bis zur Höhe ihrer Kapitalanteile und ihrer noch rückständigen Einlagen – nach dem Verhältnis zu verteilen,

---
439 BFH vom 26.09.1996, BStBl II 1997, 277.
440 Siehe B. Rz. 154; ESt-Kartei Nordrhein-Westfalen Nr. 802, StLex 3, 15, 553.

das dem für die Verteilung eines Jahresverlustes geltenden Schlüssel entspricht.

206 Künftige Gewinnanteile, die der Kommanditist zur Auffüllung des negativen Kapitalkontos zu verwenden hat, sind nur die in § 15 Abs. 1 Satz 1 Nr. 2 EStG an erster Stelle genannten Gewinnanteile, also ohne die an zweiter Stelle genannten Vergütungen und die übrigen im Sonderbetriebsvermögen des Gesellschafters anfallenden Erträge und Aufwendungen. Künftige Erträge im Sonderbetriebsvermögen des Kommanditisten, einschließlich der in § 15 Abs. 1 Satz 1 Nr. 2 EStG an zweiter Stelle genannten Vergütungen, bleiben bei der Prüfung, ob es noch zu einer Verlusthaftung des Kommanditisten mit künftigen Gewinnanteilen kommen wird, außer Betracht.

207 Die Entstehung eines steuerpflichtigen Gewinns beim Wegfall des negativen Kapitalkontos begründet der BFH damit, dass im Zuge der Liquidation der Personengesellschaft das negative Kapitalkonto des Kommanditisten wegfällt, weil der Kommanditist an einem aus der Liquidationsschlussbilanz sich ergebenden Verlust nur bis zum Betrag seines Kapitalanteils und seiner noch rückständigen Einlage teilnimmt.

Beispiel 1:
Die Kapitalkonten der Gesellschafter einer KG vor der Verlustzuweisung weisen folgende Höhe aus:

Komplementär A	140.000 €
Kommanditist B	45.000 €
Kommanditist C	10.000 €

Der Verlust der KG im Wirtschaftsjahr 01 beträgt 200.000 €. Am Gewinn und Verlust sind A zu 60 %, B zu 20 % und C zu 20 % beteiligt. Es steht fest, dass ein Ausgleich etwaiger negativer Kapitalkonten der Kommanditisten mit künftigen Gewinnanteilen nicht mehr möglich ist.

Nach dem Gewinn- bzw. Verlustverteilungsschlüssel ist der Verlust auf A mit 120.000 €, auf B und C mit je 40.000 € zu verteilen. C kann jedoch nur noch ein Verlustanteil von 10.000 € zugerechnet werden. Die restlichen 30.000 € sind auf A und B nach dem Verteilungsschlüssel zu verteilen. Dabei ist der Anteil des C von 20 % im Verhältnis 3:1 bzw. 75 % auf A und 25 % auf B zu verteilen. Der Betrag von 30.000 € ist somit i. H. von (60 % + [75 % von 20 % =] 15 % =) 75 % = 22.500 € auf A und mit (20 % + [25 % von 20 % =] 5 % =) 25 % = 7.500 € auf B zu verteilen. Da sich nun auch bei B ein negatives Kapitalkonto ergeben würde, kann ihm nur noch ein Verlustanteil von 5.000 € zugerechnet werden. Der verbleibende Betrag von 25.000 € entfällt auf A.

Der Verlust ist somit i. H. von (120.000 € + 25.000 € =) 145.000 € auf A, i. H. von (40.000 € + 5.000 € =) 45.000 € auf B und i. H. von 10.000 € auf C zu verteilen

B. Laufende Besteuerung

208 Eine Möglichkeit, bei der das negative Kapitalkonto bereits vor der Veräußerung oder Aufgabe des Betriebs der KG wegfällt, ist z. B. bei der Eröffnung des Insolvenzverfahrens gegeben.[441] Zu diesem Zeitpunkt wird die KG nach §§ 161, 131 Nr. 3 HGB aufgelöst, damit steht auch grundsätzlich fest, dass der Kommanditist keinen Verlust zu tragen braucht. Besteht jedoch noch die reale Möglichkeit des Ausgleichs des negativen Kapitalkontos, z. B. durch künftige Veräußerungsgewinne,[442] ist es noch nicht aufzulösen. Es können sogar noch weitere Verlustzuweisungen hinzukommen, z. B. wenn im Zeitpunkt der Aufstellung der Bilanz nach den Verhältnissen am Bilanzstichtag bei vernünftiger kaufmännischer Beurteilung nicht auszuschließen ist, dass das Insolvenzverfahren nach Abschluss eines Zwangsvergleichs aufgehoben und die KG fortgesetzt wird.[443]

Beispiel 2:

Das Kapitalkonto des Kommanditisten A in der Bilanz der KG beträgt am 01.01.01 ./. 190.000 €. In einer Sonderbilanz des A ist ein unbebautes Grundstück mit 240.000 € aktiviert, dessen Teilwert 350.000 € beträgt. Im Laufe des Jahres wird ein Antrag auf Eröffnung des Insolvenzverfahrens gestellt, der jedoch mangels Masse abgelehnt wird. Der Verlustanteil des A in 01 beträgt 100.000 €.

Obwohl das steuerliche Gesamtkapital des A am 01.01.01 + 50.000 € beträgt, liegt ein negatives Kapitalkonto vor, weil das Sonderbetriebsvermögen nicht mit einbezogen werden darf. Da das Insolvenzverfahren mangels Masse nicht eröffnet wurde, steht fest, dass das negative Kapitalkonto des A durch künftige Gewinne nicht mehr verringert oder ausgeglichen werden kann. Deshalb kann der Verlust 01 nicht mehr dem A zugerechnet werden. Gleichzeitig ist in 01 das negative Kapitalkonto von 190.000 € gewinnerhöhend aufzulösen. Dabei muss außer Betracht bleiben, dass im Sonderbetriebsvermögen noch ein Ertrag von 110.000 € entstehen wird, weil künftige Erträge im Sonderbetriebsvermögen bei der Prüfung, ob es noch zu einer Verlusthaftung des Kommanditisten mit künftigen Gewinnanteilen kommen wird, nicht berücksichtigt werden dürfen.

209 Die Beteiligung der Gesellschafter einer Personengesellschaft am Gesellschaftsvermögen kann auch im Wege der Bilanzberichtigung berichtigt und dadurch eine zurückliegende Gewinnverteilung korrigiert werden.[444]

Beispiel 3:

An einer KG waren Komplementär A mit 50 % sowie die Kommanditisten B und C mit je 25 % am Gewinn und Verlust sowie an den stillen Reserven beteiligt. Über das Vermögen der KG wurde am 09.10.03 das Insolvenzverfahren eröffnet, im Dezember 05 wurde der Schlusstermin abgehalten, in 06 wurde die KG im Handelsregister gelöscht.

---

441 BFH vom 19.03.1981, BStBl II 1981, 570, und vom 19.01.1993, BStBl II 1993, 594.
442 BFH vom 26.03.1981, BStBl II 1981, 572, und vom 26.05.1981, BStBl II 1981, 668.
443 BFH vom 22.01.1985, BStBl II 1986, 136.
444 BFH vom 11.02.1988, BStBl II 1988, 825.

Für die Jahre 02 und 03 hat das Finanzamt Verluste festgestellt und auf alle Gesellschafter verteilt. Dadurch ergaben sich für beide Kommanditisten negative Kapitalkonten i. H. von zusammen 3 Mio. €. Die Feststellungsbescheide ergingen im September 04 bzw. im Mai 06.

Für das Jahr 04 stellte das Finanzamt im Wege der Schätzung einen laufenden Gewinn von 0 € fest. Außerdem erhöhte es die Gewinnanteile der beiden Kommanditisten um insgesamt 3 Mio. € und minderte den Gewinnanteil des A um diesen Betrag, weil nach einem Bericht des Insolvenzverwalters vom 03.12.03 bereits nach den Verhältnissen am 31.12.03 mit einem Ausgleich der negativen Kapitalkonten nicht mehr gerechnet werden konnte.

Das Finanzamt hätte den Kommanditisten bereits für die Jahre 02 und 03 Verluste nur noch bis zu einem Kapitalkonto von jeweils 0 € zurechnen dürfen, weil bereits im Zeitpunkt dieser Veranlagungen feststand, dass ein Ausgleich mit künftigen Gewinnen nicht mehr in Betracht kam. Der verbleibende Verlust hätte dem Komplementär A zugerechnet werden müssen.

Darüber hinaus hätten bereits vorhandene negative Kapitalkonten der Kommanditisten aus 01 gewinnerhöhend aufgelöst werden müssen. In Höhe dieses laufenden Gewinns der Kommanditisten hätte sich der Gewinn des Komplementärs vermindert. Der BFH entschied, dass eine im Vorjahr fehlerhaft vorgenommene Gewinnverteilung, die nicht mehr berichtigt werden kann, im Folgejahr erfolgswirksam nachgeholt werden muss und danach der Kapitalanteil der Gesellschafter bestimmt wird. Andernfalls würden die Gesellschafter nicht den Vermögenszuwachs versteuern, der während ihrer Gesellschaftszugehörigkeit auf sie entfallen ist.

Sofern die Veranlagung des Jahres 03 noch berichtigt und der danach ermittelte Gewinn der Besteuerung zugrunde gelegt werden kann, ist die Bilanz des Jahres 03 zu berichtigen.

Der BFH bestätigte mehrmals diese Auffassung unter Hinweis auf den Grundsatz des formellen Bilanzenzusammenhangs, weil jedenfalls das negative Kapitalkonto des Kommanditisten in diesem Zusammenhang wie ein (negatives) Wirtschaftsgut zu behandeln ist.[445]

Dagegen kann die fehlerhafte Verteilung des Gewinns einer KG in einem zurückliegenden Feststellungszeitraum nicht mehr in einem späteren Feststellungszeitraum erfolgswirksam korrigiert werden, wenn für das vorangegangene Wirtschaftsjahr eine Gewinnfeststellung nicht durchgeführt wurde und wegen Ablaufs der Festsetzungsfrist auch nicht mehr nachgeholt werden kann.[446] Die Grundsätze des formellen Bilanzenzusammenhangs sind hier nicht anwendbar, denn fehlt eine Schlussbilanz des vorangegangenen Wirtschaftsjahres, ist der Bilanzenzusammenhang durchbrochen. Für den folgenden Feststellungszeitraum ist, ebenso wie bei der Eröffnung eines Betriebs, eine neue Eröffnungsbilanz zu erstellen. Eine Bindung an frühere

---
445 BFH vom 10.12.1991, BStBl II 1992, 650, vom 19.01.1993, BStBl II 1993, 594, und vom 12.10.1993, BStBl II 1994, 174.
446 BFH vom 28.01.1992, BStBl II 1992, 881.

B. Laufende Besteuerung

Bilanzansätze besteht dabei nur insoweit, als diese den Grundsätzen ordnungsmäßiger Buchführung und Bilanzierung entsprechen.

Beispiel 4:

Am 16.07.02 wurde über das Vermögen einer KG das Insolvenzverfahren eröffnet. Für 02 gab die KG keine Erklärung ab. Das Finanzamt schätzte den Gewinn auf 0 € und übernahm die negativen Kapitalkonten der Bilanz vom 31.12.01. Mit künftigen Gewinnen der KG konnte nicht mehr gerechnet werden. Für die Jahre 03 und 04 wurden weder Bilanzen erstellt noch Erklärungen abgegeben. Auch hat das Finanzamt keine Bescheide erlassen.

Für das Jahr 05 erließ das Finanzamt am 21.12.07 einen Feststellungsbescheid. Der Gewinn wurde auf 0 € festgestellt, wobei dem Kommanditisten ein Gewinn aus dem Wegfall seines negativen Kapitalkontos und dem Komplementär ein Verlustanteil in gleicher Höhe zugerechnet wurde.

In der Bilanz zum 31.12.02 hätte das negative Kapitalkonto des Kommanditisten aufgelöst werden müssen, weil eine Verrechnung mit künftigen Gewinnen nicht mehr in Frage kam. Obwohl dieser Fehler nach den Vorschriften der AO nicht mehr änderbar ist, hätte der Fehler im Jahre 03 korrigiert werden können. Da aber für dieses Jahr keine Bilanz erstellt wurde und wegen Ablaufs der Festsetzungsfrist auch nicht mehr nachgeholt werden kann, ist der Bilanzenzusammenhang durchbrochen. Zum 01.01.05 muss eine Eröffnungsbilanz aufgestellt werden, wobei eine Bindung an frühere Bilanzansätze nur insoweit besteht, als diese den Grundsätzen ordnungsmäßiger Buchführung und Bilanzierung entsprechen. An den fehlerhaften Kapitalkontenansatz besteht deshalb keine Bindung. Das Kapitalkonto ist mit dem Betrag anzusetzen, der sich ergeben hätte, wenn die KG bereits in den Vorjahren eine zutreffende Verteilung des Betriebsvermögens vorgenommen hätte. Da das negative Kapitalkonto des Kommanditisten bereits zum 31.12.02 hätte aufgelöst werden müssen, musste in der Eröffnungsbilanz zum 01.01.05 sein Kapital mit 0 € angesetzt werden.

Zusammenfassend kann festgestellt werden:

211 a) Im Falle einer Liquidation der KG durch freiwilligen Auflösungsbeschluss der Gesellschafter ist die Feststellung eines Gewinnausschlusses im Verlaufe der Abwicklung der KG bis zur Liquidationsschlussbilanz in der Regel nicht möglich. Der durch die Auflösung des negativen Kapitalkontos entstehende Gewinn ist daher erst im Zeitpunkt der Beendigung der Personengesellschaft zu erfassen. Er ist tarifbegünstigt, wenn die Voraussetzungen einer Betriebsveräußerung oder Betriebsaufgabe vorliegen.

212 b) Bei Insolvenzverfahren besteht dagegen die widerlegbare Vermutung, dass mit Insolvenzeröffnung feststeht, dass ein bis zu diesem Zeitpunkt vorhandenes negatives Kapitalkonto durch künftige Gewinne nicht mehr verringert oder ausgeglichen werden kann. Scheint dies ausnahmsweise doch möglich zu sein, so muss dies der Kommanditist durch geeignete Unterlagen (z. B. Vermögensstatus der Personengesellschaft durch objektiven Sachverständigen) glaubhaft machen.

Keine Verlustzuweisung ist möglich, wenn die Eröffnung des Insolvenzverfahrens mangels Masse abgelehnt worden ist. In diesem Fall dürfen bereits in Bilanzen, deren Bilanzstichtag zwar noch vor dem Antrag auf Insolvenzeröffnung liegt, die aber erst nach diesem Zeitpunkt erstellt worden sind, angefallene Verluste nicht mehr dem Kommanditisten zugerechnet werden. Gleichzeitig ist das negative Kapitalkonto aufzulösen; der dabei entstehende Gewinn ist ein mit dem normalen Steuersatz zu versteuernder laufender Gewinn. Falls ein Ausnahmefall vorliegt, gelten die gleichen Grundsätze wie bei der Liquidation.

c) Auch bei einer Personengesellschaft, die zivilrechtlich weiterhin existiert, aber ihre werbende Tätigkeit tatsächlich bzw. so gut wie eingestellt hat, tritt in der Regel die Nachversteuerung des negativen Kapitalkontos bereits jetzt ein, da auch in diesem Fall regelmäßig feststeht, dass Gewinnanteile nicht mehr entstehen werden. Auch in diesem Fall ist der Gewinn nicht tarifbegünstigt. **213**

Im Gegensatz zu den o. g. Fällen können den Kommanditisten einer KG, die Einkünfte aus Vermietung und Verpachtung erzielen, Anteile am Verlust nicht mehr zugerechnet werden, soweit dadurch negative Kapitalkonten entstehen oder erhöht werden.[447] Begründet wird dies damit, dass Grundlage für die Ermittlung des Überschusses der Einnahmen über die Werbungskosten nicht die Handelsbilanz der KG ist und der Überschuss unmittelbar gem. § 39 Abs. 2 Nr. 2 AO den einzelnen Gesellschaftern zuzurechnen ist. **214**

1.5.3.4.2 Bei atypischen stillen Gesellschaftern

Die obigen Ausführungen zum negativen Kapitalkonto gelten in gleicher Weise für atypische stille Gesellschafter. Ferner auch für Gesellschafter einer GbR, soweit die Inanspruchnahme des Gesellschafters für Schulden in Zusammenhang mit dem Betrieb durch Vertrag ausgeschlossen oder nach Art und Weise des Geschäftsbetriebs unwahrscheinlich ist. **215**

1.5.3.4.3 Übrige Gesellschafter

Bei den übrigen Gesellschaftern ist die Entstehung von negativen Kapitalkonten wie bei Einzelunternehmern stets möglich. Nach § 735 BGB besteht im Falle der Liquidation der Personengesellschaft eine Ausgleichspflicht der Gesellschafter mit negativem Kapitalkonto, sofern keine abweichenden vertraglichen Vereinbarungen getroffen worden sind. Da in diesem Fall eine echte Forderung der Personengesellschaft gegenüber dem Gesellschafter besteht, ergeben sich auch bei der Ermittlung des steuerlichen Gewinns bzw. Verlusts keine Besonderheiten. Scheidet ein Gesellschafter mit einem negativen Kapitalkonto aus und wird ihm die Ausgleichspflicht erlassen **216**

---

[447] BFH vom 05.05.1981, BStBl II 1981, 574.

bzw. übernimmt sie ein anderer Gesellschafter, so entsteht bei ihm ein steuerpflichtiger Veräußerungsgewinn.

1.5.4 Buchmäßige Behandlung der Ergänzungsbilanz

217 Die Erstellung besonderer Ergänzungsbilanzen der Gesellschafter mit Wertkorrekturen zur Steuerbilanz der Personengesellschaft[448] ist in folgenden Fällen erforderlich:
1. Anteilige Inanspruchnahme personenbezogener Steuervergünstigungen nur für einige Gesellschafter einer Personengesellschaft[449]
2. Bei Einbringung einzelner Wirtschaftsgüter in eine Personengesellschaft[450]
3. Bei Einbringung eines Betriebs, Teilbetriebs oder Mitunternehmeranteils in eine Personengesellschaft[451]
4. Beim Gesellschafterwechsel[452]

218 Ferner **können** Ergänzungsbilanzen für alle Gesellschafter erstellt werden, wenn Wirtschaftsgüter des Gesamthandsvermögens nicht zum steuerlichen Betriebsvermögen gehören, um nicht eine von der Handelsbilanz abweichende Steuerbilanz erstellen zu müssen.

In den Ergänzungsbilanzen erscheinen nur Mehr- oder Minderwerte zu den in der Steuerbilanz der Personengesellschaft bilanzierten Wirtschaftsgütern des Gesamthandsvermögens.[453] Wirtschaftsgüter des Sonderbetriebsvermögens dürfen nicht ausgewiesen werden.

219 Auch die Ergänzungsbilanz wird vom Grundsatz der Maßgeblichkeit der Handelsbilanz für die Steuerbilanz umfasst.[454] In der Ergänzungsbilanz dürfen nur solche Aufwendungen aktiviert werden, die sich als (zusätzliche) Anschaffungskosten für Vermögensgegenstände und Wirtschaftsgüter i. S. der §§ 4, 5 EStG darstellen. Dazu steht nicht in Widerspruch, dass die konsequente Durchführung des Anschaffungskostenprinzips es gebieten kann, in der Ergänzungsbilanz positive oder negative Korrekturposten auszuweisen.

220 Eine Ergänzungsbilanz ist wie die Steuerbilanz der Personengesellschaft auch in den folgenden Jahren fortzuführen, bis entweder

— die Mehr- oder Minderwerte entfallen,

— die Wirtschaftsgüter aus dem Gesamthandsvermögen ausscheiden oder

---

448 BFH vom 29.10.1991, BStBl II 1992, 647, 649, vom 30.04.2003, BStBl II 2004, 804, und vom 25.04.2006, BStBl II 2006, 847; siehe auch B. Rz. 163.
449 Siehe B. Rz. 243 ff.
450 Siehe B. Rz. 379 ff. und C. Rz. 7 ff.
451 Siehe C. Rz. 20 ff.
452 Siehe J. Rz. 168 ff.
453 BFH vom 10.07.1980, BStBl II 1981, 84, und vom 19.02.1981, BStBl II 1981, 730.
454 BFH vom 18.02.1993, BStBl II 1994, 224.

— der die Ergänzungsbilanz führende Gesellschafter aus der Personengesellschaft ausscheidet.

Bei dem Aufwand bzw. Ertrag aus der Fortschreibung der Ergänzungsbilanzen handelt es sich **nicht** um Sonderbetriebseinnahmen bzw. Sonderbetriebsausgaben, sondern um einen Teil des Gewinnanteils.[455] Die Ergebnisse dieser Ergänzungsbilanzen sind – obwohl sie nur Wertkorrekturen zum Gesamthandsvermögen enthalten – in **vollem Umfang dem betreffenden Gesellschafter** zuzurechnen, weil diese Wertkorrekturen auch nur diesen Gesellschafter berühren.

221

Beispiel:
Eine OHG, an der A und B je zur Hälfte beteiligt sind, ist Eigentümerin eines Einfamilienhauses, das bis zum 30.06.01 an einen Arbeitnehmer vermietet war. Seit 01.07.01 wird das Gebäude auf Dauer unentgeltlich Gesellschafter A überlassen. Am 01.07.01 betrug der Teilwert des Grund und Bodens 190.000 €, des Gebäudes 510.000 €. Die OHG hat das Grundstück nicht ins Privatvermögen überführt, sondern – auszugsweise – zum 31.12.01 folgende Handelsbilanz = Steuerbilanz erstellt:

Aktiva		Bilanz OHG 31.12.01	Passiva	
Grund und Boden		140.000 €	Kapital A	280.000 €
Gebäude			Kapital B	280.000 €
Buchwert 01.01.01	440.000 €			
AfA 01	20.000 €	420.000 €		
		560.000 €		560.000 €

Das Grundstück gehört seit 01.07.01 zum Privatvermögen der OHG.[456] Es gehört zwar nach wie vor zum handelsrechtlichen Betriebsvermögen, darf aber nicht mehr in der Steuerbilanz ausgewiesen werden, sondern muss zum Teilwert entnommen werden. Der Entnahmegewinn beträgt beim Grund und Boden 50.000 € und beim Gebäude 80.000 € (Buchwert Gebäude am 30.06.01 430.000 €!) und ist beiden Gesellschaftern je zur Hälfte zuzurechnen.
Konsequent wäre, das Grundstück am 30.06.01 in der Buchführung der OHG wie folgt auszubuchen:

Privatentnahme A	350.000 €	an Grund und Boden	140.000 €
Privatentnahme B	350.000 €	Gebäude	430.000 €
		Sonstige betriebliche Erträge	130.000 €

Weitere Buchungen hätten sich in diesem Zusammenhang nicht ergeben.
Es ist jedoch möglich, auf eine besondere Aufstellung der Steuerbilanz zu verzichten und die Folgen der Entnahme in Ergänzungsbilanzen beider Gesellschafter auszuweisen. Die Steuerbilanz der OHG entspricht dann ihrer Handelsbilanz.

---
455 BFH vom 25.04.2006, BStBl II 2006, 847.
456 Siehe B. Rz. 85 ff.

B. Laufende Besteuerung

In den Ergänzungsbilanzen **A** und **B** wäre dann in 01 **jeweils** zu buchen:

- am 01.07.01

Privatentnahme	350.000 €	an	Minderwert Grund und Boden	70.000 €
			Minderwert Gebäude	215.000 €
			Sonstige betriebliche Erträge	65.000 €

- am 31.12.01

Minderwert Gebäude	5.000 €	an	Weniger-AfA	5.000 €

Die Ergänzungsbilanzen und die Gewinn-und-Verlust-Rechnungen hätten dann **jeweils** folgendes Aussehen:

Aktiva		Ergänzungsbilanz 31.12.01		Passiva
Minderkapital	280.000 €	Minderwert Grund und Boden		70.000 €
		Minderwert Gebäude		210.000 €
	280.000 €			280.000 €

Aufwendungen		GuV 01		Erträge
Gewinn	70.000 €	Sonstige betriebliche Erträge		65.000 €
		Weniger-AfA		5.000 €
	70.000 €			70.000 €

Zieht man die Steuerbilanz und die beiden Ergänzungsbilanzen zu einer Gesamtbilanz der Mitunternehmerschaft zusammen, so ergibt sich ein Buchwert des Grundstücks von 0 €.

Der Gewinn stimmt ebenfalls überein. Er beträgt ohne Ergänzungsbilanzen in der Steuerbilanz 130.000 €, mit Ergänzungsbilanzen in der Steuerbilanz ./. 10.000 € und in den Ergänzungsbilanzen zusammen 140.000 € = saldiert 130.000 €.

1.5.5 Buchmäßige Behandlung der Sonderbilanz

222 Für jeden Gesellschafter, der Sonderbetriebsvermögen zu bilanzieren hat, wird eine eigene Sonderbilanz erstellt. Diese Sonderbilanz ist eine reine Steuerbilanz. Sie ist nicht von einer Handelsbilanz abgeleitet, weil es keine entsprechende Handelsbilanz gibt. Der Gewinn in dieser Sonderbilanz wird nach § 5 EStG durch Betriebsvermögensvergleich ermittelt. Dieser Gewinn ist **ausschließlich dem betreffenden Gesellschafter** zuzurechnen.[457]

---

[457] Wegen des Inhalts der Sonderbilanz siehe B. Rz. 163.

1 Einkommensteuer

Technik der Sonderbilanz:

Sobald bei einem Gesellschafter ein oder mehrere Wirtschaftsgüter zum Sonderbetriebsvermögen zu rechnen sind, ist eine Eröffnungs-Sonderbilanz zu erstellen. Diese Sonderbilanz muss dann so lange geführt werden, wie diese Wirtschaftsgüter zum Sonderbetriebsvermögen des Gesellschafters gehören. Es ist folglich eine eigene Buchführung einzurichten. Die Sonderbilanz ist in Konten aufzulösen, sofern sich Wertveränderungen ergeben.

Beispiel 1:

Gesellschafter A überlässt der OHG unentgeltlich mit Wirkung vom 01.01.01 ein bisher zum Privatvermögen gehörendes unbebautes Grundstück. Der Einlagewert beträgt 100.000 €.

Die Eröffnungsbilanz hat folgendes Aussehen:

Aktiva	Sonderbilanz Gesellschafter A 01.01.01		Passiva
Grundstück	100.000 €	(Sonder-)Kapital	100.000 €

Bis zu einer Veränderung des Buchwerts brauchen keine Konten eingerichtet zu werden. Die Sonderbilanz zum 31.12.01 und den folgenden Stichtagen entspricht der Eröffnungsbilanz. Eine Gewinnauswirkung ergibt sich nicht. Das steuerliche Kapital des Gesellschafters A setzt sich zusammen aus dem (bzw. den) Kapitalkonto(en) lt. Bilanz der OHG und dem Sonderbilanz-Kapital.

Beispiel 2:

Gesellschafter B überlässt der OHG unentgeltlich mit Wirkung vom 01.04.01 ein bebautes Grundstück. B hat dieses Grundstück an diesem Tag für 300.000 € erworben (Anteil Grund und Boden 100.000 €). Die AfA beträgt gem. § 7 Abs. 4 Nr. 1 EStG 3 % = 6.000 € (für 01 nur 4.500 €).

Die Eröffnungsbilanz hat folgendes Aussehen:

Aktiva	Sonderbilanz Gesellschafter B 01.04.01		Passiva
Grund und Boden	100.000 €	(Sonder-)Kapital	300.000 €
Gebäude	200.000 €		
	300.000 €		300.000 €

Wegen der Veränderungen des Gebäudewerts sind Konten einzurichten.

S	Grund und Boden		H	S	Kapital		H
AB	100.000	SB	100.000	Verlust	4.500	AB	300.000
				SB	295.500		
					300.000		300.000

B. Laufende Besteuerung

S	Gebäude		H	S		AfA	H
AB	200.000	AfA	4.500	Gebäude	4.500	GuV	4.500
		SB	195.500				
	200.000		200.000				

Am Ende des Wirtschaftsjahres sind eine Sonder-GuV und eine Schlussbilanz zu erstellen.

Aufwand	Sonder-GuV Gesellschafter B 01		Ertrag
AfA	4.500 €	Verlust	4.500 €

Aktiva	Sonderbilanz Gesellschafter B 31.12.01		Passiva
Grund und Boden	100.000 €	(Sonder-)Kapital	295.500 €
Gebäude	195.500 €		
	295.500 €		295.500 €

Hinweis: Wegen der Behandlung von Mieterträgen und übrigen Aufwendungen siehe unten.[458]

1.6 Besonderheiten bei der Gewinnermittlung auf der ersten Stufe im Einzelnen

1.6.1 Grundsätze

223 Auf der ersten Stufe der Gewinnermittlung wird nur der Gewinn aus dem Gesamthandsvermögen ermittelt.[459] Die Unterteilung in 1. und 2. Stufe ist erforderlich, weil in der Handelsbilanz der Personengesellschaft nur das ihr selbst gehörende Gesellschaftsvermögen (Gesamthandsvermögen) ausgewiesen werden darf, nicht aber das Vermögen, das im Alleineigentum oder Miteigentum der Gesellschafter der Personengesellschaft steht (Sonderbetriebsvermögen).

224 Bei der Aufstellung der **Handelsbilanz** ist außerdem zu beachten:
- Bilanzierungs- und Bewertungswahlrechte müssen von allen Gesellschaftern einheitlich ausgeübt werden.
- Diese Wahlrechte können unabhängig von den steuerrechtlichen Vorschriften in Anspruch genommen werden.
- Soweit gem. § 5 Abs. 1 Satz 2 EStG der umgekehrte Maßgeblichkeitsgrundsatz gilt (z. B. bei Bildung von steuerfreien Rücklagen), muss auch

---

[458] Siehe B. Rz. 350.
[459] Siehe B. Rz. 163.

in die Handelsbilanz der Personengesellschaft der Steuerbilanzansatz übernommen werden.

Der Aufstellung der Handelsbilanz schließt sich die Aufstellung der **Steuerbilanz** an. Daraus ergeben sich folgende Erkenntnisse: 225

1. In der Steuerbilanz der Personengesellschaft wird wie in der Handelsbilanz nur **Gesellschaftsvermögen (Gesamthandsvermögen)** ausgewiesen. 226

2. Bilanzierungs- und Bewertungswahlrechte müssen auch in der Steuerbilanz **einheitlich von allen Gesellschaftern** ausgeübt werden.[460] Bei Meinungsverschiedenheiten müssen sie sich einigen. Die Finanzverwaltung kann keinen Ansatz vorschreiben. Sie hat nur darauf zu achten, dass das Wahlrecht einheitlich ausgeübt wird. 227

Eine **Ausnahme** gilt nur bei **personenbezogenen** Steuervergünstigungen. Diese können nur von den Gesellschaftern, die diese personenbezogenen Voraussetzungen erfüllen, in Anspruch genommen werden.[461]

Der Zwang zur einheitlichen Ausübung des Wahlrechts führt also nicht dazu, dass personenbezogene Steuervergünstigungen überhaupt nicht in Anspruch genommen werden dürfen, wenn auch nur ein Gesellschafter diese persönlichen Voraussetzungen nicht erfüllt.

3. Weicht ein Bilanzansatz in der Handelsbilanz zwingend von den steuerrechtlichen Vorschriften ab, ist eine von der Handelsbilanz **abweichende Steuerbilanz** zu erstellen. 228

Beispiele:

In der Handelsbilanz:
- wird ein erworbener Firmenwert nicht aktiviert (§ 255 Abs. 4 HGB – § 5 Abs. 2 EStG)
- werden Rückstellungen wegen Verletzung fremder Patent-, Urheber- oder ähnlicher Schutzrechte auch nach Ablauf von drei Jahren seit ihrer erstmaligen Bildung passiviert, obwohl noch keine Ansprüche geltend gemacht worden sind (§ 5 Abs. 3 EStG)
- werden Rückstellungen für Dienstjubiläen passiviert, obwohl die Voraussetzungen des § 5 Abs. 4 EStG nicht erfüllt sind
- werden Rückstellungen für drohende Verluste aus schwebenden Geschäften gebildet (§ 249 Abs. 1 HGB – § 5 Abs. 4 a EStG)
- werden Rückstellungen nach § 249 Abs. 1 Satz 3 oder Abs. 2 HGB passiviert
- werden als Aufwand berücksichtigte Zölle und Verbrauchsteuern und Umsatzsteuer auf Anzahlungen sowie ein Disagio nicht aktiviert (§ 250 Abs. 1 Satz 2 und Abs. 3 HGB – § 5 Abs. 5 Satz 2 EStG)
- wird der erworbene Firmenwert auf eine kürzere Nutzungsdauer als 15 Jahre abgeschrieben (§ 255 Abs. 4 HGB – § 7 Abs. 1 Satz 3 EStG)[462]

---

460 BFH vom 07.08.1986, BStBl II 1986, 910; siehe auch Schmidt/Wacker, § 15 Rz. 410.
461 Siehe im Einzelnen B. Rz. 243 ff.
462 Dies ist in der Steuerbilanz stets unzulässig, siehe BFH vom 28.09.1993, BStBl II 1994, 449.

B. Laufende Besteuerung

- werden Wirtschaftsgüter anders abgeschrieben als nach § 7 EStG zulässig
- werden Wirtschaftsgüter bei einer vorübergehenden Wertminderung mit dem niedrigeren Wert angesetzt (§ 253 Abs. 2 und 3 HGB)
- werden Wirtschaftsgüter gem. § 253 Abs. 4 HGB mit einem niedrigeren Wert als dem Teilwert angesetzt
- werden Wirtschaftsgüter des Umlaufvermögens mit dem sog. Zukunftswert gem. § 253 Abs. 3 Satz 3 HGB angesetzt, der niedriger ist als der Teilwert

229 4. Laufende Aufwendungen, die nach § 4 Abs. 5 bis 7 EStG zu den **nicht abziehbaren Betriebsausgaben** gehören, sind auch in der Buchführung von Personengesellschaften auf den entsprechenden Aufwandskonten gewinnmindernd zu erfassen. Deshalb müssen diese nicht abziehbaren Betriebsausgaben **außerhalb der Buchführung** dem Gewinn wieder **hinzugerechnet** werden.

Beispiel 1:

Eine OHG mit den Gesellschaftern A und B betreibt den Handel mit Jagdwaffen und Jagdmunition. Zur Erprobung der Waffen und der Munition pachtet die OHG eine Jagd für jährlich 4.000 €. An diesen Jagdveranstaltungen nehmen neben den Gesellschaftern nur Schießsachverständige und Schriftsteller für Fachzeitschriften teil. Ferner lädt die OHG ihre Geschäftspartner zu gelegentlichen Jagdveranstaltungen am Wochenende ein. Die OHG verbuchte diese Kosten auf dem Konto „Jagdkosten".

Aufwendungen für die Jagd sind nach § 4 Abs. 5 Nr. 4 EStG nicht als Betriebsausgaben abzugsfähig. Die Buchung der OHG ist nicht zu beanstanden. Der Betrag von 4.000 € muss außerhalb der Buchführung dem Gewinn der OHG wieder hinzugerechnet werden. Der Gewinnanteil der beiden Gesellschafter erhöht sich jeweils um 2.000 €.[463]

Die anlässlich einer inländischen oder ausländischen Geschäftsreise eines Gesellschafters anfallenden Reisekosten können von der Personengesellschaft entweder in der tatsächlichen Höhe (Fahrtkosten, Übernachtungskosten) oder in Höhe der Pauschsätze des § 4 Abs. 5 Nr. 5 EStG (Verpflegungsmehraufwendungen) abgezogen werden. Zu beachten ist, dass ab 2008 auch die Übernachtungskosten einer ausländischen Geschäftsreise nur noch in der tatsächlichen Höhe abzugsfähig sind.

Beachte:

Die **Gewerbesteuer** und die darauf entfallenden Nebenleistungen, die für Erhebungszeiträume festgesetzt wird, die nach dem 31.12.2007 enden (§ 52 Abs. 12 Satz 7 EStG), sind nach § 4 Abs. 5 b EStG **keine Betriebsausgaben.**

230 5. Übernimmt eine Personengesellschaft **Kosten der Lebensführung** bzw. gemischte Aufwendungen für ihre Gesellschafter, liegen keine Betriebsausgaben der Personengesellschaft, sondern nichtabzugsfähige Kosten i. S. von § 12 Nr. 1–5 EStG und damit Entnahmen der betreffenden Gesellschafter

---
463 BFH vom 28.04.1983, BStBl II 1983, 668.

vor. Unerheblich ist, in welchem Umfang die Gesellschafter an der Personengesellschaft beteiligt sind. Zum Vergleich: Würde eine GmbH derartige Kosten für ihre Gesellschafter übernehmen, läge eine verdeckte Gewinnausschüttung vor.

Beispiel 2:
Wie Beispiel 1, diese Jagd wird aber auch von A und B zur Durchführung privater Jagdveranstaltungen mit Bekannten und Verwandten benutzt.

Die Durchführung privater Jagdveranstaltungen von A und B beweist, dass das Betreiben der Jagd in einem wesentlichen Umfang durch die private Lebensführung der Gesellschafter A und B bestimmt ist. Folglich liegen gemischte Aufwendungen vor, die nach § 12 Nr. 1 EStG in vollem Umfang nichtabzugsfähig sind. Es ist unerheblich, dass die Aufwendungen von der OHG getragen worden sind, weil § 12 EStG auch gilt, wenn eine Personengesellschaft solche Kosten zugunsten ihrer Gesellschafter übernimmt. Die OHG muss deshalb diese Kosten je zur Hälfte als Entnahmen von A und B erfassen.

Beispiel 3:
Eine KG hat alle Geschäftspartner zur Feier des 60. Geburtstags ihres Komplementärs in ein Restaurant eingeladen. Die Kosten der Veranstaltung von 12.000 € werden von der KG bezahlt.

Bei den Bewirtungskosten handelt es sich um Kosten der privaten Lebensführung, die nach § 12 Nr. 1 EStG nichtabzugsfähig sind.[464] Sofern keine besonderen Vereinbarungen vorliegen, sind die Kosten als Entnahme aller Gesellschafter zu buchen.

Beispiel 4:
Eine KG trägt die Kosten für Eintrittskarten und Bewirtung von Geschäftsfreunden anlässlich von karnevalistischen Veranstaltungen i. H. von 6.000 €, zu denen der Komplementär eingeladen hatte.

Auch bei diesen Kosten handelt es sich um gem. § 12 Nr. 1 EStG nicht abziehbare Repräsentationsaufwendungen.[465] Aufwendungen für die Lebensführung, welche die wirtschaftliche oder gesellschaftliche Stellung des Steuerpflichtigen mit sich bringt, sind auch dann nichtabzugsfähig, wenn sie zur Förderung des Berufs oder der Tätigkeit erfolgen.

Andererseits ist der Wert eines zugewendeten Vorteils bei der Personengesellschaft als **Betriebseinnahme** zu erfassen, wenn der Gesellschafter einer Personengesellschaft an einer von einem Geschäftspartner der Personengesellschaft veranstalteten „Fachtagung" teilnimmt, die den üblichen Rahmen geschäftlicher Gespräche überschreitet.[466] Der Vorteil wird der Personengesellschaft in diesen Fällen mittelbar zugewendet. Eine Betriebseinnahme setzt nicht voraus, dass die erbrachte Leistung in das Betriebsvermögen desjenigen gelangt, bei dem sie steuerrechtlich zu erfassen ist.

---
464 BFH vom 23.09.1993, BFH/NV 1994 S. 616.
465 BFH vom 29.03.1994, BStBl II 1994, 843.
466 BFH vom 20.04.1989, BStBl II 1989, 641, und vom 26.09.1995, BStBl II 1996, 273.

B. Laufende Besteuerung

Der bei der Personengesellschaft als Betriebseinnahme zu erfassende Wert ist bei ihren Einkünften aus Gewerbebetrieb nicht wieder als Betriebsausgabe abzugsfähig, sondern stellt eine Entnahme des bzw. der Gesellschafter dar, die an der Reise teilgenommen haben.

Beispiel 5:
An einer OHG sind A und B je zur Hälfte beteiligt. In der Zeit vom 31.10.01 bis 03.11.01 nahmen beide zusammen mit ihren Ehefrauen an einer von einem Geschäftspartner der OHG durchgeführten Tagung teil, die im Rahmen der regelmäßigen Linienfahrten eines Ostseeschiffes von Kiel nach Oslo stattfand. Die Kosten der Reise (pro Person 2.000 €) übernahm der Geschäftspartner.

Der Wert der Reise (8.000 €) ist bei der OHG als Betriebseinnahme (nicht als Sonderbetriebseinnahme der Gesellschafter) zu erfassen, weil die Fachtagung den üblichen Rahmen geschäftlicher Gespräche überschritten hat.

Die Weitergabe dieses privat veranlassten Vorteils stellt eine Entnahme der Gesellschafter A und B i. H. von 8.000 € dar.

Die OHG hat zu buchen:
Privatentnahme A   4.000 €   an Sonstige betriebliche
Privatentnahme B   4.000 €   Erträge   8.000 €

232 6. Zuschüsse, die ein in der Rechtsform einer GbR betriebenes Kulturorchester aus öffentlichen Mitteln erhält, sind nicht nach § 3 Nr. 11 EStG steuerfrei, soweit sie dazu bestimmt sind, die Vorwegvergütungen der Gesellschafter abzudecken.

Soweit die Zuschüsse nach ihrem Zweck der anteiligen Deckung der Betriebsausgaben des Orchesters dienen, sind die abziehbaren Betriebsausgaben nach § 3 c Abs. 1 EStG um diesen Betrag zu kürzen.[467]

1.6.2 Sonderfälle bei der Aufstellung der Steuerbilanz

1.6.2.1 Beteiligung der Personengesellschaft an einer Kapitalgesellschaft

1.6.2.1.1 Bilanzierung und Bewertung der Beteiligung

233 Erwirbt eine Personengesellschaft eine Beteiligung an einer Kapitalgesellschaft, gehört diese zu ihrem notwendigen Betriebsvermögen und ist mit den Anschaffungskosten zu bilanzieren. Eine Besonderheit stellen Einzahlungen eines Gesellschafters in die Kapitalrücklage der Kapitalgesellschaft dar (= Zuzahlungen i. S. von § 272 Abs. 2 Nr. 4 HGB); diese erhöhen die Anschaffungskosten der Beteiligung. Folglich mindern spätere Kapitalrückzahlungen aufgrund einer handelsrechtlich wirksamen Kapitalherabsetzung die Anschaffungskosten der Beteiligung. Dasselbe gilt, wenn Gewinnausschüttungen aus dem steuerlichen Einlagekonto i. S. von § 27 KStG geleistet werden.[468]

---

467 BFH vom 27.04.2006, BStBl II 2006, 755.
468 BFH vom 16.03.1994, BStBl II 1994, 527.

Soweit die Kapitalrückzahlung den Buchwert der Beteiligung überschreitet, entsteht ein Gewinn, der unter den Voraussetzungen des § 3 Nr. 40 Buchst. a EStG bzw. § 8 b Abs. 2 KStG zur Hälfte (ab VZ 2009 i. H. von 40 %) bzw. in vollem Umfang steuerfrei ist. Eine Rücklage gem. § 6 b EStG kann für den steuerpflichtigen Teil des Gewinns nicht gebildet werden, weil eine Kapitalrückzahlung keine Veräußerung ist.[469]

Für die künftige Bewertung der Beteiligung ist zu beachten, dass die ursprünglichen Anschaffungskosten abzüglich Kapitalherabsetzung bzw. Gewinnausschüttung die Obergrenze der Bewertung darstellen.

234

Beispiel 1:

Die AB-OHG (Gesellschafter sind A und B je zur Hälfte) ist zu 100 % an der X-GmbH beteiligt. Das Stammkapital beträgt 100.000 € und ist in voller Höhe einbezahlt. Darüber hinaus hat die OHG vor einigen Jahren eine Zuzahlung in das Eigenkapital gem. § 272 Abs. 2 Nr. 4 HGB i. H. von 800.000 € geleistet. Die AB-OHG hat in ihrer Bilanz zum 31.12.02 die Beteiligung zutreffend mit den Anschaffungskosten von 900.000 € bilanziert. Im Laufe des Jahres 03 schüttet die GmbH einen Gewinn i. H. von 750.000 € aus, der in voller Höhe aus dem steuerlichen Einlagekonto geleistet wird.

Weil die GmbH für die Gewinnausschüttung das steuerliche Einlagekonto (und in der Bilanz die Kapitalrücklage) verwendet hat, liegen keine laufenden Erträge bei der OHG vor. Vielmehr mindern sich die Anschaffungskosten der Beteiligung um 750.000 € auf 150.000 €. Dieser Betrag stellt zukünftig auch die Obergrenze der Bewertung dar.

Beispiel 2:

Wie Beispiel 1, aber die OHG hat in ihrer Bilanz zum 31.12.02 zutreffend eine Abschreibung auf den niedrigeren beizulegenden Wert bzw. auf den niedrigeren Teilwert i. H. von 380.000 € auf 520.000 € vorgenommen.

Die Rückzahlung aus dem steuerlichen Einlagekonto übersteigt den Buchwert der Beteiligung um 230.000 €. Insoweit liegt ein laufender Ertrag vor, der allerdings nach § 3 Nr. 40 Buchst. a EStG zur Hälfte (ab VZ 2009 zu 40 %) steuerfrei ist.

Die OHG bucht:
Bank   750.000 €   an Beteiligung   520.000 €
                                     Sonstige
                                     betriebliche Erträge   230.000 €

Außerhalb der Buchführung ist der Gewinn der OHG um 115.000 € (ab VZ 2009 um 92.000 €) und der Gewinnanteil von A und B um je 57.500 € (ab VZ 2009 um je 46.000 €) zu mindern.

Beispiel 3:

Wie Beispiel 2, aber Gesellschafter der OHG sind nur Kapitalgesellschaften.

Die Lösung ist grundsätzlich dieselbe wie im Beispiel 2, jedoch ist der Gewinn der OHG von 230.000 € in voller Höhe steuerfrei nach § 8 b Abs. 2 i. V. m. § 8 b

---
469 BFH vom 14.10.1992, BStBl II 1993, 189.

B. Laufende Besteuerung

Abs. 6 KStG, wobei nach § 8 b Abs. 3 Satz 1 KStG 5 % des Gewinns = 11.500 € als nichtabzugsfähige Betriebsausgaben gelten. Die Kürzung außerhalb der Buchführung beträgt (230.000 € ./. 11.500 € =) 218.500 €.

235 Wird eine Beteiligung nach § 253 Abs. 2 HGB bzw. § 6 Abs. 1 Nr. 2 EStG auf den niedrigeren Wert abgeschrieben, so führt diese Abschreibung innerhalb der Buchführung zu einer Gewinnminderung. Ab VZ 2002 sind jedoch nach § 3 c Abs. 2 EStG bzw. § 8 b Abs. 3 KStG Teilwertabschreibungen auf Beteiligungen bei der Gewinnermittlung bei natürlichen Personen nur noch zur Hälfte (ab VZ 2009 zu 40 %) und bei Kapitalgesellschaften in vollem Umfang nicht mehr zu berücksichtigen. Folglich ist in späteren Jahren bei einer Rückgängigmachung dieser Teilwertabschreibung (= Wertaufholungsgebot gem. § 6 Abs. 1 Satz 1 Nr. 2 Satz 3 EStG) der dabei entstehende Buchgewinn nur zur Hälfte (ab VZ 2009 zu 60 %) steuerpflichtig (§ 3 Nr. 40 Buchst. a EStG) bzw. in voller Höhe steuerfrei (§ 8 b Abs. 2 KStG). Auch insoweit gelten nach § 8 b Abs. 3 Satz 1 i. V. m. § 8 b Abs. 6 KStG 5 % des Gewinns als nichtabzugsfähige Betriebsausgaben.

Beispiel 4:

An der X-GmbH & Co. KG sind die X-GmbH als Komplementär und X als Kommanditist je zur Hälfte beteiligt. Die KG hat in ihrer Bilanz eine Beteiligung an der YZ-GmbH mit den Anschaffungskosten von 300.000 € bilanziert. Zum 31.12.02 nimmt sie zulässigerweise in ihrer Handelsbilanz und Steuerbilanz eine Abschreibung von 200.000 € auf den niedrigeren beizulegenden Wert (= Teilwert) von 100.000 € vor. Wider Erwarten hat sich der Wert der Beteiligung am 31.12.03 auf 260.000 € erhöht.

Die Abschreibung von 200.000 € führt in der Buchführung der KG zu einer Gewinnminderung. Da aber für die GmbH nach § 8 b Abs. 3 KStG diese Gewinnminderung nicht zu berücksichtigen ist und bei X nach § 3 c Abs. 2 EStG nur zur Hälfte (ab VZ 2009 60 %), ist der Gewinn der KG in 02 außerhalb der Buchführung um 150.000 € zu erhöhen.

Im Jahr 03 ergibt sich durch das Wertaufholungsgebot gem. § 6 Abs. 1 Satz 1 Nr. 2 Satz 3 EStG in der Buchführung der KG eine Gewinnerhöhung von 160.000 €. Dieser Gewinn ist, soweit er auf die GmbH entfällt, nach § 8 b Abs. 2 KStG in voller Höhe, und soweit er auf X entfällt, nach § 3 Nr. 40 Buchst. a EStG zur Hälfte (ab VZ 2009 40 %) steuerfrei. Nach § 8 b Abs. 3 Satz 1 i. V. m. § 8 b Abs. 6 KStG gelten 5 % des Gewinnanteils der GmbH von 80.000 € = 4.000 € als nichtabzugsfähige Betriebsausgaben. Der Gewinn der KG ist folglich in 03 außerhalb der Buchführung um (120.000 € ./. 4.000 € =) 116.000 € zu mindern. Der steuerpflichtige Gewinnanteil der GmbH beträgt 4.000 € und von X 40.000 €.

Beispiel 5:

Wie Beispiel 4, aber die Teilwertabschreibung wurde bereits im VZ 2000 vorgenommen.

Da die Teilwertabschreibung im VZ 2000 in voller Höhe den Gewinn der KG und die Gewinnanteile der GmbH und des X gemindert hat, ist die Gewinnerhöhung von 160.000 € aufgrund der Zuschreibung im Jahre 03 in voller Höhe steuerpflichtig (§ 8 b Abs. 2 Satz 2 KStG; § 3 Nr. 40 Buchst. a Satz 2 EStG). Es erfolgt keine außerbilanzielle Minderung des Gewinns.

1.6.2.1.2 Buchmäßige Behandlung des Anspruchs auf Dividende bzw. auf Gewinnausschüttung

236 Der Anspruch auf Dividende entsteht bei der Personengesellschaft grundsätzlich erst zu dem Zeitpunkt, in dem die Hauptversammlung der AG bzw. die Gesellschafterversammlung der GmbH den Gewinnverwendungsbeschluss gefasst hat.[470] Vor diesem Zeitpunkt liegt noch **kein Wirtschaftsgut**, sondern nur eine Bilanzierungshilfe vor, die zwar wahlweise in der Handelsbilanz,[471] nicht aber in der Steuerbilanz aktiviert werden darf.

Diese Grundsätze gelten z. B. auch

- bei einer Betriebsaufspaltung, bei der die GmbH-Beteiligungen der Gesellschafter der Besitz-Personengesellschaft zu ihrem notwendigen Sonderbetriebsvermögen II gehören,[472] und
- bei einem Anspruch auf eine weitere Dividende, deren Ausschüttung erst nach dem Bilanzstichtag beschlossen worden ist, auch wenn im abgelaufenen Wirtschaftsjahr eine Vorabgewinnausschüttung erfolgte.[473]

Ausnahme: Äußerst selten entsteht der Anspruch auf Dividende bereits mit Ablauf des Wirtschaftsjahres, für das ausgeschüttet wird. Dann müssen aber die Gesellschafter am Bilanzstichtag unwiderruflich zur Ausschüttung eines bestimmten Betrags entschlossen sein. Dies ist faktisch nur möglich, wenn am Bilanzstichtag bereits ein rechtswirksamer Gewinnausschüttungsbeschluss besteht.

237 Hinsichtlich der **Besteuerung** dieser Beteiligungserträge ist wie folgt zu unterscheiden:

1. Soweit Gesellschafter **natürliche Personen** sind, sind die Beteiligungserträge nach § 3 Nr. 40 Buchst. d EStG **zur Hälfte (ab VZ 2009 zu 40 %) steuerfrei.** Etwaige mit diesen Erträgen im Zusammenhang stehende Aufwendungen sind dafür nach § 3 c Abs. 2 EStG nur zur Hälfte (ab VZ 2009 zu 60 %) abzugsfähig. Dies gilt unabhängig davon, ob die Kapitalgesellschaft für das abgelaufene Wirtschaftsjahr eine Gewinnausschüttung beschlossen hat oder nicht. Das Halbabzugsverbot des § 3 c Abs. 2 EStG ist mit dem Grundgesetz vereinbar.[474]
2. Soweit Gesellschafter **Kapitalgesellschaften** sind, sind die Beteiligungserträge nach § 8 b Abs. 1 i. V. m. § 8 b Abs. 6 KStG in **voller Höhe steuerfrei.** Etwaige mit diesen Erträgen im Zusammenhang stehende Aufwen-

---
470 BFH vom 07.08.2000, GrS, BStBl II 2000, 632.
471 BGH vom 03.11.1975, BGHZ 65, 230.
472 BFH vom 31.10.2000, BStBl II 2001, 185.
473 BFH vom 28.02.2001, BStBl II 2001, 401.
474 BFH vom 19.06.2007, BStBl II 2008, 551.

B. Laufende Besteuerung

dungen sind trotzdem in vollem Umfang abzugsfähig, weil § 3 c Abs. 1 EStG nicht anzuwenden ist (§ 8 b Abs. 5 Satz 2 i. V. m. § 8 b Abs. 6 KStG). **Aber:** Nach § 8 b Abs. 5 Satz 1 i. V. m. § 8 b Abs. 6 KStG gelten – unabhängig davon, ob tatsächlich Aufwendungen angefallen sind – 5 % der steuerfreien Beteiligungserträge als nichtabzugsfähige Betriebsausgaben.

238 Zum Dividendenanspruch der Personengesellschaft gehören auch die einbehaltene Kapitalertragsteuer und der Solidaritätszuschlag.[475] Diese Steuerabzugsbeträge können zwar nicht von der Personengesellschaft, wohl aber von ihren Gesellschaftern – trotz der (teilweisen) Steuerbefreiung der Erträge in voller Höhe – auf deren Einkommensteuer- bzw. Körperschaftsteuerschuld und die Solidaritätszuschlagschuld angerechnet werden (§ 36 Abs. 2 Nr. 2 EStG, § 31 Abs. 1 KStG und § 1 Abs. 2 SolZG).

Die Anrechnung erfolgt zwingend nach dem allgemeinen **Gewinnverteilungsschlüssel**. Eine davon abweichende gesellschaftsrechtliche Abrede ist steuerlich unwirksam.

239 **Innerhalb** der **laufenden Buchführung** der Personengesellschaft sind

- die Beteiligungserträge in voller Höhe als Ertrag zu erfassen. Die einbehaltenen Steuerabzugsbeträge sind dabei im Zeitpunkt der Einbehaltung als Entnahme der Gesellschafter zu buchen,
- die mit diesen Erträgen im Zusammenhang stehenden Aufwendungen in voller Höhe gewinnmindernd zu buchen.

240 **Außerhalb** der Buchführung der Personengesellschaft sind

- der Gewinn der Personengesellschaft und die Gewinnanteile der einzelnen Gesellschafter um die steuerfreien Erträge zu mindern,
- die nichtabzugsfähigen Aufwendungen der Gesellschafter, die natürliche Personen sind, dem Gewinn der Personengesellschaft und den Gewinnanteilen dieser Gesellschafter hinzuzurechnen und
- die als nichtabzugsfähige Betriebsausgaben geltenden Aufwendungen von 5 % der Beteiligungserträge der Gesellschafter, die Kapitalgesellschaften sind, dem Gewinn der Personengesellschaft und den Gewinnanteilen dieser Gesellschafter hinzuzurechnen.

Dieser außerhalb der Buchführung der Personengesellschaft ermittelte **steuerpflichtige** Gewinn ist nach § 7 Satz 4 GewStG Ausgangsbetrag für die Ermittlung des Gewerbeertrags.[476]

Beispiel 1:

Gesellschafter der A-OHG sind die A-GmbH und A je zur Hälfte. Die OHG ist an der X-GmbH mit 30 % beteiligt. Die Gesellschafterversammlung der GmbH hat am 10.07.02 eine Gewinnausschüttung von 200.000 € beschlossen. Der

---
475 BGH vom 30.01.1985, DStR 1995 S. 574, BFH vom 22.11.1995, BStBl II 1996, 531.
476 Zur Gewerbesteuer siehe B. Rz. 463 ff.

Anteil der OHG beträgt davon 30 % = 60.000 €. Nach Abzug der Kapitalertragsteuer von 20 % = 12.000 € und des Solidaritätszuschlags von 5,5 % von 12.000 € = 660 € überweist die GmbH am 28.07.02 an die OHG 47.340 €. Im Zusammenhang mit diesen Erträgen sind der OHG Zinsaufwendungen von 14.000 € entstanden und als Aufwand gebucht worden. Der Gewinn der OHG beträgt im Wirtschaftsjahr 02 – vor Berücksichtigung der Beteiligungserträge – 180.000 €, der Gewinnanteil von A und der A-GmbH jeweils 90.000 €.

Der Anspruch auf Gewinnausschüttung entsteht bei der OHG erst am 10.07.02. Eine Aktivierung dieses Anspruchs in der Steuerbilanz der OHG zum 31.12.01 ist ausgeschlossen. In der Handelsbilanz der OHG zum 31.12.01 könnte eine Bilanzierungshilfe i. H. von 60.000 € aktiviert werden.

Am 10.07.02 muss die OHG eine Forderung und einen Ertrag von 60.000 € ausweisen. Am Tag der Ausschüttung (28.07.02) ist die Forderung auszubuchen und für die beiden Gesellschafter in Höhe der anteiligen Kapitalertragsteuer und des Solidaritätszuschlags von je 6.330 € (bei A) eine Entnahme und (bei der A-GmbH) eine Buchung auf einem Verrechnungskonto zu erfassen.

Bei der Besteuerung der Beteiligungserträge ist zu unterscheiden:
- Der Anteil der GmbH von 30.000 € ist nach § 8 b Abs. 1 i. V. m. § 8 b Abs. 6 KStG in voller Höhe steuerfrei. Die anteilig auf die GmbH entfallenden Aufwendungen von 7.000 € sind in voller Höhe abzugsfähig (§ 8 b Abs. 5 i. V. m. § 8 b Abs. 6 KStG). Dafür gilt – unabhängig davon, ob tatsächlich Aufwendungen angefallen sind – ein Betrag von 5 % der Beteiligungserträge der GmbH von 30.000 € = 1.500 € als nichtabzugsfähige Betriebsausgaben.
- Der Anteil des A von 30.000 € ist nach § 3 Nr. 40 Buchst. d EStG i. H. von 15.000 € (ab VZ 2009 12.000 €) steuerfrei. Die anteilig auf A entfallenden Aufwendungen von 7.000 € sind nach § 3 c Abs. 2 EStG nur zu 50 % = 3.500 € (ab VZ 2009 zu 60 % = 4.200 €) abzugsfähig.

Die Buchungen der OHG lauten im Jahre 02:
- am 10.07.02
  Sonstige Forderungen   60.000 €   an Erträge
                                       aus Beteiligung   60.000 €
- am 28.07.02
  Bank   47.340 €   an Sonstige
  Privatentnahme A   6.330 €   Forderungen   60.000 €
  Verrechnungskonto
  GmbH   6.330 €

A und die GmbH können ihre anteilige Kapitalertragsteuer von jeweils 6.000 € und den Solidaritätszuschlag von jeweils 330 € bei ihrer Einkommensteuer- bzw. Körperschaftsteuerveranlagung auf ihre Steuerschulden anrechnen (§ 36 Abs. 2 Nr. 2 EStG, § 31 Abs. 1 KStG, § 1 Abs. 2 SolZG).

B. Laufende Besteuerung

Der Gewinn der OHG ist wie folgt außerhalb der Buchführung zu korrigieren:

Erklärter Gewinn	180.000 €
+ Korrektur Beteiligungserträge	60.000 €
Gewinn lt. Bilanz	240.000 €
./. Kürzung steuerfreie Beteiligungserträge	
– Anteil A	./. 15.000 €
– Anteil GmbH	./. 30.000 €
Zwischensumme	195.000 €
+ nichtabzugsfähige Betriebsausgaben	
– Anteil A (50 % von anteilig 7.000 € =)	3.500 €
– Anteil GmbH (5 % von anteilig 30.000 € =)	1.500 €
Steuerpflichtiger Gewinn der OHG	200.000 €

Dieser Gewinn ist wie folgt auf A und die A-GmbH zu verteilen:

	A €	A-GmbH €
Anteil am Gewinn lt. Bilanz	120.000	120.000
./. steuerfreie Beteiligungserträge	15.000	30.000
+ nichtabzugsfähige Betriebsausgaben	3.500	1.500
Anteiliger steuerpflichtiger Gewinn	108.500	91.500

Beispiel 2:
Wie Beispiel 1, Darlehensgeber ist A.
Vordergründig ändert sich an der Lösung gegenüber Beispiel 1 nichts. Zu beachten ist jedoch, dass bei A die Zinserträge in voller Höhe von 14.000 € zu seinen Sonderbetriebseinnahmen gehören. Fraglich ist, inwieweit das Abzugsverbot nach § 3 c Abs. 2 EStG, soweit die Zinszahlungen auf A entfallen (50 % von 14.000 € = 7.000 €, davon die Hälfte = 3.500 €, ab VZ 2009 40 % = 2.800 €), berechtigt ist. Weder die Finanzverwaltung noch der BFH haben diese Frage bisher beantwortet. Im Hinblick auf das Bestreben des Gesetzgebers, den Gesellschafter einer Personengesellschaft einem Einzelunternehmer möglichst gleichzustellen, ist es u. E. nicht gerechtfertigt, den Schuldzinsenabzug unter Hinweis auf § 3 c Abs. 2 EStG zu versagen, soweit die Schuldzinsen anteilig dem Gesellschafter und Darlehensgeber A zuzurechnen sind. Es unterbleibt also die Hinzurechnung von 3.500 € bei A. Der steuerpflichtige Gewinn der OHG beträgt nur 196.500 € und der steuerpflichtige Gesamtgewinn der OHG 210.500 €.

Beispiel 3:
Wie Beispiel 1, Darlehensgeber ist die GmbH.
In diesem Fall ändert sich an der Lösung gegenüber Beispiel 1 nichts, weil die Schuldzinsen in voller Höhe abzugsfähig sind, soweit sie auf die GmbH entfallen (§ 8 b Abs. 6 i. V. m. Abs. 5 Satz 2 KStG). Die Pauschalregelung in § 8 b Abs. 5 Satz 1 KStG, die über § 8 b Abs. 6 KStG auch für an Personengesellschaften beteiligte Kapitalgesellschaften gilt, ist unabhängig davon anzuwenden, ob und ggf. in welcher Höhe Aufwendungen im Zusammenhang mit den Beteiligungserträgen angefallen sind. Somit sind dem steuerpflichtigen Gewinn der OHG von 200.000 € die Sonderbetriebseinnahmen der GmbH von 14.000 €

hinzuzurechnen. Der steuerpflichtige Gesamtgewinn der OHG beträgt folglich 214.000 €.

Hinweis:

Erzielt eine Personengesellschaft laufende Zinserträge, sind sie bei ihr in voller Höhe steuerpflichtig. § 3 Nr. 40 EStG greift nicht ein, weil es sich bei diesen Erträgen nicht um solche des § 20 Abs. 1 Nr. 1 und 2 EStG handelt. Auch diese Zinserträge unterliegen dem Steuerabzug gem. § 43 EStG (Kapitalertragsteuer oder Zinsabschlagsteuer) und können von den Gesellschaftern auf ihre Einkommensteuer-/Körperschaftsteuerschuld angerechnet werden.[477]

241

1.6.2.1.3 Veräußerung von Anteilen an Kapitalgesellschaften durch Personengesellschaften

Bei der Besteuerung der Veräußerungsgewinne von Beteiligungen an Kapitalgesellschaften ist wie folgt zu unterscheiden:

242

1. Bei **natürlichen Personen** ist die Hälfte (ab VZ 2009 40 %) der Einnahmen aus der Veräußerung der Beteiligung steuerfrei nach § 3 Nr. 40 Buchst. a EStG. Dafür sind die Anschaffungskosten bzw. der Buchwert der Beteiligung nach § 3 c Abs. 2 Satz 1 2. Halbsatz EStG sowie die Veräußerungskosten nach § 3 c Abs. 2 Satz 1 1. Halbsatz EStG nur zur Hälfte (ab VZ 2009 zu 60 %) abzugsfähig.

2. Bei **Kapitalgesellschaften** ist der Veräußerungsgewinn nach § 8 b Abs. 2 KStG in voller Höhe steuerfrei. Der Veräußerungsgewinn berechnet sich wie folgt:

   Veräußerungspreis
   ./. Buchwert
   ./. Veräußerungskosten
   = Veräußerungsgewinn

   Nach § 8 b Abs. 3 Satz 1 KStG gelten jedoch 5 % des Veräußerungsgewinns als nichtabzugsfähige Betriebsausgaben, die außerhalb der Buchführung dem Gewinn hinzugerechnet werden müssen.

In beiden Fällen gilt die (hälftige) Steuerbefreiung nicht, soweit der Ansatz des niedrigeren Teilwerts in vollem Umfang zu einer Gewinnminderung geführt hat und soweit diese Gewinnminderung nicht durch Ansatz eines Werts, der sich nach § 6 Abs. 1 Nr. 2 Satz 3 EStG (= Wertaufholung) ergibt, ausgeglichen worden ist (§ 3 Nr. 40 Buchst. a EStG; § 8 b Abs. 2 Satz 4 KStG).

---

477 Wegen der Behandlung dieser Abzugsteuern im Insolvenzverfahren siehe BFH vom 09.11.1994, BStBl II 1995, 255.

B. Laufende Besteuerung

Dieser außerhalb der Buchführung der Personengesellschaft ermittelte steuerpflichtige Gewinn bzw. abzugsfähige Verlust ist nach § 7 Satz 4 GewStG Ausgangsbetrag für die Ermittlung des Gewerbeertrags.[478]

Hinweis: Wegen der Ausnahme der Steuerbefreiung siehe § 3 Nr. 40 Satz 2 EStG und § 8 b Abs. 4 KStG.

Diese Steuerbefreiungen gelten auch, wenn die natürliche Person bzw. die Kapitalgesellschaft nicht unmittelbar an einer (anderen) Kapitalgesellschaft beteiligt ist, sondern nur mittelbar über eine Mitunternehmerschaft. Bei natürlichen Personen ergibt sich diese Steuerbefreiung aus dem Grundgedanken der Besteuerung von Mitunternehmern, d. h., § 3 Nr. 40 Buchst. a EStG ist unmittelbar anzuwenden. Bei Kapitalgesellschaften ergibt sich diese Steuerbefreiung aus § 8 b Abs. 6 KStG.[479]

In der laufenden Buchführung der Personengesellschaft wird die Veräußerung der Beteiligung ohne Berücksichtigung der (teilweisen) Steuerbefreiung buchmäßig erfasst. Außerhalb der Buchführung werden dann Hinzurechnungen und Kürzungen vorgenommen, die zu einer Erhöhung bzw. Minderung des Gewinns der Personengesellschaft und der Gewinnanteile der einzelnen Gesellschafter führen.

Beispiel 1:

An der A-OHG sind die A-GmbH und A je zur Hälfte beteiligt. Die OHG hält seit Jahren eine Beteiligung von 50 % an der X-GmbH, die sie zutreffend mit den Anschaffungskosten von 200.000 € bilanziert hat. Im Jahre 03 (= VZ 2008) veräußert die OHG diese Beteiligung an einen Dritten für 320.000 €. Die Veräußerungskosten betragen 20.000 €.

Der steuerpflichtige Teil des Veräußerungsgewinns von 100.000 € berechnet sich wie folgt:

- **Anteil A-GmbH**

anteiliger Veräußerungspreis	160.000 €
./. anteilige Veräußerungskosten	10.000 €
./. anteiliger Buchwert	100.000 €
Veräußerungsgewinn	50.000 €

Dieser Veräußerungsgewinn ist steuerfrei nach § 8 b Abs. 2 i. V. m. § 8 b Abs. 6 KStG. Jedoch gelten nach § 8 b Abs. 3 Satz 1 i. V. m. § 8 b Abs. 6 Satz 1 KStG 5 % vom Veräußerungsgewinn = 2.500 € als nichtabzugsfähige Betriebsausgaben.

---

[478] Zur Gewerbesteuer siehe B. Rz. 464.
[479] Vgl. Hottmann u. a., H. Rz. 20 und 54.

- **Anteil A**

anteiliger Veräußerungspreis	160.000 €	
davon steuerfrei nach § 3 Nr. 40 Buchst. a EStG ½ =	80.000 €	
davon steuerpflichtig	80.000 €	80.000 €
./. anteiliger Buchwert 100.000 €, davon abzugsfähig nach § 3 c Abs. 2 EStG ½ =		50.000 €
Zwischensumme		30.000 €
./. anteilige Veräußerungskosten 10.000 €, davon abzugsfähig nach § 3 c Abs. 2 EStG ½ =		5.000 €
steuerpflichtiger Veräußerungsgewinn		25.000 €

Vereinfacht kann wie folgt gerechnet werden:

Veräußerungspreis	320.000 €
./. Buchwert Beteiligung	200.000 €
./. Veräußerungskosten	20.000 €
Veräußerungsgewinn	100.000 €

Davon entfallen auf die A-GmbH ½ = 50.000 €, die unter Berücksichtigung der nichtabzugsfähigen Betriebsausgaben von 2.500 € i. H. von 47.500 € steuerfrei sind, und auf A ebenfalls ½ = 50.000 €, die zur Hälfte steuerfrei sind.[480]

Die OHG hat zu buchen:
1. Sonstige Forderungen   320.000 €   an Beteiligung   200.000 €
                                         Sonstige betriebliche
                                         Erträge   120.000 €

2. Sonstige betriebliche
   Aufwendungen   20.000 €   an Bank   20.000 €

Außerhalb der Buchführung der OHG ist ihr Gewinn saldiert um 72.500 € zu mindern. Dadurch vermindert sich der steuerpflichtige Gewinnanteil von der GmbH um 47.500 € und von A um 25.000 €.

Beispiel 2:

Wie Beispiel 1, aber es handelt sich um eine 100%ige Beteiligung.

Es ergibt sich grundsätzlich dieselbe Lösung wie in Beispiel 1. Zu beachten ist aber, dass in diesem Fall die Beteiligung nach § 16 Abs. 1 Nr. 1 Satz 2 EStG einen Teilbetrieb darstellt. Die hälftige Steuerbefreiung für A ergibt sich hier aus § 3 Nr. 40 Buchst. b EStG. A erhält jedoch keinen ermäßigten Steuersatz nach § 34 EStG, weil nach § 34 Abs. 2 Nr. 1 EStG unter § 3 Nr. 40 Buchst. b i. V. m. § 3 c Abs. 2 EStG fallende Veräußerungsgewinne keine außerordentlichen Einkünfte sind. Dagegen steht A der Freibetrag nach § 16 Abs. 4 EStG i. H. von 45.000 € zu, sofern die Voraussetzungen erfüllt sind.[481] Da im vorliegenden Fall der steuerpflichtige Veräußerungsgewinn des A nur 25.000 € beträgt, ist zu überlegen, ob A hierfür den Freibetrag nach § 16 Abs. 4 EStG verbrauchen soll.

---

480 Wegen der Bildung einer Rücklage gem. § 6 b Abs. 10 EStG siehe B. Rz. 263 ff.
481 Vgl. Hottmann u. a., H. Rz. 30.

B. Laufende Besteuerung

Beispiel 3:

Wie Beispiel 1, im Zeitpunkt der Veräußerung beträgt der Buchwert aufgrund einer in 02 zulässigerweise vorgenommenen Teilwertabschreibung nur 140.000 €. Die OHG hat im Vorjahr ihren Gewinn außerhalb der Buchführung zutreffend um 45.000 € erhöht.

Der Veräußerungsgewinn beträgt statt 100.000 € nunmehr 160.000 €. Davon entfallen auf A und die A-GmbH je 80.000 €. Der Gewinnanteil des A ist nach § 3 Nr. 40 Buchst. a i. V. m. § 3 c Abs. 2 EStG zur Hälfte = 40.000 € steuerfrei. Der Gewinnanteil der A-GmbH ist grundsätzlich nach § 8 b Abs. 2 i. V. m. § 8 b Abs. 6 KStG in voller Höhe steuerfrei. Jedoch gilt gem. § 8 b Abs. 3 i. V. m. § 8 b Abs. 6 KStG ein Betrag von 5 % des anteiligen Veräußerungsgewinns der A-GmbH von 80.000 € = 4.000 € als nichtabzugsfähige Betriebsausgaben. Der steuerpflichtige Teil des Veräußerungsgewinns beträgt insgesamt 44.000 €, davon entfallen auf die A-GmbH 4.000 € und auf A 40.000 €.[482]

1.6.2.2 AfA bei Gebäuden

243 Auch die Gebäude-AfA nach § 7 Abs. 4 oder Abs. 5 EStG ist von den Gesellschaftern einer Personengesellschaft einheitlich vorzunehmen, sofern die Voraussetzungen bei allen Beteiligten erfüllt sind.[483] Zu beachten ist, dass Bauherr eines Gebäudes nicht die Personengesellschaft, sondern der einzelne Gesellschafter ist.[484]

244 Dies führt zu folgenden Möglichkeiten:

a) Der Gesellschafterwechsel findet vor Baubeginn statt

Der neu eintretende Gesellschafter ist wie alle bisherigen Gesellschafter Bauherr des Gebäudes. Die Voraussetzungen zur AfA gem. § 7 Abs. 5 EStG sind auch in seiner Person erfüllt. Die AfA kann insgesamt entweder nach § 7 Abs. 4 oder Abs. 5 EStG vorgenommen werden.

b) Der Gesellschafterwechsel findet während der Bauzeit statt

Bei dem Betrag, den der neu eintretende Gesellschafter dem ausscheidenden Gesellschafter für das halbfertige Gebäude bezahlt, handelt es sich um Anschaffungskosten. Ab dem Zeitpunkt des Beitritts zur Personengesellschaft liegen Herstellungskosten vor.

Die Voraussetzungen zur AfA gem. § 7 Abs. 5 EStG liegen auch beim neuen Gesellschafter vor, denn er hat das – halbfertige – Gebäude bis zum Ende des Jahres der Fertigstellung angeschafft, und der ausgeschiedene Gesellschafter hat keine AfA nach § 7 Abs. 5 EStG vorgenommen. Dies konnte er

---

482 Vgl. Hottmann u. a., H. Rz. 21; wegen der Einbringung von Einzelunternehmen in eine Personengesellschaft, zu dessen Vermögen eine Beteiligung gehört, siehe C. Rz. 44 ff. und zur Veräußerung von Beteiligungen im Zusammenhang mit der Veräußerung von Mitunternehmeranteilen siehe J. Rz. 94.
483 BFH vom 07.08.1986, BStBl II 1986, 911. Siehe auch Schmidt/Wacker, § 15 Rz. 410 und 413.
484 BFH vom 19.02.1974, BStBl II 1974, 704, und vom 17.07.2001, BStBl II 2001, 760.

nicht, weil die AfA erst ab der Fertigstellung möglich ist. Die AfA kann somit wie bei a) nur einheitlich von allen Gesellschaftern entweder nach § 7 Abs. 4 oder Abs. 5 EStG vorgenommen werden.[485]

Hinweis: Dies gilt u. E. auch dann, wenn der Gesellschafter im Jahr der Fertigstellung des Gebäudes, aber vor der Fertigstellung ausscheidet. Ihm steht für das Gebäude keine AfA zu.

c) **Der Gesellschafterwechsel findet nach der Fertigstellung, aber noch bis zum Ende des Jahres der Fertigstellung statt**

Dem ausscheidenden Gesellschafter steht die AfA für das Gebäude bis zum Tag des Ausscheidens zu. Danach ergeben sich zwei Varianten:

aa) Die Personengesellschaft schreibt nach § 7 Abs. 5 EStG ab.

In diesem Fall **muss** der ausscheidende Gesellschafter die AfA ebenfalls nach § 7 Abs. 5 EStG vornehmen, weil sonst die anderen Gesellschafter nicht nach § 7 Abs. 5 EStG abschreiben können. Die AfA ist ihm gem. R 7.4 Abs. 8 EStR vom Beginn des Jahres der Fertigstellung bis zum Tag der Veräußerung zuzurechnen. Aus Vereinfachungsgründen kann die AfA auf volle Monate aufgerundet werden.

Ab dem Monat des Erwerbs steht die AfA dem neu eintretenden Gesellschafter zu, aber nur nach § 7 Abs. 4 EStG, weil der ausscheidende Gesellschafter die AfA nach § 7 Abs. 5 EStG in Anspruch genommen hat.

Weil der neue Gesellschafter den Anteil im Jahr der Fertigstellung des Gebäudes erworben hat, erhält er zwar nicht im Jahr der Fertigstellung, auf Antrag aber ab dem folgenden Jahr die AfA nach § 7 Abs. 5 EStG, denn § 7 Abs. 5 Satz 2 EStG schließt die Inanspruchnahme der degressiven Gebäude-AfA durch den Erwerber nur für das Jahr der Fertigstellung aus.[486]

Beispiel:

Die Herstellungskosten eines am 30.04.01 fertig gestellten Wohngebäudes einer OHG, die aus A, B und C besteht, betragen 900.000 €. Die AfA wird nach § 7 Abs. 5 Nr. 3 c EStG vorgenommen. C veräußert seinen Anteil mit Wirkung vom 01.11.01 an D. Dieser bezahlt für den erworbenen Gebäudeteil 300.000 €.

Beim Gesellschafterwechsel während eines Kalenderjahres ist nicht zwingend eine Eröffnungsbilanz zu erstellen. Es ist aber zweckmäßig, zum 31.10.01 eine Schlussbilanz zu erstellen.

Die AfA berechnet sich wie folgt:

für A und B
4 % aus ($^2/_3$ von 900.000 € =) 600.000 € = 24.000 €
(volle Jahres-AfA)

---

485 Siehe H 7.2 (Zeitliche Anwendung) EStH.
486 BFH vom 03.04.2001, BStBl II 2001, 599.

B. Laufende Besteuerung

- für C
  4 % aus ($^1/_3$ von 900.000 € =) 300.000 € = 12.000 €,
  davon $^{10}/_{12}$ = 10.000 €
- für D
  2 % aus 300.000 € = 6.000 €, davon $^2/_{12}$ = 1.000 €

Eventuelle Zwischenbilanzen zum 31.10.01 haben folgendes Aussehen:

Aktiva	Bilanz OHG 31.10.01		Passiva
	€		€
Gebäude-Herstellungskosten	900.000	Kapital A	290.000
AfA $-^{10}/_{12}-$ ./.	30.000	Kapital B	290.000
		Kapital C	290.000
	870.000		870.000

Aktiva	Bilanz OHG 01.11.01		Passiva
	€		€
Gebäude	870.000	Kapital A	290.000
		Kapital B	290.000
		Kapital D	290.000
	870.000		870.000

Aktiva	Ergänzungsbilanz Gesellschafter D 01.11.01		Passiva
	€		€
Mehrwert Gebäude	10.000	Mehrkapital	10.000

Aktiva	Bilanz OHG 31.12.01		Passiva
	€		€
Gebäude Buchwert 01.11.01	870.000	Kapital A	288.000
AfA $-^2/_{12}-$ ./.	6.000	Kapital B	288.000
		Kapital D	288.000
	864.000		864.000

Aktiva	Ergänzungsbilanz Gesellschafter D 31.12.01		Passiva
	€		€
Mehrwert Gebäude		Mehrkapital	11.000
Buchwert 01.11.01	10.000		
+ Differenz der AfA nach			
§ 7 Abs. 4 und 5 EStG			
(2.000 € ./. 1.000 €)	1.000		
	11.000		11.000

bb) Die Personengesellschaft schreibt nach § 7 Abs. 4 EStG ab.

In diesem Fall erfüllt der neu eintretende Gesellschafter die Voraussetzungen des § 7 Abs. 5 EStG, weil der ausscheidende Gesellschafter die AfA nach § 7 Abs. 5 EStG nicht in Anspruch genommen hat. Trotzdem **muss** D seine Anschaffungskosten nach § 7 Abs. 4 EStG abschreiben, weil das Gebäude einheitlich abgeschrieben werden muss, denn sämtliche Gesellschafter erfüllen die Voraussetzungen für die AfA nach § 7 Abs. 5 EStG.[487]

d) Der Gesellschafterwechsel findet in einem der Folgejahre nach der Fertigstellung statt

Unabhängig davon, wie die übrigen Gesellschafter das Gebäude abschreiben, muss der neu eintretende Gesellschafter die AfA für seine Anschaffungskosten nach § 7 Abs. 4 EStG vornehmen, weil er die Voraussetzungen für die AfA gem. § 7 Abs. 5 EStG nicht erfüllt.

Sofern die übrigen Gesellschafter das Gebäude nach § 7 Abs. 5 EStG abschreiben, ist die bilanzmäßige Darstellung wie im Beispiel zu c) vorzunehmen.

1.6.2.3 Sonderabschreibungen und erhöhte Absetzungen

Liegen beim Erwerb bzw. bei der Herstellung von Wirtschaftsgütern die Voraussetzungen für die Inanspruchnahme von Sonderabschreibungen bzw. erhöhten Absetzungen vor (z. B. Sonderabschreibungen nach § 7 g EStG oder erhöhte Absetzungen nach §§ 7 h, 7 i EStG), ist zunächst zu prüfen, ob es sich um eine **gesellschaftsbezogene** oder um eine **personenbezogene** Steuervergünstigung handelt und wer demzufolge der Anspruchsberechtigte ist. **245**

1.6.2.3.1 Anspruchsberechtigter ist die Personengesellschaft

Die Anspruchsberechtigung der Personengesellschaft als solcher liegt nur vor, wenn sie **ausdrücklich gesetzlich geregelt** ist, wie z. B. in **§ 7 g Abs. 7 EStG**. In diesen Fällen können diese Abschreibungen wie bei der planmäßi- **246**

---
[487] Wegen der buchmäßigen Behandlung des Mehrwerts siehe J. Rz. 188 ff.

B. Laufende Besteuerung

gen AfA nur **einheitlich** von allen Gesellschaftern in Anspruch genommen werden.[488] Können sie sich nicht einigen, kann die Sonderabschreibung bzw. erhöhte Absetzung insgesamt nicht in Anspruch genommen werden. Probleme ergeben sich hier insbesondere beim Ausscheiden von Gesellschaftern und beim Gesellschafterwechsel, deshalb erfolgt dort die Besprechung.[489]

1.6.2.3.2 Anspruchsberechtigt sind die einzelnen Gesellschafter

247 Bei Sonderabschreibungen und erhöhten Absetzungen sind in der Regel die einzelnen Gesellschafter anspruchsberechtigt (z. B. erhöhte Absetzungen nach § 7 h EStG bei Gebäuden in Sanierungsgebieten und städtebaulichen Entwicklungsbereichen sowie nach § 7 i EStG bei Baudenkmalen). Nach § 7 a Abs. 7 EStG muss die Inanspruchnahme der Sonderabschreibungen und erhöhten Absetzungen von allen Gesellschaftern einheitlich erfolgen.[490]

Müssen für die Inanspruchnahme persönliche Voraussetzungen erfüllt sein und sind diese nur bei einzelnen Gesellschaftern erfüllt, so dürfen nach § 7 a Abs. 7 Satz 1 EStG die Sonderabschreibungen und erhöhten Absetzungen nur anteilig für diese Gesellschafter vorgenommen werden. Die Beteiligten, bei denen die Voraussetzungen dafür erfüllt sind, dürfen sie aber nur einheitlich vornehmen (§ 7 a Abs. 7 Satz 2 EStG). Das bedeutet, es ist auch unzulässig, die erhöhten Absetzungen oder Sonderabschreibungen mit unterschiedlichen Prozentsätzen vorzunehmen.

1.6.2.3.3 Besonderheiten für Personengesellschaften bezüglich Investitionsabzugsbeträgen und Sonderabschreibungen zur Förderung kleiner und mittlerer Betriebe nach § 7 g EStG

248 Die Personengesellschaft tritt nach § 7 g Abs. 7 EStG an die Stelle des Steuerpflichtigen, d. h., diese und nicht der einzelne Gesellschafter hat Anspruch auf den Investitionsabzugsbetrag. Der Investitionsabzugsbetrag kann sowohl für den beabsichtigten Erwerb von Wirtschaftsgütern des Gesamthandsvermögens als auch des Sonderbetriebsvermögens in Anspruch genommen werden. Dasselbe gilt für die Inanspruchnahme der Sonderabschreibungen für die erworbenen oder hergestellten Wirtschaftsgüter.

Für die Frage, ob ein kleiner oder mittlerer Betrieb vorliegt, ist das Betriebsvermögen der Personengesellschaft (Gesamthandsvermögen) und das Sonderbetriebsvermögen zusammenzurechnen. Die Größenmerkmale des § 7 g Abs. 1 Nr. 1 EStG (Betriebsvermögen 235.000 €, Wirtschaftswert 125.000 €, Gewinn 100.000 €) beziehen sich auf das Gesamtvermögen der Personengesellschaft (Gesamthandsvermögen und Sonderbetriebsvermögen) bzw. auf ihren steuerlichen Gesamtgewinn.

---

[488] BFH vom 07.08.1986, BStBl II 1986, 910.
[489] Siehe im Einzelnen J. Rz. 116 ff. und Rz. 192.
[490] BFH vom 07.08.1986, BStBl II 1986, 910.

Eine weitere Folge der Regelung des § 7 g Abs. 7 EStG ist, dass der Höchstbetrag von 200.000 € für den Investitionsabzugsbetrag (§ 7 g Abs.1 Satz 4 EStG) nicht für den einzelnen Gesellschafter, sondern für die Personengesellschaft als solche gilt, unabhängig davon, ob das geplante Wirtschaftsgut zum Gesamthandsvermögen der Personengesellschaft oder zum Sonderbetriebsvermögen der einzelnen Gesellschafter gehören wird.

Der Investitionsabzugsbetrag ist außerhalb der Buchführung vom Gewinn abzuziehen. Beabsichtigt die Personengesellschaft den Erwerb oder die Herstellung eines begünstigten Wirtschaftsguts, so mindert sich der Gewinnanteil der Gesellschafter nach dem Gewinnverteilungsschlüssel. Beabsichtigt dagegen ein Gesellschafter den Erwerb eines begünstigten Wirtschaftsguts seines Sonderbetriebsvermögens, so mindert der Investitionsabzugsbetrag den steuerlichen Gesamtgewinn der Personengesellschaft und den Gewinnanteil dieses Gesellschafters. **249**

Durch den außerbilanziellen Abzug des Investitionsabzugsbetrags verbunden mit der Maßgeblichkeit des Betriebsvermögens des laufenden Jahres kann es zur Problematik einer In-sich-Rechnung kommen, weil der Investitionsabzugsbetrag den Gewinn nur außerbilanziell mindert. Diese Gewinnminderung führt zu einer Minderung der Gewerbesteuer und somit zu einer Kürzung der Gewerbesteuerrückstellung. Folglich erhöht sich innerhalb der Buchführung der Personengesellschaft ihr Gewinn und damit auch ihr Eigenkapital des laufenden Jahres, mit der Folge, dass dadurch das Eigenkapital die Grenze von 235.000 Euro übersteigen kann. Diese Problematik lässt sich u. E. nur dadurch lösen, dass man eine vergleichbare Regelung wie bei der Anwendung des § 4 Abs. 4 a EStG schafft, wo im Hinblick auf den Ansatz des Hinzurechnungsbetrags eine Neuberechnung der Gewerbesteuerrückstellung nicht erforderlich ist, aber auch nicht beanstandet wird.[491] **250**

Hinsichtlich der Verbleibensvoraussetzung nach § 7 g Abs. 2 Satz 2 Buchst. b EStG ist es unerheblich, ob während dieser Frist ein Gesellschafterwechsel stattfindet bzw. ein weiterer Gesellschafter in die Personengesellschaft eintritt.

Schließlich bedeutet die Regelung in § 7 g Abs. 7 EStG auch, dass der Abzugsbetrag nicht von der Personengesellschaft in die Einzelunternehmen der Gesellschafter übertragen werden kann.

Wird der Investitionsabzugsbetrag rückwirkend rückgängig gemacht (§ 7 g Abs. 3 EStG), so ist, sofern der Erwerb eines Wirtschaftsguts des Gesamthandsvermögens beabsichtigt war, der Gewinn der Personengesellschaft und der Gewinnanteil aller Gesellschafter im Abzugsjahr zu erhöhen. Dies gilt auch für zwischenzeitlich ausgeschiedene Gesellschafter.

---

[491] BMF vom 17.11.2005, BStBl I 2005, 1029; s. im Einzelnen B. Rz. 279.

B. Laufende Besteuerung

Beispiel 1:

An der AB-OHG sind A und B je zur Hälfte beteiligt. Die OHG beabsichtigt, im Jahr 2012 eine neue Maschine mit voraussichtlichen Anschaffungskosten von 200.000 € zu erwerben und diese während der gesamten Nutzungsdauer der Maschine von zehn Jahren ausschließlich für eigenbetriebliche Zwecke zu nutzen. Deshalb mindert sie ihren Gewinn des Jahres 2009 um einen Investitionsabzugsbetrag i. S. von § 7 g Abs. 1 EStG i. H. von 80.000 € und die Gewinnanteile von A und B um je 40.000 €. Das Betriebsvermögen der OHG (Gesamthandsvermögen und Sonderbetriebsvermögen) beträgt in allen maßgebenden Jahren 215.000 €. Im Januar 2010 erwirbt die OHG die Maschine für 200.000 €.

Lösung:

Der außerbilanziell im Jahre 2009 gewinnmindernd vorgenommene Investitionsabzugsbetrag i. H. von 40 % der voraussichtlichen Anschaffungskosten von 200.000 € = 80.000 € ist zulässig, weil alle Voraussetzungen des § 7 g Abs. 1 EStG erfüllt sind. Auch die Gewinnverteilung auf die beiden Gesellschafter mit je 40.000 € ist nicht zu beanstanden.

Im Jahr der Anschaffung (= 2012) ist zunächst einmal der für die erworbene Maschine in Anspruch genommene Investitionsabzugsbetrag von 80.000 € i. H. von 40 % der tatsächlichen Anschaffungskosten = 80.000 € außerhalb der Buchführung dem Gewinn hinzuzurechnen. Darüber hinaus **kann** die OHG die Anschaffungskosten der Maschine nach § 7 g Abs. 2 Satz 1 EStG (nur) im Jahr der Anschaffung (= 2012) um 40 % der Anschaffungskosten = 80.000 € innerhalb der Buchführung gewinnmindernd herabsetzen. Die Gewinnauswirkung beträgt insoweit saldiert 0 €.

Darüber hinaus kann die OHG eine Sonderabschreibung nach § 7 g Abs. 5 EStG i. H. von 20 % der geminderten Bemessungsgrundlage von (200.000 € ./. 80.000 € =) 120.000 € = 24.000 € in Anspruch nehmen, weil die Voraussetzungen des § 7 g Abs. 4 EStG erfüllt sind, und erhält darüber hinaus noch die lineare AfA gem. § 7 Abs. 1 EStG i. H. von 10 % von 120.000 € = 12.000 €.

Der Buchwert der Maschine beträgt am 31.12.2012 (200.000 € ./. 80.000 € ./. 24.000 € ./. 12.000 € =) 84.000 €.

Durch die Inanspruchnahme der Sonderabschreibung und der AfA ergibt sich eine Gewinnauswirkung im Jahre 2012 von insgesamt ./. 36.000 €. Der Anteil von A und B beträgt je ./. 18.000 €.

Beispiel 2:

Wie Beispiel 1, jedoch betragen die Anschaffungskosten im Jahre 2012 250.000 €.

Lösung:

Im Jahre 2009 ergibt sich keine Änderung. Der Abzugsbetrag wurde mit 80.000 € geltend gemacht und kann rückwirkend nicht geändert werden.

Im Jahre 2012 ist zunächst eine außerbilanzielle Hinzurechnung vorzunehmen. Diese beträgt 40 % der Anschaffungskosten von 250.000 € = 100.000 €, höchstens aber die Höhe des tatsächlich in Anspruch genommenen Investitionsabzugsbetrags von 80.000 €. Außerdem kann die OHG die Anschaffungskosten der Maschine um den Hinzurechnungsbetrag von 80.000 € gewinnmindernd auf 170.000 € herabsetzen, was zu einer entsprechenden Minderung der Bemessungsgrundlage für die Sonderabschreibung und die AfA führt (§ 7 g Abs. 2 Satz 2 2. Halbsatz EStG). Die Sonderabschreibung beträgt dann gem. § 7 g Abs. 5 EStG 20 % von 170.000 € = 34.000 € und die lineare AfA nach § 7 Abs. 1 EStG 10 % von 170.000 € = 17.000 €. Dies ergibt einen Buchwert der Maschine zum 31.12.2012 von (250.000 € ./. 80.000 € ./. 34.000 € ./. 17.000 € =) 119.000 €.

Die Gewinnauswirkung im Jahre 2012 beträgt saldiert ./. 51.000 €. Der Anteil von A und B beträgt je ./. 25.500 €.

Beispiel 3:

Wie Beispiel 1, die OHG möchte die gewinnmindernde Herabsetzung der Anschaffungskosten der Maschine nach § 7 g Abs. 2 Satz 2 EStG nicht in Anspruch nehmen. Von der Möglichkeit der Sonderabschreibung nach § 7 g Abs. 5 EStG möchte sie dagegen Gebrauch machen.

Lösung:

Unabhängig davon, ob die OHG bei einer Anschaffung oder Herstellung eines begünstigten Wirtschaftsguts innerhalb von drei Jahren eine Sonderabschreibung in Anspruch nehmen kann oder nicht, ist nach § 7 g Abs. 2 Satz 1 EStG im Jahr der Anschaffung der Maschine außerhalb der Buchführung der Gewinn um 40 % der Anschaffungskosten = 80.000 € zu erhöhen. Das bedeutet, der im Jahre 2009 vorgenommene Investitionsabzugsbetrag wird **nicht rückgängig** gemacht.

Ebenfalls unabhängig davon, ob die OHG bei einer Anschaffung oder Herstellung eines begünstigten Wirtschaftsguts innerhalb von drei Jahren eine Sonderabschreibung in Anspruch nehmen kann oder nicht, besteht nach § 7 g Abs. 2 Satz 2 EStG im Jahr der Anschaffung der Maschine ein Wahlrecht, die Anschaffungskosten der Maschine gewinnmindernd um den Hinzurechnungsbetrag von 80.000 € herabzusetzen.

Auch wenn die OHG diese gewinnmindernde Herabsetzung der Anschaffungskosten der Maschine nicht vornimmt, kann sie im Jahr der Anschaffung (= 2012) und/oder in den folgenden vier Jahren eine Sonderabschreibung nach § 7 g Abs. 5 EStG in Anspruch nehmen, weil ihr Betriebsvermögen am 31.12.2011 (= Schluss des Wirtschaftsjahrs, das der Anschaffung oder Herstellung vorangeht) die Grenze von 235.000 € nicht überschreitet (§ 7 g Abs. 6 Nr. 1 EStG) und auch die übrigen Voraussetzungen des § 7 g Abs. 6 Nr. 2 EStG erfüllt sind.

Die OHG erhält folglich eine Sonderabschreibung i. H. von 20 % der Anschaffungskosten = 40.000 € und die lineare AfA nach § 7 Abs. 1 EStG i. H. von 10 % der Anschaffungskosten von 200.000 € = 20.000 €.

Die Gewinnauswirkung im Jahre 2012 beträgt (+ 80.000 € ./. 40.000 € ./. 20.000 € =) + 20.000 € und ist A und B je zur Hälfte zuzurechnen.

Beispiel 4:

Wie Beispiel 1, jedoch beträgt das Betriebsvermögen (= Eigenkapital) der AB-OHG am 31.12.2009 vor Inanspruchnahme des Investitionsabzugsbetrags 228.000 €. Die außerbilanzielle Kürzung des Gewinns um den Investitions-

B. Laufende Besteuerung

abzugsbetrag um 80.000 € führt zu einer Minderung der Gewerbesteuerrückstellung um 11.000 €. Dadurch erhöht sich der Gewinn und das Eigenkapital innerhalb der Buchführung um 11.000 € auf 239.000 €, mit der Folge, dass die Grenze von 235.000 € überschritten ist und eigentlich der Investitionsabzugsbetrag nicht in Anspruch genommen werden könnte. Am Ergebnis ändert sich nichts dadurch, dass infolge der Nichtabzugsfähigkeit der Gewerbesteuer nach § 4 Abs. 5 b EStG die außerbilanzielle Hinzurechnung um 11.000 € gemindert wird.

U. E. kann der Investitionsabzugsbetrag trotz der Erhöhung des Gewinns und damit des Eigenkapitals zum 31.12.2009 auf 239.000 € vorgenommen werden, weil in sinngemäßer Anwendung der Regelung zu § 4 Abs. 4 a EStG auf die Neuberechnung der Gewerbesteuerrückstellung verzichtet werden kann. Es bleibt abzuwarten, wie die Finanzverwaltung diese Problematik lösen wird.

Wurde für die Anschaffung eines Wirtschaftsguts ein Investitionsabzugsbetrag in Anspruch genommen, ohne innerhalb des 3-Jahres-Zeitraums die geplante Investition zu realisieren, kann für dasselbe Wirtschaftsgut nur dann wieder ein Investitionsabzugsbetrag in Anspruch genommen werden, wenn die Personengesellschaft eine einleuchtende Begründung dafür abgibt, weshalb die Investition trotz gegenteiliger Absichtserklärung bislang nicht durchgeführt wurde, gleichwohl aber weiterhin geplant ist.[492]

Anmerkungen:

1. Für bereits angeschaffte Wirtschaftsgüter kann wegen fehlenden Finanzierungszusammenhangs zwischen Rücklage nach § 7 g Abs. 3 EStG a. F. und Investition eine Ansparrücklage nicht gebildet werden, wenn die Rücklage erst nach dem Anschaffungsjahr gebildet wird,[493] weil in diesem Fall der Zweck dieser Vorschrift, die Wettbewerbssituation kleiner und mittlerer Betriebe dadurch zu verbessern, dass deren Liquidität und Eigenkapitalbildung unterstützt und deren Investitions- und Innovationskraft gestärkt werden, nicht mehr erfüllt werden kann. Diese Rechtsprechung ist u. E. auch auf die Neuregelung des § 7 g EStG anzuwenden. Das heißt, der Investitionsabzugsbetrag nach § 7 g Abs. 1 EStG n. F. kann ebenfalls nicht nachträglich in Anspruch genommen werden.

2. Bei der Bewertung der Wirtschaftsgüter in einem Wirtschaftsjahr nach der Inanspruchnahme von Sonderabschreibungen kann die Personengesellschaft nach der BFH-Rechtsprechung[494] in der Steuerbilanz selbst dann nicht auf die einmal in Anspruch genommene Sonderabschreibung verzichten, wenn sie in ihrer Handelsbilanz eine Zuschreibung vorgenommen hat. Dies ergibt sich aus der Formulierung in § 6 Abs. 1 Nr. 1 Satz 4 EStG. Dieser Regelung ist kein Beibehaltungs- bzw. Zuschreibungswahlrecht zu entnehmen, vielmehr folgt aus ihr ein Beibehaltungs-

---

[492] BFH vom 06.09.2006, BStBl II 2007, 860.
[493] BFH vom 29.04.2008, BStBl II 2008, 747 unter Hinweis auf BFH vom 29.11.2007, BStBl II 2008, 471, und BFH vom 14.08.2001, BStBl II 2004, 181.
[494] BFH vom 04.06.2008, noch nicht im BStBl veröffentlicht.

bzw. Zuschreibungs**verbot**. Dieses Verbot geht aufgrund des Bewertungsvorbehalts in § 5 Abs. 6 EStG einem etwaigen handelsrechtlichen Zuschreibungswahlrecht vor. Diese Entscheidung ist zwar zu § 4 FördG ergangen, gilt u. E. aber in allen Fällen von Sonderabschreibungen und erhöhten Absetzungen.

1.6.2.4 Rücklage gem. § 6 b EStG bei Personengesellschaften

1.6.2.4.1 Vorbemerkungen

Bei der Anwendung von § 6 b EStG für Veräußerungen bei Personengesellschaften ist hinsichtlich der Anwendung der einzelnen gesetzlichen Vorschriften wie folgt zu unterscheiden: **251**

1. Bei Veräußerungen bis zum 31.12.1998 galt die gesellschafterbezogene Regelung, die bis zur 6. Auflage dieses Buchs ausführlich dargestellt ist.

2. Bei Veräußerungen zwischen 01.01.1999 und 31.12.2001 galt die gesellschaftsbezogene Regelung, die in der 7. und 8. Auflage dieses Buchs dargestellt ist.

3. Bei Veräußerungen seit 01.01.2002 gilt wieder die gesellschafterbezogene Regelung, die nachfolgend im Einzelnen dargestellt wird.

1.6.2.4.2 Gesellschafterbezogene Regelung ab 01.01.2002

Veräußert eine Personengesellschaft zu ihrem Gesamthandsvermögen gehörenden Grund und Boden oder Gebäude (bei land- und forstwirtschaftlichem Betriebsvermögen auch Aufwuchs auf Grund und Boden mit dem dazugehörigen Grund und Boden) und erfüllen die Gesellschafter die Voraussetzungen des § 6 b Abs. 1 bzw. Abs. 3 EStG, können die Gesellschafter nach § 6 b Abs. 1 Satz 2 EStG die stillen Reserven auf die Anschaffungskosten oder Herstellungskosten von Grund und Boden oder Gebäuden (bei land- und forstwirtschaftlichem Betriebsvermögen auch Aufwuchs auf Grund und Boden mit dem dazugehörigen Grund und Boden) übertragen. Soweit eine Übertragung der aufgedeckten stillen Reserven bis zum Ende des Wirtschaftsjahrs nicht vorgenommen wurde, können die Gesellschafter nach § 6 b Abs. 3 EStG eine Rücklage in Höhe der aufgedeckten stillen Reserven bilden. **252**

Bei der Ermittlung der Sechsjahresfrist gem. § 6 b Abs. 4 Nr. 2 EStG ist hinsichtlich des Gesamthandsvermögens der Personengesellschaft zu beachten, dass jeder einzelne Gesellschafter – und nicht die Personengesellschaft als solche – diese Frist erfüllen muss. Bei einer anteiligen Veräußerung des Mitunternehmeranteils bzw. bei einem Gesellschafterwechsel innerhalb der letzten sechs Jahre führt dies folglich zu einer **anteiligen Unterbrechung** der Sechsjahresfrist des § 6 b Abs. 4 Nr. 2 EStG, sofern nicht besondere Vor- **253**

B. Laufende Besteuerung

schriften eine Besitzzeitanrechnung vorsehen (z. B. § 6 Abs. 3 EStG).[495] Dies gilt unabhängig davon, ob die Veräußerung des Mitunternehmeranteils in vollem Umfang entgeltlich oder nur teilentgeltlich erfolgte.[496] Ergibt sich dadurch bei einer Veräußerung, dass die Sechsjahresfrist bei dem bzw. den erwerbenden Gesellschaftern hinsichtlich des erworbenen Anteils nicht erfüllt ist, können in Höhe des darauf entfallenden Veräußerungsgewinns bei diesen Gesellschaftern weder die aufgedeckten stillen Reserven übertragen noch kann eine Rücklage gem. § 6 b EStG gebildet werden.

254 Bilanztechnisch erfolgt die Bildung der Rücklage auf zwei Ebenen. In der Handelsbilanz wird der gesamte handelsrechtliche Veräußerungsgewinn in die Rücklage eingestellt. Die Abstockung auf den steuerlich niedrigeren Wert verlangt § 273 HGB nicht.[497] Die steuerlich zutreffende niedrigere Rücklage wird, weil diese Minderung nicht alle Gesellschafter betrifft, durch Einstellung eines Gegenpostens „Minderwert Rücklage" auf der Aktivseite der Ergänzungsbilanz des bzw. der Gesellschafter, die die Voraussetzungen nicht erfüllen, erreicht.

Beispiel 1:

Eine OHG, an der bis zum 31.12.01 A, B, C und D zu je 25 % beteiligt waren, ist seit zehn Jahren Eigentümerin eines unbebauten Grundstücks, das mit den Anschaffungskosten von 100.000 € aktiviert ist. Mit Wirkung vom 01.01.02 veräußert D die Hälfte seiner Beteiligung (= 12,5 %) an A. Der anteilige Kaufpreis für das Grundstück hat 15.000 € betragen. Der den anteiligen Buchwert übersteigende Betrag von (15.000 € ./. 12.500 € =) 2.500 € wurde in einer Ergänzungsbilanz des A aktiviert. Im März 04 veräußert die OHG dieses Grundstück an einen Dritten für 160.000 € und bildet in Höhe der aufgedeckten stillen Reserven von 60.000 € eine Rücklage gem. § 6 b EStG. Davon entfallen auf A 37,5 % = 22.500 €, auf B und C je 25 % = je 15.000 € und auf D 12,5 % = 7.500 €.

Die Bildung der Rücklage gem. § 6 b Abs. 3 EStG ist dem Grunde nach nicht zu beanstanden, weil alle Voraussetzungen des § 6 b Abs. 4 EStG erfüllt sind. Weil § 6 b EStG eine personenbezogene Steuervergünstigung ist, muss geprüft werden, ob **jeder** Gesellschafter die Voraussetzungen des § 6 b EStG erfüllt. Dies ist bei B, C und D der Fall. A erfüllt jedoch alle Voraussetzungen nur hinsichtlich seines ursprünglichen Anteils von 25 %. Weil A aber den hälftigen Anteil (= 12,5 %) von D – und damit den ideellen Anteil an jedem einzelnen Wirtschaftsgut – innerhalb der letzten sechs Jahre erworben hat, liegen insoweit die Voraussetzungen der Sechsjahresfrist nicht vor. Folglich ist die Rücklage insoweit aufzulösen und ein Ertrag auszuweisen.

---

495 BFH vom 10.07.1980, BStBl II 1981, 84, und vom 13.08.1987, BStBl II 1987, 782.
496 BFH vom 07.11.2000, HFR 2001 S. 233.
497 Gl. A. Küting/Weber, § 273 HGB, Rn. 95.

Berechnung der aufzulösenden Rücklage:
Veräußerungspreis	160.000 €	
davon 87,5 % bzw. 12,5 %	140.000 €	20.000 €
./. anteiliger Buchwert lt. Bilanz der OHG	87.500 €	12.500 €
./. Buchwert lt. Ergänzungsbilanz A (dieser entfällt in vollem Umfang auf den von A am 01.01.02 erworbenen Anteil)		2.500 €
Gewinn	52.500 €	5.000 €

Von dem Gewinn von 52.500 € entfallen je 15.000 € auf A, B und C und 7.500 € auf D. Der restliche Gewinn von 5.000 € entfällt auf A.

Die Minderung der Rücklage gem. § 6 b EStG um 7.500 € und die Erfassung des Ertrags i. H. von 5.000 € erfolgen in der Ergänzungsbuchführung des A, denn sie betreffen nur ihn. Das heißt, in der **Handels- und Steuerbilanz** der Personengesellschaft wird diese Rücklage unverändert mit 60.000 € ausgewiesen.

Die Buchung in der Ergänzungsbilanz des A lautet:

Minderwert Rücklage	7.500 €	an Mehrwert Grundstücke	2.500 €
		Sonstige betriebliche Erträge	5.000 €

Für Gesellschafter A ergibt sich folgende Ergänzungsbilanz:

Aktiva	Ergänzungsbilanz A zum 31.12.03		Passiva
Minderwert Rücklage § 6 b EStG	7.500 €	Mehrkapital	7.500 €

und folgende Ergänzungs-GuV:

Aufwendungen	Ergänzungs-GuV A 03		Erträge
Gewinn	5.000 €	Sonstige betriebliche Erträge	5.000 €

Die Übertragung einer Rücklage gem. § 6 b EStG erfolgt ebenfalls auf zwei Ebenen. In der Handelsbilanz und in der Steuerbilanz der Personengesellschaft wird die Rücklage in voller Höhe auf das Reinvestitionsgut übertragen. In der steuerlichen Ergänzungsbilanz des bzw. der begünstigten Gesellschafter wird der „Minderwert Rücklage" in „Mehrwert Reinvestitionsgut" umgebucht. Dadurch haben diese Gesellschafter in der Folgezeit höhere steuerliche Abschreibungen, sofern ein abnutzbares Wirtschaftsgut angeschafft oder hergestellt wurde.

Beispiel 2:
Die OHG (siehe Beispiel 1) erwirbt in 05 ein unbebautes Grundstück für 200.000 € und überträgt darauf die in 04 in ihrer Handels- und Steuerbilanz gebildete Rücklage gem. § 6 b EStG von 60.000 €.
Die Rücklage gem. § 6 b EStG beträgt – wie im Beispiel 1 dargestellt – nur 52.500 €. Nur in dieser Höhe darf der Buchwert des Grundstücks gemindert

B. Laufende Besteuerung

werden und beträgt damit 147.500 €. Der Differenzbetrag von 7.500 € entfällt auf den von A erworbenen Anteil, für den keine Rücklage gebildet werden durfte und deshalb in der Ergänzungsbilanz des A ein Minderwert ausgewiesen wurde. Sein anteiliger Buchwert (= 37,5 %) beträgt nicht (75.000 € ./. 22.500 € =) 52.500 €, sondern (75.000 € ./. 15.000 € =) 60.000 €. Die Korrektur des Buchwerts des erworbenen Grundstücks erfolgt in der Ergänzungsbilanz des A. In der Handelsbilanz und in der Steuerbilanz der OHG beträgt der Buchwert des Grundstücks nach der Übertragung der Rücklage unverändert 140.000 €. In der Ergänzungsbilanz des A ist der „Minderwert Rücklage" **gewinnneutral** in einen „Mehrwert Grundstück" umzuwandeln. Dadurch erhöht sich der Buchwert des Grundstücks um 7.500 € auf insgesamt 147.500 € und der Buchwertanteil des A von (37,5 % von 140.000 € =) 52.500 € auf 60.000 €. Bei einer späteren Veräußerung dieses Grundstücks ist der Gewinn des A um 7.500 € zu mindern.

Buchungssatz:

Mehrwert unbebautes Grundstück 7.500 € an Minderwert Rücklage 7.500 €

Die Ergänzungsbilanz des A hat folgendes Aussehen:

Aktiva	Ergänzungsbilanz A zum 31.12.05		Passiva
Mehrwert Grundstück	7.500 €	Mehrkapital	7.500 €

In der Handelsbilanz der OHG ist der Wertansatz des unbebauten Grundstücks mit 140.000 € zulässig. Das Mehrkapital lt. steuerlicher Ergänzungsbilanz von 7.500 € ist in der Handelsbilanz nicht darstellbar und für die Handelsbilanz nicht maßgeblich.[498]

256 Obwohl eine gesellschafterbezogene (= personenbezogene) Steuervergünstigung vorliegt, muss bei einer Veräußerung von Wirtschaftsgütern des Gesamthandsvermögens durch die Personengesellschaft die Rücklage von den Gesellschaftern, die die Voraussetzungen erfüllen, **nicht einheitlich** gebildet werden.[499] § 7 a Abs. 7 EStG gilt nur für Sonderabschreibungen und erhöhte Absetzungen und ist nicht analog anwendbar, weil ansonsten eine steuerverschärfende und daher unzulässige Analogie vorliegen würde.

257 Auch in diesem Fall ist der **umgekehrte Maßgeblichkeitsgrundsatz** gem. § 5 Abs. 1 Satz 2 EStG zu beachten. Dabei reicht es aus, in der Handelsbilanz und in der Steuerbilanz der Personengesellschaft nur für den auf einzelne Gesellschafter entfallenden Teil des Veräußerungsgewinns eine Rücklage gem. § 6 b EStG zu bilden.[500] Nach u. E. zutreffender Auffassung der Finanzverwaltung[501] und der handelsrechtlichen Literatur[502] kann die Personengesellschaft aber auch in ihrer Handelsbilanz und Steuerbilanz eine Rücklage

---
498 Gl. A. Küting/Weber, § 273 HGB, Rn. 96 und 97.
499 BFH vom 30.03.1989, BStBl II 1989, 558.
500 BFH vom 10.07.1980, BStBl II 1981, 84, und vom 13.08.1987, BStBl II 1987, 782.
501 BMF, FR 1993 S. 25.
502 Küting/Weber, § 273 HGB, Rn. 95.

in Höhe des gesamten Veräußerungsgewinns bilden und dafür – nur für steuerliche Zwecke – in Ergänzungsbilanzen derjenigen Gesellschafter, die den Veräußerungsgewinn sofort versteuern möchten, entsprechende „Minderwerte Rücklagen" ausweisen.

Bei der **Übertragung** der von der Personengesellschaft aufgedeckten stillen Reserven bzw. der von ihr gebildeten Rücklage gem. § 6 b EStG auf begünstigte Reinvestitionsgüter besteht aufgrund der gesellschafterbezogenen Regelung für ihre Gesellschafter – unabhängig davon, ob diese natürliche Personen oder Kapitalgesellschaften oder andere Personengesellschaften sind – die Möglichkeit, die anteilig auf sie entfallende Rücklage auf Wirtschaftsgüter zu übertragen, die ihnen unmittelbar (in ihrem Einzelunternehmen) oder mittelbar (über eine andere Personengesellschaft) zuzurechnen sind.[503]

258

Die Gesellschafter können das Wahlrecht für ihren Anteil an den stillen Reserven bzw. an der Rücklage unabhängig von den anderen Gesellschaftern ausüben. Das heißt, auch wenn ein Gesellschafter seinen Anteil bereits auf ein begünstigtes Reinvestitionsgut in seinem übrigen (Sonder-)Betriebsvermögen überführt hat oder innerhalb der verbleibenden Übertragungsfrist noch überführen möchte, können die anderen Gesellschafter ihre Anteile auf von der Personengesellschaft angeschaffte oder hergestellte Wirtschaftsgüter übertragen. Die Finanzverwaltung verlangt nicht mehr, dass die Übertragung auf diese Wirtschaftsgüter einheitlich von allen Gesellschaftern vorgenommen werden muss (Umkehrschluss aus R 6b.2 Abs. 7 EStR).

---

503 BFH vom 10.07.1980, BStBl II 1981, 84.

B. Laufende Besteuerung

Im Einzelnen bestehen folgende Übertragungsmöglichkeiten:

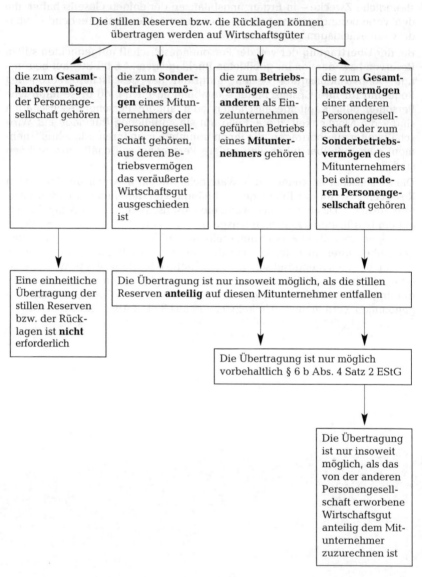

1 Einkommensteuer

Beispiel 3:

Die ABC-OHG mit den Gesellschaftern A, B und C veräußert im August 01 ein unbebautes Grundstück. Für die aufgelösten stillen Reserven von 120.000 € bildet sie in ihrer Handelsbilanz und Steuerbilanz zulässigerweise eine Rücklage nach § 6 b EStG. Im Jahr 02 werden folgende Wirtschaftsgüter angeschafft oder hergestellt:

- Die ABC-OHG errichtet ein Gebäude mit Herstellungskosten von 420.000 €.
- A errichtet ein Gebäude für sein Einzelunternehmen, Herstellungskosten 300.000 €.
- B erwirbt ein unbebautes Grundstück für 140.000 €, das er an die ABC-OHG für deren betriebliche Zwecke vermietet.
- Die CDE-OHG, an der C zu $^1/_3$ beteiligt ist, erwirbt ein unbebautes Grundstück für 45.000 €.

In den folgenden Jahren werden weder Anschaffungen noch Herstellungen getätigt.

Bei der Übertragung der von der ABC-OHG gebildeten Rücklage gibt es im Jahr 02 u. a. folgende Möglichkeiten, wobei es unerheblich ist, welche Wirtschaftsgüter zuerst angeschafft bzw. hergestellt worden sind:

a) Die Rücklage i. H. von 120.000 € wird auf das von der OHG hergestellte Gebäude übertragen.

Buchungssätze:

1. Rücklage § 6 b EStG   120.000 €   an Sonstige betriebliche
                                          Erträge   120.000 €
2. Abschreibungen   120.000 €   an Gebäude   120.000 €

b) A überträgt seine anteilige Rücklage von 40.000 € auf das von der ABC-OHG hergestellte Gebäude. Um die Steuervergünstigung in höchstmöglichem Umfang nutzen zu können, überträgt B seine anteilige Rücklage von 40.000 € auf das von ihm erworbene unbebaute Grundstück, das zu seinem notwendigen Sonderbetriebsvermögen gehört. Auch für C ist es zur Ausnutzung der optimalen Steuervergünstigung günstiger, seine anteilige Rücklage von 40.000 € auf das von der CDE-OHG erworbene unbebaute Grundstück zu übertragen. Da die anteiligen Anschaffungskosten des A aber nur $^1/_3$ von 45.000 € = 15.000 € betragen, kann C seine anteilige Rücklage nur i. H. von 15.000 € auf das Grundstück der CDE-OHG übertragen. Diese Übertragung erfolgt in der Ergänzungsbilanz des C bei der CDE-OHG. Die restliche anteilige Rücklage von 25.000 € kann C auf das von der ABC-OHG hergestellte Gebäude übertragen.

Buchungstechnisch ist wie folgt zu verfahren:

Die Rücklage wird in der Bilanz der OHG in voller Höhe auf das Gebäude übertragen, dafür wird in den Ergänzungsbilanzen ein Mehrwert Gebäude von 40.000 € (für B) und von 15.000 € (für C) ausgewiesen.

B. Laufende Besteuerung

Zu buchen ist im Jahr 02:
- bei der ABC-OHG

1. Rücklage		an	Sonstige betriebliche	
§ 6 b EStG	120.000 €		Erträge	120.000 €
2. Abschreibungen	120.000 €	an	Gebäude	120.000 €

- in der Ergänzungsbuchführung des B

Mehrwert Gebäude	40.000 €	an	Privat	40.000 €

- in der Ergänzungsbuchführung des C

Mehrwert Gebäude	15.000 €	an	Privat	15.000 €

Die Bilanzen haben – vor Berücksichtigung der AfA – folgendes Aussehen:

Aktiva	Bilanz ABC-OHG zum 31.12.02		Passiva
Gebäude 420.000 €		:	
./. 120.000 € 300.000 €			

Aktiva	Ergänzungsbilanz B zum 31.12.02		Passiva
Mehrwert Gebäude	40.000 €	Mehrkapital	40.000 €

Aktiva	Ergänzungsbilanz C zum 31.12.02		Passiva
Mehrwert Gebäude	15.000 €	Mehrkapital	15.000 €

Der Buchwert des Gebäudes beträgt damit (300.000 € + 40.000 € + 15.000 € =) 355.000 €. Dieser Betrag stellt nach § 6 b Abs. 6 EStG die Bemessungsgrundlage für die AfA dar. Die AfA beträgt nach § 7 Abs. 4 Satz 1 EStG 3 % von 355.000 € = 10.650 €.

Die anteilige AfA für die Gesellschafter berechnet sich wie folgt:
- für A: 3 % von 100.000 € = 3.000 €
- für B: 3 % von 140.000 € = 4.200 €
- für C: 3 % von 115.000 € = 3.450 €
- Summe: 10.650 €

Buchungstechnisch wird die AfA wie folgt erfasst:
- bei der OHG: 3 % von 300.000 € = 9.000 € (davon A, B und C je $^1/_3$)
- in der Ergänzungsbuchführung des B: 3 % von 40.000 € = 1.200 €
- in der Ergänzungsbuchführung des C: 3 % von 15.000 € = 450 €

c) Die Gesellschafter haben auch die Möglichkeit, die Rücklagen teilweise auf das von der OHG hergestellte Gebäude und teilweise auf die von ihnen bzw. der CDE-OHG erworbenen bzw. hergestellten Wirtschaftsgüter zu übertragen. Die bei a) und b) dargestellten Lösungen gelten entsprechend.

259 Veräußert ein Gesellschafter ein zu seinem **Sonderbetriebsvermögen** gehörendes begünstigtes Wirtschaftsgut i. S. des § 6 b Abs. 1 EStG, kann die für die Aufstellung der Sonderbilanz zuständige Personengesellschaft – bei Vorliegen der Voraussetzungen des § 6 b Abs. 4 EStG – in seiner Sonderbilanz eine Rücklage gem. § 6 b EStG bilden. Mitunternehmerbezogene Wahlrechte sind zwar von dem Mitunternehmer persönlich auszuüben. Dabei wird aber grundsätzlich vermutet, dass die Sonderbilanz mit dem Gesellschafter abgestimmt ist.[504] Weil das Sonderbetriebsvermögen eines Gesellschafters nicht zum handelsrechtlichen Betriebsvermögen gehört und deshalb dafür keine Handelsbilanz zu erstellen ist, ist der umgekehrte Maßgeblichkeitsgrundsatz gem. § 5 Abs. 1 Satz 2 EStG nicht zu beachten (R 6b.2 Abs. 2 Satz 2 EStR).

Für die Besitzzeit kommt es beim Sonderbetriebsvermögen darauf an, ob das Wirtschaftsgut nach § 6 b Abs. 4 Satz 1 Nr. 2 EStG für sechs Jahre ohne Rechtsträgerwechsel als betriebliches Anlagevermögen diente. Für die Berechnung dieser Frist sind Überführungen aus dem (Sonder-)Betriebsvermögen in ein anderes (Sonder-)Betriebsvermögen dieses Gesellschafters unschädlich.

Auch ein – unentgeltlicher – Rechtsnachfolger kann die Besitzzeit fortsetzen. Dies gilt zum einen für unentgeltliche Übertragungen sowie Übertragungen gegen Gewährung/Minderung von Gesellschaftsrechten aus dem Gesamthandsvermögen in ein Sonderbetriebsvermögen und umgekehrt und zum anderen bei einer Realteilung, wenn der Buchwert fortgesetzt wird.

Bei der gesellschafterbezogenen Regelung gibt es hinsichtlich der Übertragung der in der Sonderbilanz oder im Einzelunternehmen des Gesellschafters gebildeten Rücklage nach R 6b.2 Abs. 6 EStR folgende Übertragungsmöglichkeiten:

---

504 BFH vom 25.01.2006, BStBl II 2006, 418.

B. Laufende Besteuerung

1. Ein **Gesellschafter,** der daneben noch ein Einzelunternehmen betreibt, veräußert ein begünstigtes Wirtschaftsgut seines **Einzelunternehmens:**

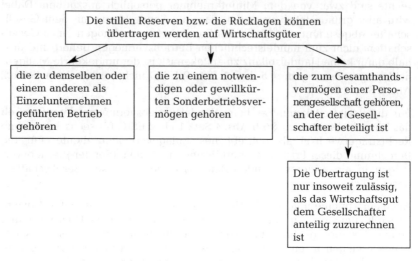

2. Ein **Gesellschafter** veräußert ein Wirtschaftsgut seines **Sonderbetriebsvermögens:**

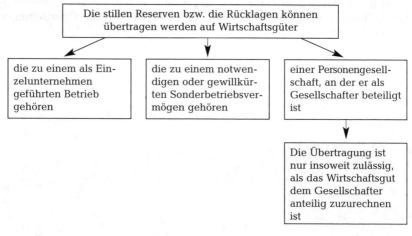

261 Diese Übertragungsmöglichkeiten gelten nach Auffassung der Finanzverwaltung auch, wenn Gesellschafter eine **Kapitalgesellschaft** ist.[505]

---

505 BMF vom 10.11.1992, FR 1993 S. 25.

Die Rücklage ist nach R 6b.2 Abs. 8 EStR im Wirtschaftsjahr der Übertragung auf ein Reinvestitionsgut erfolgsneutral dem Kapitalkonto der für den veräußernden Betrieb aufzustellenden Steuerbilanz hinzuzurechnen (Buchungssatz: Rücklage § 6 b EStG an Privat bzw. – falls die Beteiligung an der Personengesellschaft in der Bilanz des Gesellschafters bilanziert ist: Rücklage § 6 b EStG an Beteiligung). Dies gilt grundsätzlich auch für die Handelsbilanz. Gleichzeitig ist in der Handelsbilanz und Steuerbilanz des anderen Betriebs ein Betrag in Höhe des begünstigten Gewinns von den Anschaffungskosten oder Herstellungskosten der angeschafften oder hergestellten Wirtschaftsgüter erfolgsneutral (zu Lasten des Kapitalkontos) abzusetzen (Buchungssatz: Privat an „Wirtschaftsgut des Anlagevermögens").

Dies ist bei Übertragungen aus einem Einzelunternehmen in ein Sonderbetriebsvermögen und umgekehrt auch unter Beachtung des umgekehrten Maßgeblichkeitsgrundsatzes problemlos möglich.

Sofern die im Einzelunternehmen oder in der Sonderbilanz des Gesellschafters gebildete Rücklage **auf ein Wirtschaftsgut des Gesamthandsvermögens** der Personengesellschaft übertragen werden soll, wurde es bisher von der Finanzverwaltung nicht beanstandet, wenn die Übertragung der Rücklage weder in der Handelsbilanz noch in der Steuerbilanz der Personengesellschaft, sondern in der Ergänzungsbilanz des übertragenden Gesellschafters durch Ausweis eines Minderwerts vorgenommen wurde.

Die Finanzverwaltung vertritt nun für die Übertragung einer Rücklage nach § 6 b EStG von einer Kapitalgesellschaft auf ein Wirtschaftsgut einer Personengesellschaft, an der die Kapitalgesellschaft beteiligt ist, folgende Auffassung:[506]

Die Kapitalgesellschaft muss in ihrer **Handelsbilanz** die Rücklage gewinnerhöhend auflösen, weil die Ausübung dieses steuerlichen Wahlrechts nicht mehr dargestellt werden kann. In ihrer **Steuerbilanz** ist dagegen die Rücklage aufgrund der spiegelbildlichen Darstellungsweise des Bilanzpostens „Beteiligung an einer Personengesellschaft" erfolgsneutral aufzulösen (Buchungssatz: Rücklage § 6 b EStG an Beteiligung), weil diese Beteiligung kein selbständiges Wirtschaftsgut darstellt.[507] Der Grundsatz der umgekehrten Maßgeblichkeit findet insoweit keine Anwendung, da für den Ansatz der Beteiligung an der Personengesellschaft kein steuerliches Wahlrecht i. S. des § 5 Abs. 1 Satz 2 EStG besteht.

Bei der **übernehmenden Personengesellschaft** wird die – in Ausübung eines steuerlichen Wahlrechts vorgenommene – Übertragung der Rücklage auf ein Reinvestitionsgut durch die erfolgsneutrale Absetzung vom Kapitalkonto in ihrer Steuerbilanz abgebildet. Da § 6 b EStG eine gesellschafterbezogene

---
506 BMF vom 29.02.2008, BStBl I 2008, 495.
507 Wegen der buchmäßigen Behandlung der Beteiligung an einer Personengesellschaft siehe im Einzelnen B. Rz. 412 ff.

B. Laufende Besteuerung

Begünstigung darstellt, ist allein das Kapitalkonto in der Steuerbilanz des Mitunternehmers zu mindern, der den begünstigten Gewinn überträgt. Nach § 5 Abs. 1 Satz 2 EStG (umgekehrter Maßgeblichkeitsgrundsatz) müssen die Anschaffungskosten oder Herstellungskosten des Wirtschaftsguts in der Handelsbilanz der Personengesellschaft entsprechend gemindert werden.[508]

Folge: Die Übertragung der Rücklage kann **nicht mehr** in der **Ergänzungsbilanz** des übertragenden Gesellschafters vorgenommen werden.

Wichtig: Obwohl dieses BMF-Schreiben nur zur Übertragung der Rücklage von einer Kapitalgesellschaft ergangen ist, gelten diese Grundsätze nach – allerdings nicht veröffentlichter – Auffassung der Finanzverwaltung konsequenterweise auch dann, wenn übertragender Rechtsträger eine Personengesellschaft oder ein Einzelunternehmer ist.

Übergangsregelung: Die neue Auffassung muss erst angewendet werden für Steuerbilanzen, die nach dem **01.04.2008 aufgestellt** werden (nicht maßgebend ist der Bilanzstichtag). Für bis zum 01.04.2008 aufgestellte Bilanzen braucht die Übertragung in der Handelsbilanz nicht vorgenommen zu werden, es genügt die Übertragung in der steuerlichen Ergänzungsbilanz des übertragenden Gesellschafters.

Beachte: Eine Minderung der entsprechenden Anschaffungskosten oder Herstellungskosten des Reinvestitionsguts unmittelbar in der Steuerbilanz der Personengesellschaft hat jedoch negative Folgen auf die Zurechnung der AfA-Beträge und damit auf die Gewinnverteilung der einzelnen Gesellschafter. Aus diesem Grund wird es von der Finanzverwaltung nicht beanstandet, wenn in diesem Fall für alle Gesellschafter der Personengesellschaft Ergänzungsbilanzen erstellt werden, und zwar

- für den übertragenden Gesellschafter ein Minderwert in Höhe seiner Beteiligung an der Personengesellschaft und
- für den bzw. die anderen Gesellschafter ein Mehrwert in Höhe ihrer Beteiligung an der Personengesellschaft.

Anmerkung: Die Auffassung der Finanzverwaltung, die Übertragung nicht mehr in der Ergänzungsbilanz des übertragenden Gesellschafters vornehmen zu können, ist u. E. deshalb **nicht nachvollziehbar,** weil die Steuerbilanz der Personengesellschaft und die Ergänzungsbilanzen ihrer Gesellschafter **rechtlich** eine Einheit bilden und folglich auch in der (Gesamt-)Steuerbilanz der Personengesellschaft die Anschaffungskosten oder Herstellungskosten des Wirtschaftsguts entsprechend gemindert werden.

Hinweis: Durch das Bilanzrechtsmodernisierungsgesetz (BilMoG), das voraussichtlich im Jahre 2010 in Kraft treten wird, soll der umgekehrte Maßgeblichkeitsgrundsatz aufgehoben werden. Die oben dargestellte Problematik wird dann gegenstandslos werden.

---

[508] BMF vom 29.02.2008, BStBl I 2008, 495.

1 Einkommensteuer

Beispiel 4:
An der A-GmbH & Co. KG sind die A-GmbH als Komplementär und A als Kommanditist je zur Hälfte beteiligt. In Handelsbilanz und Steuerbilanz der GmbH ist die Beteiligung an der Personengesellschaft zutreffend aktiviert. Die GmbH hat in diesen Bilanzen zum 31.12.01 eine Rücklage gem. § 6 b EStG i. H. von 200.000 € passiviert, die sie in 02 auf ein von der KG für 500.000 € erworbenes unbebautes Grundstück übertragen möchte.

Die Übertragung der Rücklage ist nach R 6b.2 Abs. 6 EStR zulässig und kann in voller Höhe vorgenommen werden, weil die anteiligen Anschaffungskosten der GmbH für das von der KG erworbene Wirtschaftsgut 250.000 € betragen.

Buchungstechnisch ist wie folgt vorzugehen:

1. In der Buchführung der **GmbH**

    In der **Handelsbilanz** der GmbH muss die Rücklage **gewinnerhöhend** aufgelöst werden. Der umgekehrte Maßgeblichkeitsgrundsatz ist nicht zu beachten, weil die Ausübung dieses steuerlichen Wahlrechts nicht mehr dargestellt werden kann.

    In der **Steuerbilanz** der GmbH ist dagegen der nach der spiegelbildlichen Darstellungsweise bilanzierte Posten „Beteiligung an einer Personengesellschaft" **gewinnneutral** zu mindern.

2. In der Buchführung der **KG**

    In der **Handelsbilanz** der KG ist der Buchwert des Grundstücks **gewinnmindernd** um 200.000 € herabzusetzen.

    In der **Steuerbilanz** der KG müssten eigentlich der Buchwert des Grundstücks und das Kapitalkonto der GmbH **gewinnneutral** um 200.000 € herabgesetzt werden. Zum Zwecke der richtigen Gewinnverteilung, z. B. der AfA, eventueller Teilwertabschreibungen und des künftigen Veräußerungsgewinns wird es von der Finanzverwaltung nicht beanstandet, wenn die Kapitalkonten aller Gesellschafter entsprechend der Höhe der Beteiligung herabgesetzt werden.

    Wird von dieser Möglichkeit Gebrauch gemacht, ist jedoch zwingend

    - in der **Ergänzungsbilanz der GmbH** ein Minderwert Grundstück und ein Minderkapital von 100.000 € und
    - in der Ergänzungsbilanz des A ein Mehrwert Grundstück und ein Mehrkapital von 100.000 €

    auszuweisen.

Buchungssätze:

1. In der **Handelsbilanz** der **GmbH**
   Sonderposten mit
   Rücklageanteil   200.000 €   an Sonstige betriebliche
                                            Erträge   200.000 €

2. In der **Steuerbilanz** der **GmbH**
   Sonderposten mit
   Rücklageanteil   200.000 €   an Beteiligung KG   200.000 €

3. In der **Handelsbilanz** der **KG**
   Abschreibungen   200.000 €   an Grundstücke   200.000 €

B. Laufende Besteuerung

4. In der **Steuerbilanz** der **KG**
   Kapital GmbH   100.000 €   an Grundstücke   200.000 €
   Kapital A   100.000 €

5. In der **Ergänzungsbilanz** der **GmbH** bei der **KG**
   Minderkapital   100.000 €   an Minderwert
                                    Grundstück   100.000 €

6. In der **Ergänzungsbilanz** des **A**
   Mehrwert Grundstück   100.000 €   an Mehrkapital   100.000 €

In der steuerlichen Gesamtbilanz der GmbH & Co. KG ist das Grundstück mit (500.000 € ./. 200.000 € + 100.000 € ./. 100.000 € =) 300.000 € aktiviert. Das Kapitalkonto des A hat sich (saldiert) nicht geändert, dagegen wurde das Kapitalkonto der GmbH (saldiert) um 200.000 € gemindert.

1.6.2.4.3 Veräußerung von Anteilen an Kapitalgesellschaften

263 § 6 b Abs. 10 EStG räumt Personenunternehmen (= Einzelunternehmen und Personengesellschaften) die Möglichkeit ein, den nach § 6 b Abs. 2 EStG ermittelten Gewinn aus der **Veräußerung von Anteilen an Kapitalgesellschaften** (dies sind gem. § 17 Abs. 1 Satz 3 EStG Aktien, GmbH-Beteiligungen, Genussscheine, ähnliche Beteiligungen und Anwartschaften auf solche Beteiligungen) steuerneutral auf ein begünstigtes Reinvestitionsgut zu übertragen.

Mit dieser Regelung soll eine Annäherung an Körperschaften, Personenvereinigungen und Vermögensmassen erreicht werden, weil bei diesen die Veräußerungsgewinne nach § 8 b Abs. 2 KStG in vollem Umfang steuerfrei sind. Daraus folgt: Ist an einer Personengesellschaft auch eine Körperschaft, Personenvereinigung oder Vermögensmasse i. S. von § 1 Abs. 1 KStG beteiligt, kann und braucht nach § 6 b Abs. 10 Satz 10 EStG **insoweit** keine Rücklage gem. § 6 b Abs. 10 EStG gebildet zu werden, weil der Veräußerungsgewinn insoweit ohnehin nach § 8 b Abs. 2 KStG steuerfrei ist. Die gesellschafterbezogene Auslegung des § 6 b EStG gilt also auch hier.

Unter den Begriff der Veräußerung fallen auch verdeckte Einlagen, nicht aber die Liquidation einer Kapitalgesellschaft oder eine Kapitalherabsetzung.

Beispiel 1:

An einer OHG sind A, B und die C-GmbH je zu $^1/_3$ beteiligt. Die OHG erzielt bei der Veräußerung von seit zehn Jahren zum Anlagevermögen gehörenden Aktien einen Gewinn von 300.000 € (Veräußerungspreis 500.000 €, Buchwert 200.000 €). Eine begünstigte Anschaffung erfolgt in diesem Jahr nicht mehr.

Der Veräußerungsgewinn von 300.000 € ist in Höhe des auf die C-GmbH entfallenden Anteils von 100.000 € von vornherein nach § 8 b Abs. 2 KStG steuerfrei. Die OHG braucht und kann somit nur i. H. von 200.000 € eine Rücklage bilden (§ 6 b Abs. 10 Satz 10 EStG).

In der Buchführung der OHG ist wie folgt zu buchen:
- Bei der Veräußerung:

Bank	500.000 €	an Wertpapiere	200.000 €
		Sonstige betriebliche Erträge	300.000 €

- Im Rahmen der vorbereitenden Abschlussbuchungen:

Sonstige betriebliche Aufwendungen	300.000 €	an Sonderposten mit Rücklageanteil	300.000 €

- In der Ergänzungsbuchführung der GmbH:

Minderwert Sonderposten mit Rücklageanteil	100.000 €	an Sonstige betriebliche Erträge	100.000 €

Außerhalb der Buchführung ist der steuerliche Gesamtgewinn der OHG und der Gewinnanteil der C-GmbH um 100.000 € zu mindern.

264 Der Gewinn aus den Veräußerungen von Anteilen an Kapitalgesellschaften innerhalb eines Wirtschaftsjahrs ist nur bis zu einem Betrag von **500.000 Euro** begünstigt. Die Begrenzung gilt nicht für die Personengesellschaft als solche, sondern für jeden **einzelnen Gesellschafter.**

265 Die Übertragung des Veräußerungsgewinns bzw. die Bildung der Rücklage ist nur unter den Voraussetzungen des § 6 b Abs. 4 Satz 1 Nr. 1, 2, 3, 5 und Satz 2 EStG möglich. Nur auf die Steuerpflicht des Veräußerungsgewinns im Inland (§ 6 b Abs. 4 Nr. 4 EStG) wird nicht Bezug genommen, dies deshalb, weil für den Veräußerungsgewinn nicht die volle Versteuerung, sondern das Halb- bzw. Teileinkünfteverfahren gilt.

266 Im Jahr der Veräußerung kann der Veräußerungsgewinn übertragen werden

▷ auf die Anschaffungskosten von erworbenen
— **Anteilen an Kapitalgesellschaften** sowie

▷ auf die Anschaffungskosten von erworbenen oder auf die Herstellungskosten von hergestellten
— **Gebäuden** (nicht aber Grund und Boden) und
— **abnutzbaren beweglichen Wirtschaftsgütern.**

Erfolgt die Reinvestition nicht bereits im Jahr der Anteilsveräußerung, kann eine Rücklage gem. § 6 b Abs. 10 Satz 1 EStG gebildet werden. Diese Rücklage kann übertragen werden

- innerhalb von **zwei Jahren** auf
  — erworbene Anteile an Kapitalgesellschaften und
  — erworbene oder hergestellte abnutzbare bewegliche Wirtschaftsgüter,
- innerhalb von **vier Jahren** auf
  — erworbene oder hergestellte Gebäude.

267 Da der Gewinn aus der Veräußerung der Kapitalgesellschaftsanteile grundsätzlich dem Halb- bzw. Teileinkünfteverfahren gem. § 3 Nr. 40 i. V. m. § 3 c

B. Laufende Besteuerung

Abs. 2 EStG unterliegen würde, kann gem. § 6 b Abs. 10 Sätze 2 und 3 bzw. 6 und 7 EStG

- auf erworbene oder hergestellte Gebäude und abnutzbare bewegliche Wirtschaftsgüter nur **die Hälfte** des Veräußerungsgewinns bzw. die Hälfte der Rücklage,
- auf Anteile an Kapitalgesellschaften dagegen der **gesamte Veräußerungsgewinn** bzw. die gesamte Rücklage

übertragen werden. Würde man bei der Wiederanlage in eine Kapitalbeteiligung nur den steuerpflichtigen Teil, also die Hälfte des Veräußerungsgewinns, übertragen, ergäbe sich bei der späteren, wiederum dem Halb- bzw. Teileinkünfteverfahren unterliegenden Veräußerung der neuen Beteiligung ein zu geringer Gewinn.

Wird die Rücklage auf Gebäude und/oder auf abnutzbare bewegliche Wirtschaftsgüter übertragen, so ist die Rücklage auch hinsichtlich des nach § 3 Nr. 40 Buchst. a und b EStG steuerfreien Betrags steuerfrei aufzulösen (§ 6 b Abs. 10 Satz 7 EStG).

268 Ist die Rücklage am **Schluss des vierten** auf ihre Bildung folgenden Wirtschaftsjahrs noch vorhanden, so ist sie in diesem Zeitraum gem. § 6 b Abs. 10 Satz 8 EStG gewinnerhöhend aufzulösen. Soweit die Rücklage nicht übertragen wurde, ist der Gewinn des Wirtschaftsjahrs, in dem die Rücklage aufgelöst wird, für **jedes** Wirtschaftsjahr, in dem die Rücklage bestanden hat, außerhalb der Buchführung um **6 %** des nicht nach § 3 Nr. 40 EStG steuerbefreiten Rücklagenbetrags zu erhöhen (§ 6 b Abs. 10 Satz 9 EStG).

Beispiel 2:

An einer OHG sind A, B und C zu je $^1/_3$ beteiligt. Die OHG erzielt im Wirtschaftsjahr 02 (= VZ 2009) bei der Veräußerung von seit zehn Jahren zum Anlagevermögen gehörenden Aktien einen Gewinn von 1.800.000 € (Veräußerungspreis 2.400.000 €, Buchwert 600.000 €). Im Wirtschaftsjahr 03 erwirbt die OHG eine neue GmbH-Beteiligung mit Anschaffungskosten von 2.000.000 €, die sie im Wirtschaftsjahr 06 für 2.500.000 € wieder veräußert.

Weil die Voraussetzungen zur Bildung einer Rücklage nach § 6 b Abs. 10 EStG erfüllt sind, kann die OHG in 02 eine Rücklage i. H. von 3 × 500.000 € = 1.500.000 € bilden. Der restliche Veräußerungsgewinn ist zu 40 % = 120.000 € steuerfrei nach § 3 Nr. 40 Buchst. a i. V. m. § 3 c Abs. 2 EStG und zu 60 % = 180.000 € steuerpflichtig. Die gebildete Rücklage von 1.500.000 € kann in 03 auf die Anschaffungskosten der erworbenen Beteiligung übertragen werden. Macht die OHG von dieser Möglichkeit Gebrauch, ist die Rücklage in vollem Umfang zu übertragen. Bei der Veräußerung der GmbH-Beteiligung in 06 ergibt sich dann ein Veräußerungsgewinn von 2.000.000 €. Weil diese Beteiligung keine sechs Jahre zum Anlagevermögen der OHG gehört hat, kann keine Rücklage gem. § 6 b Abs. 10 EStG gebildet werden. Der Veräußerungsgewinn ist zu 60 % (= 1.200.000 €) steuerpflichtig und zu 40 % (= 800.000 €) steuerfrei nach § 3 Nr. 40 Buchst. a i. V. m. § 3 c Abs. 2 EStG. Insgesamt ergibt sich in den Jahren 02 und 06 ein steuerpflichtiger Gewinn von 1.380.000 € und ein steuerfreier Gewinn von 920.000 €.

Würde die Rücklage in 03 nur i. H. von 900.000 € übertragen und i. H. von 600.000 € nach § 3 Nr. 40 Buchst. a EStG steuerfrei aufgelöst, ergäbe sich für die GmbH-Beteiligung ein Buchwert von 1.100.000 €. Bei der Veräußerung in 06 ergäbe sich dann ein Veräußerungsgewinn von 1.400.000 €, der zu 60 % (= 840.000 €) steuerpflichtig und zu 40 % (= 560.000 €) steuerfrei wäre. Insgesamt ergäbe sich dann in den Jahren 02, 03 und 06 ein steuerpflichtiger Gewinn von 1.020.000 € und ein steuerfreier Gewinn von (120.000 € + 600.000 € + 560.000 € =) 1.280.000 €. Dieses Ergebnis kann nicht richtig sein. Die OHG erzielt aus der Veräußerung beider Beteiligungen einen Gewinn von insgesamt (1.800.000 € + 500.000 € =) 2.300.000 €. Von diesem Gewinn müssen im Rahmen des Teileinkünfteverfahrens 60 % = 1.380.000 € versteuert werden.

Beispiel 3:

Wie Beispiel 2, die OHG erwirbt jedoch im Wirtschaftsjahr 03 ein bebautes Grundstück. Die anteiligen Anschaffungskosten für das Gebäude betragen 2.000.000 €.

Die OHG bildet wie im Beispiel 2 in 02 eine Rücklage gem. § 6 b Abs. 10 EStG i. H. von 1.500.000 €. Der übersteigende Veräußerungsgewinn von 300.000 € ist zu 60 % = 180.000 € steuerpflichtig und zu 40 % = 120.000 € steuerfrei (§ 3 Nr. 40 Buchst. a i. V. m. § 3 c Abs. 2 EStG). In 03 kann die OHG die Rücklage auf die Anschaffungskosten des Gebäudes übertragen, allerdings nur i. H. von 900.000 €. Die restliche Rücklage i. H. von 600.000 € ist nach § 6 b Abs. 10 Sätze 6 und 7 i. V. m. § 3 Nr. 40 Buchst. a EStG zwingend in 03 steuerfrei aufzulösen. Eine Verzinsung des aufgelösten Rücklagebetrags erfolgt nicht, da dieser Gewinn steuerfrei ist (§ 6 b Abs. 10 Satz 9 EStG). Der Buchwert des Gebäudes beträgt somit 1.100.000 €. Bei der Veräußerung des Gebäudes in 06 entsteht folglich – ohne Berücksichtigung der AfA – ein steuerpflichtiger Veräußerungsgewinn von 1.400.000 €, für den keine Rücklage nach § 6 b EStG gebildet werden kann, weil das Gebäude keine sechs Jahre zum Anlagevermögen der OHG gehört hat. Insgesamt ergibt sich in den Wirtschaftsjahren 02 und 06 ein steuerpflichtiger Gewinn von 1.580.000 €.

Zum Vergleich: Hätte die OHG bei der Veräußerung der Beteiligung im Wirtschaftsjahr 02 keine Rücklage gebildet, wäre der Veräußerungsgewinn von 1.800.000 € zu 60 % = 1.080.000 € steuerpflichtig und zu 40 % = 720.000 € steuerfrei gewesen. Der in 06 erzielte Veräußerungsgewinn von 500.000 € wäre ebenfalls in vollem Umfang steuerpflichtig. Insgesamt würde der steuerpflichtige Gewinn ebenfalls 1.580.000 € betragen.

Beispiel 4:

Wie Beispiel 2, jedoch erfolgt bis zum 31.12.06 keine begünstigte Anschaffung oder Herstellung.

In diesem Fall muss die Rücklage von 1.500.000 € in 06 zu 60 % (= 900.000 €) gewinnerhöhend und zu 40 % = 600.000 € steuerfrei nach § 3 Nr. 40 Buchst. a i. V. m. § 3 c Abs. 2 EStG aufgelöst werden (§ 6 b Abs. 10 Satz 8 EStG). Nach § 6 b Abs. 10 Satz 9 EStG ist (nur) bzgl. des steuerpflichtig aufgelösten Teils der

B. Laufende Besteuerung

Rücklage ein Zinszuschlag von 4 × 6 % von 900.000 € = 216.000 € vorzunehmen.

Beispiel 5:

Wie Beispiel 2, jedoch erwirbt die OHG in 03 eine Beteiligung für 600.000 €, in 04 eine Maschine für 210.000 € und in 05 ein Gebäude für 800.000 €.

Die OHG kann wie im Beispiel 2 in 02 eine Rücklage i. H. von 1.500.000 € bilden. Der übersteigende Teil des Veräußerungsgewinns (= 300.000 €) ist wiederum zu 60 % steuerpflichtig und zu 40 % steuerfrei.

In 03 überträgt die OHG von der Rücklage einen Teil von 600.000 € auf die neu erworbene Beteiligung.

Macht die OHG in 04 von der Übertragungsmöglichkeit Gebrauch, kann sie von der Rücklage 210.000 € auf die erworbene Maschine übertragen. In Höhe von 140.000 € muss die Rücklage steuerfrei (und ohne Zinsaufschlag) nach § 3 Nr. 40 Buchst. a EStG aufgelöst werden.

In 05 überträgt die OHG von der restlichen Rücklage von 550.000 € 60 % = 330.000 € auf die Anschaffungskosten des erworbenen Gebäudes und löst 40 % = 220.000 € ohne Zinszuschlag steuerfrei auf.

Anmerkung:

Um eine längere Steuerstundung zu erreichen, ist es für die OHG günstiger, die restliche Rücklage zum 31.12.03 mit 60 % von 900.000 € = 540.000 € erst in 05 auf das Gebäude zu übertragen. Die gesamten Anschaffungskosten der Maschine von 210.000 € werden dann auf die Nutzungsdauer von zehn Jahren verteilt.

Beispiel 6:

An einer OHG sind A mit 60 % und B mit 40 % beteiligt. Die OHG veräußert eine seit 15 Jahren zum Anlagevermögen gehörende GmbH-Beteiligung und erzielt einen Veräußerungsgewinn von 1.000.000 €, der zu 40 % = 400.000 € steuerfrei (§ 3 Nr. 40 Buchst. a i. V. m. § 3 c Abs. 2 EStG) und zu 60 % = 600.000 € steuerpflichtig ist.

Die OHG kann nach § 6 b Abs. 10 EStG eine Rücklage i. H. von 900.000 € bilden.

Berechnung:

Gewinnanteil A 60 % von 1.000.000 € = 600.000 €, höchstens	500.000 €
Gewinnanteil B 40 % von 1.000.000 € = 400.000 €	400.000 €
Summe	900.000 €

269 Bei der Veräußerung von Anteilen, die einbringungsgeboren waren i. S. von § 21 Abs. 1 UmwStG in der am 12.12.2006 geltenden Fassung wird gem. § 6 b Abs. 10 Satz 11 EStG die Möglichkeit der Übertragung des Veräußerungsgewinns auf die Anschaffungskosten neu erworbener begünstigter Wirtschaftsgüter nur gewährt, wenn die Voraussetzungen des § 3 Nr. 40 Satz 4 EStG a. F. erfüllt sind (§ 52 Abs. 18 b Satz 3 EStG). Dabei wird berücksichtigt, dass die Veräußerung einbringungsgeborener Anteile nicht dem Halb- bzw. Teileinkünfteverfahren, sondern der vollen Besteuerung unterliegt, wenn die Anteile, die aus einer Sacheinlage nach § 20 Abs. 1 Satz 1 oder § 23 Abs. 1 bis 3 UmwStG a. F. hervorgegangen sind, innerhalb von sieben Jahren nach der Einbringung veräußert werden. Die volle Besteuerung des Veräußerungsgewinns von einbringungsgeborenen Anteilen würde unterlaufen, wenn die stillen Reserven aus der Veräußerung solcher Anteile auf die Anschaffungskosten anderer Anteile übertragen werden könnten.[509]

Das bisherige System der Besteuerung einbringungsgeborener Anteile wurde mit dem SEStEG komplett aufgehoben. An seine Stelle tritt die rückwirkende Besteuerung des Einbringungsgewinns. Dies führte auch zu einer Aufhebung von § 6 b Abs. 10 Satz 11 EStG. Entsteht nunmehr bei der Veräußerung von Anteilen, die die Personengesellschaft bei der Einbringung eines Betriebs, Teilbetriebs oder Mitunternehmeranteils in eine Kapitalgesellschaft erhalten hat, ein Veräußerungsgewinn, ist § 6 b Abs. 10 EStG anwendbar.

1.6.2.5 Entnahmen

1.6.2.5.1 Private Kfz-Nutzung

Kraftfahrzeuge im Gesamthandsvermögen von Personengesellschaften gehören grundsätzlich zum notwendigen Betriebsvermögen. Eine Ausnahme gilt nur, wenn das Kfz zu weniger als 10 % für betriebliche Fahrten verwendet wird.[510] Hierbei ist zu beachten, dass die Fahrten zwischen Wohnung des Gesellschafters und Betriebsstätte als betriebliche Fahrten gelten, weil sie in einem tatsächlichen oder wirtschaftlichen Zusammenhang mit dem Betrieb stehen und deshalb betrieblich veranlasst sind.

Nutzen ein oder mehrere Gesellschafter diese zum Gesamthandsvermögen gehörenden Kfz auch für Privatfahrten, liegt eine Nutzungsentnahme vor (§ 4 Abs. 1 Satz 2 EStG). Diese Nutzungsentnahmen sind – wie Sachentnahmen und Leistungsentnahmen – in die Gewinnermittlung auf der ersten Stufe einzubeziehen.

Die Bewertung dieser Nutzungsentnahmen erfolgt grundsätzlich nach § 6 Abs. 1 Nr. 4 Satz 2 EStG. Danach ist zu unterscheiden:

1. Wird das Kfz zu **mehr als 50 %** betrieblich genutzt, ist die private Nutzung für jeden Kalendermonat mit 1 % des inländischen Listenpreises im Zeitpunkt der Erstzulassung zzgl. der Kosten für Sonderausstattung einschließlich der USt anzusetzen.

2. Liegt die betriebliche Nutzung **zwischen 10 % und 50 %,** kann die 1 %-Regelung **nicht** angewendet werden, weil es nicht ausreicht, dass das Kfz zum notwendigen Betriebsvermögen gehört, es muss auch bei einer Personengesellschaft zu mehr als 50 % betrieblich genutzt werden. In diesen Fällen sind die anteilig auf die – notfalls im Schätzungswege

---
509 Bundestags-Drucksache 14/6882 S. 33; siehe auch Kanzler, FR 2002 S. 117.
510 Siehe im Einzelnen B. Rz. 80 und 81.

B. Laufende Besteuerung

ermittelten – Privatfahrten entfallenden Kosten als Entnahme gem. § 6 Abs. 1 Nr. 4 Satz 1 EStG anzusetzen.

Unabhängig vom Umfang der betrieblichen Nutzung kann die Personengesellschaft die private Nutzung nach § 6 Abs. 1 Nr. 4 Satz 4 EStG mit den auf die Privatfahrten entfallenden Aufwendungen ansetzen, wenn sie die für das Kfz insgesamt entstandenen Aufwendungen durch Belege und das Verhältnis der privaten zu den übrigen Fahrten durch ein ordnungsgemäßes Fahrtenbuch nachweist.

271 Die Finanzverwaltung hat hierzu ausführlich Stellung bezogen und u. a. geregelt:[511]

— Die Wahl zwischen pauschaler Ermittlung oder Einzelnachweis nimmt die Personengesellschaft durch Einreichen der Steuererklärung beim Finanzamt vor; sie muss für das Wirtschaftsjahr einheitlich getroffen werden. Im Falle eines Fahrzeugwechsels ist auch während eines Wirtschaftsjahres der Übergang zu einer anderen Ermittlungsmethode zulässig.

— Bei einem Fahrzeugwechsel ist der Ermittlung der Nutzungswerte im Monat des Fahrzeugwechsels der inländische Listenpreis des Fahrzeugs zugrunde zu legen, das der (bzw. die) Gesellschafter nach der Anzahl der Tage überwiegend genutzt hat (haben). Der Listenpreis ist auf volle 100 Euro abzurunden.

— Die Regelung gilt auch für gemietete oder geleaste Kfz, die zu mehr als 50 % für betrieblich veranlasste Fahrten genutzt werden.

— Der pauschale Ansatz des Nutzungswerts erfolgt mit den Monatswerten auch dann, wenn das Kfz nur gelegentlich zu Privatfahrten genutzt wird. Dagegen sind die Monatswerte nicht anzusetzen für volle Kalendermonate, in denen eine private Nutzung ausgeschlossen ist (z. B. wegen Krankheit oder Urlaub).

— Gehören gleichzeitig mehrere Kfz zum Betriebsvermögen, so ist der pauschale Nutzungswert grundsätzlich für jedes Fahrzeug anzusetzen, das von den Gesellschaftern oder von zu ihrer Privatsphäre gehörenden Personen für Privatfahrten genutzt wird. Der Nutzungswert ist dabei für den Gesellschafter anzusetzen, dem die Nutzung des Kfz zuzurechnen ist. Der Entnahmegewinn ist dagegen grundsätzlich **allen** Gesellschaftern nach dem Gewinnverteilungsschlüssel zuzurechnen, sofern nicht eine davon abweichende vertragliche Vereinbarung besteht.[512]

Beispiel 1:

Gesellschafter der AC-OHG sind je zur Hälfte A und C. Im Betriebsvermögen der OHG befinden sich drei PKW, die von A, C und der Ehefrau des C für Pri-

---

511 BMF vom 21.01.2002, BStBl I 2002, 148, und vom 07.07.2006, BStBl I 2006, 446.
512 Siehe B. Rz. 369.

vatfahrten verwendet werden. Die Listenpreise der Fahrzeuge betragen 50.000 €, 45.000 € und 40.000 €. A nutzt das 50.000-€-Kfz, C das 45.000-€-Kfz und Frau C das 40.000-€-Kfz.

Die jährliche private Nutzungsentnahme berechnet sich wie folgt:
- für A: 1 % von 50.000 € = 500 € × 12 = 6.000 €
- für C: 1 % von (45.000 € + 40.000 € =) 85.000 € = 850 € × 12 = 10.200 €

Dies führt zu einem Mehrgewinn der OHG von 16.200 €. Mangels vertraglicher Vereinbarung ist dieser Mehrgewinn A und C je zur Hälfte = 8.100 € zuzurechnen.

Beispiel 2:

Der XYZ-OHG gehören die Gesellschafter X, Y und Z an. Es befindet sich nur ein PKW im Betriebsvermögen, den aufgrund einer vertraglichen Vereinbarung nur der Gesellschafter Z für Privatfahrten nutzen darf. Der Listenpreis des PKW beträgt 60.000 €.

Die private Nutzungsentnahme i. H. von monatlich 1 % von 60.000 € = 600 € ist nur für den Gesellschafter Z anzusetzen. Der Mehrgewinn von jährlich 7.200 € ist X, Y und Z mangels vertraglicher Vereinbarung mit je 2.400 € zuzurechnen.

Beispiel 3:

An einer OHG sind M mit 60 % und N mit 40 % beteiligt. Zum Gesamthandsvermögen dieser OHG gehört nur ein PKW mit einem Bruttolistenpreis von 80.000 €. Beide Gesellschafter nutzen diesen PKW für Privatfahrten. Ein Fahrtenbuch führte die OHG nicht.

Der private Nutzungsanteil verdoppelt sich bei gemeinsamer Nutzung eines Fahrzeugs durch mehrere Personen nicht und beträgt 1 % von 80.000 € = 800 € × 12 = 9.600 €. Er ist unabhängig von der Höhe der Beteiligung den beiden Gesellschaftern je zur Hälfte = je 4.800 € zuzurechnen. Der dadurch entstehende Mehrgewinn von 9.600 € ist dagegen mangels vertraglicher Vereinbarung den beiden Gesellschaftern nach dem Gewinnverteilungsschlüssel, d. h. M mit 60 % = 5.760 € und N mit 40 % = 3.840 €, zuzurechnen.[513]

— Der pauschale Nutzungswert kann die für die genutzten Kfz insgesamt tatsächlich entstandenen Aufwendungen übersteigen. Wird dies im Einzelfall nachgewiesen, so ist der Nutzungswert höchstens mit dem Betrag der Gesamtkosten dieser Kfz anzusetzen; eine fahrzeugbezogene „Kostendeckelung" ist zulässig.

— Werden mehrere betriebliche Fahrzeuge zu Privatfahrten genutzt und soll der Nutzungswert nicht pauschal ermittelt werden, ist für jedes privat genutzte Fahrzeug ein Fahrtenbuch zu führen.[514]

---

513 BFH vom 15.05.2002, BStBl II 2003, 311.
514 Wegen der Ermittlung der USt siehe BMF vom 27.08.2004, BStBl I 2004, 864; siehe im Einzelnen B. Rz. 481 ff.

B. Laufende Besteuerung

272 Abgrenzungen:

1. Entgeltliche Überlassung des Kfz

Überlässt die Personengesellschaft das Kfz gegen ein **angemessenes Entgelt**, liegt ein Leistungsaustausch vor, der bei der Personengesellschaft zu Betriebseinnahmen und beim Gesellschafter zu Aufwendungen führt, die entweder zu abzugsfähigen (Sonder-)Betriebsausgaben oder Werbungskosten führen oder als Kosten der Lebensführung nichtabzugsfähig sind.

Beispiel 4:

Eine OHG überlässt ihrem Gesellschafter A ein Kfz für jährlich angemessene 15.000 € + 2.850 € USt. Die für dieses Kfz angefallenen Kosten der OHG betragen netto 12.000 €. USt wurde der OHG zutreffend i. H. von 1.900 € in Rechnung gestellt.

A führt ein Fahrtenbuch und weist nach, dass er das Kfz

– zu 10 % für Fahrten im Rahmen seiner Gesellschaftertätigkeit,
– zu 60 % im Rahmen seines Einzelunternehmens und
– zu 30 % für Privatfahrten

nutzt. Er nimmt den Vorsteuerabzug mit 2.850 € in Anspruch.

Es liegt ein Leistungsaustausch vor, der nicht unter § 15 Abs. 1 Satz 1 Nr. 2 EStG fällt. Bei der OHG liegen in Höhe ihrer Kosten von 12.000 € abzugsfähige Betriebsausgaben vor. Der A in Rechnung gestellte Betrag von 15.000 € netto stellt Betriebseinnahmen dar. Die OHG tätigt einen steuerbaren und steuerpflichtigen Leistungsaustausch nach § 1 Abs. 1 UStG. Die USt beträgt 2.850 €. Die OHG ist zum vollen Vorsteuerabzug von 1.900 € berechtigt.

Da A ein Fahrtenbuch führt, ist die sog. 1%-Regelung für Privatfahrten nicht anzuwenden. Die Kosten von 15.000 € sind wie folgt aufzuteilen:

– In Höhe von 10 % = 1.500 € liegen Sonderbetriebsausgaben und i. H. von 60 % = 9.000 € liegen Betriebsausgaben in seinem Einzelunternehmen vor.
– In Höhe von 30 % = 4.500 € liegen nichtabzugsfähige Kosten der Lebensführung i. S. von § 12 Nr. 1 EStG vor. Umsatzsteuerlich liegt eine unentgeltliche Wertabgabe i. S. von § 3 Abs. 9 a Nr. 1 UStG vor.[515]

Anmerkungen:

Würde A kein Fahrtenbuch führen, könnte er die Mietaufwendungen (und die evtl. zusätzlich von ihm getragenen Kfz-Kosten) in voller Höhe als Betriebsausgaben bzw. Sonderbetriebsausgaben berücksichtigen, da er das gemietete Kfz zu mehr als 50 % betrieblich nutzt. Die private Kfz-Nutzung wäre dann zwingend nach der 1 %-Regelung zu ermitteln und nach dem Verhältnis der Fahrten im Einzelunternehmen und für die Personengesellschaft (10 : 60) aufzuteilen.

Würde A allerdings das Kfz überwiegend privat nutzen, wäre nur der auf die betrieblichen Fahrten entfallende Anteil an den von ihm getragenen Gesamtaufwendungen im Wege einer Nutzungseinlage nach § 6 Abs. 1 Nr. 5 EStG als Betriebsausgaben bzw. Sonderbetriebsausgaben abzugsfähig.

---

[515] BMF vom 27.08.2004, BStBl I 2004, 864; siehe im Einzelnen B. Rz. 481–483.

1 Einkommensteuer

Gewährt die Personengesellschaft diese sonstigen Leistungen an den Gesellschafter **verbilligt,** ist zu unterscheiden. Entspricht das Entgelt mindestens den Ausgaben, soweit diese zum vollen oder teilweisen Vorsteuerabzug berechtigt haben, so wird das Entgelt der Besteuerung zugrunde gelegt. Es ergeben sich dann dieselben Rechenschritte wie im Beispiel 4, allerdings bezogen auf den in Rechnung gestellten Betrag. Ist das Entgelt dagegen niedriger als diese Ausgaben, so ist das vereinbarte Entgelt als Betriebseinnahme und die Differenz zwischen Betriebseinnahmen und der zum Vorsteuerabzug berechtigten Ausgaben als Leistungsentnahme zu erfassen (§ 10 Abs. 5 Nr. 1 i. V. m. § 10 Abs. 4 Nr. 2 UStG).

273

Beispiel 5:

Wie Beispiel 4, aber die OHG überlässt das Kfz für jährlich 5.000 € + 950 € USt.

Umsatzsteuerlich liegt ein steuerbarer und steuerpflichtiger Leistungsaustausch vor. Dabei ist die Mindestbemessungsgrundlage nach § 10 Abs. 5 Nr. 1 UStG zu beachten. Diese beträgt nach Abschn. 158 Abs. 1 UStR 10.000 €, weil nur insoweit zum Vorsteuerabzug berechtigende Kosten vorliegen. Die USt beträgt somit 1.900 €. Dieser Betrag ist A nach § 14 Abs. 1 Satz 2 UStG in Rechnung zu stellen (siehe Abschn. 187 a Abs. 1 UStR).

Die zusätzliche USt von 950 € stellt Kfz-Kosten dar. Die als Betriebsausgaben abzugsfähigen Kfz-Kosten der OHG betragen somit insgesamt 12.950 €. Gleichzeitig hat die OHG i. H. von 5.000 € Betriebseinnahmen. In Höhe der Differenz von 7.950 € liegt eine Leistungsentnahme vor, die den Gewinn erhöht.

A kann die in Rechnung gestellte USt gem. § 15 Abs. 1 Nr. 1 UStG in voller Höhe von 950 € als Vorsteuer abziehen. Seine Kfz-Kosten betragen somit 5.000 €. Er kann aber wie bei einer unentgeltlichen Überlassung von den Kfz-Kosten der OHG i. H. von 12.950 € 10 % = 1.295 € als Sonderbetriebsausgaben und 60 % = 7.770 € als Betriebsausgaben in seinem Einzelunternehmen geltend machen. Die restlichen Kosten i. H. von 3.885 € sind als Kosten der Lebensführung nach § 12 Nr. 1 EStG nichtabzugsfähig. Das bedeutet, bei A wirken sich nicht nur die von ihm bezahlten Beträge anteilig als (Sonder-) Betriebsausgaben aus, sondern auch der Anteil an den Gesamtkosten. Dies ist auch richtig, weil bei der OHG der Differenzbetrag von 7.950 € gewinnerhöhend als Leistungsentnahme angesetzt wurde.[516]

2. Überlassung im Rahmen einer Geschäftsführertätigkeit

Ist die private Kfz-Nutzung Teil des Geschäftsführerentgelts, muss zunächst geprüft werden, ob es sich um eine Vorwegvergütung im Rahmen der Gewinnverteilungsabrede oder um eine Sondervergütung nach § 15 Abs. 1 Satz 1 Nr. 2 Satz 1 2. Halbsatz EStG handelt.

Handelt es sich um eine **Vorwegvergütung,** gelten die Ausführungen zur privaten Kfz-Nutzung entsprechend.

---
516 Wegen der umsatzsteuerlichen Behandlung der verbilligten Wertabgabe siehe B. Rz. 484.

B. Laufende Besteuerung

Ist die Geschäftsführervergütung dagegen aufgrund **schuldrechtlicher Vereinbarung** getroffen (Regelfall), liegen bei der Personengesellschaft hinsichtlich der Aufwendungen für das Kfz in vollem Umfang Betriebsausgaben vor. Eine Nutzungsentnahme des Kfz ist dann bei der Gewinnermittlung auf der ersten Stufe nicht vorzunehmen. Da die Überlassung des Kfz zu privaten Zwecken jedoch Bestandteil der Geschäftsführervergütung des Gesellschafters ist, muss dieser „geldwerte Vorteil" als Vergütung für eine Tätigkeit im Dienste der Personengesellschaft nach § 15 Abs. 1 Satz 1 Nr. 2 2. Halbsatz EStG hinzugerechnet werden. Die Bewertung dieses Sachbezugs kann – mangels einer eigenen gesetzlichen Vorschrift – nach den zu § 8 EStG entwickelten Grundsätzen erfolgen.[517] Die Anwendung der 1 %-Regelung nach § 8 Abs. 2 Satz 2 bis 5 EStG ist auch in diesem Fall davon abhängig, ob das Kfz überwiegend betrieblich genutzt wird. Kann die 1 %-Regelung nicht angewendet werden, weil die betriebliche Nutzung nicht mehr als 50 % beträgt, ist der „geldwerte Vorteil" mit den anteiligen auf die Privatnutzung entfallenden Kosten anzusetzen.

1.6.2.5.2 Fahrten zwischen Wohnung und Betriebsstätte

274 Nutzt ein oder nutzen mehrere Gesellschafter ein Kfz der Personengesellschaft für Fahrten zwischen Wohnung und Betriebsstätte, so sind die nicht als Betriebsausgaben abziehbaren Aufwendungen nach § 4 Abs. 5 a Satz 1 EStG mit 0,03 % des inländischen Listenpreises i. S. von § 6 Abs. 1 Nr. 4 Satz 2 EStG des Kfz im Zeitpunkt der Erstzulassung je Kalendermonat für jeden Entfernungskilometer zu ermitteln. Das bedeutet, es ist ein entsprechender außerbilanzieller Gewinnzuschlag vorzunehmen.

Ermittelt die Personengesellschaft die private Nutzung des Kfz nach § 6 Abs. 1 Nr. 4 Satz 1 oder 4 EStG mit den tatsächlichen Aufwendungen oder wird der private Nutzungsanteil geschätzt, so sind die auf die Fahrten zwischen Wohnung und Betriebsstätte entfallenden tatsächlichen Aufwendungen nichtabzugsfähig (§ 4 Abs. 5 a Satz 3 EStG).

Das BVerfG hat die seit 01.01.2007 geltende Regelung in § 9 Abs. 2 EStG, wonach Aufwendungen eines Arbeitnehmers für Fahrten zwischen Wohnung und regelmäßiger Arbeitsstätte erst ab dem 21. Entfernungskilometer „wie" Werbungskosten abgezogen werden können, wegen Verstoßes gegen das Gebot der Gleichbehandlung für unwirksam erklärt.[518] Folglich ist auch § 9 Abs. 2 EStG bei den Fahrten zwischen Wohnung und Betriebsstätte nicht mehr entsprechend anzuwenden. § 4 Abs. 5 a Satz 4 EStG ist überholt, mit der Folge, dass die Entfernungspauschale von 0,30 € für jeden vollen Entfernungskilometer als Betriebsausgaben abzugsfähig ist.

---

[517] BFH vom 22.07.1988, BStBl II 1988, 995.
[518] BVerfG vom 09.12.2008 – 2 BvL 1/07, 2 BvL 2/07, BvL 1/08, BvL 2/08, DB 2008 S. 2803.

1 Einkommensteuer

Beispiel:
Wie Beispiel 2 in B. Rz. 271, Z nutzt das Kfz auch an 220 Tagen für Fahrten zwischen Wohnung und Betriebsstätte. Die einfache Entfernung beträgt 30 km.

Die nichtabzugsfähigen Betriebsausgaben berechnen sich nach § 4 Abs. 5 a EStG wie folgt:

Maßgebender Listenpreis 60.000 € × 0,03 % × 30 km × 12 Monate =	6.480 €
./. 220 Tage × 0,30 € × 30 km =	1.980 €
	4.500 €

Der Gewinn der OHG ist außerhalb der Buchführung um 4.500 € zu erhöhen. Dieser Mehrgewinn ist – mangels einer vertraglichen Vereinbarung – allen Gesellschaftern nach dem Gewinnverteilungsschlüssel zuzurechnen.

Es fällt keine USt an, weil diese Fahrten der unternehmerischen Nutzung des Fahrzeugs zuzurechnen sind.[519]

Hinweis:
Behinderte Menschen, deren Grad der Behinderung

- mindestens 70 oder
- weniger als 70, mindestens aber 50 beträgt und die in ihrer Bewegungsfähigkeit im Straßenverkehr erheblich eingeschränkt sind,

können anstelle der Entfernungspauschale die tatsächlichen Aufwendungen für die Wege zwischen Wohnung und Betriebsstätte ab dem ersten Kilometer ansetzen (§ 4 Abs. 5 a Satz 4 EStG).

1.6.2.6 Schuldzinsenkürzung (§ 4 Abs. 4 a EStG)

Nach § 4 Abs. 4 a Satz 1 EStG sind in der Buchführung der Personengesellschaft und in den Sonderbuchführungen der Gesellschafter als Aufwand enthaltene Schuldzinsen teilweise nicht abziehbar, wenn Überentnahmen getätigt worden sind.

Diese gesetzliche Regelung setzt eine **zweistufige** Prüfung voraus:

1. **Privat** veranlasste Schuldzinsen sind bereits in der ersten Stufe **auszusondern.**
2. Bei den danach verbleibenden **betrieblich veranlassten** Schuldzinsen (= Schuldzinsen im Gesamthandsvermögen und/oder im Sonderbetriebsvermögen) ist in der zweiten Stufe eine Schuldzinsenkürzung zu **prüfen.**

Das heißt,

- Schuldzinsen für zur Finanzierung privater Zwecke aufgenommener Darlehen sind von vornherein nicht abziehbar.[520] Folglich müssen Schuldzinsen anhand des tatsächlichen Verwendungszwecks der Darlehensmittel der Erwerbs- oder Privatsphäre zugeordnet werden;

---
[519] BMF vom 27.08.2004, BStBl I 2004, 864.
[520] BMF vom 17.11.2005, BStBl I 2005, 1019, Rz. 1–7; bestätigt durch BFH vom 21.09.2005, BStBl II 2006, 125.

B. Laufende Besteuerung

- die nach § 4 Abs. 4 a EStG nicht abziehbaren Schuldzinsen stellen keine Entnahmen, sondern nicht abziehbare Betriebsausgaben dar.

276 Zu den Schuldzinsen gehören sämtliche Aufwendungen zur Erlangung und Sicherung eines Kredits einschließlich der Nebenkosten der Darlehensaufnahme und der Geldbeschaffungskosten.[521] Dazu gehören nach Auffassung der Finanzverwaltung[522] auch Nachzahlungs-, Aussetzungs- und Stundungszinsen sowie Disagien (soweit sie nach § 5 Abs. 5 EStG im betreffenden Wirtschaftsjahr den Gewinn gemindert haben), Bereitstellungszinsen, Bearbeitungsgebühren, Avalprovisionen und Vorfälligkeitsentschädigungen.

277 Das Abzugsverbot gilt für betrieblich veranlasste Schuldzinsen nur, soweit sie **nicht** auf **Investitionsdarlehen** entfallen. Investitionsdarlehen liegen vor, wenn ein gesondertes Darlehen aufgenommen wird und mit den Darlehensmitteln zeitnah (d. h. innerhalb von 30 Tagen) Wirtschaftsgüter des Anlagevermögens angeschafft oder hergestellt werden.

Ein Investitionsdarlehen in diesem Sinne liegt auch dann vor, wenn die Darlehensschuld zwar im Sonderbetriebsvermögen auszuweisen ist, die Darlehensmittel aber zur Finanzierung von Anschaffungskosten oder Herstellungskosten von Wirtschaftsgütern des Anlagevermögens des Gesamthandsvermögens eingesetzt werden.

In diesem Fall sind die Schuldzinsen in vollem Umfang abziehbar (§ 4 Abs. 4a Satz 5 EStG), unabhängig davon, ob das Darlehen im Gesamthandsvermögen als Verbindlichkeit gegenüber dem Gesellschafter ausgewiesen ist oder dem Gesellschafter für die Hingabe der Darlehensmittel (weitere) Gesellschaftsrechte gewährt werden.

Ferner gilt das zum Sonderbetriebsvermögen eines Gesellschafters gehörende Darlehen, das er zum Erwerb seines Mitunternehmeranteils aufgenommen hat, in dem Umfang als Investitionsdarlehen, in dem es zur Finanzierung der anteilig erworbenen Wirtschaftsgüter des Anlagevermögens (Gesamthandsvermögen und Sonderbetriebsvermögen) dient. Entfällt es nicht in vollem Umfang auf anteilige Wirtschaftsgüter des Anlagevermögens, sind die Schuldzinsen in einen voll und einen beschränkt abziehbaren Teil aufzuteilen. Bei der Aufteilung ist das Verhältnis der Teilwerte der anteilig erworbenen Wirtschaftsgüter zugrunde zu legen.[523]

Beispiel 1:

A erwirbt von B einen Mitunternehmeranteil an der BC-OHG für 400.000 €. Der Kaufpreis entfällt zu 75 % auf Anlagevermögen und zu 25 % auf Umlaufvermögen. Zur Bestreitung des Kaufpreises nimmt A ein Darlehen i. H. von 300.000 € auf. Die Schuldzinsen betragen im Jahr des Erwerbs 24.000 €.

---

521 BFH vom 01.10.2002, BStBl II 2003, 399.
522 BMF vom 17.11.2005, BStBl I 2005, 1019, Rz. 22.
523 BMF vom 07.05.2008, BStBl I 2008, 588, Rz. 32a–32c.

Das Darlehen des Gesellschafters gehört zu seinem Sonderbetriebsvermögen und muss in seiner Sonderbilanz passiviert werden. Es stellt i. H. von 75 % = 225.000 € ein Investitionsdarlehen dar. Folglich sind die Schuldzinsen i. H. von 75 % = 18.000 € in vollem Umfang als Sonderbetriebsausgaben abzugsfähig. Die restlichen Schuldzinsen von 6.000 € fallen unter § 4 Abs. 4 a EStG und unterliegen bei Vorliegen einer Überentnahme einer Kürzung.

278 Unterhält die Personengesellschaft ein einheitliches – gemischtes – **Kontokorrentkonto,** ist für die Ermittlung als Betriebsausgaben abziehbarer Schuldzinsen der Sollsaldo grundsätzlich aufzuteilen.[524] Dabei darf die Personengesellschaft das sog. „2-Konten-Modell" anwenden.

Zu unterscheiden ist:

- Die von der Personengesellschaft geleisteten Zinsen sind den Gesellschaftern nach dem **Gewinnverteilungsschlüssel** zuzurechnen.[525]

- Zinsen, die Sonderbetriebsausgaben eines Mitunternehmers darstellen, sind **diesem** bei der Ermittlung der nicht abziehbaren Schuldzinsen zuzurechnen.[526]

Zinsen aus Darlehensverhältnissen zwischen der Personengesellschaft und ihren Gesellschaftern gleichen sich im Rahmen ihrer Gesamtgewinnauswirkung aus (Betriebsausgaben im Gesamthandsvermögen und Betriebseinnahmen im Sonderbetriebsvermögen), sodass sie keine Schuldzinsen im Rahmen des § 4 Abs. 4 a EStG sind.[527]

279 Eine **Überentnahme** ist nach § 4 Abs. 4 a Satz 2 EStG der Betrag, um den die Entnahmen die Summe des Gewinns und der Einlagen des Wirtschaftsjahrs übersteigen. Dabei ist zu beachten:

- Maßgebend ist der **steuerliche** Gesamtgewinn der Personengesellschaft einschließlich der Gewinne aus der Veräußerung oder Aufgabe eines oder mehrerer Mitunternehmeranteile unter Berücksichtigung außerbilanzieller Hinzurechnungen **vor Anwendung** des § 4 Abs. 4 a EStG.[528] Steuerfreie Gewinne gehören zum Gewinn und erhöhen somit das Entnahmepotenzial. Im Hinblick auf den Ansatz des Hinzurechnungsbetrags ist eine Neuberechnung der Gewerbesteuer-Rückstellung nicht erforderlich, aber zulässig.

- Der Begriff der Entnahmen und der Einlagen ergibt sich aus § 4 Abs. 4 Sätze 2 und 5 EStG. Zu berücksichtigen sind danach alle Barzahlungen, Waren, Erzeugnisse, Nutzungen und Leistungen im privaten oder in einem anderen betriebsfremden Bereich der Gesellschafter, wie z. B. die private Kfz-Benutzung und die Zahlung von Geschäftsführervergütun-

---

524 Die Aufteilung erfolgt nach BMF vom 17.11.2005, a. a. O., Rz. 4–7.
525 BMF vom 07.05.2008, BStBl I 2008, 588, Rz. 32.
526 BMF vom 07.05.2008, a. a. O., Rz. 32c.
527 BMF vom 07.05.2008, a. a. O., Rz. 32.
528 Bestätigt durch BFH vom 07.03.2006, BStBl II 2006, 588.

B. Laufende Besteuerung

gen i. S. des § 15 Abs. 1 Satz 1 Nr. 2 2. Halbsatz EStG auf ein privates Girokonto des Gesellschafters. Umgekehrt stellt bei Darlehen des Gesellschafters an die Personengesellschaft die Zuführung der Darlehensvaluta eine Einlage (im Sonderbetriebsvermögen) und die Rückzahlung des Darlehens an den Gesellschafter eine Entnahme (im Sonderbetriebsvermögen) dar.

- Auch Überführungen von Wirtschaftsgütern aus einem Betriebsvermögen in das Privatvermögen anlässlich einer Betriebsaufgabe sowie der Erlös aus der Veräußerung eines Betriebs, soweit er in das Privatvermögen überführt wird, gehören zu den Entnahmen.

- Die Überführung oder Übertragung von Wirtschaftsgütern aus einem Betriebsvermögen in ein anderes Betriebsvermögen ist nach Auffassung der Finanzverwaltung als Entnahme (mit dem Buchwert) aus dem abgebenden Betriebsvermögen und als Einlage (mit dem Buchwert) in das aufnehmende Betriebsvermögen zu behandeln, weil dieser Vorgang nach § 6 Abs. 5 EStG zwingend zu Buchwerten erfolgt. Diese Auffassung der Finanzverwaltung ist umstritten, weil in diesen Fällen keine Entnahme vorliegt. Da beim BFH bereits ein Verfahren anhängig ist (IV R 33/08), wird diese Streitfrage in absehbarer Zeit vom BFH entschieden werden.

- Die unentgeltliche Übertragung eines Wirtschaftsguts in das Sonderbetriebsvermögen eines anderen Mitunternehmers derselben Personengesellschaft ist als Entnahme i. S. des § 4 Abs. 4 a EStG beim abgebenden und als Einlage i. S. des § 4 Abs. 4 a EStG beim aufnehmenden Mitunternehmer zu berücksichtigen.[529]

- Verluste werden nach Sinn und Zweck des Gesetzes bei der Berechnung der Überentnahmen nicht berücksichtigt. In einem Verlustjahr ist als Überentnahme der Betrag anzusetzen, um den die Entnahmen die Einlagen des Wirtschaftsjahrs übersteigen. Der Verlust ist jedoch mit Unterentnahmen vergangener und zukünftiger Wirtschaftsjahre zu verrechnen. Entsprechendes gilt für einen Verlust, soweit er nicht durch einen Einlagenüberschuss ausgeglichen wird. Die Verlustverrechnung vollzieht sich danach in folgenden Schritten:

  1. Verluste des Verlustentstehungsjahrs sind zunächst mit verbleibenden Unterentnahmen des gleichen Jahres zu verrechnen,
  2. ein danach verbleibender Verlust vermindert vorrangig Unterentnahmen der vorangegangenen Jahre,
  3. und ein danach verbleibender Verlust vermindert vorrangig die Unterentnahmen der nachfolgenden Jahre.

---

529 BMF vom 07.05.2008, BStBl I 2008, 588, Rz. 32 d.

1 Einkommensteuer

Nach § 4 Abs. 4 a Satz 3 EStG werden betrieblich veranlasste Schuldzinsen **280**
typisiert mit 6 % von folgender Bemessungsgrundlage
  Überentnahmen des Wirtschaftsjahrs
+ Überentnahmen des vorangegangenen Wirtschaftsjahrs
./. Unterentnahmen des vorangegangenen Wirtschaftsjahrs
= Bemessungsgrundlage
zu nicht abziehbaren Betriebsausgaben umqualifiziert. Der sich dabei ergebende Betrag, höchstens jedoch der um 2.050 Euro verminderte Betrag der im Wirtschaftsjahr angefallenen Schuldzinsen, soweit sie nicht auf Darlehen zur Finanzierung von Anschaffungskosten oder Herstellungskosten von Wirtschaftsgütern des Anlagevermögens entfallen (§ 4 Abs. 4 a Satz 5 EStG), ist nach § 4 Abs. 4 a Satz 4 EStG dem Gewinn hinzuzurechnen. Dieser Kürzungsbetrag ist nach Auffassung der Finanzverwaltung gesellschaftsbezogen auszulegen und deshalb bei Personengesellschaften nur einmal anzusetzen. Der Kürzungsbetrag ist nicht mit der Anzahl der Mitunternehmer zu vervielfältigen. Er ist vielmehr auf die einzelnen Mitunternehmer entsprechend ihrer Schuldzinsenquote aufzuteilen; dabei sind Schuldzinsen, die im Zusammenhang mit der Anschaffung oder Herstellung von Wirtschaftsgütern des Sonderbetriebsvermögens stehen, zu berücksichtigen.[530] Das hat zur Folge, dass Gesellschafter, die an mehreren Personengesellschaften beteiligt sind, mehrfach in den Genuss des anteiligen bzw. ganzen Sockelbetrags kommen.

Bei Personengesellschaften ist die Überentnahmeregelung **gesellschafterbezogen** anzuwenden. Die Überentnahme bestimmt sich nach dem Anteil des **einzelnen Gesellschafters** am steuerlichen Gesamtgewinn der Personengesellschaft unter Einbeziehung der Ergebnisse aus seinen Ergänzungs- und Sonderbilanzen und der Höhe seiner Einlagen und Entnahmen (einschließlich Sonderbetriebsvermögen).

Billigkeitsregelung gem. § 52 Abs. 11 Satz 3 EStG für Betriebe, die vor dem **281**
01.01.1999 eröffnet worden sind:

Im Fall der Betriebsaufgabe bzw. der Aufgabe von Mitunternehmeranteilen sind bei der Überführung von Wirtschaftsgütern aus dem Betriebsvermögen ins Privatvermögen die Buchwerte nicht als Entnahmen anzusetzen. Im Fall der Betriebsveräußerung bzw. Veräußerung von Mitunternehmeranteilen ist nur der Veräußerungsgewinn als Entnahme anzusetzen.

Zur Kürzung des Schuldzinsenabzugs kann folgendes Berechnungsschema **282**
verwendet werden:

---

[530] BFH vom 29.03.2007, BStBl II 2008, 420; BMF vom 07.05.2008, BStBl I 2008, 588 Rz. 30.

B. Laufende Besteuerung

Schuldzinsen des Wirtschaftsjahrs	20.000 €
./. privat veranlasste Schuldzinsen	4.000 €
= Schuldzinsen i. S. von § 4 Abs. 4 a Satz 1 EStG	16.000 €
./. Schuldzinsen für Investitionsdarlehen[531]	7.000 €
= verbleibende Schuldzinsen	9.000 €
./. 6 % der Überentnahmen	3.750 €
= verbleibende gekürzte Schuldzinsen (mindestens 2.050 €)	5.250 €
Abzugsfähig sind folglich	
Schuldzinsen für Investitionsdarlehen	7.000 €
+ verbleibende gekürzte Schuldzinsen	5.250 €
= abziehbare Schuldzinsen	12.250 €

Beispiel 2:

An der ABC-OHG sind A, B und C zu jeweils $^1/_3$ beteiligt. Nach dem Gesellschaftsvertrag wird der Gewinn nach Köpfen verteilt. Die im Jahre 02 gewinnmindernd erfassten Schuldzinsen betragen 24.000 €, davon entfallen auf ein Anschaffungsdarlehen 6.000 €. Am 01.01.02 beträgt die Unterentnahme aus dem Vorjahr 0 €. Im Jahre 02 ergibt sich lt. vorläufigem Jahresabschluss der OHG folgende Kapitalentwicklung:

	A €	B €	C €
Kapital 01.01.02	250.000	320.000	290.000
./. Entnahmen 02	130.000	150.000	140.000
Zwischensumme	120.000	170.000	150.000
+ Einlagen	0	0	10.000
+ Gewinn	120.000	120.000	120.000
Kapital 31.12.02	240.000	290.000	280.000

Auf den Entnahmekonten wurden sämtliche laufenden Bar-, Sach- und Nutzungsentnahmen gebucht. Folgende Geschäftsvorfälle sind jedoch noch nicht gebucht worden:

1. Geschäftsführer der OHG ist A. Für diese Geschäftsführung erhält er aufgrund eines schuldrechtlichen Vertrags eine monatliche Vergütung i. H. von 10.000 €, die auf sein privates Girokonto überwiesen wird.
2. B gewährte der OHG im Laufe des Jahres 02 ein Darlehen von 50.000 €, das die OHG für ihre laufenden Aufwendungen benötigte. B erhielt dafür in 02 Zinsen auf sein privates Girokonto von 3.000 € überwiesen.
3. Im Einvernehmen mit den anderen Gesellschaftern übertrug die OHG ihr unbebautes Grundstück unentgeltlich auf C, der es in seinem Einzelunternehmen für betriebliche Zwecke nutzt. Der Buchwert des Grundstücks beträgt 40.000 €, der Teilwert 70.000 €.

---

531 Unabhängig davon, ob die Darlehensaufnahme für Wirtschaftsgüter des Gesamthandsvermögens oder des Sonderbetriebsvermögens erfolgt.

1 Einkommensteuer

Die noch nicht gebuchten Geschäftsvorfälle hätten bei der OHG und in den Sonderbuchführungen der Gesellschafter wie folgt gebucht werden müssen:

1. **OHG:**
   Gehälter 120.000 € an Bank 120.000 €

   Sonderbuchführung A:
   Privatentnahme 120.000 € an Erträge aus Geschäftsführertätigkeit 120.000 €

2. **OHG:**
   Bank 50.000 € an Gesellschafterdarlehen 50.000 €
   Zinsaufwendungen 3.000 € an Bank 3.000 €

   Sonderbuchführung B:
   Darlehensforderungen 50.000 € an Privateinlage 50.000 €
   Privatentnahme 3.000 € an Zinserträge 3.000 €

3. **OHG:**
   Privatentnahme C 40.000 € an Grundstücke 40.000 €

Der Gewinn der OHG mindert sich um insgesamt 123.000 € auf 237.000 €. Dafür entsteht in der Sonderbuchführung des A ein Gewinn von 120.000 € und in der Sonderbuchführung des B ein Gewinn von 3.000 €. Der steuerliche Gesamtgewinn der OHG beträgt somit unverändert 360.000 €. Die Gewinnanteile der Gesellschafter betragen für A 199.000 €, für B 82.000 € und für C 79.000 €. Die Schuldzinsen betragen unverändert 24.000 €, weil es sich bei den Schuldzinsen aus dem Gesellschafterdarlehen um keine Schuldzinsen i. S. von § 4 Abs. 4 a EStG handelt.

Die Über und Unterentnahmen entwickeln sich wie folgt:

	A €	B €	C €
Gewinnanteil	79.000	79.000	79.000
Gewinn lt. Sonderbilanzen	+ 120.000	+ 3.000	
Summe	+ 199.000	82.000	79.000
Einlagen	0	50.000	10.000
./. Entnahmen	250.000	153.000	180.000
Über-/Unterentnahmen	./. 51.000	./. 21.000	./. 91.000
6 %	3.060	1.260	5.460
Anteilige Zinsen	6.000	6.000	6.000
Mindestabzug	684	683	683
Höchstbetrag der Hinzurechnung	5.316	5.317	5.317
Hinzurechnungsbetrag	3.060	1.260	5.317

Der steuerliche Gesamtgewinn der OHG erhöht sich somit auf 369.637 € und ist wie folgt auf die Gesellschafter zu verteilen:

	A €	B €	C €
Gewinn lt. Sonderbilanz	+ 120.000	+ 3.000	–
Gewinn lt. Bilanz OHG	+ 79.000	+ 79.000	+ 79.000
Außerbilanzielle Hinzurechnung	+ 3.060	+ 1.260	+ 5.317
Gewinnanteile	202.060	83.260	84.317

B. Laufende Besteuerung

Beispiel 3:

Wie Beispiel 2, aber die gewinnmindernd gebuchten Schuldzinsen betragen insgesamt nur 10.000 €.

Da von den Schuldzinsen 6.000 € auf ein Investitionsdarlehen entfallen, sind diese Schuldzinsen auf jeden Fall in voller Höhe abzugsfähig. Die verbleibenden Schuldzinsen von 4.000 € sind eigentlich um 4.800 € zu kürzen. Eine Kürzung erfolgt aber nur i. H. von 1.950 €, weil nach § 4 Abs. 4 a Satz 4 EStG der verbleibende Schuldzinsenabzug mindestens 2.050 € beträgt. Die Schuldzinsen von 3.000 € für das Gesellschafterdarlehen ändern an dieser Berechnung nichts, da sie keine Schuldzinsen i. S. von § 4 Abs. 4 a EStG sind. Der Betrag von 1.950 € ist wiederum allen Gesellschaftern entsprechend ihrer Schuldzinsenquote mit je 650 € hinzuzurechnen.

Hinweis: Die Finanzverwaltung wendet die hier dargestellte neue BFH-Rechtsprechung[532] in allen noch offenen Fällen an. Ihre bisherige Auslegung des § 4 Abs. 4 a EStG – die sog. gesellschaftsbezogene Regelung –[533] kann jedoch auf gemeinsamen Antrag der Mitunternehmer letztmals für das Wirtschaftsjahr angewandt werden, das vor dem 01.05.2008 beginnt.[534] Dabei wird es von der Finanzverwaltung nicht beanstandet, wenn der Saldo an Über- oder Unterentnahmen des Wirtschaftsjahrs, für das letztmals die gesellschaftsbezogene Ermittlung nach der bisherigen Verwaltungsauffassung erfolgte, nach dem Gewinnverteilungsschlüssel der Personengesellschaft den einzelnen Gesellschaftern zugerechnet wird. Auf eine Rückrechnung nach der gesellschafterbezogenen Ermittlungsmethode bis zur Gründung der Personengesellschaft bzw. bis zur Einführung des § 4 Abs. 4 a EStG wird in diesen Fällen aus Vereinfachungsgründen verzichtet. Voraussetzung dafür ist ein übereinstimmender Antrag der Gesellschafter.[535]

1.6.2.7 Zinsschranke (§ 4 h EStG)

1.6.2.7.1 Grundsätze

283 Durch die gesetzliche Regelung in § 4 h EStG sind betrieblich veranlasste, mit dem **Gesamthandsvermögen** und/oder dem **Sonderbetriebsvermögen** im Zusammenhang stehende Zinsaufwendungen, die eine bestimmte Höhe überschreiten, im Jahr der Entstehung nicht als Betriebsausgaben abziehbar.

Zinsaufwendungen (= alle Vergütungen für Fremdkapital und Abzinsungen, die den maßgeblichen Gewinn gemindert haben) eines Betriebs sind abzugsfähig

---

532 BFH vom 29.03.2007, BStBl II 2008, 420.
533 BMF vom 17.11.2005, BStBl I 2005, 1019, Rz. 30–32d; in diesem Band noch bis zur 9. Auflage besprochen.
534 BMF vom 07.05.2008, BStBl I 2008, 588, Rz. 30–32d und Rz. 40.
535 BMF vom 04.11.2008, BStBl I 2008, 957.

- in Höhe des **Zinsertrags** (= alle Erträge aus Kapitalforderungen jeder Art, die den maßgeblichen Gewinn erhöht haben),[536]
- darüber hinaus **bis zu 30 %** des um die Zinsaufwendungen und um die Abschreibungen nach § 6 Abs. 2 Satz 1, § 6 Abs. 2 a und § 7 EStG erhöhten und um die Zinserträge verminderten **maßgeblichen Gewinns = steuerlicher EBITDA**.[537]

Die Finanzverwaltung hat in einem ausführlichen Schreiben zur Thematik und Problematik des § 4 h EStG Stellung bezogen.[538] Nachfolgend wird auf die wichtigsten Punkte eingegangen.

1.6.2.7.2 Betrieb

§ 4 h EStG ist eine Gewinnermittlungsvorschrift und beschränkt den Betriebsausgabenabzug für Zinsaufwendungen eines **Betriebs**, der Einkünfte aus Land- und Forstwirtschaft, Gewerbebetrieb oder selbständiger Arbeit bezieht, unabhängig von der Art der Gewinnermittlung (§ 4 Abs. 1 oder § 5 EStG; § 4 Abs. 3 EStG). **284**

Eine Personengesellschaft (Mitunternehmerschaft) hat nur **einen** Betrieb im Sinne der Zinsschranke. Zu diesem Betrieb gehört neben dem Gesamthandsvermögen auch das Sonderbetriebsvermögen der Gesellschafter i. S. des § 15 Abs. 1 Satz 1 Nr. 2 EStG und § 15 Abs. 3 Nr. 1 (Abfärberegelung) und Nr. 2 (gewerblich geprägte Personengesellschaft) EStG. Das bedeutet z. B., eine vermögensverwaltend tätige Personengesellschaft ist kein Betrieb im Sinne der Zinsschranke, es sei denn, ihre Einkünfte gelten kraft gewerblicher Prägung nach § 15 Abs. 3 Nr. 2 EStG als Gewinneinkünfte.

1.6.7.2.3 Kapitalforderungen/Fremdkapital

Die Zinsschranke des § 4 h EStG erfasst grundsätzlich nur Erträge und Aufwendungen aus der kurzfristigen oder langfristigen Überlassung von **Geldkapital** (Zinserträge und Zinsaufwendungen im engeren Sinne) und nicht solche aus der Überlassung von Sachkapital. Das sind insbesondere: **285**

- Darlehen (fest und variabel verzinsliche),
- typisch stille Beteiligungen,
- Gewinnschuldverschreibungen und
- Genussrechtskapital.

---

536 Auch die Aufzinsung und Abzinsung unverzinslicher oder niedrigverzinslicher Verbindlichkeiten und Forderungen führt zu Zinserträgen oder Zinsaufwendungen.
537 EBITDA = „**e**arnings **b**efore **i**nterest, **t**axes, **d**epreciation and **a**mortization"; wörtlich übersetzt „Ertrag vor Zinsen, Steuern, Abschreibungen auf Sachanlagen und Abschreibungen auf immaterielle Vermögensgegenstände".
538 BMF vom 04.07.2008, BStBl I 2008, 718.

B. Laufende Besteuerung

1.6.7.2.4 Zinsaufwendungen/Zinserträge

286 Die Ermittlung der nicht abziehbaren Zinsaufwendungen erfolgt **betriebsbezogen.** Nicht abziehbare Zinsaufwendungen sind den Gesellschaftern auch dann nach dem allgemeinen Gewinnverteilungsschlüssel zuzurechnen, wenn es sich um Zinsaufwendungen aus dem Sonderbetriebsvermögensbereich eines Gesellschafters handelt.

Von vornherein unterliegen der Zinsschranke nur solche Zinsaufwendungen und Zinserträge, die den maßgeblichen Gewinn **gemindert** oder **erhöht** haben. Insbesondere nicht abziehbare Zinsen gem. § 3 c Abs. 1 und 2 EStG, § 4 Abs. 4 a EStG, § 4 Abs. 5 Satz 1 Nr. 8 a EStG und Zinsen, die gem. § 8 Abs. 3 Satz 2 KStG als verdeckte Gewinnausschüttung das Einkommen einer Körperschaft nicht gemindert haben, sind keine **Zinsaufwendungen** i. S. des § 4 h Abs. 3 Satz 2 EStG.

Zinsaufwendungen einer Personengesellschaft, die beim Gesellschafter als Sonderbetriebseinnahmen i. S. von § 15 Abs. 1 Satz 1 Nr. 2 EStG zu erfassen sind, stellen **weder** Zinsaufwendungen der Personengesellschaft **noch** Zinserträge des Gesellschafters dar.

Andererseits werden Zinsaufwendungen und Zinserträge, die Sonderbetriebsausgaben oder Sonderbetriebseinnahmen des Gesellschafters sind, der Personengesellschaft zugeordnet. Die Prüfung nach § 4 h EStG ist – anders als bei § 4 Abs. 4 a EStG – **gesellschaftsbezogen** und nicht gesellschafterbezogen vorzunehmen. Das bedeutet, die Verteilung der nicht abziehbaren Zinsaufwendungen erfolgt nach dem **allgemeinen Gewinnverteilungsschlüssel.**

Im Sinne der Zinsschranke sind

- Zinsaufwendungen Vergütungen für Fremdkapital (§ 4 h Abs. 3 Satz 2 EStG);
- Zinserträge Erträge aus Kapitalforderungen jeder Art (§ 4 h Abs. 3 Satz 3 EStG).

Hierzu gehören auch

- **Zinsen** zu einem festen oder variablen Zinssatz,
- **Gewinnbeteiligungen** (bei partiarischen Darlehen oder stillen Beteiligungen),
- **Umsatzbeteiligungen,**
- Vergütungen, die (Zins-)**Vergütungscharakter** haben, z. B.
    - o Damnum, Disagio,
    - o Vorfälligkeitsentschädigungen,
    - o Provisionen und Gebühren,
- Zinsanteile in **Leasingraten,** wenn das wirtschaftliche Eigentum am Leasinggegenstand auf den Leasingnehmer übergeht, der Leasinggeber also

1 Einkommensteuer

eine Darlehensforderung und der Leasingnehmer eine Darlehensschuld auszuweisen hat,

- die **Aufzinsung** unverzinslicher oder niedrig verzinslicher Verbindlichkeiten oder Kapitalforderungen (§ 4 h Abs. 3 Satz 4 EStG) mit einer Laufzeit von mindestens 12 Monaten. Ausgenommen sind Erträge anlässlich der erstmaligen Bewertung von Verbindlichkeiten (Abzinsung).

Beispiel:
Die V-GmbH liefert am 30.12.01 Waren zum Preis von 10 Mio. € an die S-GmbH. Der Kaufpreis ist bis zum 31.12.10 gestundet. Die Voraussetzungen für die Anwendbarkeit der Zinsschranke sind bei allen Beteiligten gegeben.

Die Waren und die Kaufpreisschuld sind bei der S-GmbH mit den Anschaffungskosten (= abgezinster Barwert) von 6.180.000 € zu bilanzieren. Der durch die Neubewertung der Verbindlichkeit zu den nachfolgenden Bilanzstichtagen sukzessiv entstehende Aufwand (02: 340 T€, 03: 350 T€ etc.) ist Zinsaufwand i. S. des § 4 h Abs. 3 Satz 2 EStG. Der zu berücksichtigende Gesamtzinsaufwand der S-GmbH über die Laufzeit der Verbindlichkeit von 10 Jahren beträgt 3.820.000 €.

Die Forderung der V-GmbH am 31.12.01 ist mit den Anschaffungskosten (= abgezinster Barwert) von 6.180.000 € zu aktivieren. Der durch die Neubewertung der Forderung zu den nachfolgenden Stichtagen sukzessiv entstehende Ertrag (02: 340 T€, 03: 350 T€ etc.) ist Zinsertrag i. S. des § 4 h Abs. 3 Satz 3 EStG. Der zu berücksichtigende Gesamtzinsertrag der V-GmbH über die Laufzeit der Forderung von 10 Jahren beträgt 3.820.000 €.

Dagegen sind **keine** Zinsaufwendungen oder Zinserträge in diesem Sinne

- **Dividenden,**
- Zinsen nach §§ 233 ff. AO,
- **Skonti** und **Boni,**
- **Erbbauzinsen** (diese stellen ein Entgelt für die Nutzung von fremdem Sachkapital dar),
- nach § 255 Abs. 3 Satz 2 HGB als Herstellungskosten **aktivierte Zinsen** (z. B. Bauzeitzinsen), weil sie sich nicht gewinnmindernd ausgewirkt haben. In diesem Fall führt die spätere Ausbuchung bzw. Abschreibung des entsprechenden Aktivpostens nicht zu Zinsaufwendungen i. S. der Zinsschranke.
- Gewinnauswirkungen im Zusammenhang mit Rückstellungen (z. B. Pensionsrückstellungen) in der Steuerbilanz.

1.6.2.7.5 Steuerliches EBITDA

Das steuerliche EBITDA ist betriebsbezogen zu ermitteln. Zinsaufwendungen, Zinserträge, Abschreibungen und Anteile am maßgeblichen Gewinn, die in das steuerliche EBITDA einfließen, finden deshalb beim Gesellschafter nicht nochmals Berücksichtigung.

B. Laufende Besteuerung

Die Zinsaufwendungen und Zinserträge sind vor der Prüfung der 30%-Grenze zunächst zu saldieren. Sind die Zinserträge höher als die Zinsaufwendungen, ist § 4 h EStG – unabhängig von der Höhe der Zinsaufwendungen – im Ergebnis nicht anzuwenden.

Überschreitet der Zinsüberhang **nicht** die Grenze von 30 % des verminderten maßgeblichen Gewinns, sind alle Schuldzinsen abzugsfähig. Umgekehrt können überhaupt keine Zinsen abgezogen werden, wenn bereits das steuerliche EBITDA negativ ist.

288 Maßgeblicher Gewinn ist nach § 4 h Abs. 3 Satz 1 EStG der nach den Vorschriften des EStG ermittelte Gewinn vor Abschreibung und vor Saldierung der Zinsaufwendungen und Zinserträge. Das bedeutet, maßgebend ist der **Steuerbilanz**gewinn **nach Hinzurechnung** der nicht abziehbaren Betriebsausgaben (auch der Gewerbesteuer!).

Die Korrektur um die Abschreibungen betrifft

- die **AfA** und **AfaA** nach **§ 7 EStG** für Wirtschaftsgüter des Gesamthandsvermögens und Sonderbetriebsvermögens, d. h., die lineare und degressive AfA und AfaA für bewegliche und immaterielle Wirtschaftsgüter und für Gebäude;

- die Aufwendungen für **GWG** nach **§ 6 Abs. 2 EStG** (Anschaffungskosten oder Herstellungskosten bis 150 € für Wirtschaftsgüter des Gesamthandsvermögens und des Sonderbetriebsvermögens), die zwingend sofort in voller Höhe abgeschrieben werden müssen, sowie

- die Abschreibungen des neuen **Sammelpostens** nach **§ 6 Abs. 2 a EStG** für Wirtschaftsgüter des Gesamthandsvermögens und des Sonderbetriebsvermögens mit Anschaffungskosten oder Herstellungskosten zwischen 150 € und 1.000 € (AfA auf fünf Jahre).

Eine Korrektur des Gewinns erfolgt dagegen **nicht** um **Teilwertabschreibungen** i. S. von § 6 Abs. 1 Nr. 1, 2 und 3 EStG für Wirtschaftsgüter des Anlagevermögens und des Umlaufvermögens.

Die im Entstehungsjahr nicht abziehbaren Schuldzinsen sind nach § 4 h Abs. 4 Satz 1 EStG durch das für die gesonderte Feststellung des Gewinns und Verlusts der Personengesellschaft zuständige Finanzamt **gesondert festzustellen** und in die folgenden Wirtschaftsjahre vorzutragen (**Zinsvortrag**).[539] Dieser Zinsvortrag tritt neben den „normalen" Verlustvortrag nach § 10 d EStG und § 10 a GewStG und u. U. auch noch neben den Verlustabzug nach § 15 a EStG. Für die Prüfung der 30%-Grenze im Vortragsjahr bleiben diese vorgetragenen Zinsen jedoch unberücksichtigt, da sie diesen im Vortragsjahr auch nicht gemindert haben (§ 4 h Abs. 1 Satz 3 EStG). Diese Beschränkung kann auch dazu führen, dass Betriebe, die tatsächlich in einem Wirtschaftsjahr Verluste erzielen, Gewinne versteuern müssen.

---

539 Ein Rücktrag in vorangegangene Jahre ist nicht möglich.

1 Einkommensteuer

Beispiel:
Eine KG erzielt im Wirtschaftsjahr 08 einen Gewinn vor Zins und Abschreibungen (EBITDA) i. H. von 900.000 €. Die Zinsaufwendungen belaufen sich auf 1,1 Mio. € und die Abschreibungen betragen 400.000 €. Die KG erzielt somit einen Verlust im Wirtschaftsjahr 08 i. H. von 600.000 €. Wegen der Regelung in § 4 h EStG sind die Zinsaufwendungen nur i. H. von 30 % von (./. 600.000 € + 1,1 Mio. € + 400.000 € =) 900.000 € = 270.000 € abziehbar. Damit ergibt sich ein zu versteuernder Gewinn von (900.000 € ./. 270.000 € ./. 400.000 € =) 230.000 €, obwohl die KG tatsächlich einen Verlust von 600.000 € erzielt hat.

1.6.2.7.6 Ausnahmen von der Zinsschranke

Das Abzugsverbot für Zinsaufwendungen ist nach § 4 h Abs. 2 Satz 1 EStG **nicht** anzuwenden, **wenn**

- die Zinsaufwendungen nach Saldierung mit den Zinserträgen **weniger als 1 Mio. € (Freigrenze!)** beträgt,
- der Betrieb **nicht** oder nur anteilig zu einem **Konzern** gehört oder
- der Betrieb zu einem Konzern gehört und seine Eigenkapitalquote am Schluss des vorangegangenen Abschlussstichtags (in nach IFRS, nach dem Handelsrecht eines Mitgliedsstaats der EU oder nach US-GAPP erstellten Abschlüssen – § 4 h Abs. 2 Buchstabe c Satz 8 und 9 EStG) gleich hoch oder höher ist als die des Konzerns (Eigenkapitalvergleich). Ein Unterschreiten der Eigenkapitalquote des Konzerns bis zu einem Prozentpunkt ist unschädlich.

1.6.2.7.7 Nicht konzernangehörige Betriebe

Ein Konzernunternehmen liegt z. B. vor, wenn

- der Betrieb mit anderen Betrieben **konsolidiert** wird oder konsolidiert werden könnte oder
- seine Finanz- und Geschäftspolitik mit einem oder mehreren anderen Betrieben **einheitlich** bestimmt werden kann (§ 4 h Abs. 3 Satz 5 und 6 EStG).

Dagegen liegt **kein** Konzernunternehmen i. S. des § 4 h EStG vor

- bei einer **Betriebsaufspaltung** und
- beim Unterhalten von **ausländischen Betriebsstätten** durch eine Personengesellschaft.

Bei einer GmbH & Co. KG gelten die KG und die als Komplementär allein haftende GmbH als ein Betrieb im Sinne der Zinsschranke, wenn sich die Tätigkeit der GmbH – neben ihrer Vertretungsbefugnis – in der Übernahme der Haftung und Geschäftsführung für die KG erschöpft und weder die KG noch die als Komplementär allein haftende GmbH anderweitig zu einem Konzern gehören. Die GmbH & Co. KG ist in diesen Fällen nicht als Konzern anzusehen.

B. Laufende Besteuerung

Dagegen stellen die GmbH und die GmbH & Co. KG einen Konzern im Sinne der Zinsschranke dar, wenn die GmbH darüber hinaus eine eigene Geschäftstätigkeit entfaltet.

1.6.2.7.8 Escape-Klausel

291 Eigenkapitalquote ist das Verhältnis des Eigenkapitals zur Bilanzsumme. Sie ist für den Konzern nach dem Konzernabschluss, für den jeweiligen Betrieb nach dem Einzelabschluss zu ermitteln (§ 4 h Abs. 2 Satz 1 Buchstabe c Satz 3 EStG). Wahlrechte müssen im Konzernabschluss und im Einzelabschluss einheitlich ausgeübt werden.

Folgende Korrekturen und Zuordnungen sind bei der Höhe des Eigenkapitals nach § 4 h Abs. 2 Satz 5 EStG bzw. der Bilanzsumme nach § 4 h Abs. 2 Satz 6 EStG vorzunehmen:

- **Erhöhung** des Eigenkapitals des Betriebs um einen im Konzernabschluss enthaltenen **Firmenwert,** soweit er auf den Betrieb entfällt.

- **Kürzung** des Eigenkapitals um Eigenkapital, das **keine Stimmrechte** verleiht, mit Ausnahme der Vorzugsaktien.

- **Sonderposten mit Rücklageanteil (§ 247 Abs. 3 HGB)** werden zur **Hälfte** angesetzt.

- **Kürzung** des Eigenkapitals um **Anteile an anderen Konzerngesellschaften.** Damit soll vermieden werden, dass sich Eigenkapital im Konzern mehrfach auswirken könnte. Holdinggesellschaften ohne Fremdkapital und andere Vermögenswerte haben damit immer eine Eigenkapitalquote von null (bei Fremdfinanzierung der Beteiligungen sogar negativ).

- **Eigene Anteile** werden **nicht** gekürzt.

- **Einlagen** innerhalb der letzten **sechs** Monate vor dem Abschluss werden **gekürzt,** soweit ihnen **Entnahmen** innerhalb von **sechs Monaten** nach Abschluss gegenüberstehen. Diese Regelung zielt vor allem auf Leg-einhol-zurück-Gestaltungen bei Personenunternehmen ab.

- Kürzung der Bilanzsumme des Betriebs um Kapitalforderungen, die gegenüber anderen Konzerngesellschaften bestehen und deshalb nicht im konsolidierten Konzernabschluss ausgewiesen sind und denen Verbindlichkeiten in mindestens gleicher Höhe gegenüberstehen. Somit belastet Fremdkapital eines Betriebs, das einem anderen Konzernunternehmen als Darlehen überlassen wird, nicht die Eigenkapitalquote des Betriebs.

- Bei gesellschaftsrechtlichen Kündigungsrechten ist mindestens das Eigenkapital anzusetzen, das sich nach HGB ergeben würde. Damit soll dem Umstand Rechnung getragen werden, dass Personengesellschaften nach IFRS i. d. R. kein Eigenkapital haben.

- Sonderbetriebsvermögen ist dem Betrieb der Mitunternehmerschaft zuzuordnen, soweit es im Konzernabschluss enthalten ist (§ 4 h Abs. 2 Buchstabe c Satz 7 EStG).

Greift die Escape-Klausel ein, ist der Zinsaufwandsüberschuss trotz Überschreitens der 30 %-Grenze **abzugsfähig**. Die Prüfung ist **jährlich neu** vorzunehmen. Das bedeutet, die Eigenkapitalquote sollte aus Sicht des Personengesellschaft im Einzelabschluss möglichst hoch und im Konzernabschluss möglichst niedrig sein.

1.6.2.7.9 Weitere steuerliche Behandlung des Zinsvortrags

Bei der **Gewerbesteuer** können die im laufenden Jahr nicht abzugsfähigen Zinsen nicht zu einer (nochmaligen) Hinzurechnung nach § 8 Nr. 1 GewStG führen, weil diese Zinsen den Gewinn aus Gewerbebetrieb i. S. von § 7 GewStG nicht gemindert haben. Beim Abzug dieser Zinsen in einem der Folgejahre kommt es dafür zu einer Hinzurechnung nach § 8 Nr. 1 GewStG.

292

Wird der Betrieb **aufgegeben** oder **übertragen,** geht ein nicht verbrauchter Zinsvortrag **unter** (§ 4 h Abs. 5 Satz 1 EStG). Scheidet ein Mitunternehmer aus der Personengesellschaft aus, geht der Zinsvortrag **anteilig unter** (§ 4 h Abs. 5 Satz 2 EStG). Auch bei **Umwandlungen** ist der Zinsvortrag – unabhängig vom Wertansatz – **verloren** (§ 4 Abs. 2 Satz 2, § 12 Abs. 3, § 20 Abs. 9, § 24 Abs. 6 UmwStG).

§ 4 h EStG ist nach § 52 Abs. 12 d EStG erstmals für Wirtschaftsjahre anzuwenden, die nach dem 25.05.2007 beginnen und nicht vor dem 01.01.2008 enden.

B. Laufende Besteuerung

1.6.2.7.10 Zusammenfassung

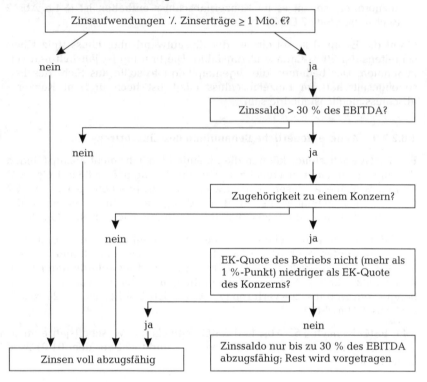

1.6.2.8 Rechtsverhältnisse zwischen einer Personengesellschaft und Angehörigen eines Gesellschafters

1.6.2.8.1 Arbeitsverhältnisse mit dem Ehegatten eines Gesellschafters

293 Beherrscht der Gesellschafter-Ehegatte die Personengesellschaft, können diese Arbeitsverhältnisse nur wie ein Arbeitsverhältnis zwischen einem Einzelunternehmen und seinem Ehegatten anerkannt werden.[540] Das heißt, das Arbeitsverhältnis muss – wie unter Fremden – ernsthaft vereinbart eindeutig durchgeführt werden (R 4.8 Abs. 1 und 2 EStR). Es reicht aus, wenn der Arbeitslohn auf ein gemeinschaftliches Konto der Ehegatten überwiesen wird.[541] Sind diese Voraussetzungen nicht erfüllt, z. B. bei Überweisung des Arbeitslohns auf ein Konto, über das nur der Gesellschafter-Ehegatte verfügen kann bzw. über das der Arbeitnehmer-Ehegatte nur ein Mitver-

---

540 BFH vom 12.04.1979, BStBl II 1979, 622.
541 BFH vom 24.03.1983, BStBl II 1983, 663.

fügungsrecht hat, können die Zahlungen an den Arbeitnehmer-Ehegatten nicht als Betriebsausgaben abgezogen werden.[542]

Ein Gesellschafter, der nicht in der Lage ist, für sich allein einen beherrschenden Einfluss auszuüben, ist dann einem beherrschenden Gesellschafter gleichzustellen, wenn er gemeinsam mit anderen Gesellschaftern einen Gegenstand von gemeinsamem Interesse in gegenseitiger Abstimmung regelt.[543]

Beherrscht der Gesellschafter-Ehegatte die Personengesellschaft nicht (in der Regel bei einer Beteiligung von 50 % oder weniger), so kann allgemein davon ausgegangen werden, dass der mitarbeitende Ehegatte in der Personengesellschaft die gleiche Stellung wie ein fremder Arbeitnehmer hat und hinsichtlich der Behandlung des Arbeitsverhältnisses keine Besonderheiten Platz greifen. Das Arbeitsverhältnis ist deshalb steuerrechtlich anzuerkennen (R 4.8 Abs. 2 Satz 2 EStR).

294

Schließt eine Personengesellschaft aufeinander abgestimmte Arbeitsverträge mit den Angehörigen ihrer Gesellschafter, bei denen keiner der Gesellschafter als allein beherrschend angesehen werden kann, ist der Fremdvergleich bei jedem einzelnen Arbeitsvertrag durchzuführen.[544]

Wird in einem steuerlich anzuerkennenden Arbeitsverhältnis zwischen einer Personengesellschaft und dem Ehegatten eines (beherrschenden oder nicht beherrschenden) Gesellschafters ein Teil des bis dahin bestehenden angemessenen Lohnanspruchs in einen Direktversicherungsschutz umgewandelt ohne Veränderung des Arbeitsverhältnisses im Übrigen (sog. **echte Barlohnumwandlung**), sind die Versicherungsbeiträge betrieblich veranlasst und regelmäßig ohne Prüfung einer sog. Überversorgung als Betriebsausgabe zu berücksichtigen.[545]

Gewährt die Personengesellschaft diesen Arbeitnehmern eine Pensionszusage, so darf sie grundsätzlich eine Pensionsrückstellung nach § 6 a EStG bilden. Sofern der Ehegatte des Arbeitnehmers die Personengesellschaft nicht beherrscht, sind in der Regel keine strengeren Anforderungen an die Pensionszusage zu stellen als bei fremden Arbeitnehmern.

295

Beherrscht jedoch der Ehegatte die Personengesellschaft, so darf – wie bei einem Einzelunternehmer – eine Pensionsrückstellung nur gebildet werden, wenn die folgenden Voraussetzungen erfüllt sind:

— Die zugrunde liegende Verpflichtung muss ernstlich gewollt, klar und eindeutig vereinbart sein.

---

542 BFH vom 24.03.1983, BStBl II 1983, 770, und vom 20.10.1983, BStBl II 1984, 298.
543 BFH vom 18.12.2001, BStBl II 2002, 353.
544 BFH vom 20.10.1983, BStBl II 1984, 298.
545 BFH vom 10.06.2008, BStBl II 2008, 973; gegen BFH vom 16.05.1995, BStBl II 1995, 873 und in Abgrenzung zu Fällen zusätzlich zum bis dahin bestehenden Lohnanspruch geleisteter Versicherungsbeiträge.

B. Laufende Besteuerung

— Die gewährte Versorgung muss nach den Umständen des einzelnen Falls dem Grunde nach angemessen sein.

— Der Arbeitgeber muss tatsächlich mit der Inanspruchnahme aus der gegebenen Pensionszusage rechnen.

Dies liegt z. B. nicht vor, wenn nach dem Arbeitsvertrag außer der Pension kein Arbeitslohn zu zahlen ist.[546]

Im Gegensatz zu einem Einzelunternehmer darf eine Personengesellschaft für einen Arbeitnehmer, dessen Ehegatte Mitunternehmer ist, eine Rückstellung nicht nur für eine Zusage auf Alters-, Invaliden- und Waisenrente, sondern auch für eine Witwen-/Witwerrente bilden.[547] Das gilt auch für die sog. Ein-Mann-GmbH & Co. KG.[548]

Außer einer Pensionsrückstellung sind auch andere Maßnahmen der Zukunftssicherung möglich, z. B. Abschluss einer Direktversicherung, Zuwendungen an eine Pensions- oder Unterstützungskasse sowie Übernahme von Beiträgen zur freiwilligen Höherversicherung und Weiterversicherung in der gesetzlichen Rentenversicherung. Diese werden steuerlich dann anerkannt, wenn auch eine Pensionszusage als rückstellungsfähig anerkannt würde.

1.6.2.8.2 Darlehensverträge

296 Darlehensverträge zwischen Angehörigen werden von der Finanzverwaltung unter Hinweis auf die BFH-Rechtsprechung nur anerkannt, wenn das bürgerlich-rechtlich wirksam Vereinbarte in jedem Einzelfall und während der gesamten Vertragsdauer nach Inhalt und Durchführung dem entspricht, was fremde Dritte bei der Gestaltung eines entsprechenden Darlehensverhältnisses üblicherweise vereinbaren würden.[549] Vergleichsmaßstab sind die Vertragsgestaltungen, die zwischen Darlehensnehmern und Kreditinstituten üblich sind.

Das setzt insbesondere voraus, dass

— eine Vereinbarung über die Laufzeit und über Art und Zeit der Rückzahlung des Darlehens getroffen worden ist,

— die Zinsen zu den Fälligkeitszeitpunkten entrichtet werden und

— der Rückzahlungsanspruch ausreichend gesichert ist.

Der Fremdvergleich ist auch durchzuführen, wenn Vereinbarungen nicht unmittelbar zwischen Angehörigen getroffen werden, sondern zwischen

---

546 BFH vom 25.07.1995, BStBl II 1996, 153; wegen weiterer Einzelheiten und weiterer Nachweisen siehe BFH vom 10.11.1982, BStBl II 1983, 173, und vom 10.12.1992, BStBl II 1994, 381; BMF vom 04.09.1984, BStBl I 1984, 495, und vom 09.01.1986, BStBl I 1986, 7, sowie H 6a Abs. 9 EStH und Ritzrow, StLex 3, 15, 595 ff.
547 BFH vom 29.01.1976, BStBl II 1976, 372.
548 BFH vom 21.04.1988, BStBl II 1988, 883.
549 BMF vom 01.12.1992, BStBl I 1992, 729, vom 25.05.1993, BStBl I 1993, 410, BFH vom 09.05.1996, BStBl II 1996, 642, und BMF vom 30.05.2001, BStBl I 2001, 348.

einer Personengesellschaft und Angehörigen der Gesellschafter, wenn die Gesellschafter, mit deren Angehörigen die Vereinbarungen getroffen wurden, die Personengesellschaft **beherrschen.**[550] So hat der BFH z. B. wegen fehlender bzw. nicht ausreichender Besicherung ein partiarisches Darlehen zwischen einem Gesellschafter und seinen wirtschaftlich unabhängigen volljährigen Söhnen wegen unzureichender Besicherung nicht anerkannt.[551]

Hält ein Vertrag diesem Fremdvergleich nicht stand, so gilt:

- Ist der Angehörige Darlehensgeber, so liegt eine Einlage des Angehörigen-Gesellschafters vor. Die Schuldzinsen mindern zwar den handelsrechtlichen Gewinn der Personengesellschaft, sind aber steuerrechtlich als Entnahme des Angehörigen-Gesellschafters zu behandeln. Der steuerliche Mehrgewinn ist je nach Vereinbarung entweder allen Gesellschaftern oder allein dem Angehörigen-Gesellschafter zuzurechnen.

- Ist die Personengesellschaft Darlehensgeber, liegt eine Entnahme des Angehörigen-Gesellschafters vor. Die Schuldzinsen erhöhen zwar den handelsrechtlichen Gewinn der Personengesellschaft, steuerrechtlich sind sie aber je nach Vereinbarung als Einlage aller Gesellschafter oder nur des Angehörigen-Gesellschafters zu behandeln. Der steuerliche Mindergewinn ist grundsätzlich nach dem Gewinnverteilungsschlüssel bei allen Gesellschaftern zu berücksichtigen.

Verpflichtet sich der beherrschende Gesellschafter einer Personengesellschaft, seinen Kindern Geldbeträge unter der Bedingung zuzuwenden, dass sie der Personengesellschaft sogleich wieder als Darlehen zur Verfügung zu stellen sind, stellt die Überweisung grundsätzlich keine Darlehensschuld der Personengesellschaft, sondern weiterhin Eigenkapital des Gesellschafters dar. Die Zinsen können nicht als Betriebsausgaben abgezogen werden, sondern erhöhen den Gewinn der Personengesellschaft und den Gewinnanteil des Gesellschafters.[552] Das gilt auch bei längeren Abständen zwischen Schenkungsvertrag und Darlehensvertrag, wenn zwischen beiden Verträgen eine auf einem Gesamtplan beruhende sachliche Verknüpfung besteht.[553] In diesem Fall liegt ein einkommensteuerrechtlich beachtlicher Vollzug der Schenkung zwischen dem beherrschenden Gesellschafter der Personengesellschaft und seinem Kind nicht schon dann vor, wenn der Beschenkte den Darlehensvertrag mit der Personengesellschaft abschließt und dieser den Darlehensbetrag überlässt, sondern erst dann, wenn der Beschenkte frei über die Darlehensforderung verfügen kann.

---

550 BFH vom 18.12.1990, BStBl II 1991, 391, und BMF vom 01.12.1992, BStBl I 1992, 729, Rz. 6.
551 BFH vom 25.01.2000, BStBl II 2000, 393.
552 BFH vom 15.04.1999, BStBl II 1999, 524, und vom 18.01.2001, BStBl II 2001, 393; siehe auch BMF vom 30.05.2001, BStBl I 2001, 348.
553 BFH vom 22.01.2002, BStBl II 2002, 685.

B. Laufende Besteuerung

Schenkt dagegen der Ehegatte des Gesellschafters einem gemeinsamen Kind einen Geldbetrag unter der Bedingung, diesen sogleich wieder der Personengesellschaft als Darlehen zur Verfügung zu stellen, ist der Darlehensvertrag grundsätzlich anzuerkennen mit der Folge, dass die Zinsen als Betriebsausgaben abgezogen werden können. Voraussetzung ist allerdings, dass die Geldmittel tatsächlich aus dem Vermögen dieses Elternteils stammen. Der Darlehensvertrag kann dagegen nicht anerkannt werden, wenn der Gesellschafter-Ehegatte die Geldmittel zuvor seinem Ehegatten zur Verfügung gestellt hat.[554]

Beherrscht dagegen der Angehörigen-Gesellschafter die Personengesellschaft **nicht,** werden die Darlehensverträge zwischen der Personengesellschaft und einem Angehörigen des Gesellschafters auch mit steuerlicher Wirkung anerkannt.

1.6.2.9 Personenversicherungen bei der Personengesellschaft

1.6.2.9.1 Allgemeine Grundsätze

298 Beiträge zu Versicherungen sind Betriebsausgaben, wenn sie durch den Betrieb veranlasst sind; soweit sie privat veranlasst sind, können sie ggf. als Sonderausgaben gem. § 10 Abs. 1 Nr. 2 oder 3 EStG abgezogen werden. Die Abgrenzung erfolgt danach, ob durch den Versicherungsabschluss berufliche oder private Risiken abgedeckt werden sollen. Risiken, die in der Person des Betriebsinhabers begründet sind, führen nur ausnahmsweise zum Betriebsausgabenabzug, wenn durch die Ausübung des Berufs ein erhöhtes Risiko geschaffen wird und der Abschluss des Versicherungsvertrags entscheidend der Abwendung dieses Risikos dient.

1.6.2.9.2 Private Personenversicherungen

299 Beiträge einer Personengesellschaft zu einer Krankenversicherung, einer Krankentagegeldversicherung und zu **privaten** Haftpflicht-, Unfall- und Rentenversicherungen ihrer Gesellschafter sind nicht als Betriebsausgaben abzugsfähig, unabhängig davon, wer den Versicherungsvertrag abgeschlossen hat. Der Abschluss des Versicherungsvertrags ist selbst dann nicht betrieblich veranlasst, wenn aufgrund von Vereinbarungen die Versicherungsleistungen für den Betrieb verwendet werden sollen[555] oder gleichzeitig das Risiko der Berufsunfähigkeit abgedeckt wird.

300 Bei Versicherungen auf den Erlebens- oder Todesfall hat der BFH in folgenden Fällen ebenfalls entschieden, dass die Ansprüche und Verpflichtungen aus dem Versicherungsvertrag **nicht zum Betriebsvermögen** gehören, weil

---

554 BFH vom 15.04.1999, BStBl II 1999, 524, siehe auch H 4.8 (Darlehensverhältnisse zwischen Angehörigen) EStH; wegen der Abtretung von Gesellschafter-Forderungen an Angehörige siehe B. Rz. 148.
555 BFH vom 07.10.1982, BStBl II 1983, 101.

die Grundsätze über die Abgrenzung von Privatvermögen und Betriebsvermögen auch für das Gesamthandsvermögen gelten:

1. Die Personengesellschaft oder der Gesellschafter schließt auf sein Leben und auf das Leben seiner Mitgesellschafter eine **Lebensversicherung** ab, bei der Versicherungsempfänger im Erlebensfalle der Versicherungsnehmer und im Falle des Todes eines der Versicherten der bzw. die überlebende(n) Versicherte(n) ist (sind). Diese Versicherung gehört auch nicht zum notwendigen Sonderbetriebsvermögen des Gesellschafters.[556]

2. Eine Personengesellschaft schließt eine **Risikolebensversicherung** auf das Leben eines Gesellschafters ab. Im Versicherungsfall soll die Versicherungssumme an die Personengesellschaft ausbezahlt werden. Der Vertrag soll die Rückzahlung eines von der Personengesellschaft aufgenommenen Darlehens sicherstellen.[557]

3. Ein Kommanditist einer KG schließt einen Lebensversicherungsvertrag ab, der der Absicherung betrieblicher Schulden der KG dient und bei dem die KG bezugsberechtigt ist.[558] Ob diese Beiträge als Sonderausgaben abgezogen werden können, richtet sich gem. § 10 Abs. 1 Nr. 3 b EStG nach § 10 Abs. 2 Satz 2 EStG in der am 31.12.2004 geltenden Fassung. Die Regelungen, die für Einzelunternehmer gelten, sind entsprechend anzuwenden, wenn eine Personengesellschaft ein begünstigtes Wirtschaftsgut unter Einsatz von Lebensversicherungsansprüchen finanziert. Das bedeutet, die Finanzierung ist steuerbegünstigt möglich.[559]

4. Die von einer Personengesellschaft auf das Leben ihrer Gesellschafter abgeschlossene Lebensversicherung (sog. **Teilhaberversicherung**); selbst dann, wenn die Versicherungsleistung zur Abfindung der Hinterbliebenen des verstorbenen Gesellschafters verwendet werden soll.[560]

Die von der Personengesellschaft entrichteten Versicherungsprämien werden als Entnahmen behandelt, während die von ihr als Bezugsberechtigte erlangte Versicherungssumme eine Einlage des Gesellschafters darstellt, also so behandelt werden muss, als wäre sie den Gesellschaftern bzw. ihren Rechtsnachfolgern zugegangen und von ihnen in das Gesellschaftsvermögen eingelegt worden.

1.6.2.9.3 Betriebliche Personenversicherungen

Zu den abzugsfähigen Betriebsausgaben gehören

— Personenversicherungen zugunsten anderer Personen als der Gesellschafter (z. B. Arbeitnehmer und Geschäftsfreunde), auch wenn sie deren

---

556 BFH vom 21.05.1987, BStBl II 1987, 710.
557 BFH vom 11.05.1989, BStBl II 1989, 657.
558 BFH vom 10.04.1990, BStBl II 1990, 1017, und vom 13.03.1991, BFH/NV 1991 S. 736.
559 Wegen Einzelheiten siehe BMF vom 15.06.2000, BStBl I 2000, 1118.
560 BFH vom 06.02.1992, BStBl II 1992, 653, und vom 22.03.1994, BFH/NV 1994 S. 782.

B. Laufende Besteuerung

Privatbereich berühren (z. B. allgemeine Unfall-, Berufsunfähigkeits- und Invaliditätsversicherungen);

— Personenversicherungen zugunsten der Gesellschafter, die auf den betrieblichen Bereich beschränkt sind, z. B. ausschließlich betriebliche Unfallversicherungen und Berufshaftpflichtversicherungen, bzw. wenn durch die Ausübung des Berufs ein erhöhtes Risiko geschaffen wird und der Abschluss des Versicherungsvertrags entscheidend der Abwendung dieses Risikos dient.

Dagegen sind Beiträge an Personenversicherungen, die private und betriebliche Risiken der Gesellschafter abdecken (z. B. die allgemeine Unfallversicherung der Gesellschafter), teilweise Betriebsausgaben der Personengesellschaft und teilweise Sonderausgaben des begünstigten Gesellschafters. Das Aufteilungs- und Abzugsverbot gem. § 12 Nr. 1 Satz 2 EStG gilt beim Zusammentreffen von Betriebsausgaben und Sonderausgaben nicht.[561] Für die Aufteilung sind die Angaben des Versicherungsunternehmens darüber maßgebend, welcher Anteil des Gesamtbeitrags das berufliche Unfallrisiko abdeckt. Fehlen derartige Angaben, ist der Gesamtbetrag durch Schätzung aufzuteilen, wobei die Anteile auf jeweils 50 % des Gesamtbeitrags geschätzt werden können.[562]

Konsequenterweise sind die Versicherungsleistungen Betriebseinnahmen der Personengesellschaft, wenn sie aufgrund eines Berufsunfalls, und nicht steuerpflichtige private Erlöse, wenn sie aufgrund eines Privatunfalls gezahlt werden.[563]

Auch bei PKW-Insassen-Unfallversicherungen gilt das Aufteilungs- und Abzugsverbot nicht. Die betriebliche Veranlassung der Prämien und der Versicherungsleistung richtet sich nach den für die PKW-Aufwendungen und für die Entschädigungen aus Kaskoversicherungen geltenden Grundsätzen.[564] Die Prämien sind Betriebsausgaben in Höhe des betrieblichen Nutzungsanteils des PKW; die Behandlung der Versicherungsleistung richtet sich nach der Nutzung des PKW im Zeitpunkt des Unfalls.

1.6.2.10 Vermittlungsprovisionen

1.6.2.10.1 Vermittlungsprovisionen bei gewerblich tätigen oder gewerblich geprägten Personengesellschaften

302 Schuldet der **neu eintretende Gesellschafter** die Vermittlungsprovision, liegen **Nebenkosten der Anschaffung** vor, die in der Ergänzungsbilanz des neuen Gesellschafters prozentual gleichmäßig auf die einzelnen Wirtschaftsgüter zu verteilen sind.[565]

---

561 BFH vom 22.06.1990, BStBl II 1990, 901.
562 In sinngemäßer Anwendung des BMF-Schreibens vom 17.07.2000, BStBl I 2000, 1204, das zu Versicherungen des Arbeitnehmers ergangen ist.
563 Schmidt/Heinicke, § 4 Rz. 278.
564 BFH vom 18.11.1971, BStBl II 1972, 277, und vom 15.12.1977, BStBl II 1978, 212.
565 BMF vom 12.02.1988, BStBl I 1988, 98.

Schuldet dagegen die **KG** die Vermittlungsprovision, stellt diese **sofort abzugsfähige Betriebsausgaben** der KG dar,[566] selbst dann, wenn der Kommanditist weiß, dass ein Teil seiner Einlage für die Provisionszahlung verwendet wird.[567]

An der dadurch eintretenden Gewinnminderung ist bereits der neue Gesellschafter beteiligt, wenn die Provisionsverpflichtung mit dem Beitritt des Kommanditisten entsteht **(Regelfall)**.

Entsteht die Provisionsverpflichtung **ausnahmsweise** bereits vor dem Eintritt des Kommanditisten, mindern die Vermittlungsprovisionen den Gewinnanteil der Altgesellschafter.[568]

Ist der Empfänger der Vermittlungsprovisionen gleichzeitig Gesellschafter dieser KG, sind diese als Sondervergütungen i. S. von § 15 Abs. 1 Satz 1 Nr. 2 EStG bei der Feststellung des Gesamtgewinns der Gesellschafter zu berücksichtigen.[569]

303

Sonderfall:

Eine Besonderheit ergibt sich für die Steuerbilanz eines **geschlossenen Immobilienfonds** in der Rechtsform einer gewerblich geprägten KG. Bezahlt dieser Fonds Vermittlungsprovisionen, sind diese in voller Höhe als Anschaffungskosten oder Herstellungskosten der Fondsimmobilie (Gebäude) zu behandeln, wenn sich die Kommanditisten aufgrund eines vom Projektanbieter vorformulierten Vertragswerks an dem Fonds beteiligen.[570] Ohne Bedeutung ist, ob die Vermittler selbst an diesem Fonds beteiligt sind oder nicht.

304

1.6.2.10.2 Vermittlungsprovisionen bei Personengesellschaften mit Einkünften aus Vermietung und Verpachtung

Die steuerliche Behandlung der Vermittlungsprovisionen ist grundsätzlich dieselbe wie bei den Personengesellschaften mit Einkünften aus Gewerbebetrieb, d. h.,

305

- schulden die Gesellschafter diese Provisionen, stellen sie Nebenkosten der Anschaffung der zu Miteigentum erworbenen Wirtschaftsgüter (insbesondere Grundstücke) dar,[571]

- schuldet die Personengesellschaft diese Provisionen, sind sie bei der Ermittlung ihrer Einkünfte als vorab entstandene, sofort abzugsfähige Werbungskosten zu behandeln.[572]

---

566 BFH vom 13.10.1983, BStBl II 1984, 101.
567 BFH vom 23.10.1986, BStBl II 1988, 128.
568 BFH vom 07.07.1983, BStBl II 1984, 53.
569 BFH vom 13.03.1980, BStBl II 1980, 499, und vom 28.06.2001, BStBl II 2001, 717.
570 BFH vom 28.06.2001, BStBl II 2001, 717.
571 BFH vom 13.10.1983, BStBl II 1984, 101.
572 BFH vom 24.02.1987, BStBl II 1987, 810.

B. Laufende Besteuerung

Sonderfall:

306 In Fortentwicklung seiner bisherigen Rechtsprechung[573] zur ertragsteuerrechtlichen Behandlung der Eigenkapitalvermittlungsprovisionen bei einem geschlossenen Immobilienfonds hat der BFH[574] entschieden, dass auch „Gebühren" für in gesonderten Verträgen vereinbarte Dienstleistungen (z. B. Vermittlungsprovisionen, Mietgarantie, Treuhänderleistungen, Notar- und Gerichtskosten), die ein Anleger in einem geschlossenen Immobilienfonds aufgrund der modellimmanenten Verknüpfung aller Verträge in wirtschaftlichem Zusammenhang mit der Erlangung des Eigentums an der bezugsfertigen Immobilie entrichtet, nicht den sofort abziehbaren Werbungskosten, sondern den Anschaffungskosten zuzurechnen sind.

Diese Rechtsprechung ist wie bei den Immobilienfonds mit gewerblichen Einkünften grundsätzlich ab 01.01.2002 anzuwenden.[575]

1.6.2.11 Steuerabzug von Vergütungen für im Inland erbrachte Bauleistungen (§§ 48–48 d EStG)

307 Nach § 48 Abs. 1 Satz 1 EStG haben unternehmerisch tätige Auftraggeber von Bauleistungen im Inland einen Steuerabzug von 15 % der Gegenleistung (= Bruttobetrag einschließlich Umsatzsteuer) für Rechnung des die Bauleistung erbringenden Unternehmens vorzunehmen, wenn diesem nicht eine gültige, vom zuständigen Finanzamt ausgestellte Freistellungsbescheinigung vorliegt.[576]

Personengesellschaften können von dieser gesetzlichen Regelung sowohl als Leistungsgeber (Bauunternehmer, Handwerker) als auch als Leistungsempfänger (Abzugsverpflichteter) betroffen sein.

308 Ist die Personengesellschaft **Leistungsempfänger** einer Bauleistung (dies sind nach § 48 Abs. 1 Satz 3 EStG alle Leistungen, die der Herstellung, Instandsetzung oder Instandhaltung, Änderung oder Beseitigung von Bauwerken dienen) und hat der Leistungsgeber keine Freistellungsbescheinigung vorgelegt, so muss sie bis zum **10. Tag nach Ablauf des Monats,** in dem die Gegenleistung (Rechnungsbetrag, Anzahlung, Vorauszahlung, Abschlagszahlung, Teilzahlung) erbracht wird, eine **Anmeldung** nach amtlich vorgeschriebenem Vordruck bei dem für den **Leistenden zuständigen Finanzamt abgeben,** in der sie den Steuerabzug für den Anmeldungszeitraum selbst zu berechnen hat, und den Abzugsbetrag an dieses Finanzamt abführen.

---

573 BFH vom 07.08.1990, BStBl II 1990, 1024, vom 04.02.1992, BStBl II 1992, 883, und vom 11.01.1994, BStBl II 1995, 166.
574 BFH vom 08.05.2001, BStBl II 2001, 720.
575 BMF vom 24.10.2001, BStBl I 2001, 780.
576 Wegen Einzelheiten siehe BMF vom 27.12.2002, BStBl I 2002, 1399, vom 04.09.2003, BStBl I 2003, 431, und vom 20.09.2004, BStBl I 2004, 862.

Ferner muss sie nach § 48 a Abs. 2 EStG gegenüber dem **Leistenden** unter Angabe des Rechnungsbetrags, des Rechnungsdatums und des Zahlungstags, der Höhe des Steuerabzugs und des Finanzamts, bei dem der Steuerabzugsbetrag angemeldet worden ist, über den Steuerabzug **abrechnen.** Diese Abrechnung ist erforderlich, damit der Leistende diese Beträge mit eigenen Steuerzahlungen aufrechnen bzw. die Erstattung beantragen kann.

Die Personengesellschaft **haftet** nach § 48 a Abs. 3 EStG für einen nicht oder zu niedrig abgeführten Abzugsbetrag, es sei denn, im Zeitpunkt der Gegenleistung hat ihr eine Freistellungsbescheinigung vorgelegen, auf deren Rechtmäßigkeit sie vertrauen konnte.

Ist die Personengesellschaft **Leistende** und erbringt sie im Inland eine Bauleistung an eine **juristische Person des öffentlichen Rechts** oder an einen **Unternehmer** i. S. von § 2 UStG (dies sind auch Kleinunternehmer!) für deren unternehmerischen Bereich, sollte sie zur Vermeidung eines Steuerabzugs dem Leistungsempfänger spätestens im Zeitpunkt der Erbringung der Gegenleistung eine von ihrem zuständigen Finanzamt ausgestellte **Freistellungsbescheinigung** aushändigen, es sei denn, die Gegenleistung wird im laufenden Kalenderjahr insgesamt die folgenden Beträge **(Freigrenze!) nicht übersteigen:** 309

- **15.000 Euro** brutto, wenn der Leistungsempfänger **ausschließlich steuerfreie Vermietungsumsätze** nach § 4 Nr. 12 Satz 1 UStG ausführt,
- **5.000 Euro** brutto in den übrigen Fällen (§ 48 Abs. 2 EStG).

Legt sie keine Freistellungsbescheinigung vor, muss der Leistungsempfänger den Steuerabzug vornehmen und an das für die Personengesellschaft zuständige Finanzamt abführen. Die einbehaltenen und angemeldeten Steuerabzugsbeträge werden nach § 48 c Abs. 1 EStG in zwingender Reihenfolge vom für die Personengesellschaft zuständigen Finanzamt auf die von ihr zu entrichtenden Steuern wie folgt **angerechnet:**

1. auf die nach § 41 a Abs. 1 EStG einbehaltene und angemeldete **Lohnsteuer,**
2. auf die vom Leistenden zu entrichtenden **Vorauszahlungen** auf die **Einkommensteuer** oder **Körperschaftsteuer,**
3. auf die Einkommensteuer oder Körperschaftsteuer des Besteuerungs- oder **Veranlagungszeitraums** der Leistungserbringung,
4. auf die vom Leistenden selbst nach dem **Steuerabzugsverfahren** bei Bauleistungen anzumeldenden und abzuführenden Abzugsbeträge.

Der zur Vertretung der Personengesellschaft berechtigte Gesellschafter hat dem Finanzamt mitzuteilen, in welchem Verhältnis die Anrechnung nach 2. und 3. zu erfolgen hat. Die Mitteilung hat den Beteiligungsverhältnissen zu entsprechen. Ausnahmsweise können andere Kriterien berücksichtigt werden, wenn sie betrieblich begründet sind.

B. Laufende Besteuerung

Sofern keine Steueransprüche gegenüber der Personengesellschaft oder ihren Gesellschaftern bestehen bzw. nach Anrechnung noch ein Betrag verbleibt, erstattet das Finanzamt dem Leistenden den Abzugsbetrag. Voraussetzung für die Erstattung ist, dass der Leistende nicht zur Abgabe von Lohnsteueranmeldungen verpflichtet ist und eine Veranlagung zur Einkommensteuer nicht in Betracht kommt oder der Leistende glaubhaft macht, dass im Veranlagungszeitraum keine zu sichernden Steueransprüche entstehen werden (§ 48 c Abs. 2 EStG).

1.7 Die Gewinnermittlung auf der zweiten Stufe im Einzelnen

1.7.1 Grundsätze

310 Nach § 15 Abs. 1 Satz 1 Nr. 2 EStG gehören zu den Einkünften aus Gewerbebetrieb auch die Vergütungen, die der Gesellschafter von der Personengesellschaft für seine Tätigkeit im Dienst der Personengesellschaft, für die Hingabe von Darlehen oder für die Überlassung von Wirtschaftsgütern bezogen hat. Die Vergütungen mindern den Gewinn der Personengesellschaft, werden aber beim Gesellschafter in seiner Sonderbilanz erfasst und gehen so in den Gesamtgewinn der Mitunternehmerschaft ein.

311 Für die Zuordnung von Vergütungen unter § 15 Abs. 1 Satz 1 Nr. 2 EStG reicht es aus, dass ein Gesellschafter der Personengesellschaft eine der bezeichneten Leistungen gegen Vergütung erbracht hat, ohne dass es darauf ankommt, ob die Leistungsbeziehung ihren Anlass im Gesellschaftsverhältnis hat.[577] Ausgenommen davon sind nur Leistungen, bei denen Leistung und Mitunternehmereigenschaft des Leistenden nur zufällig zusammentreffen, vorübergehend sind und jeglicher wirtschaftliche Zusammenhang zwischen der Leistung und dem Mitunternehmerverhältnis ausgeschlossen erscheint.

Der BFH hat in den o. g. Urteilen folgende Möglichkeiten genannt:

1. Ein Rechtsanwalt, der an einer Publikums-KG neben zahlreichen anderen Kommanditisten geringfügig beteiligt ist, erhält einen einmaligen Auftrag zur Führung eines Prozesses.
2. Ein Arbeitnehmer einer KG erbt einen KG-Anteil, und das Arbeitsverhältnis wird alsbald nach dem Erbfall beendet.
3. Ein Kommanditist einer KG, die ein Bankgeschäft betreibt, beerbt einen Dritten, der bei der KG ein Sparguthaben unterhalten hat, und der Kommanditist löst dieses Sparguthaben alsbald nach dem Erbfall auf.

Diese Ausnahmefälle werden allerdings in der Praxis so gut wie nie vorkommen.

---

577 BFH vom 24.01.1980, BStBl II 1980, 269 und 271, vom 25.01.1980, BStBl II 1980, 275, und vom 22.01.1981, BStBl II 1981, 427.

Zu den Sondervergütungen i. S. des § 15 Abs. 1 Satz 1 Nr. 2 EStG gehören **312**
nicht nur Entgelte für Leistungen, die der Gesellschafter aufgrund eines von
ihm selbst mit der Personengesellschaft abgeschlossenen schuldrechtlichen
Vertrags an diese erbringt. Sondervergütungen kommen auch in Betracht,
wenn ein Dritter in den Leistungsaustausch zwischen dem Gesellschafter
und der Personengesellschaft eingeschaltet ist. Voraussetzung für die
Zurechnung der vom Gesellschafter bezogenen Vergütung zum gewerblichen Gewinn der Mitunternehmerschaft ist in einem solchen Fall, dass die
Leistung des Gesellschafters nicht dem zwischengeschalteten Dritten, sondern der leistungsempfangenden Personengesellschaft zugutekommen
soll.[578]

Aus diesen Grundsätzen ergeben sich folgende Konsequenzen: **313**

1. Unter § 15 Abs. 1 Satz 1 Nr. 2 EStG fallen alle Leistungen, zu denen eine Personengesellschaft verpflichtet ist, aufgrund

   — des Gesellschaftsvertrags,

   — eines Arbeitsvertrags,

   — eines Dienstvertrags,

   — eines Werkvertrags,

   — eines Geschäftsbesorgungsvertrags,

   — eines Mietvertrags,

   — eines Leihvertrags oder

   — eines Darlehensvertrags.

2. Es ist gleichgültig, ob und bei welcher anderen Einkunftsart (z. B. aus Land- und Forstwirtschaft, aus selbständiger oder nichtselbständiger Arbeit, aus Kapitalvermögen oder aus Vermietung und Verpachtung) die Vergütungen ohne die Regelung in § 15 Abs. 1 Satz 1 Nr. 2 EStG zu erfassen wären.

3. § 15 Abs. 1 Satz 1 Nr. 2 EStG hat Vorrang vor § 15 Abs. 1 Satz 1 Nr. 1 EStG. Aus diesem Grund kommt es auch nicht darauf an, ob die Leistungen im Rahmen des gewöhnlichen oder des außergewöhnlichen Geschäftsverkehrs erbracht werden.

4. Es ist für die Anwendung des § 15 Abs. 1 Satz 1 Nr. 2 EStG unerheblich, ob

   — der Mitunternehmer wesentlich, unwesentlich oder sogar nur mit einem Zwerganteil an der Personengesellschaft beteiligt ist;

   — der Mitunternehmer eine natürliche Person, eine andere Personengesellschaft oder eine Kapitalgesellschaft ist;

   — der Mitunternehmer unbeschränkt oder beschränkt einkommen- bzw. körperschaftsteuerpflichtig ist.

---

578 BFH vom 06.07.1999, BStBl II 1999, 720.

B. Laufende Besteuerung

5. Eine Folge der Hinzurechnung gem. § 15 Abs. 1 Satz 1 Nr. 2 EStG ist, dass Aufwendungen, die mit den o. g. Vergütungen in einem Zusammenhang stehen, als Sonderbetriebsausgaben den Gewinn des Mitunternehmers mindern.
6. Weil die Vergütungen i. S. von § 15 Abs. 1 Satz 1 Nr. 2 EStG ohnehin bei der steuerlichen Gewinnermittlung der Personengesellschaft zu erfassen sind und damit zu den Einkünften aus Gewerbebetrieb gehören und die mit den Vergütungen im Zusammenhang stehenden Wirtschaftsgüter zum Sonderbetriebsvermögen gehören, spielt es keine Rolle, ob die Vergütungen angemessen, zu hoch oder zu niedrig sind. Die Höhe der Vergütungen hat nur Auswirkungen auf die Verteilung des Gewinns auf die einzelnen Gesellschafter.

Aber:

314 1. § 15 Abs. 1 Satz 1 Nr. 2 EStG ist auf die **Veräußerung von Wirtschaftsgütern** (Lieferungen und Werklieferungen) **nicht** anzuwenden, unabhängig davon, ob es sich um Lieferungen im Rahmen des gewöhnlichen (z. B. Warenverkauf) oder des außergewöhnlichen (z. B. Wirtschaftsgüter des Anlagevermögens) Geschäftsverkehrs handelt, weil diese Vergütungen weder solche für eine Tätigkeit noch für die Gewährung von Darlehen noch für die Überlassung (Vermietung) von Wirtschaftsgütern sind.[579]

2. § 15 Abs. 1 Satz 1 Nr. 2 EStG ist ebenfalls nicht anzuwenden, auch nicht sinngemäß, wenn eine Personengesellschaft nur vermögensverwaltend tätig ist und deshalb nur Einkünfte aus einer Überschusseinkunftsart erzielt. Die Vergütungen, die der Gesellschafter erhält, werden dort erfasst, wo sie getätigt werden, somit entweder im Rahmen einer Gewinneinkunftsart oder einer Überschusseinkunftsart.

3. Eine Vergütung i. S. des § 15 Abs. 1 Satz 1 Nr. 2 EStG liegt **nicht** vor, wenn diese Vergütung nicht durch Dienstleistungen oder Nutzungsüberlassungen, sondern durch das Bestreben veranlasst ist, den Gesellschafter vorzeitig an noch nicht realisierten Gewinnen der Personengesellschaft zu beteiligen. In diesen Fällen liegt eine Entnahme des Gesellschafters vor.[580]

315 Für die Gewinnermittlung des Sonderbetriebsvermögens gelten auch die handelsrechtlichen Grundsätze ordnungsmäßiger Buchführung, obwohl hier eine handelsrechtliche Gewinnermittlungsvorschrift, die gem. § 5 Abs. 1 Satz 1 EStG für die steuerrechtliche Gewinnermittlung des Sonderbetriebsvermögens maßgeblich sein könnte, fehlt.[581]

---

[579] Siehe hierzu im Einzelnen B. Rz. 375 ff.
[580] BFH vom 24.01.2008, BStBl II 2008, 428.
[581] BFH vom 21.01.1992, BStBl II 1992, 958, und vom 27.11.1997, BStBl II 1998, 375.

Hinweis:

Erzielt die Personengesellschaft Einkünfte aus **Land- und Forstwirtschaft** oder aus **selbständiger Arbeit**, gilt nach § 13 Abs. 7 EStG und § 18 Abs. 4 EStG § 15 Abs. 1 Satz 1 Nr. 2 EStG entsprechend. Das bedeutet, die hier dargestellten Grundsätze gelten auch bei diesen Personengesellschaften mit der Folge, dass die Vergütungen, die der Gesellschafter von der Personengesellschaft für seine Tätigkeit im Dienste der Personengesellschaft oder für die Hingabe von Darlehen oder für die Überlassung von Wirtschaftsgütern bezogen hat, zu den Einkünften aus Land- und Forstwirtschaft bzw. aus selbständiger Arbeit gehören und die damit im Zusammenhang stehenden Wirtschaftsgüter, die der Personengesellschaft zur Nutzung überlassen werden, Sonderbetriebsvermögen der Gesellschafter sind.

1.7.2 Vergütungen für Arbeitsleistungen

1.7.2.1 Allgemeines

Der im Privatrecht geltende Grundsatz der Vertragsfreiheit erlaubt es, Bezüge aufgrund von Leistungen des Gesellschafters für die Personengesellschaft gesellschaftsrechtlich als Gewinnanteil oder gewinnunabhängige Vergütung oder schuldrechtlich als gewinnabhängige oder gewinnunabhängige Vergütung zu gewähren. **316**

Sobald eine Vergütung für die Tätigkeit eines Gesellschafters nicht gesellschaftsrechtlich bedingt ist, hat sie eine **schuldrechtliche** Grundlage. Dies ist bereits dann der Fall, wenn im Gesellschaftsvertrag vereinbart ist, dass die Tätigkeitsvergütung als Aufwand zu behandeln ist und auch dann gezahlt werden soll, wenn ein Verlust erwirtschaftet wird.[582] Infolgedessen mindern diese Zahlungen den handelsrechtlichen und steuerrechtlichen Gewinn der Personengesellschaft. Umsatzsteuerlich liegt in diesen Fällen ein steuerbarer Leistungsaustausch vor.[583]

Fehlt es hingegen an einer hierauf gerichteten unmissverständlichen Vereinbarung, so handelt es sich – im Zweifel – um eine bloße Gewinnverteilungsabrede. Etwaige Zahlungen an den Gesellschafter bereits im Laufe des Jahres sind als Entnahme dieses Gesellschafters zu buchen. Umsatzsteuerlich liegt dann auch kein steuerbarer Leistungsaustausch vor.[584]

Sofern aufgrund einer schuldrechtlichen Vereinbarung der Gewinn der Personengesellschaft gemindert wurde, erfolgt auf der 2. Stufe der Gewinnermittlung nach § 15 Abs. 1 Satz 1 Nr. 2 EStG eine Hinzurechnung zum Gewinn. Das gilt unabhängig davon, ob die Tätigkeitsvergütung den Tariflohn eines vergleichbaren Arbeitnehmers übersteigt, die geleisteten Dienste

---

582 BFH vom 14.11.1985, BStBl II 1986, 58, vom 13.10.1998, BStBl II 1999, 284, und vom 23.01.2001, BStBl II 2001, 621.
583 Wegen Einzelheiten zur USt siehe B. Rz. 523 ff.
584 Siehe B. Rz. 504.

B. Laufende Besteuerung

von untergeordneter Bedeutung sind oder der Mitunternehmer nur gelegentlich für die Personengesellschaft tätig wird.[585] Die Zurechnung unterbleibt **nicht,** wenn die Arbeitnehmereigenschaft die Mitunternehmervergütung „überwiegt". Auf das Verhältnis des Arbeitsentgelts zum Anteil am Gewinn kommt es nicht an.

1.7.2.2 Laufende und einmalige Vergütungen

317 Zu den nach § 15 Abs. 1 Satz 1 Nr. 2 EStG **steuerpflichtigen** Einkünften aus Gewerbebetrieb gehören alle laufenden und einmaligen Vergütungen, die die Personengesellschaft bei Bezahlung an Arbeitnehmer als Betriebsausgaben abziehen könnte, gleichgültig, ob beim Arbeitnehmer steuerpflichtiger oder steuerfreier Arbeitslohn vorliegen würde, z. B.

— Ersatz von Aufwendungen, z. B. Fahrtkosten, Reisekosten,

— Entschädigungen für die Nutzung privater Wirtschaftsgüter des Gesellschafters für betriebliche Zwecke der Personengesellschaft,

— Jubiläumszuwendungen,

— Zuschläge für Sonntags-, Feiertags- und Nachtarbeit und Überstunden,

— **Arbeitnehmer-** und **Arbeitgeberanteile** zur Sozialversicherung, sofern der Gesellschafter sozialversicherungsrechtlich als Arbeitnehmer einer KG oder einer atypisch stillen Gesellschaft anzusehen ist und diese Beiträge nach den Sozialversicherungsgesetzen entrichtet werden müssen,[586]

— vermögenswirksame Leistungen einer KG gegenüber ihrem Arbeitnehmer-Kommanditisten; folglich kann für diese Leistungen keine Arbeitnehmer-Sparzulage nach § 13 5. VermBG gewährt werden,

— Vermittlungsprovisionen,

— Beiträge an eine Direktversicherung, einen Pensionfonds oder eine Pensionskasse zum Aufbau einer kapitalgedeckten betrieblichen Altersversorgung,

— Abfindungen, die der bei einer KG angestellte Kommanditist aus Anlass der Auflösung seines Dienstverhältnisses bezogen hat.[587]

318 Die Steuerbefreiungen in § 3 EStG kommen nicht zum Zuge, weil ihr Anwendungsbereich auf Leistungen zwischen Arbeitgeber und Arbeitnehmer beschränkt ist und ein Gesellschafter (Mitunternehmer) steuerrechtlich kein Arbeitnehmer ist.

319 Aus diesem Grund sind auch die Arbeitgeberbeiträge der Personengesellschaft nicht nach § 3 Nr. 62 EStG steuerfrei. Dafür gehören sowohl die

---

585 BFH vom 19.10.1970, BStBl II 1971, 177, vom 24.01.1980, BStBl II 1980, 271, und vom 27.05.1981, BStBl II 1982, 192.
586 BFH vom 19.10.1970, BStBl II 1971, 177, vom 08.04.1992, BStBl II 1992, 812, und vom 30.08.2007, BStBl II 2007, 942.
587 BFH vom 23.04.1996, BStBl II 1996, 515.

Arbeitnehmeranteile als auch die Arbeitgeberanteile zur Sozialversicherung zu den nach § 10 Abs. 1 Nr. 2 und 3 EStG abzugsfähigen Sonderausgaben, weil sie nicht mehr mit steuerfreien Einnahmen in unmittelbarem wirtschaftlichem Zusammenhang stehen (§ 10 Abs. 2 Nr. 1 EStG). Ferner erfolgt keine Kürzung nach § 10 Abs. 3 EStG und der Höchstbetrag der abzugsfähigen Vorsorgeaufwendungen nach § 10 Abs. 4 EStG beträgt 2.400 Euro.

Eine weitere Folge ist, dass der ermäßigte Steuersatz gem. § 34 Abs. 1 und 2 EStG für Abfindungen nicht gewährt werden kann.

320 Aufwendungen des Gesellschafters, die mit den o. g. Vergütungen in einem Zusammenhang stehen, mindern als Sonderbetriebsausgaben[588] den Gewinn der Personengesellschaft.[589]

321 **Keine** Anwendung findet § 15 Abs. 1 Satz 1 Nr. 2 EStG dagegen, wenn eine Mitunternehmerin von ihrer Personengesellschaft eine Witwenpension erhält, die ihren Ursprung in einer früheren Tätigkeit ihres Ehemannes als Arbeitnehmer der Personengesellschaft hat, und der Ehemann kein Mitunternehmer war. Die Witwe wird zur Arbeitnehmerin gem. § 1 Abs. 1 LStDV und bezieht nach § 19 Abs. 2 EStG begünstigte Versorgungsbezüge.

322 Erbringt der Gesellschafter einer gewerblich tätigen Personengesellschaft im Auftrag einer Kapitalgesellschaft Managementleistungen zugunsten der Personengesellschaft, so sind die hierfür von der Personengesellschaft weitergeleiteten Vergütungen Sonderbetriebseinnahmen des Gesellschafters.[590] Der BFH wendet hier dieselben Grundsätze an wie bei einer GmbH & Co. KG,[591] weil es nicht sachgerecht wäre, die Rechtsfolge des § 15 Abs. 1 Nr. 2 EStG durch die Zwischenschaltung einer Kapitalgesellschaft umgehen zu können. Folglich ist § 15 Abs. 1 Satz 1 Nr. 2 EStG in allen Fällen anzuwenden, in denen das Tätigwerden des Gesellschafters durch die Gesellschafterstellung veranlasst ist.

Beispiel 1:

An einer KG sind A als Komplementär und B als Kommanditist beteiligt. Alleiniger Geschäftsführer der KG ist A. Die KG vergibt bestimmte Führungs- und Managementaufgaben an die A-GmbH, deren alleiniger Gesellschafter-Geschäftsführer A ist. Die GmbH erhält für ihre Leistung Ersatz ihrer Kosten zzgl. eines Gewinnaufschlags von 5 %, insgesamt im VZ 300.000 €. Die vertraglichen Verpflichtungen aus dem Vertrag zwischen der GmbH und der KG werden von der GmbH an A delegiert. Deshalb leitet die GmbH den Betrag von 300.000 € an A weiter.

Die Vergütung i. H. von 300.000 € stellen bei der KG Betriebsausgaben und bei der GmbH Betriebseinnahmen dar (keine Sonderbetriebseinnahmen, weil sie nicht an der KG beteiligt ist). Bei A liegen keine Einnahmen aus nichtselbstän-

---

588 Wegen der Arten von Sonderbetriebsausgaben siehe B. Rz. 338 ff.
589 Wegen der buchmäßigen Behandlung dieser Vergütungen siehe B. Rz. 347.
590 BFH vom 10.07.2002, BStBl II 2003, 191, und vom 06.07.1999, BStBl II 1999, 720.
591 Siehe im Einzelnen R. Rz. 47 ff.

B. Laufende Besteuerung

diger Arbeit aus dem Arbeitsverhältnis mit der GmbH vor, sondern eine Vergütung i. S. von § 15 Abs. 1 Satz 1 Nr. 2 EStG, weil das Tätigwerden des A durch die Gesellschafterstellung bei der KG veranlasst ist.

Beispiel 2:
An der MF-KG sind M als Komplementär und seine Ehefrau F als Kommanditistin beteiligt. Alleiniger Geschäftsführer der KG ist M. Daneben ist M alleiniger Gesellschafter-Geschäftsführer der M-GmbH. Die Anteile an der M-GmbH hält er in seinem Sonderbetriebsvermögen bei der KG. F ist als Arbeitnehmerin bei der GmbH angestellt. Die KG beschäftigt kein eigenes Büropersonal. Die Büroarbeiten der KG werden von der GmbH erbracht, die dafür ein monatliches Entgelt von 1.000 € erhält. Die GmbH hat diese Büroarbeiten für die KG an F delegiert.

Die von der KG an die GmbH entrichtete Vergütung stellen bei der KG Betriebsausgaben und bei der GmbH Betriebseinnahmen dar, weil die GmbH nicht an der KG beteiligt ist. Der Arbeitslohn der F, den sie von der GmbH erhält, ist i. H. von monatlich 1.000 € als Vergütung i. S. von § 15 Abs. 1 Satz 1 Nr. 2 EStG dem Gewinn der KG und dem Gewinnanteil der F zuzurechnen.[592] Eine solche Sondervergütung ist nicht nur gegeben, wenn der Gesellschafter unmittelbar für die KG tätig wird, sondern auch dann, wenn sich die Leistung des Gesellschafters letztlich als eine Tätigkeit im Dienst der Personengesellschaft erweist; dies ist bei Dienstleistungen der Gesellschafter der Fall, wenn diese nur für die Personengesellschaft von Wert oder für diese bestimmt sind.

Hat die zwischengeschaltete GmbH neben der Geschäftsführung für die Personengesellschaft einen weiteren Tätigkeitsbereich, gilt die Hinzurechnung der Vergütungen an den Gesellschafter der Personengesellschaft als dessen Sondervergütungen i. S. von § 15 Abs. 1 Nr. 2 EStG nur dann, wenn die Tätigkeit des Gesellschafters für die Personengesellschaft hinreichend von seiner Tätigkeit für den übrigen Geschäftsbereich der zwischengeschalteten GmbH abgrenzbar ist. Diese Voraussetzung ist erfüllt, wenn die Personengesellschaft der zwischengeschalteten GmbH die Aufwendungen ersetzt, die dieser für die im Interesse der Personengesellschaft erbrachten Tätigkeiten des Gesellschafter entstanden sind.[593] Zu den Vergütungen in diesem Sinne gehören auch eine Pensionszusage und die damit verbundenen Zuführungen zu einer Pensionsrückstellung. Der Gesellschafter muss die Zuführungen zur Pensionsrückstellung bei der GmbH in seiner Sonderbilanz bei der Personengesellschaft als Forderung aktivieren.

1.7.2.3 Pensionszusagen an einen Gesellschafter

323 Gewährt eine Personengesellschaft einem Gesellschafter eine Pensionszusage für Alter, Invalidität und Hinterbliebene, ist **handelsrechtlich**[594] nach

---
[592] BFH vom 07.12.2004, BStBl II 2005, 390.
[593] BFH vom 14.02.2006, BStBl II 2008, 182.
[594] IDW RS HFA 7, WPg 2002 S. 1259.

§ 249 Abs. 1 Satz 1 HGB i. V. m. Art. 28 Abs. 1 EGHGB und **steuerrechtlich**[595] nach § 5 Abs. 1 Satz 1 EStG (Maßgeblichkeitsgrundsatz) und § 6 a EStG wie folgt zu unterscheiden:

— Bei Altzusagen (vor 01.01.1987) darf in der Handelsbilanz und in der Steuerbilanz eine Pensionsrückstellung gebildet werden (Art. 28 EGHGB, vgl. R 6a Abs. 1 Satz 3 EStR).
— Bei Neuzusagen (nach 31.12.1986) muss in der Handelsbilanz und in der Steuerbilanz eine Pensionsrückstellung gebildet werden.

Bei der Bewertung dieser Rückstellung ist sowohl bei Altzusagen als auch bei Neuzusagen das Nachholverbot des § 6 a Abs. 4 Satz 1 EStG zu beachten; dieses hat Vorrang vor dem Grundsatz des formellen Bilanzzusammenhangs und gilt auch dann, wenn die Zuführung zur Pensionsrückstellung in den früheren Wirtschaftsjahren aus Rechtsunkenntnis oder wegen Irrtums unterblieben ist.[596]

Nach dem Grundsatz der additiven Gewinnermittlung mit korrespondierender Bilanzierung muss jedoch gem. § 15 Abs. 1 Satz 1 Nr. 2 EStG in der Sonderbilanz des begünstigten Gesellschafters ein der Rückstellung entsprechender Betrag als Aktivposten bilanziert werden. Der steuerliche Gesamtgewinn der Personengesellschaft bleibt dadurch unverändert.[597]

Für die Zeit nach vertraglich vorgesehenem Eintritt des Versorgungsfalls ist zu unterscheiden:[598]

324

- In der **Bilanz der Personengesellschaft** sind die laufenden Pensionsleistungen gewinnmindernd zu buchen. Die Pensionsrückstellung ist nach den Grundsätzen in R 6 a Abs. 22 EStR bis zum vollständigen Wegfall der Pensionsverpflichtung nach versicherungsmathematischen Grundsätzen gewinnerhöhend aufzulösen. Im Ergebnis wirken sich damit die in den Rentenleistungen enthaltenen Zinsen jährlich gewinnmindernd aus.

  Dies gilt auch dann, wenn der begünstigte Gesellschafter vor seinem Tod aus der Personengesellschaft **ausscheidet**.

  Bei **Wegfall** des Pensionsanspruchs (z. B. durch **Tod** des Gesellschafters ohne Hinterbliebenenversorgung) ist die bilanzierte Pensionsrückstellung **gewinnerhöhend** aufzulösen. Dieser Gewinn ist **allen** Gesellschaftern nach dem Gewinnverteilungsschlüssel hinzuzurechnen.

- In der **Sonderbilanz des begünstigten Gesellschafters** sind die laufenden Pensionsleistungen gewinnerhöhend zu buchen. Die nach den Grundsätzen der korrespondierenden Bilanzierung aktivierte Forderung ist – spiegelbildlich zur Behandlung bei der Personengesellschaft – nach versiche-

---

595 BFH vom 13.06.2006, BStBl II 2006, 928, und vom 13.02.2000, BStBl II 2008, 673; BMF vom 13.03.1987, BStBl I 1987, 365.
596 BFH vom 13.02.2008, BStBl II 2008, 673.
597 BFH vom 02.12.1997, BStBl II 2008, 174, vom 14.02.2006, BStBl II 2008, 182, und vom 30.03.2006, BStBl II 2008, 171.
598 BMF vom 29.01.2008, BStBl I 2008, 317.

B. Laufende Besteuerung

rungsmathematischen Grundsätzen **gewinnmindernd** aufzulösen. Im Ergebnis wirken sich damit die in den Rentenleistungen enthaltenen Zinsen jährlich gewinnerhöhend aus.

Scheidet der begünstigte Gesellschafter aus der Personengesellschaft aus, ist er weiterhin mit den nachträglichen Einkünften in die gesonderte und einheitliche Feststellung für die Personengesellschaft einzubeziehen. Aus diesem Grund muss auch seine Sonderbilanz bezüglich der Pensionsforderung fortgeführt werden, denn diese Forderung **bleibt** nach § 15 Abs. 1 **Satz 2** EStG **Sonderbetriebsvermögen** dieses Gesellschafters. Das bedeutet, die laufenden Pensionsleistungen sind nun nach § 15 Abs. 1 **Satz 2** EStG als **Sonderbetriebseinnahmen** dieses ehemaligen Gesellschafters zu erfassen und die aktivierte Pensionsforderung ist nach § 15 Abs. 1 **Satz 2** EStG nach versicherungsmathematischen Grundsätzen **gewinnmindernd** aufzulösen.

Bei Wegfall des Pensionsanspruchs (z. B. durch **Tod** des Gesellschafters ohne Hinterbliebenenversorgung) muss die Forderung in der Sonderbilanz des verstorbenen Gesellschafters **gewinnmindernd** ausgebucht werden, was bei ihm zu Sonderbetriebsausgaben führt.

Beispiel 1:

A ist Gesellschafter der AB-OHG und mit 25 % am Gewinn und Verlust sowie an den stillen Reserven beteiligt. Für seine Geschäftsführertätigkeit erhält er in 01 von der OHG eine Pensionszusage. Ab 01.01.04, bei Erreichen des 65. Lebensjahrs, zahlt die OHG an A monatlich 500 €.

Der Teilwert dieser Verpflichtung beträgt am

    31.12.01   20.000 €

    31.12.02   24.000 €

    31.12.03   30.000 €

    31.12.04   28.000 €

    31.12.05   25.600 €

Die OHG muss sowohl in ihrer Handelsbilanz als auch in ihrer Steuerbilanz eine Pensionsrückstellung in Höhe des jeweiligen Teilwerts bilden (§ 249 Abs. 1 HGB; § 6 a EStG), die zu einer anteiligen Gewinnminderung aller Gesellschafter führt. In der Sonderbilanz des A muss der Anspruch in der Höhe aktiviert werden, in der in der Steuerbilanz der OHG eine Rückstellung gebildet wird.

Nach Eintritt des Versorgungsfalls ist die Rückstellung nach der versicherungsmathematischen Methode aufzulösen (R 6 a Abs. 22 EStR).

Das führt zu folgendem Ergebnis:

– **vor Eintritt des Versorgungsfalls**

In der Handels- und Steuerbilanz der OHG ist die Rückstellung in den einzelnen Jahren in folgender Höhe zu passivieren:

    in 01:   20.000 €, Gewinnauswirkung ./. 20.000 €

    in 02:   24.000 €, Gewinnauswirkung ./. 4.000 €

    in 03:   30.000 €, Gewinnauswirkung ./. 6.000 €

1 Einkommensteuer

A muss in seiner Sonderbilanz eine Forderung aktivieren i. H. von:
in 01: 20.000 €, Gewinnauswirkung + 20.000 €
in 02: 24.000 €, Gewinnauswirkung + 4.000 €
in 03: 30.000 €, Gewinnauswirkung + 6.000 €

Der steuerliche Gesamtgewinn der OHG, bestehend aus dem Ergebnis der Steuerbilanz der OHG und der Sonderbilanz des A, beträgt in allen drei Jahren 0 €.

Die Gewinnminderung in der Handels- und Steuerbilanz betrifft jeden Gesellschafter mit 25 %. Ihr Gewinnanteil mindert sich jeweils:
in 01: um 5.000 €
in 02: um 1.000 €
in 03: um 1.500 €

Der Gesamtgewinn des A beträgt somit:
in 01: ./. 5.000 € + 20.000 € = + 15.000 €
in 02: ./. 1.000 € + 4.000 € = + 3.000 €
in 03: ./. 1.500 € + 6.000 € = + 4.500 €

Gegenüber der Handelsbilanz ergibt sich ein Mehrgewinn i. H. von:
in 01: 20.000 €
in 02:   4.000 €
in 03:   6.000 €

der in vollem Umfang zu einer Gewinnerhöhung bei A führt.

- **nach Eintritt des Versorgungsfalls**

Die Rückstellung ist nach R 6 a Abs. 22 EStR versicherungsmathematisch aufzulösen, d. h., die Zahlungen von 6.000 € mindern den Gewinn aller Gesellschafter und die Auflösung der Rückstellung erhöht den Gewinn aller Gesellschafter. Die Rückstellung beträgt somit:
in 04: 28.000 € (Gewinnerhöhung 2.000 €)
in 05: 25.600 € (Gewinnerhöhung 2.400 €)

Unter Berücksichtigung der Pensionszahlungen von 6.000 € ergibt sich eine Gesamtgewinnauswirkung bei der OHG in Handels- und Steuerbilanz:
in 04 i. H. von ./. 4.000 €
in 05 i. H. von ./. 3.600 €

Diese Gewinnminderung betrifft alle Gesellschafter mit je 25%. Ihr Gewinnanteil mindert sich:
in 04 um 1.000 €
in 05 um   900 €

A muss in seiner Sonderbilanz die laufenden Pensionszahlungen als Sonderbetriebseinnahmen erfassen und die Forderung in dem Umfang mindern, wie die Pensionsrückstellung bei der OHG gemindert wurde.

Die Forderung ist somit noch zu aktivieren:
in 04 i. H. von 28.000 € (Gewinnminderung 2.000 €)
in 05 i. H. von 25.600 € (Gewinnminderung 2.400 €)

B. Laufende Besteuerung

Der Gewinn in der Sonderbuchführung beträgt damit:
in 04: 4.000 €
in 05: 3.600 €

Der Gesamtgewinn des A beträgt somit:
in 04: ./. 1.000 € + 4.000 € = + 3.000 €
in 05: ./. 900 € + 3.600 € = + 2.700 €

Der steuerliche Gesamtgewinn der OHG beträgt auch in 04 und 05 wiederum jeweils 0 €. Gegenüber der Handelsbilanz ergibt sich ein Mehrgewinn von 4.000 € (in 04) und 3.600 € (in 05), der wiederum in vollem Umfang zu einer Gewinnerhöhung bei A führt.

Beispiel 2:
Wie Beispiel 1; A stirbt am 02.01.2006 und scheidet aus der OHG aus. Die Pensionszahlungen werden eingestellt.

In der Handels- und Steuerbilanz ist die Pensionsrückstellung i. H. von 25.600 € gewinnerhöhend aufzulösen und auf alle Gesellschafter mit je 25 % = 6.400 € zu verteilen. Die in der Sonderbilanz des A aktivierte Forderung i. H. von 25.600 € ist ebenfalls aufzulösen und mindert den Gesamtgewinn der OHG und den Gewinnanteil des A.

325 Hat die Personengesellschaft zur Absicherung der einem Gesellschafter erteilten Pensionszusage eine **Rückdeckungsversicherung** abgeschlossen, so gehört diese Versicherung zu ihrem Privatvermögen, weil sie ein privates Risiko eines Gesellschafters abdeckt. Die Versicherungsprämien stellen Entnahmen der Personengesellschaft dar, die allen Gesellschaftern entsprechend ihrer Beteiligung zugerechnet werden. Da der Versicherungsanspruch zum Privatvermögen der Personengesellschaft gehört, wird die Versicherungsleistung bei Fälligkeit steuerfrei vereinnahmt.[599]

326 Übergangsregelung:

Die steuerliche Behandlung der Pensionszusagen an Gesellschafter einer Personengesellschaft war nicht einheitlich. Sofern die vom BFH bestätigte und nunmehr (endlich) auch von der Finanzverwaltung übernommene Auffassung bisher nicht angesetzt war, ist diese **erstmals** in der Schlussbilanz des Wirtschaftsjahrs anzuwenden, das **nach dem 31.12.2007 endet.**

Wahlrecht: Wenn die Gesellschafter der Personengesellschaft dies **einvernehmlich** gegenüber dem für die Personengesellschaft örtlich zuständigen Finanzamt schriftlich und **unwiderruflich** erklären und die bisher vorgelegten Bilanzen (Gesellschaftsbilanzen und Sonderbilanzen) entsprechend berichtigen, kann die aktuelle Regelung auch bereits für Wirtschaftsjahre noch **offener** Veranlagungszeiträume der **Vorjahre** angewendet werden.

---

[599] BFH vom 28.06.2001, BStBl II 2002, 724; s. auch BMF vom 29.01.2008, BStBl I 2008, 317, Rz. 19.

Neben der nunmehr aktuellen Rechtslage waren folgende zwei Lösungen anzutreffen:

- **Keine Bilanzierung** der Pensionszusage.
- Passivierung der Pensionsrückstellung in der Bilanz der Personengesellschaft, **anteilige** Aktivierung der Pensionsforderung in den Sonderbilanzen **aller** Gesellschafter.

Die Umstellung auf die vom BFH entschiedene Lösung führt bei der erstmaligen Anwendung in der Bilanz zum 31.12.2008 zu einer Gewinnverschiebung zwischen den Gesellschaftern. Beim begünstigten Gesellschafter ergibt sich ein Mehrgewinn, bei den übrigen Gesellschaftern ergeben sich Mindergewinne. Aus diesem Grund hat die Finanzverwaltung alternativ **zwei Übergangsregelungen** für Pensionszusagen, die **vor dem 01.01.2008** (bei abweichendem Wirtschaftsjahr für vor dem Beginn des Wirtschaftsjahrs 2007/2008 erteilte Zusagen) erteilt wurden, eingeführt:[600]

1. Die bisherige steuerliche Behandlung kann **zeitlich unbeschränkt fortgeführt** werden, wenn die Gesellschafter der Personengesellschaft dies **übereinstimmend** gegenüber dem für die Personengesellschaft örtlich zuständigen Finanzamt schriftlich erklären. Der Antrag kann nur im Einvernehmen aller Gesellschafter zurückgenommen werden; eine Rücknahme des Antrags wirkt nur für die Zukunft. Aus Gründen der Rechtssicherheit ist diese Übergangsregelung zu begrüßen.

2. Die **Neuregelung** wird in die Bilanz der Personengesellschaft und in die Sonderbilanz des begünstigten Gesellschafters **übernommen**. Dabei ist zu **unterscheiden**:

   - Bisher wurde **nichts bilanziert**:

     Die Passivierung der Pensionsrückstellung führt in der Bilanz der Personengesellschaft zu einer Gewinnminderung, die auf alle Gesellschafter nach dem Gewinnverteilungsschlüssel zu verteilen ist. Die Aktivierung in der Sonderbilanz des begünstigten Gesellschafters führt (nur) bei diesem zu einer Gewinnerhöhung. Dieser darf in seiner Sonderbilanz gewinnmindernd eine **Rücklage in Höhe von 14/15** der sich insgesamt ergebenden Gewinnauswirkung bilden. Diese Rücklage ist in den folgenden **14 Jahren** zu jeweils **mindestens 1/14 gewinnerhöhend** aufzulösen. Da diese Rücklage in der Sonderbilanz auszuweisen ist, entfällt ein Ausweis in der Handelsbilanz der Personengesellschaft, d. h., der umgekehrte Maßgeblichkeitsgrundsatz nach § 5 Abs. 1 Satz 2 EStG ist nicht zu beachten. Bei **Wegfall** der Pensionsverpflichtung ist eine in der Sonderbilanz noch bestehende Rücklage **gewinnerhöhend** aufzulösen.

---

600 BMF vom 29.01.2008, BStBl I 2008, 317, Rz. 5 und Rz. 20.

B. Laufende Besteuerung

Beachte: Diese Rücklage darf **nur** in der Sonderbilanz zum **31.12.2008** (bzw. noch offener Veranlagungszeiträume vor 2008) gebildet werden. Das bedeutet, entscheiden sich die Gesellschafter der Personengesellschaft zunächst für die Beibehaltung der bisherigen bilanziellen Behandlung und wechseln erst in einem späteren Jahr zur aktuellen Rechtslage, kann keine Rücklage mehr gebildet werden.

Beispiel 3:

An der ABC-OHG sind A, B und C je zu einem Drittel beteiligt. Die OHG hat vor mehreren Jahren ihrem Gesellschafter A eine Pensionszusage erteilt, deren versicherungsmathematischer Barwert am 31.12.2008 (= Teilwert i. S. von § 6 a Abs. 3 EStG) 75.000 € beträgt. Eine Bilanzierung dieser Pensionsverpflichtung ist bisher nicht erfolgt.

In der Bilanz der OHG zum 31.12.2008 ist die Pensionsrückstellung i. H. des Teilwerts von 90.000 € zu passivieren. Dies führt bei allen drei Gesellschaftern zu einer Gewinnminderung von jeweils ./. 30.000 €.

In der Sonderbilanz des A ist die Forderung mit 90.000 € gewinnerhöhend zu aktivieren. Dieser Gewinn ist allein A zuzurechnen. Der steuerliche Gesamtgewinn der OHG beträgt daher 0 €. Die gewerbesteuerliche Auswirkung beträgt daher ebenfalls 0 €. Bei der Gewinnverteilung ergibt sich jedoch für A eine Gewinnauswirkung von (./. 30.000 € + 90.000 € =) 60.000 €. Auf Antrag kann A in seiner Sonderbilanz zum 31.12.2008 eine Rücklage i. H. von 14/15 von 60.000 € = 56.000 € gewinnmindernd passivieren. Seine Gewinnauswirkung beträgt dann im VZ 2008 nur noch (60.000 € ./. 56.000 € =) 4.000 €. Die Rücklage von 56.000 € ist in den folgenden 14 Jahren (2009–2022) um jährlich mindestens 1/14 = 4.000 € gewinnerhöhend aufzulösen. Diese Rücklage ist nur bei der Einkommensteuer zu berücksichtigen, weil bei der Gewerbesteuer die Gewinnauswirkung 0 € beträgt.

- Bisher wurde in der Bilanz der Personengesellschaft eine Pensionsrückstellung **passiviert,** die Forderung jedoch in den Bilanzen aller Gesellschafter **anteilig aktiviert.**

In der Sonderbilanz des **begünstigten** Gesellschafters ist die Forderung **gewinnerhöhend** auf den in der Bilanz der Personengesellschaft ausgewiesenen Rückstellungsbetrag aufzustocken. In den Sonderbilanzen der **übrigen** (nicht begünstigten) Gesellschafter ist die bisher aktivierte Forderung **gewinnmindernd** auszubuchen. Auch in diesem Fall darf der begünstigte Gesellschafter (nur in der Sonderbilanz zum 31.12.2008 oder noch offener Vorjahre) eine **Rücklage in Höhe von 14/15** des Gewinns bilden, die in den nachfolgenden **14 Jahren** zu jeweils **mindestens 1/14 gewinnerhöhend** aufzulösen ist.

(**Anmerkung:** Dasselbe gilt, wenn die Hinzurechnung bei allen Gesellschaftern nicht in den Sonderbilanzen, sondern durch außerbilanzielle Korrektur vorgenommen wurde.)

Beispiel 4:

Wie Beispiel 3, jedoch ist die Pensionsrückstellung bereits bisher in der Bilanz der OHG passiviert worden. In der Bilanz zum 31.12.2007 betrug der Teilwert = Bilanzansatz 84.000 €. Außerdem wurde in den Sonderbilanzen aller Gesellschafter eine Forderung aktiviert, deren Buchwert zum 31.12.2007 jeweils 28.000 € betrug.

In der Bilanz der OHG zum 31.12.2008 ist die Pensionsrückstellung mit 90.000 € zu passivieren. Dies führt zu einer Gewinnminderung von 6.000 €, die mit je 2.000 € A, B und C zuzurechnen ist.

In den Sonderbilanzen von B und C zum 31.12.2008 sind die Forderungen nicht mehr fortzuführen, sondern gewinnmindernd aufzulösen. Dies führt bei ihnen zu einer Gewinnauswirkung von jeweils ./. 28.000 €.

In der Sonderbilanz des A ist die Forderung gewinnerhöhend auf 90.000 € aufzustocken. Dies führt bei ihm zu einer Gewinnerhöhung von 62.000 €. Insgesamt ergibt sich für A eine Gewinnauswirkung von + 60.000 €. In Höhe der Differenz zwischen dem bisher (zum 31.12.2008) aktivierten anteiligen Anspruch von 30.000 € und dem nunmehr zu aktivierenden vollen Anspruch von 90.000 €, d. h. in Höhe von 60.000 € kann A eine Rücklage i. H. von 14/15 = 56.000 € bilden. Die weitere Behandlung entspricht der Lösung in Beispiel 3.

1.7.2.4 Pensionszusagen an Hinterbliebene eines früheren Gesellschafters

Gemäß § 15 Abs. 1 Satz 2 EStG gilt § 15 Abs. 1 Satz 1 Nr. 2 EStG auch für Vergütungen, die als nachträgliche Einkünfte (§ 24 Nr. 2 EStG) bezogen werden.

Pensionszusagen an Hinterbliebene eines Gesellschafters (Witwen-/Witwerversorgung oder Waisenversorgung) sind vor Eintritt des Versorgungsfalls unselbständiger Bestandteil der Pensionszusage an den Gesellschafter; die insoweit bestehenden Verpflichtungen sind im Rahmen der Bewertung des Pensionsanspruchs und der Pensionsverpflichtung zu berücksichtigen.

Bezüglich der Behandlung des Pensionsanspruchs bei den Hinterbliebenen ist zu **unterscheiden:**

1. Wird nach dem Tod des begünstigten Gesellschafters der Hinterbliebene Gesellschafter, so führt er den Wert in seiner Sonderbilanz fort, weil das Korrespondenzprinzip weiterhin anzuwenden ist. Allerdings ist zuvor noch der Wert der Forderung in der Bilanz der Personengesellschaft und in der Sonderbilanz des begünstigten Gesellschafters an den neuen Teilwert für die Hinterbliebenenversorgung anzupassen. Dies führt bei der Personengesellschaft zu einer Gewinnminderung und (noch) beim verstorbenen Gesellschafter in seiner Sonderbilanz zu einer Gewinnerhöhung.

Die künftigen laufenden Pensionsleistungen sind nach § 15 Abs. 1 **Satz 1 Nr. 2** Satz 1 EStG beim Hinterbliebenen als Sonderbetriebseinnahmen zu erfassen.

B. Laufende Besteuerung

2. Wird nach dem Tod des begünstigten Gesellschafters der Hinterbliebene **nicht** Gesellschafter, so ist er mit seinen nachträglichen Einkünften als Rechtsnachfolger des begünstigten Gesellschafters nach § 15 Abs. 1 **Satz 2** EStG und § 24 Nr. 2 EStG in die gesonderte und einheitliche Gewinnfeststellung für die Personengesellschaft einzubeziehen.[601] Auch in diesem Fall ist zuvor noch die Pensionsrückstellung in der Bilanz der Personengesellschaft und die Forderung in der Sonderbilanz des verstorbenen Gesellschafters an den neuen Teilwert für die Hinterbliebenenversorgung anzupassen.[602]

Die künftigen laufenden Pensionsleistungen sind nach § 15 Abs. 1 **Satz 2** EStG als Sonderbetriebseinnahmen des Hinterbliebenen zu erfassen. Zu diesem Zweck führt der Hinterbliebene dann als Rechtsnachfolger die Sonderbilanz des Gesellschafters gem. § 15 Abs. 1 Satz 2 EStG fort. Es spielt dabei keine Rolle, ob der Hinterbliebene Erbe des verstorbenen Gesellschafters geworden ist oder nicht.[603]

War im Zeitpunkt der Anwendung der neuen BFH-Rechtsprechung der Versorgungsfall für den Hinterbliebenen bereits eingetreten, ist hinsichtlich des Gewinns aus der erstmaligen Aktivierung des (restlichen) Pensionsanspruchs die Übergangsregelung wie beim begünstigten Gesellschafter entsprechend anzuwenden.[604]

Beispiel 1:

Die Witwe des früheren Gesellschafters einer OHG, an der (noch) A und B je zur Hälfte beteiligt sind, erhält monatliche Versorgungsbezüge i. H. von 1.000 €. Der Betrag für Dezember 01 wurde erst am 12.01.02 überwiesen. Da eine Altzusage vorliegt, wurde weder in der Handels- noch in der Steuerbilanz eine Pensionsrückstellung gebildet.

Die OHG buchte in 01:

Pensionsleistungen	12.000 €	an	Bank	11.000 €
			Sonstige Verbindlichkeiten	1.000 €

Die Buchung der OHG ist nicht zu beanstanden, die Vergütungen sind aber der Witwe im Rahmen der einheitlichen und gesonderten Gewinnfeststellung i. H. von 12.000 € gem. § 15 Abs. 1 Satz 2 i. V. m. § 24 Nr. 2 EStG zuzurechnen, obwohl sie keine Gesellschafterin der OHG ist und auch niemals war. Die Witwe muss den ausstehenden Betrag von 1.000 € in einer Sonderbilanz aktivieren, denn es gelten für die Gewinnermittlung nunmehr die Grundsätze des Betriebsvermögensvergleichs.

Die Leistungen erhöhen den gewerbesteuerpflichtigen Gesamtgewinn der OHG und den Gewinnanteil der Witwe um 12.000 €.

---

601 BFH vom 25.01.1994, BStBl II 1994, 455.
602 BMF vom 29.01.2008, BStBl I 2008, 317 Rz. 17.
603 BFH vom 25.01.1994, BStBl II 1994, 455, und vom 02.12.1997, BStBl II 2008, 177.
604 BMF vom 29.01.2008, BStBl I 2008, 317, Rz. 5.

1 Einkommensteuer

Beispiel 2:

Wie Beispiel 1 in B. Rz. 324; A scheidet am 02.01.06 unter Fortbestand seiner Versorgungsanwartschaft aus der OHG aus. Der Teilwert der Pensionsverpflichtung beträgt am 31.12.06 23.200 €.

Die Sonderbilanz für den ausgeschiedenen Gesellschafter A ist fortzuführen, solange § 15 Abs. 1 Satz 2 EStG anzuwenden ist. Das heißt, in der Handels- und Steuerbilanz der OHG ergibt sich in 06 eine Gewinnminderung i. H. von 3.600 €. Dieser Betrag ist auf die verbleibenden Gesellschafter B, C und D mit je $33^{1}/_{3}$ % = 1.200 € zu verteilen. In der Sonderbilanz des A, in der die Forderung mit 23.200 € zu aktivieren ist, ergibt sich eine Gewinnerhöhung von 3.600 €.

Beispiel 3:

Wie Beispiel 2, aber Anfang 07 stirbt A, seine Witwe erhält ab Januar 07 Versorgungsbezüge von monatlich 300 €. Der Teilwert der Pensionsverpflichtung beträgt am 31.12.07 18.100 €.

Die Einkünfte der Witwe sind gem. § 15 Abs. 1 Satz 2 EStG ebenfalls im Rahmen der einheitlichen und gesonderten Gewinnfeststellung zu erfassen. Die Sonderbilanz des A ist für seine Witwe fortzuführen, obwohl diese keine Gesellschafterin wird. In der Handels- und Steuerbilanz steht den Pensionsleistungen von 3.600 € eine gewinnerhöhende Auflösung der Pensionsrückstellung von (23.200 € ./. 18.100 € =) 5.100 € gegenüber, sodass sich insgesamt ein Mehrgewinn von 1.500 € ergibt, der auf die verbleibenden Gesellschafter B, C und D mit je 500 € zu verteilen ist. In der Sonderbilanz der Witwe des A ergibt sich ein Mindergewinn von 1.500 € (Sonderbetriebseinnahmen 3.600 € ./. Auflösung Forderung 5.100 €). Der Gesamtgewinn der OHG beträgt wiederum 0 €.

Sonderregelung für Altzusagen bis zum 31.12.1985:

Die Vorschrift des § 15 Abs. 1 Satz 2 EStG wurde mit Wirkung vom VZ 1986 in das EStG aufgenommen. Hatte die Personengesellschaft für eine Hinterbliebenenzusage in den Bilanzen bis einschließlich 31.12.1985 aufgrund des damals nach HGB und EStG bestehenden Wahlrechts in ihrer Handels- und Steuerbilanz eine Pensionsrückstellung gebildet, so muss diese Rückstellung nach der BFH-Rechtsprechung[605] entgegen der bisherigen Auffassung der Finanzverwaltung[606] nicht in der Steuerbilanz zum 31.12.1986 gewinnerhöhend aufgelöst werden. Die Finanzverwaltung wendet diese Rechtsprechung aus dem Jahre 1997 nunmehr in **allen noch offenen Fällen** an.[607] Eine **Aktivierung** des Pensionsanspruchs in der Sonderbilanz des Hinterbliebenen kann **nicht** gefordert werden. Der BFH begründet seine Entscheidung damit, dass die Bilanzierung einer Forderung in der Sonderbilanz des Hinterbliebenen im Ergebnis einer gesetzlich nicht gebotenen Auflösung der Pensionsrückstellung gleich steht. Sofern die Betroffenen nicht freiwillig in

---

605 BFH vom 02.12.1997, BStBl II 2008, 177.
606 BMF vom 10.03.1992, BStBl I 1992, 190.
607 BMF vom 29.01.2008, BStBl I 2008, 317, Rz. 18.

B. Laufende Besteuerung

einer Sonderbilanz diese Forderung aktiviert haben, sind diese Pensionsleistungen nach ihrem Zufluss zu versteuern, d. h., die Gewinnermittlung nach § 15 Abs. 1 Satz 2 EStG erfolgt insoweit – ausnahmsweise – nach § 4 Abs. 3 EStG. Das gilt jedenfalls in den Fällen, in denen der Versorgungsfall schon vor dem VZ 1986 eingetreten war und in denen es nicht mehr zu einer Erhöhung der Pensionsrückstellung in der Steuerbilanz der Personengesellschaft kommen kann.

1.7.3 Vergütungen für Dienst- und Werkleistungen sowie Geschäftsbesorgungen

328 Zu den Einkünften aus Gewerbebetrieb eines Mitunternehmers gehören nach § 15 Abs. 1 Satz 1 Nr. 2 EStG auch die Vergütungen für eine **„Tätigkeit im Dienste der Personengesellschaft"**. Darunter fallen nicht nur Leistungen aus

- **Dienstverträgen** (§§ 611 ff. BGB),

sondern auch Leistungen aus

- **Werkverträgen** (§ 631 BGB) und aus

- **Geschäftsbesorgungsverträgen** (§ 675 BGB).

Entscheidend für die Zurechnung ist, dass diese Vergütungen durch das Gesellschaftsverhältnis veranlasst sind, gleichgültig ob die Leistungen **regelmäßig** oder nur **gelegentlich** erbracht werden. Ausgenommen davon sind nur Leistungen, die nur zufällig mit der Mitunternehmerschaft zusammentreffen.[608] Es spielt keine Rolle, ob der Gesellschafter daneben einen eigenen Gewerbebetrieb oder eine eigene freiberufliche Praxis unterhält und er die Leistung im Rahmen dieser Betriebe erbringt, weil § 15 Abs. 1 Satz 1 Nr. 2 EStG Vorrang hat vor der Zurechnung im Einzelunternehmen.[609] Die Zurechnung erfolgt auch dann, wenn sich der Gesellschafter zur Erfüllung seiner Pflichten aus dem Vertrag einer eigenen Organisation mit Hilfskräften bedient, die Arbeit also nicht höchstpersönlich ausführt.[610] Die dabei anfallenden Aufwendungen stellen Sonderbetriebsausgaben dar, weil sie mit der Tätigkeit für die Personengesellschaft in einem unmittelbaren Zusammenhang stehen.

329 Diese Vergütungen sind auch dann nach § 15 Abs. 1 Satz 1 Nr. 2 EStG dem Gewinnanteil des Gesellschafters **hinzuzurechnen,** wenn sie bei der Personengesellschaft als **Anschaffungskosten** oder **Herstellungskosten** eines Wirtschaftsguts zu **aktivieren** sind. Die Zurechnung beim Gesellschafter

---

608 Siehe ausführlich hierzu B. Rz. 311.
609 BFH vom 06.11.1980, BStBl II 1981, 307, und vom 22.11.1994, BStBl II 1996, 93.
610 BFH vom 23.05.1979, BStBl II 1979, 763.

und die Aktivierung bei der Personengesellschaft sind unabhängig voneinander zu sehen.[611]

Umsatzsteuerrechtlich ist zu beachten, dass in diesen Fällen ein steuerbarer und in der Regel steuerpflichtiger Leistungsaustausch vorliegt, was zu entsprechenden Buchungen führt.[612]

330

Beispiel 1:

Eine KG befasst sich mit dem Bau und Verkauf von Ein- und Mehrfamilienhäusern. Gesellschafter A betreibt daneben ein selbständiges Architekturbüro. Er erhält von dieser KG den Auftrag, für neue Gebäude Pläne zu erstellen. Das Honorar von A gehört bei ihm zu den Vergütungen i. S. von § 15 Abs. 1 Satz 1 Nr. 2 EStG und erhöht den Gewinn der KG und seinen Gewinnanteil. Bei der KG gehören diese Architektenhonorare zu den Herstellungskosten der Gebäude. Dies gilt unabhängig davon, ob diese Gebäude zum Anlagevermögen oder zum Umlaufvermögen der KG gehören.[613]

Beispiel 2:

An einer KG ist u. a. der selbständige Steuerberater S als Kommanditist beteiligt. Er erhält von der KG den Auftrag, die laufenden Buchführungsarbeiten zu erledigen, den Jahresabschluss zu erstellen und die Steuererklärungen der KG zu fertigen.

Unabhängig davon, ob es sich um eine auf Dauer angelegte oder nur um eine vorübergehende Dienstleistung handelt, gehört das Honorar von S zu den Vergütungen i. S. von § 15 Abs. 1 Satz 1 Nr. 2 EStG.[614] Eventuell damit im Zusammenhang stehende Aufwendungen des S sind als Sonderbetriebsausgaben abzugsfähig und nicht als Betriebsausgaben in der freiberuflichen Praxis.

Beispiel 3:

Eine OHG, an der die Gesellschafter A, B und C zu je ⅓ am Gewinn und Verlust beteiligt sind, errichtet und verkauft Einfamilienhäuser (umsatzsteuerfrei nach § 4 Nr. 9 a UStG). A besitzt daneben ein eigenes Architekturbüro, B ist selbständiger Immobilienmakler.

A und B haben im Rahmen üblicher Konditionen ständig Leistungen für die OHG zu erbringen. Im Jahr 01 erhielt A für Architektenleistungen 100.000 € + 19.000 € USt, B für die Vermittlung eines von der OHG erworbenen unbebauten Grundstücks 10.000 € + 1.900 € USt. Die OHG hat diese Beträge einschließlich der nach § 15 Abs. 2 UStG nichtabzugsfähigen Vorsteuer auf Aufwandskonten gewinnmindernd gebucht. Die errichteten Gebäude wurden erst in 02 veräußert.

Bei dem **Architektenhonorar** handelt es sich um Vergütungen gem. § 15 Abs. 1 Satz 1 Nr. 2 EStG, die den Gesamtgewinn der OHG und den Gewinnanteil

---

611 BFH vom 23.05.1979, BStBl II 1979, 763, vom 11.12.1980, BStBl II 1987, 533, und vom 08.02.1996, BStBl II 1996, 427. Wegen der buchungstechnischen Behandlung siehe B. Rz. 346 ff.
612 BFH vom 07.11.1991, BStBl II 1992, 269.
613 BFH vom 23.05.1979, BStBl II 1979, 763, und vom 23.05.1979, BStBl II 1979, 767.
614 BFH vom 24.01.1980, BStBl II 1980, 269.

B. Laufende Besteuerung

des A i. H. von 119.000 € ./. 19.000 € = 100.000 € erhöhen. Dieser Betrag ist bei der OHG jedoch nicht sofort als Betriebsausgabe abzugsfähig, sondern gehört (einschl. der nichtabzugsfähigen Vorsteuer von 19.000 €) zu den Herstellungskosten der errichteten Einfamilienhäuser. Der Gewinn der OHG ist somit um weitere 119.000 € zu erhöhen und nach dem Gewinnverteilungsschlüssel auf alle Gesellschafter zu verteilen.

Bei der **Maklerprovision** handelt es sich ebenfalls um eine Vergütung gem. § 15 Abs. 1 Satz 1 Nr. 2 EStG. Unerheblich ist, dass diese Vergütungen bereits zu den Einkünften aus Gewerbebetrieb gehören würden, denn die Subsidiaritätstheorie hat der BFH aufgegeben. Der Gesamtgewinn der OHG und der Gewinnanteil des B ist um weitere (11.900 € ./. 1.900 € =) 10.000 € zu erhöhen. Dieser Betrag gehört einschl. der nichtabzugsfähigen Vorsteuer zu den Anschaffungskosten des Grundstücks bzw. den Herstellungskosten des Gebäudes. Der Gewinn der OHG ist somit um 11.900 € zu erhöhen und nach dem Gewinnverteilungsschlüssel allen Gesellschaftern zuzurechnen.

331 **Anmerkung:** Sofern der Gesellschafter auch den Verkauf der von der OHG hergestellten Einfamilienhäuser und Eigentumswohnungen an Dritte vermittelt und **von den Dritten** eine Provision erhält, gehört diese Provision nicht zu den Vergütungen i. S. von § 15 Abs. 1 Satz 1 Nr. 2 EStG, sondern zu den Einkünften bei dem Einzelunternehmen. Der wirtschaftliche Zusammenhang, der insoweit zwischen der Vermittlungstätigkeit und der gewerblichen Betätigung der OHG besteht, reicht nicht aus, die Betriebseinnahmen des Einzelunternehmens zu Sonderbetriebseinnahmen des Mitunternehmers zu machen, weil die Maklertätigkeit ihrer Art nach Gegenstand eines unabhängig von dem Gewerbebetrieb der Personengesellschaft ausgeübten gewerblichen Einzelunternehmens ist.[615]

332 **Abgrenzung:**

Nicht unter § 15 Abs. 1 Satz 1 Nr. 2 EStG fallen aber (Kauf-)Verträge zwischen der Personengesellschaft und den Gesellschaftern über

— Warenlieferungen im üblichen Geschäftsverkehr,[616]

— die Veräußerung von beweglichen Wirtschaftsgütern und Grundstücken des Anlagevermögens und Umlaufvermögens,[617]

— Ausführung von Bauarbeiten durch Gesellschafter für die Personengesellschaft,[618]

— die schlüsselfertige Erstellung von Gebäuden für einen Festpreis auf gesellschaftseigenen Grundstücken.[619]

Nach Auffassung des BFH in diesen Urteilen ist unter Berücksichtigung des Zwecks und der Entstehungsgeschichte dieser Vorschrift das Tatbestands-

---

615 BFH vom 09.02.1978, BStBl II 1979, 111.
616 BFH vom 18.09.1969, BStBl II 1970, 43.
617 BFH vom 03.05.1993, BStBl II 1993, 616, 622.
618 BFH vom 10.05.1973, BStBl II 1973, 630.
619 BFH vom 28.10.1999, BStBl II 2000, 339.

merkmal „Tätigkeit" bereits dann nicht mehr erfüllt, wenn der Gesellschafter zur Herbeiführung des der Personengesellschaft geschuldeten Erfolgs

„**nicht nur Arbeit** zu leisten, sondern **auch Waren zu liefern** hat, deren Wert **nicht** mehr nur von **untergeordneter Bedeutung** ist".

Für ertragsteuerliche Zwecke spielt es deshalb keine Rolle, ob eine Werkleistung oder eine Werklieferung vorliegt. Entscheidend ist nur, ob der Wert der Waren von untergeordneter Bedeutung ist oder nicht.

Darüber hinaus fallen auch folgende Leistungen nicht unter § 15 Abs. 1 Nr. 2 EStG:

- Die Leistungen der einzelnen Partner gegenüber „kleinen" Arbeitsgemeinschaften i. S. von § 180 Abs. 4 AO, z. B. die Vermietung oder Veräußerung von Maschinen und der Betriebsausstattung. Die Leistungen der einzelnen Partner gegenüber der Arge sind steuerlich wie Fremdleistungen gegenüber einer außenstehenden Gesamthandsgemeinschaft nach den allgemeinen ertragsteuerlichen Grundsätzen zu behandeln. Die Realisierung des Gewinns bei den Partnern tritt somit bereits bei Erbringung der Leistung ein.[620]

- Nutzungsvergütungen einer Elektrizitätswerk-Personengesellschaft für die Durchleitung der Elektrizität an ihren Gesellschafter, dem das Stromnetz gehört. Der Gesellschafter leistet nicht aus gesellschaftsrechtlichen Gründen, sondern weil er nach § 20 Abs. 1 EnWG gesetzlich dazu verpflichtet ist, „jedermann nach sachlich gerechtfertigten Kriterien diskriminierungsfrei Netzzugang zu gewähren". Die Vergütungen sind im Einzelunternehmen des Gesellschafters zu erfassen.

Damit wird der Zweck der Vorschrift erreicht, den Mitunternehmer einer Personengesellschaft dem Einzelunternehmer anzunähern.[621]

1.7.4 Vergütungen für die Hingabe von Darlehen

Zu den Vergütungen gehören[622]

— Darlehenszinsen,

— Gewinnanteile (bei stiller Beteiligung und partiarischem Darlehen),

— Avalprovisionen,

— Stundungszinsen und

— Habenzinsen für Giro-, Spar- und Festgeldguthaben, die ein Kommanditist einer Bank-KG bei dieser unterhält.[623]

---
620 BMF vom 27.01.1998, BStBl I 1998, 251.
621 BFH vom 25.02.1991, BStBl II 1991, 691, 698.
622 Wegen der Behandlung der Darlehen von Gesellschaftern an die Personengesellschaft siehe B. Rz. 135 ff. und von der Personengesellschaft an ihre Gesellschafter B. Rz. 155 ff.
623 BFH vom 25.01.1980, BStBl II 1980, 275.

B. Laufende Besteuerung

Unter § 15 Abs. 1 Satz 1 Nr. 2 EStG fallen aber nur diejenigen Darlehensvergütungen, die für Zeiträume zu zahlen sind, während deren der Darlehensgläubiger Mitunternehmer war.

Beispiel:

A ist mit Wirkung vom 01.04.02 in eine OHG eingetreten. Bereits am 01.01.01 hatte er dieser OHG ein bankübliches Darlehen i. H. von 100.000 € gegeben. Die Zinsen i. H. von jährlich 10.000 € sind halbjährlich zu entrichten. Die OHG überwies die Zinsen für das 1. Halbjahr 02 i. H. von 5.000 € am 30.06.02.

Das Darlehen gehört ab dem Eintritt des A in die OHG zum notwendigen Sonderbetriebsvermögen I, ist in seiner Sonderbilanz zu aktivieren und stellt in der Gesamtbilanz der Mitunternehmerschaft Eigenkapital dar. Die für das Darlehen entrichteten Zinsen sind bei der OHG in vollem Umfang als Betriebsausgaben abzugsfähig. Bei A gehören die Zinsen für das 1. Halbjahr, soweit sie auf die Zeit bis zum Eintritt entfallen (= 2.500 €), zu den Einkünften aus Kapitalvermögen und ab dem 01.04.02 zu den Vergütungen i. S. von § 15 Abs. 1 Satz 1 Nr. 2 EStG und erhöhen damit den Gewinn der OHG und den Gewinnanteil des Gesellschafters um 2.500 €. Auf den Zeitpunkt der Bezahlung kommt es nicht an.

1.7.5 Vergütungen für die Überlassung von Wirtschaftsgütern

334 Vergütungen für die Überlassung von materiellen und immateriellen Wirtschaftsgütern zur Nutzung sind ebenfalls nach § 15 Abs. 1 Satz 1 Nr. 2 EStG dem Gewinnanteil des Gesellschafters hinzuzurechnen. Grundsätzlich fallen darunter die Vergütungen, die ein Gesellschafter für die Vermietung von Wirtschaftsgütern des Sonderbetriebsvermögens an die Personengesellschaft erhält. Andererseits kommt es nicht darauf an, ob sich das überlassene Wirtschaftsgut im Sonderbetriebsvermögen des Gesellschafters befindet.

Beispiel 1:

Die Kommanditisten einer KG sind als Autoren für die KG tätig. Aufgrund eines mit der KG abgeschlossenen Verlagsvertrags verpflichten sie sich, Bücher zu schreiben und die Manuskripte abzuliefern. Als Vergütung erhalten sie Prozentsätze der Ladenverkaufspreise.

Die Leistung der Kommanditisten besteht in der Überlassung von Wirtschaftsgütern, nämlich die dem Verfasser als Urheber zustehenden Nutzungsrechte. Da die Vergütungen durch das Gesellschaftsverhältnis veranlasst sind, gehören sie gem. § 15 Abs. 1 Satz 1 Nr. 2 EStG zu den gewerblichen Einkünften des Gesellschafters.[624]

Beispiel 2:

Ein Gesellschafter einer OHG vermietet einen Teil seines Grundstücks an die OHG. Er behandelt diesen Grundstücksteil zulässigerweise als Privatver-

---

[624] BFH vom 30.11.1978, BStBl II 1979, 236, und vom 23.05.1979, BStBl II 1979, 757.

mögen, weil er von untergeordneter Bedeutung ist (R 4.2 Abs. 12 Sätze 3 und 5 EStR).

Auch in diesem Fall sind die Vergütungen, die der Gesellschafter von der OHG erhält, nach § 15 Abs. 1 Satz 1 Nr. 2 EStG seinem Gewinnanteil hinzuzurechnen.

Beispiel 3:

Ein Kommanditist besitzt ein Nießbrauchsrecht an einem Grundstück. Dieses Grundstück vermietet er an die KG.

Die Erträge aus dem Nießbrauchsrecht gehören gem. § 15 Abs. 1 Satz 1 Nr. 2 EStG zu seinen Einkünften aus Gewerbebetrieb.[625]

Beispiel 4:

Gesellschafter A, der an einer OHG beteiligt ist, vermietet ein ihm gehörendes Grundstück an einen nicht an der OHG beteiligten Dritten. Dieser vermietet das Grundstück weiter an die OHG, ohne dass darüber eine Vereinbarung zwischen A und dem Dritten getroffen wurde.

Die Vergütungen an den Dritten sind bei der OHG als Betriebsausgaben abzugsfähig. Die Mieteinnahmen, die A von dem Dritten erhält, gehören zu den Einkünften aus Vermietung und Verpachtung.[626]

Beispiel 5:

Gesellschafter A, der an einer OHG beteiligt ist, bestellt seinem Sohn, der nicht Gesellschafter ist, an einem ihm gehörenden und von ihm an die OHG vermieteten Grundstück steuerlich wirksam ein Nießbrauchsrecht. In Ausübung des Nießbrauchsrechts vermietet der Sohn das Grundstück an die OHG.

Trotz Bestellung des Nießbrauchsrechts gehört das Grundstück weiterhin zum notwendigen Sonderbetriebsvermögen I des A. Die von der OHG bezahlte Miete muss vom Sohn als dem Nießbrauchsberechtigten als Einkünfte aus Vermietung und Verpachtung versteuert werden. Mangels Einkünfteerzielungsabsicht kann A seine Grundstücksaufwendungen nicht als Sonderbetriebsausgaben abziehen.

Beispiel 6:

Wie Beispiel 5, der Nießbrauch wird jedoch steuerlich nicht anerkannt.

Die Einnahmen müssen von A versteuert werden. Somit liegen Vergütungen i. S. von § 15 Abs. 1 Satz 1 Nr. 2 EStG vor, die zu den Einkünften aus Gewerbebetrieb gehören.[627]

Beispiel 7:

Ein Gesellschafter einer OHG vermietet an diese ein Grundstück für 1.000 €, das er für 900 € von einem Dritten angemietet hat.

Obwohl A nicht Eigentümer des Grundstücks ist und deshalb von ihm nicht aktiviert werden darf, gehört die vereinnahmte Miete zu den Vergütungen

---

625 BFH vom 15.09.1971, BStBl II 1972, 174, und vom 18.03.1986, BStBl II 1986, 713.
626 Vgl. zur Abgrenzung B. Rz. 129 mit den dortigen Beispielen.
627 BFH vom 11.03.1976, BStBl II 1976, 421.

B. Laufende Besteuerung

i. S. von § 15 Abs. 1 Satz 1 Nr. 2 EStG und damit zu den Einkünften aus Gewerbebetrieb. Dafür ist die von A bezahlte Miete als Sonderbetriebsausgaben abzugsfähig, unabhängig davon, ob die von A von der OHG vereinnahmte Miete der bezahlten Miete entspricht, höher oder niedriger ist.

Beispiel 8:

Eine OHG überlässt ihrem Gesellschafter ein Einfamilienhaus zum ortsüblichen Mietwert von monatlich 1.500 € für private Wohnzwecke. Der Gesellschafter vermietet ein Zimmer des Einfamilienhauses an einen Studenten für monatlich 200 € weiter.

Das Grundstück gehört weiterhin zum notwendigen Betriebsvermögen der OHG, obwohl es an einen Gesellschafter vermietet ist.[628] Die vereinnahmte Miete von 1.500 € gehört bei der OHG zu den Einkünften aus Gewerbebetrieb.

Beim Gesellschafter gehören die Mieteinnahmen von 200 € zu den Einnahmen aus Vermietung und Verpachtung, die anteilig auf dieses Zimmer entfallende bezahlte Miete zu den Werbungskosten aus Vermietung und Verpachtung.

Beispiel 9:

Der Gesellschafter einer OHG räumte der OHG auf seinem unbebauten Grundstück am 01.01.01 für 20 Jahre ein Erbbaurecht ein. Die OHG errichtete darauf eine zu gewerblichen Zwecken genutzte Fabrikhalle, die sie mit ihren Herstellungskosten aktivierte und nach § 7 Abs. 4 Satz 2 EStG auf die Laufzeit des Erbbaurechts abschrieb. Im Erbbaurechtsvertrag ist geregelt, dass bei Erlöschen des Erbbaurechts durch Zeitablauf eine Entschädigung für das Gebäude nicht zu leisten ist. Vertragsgemäß trat der Heimfall des Gebäudes am 31.12.20 ein. Der Wert des Gebäudes zu diesem Zeitpunkt beträgt 120.000 €.

Die steuerliche Behandlung bei der OHG ist nicht zu beanstanden. In der Bilanz der OHG zum 31.12.20 ist ein eventuell noch vorhandener Restbuchwert gewinnmindernd auszubuchen.

Beim Gesellschafter stellt sich der entschädigungslose Übergang des Eigentums an dem Gebäude als zusätzliches Nutzungsentgelt dar, deshalb liegen Sonderbetriebseinnahmen i. H. von 120.000 € vor, die grundsätzlich im Jahre 20 als Ertrag in der Sonderbuchführung zu erfassen sind. Gleichzeitig ist das Gebäude in der Sonderbilanz mit seinem Wert von 120.000 € zu aktivieren und nach § 7 Abs. 4 EStG abzuschreiben.[629]

1.7.6 Zeitliche Erfassung der Vergütungen

335 Die Gewinnermittlung auf den beiden Stufen muss einheitlich erfolgen.[630] Das bedeutet: Auch bei der Gewinnermittlung auf der 2. Stufe sind i. d. R. die Grundsätze des Betriebsvermögensvergleichs anzuwenden. Das Wort „bezogen" in § 15 Abs. 1 Satz 1 Nr. 2 EStG ist im Sinne einer zeitlichen Zuordnung zu verstehen. Nach der Theorie der additiven Gewinnermittlung mit korrespondierender Bilanzierung sind diese Vergütungen abweichend

---

[628] Vgl. Beispiel 2 in B. Rz. 91.
[629] BFH vom 11.12.2003, BStBl II 2004, 353.
[630] Siehe B. Rz. 164.

1 Einkommensteuer

von allgemeinen bilanzsteuerrechtlichen Grundsätzen selbst dann zu bilanzieren, wenn nach den Grundsätzen ordnungsmäßiger Buchführung noch kein Aktivposten auszuweisen wäre. Folglich sind diese Vergütungen Einkünfte des Wirtschaftsjahrs, in dem sie unabhängig von der Zahlung als – gewinnmindernder oder aktivierungspflichtiger – Aufwand bei der Personengesellschaft in Erscheinung getreten sind.

Beispiel 1:

An einer OHG sind A und B mit je 50 % beteiligt. B betreibt daneben eine Steuerberaterpraxis. Er erledigt aufgrund eines Dienstvertrags die Buchhaltung der OHG und erstellt die Jahresabschlüsse. In ihrer Bilanz zum 31.12.01 hat die OHG dafür eine Rückstellung i. H. von (zutreffend) 10.000 € gebildet.

Die gebildete Rückstellung ist nicht zu beanstanden. B muss in seiner Sonderbilanz eine Forderung von 10.000 € aktivieren. Der steuerliche Gesamtgewinn der OHG und der Gewinnanteil des B erhöhen sich um 10.000 €.

Beispiel 2:

An der AB-KG sind A, B, C und D mit je 25 % beteiligt. A war im Rahmen seiner Geschäftsführertätigkeit für die Erstellung eines Bürogebäudes zuständig. Weil es ihm gelang, die veranschlagten Baukosten von 1.800.000 € um 400.000 € auf 1.400.000 € zu senken, erhielt er von der KG eine Prämie von 150.000 €, die zinslos gestundet wurde.

Sinn und Zweck des § 15 Abs. 1 Satz 1 Nr. 2 EStG verlangen auch, dass die Vergütung beim Gesellschafter in dem Wirtschaftsjahr gewinnmäßig erfasst wird, in dem sie bei der KG als Aufwand in Erscheinung tritt.[631]

Zu den Herstellungskosten des Gebäudes gehört neben dem Betrag von 1.400.000 € auch die Prämie, die A von der KG erhielt, jedoch nur in Höhe des abgezinsten Betrags von (150.000 € ./. 80.000 € =) 70.000 €. In gleicher Höhe muss die KG eine Verbindlichkeit passivieren. A aktiviert seine Forderung gewinnerhöhend in der Sonderbilanz nur mit dem abgezinsten Betrag von 70.000 €. Seine Sonderbetriebseinnahmen bzgl. der Prämie betragen somit 70.000 €. Der Differenzbetrag von 80.000 € stellt nachträglich zahlbare Zinsen dar, die über die Laufzeit der Forderung zu verteilen sind.

Bei Dauerschuldverhältnissen, z. B. Arbeits- und Mietverträgen, fallen nur solche Vergütungen unter § 15 Abs. 1 Satz 1 Nr. 2 EStG, welche auf einen Zeitraum entfallen, in dem der Leistende Mitunternehmer der Personengesellschaft ist. Auf die Fälligkeit und den Zeitpunkt der Zahlung kommt es auch in diesen Fällen nicht an.

---

631 BFH vom 11.12.1986, BStBl II 1987, 557.

B. Laufende Besteuerung

1.7.7 Auswirkungen des Eintritts in eine Personengesellschaft auf bereits bestehende Rechtsbeziehungen zwischen Gesellschafter und Personengesellschaft

336 Forderungen gegen eine Personengesellschaft verwandeln sich bei Eintritt des Forderungsgläubigers grundsätzlich in Eigenkapital.[632] In Ausnahmefällen können jedoch Forderungen des Gesellschafters als Verbindlichkeit der Personengesellschaft weiterbestehen.

Eine Umwandlung in Eigenkapital findet statt, wenn die Forderung nunmehr mit dem Gesellschaftsverhältnis in der Weise verknüpft wird, dass der Gesellschafter aus gesellschaftlichem Anlass den geschuldeten Betrag zur Nutzung überlässt. Hierzu bedarf es besonderer Umstände, sei es, dass Personengesellschaft und Gesellschafter ausdrücklich oder stillschweigend ein Darlehen vereinbaren, sei es, dass der Gesellschafter die Forderung mit Rücksicht auf das Gesellschaftsverhältnis zum Fälligkeitszeitpunkt nicht geltend macht (z. B. bei rückständigem Gehalt eines in die Personengesellschaft aufgenommenen Arbeitnehmers). Aber auch der bürgerlich-rechtliche Untergang einer Forderung kann dazu führen, dass an ihre Stelle Eigenkapital des Gesellschafters tritt. Dieser Fall liegt vor, wenn die Forderung vereinbarungsgemäß als Gesellschaftereinlage behandelt wird.[633]

Beispiele aus der Rechtsprechung für Beibehaltung der Forderung:

a) Für die Inanspruchnahme einer Diensterfindung zahlt ein Arbeitgeber einem Arbeitnehmer laufend eine von der Höhe des Absatzes der Produkte abhängige Erfindervergütung. Die laufenden Zahlungen sind auch dann als Betriebsausgaben abzugsfähig, wenn der Arbeitnehmer als Gesellschafter in das Unternehmen des Arbeitgebers eingetreten ist.[634]

b) Ein Einzelunternehmer erwarb von Gläubigern Forderungen aus Warenlieferungen gegen eine KG, mit der er in ständigen Geschäftsbeziehungen steht. Wenige Monate später trat der Einzelunternehmer als Kommanditist in die KG ein.

Da die geschuldeten Beträge weder der Personengesellschaft als Darlehen zur Verfügung gestellt noch vereinbarungsgemäß als Gesellschaftereinlage behandelt wurden, bleiben die Forderung des Gesellschafters und die Verbindlichkeit der KG bestehen.[635]

c) Ein Angestellter, dem eine Pensionszusage erteilt wurde, wird Gesellschafter der Personengesellschaft.

Die bisher gebildete Pensionsrückstellung in der Steuerbilanz der Personengesellschaft ist nicht gewinnerhöhend aufzulösen, da die Pensionszusage

---

[632] Siehe im Einzelnen B. Rz. 153.
[633] BFH vom 18.07.1979, BStBl II 1979, 673.
[634] BFH vom 28.01.1976, BStBl II 1976, 746.
[635] BFH vom 18.07.1979, BStBl II 1979, 673.

insoweit keine Vergütung für die Tätigkeit eines Gesellschafters, sondern eine Vergütung für die Tätigkeit als Arbeitnehmer ist.[636] Wegen der weiteren Behandlung dieser Rückstellung gilt: Bei aufrechterhaltener Pensionsanwartschaft darf die Rückstellung höchstens mit dem Barwert der künftigen Pensionsleistungen (Anwartschaftsbarwert) gebildet werden (§ 6 a Abs. 3 Nr. 2 EStG). Bei der Berechnung dieses Werts am Schluss des Wirtschaftsjahres, in dem der Arbeitnehmer Gesellschafter geworden ist, sowie jeweils am Schluss der folgenden Wirtschaftsjahre ist wie bei ausgeschiedenen Arbeitnehmern der in der Zeit der Arbeitnehmereigenschaft ratierlich erdiente Pensionsanspruch zugrunde zu legen (vgl. § 2 Abs. 1 Satz 1 BetrAVG). Dabei ist es unerheblich, ob die in § 1 Abs. 1 Satz 1 BetrAVG festgesetzten Fristen für die Unverfallbarkeit der Anwartschaft erfüllt sind. Die Zuführungen zur Rückstellung aufgrund der Fortentwicklung des Anwartschaftsbarwerts sind als Nachwirkung der früheren Arbeitnehmereigenschaft nicht nach § 15 Abs. 1 Satz 1 Nr. 2 EStG dem Gewinn der Personengesellschaft hinzuzurechnen.

Als Folge davon gehören die späteren laufenden Zahlungen beim Gesellschafter zu den Einkünften aus nichtselbständiger Arbeit gem. § 19 EStG.

Beispiel:

B ist Arbeitnehmer einer OHG. Er hat von seinem Arbeitgeber eine Pensionszusage erhalten, für die die OHG in zutreffender Höhe eine Pensionsrückstellung von 50.000 € in ihrer Bilanz zum 31.12.01 gebildet hat. Mit Wirkung vom 01.01.02 tritt B als Gesellschafter in die OHG ein.

Die Pensionsrückstellung ist weiterhin in der Bilanz der OHG zu passivieren. B muss und darf in einer Sonderbilanz **keine** Forderung i. H. von 50.000 € aktivieren. Erhält B zu einem späteren Zeitpunkt Leistungen aus dieser Pensionszusage, erzielt er insoweit Einkünfte aus nichtselbständiger Arbeit i. S. von § 19 Abs. 2 EStG, obwohl er zwischenzeitlich Mitunternehmer ist.

d) Im Rahmen der Umwandlung einer GmbH in eine KG verzichtete der Gesellschafter-Geschäftsführer, der auch Kommanditist der KG wurde, gegen eine Einmalabfindung auf seinen Pensionsanspruch.

Diese Abfindung ist wie in den Fällen c) und e) keine Vergütung für eine Tätigkeit im Dienst der Personengesellschaft i. S. von § 15 Abs. 1 Satz 1 Nr. 2 EStG, sondern stellt Arbeitslohn gem. § 19 EStG dar. Insoweit als die Abfindung niedriger ist als die gebildete Rückstellung, ist die Rückstellung gewinnerhöhend aufzulösen.[637]

e) Für den Gesellschafter-Geschäftsführer einer GmbH war zulässigerweise eine Pensionsrückstellung gebildet worden. Diese GmbH wurde in eine KG umgewandelt, deren Komplementär der Gesellschafter-Geschäftsführer wurde.

---
636 BFH vom 08.01.1975, BStBl II 1975, 437.
637 BFH vom 11.12.1980, BStBl II 1981, 422.

B. Laufende Besteuerung

Die Umwandlung einer GmbH in eine KG führt nicht zum Erlöschen der Pensionsverpflichtung. Die gebildete Rückstellung ist nicht aufzulösen, weil auch hier die versprochenen Versorgungsleistungen keine Vergütung für die Tätigkeit im Dienst der Personengesellschaft darstellen.[638]

1.7.8 Sonderbetriebseinnahmen

337 Neben den in § 15 Abs. 1 Satz 1 Nr. 2 EStG aufgeführten Vergütungen sind zum Gewinnanteil eines Mitunternehmers auch solche Einnahmen zu zählen, die ihre Veranlassung in der Beteiligung des Gesellschafters an der Personengesellschaft haben, somit auch Einnahmen, die an sich der Personengesellschaft zustehen, die ein Gesellschafter jedoch seinem eigenen Vermögen zuführt.[639] Ferner gehören zu den Sonderbetriebseinnahmen die Einnahmen, die der Gesellschafter durch den Einsatz von Wirtschaftsgütern erlangt, die der Beteiligung an der Personengesellschaft dienen. Diese Vergütungen erhöhen damit auch den steuerlichen Gesamtgewinn der Personengesellschaft.

Zu den Sonderbetriebseinnahmen gehören z. B.

— Vergütungen für Tätigkeiten eines Gesellschafters bei Dritten, z. B. als Vorstand oder Aufsichtsratsmitglied, die der Gesellschafter im Rahmen des von seiner Personengesellschaft betriebenen Gewerbes für den Dritten ausübt.

— Schmiergelder, persönliche Rabatte und Vergütungen im Zusammenhang mit Geschäften des Betriebes, z. B. der Gegenwert einer Reise, die ein Gesellschafter von einem Geschäftspartner der Personengesellschaft zugewendet bekommt.[640]

— Einnahmen, die ein Gesellschafter ohne Wissen der übrigen Gesellschafter veruntreut und seinem eigenen Vermögen zuführt.[641]

— Vergütungen für die Nichtausübung des Kündigungsrechts.[642]

— Einnahmen von Dritten für Wirtschaftsgüter, die zum notwendigen Sonderbetriebsvermögen des Gesellschafters gehören oder von ihm als gewillkürtes Sonderbetriebsvermögen aktiviert werden:

a) Gewinnausschüttungen einer Komplementär-GmbH für die von den Kommanditisten der GmbH & Co. KG gehaltenen Geschäftsanteile.[643]

---

638 BFH vom 22.06.1977, BStBl II 1977, 798.
639 BFH vom 09.11.1988, BStBl II 1989, 343, vom 08.06.2000, BStBl II 2000, 670, und vom 14.12.2000, BStBl II 2001, 238.
640 BFH vom 20.04.1989, BStBl II 1989, 641.
641 BFH vom 14.12.2000, BStBl II 2001, 238, und vom 22.06.2006, BStBl II 2006, 838.
642 BFH vom 06.11.1991, BStBl II 1992, 335.
643 BFH vom 15.10.1975, BStBl II 1976, 188, und vom 05.12.1979, BStBl II 1980, 119.

b) Mieteinnahmen eines Mietwohngrundstücks, das teilweise an Arbeitnehmer der Personengesellschaft und teilweise an Dritte vermietet ist und das der Gesellschafter zulässigerweise in vollem Umfang als Sonderbetriebsvermögen aktiviert hat.

c) Zinsen für Wertpapiere, die der Gesellschafter zulässigerweise als gewillkürtes Betriebsvermögen aktiviert hat.

Nicht unter § 15 Abs. 1 Satz 1 Nr. 2 EStG fallen und damit keine Sonderbetriebseinnahmen sind Reisekosten, die eine Personengesellschaft ihrem Gesellschafter erstattet, sofern die Geschäftsreise weitaus überwiegend betrieblichen Zwecken der Personengesellschaft diente. Diese Kosten sind Betriebsausgaben der Personengesellschaft.[644]

1.7.9 Sonderbetriebsausgaben

Entstehen einem Gesellschafter im Zusammenhang mit seiner Tätigkeit im Dienst der Personengesellschaft oder für die Hingabe von Darlehen oder für die Überlassung von Wirtschaftsgütern Aufwendungen, so mindern diese Aufwendungen als Sonderbetriebsausgaben den Gewinnanteil des Gesellschafters. Sind die Aufwendungen in einem anderen Betrieb angefallen, so liegt in Höhe der bei der Personengesellschaft berücksichtigten Sonderbetriebsausgaben eine Entnahme aus dem anderen Betrieb vor.

Ferner sind als Sonderbetriebsausgaben sämtliche Aufwendungen abzugsfähig, die im Zusammenhang mit Wirtschaftsgütern des notwendigen oder gewillkürten Sonderbetriebsvermögens stehen, auch wenn dafür von der Personengesellschaft keine Vergütungen gezahlt werden. Mit anderen Worten: Sonderbetriebsausgaben sind alle Aufwendungen eines Gesellschafters, die durch seine Beteiligung an der Personengesellschaft veranlasst sind.

Einzelfälle:

a) **Aufwendungen im Zusammenhang mit einer Arbeitsleistung**

— Fahrtkosten mit dem eigenen Kfz für Fahrten zwischen Wohnung und Betriebsstätte.

Gehört das Kfz des Gesellschafters zu seinem Sonderbetriebsvermögen, gelten für die Privatfahrten und die Fahrten zwischen Wohnung und Betriebsstätte dieselben Vorschriften wie bei der Zugehörigkeit des Kfz zum Betriebsvermögen der Personengesellschaft,[645] d. h., § 6 Abs. 1 Nr. 4 Sätze 2 und 3 EStG sowie § 4 Abs. 5 a EStG sind anzuwenden.[646]

Gehört das Kfz des Gesellschafters zu seinem **Privatvermögen,** kann er nach § 4 Abs. 5 a Satz 4 EStG i. V. m. § 9 Abs. 2 EStG für jeden Fahrttag ab dem 21. Entfernungskilometer eine Entfernungspauschale für jeden

---
644 BFH vom 13.12.1984, BStBl II 1985, 325.
645 BMF vom 21.01.2002, BStBl II 2002, 148, und vom 28.04.2006, BStBl I 2006, 1095.
646 Siehe im Einzelnen B. Rz. 270 bis 274.

B. Laufende Besteuerung

vollen Kilometer der Entfernung zwischen Wohnung und Betriebsstätte von 0,30 Euro wie Betriebsausgaben ansetzen.

Hat der Gesellschafter am Ort seiner Wohnung ein weiteres (Einzel-) Unternehmen und sucht er dieses jeweils vor Beginn der Fahrten auf, sind die Aufwendungen in voller Höhe abzugsfähig.[647]

— Reisekosten für Geschäftsreisen, soweit die Personengesellschaft die Kosten nicht ersetzt.[648] Auch bei Gesellschaftern einer Personengesellschaft können ab 2008 nur noch die tatsächlichen Übernachtungskosten bei einer Auslandsreise als Sonderbetriebsausgaben abgezogen werden.

— Kosten einer betrieblich/beruflich veranlassten doppelten Haushaltsführung im Rahmen des § 4 Abs. 5 Nr. 5 und Abs. 5 a EStG.[649]

— Kosten eines häuslichen Arbeitszimmers im Rahmen des § 4 Abs. 5 Nr. 6 b EStG.

— Aufwendungen der betrieblichen/beruflichen Fortbildung.[650]

— Beiträge an einen Berufsverband.

— Aufwendungen für einen Vertreter für die Vertretung in der Geschäftsführung, die der Gesellschafter wegen Krankheit nicht ausüben kann.

— Aufwendungen, die einer GmbH in ihrer Eigenschaft als Geschäftsführerin einer GmbH & Co. KG erwachsen, insbesondere die von ihr an ihre eigenen Geschäftsführer gezahlten Tätigkeitsvergütungen, soweit damit die Tätigkeit für die GmbH & Co. KG abgegolten wird.[651]

340 **b) Aufwendungen im Zusammenhang mit einer Dienst- oder Werkleistung und einer Geschäftsbesorgung**

Als Sonderbetriebsausgaben kommen insbesondere in Betracht

— Arbeitslöhne an Arbeitnehmer des Gesellschafters,

— Material- und Fertigungs(gemein)kosten,

— Verwaltungs- und Vertriebskosten.

341 **c) Aufwendungen im Zusammenhang mit der Überlassung von Wirtschaftsgütern**

Sofern keine aktivierungspflichtigen Aufwendungen vorliegen, sind z. B. als Sonderbetriebsausgaben abzugsfähig

— AfA, Grundsteuer, Kfz-Steuer, Versicherungen,

— allgemeine Verwaltungskosten,

— Miete für ein gemietetes und an die Personengesellschaft weitervermietetes Wirtschaftsgut.

---

647 BFH vom 13.07.1989, BStBl II 1990, 23; siehe auch H 4.12.
648 Wegen Einzelheiten siehe R 4.12 Abs. 2 EStR und R 37 ff. LStR.
649 Wegen Einzelheiten siehe R 4.12 Abs. 3 EStR und R 43 LStR.
650 BFH vom 15.03.1990, BStBl II 1990, 390.
651 Siehe R. Rz. 47 ff.

d) **Aufwendungen im Zusammenhang mit der Gewährung von Darlehen**   342

Zu diesen Aufwendungen gehören alle unmittelbar zuordenbaren Refinanzierungskosten, z. B.

— Schuldzinsen,
— Disagio (hier ist ein aktiver Rechnungsabgrenzungsposten gem. § 5 Abs. 5 EStG zu bilden),
— Vermittlungsprovisionen.

e) **Aufwendungen für Wirtschaftsgüter des Sonderbetriebsvermögens, die nicht an die Personengesellschaft weitervermietet werden**   343

Hierunter fallen z. B.

— Schuldzinsen für ein vom Gesellschafter aufgenommenes Darlehen zur Finanzierung der Gesellschaftereinlage,[652]
— Kursverluste für Wertpapiere, die als gewillkürtes Sonderbetriebsvermögen aktiviert sind.

f) **Sonstige**   344

— Abwehrkosten eines Gesellschafters bei der Auseinandersetzung über den Fortbestand oder die Auflösung einer Personengesellschaft.
— Schadensersatzleistungen, die ein Gesellschafter an die Personengesellschaft z. B. wegen Überschreitung seiner Befugnisse leistet.
— Prozesskosten, z. B.
   — bei einem Streit über die Gewinnverteilung,
   — bei einem Prozess gegen die Personengesellschaft auf höhere Entnahmeberechtigung.
— Aufwendungen im Zusammenhang mit dem Eintritt in eine Personengesellschaft.
— Steuerberatungskosten, soweit sie bei der Ermittlung der Einkünfte aus der Personengesellschaft anfallen.
— Aufwendungen für einen Rechtsanwalt, Sachverständigen usw. zur Interessenvertretung gegenüber den Mitgesellschaftern, z. B. zur Abwehr von Schadensersatzansprüchen.
— Kosten, die dem Gesellschafter im Zusammenhang mit der Wahrnehmung von Gesellschaftsrechten entstehen, z. B. durch Überwachung und Prüfung der Buchführung.

Keine Sonderbetriebsausgaben liegen jedoch in folgenden Fällen vor: 345

— Die von einem Gesellschafter-Geschäftsführer einer OHG für einen Prozess aufzubringenden Gerichts-, Anwaltskosten und Beratungshonorare, in dem es um die Frage der Erstreckung einer Vorerbschaft auf einen

---
652 BFH vom 19.05.1983, BStBl II 1983, 380.

Gesellschafteranteil geht, und zwar selbst dann, wenn Anlass des Prozesses Streitigkeiten über Fragen der Geschäftsführung waren.[653]

— Die Gewerbesteuer, soweit sie auf den Sonder- bzw. Ergänzungsbilanzgewinn entfällt, denn Schuldner dieser Gewerbesteuer ist die Personengesellschaft. Diese gehört zu den Aufwendungen der Personengesellschaft und ist nach dem Gewinnverteilungsschlüssel auf die Gesellschafter zu verteilen, es sei denn, die Gesellschafter haben eine andere Gewinnverteilung vereinbart.[654]

1.7.10 Buchmäßige Behandlung der Sondervergütungen und der Sonderbetriebsausgaben bei der steuerlichen Gewinnermittlung

346 Bei der buchmäßigen Behandlung ist wie folgt zu unterscheiden:

1. Eine Sonderbilanz ist **nicht** zu erstellen, wenn die Vergütungen in voller Höhe im Laufe des Jahres geleistet wurden und alle Rechnungen einschließlich der Umsatzsteuer bezahlt sind.

In diesen Fällen können die Sondervergütungen abzüglich der damit im Zusammenhang stehenden Aufwendungen außerhalb der Buchführung der Personengesellschaft dem Gesamtgewinn der Personengesellschaft und dem begünstigten Gesellschafter zugerechnet werden.

2. In allen übrigen Fällen ist eine Sonderbilanz zu erstellen.

Ist eine Sonderbilanz zu erstellen, so sind alle Sondervergütungen und damit im Zusammenhang stehende Aufwendungen in der Sonderbuchführung zu erfassen.[655]

1.7.10.1 Vergütungen für Arbeitsleistungen

347 Beruht die Tätigkeitsvergütung auf einer **gesellschaftsrechtlichen** Regelung, ist **keine** Buchung vorzunehmen. Der Vorabgewinn wird bei der Gewinnverteilung berücksichtigt.

Eine Buchung ist lediglich erforderlich, wenn der Gesellschafter den Gesamtbetrag oder einen Teil davon entnimmt.

Der Buchungssatz lautet dann

> Privatentnahme dieses Gesellschafters an Bank/Kasse.

Beruht die Tätigkeitsvergütung dagegen auf einer **schuldrechtlichen** Regelung, ist sie bei der Personengesellschaft gewinnmindernd und in der Sonderbilanz des Gesellschafters gewinnerhöhend zu buchen.

Die verschiedenen Möglichkeiten werden an folgendem **Grundfall** dargestellt:

---

653 BFH vom 31.07.1985, BStBl II 1986, 139.
654 BFH vom 25.04.1985, BStBl II 1986, 350.
655 Wegen der buchmäßigen Behandlung siehe auch B. Rz. 222.

1 Einkommensteuer

Der Gesellschafter-Geschäftsführer einer OHG erhält aufgrund einer schuldrechtlichen Regelung eine Tätigkeitsvergütung von monatlich angemessenen 10.000 € + 1.900 € USt.

a) Der Betrag wird jeweils am Monatsende ohne Abzüge auf ein privates Konto des Gesellschafters überwiesen. Nur das Dezembergehalt wird erst zu Beginn des neuen Wirtschaftsjahres überwiesen.

Buchung bei der OHG:
Gehälter	120.000 €	an	Bank	130.900 €
Vorsteuer	22.800 €		Sonstige Verbindlichkeiten	11.900 €

Buchung beim Gesellschafter in der Sonderbuchführung:
1.	Privatentnahme	130.900 €	an	Erträge	120.000 €
	Sonstige Forderungen	11.900 €		USt	22.800 €
2.	USt	20.900 €	an	Privateinlage	20.900 €

Dies führt zu folgender Schlussbilanz und Gewinn-und-Verlust-Rechnung:

Aktiva	Sonderbilanz A 31.12.01		Passiva
Sonstige Forderungen	11.900 €	(Sonder-)Kapital	
		Stand 01.01.01 0	
		./. Entnahmen 130.900 €	
		+ Einlagen 20.900 €	
		+ Gewinn 120.000 €	10.000 €
		USt	1.900 €
	11.900 €		11.900 €

In der steuerlichen Gesamtbilanz der Personengesellschaft (Gesellschaftsbilanz + Sonderbilanz) stellt der Anspruch auf Vergütung Eigenkapital des betreffenden Gesellschafters dar, denn die sonstige Verbindlichkeit in der Bilanz der Personengesellschaft und die sonstige Forderung in der Sonderbilanz des Gesellschafters heben sich gegenseitig auf.

Aufwand	Sonder-GuV A 01		Ertrag
Gewinn	120.000 €	Erträge	120.000 €
	120.000 €		120.000 €

Der Gewinn der OHG mindert sich um 120.000 €, was zu einer anteiligen Gewinnminderung bei allen Gesellschaftern führt. Dafür erhöht sich der Gewinn des A in seiner Sonderbilanz um 120.000 €.

b) Wie a), die OHG hat zwar das Dezembergehalt noch in 01 überwiesen, sie hat jedoch aus Versehen monatlich 2.000 € Lohnsteuer einbehalten und jeweils am 10. des darauf folgenden Monats an das Finanzamt überwiesen. USt wurde nicht in Rechnung gestellt und nicht abgeführt.

B. Laufende Besteuerung

Gebucht wurde nur bei der OHG

im Jahre 01

1. Gehälter	120.000 €	an	Bank	96.000 €
			Sonstige Verbindlichkeiten	24.000 €
2. Sonstige Verbindlichkeiten	22.000 €	an	Bank	22.000 €

im Jahre 02

Sonstige Verbindlichkeiten	2.000 €	an	Bank	2.000 €

Die Einbehaltung und Abführung der Lohnsteuer war falsch, weil kein Arbeitsverhältnis vorliegt. Die OHG hat zwei Möglichkeiten. Entweder sie berichtigt ihre Lohnsteuer-Anmeldung (§ 41 a EStG) und erstattet den Betrag von 24.000 € ihrem Gesellschafter, oder sie verzichtet auf eine Berichtigung der Lohnsteuer-Anmeldung, dafür rechnet der Gesellschafter die einbehaltene Lohnsteuer bei der Einkommensteuerveranlagung auf seine Einkommensteuerschuld an. Unabhängig davon ist in der Bilanz der OHG zum 31.12.01 die sonstige Verbindlichkeit i. H. von 2.000 € gegenüber dem Finanzamt auszubuchen, weil diese nicht besteht. Dafür besteht eine Verbindlichkeit gegenüber dem Gesellschafter, weil dieser die Vergütung noch nicht in voller Höhe erhalten hat. Die OHG hat eine Forderung gegenüber dem Finanzamt in Höhe der entrichteten Lohnsteuer, wenn die Lohnsteuer-Anmeldung berichtigt wird. Der Vorsteuererstattungsanspruch der OHG kann erst gebucht werden, wenn der Gesellschafter eine berichtigte Rechnung ausgestellt hat.

Bei einer Berichtigung der Lohnsteuer-Anmeldung und der anschließenden Überweisung bucht die OHG

– im Jahre 01:

Sonstige Forderungen	22.000 €			
Sonstige Verbindlichkeiten	2.000 €	an	Sonstige Verbindlichkeiten	24.000 €

– im Jahre 02:

Sonstige Verbindlichkeiten	24.000 €	an	Bank	24.000 €

Erfolgt keine Berichtigung der Lohnsteuer-Anmeldung, erfolgt auch keine Berichtigung der Buchungen.

In der Sonderbuchführung muss der Ertrag i. H. von 120.000 € und eine Entnahme i. H. von 118.000 € erfasst werden. In Höhe von 2.000 € hat der Gesellschafter am 31.12.01 eine Forderung gegenüber der OHG, wenn die Lohnsteuer-Anmeldung nicht berichtigt wird. Sofern eine berichtigte Rechnung erstellt wird, lautet der richtige Buchungssatz:

Privatentnahme	118.000 €	an	Erträge	120.000 €
Sonstige Forderungen	24.800 €		USt	22.800 €

1 Einkommensteuer

Bei der Überweisung am 10.01.02 muss in der Sonderbuchführung gebucht werden:

Privatentnahme 2.000 € an Sonstige Forderungen 2.000 €

Wird die Lohnsteuer-Anmeldung in 02 berichtigt und der Betrag dem Gesellschafter anschließend überwiesen, muss in der Sonderbuchführung gebucht werden:
- im Jahre 01:

Privatentnahme	96.000 €	an Erträge	120.000 €
Sonstige Forderungen	46.800 €	USt	22.800 €

- im Jahre 02:

Privatentnahme 24.000 € an Sonstige Forderungen 24.000 €

Das führt zu folgender Schlussbilanz und Gewinn-und-Verlust-Rechnung:

Aktiva	Sonderbilanz A 31.12.01		Passiva
Sonstige Forderungen	24.800 €	(Sonder-)Kapital	
		Stand 01.01.01 0 €	
		./. Entnahmen 118.000 €	
		+ Gewinn 120.000 €	2.000 €
		USt	22.800 €
	24.800 €		24.800 €

oder

Aktiva	Sonderbilanz A 31.12.01		Passiva
Sonstige Forderungen	46.800 €	(Sonder-)Kapital	
		Stand 01.01.01 0 €	
		./. Entnahmen 96.000 €	
		+ Gewinn 120.000 €	24.000 €
		USt	22.800 €
	46.800 €		46.800 €

Aufwand	Sonder-GuV A 01		Ertrag
Gewinn	120.000 €	Erträge	120.000 €
	120.000 €		120.000 €

Das im Übrigen zu a) Gesagte gilt entsprechend.

c) Wie b), die OHG hat zwar keine LSt, dafür jedoch aus Versehen Sozialversicherungsbeiträge i. H. von monatlich 1.800 € einbehalten und zusammen mit dem Arbeitgeberanteil von ebenfalls monatlich 1.800 € an den Sozialversicherungsträger jeweils am 10. des darauf folgenden Monats überwiesen.

B. Laufende Besteuerung

Gebucht wurde bei der OHG
- im Jahre 01:
  1. Gehälter 120.000 € an Bank 98.400 €
     Sonstige
     Verbindlichkeiten 21.600 €
  2. Gesetzlich soziale
     Aufwendungen 21.600 € an Sonstige
     Verbindlichkeiten 21.600 €
  3. Sonstige
     Verbindlichkeiten 39.600 € an Bank 39.600 €
- im Jahre 02:
  Sonstige
  Verbindlichkeiten 3.600 € an Bank 3.600 €

Die OHG hat gegenüber dem Sozialversicherungsträger eine Forderung für das Jahr 01 i. H. von 2×21.600 € = 43.200 €. Gleichzeitig hat sie eine Schuld gegenüber ihrem Gesellschafter. Die Höhe ist von der Regelung im Arbeitsvertrag abhängig. Sie beträgt auf jeden Fall mindestens 21.600 € (= Arbeitnehmeranteil). Hat der Gesellschafter einen schuldrechtlichen Anspruch auf den Arbeitgeberanteil zur Sozialversicherung, erhöht sich die Schuld der OHG auf 43.200 €.

Je nachdem lauten die **berichtigten** Buchungssätze der OHG
entweder
- im Jahre 01:
  Sonstige Forderungen 39.600 € an Sonstige
                                   Verbindlichkeiten 21.600 €

  Sonstige   Gesetzliche soziale
  Verbindlichkeiten 3.600 €   Aufwendungen 21.600 €

- im Jahre 02:
  Sonstige Forderungen 3.600 € an Sonstige
                                  Verbindlichkeiten 3.600 €

oder
- im Jahre 01:
  Sonstige Forderungen 39.600 € an Sonstige
                                   Verbindlichkeiten 43.200 €

  Sonstige
  Verbindlichkeiten 3.600 €

- im Jahre 02:
  Sonstige Forderungen 3.600 € an Sonstige
                                  Verbindlichkeiten 3.600 €

In der Sonderbuchführung des Gesellschafters ist im Jahre 01 zu buchen
entweder
  Privatentnahme 98.400 € an Erträge 120.000 €
  Sonstige Forderungen 44.400 €   USt 22.800 €

oder
Privatentnahme	98.400 €	an Erträge	141.600 €
Sonstige Forderungen	66.000 €	USt	22.800 €

Dies führt zu folgender Schlussbilanz und Gewinn-und-Verlust-Rechnung:

Aktiva		Sonderbilanz A 31.12.01			Passiva
Sonstige Forderungen	44.400 €	(Sonder-)Kapital			
		Stand 01.01.01		0 €	
		./. Entnahmen		98.400 €	
		+ Gewinn		120.000 €	21.600 €
		USt			22.800 €
	44.400 €				44.400 €

Aufwand		Sonder-GuV A 01		Ertrag
Gewinn	120.000 €	Erträge		120.000 €
	120.000 €			120.000 €

oder

Aktiva		Sonderbilanz A 31.12.01			Passiva
Sonstige Forderungen	66.000 €	(Sonder-)Kapital			
		Stand 01.01.01		0 €	
		./. Entnahmen		98.400 €	
		+ Gewinn		141.600 €	43.200 €
		USt			22.800 €
	66.000 €				66.000 €

Aufwand		Sonder-GuV A 01		Ertrag
Gewinn	141.600 €	Erträge		141.600 €

Der Gewinn lt. Steuerbilanz der OHG mindert sich entweder um 120.000 € oder um 141.600 €, was wiederum zu einer anteiligen Gewinnminderung bei allen Gesellschaftern führt. Dafür erhöht sich der Gewinn in der Sonderbilanz des A um 120.000 € bzw. um 141.600 €. Der Gesamtgewinn der Mitunternehmerschaft beträgt insoweit 0 €, bei der Gewinnverteilung ergeben sich zwischen den einzelnen Gesellschaftern Unterschiede.

d) Wie c), es besteht aber sozialversicherungsrechtlich zwischen der OHG und ihrem Gesellschafter ein Arbeitsverhältnis. Das Arbeitsverhältnis ist wegen § 15 Abs. 1 Satz 1 Nr. 2 EStG steuerrechtlich nicht anzuerkennen. Die Buchungen der OHG im Jahre 01 und 02 sind nicht zu beanstanden.

B. Laufende Besteuerung

In der Sonderbuchführung muss gebucht werden – nur im Jahre 01 –

Privatentnahmen	141.600 €	an	Erträge	141.600 €
Sonstige Forderungen	22.800 €		USt	22.800 €

Beim Gesellschafter gehört zu den steuerpflichtigen Vergütungen auch der Arbeitgeberanteil zur Sozialversicherung. Die Steuerbefreiung gem. § 3 Nr. 62 EStG greift nicht ein. Dafür sind beim Gesellschafter die gesamten entrichteten Beiträge von 43.200 € als Sonderausgaben i. S. von § 10 Abs. 1 Nr. 2 a und 3 a EStG berücksichtigungsfähig. Eine Kürzung nach § 10 Abs. 3 EStG ist nicht vorzunehmen. Der Höchstbetrag der abzugsfähigen Vorsorgeaufwendungen nach § 10 Abs. 4 EStG beträgt 2.400 €.

1.7.10.2 Vergütungen für Dienstleistung

348 Im Prinzip ergeben sich dieselben Buchungen wie bei den Arbeitsleistungen. Zu beachten ist jedoch, dass die Sondervergütungen und die damit im Zusammenhang stehenden Aufwendungen nicht noch einmal im Betrieb der freiberuflichen Praxis erfasst werden. Bezüglich der Umsatzsteuer ist zu beachten, dass in der freiberuflichen Praxis der Gewinn i. d. R. nach § 4 Abs. 3 EStG ermittelt wird. Die vereinnahmte Umsatzsteuer gehört dort zu den Betriebseinnahmen und die bezahlte Umsatzsteuer zu den Betriebsausgaben. In der Sonderbuchführung ist die vereinnahmte und bezahlte Umsatzsteuer dagegen erfolgsneutral zu buchen. Auch hier ist darauf zu achten, dass die Umsatzsteuer nicht doppelt erfasst wird.

Beispiel 1:

An einer KG ist u. a. A als Kommanditist mit 5 % beteiligt. A, der daneben eine freiberufliche Praxis betreibt, erhält von der KG den Auftrag, ab Januar 01 die laufende Buchhaltung zu erledigen und den Jahresabschluss zu erstellen. Es wurde ein Honorar von monatlich 1.000 € + 190 € USt und für den Jahresabschluss von 8.000 € + 1.520 € USt vereinbart.

A erstellte die Rechnungen mit offenem USt-Ausweis stets am Monatsende und erhielt die monatlichen Beträge jeweils zu Beginn des darauf folgenden Monats auf ein Bankkonto der freiberuflichen Praxis überwiesen.

Der Jahresabschluss wurde am 25.02.02 erstellt, das Honorar im März 02 überwiesen. Im Zusammenhang mit diesem Auftrag sind in 02 folgende Aufwendungen entstanden:

Lohnkosten für die Buchhalterin		4.000 €
Fahrtkosten 500 € + 95 € USt		595 €
abgeführte USt (11 × 190 € =)	2.090 €	
Vorsteuer ./.	95 €	1.995 €
Aufwendungen für Büromaterialien		238 €
(Die Rechnung vom 20.12.01, in der die USt gesondert ausgewiesen war, wurde erst am 15.01.02 überwiesen.)		

A schätzt die anteilig auf diesen Auftrag entfallenden Gemeinkosten (z. B. AfA, Miete) auf 400 €.

1 Einkommensteuer

Der Jahresabschluss wurde von einem angestellten Steuerberater erstellt. Die anteiligen Lohnkosten haben 2.000 € betragen.

Buchungen der KG:
- in 01:

1. Beratungskosten	12.000 €	an	Bank	13.090 €
Vorsteuer	2.280 €		Sonstige Verbindlichkeiten	1.190 €
2. Beratungskosten	8.000 €	an	Rückstellungen	8.000 €

- in 02:

1. Sonstige Verbindlichkeiten	1.190 €	an	Bank	1.190 €
2. Rückstellungen	8.000 €	an	Bank	9.520 €
Vorsteuer	1.520 €			

Bei der KG ergibt sich eine Gewinnauswirkung im Jahre 01 von ./. 20.000 €, im Jahre 02 von 0 €.

Buchungen bei A in der Sonderbuchführung:
Vorbemerkung: Es gelten die Grundsätze des Betriebsvermögensvergleichs, nicht der Gewinnermittlung nach § 4 Abs. 3 EStG.

- in 01:

1. Privat   13.090 €   an Erlöse   12.000 €
   Forderungen   1.190 €   USt   2.280 €

   (Die Buchung erfolgt auf einem Privatkonto, weil das Bankkonto nicht zum Sonderbetriebsvermögen, sondern zum Betriebsvermögen der freiberuflichen Praxis gehört.)

2. Forderungen   8.000 €   an Erlöse   8.000 €
   (Korrespondierende Bilanzierung!)

3. Löhne   4.000 €   an Privat   4.000 €

4. Fahrtkosten   500 €   an Privat   595 €
   Vorsteuer   95 €

5. Allg. Verwaltungskosten 200 € an Sonstige
   Vorsteuer   38 €   Verbindlichkeiten 238 €

6. Umsatzsteuer   127 €   an Vorsteuer   127 €

7. Umsatzsteuer   1.995 €   an Privat   1.995 €
   (Die abgeführte USt stellt beim Betriebsvermögensvergleich keinen Aufwand dar!)

8. Allg. Verwaltungskosten 400 € an Privat   400 €

9. Löhne   2.000 €   an Rückstellungen 2.000 €
   (Die Lohnkosten für den angestellten Steuerberater sind wegen der korrespondierenden Bilanzierung bereits in 02 gewinnmindernd zu erfassen.)

B. Laufende Besteuerung

Aktiva	Sonderbilanz A zum 31.12.01		Passiva
Forderungen	9.190 €	Kapital	
		Anfangsbestand	
		01.01.01 0 €	
		+ Einlagen 6.990 €	
		./. Entnahmen 13.090 €	
		+ Gewinn 12.900 €	6.800 €
		Rückstellungen	2.000 €
		Umsatzsteuer	152 €
		Sonst. Verbindlichkeiten	238 €
	9.190 €		9.190 €

Aufwand		Sonder-GuV A 01	Ertrag
Löhne	6.000 €	Erlöse	20.000 €
Fahrtkosten	500 €		
Allg. Verwaltungskosten	600 €		
Gewinn	12.900 €		
	20.000 €		20.000 €

- in 02:
  1. Forderungen   1.190 €   an Privat   1.190 €
  2. Privat   9.520 €   an Forderungen   8.000 €
                                     Umsatzsteuer   1.520 €
  3. Sonstige
     Verbindlichkeiten   238 €   an Privat   238 €
  4. USt   1.672 €   an Privat   1.672 €
  5. Rückstellungen   2.000 €   an Privat   2.000 €

Die Gewinnauswirkung bei A erfolgt in voller Höhe in 01. In 02 werden nur noch Rechnungen überwiesen, die bereits als Forderungen bzw. Verbindlichkeiten erfasst sind.

Beispiel 2:

Die ABC-OHG errichtete in 02 ein Bürogebäude (Fertigstellung 30.12.02) für eigenbetriebliche Zwecke für 1.000.000 € + 190.000 € USt (ohne Architektenhonorar). Als Architekt beauftragte sie ihren Gesellschafter B. Das vereinbarte Honorar beträgt 150.000 € + 28.500 € USt und wurde am 20.01.03 überwiesen, nachdem die Rechnung erst am 18.01.03 bei der OHG einging.

Das Architektenhonorar wurde von der OHG erst in 03 über ein Aufwandskonto gebucht. Die AfA nahm die OHG gem. § 7 Abs. 4 Nr. 1 EStG mit 3 % von 1.000.000 € = 30.000 €, davon $^{1}/_{12}$ = 2.500 €, vor. Die anteiligen Lohn- und Gemeinkosten des B belaufen sich – geschätzt – auf 30.000 €.

1 Einkommensteuer

Das Architektenhonorar gehört zu den Herstellungskosten des Gebäudes.
Bereits in 02 hätte die OHG buchen müssen:

Gebäude	150.000 €	an Sonstige Verbindlichkeiten	178.500 €
Noch nicht verrechenbare Vorsteuer	28.500 €		

Die AfA beträgt dann jährlich 34.500 €, für 02 davon $^1/_{12}$ = 2.875 €.

B muss in 02 in seiner Sonderbuchführung den Ertrag von 150.000 € und den damit im Zusammenhang stehenden Aufwand von 30.000 € buchmäßig erfassen.

Buchungssätze:

1. Forderungen	178.500 €	an Erlöse	150.000 €
		Umsatzsteuer	28.500 €
2. Sonstige betriebliche Aufwendungen	30.000 €	an Privat	30.000 €

Aktiva	Sonderbilanz B 31.12.01		Passiva
Forderungen	178.500 €	Kapital	150.000 €
		Umsatzsteuer	28.500 €
	178.500 €		178.500 €

Aufwand	Sonder-GuV B		Ertrag
Sonstige betriebliche Aufwendungen	30.000 €	Erlöse	150.000 €
Gewinn	120.000 €		
	150.000 €		150.000 €

Hinweis: Können die Aufwendungen, die mit den Sondervergütungen in einem unmittelbaren wirtschaftlichen Zusammenhang stehen, nicht genau ermittelt werden, sind sie im Schätzungswege zu ermitteln.

Zu beachten ist, dass die Aufwendungen von 30.000 € nicht mehr im Einzelunternehmen des B erfasst werden dürfen. Sofern sie dort bereits gewinnmindernd gebucht wurden, ist der Gewinn dort um diesen Betrag zu erhöhen.

Der Gewinn der OHG lt. berichtigter Steuerbilanz ist um die Mehr-AfA von 375 € zu mindern. Die falsche Buchung des Architektenhonorars erhöht zwar den Gewinn der OHG um 150.000 €, aber erst im Jahre 03. Der steuerliche Gesamtgewinn ist darüber hinaus um den Gewinn der Sonderbilanz von 120.000 € zu erhöhen. Bei der Gewinnverteilung ist der Betrag von 120.000 € vorab Gesellschafter B zuzurechnen.

1.7.10.3 Vergütungen für die Gewährung von Darlehen

Die buchmäßige Behandlung wird an folgendem Fall dargestellt:

An einer OHG sind A, B und C zu je $^1/_3$ beteiligt. Am 01.07.02 gewährt A der OHG ein Darlehen zu üblichen Konditionen von 100.000 €, Zinssatz 8 %. Bei der Auszahlung wird ein Disagio einbehalten von 5.000 €. Das Darlehen ist in einer Summe am 30.06.07 zurückzubezahlen. Die Zinsen sind vierteljährlich

B. Laufende Besteuerung

jeweils am 30.09., 31.12., 31.03. und 30.06. zu entrichten. Versehentlich werden die Zinsen zum 31.12.02 von der OHG erst am 04.01.03 überwiesen. Die Überweisung erfolgt stets auf ein privates Bankkonto des A.

Buchungen bei der OHG:

- am 01.07.02:

Bank	95.000 €	an Darlehen	100.000 €
Aktiver Rechnungs-abgrenzungsposten	5.000 €		

- am 30.09.02:

Zinsaufwendungen	2.000 €	an Bank	2.000 €

- am 31.12.02:

1. Zinsaufwendungen	2.000 €	an Sonstige Verbindlichkeiten	2.000 €
2. Zinsaufwendungen	500 €	an Aktiver Rechnungs-abgrenzungsposten	500 €

Die Gewinnauswirkung bei der OHG beträgt ./. 4.500 € und ist mit je ./. 1.500 € auf A, B und C zu verteilen.

Buchungen in der Sonderbuchführung des A:

- am 01.07. 02:

Aktiva	Eröffnungssonderbilanz A 01.07.02		Passiva
Darlehensforderung	100.000 €	Kapital	95.000 €
		Passiver RAP	5.000 €
	100.000 €		100.000 €

- am 30.09.02:

Privat	2.000 €	an Zinserträge	2.000 €

- am 31.12.02:

1. Sonstige Forderungen	2.000 €	an Zinserträge	2.000 €
2. Passiver Rechnungs-abgrenzungsposten	500 €	an Zinserträge	500 €

Aktiva	Sonderbilanz A 31.12.02			Passiva
Darlehensforderungen	100.000 €	Kapital		
Sonstige Forderungen	2.000 €	Stand 01.07.02	95.000 €	
		./. Entnahmen	2.000 €	
		+ Gewinn	4.500 €	97.500 €
		Passiver RAP		4.500 €
	102.000 €			102.000 €

1 Einkommensteuer

Aufwand	Sonder-GuV A 02		Ertrag
Gewinn	4.500 €	Zinserträge	4.500 €
	4.500 €		4.500 €

Anmerkung: Der Gesamtgewinn der OHG ändert sich durch die Zinszahlungen nicht. Der Gewinnminderung in der Bilanz der OHG von 4.500 € steht eine Gewinnerhöhung in der Sonderbilanz des Gesellschafters A von 4.500 € gegenüber.

Bei der Gewinnverteilung ergibt sich jedoch folgende Veränderung:

	A	B	C	Gesamt
	€	€	€	€
Gewinn lt. Bilanz OHG	./. 1.500	./. 1.500	./. 1.500	./. 4.500
Gewinn lt. Sonderbilanz A	+ 4.500	–	–	+ 4.500
Summe	+ 3.000	./. 1.500	./. 1.500	0

1.7.10.4 Vergütungen für die Überlassung von Wirtschaftsgütern

Die buchmäßige Behandlung soll an folgendem Fall dargestellt werden: **350**

X ist zu $^1/_3$ an der XYZ-OHG beteiligt. Ihm und seiner Ehefrau gehört ein unbebautes Grundstück je zur Hälfte, das sie vor zehn Jahren für 50.000 € erworben und als Privatvermögen behandelt haben. Der heutige Wert des Grundstücks beträgt 120.000 €. Die Ehegatten errichten darauf ein Gebäude (Fertigstellung 01.07.02), wobei Herstellungskosten i. H. von 800.000 € + 152.000 € USt angefallen sind.

Zur Finanzierung nahmen sie gemeinsam am 01.07.02 ein Darlehen i. H. von 600.000 € auf, den Rest finanzierten sie aus eigenen Mitteln. Bei der Auszahlung des Darlehens wurde ein Disagio von 5 % = 30.000 € einbehalten, der Zinssatz beträgt 7 % und ist auf fünf Jahre fest vereinbart. Während das Darlehen in den ersten fünf Jahren nicht zu tilgen ist, sind die Zinsen jährlich zu entrichten, erstmals am 01.07.03.

Ab 01.07.02 vermieten die Ehegatten das Grundstück für monatlich 3.000 € + 570 € USt an die OHG. Die OHG ist zum Vorsteuerabzug berechtigt. Der Betrag wird auf ein privates Bankkonto der Ehegatten jeweils zu Beginn eines Monats überwiesen.

An laufenden Grundstücksaufwendungen fallen monatlich 200 € an, die X in Absprache mit seiner Ehefrau und im Einvernehmen mit den übrigen Gesellschaftern der OHG von einem betrieblichen Bankkonto der OHG überweist.

Bereits im Dezember 02 ist ein Schaden entstanden, der nicht unter die Garantieleistungen fällt. X beauftragt noch im Dezember 02 einen Handwerker, der die Reparatur in der Zeit vom 15.03. bis 20.03.03 durchführt und dafür eine Rechnung über 10.000 € + 1.900 € USt erteilt, die von den Ehegatten am 10.04.03 überwiesen wird.

B. Laufende Besteuerung

Für eine weitere Kleinreparatur, die am 27.12.02 ausgeführt wurde, erhielten die Ehegatten am 29.12.02 eine Rechnung über 500 € + 95 € USt, die sie am 18.01.03 von einem privaten Bankkonto überwiesen.

Die Grundstücksgemeinschaft gibt vierteljährlich USt-Voranmeldungen ab (erstmals im Oktober 02). Dabei ergab sich ein Erstattungsanspruch von 150.290 € (USt 3 × 570 € = 1.710 € ./. Vorsteuer 152.000 €). Der Erstattungsbetrag wurde noch im Oktober 02 vom Finanzamt auf ein privates Bankkonto der Ehegatten überwiesen.

Es sind folgende Buchungen vorzunehmen:

Bei der OHG:
- monatlich

1. Mietaufwendungen 3.000 € an Bank 3.570 €
   Vorsteuer 570 €

2. Privatentnahmen X 200 € an Bank 200 €

Die Gewinnauswirkung beträgt in 02 insgesamt ./. 18.000 €. Der Anteil des A daran beträgt $1/3$ = ./. 6.000 €.

In der Sonderbuchführung X:

Vorbemerkung: Das Grundstück gehört nur zur Hälfte zum notwendigen Sonderbetriebsvermögen I des X, weil er nur zur Hälfte bürgerlich-rechtlicher und wirtschaftlicher Eigentümer des Grundstücks ist. Aus demselben Grund stellt auch das Darlehen nur zur Hälfte notwendiges Sonderbetriebsvermögen II dar. Der Grund und Boden ist mit dem Teilwert von 60.000 € ($1/2$ von 120.000 €) einzulegen (§ 6 Abs. 1 Nr. 5 a EStG).

Die Eröffnungssonderbilanz zum 01.07.02 hat folgendes Aussehen:

Aktiva	Eröffnungssonderbilanz X 01.07.02		Passiva
Grund und Boden	60.000 €	Kapital	251.000 €
Gebäude	400.000 €	Darlehen	300.000 €
Sonstige Forderungen (Vorsteuer)	76.000 €		
Aktiver Rechnungsabgrenzungsposten (Disagio)	15.000 €		
	551.000 €		551.000 €

Buchungen:
- monatlich

1. Privatentnahmen 1.785 € an Mieterträge 1.500 €
                              Umsatzsteuer 285 €

2. Grundstücksaufwendungen 100 € an Privateinlagen 100 €

1 Einkommensteuer

- einmalige
  1. Umsatzsteuer   885 €   an Vorsteuer   885 €
  2. Privatentnahmen   75.145 €   an Vorsteuer   75.145 €
  3. Grundstücks-
     aufwendungen   250 €   an Sonstige
     Vorsteuer   48 €   Verbindlichkeiten   298 €
- vorbereitende Abschlussbuchungen
  1. Umsatzsteuer   48 €   an Vorsteuer   48 €
  2. Grundstücks-   an Rückstellungen   5.000 €
     aufwendungen   5.000 €
  3. Zinsaufwendungen   10.500 €   an Sonstige
                                        Verbindlichkeiten   10.500 €
  4. Zinsaufwendungen   1.500 €   an Aktiver Rechnungs-
                                        abgrenzungsposten   1.500 €
  5. AfA   6.000 €   an Gebäude   6.000 €

Aktiva	Sonderbilanz X 31.12.02		Passiva
Grund und Boden	60.000 €	Kapital	
Gebäude	394.000 €	Stand 01.07.02	251.000 €
Aktiver Rechnungs-		+ Einlagen	600 €
abgrenzungsposten		./. Entnahmen	85.855 €
(Disagio)	13.500 €	./. Verlust	14.850 € 150.895 €
		Rückstellungen	5.000 €
		Darlehen	300.000 €
		Sonstige	
		Verbindlichkeiten	10.798 €
		Umsatzsteuer	807 €
	467.500 €		467.500 €

Aufwendungen	Sonder-GuV X 02		Erträge
Grundstücks-		Mieterträge	9.000 €
aufwendungen	5.850 €	Verlust	14.850 €
Zinsaufwendungen	12.000 €		
AfA	6.000 €		
	23.850 €		23.850 €

Der Verlust von 14.850 € ist X allein zuzurechnen.

Anmerkungen zu den vorbereitenden Abschlussbuchungen:

1. Für im Geschäftsjahr unterlassene Aufwendungen für Instandhaltung, die im folgenden Geschäftsjahr innerhalb von drei Monaten nachgeholt werden, ist gem. § 249 Abs. 1 Satz 2 Nr. 1 HGB i. V. m. R 5.7 Abs. 1 Nr. 2 EStR eine Rückstellung zu bilden.

2. Bezüglich der in 02 entstandenen, aber noch nicht fälligen Zinsen ist eine sonstige Verbindlichkeit zu passivieren (R 5.6 Abs. 3 EStR).

B. Laufende Besteuerung

3. Das Disagio ist auf die Zeit der Festzinsvereinbarung (fünf Jahre) linear zu verteilen. Auf 02 entfallen darauf $^6/_{12}$ des Jahresbetrags von 3.000 € = 1.500 €.

4. X muss das Gebäude linear nach § 7 Abs. 4 Satz 1 Nr. 1 EStG mit 3 % abschreiben. Im Jahr der Fertigstellung kann die AfA nur zeitanteilig in Anspruch genommen werden. Sie beträgt 3 % von 400.000 € = 12.000 €, davon $^6/_{12}$ = 6.000 €.

5. Umsatzsteuerrechtlich wird die Grundstücksgemeinschaft durch die Vermietung des Grundstücks an die OHG Unternehmerin. Die Vermietungsumsätze sind zwar grundsätzlich nach § 4 Nr. 12 a UStG steuerfrei, da die Vermietung aber an einen anderen Unternehmer für dessen Unternehmen erfolgt, hat die Grundstücksgemeinschaft zulässigerweise auf die Steuerbefreiung gem. § 9 UStG verzichtet und erhält dafür einen Vorsteuerabzug.

In der Sonderbuchführung des X ist die **hälftige** Umsatzsteuerschuld und der **hälftige** Vorsteuerabzug zu erfassen.

6. Die Auswirkungen des Verlusts von 14.850 € der Sonderbilanz auf die Gewerbesteuer führt in der Bilanz der Personengesellschaft zu einer niedrigeren Gewerbesteuerrückstellung. Der sich dadurch ergebende Mehrgewinn ist allen Gesellschaftern zuzurechnen, es sei denn, es liegt eine davon abweichende gesellschaftsvertragliche Vereinbarung vor.

Zum Vergleich:

Die Einkünfte der Ehefrau für 02 aus Vermietung und Verpachtung sind wie folgt zu ermitteln:

Einnahmen:
Miete (6 × 1.785 €)		10.710 €
erstattete Umsatzsteuer		75.145 €
		85.855 €

Werbungskosten:
Disagio	15.000 €	
laufende Grundstücksaufwendungen	600 €	
bezahlte Umsatzsteuer	76.000 €	
AfA gem. § 7 Abs. 4 Satz 1 Nr. 2 EStG		
2 % von 400.000 € = 8.000 €, davon $^6/_{12}$	4.000 €	
Zinsaufwendungen (da erst in 03 bezahlt)	0 €	
Reparaturkosten (da erst in 03 bezahlt)	0 €	./. 95.600 €
Verlust aus Vermietung und Verpachtung		9.745 €

1.7.10.5 Sonderbetriebseinnahmen im Zusammenhang mit Wirtschaftsgütern des notwendigen Sonderbetriebsvermögens II bzw. gewillkürten Sonderbetriebsvermögens

351 **Beispiel:**

Ein Gesellschafter einer OHG hat seit mehreren Jahren zulässigerweise Wertpapiere des Anlagevermögens als gewillkürtes Sonderbetriebsvermögen in

1 Einkommensteuer

einer Sonderbilanz mit den Anschaffungskosten von 60.000 € aktiviert. Die OHG ermittelt den Gewinn nach § 5 EStG.

Im August 01 beschließt die Hauptversammlung, eine Dividende auszuschütten. Im September 01 wird ein Betrag von 3.945 € (nach Abzug von 20 % Kapitalertragsteuer und 5,5 % Solidaritätszuschlag) auf ein privates Bankkonto des Gesellschafters überwiesen. Der Kurswert der Wertpapiere zum 31.12.01 beträgt aufgrund einer voraussichtlich dauernden Wertminderung nur noch 58.000 €.

Die Dividende gehört zu den Sonderbetriebseinnahmen und ist im Zeitpunkt der Beschlussfassung (= August 01) als Ertrag zu erfassen, da der Gewinn auch in der Sonderbilanz nach § 5 EStG zu ermitteln ist. Der Dividendenertrag, der nach § 3 Nr. 40 Buchst. d EStG zur Hälfte (ab VZ 2009 zu 40 %) steuerfrei ist, berechnet sich wie folgt:

Nettodividende	3.945 €
+ Kapitalertragsteuer	1.000 €
+ Solidaritätszuschlag	55 €
	5.000 €

Zum 31.12.01 muss gem. § 253 Abs. 2 HGB und kann gem. § 6 Abs. 1 Nr. 2 EStG der niedrigere Teilwert angesetzt werden. Wegen dem Maßgeblichkeitsgrundsatz muss auch in der Sonderbilanz der niedrigere Teilwert angesetzt werden. Die Aufwendungen von 2.000 € sind nach § 3 c Abs. 2 EStG nur zur Hälfte (ab VZ 2009 zu 60 %) abzugsfähig.

Buchungen:
- bei der OHG

  keine

- in der Sonderbuchführung
  - Sonstige Forderungen 5.000 € an Dividendenerträge 5.000 €
  - Privatentnahme 5.000 € an Sonstige Forderungen 5.000 €
  - Kursverluste 2.000 € an Wertpapiere 2.000 €

Dies führt zu folgender Schlussbilanz und Gewinn-und-Verlust-Rechnung:

Aktiva	Sonderbilanz Gesellschafter 31.12.01		Passiva
Wertpapiere	58.000 €	(Sonder-)Kapital Stand 01.01.01 60.000 € ./. Entnahmen 5.000 € + Gewinn 3.000 €	58.000 €
	58.000 €		58.000 €

Aufwand		GuV Gesellschafter 01	Ertrag
Kursverluste	2.000 €	Dividendenerträge	5.000 €
Gewinn	3.000 €		
	5.000 €		5.000 €

Der Gewinn der OHG ist um 3.000 € zu erhöhen. Dieser Betrag ist dem Gesellschafter vorweg hinzuzurechnen.

B. Laufende Besteuerung

1.8 Gewinnverteilung

1.8.1 Zivilrechtliche Grundlagen

1.8.1.1 Gesetzliche Regelung

352 Die Vorschriften von BGB und HGB zur Verteilung von Gewinn und Verlust bei Personengesellschaften ergeben sich aus folgender Übersicht:

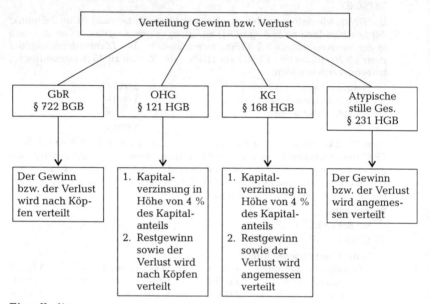

Einzelheiten:

a) Bei der Kapitalverzinsung handelt es sich um einen reinen Gewinnanteil. Das bedeutet: Reicht der Jahresgewinn nicht zu einer Kapitalverzinsung von 4 % aus, so ist der Zinssatz entsprechend zu ermäßigen.

b) Ist das Kapitalkonto eines Gesellschafters negativ, erhält dieser keine Kapitalverzinsung. Allerdings erfolgt auch keine Belastung seines Kapitalkontos.

c) Hat der Gesellschafter im Laufe des Jahres Einlagen geleistet oder Entnahmen vorgenommen, so werden der Einlagewert ab dem Zeitpunkt der Einlage und der entnommene Wert bis zum Zeitpunkt der Entnahme bei der Zinsberechnung berücksichtigt (mit Hilfe einer Zinsstaffel).

d) Bei einem Verlust erfolgt keine Kapitalverzinsung, der Verlust wird in voller Höhe nach Köpfen bzw. angemessen verteilt.

e) Bei der angemessenen Verteilung des Gewinns bzw. des Verlustes sind insbesondere die Geschäftsführung, die unterschiedliche Haftung und das

1 Einkommensteuer

Wettbewerbsverbot, dem die Komplementäre unterliegen, zu berücksichtigen.

Beispiel 1:
Der Gewinn einer OHG, an der A und B beteiligt sind, beträgt 200.000 €.
Entwicklung der Kapitalkonten:

	A	B
Stand 01.01.	400.000 €	300.000 €
./. Entnahme am 01.07.	50.000 €	
+ Einlage am 01.10.		30.000 €
Stand 31.12. (vor Gewinnzuführung)	350.000 €	330.000 €

Der Gewinn ist wie folgt zu verteilen:

		A	B
Gewinn	200.000 €		
./. Zinsen	27.300 €	15.000 €	12.300 €
Restgewinn	172.700 €	86.350 €	86.350 €
Gewinnanteil		101.350 €	98.650 €

Beispiel 2:
Wie Beispiel 1, der Gewinn beträgt nur 13.650 €.
Der Gewinn ist wie folgt zu verteilen:

		A	B
Gewinn	13.650 €		
./. Zinsen (2 %)	13.650 €	7.500 €	6.150 €
Restgewinn	–	–	–
Gewinnanteil		7.500 €	6.150 €

Beispiel 3:
Wie Beispiel 1, es wurde jedoch ein Verlust von 40.000 € erzielt.
Der Verlust ist nach Köpfen (je 20.000 €) auf A und B zu verteilen.

1.8.1.2 Vertragliche Regelung

In der Regel erfolgt die Verteilung von Gewinn und Verlust nach der Vereinbarung im Gesellschaftsvertrag. Dabei ist die Verteilung den Gesellschaftern völlig freigestellt. So kann z. B. die Gewinnverteilung nach Kapitalanteilen, nach festgelegten Quoten, mit oder ohne Kapitalverzinsung sowie mit und ohne Vorabvergütung bestimmt werden. Der Vorteil von Vorabvergütungen ist, dass die unterschiedlichen Leistungen der Gesellschafter angemessen berücksichtigt werden und nicht vom Zufall eines mehr oder weniger hohen Gewinns abhängig sind. Zu beachten ist, dass für besondere Leistungen i. d. R. schuldrechtliche Verträge abgeschlossen werden, was dazu führt, dass die geleisteten Beträge gewinnmindernd gebucht werden und somit aus der handelsrechtlichen Gewinnverteilung ausscheiden.

B. Laufende Besteuerung

Hinzuweisen ist auf die handels- und steuerrechtliche Möglichkeit, einem Kommanditisten Verluste grundsätzlich über seine Einlage hinaus zurechnen zu können, sodass bei ihm ein negatives Kapitalkonto entsteht.[656]

1.8.2 Steuerrechtliche Regelung

1.8.2.1 Grundsatz der Maßgeblichkeit der Handelsbilanz

354 Das EStG enthält keine Bestimmung über die steuerliche Gewinnverteilung. Folglich ist eine Gewinnverteilung, die den Bestimmungen des Gesellschaftsvertrags oder bei dessen Fehlen dem HGB entspricht, auch für die einkommensteuerliche Gewinnverteilung zu beachten.[657] Der Steuerbilanzgewinn der Personengesellschaft wird somit auf der Grundlage der aus der Handelsbilanz abgeleiteten Steuerbilanz ermittelt und nach dem handelsrechtlichen Gewinnverteilungsschlüssel den Gesellschaftern zugerechnet.[658] Dies gilt auch bei einer Gewinnschätzung.[659] Nur wenn steuerrechtliche Vorschriften der vereinbarten Gewinnverteilung entgegenstehen, ist ihr insoweit nicht zu folgen. Dies kann z. B. der Fall sein, wenn die Vereinbarung privat veranlasst (§ 12 Nr. 2 EStG) oder missbräuchlich (§ 42 AO) ist.

355 Weicht der Gewinn lt. Handelsbilanz vom Gewinn lt. Steuerbilanz deshalb ab, weil er durch die Auflösung von Bilanzierungshilfen geringer ist als der Gewinn lt. Steuerbilanz, müssen bei der Anwendung des Gewinnverteilungsschlüssels auf den Steuerbilanzgewinn Korrekturen hinsichtlich der Gesellschafter angebracht werden, die bei der Bildung der Bilanzierungshilfe an dem Unternehmen noch nicht beteiligt waren.[660]

> **Beispiel 1:**
>
> In der Handelsbilanz einer atypischen stillen Gesellschaft (GmbH & Still) zum 31.12.01 wurden Aufwendungen i. H. von 60.000 € für die Ingangsetzung und Erweiterung des Geschäftsbetriebs nach § 269 HGB aktiviert. Der handelsrechtliche Gewinn wurde nach dem Gewinnverteilungsschlüssel mit 20 % auf die GmbH und mit 80 % auf den stillen Gesellschafter A verteilt. In den Jahren 02 bis 05 wurde dieser Aktivposten gem. § 282 HGB mit je 15.000 € abgeschrieben.
>
> In der Steuerbilanz der GmbH & Still darf diese Bilanzierungshilfe nicht aktiviert werden. Der Steuerbilanzgewinn ist somit in 01 um 60.000 € niedriger und in den Jahren 02 bis 05 um je 15.000 € höher.
>
> Der steuerliche Mindergewinn in 01 ist genauso wie die steuerlichen Mehrgewinne der Jahre 02 bis 05 nach dem handelsrechtlichen Gewinnverteilungsschlüssel von 20 : 80 zu verteilen. Das führt dazu, dass am 31.12.05 der Gesamt-

---

656 Wegen Einzelheiten siehe B. Rz. 201 ff.
657 BFH vom 22.05.1990, BStBl II 1990, 965.
658 BFH vom 25.02.1991, BStBl II 1991, 691.
659 BFH vom 19.04.1991, BFH/NV 1992 S. 388.
660 BFH vom 22.05.1990, BStBl II 1990, 965; siehe auch H 15.8 Abs. 3 EStH (Abweichung des Steuerbilanzgewinns vom Handelsbilanzgewinn) EStH.

gewinn der Jahre 01 bis 05 und der auf die GmbH und auf A verteilte Gewinn in Handels- und Steuerbilanz identisch sind.

Beispiel 2:
Wie Beispiel 1, am 01.01.02 tritt B als weiterer atypischer stiller Gesellschafter in die GmbH & Still ein. Der Gewinn ist ab 02 mit 20 % auf die GmbH und mit je 40 % auf A und B zu verteilen. Der handelsrechtliche Gewinn der stillen Gesellschaft beträgt in den Jahren 02 bis 05 unverändert jeweils ./. 15.000 € und wurde entsprechend der ab 02 geltenden handelsrechtlichen Gewinnverteilungsabrede mit 3.000 € auf die GmbH und mit je 6.000 € auf A und B verteilt.

Die handelsrechtliche Gewinnverteilung ist auch steuerrechtlich zu beachten. Allerdings müssen Korrekturen hinsichtlich der Gesellschafter angebracht werden, die bei der Bildung der Bilanzierungshilfe an dem Unternehmen noch nicht beteiligt waren. Das heißt, die Differenz zwischen Handelsbilanz- und Steuerbilanzgewinn ist nur den bereits in 01 der stillen Gesellschaft angehörenden Gesellschaftern zuzurechnen, denn nur diesen ist in der Steuerbilanz der gesamte Mindergewinn in 01 von 60.000 € zugerechnet worden, und zwar mit 12.000 € auf die GmbH und mit 48.000 € auf A. Der steuerliche Mehrgewinn in den Jahren 02 bis 05 ist nach dem in 01 geltenden Gewinnverteilungsschlüssel mit je 20 % = 3.000 € auf die GmbH und mit je 80 % = 12.000 € auf A zu verteilen. Damit wird erreicht, dass der auf die Erweiterung des Geschäftsbetriebs entfallende Aufwand sowohl in der Handelsbilanz als auch in der Steuerbilanz nur auf die GmbH und auf A verteilt wird.

356 Die Frage, welche Gewinnanteile und Vergütungen im Einzelnen aus der Gesellschafterstellung fließen, ist bei Personengesellschaften zwischen Fremden i. d. R. leicht zu beantworten, denn der natürliche Interessengegensatz begründet eine Vermutung dahin, dass die vereinbarte Gewinnverteilung dem Beitrag des Gesellschafters zur Erreichung des Gesellschaftszwecks entspricht.[661]

Dagegen spielen bei Familienpersonengesellschaften und bei stillen Beteiligungen von anteils- und beteiligungsidentischen Schwesterpersonengesellschaften oft auch private Gesichtspunkte, z. B. die familien- und erbrechtliche Versorgung, eine Rolle, weil hier der Interessengegensatz meistens fehlt. Diese Gewinnverteilungsabreden sind deshalb auf ihre Angemessenheit zu überprüfen.[662] Soweit ihr Gewinnanteil eine angemessene Höhe übersteigt, ist er dem Mitunternehmer bzw. den anderen Mitunternehmern zuzurechnen.[663]

357 Weitere Voraussetzung für die steuerrechtliche Anerkennung der im Gesellschaftsvertrag vereinbarten Gewinnverteilung ist deren tatsächliche Durchführung. Weicht die vorgenommene Gewinnverteilung von der vertraglichen Vereinbarung ab, ist eine – ggf. stillschweigende – Änderung des

---
661 BFH vom 29.05.1972, BStBl II 1973, 5.
662 Siehe F. Rz. 51 ff.
663 BFH vom 21.09.2000, BStBl II 2001, 299.

B. Laufende Besteuerung

Gesellschaftsvertrags anzunehmen, sofern alle Gesellschafter (oder die Mehrheit) der neuen Vereinbarung zustimmen.[664]

Wird der Gewinn der Personengesellschaft nach dem Gewinnverteilungsschlüssel auf die Gesellschafter verteilt, kommt es aber zwischen den Gesellschaftern zu Verteilungsstreitigkeiten, ist für die steuerliche Behandlung zunächst einmal unmaßgeblich, ob der einzelne Gesellschafter den ihm nach der Verteilungsabrede gebührenden Anteil tatsächlich erhalten hat. Die einheitliche und gesonderte Gewinnfeststellung der Personengesellschaft sollte jedoch bis zur u. U. gerichtlichen Klärung des zivilrechtlichen Anspruchs vorläufig ergehen.

Wird danach durch Einigung oder Gerichtsurteil die Gewinnverteilung geändert, kann der Feststellungsbescheid geändert werden. Sind dagegen die Bescheide bestandskräftig und nicht mehr änderbar, ist die fehlerhaft vorgenommene Gewinnverteilung im Wege der Bilanzberichtigung in der Schlussbilanz des ersten Jahres, dessen Veranlagung geändert werden kann, erfolgswirksam richtigzustellen (R 4.4 Abs. 1 Satz 3 EStR). Anderenfalls würde der Gesellschafter nicht den Vermögenszuwachs versteuern, der während seiner Gesellschaftszugehörigkeit auf ihn entfallen ist.[665]

1.8.2.2 Einschränkungen der Maßgeblichkeit

358 Nicht nur bei Familienpersonengesellschaften, sondern auch bei Personengesellschaften unter Fremden sind Fälle denkbar, in denen gesellschaftsrechtliche Vereinbarungen mit nicht gesellschaftsrechtlichen (privaten) Interessen verbunden werden. Diese Fälle sind aber sehr selten und können nur beim Vorliegen entsprechender **konkreter** Anhaltspunkte angenommen werden. Werden solche Anhaltspunkte festgestellt und weicht die tatsächliche Gewinnverteilung wesentlich von der angemessenen Gewinnverteilung ab, so kann die vorgenommene Gewinnverteilung nicht anerkannt werden. Das Finanzamt muss dann die angemessene Gewinnverteilung zugrunde legen.[666]

Für die Frage, wann eine Gewinnverteilung als unangemessen anzusehen ist, kommt es auf die Umstände des Einzelfalles an. Verbindliche Grundsätze lassen sich dafür nicht aufstellen.

---

664 BFH vom 07.07.1983, BStBl III 1984, 53.
665 BFH vom 11.02.1988, BStBl II 1989, 825, vom 10.12.1991, BStBl II 1992, 650, vom 19.01.1993, BStBl II 1993, 594, und vom 12.10.1993, BStBl II 1994, 174.
666 BFH vom 15.11.1967, BStBl II 1968, 152, vom 07.07.1983, BStBl II 1984, 53, vom 17.03.1987, BStBl II 1987, 558, und vom 23.08.1990, BStBl II 1991, 172, und vom 29.05.2001, BStBl II 2001, 747.

1.8.2.3 Maßstäbe der Gewinnverteilung

1.8.2.3.1 Grundsätze

Bei der Prüfung, ob die Gewinnverteilung angemessen ist, kommen insbesondere folgende Faktoren, die fast immer in mehr oder weniger großem Umfang vorhanden und von Einfluss sind, in Betracht:[667]

— Kapitaleinsatz

— Arbeitseinsatz

— das übernommene Kapitalrisiko

Weitere mögliche Gesichtspunkte:

— die Einbringung eines angesehenen Namens

— die Einbringung eines eingeführten Unternehmens

— Seriosität

— Kreditwürdigkeit

— persönliche Eigenschaften, z. B. eine gute Menschenführung

Diese Aufzählung ist keineswegs vollständig. Zu erwähnen sind insbesondere noch Gesichtspunkte, die auf früherer Tätigkeit beruhen, z. B. auf früheren Aufbauleistungen. Die einzelnen Faktoren können bei den verschiedenen Unternehmen ein unterschiedliches Gewicht haben. Im Übrigen spielt es auch im Steuerrecht keine Rolle, ob die Gewinnverteilung nach Kapitalanteilen, nach festgelegten Quoten, mit oder ohne Kapitalverzinsung sowie mit oder ohne Vorabvergütung vorgenommen wird.

1.8.2.3.2 Gewinnverteilung nach Köpfen

Die Gewinnverteilung nach Köpfen ist dann zu empfehlen und nicht zu beanstanden, wenn an einer Personengesellschaft alle Gesellschafter zu gleichen Teilen beteiligt sind, die Kapitalkonten in etwa gleich hoch sind, alle Gesellschafter in gleichem Umfang für die Personengesellschaft tätig sind und im Übrigen alle Gesellschafter die gleichen Rechte und Pflichten haben. Eine Überprüfung dieser Gewinnverteilung auf ihre Angemessenheit kommt dagegen insbesondere in folgenden Fällen in Betracht:

— Die Gesellschafter sind in unterschiedlicher Höhe an der Personengesellschaft beteiligt.

— Die Gesellschafter haben nicht dieselben Rechte und Pflichten, vor allem bei einer KG und bei einer atypischen stillen Gesellschaft (z. B. bei der Haftung).

— Nicht alle Gesellschafter werden für die Personengesellschaft tätig.

— Die Kapitalkonten weichen durch unterschiedlich hohe Entnahmen und Einlagen stark voneinander ab.

---

667 BFH vom 15.11.1967, BStBl II 1968, 152.

B. Laufende Besteuerung

Aber auch in diesen Fällen kann die Gewinnverteilung nach Köpfen angemessen sein, wenn Umstände für diese Gewinnverteilung vorliegen, z. B. bei der Einbringung eines angesehenen Namens. Aufgrund der vom BFH betonten natürlichen Interessengegensätze der Gesellschafter ist auch in diesem Fall grundsätzlich davon auszugehen, dass die Vereinbarungen den vorliegenden Verhältnissen entsprechen.

1.8.2.3.3 Gewinnverteilung nach Kapitaleinsatz, Arbeitseinsatz und sonstigen Faktoren

361 Fälle, in denen die Gewinnverteilung nur nach Köpfen erfolgt, werden, außer bei der GbR, in der Praxis so gut wie nie vorkommen. Allgemein richtet sich eine angemessene Gewinnverteilung nach folgendem – unverbindlichem – Schema.

Vorab:

— Tätigkeitsvergütung

— Erfolgsvergütung (Tantieme), insbesondere, wenn nicht alle Mitunternehmer mitarbeiten

— Haftungsprämie, falls nicht alle gleichermaßen haften

— Kapitalverzinsung

— Entgelt für sonstige besondere bewertbare Leistungen oder Vorteile, die ein Mitunternehmer der Personengesellschaft gewährt

Restgewinn:

— nach Köpfen

— nach Kapitalkonten

— nach einem sonstigen von den Mitunternehmern vereinbarten Schlüssel, der der Gesellschafterstellung nach Abzug der bereits vorab vergüteten Leistungen entspricht

Einzelheiten:

362 a) **Kapitalverzinsung**

Die Höhe der Verzinsung richtet sich danach, wie dringend eine Personengesellschaft Kapital benötigt. Deshalb ist es grundsätzlich nicht zu beanstanden, wenn einem Gesellschafter für ein der Personengesellschaft gewährtes Darlehen ein höherer Zinssatz als für die Kapitalverzinsung gewährt wird.[668]

Auf der anderen Seite stellt auch die Verzinsung eines negativen Kapitalkontos eine Gewinnverteilungsabrede dar, die nicht zu beanstanden ist.[669]

---

[668] Wegen der Abgrenzung der von der Personengesellschaft an die Gesellschafter gewährten Darlehen siehe B. Rz. 155 ff.
[669] BFH vom 04.05.2000, BStBl II 2001, 171.

1 Einkommensteuer

Beispiel 1:
An einer OHG sind A und B je zur Hälfte beteiligt. Nach der Gewinnverteilungsabrede sind die Kapitalkonten nach dem Stand zu Beginn des Jahres mit 6 % zu verzinsen, unabhängig davon, ob das Kapitalkonto positiv oder negativ ist.
Während das Kapitalkonto des A am 01.01.01 100.000 € beträgt, ist das Kapitalkonto des B aufgrund hoher Entnahmen auf ./. 80.000 € gesunken.
Der Gewinn beträgt für 01 90.000 € und ist nach der Kapitalverzinsung je zur Hälfte auf A und B zu verteilen.
Die Gewinnverteilung ist wie folgt vorzunehmen:

		A	B
		€	€
Gesamtgewinn	90.000 €		
./. Kapitalverzinsung A	6.000 €	6.000	
+ Kapitalverzinsung B	4.800 €		./. 4.800
Restgewinn	88.800 €	44.400	44.400
Gewinnanteil		50.400	39.600

b) Arbeitseinsatz

Die Tätigkeitsvergütung wird bei Personengesellschaften unter Fremden stets angemessen sein. Vor allem ist bei der Höhe der Vergütung das Verhältnis dieses Vorabgewinns zu den Gewinnanteilen der übrigen Gesellschafter zu betrachten. Selbst wenn sich durch diese Vergütungen in einzelnen Wirtschaftsjahren ein Verlust bei der Personengesellschaft ergeben sollte, läge darin noch keine unangemessene Gewinnvereinbarung, denn die Angemessenheit der Gewinnverteilung ist nicht nach Maßgabe eines Veranlagungszeitraums, sondern aufgrund eines längeren Zeitraums zu beurteilen (u. E. mindestens drei bis fünf Jahre).[670] Dabei darf nicht außer Betracht bleiben, dass die Änderung der Tätigkeitsvergütung eine Änderung des Gesellschaftsvertrags bzw. des daneben abgeschlossenen schuldrechtlichen Vertrags erfordern würde.[671] Im Gegensatz zur Vergütung, die ein Gesellschafter-Geschäftsführer einer Kapitalgesellschaft erhält, ist die Höhe der Vergütung deshalb nicht mit dem Gehalt eines Arbeitnehmers zu vergleichen.

Beispiel 2:
An einer OHG sind W zu 50 %, H zu 30 % und R zu 20 % am Kapital beteiligt. Die Gesellschafter sind nicht miteinander verwandt.
Der in der Handelsbilanz der OHG ausgewiesene Gewinn beträgt 281.000 €. Dabei sind auch Geschäftsvorfälle zwischen der OHG und ihren Gesellschaftern angefallen und wie folgt gebucht worden:

---

670 BFH vom 15.11.1967, BStBl III 1967, 152.
671 BGH vom 12.12.1966, ZR 41/65, BB 1967 S. 143.

B. Laufende Besteuerung

1. Die Geschäftsführervergütung an W i. H. von jährlich 120.000 € wurde aufgrund eines schuldrechtlichen Vertrags jeweils am Monatsende auf ein privates Konto des W überwiesen und über das Gehaltskonto gewinnmindernd gebucht.
2. Unter den Verbindlichkeiten ist in der Bilanz der OHG seit zwei Jahren ein Darlehen i. H. von 60.000 € passiviert, das sie von ihrem Gesellschafter H erhalten hat. Die Zinsen von 6.000 € wurden auf ein privates Konto des H überwiesen und gewinnmindernd gebucht. H hat die Darlehensforderung zutreffend in seiner Sonderbilanz aktiviert und die Zinserträge gewinnerhöhend erfasst.
3. Mit H hat die OHG vor Jahren einen Mietvertrag über das dem H gehörende Betriebsgrundstück abgeschlossen. Die dafür jeweils am Monatsende auf ein privates Konto des H überwiesene Miete wurde auf dem Konto Mietaufwendungen gewinnmindernd gebucht.

Nach dem Gesellschaftsvertrag erhalten alle Gesellschafter eine Kapitalverzinsung von 8 % vom handelsrechtlichen Anfangskapital. Dieses beträgt bei W 400.000 €, bei H 200.000 € und bei R 150.000 €. W erhält ferner eine Tantieme i. H. von 5 % vom auf volle 10.000 € abgerundeten Handelsbilanzgewinn.

Aufgrund der besonderen Kreditwürdigkeit des H und der Einbringung eines angesehenen Namens von R wird der handelsrechtliche Restgewinn nach Köpfen verteilt. Falls sich ein Verlust ergibt, wird dieser – ohne vorherige Kapitalverzinsung – nach Köpfen verteilt.

In der Sonderbilanz des H wird ein Gewinn von 26.000 € ausgewiesen. Dieser setzt sich wie folgt zusammen:

Mieterträge	36.000 €
Zinserträge	6.000 €
./. Grundstückskosten	10.000 €
./. AfA	6.000 €
Gewinn	26.000 €

Zur Bestreitung seiner Einlage hat R ein Darlehen von 40.000 € aufgenommen, das er in seiner Sonderbilanz passiviert hat. In Höhe der Zinsen von 3.600 € ergibt sich ein Verlust in der Sonderbilanz.

W teilt seinen Mitgesellschaftern mit, dass er für sein Büro ein Schreibtischset für 100 € + 19 € USt erworben hat. W ist zum Vorsteuerabzug berechtigt.

Lösung:
Der in der Handelsbilanz der OHG ermittelte Gewinn von 281.000 € ist nicht zu beanstanden und entspricht dem Steuerbilanzgewinn der OHG. Die aus den Verträgen mit ihren Gesellschaftern herrührenden Geschäftsvorfälle wurden von ihr richtig gebucht. Die nach dem Gesellschaftsvertrag vorgesehene Gewinnverteilung ist angemessen. Auch der dem Gesellschafter H für das Darlehen gewährte Zinssatz von 10 % gegenüber 8 % bei der Kapitalverzinsung ist schon deshalb nicht zu beanstanden, weil die Differenz geringfügig ist.

Zum steuerlichen Gesamtgewinn der OHG gehören auch die Sondervergütungen i. S. von § 15 Abs. 1 Satz 1 Nr. 2 EStG und die damit im Zusammenhang stehenden Aufwendungen. Der Gewinn in der Sonderbilanz von H (26.000 €) und R (./. 3.600 €) wurde richtig ermittelt.

Der Gewinn lt. Sonderbuchführung des W berechnet sich wie folgt:

Tätigkeitsvergütung	120.000 €
./. Schreibtischset	100 €
Gewinn lt. Sonderbilanz W	119.900 €

Das Schreibtischset ist ein GWG i. S. von § 6 Abs. 2 EStG. Deshalb müssen die Anschaffungskosten von 100 € sofort als Betriebsausgaben abgezogen werden.

Der steuerliche Gesamtgewinn der OHG ist wie folgt zu ermitteln:

Gewinn lt. Handelsbilanz	281.000 €
+ Gewinn lt. Sonderbilanz W	119.900 €
+ Gewinn lt. Sonderbilanz H	26.000 €
./. Verlust lt. Sonderbilanz R	3.600 €
Der einheitlich und gesondert festzustellende Gewinn der OHG beträgt	423.300 €

Gewinnverteilung:

a) nach Handelsrecht

		W	H	R
	€	€	€	€
Gewinn	281.000			
./. Zinsen	60.000	32.000	16.000	12.000
./. Tantieme	14.000	14.000		
Restgewinn	207.000	69.000	69.000	69.000
Gewinnanteil		115.000	85.000	81.000

b) nach Steuerrecht

		W	H	R
	€	€	€	€
Steuerlicher Gesamtgewinn	423.300			
./. Gewinn lt. Sonderbilanz W		119.900	119.900	
./. Gewinn lt. Sonderbilanz H		26.000		26.000
+ Verlust lt. Sonderbilanz R		3.600		./. 3.600
Zwischensumme = Gewinn lt. HB	281.000			
./. Zinsen	60.000	32.000	16.000	12.000
./. Tantieme W	14.000	14.000		
Restgewinn	207.000	69.000	69.000	69.000
Gewinnanteil		234.900	111.000	77.400

Beispiel 3:

Wie Beispiel 2, in der Handelsbilanz wird jedoch ein Verlust von 12.000 € ausgewiesen, der nach dem Gesellschaftsvertrag mit je 4.000 € auf die Gesellschafter verteilt wurde.

Der steuerliche Gesamtgewinn der OHG ist wie folgt zu ermitteln:

Gewinn lt. Handelsbilanz	./.	12.000 €
+ Gewinn lt. Sonderbilanz W		119.900 €

B. Laufende Besteuerung

+ Gewinn lt. Sonderbilanz H	26.000 €
./. Verlust lt. Sonderbilanz R	3.600 €
Steuerlicher Gesamtgewinn der OHG	130.300 €

Dieser Gewinn ist wie folgt zu verteilen:

		W	H	R
	€	€	€	€
Gewinn lt. Steuerbilanz	130.300			
./. Gewinn lt. Sonderbilanz W	119.900	119.900		
./. Gewinn lt. Sonderbilanz H	26.000		26.000	
+ Verlust lt. Sonderbilanz R	3.600			./. 3.600
Verlust lt. Handelsbilanz	./. 12.000	./. 4.000	./. 4.000	./. 4.000
Gewinnanteil		115.900	22.000	./. 7.600

Beispiel 4:

Wie Beispiel 3, die Tätigkeitsvergütung wurde jedoch als Teil der Gewinnverteilungsabrede in der Weise vereinbart, dass sie W nur zusteht, wenn und soweit ein ausreichender Gewinn lt. Handelsbilanz erzielt worden ist. Der Gewinn lt. Handelsbilanz beträgt folglich (./. 12.000 € + 120.000 € =) 108.000 €.

Da die Tätigkeitsvergütung in diesem Fall als Teil der Gewinnverteilungsabrede vereinbart wurde, darf sie weder den Gewinn in der Handelsbilanz noch den Gewinn in der Steuerbilanz mindern.[672]

Der steuerliche Gesamtgewinn der OHG ist wie folgt zu ermitteln:

Gewinn lt. Handelsbilanz	108.000 €
+ Gewinn lt. Sonderbilanz H	26.000 €
./. Verlust lt. Sonderbilanz R	3.600 €
./. Verlust lt. Sonderbilanz W	100 €
Steuerlicher Gesamtgewinn der OHG	130.300 €

Dieser Gewinn ist wie folgt zu verteilen:

		W	H	R
	€	€	€	€
Gewinn lt. Steuerbilanz	130.300			
./. Gewinn lt. Sonderbilanz H	26.000		26.000	
+ Verlust lt. Sonderbilanz R	3.600			./. 3.600
+ Verlust lt. Sonderbilanz W	100	./. 100		
Gewinn lt. Handelsbilanz	108.000			
./. Tätigkeitsvergütung W (= Restbetrag)	108.000	108.000		
Gewinnanteil		107.900	26.000	./. 3.600

1.8.2.4 Beginn der Gewinnverteilung

364 Neu eintretende Gesellschafter werden grundsätzlich ab dem Zeitpunkt des Eintritts in die Personengesellschaft am Gewinn beteiligt.

---

672 BFH vom 23.01.2001, BStBl II 2001, 621.

Vor allem bei sog. Abschreibungsgesellschaften werden Gesellschafter – zivilrechtlich zulässig – rückwirkend in eine Personengesellschaft aufgenommen. Steuerrechtlich können die rechtlichen Beziehungen zwischen den Gesellschaftern einer Personengesellschaft grundsätzlich selbst dann **nur mit Wirkung für die Zukunft** gestaltet werden, wenn die Zurückbeziehung keinen Umgehungstatbestand i. S. des § 42 AO erfüllt.[673] Deshalb kann allen Gesellschaftern trotz zivilrechtlich zulässiger Rückbeziehung (Rückdatierung) des Eintritts steuerlich nur der nach Eintritt entstandene Gewinn oder Verlust zugerechnet werden.[674] Dabei ist das Ergebnis des Wirtschaftsjahres zeitanteilig, evtl. durch Schätzung oder aufgrund einer entsprechenden Zwischenbilanz, zu deren Erstellung jedoch keine Verpflichtung besteht, auf die Zeit vor und nach der Änderung aufzuteilen und getrennt zuzurechnen. Selbst wenn wirtschaftliche Gründe für eine Rückwirkung sprechen, ist diese nicht zulässig.[675]

Eine **Ausnahme** von dieser zeitanteiligen Aufteilung lässt die Finanzverwaltung beim **Eintritt eines weiteren Gesellschafters** in eine bestehende Personengesellschaft, **nicht** aber beim **Gesellschafterwechsel** im Laufe eines Wirtschaftsjahrs zu. Sonderabschreibungen **dürfen** – statt der Verteilung entsprechend der zeitlichen Zugehörigkeit – aus Vereinfachungsgründen so auf die Gesellschafter verteilt werden, als ob diese bereits seit Beginn des Wirtschaftsjahrs der Personengesellschaft angehören würden. Daher kann auch ein Gesellschafter, der am letzten Tag eines Wirtschaftsjahrs einer Personengesellschaft beitritt, seiner Beteiligung entsprechend für das gesamte Wirtschaftsjahr an den Sonderabschreibungen beteiligt sein.[676]

Beispiel 1:
An einer OHG sind die Gesellschafter A, B, C und D wie folgt beteiligt:

	Einlage	Anteil	Eintrittsdatum
A	10.000 €	$1/4$	1. Januar 01
B	10.000 €	$1/4$	1. Januar 01
C	5.000 €	$1/8$	1. April 01
D	15.000 €	$3/8$	1. Juli 01
insgesamt	40.000 €	$1/1$	

Im Jahr 01 erleidet die OHG einen Verlust i. H. von 400.000 €, den sie entsprechend der kapitalmäßigen Beteiligung, jedoch ohne Berücksichtigung der zeitlichen Zugehörigkeit zur OHG, auf die Gesellschafter verteilt. Für die einzelnen Gesellschafter ergeben sich folgende Verluste:

---

673 BFH vom 21.12.1972, BStBl II 1973, 389, und vom 25.10.1979, BStBl II 1980, 66.
674 BFH vom 07.07.1983, BStBl II 1984, 53, und vom 18.05.1995, BStBl II 1996, 5.
675 Damit ist das BFH-Urteil vom 08.11.1972, BStBl II 1973, 287, überholt.
676 OFD Hannover vom 27.03.2000, FR 2000 S. 576.

B. Laufende Besteuerung

	lt. Handelsbilanz	lt. zeitanteiliger Verteilung (= Steuerrecht – aufgerundet –)
A	100.000 €	140.000 €
B	100.000 €	140.000 €
C	50.000 €	45.000 €
D	150.000 €	75.000 €
insgesamt	400.000 €	400.000 €

Durch die abweichende steuerliche Gewinnverteilung ergeben sich für „Altgesellschafter" grundsätzlich Veräußerungsgewinne in Höhe der Differenz zwischen dem Veräußerungspreis und dem anteiligen Buchwert der Kapitalkonten. Bei den Neugesellschaftern liegen grundsätzlich zu aktivierende Anschaffungskosten für die anteilig erworbenen Wirtschaftsgüter vor.[677]
Die Kapitalkonten entwickeln sich im obigen Beispielsfall wie folgt:

Handelsbilanz	A	B	C	D
Kapital	10.000 €	10.000 €	5.000 €	15.000 €
Verlust 01	./. 100.000 €	./. 100.000 €	./. 50.000 €	./. 150.000 €
	./. 90.000 €	./. 90.000 €	./. 45.000 €	./. 135.000 €

Steuerbilanz	A	B	C	D
Kapital	10.000 €	10.000 €	5.000 €	15.000 €
Verlust 01	./. 140.000 €	./. 140.000 €	./. 45.000 €	./. 75.000 €
	./. 130.000 €	./. 130.000 €	./. 40.000 €	./. 60.000 €
Veräußerungsgewinn	+ 40.000 €	+ 40.000 €	–	–
	./. 90.000 €	./. 90.000 €	./. 40.000 €	./. 60.000 €

Bei den Neugesellschaftern tritt keine Änderung ihres steuerlichen Kapitalkontos ein, weil sie die aufgedeckten stillen Reserven in einer Ergänzungsbilanz aktivieren müssen. Nur wenn bzw. soweit in den aktivierten Wirtschaftsgütern keine stillen Reserven enthalten sind und auch kein Firmenwert vorhanden ist, kommt bei den Neugesellschaftern eine sofortige Abschreibung in Betracht.[678]

Aber: Eine schädliche Rückwirkung der Gewinnverteilungsabrede liegt nicht vor, wenn im Gesellschaftsvertrag von Anfang an vereinbart ist, dass alle in einem Wirtschaftsjahr eintretenden Gesellschafter bei der Verlustzurechnung für dieses Wirtschaftsjahr gleichgestellt sind und dafür betriebliche Gründe ausschlaggebend sind. Eine solche Zuweisung von „Vorabverlustanteilen" an neu eintretende Gesellschafter kann aber nur wirksam werden, wenn und soweit in Zukunft entsprechende Gewinne oder Verluste

---
677 BMF vom 15.02.1984, BStBl I 1984, 157.
678 Wegen Einzelheiten siehe J.

entstehen, was im Zeitpunkt der Vereinbarung einer dahin gehenden Verlustabrede noch ungewiss ist.[679] Bei einer Zurückbeziehung der Gewinn- und-Verlust-Verteilung steht das Betriebsergebnis dagegen bereits fest.

Beispiel 2:

Gesellschafter einer OHG sind seit 01.01.01 A, B und C mit einem festen Kapitalkonto von je 200.000 €. Am 01.01.02 traten D und E mit einem festen Kapitalkonto von ebenfalls je 200.000 € in die OHG ein.

Der Gewinn und Verlust der OHG ist nach der Vereinbarung im Gesellschaftsvertrag nach den Kapitalfestkonten der Gesellschafter zu verteilen. Abweichend davon ist für das Jahr der Gründung der OHG und das Folgejahr eine Sondergewinnverteilung in der Weise vereinbart worden, dass sämtliche in diesen Jahren eintretenden Gesellschafter gleichgestellt sind.

Der Verlust betrug in 01 210.000 € und in 02 160.000 € und wurde wie folgt auf die Gesellschafter verteilt:

	A	B	C	D	E
	€	€	€	€	€
01	./. 70.000	./. 70.000	./. 70.000		
02	./. 4.000	./. 4.000	./. 4.000	./. 74.000	./. 74.000
	./. 74.000	./. 74.000	./. 74.000	./. 74.000	./. 74.000

Diese Zuweisung von Vorabverlustanteilen an D und E ist zulässig, weil der Verlust der OHG, der nach dem Eintritt der Gesellschafter D und E entstanden ist (160.000 €), höher ist als deren Verlustanteil von zusammen 148.000 €.

Ohne diese Gleichstellungsabrede wäre der Verlust des Jahres 02 mit je 32.000 € auf A, B, C, D und E verteilt worden.

Beispiel 3:

Wie Beispiel 2, aber D und E treten erst am 01.07.02 in die OHG ein.

D und E können nur insoweit am Verlust beteiligt werden, als er nach ihrem Eintritt entstanden ist. Mangels anderer Möglichkeiten ist der Verlust im Schätzungswege auf die Zeit vor und nach dem Eintritt der Gesellschafter D und E zu verteilen. Er beträgt für das 1. und 2. Halbjahr je 80.000 €. Das führt zu folgender Verlustverteilung:

	A	B	C	D	E
	€	€	€	€	€
01	./. 70.000	./. 70.000	./. 70.000		
02	./. 26.667	./. 26.667	./. 26.666	./. 40.000	./. 40.000
	./. 96.667	./. 96.667	./. 96.666	./. 40.000	./. 40.000

Darüber hinaus muss die OHG ihre Handelsbilanz an das Feststellungsergebnis angleichen. Unterbleibt dies, müssen die Folgerungen – wie in Beispiel 1 dargestellt – gezogen werden (Veräußerungsgewinn A, B und C bzw. zusätzliche Anschaffungskosten D und E).

---

679 BFH vom 07.07.1983, BStBl II 1984, 53, vom 17.03.1987, BStBl II 1987, 558, vom 10.12.1992, BStBl II 1993, 538, und vom 27.07.2004, BStBl II 2005, 33.

B. Laufende Besteuerung

Ohne diese Gleichstellungsabrede wäre der Verlust des 1. Halbjahres von 02 nur auf A, B und C und der Verlust des 2. Halbjahres von 02 zu je $^1/_5$ auf A, B, C, D und E verteilt worden. Die Gewinnverteilung hätte dann folgendes Aussehen:

	A €	B €	C €	D €	E €
01	./. 70.000	./. 70.000	./. 70.000		
1. Halbjahr 02	./. 26.667	./. 26.667	./. 26.666		
2. Halbjahr 02	./. 16.000	./. 16.000	./. 16.000	./. 16.000	./. 16.000
	./. 112.667	./. 112.667	./. 112.666	./. 16.000	./. 16.000

1.8.2.5 Änderung der Gewinnverteilung
1.8.2.5.1 Änderung für die Zukunft

366 Die Gesellschafter können – auch mit steuerlicher Wirkung – jederzeit, also auch innerhalb des laufenden Wirtschaftsjahres, eine andere Verteilung des Gewinns vereinbaren, wenn sie die bisherige Gewinnverteilung nicht mehr für zutreffend halten.

Wird eine **angemessene** Gewinnverteilungsabrede dagegen in einer **Familienpersonengesellschaft** in einer Weise geändert, wie dies zwischen fremden Gesellschaftern nicht geschehen wäre, so ist diese Änderung einkommensteuerrechtlich nicht zu berücksichtigen. Hätten aber auch fremde Gesellschafter die bisherige Gewinnverteilungsabrede nicht beibehalten, so ist die einkommensteuerrechtliche Gewinnzurechnung nach einer weniger weitreichenden Änderung der Gewinnverteilungsabrede vorzunehmen, sofern anzunehmen ist, dass der Wille der Gesellschafter diese mitumfasst.[680]

1.8.2.5.2 Änderung für die Vergangenheit

367 Handelsrechtlich können Gewinnverteilungsabreden jederzeit, auch mit Rückwirkung, geändert werden. Steuerrechtlich werden dagegen spätere Änderungen der Gewinnverteilungsabrede auf einen zurückliegenden Zeitpunkt auch dann nicht anerkannt, wenn diese im Laufe eines Wirtschaftsjahrs vorgenommen werden und sich auf den Beginn des Wirtschaftsjahrs beziehen.[681] Unschädlich ist – aus Billigkeitsgründen – nur eine kurzfristige Rückwirkung von ca. vier bis sechs Wochen.

Das Rückwirkungsverbot gilt auch bei Vorliegen wirtschaftlicher Gründe, denn der Gewinn oder Verlust entsteht am Tag der Erledigung der Geschäftsvorfälle. Jeder Gesellschafter muss den Gewinn versteuern, der in seiner Person – nach der Gewinnverteilungsabrede – verwirklicht ist; dies ist tagesbezogen zu sehen.[682]

---

[680] BFH vom 15.05.1975, BStBl II 1975, 692.
[681] BFH vom 21.12.1972, BStBl II 1973, 389, vom 07.07.1983, BStBl II 1984, 53, und vom 17.03.1987, BStBl II 1987, 558.
[682] BFH vom 12.06.1980, BStBl II 1980, 723.

Aber: Eine Rückwirkung in diesem Sinne liegt nicht vor, wenn sich eine schriftliche Vereinbarung zwar auf einen zurückliegenden Zeitpunkt bezieht, aber nur eine Bestätigung dessen darstellt, was die Beteiligten bereits mündlich vereinbart hatten. Ähnlich kann es liegen, wenn Schwebezustände beendet werden.[683]

Beispiel 1:

Gesellschafter einer KG sind A als Komplementär und seine Mutter M als Kommanditistin. A ist alleiniger Geschäftsführer der KG. Dafür erhält er seit Jahren vorab 10 % vom Gewinn, obwohl 20 % angemessen wären. Nach zähen Verhandlungen wird am 26.01.02 die Gewinnverteilung rückwirkend ab 01.01.01 dahin gehend geändert, dass A vorab 20 % vom Gewinn für seine Geschäftsführertätigkeit erhält.

Obwohl wirtschaftliche Gründe für eine rückwirkende Gewinnverteilungsabrede sprechen und diese zivilrechtlich anzuerkennen ist, kann sie mit steuerlicher Wirkung nicht anerkannt werden. Lediglich für das Jahr 02 kann sie bereits zum 01.01. anerkannt werden, weil insoweit nur eine kurzfristige Rückwirkung gegeben ist. A erhält (erst) ab 01.01.02 vorab 20 % vom Gewinn für seine Geschäftsführertätigkeit.

Beispiel 2:

An einer OHG sind A, B und C beteiligt. Mit Vertrag vom 10.08.01 wird vereinbart, dass C mit Ablauf des Jahres 01 aus der OHG ausscheidet und der laufende Gewinn des Jahres 01 nur auf A und B zu verteilen ist.

Mit der rückwirkenden Änderung der Gewinnverteilungsabrede wollen die Gesellschafter offensichtlich erreichen, dass C im Jahr 01 statt einem laufenden Gewinn nur noch ein nach §§ 16, 34 EStG begünstigter Veräußerungsgewinn zuzurechnen ist. Steuerlich kann jedoch die rückwirkende Vereinbarung für die Zeit vom 01.01.01 bis 10.08.01 von vornherein wegen einer unzulässigen Rückwirkung nicht anerkannt werden. Die Änderung für die Zeit vom 11.08.01 bis 31.12.01 kann wegen fehlender gesellschaftsrechtlicher Interessen nicht anerkannt werden.[684]

Dagegen sind Mehrgewinnanteile, die einem Gesellschafter aufgrund eines **gerichtlichen** oder **außergerichtlichen Vergleichs** zustehen, grundsätzlich nicht im Jahr des Zufließens, sondern in dem Jahr, auf das sie entfallen, zu versteuern.[685] Die Rückwirkung ist anzuerkennen, weil es sich um die richtige Feststellung eines unklaren Sachverhalts handelt, die durch Urteil erfolgt wäre, wenn die Parteien nicht einen Vergleich geschlossen hätten. Denkbar ist, dass wegen inzwischen eingetretener Verjährung die frühere Gewinnverteilung der Personengesellschaft aufgrund des Vergleichs nicht mehr geändert werden kann.

---

683 BFH vom 10.11.1983, BStBl II 1984, 152.
684 Siehe B. Rz. 358.
685 BFH vom 23.04.1975, BStBl II 1975, 603, und vom 13.02.1997, BStBl II 1997, 535.

B. Laufende Besteuerung

1.8.2.6 Verteilung steuerlicher Mehrgewinne

369 Weicht das Finanzamt von dem erklärten Gewinn der Personengesellschaft ab, sei es bei der Veranlagung oder im Rahmen einer Außenprüfung, so ist der steuerliche Mehr- oder Mindergewinn grundsätzlich nach dem handelsrechtlich vereinbarten Gewinnverteilungsschlüssel auf **alle Gesellschafter** zu verteilen.[686] Das gilt jedoch nicht, wenn die Mehrgewinne ausschließlich einem Gesellschafter zugutegekommen sind und bei ihm verbleiben, weil kein Steuerpflichtiger ein Einkommen zu versteuern braucht, das tatsächlich einem anderen zugeflossen ist.[687]

Grundsätzlich sind folgende Fälle denkbar:

— **Mehr-/Mindergewinne wegen falscher Bilanzansätze:**

Die Verteilung des Mehr-/Mindergewinns erfolgt nach dem Gewinnverteilungsschlüssel.

— **Mehrgewinne wegen nicht verbuchter Einnahmen:**

Die Verteilung des Mehrgewinns erfolgt nach dem Gewinnverteilungsschlüssel.

— **Mehrgewinne wegen nichtabzugsfähiger Betriebsausgaben gem. § 4 Abs. 5–7 EStG:**

Die Verteilung des Mehrgewinns erfolgt nach dem Gewinnverteilungsschlüssel.

— **Mehrgewinne wegen nicht verbuchter Sach-, Nutzungs- und Leistungsentnahmen:**

Die Verteilung auf alle Gesellschafter nach dem Gewinnverteilungsschlüssel gilt jedenfalls dann, wenn der begünstigte Gesellschafter die im entnommenen Wirtschaftsgut enthaltenen stillen Reserven geschenkt erhalten soll.[688] In anderen Fällen nimmt der BFH eine konkludente Änderung der allgemeinen Gewinnverteilungsabrede an[689] und rechnet den Entnahmegewinn allein dem begünstigten Gesellschafter zu, sofern nicht ausdrücklich eine anderweitige Vereinbarung getroffen wurde. Um klare Verhältnisse zu schaffen, sollte rechtzeitig vor der Entnahme eine vertragliche Vereinbarung darüber getroffen werden, wem Entnahmegewinne bzw. -verluste zugerechnet werden sollen.

— **Mehr-/Mindergewinn wegen nicht erfasster Vergütungen und Sonderbetriebsausgaben gem. § 15 Abs. 1 Satz 1 Nr. 2 EStG:**

Der Mehr-/Mindergewinn ist dem betreffenden Gesellschafter zuzurechnen.

---

686 BFH vom 22.06.2006, BStBl II 2006, 838. Wegen der Verteilung steuerlicher Mehrgewinne nach dem Ausscheiden eines Gesellschafters siehe J. Rz. 47.
687 BFH vom 14.12.2000, BStBl II 2001, 238.
688 BFH vom 28.09.1995, BStBl II 1996, 276.
689 BFH vom 31.03.1977, BStBl II 1977, 823, und vom 06.08.1985, BStBl II 1986, 17; siehe auch Schmidt/Wacker, § 15 Rz. 446 und 673.

— **Mehr-/Mindergewinn wegen Wirtschaftsgütern, die zum Sonderbetriebsvermögen gehören:**
Der Mehr-/Mindergewinn ist dem betreffenden Gesellschafter zuzurechnen.

Besonderheiten:

a) Ist im Zeitpunkt der **Außenprüfung** eine andere Gewinnverteilungsabrede maßgebend als in den Jahren, in denen der Gewinn berichtigt wird, so sind u. E. die Mehr- oder Mindergewinne nach dem früheren Gewinnverteilungsschlüssel zu verteilen, weil ansonsten eine unzulässige Rückwirkung vorliegen würde. Die Gesellschafter sind so zu stellen, als wenn der Gewinn von Anfang an richtig ermittelt worden wäre.

370

Haben aber die Gesellschafter den Gewinn in der Handelsbilanz nach dem neuen Gewinnverteilungsschlüssel verteilt, so ist diese Gewinnverteilung regelmäßig auch steuerlich maßgebend, vorausgesetzt, dass diese Verteilung ernsthaft vereinbart ist und auch durchgeführt wird.[690]

b) Wirken sich die Gewinnänderungen nur auf den **steuerlichen Gewinn** aus, ist der Mehrgewinn grundsätzlich auch nach dem handelsrechtlichen Gewinnverteilungsschlüssel zu verteilen.[691] Wird aber die Handelsbilanz nicht nachträglich angepasst, sind die steuerlichen Mehrgewinne im Wege der Schätzung – also unter Berücksichtigung eventueller Änderungen des handelsrechtlichen Gewinnverteilungsschlüssels – den Gesellschaftern zuzurechnen, denen sie voraussichtlich in Zukunft zufallen.[692] Das gilt auch für atypische stille Gesellschaften.

371

c) Die Verteilung nach dem Gewinnverteilungsschlüssel ist in den unter b) beschriebenen Fällen dann **nicht** vorzunehmen, wenn ausnahmsweise die aufgedeckten stillen Reserven, solange die Personengesellschaft besteht, keinem der Gesellschafter zugutekommen sollen **und** der Liquidationserlös nach einem anderen Gewinnverteilungsschlüssel aufgeteilt werden soll. Hier ist dann dieser Gewinnverteilungsschlüssel maßgebend. Solche Fälle können sich z. B. durch bewusste Unterbewertungen in der Handelsbilanz ergeben. Sie treten in der Regel jedoch nur beim nicht abnutzbaren Anlagevermögen und bei Gebäuden auf, weil im Übrigen die Anschaffungs- bzw. Herstellungskosten in relativ kurzer Zeit abgeschrieben werden.[693]

372

d) Ein weiteres Problem bezüglich der Gewinnverteilung steuerlicher Mehrgewinne ergibt sich, wenn die Gesellschafter nach einer Betriebsprüfung eine **Vereinbarung** über die Verteilung dieses Mehrgewinns treffen. Ent-

373

---

690 BFH vom 27.11.1956, BStBl III 1957, 35.
691 BFH vom 22.05.1990, BStBl II 1990, 965; siehe B. Rz. 355.
692 BFH vom 31.10.1974, BStBl II 1975, 73, vom 10.11.1980, BStBl II 1981, 164, und vom 24.10.1996, BStBl II 1997, 241.
693 Vgl. Wendt, DStR 1968 S. 199 (202).

B. Laufende Besteuerung

sprechend den Ausführungen zu b) wird diese Vereinbarung auch steuerlich anerkannt werden müssen, weil es sich nach dieser Argumentation nicht um eine rückwirkende Änderung der Gewinnverteilungsabrede, sondern um die **erstmalige Verteilung** steuerlicher Mehrgewinne infolge aufgedeckter stiller Reserven handelt.

374 e) Wurde im Rahmen einer Außenprüfung die Gewinnverteilung ausnahmsweise als **unangemessen** beanstandet, so ist der Gewinn einschließlich des Mehrgewinns nach einem angemessenen Verhältnis aufzuteilen. Haben die Gesellschafter aufgrund der Beanstandungen eine neue – angemessene – Gewinnverteilungsabrede getroffen, so bestehen u. E. keine Bedenken, die Verteilung des Gewinns und des Mehrgewinns bereits nach der geänderten Gewinnverteilungsabrede vorzunehmen.

375 f) Haben die Gesellschafter einer Personengesellschaft Einnahmen aus einem **Barverkauf** nicht in der Buchführung erfasst, sondern entsprechend dem Beteiligungsverhältnis **„schwarz"** vereinnahmt, so ist der Mehrgewinn entsprechend dem Gewinnverteilungsschlüssel auf die Gesellschafter zu verteilen.

Beispiel 1:

Die Gesellschafter A und B, die je zur Hälfte an einer OHG beteiligt sind, haben nach der Feststellung des Außenprüfers die Einnahmen aus Warenverkäufen i. H. von 23.800 € buchmäßig nicht erfasst und sofort für private Zwecke verwendet.

Der Mehrgewinn von 20.000 € ist beiden Gesellschaftern nach dem Gewinnverteilungsschlüssel, also je 10.000 €, zuzurechnen.

Der berichtigte Buchungssatz lautet:

Privatentnahme A	11.900 €	an Warenverkauf	20.000 €
Privatentnahme B	11.900 €	an Umsatzsteuer	3.800 €

376 Hat dagegen nur ein (oder einzelne) Gesellschafter Einnahmen ohne Wissen der übrigen Gesellschafter **veruntreut,** so ist bei Entdeckung dieses Vorgangs wie folgt zu unterscheiden:

1. Wurden die Einnahmen auf ein Girokonto der Personengesellschaft überwiesen und der Gewinn nach dem allgemeinen Gewinnverteilungsschlüssel auf alle Gesellschafter verteilt, so liegen im Zeitpunkt der Veruntreuung Betriebsausgaben der Personengesellschaft vor. Erkennt der veruntreuende Gesellschafter nach der Entdeckung seine Schadensersatzpflicht an, so ist die (nunmehr unbestrittene) Forderung in der Handelsbilanz und Steuerbilanz der Personengesellschaft gewinnerhöhend zu aktivieren. Aus der Sicht des veruntreuenden Gesellschafters ist die Schadensersatzverpflichtung nicht durch den Betrieb im Rahmen der Mitunternehmerschaft, sondern privat veranlasst und darf nicht passiviert werden. Nimmt er zur Begleichung dieser Schuld ein Darlehen auf, gehört dieses zu seinem Privatvermögen. Die darauf entfallenden Schuld-

zinsen stellen Lebenshaltungskosten und keine Sonderbetriebsausgaben dar.[694]

2. Wurden die Einnahmen dagegen – nach Absprache mit den Kunden – **ohne Wissen** der übrigen Gesellschafter unmittelbar auf ein Girokonto des ungetreuen Gesellschafters überwiesen, muss er im Zeitpunkt der Veruntreuung den Betrag in seiner Sonderbuchführung gewinnerhöhend erfassen. Ist dies unterblieben – was in diesen Fällen der Regelfall sein dürfte –, ist der Ertrag im Zeitpunkt der Entdeckung als Sonderbetriebseinnahme zu erfassen.

Die übrigen Gesellschafter haben Ausgleichsansprüche gegenüber ihrem Mitgesellschafter aus dem Gesellschaftsverhältnis. Hat der ungetreue Gesellschafter die Schadensersatzverpflichtung anerkannt, ist die Forderung der Personengesellschaft also unbestritten, ist sie in der Handelsbilanz und Steuerbilanz der Personengesellschaft gewinnerhöhend zu aktivieren.[695]

Dagegen ist der Ersatzanspruch der Personengesellschaft **nicht** zu aktivieren, wenn

- diese auf den Anspruch verzichtet,
- der Anspruch nicht unbestritten ist oder
- der Anspruch nicht werthaltig ist.[696]

Nach der Lebenserfahrung ist davon auszugehen, dass der ungetreue Gesellschafter das Bestehen des Anspruchs so lange wie möglich bestreiten wird. Erst wenn feststeht, dass die Ersatzforderung unbestritten ist, stellt sich die Frage nach der Werthaltigkeit dieser Forderung.

Die Schadensersatzleistung des ungetreuen Gesellschafters ist in diesem Fall seiner unternehmerischen Betätigung zuzurechnen und stellt Sonderbetriebsausgaben dar. Hat er die Schadensersatzverpflichtung dem Grunde und der Höhe nach anerkannt, muss er in seiner Sonderbilanz eine Verbindlichkeit passivieren, die der von der Personengesellschaft aktivierten Forderung entspricht. Dadurch ergibt sich insgesamt in der Sonderbuchführung keine Gewinnauswirkung. Diese Verbindlichkeit ist auch dann zu passivieren, wenn der ungetreue Gesellschafter zu diesem Zeitpunkt nicht (mehr) in der Lage ist, den Ersatzanspruch der Personengesellschaft zu befriedigen, es sei denn, die Personengesellschaft verzichtet ganz oder teilweise auf ihren Ersatzanspruch.[697] Nimmt er zur Begleichung dieser Schuld ein Darlehen auf, gehört dieses zu seinem Sonderbetriebsvermögen II. Die darauf entfallenden Schuldzinsen stellen Sonderbetriebsausgaben dar.

---

694 BFH vom 08.06.2000, BStBl II 2000, 670, und vom 14.12.2000, BStBl II 2001, 238.
695 BFH vom 02.06.1968, BStBl II 1968, 746, und vom 03.06.1993, BFH/NV 1994 S. 366.
696 BFH vom 22.06.2006, BStBl II 2006, 838.
697 BFH vom 09.12.1993, BStBl II 1993, 747.

B. Laufende Besteuerung

Ist die Forderung dagegen vom ungetreuen Gesellschafter bestritten, stellt sich die Frage, ob dieser in seiner Sonderbilanz eine Rückstellung für ungewisse Verbindlichkeiten nach § 249 Abs. 1 Satz 1 HGB passivieren muss. Voraussetzung für die Bildung dieser Rückstellung ist nach R 5.7 Abs. 2 EStR u. a., dass mit einer Inanspruchnahme aus einer nach ihrer Entstehung oder Höhe ungewissen Verbindlichkeit ernsthaft zu rechnen ist. Dies ist erst dann der Fall, wenn die geschädigten Gesellschafter von den Veruntreuungen Kenntnis erlangt haben. In diesem Fall ist der Grundsatz der korrespondierenden Bilanzierung nicht anzuwenden (beachte: Die bestrittene Forderung ist von der Personengesellschaft nicht zu aktivieren!), weil der Anspruch nicht zu einer Sondervergütung führt. Ist am Bilanzstichtag bereits ein Prozess anhängig, muss der Gesellschafter darüber hinaus auch eine Prozesskostenrückstellung bilden.

Abgrenzung:

Erfolgt die Überweisung auf ein Girokonto des Gesellschafters **mit Wissen und Wollen** der übrigen Gesellschafter, liegt kein ungetreues Verhalten des Gesellschafters vor. In der Buchführung der Personengesellschaft wäre zu buchen: Privatentnahme A an sonstige betriebliche Erträge.

3. Ist der Gesellschafter dagegen fälschlicherweise davon ausgegangen, dass die Einnahmen ihm als Vergütung für eine Tätigkeit im Dienste der Personengesellschaft zustehen, und hat er sie in seiner Sonderbuchführung als Sonderbetriebseinnahmen erfasst, so ist die Ausgleichsforderung der Personengesellschaft bei Entdeckung gewinnerhöhend zu aktivieren. In der Sonderbilanz des ungetreuen Gesellschafters ergibt sich dieselbe Lösung wie bei 2.

Hinweis:

Ermittelt die Personengesellschaft ihren Gewinn nach § 4 Abs. 3 EStG, ergeben sich grundsätzlich dieselben Lösungen wie beim Betriebsvermögensvergleich. Jedoch kommt nach der Entdeckung und der Anerkennung der Schadensersatzpflicht weder eine Aktivierung bei der Personengesellschaft noch eine Passivierung in der Sonderbilanz des ungetreuen Gesellschafters in Betracht. Ein Ertrag bei der Personengesellschaft und Sonderbetriebsausgaben beim ungetreuen Gesellschafter ergeben sich erst dann, wenn der Ersatzanspruch befriedigt wird.[698]

Beispiel 2:

A, der an einer OHG zu 25 % beteiligt ist, hat im Jahre 01 Bareinnahmen aus Warenverkäufen i. H. von 23.800 € ohne Wissen der übrigen Gesellschafter unterschlagen. Eine Buchung dieses Warenverkaufs erfolgte nicht. Erst im Jahre 02 wurde diese Unterschlagung entdeckt und A zum Ersatz des ver-

---

[698] BFH vom 14.12.2000, BStBl II 2001, 238.

untreuten Betrags aufgefordert. Im Jahre 03 kam A dieser Verpflichtung nach und überwies den Betrag von 23.800 €.

Im Jahr 01 hat die OHG nichts zu buchen, weil sie weder von dem Warenverkauf noch von der Veruntreuung Kenntnis erlangt hat. Die Schadensersatzverpflichtung des A ist zwar bereits in 01 entstanden. Diese darf nach dem Grundsatz der korrespondierenden Bilanzierung noch nicht passiviert werden. Auch darf er in seiner Sonderbilanz keine Rückstellung bilden, weil die Tat noch nicht aufgedeckt wurde und deshalb nicht davon ausgegangen werden kann, dass A in Anspruch genommen werden wird.

Im **Jahr 02** muss die OHG bei Aufdeckung der Veruntreuung den Warenverkauf aus dem Jahre 01 einschließlich USt nachbuchen, den veruntreuten Betrag von 23.800 € als sonstigen betrieblichen Aufwand erfassen und gleichzeitig den Ersatzanspruch von 23.800 € gegenüber A aktivieren. A seinerseits muss den veruntreuten Betrag von 23.800 € nachträglich als Sonderbetriebseinnahme in seiner Sonderbuchführung erfassen (weil er dies in 01 unterlassen hat) und gleichzeitig gewinnmindernd eine Verbindlichkeit von 23.800 € einbuchen. Eine Gewinnauswirkung in der Sonderbuchführung ergibt sich dadurch nicht.

Folgende Buchungen sind vorzunehmen:
- bei der OHG:
  - in 02:
    1. Sonstige betriebliche Aufwendungen 23.800 € an Sonstige betriebliche Erträge 20.000 €
       Umsatzsteuer 3.800 €
    2. Sonstige Forderungen 23.800 € an Sonstige betriebliche Erträge 23.800 €
  - in 03:
    Bank 23.800 € an Sonstige Forderungen 23.800 €
- in der Sonderbuchführung des A:
  - in 02:
    1. Privatentnahme 23.800 € an Sonstige betriebliche Erträge 23.800 €
    2. Sonstige betriebliche Aufwendungen 23.800 € an Sonstige Verbindlichkeiten 23.800 €
  - in 03:
    Sonstige Verbindlichkeiten 23.800 € an Privateinlagen 23.800 €

Eine Gewinnauswirkung ergibt sich nur im Jahre 02. Diese beträgt
- bei der OHG + 20.000 €
- bei A 0 €

Der Gewinn der OHG von 20.000 € ist allen Gesellschaftern zuzurechnen. Auf A entfallen davon 5.000 €. Dies ist nicht überraschend, denn hätte es die Unterschlagung nicht gegeben, hätte der Gewinn der OHG ebenfalls 20.000 € und der Gewinnanteil des A 5.000 € betragen. Nach der Rückzahlung des veruntreuten Betrags durch A stellt sich die Lage so dar, als ob die Veruntreuung

B. Laufende Besteuerung

nie stattgefunden hätte, deshalb stimmt auch die Höhe des Gesamtgewinns und die Gewinnverteilung.

Beispiel 3:
Wie Beispiel 2, aber A ist schon im Jahre 02 nicht mehr in der Lage, den Betrag zurückzuzahlen, da er zurzeit vermögenslos ist. Nach langwierigen Verhandlungen erklären sich die übrigen Gesellschafter im Jahre 03 (nach Bilanzaufstellung 02) bereit, den veruntreuten Betrag als berechtigte Entnahme und damit als Kapitalminderung des A zu behandeln und auf den Ersatzanspruch zu verzichten.

Im Jahre 01 ist wiederum nichts zu buchen. Die Buchungen im Jahre 02 sind dieselben wie im Beispiel 2. Die OHG muss auch nach dem Grundsatz der korrespondierenden Bilanzierung die Forderung gegenüber A aktivieren.

Die Buchungen in der Sonderbuchführung des A ändern sich nicht, weil er noch mit einer Inanspruchnahme rechnen muss. Im Jahr 03 ist zu buchen
- bei der OHG:
 Privatentnahme A   23.800 €   an Sonstige Forderungen   23.800 €

- in der Sonderbuchführung des A:
 Sonstige
 Verbindlichkeiten   23.800 €   an Privateinlage   23.800 €

Die Gewinnauswirkung und die Gewinnverteilung ist dieselbe wie in Beispiel 2.[699]

377 **g)** Nichtabzugsfähige Betriebsausgaben gem. § 4 Abs. 5 EStG sind grundsätzlich nach dem Gewinnverteilungsschlüssel aufzuteilen.[700] Das gilt auch für **atypische stille Gesellschaften**.[701]

Sind diese Aufwendungen dagegen ausnahmsweise einem Gesellschafter persönlich zugutegekommen, so sind die Aufwendungen diesem Gesellschafter in voller Höhe zuzurechnen, es sei denn, es liegt eine anderweitige vertragliche Vereinbarung vor.

Beispiel 4:
Ein Gesellschafter benutzt das firmeneigene Kraftfahrzeug für Fahrten zwischen Wohnung und Betriebsstätte.

378 **h)** Die Entnahme von Sachen, Nutzungen und Leistungen durch einen Gesellschafter führt bei diesem zu einer Kapitalminderung (Buchungssatz bei einer Leistungsentnahme: Privatentnahme X an sonstige betriebliche Erträge). Wegen der Problematik bei der Gewinnverteilung siehe oben.

Beispiel 5:
Einem Gesellschafter steht nach dem Gesellschaftsvertrag die private Benutzung des firmeneigenen Kraftfahrzeugs ohne wertmäßige Begrenzung zu.

---
[699] DB 1995 S. 844 m. w. N.
[700] BFH vom 10.11.1980, BStBl II 1981, 164, und vom 25.02.1991, BStBl II 1991, 691.
[701] Gl. A. OFD Frankfurt vom 25.01.1996 – S 2241 A – 37 – St II 21, StLex 3, 15, 1181.

Der Mehrgewinn ist grundsätzlich nach dem Gewinnverteilungsschlüssel auf alle Gesellschafter zu verteilen, da keine anderweitigen Vereinbarungen getroffen wurden.

Beispiel 6:
Wie Beispiel 5, jedoch ist im Gesellschaftsvertrag vereinbart, dass der Entnahmegewinn nur dem entnehmenden Gesellschafter zuzurechnen ist.
Da eine vertragliche Vereinbarung über die Zurechnung von Entnahmegewinnen vorliegt, ist dieser dem entnehmenden Gesellschafter in voller Höhe zuzurechnen.

1.9 Übertragung von Wirtschaftsgütern

1.9.1 Arten der Übertragung

1. Übertragungen von der **Personengesellschaft** auf den **Gesellschafter**
   - aus dem Gesamthandsvermögen ins **Sonderbetriebsvermögen**
   - aus dem Gesamthandsvermögen ins **Betriebsvermögen** des **Einzelunternehmens**
   - aus dem Gesamthandsvermögen ins **Privatvermögen**
2. Übertragungen vom **Gesellschafter** auf die **Personengesellschaft**
   - aus dem **Sonderbetriebsvermögen** ins Gesamthandsvermögen
   - aus dem **Betriebsvermögen** des **Einzelunternehmens** ins Gesamthandsvermögen
   - aus dem **Privatvermögen** ins Gesamthandsvermögen
3. Übertragungen von einem **Gesellschafter** auf einen **anderen Gesellschafter**
   - aus dem Sonderbetriebsvermögen ins Sonderbetriebsvermögen
4. Übertragungen von einer Personengesellschaft auf eine **Schwesterpersonengesellschaft**
   - aus dem **Gesamthandsvermögen** in ein **anderes Gesamthandsvermögen**
5. Überführungen **innerhalb des Vermögens** des Gesellschafters
   - aus dem **Sonderbetriebsvermögen** ins **Betriebsvermögen der Einzelfirma**
   - aus dem **Betriebsvermögen der Einzelfirma** ins **Sonderbetriebsvermögen**
   - aus dem **Sonderbetriebsvermögen** in ein **anderes Sonderbetriebsvermögen**
   - aus dem **Sonderbetriebsvermögen** ins **Privatvermögen**
   - aus dem **Privatvermögen** ins **Sonderbetriebsvermögen**

B. Laufende Besteuerung

1.9.2 Modalitäten der Übertragung und steuerliche Behandlung im Überblick

380 1. **Entgeltliche** Übertragungen gegen
- Barzahlung,
- Übernahme von Verbindlichkeiten,
- Stundung des Kaufpreises und
- Umwandlung des Kaufpreises in eine längerfristige Forderung (Novation).

Bei diesen Veräußerungsgeschäften gelten dieselben Grundsätze wie bei entgeltlichen **Veräußerungen unter fremden Dritten**.[702]

2. Übertragungen gegen **Gewährung** oder **Minderung von Gesellschaftsrechten**

- aus dem **Gesamthandsvermögen** in ein **Einzelunternehmen** des Gesellschafters oder in sein **Sonderbetriebsvermögen** bei dieser oder einer anderen land- und forstwirtschaftlich, gewerblich oder freiberuflich tätigen Personengesellschaft (Mitunternehmerschaft) und umgekehrt.

  In diesen Fällen ist nach § 6 Abs. 5 Satz 3 Nr. 1 und 2 und Sätze 4 bis 6 EStG als Spezialform des Tauschs grundsätzlich der **Buchwert** fortzuführen.

- aus dem **Gesamthandsvermögen** ins **Privatvermögen** oder umgekehrt.

  In diesen Fällen liegt gem. § 6 Abs. 6 Satz 1 EStG ein **tauschähnlicher Vorgang** und damit eine Veräußerung vor.[703]

3. **Unentgeltliche** Übertragungen

- aus dem **Gesamthandsvermögen** in ein **Einzelunternehmen** des Gesellschafters oder in sein **Sonderbetriebsvermögen** bei dieser oder einer anderen land- und forstwirtschaftlich, gewerblich oder freiberuflich tätigen Personengesellschaft (Mitunternehmerschaft) und umgekehrt.

  In diesen Fällen ist nach § 6 Abs. 5 Satz 3 Nr. 1 und 2 und Sätze 4 bis 6 EStG grundsätzlich der **Buchwert** fortzuführen.

- aus dem **Sonderbetriebsvermögen** eines Gesellschafters ins **Sonderbetriebsvermögen** eines anderen Gesellschafters derselben Personengesellschaft.

  In diesen Fällen ist nach § 6 Abs. 5 Satz 3 Nr. 3 und Sätze 4 bis 6 EStG grundsätzlich der **Buchwert** fortzuführen.

---
702 BMF vom 07.06.2001, BStBl I 2001, 367.
703 BMF vom 26.11.2004, BStBl I 2004, 1190.

- aus dem **Gesamthandsvermögen** ins **Privatvermögen** oder umgekehrt.

In diesen Fällen liegt gem. § 6 Abs. 1 Nr. 4 und 5 EStG eine **Entnahme** bzw. eine **Einlage** vor.

4. Übertragungen teilweise **entgeltlich**, teilweise gegen **Gewährung** bzw. **Minderung** von **Gesellschaftsrechten**

   Diese Übertragung ist für die steuerliche Behandlung **aufzuteilen**. Für den entgeltlichen Teil gelten die Ausführungen zu 1., für die Gewährung bzw. Minderung von Gesellschaftsrechten gelten die Ausführungen zu 2.[704]

5. Übertragungen teilweise **entgeltlich**, teilweise **unentgeltlich**

   Auch diese Übertragungen sind **aufzuteilen**. Für den entgeltlichen Teil gelten die Ausführungen zu 1., für den unentgeltlichen Teil gelten die Ausführungen zu 3.

6. Übertragungen auf eine **Schwesterpersonengesellschaft**

   Bei dieser Übertragung sind unabhängig von der Modalität die **stillen Reserven aufzudecken**.

7. Überführungen **innerhalb des Vermögens** des Gesellschafters

   Erfolgen die Überführungen aus einem (Sonder-)Betriebsvermögen in ein anderes (Sonder-)Betriebsvermögen des Gesellschafters, ist nach § 6 Abs. 5 Satz 2 EStG zwingend der **Buchwert** fortzuführen.

   Erfolgen die Übertragungen dagegen aus dem Sonderbetriebsvermögen ins Privatvermögen oder umgekehrt, liegt eine nach § 6 Abs. 1 Nr. 4 und 5 EStG zu bewertende **Entnahme** bzw. **Einlage** vor.

1.9.3 Entgeltliche Übertragungen

Eine entgeltliche Veräußerung liegt – unabhängig von der Höhe der Beteiligung des Gesellschafters – vor, wenn das Eigentum an dem Wirtschaftsgut aufgrund eines **Kaufvertrags** oder eines **sonstigen schuldrechtlichen Vertrags** auf die Personengesellschaft bzw. auf einen oder mehrere Mitunternehmer übergeht.

Innerhalb einer Personengesellschaft bzw. zwischen Schwesterpersonengesellschaften kann es zu folgenden entgeltlichen Übertragungen kommen:

1. Die Personengesellschaft veräußert ein Wirtschaftsgut an einen oder mehrere Gesellschafter.
2. Ein oder mehrere Gesellschafter veräußern ein Wirtschaftsgut an die Personengesellschaft.
3. Ein Gesellschafter veräußert ein Wirtschaftsgut an einen oder mehrere andere Gesellschafter derselben Personengesellschaft.

---

704 BFH vom 11.12.2001, BStBl II 2002, 420.

B. Laufende Besteuerung

4. Eine Personengesellschaft veräußert ein Wirtschaftsgut an eine andere Personengesellschaft, an der dieselben Gesellschafter beteiligt sind (Schwesterpersonengesellschaft).

1.9.3.1 Das Entgelt entspricht dem tatsächlichen Wert

382 Erfolgt die Veräußerung des Wirtschaftsguts zu Bedingungen wie unter fremden Dritten, entspricht also der Veräußerungspreis dem Teilwert, so wird der Vertrag zwischen der Personengesellschaft und ihrem bzw. ihren Gesellschaftern wie eine Veräußerung zwischen fremden Dritten behandelt, unabhängig davon, wer an wen veräußert, und unabhängig davon, ob das Wirtschaftsgut beim Gesellschafter Betriebsvermögen oder Privatvermögen war oder nunmehr wird.[705]

Der bei der Veräußerung eines Wirtschaftsguts des **Betriebsvermögens** entstehende **Veräußerungsgewinn** ist grundsätzlich in vollem Umfang steuerpflichtig. Dagegen ist bei der Veräußerung einer Beteiligung an einer Kapitalgesellschaft der Veräußerungsgewinn nach § 3 Nr. 40 Buchst. a i. V. m. § 3 c Abs. 2 EStG zur Hälfte (ab VZ 2009 zu 40 %) bzw. nach § 8 b Abs. 2 KStG in vollem Umfang steuerfrei.[706]

Bei Vorliegen der Voraussetzungen des § 6 b EStG können die aufgedeckten stillen Reserven übertragen werden bzw. kann eine **Rücklage nach § 6 b Abs. 3 EStG** gebildet werden.[707]

Veräußert ein Gesellschafter ein Wirtschaftsgut seines **Privatvermögens**, entsteht bei ihm grundsätzlich kein steuerpflichtiger Veräußerungsgewinn, es sei denn, die Voraussetzungen des § 17 bzw. § 23 EStG sind erfüllt. Bei der Veräußerung einer Beteiligung an einer Kapitalgesellschaft greift gem. § 3 Nr. 40 Buchst. c oder j i. V. m. § 3 c Abs. 2 EStG ebenfalls die hälftige (ab VZ 2009 die 40 %ige) Steuerbefreiung ein.

Beim Erwerber entstehen Anschaffungskosten in Höhe des Kaufpreises zzgl. anfallender Erwerbsnebenkosten. Sofern das Wirtschaftsgut zu seinem Betriebsvermögen gehört, ist es nach § 6 Abs. 1 Nr. 1 und 2 EStG mit diesen Anschaffungskosten zu aktivieren. Infolgedessen liegen auch Forderungen und Verbindlichkeiten vor, wenn der Kaufpreis noch nicht bezahlt ist.

Beispiel 1:

A veräußert am 10.09.08 ein im August 01 erworbenes unbebautes Grundstück seines Sonderbetriebsvermögens (Anschaffungskosten = Buchwert 150.000 €)

---

705 BFH vom 28.01.1976, BStBl II 1976, 744; vom 21.10.1976, BStBl II 1977, 145; vom 31.03.1977, BStBl II 1977, 415; vom 12.10.1977, BStBl II 1978, 191; vom 10.07.1980, BStBl II 1981, 84; vom 02.05.1984, BStBl II 1984, 820; vom 03.05.1993, GrS, BStBl II 1993, 616, 622.
706 Siehe B. Rz. 242.
707 Wegen Einzelheiten und der Übertragungsmöglichkeiten dieser stillen Reserven bzw. dieser Rücklage siehe B. Rz. 251 ff.

1 Einkommensteuer

zum Teilwert von 400.000 € an die OHG, an der er mit 50 % beteiligt ist. Der Kaufpreis wurde auf ein privates Bankkonto des A überwiesen.

Es ergeben sich folgende Buchungen:
- bei der **OHG**

Grundstücke	400.000 €	an Bank	400.000 €

- in der **Sonderbuchführung des A**

Privatentnahme	400.000 €	an Grundstücke	150.000 €
		Sonstige betriebliche Erträge	250.000 €

Da die Voraussetzungen des § 6 b EStG erfüllt sind, kann A die aufgedeckten stillen Reserven nach § 6 b Abs. 1 Satz 1 EStG auf das von der OHG erworbene Grundstück übertragen, soweit ihm das Grundstück anteilig zuzurechnen ist, also i. H. von 50 % von 400.000 € = 200.000 €. In Höhe der restlichen stillen Reserven von 50.000 € kann A eine Rücklage gem. § 6 b Abs. 3 EStG bilden. Die Übertragung des begünstigten Gewinns vom Sonderbetriebsvermögen ins Gesamthandsvermögen der OHG ist nach R 6b.2 Abs. 8 EStR erfolgsneutral vorzunehmen. Sie erfolgt in der Ergänzungsbilanz des A, weil die Minderung des Buchwerts nur A betrifft. In der Buchführung der OHG ist folglich nichts zu buchen.

Dazu sind folgende Buchungen erforderlich:[708]

- in der **Sonderbuchführung** des A

1. Sonstige betriebliche Aufwendungen	250.000 €	an Sonderposten mit Rücklageanteil	250.000 €
2. Sonderposten mit Rücklageanteil	200.000 €	an Privateinlage	200.000 €

- in der **Ergänzungsbuchführung** des A

1. Privatentnahme	200.000 €	an Sonderposten mit Rücklageanteil	200.000 €
2. Sonderposten mit Rücklageanteil	200.000 €	an Sonstige betriebliche Erträge	200.000 €
3. Abschreibungen	200.000 €	an Minderwert Grundstück	200.000 €

Beispiel 2:

A und B sind je zur Hälfte an einer OHG beteiligt. Die OHG veräußert ein Grundstück, das sie vor zehn Jahren für 300.000 € erworben hat, zum Teilwert von 500.000 € an B, der es ins Privatvermögen überführt. Der Kaufpreis wird sechs Monate gestundet.

Die OHG bucht:

1. Sonstige Forderungen	500.000 €	an Grundstücke	300.000 €
		Sonstige betriebliche Erträge	200.000 €

---

[708] Zum besseren Verständnis werden die aufgedeckten stillen Reserven insgesamt auf einem Rücklagekonto buchmäßig erfasst.

B. Laufende Besteuerung

2. Sonstige betriebliche
   Aufwendungen 200.000 € an Sonderposten mit
   Rücklageanteil 200.000 €

Die Buchung ist nicht zu beanstanden. Es entsteht handelsrechtlich **und** steuerrechtlich eine Forderung der OHG gegenüber ihrem Gesellschafter. Auch die Voraussetzungen des § 6 b EStG sind erfüllt.

Beispiel 3:

A und B sind je zur Hälfte an einer OHG beteiligt. A veräußert ein Grundstück, das er vor fünf Jahren für 200.000 € für private Zwecke erworben hat, zum Teilwert von 250.000 € an die OHG.

Die OHG bucht:
Grundstücke 250.000 € an Sonstige
Verbindlichkeiten 250.000 €

Die Buchung ist nicht zu beanstanden. Die OHG muss das Grundstück mit den Anschaffungskosten aktivieren.

Bei A entsteht grundsätzlich kein steuerpflichtiger Veräußerungsgewinn, da er ein Wirtschaftsgut des Privatvermögens veräußert. Weil jedoch die Voraussetzungen des § 23 EStG erfüllt sind, muss A den Gewinn von 50.000 € als sonstige Einkünfte der Einkommensteuer unterwerfen.

Beispiel 4:

An einer OHG sind A und B zu je 50 % beteiligt. In einer Sonderbilanz des A zum 31.12.07 ist ein bebautes Grundstück mit folgenden Werten ausgewiesen:

1. Grund und Boden mit den Anschaffungskosten von 120.000 € (Anschaffung am 08.04.01).
2. Gebäude mit den Herstellungskosten abzgl. 3 % lineare AfA gem. § 7 Abs. 4 Nr. 1 EStG von 410.000 € (Fertigstellung des Gebäudes im Januar 02, Herstellungskosten 500.000 €).

A veräußert dieses Grundstück am 01.07.08 an B, der es seinerseits an die OHG vermietet. Der Kaufpreis (= Teilwert) beträgt 800.000 €, davon entfallen 200.000 € auf den Grund und Boden.

Die Veräußerung des Grundstücks führt bei A zu einem Veräußerungsgewinn, für den eine Rücklage gem. § 6 b EStG gebildet werden kann, weil sämtliche Voraussetzungen erfüllt sind.

Der Veräußerungsgewinn berechnet sich wie folgt:

a) Grund und Boden
   Veräußerungspreis 200.000 €
   ./. Buchwert 120.000 €
   Gewinn 80.000 €
b) Gebäude
   Veräußerungspreis 600.000 €

Buchwert 01.01.08	410.000 €	
AfA gem. § 7 Abs. 4 Nr. 1 EStG für 6 Monate	./. 7.500 €	
Buchwert 30.06.08	402.500 €	./. 402.500 €
Gewinn		197.500 €

B hat in seiner Sonderbilanz das Grundstück mit den Anschaffungskosten von 200.000 € und 600.000 € zu aktivieren. Die AfA beträgt nach § 7 Abs. 4 Nr. 1 EStG 3 % von 600.000 € = 18.000 €, in 08 davon $^6/_{12}$ = 9.000 €.

Buchungen

- in der Sonderbuchführung des A:

a) AfA	7.500 €	an	Gebäude	7.500 €
b) Sonstige Forderungen	800.000 €	an	Grund und Boden	120.000 €
			Gebäude	402.500 €
			Sonstige betriebliche Erträge	277.500 €
c) Sonstige betriebliche Aufwendungen	277.500 €	an	Sonderposten mit Rücklageanteil	277.500 €

- in der Sonderbuchführung des B:

Grund und Boden	200.000 €	an	Sonstige Verbindlichkeiten	800.000 €
Gebäude	600.000 €			

Beispiel 5:

Zum Privatvermögen des A gehört seit zehn Jahren eine 40%ige GmbH-Beteiligung. Die Anschaffungskosten dieser Beteiligung haben 200.000 € betragen. A veräußert diese Beteiligung zum Teilwert von 600.000 € an eine OHG, an der er mit 50 % beteiligt ist.

Die Veräußerung dieser Beteiligung fällt unter § 17 EStG. A erzielt einen Veräußerungsgewinn von 400.000 €, der nach § 3 Nr. 40 Buchst. c EStG i. V. m. § 3 c Abs. 2 EStG je zur Hälfte (= 200.000 €) steuerfrei und steuerpflichtig ist (ab VZ 2009 zu 60 % steuerpflichtig und zu 40 % steuerfrei). Ein Freibetrag nach § 17 Abs. 3 EStG kann wegen der Höhe des Veräußerungsgewinns nicht gewährt werden. Die OHG muss die Beteiligung mit ihren Anschaffungskosten von 600.000 € aktivieren.

1.9.3.2 Das Entgelt liegt über dem tatsächlichen Wert

Auch in diesen Fällen liegt grundsätzlich eine Veräußerung vor mit allen sich daraus ergebenden Konsequenzen. Hinsichtlich des Betrags, um den das vereinbarte Entgelt den Preis, den ein fremder Dritter zahlen würde, übersteigt, liegt jedoch eine Entnahme (bei der Veräußerung an die Personengesellschaft) bzw. eine Einlage (bei der Veräußerung von der Personengesellschaft) des Gesellschafters vor.[709] Soll der übersteigende Betrag

---
709 BFH vom 11.12.2001, BStBl II 2002, 420.

B. Laufende Besteuerung

anteilig allen Gesellschaftern zugutekommen bzw. belastet werden, ist der Einlage- bzw. Entnahmebetrag anteilig aufzuteilen.

Diese steuerliche Behandlung geht davon aus, dass der Mehrbetrag nicht durch den Kaufvertrag, sondern durch einen gesellschaftsrechtlichen Vorgang ausgelöst wurde.

Beispiel 1:
Eine KG veräußert am 20.12.08 ein unbebautes Grundstück für 500.000 € an ihren Kommanditisten K, der zu 25 % an der KG beteiligt ist. Ein fremder Dritter hätte für dieses Grundstück nur 400.000 € bezahlt. Die KG hat dieses Grundstück in 01 für 150.000 € erworben. K vermietet das Grundstück an die KG. Den Betrag überweist er von einem privaten Bankkonto. In 09 errichtet die KG ein Gebäude. Die Herstellungskosten betragen 600.000 €. Weitere Anschaffungen oder Herstellungen wurden in den Jahre 07 bis 09 nicht getätigt.

Der Kaufvertrag zwischen der KG und K wird mit steuerlicher Wirkung anerkannt, allerdings nur bis zu einem Veräußerungspreis von 400.000 €. Der Mehrbetrag von 100.000 € ist nicht durch die Veräußerung, sondern durch einen gesellschaftsrechtlichen Vorgang veranlasst und stellt eine Einlage des Kommanditisten K dar. Die KG erzielt somit einen – nach § 6 b EStG begünstigten – Veräußerungsgewinn i. H. von (400.000 € ./. 150.000 € =) 250.000 €. Eine Übertragung des begünstigten Gewinns nach § 6 b Abs. 1 EStG noch im Jahre 08 scheitert an den fehlenden Anschaffungen bzw. Herstellungen in den Jahren 07 und 08. Die KG kann aber nach § 6 b Abs. 3 EStG eine Rücklage bilden und diese in 09 auf das hergestellte Gebäude übertragen.

Die Anschaffungskosten des K für das erworbene unbebaute Grundstück betragen analog zum Veräußerungspreis der KG nur 400.000 €. Weil er das Grundstück an die KG vermietet, gehört es zu seinem notwendigen Sonderbetriebsvermögen I und muss in seiner Sonderbilanz aktiviert werden. Er kann den auf ihn entfallenden anteiligen begünstigten Gewinn der KG von (25 % von 250.000 € =) 62.500 € in 08 auf das von der KG erworbene Grundstück übertragen (R 6b.2 Abs. 7 EStR). Diese Übertragung ist für K günstiger als die Übertragung auf das von der KG in 09 hergestellte Gebäude, weil die Steuerstundung langfristiger ist. Die übrigen Gesellschafter können trotzdem ihre anteiligen Rücklagen von (250.000 € ./. 62.500 € =) 187.500 € auf das von der KG in 09 hergestellte Gebäude übertragen.

Die Übertragung des begünstigten Gewinns erfolgt in der Ergänzungsbuchführung des K. Eine Gewinnauswirkung ergibt sich dadurch weder in der Ergänzungsbuchführung noch in der Sonderbuchführung des K, denn der begünstigte Gewinn muss gewinnneutral von einem Betrieb in einen anderen Betrieb übertragen werden (R 6b.2 Abs. 8 EStR).

Buchungen:
- bei der **KG**

Bank	500.000 €	an	Grundstücke	150.000 €
			Sonstige betriebliche Erträge	250.000 €
			Privateinlage K	100.000 €

1 Einkommensteuer

Sonstige betriebliche Aufwendungen	250.000 €	an Sonderposten mit Rücklageanteil	250.000 €

– in der **Ergänzungsbuchführung des K**

Minderwert Sonderposten mit Rücklageanteil	62.500 €	an Privateinlage	62.500 €

– in der **Sonderbuchführung des K**

Grundstücke	400.000 €	an Privateinlage	400.000 €
Privatentnahme	62.500 €	an Sonderposten mit Rücklageanteil	62.500 €
Sonderposten mit Rücklageanteil	62.500 €	an Sonstige betriebliche Erträge	62.500 €
Abschreibungen	62.500 €	an Grundstücke	62.500 €

Durch die Übertragung des anteilig begünstigten Gewinns des K in sein Sonderbetriebsvermögen beträgt der Buchwert der Rücklage bei der KG nur noch 187.500 € (250.000 € ./. 62.500 €).

Bei der Übertragung der Rücklage in 09 auf das hergestellte Gebäude ist zu buchen

– in der **Buchführung der KG**

Sonderposten mit Rücklageanteil	250.000 €	an Sonstige betriebliche Erträge	250.000 €
Abschreibungen	250.000 €	an Grundstücke	250.000 €

– in der **Ergänzungsbuchführung des K**

Mehrwert Grundstücke	62.500 €	an Minderwert Sonderposten mit Rücklageanteil	62.500 €

Beispiel 2:
Wie Beispiel 1, aber K überführt das Grundstück in sein Privatvermögen.

Auch im Fall der Übertragung eines Wirtschaftsguts ins Privatvermögen oder aus dem Privatvermögen wird der Kaufvertrag dem Grunde nach anerkannt. Als Kaufpreis ist allerdings nur der Teilwert anzusetzen, denn der übersteigende Betrag gilt als durch einen gesellschaftsrechtlichen Vorgang ausgelöst. Insoweit liegt bei Bezahlung eine Bareinlage des K vor.

Die KG erzielt wie in Beispiel 1 nur einen Veräußerungsgewinn von 250.000 €, für den sie eine Rücklage nach § 6 b EStG bilden kann. K hat Anschaffungskosten von 400.000 €. Die Buchungen bei der KG sind dieselben wie im Beispiel 1. Da das Wirtschaftsgut zum Privatvermögen des K gehört, entfallen die Buchungen in der Ergänzungsbuchführung und der Sonderbuchführung.

1.9.4 Übertragung gegen Gewährung (Minderung) von Gesellschaftsrechten

Als maßgebliche Gesellschaftsrechte, die sich aufgrund des Regelstatuts des HGB nach dem **handelsrechtlichen Kapitalanteil** der Gesellschafter richten, kommen in Betracht

B. Laufende Besteuerung

- die **Gewinnverteilung** (§ 121 HGB),
- die **Auseinandersetzungsansprüche** (§ 155 HGB) sowie
- **Entnahmerechte** (§ 122 HGB).

Dagegen stellt die bloße Gewährung von Stimmrechten keine Gegenleistung im Sinne eines Entgelts dar, da Stimmrechte allein keine vermögensmäßige Beteiligung an der Personengesellschaft vermitteln.

Kapitalanteil in diesem Sinne ist – wenn nichts anderes vereinbart ist – das **Kapitalkonto lt. Handelsbilanz.**[710] Daraus lässt sich folgende Schlussfolgerung ableiten:

1. Eine Übertragung gegen Gewährung von Gesellschaftsrechten (Einbringung eines Wirtschaftsguts in die Personengesellschaft) liegt vor, wenn die durch die Übertragung eintretende Erhöhung des Vermögens der Personengesellschaft dem Kapitalkonto des einbringenden Gesellschafters gutgeschrieben wird, das für seine **Beteiligung am Gesellschaftsvermögen maßgebend** ist.[711]
2. Umgekehrt liegt eine Übertragung gegen Minderung von Gesellschaftsrechten vor, wenn die durch die Übertragung eines Wirtschaftsguts von der Personengesellschaft auf den Gesellschafter eintretende Minderung des Vermögens der Personengesellschaft dem für die Beteiligung am Gesellschaftsvermögen maßgebenden Kapitalkonto des Gesellschafters belastet wird, in dessen Vermögen das Wirtschaftsgut übertragen wird.

Werden die handelsrechtlichen Vorschriften abbedungen und nach den gesellschaftsvertraglichen Vereinbarungen **mehrere (Unter-)Kapitalkonten** geführt, gilt nach Auffassung der Finanzverwaltung[712] für die steuerliche Beurteilung Folgendes:

1. Erfolgt die Buchung auf dem **Kapitalkonto I,** kann grundsätzlich von einer Übertragung gegen Gewährung von Gesellschaftsrechten ausgegangen werden.
2. Eine Buchung auf dem **Kapitalkonto II** führt i. d. R. zu einer Gewährung von Gesellschaftsrechten, weil das Kapitalkonto auch dann ein **einheitliches** Konto bleibt, wenn es in mehrere Unterkonten aufgegliedert wird.

Der BFH hatte bisher nur den Fall zu entscheiden, wo die Gutschrift teilweise auf dem Kapitalkonto I und teilweise auf dem Kapitalkonto II erfolgte. Er bestätigte hier die Auffassung der Finanzverwaltung.[713]

Handelt es sich bei dem betreffenden Gesellschafterkonto nicht um ein Kapitalkonto, ist regelmäßig von einem **Darlehenskonto**[714] auszugehen. Die-

---

710 BMF vom 26.11.2004, BStBl I 2004, 1190.
711 BMF vom 29.03.2000, BStBl I 2000, 462.
712 BMF vom 26.11.2004, BStBl I 2004, 1190.
713 BFH vom 24.01.2008, BFH/NV 2008, 1301; s. auch DB 2008 S. 900.
714 Zur Abgrenzung zwischen Darlehenskonto und Kapitalkonto siehe B. Rz. 135 ff. und 189 ff.; vgl. auch BMF vom 30.05.1997, BStBl I 1997, 627.

1 Einkommensteuer

ses Darlehenskonto kann keine Gesellschaftsrechte gewähren (wie im umgekehrten Falle ein Forderungskonto keine Gesellschaftsrechte mindern kann). Wegen des Erwerbs einer Darlehensforderung durch den übertragenden Gesellschafter (bzw. im umgekehrten Fall durch die Personengesellschaft) liegt insoweit ein **entgeltlicher Vorgang** vor, der nach § 6 Abs. 1 Nr. 1 oder 2 EStG zu bewerten ist.[715]

Die Übertragung gegen Gewährung bzw. Minderung von Gesellschaftsrechten stellt einen tauschähnlichen Vorgang dar, unabhängig davon, ob die Übertragung aus bzw. ins Betriebsvermögen[716] oder aus bzw. ins Privatvermögen[717] des Gesellschafters erfolgt. Am häufigsten anzutreffen sind Übertragungen gegen Gewährung von Gesellschaftsrechten bei der Gründung von Personengesellschaften,[718] beim Eintritt eines weiteren Gesellschafters[719] sowie bei einer Kapitalerhöhung und der Übertragung gegen Minderung von Gesellschaftsrechten beim Ausscheiden von Gesellschaftern gegen Sachwertabfindung.[720]

Hinweis: Eine etwaige Verbindlichkeit, die zur Finanzierung eines Wirtschaftsguts aufgenommen wurde, das nunmehr gegen Gewährung oder Minderung von Gesellschaftsrechten übertragen wurde, kann zurückbehalten werden. Das heißt, erfolgt eine zulässige Buchwertübertragung nach § 6 Abs. 5 Satz 3 EStG, kann die Verbindlichkeit im Gesamthandsvermögen der Mitunternehmerschaft verbleiben.

Vergleich: Erfüllt ein Gesellschafter einer GmbH seine Einlageverpflichtung durch Zuführung eines Wirtschaftsguts im Rahmen einer Überpari-Emission und erfolgt die Gutschrift der Einlage zum Teil auf dem Konto „Gezeichnetes Kapital" und zum Teil auf dem Konto „Kapitalrücklage" ist **insgesamt** von einem tauschähnlichen Vorgang auszugehen.[721]

1.9.4.1 Übertragungen aus dem Privatvermögen ins Gesamthandsvermögen und umgekehrt

Die Beurteilung der Einbringung von Wirtschaftsgütern aus dem Privatvermögen eines Gesellschafters gegen Gewährung von Gesellschaftsrechten als tauschähnlicher Vorgang führt beim einbringenden Gesellschafter zu einer entgeltlichen Veräußerung und bei der übernehmenden Personengesellschaft zu einem Anschaffungsgeschäft.[722] Die Anschaffungskosten bemessen sich nach § 6 Abs. 6 Satz 1 EStG nach dem **gemeinen Wert** des hingegebenen Wirtschaftsguts. Der BFH behandelt diese **offene Sachein-**

---

715 Siehe B Rz. 401.
716 BFH vom 15.07.1976, BStBl II 1976, 748.
717 BFH vom 19.10.1998, BStBl II 2000, 230.
718 Siehe C. Rz. 6–8.
719 Siehe D.
720 Siehe auch J. Rz. 153 ff.
721 BFH vom 24.04.2007, BStBl II 2008, 253.
722 BFH vom 19.10.1998, BStBl II 2000, 230.

B. Laufende Besteuerung

lage damit genauso wie die Einbringung (offene Sacheinlage) eines Wirtschaftsguts in eine Kapitalgesellschaft.

Dies führt zu folgendem Ergebnis:

1. Bei der Einbringung eines Wirtschaftsguts **aus dem Privatvermögen** des Gesellschafters ins Gesamthandsvermögen der Personengesellschaft:

   Der **Gesellschafter** erzielt einen Veräußerungsgewinn in Höhe des Unterschiedsbetrags zwischen seinen Anschaffungskosten (u. U. ./. AfA) und dem gemeinen Wert der Gesellschaftsrechte, der (nur) in den Fällen der §§ 17 und 23 EStG zu versteuern ist.

   Die **Personengesellschaft** aktiviert das eingebrachte Wirtschaftsgut mit den Anschaffungskosten, also mit dem gemeinen Wert der hingegebenen Gesellschaftsrechte (§ 6 Abs. 6 Satz 1 EStG).

2. Bei der Übertragung eines Wirtschaftsguts **aus dem Gesamthandsvermögen** der Personengesellschaft ins Privatvermögen des Gesellschafters:

   Die **Personengesellschaft** veräußert ein Wirtschaftsgut ihres Betriebsvermögens und erzielt einen Veräußerungsgewinn bzw. einen Veräußerungsverlust in Höhe der Differenz zwischen Buchwert und gemeinem Wert der Gesellschaftsrechte. Bei Vorliegen der Voraussetzungen des § 6 b EStG kann die Personengesellschaft die stillen Reserven übertragen bzw. eine Rücklage bilden.

   Der **Gesellschafter** erwirbt ein Wirtschaftsgut. Die Anschaffungskosten bestimmen sich nach § 6 Abs. 6 Satz 1 EStG nach dem gemeinen Wert der Gesellschaftsrechte.

   Beispiel 1:

   Mit Wirkung vom 01.07.02 überträgt A eine vor 12 Jahren für 200.000 € erworbene 50%ige GmbH-Beteiligung auf eine KG, an der er als Komplementär beteiligt ist. Da der Verkehrswert dieser Beteiligung am 01.01.02 (= gemeiner Wert) 600.000 € beträgt, erhält A Gesellschaftsrechte i. H. von 600.000 €.

   A veräußert seine Beteiligung an die KG und erzielt einen Veräußerungsgewinn gem. § 17 EStG i. H. von 400.000 €, der nach § 3 Nr. 40 Buchst. c i. V. m. § 3 c Abs. 2 EStG zur Hälfte (= 200.000 €) steuerfrei ist (ab VZ 2009 zu 40 %). Ein ermäßigter Steuersatz nach § 34 Abs. 1 oder 3 EStG kann nicht gewährt werden, weil keine außerordentlichen Einkünfte i. S. von § 34 Abs. 2 EStG vorliegen.

   Die KG aktiviert diese Beteiligung mit ihren Anschaffungskosten von 600.000 €. Dafür erhöht sich bei A der Buchwert seines Kapitalkontos I oder II um 600.000 €.

   Beispiel 2:

   A errichtete auf einem am 01.04.02 erworbenen, zu seinem Privatvermögen gehörenden unbebauten Grundstück (Anschaffungskosten 100.000 €) ein Bürogebäude für 500.000 € (Fertigstellung Januar 08). In den Jahren 08 und 09 vermietete er das Grundstück an einen anderen Unternehmer für monatlich 4.000 €. Mit Wirkung ab 01.01.10 überträgt er dieses Grundstück gegen

1 Einkommensteuer

Gewährung von Gesellschaftsrechten auf eine OHG, an der er mit 50 % beteiligt ist. Am 01.01.10 beträgt der gemeine Wert des Grund und Bodens 200.000 € und des Gebäudes 650.000 €. Die OHG nutzt das Gebäude für eigene betriebliche Zwecke. Am 01.01.12 veräußert sie das Grundstück für 900.000 € an einen Dritten.

Die Übertragung dieses Grundstücks von A auf die OHG stellt einen tauschähnlichen Vorgang und damit eine Veräußerung dar. Die Veräußerung fällt unter § 23 EStG, weil seit der Anschaffung des Grund und Bodens noch keine zehn Jahre vergangen sind. Der steuerpflichtige Veräußerungsgewinn berechnet sich wie folgt:

Gemeiner Wert Grund und Boden		200.000 €
Gemeiner Wert Gebäude		650.000 €
Summe Veräußerungspreis		850.000 €
Anschaffungskosten Grund und Boden		./. 100.000 €
Anschaffungskosten Gebäude	500.000 €	
AfA für die Jahre 08 und 09 (2 %)	./. 20.000 €	./. 480.000 €
Veräußerungsgewinn		270.000 €

Die OHG muss das Grundstück mit den Anschaffungskosten von 200.000 € (Grund und Boden) und 650.000 € (Gebäude) aktivieren. Sie schreibt das Gebäude nach § 7 Abs. 4 Nr. 1 EStG mit 3 % von 650.000 € = 19.500 € jährlich ab. Somit ergibt sich am 31.12.11 ein Buchwert von 611.000 €. Das Kapitalkonto I oder II des Gesellschafters A erhöht sich um 850.000 €. Im Jahre 12 erzielt die OHG einen Veräußerungsgewinn von 89.000 € (Veräußerungspreis 900.000 € ./. Buchwert Grund und Boden 200.000 € ./. Buchwert Gebäude 611.000 €).

Beispiel 3:

Die OHG ist seit 15 Jahren Eigentümerin eines unbebauten Grundstücks (Anschaffungskosten = Buchwert 140.000 €, Teilwert = gemeiner Wert 600.000 €). Dieses Grundstück überträgt sie am 01.06.01 gegen Minderung von Gesellschaftsrechten i. H. von 600.000 € auf ihren Gesellschafter B.

Die OHG erzielt einen Veräußerungsgewinn i. H. von 460.000 €, für den sie eine Rücklage gem. § 6 b EStG bilden kann. B hat Anschaffungskosten von 600.000 €.

1.9.4.2 Aus einem Einzelunternehmen oder aus einem Sonderbetriebsvermögen des Gesellschafters ins Gesamthandsvermögen und umgekehrt

Obwohl ein tauschähnlicher Vorgang und damit eine Veräußerung vorliegt, sind bei diesen Übertragungen gem. § 6 Abs. 5 Satz 3 EStG – vorbehaltlich gesicherter Besteuerung der stillen Reserven[723] – zwingend die **Buchwerte** der übertragenen Wirtschaftsgüter fortzuführen. Diese Vorschrift steht zwar im Widerspruch zu § 6 Abs. 6 Satz 1 EStG, aufgrund § 6 Abs. 6 Satz 4 EStG stellt § 6 Abs. 5 Satz 3 EStG aber eine Spezialvorschrift dar und Spezialrecht bricht Grundrecht.

---
723 BFH vom 15.07.1976, BStBl II 1976, 748.

B. Laufende Besteuerung

Die Buchwerte sind insgesamt fortzuführen, also auch insoweit, als die Wirtschaftsgüter auch für Rechnung der anderen Gesellschafter und im Verhältnis zu diesen unentgeltlich eingebracht werden und es dadurch – sofern keine Ergänzungsbilanz zugunsten des übertragenden Gesellschafters erstellt wird – zu einer Verschiebung stiller Reserven zwischen den Gesellschaftern und damit zu einer Schenkung an den bzw. die anderen Gesellschafter kommt. Diese Schenkung kann Schenkungsteuer auslösen.

Weil in diesen Fällen eine Veräußerung vorliegt, tritt der Übernehmende u. E. nicht in die Rechtsstellung des Übertragenden ein. Das bedeutet, es gilt keine Besitzzeitanrechnung nach § 6 b EStG.[724] Konsequenterweise müsste dies auch für die weitere Berechnung der AfA gelten. Aus Vereinfachungsgründen ist es u. E. jedoch nicht zu beanstanden, die bisherige AfA in sinngemäßer Anwendung von § 24 UmwStG unverändert fortzuführen.

Beispiel 1:
An einer OHG sind A, B und C je zu $^1/_3$ beteiligt. Die Buchwerte ihrer Kapitalkonten betragen je 100.000 €, ihre Teilwerte jeweils 300.000 €. In einer Gesellschafterversammlung beschließen A, B und C, ihr Kapital um jeweils 400.000 € aufzustocken. Während B und C diesen Betrag jeweils in bar bei der OHG einzahlen, überträgt A ein Grundstück seines gewerblichen Einzelunternehmens (Buchwert 100.000 €, Teilwert 400.000 €) gegen Gewährung von Gesellschaftsrechten auf die OHG.

Vor der Übertragung des Grundstücks hat die Bilanz der OHG folgendes Aussehen (Zahlen in der Klammer = Teilwerte):

Aktiva		Bilanz OHG		Passiva
	€	€	€	€
Aktivvermögen	300.000	(900.000)	Kapital A	100.000	(300.000)
			Kapital B	100.000	(300.000)
			Kapital C	100.000	(300.000)

Variante 1: In der Bilanz der OHG wird das Grundstück mit dem Buchwert angesetzt.

Aktiva		Bilanz OHG		Passiva
	€	€	€	€
Grundstück	100.000	(400.000)	Kapital A	200.000	(500.000)
Übriges Aktivvermögen	300.000	(900.000)	Kapital B	500.000	(800.000)
Bank	800.000	(800.000)	Kapital C	500.000	(800.000)

Die Wertanteile der Gesellschafter bemessen sich nach dem Verhältnis ihrer Kapitalkonten I. Bei einer künftigen Veräußerung des gesamten Vermögens versteuern A, B und C jeweils 300.000 €, obwohl die in der OHG entstandenen

---

724 Gl. A. Schmidt/Glanegger, § 6 b Rz. 48 i. V. m. § 6 Rz. 515.

stillen Reserven nur 600.000 € betragen. Es sind somit stille Reserven von jeweils 100.000 € auf B und C übergegangen. A versteuert damit 200.000 € weniger und B und C je 100.000 € mehr.

Variante 2: In der Bilanz der OHG wird das Grundstück mit dem Teilwert und in der Ergänzungsbilanz des A ein Minderwert angesetzt.

Aktiva		Bilanz OHG		Passiva
	€ €		€	€
Grundstück	400.000 (400.000)	Kapital A	500.000	(700.000)
Übriges Aktiv-		Kapital B	500.000	(700.000)
vermögen	300.000 (900.000)	Kapital C	500.000	(700.000)
Bank	800.000 (800.000)			

Aktiva		Ergänzungsbilanz A		Passiva
	€			€
Minderkapital	300.000	Minderwert Grundstück		300.000

Bei einer künftigen Veräußerung des gesamten Vermögens entsteht in der Bilanz der OHG nur ein Gewinn von 600.000 €, der je zu ¹/₃ = je 200.000 € auf A, B und C zu verteilen ist. In der Ergänzungsbilanz des A entsteht durch den Wegfall des negativen Kapitalkontos ein weiterer Gewinn von 300.000 €, der in voller Höhe von A versteuert werden muss.

Ausnahmen von der Buchwertfortführung:
1. **Dreijährige Sperrfrist**

Der Ansatz des Buchwerts für die nach § 6 Abs. 5 Satz 3 EStG vorzunehmenden Übertragungen setzt voraus, dass mit ihnen die Personengesellschaft umstrukturiert wird, nicht dagegen, dass eine Veräußerung oder Entnahme zum Zweck der Steueroptimierung vorbereitet werden soll. Um die Ausnutzung von Steuervorteilen durch die Übertragung von stillen Reserven zu verhindern, ist bei einer Übertragung auf eine natürliche Person die Buchwertfortführung davon abhängig, dass das Wirtschaftsgut innerhalb einer Sperrfrist von drei Jahren vom Übernehmenden nicht veräußert oder entnommen wird, es bei diesem also weiterhin Betriebsvermögen bleibt. Diese Frist endet drei Jahre nach Abgabe der Steuererklärung (Feststellungserklärung) des Übertragenden für den VZ, in dem die Übertragung stattfindet. Bei Veräußerungen innerhalb dieser Frist müssen die im Zeitpunkt der Übertragung des Wirtschaftsguts zunächst nicht aufgedeckten stillen Reserven nachversteuert werden. Hierzu ist der Bescheid für das Jahr der Übertragung nach § 175 Abs. 1 Satz 1 Nr. 2 AO (rückwirkendes Ereignis) zu berichtigen.

B. Laufende Besteuerung

Da nunmehr bei der Übertragung – wenn auch nachträglich – ein steuerpflichtiger Veräußerungsgewinn anzusetzen ist, kann der Übertragende – sofern die Voraussetzungen vorliegen – auch die Steuervergünstigung gem. § 6 b EStG in Anspruch nehmen (R 6b.1 Abs. 1 Satz 5 EStR). Der Übernehmende tritt dann nicht mehr (auch nicht aus Vereinfachungsgründen) in die Rechtsstellung des Übertragenden ein. Deshalb muss z. B. auch die AfA rückwirkend neu berechnet werden.

Beispiel 2:

A ist mit 50 % an einer OHG und mit 25 % an einer KG beteiligt. Zu seinem Sonderbetriebsvermögen bei der OHG gehört eine bisher nach § 7 Abs. 1 EStG mit jährlich 20.000 € linear abgeschriebene Maschine mit einer Restnutzungsdauer von sechs Jahren (Buchwert 120.000 €, Teilwert 180.000 €), die er am 01.07.01 gegen Gewährung von Gesellschaftsrechten auf die KG überträgt. Die Feststellungs-Erklärung für den VZ 01 gibt die OHG am 30.09.02 beim Finanzamt ab. Die KG veräußert die Maschine am 30.09.05 für 60.000 € an einen fremden Dritten.

Die KG muss im Jahr der Übertragung die Maschine mit dem Buchwert fortführen. Dadurch ist sie auch an die AfA ihres Rechtsvorgängers gebunden. Der Buchwert der Maschine beträgt somit am 31.12.04 50.000 €. Bis zum 30.09.05 ergäbe sich eine zeitanteilige AfA von $^9/_{12}$ von 20.000 € = 15.000 €. Bei einem Veräußerungspreis von 60.000 € ergäbe sich somit ein Veräußerungsgewinn von 25.000 €.

Die Veräußerung der Maschine durch die KG erfolgt noch innerhalb der dreijährigen Sperrfrist, denn diese Frist endet erst mit Ablauf des 30.09.05. Nach § 6 Abs. 5 Satz 4 EStG muss folglich sowohl der Feststellungsbescheid der OHG für das Jahr 01 als auch der Einkommensteuer-Bescheid des Jahres 01 von A nach § 175 AO berichtigt werden, weil die Maschine nunmehr bei der KG zwingend mit dem Teilwert bewertet werden muss. Der steuerliche Gesamtgewinn der OHG und der Gewinnanteil des A erhöhen sich in 01 um den Veräußerungsgewinn i. H. von 60.000 €, dafür muss die KG die Maschine mit 180.000 € aktivieren. Die KG tritt nicht mehr in die Rechtsstellung des Gesellschafters ein. Die jährliche lineare AfA berechnet sich nach den Anschaffungskosten (= Teilwert) und der Restnutzungsdauer und beträgt 180.000 € : 6 = 30.000 €, im Jahr 01 davon $^6/_{12}$ = 15.000 €. Somit ergibt sich bei der KG im Jahr 01 ein Mindergewinn von 5.000 € und in den Jahren 02 bis 04 ein Mindergewinn von jeweils 10.000 €. Die Feststellungsbescheide der KG für die Jahre 01 bis 04 müssen ebenfalls berichtigt werden. Der Buchwert der Maschine am 31.12.04 beträgt folglich 75.000 €.

Im Jahre 05 wird bei der KG bis zum Ausscheiden der Maschine eine zeitanteilige AfA von $^9/_{12}$ von 30.000 € = 22.500 € angesetzt. Der Buchwert der Maschine beträgt damit im Zeitpunkt der Veräußerung 52.500 €. Der Veräußerungsgewinn der KG beträgt im Jahre 05 nur noch 7.500 €.

388 Die Sperrfrist greift **nicht** ein, wenn der Gesellschafter ein Wirtschaftsgut auf die Personengesellschaft überträgt, diese das Wirtschaftsgut in ihrer Bilanz mit dem Teilwert ansetzt und die bis zur Übertragung entstandenen stillen Reserven durch Erstellung einer (negativen) **Ergänzungsbilanz** dem übertragenden Gesellschafter zuordnet. In diesem Fall gehen keine stillen Reserven auf die Mitgesellschafter über. Infolge der sukzessiven Auflösung dieser negativen Ergänzungsbilanz werden die bis zur Übertragung des Wirtschaftsguts angewachsenen stillen Reserven durch den Einbringenden versteuert, in dessen Person sie entstanden sind. Von Vorteil kann die Lösung über eine negative Ergänzungsbilanz dann sein, wenn später der Mitunternehmeranteil veräußert wird. In diesem Fall geht der Gewinn aus der Auflösung der negativen Ergänzungsbilanz im Veräußerungsgewinn auf und ist zusammen mit diesem nach §§ 16, 34 EStG begünstigt.

Beispiel 3:

Wie Beispiel 2, aber im Jahr der Übertragung (Wirtschaftsjahr 01) hat die KG die Maschine in ihrer Bilanz mit dem Teilwert von 180.000 € angesetzt und in der Ergänzungsbilanz des A in Höhe der Differenz zwischen Teilwert und Buchwert der Maschine (60.000 €) einen Minderwert passiviert. In der Buchführung der KG wurde die Maschine mit jährlich 30.000 € abgeschrieben, in der Ergänzungsbuchführung des A ergab sich dafür eine „Minder"-AfA von jährlich 10.000 €.

Die Sperrfrist greift nicht ein, weil die KG in ihrer Bilanz die Maschine mit dem Teilwert angesetzt hat. In der Buchführung der KG im Jahr 05 ist noch eine AfA von $^9/_{12}$ von 30.000 € = 22.500 € anzusetzen. Der Buchwert der Maschine am 30.09.05 beträgt noch 52.500 €. Dadurch entsteht bei der KG im Jahre 05 ein Veräußerungsgewinn von 7.500 €, der nach dem Gewinnverteilungsschlüssel auf alle Gesellschafter zu verteilen ist. In der Ergänzungsbuchführung des A ist im Jahre 05 eine Minder-AfA von 7.500 € anzusetzen. Der Minderwert der Maschine beträgt folglich am 30.09.05 17.500 €. Durch die Auflösung dieses Minderwerts ergibt sich in der Ergänzungsbuchführung ein Gewinn von 17.500 €, der allein A zuzurechnen ist. Der Gesamtgewinn aus der Veräußerung der Maschine beträgt 25.000 €.

Beachte: Nach R 6.15 EStR ist bei der Veräußerung von Wirtschaftsgütern innerhalb von drei Jahren seit der Übertragung auf die OHG trotz Erstellung einer Ergänzungsbilanz für den übertragenden Gesellschafter rückwirkend auf den Zeitpunkt der Übertragung der Teilwert auch dann anzusetzen, wenn durch die Übertragung **keine Änderung des Anteils** des übertragenden Gesellschafters an dem übertragenen Wirtschaftsgut eingetreten ist.

Beispiel 4:

An der A-GmbH & Co. KG sind die A-GmbH als Komplementär ohne vermögensmäßige Beteiligung und A als Kommanditist mit 100 % beteiligt. A überträgt am 01.07.01 ein vor drei Jahren erworbenes und in seiner Sonderbilanz mit den Anschaffungskosten von 80.000 € aktiviertes unbebautes Grundstück auf die A-GmbH & Co. KG. Der Teilwert des Grundstücks beträgt am 01.07.01 140.000 €. Die KG hat das Grundstück in ihrer Bilanz mit 140.000 €

B. Laufende Besteuerung

aktiviert und in einer Ergänzungsbilanz für A einen Minderwert von 60.000 € passiviert. Am 01.04.03 veräußert die A-GmbH & Co. KG dieses Grundstück an einen fremden Dritten für 160.000 € und weist in ihrer Buchführung einen Veräußerungsgewinn von 20.000 € aus, der nach dem Gewinnverteilungsschlüssel allein A zuzurechnen ist. Außerdem löst die KG im Jahre 03 die Ergänzungsbilanz des A auf, was zu einem weiteren Veräußerungsgewinn von 60.000 € bei A führt.

Die Veräußerung des Grundstücks erfolgt innerhalb von drei Jahren seit der Abgabe der Steuererklärung des A. Obwohl die A-GmbH & Co. KG in ihrer Bilanz das Grundstück mit dem Teilwert aktiviert und für A eine negative Ergänzungsbilanz erstellt hat, ist nach R 6.15 EStR § 6 Abs. 5 Satz 4 EStG anzuwenden, denn das Grundstück war A weiterhin mit 100 % zuzurechnen, weil die GmbH vermögensmäßig nicht an der KG beteiligt ist. Folglich ist das Grundstück rückwirkend zum 01.07.01 in der Buchführung der KG mit dem Teilwert von 140.000 € zu aktivieren. Es ergibt sich zwar in der Buchführung der A-GmbH & Co. KG keine Auswirkung, jedoch entfällt die Erstellung der Ergänzungsbilanz zum 01.07.01. In der Sonderbuchführung des A ergibt sich im Jahre 01 rückwirkend ein Veräußerungsgewinn von 60.000 €, der allein A zuzurechnen ist. Weil seit der Anschaffung des Grundstücks noch keine sechs Jahre vergangen sind, kann A die Steuerbegünstigung des § 6 b EStG nicht in Anspruch nehmen. Im Jahre 03 entsteht anlässlich der Veräußerung des Grundstücks an den fremden Dritten bei der A-GmbH & Co. KG ein Veräußerungsgewinn von 20.000 €, der nach dem Gewinnverteilungsschlüssel allein A zuzurechnen ist. Somit versteuert A auch nach der Änderung den gesamten Veräußerungsgewinn von 80.000 €, allerdings 60.000 € davon bereits im Jahre 01.

389 ## 2. Übergang auf beteiligte Kapitalgesellschaften

Bei der Übertragung gegen Gewährung von Gesellschaftsrechten ist **von vornherein** der **Teilwert** anzusetzen, **soweit** der Anteil einer Körperschaft, Personenvereinigung oder Vermögensmasse an dem Wirtschaftsgut unmittelbar oder mittelbar begründet wird oder dieser sich **erhöht** (§ 6 Abs. 5 Satz 5 EStG).

Soweit innerhalb von **sieben Jahren** nach der Übertragung des Wirtschaftsguts der Anteil einer Körperschaft, Personenvereinigung oder Vermögensmasse an dem übertragenen Wirtschaftsgut aus einem anderen Grund unmittelbar oder mittelbar begründet wird oder dieser sich erhöht, ist nach § 6 Abs. 5 Satz 6 EStG rückwirkend auf den Zeitpunkt der Übertragung ebenfalls der Teilwert anzusetzen; im Übrigen sind die Buchwerte zwingend fortzuführen.

Diese beiden Vorschriften sollen verhindern, dass die Übertragung einzelner Wirtschaftsgüter zu Buchwerten insbesondere auf Objekt-Personengesellschaften dazu genutzt wird, Wirtschaftsgüter auf Kapitalgesellschaften zu übertragen, deren Anteile später zur Hälfte (ab VZ 2009 zu 40 %) oder insgesamt steuerfrei veräußert werden.

§ 6 Abs. 5 Satz 5 EStG ist nicht nur dann anzuwenden, wenn und soweit die stillen Reserven (mittelbar) auf die Kapitalgesellschaft übergehen, sondern auch, wenn die übertragenen Wirtschaftsgüter in der Bilanz der Personengesellschaft mit dem Teilwert angesetzt werden und in der Ergänzungsbilanz des Einbringenden entsprechende Minderwerte in Höhe der stillen Reserven ausgewiesen werden. Das bedeutet, selbst wenn keine stillen Reserven auf die Kapitalgesellschaft übergegangen sind und damit keine steuerlichen Vorteile erlangt werden sollen, müssen insoweit die anteiligen stillen Reserven aufgedeckt werden.

Umgekehrt ist § 6 Abs. 5 Satz 5 EStG **nicht** anwendbar, wenn die Kapitalgesellschaft

- nicht am Vermögen der Personengesellschaft beteiligt ist oder
- vor der Übertragung unmittelbar und nach der Übertragung mittelbar (bzw. umgekehrt) in vollem Umfang an dem Wirtschaftsgut beteiligt ist.[725]

Zurzeit ist ungeklärt, in welchem Verhältnis die Rechtsfolgen einer verdeckten Einlage einzelner Wirtschaftsgüter in Kapitalgesellschaften zu § 6 Abs. 5 Satz 5 EStG stehen. Nach Ansicht von **Schmidt/Wacker**[726] ist § 6 Abs. 5 Satz 5 EStG vorrangig gegenüber den Rechtsfolgen verdeckter Einlagen anzuwenden, weil lt. BFH eine verdeckte Einlage gerade keine entgeltliche Veräußerung ist.

Andere Gründe dafür, dass innerhalb von sieben Jahren nach der Übertragung der Wirtschaftsgüter der Anteil einer Kapitalgesellschaft an den Wirtschaftsgütern unmittelbar oder mittelbar begründet wird oder dieser sich erhöht, sind z. B.

- der (unentgeltliche) Eintritt einer Kapitalgesellschaft in eine Personengesellschaft,
- eine (unentgeltliche) Änderung der Beteiligungsquoten oder
- die formwechselnde Umwandlung einer Personengesellschaft in eine Kapitalgesellschaft (zurzeit noch strittig).

Dagegen ist § 6 Abs. 5 Satz 6 EStG **nicht anwendbar,** wenn ein Mitunternehmeranteil an der Personengesellschaft, in die Wirtschaftsgüter zu Buchwerten eingebracht werden, an eine Kapitalgesellschaft entgeltlich zu **fremdüblichen Bedingungen veräußert** wird.

Beispiel 5:

Gesellschafter einer GmbH & Co. KG sind die X-GmbH als Komplementär mit 20 % und X als Kommanditist mit 80 %. Die KG ist seit 12 Jahren Eigentümerin einer GmbH-Beteiligung (Buchwert 150.000 €, Teilwert 250.000 €). Diese Beteiligung überträgt sie gegen Minderung von Gesellschaftsrechten an die

---
725 BMF vom 07.02.2002, DB 2002 S. 660.
726 § 15 Rz. 687.

B. Laufende Besteuerung

X-GmbH, deren Alleingesellschafter X ist, die es in ihrem Unternehmen für betriebliche Zwecke nutzt.

Die Übertragung der Beteiligung erfolgt nach § 6 Abs. 5 Satz 3 EStG grundsätzlich mit dem Buchwert. Da sich aber durch die Übertragung der Anteil der GmbH an der Beteiligung von bisher mittelbar 20 % auf unmittelbar 100 % erhöht, müssen die stillen Reserven von insgesamt 100.000 € i. H. von 80 % = 80.000 € aufgedeckt werden. Dieser nach § 3 Nr. 40 Buchst. a i. V. m. § 3 c Abs. 2 EStG zur Hälfte (ab VZ 2009 zu 40 %) steuerfreie Gewinn ist X hinzuzurechnen. In Höhe des auf die GmbH entfallenden Anteils der stillen Reserven von 20.000 € ist zwingend der Buchwert fortzuführen. Da eine Veräußerung vorliegt und die Voraussetzungen des § 6 b EStG erfüllt sind, kann die KG gem. § 6 b Abs. 10 EStG i. H. von 80.000 € eine Rücklage bilden. Diese Rücklage ist X zuzurechnen, weil nur die auf ihn entfallenden stillen Reserven aufgedeckt werden müssen. Die X-GmbH aktiviert das Grundstück in ihrer Bilanz mit (80 % von 250.000 € = 200.000 € und 20 % von 150.000 € = 30.000 € =) 230.000 €.

Beispiel 6:

Wie Beispiel 5, aber die KG überträgt die Beteiligung auf X.

In diesem Fall ist in vollem Umfang zwingend der Buchwert fortzuführen, weil sich der Anteil der GmbH weder unmittelbar noch mittelbar erhöht. Vielmehr mindert sich der Anteil der GmbH an der Beteiligung von bisher mittelbar 20 % auf 0 %. Bei der KG entsteht kein Gewinn, X aktiviert die Beteiligung mit dem bisherigen Buchwert der KG von 150.000 €.

Beispiel 7:

Wie Beispiel 5, Eigentümerin der Beteiligung ist die X-GmbH, die sie auf die KG gegen Gewährung von Gesellschaftsrechten überträgt.

Der Anteil der GmbH an der Beteiligung mindert sich von bisher unmittelbar 100 % auf mittelbar 20 %. Da durch diese Übertragung kein Missbrauch eintreten kann, ist die Übertragung in vollem Umfang zwingend gem. § 6 Abs. 5 Satz 3 EStG zum Buchwert vorzunehmen.

Beispiel 8:

Wie Beispiel 5, Eigentümer der Beteiligung ist jedoch X, der sie auf die KG gegen Gewährung von Gesellschaftsrechten überträgt.

Die Übertragung erfolgt nach § 6 Abs. 5 Satz 3 EStG grundsätzlich mit dem Buchwert. Da sich aber durch die Übertragung der Anteil der GmbH an der Beteiligung von bisher 0 % auf mittelbar 20 % erhöht, müssen die stillen Reserven von insgesamt 100.000 € i. H. von 20 % = 20.000 € aufgedeckt werden. Dieser Gewinn ist zur Hälfte (ab VZ 2009 zu 40 %) nach § 3 Nr. 40 Buchst. a i. V. m. § 3 c Abs. 2 EStG steuerfrei. In Höhe des auf X entfallenden Anteils der stillen Reserven von 80.000 € ist zwingend der Buchwert fortzuführen. Die X-GmbH & Co. KG aktiviert die Beteiligung in ihrer Bilanz mit (20 % von 250.000 € = 50.000 € und 80 % von 150.000 € = 120.000 € =) 170.000 € und erhöht das Kapitalkonto I oder II des X um 170.000 €.

Da die Voraussetzungen des § 6 b Abs. 10 EStG erfüllt sind, kann X i. H. von 20.000 € eine Rücklage bilden. Die Rücklage kann in diesem Fall nicht auf die

1 Einkommensteuer

von der KG erworbene Beteiligung übertragen werden, weil die KG in die Rechtsstellung des X eintritt. X muss seine Rücklage bis zur Übertragung oder Auflösung in seinem Einzelunternehmen passivieren.

Weil X an der X-GmbH beteiligt ist, handelt es sich hinsichtlich des auf die X-GmbH übergegangenen Anteils an der GmbH-Beteiligung (20 %) um eine verdeckte Einlage, die mit dem angesetzten Teilwert von 20 % von 250.000 € = 50.000 € die Anschaffungskosten des Anteils an der X-GmbH von X erhöht (§ 6 Abs. 6 Satz 2 EStG).

In der Sonderbuchführung des X ist zu buchen:

Beteiligung X-GmbH	50.000 €	an GmbH-Beteiligung	150.000 €
Privat	120.000 €	Sonstige betriebliche Erträge	20.000 €
Sonstige betriebliche Aufwendungen	20.000 €	an Sonderposten mit Rücklageanteil	20.000 €

Beispiel 9:

Die A-GmbH ist alleinige Kommanditistin der B-GmbH & Co. KG (Beteiligung 100 %). Komplementärin ist die nicht am Vermögen beteiligte K-GmbH. Die A-GmbH überträgt ein bisher zu eigenen betrieblichen Zwecken genutztes Grundstück (Buchwert 200.000 €, Teilwert 350.000 €) gegen Gewährung von Gesellschaftsrechten auf die B-GmbH & Co. KG.

Die A-GmbH war bisher unmittelbar und ist jetzt mittelbar zu 100 % beteiligt. Ihr Anteil an dem Grundstück hat sich folglich nicht verändert. Dadurch liegt bei der Übertragung auch kein Missbrauchsfall vor. Das Grundstück ist in vollem Umfang zum Buchwert von 200.000 € auf die B-GmbH & Co. KG zu übertragen. Stille Reserven sind nicht zu versteuern.

Beispiel 10:

Wie Beispiel 9, aber die A-GmbH ist mit 80 % und die K-GmbH ist mit 20 % an der B-GmbH & Co. KG beteiligt.

Das Grundstück kann nur zu 80 % zum Buchwert übertragen werden, da der übertragenden A-GmbH das Grundstück nur insoweit weiterhin mittelbar zuzurechnen ist. Hinsichtlich des 20%igen Grundstücksanteils, der auf die K-GmbH entfällt, sind die stillen Reserven auch dann zwingend aufzudecken, wenn durch Aufstellung einer Ergänzungsbilanz die stillen Reserven allein der A-GmbH zugeordnet werden. Dem Ergebnis kann nicht entgegengehalten werden, dass das Grundstück vor und nach der Übertragung zu 100 % nur Kapitalgesellschaften zuzurechnen ist.[727]

Beispiel 11:

An einer OHG sind A und B je zur Hälfte beteiligt. Im Jahr 01 übertrug A aus seinem Einzelunternehmen ein seit neun Jahren zum notwendigen Betriebsvermögen gehörendes Grundstück (Buchwert 200.000 €, Teilwert 350.000 €) gegen Gewährung von Gesellschaftsrechten auf die OHG. Die OHG aktivierte das Grundstück gem. § 6 Abs. 5 Satz 3 EStG mit dem Buchwert von 200.000 €.

---

[727] OFD Frankfurt vom 03.05.2004 – S 2170 A – 109 – St II 2.01, StLex 3, 5–6, 951.

B. Laufende Besteuerung

Mit Wirkung vom 01.01.06 und damit innerhalb von sieben Jahren nach der Übertragung des Grundstücks brachten A und B ihre Mitunternehmeranteile gem. § 20 UmwStG zum Buchwert in die neu gegründete Y-GmbH ein. Der Teilwert des Grundstücks ist zwischenzeitlich auf 400.000 € gestiegen.

Da sich der Anteil der Y-GmbH an dem Grundstück innerhalb von sieben Jahren von bisher 0 % auf 100 % erhöht hat, muss die Übertragung des Grundstücks von A auf die OHG rückwirkend mit dem Teilwert im Zeitpunkt der Übertragung auf die OHG (= 350.000 €) angesetzt werden. Bei A entsteht somit im Jahre 01 ein Veräußerungsgewinn von 150.000 €, für den er eine Rücklage gem. § 6 b EStG bilden kann. Die OHG muss das Grundstück mit dem Teilwert von 350.000 € nach § 6 Abs. 5 Satz 6 EStG aktivieren. A kann die Rücklage gem. § 6 b EStG i. H. von 150.000 € aus seinem Einzelunternehmen auf das von der OHG erworbene Grundstück übertragen, soweit das Grundstück A zuzurechnen ist. Da von den Anschaffungskosten des Grundstücks von 350.000 € die Hälfte = 175.000 € auf A entfallen, kann er seine Rücklage in vollem Umfang übertragen. Hierzu bildet er in einer Ergänzungsbilanz einen Minderwert Grundstück von 150.000 €. Die Bilanz der OHG bleibt unverändert.

Beispiel 12:

An der AB-KG sind die A-GmbH als Komplementärin (ohne vermögensmäßige Beteiligung) und die B-GmbH als Kommandistin mit 100 % beteiligt. Die B-GmbH überträgt zunächst ein Grundstück aus ihrem Betriebsvermögen gegen Gewährung von Gesellschaftsrechten in das Gesamthandsvermögen der KG. Innerhalb der folgenden sieben Jahre werden die Anteile an der B-GmbH zum Verkehrswert an die C-GmbH veräußert.

Die zunächst erfolgte Übertragung des Grundstücks von der B-GmbH auf die AB-KG ist für sich betrachtet nach § 6 Abs. 5 Satz 3 Nr. 1 EStG zum Buchwert vorzunehmen. Nach der Anteilsveräußerung ist die C-GmbH an der B-GmbH und diese wiederum an der AB-KG beteiligt. Unstreitig ist die B-GmbH an den Wirtschaftsgütern der AB-KG weiterhin mittelbar beteiligt; die Vermittlung erfolgt durch die KG als Personengesellschaft.

Die B-GmbH als Kapitalgesellschaft kann ihrerseits keinen Anteil an den Wirtschaftsgütern der AB-KG an die C-GmbH vermitteln. Durch die Übernahme der Anteile an der B-GmbH wird die C-GmbH nicht selbst Mitunternehmerin oder verdeckte Mitunternehmerin der AB-KG, denn die zwischengeschaltete B-GmbH entfaltet wegen der rechtlichen Selbständigkeit der GmbH als juristische Person für die Anwendung des § 6 Abs. 5 Sätze 5 und 6 EStG eine Abschirmwirkung.[728] Es ist somit nicht möglich, die C-GmbH im Wege des Durchgriffs durch die B-GmbH selbst als (verdeckte) Mitunternehmerin zu behandeln. Mithin führt die Veräußerung der Anteile an der B-GmbH auf Ebene der C-GmbH nicht zur Begründung oder Erhöhung eines mittelbaren oder unmittelbaren Anteils an dem ursprünglich nach § 6 Abs. 5 Satz 3 Nr. 1 EStG übertragenen Wirtschaftsgut. Ein rückwirkender Teilwertansatz gem. § 6 Abs. 5 Satz 6 EStG ist nicht vorzunehmen.[729]

---

[728] BFH vom 28.10.1999, BStBl II 2000, 183.
[729] OFD Frankfurt vom 25.10.2004, a. a. O.

1.9.5 Unentgeltliche Übertragungen

Eine unentgeltliche Übertragung liegt vor, wenn die durch die Übertragung eintretende Erhöhung bzw. Minderung des Gesellschaftsvermögens auf einem **gesamthänderisch gebundenen Kapitalrücklagenkonto** des Gesellschafters gebucht wird, das für die Beteiligung am Gesellschaftsvermögen oder für die Gewährung von Stimmrechten unerheblich ist. Dasselbe gilt auch, wenn die Erhöhung bzw. Minderung des Gesellschaftsvermögens als Ertrag bzw. Aufwand gebucht wird, was handelsrechtlich zulässig sein kann.[730]

1.9.5.1 Aus dem Gesamthandsvermögen ins Privatvermögen und umgekehrt

Die unentgeltliche Übertragung eines einzelnen Wirtschaftsguts aus dem Gesamthandsvermögen der Personengesellschaft ins Privatvermögen eines Gesellschafters stellt eine **Entnahme** gem. § 4 Abs. 1 EStG dar. Soweit eine Kapitalgesellschaft an der Personengesellschaft beteiligt ist, liegt eine **verdeckte Gewinnausschüttung** vor.

Der **Entnahmegewinn** ist jedenfalls dann allen Gesellschaftern zuzurechnen, wenn der begünstigte Gesellschafter die in den Wirtschaftsgütern enthaltenen stillen Reserven geschenkt erhalten soll.[731] In anderen Fällen nimmt der BFH eine konkludente Änderung der allgemeinen Gewinnabrede an und rechnet den Entnahmegewinn nur dem begünstigten Gesellschafter zu, sofern nicht ausdrücklich eine anderweitige Vereinbarung getroffen wurde.[732] Wir sind der Auffassung, dass der Gewinn allen Gesellschaftern nach der allgemeinen Gewinnverteilungsabrede zuzurechnen ist, es sei denn, noch vor der Entnahme ist aus betrieblichem Anlass eine andere Zurechnung vereinbart.[733]

Hinzuweisen ist noch darauf, dass die Entnahme einer 100%igen Beteiligung an einer Kapitalgesellschaft nach § 16 Abs. 1 Nr. 1 Abs. 3 Satz 1 EStG als Aufgabe eines Teilbetriebs anzusehen ist; das gilt auch für die Entnahme aus dem Gesellschaftsvermögen einer Personengesellschaft.

Beispiel 1:

Eine OHG überträgt unentgeltlich ein unbebautes Grundstück (Buchwert 400.000 €, Teilwert 600.000 €) auf ihren Gesellschafter A, der mit 50 % an der OHG beteiligt ist. A nutzt dieses Grundstück privat.
Bei der OHG liegt eine Entnahme des Grundstücks vor. Der dabei entstehende Entnahmegewinn von 200.000 € ist u. E. allen Gesellschaftern entsprechend ihrer Beteiligungsquote zuzurechnen.

---

[730] BMF vom 26.11.2004, BStBl I 2004, 1190.
[731] BFH vom 28.09.1995, BStBl II 1996, 276.
[732] BFH vom 06.08.1985, BStBl II 1986, 17; siehe auch B. Rz. 369.
[733] Gl. A. Schmidt/Wacker, § 15 Rz. 669.

B. Laufende Besteuerung

Buchungssatz bei der OHG:
Privatentnahme A 600.000 € an Grundstücke 400.000 €
Sonstige
betriebliche Erträge 200.000 €

395 Eine **(verdeckte) Einlage** i. S. von § 4 Abs. 1 EStG stellt dagegen die unentgeltliche Übertragung eines einzelnen Wirtschaftsguts aus dem Privatvermögen in das Gesamthandsvermögen der Personengesellschaft dar, d. h., die Gutschrift erfolgt auf dem gesamthänderisch gebundenen Kapitalrücklagenkonto. Diese Einlage ist nach § 6 Abs. 1 Nr. 5 EStG zu bewerten.

Zu beachten ist, dass es in den Fällen fehlender Interessengegensätze – wie etwa bei der „Ein-Mann-GmbH & Co. KG" – der Gesellschafter selbst in der Hand hat, eine Buchung auf einem gesamthänderisch gebundenen Rücklagenkonto später wieder rückgängig zu machen (z. B. durch Auflösung der Rücklage gegen Gutschrift auf seinem Kapitalkonto, sodass der ursprünglich angenommene unentgeltliche Vorgang später nicht mehr gegeben ist, weil dies im Nachhinein gerade nicht zu einem unentgeltlichen Vorgang führt).

Beispiel 2:

An einer GmbH & Co. KG ist A als Kommanditist mit 100 % beteiligt. Er überträgt ein vor neun Jahren erworbenes unbebautes Grundstück (Anschaffungskosten 150.000 €, gemeiner Wert = Teilwert 200.000 €) auf die KG.

Gebucht wurde: Grundstücke 200.000 € an Kapitalrücklagenkonto 200.000 €

Ein Jahr später, nach Ablauf der 10-Jahres-Frist des § 23 EStG, bucht die KG wie folgt um:

Kapitalrücklagen 200.000 € an Kapital II Gesellschafter A 200.000 €

Die Übertragung des Grundstücks von A auf die GmbH & Co. KG erfolgt unentgeltlich, weil die Gutschrift auf einem gesamthänderisch gebundenen Kapitalrücklagenkonto erfolgt. Damit liegt eine Einlage und keine Veräußerung i. S. von § 23 EStG vor. Die Einlage ist nach § 6 Abs. 1 Nr. 5 EStG mit dem Teilwert zu bewerten. Die Buchung ist folglich nicht zu beanstanden. Nach Anweisung der Finanzverwaltung[734] ist aber insbesondere in den Fällen der Übertragung von Grundstücken auf eine „Ein-Mann-GmbH & Co. KG" zu prüfen, ob im Hinblick auf die Anwendbarkeit des § 23 Abs. 1 Satz 1 Nr. 1 EStG ein Missbrauch von Gestaltungsmöglichkeiten i. S. des § 42 AO anzunehmen ist, wenn die Übertragung (zunächst) auf einem gesamthänderisch gebundenen Rücklagenkonto gutgeschrieben wird. Da die GmbH kurze Zeit nach Ablauf der 10-Jahres-Frist eine Umbuchung auf ein Kapitalkonto des A vornimmt, was bei sofortiger Verbuchung zu einer Veräußerung und damit zu einer Anwendung des § 23 EStG geführt hätte, liegt ein Missbrauch von Gestaltungsmöglichkeiten i. S. von § 42 AO vor. Es ist damit von Anfang an von einer Veräußerung auszugehen. A muss im Jahr der Übertragung des Grundstücks auf die GmbH & Co. KG den Veräußerungsgewinn von 50.000 € nach § 23 Abs. 1 EStG versteuern.

---

[734] BMF vom 26.11.2004, BStBl I 2004, 1190.

1 Einkommensteuer

Hinweis:
Nach der neuesten Rechtsprechung des BFH[735] liegt – abweichend von der bisherigen Auffassung der Finanzverwaltung – auch dann in vollem Umfang ein tauschähnlicher Vorgang und damit in vollem Umfang eine Veräußerung vor, wenn die Übertragung zum Teil dem Kapitalkonto I oder II und zum Teil einem gesamthänderisch gebundenen Kapitalkonto gutgeschrieben wird. Der Trend geht sogar in die Richtung, selbst dann von einem tauschähnlichen Vorgang auszugehen, wenn die Gutschrift in **vollem Umfang** auf einem gesamthänderisch gebundenen Kapitalkonto erfolgt.

Die Finanzverwaltung prüft derzeit noch, ob die neue Rechtsprechung angewendet werden soll. Hierzu müsste das zu dieser Problematik ergangene BMF-Schreiben[736] insoweit geändert werden. Es stellt sich dann die Frage, ob eine unentgeltliche Übertragung von Wirtschaftsgütern überhaupt noch möglich ist. Da die neue Rechtsprechung darüber hinaus zu einer Verschärfung der Rechtslage führt, müsste eine Übergangsregelung getroffen werden. Bis zu einer Aussage der Finanzverwaltung sollte mit den Gutschriften auf dem gesamthänderisch gebundenen Kapitalkonto vorsichtig umgegangen werden, wenn negative Besteuerungsfolgen beim Gesellschafter drohen (z. B. nach § 17 EStG oder § 23 EStG)!

In den nachfolgenden Beispielen wird noch die bisherige Lösung dargestellt! Falls die Finanzverwaltung die neue BFH-Rechtsprechung anwendet, liegt in den nachfolgenden Fällen in vollem Umfang eine Veräußerung vor.[737]

Die unentgeltliche Übertragung einer Beteiligung i. S. von § 17 EStG aus dem Privatvermögen ins Gesamthandsvermögen der Personengesellschaft ist nach § 6 Abs. 1 Nr. 5 b EStG stets mit dem **Teilwert** im Zeitpunkt der Zuführung, höchstens jedoch mit den **Anschaffungskosten** zu bewerten, unabhängig davon, ob die Beteiligung innerhalb der letzten drei Jahre angeschafft wurde oder nicht. Mit dieser Regelung soll vermieden werden, die im Privatvermögen eingetretene Wertsteigerung, die bei einer Veräußerung nach § 17 Abs. 1 EStG der Besteuerung unterliegen würde, dieser dadurch zu entziehen, dass die Beteiligung zum höheren Teilwert eingebracht wird.

396

Ist in diesen Fällen im Zeitpunkt der Einbringung der Teilwert unter die Anschaffungskosten gesunken, ist die Einlage zwar mit den Anschaffungskosten zu bewerten, nach R 17 Abs. 8 EStR aber aus Gründen sachlicher Billigkeit der Unterschiedsbetrag zwischen den Anschaffungskosten und dem niedrigeren Teilwert im Zeitpunkt der Einlage festzuhalten und (erst!) beim Ausscheiden der Beteiligung aus dem Betriebsvermögen für Zwecke der

---

[735] BFH vom 24.01.2008, BFH/NV 2008, 854 und vom 17.07.2008, noch nicht im BStBl veröffentlicht.
[736] BMF vom 26.11.2004, BStBl I 2004, 1190.
[737] In diesem Fall gelten die Ausführungen unter B. Rz. 385 entsprechend.

B. Laufende Besteuerung

Einkommensteuer zur Hälfte (§ 3 c Abs. 2 EStG) durch eine außerbilanzielle Kürzung gewinnmindernd zu berücksichtigen.

Nach Auffassung des BFH muss dagegen die Einlage stets mit den Anschaffungskosten bewertet werden mit der Folge, dass bereits im Wirtschaftsjahr der Einlage die Gewinnminderung eintreten würde, wenn am Bilanzstichtag noch eine dauernde Wertminderung vorliegen würde.[738] Die Finanzverwaltung wendet dieses Urteil jedoch nicht an.[739]

Beispiel 3:
A überträgt die in seinem Privatvermögen gehaltene, vor zwei Jahren für 300.000 € erworbene 50%ige GmbH-Beteiligung (Teilwert 400.000 €) unentgeltlich auf eine KG, an der er mit 25 % beteiligt ist. Die Gutschrift erfolgt auf einem gesamthänderisch gebundenen Kapitalrücklagenkonto.

Da die Übertragung der Beteiligung unentgeltlich erfolgt, liegt eine Einlage vor, die gem. § 6 Abs. 1 Nr. 5 b EStG mit dem Teilwert, höchstens aber mit den Anschaffungskosten von 300.000 € zu bewerten ist. In der Bilanz der KG ist die Beteiligung mit dem Teilwert von 400.000 € zu aktivieren. Dafür ist in der Ergänzungsbilanz des A ein Minderwert Beteiligung von 100.000 € zu passivieren.

Beispiel 4:
Wie Beispiel 3, aber die GmbH-Beteiligung hat im Zeitpunkt der Einlage nur einen Teilwert von 200.000 €.

Nach Auffassung der Finanzverwaltung (R 17 Abs. 8 EStR) muss die Beteiligung nach § 6 Abs. 1 Nr. 5 b EStG mit dem Teilwert von 200.000 € bewertet werden. Der Differenzbetrag von 100.000 € ist außerbilanziell festzuhalten und mindert bei einer späteren Veräußerung oder Entnahme dieser Beteiligung den Veräußerungsgewinn bzw. den Entnahmegewinn.

1.9.5.2 Aus dem Gesamthandsvermögen in ein Einzelunternehmen des Gesellschafters oder in sein Sonderbetriebsvermögen bei dieser oder einer anderen Personengesellschaft und umgekehrt

397 Bei der unentgeltlichen Übertragung von Wirtschaftsgütern liegt kein tauschähnlicher Vorgang und damit keine Veräußerung vor. § 6 Abs. 6 Satz 1 EStG ist deshalb nicht anzuwenden. Aber auch für diese unentgeltlichen Übertragungen sind nach § 6 Abs. 5 Satz 3 EStG – vorbehaltlich gesicherter Besteuerung der stillen Reserven – **zwingend** die **Buchwerte** der übertragenen Wirtschaftsgüter fortzuführen,[740] auch insoweit, als die übrigen Gesellschafter mit ihrer Zustimmung zur Übertragung dem Erwerber unentgeltlich ihren Anteil an den stillen Reserven der übertragenen Wirtschaftsgüter zuwenden.

---

738 BFH vom 25.07.1995, BStBl II 1996, 684.
739 BMF vom 05.12.1996, BStBl I 1996, 1500, und vom 29.03.2000, BStBl I 2000, 462.
740 BFH vom 15.07.1976, BStBl II 1976, 748.

Die Ausführungen bei der Übertragung gegen Gewährung von Gesellschaftsrechten[741] gelten einschließlich der dreijährigen Sperrfrist in § 6 Abs. 5 Satz 4 EStG und den Missbrauchsfällen in § 6 Abs. 5 Satz 5 und 6 EStG entsprechend. Weil die Übertragung jedoch **keine Veräußerung** ist sind folgende zwei Ausnahmen zu beachten:

1. Für die Berechnung der Sechsjahresfrist ist beim Übernehmenden die Besitzzeit des Übertragenden seiner Besitzzeit hinzuzurechnen, denn er tritt in die Rechtsstellung des Übertragenden ein.
2. Ist beim Übertragenden nach § 6 Abs. 5 Sätze 4 bis 6 EStG (rückwirkend) der Teilwert anzusetzen, kann § 6 b EStG nicht angewendet werden, d. h., der Veräußerungsgewinn muss versteuert werden.

Darüber hinaus wird Gewinn realisiert, soweit einer der verzichtenden Gesellschafter eine Kapitalgesellschaft ist und die Voraussetzungen einer verdeckten Gewinnausschüttung vorliegen.

Hinweis: Eine etwaige Verbindlichkeit, die zur Finanzierung eines Wirtschaftsguts aufgenommen wurde, das nunmehr unentgeltlich übertragen wird, kann zurückbehalten werden. Das heißt, erfolgt eine zulässige Buchwertübertragung nach § 6 Abs. 5 Satz 3 EStG, kann die Verbindlichkeit im Gesamthandsvermögen der Mitunternehmerschaft bzw. im Einzelunternehmen oder Sonderbetriebsvermögen des Gesellschafters verbleiben.

1.9.5.3 Aus dem Sonderbetriebsvermögen eines Gesellschafters ins Sonderbetriebsvermögen eines anderen Gesellschafters derselben Personengesellschaft

Nach § 6 Abs. 5 Satz 3 Nr. 3 EStG muss die aus privaten Gründen erfolgte **398** unentgeltliche Übertragung von Wirtschaftsgütern zwischen den jeweiligen Sonderbetriebsvermögen verschiedener Mitunternehmer derselben Personengesellschaft zwingend zum Buchwert erfolgen. Dies gilt auch in den Fällen der Übertragung unter Nießbrauchsvorbehalt.[742] Das Wirtschaftsgut ist beim Übertragenden gewinnneutral über „Privat" auszubuchen und beim Übernehmenden gewinnneutral über „Privat" einzubuchen. Der übernehmende Gesellschafter tritt hinsichtlich Bewertung und AfA in die Rechtsstellung des Übertragenden ein; das gilt auch für die Besitzzeitanrechnung.[743]

Die **dreijährige Sperrfrist** des § 6 Abs. 5 Satz 4 EStG und die **Missbrauchsvorschrift** des § 6 Abs. 5 Sätze 5 und 6 EStG sind zu beachten.

Erfolgt die unentgeltliche Übertragung eines Wirtschaftsguts **auf eine Kapitalgesellschaft,** muss die übernehmende Kapitalgesellschaft das Wirtschafts-

---
741 B. Rz. 386 ff.
742 BFH vom 18.03.1986, BStBl II 1986, 713, und vom 24.03.1992, BStBl II 1993, 93; siehe auch Beispiel 5 in B. Rz. 121.
743 BFH vom 24.03.1992, BStBl II 1993, 93.

B. Laufende Besteuerung

gut gem. § 6 Abs. 5 Satz 5 EStG mit dem Teilwert ansetzen, weil sich der Anteil der Kapitalgesellschaft an diesem Wirtschaftsgut erhöht. Diese Vorschrift hat Vorrang vor der verdeckten Einlage. Beim übertragenden Gesellschafter entsteht dafür ein Gewinn, für den aber keine Rücklage gebildet werden kann, da die Übertragung unentgeltlich erfolgt. Gleichzeitig erhöhen sich die Anschaffungskosten seiner GmbH-Beteiligung um den Teilwert des übertragenen Wirtschaftsguts (§ 6 Abs. 6 Satz 2 EStG).

Ist dagegen eine Kapitalgesellschaft übertragender Mitunternehmer, liegt kein Missbrauchsfall des § 6 Abs. 5 Satz 5 EStG vor, weil sich der Anteil der Kapitalgesellschaft an dem Wirtschaftsgut nicht erhöht, sondern vermindert. Die Übertragung ist allerdings in der Regel eine **verdeckte Gewinnausschüttung** gem. § 8 Abs. 3 KStG.[744]

Beispiel:

An einer OHG sind A und B je zur Hälfte beteiligt. In einer Sonderbilanz des A zum 31.12.07 ist ein bebautes Grundstück mit folgenden Werten bilanziert:

1. Grund und Boden mit den Anschaffungskosten von 120.000 € (Anschaffung am 08.04.03).
2. Gebäude mit den Herstellungskosten abzgl. AfA gem. § 7 Abs. 4 Nr. 1 EStG von 440.000 € (Fertigstellung des Gebäudes im Januar 04, Herstellungskosten 500.000 €).

A überträgt dieses Grundstück mit Wirkung vom 01.01.08 unentgeltlich im Wege der vorweggenommenen Erbfolge auf seinen Sohn, den Mitgesellschafter B. B führt den Mietvertrag seines Vaters A mit der OHG unverändert fort.

Das Grundstück stellt bei B notwendiges Sonderbetriebsvermögen I dar. Die Übertragung ist nach § 6 Abs. 5 Satz 3 Nr. 3 EStG zwingend mit dem Buchwert vorzunehmen. B tritt in vollem Umfang, also insbesondere hinsichtlich Bewertung, AfA und der Besitzzeitanrechnung, in die Rechtsstellung des A ein.

Buchungen

– in der Sonderbuchführung des A

Privatentnahme	560.000 €	an Grund und Boden	120.000 €
		Gebäude	440.000 €

– in der Sonderbuchführung des B

Grund und Boden	120.000 €	an Privateinlage	560.000 €
Gebäude	440.000 €		

Abgrenzungen:

399 1. Ist die unentgeltliche Übertragung eines einzelnen Wirtschaftsguts ausnahmsweise **betrieblich** veranlasst, hat der Übertragende (u. U. nach § 4 Abs. 5 Nr. 1 EStG nichtabzugsfähige) Betriebsausgaben in Höhe des Buchwerts des Wirtschaftsguts und der Erwerber Betriebseinnahmen und

---

[744] BFH vom 06.08.1985, BStBl II 1986, 17.

Anschaffungskosten in Höhe des **gemeinen** Werts der Wirtschaftsgüter. § 6 Abs. 4 EStG hat Vorrang gegenüber § 6 Abs. 5 Satz 3 EStG.[745]

2. Die unentgeltliche Übertragung aus **privaten** Gründen auf einen Dritten, der nicht Gesellschafter dieser Personengesellschaft ist, ist eine **Entnahme,** unabhängig davon, ob das Wirtschaftsgut beim Erwerber Privatvermögen oder Betriebsvermögen in einem Einzelunternehmen oder Sonderbetriebsvermögen bei einer anderen Personengesellschaft wird. Beim unentgeltlichen Erwerber liegt eine Einlage gem. § 4 Abs. 1 EStG vor, wenn das Wirtschaftsgut bei ihm Betriebsvermögen wird. Dieser Fall wird genauso behandelt wie die unentgeltliche Übertragung eines einzelnen Wirtschaftsguts aus dem Einzelunternehmen eines Steuerpflichtigen auf einen anderen Steuerpflichtigen, bei dem das Wirtschaftsgut Betriebsvermögen in seinem Einzelunternehmen oder Sonderbetriebsvermögen bei einer Personengesellschaft wird.[746]

400

1.9.6 Übertragung teilweise entgeltlich, teilweise gegen Gewährung (Minderung) von Gesellschaftsrechten

Ein teilentgeltlicher Erwerb ist insbesondere dann anzunehmen, wenn ein Wirtschaftsgut gegen

401

- Abstandszahlung unter dem Verkehrswert,
- Ausgleichszahlungen im Rahmen einer vorweggenommenen Erbfolge oder
- Übernahme von Verbindlichkeiten

übertragen wird.[747] Zu beachten ist, dass ein teilentgeltlicher Übertragungsvorgang auch dann vorliegt, wenn Schulden übernommen werden, die in einem unmittelbaren Finanzierungszusammenhang mit dem übertragenen Wirtschaftsgut stehen. Anders als bei der Übertragung von Betrieben, Teilbetrieben oder Mitunternehmeranteilen, bei der die Übernahme der zum Betriebsvermögen gehörenden Verbindlichkeiten kein Entgelt darstellt, wird bei der Übertragung von einzelnen Wirtschaftsgütern keine entsprechende Nettobetrachtung angestellt.

Die teilentgeltliche Übertragung eines einzelnen Wirtschaftsguts ist nach der sog. **Trennungstheorie** im Verhältnis des zu leistenden Entgelts zum Verkehrswert in einen entgeltlichen Übertragungsvorgang und eine Übertragung gegen Gewährung bzw. Minderung von Gesellschaftsrechten aufzuteilen. Dies gilt auch dann, wenn die Barzahlung dem Buchwert des Wirtschaftsguts entspricht.

---

745 Gl. A. Schmidt/Wacker, § 15 Rz. 675; a. A. Wendt, FR 2002 S. 53/63, Brandenberg, FR 2000 S. 1182/1187.
746 BMF vom 13.01.1993, BStBl I 1993, 80, Rz. 33.
747 BFH vom 11.12.2001, BStBl II 2002, 420; BMF vom 28.04.1998, BStBl I 1998, 583, und vom 07.06.2001, BStBl I 2001, 367.

B. Laufende Besteuerung

Der entgeltliche Teil stellt eine Veräußerung und eine Anschaffung dar.[748] Damit kommt es insoweit zu einer anteiligen Realisierung der stillen Reserven in Höhe des Unterschiedsbetrags zwischen Teilentgelt und anteiligem Buchwert.[749] Für die Übertragung gegen Gewährung bzw. Minderung von Gesellschaftsrechten ist bei den Übertragungen innerhalb des Betriebsvermögens insoweit zwingend der Buchwert fortzuführen, es sei denn, es liegt ein Fall der dreijährigen Sperrfrist i. S. von § 6 Abs. 5 Satz 4 EStG oder ein Missbrauchsfall bei Kapitalgesellschaften i. S. von § 6 Abs. 5 Sätze 5 und 6 EStG vor. Bei den Übertragungen einzelner Wirtschaftsgüter von bzw. ins Privatvermögen liegt dagegen eine Veräußerung vor.[750]

Beispiel 1:

B überträgt am 18.02.14 einer OHG, an der A, B und C je zu $^1/_3$ beteiligt sind, ein im Jahre 01 erworbenes unbebautes Grundstück seines Sonderbetriebsvermögens (Buchwert 180.000 €, Teilwert 540.000 €) zum Preis von 180.000 € an die OHG. In Höhe des Differenzbetrags zum Teilwert (= gemeiner Wert) von 360.000 € erhält B von der OHG Gesellschaftsrechte.

Das Veräußerungsgeschäft ist für steuerliche Zwecke zu $^1/_3$ als entgeltliche Übertragung und zu $^2/_3$ als Übertragung gegen Gewährung von Gesellschaftsrechten zu betrachten.

– **Behandlung des entgeltlichen Teils der Übertragung:**

In Höhe des Veräußerungspreises von 180.000 € liegen bei der OHG Anschaffungskosten vor. B erzielt einen sonstigen betrieblichen Ertrag von 180.000 € ./. ($^1/_3$ von 180.000 € =) 60.000 € = 120.000 €. Da die Voraussetzungen des § 6 b EStG erfüllt sind, kann B eine Rücklage i. H. von 120.000 € bilden. B kann aber auch die aufgedeckten stillen Reserven von 120.000 € auf das von der OHG erworbene Grundstück übertragen (§ 6 b Abs. 1 EStG). Die Übertragung ist erfolgsneutral vorzunehmen (R 6b.2 Abs. 8 EStR). Da die Anschaffungskosten i. S. von § 6 b Abs. 1 EStG der OHG nur 180.000 € betragen und auf B davon nur $^1/_3$ = 60.000 € entfallen, kann B nur diesen Betrag übertragen. Die Übertragung erfolgt in der Ergänzungsbuchführung.

– **Behandlung der Übertragung gegen Gewährung von Gesellschaftsrechten:**

Die OHG muss das Grundstück gem. § 6 Abs. 5 Satz 3 Nr. 2 EStG mit dem anteiligen Buchwert von ($^2/_3$ von 180.000 € =) 120.000 € ansetzen. Da auch insoweit eine Anschaffung vorliegt, beginnt bei der OHG eine neue Sechsjahresfrist i. S. von § 6 b Abs. 4 Nr. 2 EStG zu laufen.

Bei B scheidet das Wirtschaftsgut insoweit mit dem anteiligen Buchwert von 120.000 € aus dem Sonderbetriebsvermögen aus. Eine Gewinnauswirkung tritt insoweit nicht ein.

---

748 Siehe B. Rz. 381 ff.
749 BMF vom 07.06.2001, BStBl I 2001, 367.
750 Siehe B. Rz. 385.

1 Einkommensteuer

Buchungen:
- bei der **OHG:**

Grundstücke	300.000 €	an	Sonstige Verbindlichkeiten	180.000 €
			Kapital B	120.000 €

- in der **Ergänzungsbuchführung des B:**

Privat	60.000 €	an	Sonderposten mit Rücklageanteil	60.000 €
Sonderposten mit Rücklageanteil	60.000 €	an	Sonstige betriebliche Erträge	60.000 €
Abschreibungen	60.000 €	an	Minderwert Grundstück	60.000 €

- in der **Sonderbuchführung des B:**

Sonstige Forderungen	180.000 €	an	Grundstücke	180.000 €
Privat	120.000 €	an	Sonstige betriebliche Erträge	120.000 €
Sonstige betriebliche Aufwendungen	120.000 €	an	Sonderposten mit Rücklageanteil	120.000 €
Sonderposten mit Rücklageanteil	60.000 €	an	Privat	60.000 €

Beispiel 2:
Eine OHG, an der C zu $^1/_3$ beteiligt ist, überträgt am 12.11.06 eine GmbH-Beteiligung zum Buchwert von 210.000 € auf C. Der Teilwert = gemeine Wert der in 01 von der OHG erworbenen Beteiligung beträgt 840.000 €. In Höhe des Differenzbetrags von 630.000 € werden die Gesellschaftsrechte des C gemindert. C behandelt die Beteiligung als gewillkürtes Sonderbetriebsvermögen.

Das Veräußerungsgeschäft ist für steuerliche Zwecke zu $^1/_4$ als entgeltliche Übertragung und zu $^3/_4$ als Übertragung gegen Minderung von Gesellschaftsrechten zu betrachten.

- **Behandlung des entgeltlichen Teils der Übertragung:**
In Höhe des Veräußerungspreises von 210.000 € liegen bei C Anschaffungskosten vor. Die OHG erzielt einen Gewinn von 210.000 € ./. ($^1/_4$ von 210.000 € =) 52.500 € = 157.500 €, der nach § 3 Nr. 40 Buchst. a i. V. m. § 3 c Abs. 2 EStG zur Hälfte (ab VZ 2009 zu 40 %) steuerfrei ist. Trotzdem wird in der Buchführung der OHG der gesamte Gewinn von 157.500 € ausgewiesen. Außerhalb der Buchführung wird der steuerpflichtige Gewinn der OHG um $^1/_2$ von 157.500 € = 78.750 € gemindert. Da die Sechsjahresfrist des § 6 b EStG nicht erfüllt ist, kann keine Rücklage gebildet werden.

- **Behandlung der Übertragung gegen Minderung von Gesellschaftsrechten:**
C muss die Beteiligung in seiner Sonderbilanz gem. § 6 Abs. 5 Satz 3 EStG mit dem anteiligen Buchwert von ($^3/_4$ von 210.000 € =) 157.500 € ansetzen. Da auch in diesem Fall eine Veräußerung vorliegt, beginnt in vollem Umfang eine neue Sechsjahresfrist i. S. von § 6 b Abs. 4 Nr. 2 EStG zu laufen. Die OHG erzielt insoweit keinen Gewinn.

B. Laufende Besteuerung

Buchmäßige Behandlung
- bei der **OHG**:

Sonstige Forderungen	210.000 €	an Beteiligung	210.000 €
Kapital C	157.500 €	an Sonstige betriebliche Erträge	157.500 €

- in der **Sonderbuchführung des C**:

Beteiligung	367.500 €	an Sonstige Verbindlichkeiten	210.000 €
		Privat	157.500 €

Beispiel 3:
Wie Beispiel 1, aber das Grundstück gehört bisher zum Privatvermögen des B.

Auch in diesem Fall ist der Vorgang aufzuteilen. In Höhe von $^1/_3$ liegt eine entgeltliche Übertragung und i. h. von $^2/_3$ eine Übertragung gegen Gewährung von Gesellschaftsrechten vor.

Hinsichtlich des entgeltlichen Teils ergeben sich gegenüber Beispiel 1 keine Änderungen. Dagegen liegt bei der Übertragung von Wirtschaftsgütern aus dem Privatvermögen gegen Gewährung von Gesellschaftsrechten ein tauschähnlicher Vorgang gem. § 6 Abs. 6 Satz 1 EStG vor. Da § 6 Abs. 5 Satz 3 EStG nicht eingreift, ist zwingend von einer Veräußerung auszugehen. Als Veräußerungspreis und als Anschaffungskosten ist der – anteilige – gemeine Wert anzusetzen. Die beiden Teile können somit zusammengefasst werden.

Bei B entsteht insgesamt ein Veräußerungsgewinn von 360.000 €. Da die Zehnjahresfrist des § 23 EStG abgelaufen ist, ist dieser Gewinn nicht steuerpflichtig.

Die OHG muss das Grundstück mit ihren Anschaffungskosten von 540.000 € aktivieren. Es liegt in vollem Umfang ein entgeltlicher Erwerb vor. Die OHG tritt damit auch nicht teilweise in die Rechtsstellung des B ein.

Beispiel 4:
Wie Beispiel 2, aber C überführt die Beteiligung in sein Privatvermögen.

Der Vorgang ist wiederum in zwei Bereiche aufzuteilen. Da jedoch die Übertragung von Wirtschaftsgütern ins Privatvermögen eines Gesellschafters gegen Minderung von Gesellschaftsrechten nicht unter § 6 Abs. 5 Satz 3 EStG, sondern unter § 6 Abs. 6 Satz 1 EStG fällt und damit in vollem Umfang eine Veräußerung vorliegt, können beide Teile zusammengefasst werden. Als Veräußerungspreis und als Anschaffungskosten ist der – anteilige – gemeine Wert anzusetzen.

Die OHG erzielt einen Veräußerungsgewinn von 630.000 €, der zur Hälfte nach § 3 Nr. 40 Buchst. a i. V. m. § 3 c Abs. 2 EStG steuerfrei ist. Da die Sechsjahresfrist des § 6 b EStG nicht erfüllt ist, kann die OHG keine Rücklage nach § 6 b Abs. 10 EStG bilden.

Bei C liegt eine Beteiligung i. S. von § 17 EStG vor. Seine Anschaffungskosten betragen 840.000 €.

1 Einkommensteuer

1.9.7 Übertragung teilweise entgeltlich, teilweise unentgeltlich

Ein teilentgeltlicher Erwerb ist insbesondere dann anzunehmen, wenn ein Wirtschaftsgut gegen Abstandszahlung unter dem Verkehrswert, gegen Ausgleichszahlungen im Rahmen einer vorweggenommenen Erbfolge oder gegen Übernahme von Verbindlichkeiten übertragen wird. Eine unentgeltliche Übertragung liegt vor, wenn beim Gesellschafter die Gutschrift bzw. Belastung nicht auf seinem Kapitalkonto, sondern auf einem gesamthänderisch gebundenen Kapitalrücklagenkonto erfolgt.

402

Auch in diesen Fällen gilt die Trennungstheorie. Der Vorgang ist im Verhältnis des Entgelts zum Verkehrswert in einen entgeltlichen Übertragungsvorgang und eine unentgeltliche Übertragung aufzuteilen.

Beim entgeltlichen Teil kommt es insoweit stets zu einer anteiligen Realisierung der stillen Reserven in Höhe des Unterschiedsbetrags zwischen Teilentgelt und anteiligem Buchwert.[751] Beim unentgeltlichen Teil ist zu unterscheiden: Bei den Übertragungen von einzelnen Wirtschaftsgütern innerhalb des Betriebsvermögens ist insoweit zwingend der Buchwert fortzuführen, es sei denn, es liegt ein Fall der dreijährigen Sperrfrist i. S. von § 6 Abs. 5 Satz 4 EStG oder ein Missbrauchsfall bei Kapitalgesellschaften i. S. von § 6 Abs. 5 Sätze 5 und 6 EStG vor. Bei Übertragungen von Wirtschaftsgütern vom bzw. ins Privatvermögen liegt dagegen eine Entnahme bzw. eine Einlage vor.[752]

Hinweis: Nach der neuesten Rechtsprechung des BFH[753] liegt – abweichend von der bisherigen Auffassung der Finanzverwaltung – auch dann in vollem Umfang ein tauschähnlicher Vorgang und damit in vollem Umfang eine Veräußerung vor, wenn die Übertragung zum Teil dem Kapitalkonto I oder II und zum Teil einem gesamthänderisch gebundenen Kapitalkonto gutgeschrieben wird. Der Trend geht sogar in die Richtung, selbst dann von einem tauschähnlichen Vorgang auszugehen, wenn die Gutschrift in **vollem Umfang** auf einem gesamthänderisch gebundenen Kapitalkonto erfolgt.

Die Finanzverwaltung prüft derzeit noch, ob die neue Rechtsprechung angewendet werden soll. Hierzu müsste das zu dieser Problematik ergangene BMF-Schreiben[754] insoweit geändert werden. Es stellt sich dann die Frage, ob eine unentgeltliche Übertragung von Wirtschaftsgütern überhaupt noch möglich ist. Da die neue Rechtsprechung darüber hinaus zu einer Verschärfung der Rechtslage führt, müsste eine Übergangsregelung getroffen werden. Bis zu einer Aussage der Finanzverwaltung sollte mit den Gutschriften auf dem gesamthänderisch gebundenen Kapitalkonto vorsichtig umgegan-

---

751 BMF vom 07.06.2001, BStBl I 2001, 367; vgl. auch die Ausführungen in B. Rz. 382 ff. und 401.
752 Vgl. die Ausführungen in B. Rz. 394 ff. und 401.
753 BFH vom 24.01.2008, BFH/NV 2008, 854 und vom 17.07.2008, noch nicht im BStBl veröffentlicht.
754 BMF vom 26.11.2004, BStBl I 2004, 1190.

B. Laufende Besteuerung

gen werden, wenn negative Besteuerungsfolgen beim Gesellschafter drohen (z. B. nach § 17 EStG oder § 23 EStG)!

In den nachfolgenden Beispielen wird noch die bisherige Lösung dargestellt! Falls die Finanzverwaltung die neue BFH-Rechtsprechung anwendet, liegt in den nachfolgenden Fällen in vollem Umfang eine Veräußerung vor.[755]

Beispiel 1:

An einer OHG sind A und B je zur Hälfte beteiligt. In einer Sonderbilanz des A zum 31.12.07 ist ein bebautes Grundstück mit folgenden Werten bilanziert:

1. Grund und Boden mit den Anschaffungskosten von 120.000 € (Anschaffung am 08.04.03). Der Teilwert beträgt 200.000 €.
2. Gebäude mit den Herstellungskosten abzgl. AfA gem. § 7 Abs. 4 Nr. 1 EStG von 440.000 € (Fertigstellung des Gebäudes im Januar 04, Herstellungskosten 500.000 €). Der Teilwert beträgt 600.000 €.

A überträgt dieses Grundstück mit Wirkung vom 01.01.08 zum Kaufpreis von 400.000 € auf seinen Sohn, den Mitgesellschafter B. B führt den Mietvertrag seines Vaters A mit der OHG unverändert fort.

Das Grundstück stellt bei B notwendiges Sonderbetriebsvermögen I dar. Die Übertragung ist nach dem Verhältnis des Entgelts zum Verkehrswert (= Teilwert) in einen entgeltlichen Teil ($^1/_2$) und einen unentgeltlichen Teil ($^1/_2$) aufzuteilen. Hinsichtlich des entgeltlichen Teils tritt B in die Rechtsstellung des A ein, hinsichtlich des unentgeltlichen Teils dagegen nicht.

– **Behandlung des entgeltlichen Teils der Übertragung:**

Bei A entsteht ein Gewinn in Höhe der Differenz zwischen dem Kaufpreis von 400.000 € und dem anteiligen Buchwert von (50 % von 120.000 € =) 60.000 € und (50 % von 440.000 € =) 220.000 € = 120.000 €. Die Voraussetzungen des § 6 b EStG sind nicht erfüllt (Sechsjahresfrist).

B hat das Grundstück insoweit mit den anteiligen Anschaffungskosten von 400.000 € (Anteil Grund und Boden 100.000 €) zu aktivieren.

– **Behandlung des unentgeltlichen Teils der Übertragung:**

Bei A entsteht gem. § 6 Abs. 5 Satz 3 Nr. 2 EStG insoweit kein Gewinn, weil zwingend der Buchwert fortgeführt werden muss.

B muss das Grundstück insoweit mit dem anteiligen Buchwert von 50 % von 120.000 € = 60.000 € (Grund und Boden) und 50 % von 440.000 € = 220.000 € (Gebäude) aktivieren.

Buchungen:

– in der **Sonderbuchführung des A:**
1. Sonstige
Forderungen 400.000 € an Grund und Boden 60.000 €
    Gebäude 220.000 €
    Sonstige
    betriebliche Erträge 120.000 €

---

[755] In diesem Fall gelten die Ausführungen unter B. Rz. 381 entsprechend.

1 Einkommensteuer

2. Privat	280.000 €	an Grund und Boden	60.000 €
		Gebäude	220.000 €

- in der **Sonderbuchführung des B**:

Grund und Boden	160.000 €	an Sonstige	
		Verbindlichkeiten	400.000 €
Gebäude	520.000 €	Privat	280.000 €

Die AfA für das Gebäude beträgt bei B für den entgeltlich erworbenen Teil gem. § 7 Abs. 4 Nr. 1 EStG 3 % von 300.000 € = 9.000 € und für den unentgeltlich erworbenen Teil ebenfalls gem. § 7 Abs. 4 Nr. 1 EStG 3 % von 250.000 € = 7.500 €, zusammen also 16.500 €. (Nur) hinsichtlich des unentgeltlich erworbenen Teils des Grundstücks wird die Besitzzeit von A der Besitzzeit des B hinzugerechnet.

Beispiel 2:
An einer OHG sind A, B, C und D zu je 25 % beteiligt. Die OHG veräußert ein vor zehn Jahren erworbenes unbebautes Grundstück für 300.000 € an A, der es in sein Privatvermögen überführt. Der Teilwert beträgt 400.000 €, der Buchwert 160.000 €. Gesellschaftsrechte des A werden nicht gemindert.

Das Rechtsgeschäft ist für steuerliche Zwecke zu 75 % in eine entgeltliche und zu 25 % in eine unentgeltliche Übertragung aufzuteilen.

- **Behandlung des entgeltlichen Teils der Übertragung:**
In Höhe des Kaufpreises von 300.000 € liegen bei A Anschaffungskosten vor. Die OHG erzielt einen sonstigen betrieblichen Ertrag von 300.000 € ./. (75 % von 160.000 € =) 120.000 € = 180.000 €. Dieser Gewinn ist auf alle Gesellschafter nach dem Gewinnverteilungsschlüssel zu verteilen. Da die Voraussetzungen des § 6 b EStG erfüllt sind, kann die OHG eine Rücklage bilden.

- **Behandlung des unentgeltlichen Teils der Übertragung:**
Dieser Teil ist als Entnahme des A zu behandeln. Der Entnahmegewinn berechnet sich wie folgt:

Anteiliger Teilwert (25 % von 400.000 € =)	100.000 €
./. anteiliger Buchwert (25 % von 160.000 € =)	40.000 €
Entnahmegewinn	60.000 €

Für diesen Gewinn kann keine Rücklage gebildet werden. Je nach den Vereinbarungen im Gesellschaftsvertrag ist dieser Entnahmegewinn entweder allen Gesellschaftern nach dem Gewinnverteilungsschlüssel oder A vorab zuzurechnen. Sofern dort keine Vereinbarungen enthalten sind, ist der Gewinn nach Auffassung des BFH allein Gesellschafter A zuzurechnen.[756] Falls jedoch die stillen Reserven dem begünstigten Gesellschafter geschenkt worden sind, ist der Entnahmegewinn allen Gesellschaftern zuzurechnen.[757] Der Buchungssatz bei der OHG lautet:

---

[756] BFH vom 31.03.1977, BStBl II 1977, 823, und vom 06.08.1985, BStBl II 1986, 17.
[757] BFH vom 28.09.1995, BStBl II 1996, 276.

B. Laufende Besteuerung

1. Bank	300.000 €	an Grundstücke	160.000 €
Kapitalrücklage	100.000 €	Sonstige betriebliche Erträge	240.000 €
2. Sonstige betriebliche Aufwendungen	180.000 €	an Sonderposten mit Rücklageanteil	180.000 €

Beispiel 3:

An einer OHG sind A und B zu je 50 % beteiligt. B veräußert ein ihm seit 15 Jahren gehörendes Grundstück seines Privatvermögens für 150.000 € an die OHG. Die Anschaffungskosten haben 200.000 € betragen, der Teilwert beträgt 250.000 €. Gesellschaftsrechte werden keine gewährt.

Auch in diesem Fall ist das Rechtsgeschäft für steuerliche Zwecke zu $^3/_5$ in eine entgeltliche und zu $^2/_5$ in eine unentgeltliche Übertragung aufzuteilen.

- **Behandlung des entgeltlichen Teils der Übertragung:**

  In Höhe des Kaufpreises von 150.000 € liegen bei der OHG Anschaffungskosten vor. Da die Zehnjahresfrist des § 23 EStG abgelaufen ist, ist der anteilig darauf entfallende Veräußerungsgewinn von (150.000 € ./. 120.000 € =) 30.000 € bei B nicht steuerpflichtig.

- **Behandlung des unentgeltlichen Teils der Übertragung:**

  Dieser Teil ist als Einlage zu behandeln, die gem. § 6 Abs. 1 Nr. 5 EStG mit dem – anteiligen – Teilwert von ($^2/_5$ von 250.000 € =) 100.000 € zu bewerten ist. Der Buchungssatz der OHG lautet:

Grundstücke	250.000 €	an Bank	150.000 €
		Kapitalrücklage	100.000 €

Beispiel 4:

Mit Wirkung vom 01.01.01 erwarb A ein bebautes Grundstück. Die Anschaffungskosten des Grundstücks beliefen sich auf 500.000 € (Anteil Grund und Boden 100.000 €). Zur Finanzierung nahm A ein Darlehen i. H. von 250.000 € auf. Das Gebäude wurde bisher im Rahmen der Einkünfte aus Vermietung und Verpachtung mit jährlich 2 % von 400.000 € = 8.000 € nach § 7 Abs. 4 Nr. 2 EStG abgeschrieben. Der Restwert des Gebäudes am 31.12.15 beträgt 280.000 €.

Am 01.01.16 übertrug A das Grundstück auf eine GmbH & Co. KG, deren Komplementär die vermögensmäßig nicht beteiligte A-GmbH und A als Kommanditist mit einer Beteiligung von 100 % ist. Der Teilwert = gemeine Wert des Grundstücks beträgt zu diesem Zeitpunkt 800.000 € (Anteil Grund und Boden 160.000 €).

Als Gegenleistung übernahm die KG das restliche Darlehen von 200.000 €. Außerdem erhielt A weitere Gesellschaftsrechte (Gutschrift auf dem Kapitalkonto I von 400.000 €). In Höhe des Restbetrags von 200.000 € erfolgte eine Gutschrift auf dem gesamthänderisch gebundenen Kapitalrücklagenkonto des A.

Die Übertragung ist nach der Trennungstheorie nach dem Verhältnis des Entgelts und der gewährten Gesellschaftsrechte zum Verkehrswert aufzuteilen. Die Übertragung erfolgt somit zu $^1/_4$ entgeltlich, da die Übernahme von Verbindlichkeiten zu Anschaffungskosten führt, zu $^1/_2$ gegen Gewährung von Gesellschaftsrechten und zu $^1/_4$ unentgeltlich.

Der entgeltliche Teil ist nach den allgemeinen Grundsätzen als Veräußerungsvorgang zu behandeln. Der Veräußerungspreis beträgt 200.000 €. Der Veräußerungsgewinn des A fällt nicht unter § 23 EStG, weil die Frist von zehn Jahren bereits abgelaufen ist. Die KG hat insoweit Anschaffungskosten von 200.000 €.

Die Übertragung gegen Gewährung von Gesellschaftsrechten ist ein tauschähnlicher Vorgang und damit eine Veräußerung. Die steuerliche Behandlung richtet sich nach § 6 Abs. 6 Satz 1 EStG. Weil die Übertragung aus dem Privatvermögen des A erfolgt, greift § 6 Abs. 5 Satz 3 EStG nicht ein. A erzielt wiederum einen Veräußerungsgewinn, der aber wegen Ablaufs der Frist ebenfalls nicht steuerpflichtig ist. Die KG hat insoweit Anschaffungskosten in Höhe des anteiligen **gemeinen Werts** von $^1/_2$ von 800.000 € = 400.000 €.

Die unentgeltliche Übertragung stellt eine verdeckte Einlage dar, die nach § 6 Abs. 1 Nr. 5 EStG mit dem anteiligen Teilwert von $^1/_4$ von 800.000 € = 200.000 € zu bewerten ist. Insoweit erzielt A keinen Veräußerungsgewinn. Die KG muss das Grundstück insoweit mit dem anteiligen Teilwert von 200.000 € aktivieren.

Die KG muss somit das Grundstück mit insgesamt 800.000 € aktivieren. Der Grund und Boden ist mit 160.000 € und das Gebäude mit 640.000 € zu aktivieren. Die AfA richtet sich nach § 7 Abs. 4 Nr. 1 EStG und beträgt 3 % der Bemessungsgrundlage.

Hinsichtlich der Bemessungsgrundlage ist § 7 Abs. 4 Satz 1 i. V. m. § 7 Abs. 1 Satz 4 EStG zu beachten. Danach sind für den eingelegten Gebäudeteil nicht die anteiligen Anschaffungskosten von 160.000 € maßgebend, sondern der anteilige Restwert von $^1/_4$ von 280.000 € = 70.000 €. Im Übrigen sind die anteiligen Anschaffungskosten von 160.000 € und 320.000 € maßgebend. Die AfA beträgt folglich 3 % von 550.000 € = 16.500 €.[758]

1.9.8 Übertragung auf eine Schwestergesellschaft

Überträgt eine Personengesellschaft ein einzelnes Wirtschaftsgut aus ihrem Gesamthandsvermögen in das Gesamthandsvermögen einer anderen Personengesellschaft, an der dieselben Gesellschafter beteiligt sind (Schwestergesellschaft), sind folgende Fälle zu unterscheiden:

1. Werden die Wirtschaftsgüter **entgeltlich** zu Bedingungen wie unter Fremden übertragen, liegen eine Veräußerung und eine Anschaffung vor. Unter den Voraussetzungen des § 6 b EStG kann der Veräußerungsgewinn in eine Rücklage eingestellt werden.

2. Werden einzelne Wirtschaftsgüter gegen **Gewährung bzw. Minderung von Gesellschaftsrechten** übertragen, liegt kein Fall des § 6 Abs. 5 Satz 3 EStG vor. Somit richtet sich die steuerliche Behandlung nach § 6 Abs. 6 Satz 1 EStG (Tausch), mit der Folge, dass eine Veräußerung und eine Anschaffung vorliegen. Der Veräußerungsgewinn kann unter den

---
[758] Siehe R 7.3 Abs. 6 EStR sowie Beispiel in H 7.3 (Einlage eines Wirtschaftsguts) EStH.

B. Laufende Besteuerung

Voraussetzungen des § 6 b EStG auf begünstigte Wirtschaftsgüter übertragen werden oder in eine Rücklage eingestellt werden.[759] Die steuerliche Behandlung ist damit dieselbe wie bei einer entgeltlichen Übertragung.

3. Bei einer **unentgeltlichen** Übertragung sind die stillen Reserven ebenfalls aufzudecken, weil auch diese Fälle nicht unter § 6 Abs. 5 Satz 3 EStG zu subsumieren sind. Im Gegensatz zur Übertragung gegen Gewährung von Gesellschaftsrechten kann allerdings hier keine Rücklage gebildet werden, weil mangels Entgelt keine Veräußerung und damit kein Veräußerungsgewinn vorliegt.

4. Bei einer **teils entgeltlichen** und **teils unentgeltlichen** Übertragung ist das Rechtsgeschäft nach der Trennungstheorie nach dem Verhältnis der Verkehrswerte aufzuteilen. Soweit bei der unentgeltlichen Übertragung ein Gewinn entsteht, kann dafür keine Rücklage gebildet werden.

Zur Vermeidung der Versteuerung von stillen Reserven ist in diesen Fällen folgende Vorgehensweise zu empfehlen:

1. Das Wirtschaftsgut wird aus dem Gesamthandsvermögen der Personengesellschaft I gegen Minderung von Gesellschaftsrechten oder unentgeltlich in das Sonderbetriebsvermögen aller Gesellschafter übertragen. Diese Übertragung erfolgt nach § 6 Abs. 5 Satz 3 zwingend zum Buchwert.

2. Danach wird das Wirtschaftsgut aus dem Sonderbetriebsvermögen bei der Personengesellschaft I in das Sonderbetriebsvermögen dieser Gesellschafter bei der Personengesellschaft II übertragen. Auch diese Übertragung erfolgt nach § 6 Abs. 5 Satz 2 EStG zwingend zum Buchwert.

3. Schließlich wird das Wirtschaftsgut aus dem Sonderbetriebsvermögen der Gesellschafter bei der Personengesellschaft II gegen Gewährung von Gesellschaftsrechten oder unentgeltlich in das Gesamthandsvermögen dieser Personengesellschaft II übertragen.

Wegen der Gefahr des Gestaltungsmissbrauchs gem. § 42 AO infolge der sog. Gesamtplan-Rechtsprechung[760] sollte u. E. zwischen den einzelnen Schritten ein zeitlicher Abstand von mindestens zwölf Monaten eingehalten werden. Außerdem darf wegen der Sperrfrist gem. § 6 Abs. 5 Satz 4 EStG das Wirtschaftsgut von der Personengesellschaft II frühestens nach drei Jahren veräußert werden. Schließlich ist noch darauf hinzuweisen, dass die Buchwertfortführung wegen der Missbrauchsvorschrift des § 6 Abs. 5 Sätze 5 und 6 EStG nicht möglich ist, soweit eine Kapitalgesellschaft an der Personengesellschaft beteiligt ist.

---

759 OFD Münster vom 02.04.2004, DStR 2004 S. 1041.
760 BFH vom 06.09.2000, BStBl II 2001, 229.

1.9.9 Überführungen innerhalb des Vermögens des Gesellschafters

Bei diesen Überführungen ändert sich an den Eigentumsverhältnissen nichts. Der Gesellschafter bleibt Eigentümer des Wirtschaftsguts. Die steuerliche Behandlung ist folglich dieselbe wie bei einem Einzelunternehmer.

Im Einzelnen gilt Folgendes:

1. Überführt ein Gesellschafter Wirtschaftsgüter aus seinem Sonderbetriebsvermögen in sein Privatvermögen, ist dies eine nach § 6 Abs. 1 Nr. 4 EStG (bzw. im Zusammenhang mit der Aufgabe eines Mitunternehmeranteils nach § 16 Abs. 3 EStG) zu bewertende Entnahme. Dies gilt auch dann, wenn der Übergang die Folge einer Umwandlung der Personengesellschaft in eine Kapitalgesellschaft nach § 20 UmwStG ist.[761] Dieser Gewinn ist tarifbegünstigt gem. § 20 Abs. 5 Satz 1 UmwStG und unterliegt nicht der Gewerbesteuer.[762]

Beispiel 1:

A ist Alleingesellschafter der A-GmbH und einziger Kommanditist der A-GmbH & Co. KG. Die Beteiligung an der GmbH hat er mit den Anschaffungskosten von 25.000 € als notwendiges Sonderbetriebsvermögen II in seiner Sonderbilanz aktiviert. Der Teilwert der Beteiligung beträgt 300.000 €, die stillen Reserven somit 275.000 €.

Mit Wirkung vom 01.07.01 wurde das Stammkapital der GmbH von 25.000 € auf 100.000 € erhöht. Gleichzeitig wurde die Ehefrau des A mit einer Stammeinlage von 10.000 € Anteilseignerin. Den Betrag von 10.000 € entrichtete sie an die GmbH.

Mit dem Wirksamwerden der Kapitalerhöhung durch Eintragung im Handelsregister ist die Ehefrau Anteilseignerin der GmbH geworden. Nach der Kapitalerhöhung entfielen die stillen Reserven von 275.000 € auf das neue Gesamtkapital von 100.000 €. Anders ausgedrückt, auf je 10.000 € Stammeinlagen entfallen 27.500 € stille Reserven. Durch die Übernahme der neuen Stammeinlagen durch die Ehefrau des A sind folglich 27.500 € stille Reserven (= 10 %) vom Stammanteil des A abgespalten und auf seine Ehefrau übergegangen. Dies stellt sich zugleich als eine Entnahme aus dem Sonderbetriebsvermögen bei der GmbH & Co. KG dar, denn diese stillen Reserven gehörten zur Beteiligung von A an der GmbH. Folglich entsteht bei A ein Entnahmegewinn von 27.500 €.[763]

2. Überführt ein Gesellschafter Wirtschaftsgüter aus seinem Privatvermögen ins Sonderbetriebsvermögen, ist dies eine nach § 6 Abs. 1 Nr. 5 Satz 1 EStG zu bewertende Einlage.

Beispiel 2:

An einer GbR sind A mit 60 % und seine beiden Söhne B und C mit je 20 % am Vermögen sowie am Gewinn und Verlust beteiligt. Bei der GbR gilt bei Abstim-

---
761 BFH vom 28.04.1988, BStBl II 1988, 829.
762 BFH vom 25.09.1991, BStBl II 1992, 406.
763 BFH vom 16.04.1991, BStBl II 1991, 832, und vom 17.11.2005, BStBl II 2006, 287.

B. Laufende Besteuerung

mungen das Mehrheitsstimmrecht. Die GbR vermietet im Rahmen einer Betriebsaufspaltung ihr gesamtes Anlagevermögen an eine GmbH (Stammkapital 25.000 €), an der A mit ebenfalls 60 % und seine Ehefrau E mit 40 % beteiligt sind. A hat die Anschaffungskosten seiner GmbH-Beteiligung i. H. v. 15.000 € (60 % von 25.000 €) als notwendiges Sonderbetriebsvermögen II in seiner Sonderbilanz bei der GbR aktiviert. Der Anteil der Ehefrau stellt bei ihr Privatvermögen dar. Am 01.07.01 stirbt A, Erben sind seine Ehefrau E zur Hälfte sowie seine Söhne B und C je zu ¼. Die GbR wird – dem Gesellschaftsvertrag der GbR entsprechend – mit allen Erben fortgeführt.

Die Betriebsaufspaltung besteht auch nach dem Tode des A weiter, weil die Personengruppe E, B und C sowohl die GbR als auch die GmbH beherrscht. Mit Eintritt des Erbfalls und der Übernahme des Gesellschaftsanteils von der Ehefrau ist ihre Beteiligung an der GmbH als notwendiges Sonderbetriebsvermögen II zu aktivieren. In besonders gelagerten Ausnahmefällen kann anstelle einer Einlagehandlung ein Rechtsvorgang genügen, der ein Wirtschaftsgut vom Privatvermögen in das Betriebsvermögen gelangen lässt. Ein solcher Rechtsvorgang kann insbesondere der Eintritt in eine Personengesellschaft kraft Erbfalls sein, wenn der Erbe dem Betrieb ein Wirtschaftsgut zur Nutzung überlassen hat (notwendiges Sonderbetriebsvermögen I) oder ein Wirtschaftsgut der Beteiligung an der Personengesellschaft (notwendiges Sonderbetriebsvermögen II) dient.

Das von den Erben übernommene anteilige Gesamthandsvermögen und die 60 %ige GmbH-Beteiligung müssen mit den Buchwerten übernommen werden. Stille Reserven sind insoweit keine aufzulösen.[764]

Die Einlage der GmbH-Beteiligung in das Sonderbetriebsvermögen II der Ehefrau ist nach § 6 Abs. 1 Nr. 5 Satz 1 Halbsatz 2 Buchst. b EStG zwar grundsätzlich mit dem Teilwert, höchstens aber mit den Anschaffungskosten zu bewerten. Das gilt auch dann, wenn die eingelegte Beteiligung für sich gesehen keine Beteiligung i. S. v. § 17 EStG ist, der Beteiligte jedoch zusammen mit dem bereits zum Betriebsvermögen bzw. Sonderbetriebsvermögen gehörenden Anteil i. S. v. § 17 EStG wesentlich beteiligt ist.[765]

3. Überführt ein einzelner Gesellschafter Wirtschaftsgüter seines Sonderbetriebsvermögens in ein Sonderbetriebsvermögen bei einer anderen Personengesellschaft oder in sein Einzelunternehmen, ist nach § 6 Abs. 5 Satz 2 EStG zwingend der Buchwert fortzuführen, sofern die Besteuerung der stillen Reserven sichergestellt ist. Eine Gewinnauswirkung tritt folglich nicht ein.

Vorgänge, die als Entnahme zu behandeln sind und zur Gewinnrealisierung führen, sind nur

— die Übertragung aus einem anderen gewerblichen Betrieb in das Sonderbetriebsvermögen einer Personengesellschaft, die das Wirtschaftsgut in einer ausländischen Betriebsstätte einsetzt, die nicht der deutschen Besteuerung unterliegt, sowie

---

764 S. im Einzelnen O. Rz. 64 ff.
765 BFH vom 05.06.2008, BStBl II 2008, 965.

— die Übertragung aus einem Sonderbetriebsvermögen in eine ausländische Betriebsstätte eines anderen Betriebs des Mitunternehmers, die nicht der deutschen Besteuerung unterliegt.[766]

1.9.10 Übertragungen bei einer atypischen stillen Gesellschaft

Bei einer atypischen stillen Gesellschaft können folgende Übertragungen vorkommen:

1. Der Geschäftsherr veräußert ein Wirtschaftsgut
   — an sich selbst und überführt es in sein Einzelunternehmen oder in sein Privatvermögen;
   — an den stillen Gesellschafter, der es
     — der stillen Gesellschaft zur Verfügung stellt,
     — in seinem Einzelunternehmen betrieblich nutzt,
     — in sein Privatvermögen überführt.

2. Der stille Gesellschafter veräußert ein Wirtschaftsgut seines Einzelunternehmens, seines Sonderbetriebsvermögens oder seines Privatvermögens an den Geschäftsherrn.

3. Der stille Gesellschafter überführt ein Wirtschaftsgut aus seinem Einzelunternehmen oder seinem Privatvermögen in sein Sonderbetriebsvermögen bei der stillen Gesellschaft oder umgekehrt.

1.9.10.1 Der Geschäftsherr veräußert ein Wirtschaftsgut an sich selbst

Tauscht der Geschäftsherr ein Wirtschaftsgut, das zum Betriebsvermögen des Handelsgeschäfts gehört, gegen entsprechende Geldeinlage vollständig aus, liegt nach h. M. keine Veräußerung vor. Überführt der Geschäftsherr das Wirtschaftsgut in ein anderes Einzelunternehmen, so ist das Wirtschaftsgut mit dem Buchwert zu übertragen (§ 6 Abs. 5 Satz 1 EStG i. V. m. sinngemäßer Anwendung des § 6 Abs. 5 Satz 3 Nr. 1 EStG, weil das gemeinsame Vermögen der atypisch stillen Gesellschaft einkommensteuerrechtlich dem Gesamthandsvermögen einer Außengesellschaft gleichwertig ist).

Überführt der Geschäftsherr das Wirtschaftsgut in sein Privatvermögen, liegt auf jeden Fall eine Entnahme vor.

Beispiel:
Der Geschäftsherr einer atypischen stillen Gesellschaft „veräußert" ein unbebautes Grundstück (Buchwert 100.000 €) zum Teilwert von 400.000 € an sich selbst und überführt es in sein Privatvermögen.

Steuerrechtlich liegt unabhängig von einer Barzahlung eine Entnahme des Grundstücks vor, die nach § 6 Abs. 1 Nr. 4 EStG mit dem Teilwert zu bewerten ist. Der nicht nach § 6 b EStG begünstigte Entnahmegewinn beträgt 300.000 €. Die Überweisung des Kaufpreises stellt eine Geldeinlage dar.

---
[766] Wegen Einzelheiten siehe BMF vom 24.02.1999, BStBl I 1999, 1076, Rz. 2.6.

B. Laufende Besteuerung

1.9.10.2 Der Geschäftsherr veräußert ein Wirtschaftsgut an den stillen Gesellschafter

407 Unabhängig davon, ob der stille Gesellschafter dieses Wirtschaftsgut in sein Einzelunternehmen oder in sein Privatvermögen überführt oder es der Personengesellschaft zur Nutzung überlässt, liegt eine Veräußerung vor, die zur Aufdeckung der stillen Reserven führt, wenn und soweit die Veräußerung zu fremdüblichen Konditionen erfolgt. Sofern die Voraussetzungen vorliegen, kann der Geschäftsherr eine Rücklage gem. § 6 b EStG bilden.

Der stille Gesellschafter hat in Höhe des Kaufpreises Anschaffungskosten und muss das erworbene Wirtschaftsgut entweder in der Bilanz seines Einzelunternehmens oder in seiner Sonderbilanz mit diesen Anschaffungskosten aktivieren. Nutzt er das erworbene Wirtschaftsgut dagegen privat, gehört es zum notwendigen Privatvermögen und darf nicht aktiviert werden.

1.9.10.3 Der Geschäftsherr überträgt ein Wirtschaftsgut gegen Minderung von Gesellschaftsrechten oder unentgeltlich an den stillen Gesellschafter

408 Überführt der stille Gesellschafter das Wirtschaftsgut in sein Privatvermögen, liegt beim Geschäftsherrn bei der Übertragung gegen Minderung von Gesellschaftsrechten eine Veräußerung und bei einer unentgeltlichen Übertragung eine Entnahme vor. Überträgt der stille Gesellschafter das Wirtschaftsgut in sein Einzelunternehmen oder in sein Sonderbetriebsvermögen, sind in sinngemäßer Anwendung des § 6 Abs. 5 Satz 3 Nr. 1 EStG wegen Gleichwertigkeit von Gesellschaftsvermögen der stillen Gesellschaft und dem Gesamthandsvermögen zwingend die Buchwerte fortzuführen, sofern die Besteuerung der stillen Reserven sichergestellt ist.[767]

1.9.10.4 Der stille Gesellschafter veräußert ein Wirtschaftsgut an den Geschäftsherrn

409 Unabhängig davon, ob das Wirtschaftsgut bisher zum Betriebsvermögen eines Einzelunternehmens, zum Sonderbetriebsvermögen oder zum Privatvermögen des stillen Gesellschafters gehört hat, liegt in vollem Umfang eine Veräußerung mit allen sich daraus ergebenden Konsequenzen vor.[768]

1.9.10.5 Der stille Gesellschafter überträgt ein Wirtschaftsgut gegen Gewährung von Gesellschaftsrechten oder unentgeltlich auf den Geschäftsherrn

410 Gehörte das Wirtschaftsgut bisher zum Privatvermögen des stillen Gesellschafters, liegt bei der Übertragung gegen Gewährung von Gesellschafts-

---

[767] Gl. A. Schmidt/Wacker, § 15 Rz. 684, Wendt, FR 2002 S. 53.
[768] Sofern der Kaufpreis über oder unter dem Teilwert liegt, gelten die Ausführungen in B. Rz. 383 ff. und 402 ff. entsprechend.

1 Einkommensteuer

rechten eine Veräußerung und bei einer unentgeltlichen Übertragung eine Einlage in das Betriebsvermögen des Geschäftsherrn vor, die nach § 6 Abs. 1 Nr. 5 EStG mit dem Teilwert zu bewerten ist. War das Wirtschaftsgut bisher in einem Einzelunternehmen oder in der Sonderbilanz des stillen Gesellschafters aktiviert, so ist in sinngemäßer Anwendung des § 6 Abs. 5 Satz 3 EStG die Überführung des Wirtschaftsguts zwingend mit dem Buchwert anzusetzen, sofern die Besteuerung der stillen Reserven gesichert und keine Kapitalgesellschaft als Mitunternehmer beteiligt ist.

1.9.10.6 Der stille Gesellschafter überführt ein Wirtschaftsgut aus seinem Einzelunternehmen oder seinem Privatvermögen in sein Sonderbetriebsvermögen bei der stillen Gesellschaft und umgekehrt

Diese Übertragungen sind genauso zu behandeln wie die Übertragungen eines Gesellschafters einer Personenhandelsgesellschaft oder einer anderen Personengesellschaft.[769]   411

1.10 Buchmäßige Behandlung von Beteiligungen bei der Einzelfirma

1.10.1 Buchmäßige Behandlung in der Handelsbilanz

1. Für die handelsrechtliche Beurteilung ist die Stellungnahme 1/1991 des Hauptfachausschusses beim IdW[770] zu beachten. Danach ist die Beteiligung an einer Personenhandelsgesellschaft eine Beteiligung i. S. des § 271 Abs. 1 Satz 1 HGB, sofern die Voraussetzung des § 247 Abs. 2 HGB erfüllt ist[771] und damit ein selbständiger und einheitlicher Vermögensgegenstand vorliegt. Die Beteiligung ist in der Bilanz unter den Finanzanlagen als Beteiligung (§ 266 Abs. 2 III Nr. 3 HGB) oder bei Vorliegen der Voraussetzungen des § 271 Abs. 2 HGB als Anteil an verbundenen Unternehmen (§ 266 Abs. 2 III Nr. 1 HGB) auszuweisen. Auf die Höhe der Beteiligungsquote kommt es hierbei nicht an.   412

2. Bei der Bilanzierung ist von den **Anschaffungskosten** i. S. des § 255 Abs. 1 HGB (Kaufpreis bzw. Einlage zzgl. Nebenkosten) auszugehen. Die Einlage ist mit dem geleisteten Betrag zzgl. eingeforderter Beträge zu aktivieren. Sie kann auch mit einem darüber hinausgehenden bedungenen Betrag aktiviert werden. Der Unterschiedsbetrag zwischen der geleisteten und der aktivierten Einlage ist als Resteinzahlungsverpflichtung zu passivieren. Für die Bestimmung der Anschaffungskosten ist die Hafteinlage ohne Bedeutung.   413

---
769 Die Ausführungen in B. Rz. 404 sind entsprechend anzuwenden.
770 WPg 1991 S. 334.
771 Winnefeld, M. Rz. 823.

B. Laufende Besteuerung

Bei **Sacheinlagen** können als Anschaffungskosten **wahlweise** der **Buchwert** oder höchstens der **Zeitwert** des Einlageobjektes angesetzt werden.[772] In Höhe der Differenz zwischen Einlagewert und Buchwert entsteht im Unternehmen des Gesellschafters ein Gewinn, weil insoweit die stillen Reserven aufgedeckt werden.

Die Buchungssätze lauten

— bei einer Bareinlage

Beteiligungen an **Bank**

— bei einer Sacheinlage zum Buchwert

Beteiligung an **Anlagenkonto**

— bei einer Sacheinlage zum Zeitwert

Beteiligung an **Anlagenkonto**

Sonstige betriebliche Erträge

414 3. Der **Gewinnanteil** eines Gesellschafters ist insoweit **realisiert** und damit als Forderung bilanzierungs**pflichtig**, als dem Gesellschafter hierauf ein Anspruch zusteht, über den er individuell losgelöst von seinem Gesellschaftsanteil verfügen kann. Dazu bedarf es nicht eines bereits entstandenen Rechtsanspruchs; es genügt, dass das künftige Entstehen eines Rechtsanspruchs tatsächlich gesichert ist. Dies ist nach §§ 120 bis 122, 161 Abs. 2, §§ 167 und 169 HGB regelmäßig bereits zum **Abschlussstichtag der Personenhandelsgesellschaft** der Fall. Die auszuweisende Forderung muss der Höhe nach durch das Festliegen aller wesentlichen Bilanzierungs- und Bewertungsentscheidungen, im Regelfall durch eine aufgestellte Bilanz, hinreichend konkretisiert sein. Das bedeutet, der Jahresabschluss des Unternehmens des Gesellschafters kann erst nach der Aufstellung des Jahresabschlusses der Personenhandelsgesellschaft erstellt werden.

Nicht zulässig ist es danach, Gewinnanteile zu bilanzieren, die sich aus der Handelsbilanz der Personenhandelsgesellschaft für ein Geschäftsjahr ergeben, das zum Abschlussstichtag des beteiligten Unternehmens noch nicht abgeschlossen war.

415 Gewinne einer Personenhandelsgesellschaft können wie folgt verwendet werden:

1. Ausschüttung an den Gesellschafter

Zu buchen ist:

Forderungen an Beteiligungserträge

Beachte: Soweit die Befugnis des Gesellschafters zur Verfügung über den Gewinn von einem Beschluss der Gesellschafter abhängt, ist eine bilanzierungsfähige Forderung des Gesellschafters erst im Zeitpunkt einer solchen Beschlussfassung – frühestens jedoch am Abschlussstichtag

---

772 Winnefeld, E. Rz. 545.

der Personenhandelsgesellschaft – realisiert. Steht einem Gesellschafter die Mehrheit der Stimmrechte zu, so ist sein Anteil am Gewinn zu vereinnahmen.[773]

2. Erfüllung einer Einlageverpflichtung oder Einlageerhöhung (Rücklagenbildung) nach HGB, Gesellschaftsvertrag oder Gesellschafterbeschluss

   Zu buchen ist:

   Beteiligungen an Beteiligungserträge

   Anmerkung: Gewinnthesaurierungen, z. B. in der Form von Zuweisungen zu Rücklagen, stellen regelmäßig Verfügungen über Gewinnansprüche der Gesellschafter dar. Daraus ergibt sich auch, dass bei Kapitalerhöhungen aus Gewinnen das Anschaffungskostenprinzip nicht verletzt wird. Denn mit der Verwendung von Gewinnanteilen zur Kapitalerhöhung erfüllt der Gesellschafter eine Einlageverpflichtung, aus der ihm zusätzliche Anschaffungskosten erwachsen.

   Im Übrigen gilt das zu 1. Gesagte entsprechend.

3. Wiederauffüllung von Verlusten durch den Kommanditisten

   In diesem Fall ist der Gewinnanteil durch Gesetz der Verfügungsgewalt des einzelnen Gesellschafters entzogen, folglich entsteht für ihn zum Abschlussstichtag der Personenhandelsgesellschaft kein bilanzierungsfähiger Anspruch.

   Es ist **nichts** zu buchen.[774]

   Wird eine bilanzierte Forderung auf den Gewinnanteil wieder in das gesamthänderisch gebundene Gesellschaftsvermögen eingelegt, entstehen nachträgliche Anschaffungskosten.

   Es ist dann umzubuchen:

   Beteiligungen an Forderungen

4. Der Anteil eines Gesellschafters am Jahresverlust einer Personenhandelsgesellschaft kann durch eine Abschreibung auf den Beteiligungsbuchwert berücksichtigt werden, soweit hierdurch der nach § 253 Abs. 2 HGB zulässige Wertansatz nicht unterschritten wird. Eine Abschreibung ist unabhängig vom Vorliegen eines Jahresverlustes zwingend, soweit eine voraussichtlich dauernde Wertminderung eingetreten ist.

   Liegt der Wert trotz des Verlustes weiter über dem Buchwert oder möchte der Gesellschafter keine außerplanmäßige Abschreibung vornehmen, weil keine dauernde Wertminderung vorliegt, bleiben die Verlustanteile ohne Auswirkung auf den Posten Beteiligung. Es ist dann nichts zu buchen.[775] Ist der Gesellschafter allerdings zum Ausgleich der Verluste

---

[773] BGH vom 03.11.1975, BGHZ 65, 230.
[774] Siehe aber 5.
[775] BFH vom 23.07.1975, BStBl II 1976, 73.

B. Laufende Besteuerung

verpflichtet, muss er in seiner Handelsbilanz eine Verbindlichkeit bzw. eine Rückstellung passivieren.

Verluste und Ergebnisverschlechterungen, die durch Vornahme allein steuerrechtlicher Abschreibungen (§ 254 HGB) bei der Personenhandelsgesellschaft eingetreten sind, können nicht zu einer Abschreibung der Beteiligung führen, weil der beizulegende Wert der Beteiligung hierdurch nicht negativ beeinflusst wird und ein entsprechender handelsrechtlicher Wertansatz beim Gesellschafter nicht Voraussetzung für die Anerkennung der steuerrechtlichen Abschreibung in der Personenhandelsgesellschaft ist (§ 279 Abs. 2 HGB). Das bedeutet, auch diese Verluste werden in der Handelsbilanz des Gesellschafters nicht ausgewiesen.

Für Verluste aus einer steuerlichen Ergänzungsbilanz gelten die obigen Ausführungen entsprechend. Etwaige Gewinne aus einer steuerlichen Ergänzungsbilanz können nur innerhalb der Grenzen des Anschaffungskostenprinzips als Zuschreibung übernommen werden.

5. Steigt der Wert der Beteiligung in späteren Jahren wieder und wird der Gewinnanteil des Gesellschafters bei der Personenhandelsgesellschaft zum Ausgleich früherer Verluste verwendet, so kann beim Gesellschafter im Hinblick auf das Anschaffungskostenprinzip eine Bilanzierung des Gewinnanteils nur insoweit vorgenommen werden, als sich die früheren Verluste in einer außerplanmäßigen Abschreibung der Bilanzposition Beteiligung niedergeschlagen haben.

Dabei ist nach § 253 Abs. 5 HGB die Zuschreibung möglich, aber nicht zwingend. Lediglich bei Kapitalgesellschaften muss die Zuschreibung gem. § 280 Abs. 1 HGB vorgenommen werden.

Buchungssatz:
Beteiligung an Beteiligungserträge

Soweit die Werterhöhung nicht auf Gewinne der künftigen Jahre zurückzuführen ist, kann bzw. muss gebucht werden:
Beteiligung an Sonstige betriebliche Erträge

Hat der Gesellschafter dagegen in den Vorjahren von vornherein keine außerplanmäßige Abschreibung vorgenommen und verwendet die Personenhandelsgesellschaft die Gewinnanteile des Gesellschafters zum Ausgleich früherer Verluste, so darf der Gewinnanteil insoweit im Unternehmen des Gesellschafters nicht erfasst werden. Es ist dann **nichts** zu buchen.

1.10.2 Buchmäßige Behandlung in der Steuerbilanz

Während der in der Handelsbilanz des Gesellschafters für die Beteiligung an der Personenhandelsgesellschaft angesetzte Wert mit all seinen Veränderungen an der Ermittlung des Bilanzgewinns durch Vermögensvergleich teilnimmt, hat der Posten „Beteiligung an der Personenhandelsgesellschaft" in der Steuerbilanz des Gesellschafters für die Ermittlung des steuerrechtlichen Gewinns oder Verlustes keine selbständige Bedeutung,[776] Mitunternehmeranteile sind ertragsteuerlich weitgehend wie selbständige Betriebe zu behandeln. Sie führen sozusagen ein Eigenleben, denn Gewinne oder Verluste können für die Gesellschafter nur über die steuerliche Gewinnermittlung bei der Personengesellschaft selbst entstehen. Dies bedeutet, der Posten „Beteiligung an einer Personengesellschaft" stellt in der Steuerbilanz **kein Wirtschaftsgut** dar.[777] Deshalb ist eine Abschreibung dieser Beteiligung auf den niedrigeren Teilwert ausgeschlossen.

In der Steuerbilanz des Gesellschafters ist der Posten „Beteiligung an einer Personengesellschaft" – ohne Auswirkung auf das Einkommen – als **Spiegelbild des Kapitalkontos** in der Steuerbilanz der Personengesellschaft einschließlich Ergänzungs- und Sonderbilanz zu führen. Eine Abweichung davon ist nicht zulässig. Die gewerblichen Einkünfte des Gesellschafters werden durch einheitliche und gesonderte Feststellung des Gewinns der Personenhandelsgesellschaft ermittelt (§ 180 Abs. 1 Nr. 2 a AO). Der Anspruch auf den Gewinnanteil bzw. der Verlustanteil entsteht mit Ablauf des Wirtschaftsjahrs der Personengesellschaft. Der Gesellschafter muss folglich seinen Gewinnanteil (Verlustanteil) bilanzieren, sobald das Wirtschaftsjahr der Personengesellschaft abgelaufen ist. Die Höhe richtet sich nach der einheitlichen und gesonderten Feststellung. Ferner ist die Entnahme eines Mitunternehmeranteils mit gewinnrealisierender Folge nicht möglich,[778] weil der Posten Beteiligung kein Wirtschaftsgut darstellt. Möchte ein Gesellschafter seine Beteiligung an der Personengesellschaft nicht länger in seiner Steuerbilanz ausweisen, so ist sie erfolgsneutral mit dem Buchwert auszubuchen.

Veräußert ein Gesellschafter sowohl seinen Mitunternehmeranteil als auch sein Einzelunternehmen, liegen zwei verschiedene Aufgabevorgänge vor. Das bedeutet, die Anwendbarkeit der §§ 16 und 34 EStG ist für beide Vorgänge gesondert zu prüfen.

Beispiel:

A und B sind je zur Hälfte an einer OHG beteiligt. A ist daneben Inhaber eines Einzelunternehmens, das mit der OHG in ständigen Geschäftsbeziehungen steht (Lieferung von Waren). Sein Kapitalkonto in der Schlussbilanz der Personengesellschaft zum 31.12.01 beträgt insgesamt einschließlich Gewinnanteil 350.000 €. Davon sind 200.000 € auf dem Konto Festkapital und 150.000 € auf einem variablen Kapitalkonto ausgewiesen. Im Laufe des Jahres 02 ergeben sich – zusammengefasst – folgende Geschäftsvorfälle:

a) Barentnahmen 50.000 € für private Zwecke.

---

776 BFH vom 23.07.1975, BStBl II 1976, 73, vom 06.11.1985, BStBl II 1986, 333, und vom 24.03.1999, BStBl II 2000, 399.
777 BFH vom 25.02.1991, BStBl II 1991, 691.
778 BFH vom 29.09.1976, BStBl II 1977, 259.

B. Laufende Besteuerung

b) Lieferungen von Waren von A an die OHG für insgesamt 300.000 € + 57.000 € USt.

c) Anteilige Bezahlung dieser Lieferungen durch Banküberweisung i. H. von 250.000 €.

d) Vermietung eines unbebauten Grundstücks von A an die OHG für monatlich 1.000 € ab Juli 02. Das Grundstück ist in der Bilanz der Einzelfirma mit 90.000 € aktiviert. Der Teilwert beträgt 220.000 €. Die Miete wurde auf ein privates Bankkonto des A überwiesen und ist nicht gebucht worden. Die damit zusammenhängenden Grundstückskosten betrugen 2.000 € und sind bei der Einzelfirma gewinnmindernd gebucht worden.

e) Veräußerung eines Mietwohngrundstücks von der OHG an A für 600.000 € (Buchwert Grund und Boden 150.000 €, Gebäude 250.000 €). Die OHG hat bei der Veräußerung zulässigerweise eine Rücklage gem. § 6 b EStG von 200.000 € gebildet. A behandelt das Grundstück als Privatvermögen, da es zu Wohnzwecken an Dritte (nicht an Arbeitnehmer) vermietet ist.

f) Der Gewinnanteil 02 des A, der im April 03 festgestellt wird, beträgt – ohne Sonderbilanzgewinn – 160.000 €.

A hat die Beteiligung an der OHG in der Bilanz seines Einzelunternehmens aktiviert. Der Buchwert zum 01.01.02 beträgt – als Spiegelbild seiner Kapitalkonten bei der OHG – 350.000 €.

Die Geschäftsvorfälle 02 haben folgende Auswirkungen auf die Höhe des Postens Beteiligung in der Buchführung der Einzelfirma:

a) Die Barentnahme führt zu einer Minderung seines Kapitalkontos. Es ist zu buchen:

Privatentnahme 50.000 € an Beteiligung 50.000 €

b) + c) Bei diesen Rechtsgeschäften treten sich A und die OHG wie Fremde gegenüber. Dadurch entstehen Forderungen und Schulden. Auswirkungen auf das Kapital ergeben sich nicht. In der Einzelfirma ist zu buchen
- bei der Warenlieferung:

Forderungen 357.000 € an Warenverkauf 300.000 €
Umsatzsteuer 57.000 €

- bei der Bezahlung:

Bank 250.000 € an Forderungen 250.000 €

d) Das Grundstück gehört mit Wirkung vom 01.07.02 zum Sonderbetriebsvermögen der OHG und muss in einer Sonderbilanz des A zwingend mit dem Buchwert von 90.000 € aktiviert werden (§ 6 Abs. 5 Satz 2 EStG). Die Aktivierung dieses Grundstücks erhöht das steuerliche Kapitalkonto des A bei der OHG.

In der Einzelfirma muss gebucht werden:

Beteiligungen 90.000 € an Grundstücke 90.000 €

Die von der OHG entrichtete (und gewinnmindernd gebuchte) Miete muss in der Sonderbuchführung als Sonderbetriebseinnahme erfasst werden (Buchung: Privat 6.000 € an Mieterträge 6.000 €). Entsprechend gehören die damit zusammenhängenden Aufwendungen von 2.000 € zu den Sonderbetriebsausgaben und sind in der Sonderbuchführung des A und nicht bei der Einzelfirma

1 Einkommensteuer

zu berücksichtigen (Buchung: Grundstücksaufwendungen 2.000 € an Privat 2.000 €).

Diese Buchungen führen zwar insgesamt gesehen zu keiner Änderung des Kapitalkontos in der Sonderbuchführung des A. Da der Gewinn aber erst beim Jahresabschluss in der Einzelfirma gebucht werden kann, ist die Auswirkung der Buchungen auf dem Privatkonto auf das Kapital auch in der Einzelfirma zu buchen. In der Einzelfirma hätten gebucht werden müssen:

– die Mieteinnahmen:
Privat   6.000 €   an Beteiligung   6.000 €

– die Grundstücksaufwendungen:
Beteiligungen   2.000 €   an Bank   2.000 €

e) Auch bei diesem Geschäftsvorfall treten sich A und die OHG wie Fremde gegenüber. Mangels Veränderungen des Kapitalkontos des A bei der OHG ist keine Buchung in der Einzelfirma vorzunehmen.

f) Obwohl der Gewinnanteil erst in 03 festgestellt wird, ist der Anspruch bereits mit Ablauf des Geschäftsjahres am 31.12.02 entstanden. Er ist damit in der Einzelfirma noch in 02 zu erfassen. Der nach § 180 AO einheitlich und gesondert festzustellende Gewinnanteil des A beträgt 164.000 €. Davon entfallen auf den Sonderbilanzgewinn 4.000 €.

In der Einzelfirma ist zu buchen:
Beteiligung   164.000 €   an Erträge aus Beteiligungen   164.000 €

Kontrolle

Das Konto „Beteiligung an der OHG" hat sich in 02 wie folgt entwickelt:

Bestand 01.01.02	350.000 €
./. Barentnahme	50.000 €
+ Grundstücksüberlassung	90.000 €
./. Mieterträge	6.000 €
+ Grundstücksaufwendungen	2.000 €
+ Gewinnanteil	164.000 €
Bestand 31.12.02	550.000 €

Die Kapitalkonten in der Buchführung der OHG einschließlich der Sonderbuchführung entwickelten sich wie folgt:

– Festkapital – unverändert: 200.000 €

– Variables Kapitalkonto:

Bestand 01.01.02	150.000 €	
./. Entnahme	50.000 €	
+ Gewinnanteil	160.000 €	
Bestand 31.12.02	260.000 €	260.000 €

– Kapital lt. Sonderbilanz

Bestand 01.01.02	0 €	
+ Grundstückseinlage	90.000 €	
./. Entnahme der Mieterträge	6.000 €	

B. Laufende Besteuerung

+ Einlage der Grundstücksaufwendungen	2.000 €	
+ Gewinn	4.000 €	
Bestand 31.12.02	90.000 €	90.000 €
		550.000 €

1.11 Steuerermäßigung bei Einkünften aus Gewerbebetrieb gemäß § 35 EStG

1.11.1 Persönlicher Anwendungsbereich

417 Eine Steuerermäßigung gem. § 35 EStG auf ihre Einkommensteuerschuld erhalten folgende unbeschränkt und beschränkt steuerpflichtige natürliche Personen mit gewerblichen Einkünften:
- Einzelunternehmer (§ 15 Abs. 1 Satz 1 Nr. 1 EStG)
- **unmittelbar beteiligte Mitunternehmer** (§ 15 Abs. 1 Satz 1 Nr. 2 Satz 1 EStG)
- **mittelbar beteiligte Mitunternehmer** (§ 15 Abs. 1 Satz 1 Nr. 2 Satz 2 EStG)
- persönlich haftende Gesellschafter einer KGaA (§ 15 Abs. 1 Satz 1 Nr. 3 EStG)

Kapitalgesellschaften erhalten keine Steuerermäßigung gem. § 35 EStG. Dies gilt auch für ihre Gewinnanteile nach § 15 Abs. 1 Satz 1 Nr. 2 EStG als Gesellschafter einer Personengesellschaft.

1.11.2 Zweck der Vorschrift

418 Zweck der Vorschrift ist eine pauschalierte Anrechnung der Gewerbesteuer auf die Einkommensteuer des Unternehmers bzw. Mitunternehmers. Die Anrechnung erfolgt ab VZ 2008 i. H. des **3,8fachen** (bis VZ 2007 i. H. des 1,8fachen) des nach § 14 GewStG – jeweils für den dem Veranlagungszeitraum entsprechenden Erhebungszeitraum – **festgesetzten (anteiligen) Gewerbesteuer-Messbetrags**, d. h., das Ermäßigungspotenzial wird durch die Hinzurechnungen und Kürzungen der §§ 8 und 9 GewStG beeinflusst.

Diese Regelung führt bei einem Hebesatz von 380 grundsätzlich zu einer nahezu vollständigen Anrechnung der Gewerbesteuer. Ist der Hebesatz höher, wird die Gewerbesteuer nicht in voller Höhe angerechnet. Ist der Hebesatz dagegen niedriger als 380, wird der Abzug des Steuerermäßigungsbetrags nach § 35 Abs. 1 Satz 5 EStG ab VZ 2008 auf die tatsächlich zu zahlende Gewerbesteuer beschränkt. Somit wird eine weitgehende Entlastung gewerblicher Personenunternehmen von der Gewerbesteuer erreicht.

Die Steuerermäßigung wirkt sich auch auf den Solidaritätszuschlag aus (§ 3 Abs. 2 SolZG), nicht aber auf die Höhe der Kirchensteuer (§ 51 a Abs. 2 Satz 3 EStG).

Beispiel:
A erzielt im VZ 2008 einen steuerpflichtigen Gewinn (= Gewerbeertrag) von 124.500 €. Hinzurechnungen bzw. Kürzungen waren keine vorzunehmen. Die Einkommensteuer beträgt im VZ 2008 nach der Splittingtabelle 30.372 €.

Die Steuerermäßigung nach § 35 EStG um das 3,8fache des Gewerbesteuer-Messbetrags berechnet sich wie folgt:

Gewerbeertrag	124.500 €
Freibetrag	./. 24.500 €
verbleiben	100.000 €
x Steuermesszahl 3,5 % =	3.500 €
Gewerbesteuer-Messbetrag	3.500 €
x Hebesatz 400 % =	14.000 €

Die Ermäßigung der Einkommensteuer beträgt 3,8 x 3.500 € = 13.300 €. Somit ergibt sich eine endgültige Einkommensteuerschuld von (30.372 € ./. 13.300 € =) 17.072 €. Der Solidaritätszuschlag beträgt 5,5 % von (30.372 € ./. 13.300 € =) 17.072 € = 939 € (statt 5,5 % von 30.372 € = 1.670 €) und die Kirchensteuer 8 % von 30.372 € = 2.430 €. Die Steuerermäßigung beträgt – bei einer Gewerbesteuerschuld von 14.000 € – folglich insgesamt 13.300 € + (1.670 € ./. 939 € =) 731 € = 14.031 €.

1.11.3 Regelungszusammenhang

Die **tarifliche** Einkommensteuer ermäßigt sich nur, soweit sie anteilig auf im zu versteuernden Einkommen enthaltene gewerbliche Einkünfte entfällt. Die Ausgangsgröße berechnet sich wie folgt:

Einkommensteuer nach § 32 a EStG lt. Grundtabelle/Splittingtabelle unter Anwendung des Progressionsvorbehalts
+ Einkommensteuer aufgrund Berechnung nach §§ 34, 34 a Abs. 1, 4–6, 34 b EStG

= tarifliche Einkommensteuer (§ 32 a Abs. 1 und 5 EStG)
./. ausländische Steuern nach § 34 c Abs. 1 und 6 EStG und § 12 AStG

= geminderte tarifliche Einkommensteuer i. S. von § 35 Abs. 1 Satz 1 EStG
./. **Steuerermäßigung nach § 35 EStG**
./. Steuerermäßigung nach § 34 f Abs. 1 und 2 EStG (Baukindergeld)
./. Steuerermäßigung nach § 34 g EStG (Parteispenden)
./. Steuerermäßigung nach § 34 f Abs. 3 EStG (Baukindergeld)
./. Steuerermäßigung nach § 35 a EStG
+ hinzuzurechnende Steuern
+ Anspruch auf Zulage und Kindergeld

= festzusetzende Einkommensteuer (§ 2 Abs. 6 EStG)

B. Laufende Besteuerung

Die Steuerermäßigung gem. § 35 EStG wird begrenzt auf die Höhe der tariflichen Einkommensteuer, die auf die entsprechenden gewerblichen Einkünfte entfällt. Das bedeutet, der Verlustausgleich, die Sonderausgaben und außergewöhnlichen Belastungen und der Verlustabzug mindern das verrechenbare Einkommensteuerpotenzial ebenso wie Steuerermäßigungen, die § 35 EStG im Range vorhergehen.

Beispiel:
Der ledige A erzielt im VZ 02 steuerpflichtige Einkünfte aus Gewerbebetrieb von 124.500 € (Gewerbesteuermessbetrag 3.500 €, Gewerbesteuer 14.000 €) und Einkünfte aus Vermietung und Verpachtung von ./. 74.500 €. Die abzugsfähigen Sonderausgaben belaufen sich auf 10.000 €. Aus dem Vorjahr stammt ein Verlustabzug nach § 10 d EStG von 35.000 €.
Das zu versteuernde Einkommen 02 beträgt 5.000 €, übersteigt damit nicht den Grundfreibetrag von 7.664 €. Die Einkommensteuer im VZ 02 beträgt 0 €. Obwohl sich nach § 35 EStG eine Steuerermäßigung von (3.500 € x 3,8 =) 13.300 € ergeben würde, beträgt diese 0 €, weil sich durch den Abzug von Steuerermäßigungen keine negative Einkommensteuerschuld ergeben kann.
Für den Unternehmer ist dies ein großer Nachteil, weil die Steuerermäßigung endgültig verloren geht und er mit der Gewerbesteuer von 14.000 € endgültig belastet ist.[779]

Im Falle des **Verlustrücktrags** kann der Unternehmer durch einen ganzen oder teilweisen **Verzicht** auf den Verlustrücktrag die Anrechnung der Gewerbesteuer auf die Einkommensteuer retten.

1.11.4 Ermittlung der begünstigten gewerblichen Einkünfte

420 Die gewerblichen Einkünfte i. S. des § 35 EStG umfassen die Einkünfte aus Gewerbebetrieb i. S. des § 15 EStG,[780] wenn sie gewerbesteuerpflichtig sind und nicht von der Anwendung des § 35 EStG ausgeschlossen sind. Es spielt keine Rolle, ob diese Einkünfte begünstigt nach § 34 a Abs. 1 EStG mit 28,25 % oder mit dem normalen Steuersatz besteuert werden.

Somit gehören folgende, **nicht** der **Gewerbesteuer** unterliegende Gewinne **nicht** zu den begünstigten gewerblichen Einkünften:
1. Gewinne aus der Veräußerung und Aufgabe eines Betriebs, Teilbetriebs oder Mitunternehmeranteils gem. § 16 EStG mit **Ausnahme** der Veräußerung einer **100%igen Beteiligung** an einer Kapitalgesellschaft, wenn sie nicht im engen Zusammenhang mit einer Betriebsveräußerung oder Betriebsaufgabe erfolgt.
2. Veräußerungsgewinne gem. § 17 EStG.
3. Gewerbliche Einkünfte aus einer Betriebsverpachtung.
4. Nachträgliche Einkünfte aus Gewerbebetrieb gem. § 24 EStG, die nicht der Gewerbesteuer unterliegen.

---
779 BFH vom 23.04.2008, BStBl II 2009, 7.
780 BMF vom 19.09.2007, BStBl I 2007, 701, Rz. 10, bzw. BMF vom 24.02.2009, BStBl I 2009, 440.

1 Einkommensteuer

5. Gewerbliche Einkünfte, die nach § 3 GewStG oder § 13 GewStDV gewerbesteuerfrei sind.
6. Gewerbliche Einkünfte, die nach § 3 Nr. 40 EStG steuerfrei sind.
7. Veräußerungs- und Aufgabegewinne nach § 18 Abs. 3 Satz 1 und 2 UmwStG, wenn der Betrieb der Personengesellschaft innerhalb von **fünf Jahren** nach der Umwandlung veräußert oder aufgegeben wird.
8. Nachversteuerungsbeträge i. S. des § 34 a Abs. 4 EStG im VZ der Nachversteuerung.
9. Gewinne, die der Tonnagebesteuerung nach § 5 a EStG unterliegen (§ 5 a Abs. 5 EStG).

Dagegen fallen unter **§ 35 EStG** die folgenden gewerbesteuerpflichtigen Einkünfte aus Gewerbebetrieb:

1. Gewinne aus der Veräußerung oder Aufgabe eines Teils eines Mitunternehmeranteils.
2. Veräußerungsgewinne gem. § 16 EStG, die nach § 16 Abs. 2 Satz 3 EStG als laufender Gewinn gelten.
3. Veräußerungsgewinne i. S. von § 16 EStG, wenn und soweit sie nicht auf eine natürliche Person als unmittelbar beteiligter Mitunternehmer entfallen (§ 7 Satz 2 GewStG).

1.11.5 Ermittlung des Ermäßigungshöchstbetrags

Die Steuerermäßigung wird durch § 35 Abs. 1 EStG auf die tarifliche Einkommensteuer beschränkt, die anteilig auf die gewerblichen Einkünfte entfällt (Ermäßigungshöchstbetrag).

Der Ermäßigungshöchstbetrag wird wie folgt ermittelt:

1. Bis einschließlich VZ 2007 nach Auffassung der Finanzverwaltung[781] unter Anwendung der folgenden Formel:

$$\frac{\text{Gewerbliche Einkünfte i. S. des § 35 EStG}}{\text{Summe der Einkünfte}} \times \frac{\text{Tarifliche Einkommensteuer i. S. des}}{\text{§ 35 Abs. 1 EStG}}$$

2. Ab VZ 2008 nach § 35 Abs. 1 Satz 2 EStG:

$$\frac{\text{Summe der positiven gewerblichen Einkünfte}}{\text{Summe aller positiven Einkünfte}} \times \text{geminderte tarifliche Steuer}$$

Der Unterschied der beiden Berechnungsformeln liegt in der Behandlung der **negativen** Einkünfte. Aufgrund der Rechtsprechung des BFH[782] waren bis einschließlich VZ 2007 negative Einkünfte bei der Ermittlung des Ermä-

---
781 BMF vom 19.09.2007, BStBl I 2007, 701 Rz. 15.
782 BFH vom 27.09.2006, BStBl II 2007, 694.

B. Laufende Besteuerung

ßigungshöchstbetrags zu berücksichtigen und – zugunsten des Steuerpflichtigen – **vorrangig** mit nicht nach § 35 EStG tarifbegünstigten gewerblichen Einkünften zu verrechnen. Soweit eine solche Verrechnung nicht möglich war, war der Verlustausgleich mit den tarifbegünstigten Einkünften durchzuführen.

Ab VZ 2008 werden nur noch die **positiven** Einkünfte aus der jeweiligen Einkunftsquelle berücksichtigt. Eine Saldierung der positiven mit den negativen Einkunftsquellen innerhalb der gleichen Einkunftsarten (sog. horizontaler Verlustausgleich) und zwischen den verschiedenen Einkunftsarten (sog. vertikaler Verlustausgleich) erfolgt nicht. Aus Vereinfachungsgründen gelten dabei die Einkünfte aus Kapitalvermögen i. S. d. § 20 EStG als aus einer Einkunftsquelle stammend.[783]

Bei der Zusammenveranlagung von Ehegatten wird die Summe der positiven Einkünfte bei jedem Ehegatten gesondert entsprechend der Einzelveranlagung ermittelt und anschließend zu einem Betrag zusammengefasst.

Der Unterschied zwischen der steuerlichen Behandlung bis VZ 2007 und ab VZ 2008 wird an den folgenden Beispielen aufgezeigt.

Beispiel 1:

Der ledige Steuerpflichtige A erzielt folgende Einkünfte:

Einkünfte gem. § 15 EStG	124.500 €
Einkünfte gem. § 16 EStG	./. 230.000 €
Einkünfte gem. § 21 EStG	220.000 €
Summe der Einkünfte	114.500 €

Steuerermäßigung nach § 35 EStG: Messbetrag 3.500 € x 3,8 = 13.300 €

– **Rechtslage bis VZ 2007:**

Der Verlust gem. § 16 EStG i. H. von 230.000 € ist zunächst vorrangig mit den nicht gem. § 35 EStG tarifbegünstigten Einkünften aus § 21 EStG zu verrechnen, weil Einkünfte gem. § 16 EStG (grundsätzlich) nicht der Gewerbesteuer unterliegen. Der danach noch verbleibende Verlust von 10.000 € mindert die Einkünfte aus § 15 EStG, sodass als gewerbliche Einkünfte i. S. des § 35 EStG 114.500 € verbleiben. Die tarifliche Einkommensteuer entfällt damit in vollem Umfang auf die gewerblichen Einkünfte i. S. des § 35 EStG.

– **Rechtslage ab VZ 2008:**

Die Summe der Einkünfte aus § 15 EStG (124.500 €) entfällt im Verhältnis zur Summe aller positiven Einkünfte (344.500 €) = 36,14 % auf die geminderte tarifliche Steuer.

---

783 BFH vom 24.02.2009, BStBl I 2009, 440.

1 Einkommensteuer

Beispiel 2:
Ein zusammenveranlagtes Ehepaar erzielt folgende Einkünfte:

	EM	EF
§ 15 EStG	150.000 €	
§ 19 EStG		90.000 €
§ 21 EStG	./. 70.000 €	
Summe der Einkünfte		170.000 €

- **Rechtslage bis VZ 2007:**
Der Verlust des Ehemannes aus § 21 EStG ist vorrangig mit den positiven Einkünften aus § 19 EStG der Ehefrau zu verrechnen. Die gewerblichen Einkünfte i. S. des § 35 EStG betragen folglich 150.000 €. Dies entspricht einem Anteil an der geminderten tariflichen Steuer von (170.000 € : 150.000 € =) 88,24 %.

- **Rechtslage ab VZ 2008:**
Die Summe der gewerblichen Einkünfte aus § 15 EStG (150.000 €) entfällt im Verhältnis zur Summe aller positiven Einkünfte (240.000 €) = 62,5 % auf die geminderte tarifliche Steuer.

Beispiel 3:
Ein zusammenveranlagtes Ehepaar erzielt folgende Einkünfte:

	EM	EF
§ 15 EStG	150.000 €	./. 60.000 €
§ 16 EStG		./. 40.000 €
§ 21 EStG	70.000 €	
Summe der Einkünfte		120.000 €

- **Rechtslage bis VZ 2007:**
Bei den Einkünften aus Gewerbebetrieb nach § 15 EStG ist ein horizontaler Verlustausgleich durchzuführen. Die Einkünfte aus Gewerbebetrieb betragen noch 90.000 €. Die – nicht gewerbesteuerpflichtigen – Einkünfte der Ehefrau aus § 16 EStG sind vorrangig mit den Einkünften aus § 21 EStG des Ehemannes zu verrechnen. Die nach § 35 EStG tarifbegünstigten gewerblichen Einkünfte betragen somit 90.000 €. Dies entspricht einem Anteil an der geminderten tariflichen Steuer von (120.000 € : 90.000 € =) 75 %.

- **Rechtslage ab VZ 2008:**
Die Summe der positiven gewerblichen Einkünfte (150.000 €) entfällt im Verhältnis zur Summe aller positiven Einkünfte (220.000 €) = 68,18 % auf die geminderte tarifliche Steuer.

1.11.6 Summen- oder Einzelbetrachtung der gewerblichen Einkünfte

Sind dem Steuerpflichtigen als Einzelunternehmer oder als Mitunternehmer Gewinne aus mehreren Gewerbebetrieben zuzurechnen, sind die jeweiligen Gewerbesteuer-Messbeträge für **jeden Gewerbebetrieb** und für **jede Beteiligung** an einem Gewerbebetrieb getrennt zu ermitteln, mit dem Faktor 3,8 zu vervielfältigen und auf die zu zahlende Gewerbesteuer zu begrenzen.

B. Laufende Besteuerung

Dabei sind bei negativen gewerblichen Einkünften eines Betriebs (oder aus einer Beteiligung) der – auf Grund von Hinzurechnungen entstehende – zugehörige Gewerbesteuer-Messbetrag und die zu zahlende Gewerbesteuer nicht zu berücksichtigen. Die so ermittelten Beträge sind zur Berechnung des Anrechnungsvolumens zusammenzufassen. Bei zusammenveranlagten Ehegatten sind die Anrechnungsvolumina der Ehegatten zusammenzufassen.[784]

Anhand der folgenden Beispiele wird die Rechtslage ab **VZ 2008** dargestellt.

Beispiel 1:

Einkünfte aus Gewerbebetrieb			
– 1. Betrieb		190.000 €	
– 2. Betrieb		./. 30.000 €	
– Mitunternehmeranteil		10.000 €	170.000 €
Einkünfte aus Vermietung und Verpachtung			./. 20.000 €
Summe der Einkünfte			150.000 €
Zu versteuerndes Einkommen			140.000 €
Tarifliche Einkommensteuer lt. Splittingtabelle			42.972 €
Ermäßigungshöchstbetrag (200.000 € : 200.000 €)			42.972 €

	Betrieb 1	Betrieb 2	Mitunternehmeranteil	Summe
(Anteiliger) GewSt-Messbetrag	5.792 €	500 €[785]	350 €	6.642 €
× Vervielfältiger (3,8)	22.010 €	1.900 €	1.330 €	25.240 €
höchstens: zu zahlende (anteilige) Gewerbesteuer (Hebesatz 400)	23.168 €	2.000 €	1.400 €	26.568 €
Steuerermäßigung gem. § 35 EStG	22.010 €	0 €!	1.330 €	23.340 €

Beispiel 2:

Einkünfte aus Gewerbebetrieb			
– 1. Betrieb		90.000 €	
– 2. Betrieb		./. 30.000 €	
– Mitunternehmeranteil		./. 50.000 €	10.000 €
Einkünfte aus Kapitalvermögen			90.000 €
Summe der Einkünfte			100.000 €
Zu versteuerndes Einkommen			85.000 €
Tarifliche Einkommensteuer lt. Splittingtabelle			20.296 €
Ermäßigungshöchstbetrag (90.000 € : 180.000 €)			10.148 €

	Betrieb 1	Betrieb 2	Mitunternehmeranteil
GewSt-Messbetrag	2.292 €	0 €	0 €
× Vervielfältiger (3,8) höchstens: zu zahlende	8.710 €	0 €	0 €
Gewerbesteuer (Hebesatz 350)	8.022 €	0 €	0 €
Steuerermäßigung gem. § 35 EStG	8.022 €	0 €	0 €

---

[784] BMF vom 24.02.2009, BStBl I 2009, 440, Rz. 10.
[785] Positiver Gewerbeertrag bedingt durch hohe Hinzurechnungen.

1 Einkommensteuer

Beispiel 3:

A betreibt ein Einzelunternehmen und ist an einer KG als Kommanditist beteiligt. Im Einzelunternehmen erzielt er einen Gewinn von 80.000 €, bei der KG einen nach § 15 a EStG berücksichtigungsfähigen Verlustanteil von 140.000 €. Die übrigen Einkünfte betragen 120.000 €. Die Summe der Einkünfte beträgt folglich 60.000 €, das zu versteuernde Einkommen 50.000 €, die Einkommensteuer lt. Splittingtabelle des Jahres 2008 8.542 €. Der anteilige Gewerbesteuer-Messbetrag beträgt im Einzelunternehmen unter Berücksichtigung von Hinzurechnungen nach § 8 GewStG 2.000 €, bei der KG 0 €. Die für das Einzelunternehmen festgesetzte Gewerbesteuer beträgt bei einem Hebesatz von 350 7.000 €.

Die Steuerermäßigung gem. § 35 Abs. 1 Satz 1 EStG beträgt grundsätzlich 2.000 € × 3,8 = 7.600 €, jedoch nach § 35 Abs. 1 Satz 5 EStG beschränkt auf die tatsächlich zu zahlende (= festgesetzte) Gewerbesteuer von 7.000 €. Da der Ermäßigungshöchstbetrag nach § 35 Abs. 1 Satz 2 EStG jedoch nur (80.000 € : 200.000 € =) 40 % der geminderten tariflichen Einkommensteuer beträgt, vermindert sich die Einkommensteuer nur um 40 % von 8.542 € = 3.417 €. Der Differenzbetrag von (7.000 € ./. 3.417 € =) 3.583 € ist endgültig verloren, weil er weder auf vorherige noch auf nachfolgende Veranlagungszeiträume übertragen werden kann.

1.11.7 Anteiliger Gewerbesteuer-Messbetrag bei Mitunternehmerschaften

Nach § 35 Abs. 2 Satz 2 EStG richtet sich der Anteil eines Mitunternehmers am Gewerbesteuer-Messbetrag nach seinem Anteil am Gewinn der Mitunternehmerschaft nach Maßgabe des **allgemeinen Gewinnverteilungsschlüssels; Vorabgewinnanteile** sind **nicht** zu berücksichtigen. Auf die Verteilung im Rahmen der einheitlichen und gesonderten Feststellung der Einkünfte aus Gewerbebetrieb kommt es dabei nicht an. 423

Maßgebend für die Verteilung ist grundsätzlich die handelsrechtliche Gewinnverteilung nach HGB oder aufgrund vertraglicher Vereinbarungen. Dies gilt jedoch nur insoweit, wie die handelsrechtliche Gewinnverteilung auch in steuerrechtlicher Hinsicht anzuerkennen ist. So sind steuerrechtliche Korrekturen z. B. bei Familienpersonengesellschaften oder bei unzulässigen rückwirkenden Änderungen der Gewinnverteilungsabrede bei der Ermittlung des allgemeinen Gewinnverteilungsschlüssels i. S. des § 35 Abs. 2 Satz 2 EStG zu berücksichtigen.

Als **nicht** zu berücksichtigende **Vorabgewinnanteile** i. S. des § 35 Abs. 2 Satz 2 EStG gelten nach Auffassung der Finanzverwaltung[786] die Vergütungen i. S. von § 15 Abs. 1 Satz 1 Nr. 2 EStG, die in ihrer Höhe **nicht vom Gewinn abhängig** sind, sowie sonstige gewinn- und verlustrealisierende Vorgänge aus **Sonderbilanzen** und **Ergänzungsbilanzen**. Dies gilt auch bei doppel- oder mehrstöckigen Personengesellschaften. Dazu gehören z. B.

---

786 BMF vom 24.02.2009, BStBl I 2009, 440, Tz. 22.

B. Laufende Besteuerung

auch verdeckte Gewinnausschüttungen bei einer GmbH & Co. KG. Der Gewinnverteilungsschlüssel bleibt auch dann maßgebend, wenn sich keine Gewinnverteilung ergibt, weil bereits durch die Vorabvergütung der Gewinn aufgebraucht ist.

Demgegenüber sind **gewinnabhängige Vorabgewinnanteile** Bestandteil des allgemeinen Gewinnverteilungsschlüssels i. S. des § 35 Abs. 2 Satz 2 EStG. Dies gilt auch für **gewinnabhängige Sondervergütungen** i. S. des § 15 Abs. 1 Satz 1 Nr. 2 EStG. Auch Gewerbesteuer-Messbeträge aus gewerbesteuerpflichtigen Veräußerungsgewinnen sind entsprechend dem allgemeinen Gewinnverteilungsschlüssel aufzuteilen.

In die Aufteilung sind auch Gesellschafter einzubeziehen, für die eine Ermäßigung nach § 35 EStG nicht in Betracht kommt, z. B. Kapitalgesellschaften.

Der sich aus dem Gewinnverteilungsschlüssel ergebende anteilige Gewerbesteuer-Messbetrag ist nach § 35 Abs. 2 Satz 4 EStG als Prozentsatz mit **zwei Nachkommastellen gerundet** zu ermitteln.

Beispiel 1:

An einer OHG sind A und B **je zur Hälfte** beteiligt. Alleiniger Geschäftsführer der OHG ist A, der dafür eine Tätigkeitsvergütung von 120.000 € erhält. Nach Abzug dieser Vergütung beträgt der steuerpflichtige Gewinn der OHG 100.000 €.

Der steuerliche Gesamtgewinn der OHG beträgt 220.000 €. Dieser Betrag unterliegt auch der Gewerbesteuer. Nach Abzug des Freibetrags nach § 11 Abs. 1 Nr. 1 GewStG von 24.500 € beträgt der Gewerbesteuer-Messbetrag 6.842 €. Trotz eines Gewinnanteils des A von 170.000 € und des B von 50.000 € beträgt der anteilige Gewerbesteuer-Messbetrag beider Gesellschafter je 3.421 €, unabhängig davon, ob die Gewerbesteuer aufgrund einer Vereinbarung im Gesellschaftsvertrag nach den tatsächlichen Gewinnanteilen auf die Gesellschafter verteilt wird oder nicht.

Zur Vermeidung dieser für A unerfreulichen Aufteilung des Gewerbesteuer-Messbetrags können die Gesellschafter die einkommensteuerliche Mehrentlastung des B zivilrechtlich als Vorteil gegenrechnen.

Beispiel 2:

Wie Beispiel 1, aber A erhält keine Tätigkeitsvergütung, sondern vorab vom Gewinn der OHG einen Anteil von 40 % für seine Geschäftsführertätigkeit. Der Restgewinn ist je zur Hälfte auf A und B zu verteilen.

Der steuerpflichtige Gewinn der OHG beträgt 220.000 €. Auf A entfallen davon 40 % = 88.000 € sowie 50 % vom Restbetrag von 132.000 € = 66.000 €, zusammen also 154.000 €. Auf B entfallen 66.000 €. Der Anteil des A am Gewerbesteuer-Messbetrag beträgt somit 70 % von 6.842 € = 4.790 €, der des B 30 % von 6.842 € = 2.052 €.

Ergibt sich bei einem Gesellschafter ein Gewinnanteil, bei einem anderen dagegen ein Verlustanteil, z. B. wegen hoher Verluste aus dem Sonderbetriebsvermögen oder aus einer Ergänzungsbilanz, ändert sich am Verteilungsschlüssel für den Gewerbesteuer-Messbetrag nichts, d. h., auch dem Gesellschafter mit Verlustanteil wird ein Anteil am Gewerbesteuer-Messbetrag nach dem allgemeinen Gewinnverteilungsschlüssel zugewiesen. Damit läuft bei diesem Gesellschafter die Steuerermäßigung ins Leere (wenn er keine anderen gewerbesteuerpflichtigen gewerblichen Einkünfte bezog). Dadurch wird Steuerermäßigungsvolumen bei den anderen Gesellschaftern vernichtet, weil ihnen kein höherer Anteil am Gewerbesteuer-Messbetrag zugewiesen werden kann.

Beispiel 3:

Wie Beispiel 1, aber B erzielt in seiner Sonderbilanz einen Verlust von 60.000 €. Weitere Einkünfte aus Gewerbebetrieb erzielt B nicht.

Der steuerliche Gesamtgewinn der OHG beträgt nur noch 160.000 €. Davon entfallen auf A unverändert (120.000 € + 50.000 € =) 170.000 € und auf B (50.000 € ./. 60.000 € =) ./. 10.000 €. Der Gewerbesteuer-Messbetrag beträgt nur noch 4.742 €. Weil die gewinnunabhängigen Sondervergütungen und die Ergebnisse aus Sonderbilanzen außer Betracht bleiben, ist der Betrag von 4.742 € je zur Hälfte (= 2.371 €) auf A und B zu verteilen. A erhält nur eine Steuerermäßigung von (2.371 × 3,8 =) 9.010 €, B von 0 €.

1.11.8 Ermittlung des Gewerbesteuer-Messbetrags bei unterjähriger Unternehmensübertragung und Gesellschafterwechsel

Tritt ein Gesellschafter während des Wirtschaftsjahres in eine Personengesellschaft ein oder scheidet er aus dieser aus und besteht die Personengesellschaft fort, geht der Gewerbebetrieb nicht im Ganzen auf einen anderen Unternehmer über. Für Zwecke der Berechnung der Steuerermäßigung ist der für den Erhebungszeitraum festgestellte Gewerbesteuer-Messbetrag zeitanteilig auf die einzelnen Gesellschafter aufzuteilen. Maßgeblich ist dabei der von den Gesellschaftern gewählte allgemeine Gewinnverteilungsschlüssel einschließlich der Vereinbarungen, die anlässlich des Eintritts oder des Ausscheidens des Gesellschafters getroffen worden sind. Der nicht gewerbesteuerpflichtige Veräußerungsgewinn und Aufgabegewinn des ausscheidenden Gesellschafters beeinflusst den allgemeinen Gewinnverteilungsschlüssel nicht. Der ausscheidende Gesellschafter nimmt also bis zum Zeitpunkt seines Ausscheidens am gewerbesteuerpflichtigen laufenden Gewinn teil. Steht ihm danach nur 50 % des Jahresgewinns als Bemessungsgrundlage für seinen hälftigen Gewinnanteil zu, so entfallen auf ihn nur 25 % des Gewerbesteuer-Messbetrags.

Sofern zum Zeitpunkt des Eintritts oder Ausscheidens Vereinbarungen über eine anderweitige Gewinnverteilung getroffen worden sind, ist der Gewerbesteuermessbetrag im Verhältnis der maßgebenden Gewerbeerträge auf die Zeiträume vor und nach dem Gesellschafterwechsel zuzuordnen. Als Vereinbarung in diesem Sinne gilt auch das Erstellen einer Zwischenbilanz.

B. Laufende Besteuerung

Beispiel:
Wie Beispiel 1 in Rz. B. 423, aber B veräußert am 01.07.01 die Hälfte seines Anteils an C und erzielt einen Veräußerungsgewinn von 40.000 €.
Der steuerpflichtige Gesamtgewinn der OHG beträgt 260.000 €. Davon entfallen auf A (unverändert) 170.000 €, auf B (40.000 € + 37.500 € =) 77.500 € und auf C 12.500 €. Der Gewerbesteuer-Messbetrag beträgt nunmehr 8.242 €. Da auch der Veräußerungsgewinn nach dem allgemeinen Gewinnverteilungsschlüssel zu verteilen ist, beträgt der anteilige Gewerbesteuer-Messbetrag für A unverändert 50 %, nunmehr aber 4.121 €, für B 37,5 % = 3.090 € und für C 12,5 % = 1.031 €.

425 Wird ein Einzelunternehmen durch Aufnahme eines oder mehrerer Gesellschafter in eine Personengesellschaft umgewandelt oder scheiden aus einer Personengesellschaft alle Gesellschafter bis auf einen aus und findet dieser Rechtsformwechsel während des Kalenderjahres statt, ist der für den Erhebungszeitraum ermittelte einheitliche Steuermessbetrag dem Einzelunternehmer und der Personengesellschaft anteilig zuzurechnen und getrennt festzusetzen (Abschn. 69 Abs. 2 GewStR). Die getrennte Festsetzung des anteiligen Steuermessbetrags ist jeweils für die Anwendung des § 35 EStG maßgeblich. Eine gesonderte Aufteilung des Gewerbesteuer-Messbetrags zwischen dem Einzelunternehmen und der Personengesellschaft ist daher nicht erforderlich.

Besteht die sachliche Gewerbesteuerpflicht bei Vorgängen nach dem UmwStG für das Unternehmen fort, obwohl der gewerbesteuerliche Steuerschuldner wechselt, ergehen mehrere den Steuerschuldnerwechsel berücksichtigende Gewerbesteuer-Messbescheide mit Anteilen des einheitlichen Gewerbesteuer-Messbetrags. Diese Anteile sind bei der Ermittlung der Steuerermäßigung nach § 35 EStG maßgeblich.

1.11.9 Anrechnungsüberhänge

426 Durch die **Abzugsbeschränkung** auf die anteilige Einkommensteuer, die auf die gewerblichen Einkünfte entfällt, kommt **nicht immer der 3,8fache** Gewerbesteuer-Messbetrag zum Abzug (= Anrechnungsüberhang). Da die Steuerermäßigung nach § 35 EStG nur periodenbezogen ausgestaltet ist, geht der Anrechnungsüberhang für Zwecke der Steuerermäßigung endgültig **verloren**.

Ursachen für einen Anrechnungsüberhang sind u. a.:
1. Die Einkünfte aus Gewerbebetrieb sind gering, der Gewerbeertrag aber ist aufgrund von **Hinzurechnungen** hoch.
2. Trotz hoher Einkünfte aus Gewerbebetrieb und dadurch bedingter hoher Gewerbesteuer ist die Einkommensteuer-Schuld infolge **Verlustausgleich** bzw. **Verlustabzug** gering.
3. Die **Verteilung** des anteiligen Gewerbesteuer-Messbetrags bei Personengesellschaften nach dem **Gewinnverteilungsschlüssel** ohne Berücksichti-

gung der Gewinne oder Verluste aus Sonderbilanzen und Ergänzungsbilanzen.

Bei Personengesellschaften mit Sonderbetriebsvermögen sind dem Einsatz von Bilanzpolitik natürlich Grenzen gesetzt, da gegensätzliche Interessen der Gesellschafter bestehen können und werden. Eine Möglichkeit wäre jedoch, das **Sonderbetriebsvermögen** aus dieser Personengesellschaft zu entfernen und in eine von diesem Gesellschafter beherrschte neu gegründete **gewerblich geprägte** GmbH & Co. KG zu überführen.

1.11.10 Verfahrensrecht

Nach § 35 Abs. 2 Satz 1 EStG ist der Betrag des Gewerbesteuer-Messbetrags, die tatsächlich zu zahlende Gewerbesteuer und der auf die einzelnen Mitunternehmer entfallende Anteil gesondert und einheitlich festzustellen. Für die Ermittlung der Steuerermäßigung gem. § 35 Abs. 1 EStG sind die Festsetzung des Gewerbesteuer-Messbetrags, die Feststellung des Prozentsatzes und die Festsetzung der Gewerbesteuer nach § 35 Abs. 2 EStG Grundlagenbescheide. Für die Ermittlung des anteiligen Gewerbesteuer-Messbetrags sind die Festsetzung des Gewerbesteuer-Messbetrags und die Festsetzung des anteiligen Gewerbesteuer-Messbetrags aus der Beteiligung an einer Mitunternehmerschaft Grundlagenbescheide. Zuständig für die gesonderte Feststellung ist das für die gesonderte Feststellung der Einkünfte zuständige Finanzamt (§ 35 Abs. 3 Satz 1 EStG).

427

1.12 Begünstigung nicht entnommener Gewinne (§ 34 a EStG)

1.12.1 Vorbemerkung

Durch das Unternehmenssteuerreformgesetz 2008 wurde ein spezieller Steuersatz von **28,25 %** (zzgl. Solidaritätszuschlag) für nicht entnommene Gewinne eingeführt. Ziel dieser neuen gesetzlichen Regelung ist es, die Gewinne von **Personenunternehmen** (Einzelunternehmen und Personengesellschaften) in vergleichbarer Weise wie das Einkommen von Kapitalgesellschaften zu belasten. Die Gewerbesteuer bleibt auch auf diesen niedrigen Steuersatz anrechenbar. Die effektive Gesamtbelastung thesaurierter Gewinne sinkt damit – ohne Kirchensteuer – auf ca. 29,77 %. Dies entspricht nahezu der Belastung von 29,83 % bei Kapitalgesellschaften.

428

Eine spätere Entnahme der ermäßigt besteuerten Gewinne führt zu einer **Nachversteuerung** in Höhe des Abgeltungssteuersatzes von 25 % (zzgl. Solidaritätszuschlag und Kirchensteuer). Diese Nachversteuerung erfolgt aber nicht durch Steuerabzug, sondern im Rahmen der Einkommensteuerveranlagung (§ 34 a Abs. 4 EStG).

Die Steuerentlastung erhöht ferner das Eigenkapital, was einen willkommenen Nebeneffekt darstellt.

B. Laufende Besteuerung

1.12.2 Belastungsvergleich

429

	Personenunternehmen mit § 34 a EStG €	Personenunternehmen ohne § 34 a EStG €	Kapitalgesellschaft Thesaurierung €	Kapitalgesellschaft Ausschüttung €
Gewinn	100.000	100.000	100.000	100.000
./. GewSt (400 %)	14.000	14.000	14.000	14.000
Gewinn nach GewSt	86.000	86.000	86.000	86.000
./. ermäßigte ESt[787]	30.175			
./. ESt (42 %)		42.000		
./. KSt (15 %)			15.000	15.000
+ GewSt-Anrechnung (380 %)	13.300	13.300		
./. SolZ	928	1.578	825	825
Gewinn nach Steuern	68.197	55.722	70.175	70.175
Steuerbelastung einbehaltener Gewinne	**31.803** *(2007: 45.350)*	**44.278**	**29.825** *(2007: 38.646)*	**29.825** *(2007: 38.646)*
./. ESt auf Dividende/Entnahme (25 %)[788]	15.092			17.543
./. SolZ auf Dividende	830			965
Gesamtbelastung	**47.725** *(2007: 45.350)*	**44.278**		**48.333** *(2007: 52,238)*

430 Die Inanspruchnahme des § 34 a EStG führt zu einer höheren Steuerbelastung (47,72 % statt 44,28 %)! Die Inanspruchnahme dieser Steuervergünstigung ist **nur sinnvoll**, wenn die Gewinne **mindestens mittelfristig** im Unternehmen verbleiben, um den Liquiditätsvorteil ausschöpfen zu können. Bei kurzfristigen Verschiebungen (z. B. Thesaurierung in 2008, Gewinnent-

---

[787] Für nicht mehr entnahmefähige Gewinne (GewSt!) beträgt der Steuersatz 42 %, d. h. 86.000 € x 28,25 % und 14.000 € x 42 %.
[788] Der nachversteuerungspflichtige Betrag beträgt (86.000 € ./. 24.295 € ESt ./. 1.336 € SolZ =) 60.369 € x 25 %.

nahme in 2009) sollte kein Antrag auf Anwendung des § 34 a EStG gestellt werden, weil die bereits im Folgejahr sich ergebende höhere Steuerbelastung den Liquiditätsvorteil bei weitem überschreitet.

Ist eine Kapitalgesellschaft Gesellschafterin einer Personengesellschaft, hat die Neuregelung keine Auswirkung, da hier der Gewinnanteil keiner progressiven Besteuerung unterliegt. **431**

1.12.3 Voraussetzungen

§ 34 a EStG ist **betriebsbezogen** und **personenbezogen** ausgestaltet. Das bedeutet, dass für **jeden** Betrieb und jeden Mitunternehmeranteil des Steuerpflichtigen § 34 a EStG **gesondert** zu prüfen ist. **432**

Die Steuerbegünstigung nach § 34 a EStG ist nur möglich, wenn die folgenden in § 34 a Abs. 1 und 2 EStG genannten Voraussetzungen erfüllt sind: **433**

- Im zu versteuernden Einkommen sind **Gewinne** aus Land- und Forstwirtschaft, aus Gewerbebetrieb oder aus selbständiger Arbeit enthalten (§ 34 a Abs. 1 Satz 1 EStG).

- Die Gewinnermittlung erfolgt nach § 4 Abs. 1 EStG oder § 5 EStG (§ 34 a Abs. 2 EStG).

- Es handelt sich **nicht** um Veräußerungsgewinne oder Aufgabegewinne i. S. von § 16 Abs. 1 EStG, für die der Freibetrag nach § 16 Abs. 4 EStG **oder** die Steuerermäßigung nach § 34 Abs. 3 EStG in Anspruch genommen wird.

  Aber: Betriebsveräußerungen und Betriebsaufgaben sind nachversteuerungspflichtige Tatbestände nach § 34 a Abs. 6 Satz 1 Nr. 1 EStG. Das bedeutet, dass die Begünstigung hierfür nur gewährt werden kann, wenn diese bei doppelstöckigen oder mehrstöckigen Personengesellschaften auf der Ebene einer Untergesellschaft anfallen.

- Die begünstigten Gewinne sind **nicht entnommen** worden.

- Der Steuerpflichtige hat einen **Antrag** gestellt; dieser kann auf einen Teil des nicht entnommenen Gewinns **begrenzt** werden.

Für Veräußerungsgewinne i. S. von § 17 EStG kann § 34 a EStG faktisch nicht angewandt werden (obwohl Einkünfte aus Gewerbebetrieb vorliegen), weil eine Thesaurierung des Gewinns nicht möglich ist, denn die Anteile gehören zum Privatvermögen, es fehlt also an der Voraussetzung nicht entnommener Gewinn. **434**

1.12.4 Gewinnermittlung bei einer Personengesellschaft

Zum Betriebsvermögen einer Personengesellschaft gehören die Wirtschaftsgüter des Gesamthandsvermögens **und** des Sonderbetriebsvermögens. Folg- **435**

B. Laufende Besteuerung

lich ist ihr maßgebender Gewinn ihr **steuerlicher Gesamtgewinn,** der wie folgt zu ermitteln ist:

Gewinn/Verlust lt. Steuerbilanz der Personengesellschaft
+/- Gewinn/Verlust aus den Ergänzungsbilanzen der Gesellschafter
+/- Gewinn/Verlust aus den Sonderbilanzen der Gesellschafter
= steuerlicher Gesamtgewinn der Personengesellschaft i. S. von § 34 a Abs. 1 EStG

1.12.5 Begünstigter Gewinn

436 Begünstigt ist nach § 34 a Abs. 1 Satz 1 EStG der **nicht entnommene Gewinn,** der im zu versteuernden Einkommen enthalten ist. Das bedeutet, der Gewinn ist

- **zu mindern** um **steuerfreie** Gewinne (z. B. § 3 Nr. 40 EStG), weil diese nicht im zu versteuernden Einkommen enthalten sind (ESt 0 €!),

- **nicht zu erhöhen** um die aufgrund außerbilanzieller Korrekturen (z. B. nach §§ 3 c, 4 Abs. 5 EStG sowie ab VZ 2008 um die GewSt) dem Gewinn **hinzuzurechnenden** Beträge, weil diese nicht mehr im Vermögen vorhanden sind und deshalb nicht mehr entnommen werden können.

Die Begünstigung gilt **nicht** für Veräußerungsgewinne oder Aufgabegewinne, **soweit** für diese der Freibetrag nach § 16 Abs. 4 EStG **oder** § 34 Abs. 3 EStG in Anspruch genommen wird.

Dies gilt auch für den Veräußerungsgewinn, der nach Abzug des Freibetrags nach § 16 Abs. 4 EStG zu versteuern ist, der bei Inanspruchnahme des § 34 Abs. 3 EStG die Höchstgrenze überschreitet oder nach § 3 Nr. 40 Satz 1 Buchst. b EStG dem Teileinkünfteverfahren unterliegt.[789]

Sind sowohl die Voraussetzungen für eine Tarifbegünstigung nach § 34 a EStG als auch die Voraussetzung für eine Begünstigung nach § 34 Abs. 1 EStG erfüllt, kann der Gesellschafter nach Auffassung der Finanzverwaltung wählen, welche Begünstigung er in Anspruch nehmen will. Dies gilt auch für übrige Tarifermäßigungen (z. B. § 34 b EStG).[790]

437 Dagegen ist es **unschädlich,** wenn der Steuerpflichtige

- nur Teile seines Betriebs, aber **keinen Teilbetrieb** i. S. von § 16 Abs. 1 Nr. 1 EStG, veräußert, weil diese Gewinne als laufende Gewinne zu behandeln sind,

- nur **Teile eines Mitunternehmeranteils** veräußert, weil diese gem. § 16 Abs. 1 Satz 2 EStG als laufende Gewinne gelten,

- eine **Beteiligung an einer Kapitalgesellschaft** veräußert, die nach § 16 Abs. 1 Nr. 1 Satz 2 EStG als Teilbetrieb gilt, sofern er nicht § 16 Abs. 4

---
789 BMF vom 11.08.2008, BStBl I 2008, 838, Rz. 4.
790 BMF vom 11.08.2008, BStBl I 2008, 838, Rz. 6.

EStG in Anspruch nimmt. § 34 EStG scheidet gem. § 34 Abs. 2 EStG von vornherein aus.

Sonderfall:
Eine Tarifbegünstigung nach § 34 a EStG kommt jedoch in Betracht, soweit es sich um einen Veräußerungsgewinn handelt, der nicht aus dem Unternehmen entnommen wurde (z. B. bei Veräußerung eines in einem Betriebsvermögen befindlichen Mitunternehmeranteils) und kein Antrag nach § 16 Abs. 4 EStG oder § 34 Abs. 3 EStG gestellt wurde.

1.12.6 Nicht entnommener Gewinn

Der nicht entnommene Gewinn ist nach § 34 a Abs. 2 EStG der nach § 4 Abs. 1 Satz 1 EStG oder § 5 EStG ermittelte Gewinn, vermindert um den positiven Saldo der Entnahmen und Einlagen des Wirtschaftsjahrs. In diesem Gewinn sind auch noch die Beträge enthalten, die zur weiteren Ermittlung des steuerpflichtigen Gewinns außerhalb der Bilanz abgezogen (z. B. steuerfreie Gewinnanteile) oder hinzugerechnet (z. B. nicht abzugsfähige Betriebsausgaben) werden.

438

Der Begriff der Entnahmen und Einlagen in diesem Sinne ergibt sich aus § 4 Abs. 1 EStG und umfasst alle Entnahmen und Einlagen in Geld, Sachen, Nutzungen und Leistungen. Auch private Steuerzahlungen sind als Entnahmen in diesem Sinne anzusetzen.

Die Ermittlung des zu versteuernden Einkommens nach § 2 Abs. 5 EStG bleibt durch § 34 a EStG unberührt. Damit sind insbesondere die Regelungen über den Verlustausgleich und Verlustabzug vorrangig zu beachten. Der Verlustausgleich und Verlustabzug ist auch dann vorzunehmen, wenn für nicht entnommene Gewinne die Tarifbegünstigung nach § 34 a EStG in Anspruch genommen wird. Durch § 34 a EStG kann daher kein Verlustvortrag nach § 10 d EStG generiert werden.

Beispiel 1:

Einkünfte aus Gewerbebetrieb	200.000 €
(davon begünstigte nicht entnommene Gewinne: 140.000 €)	
Einkünfte aus Vermietung und Verpachtung	./. 30.000 €
Summe der Einkünfte	170.000 €

Vorrangig muss der vertikale Verlustausgleich zwischen den Einkunftsarten erfolgen. Somit steht für eine Tarifermäßigung nach § 34 a EStG maximal der verbleibende Betrag von 170.000 € zur Verfügung. Da der nicht entnommene Gewinn jedoch nur 140.000 € beträgt, ist die Tarifermäßigung auf diesen Betrag beschränkt.

Die Finanzverwaltung nimmt keine Stellung dazu, mit welchen positiven Einkünften die negativen Einkünfte aus Vermietung und Verpachtung zu

B. Laufende Besteuerung

verrechnen sind.[791] Nach der Rechtsprechung des BFH[792] sind bei § 34 EStG vorrangig die laufenden negativen Einkünfte mit den laufenden positiven Einkünften zu verrechnen; erst danach ist eine Verrechnung mit den begünstigten Einkünften vorzunehmen. Diese Rechtsprechung ist u. E. auch bei § 34 a EStG anzuwenden.

Beispiel 2:

Einkünfte aus Gewerbebetrieb	200.000 €
(davon begünstigte nicht entnommene Gewinne: 180.000 €)	
Einkünfte aus nichtselbständiger Arbeit	50.000 €
Einkünfte aus Vermietung und Verpachtung	./. 40.000 €
Summe der Einkünfte	210.000 €

Die negativen Einkünfte aus Vermietung und Verpachtung sind u. E. vorrangig mit den Einkünften aus nichtselbständiger Arbeit zu verrechnen. Somit kann für den begünstigten nicht entnommenen Gewinn in vollem Umfang die Tarifermäßigung nach § 34 a EStG in Anspruch genommen werden.

Der nicht entnommene Gewinn i. S. d. § 34 a EStG ist wie folgt zu ermitteln:

Gewinn nach § 4 Abs. 1 Satz 1 EStG oder § 5 EStG
+ Einlagen
./. Entnahmen
Nicht entnommener Gewinn (maximaler Begünstigungsbetrag)

Anmerkungen zu diesem Berechnungsschema:

- Die nicht abzugsfähigen Betriebsausgaben (§ 4 Abs. 4 a, 5, 5 a und 5 b und § 4 h EStG) haben den nach § 4 Abs. 1 oder § 5 EStG ermittelten Gewinn gemindert, da sie außerbilanziell hinzuzurechnen sind. Soweit der steuerpflichtige Gewinn auf Betriebsausgabenabzugsverboten beruht, kann keine Tarifbegünstigung nach § 34 a EStG in Anspruch genommen werden.

- Steuerfreie Gewinnanteile sind Bestandteil des nach § 4 Abs. 1 oder § 5 EStG ermittelten Gewinns, können aufgrund ihrer Steuerfreiheit jedoch selbst nicht Gegenstand der Tarifbegünstigung nach § 34 EStG sein. Bei der Ermittlung des nicht entnommenen Gewinns gelten sie zugunsten der Steuerpflichtigen jedoch als vorrangig entnommen.

- Bei doppel- oder mehrstöckigen Personengesellschaften ist es nicht erforderlich, dass die Untergesellschaft selbst ihren Gewinn nach § 4 Abs. 1 Satz 1 EStG oder § 5 EStG ermittelt. Jedoch muss die Obergesellschaft ihren Gewinn aus der Untergesellschaft nach § 4 Abs. 1 Satz 1 EStG oder § 5 EStG ermitteln.

- Einkünfte ausländischer Betriebsstätten sind im Rahmen des Betriebsvermögensvergleichs des Gesamtunternehmens zu erfassen und führen zu einem um die ausländischen Gewinnanteile erhöhten oder verminderten

---

791 BMF vom 11.08.2008, BStBl I 2008, 838, Rz. 1.
792 BFH vom 13.08.2003, BStBl II 2004, 547.

1 Einkommensteuer

– nach § 4 Abs. 1 oder § 5 EStG ermittelten – Gewinn. Damit beeinflussen ausländische Betriebsstättenergebnisse unmittelbar den nicht entnommenen Gewinn des (inländischen) Betriebs. Soweit die Gewinne aus ausländischen Betriebsstätten steuerfrei gestellt sind (z. B. aufgrund eines Doppelbesteuerungsabkommens),können sie – wie die anderen steuerfreien Gewinnanteile – nicht Gegenstand der Tarifbegünstigung nach § 34 a EStG sein.

Beispiel 3:

Ein Einzelunternehmer (50 Jahre alt) ermittelt im VZ 2008 seinen Gewinn nach § 5 EStG wie folgt:

	Kapital am 31.12.2008	400.000 €
./.	Kapital am 31.12.2007	350.000 €
		50.000 €
+	Entnahmen	70.000 €
./.	Einlagen	30.000 €
	Gewinn	90.000 €

Außerhalb der Buchführung wurde der Gewinn um die nichtabzugsfähigen Betriebsausgaben (einschl. Gewerbesteuer gem. § 4 Abs. 5 Nr. 5 b EStG) von 25.000 € erhöht. Gleichzeitig wurde der Gewinn um nach § 3 Nr. 40 Buchst. d) EStG steuerfreie Beteiligungserträge von 10.000 € gekürzt. Der steuerpflichtige Gewinn beträgt somit 105.000 €.

Der nach § 34 a Abs. 1 und 2 EStG begünstigungsfähige nicht entnommene Gewinn ermittelt sich wie folgt:

Nach § 5 EStG ermittelter Gewinn lt. Steuerbilanz	90.000 €
./. Entnahmenüberschuss (70.000 € ./. 30.000 € =)	40.000 €
begünstigungsfähiger nicht entnommener Gewinn	50.000 €
mit dem allgemeinen Steuersatz nach § 32 a EStG zu versteuern sind	55.000 €
Steuerpflichtiger Gewinn insgesamt	105.000 €

Beispiel 4:

Wie Beispiel 3, der Entnahmenüberschuss beträgt jedoch nur 8.000 €. Der nach § 34 a Abs. 1 und 2 EStG maximale begünstigungsfähige nicht entnommene Gewinn ermittelt sich wie folgt:

Nach § 5 EStG ermittelter Gewinn lt. Steuerbilanz	90.000 €
./. Entnahmenüberschuss	8.000 €
begünstigungsfähiger nicht entnommener Gewinn	82.000 €
mit dem allgemeinen Steuersatz nach § 32 a EStG zu versteuern sind	23.000 €
Steuerpflichtiger Gewinn insgesamt	105.000 €

Dieses Beispiel zeigt, dass steuerfreie Gewinnanteile Bestandteil des Steuerbilanzgewinns sind, die jedoch aufgrund ihrer Steuerfreiheit selbst nicht Gegenstand der Tarifbegünstigung sein können. Bei der Ermittlung des nicht

B. Laufende Besteuerung

entnommenen Gewinns gelten sie jedoch als vorrangig entnommen, d. h., die Entnahmen werden zunächst mit den steuerfreien Gewinnen verrechnet.

Andererseits gehören die nicht abzugsfähigen Betriebsausgaben nach § 4 Abs. 4a, 5, 5a und 5b EStG nicht zum begünstigten nicht entnommenen Gewinn, sondern müssen mit dem normalen Steuersatz nach § 32a EStG versteuert werden. Im vorliegenden Fall werden jedoch 2.000 € der nicht abzugsfähigen Betriebsausgaben mit den noch nicht durch Entnahmen verrechneten steuerfreien Gewinnen verrechnet.[793]

1.12.7 Besonderheiten bei Personengesellschaften

439 Bei einer Personengesellschaft gehören zu den Entnahmen und Einlagen sowohl diejenigen beim Gesamthandsvermögen als auch diejenigen beim Sonderbetriebsvermögen, z. B. die Entnahmen der Vergütungen i. S. von § 15 Abs. 1 Satz 1 Nr. 2 EStG. Die nach § 6 Abs. 5 Satz 3 EStG zwingend zum Buchwert vorzunehmende Übertragung eines Wirtschaftsguts aus dem Gesamthandsvermögen der Personengesellschaft in das Sonderbetriebsvermögen eines Gesellschafters bei derselben Personengesellschaft (und umgekehrt) hat keinen Einfluss auf die Höhe des nicht entnommenen Gewinns dieses Gesellschafters, weil sich die Entnahmen und Einlagen des übernehmenden/übertragenden Gesellschafters neutralisieren.

Da die Begünstigung des § 34a EStG **personenbezogen** zu gewähren ist, sind der Gewinnanteil und der Saldo der Entnahmen und Einlagen für jeden Gesellschafter **getrennt** zu ermitteln.

Beispiel:

An einer OHG sind A und B je zur Hälfte beteiligt. A ist alleiniger Geschäftsführer der OHG. Seine monatliche Vergütung, die auf sein privates Girokonto überwiesen wird, beträgt 10.000 €. B vermietet der OHG ein bebautes Grundstück für monatlich 3.000 €. Auch dieser Betrag wird auf ein privates Girokonto überwiesen.

Der Gewinn der OHG wurde wie folgt durch Betriebsvermögensvergleich ermittelt:

Kapital am 31.12.2008	600.000 €	
./. Kapital am 31.12.2007	458.000 €	
	142.000 €	
+ Entnahmen A	60.000 €	
+ Entnahmen B	30.000 €	
./. Einlagen A	20.000 €	
Gewinn	212.000 €	
+ nichtabzugsfähige Gewerbesteuer	32.000 €	(außerbilanzielle Hinzurechnung)

---

[793] BMF vom 11.08.2008, BStBl I 2008, 838, Rz. 11–18.

steuerpflichtiger Gewinn   244.000 €
+ Gewinn lt. Sonderbilanz A 120.000 €
+ Gewinn lt. Sonderbilanz B   22.000 €
Steuerlicher Gesamtgewinn 386.000 €

Die gewinnmindernd in der Sonderbuchführung des B gebuchten laufenden Grundstücksaufwendungen betrugen 11.000 € und wurden von einem privaten Girokonto des B überwiesen. Darüber hinaus wurde die AfA für das Gebäude mit 3.000 € abgezogen.

Dieser Gewinn wurde wie folgt auf die beiden Gesellschafter verteilt:

	Summe	A	B
Steuerlicher Gesamtgewinn	386.000 €		
./. Gewinn lt. Sonderbilanzen	142.000 €	120.000 €	22.000 €
verbleiben	244.000 €	122.000 €	122.000 €
Gewinnanteil		242.000 €	144.000 €

Der nach § 34 a Abs. 1 und 2 EStG nicht entnommene Gewinn des **A** ermittelt sich wie folgt:

Gewinnanteil lt. Steuerbilanz OHG – **vor Gewerbesteuer** –	106.000 €
+ Gewinn lt. Sonderbilanz	120.000 €
begünstigungsfähiger Gewinn	226.000 €
./. Entnahmeüberschuss (120.000 € + 60.000 € ./. 20.000 € =)	160.000 €
begünstigungsfähiger nicht entnommener Gewinn	66.000 €
mit dem allgemeinen Steuersatz zu versteuern sind	176.000 €
Steuerpflichtiger Gewinnanteil des A insgesamt	242.000 €

Der nach § 34 a Abs. 1 und 2 EStG nicht entnommene Gewinn des **B** ermittelt sich wie folgt:

Gewinnanteil lt. Steuerbilanz OHG – **vor Gewerbesteuer** –	106.000 €
+ Gewinn lt. Sonderbilanz	22.000 €
begünstigungsfähiger Gewinn	128.000 €
./. Entnahmeüberschuss (30.000 € + 36.000 € ./. 11.000 € =)	55.000 €
begünstigungsfähiger nicht entnommener Gewinn	73.000 €
mit dem allgemeinen Steuersatz zu versteuern sind	71.000 €
Steuerpflichtiger Gewinnanteil des B insgesamt	144.000 €

Bei doppel- oder mehrstöckigen Personengesellschaften ist für den Mitunternehmer der Obergesellschaft nur ein einheitlicher begünstigter Gewinn zu ermitteln.[794]

---

[794] Wegen Einzelheiten s. G. Rz. 39.

B. Laufende Besteuerung

1.12.8 Antrag

440 Die Begünstigung der Besteuerung des nicht entnommenen Gewinns mit dem Steuersatz von 28,25 % setzt einen **Antrag** des Steuerpflichtigen voraus. Dieser Antrag ist grundsätzlich bei Abgabe der Einkommensteuererklärung

- für jeden **Betrieb,**
- für jeden **Mitunternehmeranteil** und
- für jeden **Veranlagungszeitraum**

gesondert an das für die Einkommensbesteuerung zuständige (Wohnsitz-)Finanzamt zu stellen (§ 34 a Abs. 1 Satz 2 EStG).

Der Antrag kann für **jedes Jahr** wieder **neu** gestellt werden; es gibt keine Bindungswirkung für folgende Jahre. Er kann – selbst auf Kleinstbeträge – **begrenzt** werden, muss also nicht für den gesamten nicht entnommenen Gewinn in Anspruch genommen werden.

441 Die **Gesellschafter einer Personengesellschaft** können unabhängig voneinander – und somit auch unterschiedlich – die Inanspruchnahme des § 34 a EStG beantragen. Ein Mitunternehmer kann einen Antrag nach § 34 a Abs. 1 Satz 3 EStG nur stellen, wenn sein **Anteil am Gewinn** entweder (nach dem Gewinnverteilungsschlüssel) **mehr als 10 %** beträgt oder **10.000 € übersteigt.** Der Betrag von 10.000 € bezieht sich auf den **Gesamtgewinn** des Mitunternehmers, d. h. einschließlich der Ergebnisse aus Ergänzungsbilanz und Sonderbilanz.

Diese Antragsvoraussetzungen bei Personengesellschaften dienen der Verwaltungsvereinfachung. Damit soll verhindert werden, dass der Gesellschafter für Gewinnanteile aus Personengesellschaften, an denen er nur mit einem geringen Anteil beteiligt ist und seine Mitunternehmerinitiative auch nur minimal ausgeprägt ist (z. B. bei Fondsbeteiligungen), die Begünstigung in Anspruch nehmen kann.

Beispiel 1:

Kommanditist K ist mit 3 % an einer Publikumsgesellschaft beteiligt. Seine Gewinnanteile betragen im VZ 2008 7.000 €, im VZ 2009 12.000 € und im VZ 2010 5.000 €. Entnahmen hat K in diesen drei Jahren nicht getätigt.

K erfüllt nur im VZ 2009 die Voraussetzungen des § 34 a EStG, weil sein Gewinnanteil den Betrag von 10.000 € übersteigt. Er kann nur für diesen nicht entnommenen Gewinn die Steuerbegünstigung nach § 34 a EStG in Anspruch nehmen.

Beispiel 2:

Gesellschafter der AB-OHG sind A mit 90 % und B mit 10 %. Der nach § 5 EStG ermittelte Gewinn der OHG beträgt im Wirtschaftsjahr 01 200.000 €. Es sind nicht abzugsfähige Betriebsausgaben i. H. von 30.000 € angefallen. B hat in seiner Sonderbilanz aus der Vermietung eines Grundstücks an die OHG einen Verlust von 12.000 € erzielt.

Der nach § 5 EStG ermittelte steuerliche Gesamtgewinn der OHG beträgt 188.000 €. Die nicht abzugsfähigen Betriebsausgaben erhöhen zwar den steuerpflichtigen Gewinn der OHG, nicht aber den nach § 4 Abs. 1 Satz 1 EStG oder § 5 EStG ermittelten Gewinn. Sie bleiben deshalb bei dieser Berechnung außen vor. An dem Gewinn von 188.000 € ist B mit weniger als 10.000 € (20.000 € ./. 12.000 € = 8.000 €) und nicht zu mehr als 10 % (8/188 = 4,25 %) beteiligt, so dass die Anwendung des § 34 a EStG nur für A (Gewinnanteil 180.000 €) zulässig ist.

Hinweis:

Hinsichtlich der Änderung des Antrags nach § 34 a Abs. 1 Satz 1 EStG gelten die allgemeinen Grundsätze zur Ausübung von Wahlrechten (vgl. Nr. 8 des AEAO vor §§ 172–177 AO).[795]

Aus § 34 a Abs. 8 EStG ergibt sich für negative Einkünfte sowohl ein **Verlustausgleichsverbot** als auch ein **Verlustabzugsverbot** mit nach § 34 a Abs. 1 EStG ermäßigt besteuerten Gewinnen. Aus diesem Grund kann der Antrag nach § 34 a Abs. 1 Satz 4 EStG bis zur Unanfechtbarkeit des ESt-Bescheids für den nächsten Veranlagungszeitraum vom Gesellschafter ganz oder teilweise **zurückgenommen** werden. Dadurch wird ermöglicht, bei einem (überraschenden) Verlust im Folgejahr einen Verlustrücktrag vorzunehmen.

Beispiel 3:

A erzielt im VZ 2008 einen Gewinn von 310.000 €, von dem er 80.000 € für private Zwecke entnimmt. Einlagen hat er im VZ 2008 keine getätigt. Für den thesaurierten Gewinn von 130.000 € beantragt er die Begünstigung nach § 34 a EStG. Im VZ 2009 erzielt er unerwartet einen Verlust von 260.000 €. Weitere Einkünfte hat er in diesen beiden Jahren nicht erzielt.

Lösung:

Ein Verlustrücktrag in den VZ 2008 ist zunächst nicht möglich, weil der Gewinn des Jahres 2008 nach § 34 a Abs. 1 EStG begünstigt mit 28,25% versteuert wurde. Widerruft A jedoch den Antrag auf die Begünstigung des nicht entnommenen Gewinns des Jahres 2008 bis zur Bestandskraft des ESt-Bescheids 2009, kann er den Verlustrücktrag in voller Höhe von 260.000 € vornehmen. Widerruft er den Antrag dagegen nicht, ist ein Verlustrücktrag für VZ 2008 nur i. H. von 80.000 € (zzgl. eventueller nicht abzugsfähiger Betriebsausgaben gem. § 4 Abs. 5 EStG) möglich.

1.12.9 Nachversteuerungspflichtiger Betrag

Die Regelung in § 34 a EStG soll zu einer vergleichbaren Behandlung von Personenunternehmen und Kapitalgesellschaften führen. Deshalb werden **spätere Entnahmen** des begünstigt besteuerten Gewinns **wie Gewinnausschüttungen** behandelt. Der in späteren Jahren entnommene Gewinn soll im

---

[795] BMF vom 11.08.2008, BStBl I 2008, 838, Rz. 7 – 10.

B. Laufende Besteuerung

Ergebnis **wie eine Dividende** behandelt werden und dem Abgeltungssteuersatz von **25 %** (zzgl. Solidaritätszuschlag) unterliegen.

Deshalb ist nach § 34 a Abs. 3 Satz 3 EStG zum Ende eines **jeden** VZ der sog. **nachversteuerungspflichtige Gewinn** des Betriebs bzw. der Personengesellschaft für **jeden einzelnen** Mitunternehmer **gesondert** festzustellen. Die Feststellung erfolgt vom Wohnsitzfinanzamt des Mitunternehmers.

Die Feststellungsbescheide können nach § 34 a Abs. 9 Satz 2 EStG nur insoweit mit Einspruch angegriffen werden, als sich der nachversteuerungspflichtige Betrag gegenüber dem im Vorjahr festgestellten Betrag geändert hat.

1.12.10 Begünstigungsbetrag

444 Ausgangsbetrag für die Ermittlung des Begünstigungsbetrags i. S. von § 34 a Abs. 3 Satz 1 EStG ist der im VZ nach § 34 a Abs. 1 Satz 1 EStG **auf Antrag** begünstigt besteuerte **nicht entnommene Gewinn,** d. h. der Teil des Gewinns, der auf Antrag mit 28,25 % (zzgl. Solidaritätszuschlag) der Einkommensteuer unterworfen wird.

Der **nachversteuerungspflichtige** Betrag für den laufenden VZ ist – ausgehend vom Begünstigungsbetrag – um die in § 34 a Abs. 3 Satz 2 EStG aufgeführten Beträge grundsätzlich wie folgt zu ermitteln:

Begünstigungsbetrag des Veranlagungszeitraums

./. dafür gezahlte ESt (28,25 %)

./. gezahlter Solidaritätszuschlag

+ nachversteuerungspflichtiger Betrag des Vorjahres

./. Nachversteuerungsbetrag des laufenden Veranlagungszeitraums

= nachversteuerungspflichtiger Betrag zum Ende des VZ

Aus diesem Schema ergibt sich, dass der Nachversteuerung nur der in den vergangenen Jahren begünstigt besteuerte „Nettogewinn" unter Abzug der darauf entfallenden Steuerbelastung unterliegt. Dies ist der Regelung bei Kapitalgesellschaften nachgebildet, bei denen auch nur der nach Abzug der Körperschaftsteuer und des Solidaritätszuschlags verbleibende Gewinn noch für eine Ausschüttung zur Verfügung steht. Im Ergebnis wird damit in pauschaler Form die Zahlung der ermäßigten Steuer für die Zwecke der Nachversteuerung nicht als schädliche Entnahme angesehen.

Hinweis: Der Begünstigungsbetrag ist zwar um die gezahlte ESt und den gezahlten Solidaritätszuschlag zu kürzen, nicht aber um darauf entfallende Nebenleistungen, z. B. Zinsen und Säumniszuschläge, und auch nicht um die Kirchensteuer!

1.12.11 Wahlrecht

Hat ein Steuerpflichtiger mehrere Einzelunternehmen oder ist er auch an einer oder mehreren Personengesellschaften beteiligt, kann es zu Überführungen bzw. Übertragungen von Wirtschaftsgütern zwischen diesen Betrieben oder Mitunternehmeranteilen kommen, die zwingend nach § 6 Abs. 5 Satz 1 bis 3 EStG mit dem Buchwert vorzunehmen sind: **445**

- Überführung in ein anderes Einzelunternehmen,
- Überführung aus seinem Einzelunternehmen in sein Sonderbetriebsvermögen,
- Überführung aus seinem Sonderbetriebsvermögen in sein Einzelunternehmen,
- Überführung aus einem Sonderbetriebsvermögen in ein anderes Sonderbetriebsvermögen desselben Steuerpflichtigen,
- Übertragung aus einem Einzelunternehmen ins Gesamthandsvermögen einer Personengesellschaft gegen Gewährung von Gesellschaftsrechten oder unentgeltlich,
- Übertragung aus dem Gesamthandsvermögen einer Personengesellschaft in ein Einzelunternehmen gegen Minderung von Gesellschaftsrechten oder unentgeltlich,
- unentgeltliche Übertragung zwischen den jeweiligen Sonderbetriebsvermögen verschiedener Mitunternehmer derselben Personengesellschaft.

Diese Überführungen stellen weder im abgebenden Betrieb eine Entnahme i. S. von § 4 Abs. 1 Satz 2 EStG noch im aufnehmenden Betrieb eine Einlage i. S. von § 4 Abs. 1 Satz 7 EStG dar, deshalb erfolgt auch insoweit keine Nachversteuerung. Die buchmäßige Behandlung über Konto „Privat" ist unbedeutend.

Der Steuerpflichtige hat gem. § 34 a Abs. 5 Satz 2 EStG ein **Wahlrecht**. Auf Antrag wird im VZ der Überführung oder Übertragung auf eine Nachversteuerung verzichtet, wenn der nachversteuerungspflichtige Betrag (= Buchwert des übertragenen oder überführten Wirtschaftsguts) insoweit auf den das Wirtschaftsgut übernehmenden Betrieb oder Mitunternehmeranteil übertragen wird.

Liegen in einem Wirtschaftsjahr derartige Übertuhrungen bzw. Übertragungen vor und wird von dem Wahlrecht auf Übertragung des nachversteuerungspflichtigen Betrags nach § 34 a Abs. 5 Satz 2 EStG Gebrauch gemacht, so ist der nachversteuerungspflichtige Betrag zum Ende des Veranlagungszeitraums wie folgt zu ermitteln:

B. Laufende Besteuerung

Begünstigungsbetrag des Veranlagungszeitraums

./. gezahlte ESt (28,25 %)

./. gezahlter Solidaritätszuschlag

+ nachversteuerungspflichtiger Betrag des Vorjahres

./. Nachversteuerungsbetrag des laufenden VZ

+ nachversteuerungspflichtiger Betrag aus Übertragung Wirtschaftsgut auf **diesen** Betrieb/Personengesellschaft (§ 34 a Abs. 5 Satz 2 EStG)

./. nachversteuerungspflichtiger Betrag aus Übertragung Wirtschaftsgut auf **anderen** Betrieb/Personengesellschaft (§ 34 a Abs. 5 Satz 2 EStG)

= nachversteuerungspflichtiger Betrag zum Ende des VZ

Dabei ist zu beachten, dass die Übertragung des nachversteuerungspflichtigen Betrags grundsätzlich in Höhe des Buchwerts erfolgt, höchstens aber in Höhe des Nachversteuerungsbetrags, den die Übertragung oder Überführung des Wirtschaftsguts ausgelöst hätte.

Aber:

Ist in späteren Wirtschaftsjahren nach § 6 Abs. 5 Satz 4 oder 6 EStG für den Übertragungs- bzw. Überführungsvorgang auf Grund eines schädlichen Ereignisses rückwirkend der Teilwert anzusetzen, ist insoweit die Übertragung des nachversteuerungspflichtigen Betrags rückgängig zu machen.

Beispiel 1:

Gesellschafter A überführt in 02 ein Grundstück zum Buchwert von 230.000 € von seinem Einzelunternehmen (Gewinn in 02 70.000 €) in das Sonderbetriebsvermögen der OHG, an der er beteiligt ist. Die übrigen Entnahmen in seinem Einzelunternehmen betragen in 02 80.000 €, Einlagen wurden keine getätigt. Der nachversteuerungspflichtige Betrag des Einzelunternehmens zum 31.12.01 beträgt 390.000 €.

Die Gesamtentnahmen des A betragen 310.000 €. Der Nachversteuerungsbetrag nach § 34 a Abs. 4 EStG beträgt zunächst 240.000 € (310.000 € ./. Gewinn 70.000 €). Auf Antrag des A können 230.000 € (= Buchwert des überführten Wirtschaftsguts) auf den nachversteuerungspflichtigen Betrag des Mitunternehmeranteils übertragen werden. Es verbleiben im Einzelunternehmen 10.000 €, die der Nachversteuerung mit 25 % unterliegen (= 2.500 €). Der nachversteuerungspflichtige Betrag des Einzelunternehmens zum 31.12.02 beträgt 150.000 € (390.000 € ./. 230.000 € Übertragung ./. 10.000 € Nachversteuerung).

Der übertragungsfähige nachversteuerungspflichtige Betrag i. S. des § 34 a Abs. 5 EStG ist der nach Berücksichtigung der übrigen Entnahmen und hierauf nach § 34 a Abs. 4 EStG erfolgender Nachversteuerungen verbleibende nachversteuerungspflichtige Betrag, maximal jedoch der Buchwert.

1 Einkommensteuer

Beispiel 2:
Wie Beispiel 1, jedoch beträgt der nachversteuerungspflichtige Betrag des Einzelunternehmens zum 31.12.01 nur 150.000 €.
A muss von vornherein 10.000 € nachversteuern, da der Entnahmenüberhang (Gewinn 70.000 € ./. Entnahmen 80.000 €) insoweit auf den übrigen Entnahmen beruht. Auf Antrag des A können 230.000 € (= Buchwert des überführten Wirtschaftsguts), höchstens aber der verbleibende nachversteuerungspflichtige Betrag von 140.000 € auf den nachversteuerungspflichtigen Betrag des Mitunternehmeranteils übertragen werden. Der nachversteuerungspflichtige Betrag des Einzelunternehmens zum 31.12.02 beträgt 0 € (150.000 € ./. 10.000 € ./. 140.000 €).

1.12.12 Nachversteuerungsbetrag

Von dem nachversteuerungspflichtigen Betrag ist der Nachversteuerungsbetrag zu unterscheiden.

▷ Der **nachversteuerungspflichtige** Betrag ist der **Gesamtbetrag** der begünstigt besteuerten nicht entnommenen Gewinne bis zum Ende dieses Wirtschaftsjahres,

▷ der **Nachversteuerungsbetrag** ist der Betrag, der in diesem Jahr **entnommen** wurde und deshalb wie eine Gewinnausschüttung zu behandeln ist.

Ein Nachversteuerungsbetrag ergibt sich, wenn der **positive Saldo** der Entnahmen und Einlagen den in diesem Wirtschaftsjahr erzielten (positiven) **Gewinn nach § 4 Abs. 1 Satz 1 EStG oder § 5 EStG übersteigt** (Entnahmenüberhang) und am Ende des vorangegangenen Veranlagungszeitraums ein nachversteuerungspflichtiger Betrag festgestellt wurde. Im Fall eines Verlustes ist der Entnahmenüberhang so hoch wie der positive Saldo von Entnahmen und Einlagen.

Die Nachversteuerung wird nach § 34 a Abs. 4 Satz 1 und 2 EStG i. H. des Nachversteuerungsbetrags (höchstens i. H. des festgestellten nachversteuerungspflichtigen Betrags) mit einem festen Steuersatz von 25 % zzgl. Solidaritätszuschlag und ggf. Kirchensteuer neben der Versteuerung des zu versteuernden Einkommens des laufenden Veranlagungszeitraums mit dem persönlichen Steuersatz vorgenommen.

Beispiel 1:
Die AB-OHG (Gesellschafter A und B je zur Hälfte) erzielt in 03 einen Gewinn nach § 4 EStG 1 Satz 1 EStG i. H. von 40.000 €, davon entfallen auf A und B je 20.000 €. Beide Gesellschafter tätigten im Laufe des Jahres 03 Barentnahmen und Sachentnahmen von zusammen je 70.000 €. Einlagen erfolgten nicht. Der für das Jahr 02 festgestellte nachversteuerungspflichtige Betrag beträgt für A 90.000 € und für B 20.000 €.

A und B müssen ihren laufenden Gewinnanteil von je 20.000 € nach § 32 a EStG mit dem normalen Tarif nach der Grundtabelle oder Splittingtabelle versteuern. Der Entnahmenüberhang beträgt für A und B je 50.000 €. A muss seinen Entnahmenüberhang versteuern, weil der nachversteuerungspflichtige

439

B. Laufende Besteuerung

Betrag aus dem Vorjahr 90.000 € beträgt. B muss dagegen nur einen Entnahmenüberhang von 20.000 € versteuern, weil sein nachversteuerungspflichtiger Betrag aus dem Vorjahr nur 20.000 € beträgt. Die ESt beträgt für A 25 % von 50.000 € = 12.500 € und für B 25 % von 20.000 € = 5.000 €. Hinzu kommt der Solidaritätszuschlag mit 5,5 %, d. h. bei A 687,50 € und bei B 275 € und ggf. Kirchensteuer. Der nachversteuerungspflichtige Betrag für das Jahr 03 beträgt für A noch 40.000 € und für B 0 €. Diese Beträge sind nach § 34 a Abs. 3 Satz 3 EStG i. V. m. § 34 a Abs. 9 EStG von den Wohnsitzfinanzämtern von A und B gesondert festzustellen.

Bei der Ermittlung des Entnahmenüberhangs sind außerbilanzielle Hinzurechnungen nicht zu berücksichtigen. Sie erhöhen nicht den zu subtrahierenden Gewinn und vermindern damit nicht den Entnahmenüberhang, weil maßgebender Gewinn der nach § 4 Abs. 1 Satz 1 EStG oder § 5 EStG erzielte Gewinn ist. Andererseits wird der Entnahmenüberhang auch nicht durch die Berücksichtigung steuerfreier Gewinne erhöht.

Beispiel 2:

Wie Beispiel 1, der Gewinn der OHG von 40.000 € wurde außerhalb der Buchführung um die nicht abzugsfähige Gewerbesteuer (§ 4 EStG 5 b EStG) i. H. von 10.000 € erhöht.

Der von A und B nach § 32 a EStG mit dem normalen Tarif zu versteuernde Gewinnanteil beträgt in diesem Beispiel je 25.000 €. Hinzurechnungen wirken sich nicht auf den nicht entnommenen Gewinn aus. Somit verbleibt es sowohl bei der Versteuerung der Entnahmenüberhänge von 50.000 € bzw. 20.000 € als auch bei der gesonderten Feststellung der nachversteuerungspflichtigen Beträge von 40.000 € für A und 0 € für B.

Die Verwendungsreihenfolge des positiven Saldos aus Entnahmen und Einlagen ist wie folgt aufgebaut:[796]

1. positiver steuerfreier Gewinn des **laufenden** Jahres,
2. positiver steuerpflichtiger Gewinn des **laufenden** Jahres,
3. nicht entnommene und nach § 34 a EStG begünstigte Gewinne der **Vorjahre** (= nachversteuerungspflichtiger Gewinn der Vorjahre),
4. steuerfreie und nicht entnommene mit dem persönlichen Steuersatz versteuerte Gewinne der **Vorjahre.**

Das bedeutet, war am Ende des Vorjahres ein nachversteuerungspflichtiger Betrag vorhanden, gilt **zunächst dieser als entnommen,** selbst dann, wenn thesaurierte Gewinne in den Vorjahren nicht begünstigt, sondern mit dem normalen Einkommensteuersatz versteuert wurden. Es kommt zu einer vorrangigen Verwendung der begünstigt besteuerten Gewinne!

Die Erbschaftsteuer bzw. Schenkungsteuer anlässlich der Übertragung des Mitunternehmeranteils berechnet sich wie folgt:

---

[796] BMF vom 11.08.2008, BStBl I 2008, 838, Rz. 29.

1 Einkommensteuer

$$\text{Festgesetzte Erbschaftsteuer} \times \frac{\text{Erbschaftsteuerbemessungsgrundlage für den Mitunternehmeranteil}}{\text{Erbschaftsteuerbemessungsgrundlage}}$$

Entnahmen für die Erbschaftsteuer/Schenkungsteuer sind bei der Ermittlung des nicht entnommenen Gewinns des laufenden Wirtschaftsjahrs zu berücksichtigen. Die Regelung des § 34 a Abs. 4 Satz 1 EStG lässt diese nur bei der Ermittlung des Nachversteuerungsbetrags unberücksichtigt.

Eine Entnahme aus einem Betrieb für die Erbschaftsteuer eines anderen Betriebsvermögens desselben Gesellschafters fällt nicht unter die Ausnahmeregelung und führt daher im Fall des Entnahmeüberhangs zur Nachversteuerung beim Betrieb, bei dem die Entnahme getätigt wurde.

Wird die Erbschaftsteuer/Schenkungsteuer nur teilweise aus dem Betrieb entnommen, gilt die Entnahme vorrangig als für die auf den Mitunternehmeranteil entfallende Erbschaftsteuer/Schenkungsteuer getätigt.

Beispiel 3:
Die Erbschaftsteuer beträgt insgesamt 100.000 €, davon entfallen 50.000 € auf den geerbten Mitunternehmeranteil. Zur Bezahlung der Erbschaftsteuer entnimmt Gesellschafter A aus dem Betrieb der Personengesellschaft 80.000 €. Die restlichen 20.000 € bezahlt er aus privaten Mitteln. Sein Gewinnanteil beträgt 0 €. Sein nachversteuerungspflichtiger Betrag aus dem Vorjahr für diesen Mitunternehmeranteil wurde mit 60.000 € festgestellt.

Der Entnahmenüberhang beträgt 80.000 €. Davon entfallen 50.000 € auf die Entnahme für Erbschaftsteuer (§ 34 a Abs. 4 Satz 1 EStG). Es sind daher lediglich 30.000 € nachzuversteuern.

1.12.13 Nachversteuerungsfälle

Neben den Nachversteuerungsfällen, die sich durch Entnahmen ergeben, ist eine Nachversteuerung des nachversteuerungspflichtigen Betrags nach § 34 a Abs. 6 Nr. 1–4 EStG auch in folgenden Fällen durchzuführen:

- bei einer **Veräußerung/Aufgabe** eines Betriebs oder Mitunternehmeranteils, weil eine künftige Nachversteuerung nicht mehr möglich ist;
- bei einer **Einbringung** eines Betriebs oder Mitunternehmeranteils in eine **Kapitalgesellschaft** nach § 20 UmwStG, unabhängig davon, ob die Einbringung zum Buchwert, Zwischenwert oder gemeinen Wert erfolgt, weil eine künftige Nachversteuerung nicht mehr möglich ist;
- wenn die **Gewinnermittlung nicht** mehr nach § 4 Abs. 1 oder § 5 EStG erfolgt;
- wenn der Steuerpflichtige dies **beantragt**.

In den Fällen der Betriebsveräußerung, Betriebsaufgabe und der Einbringung in eine Kapitalgesellschaft kann die entstehende und geschuldete Einkommensteuer auf Antrag des Steuerpflichtigen über einen Zeitraum von

B. Laufende Besteuerung

höchstens **zehn Jahren zinslos gestundet** werden, wenn ihre alsbaldige Einziehung mit erheblichen Härten für den Steuerpflichtigen verbunden wäre. Dies gilt auch für den Teil des Veräußerungsgewinns, der nach § 16 Abs. 2 Satz 3 als laufender Gewinn gilt. Die Einkommensteuer ist dann in regelmäßigen Teilbeträgen zu entrichten (z. B. jährlich $^1/_{10}$ der Steuerschuld). In den anderen beiden Fällen ist eine Stundung nicht möglich. Jedoch bleibt die Stundungsmöglichkeit nach § 222 AO unberührt.

Darüber hinaus muss auch der zuletzt gesondert festgestellte nachversteuerungspflichtige Betrag in voller Höhe nachversteuert werden. Deshalb empfiehlt es sich bei rechtzeitiger Vorbereitung der Veräußerung u. U. bereits im Jahr vor der Veräußerung einen Antrag auf die Nachversteuerung nach § 34 a Abs. 6 Satz 1 Nr. 4 EStG zu stellen.

1.12.14 Ausnahmen von der Nachversteuerung

448 In den Fällen, in denen der **Rechtsnachfolger** in die Rechtsstellung des Rechtsvorgängers eintritt, geht nach § 34 a Abs. 7 EStG auch der nachversteuerungspflichtige Betrag dieses Betriebs oder Mitunternehmeranteils auf den Rechtsnachfolger **über**.

Folgende zwei Fälle sind davon betroffen:

- Übertragung eines Betriebs oder Mitunternehmeranteils im Wege der Erbfolge oder vorweggenommenen Erbfolge gem. § 6 Abs. 3 EStG zum **Buchwert**.

- Einbringung eines Betriebs oder Mitunternehmeranteils nach § 24 UmwStG in eine Personengesellschaft zum **Buchwert**.

Aber:

Erfolgt die Einbringung nach § 24 UmwStG zum **gemeinen Wert** oder zum **Zwischenwert**, liegt eine Veräußerung vor, die nach § 34 a Abs. 6 Nr. 1 EStG zu einer **Nachversteuerung** führt.

In diesen Fällen ist der nachversteuerungspflichtige Betrag zum Ende des Tages vor dem steuerlichen Übertragungsstichtag festzustellen.

Bei der Übertragung eines Teils eines Mitunternehmeranteils verbleibt der nachversteuerungspflichtige Betrag in voller Höhe beim bisherigen Mitunternehmer.

2 Gewerbesteuer

2.1 Begriff des Gewerbebetriebs

Die in § 15 Abs. 2 EStG enthaltene Begriffsbestimmung umfasst 7 Merkmale des Gewerbebetriebs:

— Selbständigkeit
— Nachhaltigkeit
— Gewinnerzielungsabsicht
— Beteiligung am allgemeinen wirtschaftlichen Verkehr

für alle betrieblichen Einkunftsarten (vgl. Abschn. 11 Abs. 1 und 2 GewStR, R 15.1 EStR, H 15.1–15.4 EStH)

Diese vier positiven Abgrenzungsmerkmale des natürlichen Gewerbebetriebs werden hier nicht näher dargestellt, da ihr Vorliegen grundsätzlich wie bei Einzelunternehmen zu entscheiden ist.

Die restlichen drei negativen Abgrenzungsmerkmale des Gewerbebetriebs sind:

— keine Ausübung von Land- und Forstwirtschaft (R 15.5 EStR, H 15.5 EStH)
— keine Ausübung eines freien Berufs oder andere selbständige Arbeit i. S. des § 18 EStG (H 15.6 EStH)
— keine Vermögensverwaltung (R 15.7 EStR und H 15.7 EStH)

Bei den Personengesellschaften sind alle drei betrieblichen Einkunftsarten denkbar. Dabei wird bei § 13 EStG bevorzugt die GbR vereinbart, während die Personenhandelsgesellschaften (OHG, KG) vorzugsweise gewerbliche Tätigkeiten i. S. des § 15 EStG ausüben. Freiberufler haben für eine gemeinsame Praxis die Wahl zwischen Partnerschaft nach dem PartGG und GbR.

Eine Personengesellschaft kann auch **vermögensverwaltend** tätig sein. In diesem Fall unterliegt sie **nicht** der **Gewerbesteuer**.[797] Dies gilt auch dann, wenn ein an dieser Personengesellschaft beteiligter Gesellschafter seinen Mitunternehmeranteil in seinem Betriebsvermögen hält **(Zebragesellschaft)**.[798]

Aber: Der anteilig auf diesen Gesellschafter entfallende Gewinn einschließlich der anteiligen Hinzurechnungen und Kürzungen ist in seinem Einzelunternehmen der Gewerbesteuer zu unterwerfen.

---
797 BFH vom 25.06.1984, GrS, BStBl II 1984, 751, 762, und vom 11.04.2005, BStBl II 2005, 679.
798 Siehe G. Rz. 67 ff.

B. Laufende Besteuerung

2.2 Die Personengesellschaft als Gewerbebetrieb

2.2.1 Gewerbliche Tätigkeit als Voraussetzung

450 Personengesellschaften sind nur dann ein Gewerbebetrieb i. S. von § 2 Abs. 1 GewStG, wenn sie ausschließlich oder teilweise eine gewerbliche Tätigkeit i. S. von § 15 Abs. 1 Satz 1 Nr. 2 EStG ausüben und ihre Gesellschafter als Mitunternehmer des Gewerbebetriebs anzusehen sind (Abschn. 11 Abs. 4 GewStR i. V. m. R 15.8 Abs. 5 EStR). Das bedeutet, die Gesellschafter sind als Mitunternehmer und damit als Unternehmer des **„gewerblichen Unternehmens i. S. des EStG"** zu verstehen. Mit dem Begriff „gewerbliches Unternehmen" werden nicht nur die sachlichen Grundlagen des Betriebs und die mit ihnen ausgeübte Tätigkeit angesprochen, sondern auch deren Beziehung zu dem oder den Unternehmern des Betriebs. Demgemäß zielt die Verweisung auf das EStG in § 2 Abs. 1 GewStG nicht nur auf die Vorschrift des § 15 Abs. 2 EStG, die vornehmlich die objektiven Voraussetzungen eines Gewerbebetriebs umschreibt, sondern auch auf § 15 Abs. 1 und 3 EStG. In Verbindung mit § 15 Abs. 1 Nr. 2 und Abs. 3 Nr. 1 EStG ergibt sich hieraus, dass die Tätigkeit einer Personengesellschaft, bei der die Gesellschafter als Unternehmer (Mitunternehmer) des Betriebs anzusehen sind, einen Gewerbebetrieb darstellt.[799]

In § 5 Abs. 1 Satz 3 GewStG ist im Hinblick auf den Objektsteuercharakter der GewSt ausdrücklich festgelegt, dass Steuerschuldner der GewSt die (gewerbliche) Personengesellschaft selbst ist.[800] Die **Unternehmerstellung der Gesellschafter** wird jedoch durch die Regelung über die Steuerschuldnerschaft der Personengesellschaft in **§ 5 Abs. 1 Satz 3 GewStG nicht** berührt. Auch nach dieser Vorschrift kann die Personengesellschaft als solche nicht als Unternehmer des Betriebs angesehen werden. Wäre nämlich die Personengesellschaft als solche Unternehmer des Betriebs, so ergäbe sich die Steuerschuldnerschaft bereits aus § 5 Abs. 1 Satz 1 GewStG. Der besonderen Regelung des § 5 Abs. 1 Satz 3 GewStG hätte es dann nicht bedurft. Die Funktion dieser Vorschrift ist deshalb erforderlich und von Bedeutung, als sie ermöglicht, Gewerbesteuermessbescheide und Gewerbesteuerbescheide an die Personengesellschaft selbst richten zu können und wegen rückständiger Gewerbesteuerbeträge unmittelbar in das Gesellschaftsvermögen vollstrecken zu können.[801] § 5 Abs. 1 Satz 3 GewStG ändert demnach nichts daran, dass die Gesellschafter die Unternehmer (Mitunternehmer) des Betriebs der Personengesellschaft sind.

Sonderfall: Bei einer EWIV sind nach § 5 Abs. 1 Satz 4 GewStG die Mitglieder Gesamtschuldner (Abschn. 36 GewStR).

---

799 BFH vom 03.05.1993, GrS, BStBl II 1993, 616, und vom 03.04.2008, BStBl II 2008, 742.
800 Vgl. BFH vom 03.05.1993, GrS, BStBl II 1993, 616.
801 BFH vom 03.04.2008, BStBl II 2008, 742 unter Bezug auf BFH vom 12.11.1985, BStBl II 1986, 311, 316 f.

2 Gewerbesteuer

Das bedeutet: Soweit sich Selbständige (Land- und Forstwirte oder freiberuflich Tätige) zu einer Personengesellschaft zusammenschließen, wird diese nicht gewerbesteuerpflichtig. Die Gesellschafter dieser Personengesellschaft erzielen nach wie vor Einkünfte aus Land- und Forstwirtschaft bzw. aus selbständiger Arbeit.

Aber:

1. Wird in einer GbR **neben** der rein land- und forstwirtschaftlichen oder freiberuflichen Tätigkeit auch eine gewerbliche Tätigkeit ausgeübt, ist nach § 15 Abs. 3 Nr. 1 EStG die gesamte Tätigkeit „stets und in vollem Umfang" als gewerbliche Tätigkeit anzusehen. Ist aber die gewerbliche Tätigkeit von untergeordneter Bedeutung, greift die umqualifizierende Wirkung des § 15 Abs. 3 Nr. 1 EStG ausnahmsweise nicht ein. Dies ist jedenfalls bei einem Anteil von 1,25 % der Fall.[802] **451**

   Dieses für die Gesellschafter nachteilige Ergebnis kann vermieden werden, wenn die Gesellschafter für die verschiedenartigen Tätigkeiten mehrere eigenständige Personengesellschaften gründen.[803] Dieses sog. Ausgliederungsmodell wird auch von der Finanzverwaltung anerkannt.[804] Die Folge einer Abfärbung tritt nicht ein, und zwar selbst dann nicht, wenn ganz oder teilweise die gleichen Personen an den beiden Gesellschaften beteiligt sind.

2. Dagegen führen gewerbliche Einkünfte im Sonderbereich des Gesellschafters einer freiberuflich tätigen Personengesellschaft nicht zu einer Abfärbung gem. § 15 Abs. 3 Nr. 1 EStG auf die Einkünfte der Personengesellschaft im Gesamthandsbereich.[805]

3. Bei der Personengesellschaft in der Rechtsform einer OHG oder KG besteht zwar grundsätzlich die **Vermutung,** dass sie ein **Handelsgewerbe** betreibt, also gewerblich tätig ist. Nach § 105 Abs. 2, § 161 Abs. 2 HGB ist aber eine Personengesellschaft, die nur eigenes Vermögen verwaltet, eine OHG bzw. eine KG, wenn die Firma des Unternehmens in das Handelsregister eingetragen ist. Diese Personengesellschaften erzielen keine Einkünfte aus Gewerbebetrieb, sondern Überschusseinkünfte.

4. Als Gewerbebetrieb gilt die Tätigkeit einer gewerblich geprägten Personengesellschaft gem. § 15 Abs. 3 Nr. 2 EStG (R 15.8 Abs. 6 EStR und H 15.8 Abs. 6 EStH).[806]

5. Sofern sich **Berufsfremde** an einer Personengesellschaft beteiligen, ist stets eine gewerbliche Tätigkeit gegeben, wenn die Berufsfremden Mitunternehmer sind.

---

802 BFH vom 11.08.1999, BStBl II 2000, 229.
803 BFH vom 25.06.1996, BStBl II 1997, 202, und vom 19.02.1998, BStBl II 1998, 603.
804 BMF vom 14.05.1997, BStBl I 1997, 566.
805 BFH vom 28.06.2006, BStBl II 2007, 378; siehe auch G. Rz. 64.
806 Siehe die ausführliche Darstellung in R. Rz. 17 ff.

B. Laufende Besteuerung

Beachte: Eine GmbH ist immer eine berufsfremde Person, sodass die mitunternehmerische Beteiligung einer GmbH an einer Personengesellschaft immer zu gewerblichen und nicht freiberuflichen Einkünften führt.[807]

Aber: Beruht die Beteiligung der berufsfremden Person auf einem Erbfall und beschränkt sich diese Beteiligung auf eine kurze Übergangszeit (= bis zu sechs Monate), werden die Einkünfte nicht in gewerbliche umqualifiziert.[808]

Aber: Eine Personengesellschaft, die sich aus Angehörigen **unterschiedlicher** freier Berufe zusammensetzt, ist nicht bereits vom Grundsatz her als gewerbliche Mitunternehmerschaft einzustufen. Vielmehr ist eine Personengesellschaft auch dann freiberuflich tätig i. S. von § 18 Abs. 1 Nr. 1 EStG, wenn die einzelnen Gesellschafter aufgrund ihrer jeweiligen und unterschiedlichen Qualifikation und Kenntnisse unterschiedliche freiberufliche Tätigkeiten ausüben, und zwar auf ihrem eigenen Fachbereich leitend und eigenverantwortlich tätig sind, aber die von den anderen Gesellschaftern in den von diesen wahrgenommenen Bereichen erforderlichen Qualifikationen nicht besitzen.[809]

Beispiel 1:

Gartenbaumeister S und Kaufmann M gründen eine OHG, die sowohl Erzeugnisse aus dem Gartenbaubetrieb des S als auch in großem Umfang zugekaufte Erzeugnisse anderer Erzeuger vertreibt. S liefert an die OHG zu üblichen Wiederverkaufspreisen.

Die OHG ist gewerblich tätig. Dagegen ist das Einzelunternehmen des S landwirtschaftlich tätig, unterliegt also nicht der Gewerbesteuer, weil nur eigene Erzeugnisse veräußert werden.

Hätte S die zugekauften Erzeugnisse im eigenen Betrieb veräußert, wäre dieser wegen dem zu hohen Zukauf insgesamt als Gewerbebetrieb anzusehen (R 15.5 Abs. 1 bis 5 EStR).

Beispiel 2:

Landschaftsgärtner A und Landschaftsarchitekt D gründen die AD-OHG, die für Großbauvorhaben privater und öffentlicher Auftraggeber Geländeplanung und Landschaftsgestaltung durchführt.

§ 13 EStG scheidet aus, da keine Erzeugnisse veräußert werden, sondern Bodengestaltung vorliegt. § 18 Abs. 1 Nr. 1 EStG kommt nicht in Betracht, da nicht nur die berufstypischen (Landschafts-)Architektenarbeiten ausgeführt werden (Planung und Überwachung von Bauarbeiten oder Gartenarbeiten). Die AD-OHG ist ein Gewerbebetrieb.

---

807 BFH vom 17.01.1980, BStBl II 1980, 336.
808 Siehe im Einzelnen O. Rz. 69.
809 BFH vom 23.11.2000, BStBl II 2001, 241. Vgl. auch B. Rz. 26 ff.

2 Gewerbesteuer

Beispiel 3:

Werbeberater W und Fotograf F gründen die WF-GbR, die für Versandkaufhäuser Werbeprospekte, Anzeigen und Filme nach Ideen von W und F herstellt. Die Tätigkeit in der Werbebranche ist Gewerbebetrieb.[810]

Beispiel 4:

Rechtsanwalt R und Steuerberater S vereinbaren eine Sozietät, in der sie jeweils berufstypische Tätigkeiten für den gleichen Mandantenkreis ausüben.

Da R und S Angehörige eines freien Berufs sind, erzielen sie im Rahmen der Personengesellschaft gemeinschaftliche freiberufliche Einkünfte gem. § 18 Abs. 1 Nr. 1 EStG, die gem. §§ 179, 180 AO gesondert und einheitlich festzustellen sind.

Beispiel 5:

Wie Beispiel 4, weitere Gesellschafterin ist U, die sich als Immobilienmaklerin insbesondere mit der Vermittlung von Bauträgermodellen befasst.

Die Beteiligung (= Mitunternehmerschaft) der U als berufsfremde Person führt zur Behandlung der **gesamten** Personengesellschaft als Gewerbebetrieb.[811]

Beispiel 6:

Gesellschafter einer GbR sind ein Arzt und ein wissenschaftlicher Dokumentator.

Die GbR kann freiberuflich tätig sein, wenn die Gesellschafter nur auf ihrem jeweiligen Fachgebiet tätig werden und ihre Arbeitsergebnisse in ein Gutachten einbringen, das für einen Auftraggeber der GbR bestimmt ist.[812]

Beispiel 7:

Nach dem Tod von Fahrlehrer F, der seine Fahrschule freiberuflich betrieb, führen die berufsfremde Witwe des F und ihr gemeinsamer Sohn S die Fahrschule mit den angestellten Fahrlehrern weiter.

Weil F und S berufsfremd sind, ist die von ihnen weiterbetriebene Fahrschule Gewerbebetrieb.[813]

Beispiel 8:

S, K und F gründen das SKF-Trio, eine Tanz- und Unterhaltungskapelle. Wird vor allem Unterhaltungsmusik angeboten, so kann eine Mitunternehmerschaft aller Musiker angenommen werden, wenn eine gemeinsame Kasse geführt wird. Dann liegt ein Gewerbebetrieb vor, soweit nicht Arbeitslohn gem. § 19 EStG aus Dienstverhältnissen anzunehmen ist.

Zusammenfassend ist bei Personengesellschaften jeweils zu prüfen, ob
— die Gesellschafter Mitunternehmer sind;
— die Tätigkeit als gewerblich i. S. des § 15 Abs. 2 EStG zu beurteilen ist;

---

810 BFH vom 16.01.1974, BStBl II 1974, 293.
811 BFH vom 11.06.1985, BStBl 1985, 584, und vom 09.10.1986, BStBl II 1987, 124.
812 BFH vom 23.11.2000, BStBl II 2001, 241.
813 BFH vom 19.05.1981, BStBl II 1981, 665, vom 14.12.1993, BStBl II 1994, 922.

B. Laufende Besteuerung

- nach dem Gesamtbild der Verhältnisse eine gewerbliche Betätigung vorliegt;
- ein Gewerbebetrieb durch Wahl der Rechtsform vorliegt.

2.2.2 Sonderfall Arbeitsgemeinschaften

452 Arbeitsgemeinschaften gelten – nur dann – nicht als selbständige Gewerbebetriebe, wenn ihr alleiniger Zweck in der Erfüllung eines einzigen Werkvertrags oder Werklieferungsvertrags besteht,[814] und zwar unabhängig davon, wie lange die Tätigkeit andauert (§ 2 a GewStG). Die Betriebsstätten der Arbeitsgemeinschaften gelten insoweit anteilig als Betriebsstätten der Beteiligten.

2.2.3 Sonderfall atypische stille Gesellschaft

453 Sind eine oder mehrere Personen oder Personengruppen als atypische stille Gesellschafter am Handelsgewerbe einer anderen Person beteiligt, liegt gewerbesteuerlich ein einziger Gewerbebetrieb vor, wenn der Zweck der atypischen stillen Gesellschaft jeweils darauf gerichtet ist, die gesamten unter der Firma des Inhabers des Handelsgeschäftes ausgeübten gewerblichen Tätigkeiten gemeinsam und zusammen mit dem Inhaber des Handelsgeschäfts auszuüben. Dagegen liegen getrennt zu beurteilende gewerbliche Tätigkeiten vor, wenn die den einzelnen atypischen stillen Gesellschaften und dem Inhaber des Handelsgeschäfts steuerrechtlich zuzuordnenden gewerblichen Tätigkeiten nicht identisch sind. Das ist z. B. der Fall, wenn die atypischen stillen Gesellschafter nur an bestimmten Geschäften oder jeweils nur an einem bestimmten Geschäftsbereich des Handelsgewerbes beteiligt sind (Abschn. 16 Abs. 5 GewStR).[815]

Bei einer GmbH & atypisch Still besteht die Besonderheit, dass die GmbH selbst zusätzlich Gewerbebetrieb kraft Rechtsform ist (§ 2 Abs. 2 GewStG). Sie unterliegt insoweit mit dem Gewinnanteil aus der atypischen stillen Gesellschaft, der anteilig auf sie entfällt, der Gewerbesteuer. Da dieser Gewinnanteil jedoch nach § 9 Nr. 2 GewStG bei der Ermittlung des Gewerbeertrags wieder zu kürzen ist, ergibt sich für die GmbH grundsätzlich ein eigener Gewerbeertrag von 0 Euro. Deshalb kann in der Regel auf die Erstellung eines eigenen Gewerbesteuer-Messbescheids für die GmbH verzichtet werden.

2.2.4 Sonderfall Abschreibungsgesellschaften

454 In den letzten Jahren wurden viele Personengesellschaften, vor allem in der Rechtsform der GmbH & Co. KG oder GmbH & Co. OHG, gegründet, deren alleiniger Zweck der Erwerb, die Vermietung und Veräußerung eines ein-

---
814 BFH vom 02.12.1992, BStBl II 1993, 577.
815 BFH vom 06.12.1995, BStBl II 1998, 685.

zigen Wirtschaftsguts ist. Diese sog. Abschreibungsgesellschaften sind vor allem bekannt als Flugzeugfonds oder Schifffonds.

In einem Fall, in dem die GmbH & Co. OHG insgesamt fünf Flugzeuge mit Einbauten (Komponenten) erwarb, diese Wirtschaftsgüter anschließend vermietete, zwischenzeitlich ein Flugzeug veräußerte und am Ende ihres Bestehens die verbleibenden vier Flugzeuge und die dazugehörenden Komponenten in einem zeitlichen Zusammenhang veräußerte, hat der BFH wie folgt entschieden:[816]

Die OHG ist ohne Zweifel **selbständig** tätig. Sie ist auch **nachhaltig** tätig, weil der Erwerb von fünf Flugzeugen, Komponenten und einem PKW, die anschließende Vermietung und die Veräußerung eine nachhaltige Betätigung in diesem Sinne darstellen. Sie beteiligte sich auch am **allgemeinen wirtschaftlichen Verkehr,** weil sie ihre Tätigkeit am Markt gegen Entgelt und für Dritte äußerlich erkennbar angeboten hat. Maßgeblich ist dabei die Erkennbarkeit für einen oder mehrere Auftraggeber.[817] Aus der Tatsache, dass die OHG aus ihrer Tätigkeit insgesamt einen erheblichen Gewinn erzielte, ist darauf zu schließen, dass ihre Tätigkeit im Ganzen auf Gewinnerzielung gerichtet war, womit auch das Merkmal **Gewinnerzielungsabsicht** vorliegt.

Umstritten war in diesem Fall vor allem das Merkmal **„keine Vermögensverwaltung".** Nach Auffassung des BFH wird die Grenze von der privaten Vermögensverwaltung zum Gewerbebetrieb überschritten, wenn nach dem Gesamtbild der Betätigung und unter Berücksichtigung der Verkehrsauffassung die Ausnutzung substantieller Vermögenswerte durch Umschichtung (Veräußerung) gegenüber der Nutzung der Vermögenswerte entscheidend in den Vordergrund tritt.[818] Die Umschichtung des Vermögens stand hier im Vordergrund, weil erst durch die Erzielung eines Veräußerungserlöses beim Verkauf der Flugzeuge der angestrebte Totalgewinn zu erzielen war. Die OHG verband hiernach planmäßig die auf Vermietung gerichtete Tätigkeit mit der Ausnutzung substantieller Vermögenswerte durch Umschichtung. Auch dieser Verkauf war von vornherein geplant. Der BFH kam folglich zum Ergebnis, dass die Vermietungstätigkeit mit dem Ankauf und Verkauf der Flugzeuge nebst Komponenten aufgrund eines **einheitlichen Geschäftskonzepts** verklammert war und damit insgesamt gewerblichen Charakter hatte.

Blieb noch zu klären, ob der Veräußerungsgewinn nach §§ 16, 34 EStG begünstigt und damit nicht gewerbesteuerbar ist. Die Veräußerung von Wirtschaftsgütern gehört dann nicht zum Aufgabegewinn, sondern zum laufenden Gewinn, wenn die Veräußerung wie im bisherigen laufenden Betrieb an den **bisherigen Kundenkreis** erfolgt und insoweit die **bisherige normale**

---
816 BFH vom 26.06.2007, DStR 2007 S. 1574.
817 BFH vom 10.12.1998, BStBl II 1999, 390, und vom 22.01.2003, BStBl II 2003, 464.
818 BFH vom 10.12.2001, GrS, BStBl II 2002, 291.

B. Laufende Besteuerung

Geschäftstätigkeit fortgesetzt wird, die Veräußerung somit Bestandteil eines **einheitlichen Geschäftskonzepts** der unternehmerischen Tätigkeit ist. Gewinne aus ihrer Natur nach laufenden Geschäftsbeziehungen gehören auch dann zum Gewerbeertrag, wenn sie im Zusammenhang mit einer Betriebsaufgabe erzielt werden. Dies gilt unabhängig davon, ob die Wirtschaftsgüter zum Anlagevermögen oder zum Umlaufvermögen gehören. Im vorliegenden Fall war die Veräußerung der Flugzeuge in den Leasingverträgen, die unzweifelhaft dem laufenden Betrieb zuzurechnen sind, bereits fest vereinbart. Der Verkauf war folglich Ausfluss von Geschäftsvorfällen, wie sie sich aus von der OHG eingegangenen Geschäftsbeziehungen während des Bestehens des Betriebs ergeben konnten. Die Verhandlungen zum Verkauf der Flugzeuge wurden von der OHG bis zur Abschlussreife ebenfalls im Rahmen des laufenden Geschäftsbetriebs und in einem Zeitpunkt geführt, in dem die Aufgabe des Gewerbebetriebs noch nicht beschlossen war. Der Veräußerungsgewinn resultierte damit aus einer laufenden Geschäftsbeziehung. Es bestand ein sachlicher Zusammenhang mit den während des laufenden Geschäftsbetriebs entwickelten absatzorientierten Aktivitäten der OHG, während der Zusammenhang mit der Betriebsaufgabe ein rein zeitlicher war.

Vom BFH noch nicht entschieden sind die Fälle, in denen Personengesellschaften nur ein **einziges** Flugzeug oder Schiff erwerben, vermieten und veräußern. Hier fehlt es zwar an der Nachhaltigkeit. Dieses Problem wird aber dadurch gelöst, dass die Personengesellschaften in der Rechtsform einer GmbH & Co. KG gegründet werden, gewerblich geprägt sind und deshalb nach § 15 Abs. 3 Nr. 2 EStG kraft gesetzlicher Fiktion Einkünfte aus Gewerbebetrieb erzielen. Unseres Erachtens bestehen überhaupt keine Bedenken, die Ausführungen des BFH auch auf diese Fälle anzuwenden und damit die Veräußerungsgewinne aus der Veräußerung der einzigen Wirtschaftsgüter dem laufenden Gewinn zuzurechnen, mit der Folge, dass diese zum einen gewerbesteuerbar sind und zum anderen nicht unter die Begünstigung der §§ 16 und 34 EStG fallen, folglich dem normalen Einkommensteuertarif unterliegen, weil auch in diesen Fällen ein einheitliches Geschäftskonzept vorliegt. Das bedeutet, die Initiatoren dieser Abschreibungsgesellschaften müssen ihr Gesamtkonzept ändern, damit es wieder zu Steuervergünstigungen kommen kann.

Bereits vor einigen Jahren hat der BFH entschieden,[819] dass Personengesellschaften, die **nicht** die Absicht haben, Gewinne zu erzielen, sondern eine Minderung der Einkommensteuer oder Körperschaftsteuer für ihre Gesellschafter anstreben, nicht gewerblich tätig sind. Diese Auffassung wurde zwischenzeitlich gesetzlich geregelt. Nach § 15 Abs. 2 Satz 2 EStG ist eine durch die Betätigung verursachte Minderung der Steuer vom Einkommen

---
819 BFH vom 10.09.1991, BStBl II 1992, 328; siehe im Einzelnen R. Rz. 17 ff.

kein Gewinn i. S. des § 15 Abs. 2 Satz 1 EStG. Gewinnerzielungsabsicht ist nur gegeben, wenn ein Unternehmen das eingesetzte Betriebsvermögen erhöhen will. Verluste dieser Personengesellschaften können damit nicht im Wege des Verlustausgleichs beim Gesellschafter mit anderen positiven Einkünften ausgeglichen werden.

Besteht das Vermögen einer Personengesellschaft, die einen **gewerblichen Grundstückshandel** unterhält, **(nahezu) ausschließlich** aus den Grundstücken im Umlaufvermögen und veräußert ein Gesellschafter seinen Mitunternehmeranteil, ist der Veräußerungsgewinn **nicht** nach §§ 16, 34 EStG begünstigt.[820] Das Entgelt für die Veräußerung von Mitunternehmeranteilen ist auf die Wirtschaftsgüter der Personengesellschaft aufzuteilen, mit der Folge, dass der auf die Grundstücke im Umlaufvermögen entfallende Gewinn als laufender Gewinn der Gewerbesteuer unterliegt.

Tragend hierfür ist, dass der Gewinn aus der Veräußerung eines Mitunternehmeranteils nicht anders behandelt werden kann als der Gewinn, den ein Einzelunternehmer (oder eine Personengesellschaft) bei der Aufgabe oder Veräußerung seines (ihres) gewerblichen Grundstückshandelsunternehmens aus der Veräußerung der zum Umlaufvermögen gehörenden Grundstücke erzielt.[821]

2.2.5 Umfang der gewerblichen Betätigung

Bestehen für verschiedene Tätigkeitsbereiche einer Personengesellschaft nicht jeweils eigenständige Personengesellschaften, sondern lediglich eine, so ist zwar nach dem insoweit einschränkend auszulegenden Wortlaut des § 15 Abs. 3 Nr. 1 EStG von einem einheitlichen Gewerbebetrieb dieser Personengesellschaft auszugehen. Jedoch sind der Ertrag und der Aufwand, die auf einer **privat,** d. h. ohne Einkünfteerzielungsabsicht veranlassten Tätigkeit beruhen, aus den gewerblichen Einkünften der Personengesellschaft auszuscheiden.[822]

Dabei ist wie folgt vorzugehen:

1. An sich gemischte Tätigkeiten sind insgesamt zunächst als gewerblich zu behandeln.
2. Nach dieser vorrangigen „Färbung" ist für die jeweils verschiedenen selbständigen Tätigkeitsbereiche das Vorliegen einer Gewinnerzielungsabsicht zu prüfen.

---

820 BFH vom 10.05.2007 und vom 05.06.2008, beide Urteile bisher noch nicht im BStBl veröffentlicht, vom 14.12.2006, BStBl II 2007, 777, und vom 14.12.2006, BFH/NV 2007, 692.
821 Zum gewerblichen Grundstückshandel siehe im Einzelnen BMF vom 26.03.2004, BStBl I 2004, 434.
822 BFH vom 25.06.1996, BStBl II 1997, 202.

B. Laufende Besteuerung

Diese Reihenfolge führt dazu, dass bei dem jeweiligen selbständigen Tätigkeitsbereich auf den **Total**gewinn, also einschließlich Veräußerungs- bzw. Aufgabegewinn, abzustellen ist.

Handelt es sich dagegen bei der Tätigkeit nur um eine bloße Hilfs- oder Nebentätigkeit zu einer dem Gewerbebetrieb dienenden Haupttätigkeit, ist zu prüfen, ob bei der Haupttätigkeit einschließlich der Hilfs- bzw. Nebentätigkeit eine Gewinnerzielungsabsicht besteht.

2.2.6 Organschaft

456 Ist eine **Kapitalgesellschaft** Organgesellschaft i. S. der §§ 14, 17 oder 18 KStG, so **gilt** sie nach § 2 Abs. 2 Satz 2 GewStG als **Betriebsstätte des Organträgers**. Voraussetzung für das Vorliegen einer gewerbesteuerlichen Organschaft ist die **finanzielle Eingliederung** und ein **Gewinnabführungsvertrag**.

Organträger können nach § 14 Abs. 1 Satz 1 Nr. 2 KStG i. V. m. § 2 Abs. 2 Satz 2 GewStG sein

- unbeschränkt steuerpflichtige natürliche Personen,

- nicht steuerbefreite Körperschaften, Personenvereinigungen oder Vermögensmassen mit Geschäftsleitung im Inland und

- Personengesellschaften i. S. des § 15 Abs. 1 Satz 1 Nr. 2 EStG mit Geschäftsleitung im Inland, wenn sie eine **originär gewerbliche** Tätigkeit i. S. des § 15 Abs. 1 Satz 1 Nr. 1 EStG ausüben. Voraussetzung ist, dass die Anteile an der Organgesellschaft zum Gesamthandsvermögen der Personengesellschaft gehören (§ 14 Abs. 1 Satz 1 Nr. 2 Satz 3 KStG). Eine gewerblich geprägte Personengesellschaft kann nicht Organträgerin sein. Damit können sog. Mehrmüttergesellschaften nicht mehr anerkannt werden.

Organgesellschaften können nur Kapitalgesellschaften mit Geschäftsleitung und Sitz im Inland sein (§ 14 Abs. 1, § 17 KStG).

Insbesondere in Fällen der **Betriebsaufspaltung** liegt bei gegebener körperschaftsteuerlicher Organschaft gewerbesteuerlich ein Organschaftsverhältnis zwischen der Besitzgesellschaft als Organträger und der Betriebs-GmbH als Organgesellschaft vor.[823]

Die Betriebsstättenfiktion des § 2 Abs. 2 Satz 2 GewStG bedeutet aber **nicht**, dass Organträger und Organgesellschaft als **einheitliches Unternehmen** anzusehen sind. Der Gewerbeertrag der Organgesellschaft ist vielmehr **getrennt zu ermitteln** und dem Organträger zur Berechnung seines Steuermessbetrags **zuzurechnen** (Abschn. 14 Abs. 1 Sätze 8 bis 10 und Abschn. 41 GewStR).

---
[823] Siehe im Einzelnen H. Rz. 140 und Hottmann u. a., F. Rz. 197 ff.

Besteht ein Organschaftsverhältnis **nicht während des ganzen Wirtschaftsjahrs** der Organgesellschaft, treten die steuerlichen Wirkungen des § 2 Abs. 2 GewStG für dieses Wirtschaftsjahr **noch nicht ein** (§ 14 Abs. 1 Satz 1 Nr. 1 KStG).

Die **Begründung** eines Organschaftsverhältnisses bewirkt nicht die Beendigung der Steuerpflicht der jetzigen Organgesellschaft; durch die Beendigung eines Organschaftsverhältnisses wird die Steuerpflicht der bisherigen Organgesellschaft nicht neu begründet (Abschn. 14 Abs. 2 GewStR).

2.3 Beginn und Ende der Gewerbesteuerpflicht

2.3.1 Beginn der Steuerpflicht

Als Realsteuer knüpft die Gewerbesteuer an die vollständig vorliegenden Voraussetzungen des natürlichen Gewerbebetriebs an, d. h., bei Einzelunternehmen wie bei Personengesellschaften beginnt die Steuerpflicht mit der Aufnahme des werbenden Betriebs (Abschn. 18 Abs. 1 GewStR). Dies gilt auch für Personengesellschaften, deren Gesellschafter ausschließlich Kapitalgesellschaften sind.[824] Bei gewerblich geprägten Personengesellschaften i. S. des § 15 Abs. 3 Nr. 2 EStG beginnt die Steuerpflicht erst, wenn der Gewerbebetrieb in Gang gesetzt ist (Abschn. 18 Abs. 1 Satz 5 GewStR). Bloße Vorbereitungshandlungen führen noch nicht zur Gewerbesteuerpflicht. Für die sachliche Steuerpflicht ist – im Gegensatz zur Gründung einer Kapitalgesellschaft – auch der Handelsregistereintrag ohne Bedeutung. Bis zur Eintragung einer KG im Handelsregister liegt eine OHG oder eine GbR vor (vgl. § 176 HGB). Für die Gewerbesteuer spielt jedoch die Gesellschaftsform der Personengesellschaft keine Rolle, sodass auch die atypische stille Gesellschaft gleich zu beurteilen ist, und zwar auch eine GmbH und atypisch stille Gesellschaft.[825] Der Zeitpunkt der Anmeldung nach § 55 GewO kann als Anhaltspunkt für den Beginn des werbenden Betriebs gelten.

Beispiel:

S und K beschließen, künftig selbständig und gemeinsam für alle Auftraggeber Werbezettel an Haushaltungen zu verteilen. S stellt hierfür Kleinbusse zur Verfügung. K übernimmt die Akquisition der Aufträge und die Überwachung der Verteilung der Werbeprospekte. S und K sind je zur Hälfte an der GbR beteiligt.

Der Gewerbebetrieb der GbR beginnt, sobald Geschäftsanbahnungen mit Kunden durch telefonisches oder schriftliches Anbieten der Dienstleistung „Prospektverteilung" angeknüpft werden, weil damit die reinen Vorbereitungshandlungen abgeschlossen sind und die Beteiligung am allgemeinen wirtschaftlichen Verkehr vorliegt.

---

824 BFH vom 22.11.1994, BStBl II 1995, 900.
825 BFH vom 25.07.1995, BStBl II 1995, 794.

B. Laufende Besteuerung

458 Nach § 4 Abs. 4 EStG sind Betriebsausgaben auch solche Aufwendungen, die vor dem Beginn des werbenden Betriebs entstanden sind. Dies gilt nicht für die Ermittlung des Gewerbeertrags. Die vorbereitenden Betriebsausgaben sind gewerbesteuerlich nichtabzugsfähig, auch nicht nach § 10 a GewStG als Verlustvortrag. Bei Personengesellschaften werden vorbereitend aufgewendet vor allem die Kosten des Gesellschaftsvertrags, Reisespesen der (künftigen) Gesellschafter, Renovierungskosten für Betriebsräume u. Ä.

Beispiel:

H, M und Z wollen einen Zeitschriftenverlag in Form einer OHG gründen und beauftragen einen Notar, einen Gesellschaftsvertrag aufzusetzen. Ein Grundstücksmakler soll ein Verlagsgebäude zur Miete vermitteln, mit Druckereien und Zeitungsvertriebsfirmen werden Verhandlungen über Geschäftsbeziehungen geführt und in Tageszeitungen werden Mitarbeiter gesucht. Vom 01.03. bis 30.09.01 entstehen hierfür Kosten von 50.000 €. Ab 01.10.01 wird die Zeitschrift „Deutschland-Illustrierte" gedruckt und angeboten. Vom 01.10. bis 31.12.01 erzielt die HMZ-OHG einen Betriebsverlust von 350.000 €.

Der Verlust vom 01.03. bis 30.09.01 = 50.000 € ist entstanden durch vorweggenommene Betriebsausgaben und kann daher gewerbesteuerlich nicht berücksichtigt werden, weil der werbende Betrieb der OHG erst am 01.10.01 begonnen hat. Der Gewerbeverlust ab 01.10.01 kann im VZ 02 gem. § 10 a GewStG i. H. von 350.000 € (nicht 400.000 €) vom Gewerbeertrag abgezogen werden.

2.3.2 Ende der Steuerpflicht

459 Die Gewerbesteuerpflicht erlischt bei allen Personengesellschaften, unabhängig von der Rechtsform, mit der tatsächlichen Einstellung des Betriebs. Das ist die Abwicklung des letzten Geschäftsvorfalls des (noch) werbenden Betriebs. Die Einstellung des Betriebs kann auch für eine gewisse Dauer erfolgen. Folglich hat die Eröffnung des **Insolvenzverfahrens** keine unmittelbare Wirkung auf die Gewerbesteuerpflicht (§ 4 Abs. 2 GewStDV). Davon zu unterscheiden sind Saisonbetriebe, die nach betriebswirtschaftlichen Grundsätzen während bestimmter Jahreszeiten stillgelegt werden, z. B. Zuckerfabriken oder Eisdielen (§ 2 Abs. 4 GewStG und Abschn. 19 Abs. 1 und 2 GewStR). Die Veräußerung des Betriebs oder die Aufgabe jeder werbenden Tätigkeit des Gewerbebetriebs führt stets zu dessen tatsächlicher Einstellung (§ 2 Abs. 5 GewStG).[826]

Beispiel:

Die HP-OHG gibt ihren Betrieb auf und veranstaltet vom 01.02. bis 28.02.01 einen Räumungsverkauf „wegen Geschäftsaufgabe". Mit Wirkung vom 01.03.01 verkauft sie den verbliebenen Warenbestand und die Ladeneinrich-

---

826 Wegen der ertragsteuerlichen Abgrenzung der Betriebsverpachtung im Ganzen (R 16 Abs. 5 EStR), der Betriebsaufgabe (R 16 Abs. 2 und 3 EStR), der Betriebsveräußerung im Ganzen (R 16 Abs. 1 EStR und Abschn. 20 Abs. 1 GewStR) und der Veräußerung eines Teilbetriebs (R 16 Abs. 3 EStR und Abschn. 20 Abs. 3 GewStR) siehe H. und M.

2 Gewerbesteuer

tung an ihre langjährige Verkäuferin. Diese eröffnet ab 02.05.01 die „Boutique Hella" für modische Damen- und Herrenbekleidung. Nach Beendigung des Räumungsverkaufs am 28.02.01 endet für den Betrieb der HP-OHG die Gewerbesteuerpflicht, weil die werbende Tätigkeit eingestellt ist. Das Einziehen von Forderungen („Versilberung des Vermögens") ist keine Fortsetzung des Betriebs mehr (Abschn. 19 Abs. 1 Sätze 7 und 8 GewStR m. w. N.).

Von der Einstellung des Betriebs sind die bloße Verlagerung des Betriebs an einen anderen Standort und die Betriebsunterbrechung i. S. des § 2 Abs. 4 GewStG zu unterscheiden (H 16 Abs. 2 [Betriebsverlegung] EStH). Eine Betriebsunterbrechung liegt z. B. nicht vor, wenn eine Personengesellschaft einige Zeit nach der Verpachtung des letzten selbst bewirtschafteten Teilbetriebs einen weiteren Teilbereich hinzuerwirbt und selbst bewirtschaftet.[827] Die Gewerbesteuerpflicht endet hier nicht, weil die wesentlichen Betriebsgrundlagen an den neuen Betriebsort verlegt werden. Die hebeberechtigte Gemeinde wechselt jedoch. **460**

Besonderheit:

Nach § 2 Abs. 5 GewStG gilt der Gewerbebetrieb als durch den bisherigen Unternehmer eingestellt, wenn er im Ganzen auf einen anderen Unternehmer übergeht. Der Gewerbebetrieb gilt als durch den anderen Unternehmer neu gegründet, wenn er nicht mit einem bereits bestehenden Gewerbebetrieb vereinigt wird. Diese Voraussetzungen sind jedoch nach der ständigen Rechtsprechung des BFH[828] nicht erfüllt, wenn

— aus einer Personengesellschaft einzelne Gesellschafter oder alle bis auf einen ausscheiden,

— in eine Personengesellschaft weitere Gesellschafter eintreten,

— ein Gesellschafterwechsel stattfindet,

— ein Einzelunternehmen durch Aufnahme eines oder mehrerer Gesellschafter in eine Personengesellschaft umgewandelt wird,

weil der Gewerbebetrieb mindestens von einem der bisherigen (Mit-)Unternehmer unverändert fortgeführt wird. Das bedeutet, die **sachliche** Steuerpflicht des Unternehmens **besteht fort** (Abschn. 20 Abs. 2 GewStR).

Dagegen **endet** oder **beginnt** die Steuerschuldnerschaft i. S. von § 5 Abs. 1 GewStG und damit die **persönliche** Steuerpflicht des Einzelunternehmers und der Personengesellschaft im **Zeitpunkt des Rechtsformwechsels,** wenn **461**

— ein Einzelunternehmen durch Aufnahme eines oder mehrerer Gesellschafter in eine Personengesellschaft umgewandelt wird oder

— aus einer Personengesellschaft alle Gesellschafter bis auf einen ausscheiden (Abschn. 35 Abs. 1 GewStR).

---

827 BFH vom 18.06.1998, BStBl II 1998, 735.
828 Zuletzt BFH vom 26.08.1993, BStBl II 1995, 791, m. w. N.

B. Laufende Besteuerung

Der Wechsel des Steuerschuldners ist bereits im Rahmen der Festsetzung des einheitlichen Steuermessbetrags (§ 14 GewStG) zu berücksichtigen. Findet der Rechtsformwechsel während des Kalenderjahres statt, so ist der für den **gesamten** Erhebungszeitraum ermittelte Steuermessbetrag nach dem Gewerbeertrag selbst für den Fall dem jeweiligen Steuerschuldner **zeitanteilig** zuzurechnen und **getrennt festzusetzen,** dass die sachliche Steuerpflicht unverändert fortbesteht.[829]

Das bedeutet, dass jedem der Steuerschuldner nur der Teil des Steuermessbetrags zugerechnet werden darf, der auf die Dauer seiner persönlichen Steuerpflicht entfällt.[830]

Aber: Diese Regelung gilt im Fall der atypischen stillen Gesellschaft nicht, weil bei dieser nach Abschn. 35 Abs. 2 Satz 1 GewStR der Inhaber des Handelsgeschäfts Steuerschuldner der Gewerbesteuer nach § 5 Abs. 1 Satz 1 GewStG ist. Durch Beginn und Beendigung des Gesellschaftsverhältnisses findet folglich ein Wechsel in der Person des Steuerschuldners nicht statt.

2.4 Umfang und Besonderheiten beim Gewerbeertrag

2.4.1 Grundsätze

462 Der Gewerbeertrag der Personengesellschaft ist selbständig zu ermitteln. Dabei sind die Gewinnermittlungsvorschriften des EStG zu beachten. So mindert z. B. die nach § 3 Abs. 2 StÄndG DDR gebildete sog. Akkumulationsrücklage auch den Gewerbeertrag.[831] Die Finanzverwaltung hat ihre gegenteilige Auffassung aufgegeben.[832] Eine Bindungswirkung an den einheitlichen und gesonderten Gewinnfeststellungsbescheid tritt jedoch nicht ein. Deshalb kann – unabhängig von der gesonderten und einheitlichen Gewinnfeststellung – gegen die Festsetzung des einheitlichen Gewerbesteuer-Messbetrags (§ 14 GewStG) Einspruch eingelegt werden. Dagegen ist der Gewerbesteuer-Messbescheid von Amts wegen aufzuheben oder zu ändern, wenn der Feststellungsbescheid aufgehoben oder geändert wird (§ 35 b GewStG).[833]

> **Beispiel 1:**
> Bei der gesonderten und einheitlichen Gewinnfeststellung für das Jahr 05 der X-KG wurden Sonderbetriebsausgaben des Gesellschafters X i. H. von 1.000 € nicht abgezogen, weil ihr Abzug in der Feststellungserklärung nicht beantragt worden war. Der einheitlich festzustellende Gewinn 05 wurde mit 101.500 € bestandskräftig festgestellt.

---

829 BFH vom 17.02.1989, BStBl II 1989, 664.
830 Wegen der Ermittlung siehe B. Rz. 495.
831 BFH vom 15.03.1994, BStBl II 1994, 813, und vom 26.10.1995, BStBl II 1996, 579.
832 BMF vom 04.10.1996, BStBl I 1996, 1198.
833 BFH vom 25.04.1985, BStBl II 1986, 350, und vom 11.12.1997, BStBl II 1999, 401, und vom 17.12.2003, BStBl II 2004, 699.

2 Gewerbesteuer

Ist der Gewerbesteuer-Messbescheid 05 noch nicht bestandskräftig, so kann die KG im Einspruchsverfahren beantragen, bei der Ermittlung des Gewerbeertrags 05 den Gewinn aus Gewerbebetrieb 05 mit (101.500 € ./. 1.000 € =) 100.500 € zugrunde zu legen.

Beispiel 2:

Bei der gesonderten und einheitlichen Gewinnfeststellung für das Jahr 06 der X-KG hatte das Finanzamt geltend gemachte Schuldzinsen i. H. von 80.000 € nicht als Betriebsausgaben anerkannt und den Gewinn der X-KG entsprechend erhöht. Im Einspruchsverfahren wurden die Schuldzinsen doch als Betriebsausgaben berücksichtigt und der Gewinn 06 im berichtigten Gewinnfeststellungsbescheid um 80.000 € gemindert. Die Summe von 100.000 € i. S. von § 8 Nr. 1 GewStG ist bereits überschritten.

Gemäß § 35 b GewStG ist vom Finanzamt auch ohne Einspruch der X-KG ein geänderter Gewerbesteuer-Messbescheid für das Jahr 06 zu erteilen und darin

a) der Gewinn gem. § 7 GewStG um 80.000 € zu mindern,

b) die Hinzurechnungen zum Gewinn gem. § 8 Nr. 1 Buchst. a GewStG um (¹/₄ von 80.000 € =) 20.000 € zu erhöhen.

Der Gewerbeertrag der X-KG für das Jahr 06 vermindert sich um 60.000 €.

Ist über das Vermögen der Personengesellschaft das Insolvenzverfahren eröffnet worden, so ist nach § 16 Abs. 2 GewStDV der Gewerbeertrag, der in dem Zeitraum von der Eröffnung bis zur Beendigung des Insolvenzverfahrens bzw. bis zur Einstellung der werbenden Tätigkeit erzielt worden ist, auf die Jahre der Dauer des Insolvenzverfahrens zu verteilen.

Der Abwicklungszeitraum i. S. des § 16 Abs. 2 GewStDV beginnt nicht zwingend mit der Eröffnung des Insolvenzverfahrens, sondern erst mit dem tatsächlichen Beginn der Abwicklung. Das bedeutet: Wird das Unternehmen – wenn auch nur für kurze Zeit – fortgeführt, beginnt der Abwicklungszeitraum erst mit dem Jahr, auf dessen Anfang oder in dessen Verlauf die Abwicklung beginnt. Fällt die Eröffnung des Insolvenzverfahrens in den Lauf eines Wirtschaftsjahrs, so ist grundsätzlich nach Abschn. 44 Abs. 1 und 2 GewStR für die Zeit vom Schluss des vorangegangenen Wirtschaftsjahrs bis zum Beginn der Abwicklung ein Rumpfwirtschaftsjahr zu bilden, das nicht in den Abwicklungszeitraum einzubeziehen ist. Wird jedoch von der Bildung eines Rumpfwirtschaftsjahrs abgesehen, beginnt der Abwicklungszeitraum am Schluss des vorangegangenen Wirtschaftsjahrs.

Die Verteilung des in diesem Zeitraum erzielten Gewerbeertrags auf die einzelnen Jahre geschieht nach dem Verhältnis, in dem die Zahl der Kalendermonate, in denen im einzelnen Jahr die Steuerpflicht bestanden hat, zu der Gesamtzahl der Kalendermonate des Abwicklungszeitraums steht. Dabei ist der angefangene Monat voll zu rechnen (Abschn. 44 Abs. 1 Satz 7 GewStR).

B. Laufende Besteuerung

2.4.2 Gewinn aus Gewerbebetrieb

463 Gewerbeertrag ist nach § 7 Satz 1 GewStG der nach den Vorschriften des EStG (§ 4 Abs. 1 Satz 1 EStG i. V. mit § 5 Abs. 1 Satz 1 EStG, § 4 Abs. 3 EStG und § 5 a EStG) oder des KStG (§ 8 Abs. 1 KStG) zu ermittelnde Gewinn aus dem Gewerbebetrieb, vermehrt und vermindert um Hinzurechnungen und Kürzungen gem. §§ 8 und 9 GewStG. Der Gewerbesteuer unterliegen aber grundsätzlich nur **laufende** Gewinne. Dazu gehört bei Personengesellschaften der **steuerliche Gesamtgewinn**, d. h. der Gewinn der Personengesellschaft zzgl. Vergütungen für Tätigkeit, Kapital und Überlassung anderer Wirtschaftsgüter an die Gesellschafter. Auch Tätigkeitsvergütungen, die eine OHG an atypisch still Unterbeteiligte des Hauptgesellschafters zahlt, sind gem. § 15 Abs. 1 Satz 1 Nr. 2 Satz 2 EStG dem Gesamtgewinn zuzurechnen.[834] Damit unterliegen die handelsrechtlichen Gewinnanteile, sämtliche Vorwegvergütungen und Einkünfte aus der Veräußerung oder Entnahme des notwendigen und gewillkürten Sonderbetriebsvermögens I und II insgesamt der Gewerbesteuer (Abschn. 39 Abs. 2 GewStR).[835] Die Einbeziehung des Sonderbetriebsvermögens in die Ermittlung des Gewinns und des Gewerbeertrags beruht auf der Wertung der Gesellschafter als (Mit-)Unternehmer des Betriebs. Dies gilt nicht nur für die Einkommensteuer, sondern ebenso für die Gewerbesteuer.

Bei der Ermittlung des Gewerbeertrags sind auch Steuerbefreiungen nach § 3 EStG zu berücksichtigen; § 3 Nr. 40 und § 3 c Abs. 2 EStG sind nach § 7 Satz 4 GewStG anzuwenden, soweit an der Personengesellschaft natürliche Personen unmittelbar oder mittelbar über eine oder mehrere Personengesellschaften beteiligt sind. Sind auch Kapitalgesellschaften an der Personengesellschaft beteiligt, ist § 8 b KStG anzuwenden. Das bedeutet: Ausgangsbetrag für die Ermittlung des Gewerbeertrags ist der nach einkommensteuerrechtlichen bzw. körperschaftsteuerrechtlichen Grundsätzen ermittelte steuerpflichtige Gewinn bzw. abzugsfähige Verlust.[836]

Die Regelungen des § 8 b Abs. 1 bis 5 KStG sowie des § 3 Nr. 40 EStG sind auch für Erhebungszeiträume vor 2004 nach den Grundsätzen des ab dem Erhebungszeitraum 2004 geltenden § 7 Satz 4 GewStG in allen noch offenen Fällen anzuwenden. Dies gilt auch bei Organschaften.

Soweit für Erhebungszeiträume vor 2004 bei der Mitunternehmerschaft im Rahmen der Gewinnermittlung Verluste aus der Veräußerung einer Beteiligung an einer Kapitalgesellschaft oder Teilwertabschreibungen auf eine derartige Beteiligung anzuerkennen sind, die sich nach der bisherigen Auffassung der Finanzverwaltung[837] mindernd auf den Gewerbeertrag der Mitunternehmerschaft ausgewirkt hätten, können diese Grundsätze in allen

---

834 BFH vom 02.10.1997, BStBl II 1998, 137.
835 BFH vom 03.04.2008, BStBl II 2008, 742.
836 Siehe hierzu ausführlich B. Rz. 233–242.
837 BMF vom 28.04.2003, BStBl I 2003, 292, Rz. 57.

2 Gewerbesteuer

noch offenen Fällen auf Antrag aus Gründen des Vertrauensschutzes weiter angewendet werden.[838] Dies gilt auch bei Organschaften.

Beispiel 1:

An der AB-OHG sind A und die B-GmbH je zur Hälfte beteiligt. Die OHG hält in ihrem Betriebsvermögen eine Beteiligung an der C-GmbH i. H. von 50 %. Der Gewinn der OHG beträgt in 01 440.000 €. Darin enthalten ist eine Gewinnausschüttung aus dieser Beteiligung i. H. von 200.000 €. In der Sonderbuchführung des A ergab sich ein Gewinn von 120.000 €, sodass der steuerliche Gesamtgewinn der OHG in 01 560.000 € beträgt.

Die Gewinnausschüttung der C-GmbH ist in einen steuerfreien und steuerpflichtigen Anteil aufzuteilen. Soweit sie auf A entfällt (= 100.000 €), ist sie nach § 3 Nr. 40 d EStG zur Hälfte (ab VZ 2009 zu 40 %) steuerfrei, soweit sie auf die B-GmbH entfällt (= 100.000 €), ist sie nach § 8 b Abs. 1 i. V. m. § 8 b Abs. 6 KStG in voller Höhe steuerfrei, wobei allerdings nach § 8 b Abs. 5 i. V. m. § 8 b Abs. 6 KStG 5 % = 5.000 € als nicht abziehbare Betriebsausgaben gelten.

Der steuerpflichtige Gewinn der OHG beträgt somit (440.000 € ./. 50.000 € ./. 95.000 € =) 295.000 €. Zusammen mit dem Gewinn aus der Sonderbilanz des A i. H. von 120.000 € ergibt sich ein steuerpflichtiger steuerlicher Gesamtgewinn der OHG von 415.000 €. Dieser Betrag ist nach § 7 Satz 1 GewStG Ausgangsbetrag für die Ermittlung des Gewerbeertrags. Eine Hinzurechnung nach § 8 Nr. 5 GewStG unterbleibt, weil die OHG zu Beginn des Erhebungszeitraums mit mindestens 15 % an der C-GmbH beteiligt ist. Der Gewinn ist nach § 9 Nr. 2 a GewStG um 50.000 € zu kürzen. Der Gewerbeertrag beträgt 365.000 €.

Nicht der Gewerbesteuer unterliegen **Veräußerungsgewinne** und **Aufgabegewinne** der Mitunternehmer nach § 16 Abs. 1 Nr. 2 EStG, da diese nicht als Ergebnis der werbenden Tätigkeit des Gewerbebetriebs (also während der Gewerbesteuerpflicht), sondern **nach Einstellung** des Gewerbebetriebs durch die Veräußerung des Gesellschaftsvermögens(anteils) oder Überführung ins Privatvermögen entstehen. Diese Gewinne gehören auch nicht zum Gewerbeertrag des Gesellschafters in seinem Einzelunternehmen, wenn die Beteiligung dort zum Betriebsvermögen gehört. Dementsprechend vermindern Veräußerungsverluste nicht den Gewerbeertrag (Abschn. 38 Abs. 3 Sätze 3 bis 5 GewStR). Auch der Gewinn aus der Veräußerung oder Aufgabe des Betriebs einer Personengesellschaft i. S. des § 15 Abs. 3 EStG gehört nicht zum Gewerbeertrag.

---

[838] BFH vom 09.08.2006, BStBl II 2007, 279; BMF vom 21.03.2007, BStBl I 2007, 302.

B. Laufende Besteuerung

Beispiel 2:
Die RST-OHG legt für das Jahr 03 folgende Gewinnberechnung und Gewinnverteilung vor:

Gesellschafter	Gewinn Sonderbilanz	Anteil am HB-Gewinn		Summe
	€	%	€	€
R	60.000	$33^1/_3$	75.000	135.000
S	300.000	$33^1/_3$	75.000	375.000
T	18.000	$33^1/_3$	75.000	93.000
	378.000		225.000	603.000

Der steuerliche Gesamtgewinn der OHG in 03 i. H. von 603.000 € ist als Ausgangsgröße bei der Ermittlung des Gewerbeertrags (zzgl. Hinzurechnungen, abzgl. Kürzungen) zugrunde zu legen.

Beispiel 3:
Die DEF-KG legt für das Jahr 04 folgende Gewinnberechnung und Gewinnverteilung vor:

Gesellschafter	Anteil am HB-Gewinn		Sonderbetriebsausgaben		stpfl. Veräußerungsgewinn gem. § 16 EStG	Summe
	%	€		€	€	€
Komplementär D	60	120.000	Darlehenszinsen	10.000	–	110.000
Kommanditist E	30	60.000		–	–	60.000
Kommanditist F	10	20.000		–	30.000	50.000
		200.000		./. 10.000	30.000	220.000

Bei der Ermittlung des Gewerbeertrags für 04 ist der laufende Gesamtgewinn abzgl. Sonderbetriebsausgaben **ohne** Veräußerungsgewinn anzusetzen als Ausgangsgröße mit (200.000 € ./. 10.000 € =) 190.000 €. Dem Gewerbeertrag der DEF-KG sind gem. § 8 Nr. 1 GewStG die Schuldzinsen zu $^1/_4$ (= 2.500 €) hinzuzurechnen, sofern der Betrag von 100.000 € i. S. von § 8 Nr. 1 GewStG überschritten ist.

464 Dagegen liegt in allen Fällen, in denen Veräußerungsgewinne oder Aufgabegewinne **nicht** nach §§ 16, 34 EStG begünstigt sind, ein **gewerbesteuerpflichtiger Ertrag** vor (Abschn. 39 Abs. 1 Nr. 1 GewStR):

1. Veräußerung eines **Teils eines Mitunternehmeranteils.**
2. Veräußerung oder Entnahme einer zum Betriebsvermögen der Personengesellschaft oder zum Sonderbetriebsvermögen eines Gesellschafters gehörenden **100%igen Beteiligung** an einer **Kapitalgesellschaft,** obwohl

diese nach § 16 Abs. 1 Nr. 1 Satz 2 EStG als Teilbetrieb gilt und nach §§ 16, 34 EStG begünstigt ist.[839]

Aber: Wird die Beteiligung an der Kapitalgesellschaft zusammen mit dem Mitunternehmeranteil veräußert, unterliegt der Gewinn nicht der Gewerbesteuer (Abschn. 39 Abs. 1 Nr. 1 Satz 13 GewStR).

3. Veräußerungsgewinne und Aufgabegewinne, soweit auf der Seite des Veräußerers und auf der Seite des Erwerbers **dieselben Personen Unternehmer oder Mitunternehmer** sind (§ 16 Abs. 2 Satz 3 und Abs. 3 Satz 5 EStG).

4. Gewinne aus der Veräußerung oder Aufgabe des Betriebs einer Personengesellschaft oder eines Mitunternehmeranteils, soweit sie nicht auf eine natürliche Person, sondern auf eine **Kapitalgesellschaft** oder auf eine (doppelstöckige) **Personengesellschaft** entfallen (§ 7 Satz 2 GewStG). Somit unterliegen auch einbringungsgeborene Anteile an einer Personengesellschaft dann der Gewerbesteuer, wenn Einbringender eine Kapitalgesellschaft war, die diesen eingebrachten Mitunternehmeranteil nunmehr veräußert.[840]

Beispiel 4:

Gesellschafterin einer OHG ist u. a. eine GmbH. Am 01.07.01 veräußert die GmbH ihren gesamten Mitunternehmeranteil an den neuen Gesellschafter X und erzielt dabei einen Veräußerungsgewinn i. H. von 150.000 €.

Der Veräußerungsgewinn der GmbH aus der Veräußerung des Mitunternehmeranteils erhöht den steuerlichen Gesamtgewinn der OHG und gehört damit gem. § 7 Satz 2 GewStG zum steuerpflichtigen Gewerbeertrag der **OHG** für das Jahr 01. Bei der Ermittlung des Gewerbeertrags der GmbH für ihren Gewerbebetrieb wird der gesamte Gewinnanteil der GmbH (laufender Gewinn und Veräußerungsgewinn) nicht noch einmal der Gewerbesteuer unterworfen, weil insoweit eine Kürzung nach § 9 Nr. 2 GewStG erfolgt.

Beispiel 5:

Gesellschafterin der ABC-KG ist u. a. eine OHG. Am 01.07.01 veräußert die OHG ihren gesamten Mitunternehmeranteil an den neuen Gesellschafter X und erzielt dabei ebenfalls einen Veräußerungsgewinn i. H. von 150.000 €.

Der Veräußerungsgewinn der OHG aus der Veräußerung ihres Mitunternehmeranteils erhöht den steuerlichen Gesamtgewinn der KG und gehört damit gem. § 7 Satz 2 GewStG zum steuerpflichtigen Gewerbeertrag der **KG** für das Jahr 01. Bei der Ermittlung des Gewerbeertrags der OHG für ihren Gewerbebetrieb wird der gesamte Gewinnanteil der OHG (laufender Gewinn und Veräußerungsgewinn) nicht noch einmal der Gewerbesteuer unterworfen, weil insoweit eine Kürzung nach § 9 Nr. 2 GewStG erfolgt.

---

839 BFH vom 03.04.2008, BStBl II 2008, 742.
840 Das entgegenstehende Urteil des BFH vom 27.03.1996, BStBl II 1997, 224, ist überholt.

B. Laufende Besteuerung

5. Wird eine Kapitalgesellschaft in eine Personengesellschaft umgewandelt und wird der Betrieb der Personengesellschaft oder ein Teilbetrieb oder ein Anteil an der Personengesellschaft innerhalb von **fünf Jahren** nach der Umwandlung aufgegeben oder veräußert, unterliegt der gesamte Aufgabe- oder Veräußerungsgewinn gem. § 18 Abs. 3 UmwStG auch bei natürlichen Personen der Gewerbesteuer. Dies gilt ab 01.01.2008 auch für den Teil des Veräußerungsgewinns, der auf das Vermögen entfällt, das beim aufnehmenden Rechtsträger bereits vor der Umwandlung im Betrieb vorhanden war.[841] Mit dieser Regelung soll verhindert werden, dass eine Kapitalgesellschaft, deren Liquidation der Gewerbesteuer unterliegt, zum Zwecke der Steuerersparnis vor der Liquidation in eine Personengesellschaft umgewandelt wird, deren Liquidationsgewinn bei der Gewerbesteuer nicht erfasst wird. Der auf diesen Aufgabe- oder Veräußerungsgewinn beruhende Teil des Gewerbesteuer-Messbetrags ist bei der Ermäßigung der Einkommensteuer nach § 35 EStG nicht zu berücksichtigen (§ 18 Abs. 3 Satz 3 UmwStG).

Ferner unterliegt der sich aus der Hinzurechnung des Unterschiedsbetrags nach § 5a Abs. 4 Satz 3 Nr. 2 EStG ergebende Gewinn, der sich bei der Veräußerung des Handelsschiffs einer Einschiffs-Personengesellschaft ergibt, auch dann der Gewerbesteuer, wenn die Personengesellschaft im Zusammenhang mit der Veräußerung ihren Betrieb aufgibt, weil sich diese Besteuerung unmittelbar aus § 7 Satz 3 GewStG ergibt.[842]

465 **Aber: Keine Gewerbesteuerpflicht** ergibt sich in folgenden Fällen:
1. Bei der Einbringung von Betrieben, Teilbetrieben oder Mitunternehmeranteilen in eine Personengesellschaft nach § 24 UmwStG. Erfolgt die Einbringung zum Buchwert und werden in diesem Zusammenhang **einzelne Wirtschaftsgüter,** die keine wesentlichen Betriebsgrundlagen sind, an Dritte veräußert oder ins Privatvermögen entnommen, erhöhen die dabei aufgedeckten stillen Reserven den nicht gewerbesteuerpflichtigen Einbringungsgewinn, weil sich an der Charakterisierung der Einbringung als tauschähnlichem Veräußerungsvorgang nichts ändert.[843]
2. Bei einer **Sonderrechtsnachfolge** in den Mitunternehmeranteil unterliegt der beim **Erblasser** entstehende Gewinn aus der Entnahme der Wirtschaftsgüter des Sonderbetriebsvermögens nicht der Gewerbesteuer, weil es sich nicht um einen laufenden Gewinn handelt.[844]
3. Bei einer Veräußerung **einbringungsgeborener Anteile** i. S. von § 22 Abs. 1 UmwStG, es sei denn, die Anteile sind bei der Sacheinlage einer

---
841 Das BFH-Urteil vom 20.11.2006, BFH/NV 2007 S. 793 ist für Umwandlungen, bei denen die Anmeldung zur Eintragung in das öffentliche Register nach dem 31.12.2007 erfolgt, nicht anzuwenden.
842 BFH vom 13.12.2007, BStBl II 2008, 583.
843 BFH vom 29.10.1987, BStBl II 1988, 374, und BFH vom 20.04.1995, BStBl II 1995, 708.
844 BFH vom 15.03.2000, BStBl II 2000, 316; wegen Einzelheiten hierzu siehe O. Rz. 50 ff.

Beteiligung an einer Kapitalgesellschaft oder im Wege der sog. verschleierten Sachgründung erworben worden.

2.4.3 Hinzurechnungen und Kürzungen

Die Vorschriften des § 8 GewStG über die Hinzurechnungen und § 9 GewStG über die Kürzungen bei der Ermittlung des Gewerbeertrags sind bei allen Gewerbebetrieben anzuwenden. Im Folgenden wird deshalb nur auf Tatbestände eingegangen, die bei Personengesellschaften speziell zu berücksichtigen sind. Dabei wird (nur) der Rechtsstand ab Erhebungszeitraum 2008 dargestellt.

2.4.3.1 Hinzurechnungen nach § 8 Nr. 1 GewStG

Die bisherigen Hinzurechnungsregelungen der § 8 Nr. 1, 2, 3 und 7 GewStG werden zu einer Hinzurechnung zusammengefasst.[845] Dazu ist die Summe aus folgenden Beträgen zu bilden:

- Alle **Entgelte** für **kurzfristige und langfristige Schulden,** die wirtschaftlich mit dem Betrieb zusammenhängen. Als Entgelte gelten dabei auch Diskontbeträge bei der Veräußerung von Wechselforderungen und anderen Geldforderungen. Aufwand aus gewährten Skonti u. Ä. wird nur dann einbezogen, wenn er nicht dem gewöhnlichen Geschäftsverkehr entspricht (z. B. Skonto bei unüblich langem Zahlungsziel). Nach § 4 h EStG nicht abziehbare Schuldzinsen sind erst im Jahr des Abzugs bei der Hinzurechnung zu erfassen.

- **Renten und dauernde Lasten,** die wirtschaftlich mit dem Betrieb zusammenhängen.

- Gewinnanteile des **stillen Gesellschafters,** auch wenn sie beim stillen Gesellschafter der Gewerbesteuer unterliegen.

- $^1/_5$ **der Miet- und Pachtzinsen** (einschließlich Leasingraten) für die Benutzung von **beweglichen** Wirtschaftsgütern des Anlagevermögens, die im Eigentum eines anderen stehen, unabhängig davon, ob die Erträge beim Leasinggeber der Gewerbesteuer unterliegen.

- $^{13}/_{20}$ **(65 %) der Miet- und Pachtzinsen** (einschließlich Leasingraten) für die Benutzung der **nicht beweglichen** Wirtschaftsgüter des Anlagevermögens (insbesondere Grundstücke), die im Eigentum eines anderen stehen.

- $^1/_4$ **der Aufwendungen** für die zeitlich befristete Überlassung von **Rechten** (insbesondere Lizenzen und Konzessionen). Eine Ausnahme gilt für Vertriebslizenzen (= Lizenzen, die ausschließlich zum Weiterverkauf daraus abgeleiteter Rechte berechtigen).

---

845 Ausführliche Erläuterungen enthält der gleichlautende Ländererlass vom 04.07.2008, BStBl I 2008, 730.

B. Laufende Besteuerung

Soweit die Summe dieser Hinzurechnungen den Betrag von **100.000 €** nicht übersteigt, erfolgt keine Hinzurechnung **(Freibetrag).** Soweit die Summe den Betrag von 100.000 € übersteigt, erfolgt eine Hinzurechnung mit ¹/₄ **des übersteigenden Betrags.**
Gleichzeitig entfällt die Kürzung nach § 9 Nr. 4 GewStG. Die Hinzurechnung nach § 8 Nr. 1 GewStG ist demnach auch dann vorzunehmen, wenn der Empfänger der Leistungen mit diesen der Gewerbesteuer unterliegt. Dies führt insbesondere in Betriebsaufspaltungsfällen zu einer Doppelbesteuerung.

Beispiel 1:
Bei der AB-OHG fallen im Erhebungszeitraum 01 folgende Aufwendungen an:
- 50.000 € Zinsen für einen kurzfristigen Kontokorrentkredit
- 20.000 € Zinsen für eine Dauerschuld
- 90.000 € Leasingraten für bewegliche Wirtschaftsgüter an eine gewerbliche Leasinggesellschaft

Die Summe der hinzuzurechnenden Beträge i. H. von (50.000 € + 20.000 € + ¹/₅ von 90.000 € =) 88.000 € übersteigt den Freibetrag von 100.000 € nicht. Es erfolgt keine Hinzurechnung nach § 8 Nr. 1 GewStG.

Beispiel 2:
Wie Beispiel 1, die Zinsen für den kurzfristigen Kontokorrentkredit betragen jedoch 70.000 €.
Die Summe der hinzuzurechnenden Beträge i. H. von (70.000 € + 20.000 € + ¹/₅ von 90.000 € =) 108.000 € übersteigt den Freibetrag von 100.000 €. Somit ist ¹/₄ des übersteigenden Betrags von 8.000 € = 2.000 € nach § 8 Nr. 1 GewStG hinzuzurechnen.

Beispiel 3:
Wie Beispiel 2, die OHG zahlt zusätzlich eine Pacht von 180.000 € für die Anmietung von Grundstücken.
Die Summe der hinzuzurechnenden Beträge i. H. von (70.000 € + 20.000 € + ¹/₅ von 90.000 € + ¹³/₂₀ von 180.000 € =) 225.000 € übersteigt den Freibetrag von 100.000 €. Somit ist ¹/₄ des übersteigenden Betrags von 125.000 € = 31.250 € nach § 8 Nr. 1 GewStG hinzuzurechnen.

Erläuterungen zu den einzelnen Arten dieser Hinzurechnungen:
- **Entgelte für Schulden**

Zu den Entgelten für Schulden gehören auch Schuldzinsen eines Gesellschafters für kurzfristige und langfristige Schulden, die zu seinem Sonderbetriebsvermögen gehören.

Die Vorschrift des § 8 Nr. 1 GewStG betrifft jedoch **nicht** Darlehen der Gesellschafter an die Personengesellschaft, weil die Zinsen eine Vergütung sind i. S. von § 15 Abs. 1 Satz 1 Nr. 2 EStG und damit in voller Höhe im steuerlichen Gesamtgewinn erfasst sind. Dasselbe gilt für Darlehen der

Personengesellschaft an ihre Gesellschafter, wenn die Schuld zu deren Sonderbetriebsvermögen gehört.

Beispiel 4:

G ist an einer KG mit einer Einlage von 500.000 € beteiligt. Zur Finanzierung seiner Einlage musste G einen Bankkredit i. H. von 200.000 € aufnehmen, Zins 8 %. Außerdem gewährte G der KG ein Darlehen i. H. von 100.000 €, Zins 9 %.

Die KG muss das Darlehen **passivieren** und erfasst die Schuldzinsen von 9.000 € in ihrer Buchführung als Aufwand. G muss die Darlehensforderung in seiner Sonderbilanz aktivieren und die Zinsen von 9.000 € gewinnerhöhend als Ertrag buchen. Der steuerrechtliche Gesamtgewinn der KG beträgt insoweit 0 €. Da sich die Schuldzinsen nicht gewinnmindernd ausgewirkt haben, erübrigt sich eine Hinzurechnung.

G muss das Darlehen zur **Finanzierung** seiner Einlage in seiner **Sonderbilanz** passivieren. Die Schuldzinsen von 16.000 € stellen Sonderbetriebsausgaben dar und mindern den Sonderbilanzgewinn des G und den steuerlichen Gesamtgewinn der KG. Bei der Ermittlung des Gewerbeertrags sind diese Schuldzinsen im Rahmen des § 8 Nr. 1 GewStG hinzuzurechnen.

Aus der Abzinsung und der nachfolgenden Aufzinsung von unverzinslichen Verbindlichkeiten nach § 6 Abs. 1 Nr. 3 EStG und von Rückstellungen nach § 6 Abs. 1 Nr. 3a EStG können sich keine Entgelte i. S. von § 8 Nr. 1 GewStG ergeben.[846]

- **Renten und dauernde Lasten**

Die Hinzurechnungen von Renten und dauernden Lasten erfolgen unabhängig davon, ob sie mit der Gründung oder dem Erwerb des Betriebs der ganzen Personengesellschaft, eines Mitunternehmeranteils oder mit dem Erwerb oder der Herstellung einzelner Wirtschaftsgüter zusammenhängen. Die hierzu gehörende Rentenverpflichtung der Personengesellschaft oder der Gesellschafter muss nach der versicherungsmathematischen Methode aufgelöst werden, deshalb bestimmt sich der hinzuzurechnende Betrag nach dem buchmäßigen Unterschied zwischen der Rentenzahlung (Aufwand) und der Herabsetzung des Barwerts (Ertrag).

469

Beispiel 5:

Die L-OHG entstand durch entgeltlichen Erwerb des Betriebs der X. Diese erhält eine monatliche Leibrente von 4.000 €. Am 01.01.02 betrug der Barwert der Rentenverpflichtung der OHG gegenüber X 300.000 €, am 31.12.02 278.000 €. Die laufenden Rentenzahlungen der OHG im Jahr 02 von 48.000 € sind als Aufwand gebucht worden. Bei den vorbereitenden Abschlussbuchungen für 02 buchte die OHG die Barwertminderung von 22.000 € als Ertrag.

Im Rahmen der Hinzurechnung nach § 8 Nr. 1 GewStG zum Gewerbeertrag 02 sind die Rentenaufwendungen mit (48.000 € ./. 22.000 € =) 26.000 € zu erfassen, weil in dieser Höhe der Gewinn der OHG für 02 gemindert ist.

---

846 Gleichlautender Ländererlass vom 04.07.2008, BStBl I 2008, 730, Rz. 12.

B. Laufende Besteuerung

Beispiel 6:
Der Gesellschafter B der B-OHG hat seinen Gesellschaftsanteil zum 01.01.02 von dem früheren Gesellschafter M gegen eine Leibrentenverpflichtung erworben.
Legt man die gleichen Zahlen wie im Beispiel 1 zugrunde, so ergeben sich in der Sonderbuchführung des B 22.000 € Sonderbetriebsausgaben. Diese sind – da im Ergebnis vom Gesamtgewinn der OHG abgezogen – zur Ermittlung des Gewerbeertrags der B-OHG wieder im Rahmen des § 8 Nr. 1 GewStG hinzuzurechnen.

Die Zusagen der betrieblichen Altersversorgung sind keine Renten und dauernde Lasten i. S. von § 8 Nr. 1 b GewStG.

- **Gewinnanteile des stillen Gesellschafters**

470 Die Hinzurechnung der Gewinnanteile des (typisch) stillen Gesellschafters erfolgt unabhängig davon, ob die Beteiligung zum gewerblichen Betriebsvermögen des Stillen gehört. Dadurch kann es zu einer doppelten Gewerbesteuerbelastung kommen, da korrespondierende Kürzungsvorschriften, die eine derartige Doppelbesteuerung vermeiden, nicht vorgesehen sind. Die Hinzurechnung betrifft auch typisch still Unterbeteiligte (Abschn. 50 Abs. 4 GewStR).

Beispiel 7:
An einer KG sind N und O als Gesellschafter beteiligt. Am Kommanditanteil des O ist P mit 10 % typisch still unterbeteiligt. P ist zugleich Angestellte der KG. Im Jahr 06 legt die KG folgende Gewinnberechnung und Gewinnverteilung vor:

Gesellschafter	Anteil am HB-Gewinn		Sonderbetriebsausgaben	Summe
	%	€	€	€
N	70	210.000	–	210.000
O	30	90.000	./. 9.000	81.000
		300.000	./. 9.000	291.000

Bei Ermittlung des Gewerbeertrags der KG ist dem Gewinn von 291.000 € gem. § 8 Nr. 1 Buchst. c GewStG der Gewinnanteil des still Unterbeteiligten i. H. von 9.000 € im Rahmen des § 8 Nr. 1 GewStG hinzuzurechnen. Das Gehalt der P bleibt Betriebsausgabe der KG, insoweit erfolgt keine Hinzurechnung, da P keine Mitunternehmerin der KG ist.

Beispiel 8:
Wie Beispiel 7, aber P betreibt ein Einzelunternehmen, in dem die stille Unterbeteiligung als gewillkürtes Betriebsvermögen aktiviert und der Gewinnanteil als Ertrag erfasst ist.
Obwohl der Gewinnanteil der P am Mitunternehmeranteil des O zu ihrem Betriebsvermögen gehört und im Einzelunternehmen der Gewerbesteuer

unterliegt, muss die KG den Betrag von 9.000 € im Rahmen des § 8 Nr. 1 GewStG bei der Ermittlung des Gewerbeertrags hinzurechnen.

- **Miet- und Pachtzinsen für bewegliche und unbewegliche Wirtschaftsgüter**

  Auch in diesen Fällen kann es zu einer doppelten Gewerbesteuerbelastung kommen, wenn der Vermieter das vermietete Wirtschaftsgut als notwendiges oder gewillkürtes Betriebsvermögen aktiviert hat und folglich die Miete seinen gewerbesteuerpflichtigen Gewinn erhöht hat. Zu den Mietaufwendungen für Grundstücke gehören auch Erbbauzinsen.[847]   **471**

2.4.3.2 Erträge aus Beteiligungen an Kapitalgesellschaften

Hinsichtlich der Erträge aus Beteiligungen an Kapitalgesellschaften ist zwischen Beteiligungen von **mindestens 15 %** und **weniger als 15 % (Streubesitz)** zu unterscheiden. Der Gesetzgeber verfolgt das Ziel, Beteiligungserträge bei der Gewerbesteuer in **voller Höhe** zu   **472**

- **entlasten,** wenn die Beteiligung **mindestens 15 %,** und zu
- **belasten,** wenn die Beteiligung **weniger als 15 %**

beträgt. Dies wird zum einen erreicht durch die Kürzungsvorschriften des § 9 Nr. 2 a GewStG und zum andern durch die Hinzurechnungsvorschrift des § 8 Nr. 5 GewStG.

2.4.3.2.1 Kürzung gemäß § 9 Nr. 2 a GewStG

Bei der Kürzung des Gewerbeertrags der Personengesellschaft um ausgeschüttete Gewinnanteile aus Anteilen an nicht steuerbefreiten inländischen Kapitalgesellschaften gem. § 9 Nr. 2 a GewStG sind sowohl Anteile im **Gesamthandsvermögen** der Personengesellschaft als auch im **Sonderbetriebsvermögen I und II** der Gesellschafter einzubeziehen. Die Beteiligung am Nennkapital der Kapitalgesellschaft muss zu **Beginn** des **Erhebungszeitraums** (= Kalenderjahr gem. § 14 Abs. 2 GewStG) mindestens 15 % betragen haben. Die Anteilsrechte der Gesellschafter im notwendigen (Sonder-)Betriebsvermögen werden zusammengerechnet (Abschn. 61 Abs. 1 Satz 4 GewStR). Unter die Kürzung fallen sowohl offene als auch verdeckte Gewinnausschüttungen sowie Liquidationsgewinne.[848]   **473**

Die Kürzung gilt nicht für Veräußerungsgewinne, da der Zweck der Vorschrift die Gleichbehandlung von Anteilen an Personengesellschaften (§ 9 Nr. 2 GewStG) und qualifizierten Beteiligungen an Kapitalgesellschaften ist.[849]

---

847 BFH vom 07.03.2007, BStBl II 2007, 654; gleichlautender Ländererlass vom 04.07.2008, BStBl I 2008, 730, Rz. 28.
848 BFH vom 08.05.2003, BStBl II 2004, 460.
849 BFH vom 02.02.1972, BStBl II 1972, 470.

B. Laufende Besteuerung

Im unmittelbaren Zusammenhang mit Gewinnanteilen stehende Aufwendungen mindern nach § 9 Nr. 2 a Satz 3 GewStG den Kürzungsbetrag, soweit entsprechende Beteiligungserträge zu berücksichtigen sind; insoweit findet § 8 Nr. 1 GewStG keine Anwendung.[850] Nach § 8 b Abs. 5 KStG nicht abziehbare Betriebsausgaben sind keine Gewinne aus diesen Anteilen (§ 9 Nr. 2 a Satz 4 GewStG).

Beispiel 1:

An der vor 12 Jahren gegründeten A-GmbH & Co. KG ist als Komplementär die A-GmbH mit 20 % und als Kommanditist A mit 80 % am Vermögen sowie am Gewinn und Verlust beteiligt. In der Bilanz der KG ist seit Jahren eine Beteiligung der KG von 15 % an der YZ-AG mit den Anschaffungskosten = Buchwert von 200.000 € aktiviert. A ist alleiniger Gesellschafter der A-GmbH. Diese Beteiligung hat er zutreffend mit den Anschaffungskosten von 25.000 € als notwendiges Sonderbetriebsvermögen II in seiner Sonderbilanz aktiviert. In 07 erhielt die KG eine Gewinnausschüttung der AG für das Wirtschaftsjahr 06 i. H. von 100.000 €. Die GmbH schüttete in 07 ihren Gewinn von 6.000 € an A aus. Am 30.06.07 veräußerte die KG ihren AG-Anteil und erzielte dabei einen Veräußerungsgewinn von 50.000 €.

Der Gewinn der A-GmbH & Co. KG setzt sich in 07 wie folgt zusammen:

Gewinn KG (einschl. Beteiligungsertrag + Veräußerungsgewinn)	350.000 €
+ Sonderbilanz GmbH	0 €
+ Sonderbilanz A (Beteiligungsertrag und Tätigkeitsvergütung)	126.000 €
Steuerlicher Gesamtgewinn A-GmbH & Co. KG	476.000 €

Der Jahresüberschuss der A-GmbH in ihrer Bilanz zum 31.12.07 beträgt einschl. des Gewinnanteils von 70.000 € von der KG 220.000 €.

Bei der Gewinnermittlung der KG sind folgende außerbilanzielle Korrekturen vorzunehmen:

1. Der Beteilungsertrag von 100.000 € entfällt mit 20.000 € auf die A-GmbH und mit 80.000 € auf A. Der Anteil der A-GmbH ist nach § 8 b Abs. 1 i. V. m. § 8 b Abs. 6 KStG in voller Höhe steuerfrei. Allerdings gelten nach § 8 b Abs. 5 i. V. m. § 8 b Abs. 6 KStG 5 % der Erträge von 20.000 € = 1.000 € als nichtabzugsfähige Betriebsausgaben. Der Anteil des A von 80.000 € ist nach § 3 Nr. 40 Buchst. d EStG zur Hälfte steuerfrei (ab VZ 2009 zu 40 %).

2. Die Ausschüttung der A-GmbH ist zu Recht als Sonderbetriebseinnahmen mit 6.000 € in der Sonderbilanz des A erfasst. Auch diese Erträge sind nach § 3 Nr. 40 Buchst. d EStG zur Hälfte steuerfrei (ab VZ 2009 zu 40 %).

3. Der Veräußerungsgewinn von 50.000 € entfällt mit 20 % = 10.000 € auf die GmbH und ist in voller Höhe steuerfrei nach § 8 b Abs. 2 i. V. m. § 8 b Abs. 2 KStG. Allerdings gelten davon nach § 8 b Abs. 3 Satz 1 i. V. m. § 8 b Abs. 6 KStG 5 % = 500 € als nichtabzugsfähige Betriebsausgaben. Der anteilige Ver-

---

850 Das entgegenstehende BFH-Urteil vom 25.01.2006, BStBl II 2006, 844, ist zwar nach BMF vom 10.11.2006, BStBl I 2006, 715, anzuwenden; die gesetzliche Neuregelung gilt aber ab Erhebungszeitraum 2006.

2 Gewerbesteuer

äußerungsgewinn des A von 40.000 € ist nach § 3 Nr. 40 Buchst. a i. V. m. § 3 c Abs. 2 EStG zur Hälfte steuerfrei (ab VZ 2009 zu 40 %).

Der **steuerpflichtige** steuerliche Gesamtgewinn der KG ist wie folgt zu ermitteln:

Gewinn lt. Bilanz KG	350.000 €	
./. steuerfreie Beteiligungserträge A-GmbH	19.000 €	
./. steuerfreie Beteiligungserträge A	40.000 €	
./. steuerfreier Veräußerungsgewinn – Anteil GmbH	9.500 €	
./. steuerfreier Veräußerungsgewinn – Anteil A	20.000 €	
Steuerpflichtiger Gewinn lt. Bilanz KG	261.500 €	261.500 €
+ Sonderbilanz A-GmbH		0 €
+ Sonderbilanz A – soweit steuerpflichtig		123.000 €
Steuerpflichtiger steuerlicher Gesamtgewinn der A-GmbH & Co. KG		384.500 €

Dieser steuerpflichtige steuerliche Gesamtgewinn ist nach § 7 Satz 4 GewStG Ausgangsbetrag für die Ermittlung des Gewerbeertrags der KG. Er ist nach § 9 Nr. 2 a GewStG zu kürzen um die Gewinnanteile aus Anteilen, die im steuerpflichtigen steuerlichen Gesamtgewinn enthalten sind, d. h. um 43.000 € (Anteil A). Die nach § 8 b Abs. 5 i. V. m. § 8 b Abs. 6 KStG nicht abziehbaren Betriebsausgaben i. H. von 1.000 € sind nach § 9 Nr. 2 a Satz 4 GewStG keine Gewinne aus Anteilen. Eine Kürzung ist deshalb nicht zulässig.

Hinsichtlich des Veräußerungsgewinns erfolgt weder für den Anteil der GmbH noch für A eine Kürzung, weil § 9 Nr. 2 a GewStG nicht für Veräußerungsgewinne, sondern nur für laufende Gewinnanteile gilt (Abschn. 61 Abs. 1 Satz 9 GewStR). Der Veräußerungsgewinn unterliegt damit wie bei der Einkommensteuer und Körperschaftsteuer, d. h. mit 20.000 € zzgl. 500 €, der Gewerbesteuer.

Gewinn	384.500 €
./. Kürzung gem. § 9 Nr. 2 a GewStG	43.000 €
Gewerbeertrag	341.500 €

Der **Gewerbeertrag** der A-GmbH ist wie folgt zu ermitteln:

Jahresüberschuss lt. Bilanz A-GmbH	220.000 €
(darin enthalten: Gewinnanteil KG 70.000 €)	
./. steuerfreie Beteiligungserträge (20.000 € ./. 1.000 € =)	19.000 €
./. steuerfreier Veräußerungsgewinn (10.000 € ./. 500 € =)	9.500 €
Steuerpflichtiger Gewinn A-GmbH	191.500 €
./. Kürzung gem. § 9 Nr. 2 GewStG	41.500 €
(steuerpflichtiger Gewinnanteil KG)	
Gewerbeertrag A-GmbH	150.000 €

Der Betrag von 150.000 € entspricht dem originären Gewinn der GmbH.

Beispiel 2:

Wie Beispiel 1, aber bei der KG sind bei der Gewinnermittlung Schuldzinsen i. H. von 20.000 € als Betriebsausgaben abgezogen worden, die im Zusammenhang mit der Beteiligung an der YZ-AG stehen. Außerdem hat die KG diese Beteiligung nicht veräußert, sondern zulässigerweise eine – nicht unter § 8 Nr. 10 GewStG fallende – Teilwertabschreibung i. H. von 50.000 € vorgenom-

B. Laufende Besteuerung

men. Der Gewinn in der Bilanz der A-GmbH & Co. KG beträgt statt 350.000 € nur noch 230.000 € und der steuerliche Gesamtgewinn der KG statt 476.000 € nur noch 356.000 €.

Der Jahresüberschuss der A-GmbH in ihrer Bilanz zum 31.12.07 beträgt einschl. des Gewinnanteils von 46.000 € von der KG 196.000 €.

Die Schuldzinsen von 20.000 € sind, soweit sie auf die GmbH entfallen (4.000 €), in voller Höhe (§ 8 b Abs. 5 Satz 2 i. V. m. § 8 b Abs. 6 KStG) und soweit sie auf A entfallen (16.000 €), nach § 3 c Abs. 2 EStG zur Hälfte = 8.000 € (ab VZ 2009 zu 60 %) als Betriebsausgaben abzugsfähig. An der pauschalen Hinzurechnung von 1.000 € ändert sich nichts.

Die **Teilwertabschreibung** von 50.000 € führt außerhalb der Buchführung zu einer Gewinnerhöhung der KG um den nichtabzugsfähigen Teil dieser Abschreibung von 10.000 € (Anteil GmbH 20 %; § 8 b Abs. 3 Satz 3 KStG) + 20.000 € (Anteil A 80 %, davon $^1\!/_2$; § 3 c Abs. 2 EStG) = 30.000 €. Eine Verrechnung mit der Kürzung nach § 9 Nr. 2 a GewStG erfolgt nicht, weil kein unmittelbarer Zusammenhang mit den Gewinnanteilen besteht. Die Teilwertabschreibung wirkt sich somit auch bei der Gewerbesteuer in Höhe des abzugsfähigen Teils von 20.000 € aus.

Bei den Schuldzinsen ist zu unterscheiden:

- Soweit sie auf die GmbH entfallen (4.000 €), bleiben sie von vornherein bei der Kürzung nach § 9 Nr. 2 a GewStG unberücksichtigt, denn sie gelten wegen der Regelung in § 8 b Abs. 5 KStG nicht als unmittelbar mit den Beteiligungserträgen im Zusammenhang stehend.

- Soweit sie auf A entfallen (16.000 €), mindern sie nach § 9 Nr. 2 a Satz 3 GewStG die Kürzung nach § 9 Nr. 2 a GewStG um den Gewinnanteil in Höhe des als Betriebsausgaben abzugsfähigen Teils von $^1\!/_2$ = 8.000 € (ab VZ 2009: 60 % = 9.600 €).

Die Kürzung gem. § 9 Nr. 2 a GewStG beträgt daher (40.000 € ./. 8.000 € + 3.000 € =) 35.000 €.

Die unter § 8 Nr. 1 GewStG fallenden Aufwendungen berechnen sich wie folgt:

Abzugsfähige Schuldzinsen (4.000 € + 8.000 € =)	12.000 €
./. Schuldzinsen, die den Kürzungsbetrag gemindert haben	8.000 €
./. nicht abziehbare Aufwendungen nach § 8 b Abs. 5 KStG[851]	1.000 €
Verbleibende Schuldzinsen	3.000 €

Da der Freibetrag von 100.000 € nicht überschritten ist, unterbleibt eine Hinzurechnung nach § 8 Nr. 1 GewStG.

Der **steuerpflichtige** steuerliche Gesamtgewinn der KG ist wie folgt zu ermitteln:

Gewinn lt. Bilanz KG	230.000 €
+ nichtabzugsfähiger Teil der Teilwertabschreibung	30.000 €
+ nichtabzugsfähige Schuldzinsen	8.000 €

---

[851] Nach Auffassung der Finanzverwaltung kann unterstellt werden, dass von dieser Pauschalhinzurechnung vorrangig Schuldzinsen betroffen sind. Insoweit unterbleibt eine Hinzurechnung nach § 8 Nr. 1 GewStG.

./. steuerfreie Beteiligungserträge A-GmbH	19.000 €	
./. steuerfreie Beteiligungserträge A	40.000 €	
Steuerpflichtiger Gewinn lt. Bilanz KG	209.000 €	209.000 €
+ Sonderbilanz A-GmbH		0 €
+ Sonderbilanz A – soweit steuerpflichtig		123.000 €
Steuerpflichtiger steuerlicher Gesamtgewinn der A-GmbH & Co. KG		332.000 €

Der **Gewerbeertrag** der KG berechnet sich wie folgt:

Gewinn	332.000 €
+ Hinzurechnung nach § 8 Nr. 1 GewStG	0 €
./. Kürzung gem. § 9 Nr. 2 GewStG	35.000 €
Gewerbeertrag	297.000 €

Der **Gewerbeertrag** der A-GmbH ist wie folgt zu ermitteln:

Jahresüberschuss lt. Bilanz A-GmbH (darin enthalten: Gewinnanteil KG 46.000 €)	196.000 €
./. steuerfreie Beteiligungserträge (20.000 € ./. 1.000 € =)	19.000 €
+ Teilwertabschreibung	10.000 €
Steuerpflichtiger Gewinn A-GmbH	187.000 €
./. Kürzung gem. § 9 Nr. 2 GewStG (steuerpflichtiger Gewinnanteil KG)	37.000 €
Gewerbeertrag A-GmbH	150.000 €

Der Betrag von 150.000 € entspricht dem originären Gewinn der GmbH.

2.4.3.2.2 Hinzurechnung nach § 8 Nr. 5 GewStG

Nach § 8 Nr. 5 GewStG sind die nach § 3 Nr. 40 EStG oder § 8 b Abs. 1 KStG außer Ansatz bleibenden Gewinnanteile (Dividenden) und die diesen gleichgestellten Bezüge und erhaltenen Leistungen aus Anteilen an einer Körperschaft, Personenvereinigung oder Vermögensmasse i. S. des KStG, soweit sie nicht die Voraussetzungen des gewerbesteuerlichen Schachtelprivilegs in § 9 Nr. 2 a GewStG erfüllen, nach Abzug der mit diesen Einnahmen, Bezügen und erhaltenen Leistungen in wirtschaftlichem Zusammenhang stehenden Betriebsausgaben, soweit sie nach § 3 c EStG und § 8 b Abs. 5 KStG unberücksichtigt bleiben, dem Gewinn aus Gewerbebetrieb hinzuzurechnen. 474

Unter diese Regelung fallen vor allem Beteiligungserträge aus **Beteiligungen von weniger als 15 %** (sog. Streubesitz), die nach § 3 Nr. 40 EStG zur Hälfte und nach § 8 b Abs. 1 KStG in vollem Umfang steuerfrei sind. Die Hinzurechnung nach § 8 Nr. 5 GewStG beseitigt diese Steuerbefreiung für die Gewerbesteuer, mit anderen Worten, diese Dividenden und Gewinnausschüttungen unterliegen beim empfangenden Gesellschafter in voller Höhe der Gewerbesteuer.[852]

---
852 Siehe im Einzelnen B. Rz. 233 ff.

B. Laufende Besteuerung

Unter die Hinzurechnungsvorschrift fallen nur **laufende** Gewinnausschüttungen, nicht aber Veräußerungsgewinne i. S. von § 3 Nr. 40 Buchst. a EStG bzw. § 8 b Abs. 2 KStG.

Beispiel 1:

Wie Beispiel 1 in B. Rz. 473, jedoch beträgt die Beteiligung an der YZ-AG nur 10 %.

Unabhängig davon, ob die Beteiligung mindestens 15 % oder weniger beträgt, erfolgt die Ermittlung des steuerpflichtigen Gewinns gem. § 7 Satz 4 GewStG nach den einkommensteuer- und körperschaftsteuerrechtlichen Vorschriften, d. h., § 3 Nr. 40 EStG und § 3 c Abs. 2 EStG sowie § 8 b KStG sind zu beachten.

Ausgangsbetrag für die Gewerbesteuer ist der steuerpflichtige steuerliche Gesamtgewinn der KG von 384.500 €. Eine Kürzung nach § 9 Nr. 2 a GewStG unterbleibt, weil die Beteiligung weniger als 15 % beträgt. Es erfolgt vielmehr eine Hinzurechnung nach § 8 Nr. 5 GewStG in Höhe der nach § 3 Nr. 40 Buchst. a EStG und § 8 b Abs. 1 KStG steuerfrei bleibenden Gewinnanteile von (20.000 € + 40.000 € + 3.000 € =) 63.000 €. Die steuerfreien Gewinnanteile sind jedoch nach § 8 Nr. 5 Satz 1 GewStG um die mit diesen Einnahmen, Bezügen und erhaltenen Leistungen in wirtschaftlichem Zusammenhang stehenden Betriebsausgaben, soweit sie nach § 3 c Abs. 2 EStG und § 8 b Abs. 5 i. V. m. § 8 b Abs. 6 KStG unberücksichtigt bleiben, zu kürzen. Im vorliegenden Fall bleiben nach § 8 b Abs. 5 KStG pauschal 5 % des Gewinnanteils der GmbH = 1.000 € unberücksichtigt. Damit verbleibt eine Hinzurechnung nach § 8 Nr. 5 GewStG von (63.000 € ./. 1.000 € =) 62.000 €.

Der steuerfreie Teil des Gewinns aus der Veräußerung der Beteiligung an der YZ-AG von (20.000 € + 10.000 € ./. 500 € =) 29.500 € bleibt gewerbesteuerlich unberücksichtigt, weil § 8 Nr. 5 GewStG nur für Gewinnanteile (Dividenden) gilt.

Der Gewerbeertrag der KG beträgt folglich (384.500 € + 62.000 € =) 446.500 €. Gegenüber dem steuerlichen Gesamtgewinn von 476.000 € ergibt sich somit eine Differenz in Höhe des steuerfreien Teils des Veräußerungsgewinns von 29.500 €.

Der Gewerbeertrag der GmbH beträgt unverändert 150.000 €.

Beispiel 2:

Wie Beispiel 2 in B. Rz. 473, jedoch beträgt die Beteiligung an der YZ-AG nur 10 %.

Ausgangspunkt für die Ermittlung des Gewerbeertrags ist gem. § 7 Satz 4 GewStG der steuerpflichtige steuerliche Gesamtgewinn der KG von 332.000 €. Wie im Beispiel 1 erfolgt eine Hinzurechnung nach § 8 Nr. 5 GewStG i. H. von (20.000 € + 40.000 € + 3.000 € =) 63.000 €. Die steuerfreien Gewinnanteile sind jedoch nach § 8 Nr. 5 Satz 1 GewStG um die mit diesen Einnahmen, Bezügen und erhaltenen Leistungen in wirtschaftlichem Zusammenhang stehenden Betriebsausgaben, soweit sie nach § 3 c Abs. 2 EStG und § 8 b Abs. 5 KStG unberücksichtigt bleiben, zu kürzen.

Eine Hinzurechnung des abzugsfähigen Teils der Teilwertabschreibung von 20.000 € erfolgt nicht, weil diese nicht in unmittelbarem wirtschaftlichem Zusammenhang mit den Gewinnanteilen (Dividenden) der AG steht.

Bei den Schuldzinsen ist zu unterscheiden:

1. Die auf die GmbH entfallenden Schuldzinsen von (20 % von 20.000 € =) 4.000 € sind in voller Höhe als Betriebsausgaben abzugsfähig, weil § 3 c Abs. 1 EStG nach § 8 b Abs. 5 Satz 2 KStG nicht anzuwenden ist. Eine Minderung der Hinzurechnung nach § 8 Nr. 5 GewStG um diese abzugsfähigen Schuldzinsen erfolgt deshalb nicht. Pauschal sind jedoch nach § 8 b Abs. 5 i. V. m. § 8 b Abs. 6 KStG 5 % des anteiligen Gewinnanteils der GmbH von 20.000 € = 1.000 € nicht als Betriebsausgaben abzugsfähig. Dieser Betrag mindert den Hinzurechnungsbetrag nach § 8 Nr. 5 GewStG von 20.000 €. Die Hinzurechnung beträgt insoweit nur 19.000 €.

2. Die auf A entfallenden Schuldzinsen von 16.000 € sind i. H. von 8.000 € nach § 3 c Abs. 2 EStG nichtabzugsfähig. Folglich mindern sie den anteiligen Hinzurechnungsbetrag von 40.000 €. Es verbleibt eine Hinzurechnung von 32.000 €.

Die Hinzurechnung des Gewinnanteils nach § 8 Nr. 5 GewStG beträgt danach (19.000 € + 32.000 € + 3.000 € =) 54.000 €. Der Gewerbeertrag beträgt vorläufig 386.000 €. Gegenüber dem steuerlichen Gesamtgewinn der KG von 356.000 € ergibt dies einen Mehrbetrag von 30.000 €. Dieser Mehrbetrag entspricht dem nichtabzugsfähigen Teil der Teilwertabschreibung von 30.000 €.

Die Schuldzinsen i. H. von 20.000 € fallen unter § 8 Nr. 1 GewStG. Sie haben sich i. H. von (4.000 € + 8.000 € =) 12.000 € als Betriebsausgaben ausgewirkt. Der Abzug vom Hinzurechnungsbetrag nach § 8 Nr. 5 GewStG kann nicht mit einer Gewinnminderung gleichgesetzt werden. Nach § 8 Nr. 1 GewStG beträgt die Hinzurechnung ¼ von 12.000 € = 3.000 €. Da der Freibetrag von 100.000 € nicht überschritten ist, unterbleibt eine Hinzurechnung. Der endgültige Gewerbeertrag der KG beträgt somit 386.000 €.

Der Gewerbeertrag der GmbH beträgt unverändert 150.000 €.

2.4.3.3 Gewinnminderung durch Teilwertabschreibung und Veräußerungsverluste

Nach § 8 Nr. 10 GewStG sind Gewinnminderungen, die durch

- eine **Teilwertabschreibung** auf Anteile an einer Körperschaft,
- eine **Veräußerung** oder **Entnahme** solcher Anteile oder
- eine **Auflösung** oder **Herabsetzung** des Kapitals der Körperschaft

entstanden sind, dem Gewinn hinzuzurechnen, soweit sie auf nach § 9 Nr. 2 a, 7 oder 8 GewStG zu kürzende offene oder verdeckte Gewinnausschüttungen zurückzuführen sind. Soweit die Gewinnminderung auf andere Umstände zurückzuführen ist (z. B. Verluste der Körperschaft), kommt eine Hinzurechnung nicht in Betracht. Ist eine Gewinnminderung sowohl durch Gewinnausschüttungen als auch durch andere Umstände veranlasst, so ist bei Anwendung des § 8 Nr. 10 GewStG davon auszugehen, dass die

B. Laufende Besteuerung

Gewinnminderung vorrangig durch andere Umstände veranlasst worden ist (Abschn. 56 GewStR).

Bei einer gewerbesteuerlichen Organschaft ist § 8 Nr. 10 GewStG nur hinsichtlich der durch die Ausschüttung von Gewinn aus vororganschaftlicher Zeit entstandenen Gewinnminderungen anzuwenden.

Steigt der Teilwert in späteren Jahre wieder mit der Folge, dass wegen des Wertaufholungsgebotes gem. § 6 Abs. 1 Nr. 2 Satz 3 EStG eine Gewinnerhöhung eintritt, unterliegt dieser Gewinn der Gewerbesteuer. Eine Kürzung nach § 9 Nr. 2 a GewStG ist nicht möglich, weil keine Gewinnausschüttung vorliegt. Sie ist selbst dann ausgeschlossen, wenn sich die vorangegangene ausschüttungsbedingte Teilwertabschreibung aufgrund der Regelung in § 8 Nr. 10 GewStG gewerbesteuerlich nicht ausgewirkt hat (Hinweise 61 GewStR).

2.4.3.4 Gewinnanteile und Verlustanteile einer Personengesellschaft

476 Die Vorschriften des § 8 Nr. 8 und § 9 Nr. 2 GewStG i. V. m. Abschn. 54 GewStR sind in einem Zusammenhang zu sehen: Gewerbliche Personengesellschaften sind selbständig gewerbesteuerpflichtig. Ist eine gewerbliche Personengesellschaft, z. B. eine KG, als **Obergesellschaft** an einer anderen gewerblichen Personengesellschaft als **Untergesellschaft,** z. B. einer OHG, beteiligt, würden die Gewinne und Verluste des Einzelunternehmens bzw. der Untergesellschaft anteilig zweifach erfasst, weil beide gewerbliche Unternehmen gewerbesteuerpflichtig sind.[853] Diese Wirkung verhindern die genannten Vorschriften.

Anteil am Gewinn bzw. Verlust in diesem Sinne ist der nach § 15 Abs. 1 Satz 1 Nr. 2 EStG zu ermittelnde steuerliche Gesamtgewinn der Personengesellschaft, der sich aus dem Gewinnanteil bzw. Verlustanteil und den Vergütungen für eine Tätigkeit, für die Hingabe von Darlehen und die Überlassung von Wirtschaftsgütern zusammensetzt. Die Hinzurechnung eines Verlustanteils ist daher auch dann vorzunehmen, wenn das Beteiligungsunternehmen – wie etwa in der Vorbereitungs- oder Abwicklungsphase – noch nicht oder nicht mehr gewerbesteuerpflichtig ist (Abschn. 54 GewStR).

Beispiel:

Die M-KG ist als Gesellschafterin mit 20 % an der S-OHG beteiligt. Beide haben als Wirtschaftsjahr das Kalenderjahr. Die KG erzielt – vor Berücksichtigung des Beteiligungsertrags bzw. -verlusts von der OHG – in 07 und 08 einen Gewinn von jeweils 150.000 €.

a) Im Jahr 07 erzielt die OHG einen Gewinn von 100.000 €. Daran ist die KG mit 20.000 € Gewinnanteil beteiligt.

---

853 Einzelheiten zu mehrstöckigen Personengesellschaften siehe G.

2 Gewerbesteuer

Ermittlung Gewerbeertrag OHG

Der Gewerbeertrag der OHG beträgt 100.000 €. Hinzurechnungen und Kürzungen liegen lt. Sachverhalt nicht vor. Für die Ermittlung des Gewerbeertrags ist unerheblich, ob Gesellschafter natürliche Personen, Personengesellschaften oder Kapitalgesellschaften sind.

Ermittlung Gewerbeertrag KG

Der Gewinn der KG beträgt einschl. des Beteiligungsertrags von der OHG 170.000 €. Dieser Gewinn ist Ausgangsbetrag für die Ermittlung des Gewerbeertrags. Nach § 9 Nr. 2 GewStG ist der Betrag von 170.000 € um den Beteiligungsertrag von 20.000 € zu kürzen. Der Gewerbeertrag der KG beträgt 150.000 €.

Durch diese Kürzungsvorschrift des § 9 Nr. 2 GewStG wird erreicht, dass sowohl bei der OHG als auch bei der KG jeweils nur ihr originärer Gewinn, dieser aber in voller Höhe der Gewerbesteuer unterliegt. Eine Doppelbesteuerung des Beteiligungsertrags wird vermieden.

b) Im Jahr 08 erzielt die OHG einen Verlust von 40.000 €. Daran ist die KG mit 8.000 € Verlustanteil beteiligt.

Ermittlung Gewerbeertrag OHG

Der Gewerbeertrag der OHG beträgt ./. 40.000 €. Hinzurechnungen und Kürzungen liegen lt. Sachverhalt nicht vor. Eine Gewerbesteuerschuld ergibt sich für 08 nicht.

Ermittlung Gewerbeertrag KG

Der Gewinn der KG beträgt einschl. Beteiligungsverlust 142.000 €. Dieser Gewinn ist Ausgangsbetrag für die Ermittlung des Gewerbeertrags. Nach § 8 Nr. 8 GewStG ist der Betrag von 142.000 € um den Beteiligungsverlust von 8.000 € zu erhöhen. Der Gewerbeertrag der KG beträgt wiederum 150.000 €.

Durch diese Hinzurechnungsvorschrift des § 8 Nr. 8 GewStG wird erreicht, dass bei der KG ihr originärer Gewinn von 150.000 € in voller Höhe der Gewerbesteuer unterliegt.

2.4.3.5 Kürzungen für Grundbesitz

Die Summe des Gewinns und der Hinzurechnungen ist nach § 9 Nr. 1 GewStG um **1,2 %** des zum Betriebsvermögen der Personengesellschaft und nicht von der Grundsteuer befreiten Grundbesitzes zu kürzen. Bei dieser Kürzung sind auch die Einheitswerte und Einheitswertanteile der im Sonderbetriebsvermögen der Gesellschafter (= Mitunternehmer) der Personengesellschaft befindlichen Grundstücke und Grundstücksteile einzubeziehen, die gem. R 4.2 Abs. 11 und 12 EStR zum Betriebsvermögen gehören (Abschn. 59, 60 GewStR).

477

Beispiel 1:

Zum Betriebsvermögen der V-KG gehören folgende Grundstücke, die nicht von der Grundsteuer befreit sind:

B. Laufende Besteuerung

- Fabrik- und Lagergrundstück, Einheitswert   210.000 €
  Eigentümer: V-KG
- Bürogebäude mit Lagerhalle, Einheitswert   309.000 €
  Eigentümer: Kommanditist X
  (Sonderbetriebsvermögen I in der Sonderbilanz des X)
- Gästehaus und Schulungszentrum für die
  Mitarbeiter der V-KG, Einheitswert   179.000 €
  Eigentümer: Kommanditist Z und dessen Ehefrau (nicht
  Gesellschafterin) je zur Hälfte (zu $^1/_2$ Sonderbetriebs-
  vermögen in der Sonderbilanz des Z)

Die Kürzung des Gewerbeertrags der V-KG gem. § 9 Nr. 1 Satz 1 GewStG beträgt (210.000 € + 309.000 € + 89.500 € = 608.500 €, anzusetzen gem. § 121 a BewG mit 140 % = 851.900 €, davon 1,2 % =) 10.223 €.

Hinweis: Auch der mittelbar über eine Personengesellschaft an einer vermögensverwaltenden Kapitalgesellschaft Beteiligte ist „Gesellschafter" i. S. des § 9 Nr. 1 Satz 5 GewStG,[854] nicht dagegen der mittelbar über eine Kapitalgesellschaft Beteiligte.[855]

Die **erweiterte Kürzung** gem. § 9 Nr. 1 Satz 2 GewStG kann nicht gewährt werden, wenn eine – nach § 15 Abs. 3 Nr. 2 EStG gewerblich geprägte und damit nach § 2 Abs. 1 GewStG gewerbesteuerpflichtige – grundstücksverwaltende Personengesellschaft ein Grundstück an eine gewerblich tätige Personengesellschaft verpachtet, an der ein zu 5 % an der Verpachtungsgesellschaft beteiligter Gesellschafter als Mitunternehmer beteiligt ist.[856]
Die Inanspruchnahme der erweiterten Kürzung ist nach § 9 Nr. 1 Satz 5 GewStG ausgeschlossen, wenn der Grundbesitz ganz oder zum Teil dem Gewerbebetrieb eines Gesellschafters dient, selbst wenn es nur ein ganz geringfügiger Teil ist.

Es ist im Prinzip ferner ohne Bedeutung, in welchem Umfang ein Gesellschafter an der Grundstücksgesellschaft beteiligt ist. Eine Ausnahme könnte höchstens gemacht werden, wenn der Gesellschafter nur mit einem Anteil von ganz untergeordneter Bedeutung (weniger als 1 %) an der Grundstücksgesellschaft beteiligt ist,[857] wobei es der BFH dahinstehen lässt, ob eine solche Grenze – abgesehen von Abgrenzungsschwierigkeiten – überhaupt sinnvoll ist, weil auch eine geringe Beteiligung große wirtschaftliche Bedeutung haben kann.

Beispiel 2:
C ist an der gewerblich geprägten V-GmbH & Co. KG mit 5 % und an der gewerblich tätigen X-GmbH & Co. KG mit 100 % beteiligt. Die V-KG ist nur vermögensverwaltend tätig und vermietet ein Grundstück an die X-KG.

---

854 BFH vom 15.12.1998, BStBl II 1999, 168, und vom 26.06.2007, BStBl II 2007, 893.
855 BFH vom 15.04.1999, BStBl II 1999, 532.
856 BFH vom 07.04.2005, BStBl II 2005, 576.
857 BFH vom 26.06.2007, BStBl II 2007, 893.

Die V-KG kann die erweiterte Kürzung nach § 9 Nr. 1 Satz 2 GewStG nicht erhalten, weil ihr Gesellschafter C auch an der X-KG beteiligt ist (§ 9 Nr. 1 Satz 5 Nr. 1 GewStG). Ein Anteil von 5 % ist nicht von ganz untergeordneter Bedeutung. Die V-KG erhält folglich nur die Kürzung nach § 9 Nr. 1 Satz 1 GewStG i. H. von 1,2 % vom maßgebenden Einheitswert.

Allerdings ist nach Auffassung des BFH[858] § 9 Nr. 1 Satz 5 GewStG im Weg der teleologischen Reduktion in der Weise einzuschränken, dass dem Grundstücksunternehmen die erweiterte Kürzung des Gewerbeertrags nach § 9 Nr. 1 Satz 2 GewStG auch dann zu gewähren ist, wenn das überlassene Grundstück zwar dem Gewerbebetrieb eines Gesellschafters dient, dieses den Grundbesitz nutzende Unternehmen jedoch mit allen seinen (positiven wie negativen) Einkünften von der Gewerbesteuer befreit ist. Dies deshalb, weil § 9 Nr. 1 Satz 5 GewStG den Sinn hat, zu verhindern, dass der ein eigenes Grundstück nutzende Einzelunternehmer schlechter gestellt wird als ein Gewerbetreibender, der ein Grundstück nutzt, das er einer zwischengeschalteten Personengesellschaft überlassen hat. Eine solche Schlechterstellung tritt aber nicht ein, wenn das nutzende Unternehmen nicht der Gewerbesteuer unterliegt.

2.4.4 Familienpersonengesellschaften

Für die Personengesellschaften, deren Gesellschafter Familienmitglieder sind,[859] bestehen auch dann keine Besonderheiten bei der gewerbesteuerlichen Behandlung, wenn die Gewinnverteilung steuerlich abweichend von der handelsrechtlichen vorgenommen worden ist, weil gewerbesteuerlich nur der Gesamtgewinn der Personengesellschaft bedeutsam ist. Das gilt auch bei Unterbeteiligungen.

478

Beispiel:
Die V-KG legt für das Jahr 06 folgende Gewinnverteilung vor, bei der für den tätigen Komplementär V angemessene Vorwegvergütungen berücksichtigt sind. Kind K ist minderjähriger Kommanditist, und Neffe U ist am Gesellschaftsanteil des V mitunternehmerisch unterbeteiligt.

Gesellschafter	Gewinnanteil lt. HB €	steuerlicher Gewinnanteil €
Vater V	300.000	570.000
Kind K	150.000	15.000
Neffe U	150.000	15.000
	600.000	600.000

Sowohl der handelsrechtliche als auch der ertragsteuerliche Gewinn 06 der KG beträgt 600.000 €, da die abweichende Verteilung für den Gewerbesteuerschuldner **KG** ohne Auswirkung ist.

---
858 BFH vom 26.06.2007, BStBl II 2007, 893.
859 Siehe im Einzelnen F.

B. Laufende Besteuerung

2.4.5 Gewerbeverlust gem. § 10 a GewStG

2.4.5.1 Grundsätze

479 Der Gewerbeverlust ist nach § 10 a Satz 1 GewStG i. V. m. Abschn. 66 Abs. 2 und 3 GewStR wie folgt zu ermitteln:

    Steuerpflichtige laufende Erträge
./. damit im Zusammenhang stehende Aufwendungen
= Gewinn/Verlust aus Gewerbebetrieb
+ Hinzurechnungen gem. § 8 GewStG
./. Kürzungen gem. § 9 GewStG
= Gewerbeverlust

Bei der Ermittlung des Gewerbeverlustes sind steuerfreie Einkünfte und nach § 16 Abs. 1 und 3 EStG begünstigte Veräußerungs- bzw. Aufgabegewinne bzw. -verluste nicht zu berücksichtigen. Er unterscheidet sich vom Verlustabzug i. S. des § 10 d EStG auch dadurch, dass seine Höhe durch die Hinzurechnung und Kürzungen nach §§ 8 und 9 GewStG beeinflusst wird. Dadurch kann sich einerseits ein Gewerbeverlust ergeben, obwohl einkommensteuerrechtlich ein Gewinn aus Gewerbebetrieb vorliegt, und andererseits trotz eines einkommensteuerrechtlichen Verlustes ein positiver Gewerbeertrag (Abschn. 66 Abs. 3 GewStR). Die Ermittlung eines Gewerbeverlustes führt zu einem Wegfall des Freibetrags von 24.500 Euro gem. § 11 Abs. 1 Satz 3 GewStG.

480 Im Gegensatz zu § 10 d EStG kann der Gewerbeverlust nur im Wege des Verlust**vortrags** berücksichtigt werden. Eine zeitliche Beschränkung besteht nicht. Der Gewerbeverlust ist von Amts wegen zu berücksichtigen; es besteht kein Wahlrecht des Unternehmers, in welchem Jahr er den Verlust geltend machen will (Abschn. 66 Abs. 5 GewStR).

Der Verlustvortrag ist unbegrenzt nur bis zur Höhe von 1 Mio. Euro möglich. Der übersteigende maßgebende Gewerbeertrag ist bis zu 60 % um nicht berücksichtigte Fehlbeträge der vorangegangenen Erhebungszeiträume zu kürzen.

Im Abzugsjahr des Gewerbeverlustes ist der Freibetrag von 24.500 Euro erst von dem um den Gewerbeverlust gekürzten Gewerbeertrag abzuziehen (Abschn. 66 Abs. 5 GewStR).

Die Höhe der vortragsfähigen Fehlbeträge ist gem. § 10 a Satz 6 GewStG wie folgt **gesondert festzustellen:**

    Vortragsfähiger (negativer) Gewerbeertrag des vorangegangenen Erhebungszeitraums
./. positiver Gewerbeertrag dieses Erhebungszeitraums bzw.
+ Gewerbeverlust dieses Erhebungszeitraums
= vortragsfähiger Fehlbetrag dieses Erhebungszeitraums

2 Gewerbesteuer

Beispiel 1:
Der Gewerbeertrag der ABC-OHG beträgt unter Berücksichtigung von Hinzurechnungen und Kürzungen

in 01 ./. 100.000 €
in 02 + 70.000 €
in 03 + 50.000 €

Für das Jahr 01 ist nach § 10 a Satz 6 GewStG der vortragsfähige Fehlbetrag i. H. von 100.000 € gesondert festzustellen.

Bei der Ermittlung des Gewerbeertrags für das Jahr 02 ist ein Betrag von 70.000 € abzuziehen. Der Freibetrag von 24.500 € geht somit verloren. Der gesondert festzustellende vortragsfähige Fehlbetrag beträgt für 02 noch 30.000 €.

Dieser Betrag ist im Jahr 03 vom Gewerbeertrag von 50.000 € abzuziehen, sodass ein Gewerbeertrag von 20.000 € verbleibt. Der nach § 11 Abs. 1 Satz 3 GewStG zu gewährende Freibetrag von 24.500 € wirkt sich folglich nur i. H. von 20.000 € aus. Der vortragsfähige Fehlbetrag beträgt 0 €.

Beispiel 2:
Der Gewerbeertrag einer KG beträgt unter Berücksichtigung von Hinzurechnungen und Kürzungen in 02 1.800.000 €. Für den Erhebungszeitraum 01 wurde ein Verlust von 1.500.000 € gesondert festgestellt.

Bei der Ermittlung des Gewerbeertrags für das Jahr 02 kann ein Verlust aus 01 i. H. von 1.300.000 € abgezogen werden, nämlich 1.000.000 € unbegrenzt und vom verbleibenden Fehlbetrag aus 01 von 500.000 € ein Anteil von 60 % = 300.000 €.

Der Gewerbeertrag für das Jahr 02 berechnet sich wie folgt:

Gewerbeertrag nach Hinzurechnungen und Kürzungen	1.800.000 €
./. anrechenbarer Verlust aus Vorjahr	1.300.000 €
Gewerbeertrag	500.000 €
./. Freibetrag nach § 11 Abs. 1 Satz 3 GewStG	24.500 €
Verbleibender Gewerbeertrag	475.500 €

Für das Jahr 02 ist nach § 10 a Satz 6 GewStG ein vortragsfähiger Fehlbetrag von 200.000 € gesondert festzustellen.

Nach dem Prinzip der Objektsteuer ist der Abzug des Gewerbeverlustes an den jeweiligen Gewerbebetrieb i. S. des § 2 GewStG i. V. m. § 15 EStG (= **Unternehmensidentität**) und damit auch an dessen Unternehmer (= **Unternehmeridentität**) gebunden (Abschn. 66 Abs. 4 GewStR).

Die **Unternehmensidentität** ist nach den gleichen Grundsätzen wie bei Einzelunternehmen zu beurteilen. Es kommt dabei insbesondere auf den wirtschaftlichen Weiterbestand des Gewerbebetriebs, also Zweck (z. B. Handel, Produktion, gewerbliche Dienstleistungen), Kapitalausstattung, Mitarbeiter und Lieferanten sowie ggf. den Standort, an (Abschn. 67 Abs. 1 GewStR).[860]

481

---
860 BFH vom 26.08.1993, BStBl II 1995, 791, m. w. N.

B. Laufende Besteuerung

Wird der Gewerbebetrieb im Ganzen, also mit allen wesentlichen Betriebsgrundlagen, auf einen anderen Unternehmer übertragen, so kann ein noch nicht berücksichtigter Gewerbeverlust früherer Jahre nicht „mitveräußert" werden. Dies gilt sowohl für die Einzelrechtsnachfolge als auch für die Gesamtrechtsnachfolge, da gem. § 2 Abs. 5 GewStG der Gewerbebetrieb beim neuen Unternehmer als neu gegründet gilt.[861] Bei Personengesellschaften besteht der gleiche Gewerbebetrieb, solange mindestens ein Gesellschafter zugleich im Jahr des Entstehens des Gewerbeverlustes wie auch im Jahr der Kürzung vom Gewerbeertrag unverändert beteiligt ist (Abschn. 20 Abs. 2 Satz 1 GewStR).

482 Der Tatbestand der **Unternehmeridentität** als Voraussetzung für den Gewerbeverlust gem. § 10 a GewStG verlangt im Verlustentstehungsjahr und im Verlustabzugsjahr den gleichen Unternehmer (= Einzelgewerbetreibenden) oder die gleichen Gesellschafter (= Mitunternehmer) als Träger der gewerblichen Personengesellschaft (Abschn. 68 GewStR). Die Gewerbesteuer als Objektsteuer belastet den stehenden (= ortsfesten inländischen) Gewerbebetrieb gem. § 2 Abs. 1 GewStG i. V. m. § 15 EStG. Daraus ergibt sich mit dem Eigentümerwechsel durch Verkauf, Erbfolge, Schenkung oder Änderung der Rechtsform des Gewerbebetriebs die **Beendigung** des Gewerbebetriebs durch den bisherigen Eigentümer oder die bisherige Personengesellschaft und der **Neubeginn** des Gewerbebetriebs des übernehmenden Einzelgewerbetreibenden oder der erwerbenden Personengesellschaft gem. § 2 Abs. 5 GewStG. Zwar ist Steuerschuldner der Einzelunternehmer oder die Personengesellschaft gem. § 5 Abs. 1 Sätze 1 bis 3 GewStG, doch bekräftigt § 5 Abs. 2 GewStG das Ende der Steuerpflicht des/der bisherigen Unternehmer(s) bzw. den Beginn der Steuerpflicht des/der neuen (Mit-)Unternehmer(s).[862] Der übernehmende Unternehmer oder die übernehmende Personengesellschaft können gem. § 10 a Satz 5 GewStG den Gewerbeverlust des bisherigen Unternehmens nicht von ihrem Gewerbeertrag kürzen, da ein neuer Gewerbebetrieb vorliegt (§ 2 Abs. 5 i. V. m. § 5 Abs. 2 GewStG).

483 Wegen des Erfordernisses der Unternehmeridentität entfällt der Verlustabzug somit in folgenden Fällen **vollständig**:

1. Bei Übertragung eines Einzelunternehmens auf einen anderen Einzelunternehmer, auf eine Kapitalgesellschaft oder auf eine Personengesellschaft, an der der bisherige Einzelunternehmer nicht beteiligt ist.

2. Beim Übergang eines Einzelunternehmens im Wege der Erbfolge oder vorweggenommenen Erbfolge (auch Schenkung) auf einen oder mehrere Rechtsnachfolger (Abschn. 68 Abs. 1 Satz 3 GewStR).

3. Bei Übertragung des Gewerbebetriebs einer Personengesellschaft im Ganzen auf einen Einzelgewerbetreibenden, der an der Personengesell-

---

861 Lenski/Steinberg, § 2 Anm. 1532 und 1534.
862 BFH vom 26.08.1993, BStBl II 1995, 791.

2 Gewerbesteuer

schaft nicht beteiligt ist, oder auf eine Kapitalgesellschaft oder auf eine andere Personengesellschaft, an der kein Gesellschafter der bisherigen Personengesellschaft beteiligt ist.

4. In einer weiterbestehenden Personengesellschaft scheiden sämtliche Gesellschafter aus und werden durch neue (= bisher nicht beteiligte) Gesellschafter ersetzt.

Dagegen ist die Unternehmeridentität zu bejahen im Fall der formwechselnden Umwandlung,[863] z. B. von einer OHG auf eine KG, mit der Folge, dass ein Gewerbeverlust der OHG bei der KG abgezogen werden kann. **484**

Beispiel 3:

Eine GmbH & Co. KG betrieb seit Jahren in einem Vorort einer Großstadt eine Gaststätte. Zum 31.12.05 wird die Gaststätte eingestellt und das Inventar verkauft. Seit 01.02.06 wird im Zentrum dieser Großstadt ein Feinschmeckerlokal von der KG betrieben. Die Firma der KG mit den gleichen Gesellschaftern wurde ab 01.01.06 in Lukullus GmbH & Co. KG geändert. Außerdem wurden nach Ausscheiden aller bisher angestellten Mitarbeiter neue Angestellte beschäftigt.

Beide Betriebe gehören zwar der gleichen Branche (Bewirtung mit Speisen und Getränken) an. Der Standortwechsel, die Beschäftigung anderer Mitarbeiter im Geschäftsleitungs- und Betriebsbereich, die den neuen Gästen angebotenen Erzeugnisse und die geänderte Firma lassen jedoch auf ein neues Unternehmen schließen. Es liegt zwar Unternehmeridentität, nicht aber Unternehmensidentität vor, deshalb können Gewerbeverluste der Selbstbedienungsgaststätte nicht bei der Ermittlung der Gewerbeerträge des Feinschmeckerlokals gekürzt werden.[864]

2.4.5.2 Besonderheiten bei Personengesellschaften

Bei einer gewerblich tätigen Personengesellschaft sind Unternehmer des Gewerbebetriebs die einzelnen Mitunternehmer und nicht die Personengesellschaft als solche.[865] Der Verlustabzug bei Personengesellschaften erfordert daher eine auf den einzelnen Mitunternehmer bezogene Betrachtung. **485**

Für den gewerbesteuerlichen Verlustabzug bei Personengesellschaften gelten somit folgende Grundsätze:

1. Die Verlustverrechnung setzt im Anrechnungsjahr einen positiven und im Verlustentstehungsjahr einen negativen Gewerbeertrag der Personengesellschaft voraus.[866] In die Ermittlung dieser Beträge sind Sonderbetriebseinnahmen und Sonderbetriebsausgaben einzubeziehen, auch soweit sie auf nur mittelbar beteiligte Gesellschafter i. S. von § 15 Abs. 1 Satz 1 Nr. 2 Satz 2 EStG entfallen. Ergibt sich für die Personengesellschaft ein positiver Gewer- **486**

---
863 Siehe K.
864 FG Hamburg vom 28.05.1980, EFG 1981 S. 34.
865 BFH vom 03.05.1993, GrS, BStBl II 1993, 616, und vom 26.08.1993, BStBl II 1995, 791.
866 BFH vom 14.12.1989, BStBl II 1990, 436.

B. Laufende Besteuerung

beertrag, entfällt ein Verlustabzug, auch wenn einzelne Mitunternehmer nach der einheitlichen und gesonderten Gewinnfeststellung einen Verlust aus ihrer Beteiligung erzielen. Umgekehrt ist der Abzug eines bei der Personengesellschaft entstandenen Verlustes nicht möglich, soweit die Personengesellschaft in einem der Folgejahre einen negativen Gewerbeertrag aufweist; ob auf einzelne Mitunternehmer nach der einheitlichen und gesonderten Gewinnfeststellung ein Gewinnanteil entfällt, ist unerheblich.

Beispiel 1:
An einer OHG sind A, B und C je zu $^1/_3$ beteiligt. Die OHG erzielte in den Jahren 01 und 02 Verluste von jeweils 300.000 €. Bei der Gewinnermittlung wurde das Geschäftsführergehalt des A i. H. von jeweils 180.000 € zutreffenderweise gewinnmindernd berücksichtigt.

Der steuerliche Gesamtverlust der OHG beträgt 120.000 €. Dieser Verlust ist unter Berücksichtigung der Vergütung i. S. von § 15 Abs. 1 Satz 1 Nr. 2 EStG in 01 und 02 jeweils wie folgt auf A, B und C zu verteilen:

A:	+ 180.000 € ./. 100.000 € =	+ 80.000 €
B:		./. 100.000 €
C:		./. 100.000 €
		./. 120.000 €

Der nach § 10 a Satz 6 GewStG gesondert festzustellende Verlust beträgt in 01 120.000 € und in 02 240.000 €. Ein Verlustabzug in 02 ist nicht möglich, obwohl A einen positiven Gewinnanteil erzielt.

Beispiel 2:
Wie Beispiel 1, aber die Verluste der OHG in 01 und 02 betragen nur jeweils 150.000 €.

Der steuerliche Gesamtgewinn der OHG beträgt jeweils 30.000 €. Dieser Gewinn ist unter Berücksichtigung der Vergütung i. S. von § 15 Abs. 1 Satz 1 Nr. 2 EStG wie folgt auf A, B und C zu verteilen:

A:	+ 180.000 € ./. 50.000 € =	+ 130.000 €
B:		./. 50.000 €
C:		./. 50.000 €
		+ 30.000 €

Für die OHG ist in den Jahren 01 und 02 kein Verlustabzug möglich, obwohl B und C einen Verlust aus ihrer Beteiligung erzielen, weil sich ein steuerlicher Gesamtgewinn von 30.000 € ergibt.

487 2. Der im Verlustentstehungsjahr für die Personengesellschaft errechnete negative Gewerbeertrag ist nach Abschn. 68 Abs. 3 GewStR nicht entsprechend dem steuerlich maßgebenden Gewinn-und-Verlust-Verteilungsschlüssel des betreffenden Jahres den einzelnen Mitunternehmern zuzuordnen.[867]

---

[867] Das entgegenstehende Urteil des BFH vom 16.02.1994, BStBl II 1994, 364, ist nicht anzuwenden (BMF vom 16.12.1996, BStBl I 1996, 1392).

2 Gewerbesteuer

Das heißt, bei **gleichem** Gesellschafterbestand ist das steuerliche Gesamtergebnis der Personengesellschaft im Verlustentstehungsjahr und im Anrechnungsjahr maßgebend, eine gesellschafterbezogene Berechnung des Verlustabzugs unterbleibt.

Beispiel 3:

Wie Beispiel 1, aber der Verlust der OHG in 02 beträgt nur 40.000 €. Der steuerliche Gesamtgewinn der OHG in 02 beträgt 140.000 €. Eine gesellschafterbezogene Berechnung des Verlustabzugs unterbleibt. Der vortragsfähige Fehlbetrag aus 01 i. H. von 120.000 € wird in voller Höhe von dem steuerlichen Gesamtgewinn der OHG in 02 von 140.000 € abgezogen. Von dem verbleibenden Betrag von 20.000 € wird der Freibetrag von 24.500 €, höchstens aber 20.000 € abgezogen, sodass der verbleibende Betrag 0 € beträgt.

3. Beim **Ausscheiden** von **Gesellschaftern** einer Personengesellschaft entfällt der Verlustabzug gem. § 10 a GewStG, soweit der Fehlbetrag anteilig auf die ausgeschiedenen Gesellschafter entfällt[868] (Abschn. 68 Abs. 3 Satz 7 GewStR). Dies gilt auch dann, wenn der ausgeschiedene Gesellschafter über eine Organgesellschaft (AG) mittelbar an der Personengesellschaft beteiligt ist.[869]

Diese Entscheidung beruht im Wesentlichen auf folgenden Erwägungen:

— Voraussetzungen für den gewerbesteuerlichen Verlustabzug sind Unternehmer- und Unternehmensidentität. Den Verlust kann nur der Unternehmer von seinem Gewerbeertrag abziehen, der den Verlust in einem früheren Erhebungszeitraum in demselben Unternehmen erlitten hat.

— Das Erfordernis der Unternehmeridentität ergibt sich unmittelbar aus § 10 a i. V. m. § 2 Abs. 5 GewStG. Danach gilt: Geht ein Gewerbebetrieb im Ganzen auf einen anderen Unternehmer über, so kann der andere Unternehmer den maßgebenden Gewerbeertrag nicht um Fehlbeträge kürzen, die sich bei der Ermittlung des Gewerbeertrags für das übergegangene Unternehmen vor dem Übergang ergeben haben.

— Bei Personengesellschaften stellt sich ein Gesellschafterwechsel als **partieller** Unternehmerwechsel dar. Der partielle Unternehmerwechsel steht qualitativ dem totalen Unternehmerwechsel gleich und führt dazu, dass der Gewerbeverlustabzug **anteilig** entfällt.

Ein solcher partieller Unternehmerwechsel liegt u. a. in folgenden Fällen vor:

1. Aus einer fortbestehenden Personengesellschaft scheiden ein oder mehrere Gesellschafter aus, die ihre Anteile entweder an die verbleibenden Gesellschafter oder an neu eintretende Gesellschafter veräußern.[870]

---
868 BFH vom 03.05.1993, GrS, BStBl II 1993, 616.
869 BFH vom 29.08.2000, BStBl II 2001, 114.
870 BFH vom 14.12.1989, BStBl II 1990, 436.

B. Laufende Besteuerung

2. Beim Übergang eines Mitunternehmeranteils im Wege der Erbfolge oder vorweggenommenen Erbfolge (auch Schenkung) auf einen oder mehrere Rechtsnachfolger, unabhängig davon, ob diese Rechtsnachfolger bereits Mitunternehmer dieser Personengesellschaft sind oder nicht.[871]

3. Aus einer zweigliedrigen Personengesellschaft scheidet ein Gesellschafter aus, der Betrieb wird von dem anderen Gesellschafter als Einzelunternehmen fortgeführt. Unerheblich ist, ob das Ausscheiden entgeltlich oder unentgeltlich erfolgt.

4. In eine bereits bestehende Personengesellschaft treten ein oder mehrere weitere Gesellschafter ein.

5. Der Betrieb eines Einzelunternehmens, einer Personengesellschaft oder einer Kapitalgesellschaft wird in eine Personengesellschaft eingebracht.

6. In ein Einzelunternehmen treten eine oder mehrere Personen als Gesellschafter ein, das Unternehmen wird als Personengesellschaft fortgeführt.

Hinweis: Partielle Unternehmeridentität ist nicht gegeben, wenn Erwerber des Betriebs eine Kapitalgesellschaft ist, an der der bisherige Einzelunternehmer beteiligt ist.

In den Fällen 1 bis 3 geht der Verlustabzug **nicht insgesamt** unter, sondern nur entsprechend der **Quote,** mit der der/die ausgeschiedene(n) Gesellschafter im Jahr der Verlustentstehung am Verlust beteiligt war(en).

In den Fällen 4 bis 6 wird dem partiellen Unternehmerwechsel dagegen in der Weise Rechnung getragen, dass der in dem Unternehmen vor dem Eintritt des/der neuen Gesellschafter(s) entstandene Fehlbetrag auch weiterhin **insgesamt,** jedoch nur von dem Betrag abgezogen werden kann, der vom gesamten Gewerbeertrag entsprechend dem Gewinnverteilungsschlüssel auf den oder die früheren Unternehmer entfällt.

490 Die Ermittlung des Verlustanteils des Gesellschafters, der zum Verlustabzug berechtigt ist, erfordert nunmehr eine auf die einzelnen Mitunternehmer bezogene Berechnung des Verlusts. Der sich insgesamt ergebende Fehlbetrag (= steuerlicher Gesamtverlust der Personengesellschaft unter Berücksichtigung der Ergebnisse aus Ergänzungsbilanzen und Sonderbilanzen) ist den Mitunternehmern nach § 10 a Satz 4 GewStG entsprechend dem sich aus dem Gesellschaftsvertrag ergebenden allgemeinen Gewinnverteilungsschlüssel zuzurechnen; Vorabgewinnanteile sind nicht zu berücksichtigen. Diese gesetzliche Regelung wurde durch das Jahressteuergesetz 2007 in § 10 a GewStG aufgenommen und entspricht der bisherigen Auffassung der Finanzverwaltung in Abschn. 68 Abs. 3 GewStR. Damit ist die Rechtsprechung des BFH, der den Gewinn- und Verlustanteil eines Mitunternehmers unter Einbeziehung der in den Jahren des Bestehens der Mitunternehmerschaft angefallenen Sonderbetriebseinnahmen und Sonderbetriebsausga-

---

[871] BFH vom 07.12.1993, BStBl II 1994, 331.

2 Gewerbesteuer

ben berechnete, überholt.[872] Nach § 36 Abs. 9 GewStG ist diese Regelung auch für Erhebungszeiträume vor 2007 anzuwenden. Darüber wird eine Entscheidung des BVerfG eingeholt, ob diese Rückwirkung mit dem Grundgesetz unvereinbar ist.[873]

Unabhängig davon stellt sich die Frage, was unter dem allgemeinen Gewinnverteilungsschlüssel zu verstehen ist. Da der Wortlaut in § 10 a Satz 4 GewStG dem des § 35 Abs. 2 Satz 2 EStG entspricht, muss u. E. die Auslegung identisch erfolgen. Nach der Auffassung der Finanzverwaltung zu § 35 EStG[874] sind (nur) **gewinnabhängige** Vorabgewinnanteile Bestandteil des allgemeinen Gewinnverteilungsschlüssels, nicht dagegen gewinnunabhängige. Dasselbe gilt für Sondervergütungen i. S. des § 15 Abs. 1 Satz 1 Nr. 2 EStG.

Dabei sind die Hinzurechnungen und Kürzungen grundsätzlich entsprechend den Beteiligungsverhältnissen am Restgewinn der Personengesellschaft auf die einzelnen Mitunternehmer zu verteilen. Soweit ein Hinzurechnungs- oder Kürzungsbetrag allerdings nur durch einen Mitunternehmer veranlasst wurde (z. B. Schuldzinsen, die im Rahmen der Gewinnfeststellung als Sonderbetriebsausgaben abgezogen wurden), ist der entsprechende Betrag im Rahmen der Aufteilung des Gewerbeertrags auch nur diesem Mitunternehmer zuzuordnen.

Der sich im Abzugsjahr für die Personengesellschaft ergebende positive Gewerbeertrag ist ebenfalls nach dem allgemeinen Gewinnverteilungsschlüssel den einzelnen Mitunternehmern zuzuordnen. Die vorstehenden Ausführungen zur Verlustverteilung bzw. zur Berücksichtigung von gewerbesteuerlichen Hinzurechnungen und Kürzungen gelten entsprechend.

Die ermittelten Anteile am negativen Gewerbeertrag sind mitunternehmerbezogen mit den jeweiligen Anteilen am positiven Gewerbeertrag des Abzugsjahrs zu verrechnen. Die Ergebnisse der Verrechnungen sind sodann wieder zum einheitlichen Gewerbeertrag des Unternehmens zusammenzufassen.

Nach § 10 a Satz 6 GewStG ist der der Personengesellschaft verbleibende **491** vortragsfähige Gewerbeverlust gesondert festzustellen (Abschn. 66 Abs. 5 GewStR).

Beispiel 4:

Eine KG mit dem Komplementär K (Beteiligung 60 %) und den Kommanditisten L und M (Beteiligung je 20 %) hat im Jahr 05 einen Gewerbeverlust von 100.000 € erzielt. Im Jahr 06 ergab sich ein Gewerbeverlust von 5.000 €. Zum

---

[872] Ständige Rechtsprechung, zuletzt BFH vom 16.02.1994, BStBl II 1994, 364, und vom 17.01.2006, BFH/NV 2006, VIII R 96/04, bisher noch nicht im BStBl veröffentlicht.
[873] BFH vom 19.04.2007, BStBl II 2008, 140.
[874] BMF vom 19.09.2007, BStBl I 2007, 701, Rz. 20; siehe auch B. Rz. 423.

B. Laufende Besteuerung

31.12.06 ist der Kommanditist M aus der KG ausgeschieden. Die KG wird von K und L weitergeführt.

Wäre M nicht aus der KG ausgeschieden, so könnten ab dem Jahr 07 die **vollen** Gewerbeverluste aus den Jahren 05 und 06 bei der Ermittlung des Gewerbeertrags gekürzt werden.

Da am Erfordernis der Unternehmeridentität für die Mitunternehmer festgehalten wird,[875] kann die KG nur die auf K und L entfallenden Gewerbeverlustanteile (für 05 80.000 € und für 06 4.000 €) ab dem Jahr 07 kürzen.

Beispiel 5:

Wie Beispiel 4, aber M veräußert seinen Anteil an den neu eintretenden Gesellschafter N.

Es ergibt sich dieselbe Lösung wie im Beispiel 4.

Beispiel 6:

Wie Beispiel 5, aber M überträgt seinen Anteil im Wege der vorweggenommenen Erbfolge auf P.

Es ergibt sich dieselbe Lösung wie im Beispiel 4. Das bedeutet, obwohl P nach § 6 Abs. 3 EStG zwingend die Buchwerte fortführen muss und in die Rechtsstellung des M eintritt, kann er den anteiligen Gewerbeverlust des M nicht in späteren Jahren abziehen.[876]

Beispiel 7:

Gesellschafter der AB-OHG sind A und B je zur Hälfte. Die OHG erleidet in 01 einen Verlust i. H. von 300.000 €. A scheidet am 31.12.01 gegen Zahlung einer Abfindung aus der OHG aus, die ab 01.01.02 von B als Einzelunternehmen fortgeführt wird.

Der partielle Unternehmerwechsel hat zur Folge, dass der in 01 entstandene Fehlbetrag, soweit er anteilig auf A entfällt, nicht vom Gewerbeertrag in 02 abgezogen werden kann. Der Gewerbeertrag 02 wird folglich nicht um 300.000 €, sondern nur um 150.000 € gekürzt.

Beispiel 8:

Gesellschafter der CD-OHG sind C mit 90 % und D mit 10 %. Die OHG hat ein abweichendes Wirtschaftsjahr vom 01.04. bis 31.03. Im Wirtschaftsjahr 01/02 erzielt sie einen Gewerbeertrag von 120.000 €. Aus den Vorjahren verfügt die OHG über einen gewerbesteuerlichen Verlustvortrag von 240.000 €. Mit Wirkung vom 01.03.02 übertrug C seinen Anteil im Wege der vorweggenommenen Erbfolge unentgeltlich auf seinen Sohn S.

Der Verlustvortrag entfällt anteilig mit der Quote, mit der der ausgeschiedene Gesellschafter im Erhebungszeitraum der Verlustentstehung entsprechend dem Gewinnverteilungsschlüssel an dem negativen Gewerbeertrag der OHG beteiligt war (Abschn. 68 Abs. 3 Nr. 1 GewStR). Eine Verlustrechnung ist noch insoweit vorzunehmen, als der Gewerbeertrag der OHG im Wirtschaftsjahr 01/02 zeitanteilig auf C entfällt, also i. H. von $^{11}/_{12}$.

---

[875] BFH vom 03.05.1993, GrS 3/92, BStBl II 1993, 616.
[876] BFH vom 07.12.1993, BStBl II 1994, 331.

2 Gewerbesteuer

Der Gewinn bis zum 28.02.02 beträgt $^{11}/_{12}$ von 120.000 € = 110.000 €. Davon entfallen auf C 90 % = 99.000 €. Von dem anteiligen Verlustvortrag des C von (90 % von 240.000 € =) 216.000 € können somit 99.000 € abgezogen werden. Der Restbetrag = 117.000 € geht verloren.[877] Der auf D entfallende Verlustvortrag von 10 % von 240.000 € = 24.000 € kann weiterhin in voller Höhe abgezogen werden. Im Wirtschaftsjahr 01/02 ist davon ein Teilbetrag von 12.000 € zu berücksichtigen, sodass ein Verlustvortrag von 12.000 € verbleibt, der gesondert festzustellen ist.

Beispiel 9:
Gesellschafter der XY-KG sind X und Y je zur Hälfte. Die XY-KG erzielte in 01 einen Verlust von 300.000 €, von dem je 150.000 € auf X und Y entfielen. Zum 01.01.02 tritt Z als weiterer Gesellschafter in die KG ein. Neues Beteiligungsverhältnis je $^1/_3$. In 02 erzielt die KG einen positiven Gewerbeertrag von 510.000 €, von dem je 170.000 € auf X, Y und Z entfallen.

Durch den Eintritt des Z ist es zu einem partiellen Unternehmerwechsel gekommen. Den Fehlbetrag aus 01 haben nur X und Y erwirtschaftet, deshalb können auch nur X und Y von ihrem anteiligen positiven Gewerbeertrag 02 ihren anteiligen Verlust aus 01 abziehen. Somit mindert sich der anteilige positive Gewerbeertrag von X und Y (je 170.000 €) um den anteiligen Verlust aus 01 (= je 150.000 €). Insgesamt wird damit der Gewerbeertrag 02 um 300.000 € auf 210.000 € gemindert.

Beispiel 10:
In das Einzelunternehmen des A tritt am 01.01.02 B als Gesellschafter ein. Der Verlust des Einzelunternehmens hat in 01 300.000 € betragen. Am Gewinn der OHG sind A und B je zur Hälfte beteiligt. Vorab erhält A für seine Geschäftsführertätigkeit ein gewinnabhängiges Gehalt, das in 02 100.000 € beträgt. Die OHG erzielt in 02 einen Gewinn i. H. von 300.000 €, bei dessen Ermittlung das Geschäftsführergehalt des A als Aufwand abgezogen worden ist. Bei der Ermittlung des Gewerbeertrags sind gem. § 8 GewStG 50.000 € hinzuzurechnen.

Der Gewinn der OHG beträgt 400.000 €. Davon entfallen auf A (150.000 € + 100.000 € =) 250.000 € = 62,5 % des Gesamtgewinns der OHG. Von dem Gewerbeverlust des A aus 01 von 300.000 € können somit u. E. in entsprechender Anwendung der Auffassung der Finanzverwaltung zu § 35 Abs. 2 Satz 2 EStG 62,5 % von 450.000 € = 281.250 € gem. § 10 a GewStG abgezogen werden. Der restliche vortragsfähige Verlust beträgt noch 18.750 €. Ein Abzug erfolgt in den Folgejahren.[878]

4. Bei der **Realteilung** einer **Personengesellschaft** liegt eine Betriebsaufspaltung vor mit der Folge, dass der bisherige betriebliche Organismus aufgelöst wird. Der Verlustvortrag für die in dem aufgelösten Betrieb entstandenen Fehlbeträge ist deshalb ausgeschlossen, auch soweit die Gesellschafter Einzelunternehmen fortführen.[879]

492

---

877 OFD Kiel vom 06.01.2000 – G 1421 A – St 261.
878 Siehe OFD Koblenz vom 13.01.1998 – G 1427 A – St 34 3, StLex 5, 10 a, 7.
879 BFH vom 18.11.1970, BStBl II 1971, 147.

B. Laufende Besteuerung

Anders ist es dagegen, wenn im Zuge der Realteilung **Teilbetriebe** der Personengesellschaft auf die Gesellschafter übergehen und es ohne weiteres möglich ist, diesen Teilbetrieben einen bestimmten Verlustanteil sachlich zuzuordnen.[880] In diesen Fällen liegen die Voraussetzungen der Unternehmensidentität vor (Abschn. 67 Abs. 2 Satz 8 GewStR), deshalb bleibt der Gewerbeverlust erhalten, allerdings nur insoweit, als dieser entsprechend dem Gewinnverteilungsschlüssel den Gesellschaften zuzurechnen war. Es kann jedoch höchstens der Teil des Gewerbeverlustes abgezogen werden, der dem übernommenen Teilbetrieb tatsächlich zugeordnet werden kann (Abschn. 68 Abs. 3 Nr. 7 GewStR).

Beispiel 11:

An der X-OHG sind A und B zu gleichen Teilen beteiligt. Bei der Realteilung zum 01.01.02 erhält A den Teilbetrieb 1 und B den Teilbetrieb 2. Die OHG erlitt in 01 einen Gewerbeverlust von 600.000 €. Aus der Buchführung lässt sich belegen, dass von dem Verlust 350.000 € auf den Teilbetrieb 1 und 250.000 € auf den Teilbetrieb 2 entfallen. Unternehmensidentität ist gegeben.

Die beiden Teilbetriebe können als abgrenzbare wirtschaftliche Einheiten angesehen werden, in denen jeweils ein bestimmter Verlust entstanden ist. Die Voraussetzung der Unternehmensidentität ist gegeben. A und B können nur ihren Anteil am Verlust der OHG von je 300.000 € (50 % von 600.000 €) bei der Ermittlung des Gewerbeertrags ihrer Einzelunternehmen abziehen, B jedoch höchstens den Verlust des Teilbetriebs 2, also 250.000 €. Im Ergebnis geht also ein Verlustabzug i. H. von 50.000 € verloren.

493 5. Ein den gewerbesteuerlichen Verlustabzug ausschließender Unternehmerwechsel liegt nicht vor, wenn eine Personengesellschaft den Betrieb einer anderen Personengesellschaft im Wege der **Verschmelzung** aufnimmt und alle Gesellschafter der umgewandelten auch an der aufnehmenden Gesellschaft beteiligt sind. Bleibt auch die Identität des Unternehmens der umgewandelten Personengesellschaft im Rahmen der aufnehmenden Personengesellschaft gewahrt, so kann der Gewerbeertrag der aufnehmenden Personengesellschaft um den Gewerbeverlust gekürzt werden, den die umgewandelte Personengesellschaft in den Vorjahren und im laufenden Erhebungszeitraum bis zur Verschmelzung erlitten hat. Dasselbe gilt bei der Verschmelzung durch Neubildung (Abschn. 67 Abs. 2 Sätze 3 bis 5 GewStR).

Fraglich ist, ob der Gewerbeverlust in vollem Umfang oder nur partiell vorgenommen werden kann. Der BFH hat diese Frage ausdrücklich offengelassen.[881] Da u. E. aber nichts anderes gelten kann als im Fall der Einbringung eines Einzelunternehmens in eine Personengesellschaft, ist der Abzug nur anteilig möglich.

---

880 BFH vom 05.09.1990, BStBl II 1991, 25.
881 BFH vom 14.09.1993, BStBl II 1994, 764.

2 Gewerbesteuer

Beispiel 12:

An der AB-OHG sind A und B je zur Hälfte beteiligt, an der CD-OHG C und D. Beide Gesellschaften werden zum 01.01.02 auf die ABCD-OHG verschmolzen. An dieser OHG sind unter Berücksichtigung der Werte der eingebrachten Unternehmen A und B zu je $^1/_6$ und C und D zu je $^1/_3$ beteiligt. Im Betrieb der AB-OHG war in 01 ein Verlust i. H. von 240.000 € entstanden. Die ABCD-OHG erzielt in 02 einen Gewerbeertrag von 900.000 €.

Es liegt zwar Unternehmeridentität vor, u. E. aber nur partiell. Der Verlust von 240.000 €, den A und B vor der Verschmelzung erwirtschaftet haben, kann in vollem Umfang nach § 10 a GewStG abgezogen werden, jedoch nur von dem Teil des Gewerbeertrags der ABCD-OHG, der anteilig auf A und B entfällt (= 2 × $^1/_6$ = 300.000 €).

6. Ist eine Personengesellschaft an einer anderen Personengesellschaft beteiligt **(doppelstöckige Personengesellschaften)**, so sind die Gesellschafter der beteiligten Personengesellschaft zugleich Mitunternehmer der Beteiligungsgesellschaft.[882] Für die Kürzung des Gewerbeverlustes der Beteiligungsgesellschaft hat ein Gesellschafterwechsel bei der beteiligten Personengesellschaft keine Auswirkung (Abschn. 68 Abs. 3 Nr. 8 GewStR).

494

Beispiel 13:

An der A-KG ist eine OHG als Kommanditistin beteiligt. Zum 31.12.06 scheiden aus der OHG von den vier Gesellschaftern zwei aus. Die restlichen zwei Gesellschafter führen den Betrieb der OHG weiter und behalten die Kommanditbeteiligung an der KG unverändert bei.

Da die Gesellschafter der A-KG unverändert beteiligt sind, ist der Gewerbeverlust der KG in voller Höhe weiter zulässig, da Unternehmergleichheit besteht.[883]

Der Gewerbeverlust der **Untergesellschaft** geht auch dann nicht verloren, wenn eine KG (= Obergesellschaft) als Mitunternehmer einer anderen Personengesellschaft (= Untergesellschaft) formwechselnd in eine AG oder GmbH umgewandelt wird, weil trotz Formwechsel der Obergesellschaft die Unternehmeridentität der Untergesellschaft erhalten bleibt, denn Mitunternehmer der Untergesellschaft ist die Obergesellschaft als solche und nicht die einzelnen Gesellschafter der Obergesellschaft. Dagegen gehen **eigene Gewerbeverluste der Obergesellschaft** durch jede Art der Umwandlung (formwechselnd oder übertragend) in eine Kapitalgesellschaft unter, weil hier ein Rechtsträgerwechsel vorliegt (§ 23 Abs. 5, § 25 UmwStG).

Wird durch die bisher unmittelbar an einer Personengesellschaft beteiligten Gesellschafter nach dem Verlustentstehungsjahr eine neue Personengesellschaft zwischengeschaltet (Obergesellschaft), geht der auf die nunmehr nur

---

[882] Siehe G.
[883] BFH vom 13.11.1984, BStBl II 1985, 334, vom 25.02.1991, BStBl II 1991, 691, und vom 03.05.1993, BStBl II 1993, 616.

B. Laufende Besteuerung

noch mittelbar beteiligten Gesellschafter entfallende anteilige Gewerbeverlust verloren.[884]

Nach § 15 Abs. 1 Satz 1 Nr. 2 Satz 2 EStG ist zwar der mittelbar beteiligte Gesellschafter als Mitunternehmer der Untergesellschaft anzusehen. Aus den Gesetzesmaterialien ergibt sich aber nach Auffassung des BFH,[885] dass der Zweck dieser Vorschrift sich darauf beschränkt, den nur mittelbar beteiligten Gesellschafter lediglich wegen der Tätigkeits- und Nutzungsvergütungen und des Sonderbetriebsvermögens wie einen unmittelbar beteiligten Gesellschafter zu behandeln. Folgerichtig sind bei der Gewerbesteuer nur diejenigen Verluste vorangegangener Erhebungszeiträume mit den Gewinnen aus seinem Sonderbetriebsvermögen zu verrechnen, die in dem Sonderbetriebsbereich des mittelbar beteiligten Gesellschafters der Untergesellschaft entstanden sind.[886]

2.4.6 Freibetrag gem. § 11 GewStG

495 Bei der Ermittlung des Gewerbeertrags von Personengesellschaften wird ein Freibetrag bis zu 24.500 Euro abgezogen. Das gilt auch für die GmbH & Co. KG und die GmbH & atypisch Still.[887]

Bei einem Rechtsformwechsel im Laufe des Erhebungszeitraums ist der für diesen Zeitraum ermittelte Steuermessbetrag dem Einzelunternehmen und der Personengesellschaft anteilig zuzurechnen und getrennt festzusetzen. Dieses Ergebnis wird nach Abschn. 69 Abs. 2 GewStR dadurch erreicht, dass für jeden der Steuerschuldner eine Steuermessbetragsfestsetzung aufgrund des von ihm erzielten Gewerbeertrags durchgeführt und dabei der Freibetrag nach § 11 Abs. 1 Nr. 1 GewStG i. H. von 24.500 Euro auf jeden von ihnen entsprechend der Dauer seiner persönlichen Steuerpflicht aufgeteilt wird. Aus Vereinfachungsgründen kann bei jedem der Steuerschuldner für jeden angefangenen Monat der Steuerpflicht ein Freibetrag von 2.042 Euro berücksichtigt werden.

Dagegen erwägt der BFH[888] den Abrundungsbetrag für den einheitlich ermittelten Gewerbeertrag und den einheitlich ermittelten Freibetrag (§ 11 Abs. 1 Nr. 1 GewStG) entsprechend der Dauer der jeweiligen persönlichen Steuerpflicht (zeitanteilig) aufzuteilen. Dieses Urteil ist jedoch nicht anzuwenden, es ist weiterhin nach Abschn. 69 Abs. 2 GewStR zu verfahren.[889]

---

884 BFH vom 26.06.1996, BStBl II 1997, 179, und vom 06.09.2000, BStBl II 2001, 731.
885 BFH vom 06.09.2000, BStBl II 2001, 731.
886 BFH vom 31.08.1999, BStBl II 1999, 794.
887 BFH vom 30.08.2007, BStBl II 2008, 200.
888 BFH vom 26.08.1993, BStBl II 1995, 790.
889 BMF vom 25.10.1995, BStBl I 1995, 708.

2 Gewerbesteuer

Beispiel 1:
A bringt sein Einzelunternehmen mit Wirkung vom 01.10.01 in eine OHG ein. Der Gewerbeertrag beträgt vom 01.01.01 bis 30.09.01 60.280 € und vom 01.10.01 bis 31.12.01 20.770 €.

Nach Auffassung der **Finanzverwaltung** ist von Anfang an von einer getrennten Ermittlung des Gewerbeertrags auszugehen, wobei nur der Freibetrag zeitanteilig aufzuteilen ist.

	Einzelunternehmen €	OHG €
Gewerbeertrag	60.280	20.770
./. Abrundungsbetrag	80	70
	60.200	20.700
./. Freibetrag ($^9/_{12}$: $^3/_{12}$)	18.375	6.125
Verbleibender Gewerbeertrag	41.825	14.575

Zum Vergleich:
Nach Auffassung des **BFH** ist in der ersten Stufe die Höhe des Abrundungsbetrags und des Freibetrags nach dem einheitlichen, zusammengefassten Gewerbeertrag zu ermitteln. In der zweiten Stufe erfolgt die Ermittlung der Anteile an den Abzugsbeträgen.

1. Stufe

Einheitlicher Gewerbeertrag	81.050 €
./. Abrundungsbetrag	50 €
	81.000 €
./. Freibetrag	24.500 €
Verbleibender Gewerbeertrag	56.500 €

2. Stufe

	Einzelunternehmen €	OHG €
Gewerbeertrag	60.280	20.770
./. Abrundungsbetrag 50 € jeweils zeitanteilig ($^9/_{12}$: $^3/_{12}$)	38	13
	60.242	20.757
./. Freibetrag ($^9/_{12}$: $^3/_{12}$)	18.375	6.125
Verbleibender Gewerbeertrag	41.867	14.632

Fazit:
Sofern beide Rechtsträger einen positiven Gewerbeertrag erzielen, ergeben sich nur geringfügige Abweichungen.

Beispiel 2:
Wie Beispiel 1, aber das Einzelunternehmen erzielt einen Gewerbeertrag von 50.280 € und die OHG erzielt einen Gewerbeverlust von 30.000 €.
Nach Auffassung der **Finanzverwaltung** ist folgende Berechnung vorzunehmen:

B. Laufende Besteuerung

	Einzelunternehmen €	OHG €
Gewerbeertrag	50.280	./. 30.000
./. Abrundungsbetrag	80	–
	50.200	./. 30.000
./. Freibetrag ($^9/_{12}$: $^3/_{12}$)	18.375	–
Verbleibender Gewerbeertrag	31.825	./. 30.000

Zum Vergleich die Berechnung nach Auffassung des **BFH**:

1. Stufe

Einheitlicher Gewerbeertrag	20.280 €
./. Abrundungsbetrag	80 €
	20.200 €
./. Freibetrag 24.500 €, höchstens	20.200 €
Verbleibender Gewerbeertrag	0 €

2. Stufe

	Einzelunternehmen €	OHG €
Gewerbeertrag	50.280	./. 30.000
./. Abrundungsbetrag 80 €, davon $^9/_{12}$	60	–
	50.220	./. 30.000
./. Freibetrag 20.200 €, davon $^9/_{12}$	15.150	–
Verbleibender Gewerbeertrag	35.070	./. 30.000

Fazit:
Die Berechnungsmethode lt. BFH führt zu Nachteilen beim Einzelunternehmen, weil für die Berechnung des anteiligen Freibetrags der um den Verlust der OHG geminderte Gewerbeertrag zugrunde zu legen ist.

3 Umsatzsteuer

3.1 Allgemeine Prinzipien zur umsatzsteuerrechtlichen Behandlung der Personengesellschaft

3.1.1 Die Umsatzsteuerrechtsfähigkeit der Personengesellschaft

496 Die Personengesellschaft in jeglicher bürgerlich-rechtlicher Ausgestaltung, sei es OHG, KG, Partnerschaft, GbR oder EWIV, ist umsatzsteuerrechtsfähig. Das heißt, sie kann selbst Steuerrechtssubjekt sein mit der Folge, dass ihre Umsätze der Umsatzsteuer unterliegen, dass sie selbst Steuererklärungen abgeben muss usw. Anders als bei der Einkommensteuer, bei der die von der Personengesellschaft erzielten Einkünfte den Gesellschaftern zugerechnet werden, werden die bei der Umsatzsteuer zu versteuernden Umsätze der

3 Umsatzsteuer

Personengesellschaft und nicht den Gesellschaftern zugerechnet. Dieser Unterschied zur Einkommensteuer ist von grundlegender Bedeutung für die richtige umsatzsteuerrechtliche Behandlung der Personengesellschaften.

3.1.2 Die Unternehmereigenschaft der Personengesellschaft

Dass eine Personengesellschaft Unternehmer im Sinne des Umsatzsteuerrechts sein kann, lässt sich eindeutig aus zahlreichen Bestimmungen des Umsatzsteuergesetzes entnehmen (z. B. § 2 Abs. 1 letzter Halbsatz, § 10 Abs. 5 Nr. 1). Ob eine Personengesellschaft im konkreten Einzelfall Unternehmer ist, richtet sich nach den allgemeinen Voraussetzungen des § 2 Abs. 1 UStG. Sie ist also Unternehmer, wenn sie gewerbliche oder berufliche Tätigkeiten selbständig ausübt. Die gewerbliche oder berufliche Tätigkeit ist dabei in § 2 Abs. 1 Satz 3 UStG besonders definiert. Gewerblich oder beruflich ist danach jede nachhaltige Tätigkeit zur Erzielung von Einnahmen, auch wenn die Absicht Gewinn zu erzielen fehlt oder die Personengesellschaft nur gegenüber ihren Gesellschaftern tätig wird. Diese für die Unternehmereigenschaft erforderlichen Merkmale

— Selbständigkeit,

— nachhaltige Tätigkeit,

— Einnahmeerzielungsabsicht

haben durch die Rechtsprechung des BFH folgende Auslegung erfahren:

497

a) Selbständigkeit

Die Selbständigkeit ist bei einer Personengesellschaft praktisch stets gegeben. Nach früherer Rechtsprechung fehlte einer Personengesellschaft die Selbständigkeit, wenn ein sog. organschaftsähnliches Verhältnis vorlag, wenn also die Personengesellschaft entsprechend § 2 Abs. 2 Nr. 2 UStG nach dem Gesamtbild der tatsächlichen Verhältnisse finanziell, wirtschaftlich und organisatorisch in ein Unternehmen eingegliedert war. Aufgrund des BFH-Urteils vom 08.02.1979[890] hat sich jedoch die Auffassung durchgesetzt, dass das organschaftsähnliche Verhältnis eine unzulässige Ausdehnung des § 2 Abs. 2 Nr. 2 UStG darstellt und deshalb jedenfalls OHG und KG stets selbständig sind. Für die Unselbständigkeit nichtrechtsfähiger Personenvereinigungen bleibt nach diesem Urteil allenfalls der eng begrenzte Rahmen des § 2 Abs. 2 Nr. 1 UStG übrig, wonach Unselbständigkeit zusammengeschlossener natürlicher Personen vorliegt, soweit sie einem Unternehmen so eingegliedert sind, dass sie den Weisungen des Unternehmers zu folgen verpflichtet sind. Der BFH ist in dem o. a. Urteil der Auffassung, dass dieser Bestimmung keine weiter gehende Bedeutung zugemessen werden könnte als die, dass Arbeitnehmer ihren Status als Unselbständige im Sinne des Umsatzsteuerrechts nicht dadurch verlieren sollen, dass sie die geschuldete

498

---
[890] BStBl II 1979, 362.

B. Laufende Besteuerung

Arbeitsleistung ausnahmsweise in einem Zusammenschluss erbringen. Es handle sich bei § 2 Abs. 2 Nr. 1 UStG also allein um eine Regelung im Interesse der Arbeitnehmer, um zu verhindern, dass sie lediglich deshalb zur Umsatzsteuer herangezogen werden, weil sie sich zwecks Erbringung ihrer Arbeitsleistung – ausschließlich gegenüber ihrem Arbeitgeber – organisatorisch zusammengeschlossen haben.

Sieht man von dieser selten zutreffenden Ausnahme ab, bleibt als Ergebnis festzuhalten: Die Selbständigkeit von Personengesellschaften im Sinne des Umsatzsteuerrechts ist stets zu bejahen.

b) Nachhaltige Tätigkeit

499 Das Merkmal der nachhaltigen Tätigkeit hat zwei Aspekte, nämlich zum einen den Aspekt der Nachhaltigkeit und zum anderen den Aspekt der Tätigkeit, d. h., nach außen durch ein Tun, Dulden oder Unterlassen in Erscheinung zu treten.

aa) Die Gesellschaft übt die gewerbliche oder berufliche Tätigkeit **nachhaltig** aus, wenn die Tätigkeit auf Dauer zur Erzielung von Entgelten angelegt ist.[891] Maßgeblich ist das Gesamtbild der Verhältnisse. Das bedeutet, dass die für und gegen die Nachhaltigkeit sprechenden Merkmale gegeneinander abzuwägen sind. Kriterien der Nachhaltigkeit sind:

— mehrjährige Tätigkeit

— planmäßiges Handeln

— auf Wiederholung angelegte Tätigkeit

— die Ausführung mehr als nur eines Umsatzes

— Vornahme mehrerer gleichartiger Handlungen unter Ausnutzung derselben Gelegenheit oder desselben dauernden Verhältnisses

— langfristige Duldung des Eingriffs in den eigenen Rechtskreis

— Intensität des Tätigwerdens

— Beteiligung am Markt

— Auftreten wie ein Händler

— Unterhalten eines Geschäftslokals

— Auftreten nach außen

Nachhaltig wird die Gesellschaft zum Beispiel bereits tätig, wenn sie ein Grundstück vermietet.

500 bb) Das nach **außen** In-Erscheinung-Treten durch ein Tätigwerden beinhaltet den Grundsatz, dass nur derjenige Unternehmer ist, in dessen Namen das Tätigwerden erfolgt. Eine reine Innengesellschaft, die nach außen nicht durch Leistungen in Erscheinung tritt, ist nicht Unternehmer. Eine typische Innengesellschaft liegt bei der stillen Gesellschaft (sowohl typische als auch

---

891 Vgl. BFH vom 30.07.1986, BStBl II 1986, 874, und vom 18.07.1991, BStBl II 1991, 776.

atypische stille Gesellschaft) i. S. der §§ 230 ff. HGB vor. Unternehmer ist in diesem Fall nicht die stille Gesellschaft, sondern der nach außen auftretende Inhaber des Handelsgeschäfts.

c) Einnahmeerzielungsabsicht

Die Einnahmeerzielungsabsicht ist auch dann gegeben, wenn die Gesellschaft nur Leistungen an ihre Gesellschafter erbringt und diesen hierfür lediglich die bei der Gesellschaft anfallenden Kosten berechnet. Ein ganz typisches Beispiel hierfür sind die Wohnungseigentümergemeinschaften, deren Leistungen allerdings nach § 4 Nr. 13 UStG steuerfrei sind. 501

3.1.3 Die Unternehmereigenschaft des Gesellschafters einer Personengesellschaft

Die Umsätze der Personengesellschaft werden der Personengesellschaft selbst als Unternehmer zugerechnet. Diese Umsätze können daher nicht zugleich auch den Gesellschaftern der Personengesellschaft zugerechnet werden. Die Gesellschafter der Personengesellschaft sind daher insoweit keine Unternehmer im Sinne des Umsatzsteuerrechts. Die Mitunternehmerschaft im Einkommensteuerrecht existiert umsatzsteuerrechtlich nicht. 502

Gleichwohl können auch die Gesellschafter der Personengesellschaft, wenn sie Leistungen an die Personengesellschaft erbringen, durchaus Unternehmer sein, soweit sie nämlich selbst (nicht als Gesellschaft) die Kriterien des § 2 UStG erfüllen, also selbständig und nachhaltig mit Einnahmeerzielungsabsicht tätig werden. Hierbei ist zu unterscheiden, ob die Leistungen eines Gesellschafters an die Gesellschaft ihren Grund im gesellschaftsrechtlichen Beitragsverhältnis (also auf **Gesellschaftsebene**) oder in einem gesonderten schuldrechtlichen Austauschverhältnis **(Leistungsaustauschebene)** haben. Handelt es sich nämlich um Leistungen, die als Gesellschafterbeitrag durch die Beteiligung am Gewinn und Verlust der Gesellschaft abgegolten werden, fehlte es an einem Leistungsaustausch. Die Beteiligung am Gewinn ist kein Entgelt, sondern bloßer Reflex aus der Gesellschafterstellung. Es fehlt an der Entgeltserzielungsabsicht und damit an der Einnahmeerzielungsabsicht i. S. von § 2 Abs. 1 Satz 3 UStG. Damit entfällt die Unternehmereigenschaft des Gesellschafters. Handelt es sich dagegen um Leistungen, die unabhängig von der Beteiligung am Gewinn gegen **(Sonder-)Entgelt** ausgeführt werden und damit auf einen Leistungsaustausch gerichtet sind, können sie die Unternehmereigenschaft des Gesellschafters begründen. 503

Nach der früheren Rechtsprechung des BFH waren allerdings von dieser Leistungsaustauschebene solche Leistungen des Gesellschafters ausgeschlossen, welche dieser in seiner Eigenschaft als **Geschäftsführer** der Personengesellschaft erbracht hat. In seinem Urteil vom 17.07.1980[892] führte 504

---
[892] BStBl II 1980, 622.

B. Laufende Besteuerung

der BFH hierzu aus, der zur Geschäftsführung und Vertretung berufene Gesellschafter und die Gesellschaft stünden sich nicht in dem Sinne gegenüber, dass der Gesellschafter eine Leistung erbringe und die Gesellschaft diese empfange. Denn wirtschaftlich betrachtet realisiere sich der Gesellschaftszweck, zu dessen Erreichung sich die Gesellschafter verbunden hätten, mangels eigener Handlungsfähigkeit der Gesellschaft durch das Tätigwerden ihrer Gesellschafter. Wenn der Gesellschafter seine Rechte ausübe, habe er sich zugleich als Gesellschaft betätigt. Eine Leistung an einen anderen erbringe er nicht. Die Ausübung der Mitgliedschaftsrechte könne nicht als Leistung an die Gesellschaft angesehen werden, weil dieser Erfolg der eigenen Betätigung des Gesellschafters als Reflex zugutekomme.

Diese Rechtsprechung hat der BFH mit Urteil vom 06.06.2002[893] aufgegeben.

Der BFH vertritt unter Berufung auf die Rechtsprechung des EuGH die Auffassung, auch bezüglich der Geschäftsführertätigkeit könne der Gesellschafter mit der Gesellschaft in einen Leistungsaustausch eintreten, sofern er nur die **Geschäftsführertätigkeit gegen Sonderentgelt** erbringe. Der Geschäftsführer ist in diesem Fall Unternehmer, sofern er seine Geschäftsführertätigkeit selbständig i. S. von § 2 Abs. 2 Nr. 1 UStG ausübt.

Die Finanzverwaltung hat die geänderte Rechtsprechung des BFH übernommen.[894] Die frühere Auffassung wirkt jedoch noch fort, soweit der Gesellschafter wegen seines Gesellschafterstatus als persönlich haftender Gesellschafter für die Verbindlichkeiten der Gesellschaft haftet und hierfür eine Haftungsvergütung von Seiten der Gesellschaft erhält. Die Verwaltung vertritt hierzu die Auffassung, der Gesellschafter erbinge insoweit keine Leistung und es liege deshalb auch kein Leistungsaustausch vor.[895]

a) Geschäftsführertätigkeit gegen Sonderentgelt

Ein Sonderentgelt kann unabhängig von der Bezeichnung der Gegenleistung als Aufwendungsersatz, Umsatzbeteiligung oder Kostenerstattung vorliegen. Die bloße Beteiligung am Gewinn aufgrund des Gesellschaftsanteils des Geschäftsführers an der Gesellschaft ist jedoch kein Entgelt. Erhält der Geschäftsführer einen so genannten Gewinnvorab, ist damit noch nicht geklärt, ob es sich um ein Sonderentgelt für die Geschäftsführertätigkeit handelt. Erhält er den als Gewinnvorab bezeichneten Betrag als Teil seines späteren Gewinnanteils vorab aus dem Bilanzgewinn, handelt es sich nicht um ein Sonderentgelt. Erhält der Geschäftsführer dagegen eine Vorabvergütung für seine Geschäftsführertätigkeit, die im Rahmen der Ergebnis-

---
893 BStBl II 2003, 36.
894 Vgl. Abschnitt 6 Abs. 3 Satz 2 bis 6 UStR.
895 Vgl. Abschnitt 6 Abs. 6 Satz 2 und 3 UStR.

3 Umsatzsteuer

ermittlung bei der Handelsbilanz als Aufwand behandelt wird, liegt ein Sonderentgelt vor.[896]

Der Gewinnanteil des Gesellschafter-Geschäftsführers ist grundsätzlich kein Sonderentgelt für die Geschäftsführertätigkeit. Dies gilt auch dann, wenn nicht alle Gesellschafter tatsächlich die Führung der Geschäfte und die Vertretung der Gesellschaft übernehmen und die Geschäftsführungs- und Vertretungsleistungen mit einem erhöhten Anteil am Gewinn abgegolten werden.[897]

Beispiel 1:

Die Gesellschafter A, B und C der ABC-OHG sind als Geschäftsführer und Vertreter für die ABC-OHG tätig. Außerhalb ihrer Tätigkeit für die OHG sind sie nicht unternehmerisch tätig. Sie sind am Gewinn und Verlust der ABC-OHG beteiligt, A mit 40 %, B und C mit jeweils 30 %. Darüber hinaus erhalten sie keine weiteren Vergütungen.

Lösung:

Zwischen der ABC-OHG und ihren Gesellschaftern findet **kein** Leistungsaustausch statt. Die Gewinnbeteiligung ist kein Entgelt für die Geschäftsführungs- und Vertretungsleistungen. A, B und C sind damit keine Unternehmer im Sinne des Umsatzsteuerrechts.

Beispiel 2:

Die Gesellschafter A, B und C der ABC-OHG sind Geschäftsführer und Vertreter der ABC-OHG. Nach den gesellschaftsrechtlichen Vereinbarungen obliegt die Führung der Geschäfte jedoch ausschließlich dem C, der außerhalb seiner Tätigkeit für die OHG nicht unternehmerisch tätig ist. Am Gewinn und Verlust der ABC-OHG ist A mit 40 %, B und C mit jeweils 30 % beteiligt. Darüber hinaus erhalten sie keine weiteren Vergütungen.

Lösung:

Zwischen der ABC-OHG und ihren Gesellschaftern findet **kein** Leistungsaustausch statt. Die erhöhte Gewinnbeteiligung des C ist kein Entgelt für seine Geschäftsführungs- und Vertretungsleistungen. C ist somit kein Unternehmer im Sinne des Umsatzsteuerrechts.

Beispiel 3:

Die Gesellschafter A, B und C der ABC-OHG sind Geschäftsführer und Vertreter der ABC-OHG. Nach den gesellschaftsrechtlichen Vereinbarungen obliegt die Führung der Geschäfte jedoch ausschließlich dem C, der außerhalb seiner Tätigkeit für die OHG nicht unternehmerisch tätig ist. Vom Gewinn erhält C vorab 25 %. Der restliche Gewinn wird zu je $^1/_3$ auf A, B und C verteilt. Im Verlustfall wird der Verlust zu je $^1/_3$ von A, B und C getragen.

---

[896] Abschn. 6 Abs. 4 Satz 4 UStR 2005.
[897] Vgl. Tz. B 1. Beispiel 8 des BMF-Schreibens vom 31.05.2007, BStBl I 2007, 503.

B. Laufende Besteuerung

Lösung:
Zwischen der ABC-OHG und ihren Gesellschaftern findet kein Leistungsaustausch statt. Die erhöhte Gewinnbeteiligung des C ist kein Entgelt für seine Geschäftsführungs- und Vertretungsleistungen. C ist somit kein Unternehmer im Sinne des Umsatzsteuerrechts.

Beispiel 4:
Die Gesellschafter A, B und C der ABC-OHG sind Geschäftsführer und Vertreter der ABC-OHG. Nach den gesellschaftsrechtlichen Vereinbarungen obliegt die Führung der Geschäfte jedoch ausschließlich dem C, der außerhalb seiner Tätigkeit für die OHG nicht unternehmerisch tätig ist. Für seine Tätigkeit erhält C unabhängig vom Gewinn oder Verlust jährlich einen Festbetrag von 120.000 €, der von der Gesellschaft als Aufwand verbucht wird.

Lösung:
Zwischen der ABC-OHG und ihrem Gesellschafter C findet ein **Leistungsaustausch** statt. C wird damit zum Unternehmer. Seine Geschäftsführertätigkeit ist steuerbar und **steuerpflichtig**.

Beispiel 5:
Die Gesellschafter A, B und C der ABC-OHG sind Geschäftsführer und Vertreter der ABC-OHG. Nach den gesellschaftsrechtlichen Vereinbarungen obliegt die Führung der Geschäfte jedoch ausschließlich dem C, der außerhalb seiner Tätigkeit für die OHG nicht unternehmerisch tätig ist. Für seine Tätigkeit erhält C vom Gewinn vorab 25 %. Mindestens erhält er jedoch einen Festbetrag von 60.000 €. Der Gewinn bzw. Verlust wird zu je $^{1}/_{3}$ auf A, B und C verteilt.

Lösung:
Es liegt ein sog. **Mischentgelt** vor. Hinsichtlich der festen Vergütung von jährlich 60.000 € liegt ein Leistungsaustausch vor. C wird damit zum Unternehmer. Seine Geschäftsführertätigkeit ist steuerbar und steuerpflichtig. Die Umsatzsteuer beträgt $^{19}/_{119}$ von 60.000 € = 9.580 €.

b) Selbständigkeit natürlicher Personen

Die Beurteilung, ob ein Gesellschafter mit seiner Tätigkeit für die Gesellschaft selbständig oder nicht selbständig tätig ist, ist nach den konkreten Umständen des Einzelfalles anhand einer **Gesamtbetrachtung der tatsächlichen Verhältnisse** vorzunehmen.

Indizien für die Selbständigkeit bzw. Unselbständigkeit sind:

Selbständigkeit	**Unselbständigkeit**
eigene Sachmittel	Gestellung von Sachmitteln
eigene Arbeitskräfte	Gestellung von Arbeitskräften
keine festen Arbeitszeiten	feste Arbeitszeiten
freie inhaltliche Gestaltung der Tätigkeit	inhaltlich vorgeschriebene Tätigkeit
Bezahlung nach tatsächlich erbrachter Leistung	Bezahlung auch im Krankheitsfalle

3 Umsatzsteuer

kein Urlaubsanspruch	Urlaubsanspruch
keine Weisungsgebundenheit	Weisungsgebundenheit gegenüber Gesellschafterversammlung bzw. Beirat
eigenes wirtschaftliches Risiko durch Haftung für Verbindlichkeiten der Gesellschaft	keine Haftung für Verbindlichkeiten der Gesellschaft bzw. Freistellung von der Haftung im Innenverhältnis
hohe Beteiligung am Gesellschaftsvermögen geringe Einbindung in die Organisation der Gesellschaft	geringe Beteiligung am Gesellschaftsvermögen starke Einbindung in die Organisation der Gesellschaft

Die einzelnen Indizien, die für bzw. gegen die Selbständigkeit sprechen, sind zu gewichten. Danach ist abzuwägen, ob die für die Selbständigkeit sprechenden bzw. für die Unselbständigkeit sprechenden Indizien überwiegen.

Im Allgemeinen kann man davon ausgehen, dass der Geschäftsführer einer Personengesellschaft mit seiner Tätigkeit selbständig ist. Grundsätzlich ist die Frage der Selbständigkeit natürlicher Personen für die Umsatzsteuer, Einkommensteuer und Gewerbesteuer nach denselben Grundsätzen zu beurteilen.[898] Dies gilt jedoch nicht, wenn Vergütungen für die Ausübung einer Tätigkeit, bei der die Indizien für die Unselbständigkeit überwiegen, ertragsteuerrechtlich aufgrund der Sonderregelung des § 15 Abs. 1 Satz 1 Nr. 2 EStG zu Gewinneinkünften umqualifiziert werden.[899] Andererseits kann ein gesellschaftsvertraglich vereinbartes Weisungsrecht der Personengesellschaft gegenüber ihrem Gesellschafter nicht zu einer Weisungsgebundenheit i. S. des § 2 Abs. 2 Nr. 1 UStG führen.[900]

Beispiel:

Der Kommanditist K der A-KG erhält von der A-KG eine Tätigkeitsvergütung für seine Geschäftsführungsleistung gegenüber der A-KG. Zwischen K und der A-KG ist ein Arbeitsvertrag geschlossen, der u. a. einen Urlaubsanspruch, feste Arbeitszeiten, Lohnfortzahlung im Krankheitsfall und Weisungsgebundenheit regelt und bei Anwendung der Abgrenzungskriterien für die Selbständigkeit bzw. Unselbständigkeit zu Einkünften aus nichtselbständiger Arbeit führen würde.

Lösung:

Einkommensteuerrechtlich erzielt K aus seiner Tätigkeit Einkünfte aus Gewerbebetrieb nach § 15 Abs. 1 Satz 1 Nr. 2 EStG. Umsatzsteuerrechtlich ist K dagegen nicht selbständig tätig. Er ist also mit seiner Tätigkeit kein Unternehmer.

---

898 Vgl. Abschnitt 17 Abs. 2 Satz 1 UStR.
899 Vgl. Abschnitt 17 Abs. 2 Satz 2 UStR.
900 Vgl. Abschnitt 17 Abs. 2 Satz 3 UStR.

B. Laufende Besteuerung

c) Selbständigkeit juristischer Personen

Ist der Gesellschafter-Geschäftsführer einer Personengesellschaft eine juristische Person, z. B. die Komplementär-GmbH bei einer GmbH & Co. KG, ist diese ebenfalls selbständig. Sie könnte ihre Selbständigkeit nur unter den Voraussetzungen einer Organschaft i. S. von § 2 Abs. 2 Nr. 2 UStG verlieren. Eine organschaftliche Eingliederung einer Komplementär-GmbH in die KG ist jedoch grundsätzlich ausgeschlossen.[901] Nur im Ausnahmefall einer sog. Einheits-GmbH & Co. KG, bei der die KG alleinige Inhaberin der Geschäftsanteile an der GmbH ist, ist von einer umsatzsteuerlichen Organschaft nach § 2 Abs. 2 Nr. 2 UStG auszugehen.[902] Infolge der Beteiligung der KG an der GmbH liegt eine finanzielle Eingliederung vor. Durch die außerordentliche Gesellschafterstellung kann die KG zudem sicherstellen, dass in der GmbH ihr Wille durchgesetzt wird. Dies wird unter diesen besonderen Voraussetzungen auch nicht dadurch überlagert, dass die GmbH ihrerseits Geschäftsführerin der KG ist und dadurch auf die Willensbildung des Organträgers einwirkt.

3.2 Leistungen der Personengesellschaft

505 Bei den Umsätzen der Gesellschaft muss zunächst unterschieden werden, ob der Umsatz an einen Leistungsempfänger erbracht wird, der zugleich Gesellschafter dieser Gesellschaft bzw. eine einem Gesellschafter nahestehende Person ist, oder ob es sich um einen Leistungsempfänger handelt, der in keiner derartigen Beziehung zur Gesellschaft steht (außenstehende Person).

3.2.1 Leistungen der Gesellschaft an Gesellschafter oder diesen nahestehende Personen

Bei den Leistungen der Gesellschaft an die Gesellschafter ist zu unterscheiden zwischen

- **unentgeltlichen** Leistungen
- **entgeltlichen** Leistungen und
- **teilentgeltlichen** Leistungen

Wenn die Gesellschaft Leistungen an ihre Gesellschafter erbringt, kann dies entweder auf der Gesellschaftsebene oder auf der Leistungsaustauschebene erfolgen. Unentgeltliche Leistungen liegen vor, wenn die Leistung auf der Gesellschaftsebene erfolgt. Wenn der Gesellschafter für die an ihn erbrachte Leistung keine Gegenleistung erbringt, führt dies im Allgemeinen dazu, dass sich der Gewinn der Gesellschaft vermindert. Diese Gewinnminderung

---

901 Abschn. 21 Abs. 2 Satz 2 UStR 2005.
902 Ablehnend auch für die Einheits-GmbH & Co. KG: Verfügung der OFD Nürnberg vom 28.10.2004, UR 2005 S. 465.

3 Umsatzsteuer

ist jedoch nicht, wie früher angenommen wurde, als Entgelt für die Leistung anzusehen.

Entgeltliche Leistungen liegen vor, wenn die Leistung nicht auf der Gesellschaftsebene, sondern auf der Leistungsaustauschebene erfolgt und der Gesellschafter für die an ihn erbrachte Leistung eine Gegenleistung erbringt. Die Gegenleistung kann dabei in Geld oder auch in Form einer Leistung des Gesellschafters an die Gesellschaft erbracht werden (Tausch oder tauschähnlicher Umsatz). Einer Gegenleistung in Geld steht die Belastung des Privatkontos des Gesellschafters gleich.

Wenn sich Gesellschaftsebene und Leistungsaustauschebene vermischen, können teilentgeltliche Leistungen vorliegen. Dies ist der Fall, wenn der Wert der für die Leistung der Gesellschaft erbrachten Gegenleistung geringer ist als deren Wert und die Wertdifferenz im Gesellschaftsverhältnis begründet ist. Bevor man jedoch eine teilentgeltliche Leistung annimmt, ist zu prüfen, ob der Gesellschafter neben dem Barbetrag auch noch seinerseits eine Leistung an die Gesellschaft erbringt, welche die Wertdifferenz ausgleicht. In diesem Fall läge eine entgeltliche Leistung im Rahmen eines Tauschs bzw. tauschähnlichen Umsatzes mit Baraufgabe vor.

3.2.1.1 Unentgeltliche Leistungen

Unentgeltliche Leistungen an Gesellschafter oder diesen nahestehende Personen werden unter den Voraussetzungen des § 3 Abs. 1 b Nr. 1 bzw. Abs. 9 a UStG entgeltlichen Leistungen gleichgestellt. Im Falle der Steuerpflicht bestimmt sich die Bemessungsgrundlage nach § 10 Abs. 4 UStG. Eine unentgeltliche Leistung liegt jedoch dann nicht vor, wenn dem Gesellschafter für die Leistung in der handelsrechtlichen Buchführung das Privatkonto belastet wird. In diesem Fall stellt der jeweilige Belastungsbetrag das Bruttoentgelt dar. Erfolgt jedoch die Belastung des Privatkontos außerhalb der handelsrechtlichen Buchführung z. B. durch außerbilanzielle Zurechnung aufgrund einkommensteuerrechtlicher Vorschriften, so ist in dieser Belastung kein Entgelt zu sehen.

Eine unentgeltliche Leistung seitens der Personengesellschaft liegt auch dann nicht vor, wenn der Gesellschafter seinerseits im Rahmen eines Tauschs oder eines tauschähnlichen Umsatzes eine Leistung an die Personengesellschaft erbringt. Die neue Rechtsprechung des BFH zur Geschäftsführertätigkeit erweitert den Bereich der entgeltlichen Leistungen beträchtlich. So ist typischerweise von einem Leistungsaustausch auszugehen, wenn dem Gesellschafter-Geschäftsführer ein PKW zur Verfügung gestellt wird, den er für private Fahrten benutzen darf.

Die sich aufgrund von § 3 Abs. 1 b Nr. 1 bzw. Abs. 9 a UStG ergebende Umsatzsteuer darf dem Leistungsempfänger nicht gesondert in Rechnung gestellt werden (Umkehrschluss aus § 14 Abs. 4 Satz 2 UStG).

506

B. Laufende Besteuerung

Beispiel 1:

507 Die ABC-OHG schenkt ihrem Gesellschafter Waren, die dieser in seinem Einzelunternehmen (Fabrikationsbetrieb) weiterverarbeitet. Die Schenkung an A erfolgt ausschließlich aufgrund der Gesellschafterstellung und nicht aus unternehmerischen Gründen.

Die Schenkung ist nach § 3 Abs. 1 b Nr. 1 UStG einer entgeltlichen Lieferung gleichgestellt. Sie ist somit nach § 1 Abs. 1 Nr. 1 UStG steuerbar und mangels Befreiung steuerpflichtig. Bemessungsgrundlage ist nach § 10 Abs. 4 Nr. 1 UStG der Einkaufspreis der Waren. Die ABC-OHG darf A die anfallende Umsatzsteuer nicht in Rechnung stellen. Wird dem A die Umsatzsteuer gleichwohl gesondert berechnet, schuldet die ABC-OHG nach Verwaltungsauffassung diese Umsatzsteuer nach § 14 c Abs. 1 UStG zusätzlich. A darf sie nicht als Vorsteuer abziehen, da nach § 15 Abs. 1 Nr. 1 Satz 1 UStG nur die gesetzlich geschuldete Umsatzsteuer und keine Steuer nach § 14 c Abs. 1 UStG als Vorsteuer abgezogen werden darf.[903]

Wird dem Gesellschafter die Umsatzsteuer allerdings in der Weise berechnet, dass er sie zahlt bzw. diesbezüglich sein Privatkonto belastet wird, liegt keine unentgeltliche, sondern eine teilentgeltliche Lieferung vor. Sie ist direkt nach § 1 Abs. 1 Nr. 1 UStG steuerbar (also nicht über § 3 Abs. 1 b Nr. 1 UStG). Es greift die Mindestbemessungsgrundlage mit der Folge, dass genau die berechnete Umsatzsteuer regulär, also nicht nach § 14 c UStG, geschuldet wird. Diese Umsatzsteuer darf die ABC-OHG dem Gesellschafter nach § 14 Abs. 4 Satz 2 UStG in Rechnung stellen und dieser darf sie unter den Voraussetzungen des § 15 UStG als Vorsteuer abziehen.

Beispiel 2:

Die A-KG erwirbt im Mai 2007 einen PKW für 50.000 € zzgl. 19 % = 9.500 € Umsatzsteuer. Sie stellt dieses Fahrzeug ihrem Kommanditisten K unentgeltlich zur Verfügung. K unternimmt mit dem Fahrzeug nahezu ausschließlich private Fahrten. Gelegentliche Fahrten zur A-KG wegen seiner Gesellschafterstellung machen allenfalls 2 % der Nutzung aus.

Vorsteuerabzug aus der Anschaffung des PKW:

Da das Fahrzeug allenfalls zu 2 % für das Unternehmen der A-KG genutzt wird, kann die A-KG es nicht ihrem Unternehmen zuordnen (vgl. § 15 Abs. 1 Satz 2 UStG). Die A-KG hat deshalb aus dem Erwerb des Fahrzeugs keinen Vorsteuerabzug.

Privatfahrten des K:

Da das Fahrzeug nicht dem Unternehmen der A-KG zugeordnet ist, sind die Privatfahrten des K nicht gem. § 3 Abs. 9 a Nr. 1 UStG einer entgeltlichen sonstigen Leistung gleichgestellt. Die Fahrzeugüberlassung an K ist somit nicht steuerbar. Aufgrund der nichtunternehmerischen Verwendung des Fahrzeugs hat die A-KG auch aus den laufenden Kosten keinen Vorsteuerabzug.

---

903 Vgl. Abschn. 192 Abs. 1 Satz 2 UStG.

3 Umsatzsteuer

Beispiel 3:
Die A-KG erwirbt Anfang Mai 2007 einen PKW für 50.000 € zzgl. 9.500 € Umsatzsteuer. Sie nutzt dieses Fahrzeug zu 60 % für ihr Unternehmen. Im Übrigen stellt sie es ihrem Kommanditisten K unentgeltlich (ohne Belastung des handelsrechtlichen Privatkontos) zur Verfügung. K unternimmt mit dem Fahrzeug nahezu ausschließlich private Fahrten. Gelegentliche Fahrten zur A-KG wegen seiner Gesellschafterstellung machen allenfalls 2 % der Nutzung aus. Die A-KG macht aus dem Erwerb des PKW den vollen Vorsteuerabzug geltend. Einkommensteuerrechtlich wird hinsichtlich der Privatnutzung des PKW von der 1 %-Regelung des § 6 Abs. 1 Nr. 4 Satz 2 EStG Gebrauch gemacht.

Vorsteuerabzug aus der Anschaffung des PKW:

Da das Fahrzeug zu 60 % für das Unternehmen der A-KG genutzt wird, kann die A-KG es ihrem Unternehmen in vollem Umfang zuordnen (vgl. Abschn. 192 Abs. 21 Nr. 2 a UStR). Mit der Geltendmachung des vollen Vorsteuerabzugs ordnet die A-KG das Fahrzeug ihrem Unternehmen zu 100 % zu. Die A-KG hat deshalb den vollen Vorsteuerabzug.

Privatfahrten des K:

Da das Fahrzeug dem Unternehmen der A-KG zugeordnet ist, sind die Privatfahrten des K gem. § 3 Abs. 9 a Nr. 1 UStG einer entgeltlichen sonstigen Leistung gleichgestellt. Die Fahrzeugüberlassung an K ist somit steuerbar und mangels Befreiung steuerpflichtig. Als Bemessungsgrundlage kann von der 1 %-Regelung Gebrauch gemacht werden.[904] Die Umsatzsteuer ermittelt sich somit wie folgt:

Bruttolistenpreis	59.500 €
abzgl. pauschaler Abschlag für nicht mit Vorsteuern belastete Kosten 20 %	./. 11.900 €
Ausgangsbetrag	47.600 €
monatliche Nettobemessungsgrundlage 1 %	476 €
monatliche Umsatzsteuer 19 %	90,44 €
gesamte Umsatzsteuer im Kalenderjahr 2007 (acht Monate)	723,52 €

Vorsteuerabzug aus den laufenden Kosten:

Aufgrund der insgesamt steuerpflichtigen Nutzung des PKW hat die A-KG den vollen Vorsteuerabzug aus den laufenden Kosten des Fahrzeugs.

Beispiel 4:
Die A-KG erwirbt Ende Mai 2007 einen PKW für 50.000 € zzgl. 9.500 € Umsatzsteuer. Bezüglich des Fahrzeugs wird ein ordnungsgemäßes Fahrtenbuch geführt. Hiernach wurden mit dem Fahrzeug im Kalenderjahr 2007 insgesamt 40.000 km zurückgelegt. Hiervon entfallen auf Privatfahrten des Kommanditisten K 4.000 km. Die übrigen Fahrten sind betrieblich veranlasst. Das Fahrzeug wird dem K unentgeltlich (ohne Belastung des handelsrechtlichen Privatkontos) zur Nutzung überlassen. K erbringt seinerseits keine Leistungen an die A-KG.

---

[904] Tz. 2.1 des BMF-Schreibens vom 27.08.2004, BStBl I 2004, 864.

B. Laufende Besteuerung

Für das Fahrzeug hat die A-KG neben den Anschaffungskosten im Kalenderjahr 2007 insgesamt Ausgaben getätigt für 8.000 € zzgl. 1.520 € Umsatzsteuer. Außerdem hat sie für Steuer und Versicherung 2.000 € aufgewendet. Die A-KG macht aus dem Erwerb des PKW den vollen Vorsteuerabzug geltend.

Vorsteuerabzug aus der Anschaffung des PKW:

Da das Fahrzeug zu 90 % für das Unternehmen der A-KG genutzt wird, kann die A-KG es ihrem Unternehmen in vollem Umfang zuordnen (vgl. Abschn. 192 Abs. 21 Nr. 2 a UStR). Mit der Geltendmachung des vollen Vorsteuerabzugs ordnet die A-KG das Fahrzeug ihrem Unternehmen zu 100 % zu. Die A-KG hat deshalb den vollen Vorsteuerabzug.

Vorsteuerabzug aus den laufenden Kosten:

Aufgrund der insgesamt steuerpflichtigen Nutzung des PKW hat die A-KG den vollen Vorsteuerabzug aus den laufenden Kosten des Fahrzeugs.

Privatfahrten des K:

Da das Fahrzeug dem Unternehmen der A-KG zugeordnet ist, sind die Privatfahrten des K gem. § 3 Abs. 9 a Nr. 1 UStG einer entgeltlichen sonstigen Leistung gleichgestellt. Die Fahrzeugüberlassung an K ist somit steuerbar und mangels Befreiung steuerpflichtig. Zur Ermittlung der Bemessungsgrundlage kann von der Fahrtenbuchregelung Gebrauch gemacht werden.[905]

Ermittlung der **Gesamtkosten** für 2007:

laufende Kosten, soweit sie zum Vorsteuerabzug berechtigen	8.000 €
anteilige Anschaffungskosten entsprechend § 10 Abs. 4 Nr. 2 Satz 3 UStG ($^1/_5$ von 50.000 € x $^7/_{12}$)	5.833 €
Gesamtkosten des Fahrzeugs	13.833 €

Ermittlung des privaten Anteils:

$$\frac{\text{privat gefahrene km } 4.000 \times 100}{\text{insgesamt gefahrene km } 40.000} = 10\ \%$$

Auf die Privatfahrten entfallen Kosten i. H. von 10 % von 13.833 € = 1.383 €. Die Umsatzsteuer beträgt 19 % von 1.383 € = 262,77 €.

3.2.1.2 Verbilligte Leistungen

508 Bei entgeltlichen Leistungen an Gesellschafter und diesen nahestehende Personen ist stets die **Mindestbemessungsgrundlage** gem. § 10 Abs. 5 Nr. 1 i. V. m. § 10 Abs. 4 UStG zu prüfen. Dabei ist das entrichtete Entgelt nach § 10 Abs. 1 UStG zu ermitteln und dem Wert gegenüberzustellen, der nach § 10 Abs. 4 UStG anzusetzen wäre, wenn die Leistung unentgeltlich wäre. Ist der Wert nach § 10 Abs. 4 höher, so ist dieser höhere Wert als Bemessungsgrundlage anzusetzen. Ist dies nicht der Fall, ist die Umsatzsteuer aufgrund des Werts nach § 10 Abs. 1 UStG zu errechnen. Beim Vergleich ist darauf zu achten, dass entweder Bruttowerte mit Bruttowerten oder Nettowerte mit Nettowerten verglichen werden.

---

905 Vgl. Tz. 2.2 des BMF-Schreibens vom 27.08.2004, BStBl I 2004, 864.

3 Umsatzsteuer

Überlässt eine Personengesellschaft ihrem Gesellschafter einen PKW gegen **Entgelt,** indem sie z. B. für die private Benutzung sein Verrechnungskonto belastet, liegt eine entgeltliche Fahrzeugüberlassung vor. Damit wird das Fahrzeug insgesamt unternehmerisch genutzt und das Vorsteuerabzugsverbot nach § 15 Abs. 1 b UStG greift von vornherein nicht ein. Dies gilt auch dann, wenn der PKW dem Gesellschafter verbilligt überlassen wird. Die Umsatzsteuer wird in diesem Fall wie bei den fiktiv entgeltlichen Leistungen nach § 3 Abs. 9 a Nr. 1 UStG bemessen. Hierfür stellt die Finanzverwaltung verschiedene Berechnungsmethoden zur Verfügung.[906]

Beispiel 1:

Die A-KG erwirbt Anfang Mai 2007 einen PKW für 50.000 € zzgl. 19 % = 9.500 € Umsatzsteuer. Sie nutzt das Fahrzeug zwischen 50 % und 90 % betrieblich. Im Übrigen stellt sie dieses Fahrzeug ihrem Kommanditisten K zu einem monatlichen Pauschalpreis von 300 € zur Verfügung. K unternimmt mit dem Fahrzeug nahezu ausschließlich private Fahrten. Gelegentliche Fahrten zur A-KG wegen seiner Gesellschafterstellung machen allenfalls 2 % der Nutzung aus. Hinsichtlich der einkommensteuerrechtlichen Behandlung der Privatnutzung durch K macht die A-KG von der 1 %-Regelung nach § 6 Abs. 1 Nr. 4 Satz 2 EStG Gebrauch.

Vorsteuerabzug aus der Anschaffung des PKW:

Da das Fahrzeug überwiegend für das Unternehmen der A-KG genutzt wird, kann die A-KG es ihrem Unternehmen in vollem Umfang zuordnen (vgl. Abschn. 192 Abs. 21 Nr. 2 a UStR). Mit der Geltendmachung des vollen Vorsteuerabzugs ordnet die A-KG das Fahrzeug ihrem Unternehmen zu 100 % zu. Die A-KG hat deshalb den vollen Vorsteuerabzug.

Privatfahrten des K:

Da das Fahrzeug dem K gegen Entgelt überlassen wird, erbringt die A-KG damit eine steuerbare und steuerpflichtige sonstige Leistung an K. Das Entgelt beträgt monatlich brutto 300 €. Da das Fahrzeug jedoch einem Gesellschafter der A-KG zu einem sehr günstigen Preis überlassen wird, ist die Mindestbemessungsgrundlage nach § 10 Abs. 5 Nr. 1 i. V. m. Abs. 4 Nr. 2 UStG zu prüfen.

Im Falle der Unentgeltlichkeit der Nutzungsüberlassung wäre die Bemessungsgrundlage i. S. von § 10 Abs. 4 Nr. 2 UStG nach der 1 %-Regelung wie folgt zu ermitteln.[907]

Bruttolistenpreis	59.500 €
abzgl. pauschaler Abschlag für nicht mit Vorsteuern belastete Kosten 20 %	./. 11.900 €
Ausgangsbetrag	47.600 €
monatliche Nettobemessungsgrundlage 1 %	476 €

---

906 Vgl. Tz. 2 des BMF-Schreibens vom 27.08.2004, BStBl I 2004, 864.
907 Tz. 2.1 des BMF-Schreibens vom 27.08.2004, BStBl I 2004, 864.

B. Laufende Besteuerung

Da die Bemessungsgrundlage nach § 10 Abs. 4 Nr. 2 UStG höher ist als die Bemessungsgrundlage nach § 10 Abs. 1 UStG (brutto 300 €, netto 252,10 €), ist die Mindestbemessungsgrundlage mit 476 € pro Monat anzusetzen. Die Umsatzsteuer beträgt somit monatlich 19 % von 476 € = 90,44 €. Insgesamt beträgt sie im Kalenderjahr 2007 8 × 90,44 € = 723,52 €.

Vorsteuerabzug aus den laufenden Kosten:
Aufgrund der insgesamt steuerpflichtigen Nutzung des PKW hat die A-KG den vollen Vorsteuerabzug aus den laufenden Kosten des Fahrzeugs.

Beispiel 2:
Die A-KG erwirbt Ende Mai 2007 einen PKW für 50.000 € zzgl. 9.500 € Umsatzsteuer. Bezüglich des Fahrzeugs wird ein ordnungsgemäßes Fahrtenbuch geführt. Hiernach wurden mit dem Fahrzeug im Kalenderjahr 2007 insgesamt 40.000 km zurückgelegt. Hiervon entfallen auf Privatfahrten des Kommanditisten K 4.000 km. Die übrigen Fahrten sind betrieblich veranlasst. Für die Nutzung werden dem K 0,20 € pro km zzgl. Umsatzsteuer, insgesamt also 800 € zzgl. 152 € Umsatzsteuer berechnet. Bezüglich des Fahrzeug hat die A-KG neben den Anschaffungskosten im Kalenderjahr 2007 insgesamt Ausgaben getätigt für 8.000 € zzgl. 1.520 € Umsatzsteuer. Außerdem hat sie für Steuer und Versicherung 2.000 € aufgewendet.

Die A-KG macht aus dem Erwerb des PKW den vollen Vorsteuerabzug geltend.

Vorsteuerabzug aus der Anschaffung des PKW:
Die A-KG kann das Fahrzeug ihrem Unternehmen in vollem Umfang zuordnen (vgl. Abschn. 192 Abs. 21 Nr. 2 a UStR). Mit der Geltendmachung des vollen Vorsteuerabzugs ordnet die A-KG das Fahrzeug ihrem Unternehmen zu 100 % zu. Die A-KG hat deshalb den vollen Vorsteuerabzug.

Vorsteuerabzug aus den laufenden Kosten:
Aufgrund der insgesamt steuerpflichtigen Nutzung des PKW hat die A-KG den vollen Vorsteuerabzug aus den laufenden Kosten des Fahrzeugs.

Privatfahrten des K:
Da das Fahrzeug dem K gegen Entgelt zur Nutzung überlassen wird, ist die Fahrzeugüberlassung an K steuerbar und mangels Befreiung steuerpflichtig. Aufgrund des Bruttoentgelts von 952 € würde die Umsatzsteuer $^{19}/_{119}$ = 152 € betragen. Da die anteiligen Kosten jedoch ersichtlich höher sind und K Gesellschafter der A-KG ist, greift die Mindestbemessungsgrundlage nach § 10 Abs. 5 Nr. 1 UStG ein.

Zur Ermittlung der Bemessungsgrundlage kann von der Fahrtenbuchregelung Gebrauch gemacht werden.[908]

Ermittlung der **Gesamtkosten** für 2007:

laufende Kosten, soweit sie zum Vorsteuerabzug berechtigen	8.000 €
anteilige Anschaffungskosten entsprechend § 10 Abs. 4 Nr. 2 Satz 3 UStG ($^{1}/_{5}$ von 50.000 € × $^{7}/_{12}$)	5.833 €

---

908 Vgl. Tz. 2.2 des BMF-Schreibens vom 27.08.2004, BStBl I 2004, 864.

3 Umsatzsteuer

Gesamtkosten des Fahrzeugs 13.833 €
Ermittlung des privaten Anteils:

$$\frac{\textit{privat gefahrene km } 4.000 \times 100}{\textit{insgesamt gefahrene km } 40.000} = 10\ \%$$

Die auf die Privatfahrten entfallenden Kosten betragen 10 % von 13.833 € = 1.383 €. Die Umsatzsteuer beträgt 19 % von 1.383 € = 267,77 €. Dass die A-KG dem K nur 152 € Umsatzsteuer berechnet hat, ist irrelevant.

3.2.2 Leistungen der Gesellschaft an den Geschäftsführer

Soweit die Gesellschaft dem Geschäftsführer Betriebsmittel, z. B. ein Büro oder einen PKW, für dessen Geschäftsführertätigkeit zur Verfügung stellt, liegen keine Leistungen an den Geschäftsführer vor. Es handelt sich vielmehr um nicht steuerbare Leistungsbeistellungen.

Stellt die Gesellschaft jedoch dem Geschäftsführer einen PKW auch für dessen private Fahrten zur Verfügung, erbringt sie eine sonstige Leistung an ihn als Gegenleistung für die Geschäftsführertätigkeit.[909] Ein Leistungsaustausch läge in einem solchen Fall nur dann nicht vor, wenn sie ihm das Fahrzeug nicht wegen seiner Geschäftsführertätigkeit, sondern lediglich wegen seiner Gesellschafterstellung zur privaten Nutzung überlassen würde. Dies wäre beispielsweise dann der Fall, wenn eine derartige Leistung auch an solche Gesellschafter erbracht würde, die nicht für die Gesellschaft tätig werden, z. B. an Kommanditisten.

Erfolgt die Nutzungsüberlassung als Gegenleistung für die Geschäftsführertätigkeit, liegt ein tauschähnlicher Umsatz vor. Hinsichtlich der Bemessungsgrundlage können dieselben Grundsätze angewandt werden wie für die Nutzungsüberlassung an Arbeitnehmer.

Beispiel 1:

A ist Geschäftsführer bei der ABC-OHG. Er erhält als Vergütung monatlich 5.000 € und darf zusätzlich einen PKW der ABC-OHG unentgeltlich für Privatfahrten benützen.

Der PKW wurde im Dezember 2006 für 50.000 € zzgl. 8.000 € Umsatzsteuer erworben. Die Kosten für das Fahrzeug sind nicht ermittelbar, da die Kosten sämtlicher Fahrzeuge der ABC-OHG zusammengefasst ermittelt werden. Hinsichtlich der einkommensteuerrechtlichen Behandlung der Privatnutzung durch A wendet die ABC-OHG zutreffend die 1 %-Regelung nach § 6 Abs. 1 Nr. 4 Satz 2 EStG an.

Nutzungsüberlassung des PKW:

Die Nutzungsüberlassung des PKW erfolgt im Rahmen eines tauschähnlichen Umsatzes und ist somit steuerbar und steuerpflichtig. Bemessungsgrundlage (brutto) ist nach § 10 Abs. 2 Satz 2 UStG der Wert der Geschäftsführertätigkeit abzgl. der Baraufgabe von 5.000 €. Die Ermittlung des Werts der Geschäftsfüh-

---

909 Vgl. Tz. 2.2 der Verfügung der OFD Frankfurt vom 23.04.2007, UR 2007 S. 864.

rertätigkeit erfolgt mittels der indirekten Wertermittlungsmethode. Danach wird unterstellt, dass zwischen Leistung und Gegenleistung Wertgleichheit besteht und somit indirekt Bemessungsgrundlage für die Nutzungsüberlassung des PKW der Wert dieser Nutzungsüberlassung ist. Entsprechend der Regelung für die Nutzungsüberlassung an Arbeitnehmer kann die Wertermittlung auf der Grundlage einer Kostenschätzung erfolgen.[910] Dieser Wert kann auch auf der Grundlage der sog. 1 %-Regelung erfolgen, wobei jedoch kein Abschlag für nicht zum Vorsteuerabzug berechtigende Kosten gemacht werden darf, da keine unentgeltliche Nutzungsüberlassung vorliegt und deshalb § 10 Abs. 4 Nr. 2 UStG nicht anwendbar ist.

Bruttolistenpreis	58.000 €
monatliche Bruttobemessungsgrundlage 1 %	580 €
monatliche Umsatzsteuer $^{19}/_{119}$	92,60 €

Im Gegensatz zur Nutzungsüberlassung an Arbeitnehmer und zur einkommensteuerrechtlichen Behandlung der Fahrten des Unternehmers zwischen Wohnung und Betrieb setzt die Verwaltung bei der Umsatzsteuer für die Fahrten zwischen Wohnung und Betrieb nichts an, da sie diese Fahrten zwischen Wohnung und Betrieb als betrieblich veranlasst ansieht.[911]

Beispiel 2:

A ist Geschäftsführer bei der ABC-OHG. Er erhält als Vergütung monatlich 5.000 €. A darf einen PKW der ABC-OHG für seine Privatfahrten benutzen. Der PKW wurde im Kalenderjahr 2006 zum Listenpreis von insgesamt 58.000 € erworben. Hierfür werden ihm im Kalenderjahr 2007 monatlich pauschal 300 € zzgl. 57 € Umsatzsteuer berechnet. Hinsichtlich der einkommensteuerrechtlichen Behandlung der Privatnutzung durch A wendet die ABC-OHG zutreffend die 1 %-Regelung nach § 6 Abs. 1 Nr. 4 Satz 2 EStG an.

Nutzungsüberlassung an A:

Die Nutzungsüberlassung erfolgt gegen Entgelt (brutto 357 €) und ist somit steuerbar und steuerpflichtig. Zu prüfen ist, ob ein tauschähnlicher Umsatz mit Baraufgabe vorliegt und A für die Nutzungsüberlassung auch noch anteilig seine Geschäftsführertätigkeit erbringt. Hierbei ist zu beachten, dass die Verwaltung hinsichtlich der Geschäftsführertätigkeit auch ein sog. Mischentgelt anerkennt.[912] Hiernach kann die Geschäftsführertätigkeit teils durch ein Sonderentgelt und teils durch eine gewinnabhängige Vergütung entlohnt werden. Die Beteiligten haben also einen Gestaltungsspielraum dahin gehend, Leistungen auf der Gesellschaftsebene oder auf der Leistungsaustauschebene anzusiedeln. Nun kann man aus dem Umstand, dass für die Nutzungsüberlassung und die Geschäftsführertätigkeit ein bestimmter Betrag angesetzt wird, folgern, dass darüber hinaus nicht auch noch weitere Leistungen auf der Leistungsaustauschebene erbracht werden. Somit ist also nicht von einem tauschähnlichen Umsatz mit Baraufgabe auszugehen.

---

910 Vgl. Tz. 4.2.1.2 und 4.2.1.3 des BMF-Schreibens vom 27.08.2004, BStBl I 2004, 864, und Tz. 2.2 der Verfügung der OFD Frankfurt vom 23.04.2007, UR 2007 S. 864.
911 Vgl. Tz. 3 des BMF-Schreibens vom 27.08.2004, BStBl I 2004, 864.
912 Vgl. Tz. 12 des BMF-Schreibens vom 31.05.2007, BStBl I 2007, 503.

3 Umsatzsteuer

Dann stellt sich jedoch die Frage nach der Mindestbemessungsgrundlage, soweit die Pauschale von 357 € nicht kostendeckend ist.[913] Diesbezüglich ist zu prüfen, was für die Nutzungsüberlassung bei völliger Unentgeltlichkeit anzusetzen wäre. Nachdem einkommensteuerrechtlich die 1 %-Regelung angewandt wurde, kann diese auch umsatzsteuerrechtlich wie folgt zugrunde gelegt werden:[914]

1 % vom Listenpreis brutto (58.000 €)	580,00 €
abzüglich 20 % für nicht vorsteuerbelastete Kosten	116,00 €
monatlich	464,00 €
Umsatzsteuer pro Monat (19 % von 464 €)	88,16 €

Es greift also die Mindestbemessungsgrundlage und die Umsatzsteuer beträgt monatlich 88,16 €. Dass die Umsatzsteuer von der ABC-OHG zu niedrig berechnet wurde, ist unerheblich.

3.2.3 Leistungen der Gesellschaft an außenstehende Personen

Soweit entgeltliche Leistungen an außenstehende Personen erbracht werden, gelten die allgemeinen, für jeden Unternehmer gültigen Grundsätze uneingeschränkt. Handelt es sich bei der außenstehenden Person um einen Arbeitnehmer der Gesellschaft und ist das Entgelt nach § 10 Abs. 1 UStG niedriger als der Wert, der sich bei einer unentgeltlichen Leistung an den Arbeitnehmer nach § 10 Abs. 4 UStG ergeben würde, greift gem. § 10 Abs. 5 Nr. 2 i. V. m. Abs. 4 die Mindestbemessungsgrundlage ein. Bei Leistungen an Arbeitnehmer ist jedoch stets zu prüfen, ob der Arbeitnehmer für die an ihn erbrachte Leistung im Rahmen eines tauschähnlichen Umsatzes als Gegenleistung eine anteilige Arbeitsleistung erbringt. Hiervon geht die Verwaltung in den Fällen der PKW-Überlassung stets aus, wenn das Fahrzeug dem Arbeitnehmer für eine gewisse Dauer und nicht nur gelegentlich zur Privatnutzung überlassen wird.[915]

Soweit unentgeltliche Leistungen an **Arbeitnehmer** der Gesellschaft erbracht werden, sind diese unter den Voraussetzungen des § 3 Abs. 1 b Nr. 2 bzw. Abs. 9 a UStG entgeltlichen Leistungen gleichgestellt. Die Bemessungsgrundlage im Falle der Steuerpflicht ergibt sich aus § 10 Abs. 4 UStG.

Soweit unentgeltliche Lieferungen an außenstehende Personen erbracht werden, die keine Arbeitnehmer sind, können sie unter den Voraussetzungen des § 3 Abs. 1 b Nr. 3 UStG entgeltlichen Leistungen gleichgestellt sein. Im Übrigen ist bei unentgeltlichen bzw. verbilligten Leistungen stets zu prüfen, ob der Leistungsempfänger eine den Gesellschaftern nahestehende Person ist. Dies ist dann zu unterstellen, wenn keine unternehmerischen Gründe (z. B. Werbegeschenke) dafür vorhanden sind, dass die Leistung unentgeltlich oder verbilligt abgegeben wurde.

---

913 Vgl. Abschn. 158 Abs. 1 Beispiel 1 UStR.
914 Vgl. Tz. 2.1 des BMF-Schreibens vom 27.08.2004, BStBl I 2004, 864.
915 Vgl. Tz. 4.2.1.1 des BMF-Schreibens vom 27.08.2004, BStBl I 2004, 864.

B. Laufende Besteuerung

3.2.4 Einzelbeispiele zu Leistungen an außenstehende Personen

Beispiel 1:

512 Die ABC-OHG erwirbt im Dezember 2006 einen PKW für 50.000 € zzgl. 8.000 € Umsatzsteuer, den sie ihrem Prokuristen P zur Verfügung stellt. P darf den PKW benutzen

- für geschäftliche Fahrten im Interesse der ABC-OHG,
- für Fahrten zwischen Wohnung und OHG, Entfernung 10 km (180 Tage im Jahr),
- für Privatfahrten.

Vorsteuerabzug aus der Anschaffung des PKW:
Die ABC-OHG darf die Vorsteuer aus der Anschaffung des PKW voll i. H. von 8.000 € geltend machen.

Fahrten des P zwischen Wohnung und OHG und Privatfahrten:
Diese Fahrten dienen dem privaten Bedarf des Arbeitnehmers. Insoweit erbringt die ABC-OHG Leistungen an P. Zu prüfen ist, ob es sich hierbei um entgeltliche oder um unentgeltliche Leistungen handelt.

Nach Verwaltungsauffassung handelt es sich um **entgeltliche** Leistungen in der Form eines tauschähnlichen Umsatzes, da die Gegenleistung in der anteiligen Arbeitsleistung des Arbeitnehmers bestehe.[916] Die sonstige Leistung der ABC-OHG an P ist nach § 1 Abs. 1 Nr. 1 UStG steuerbar und steuerpflichtig. Bemessungsgrundlage ist danach der Wert der nicht durch den Barlohn abgedeckten Arbeitsleistung. Der Wert soll geschätzt werden anhand der Gesamtkosten des Arbeitgebers für die Überlassung des Fahrzeugs. Nach Verwaltungsauffassung kann aus Vereinfachungsgründen von den lohnsteuerrechtlichen Werten ausgegangen werden. Die Umsatzsteuer für die Überlassung pro Monat für die reinen **Privatfahrten** (keine Fahrten zwischen Wohnung und Arbeitsstätte) errechnet sich nach den lohnsteuerrechtlichen Werten wie folgt:[917]

1 % vom Bruttolistenpreis:	580,00 €
Umsatzsteuer hieraus für einen Monat (Bruttobetrag!) $^{19}/_{119}$	92,60 €

Hinzu kommen die Fahrten zwischen **Wohnung und Arbeitsstätte.** Die Umsatzsteuer für diese Überlassung pro Monat errechnet sich wie folgt:

0,03 % von 58.000 € × 10 km	174,00 €
Umsatzsteuer hieraus für einen Monat (Bruttobetrag!) $^{19}/_{119}$	27,78 €

Die Finanzverwaltung nimmt dagegen eine **unentgeltliche** Nutzungsüberlassung[918] nur an, wenn dem Arbeitgeber das Fahrzeug nur gelegentlich an nicht mehr als fünf Tagen im Kalendermonat für private Zwecke überlassen wird. In diesem Fall wird die PKW-Überlassung gem. § 3 Abs. 9 a Nr. 1 UStG einer entgeltlichen Leistung gleichgestellt und ist dann ebenfalls nach § 1 Abs. 1 Nr. 1 UStG steuerbar und steuerpflichtig. In diesem Fall sind jedoch Bemessungs-

---
[916] Vgl. BMF vom 27.08.2004, BStBl I 2004, 864, Tz. 4.2 f.
[917] BMF vom 27.08.2004, BStBl I 2004, 864, Tz. 4.2 f.
[918] BMF vom 27.08.2004, BStBl I 2004, 864, Tz. 4.2.2.1; zur unentgeltlichen Leistung vgl. Nieskens, UR 1999 S. 137 ff., 140.

3 Umsatzsteuer

grundlage gem. § 10 Abs. 4 Nr. 2 UStG die anteiligen Kosten, soweit sie zum Vorsteuerabzug berechtigen. Bei Ansatz der lohnsteuerrechtlichen Pauschalen müsste die Bemessungsgrundlage jeweils pauschal um 20 % gekürzt werden.

Abwandlung des Beispiels 1:
Das eigene private Fahrzeug des P musste wegen einer Reparatur fünf Tage in die Werkstatt. Deshalb wurde dem P der betriebliche PKW (Bruttolistenpreis 58.000 €) im Januar 2007 für fünf Tage zur Verfügung gestellt.

P hat mit dem Fahrzeug an den fünf Tagen für Fahrten zwischen Wohnung und Arbeitsstätte 100 km (5 × 10 km hin und zurück) und bei weiteren privaten Fahrten zusätzlich 200 km zurückgelegt. Die konkreten Kosten des Fahrzeugs sind nicht feststellbar.

Die USt für die Nutzungsüberlassung kann pauschal wie folgt ermittelt werden:[919]

Die Kosten pro privat gefahrenen km werden pauschal mit 0,001 % des Bruttolistenpreises = 0,58 € ermittelt. Hiervon wird ein Abschlag von 20 % für nicht mit Vorsteuer belastete Kosten vorgenommen. Somit sind pro privat gefahrenen km 0,46 € (0,58 € ./. 0,12 €) anzusetzen. Für die insgesamt privat gefahrenen 300 km ergibt sich somit ein Ansatz von 138 € (0,46 € × 300 km). Hierbei handelt es sich um einen Bruttowert. Die USt beträgt somit $^{19}/_{119}$ von 138 € = 22,03 €.

Gegen die Annahme einer entgeltlichen Leistung sprechen die Grundsätze, die der EuGH in seinem Urteil vom 16.10.1997 zur unentgeltlichen **Sammelbeförderung**[920] aufgestellt hat. Hiernach setzen Leistungen gegen Entgelt voraus: **513**

— zwischen der erbrachten Dienstleistung und dem erhaltenen Gegenwert muss ein unmittelbarer Zusammenhang bestehen,

— die Gegenleistung muss in Geld ausgedrückt werden können,

— die Gegenleistung muss den subjektiven Wert darstellen, den ihr die Beteiligten beimessen.

Fraglich ist insbesondere, ob die Gegenleistung in Geld ausgedrückt werden kann. Nach dem BFH-Urteil vom 10.06.1999[921] reicht es hierfür aber aus, wenn dieser Wert indirekt anhand des Werts der Nutzungsüberlassung und dieser wiederum anhand der hierauf entfallenden Kosten ermittelt wird.

Im Übrigen kann die ABC-OHG statt der lohnsteuerrechtlichen Werte die auf die Fahrten des P für seinen privaten Bedarf entfallenden Kosten entweder konkret nach der Fahrtenbuchmethode aufgrund der tatsächlich angefallenen Kosten ermitteln oder auf andere Weise sachgerecht schätzen.

Hinsichtlich der Frage, ob die Nutzungsüberlassung entgeltlich oder unentgeltlich ist, hat das o. a. BFH-Urteil noch keine endgültige Klarheit geschaf-

---
919 Vgl. BMF vom 27.08.2004, BStBl I 2004, 864, Tz. 4.2.2.3.
920 UR 1998 S. 61.
921 BStBl II 1999, 580.

B. Laufende Besteuerung

fen, da es sich auf den Sonderfall des geschäftsführenden Gesellschafters einer GmbH bezieht. Bei anderen Arbeitnehmern wird man dagegen auf den konkreten Einzelfall abstellen müssen. Dabei ist zu berücksichtigen, dass bei der generellen Annahme eines tauschähnlichen Umsatzes § 3 Abs. 9 a Nr. 1 in der Variante „für den privaten Bedarf des Personals" praktisch leerlaufen würde.[922]

Beispiel 2:

514 Die ABC-OHG veranstaltet zur Kundenwerbung ein Preisausschreiben. Der Kunde K gewinnt als ersten Preis einen PKW, den die ABC-OHG für 30.000 € zzgl. 19 % = 5.700 € Umsatzsteuer erworben hat.

Die ABC-OHG hat aus dem Erwerb des PKW den Vorsteuerabzug. Das Vorsteuerabzugsverbot nach § 15 Abs. 1 a Nr. 1 UStG greift nicht ein. Die Lieferung des PKW an K ist jedoch gem. § 3 Abs. 1 b Nr. 3 UStG einer entgeltlichen Lieferung gleichgestellt. Sie ist daher steuerbar und steuerpflichtig. Bemessungsgrundlage ist nach § 10 Abs. 4 Nr. 1 UStG der Nettoeinkaufspreis von 30.000 €. Die Umsatzsteuer beträgt 19 % = 5.700 €.

3.2.5 Ergänzende Beispiele:

Beispiel 1:

515 Die ABC-OHG erwirbt Anfang Januar 2007 einen PKW für 50.000 € zzgl. 9.500 € Umsatzsteuer, den sie ihrem Gesellschafter und Geschäftsführer A zur Verfügung stellt. A erhält als Vergütung für seine Geschäftsführertätigkeit monatlich 5.000 €. Außerdem darf er den PKW benutzen

- für Fahrten als Geschäftsführer der ABC-OHG und
- für Privatfahrten.

A darf den PKW wegen seiner Stellung als Geschäftsführer und nicht wegen seiner Gesellschafterstellung privat nutzen. Die ABC-OHG hat das Fahrzeug voll ihrem Unternehmen zugeordnet und die Vorsteuer aus der Anschaffung in voller Höhe abgezogen. Auf einer Privatfahrt verursacht A einen Unfall, bei dem der PKW stark beschädigt wird. Die Reparaturkosten der ABC-OHG hierfür belaufen sich auf 10.000 € zzgl. 1.900 € Umsatzsteuer. Diese Kosten übernimmt die ABC-OHG in vollem Umfang.

Nutzungsüberlassung des Fahrzeugs an A:

Die Nutzungsüberlassung des PKW erfolgt im Rahmen eines tauschähnlichen Umsatzes und ist somit steuerbar und steuerpflichtig. Bemessungsgrundlage (brutto) ist nach § 10 Abs. 2 Satz 2 UStG der Wert der Geschäftsführertätigkeit abzgl. der Baraufgabe von 5.000 €. Die Ermittlung des Werts der Geschäftsführertätigkeit erfolgt mittels der indirekten Wertermittlungsmethode. Danach wird unterstellt, dass zwischen Leistung und Gegenleistung Wertgleichheit besteht und somit indirekt Bemessungsgrundlage für die Nutzungsüberlassung des PKW der Wert dieser Nutzungsüberlassung ist. Entsprechend der Regelung für die Nutzungsüberlassung an Arbeitnehmer kann die Wertermittlung auf

---

[922] Vgl. Nieskens, UR 1999 S. 137 ff., 140.

3 Umsatzsteuer

der Grundlage einer Kostenschätzung erfolgen.[923] Dieser Wert kann auch auf der Grundlage der sog. 1 %-Regelung wie folgt ermittelt werden:[924]

Bruttolistenpreis	59.500 €
monatliche Bruttobemessungsgrundlage 1 %	595 €
monatliche Umsatzsteuer $^{19}/_{119}$	95 €

Aufgrund der pauschalen Wertermittlung wirken sich die Unfallkosten nicht aus.

Vorsteuerabzug aus den Reparaturkosten:
Da die Reparatur an einem Fahrzeug erfolgt, das zu 100 % dem Unternehmen zugeordnet ist, erfüllen die 1.900 € Umsatzsteuer aus der Reparatur in vollem Umfang die Voraussetzungen des § 15 Abs. 1 UStG und können als Vorsteuer abgezogen werden.

Beispiel 2:
Die ABC-OHG erwirbt Anfang Januar 2007 einen PKW für 50.000 € zzgl. 9.500 € Umsatzsteuer, den sie ihrem Gesellschafter und Geschäftsführer A für ein pauschales Entgelt von monatlich 200 € zur Verfügung stellt. A erhält als Vergütung für seine Geschäftsführertätigkeit monatlich 5.000 €. Außerdem darf A den PKW benutzen

– für Fahrten als Geschäftsführer der ABC-OHG und
– für Privatfahrten.

A darf den PKW wegen seiner Stellung als Geschäftsführer und nicht wegen seiner Gesellschafterstellung privat nutzen. Die ABC-OHG hat das Fahrzeug voll ihrem Unternehmen zugeordnet und die Vorsteuer aus der Anschaffung in voller Höhe abgezogen. Auf einer Privatfahrt verursacht A einen Unfall, bei dem der PKW stark beschädigt wird. Die Reparaturkosten der ABC-OHG hierfür belaufen sich auf 10.000 € zzgl. 1.900 € Umsatzsteuer. Diese Kosten übernimmt die ABC-OHG in vollem Umfang.

Nutzungsüberlassung des Fahrzeugs an A:
Die Nutzungsüberlassung des PKW erfolgt im Rahmen eines tauschähnlichen Umsatzes und ist somit steuerbar und steuerpflichtig. Bemessungsgrundlage (brutto) ist nach § 10 Abs. 2 Satz 2 UStG der Wert der Geschäftsführertätigkeit abzgl. der Baraufgabe von 4.800 € (5.000 € ./. 200 €). Die Ermittlung des Werts der Geschäftsführertätigkeit erfolgt mittels der indirekten Wertermittlungsmethode. Danach wird unterstellt, dass zwischen Leistung und Gegenleistung Wertgleichheit besteht und somit indirekt Bemessungsgrundlage für die Nutzungsüberlassung des PKW der Wert dieser Nutzungsüberlassung ist. Somit beträgt die Bemessungsgrundlage wie im Beispiel 1 brutto 595 €. Die Umsatzsteuer beträgt hiervon $^{19}/_{119}$ = 95 €. Wegen der pauschalen Kostenermittlung wirken sich die Unfallkosten nicht aus.

Würde die Bemessungsgrundlage für die Privatnutzung anhand der konkreten Kosten ermittelt, gingen die Unfallkosten anteilig in die Bemessungsgrundlage ein.

---
923 Vgl. Tz. 4.2.1.2 des BMF-Schreibens vom 29.05.2000, BStBl I 2000, 819.
924 Vgl. Tz. 4.2.1.3 des BMF-Schreibens vom 29.05.2000, BStBl I 2000, 819.

B. Laufende Besteuerung

Beispiel 3:

517 Die ABC-OHG erwirbt Anfang Januar 2007 einen PKW für 50.000 € zzgl. 9.500 € Umsatzsteuer, den sie ihrem Gesellschafter und Geschäftsführer A für ein pauschales Entgelt von monatlich 200 € zur Verfügung stellt. A erhält als Vergütung für seine Geschäftsführertätigkeit monatlich 5.000 €. Außerdem darf A den PKW benutzen

– für Fahrten als Geschäftsführer der ABC-OHG und

– für Privatfahrten.

A darf den PKW wegen seiner Stellung als Geschäftsführer und nicht wegen seiner Gesellschafterstellung privat nutzen. Auf die Privatfahrten entfallen 20 % der Nutzung. Die ABC-OHG hat das Fahrzeug voll ihrem Unternehmen zugeordnet und die Vorsteuer aus der Anschaffung in voller Höhe abgezogen. Auf einer Privatfahrt verursacht A einen Unfall, bei dem der PKW stark beschädigt wird. Die Reparaturkosten der ABC-OHG hierfür belaufen sich auf 10.000 € zzgl. 1.900 € Umsatzsteuer. Hiervon erstattet die Kaskoversicherung 8.000 €. Dieser Betrag wird von der ABC-OHG als Einnahme verbucht. Die restlichen Kosten übernimmt die ABC-OHG in vollem Umfang.

Im Kalenderjahr 2007 sind im Übrigen für den PKW Kosten i. H. von 14.000 € angefallen, wovon 3.000 € nicht zum Vorsteuerabzug berechtigt haben.

Nutzungsüberlassung des Fahrzeugs an A:

Die Nutzungsüberlassung des PKW erfolgt im Rahmen eines tauschähnlichen Umsatzes und ist somit steuerbar und steuerpflichtig. Bemessungsgrundlage (brutto) ist nach § 10 Abs. 2 Satz 2 UStG der Wert der Geschäftsführertätigkeit abzgl. der Baraufgabe von 4.800 € (5.000 € ./. 200 €). Die Ermittlung des Werts der Geschäftsführertätigkeit erfolgt mittels der indirekten Wertermittlungsmethode. Danach wird unterstellt, dass zwischen Leistung und Gegenleistung Wertgleichheit besteht und somit indirekt Bemessungsgrundlage für die Nutzungsüberlassung des PKW der Wert dieser Nutzungsüberlassung ist. Dieser Wert entspricht den anteiligen Kosten. Hierbei sind auch die nicht zum Vorsteuerabzug berechtigenden Kosten einzubeziehen. Die von der Kaskoversicherung übernommenen Kosten sind auszuscheiden.[925] Die anteiligen Kosten sind wie folgt zu ermitteln:

im Kalenderjahr 2007 angefallene Ausgaben ohne Unfallkosten	14.000 €
zzgl. Ausgaben für den Unfall ohne von der Kaskoversicherung ersetzten Betrag	+ 2.000 €
insgesamt angefallene Ausgaben	16.000 €
anteilig auf die Privatnutzung entfallende Ausgaben 20 %	3.200 €

Die Umsatzsteuer für die Privatnutzung beträgt somit 19 % von 3.200 € = 608 €.

Beispiel 4:

518 Die ABC-OHG erwirbt am 01.04.2005 einen PKW für 50.000 € zzgl. 8.000 € Umsatzsteuer, den sie ausschließlich betrieblich nutzt.

---
925 BFH vom 28.02.1980, BStBl II 1980, 309.

Die ABC-OHG hat das Fahrzeug voll ihrem Unternehmen zugeordnet und die Vorsteuer aus der Anschaffung in voller Höhe abgezogen. Am 01.04.2007 wird das Fahrzeug der Ehefrau des A geschenkt. Die Schenkung erfolgt aufgrund der Gesellschafterstellung des A. Das Fahrzeug hat zu diesem Zeitpunkt einen Wiederbeschaffungswert netto von 25.000 €. Bei der Anschaffung des Fahrzeugs wurde von einer betriebsgewöhnlichen Nutzungsdauer von fünf Jahren ausgegangen.

Schenkung an die Ehefrau:

Die Schenkung an die Ehefrau des A ist nach § 3 Abs. 1 b Nr. 1 UStG einer entgeltlichen Lieferung gleichgestellt und somit steuerbar und steuerpflichtig. Die Umsatzsteuer bei der ABC-OHG beträgt hierfür gem. § 10 Abs. 4 Nr. 1 UStG 19 % von 25.000 € = 4.750 €.

Beispiel 5:

Die ABC-OHG hat im Kalenderjahr 01 ein Grundstück erworben, das sie als Lagerplatz verwendete. Im Zusammenhang mit dem Erwerb zog sie 2.000 € Vorsteuer aus Maklergebühren und Notarkosten ab. Im Kalenderjahr 05 errichtete die ABC-OHG darauf ein Einfamilienhaus, das sie bis auf weiteres ihrem Gesellschafter A aufgrund dessen Gesellschafterstellung unentgeltlich und ohne Belastung seines handelsrechtlichen Privatkontos zur privaten Nutzung überließ. Für die Errichtung des Einfamilienhauses wurde der ABC-OHG Umsatzsteuer i. H. von 60.000 € gesondert in Rechnung gestellt. Diese Umsatzsteuer macht die ABC-OHG in vollem Umfang als Vorsteuer geltend.

Nutzung des Einfamilienhauses durch A:

Da das Grundstück seit dem Kalenderjahr 01 im Unternehmen war, wird grundsätzlich auch das Einfamilienhaus als wesentlicher Bestandteil Unternehmensvermögen. Das Grundstück würde nur dann entnommen, wenn feststünde, dass es künftig ausschließlich nichtunternehmerisch genutzt würde.

Die unentgeltliche Nutzungsüberlassung des mit dem Einfamilienhaus bebauten Grundstücks ist nach § 3 Abs. 9 a Nr. 1 UStG einer sonstigen Leistung gegen Entgelt gleichgestellt. Aufgrund des Vorsteuerabzugs der 2.000 € aus dem Grundstückserwerb und der 60.000 € aus der Errichtung des Einfamilienhauses ist die Voraussetzung gegeben, dass das Grundstück zum teilweisen Vorsteuerabzug berechtigt hat. Diese Leistung ist steuerbar und steuerpflichtig.[926]

Die ABC-OHG muss die unentgeltliche Überlassung des Einfamilienhauses an A als fiktive sonstige Leistung nach § 3 Abs. 9 a Nr. 1 UStG versteuern. Bemessungsgrundlage sind die anteiligen Kosten. Nach § 10 Abs. 4 Nr. 2 Satz 2 UStG sind hierbei die Anschaffungskosten und Herstellungskosten auf zehn Jahre zu verteilen, also pro Jahr 10 % der Anschaffungs- und Herstellungskosten als Bemessungsgrundlage neben den sonstigen Kosten anzusetzen.[927]

---

[926] Vgl. Abschnitt 24 c Abs. 7 UStR 2005.
[927] Diesbezüglich hat der EuGH mit Urteil vom 14.09.2006, Rs. C-72/05, UR 2006 S. 638, entschieden, dass § 10 Abs. 4 Nr. 2 Sätze 2 und 3 UStG mit der 6. EG-Richtlinie vereinbar ist.

B. Laufende Besteuerung

Dafür hat die ABC-OHG den Vorsteuerabzug aus der Errichtung des Einfamilienhauses i. H. von 60.000 €. Der Vorsteuerabzug aus dem Erwerb des Grundstücks bleibt ihr ebenfalls erhalten.

Beispiel 6:

520 Die ABC-OHG hat im Kalenderjahr 01 ein Grundstück erworben, das sie als Lagerplatz verwendete. Im Zusammenhang mit dem Erwerb zog sie 2.000 € Vorsteuer aus Maklergebühren und Notarkosten ab. Im Kalenderjahr 05 errichtete die ABC-OHG darauf ein Einfamilienhaus, das sie nach Fertigstellung ab 01.01.06 bis auf weiteres ihrem Gesellschafter A aufgrund seiner Gesellschafterstellung unentgeltlich und ohne Belastung seines handelsrechtlichen Privatkontos zur privaten Nutzung überließ. Für die Errichtung des Einfamilienhauses wurde der ABC-OHG Umsatzsteuer i. H. von 60.000 € gesondert in Rechnung gestellt. Zum 01.01.16 erwirbt A das Einfamilienhaus entgeltlich.

Wie in Beispiel 5 ist die private Nutzung des Einfamilienhauses durch A steuerbar und steuerpflichtig.

Die Veräußerung an A zum 01.01.16 ist nach § 4 Nr. 9 a UStG steuerfrei. Dieser steuerfreie Umsatz löst keine Vorsteuerberichtigung nach § 15 a UStG aus, da der Berichtigungszeitraum des § 15 a UStG zum 31.12.15 abgelaufen ist.

Beispiel 7:

Die ABC-OHG hat im Kalenderjahr 01 ein Grundstück erworben, das sie als Lagerplatz verwendete. Im Zusammenhang mit dem Erwerb zog sie 2.000 € Vorsteuer aus Maklergebühren und Notarkosten ab. Im Kalenderjahr 05 errichtete die ABC-OHG darauf ein Einfamilienhaus, das sie nach Fertigstellung ab 01.01.06 bis auf weiteres ihrem Gesellschafter A zur privaten Nutzung überließ. A ist Geschäftsführer und erhält für seine Geschäftsführertätigkeit monatlich 5.000 € und zusätzlich die Nutzung des Einfamilienhauses. Für die Errichtung des Einfamilienhauses wurde der ABC-OHG Umsatzsteuer i. H. von 60.000 € gesondert in Rechnung gestellt.

Die Nutzungsüberlassung des Einfamilienhauses an A erfolgt im Rahmen eines tauschähnlichen Umsatzes. Als Gegenleistung erbringt A anteilige Arbeitsleistung als Geschäftsführer. Die Steuerbarkeit ergibt sich somit direkt aus § 1 Abs. 1 Nr. 1 UStG und nicht aus § 3 Abs. 9 a Nr. 1 UStG. Die Nutzungsüberlassung ist als Grundstücksvermietung gem. § 4 Nr. 12 UStG steuerfrei.[928]

Als Folge greift für die ABC-OHG das Vorsteuerabzugsverbot nach § 15 Abs. 2 Nr. 1 UStG. Die ABC-OHG darf also die ihr für die Errichtung des Einfamilienhauses in Rechnung gestellte Umsatzsteuer von 60.000 € nicht als Vorsteuer abziehen. Hinsichtlich der abgezogenen Vorsteuer von 2.000 € aus den Maklergebühren und Notarkosten ist eine Vorsteuerberichtigung nach § 15 a UStG durchzuführen. Der Berichtigungsbetrag beträgt pro volles Jahr $^1/_{10}$ von 2.000 € = 200 €. Gemäß § 44 Abs. 3 UStDV sind sämtliche Berichtigungen für das Kalenderjahr 11 vorzunehmen, da im Kalenderjahr 11 der Berichtigungszeitraum des § 15 a UStG endet.

---

928 Vgl. Abschn. 12 Abs. 9 S. 2 UStR.

3 Umsatzsteuer

Beispiel 8:

Die ABC-OHG errichtet auf eigenem Grund und Boden ein dreigeschossiges Gebäude. Für dessen Errichtung wurde ihr Umsatzsteuer i. H. von 120.000 € gesondert in Rechnung gestellt. Das Gebäude wurde ab 01.01.04 wie folgt genutzt: **521**

Das EG wurde von der OHG eigenbetrieblich genutzt.

Das 1. OG wurde an Privatleute zu Wohnzwecken für monatlich 1.200 € vermietet. Die Kostenmiete würde 1.500 € betragen.

Das 2. OG wurde an den Gesellschafter A zu Wohnzwecken vermietet. Hierfür wurde sein handelsrechtliches Privatkonto mit monatlich 1.000 € belastet.

Das gesamte Gebäude ist Unternehmensvermögen der OHG. Die Vermietung des 1. und 2. OG ist zwar steuerbar nach § 1 Abs. 1 Nr. 1 UStG, jedoch steuerfrei gem. § 4 Nr. 12 a UStG.

Aufgrund des Vorsteuerabzugsverbots nach § 15 Abs. 2 UStG darf die OHG nur $^1/_3$ der Vorsteuer = 40.000 € abziehen.

Beispiel 9:

Die ABC-OHG errichtet auf eigenem Grund und Boden ein dreigeschossiges Gebäude. Für dessen Errichtung wurde ihr Umsatzsteuer i. H. von 120.000 € gesondert in Rechnung gestellt. Das Gebäude wurde ab 01.01.07 wie folgt genutzt: **522**

Das EG wurde von der OHG eigenbetrieblich genutzt.

Das 1. OG wurde an Privatleute zu Wohnzwecken zur ortsüblichen Miete von monatlich 1.200 € vermietet. Die Kostenmiete würde 1.500 € betragen.

Das 2. OG (nach Größe und Ausstattung dem 1. OG gleich) wurde an den Gesellschafter A vermietet. A betätigt sich außerhalb der OHG auch noch als selbständiger Handelsvertreter. Er nutzt das 2. OG ausschließlich als Büro für diese Handelsvertretertätigkeit. Die OHG berechnet ihm hierfür monatlich an Miete 1.000 € zzgl. 190 € Umsatzsteuer. Die Kostenmiete würde 1.500 € betragen. Hierin sind 250 € nicht vorsteuerbelastete Kosten enthalten.

Das gesamte Gebäude ist Unternehmensvermögen der OHG. Die Vermietung des 1. und 2. OG ist steuerbar nach § 1 Abs. 1 Nr. 1 UStG. Die Vermietung des 1. OG ist steuerfrei gem. § 4 Nr. 12 a UStG. Die Vermietung des 2. OG an A ist aufgrund der nach § 9 UStG zulässigen Option zur Steuerpflicht steuerpflichtig. Da die auf das 2. OG entfallenden anteiligen Kosten höher sind als das von A entrichtete Entgelt, greift die Mindestbemessungsgrundlage gem. § 10 Abs. 5 Nr. 1 i. V. m. Abs. 4 Nr. 2 UStG ein. Anzusetzen sind die Kosten, die gemindert sind um die nicht vorsteuerbelasteten Kosten von 200 €, die jedoch gem. § 10 Abs. 4 Sätze 2 und 3 UStG abweichend von der ertragsteuerlichen AfA die anteiligen Anschaffungskosten verteilt auf zehn Jahre enthalten. Dieser weit höhere Betrag braucht jedoch nicht ermittelt zu werden, da der Ansatz der Kosten als Mindestbemessungsgrundlage nach oben begrenzt ist. Da durch die ortsübliche Miete[929] für das vergleichbare 1. OG eine Nettomiete von 1.200 € gezahlt wird, beträgt die Umsatzsteuer 19 % von 1.200 € = 228 €.

---

[929] EuGH vom 29.05.1997, UR 1997 S. 301.

B. Laufende Besteuerung

Die OHG kann dem A hierüber gem. § 14 Abs. 4 Satz 2 UStG eine Rechnung mit gesondertem Ausweis der Umsatzsteuer erteilen. A kann die Umsatzsteuer als Vorsteuer abziehen, da bei ihm sämtliche Voraussetzungen für den Vorsteuerabzug gegeben sind. Die Rechnung muss lauten (auszugsweise dargestellt):

Miete Januar	1.000 €
zzgl. Umsatzsteuer	228 €
Bruttobetrag	1.228 €

Die Umsatzsteuer ergibt sich mit 19 % aus der Mindestbemessungsgrundlage von 1.200 €.

Aufgrund des Vorsteuerabzugsverbots nach § 15 Abs. 2 UStG in Bezug auf das steuerfrei vermietete 1. OG darf die OHG nur $^2/_3$ der Vorsteuer = 80.000 € abziehen.

3.3 Leistungen des Gesellschafters

523 Der Gesellschafter stellt gegenüber der Gesellschaft ein eigenständiges umsatzsteuerrechtliches Rechtssubjekt dar. Als solches kann er Unternehmer im Sinne des Umsatzsteuerrechts sein.

Soweit er in dieser Eigenschaft Leistungen an Dritte erbringt, gelten keine Besonderheiten. Soweit er dagegen Leistungen an die Gesellschaft erbringt, müssen einige Besonderheiten beachtet werden.

524 Wie bei Rz. 478 und 479 ausgeführt, ist zu unterscheiden, ob der Gesellschafter Leistungen gegen **Sonderentgelt** erbringt oder ob seine Leistungen durch seine Beteiligung am Gewinn und Verlust der Gesellschaft abgegolten werden. Nur soweit er Leistungen gegen Sonderentgelt erbringt, liegt ein **Leistungsaustausch** vor, welcher als nachhaltige Tätigkeit in Einnahmeerzielungsabsicht die Unternehmereigenschaft des Gesellschafters begründen kann, sofern auch noch die Tatbestandsmerkmale der **Nachhaltigkeit** und **Selbständigkeit** erfüllt sind.

Grundsätzlich ist dabei davon auszugehen, dass das Tatbestandsmerkmal „Selbständigkeit" gegeben ist, da der Gesellschafter der Gesellschaft nicht untergeordnet ist, sondern gemeinsam mit den übrigen Gesellschaftern das Handeln der Gesellschaft bestimmt.[930]

Dies gilt auch für die Geschäftsführertätigkeit des Gesellschafters. Allerdings kann der Gesellschafter durch entsprechende vertragliche Vereinbarungen im Einzelfall mit seiner Geschäftsführertätigkeit eine arbeitnehmerähnliche Stellung einnehmen und ist dann unselbständig. Vergleiche oben Rz. 479.

---

[930] Abschn. 17 Abs. 2 Satz 1–3 UStR

3 Umsatzsteuer

3.3.1 Leistungen des Gesellschafters an die Gesellschaft ohne Sonderentgelt

Erbringt der Gesellschafter Leistungen an die Gesellschaft, die lediglich durch eine von der Leistung unabhängige prozentuale Gewinnbeteiligung abgegolten werden, wird er dadurch nicht zum Unternehmer. Er tätigt **keine steuerbaren Umsätze** und darf für seine Leistungen der Gesellschaft keine Umsatzsteuer gesondert in Rechnung stellen. Weist er hierfür Umsatzsteuer aus, schuldet er sie nach § 14 c Abs. 1 UStG. Mangels Unternehmereigenschaft hat er keinen Vorsteuerabzug. 525

Beispiel 1:

Die Rechtsanwälte A und B haben sich zu einer Sozietät zusammengeschlossen. Sie erbringen ihre Rechtsanwaltsleistungen im Rahmen der Sozietät. Für ihre Tätigkeit erhalten sie von der Sozietät kein Sonderentgelt. Sie wird durch die Gewinnbeteiligung von jeweils 50 % abgegolten. A hat im eigenen Namen und für eigene Rechnung einen PKW für 40.000 € zzgl. 19 % = 7.600 € Umsatzsteuer erworben, den er zu 70 % für seine Tätigkeit im Rahmen der Sozietät einsetzt. Im Übrigen verwendet er das Fahrzeug privat. Auch der Einsatz des Fahrzeugs für seine Tätigkeit im Rahmen der Sozietät wird durch die Gewinnbeteiligung des A abgegolten. 526

A ist mangels Einnahmeerzielungsabsicht mit seiner Tätigkeit für die Sozietät kein Unternehmer. Seine Tätigkeit für die Sozietät ist ein nicht steuerbarer Gesellschafterbeitrag.[931] A hat mangels Unternehmereigenschaft sowohl aus dem Erwerb des Fahrzeugs als auch aus den laufenden Kosten keinen Vorsteuerabzug.[932] Auch die Sozietät hat bzgl. des Fahrzeugs keinen Vorsteuerabzug, da sie diesbezüglich nicht Leistungsempfänger ist.

Unabhängig von seiner Tätigkeit für die Gesellschaft kann ein Gesellschafter Unternehmer sein, wenn er neben seiner Tätigkeit für die Gesellschaft für sich nachhaltig in Einnahmeerzielungsabsicht tätig ist. Erbringt er aus seinem **eigenen Unternehmen** Leistungen an die Gesellschaft, ohne hierfür ein Sonderentgelt zu erhalten, können diese Leistungen als fiktive entgeltliche Lieferungen nach § 3 Abs. 1 b UStG oder als fiktive sonstige Leistungen nach § 3 Abs. 9 a UStG steuerbar sein.

Beispiel 2:

Rechtsanwalt A betreibt für sich eine Einzelpraxis als Rechtsanwalt. Außerdem betätigt er sich auch innerhalb der Anwaltssozietät AB, zu welcher er sich mit B zusammengeschlossen hat. Für seine Tätigkeit im Rahmen der Sozietät erhält A von der Sozietät kein Sonderentgelt. Sie wird durch seine Gewinnbeteiligung von 50 % abgegolten. Für seine Einzelpraxis hat A die Sekretärin S angestellt. S erledigt jedoch auch Arbeiten, die im Rahmen der Tätigkeit des A für die Sozietät anfallen. S verwendet hierfür etwa 20 % ihrer Arbeitszeit. 527

---

931 Vgl. Abschn. 6 Abs. 7 Tz. 1 b Beispiel 3 UStR.
932 Vgl. Beispiel 3 in Abschn. 6 Abs. 7 Tz. 1 b Satz 4 UStR.

519

B. Laufende Besteuerung

A ist mit seiner Einzelpraxis Unternehmer. S erbringt an die Sozietät unentgeltliche Leistungen. Jedenfalls soweit hierbei S eingesetzt wird, erfolgen diese Leistungen im Rahmen der Einzelpraxis des A. Sie sind aber nach § 3 Abs. 9 a Nr. 2 UStG nur dann einer entgeltlichen sonstigen Leistung gleichgestellt und damit steuerbar und steuerpflichtig, wenn dafür außerunternehmerische Gründe ausschlaggebend sind. In Abschn. 6 Abs. 7 Tz. 2 b Beispiel 4 UStR geht die Verwaltung davon aus, dass bei einer Arbeitsgemeinschaft im Bauwesen unternehmerische Gründe vorliegen. Außerunternehmerische Gründe könnten nach Verwaltungsauffassung bei Familiengesellschaften vorliegen. Der vorliegende Fall liegt dazwischen. Sollten die Sozietät und das Einzelunternehmen des A sich wirtschaftlich ergänzen mit dem Ziel, möglichst viele Kunden zu gewinnen, wären unternehmerische Gründe gegeben. Die unentgeltlichen Leistungen des A an die Sozietät wären nicht steuerbar.

Könnten keine unternehmerischen Gründe festgestellt werden, sind die Leistungen des A steuerpflichtig. Bemessungsgrundlage hierfür sind nach § 10 Abs. 4 Nr. 3 UStG die anteilig anfallenden Kosten einschl. der Kosten, die nicht zum Vorsteuerabzug berechtigt haben, also 20 % des Arbeitslohns der S. Soweit A seine eigene Arbeitsleistung einsetzt, fallen dagegen keine Kosten an.

Beispiel 3:

528

Rechtsanwalt A betreibt für sich eine Einzelpraxis als Rechtsanwalt. Außerdem betätigt er sich auch innerhalb der Anwaltssozietät AB, zu welcher er sich mit B zusammengeschlossen hat. Für seine Tätigkeit im Rahmen der Sozietät erhält A von der Sozietät kein Sonderentgelt. Sie wird durch seine Gewinnbeteiligung von 50 % abgegolten. Nach den besonderen Umständen des Falles sind aus der Sicht des Einzelunternehmens keine unternehmerischen Gründe für Leistungen des A an die Sozietät gegeben.

A hat im eigenen Namen und für eigene Rechnung einen PKW für 40.000 € zzgl. 19 % = 7.600 € Umsatzsteuer erworben, den er zu 60 % für seine Tätigkeit im Rahmen seiner Einzelpraxis und zu 20 % im Rahmen seiner Tätigkeit für die Sozietät einsetzt. Im Übrigen verwendet er das Fahrzeug privat. Auch den Einsatz des Fahrzeugs für seine Tätigkeit im Rahmen der Sozietät wird durch die Gewinnbeteiligung des A abgegolten. Aus der Anschaffung des Fahrzeugs hat A in voller Höhe den Vorsteuerabzug geltend gemacht. Die Privatnutzung des Fahrzeugs durch A wird einkommensteuerrechtlich mit der 1 %-Regelung nach § 6 Abs. 1 Nr. 4 Satz 2 EStG erfasst.

A ist mit seiner Einzelpraxis Unternehmer. A hat das Fahrzeug zulässigerweise seinem Einzelunternehmen zugeordnet und damit die Voraussetzungen für den Vorsteuerabzug nach § 15 Abs. 1 Nr. 1 UStG geschaffen. A erbringt mit der Nutzungsüberlassung des Fahrzeugs an die Sozietät unentgeltliche Leistungen. Diese Leistungen erfolgen für Zwecke, die außerhalb seines Einzelunternehmens liegen. Sie sind deshalb grundsätzlich gem. § 3 Abs. 9 a Nr. 1 UStG einer entgeltlichen sonstigen Leistung gleichgestellt und damit steuerbar und steuerpflichtig. Das gilt grundsätzlich auch für die Verwendung des PKW innerhalb der Sozietät. Allerdings kann A auch für die Verwendung des PKW außerhalb des Unternehmens von der 1 %-Regelung Gebrauch machen. Mit ihr ist die gesamte außerunternehmerische Verwendung des Fahrzeugs von 40 % (20 % rein privat, 20 % für die Sozietät) abgegolten. Die Umsatzsteuer errechnet sich wie folgt:

3 Umsatzsteuer

Bruttolistenpreis	47.600,00 €
abzgl. pauschaler Abschlag für nicht mit Vorsteuern belastete Kosten 20 %	./. 9.520,00 €
Ausgangsbetrag	38.080,00 €
monatliche Nettobemessungsgrundlage 1 %	380,80 €
monatliche Umsatzsteuer 19 %	72,35 €

Für seine eigene Tätigkeit im Rahmen der Sozietät entsteht keine Umsatzsteuer, da für seine eigene Arbeitsleistung keine Kosten anfallen.

3.3.2 Leistungen des Gesellschafters an die Gesellschaft gegen Sonderentgelt

Ein Sonderentgelt liegt immer dann vor, wenn der Gesellschafter eine Vergütung erhält, die nicht anteilsbezogen, sondern **leistungsbezogen** ist. Ein Sonderentgelt liegt beispielsweise auch dann vor, wenn der Gesellschafter für seine Tätigkeit einen prozentualen Anteil am Umsatz erhält.

529

Beispiel:

Die A-KG besteht aus dem Gesellschafter A und den Kommanditisten B und C. A erhält für seine Geschäftsführertätigkeit eine vom Gewinn unabhängige Vergütung i. H. von jährlich 50.000 €. Der verbleibende Gewinn wird nach dem Verhältnis der Gesellschaftsanteile auf A, B und C aufgeteilt. Die Geschäftsführertätigkeit weist keine Merkmale für eine arbeitnehmerähnliche Tätigkeit auf. A hat einen PKW, den er zu 30 % für seine Geschäftsführertätigkeit einsetzt. Diesbezüglich liegen keine besonderen Vereinbarungen mit der A-KG vor.

Während nach der früheren Auffassung die Geschäftsführertätigkeit keine umsatzsteuerrechtlich relevante Leistung des A an die A-KG darstellte, liegt nach der Auffassung des BFH[933] zwischen A und der A-KG ein Leistungsaustausch vor. Da A selbständig tätig ist, erbringt er nachhaltig Leistungen an die A-KG und ist damit Unternehmer. Die Vergütung von 50.000 € ist steuerbar und steuerpflichtig. A kann die hieraus resultierende Umsatzsteuer von (^{19}/$_{119}$ von 50.000 € -) 7.983,19 € der A-KG in Rechnung stellen und die A-KG kann diese Umsatzsteuer als Vorsteuer abziehen. Da A Unternehmer ist und den PKW zu 30 % unternehmerisch nutzt, kann er den PKW seinem Unternehmen zuordnen. Er hat als Folge für die diesbezüglich anfallenden Vorsteuern den Vorsteuerabzug. Soweit A den PKW privat nutzt, tätigt er einen Umsatz, der nach § 3 Abs. 9 a Nr. 1 UStG einer entgeltlichen sonstigen Leistung gleichgestellt ist. Als Bemessungsgrundlage für diesen steuerpflichtigen Umsatz sind die anteiligen Kosten anzusetzen, soweit sie zum Vorsteuerabzug berechtigen.[934]

Auch außerhalb der Geschäftsführertätigkeit kann ein Leistungsaustausch zwischen dem Gesellschafter und der Gesellschaft gegeben sein. So liegt z. B. ein Leistungsaustausch vor, wenn der Gesellschafter für die Einbringung eines Wirtschaftsguts eine Gutschrift auf seinem handelsrechtlichen

530

---
933 Vgl. Urteil vom 06.06.2002, BStBl II 2003, 36.
934 Vgl. Tz. 2 des BMF-Schreibens vom 27.08.2004, BStBl I 2004, 864.

B. Laufende Besteuerung

Privatkonto erhält. Dies dürfte bei Wirtschaftsgütern von bedeutendem Wert regelmäßig der Fall sein. Eine entgeltliche Leistung des Gesellschafters ist steuerbar, wenn er Unternehmer ist und die Leistung im Rahmen seines Unternehmens erbringt. Hierbei gelten zunächst die allgemeinen Grundsätze. Zu beachten ist jedoch, dass der Gesellschafter allein schon dadurch zum Unternehmer werden kann, dass er nachhaltig entgeltliche Leistungen gegenüber der Gesellschaft erbringt. Die Unternehmereigenschaft des Gesellschafters wird beispielsweise auch durch Vermietung eines Grundstücks, entgeltliche Lizenzüberlassung oder Darlehensgewährung an die Gesellschaft begründet.

3.3.2.1 Verbilligte Leistungen des Gesellschafters an die Gesellschaft

531 Die Höhe des Entgelts für eine Leistung ist grundsätzlich irrelevant für die Frage der Einnahmeerzielungsabsicht und damit für die Unternehmereigenschaft. Die Einnahmeerzielungsabsicht liegt auch dann vor, wenn Entgelte bezahlt werden, die nicht kostendeckend sind. Die verbilligten Leistungen sind steuerbar. Hinsichtlich der Bemessungsgrundlage kann allerdings die Mindestbemessungsgrundlage nach § 10 Abs. 5 Nr. 1 UStG eingreifen. Da die Gesellschaft aufgrund der Beteiligung des Gesellschafters eine dem Gesellschafter nahestehende Person i. S. von § 10 Abs. 5 Nr. 1 UStG sein kann, kann die Mindestbemessungsgrundlage zum Zuge kommen, wenn die sich nach § 10 Abs. 4 UStG ergebenden Werte höher sind als das Entgelt nach § 10 Abs. 1 UStG. Allerdings macht eine nur unwesentliche Beteiligung den Gesellschafter noch nicht zu einer der Gesellschaft nahestehenden Person. In Anlehnung an § 74 Abs. 2 AO ist wohl davon auszugehen, dass ein Gesellschafter einer Gesellschaft erst dann nahesteht, wenn er an ihr wesentlich, also zu wenigstens einem Viertel, beteiligt ist. Anteile einander nahestehender Personen sind dabei zusammenzurechnen.

532
Beispiel:
Rechtsanwalt A betreibt für sich eine Einzelpraxis als Rechtsanwalt. Außerdem betätigt er sich auch innerhalb der Anwaltssozietät AB, zu welcher er sich mit B zusammengeschlossen hat. Für seine Tätigkeit im Rahmen der Sozietät erhält A von der Sozietät kein Sonderentgelt. Sie wird durch seine Gewinnbeteiligung von 50 % abgegolten. Für seine Einzelpraxis hat A die Sekretärin S angestellt. An Lohnkosten fallen für S im Kalenderjahr 01 30.000 € an. S erledigt jedoch auch Arbeiten, die im Rahmen der Tätigkeit des A für die Sozietät anfallen. S verwendet hierfür etwa 20 % ihrer Arbeitszeit. Für den Einsatz der S im Kalenderjahr 01 betreffend ihre Tätigkeit für die Sozietät berechnet A der Sozietät AB 5.000 €.

A ist mit seiner Einzelpraxis Unternehmer. A erbringt bzgl. seiner Tätigkeit für die Sozietät an die Sozietät unentgeltliche Leistungen. Sie sind nach § 3 Abs. 9 a Nr. 2 UStG entgeltlichen sonstigen Leistungen gleichgestellt und damit steuerbar und steuerpflichtig. Bemessungsgrundlage hierfür sind jedoch nach § 10 Abs. 4 Nr. 3 UStG die anteilig anfallenden Kosten. Da infolge des Einsatzes der eigenen Arbeitsleistung keine Kosten anfallen, entsteht keine Umsatzsteuer.

3 Umsatzsteuer

Hinsichtlich der Nutzungsüberlassung der Arbeitsleistung der S erbringt A an die Sozietät eine entgeltliche Leistung im Rahmen seines Einzelunternehmens, die steuerbar und steuerpflichtig ist. Die hierbei anteilig anfallenden Lohnkosten betragen 6.000 €. Die von A der Sozietät berechneten 5.000 € sind also nicht kostendeckend. Da A an der Sozietät zu 50 % beteiligt ist, ist sie eine ihm nahestehende Person. Es greift die Mindestbemessungsgrundlage nach § 10 Abs. 5 Nr. 1 UStG ein. Die Umsatzsteuer beträgt 19 % von 6.000 € = 1.140 €.

3.3.2.2 Leistungen an Arbeitsgemeinschaften

Arbeitsgemeinschaften sind Unternehmerzusammenschlüsse auf Zeit zur Erledigung eines bestimmten Auftrags. Derartige Arbeitsgemeinschaften kommen insbesondere im Bauwesen vor, wenn es um die Erledigung eines Großauftrags geht, zu dessen Ausführung die einzelnen in der Arbeitsgemeinschaft zusammengeschlossenen Unternehmer für sich nicht in der Lage wären. Es ist nun möglich, dass die Arbeitsgemeinschaft als bloße Innengesellschaft nicht nach außen in Erscheinung tritt und die Aufträge unmittelbar den Mitgliedern der Arge erteilt werden. In diesen Fällen ist die Arge nicht Unternehmer,[935] und die Mitglieder erbringen ihre Leistungen nicht an die Arge, sondern an den Auftraggeber. 533

Tritt dagegen die Arge nach außen in Erscheinung und nimmt sie den Großauftrag im eigenen Namen entgegen, wird sie Unternehmer, und die Mitglieder der Arge erbringen ihre Leistungen an die Arge. Hierbei sind grundsätzlich zwei verschiedene Fallgestaltungen denkbar. 534

1. Möglichkeit:

Die Mitglieder rechnen mit der Arge über ihre Leistungen konkret ab. In diesem Fall liegen entgeltliche Leistungen der Mitglieder der Arge an die Arge vor, die in der Regel auch steuerbar und steuerpflichtig sind. Diese Umsätze sind also nach den allgemeinen Vorschriften des UStG zu beurteilen. 535

2. Möglichkeit:

Die Mitglieder rechnen nicht über ihre Leistung an die Arge ab, sondern es erfolgt lediglich eine Gewinnverteilung unter den Mitgliedern der Arge. In diesem Fall fehlt es an einem Leistungsaustausch (vgl. B. Rz. 534). Die Leistungen der Mitglieder an die Arge sind jedenfalls nicht nach § 1 Abs. 1 Nr. 1 UStG steuerbar. Sie sind aber auch nicht nach § 3 Abs. 1 b bzw. 9 a UStG entgeltlichen Leistungen gleichstellt, da die Leistungen nicht für Zwecke erfolgen, die außerhalb des Unternehmens liegen. Somit liegen nicht steuerbare Leistungen der Mitglieder an die Arge vor. Diese nicht steuerbaren Leistungen schließen bei den Mitgliedern den Vorsteuerabzug nur dann aus, wenn sie im Falle ihrer Steuerbarkeit steuerfrei wären (vgl. § 15 Abs. 2 536

---

935 Vgl. Rz. 810 und 811.

B. Laufende Besteuerung

Nr. 3 UStG). Der Vorsteuerabzug beim Arge-Mitglied ist damit in der Regel gegeben.

Die Arge ihrerseits muss ihren Umsatz an den Auftraggeber versteuern, hat aber in diesen Fällen keinen Vorsteuerabzug, da sie von ihrem Mitglied keine steuerbare Leistung erhalten hat und das Mitglied ihr deshalb keine Umsatzsteuer in Rechnung stellen darf.

537 Welche der beiden Möglichkeiten im konkreten Fall gegeben ist, ist nicht immer ganz einfach zu entscheiden, da nach der BFH-Rechtsprechung[936] in den Fällen, in denen zwar eine Gewinnverteilung vorgesehen ist, jedoch ein sog. Spitzenausgleich für überschießende Leistungen einzelner Mitglieder vorgesehen ist, insgesamt (entgeltliche =) steuerbare Leistungen der Mitglieder an die Arge vorliegen (vgl. auch Abschn. 6 Abs. 8 UStR).

538 Nach den vom BFH aufgestellten Grundsätzen liegen nicht steuerbare Leistungen an die Arge nur unter folgenden Voraussetzungen vor:

— Die Leistungen der Mitglieder müssen vertraglich im Gesellschaftsvertrag vorgesehen sein.

— Die Leistungen sollen der Gesellschaftsbeteiligung entsprechen.

— Der Gesellschafterbeitrag darf keinen Anspruch auf Entgelt begründen.

— Der Beteiligungsschlüssel und nicht der Leistungsschlüssel muss der Ergebnisverteilung zugrunde gelegt werden.

— Nachträglich darf der Gewinnverteilungsschlüssel nicht geändert werden.

---

936 Vgl. BFH vom 01.12.1969, BStBl II 1970, 356, 358.

C. GRÜNDUNG DER PERSONENGESELLSCHAFT

1 Einkommensteuer

1.1 Allgemeines

Wie alle Kaufleute, so sind auch die Personengesellschaften gem. § 242 Abs. 1 HGB verpflichtet, bei Beginn ihres Handelsgewerbes eine Bilanz zu erstellen. Diese Bilanz hat den Zweck, die Zusammensetzung des Vermögens aufzuzeigen und die Kapitalverhältnisse klarzustellen. Andererseits ist die Gründungsbilanz als Eröffnungsbilanz Ausgangspunkt der künftigen Gewinnermittlung und dient somit auch dynamischen Zwecken.

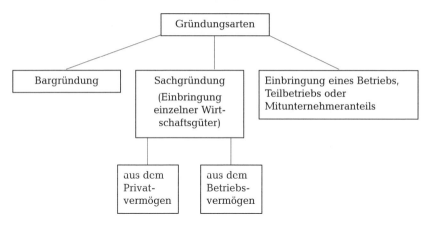

1.2 Bargründung

Bei einer Bargründung werden der Geldbestand aktiviert und die Kapitalkonten passiviert. Bei den einzelnen Personengesellschaften ergeben sich nur Unterschiede in der Anzahl der Kapitalkonten, die für die einzelnen Gesellschafter geführt werden.

1.2.1 Bargründung einer OHG

Das Bilanzrecht enthält für den Ausweis des Eigenkapitals bei Personenhandelsgesellschaften – wie bei Einzelkaufleuten – grundsätzlich keine beson-

C. Gründung der Personengesellschaft

deren Vorschriften. Die Regelung in § 120 Abs. 2 HGB, wo vom **Kapitalanteil** der Gesellschafter die Rede ist, ist weder zwingendes Recht noch handelt es sich primär um Bilanzierungsvorschriften. Eine Ausnahme gilt nur für Personengesellschaften, die unter § 264 a HGB oder unter das PublG fallen.[1]

Der Eigenkapitalausweis erfolgt daher nach den Grundsätzen ordnungsmäßiger Buchführung, die allerdings nicht einheitlich sind, sodass verschiedene Ausweistechniken zur Anwendung kommen.

In der Regel wird hinsichtlich der Eigenkapitalkonten bei der OHG für **jeden** Gesellschafter **ein** variables Konto gebildet. Sehr oft kommt es vor, dass für jeden Gesellschafter ein festes Kapitalkonto und daneben noch ein zweites (variables) Kapitalkonto geführt wird, auf dem dann Gewinne, Verluste, Entnahmen und Einlagen gebucht werden.[2]

Ausstehende Pflichteinlagen von Gesellschaftern sind auf der Aktivseite der Bilanz als solche auszuweisen oder auf der Passivseite offen von den Kapitalanteilen abzusetzen. Eingeforderte Beträge sind kenntlich zu machen.[3]

Die Kapitalanteile der Gesellschafter einer OHG, die nicht unter § 264 a HGB fällt, können in der Bilanz zu einem Posten zusammengefasst werden. Dabei ist es zulässig, positive und negative Kapitalanteile (erkennbar oder nicht erkennbar) zu saldieren.

Beispiel 1:

A und B gründen zum 01.04.01 eine OHG und vereinbaren, eine Einlage von je 150.000 € zu leisten. A überweist seinen Anteil sofort in voller Höhe. B zunächst nur 120.000 €. Der Restbetrag von 30.000 € wird bis zum 01.10.01 gestundet.

Möglichkeit 1:

Aktiva	Eröffnungsbilanz OHG 01.04.01		Passiva
Ausstehende Einlagen B	30.000 €	Kapital A	150.000 €
- davon ein -		Kapital B	150.000 €
gefordert 30.000 €			
Bank	270.000 €		
	300.000 €		300.000 €

Das steuerliche Kapital des Gesellschafters B beträgt nur 120.000 €.

---

1 Siehe B. Rz. 179 ff.
2 Siehe im Einzelnen B. Rz. 189 ff.
3 Stellungnahme 2/1993 des HFA beim IDW, WPg 1994 S. 22.

Möglichkeit 2:

Aktiva	Eröffnungsbilanz OHG 01.04.01		Passiva
Bank	270.000 €	Kapital A	150.000 €
		Kapital B	
		Pflichteinlage 150.000 €	
		./. eingeforderte Einlagen 30.000 €	120.000 €
	270.000 €		270.000 €

1.2.2 Bargründung einer KG

Die unbeschränkt haftenden Gesellschafter (Komplementäre) werden gem. § 161 Abs. 2 HGB genauso behandelt wie OHG-Gesellschafter. Dasselbe gilt, soweit es um die Aufstellung der Eröffnungsbilanz geht, auch für die Kommanditisten.[4]

4

Beispiel 2:

G, H und K gründen am 01.06.01 eine KG. Komplementär G verpflichtet sich, eine Bareinlage von 200.000 €, die Kommanditisten H und K verpflichten sich, eine Bareinlage von jeweils 100.000 € zu leisten. Während H sofort den vollen Betrag entrichtet, überweist G nur 160.000 € und K nur 80.000 €. Die KG hat G und K jeweils 20.000 € bis zum Ende des Jahres gestundet.

Aktiva	Eröffnungsbilanz OHG 01.04.01		Passiva
Ausstehende Einlagen G	40.000 €	Kapital	
– davon eingefordert		Komplementär G	200.000 €
	20.000 €	Kommanditkapital	
Ausstehende Einlagen K	20.000 €	Anteil H 100.000 €	
– davon eingefordert		Anteil K 100.000 €	200.000 €
	20.000 €		
Bank	340.000 €		
	400.000 €		400.000 €

Zu beachten ist, dass Komplementär- und Kommanditkapital im Bilanzausweis zu trennen sind, wobei die Kapitalanteile der persönlich haftenden Gesellschafter und die der Kommanditisten zu jeweils einem Posten mit entsprechender Bezeichnung zusammengefasst werden können.

---

4 Wegen weiterer Einzelheiten siehe B. Rz. 191.

C. Gründung der Personengesellschaft

1.2.3 Bargründung einer GbR

5 Das Steuerrecht stellt die Gesellschafter einer GbR denjenigen einer OHG gleich und behandelt sie im Allgemeinen als Mitunternehmer. Folglich ergeben sich auch in der Buchführung die gleichen Buchungen wie bei der OHG.[5]

1.3 Sachgründung

6 Die Gesellschafter können ihre Einlage beim Eintritt in eine Personengesellschaft auch ganz oder teilweise in Sachwerten erbringen.

In der **handelsrechtlichen** Eröffnungsbilanz sind die Vermögensgegenstände und Schulden – unabhängig davon, ob sie aus dem Betriebsvermögen oder aus dem Privatvermögen der Gesellschafter überführt werden – nach § 242 Abs. 1 Satz 1 HGB mit dem Wert anzusetzen, der ihnen zu Beginn des Handelsgewerbes beizulegen ist, d. h., **höchstens mit ihrem Zeitwert**. Eine niedrigere Bewertung von Sacheinlagen ist in der Handelsbilanz im Rahmen vernünftiger kaufmännischer Beurteilung zulässig, zumal im HGB Vorschriften zur Bewertung von Einlagen fehlen.[6] Folglich kann bei der Einbringung aus einem anderen Betrieb auch der Buchwert fortgeführt werden. Es können auch die Grundsätze eines Tauschgeschäfts angewendet werden, die handelsrechtlich nicht zu einer Gewinnverwirklichung zwingen.[7] Dagegen erachtet das DRSC wohl nur die Bewertung zum Zeitwert für zutreffend.[8] Ob sich diese Auffassung durchsetzen wird, ist aber derzeit noch offen.

Steuerrechtlich ist wegen der unterschiedlichen Bewertung der Wirtschaftsgüter zu unterscheiden, ob die Wirtschaftsgüter aus einem Betrieb oder aus dem Privatvermögen in die Personengesellschaft gegen Gewährung von Gesellschaftsrechten eingebracht werden.

1.3.1 Einbringung einzelner Wirtschaftsgüter aus dem Privatvermögen der Gesellschafter

7 Eine Einbringung einzelner Wirtschaftsgüter aus dem Privatvermögen gegen Gewährung von Gesellschaftsrechten liegt vor, wenn die Gutschrift auf dem **Kapitalkonto I oder II** erfolgt.[9]

Dies hat zur Folge, dass

- der **einbringende Gesellschafter** das Wirtschaftsgut im Rahmen eines Tauschs bzw. eines tauschähnlichen Vorgangs veräußert[10] und einen Ver-

---
5 Das zu C. Rz. 3 Gesagte gilt sinngemäß.
6 Förschle/Hoffmann, Beck, § 247 Rz. 190.
7 Küting/Weber, § 255 Anm. 83 ff.
8 Siehe DRS 4.13.
9 BMF vom 26.11.2004, BStBl I 2004, 1190; siehe auch B. Rz. 384.
10 BFH vom 19.10.1998, BStBl II 2000, 230.

1 Einkommensteuer

äußerungsgewinn erzielt, der allerdings nur in den Fällen der §§ 17, 23 EStG sowie § 21 UmwStG steuerpflichtig ist, und

- die **Personengesellschaft** dieses eingebrachte Wirtschaftsgut erwirbt und als Anschaffungskosten gem. § 6 Abs. 6 Satz 1 EStG dessen gemeinen Wert zu aktivieren hat.

Dagegen liegt eine (verdeckte) Einlage vor, wenn und soweit dem Einbringenden überhaupt keine Gesellschaftsrechte gewährt werden, d. h. die Gutschrift auf einem **gesamthänderisch gebundenen Kapitalrücklagenkonto** erfolgt.[11]

Hinweis: Nach der neuesten Rechtsprechung des BFH[12] liegt – abweichend von der bisherigen Auffassung der Finanzverwaltung – auch dann in vollem Umfang ein tauschähnlicher Vorgang und damit in vollem Umfang eine Veräußerung vor, wenn die Übertragung zum Teil dem Kapitalkonto I oder II und zum Teil einem gesamthänderisch gebundenen Kapitalkonto gutgeschrieben wird. Der Trend geht sogar in die Richtung, selbst dann von einem tauschähnlichen Vorgang auszugehen, wenn die Gutschrift in **vollem Umfang** auf einem gesamthänderisch gebundenen Kapitalkonto erfolgt.

Die Finanzverwaltung prüft derzeit noch, ob die neue Rechtsprechung angewendet werden soll. Hierzu müsste das zu dieser Problematik ergangene BMF-Schreiben[13] insoweit geändert werden. Es stellt sich dann die Frage, ob eine unentgeltliche Übertragung von Wirtschaftsgütern überhaupt noch möglich ist. Da die neue Rechtsprechung darüber hinaus zu einer Verschärfung der Rechtslage führt, müsste eine Übergangsregelung getroffen werden. Bis zu einer Aussage der Finanzverwaltung sollte mit den Gutschriften auf dem gesamthänderisch gebundenen Kapitalkonto vorsichtig umgegangen werden, wenn negative Besteuerungsfolgen beim Gesellschafter drohen (z. B. nach § 17 EStG oder § 23 EStG)![14]

Beispiel:

M und N gründen zum 01.01.05 eine OHG. Im Gesellschaftsvertrag verpflichten sie sich zu folgenden Beiträgen:

a) M überführt ein bebautes Grundstück aus seinem Privatvermögen in das Gesamthandsvermögen der OHG. Den Grund und Boden hatte M im Jahr 01 für 120.000 € erworben und darauf ein Gebäude errichtet, das am 08.01.03 fertig gestellt wurde. Die Herstellungskosten von 500.000 € wurden nach § 7 Abs. 4 Nr. 2 EStG mit 2 % = 10.000 € jährlich abgeschrieben.

---

11 BMF vom 29.03.2000, BStBl I 2000, 462, und vom 26.11.2004, BStBl I 2004, 1190; wegen Einzelheiten siehe die Darstellung in B. Rz. 384 und 394 ff.
12 BFH vom 24.01.2008, BFH/NV 2008, 854 und vom 17.07.2008, noch nicht im BStBl veröffentlicht.
13 BMF vom 26.11.2004, BStBl I 2004, 1190.
14 Wegen Einzelheiten s. B. Rz. 385.

529

C. Gründung der Personengesellschaft

Die Verkehrswerte (= gemeine Werte) am 01.01.05 betragen:
- für den Grund und Boden 180.000 €
- für das Gebäude 520.000 €

Zur Finanzierung des Gebäudes hatte M ein Darlehen aufgenommen, dessen Restschuld am 01.01.05 noch 300.000 € beträgt. Die OHG übernimmt das Darlehen und gewährt Gesellschaftsrechte i. H. von 400.000 €.

Das Gebäude wird von der OHG für eigenbetriebliche Zwecke benutzt.

b) **N** überführt eine 80%ige GmbH-Beteiligung zum Verkehrswert (= gemeiner Wert) von 400.000 € auf die OHG, deren Anschaffungskosten vor fünf Jahren 250.000 € betragen haben, und erhält dafür i. H. von 400.000 € Gesellschaftsrechte.

Die Einbringung stellt handelsrechtlich und steuerrechtlich einen tauschähnlichen Vorgang und damit bei den Gesellschaftern eine Veräußerung und bei der OHG eine Anschaffung dar. Soweit allerdings die OHG das Darlehen des M übernimmt, liegt eine entgeltliche Übertragung vor.[15]

Der Veräußerungspreis beträgt

- bei M

Übernahme von Verbindlichkeiten	300.000 €
+ Gewährung von Gesellschaftsrechten (gemeiner Wert)	400.000 €
Veräußerungspreis	700.000 €

- bei N

Gewährung von Gesellschaftsrechten (gemeiner Wert)	400.000 €

Da **M** das Grundstück vor weniger als zehn Jahren erworben hat, muss er den – nicht nach § 34 EStG begünstigten – Veräußerungsgewinn gem. § 23 Abs. 1 Nr. 1 EStG versteuern. Dieser berechnet sich wie folgt:

		Grund und Boden	Gebäude
	€	€	€
Veräußerungspreis		180.000	520.000
./. Anschaffungskosten		120.000	–
./. Restwert Gebäude			
Herstellungskosten	500.000		
./. AfA 03 und 04	20.000		
Restwert 31.12.04	480.000	–	480.000
Veräußerungsgewinn		60.000	40.000

Bei **N** fällt die Einbringung der Beteiligung zwar nicht unter § 23 EStG, dafür aber unter § 17 EStG. Der Veräußerungsgewinn berechnet sich wie folgt:

Veräußerungspreis	400.000 €
./. Anschaffungskosten	250.000 €
Veräußerungsgewinn	150.000 €

Der Veräußerungsgewinn ist nach § 3 Nr. 40 Buchst. c i. V. m. § 3 c Abs. 2 EStG zur Hälfte (= 75.000 €) steuerfrei. Der steuerpflichtige Betrag von 75.000 € ist nicht nach § 34 EStG begünstigt (§ 34 Abs. 2 EStG).

---

15 Siehe B. Rz. 401.

1 Einkommensteuer

Die OHG muss die erworbenen Wirtschaftsgüter mit ihren Anschaffungskosten (= gemeinen Werten) aktivieren. Die Eröffnungsbilanz hat folgendes Aussehen:

Aktiva	Eröffnungsbilanz OHG 01.01.05		Passiva
Grund und Boden	180.000 €	Kapital M	400.000 €
Gebäude	520.000 €	Kapital N	400.000 €
Beteiligung	400.000 €	Darlehen	300.000 €
	1.100.000 €		1.100.000 €

Die OHG schreibt die Anschaffungskosten des Gebäudes zwingend nach § 7 Abs. 4 Nr. 1 EStG mit 3 % von 520.000 € = 15.600 € ab.

1.3.2 Einbringung einzelner Wirtschaftsgüter aus dem Betriebsvermögen der Gesellschafter

Die Einbringung einzelner Wirtschaftsgüter aus dem Betriebsvermögen der Gesellschafter ins Gesamthandsvermögen einer Personengesellschaft (OHG, KG, GbR, EWIV, Partnerschaft, atypische stille Gesellschaft, atypische stille Unterbeteiligung) erfolgt nach der Spezialvorschrift des § 6 Abs. 5 Satz 3 EStG – vorbehaltlich gesicherter Besteuerung der stillen Reserven – **zwingend zum Buchwert**. Da diese Regelung bereits ausführlich dargestellt wurde,[16] an dieser Stelle nur noch folgende Beispiele:

Beispiel 1:

W und S (Beteiligung je ½) gründen zum 01.10.11 eine OHG und verpflichten sich zu folgender Einlage:

W überträgt ein bebautes Grundstück aus seinem Einzelunternehmen in das Gesamthandsvermögen der OHG gegen Gewährung von Gesellschaftsrechten. W hatte dieses Grundstück am 15.01.01 für 250.000 € erworben (Anteil Grund und Boden 50.000 €). Das Gebäude (Baujahr 1980) wurde bisher linear nach § 7 Abs. 4 Nr. 2 EStG mit 2 % (= 4.000 €) abgeschrieben.

Die Buchwerte betrugen am 31.12.10
- für den Grund und Boden   50.000 €
- für das Gebäude   160.000 €

Die Verkehrswerte betrugen am 01.10.11
- für den Grund und Boden   130.000 €
- für das Gebäude   320.000 €

S überträgt aus seinem Einzelunternehmen einen Kundenstamm im Werte von 50.000 € gegen Gewährung von Gesellschaftsrechten und leistet eine Bareinlage von 400.000 €. Der Kundenstamm war im Einzelunternehmen nicht bilanziert, die Restnutzungsdauer beträgt fünf Jahre.

W weist die Beteiligung an der OHG in der Bilanz seiner Einzelfirma aus, S behandelt diese Beteiligung als Privatvermögen.

---

16 Siehe B. Rz. 386 ff., 397 und 401 ff.

C. Gründung der Personengesellschaft

a) Behandlung bei der OHG

Die OHG muss die eingebrachten Wirtschaftsgüter gem. § 6 Abs. 5 Satz 3 Nr. 1 EStG mit dem Buchwert bilanzieren. Buchwert ist nach R 6b.1 Abs. 2 EStR der Wert, der sich für das Wirtschaftsgut im Zeitpunkt seiner Einbringung ergeben würde, wenn für diesen Zeitpunkt eine Bilanz aufzustellen wäre. Das bedeutet, dass bei abnutzbaren Anlagegütern auch noch AfA nach § 7 EStG sowie etwaige Sonderabschreibungen und erhöhte Absetzungen für den Zeitraum vom letzten Bilanzstichtag bis zum Einbringungszeitpunkt vorgenommen werden können. Die AfA für die Zeit vom 01.01.11–30.09.11 beträgt $9/12$ von 4.000 € = 3.000 €.

Die OHG hat zwei Möglichkeiten zum Ausweis der Buchwertfortführung.

1. Möglichkeit: Übernahme der Buchwerte in die Eröffnungsbilanz der OHG

Aktiva	Eröffnungsbilanz OHG	01.10.11	Passiva
Grund und Boden	50.000 €	Kapital W	207.000 €
Gebäude	157.000 €	Kapital N	400.000 €
Bank	400.000 €		
	607.000 €		607.000 €

In diesem Fall kommt es zu einer Übertragung der stillen Reserven zwischen den Gesellschaftern, denn bei einer künftigen Veräußerung oder Entnahme des Grundstücks und des Kundenstamms wird der Veräußerungs- bzw. Entnahmegewinn nach dem Gewinnverteilungsschlüssel je zur Hälfte auf die beiden Gesellschafter verteilt. Sollten diese eingebrachten Wirtschaftsgüter innerhalb von drei Jahren nach Abgabe der Steuererklärung des Übertragenden veräußert oder entnommen werden, muss nach § 6 Abs. 5 Satz 4 EStG rückwirkend auf den Zeitpunkt der Übertragung der Teilwert angesetzt werden.

Weil in diesen Fällen eine Veräußerung vorliegt, tritt die OHG nicht in die Rechtsstellung der bisherigen Einzelunternehmer ein. Das bedeutet, bei der OHG beginnt hinsichtlich des eingebrachten Grundstücks eine neue Sechsjahresfrist i. S. von § 6 b Abs. 4 Nr. 2 EStG zu laufen. Aus Vereinfachungsgründen ist es u. E. jedoch nicht zu beanstanden, in sinngemäßer Anwendung von § 24 UmwStG die bisherige AfA fortzuführen. Diese beträgt für das Gebäude 4.000 € und für den Kundenstamm 0 €. Die AfA kommt beiden Gesellschaftern zugute, sie führt bei ihnen zu einer Gewinnminderung von jährlich je 2.000 €.

2. Möglichkeit: Buchwertfortführung durch negative Ergänzungsbilanz

Eine Buchwertfortführung liegt auch vor, wenn die Wirtschaftsgüter in der Handelsbilanz mit den Teilwerten angesetzt werden und die Differenz zwischen Teilwert und Buchwert als Wertberichtigungsposten in eine negative Ergänzungsbilanz aufgenommen wird.

Aktiva	Eröffnungsbilanz OHG		01.10.11	Passiva
Grund und Boden	130.000 €	Kapital W		450.000 €
Gebäude	320.000 €	Kapital S		450.000 €
Kundenstamm	50.000 €			
Bank	400.000 €			
	900.000 €			900.000 €

Aktiva	Negative Ergänzungsbilanz Gesellschafter W		01.10.11	Passiva
Minderkapital	243.000 €	Minderwert Grund und Boden		80.000 €
		Minderwert Gebäude		163.000 €
	243.000 €			243.000 €

Aktiva	Negative Ergänzungsbilanz Gesellschafter S		01.10.11	Passiva
Minderkapital	50.000 €	Minderwert Kundenstamm		50.000 €
	50.000 €			50.000 €

In diesem Fall kommt es zu keiner Übertragung der stillen Reserven zwischen den Gesellschaftern. Bei einer künftigen Veräußerung oder Entnahme des Grundstücks und des Kundenstamms entsteht in der Bilanz der OHG – bezogen auf die bis zur Gründung der OHG angefallenen stillen Reserven – kein Veräußerungsgewinn oder Entnahmegewinn. Im Zeitpunkt der Veräußerung oder Entnahme müssen die Minderwerte in den Ergänzungsbilanzen gewinnerhöhend aufgelöst werden. Diese Gewinne sind nur dem jeweiligen Gesellschafter zuzurechnen. Folglich enthält § 6 Abs. 5 Satz 4 EStG auch keine Sperrfrist. Selbst bei einer Veräußerung dieser Wirtschaftsgüter innerhalb der ersten drei Jahre seit Gründung der OHG bleibt es beim Ansatz der Buchwerte der eingebrachten Wirtschaftsgüter.

Die AfA für das **Gebäude** beträgt gem. § 7 Abs. 4 Nr. 2 EStG 2 % der bisherigen Bemessungsgrundlage von 200.000 € = 4.000 € jährlich, im Jahre 11 davon $^{3}/_{12}$ = 1.000 €.

Zu beachten ist, dass die OHG für das Gebäude nur noch für die restlichen 39 $^{1}/_{4}$ Jahre eine AfA i. H. von 4.000 € erhält, weil sie auch bei dieser buchtechnischen Variante in die Rechtsstellung des W eintritt und nur den Restbuchwert des W von 157.000 € abschreiben kann.

Es bieten sich **zwei Alternativen** an:

1. In der Buchführung der OHG wird eine AfA von (320.000 € : 39 $^{1}/_{4}$ =) 8.152,87 € angesetzt und in der Ergänzungsbuchführung des W wird zum Ausgleich der Minderwert in Höhe der Differenz von 4.152,87 € gewinnerhöhend aufgelöst. Insgesamt ergibt sich eine jährliche AfA von 4.000 €.

C. Gründung der Personengesellschaft

Dies führt bei den Gesellschaftern ab dem Jahre 12 zu folgender Gewinnauswirkung (für das Jahr 11 davon jeweils $^3/_{12}$):

- Gesellschafter W
Die Hälfte der AfA von 8.152,87 € = ./. 4.076,43 €
Gewinn lt. Ergänzungsbilanz + 4.152,87 €
Gewinnauswirkung + 76,44 €

- Gesellschafter S
Die Hälfte der AfA von 8.152,87 € = Gewinnauswirkung ./. 4.076,44 €

Gewinnauswirkung insgesamt ./. 4.000,00 €

2. In der Buchführung der OHG wird eine AfA von 2 % von 320.000 € = 6.400 € angesetzt und in der Ergänzungsbuchführung des W wird zum Ausgleich der Minderwert in Höhe der Differenz von 2.400 € gewinnerhöhend aufgelöst. Insgesamt ergibt sich wiederum eine jährliche AfA von 4.000 €.

Hieraus ergibt sich folgende Gewinnauswirkung:

- Gesellschafter W
Die Hälfte der AfA von 6.400 € = ./. 3.200 €
Gewinn lt. Ergänzungsbilanz + 2.400 €
Gewinnauswirkung ./. 800 €

- Gesellschafter S
Die Hälfte der AfA von 6.400 € = Gewinnauswirkung ./. 3.200 €

Gewinnauswirkung insgesamt ./. 4.000 €

Bei dieser Lösung ist zu beachten, dass am Ende der Abschreibungszeit des Gebäudes (= 31.12.50) noch folgende Buchwerte vorhanden sind:

- in der Buchführung der OHG
Gebäude 68.800 €

- in der Ergänzungsbuchführung des W
Minderwert Gebäude ./. 68.800 €

Saldiert ergibt sich ein Buchwert von 0 €.

Diese Buchwerte sind bis zur vollständigen Ausbuchung mit jeweils jährlich 6.400 € aufzulösen. Dabei ergibt sich insgesamt keine Gewinnauswirkung. Allerdings ergeben sich bei der Gewinnverteilung folgende Auswirkungen:

- Gesellschafter W
Die Hälfte der AfA von 6.400 € = ./. 3.200 €
Gewinn lt. Ergänzungsbilanz + 6.400 €
Gewinnauswirkung + 3.200 €

- Gesellschafter S
Die Hälfte der AfA von 6.400 € = Gewinnauswirkung ./. 3.200 €

Gewinnauswirkung insgesamt 0 €

Beim Vergleich der beiden Methoden zeigt sich, dass Gesellschafter S jeweils ein Abschreibungsvolumen von insgesamt 160.000 € hat, während Gesellschafter W jeweils insgesamt einen Ertrag von 3.000 € erzielt. Die Gesamtgewinnauswirkung ist dieselbe. Nur in den einzelnen Jahren ergibt sich eine unterschiedliche Gewinnverteilung.

1 Einkommensteuer

Für welche der beiden Methoden sich die Gesellschafter entscheiden, bleibt ihnen überlassen. Sie müssen nur darauf achten, dass die jährliche AfA nicht mehr als 4.000 € beträgt.

Die AfA für den **Kundenstamm** beträgt 0 €. Jedoch muss der Buchwert in der Bilanz der OHG auf die Restnutzungsdauer von fünf Jahren abgeschrieben werden. Die AfA beträgt somit jährlich 10.000 € (im Jahre 11 davon $^3/_{12}$ = 2.500 €).

In der Ergänzungsbuchführung des S muss der Minderwert jährlich um 10.000 € gewinnerhöhend aufgelöst werden (im Jahre 11 davon $^3/_{12}$ = 2.500 €). Der steuerliche Gesamtgewinn beträgt 0 €. Bei der Gewinnverteilung ab dem Jahre 12 ergeben sich folgende Auswirkungen:

- Gesellschafter S
  Die Hälfte der AfA von 10.000 € =   ./. 5.000 €
  Gewinn lt. Ergänzungsbilanz   + 10.000 €
  Gewinnauswirkung   + 5.000 €

- Gesellschafter S
  Die Hälfte der AfA von 10.000 € = Gewinnauswirkung ./. 5.000 €
  Gewinnauswirkung insgesamt   0 €

Weitere steuerliche Auswirkungen bei der OHG:

1. Die Übertragung der Wirtschaftsgüter stellt für Zwecke des § 4 Abs. 4 a EStG eine Einlage i. H. des Buchwerts von 207.000 € dar.
2. Bei einer Ausübung des Wahlrechts nach § 34 a Abs. 5 EStG erhöht sich der nachversteuerungspflichtige Betrag in Höhe des Buchwerts, höchstens aber in Höhe des Nachversteuerungsbetrags, den die Übertragung des Wirtschaftsguts ausgelöst hätte.

b) Behandlung in den Einzelfirmen der Gesellschafter W und S

In den Einzelfirmen entsteht – unabhängig von der buchmäßigen Variante bei der OHG – kein Veräußerungsgewinn, weil die OHG die Buchwerte fortführt. Für die buchmäßige Behandlung in den Einzelfirmen kommt es darauf an, ob die Beteiligung in der Bilanz ausgewiesen wird oder nicht.[17]

Es ergeben sich folgende Buchungssätze:

- im Einzelunternehmen des W
  1. AfA   3.000 €   an Gebäude   3.000 €
  2. Beteiligungen   207.000 €   an Grund und Boden   50.000 €
                                      Gebäude   157.000 €

- im Einzelunternehmen des S
  Da die Beteiligung nicht in der Einzelfirma bilanziert wird, muss der Buchwert des eingebrachten Kundenstamms gewinnneutral über „Privat" ausgebucht werden. Bei einem Buchwert von 0 € erübrigt sich eine Buchung.

Die Übertragung der Wirtschaftsgüter stellt für Zwecke des § 4 Abs. 4 a EStG eine Entnahme in Höhe des Buchwerts zu den Einzelunternehmen von W und S dar; bei W i. H. von 807.000 €, bei S i. H. von 0 €.

---

17 Siehe B. Rz. 412 ff.

C. Gründung der Personengesellschaft

Bei einer Ausübung des Wahlrechts nach § 34 a Abs. 5 EStG mindert sich im Einzelunternehmen des W der nachversteuerungspflichtige Betrag entsprechend.

Beispiel 2:
Wie Beispiel 1, aber die OHG veräußert das Grundstück am 01.01.13 zum Teilwert von 465.000 € (Anteil Grund und Boden 150.000 €).

Je nachdem, in welcher Form die OHG die Wirtschaftsgüter in ihrer Eröffnungsbilanz ausgewiesen hat, ergeben sich folgende Konsequenzen:

- Hat die OHG bei ihrer Gründung in ihrer Eröffnungsbilanz die Teilwerte angesetzt und die Minderwerte in einer Ergänzungsbilanz des W ausgewiesen, ergeben sich keine rückwirkenden Berichtigungen auf den Zeitpunkt der Einbringung am 01.10.11. In der Buchführung der OHG ist im Jahre 13 die Veräußerung zu buchen. Der sich dabei ergebende Veräußerungsgewinn ist beiden Gesellschaftern je zur Hälfte hinzuzurechnen. Die Minderwerte in der Ergänzungsbuchführung des W sind im Jahr der Veräußerung gewinnerhöhend aufzulösen und erhöhen den steuerlichen Gesamtgewinn der OHG und den Gewinnanteil des W.

- Hat die OHG dagegen in ihrer Eröffnungsbilanz die Buchwerte angesetzt, ist nach § 6 Abs. 5 Satz 4 EStG rückwirkend zum 01.10.11 das Grundstück zwingend mit dem Teilwert von (130.000 € + 320.000 € =) 450.000 € anzusetzen. Dadurch entsteht im Einzelunternehmen des W ein nach § 6 b EStG begünstigter Veräußerungsgewinn von 243.000 €.

Die AfA ist rückwirkend neu zu berechnen und beträgt ab 01.10.11 gem. § 7 Abs. 4 Nr. 2 EStG 2 % der Anschaffungskosten von 320.000 € = 6.400 € (für das Jahr 11 davon $3/12$ = 1.600 €). Bei einem Buchwert zum 31.12.12 von (320.000 € ./. 1.600 € ./. 6.400 € =) 312.000 € ergibt sich bei der OHG ein Veräußerungsgewinn für das Gebäude von 3.000 € und beim Grund und Boden von 20.000 €, der beiden Gesellschaftern je zur Hälfte zuzurechnen ist. W könnte die aufgedeckten stillen Reserven gem. R 6b.2 Abs. 6 EStR auf das von der OHG erworbene Grundstück übertragen.[18]

Als Folge dieser Berichtigungen müssen die Feststellungsbescheide der OHG für die Jahre 11 und 12 sowie die Einkommensteuerbescheide von W und S für die Jahre 11 und 12 geändert werden.

1.4 Einbringung eines Betriebs, Teilbetriebs oder Mitunternehmeranteils

1.4.1 Allgemeines

9 Die Einbringung eines Betriebs, Teilbetriebs oder Mitunternehmeranteils in eine **gewerblich** tätige oder **gewerblich geprägte** Personengesellschaft (OHG, KG, GbR, EWIV, Partnerschaft, atypische stille Gesellschaft, atypische stille Unterbeteiligung) gegen **Gewährung von Gesellschaftsrechten** stellt einen tauschähnlichen Vorgang und damit eine Veräußerung sowie bei

---

[18] Wegen Einzelheiten zur Bildung und Übertragung von Rücklagen siehe B. Rz. 251 ff.

der Personengesellschaft eine Anschaffung dar.[19] Einbringende können natürliche und juristische Personen sein.

Die steuerliche Behandlung dieser Einbringungen regelt § 24 UmwStG. Unter diese Vorschrift fallen auch die Einbringung eines **freiberuflichen (Teil-)Betriebs** und von **(Teil-)**Betrieben der **Land- und Forstwirtschaft** in Personengesellschaften.[20]

Eine Mindesthöhe der Beteiligung an einer Personengesellschaft ist nicht erforderlich. Es reicht aus, wenn der Einbringende **Mitunternehmer** der Personengesellschaft **wird** und ausschließlich Gesellschaftsrechte erhält. Der Einbringende kann der aufnehmenden Personengesellschaft bereits vor der Einbringung angehören; notwendig ist für diesen Fall eine **Verstärkung** der **Mitunternehmerstellung.** Dies setzt voraus, dass als Gegenleistung das die Beteiligung des die Kapitalerhöhung vornehmenden Gesellschafters widerspiegelnde Kapitalkonto entsprechend erhöht wird oder ihm weitere Gesellschaftsrechte eingeräumt werden. Die Gutschrift kann sowohl auf dem **Kapitalkonto I oder II** als auch auf einem gesamthänderisch gebundenen Kapitalrücklagenkonto erfolgen.[21] Voraussetzung ist, dass dieses Kapitalkonto das Maß der Beteiligung widerspiegelt.

Abgrenzung: Erfolgt die Einbringung eines Betriebs, Teilbetriebs oder Mitunternehmeranteils in eine Personengesellschaft gegen **Barzahlung** oder Einräumung einer **Darlehensforderung,** liegt **kein** Fall des § 24 UmwStG, sondern eine Betriebsveräußerung gem. § 16 Abs. 1 Nr. 1 EStG an die Personengesellschaft vor.

Hinweis:

Ist Einbringender eine Kapitalgesellschaft und erreicht der Wert der von der Kapitalgesellschaft erlangten Mitunternehmerbeteiligung nicht den Wert des eingebrachten Betriebsvermögens, sodass es zu einer Vermögensverschiebung zugunsten des oder der anderen Mitunternehmer kommt, liegt **insoweit** eine **vGA** vor, wenn die bereicherten Mitunternehmer Gesellschafter (oder nahestehenden Personen) der einbringenden Kapitalgesellschaft sind. Die Grundsätze der vGA gem. § 8 Abs. 3 Satz 2 KStG haben Vorrang vor § 24 UmwStG.[22] Soweit jedoch die Kapitalgesellschaft eine Gegenleistung für ihr eingebrachtes Betriebsvermögen erhält, bleibt § 24 UmwStG anwendbar. Zahlt der bereicherte Mitunternehmer ein Entgelt wie unter Fremden an die einbringende Kapitalgesellschaft, gelten die Grundsätze über die Gewinnrealisierung bei Einbringung mit Zuzahlung.

---

19 BFH vom 15.07.1976, BStBl II 1976, 748, vom 29.10.1987, BStBl II 1988, 374, und vom 21.06.1994, BStBl II 1994, 856.
20 BFH vom 13.12.1979, BStBl II 1980, 239, vom 05.04.1984, BStBl II 1984, 518, und vom 08.06.1988, BStBl II 1988, 974.
21 BFH vom 25.04.2006, BStBl II 2006, 847; BMF vom 26.11.2004, BStBl I 2004, 1190.
22 BFH vom 15.09.2004, BStBl II 2005, 867.

C. Gründung der Personengesellschaft

1.4.2 Geltungsbereich

10 Die Einbringung eines Betriebs, Teilbetriebs oder Mitunternehmeranteils in eine Personengesellschaft ist nach § 24 UmwStG möglich[23]

- im Wege der **Einzelrechtsnachfolge** (§ 1 Abs. 3 Nr. 4 UmwStG), insbesondere

— durch Aufnahme eines Gesellschafters in ein Einzelunternehmen gegen Geldeinlage oder Einlage anderer Wirtschaftsgüter. Aus Sicht des § 24 UmwStG bringt dabei der Einzelunternehmer seinen Betrieb in die **neu entstehende** Personengesellschaft ein

— durch Einbringung eines Einzelunternehmens in eine bereits **bestehende** Personengesellschaft

— durch Zusammenschluss von mehreren Einzelunternehmen zu einer Personengesellschaft

— durch Eintritt eines weiteren Gesellschafters in eine bestehende Personengesellschaft gegen Geld- oder Sacheinlage

Aber: Der Gesellschafterwechsel fällt nicht unter § 24 UmwStG.[24]

— indem die Gesellschafter einer Personengesellschaft I ihre Gesellschaftsanteile (Mitunternehmeranteile) in die übernehmende Personengesellschaft II gegen Gewährung von Mitunternehmeranteilen an dieser Personengesellschaft einbringen und das Gesellschaftsvermögen der Personengesellschaft I der übernehmenden Personengesellschaft II anwächst (§ 738 BGB, § 142 HGB)

- sowie auch im Wege der **Gesamtrechtsnachfolge,** und zwar

— durch Verschmelzung, Aufspaltung und Abspaltung von Personenhandelsgesellschaften und Partnerschaftsgesellschaften auf eine übernehmende Personengesellschaft nach §§ 2 und 123 Abs. 1 und 2 UmwG (siehe § 1 Abs. 3 Nr. 1 UmwStG)

— durch Ausgliederung aus Körperschaften, Personenhandelsgesellschaften oder Einzelkaufleuten auf Personenhandelsgesellschaften, § 123 Abs. 3 UmwG[25] (siehe § 1 Abs. 3 Nr. 2 UmwStG)

11 Ob ein Betrieb oder Teilbetrieb gegeben ist, ist nach den Grundsätzen des § 16 EStG zu entscheiden.

Die Einbringung eines Mitunternehmeranteils ist auch dann anzunehmen, wenn ein Mitunternehmer einer Personengesellschaft nicht seinen gesamten Anteil, sondern nur einen **Teil seines Mitunternehmeranteils** einbringt.[26]

---

[23] BMF vom 25.03.1998, Umwandlungssteuererlass, BStBl I 1998, 268, Tz. 24.01.
[24] BMF vom 25.03.1998, a. a. O., Tz. 24.01; siehe hierzu ausführlich J. Rz. 168 ff.
[25] Zur steuerlichen Behandlung von Verschmelzung und Spaltung siehe M.
[26] BFH vom 24.08.1989, BStBl II 1990, 132, vom 06.11.1991, BStBl II 1992, 335, vom 13.02.1997, BStBl II 1997, 535, und vom 25.04.2006, BStBl II 2006, 847; BMF vom 25.03.1998, a. a. O., Tz. 24.04 i. V. m. Tz. 20.13.

§ 24 UmwStG findet dagegen keine Anwendung, wenn
- die spätere Versteuerung der stillen Reserven nicht sichergestellt ist, z. B.
- bei Einbringung in eine ausländische Personengesellschaft, wenn aufgrund eines DBA das Besteuerungsrecht für den eingebrachten Betrieb dem ausländischen Staat zusteht (§ 24 Abs. 2 Satz 2 UmwStG), oder
- beim Eintritt eines Gesellschafters in eine Personengesellschaft **ohne vermögensmäßige** Beteiligung (z. B. Eintritt einer GmbH als Komplementär in eine GmbH & Co. KG).[27]

1.4.3 Art und Weise der Einbringung

Die Einbringung kann durch eine Umwandlung nach dem UmwG und damit im Wege der Gesamtrechtsnachfolge bzw. der Sonderrechtsnachfolge oder durch eine Einzelübertragung erfolgen. **12**

Im Falle der **Einzelrechtsnachfolge** müssen die zu der Sacheinlage gehörenden Wirtschaftsgüter einzeln auf die Personengesellschaft übertragen werden. Das gilt auch bei der Einbringung von Sachgesamtheiten (Betriebe, Teilbetriebe). Allerdings ist nicht stets erforderlich, dass eine zivilrechtliche Übertragung stattfindet; es genügt, dass die Wirtschaftsgüter Sonderbetriebsvermögen innerhalb der aufnehmenden Personengesellschaft bilden.[28] **13**

Eine **Gesamtrechtsnachfolge** ist in den Fällen der Einbringung eines Einzelunternehmens oder von Teilen desselben in eine Personenhandelsgesellschaft weder im Wege der Verschmelzung noch des Formwechsels, sondern nur im Wege der Spaltung möglich und hier wiederum nur im Wege der **Ausgliederung** (§ 123 Abs. 3 i. V. m. § 124 UmwG). Diese Ausgliederung kann gem. § 152 UmwG nur zur **Aufnahme** durch Personen**handels**gesellschaften erfolgen. **14**

Bei der Ausgliederung muss der **einbringende** Rechtsträger ein **Einzelkaufmann** sein, dessen Firma im **Handelsregister eingetragen** ist (§ 152 Satz 1 UmwG).

Der **aufnehmende** Rechtsträger muss eine Personen**handels**gesellschaft sein (§ 152 Satz 1 UmwG), also eine OHG oder KG. Das bedeutet, die Einbringung einer **freiberuflichen Praxis** ist nur im Wege der Einzelrechtsnachfolge möglich.

Das UmwG gewährt für die Aufteilung des Vermögens bei der Spaltung erhebliche Freiheit. Die beliebige Bestimmbarkeit des auszugleichenden Vermögens lässt deshalb ertragsteuerlich nicht nur die Einbringung des gesamten Betriebs in eine Personengesellschaft, sondern auch die Einbringung eines oder mehrerer Teilbetriebe in eine oder mehrere Personengesellschaften im Wege der Spaltung (Ausgliederung) zu. Es können aus einem

---
27 BMF vom 25.03.1998, BStBl I 1998, 268, Tz. 24.02.
28 Siehe C. Rz. 49.

C. Gründung der Personengesellschaft

bestehenden Einzelunternehmen auch mehrere Mitunternehmeranteile in einem Ausgliederungsvorgang auf verschiedene bestehende oder neu gegründete Personenhandelsgesellschaften übertragen werden (§ 123 Abs. 3 und 4 UmwG).

Aber: Eine Ausgliederung ist ausgeschlossen, wenn eine Überschuldung vorliegt, d. h. die Verbindlichkeiten des Kaufmanns sein Vermögen übersteigen (§ 152 Satz 2 UmwG). Dabei sind nicht die Buchwerte, sondern die tatsächlichen Werte der Vermögensgegenstände und der Schulden maßgebend.

15 Die **Ausgliederung** eines Einzelunternehmens bzw. eines Teilbetriebs oder Mitunternehmeranteils erfordert im Wesentlichen folgende Vorgehensweise:

1. Erstellung eines Spaltungs- und Übernahmevertrags
   Dieser muss z. B. den Zeitpunkt und die genaue Bezeichnung und Aufteilung der Gegenstände des Aktiv- und Passivvermögens enthalten, die übertragen werden (im Einzelnen siehe § 126 UmwG). Er wird mit Abschluss wirksam.
2. Ausgliederungsbericht (Spaltungsbericht) ist **nicht** erforderlich, da es keine zu informierenden Anteilsinhaber gibt (§ 153 UmwG).
3. Prüfung des Spaltungs- und Übernahmevertrags ist mangels Anteilsinhaber **nicht** erforderlich (§ 125 UmwG).
4. Notarielle Beurkundung des Spaltungs- und Übernahmevertrags.
   Aber: Der Mangel der notariellen Beurkundung wird durch die Eintragung geheilt (§ 131 Abs. 1 Nr. 4 UmwG).
5. Anmeldung zur Eintragung der Ausgliederung in das Handelsregister des Sitzes des Einzelkaufmanns durch den Einzelkaufmann oder den bzw. die Geschäftsführer der Personenhandelsgesellschaft (§ 125 i. V. m. §§ 16 und 129 UmwG) und in das Handelsregister des Sitzes der Personengesellschaft durch den bzw. die Geschäftsführer der Personenhandelsgesellschaft (§ 125 i. V. m. § 16 UmwG).
6. Der Anmeldung sind nach § 125 i. V. m. § 17 UmwG der Spaltungs- und Übernahmevertrag und die Schlussbilanz des Einzelkaufmanns beizufügen.
7. Eintragung der Ausgliederung in das Handelsregister des Einzelunternehmens und der Personenhandelsgesellschaft (§ 130 Abs. 1 UmwG). Dabei ist nach § 130 Abs. 1 Satz 2 UmwG die Eintragung im Handelsregister der Personenhandelsgesellschaft mit dem Vermerk zu versehen, dass die Spaltung erst mit der Eintragung im Handelsregister des Einzelkaufmanns wirksam wird.
8. Das Registergericht darf die Ausgliederung nur eintragen, wenn die Bilanz des Einzelkaufmanns auf einen höchstens **acht Monate** vor der Anmeldung liegenden Stichtag aufgestellt worden ist (§ 125 i. V. m. § 17 Abs. 2 Satz 3 UmwG).

Wirkung der Eintragung:
1. Der ausgegliederte Vermögensteil geht in einem Akt (als Gesamtheit) kraft Gesetzes auf die übernehmende Personengesellschaft über (§ 131 Abs. 1 Nr. 1 UmwG).
2. Die Firma des Einzelkaufmanns erlischt, wenn das gesamte Unternehmen übertragen wird; die Löschung ist von Amts wegen ins Handelsregister einzutragen (§ 155 UmwG).

Folgen der Eintragung:
1. Der Eigentumsübergang durch Ausgliederung bedarf weder rechtsgeschäftlicher Einzelübertragungen noch Genehmigungen Dritter.
2. Die Rechtsfolge tritt unabhängig davon ein, welche Beschaffenheit die ausgegliederten Vermögensgegenstände haben und welche Anforderungen das Zivilrecht an eine Übertragung stellt.

1.4.4 Zeitpunkt der Einbringung

Zeitpunkt der Einbringung des Betriebs, Teilbetriebs oder Mitunternehmeranteils in die Personengesellschaft ist der Stichtag, an dem die einzelnen Sachwerte auf die Personengesellschaft übertragen werden. Maßgebend ist der wirtschaftliche Eigentumsübergang. Eine nachträgliche Änderung mit der Folge einer anderen ertragsteuerlichen Beurteilung ist nicht möglich **(Rückwirkungsverbot).** Dies gilt auch, wenn die rückwirkende Vereinbarung zivilrechtliche Wirksamkeit erlangt. Gegen eine kurzfristige Rückbeziehung der Einbringung (bis zu **sechs bis acht Wochen**) wird die Finanzverwaltung jedoch keine Einwendungen erheben, wenn dafür bestimmte sachliche Gründe vorliegen.

Eine **Ausnahme** vom Rückwirkungsverbot gilt nur dann, wenn das Gesetz dies ausdrücklich vorsieht. Nach § 24 Abs. 4 UmwStG ist in den Fällen der Einbringung in eine Personengesellschaft eine Rückwirkung zulässig, wenn die Einbringung im Wege der **Gesamtrechtsnachfolge** nach den Vorschriften des UmwG erfolgt. Unzulässig ist die Rückwirkung in den Fällen der Einbringung im Wege der Einzelrechtsnachfolge. Stellt sich die Einbringung als Kombination von Gesamtrechtsnachfolge und Einzelrechtsnachfolge dar, so nimmt auch die Einzelrechtsnachfolge an der Rückbeziehung teil.[29]

Als steuerlicher Übertragungsstichtag darf danach wie in den Fällen der Einbringung in eine Kapitalgesellschaft der Stichtag angesehen werden, für den die Schlussbilanz der einbringenden Betriebe aufgestellt ist; dieser Stichtag darf höchstens **acht Monate** vor der Anmeldung der Spaltung zur Eintragung in das Handelsregister liegen (§ 24 Abs. 4 i. V. m. § 20 Abs. 8 Satz 2 UmwStG und § 17 Abs. 2 Satz 4 UmwG).

---
29 BMF vom 25.03.1998, BStBl I 1998, 268, Tz. 24.07.

C. Gründung der Personengesellschaft

Der Einzelunternehmer hat – im Gegensatz zur Einbringung in eine Kapitalgesellschaft nach § 20 UmwStG – auch die Möglichkeit, den Betrieb, Teilbetrieb oder Mitunternehmeranteil i. S. des § 24 Abs. 1 UmwStG teilweise durch Übertragung des Betriebsvermögens in das Gesellschaftsvermögen (Gesamthandsvermögen) und teilweise durch Überführung in sein Sonderbetriebsvermögen bei der aufnehmenden Personengesellschaft einzubringen.[30] Hinsichtlich der Einbringung in das Gesamthandsvermögen können die Möglichkeiten der Gesamtrechtsnachfolge des UmwG genutzt werden. Die „Einbringung" in das Sonderbetriebsvermögen erfordert zivilrechtlich hingegen keine Vermögensübertragung. Diese erfolgt durch Nutzungsüberlassung.

1.4.5 Wirkung der Rückbeziehung

18 Nach § 24 Abs. 4 i. V. m. § 20 Abs. 5 Satz 1 UmwStG sind das Einkommen und das Vermögen des Einbringenden **auf Antrag** so zu ermitteln, als ob das eingebrachte Betriebsvermögen mit Ablauf des steuerlichen Übertragungsstichtags auf die Übernehmerin übergegangen wäre. Das eingebrachte Vermögen unterliegt ab diesem (rückbezogenen) Übertragungsstichtag der Besteuerung bei der aufnehmenden Personengesellschaft. Ab dem (rückbezogenen) Übertragungsstichtag ist eine gesonderte und einheitliche Gewinnfeststellung unter Beachtung des eingebrachten Betriebsvermögens für die aufnehmende Personengesellschaft durchzuführen. Der Übertragungsstichtag entscheidet auch über den Zeitpunkt der Gewinnrealisierung bei der Sacheinlage für den (die) Einbringenden bei einem Ansatz über dem Buchwert. Damit gelten die bereits stattgefundenen und i. d. R. schon gebuchten Geschäftsvorfälle ab dem Tag der Rückwirkung als Geschäftsvorfälle der Personengesellschaft und sind in deren Buchführung zu integrieren.

19 Ausnahme: Nach § 20 Abs. 5 Satz 2 UmwStG gilt dies hinsichtlich des **Einkommens** und des **Gewerbeertrags nicht** für Entnahmen und Einlagen, die nach dem steuerlichen Übertragungsstichtag erfolgen.

Diese Ausnahmeregelung ist speziell auf Kapitalgesellschaften zugeschnitten, um verdeckte Gewinnausschüttungen zu vermeiden. Bei der Einbringung in Personengesellschaften ist diese Regelung nur dafür von Bedeutung, ob der Entnahmegewinn allen Gesellschaftern oder nur dem Einbringenden zuzurechnen wäre.

Aufgrund der Ausnahmeregelung ist klargestellt, dass der Entnahmegewinn noch im Einzelunternehmen des Einbringenden zu erfassen ist, aber nicht rückwirkend, sondern erst im VZ der tatsächlichen Entnahmehandlung. Das bedeutet: Das bisherige Einzelunternehmen lebt bis zur Entnahme partiell weiter.

---

30 BMF vom 25.03.1998, BStBl I 1998, 268, Tz. 24.06.

Da nur die Entnahme selbst von der Rückbeziehung ausgenommen ist, ist die AfA und eine eventuelle Teilwertabschreibung für die Zeit vom rückbezogenen Übertragungsstichtag bis zur Entnahme bei der Gewinnermittlung der Personengesellschaft zu berücksichtigen. Dadurch ergibt sich:

1. Der Entnahmegewinn ist **außerhalb** der Gewinnfeststellung der Personengesellschaft, aber unter Beachtung des Buchwerts aus deren Bilanz zum Entnahmestichtag zu ermitteln. Er stellt einen **laufenden Gewinn** des insoweit noch fortbestehenden Einzelunternehmens dar.

2. In der Eröffnungsbilanz der Personengesellschaft ist das nach dem rückbezogenen Übertragungsstichtag entnommene Wirtschaftsgut zu aktivieren und bis zum Entnahmetag weiterhin abzuschreiben. Auf der Passivseite kann entweder das Kapitalkonto des einbringenden Einzelunternehmers erhöht oder ein Ausgleichsposten gebildet werden. Am Entnahmetag mindert sich dann das Kapitalkonto des Einbringenden bzw. der Ausgleichsposten entsprechend.

Einlagen nach dem steuerlichen Übertragungsstichtag werden in die Eröffnungsbilanz der Personengesellschaft nicht aufgenommen, sondern erst am Tag der tatsächlichen Einlage in der Buchführung der Personengesellschaft erfasst. Probleme ergeben sich dadurch nicht.

Die Rückbeziehung führt **nicht** dazu, dass Verträge, die die Personengesellschaft mit dem einbringenden Einzelunternehmer abschließt, insbesondere Dienst-, Miet-, Pacht- und Darlehensverträge, als bereits zum Einbringungsstichtag abgeschlossen gelten. Ein Ausgleich mit dem bzw. den anderen Gesellschaftern für diese Zwischenzeit kann nur im Wege der Gewinnverteilungsabrede erfolgen.

1.4.6 Grundfälle

1.4.6.1 Wahlrecht

Nach § 24 Abs. 2 Satz 1 UmwStG hat die Personengesellschaft das eingebrachte Betriebsvermögen in ihrer **Bilanz einschließlich der Ergänzungsbilanzen** für ihre Gesellschafter mit dem gemeinen Wert anzusetzen. Auf **Antrag** der Personengesellschaft kann das übernommene Betriebsvermögen mit seinem Buchwert oder mit einem höheren Wert angesetzt **(Bewertungswahlrecht)** werden. Die gemeinen Werte der einzelnen Wirtschaftsgüter dürfen nicht überschritten werden, d. h., die Wirtschaftsgüter können entweder

— mit dem **Buchwert,**

— mit einem **Zwischenwert,**

— höchstens aber mit dem **gemeinen Wert**

C. Gründung der Personengesellschaft

angesetzt werden, soweit das Recht der BRD hinsichtlich der Besteuerung des eingebrachten Betriebsvermögens nicht ausgeschlossen oder beschränkt wird.

Unabhängig davon, für welchen Wertansatz sich die Personengesellschaft entscheidet, stellt die Einbringung immer einen tauschähnlichen Vorgang dar.

Zum eingebrachten Betriebsvermögen gehört neben den materiellen und immateriellen Wirtschaftsgütern auch ein Nutzungsrecht am Gebäude(teil) des anderen Ehegatten, denn dieses Nutzungsrecht ist wie ein materielles Wirtschaftsgut zu behandeln. Als gemeiner Wert ist der Wert der Ausgleichsforderung gegenüber dem Eigentümer anzusetzen.[31]

21 Wenn **mehrere** Einbringende verschiedene Vermögenswerte in eine Personengesellschaft einbringen, kann die Personengesellschaft **jeweils** für jeden übernommenen Betrieb, Teilbetrieb oder (Teil eines) Mitunternehmeranteil(s) zwischen einer Bewertung zum Buchwert, Zwischenwert oder gemeinen Wert entscheiden.[32]

22 Der Antrag der Personengesellschaft auf Ansatz des eingebrachten Betriebsvermögens mit dem Buchwert oder einem Zwischenwert ist spätestens bis zur erstmaligen Abgabe der **steuerlichen Schlussbilanz** bei dem für die Besteuerung der übernehmenden Personengesellschaft zuständigen Finanzamt zu stellen (§ 24 Abs. 2 Satz 3 i. V. m. § 20 Abs. 2 Satz 3 UmwStG). Aus der Steuerbilanz oder der Steuererklärung muss sich ergeben, welchen Einbringungszeitpunkt die Personengesellschaft wählt, inwieweit die in dem eingebrachten Vermögen ruhenden stillen Reserven aufgelöst werden und mit welchem Wert die eingebrachten Wirtschaftsgüter und Schulden demnach anzusetzen sind.

23 Da der Einbringende an die von der Personengesellschaft angesetzten Werte gebunden ist, wird in der Regel eine Vereinbarung über die Bewertung des eingebrachten Betriebsvermögens getroffen. Weicht die Personengesellschaft bei der Aufstellung ihrer Handelsbilanz von dieser Vereinbarung ab, so ist für die Besteuerung einschließlich der steuerlichen Behandlung des Einbringungsvorgangs beim Einbringenden ausschließlich die tatsächliche Bilanzierung durch die Personengesellschaft maßgebend. Auf den Willen der Beteiligten darf nicht abgestellt werden. Das führt so weit, dass bereits durchgeführte Veranlagungen des Einbringenden ggf. gem. § 175 Nr. 2 AO zu berichtigen sind. Ein eventueller Vermögensausgleich kann nur auf zivilrechtlichem Wege erfolgen.[33] Das heißt, die einbringenden Gesellschafter haben weder ein Vetorecht noch ein Mitspracherecht, obwohl der Ansatz

---

31 BFH vom 10.03.1999, BStBl II 1999, 523.
32 BMF vom 25.03.1998, BStBl I 1998, 268, Tz. 24.04 i. V. m. Tz. 20.05.
33 BMF vom 25.03.1998, BStBl I 1998, 268, Tz. 24.04 i. V. m. Tz. 20.32.

durch die Personengesellschaft unmittelbar ihren steuerlichen Gewinn beeinflussen kann.[34]

Der Wert, mit dem das eingebrachte Betriebsvermögen in der Bilanz der Personengesellschaft einschließlich der Ergänzungsbilanzen für ihre Gesellschafter angesetzt wird, **gilt** für den Einbringenden **als Veräußerungspreis** (§ 24 Abs. 3 UmwStG). Dies ist eine unmittelbare Folgerung aus der Behandlung dieser Einbringungen als tauschähnliche Vorgänge. **24**

Weil der Wertansatz in der Bilanz der Personengesellschaft auch Auswirkungen auf die steuerlichen Verhältnisse des Einbringenden hat, kann die Personengesellschaft insoweit **keine Bilanzänderung nach § 4 Abs. 2 Satz 2 EStG** vornehmen.[35]

Handelsrechtlich existieren bezüglich der Definition der Anschaffungskosten der aufnehmenden Personengesellschaft keine gesetzlichen Vorschriften.[36] Der Personengesellschaft wird man gestatten müssen, **wahlweise** das übergehende Vermögen mit dem **Zeitwert** oder einem **niedrigeren Wert** anzusetzen, also insbesondere die Buchwerte des untergehenden Einzelunternehmens fortzuführen.[37] **25**

Unabhängig hiervon stellt § 24 Abs. 2 UmwStG eine für das Steuerrecht vom Handelsrecht abweichende Norm i. S. des § 5 Abs. 6 EStG dar, sodass weder der Maßgeblichkeitsgrundsatz der Handelsbilanz für die Steuerbilanz noch der umgekehrte Maßgeblichkeitsgrundsatz (§ 5 Abs. 1 Satz 2 EStG) greift.[38] Im Übrigen werden die steuerlichen Auswirkungen der Ausübung des Bewertungswahlrechts entscheidend durch Ergänzungsbilanzen bestimmt, die unzweifelhaft nicht dem Maßgeblichkeitsgrundsatz unterliegen.

1.4.6.2 Einbringung zum Buchwert

Buchwert ist nach § 1 Abs. 5 Nr. 4 UmwStG der Wert, der sich nach den steuerrechtlichen Vorschriften über die Gewinnermittlung in einer für den steuerlichen Übertragungsstichtag aufzustellenden Steuerbilanz ergibt oder ergäbe. Der Einbringende hat auf den Zeitpunkt der Einbringung eine Schlussbilanz aufzustellen, die neu errichtete Personengesellschaft muss eine Eröffnungsbilanz aufstellen. Bei der Buchwertfortführung werden keine stillen Reserven aufgedeckt, folglich entsteht auch beim Einbringenden kein Veräußerungsgewinn. Erst bei der künftigen Veräußerung oder Entnahme der Wirtschaftsgüter unterliegen diese Gewinne der Besteuerung. **26**

---

34 BFH vom 25.04.2006, BStBl II 2006, 847.
35 BFH vom 09.04.1981, BStBl II 1981, 1620, vom 25.04.2006, BStBl II 2006, 847, und vom 28.05.2008, BStBl II 2008, 916; BMF vom 25.03.1998, BStBl I 1998, 268, Tz. 24.04 i. V. m. Tz. 20.33.
36 Siehe im Einzelnen C. 6.
37 Küting/Weber, § 255 Anm. 83 ff.
38 BFH vom 28.05.2008, BStBl II 2008, 916; siehe auch Schmidt/Weber-Grellet, § 5 Rz. 46 m. w. N.

C. Gründung der Personengesellschaft

An der Charakterisierung der Einbringung als tauschähnlichem Veräußerungsvorgang ändert sich nichts dadurch, dass die stillen Reserven in den Wirtschaftsgütern des Betriebsvermögens nicht aufgedeckt, sondern von der Personengesellschaft fortgeführt werden.[39]

Sonderfall:

Ist der gemeine Wert eines eingebrachten Wirtschaftsguts ausnahmsweise niedriger als der Buchwert zum Einbringungsstichtag, ist das Wirtschaftsgut höchstens mit dem niedrigeren gemeinen Wert anzusetzen (§ 24 Abs. 2 Satz 2 UmwStG). Der einbringende Einzelunternehmer hat jedoch zuvor die Möglichkeit, in der Schlussbilanz seines Einzelunternehmens dieses Wirtschaftsgut nach § 6 Abs. 1 Nr. 1 oder 2 EStG auf den niederen Teilwert abzuschreiben, was zu einer Minderung des laufenden Gewinns führt. Sofern der niedere Teilwert dem gemeinen Wert des Wirtschaftsguts entspricht, liegt dann insoweit doch eine Einbringung zum Buchwert vor. Sollte allerdings der gemeine Wert noch niedriger sein als der Teilwert, muss dieses Wirtschaftsgut mit dem niedrigeren gemeinen Wert angesetzt werden.

Beispiel 1:

V und Z gründen zum 01.01.01 eine OHG. Das Beteiligungsverhältnis soll 50 : 50 betragen. V (45 Jahre alt) bringt sein bisheriges Einzelunternehmen mit allen Aktiven und Passiven in die Personengesellschaft ein. Z leistet eine Einlage in bar i. H. von 300.000 €.

Die – zusammengefasste – Bilanz der Einzelfirma V zum 31.12.00 hat folgendes Aussehen:

Aktiva	Bilanz zum 31.12.00		Passiva
Anlagevermögen	140.000 €	Kapital	200.000 €
Umlaufvermögen	100.000 €	Verbindlichkeiten	40.000 €
	240.000 €		240.000 €

Die stillen Reserven betragen beim Anlagevermögen 50.000 € und beim Umlaufvermögen 20.000 €. Darüber hinaus ist ein Firmenwert i. H. von 30.000 € vorhanden.

Die Gesellschafter vereinbaren, die Buchwerte fortzuführen.

a) Die Eröffnungsbilanz der OHG hat grundsätzlich folgendes Aussehen:

Aktiva	Eröffnungsbilanz OHG 01.01.01		Passiva
Anlagevermögen	140.000 €	Kapital V	200.000 €
Umlaufvermögen	100.000 €	Kapital Z	300.000 €
Bank	300.000 €	Verbindlichkeiten	40.000 €
	540.000 €		540.000 €

---

[39] BFH vom 20.04.1995, BStBl II 1995, 708.

1 Einkommensteuer

b) Um die Kapitalkonten der Gesellschafter im richtigen Verhältnis zueinander auszuweisen, empfiehlt sich jedoch folgende Lösung.[40]

Aktiva		Eröffnungsbilanz OHG 01.01.01	Passiva
Anlagevermögen	190.000 €	Kapital V	300.000 €
Firmenwert	30.000 €	Kapital Z	300.000 €
Umlaufvermögen	120.000 €	Verbindlichkeiten	40.000 €
Bank	300.000 €		
	640.000 €		640.000 €

Aktiva	Negative Ergänzungsbilanz Gesellschafter V 01.01.01		Passiva
Minderkapital	100.000 €	Minderwert Anlagevermögen	50.000 €
		Minderwert Firmenwert	30.000 €
		Minderwert Umlaufvermögen	20.000 €
	100.000 €		100.000 €

Das eingebrachte Betriebsvermögen ist in der Bilanz der OHG einschl. der Ergänzungsbilanzen für ihre Gesellschafter mit seinem Buchwert angesetzt. Für den einbringenden Gesellschafter V ergibt sich kein Veräußerungsgewinn. Die Minderwerte in der Ergänzungsbilanz werden bei abnutzbaren Wirtschaftsgütern des Anlagevermögens i. d. R. mit der Abschreibung realisiert, im Übrigen bei ihrer Veräußerung, spätestens jedoch bei der Liquidation der OHG. Die sich dabei ergebenden Gewinne sind Teil des laufenden Gewinns, der normal zu versteuern ist.

c) Es bietet sich noch folgende weitere Möglichkeit an:[41]

Aktiva		Eröffnungsbilanz OHG 01.01.01	Passiva
Anlagevermögen	140.000 €	Kapital V	250.000 €
Umlaufvermögen	100.000 €	Kapital Z	250.000 €
Bank	300.000 €	Verbindlichkeiten	40.000 €
	540.000 €		540.000 €

Da Z eine Einlage von 300.000 € geleistet hat, hat er 50.000 € mehr gezahlt, als sein buchmäßiges Kapital in der Bilanz der neuen OHG beträgt. Z hat mit diesen 50.000 € praktisch dem V die Hälfte der stillen Reserven „abgekauft".

Er muss in diesem Fall sein in der Bilanz der OHG nicht ausgewiesenes Mehrkapital in der folgenden Ergänzungsbilanz ausweisen.

---

40 BMF vom 25.03.1998, BStBl I 1998, 268, Tz. 24.13.
41 BMF vom 25.03.1998, BStBl I 1998, 268, Tz. 24.14.

C. Gründung der Personengesellschaft

Aktiva	Ergänzungsbilanz Gesellschafter Z 01.01.01		Passiva
Mehrwert Anlagevermögen	25.000 €	Mehrkapital	50.000 €
Mehrwert Firmenwert	15.000 €		
Mehrwert Umlaufvermögen	10.000 €		
	50.000 €		50.000 €

Das von V in die OHG eingebrachte Betriebsvermögen ist danach in der Bilanz der OHG einschl. obiger Ergänzungsbilanz mit insgesamt 250.000 € ausgewiesen. Da der Buchwert in der Bilanz des V nur 200.000 € betragen hat, liegt eine Teilrealisierung der stillen Reserven vor, die zu einem Veräußerungsgewinn von 50.000 € führen würde.

V kann diesen Veräußerungsgewinn dadurch neutralisieren, dass er seinerseits folgende negative Ergänzungsbilanz aufstellt:

Aktiva	Negative Ergänzungsbilanz Gesellschafter V 01.01.01		Passiva
Minderkapital	50.000 €	Minderwert Anlagevermögen	25.000 €
		Minderwert Firmenwert	15.000 €
		Minderwert Umlaufvermögen	10.000 €
	50.000 €		50.000 €

Das eingebrachte Betriebsvermögen ist in der Bilanz der OHG und den Ergänzungsbilanzen ihrer Gesellschafter insgesamt wieder mit dem Buchwert ausgewiesen. Für V entsteht somit kein Veräußerungsgewinn.

Die Ergänzungsbilanzen sind auch bei der künftigen Gewinnermittlung zu berücksichtigen und weiterzuentwickeln. Hierbei sind sowohl die Aufstockungen in der positiven Ergänzungsbilanz als auch die Abstockungen in der negativen Ergänzungsbilanz entsprechend dem Verbrauch der Wirtschaftsgüter gewinnwirksam korrespondierend – d. h. zeitgleich und betragsgleich – zur Veränderung der Buchwerte und der entsprechenden Bilanzposten in der Bilanz der Personengesellschaft aufzulösen.[42]

Wir empfehlen Lösung b). Sie ist einfach, weil nur eine Ergänzungsbilanz zu erstellen ist, und günstig, weil in der Bilanz der OHG die tatsächlichen Werte ausgewiesen sind.

27 Die Buchwertfortführung ist auch dann möglich, wenn das Kapitalkonto in der Schlussbilanz des Einzelunternehmens **negativ** ist, denn in § 24

---

42 BFH vom 25.04.2006, BStBl II 2006, 847; siehe im Einzelnen C. Rz. 66 ff.

1 Einkommensteuer

UmwStG fehlt eine § 20 Abs. 2 Satz 2 Nr. 2 UmwStG entsprechende Regelung.[43] Es ist also – im Gegensatz zur Einbringung eines Betriebs, Teilbetriebs oder Mitunternehmeranteils in eine Kapitalgesellschaft – nicht erforderlich, dass die aufnehmende Personengesellschaft das eingebrachte Betriebsvermögen mindestens so bewertet, dass das Kapital des einbringenden Einzelunternehmers 0 Euro beträgt.

Beispiel 2:

Wie Beispiel 1, aber die Schlussbilanz der Einzelfirma zum 31.12.00 hat folgendes Aussehen:

Aktiva	Bilanz V zum 31.12.00		Passiva
Anlagevermögen	140.000 €	Verbindlichkeiten	300.000 €
Umlaufvermögen	100.000 €		
Kapital	60.000 €		
	300.000 €		300.000 €

Z leistet eine Bareinlage von 40.000 €.

Buchungstechnisch sind dieselben drei Varianten möglich wie im Beispiel 1.

1. Möglichkeit

Aktiva	Eröffnungsbilanz OHG 01.01.01		Passiva
Anlagevermögen	140.000 €	Kapital Z	40.000 €
Umlaufvermögen	100.000 €	Verbindlichkeiten	300.000 €
Bank	40.000 €		
Kapital V	60.000 €		
	340.000 €		340.000 €

2. Möglichkeit

Aktiva	Eröffnungsbilanz OHG 01.01.01		Passiva
Anlagevermögen	190.000 €	Kapital V	40.000 €
Firmenwert	30.000 €	Kapital Z	40.000 €
Umlaufvermögen	120.000 €	Verbindlichkeiten	300.000 €
Bank	40.000 €		
	380.000 €		380.000 €

---

[43] BMF vom 25.03.1998, BStBl I 1998, 268, Tz. 24.05.

C. Gründung der Personengesellschaft

Aktiva	Negative Ergänzungsbilanz Gesellschafter V 01.01.01		Passiva
Minderkapital	100.000 €	Minderwert Anlagevermögen	50.000 €
		Minderwert Firmenwert	30.000 €
		Minderwert Umlaufvermögen	20.000 €
	100.000 €		100.000 €

Diese Ergänzungsbilanz entspricht in vollem Umfang der entsprechenden Ergänzungsbilanz im Beispiel 1.

3. Möglichkeit

Aktiva	Eröffnungsbilanz OHG 01.01.01		Passiva
Anlagevermögen	140.000 €	Verbindlichkeiten	300.000 €
Umlaufvermögen	100.000 €		
Bank	40.000 €		
Kapital V	10.000 €		
Kapital Z	10.000 €		
	300.000 €		300.000 €

Die Ergänzungsbilanzen für Z und V entsprechen in vollem Umfang den entsprechenden Ergänzungsbilanzen im Beispiel 1.

28 Weitere Folgen beim einbringenden Einzelunternehmer:
1. Bei der Übertragung der Wirtschaftsgüter aus dem Einzelunternehmen in das Betriebsvermögen der Personengesellschaft erfolgt für Zwecke des § 4 Abs. 4 a EStG beim Einbringenden keine Entnahme und bei der Personengesellschaft keine Einlage. Die Überentnahmen oder Unterentnahmen sowie ein ggf. vorhandenes Verlustpotenzial sind bei der Einbringung eines Betriebs unabhängig vom gewählten Wertansatz in der Personengesellschaft fortzuführen. Bei der Einbringung eines Teilbetriebs sind die Werte grundsätzlich aufzuteilen. Es ist nicht zu beanstanden, wenn diese in voller Höhe dem Restbetrieb des Einbringenden zugerechnet werden.[44]

Beispiel 3:

A bringt sein Einzelunternehmen mit Wirkung vom 01.01.03 zum Buchwert von 700.000 € in die AB-OHG ein. Der Gewinn des Einzelunternehmens in 02 beträgt 80.000 €, die Entnahmen 140.000 €, die Einlagen 70.000 € und die zum 31.12.01 fortzuschreibenden Überentnahmen 30.000 €.

---

44 BMF vom 17.11.2005, BStBl I 2005, 1019, Rz. 32e.

Die Überentnahme zum 31.12.02 berechnet sich wie folgt:

Gewinn 02	80.000 €
+ Einlagen 02	70.000 €
./. Entnahmen 02	140.000 €
Summe = Unterentnahme 02	10.000 €
Überentnahme 31.12.01	30.000 €
Überentnahme 31.12.02	20.000 €

Die Überentnahme von 20.000 € ist in der AB-OHG fortzuführen.

2. Nach § 24 Abs. 6 UmwStG i. V. m. § 20 Abs. 9 UmwStG geht ein Zinsvortrag des eingebrachten Betriebs nach **§ 4 h Abs. 1 Satz 2 EStG** nicht auf die übernehmende Personengesellschaft über.
3. Ein vor der Einbringung des Einzelunternehmens in die Personengesellschaft entstandener Fehlbetrag i. S. von **§ 10 a GewStG** kann von der Personengesellschaft insgesamt, jedoch nur von dem Betrag abgezogen werden, der vom gesamten Gewerbeertrag entsprechend dem allgemeinen Gewinnverteilungsschlüssel auf den früheren Einzelunternehmer entfällt.[45]

1.4.6.3 Einbringung zum gemeinen Wert

1.4.6.3.1 Grundsätze

Nach § 24 Abs. 2 Satz 2 UmwStG bildet der gemeine Wert der einzelnen Wirtschaftsgüter die Wertobergrenze. Dies gilt auch dann, wenn der gemeine Wert eines eingebrachten Wirtschaftsguts niedriger ist als sein Buchwert. Eine Einbringung zum gemeinsamen Wert liegt nur vor, wenn die gemeinen Werte nicht durch negative Ergänzungsbilanzen der Gesellschafter ausgeglichen werden. Ferner ist beim Ansatz mit dem gemeinen Wert erforderlich, dass ein bestehender originärer Firmenwert, der in der Bilanz des einbringenden Gesellschafters nicht aktiviert ist, in der Bilanz der Personengesellschaft mit dem gemeinen Wert angesetzt wird.[46]

Der gemeine Wert kann auch dann angesetzt werden, wenn der Gesellschafter den von ihm eingebrachten (Teil-)Betrieb im Rahmen der Realteilung einer Personengesellschaft erhalten hat und bei dieser Realteilung die Wirtschaftsgüter mit dem Buchwert angesetzt worden sind. Der Realteiler ist in seiner unmittelbar an die Realteilungsbilanz anschließenden (Fortführungs-)Eröffnungsbilanz an die Buchwerte der Realteilungsschlussbilanz gebunden. Folglich entsteht in seiner Person ein Einbringungsgewinn, wenn die aufnehmende Personengesellschaft das eingebrachte Betriebsvermögen mit dem gemeinen Wert ansetzt. Feststellungen zur Höhe des Ein-

---
45 Siehe im Einzelnen B. Rz. 489.
46 BMF vom 25.03.1998, BStBl I 1998, 268, Tz. 24.15.

C. Gründung der Personengesellschaft

bringungsgewinns sind nicht im Gewinnfeststellungsverfahren der aufnehmenden Personengesellschaft, sondern beim Gesellschafter zu treffen.[47] Die Einbringung eines Einzelunternehmens oder eines Mitunternehmeranteils zum gemeinen Wert gilt als Veräußerung i. S. des § 16 EStG, weil alle wesentlichen Betriebsgrundlagen in einem einheitlichen Vorgang auf einen Erwerber übertragen werden und außerdem die bisher im Einzelunternehmen entfaltete gewerbliche Betätigung endet. Dies gilt auch dann, wenn der bisherige Einzelunternehmer maßgeblich an der Personengesellschaft beteiligt ist, denn rechtlich wird nicht das bisherige Unternehmen unverändert fortgeführt, sondern durch ein neues Steuersubjekt, nämlich die Personengesellschaft, abgelöst.[48]

30 Im Zusammenhang mit Einbringungsvorgängen i. S. von §§ 20 und 24 UmwStG bestehen Besonderheiten, die zu normspezifischen Modifikationen des gemeinen Werts führen. Mit Hilfe des Wahlrechts gem. § 24 Abs. 2 UmwStG wird der übernehmenden Personengesellschaft die Möglichkeit eingeräumt, den Zeitpunkt und den Umfang der Gewinnrealisierung hinsichtlich der eingebrachten Wirtschaftsgüter zu bestimmen. Dies gilt bis zur Obergrenze des normspezifischen gemeinen Werts für alle stillen Reserven, die sich in dem eingebrachten Betriebsvermögen angesammelt haben. Bei halbfertig erstellten Bauarbeiten gehören dazu auch darin enthaltene anteilige Gewinne.[49]

Aber: Bei der Bewertung der Wirtschaftsgüter nach § 6 Abs. 1 Nr. 2 EStG bleibt es dabei, dass zum Teilwert nur die bislang aufgewendeten Selbstkosten gehören.

31 Der Veräußerungsgewinn ist gem. § 16 Abs. 4 und § 34 Abs. 1 und 3 EStG begünstigt. Die Steuerermäßigung gem. § 34 Abs. 1 EStG (sog. Fünftelregelung) erhält der einbringende Einzelunternehmer von Amts wegen. Stellt er einen Antrag nach § 34 Abs. 3 Satz 1 EStG, erhält er den ermäßigten Steuersatz. Zu beachten ist, dass der ermäßigte Steuersatz gem. § 34 Abs. 3 EStG nur einmal im Leben gewährt wird (§ 34 Abs. 3 Satz 4 EStG). Dabei ist die Inanspruchnahme des § 34 EStG in Veranlagungszeiträumen vor dem 01.01.2001 nach § 52 Abs. 47 Satz 7 EStG unbeachtlich. Dieses Ergebnis tritt unabhängig davon ein, ob das Kapitalkonto des einbringenden Einzelunternehmers positiv oder negativ ist.

32 § 24 Abs. 3 Satz 3 UmwStG enthält durch den Hinweis auf § 16 Abs. 2 Satz 3 EStG eine entscheidende Einschränkung dieser Vergünstigung. Soweit danach auf der Seite des Veräußerers und auf der Seite des Erwerbers dieselben Personen Unternehmer oder Mitunternehmer sind, gilt der Gewinn als **laufender** Gewinn. Die Vergünstigung des § 34 EStG entfällt nach Auf-

---

47 BFH vom 04.05.2004, BStBl II 2004, 893; siehe auch J. Rz. 255.
48 BFH vom 16.12.1992, BStBl II 1993, 838.
49 BFH vom 10.07.2002, BStBl II 2002, 784.

1 Einkommensteuer

fassung der Finanzverwaltung,[50] weil wirtschaftlich gesehen der Einbringende insoweit an sich selbst veräußert.

Setzt die Personengesellschaft bei einer Einbringung eines **Teils eines Mitunternehmeranteils** das eingebrachte Betriebsvermögen nicht mit dem Buchwert oder einem Zwischenwert, sondern mit dem gemeinen Wert an, gilt der Gewinn gem. § 24 Abs. 3 Satz 2 UmwStG als **laufender** Gewinn. Der nicht nach § 16 Abs. 4, § 34 EStG begünstigte Gewinn unterliegt der Gewerbesteuer,[51] dafür kommt die Steuerermäßigung gem. § 35 EStG zum Zuge.[52]

Bei der Berechnung des **Freibetrags nach § 16 Abs. 4 EStG** bleibt bei der Prüfung, ob der Freibetrag von 45.000 Euro zu kürzen ist, weil der Veräußerungsgewinn höher als 136.000 Euro ist, der fiktiv als laufender Gewinn zu versteuernde Teil der aufgedeckten stillen Reserven außer Ansatz (R 16 Abs. 13 Satz 8 EStR). Wegen der Berechnung des Freibetrags siehe die nachfolgenden Beispiele.

Beispiel 1:

Sachverhalt wie im Beispiel 1 in C. Rz. 26, jedoch vereinbaren die Gesellschafter, in der Bilanz der OHG die gemeinen Werte der einzelnen Wirtschaftsgüter anzusetzen.

Aktiva	Eröffnungsbilanz OHG 01.01.01		Passiva
Anlagevermögen	190.000 €	Kapital V	300.000 €
Firmenwert	30.000 €	Kapital Z	300.000 €
Umlaufvermögen	120.000 €	Verbindlichkeiten	40.000 €
Bank	300.000 €		
	640.000 €		640.000 €

Durch den Ansatz der gemeinen Werte werden bei der Einbringung des Einzelunternehmens sämtliche stillen Reserven i. H. von 100.000 € aufgedeckt. Unter Berücksichtigung von § 24 Abs. 3 Satz 3 UmwStG i. V. m. § 16 Abs. 2 Satz 3 EStG liegt i. H. von je 50.000 € ein laufender Gewinn und ein Veräußerungsgewinn vor. Der Freibetrag von 45.000 € nach § 16 Abs. 4 EStG kann nicht gewährt werden, weil V sein 55. Lebensjahr im Zeitpunkt der Einbringung noch nicht vollendet hat. Der fiktive laufende Gewinn von 50.000 € unterliegt der Gewerbesteuer, dafür ist die Steuerermäßigung gem. § 35 EStG zu gewähren.

Beispiel 2:

Sachverhalt wie im Beispiel 2 in C. Rz. 27, jedoch vereinbaren die Gesellschafter, in der Bilanz der Personengesellschaft die gemeinen Werte der einzelnen Wirtschaftsgüter anzusetzen.

---

50 BMF vom 25.03.1998, BStBl I 1998, 268, Tz. 24.16.
51 BMF vom 25.03.1998, BStBl I 1998, 268, Tz. 24.17; bestätigt durch BFH vom 15.06.2004, BStBl II 2004, 754.
52 Siehe B. Rz. 417 ff.

C. Gründung der Personengesellschaft

Aktiva	Eröffnungsbilanz OHG 01.01.01		Passiva
Anlagevermögen	190.000 €	Kapital V	40.000 €
Firmenwert	30.000 €	Kapital Z	40.000 €
Umlaufvermögen	120.000 €	Verbindlichkeiten	300.000 €
Bank	40.000 €		
	380.000 €		380.000 €

Es ergibt sich dieselbe Lösung wie im Beispiel 1. Die Tatsache, dass das Kapitalkonto im Einzelunternehmen des V negativ war, ist unerheblich.

34 Weitere Folgen beim einbringenden Einzelunternehmer:

1. Bei der Übertragung der Wirtschaftsgüter aus dem Einzelunternehmen in das Betriebsvermögen der Personengesellschaft erfolgt für Zwecke des **§ 4 Abs. 4 a EStG** beim Einbringenden keine Entnahme und bei der Personengesellschaft keine Einlage. Es ist lediglich ein entstandener Einbringungsgewinn beim einbringenden Einzelunternehmer zu berücksichtigen. Die Überentnahmen oder Unterentnahmen sowie ein ggf. vorhandenes Verlustpotenzial sind bei der Einbringung eines Betriebs unabhängig vom gewählten Wertansatz in der Personengesellschaft fortzuführen. Bei der Einbringung eines Teilbetriebs sind die Werte grundsätzlich aufzuteilen. Es ist nicht zu beanstanden, wenn diese in voller Höhe dem Restbetrieb des Einbringenden zugerechnet werden.[53]

> **Beispiel 3:**
> A bringt sein Einzelunternehmen mit Wirkung vom 01.01.03 zum gemeinen Wert von 850.000 € (Buchwert 700.000 €) in die AB-OHG ein. Der Gewinn des Einzelunternehmens in 02 beträgt 80.000 €, die Entnahmen betragen 140.000 €, die Einlagen 70.000 € und die zum 31.12.01 fortzuschreibenden Überentnahmen 30.000 €.
>
> Berechnung zum 31.12.02:
>
> | | |
> |---|---|
> | Laufender Gewinn 02 | 80.000 € |
> | Veräußerungsgewinn 02 | 150.000 € |
> | + Einlagen 02 | 70.000 € |
> | ./. Entnahmen 02 | 140.000 € |
> | Summe = Unterentnahme 02 | 160.000 € |
> | Überentnahme 31.12.01 | 30.000 € |
> | Unterentnahme 31.12.02 | 130.000 € |
>
> Die Unterentnahme von 130.000 € ist in der AB-OHG fortzuführen.

2. Nach **§ 24 Abs. 6 UmwStG** i. V. m. **§ 20 Abs. 9 UmwStG** geht ein Zinsvortrag des eingebrachten Betriebs nach **§ 4 h Abs. 1 Satz 2 EStG** nicht auf die übernehmende Personengesellschaft über.

---

53 BMF vom 17.11.2005, BStBl I 2005, 1019, Rz. 32e.

3. Ein vor der Einbringung des Einzelunternehmens in die Personengesellschaft entstandener Fehlbetrag i. S. von § 10 a GewStG kann von der Personengesellschaft insgesamt, jedoch nur von dem Betrag abgezogen werden, der vom gesamten Gewerbeertrag entsprechend dem allgemeinen Gewinnverteilungsschlüssel auf den früheren Einzelunternehmer entfällt.[54]

1.4.6.3.2 Bilanzberichtigung bei fehlerhaftem Ansatz der gemeinen Werte

Setzt die Personengesellschaft das eingebrachte Betriebsvermögen mit dem gemeinen Wert an und ergibt sich später, z. B. aufgrund einer Betriebsprüfung, dass die gemeinen Werte der eingebrachten Wirtschaftsgüter höher oder niedriger als die angesetzten Werte sind, so sind die Bilanzwerte der Personengesellschaft nach den Vorschriften der AO zu berichtigen. Der Grundsatz, dass ein einmal ausgeübtes Wahlrecht, entweder den Buchwert, den gemeinen Wert oder einen Zwischenwert anzusetzen, nicht mehr geändert werden darf, steht dem nicht entgegen. Denn das Wahlrecht bezieht sich nur auf die Möglichkeit, für **alle** Wirtschaftsgüter entweder den gemeinen Wert oder den Buchwert oder einen Zwischenwert anzusetzen. Hat die Personengesellschaft sich für den Ansatz der gemeinen Werte entschieden, diese jedoch nicht richtig ermittelt, so müssen die gemeinen Werte berichtigt werden. Veranlagungen des Einbringenden sind ggf. gem. § 175 Nr. 2 AO zu berichtigen.

Eine Bilanzberichtigung ist jedoch nicht möglich, wenn bei der Ausübung des Wahlrechts nicht klar zum Ausdruck gekommen ist, dass der gemeine Wert angesetzt werden soll. Hier handelt es sich bei den Bilanzansätzen der Personengesellschaft dann nicht um die gemeinen Werte, sondern um zwischen den gemeinen Werten und den Buchwerten liegende Zwischenwerte. In diesem Fall bleibt die Personengesellschaft an den Ansatz der Zwischenwerte gebunden.[55] Dieses Problem dürfte bei der derzeitigen gesetzlichen Regelung jedoch nicht auftreten, weil für den Ansatz mit dem Zwischenwert ein Antrag gestellt werden muss.

1.4.6.4 Einbringung zum Zwischenwert

Zwischenwert ist jeder Wert, der über dem Buchwert und unter dem gemeinen Wert liegt. Eine Bewertung mit einem Zwischenwert liegt aber nur vor, wenn in der Bilanz der Personengesellschaft **einschließlich** der Ergänzungsbilanzen der Gesellschafter die angesetzten Werte höher als die Buchwerte und niedriger als die gemeinen Werte sind.

Bei Ansatz von Zwischenwerten sind die in den Wirtschaftsgütern, Schulden und steuerfreien Rücklagen ruhenden stillen Reserven um einen einheitlichen Prozentsatz aufzulösen. Zu diesem Zweck muss zunächst festgestellt

---
54 Siehe im Einzelnen B. Rz. 489.
55 BMF vom 25.03.1998, BStBl I 1998, 268, Tz. 20.34 bis 20.36 i. V. m. Tz. 24.04.

C. Gründung der Personengesellschaft

werden, in welchen Buchwerten stille Reserven enthalten sind und wie viel sie insgesamt betragen. Diese stillen Reserven sind dann gleichmäßig um den Prozentsatz aufzulösen, der dem Verhältnis des aufzustockenden Betrags (Unterschied zwischen dem Buchwert des eingebrachten Betriebsvermögens und dem Wert, mit dem es von der Personengesellschaft angesetzt wird) zum Gesamtbetrag der vorhandenen stillen Reserven des eingebrachten Betriebsvermögens entspricht.[56] Bei der Aufstockung ist grundsätzlich sowohl das Anlagevermögen (**einschließlich** der vom Einbringenden **hergestellten immateriellen Anlagegüter**) als auch das Umlaufvermögen zu berücksichtigen.[57]

Ferner ist bei der Aufstockung ein bestehender **originärer Firmenwert** nur zu berücksichtigen, wenn die übrigen Wirtschaftsgüter und die Schulden bis zu den gemeinen Werten aufgestockt sind, aber gegenüber dem Wert, mit dem das eingebrachte Betriebsvermögen angesetzt werden soll, noch eine Differenz verbleibt; diese Differenz ist dann durch den Ansatz eines Firmenwerts auszufüllen.[58] Diese Auffassung der Finanzverwaltung ist zurückzuführen auf § 255 Abs. 4 HGB, wonach als Anschaffungskosten des Firmenwerts der Differenzbetrag zwischen dem Veräußerungspreis und dem Wert der einzelnen Vermögensgegenstände im Zeitpunkt der Veräußerung anzusetzen ist. Ergibt sich kein Differenzbetrag, ist auch kein Firmenwert anzusetzen. Das bedeutet, beim Ansatz des Firmenwerts liegt **kein** Wahlrecht vor. Der Firmenwert ist daher erst dann und nur insoweit bei einer Aufstockung einzubeziehen, wenn bereits alle stillen Reserven bei sonstigen Wirtschaftsgütern aufgelöst worden sind. Dasselbe gilt für den Praxiswert bei der Einbringung einer freiberuflichen Praxis.

Beim Einbringenden entsteht in Höhe des Unterschiedsbetrags zwischen den Zwischenwerten und den Buchwerten ein Veräußerungsgewinn, der weder nach § 16 Abs. 4 EStG noch nach § 34 Abs. 1 oder 3 EStG begünstigt ist, weil nicht alle stillen Reserven aufgedeckt worden sind (§ 24 Abs. 3 Satz 2 UmwStG). Dieser Gewinn unterliegt nicht der Gewerbesteuer. Damit entfällt die Steuerermäßigung gem. § 35 EStG.

Die Einbringung zum Zwischenwert ist auch möglich, wenn das Kapitalkonto des einbringenden Einzelunternehmers negativ ist. Die steuerlichen Folgen sind dieselben wie bei der Einbringung eines Einzelunternehmens mit einem positiven Kapitalkonto.

Beispiel 1:
Sachverhalt wie im Beispiel 1 in C. Rz. 26, jedoch vereinbaren die Gesellschafter, die aktivierten Wirtschaftsgüter mit deren gemeinen Werten anzusetzen, den Firmenwert aber nicht zu aktivieren.

---

56 BFH vom 24.05.1984, BStBl II 1984, 747.
57 BMF vom 25.03.1998, BStBl I 1998, 268, Tz. 24.04 i. V. m. Tz. 22.08.
58 BMF vom 25.03.1998, BStBl I 1998, 268, Tz. 24.04 i. V. m. Tz. 22.08.

1 Einkommensteuer

Auch bei diesem Sachverhalt gibt es zwei Darstellungsmöglichkeiten:

1. Möglichkeit

Aktiva	Eröffnungsbilanz OHG	01.01.01	Passiva
Anlagevermögen	190.000 €	Kapital V	270.000 €
Umlaufvermögen	120.000 €	Kapital Z	300.000 €
Bank	300.000 €	Verbindlichkeiten	40.000 €
	610.000 €		610.000 €

2. Möglichkeit

Aktiva	Eröffnungsbilanz OHG	01.01.01	Passiva
Anlagevermögen	190.000 €	Kapital V	300.000 €
Firmenwert	30.000 €	Kapital Z	300.000 €
Umlaufvermögen	120.000 €	Verbindlichkeiten	40.000 €
Bank	300.000 €		
	640.000 €		640.000 €

Aktiva	Negative Ergänzungsbilanz Gesellschafter V	01.01.01	Passiva
Minderkapital	30.000 €	Minderwert Firmenwert	30.000 €
	30.000 €		30.000 €

In beiden Fällen entsteht bei V ein nicht begünstigter Veräußerungsgewinn von 70.000 €, der nicht der Gewerbesteuer unterliegt. Folglich entfällt auch die Steuerermäßigung gem. § 35 EStG. Die zweite Möglichkeit dürfte nur selten anzutreffen sein, weil der Ansatz mit dem Zwischenwert gerade gewählt wird, um die schwierige Ermittlung des Firmenwerts zu vermeiden.

Beispiel 2:

Sachverhalt wie im Beispiel 2 in C. Rz. 27, jedoch vereinbaren die Gesellschafter, die aktivierten Wirtschaftsgüter mit deren gemeinen Werten anzusetzen, den Firmenwert aber nicht zu aktivieren.

1. Möglichkeit

Aktiva	Eröffnungsbilanz OHG	01.01.01	Passiva
Anlagevermögen	190.000 €	Kapital V	10.000 €
Umlaufvermögen	120.000 €	Kapital Z	40.000 €
Bank	40.000 €	Verbindlichkeiten	300.000 €
	350.000 €		350.000 €

C. Gründung der Personengesellschaft

2. Möglichkeit

Aktiva	Eröffnungsbilanz OHG 01.01.01		Passiva
Anlagevermögen	190.000 €	Kapital V	40.000 €
Firmenwert	30.000 €	Kapital Z	40.000 €
Umlaufvermögen	120.000 €	Verbindlichkeiten	300.000 €
Bank	40.000 €		
	380.000 €		380.000 €

Aktiva	Negative Ergänzungsbilanz Gesellschafter V 01.01.01		Passiva
Minderkapital	30.000 €	Minderwert Firmenwert	30.000 €
	30.000 €		30.000 €

In beiden Fällen entsteht bei V ein nicht begünstigter Veräußerungsgewinn von 70.000 €, der nicht der Gewerbesteuer unterliegt. Folglich entfällt die Steuerermäßigung gem. § 35 EStG.

Beispiel 3:

Sachverhalt wie Beispiel 1, in der Bilanz der OHG sollen die Buchwerte fortgeführt werden, aber die Kapitalkonten einander angepasst werden.

Aktiva	Eröffnungsbilanz OHG 01.01.01		Passiva
Anlagevermögen	140.000 €	Kapital V	250.000 €
Umlaufvermögen	100.000 €	Kapital Z	250.000 €
Bank	300.000 €	Verbindlichkeiten	40.000 €
	540.000 €		540.000 €

Wie im Beispiel 1 in C. Rz. 26 bereits ausgeführt, muss Z sein Mehrkapital in einer Ergänzungsbilanz ausweisen. Wenn V seinerseits keine negative Ergänzungsbilanz aufstellt, bleibt es bei der Teilrealisierung der stillen Reserven. V erzielt dann einen nicht begünstigten Veräußerungsgewinn von 50.000 €.

Bei der Erstellung der Ergänzungsbilanz des Gesellschafters Z ist dann zu beachten, dass in dieser **kein** Firmenwert ausgewiesen werden darf, weil bei den aktivierten Wirtschaftsgütern nicht alle stillen Reserven aufgedeckt werden. Der auf den Firmenwert entfallende Betrag ist nun prozentual gleichmäßig auf die aktivierten Wirtschaftsgüter zu verteilen.

Von den 50.000 €, die in der Ergänzungsbilanz des Z aktiviert werden müssen, entfallen 15.000 € (= 30 %) auf den Firmenwert, 35.000 € auf die übrigen Wirtschaftsgüter. Das Verhältnis der stillen Reserven beim Firmenwert zu den übrigen stillen Reserven beträgt daher 3 : 7 (15.000 € : 35.000 €) bzw. 42,857 %. Im gleichen Verhältnis ist der auf den Firmenwert entfallende Aufstockungsbetrag von 15.000 € auf die übrigen Wirtschaftsgüter mit stillen Reserven zu verteilen.

1 Einkommensteuer

Danach entfallen auf
- das Anlagevermögen: 25.000 € (50 % von 50.000 € anteilig erworbene stille Reserven) + 10.715 € (42,857 % von 25.000 € = anteiliger Firmenwert) = 35.715 €
- das Umlaufvermögen: 10.000 € (50 % von 20.000 € anteilig erworbene stille Reserven) + 4.285 € (42,857 % von 10.000 € = anteiliger Firmenwert) = 14.285 €

Aktiva	Ergänzungsbilanz Gesellschafter Z 01.01.01		Passiva
Mehrwert Anlagevermögen	35.715 €	Mehrkapital	50.000 €
Mehrwert Umlaufvermögen	14.285 €		
	50.000 €		50.000 €

Weitere Folgen beim einbringenden Einzelunternehmer: 37

1. Bei der Übertragung der Wirtschaftsgüter aus dem Einzelunternehmen in das Betriebsvermögen der Personengesellschaft erfolgt für Zwecke des § 4 Abs. 4 a EStG beim Einbringenden keine Entnahme und bei der Personengesellschaft keine Einlage. Es ist lediglich ein entstandener Einbringungsgewinn beim einbringenden Einzelunternehmer zu berücksichtigen. Die Überentnahmen oder Unterentnahmen sowie ein ggf. vorhandenes Verlustpotenzial sind bei der Einbringung eines Betriebs unabhängig vom gewählten Wertansatz in der Personengesellschaft fortzuführen. Bei der Einbringung eines Teilbetriebs sind die Werte grundsätzlich aufzuteilen. Es ist nicht zu beanstanden, wenn diese in voller Höhe dem Restbetrieb des Einbringenden zugerechnet werden.[59]

Beispiel 4:
A bringt sein Einzelunternehmen mit Wirkung vom 01.01.03 zum Zwischenwert von 750.000 € (Buchwert 700.000 €, gemeiner Wert 850.000 €) in die AB-OHG ein. Der Gewinn des Einzelunternehmens in 02 beträgt 80.000 €, die Entnahmen betragen 140.000 €, die Einlagen 70.000 € und die zum 31.12.01 fortzuschreibenden Überentnahmen 30.000 €.
Berechnung zum 31.12.02:

Laufender Gewinn 02	80.000 €
Veräußerungsgewinn 02	50.000 €
+ Einlagen 02	70.000 €
./. Entnahmen 02	140.000 €
Summe = Unterentnahme 02	60.000 €
Überentnahme 31.12.01	30.000 €
Unterentnahme 31.12.02	30.000 €

Die Unterentnahme von 30.000 € ist in der AB-OHG fortzuführen.

---
[59] BMF vom 17.11.2005, BStBl I 2005, 1019, Rz. 32e.

C. Gründung der Personengesellschaft

2. Nach § 24 Abs. 6 UmwStG i. V. m. § 20 Abs. 9 UmwStG geht ein Zinsvortrag des eingebrachten Betriebs nach **§ 4 h Abs. 1 Satz 2 EStG** nicht auf die übernehmende Personengesellschaft über.

3. Ein vor der Einbringung des Einzelunternehmens in die Personengesellschaft entstandener Fehlbetrag i. S. von **§ 10 a GewStG** kann von der Personengesellschaft insgesamt, jedoch nur von dem Betrag abgezogen werden, der vom gesamten Gewerbeertrag entsprechend dem allgemeinen Gewinnverteilungsschlüssel auf den früheren Einzelunternehmer entfällt.[60]

1.4.6.5 Einbringung in den Fällen des § 24 UmwStG mit Zuzahlung

38 In den Fällen der **entgeltlichen**[61] Aufnahme eines Gesellschafters in ein Einzelunternehmen wird zwischen dem bisherigen Einzelunternehmer und dem Eintretenden eine Personengesellschaft begründet, auf die der Einzelunternehmer seinen Betrieb überträgt; das Betriebsvermögen wird dann dem Kapitalkonto der beiden Gesellschafter gutgeschrieben.

Der Unterschied zu den bisher besprochenen Fällen soll an folgendem Beispiel aufgezeigt werden.

> **Beispiel:**
>
> A ist Einzelunternehmer (Buchwert 600.000 €, gemeinen Wert 800.000 €). Er nimmt B in sein Einzelunternehmen auf. Sie gründen eine OHG, an der beide je zur Hälfte beteiligt sind. B überweist den Kaufpreis von 400.000 €, also die Hälfte des Werts des übernommenen Anteils, auf ein privates Girokonto des A.
>
> Das Gesamtvermögen der OHG beträgt wie im Einzelunternehmen 800.000 €. In den bisherigen Fällen hat dagegen der neu eintretende Gesellschafter bei einer hälftigen Beteiligung den Gesamtwert des Einzelunternehmens, im vorliegenden Fall also 800.000 €, eingebracht, sodass der Wert der OHG 1.600.000 € beträgt.

Die entscheidende Frage ist, wie die Zuzahlung rechtlich einzuordnen ist. Beide Gesellschafter sind zu einer Einlage verpflichtet; sie haben als Sacheinlage das Unternehmen des A zu übertragen, dessen Vermögenswert beiden Gesellschaftern anteilig gutgeschrieben wird. Nach der Entscheidung des BGH[62] zur schenkweisen Aufnahme eines Kommanditisten in ein Einzelunternehmen überträgt der bisherige Einzelunternehmer das, was der „Neue" erhält, nämlich den **Gesellschaftsanteil**. Dies gilt nach Auffassung von Groh[63] u. E. zu Recht aber gleichermaßen auch für die entgeltliche Aufnahme. Dass die Gesellschaftsbeteiligung erst in der Person des Empfängers entstanden ist, hat der BGH für unerheblich erklärt.

---
60 Siehe im Einzelnen B. Rz. 489.
61 Zur unentgeltlichen Aufnahme siehe C. Rz. 64 und 65.
62 BGH vom 02.07.1990, II ZR 243/89, DB 1990 S. 1656.
63 DB 2001 S. 2162.

1 Einkommensteuer

Diese Auffassung des BGH hat der BFH in seinen früheren Urteilen nicht geteilt.[64] Er zerlegte diesen Vorgang in einen nach § 24 UmwStG **begünstigten Einbringungsvorgang** und in einen **nicht** nach § 24 UmwStG **begünstigten Veräußerungsvorgang**. Die Finanzverwaltung wendete diese Rechtsprechung uneingeschränkt an.[65] Der Große Senat des BFH[66] bestätigte die bisherige Rechtsprechung, wies aber auch darauf hin, dass bei einer Einbringung zum gemeinen Wert nach bisheriger Rechtsprechung die Vergünstigungen der §§ 16 und 34 EStG sowohl für den Einbringungsgewinn als auch für den Veräußerungsgewinn zu gewähren sind. Diesen Hinweis nahm der IV. Senat BFH auf[67] und geht erstmals davon aus, dass in den Zuzahlungsfällen ein Teil eines Mitunternehmeranteils veräußert werde. Die Finanzverwaltung ergänzte daraufhin den Umwandlungssteuererlass.[68]

Nach der aktuellen Rechtsprechung ist die steuerliche Behandlung davon abhängig, ob die Einbringung mit Zuzahlung zu Buchwerten oder zu gemeinen Werten erfolgt.

1.4.6.5.1 Einbringung mit Zuzahlung zu Buchwerten

Erfolgt die Einbringung zu Buchwerten, werden die steuerrechtlichen Tatbestände der Veräußerung und der Einbringung von Betriebsvermögen miteinander verbunden. Der Betrieb wird in die Personengesellschaft durch den bisherigen Inhaber zwar in vollem Umfang, aber

teilweise für eigene Rechnung und teilweise für Rechnung eines Dritten,

nämlich des künftigen Mitgesellschafters, eingebracht, der dafür dem Einbringenden ein Entgelt zahlt (Zuzahlung).

Eine Zuzahlung liegt in folgenden Fällen vor:

- Barzahlung ins **Privatvermögen.**

- Barzahlung ins Betriebsvermögen des Einzelunternehmers, der Betrag wird jedoch alsbald vom bisherigen Einzelunternehmer **entnommen;** der Betrag ist also nicht zur betrieblichen Verwendung im Rahmen der Personengesellschaft bestimmt. Ein Indiz dafür ist auch, wenn bei der Bemessung des Gewinnanteils des bisherigen Einzelunternehmers auf seinen ihm noch verbliebenen Kapitalanteil abgestellt wird.

- **Tilgung** einer zugunsten des Einbringenden begründeten Verbindlichkeit der Personengesellschaft. Dieser Fall liegt vor, wenn ein Kontokorrentkonto durch Privatentnahmen des bisherigen Einzelunternehmers negativ geworden ist und dieser Negativsaldo auch im Zeitpunkt der Einzahlung durch den neuen Gesellschafter bestand. Insoweit liegt keine

39

---

64 BFH vom 23.06.1981, BStBl II 1982, 622, und vom 08.12.1994, BStBl II 1995, 599.
65 BMF vom 25.03.1998, BStBl I 1998, 268, Tz. 24.08–24.12.
66 BFH vom 22.04.1999, BStBl II 2000, 123.
67 BFH vom 21.09.2000, BStBl II 2001, 178.
68 BMF vom 21.08.2001, BStBl I 2001, 543, Tz. 24.12 a.

C. Gründung der Personengesellschaft

betriebliche, sondern eine **private Verbindlichkeit** vor. Die Zahlung auf dieses Kontokorrentkonto stellt nur einen abgekürzten Zahlungsweg dar, denn dieser Vorgang ist so zu werten, als ob der neue Gesellschafter die Zahlung direkt an den Veräußerer überwiesen und dieser damit seine Privatschuld getilgt hätte. Die Tilgung einer privaten Schuld liegt auch dann vor, wenn ein Erbe sein Einzelunternehmen in eine neu gegründete GmbH & Co. KG einbringt, an der die Kinder zur Abgeltung ihrer Pflichtteilsansprüche wertmäßig über ihre Einlage hinaus am KG-Vermögen beteiligt werden.[69]

40 Die Einbringung gem. § 24 UmwStG ist zu trennen von dem Veräußerungsvorgang. Es ist davon auszugehen, dass der Einbringende

- **zunächst** Eigentumsanteile an den Wirtschaftsgütern des Betriebs **veräußert** (also keinen Teil eines Mitunternehmeranteils, weil eine Mitunternehmerschaft im Zeitpunkt der Veräußerung der Miteigentumsanteile noch nicht bestand, sondern dadurch erst begründet wurde) und

- **danach** die ihm verbliebenen Eigentumsanteile für **eigene** Rechnung sowie die veräußerten Eigentumsanteile für Rechnung des **zuzahlenden Gesellschafters** in das Betriebsvermögen der Personengesellschaft **einlegt**.

Bei der Veräußerung der Eigentumsanteile an den Wirtschaftsgütern entsteht noch im Einzelunternehmen ein Veräußerungsgewinn, der **nicht** nach § 16 EStG **begünstigt** ist, wenn die anschließende Einbringung für eigene Rechnung zum Buchwert erfolgt. Die Versteuerung dieses Gewinns kann **nicht** durch die Erstellung einer negativen **Ergänzungsbilanz vermieden** werden, weil es sich bei der Entstehung des Veräußerungsgewinns nicht um einen in die Mitunternehmerschaft fallenden Vorgang handelt. Dieser Gewinn unterliegt der **Gewerbesteuer**, dafür ist die **Steuerermäßigung** gem. § 35 EStG zu gewähren.

Der erzielte Veräußerungserlös wird vom bisherigen Einzelunternehmer vor der Einbringung aus dem Betriebsvermögen entnommen. Anschließend wird der Betrieb so eingebracht, wie er sich nach der Entnahme des Veräußerungserlöses darstellt.

Soweit die Einbringung für eigene Rechnung erfolgt, liegt ein Fall des § 24 UmwStG vor, denn der bisherige Einzelunternehmer bringt seinen Betrieb **im Ganzen** in die Personengesellschaft ein, wenn auch nur teilweise für eigene Rechnung. Insoweit besteht die Wahl zwischen Buchwert, gemeinem Wert und Zwischenwert. Auch der BFH[70] sieht den Tatbestand der Einbringung von Betriebsvermögen gegen Gewährung von Gesellschaftsrechten (§ 24 UmwStG) nur insoweit erfüllt, als der Einbringende durch die Einbrin-

---

69 BFH vom 16.12.2004, BStBl II 2005, 554.
70 BFH vom 22.04.1999, GrS, BStBl II 2000, 123.

gung die Rechtsstellung eines Gesellschafters der neu entstandenen Personengesellschaft erlangt hat.

Diese steuerliche Behandlung ist unabhängig davon, ob das Kapitalkonto des einbringenden Einzelunternehmers positiv oder negativ ist.

Beispiel 1:
Sachverhalt wie im Beispiel 1 in C. Rz. 26. Z leistet jedoch nur einen Betrag von 150.000 €, der nicht Betriebsvermögen der OHG werden soll.

Die OHG hat folgende Eröffnungsbilanz erstellt, in der sie alle Wirtschaftsgüter mit ihren Buchwerten angesetzt hat:

Aktiva	Eröffnungsbilanz OHG 01.01.01		Passiva
Anlagevermögen	140.000 €	Kapital V	50.000 €
Umlaufvermögen	100.000 €	Kapital Z	150.000 €
		Verbindlichkeiten	40.000 €
	240.000 €		240.000 €

Bei der Einbringung eines Einzelunternehmens in eine Personengesellschaft gegen Zuzahlung ist bei Buchwertfortführung davon auszugehen, dass zunächst Eigentumsanteile an den Wirtschaftsgütern des Betriebs veräußert und danach die verbliebenen Eigentumsanteile für eigene Rechnung sowie die veräußerten Eigentumsanteile für Rechnung des zuzahlenden Gesellschafters in das Betriebsvermögen der Personengesellschaft eingelegt werden.

V bringt folglich sein Einzelunternehmen zur Hälfte für eigene Rechnung und zur Hälfte für Rechnung des Z in die neu gegründete OHG ein. Soweit er seinen Betrieb auf eigene Rechnung einbringt, hat er die Wahl zwischen Buchwert, gemeinem Wert und Zwischenwert. Soweit er seinen Betrieb für Rechnung des Z einbringt, liegt eine Veräußerung der Eigentumsanteile an den einzelnen Wirtschaftsgütern des Betriebs einschl. Firmenwert vor, die zur Aufdeckung der anteilig darauf entfallenden stillen Reserven von 50.000 € führt. Im Einzelunternehmen entsteht dadurch ein **nicht** nach §§ 16, 34 EStG begünstigter laufender Gewinn, der der Gewerbesteuer unterliegt. Dafür erhält V die Steuerermäßigung gem. § 35 EStG.

Bei der Aufstellung der Eröffnungsbilanz der OHG ist zu beachten, dass der Veräußerungserlös von 150.000 € vor der Einbringung des Betriebs in die OHG von V entnommen wurde und der Betrieb deshalb so eingebracht wird, wie er sich nach der Entnahme des Veräußerungserlöses darstellt.

Bei der Einbringung auf eigene Rechnung zum Buchwert bieten sich buchungstechnisch folgende zwei Möglichkeiten an:

Alternative 1:
Bei dieser Alternative werden in der Eröffnungsbilanz der OHG alle Wirtschaftsgüter mit dem Buchwert angesetzt und die aufgedeckten stillen Reserven in einer positiven Ergänzungsbilanz des Z als Mehrwerte aktiviert.

C. Gründung der Personengesellschaft

Das Kapitalkonto des V entwickelt sich wie folgt:
Buchwert 31.12.00 200.000 €
./. Entnahme der Zahlung des Z 150.000 €
+ Veräußerungsgewinn 50.000 €
Buchwert 01.01.01 100.000 €

Das Kapitalkonto des Z entspricht seiner Zahlung von 150.000 €, denn die Einbringung für Rechnung des Z erfolgt in Höhe des gemeinen Werts von ½ von 300.000 € = 150.000 €.

Aktiva	Eröffnungsbilanz OHG 01.01.01		Passiva
Anlagevermögen	140.000 €	Kapital V	100.000 €
Umlaufvermögen	100.000 €	Kapital Z	100.000 €
		Verbindlichkeiten	40.000 €
	240.000 €		240.000 €

Aktiva	Ergänzungsbilanz Gesellschafter Z 01.01.01		Passiva
Mehrwert Anlagevermögen	25.000 €	Mehrkapital	50.000 €
Mehrwert Umlaufvermögen	10.000 €		
Mehrwert Firmenwert	15.000 €		
	50.000 €		50.000 €

Alternative 2:
Bei dieser Alternative werden in der Eröffnungsbilanz der OHG alle Wirtschaftsgüter mit dem gemeinen Wert angesetzt. In einer negativen Ergänzungsbilanz des V werden dann die anteiligen auf die Einbringung für eigene Rechnung entfallenden stillen Reserven durch Ansatz eines Minderwerts neutralisiert.

Aktiva	Eröffnungsbilanz OHG 01.01.01		Passiva
Anlagevermögen	190.000 €	Kapital V	150.000 €
Umlaufvermögen	120.000 €	Kapital Z	150.000 €
Firmenwert	30.000 €	Verbindlichkeiten	40.000 €
	340.000 €		340.000 €

Aktiva	Negative Ergänzungsbilanz Gesellschafter V 01.01.01		Passiva
Minderkapital	50.000 €	Minderwert Anlagevermögen	25.000 €
		Minderwert Umlaufvermögen	10.000 €
		Minderwert Firmenwert	15.000 €
	50.000 €		50.000 €

1 Einkommensteuer

Beispiel 2:

Wie Beispiel 1, aber die OHG möchte – soweit ein Wahlrecht besteht – alle Wirtschaftsgüter mit dem gemeinen Wert aktivieren, jedoch den Firmenwert nicht ausweisen.

Die steuerliche Behandlung ist grundsätzlich dieselbe wie bei der Buchwertfortführung. Der OHG steht das Wahlrecht gem. § 24 Abs. 2 UmwStG nur hinsichtlich der Einbringung für eigene Rechnung zu. Der nicht nach §§ 16, 34 EStG begünstigte, gewerbesteuerpflichtige Veräußerungsgewinn beträgt unverändert 50.000 €. Darüber hinaus entsteht wegen der Einbringung zum Zwischenwert ein weiterer, nicht nach §§ 16, 34 EStG begünstigter Gewinn von 35.000 €, der allerdings nicht der Gewerbesteuer unterliegt.

Das Kapital des V vermindert sich um die Entnahme des Veräußerungserlöses von 150.000 € und erhöht sich um den Gewinn von 85.000 €. Saldiert ergibt sich ein Kapital von 135.000 €. Das Kapital des Z beträgt unverändert 135.000 €.

Alternative 1:

Aktiva	Eröffnungsbilanz OHG	01.01.01	Passiva
Anlagevermögen	190.000 €	Kapital V	135.000 €
Umlaufvermögen	120.000 €	Kapital Z	135.000 €
		Verbindlichkeiten	40.000 €
	310.000 €		310.000 €

Aktiva	Ergänzungsbilanz Gesellschafter Z	01.01.01	Passiva
Mehrwert Firmenwert	15.000 €	Mehrkapital	15.000 €
	15.000 €		15.000 €

Alternative 2:

Aktiva	Eröffnungsbilanz OHG	01.01.01	Passiva
Anlagevermögen	190.000 €	Kapital V	150.000 €
Umlaufvermögen	120.000 €	Kapital Z	150.000 €
Firmenwert	30.000 €	Verbindlichkeiten	40.000 €
	340.000 €		340.000 €

Aktiva	Negative Ergänzungsbilanz Gesellschafter V	01.01.01	Passiva
Minderkapital	15.000 €	Minderwert Firmenwert	15.000 €
	15.000 €		15.000 €

C. Gründung der Personengesellschaft

1.4.6.5.2 Einbringung mit Zuzahlung mit den gemeinen Werten

41 Wird ein Gesellschafter in ein bestehendes Einzelunternehmen aufgenommen, ist es zivilrechtlich möglich, den praktisch zeitgleich erfolgenden Einbringungs- und Veräußerungsvorgang auch so zu sehen:[71]

1. **Zuerst** erfolgt die **Einbringung** des **gesamten** Einzelunternehmens in die Personengesellschaft.
2. **Danach** (eine logische Sekunde nach der Einbringung!) **veräußert** der bisherige Einzelunternehmer einen **Teil seines Mitunternehmeranteils** an den neuen Gesellschafter.

Diese Reihenfolge ermöglicht es dem Einbringenden, die **Tarifbegünstigung** gem. §§ 16, 34 EStG in Anspruch zu nehmen.

Setzt die Personengesellschaft die Wirtschaftsgüter des eingebrachten Einzelunternehmens mit den **gemeinen Werten** an, ist die Tarifbegünstigung des § 24 Abs. 3 Satz 2 UmwStG i. V. m. § 16 Abs. 4, § 34 EStG auch insoweit zu gewähren, als eine Zuzahlung in das Privatvermögen des Einbringenden erfolgt. § 24 Abs. 3 UmwStG setzt nicht voraus, dass für die Einbringung des Betriebs ausschließlich Gesellschaftsrechte gewährt werden. Es reicht aus, dass alle stillen Reserven des eingebrachten Betriebs aufgelöst werden.

Soweit allerdings der bisherige Einzelunternehmer an der Personengesellschaft beteiligt ist, greift § 24 Abs. 3 Satz 3 UmwStG ein, mit der Folge, dass insoweit ein laufender, auch gewerbesteuerpflichtiger Gewinn vorliegt. Dafür erhält der bisherige Einzelunternehmer die Steuerermäßigung gem. § 35 EStG.

Bei der anschließenden Veräußerung des Teils eines Mitunternehmeranteils an den neuen Gesellschafter entsteht zwar grundsätzlich ein Veräußerungsgewinn. Dieser tritt jedoch beim Ansatz der gemeinen Werte nicht mehr in Erscheinung, er geht gewissermaßen im Einbringungsgewinn auf, denn der jetzige Buchwert entspricht dem gemeinen Wert.

Beispiel:

Wie Beispiel 1 in C. Rz. 40. Die OHG setzt jedoch in ihrer Eröffnungsbilanz die gemeinen Werte an und erstellt folgende Eröffnungsbilanz:

Aktiva	Eröffnungsbilanz OHG	01.01.01	Passiva
Anlagevermögen	190.000 €	Kapital V	150.000 €
Umlaufvermögen	120.000 €	Kapital Z	150.000 €
Firmenwert	30.000 €	Verbindlichkeiten	40.000 €
	340.000 €		340.000 €

Im Einzelunternehmen des V entsteht ein grundsätzlich nach §§ 16, 34 EStG begünstigter, nicht gewerbesteuerpflichtiger Veräußerungsgewinn von

---

71 BFH vom 21.09.2000, BStBl II 2001, 178.

100.000 €. Soweit allerdings V an der OHG beteiligt ist (= 50 %), ist der Gewinn nach § 24 Abs. 3 Satz 3 UmwStG i. V. m. § 16 Abs. 2 Satz 3 EStG als laufender, gewerbesteuerpflichtiger Gewinn zu behandeln. Für den gewerbesteuerpflichtigen Gewinn erhält V die Steuerermäßigung gem. § 35 EStG. Die anschließende Veräußerung eines Teils eines Mitunternehmeranteils erfolgt zum gemeinen Wert. Dieser entspricht allerdings dem Buchwert, sodass sich für V kein weiterer Gewinn ergibt.

1.4.6.5.3 Fazit

Die Einbringung eines Betriebs in den Fällen des § 24 UmwStG mit Zuzahlung, die vor allem bei der Aufnahme von Partnern in eine freiberufliche Sozietät vorkommt, ist nicht empfehlenswert, weil zum einen stille Reserven zwingend aufgedeckt werden müssen, soweit die Einbringung für Rechnung eines Dritten erfolgt, und zum anderen diese stillen Reserven zu einem laufenden Gewinn führen, wenn der bisherige Einzelunternehmer bei der Einbringung für eigene Rechnung die Buchwerte fortführt. Setzt der Einzelunternehmer dagegen die Wirtschaftsgüter insgesamt mit dem gemeinen Wert an, liegt bezüglich der Einbringung für eigene Rechnung wegen der Regelung des § 16 Abs. 2 Satz 3 EStG i. V. m. § 24 Abs. 3 Satz 3 UmwStG ein laufender Gewinn vor.

42

Auch das sog. „Zweistufenmodell" ist überholt,[72] weil die Veräußerung eines Teils eines Mitunternehmeranteils seit 01.01.2002 als laufender, gewerbesteuerpflichtiger Gewinn gilt (§ 16 Abs. 1 Satz 2 EStG).[73]

Es bietet sich das sog. **Vorabgewinnmodell** an, das mit folgendem Beispiel erklärt werden soll:

Beispiel 1:

A nimmt zum 01.01.02 B in sein bisheriges Einzelunternehmen auf. An der neu gegründeten OHG sind A und B je zur Hälfte beteiligt. Ein Entgelt für den Eintritt muss B trotz vorliegender stiller Reserven nicht entrichten. Stattdessen vereinbaren A und B im Gesellschaftsvertrag, dass A für die folgenden fünf Jahre zum Ausgleich für das eingebrachte Vermögen einen Gewinnanteil von 70 % und B lediglich einen Gewinnanteil von 30 % erhält. Für die Zeit ab 07 wird die Gewinnverteilung auf 50 : 50 festgelegt.

Der im Anschluss an die Aufnahme des neuen Gesellschafters vereinbarte erhöhte Gewinnanteil des bisherigen Einzelunternehmers (Vorabgewinnmodell) führt nicht zu einem Veräußerungsentgelt. Ein Veräußerungsgewinn würde nur dann entstehen, wenn der erhöhte Gewinnanteil des A i. H. von 20 % für die nächsten fünf Jahre als Kaufpreisraten für die Übertragung der hälftigen Praxis auf B angesehen werden könnte. Dies ist jedoch nicht der Fall. Die Gesellschafter sind bei der Gestaltung der gesellschaftsrechtlichen Gewinnverteilungsabrede weitgehend frei. Im vorliegenden Fall hat A durch die Einbringung seines Einzelunternehmens eine größere Gesellschafterleis-

---

72 BFH vom 16.09.2004, BStBl II 2004, 1068.
73 Schmidt/Wacker, § 16 Rz. 565.

C. Gründung der Personengesellschaft

tung erbracht als B. Dadurch ist ein höherer Gewinnanteil gerechtfertigt. Es ist auch aus steuerlicher Sicht nicht zwingend, den Eintritt eines neuen Gesellschafters in ein bestehendes Unternehmen als Veräußerung zu gestalten. Die Beteiligten haben hier eine umfassende Dispositionsfreiheit.[74] Ein Missbrauchsfall i. S. von § 42 AO kann nicht angenommen werden, da auch außersteuerliche Gründe für eine derartige Gestaltung sprechen (insbesondere Liquiditätsvorteile für den neu eintretenden Gesellschafter).

Die Einbringung des bisherigen Einzelunternehmens in die neue OHG unterliegt bei Durchführung des Vorabgewinnmodells den Bestimmungen des § 24 UmwStG. A steht also in vollem Umfang das Wahlrecht zwischen Buchwert, gemeinem Wert und Zwischenwert zu. Die Anwendung von § 24 UmwStG erfordert nicht, dass der neue Gesellschafter ebenfalls eine Einlage in das Betriebsvermögen erbringt.

Hinweis:

An der Lösung würde sich nichts ändern, wenn A einige Wirtschaftsgüter nicht auf die OHG übertragen, sondern in sein Sonderbetriebsvermögen führen würde.[75]

Beispiel 2:

Wie Beispiel 1, es wird jedoch im Gesellschaftsvertrag vereinbart, dass A für die Anteilsübernahme bei der Gewinnverteilung der Jahre 02–06 vorweg jeweils einen Betrag von 100.000 € erhält. Der Betrag von 5 × 100.000 € = 500.000 € entspricht in etwa dem Verkehrswert des von B übernommenen Anteils.

Wirtschaftlich betrachtet liegt in diesem Fall eine eindeutige Festlegung eines Kaufpreises vor, weil der dem A vorab zuzurechnende Betrag von vornherein der Höhe nach festgelegt worden ist und sich diese Vereinbarung insoweit lediglich als Zahlungsmodalität des Veräußerungspreises darstellt. A bringt deshalb hier sein Einzelunternehmen gegen Zuzahlung in die OHG ein.[76]

1.4.6.6 Gründung einer atypischen stillen Gesellschaft

43 Obwohl eine atypische stille Gesellschaft kein Gesellschaftsvermögen besitzt, das Vermögen vielmehr nach wie vor dem Inhaber des Handelsgeschäfts zuzurechnen ist und strittig ist, ob die atypische stille Gesellschaft überhaupt eine Handelsbilanz und Steuerbilanz zu erstellen hat,[77] steht auch einer atypischen stillen Gesellschaft das Wahlrecht gem. § 24 Abs. 2 UmwStG zu, weil die Mitunternehmerschaften weitgehend gleich zu behandeln sind, unabhängig davon, ob Gesamthandsvermögen vorhanden ist oder nicht.[78] Dagegen spricht auch nicht, dass die atypische stille Gesellschaft keine zumindest partielle Steuerrechtsfähigkeit besitzt und nicht „Ge-

---

74 Gl. A. z. B. Widmann/Mayer, § 24 UmwStG, Rz. 187, Schmitt/Hörtnagl/Stratz, § 24 UmwStG, Rz. 234 m. w. N.
75 Siehe C. Rz. 49–53.
76 Damit gelten die Ausführungen in den Beispielen in C. Rz. 26 ff.
77 Verneinend wohl BFH vom 12.11.1985, BStBl II 1986, 311, 313.
78 BFH vom 28.11.1989, BStBl II 1990, 561.

winnermittlungssubjekt" ist. Entscheidend ist die einkommensteuerrechtliche Gleichbehandlung auf der Ebene der Mitunternehmer.

Eine Einbringung i. S. von § 24 UmwStG liegt auch dann vor, wenn ein Darlehen, das ein Nichtgesellschafter einem Einzelunternehmer oder einer Personengesellschaft gewährt hat, in eine atypische stille Beteiligung umgewandelt wird. Ungeachtet der handelsrechtlichen Bewertung der Einlage ist diese mit dem gemeinen Wert zu bewerten. Eine bis zur Umwandlung in die stille Beteiligung eingetretene Wertminderung des privaten Darlehens ist ein privater Vermögensverlust.[79]

Beispiel:
A (50 Jahre alt) betreibt seit mehreren Jahren ein Einzelunternehmen und erstellt zum 31.12.01 folgende Bilanz:

Aktiva	Bilanz A 31.12.01		Passiva
Anlagevermögen	200.000 €	Kapital	150.000 €
Umlaufvermögen	100.000 €	Verbindlichkeiten	150.000 €
	300.000 €		300.000 €

A nimmt mit Wirkung vom 01.01.02 B als atypischen stillen Gesellschafter in sein Einzelunternehmen auf. Die stillen Reserven betragen beim Anlagevermögen 50.000 € und beim Umlaufvermögen 20.000 €. Darüber hinaus ist ein Firmenwert i. H. von 100.000 € vorhanden. B ist mit 20 % am Gewinn und Verlust und an den stillen Reserven beteiligt. Er leistet deshalb eine Einlage von 80.000 €, die auf ein betriebliches Bankkonto überwiesen wird.

Obwohl die atypische stille Gesellschaft als solche – anders als die Personenhandelsgesellschaft – kein gewerbliches Unternehmen betreibt, vielmehr nur der Inhaber des Handelsgeschäfts, also A, tätig ist, besteht für die atypische stille Gesellschaft gem. § 24 Abs. 2 UmwStG das Wahlrecht zwischen Buchwert, gemeinem Wert und Zwischenwert. Dieses Wahlrecht wird in der Handelsbilanz des Unternehmens, an dem die atypische stille Beteiligung besteht, ausgeübt. Unbeachtlich ist auch, dass die atypische stille Gesellschaft kein Gesamthandsvermögen hat.

Ein weiteres Problem ist, ob es neben der Handelsbilanz des Inhabers des Handelsgeschäfts auch eine Handels- und eine Steuerbilanz der atypischen stillen Gesellschaft gibt.[80] Auf der anderen Seite wird u. E. zu Recht die Auffassung vertreten, die Steuerbilanz des Inhabers des Handelsgeschäfts wie die Steuerbilanz einer KG zu behandeln. Unabhängig davon ist die Einlage des atypischen stillen Gesellschafters steuerrechtlich als Kapital auszuweisen.

---

79 BFH vom 29.05.2001, BStBl II 2001, 747.
80 BFH vom 12.11.1985, BStBl II 1986, 311.

C. Gründung der Personengesellschaft

a) Einbringung zum Buchwert

Alternative 1:

Aktiva	Eröffnungsbilanz 01.01.02		Passiva
Anlagevermögen	200.000 €	Kapital A	150.000 €
Umlaufvermögen	100.000 €	Kapital B	80.000 €
Bank	80.000 €	Verbindlichkeiten	150.000 €
	380.000 €		380.000 €

Alternative 2:

Aktiva	Eröffnungsbilanz 01.01.02		Passiva
Anlagevermögen	250.000 €	Kapital A	320.000 €
Firmenwert	100.000 €	Kapital B	80.000 €
Umlaufvermögen	120.000 €	Verbindlichkeiten	150.000 €
Bank	80.000 €		
	550.000 €		550.000 €

Aktiva	Negative Ergänzungsbilanz Gesellschafter A 01.01.02		Passiva
Minderkapital	170.000 €	Minderwert Anlagevermögen	50.000 €
		Minderwert Firmenwert	100.000 €
		Minderwert Umlaufvermögen	20.000 €
	170.000 €		170.000 €

Bei beiden Alternativen entsteht kein Veräußerungsgewinn.

b) Einbringung zum gemeinen Wert

Hier entspricht die Eröffnungsbilanz des Inhabers des Handelsgeschäfts = Eröffnungsbilanz der atypischen stillen Gesellschaft der Eröffnungsbilanz bei der vorigen Alternative 2. Wird keine negative Ergänzungsbilanz für den Inhaber des Handelsgeschäfts erstellt, verbleibt es beim Ansatz der gemeinen Werte.

Durch den Ansatz der gemeinen Werte werden bei der Aufnahme des atypischen stillen Gesellschafters sämtliche stille Reserven i. H. von 170.000 € aufgedeckt. Unter Berücksichtigung von § 24 Abs. 3 Satz 3 UmwStG i. V. m. § 16 Abs. 2 Satz 3 EStG liegt i. H. von 80 % von 170.000 € = 136.000 € ein laufender Gewinn und i. H. von 20 % von 170.000 € = 34.000 € ein nach §§ 16, 34 EStG begünstigter Veräußerungsgewinn vor. A erhält jedoch keinen Freibetrag gem. § 16 Abs. 4 EStG, weil er im Zeitpunkt der Einbringung sein 55. Lebensjahr noch nicht vollendet hat. Der fiktive laufende Gewinn von 136.000 € unterliegt der Gewerbesteuer, dafür ist die Steuerermäßigung gem. § 35 EStG zu gewähren.

1 Einkommensteuer

c) Einbringung zum Zwischenwert

Unterstellt, in der Eröffnungsbilanz soll der Firmenwert nicht ausgewiesen werden, ergeben sich folgende alternative Darstellungsmöglichkeiten:

Alternative 1:

Aktiva	Eröffnungsbilanz 01.01.02		Passiva
Anlagevermögen	250.000 €	Kapital A	220.000 €
Umlaufvermögen	120.000 €	Kapital B	80.000 €
Bank	80.000 €	Verbindlichkeiten	150.000 €
	450.000 €		450.000 €

Alternative 2:

Aktiva	Eröffnungsbilanz 01.01.02		Passiva
Anlagevermögen	250.000 €	Kapital A	320.000 €
Firmenwert	100.000 €	Kapital B	80.000 €
Umlaufvermögen	120.000 €	Verbindlichkeiten	150.000 €
Bank	80.000 €		
	550.000 €		550.000 €

Aktiva	Negative Ergänzungsbilanz Gesellschafter A 01.01.02		Passiva
Minderkapital	100.000 €	Minderwert Firmenwert	100.000 €
	100.000 €		100.000 €

Bei beiden Alternativen entsteht ein **laufender,** nicht begünstigter Gewinn i. H. von 70.000 €. Da dieser Gewinn nicht der Gewerbesteuer unterliegt, entfällt die Steuerermäßigung gem. § 35 EStG.

1.4.7 Sonderfälle

1.4.7.1 Einbringung einer 100%igen Beteiligung an einer Kapitalgesellschaft

Umfasst eine Beteiligung das **gesamte Nennkapital** einer Kapitalgesellschaft und wird diese Beteiligung aus einem (Sonder-)Betriebsvermögen des (neuen) Gesellschafters gegen Gewährung von Gesellschaftsrechten in eine Personengesellschaft eingebracht, so ist zu unterscheiden:

1. Erfolgt die Einbringung der 100%igen Beteiligung in einem **zeitlichen Zusammenhang mit dem Betrieb,** zu dessen Betriebsvermögen diese Beteiligung gehört, so liegt insgesamt eine Einbringung eines Betriebs oder Teilbetriebs vor. Die Personengesellschaft setzt das eingebrachte Betriebsvermögen nach § 24 Abs. 2 UmwStG – und damit auch die Beteiligung – wahlweise mit dem Buchwert, dem gemeinen Wert oder einem Zwischenwert an. Soweit stille Reserven aufgedeckt werden und auf die eingebrachte Beteiligung entfallen, sind diese nach § 3 Nr. 40 Buchst. b

C. Gründung der Personengesellschaft

i. V. m. § 3 c Abs. 2 EStG zur Hälfte (ab VZ 2009 zu 40 %) steuerfrei, unabhängig davon, ob der Gewinn unter § 34 EStG fällt oder als laufender Gewinn nach § 16 Abs. 2 Satz 3 EStG gilt. Soweit die aufgedeckten stillen Reserven nach § 16 Abs. 2 Satz 3 i. V. m. Abs. 3 Satz 5 EStG als laufender Gewinn gelten, unterliegen sie der Gewerbesteuer, dafür ist die Steuerermäßigung gem. § 35 EStG zu gewähren.

2. Wird **nur die 100%ige Beteiligung** und damit nur ein einzelnes Wirtschaftsgut eingebracht, gilt diese Einbringung als Einbringung eines Teilbetriebs i. S. von § 24 Abs. 1 UmwStG.[81] Somit ist § 24 UmwStG und nicht § 6 Abs. 5 Satz 3 EStG anzuwenden.[82] Die Personengesellschaft hat nach § 24 Abs. 2 UmwStG wiederum die Wahl zwischen Buchwert, gemeinem Wert und Zwischenwert. Die freiwillig aufgedeckten stillen Reserven sind nach § 3 Nr. 40 Buchst. b i. V. m. § 3 c Abs. 2 EStG zur Hälfte (ab VZ 2009 zu 40 %) steuerfrei. Der steuerpflichtige Gewinn unterliegt der Gewerbesteuer; diese mindert bei dem einbringenden Unternehmer den laufenden Gewinn und nicht den begünstigten Veräußerungsgewinn.[83]

45 Es ist **nicht** Voraussetzung, dass die einzubringende Beteiligung an einer unbeschränkt körperschaftsteuerpflichtigen Kapitalgesellschaft besteht. Voraussetzung ist nur, dass die spätere Versteuerung der stillen Reserven sichergestellt ist.

Anmerkung: Nach der neuesten Rechtsprechung des BFH[84] gilt die Fiktion des § 16 Abs. 1 Satz 1 Nr. 1 EStG nicht entsprechend für § 24 Abs. 1 UmwStG. Das bedeutet, die Einbringung einer 100%igen Beteiligung an einer Kapitalgesellschaft aus dem Betriebsvermögen des (neuen) Gesellschafters in das Gesamthandsvermögen einer Personengesellschaft gilt nicht als Teilbetrieb! Damit ist § 24 UmwStG nicht anwendbar. Die Einbringung fällt unter § 6 Abs. 5 Satz 3 EStG, mit der Folge, dass diese zwingend zum Buchwert erfolgen muss.

Die Finanzverwaltung prüft derzeit noch, ob die neue Rechtsprechung angewendet werden soll. Es bleibt abzuwarten, wie sie sich entscheiden wird.

Beispiel 1:
A bringt sein Einzelunternehmen mit Wirkung vom 01.01.01 in vollem Umfang gegen Gewährung von Gesellschaftsrechten in eine neu gegründete OHG ein, an der er und B mit je 50 % beteiligt sind. Zum Betriebsvermögen seines Einzelunternehmens gehört auch eine 100%ige Beteiligung an einer GmbH, deren Anschaffungskosten = Buchwert 100.000 € und deren gemeiner Wert 500.000 € beträgt. Die stillen Reserven des Einzelunternehmens betragen – einschl. der Beteiligung – 1.000.000 €.

---

81 BMF vom 25.03.1998, BStBl I 1998, 268, Tz. 24.03.
82 Siehe zur Abgrenzung Beispiel 8 in B. Rz. 392.
83 BFH vom 27.10.1977, BStBl II 1978, 563, und H 16 Abs. 12 (Gewerbesteuer) EStH.
84 BFH vom 17.07.2008, noch nicht im BStBl II 2009, veröffentlicht.

1 Einkommensteuer

Es liegt insgesamt eine nach § 24 UmwStG begünstigte Einbringung eines Betriebs in eine Personengesellschaft vor.

Setzt die OHG die Buchwerte an, entsteht kein Veräußerungsgewinn. § 24 UmwStG enthält keine dem § 6 Abs. 5 Sätze 4 bis 6 EStG vergleichbaren Missbrauchsvorschriften. Die OHG tritt nach § 24 Abs. 4 i. V. m. § 23 Abs. 1 UmwStG in vollem Umfang in die Rechtsstellung des Einzelunternehmens ein.

Setzt die OHG dagegen die gemeinen Werte an, entsteht im Einzelunternehmen ein Gewinn i. H. von 1.000.000 €, der je zur Hälfte in einen nach §§ 16, 34 Abs. 1 oder 3 EStG begünstigten Veräußerungsgewinn und nach § 16 Abs. 2 Satz 3 EStG laufenden Gewinn aufzuteilen ist, weil A mit 50 % an der OHG beteiligt ist. Soweit der Gewinn auf die eingebrachte Beteiligung entfällt (= 400.000 €), ist er zur Hälfte (ab VZ 2009 zu 40 %) steuerfrei nach § 3 Nr. 40 Buchst. b i. V. m. § 3 c Abs. 2 EStG. Der steuerpflichtige Teil (= 200.000 €) entfällt zwar je zur Hälfte auf den Veräußerungsgewinn und den fiktiven laufenden Gewinn; er unterliegt aber in voller Höhe der Einkommensteuer, weil nach § 34 Abs. 2 Nr. 1 EStG insoweit keine außerordentlichen Einkünfte vorliegen. Es sind damit 200.000 € steuerfrei, 300.000 € unterliegen dem ermäßigten Steuersatz nach § 34 Abs. 1 oder 3 EStG und 500.000 € unterliegen dem normalen Steuersatz. Der Gewerbesteuer unterliegt dagegen nur der unter § 16 Abs. 2 Satz 3 EStG fallende Gewinn von 400.000 €. Eine Kürzung des Gewerbeertrags nach § 9 Nr. 2 a GewStG ist nicht möglich, weil es sich insoweit nicht um einen ausgeschütteten Gewinn der Kapitalgesellschaft handelt (Abschn. 61 Abs. 1 Satz 9 GewStR).

Beispiel 2:

Wie Beispiel 1, aber A bringt nur seine 100%ige Beteiligung ein.

Die Einbringung gilt als Einbringung eines Teilbetriebs und fällt ebenfalls unter § 24 UmwStG. Auch in diesem Fall entsteht bei der Einbringung zum Buchwert kein Gewinn. Setzt die OHG dagegen den gemeinen Wert an, entsteht ein Gewinn von 400.000 €. Dieser Gewinn ist zur Hälfte (ab VZ 2009 zu 40 %) steuerfrei nach § 3 Nr. 40 Buchst. b i. V. m. § 3 c Abs. 2 EStG. Der steuerpflichtige Teil von 200.000 € ist wegen § 34 Abs. 2 Nr. 1 EStG von vornherein nicht begünstigt. Außerdem unterliegt der steuerpflichtige Betrag von 200.000 € in vollem Umfang der Gewerbesteuer.

Beachte Missbrauchsvorschrift:

Unabhängig davon, ob eine einbringende **natürliche Person** eine 100 %ige Beteiligung an einer Körperschaft, Personenvereinigung oder Vermögensmasse zusammen mit ihrem Einzelunternehmen oder nur diese Beteiligung in die Personengesellschaft eingebracht hat, ist unter folgenden Voraussetzungen eine Sperrfrist von **sieben Jahren** nach dem Einbringungszeitpunkt zu beachten, wenn an der Personengesellschaft auch eine Körperschaft, Personenvereinigung oder Vermögensmasse beteiligt ist und die Beteiligung mit einem Wert **unter dem gemeinen Wert** eingebracht wurde:

C. Gründung der Personengesellschaft

- Die Personengesellschaft **veräußert** die Beteiligung oder überträgt sie unmittelbar oder mittelbar **unentgeltlich** auf eine Kapitalgesellschaft oder eine Genossenschaft.

- Die Kapitalgesellschaft, an der die Anteile bestehen, wird aufgelöst und abgewickelt oder ihr Kapital wird herabgesetzt und an die Anteilseigner zurückgezahlt oder Beträge aus dem steuerlichen Einlagekonto i. S. des § 27 KStG werden ausgeschüttet oder zurückbezahlt.

In diesen Fällen ist der Gewinn aus der Einbringung nach § 24 Abs. 5 UmwStG i. V. m. § 22 Abs. 2 UmwStG im Wirtschaftsjahr der Einbringung **rückwirkend** als Gewinn des Einbringenden aus der Veräußerung von Anteilen zu versteuern (Einbringungsgewinn II), **soweit** an der Personengesellschaft eine Kapitalgesellschaft beteiligt ist. Auf diesen Gewinn ist § 16 Abs. 4 EStG nicht anzuwenden. Die Veräußerung der erhaltenen Anteile gilt insoweit als rückwirkendes Ereignis i. S. von § 175 Abs. 1 Satz 1 Nr. 2 AO. Dadurch soll verhindert werden, dass Betriebsvermögen über den Umweg einer Einbringung begünstigter veräußert werden kann als ohne die Einbringung.

Einbringungsgewinn II ist nach § 22 Abs. 2 Satz 3 UmwStG der Betrag, um den der gemeine Wert der eingebrachten Anteile im Einbringungszeitpunkt nach Abzug der Kosten für den Vermögensübergang den Wert, mit dem die Personengesellschaft die erhaltenen Anteile angesetzt hat, übersteigt, vermindert um jeweils $^1/_7$ für jedes seit dem Einbringungszeitpunkt abgelaufene Zeitjahr. Der Einbringungsgewinn II gilt als nachträgliche Anschaffungskosten der Anteile.

Beispiel 3:

Sachverhalt wie Beispiel 1 in C. Rz. 45; jedoch sind an der AB-OHG A und die B-GmbH je zur Hälfte beteiligt. Die AB-OHG veräußert den mit dem Buchwert von 100.000 € bilanzierten GmbH-Anteil am 01.08.15 für 600.000 € an einen Dritten.

An der OHG ist zwar auch eine Kapitalgesellschaft beteiligt. Damit ist grundsätzlich § 24 Abs. 5 UmwStG anwendbar. Weil aber seit der Einbringung mehr als 7 Jahre vergangen sind, scheidet ein rückwirkender Ansatz des gemeinen Werts aus.

Beispiel 4:

Sachverhalt wie Beispiel 3; jedoch veräußert die AB-OHG den GmbH-Anteil bereits am 01.08.03.

Weil die AB-OHG den GmbH-Anteil innerhalb von 7 Jahren seit der Einbringung des Einzelunternehmens veräußert und dieser Anteil mit einem Wert unter dem gemeinen Wert eingebracht wurde, liegt nach § 24 Abs. 5 i. V. M. § 22 Abs. 2 UmwStG ein rückwirkendes Ereignis vor. **Soweit** der Anteil mittelbar der B-GmbH zuzurechnen ist, ergibt sich ein steuerpflichtiger Einbringungsgewinn, der nicht nach § 16 Abs. 4 EStG begünstigt ist. Ein ermäßigter

1 Einkommensteuer

Steuersatz kann von vornherein nicht gewährt werden, weil der Gewinn nicht zu den außerordentlichen Einkünften i. S. des § 34 Abs. 2 EStG gehört.

Der Einbringungsgewinn des A berechnet sich wie folgt:

Gemeiner Wert der GmbH-Anteile am 01.01.01	500.000 €
./. Buchwert der Anteile am 01.01.01	100.000 €
Veräußerungsgewinn	400.000 €
davon Anteil B-GmbH 50 %	200.000 €
davon ⁵/₇ (zwei Zeitjahre sind abgelaufen)	142.857 €

Den Betrag von 142.857 € versteuert A rückwirkend im VZ 01 gem. § 24 Abs. 5 i. V. m. § 22 Abs. 2 Satz 1 UmwStG. Dieser Gewinn ist zur Hälfte = 71.428 € steuerfrei nach § 3 Nr. 40 Buchst. b i. V. m. § 3 c Abs. 2 EStG. Sollte die ESt 01 bereits endgültig festgesetzt sein, erfolgt die Korrektur gem. § 175 Abs. 1 Nr. 1 Satz 2 AO. Ein Zinslauf für Nachzahlungszinsen beginnt in diesem Fall gem. § 233 a Abs. 2 a AO erst am 01.04.05, d. h., Nachzahlungszinsen fallen nur an, wenn die geänderte Steuerfestsetzung ab dem 30.04.05 bekannt gegeben wird. Die Anschaffungskosten der OHG für die GmbH-Anteile erhöhen sich um 142.857 €.

Der Veräußerungsgewinn der AB-OHG aus der Veräußerung der GmbH-Anteile berechnet sich wie folgt:

Veräußerungspreis	600.000 €
./. bisheriger Buchwert der AB-OHG	100.000 €
./. nachträgliche Anschaffungskosten	142.857 €
Veräußerungsgewinn	357.143 €

Dieser Veräußerungsgewinn ist grundsätzlich je zur Hälfte auf die beiden Gesellschafter zu verteilen.

Um die Besteuerung des Einbringungsgewinns in den Fällen eines schädlichen Ereignisses sicherzustellen, ist der Einbringende nach § 22 Abs. 3 Satz 1 UmwStG verpflichtet, jährlich bis zum 31.05. bei dem für ihn zuständigen Finanzamt nachzuweisen, wem die Anteile an dem Tag, der dem maßgebenden Einbringungszeitpunkt entspricht, zuzurechnen sind.[85] Wird der Nachweis nicht erbracht, gelten die Anteile als zu Beginn des jeweiligen jährlichen Überwachungszeitraums innerhalb der siebenjährigen Sperrfrist veräußert.

Abgrenzung:

1. Handelt es sich bei der Einbringung **nicht** um eine 100%ige Beteiligung, so ist zu unterscheiden:

   a) Wird diese Beteiligung zusammen mit dem Einzelunternehmen in die Personengesellschaft eingebracht, ist die steuerliche Behandlung dieselbe wie bei der Einbringung einer 100 %igen Beteiligung.

   b) Wird nur die Beteiligung eingebracht und gehört diese zum Betriebsvermögen, liegt die Einbringung eines einzelnen Wirtschaftsguts vor, bei der gem. § 6 Abs. 5 Satz 3 Nr. 1 EStG grundsätzlich der Buchwert

---

[85] Wegen Einzelheiten siehe BMF vom 04.09.2007, BStBl I 2007, 698.

C. Gründung der Personengesellschaft

angesetzt werden muss.[86] Die Missbrauchsfälle des § 6 Abs. 5 Sätze 4 bis 6 EStG sind zu beachten.

c) Gehört diese Beteiligung dagegen zum Privatvermögen, liegt ein tauschähnlicher Vorgang und damit u. U. eine nach § 17 EStG steuerpflichtige Veräußerung vor.[87]

2. Bei der Einbringung einer **100%igen** Beteiligung aus dem **Privatvermögen** liegt ein tauschähnlicher Vorgang und damit eine nach § 17 EStG steuerpflichtige Veräußerung vor.[88]

1.4.7.2 Einbringung von steuerfreien Rücklagen

46 Sind in dem eingebrachten Betriebsvermögen steuerfreie Rücklagen enthalten, z. B. nach § 6 b EStG, so kommt es für die steuerliche Behandlung darauf an, mit welchen Werten die Personengesellschaft das eingebrachte Betriebsvermögen ansetzt.

Setzt die aufnehmende Personengesellschaft das eingebrachte Betriebsvermögen mit dem **Buchwert** an, so tritt sie in die Rechtsstellung des Einbringenden ein (§ 23 Abs. 1 und § 12 Abs. 3 UmwStG), d. h., die steuerfreien Rücklagen können von der Personengesellschaft fortgeführt werden.[89] Nach R 6b.2 Abs. 9 Satz 1 EStR kann der bisherige Einzelunternehmer diese von ihm gebildete Rücklage nach § 6 b EStG auch in seiner Ergänzungsbilanz weiterführen.[90]

Setzt die Personengesellschaft das eingebrachte Betriebsvermögen mit einem **Zwischenwert** an, so sind auch die steuerfreien Rücklagen prozentual gleichmäßig aufzulösen.[91] Dieser Gewinn erhöht einschließlich des Gewinnzuschlags nach § 6 b Abs. 7 EStG den laufenden Gewinn. Die Personengesellschaft kann in ihrer Bilanz nur noch eine anteilige Rücklage fortführen. Aber auch in diesen Fällen gilt R 6b.2 Abs. 9 Satz 1 EStR, d. h., der bisherige Einzelunternehmer kann die Rücklage nach § 6 b EStG in voller Höhe in seiner Ergänzungsbilanz oder in einem anderen Einzelunternehmen weiterführen.[92]

Setzt die Personengesellschaft das eingebrachte Betriebsvermögen mit dem **gemeinen Wert** an, gleichgültig ob im Wege der **Gesamtrechtsnachfolge** oder der **Einzelrechtsnachfolge,** so sind nach Auffassung der Finanzverwaltung die steuerfreien Rücklagen zwingend gewinnerhöhend aufzulösen.[93] Es liegt dann insgesamt ein nach §§ 16, 34 Abs. 1 oder 3 EStG begünstigter

---

86 Siehe B. Rz. 386 ff. und C. Rz. 8.
87 Siehe B. Rz. 385 und C. Rz. 7.
88 Siehe B. Rz. 385 und C. Rz. 7.
89 BMF vom 25.03.1998, BStBl I 1998, 260, Tz. 24.04 i. V. m. Tz. 22.06.
90 Wegen der Übertragungsmöglichkeiten dieser Rücklage siehe B. Rz. 258 ff.
91 BMF vom 25.03.1998, a. a. O., Tz. 22.08.
92 Gl. A. Endres, DStR, Sonderbeilage 1998 „Kritische Anmerkungen zum Umwandlungssteuererlass", S. 56.
93 BMF vom 25.03.1998, a. a. O., Tz. 22.11.

1 Einkommensteuer

Veräußerungsgewinn vor.[94] Zum begünstigten Veräußerungsgewinn gehört auch der Gewinnzuschlag nach § 6 b Abs. 7 EStG.[95]

Hinweis: Nach R 6b.2 Abs. 10 EStR kann auch bei Betriebsveräußerungen eine bestehende Rücklage weitergeführt werden.[96] Da die Einbringung zum Teilwert eine Betriebsveräußerung darstellt, kann der bisherige Einzelunternehmer diese Rücklage u. E. in seiner Sonderbilanz (oder in einem anderen Einzelunternehmen) weiterführen. In diesem Fall können der Freibetrag nach § 16 Abs. 4 EStG und eine Tarifermäßigung nach § 34 EStG nur in Anspruch genommen werden, wenn die Rücklage keine stillen Reserven enthält, die bei der Veräußerung einer wesentlichen Betriebsgrundlage aufgedeckt worden sind.

1.4.7.3 Anwendung des § 6 b EStG auf den Einbringungsgewinn

Auf den Einbringungsgewinn ist § 6 b EStG anzuwenden, soweit der Gewinn auf begünstigte Wirtschaftsgüter im Sinne dieser Vorschrift entfällt,[97] weil die Einbringung eines Betriebs, Teilbetriebs oder Mitunternehmeranteils in eine Personengesellschaft unabhängig davon, mit welchem Wert die Personengesellschaft die einzelnen Wirtschaftsgüter ansetzt, einen Veräußerungsvorgang, nämlich einen tauschähnlichen Vorgang, darstellt.

47

Setzt die Personengesellschaft die gemeinen Werte an und wird die Rücklage nach § 6 b EStG nicht bei der Veräußerung einer wesentlichen Betriebsgrundlage gebildet, ist der Veräußerungsgewinn nach §§ 16, 34 Abs. 1 oder 3 EStG begünstigt, soweit der Einbringende nicht an der übernehmenden Personengesellschaft beteiligt ist.

Wird dagegen die Rücklage gem. § 6 b EStG bei der Veräußerung einer wesentlichen Betriebsgrundlage gebildet, ist zwar der Freibetrag nach § 16 Abs. 4 EStG zu gewähren, gem. § 34 Abs. 1 Satz 4 EStG jedoch nicht der ermäßigte Steuersatz.

Bei der Prüfung der Frage, in welcher Höhe der Freibetrag nach § 16 Abs. 4 EStG zu gewähren ist, muss auch der Teil des Veräußerungsgewinns berücksichtigt werden, für den § 6 b EStG in Anspruch genommen worden ist.[98]

Beispiel 1:

A (60 Jahre alt) bringt sein Einzelunternehmen mit dem gemeinen Wert in eine OHG ein, an der er zur Hälfte beteiligt ist. Die aufgedeckten stillen Reserven, die nur auf wesentliche Betriebsgrundlagen entfallen, betragen 320.000 €. In Höhe von 40.000 € bildet er eine Rücklage nach § 6 b EStG. Der Freibetrag nach § 16 Abs. 4 EStG berechnet sich wie folgt:

---
94 BMF vom 25.03.1998, a. a. O., Tz. 24.04 i. V. m. Tz. 20.37 und 20.39.
95 BFH vom 10.11.2004, BStBl II 2005, 596.
96 Siehe C. Rz. 58.
97 BMF vom 25.03.1998, BStBl I 1998, 268, Tz. 24.04 i. V. m. Tz. 20.38.
98 ESt-Kartei der OFDen Freiburg, Karlsruhe, Stuttgart zu § 6 b EStG Nr. 4.

C. Gründung der Personengesellschaft

aufgedeckte stille Reserven	320.000 €
Rücklage gem. § 6 b EStG	./. 40.000 €
verbleiben	280.000 €
davon laufender Gewinn ½	140.000 €
verbleibender Veräußerungsgewinn	140.000 €

Diesem Veräußerungsgewinn sind 50 % der nach
§ 6 b EStG gebildeten Rücklage = 20.000 € hinzuzurechnen.
Der Betrag von 136.000 € wird um 24.000 € überschritten.
Vom verbleibenden Veräußerungsgewinn von 140.000 €
kann nur ein Freibetrag von ./. 21.000 €
abgezogen werden.

Auf den verbleibenden Veräußerungsgewinn von 119.000 €
ist § 34 Abs. 1 oder 3 EStG nicht anwendbar.

1.4.7.7.4 Behandlung einer Pensionsverpflichtung

48 Hat der Einzelunternehmer nach dem 31. 12. 1986 einem Arbeitnehmer eine Pensionszusage gewährt **(Neuzusage)** und dafür in der Steuerbilanz wegen des Grundsatzes der Maßgeblichkeit der Handelsbilanz für die Steuerbilanz (§ 5 Abs. 1 Satz 1 EStG) eine Pensionsrückstellung nach § 6 a EStG gebildet und diese mit dem Teilwert nach § 6 Abs. 3 EStG bewertet, entspricht der Buchwert dem Teilwert. Dieser Wert muss von der Personengesellschaft nach § 24 Abs. 2 Satz 1 2. Halbsatz EStG auch beim Ansatz des eingebrachten Betriebsvermögens mit dem gemeinen Wert angesetzt werden.

Dasselbe gilt, wenn der Einzelunternehmer die Zusage vor dem 01.01.1987 erteilt hat **(Altzusage)** und diese Rückstellung freiwillig bilanziert und ebenfalls stets mit dem Teilwert nach § 6 a Abs. 3 EStG bewertet hat.

Hat der einbringende Gesellschafter dagegen bei **Altzusagen** von seinem Wahlrecht Gebrauch gemacht (Art. 28 Abs. 1 Satz 1 EGHGB) und für die Pensionsverpflichtungen entweder keine oder keine volle Rückstellung gebildet,[99] so ist bezüglich der steuerlichen Behandlung bei der übernehmenden Personengesellschaft wie folgt zu unterscheiden:

Setzt die Personengesellschaft den **Buchwert** oder einen **Zwischenwert** an, tritt sie gem. § 24 Abs. 4 i. V. m. § 23 Abs. 1 und § 12 Abs. 3 Satz 1 UmwStG in die Rechtsstellung des Einbringenden ein. Folglich muss sie das **Nachholverbot** gem. § 6 a Abs. 4 EStG beachten, d. h., sie **muss** die Buchwerte dieser Rückstellungen fortführen. Eine Werterhöhung ist nicht zulässig.[100]

Setzt die Personengesellschaft dagegen den **gemeinen Wert an,** gleichgültig ob im Wege der **Einzelrechtsnachfolge** oder der **Gesamtrechtsnachfolge**, gilt für sie das Nachholverbot nicht, sie **muss** die übernommenen Pensionsverpflichtungen mit dem Teilwert gem. § 6 a Abs. 3 EStG ausweisen.[101]

---

[99] BMF vom 13.03.1987, BStBl I 1987, 365.
[100] BMF vom 25.03.1998, BStBl I 1998, 268, Tz. 22.06.
[101] BMF vom 25.03.1998, a. a. O., Tz. 24.04 i. V. m. Tz. 22.11 und 22.12.

1.4.7.5 Einbringung der Wirtschaftsgüter eines Betriebs teilweise ins Gesamthandsvermögen und teilweise ins Sonderbetriebsvermögen

Zum Mitunternehmeranteil eines Gesellschafters gehören – steuerlich gesehen – sowohl der **Anteil am Gesamthandsvermögen** als auch sein **Sonderbetriebsvermögen,** denn beide Teile stellen eine wirtschaftliche Einheit dar. Es ist **nicht** erforderlich, für den eingebrachten Betrieb **ausschließlich** Gesellschaftsrechte zu gewähren. § 24 UmwStG setzt nur voraus, dass ein Mitunternehmeranteil eingeräumt wird und dafür Gesellschaftsrechte gewährt werden.

49

Folge: Unabhängig davon, ob die wesentlichen Betriebsgrundlagen des bisherigen Einzelunternehmens in das Gesamthandsvermögen der Personengesellschaft überführt werden oder als notwendiges oder gewillkürtes Sonderbetriebsvermögen I oder II des Gesellschafters in seiner Sonderbilanz aktiviert werden,[102] der Einzelunternehmer bringt sein Einzelunternehmen **im Ganzen** in die Personengesellschaft ein[103] und diese hat nach § 24 Abs. 2 UmwStG die **Wahl**, das eingebrachte **Betriebsvermögen einschließlich Sonderbetriebsvermögen** mit dem Buchwert, gemeinen Wert oder einem Zwischenwert anzusetzen.

Aber: Dieses Wahlrecht der Personengesellschaft muss für **alle** Wirtschaftsgüter des Gesamthandsvermögens und des Sonderbetriebsvermögens **einheitlich** ausgeübt werden.

Hat die Personengesellschaft fälschlicherweise bei der Einbringung eines Betriebs die Wirtschaftsgüter des Gesamthandsvermögens in ihrer Eröffnungsbilanz mit dem Teilwert und die Wirtschaftsgüter des Sonderbetriebsvermögens in der Sonderbilanz mit dem Buchwert angesetzt, ist sie von einem Ansatz des **Gesamtbetriebsvermögens** zu einem **Zwischenwert** ausgegangen. Dieser ergibt sich durch Zusammenrechnen der für die verschiedenen eingebrachten Wirtschaftsgüter gewählten Ansätze.[104] Allerdings ist der Bilanzansatz falsch, denn die Personengesellschaft hätte die stillen Reserven **prozentual gleichmäßig** aufstocken müssen.[105]

50

Dies führt zu einer entsprechenden Berichtigung der Eröffnungsbilanz der Personengesellschaft und der Sonderbilanz für den einbringenden Einzelunternehmer. Die aufgedeckten stillen Reserven erhöhen nach § 24 Abs. 3 UmwStG den laufenden Gewinn.

Setzt die Personengesellschaft das eingebrachte Betriebsvermögen insgesamt mit dem gemeinen Wert an, gilt der Gewinn nach § 16 Abs. 2 Satz 3 EStG insoweit als laufender Gewinn, als auf der Seite des einbringenden

51

---
102 BFH vom 02.10.1997, BStBl II 1998, 104.
103 BFH vom 25.11.1980, BStBl II 1981, 419, vom 26.01.1994, BStBl II 1994, 458, und vom 26.01.1994, BStBl II 1994, 458.
104 BFH vom 26.01.1994, BStBl II 1994, 458.
105 Siehe C. Rz. 36.

C. Gründung der Personengesellschaft

Einzelunternehmers und auf der Seite der Personengesellschaft dieselben Personen Unternehmer oder Mitunternehmer sind. Da der Gesellschafter nach wie vor Alleineigentümer der Wirtschaftsgüter des Sonderbetriebsvermögens ist, liegt insoweit eine Veräußerung an sich selber vor, sodass deren aufgedeckte stille Reserven nach § 16 Abs. 2 Satz 3 EStG in vollem Umfang als laufender Gewinn gelten.[106]

52 Möchte der einbringende Einzelunternehmer die stillen Reserven weder ganz noch teilweise als laufenden Gewinn versteuern, hat er nur die Möglichkeit, alle Wirtschaftsgüter des Gesamthandsvermögens und des Sonderbetriebsvermögens mit dem Buchwert anzusetzen.

Beispiel 1:

V und W gründen eine OHG, an der sie beide je zur Hälfte beteiligt sind. Während V eine Bareinlage leistet, bringt W sein Einzelunternehmen in die OHG ein mit Ausnahme eines Grundstücks, das er an die OHG vermietet. In der Eröffnungsbilanz der OHG und in der Sonderbilanz des W werden alle Wirtschaftsgüter mit ihren Buchwerten bilanziert.

Die stillen Reserven betragen

– bei den Wirtschaftsgütern des Anlagevermögens (ohne Grundstück)	600.000 €
– beim Firmenwert	200.000 €
– beim Grundstück des Sonderbetriebsvermögens	400.000 €
Summe	1.200.000 €

Es liegt eine Einbringung eines Einzelunternehmers im Ganzen vor, weil zum Mitunternehmeranteil des W nicht nur sein Anteil an den Wirtschaftsgütern des Gesamthandsvermögens, sondern auch die Wirtschaftsgüter seines Sonderbetriebsvermögens gehören. Das Grundstück gehört zum notwendigen Sonderbetriebsvermögen I des W und muss in seiner Sonderbilanz aktiviert werden. Die OHG hat nach § 24 Abs. 2 UmwStG ein Wahlrecht und darf die eingebrachten Wirtschaftsgüter entweder mit dem Buchwert, dem gemeinen Wert oder einem Zwischenwert aktivieren. Zu beachten ist, dass das Wahlrecht bei den Wirtschaftsgütern des Gesamthandsvermögens und beim Grundstück des Sonderbetriebsvermögens **einheitlich** ausgeübt werden muss. Das ausgeübte Wahlrecht der OHG ist nicht zu beanstanden. Der Ansatz mit dem Buchwert führt nicht zur Aufdeckung von stillen Reserven. Es entsteht somit kein Veräußerungsgewinn.

Beispiel 2:

Wie Beispiel 1, die OHG setzt jedoch alle Wirtschaftsgüter in ihrer Eröffnungsbilanz und in der Sonderbilanz des W mit dem gemeinen Wert an.

Auch in diesem Fall liegt ein Fall des § 24 UmwStG vor. Die Eröffnungsbilanz der OHG und die Sonderbilanz des W sind nicht zu beanstanden. Da alle Wirt-

---
106 BMF vom 25.03.1998, BStBl I 1998, 268, Tz. 24.15 und 24.16, bestätigt durch BFH vom 21.09.2000, BStBl II 2001, 178; siehe C. Rz. 32 und 33.

schaftsgüter mit dem gemeinen Wert angesetzt wurden, ist nach § 24 Abs. 3 Satz 2 UmwStG sowohl § 16 Abs. 4 EStG als auch § 34 Abs. 1 oder 3 EStG anzuwenden. Allerdings gilt nach § 24 Abs. 3 Satz 3 UmwStG § 16 Abs. 2 Satz 3 EStG entsprechend. Das heißt, der Gewinn im Einzelunternehmen des W von 1.200.000 € gilt insoweit als laufender Gewinn, als A an der OHG bzw. am Sonderbetriebsvermögen beteiligt ist. Somit gelten als laufender Gewinn 50 % der stillen Reserven von 800.000 € = 400.000 € und 100 % der stillen Reserven des Grundstücks = 400.000 €, insgesamt 800.000 €. Nur der verbleibende Gewinn von 400.000 € ist nach § 16 Abs. 4 und § 34 Abs. 1 oder 3 EStG begünstigt.

Beispiel 3:

Wie Beispiel 1, die OHG setzt jedoch in ihrer Eröffnungsbilanz alle Wirtschaftsgüter einschl. Firmenwert mit dem gemeinen Wert an. In der Sonderbilanz des W wird das Grundstück mit dem Buchwert angesetzt.

Auch in diesem Fall liegt ein Fall des § 24 UmwStG vor. Die Bilanzierung der Wirtschaftsgüter ist falsch. Die OHG muss ihr Wahlrecht hinsichtlich der Wirtschaftsgüter des Gesamthandsvermögens und der Wirtschaftsgüter des Sonderbetriebsvermögens **einheitlich** ausüben. Somit liegt eine Einbringung zum Zwischenwert vor.[107] Die stillen Reserven müssen prozentual gleichmäßig aufgestockt werden, wobei die stillen Reserven, die im Firmenwert enthalten sind, erst aufgedeckt werden dürfen, wenn bei allen anderen Wirtschaftsgütern der gemeine Wert angesetzt worden ist. Die Eröffnungsbilanz der OHG und die Sonderbilanz des W müssen berichtigt werden. Die stillen Reserven sind wie folgt auf die einzelnen Wirtschaftsgüter zu verteilen:

Von den stillen Reserven von insgesamt 1.200.000 € hat die OHG 800.000 € = ²/₃ aufgestockt. Da die stillen Reserven ohne Firmenwert 1.000.000 € betragen, bedeutet dies, dass der Firmenwert nicht – auch nicht teilweise – aktiviert werden darf. Der Betrag von 800.000 € ist im Verhältnis 6 : 4 auf das Anlagevermögen und das Grundstück zu verteilen. Der Buchwert des Anlagevermögens ist um 480.000 € und der Buchwert des Grundstücks um 320.000 € zu erhöhen.

Hinweis: Eine Bilanzänderung in der Weise, dass die OHG auch das Grundstück mit dem gemeinen Wert aktiviert oder die Wirtschaftsgüter des Gesamthandsvermögens mit dem Buchwert ausweist, ist nicht zulässig.

Beispiel 4:

Wie Beispiel 3; jedoch betragen die stillen Reserven beim Firmenwert 400.000 € und beim Grundstück nur 200.000 €.

Auch in diesem Fall liegt eine Einbringung des Einzelunternehmens in die OHG im Ganzen zum Zwischenwert vor, weil die stillen Reserven nur i. H. von 1.000.000 € aufgestockt worden sind. Die Aufstockung muss prozentual gleichmäßig erfolgen. Der Firmenwert darf dabei erst aufgestockt werden, wenn alle anderen Wirtschaftsgüter mit dem gemeinen Wert bilanziert sind. Da die stillen Reserven bei den Wirtschaftsgütern des Anlagevermögens und beim Grundstück insgesamt nur 800.000 € betragen, ist die Aufstockung wie folgt vorzunehmen:

---

[107] BFH vom 26.01.1994, BStBl II 1994, 458.

C. Gründung der Personengesellschaft

- bei den Wirtschaftsgütern des Anlagevermögens   600.000 €
- beim Grundstück   200.000 €
- beim Firmenwert   200.000 €

Die Eröffnungs(sonder)bilanzen der OHG und des W sind entsprechend zu berichtigen.

Beispiel 5:

Wie Beispiel 1; weil das bisher von W in seinem Einzelunternehmen genutzte Grundstück von der OHG nicht benötigt wird, vermietet W es an einen fremden Unternehmer. Auf Wunsch des W aktiviert die OHG dieses Grundstück in der Sonderbilanz des W mit dem Buchwert.

Die Aktivierung des Grundstücks als gewillkürtes Sonderbetriebsvermögen ist nicht zu beanstanden, weil das Grundstück schon vor der Gründung der OHG als Betriebsvermögen aktiviert war.[108] Somit liegt eine Einbringung aller Wirtschaftsgüter des Einzelunternehmens in die OHG im Ganzen vor. Da die OHG ihr Wahlrecht einheitlich ausübt, sind die Bilanzansätze nicht zu beanstanden. Eine Gewinnauswirkung tritt bei Buchwertfortführung nicht ein.

Sonderfall:

53 Liegt im Zeitpunkt der Einbringung eines Einzelunternehmens in die Personengesellschaft eine betriebliche (ungewisse) Verbindlichkeit vor, die dem einbringenden Einzelunternehmer aber (noch) nicht bekannt ist, so wird das Einzelunternehmen ebenfalls **im Ganzen** in die Personengesellschaft eingebracht. Dies gilt unabhängig davon, ob die Schuld nach ihrem Bekanntwerden von der Personengesellschaft übernommen wird oder nicht. Diese Schuld bleibt notwendiges Betriebsvermögen, weil sie betrieblich begründet ist.[109]

Wäre die Verbindlichkeit bereits im Zeitpunkt der Einbringung bekannt gewesen, so hätte sie, sofern sie nicht von der Personengesellschaft übernommen worden wäre, in der Sonderbilanz des einbringenden Einzelunternehmers passiviert werden müssen. An dem Bilanzstichtag, an dem die Schuld bekannt ist, ist sie entweder in der Bilanz der Personengesellschaft (falls diese die Schuld übernimmt) oder in der Sonderbilanz des Gesellschafters (falls dieser die Schuld übernimmt, was der Regelfall sein dürfte) im Wege einer Rückstellung zu passivieren.

1.4.7.6 Zurückbehaltung einzelner Wirtschaftsgüter

54 Eine Betriebsveräußerung und damit auch eine Einbringung eines Betriebs, Teilbetriebs oder Mitunternehmeranteils in eine Personengesellschaft setzt **nicht** voraus, dass **alle Wirtschaftsgüter** eingebracht werden, sondern nur,

---

108 BFH vom 07.04.1992, BStBl II 1993, 21.
109 BMF vom 25.03.1998, BStBl I 1998, 268, Tz. 24.15 und 24.16, bestätigt durch BFH vom 02.09.2000, BStBl II 2000, 175.

dass **alle wesentlichen Betriebsgrundlagen** eingebracht werden.[110] Das heißt, bringt der Einzelunternehmer alle wesentlichen Betriebsgrundlagen in die Personengesellschaft ein und behält er nur Wirtschaftsgüter zurück, die keine wesentlichen Betriebsgrundlagen sind, ist es unerheblich, ob er diese Wirtschaftsgüter veräußert, ins Privatvermögen entnimmt oder zum Buchwert in ein anderes (Sonder-)Betriebsvermögen überführt, es liegt stets ein Fall des § 24 UmwStG vor.

Beispiel 1:

C und D gründen eine OHG, an der sie beide je zur Hälfte beteiligt sind. C bringt sein bisheriges Einzelunternehmen in die OHG ein, mit Ausnahme seines PKW, den er bisher als Betriebsvermögen bilanziert hatte und nunmehr ins Privatvermögen überführt. Die stillen Reserven betragen insgesamt 300.000 €, davon entfallen auf den PKW, der keine wesentliche Betriebsgrundlage darstellt, 10.000 €.

C bringt seinen Betrieb im Ganzen gem. § 24 Abs. 1 UmwStG in die OHG ein, weil er alle wesentlichen Betriebsgrundlagen auf die OHG überträgt. Die OHG darf gem. § 24 Abs. 2 UmwStG das eingebrachte Betriebsvermögen in ihrer Bilanz einschl. der Ergänzungsbilanzen für ihre Gesellschafter mit seinem Buchwert, seinem gemeinen Wert oder einem Zwischenwert ansetzen. Die Entnahme des PKW führt zu einem steuerpflichtigen Entnahmegewinn von 10.000 €.

Setzt die OHG das Betriebsvermögen mit dem **Buchwert** oder mit einem **Zwischenwert** an, ist der Entnahmegewinn von 10.000 € als **laufender** Gewinn zu versteuern,[111] der allerdings nicht der Gewerbesteuer unterliegt.[112] Setzt die OHG das Betriebsvermögen dagegen mit dem **gemeinen Wert** an, ist der Entnahmegewinn von 10.000 € als **Teil des Veräußerungsgewinns** nach §§ 16 und 34 Abs. 1 oder 3 EStG **begünstigt**. Eine Aufteilung dieses Entnahmegewinns in einen teils laufenden, teils begünstigten Veräußerungsgewinn ist nicht vorzunehmen, weil sich § 16 Abs. 3 Satz 5 EStG nur auf veräußerte, nicht aber auf ins Privatvermögen überführte Wirtschaftsgüter bezieht.[113]

Hinweis: Dieselbe Lösung würde sich ergeben, wenn C seinen PKW veräußern würde.

Beispiel 2:

Wie in Beispiel 1, aber C überführt seinen PKW zum Buchwert (§ 6 Abs. 5 Satz 1 EStG) in ein anderes ihm gehörendes Einzelunternehmen oder gem. § 6 Abs. 5 Satz 2 EStG in ein Sonderbetriebsvermögen bei einer anderen Personengesellschaft, an der er beteiligt ist.

Auch in diesem Fall liegt eine Einbringung eines Betriebs i. S. des § 24 Abs. 1 UmwStG vor. Es ergibt sich insoweit dieselbe Lösung wie im Beispiel 1. Da der PKW zum Buchwert überführt werden muss, werden die stillen Reserven von 10.000 € nicht aufgelöst, es entsteht folglich auch kein Gewinn.

---

110 BFH vom 24.08.1989, BStBl II 1989, 1014.
111 BFH vom 29.10.1987, BStBl II 1988, 374.
112 BFH vom 20.04.1995, BStBl II 1995, 708; siehe auch B. Rz. 465.
113 Gl. A. Schmidt-Wacker, § 16 Rz. 3.

C. Gründung der Personengesellschaft

55 Eine andere Lösung ergibt sich, wenn die zurückbehaltenen Wirtschaftsgüter zu den wesentlichen Betriebsgrundlagen gehören. Der Begriff der **wesentlichen Betriebsgrundlagen** ist bei § 24 UmwStG nicht quantitativ wie bei § 16 EStG,[114] sondern **qualitativ** auszulegen.[115]

56 Die Finanzverwaltung folgt zwar bei § 20 UmwStG grundsätzlich dem BFH,[116] unterscheidet aber wie folgt: Das Vorhandensein erheblicher stiller Reserven (quantitative Betrachtungsweise) ist dann entscheidend, wenn natürliche Personen an der Einbringung beteiligt sind und die aufnehmende Personengesellschaft die Wirtschaftsgüter mit dem gemeinen Wert ansetzt, weil es sich in diesem Fall um eine echte Betriebsveräußerung i. S. des § 16 EStG handelt und §§ 16 und 34 EStG Anwendung finden.[117] Die Auffassung der Finanzverwaltung ist u. E. auch bei § 24 UmwStG anzuwenden.[118]

> **Beispiel 3:**
>
> A bringt sein Einzelunternehmen mit Ausnahme eines vermieteten Grundstücks, das zu seinem gewillkürten Betriebsvermögen gehört, aber erhebliche stille Reserven enthält, in eine OHG ein. Das Grundstück überführt er nach § 6 Abs. 5 Satz 1 EStG zum Buchwert in ein anderes Betriebsvermögen.
>
> A bringt seinen gesamten Betrieb in die OHG ein, weil das Grundstück als gewillkürtes Betriebsvermögen qualitativ nicht zu den wesentlichen Betriebsgrundlagen gehört. Die OHG hat deshalb nach § 24 Abs. 2 UmwStG die Wahl zwischen Buchwert, gemeinem Wert und Zwischenwert. Setzt die OHG den Buchwert an, werden keine stillen Reserven aufgedeckt. Setzt sie einen Zwischenwert an, entfällt nach § 24 Abs. 3 UmwStG eine Steuerermäßigung nach § 34 EStG. Setzt die OHG das eingebrachte Betriebsvermögen mit dem gemeinen Wert an, werden zwar alle stillen Reserven bei den eingebrachten Wirtschaftsgütern aufgedeckt. Eine Steuerermäßigung nach § 34 Abs. 1 oder 3 EStG, wie sie § 24 Abs. 3 UmwStG eigentlich vorsieht, kann aber nicht gewährt werden, weil es sich beim Ansatz mit dem gemeinen Wert um eine echte Betriebsveräußerung i. S. des § 16 EStG handelt, A aber nicht alle wesentlichen Betriebsgrundlagen i. S. des § 16 EStG in die OHG einbringt.

57 Behält der bisherige Einzelunternehmer ein Wirtschaftsgut oder mehrere Wirtschaftsgüter zurück, die nach der qualitativen (funktionalen) Betrachtungsweise eine wesentliche Betriebsgrundlage darstellen, ergeben sich folgende Möglichkeiten:

1. Der einbringende Gesellschafter bringt einen Teilbetrieb in die Personengesellschaft ein und führt entweder das verbliebene Einzelunternehmen fort oder überführt die übrigen Wirtschaftsgüter nach § 6 Abs. 5 Satz 1 EStG zum Buchwert in ein anderes Einzelunternehmen.

---

114 BFH vom 13.02.1996, BStBl II 1996, 409.
115 BFH vom 02.10.1997, BStBl II 1998, 104.
116 BMF vom 16.08.2000, BStBl I 2000, 1253.
117 Tz. 20.08 Satz 3 des BMF-Schreibens vom 25.03.1998, BStBl I 1998, 268, ist damit überholt.
118 Gl. A. Schmidt/Wacker, § 16 Rz. 414.

Es liegt eine nach § 24 Abs. 1 UmwStG begünstigte Einbringung eines Teilbetriebs in eine Personengesellschaft vor. Diese hat die Wahl zwischen Buchwert, gemeinem Wert und Zwischenwert. Bei den zurückbehaltenen Wirtschaftsgütern ergibt sich keine Gewinnauswirkung.

2. Wie 1., aber die in die Personengesellschaft eingebrachten Wirtschaftsgüter stellen keinen Teilbetrieb dar.

Es liegt keine Einbringung i. S. des § 24 Abs. 1 UmwStG, sondern nur die Übertragung einzelner Wirtschaftsgüter aus einem Einzelunternehmen in das Gesamthandsvermögen einer Personengesellschaft gegen Gewährung von Gesellschaftsrechten vor. Die Wirtschaftsgüter müssen nach § 6 Abs. 5 Satz 3 EStG zwingend mit dem Buchwert angesetzt werden, sofern § 6 Abs. 5 Sätze 4 bis 6 EStG nicht eingreift.[119]

Aber:

Überträgt der bisherige Einzelunternehmer auch Verbindlichkeiten auf die Personengesellschaft, erfolgt die Übertragung teils gegen Gewährung von Gesellschaftsrechten und teils entgeltlich, weil die Übernahme von Verbindlichkeiten Anschaffungskosten darstellen. Der Übertragungsvorgang ist somit aufzuteilen.[120] Die aufgedeckten stillen Reserven stellen einen laufenden, gewerbesteuerpflichtigen Gewinn dar.

Gestaltungsmöglichkeit:

Werden die Verbindlichkeiten nicht auf die Personengesellschaft übertragen, sondern im Einzelunternehmen belassen bzw. in das andere Betriebsvermögen überführt, liegt nur die Übertragung einzelner Wirtschaftsgüter gegen Gewährung von Gesellschaftsrechten vor, sodass gem. § 6 Abs. 5 Satz 3 EStG zwingend die Buchwerte fortzuführen sind und keine Gewinnauswirkung eintritt. Es ist auch möglich, einzelne Wirtschaftsgüter ins Sonderbetriebsvermögen zu überführen, damit der andere Gesellschafter keine zu hohe Einlage zu leisten hat.

3. Wie 1., aber die zurückbehaltenen Wirtschaftsgüter einschließlich der damit im Zusammenhang stehenden Verbindlichkeiten werden ins Privatvermögen überführt.

Es liegt eine nach § 24 Abs. 1 UmwStG begünstigte Einbringung eines Teilbetriebs vor, mit dem Wahlrecht der Personengesellschaft nach § 24 Abs. 2 UmwStG.

Die Entnahme der zurückbehaltenen Wirtschaftsgüter ist gem. § 6 Abs. 1 Nr. 5 EStG mit dem Teilwert zu bewerten.[121] Der Entnahmegewinn unterliegt als laufender Gewinn der Einkommensteuer, nicht aber der Gewerbesteuer.[122] Die künftig zu entrichtenden Schuldzinsen sind zwar keine

---

119 Siehe hierzu im Einzelnen B. Rz. 386 ff.
120 Siehe hierzu im Einzelnen B. Rz. 401.
121 BMF vom 25.03.1998, BStBl I 1998, 268, Tz. 24.04 i. V. m. Tz. 20.09.
122 BFH vom 29.10.1987, BStBl II 1988, 374; siehe B. Rz. 465.

C. Gründung der Personengesellschaft

Betriebsausgaben mehr, u. U. aber Werbungskosten, wenn und soweit mit den entnommenen Wirtschaftsgütern Überschusseinkünfte erzielt werden.[123]

4. Wie 2., aber die in die Personengesellschaft eingebrachten Wirtschaftsgüter stellen keinen Teilbetrieb dar.

Es liegt wie im Fall 2 keine Einbringung eines Betriebs i. S. des § 24 UmwStG, sondern nur die Übertragung einzelner Wirtschaftsgüter vor.[124] Hinsichtlich der zurückbehaltenen und ins Privatvermögen entnommenen Wirtschaftsgüter ergibt sich dieselbe Lösung wie bei 3.

Beispiel 4:

Arzt A bringt das gesamte Inventar seiner Praxis und den Kassenpatientenstamm in eine mit B gegründete neue Sozietät ein, an der sie beide je zur Hälfte beteiligt sind. Die Privatpatienten möchte A weiterhin selbst betreuen und insoweit auch selbständig abrechnen. Das Umsatzvolumen bei den Privatpatienten beträgt 30 % des gesamten Umsatzvolumens.

Der Patientenstamm ist ein Teil des Praxiswerts und stellt eine wesentliche Betriebsgrundlage dar. Da ein wesentlicher Teil dieses Praxiswerts nicht in die Sozietät eingebracht wird, liegt keine Einbringung eines Betriebs i. S. von § 24 UmwStG, sondern nur die Einbringung einzelner Wirtschaftsgüter vor. Die Übertragung ist nach § 6 Abs. 5 Satz 3 EStG gewinnneutral mit dem Buchwert vorzunehmen. Der im Einzelunternehmen verbliebene Teil des Praxiswerts ist mit dem Buchwert fortzuführen, der bei einem originären Praxiswert 0 € beträgt. Sofern im Einzelunternehmen Verbindlichkeiten vorhanden sind, sollten diese zur Vermeidung der Aufdeckung der stillen Reserven nicht auf die Personengesellschaft übertragen werden.[125]

Beispiel 5:

Wie Beispiel 4, aber das Umsatzvolumen des zurückbehaltenen Patientenstamms beträgt seit mehreren Jahren nur 8 % des gesamten Umsatzvolumens.

Eine nach § 18 Abs. 3 und § 34 EStG begünstigte Praxiseinbringung setzt nicht nur voraus, dass alle wesentlichen Betriebsgrundlagen veräußert wurden, sondern auch, dass der bisherige Praxisinhaber seine freiberufliche Tätigkeit in dem bisherigen örtlichen Wirkungskreis zumindest für eine gewisse Zeit beendet. Unschädlich ist jedoch der Rückbehalt von Patienten in geringem Umfang. Dieser geringe Umfang ist gegeben, wenn auf den zurückbehaltenen Patientenstamm in den **letzten drei Jahren vor der Praxisveräußerung** weniger als 10 % der gesamten Einnahmen entfielen.[126] Unschädlich ist außerdem die freiberufliche Mitarbeit des Einbringenden in der Praxis der Sozietät.

A bringt somit seine freiberufliche Praxis in vollem Umfang in die Sozietät ein und erhält bei Ansatz der Wirtschaftsgüter mit dem gemeinen Wert die Vergünstigungen der § 18 Abs. 3 und § 34 EStG, allerdings nur i. H. von 50 % der

---

123 BFH vom 11.09.1991, BStBl II 1992, 404.
124 Wegen der steuerlichen Behandlung siehe B. Rz. 386 ff. und Rz. 401.
125 Siehe B. Rz. 401.
126 BFH vom 07.11.1991, BStBl II 1992, 457, und vom 29.10.1992, BStBl II 1993, 182.

aufgedeckten stillen Reserven, weil A mit 50 % an der Sozietät beteiligt ist und insoweit nach § 24 Abs. 3 Satz 3 UmwStG i. V. m. § 16 Abs. 2 Satz 3 EStG ein laufender Gewinn vorliegt.

Das im Einzelunternehmen verbliebene Wirtschaftsgut Patientenstamm ist zwingend mit dem Buchwert fortzuführen.

1.4.7.7 Zurückbehaltung von steuerfreien Rücklagen

Nicht auf die Personengesellschaft übertragene steuerfreie Rücklagen müssen nicht sofort gewinnerhöhend aufgelöst werden, sondern können in ein anderes (Sonder-)Betriebsvermögen und innerhalb der Übertragungsfrist im Rahmen von R 6b.2 Abs. 6 EStR auf Reinvestitionsgüter übertragen werden.[127]

58

Weil eine steuerfreie Rücklage für sich gesehen **keine wesentliche Betriebsgrundlage** sein kann, liegt unabhängig davon, ob die Rücklage in das Sonderbetriebsvermögen bei der neu gegründeten Personengesellschaft oder in ein anderes (Sonder-)Betriebsvermögen überführt wird, **stets** die **Einbringung** eines Betriebs, Teilbetriebs oder Mitunternehmeranteils vor, wenn alle wesentlichen Betriebsgrundlagen des Einzelunternehmens in die Personengesellschaft überführt worden sind. Die Personengesellschaft hat somit das **Wahlrecht gem. § 24 Abs. 2 UmwStG** und kann das eingebrachte Betriebsvermögen mit dem Buchwert, gemeinen Wert oder einem Zwischenwert bilanzieren.

Zu prüfen ist jedoch, ob der übertragende Einzelunternehmer die Vergünstigungen der §§ 16 und 34 Abs. 1 oder 3 EStG erhält, wenn die Rücklage nicht aufgelöst ist. Dabei ist zu unterscheiden:

1. Führt die Personengesellschaft die Buchwerte fort, werden von vornherein keine stillen Reserven aufgelöst. Die Frage einer Versteuerung stellt sich nicht.

2. Setzt die Personengesellschaft das eingebrachte Betriebsvermögen mit einem Zwischenwert an, sind die aufgedeckten stillen Reserven stets als laufender Gewinn zu versteuern. Deshalb spielt es keine Rolle, ob die Rücklage aufgelöst wird oder nicht.

3. Setzt die Personengesellschaft das eingebrachte Betriebsvermögen mit dem gemeinen Wert an, erhält sie die **Vergünstigungen** nach § 16 und § 34 Abs. 1 oder 3 EStG nur, wenn die Rücklage anlässlich der Veräußerung eines Wirtschaftsguts gebildet wurde, das **nicht** zu den **wesentlichen Betriebsgrundlagen** gehört (R 6b.2 Abs. 10 Satz 3 EStR). Wurde die Rücklage dagegen bei der Veräußerung einer **wesentlichen Betriebsgrundlage** gebildet und wird sie nicht aufgelöst, ist der Veräußerungsgewinn als **laufender Gewinn** zu versteuern.

---

127 Siehe B. Rz. 258 ff.

C. Gründung der Personengesellschaft

1.4.7.8 Behandlung von Sonderabschreibungen, erhöhten Absetzungen, Investitionsabzugsbeträgen und Investitionszulagen

59 Bei der Inanspruchnahme von Sonderabschreibungen, erhöhten Absetzungen und Investitionsabzugsbeträgen, bei denen **personenbezogene** Verbleibens- und Verwendungsvoraussetzungen von Bedeutung sind (z. B. § 7 g Abs. 6 Nr. 2 EStG), ist der Übergang der Wirtschaftsgüter innerhalb dieses Zeitraums auf eine Personengesellschaft im Rahmen einer Einbringung im Sinne des UmwStG **unschädlich**, wenn die Personengesellschaft das eingebrachte Betriebsvermögen mit dem **Buchwert** oder einem **Zwischenwert** ansetzt, weil sie nach § 24 Abs. 4 i. V. m. § 23 Abs. 1 und § 12 Abs. 3 1. Halbsatz UmwStG in die Rechtsstellung des Einzelunternehmens eintritt.

Nach R 7g. Abs. 7 Satz 4 EStR wird die **Sonderabschreibung** nach **§ 7 g EStG** nicht rückwirkend versagt, wenn der begünstigte Betrieb bis zum Ende des Verbleibenszeitraums in der Hand des neuen Eigentümers (= der Personengesellschaft) als selbständiger Betrieb bestehen bleibt. Dies gilt **unabhängig** davon, ob die Personengesellschaft die eingebrachten Wirtschaftsgüter mit dem **Buchwert,** dem **gemeinen Wert** oder einem **Zwischenwert** ansetzt.

Erfolgt die Einbringung eines Einzelunternehmens in die Personengesellschaft mit dem **gemeinen Wert** im Wege der Einzelrechtsnachfolge muss der innerhalb der letzten drei Jahre in Anspruch genommene und noch nicht hinzugerechnete **Investitionsabzugsbetrag** nach § 7 g Abs. 3 Satz 1 EStG **rückwirkend** gewinnerhöhend rückgängig gemacht werden. Diese Änderung hat keine Auswirkungen auf den Veräußerungsgewinn nach § 16 EStG, weil der Gewinn des Jahres geändert wird, in dem der Investitionsabzugsbetrag in Anspruch genommen wurde.

Hinweis:

In Vorjahren gebildete Ansparabschreibungen nach § 7 g Abs. 3 EStG a. F. sind im Wirtschaftsjahr der Einbringung des Betriebs in die Personengesellschaft gewinnerhöhend aufzulösen. Der dabei entstehende Gewinn rechnet sowohl nach der Rechtsprechung des BFH[128] als auch nach Auffassung der Finanzverwaltung[129] zum nach § 16 EStG und § 34 Abs. 1 oder 3 EStG begünstigten Veräußerungsgewinn.

Voraussetzung für die Gewährung von Investitionszulagen ist gem. § 2 InvZulG u. a. die Anschaffung und die Herstellung von **neuen** abnutzbaren beweglichen Wirtschaftsgütern des Anlagevermögens, die mindestens fünf Jahre nach ihrer Anschaffung oder Herstellung zum Anlagevermögen eines Betriebs oder einer Betriebsstätte im Fördergebiet gehören und dort verbleiben. Der Anspruch auf Investitionszulage entfällt nicht, wenn der

---
128 BFH vom 20.12.2006, BStBl II 2007, 862.
129 BMF vom 30.10.2007, BStBl I 2007, 790.

1 Einkommensteuer

Anspruchsberechtigte ein begünstigtes Wirtschaftsgut an eine Personengesellschaft veräußert, bei der es ebenfalls Anlagevermögen eines Betriebs oder einer Betriebsstätte im Fördergebiet wird.[130]

1.4.7.9 Wahlrecht bei Gewinnermittlung nach § 4 Abs. 3 EStG

Möchte ein Einzelunternehmer, der seinen Gewinn nach § 4 Abs. 3 EStG **60** ermittelt – was insbesondere bei Freiberuflern der Fall ist –, sein Einzelunternehmen in eine Personengesellschaft einbringen, so steht dieser für das eingebrachte Betriebsvermögen ebenfalls das Wahlrecht zwischen Buchwert, gemeinem Wert und Zwischenwert zu.[131] Der BFH begründet dies mit der Verpflichtung bei der Gewinnermittlung nach § 4 Abs. 3 EStG, bei der Veräußerung des Betriebs zur Gewinnermittlung durch Betriebsvermögensvergleich übergehen zu müssen, denn die Einbringung eines Einzelunternehmens in eine Personengesellschaft ist ein tauschähnlicher Veräußerungsvorgang, unabhängig davon, ob die stillen Reserven aufgedeckt werden oder nicht.[132]

Nach der früheren Auffassung des BFH[133] war das Wahlrecht gem. § 24 Abs. 2 UmwStG nur bei einem Übergang zur Gewinnermittlung nach § 4 Abs. 1 bzw. § 5 EStG möglich, unabhängig davon, ob die Einbringung zum Buchwert, zum gemeinen Wert oder zu einem Zwischenwert erfolgte. Nach aktueller Rechtsprechung des BFH[134] **kann** dagegen bei einer Einbringung zum Buchwert auf die Erstellung einer Einbringungsbilanz und einer Übergangsbilanz verzichtet werden. Die Finanzverwaltung wendet dieses Urteil nicht an.[135]

Geht der bisherige Einzelunternehmer folglich zur Gewinnermittlung nach § 4 Abs. 1 oder § 5 EStG über, muss er im Zeitpunkt der Einbringung eine Bilanz erstellen, in der die Wirtschaftsgüter **mit ihrem Buchwert** anzusetzen sind. Diese **Schlussbilanz** des Einzelunternehmens ist **gleichzeitig** die **Einbringungsbilanz**.

Das Wahlrecht zwischen Buchwert, gemeinem Wert und Zwischenwert **61** kann die Personengesellschaft auch dann ausüben, wenn sie ihrerseits den Gewinn nach § 4 Abs. 3 EStG ermitteln möchte.[136] Sie wird den Anforderungen des UmwStG hinsichtlich der Bilanzierung ihres Betriebsvermögens

---
130 BMF vom 28.06.2001, BStBl I 2001, 379, Rz. 45.
131 BFH vom 13.12.1979, BStBl II 1980, 239, und vom 05.04.1984, BStBl II 1984, 518.
132 BFH vom 29.10.1987, BStBl II 1988, 374.
133 BFH vom 13.12.1979, BStBl II 1980, 239, und vom 05.04.1984, BStBl II 1984, 518.
134 BFH vom 13.09.2001, BStBl II 2002, 287, unter Hinweis auf BFH vom 18.10.1999, GrS, BStBl II 2000, 123.
135 OFD Frankfurt vom 16.01.2006, DStZ 2006 S. 242, und OFD Hannover vom 25.01.2007, DB 2007 S. 772.
136 BFH vom 05.04.1984, BStBl II 1984, 518.

C. Gründung der Personengesellschaft

dadurch gerecht, dass sie für den **Einbringungszeitpunkt** eine Bilanz aufstellt. Aus der Gegenüberstellung der Buchwerte in der Einbringungsbilanz des Gesellschafters mit den Werten in der Eröffnungsbilanz der Personengesellschaft ist dann der Einbringungsgewinn zu ermitteln.[137]

Im Anschluss an diese Gegenüberstellung kann die Personengesellschaft zur Gewinnermittlung nach § 4 Abs. 3 EStG übergehen.

62 Durch den Wechsel der Gewinnermittlungsart beim Gesellschafter von § 4 Abs. 3 EStG zum Betriebsvermögensvergleich und bei der Personengesellschaft vom Betriebsvermögensvergleich zu § 4 Abs. 3 EStG ist der Gewinn um Hinzurechnungen und Abrechnungen zu berichtigen.[138]

Beim Gesellschafter, der von § 4 Abs. 3 EStG zur Gewinnermittlung durch Betriebsvermögensvergleich wechselt, ergibt sich i. d. R. saldiert eine Hinzurechnung.[139] Dieser Übergangsgewinn erhöht im Einzelunternehmen den laufenden Gewinn des letzten Wirtschaftsjahrs;[140] eine Verteilung auf bis zu drei Jahre ist bei einer Betriebsveräußerung nicht zulässig.

63 Bei der Personengesellschaft, die von der Gewinnermittlung durch Betriebsvermögensvergleich zur Gewinnermittlung nach § 4 Abs. 3 EStG wechselt, ergibt sich i. d. R. saldiert eine Abrechnung. Bei der Buchwertfortführung heben sich die Zu- und Abschläge gem. R 4.6 EStR i. d. R. auf. Der Übergangsgewinn im Einzelunternehmen ist dem Einzelunternehmer in voller Höhe zuzurechnen, während der Abrechnungsgewinn bei der Personengesellschaft allen Gesellschaftern entsprechend ihrem Anteil am Gesamtgewinn zuzurechnen ist.

Beispiel 1:

S bringt mit Wirkung vom 02.01.02 seine freiberufliche Praxis in eine mit W neu gegründete Partnerschaft ein. Die Gewinnermittlung erfolgt sowohl im Einzelunternehmen des S als auch bei der Partnerschaft nach § 4 Abs. 3 EStG. In der Einbringungsbilanz des S und in der Eröffnungsbilanz der Partnerschaft wurden Forderungen i. H. von 60.000 € aktiviert, die keine stillen Reserven enthalten. Weitere Hinzurechnungen oder Abrechnungen sind nicht vorzunehmen. Die Gewinnverteilung erfolgt nach Köpfen.

Unabhängig davon, mit welchen Werten die Partnerschaft die eingebrachten Wirtschaftsgüter ansetzt, entsteht bei S in seinem Einzelunternehmen im Jahr der Einbringung (= Jahr 02) ein Hinzurechnungsgewinn von 60.000 €, der als laufender Gewinn in voller Höhe im Jahr 02 versteuert werden muss.

Bei der Partnerschaft entsteht durch die Abrechnung eine Gewinnminderung i. H. von 60.000 € im Jahr 02. Diese Gewinnminderung ist je zur Hälfte auf S

---
137 BFH vom 18.10.1999, GrS, BStBl II 2000, 123.
138 Siehe im Einzelnen R 4.5 Abs. 6 i. V. m. R 4.6 und Anlage 1 EStR.
139 Vgl. Kopei/Zimmermann, Fall 73 (sehr ausführlich).
140 BFH vom 13.09.2001, BStBl II 2002, 287.

und W zu verteilen. Die Einkünfte aus selbständiger Arbeit betragen insoweit im Jahre 02 bei S + 30.000 € und bei W ./. 30.000 €.

Die Verteilung des Abrechnungsverlustes von 60.000 € je zur Hälfte auf S und W ist korrekt. Folge des Wechsels zur Gewinnermittlung nach § 4 Abs. 3 EStG ist, dass die Partnerschaft beim späteren Eingang der Forderung Betriebseinnahmen i. H. von 60.000 € hat, die nach dem Gewinnverteilungsschlüssel je zur Hälfte auf S und W entfallen. Würde man den Abrechnungsverlust nur S hinzurechnen, müsste W Betriebseinnahmen von 30.000 € versteuern, die noch im Einzelunternehmen des S angefallen sind.

Vergleich:

1. Aufteilung je ½

	S	W
Hinzurechnung im Einzelunternehmen	+ 60.000 €	–
Abrechnung bei der Partnerschaft	./. 30.000 €	./. 30.000 €
Eingang der Forderung	+ 30.000 €	+ 30.000 €
Summe	60.000 €	0 €

2. Abrechnung nur beim einbringenden Einzelunternehmer S

	S	W
Hinzurechnung im Einzelunternehmen	+ 60.000 €	–
Abrechnung bei der Partnerschaft	./. 60.000 €	–
Eingang der Forderung	+ 30.000 €	+ 30.000 €
Summe	30.000 €	30.000 €

Nur bei der 1. Variante wird erreicht, dass die Versteuerung der Einnahmen auch bei dem Gesellschafter erfolgt, der die Einnahmen erwirtschaftet hat.

Die Hinzurechnung kann vermieden werden, wenn – insbesondere bei der Einbringung einer freiberuflichen Praxis – die Honorarforderungen nicht eingebracht werden. Die Zurückbehaltung ist möglich, da diese Forderungen keine wesentliche Betriebsgrundlage darstellen.[141] Die Einziehung der nicht eingebrachten Forderungen führt dann zu (nachträglichen) Einkünften aus selbständiger Arbeit des Einbringenden.[142]

Alternativ können die Forderungen vom einbringenden Einzelunternehmer auch in sein Sonderbetriebsvermögen übernommen werden. Dies führt aber zu einer Hinzurechnung im Einzelunternehmen. Die bei der Personengesellschaft erforderliche Kürzung ist in diesem Fall nur dem einbringenden Einzelunternehmer zuzurechnen. Zu beachten ist, dass bei einer Einbringung zum 01. Januar eines Jahres der Übergangsgewinn noch im alten Jahr entsteht, der Übergangsverlust bei der Personengesellschaft aber erst im Folge-

---

141 BFH vom 13.09.2001, BStBl II 2002, 287, und vom 14.11.2007, BFH/NV 2008, 385.
142 Widmann/Mayer, UmwStG, § 24 Rz. 157.7.

C. Gründung der Personengesellschaft

jahr. Dies kann dadurch verhindert werden, dass die Einbringung des Einzelunternehmens erst im neuen Jahr erfolgt (z. B. **am** 02.01.).

Beispiel 2:

A (40 Jahre alt) betreibt eine selbständige Rechtsanwaltspraxis. Seinen Gewinn ermittelt er nach § 4 Abs. 3 EStG. Mit Wirkung vom 01.01.06 gründet A mit dem bisher als Arbeitnehmer tätigen Rechtsanwalt B eine Sozietät, in die er seine Praxis zum Teilwert von 200.000 € einbringt. B leistet eine Bareinlage von 200.000 €. Wegen dieser Einbringung wechselt A die Gewinnermittlungsart und erstellt zum 31.12.05 folgende – vereinfacht dargestellte – Schlussbilanz = Einbringungsbilanz:

Aktiva	Bilanz A	31.12.05	Passiva
Büroausstattung	40.000 €	Kapital	120.000 €
PKW	20.000 €	Darlehen	60.000 €
Forderungen	50.000 €		
Sonstige Aktiva	70.000 €		
	180.000 €		180.000 €

In der Bilanz ist der Gewinn des Jahres 05 mit 30.000 € enthalten. Die Anschaffungskosten haben bei der Büroausstattung 80.000 € (Nutzungsdauer zehn Jahre) und beim PKW 50.000 € (Nutzungsdauer fünf Jahre) betragen. Die AfA erfolgte bisher linear nach § 7 Abs. 1 EStG. Stille Reserven sind nur im PKW mit 20.000 € enthalten. Außerdem ist ein Praxiswert vorhanden, dessen gemeiner Wert 60.000 € beträgt. Der gemeine Wert der Praxis des A beträgt folglich 200.000 €. Die Sozietät möchte ihren Gewinn nach § 4 Abs. 3 EStG ermitteln.

Lösung:

Auch die (nur im Wege einer Einzelrechtsnachfolge mögliche) Einbringung einer freiberuflichen Praxis in eine Personengesellschaft fällt unter § 24 UmwStG. Weil A alle wesentlichen Betriebsgrundlagen in die Sozietät einbringt, liegt eine Einbringung eines Betriebs im Ganzen vor. Die Sozietät hat somit nach § 24 Abs. 2 UmwStG ihr Wahlrecht zulässig ausgeübt, das eingebrachte Betriebsvermögen mit dem gemeinen Wert anzusetzen.

Da die Einbringung eines Einzelunternehmers in eine Personengesellschaft mit den gemeinen Werten eine Veräußerung darstellt, musste A zum 31.12.05 zur Gewinnermittlung durch Betriebsvermögensvergleich nach § 4 Abs. 1 EStG übergehen (R 4.5 Abs. 6 EStR). Der Einbringungsgewinn muss folglich auf der Grundlage einer Einbringungsbilanz und einer Eröffnungsbilanz der Personengesellschaft ermittelt werden.

Beim Wechsel der Gewinnermittlungsart ergeben sich Hinzurechnungen und Kürzungen nach R 4.6 i. V. m. der Anlage zu R 4.6 EStR. Im vorliegenden Fall ergibt sich nur eine Hinzurechnung der Forderungen von 50.000 €, die den **laufenden** Gewinn des Jahres 05 erhöhen und nicht auf drei Jahre verteilt werden können. Außerdem erzielt A einen Veräußerungsgewinn von 80.000 €, der nach § 18 Abs. 3, § 16 Abs. 2 Satz 3 EStG i. V. m. § 24 Abs. 3 Satz 3 UmwStG je zur Hälfte als laufender Gewinn und als begünstigter Veräußerungsgewinn zu behandeln ist. Da A erst 40 Jahre alt ist, erhält er weder einen Freibetrag nach § 16 Abs. 4 EStG noch den ermäßigten Steuersatz nach § 34 Abs. 3 EStG. Er erhält jedoch von Amts wegen die Steuerermäßigung nach § 34 Abs. 1 EStG (sog. Fünftelregelung).

Der Gewinn der Praxis im Jahre 05 berechnet sich wie folgt:

Laufender Gewinn	30.000 €
+ Hinzurechnung wegen Wechsels der Gewinnermittlungsart	50.000 €
+ Veräußerungsgewinn, soweit als laufender Gewinn zu behandeln	40.000 €
Summe laufender Gewinn	120.000 €
+ nach § 34 Abs. 1 EStG begünstigter Veräußerungsgewinn	40.000 €
Summe Gesamtgewinn = Einkünfte aus selbständiger Arbeit	160.000 €

Die **Sozietät** muss zwingend folgende Eröffnungsbilanz erstellen:

Aktiva		Bilanz Sozietät 01.01.06	Passiva
Büroausstattung	40.000 €	Kapital A	200.000 €
PKW	40.000 €	Kapital B	200.000 €
Praxiswert	60.000 €	Darlehen	60.000 €
Forderungen	50.000 €		
Bank	200.000 €		
Sonstige Aktiva	70.000 €		
	460.000 €		460.000 €

Sie kann – wie gewünscht – sofort zur Gewinnermittlung nach § 4 Abs. 3 EStG übergehen. Der Eingang der Forderungen führt dann zu Betriebseinnahmen der Sozietät, die nach dem Gewinnverteilungsschlüssel je zur Hälfte auf A und B zu verteilen sind. Die Abrechnung mindert den laufenden Gewinn der Sozietät im Jahre 06 um 50.000 € und den Gewinnanteil von A und B um je 25.000 €. Eine Verteilung auf drei Jahre ist nicht möglich.

Auch nach einem Wechsel der Gewinnermittlungsart bleibt die Einbringung der freiberuflichen Praxis aus Sicht der Sozietät eine Anschaffung. Folglich ist auch die AfA nach § 24 Abs. 3 EStG neu zu berechnen. Die Sozietät kann die Anschaffungskosten der Büroausstattung und des PKW von je 40.000 € linear nach § 7 Abs. 1 EStG auf die Restnutzungsdauer abschreiben. Die Anschaffungskosten des Praxiswerts sind linear nach § 7 Abs. 1 EStG auf die Nutzungsdauer von sechs bis zehn Jahren abzuschreiben.

Beispiel 3:

Wie Beispiel 2, jedoch übernimmt A die Forderungen in sein Sonderbetriebsvermögen. Da der Wert der in die Sozietät überführten Wirtschaftsgüter der Praxis nur noch 150.000 € beträgt, leistet B nur eine Sacheinlage von 150.000 €.

Durch die Übernahme der Forderungen ins Sonderbetriebsvermögen des A ergibt sich im Einzelunternehmen des A keine Änderung. Der Gesamtgewinn beträgt unverändert 160.000 €.

C. Gründung der Personengesellschaft

Die Sozietät muss folgende Eröffnungsbilanz und folgende Sonderbilanz für A erstellen:

Aktiva	Bilanz Sozietät	01.01.06		Passiva
Büroausstattung	40.000 €	Kapital A		150.000 €
PKW	40.000 €	Kapital B		150.000 €
Praxiswert	60.000 €	Darlehen		60.000 €
Bank	150.000 €			
Sonstige Aktiva	70.000 €			
	360.000 €			360.000 €

Aktiva	Bilanz Sozietät	01.01.06	Passiva
Forderungen	50.000 €	Kapital	50.000 €

Der Eingang der Forderungen führt zu Sonderbetriebseinnahmen des A. Die Abrechnung von 50.000 € stellt Sonderbetriebsausgaben des A dar. Der Gewinn in der Sonderbuchführung beträgt folglich 0 €. Gegenüber Beispiel 2 ergibt sich keine Änderung des steuerlichen Gesamtgewinns der Sozietät.

Beispiel 4:

Wie Beispiel 3, jedoch behält A die Forderungen in seinem Einzelunternehmen zurück.

Im Einzelunternehmen des A ergibt sich im Jahre 05 eine Änderung, die Hinzurechnung von 50.000 € unterbleibt und der Gewinn beträgt nur 110.000 €. Dafür liegen bei A im Jahre 06 im Einzelunternehmen nachträgliche Betriebseinnahmen von 50.000 € vor. Mangels Hinzurechnung in 05 erfolgt auch keine Kürzung in 06. Bei der Sozietät ist keine Sonderbuchführung zu erstellen.

1.4.7.10 Unentgeltliche Übertragung

64 Wird ein Betrieb, ein Teilbetrieb oder der Anteil eines Mitunternehmers an einem Betrieb unentgeltlich übertragen, so sind nach § 6 Abs. 3 EStG unabhängig davon, aus welchen Gründen die unentgeltliche Übertragung erfolgt, vom Rechtsnachfolger **zwingend** die **Buchwerte** der Wirtschaftsgüter fortzuführen.

Die **Buchwerte** sind nach § 6 Abs. 3 Satz 1 2. Halbsatz EStG ebenfalls **zwingend** anzusetzen

- bei der **unentgeltlichen** Aufnahme einer natürlichen Person in ein **bestehendes Einzelunternehmen** sowie
- bei der **unentgeltlichen** Übertragung eines **Betriebs, Teilbetriebs, Mitunternehmeranteils** oder **Teils eines Mitunternehmeranteils** auf eine natürliche Person.[143]

Damit ist in diesen Fällen § 24 UmwStG nicht anzuwenden, denn § 6 Abs. 3 EStG gilt als Spezialvorschrift. Die Fälle der unentgeltlichen Aufnahme

---

143 Siehe hierzu im Einzelnen J. Rz. 14 ff.

eines Dritten sind somit anders zu behandeln als die Fälle der Einbringung mit Zuzahlung.[144]

Unschädlich ist dabei von vornherein, wenn einzelne Wirtschaftsgüter, die **keine wesentlichen Betriebsgrundlagen** sind, **zurückbehalten** und mit dem Buchwert in ein anderes Betriebsvermögen überführt oder mit dem Teilwert ins Privatvermögen entnommen werden. Der Begriff der wesentlichen Betriebsgrundlage ist bei § 6 Abs. 3 EStG anders als bei § 16 EStG allein aufgrund ihrer Funktion für das Unternehmen (also qualitativ) auszulegen.[145] So gehört z. B. eine Darlehensforderung des Gesellschafters im Sonderbetriebsvermögen nicht zu den wesentlichen Betriebsgrundlagen.

Funktionell wesentliche Betriebsgrundlagen sind insbesondere
- für den Betriebsablauf wichtige Maschinen und Betriebsvorrichtungen,
- eigenbetrieblich genutzte Grundstücke, und zwar auch Bürogebäude bei Dienstleistungsunternehmen,
- immaterielle Wirtschaftsgüter wie Kunden- bzw. Mandantenstamm und Patente,
- Nutzungsrechte an eigenbetrieblich genutzten Räumen, etwa ein Mietvertrag oder Nießbrauch.

Beispiel 1:

A nimmt seinen Sohn S am 02.01.01 unentgeltlich in sein Einzelunternehmen auf und gründet mit ihm eine OHG, an der beide je zur Hälfte beteiligt sind. Er bringt sein Einzelunternehmen mit Ausnahme von nicht zu den wesentlichen Betriebsgrundlagen gehörenden Aktien (Buchwert 20.000 €) in die OHG ein. Die Aktien überführt er in sein Privatvermögen. Die stillen Reserven im Einzelunternehmen betragen insgesamt 300.000 €, davon entfallen auf die Aktien 10.000 €.

Die Entnahme der Aktien ins Privatvermögen führt in 01 zu einem Entnahmegewinn von 10.000 €, der nach § 3 Nr. 40 Buchst. a i. V. m. § 3 c Abs. 2 EStG zur Hälfte (ab VZ 2009 i. H. von 40 %) steuerfrei ist. Der steuerpflichtige Teil des Entnahmegewinns von 5.000 € fällt nicht unter § 34 EStG.

Beispiel 2:

Wie Beispiel 1, aber S veräußert am 30.06.03 seinen Mitunternehmeranteil an einen fremden Dritten.

Die steuerliche Behandlung der unentgeltlichen Aufnahme des S in das Einzelunternehmen seines Vaters wird nicht rückwirkend geändert. Ein Fall des § 6 Abs. 3 Satz 2 EStG liegt nicht vor, weil V bei der unentgeltlichen Aufnahme seines Sohnes alle wesentlichen Betriebsgrundlagen anteilig übertragen hat.

Nicht unter § 6 Abs. 3 EStG fällt die unentgeltliche Übertragung auf eine Kapitalgesellschaft. In diesen Fällen liegt eine verdeckte Einlage vor, die mit

---
144 Siehe C. Rz. 38 ff.
145 Vgl. zur Abgrenzung C. Rz. 54 ff.

C. Gründung der Personengesellschaft

dem gemeinen Wert anzusetzen ist und damit zu einer Aufdeckung der stillen Reserven führt.

65 Überträgt der bisherige Betriebsinhaber (Mitunternehmer) im Rahmen der **unentgeltlichen** Aufnahme bzw. Übertragung einzelne Wirtschaftsgüter, die **wesentliche Betriebsgrundlagen** darstellen, in vollem Umfang oder teilweise **nicht** auf den Rechtsnachfolger, ist **trotzdem zwingend** der Buchwert nach § 6 Abs. 3 Satz 2 EStG anzusetzen, wenn die Wirtschaftsgüter weiterhin zum (Sonder-)Betriebsvermögen **derselben Mitunternehmerschaft** gehören. Diese Voraussetzung ist auch bei einer unentgeltlichen Aufnahme eines Dritten in ein Einzelunternehmen erfüllt, wenn der bisherige Einzelunternehmer ein Wirtschaftsgut zurückbehält und es der Personengesellschaft zur Verfügung stellt. Dieses Wirtschaftsgut gehört zwingend zum notwendigen Sonderbetriebsvermögen I und damit zu derselben (neu gegründeten) Mitunternehmerschaft.[146]

Diese besondere Vergünstigungsregelung des § 6 Abs. 3 Satz 2 EStG gilt aber nur, sofern der Rechtsnachfolger den übernommenen Mitunternehmeranteil über einen Zeitraum von **mindestens fünf Jahren nicht veräußert oder aufgibt**. Für die Berechnung der Behaltefrist ist grundsätzlich auf den Übergang des wirtschaftlichen Eigentums hinsichtlich des übernommenen Mitunternehmeranteils (= Übergang von Nutzen und Lasten) abzustellen.[147]

Veräußert der Beschenkte innerhalb der Fünfjahresfrist den unentgeltlich erhaltenen Anteil, sind rückwirkend die stillen Reserven aufzudecken und vom Schenker im Jahr der Übertragung als laufender Gewinn, der auch der Gewerbesteuer unterliegt, zu versteuern. Eine Aufdeckung der stillen Reserven in den zurückbehaltenen Wirtschaftsgütern erfolgt dagegen nicht. Der Veräußerung des Mitunternehmeranteils steht die Veräußerung nur des Anteils am Gesamthandsvermögen oder eines Teils davon und/oder des mit dem Mitunternehmeranteil übernommenen funktional wesentlichen Sonderbetriebsvermögens oder eines Teils davon gleich.[148]

Eine Veräußerung ist grundsätzlich auch eine Einbringung nach den §§ 20, 24 UmwStG, unabhängig davon, ob die Buchwerte, gemeinen Werte oder Zwischenwerte angesetzt werden. Als Veräußerung gilt auch ein Formwechsel nach § 25 UmwStG. Überträgt der Rechtsnachfolger einzelne Wirtschaftsgüter des übernommenen Sonderbetriebsvermögens gegen Gewährung von Gesellschaftsrechten nach § 6 Abs. 5 EStG auf einen Dritten, liegt auch eine Veräußerung vor. Wird der nach § 6 Abs. 3 Satz 2 EStG übertragene Mitunternehmer(teil)anteil vom Übernehmer zu einem späteren Zeitpunkt zu Buchwerten nach § 24 UmwStG in eine Personengesellschaft eingebracht, liegt – abweichend vom oben genannten Grundsatz – keine schädliche Veräußerung i. S. des § 6 Abs. 3 Satz 2 EStG vor, wenn der Einbrin-

---

146 BMF vom 03.03.2005, BStBl I 2005, 458, Rz. 21.
147 BMF vom 03.03.2005, BStBl I 2005, 458, Rz. 11.
148 BMF vom 03.03.2005, BStBl I 2005, 458, Rz. 11.

gende den hierfür erhaltenen Mitunternehmeranteil über einen Zeitraum von mindestens fünf Jahren – beginnend mit der ursprünglichen Übertragung des Mitunternehmeranteils nach § 6 Abs. 3 Satz 2 EStG – nicht veräußert oder aufgibt und die Personengesellschaft den eingebrachten Mitunternehmeranteil oder die eingebrachten Wirtschaftsgüter innerhalb der genannten Frist nicht veräußert.

Eine unentgeltliche Weiterübertragung ist unschädlich; dabei geht die Behaltefrist jedoch auf den Rechtsnachfolger über. Dem Rechtsnachfolger ist die Behaltedauer des Übertragenden anzurechnen.

Voraussetzung für die Buchwertübertragung ist außerdem, dass das zurückbehaltene Betriebsvermögen weiterhin zum Betriebsvermögen derselben Mitunternehmerschaft gehört.

Wird das zurückbehaltene Sonderbetriebsvermögen aufgrund eines Gesamtplans im Zusammenhang mit der unentgeltlichen Aufnahme einer natürlichen Person in ein bestehendes Einzelunternehmen entnommen oder veräußert, ist eine Buchwertübertragung nicht möglich.

Zweck dieser Regelung ist es, trotz der Zurückbehaltung von (Sonder-) Betriebsvermögen durch den bisherigen Betriebsinhaber oder Mitunternehmer eine ertragsteuerneutrale Unternehmensnachfolge zu ermöglichen.

Beispiel 3:

V nimmt am 02.01.02 unentgeltlich seinen Sohn S in sein Einzelunternehmen auf (Buchwert seines Kapitalkontos 800.000 €, Teilwert 1.200.000 €) und gründet mit ihm eine OHG, an der beide je zur Hälfte beteiligt sind. Das zu den wesentlichen Betriebsgrundlagen gehörende Grundstück (Buchwert 300.000 €, Teilwert 500.000 €) behält er zunächst zurück und vermietet es an die OHG.

Die unentgeltliche Aufnahme eines Dritten in ein Einzelunternehmen fällt nicht unter § 24 UmwStG, sondern unter § 6 Abs. 3 EStG. Die Aufnahme ist zwingend zum Buchwert vorzunehmen, obwohl V das Grundstück, das zu den wesentlichen Betriebsgrundlagen gehört, zurückbehält, denn es gehört nunmehr zum (Sonder-)Betriebsvermögen derselben Mitunternehmerschaft. Die OHG bilanziert das eingebrachte Betriebsvermögen mit dem Buchwert von (800.000 € ./. 300.000 € =) 500.000 €. Die Kapitalkonten von V und S betragen jeweils 250.000 €. Das Grundstück muss zwingend mit dem Buchwert von 300.000 € in der Sonderbilanz des V aktiviert werden.

Beispiel 4:

Wie Beispiel 3, aber S veräußert den unentgeltlich erhaltenen Anteil am 02.01.05 an einen Dritten für 400.000 €. Der Buchwert des Kapitalkontos beträgt zu diesem Zeitpunkt unverändert 250.000 €.

Weil V im Jahre 02 nicht alle wesentlichen Betriebsgrundlagen anteilig auf S übertragen hat und seit der unentgeltlichen Aufnahme des S in das Einzelunternehmen des V noch keine fünf Jahre vergangen sind, muss V nach § 6 Abs. 3 Satz 2 EStG rückwirkend im Jahr 02 (= Jahr der unentgeltlichen Aufnahme des S) die damals darauf entfallenden stillen Reserven i. H. von (50 % von 200.000 €

C. Gründung der Personengesellschaft

=) 100.000 € als laufenden Gewinn versteuern. Der Gewinn unterliegt auch der Gewerbesteuer. Das in der Sonderbilanz des V aktivierte Grundstück ist von dieser Vorschrift nicht betroffen; es ist unverändert fortzuführen.

Bei S erhöht sich rückwirkend zum 02.01.02 der Buchwert der Beteiligung von (50 % von 500.000 € =) 250.000 € um die aufgedeckten stillen Reserven von 100.000 € auf 350.000 €. Dadurch ändert sich in den Jahren ab 02 auch die AfA.

Die Bescheide sind nach § 175 Abs. 1 Satz 1 Nr. 2 AO bzw. § 35 b Abs. 1 GewStG zu ändern. S erzielt mit der Veräußerung seines Mitunternehmeranteils einen nach §§ 16, 34 Abs. 1 oder 3 EStG begünstigten, nicht der Gewerbesteuer unterliegenden Veräußerungsgewinn von (400.000 € ./. 350.000 € =) 50.000 €, der allerdings noch um die Änderungen hinsichtlich der AfA ab 02 zu korrigieren ist.

Beispiel 5:
Wie Beispiel 4, aber die Veräußerung erfolgt erst am 02.01.09.

Da seit dem unentgeltlichen Erwerb mehr als fünf Jahre vergangen sind, ist die Übertragung des Teils eines Mitunternehmeranteils nicht mehr rückwirkend der Besteuerung zu unterwerfen. Bei V entsteht im Jahr 02 kein Gewinn. Der Veräußerungsgewinn von S im Jahr 09 beträgt (400.000 € ./. 250.000 € =) 150.000 €. Korrekturen sind keine vorzunehmen.

Beispiel 6:

Wie Beispiel 4, aber S überträgt seinen Mitunternehmeranteil unentgeltlich an V zurück.

In diesem Fall ergibt sich bei V im Jahr 02 keine Nachversteuerung, weil die Rückübertragung nach § 6 Abs. 3 EStG mit dem Buchwert anzusetzen ist.

1.4.8 Steuerliche Folgen bei der Personengesellschaft
1.4.8.1 Überblick

66 Für die weitere steuerliche Behandlung der eingebrachten Wirtschaftsgüter bestimmt § 24 Abs. 4 UmwStG, dass § 23 Abs. 1, 3, 4 und 6 UmwStG entsprechend gilt. Das führt zu folgendem Ergebnis:

Setzt die Personengesellschaft das eingebrachte Betriebsvermögen mit

- dem **Buchwert,**
- einem **Zwischenwert** oder
- dem **gemeinen Wert** bei einer Einbringung im Wege der **Gesamtrechtsnachfolge**

an, so tritt sie nach § 23 Abs. 1, 3 und 4 i. V. m. § 12 Abs. 3 1. Halbsatz UmwStG in die steuerliche (Gesamt-)Rechtsnachfolge des übertragenden Einzelunternehmens ein, insbesondere bezüglich

- **Bewertung** der übernommenen Wirtschaftsgüter nach § 6 Abs. 1 Nr. 1–3 EStG,
- **AfA,**

- **Sonderabschreibungen** und **erhöhten Absetzungen** und
- den steuerlichen Gewinn mindernden **Rücklagen** (z. B. gem. § 6 b EStG).[149]

Setzt dagegen die Personengesellschaft das eingebrachte Betriebsvermögen mit dem gemeinen Wert bei einer Einbringung im Weg der Einzelrechtsnachfolge an, gelten gem. § 23 Abs. 4 UmwStG die Wirtschaftsgüter als im Zeitpunkt der Einbringung von der Personengesellschaft als angeschafft mit allen sich daran anschließenden steuerlichen Folgen.[150]

Darüber hinaus ist bei **Buchwertfortführung** und – seit Inkrafttreten des SEStEG am 13.12.2006 – auch beim Ansatz eines **Zwischenwerts** gem. § 23 Abs. 1 i. V. m. § 4 Abs. 2 Satz 3 UmwStG der Zeitraum der Zugehörigkeit des Wirtschaftsguts zum Betriebsvermögen des übertragenden Unternehmens der übernommenen Personengesellschaft zuzurechnen **(Besitzzeitanrechnung)**.[151] Dagegen ist beim Ansatz des **gemeinen Werts keine Besitzzeitanrechnung** möglich, da § 23 Abs. 3 UmwStG keinen Verweis auf § 4 Abs. 2 Satz 3 UmwStG enthält.

Die Besitzzeitanrechnung bedeutet,[152]

- dass der Personengesellschaft **Vorbesitzzeiten** des Einbringenden zugutekommen (z. B. die Sechsjahresfrist bei § 6 b EStG) und
- dass die weitere Besitzzeit der Personengesellschaft auf für den Einbringenden geltende **Verbleibensfristen angerechnet** wird. Veräußert die Personengesellschaft die eingebrachten Wirtschaftsgüter vor Ende der für den Einbringenden maßgebenden Verbleibensfristen, sind die Veranlagungen des Einbringenden nach § 175 Abs. 1 Nr. 2 AO zu berichtigen.

Besonderheiten:

1. Die Grundsätze des Bilanzenzusammenhangs gelten auch für eine Personengesellschaft, die das eingebrachte Betriebsvermögen mit den Buchwerten in ihrer Bilanz angesetzt hat.[153]

Beispiel 1:

A bringt sein Einzelunternehmen mit Wirkung vom 01.01.04 in eine neu gegründete KG ein. Die KG setzt das eingebrachte Betriebsvermögen mit den Buchwerten an. In der Bilanz der Einzelfirma war seit dem Jahre 01 unzulässigerweise eine Rückstellung i. H. von 60.000 € enthalten. Die Veranlagungen bis 03 sind bestandskräftig und können nach den Vorschriften der AO nicht mehr geändert werden.

---

149 BMF vom 25.03.1998, BStBl I 1998, 268, Tz. 24.04 i. V. m. Tz. 22.06, 22.10 und 22.13.
150 BMF von 25.03.1998, a. a. O., Tz. 24.04 i. V. m. Tz. 22.15.
151 BMF vom 25.03.1998, a. a. O., Tz. 24.04 i. V. m. Tz. 22.09 ist u. E. überholt. Gl. A. Dötsch, Patt, Pung, Möhlenbrock, Umwandlungssteuerrecht, § 23 Rz. 23.
152 BMF vom 25.03.1998, a. a. O., Tz. 24.04 i. V. m. Tz. 22.07.
153 BFH vom 07.06.1988, BStBl II 1988, 886.

C. Gründung der Personengesellschaft

Die Rückstellung ist in der Bilanz der KG zum 31.12.04 gewinnerhöhend aufzulösen.

Dabei ist zu beachten, dass der Zusammenhang einer Bilanzänderung mit einer Bilanzberichtigung auch dann vorliegt, wenn sich die Gewinnänderung im Rahmen der Bilanzberichtigung aus der Nichtverbuchung oder der fehlerhaften Verbuchung von Entnahmen und Einlagen ergibt.[154] Die bisherige Auffassung der Finanzverwaltung[155], nach denen eine Bilanzberichtigung sich nur auf den unrichtigen Ansatz von aktiven und passiven Wirtschaftsgütern einschließlich Rückstellungen sowie Rechnungsabgrenzungsposten bezieht, ist nicht weiter anzuwenden.[156] Änderungen des Gewinns aufgrund der Berücksichtigung außerbilanzieller Hinzurechnungen und Abrechnungen berühren dagegen keinen Bilanzansatz; eine Bllanzänderung i. S. des § 4 Abs. 2 Satz 2 EStG ist insoweit weder nach der BFH-Rechtsprechung[157] noch nach der Auffassung der Finanzverwaltung[158] zulässig.

Zu beachten ist in diesem Zusammenhang, dass eine Bilanz von vornherein nicht nach § 4 Abs. 2 Satz 1 EStG geändert („berichtigt") werden kann, wenn sie nach Maßstab des Erkenntnisstands im Zeitpunkt ihrer Erstellung den Grundsätzen ordnungsmäßiger Buchführung entspricht.[159]

Beispiel 2:

A bringt mit Wirkung vom 01.01.08 sein Einzelunternehmen nach § 24 UmwStG zum Buchwert in eine neu gegründete OHG ein. Bei der Aufstellung des Jahresabschlusses der OHG zum 31.12.08 wird festgestellt, dass in der Bilanz des Einzelunternehmens zum 31.12.07 keine Rückstellung für die Kosten der Aufbewahrung von Geschäftsunterlagen enthalten war.[160] Diese Bilanz wurde vor der entsprechenden BFH-Entscheidung erstellt. Im Zusammenhang mit einer Bilanzberichtigung der Bilanz des Einzelunternehmens zum 31.12.07 beantragt A die Passivierung dieser Rückstellung.

In der Bilanz zum 31.12.07 kann diese Rückstellung nicht im Wege einer Berichtigung nach § 4 Abs. 2 Satz 1 EStG geändert werden, weil diese Bilanz nach dem Maßstab des Erkenntnisstands im Zeitpunkt ihrer Erstellung den Grundsätzen ordnungsmäßiger Buchführung entsprochen hat.

2. Bei der Einbringung eines land- und forstwirtschaftlichen Betriebs in eine neu gegründete Personengesellschaft bestimmt sich die Zulässigkeit der Gewinnermittlung nach Durchschnittssätzen ausschließlich nach § 13 a Abs. 1 Satz 1 EStG; einer Mitteilung nach § 13 a Abs. 1 Satz 2 EStG über den Weg-

---

154 BFH vom 31.05.2007, BStBl II 2008, 665.
155 BMF vom 18.05.2000, BStBl I 2000, 587.
156 BMF vom 13.08.2008, BStBl I 2008, 845.
157 BFH vom 23.01.2008, BStBl II 2008, 669.
158 BMF vom 13.08.2008, BStBl I 2008, 845.
159 BFH vom 05.06.2007, BStBl II 2007, 818, und vom 23.01.2008, BStBl II 2008, 742.
160 BFH vom 19.08.2002, BStBl II 2003, 131.

fall der Voraussetzungen des § 13 a Abs. 1 Satz 1 EStG bedarf es daher nicht.[161]

3. Die Gewinnhinzurechnung nach § 4 Abs. 4 a EStG für getätigte Überentnahmen erfolgt **betriebsbezogen**. Bei der Einbringung eines Einzelunternehmens in eine Personengesellschaft gehen die Überentnahmen und Unterentnahmen und ggf. verbliebene Verluste auf die neue Personengesellschaft über und werden in die Berechnungen der nicht abziehbaren Schuldzinsen bei der neuen Personengesellschaft einbezogen. Dies gilt unabhängig davon, ob diese zum **Buchwert**, zum **Teilwert** oder zu einem **Zwischenwert** erfolgt. Werden durch die Wahl des Wertansatzes stille Reserven aufgedeckt, erhöhen diese über die Berücksichtigung des Einbringungsgewinns beim Einbringenden das Entnahmepotenzial.[162]

Bei der Einbringung eines Teilbetriebs sind die Werte grundsätzlich aufzuteilen. Es wird aus Vereinfachungsgründen nicht beanstandet, wenn diese Werte in voller Höhe im Restbetrieb verbleiben.

Der **unentgeltliche** Übergang eines Betriebs nach § 6 Abs. 3 EStG führt beim bisherigen Betriebsinhaber nicht zu Entnahmen im Sinne des § 4 Abs. 4 a EStG und bei der Personengesellschaft nicht zu Einlagen im Sinne dieser Vorschrift. Die beim bisherigen Betriebsinhaber entstandenen Überentnahmen oder Unterentnahmen sowie verbliebenen Verluste gehen auf den Rechtsnachfolger über.[163]

4. Die der übernehmenden Personengesellschaft objektiv zuzuordnenden **Einbringungskosten** sind bei ihr grundsätzlich sofort als Betriebsausgaben abzugsfähig. Eine Ausnahme gilt jedoch für die Grunderwerbsteuer, die bei der Einbringung von Grundbesitz oder von Anteilen an Kapitalgesellschaften anfallen kann. Diese Grunderwerbsteuer ist bei der übernehmenden Personengesellschaft bei dem Wirtschaftsgut als nachträgliche Anschaffungskosten hinzuzuaktivieren, das die Grunderwerbsteuerbelastung ausgelöst hat. Diese Hinzuaktivierung führt zwar zur Erhöhung des bisherigen Buchwerts, stellt aber keinen Zwischenwertansatz dar, denn es werden keine stillen Reserven des übertragenen Wirtschaftsguts aufgedeckt. Der Buchwert, auf den sich § 24 Abs. 4 i. V. m. § 23 Abs. 1 i. V. m. § 20 Abs. 2 Satz 2 UmwStG bezieht, ist der Buchansatz aus der steuerlichen Schlussbilanz des Einbringenden. Die Grunderwerbsteuer entsteht jedoch erst infolge der Einbringung und nicht als Bestandteil der Sacheinlage und gehört deshalb zu den eigenen Aufwendungen der aufnehmenden Personengesellschaft, die erst in ihrer Sphäre begründet werden.

---

161 BFH vom 26.05.1994, BStBl II 1994, 891.
162 BMF vom 17.11.2005, BStBl I 2005, 1019, Rz. 32e.
163 BMF vom 17.11.2005, BStBl I 2005, 1019, Rz. 10 a.

C. Gründung der Personengesellschaft

1.4.8.2 Weitere Behandlung der AfA

68 Je nachdem, wie die übernehmende Personengesellschaft ihr Wahlrecht ausgeübt hat, ergeben sich unterschiedliche Auswirkungen bei der AfA.

— **Ansatz mit dem Buchwert**

Da die Personengesellschaft gem. § 12 Abs. 3 1. Halbsatz UmwStG in die Rechtsstellung des einbringenden Unternehmens eintritt, erhält sie dieselbe AfA wie das übertragende Unternehmen. Es ändert sich weder die Bemessungsgrundlage noch die Absetzungsmethode noch die Nutzungsdauer. Dasselbe gilt für Bewertungsfreiheiten (z. B. § 6 Abs. 2 EStG).[164]

Weitere Folgen:

— Wurden vor dem 01.01.2008 angeschaffte oder hergestellte bewegliche Wirtschaftsgüter degressiv nach § 7 Abs. 2 EStG abgeschrieben, so kann die Personengesellschaft weiterhin degressiv abschreiben oder gem. § 7 Abs. 3 EStG zur linearen AfA wechseln.

— Wurde ein Gebäude bisher degressiv nach § 7 Abs. 5 EStG abgeschrieben, muss die Personengesellschaft wie bisher degressiv abschreiben.

— Der Buchwert von 0 € der im Jahr der Anschaffung oder Herstellung zwingend nach § 6 Abs. 2 EStG in voller Höhe abgeschriebenen **geringwertigen Wirtschaftsgüter** (Anschaffungskosten oder Herstellungskosten bis 150 €) muss von der Personengesellschaft fortgeführt werden.

— Der **Sammelposten** nach **§ 6 Abs. 2 a EStG** für abnutzbare bewegliche Wirtschaftsgüter, deren Anschaffungskosten oder Herstellungskosten mehr als 150 €, aber nicht mehr als 1.000 € betragen haben, ist ebenfalls zwingend fortzuführen. Dies gilt auch dann, wenn bis zur Einbringung des Einzelunternehmens in die Personengesellschaft einzelne Wirtschaftsgüter davon bereits ausgeschieden sind.

Erfolgt die Umwandlung in eine Personengesellschaft im Laufe des Kalenderjahres, so kann diese aufgrund der Rechtsnachfolge im Jahr der Übernahme die AfA nur zeitanteilig vornehmen.

Hat die Personengesellschaft in ihrer Eröffnungsbilanz die Wirtschaftsgüter mit den gemeinen Werten angesetzt und in einer Ergänzungsbilanz des einbringenden Einzelunternehmers entsprechende Minderwerte ausgewiesen, sind diese Minderwerte entsprechend dem Verbrauch der Wirtschaftsgüter zwingend erfolgserhöhend aufzulösen.[165] Hierdurch wird gewährleistet, dass der Einbringende die stillen Reserven in derselben Weise wie bei Fortführung des eingebrachten Unternehmens versteuert.

---

164 BMF vom 25.03.1998, BStBl I 1998, 268, Tz. 24.04 i. V. m. Tz. 22.06.
165 BFH vom 28.09.1995, BStBl II 1996, 68.

Die Abstockungen können nicht als bloße Merkposten gewertet werden, sie stellen vielmehr Korrekturen zu den entsprechenden Wertansätzen in der Bilanz der Personengesellschaft dar.[166]

— **Ansatz mit dem gemeinen Wert im Wege der Einzelrechtsnachfolge**

Die AfA ist von den Anschaffungskosten völlig neu und unabhängig von der bisherigen Abschreibungsmethode zu bemessen.[167] Ein evtl. erworbener Firmenwert ist gem. § 7 Abs. 1 Satz 3 EStG auf die Nutzungsdauer von 15 Jahren zu verteilen. Dasselbe gilt grds. auch für einen Praxiswert, den ein Freiberufler aus seinem Einzelunternehmen in eine Sozietät einbringt.[168] Wegen der weiteren Mitwirkung des bisherigen Praxisinhabers ist typisierend davon auszugehen, dass die betriebsgewöhnliche Nutzungsdauer eines derivativ erworbenen „Sozietätspraxiswerts" nicht 15 Jahre beträgt, sondern doppelt so lang ist wie die Nutzungsdauer des Wertes einer Einzelpraxis, folglich sechs bis zehn Jahre beträgt.[169]   **69**

Sofern die Voraussetzungen des § 6 Abs. 2 EStG vorliegen, müssen die Wirtschaftsgüter als GWG sofort abgeschrieben werden.[170] In den Fällen des § 6 Abs. 2 a EStG muss ein Sammelposten gebildet werden.

— **Ansatz mit dem gemeinen Wert im Wege der Gesamtrechtsnachfolge**

Gemäß § 24 Abs. 4 i. V. m. § 23 Abs. 4 UmwStG gilt in diesen Fällen dasselbe wie beim Ansatz mit einem Zwischenwert.[171]   **70**

— **Ansatz mit einem Zwischenwert**

Wie beim Ansatz mit dem Buchwert gilt auch beim Ansatz mit einem Zwischenwert für die aufnehmende Personengesellschaft das Gleiche, was auch für den Einbringenden gegolten hätte. Lediglich bei der Bemessungsgrundlage ist die Sonderregelung des § 23 Abs. 3 UmwStG zu beachten.   **71**

Die AfA berechnet sich vom Zeitpunkt der Einbringung an wie folgt:

AfA nach § 7 Abs. 1, 4 und 5 EStG

| Anschaffungs- oder Herstellungskosten des Einbringenden |
| + aufgedeckte stille Reserven |
| = neue Bemessungsgrundlage |

Der AfA-Satz bleibt unverändert. Das AfA-Volumen setzt sich zusammen aus dem bisherigen Buchwert zzgl. der aufgedeckten stillen Reserven (= Zwischenwert). Im letzten Jahr der Nutzungsdauer ist bei beweglichen Wirtschaftsgütern zusätzlich zu der linearen AfA nach § 7 Abs. 1 EStG auch

---
166 Wegen der Auswirkungen im Einzelnen siehe Beispiel 1 in C. Rz. 8.
167 BMF vom 25.03.1998, a. a. O., Tz. 24.04 i. V. m. Tz. 22.15.
168 BFH vom 23.01.1975, BStBl II 1975, 381, und BMF vom 20.11.1986, BStBl I 1986, 532.
169 BFH vom 24.02.1994, BStBl II 1994, 590.
170 BFH vom 29.04.1981, BStBl II 1982, 17.
171 BMF vom 25.03.1998, BStBl I 1998, 268, Tz. 24.04 i. V. m. Tz. 22.13.

C. Gründung der Personengesellschaft

der Restwert abzuziehen. In den Fällen, in denen das AfA-Volumen vor dem Ablauf der Nutzungsdauer verbraucht ist, kann in dem verbleibenden Nutzungszeitraum keine AfA mehr abgezogen werden.[172]

Diese Berechnung ist auch auf einen nach § 6 Abs. 2 a EStG gebildeten und aufgestockten Sammelposten anzuwenden.

— **AfA nach § 7 Abs. 2 EStG**

Der Zwischenwert (= neuer Buchwert) stellt die Bemessungsgrundlage dar. Der Abschreibungssatz richtet sich nach der neu zu schätzenden Restnutzungsdauer im Zeitpunkt der Einbringung.

Diese Regelung ist u. E. auch dann anzuwenden, wenn das Wirtschaftsgut bereits voll abgeschrieben war.

> **Beispiel 1:**
>
> Für eine Maschine mit Anschaffungskosten von 200.000 € und einer Nutzungsdauer von zehn Jahren wird AfA nach § 7 Abs. 1 EStG von jährlich 20.000 € vorgenommen. Bei Einbringung nach drei Jahren beträgt der Restbuchwert 140.000 €, die Restnutzungsdauer sieben Jahre. Die Personengesellschaft setzt die Maschine mit dem Zwischenwert von 180.000 € an.
>
> Ab dem Zeitpunkt der Einbringung ist für die Maschine jährlich eine AfA von 10 % von (200.000 € + 40.000 € =) 240.000 € = 24.000 € vorzunehmen (7 × 24.000 € = 168.000 €). Im letzten Jahr der Nutzungsdauer ist zusätzlich zu der linearen AfA von 24.000 € auch der Restwert i. H. von 12.000 € (= 180.000 € ./. 168.000 €) abzuziehen.
>
> **Beispiel 2:**
>
> Zu den eingebrachten Wirtschaftsgütern gehört auch eine Maschine mit einer Nutzungsdauer von zehn Jahren, die im Zeitpunkt der Übertragung bereits voll – gem. § 7 Abs. 1 EStG – abgeschrieben war. Die stillen Reserven der Maschine betragen 5.000 €, davon werden 2.500 € aktiviert. Die Anschaffungskosten haben 80.000 € betragen, die voraussichtliche Restnutzungsdauer beträgt zwei Jahre.
>
> Die AfA berechnet sich wie folgt:
>
> | | |
> |---|---:|
> | Anschaffungskosten | 80.000 € |
> | + aufgedeckte stille Reserven | 2.500 € |
> | | 82.500 € |
> | davon 10 % = | 8.250 €, |
>
> höchstens aber die aufgedeckten stillen Reserven von 2.500 €. Das bedeutet, die aufgedeckten stillen Reserven können in diesem Fall bereits im folgenden Jahr voll abgeschrieben werden.

Wurde ein Gebäude bisher degressiv nach § 7 Abs. 5 EStG abgeschrieben, so ist es auch nach der Übertragung degressiv abzuschreiben. Wegen der Besonderheit der Abschreibung ergibt sich aber, dass nach Ablauf von ins-

---

[172] BMF vom 25.03.1998, a. a. O., Tz. 24.04 i. V. m. Tz. 22.10.

gesamt 50 bzw. 25 oder 33¹/₃ Jahren noch ein Restwert vorhanden bleibt. Dieser Restwert ist in den Folgejahren nach § 7 Abs. 4 EStG abzusetzen.[173]

Beispiel 3:

Zu den mit Wirkung vom 01.01.08 auf eine OHG übertragenen Wirtschaftsgütern gehört auch ein im Januar 02 für 300.000 € hergestelltes Wohngebäude, das bisher nach § 7 Abs. 5 Nr. 3 b EStG mit jährlich 5 % abgeschrieben wurde. Buchwert 31.12.07 210.000 €, Teilwert 310.000 €, Ansatz in der Eröffnungsbilanz der OHG 260.000 €.

Die AfA-Bemessungsgrundlage beträgt ab dem Jahr 08 300.000 € + 50.000 € aufgedeckte stille Reserven = 350.000 €.

In den restlichen 44 Jahren werden insgesamt abgeschrieben:

2 × 5 % von 350.000 € =	35.000 €
6 × 2,5 % von 350.000 € =	52.500 €
36 × 1,25 % von 350.000 € =	157.500 €
	245.000 €

Der Restwert nach Ablauf der Nutzungsdauer beträgt (260.000 € ./. 245.000 €) = 15.000 €. Sofern nicht die Voraussetzungen einer Teilwertabschreibung oder einer außerordentlichen AfA vorliegen, ist die AfA in den folgenden Jahren bis zur vollen Abschreibung nach § 7 Abs. 4 Satz 1 Nr. 2 EStG mit 2 % von 350.000 € = 7.000 € vorzunehmen.

— **GWG**

Sind in den im Einzelunternehmen nach § 6 Abs. 2 EStG zwingend in voller Höhe abgeschriebenen geringwertigen Wirtschaftsgütern stille Reserven enthalten, müssen diese u. E. – sofern sie nicht höher sind als 150 € pro Wirtschaftsgut – in voller Höhe abgeschrieben werden.

In den Fällen, in denen in der Bilanz der übernehmenden Personengesellschaft

— ein Zwischenwert angesetzt wird, dieser aber in einer negativen Ergänzungsbilanz wieder neutralisiert wird, somit also die Buchwerte fortgeführt werden,

— zwar die Buchwerte angesetzt werden, die Kapitalkonten der Gesellschafter jedoch einander angeglichen werden und deshalb für den „erwerbenden" Gesellschafter zwingend eine positive Ergänzungsbilanz zu erstellen ist und für den „veräußernden" Gesellschafter auf Antrag eine negative Ergänzungsbilanz,

sind Auf- und Abstockungen in Ergänzungsbilanzen auch dann mit dem Verbrauch der Wirtschaftsgüter – korrespondierend – aufzulösen, wenn durch eine negative Ergänzungsbilanz des Einbringenden ein Einbringungsgewinn neutralisiert wurde.[174]

---

[173] BFH vom 20.01.1987, BStBl II 1987, 491.
[174] BFH vom 28.09.1995, BStBl II 1996, 68.

C. Gründung der Personengesellschaft

Im Falle der Buchwertfortführung in der Gesellschaftsbilanz steht der Auflösung von Abstockungsbeträgen in der negativen Ergänzungsbilanz eine entsprechende Abschreibung von Aufstockungen in der positiven Ergänzungsbilanz eines Mitgesellschafters gegenüber. Diese Fortentwicklung der negativen Ergänzungsbilanz des Einbringenden ist nach Auffassung des BFH nach dem Wortlaut des § 24 UmwStG geboten und verstößt auch nicht gegen Sinn und Zweck des § 24 UmwStG.

Für die Abschreibung dieser Mehr- und Minderwerte gibt es mehrere Möglichkeiten. Zweckmäßig ist jedoch, in beiden Fällen nach § 23 Abs. 3 UmwStG zu verfahren.

Beispiel 4:

Ein Gebäude, das im Januar 01 für 200.000 € angeschafft wurde, wird im Rahmen der Umwandlung einer Einzelfirma in eine KG in der Eröffnungsbilanz zum 01.01.03 mit einem Zwischenwert von 218.000 € angesetzt. Buchwert am 31.12.02 188.000 € (AfA gem. § 7 Abs. 4 Nr. 1 EStG 3 %), gemeiner Wert am 31.12.02 248.000 €. Die aufgedeckten stillen Reserven von 30.000 € werden in einer negativen Ergänzungsbilanz des bisherigen Einzelunternehmers neutralisiert.

Die AfA beträgt in der Bilanz der KG 3 % von (200.000 € + 30.000 € =) 230.000 € = 6.900 €, in der Ergänzungsbilanz durch die Auflösung des Minderwerts 3 % von 30.000 € = ./. 900 €, insgesamt somit – unverändert – 6.000 €.

Nicht zu beanstanden wäre es, wenn die Buchwerte auf die Restlaufzeit verteilt werden. Die AfA beträgt dann in der Bilanz der KG 218.000 € : 31¹/₃ Jahre = 6.958 €, in der Ergänzungsbilanz durch Auflösung des Minderwerts 30.000 € : 31¹/₃ Jahre = ./. 958 €, insgesamt somit – unverändert – 6.000 €.

Beispiel 5:

Aktiva	Bilanz Einzelfirma A	31.12.12	Passiva
Gebäude	240.000 €	Kapital	300.000 €
Übriges Aktivvermögen	200.000 €	Verbindlichkeiten	140.000 €
	440.000 €		440.000 €

Die stillen Reserven, die in vollem Umfang auf das Gebäude entfallen, betragen 100.000 €. Das Gebäude wurde im Mai 06 für 300.000 € angeschafft und nach § 7 Abs. 4 Nr. 1 EStG mit 3 % abgeschrieben.

Zum 01.01.13 gründet A mit B eine OHG, an der beide zu 50 % beteiligt sind. B leistet eine Barzahlung von 400.000 €.

Aktiva	Eröffnungsbilanz OHG	01.01.13	Passiva
Gebäude	240.000 €	Kapital A	350.000 €
Übriges Aktivvermögen	200.000 €	Kapital B	350.000 €
Bank	400.000 €	Verbindlichkeiten	140.000 €
	840.000 €		840.000 €

1 Einkommensteuer

Aktiva	Ergänzungsbilanz Gesellschafter B 01.01.13		Passiva
Mehrwert Gebäude	50.000 €	Mehrkapital	50.000 €
	50.000 €		50.000 €

Aktiva	Negative Ergänzungsbilanz Gesellschafter A 01.01.13		Passiva
Minderkapital	50.000 €	Minderwert Gebäude	50.000 €
	50.000 €		50.000 €

Ohne Aufstellung einer negativen Ergänzungsbilanz für A wäre die AfA ab dem Jahr 13 wie folgt zu berechnen:

bisherige Bemessungsgrundlage	300.000 €
+ Mehrwert Ergänzungsbilanz B	50.000 €
= neue AfA-Bemessungsgrundlage	350.000 €
neue AfA 3 %	= 10.500 €

Durch die Aufstellung der negativen Ergänzungsbilanz ist aber folgende AfA-Berechnung vorzunehmen:

bisherige Bemessungsgrundlage	300.000 €
+ Mehrwert Ergänzungsbilanz B	50.000 €
./. Minderwert Ergänzungsbilanz A	50.000 €
= neue AfA-Bemessungsgrundlage	300.000 €
neue AfA 3 %	= 9.000 €

Diese AfA ist wie folgt zu verteilen:

– in der Bilanz der KG	9.000 €
– in der Ergänzungsbilanz Gesellschafter B	1.500 €
– in der Ergänzungsbilanz Gesellschafter A ./.	1.500 €
AfA insgesamt	9.000 €

Der Nachteil dieser Lösung ist, dass nach weiteren $26^{2}/_{3}$ Jahren der Buchwert in der Bilanz der Personengesellschaft voll abgeschrieben ist, in den Ergänzungsbilanzen jedoch noch ein Mehr- bzw. Minderwert von 10.000 Euro vorhanden ist.

Da die zwingend erforderliche positive Ergänzungsbilanz des B zum Ansatz des Gebäudes mit einem Zwischenwert führt, ist keine andere AfA-Ermittlung zulässig. Unerheblich ist, ob A eine negative Ergänzungsbilanz erstellt (wozu er nicht verpflichtet ist). Auch wenn dadurch insgesamt wieder der Buchwert angesetzt wird, führt dies nur zu einer entsprechenden Minder-AfA des A und nicht zu einer völligen Neuberechnung der AfA des B.

Der Mehr- bzw. Minderwert von 10.000 Euro nach Ablauf von $26^{2}/_{3}$ Jahren ist weitere $6^{2}/_{3}$ Jahre lang mit jährlich 1.500 Euro aufzulösen. Dies führt bei B zu einer Gewinnminderung, bei A zu einer Gewinnerhöhung. Insgesamt beträgt die AfA bei der OHG 0 Euro, was den steuerlichen Bestimmungen entspricht.

C. Gründung der Personengesellschaft

1.4.8.3 Weitere Behandlung von Sonderabschreibungen, erhöhten Absetzungen, Investitionsabzugsbeträgen und Investitionszulagen

73 Setzt die Personengesellschaft die eingebrachten Wirtschaftsgüter mit dem **Buchwert** an, tritt sie in die Rechtsstellung des Übertragenden ein. Sofern der bisherige Einzelunternehmer die Sonderabschreibungen (z. B. nach § 7 g EStG) oder erhöhten Absetzungen (z. B. nach § 7 h und § 7 i EStG) noch nicht bzw. noch nicht in vollem Umfang in Anspruch genommen hat, kann sie die Personengesellschaft innerhalb des restlichen Begünstigungszeitraums in Anspruch nehmen. Die Zeiträume der Bindung eines Wirtschaftsguts an die Betriebsstätte des Übertragenden und an die Betriebsstätte des Übernehmenden sind zusammenzurechnen. Dies gilt für alle Arten von Sonderabschreibungen und erhöhten Absetzungen.

74 Setzt die Personengesellschaft die eingebrachten Wirtschaftsgüter mit dem **gemeinen Wert** im Wege der **Einzelrechtsnachfolge** an, gelten die Wirtschaftsgüter als **angeschafft**. Die Personengesellschaft ist zur Inanspruchnahme von Sonderabschreibungen und erhöhten Absetzungen dann berechtigt, wenn die Voraussetzungen der jeweiligen Spezialvorschriften erfüllt sind. So kann die Personengesellschaft z. B. die Sonderabschreibung nach **§ 7 g EStG** in Anspruch nehmen, obwohl sie kein neues Wirtschaftsgut erwirbt.

75 Setzt die Personengesellschaft die eingebrachten Wirtschaftsgüter mit einem **Zwischenwert** oder mit dem **gemeinen Wert** im Wege der **Gesamtrechtsnachfolge** an, so gelten die Wirtschaftsgüter nicht als angeschafft.[175] Dieses BMF-Schreiben ist zwar zur Inanspruchnahme von Sonderabschreibungen nach dem FördG ergangen, ist aber u. E. insoweit in allen Fällen von Sonderabschreibungen und erhöhten Absetzungen anzuwenden.

Danach tritt die Personengesellschaft wie bei der Buchwertfortführung in die Rechtsstellung des Übertragenden ein und kann die nicht bzw. nicht in vollem Umfang in Anspruch genommene Sonderabschreibung oder erhöhte Absetzung in Anspruch nehmen. Sie erhält aber für den Unterschiedsbetrag zwischen Buchwert und Zwischenwert keine Sonderabschreibung und keine erhöhte Absetzung, sondern nur die lineare AfA.

Auch beim Ansatz mit einem Zwischenwert sind die Zeiträume der Bindung eines Wirtschaftsguts an die Betriebsstätte des Übertragenden und an die Betriebsstätte des Übernehmenden zusammenzurechnen.

Beispiel 1:
A bringt mit Wirkung vom 01.01.02 sein Einzelunternehmen mit einem Zwischenwert in eine neu gegründete OHG ein, an der er zur Hälfte beteiligt ist. Zum eingebrachten Betriebsvermögen gehört auch eine Maschine (Nutzungsdauer zehn Jahre), deren Anschaffungskosten am 29.01.01 200.000 € betragen

---
175 BMF vom 14.07.1995, BStBl I 1995, 374.

haben. Der nicht zu beanstandende Buchwert der Maschine zum 31.12.01 entwickelte sich wie folgt:

Anschaffungskosten 01	200.000 €
./. Sonderabschreibung gem. § 7 g EStG (10 %)	20.000 €
./. AfA (§ 7 Abs. 1 EStG)	20.000 €
Buchwert 31.12.01	160.000 €

Der gemeine Wert der Maschine zum 01.01.02 beträgt 190.000 €. Die OHG setzt die Maschine in der Eröffnungsbilanz zum 01.01.02 mit 175.000 € an.

A hätte in seinem Einzelunternehmen eine Sonderabschreibung nach § 7 g EStG i. H. von 20 % von 200.000 € = 40.000 € in Anspruch nehmen können. Da die OHG in die Rechtsstellung des A eintritt, kann sie die von A noch nicht in Anspruch genommene Sonderabschreibung nachholen. Für den Differenzbetrag von (175.000 € ./. 160.000 € =) 15.000 € erhält die OHG keine Sonderabschreibung, weil das Wirtschaftsgut nicht als angeschafft gilt.

Die höchstmögliche AfA der OHG in 02 beträgt somit:

– Sonderabschreibung nach § 7 g EStG
  10 % von 200.000 € = 20.000 €

– lineare AfA nach § 7 Abs. 1 EStG

bisherige Bemessungsgrundlage	200.000 €
+ aufgelöste stille Reserven	15.000 €
neue Bemessungsgrundlage	215.000 €
davon 10 %	21.500 €

Nach Ablauf des Begünstigungszeitraums (= 31.12.05) ist der Restbuchwert nach § 7 a Abs. 9 EStG auf die Restnutzungsdauer zu verteilen.

Beispiel 2:

Wie Beispiel 1, aber die OHG setzt alle Wirtschaftsgüter mit dem gemeinen Wert im Wege der Einzelrechtsnachfolge an.

Obwohl A seinen Betrieb veräußert und die Maschine noch kein Jahr zum Anlagevermögen im Einzelunternehmen gehört hat, ist die Sonderabschreibung im Einzelunternehmen des A nicht rückgängig zu machen (R 7g Abs. 7 Satz 4 EStR). Die dadurch aufgedeckten höheren stillen Reserven erhöhen den nach §§ 16, 34 EStG begünstigten Veräußerungsgewinn.

Die OHG hat die Maschine angeschafft. Sie kann zwar die von A in seinem Einzelunternehmen nicht in Anspruch genommene Sonderabschreibung von 10 % nicht nachholen. Sie kann jedoch für die von ihr angeschaffte Maschine eine eigene Sonderabschreibung i. H. von 20 % von 190.000 € = 38.000 € in Anspruch nehmen, sofern die Voraussetzungen des § 7 g Abs. 6 EStG erfüllt sind. Es ist nicht mehr erforderlich, dass ein neues Wirtschaftsgut angeschafft wird. Die Sonderabschreibung kann auch dann gewährt werden, wenn die OHG für diese Maschine keinen Investitionsabzugsbetrag beantragt hat. Da der Begünstigungszeitraum noch nicht abgelaufen ist, sind Bemessungsgrundlage für die lineare AfA nach § 7 Abs. 1 EStG die Anschaffungskosten von 190.000 €. Diese sind auf die Restnutzungsdauer von neun Jahren zu verteilen. Folglich beträgt die lineare AfA $^1/_9$ von 190.000 € = 21.111 €.

C. Gründung der Personengesellschaft

Hat der einbringende Einzelunternehmer vor der Einbringung seines Einzelunternehmens einen Investitionsabzugsbetrag für eine geplante Anschaffung oder Herstellung in Anspruch genommn, wird dieser Betrag bei der Einbringung in eine Personengesellschaft nur rückgängig gemacht, wenn die Personengesellschaft das eingebrachte Betriebsvermögen mit dem gemeinen Wert im Wege der Einzelrechtsnachfolge angesetzt hat.[176] In diesem Fall kann jedoch die Personengesellschaft für die von ihr geplante Anschaffung oder Herstellung von beweglichen Wirtschaftsgütern unter den Voraussetzungen des § 7 g Abs. 1 EStG einen Investitionsabzugsbetrag gewinnmindernd abziehen.

Beispiel 3:
A bringt sein Einzelunternehmen mit Wirkung vom 01.01.08 in eine OHG ein, an der er zur Hälfte beteiligt ist. Im Wirtschaftsjahr 06 hat er für die im Jahr 09 geplante Anschaffung einer Maschine mit Anschaffungskosten von voraussichtlich 200.000 € einen Investitionsabzugsbetrag i. H. von 40 % = 80.000 € zulässigerweise außerhalb der Buchführung gewinnmindernd abgezogen, da alle Voraussetzungen des § 7 g Abs. 1 EStG erfüllt waren. Die OHG setzt das eingebrachte Betriebsvermögen mit dem Buchwert an. Die Maschine wird im Jahr 09 von der OHG für 200.000 € erworben. Die OHG erfüllt in allen Jahren alle Voraussetzungen des § 7 g EStG und möchte eine Sonderabschreibung in Anspruch nehmen.

Die OHG tritt nach § 24 Abs. 4 i. V. m. § 23 Abs. 1 i. V. m. § 12 Abs. 3 1. Halbsatz UmwStG in die Rechtsstellung des A ein. Der Investitionsabzugsbetrag wird anlässlich der Einbringung nicht rückgängig gemacht, sondern von der OHG übernommen. Dafür erhält die OHG für die von ihr in 09 geplante Anschaffung nicht noch einmal einen Investitionsabzugsbetrag. Der Buchwert der Maschine (Nutzungsdauer zehn Jahre) zum 31.12.09 berechnet sich wie folgt:

Anschaffungskosten	200.000 €
./. von A abgezogener Investitionsabzugsbetrag	80.000 €
verbleiben = AfA-Bemessungsgrundlage	120.000 €
./. Sonderabschreibung (20 % von 120.000 € =)	24.000 €
./. lineare AfA nach § 7 Abs. 1 EStG (10 %)	12.000 €
Buchwert 31.12.09	84.000 €

Außerdem muss die OHG außerhalb der Buchführung ihren Gewinn um den von A in 06 in Anspruch genommenen Investitionsabzugsbetrag von 80.000 € erhöhen. Für die OHG ergibt sich damit in 09 insgesamt eine Gewinnauswirkung von (./. 80.000 € ./. 24.000 € ./. 12.000 € + 80.000 € =) ./. 36.000 €.

Beispiel 4:
Wie Beispiel 3, jedoch hat die OHG das von A eingebrachte Betriebsvermögen mit einem Zwischenwert angesetzt.

Auch beim Ansatz von Zwischenwerten tritt die OHG nach § 24 Abs. 4 i. V. m. § 23 Abs. 1 und 3 UmwStG in die Rechtsstellung des Einzelunternehmers ein.

---
[176] Siehe im Einzelnen C. Rz. 59.

1 Einkommensteuer

Die Lösung gegenüber Beispiel 3 ändert sich nicht, weil es bei voraussichtlichen Anschaffungskosten von 200.000 € keine stillen Reserven geben kann.

Beispiel 5:
Wie Beispiel 3, jedoch erfolgt die Einbringung durch Ausgliederung im Wege der Gesamtrechtsnachfolge nach § 123 Abs. 3 UmwG. Die OHG hat das eingebrachte Betriebsvermögen mit dem gemeinen Wert angesetzt.

Es ergibt sich dieselbe Lösung wie im Beispiel 3, weil die OHG auch in diesem Fall in die Rechtsstellung des A eintritt.

Beispiel 6:
Wie Beispiel 5, jedoch erfolgt die Einbringung im Wege der Einzelrechtsnachfolge.

In diesem Fall tritt die OHG nicht in die Rechtsstellung des A ein. Es liegt aus der Sicht des A eine Veräußerung des Einzelunternehmens und aus der Sicht der OHG ein Erwerb der einzelnen Wirtschaftsgüter des Einzelunternehmens vor. Der von A im Jahre 06 in Anspruch genommene Investitionsabzugsbetrag muss nach § 7 g Abs. 3 EStG rückwirkend rückgängig gemacht werden. Bei A ergibt sich somit eine Gewinnerhöhung in 06 von 80.000 €.

Weil die OHG die Wirtschaftsgüter von A erworben hat und alle Voraussetzungen des § 7 g EStG erfüllt sind, kann sie im Jahr 08 für die in 09 geplante Anschaffung der Maschine einen Investitionsabzugsbetrag von 40 % von 200.000 € = 80.000 € gewinnmindernd abziehen. Im Jahr der Anschaffung (= 09) ergibt sich dann dieselbe Berechnung des Buchwerts der Maschine und dieselbe Gewinnauswirkung bei der OHG.

Bei der Gewährung von Investitionszulagen nach dem InvZulG tritt in den Fällen der **Gesamtrechtsnachfolge** die Personengesellschaft hinsichtlich der Anspruchsberechtigung in die Stellung des Übertragenden ein. In diesen Fällen hat die Personengesellschaft Anspruch auf die Investitionszulage, soweit sie nicht der Übertragende zulässigerweise beantragt hat. Die Personengesellschaft kann die Investitionszulage auch dann beanspruchen, wenn die Voraussetzungen teilweise von ihr und teilweise von ihrem Rechtsvorgänger erfüllt sind.[177] **76**

Erwirbt die Personengesellschaft die Wirtschaftsgüter im Wege der Einzelrechtsnachfolge, steht dieser keine Investitionszulage zu, da sie kein neues Wirtschaftsgut anschafft. Jedoch kann der Einbringende auf Antrag eine Investitionszulage erhalten, wenn er die Voraussetzungen erfüllt.[178]

1.4.8.4 Wertausgleich für übertragene stille Reserven durch unterschiedliche Gewinnverteilung

Werden in der Handelsbilanz die Buchwerte angesetzt, so stellt sich die Frage, wem z. B. bei einer späteren Veräußerung die nicht aufgelösten stillen Reserven zuzurechnen sind. **77**

---
177 BMF vom 29.03.1985, BStBl I 1985, 113, und vom 28.06.2001, BStBl I 2001, 379.
178 Siehe C. Rz. 59.

C. Gründung der Personengesellschaft

Dabei ist zu bedenken, dass sich diese stillen Reserven im Zeitpunkt der Veräußerung erhöht, aber auch gemindert haben können.

Ferner können sich bei der Verteilung der AfA auf die Gesellschafter gewisse Unstimmigkeiten ergeben. Diese Probleme können dadurch gemildert oder gar beseitigt werden, dass eine unterschiedliche Gewinnverteilung (Gewinnvorab) und/oder eine Verteilung des Liquiditätserlöses in Abweichung von der handelsrechtlichen Beteiligung vereinbart wird.

1.4.8.5 Behandlung bei abweichendem Wirtschaftsjahr

78 Wird ein Einzelunternehmen in eine neu gegründete Personengesellschaft eingebracht, ist dies nach Auffassung der Finanzverwaltung als das Ende des bisherigen und die Eröffnung eines neuen Betriebs anzusehen. Die Personengesellschaft kann deshalb ihr Wirtschaftsjahr beliebig wählen. Eine zustimmungspflichtige Umstellung des Wirtschaftsjahrs i. S. des § 4 a Abs. 1 Nr. 2 Satz 2 EStG liegt nicht vor, unabhängig davon, ob die Personengesellschaft in ihrer Eröffnungsbilanz die Wirtschaftsgüter mit dem Buchwert, dem Teilwert oder einem Zwischenwert ansetzt (H 4a [Umwandlung] EStH).[179]

Beispiel 1:

A bringt sein Einzelunternehmen (Wirtschaftsjahr = Kalenderjahr) am 01.07.01 in die neu gegründete AB-OHG ein, die im Handelsregister eingetragen wird.

Die OHG hat folgende Möglichkeiten:

1. Sie wählt das Kalenderjahr als Wirtschaftsjahr.

    Es ergibt sich ein Anfangs-Rumpfwirtschaftsjahr vom 01.07.01 bis 31.12.01. Das nächste Wirtschaftsjahr verläuft vom 01.01.02 bis 31.12.02.

2. Sie wählt ein Wirtschaftsjahr vom 01.07. bis 30.06.

    Das erste Wirtschaftsjahr verläuft vom 01.07.01 bis 30.06.02. Es ergibt sich trotz Betriebseröffnung kein Rumpfwirtschaftsjahr.

3. Sie wählt ein Wirtschaftsjahr vom 01.04. bis 31.03.

    Es ergibt sich ein vom Kalenderjahr abweichendes Anfangs-Rumpfwirtschaftsjahr vom 01.07.01 bis 31.03.02. Das nächste Wirtschaftsjahr verläuft vom 01.04.02 bis 31.03.03.

Im Einzelunternehmen des A ergibt sich ein Rumpfwirtschaftsjahr vom 01.01.01 bis 30.06.01.

Beispiel 2:

Wie Beispiel 1, die Einbringung erfolgt zum 01.01.01.

Die OHG hat folgende Möglichkeiten:

1. Sie wählt das Kalenderjahr als Wirtschaftsjahr.

    Trotz Betriebseröffnung ergibt sich kein Anfangs-Rumpfwirtschaftsjahr.

    Das erste Wirtschaftsjahr verläuft vom 01.01.01 bis 31.12.01.

---

179 BFH vom 26.05.1994, BStBl II 1994, 891.

2. Sie wählt ein Wirtschaftsjahr vom 01.06. bis 31.05.

Es liegt hier **keine** Umstellung des Wirtschaftsjahrs vor, die der Zustimmung des Finanzamts bedarf. Es ergibt sich somit ein Anfangs-Rumpfwirtschaftsjahr vom 01.01. bis 31.05.01. Das nächste Wirtschaftsjahr verläuft vom 01.06.01 bis 31.05.02.

Beispiel 3:

Wie Beispiel 1, das Einzelunternehmen hat ein abweichendes Wirtschaftsjahr vom 01.07. bis 30.06.

Die Umwandlung des Einzelunternehmens in eine Personengesellschaft nach § 24 UmwStG ist als Ende des bisherigen und als Eröffnung eines neuen Betriebs anzusehen. Unabhängig davon, welches Wirtschaftsjahr das Einzelunternehmen hatte und ob die Einbringung mit Ablauf dieses abweichenden Wirtschaftsjahrs erfolgt oder nicht, kann die Personengesellschaft frei wählen, nach welchem Wirtschaftsjahr sie ihren Gewinn ermitteln möchte. Es ergeben sich folglich dieselben Möglichkeiten wie im Beispiel 1.

Beispiel 4:

A, B und C bringen ihre bisherigen Einzelunternehmen in eine von ihnen neu gegründete OHG ein. Das Wirtschaftsjahr stimmte bei A und B mit dem Kalenderjahr überein, während es bei C vom 01.08. bis 31.07. ging.

Unabhängig davon, welche Wirtschaftsjahre die Einzelunternehmen hatten und zu welchem Zeitpunkt die Einbringung erfolgt, kann die OHG wie im Beispiel 1 frei wählen, nach welchem Wirtschaftsjahr sie ihren Gewinn ermitteln möchte.

Möchte die Personengesellschaft zu einem späteren Zeitpunkt von ihrem bisherigen Wirtschaftsjahr auf ein anderes Wirtschaftsjahr wechseln, sind nach § 4 a Abs. 1 Satz 2 Nr. 2 EStG folgende Umstellungsmöglichkeiten gegeben:

1. Das Wirtschaftsjahr der Personengesellschaft entspricht bisher dem Kalenderjahr.

Die Umstellung auf ein vom Kalenderjahr abweichendes Wirtschaftsjahr bedarf der Zustimmung des Finanzamts. Diese ist zu versagen, wenn dafür keine branchenspezifischen oder sonstigen plausiblen Gründe vorgebracht werden können, sondern nur eine einjährige Steuerpause eintritt.[180]

2. Die Personengesellschaft hat ein abweichendes Wirtschaftsjahr und möchte auf ein anderes abweichendes Wirtschaftsjahr umstellen.

Auch in diesem Fall ist die Zustimmung des Finanzamts erforderlich.

3. Die Personengesellschaft hat ein abweichendes Wirtschaftsjahr und möchte auf ein Wirtschaftsjahr umstellen, das mit dem Kalenderjahr übereinstimmt.

---

180 BFH vom 18.12.1991, BStBl II 1992, 486.

C. Gründung der Personengesellschaft

Die Umstellung ist ohne weiteres möglich. Die Zustimmung des Finanzamts ist nicht erforderlich.

80 Wechseln bei einer fortbestehenden Personengesellschaft nur einzelne Gesellschafter oder scheidet ein Gesellschafter aus, bleibt der Betrieb als solcher bestehen. Eine Änderung des Wirtschaftsjahrs ist daher nur im Wege der Umstellung möglich. Zu einer Umstellung des Wirtschaftsjahrs auf einen Bilanzstichtag, der nicht mit dem Jahresende zusammenfällt, bedarf es deshalb der Zustimmung des Finanzamts.

1.5 Zusammenfassendes Beispiel

81 **Sachverhalt**

K und P gründen zum 01.01.14 eine OHG, in die K (40 Jahre alt) sein Einzelunternehmen einbringt und P eine Geldeinlage leistet.

K erstellt zum 31.12.13 folgende Schlussbilanz:

Aktiva	Schlussbilanz K	31.12.13	Passiva
Grund und Boden	100.000 €	Kapital	400.000 €
Gebäude	360.000 €	Rücklagen § 6 EStG	200.000 €
Maschinen	240.000 €	Pensionsrückstellungen	120.000 €
Kraftfahrzeug	15.000 €	Übrige Verbindlich-	
Waren	300.000 €	keiten	680.000 €
Sonstiges Aktivvermögen	385.000 €		
	1.400.000 €		1.400.000 €

Zur Ermittlung der von P zu leistenden Geldeinlage erstellt K zum 31.12.13 eine Vermögensbilanz, in der alle aktiven und passiven Wirtschaftsgüter mit dem gemeinen Wert angesetzt sind.

Aktiva	Vermögensbilanz K	31.12.13	Passiva
Grund und Boden	270.000 €	Kapital	1.310.000 €
Gebäude	520.000 €	Pensionsrückstellungen	170.000 €
Maschinen	300.000 €	Übrige Verbindlich-	
Kraftfahrzeug	20.000 €	keiten	680.000 €
GWG	5.000 €		
Firmenwert	300.000 €		
Waren	360.000 €		
Sonstiges Aktivvermögen	385.000 €		
	2.160.000 €		2.160.000 €

Erläuterungen zu den einzelnen Bilanzposten:

— **Grund und Boden**

Das Grundstück wurde von K in 02 erworben und seither unverändert mit den Anschaffungskosten aktiviert.

— **Gebäude**

Das Gebäude wurde am 15.01.04 fertig gestellt und von K zulässigerweise nach § 7 Abs. 4 Nr. 1 EStG mit 4 % der Herstellungskosten von 600.000 Euro abgeschrieben.

— **Maschinen**

Sie sind im Januar 12 für 300.000 Euro angeschafft worden und werden nach § 7 Abs. 1 EStG linear mit 10 % abgeschrieben.

— **Kraftfahrzeug**

Es wurde im Januar 11 für 30.000 Euro angeschafft und wird linear mit $16^{2}/_{3}$ % abgeschrieben. Der Teilwert von 20.000 Euro entspricht dem gemeinen Wert (netto).

— **Geringwertige Wirtschaftsgüter**

Die stillen Reserven von 5.000 Euro verteilen sich wie folgt auf die in den Vorjahren angeschafften Wirtschaftsgüter:

11: 1.000 Euro (Anschaffungskosten 3.000 Euro)

12: 2.000 Euro (Anschaffungskosten 5.000 Euro)

13: 2.000 Euro (Anschaffungskosten 4.000 Euro)

Die Nutzungsdauer beträgt jeweils fünf Jahre.

— **Pensionsrückstellungen**

Sie werden seit Jahren gem. § 6 a EStG gebildet, wobei in den jeweiligen Jahren bei den Altzusagen die Höchstbeträge nicht ausgeschöpft wurden.[181] Der in der Vermögensbilanz angesetzte Betrag von 170.000 € entspricht dem Teilwert i. S. von § 6 a Abs. 3 EStG (vgl. § 24 Abs. 2 UmwStG). Der Teilwert i. S. von § 6 a Abs. 3 EStG zum 31.12.14 beträgt 200.000 Euro.

— **Rücklage § 6 b EStG**

Sie wurde anlässlich der Veräußerung eines unbebauten Grundstücks im August 10 gebildet. K und P haben vereinbart, dass alle Auswirkungen auf den Gewinn, die sich durch die Übertragung oder Auflösung dieser Rücklage ergeben, allein Gesellschafter K zuzurechnen sind. Bis zum 31.12.14 wurde kein begünstigtes Wirtschaftsgut angeschafft. K hat keine weiteren Einzelunternehmen, ist auch nicht an anderen Personengesellschaften beteiligt und beabsichtigt auch nicht, dies in absehbarer Zeit zu tun.

---

181 Vgl. Art. 28 EGHGB.

C. Gründung der Personengesellschaft

Im Gesellschaftsvertrag wird u. a. Folgendes vereinbart:
- K und P sind je zur Hälfte am Vermögen sowie am Gewinn und Verlust der OHG beteiligt.
- K bringt sein Einzelunternehmen in die Firma ein. Das Grundstück – das zu den wesentlichen Betriebsgrundlagen gehört – wird allerdings nicht Gesamthandsvermögen der OHG. Es wird von K der OHG ab 01.01.14 gegen eine angemessene Miete von monatlich 4.000 Euro zur Verfügung gestellt.
- Das Kraftfahrzeug, das nicht zu den wesentlichen Betriebsgrundlagen gehört, wird von K nicht mehr betrieblich genutzt und deshalb am 31.12.13 ins Privatvermögen überführt.
- Der Wert des eingebrachten Betriebsvermögens beträgt nun noch (1.310.000 Euro ./. 270.000 Euro ./. 520.000 Euro ./. 20.000 Euro =) 500.000 Euro; P leistet folglich eine Geldeinlage von 500.000 Euro.

Lösung

a) Allgemeines

82 Zunächst ist zu prüfen, ob § 24 UmwStG anzuwenden ist, weil nicht alle Wirtschaftsgüter des bisherigen Einzelunternehmens in die OHG eingebracht werden. Entscheidend dafür ist, dass die **wesentlichen Betriebsgrundlagen** in die OHG überführt werden. Insofern ist es nicht schädlich, wenn K das Kraftfahrzeug in sein Privatvermögen überführt. Das zu den wesentlichen Betriebsgrundlagen gehörende Grundstück wird zwar nicht Gesamthandsvermögen der OHG. Wegen der Vermietung an die OHG gehört es jedoch zum notwendigen Sonderbetriebsvermögen des K; deshalb liegt die Einbringung des Einzelunternehmens in die OHG **im Ganzen** vor. Die Voraussetzungen des § 24 Abs. 1 UmwStG sind somit erfüllt, und die OHG hat nach § 24 Abs. 2 UmwStG die Wahl, das eingebrachte Betriebsvermögen mit dem Buchwert, dem gemeinen Wert oder einem Zwischenwert anzusetzen, denn das Besteuerungsrecht der BRD wird hinsichtlich des eingebrachten Betriebsvermögens weder ausgeschlossen noch beschränkt. Das Wahlrecht muss aber für alle Wirtschaftsgüter des Gesamthandsvermögens und des Sonderbetriebsvermögens **einheitlich** ausgeübt werden.

b) Einbringung zum Buchwert

aa) Eröffnungsbilanz der OHG

83 Setzt die OHG die Wirtschaftsgüter mit dem Buchwert an, tritt die OHG gem. § 24 Abs. 4 i. V. m. § 23 Abs. 1, § 12 Abs. 3 1. Halbsatz und § 4 Abs. 2 Satz 3 UmwStG in die Rechtsstellung der Einzelfirma ein.

Die OHG übernimmt bei allen Wirtschaftsgütern die Buchwerte. Da das Grundstück nicht zum Gesamthandsvermögen gehört, muss es in einer Sonderbilanz aktiviert werden. Auch die Rücklage gem. § 6 b EStG kann zum

1 Einkommensteuer

Buchwert übernommen werden und muss nicht gewinnerhöhend aufgelöst werden. Wegen der vertraglichen Vereinbarung zwischen K und P ist die Rücklage in eine Ergänzungsbilanz des K einzustellen, damit sie bei einer Übertragung in vollem Umfang von den anteiligen Anschaffungskosten des K abgezogen wird bzw. bei einer Auflösung der Gewinn auch tatsächlich in voller Höhe K zugerechnet wird (R 6b.2 Abs. 9 EStR).

Bei der Pensionsrückstellung ist zu beachten, dass das Nachholverbot bezüglich der Altzusagen des § 6 a Abs. 4 EStG auch für die OHG gilt.

Die OHG hat bei der Erstellung der Eröffnungsbilanz folgende drei Möglichkeiten:

Alternative 1

Aktiva	Eröffnungsbilanz OHG 01.01.14		Passiva
Maschinen	300.000 €	Kapital K	500.000 €
GWG	5.000 €	Kapital P	500.000 €
Firmenwert	300.000 €	Pensions-	
Waren	360.000 €	rückstellungen	170.000 €
Geldeinlage P	500.000 €	Übrige Verbindlich-	
Sonstiges Aktiv-		keiten	680.000 €
vermögen	385.000 €		
	1.850.000 €		1.850.000 €

Aktiva	Ergänzungsbilanz K 01.01.14		Passiva
Minderwert		Rücklage § 6 b EStG	200.000 €
Pensions-		Minderwert Maschinen	60.000 €
rückstellungen	50.000 €	Minderwert GWG	5.000 €
Minderkapital	575.000 €	Minderwert Firmenwert	300.000 €
		Minderwert Waren	60.000 €
	625.000 €		625.000 €

Aktiva	Sonderbilanz K 01.01.14		Passiva
Grund und Boden	100.000 €	Kapital	460.000 €
Gebäude	360.000 €		
	460.000 €		460.000 €

Anmerkung: Das steuerliche Kapital des K beträgt wegen der Entnahme des Kraftfahrzeugs nur noch (500.000 Euro ./. 575.000 Euro + 460.000 Euro =) 385.000 Euro und nicht 400.000 Euro.

C. Gründung der Personengesellschaft

Alternative 2

Aktiva	Eröffnungsbilanz OHG 01.01.14		Passiva
Maschinen	240.000 €	Kapital K	125.000 €
Waren	300.000 €	Kapital P	500.000 €
Geldeinlage P	500.000 €	Pensions-	
Sonstiges Aktiv-		rückstellungen	120.000 €
vermögen	385.000 €	Übrige Verbindlich-	
		keiten	680.000 €
	1.425.000 €		1.425.000 €

Aktiva	Ergänzungsbilanz K 01.01.14		Passiva
Minderkapital	200.000 €	Rücklage § 6 b EStG	200.000 €
	200.000 €		200.000 €

Aktiva	Sonderbilanz K 01.01.14		Passiva
Grund und Boden	100.000 €	Kapital	460.000 €
Gebäude	360.000 €		
	460.000 €		460.000 €

Anmerkung: Diese Lösung ist vor allem im Hinblick auf die künftige steuerliche Behandlung nicht zu empfehlen.

Alternative 3

Aktiva	Eröffnungsbilanz OHG 01.01.14		Passiva
Maschinen	240.000 €	Kapital K	312.500 €
Waren	300.000 €	Kapital P	312.500 €
Geldeinlage P	500.000 €	Pensions-	
Sonstiges Aktiv-		rückstellungen	120.000 €
vermögen	385.000 €	Übrige Verbindlich-	
		keiten	680.000 €
	1.425.000 €		1.425.000 €

Aktiva	Ergänzungsbilanz K 01.01.14		Passiva
Minderwert		Rücklage § 6 b EStG	200.000 €
Pensions-		Minderwert Maschinen	30.000 €
rückstellungen	25.000 €	Minderwert GWG	2.500 €
Kapital	387.500 €	Minderwert Firmenwert	150.000 €
		Minderwert Waren	30.000 €
	412.500 €		412.500 €

1 Einkommensteuer

Aktiva	Sonderbilanz K 01.01.14		Passiva
Grund und Boden	100.000 €	Kapital	460.000 €
Gebäude	360.000 €		
	460.000 €		460.000 €

Aktiva	Ergänzungsbilanz P 01.01.14		Passiva
Mehrwert Maschinen	30.000 €	Mehrkapital	187.500 €
Mehrwert GWG	2.500 €	Mehrwert	
Mehrwert Firmenwert	150.000 €	Pensions-	
Mehrwert Waren	30.000 €	rückstellungen	25.000 €
	212.500 €		212.500 €

Anmerkung: Das steuerliche Kapital des P beträgt (312.500 Euro + 187.500 Euro =) 500.000 Euro, das steuerliche Kapital des K (312.500 Euro ./. 387.500 Euro + 460.000 Euro =) 385.000 Euro.

bb) Steuerliche Behandlung im Einzelunternehmen des K

Unabhängig davon, welche der drei Möglichkeiten die OHG wählt, gilt für K gem. § 24 Abs. 3 UmwStG der Wert, mit dem das eingebrachte Betriebsvermögen in der Bilanz der OHG einschließlich der Ergänzungs- und Sonderbilanz für K angesetzt wird, als Veräußerungspreis. Es entsteht somit aus der Einbringung des Betriebs zum Buchwert kein Gewinn. Jedoch führt die Entnahme des Kraftfahrzeugs im Jahr 13 zu einem nicht tarifbegünstigten Entnahmegewinn i. H. von 5.000 Euro. Dieser Gewinn unterliegt nicht der Gewerbesteuer.[182] Dafür entfällt insoweit die Steuerermäßigung gem. § 35 EStG.

cc) Steuerliche Behandlung der eingebrachten Wirtschaftsgüter bei der OHG

— AfA

Da die OHG die Buchwerte fortführt, ist auch die bisherige AfA fortzuführen (§ 12 Abs. 3 UmwStG). Die AfA beträgt in der Buchführung der OHG und in den Ergänzungs- bzw. Sonderbuchführungen der Gesellschafter insgesamt für

— das Gebäude 4 % von 600.000 Euro = 24.000 €,
— die Maschinen 10 % von 300.000 Euro = 30.000 €,
— den Firmenwert = 0 €.

Je nachdem, für welche Möglichkeit sich die OHG entschieden hat, ist jedoch die AfA in unterschiedlicher Höhe auf die Gesellschafter zu verteilen.

---

182 Siehe B. Rz. 465.

C. Gründung der Personengesellschaft

Verteilung bei der Alternative 1:

in der Buchführung der OHG		in der Ergänzungs- bzw. Sonderbuchführung	
a) Gebäude	0 €	4 % von 600.000 € =	24.000 €
b) Maschinen 300.000 € : 8 Jahre =	37.500 €	60.000 € : 8 Jahre =	./. 7.500 €
c) GWG 100 % von 5.000 € =	5.000 €	100 % von 5.000 € =	./. 5.000 €
d) Firmenwert $1/_{15}$ von 300.000 € =	20.000 €	$1/_{15}$ von 300.000 € =	./. 20.000 €

Verteilung bei der Alternative 2:

in der Buchführung der OHG		in der Sonderbuchführung	
a) Gebäude	0 €	4 % von 600.000 € =	24.000 €
b) Maschinen 10 % von 300.000 € =	30.000 €		–
c) GWG	–		–
d) Firmenwert	–		–

Verteilung bei der Alternative 3:

Trotz Ansatzes eines Zwischenwerts in der Bilanz der OHG müssen die eingebrachten geringwertigen Wirtschaftsgüter sofort nach § 6 Abs. 2 EStG abgezogen werden, weil die OHG insgesamt das eingebrachte Betriebsvermögen mit dem Buchwert angesetzt hat.[183]

in der Buchführung der OHG

a) Gebäude	–
b) Maschinen 10 % von 300.000 € =	30.000 €

in der Sonderbuchführung Gesellschafter K

Gebäude 4 % von 600.000 € =	24.000 €

in der Ergänzungsbuchführung

Gesellschafter K		Gesellschafter P	
a) Maschinen 10 % von 30.000 € =	./. 3.000 €	10 % von 30.000 € =	3.000 €
b) GWG	./. 2.500 €		2.500 €
c) Firmenwert $1/_{15}$ von 150.000 € =	./. 10.000 €	$1/_{15}$ von 150.000 € =	10.000 €

---

183 Gl. A. Schmidt/Glanegger, § 6 Rz. 459.

— **Rücklage § 6 b EStG**
Da bis zum Ende der Frist nach § 6 b EStG kein begünstigtes Wirtschaftsgut angeschafft wurde, muss die Rücklage gewinnerhöhend aufgelöst werden und führt zu einer Gewinnerhöhung bei Gesellschafter K. Außerdem ist der Gewinn des Jahres 14 gem. § 6 b Abs. 7 EStG um 6 % von 200.000 Euro = 12.000 Euro × 4 = 48.000 Euro zu erhöhen. Dieser Betrag ist ebenfalls Gesellschafter K zuzurechnen.

— **Pensionsrückstellung § 6 a EStG**
Diese Rückstellung kann im Jahre 14 gem. § 6 a Abs. 4 EStG um 30.000 Euro erhöht werden. Dabei wird bei allen drei Möglichkeiten nur der Buchwert in der Bilanz der OHG erhöht. Die Mehr- bzw. Minderbeträge in den Ergänzungsbuchführungen bleiben bis zur Auflösung dieser Rückstellung bzw. bis zum Ende des Nachholverbots unverändert.

— **Waren**
Die Mehr- bzw. Minderwerte sind im Jahre 14 insoweit gewinnwirksam aufzulösen, als die Waren verkauft oder vernichtet worden sind. Für die noch vorhandenen Waren aus dem Bestand vom 01.01.14 sind die anteiligen Mehr- bzw. Minderwerte fortzuführen, sofern nicht eine Teilwertabschreibung vorzunehmen ist.

— **Grund und Boden**
Eine Auflösung des Werts in der Sonderbilanz kommt nur in Betracht, wenn eine Teilwertabschreibung nach § 6 Abs. 1 Nr. 2 EStG vorgenommen werden kann. Da diese aber nur ausnahmsweise möglich ist, ist der Buchwert i. d. R. unverändert fortzuführen.

c) **Einbringung mit dem gemeinen Wert im Wege der Einzelrechtsnachfolge**
Bei der Einbringung zum gemeinen Wert gelten die Wirtschaftsgüter gem. § 24 Abs. 4 i. V. m. § 23 Abs. 4 UmwStG im Zeitpunkt der Einbringung von der OHG als angeschafft.

Es werden zwar nicht alle Wirtschaftsgüter in das Gesamthandsvermögen der OHG übertragen. Das Grundstück, das an die OHG vermietet wird, gehört aber zum notwendigen Sonderbetriebsvermögen I des bisherigen Einzelunternehmers K, deshalb liegt eine Einbringung des Einzelunternehmens in die OHG im Ganzen vor. Das Wahlrecht zwischen Buchwert, Teilwert und Zwischenwert kann hinsichtlich der einzelnen Wirtschaftsgüter, die zu dem eingebrachten Betrieb gehören, von der aufnehmenden OHG nur einheitlich für alle Wirtschaftsgüter des Gesamthands- und des Sonderbetriebsvermögens ausgeübt werden.

Bei der Einbringung mit dem gemeinen Wert ist zu beachten, dass die Rücklage gem. § 6 b EStG grundsätzlich gewinnerhöhend aufgelöst werden muss.[184] Der dabei entstehende Gewinn erhöht den Veräußerungsgewinn

---
184 BMF vom 25.03.1998, BStBl I 1998, 268, Tz. 24.04 i. V. m. Tz. 22.11.

C. Gründung der Personengesellschaft

(H 16 Abs. 9 [Rücklage] EStH). Außerdem ist der Gewinn gem. § 6 b Abs. 7 EStG um 6 % des aufgelösten Rücklagebetrags zu erhöhen. Wie die aufgelöste Rücklage erhöht auch dieser Gewinnzuschlag bei der Einbringung zum Teilwert den begünstigten Veräußerungsgewinn.

Alternativ könnte K die Rücklage gem. § 6 b EStG auch in seiner Ergänzungsbilanz passivieren (R 6b.2 Abs. 9 Satz 1 EStR). Trotzdem läge die Einbringung eines Betriebs im Ganzen vor, weil eine steuerfreie Rücklage für sich gesehen keine wesentliche Betriebsgrundlage sein kann.

Bei der Gewährung der Steuerermäßigung nach §§ 16 und 34 EStG ist aber zu prüfen, ob die Rücklage anlässlich der Veräußerung eines Wirtschaftsguts gebildet wurde, das zu den wesentlichen Betriebsgrundlagen gehört hat. Da die stillen Reserven dieses Wirtschaftsguts 200.000 Euro betragen haben, liegt allein schon nach der quantitativen Betrachtungsweise, auf die es bei § 16 EStG auch ankommt, eine wesentliche Betriebsgrundlage vor. Somit wären bei einer Nichtauflösung der Rücklage die gesamten aufgedeckten stillen Reserven als laufender Gewinn zu versteuern.

Hätte K die Rücklage nicht aufgelöst, hätte er sie auch auf die von der OHG im Rahmen der Einbringung seines Einzelunternehmens angeschafften Wirtschaftsgüter übertragen können, denn ein Ansatz mit dem gemeinen Wert stellt eine Veräußerung dar.

Die Pensionsrückstellung muss mit dem Teilwert i. S. von § 6 a Abs. 3 EStG angesetzt werden, das Nachholverbot des § 6 a Abs. 4 EStG ist nicht zu beachten.

aa) Eröffnungsbilanz der OHG

Hier ist nur folgende Möglichkeit gegeben:

Aktiva	Eröffnungsbilanz OHG 01.01.14		Passiva
Maschinen	300.000 €	Kapital K	500.000 €
GWG	5.000 €	Kapital P	500.000 €
Firmenwert	300.000 €	Pensions-	
Waren	360.000 €	rückstellungen	170.000 €
Geldeinlage P	500.000 €	Übrige Verbindlich-	
Sonstiges Aktiv-		keiten	680.000 €
vermögen	385.000 €		
	1.850.000 €		1.850.000 €

Aktiva	Sonderbilanz Gesellschafter K 01.01.14		Passiva
Grund und Boden	270.000 €	Kapital	790.000 €
Gebäude	520.000 €		
	790.000 €		790.000 €

1 Einkommensteuer

bb) Steuerliche Behandlung im Einzelunternehmen des K

Da K seinen Betrieb mit den wesentlichen Betriebsgrundlagen in die OHG eingebracht hat, liegt ein Veräußerungsgewinn gem. § 16 Abs. 1 EStG vor. Die aufgelöste Rücklage gem. § 6 b EStG einschließlich des Gewinnzuschlags gem. § 6 b Abs. 7 EStG erhöht den Veräußerungsgewinn. Der beim Kfz erzielte Entnahmegewinn ist Teil des begünstigten Veräußerungsgewinns, da die Entnahme in zeitlichem Zusammenhang mit der Veräußerung erfolgte. Eine Aufteilung in einen laufenden Gewinn und einen nach §§ 16, 34 EStG begünstigten Veräußerungsgewinn ist weder bezüglich des aus der Auflösung der Rücklage gem. § 6 b EStG entstandenen Gewinns noch bezüglich des Entnahmegewinns vorzunehmen. Dagegen erhöhen die auf das Grundstück entfallenden stillen Reserven den laufenden Gewinn, weil nach § 24 Abs. 3 Satz 3 UmwStG i. V. m. § 16 Abs. 2 Satz 3 EStG insoweit auf der Seite des Veräußerers und auf der Seite des Erwerbers nur K steht.

Der Veräußerungsgewinn berechnet sich wie folgt:

gemeiner Wert der eingebrachten Wirtschaftsgüter = Veräußerungspreis (§ 24 Abs. 3 UmwStG)	1.290.000 €
+ Gewinnzuschlag gem. § 6 b Abs. 7 EStG (200.000 € × 6 % = 12.000 € × 3 Jahre =)	36.000 €
./. Buchwert der eingebrachten Wirtschaftsgüter	385.000 €
aufgedeckte stille Reserven	941.000 €
davon entfallen auf Grund und Boden und Gebäude	330.000 €
verbleiben	611.000 €
davon entfallen auf die aufgelöste Rücklage gem. § 6 b EStG einschl. Gewinnzuschlag	236.000 €
verbleiben (= stille Reserven der übrigen Wirtschaftsgüter)	375.000 €
davon laufender Gewinn ½	187.500 €
verbleibender Veräußerungsgewinn	187.500 €
+ stille Reserven Rücklage § 6 b EStG einschl. Gewinnzuschlag	236.000 €
+ Entnahmegewinn Kfz	5.000 €
begünstigter Veräußerungsgewinn	428.500 €

K erhält keinen Freibetrag gem. § 16 Abs. 4 EStG, weil er sein 55. Lebensjahr noch nicht vollendet hat. Der ermäßigte Steuersatz gem. § 34 Abs. 1 EStG (Fünftelregelung) ist auf den Veräußerungsgewinn von 428.500 € anwendbar.

Der laufende Gewinn berechnet sich wie folgt:

die Hälfte der stillen Reserven	187.500 €
+ stille Reserven Grund und Boden und Gebäude	330.000 €
Summe	517.500 €

Bezüglich der Steuerermäßigung gem. § 35 EStG ist zu beachten, dass diese für den nach §§ 16, 34 EStG begünstigten Veräußerungsgewinn entfällt. Der fiktive

C. Gründung der Personengesellschaft

laufende Gewinn unterliegt der Gewerbesteuer, dafür erhält K die Steuerermäßigung gem. § 35 EStG.

Da bei der Veräußerung von Grund und Boden und Gebäude die Voraussetzungen des § 6 b EStG erfüllt sind, kann insoweit eine Rücklage gem. § 6 b EStG in Höhe von (170.000 Euro + 160.000 Euro =) 330.000 Euro gebildet werden. Diese Rücklage würde den laufenden Gewinn auf 187.500 Euro mindern. Sie könnte auf das in der Sonderbilanz aktivierte Grundstück übertragen werden.

Die Sonderbilanz hätte dann folgendes Aussehen:

Aktiva	Sonderbilanz Gesellschafter K 01.01.14		Passiva
Grund und Boden	100.000 €	Kapital	460.000 €
Gebäude	360.000 €		
	460.000 €		460.000 €

Wird eine Rücklage gebildet, so kann der ermäßigte Steuersatz nach § 34 EStG nicht gewährt werden.[185]

Nach Glanegger/Güroff[186] steht es einer gewerbesteuerfreien Betriebsveräußerung nicht entgegen, wenn der Gewinn ganz oder teilweise in eine Rücklage gem. § 6 b EStG eingestellt wird. Folglich entfällt für diesen Gewinn die Steuerermäßigung gem. § 35 EStG.

Diese Auffassung ist u. E. zutreffend, da die Einbringung des Einzelunternehmens in eine Personengesellschaft zu einer endgültigen Einstellung der gewerblichen Betätigung des Veräußerers führt.[187]

Hätte K die Rücklage aus seinem Einzelunternehmen zurückbehalten, hätte er sie ebenfalls auf das in der Sonderbilanz aktivierte Grundstück übertragen können, weil das Grundstück als angeschafft anzusehen ist. Ein Gewinnzuschlag gem. § 6 b Abs. 7 EStG wäre dann nicht vorzunehmen.

Nur der Veräußerungsgewinn würde sich um 200.000 Euro zzgl. 36.000 Euro wegfallender Gewinnzuschlag auf 192.500 Euro mindern.

Zu bedenken ist allerdings, dass bei der Zurückbehaltung dieser Rücklage der Veräußerungsgewinn von 192.500 Euro nur noch tarifbegünstigt versteuert werden könnte, wenn die Rücklage anlässlich der Veräußerung eines Wirtschaftsguts gebildet wurde, das nicht zu den wesentlichen Betriebsgrundlagen gehörte. Im anderen Fall wäre der Veräußerungsgewinn von 192.500 Euro als laufender Gewinn zu versteuern.

Wenn K anlässlich der Betriebseinbringung ohnehin eine Rücklage gem. § 6 b EStG i. H. von 330.000 Euro gebildet hätte, wäre der verbleibende Gewinn von 192.500 Euro von vornherein nicht nach § 34 Abs. 1 EStG mit

---
185 ESt-Kartei der OFDen Freiburg, Karlsruhe, Stuttgart zu § 6 b EStG Nr. 4.
186 § 7 GewStG, Anm. 14 und 51.
187 BFH vom 03.02.1994, BStBl II 1994, 709.

1 Einkommensteuer

dem ermäßigten Steuersatz zu versteuern. Die Zurückbehaltung und Übertragung dieser Rücklage stellt dann eine interessante Alternative dar. Die Steuerermäßigung gem. § 35 EStG entfällt u. E. trotzdem in vollem Umfang, weil der Gewinn nicht der Gewerbesteuer unterliegt.

Die Sonderbilanz hätte dann folgendes Aussehen:

Aktiva	Sonderbilanz Gesellschafter K	01.01.14	Passiva	
Grund und Boden	0 €	Kapital		260.000 €
Gebäude	260.000 €			
	260.000 €			260.000 €

cc) Steuerliche Behandlung der eingebrachten Wirtschaftsgüter bei der OHG

Da die Wirtschaftsgüter als angeschafft gelten, ist die AfA neu zu berechnen. Im Einzelnen:

— Gebäude (vor Übertragung einer Rücklage)

3 % der Anschaffungskosten von 520.000 Euro = 15.600 Euro (§ 7 Abs. 4 Nr. 1 EStG)

— Maschinen

Die lineare AfA beträgt bei einer Restnutzungsdauer von acht Jahren 300.000 Euro : 8 = 37.500 Euro.

— GWG

Diese müssen zwingend nach § 6 Abs. 2 EStG im Jahr der Einbringung in voller Höhe abgeschrieben werden.

— Firmenwert

Die Anschaffungskosten von 300.000 Euro sind gem. § 7 Abs. 1 Satz 3 EStG auf die Nutzungsdauer von 15 Jahren zu verteilen.

Für die übrigen Wirtschaftsgüter ergeben sich keine Besonderheiten.

d) Einbringung mit einem Zwischenwert[188]

aa) Eröffnungsbilanz der OHG

Bei der Einbringung der Wirtschaftsgüter mit einem Zwischenwert tritt die OHG ebenfalls in die Rechtsstellung der Einzelfirma ein, jedoch mit einigen Besonderheiten. Die stillen Reserven sind prozentual gleichmäßig aufzustocken. Dabei wird ein Firmenwert erst angesetzt, wenn bei allen anderen Wirtschaftsgütern der gemeine Wert angesetzt worden ist und noch ein Betrag übrig bleibt. Laut Aufgabe werden im vorliegenden Fall sämtliche

85

---

[188] Im vorliegenden Fall sollen alle stillen Reserven aufgedeckt werden mit Ausnahme des Firmenwerts.

C. Gründung der Personengesellschaft

stillen Reserven aufgedeckt ohne Ansatz eines Firmenwerts. Die Rücklage gem. § 6 b EStG kann mit ihrem Buchwert in die Ergänzungsbilanz übernommen und muss nicht gewinnerhöhend aufgelöst werden. Falls sie aufgelöst wird, erhöht sie den laufenden Gewinn. Auch der dann nach § 6 b Abs. 7 EStG vorzunehmende Gewinnzuschlag erhöht den laufenden Gewinn. Bei der Pensionsrückstellung **muss** der Buchwert übernommen werden, weil die OHG als Rechtsnachfolgerin das Nachholverbot des § 6 a EStG beachten muss. Es ergeben sich folgende Möglichkeiten für die Erstellung der Eröffnungsbilanz:

Alternative 1:

Aktiva	Eröffnungsbilanz OHG 01.01.14		Passiva
Maschinen	300.000 €	Kapital K	500.000 €
GWG	5.000 €	Kapital P	500.000 €
Firmenwert	300.000 €	Pensions-	
Waren	360.000 €	rückstellungen	170.000 €
Geldeinlage P	500.000 €	Übrige Verbindlich-	
Sonstiges Aktiv-		keiten	680.000 €
vermögen	385.000 €		
	1.850.000 €		1.850.000 €

Aktiva	Ergänzungsbilanz K 01.01.14		Passiva
Minderwert Pensions-		Rücklage § 6 b EStG	200.000 €
rückstellungen	50.000 €	Minderwert	
Minderkapital	450.000 €	Firmenwert	300.000 €
	500.000 €		500.000 €

Aktiva	Sonderbilanz K 01.01.14		Passiva
Grund und Boden	270.000 €	Kapital	790.000 €
Gebäude	520.000 €		
	790.000 €		790.000 €

Alternative 2:

Aktiva	Eröffnungsbilanz OHG 01.01.14		Passiva
Maschinen	300.000 €	Kapital K	250.000 €
GWG	5.000 €	Kapital P	500.000 €
Waren	360.000 €	Pensions-	
Geldeinlage P	500.000 €	rückstellungen	120.000 €
Sonstiges Aktiv-		Übrige Verbindlich-	
vermögen	385.000 €	keiten	680.000 €
	1.550.000 €		1.550.000 €

Aktiva	Ergänzungsbilanz K 01.01.14		Passiva
Minderkapital	200.000 €	Rücklage § 6 b EStG	200.000 €
	200.000 €		200.000 €

Aktiva	Sonderbilanz K 01.01.14		Passiva
Grund und Boden	270.000 €	Kapital	790.000 €
Gebäude	520.000 €		
	790.000 €		790.000 €

bb) Steuerliche Behandlung im Einzelunternehmen des K

Bei K entsteht ein **nicht** nach §§ 16, 34 EStG begünstigter Veräußerungsgewinn in folgender Höhe:

Veräußerungspreis (§ 24 Abs. 3 UmwStG):	1.050.000 €
./. Buchwert der eingebrachten Wirtschaftsgüter	585.000 €
Veräußerungsgewinn	465.000 €
+ Entnahmegewinn	5.000 €
insgesamt zu versteuernder Gewinn	470.000 €
Für die bei der Veräußerung von Grund und Boden und Gebäude aufgedeckten stillen Reserven von	330.000 €
kann eine Rücklage gem. § 6 b EStG gebildet werden, sodass der Gewinn noch beträgt.	140.000 €

Diese Rücklage kann u. E. in die Sonderbilanz eingestellt werden.

Unabhängig davon, ob K eine Rücklage gem. § 6 b EStG bildet oder nicht, entfällt die Steuerermäßigung gem. § 35 EStG, weil der Gewinn nicht der Gewerbesteuer unterliegt.

cc) Steuerliche Behandlung der eingebrachten Wirtschaftsgüter bei der OHG

Die AfA berechnet sich gem. § 23 Abs. 3 UmwStG wie folgt:

— Gebäude

bisherige Bemessungsgrundlage	600.000 €
+ aufgedeckte stille Reserven	160.000 €
= neue AfA-Bemessungsgrundlage	760.000 €

Die AfA beträgt gem. § 7 Abs. 4 Nr. 1 EStG ab dem Jahre 14 4 % von 760.000 Euro = 30.400 Euro und ist in der Sonderbuchführung des Gesellschafters K zu berücksichtigen.

C. Gründung der Personengesellschaft

— Maschinen

bisherige Bemessungsgrundlage	300.000 €
+ aufgedeckte stille Reserven	60.000 €
= neue Bemessungsgrundlage	360.000 €
davon 10 % gem. § 7 Abs. 1 EStG	36.000 €

— GWG

Die GWG müssen im Jahr 14 nach § 6 Abs. 2 EStG in voller Höhe abgeschrieben werden (= 5.000 Euro).

— Firmenwert

Sofern der Firmenwert bilanziert wird (siehe Alternative 1), ist er ab dem Jahr der Einbringung auf die Laufzeit von 15 Jahren zu verteilen. Entsprechend ist der Minderwert in der Ergänzungsbilanz des K aufzulösen.

— Rücklage

Für die Rücklage gem. § 6 b EStG gelten die Ausführungen beim Ansatz mit dem Buchwert (siehe Buchstabe b, Doppelbuchstabe cc) beim Ansatz mit einem Zwischenwert grundsätzlich genauso. Da die eingebrachten Wirtschaftsgüter von der OHG als angeschafft gelten, könnte K seine Rücklage auch auf die von der OHG angeschafften begünstigten Wirtschaftsgüter bzw. auf das Grundstück im Sonderbetriebsvermögen übertragen.

— Pensionsrückstellung

Die Pensionsrückstellung kann im Jahre 14 gem. § 6 a Abs. 4 EStG um 30.000 Euro erhöht werden. Der Minderbetrag in der Ergänzungsbilanz bleibt bis zur Auflösung dieser Rückstellung bzw. bis zum Ende des Nachholverbots unverändert.

Bei den übrigen Wirtschaftsgütern ergeben sich keine Besonderheiten.

e) Einbringung mit dem gemeinen Wert im Wege der Gesamtrechtsnachfolge

86 Die Arten der Einbringung mit dem gemeinen Wert im Wege der Gesamtrechtsnachfolge nach den Vorschriften des UmwG sind in § 1 Abs. 3 Nr. 1 und 2 UmwStG aufgeführt.[189] Obwohl diese Gesamtrechtsnachfolge auch steuerrechtlich zu beachten ist mit der Folge, dass die OHG in die Rechtsstellung des bisherigen Einzelunternehmers K eintritt, liegt bei K eine Veräußerung i. S. des § 16 EStG vor, weil alle stillen Reserven aufgedeckt werden.

Die Ausführungen zur Einbringung in eine Personengesellschaft mit dem gemeinen Wert im Wege der Einzelrechtsnachfolge (insbesondere zur Rück-

---

189 Siehe C. Rz. 10.

lage gem. § 6 b EStG) gelten daher entsprechend.[190] Auch die Pensionsrückstellung muss mit dem Teilwert i. S. von § 6 a Abs. 3 EStG angesetzt werden.[191] Die AfA bemisst sich dagegen wie beim Ansatz mit einem Zwischenwert (§ 24 Abs. 4 i. V. m. § 23 Abs. 4 UmwStG).

2 Umsatzsteuer

2.1 Ausgangsumsätze der Personengesellschaft bei Gründung

Ob die Vorgänge bei Gründung einer Personengesellschaft zu einem umsatzsteuerrechtlich relevanten Leistungsaustausch führen, ist umstritten. Nach der bis zum Jahr 2003 herrschenden Meinung erbringt die Personengesellschaft schon bei Gründung eine steuerbare sonstige Leistung durch die Gewährung von Gesellschaftsanteilen an die Gesellschafter der eben entstehenden Personengesellschaft, wobei das Entgelt in der Bar- oder auch Sacheinlage der Gesellschafter zu erblicken ist.

87

Die Gegenmeinung will in der Gesellschaftsgründung auf Seiten der Gesellschaft einen nicht steuerbaren Vorgang sehen. Sie begründet dies mit dem Wesen des Gesellschaftsvertrags als eines Vertrags, der auf Leistungsvereinigung und nicht auf Leistungsaustausch ausgerichtet sei.

Vom Ergebnis her scheint es zunächst irrelevant, ob die Gewährung von Gesellschaftsanteilen bei der Gründung steuerbar oder nicht steuerbar ist, da im Falle der Steuerbarkeit die Befreiung nach § 4 Nr. 8 f UStG eingreift. Indessen ist die Frage von Bedeutung, wenn im Zusammenhang mit der Gründung bei der Gesellschaft Vorsteuern angefallen sind, weil im Falle der Steuerbefreiung das Vorsteuerabzugsverbot nach § 15 Abs. 2 UStG eingreifen könnte.

Deshalb hat der BFH in seinem Vorlagebeschluss vom 27.09.2001[192] dem EuGH die Frage vorgelegt, ob bei der Aufnahme eines Gesellschafters in eine Personengesellschaft gegen Zahlung einer Bareinlage ein Leistungsaustausch vorliegt.

Mit Urteil vom 26.06.2003 Rs. C-442/01 hat der EuGH[193] hierzu entschieden, dass die Aufnahme eines Gesellschafters in eine Gesellschaft ebenso wie die Gründung einer Gesellschaft ein nicht steuerbarer Vorgang ist. Entspre-

---

190 Siehe oben C. Rz. 84.
191 Siehe C. Rz. 48.
192 UR 2002 S. 81.
193 UR 2003 S. 443.

C. Gründung der Personengesellschaft

chend hat der BFH in seinem Folgeurteil vom 01.07.2004[194] entschieden. Da die Gewährung von Gesellschaftsanteilen mangels Leistungsaustausch kein Umsatz im Sinne des UStG darstellt, ist für den Vorsteuerabzug aus den im Zusammenhang mit der Aufnahme von Gesellschaftern angefallenen Kosten auf die von der Gesellschaft beabsichtigten allgemeinen Umsätze abzustellen.

Diese Urteile sind von der Verwaltung bisher noch nicht in vollem Umfang übernommen worden. Bei konsequenter Fortführung der Entscheidung des EuGH wäre nämlich die Sacheinlage im Zusammenhang mit der Aufnahme eines Gesellschafters mangels Leistungsaustausches ebenfalls nicht steuerbar. Hierzu bestimmt jedoch Abschnitt 6 Abs. 2 UStR, dass Sacheinlagen, die ein Gesellschafter gegen Aufnahme in die Gesellschaft im Rahmen seines Unternehmens an die Gesellschaft leistet, steuerbar sind, sofern keine Geschäftsveräußerung i. S. von § 1 Abs. 1 a UStG vorliegt.

Nach dem derzeitigen Meinungsstand ist also davon auszugehen, dass die Gewährung von Gesellschaftsanteilen bei Gründung von Gesellschaften bzw. bei der Aufnahme von Gesellschaftern ein nicht steuerbarer Vorgang ist, jedoch Sacheinlagen im Zusammenhang mit der Gewährung von Gesellschaftsanteilen steuerbar sind, wenn sie im Rahmen eines Unternehmens des Gesellschafters erfolgen, sofern keine Geschäftsveräußerung i. S. von § 1 Abs. 1 a UStG vorliegt.

Damit läuft die Befreiung nach § 4 Nr. 8 f UStG für Umsätze von Anteilen an Gesellschaften weitgehend leer. Sie hat im Wesentlichen noch Bedeutung für Unternehmer, deren Hauptgeschäft der Handel mit Gesellschaftsanteilen ist.

2.2 Eingangsumsätze der Personengesellschaft bei Gründung

Bei Gesellschaftsgründung fallen mit Umsatzsteuer belastete Kosten an, wenn beispielsweise ein Rechtsanwalt oder Notar zur Abfassung des Gesellschaftsvertrags bemüht wird. Da die Gesellschaft vom Beginn des Gründungsstadiums an als Unternehmer zu betrachten ist, ist die Umsatzsteuer bei Vorliegen einer ordnungsgemäßen Rechnung mit gesondertem Umsatzsteuerausweis i. S. des § 14 UStG abziehbar gem. § 15 Abs. 1 UStG. Hinsichtlich des Abzugsverbots nach § 15 Abs. 2 UStG ist auf die beabsichtigten Ausgangsumsätze der Gesellschaft abzustellen. Da die Ausgabe von Gesellschaftsanteilen kein Umsatz ist, sind hierfür die normalen Umsätze der Gesellschaft maßgeblich. Nach Art. 173 MwStSystRL ist eine Vorsteueraufteilung vorzunehmen, wenn der Unternehmer sowohl vorsteuerunschädliche als auch vorsteuerschädliche Umsätze tätigt. Hierzu ist ein Pro-rata-Satz nach Art. 174 MwStSystRL zu ermitteln. Dieser Pro-rata-Satz ergibt sich aus

---

[194] BStBl II 2004, 1022.

einem Bruch, in dessen Zähler die Summe der vorsteuerunschädlichen Umsätze und in dessen Nenner die Summe aller vorsteuerunschädlichen und vorsteuerschädlichen Umsätze kommt.

2.3 Ausgangsumsätze des Gesellschafters bei Gründung einer Personengesellschaft

2.3.1 Bargründung

Leistet der Gesellschafter seine Einlage in Geld, so erbringt er keine Leistung im Sinne des Umsatzsteuerrechts. Seine Geldeinlage stellt lediglich Entgelt für den Erwerb des Gesellschaftsanteils dar. **88**

2.3.2 Sachgründung

Sachgründung bedeutet, dass der Gesellschafter seine Einlage ganz oder teilweise in Sachwerten erbringt. Für die umsatzsteuerrechtliche Behandlung einer solchen Sacheinlage beim Gesellschafter ist entscheidend, ob der Gesellschafter die Sacheinlage aus seinem nichtunternehmerischen Bereich oder aus seinem unternehmerischen Bereich erbringt. Erbringt er die Sacheinlage aus seinem nichtunternehmerischen Bereich, ergibt sich beim Gesellschafter kein steuerbarer Umsatz. **89**

Beispiel 1:

Der Gesellschafter A ist Eigentümer eines PKW, den er bisher ausschließlich privat genutzt hat. Bei der Gründung der Gesellschaft bringt er diesen PKW in der Weise ein, dass er Gesamthandsvermögen der Gesellschaft wird.

Die Einbringung des PKW ist bei A nicht im Rahmen eines Unternehmens erfolgt und daher nicht steuerbar.

Beispiel 2:

Der Gesellschafter B ist Eigentümer eines Grundstücks, das er bisher ausschließlich privat genutzt hat. Anlässlich der Gründung der Gesellschaft verpflichtet er sich, dieses Grundstück der Gesellschaft für zehn Jahre unentgeltlich zur Nutzung zu überlassen.

Mit der „unentgeltlichen" Nutzungsüberlassung erbringt B eine Dauerleistung und damit eine nachhaltige Tätigkeit. Dieser Leistung steht auch ein Entgelt in Form der Einräumung der Gesellschaftsbeteiligung seitens der Gesellschaft gegenüber (tauschähnlicher Umsatz). B handelt daher in Einnahmeerzielungsabsicht und wird dadurch zum Unternehmer. Das Grundstück (einkommensteuerrechtlich Sonderbetriebsvermögen der Gesellschaft) wird bei ihm Unternehmensvermögen, und zwar schon eine logische Sekunde vor der Nutzungsüberlassung an die Gesellschaft. B erbringt seine Sacheinlage somit aus seinem unternehmerischen Bereich. Dies führt bei B zu einem steuerbaren Umsatz.

Erbringt der Gesellschafter seine Sacheinlage aus seinem unternehmerischen Bereich, liegt darin grundsätzlich ein steuerbarer Umsatz des Gesellschafters. Es handelt sich um einen tauschähnlichen Umsatz, der gem. § 1 **90**

C. Gründung der Personengesellschaft

Abs. 1 Nr. 1 UStG steuerbar ist. Als Gegenleistung für seine Lieferung oder sonstige Leistung erhält er eine sonstige Leistung, nämlich die Übertragung der Gesellschaftsanteile. Der Umsatz ist steuerpflichtig, sofern keine Steuerbefreiung gem. § 4 UStG eingreift. Als Bruttobemessungsgrundlage ist gem. § 10 Abs. 2 Satz 2 UStG der gemeine Wert des erhaltenen Gesellschaftsanteils anzusetzen. Normalerweise ist dabei davon auszugehen, dass in etwa Wertgleichheit zwischen der erbrachten Sacheinlage und dem erhaltenen Gesellschaftsanteil besteht. Wertungleichheiten werden meist durch eine Baraufgabe ausgeglichen. Sollte jedoch ausnahmsweise der Wert des erhaltenen Gesellschaftsanteils eindeutig niedriger sein als der Wert der Sacheinlage, stellt sich die Frage, ob die Mindestbemessungsgrundlage gem. § 10 Abs. 5 Nr. 1 i. V. m. § 10 Abs. 4 UStG eingreift. Dabei könnte man zur Auffassung gelangen, dass die Gesellschaft eine dem Gesellschafter nahestehende Person i. S. von § 10 Abs. 5 Nr. 1 UStG ist, weil er an der Gesellschaft beteiligt ist und der Vorteil der verbilligten Zuwendung ihm indirekt über seine Beteiligung am Ertrag der Gesellschaft wieder zugutekommt. Indessen darf nicht verkannt werden, dass der Wert der Sacheinlage meist nur dann höher ist als der Wert des Gesellschaftsanteils, wenn die Sacheinlagen falsch bewertet wurden und dadurch ein anderer Gesellschafter einen höherwertigen Gesellschaftsanteil erhält, als ihm aufgrund seiner Einlage zustünde. Die verbilligte Zuwendung kommt dann nur dem anderen Gesellschafter zugute. Weiterhin ist zu bedenken, dass sich Gesellschaft und Gesellschafter erst nach Gründung der Gesellschaft aufgrund des dann bestehenden Gesellschaftsverhältnisses nahestehen, im Moment des Gründungsvorgangs also noch keine zwangsläufig sich nahestehenden Personen sind. Es ist daher geboten, die Frage, ob die Gesellschaft eine dem Gesellschafter nahestehende Person ist, dahin gehend differenzierend zu lösen, ob der andere Gesellschafter, dem die verbilligte Zuwendung zugutekommt, eine dem Gesellschafter nahestehende Person ist.

Beispiel:

91 Der Fabrikant F und der Erfinder E gründen eine OHG zur Auswertung eines Patents des E, das E bisher dem Produzenten P gegen Entgelt zur Auswertung überlassen hatte. F bringt als Einlage Maschinen aus seinem Produktionsbetrieb mit einem gemeinen Wert von 80.000 €, E das Patent mit einem gemeinen Wert (= Teilwert + Umsatzsteuer) von 120.000 € ein. F und E erhalten dafür jeweils einen 50 %-Gesellschaftsanteil mit einem gemeinen Wert von 100.000 €, weil sie subjektiv davon ausgingen, es bestünde zwischen den Maschinen und dem Patent Wertgleichheit.

Umsatzsteuerrechtliche Behandlung bei F:

F liefert die Maschinen im Rahmen eines tauschähnlichen Umsatzes an die OHG. Die Lieferung ist steuerbar nach § 1 Abs. 1 Nr. 1 UStG und mangels Steuerbefreiung steuerpflichtig. Bemessungsgrundlage ist der gemeine Wert des erhaltenen Gesellschaftsanteils abzgl. der Umsatzsteuer. Die Umsatzsteuer beträgt somit $^{19}/_{119}$ von 100.000 € = 15.966 €.

Umsatzsteuerrechtliche Behandlung bei E:
E ist durch die entgeltliche Überlassung seiner Erfindung an P nachhaltig in Einnahmeerzielungsabsicht tätig und somit gem. § 2 Abs. 1 UStG Unternehmer. Die Einbringung seines Patents in die OHG stellt eine steuerbare und steuerpflichtige Lieferung im Rahmen seines Einzelunternehmens dar. Da ein tauschähnlicher Umsatz vorliegt, ist Bemessungsgrundlage gem. § 10 Abs. 2 Satz 2 UStG der gemeine Wert des erhaltenen Gesellschaftsanteils abzgl. Umsatzsteuer. Da dieser Wert niedriger ist als der Wert des Patents, kommt die Mindestbemessungsgrundlage gem. § 10 Abs. 5 Nr. 1 i. V. m. § 10 Abs. 4 Nr. 1 UStG in Betracht. Dies setzt jedoch voraus, dass die Gesellschaft eine dem E nahestehende Person ist. Wie oben dargelegt wurde, ist dies nicht schon aufgrund des Gesellschaftsverhältnisses der Fall, da dieses erst begründet wird. Es ist auch nicht deshalb der Fall, weil E indirekt dem F aus privaten Gründen etwas zuwenden will, da die Unterwertigkeit des erhaltenen Gesellschaftsanteils ihre Ursache in der unbewussten Fehlbewertung hat. Die Mindestbemessungsgrundlage greift daher nicht ein. Die Umsatzsteuer beträgt wie bei F $^{19}/_{119}$ von 100.000 € = 15.966 €.

Wenn F und E der OHG über ihre steuerpflichtigen Leistungen nach § 14 UStG ordnungsgemäße Rechnungen mit gesondertem Umsatzsteuerausweis ausstellen, kann die OHG diese Umsatzsteuer in vollem Umfang als Vorsteuer geltend machen. Die Vorsteuer steht nämlich im wirtschaftlichen Zusammenhang mit den vorgesehenen steuerpflichtigen Hauptumsätzen der OHG.

Als Ergebnis für den Fall, dass der Gesellschafter aus seinem Unternehmensbereich eine Sacheinlage einbringt, bleibt festzuhalten: **92**

— Es handelt sich grundsätzlich (ausgenommen die Einbringung eines Betriebs oder Teilbetriebs[195]) um einen steuerbaren tauschähnlichen Umsatz.

— Im Falle der Steuerpflicht ist Bruttobemessungsgrundlage der gemeine Wert des erhaltenen Gesellschaftsanteils. Für die Umsatzsteuer ist es also völlig unmaßgeblich, mit welchem Wert die Sacheinlage in der Eröffnungsbilanz der Gesellschaft angesetzt wird.

— Die Mindestbemessungsgrundlage gem. § 10 Abs. 5 Nr. 1 i. V. m. § 10 Abs. 4 UStG findet nur dann Anwendung, wenn der erhaltene Gesellschaftsanteil weniger wert ist als der sich aus § 10 Abs. 4 UStG ergebende Wert und der andere Gesellschafter, dem dies zugutekommt, eine dem Gesellschafter nahestehende Person ist.

— Wird der Wertunterschied zwischen Sacheinlage und Gesellschaftsanteil durch eine Baraufgabe seitens des Gesellschafters ausgeglichen, errechnet sich die Bruttobemessungsgrundlage beim Gesellschafter wie folgt:

gemeiner Wert des Gesellschaftsanteils
./. Baraufgabe
= Bruttobemessungsgrundlage

---

[195] Vgl. C. Rz. 96 f.

C. Gründung der Personengesellschaft

— Wird der Wertunterschied zwischen Sacheinlage und Gesellschaftsanteil dadurch ausgeglichen, dass die Gesellschaft eine Baraufgabe leistet, errechnet sich die Bruttobemessungsgrundlage beim Gesellschafter wie folgt:

gemeiner Wert des Gesellschaftsanteils
+ Baraufgabe

= Bruttobemessungsgrundlage

2.3.3 Typische Einzelbeispiele zur Sacheinlage

Beispiel 1:

M und N gründen zum 01.01.05 eine OHG. Im Gesellschaftsvertrag verpflichteten sie sich zu folgenden Beiträgen:

M überführt ein bebautes Grundstück aus seinem Einzelunternehmen in das Gesamthandsvermögen der Personengesellschaft. Das Grundstück hat am 01.01.05 einen gemeinen Wert von 500.000 €. Das Gebäude wurde am 08.01.03 fertig gestellt und sofort eigenbetrieblich genutzt. Für die Errichtung des Gebäudes wurden M 300.000 € zzgl. 48.000 € Umsatzsteuer in Rechnung gestellt. Die Umsatzsteuer hat M in vollem Umfang als Vorsteuer geltend gemacht.

Es ist im notariellen Vertrag vereinbart, dass M auf die Steuerbefreiung gem. § 4 Nr. 9 a UStG verzichtet.

Die OHG nutzt das Grundstück sofort für ihre eigenen steuerpflichtigen Umsätze.

N überführt ein Kfz, das er am 10.01.03 für 40.000 € + 7.600 € Umsatzsteuer = 47.600 € erworben und seither nur für Privatfahrten und für Fahrten zwischen Wohnung und Arbeitsstätte verwendet hatte, zum gemeinen Wert von 30.000 € in das Gesamthandsvermögen der Personengesellschaft und leistet eine Bareinlage von 470.000 €.

M und N erhalten dafür jeweils einen Gesellschaftsanteil mit einem gemeinen Wert von 500.000 €.

Umsatzsteuerrechtliche Behandlung bei M:

Das Grundstück war Unternehmensvermögen des Einzelunternehmens des M. Die Übertragung auf die OHG ist daher steuerbar. Infolge des nach § 9 UStG zulässigen Verzichts auf die Steuerbefreiung ist die Übertragung auch steuerpflichtig. Die Umsatzsteuer hat die OHG gem. § 13 b Abs. 1 Nr. 3 i. V. m. Abs. 2 UStG im Reverse-Charge-Verfahren an das Finanzamt abzuführen. Da M einen Gesellschaftsanteil erhält, handelt es sich um einen tauschähnlichen Umsatz. Die Umsatzsteuer wird wie folgt ermittelt:

Nettoentgelt (gemeiner Wert des Gesellschaftsanteils) 500.000 €

Umsatzsteuer 19 % von 500.000 € = 95.000 €.

Die von der OHG zu tragende Umsatzsteuer wirkt sich bei ihr kostenmäßig nicht aus, da sie in gleicher Höhe gegenüber dem Finanzamt den Vorsteuerabzug geltend machen kann.

Infolge der steuerpflichtigen Veräußerung des Grundstücks an die OHG vermeidet M eine Vorsteuerberichtigung zu seinen Ungunsten gem. § 15 a UStG.

Umsatzsteuerrechtliche Behandlung bei N:
Die Einbringung des PKW stellt keine Lieferung im Rahmen eines Unternehmens dar und ist deshalb nicht steuerbar. Bei der OHG kommt daher bzgl. des PKW auch kein Vorsteuerabzug in Frage.

Beispiel 2:
O und P gründeten am 01.06.15 eine OHG. Die Beiträge der Gesellschafter werden in einem notariell beurkundeten Gesellschaftsvertrag wie folgt festgelegt:

P überweist 200.000 €.

O überträgt eine Beteiligung an einer GmbH zum gemeinen Wert von 200.000 €. Bei dieser Beteiligung handelt es sich um die Hälfte einer Beteiligung, die der Vater des O im Jahr 01 für insgesamt 120.000 € erworben hatte. Beim Tode seines Vaters am 10.03.11 erbte O zusammen mit seinem Bruder je zur Hälfte diese Beteiligung.

Beitrag des P:
Die Geldeinlage des P ist bei P ein nicht steuerbarer Vorgang.

Beitrag des O:
O ist als Gesellschafter einer GmbH nicht Unternehmer i. S. des Umsatzsteuerrechts. Die Einbringung stellt somit keine Leistung im Rahmen eines Unternehmens dar und ist deshalb nicht steuerbar.

Beispiel 3:
W und S gründeten zum 01.10.11 eine OHG und verpflichteten sich zu folgender Einlage:

W überträgt ein bebautes Grundstück aus seinem Einzelunternehmen in das Gesamthandsvermögen der Personengesellschaft. W hatte dieses Grundstück am 15.01.01 für 250.000 € erworben. Der gemeine Wert des Grundstücks mit Gebäude betrug am 01.10.11 450.000 €.

S überträgt aus seinem Einzelunternehmen einen Kundenstamm im Wert von 50.000 € und leistet eine Bareinlage von 400.000 €. Der Kundenstamm war beim Einzelunternehmen nicht bilanziert.

Beide Gesellschafter sind am Gewinn und an den stillen Reserven zu je 50 % beteiligt. Der gemeine Wert der Beteiligung beträgt bei W und S jeweils 450.000 €.

Behandlung der Einlage des W:
Die Einlage des Grundstücks stellt eine Lieferung im Rahmen des Unternehmens des W an die OHG dar. Die Lieferung ist steuerbar, da W als Entgelt den Gesellschaftsanteil von Seiten der OHG erhält. Sie ist jedoch steuerfrei gem. § 4 Nr. 9 a UStG. Ein Verzicht auf die Steuerbefreiung wäre zwar gem. § 9 UStG möglich, wurde jedoch nicht notariell vereinbart. Eine Vorsteuerberichtigung bei W aufgrund der steuerfreien Veräußerung kommt nicht in Frage, weil das Grundstück schon am 15.01.01 erworben und genutzt wurde.

C. Gründung der Personengesellschaft

Behandlung der Einlage des S:
Die Einbringung des Kundenstamms stellt eine Leistung im Rahmen des Unternehmens des S an die OHG dar. Die Leistung erfolgt als tauschähnlicher Umsatz mit Baraufgabe. Sie ist steuerbar und mangels Steuerbefreiung auch steuerpflichtig. Die Umsatzsteuer bei S errechnet sich wie folgt:

Gemeiner Wert des erhaltenen Gesellschaftsanteils	450.000 €
./. Baraufgabe	400.000 €
Bruttobemessungsgrundlage	50.000 €

Umsatzsteuer $^{19}/_{119}$ von 50.000 € = 7.983 €

Wenn S der OHG eine entsprechende Rechnung mit Umsatzsteuerausweis ausstellt, kann die OHG diese Umsatzsteuer als Vorsteuer abziehen.

2.3.4 Einbringung eines Betriebs, Teilbetriebs oder Mitunternehmeranteils

2.3.4.1 Allgemeines

96 Ebenso wie bilanzsteuerrechtlich die Einbringung eines Betriebs, Teilbetriebs oder Mitunternehmeranteils weitgehend gleich behandelt wird, ist umsatzsteuerrechtlich im Ergebnis kein Unterschied zwischen Einbringung eines Betriebs oder Teilbetriebs einerseits und Einbringung eines Mitunternehmeranteils andererseits.

Bei Einbringung eines Betriebs oder Teilbetriebs liegt eine nach § 1 Abs. 1 a UStG nicht steuerbare Geschäftsveräußerung im Rahmen des Einzelunternehmens des einbringenden Gesellschafters vor.

Die Einbringung eines Mitunternehmeranteils ist i. d. R. keine Leistung im Rahmen eines Unternehmens und deshalb nicht steuerbar, da der einkommensteuerrechtliche Mitunternehmer kein Unternehmer im Sinne des Umsatzsteuerrechts ist.

2.3.4.2 Einbringung eines Betriebs

Beispiel 1:

97 V und Z gründen zum 01.01.01 eine OHG. Das Beteiligungsverhältnis soll 50 : 50 betragen. V bringt sein bisheriges Einzelunternehmen mit allen Aktiven und Passiven in die Personengesellschaft ein. Die OHG übernimmt auch die Umsatzsteuer, die sich aus der Einbringung in die OHG ergibt. Z leistet eine Einlage in bar i. H. von 300.000 €.

Die Bilanz der Einzelfirma zum 31.12.00 hat vereinfacht folgendes Aussehen:

Aktiva	Bilanz V	31.12.00	Passiva
Maschinen und Einrichtungsgegenstände	140.000 €	Kapital	200.000 €
Waren	100.000 €	Verbindlichkeiten (ohne Umsatzsteuer aus der Einbringung)	40.000 €
	240.000 €		240.000 €

2 Umsatzsteuer

Die stillen Reserven betragen bei den Maschinen und Einrichtungsgegenständen 50.000 € und bei den Waren 20.000 €. Darüber hinaus ist ein Firmenwert i. H. von 30.000 € vorhanden. Der gemeine Wert der erhaltenen Gesellschaftsanteile bei V und Z beträgt jeweils 300.000 €.

Umsatzsteuerrechtliche Behandlung bei Z:

Die Geldeinlage des Z stellt bei Z einen nicht steuerbaren Vorgang dar.

Umsatzsteuerrechtliche Behandlung bei V:

Die Einbringung des Einzelunternehmens ist bei V gem. § 1 Abs. 1 a UStG eine nicht steuerbare Geschäftsveräußerung. Bei V ergibt sich hieraus keine Umsatzsteuer und bei der OHG kein Vorsteuerabzug.

Beispiel 2:

Einzelunternehmer E und sein Sohn S gründen zum 01.01.01 eine OHG. E und S sollen daran in gleicher Weise beteiligt sein. E bringt sein bisheriges Einzelunternehmen mit allen Aktiven und Passiven (einschl. der aus der Einbringung resultierenden Umsatzsteuer) in die OHG ein. S leistet keine Einlage. Die Bilanz der Einzelfirma E zum 31.12.00 hat vereinfacht folgendes Aussehen:

Aktiva		Bilanz zum 31.12.00	Passiva
Maschinen und Einrichtungsgegenstände	140.000 €	Kapital	200.000 €
Waren	100.000 €	Verbindlichkeiten (ohne Umsatzsteuer aus der Einbringung)	40.000 €
	240.000 €		240.000 €

Die stillen Reserven betragen bei den Maschinen und Einrichtungsgegenständen 50.000 € und bei den Waren 20.000 €. Darüber hinaus ist ein Firmenwert i. H. von 30.000 € vorhanden. Der gemeine Wert der erhaltenen Gesellschaftsanteile bei E und S beträgt jeweils 150.000 €.

Die Einbringung des Einzelunternehmens ist bei E gem. § 1 Abs. 1 a UStG eine nicht steuerbare Geschäftsveräußerung. Bei E ergibt sich hieraus keine Umsatzsteuer und bei der OHG kein Vorsteuerabzug.

Die OHG gewährt für die Einbringung des Einzelunternehmens Gesellschaftsanteile an E und S. Die Gewährung der Gesellschaftsanteile ist nicht steuerbar (vgl. EuGH-Urteil vom 26.06.2003[196]).

2.3.4.3 Einbringung eines Teilbetriebs

Bei der Einbringung eines Teilbetriebs ergibt sich im Grundsatz kein Unterschied zur Einbringung eines Unternehmens im Ganzen. Der einbringende Unternehmer gibt allerdings in diesen Fällen seine Unternehmereigenschaft nicht auf, wenn er den ihm verbleibenden Betriebsteil fortführt.

---

[196] Rs. C-442/01, UR 2003 S. 443.

C. Gründung der Personengesellschaft

Auch die Einbringung einer umsatzsteuerrechtlichen Organgesellschaft stellt eine Einbringung eines Teilbetriebs dar. Wie ein solcher Vorgang aus umsatzsteuerrechtlicher Sicht zu behandeln ist, soll nachfolgendes Beispiel verdeutlichen:

Beispiel:

100 Einzelunternehmer A ist Inhaber eines Fertigungsbetriebs zur Herstellung elektronischer Warnanlagen. Zugleich hält er 100 % der Anteile an einer GmbH, die den Vertrieb der Warnanlagen übernommen hat. Die GmbH tätigt ihre Geschäfte in einem Gebäude des A, in dem sich auch der Fertigungsbetrieb befindet. Zum 01.01.04 gründet A mit B und C die ABC-OHG und bringt seine gesamten Anteile an der GmbH als Gesamthandsvermögen in die OHG ein. Er erhält dafür einen Anteil von $^1/_3$ an der OHG mit einem gemeinen Wert von 100.000 €. Geschäftszweck der OHG ist der Einkauf und Vertrieb elektronischer Erzeugnisse jeglicher Art.

Aufgrund der 100 %-Kapitalbeteiligung, der völligen wirtschaftlichen Eingliederung und der organisatorischen Eingliederung, die dadurch zutage tritt, dass die GmbH ihre Geschäfte in dem Gebäude des A betreibt, ist die GmbH als Organgesellschaft in das Einzelunternehmen des A eingegliedert. Da die Kapitalbeteiligung die Organschaft begründet, dient sie dem Unternehmen des A und ist deshalb Unternehmensvermögen. Die Veräußerung der Kapitalbeteiligung an die OHG erfolgt daher im Rahmen des Unternehmens des A gegen Entgelt (OHG-Anteil) und ist somit steuerbar nach § 1 Abs. 1 Nr. 1 UStG. Sie ist jedoch steuerfrei gem. § 4 Nr. 8 f UStG. Mit der Veräußerung der Kapitalanteile an die OHG entfällt die finanzielle Eingliederung in das Einzelunternehmen des A. Die Organschaft bricht zusammen. Die GmbH ist nicht mehr Organgesellschaft des A. Ihre Umsätze dürfen A ab 01.01.04 nicht mehr zugerechnet werden. Gleichzeitig wird eine Organschaft zwischen der OHG und der GmbH begründet. Die finanzielle Eingliederung der GmbH in die OHG ist zu 100 % gegeben. Die wirtschaftliche Eingliederung ist auch gegeben, da sich OHG und GmbH auf demselben Marktsektor betätigen und sich in diesem Sektor gegenseitig ergänzen. Die organisatorische Eingliederung kann demgegenüber zurücktreten. Es ist also festzustellen, dass die GmbH vor dem 01.01.04 Unternehmensteil des Unternehmens des A war und ab 01.01.04 Unternehmensteil der OHG ist. Das Auseinanderbrechen der bisherigen Organschaft und die Begründung der neuen Organschaft sind jeweils Vorgänge kraft Gesetzes, vergleichbar der Erbfolge, und deshalb umsatzsteuerrechtlich nicht relevant im Sinne einer Veräußerung der in der GmbH befindlichen Besitzposten.

Da die Kapitalanteile an der GmbH ab dem 01.01.04 die Organschaft zur OHG begründen, dienen sie der OHG und sind deshalb Unternehmensvermögen der OHG geworden. Infolgedessen könnte A auf die Steuerbefreiung nach § 4 Nr. 8 f UStG gem. § 9 UStG verzichten. Die Veräußerung der Kapitalanteile ist dann steuerpflichtig. Dies könnte insoweit sinnvoll sein, als bei A im Zusammenhang mit der Anteilsübertragung auf die OHG Vorsteuerbeträge anfallen, die A dann abziehen könnte. Die Umsatzsteuer beträgt $^{19}/_{119}$ von 100.000 € (gemeiner Wert des OHG-Anteils) = 15.966 €. Bei entsprechender Rechnung hat die OHG hieraus den Vorsteuerabzug. Ein Vorsteuerabzugsverbot gem. § 15

Abs. 2 UStG greift nicht ein, weil die OHG mit Hilfe der Kapitalanteile über ihre Organgesellschaft steuerpflichtige Umsätze tätigt.

2.3.4.4 Einbringung eines Mitunternehmeranteils

Beispiel:

A ist Gesellschafter der ABC-OHG (Geschäftszweig Lebensmitteleinzelhandel). Er gründet zum 01.01.01 mit D und E die ADE-OHG (Geschäftszweig Lebensmittelgroßhandel). A bringt als Einlage (mit Zustimmung von B und C) seinen Mitunternehmeranteil an der ABC-OHG in das Gesamthandsvermögen der ADE-OHG ein. **101**

A erbringt mit der Einlage seines Anteils an der ABC-OHG eine sonstige Leistung i. S. von § 4 Nr. 8 f UStG an die ADE-OHG gegen Gewährung eines Gesellschaftsanteils von Seiten der ADE-OHG (tauschähnlicher Umsatz). A ist jedoch als Gesellschafter der ABC-OHG nicht Unternehmer i. S. des UStG. Seine Leistung ist daher nicht steuerbar.

Soweit bei A im Zusammenhang mit der Einbringung des Anteils Vorsteuern anfallen, hat A daraus mangels Unternehmereigenschaft keinen Vorsteuerabzug.

2.3.4.5 Besonderheiten bei der Einbringung eines Betriebs
2.3.4.5.1 Behandlung von Pensionsverpflichtungen, die von der neu gegründeten Gesellschaft übernommen werden

Die Übernahme der Pensionsverpflichtungen erfolgt im Rahmen einer nicht steuerbaren Geschäftsveräußerung und ist umsatzsteuerrechtlich irrelevant. **102**

2.3.4.5.2 Zurückbehaltung einiger Wirtschaftsgüter bei Einbringung eines Betriebs

Für die umsatzsteuerliche Behandlung ist es entscheidend, ob eine Geschäftsveräußerung vorliegt oder nicht. Die Geschäftsveräußerung ist nach § 1 Abs. 1 a UStG nicht steuerbar. Nach früherer Verwaltungsauffassung setzte die Geschäftsveräußerung voraus, dass alle wesentlichen Betriebsgrundlagen auf den Erwerber übertragen werden. Diese Auffassung ergab sich aus dem zu § 75 AO entwickelten Begriff der Geschäftsveräußerung im Ganzen. Wurden also einzelne wesentliche Betriebsgrundlagen zurückbehalten, konnte eine nach § 1 Abs. 1 a UStG nicht steuerbare Geschäftsveräußerung nicht mehr angenommen werden. Diese Auffassung ist jedoch als Folge verschiedener BFH-Urteile[197] aufgegeben worden, da die Betriebsveräußerung i. S. von § 75 AO und die Betriebsveräußerung i. S. von § 1 Abs. 1 a UStG unterschiedliche Zielrichtungen haben. § 1 Abs. 1 a UStG ist als eigenständige Vorschrift zu betrachten, die aus Vereinfachungsgründen in das UStG aufgenommen worden ist und in Anlehnung **103**

---

197 BFH-Urteile vom 15.10.1998, BStBl II 1999, 41, vom 21.03.2002, BStBl II 2002, 559, und vom 04.07.2002, UR 2003 S. 16.

C. Gründung der Personengesellschaft

an Art. 19 MwStSystRL auszulegen ist. Deshalb setzt eine Geschäftsveräußerung lediglich voraus, dass der Erwerber in der Lage ist, den übernommenen Betrieb fortzuführen. Dies ist auch dann der Fall, wenn er das Geschäftsgrundstück nicht erwirbt, sondern lediglich anmietet. Auch die Auffassung, dass ein lebendes Unternehmen veräußert werden muss, ist aufgegeben worden. So liegt eine Geschäftsveräußerung i. S. von § 1 Abs. 1 a UStG auch vor, wenn eine nur teilweise fertig gestellte Fabrikhalle, die nach Fertigstellung gewerblich vermietet werden sollte, eingebracht wird.

Die zurückbehaltenen Wirtschaftsgüter führen beim Einzelunternehmen gegebenenfalls zu Leistungen, die nach § 3 Abs. 1 b bzw. Abs. 9 a UStG entgeltlichen Leistungen gleichgestellt sind.

D. EINTRITT EINES GESELLSCHAFTERS IN EINE BESTEHENDE PERSONENGESELLSCHAFT

1 Einkommensteuer

1.1 Allgemeines

Anders als ein Gesellschafterwechsel umfasst § 24 UmwStG auch den Eintritt eines **weiteren** Gesellschafters in eine bestehende Personengesellschaft gegen **Geld- oder Sacheinlage**.[1] Dieser Sachverhalt stellt sich – wirtschaftlich gesehen – so dar, dass die bisherigen Gesellschafter der Personengesellschaft ihre Mitunternehmeranteile an der bisherigen Personengesellschaft in eine neue, durch den neu eintretenden Gesellschafter vergrößerte Personengesellschaft einbringen. Diese Rechtsansicht gilt beim Eintritt eines weiteren Gesellschafters in eine gewerblich, freiberuflich und land- und forstwirtschaftlich tätige Personengesellschaft.[2] Es spielt keine Rolle, ob die „alte" Personengesellschaft einen aktiven Gewerbebetrieb ausübt, gewerblich geprägt ist oder ob sie ihren Gewerbebetrieb im Ganzen verpachtet, aber die Betriebsaufgabe nicht erklärt hat.[3] Diese Auffassung gilt unabhängig davon, ob die Altgesellschafter und/oder der Neugesellschafter natürliche oder juristische Personen sind.

Aber: Tritt eine GmbH einer bereits bestehenden KG als Komplementärin ohne Verpflichtung zur Leistung einer Einlage bei, werden hierdurch **nicht** die Bewertungswahlrechte des § 24 UmwStG eröffnet.[4]

Allerdings fällt die Aufnahme eines weiteren Gesellschafters in eine Personengesellschaft gegen Bareinlage, Einbringung eines Wirtschaftsguts oder lediglich der Arbeitskraft **nicht** unter das **UmwG,** mit der Folge, dass eine Einbringung mit dem gemeinen Wert im Wege der Gesamtrechtsnachfolge **nicht** möglich ist.[5]

Die Aufnahme eines weiteren Gesellschafters in eine Personengesellschaft führt zu folgenden steuerlichen Konsequenzen:

1

2

---

1 BMF vom 25.03.1998, BStBl I 1998, 268, Tz. 24.01.
2 BFH vom 23.05.1985, BStBl II 1985, 695, vom 18.03.1999, BStBl II 1999, 604, und vom 25.04.2006, BStBl II 2006, 847.
3 Siehe J. Rz. 293.
4 BFH vom 20.09.2007, BStBl II 2008, 265.
5 Widmann/Mayer, § 24 UmwStG, Rz. 129.

D. Eintritt eines Gesellschafters

1. Bei den **Altgesellschaftern**

Diese bringen ihre bisherigen Mitunternehmeranteile (Anteile am Gesamthandsvermögen und ihr Sonderbetriebsvermögen) **in vollem Umfang** in die „neue" Personengesellschaft ein. Diese kann nach § 24 Abs. 2 UmwStG das eingebrachte Betriebsvermögen mit dem Buchwert, dem gemeinen Wert oder einem Zwischenwert ansetzen. Das Wahlrecht kann von der „neuen" Personengesellschaft für **jeden** Gesellschafter **anders** ausgeübt werden.[6] Dies gilt unabhängig davon, in welcher Form der neue Gesellschafter seine Einlage leistet.

Für die Altgesellschafter ergeben sich dieselben steuerlichen Konsequenzen wie in den Fällen der Einbringung eines Einzelunternehmens in die Personengesellschaft. Deshalb gelten die Ausführungen in C. auch beim Eintritt eines weiteren Gesellschafters in eine bestehende Personengesellschaft uneingeschränkt. Sind in diesem Fall für die Altgesellschafter bereits Ergänzungsbilanzen vorhanden (z. B. aus einer früheren Einbringung in die bisherige Personengesellschaft), schließt die Einbringung zum Buchwert auch die Fortführung der Buchwerte in den Ergänzungsbilanzen ein, denn die Ergänzungsbilanz gehört mit zum Buchwert des eingebrachten Mitunternehmeranteils i. S. des § 1 Abs. 5 Nr. 4 UmwStG. Das heißt, die bestehenden Ergänzungsbilanzen werden unverändert fortgeführt.

Besonders hinzuweisen ist auf § 24 Abs. 3 Satz 2 UmwStG. Diese Vorschrift greift **nicht** ein, weil die Altgesellschafter ihre bisherigen Mitunternehmeranteile nicht nur zum Teil, sondern in vollem Umfang in die „neue" Personengesellschaft einbringen. Falls die Personengesellschaft die gemeinen Werte ansetzt, erhalten die Altgesellschafter auch die Vergünstigungen der § 16 Abs. 4 und § 34 Abs. 1 oder 3 EStG.

Die Aufteilung der aufgedeckten stillen Reserven in einen laufenden Gewinn und einen nach § 16 Abs. 4 und § 34 Abs. 1 und 3 EStG begünstigten Veräußerungsgewinn (§ 24 Abs. 3 Satz 3 UmwStG i. V. m. § 16 Abs. 2 Satz 3 EStG) ist wie folgt zu berechnen:

Beispiel 1:

An einer OHG sind X und Y je zur Hälfte beteiligt. Ihr Kapital, bewertet mit dem gemeinen Wert, beträgt je 900.000 €. Sie nehmen Z gegen eine Bareinlage i. H. von 900.000 € in die OHG auf, sodass X, Y und Z zu je ⅓ beteiligt sind. Unterstellt, die OHG setzt die gemeinen Werte an, ergibt sich ein Einbringungsgewinn von je 450.000 €.

Der bei X und Y jeweils entstehende Einbringungsgewinn von 450.000 € ist in der Höhe ein laufender Gewinn, wie es dem Verhältnis der nach der Einbrin-

---

6 BMF vom 25.03.1998, BStBl I 1998, 268, Tz. 24.04 i. V. m. Tz. 20.14.

gung bestehenden Beteiligung zu der vor der Einbringung bestehenden Beteiligung entspricht, d. h. zu $^2/_3$ = 300.000 €.[7]

Berechnung:
Bisherige Beteiligung 50 % (= 100 %)
Neue Beteiligung 33$^1/_3$ % (= 66$^2/_3$ %)

Im Fall der Einbringung eines Mitunternehmeranteils an einer KG durch den Kommanditisten gehen die verrechenbaren Verluste i. S. des § 15 a EStG der Personengesellschaft, deren Anteile eingebracht werden, **nicht verloren.** Der Einbringende kann die verrechenbaren Verluste von seinem Gewinnanteil an der aufnehmenden Personengesellschaft in Abzug bringen, soweit diese auf den Gewinnanteil der übernehmenden Personengesellschaft an der Personengesellschaft entfallen, deren Anteile eingebracht worden sind.

2. Beim **neuen Gesellschafter** 3

Die steuerliche Behandlung ist davon abhängig, in welcher Form er seine Einlage leistet.

a) **Barzahlung**

Für den neuen Gesellschafter ergeben sich keine steuerlichen Konsequenzen.

b) **Einbringung einzelner Wirtschaftsgüter aus dem Privatvermögen**

Es liegt ein tauschähnlicher Vorgang vor. Beim neuen Gesellschafter entsteht ein Veräußerungsgewinn (bzw. ein Veräußerungsverlust), der nur unter den Voraussetzungen der §§ 17 und 23 EStG steuerpflichtig ist. Die Personengesellschaft muss das Wirtschaftsgut mit dem gemeinen Wert aktivieren.[8]

c) **Einbringung einzelner Wirtschaftsgüter aus dem (Sonder-)Betriebsvermögen**

Die Übertragung einzelner Wirtschaftsgüter aus dem (Sonder-)Betriebsvermögen des neuen Gesellschafters in das Gesamthandsvermögen der „neuen" Personengesellschaft muss nach § 6 Abs. 5 Satz 3 EStG zwingend zum Buchwert erfolgen, es sei denn, es liegt ein Ausnahmefall des § 6 Abs. 5 Sätze 4 – 6 EStG vor.[9]

d) **Einbringung eines Betriebs, Teilbetriebs oder Teil eines Mitunternehmeranteils**

Hier liegt ein Fall des § 24 UmwStG vor. Deshalb gelten die Ausführungen in C. Rz. 9 ff. uneingeschränkt.

---

[7] BMF vom 25.03.1998, BStBl I 1998, 268, Tz. 24.16.
[8] Siehe C. Rz. 7.
[9] Siehe C. Rz. 8.

D. Eintritt eines Gesellschafters

4 3. Bei der „neuen" Personengesellschaft
Auch bei der „neuen" Personengesellschaft ergeben sich **dieselben** steuerlichen Konsequenzen wie in den Fällen der **Einbringung eines Einzelunternehmens** in die Personengesellschaft. Das gilt nicht nur bezüglich der buchtechnischen Möglichkeiten bei der Ausübung des Wahlrechts gem. § 24 Abs. 2 UmwStG in ihrer Bilanz einschließlich der Ergänzungsbilanzen für ihre Gesellschafter,[10] sondern auch für die Fortführung der Überentnahmen und Unterentnahmen i. S. des § 4 Abs. 4 a EStG.[11]

Handelsrechtlich ist allerdings zu beachten, dass trotz der Aufnahme eines weiteren Gesellschafters die zivilrechtliche Identität der aufnehmenden Personengesellschaft nicht berührt wird, also **keine neue Personengesellschaft** entsteht, sondern die bisherige fortgeführt wird. Sofern der Eintritt im Laufe des Jahres erfolgt, ist deshalb **keine** Eröffnungsbilanz zu erstellen.[12] In der Handelsbilanz können folglich die Buchwerte des bisherigen Vermögens grundsätzlich nicht aufgestockt werden. Nur das hinzugekommene Bar- oder/und Sachvermögen des neu eintretenden Gesellschafters ist zusätzlich zu bilanzieren, wobei das Sachvermögen wahlweise mit dem Zeitwert oder dem Buchwert zu bewerten ist. Unabhängig hiervon ist der **Maßgeblichkeitsgrundsatz** der Handelsbilanz für die Steuerbilanz **nicht** zu beachten.[13]

5 Unseres Erachtens ist es am zweckmäßigsten, bei der Buchwertfortführung von der buchtechnischen Variante 3 in C. Rz. 26 Gebrauch zu machen.

Beispiel 2:
Eine OHG, bestehend aus den Gesellschaftern R (45 Jahre alt) und T (50 Jahre alt), erstellt folgende Schlussbilanz:

Aktiva	Schlussbilanz OHG zum 31.12.01		Passiva
Anlagevermögen	200.000 €	Kapital R	175.000 €
Umlaufvermögen	150.000 €	Kapital T	175.000 €
	350.000 €		350.000 €

Die Gesellschafter sind zu je 50 % am Gewinn und Verlust sowie an den stillen Reserven beteiligt.
Mit Wirkung vom 01.01.02 tritt W als weiterer Gesellschafter in die OHG ein. Aus diesem Grund erstellen R und T folgende Vermögensbilanz, in der die einzelnen Wirtschaftsgüter mit ihren gemeinen Werten angesetzt werden.

---
10 Siehe C. Rz. 26 ff.
11 BMF vom 17.11.2005, BStBl I 2005, 1019, Tz. 32 e; siehe auch C. Rz. 28, 34, 37 und 67.
12 BFH vom 09.12.1976, BStBl II 1977, 241.
13 Siehe ausführlich C. Rz. 25.

1 Einkommensteuer

Aktiva	Vermögensbilanz OHG zum 31.12.01		Passiva
Anlagevermögen	500.000 €	Kapital R	400.000 €
Firmenwert	100.000 €	Kapital T	400.000 €
Umlaufvermögen	200.000 €		
	800.000 €		800.000 €

Da ab 01.01.02 alle Gesellschafter zu je ⅓ am Gewinn und an den stillen Reserven beteiligt sind, hat W eine Einlage von 400.000 € zu leisten. Er kommt seiner Verpflichtung dadurch nach, dass er ein vor zwölf Jahren erworbenes unbebautes Grundstück (Anschaffungskosten 250.000 €, Teilwert 400.000 €) aus seinem Privatvermögen in die OHG einlegt.

R und T bringen ihre Mitunternehmeranteile in die fiktiv neue OHG ein. Dieser Einbringungsvorgang fällt unter § 24 UmwStG. Die „neue" OHG hat deshalb die Wahl, die eingebrachten Wirtschaftsgüter mit den Buchwerten, den gemeinen Werten oder mit Zwischenwerten zu aktivieren.

Dagegen muss die „neue" OHG das aus dem Privatvermögen des W eingebrachte Grundstück nach § 6 Abs. 6 Satz 1 EStG mit dem gemeinen Wert aktivieren, weil diese Einbringung in das Gesamthandsvermögen der OHG im Wege eines tauschähnlichen Vorgangs und damit einer Veräußerung erfolgt. Bei W entsteht kein nach § 23 EStG steuerpflichtiger Veräußerungsgewinn, weil die Zehnjahresfrist bereits abgelaufen ist.

Wir empfehlen, in der Eröffnungsbilanz die gemeinen Werte anzusetzen.

Aktiva	Eröffnungsbilanz OHG 01.01.02		Passiva
Anlagevermögen	500.000 €	Kapital R	400.000 €
Grundstück	400.000 €	Kapital T	400.000 €
Firmenwert	100.000 €	Kapital W	400.000 €
Umlaufvermögen	200.000 €		
	1.200.000 €		1.200.000 €

Als Ausgleich **kann** die OHG für ihre Gesellschafter R und T negative Ergänzungsbilanzen erstellen, um die sofortige Versteuerung der stillen Reserven zu vermeiden. Für den neuen Gesellschafter W kann die OHG dagegen keine negative Ergänzungsbilanz erstellen, weil das Grundstück mit dem gemeinen Wert aktiviert werden muss.

Aktiva	Negative Ergänzungsbilanz Gesellschafter R 01.01.02		Passiva
Minderkapital	225.000 €	Minderwert Anlagevermögen	150.000 €
		Minderwert Firmenwert	50.000 €
		Minderwert Umlaufvermögen	25.000 €
	225.000 €		225.000 €

D. Eintritt eines Gesellschafters

Aktiva	Negative Ergänzungsbilanz Gesellschafter T 01.01.02		Passiva
Minderkapital	225.000 €	Minderwert Anlagevermögen	150.000 €
		Minderwert Firmenwert	50.000 €
		Minderwert Umlaufvermögen	25.000 €
	225.000 €		225.000 €

Werden diese Ergänzungsbilanzen erstellt, entsteht für die Gesellschafter R und T kein Veräußerungsgewinn.

Setzt die OHG die eingebrachten Wirtschaftsgüter mit dem gemeinen Wert an, entsteht bei R und T in Höhe der gesamten stillen Reserven von 450.000 Euro ein Veräußerungsgewinn i. S. von § 16 EStG, der allerdings wegen der Einschränkung des § 24 Abs. 3 Satz 3 UmwStG i. V. m. § 16 Abs. 2 Satz 3 EStG nur teilweise nach § 16 Abs. 4, § 34 Abs. 1 und 3 EStG begünstigt ist.

Berechnung:
R und T waren bisher je zu ½ an der OHG beteiligt und sind an der erweiterten OHG je zu ⅓ beteiligt. Das bedeutet, jeder Gesellschafter veräußert ⅓ seiner Beteiligung an den neuen Gesellschafter, behält also ⅔ seiner bisherigen Beteiligung. Deshalb sind ihre Gewinne von je 225.000 € je zu ⅔ (= je 150.000 €) als nicht begünstigter laufender Gewinn und je zu ⅓ (= je 75.000 €) als ein nach §§ 16, 34 EStG begünstigter Veräußerungsgewinn zu behandeln. Für den begünstigten Veräußerungsgewinn entfällt die Steuerermäßigung gem. § 35 EStG. Der laufende Gewinn unterliegt der Gewerbesteuer, dafür erhalten R und T die Steuerermäßigung gem. § 35 EStG.

R und T erhalten keinen Freibetrag nach § 16 Abs. 4 EStG, weil beide das 55. Lebensjahr noch nicht vollendet haben.

Sofern die Voraussetzungen des § 6 b EStG vorliegen, können R und T eine Rücklage bilden.

Selbstverständlich hat die OHG auch die Möglichkeit, die eingebrachten Wirtschaftsgüter mit einem Zwischenwert anzusetzen. Wegen Einzelheiten hierzu und wegen der weiteren Möglichkeiten siehe C.

Beispiel 3:
Wie Beispiel 2, W leistet eine Geldeinlage i. H. von 400.000 €. R und T möchten die Buchwerte fortführen.
In diesem Fall bietet sich folgende Bilanzierungsmöglichkeit an:[14]

Aktiva	Eröffnungsbilanz OHG 01.01.02		Passiva
Anlagevermögen	200.000 €	Kapital R	250.000 €
Umlaufvermögen	150.000 €	Kapital T	250.000 €
Bank	400.000 €	Kapital W	250.000 €
	750.000 €		750.000 €

---

14 Siehe C. Rz. 26.

1 Einkommensteuer

Aktiva	Ergänzungsbilanz Gesellschafter W 01.01.02		Passiva
Mehrwert Anlagevermögen	100.000 €	Mehrkapital	150.000 €
Mehrwert Firmenwert	33.333 €		
Mehrwert Umlaufvermögen	16.667 €		
	150.000 €		150.000 €

Aktiva	Negative Egänzungsbilanz Gesellschafter R 01.01.02		Passiva
Minderkapital	75.000 €	Minderwert Anlagevermögen	50.000 €
		Minderwert Firmenwert	16.667 €
		Minderwert Umlaufvermögen	8.333 €
	75.000 €		75.000 €

Aktiva	Negative Ergänzungsbilanz Gesellschafter T 01.01.02		Passiva
Minderkapital	75.000 €	Minderwert Anlagevermögen	50.000 €
		Minderwert Firmenwert	16.667 €
		Minderwert Umlaufvermögen	8.333 €
	75.000 €		75.000 €

Beispiel 4:
A und B, beide 45 Jahre alt, betreiben eine Rechtsanwalts-Sozietät. Sie sind je zur Hälfte beteiligt. Die Sozietät ermittelt ihren Gewinn nach § 4 Abs. 1 EStG und erstellt zum 31.12.06 folgende Bilanz:

Aktiva	Bilanz Sozietät AB 31.12.06		Passiva
Anlagevermögen	60.000 €	Kapital A	50.000 €
Umlaufvermögen	40.000 €	Kapital B	50.000 €
	100.000 €		100.000 €

Im Anlagevermögen sind stille Reserven von 80.000 € enthalten. Der Praxiswert beträgt 120.000 €. Der gemeine Wert der Mitunternehmeranteile von A und B beträgt je 150.000 €.

D. Eintritt eines Gesellschafters

C (43 Jahre alt) betreibt eine Einzelpraxis, die er am 01.01.07 in die Sozietät einbringt. Er hat bisher seinen Gewinn nach § 4 Abs. 3 EStG ermittelt. Wegen der Einbringung erstellt er zum 31.12.06 folgende Bilanz:

Aktiva	Bilanz Praxis C	31.12.06		Passiva
Anlagevermögen	50.000 €	Kapital		90.000 €
Forderungen	40.000 €			
	90.000 €			90.000 €

Bei C enthält das aktivierte Vermögen keine stillen Reserven. Der Praxiswert beträgt 60.000 €. C hat bei der Gewinnermittlung für den VZ 06 wegen des Wechsels der Gewinnermittlungsart eine Hinzurechnung zum laufenden Gewinn von 40.000 € vorgenommen.

Die Sozietät setzt in ihrer Eröffnungsbilanz die gemeinen Werte an.

Aktiva	Bilanz Sozietät ABC	01.01.07	Passiva
Anlagevermögen	190.000 €	Kapital A	150.000 €
Praxiswert	180.000 €	Kapital B	150.000 €
Umlaufvermögen	80.000 €	Kapital C	150.000 €
	450.000 €		450.000 €

Als Ausgleich **kann** die Sozietät für ihre Gesellschafter negative Ergänzungsbilanzen erstellen und damit die Buchwerte fortführen, um die sofortige Versteuerung der stillen Reserven zu vermeiden. Die Wahl kann von der Sozietät für jeden Gesellschafter unterschiedlich ausgeübt werden.

Erstellt die Sozietät keine negativen Ergänzungsbilanzen, liegt eine Einbringung mit dem gemeinen Wert vor, die nur im Wege der Einzelrechtsnachfolge möglich ist, weil die Aufnahme nicht durch eine Personenhandelsgesellschaft erfolgt. Dann entsteht bei A und B durch die Veräußerung des Mitunternehmeranteils ein Veräußerungsgewinn von je 100.000 €. Bei C entsteht anlässlich der Einbringung des Einzelunternehmens ein Veräußerungsgewinn von 60.000 €. Diese Gewinne sind weder nach § 16 Abs. 4 noch nach § 34 Abs. 3 EStG begünstigt, weil alle Gesellschafter das 55. Lebensjahr noch nicht vollendet haben.

Sie erhalten jedoch von Amts wegen die Steuerermäßigung gem. § 34 Abs. 1 EStG (sog. Fünftelregelung). Aus diesem Grund muss ermittelt werden, in welchem Umfang der Veräußerungsgewinn nach § 18 Abs. 3 Satz 2 i. V. m. § 16 Abs. 2 Satz 3 EStG als laufender Gewinn zu behandeln ist.

Berechnung:
- für A und B

   Bisherige Beteiligung   50 %
   Neue Beteiligung   33^1/$_3$ %

   Das bedeutet, von ihrem Gewinn von je 100.000 € sind je ^{2}/$_3$ = 66.667 € als laufender Gewinn und je ^{1}/$_3$ = 33.333 € als nach § 34 Abs. 1 EStG begünstigter Veräußerungsgewinn zu behandeln.

1 Einkommensteuer

- für C
Bisherige Beteiligung 100 %
Neue Beteiligung 33 $^{1}/_{3}$ %

C veräußert somit $^{2}/_{3}$ an A und B und $^{1}/_{3}$ an sich selbst. Deshalb ist sein Gewinn von 60.000 € i. H. von $^{1}/_{3}$ = 20.000 € ein laufender Gewinn und i. H. von $^{2}/_{3}$ = 40.000 € ein nach § 34 Abs. 1 begünstigter Veräußerungsgewinn.

Erstellen alle Gesellschafter negative Ergänzungsbilanzen, entsteht bei keinem von ihnen ein Veräußerungsgewinn. Die Ergänzungsbilanzen zum 01.01.07 haben folgendes Aussehen:[15]

Aktiva	Ergänzungsbilanz A 01.01.07		Passiva
Minderkapital	100.000 €	Minderwert Anlagevermögen	40.000 €
		Minderwert Praxiswert	60.000 €
	100.000 €		100.000 €

Aktiva	Ergänzungsbilanz B 01.01.07		Passiva
Minderkapital	100.000 €	Minderwert Anlagevermögen	40.000 €
		Minderwert Praxiswert	60.000 €
	100.000 €		100.000 €

Aktiva	Ergänzungsbilanz C 01.01.07		Passiva
Minderkapital	60.000 €	Minderwert Praxiswert	60.000 €
	60.000 €		60.000 €

Besonderheit bei der **Gewinnverteilung** von **Sonderabschreibungen** und **erhöhten Absetzungen:**

Beim Neueintritt eines Gesellschafters in eine bestehende Personengesellschaft während eines Wirtschaftsjahrs ist es grundsätzlich nicht möglich, den bis zum Zeitpunkt des Eintritts entstandenen Gewinn durch schuldrechtliche Rückbeziehung der Eintrittsvereinbarung ganz oder teilweise auf den neu eintretenden Gesellschafter zu verlagern.[16]

Aber: Bei Eintritt eines weiteren Gesellschafters in eine bestehende Personengesellschaft im **Laufe eines Wirtschaftsjahrs** können Sonderabschreibungen und erhöhte Absetzungen aus Vereinfachungsgründen außerhalb der Verteilung des übrigen Betriebsergebnisses entsprechend der jeweiligen

---

15 Wegen der weiteren steuerlichen Behandlung bei der Sozietät siehe C. Rz. 66 ff.
16 BFH vom 07.07.1983, BStBl II 1984, 53; siehe im Einzelnen B. Rz. 361.

D. Eintritt eines Gesellschafters

Beteiligung auf die Gesellschafter verteilt werden. Daher kann auch ein Gesellschafter, der am letzten Tag eines Wirtschaftsjahrs einer Personengesellschaft beitritt, seiner Beteiligung entsprechend für das **gesamte** Wirtschaftsjahr an den Sonderabschreibungen und erhöhten Absetzungen beteiligt werden.

Beispiel 5:

An einer OHG sind A, B und C je zu $^1/_3$ beteiligt. Im Januar 05 hat die OHG eine neue Maschine angeschafft, für die sie die Sonderabschreibung nach § 7 g EStG mit 30.000 € in Anspruch nimmt. Mit Wirkung vom 01.10.05 tritt D als weiterer Gesellschafter in die OHG ein. Das neue Beteiligungsverhältnis beträgt je $^1/_4$.

Grundsätzlich ist die Sonderabschreibung wie folgt zu verteilen:[17]

Auf die Zeit vom 01.01.–30.09.05 entfallen $^3/_4$ von jeweils 30.000 € = 22.500 €. Diese werden je zu $^1/_3$ = jeweils 7.500 € auf A, B und C verteilt. Auf die Zeit vom 01.10.–31.12.05 entfallen $^1/_4$ von jeweils 30.000 € = jeweils 7.500 € auf die Gesellschafter A–D. Jeder erhält folglich eine anteilige Sonderabschreibung von 1.875 €.

Die Sonderabschreibung gem. § 7 g EStG i. H. von 30.000 € kann aus Vereinfachungsgründen auf alle vier Gesellschafter mit je 25 % = 7.500 € verteilt werden.

Beispiel 6:

An einer OHG sind X und Y je zur Hälfte beteiligt. In der Bilanz der OHG zum 31.12.06 ist u. a. ein von ihr hergestelltes Gebäude mit 630.000 € aktiviert. Seit der Fertigstellung im Januar 01 wird das Gebäude nach § 7 Abs. 5 Nr. 3 b EStG mit 5 % der Herstellungskosten von 900.000 € = 45.000 € jährlich abgeschrieben. Der gemeine Wert am 31.12.06 beträgt 1.050.000 €.

Mit Wirkung vom 01.01.07 tritt Z in die OHG ein und leistet eine Bareinlage. Das neue Beteiligungsverhältnis beträgt je $^1/_3$. X bringt seinen Mitunternehmeranteil in die fiktive neue OHG zum Buchwert ein, Y mit dem gemeinen Wert. Die OHG setzt in ihrer Eröffnungsbilanz zum 01.01.07 alle Wirtschaftsgüter mit dem gemeinen Wert an, der Ausgleich erfolgt über eine negative Ergänzungsbilanz des X.

Das Gebäude betreffend, haben die Bilanzen zum 01.01.07 folgendes Aussehen:

Aktiva	Eröffnungsbilanz OHG	01.01.07	Passiva
Gebäude	1.050.000 €	Kapital X	525.000 €
Bank	525.000 €	Kapital Y	525.000 €
		Kapital Z	525.000 €
	1.575.000 €		1.575.000 €

---

17 OFD Frankfurt vom 24.02.1994, FR 1994 S. 411.

1 Einkommensteuer

Aktiva	Negative Ergänzungsbilanz Gesellschafter X 01.01.07	Passiva
Minderkapital 210.000 €	Minderwert Gebäude	210.000 €

Zur Hälfte tritt die OHG in die Rechtsstellung der bisherigen OHG ein, weil X seinen Anteil zum Buchwert überführt (§ 23 Abs. 1 i. V. m. § 12 Abs. 3 UmwStG), zur Hälfte gilt sie als Erwerberin, weil Y seinen Anteil mit dem gemeinen Wert überführt (§ 23 Abs. 4 UmwStG). Das ergibt für die OHG **zwingend** folgende AfA:

- **bzgl. Rechtsnachfolge (Buchwertfortführung)**

Bemessungsgrundlage = anteilige Herstellungskosten = 50 % von 900.000 € = 450.000 €, davon

    in 07–08   5   % =   je 22.500 €
    in 09–14   2,5 % =   je 11.250 €
    in 15–50   1,25 % =   je 5.625 €

Die AfA in den Jahren 07 bis 50 beträgt insgesamt 315.000 €. Dieser Betrag entspricht der Hälfte des Buchwerts des Gebäudes vom 31.12.06 und damit dem AfA-Volumen bei der Buchwertfortführung. Am 31.12.50 beträgt dieser anteilige Buchwert somit 0 €.

- **bzgl. Einzelrechtsnachfolge (Ansatz gemeiner Wert)**

Bemessungsgrundlage = anteilige Anschaffungskosten = 50 % von 1.050.000 € = 525.000 €.

Die AfA beträgt davon gem. § 7 Abs. 4 Nr. 2 EStG für die Jahre 07 bis 56 je 2 % = 10.500 €. Am 31.12.56 beträgt dieser anteilige Buchwert 0 €.

Die Gebäude-AfA für die OHG beträgt damit insgesamt

    in 07–08   je 22.500 € + 10.500 € = 33.000 €,
    in 09–14   je 11.250 € + 10.500 € = 21.750 €,
    in 15–50   je 5.625 € + 10.500 € = 16.125 €,
    in 51–56   je   0 € + 10.500 € = 10.500 €,

zusammen 840.000 €.

Diese Berechnung zeigt, dass das Gebäude zu unterschiedlichen Zeiten abgeschrieben wird. Soweit die OHG in die Rechtsstellung eintritt, beträgt der restliche Abschreibungszeitraum 44 Jahre, soweit sie Erwerberin ist, beginnt ein neuer Abschreibungszeitraum von 50 Jahren.

Den Gesellschaftern bleibt es vorbehalten, wie sie diese AfA von 840.000 € unter sich aufteilen. Es bietet sich an, X die bisherige AfA anteilig weiter zu gewähren und Y die AfA aus dem anteiligen gemeinen Wert zu gewähren. Z erhält dann jeweils in Höhe der Hälfte seiner Beteiligung die bisherige AfA und die neue AfA. Das ergibt folgende Beträge:

- **für Gesellschafter X**

Bemessungsgrundlage = anteilige Herstellungskosten = $33^{1}/_{3}$ % von 900.000 € = 300.000 €, davon

    in 07–08   je 5   % =   15.000 €,
    in 09–14   je 2,5 % =   7.500 €,

D. Eintritt eines Gesellschafters

        in 15–50   je 1,25 % =   3.750 €,
        in 51–56   0 €,
insgesamt 210.000 €.

Dieser Betrag entspricht $^{1}/_{3}$ des Buchwerts des Gebäudes zum 31.12.06 von 630.000 € und damit der Beteiligung des X in der „neuen" OHG.

– für Gesellschafter Y

Bemessungsgrundlage = anteilige Anschaffungskosten = $33^{1}/_{3}$ % von 1.050.000 € = 350.000 €, davon

        in 07–56   je 2 %   =   7.000 €,

insgesamt 350.000 €.

– für Gesellschafter Z

  – soweit Buchwertfortführung:

Bemessungsgrundlage = anteilige Herstellungskosten = $16^{2}/_{3}$ % von 900.000 € = 150.000 €, davon

        in 07–08   je 5   % =   7.500 €,
        in 09–14   je 2,5 % =   3.750 €,
        in 15–50   je 1,25 % =   1.875 €,
        in 51–56   0 €,

insgesamt 105.000 €.

  – soweit Ansatz gemeiner Wert:

Bemessungsgrundlage = anteilige Anschaffungskosten = $16^{2}/_{3}$ % von 1.050.000 € = 175.000 €, davon

        in 07–56   je 2 %   =   3.500 €,

insgesamt 175.000 €, zusammen 280.000 €.

Die AfA beträgt insgesamt (210.000 € + 350.000 € + 280.000 € =) 840.000 €. Dies hat jedoch für Z den Nachteil, dass er nur 280.000 € abschreiben kann, obwohl seine anteiligen Anschaffungskosten 350.000 € betragen haben.

Deshalb werden oft andere Verteilungen vereinbart, die davon abhängig sind, welche Variante die OHG in ihrer Eröffnungsbilanz einschl. der Ergänzungsbilanzen der Gesellschafter gewählt hat.

Bei dieser Variante hat die OHG das Gebäude in ihrer Eröffnungsbilanz mit dem gemeinen Wert angesetzt. Es ist deshalb folgerichtig, wenn sie das Gebäude wie bei einer Anschaffung linear nach § 7 Abs. 4 EStG abschreibt.

Das führt zu folgendem Ergebnis:

– bei der OHG

Die AfA beträgt in den Jahren 07–56 je 2 % von 1.050.000 € = 21.000 €. Dieser Betrag wird auf die drei Gesellschafter mit je $^{1}/_{3}$ = 7.000 € verteilt. Dies ergibt in 50 Jahren eine anteilige AfA von je 350.000 €.

– bei Gesellschafter X

In Höhe der Differenz zwischen von der OHG tatsächlich in Anspruch genommener und steuerlich zulässiger AfA ist der Minderwert Gebäude in der Ergänzungsbilanz anzupassen; Buchwert am 31.12.56 folglich 0 €.

Die Differenz beträgt

	steuerlich zulässig	in Anspruch genommen	Anpassung Minderwert	
	€	€	€	
in 07 – 08	33.000	21.000	+ 24.000	(2 × 12.000 €)
in 09 – 14	21.750	21.000	+ 4.500	(6 × 750 €)
in 15 – 50	16.125	21.000	./. 175.500	(36 × 4.875 €)
in 51 – 56	10.500	21.000	./. 63.000	(6 × 10.500 €)
Veränderungen des Minderwerts insgesamt			./. 210.000	

Die auf Gesellschafter X entfallende AfA beträgt in diesem Fall

in 07 – 08	je	7.000 €	+ 12.000 €	=	19.000 €
in 09 – 14	je	7.000 €	+ 750 €	=	7.750 €
in 15 – 50	je	7.000 €	./. 4.875 €	=	2.125 €
in 51 – 56	je	7.000 €	./. 10.500 €	=	./. 3.500 €
insgesamt		350.000 €	./. 210.000 €	=	140.000 €

Bei Y und Z verbleibt es bei der AfA von insgesamt je 350.000 €, sodass die AfA insgesamt 840.000 € beträgt.

Diese Verteilung führt zu einer Schlechterstellung von X, denn ihm steht eine AfA von 210.000 € zu.

1.2 Kapitalerhöhung

1.2.1 Entgeltliche Kapitalerhöhung

§ 24 UmwStG ist auch anwendbar, wenn der Einbringende bereits Mitunternehmer ist und seinen Mitunternehmeranteil durch einen Vorgang der in D. Rz. 2 beschriebenen Art, also entgeltlich, weiter aufstockt.[18] Das bedeutet, die Gesellschafter bringen – wirtschaftlich betrachtet – ihre bisherigen Mitunternehmeranteile in eine fiktiv „neue" Personengesellschaft ein. Diese Auffassung wird auch in der Literatur weitgehend geteilt.[19]

Das Wahlrecht der Personengesellschaft gem. § 24 Abs. 2 UmwStG zwischen Buchwert, gemeinem Wert und Zwischenwert, das wie beim Eintritt eines weiteren Gesellschafters für jeden Gesellschafter anders ausgeübt werden kann, erstreckt sich auch auf das Sonderbetriebsvermögen. Die Wahl muss bezüglich Gesamthandsvermögen und Sonderbetriebsvermögen einheitlich ausgeübt werden.

7

---

18 BFH vom 25.04.2006, BStBl II 2006, 847; BMF vom 25.03.1998, BStBl I 1998, 268, Tz. 24.02.
19 Widmann/Mayer, § 24 Rz. 108 und 113; Kempermann, FR 1999 S. 704, Schmidt/Wacker, EStG, § 16 Rz. 567.

D. Eintritt eines Gesellschafters

Handelsrechtlich liegt bei einer Kapitalerhöhung keine Neugründung vor, denn die zivilrechtliche Identität der Personengesellschaft bleibt unberührt. Das Betriebsvermögen ist deshalb in der Handelsbilanz nicht neu zu bewerten, lediglich die Bareinlage kommt hinzu und führt zu einer Erhöhung des Kapitals.

Beispiel 1:
An einer OHG sind A, B und C je zu $1/3$ am Vermögen sowie am Gewinn und Verlust beteiligt. Zum 31.12.04 erstellt die OHG folgende – sehr vereinfacht dargestellte – Schlussbilanz:

Aktiva	Bilanz OHG	31.12.04	Passiva
Aktivvermögen	300.000 €	Kapital A	100.000 €
		Kapital B	100.000 €
		Kapital C	100.000 €
	300.000 €		300.000 €

Die Gesellschafterversammlung der OHG beschließt mit Wirkung vom 01.01.05 eine Kapitalerhöhung um 300.000 €. Aus diesem Grund erstellt die OHG zum 31.12.04 folgende Auseinandersetzungsbilanz, in der alle Wirtschaftsgüter mit den Teilwerten ausgewiesen sind:

Aktiva	Auseinandersetzungsbilanz OHG	31.12.04	Passiva
Aktivvermögen	450.000 €	Kapital A	300.000 €
Firmenwert	450.000 €	Kapital B	300.000 €
		Kapital C	300.000 €
	900.000 €		900.000 €

Nach Absprache mit B und C übernimmt A allein diese Kapitalerhöhung. Dadurch ändert sich die Beteiligung am Vermögen sowie am Gewinn und Verlust ab 01.01.05 wie folgt:

Anteil A:	Bisher 300.000 € + 300.000 € =	600.000 €	=	**50 %**
Anteil B:	Bisher 300.000 € + 0 € =	300.000 €	=	**25 %**
Anteil C:	Bisher 300.000 € + 0 € =	300.000 €	=	**25 %**
Summe:	900.000 € + 300.000 € =	1.200.000 €	=	**100 %**

Die Gesellschafter möchten in der Eröffnungsbilanz zum 01.01.05 die Buchwerte fortführen.

Die Kapitalerhöhung wird genauso behandelt wie der Eintritt eines weiteren Gesellschafters. Das bedeutet: A, B und C bringen ihre bisherigen Mitunternehmeranteile in eine „neue" OHG ein. Die OHG hat nach § 24 Abs. 2 UmwStG die Wahl, das eingebrachte Betriebsvermögen mit dem Buchwert, dem gemeinen Wert oder einem Zwischenwert anzusetzen.

Dagegen liegt handelsrechtlich keine Neugründung vor. Das Betriebsvermögen ist deshalb in der Handelsbilanz nicht neu zu bewerten. Lediglich die Bareinlage kommt hinzu und führt zu einer Erhöhung des Kapitals.

1 Einkommensteuer

Bei der Einbringung zum Buchwert gibt es drei buchungstechnische Möglichkeiten.[20]

Variante 1 (Ansatz Buchwert):

Aktiva	Bilanz OHG 01.01.05		Passiva
Aktivvermögen	300.000 €	Kapital A	400.000 €
Bank	300.000 €	Kapital B	100.000 €
		Kapital C	100.000 €
	600.000 €		600.000 €

Bei dieser Variante versteuern die Gesellschafter die vorhandenen stillen Reserven von 600.000 € bei einer künftigen Veräußerung, Entnahme oder Teilwertabschreibung im Verhältnis 2:1:1, d. h. A 300.000 €, B und C je 150.000 €.

Variante 2 (Ansatz gemeiner Wert und negative Ergänzungsbilanz):

Aktiva	Bilanz OHG 01.01.05		Passiva
Aktivvermögen	450.000 €	Kapital A	600.000 €
Firmenwert	450.000 €	Kapital B	300.000 €
Bank	300.000 €	Kapital C	300.000 €
	1.200.000 €		1.200.000 €

Aktiva	Ergänzungsbilanz A 01.01.05		Passiva
Minderkapital	200.000 €	Minderwert Anlagevermögen	50.000 €
		Minderwert Firmenwert	150.000 €
	200.000 €		200.000 €

Aktiva	Ergänzungsbilanz B 01.01.05		Passiva
Minderkapital	200.000 €	Minderwert Anlagevermögen	50.000 €
		Minderwert Firmenwert	150.000 €
	200.000 €		200.000 €

Aktiva	Ergänzungsbilanz C 01.01.05		Passiva
Minderkapital	200.000 €	Minderwert Anlagevermögen	50.000 €
		Minderwert Firmenwert	150.000 €
	200.000 €		200.000 €

---

20 Siehe im Einzelnen C. 26.

D. Eintritt eines Gesellschafters

Bei dieser Variante versteuern alle Gesellschafter die vorhandenen stillen Reserven von 600.000 € bei einer künftigen Veräußerung, Entnahme oder Teilwertabschreibung durch Auflösung ihrer (negativen) Ergänzungsbilanzen je zu $^1/_3$ = je 200.000 €.

Variante 3 (Buchwertfortführung und Kapitalanpassung nach Beteiligungsquote):

Aktiva	Bilanz OHG 01.01.05		Passiva
Aktivvermögen	300.000 €	Kapital A	300.000 €
Bank	300.000 €	Kapital B	150.000 €
		Kapital C	150.000 €
	600.000 €		600.000 €

Aktiva	Ergänzungsbilanz A 01.01.05		Passiva
Mehrwert Anlagevermögen	25.000 €	Mehrkapital	100.000 €
Mehrwert Firmenwert	75.000 €		
	100.000 €		100.000 €

Aktiva	Ergänzungsbilanz B 01.01.05		Passiva
Minderkapital	50.000 €	Minderwert Anlagevermögen	12.500 €
		Minderwert Firmenwert	37.500 €
	50.000 €		50.000 €

Aktiva	Ergänzungsbilanz C 01.01.05		Passiva
Minderkapital	50.000 €	Minderwert Anlagevermögen	12.500 €
		Minderwert Firmenwert	37.500 €
	50.000 €		50.000 €

Bei dieser Variante versteuern alle Gesellschafter die vorhandenen stillen Reserven von 600.000 € bei einer künftigen Veräußerung, Entnahme oder Teilwertabschreibung durch Auflösung ihrer (negativen) Ergänzungsbilanzen je zu $^1/_3$ = je 200.000 €.

Berechnung:

Gewinn Bilanz: OHG = 600.000 €, Anteil A 300.000 €, Anteil B und C je 150.000 €.

Auflösung Ergänzungsbilanz A: Mindergewinn A 100.000 €.

Auflösung Ergänzungsbilanz B und C: Mehrgewinn je 50.000 €.

1 Einkommensteuer

Beispiel 2:
Wie Beispiel 1, aber alle Gesellschafter möchten die gemeinen Werte ansetzen. In diesem Fall setzt die OHG in ihrer Eröffnungsbilanz zum 01.01.05 alle Wirtschaftsgüter mit dem gemeinen Wert an. Negative Ergänzungsbilanzen werden keine erstellt. Die Eröffnungsbilanz der OHG hat folgendes Aussehen:

Aktiva	Bilanz OHG	01.01.05	Passiva
Aktivvermögen	450.000 €	Kapital A	600.000 €
Firmenwert	450.000 €	Kapital B	300.000 €
Bank	300.000 €	Kapital C	300.000 €
	1.200.000 €		1.200.000 €

Die Einbringung des Betriebsvermögens mit dem gemeinen Wert führt bei jedem Gesellschafter zu einem Veräußerungsgewinn von 200.000 €. Während B und C nach § 16 Abs. 2 Satz 3 EStG je einen laufenden Gewinn von $^{3}/_{4}$ = 150.000 € und je einen nach § 16 Abs. 4, § 34 Abs. 1 und 3 EStG begünstigten Veräußerungsgewinn von $^{1}/_{4}$ = 50.000 € erzielen, entsteht bei A nur ein laufender Gewinn von 200.000 €, weil er seinen gesamten Anteil an sich selber veräußert.

Beispiel 3:
Wie Beispiel 1, aber A möchte die Buchwerte fortführen, weil er in einer Sonderbilanz ein Grundstück als notwendiges Sonderbetriebsvermögen aktiviert hat, das stille Reserven von 700.000 € enthält; B und C möchten dagegen die gemeinen Werte ansetzen.

Übt die OHG die Wahlrechte unterschiedlich aus, empfiehlt es sich, in der Bilanz der OHG alle Wirtschaftsgüter mit den gemeinen Werten anzusetzen und negative Ergänzungsbilanzen für die Gesellschafter zu erstellen, die die Buchwerte fortführen möchten. Da A die Buchwerte fortführen möchte, muss auch das Grundstück in der Sonderbilanz mit dem Buchwert fortgeführt werden.

Die OHG hat wie folgt zu bilanzieren:

Aktiva	Bilanz OHG	01.01.05	Passiva
Aktivvermögen	450.000 €	Kapital A	600.000 €
Firmenwert	450.000 €	Kapital B	300.000 €
Bank	300.000 €	Kapital C	300.000 €
	1.200.000 €		1.200.000 €

Aktiva	Ergänzungsbilanz A	01.01.05	Passiva
Minderkapital	200.000 €	Minderwert Anlagevermögen	50.000 €
		Minderwert Firmenwert	150.000 €
	200.000 €		200.000 €

D. Eintritt eines Gesellschafters

Für B und C werden keine negativen Ergänzungsbilanzen erstellt. A erzielt im Zusammenhang mit der Kapitalerhöhung keinen Gewinn. B und C erzielen dagegen einen Gewinn von jeweils 200.000 €, der wiederum wie im Beispiel 2 i. H. von je 150.000 € als laufender Gewinn und i. H. von je 50.000 € als nach § 16 Abs. 4 und § 34 Abs. 1 und 3 EStG begünstigter Veräußerungsgewinn zu versteuern ist.

8 Von der entgeltlichen Kapitalerhöhung, die unter § 24 UmwStG fällt, ist die Veräußerung eines Teils eines Mitunternehmeranteils zu unterscheiden. Eine solche Veräußerung liegt vor, wenn sich die Beteiligungsverhältnisse dadurch ändern, dass ein Gesellschafter auf die übrigen Gesellschafter oder auf einen bzw. einzelne Gesellschafter gegen ein ihm persönlich zufließendes Entgelt einen Teil seiner Gesellschaftsrechte überträgt. In diesen Fällen müssen die stillen Reserven aufgedeckt werden. Der dabei erzielte Veräußerungsgewinn ist gem. § 16 Abs. 1 Satz 2 EStG nicht begünstigt, sondern als laufender Gewinn zu versteuern.[21]

1.2.2 Unentgeltliche Kapitalerhöhung

9 Das Bewertungswahlrecht nach § 24 UmwStG findet bei einer Änderung der Beteiligungsverhältnisse in einer Personengesellschaft keine Anwendung, wenn der Gesellschafter, dessen Beteiligungsquote sich erhöht, keine Leistung erbringt, die zu einer Aufdeckung stiller Reserven des Gesellschaftsvermögens führt.[22] In diesen Fällen sind die Buchwerte fortzuführen.

Beispiel 1:

An einer OHG sind A mit $^2/_3$ und B mit $^1/_3$ beteiligt. Durch Vereinbarung vom 30.12.01 änderten A und B die Beteiligungsverhältnisse ab 01.01.02 auf je $^1/_2$ ab. Die Verteilung der Gewinne wurde an die geänderten Beteiligungsverhältnisse angepasst.

B hatte für die Änderung der Beteiligungsverhältnisse kein Entgelt zu leisten. Die Anpassung erfolgte infolge des außergewöhnlichen Arbeitseinsatzes von B.

Der Arbeitseinsatz stellt kein Entgelt für die Änderung der Beteiligungsverhältnisse dar, weil es sich dabei nicht um eine Einlage handelt, die Gegenstand einer bilanziell darstellbaren Einlage sein kann. Ein Entgelt kann auch nicht darin gesehen werden, dass B aufgrund der vertraglichen Vereinbarung möglicherweise im Innenverhältnis in weiterem Umfang als bisher für Verbindlichkeiten der OHG aufzukommen hat. Ein Entgelt könnte nur angenommen werden, wenn B den A von bereits entstandenen Verbindlichkeiten freigestellt hätte. Die Buchwerte müssen fortgeführt werden.

In diesen Fällen bietet sich das Vorabgewinnmodell an, das bereits bei der Aufnahme eines Gesellschafters in ein Einzelunternehmen ausführlich dargestellt wurde.[23] Bei diesem Modell muss der Gesellschafter kein Entgelt

---

21 Die Veräußerung eines Teils eines Mitunternehmeranteils ist ausführlich unter J. dargestellt.
22 BFH vom 18.03.1999, BStBl II 1999, 604.
23 Siehe C. Rz. 42.

entrichten, dafür erhält der andere Gesellschafter für einige Jahre einen höheren Gewinnanteil, als ihm nach dem neuen Beteiligungsverhältnis noch zusteht.

Beispiel 2:

An einer OHG sind seit Jahren A mit 60 % und B mit 40 % beteiligt. Mit Wirkung vom 01.01.01 änderten sie die Beteiligungsverhältnisse auf je 50 %. B muss dafür kein Entgelt entrichten. Als Ausgleich erhält A jedoch in den nächsten fünf Jahren eine Gewinnbeteiligung von 75 %.

Der im Anschluss an die Änderung der Beteiligungsverhältnisse vereinbarte erhöhte Gewinnanteil des A führt nicht zu einem Veräußerungsentgelt.

Beispiel 3:

Wie Beispiel 2, es wird jedoch im Gesellschaftsvertrag vereinbart, dass A für die Änderung der Beteiligungsverhältnisse bei der Gewinnverteilung der nächsten fünf Jahre vorweg jeweils einen Betrag von 30.000 € erhält.

Wirtschaftlich betrachtet liegt in diesem Fall eine eindeutige Festlegung eines Kaufpreises vor, weil der dem A vorab zuzurechnende Betrag von vornherein der Höhe nach festgelegt worden ist und sich diese Vereinbarung insoweit lediglich als Zahlungsmodalität des Veräußerungspreises darstellt. Es liegt somit die Veräußerung eines Teils eines Mitunternehmeranteils vor, die zur anteiligen Aufdeckung der stillen Reserven führt. Der dabei entstehende Gewinn ist als laufender Gewinn zu versteuern. Eine Begünstigung kommt gem. § 16 Abs. 1 Satz 2 EStG nicht in Betracht.

1.3 Erweiterung einer Personengesellschaft mit Zuzahlung aus dem Privatvermögen

Die Einbringung eines Betriebs, Teilbetriebs oder Mitunternehmeranteils in eine Personengesellschaft gegen Zuzahlung teilweise auf Rechnung des Einbringenden, teilweise auf Rechnung eines Dritten ist ausführlich in C. Rz. 37 ff. dargestellt. **10**

Diese Ausführungen gelten entsprechend, wenn eine bestehende Personengesellschaft einen weiteren Gesellschafter in der Weise aufnimmt, dass die Altgesellschafter ihre Mitunternehmeranteile jeweils teilweise auf eigene Rechnung, teilweise auf Rechnung des weiteren Gesellschafters gegen Zuzahlung einbringen. Die Veräußerung eines Teils eines Mitunternehmeranteils ist nach § 16 Abs. 1 Satz 2 EStG nicht nach § 16 Abs. 4, § 34 Abs. 1 und 3 EStG begünstigt. Der dabei entstehende Gewinn unterliegt der Gewerbesteuer. Dafür erhalten die Gesellschafter die Steuerermäßigung gem. § 35 EStG.

Beispiel:

Wie Beispiel 4 in D. Rz. 5, aber C erbringt eine Barzahlung von je 50.000 € = 100.000 € an A und B, die nicht Betriebsvermögen wird.

D. Eintritt eines Gesellschafters

- **Einbringung zum Buchwert**

Die beiden Altgesellschafter A und B bringen ihre Mitunternehmeranteile je zu $^2/_3$ für eigene Rechnung und je zu $^1/_3$ für Rechnung des C in die „neue" erweiterte Sozietät ein. Soweit sie ihre Anteile für eigene Rechnung einbringen, haben sie die Wahl zwischen Buchwert, gemeinem Wert und einem Zwischenwert. Soweit sie ihre Anteile für Rechnung des C einbringen, liegt eine Veräußerung vor, die zur Aufdeckung der anteilig darauf entfallenden stillen Reserven führt. Die Tatbestände der Veräußerung und der Einbringung von Betriebsvermögen können miteinander verbunden werden.

Der Veräußerungsgewinn von A und B berechnet sich gem. § 18 Abs. 3 i. V. m. § 16 Abs. 2 EStG **jeweils** wie folgt:

Veräußerungspreis	50.000 €
./. anteiliger Buchwert Kapitalkonto ($^1/_3$)	16.667 €
Veräußerungsgewinn	33.333 €

Der Veräußerungsgewinn **muss** als laufender Gewinn versteuert werden, dies kann nicht durch Erstellung von negativen Ergänzungsbilanzen für die beiden Gesellschafter A und B vermieden werden (§ 16 Abs. 1 Satz 2 EStG).[24]

Am zweckmäßigsten dürfte es auch in diesem Fall sein, in der Eröffnungsbilanz der Sozietät die gemeinen Werte anzusetzen. Die Eröffnungsbilanz der Sozietät hat dann folgendes Aussehen:

Aktiva	Eröffnungsbilanz Sozietät ABC	01.01.07		Passiva
Anlagevermögen	140.000 €	Kapital A		100.000 €
Praxiswert	120.000 €	Kapital B		100.000 €
Umlaufvermögen	40.000 €	Kapital C		100.000 €
	300.000 €			300.000 €

Aktiva	Ergänzungsbilanz Gesellschafter A	01.01.07	Passiva
Minderkapital	66.667 €	Minderwert	
		Anlagevermögen	26.667 €
		Minderwert Praxiswert	40.000 €
	66.667 €		66.667 €

Aktiva	Ergänzungsbilanz Gesellschafter B	01.01.07	Passiva
Minderkapital	66.667 €	Minderwert	
		Anlagevermögen	26.667 €
		Minderwert Praxiswert	40.000 €
	66.667 €		66.667 €

- **Einbringung mit dem gemeinen Wert**

Wird beim Eintritt eines weiteren Gesellschafters in eine Personengesellschaft gegen Zuzahlung ins Privatvermögen insgesamt der gemeine Wert angesetzt,

---

24 BFH vom 08.12.1994, BStBl II 1995, 599.

bringen die Gesellschafter zuerst ihre gesamten Mitunternehmeranteile in die „neue" Personengesellschaft ein.

Bei A und B entsteht dabei ein Veräußerungsgewinn von je 100.000 €. Da sie an der „neuen" Sozietät noch zu $^1/_3$ beteiligt sind, veräußern sie $^2/_3$ an sich selber. Deshalb liegt nach § 18 Abs. 3 Satz 2 i. V. m. § 16 Abs. 2 Satz 3 EStG i. H. von 66.667 € ein laufender Gewinn und i. H. von 33.333 € ein nach § 34 Abs. 1 EStG begünstigter Veräußerungsgewinn vor. Der laufende Gewinn unterliegt der Gewerbesteuer, dafür erhalten A und B die Steuerermäßigung nach § 35 EStG. Anschließend veräußern sie je $^1/_3$ ihres Mitunternehmeranteils an C. Da nunmehr der Buchwert dem gemeinen Wert entspricht, entsteht kein Gewinn mehr.

1.4 Besonderheiten

Ein Fall des § 24 UmwStG liegt nach Ansicht von Böttcher[25] auch dann vor, wenn der neu eintretende Gesellschafter weder eine Geld- noch eine Sacheinlage erbringt, sondern seine Einlage durch Übernahme von Verbindlichkeiten der Personengesellschaft leistet. Hierdurch wird das Eigenkapital durch Verminderung der Verbindlichkeiten vergrößert. Dabei sind zwei Fälle zu unterscheiden:

— Echte Schuldübernahme

Hier werden die Verbindlichkeiten ausgebucht und an ihre Stelle tritt in gleicher Höhe das Kapital des neu eintretenden Gesellschafters.

— Schuldbeitritt

Hier bleiben zwar die Verbindlichkeiten bestehen, aber in gleicher Höhe ist ein Anspruch gegen den neu eintretenden Gesellschafter zu aktivieren, dem auf der Passivseite das Kapital in gleicher Höhe gegenübersteht.

Beim neu eintretenden Gesellschafter kommt es bei dieser Form der Einlage zu keiner Gewinnrealisierung.

2 Umsatzsteuer

2.1 Allgemeines

Der Eintritt eines Gesellschafters in eine bestehende Personengesellschaft ist umsatzsteuerrechtlich nach denselben Grundsätzen zu behandeln, die für die Gründung der Personengesellschaft gelten. Früher war man der Auffassung, mit der Aufnahme eines Gesellschafters in eine Gesellschaft erbringe die Gesellschaft eine Leistung, die in der Gewährung eines Gesellschaftsanteils bestehe, und der Gesellschafter hierfür als Gegenleistung seine Einlage auf. Der Umsatz wurde als steuerbar, jedoch nach § 4

---

25 StbJb 1966/67 S. 149 ff.

D. Eintritt eines Gesellschafters

Nr. 8 f UStG steuerfrei angesehen. Mit Urteil vom 26.06.2003 Rs. C-442/01 hat der EuGH[26] hierzu entschieden, dass die Aufnahme eines Gesellschafters in eine Gesellschaft ein nicht steuerbarer Vorgang ist, da diesbezüglich kein Leistungsaustausch stattfinde. Entsprechend hat der BFH in seinem Folgeurteil vom 01.07.2004[27] entschieden.

Dies hat insbesondere Auswirkungen auf den Vorsteuerabzug in Bezug auf Aufwendungen der Gesellschaft im Zusammenhang mit der Aufnahme. Hinsichtlich des Vorsteuerabzugsverbots nach § 15 Abs. 2 ist nun auf die normalen Umsätze der aufnehmenden Gesellschaft abzustellen. Tätigt die Gesellschaft nur vorsteuerunschädliche Ausgangsumsätze, steht ihr der volle Vorsteuerabzug aus den im Zusammenhang mit der Aufnahme angefallenen Aufwendungen zu, z. B. aus Beratungskosten und Notarkosten.

Beispiel:

13 Die RT-OHG nimmt mit Wirkung vom 01.01.02 als weiteren Gesellschafter W in die OHG auf. W leistet seine Einlage i. H. von 400.000 € dadurch, dass er ein unbebautes Grundstück aus seinem Einzelunternehmen in die OHG einlegt. Infolge der Aufnahme des W in die OHG fallen bei der OHG Notarkosten i. H. von 2.000 € zzgl. 19 % = 380 € Umsatzsteuer an. Die OHG tätigt in ihrem normalen Geschäftsbetrieb ausschließlich steuerpflichtige Umsätze.

Das Einzelunternehmen des W und die OHG stehen in keinen engen Geschäftsbeziehungen.

Umsatzsteuerrechtliche Behandlung bei der OHG:

Die Aufnahme des W in die OHG ist ein nicht steuerbarer Vorgang. Die Aufnahme des W hat auch keine Auswirkungen auf die Unternehmereigenschaft der OHG. Die OHG war Unternehmer und bleibt weiterhin Unternehmer.

Die OHG ist berechtigt, die Umsatzsteuer aus den Notarkosten nach § 15 UStG als Vorsteuer geltend zu machen. Das Vorsteuerabzugsverbot nach § 15 Abs. 2 UStG greift nicht ein, weil die Notarkosten in wirtschaftlichem Zusammenhang mit den normalen steuerpflichtigen Umsätzen der OHG stehen.

Umsatzsteuerrechtliche Behandlung bei W:

W tätigt im Rahmen eines tauschähnlichen Umsatzes eine Lieferung des Grundstücks an die OHG. Die Lieferung ist als Hilfsgeschäft im Rahmen des Einzelunternehmens des W steuerbar, jedoch nach § 4 Nr. 9 a UStG steuerfrei. Ein Verzicht auf die Befreiung ist nach § 9 Abs. 1 UStG zulässig. Er wäre sinnvoll, wenn im Zusammenhang mit der Veräußerung des Grundstücks an die OHG bei W nennenswerte Vorsteuern anfallen würden.

Der Gesellschaftsanteil des W an der OHG gehört nicht etwa bereits deshalb zum Einzelunternehmen des W, weil er im Austausch für ein zum Einzelunternehmen des W gehörendes Grundstück erworben wird. Die Zuordnung zum Unternehmen des W setzt voraus, dass die Beteiligung an der OHG dem Einzelunternehmen des W förderlich ist. Dies ist laut Sachverhalt nicht der Fall.

---

26 UR 2003 S. 443.
27 BStBl II 2004, 1022.

2.2 Besonderheiten

Erbringt der neu eintretende Gesellschafter seine Einlage durch Übernahme von Verbindlichkeiten der Gesellschaft, ist darin eine reine Entgeltzahlung und keine sonstige Leistung i. S. des Umsatzsteuerrechts an die Gesellschaft zu sehen. Dies gilt sowohl bei echter Schuldübernahme als auch bei Schuldbeitritt. **14**

E. VERLUSTABZUGSBESCHRÄNKUNGEN BEI § 15 a UND § 15 b EStG

1 Verluste bei beschränkter Haftung gem. § 15 a EStG

1.1 Bedeutung, Zweck und Voraussetzung der Anwendung des § 15 a EStG

1.1.1 Bedeutung und Zweck des § 15 a EStG

§ 15 a EStG will bei beschränkt haftenden Mitunternehmern, insbesondere bei Kommanditisten, die Möglichkeit des Verlustausgleichs und Verlustabzugs begrenzen. In der amtlichen Begründung der Bundesregierung zur Gesetzesvorlage[1] heißt es: „Der vorliegende Gesetzesentwurf trägt den rechtlichen Bedenken gegen die derzeitige Besteuerungspraxis bei der Zurechnung von Verlusten an beschränkt haftende Unternehmer Rechnung und stellt klar, dass Verluste nur ausgeglichen oder abgezogen werden dürfen, soweit die Haftung reicht. (. . .) denn Verluste, die über den **Haftungsbetrag** hinausgehen, belasten den Steuerpflichtigen im Jahr der Entstehung des Verlustes im Regelfall weder rechtlich noch wirtschaftlich. Eine wirtschaftliche Belastung entsteht nur aufschiebend bedingt, wenn und soweit später Gewinne entstehen." Zunächst für die sog. Verlustzuweisungsgesellschaften gedacht, gilt § 15 a EStG aber generell in allen Fällen beschränkt haftender Mitunternehmer, also z. B. auch bei „normalen" Kommanditgesellschaften, bei Familienunternehmen oder bei atypischen stillen Gesellschaften (vgl. § 15 a Abs. 5 EStG). Dies hat der BFH in seinem Urteil vom 09.05.1996[2] bestätigt.

In der Literatur ist streitig, ob die Vorschrift des § 15 a EStG verfassungswidrig ist. Diese Frage hat der BFH unter Hinweis auf Literatur und Rechtsprechung mit seinem Beschluss vom 19.05.1987[3] mit guten Gründen verneint und dies mit Urteil vom 17.12.1992[4] bestätigt. In der Begründung seines Beschlusses ist er auch auf die gegensätzliche Entscheidung des Österreichischen Verfassungsgerichtshofs eingegangen.[5]

---

1 BT-Drucksache 8/3648.
2 BStBl II 1996, 474.
3 BStBl II 1988, 5.
4 BStBl II 1994, 492.
5 Im BStBl II 1988, 5, ist der Leitsatz geändert worden, vgl. BFH/NV 1987 S. 640.

E. Verlustabzugsbeschränkungen bei § 15 a und § 15 b EStG

In der Literatur wird die Vorschrift weiterhin sehr angegriffen und zum Teil der Gesetzgeber aufgerufen, die Vorschrift so schnell wie möglich zu streichen.[6]

1.1.2 Voraussetzung der Anwendung des § 15 a EStG

2 Nach der Rechtsprechung des BFH[7] ist einem Kommanditisten ein Verlustanteil auch insoweit **zuzurechnen**, soweit dieser zu einem negativen Kapitalkonto führt oder dieses Konto erhöht. Dies gilt nach dieser Rechtsprechung aber nicht, soweit bei Aufstellung der Bilanz feststeht, dass ein Ausgleich des negativen Kapitalkontos mit künftigen Gewinnanteilen nicht mehr in Betracht kommt. Dies ist möglich, wenn:

— die KG erheblich überschuldet ist

— stille Reserven oder ein Geschäftswert nicht oder nicht in ausreichender Höhe vorhanden sind

— die KG keine nennenswerten Umsätze mehr tätigt

— die KG ihre werbende Tätigkeit eingestellt hat

— ein Antrag auf Eröffnung des Insolvenzverfahrens gestellt wird

— trotz erheblicher Überschuldung einer GmbH und Co. KG der Geschäftsführer pflichtwidrig keinen Antrag auf Eröffnung des Insolvenzverfahrens gestellt hat (§ 161 Abs. 2 i. V. m. § 130 a Abs. 1 HGB)

— ein Antrag auf Eröffnung des Insolvenzverfahrens mangels einer die Verfahrenskosten deckenden Masse abgelehnt wurde (§ 26 Abs. 1 InsO)

— das Insolvenzverfahren eröffnet ist[8]

Soweit feststeht, dass künftige Gewinnanteile nicht mehr anfallen, hat dies bei personell unverändertem Bestand einer KG mehrere Rechtsfolgen:[9]

— das negative Kapitalkonto fällt weg

— dem Kommanditisten ist der Verlustanteil ab dem letzten Bilanztag, an dem ein negatives Kapitalkonto entsteht oder sich erhöht, nicht mehr zuzurechnen

— Verluste im Sonderbetriebsvermögen sind dagegen gesondert zu berücksichtigen[10]

— beim Kommanditisten entsteht ein laufender Gewinn; wenn er seinen Gesellschaftsanteil gleichzeitig veräußert oder aufgibt, ein begünstigter Gewinn

---

6 Theisen in KFR, F. 3 EStG, § 15 a 1/97 S. 7, und im Hinblick auf § 15 b EStG Hallerbach in Herrmann/Heuer/Raupach, § 15 b Rz. 26.
7 BFH, GrS, vom 10.11.1980, BStBl II 1981, 164.
8 Vgl. hierzu ausführlichen Erlass der OFD Frankfurt, StLex 3, 15 a, 87 vom 16.07.2003; Schmidt/Wacker, § 15 a Rz. 10 ff., und Littmann/Bitz/Pust, § 15 a Rz. 2 ff., beide ausführlich und m. w. N.
9 BFH vom 26.09.1996, BStBl II 1997, 277; Schmidt/Wacker, § 15 a Rz. 14 und 17.
10 FinVerw FR 2004 S. 731 zu Tz. 3.2.

1 Verluste bei beschränkter Haftung gem. § 15 a EStG

— der Gewinn entsteht in Höhe des negativen Kapitalkontos des Kommanditisten vom letzten Bilanzstichtag
— in Höhe dieses negativen Kapitalkontos ist den anderen Gesellschaftern ein Verlust zuzurechnen, d. h. den Komplementären und den anderen Kommanditisten mit positivem Kapitalkonto[11]

Wann und bis zu welchem Betrag dies alles feststeht, ist Tatfrage. Maßgeblich sind die Verhältnisse am Bilanzstichtag.[12] Die Feststellungslast trägt das Finanzamt. In Betracht kommt vor allem die Eröffnung des Insolvenzverfahrens.[13]

Die weiteren Ausführungen gelten daher nur für die Fälle, in denen Kommanditisten Verlustanteile zugerechnet werden können. Erst wenn die Zurechnungsfrage positiv entschieden ist, ist § 15 a EStG zu überprüfen und anwendbar.

1.2 Grundsätzliche Auswirkungen des § 15 a EStG

Nach § 15 a EStG darf der einem Kommanditisten zuzurechnende Anteil am Verlust der KG weder mit anderen Einkünften aus Gewerbebetrieb noch mit Einkünften aus anderen Einkunftsarten ausgeglichen werden, soweit durch den Verlust ein negatives Kapitalkonto des Kommanditisten entsteht oder sich erhöht; auch § 10 d EStG ist insoweit nicht anwendbar. Nicht ausgleichsfähige Verluste werden als sog. verrechenbare Verluste nach § 15 a Abs. 4 EStG besonders festgestellt und können nur mit Gewinnen zukünftiger Jahre verrechnet werden (§ 15 a Abs. 2 EStG).

Beispiel 1:

A ist als Komplementär, B als Kommanditist an einer KG je zur Hälfte beteiligt. Die Kapitalkonten betragen zum 31.12.05 vor Verlustzuweisung je 100.000 €. Die KG erzielt im Jahre 05 einen Verlust von 300.000 €.

Der anteilige Verlust von 150.000 € ist beim Komplementär A in voller Höhe mit anderen Einkünften ausgleichsfähig. Beim Kommanditisten B ist der Ausgleich beschränkt, d. h. bis zur Höhe des Kapitalkontos von 100.000 € ausgleichsfähig und i. H. von 50.000 € (Entstehung eines negativen Kapitalkontos) besonders festzustellen und nur mit späteren Gewinnen verrechenbar (§ 15 a Abs. 2 und Abs. 4 EStG). Der Verlust i. H. von 50.000 € ist daher nicht endgültig verloren.

---

11 BFH vom 10.12.1991, BStBl II 92, 650.
12 BFH vom 09.02.1993, BStBl II 1993, 747; Schmidt/Wacker, § 15 a Rz. 19.
13 BFH vom 12.10.1993, BStBl II 1994, 174, vom 11.08.1994, BStBl II 1995, 253, vom 26.01.1995, BStBl II 1995, 473, und vom 21.10.1997, BStBl II 1998, 437.

E. Verlustabzugsbeschränkungen bei § 15 a und § 15 b EStG

Die Kapitalkonten stellen sich buchmäßig wie folgt dar:

Aktiva	KG-Bilanz zum 31.12.05 vor Verlustzuweisung	Passiva
	Kapital A	100.000 €
	Kapital B	100.000 €

Aktiva	KG-Bilanz zum 31.12.05 nach Verlustzuweisung	Passiva
Kapital A	50.000 €	
Kapital B	50.000 €	

4 Aus dieser Gegenüberstellung ergeben sich zwei Erkenntnisse:
- § 15 a EStG ist eine Vorschrift, die nur rechtliche Folgerungen zieht, d. h., **buchmäßig ändert sich durch diese Vorschrift nichts.** Aus einem Bilanzbild allein lässt sich nicht erkennen, ob aufgrund § 15 a EStG einzelne Verluste nicht oder nur zum Teil abgezogen werden konnten.
- Ob ein negatives Kapitalkonto in einem bestimmten Wirtschaftsjahr durch **Verlust** entsteht oder sich erhöht, lässt sich nur durch unmittelbare Gegenüberstellung zweier Bilanzen zum Stichtag (vor bzw. nach Verlustzuweisung) feststellen. Kapitalbewegungen anderer Art vor dem Bilanzstichtag (Entnahmen, Einlagen, Berichtigungen) müssen **vor** der Verlustzuweisung berücksichtigt werden (vgl. § 15 a Abs. 1 Satz 1 EStG).

Durch die Regelung in § 15 a EStG wird der Verlustanteil des Kommanditisten in einen ausgleichsfähigen und einen verrechenbaren Teil zerlegt. Durch diese Zerlegung wird die Abzugsfähigkeit von Verlusten in drei Phasen erfasst:

5
- **Verlustverrechnung** gem. § 15 a EStG. Sie findet auf der Ebene der Ermittlung der steuerlichen Einzelergebnisse einer Einkunftsquelle statt.
- **Verlustausgleich** gem. § 2 Abs. 3 EStG. Beim sog. horizontalen Verlustausgleich bewegen wir uns dabei auf der Ebene der Einkunftsermittlung einer bestimmten Einkunftsart mit mehreren Einkunftsquellen (z. B. drei Gewerbebetrieben), und beim sog. vertikalen Verlustausgleich werden Verluste einer Einkunftsart mit positiven Einkünften anderer Einkunftsarten ausgeglichen.
- **Verlustabzug** gem. § 10 d EStG. Er gehört zur Ebene der Ermittlung des Einkommens. Bleibt die Summe der Einkünfte nach Verlustverrechnung gem. § 15 a EStG und nach Verlustausgleich gem. § 2 Abs. 3 EStG negativ, so sind diese Verluste nach § 10 d EStG in andere Veranlagungszeiträume rück- bzw. vorzutragen. Auf die Ebene des Verlustabzugs können nur ausgleichsfähige Verluste durchschlagen, nie gem. § 15 a EStG nur verrechenbare.[14]

---
14 Vgl. hierzu Walzer, BB 1981 S. 1680.

1 Verluste bei beschränkter Haftung gem. § 15 a EStG

Beispiel 2:

Arzt B beteiligt sich zu Beginn des Jahres 03 mit 200.000 € als Kommanditist an einer KG. Die Einlage ist voll geleistet. B hat in den Jahren 03 und 04 Gewinne aus seiner Arztpraxis i. H. von jeweils 150.000 €. Im Rahmen der KG entfallen auf ihn in den Jahren 03 und 04 Verlustanteile von je 170.000 €.

Entwicklung des Kapitalkontos:

Einlage 01.01.03	200.000 €
Verlust 03	./. 170.000 €
Kapital 31.12.03	30.000 €
Verlust 04	./. 170.000 €
Kapital 31.12.04	./. 140.000 €

Besteuerung:

Im Jahr 03:

Einkünfte gem. § 18 EStG	150.000 €
Einkünfte gem. § 15 EStG	./. 170.000 €
Summe der Einkünfte und Gesamtbetrag der Einkünfte	./. 20.000 €

Im Jahr 04:

Einkünfte gem. § 18 EStG	150.000 €
Einkünfte gem. § 15 EStG	./. 30.000 €
Summe der Einkünfte und Gesamtbetrag der Einkünfte	120.000 €

Im Jahr 03 führt der Verlust von 170.000 € noch nicht zu einem negativen Kapitalkonto; dieses bleibt mit 30.000 € noch positiv. Der Verlust von 170.000 € kann daher mit den anderen Einkünften voll ausgeglichen werden (vertikaler Verlustausgleich). § 15 a EStG ist nicht berührt. Der negative Gesamtbetrag der Einkünfte i. H. von 20.000 € des Jahres 03 ist gem. § 10 d Abs. 1 EStG auf das Jahr 02 rücktragsfähig und bei Nichtberücksichtigung auf die Jahre 04 ff. gem. § 10 d Abs. 2 EStG vortragsfähig.

Im Jahr 04 führt der Verlust zu einem negativen Kapitalkonto und darf daher nur noch zum Teil mit anderen positiven Einkünften ausgeglichen werden. Das Ausgleichs- und Abzugsverbot des § 15 a EStG greift i. H. von 140.000 € ein. Nur i. H. von 30.000 € (Stand des positiven Kapitalkontos zum 01.01.04) besteht eine Verlustausgleichsmöglichkeit. Der verrechenbare Verlust von 140.000 € kann nur mit künftigen Gewinnanteilen späterer Jahre, und zwar nur aus derselben Beteiligung, verrechnet werden. Eine zeitliche Begrenzung gibt es insoweit nicht (§ 15 a Abs. 2 EStG).

Beispiel 3:

C ist als Kommanditist mit einer Haftsumme und einer Pflichteinlage i. H. von 30.000 € an der Z-KG beteiligt. Er hat seine Einlage voll erbracht. Im Jahr 01 entfällt auf ihn ein Verlustanteil i. H. von 40.000 € und im Jahr 02 ein Verlustanteil von 20.000 €. Außerdem erhöht er im Jahr 02 seine Haftsumme um 15.000 € auf 45.000 €.

E. Verlustabzugsbeschränkungen bei § 15 a und § 15 b EStG

Entwicklung des Kapitalkontos:

Einlage	30.000 €
Verlust 01	./. 40.000 €
31.12.01	./. 10.000 €
Verlust 02	./. 20.000 €
31.12.02	./. 30.000 €

VZ 01:

Im Jahr 01 ergibt sich gem. § 15 a Abs. 1 Satz 1 EStG ein ausgleichsfähiger Verlust von 30.000 €. Die Einkünfte aus Gewerbebetrieb betragen somit gem. § 15 Abs. 1 Nr. 2 EStG ./. 30.000 €. Die restlichen 10.000 € stellen einen nur verrechenbaren Verlust gem. § 15 a Abs. 2 EStG dar. Dieser wird gem. § 15 a Abs. 4 EStG einheitlich und gesondert festgestellt.

VZ 02:

Das negative Kapitalkonto erhöht sich durch die Verlustzuweisung im Jahre 02 auf ./. 30.000 €. Damit ist ein Verlustausgleich gem. § 15 a Abs. 1 Satz 1 EStG nicht mehr möglich. Da aber die Haftung um 15.000 € erhöht wurde, kann C den im Jahr 02 entstehenden Verlust in dieser Höhe ausgleichen, § 15 a Abs. 1 Satz 2 EStG. Der restliche Verlust von 5.000 € ist gem. § 15 a Abs. 2 EStG nur verrechenbar. Die Einkünfte aus § 15 Abs. 1 Nr. 2 EStG betragen somit ./. 15.000 €. Gleichzeitig wird ein verrechenbarer Verlust i. H. von 10.000 € aus VZ 01 + 5.000 € aus VZ 02 = 15.000 € einheitlich und gesondert festgestellt.[15]

1.3 Begriffe im Rahmen des § 15 a EStG

1.3.1 Anteil am Verlust

7 Der Begriff des Gewinns (und damit auch des Verlustes) ist im Handelsrecht und Steuerrecht verschieden. Während der Gewinn im Handelsrecht nur eine verteilbare Größe darstellt (vgl. § 158 AktG und § 275 Abs. 4 HGB, § 174 AktG, §§ 120, 231 HGB, § 29 GmbHG), ist der Gewinn im Steuerrecht der aufgrund des EStG ermittelte Ertrag des Unternehmens (§§ 4, 5 EStG). Literatur und Verwaltung sind sich einig, dass unter Anteil am Verlust der nach den Grundsätzen der **steuerlichen** Gewinnermittlung in der Bilanz der KG festgestellte Verlust zu verstehen ist.[16]

Wenn eine KG von der Art her sowohl Einkünfte aus Vermietung und Verpachtung als auch aus Kapitalvermögen erzielt, sind im Normalfall beide

---

15 Vgl. unten ausführlich zu den Einlagen Rz. 20.
16 Vgl. Schmidt/Wacker, § 15 a Rz. 71.

1 Verluste bei beschränkter Haftung gem. § 15 a EStG

Quellen als Einkünfte aus Gewerbebetrieb zusammenzurechnen. Nur wenn nach Saldierung ein Verlust vorliegt, ist § 15 a EStG anwendbar.[17]

1.3.2 Einlage

Dieser Begriff ist im Handelsrecht nicht eindeutig bestimmt (vgl. § 167 Abs. 2 und 3, §§ 169, 171 Abs. 1, § 232 Abs. 2 HGB). Nach einhelliger Meinung ist zu unterscheiden zwischen Haftsumme, Pflichteinlage und Einlage.

8

Die **Haftsumme** (auch Hafteinlage oder Haftbetrag genannt) ist der im Handelsregister eingetragene Betrag, bis zu dem der Kommanditist den Gesellschaftsgläubigern, d. h. im Außenverhältnis unmittelbar, haftet, solange er den Betrag nicht in die KG eingebracht hat (§ 171 Abs. 1 HGB).

Die **Pflichteinlage** ist der Betrag, den der Kommanditist nach den gesellschaftsrechtlichen Vereinbarungen (insbesondere dem Gesellschaftsvertrag), also im Innenverhältnis, zu erbringen hat. Haftsumme und Pflichteinlage sind in der Praxis meistens gleich hoch, können aber auch verschieden sein. Die Haftsumme besteht immer in Geld, die Pflichteinlage kann auch auf andere vermögenswerte Leistungen gehen, z. B. Sach-, Dienst- oder Unterlassungspflichten.[18]

Die **Einlage** ist schließlich der Betrag, den der Kommanditist in Erfüllung seiner gesellschaftsrechtlichen Einlageverpflichtung tatsächlich erbracht hat. Die tatsächlich geleistete Einlage mindert die Haftung des Kommanditisten im Außenverhältnis (§ 171 Abs. 1 HGB). Zur weiteren Problematik vgl. unten.[19]

Beispiel:

B ist als Kommanditist im Handelsregister mit 200.000 € eingetragen. Nach dem Gesellschaftsvertrag soll er ein Grundstück mit dem unbestreitbaren Wert von 150.000 € und einen Geldbetrag von 100.000 € einbringen. Bisher hat er nur 80.000 € auf ein Konto der KG überwiesen.

Die Haftsumme beträgt 200.000 €. Da er 80.000 € einbezahlt hat (= Einlage), haftet er (im Außenverhältnis) den Gesellschaftsgläubigern gegenüber noch unmittelbar i. H. von 120.000 €. Seine Pflichteinlage (im Innenverhältnis) beträgt 250.000 €.

1.3.3 Kommanditist

Dieser Begriff ist nicht handelsrechtlich, sondern steuerrechtlich auszulegen, da § 15 a EStG an die Regelung des § 15 Abs. 1 Nr. 2 EStG anknüpft.

9

---

17 BFH vom 15.10.1996, BStBl II 1997, 250.
18 Schmidt/Wacker, § 15 a Rz. 1 und 96.
19 Vgl. E. Rz. 18 und 20.

671

E. Verlustabzugsbeschränkungen bei § 15 a und § 15 b EStG

Nach der Rechtsprechung können Personen Mitunternehmer einer KG sein, die handelsrechtlich nicht Gesellschafter der KG sind.[20] Dies ist z. B. bei Treuhandverhältnissen der Fall. Hier ist § 15 a EStG anwendbar.[21] Im umgekehrten Fall ist § 15 a EStG nicht anwendbar, d. h., wenn ein Kommanditist ausnahmsweise nicht Mitunternehmer ist, weil er z. B. keine Unternehmerinitiative entfalten kann oder kein nennenswertes Risiko trägt.[22] Sehr problematisch ist dies bei Publikums-KGs.[23]

Mitunternehmer-Kommanditist kann nicht nur eine natürliche Person, sondern auch eine Kapitalgesellschaft sein, aufgrund § 124 HGB auch eine OHG, eine Partnerschaft oder eine KG. Für eine GbR oder einen nichtrechtsfähigen Verein gilt dies jetzt auch.[24] Beteiligt sich nun eine OHG bei einer KG als Kommanditistin, so gilt § 15 a EStG auch für den auf die OHG entfallenden Verlustanteil, soweit für die OHG bei der KG ein negatives Kapitalkonto entsteht oder sich erhöht. Sehr problematisch kann dies bei **Doppelgesellschaften** werden.[25] Hier sollen nur zwei einfache Beispiele zur Erläuterung dienen.

Beispiel 1:

A und B sind zu je ½ an der X-OHG beteiligt. Die X-OHG ist Kommanditistin an der Y-KG mit einem Kapital von 200.000 €. Auf die X-OHG entfällt im Jahre 01 ein Verlust von 240.000 €.

Aktiva	Bilanz Y-KG	Passiva
	... Kapital ...	
	200.000 € Kapital X-OHG	

A (½)   B (½)

Sowohl bei der Y-KG als auch bei der X-OHG sind einheitliche und gesonderte Gewinnfeststellungen vorzunehmen. In der Y-KG muss der Gesamtverlust der Y-KG, der ausgleichsfähige und der nur verrechenbare Teil davon, festgestellt werden. In der X-OHG ist dann der Verlust der X-OHG und die Aufteilung des ausgleichbaren und des verrechenbaren Verlustes auf die Gesellschafter festzustellen.

Im Jahr 01 können A und B je 100.000 € mit anderen Einkünften ausgleichen (insgesamt 200.000 €) bzw. gem. § 10 d EStG rück- oder vortragen. Der Rest von je 20.000 € (insgesamt 40.000 €) ist verrechenbarer Verlust.

---

20 BFH vom 05.07.1978, BStBl II 1978, 644.
21 Vgl. Stuhrmann, DStR 1997 S. 1716.
22 BFH vom 08.02.1979, BStBl II 1979, 405.
23 Vgl. hierzu BFH-Beschluss vom 25.06.1984, GrS, BStBl II 1984, 751.
24 BGH vom 29.01.2001, BB 2001 S. 374, NJW 2001 S. 1056, und vom 16.07.2001, NJW 2001 S. 3121. Vgl. oben A. Rz. 6, 10 und 34.
25 Vgl. ausführlich unten G. Rz. 41 ff.

1 Verluste bei beschränkter Haftung gem. § 15 a EStG

Diese Lösung ergibt sich daraus, dass der Anteil am Verlust der Y-KG einkommensteuerlich unmittelbar als Verlustanteil der Gesellschafter der X-OHG anzusehen ist.[26]

Beispiel 2:

A und B sind zu je $^1/_2$ an der X-GmbH beteiligt, die ihrerseits an der Y-KG als Kommanditistin mit einem Kapital von 200.000 € beteiligt ist. Auf die X-GmbH entfällt im Jahr 01 ein Verlust von 240.000 €.

Aktiva	Bilanz Y-KG	Passiva
	... Kapital ...	
	200.000 € Kapital X-GmbH	

A ($^1/_2$) B ($^1/_2$)

Hier liegt eine „GmbH & Co. KG" – nicht üblicher Art – vor. Probleme entstehen nicht, weil die GmbH als solche die Einkünfte bezieht (sie ist rechtsfähig und damit auch Steuerrechtssubjekt). Die X-GmbH kann 200.000 € Verlust ausgleichen, 40.000 € Verlust sind nur mit späteren Gewinnen verrechenbar.

1.3.4 Kapitalkonto

Der Begriff war in der Literatur erheblich umstritten. **10**

Die überwiegende Meinung, der sich auch die Verwaltung angeschlossen hatte,[27] ging vom steuerlichen Kapitalkonto aus und bezog daher das volle Sonderbetriebsvermögen mit ein. Später hat sich durch mehrere Urteile des BFH das Blatt gewendet.

Wir waren schon immer der Meinung, den Begriff des Kapitalkontos zwar steuerlich auszulegen – § 15 a EStG ist eine steuerliche Vorschrift –, aber das Sonderbetriebsvermögen nicht in das Ausgleichsvolumen mit einzubeziehen. Zwei einfache Beispiele mögen dies verdeutlichen:

Beispiel 1:

Kommanditist M ist an der O-KG mit 100.000 € beteiligt. Er hat seine Einlage **11** im Jahre 01 in Geld voll erbracht. Außerdem hat er seiner KG ein Grundstück (Teilwert 300.000 €) zur Verfügung gestellt. Im Jahr 03 entfällt auf ihn ein Verlustanteil i. H. von 380.000 €. Im Jahr 04 geht die KG in Insolvenz.

M kann im Jahr 03 den auf ihn entfallenden Verlust i. H. von 380.000 € voll ausgleichen, bezieht man das Sonderbetriebsvermögen mit ein. Denn dann hat M ein positives Kapitalkonto von 400.000 €. Da M zivilrechtlich Eigentümer des Grundstücks blieb, hat er im Insolvenzverfahren der KG im Jahr 04 ein Aussonderungsrecht. M verliert das Grundstück also nicht. Nach den Gesetzesmotiven[28] soll der Kommanditist aber nur solche Verluste ausgleichen dürfen, die er auch wirtschaftlich zu tragen hat. Geht man vom steuerlichen Kapitalkonto

---
26 Vgl. Schmidt/Wacker, § 15 a Rz. 61.
27 Abschn. 138 d Abs. 2 EStR 1990 und BMF vom 08.05.1981, BStBl I 1981, 308.
28 Vgl. oben E. Rz. 1.

E. Verlustabzugsbeschränkungen bei § 15 a und § 15 b EStG

ohne Sonderbetriebsvermögen aus, kann M im vorliegenden Fall nur einen Verlust i. H. von 100.000 € ausgleichen. Dies ist folgerichtig, denn im Insolvenzfall sind auch nur diese 100.000 € verloren.

Beispiel 2:

Kommanditist Z ist an der L-KG mit 100.000 € beteiligt. Er hat seine Einlage im Jahre 01 in Geld zwar voll erbracht, musste aber dafür ein Bankdarlehen in gleicher Höhe aufnehmen. Im Jahr 03 entfällt auf ihn ein Verlustanteil i. H. von 150.000 €. Im Jahr 04 geht die KG in Insolvenz.

Bezieht man das Sonderbetriebsvermögen mit ein, kann Z im Jahr 03 überhaupt nichts ausgleichen, weil sein steuerliches Kapitalkonto 0 € beträgt. Im Insolvenzverfahren 04 geht aber seine Einlage verloren, und das Darlehen muss Z voll aufbringen. Geht man nur vom steuerlichen Kapitalkonto ohne Sonderbetriebsvermögen aus, kann Z im Jahr 03 – bei Verlustentstehung in der KG – den Verlust i. H. von 100.000 € ausgleichen. Die früher herrschende Meinung half sich in diesem Fall mit dem Argument, ein Ausgleich käme immer in Betracht, wenn von einem Kommanditisten Verluste tatsächlich getragen werden.

Nach der früher herrschenden Meinung konnte Z den Verlust von 100.000 € nicht im Jahr 03, sondern erst im Insolvenzjahr 04 ausgleichen.

Der BFH hat inzwischen mehrmals entschieden, dass unter dem Kapitalkonto i. S. des § 15 a EStG das Kapital des Kommanditisten in der Hauptbilanz (Gesamthandsvermögen) und in seiner Ergänzungsbilanz zu verstehen ist.[29] Das BMF hat sich angeschlossen.[30]

12 Zusätzlich hat das BMF mit Schreiben vom 15.12.1993[31] ausgeführt, dass das Gesellschaftsvermögen in allen Fragen zu § 15 a EStG vom Sonderbetriebsvermögen zu trennen ist.

Im BMF-Schreiben vom 30.05.1997[32] wird das Kapitalkonto im Einzelnen wie folgt umschrieben:

„Das Kapitalkonto i. S. des § 15 a Abs. 1 Satz 1 EStG setzt sich aus dem **Kapitalkonto des Gesellschafters** in der Steuerbilanz der Gesellschafter und dem Mehr- oder Minderkapital aus einer etwaigen positiven oder negativen **Ergänzungsbilanz** des Gesellschafters (BFH-Urteil vom 30.03.1993, BStBl II S. 706) zusammen. Bei der Ermittlung des Kapitalkontos sind im Einzelnen folgende Positionen zu berücksichtigen:

1. **Geleistete Einlagen;** hierzu rechnen insbesondere erbrachte Haft- und Pflichteinlagen, aber auch z. B. verlorene Zuschüsse zum Ausgleich von Verlusten. Pflichteinlagen gehören auch dann zum Kapitalkonto i. S. des

---

29 BFH vom 01.06.1989, BStBl II 1989, 1018; vom 14.05.1991, BStBl II 1992, 167; vom 30.03.1993, BStBl II 1993, 706; vom 13.10.1998, BStBl II 1999, 163, und vom 28.03.2000, BStBl II 2000, 347 zu II.1 m. w. N.
30 BMF vom 20.02.1992, BStBl I 1992, 123.
31 BStBl I 1993, 976.
32 BStBl I 1997, 627.

§ 15 a Abs. 1 Satz 1 EStG, wenn sie unabhängig von der Gewinn- oder Verlustsituation verzinst werden.

2. In der Bilanz **ausgewiesene Kapitalrücklagen;** wenn eine KG zur Abdeckung etwaiger Bilanzverluste ihr Eigenkapital vorübergehend durch Kapitalzuführung von außen im Wege der Bildung einer Kapitalrücklage erhöht, so verstärkt sich das steuerliche Eigenkapital eines jeden Kommanditisten nach Maßgabe seiner Beteiligung an der Kapitalrücklage.

3. In der Bilanz **ausgewiesene Gewinnrücklagen;** haben die Gesellschafter einer KG durch Einbehaltung von Gewinnen Gewinnrücklagen in der vom Gesellschaftsvertrag hierfür vorgesehenen Weise gebildet, so verstärkt sich das steuerliche Eigenkapital eines jeden Kommanditisten nach Maßgabe seiner Beteiligung an der Gewinnrücklage.

Der Umstand, dass durch die Bildung von Kapital- (siehe Nr. 2) und Gewinnrücklagen das steuerliche Eigenkapital der KG nur vorübergehend verstärkt und die Haftung im Außenverhältnis nicht nachhaltig verbessert wird, ist für die Zugehörigkeit ausgewiesener Kapital- und Gewinnrücklagen zum Kapitalkonto i. S. des § 15 a Abs. 1 Satz 1 EStG ohne Bedeutung."

Zusätzliche Probleme können entstehen, wenn § 15 a EStG bei **doppelstöckigen Personengesellschaften** angewandt werden muss. Den neuesten Erkenntnisstand hat Seibold in einem lesenswerten Aufsatz[33] zusammengetragen.

1.4 Verlustausgleichsvolumen

1.4.1 Steuerbilanz und Ergänzungsbilanz

Da aufgrund der BFH-Rechtsprechung nur noch auf das steuerliche Kapitalkonto des Kommanditisten in der Hauptbilanz abgestellt wird,[34] sind folgende Vermögenswerte des Kommanditisten von Bedeutung:

— Der Anteil des Kommanditisten am Gesamthandsvermögen gemäß **Steuerbilanz** der Gesellschaft.

— Der Anteil des Kommanditisten am Gesamthandsvermögen gemäß **Ergänzungsbilanz** des Kommanditisten.

Beispiel 1:

Kommanditist B ist an der X-KG mit 100.000 € beteiligt. Er hat seine Einlage im Jahre 01 in Geld voll erbracht. Außerdem hat er der KG im Jahre 01 ein Geld-Darlehen i. H. von 150.000 € gewährt und einen betrieblichen Parkplatz vermietet, Teilwert zu Beginn der Vermietung 180.000 €. In den Jahren 01 bis 03 werden B Zinsen von je 15.000 € und Mieten von je 20.000 € gutgeschrieben;

---

[33] DStR 1998 S. 438. Vgl. auch BFH vom 18.12.2003, BStBl II 2004, 231; OFD Chemnitz, DB 1998 S. 903; Schmidt/Wacker, § 15 a Rz. 61; Littmann/Bitz/Pust, § 15 a Rz. 18a; beide mit Beispielen und m. w. N. Vgl. auch ausführlich G. Rz. 41 ff.
[34] Vgl. zum Streit E. Rz. 9 ff.

E. Verlustabzugsbeschränkungen bei § 15 a und § 15 b EStG

außerdem entfällt auf ihn je ein Verlustanteil von 200.000 €. Bilanzstichtag ist jeweils der 31.12.

Das steuerliche Kapital des B beträgt vor Ausgleich der Sondervergütungen zum Stichtag 31.12.01 430.000 € (100.000 € + 330.000 €).

Aktiva		KG-Bilanz	Passiva
	... €	Kapital A	... €
Aktiva	250.000 €	Kapital B	100.000 €
		Darlehen von B	150.000 €
	250.000 €		250.000 €

Aktiva		Sonderbilanz B	Passiva
Parkplatz	180.000 €	Kapital	330.000 €
Darlehen	150.000 €		
	330.000 €		330.000 €

Da es auf das Sonderbetriebsvermögen nicht mehr ankommt, hat B ein Verlustausgleichsvolumen von 100.000 €. Der auf B entfallende Verlust von je 200.000 € in den Jahren 01 bis 03 kann nur im Jahre 01 i. H. von 100.000 € ausgeglichen werden. Da die Sondervergütungen die verrechenbaren Verluste nicht mindern,[35] ergeben sich in den einzelnen Jahren folgende Auswirkungen:

	Ausgleichsfähiger Verlust	Verrechenbarer Verlust
01	100.000 €	100.000 €
02	–	+ 200.000 €
		300.000 €
03	–	+ 200.000 €
		500.000 €

Beispiel 2:
Kommanditist B ist mit 100.000 € an der X-KG beteiligt. Die im Jahre 01 voll geleistete Einlage hat B zum Teil mit einem Kredit i. H. von 80.000 € von der Y-Bank finanziert. Der auf B entfallende Verlustanteil im Jahre 01 beträgt 130.000 €.

Das steuerliche Kapital des B beträgt Ende 01 20.000 €, nämlich 100.000 € positives Kapital in der KG-Bilanz und 80.000 € negatives Kapital in einer Sonderbilanz, die nur den Kredit erfasst.

Aktiva		KG-Bilanz	Passiva
	... €	Kapital A	... €
Aktiva	100.000 €	Kapital B	100.000 €

---

[35] Vgl. unten E. Rz. 42.

1 Verluste bei beschränkter Haftung gem. § 15 a EStG

Aktiva	Sonderbilanz B		Passiva
Kapital	80.000 €	Darlehen	80.000 €
	80.000 €		80.000 €

Da es auf das Sonderbetriebsvermögen nicht mehr ankommt, kann B vom auf ihn entfallenden Verlustanteil im Jahre 01 100.000 € ausgleichen. Die restlichen 30.000 € sind nur in der Zukunft verrechenbar. Nach früher herrschender Meinung hätte er nur 20.000 € ausgleichen können, d. h., die restlichen 110.000 € hätte er als verrechenbaren Verlust vortragen müssen.

1.4.2 Abgrenzung Gesamthandsvermögen – Sonderbetriebsvermögen in der Hauptbilanz

1.4.2.1 Privat-Darlehens- und Verrechnungskonten

Vor Ergehen des BFH-Urteils vom 14.05.1991[36] konnte nach Verwaltungsauffassung die Abgrenzung zwischen Eigen- und Fremdkapital eines Kommanditisten dahingestellt bleiben, weil die Annahme von Gesellschafterfremdkapital in der Hauptbilanz (= Sonderbetriebsvermögen) zu keinem geringeren Kapitalkonto führte. So wurde z. B. die als positives Sonderbetriebsvermögen zu erfassende Gesellschafterforderung nach h. M. dem Kapitalkonto zugerechnet und war damit Verlustausgleichsvolumen.

Aufgrund der Anerkennung des BFH-Urteils vom 14.05.1991[35] durch die Verwaltung hat aber jetzt die Abgrenzung zwischen Eigen- und Fremdkapital in der Hauptbilanz erhebliche Bedeutung gewonnen. Entscheidend ist also, wie **Darlehenskonten** in der **Hauptbilanz** bzw. in der **Hauptbuchführung,** die auch unter anderen Bezeichnungen wie Verrechnungs-, Rücklagen-, Privat- und besonderen Kapitalkonten (II, III, IV) geführt werden, einzuordnen sind.

Im Handelsrecht wird das Kapitalkonto des Gesellschafters grundsätzlich als variables Konto geführt (§ 120 Abs. 2 HGB). Das heißt, sowohl Gewinne und Verluste als auch Entnahmen und Einlagen werden auf diesem Konto gebucht. Diese Regelung gilt grundsätzlich auch für Kommanditisten (§ 161 Abs. 2 HGB), allerdings mit der Besonderheit des § 167 Abs. 2 HGB, wonach der dem Kommanditisten zukommende Gewinn seinem Kapitalkonto nur so lange zugeschrieben wird, als dieses den Betrag der bedungenen Einlage nicht erreicht. Weitere Gewinnanteile sind dem Kommanditisten außerhalb seines Kapitalkontos gutzuschreiben bzw. auszuzahlen. Der Kommanditist ist nicht verpflichtet, den gutgeschriebenen oder ausgezahlten Gewinn mit späteren Verlusten zu verrechnen bzw. zurückzuzahlen (§ 169 Abs. 2 HGB).

Somit gehören also überschießende Gewinnanteile nicht zum Haftungskapital des Kommanditisten; sie sind vielmehr rechtlich als Darlehensforderung gegen die KG einzustufen.

---

36 BStBl II 1992, 167; vgl. oben E. Rz. 11.

E. Verlustabzugsbeschränkungen bei § 15 a und § 15 b EStG

Abweichend von den Vorstellungen des Gesetzgebers hat sich in der Praxis jedoch ein System kombinierter Kapitalanteile und geteilter Kapitalkonten entwickelt. Deshalb kann nach zwei zur Kapitalverkehrsteuer ergangenen Urteilen des BFH vom 03.02.1988[37] und vom 22.08.1990[38] nicht mehr auf die Rechtslage nach dem HGB abgestellt werden. Entscheidend ist vielmehr, welche Funktion das Guthaben auf dem gesellschaftsrechtlich vereinbarten zweiten oder weiteren Konto des Gesellschafters hat. Inzwischen hat der BFH mit weiteren Urteilen[39] diese Rechtsansicht auch im Rahmen des § 15 EStG bestätigt.

Für die Zuordnung eines Kontos zum haftenden Kapital kommt es nach Auffassung des BFH **entscheidend** darauf an, **ob das Kapital durch Buchung von Verlusten gegen den Willen des Kommanditisten entzogen werden kann.** Dem hat sich die Verwaltung mit BMF-Schreiben vom 24.11.1993[40] angeschlossen. Dieses Schreiben ist später durch das BMF-Schreiben vom 30.05.1997 ersetzt und durch ein weiteres Schreiben vom 28.11.2004 ergänzt worden.[41] Durch die Buchung von Verlusten wird dem Kommanditisten der freie Zugriff eingeschränkt. Somit handelt es sich bei einem Kapitalkonto, auf dem sowohl Gewinne und Verluste als auch Entnahmen des Gesellschafters gebucht werden, um ein echtes Einlagen- oder Beteiligungskonto, das die gegenwärtige Einlage des Gesellschafters ausdrückt.[42]

In der Praxis lassen sich vor allem folgende **Fallgestaltungen** feststellen:

Beispiel 1 (zwei Kapitalkonten):

Konto I:

Festes Kapitalkonto, von dem die Beteiligung am Jahresergebnis und am Liquidationserlös sowie die Stimmrechte abhängen.

Konto II:

Konto, von dem Verlustanteile und Entnahmen „abgebucht" bzw. entnahme- und/oder nicht entnahmefähige Gewinnanteile, Zinsen und eventuelle Tätigkeitsvergütungen „zugebucht" werden.

Beide Konten sind als Einlage- bzw. Beteiligungskonten zu betrachten und damit in das Verlustausgleichsvolumen i. S. des § 15 a EStG einzubeziehen. Beim Konto II ist entscheidend, dass Verluste „abgebucht" werden können.

---

37 BStBl II 1988, 551.
38 BStBl II 1991, 415.
39 BFH vom 27.06.1996, BStBl II 1997, 36; vom 04.05.2000, BStBl II 2001, 171; vom 23.01.2001, BStBl II 2001, 621; vom 05.06.2002, BStBl II 2004, 344 und vom 24.01.2008, IV R 37/06.
40 BStBl I 1993, 934.
41 BStBl I 1997, 627 und I 2004, 1190.
42 Vgl. hierzu Huber, ZGR 1988 S. 1 ff.; Wüllenkemper, BB 1991 S. 1904; Ley, KÖSDI 1992 S. 9152; Jestädt, DStR 1992 S. 413; Schützeberg, WP 1992 S. 649; Haas, DStZ 1992 S. 655; Schmidt, DStZ 1992 S. 702; Rödel, INF. 2007 S. 456, und Schmidt/Wacker, § 15 a Rz. 87 m. w. N.

1 Verluste bei beschränkter Haftung gem. § 15 a EStG

Beispiel 2 (drei Kapitalkonten):

Konto I:

Festes Kapitalkonto, von dem die Beteiligung am Jahresergebnis und am Liquidationserlös sowie die Stimmrechte abhängen.

Konto II:

Konto, von dem Verlustanteile „abgebucht" bzw. dem nicht entnahmefähige Gewinnanteile „zugebucht" werden.

Konto III:

Darlehenskonto, dem entnahmefähige Gewinnanteile, Zinsen und eventuelle Tätigkeitsvergütungen zugeschrieben und von dem Entnahmen (nicht aber Verlustanteile) abgebucht werden, z. B. Privatkonto.

Neben dem Konto I gehört auch das Konto II zum Kapital nach § 15 a EStG, weil der ursprünglich auf diesem weiteren Konto gebuchte Gewinn durch spätere Verluste jederzeit wieder aufgezehrt werden kann.

Das Konto III scheidet dagegen aus, weil die Beträge vom Gesellschafter jederzeit entnommen oder im Einzelfall wie ein Darlehen gekündigt werden können. Es gehört daher zum Sonderbetriebsvermögen.

Beispiel 3 (vier Kapitalkonten):

Konto I:

Festes Kapitalkonto, von dem die Beteiligung am Jahresergebnis und am Liquidationserlös sowie die Stimmrechte abhängen.

Konto II:

Konto, dem nicht entnahmefähige Gewinnanteile „zugebucht" werden, oft Rücklagenkonto genannt.

Konto III:

Darlehenskonto, dem entnahmefähige Gewinnanteile, Zinsen und eventuelle Tätigkeitsvergütungen zugeschrieben und von dem Entnahmen (nicht aber Verlustanteile) abgebucht werden, z. B. Privatkonto.

Konto IV:

Verlustvortragskonto.

Die Konten I, II und IV bilden die Bemessungsgrundlage für das Verlustausgleichsvolumen nach § 15 a EStG.

Das Konto III scheidet als reines Forderungskonto aus der Verrechnungsmöglichkeit aus, es gehört zum Sonderbetriebsvermögen.

Nicht nur für § 15 a EStG, sondern ganz allgemein sollte bei Gestaltung und Durchführung von Gesellschaftsverträgen darauf geachtet werden, dass der Eigen- und Fremdkapitalbereich voneinander getrennt werden. So sollten gesonderte Darlehenskonten eingerichtet und geführt werden, wenn echte Darlehensverhältnisse zwischen Personengesellschaften und den Gesell-

E. Verlustabzugsbeschränkungen bei § 15 a und § 15 b EStG

schaftern gewollt sind. Hierzu sollten in der Praxis zumindest drei Konten geführt werden, ein festes und ein variables Kapitalkonto und ein echtes Darlehenskonto. Werden gemischte Eigenkapital- und Darlehenskonten eingerichtet und geführt, besteht die Gefahr, dass von Seiten der Verwaltung bzw. der Rechtsprechung diese Konten je nach Situation in Eigenkapital- oder Darlehenskonten umqualifiziert werden. Sicher erscheint uns, dass die Rechtsprechung dann von einem Eigenkapitalkonto ausgeht, wenn auf ihm Verluste gebucht werden können.

So lautet z. B. der Leitsatz des BFH-Urteils vom 15.05.2008:[43]

> „Bei einem als „Darlehenskonto" bezeichneten Konto eines Kommanditisten, das im Rahmen des sog. Vier-Konten-Modells dazu bestimmt ist, die nicht auf dem Rücklagenkonto verbuchten Gewinnanteile aufzunehmen, kann es sich auch dann um ein Kapitalkonto i. S. des § 15a Abs. 1 Satz 1 EStG handeln, wenn es gewinnunabhängig zu verzinsen ist. Voraussetzung ist allerdings, dass entweder auf diesem Konto die Verluste der Gesellschaft verbucht werden oder dass das Konto im Fall der Liquidation der Gesellschaft oder des Ausscheidens des Gesellschafters mit einem etwa bestehenden negativen Kapitalkonto zu verrechnen ist."

Soll ein echtes Darlehensverhältnis begründet werden, dann darf das hierzu eingerichtete Konto auch keinen Einfluss haben auf die Beteiligungsrechte bzw. auf das Stimmrecht, die Abfindung beim Ausscheiden oder auf die Regelung der Minderheitenrechte.

1.4.2.2 Nachschusspflicht

16 Derartige Verpflichtungen berühren das Kapitalkonto bis zur tatsächlichen Leistung nicht. Das BMF-Schreiben vom 30.05.1997[44] führt hierzu aus:

> „Nach § 167 Abs. 3 HGB nimmt der Kommanditist an dem Verlust nur bis zum Betrag seines Kapitalanteils und seiner noch rückständigen Einlage teil. Getrennt geführte Verlustvortragskonten mindern regelmäßig das Kapitalkonto des Kommanditisten i. S. des § 15a Abs. 1 Satz 1 EStG. Dies gilt auch, wenn die Regelung des § 167 Abs. 3 HGB von den Gesellschaftern abbedungen wird, sodass die Gesellschafter im Verlustfall eine Nachschusspflicht trifft. Derartige Verpflichtungen berühren die Beschränkung des Verlustausgleichs nach § 15 a EStG nicht. Die Forderung der Gesellschaft gegen den Gesellschafter auf Übernahme bzw. Ausgleich des Verlustes entspricht steuerlich einer Einlageverpflichtung des Kommanditisten (BFH vom 14.12.1995, BStBl II 1996, 226) und ist damit erst bei tatsächlicher Erbringung in das Gesamthandsvermögen zu berücksichtigen (BFH vom 11.12.1990, BStBl II 1992, 232). Dem zur Verlustübernahme verpflichteten Gesellschafter ist steuerlich zum Bilanzstichtag im Verlustentstehungsjahr ein Verlustanteil zuzurechnen, der zu diesem Stichtag auch sein Kapitalkonto i. S. des § 15a Abs. 1 Satz 1 EStG vermindert. Eine Berücksichtigung der Verpflichtung im Sonderbetriebsvermögen ist nicht möglich (BFH vom 14.12.1995, a. a. O.)."

---

43 BStBl II 2008, 812; vgl. hierzu Rodewald, BB 1997 S. 763, und oben B. Rz. 135 ff.
44 BStBl I 1997, 627.

1 Verluste bei beschränkter Haftung gem. § 15 a EStG

1.4.2.3 Eigenkapitalersetzende Gesellschafterdarlehen

Aufgrund des § 172 a HGB können Kommanditistendarlehen unter bestimmten Voraussetzungen als sog. kapitalersetzende Darlehen handelsrechtlich Eigenkapital darstellen. Die Voraussetzungen der Umwandlung solcher Darlehen in kapitalersetzende Darlehen sind erfüllt, wenn die Gesellschaft bei Darlehenshingabe zwar weder überschuldet war noch ihr Eigenkapital eingebüßt hatte, aber von dritter Seite keinen Kredit zu marktüblichen Bedingungen hätte erhalten können und der Gesellschafter gleichwohl zur Gewährung eines Darlehens bereit ist.[45]

Es war steuerrechtlich erheblich umstritten, ob das im Zeitpunkt der Krise gewährte bzw. in Krisenzeiten belassene Darlehen als Kapital i. S. des § 15 a EStG zu qualifizieren ist.[46]

Wir waren schon bisher der Meinung, dass dieses Darlehen i. S. des § 15 a EStG **Fremdkapital** bleibt. Denn der Kommanditist muss keinen Rangrücktritt erklären, d. h. mit seiner Darlehensforderung nicht hinter die Rechte der übrigen Gläubiger zurücktreten. Er hat sich auch nicht darauf zu beschränken, die Zurückzahlung seiner Forderung nur aus Bilanzgewinnen oder einem Liquidationserlös nach Befriedigung der Gesellschaftsgläubiger zu fordern. Er braucht nicht auf die Geltendmachung im Insolvenzfalle zu verzichten. Außerdem kann er das Darlehen abziehen, wenn die KG bei Fälligkeit des Darlehens wieder kreditwürdig geworden ist.

Der BFH hat mit Urteil vom 05.02.1992[47] entschieden und mit weiteren Urteilen[48] bestätigt, dass eigenkapitalersetzende Darlehen Fremdkapital sind. Auch die Verwaltung hat sich dem angeschlossen.[49]

1.4.2.4 Finanzplandarlehen – gesplittete Einlagen

Nach dem BGH-Urteil vom 21.03.1988[50] gehören formal als Fremdkapital ausgewiesene Gesellschafterdarlehen zur Haftungsmasse der KG, die deren Gläubigern zur Verfügung stehen muss, wenn sie die folgenden Merkmale aufweisen:

— günstige Kreditkonditionen,

— Pflicht zur langfristigen Belassung des Kapitals,

— Fehlen einer einseitigen Kündigungsmöglichkeit,

---

45 BGHZ 76, 326, m. w. N.; BFH vom 07.04.2005, BStBl II 2005, 599, 601, m. w. N.
46 Bejahend: Schneider DB 1991 S. 1865; Meilicke, DB 1992 S. 1802; Uelner, DStZ 1992 S. 702; verneinend: Priester, DB 1991 S. 1917; Thiel, GmbHR 1992 S. 20; Haas, DStZ 1992 S. 655, 660; Schützeberg, WP 1992 S. 649; offen: Jestädt, DStR 1992 S. 413; Ley, KÖSDI 1992 S. 9152; vgl. auch Schmidt/Wacker, § 15 a Rz. 88 m. w. N.
47 BStBl II 1992, 532.
48 BFH vom 26.09.1996, BStBl II 1997, 277; vom 28.03.2000, BStBl II 2000, 347, und vom 07.04.2005, BStBl II 2005, 599, 601.
49 BMF-Schreiben vom 30.05.1997, BStBl 1997, 627. Vgl. auch oben B. Rz. 140 ff.
50 BGHZ 104, 33, BB 1988 S. 1084.

E. Verlustabzugsbeschränkungen bei § 15 a und § 15 b EStG

— Rückforderung lediglich als Abfindungs- oder Liquidationsguthaben sowie Unentbehrlichkeit des Darlehens für die Verwirklichung der gesellschaftsvertraglichen Ziele, insbesondere im Hinblick auf die Aufnahme von Fremdmitteln.

Derartige Gesellschafterleistungen werden als **Finanzplandarlehen** bezeichnet, weil sie planmäßig in die Finanzierung der Gesellschaft einbezogen sind.

Mit Rücksicht darauf, dass die Gesellschafter in derartigen Fällen bei Gründung der Gesellschaft vertragsgemäß neben den Bareinlagen zusätzlich Darlehen als Gesellschafterbeitrag bringen müssen, spricht man auch von **gesplitteten Einlagen.**

Ob Finanzplandarlehen und Darlehen bei gesplitteter Einlage einkommensteuerlich Eigenkapital und damit auch Teil des Kapitalkontos i. S. von § 15 a Abs. 1 Satz 1 EStG sind, war bisher streitig.

Der BFH vertritt nun in seinem Urteil vom 07.04.2005[51] die Auffassung, dass durch die Hingabe eines Darlehens seitens des Gesellschafters dessen Kapitalkonto i. S. des § 15 a Abs. 1 Satz 1 EStG nicht bereits deswegen erhöht wird, weil das Darlehen in den Finanzierungsplan der Gesellschaft einbezogen ist und dem Gesellschaftsvertrag zufolge neben der Bareinlage gewährt werden muss. Das von einem Kommanditisten der KG gewährte „Darlehen" erhöht sein Kapitalkonto i. S. des § 15 a Abs. 1 Satz 1 EStG vielmehr **nur dann,** wenn es den vertraglichen Bestimmungen zufolge während des Bestehens der Gesellschaft vom Kommanditisten **nicht gekündigt** werden kann und wenn das Guthaben im Falle seines Ausscheidens oder der Liquidation mit einem eventuell bestehenden **negativen Kapitalkonto verrechnet** wird.

Das Vorliegen dieser Voraussetzungen ist nach dem Urteil vom 07.04.2005 in jedem Einzelfall zu prüfen. Den Begriffen „Finanzplandarlehen" und „gesplittete Einlage" komme nur die Funktion von Schlagwörtern zu.

Da die Darlehen im Streitfall unverzinslich waren, ließ der BFH offen, ob der Eigenkapitalcharakter von Finanzplandarlehen auch deren Unverzinslichkeit bzw. die Gewinnabhängigkeit der Zinsen voraussetzt. Für die Unverzinslichkeit spricht der Eigenkapitalcharakter. Diese Darlehen sind auch nicht abzuzinsen, da sie bei einer gedachten Gesamtbilanz ebenfalls Eigenkapital darstellen (additive Gewinnermittlung mit korrespondierender Bilanzierung).[52]

Kann das Darlehen nicht einseitig von den Gesellschaftern gekündigt werden und ist das Guthaben im Falle des Ausscheidens oder der Liquidation

---

51 BStBl II 2005, 598, mit vielen Hinweisen zum Schrifttum. Vgl. auch Schmidt/Wacker, § 15 a Rz. 91.
52 BFH vom 28.02.2000, BStBl II 2000, 612; Tz. 23 des BMF-Schreibens vom 26.05.2005, BStBl I 2005, 699; Buciek, Stbg 2000 S. 111; Pitzke, NWB F. 17, 1949/1955; Warnke EStB 2005 S. 185.

der Gesellschaft mit einem eventuell bestehenden negativen Kapitalkonto zu verrechnen, so handelt es sich um **materielles Eigenkapital** und nicht – wie beim kapitalersetzenden Darlehen – um Kapital, das nur zeitweise eine Eigenkapitalfunktion übernimmt, die es verliert, wenn sich die Gesellschaft nachhaltig erholt und so ihre Kreditwürdigkeit zurückgewinnt.

Wegen der nur vorübergehenden Eigenkapitalfunktion kapitalersetzender Darlehen und der Beschränkung der kapitalersetzenden Wirkung auf die Gläubiger der Gesellschaft hat es der BFH abgelehnt, eigenkapitalersetzende Darlehen als Teil des Kapitalkontos i. S. des § 15 a Abs. 1 Satz 1 EStG anzusehen.[53]

Hieran hält der BFH fest, ohne dass das einer Anerkennung von Finanzplandarlehen als Bestandteil des Kapitalkontos i. S. des § 15 a Abs. 1 Satz 1 EStG entgegenstünde. Denn das Finanzplandarlehen im hier verstandenen Sinne behält seinen Charakter als materielles Eigenkapital **mangels Kündbarkeit** seitens des Gesellschafters unabhängig davon, ob sich die Gesellschaft in einer Krise befindet. Zudem hat seine spätere Verrechnung mit einem evtl. bestehenden negativen Kapitalkonto zur Folge, dass der Darlehensgeber im Verhältnis zu seinen Mitgesellschaftern für Verluste der Gesellschaft einzustehen hat.

1.4.2.5 Bürgschaften

Verbürgt sich ein Kommanditist einer KG für deren Betriebsschulden, ist seine (ungewisse) Bürgschaftsschuld passives Sonderbetriebsvermögen. Trotzdem ist es dem Gesellschafter während des Bestehens der Personengesellschaft nicht möglich,

— für seine ungewisse Bürgschaftsschuld bei drohender Inanspruchnahme nach allgemeinen Grundsätzen in seiner Sonderbilanz gewinnmindernd eine Rückstellung zu bilden oder

— nach Inanspruchnahme aus der Bürgschaft die Zahlung auf die Bürgschaftsschuld sofort als Sonderbetriebsausgabe abzuziehen bzw. auf die Ersatzforderung gegen die Personengesellschaft in seiner Sonderbilanz gewinnmindernd eine Teilwertabschreibung vorzunehmen. Die Zahlung und der Ausfall der Regressforderung wirken sich danach für den Gesellschafter erst bei Beendigung der Personengesellschaft bzw. seiner Gesellschafterstellung gewinnmindernd aus.[54]

Trotzdem kann sich die Frage stellen, ob sich die Übernahme einer Bürgschaft oder die Inanspruchnahme aus einer für eine Gesellschaftsschuld übernommenen Bürgschaft auf das Kapitalkonto des Gesellschaftsbürgen i. S. von § 15 a Abs. 1 EStG auswirkt, wenn die Bürgschaft nicht als Drittgeschäft, sondern als vermögenswerter Beitrag für den Gesellschaftszweck

---

53 Vgl. oben E. Rz. 17.
54 Vgl. BFH vom 12.07.1990, BStBl II 1991, 64, und oben B. Rz. 154.

E. Verlustabzugsbeschränkungen bei § 15 a und § 15 b EStG

vereinbart ist. Davon könnte man dann ausgehen, wenn der Bürge verpflichtet ist, unter Verzicht auf einen Regressanspruch die Gläubiger der Gesellschaft zu befriedigen. Eine solche Bürgschaft mit Verpflichtung zum Rangrücktritt könnte in ihrer Rechtswirkung einem für den Gesellschaftszweck gewährten Darlehen gleichkommen, denn in diesem Falle hätte der Gesellschafterbürge während des Bestehens der Gesellschaft keinen Ersatzanspruch. Die Rechtswirkung seiner Rangrücktrittsvereinbarung tritt jedoch erst bei der Liquidation der Gesellschaft im Rahmen des Auseinandersetzungsanspruchs des Kommanditisten (§§ 161, 155 HGB) ein.

Das reicht aber nicht aus, die **kapitalersetzende Bürgschaft mit Rangrücktritt** trotz ihres darlehensähnlichen Charakters als Einlage i. S. von § 15 a Abs. 1 EStG zu behandeln; denn eine solche Vereinbarung führt zu keiner „Vermögensmehrung" der Gesellschaft, sondern berührt ausschließlich das Innenverhältnis des Gesellschafters und seiner Gesellschaft; im Außenverhältnis während des Bestehens der Gesellschaft kommt es zu keiner Erweiterung der Außenhaftung des Gesellschafters. Selbst die „kapitalersetzende Bürgschaft" mit Rangrücktrittsvereinbarung kann erst bei der Beendigung der Gesellschaft in der Sonderbilanz des Gesellschafters zu Sonderverlusten aus den Gründen des BFH-Urteils vom 18.06.1991 führen.[55] Dies bestätigen auch einige spätere Urteile des BFH.[56]

Wir sind daher wie beim kapitalersetzenden Gesellschafterdarlehen der Meinung, dass auch die Bürgschaft immer Fremdkapital i. S. des § 15 a EStG darstellt, auch in dem Fall, dass sie kapitalersetzenden Charakter hat.

1.4.3 Einlagen

20 Einlagen schaffen grundsätzlich neues Verlustausgleichsvolumen. Denn wenn das Kapital zu Beginn der Kommanditisten-Stellung schon der KG zur Verfügung gestanden hätte, wäre es auch Verlustausgleichsvolumen gewesen. Man kann sich dies so vorstellen, dass bei jeder Kapitalzuführung ein neuer Tatbestand des § 15 a EStG zu laufen beginnt. Dadurch sind aber Probleme geradezu vorprogrammiert. Hierzu hat das Urteil des BFH vom 14.10.2003[57] zum negativen Kapitalkonto Streit ausgelöst, sodass die Einlagen genauer angesehen werden müssen. Bei den Einlagen kann man unterscheiden:

— Zeitkongruente Einlagen

— Nachgelagerte Einlagen

— Vorgezogene Einlagen

---

55 BFH/NV 1992 S. 229; Haas, DStZ 1992 S. 663. Vgl. auch Wirtz, DStZ 1992 S. 706.
56 Urteile vom 14.12.1995, BStBl II 1996, 226, und vom 13.11.1997, BStBl II 1998, 109.
57 BStBl II 2004, 359; vgl. auch E. Rz. 23.

1 Verluste bei beschränkter Haftung gem. § 15 a EStG

1.4.3.1 Zeitkongruente Einlagen

Dies sind Einlagen, die im Verlustentstehungsjahr getätigt werden. Sie bewirken, dass Verluste bis zu dieser Höhe ausgleichsfähig sind. Ist der Verlust höher als das noch vorhandene Kapital zzgl. der Einlage, entsteht ein verrechenbarer Verlust.

Beispiel:

Kommanditist M hat seine Pflichteinlage im Jahr 01 i. H. von 40.000 € erbracht. Die Haftsumme beträgt ebenfalls 40.000 €. Im Jahr 01 entfällt auf ihn ein Verlustanteil von 50.000 € und im Jahr 02 von 30.000 €. Im Jahr 02 erbringt er eine Einlage von 20.000 €. Daraus ergibt sich im Einzelnen:

	Kapital	Ausgleichsfähiger Verlust	Verrechenbarer Verlust
Kapital 01	40.000 €		
./. Verlust 01	./. 50.000 €	40.000 €	10.000 €
31.12.01	./. 10.000 €		
+ Einlage 02	+ 20.000 €		
./. Verlust 02	./. 30.000 €	20.000 €	10.000 €
31.12.02	./. 20.000 €		20.000 €

Im VZ 02 erhöht sich infolge der Einlage von 20.000 € das negative Kapitalkonto von ./. 10.000 € auf ./. 20.000 €, also nur um 10.000 €. § 15 a Abs. 1 Satz 1 EStG verbietet einen Verlustausgleich nur, soweit ein negatives Kapitalkonto entsteht oder sich erhöht. Die Einlage von 20.000 € führt daher zu einem Verlustausgleich von 20.000 €.

1.4.3.2 Nachgelagerte Einlagen

Dies sind Einlagen, die nach Ablauf des Verlustentstehungsjahrs getätigt werden. Sie führen nicht dazu, dass im Verlustentstehungsjahr festgestellte verrechenbare Verluste in ausgleichsfähige Verluste umzuqualifizieren sind.[58]

Beispiel:

Wie Beispiel zu Tz. 1.4.3.1. M legt im Jahr 02 nicht 20.000 €, sondern 30.000 € ein.

Im Jahr 01 ändert sich nichts. Der verrechenbare Verlust von 10.000 € bleibt so lange erhalten, bis ein Gewinn entsteht, § 15 a Abs. 2 EStG. Die 30.000 € bewirken nur, dass der Verlust im Jahr 02 i. H. von 30.000 € voll ausgeglichen werden kann.

1.4.3.3 Vorgezogene Einlagen

Dies sind Einlagen, die dem Verlustentstehungsjahr vorangehen.

---

[58] BFH vom 14.12.1995, BStBl II 1996, 226, und vom 11.11.1997, BFH/NV 1998 S. 1078.

E. Verlustabzugsbeschränkungen bei § 15 a und § 15 b EStG

Beispiel 1:

Kapitalkonto des Kommanditisten am 31.12.01		./. 120.000 €
+ Einlagen 02	60.000 €	
./. Verlust 02	50.000 €	
Kapitalkonto am 31.12.02		./. 110.000 €
Kapitalveränderung i. S. des § 15 a EStG		+ 10.000 €
Kapitalkonto am 31.12.02		./. 110.000 €
./. Verlust 03	20.000 €	
Kapitalkonto am 31.12.03		./. 130.000 €
Kapitalveränderung i. S. des § 15 a EStG		./. 20.000 €

Der Verlust des Jahres 02 ist in voller Höhe ausgleichsfähig, da er nach Berücksichtigung der Einlage nicht zu einem erhöhten negativen Kapitalkonto geführt hat.

Nach den BFH-Urteilen vom 14.10.2003 und 26.06.2007[59] ist die Einlage im Wirtschaftsjahr 02 eine sog. „vorgezogene Einlage", die abweichend vom Gesetzeswortlaut zur Ausgleichsfähigkeit von Verlusten in späteren Wirtschaftsjahren verwendet werden kann. Technisch soll in dieser Höhe außerhalb der Bilanz ein **Korrekturposten** gebildet werden, der als Merkposten für die Ausgleichsfähigkeit späterer Verluste dienen soll. Im Beispielsfall läge nach Auffassung des BFH im Wirtschaftsjahr 02 eine vorgezogene Einlage von 10.000 Euro vor, die in dieser Höhe zur Bildung eines Korrekturpostens führt. Der Korrekturposten führt dann zur Ausgleichsfähigkeit des im Wirtschaftsjahr 03 erlittenen Verlustes i. H. von 10.000 Euro. Der verrechenbare Verlust beträgt danach im Jahr 03 nur 10.000 Euro.

Nach der Begründung des BFH führe das vom Gesetzgeber geschaffene System des Kapitalkontenvergleichs, das nicht zum Verlustausgleich verwendete Einlagen im vorangegangenen Wirtschaftsjahr unberücksichtigt lässt, gemessen am Regelungszweck sowie der Systematik des § 15 a EStG zu sinnwidrigen Ergebnissen. Sinn und Zweck der Vorschrift sei es, den Verlustausgleich des Kommanditisten an seiner wirtschaftlichen Belastung am Bilanzstichtag zu messen. Im Sinne einer Gleichbehandlung müssten zumindest im Ergebnis Einlagen im Wirtschaftsjahr, welche mit dem Ziel des Verlustausgleichs getätigt werden (= zeitkongruente Einlagen), genauso behandelt werden wie Einlagen, die bereits vor dem Jahr des Entstehens des Verlustes getätigt wurden (= vorgezogene Einlagen). Als zweites Argument führt der BFH an, die Nichtberücksichtigung der vorgezogenen Einlage führe zu einem nicht hinnehmbaren Widerspruch zu dem Fall, dass der Kommanditist anstelle der Einlage im Wirtschaftsjahr 02 seine Haftsumme

---

59 BStBl II 2004, 359, und BStBl II 2007, 934; vgl. ausführlich dazu Littmann/Bitz/Pust, § 15 a Rz. 21 b. Zu vorgezogenen Einlagen bei einem atypisch stillen Gesellschafter vgl. BFH vom 20.09.2007, BStBl II 2008, 118.

1 Verluste bei beschränkter Haftung gem. § 15 a EStG

um den nämlichen Betrag erhöht. Vor diesem Hintergrund sei die Vorschrift des § 15 a Abs. 1 Satz 1 EStG teleologisch zu reduzieren.

Die Finanzverwaltung hat die Grundsätze der BFH-Urteile vom 14.10.2003 und vom 26.07.2007, a. a. O., zunächst nicht angewandt, hat aber dann ihre Meinung geändert.[60] Die Rechtsprechung ist für bereits bestandskräftige Altfälle bedeutsam. Daher sind alle Fälle beschränkter Haftung i. S. des § 15 a EStG zu prüfen, in denen Einlagen zum Ausgleich eines negativen Kapitalkontos geleistet worden sind, da dann ein Korrekturposten entstanden sein könnte. Deshalb ist die Kapitalkontenentwicklung unter Umständen bis zur Gründung der Gesellschaft zurückzuverfolgen.[61]

Beispiel 2:

Das negative Kapitalkonto des Kommanditisten M und der verrechenbare Verlust betragen zum 31.12.01 ./. 130.000 €. Im Jahr 02 legt er 70.000 € ein und erzielt einen Verlust von 50.000 €. Im Jahr 03 entfällt auf ihn ebenfalls ein Verlust von 50.000 €.

	Kapital	Ausgleichsfähiger Verlust	Verrechenbarer Verlust	Korrekturposten
31.12.01	./. 130.000 €		130.000 €	
+ Einlage 02	+ 70.000 €			
./. Verlust 02	./. 50.000 €	50.000 €		20.000 €
31.12.02	./. 110.000 €		130.000 €	
./. Verlust 03	./. 50.000 €	20.000 €	30.000 €	./. 20.000 €
31.12.03	./. 160.000 €		160.000 €	0 €

Im Jahr 02 wird der Verlust mit der Einlage verrechnet und ist damit ausgleichsfähig. Der Einlageüberhang von 20.000 € wird zu einem Korrekturposten. Im nachfolgenden Jahr 03 kann dann der Verlust von 50.000 € i. H. von 20.000 € (Korrekturposten) ausgeglichen werden. Der Rest von 30.000 € ist verrechenbarer Verlust. Der Korrekturposten wird damit zum 31.12.03 aufgelöst.

Wichtig ist, dass nachgelagerte und zeitkongruente Einlagen im Verhältnis zu künftigen Verlusten vorgezogene Einlagen sind. Auch diese Einlagen führen daher zum Ansatz eines Korrekturpostens, soweit sie dem Ausgleich eines negativen Kapitalkontos dienen und nicht zu einem ausgleichsfähigen Verlust geführt haben.

Diese für die Steuerpflichtigen günstigere Rechtsprechung wird nunmehr wieder **gesetzlich** kassiert. Denn nach dem neuen § 15 a Abs. 1 a EStG führen **nachträgliche Einlagen** weder zu einer **nachträglichen Ausgleichs- oder Abzugsfähigkeit** eines vorhandenen **verrechenbaren Verlustes** noch zu einer Ausgleichs- oder Abzugsfähigkeit des dem Kommanditisten zuzu-

---

60 BMF vom 14.04.2004, BStBl I 2004, 463, überholt durch BMF vom 19.11.2007, BStBl I 2007, 823.
61 Wacker, DB 2004 S. 16; Brandenburg, DB 2004 S. 1637.

E. Verlustabzugsbeschränkungen bei § 15 a und § 15 b EStG

rechnenden Anteils am Verlust eines **zukünftigen Wirtschaftsjahres**, soweit durch den Verlust ein negatives Kapitalkonto des Kommanditisten entsteht oder sich erhöht.

Während die erste Regelungsaussage noch klar verständlich ist (keine Ausgleichsfähigkeit von bereits festgestellten verrechenbaren Verlusten in Folgejahren) bereitet die Wortwahl, wonach „nachträgliche" Einlagen auch nicht zum Verlustausgleich in künftigen Jahren dienen sollen, dem Praktiker doch etwas Verständnisschwierigkeiten. Nach der Gesetzesbegründung sollen Einlagen bei einem negativen Kapitalkonto nicht zum Verlustausgleich in künftigen Jahren herangezogen werden können. Damit wird aber gerade die „vorgezogene" Einlage mit der oben dargestellten Korrekturpostenmethode angesprochen und es werden die Rechtsfolgen der BFH-Rechtsprechung ausgehebelt. Die neue gesetzliche Regelung ist erstmals auf Einlagen anzuwenden, die nach dem 24.12.2008 getätigt werden (§ 52 Abs. 33 letzter Satz EStG).

Im Ergebnis verbleibt es damit bei der bisher von der Verwaltung praktizierten stichtagsbezogenen Kapitalkontenbetrachtung. Im oben dargestellten Beispiel 1 ist danach bei Neufällen im Jahr 03 der Verlust i. H. von 20.000 € in voller Höhe als verrechenbarer Verlust festzustellen. Im Beispiel 2 kann der Verlust des Jahres 03 in Höhe von 50.000 € nicht mit dem Korrekturposten von 20.000 € ausgeglichen werden. Der verrechenbare Verlust muss dann im Jahr 03 nicht um 30.000 €, sondern um 50.000 € erhöht werden. Stand dann nicht 160.000 €, sondern 180.000 €.

1.4.4 Leistung einer Einlage

24 Einlagen müssen **geleistet** sein, um das Verlustausgleichsvolumen zu erhöhen. Ob eine Einlage geleistet ist, ist nach handelsrechtlichen Grundsätzen zu beurteilen.[62] Danach ist ein Zufluss zum Gesellschaftsvermögen von außen erforderlich. Das Vermögen der Gesellschaft muss erhöht sein, um Gläubiger damit befriedigen zu können. Gleichzeitig muss beim Kommanditisten eine wirtschaftliche Belastung erfolgt sein.[63] Die Einlage muss frei verfügbares Eigenkapital der Gesellschaft geworden sein und der Kommanditist im Gegenzug von einer bestehenden Einlageverpflichtung frei geworden sein.[64]

1.4.4.1 Bar-Einzahlung

25 Keine Probleme entstehen, wenn Geld ins Gesamthandsvermögen der Gesellschaft eingezahlt und auf dem Verlustvortragskonto des Gesellschafters gebucht wird. Mit Zufluss kann die Gesellschaft über den eingelegten

---

62 BFH vom 29.08.1996, NJW 1997 S. 1527, DStRE 1997 S. 240.
63 BFH vom 18.12.2003, BStBl II 2004, 231.
64 BFH vom 28.03.2000, BStBl II 2000, 347, und Jahndorf/Reis, FR 2007 S. 424 mit zusätzlicher Begründung.

1 Verluste bei beschränkter Haftung gem. § 15 a EStG

Betrag verfügen. Außerdem ist der Kommanditist durch die Leistung wirtschaftlich belastet.

1.4.4.2 Sacheinlagen

Vom Kommanditisten können verschiedene Wirtschaftsgüter in das Gesamthandsvermögen eingelegt werden. Insoweit ist § 6 Abs. 1 Nr. 5 EStG maßgebend, d. h. in vielen Fällen ist nur zu beachten, dass der richtige Teilwert ermittelt wird.

26

Auch Forderungen können eingelegt werden. Wenn die Forderung gegenüber einem Dritten besteht, ist dies unproblematisch. Der Kommanditist wird wirtschaftlich belastet. Damit kann das negative Kapitalkonto i. S. von § 15 a EStG voll oder anteilig ausgeglichen werden.[65]

1.4.4.3 Bloße Einlageverpflichtung

Diese liegt vor, wenn der Kommanditist nur eine Einlage verspricht. Es entsteht eine Forderung der Gesellschaft gegen den Kommanditisten.

27

Im Normalfall bedeutet eine bloße Einlageverpflichtung (ausstehende Einlage) keine geleistete Einlage. Dies folgert der BFH aus dem Sinn und Zweck des § 15 a EStG.[66]

Die Begründung einer bloßen Einlageverpflichtung ist jedoch in zwei Fällen eine Leistung:

— wenn eine Inanspruchnahme des Kommanditisten droht, weil die Gesellschaft die Einlagenforderung an einen Dritten abgetreten hat.[67] Dies gilt auch dann, wenn es noch nicht zu einem Mittelabfluss beim Gesellschafter gekommen ist;

— wenn eine Inanspruchnahme des Kommanditisten droht, weil die Gesellschaft vor der Insolvenz steht. Dann muss die Forderung der Gesellschaft nicht abgetreten sein. Denn wenn sie im Jahresabschluss festgestellt ist, kann der Kommanditist durch Gesellschaftsgläubiger in Anspruch genommen werden.[68]

1.4.4.4 Einlage durch Umbuchung auf ein Darlehenskonto

Der Kommanditist leistet eine Einlage dadurch, dass er sein Darlehenskonto (Privatkonto) belasten lässt. Dadurch entsteht eine Darlehensforderung der Gesellschaft gegen den Kommanditisten.

28

Weist das Darlehenskonto vor der Buchung ein Guthaben zugunsten des Kommanditisten auf, liegt mit Sicherheit eine geleistete Einlage vor.

---

65 BFH vom 29.08.1996, NJW 1997 S. 1527, DStRE 1997 S. 240.
66 BFH vom 18.12.2003, BStBl II 2004, 231. Vgl. hierzu auch BFH vom 16.10.2007, BStBl II 2008, 126 zur geleisteten Einlage beim typisch stillen Gesellschafter.
67 BFH vom 18.12.2003, a. a. O., Fn 2.
68 Jahndorf/Reis, a. a. O., Fn. 64.

E. Verlustabzugsbeschränkungen bei § 15 a und § 15 b EStG

Problematisch ist dies aber, wenn eine Darlehensschuld des Gesellschafters durch die Buchung nur erhöht wird, denn die Begründung einer neuen Schuld bewirkt grundsätzlich keine zivilrechtliche Erfüllung der alten Schuld. Jahndorf/Reis[69] meinen hierzu mit ausführlicher Begründung, dass die Einlage trotzdem geleistet ist, weil die Darlehensforderung der Gesellschaft im Jahresabschluss klar festgestellt wird, die alte Verpflichtung damit erloschen ist.

1.4.5 Verlustausgleichsbeschränkung

29 Der Verlustausgleich ist insoweit beschränkt, soweit der Verlust im Rahmen des Gesellschaftsvermögens entsteht. Verluste, die im Rahmen des Sonderbetriebsvermögens des Kommanditisten entstehen, werden von § 15 a EStG nicht erfasst. Diese Verluste können mit anderen Einkünften voll ausgeglichen werden, weil Verluste im Sonderbetriebsvermögen den Kommanditisten voll persönlich treffen, d. h. ihn wirtschaftlich voll belasten.

Nach dem BMF-Schreiben vom 15.12.1993[70] werden Einkünfte aus dem Gesellschaftsvermögen und Einkünfte aus dem Sonderbetriebsvermögen in allen Fragen zu § 15 a EStG getrennt beurteilt.

Beispiel:

Ergänzung zu Beispiel 2, oben E. Rz. 14:

B zahlt im Jahr 01 8.000 € Zinsen für das Darlehen.

Keine Änderung des verrechenbaren Verlustes von 30.000 €, denn die 8.000 € sind unabhängig von der Lösung zum Beispiel 2 voll ausgleichsfähig. Insgesamt kann B also 108.000 € ausgleichen.

Verluste, die im Rahmen des Gesellschaftsvermögens entstehen, sind aber dann beim Kommanditisten nicht ausgleichsfähig, wenn am Bilanzstichtag nicht mehr mit künftigen Gewinnen gerechnet werden kann. In diesem Fall ist auch § 15 a EStG nicht anwendbar.[71]

1.5 Erweiterte Haftung und Verlustausgleich

1.5.1 Der Anwendungsbereich des § 15 a Abs. 1 Satz 2 EStG

30 Übersteigt die im Handelsregister eingetragene Haftsumme die vom Kommanditisten tatsächlich geleistete Einlage, so ist in Höhe dieses Differenzbetrags ein Verlustausgleich auch dann möglich, wenn dadurch ein negatives Kapitalkonto entsteht oder sich erhöht (§ 15 a Abs. 1 Satz 2 EStG).

---

69 Jahndorf/Reis, a.a.O., Fn. 64.
70 BStBl I 1993, 976.
71 Vgl. oben ausführlich E. Rz. 2.

1 Verluste bei beschränkter Haftung gem. § 15 a EStG

Beispiel 1:
Kommanditist B ist an der X-KG beteiligt. Die Haftsumme beträgt 110.000 €. Als Einlage hat er bisher nur 70.000 € aufgebracht. Verlustanteil des B im Jahre 01 100.000 €.

Aktiva	X-KG		Passiva
...	... €	Kapital A	... €
Aktiva	70.000 €	Kapital B	70.000 €

Das steuerliche Kapitalkonto beträgt 70.000 €. Gemäß § 15 a Abs. 1 **Satz 1** EStG wären vom Verlustanteil nur 70.000 € ausgleichsfähig. Da für B eine zusätzliche Haftung gem. § 171 Abs. 1 HGB i. H. von 40.000 € besteht (110.000 € Haftsumme ./. 70.000 € Einlage), ist ein **weiterer Verlustausgleich** im Jahre 01 gem. § 15 a Abs. 1 **Satz 2** EStG von 40.000 € möglich. Insgesamt sind daher im Jahre 01 110.000 € ausgleichsfähig.

Verlustanteil		100.000 €	
Steuerliches Kapital	./.	70.000 €	nach § 15 a Abs. 1 Satz 1 ausgleichsfähig
Restverlust		30.000 €	
Erweiterte Haftung	./.	30.000 €	nach § 15 a Abs. 1 Satz 2 ausgleichsfähig

Aktiva	X-KG nach Verlustzuweisung		Passiva
...	... €	...	... €
Kapital B	30.000 €	Passiva	30.000 €

Grundgedanke dieser Regelung ist, Verlustanteile insoweit steuerlich zu berücksichtigen, als der Kommanditist ein Unternehmerrisiko trägt. Dieses Unternehmerrisiko trägt er einmal mit seinem eingesetzten Kapital (als Einlage) und gem. § 171 Abs. 1 HGB in Höhe der Differenz zwischen der Haftsumme und der tatsächlich geleisteten Einlage. Ist die Einlage in Höhe der Haftsumme erbracht, haftet der Kommanditist den Gesellschaftsgläubigern nicht mehr unmittelbar, sondern nur noch mittelbar in Höhe des einmal Eingebrachten, wenn die Gesellschaftsgläubiger in das Gesellschaftsvermögen vollstrecken oder das Gesellschaftsvermögen anderweitig verloren geht.[72]

Das Volumen des Verlustausgleichs ist bei erweiterter Haftung immer der höhere Betrag:

— Ist die Einlage höher als die Haftsumme, ist die Einlage maßgebend, § 15 a Abs. 1 Satz 1 EStG.

— Ist die Haftsumme höher als die Einlage, ist diese maßgebend, § 15 a Abs. 1 Satz 1 **und** Satz 2 EStG.

Genauso wie das positive steuerliche Kapitalkonto nur **einmal** Maßstab für den Verlustausgleich sein kann, ist auch die erweiterte Ausgleichsmöglich-

---
[72] Zur Haftungsproblematik allgemein vgl. Weimar, DStR 1997 S. 1730.

E. Verlustabzugsbeschränkungen bei § 15 a und § 15 b EStG

keit über § 171 Abs. 1 HGB nur **einmal** Maßstab. Hat B im Beispiel 1 im Jahre 02 erneut einen Verlust zu tragen, ist er in Höhe von 10.000 Euro noch ausgleichsfähig, ansonsten nur noch verrechenbar.

31 Normalerweise schaffen Kapitalzuführungen **neues Verlustausgleichsvolumen.**[73]

Beispiel 2:

Der Kommanditist K hat seine Einlage i. H. von 100.000 €, die der Haftsumme entspricht, voll geleistet. In den Jahren 01 bis 05 werden durch Verlustzuweisungen 80.000 € verbraucht. Sein Kapitalkonto beträgt daher Ende 05 nur noch 20.000 €. In 06 leistet er eine Einlage von 50.000 €. Ende 06 wird ihm ein Verlust von 130.000 € zugewiesen. Wie viel ist ausgleichsfähig?

Zunächst sind ausgleichsfähig die Ende 05 noch vorhandenen 20.000 €. Aber auch die neu zugeführten 50.000 € sind Ausgleichsvolumen, d. h., K kann in Höhe seines Kapitalkontos Ende 06, d. h. 70.000 €, ausgleichen. Der neue § 15 a Abs. 1 a EStG ist nicht einschlägig, weil noch kein negatives Kapitalkonto entstanden ist.[74] Der Rest i. H. von 60.000 € ist nur verrechenbar.

Diese Verlustausgleichsmöglichkeit besteht jedoch grundsätzlich nicht, wenn ein Kommanditist über die erweiterte Haftung (sog. Differenzhaftung) gem. § 15 a Abs. 1 Satz 2 EStG Verluste ausgeglichen hat und danach Einlagen bis zur Höhe dieser Differenzhaftung tätigt. Denn beide Vorschriften (§ 15 a Abs. 1 Sätze 1 und 2 EStG) ergänzen sich. Sie müssen immer zusammen gesehen werden.

Beispiel 3:

Wie Beispiel 1. B führt im Jahre 02 der KG neues Kapital i. H. von 50.000 € zu. Verlust im Jahr 02 15.000 €.

Durch die Einlage von 50.000 € gleicht B i. H. von 40.000 € nur die höhere Haftung aus. Dieses Verlustausgleichsvolumen hat er gem. § 15 a Abs. 1 Satz 2 EStG schon im Jahr 01 in Anspruch genommen. Eine weitere Inanspruchnahme ist daher insoweit nicht möglich.

In Höhe von 10.000 € kann er im Jahr 02 jedoch ausgleichen, weil dieses Kapital über die Haftsumme von 110.000 € hinaus eingelegt wurde. Einkünfte daher gem. § 15 EStG ./. 10.000 €, verrechenbarer Verlust 5.000 € (Verlust 100.000 + 15.000 ./. Ausgleich 110.000).

Die **Verlustausgleichsmöglichkeit** ist in diesen Fällen **aber ausnahmsweise gegeben,** wenn der Kommanditist etwas leistet, diese Leistung jedoch nicht auf die Pflichteinlage anrechnen lässt. Dies ist deshalb möglich, weil ein

---

[73] BFH vom 14.12.1995, BStBl II 1996, 226, und ausführlich oben Rz. 20 ff.
[74] Vgl. oben Rz. 23 am Ende.

1 Verluste bei beschränkter Haftung gem. § 15 a EStG

Schuldner eine negative Tilgungsbestimmung treffen kann. Mit Urteil vom 11.10.2007,[75] hat dies der BFH entschieden und ausführlich begründet. Der Leitsatz lautet:

> „Leistet der Komanditist zusätzlich zu der im Handelsregister eingetragenen Pflichteinlage eine weitere Sacheinlage, so kann er im Wege einer negativen Tilgungsbestimmung die Rechtsfolge herbeiführen, dass die Haftungsbefreiung nach § 171 Abs. 1 2. Halbsatz HGB nicht eintritt. Das führt dazu, dass die Einlage nicht mit der eingetragenen Pflichteinlage zu verrechnen ist, sondern im Umfang ihres Wertes die Entstehung oder Erhöhung eines negativen Kapitalkontos verhindert und auf diese Weise nach § 15 a Abs. 1 Satz 1 EStG zur Ausgleichs- und Abzugsfähigkeit von Verlusten führt."

Beispiel 4:

Wie Beispiel 3. B führt im Jahre 02 der KG neues Kapital i. H. von 50.000 € zu. Verlust im Jahre 02 15.000 €. Er vereinbart mit der KG, dass die Einlage von 50.000 € nicht auf die Pflichteinlage angerechnet wird.

Damit bleibt seine restliche Leistungsverpflichtung von 40.000 € erhalten. In diesem Fall schafft die Kapitalzuführung von 50.000 € neues Verlustausgleichsvolumen. B kann daher den Verlust in 02 i. H. von 15.000 € voll ausgleichen. Die restlichen 35.000 € bleiben als Verlustausgleichsvolumen für die Jahre ab 03 noch erhalten.

Schwierig können die Fälle dann werden, wenn zunächst überprüft werden muss, wie hoch die geleistete Einlage ist. So kann z. B. die Leistung der Einlage auch durch **Stehenlassen von Gewinn** erfolgen. Anderes gilt aber, wenn der Gewinn zur Wiederauffüllung eines durch Verluste geminderten Kapitalanteils verwandt werden muss. **32**

Beispiel 5:

Der Kommanditist hat 50.000 € auf seine Pflichteinlage von 100.000 €, die der Haftsumme entspricht, geleistet. Erhält er im ersten Jahr auf seinem Kapitalkonto 20.000 € Gewinnanteil gutgeschrieben, so gilt dieser Betrag, wenn er ihn stehen lässt, als Leistung auf die noch offene Rest-Einlageschuld.

Beispiel 6:

Der Kommanditist hat 50.000 € auf seine Pflichteinlage von 100.000 €, die der Haftsumme entspricht, geleistet. Im ersten Geschäftsjahr entfällt auf ihn ein Verlustanteil von 20.000 €, im zweiten Geschäftsjahr ein Gewinnanteil von 10.000 €.

Das Stehenlassen des Gewinns kann nicht als Leistung der Einlage angesehen werden, da der Kapitalanteil durch Verlust unter den auf die Einlage geleisteten Betrag gemindert ist und der Gewinn nach §§ 169, 172 HGB zur Deckung dieses Verlustes zu verwenden ist. Die rückständige Einlage des Kommanditisten beträgt unvermindert 50.000 €.

---

75 IV R 38/05 in FR 2008, S. 366 = DStR 2008, S. 38.

E. Verlustabzugsbeschränkungen bei § 15 a und § 15 b EStG

Dies kann sich steuerlich wie folgt auswirken:

Beispiel 7:
A ist Kommanditist der Z-KG und mit einer Haftsumme von 500.000 € im Handelsregister eingetragen. Er hat bisher eine Einlage von 200.000 € geleistet. Im Jahr 01 wurde ihm ein Verlustanteil von 400.000 € zugewiesen; im Jahr 02 ein weiterer Verlust von 800.000 €. Gewinnzuweisung im Jahr 03 500.000 €, Verlustanteil im Jahr 04 ./. 600.000 €.

Entwicklung des Kapitalkontos:

Einlage		200.000 €
Verlust 01	./.	400.000 €
31.12.01	./.	200.000 €
Verlust 02	./.	800.000 €
31.12.02	./.	1.000.000 €
Gewinn 03		500.000 €
31.12.03	./.	500.000 €
Verlust 04	./.	600.000 €
31.12.04	./.	1.100.000 €

Jahr 01:

200.000 € des gesamten Verlustanteils sind gem. § 15 a Abs. 1 Satz 1 EStG ausgleichsfähig. Die restlichen 200.000 € sind über die weiter gehende Haftung des § 15 a Abs. 1 Satz 2 EStG ausgleichsfähig.

Einkünfte aus § 15 Abs. 1 Nr. 2 EStG im Jahr 01 also insgesamt ./. 400.000 €.

Jahr 02:

Von dem Verlustanteil i. H. von 800.000 € sind über die weiter gehende Haftung des § 15 a Abs. 1 Satz 2 EStG noch 100.000 € ausgleichsfähig. Die restlichen 700.000 € sind gem. § 15 a Abs. 4 EStG als verrechenbare Verluste festzustellen.

Weitere Verluste sind nunmehr erst wieder ausgleichsfähig, soweit das Kapitalkonto durch spätere Gewinne bzw. Einlagen wieder aufgefüllt wird.

Jahr 03:

Einkünfte gem. § 15 Abs. 1 Nr. 2 EStG = (500.000 € ./. 500.000 € verrechenbarer Verlust des Jahres 02) = + / ./. 0.

Am 31.12.03 ist noch ein verrechenbarer Verlust gem. § 15 a Abs. 4 EStG i. H. von 200.000 € festzustellen (700.000 € ./. 500.000 €).

Jahr 04:

Der Verlust im Jahr 04 i. H. von 600.000 € ist nur verrechenbar. Insgesamt sind als verrechenbarer Verlust 800.000 € festzustellen (200.000 € aus 03 und 600.000 € aus 04).

1 Verluste bei beschränkter Haftung gem. § 15 a EStG

Das Stehenlassen des Gewinns in 03 führt nicht dazu, dass eine Einlage des A i. H. von 500.000 € angenommen werden kann, denn A hat immer noch ein negatives Kapitalkonto von ./. 500.000 €. Er hat also nach wie vor nur 200.000 € als Einlage geleistet. An der weiterbestehenden Haftung in Höhe der Differenz der geleisteten Einlage von 200.000 € und der Haftsumme von 500.000 €, also i. H. von 300.000 €, ändert sich auch nichts. Daraus folgt, dass A durch das Stehenlassen des Gewinns kein neues Verlustausgleichsvolumen schaffen konnte.

Das erweiterte Verlustausgleichsvolumen des Kommanditisten kann sich auch vermindern. Dies ist z. B. dann der Fall, wenn ein anderer an seinem Kapitalanteil atypisch still unterbeteiligt ist.

33

Der **atypisch still Unterbeteiligte** ist i. d. R. Mitunternehmer; zwar nicht unmittelbar an der Hauptgesellschaft, sondern am Kapitalanteil des Hauptbeteiligten. Dementsprechend ist dem atypisch Unterbeteiligten der Kapitalanteil in Höhe seiner Mitunternehmerstellung zuzurechnen und damit auch der darauf entfallende Verlust. Daraus folgt, dass dem Hauptbeteiligten der Anteil entsprechend der Höhe der Unterbeteiligung nicht zuzurechnen ist.[76]

1.5.2 Voraussetzungen

Um missbräuchliche Gestaltungen zu verhindern, sind beim erweiterten Verlustausgleich strenge Voraussetzungen geschaffen worden (§ 15 a Abs. 1 Satz 3 EStG):

34

a) Der Kommanditist muss im **Handelsregister** eingetragen sein. Die Anmeldung der Eintragung reicht nicht aus.[77] Bei **Treuhandverhältnissen**[78] ist der KG-Anteil dem Treugeber als wirtschaftlichem Eigentümer, nicht dem Treuhand-Kommanditisten zuzurechnen (§ 39 Abs. 2 Nr. 1 Sätze 1 und 2 AO). Ist im Handelsregister der Treuhand-Kommanditist eingetragen, so ist derjenige, dem der Anteil und die Einkünfte daraus steuerlich zugerechnet werden, nämlich der Treugeber, nicht im Register eingetragen mit der Folge, dass die erweiterte Verlustverrechnung dann nicht möglich ist.[79]

b) Das Bestehen der Haftung muss **nachgewiesen** werden. Das heißt im Einzelnen:

35

— Die Haftung muss am **Bilanzstichtag** bestehen. Es genügt also nicht, dass die Haftung während des Wirtschaftsjahres für eine gewisse Zeit bestanden hat, am Bilanzstichtag jedoch wieder erloschen ist.

---

76 BFH vom 19.04.2007, BStBl II 2007, 868, und allgemein Schmidt/Wacker, § 15 a Rz. 206. Vgl. auch BFH vom 16.10.2007, BStBl II 2008, 126 zur typisch stillen Gesellschaft.
77 R 15a Abs. 3 Sätze 1 und 2 EStR und BMF-Schreiben vom 08.05.1981, BStBl I 1981, 308, Tz. 5.
78 Vgl. oben E. Rz. 9, BFH vom 19.04.2007, BStBl II 2007, 868, und Stuhrmann, DStR 1997 S. 1716.
79 R 15a Abs. 3 Satz 4 EStR.

E. Verlustabzugsbeschränkungen bei § 15 a und § 15 b EStG

- Der Kommanditist muss am Bilanzstichtag Gläubigern der Gesellschaft haften. Am Bilanzstichtag müssen tatsächlich Verbindlichkeiten der KG vorhanden sein, aufgrund deren eine Inanspruchnahme des Kommanditisten in Betracht kommt.
- Die Haftung muss **aufgrund des § 171 HGB,** d. h. aufgrund deutschen Handelsrechts für Verbindlichkeiten einer dem HGB unterliegenden Kommanditgesellschaft, bestehen.
- Der **Nachweis** der bestehenden Haftung muss erbracht werden. Das Finanzamt ist im Allgemeinen nicht in der Lage, die haftungsrechtliche Situation am Bilanzstichtag selbst festzustellen. Dies setzt nämlich die Kenntnis der internen Vereinbarungen, des Zeitpunkts und der Höhe der geleisteten Einzahlungen voraus. Der Nachweis kann z. B. dadurch erbracht werden, dass ein Auszug aus dem Handelsregister und eine Aufstellung der KG über die Höhe der auf die Haftsumme erbrachten Einlagen vorgelegt wird.

36 c) Eine **Vermögensminderung** aufgrund der Haftung darf nicht durch **Vertrag** ausgeschlossen sein. Ein solcher Ausschluss wäre z. B. gegeben, wenn

- bei tatsächlicher Inanspruchnahme durch einen Gesellschaftsgläubiger aufgrund eines Versicherungsvertrags Leistungen erbracht werden, die das Haftungsrisiko abdecken,[80]
- mit dem Gläubiger ausdrücklich oder stillschweigend vereinbart ist, dass dieser den Kommanditisten nur in bestimmter eingeschränkter Weise in Anspruch nehmen darf.

37 d) Eine Vermögensminderung aufgrund der Haftung darf nicht nach Art und Weise des Geschäftsbetriebs **unwahrscheinlich** sein. Auch hierzu ist am 14.05.1991 ein wichtiges BFH-Urteil ergangen, zu dem die Verwaltung im BMF-Schreiben vom 20.02.1992,[81] unter der Tz. 2, Folgendes ausführt:

„Mit Urteil vom 14.05.1991 – VIII R 111/86 – (BStBl II 1992, 164) hat der BFH auch zum Begriff der nicht unwahrscheinlichen Vermögensminderung i. S. des § 15 a EStG Stellung genommen. Mit der Eintragung der Haftsumme in das Handelsregister ist danach in der Regel ein echtes wirtschaftliches Risiko für den Kommanditisten verbunden. Eine Vermögensminderung für ihn ist nur dann unwahrscheinlich, wenn die finanzielle Ausstattung der KG und deren gegenwärtige sowie zu erwartende Liquidität im Verhältnis zu dem vertraglich festgelegten Gesellschaftszweck und dessen Umfang so außergewöhnlich günstig ist, dass die finanzielle Inanspruchnahme des zu beurteilenden Kommanditisten nicht zu erwarten ist. Bei der Wertung dieser Voraussetzungen ist nicht allein auf die Verhältnisse am Bilanzstichtag, sondern auch auf die voraussichtliche zukünftige Entwicklung des Unternehmens abzustellen.

---

80 Schmidt/Wacker, § 15 a Rz. 134.
81 BStBl I 1992, 123. Vgl. auch Schmidt/Wacker, § 15 a Rz. 135–139.

Damit ist die von dieser Gesetzesauslegung abweichende bisherige Verwaltungsauffassung überholt.[82"]

1.5.3 Andere Haftungstatbestände

Neben der Haftung des Kommanditisten gem. § 171 Abs. 1 HGB sind in der Praxis weitere Haftungstatbestände denkbar. Diese sind im Rahmen des § 15a EStG alle ohne Bedeutung, denn das Gesetz geht von der nachprüfbaren Haftung aufgrund der Eintragung im Handelsregister aus. In Frage kämen z. B.

— die Haftung gem. § 172 Abs. 2 HGB,
— die Haftung gem. § 176 HGB,
— die Haftung aufgrund einer übernommenen Bürgschaft,[83]
— die Haftung aufgrund eines Schuldbeitritts,
— die Haftung aufgrund einer Nachschussverpflichtung.

In all diesen Fällen ist das Handelsregister nicht maßgebend.[84]

Die Beschränkung des erweiterten Verlustausgleichs auf die Haftung nach § 171 Abs. 1 HGB begegnet lt. BFH-Urteil vom 14.12.1999[85] keinen verfassungsrechtlichen Bedenken.

Dies gilt auch bei einer **vertraglichen Verlustübernahme.** Nehmen wir an, im Gesellschaftsvertrag oder einer gesonderten Vereinbarung ist festgelegt, dass der Kommanditist über seine Einlage und seine Haftung hinausgehende Verlustanteile zu übernehmen hat.

Im Schrifttum ist umstritten, ob im Innenverhältnis übernommene Verluste nur verrechenbar oder ausgleichsfähig sind. Für die Ausgleichsfähigkeit von Verlusten auch bei nur interner Verlustübernahme wird angeführt, dass der verlustübernehmende Gesellschafter diese Verluste endgültig und uneingeschränkt tragen muss und sich nicht auf eine Haftungsbeschränkung berufen kann. Unter dem Gesichtspunkt der endgültigen wirtschaftlichen Belastung könne es keine Rolle spielen, ob die Zahlungspflicht des Kommanditisten auf einer Außenhaftung oder Innenhaftung beruhe.

Demgegenüber hat der BFH in zwei Urteilen allein auf die Außenhaftung abgestellt. Verluste einer BGB-Innengesellschaft, die zu einem negativen Kapitalkonto geführt haben, seien nach dem Urteil vom 10.07.2001[86] nicht ausgleichsfähig, sondern nach § 15a EStG lediglich verrechenbar. Das gelte auch dann, wenn sich der eine Gesellschafter gegenüber dem tätigen

---
82 Zur früheren Verwaltungsauffassung vgl. die 9. Auflage dieses Bandes.
83 Vgl. oben E. Rz. 19, B. Rz. 154 und H 15a „Bürgschaft" EStH.
84 Vgl. BFH-Urteil vom 28.05.1993, BStBl II 1993, 665, zu § 172 Abs. 2 HGB und R 15a Abs. 3 Satz 5 EStR zu § 176 HGB.
85 BStBl II 2000, 265.
86 BStBl II 2002, 339. Vgl. auch zur Verpflichtung zur Schuldübernahme bei einem typisch stillen Gesellschafter, BFH vom 16.10.2007, BStBl II 2008, 126.

E. Verlustabzugsbeschränkungen bei § 15 a und § 15 b EStG

Gesellschafter zum Verlustausgleich verpflichtet hat. Für den nicht nach außen auftretenden Gesellschafter wird keine Außenhaftung begründet. Damit ist für ihn kein erweiterter Verlustausgleich möglich.

Nach dem BFH-Urteil vom 05.02.2002[87] begründet eine schuldrechtliche Vereinbarung eines BGB-Innengesellschafters gegenüber den Gläubigern des Geschäftsinhabers kein erweitertes Verlustausgleichspotenzial nach § 15 a Abs. 1 Sätze 2 und 3 EStG. Die Inanspruchnahme aus solchen Verpflichtungen ist einkommensteuerrechtlich als Einlage zu behandeln, die für frühere Jahre festgestellte verrechenbare Verluste nicht ausgleichsfähig macht.[88]

Gesellschaftsvertraglich oder schuldrechtlich begründete Ausgleichsansprüche unter Mitgesellschaftern sind dem Grunde nach schwer nachprüfbar und der Höhe nach unsicher. Eine tatsächliche wirtschaftliche Belastung des Steuerpflichtigen liegt in diesen Fällen nicht bereits im Veranlagungszeitraum der Verlustentstehung, sondern erst bei Beendigung der Gesellschaft vor. Erst zu diesem Zeitpunkt stellt sich heraus, inwieweit der Gesellschafter nach der gebotenen Verrechnung von Veräußerungsgewinnen oder sonstigen Forderungen tatsächlich in Anspruch genommen wird. Der Gesetzgeber hat sich bei der Regelung des § 15 a Abs. 1 Sätze 2 und 3 EStG vor allem von der Erwägung leiten lassen, den erweiterten Verlustausgleich im Interesse einer wirksamen und praktikablen Regelung auf leicht nachprüfbare Haftungsfälle zu beschränken.

1.6 Verlustverrechnung mit späteren Gewinnen (§ 15 a Abs. 2 EStG)

40 Der nach § 15 a Abs. 1 EStG nicht ausgleichbare und damit nur verrechenbare Verlust mindert die Gewinne, die der Kommanditist in späteren Wirtschaftsjahren bezieht.

Die Gewinnminderung ist nur in der Zukunft und zeitlich unbegrenzt möglich (anders als bei § 10 d EStG, der auch Rückwirkungsfolgen hat).

Nicht ausgleichsfähige Verluste können nur mit Gewinnen aus derselben KG-Beteiligung verrechnet werden. Damit scheiden **Einlagen** hierfür aus.[89]

Zum späteren Gewinn gehören

— der laufende Gewinnanteil,

— Veräußerungsgewinne gem. § 16 EStG,

— Liquidationsgewinne.

---

[87] BStBl II 2002, 464.
[88] H 15 a „BGB-Innengesellschaft" EStH.
[89] BFH-Urteile vom 28.03.1994, BStBl II 1994, 793, und vom 14.12.1996, BStBl II 1996, 226.

1 Verluste bei beschränkter Haftung gem. § 15 a EStG

Vorhandene **stille Reserven** sind bei der Verlustverrechnung nicht zu berücksichtigen. Der BFH hat dies ausführlich in seinem Urteil vom 09.05.1996 begründet.[90]

Nach dem neuen, **ab 2008** geltenden § 34 a EStG können auch Mitunternehmer beantragen, dass ihre **nicht entnommenen** Gewinne aus Land- und Forstwirtschaft, aus Gewerbebetrieb oder aus selbständiger Arbeit nur mit einem Steuersatz von **28,25 %** der Einkommensteuer unterliegen. Der Antrag kann für jeden Betrieb oder Mitunternehmer gesondert gestellt werden. Bei Mitunternehmern gilt die neue Regelung allerdings nur, wenn deren Gewinnanteil mehr als 10 % vom Gesamtgewinn beträgt oder 10.000 Euro übersteigt, § 34 a Abs. 1 EStG. Voraussetzung für die Anwendung ist, dass der Gewinn durch **Bilanzierung** ermittelt wird, d. h. bei Einnahmen-Überschuss-Rechnung ist die Begünstigung ausgeschlossen. 41

Der nicht entnommene Gewinn ist jährlich gem. § 34 a Abs. 3 EStG als Begünstigungsbetrag gesondert festzustellen. Wird dieser festgestellte Gewinn später entnommen, erfolgt eine **Nachversteuerung** mit **25 %**. Eine Nachversteuerung wird durchgeführt, soweit in einem Jahr die Entnahmen (abzüglich Einlagen) höher sind als der Gewinn dieses Jahres. Eine Nachversteuerung ist auch durchzuführen, wenn der Gewinn nicht mehr durch Bilanzierung ermittelt wird, wenn der Betrieb veräußert oder aufgegeben wird, in Einbringungsfällen und wenn der Stpfl. dies beantragt, § 34 a Abs. 4, 5, 6 EStG.

Es stellt sich nun die Frage, ob durch § 34 a EStG § 15 a Abs. 2 EStG tangiert wird. U. E. ist dies nicht der Fall. Denn wenn eine Verlustverrechnung gem. § 15 a Abs. 2 EStG durchgeführt wird, wird der Gewinn durch die Verrechnung verbraucht. Dieser Gewinn wird dann überhaupt nicht versteuert. Er kann dann auch nicht festgestellt werden. Außerdem kann er auch nicht entnommen werden. § 15 a Abs. 2 EStG geht also § 34 a EStG vor.[91]

Lange Zeit war streitig, ob Vergütungen i. S. des § 15 Abs. 1 Nr. 2 EStG und Gewinne aus dem Sonderbetriebsvermögen mit verrechenbaren Verlusten ausgeglichen werden können. 42

Beispiel 1:

	Anteil am Gesamthandskapital	Sonderbetriebsvermögen
Kapital 31.12.05	./. 200.000 €	+ 300.000 €
Verlustanteil Gesamthandsbilanz	./. 50.000 €	
Gewinn Sonderbetriebsvermögen		+ 10.000 €
Kapital 31.12.06	./. 250.000 €	+ 310.000 €

---

90 BStBl II 1996, 474. A. A. Heudorfer, WPg 1994 S. 377; vgl. hierzu auch Theisen in KFR F. 3 EStG § 15 a 1/97 S. 7.
91 Zu § 34 a EStG bei Personengesellschaften vgl. oben B. Rz. 428 ff. und Schulze zur Wiesche, DB 2007 S. 1610.

E. Verlustabzugsbeschränkungen bei § 15 a und § 15 b EStG

Fraglich war, ob

- der verrechenbare Verlust ./. 50.000 Euro beträgt und daneben der Gewinn aus dem Sonderbetriebsvermögen von 10.000 Euro zu versteuern ist oder

- der Verlust von ./. 50.000 Euro zuvor mit dem Gewinn aus dem Sonderbetriebsvermögen von 10.000 Euro zu saldieren ist, sodass der verrechenbare Verlust sich lediglich auf 40.000 Euro beläuft.

Zunächst hat sich **die Verwaltung**[92] im Sinne einer **Nichteinbeziehung des Sonderbetriebsvermögens** entschieden. Anschließend hat der BFH mit Urteil vom 13.10.1998[93] die Verwaltungsauffassung bestätigt. Das Saldierungsverbot wurde bis zuletzt heftig angegriffen.[94]

Das Saldierungsverbot soll nach Auffassung der Finanzverwaltung[95] nicht für Tätigkeitsvergütungen gelten, die nicht schuldrechtlich, sondern gesellschaftsrechtlich veranlasst sind. Dies ist bei Tätigkeitsvergütungen der Fall, die nicht aufgrund eines speziellen Anstellungsvertrags, sondern nach Maßgabe des erzielten Gewinns bezahlt werden.[96] Da in der Praxis die Unterscheidung oft schwierig ist, sollten eindeutige Regelungen geschaffen werden.

Die Verlustverrechnung erfolgt von Amts wegen; d. h., es ist **kein Antrag** erforderlich.

Beispiel 2:

Kommanditist B hat in der X-KG im Jahre 01 einen nicht ausgleichsfähigen Verlust von 80.000 € zugerechnet erhalten. Im Jahr 02 entfällt auf ihn ein weiterer nicht ausgleichsfähiger Verlust von 30.000 €. Gleichzeitig erzielt er einen Gewinn von 50.000 € aus der Veräußerung eines sich in seiner Sonderbilanz befindlichen Grundstücks. In den Jahren 03 bis 07 erhält B jeweils einen Gewinnanteil von 25.000 € zugerechnet.

	festzustellender verrechenbarer Verlust	Gewinn	zu versteuernder Gewinn = Einkünfte
Jahr 01	80.000 €	–	–
Jahr 02	110.000 €	50.000 €	50.000 €
Jahr 03	85.000 €	25.000 €	–
Jahr 04	60.000 €	25.000 €	–
Jahr 05	35.000 €	25.000 €	–
Jahr 06	10.000 €	25.000 €	–
Jahr 07	–	25.000 €	15.000 €

---

92 BMF-Schreiben vom 15.12.1993, BStBl I 1993, 976.
93 BStBl II 1999, 163, und vom 23.02.1999, BStBl II 1999, 592.
94 Z. B. Pyszka, BB 1997 S. 2153, und Theisen, DStR 1998 S. 1896. Vgl. auch Schmidt/Wacker, § 15 a Rz. 109 und 110, und ausführlich Littmann/Bitz/Pust, § 15 a Rz. 34, zu diesem Streit.
95 Vgl. Fn. 92.
96 BFH vom 14.11.1985, BStBl II 1986, 58, und Littmann/Bitz/Pust, § 15 a Rz. 34.

1 Verluste bei beschränkter Haftung gem. § 15 a EStG

Der Gewinn im Jahre 02 aus dem Sonderbetriebsvermögen i. H. von 50.000 Euro ist zu versteuern, obwohl dem B aus der KG ein Verlust von 30.000 Euro zugerechnet wurde, der mangels Ausgleichsmöglichkeit dem verrechenbaren Verlust zugeschlagen werden muss.

Da § 34 a EStG auch für das Sonderbetriebsvermögen anwendbar ist, kann B beantragen, dass dieser Gewinn begünstigt besteuert wird. Dann ist dieser Gewinn als Begünstigungsbetrag gesondert festzustellen und B muss ihn später bei Entnahmen usw. nachversteuern.[97]

1.7 Die Gewinnzurechnung gem. § 15 a Abs. 3 EStG

1.7.1 Haftungsminderung

Nach § 15 a Abs. 3 Satz 3 EStG ist bei einer Haftungsminderung der Differenzbetrag zur bisherigen Haftsumme als Gewinn zu behandeln, wenn im Wirtschaftsjahr der Haftungsminderung oder in einem der zehn vorangegangenen Wirtschaftsjahre Verluste gem. § 15 a Abs. 1 **Satz 2** EStG ausgleichs- oder abzugsfähig gewesen sind. Gleichzeitig ist nach § 15 a Abs. 3 Satz 4 EStG derselbe Betrag als verrechenbarer Verlust festzustellen. Sinn dieser Sonderregelung ist, Umgehungen des § 15 a Abs. 1 Satz 2 EStG zu verhindern.[98] Ohne diese Regelung hätte ein Kommanditist im beschränkten Sinn ohne Haftungsrisiko Verluste ausgleichen können.

43

Die Vorschrift ist nur mit **rückwirkender Betrachtungsweise** zu verstehen. Man muss sich bei einer Haftungsminderung fragen, wie viel der Kommanditist weniger an Verlust hätte ausgleichen können, wenn er in den früheren Jahren schon den geringeren Haftungsbetrag im Handelsregister hätte eintragen lassen. Dieser geringere Teil des Verlustes wird jetzt im Jahr der Haftungsminderung zu einem steuerpflichtigen Gewinn umfunktioniert. Dadurch wird aber nur erreicht, dass der tatsächlich entstandene Verlust sozusagen neutralisiert wird, zunächst also abzugsfähig ist und dann wieder steuerpflichtig wird. Dieser „neutralisierte" Verlust bleibt aber erhalten, er darf nicht verloren gehen, also wird er zum verrechenbaren Verlust umgedeutet, damit er mit späteren echten Gewinnen wieder ausgeglichen werden kann. Es wird der Zustand hergestellt, der vorhanden wäre, hätte die Haftung von Anfang an in geringerer Höhe bestanden.

Der Gesetzgeber hätte auch die Möglichkeit gehabt, die Veranlagungen der früheren Verlustjahre im Nachhinein z. B. gem. § 175 AO zu berichtigen. Dies hätte in der Praxis aber zu erheblichen Schwierigkeiten geführt. Durch die Regelung in § 15 a Abs. 3 EStG sind daher die zurückliegenden Jahre abgeschlossen.

---

97 Vgl. oben B. Rz. 428 ff, E. Rz. 41 und Schulze zur Wiesche, a. a. O., bei Rz. 41.
98 Vgl. hierzu ausführlich Koch, DStR 1984 S. 543.

701

E. Verlustabzugsbeschränkungen bei § 15 a und § 15 b EStG

Beispiel:
Für Kommanditist B ist im Handelsregister eine Haftsumme von 200.000 € eingetragen. Bis Ende 01 (Bilanzstichtag) hat er tatsächlich 60.000 € in die X-KG eingebracht. Im Jahr 01 wird ihm ein Verlustanteil von 180.000 € zugerechnet, und im Februar 02 lässt er seine Haftung durch Eintrag im Handelsregister auf 100.000 € verringern. Im Jahr 02 werden ihm weitere 70.000 € als Verlust zugerechnet. Im April 03 lässt B seine Haftung auf 300.000 € erweitern, Verlustanteil 03 25.000 €.

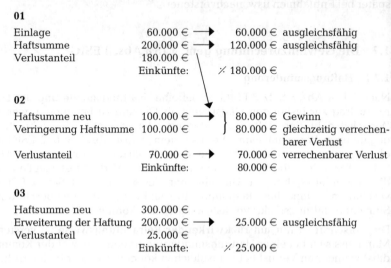

Im **Jahr 01** kann B über das Kapitalkonto 60.000 € (§ 15 a Abs. 1 Satz 1 EStG) und über die Haftsumme den Rest des Verlustes von 120.000 € (§ 15 a Abs. 1 Satz 2 EStG) ausgleichen. Weitere 20.000 € Verlust hätten – wenn vorhanden – im Jahr 01 noch ausgeglichen werden können.

Im **Jahr 02** ist durch die Haftungsminderung im Februar 02 auf 100.000 € **rückwirkend** betrachtet ein Betrag von 80.000 € im Jahr 01 zu viel ausgeglichen oder abgezogen worden. Denn wäre Ende 01 die Haftsumme 100.000 € gewesen, wäre gem. § 15 a Abs. 1 Satz 2 EStG nur ein Betrag von 40.000 € ausgleichsfähig gewesen. Da aber 120.000 € ausgeglichen wurden, wurden rückwirkend betrachtet 80.000 € zu viel ausgeglichen. Die Regelung des § 15 a Abs. 3 Satz 3 EStG wirkt aber nicht auf das Jahr 01 zurück, d. h., der im Jahr 01 zu viel ausgeglichene Betrag von 80.000 € ist im Februar 02 (Zeitpunkt der Haftungsminderung) als Gewinn auszuweisen. Der Verlustanteil von 70.000 € im Jahre 02 ist von vornherein nur verrechenbar, sodass im Jahr 02 150.000 € insgesamt als verrechenbarer Verlust festgestellt werden müssen (70.000 € gem. § 15 a Abs. 2 EStG und 80.000 € gem. § 15 a Abs. 3 Satz 4 EStG).

Im **Jahr 03** ist die Haftung des B auf 300.000 € erweitert, sodass zum Bilanzstichtag 31.12.03 ein erneutes Verlustausgleichsvolumen von 200.000 € gem.

1 Verluste bei beschränkter Haftung gem. § 15 a EStG

§ 15 a Abs. 1 Satz 2 EStG entstanden ist (Haftsumme 300.000 € '/. Haftsumme Ende 02 100.000 €). Der Verlustanteil 03 von 25.000 € ist daher voll ausgleichsfähig. Zusätzlich bleibt für die Zukunft noch ein Verlustausgleichsvolumen von 175.000 € erhalten. Der verrechenbare Verlust aus dem Jahr 02 bleibt mit 150.000 € bestehen. Die neue Vorschrift des § 15 a Abs. 1 a EStG ist nicht einschlägig, da keine nachträglichen Einlagen geleistet wurden.

Zu beachten ist,

— dass der im Jahr 02 festgestellte verrechenbare Verlust von 150.000 Euro durch die Haftungserweiterung im Jahr 03 nicht zu einem ausgleichsfähigen Verlust umgewandelt werden kann. Dafür ist keine Rechtsgrundlage vorhanden. Der Verlust bleibt so lange bestehen, bis er durch echte Gewinne aus der KG-Beteiligung wieder ausgeglichen wird;

— dass der im Februar 02 auszuweisende Gewinn von 80.000 Euro nicht mit verrechenbaren Vorjahresverlusten ausgeglichen werden kann, weil er kein Gewinn aus der KG-Beteiligung ist (§ 15 a Abs. 2 EStG). Mit Verlusten aus anderen Einkunftsquellen kann dieser Gewinn aber ausgeglichen werden.

Aus allem folgt, dass durch rechtzeitige Haftungsminderungen bzw. -erweiterungen zwar steuerrechtlich günstigere Gestaltungen möglich sind, dass dabei aber wirtschaftliche Gesichtspunkte wie Haftungsrisiko und Kosten nicht vergessen werden sollten.

Der Zuschlagsgewinn im Jahre 02 muss versteuert werden. Damit ist u. E. auch die neue Regelung des § 34 a EStG anwendbar. Der Komanditist kann daher beantragen, dass dieser Gewinn begünstigt besteuert wird mit allen weiteren Folgen.[99]

1.7.2 Einlageminderung

Entnahmen des Kommanditisten vermindern dessen steuerliches Kapitalkonto und verringern demzufolge das Verlustausgleichsvolumen. Damit könnte durch Entnahmen, gäbe es nicht § 15 a Abs. 3 Satz 1 EStG, die Regelung des § 15 a Abs. 1 Satz 1 EStG umgangen werden. § 15 a Abs. 3 Satz 1 EStG ist genauso rückwirkend zu betrachten wie § 15 a Abs. 3 Satz 3 EStG.[100] Satz 1 ist jedoch in seiner Anwendung viel schwieriger. Denn bei Satz 1 kommt noch als weiteres Problem das Wiederaufleben der Haftung hinzu. Dabei sind Entnahmen in den Fällen nicht problematisch, in denen durch diese die Haftung wieder voll auflebt (§ 172 Abs. 4 HGB), denn es ist gleich, ob das Verlustausgleichsvolumen über § 15 a Abs. 1 Satz 1 oder Satz 2 EStG bestimmt wird.

---
99 Vgl. Fn. 97.
100 Vgl. E. Rz. 43.

E. Verlustabzugsbeschränkungen bei § 15 a und § 15 b EStG

1.7.2.1 Wiederaufleben der Haftung

45 Gemäß § 172 Abs. 4 Satz 1 HGB gilt die Einlage den Gläubigern gegenüber als nicht geleistet, soweit sie zurückbezahlt wird. Die Haftung lebt insoweit wieder auf. Gemäß § 172 Abs. 4 Satz 2 HGB gilt die Einlage den Gläubigern gegenüber als nicht geleistet, soweit ein Kommanditist Gewinnanteile entnimmt, während sein Kapitalanteil durch Verlust unter den Betrag der geleisteten Einlage herabgemindert ist oder soweit durch die Entnahme der Kapitalanteil unter den bezeichneten Betrag herabgemindert wird. Der Kommanditist haftet danach, als wenn er die Einlage nie erbracht hätte.

Drei Beispiele mögen das Problem des Wiederauflebens der Haftung verdeutlichen.

Beispiel 1:

Jahr 01	Haftsumme	10.000 €
	Einlage	8.000 €
Jahr 02	Entnahme	3.000 €

Im Jahr 01 haftet der Kommanditist noch i. H. von 2.000 Euro, weil er noch nicht bis zur Höhe der Haftsumme geleistet hat, § 171 Abs. 1 HGB. Im Jahr 02 wird seine Einlage zum Teil zurückgezahlt. Die Haftung lebt i. H. von 3.000 Euro wieder auf, § 172 Abs. 4 Satz 1 HGB. Die gesamte Haftung beträgt daher noch 5.000 Euro.

Beispiel 2:

Jahr 01	Haftsumme	10.000 €
	Einlage	10.000 €
	Verlust	3.000 €
Jahr 02	Entnahme	2.000 €
	Verlust	4.000 €

Im Jahr 01 wird zwar durch den Verlust die Einlage (= Kapitalkonto) um 3.000 Euro auf 7.000 Euro vermindert. Da die Einlage aber in Höhe der Haftsumme erbracht war, besteht im Jahr 01 keine Haftung mehr.

Im Jahr 02 wird durch die Entnahme die Einlage zunächst auf 5.000 Euro und später durch den Verlust auf 1.000 Euro weiter verringert. Die Entnahme i. H. von 2.000 Euro lässt die Haftung i. H. von 2.000 Euro wieder aufleben, weil durch den Verlust im Jahr 01 die Einlage um 3.000 Euro unter der Haftsumme gemindert war, § 172 Abs. 4 Satz 2 HGB.

Beispiel 3:

Jahr 01	Haftsumme	10.000 €
	Einlage	15.000 €
	Verlust	6.000 €
Jahr 02	Entnahme	20.000 €
	Verlust – Gewinn	0 €

1 Verluste bei beschränkter Haftung gem. § 15 a EStG

Littmann/Bitz/Pust[101] meinen zu diesem Fall:

„Die Haftung lebt nicht nur i. H. von 4.000 € wieder auf, d. h. in Höhe der Haftsumme ./. Verlust, sondern i. H. von 10.000 €, denn gem. § 172 Abs. 4 HGB darf nichts entnommen werden, bis 10.000 € wieder voll aufgefüllt sind. Eine über die Haftung hinausgehende Haftung gegenüber den Gläubigern in Höhe etwa des entstandenen negativen Kapitalkontos von 11.000 € oder gar der Entnahme i. H. von 20.000 € . . . entsteht andererseits nicht. § 172 Abs. 4 HGB kann niemals zu einer Erhöhung der im Handelsregister eingetragenen Haftsumme führen."

Diese Lösung begründen sie mit Hinweis auf eine BGH-Entscheidung.[102] Wir halten diese Lösung für richtig. Auch die Argumentation, da im Jahr 01 5.000 Euro über die Haftsumme hinaus geleistet waren, könne die Haftung nur i. H. von 5.000 Euro (Haftsumme 10.000 Euro ./. 5.000 Euro zu viel geleistete Einlage) wieder aufleben, geht fehl. Im vorliegenden Fall wird durch die Entnahme von 20.000 Euro ein Betrag in Höhe der ganzen Haftsumme aufgezehrt. Der BGH hat übrigens diese Rechtsprechung bestätigt.[103]

1.7.2.2 Gewinnzuschlag gem. § 15 a Abs. 3 Satz 1 EStG

Lebt die Haftung nicht wieder auf, ist eine Entnahme, sofern die weiteren Voraussetzungen erfüllt sind, als Gewinn zuzuschlagen, d. h. von dem entnehmenden Kommanditisten insoweit zu versteuern. Lebt jedoch die Haftung bei der Entnahme wieder auf, unterbleibt in Höhe dieses Wiederauflebens der Haftung der Gewinnzuschlag.[104] Die drei folgenden Beispiele zeigen dies auf.

Beispiel 1:

Kommanditist B hat seine Einlage = Haftsumme Ende 01 i. H. von 200.000 € voll erbracht. Für 01 beträgt sein Verlustanteil 220.000 €. Im April 02 entnimmt B 200.000 €.

a) Für 02 erhält B einen weiteren Verlustanteil von 50.000 € zugewiesen.

b) Für 02 entfällt auf B ein Gewinnanteil aus der KG i. H. von 80.000 €.

Aktiva		KG (vor Verlustzuweisung 01)		Passiva
. . .	. . . €	Kapital A		. . . €
Aktiva	200.000 €	Kapital B		200.000 €

Das steuerrechtliche Kapitalkonto des B beträgt 200.000 €.

---

101 § 15 a Rz. 25 m. w. N.
102 BGHZ 60, 324.
103 BB 1985 S. 821 und 823.
104 BFH vom 06.03.2008, BStBl II 2008, 658.

E. Verlustabzugsbeschränkungen bei § 15 a und § 15 b EStG

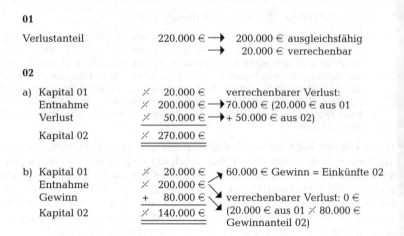

Das steuerliche Kapital beträgt Ende 01 vor Verlustzuweisung 200.000 Euro. Der Verlust in 01 ist daher i. H. von 200.000 Euro ausgleichsfähig und i. H. von 20.000 Euro verrechenbar. Das Kapital beträgt Ende 01 ./. 20.000 Euro.

Die Entnahme im Jahr 02 vermindert das steuerliche Kapitalkonto auf ./. 220.000 Euro. Handelsrechtlich lebt dadurch die Haftung wieder voll auf, denn B entnimmt seine einmal erbrachte Einlage. § 172 Abs. 4 HGB ist anwendbar. Damit greift § 15 a Abs. 3 Satz 1 EStG ein mit der Folge, dass nichts zu veranlassen ist, weil in voller Höhe der Entnahme wieder eine Haftung entsteht.

a) In dieser Alternative ist der verrechenbare Verlust des Jahres 02 auf 70.000 Euro festzustellen. Das Kapitalkonto beträgt Ende 02 ./. 270.000 Euro.

b) In dieser Alternative ist der verrechenbare Verlust aus dem Jahre 01 i. H. von 20.000 Euro mit dem Gewinn i. H. von 80.000 Euro auszugleichen, sodass ein steuerpflichtiger Gewinn i. H. von 60.000 Euro verbleibt.

§ 15 a Abs. 3 Satz 1 EStG versteht unter Einlageminderung die Entstehung oder Erhöhung eines negativen Kapitalkontos durch Entnahmen. Darunter fallen

— die Entnahme von Geld oder sonstigen Wirtschaftsgütern aus dem KG-Vermögen,

— die Auszahlung von Gewinnen,

— die Tilgung eines Gesellschafterdarlehens.

47 Schwierig werden diese Entnahmefälle, wenn durch die Entnahme die Haftung nur zum Teil wieder auflebt oder wenn der Entnahmewert höher als die Haftsumme ist.

1 Verluste bei beschränkter Haftung gem. § 15 a EStG

Beispiel 2:

Beim Kommanditisten B beträgt die Pflichteinlage 300.000 €, die Haftsumme dagegen nur 100.000 €. Er hat seine Pflichteinlage im Laufe des Jahres 01 voll erbracht. Für das Jahr 01 erhält B einen Verlustanteil von 320.000 € zugewiesen, im Laufe des Jahres 02 entnimmt er 140.000 €, und für 02 beträgt sein Verlustanteil 60.000 €.

01

Kapital Beginn 01	300.000 €	→	300.000 € ausgleichsfähig
Haftsumme	100.000 €	↗	
Verlustanteil	./. 320.000 €	→	20.000 € verrechenbar

02

Kapital Beginn 02	./. 20.000 €		Gewinn § 15 a Abs. 3 Satz 1 EStG
Entnahme	./. 140.000 €	→	140.000 €
Kapital vor Verlust 02	./. 160.000 €		./. 100.000 € (Wiederaufleben der Haftung)
Verlustanteil	./. 60.000 €		40.000 € Gewinn gem. § 15 a
Kapital Ende 02	./. 220.000 €		Abs. 3 Satz 1 EStG
		=	40.000 € Einkünfte 02
			verrechenbarer Verlust 120.000 € (20.000 € aus 01 + 60.000 € aus 02 + 40.000 € gem. § 15 a Abs. 3 Satz 4 EStG)

Im Jahr 01 sind vom Verlustanteil des B 300.000 Euro (= Höhe des steuerlichen Kapitalkontos) ausgleichsfähig und 20.000 Euro verrechenbar. Durch die Entnahme im Jahr 02 verringert sich das steuerliche Kapitalkonto von ./. 20.000 Euro Ende 01 um 140.000 Euro auf ./. 160.000 Euro. Rückwirkend betrachtet war daher der Verlustausgleich im Jahr 01 um 140.000 Euro zu hoch. Da die Entnahme aber ein Wiederaufleben der Haftung i. H. von 100.000 Euro verursacht – durch den Verlust im Jahre 01 wurde die Einlage in voller Höhe der Haftsumme gemindert (§ 172 Abs. 4 Satz 2 HGB)[105] –, zieht § 15 a Abs. 3 Satz 1 EStG nur zum Teil. B hat **im Jahr 02** 40.000 Euro als Gewinn zu versteuern (140.000 Euro Entnahme ./. 100.000 Euro Wiederaufleben der Haftung); die Haftung lebt in Höhe der Entnahme wieder auf, maximal in Höhe der Haftsumme, hier also 100.000 Euro. Der Gewinn ist nicht verrechenbar mit dem Verlust aus 01. Gleichzeitig sind als verrechenbarer Verlust 120.000 Euro festzustellen. Das Kapitalkonto beträgt Ende 02 ./. 220.000 Euro (300.000 Euro ./. 320.000 Euro ./. 140.000 Euro ./. 60.000 Euro).

Beispiel 3:

Für Kommanditist D ist seit dem Jahre 01 im Handelsregister eine Haftsumme von 50.000 € eingetragen. B hat nicht nur seine Pflichteinlage i. H. von 70.000 € erbracht; sein Kapitalkonto beträgt zum 01.01.05 sogar 80.000 €. Auf B entfällt

---
105 BGHZ, Band 60, S. 324 und 327, und oben E. Rz. 45.

E. Verlustabzugsbeschränkungen bei § 15 a und § 15 b EStG

jeweils ein Verlust im Jahr 05 von 25.000 €, im Jahr 06 von 60.000 € und im Jahr 07 von 65.000 €. B entnimmt im Jahr 06 5.000 € und im Jahr 07 20.000 €.

Das Kapitalkonto entwickelt sich wie folgt:

01.01.05	80.000 €
Verlust 05	./. 25.000 €
31.12.05	55.000 €
Entnahme 06	./. 5.000 €
Verlust 06	./. 60.000 €
31.12.06	./. 10.000 €
Entnahme 07	./. 20.000 €
Verlust 07	./. 65.000 €
31.12.07	./. 95.000 €

Den Verlust **des Jahres 05** kann B voll über sein Kapitalkonto gem. § 15 a Abs. 1 Satz 1 EStG ausgleichen. Sein Kapitalkonto beträgt damit am 31.12.05 noch 55.000 Euro.

Einkünfte im Jahr 05: ./. 25.000 €

Sein Kapitalkonto beträgt **im Jahr 06** vor Verlustzuweisung durch die Entnahme i. H. von 5.000 Euro noch 50.000 Euro. Durch die Verlustzuweisung von 60.000 Euro wird es zum 31.12.06 mit ./. 10.000 Euro negativ. Über das Kapital kann B 50.000 Euro des Verlustes ausgleichen; 10.000 Euro sind gem. § 15 a Abs. 4 EStG nur verrechenbar. Die Entnahme war während des Jahres 06, also vor der Verlustzuweisung. Damit ist das negative Kapitalkonto nicht durch eine Entnahme entstanden. Gemäß § 15 a Abs. 3 EStG ist daher kein Gewinn zuzuschlagen.

Einkünfte 06: ./. 50.000 €
Verrechenbarer Verlust: 10.000 €

Im Jahr 07 erhöht sich zunächst durch die Entnahme von 20.000 Euro das negative Kapitalkonto des B auf ./. 30.000 Euro. Die Verlustzuweisung i. H. von 65.000 Euro ist daher nicht ausgleichsfähig, sondern nur verrechenbar.

Gemäß § 15 a Abs. 3 Satz 1 EStG ist eine Entnahme, die ein negatives Kapitalkonto erhöht, grundsätzlich als Gewinn zuzurechnen, wenn in den zehn vorangegangenen Jahren Verluste über das Kapitalkonto ausgeglichen wurden. B hat im Jahr 06 50.000 Euro ausgeglichen, und rückwirkend betrachtet hätte er dies nicht tun können, wenn er die 20.000 Euro schon im Jahr 06 entnommen hätte. Dann hätte er nur 30.000 Euro ausgleichen können. Daher wären jetzt grundsätzlich 20.000 Euro als Gewinn zuzuschlagen. (Die Entnahme aus dem Jahr 06 i. H. von 5.000 Euro interessiert im Jahre 07 nicht mehr, denn diese Entnahme ist allein in 06 zu beurteilen.)

Gleichzeitig ist aber im Jahr 07 zu beachten, dass gem. § 172 Abs. 4 Satz 2 HGB die Haftung wieder auflebt, wenn ein Kommanditist nach Absinken seiner tatsächlichen Einlage unter die Haftsumme Gelder oder Sachwerte aus dem Gesamthandsvermögen der KG entnimmt. Im Jahre 06 führt die Entnahme nur zu einem positiven Kapitalkonto von 50.000 Euro vor Verlustzuweisung. Da dieser Betrag der Haftsumme entspricht, lebte die Haftung im Jahr 06 noch nicht wieder auf. Im Jahr 07 ist dies jedoch anders, denn am 01.01.07 hatte B schon ein negatives Kapitalkonto von ./. 10.000 Euro. Durch das Wiederaufleben der Haftung i. H. von 20.000 Euro ist im Jahr 07 daher gem. § 15 a Abs. 3 Satz 1 2. Halbsatz dem B kein Gewinn zuzuschlagen.

Einkünfte: 0 €
Verrechenbarer Verlust: 75.000 €
(10.000 € aus dem Jahr 06 und 65.000 € aus dem Jahr 07)

Die Problematik des § 34 a EStG taucht auch hier auf. Unseres Erachtens ist die Entnahme gem. § 34 a Abs. 4 EStG nachzuversteuern, wenn im VZ zuvor ein Begünstigungsbetrag gesondert festgestellt wurde. Gleichzeitig kann der Kommanditist den Gewinnzuschlag nach § 15 a Abs. 3 EStG, da dieser ja zu versteuern ist, auf Antrag gem. § 34 a Abs. 1 EStG begünstigt besteuern lassen.[106] Diese Aussagen stehen allerdings unter dem Vorbehalt, dass Verwaltung, Rechtsprechung und Literatur dies langfristig nicht anders sehen.

1.7.3 Begrenzung des Zurechnungsbetrags

Der Betrag, der nach § 15a Abs. 3 Sätze 1 und 2 EStG zugerechnet werden muss, ist nach oben begrenzt. Die Zurechnung ist nichts anderes als die Rückgängigmachung eines früheren Verlustausgleichs. Deshalb kann höchstens der Betrag als Gewinn zugerechnet werden, der in den vorangegangenen Jahren oder im Entnahmejahr als Verlust ausgleichs- oder abzugsfähig gewesen ist. Außerdem ist der Hinzurechnungsbetrag zur Erleichterung der Überwachung in der Praxis auf die Verluste begrenzt worden, die im Jahr der Entnahme oder in den zehn vorangegangenen Wirtschaftsjahren ausgleichs- oder abzugsfähig gewesen sind.

48

Lange Zeit war die Frage offen, ob **Gewinne** im Elfjahreszeitraum (Verlustentstehungsjahr und zehn vorangegangene Wirtschaftsjahre) von den ausgeglichenen Verlusten abgezogen werden dürfen. Die Literatur bejahte dies überwiegend. Nun hat sich der BFH dieser Ansicht angeschlossen.[107] Bejaht man diese Frage, vermindert sich der Begrenzungsbetrag zum Vorteil des Kommanditisten. Begründet wird dies entgegen dem Gesetzeswortlaut mit dem Sinn und Zweck des Gesetzes. Der Elfjahreszeitraum sei nach Art einer Totalperiode zusammenzufassen.

---

106 Vgl. oben B. Rz. 428 ff. und E. Rz. 41.
107 Vgl. Littmann/Bitz/Pust, § 15a Rz. 38, und Schmidt/Wacker, § 15a Rz. 159, 173, jeweils m. w. N. und BFH vom 20.03.2003, BStBl II 2003, 798.

E. Verlustabzugsbeschränkungen bei § 15 a und § 15 b EStG

Beispiel 1:

Jahr 01	Haftsumme	5.000 €
	Einlage	20.000 €
	Verlust	30.000 €
Jahr 02	Gewinn	9.000 €
Jahr 03	Entnahme	18.000 €
	Verlust	10.000 €

Im Jahr 01 sind vom Verlust 20.000 Euro ausgleichsfähig und 10.000 Euro nur verrechenbar. Im Jahr 02 vermindert der Gewinn den verrechenbaren Verlust des Jahres 01 um 9.000 Euro auf 1.000 Euro. Die Entnahme im Jahr 03 bewirkt grundsätzlich einen Gewinnzuschlag in gleicher Höhe gem. § 15 a Abs. 3 Satz 1 EStG, also i. H. von 18.000 Euro. Da durch die Entnahme die Haftung in voller Höhe von 5.000 € wieder auflebt, verringert sich der Gewinnzuschlag auf 13.000 Euro (18.000 Euro ./. 5.000 Euro). Dieser Gewinnzuschlag ist aber begrenzt auf den Verlustausgleich im Elfjahreszeitraum abzüglich des Gewinns in dieser Zeit, also 11.000 Euro (20.000 Euro im Jahr 01 ./. 9.000 Euro im Jahr 02).

Ergebnis ist, dass der Kommanditist im Jahr 03 gem. § 15 a Abs. 3 Satz 1 EStG nur 11.000 Euro versteuern muss, da ein Gewinnabzug in Betracht kommt. Würde der Gewinnabzug nicht erlaubt, wären 13.000 Euro zu versteuern. Der Verlust im Jahr 03 ist nur verrechenbar, da das Kapitalkonto zu diesem Zeitpunkt vor Verlustzuweisung negativ ist, nämlich ./. 19.000 Euro (01: ./. 10.000 Euro, 02: ./. 1.000 Euro).

Beispiel 2:

Jahr 01	Einlage	3.000 €
	Haftsumme	10.000 €
	Verlust	8.000 €
Jahr 02	Gewinn	2.000 €
Jahr 03	Haftungsminderung	7.000 €
	Haftsumme	3.000 €

Der Verlust im Jahr 01 ist voll ausgleichsfähig und der Gewinn im Jahr 02 voll steuerpflichtig.

Die Haftungsminderung im Jahr 03 bewirkt grundsätzlich einen Gewinnzuschlag von 7.000 Euro, jedoch höchstens in Höhe des Verlustes, der über § 15 a Abs. 1 **Satz 2** EStG ausgleichsfähig war, nämlich 5.000 Euro (Gesamtverlust 8.000 Euro ./. Einlage 3.000 Euro) abzüglich des Gewinns im Jahr 02 = 3.000 Euro. Damit sind im Jahr 03 gem. § 15 a Abs. 3 Satz 3 EStG 3.000 Euro zu versteuern und gleichzeitig als verrechenbarer Verlust festzustellen, da ein Gewinnabzug möglich ist. Andernfalls wären 5.000 Euro zu versteuern.

1 Verluste bei beschränkter Haftung gem. § 15 a EStG

Beispiel 3:

Jahr 01	Gewinn	200.000 €
Jahr 02	ausgleichsfähiger Verlust	500.000 €
Jahr 03	Gewinn	200.000 €
Jahr 04	Einlagenminderung	400.000 €

Für die Ermittlung des Höchstbetrages der Einlagenminderung ist der ausgleichsfähige Verlust des Jahres 02 mit dem Gewinn des Jahres 03 zu saldieren. Der Höchstbetrag beträgt demnach 300.000 €. Eine weitere Saldierung des ausgleichsfähigen Verlustes mit dem Gewinn des Jahres 01 kommt nicht in Betracht, weil der Gewinn zeitlich vor dem Verlust angefallen ist.

1.8 Gesonderte Feststellung des verrechenbaren Verlustes gem. § 15 a Abs. 4 EStG

Der verrechenbare Verlust ist ein Anteil des dem Kommanditisten zuzurechnenden Anteils am Verlust der KG und damit im Rahmen des gesamten steuerlichen Ergebnisses der KG zu erfassen. Er wird nicht im Jahr der Entstehung, sondern erst später wirksam und ist durch besonderen Bescheid festzustellen. Durch die besondere Feststellung wird erreicht, dass über die Höhe nicht erst bei Verrechnung entschieden werden muss.

Er ist jedes Jahr neu zu berechnen. Dabei ist vom Vorjahr auszugehen (§ 15 a Abs. 4 Satz 2 EStG), wobei folgendes Schema zugrunde gelegt werden kann:

verrechenbarer Verlust der Vorjahre (§ 15 a Abs. 1 EStG), festgestellt nach § 15 a Abs. 4 EStG
+ verrechenbarer Verlust des laufenden Jahres
./. mit Gewinnen geminderter verrechenbarer Verlust gem. § 15 a Abs. 2 EStG
+ gem. § 15 a Abs. 3 Satz 4 EStG wegen Einlagen- oder Haftungsminderung verrechenbarer Verlust des laufenden Jahres

= verrechenbarer Verlust des abgelaufenen Jahres, festzustellen nach § 15 a Abs. 4 EStG

1.9 Ausscheiden eines Kommanditisten bei noch nicht verrechnetem Verlust

1.9.1 Übertragung des Kommanditanteils

Bei **entgeltlicher Übertragung** sind beim Veräußerer noch nicht verrechnete Verluste mit einem entstehenden Veräußerungsgewinn auszugleichen. Verbleibt ein Gewinn, sind die Regeln der §§ 16, 34 EStG anzuwenden.[108] In

---

[108] Vgl. H 15.a „Übernahme des negativen Kapitalkontos" EStH; BMF vom 18.05.1981, BStBl I 1981, 308, Tz. 15; Schmidt/Wacker, § 15 a Rz. 214–228, und Kudraß, BB 1986 S. 637, beide ausführlich und m. w. N.

E. Verlustabzugsbeschränkungen bei § 15 a und § 15 b EStG

Höhe des Veräußerungspreises „Übernahme des negativen Kapitalkontos + zusätzlichem Entgelt" hat der Erwerber Anschaffungskosten für die Anteile an den Wirtschaftsgütern des Gesellschaftsvermögens zu aktivieren, und zwar in einer Ergänzungsbilanz.[109]

Beispiel 1:

Kommanditist B ist an der X-KG mit 20.000 € beteiligt (Haftsumme und tatsächlich erbrachte Einlage). In den Jahren 01 bis 05 entfällt auf ihn ein Verlust von insgesamt 50.000 €. B veräußert seinen Anteil an M für eine Barzahlung von 10.000 €, wobei M voll in die Rechtsstellung des B in der KG eintritt.

Ende 05 beträgt das Kapitalkonto des B ./. 30.000 Euro. In Höhe dieses Betrags besteht auch ein verrechenbarer Verlust. Durch die Veräußerung entsteht bei B ein Veräußerungsgewinn von 40.000 Euro (./. 30.000 Euro bis + 10.000 Euro, § 52 Abs. 33 Satz 3 EStG). Vom Veräußerungsgewinn von 40.000 Euro wird der verrechenbare Verlust abgezogen, sodass ein gem. §§ 16, 34 EStG zu behandelnder Gewinn von 10.000 Euro verbleibt, von dem eventuell noch ein Freibetrag abzuziehen ist. Ein ausscheidender Kommanditist erzielt aber dann keinen Veräußerungsgewinn, wenn er sich für Verbindlichkeiten der Gesellschaft verbürgt hatte und die Inanspruchnahme durch die Gläubiger der Gesellschaft befürchten muss.[110] Nicht ausschlaggebend ist, ob der Bürge bereits in Anspruch genommen wird. Kommt es später nicht zur Inanspruchnahme, liegen insoweit nachträgliche Einnahmen i. S. des § 24 EStG vor (= 10.000 Euro).

M übernimmt das negative Kapitalkonto des B i. H. von 30.000 Euro in der Gesellschaftsbilanz. Außerdem hat er eine Ergänzungsbilanz mit einem positiven Kapitalkonto von 40.000 Euro zu errichten.

51 Beispiel 2:

Wie Beispiel 1. Erwerber M hat nichts zu bezahlen. Er übernimmt daher das negative Kapitalkonto.

B erzielt an sich einen Veräußerungsgewinn, den er jedoch nicht zu versteuern hat, da er den verrechenbaren Verlust abziehen kann. M macht keinen Veräußerungsverlust und hat auch keine Anschaffungskosten. Er hat aber in Höhe des negativen Kapitalkontos in einer Ergänzungsbilanz einen aktiven Ausgleichsposten oder außerhalb der Bilanz einen Merkposten zu führen.[111]

Beispiel 3:

Wie Beispiel 1. B findet jedoch keinen Übernehmer des Anteils und scheidet daher einfach aus der KG durch entsprechende Austrittserklärung aus.

---

[109] Vgl. BFH vom 21.04.1994, BStBl II 1994, 745; Schmidt/Wacker, § 15a Rz. 218, und sehr ausführlich Gschwendtner, DStR 1995 S. 914; vgl. auch H 15a „Übernahme des negativen Kapitalkontos" EStH.
[110] BFH vom 26.05.1981, BStBl II 1981, 795, und vom 12.07.1990, BStBl II 1991, 64; OFD Frankfurt vom 16.07.2003, StLex 3, 15 a, 87 Tz. 3.2.
[111] BFH vom 19.02.1998, BStBl II 1999, 266.

1 Verluste bei beschränkter Haftung gem. § 15 a EStG

a) B muss das negative Kapitalkonto nicht durch eine Zahlung an die KG ausgleichen.
b) B muss das negative Kapitalkonto durch Zahlung an die KG ausgleichen.
c) Der Verlust des B ist mit anderen Einkünften voll ausgeglichen worden, er ist Komplementär.

a) Wenn im Gesellschaftsvertrag nichts Besonderes geregelt ist, der Kommanditist daher **ohne entgeltliche Übetragung** einfach ausscheiden kann, muss B das negative Kapitalkonto beim Ausscheiden nicht durch eine Zahlung an die KG bereinigen. In diesem Fall entsteht ein Veräußerungsgewinn von 30.000 Euro, der jedoch mit dem zu verrechnenden Verlust ausgeglichen wird. Eine Steuerschuld entsteht für B nicht. Das negative Kapital muss jetzt auf die anderen Gesellschafter umgebucht werden, sodass bei ihnen Verlustanteile entstehen. Dabei ist bei anderen Kommanditisten § 15 a Abs. 1 EStG zu berücksichtigen.[112]   **52**

Sind beim Vermögen des ausscheidenden Kommanditisten stille Reserven enthalten, sind diese aufzudecken und bei den Wirtschaftsgütern, auf die diese stillen Reserven entfallen, zu aktivieren. Erst der darüber hinausgehende Betrag, der nicht mehr durch stille Reserven gedeckt wird, ist als Verlustanteil auf die verbleibenden Gesellschafter umzubuchen.[113]

b) Muss B aufgrund einer Vereinbarung im Gesellschaftsvertrag beim Ausscheiden sein negatives Kapitalkonto **durch eine Zahlung** von 30.000 Euro **ausgleichen,** entsteht kein Veräußerungsgewinn,[114] und bei den anderen Gesellschaftern braucht auch keine Umbuchung vorgenommen zu werden. Durch eine solche Klausel im Gesellschaftsvertrag ändert sich an der grundsätzlichen Situation dieses Kommanditisten im Rahmen des § 15 a EStG nichts. Sein Verlustausgleichsvolumen hat sich durch diese Nachschussverpflichtung nicht vergrößert. Die Frage, ob B die echte Zahlung von 30.000 Euro als gewerblichen Verlust im Jahr des Ausscheidens mit anderen Einkünften ausgleichen kann, spricht § 15 a EStG nicht an. Aus dem Sinne des § 15 a EStG, dass der die Verluste ausgleichen darf, der sie tatsächlich trägt, ist diese Frage jedoch zu bejahen.[115]   **53**

c) Sollte B den **Verlust** von 30.000 Euro **voll** mit anderen Einkünften **ausgeglichen haben,** ist überhaupt kein verrechenbarer Verlust entstanden. Hat er die 30.000 Euro nicht an die KG zu zahlen, entsteht bei B ein Veräußerungsgewinn gem. §§ 16, 34 EStG. Die übrigen Gesellschafter erhalten – unter der Einschränkung wie unter a) – entsprechende Verluste   **54**

---

112 § 52 Abs. 33 Sätze 3 und 4 EStG i. d. F. des EStG vom 19.10.2002. Vgl. R 15a Abs. 6 EStR; BMF vom 08.05.1981, Fn. 108, Tz. 13 und 14.
113 Vgl. R 15 a Abs. 6 EStR; BMF vom 23.06.1983, BStBl I 1983, 353; BFH vom 21.04.1994, BStBl II 1994, 745, und sehr ausführlich m. w. N. Schmidt/Wacker, § 15 a Rz. 219–223.
114 BMF vom 08.05.1981, Fn. 108, Tz. 13.
115 Vgl. hierzu BFH-Urteil vom 01.06.1989, BStBl II 1989, 1018.

E. Verlustabzugsbeschränkungen bei § 15 a und § 15 b EStG

zugewiesen, wobei jetzt bei anderen Kommanditisten (wie unter a)) § 15 a EStG zu berücksichtigen ist. Zahlt B die 30.000 Euro an die KG, wird nur umschichtend in der KG gebucht (Geldkonto an Kapital B). Für B ist dies dann eine reine Vermögensangelegenheit, der Verlust ist ja vorher schon erfasst worden.

1.9.2 Liquidation der KG

55 Entsteht bei der Liquidation durch Aufdeckung stiller Reserven ein Gewinn, vermindert dieser den verrechenbaren Verlust. Soweit ein verrechenbarer Verlust übrig bleibt, kann er mit anderen Einkünften des Kommanditisten nicht ausgeglichen werden. Dann ist er jedoch bei dem Gesellschafter zu berücksichtigen, der ihn endgültig zu tragen hat, im Allgemeinen also beim Komplementär.[116]

1.9.3 Unentgeltliche Übertragung des Kommanditanteils

56 Gemäß § 6 Abs. 3 EStG tritt bei unentgeltlicher Übertragung der Anteilserwerber in die Rechtsstellung des Vorgängers ein. Mit dem Anteil geht auch der noch zu verrechnende Verlust auf den Anteilserwerber über. In Schenkungsfällen ist aber Voraussetzung, dass der Anteilserwerber auch Mitunternehmer wird.[117]

1.9.4 Ein Kommanditist wird unbeschränkt haftender Gesellschafter

57 Dies kann dadurch geschehen, dass eine KG in eine OHG umgewandelt wird oder dass der Kommanditist seine Haftungsbeschränkung im Rahmen einer KG durch entsprechenden Eintrag im Handelsregister aufgibt und damit Komplementär wird. Söffing/Wrede[118] und Mittelsteiner[119] meinen, dass in diesen Fällen aus dem verrechenbaren Verlust ein ausgleichsfähiger Verlust wird. Da § 15 a EStG bei Veränderung der Haftungssituation höchstens eine Veränderung des Verlustausgleichsvolumens zulässt (vgl. § 15 a Abs. 1 Satz 2 EStG), ist dies nicht möglich. Der verrechenbare Verlust bleibt nach der Rechtsprechung des BFH vielmehr so lange bestehen, bis er mit Gewinnen aus der Beteiligung verrechnet werden kann.[120]

Weiter hat der BFH entschieden,[121] dass der Wechsel des Kommanditisten in die Rechtsstellung eines Komplementärs bereits im Zeitpunkt des betreffen-

---

116 Vgl. Schmidt/Wacker, sehr ausführlich und mit mehreren Alternativen, § 15 a Rz. 240–245, und Kudraß, BB 1986 S. 637.
117 BFH vom 15.07.1986, BStBl II 1986, 896. Vgl. Schmidt/Wacker, § 15 a Rz. 234 m. w. N. und Söffing/Wrede, FR 1980 S. 373.
118 FR 1980 S. 373.
119 DStR 1980 S. 581.
120 BFH vom 14.10.2003, BStBl II 2004, 115, und vom 12.02.2004, BStBl II 2004, 423; H 15 a (Wechsel der Rechtsstellung eines Gesellschafters) EStH. Vgl. hierzu Söffing DStZ 2008, S. 175.
121 BFH vom 12.02.2004, BStBl II 2004, 423. Vgl. hierzu Söffing DStZ 2008, S. 175.

1 Verluste bei beschränkter Haftung gem. § 15 a EStG

den Gesellschafterbeschlusses stattfindet. Auf die Eintragung bzw. Anmeldung ins Handelsregister kommt es entgegen der bisherigen Auffassung nicht mehr an.

Wird der Beschluss vor Ende des Wirtschaftsjahres zivilrechtlich wirksam gefasst, unterliegen die dem Gesellschafter zuzurechnenden Verlustanteile des ganzen Wirtschaftsjahres nicht mehr der Ausgleichsbeschränkung des § 15 a EStG. Nach dem Stichtagsprinzip ist für die Anwendung des § 15 a EStG entscheidend darauf abzustellen, ob am Bilanzstichtag die Voraussetzungen zur Anwendung des § 15 a EStG vorliegen.

1.9.5 Ein Komplementär wird Kommanditist

Wechselt der Gesellschafter während eines Jahres vom Komplementär zum Kommanditisten, ist die Verlustausgleichsbeschränkung des § 15 a EStG für das gesamte Wirtschaftsjahr zu beachten.[122] Der BFH schließt sich damit der Verwaltungsauffassung an. Nach dem Stichtagsprinzip umfasse die Regelung des § 15 a EStG die Verluste des gesamten Wirtschaftsjahres, und damit auch die Verluste, die **vor** dem Statuswechsel innerhalb des Wirtschaftsjahres auf die Zeit der unbeschränkten Haftung als Komplementär entfallen. Daran ändert nach Auffassung des BFH auch die sog. Nachhaftung des Kommanditisten nach § 160 Abs. 1 und 3 HGB nichts, denn der Gesetzgeber hat der Außenhaftung des Kommanditisten nur in begrenztem, abschließendem Umfang Rechnung getragen, nicht aber für den Fall des § 160 Abs. 1 und 3 HGB.

58

1.10 Die entsprechende Anwendung des § 15 a EStG

1.10.1 Bei vergleichbaren Unternehmensformen

Gemäß § 15 a Abs. 5 EStG sind andere Unternehmer, bei denen § 15 a EStG sinngemäß angewandt werden soll, solche, bei denen die Haftung der eines Kommanditisten vergleichbar ist. Da es sich in den im Gesetz genannten Fällen um Unternehmer handelt, die nicht im Handelsregister eingetragen sind, kommt § 15 a Abs. 1 Satz 2 EStG nicht in Betracht, d. h., nur das steuerliche Kapital ist maßgeblich. Auch hier spielt das Kapital des Sonderbetriebsvermögens keine Rolle.

59

Das Gesetz erwähnt im Einzelnen
— die atypisch stille Gesellschaft,[123] § 15 a Abs. 5 Nr. 1 EStG.
— die GbR, jedoch nur, soweit die Haftung durch Vertrag ausgeschlossen oder nach Art und Weise des Geschäftsbetriebs unwahrscheinlich ist,

---

122 BFH vom 14.10.2003, BStBl II 2004, 118, und H 15a (Wechsel der Rechtsstellung eines Gesellschafters) EStH.
123 BFH vom 19.04.2007, BStBl II 2007, 868; Eggert, NWB F. 3, 9699; Hitzemann, DStR 1998 S. 1708.

E. Verlustabzugsbeschränkungen bei § 15 a und § 15 b EStG

§ 15 a Abs. 5 Nr. 2 EStG. Da der BGH die Außen-GbR mit Urteilen vom 29.01.2001 und 16.07.2001[124] der OHG gleichgestellt hat, läuft u. E. diese Vorschrift insoweit jetzt ins Leere. Die Gesellschafter einer Außen-GbR haften unbeschränkt, sodass für sie § 15 a EStG nicht mehr angewandt werden kann. Die Vorschrift ist daher nur noch für die Innen-GbR anwendbar, insbesondere für die atypische Unterbeteiligung, da diese eine Innen-GbR ist.[125]

— ausländische Personengesellschaften, die einer inländischen KG oder ähnlichen Rechtsform vergleichbar sind, § 15 a Abs. 5 Nr. 3 EStG.

— sog. haftungslose Darlehen, § 15 a Abs. 5 Nr. 4 EStG.[126]

Beispiel 1:

K erwirbt von V das Auswertungsrecht an einem Film zu einem Kaufpreis von 5 Mio. €. Beide wandeln dann die Kaufpreisforderung in ein Darlehen um mit der Maßgabe, dass nur aus bestimmten Teilen des Erlöses das Darlehen zu tilgen ist.

Hier liegt ein haftungsloses Darlehen vor, weil K die 5 Mio. € an V nur bezahlen muss, wenn er sie auch einnimmt. Dies ist daher keine Haftung i. S. des § 15 a Abs. 1 Satz 2 EStG.

60 Gleichzeitig ist § 15 a EStG gem. § 13 Abs. 7 und § 18 Abs. 4 Satz 2 EStG auch auf Land- und Forstwirte und Selbständige anwendbar, wenn ähnliche Verhältnisse vorliegen.

Beispiel 2:

S ist seit dem Jahre 01 als stiller Gesellschafter am Gewinn und Verlust des Einzelbetriebs des U beteiligt. Die vereinbarte Einlage i. H. von 50.000 € hat S im Jahr 01 geleistet. In den Bilanzen bis 31.12.08 wurden S nur Verluste zugewiesen. Sein Konto bei U betrug am 31.12.08 ./. 15.000 €. Zum 31.12.09 erhält S einen weiteren Verlust i. H. von 8.000 € zugerechnet. S ist atypisch an dem Unternehmen des U beteiligt.

Als atypisch Beteiligter ist S Mitunternehmer. § 15 a EStG ist sinngemäß anzuwenden (§ 15 a Abs. 5 Nr. 1 EStG). Dies ist jedoch nur in den Fällen denkbar, in denen abweichend von § 232 Abs. 2 Satz 1 HGB („Der Stille nimmt an dem Verlust nur bis zum Betrag seiner eingezahlten oder rückständigen Einlage teil") vereinbart ist, dass der Stille über seine Einlage hinaus am Verlust teilnimmt, sodass ein negatives Einlagekonto entstehen kann, das durch spätere Gewinnanteile wieder aufzufüllen ist.[127]

Das Kapitalkonto des S ist negativ. Folglich kann er im Jahr 09 den Verlust i. H. von 8.000 € nicht ausgleichen. Die Haftungsproblematik des § 15 a Abs. 1

---

[124] NJW 2001 S. 1056, BB 2001 S. 374 und NJW 2001 S. 3121; vgl. auch oben A. Rz. 6, 35 und 58.
[125] Ausführlich Kempermann, FR 1998 S. 248; Schmidt/Wacker, § 15 a Rz. 60 und Rz. 202–206 m. w. N.
[126] BMF vom 08.05.1978, BStBl I 1978, 203; Söffing/Wrede, FR 1980 S. 378; Littmann/Bitz/Pust, § 15 a Rz. 47, und Schmidt/Wacker, § 15 a Rz. 208.
[127] BFH vom 23.07.2002, BStBl II 2002, 858; Schmidt/Wacker, § 15 a Rz. 198; Fleischer/Thierfeld, Abschn. 3.1.2.8.

1 Verluste bei beschränkter Haftung gem. § 15 a EStG

Satz 2 EStG entsteht nicht, weil ein still Beteiligter nach außen nicht haftet, § 230 Abs. 2 HGB.

Einkünfte im Jahr 09 aus § 15 EStG:	0 €
Verrechenbarer Verlust, wenn gem. § 232 Abs. 2 HGB abweichende Vereinbarung:	8.000 €

Bei der atypischen stillen Beteiligung ist streitig, ob für die geleistete Einlage, also das Kapital, die Einbuchung der Einlageforderung ausreicht oder nicht.[128]

1.10.2 Bei den Einkünften aus Kapitalvermögen und Vermietung und Verpachtung

Nach § 20 Abs. 1 Nr. 4 Satz 2 EStG soll § 15 a EStG auf typische stille Gesellschafter und nach § 21 Abs. 1 Satz 2 EStG soll § 15 a EStG auf vermögensverwaltende KGs und ähnliche Vereinigungen sinngemäß anwendbar sein. Die Literatur ist zu diesen Regelungen sehr kritisch.[129] Was im Einzelnen unter der sinngemäßen Anwendung zu verstehen ist, kann nur die Rechtsprechung aufzeigen.[130]

Beispiel:

Sachverhalt wie Beispiel 2 unter Rz. 40. S ist aber als typischer stiller Gesellschafter an dem Unternehmen des U beteiligt.

Gemäß § 20 Abs. 1 Nr. 4 Satz 2 EStG ist § 15 a EStG auch bei einem typisch still Beteiligten sinngemäß anzuwenden. Auch dies ist nur denkbar, wenn eine Verlusttragung abweichend von § 232 Abs. 2 Satz 1 HGB vereinbart ist.[131] In diesem Falle ist die Problematik genauso zu lösen.

Einkünfte im Jahr 09 aus § 20 EStG:	0 €
Verrechenbarer „Verlust", wenn gem. § 232 Abs. 2 HGB abweichende Vereinbarung:	8.000 €

In der Literatur war in den Fällen des § 20 EStG der Zeitpunkt der Abzugsfähigkeit des Verlustes als Werbungskosten (z. B. Verlustjahr, Auffüllung der Einlage, Abbuchung der Einlage, Erstellung der Bilanz) streitig.[132] Mit Urteil vom 22.07.1997[133] hat aber der BFH entschieden, dass als Zeitpunkt die Abbuchung des Verlustes vom Kapitalkonto des U maßgebend ist. Dies heißt, da die Bilanz des U für das Jahr 09 erst im Jahr 10 fertig gestellt wird, die Abbuchung des Verlustes daher auch erst im Jahr 10 möglich ist, dass sowohl die obigen Einkünfte von 0 € und der verrechenbare Verlust von 8.000 € sich im Gegensatz zum atypisch still Beteiligten auf das Jahr 10 beziehen.

---

128 Bock, StB 1999 S. 213, und Schmidt/Wacker, § 15 a Rz. 199, die Einbuchung reicht nicht aus. A. A. Walter, GmbHR 1997 S. 823.
129 Vgl. hierzu ausführlich Schmidt/Weber-Grellet, § 20 Rz. 99 und 100; Schmidt/ Drenseck, § 21 Rz. 120 ff.
130 Vgl. z. B. BFH vom 17.12.1992, BStBl II 1994, 490; vom 30.11.1993, BStBl II 1994, 496; vom 28.03.1994, BStBl II 1994, 793; vom 25.07.1995, BStBl II 1996, 128, und vom 23.07.2002, BStBl II 2002, 858.
131 Vgl. Schmidt/Weber-Grellet, § 20 Rz. 99.
132 Vgl. Schmidt/Weber-Grellet, § 20 Rz. 98.
133 BStBl II 1997, 755, vgl. auch BFH vom 23.07.2002, BStBl II 2002, 858.

E. Verlustabzugsbeschränkungen bei § 15 a und § 15 b EStG

1.11 Gestaltungsmöglichkeiten

1.11.1 Gestaltungen im Bereich der Sondervergütungen

62 Inzwischen ist auch bei der Verlustverrechnung mit Gewinnen aus der KG das Sonderbetriebsvermögen völlig getrennt vom Gesamthandsvermögen zu sehen.[134] Dadurch lässt sich die Höhe des abzugsfähigen und des nichtabzugsfähigen Verlustes etwas gestalten.

Beispiel:
Kommanditist B ist mit 20.000 € an der X-KG beteiligt, die Einlage hat er voll erbracht. Außerdem hat er der KG ein Grundstück (Teilwert 30.000 €) überlassen. Beide Werte musste er finanzieren; d. h., er hat einen Bankkredit von 50.000 € aufgenommen – alles Ende 01. B und der Komplementär A sind zu je $1/2$ am Gewinn und Verlust der KG beteiligt. B hat an die Bank Zinsen von jährlich 5.000 € zu zahlen und erhält für das Grundstück von der KG eine Pacht. Die von B zu tragenden Aufwendungen für das Grundstück belaufen sich auf 10.000 €. Vor Gewinn- und Verlustzuweisungen haben die Bilanzen folgendes Bild:

KG-Bilanz

	Kapital B	20.000 €

Sonderbilanz B

Grundstück	30.000 €	Darlehen	50.000 €
Kapital	20.000 €		
	50.000 €		50.000 €

Folgende Alternativen für das Jahr 02 sollen untersucht werden:
a) Pachtzahlung der KG an B 15.000 €,
   Gesamtverlust der KG nach Abzug der Pacht 40.000 €,
b) Pachtzahlung der KG an B 41.000 €,
   Gesamtverlust der KG nach Abzug der Pacht daher 66.000 €,
c) Pachtzahlung der KG an B 61.000 €,
   Gesamtverlust der KG nach Abzug der Pacht daher 86.000 €,
d) Pachtzahlung der KG an B 5.000 €,
   Gesamtverlust der KG nach Abzug der Pacht daher 30.000 €,
e) die KG zahlt eine ganz geringe Pacht von 1000 €,
   Gesamtverlust der KG daher 26.000 €.

Durch die Fremdfinanzierung der Einlage und des Grundstücks beträgt das steuerliche Kapitalkonto des B Ende 01 0 € (20.000 € + 30.000 € positives Kapital, Darlehen i. H. von 50.000 € negatives Kapital). Im Einzelnen ergibt sich hie-

---

[134] Vgl. oben E. Rz. 42; BFH vom 13.10.1998, BStBl II 1999, 163, und BMF-Schreiben vom 20.02.1992, BStBl I 1992, 123.

1 Verluste bei beschränkter Haftung gem. § 15 a EStG

raus die einheitliche und gesonderte Gewinnfeststellung der fünf Alternativen mit den Folgerungen aus der Anwendung des § 15 a EStG:

a)	A	B	Gesamt
Vorwegvergütung (Pacht)	–	+ 15.000 €	+ 15.000 €
Sonderbetriebsausgaben (Zinsen und Grundstücksaufwendungen)	–	./. 15.000 €	./. 15.000 €
KG-Verlust	./. 20.000 €	./. 20.000 €	./. 40.000 €
	./. 20.000 €	./. 20.000 €	./. 40.000 €

B hat anzusetzen bei Anwendung des § 15 a EStG:

Verlustanteil aus KG		./. 20.000 €
Vorwegvergütung	+ 15.000 €	
Sonderbetriebsausgaben	./. 15.000 €	± 0 €
Gesamtverlust für B		./. 20.000 €

Der Verlust aus dem Sonderbetriebsvermögen muss zuerst mit der Sondervergütung saldiert werden. Der Gesamtverlust hat vollständig seine Grundlage in der KG-Bilanz. Da es auf das Sonderbetriebsvermögen nicht mehr ankommt, kann B in Höhe des Kapitals in der Hauptbilanz diesen Verlust ausgleichen, hier voll i. H. von 20.000 €.

b)	A	B	Gesamt
Vorwegvergütung (Pacht)	–	+ 41.000 €	+ 41.000 €
Sonderbetriebsausgaben	–	./. 15.000 €	./. 15.000 €
KG-Verlust	./. 33.000 €	./. 33.000 €	./. 66.000 €
	./. 33.000 €	./. 7.000 €	./. 40.000 €

Für B ergibt sich daraus bei Anwendung des § 15 a EStG:

Verlustanteil aus KG		./. 33.000 €
Vorwegvergütung	+ 41.000 €	
Sonderbetriebsausgaben	./. 15.000 €	+ 26.000 €
Gesamtverlust für B		./. 7.000 €

Auch hier stammt der Verlust voll aus der KG. B kann 20.000 € von seinem Verlustanteil ausgleichen und 13.000 € sind nur verrechenbar. Außerdem hat er 26.000 € (41.000 € ./. 15.000 €) zu versteuern.

c)	A	B	Gesamt
Vorwegvergütung (Pacht)	–	+ 61.000 €	+ 61.000 €
Sonderbetriebsausgaben	–	./. 15.000 €	./. 15.000 €
KG-Verlust	./. 43.000 €	./. 43.000 €	./. 86.000 €
	./. 43.000 €	./. 3.000 €	./. 40.000 €

E. Verlustabzugsbeschränkungen bei § 15 a und § 15 b EStG

Für B ergibt sich daraus bei Anwendung des § 15 a EStG:

Verlustanteil aus KG		./. 43.000 €
Vorwegvergütung	+ 61.000 €	
Sonderbetriebsausgaben	./. 15.000 €	+ 46.000 €
Gesamtgewinn für B		+ 3.000 €

Auch hier kann B nur 20.000 € von seinem Verlustanteil aus der KG ausgleichen und 23.000 € sind verrechenbar. Zu versteuern hat er aber 46.000 € (61.000 € ./. 15.000 €).

d)	A	B	Gesamt
Vorwegvergütung	–	+ 5.000 €	+ 5.000 €
Sonderbetriebsausgaben	–	./. 15.000 €	./. 15.000 €
KG-Verlust	./. 15.000 €	./. 15.000 €	./. 30.000 €
	./. 15.000 €	./. 25.000 €	./. 40.000 €

Für B ergibt sich daraus bei Anwendung des § 15 a EStG:

Verlustanteil aus KG		./. 15.000 €
Vorwegvergütung	+ 5.000 €	
Sonderbetriebsausgaben	./. 15.000 €	./. 10.000 €
Gesamtverlust für B		./. 25.000 €

Jetzt ist nicht nur der aus dem Sonderbetriebsvermögen entstandene Verlust von 10.000 € voll mit anderen Einkünften ausgleichsfähig, sondern auch der aus der KG stammende Verlustanteil des B von 15.000 €.

e)	A	B	Gesamt
Vorwegvergütung	–	+ 1.000 €	+ 1.000 €
Sonderbetriebsausgaben	–	./. 15.000 €	./. 15.000 €
KG-Verlust	./. 13.000 €	./. 13.000 €	./. 26.000 €
	./. 13.000 €	./. 27.000 €	./. 40.000 €

Für B ergibt sich daraus bei Anwendung des § 15 EStG:

Verlustanteil aus KG		./. 13.000 €
Vorwegvergütung	+ 1.000 €	
Sonderbetriebsausgaben	./. 15.000 €	./. 14.000 €
Gesamtverlust für B		./. 27.000 €

Auch hier sind beide Verluste (13.000 € aus der KG und 14.000 € aus dem Sonderbetriebsvermögen) voll ausgleichsfähig.

Dies ausführliche Beispiel zeigt deutlich, dass durch besondere Vereinbarungen im Bereich der Sondervergütungen in der Praxis sehr viel gestaltet werden kann und dass sogar die Gefahr besteht, dass insbesondere bei Familienpersonengesellschaften willkürlich verfahren wird. Die Beispiele zeigen weiter, dass eine völlige Trennung von Gesamthandskapital und Sonderbetriebsvermögen nicht möglich ist.

1 Verluste bei beschränkter Haftung gem. § 15 a EStG

1.11.2 Gestaltungen im Bereich des Sonderbetriebsvermögens
Hier ist vor allem der Erwerb von Wirtschaftsgütern interessant, die in der Zukunft nachhaltig Verluste mit sich bringen. Fallen diese Verluste im Sonderbetriebsvermögen an, sind sie ausgleichsfähig, fallen sie im Gesamthandsvermögen an, können sie bei Kommanditisten nur zu verrechenbaren Verlusten führen.

Einmal ist dabei an die Abschreibung dieser Wirtschaftsgüter, zum anderen aber auch an deren Finanzierung zu denken.

Man kann auch überlegen, ob Übertragungen aus dem Gesamthandsvermögen in das Sonderbetriebsvermögen in Betracht kommen, um im Sonderbetriebsvermögen und nicht im Gesamthandsvermögen die Verluste entstehen zu lassen. Allerdings greift dann § 15 a Abs. 3 EStG. Der mögliche einmalige Gewinnzuschlag ist daher mit den späteren ausgleichsfähigen Verlusten zu vergleichen, um festzustellen, ob die Maßnahme günstiger oder schlechter ist. Umgekehrt können Übertragungen aus dem Sonderbetriebsvermögen in das Gesamthandsvermögen das Verlustausgleichsvolumen des Kommanditisten gem. § 15 a Abs. 1 Satz 1 EStG erhöhen.

Paa[135] hat diese Gestaltungsmöglichkeiten in einem Aufsatz aufgegriffen und zusammengefasst sowie seine Überlegungen zum Erwerb von Wirtschaftsgütern mit folgendem Beispiel erläutert:

Beispiel:
An der ABC-KG sind als Kommanditisten neben dem Komplementär A die Gesellschafter B und C beteiligt. Die Kapitalkonten der Gesellschafter B bzw. C betragen 150.000 € bzw. 0 €. Der steuerbilanzielle Jahresüberschuss der KG beträgt 20.000 €. Davon ist bereits die Tätigkeitsvergütung des Komplementärs A von 100.000 € abgezogen. Die KG benötigt im Wj. 01 ein weiteres Fabrikgrundstück. Die vollständig fremdfinanzierten Anschaffungskosten von 2.000.000 € führen zu Abschreibungen von 50.000 € und Finanzierungskosten von 150.000 €, die das Ergebnis in 01 zusätzlich belasten.

Alternative 1: Anschaffung in das Gesamthandsvermögen
Der Anschaffungsvorgang selbst hat bei vollständiger Fremdfinanzierung unmittelbar keine Auswirkungen auf das Kapitalkonto nach § 15 a EStG und auf das Ergebnis. Die Finanzierungs- und Abschreibungsaufwendungen führen zu einem laufenden Verlust von 180.000 € in der steuerlichen Gesamthandsbilanz (20.000 € ./. 50.000 € ./. 150.000 €). Die Tätigkeitsvergütung des Komplementärs A stellt eine Sonderbetriebseinnahme dar und ist bei der Ermittlung des Gewinns aus Gewerbebetrieb wieder hinzuzurechnen.

---
135 INF 1996 S. 751.

E. Verlustabzugsbeschränkungen bei § 15 a und § 15 b EStG

		A €	B €	C €
Ergebnis lt. steuerlicher Gesamthandsbilanz	./. 180.000			
Sonderbetriebseinnahmen A (Tätigkeitsvergütung)	100.000			
Gewinn aus Gewerbebetrieb	./. 80.000			
Vorabzurechnung Sonderbetriebseinnahmen A	./. 100.000 ./. 180.000	100.000	0	0
Verteilung nach Köpfen	180.000 0	./. 60.000 40.000	./. 60.000 ./. 60.000	./. 60.000 ./. 60.000

In 01 entsteht ein verrechenbarer Verlust für Gesellschafter C i. H. von 60.000 €, da insoweit das steuerliche Kapitalkonto nach § 15 a EStG durch einen entsprechenden Anteil am Verlust der KG negativ wird.

		B €	C €
Kapitalkonten der Kommanditisten			
— am 01.01.01		150.000	0
— Gesamthandsergebnis 01		./. 60.000	./. 60.000
— am 31.12.01		90.000	./. 60.000

Hier wird deutlich, dass genau zu unterscheiden ist zwischen Begriffen „Anteil am Verlust der KG" nach § 15 a EStG und dem „Verlust aus dem Mitunternehmeranteil". Letzterer schließt das Sonderbetriebsvermögen mit ein.

Alternative 2: Anschaffung in das Sonderbetriebsvermögen

Der Kommanditist C erklärt sich bereit, das Fabrikgrundstück in sein Alleineigentum zu erwerben und es an die KG für 50.000 € jährlich zu vermieten. Das steuerliche Gesamthandsergebnis der KG beträgt somit ./. 30.000 € (20.000 € ./. 50.000 €) und das Ergebnis der Sonderbilanz des C ./. 150.000 € (50.000 € ./. 50.000 € ./. 150.000 €).

		A €	B €	C €
Ergebnis laut steuerlicher Gesamthandsbilanz	./. 30.000			
Sonderbetriebseinnahmen A	100.000			
Ergebnis laut Sonderbilanz C				
— Mieteinnahmen	50.000			
— Abschreibungen	./. 50.000			
— Finanzierungskosten	./. 150.000			
Gewinn aus Gewerbebetrieb	./. 80.000			
Ergebnis laut Sonderbilanz C	150.000			./. 150.000
Vorabzurechnung Sonderbetriebseinnahmen A	./. 100.000 ./. 30.000	100.000	0	0
Verteilung nach Köpfen	30.000 0	./. 10.000 90.000	./. 10.000 ./. 10.000	./. 10.000 ./. 160.000

1 Verluste bei beschränkter Haftung gem. § 15 a EStG

Aus der nachstehenden Übersicht wird deutlich, dass sich der auf C entfallende verrechenbare Verlust im Vergleich zur Alternative 1 von 60.000 € auf 10.000 € vermindert, obwohl der Gewinn aus Gewerbebetrieb (Gewinn aus dem Mitunternehmeranteil) in beiden Alternativen identisch ist. Der Verlust aus dem Sonderbetriebsvermögen entfällt nunmehr insgesamt auf C und ist sofort abziehbar.

	B €	C €
Kapitalkonten der Kommanditisten		
— am 01.01.01	150.000	0
— Gesamthandsergebnis 01	./. 10.000	./. 10.000
— am 31.12.01	140.000	./. 10.000

1.11.3 Gestaltungsmöglichkeiten bei drohenden Verlusten

Beispiel 1:

Bei einer KG haben A als Komplementär und B als Kommanditist (Beteiligung zu je ½) zu Beginn des Wj. am 01.01.07 je ein Kapitalkonto von ./. 20.000 €. Die KG hat in den Jahren 05 und 06 mit Gewinnen abgeschlossen. 07 erzielt sie einen Gesamtverlust von 70.000 €. B hat in Höhe der im Handelsregister eingetragenen Haftsumme im Jahr 01 eine Einlage von 40.000 € erbracht und bisher keine Gelder aus der KG entnommen.

A kann seinen Verlust von 35.000 Euro voll ausgleichen, B nicht, denn § 15 a EStG ist anwendbar. Für B werden 35.000 Euro als verrechenbarer Verlust für 07 festgestellt (§ 15 a Abs. 4 EStG); dieser Verlust ist nur mit zukünftigen Gewinnen aus der KG ausgleichsfähig (§ 15 a Abs. 2 EStG). Die Einkünfte für B betragen im Jahr 07 0 Euro.

Beispiel 2:

Wie Beispiel 1. B erkennt im Jahre 07 rechtzeitig seine ungünstige Position. Was kann er unternehmen, um den zu erwartenden Verlust doch ausgleichen zu können?[136]

a) B kann die **Haftsumme** beim Handelsregister vor dem 31.12.07 z. B. auf 100.000 Euro **erhöhen.** Damit schafft er sich i. H. von 60.000 Euro ein neues Verlustausgleichsvolumen (100.000 Euro ./. 40.000 Euro bisher = 60.000 Euro) gem. § 15 a Abs. 1 Satz 2 EStG. Denn, und dies ist der Sinn des § 15 a EStG, der Kommanditist soll Verluste ausgleichen können, soweit er sie wirtschaftlich möglicherweise zu tragen hat. Soweit er nach außen haftet, kann er in Anspruch genommen werden.

b) B kann **bis zum 23.12.2008** (alte Rechtslage) seine **bisherige Einlage** von 40.000 Euro z. B. um 50.000 Euro auf nominell 90.000 Euro vor dem 31.12.07 (neutrales Datum) **erhöhen.** Dann hat er zwar nur ein positives Kapitalkonto am 31.12.07 (vor Verlustzuweisung) von 30.000 Euro

---

136 Vgl. auch Kaligin, DStZ 1984 S. 521, und Wassermeyer, DB 1985 S. 2634.

E. Verlustabzugsbeschränkungen bei § 15 a und § 15 b EStG

(./. 20.000 Euro + 50.000 Euro = 30.000 Euro). Trotzdem kann er den Verlust aus 07 in voller Höhe von 35.000 Euro ausgleichen, weil er ein neues Verlustausgleichsvolumen von 50.000 Euro geschaffen hat. Das negative Kapitalkonto von 20.000 Euro ist vor der Einlage i. H. von 50.000 Euro entstanden, es darf daher die Verlustausgleichsmöglichkeit ab 07 in Höhe der neuen Einlage nicht beeinträchtigen. Diese Rechtsfolge kann man sich am einfachsten so vorstellen: Durch die neue Einlage i. H. von 50.000 Euro ist § 15 a EStG wieder ganz neu anzuwenden. Diese Möglichkeit besteht durch die Neuregelung des § 15 a Abs. 1 a EStG ab 24.12.2008 nicht mehr (§ 52 Abs. 33 letzter Satz EStG).

c) Es liegt auch dann eine **Einlage** vor, wenn B Wirtschaftsgüter mit hohen stillen Reserven und geringem oder negativem Buchwert gegen Bareinlagen entnimmt oder Wirtschaftsgüter mit hohem Buchwert und geringen stillen Reserven aus einem Einzelbetrieb oder aus dem Sonderbetriebsvermögen in das Gesellschaftsvermögen eingelegt werden. Auch diese Möglichkeit besteht nur bis 23.12.2008 (§ 15 a Abs. 1 a und § 52 Abs. 33 letzter Satz EStG).

d) Die Erhöhung des Guthabens auf einem Darlehenskonto führt nicht zu einer Erhöhung des Ausgleichsvolumens, da dieses Konto Forderungscharakter hat und daher zum Sonderbetriebsvermögen gehört.[137]

e) B kann auch als Gesellschafter auf Mieten, Tätigkeitsvergütungen und Darlehenszinsen **verzichten,** um den Verlust der Gesellschaft zu verringern.

f) **B wird** noch in 07 **unbeschränkt haftender Gesellschafter.**[138] B haftet dann für die Zukunft voll und kann daher zukünftig alle Verluste ausgleichen, auch im vorliegenden Fall schon in 07, weil er vor Ende des Wirtschaftsjahres voll haftet.

Strittig ist, wie in diesen Fällen schon vorhandene verrechenbare Verluste auszugleichen sind.[139]

Beispiel 3:

Wie Beispiel 1. Was sollte B in seiner Situation möglichst vermeiden?

a) B sollte **keine Entnahmen tätigen,** bei denen die Haftung nicht wieder auflebt.[140]

---

137 Vgl. oben E. Rz. 28.
138 Vgl. oben E. Rz. 57.
139 Vgl. auch hierzu oben E. Rz. 57.
140 Vgl. oben E. Rz. 44 ff.

b) B sollte den im Handelsregister eingetragenen **Haftungsbetrag nicht vermindern.** Denn hier entsteht die gleiche Problematik wie bei einer Entnahme.[141]

2 Verluste im Zusammenhang mit Steuerstundungsmodellen gem. § 15 b EStG

2.1 Zweck des § 15 b EStG und Vergleich mit § 2 b EStG

Immer mehr Stpfl. versuchen durch Zeichnung von Steuerstundungsmodellen (u. a. Medienfonds, New Energy Fonds, Wertpapierhandelsfonds, Leasingfonds, Schiffsbeteiligungen, Videogamefonds, Immobilienfonds) ihre Steuerbelastung zu reduzieren. Es handelt sich dabei um geschlossene Fonds in Form von Personengesellschaften, die ihren Anlegern in der Anfangsphase hohe Verluste zuweisen. Dies führt jährlich zu erheblichen Steuerausfällen. Vielfach handelt es sich in solchen Fällen um betriebswirtschaftlich wenig sinnvolle Investitionen, die ohne die damit verbundenen steuerlichen Vorteile nicht getätigt würden. Derartige Steuerstundungsmodelle liegen immer dann vor, wenn dem Stpfl. aufgrund eines vorgefertigten Konzepts die Möglichkeit geboten wird, zumindest in der Anfangsphase der Investition die prognostizierten Verluste mit übrigen positiven Einkünften zu verrechnen. In vielen Fällen werden die von den Anbietern vorhergesagten späteren Gewinne, die zur Begründung der notwendigen Einkunftserzielungsabsicht erforderlich sind, nicht annähernd erreicht, sodass diese Investitionen bei Außerachtlassung der steuerlichen Effekte insgesamt nur zu Verlusten führen.[142]

65

Mit § 15 b EStG hat der Gesetzgeber zur Verringerung dieser Modelle eine Verlustverrechnungsbeschränkung eingeführt. Danach sind Verluste aus solchen Steuerstundungsmodellen nicht sofort abzugsfähig, sondern nur noch mit späteren positiven Einkünften aus **derselben** Einkunftsquelle verrechenbar.

Die Verlustverrechnungsbeschränkung nach § 15 b EStG gilt nicht nur für gewerbliche Steuerstundungsmodelle, sondern auch für

- Verluste aus Land- und Forstwirtschaft (§ 13 Abs. 7 EStG),
- Verluste aus selbständiger Arbeit (§ 18 Abs. 4 Satz 2 EStG),
- Verluste aus Kapitaleinkünften (§ 20 Abs. 2 b EStG),

---

141 Vgl. oben E. Rz. 43.
142 Siehe die Begründung zum Einführungsgesetz vom 22.12.2005 (BStBl I 2006, 80); Bundestags-Drucksache 16/107 vom 29.11.2005 S. 6.

E. Verlustabzugsbeschränkungen bei § 15 a und § 15 b EStG

- Verluste aus Einkünften aus Vermietung und Verpachtung (§ 21 Abs. 1 Satz 2 EStG) und für
- Verluste aus sonstigen Einkünften (§ 22 Nr. 1 Satz 1 2. Halbsatz EStG).

66 Die Regelung des § 15 b EStG knüpft an die Vorschrift des gleichzeitig aufgehobenen § 2 b EStG an. Gegenüber der Vorschrift des § 2 b EStG ist § 15 b EStG sehr viel präziser formuliert. Die Eingriffskriterien sind erheblich strenger als bei § 2 b EStG. Auch die Rechtsfolge des § 15 b EStG ist schärfer als die des § 2 b EStG. Bei Eingreifen des § 15 b EStG werden die Verluste nämlich in der betreffenden Einkunftsquelle belassen. Ein Ausgleich ist nur mit positiven Einkünften aus derselben Einkunftsquelle zulässig, die in den folgenden Jahren erzielt werden. Nach § 2 b EStG konnten die Verluste dagegen mit Gewinnen aus anderen Einkunftsquellen i. S. des § 2 b EStG ausgeglichen werden.[143]

Gemäß § 15 b Abs. 1 Satz 3 EStG ist § 15 a EStG nicht anzuwenden, wenn § 15 b EStG eingreift.

2.2 Wirkungsweise des § 15 b EStG

67 Nach § 15 b Abs. 1 EStG dürfen Verluste aus einem Steuerstundungsmodell nicht mit irgendwelchen Einkünften des gleichen Veranlagungszeitraums ausgeglichen werden. Wie bei § 15 a Abs. 4 EStG werden die Verluste gem. § 15 b Abs. 4 EStG jährlich gesondert festgestellt und können nur mit zukünftigen positiven Einkünften aus derselben Einkunftsquelle verrechnet werden. Die anfänglichen Verluste gehen also nicht endgültig „verloren", sondern ihre Berücksichtigung wird zeitlich „gestreckt", soweit für die Investition ein Totalüberschuss erzielt wird.

Beispiel 1:

A beteiligt sich am 05.03.03 mit 100.000 € an einer Medienfonds-KG. Er bezahlt 60.000 € ein. Der Rest wird in der KG mit einem Bank-Darlehen finanziert. Im Jahr 03 erzielt er – wie im Prospekt vorgesehen – einen Verlust von 45.000 € und im Jahr 04 von 35.000 €. Im Jahr 05 und 06 entfällt auf ihn – wie im Prospekt vorgesehen – jeweils ein Gewinn von 20.000 €.

Die Verluste der Jahre 03 und 04 werden gem. § 15 b Abs. 4 besonders festgestellt, angenommen, die weiteren Voraussetzungen des § 15 b EStG sind erfüllt. Hierunter fallen auch Verluste aus dem Sonderbetriebsvermögen. Die Gewinne in den Jahren 05 und 06 können mit dem festgestellten Verlust des Jahres 03 verrechnet werden. Sie sind daher nicht zu besteuern. Ende 06 wird noch ein verrechenbarer Verlust von 40.000 € festgestellt (5.000 € noch aus 03 und 35.000 € aus 04).

---

143 Beck, DStR 2006 S. 61.

Beispiel 2:

U erwirbt einen Immobilienfonds-Anteil an einer KG für seinen Einzelbetrieb. Die Voraussetzungen des § 15 b EStG sind erfüllt. Nach acht Jahren überführt er den Fonds-Anteil in sein Privatvermögen. Es ist noch ein festgestellter verrechenbarer Verlust i. H. von 30.000 € im Bereich der gewerblichen Einkünfte vorhanden. Da der Immobilienfonds-Anteil ins Privatvermögen entnommen wird, geht auch der verrechenbare Verlust mit. U hält daher diesen Posten zukünftig bei den Einkünften aus Vermietung und Verpachtung. Wenn insoweit positive Einkünfte entstehen, kann er die 30.000 € in dieser Einkunftsart verrechnen.[144]   **68**

2.3 Modellhafte Gestaltung gem. § 15 b Abs. 2 EStG

Nach § 15 b Abs. 2 EStG ist die modellhafte Gestaltung die wohl wichtigste Voraussetzung zur Anwendung des § 15 b EStG. Eine modellhafte Gestaltung liegt vor, wenn den Beteiligten bzw. Anlegern aufgrund eines **vorgefertigten Konzepts,** z. B. bei Vertrieb mittels Prospekt, Katalog, Verkaufsunterlagen, Beratungsbögen, Bündelung von Verträgen und/oder Leistungen (Beratung, Vermittlung von Finanzierungen, Garantieleistungen), ein steuerlicher Verlust zugewiesen wird bzw. bei ihnen entsteht oder wenn gleichgerichtete Leistungsbeziehungen vorliegen, die im Wesentlichen identisch sind.[145]   **69**

Im BMF-Anwendungsschreiben § 15 b EStG[146] heißt es in Rz. 8, 9 und 11 wörtlich: „Für die Modellhaftigkeit typisch ist die Bereitstellung eines Bündels an Haupt-, Zusatz- und Nebenleistungen. Zusatz- oder Nebenleistungen führen dann zur Modellhaftigkeit eines Vertragswerkes, wenn sie es nach dem zugrunde liegenden Konzept ermöglichen, den sofort abziehbaren Aufwand zu erhöhen. In Betracht kommen hierfür grundsätzlich alle nach dem BMF-Schreiben vom 20.10.2003 (sog. Fondserlass, BStBl I S. 546) sofort abziehbaren Aufwendungen. ...   **70**

Zur Annahme einer Modellhaftigkeit ist es nicht erforderlich, dass der Anleger mehrere Nebenleistungen in Anspruch nimmt. Bereits die Inanspruchnahme einer einzigen Nebenleistung (wie z. B. Mietgarantie oder Bürgschaft für die Endfinanzierung) führt daher zur Modellhaftigkeit der Anlage. Unschädlich sind jedoch die Vereinbarungen über Gegenleistungen, welche die Bewirtschaftung und Verwaltung des Objekts betreffen (z. B. Aufwendungen für die Hausverwaltung, Vereinbarung über den Abschluss eines Mietpools, Tätigkeit als WEG-Verwalter), soweit es sich nicht um Vorauszahlungen für mehr als zwölf Monate handelt. ...

---

144 Vgl. Gesetzesbegründung S. 6 in Bundestagsdrucksache 16/107 vom 29.11.2005 (siehe Fn. 132).
145 BMF-Anwendungsschreiben § 15 b EStG vom 17.07.2007, BStBl I 2007, 542, Rz. 10.
146 Fn. 145, vgl. auch Brandtner/Lechner/Schmidt, BB 2007 S. 1922, und Naujok, DStR 2007 S. 1601.

E. Verlustabzugsbeschränkungen bei § 15 a und § 15 b EStG

Gleichgerichtete Leistungsbeziehungen liegen vor, wenn gleichartige Verträge mit mehreren identischen Vertragsparteien abgeschlossen werden, z. B. mit demselben Treuhänder, demselben Vermittler, derselben Finanzierungsbank. Werden Zusatz- und Nebenleistungen, die den Steuerstundungseffekt ermöglichen sollen, unmittelbar vom Modellinitiator angeboten, so kann dies ebenfalls zur Anwendung des § 15 b EStG führen."

2.4 Verlustquote gem. § 15 b Abs. 3 EStG

71 § 15 b EStG ist nur anzuwenden, wenn innerhalb der Anfangsphase die prognostizierten Verluste **10 % des gezeichneten und nach dem Konzept auch aufzubringenden Kapitals** übersteigen. Dabei ist das Sonderbetriebsvermögen mit den sich daraus ergebenden Verlusten einzubeziehen. Bei **Einzelinvestoren** soll es zur Verlustabzugsbeschränkung kommen, wenn der konzeptionsbedingte Verlust mehr als 10 % des eingesetzten Kapitals ausmacht.

Anfangsphase im Sinne der Vorschrift ist der Zeitraum, bis zu dem nach dem Konzept nachhaltig keine positiven Einkünfte erzielt werden. Man kann diese Phase auch **Verlustphase** nennen. Nicht von der Regelung betroffen sind ungeplante Verluste, die bei der Konzeption nicht abzusehen waren, z. B. Verluste aus unerwartetem Mietausfall oder Verluste im Zusammenhang mit dem Verlust oder der Beschädigung des Investitionsobjekts.[147]

Im Beispiel 1 oben zu Rz. 67 sind die im Prospekt vorgesehenen Jahre 03 und 04 die Anfangsphase.

72 Bei § 15 b EStG spielt die Dauer des Betrachtungszeitraums keine Rolle. Einzubeziehen sind immer alle Verluste bis zu dem Zeitpunkt, von dem an nachhaltig positive Einkünfte erzielt werden sollen. Wird also eine prognostiziert langfristige Verlustphase durch wenige Jahre mit prognostiziert positiven Einkünften unterbrochen, wird dadurch die Verlustphase i. S. des § 15 b EStG nicht abgekürzt.[148]

Entscheidend für die Frage, ob § 15 b EStG eingreift, sind also nicht die tatsächlichen Ergebnisse im Feststellungs- oder Veranlagungsverfahren, sondern die prospektierten Ergebnisse. Es kann also vorkommen, dass nach dem Prospekt eine Verlustquote von mehr als 10 % vorliegt, der Anleger daher seine tatsächlichen Verluste erst später mit positiven Einkünften ausgleichen kann, obwohl die tatsächliche Verlustquote unter 10 % liegt.[149]

73 Nach § 15 b Abs. 3 EStG ist das Verhältnis der Verluste zu dem Eigenkapital der Gesellschaft maßgeblich. Dies bedeutet, dass bei Fonds die Innenfinan-

---

147 Vgl. Gesetzesbegründung S. 6 in Bundestagsdrucksache 16/107 vom 29.11.2005 (siehe Fn. 142) und BMF-Anwendungsschreiben § 15 b EStG, a. a. O., Rz. 15.
148 Beck, DStR 2006 S. 61.
149 BMF-Anwendungsschreiben, a. a. O., Rz. 16.

2 Verluste im Zusammenhang mit Steuerstundungsmodellen

zierung abzuziehen ist. Dagegen ist eine Finanzierung des gezeichneten Anteils durch den Anleger unerheblich. Nach dem Wortlaut der Vorschrift kommt es insoweit auch nicht darauf an, ob die Anteilsfinanzierung modellhaft ist. Möglicherweise wird dies dazu führen, dass in Zukunft reine Eigenkapitalfonds gestaltet werden und die Fremdfinanzierung ausschließlich auf der Ebene der Gesellschafter stattfindet.[150]

Beispiel:
Ein geschlossener Immobilienfonds erwirbt ein bebautes Grundstück mit einem Gesamtaufwand von 100. Die Verluste der prospektierten Verlustphase betragen insgesamt (kumuliert) 10.

Wenn der Fonds den Gesamtaufwand zu 60 % fremdfinanziert, ergibt sich bezogen auf das Eigenkapital des Fonds von 40 eine Verlustquote von 25 %. Finanziert der Fonds den Gesamtaufwand zu 100 % mit Eigenkapital, ergibt sich eine Verlustquote von nur 10 %. Die Grenze des § 15 b Abs. 3 EStG wäre damit eingehalten. Dies würde auch bei einer 60 %-Finanzierung der Anteile durch die Anleger gelten (wobei diese aus Gründen der Vorsicht nicht modellhaft sein sollte).

Im Beispiel 1 oben zu Rz. 67 sind die prognostizierten Verluste von insgesamt 80.000 Euro (45.000 Euro + 35.000 Euro) ins Verhältnis zu setzen zu 60.000 Euro. Denn 40.000 Euro werden von der KG finanziert. Die Verlustquote ist daher höher als 100 %. Da die 10 %-Grenze weit überschritten ist, ist § 15 b EStG in diesem Falle anwendbar.

Nach § 15 b Abs. 3 EStG muss das gezeichnete Kapital auch aufgebracht **74** werden. Damit will der Gesetzgeber Umgehungsgestaltungen verhindern, in denen vorgesehen ist, dass das Kapital zwar gezeichnet, aber später nicht eingezahlt wird. Entsprechend dem BMF-Schreiben zu § 15 b EStG[151] ist davon auszugehen, dass Rückzahlungen des Eigenkapitals, die als Ausschüttung gestaltet sind, von dem Eigenkapital abzuziehen sind, soweit sie die nach dem Konzept zu erwirtschaftenden Liquiditätsüberschüsse übersteigen.

2.5 Nicht betroffene Steuersparmodelle

Die vorgesehene Einschränkung steuerwirksamer Verlustverrechnung **75** betrifft ausschließlich Steuerstundungsmodelle, deren Attraktivität für den Anleger vor allem auf den anfänglichen Verlustzuweisungen basiert. Für übliche unternehmerische Aktivitäten ohne solche Zielrichtungen ergeben sich dagegen keine steuerlichen Auswirkungen.[152]

---
150 Schmidt/Seeger, § 15 b Rz. 8; Beck, DStR 2006 S. 61 mit folgendem Beispiel. A. A. BMF-Anwendungsschreiben a. a. O., § 15 b EStG, Rz. 17 a. E.
151 Vgl. Fn. 145.
152 So Gesetzesbegründung S. 6 in Bundestagsdrucksache 16/107 vom 29.11.2005 (siehe Fn. 142).

E. Verlustabzugsbeschränkungen bei § 15 a und § 15 b EStG

Daher fallen insbesondere **folgende Fälle nicht unter § 15 b EStG:**

76 - Eine „normale" (also nicht „modellhafte") unternehmerische Tätigkeit, z. B. eines Existenzgründers, der Anlaufverluste erwirtschaftet. Das gilt auch für eine Existenzgründer-Personengesellschaft. Es liegen keine Steuerstundungsmodelle vor. Das gilt insbesondere auch für typische Verlustsituationen bei Einkünften aus Vermietung und Verpachtung außerhalb modellhafter Gestaltungen. Ebenfalls nicht betroffen sind Zusammenschlüsse mehrerer Unternehmen in einer gewerblich tätigen Personengesellschaft.

77 - Venturecapital und Private Equity Fonds, das sind vermögensverwaltende Gesellschaften, deren Zweck im Erwerb, Halten und im späteren Verkauf von Beteiligungen an Kapitalgesellschaften besteht. Das Konzept dieser Fonds ist darauf gerichtet, Beteiligungen, z. B. an neu gegründeten Start-up-GmbHs, zu erwerben, am Markt zu etablieren und dann gewinnbringend zu verkaufen. Hier steht die Erzielung von Veräußerungsgewinnen und nicht Verlusten im Vordergrund.[153]

78 - Bauträgergestaltungen fallen „nicht zwangsläufig" unter die Verlustverrechnungsbeschränkung. Der Kauf vom Bauträger hat – auch in Sanierungsgebiets- und Denkmalsanierungsfällen – nur dann modellhaften Charakter, wenn dieser neben dem Verkauf und ggf. der Sanierung noch weitere Leistungen erbringt. Hierzu zählen z. B. Mietgarantien, Übernahme der Finanzierung und rechtliche Beratung. Sofern Bauträger diese Leistungen bislang anbieten, müssen sie die künftige Form der Abwicklung an den neuen § 15 b EStG anpassen und sich auf ihr „eigentliches Geschäft", die Bauleistungen, beschränken.

- Der Abzug eines Damnums oder die Inanspruchnahme der erhöhten Absetzungen nach §§ 7 h oder 7 i EStG führen für sich genommen nicht zur Anwendung des § 15 b EStG. Ebenso wenig schädlich ist eine hundertprozentige Fremdfinanzierung, sofern diese nicht Teil des Steuersparkonzepts ist. Gleiches gilt auch für Maklergebühren und für Aufwendungen für die Hausverwaltung u. Ä.[154]

79 - Beteiligung an geschlossenen Immobilienfonds im Ausland und Besteuerung der Vermietungseinkünfte aufgrund von Doppelbesteuerungen im Ausland.

80 - Schiffsfonds, die ihren Gewinn von Anfang an nach § 5 a EStG – Tonnagesteuer – ermitteln.

81 - Steuersparmodelle, die steuerfreie Erträge erzielen wollen, z. B. nicht gewerbliche Fonds, die in gebrauchte Lebensversicherungen investieren.

---

153 BMF-Anwendungsschreiben, Fn. 145, Rz. 12.
154 So inzwischen aufgehobenes BMF-Schreiben zu § 2 b EStG vom 22.08.2001, BStBl I 2001, 588, Rz. 24.

2 Verluste im Zusammenhang mit Steuerstundungsmodellen

- Gestaltungen, die auf Steuervorteile im USt-Recht (Abzug von Vorsteuern) oder im Erbschaftsteuerrecht (gewerbliche Immobilien) zielen. 82

2.6 Geschlossene Fonds

2.6.1 Arten

Nach dem 5. Bauherrenerlass vom 20.10.2003[155] sind geschlossene Fonds im Baubereich immer dann als Erwerber und nicht als Bauherr anzusehen, wenn der Initiator der Gesellschaft ein einheitliches Vertragswerk vorgibt und die Gesellschafter in ihrer gesellschaftsrechtlichen Verbundenheit keine Möglichkeit besitzen, hierauf Einfluss zu nehmen. Diese Fonds fallen mit Sicherheit unter § 15 b EStG, weil der Anbieter das gesamte wirtschaftliche und steuerliche Konzept vor dem Beitritt der Anleger festgelegt hat.[156] 83

Aber auch andere Fonds, die nach dem 5. Bauherrenerlass als Bauherr gelten, können unter § 15 b EStG fallen. Entscheidend ist, ob vorgefertigte Konzepte vorliegen, denn dann ist das Investitionsvorhaben vorgegeben. Dass die Anleger noch über Einzelheiten entscheiden, d. h. noch Änderungen vorbringen können, ändert daran nichts.[157] 84

Daraus ergibt sich, dass Fonds im Baubereich so gut wie immer unter § 15 b EStG fallen.

Diese Grundsätze dürften auch für Fonds anderer Branchen gelten.

2.6.2 Fonds mit mehreren Einkunftsarten

Bei einem geschlossenen Fonds ist immer das Gesamtergebnis des Fonds maßgeblich, weil der Fonds seinen Gesellschaftern nur dieses Gesamtergebnis zuweisen kann. Davon geht auch das BMF-Schreiben zu § 15 b EStG aus.[158] Dabei ist Sondervermögen oder Sonderbetriebsvermögen im Rahmen der 10 %-Regelung mit zu erfassen, wenn es Bestandteil des Modells ist, z. B. Darlehen, die konzeptionsmäßig vom Anleger aufgenommen werden, um seine Investitionen zu finanzieren. Dieses Vermögen ist dagegen bei der 10 %-Regelung nicht zu berücksichtigen, wenn es dem Anleger überlassen bleibt, ob und wie er es einsetzt, z. B. das erwähnte Darlehen, das vom Anbieter nicht vorgesehen ist. Ist die 10 %-Grenze überschritten, sind wegen der Formulierung „Verluste im Zusammenhang mit einem Steuerstundungsmodell" jedoch auch die Verluste aus nicht modellhaften Sonderwerbungskosten bzw. Sonderbetriebsausgaben von der Rechtsfolge des § 15 b EStG betroffen.[159] 85

---
155 BStBl I 2003, 546, Rz. 33.
156 Beck, DStR 2006 S. 61.
157 Beck, a. a. O.
158 BMF-Anwendungsschreiben § 15 b EStG, Rz. 13, Fn. 145.
159 Beck, a. a. O.; BMF-Anwendungsschreiben § 15 b EStG, Rz. 18, Fn. 145.

E. Verlustabzugsbeschränkungen bei § 15 a und § 15 b EStG

Beispiel 1:

86 M hat sich an einem Fonds beteiligt, der je 25 % in zwei Immobilien und 30 % in festverzinsliche Wertpapiere sowie 20 % in Festgelder investiert hat. Im Jahr 01 der Beteiligung erzielt der Fonds entsprechend der Prognose folgendes Ergebnis in % der jeweiligen Einkunftsquelle:

- Einkünfte aus Vermietung und Verpachtung Objekt 1 ./. 19 %
- Einkünfte aus Vermietung und Verpachtung Objekt 2 ./. 21 %
- Einkünfte aus Kapitalvermögen (Festverzinsliche) + 24 %
- Einkünfte aus Kapitalvermögen (Festgelder) + 14 %

Insgesamt ergibt sich im Jahr 01 eine Verlustquote von 2 % (./. 40 + 38). § 15 b EStG ist damit nicht anwendbar, die Verlustquote übersteigt nicht 10 %. M kann seine Einkünfte aus dem Fonds normal ansetzen, d. h. insbesondere seine Verlustanteile aus Vermietung und Verpachtung im Fonds geltend machen.

Beispiel 2:

Wie Beispiel 1, nur die Ergebnisse sollen anders sein:

- Einkünfte aus Vermietung und Verpachtung Objekt 1 ./. 30 %
- Einkünfte aus Vermietung und Verpachtung Objekt 2 ./. 40 %
- Einkünfte aus Kapitalvermögen (Festverzinsliche) + 24 %
- Einkünfte aus Kapitalvermögen (Festgelder) + 14 %

Jetzt liegt eine Verlustquote von 32 % vor (./. 70% + 38 %). Da 10 % überschritten sind, ist § 15 b EStG anwendbar. Damit werden steuerlich berücksichtigt:

- Einkünfte aus Kapitalvermögen + 38 %
- Einkünfte aus Vermietung und Verpachtung ./. 38 %

Die Verluste aus Vermietung und Verpachtung von 32 % (./. 70 % + 38 %) können nur mit zukünftigen positiven Einkünften aus dem Fonds ausgeglichen werden, gleichgültig, welche Einkünfte das positive Ergebnis bringen. Ende 01 sind ./. 32 % der Einkünfte aus dem Fonds festzustellen.

87 Da die Frage, ob ein Fall des § 15 b EStG vorliegt, immer aus der Sicht der Beteiligung an der Gesellschaft beurteilt werden soll, hat in einem Fall, an dem sich ein Fonds **(Dachfonds)** an einem oder mehreren geschlossenen Fonds (Unterfonds) beteiligt, die Prüfung jeweils auf der Ebene des oder der einzelnen Unterfonds zu erfolgen.[160]

Beispiel 3:

„Gesellschafter A ist an einem Dachfonds beteiligt, der zwei Unterbeteiligungen (1 und 2) hält. Im Jahr 1 der Beteiligung ist das prognostizierte Ergebnis (in Prozent als Ergebnisquote) der Unterbeteiligung 1 = + 30 und das prognostizierte Ergebnis der Unterbeteiligung 2 = ./. 35. Würde man beide Ergebnisse auf der Ebene des Dachfonds zusammenrechnen können, läge eine Verlust-

---

160 Beck, a. a. O., der auch folgendes Beispiel 3 bringt; BMF-Anwendungsschreiben § 15 b EStG, Rz. 21, Fn. 145, und Gesetzesbegründung S. 7 in Bundestags-Drucksache 16/107 vom 29.11.2005 (siehe Fn. 142).

quote von 5 % vor, die insoweit für die Anwendung des § 15 b EStG unschädlich wäre.

Da das Vorliegen des § 15 b EStG schon auf der Ebene des Unterfonds 2 festzustellen ist, wird schon dort entschieden, dass die festgestellten Verluste nur im Rahmen zukünftiger positiver Einkünfte ausgleichsfähig werden. Sie werden deshalb auf der Ebene des Dachfonds nicht zu Verlusten, die mit den positiven Einkünften aus dem Unterfonds 1 ausgeglichen werden können.

Ergebnis ist, dass A im Jahr 1 seiner Beteiligung am Dachfonds die auf ihn entfallenden positiven Einkünfte aus dem Unterfonds 1 zugewiesen bekommt und versteuern muss, während die anteiligen Verluste aus dem Unterfonds 2 ‚eingekapselt' bleiben."

2.7 Einzelinvestitionen

2.7.1 Arten

Beispiel 1 (Eigentümer-Sanierung): 88

M ist Eigentümer eines alten Mehrfamilienhauses, dessen Wohnungen nicht mehr vermietet werden können. Es ist weder in einem Sanierungsgebiet belegen, noch ist es ein Denkmal. Die erhöhten Absetzungen gem. §§ 7 h und 7 i EStG kommen nicht in Betracht. M beauftragt das Bauunternehmen B, das Gebäude zu sanieren. B soll aufgrund eines vorgefertigten Konzepts auch die Finanzierung in die Hand nehmen und wird sofort als Verwalter eingesetzt. Das Gebäude soll vermietet werden. Ist § 15 b EStG anwendbar?

Nach dem Gesetzeswortlaut des § 15 b EStG muss das Objekt nicht erworben werden. Da aber die **erhöhten Abschreibungen gem. §§ 7 h und 7 i EStG** nicht in Betracht kommen, dürfte der konzeptionsbedingte Verlust nicht mehr als 10 % des eingesetzten Kapitals ausmachen, § 15 b Abs. 3 EStG. Wenn allerdings für die Nebenleistungen (hier Finanzierung und Verwaltung) **gesonderte Gebühren** zu erbringen sind, kann sich der abzugsfähige Aufwand möglicherweise so erhöhen, dass er über der Verlustquote von 10 % liegt. Durch die Nebenleistungen wird auch die Modellhaftigkeit der Vertragskonstruktion verstärkt, sodass die Gefahr besteht, dass § 15 b EStG angewandt werden kann. Entscheidend kann sein, ob der Anleger die angebotenen Neben- oder Zusatzleistungen in Anspruch nimmt.[161]

Beispiel 2 (Erwerb eines Grundstücks und Neubau):

R will ein Mietobjekt erstellen lassen. Er beauftragt Bauunternehmer U auf 89 einem noch zu erwerbenden Grundstück mit vorgefertigtem Konzept ein großes Mietshaus zu errichten. U übernimmt auch die Finanzierung und Verwaltung des Objekts.

Auch hier ist denkbar, dass es zur Anwendung des § 15 b EStG kommt. Werden mehrere Verträge abgeschlossen mit getrennten Entgelten (Kaufpreis,

---
161 Vgl. hierzu BMF-Anwendungsschreiben § 15 b EStG, Fn. 145, Rz. 8 – sehr ausführlich.

E. Verlustabzugsbeschränkungen bei § 15 a und § 15 b EStG

Bezahlung der Herstellungskosten, Gebühren für verschiedene Leistungen), dann liegt ein Konzept vor. In den meisten Fällen dürfte allerdings die Verlustquote von 10 % gem. § 15 b Abs. 3 EStG nicht erreicht werden, da erhöhte Absetzungen nicht in Betracht kommen.[162]

Beispiel 3
(Erwerb einer denkmalgeschützten Wohnung mit Modernisierungszusage):

90 Ein Bauträger veräußert an ein Ehepaar eine denkmalgeschützte Wohnung zu Vermietungszwecken. Gleichzeitig verpflichtet er sich, die Wohnung zu sanieren. Die Eheleute nehmen hierfür erhöhte Absetzungen nach § 7 i EStG in Anspruch. Im Rahmen einer Gesamtfinanzierung vermittelt der Bauträger eine günstige Baufinanzierung.

Der BMF[163] hat im Jahr 2001 dieses Beispiel mit folgender Begründung als keine modellhafte Gestaltung angesehen:

„Der Erwerb durch das Ehepaar als Gemeinschaft ist für sich genommen nicht als modellhafte Gestaltung zu werten, ebenso wenig die nachfolgende Sanierung oder die Inanspruchnahme erhöhter Absetzungen. Die Finanzierungsvermittlung stellt eine wirtschaftlich sinnvolle Zusatzleistung dar, die nicht den Zweck hat, den Steuerspareffekt der Anlage zu erhöhen, sondern im Gegenteil zur Minderung der zukünftigen Zinsbelastung beiträgt."

91 Der Fall wird u. E. aufgrund der Einheitlichkeit des Vertragswerks so behandelt, als habe der Erwerber eine Immobilie gekauft, die von dem Verkäufer bereits fertig modernisiert worden ist. Die Aufwendungen des Käufers werden daher in diesen Fällen insgesamt lediglich als Anschaffungskosten und nicht etwa als Herstellungskosten für die Modernisierung behandelt. Ein solcher Fall kann deshalb nicht als modellhaft gelten, weil es sich – einkommensteuerlich betrachtet – nur um **eine einheitliche Leistung handelt,** die der Verkäufer verspricht – nämlich die Übereignung eines nach einem bestimmten Leistungskatalog modernisierten Gebäudes.[164]

Diese Auslegung ist sinnvoll. Andernfalls würde in diesen Fällen die erhöhte Abschreibung gem. §§ 7 h und 7 i EStG unterlaufen, d. h., diese Vorschriften kämen kaum noch zur Anwendung. Denn aufgrund der hohen AfA-Beträge in Verbindung mit einer Fremdfinanzierung dürfte die Verlustquote von 10 % so gut wie immer überschritten sein.

92 Auch in der Gesetzesbegründung zu § 15 b EStG im Rahmen des § 21 Abs. 1 Satz 2 EStG[165] heißt es wörtlich:

„Nicht betroffen sind jedoch Bauträgergestaltungen, in denen ein Bauträger ein Objekt im Sanierungsgebiet oder ein Denkmal saniert, für die erhöhte Absetzungen geltend gemacht werden können und bei denen vor Beginn der Sanierung die Grundstücke oder Eigentumswohnungen an Erwerber außer-

---

162 Anwendungsschreiben § 15 b EStG, Rz. 9, Fn. 145.
163 Anwendungsschreiben zu § 2 b EStG vom 22.08.2001, BStBl I 2001, 588, Rz. 25.
164 Siehe Bauherrenerlass vom 20.10.2003, BStBl I 2003, 546, Rz. 1, und Beck, a. a. O.
165 Bundestagsdrucksache 16/107 (siehe Fn. 142) vom 29.11.2005 S. 7.

2 Verluste im Zusammenhang mit Steuerstundungsmodellen

halb einer Fondskonstruktion veräußert werden. Hier liegt grundsätzlich keine modellhafte Gestaltung vor. Die Erwerber können die erhöhten Absetzungen für die Sanierungsaufwendungen weiterhin steuerlich geltend machen. Sollte der Bauträger neben der Sanierung/Modernisierung und dem Verkauf aber auch weitere Dienstleistungen erbringen (z. B. die Finanzierung), könnte eine modellhafte Gestaltung gegeben sein."

Hier wird besonders daraufhin gewiesen, dass es darauf ankommt, ob noch weitere Leistungen erbracht werden. Sind dies mehrere, also geradezu ein Bündel, und werden jeweils gesonderte Entgelte vereinbart, dann ist § 15 b EStG anwendbar. Im Anwendungsschreiben § 15 b EStG wird darauf hingewiesen, dass bereits die Inanspruchnahme einer **einzigen** Nebenleistung zur Modellhaftigkeit der Anlage führt.[166] **93**

Beck[167] weist daraufhin, dass die Gesetzesbegründung mehrere Ungenauigkeiten enthält, z. B. fehlt ein Hinweis darauf, **94**

— dass Nebenleistungen nur dann schädlich sind, wenn gesonderte Gebühren gezahlt werden müssen,
— und dass nur solche Nebenleistungen schädlich sind, die die Investitionsphase betreffen. Spätere Nebenleistungen, z. B. Verwaltung, sind neutral.

Praxishinweis

Um sicherzugehen, dass § 15 b EStG nicht angewandt wird, sollte man von der Vereinbarung von Nebenleistungen völlig absehen. **95**

In § 22 Nr. 1 Satz 1 EStG ist auch § 15 b EStG erwähnt. Zurzeit ist noch nicht absehbar, unter welchen konkreten Voraussetzungen **bei Lebens- und Rentenversicherungen** § 15 b EStG greift. Im Anwendungsschreiben zu § 15 b EStG ist hierzu nichts ausgesagt. In der Gesetzesbegründung[168] ist aber wörtlich ausgeführt: **96**

„Von der Regelung sind insbesondere sog. Renten-/Lebensversicherungsmodelle gegen fremdfinanzierten Einmalbetrag betroffen, bei denen sich die steuerlichen Verluste aus der günstigen Besteuerung von Leibrenten und der Ansammlung sofort abziehbarer Werbungskosten ergeben."

Einen konkreten Fall bringt das inzwischen aufgehobene BMF-Anwendungsschreiben zu § 2 b EStG.[169]

Beispiel 4 (Lebens- und Rentenversicherung):

„Ein Anbieter vertreibt Renten- oder Lebensversicherungen gegen Einmalbeitrag. Nach dem Modellkonzept wird der Beitrag inklusive eines Damnums von 10 % vollständig bei einem vorgegebenen Kreditinstitut fremdfinanziert. Die Rückzahlungsmittel für das Darlehen sollen über einen ebenfalls vorher fest-

---
166 a. a. O., Rz. 9.
167 DStR 2006 S. 61 und 63.
168 a. a. O., S. 11.
169 BStBl I 2001, 588, Rz. 12.

E. Verlustabzugsbeschränkungen bei § 15 a und § 15 b EStG

gelegten Aktienfonds angespart werden. Die gesamte Gestaltung ermöglicht es dem Anleger, hohe Werbungskosten teils sofort, teils über die Laufzeit verteilt abzuziehen. Der Modellerfolg wird mittels einer zwingenden Verknüpfung verschiedener Verträge sichergestellt."

Die Verlustverrechnungsbeschränkung greift ein, wenn die Erzielung eines steuerlichen Vorteils im Vordergrund steht. Und dies ist hier der Fall.

2.7.2 Berechnung des Verlustes

97 Wie bei Fonds-Beteiligungen sind bei Berechnung des prognostizierten Verlustes auch Sonderwerbungskosten und Sonderbetriebsausgaben hinzuzurechnen, wenn diese durch das Konzept vorgesehen sind. Ist bei dieser Berechnung die 10 %-Grenze überschritten, fallen sämtliche Kosten, z. B. Zinsen, trotzdem unter das Ausgleichsverbot, auch dann, wenn sie nicht zum Modellkonzept gehören.[170]

98 Bei Einzelinvestitionen ist nicht wie bei den Fonds[171] zwischen Außen- und Innenfinanzierung zu unterscheiden. Vielmehr schreibt § 15 b Abs. 3 EStG zwingend vor, dass das vom Anleger tatsächlich eingesetzte Eigenkapital entscheidend ist. Damit ist gleichgültig, wer die Fremdfinanzierung eingeleitet hat. Dies kann auch durch den Anbieter geschehen sein.

Bei mehreren Einzelinvestitionen stellt jede für sich eine zu überprüfende Einkunftsquelle dar.[172]

2.8 Zeitliche Anwendung des § 15 b EStG

99 Nach § 52 Abs. 33 a EStG ist die neue Verlustverrechnungsbeschränkung auf Verluste aus Steuerstundungsmodellen anzuwenden, denen der Beteiligte nach dem **10.11.2005** (also ab dem 11.11.2005) beigetreten ist oder für die nach diesem **Stichtag** mit dem Außenvertrieb begonnen wurde. Der Außenvertrieb beginnt in dem Zeitpunkt, in dem die Voraussetzungen für die Veräußerung der konkret bestimmbaren Fondsanteile erfüllt sind und die Gesellschaft selbst oder über ein Vertriebsunternehmen mit Außenwirkung an den Markt herangetreten ist.

Die Verlustverrechnungsbeschränkung ist – zur Vermeidung von Umgehungen – zudem auf bereits bestehende Steuerstundungsmodelle anzuwenden, wenn diese nach dem 10.11.2005 Kapitalerhöhungen beschließen oder Investitionen in neue Objekte tätigen.

100 Außerhalb geschlossener Fonds ist § 15 b EStG anzuwenden, wenn die Investition nach dem 10.11.2005 rechtsverbindlich getätigt wurde, z. B. bei

---

170 BMF-Anwendungsschreiben § 15 b EStG, Rz. 18 und 19 mit zwei Beispielen, Fn. 145, Beck, a. a. O.
171 Vgl. oben Rz. 73.
172 BMF-Anwendungsschreiben § 15 b EStG, Rz. 13 a. E., Fn. 145.

2 Verluste im Zusammenhang mit Steuerstundungsmodellen

einem am 11.11.2005 unterzeichneten, modellhaft fremdfinanzierten Rentenversicherungsvertrag.

Vertrauensschutz genießen danach nur Steuerbürger, die vor dem 11.11.2005 einem Steuerstundungsmodell beigetreten sind, dessen Außenvertrieb ebenfalls vor dem 11.11.2005 begonnen hat.

F. BESONDERHEITEN BEI FAMILIENPERSONENGESELLSCHAFTEN

1 Allgemeines

1.1 Begriff der Familienpersonengesellschaft

Der Begriff der Familienpersonengesellschaft ist weder gesetzlich noch in Verwaltungsanweisungen definiert oder näher beschrieben.[1] Man versteht darunter die Beteiligung von Familienmitgliedern an einer Personengesellschaft. Es zählen aber auch juristische Personen dazu, vor allem GmbHs, wenn sie in Personengesellschaften mit einbezogen werden und die Anteilseigner Familienangehörige sind.

Die noch näher zu beschreibenden Eigenarten der Familienpersonengesellschaften entfallen im Allgemeinen, sobald familienfremde Gesellschafter eintreten.[2] Dies ist einfach darauf zurückzuführen, dass in diesen Fällen ein echter Interessengegensatz entsteht.

1.2 Steuerliche Anerkennung

Einer OHG oder einer KG kann die steuerliche Anerkennung nicht lediglich mit der Begründung versagt werden, dass außerbetriebliche, z. B. steuerliche und familienrechtliche, Gesichtspunkte den Abschluss des Gesellschaftsvertrags veranlasst haben.[3] Besonders deutlich ist dies im Leitsatz 1 des BFH-Urteils vom 18.12.1990[4] formuliert worden:

> „Angehörigen steht es frei, ihre Rechtsverhältnisse untereinander so zu gestalten, dass sie steuerlich möglichst günstig sind. Das Vereinbarte muss nach Inhalt und Durchführung aber dem entsprechen, was fremde Dritte bei der Gestaltung eines entsprechenden Rechtsverhältnisses üblicherweise vereinbaren würden."

1.3 Motive zur Gründung der Familienpersonengesellschaft

1.3.1 Steuerersparnis

Eine überragende Rolle spielt beim Motiv der Steuerersparnis bei der **Einkommensteuer,** dass das Abzugsverbot des § 12 Nr. 2 EStG für Einkom-

---
1 Vgl. R 15.9 EStR und H 15.9 EStH.
2 Vgl. hierzu Hennerkes/May, DB 1988 S. 483.
3 BFH vom 22.08.1951, BStBl III 1951, 181; H 15.9 Abs. 1 EStH; Bordewin, DB 1996 S. 1359.
4 BStBl II 1991, 391.

F. Besonderheiten bei Familienpersonengesellschaften

mensverwendungen verlangt, nicht die erzielten Einkünfte abzutreten, sondern die Einkunftsquelle selbst auf Familienangehörige zu übertragen. Die ESt-Ersparnis ergibt sich dann aus der Verlagerung von Einkommensteilen, die hohen ESt-Progressionsgrenzsteuersätzen unterliegen, auf Personen, deren Einkommen nur mit dem unteren Proportional-ESt-Satz oder einem niedrigeren Progressions-ESt-Satz erfasst wird (Progressionsabschwächung).

Der bei der Veräußerung eines Gewerbebetriebs entstehende Gewinn (§ 16 EStG) unterliegt einem ermäßigten Steuersatz (§ 34 Abs. 1 EStG). Da diese Vergünstigung jedem Einkommensteuerpflichtigen zusteht, lässt sie sich, etwa durch die Beteiligung von Kindern an einer zu veräußernden Personengesellschaft, erheblich ausdehnen.[5]

Zu den **erbschaftsteuerlichen** Besonderheiten siehe Abschnitt S. 2 ff.

1.3.2 Außersteuerliche Motive

— **Unternehmernachfolge**

4 In aller Regel ist die Einkommensteuer-Ersparnis nicht der alleinige Zweck einer Gesellschaftsgründung; vielmehr steht mindestens gleichrangig daneben, dass volljährige oder minderjährige Kinder (oder andere Familienmitglieder) mit der Aufnahme in die Familienpersonengesellschaft zunächst nur kapitalmäßig und später auch mitarbeitsintensiv an den Betrieb gebunden werden, um ihn später – nach bewiesener Eignung – verantwortlich zu führen. Diese Gestaltung ist auch für leitende (fremde) Angestellte annehmbar, die neben festen Gehaltsteilen gewinnabhängige Tantiemen erhalten und auch nach erfolgtem Generationenwechsel dem Betrieb treu bleiben.[6]

> **Beispiel:**
> Der Gewerbetreibende O hatte seinen Neffen N nach dessen Studium als Prokuristen angestellt. Weil O kinderlos ist, hat er seine Einzelfirma in eine mit N neu gegründete KG eingebracht, die die Buchwerte der Einzelfirma weiterführt.[7]

— **Vorweggenommene Erbfolge**

5 Darunter sind Vermögensübertragungen unter Lebenden mit Rücksicht auf die künftige Erbfolge zu verstehen. Der Übernehmer soll nach dem Willen der Beteiligten wenigstens teilweise eine unentgeltliche Zuwendung erhalten.[8] Folglich kann ein Teil des elterlichen Vermögens bereits vor deren Tod in der Weise auf ihre Kinder übertragen werden, dass Letztere unentgeltlich als Gesellschafter in eine Personengesellschaft aufgenommen werden.[9]

---

5 Vgl. Herzig/Schiffers, DB 1989 S. 2441.
6 Vgl. Mittelbach, NWB F. 18, 2561 ff., und BFH vom 06.04.1979, BStBl II 1979, 620.
7 Vgl. C. Rz. 26 ff.
8 BFH vom 05.07.1990, BStBl II 1990, 847, und unten P.
9 Vgl. BMF vom 13.01.1993, BStBl I 1993, 80, berichtigt durch BStBl I 1993, 464, und unten P.

1 Allgemeines

— **Haftungsbeschränkung**

Bei Einzelunternehmen gilt der Grundsatz der unbeschränkten Haftung des 6
Unternehmers. Seine Haftung lässt sich durch die Gründung einer Familienpersonengesellschaft, bei der die einzig unbeschränkt haftende Gesellschafterin eine GmbH ist, beschränken. Hierzu wird unter Beteiligung der Kinder eine GmbH & Co. KG gegründet, in die das Einzelunternehmen erfolgsneutral eingebracht wird. Die Geschäftsführung übernimmt die GmbH, den Kindern wird ein Teil des bisher voll haftenden elterlichen Vermögens übertragen und ihnen zugleich die Stellung von Kommanditisten eingeräumt. Somit ist bisher unbeschränkt haftendes Vermögen in beschränkt haftendes Vermögen umgewandelt worden.[10]

1.4 Familienangehörige

Der Angehörigen-Begriff in § 15 AO kann nicht einfach für die Familienper- 7
sonengesellschaft übernommen werden. So sind schon im Schrifttum die Meinungen unterschiedlich. Einige Autoren wollen § 15 AO anwenden, andere schränken sehr stark ein. Friedrich[11] will z. B. nur Verträge zwischen Ehegatten und zwischen Eltern und Kindern unter dem Begriff der Familienpersonengesellschaft annehmen. Entscheidend ist u. E. die Rechtsprechung.

1.4.1 Ehegatten

Ehegatten fallen unstreitig unter den Begriff Familienangehörige bzw. nahe 8
Angehörige. Die Rechtsprechung hat dies vor allem bei Miet-, Darlehens- und Arbeitsverträgen entschieden.[12] Denn bei Gesellschaftsverträgen zwischen zusammenveranlagten Ehegatten wirkt sich die Aufteilung des Gewinns auf mehrere Gesellschafter nicht progressionsmindernd aus. Ehegatten können aber mit anderer Zielrichtung beteiligt werden, nämlich mit dem Ziel, Vergütungen aus dem Anwendungsbereich des § 15 Abs. 1 Nr. 2 EStG herauszulösen. Dazu wird eine GmbH & Co. KG (Familien-GmbH & Co. KG) gegründet, an der die Ehefrau als Kommanditistin beteiligt ist, während der Ehemann, ohne selbst Kommanditist zu sein, die Komplementär-GmbH beherrscht und deren Geschäftsführer ist. Die an den Ehemann gezahlten Vergütungen (Gehalt, Mieten und ggf. Darlehenszinsen) sollen so abziehbare Betriebsausgaben werden und gleichzeitig aus dem Anwendungsbereich des § 15 Abs. 1 Nr. 2 EStG herausgelöst werden. Auch hier ist die Unternehmerschaft oder Mitunternehmerschaft der Ehefrau gewünscht, jedoch nicht in Verbindung mit dem Ehemann. Dieser soll gerade nicht

---

10 Vgl. unten R.
11 DB 1995 S. 1048 m. w. N.
12 BFH vom 27.11.1989, GrS, BStBl II 1990, 160, und vom 10.04.1990, BStBl II 1990, 741.

F. Besonderheiten bei Familienpersonengesellschaften

Unternehmer/Mitunternehmer des Betriebs sein, sondern nur als Angestellter und Vermieter in Erscheinung treten.[13]

1.4.2 Eltern und Kinder

9 Die häufigsten Fälle in der Praxis sind Verträge in diesem Bereich:
— Vater und Kind oder Kinder
— Mutter und Kind oder Kinder
— vom Vater oder/und Mutter beherrschte Gesellschaft (OHG, GmbH usw.) und Kind

Alle diese Beziehungen fallen unstreitig unter den Begriff der Familienpersonengesellschaft.[14]

Beispiel:
Gesellschafter der U-GmbH & Co. KG sind die voll haftende GmbH und die Eheleute M und F als Kommanditisten. Die Kinder K 1 und K 2 sollen als weitere Kommanditisten in die KG eintreten. M schenkt K 1 und K 2 von seinem Kapitalkonto Teilbeträge, die die Kinder als Einlagen in der KG führen.

1.4.3 Großeltern und Enkel

10 Großeltern und Enkel sind nahe Angehörige im Sinne der Rechtsprechung. Vergleiche Urteil des BFH vom 18.12.1990,[15] in dem es um die Anerkennung von sog. Darlehensschenkungen ging. Hiernach sind Großeltern und Enkel auch bei Abschluss von Gesellschaftsverträgen als nahe Angehörige anzusehen.

Schenkt also der Großvater seinem Enkel einen Kommanditanteil, so fällt dieser Vertrag unter den Begriff der Familienpersonengesellschaft mit seinen noch darzustellenden Konsequenzen.

1.4.4 Schwiegereltern und Schwiegerkinder

11 Nach dem BFH-Urteil vom 05.02.1988[16] sind „auf die zwischen Schwiegersohn und Schwiegereltern geschlossenen Vereinbarungen die für Verträge zwischen nahen Angehörigen geltenden Grundsätze anzuwenden". In dem Urteil heißt es u. a.:

„Zwar sind der Kläger und seine Schwiegereltern einander nicht unterhaltspflichtig. In ihrem Verhältnis zueinander findet indes § 12 Nr. 2 EStG ebenfalls Anwendung. Dieser Umstand rechtfertigt es, auf die zwischen dem Kläger und seinen Schwiegereltern getroffenen Vereinbarungen die für Pachtverträge zwischen Eltern und Kindern geltenden Grundsätze anzuwenden. In der Rechtsprechung des BFH sind im Übrigen schon mehrfach vertragliche Vereinbarun-

---
13 Bordewin, DB 1996 S. 1359.
14 Littmann/Bitz/Pust, § 15 Rz. 106.
15 BStBl II 1991, 391.
16 BFH/NV 1988 S. 628.

1 Allgemeines

gen zwischen Schwiegereltern und ihren Schwiegerkindern nach den für nahe Angehörige bestehenden Anforderungen beurteilt worden."

1.4.5 Onkel/Tante und Neffe/Nichte

Diese Beziehung ist nicht eindeutig als Beziehung naher Angehöriger im Sinne der Rechtsprechung zur Familienpersonengesellschaft anzusehen. Autenrieht[17] bejaht dies im Hinblick auf das BFH-Urteil vom 20.09.1990.[18] Im Streitfall waren A-Senior und A-Junior (Vater und Sohn) die alleinigen Gesellschafter einer KG. A-Senior trat aus seinem Gesellschafter-Darlehen Teilbeträge an seine Kinder B und C und seine Enkel D und E (= Neffen des A-Junior) ab, die dadurch Darlehensgläubiger der KG wurden. Der Darlehensvertrag wurde einem Fremdvergleich unterworfen. Das ist richtig, weil Großvater A und seine Kinder bzw. Enkel B, C, D und E nahe Angehörige waren und A-Senior und sein Sohn A-Junior zusammen die KG beherrschten. Aus dem Urteil kann aber nicht allgemein hergeleitet werden, Verträge zwischen Onkel/Tante und Neffe/Nichte seien generell einem Fremdvergleich zu unterwerfen. Aus der Beteiligung des A-Junior ergab sich, dass die KG als Darlehensgeberin von Gesellschaftern beherrscht wurde, die untereinander nahe Angehörige waren. Bei dieser Konstellation ist es also nicht erforderlich, dass alle Gesellschafter auch nahe Angehörige des Vertragspartners sind. So Bordewin,[19] dessen Meinung wir uns anschließen.

1.4.6 Geschwister

Geschwister können nicht, jedenfalls nicht generell, als nahe Angehörige im Sinne der Familienpersonengesellschafts-Rechtsprechung angesehen werden. Dafür spricht, dass Geschwister untereinander nicht gesetzlich zum Unterhalt verpflichtet sind (vgl. §§ 1601 ff. BGB) und regelmäßig auch nicht unterstellt werden kann, dass zwischen ihnen übereinstimmende Interessen bestehen. Die Lebenserfahrung beweist vielmehr, dass bei Verträgen zwischen (volljährigen) Geschwistern jeder Partner bestrebt ist, optimal seine eigenen Interessen zu wahren.[20]

1.4.7 Verlobte

Verlobte fallen nicht unter den Begriff der nahestehenden Personen/Angehörigen im Sinne der Rechtsprechung zur Familienpersonengesellschaft. Das Urteil des BFH vom 17.01.1985[21] ist eindeutig:

„Das Verlöbnis begründet von Rechts wegen keine Lebens- und Wirtschaftsgemeinschaft und gewährt auch keine Rechtsgrundlage für Dienstleistungen

---

17 DStZ 1992 S. 86.
18 BStBl II 1991, 18.
19 DB 1996 S. 1359.
20 Bordewin, a. a. O.; Friedrich, DB 1995 S. 1048; Littmann/Bitz/Pust, § 15 Rz. 106.
21 BFH/NV 1986 S. 148.

F. Besonderheiten bei Familienpersonengesellschaften

im Betrieb des Verlobungspartners. Schenkweise Geldzuwendungen sind zwischen Verlobten zwar möglich, haben beim Zuwendenden aber eine Vermögenseinbuße zur Folge, die nicht in einer rechtlich gesicherten Lebens- und Wirtschaftsgemeinschaft ausgeglichen wird. Im Hinblick hierauf kann nicht davon ausgegangen werden, dass zwischen Verlobten im Allgemeinen keine gegensätzlichen wirtschaftlichen Interessen bestehen und dass es sich deswegen bei Zahlungen im Rahmen eines behaupteten Arbeitsverhältnisses ohne weiteres auch um private Zuwendungen handeln könne. Diese Behandlung von Arbeitsverhältnissen zwischen Verlobten wird auch nicht durch den vom Finanzamt erwähnten Umstand gehindert, dass Verlobte Angehörige im Sinne der AO sind (§ 15 Abs. 1 Nr. 1 AO)."

1.4.8 Lebensgefährten

15 Für sie gelten die Rechtsprechungsgrundsätze zu den Familienpersonengesellschaften nicht. Die für die steuerrechtliche Beurteilung von Verträgen zwischen Eheleuten geltenden Grundsätze können nicht auf Verträge zwischen Partnern einer nichtehelichen Lebensgemeinschaft übertragen werden.[22] Im Streitfall ging es um die Anerkennung der Gewinnverteilung im Rahmen einer typischen stillen Gesellschaft, bei der das Finanzamt den Gewinnanteil der stillen Gesellschafterin als unangemessen hoch angesehen hatte.

1.4.9 Eingetragene Lebenspartnerschaften

16 Da sie kraft Gesetzes den Ehegatten weitestgehend gleichgestellt sind, gelten für sie die Rechtsprechungsgrundsätze zur Familienpersonengesellschaft.[23]

1.4.10 Gesellschafterstämme

17 Bei Gesellschaften unter Fremden fallen auch Gesellschafterstämme unter den Begriff der Familienpersonengesellschaft.

Beispiel:
K und L gründeten im Jahr 01 die Maschinenfabrik Stuttgart K- und L-OHG. Seit dem Jahr 35 sind die Ehefrauen und jeweils zwei Kinder pro Ehepaar durch Übertragung von anteiligen Gesellschaftsrechten als Kommanditisten beteiligt. Im Gesellschaftsvertrag der K- und L-OHG ist seither für alle Gesellschafter verbindlich festgelegt, dass die Ehegatten der Kinder nicht, auch nicht im Wege der Erbfolge, die Gesellschafterstellung erlangen können. Nur Abkömmlinge der Gründungsgesellschafter können Gesellschafter werden.

Hier sind die noch anzuführenden Probleme innerhalb der jeweiligen Familien zu beachten, sodass diese Verzahnung so zu beurteilen ist, als ob zwei Familienpersonengesellschaften vorlägen.

---

22 BFH vom 14.04.1988, BStBl II 1988, 670.
23 Littmann/Bitz/Pust, § 15 Rz. 106 m. w. N.

1 Allgemeines

1.4.11 Beteiligung fremder Dritter

In diesem Falle wird eine Familienpersonengesellschaft nur angenommen, wenn die Familienangehörigen die Personengesellschaft beherrschen.[23]

1.5 Rechtsformen der Familienpersonengesellschaft

1.5.1 GbR

Sie ist als Außengesellschaft in der Praxis als Familienpersonengesellschaft fast bedeutungslos. Dagegen ist sie als Unterbeteiligung, d. h. als Beteiligung an einem Anteil an einer OHG oder KG, in diesem Zusammenhang sehr wichtig.

1.5.2 OHG

Auch diese Rechtsform hat wegen der persönlichen Haftung des Gesellschafters in der Praxis kaum Bedeutung als Familienpersonengesellschaft.

1.5.3 KG

Die KG ist die erste klassische Rechtsform der Familienpersonengesellschaft, vor allem deshalb, weil hier sehr leicht die Kinder als Kommanditisten eingebunden werden können. Schon das BFH-Urteil vom 22.08.1951[24] hat sich mit solch einem Fall befasst – Vater als Komplementär, drei Töchter als Kommanditistinnen – und entsprechende Grundsätze aufgestellt.

Heute bietet sich vor allem die GmbH & Co. KG an, bei der der bisherige Betriebsinhaber die KG sehr häufig als beherrschender Gesellschafter und/oder Geschäftsführer der Komplementär-GmbH beherrscht.[25]

1.5.4 Stille Gesellschaft

Die stille Gesellschaft ist die zweite klassische Rechtsform der Familienpersonengesellschaft. Hier sind sehr viele Varianten denkbar. Die stille Gesellschaft kann als typische oder atypische stille Gesellschaft ausgestaltet werden, wobei die Beteiligung an vielen Vermögenswerten zulässig ist, z. B. am Einzelunternehmen, an einer OHG, einer KG oder einer GmbH. Bei typischer Gestaltung können z. B. Kinder durch die Erzielung von Einkünften aus Kapitalvermögen den hohen Sparerfreibetrag in Anspruch nehmen. Außerdem gibt es Sparmöglichkeiten bei der Gewerbeertragsteuer, denn die Zahlungen an die Kinder sind Betriebsausgaben. Bei atypischer stiller Beteiligung liegt eine Mitunternehmerschaft vor mit ähnlichen Folgen wie bei der KG.[26]

---
24 BStBl III 1951, 181.
25 Vgl. unten R.
26 Ausführlich zur GmbH u. Still vgl. Hottmann u. a., O. Rz. 1 ff.

F. Besonderheiten bei Familienpersonengesellschaften

1.5.5 Unterbeteiligung

Der Unterbeteiligte wird nicht Gesellschafter und Mitunternehmer der Hauptgesellschaft, sondern nur Gesellschafter und Mitunternehmer des Hauptbeteiligten hinsichtlich dessen Anteil an der Hauptgesellschaft. Die Unterbeteiligung kann als atypische Unterbeteiligung und als typische Unterbeteiligung vereinbart werden. Die Unterbeteiligungsgesellschaft ist eine GbR in der Form der Innengesellschaft. Sie weist wesentliche Ähnlichkeiten mit der stillen Gesellschaft auf. Es gilt daher das zur stillen Gesellschaft Ausgeführte entsprechend, d. h., die Unterbeteiligung eignet sich auch als Form einer Familienpersonengesellschaft.

1.6 Vor- und Nachteile der Familienpersonengesellschaft

19 Wie alle Personengesellschaften, so haben auch die Familienpersonengesellschaften eine Reihe von Vor- und Nachteilen aufzuweisen. Zu den Vorteilen dieser Gesellschaftsform gehören:

— „Leichte" Änderung des Gesellschaftsvertrags

— Geringe Gründungskosten

— Geringe Überprüfung und Überwachung durch das Registergericht

— Einlagen der Gesellschafter in jeder Form zulässig
 (Geld-, Sach-, Nutzungs- oder Leistungseinlagen)

— Keine Publizitätspflicht

Als Nachteile können sich erweisen:

— Volle Haftung bei GbR, OHG und KG (nicht bei stiller Gesellschaft und Unterbeteiligung)

— Oft sehr schwierige Erbfolgeregelungen

— Dadurch oft sehr schwerwiegende finanzielle Belastungen

— Schwierige Fusion bzw. Beteiligung dritter Unternehmen an der Personengesellschaft

1.7 Die Voraussetzungen für die steuerliche Anerkennung im Allgemeinen

20 Im familiären Bereich werden Verträge oft nur formal abgeschlossen. Daher ist es nur anhand der Verträge nicht immer leicht festzustellen, ob Scheingeschäfte vorliegen. Es stellt sich die Frage, ob wirklich Einkunftsquellen in Form von Gesellschaftsanteilen begründet oder übertragen wurden oder ob nur so getan wurde, um Steuern zu sparen.

Die Abgrenzung einer solchen uneingeschränkt übertragenen Einkunftsquelle von dem rein formal eingeräumten „Gesellschaftsanteil", der nur auf dem Papier steht, aber wirtschaftlich nicht tatsächlich verfügbar wird, ist nur unter Würdigung aller Umstände des Einzelfalls möglich. Deshalb verlangen der BFH und die Finanzverwaltung,[27] dass bei jeder Familienpersonengesellschaft geprüft wird, ob

— der **Gesellschaftsvertrag** bürgerlich-rechtlich **wirksam** ist;
— die vereinbarten **Vertragsregelungen** einem **Fremdvergleich** standhalten und auch tatsächlich verwirklicht (= durchgeführt) werden (Vorliegen einer **Mitunternehmerschaft**);
— die **Gewinnverteilung** der Höhe nach **angemessen** ist.

Beispiel:

Für Entnahmen auf den Gewinnanteil ist für einen schenkweise aufgenommenen minderjährigen Kommanditisten vertraglich geregelt: „Der Kommanditist S (Sohn) darf Gewinnanteile nur mit Zustimmung der persönlich haftenden Gesellschafter (Eltern) entnehmen."

Die Gesellschaftsrechte des S sind so ausgehöhlt, dass er nicht als Mitunternehmer angesehen werden kann.

2 Bürgerlich-rechtlich wirksamer Gesellschaftsvertrag

Zur Anerkennung einer Familienpersonengesellschaft verlangt die Rechtsprechung, dass ein Gesellschaftsvertrag abgeschlossen wird und dass dieser auch bürgerlich-rechtlich wirksam ist.

2.1 Abschluss des Gesellschaftsvertrags

Zunächst muss der Gesellschaftsvertrag eine der nach geltendem Recht zulässigen Rechtsformen zur Grundlage haben. Eine Vereinbarung, aus der nicht erkennbar ist, ob eine **GbR**, eine **OHG**, eine **KG**, eine **stille Gesellschaft** oder eine **Unterbeteiligung** gegründet oder erweitert wurde, ist unzulässig. Eine **Partnerschaft** dürfte als Rechtsform kaum in Frage kommen, da sich hier nur Angehörige freier Berufe zusammenschließen können.

Der Gesellschaftsvertrag muss die wesentlichen Inhalte der Gesellschaft regeln, entweder durch ausdrückliche Vereinbarung oder durch Verweisung auf die Vorschriften zum jeweiligen Gesellschaftstyp oder – wie meistens üblich – in gemischter Art und Weise. Der Gesellschaftsvertrag kann mündlich abgeschlossen werden, er bedarf also grundsätzlich keiner Form. Trotzdem ist dringend zu raten, den Gesellschaftsvertrag schriftlich abzuschließen, um Abschluss und Inhalt nachweisen zu können. Ist ein Grundstück

---

27 Vgl. BFH vom 10.11.1987, BStBl II 1989, 758, sowie BMF vom 05.10.1989, BStBl I 1989, 378.

F. Besonderheiten bei Familienpersonengesellschaften

(§ 311 b BGB) oder ein GmbH-Anteil (§ 15 Abs. 4 GmbHG) einzubringen, bedarf es der notariellen Beurkundung.

Beispiel 1:
Vater und Sohn wollen eine OHG gründen, in die das bisherige Einzelunternehmen des Vaters eingebracht werden soll. Dann ist der Gesellschaftsvertrag zwischen Vater und Sohn abzuschließen.

Beispiel 2:
Mutter, Vater und Kind 1 betreiben seit einiger Zeit eine KG. Die Kinder 2 und 3 sollen als Kommanditisten aufgenommen werden. Jetzt ist grundsätzlich ein Vertragsabschluss der Kinder 2 und 3 mit allen bisherigen Gesellschaftern erforderlich.[28]

Aus diesem Urteil ergibt sich zusätzlich, dass der Gesellschaftsvertrag die Aufnahme neuer Gesellschafter erleichtern kann, insbesondere den persönlich haftenden Gesellschafter ermächtigen kann, den Beitritt weiterer Kommanditisten durch entsprechende Vertragsabschlüsse zu vereinbaren.

22 In der Praxis gibt es häufig Fälle, in denen **Erbengemeinschaften** einen Betrieb fortführen, ohne einen besonderen Gesellschaftsvertrag über die Gründung einer OHG oder KG abzuschließen.[29] Dies ist zulässig. Damit kann die Erbengemeinschaft aber auch Grundlage sein für eine entstehende Familienpersonengesellschaft.
Der BFH hatte im Urteil vom 09.07.1987[30] einen solchen Fall zu entscheiden. Die aus Mutter und Sohn bestehende Erbengemeinschaft, die den Betrieb des verstorbenen Ehemannes und Vaters fortführte, nahm die minderjährigen Kinder des Sohnes als stille Gesellschafter auf. In dieser Situation musste ein Gesellschaftsvertrag zwischen der Erbengemeinschaft, vertreten durch alle Miterben, und allen aufzunehmenden Kindern abgeschlossen werden.[31]

23 Der Gesellschaftsvertrag muss **klar** und **eindeutig** sein. Bordewin[32] führt dazu wörtlich aus:

> „Damit ist aber wohl nicht gemeint, dass der Vertrag in jeglicher Hinsicht eindeutig sein muss und Auslegungsfragen erst gar nicht aufkommen dürfen. Es reicht aus, dass eindeutig ein bestimmter Gesellschaftsvertrag abgeschlossen ist, aus dem sich die Rechte und Pflichten der Beteiligten ergeben. Dass dabei auch auf anerkannte Grundsätze der Auslegung von Verträgen zurückgegriffen werden kann und muss, sollte unstreitig sein. Allerdings dürfen die vertraglichen Bestimmungen nicht gegen ihren klaren Wortlaut ausgelegt werden. Ergibt z. B. der klare Wortlaut des Vertrags, dass das Kind vom Vater durch

---

28 BGH vom 17.11.1975, DB 1976 S. 142.
29 Vgl. unten O.
30 BStBl II 1988, 245.
31 Vgl. auch BGH vom 29.03.1971, DB 1971 S. 910.
32 Vgl. DB 1996 S. 1359.

2 Bürgerlich-rechtlich wirksamer Gesellschaftsvertrag

Kündigung jederzeit zum Buchwert aus der Gesellschaft verdrängt werden kann, dann kann dem nicht entgegengehalten werden, in Wahrheit habe man dies gar nicht gewollt. Bei Vertragsformulierungen, die objektiv mehrdeutig sind, wird in der Rechtsprechung grundsätzlich die Auslegung als maßgeblich angesehen, die zu geringeren Rechten der minderjährigen Kinder führt."

Bordewin[32] bringt hierzu folgendes **Beispiel:**

> Der KG-Vertrag zwischen dem Vater als Komplementär und seinen minderjährigen Kindern enthält zur Entnahme von Gewinnanteilen in § 17 folgende Regelung:
> „Entnahmen bedürfen der Zustimmung aller Gesellschafter mit Ausnahme der Entnahmen, die erforderlich sind, um die auf die Gewinnanteile entfallenden persönlichen Steuern zu entrichten. Diese Bestimmung gilt so lange nicht, wie der Vater persönlich haftender Gesellschafter ist."

Dazu führte der BFH im Urteil vom 29.01.1976[33] aus:

> „Diese Regelung ist mehrdeutig. Sie könnte dahin verstanden werden, dass, solange der Beigeladene (= Vater) Komplementär ist, jeder Gesellschafter, also auch die Kommanditisten, jederzeit die Auszahlung seiner Gewinnanteile verlangen kann. Ebenso gut ist aber auch die Deutung möglich, dass, solange der Beigeladene Komplementär ist, dieser selbst keinerlei Entnahmebeschränkungen unterliegt, im Übrigen aber Absatz 2 eingreift, also Entnahmen der Kinder seiner Zustimmung bedürfen."

Der BFH fuhr dann fort:

> „Da Verträge zwischen Familienangehörigen nur insoweit für die Besteuerung maßgebend sein können, als sie klar und eindeutig sind, kann bei dieser mehrdeutigen Vertragsgestaltung im Rahmen der einkommensteuerrechtlichen Würdigung nicht angenommen werden, dass den Kindern ein Recht zusteht, jederzeit die Auszahlung ihrer Gewinnanteile zu verlangen. Vielmehr ist davon auszugehen, dass sie dazu der Zustimmung ihres Vaters als Komplementär bedürfen."

Die **steuerlichen Folgen** sind:

Sind die Verträge nicht klar und eindeutig, sondern mehrdeutig, erklärt die steuerliche Rechtsprechung die für das Kind ungünstigere Auslegung des Vertrags als wirksam.

2.2 Zivilrechtliche Wirksamkeit

2.2.1 Allgemeines

Nach ständiger Rechtsprechung des BFH wird ein Gesellschaftsvertrag zwischen nahen Angehörigen nur anerkannt, wenn er zivilrechtlich wirksam zustande gekommen ist. Dies gilt auch dann, wenn die Beteiligten

24

---

33 BStBl II 1976, 328.

F. Besonderheiten bei Familienpersonengesellschaften

den zivilrechtlich unwirksamen Vertrag tatsächlich praktizieren. § 41 Abs. 1 Satz 1 AO wird insoweit nicht angewandt. Der BFH wendet vielmehr die Vorschrift des § 41 Abs. 1 Satz 2 AO an, weil er der Meinung ist, dass die einkommensteuerliche Vorschrift des § 12 EStG vorgeht.[34]

Ist eine zivilrechtliche Formvorschrift streitig, dann ist deren Nichtbeachtung u. U. unschädlich. Entscheidend ist dabei der Bindungswille der Beteiligten.[35]

2.2.2 Notarielle Beurkundung des Schenkungsvertrags

25 Soll einem Außenstehenden – in der Praxis meistens einem Kind – ein Anteil an einem Betrieb oder an einem Gesellschaftsanteil geschenkt werden, bedarf es grundsätzlich der notariellen Beurkundung des Gesellschaftsvertrags, § 518 Abs. 1 BGB. Dies deshalb, weil der Vertrag zeitlich vor der Schenkung, d. h. der Umbuchung des Kapitals, abgeschlossen wird, daher bürgerlich-rechtlich ein Schenkungsversprechen vorliegt.

Gemäß § 518 Abs. 2 BGB wird der Mangel der Form durch das Bewirken der versprochenen Leistung geheilt. Bedeutet nun die Kapitalumbuchung ein Bewirken der Leistung? Hier muss zwischen Außen- und Innengesellschaft unterschieden werden.

Bei den **Außengesellschaften** GbR, OHG und KG wird der Formmangel durch Vollzug der Schenkung, d. h. mit Kapitalumbuchung in der Buchführung auf den künftigen Gesellschafter und dem Ausweis der Beteiligung in der (späteren) Bilanz, geheilt.[36]

Der Grund ist in dem Umstand zu suchen, dass neues Gesamthandsvermögen entsteht oder bisheriges Gesamthandsvermögen umgeschichtet wird, der Eintretende damit Miteigentümer des Vermögens wird.

Beispiel:

Die Eltern V und M betreiben eine OHG. V hat ein Kapitalkonto von 400.000 €, M eines von 200.000 €. Kind 1 soll vom Vater V einen OHG-Anteil im Wert von 100.000 € erhalten.

Durch die Umbuchung sind drei Kapitalkonten vorhanden: V mit 300.000 €, M mit 200.000 € und Kind 1 mit 100.000 €. Kind 1 ist damit am Aktivvermögen mit $^1/_6$ beteiligt, es ist zivilrechtlich Miteigentümer. Damit ist die Schenkung bewirkt.

---

34 BFH vom 01.02.1973, BStBl II 1973, 307, vom 14.04.1983, BStBl II 1983, 555, vom 05.06.1986, BStBl II 1986, 798, und vom 09.07.1987, BStBl II 1988, 245; strittig, vgl. Schmidt/Wacker, § 15 Rz. 748 m. w. N.
35 BFH vom 13.07.1999, BStBl II 2000, 386.
36 BMF vom 08.12.1975, BStBl I 1975, 1130.

2 Bürgerlich-rechtlich wirksamer Gesellschaftsvertrag

Dies gilt bei den **Innengesellschaften** nicht. Mit den BGH-Urteilen vom 29.10.1952[37] und vom 06.03.1967,[38] dem BFH-Urteil vom 19.09.1974[39] und dem maßgebenden Schrifttum geht die Finanzverwaltung davon aus, dass in der bloßen Umbuchung vom Kapital des Elternteils und der gleichzeitigen Einbuchung des Anteils des Kindes kein Bewirken der versprochenen Leistung zu erblicken ist. Es bedarf daher stets der notariellen Beurkundung des Schenkungs- und Gesellschaftsvertrags. Hierzu hat der BGH im Urteil vom 29.10.1952[37] Folgendes ausgeführt:

„Das Wesen der Innengesellschaft ohne Gesellschaftsvermögen besteht darin, dass nur ein Gesellschafter das Vermögen des betriebenen Geschäfts innehat und dass er dem anderen lediglich schuldrechtlich verpflichtet ist. Geht seine Verpflichtung dahin, den anderen an seinem Vermögen zu beteiligen, so soll es nach dem Parteiwillen gerade nicht zu einer Vermögensübertragung kommen; die Zusage soll sich vielmehr in einer schuldrechtlichen Verpflichtung erschöpfen und bedarf darum, wenn sie unentgeltlich erteilt wird, zu ihrer Wirksamkeit der gerichtlichen oder notariellen Beurkundung. Der Formmangel kann nicht dadurch geheilt werden, dass der Geschäftsinhaber den vereinbarten Anteil buchmäßig, steuerlich oder sonstwie als Vermögen des anderen führt. Denn auch durch eine derartige Handhabung wird der andere nicht stärker als schuldrechtlich an dem Vermögen des Geschäftsinhabers beteiligt."

Bei einer Innengesellschaft ist daher der Eintretende durch die Umbuchung von Kapital nicht Miteigentümer des Vermögens geworden. Er hat nur einen schuldrechtlichen Anspruch.

Die **steuerlichen Folgen** sind:

— Fehlt bei den **Innengesellschaften** (stille Beteiligung und Unterbeteiligung) die erforderliche Beurkundung, dann wird der Gesellschaftsvertrag steuerlich überhaupt nicht anerkannt. Der BFH meint hierzu im Urteil vom 01.07.1982:[40]

„Gesellschaftsverträge zwischen Familienangehörigen sind nach ständiger Rechtsprechung des BFH (Urteile vom 19.09.1974, BStBl II 1975, 141 und 08.08.1979, BStBl II 1979, 768) einkommensteuerrechtlich nur dann zu berücksichtigen, wenn sie eindeutig festgelegt und ernsthaft gemeint sind und die Gewähr ihrer tatsächlichen Durchführung bieten. Wer die ernsthafte schenkweise Einräumung einer Unterbeteiligung an seine Kinder steuerrechtlich geltend machen will, muss sein Schenkungsversprechen notariell beurkunden lassen (§ 518 Abs. 1 BGB), um dadurch nachzuweisen, dass der Unterbeteiligte bei einer Auflösung des Beteiligungsverhältnisses einen Anspruch auf Auskehrung des Auseinandersetzungsguthabens auch gegen den Willen des Schenkers gerichtlich durchsetzen kann (BFH vom 19.09.1974, BStBl II 1975, 141, 143). Ohne eine gebotene notarielle Beurkundung ist einkommensteuerrecht-

---
37 NJW 1953 S. 138, DB 1952 S. 947.
38 DB 1967 S. 1258.
39 BStBl II 1975, 141.
40 BStBl II 1982, 646.

F. Besonderheiten bei Familienpersonengesellschaften

lich keine Einkunftsquelle zu übertragen; dem Bedachten können in diesem Falle auch keine Gewinnanteile als eigene Einkünfte zugerechnet werden, weil es ebenso wie bei einem vertraglich vorbehaltenen Recht zum jederzeitigen Widerruf der Schenkung (vgl. BFH vom 18.07.1974, BStBl II 1974, 740) an einer definitiven, grundsätzlich unentziehbaren Teilhabe am Vermögen fehlt (BStBl II 1975, 141, 143)."

— Fehlt bei den **Außengesellschaften** (GbR, OHG, KG) die erforderliche Beurkundung, wird der Vertrag steuerlich anerkannt, wenn der Formmangel gem. § 518 Abs. 2 BGB durch Umbuchung des Kapitals und Eintritt des Außenstehenden als Gesellschafter geheilt wird.

2.2.3 Pflegerbestellung

26 Sollen geschäftsunfähige oder minderjährige Kinder in eine Personengesellschaft aufgenommen werden, müssen sie durch andere Personen vertreten werden, weil sie selbst nicht rechtlich handeln können. Im Normalfall vertreten die Eltern das Kind gemeinschaftlich als Gesamtvertreter (§ 1629 Abs. 1 Satz 2 BGB). Der Vater und die Mutter können das Kind jedoch insoweit nicht wirksam vertreten, als nach § 1795 BGB ein Vormund von der Vertretung des Kindes ausgeschlossen ist (§ 1629 Abs. 2 Satz 1 BGB). Der Vormund kann das Mündel u. a. nicht vertreten, soweit das Verbot des Selbstkontrahierens (§ 181 BGB) eingreift (§ 1795 Abs. 2 BGB), also nicht bei einem Vertrag mit sich selbst. Entsprechendes gilt für einen Vertrag zwischen einem Elternteil und dem Kind. Das minderjährige Kind kann dann auch nicht rechtswirksam durch den anderen Elternteil vertreten werden.[41]

> **Beispiel:**
>
> Getränkehändler V will seinen sechsjährigen Sohn S als Kommanditisten in seinen Betrieb aufnehmen. Bei Abschluss des erforderlichen KG-Vertrags zwischen V und S kann V den S nicht vertreten und demzufolge besteht auch keine Vertretungsbefugnis der Mutter (§ 181 BGB, Verbot des Selbstkontrahierens). Die Eltern müssen daher beim Vormundschaftsgericht einen Ergänzungspfleger bestellen lassen, der den S beim Abschluss des Vertrags vertritt.

Die Pflegerbestellung ist bei allen Vertragsarten erforderlich, also auch bei der stillen Beteiligung, der Unterbeteiligung oder bei Übertragung einer schon bestehenden Beteiligung.

In der **Praxis** ist es ohne weiteres möglich, dass Vater und Mutter mit einem Freund oder guten Bekannten den Vertrag zunächst aushandeln und erst danach den Vertrag an das Vormundschaftsgericht versenden mit der Bitte, den Dritten zum Pfleger zu bestellen und die eventuell erforderliche Genehmigung des Vormundschaftsgerichts[42] zu erteilen.

---

41 Vgl. BFH vom 23.04.1992, BStBl II 1992, 1024.
42 Vgl. F. Rz. 29 und 30.

2 Bürgerlich-rechtlich wirksamer Gesellschaftsvertrag

§ 181 BGB eröffnet mehrere Ausnahmen. So ist z. B. die Pflegerbestellung nach der Rechtsprechung des BGH[43] nicht erforderlich, d. h., die Eltern dürfen für die Kinder handeln, wenn das Rechtsgeschäft lediglich einen rechtlichen Vorteil bringt. Beim Abschluss eines Gesellschaftsvertrags erhält ein Kind aber nicht nur Rechte, sondern auch Pflichten, insbesondere die Pflicht, die vereinbarte Einlage zu leisten. Dies gilt auch dann, wenn die Einlage vorher oder gleichzeitig von den Eltern geschenkt wird.[44] Es liegt also nicht nur ein rechtlicher Vorteil vor.

Bei den beschränkt geschäftsfähigen, also bei den minderjährigen Kindern ergibt sich die Besonderheit, dass von ihnen selbst abgeschlossene Verträge schwebend unwirksam sind, § 107 BGB. Ob die Verträge wirksam werden, hängt von der Genehmigung des Pflegers oder dem später volljährig werdenden Kind selbst ab, § 108 BGB.

Nach der früheren Rechtsprechung des BGH bedurfte es nach Eintritt des Kindes für spätere Gesellschafterbeschlüsse eines **Dauerergänzungspflegers**. Diese Rechtsprechung ist inzwischen aufgegeben worden, sodass die Eltern nach Abschluss des Gesellschaftsvertrags für ihre Kinder selbst handeln können.[45]

Soll eine Personengesellschaft gleichzeitig mit mehreren Kindern gegründet oder sollen mehrere Kinder gleichzeitig in eine Gesellschaft aufgenommen werden, muss für jedes Kind eine andere Person als Pfleger bestellt werden.[46] Dies ist erforderlich, weil bei diesem Rechtsakt Gesamthandsvermögen entsteht bzw. umgeschichtet wird und alle daran beteiligt sind. Es entstehen daher auch Rechtsbeziehungen zwischen den Kindern. Dies ist bei den stillen Beteiligungen nicht der Fall. Daher kann hier ein Pfleger mehrere Kinder gleichzeitig vertreten. Jedes Kind hat nur einen schuldrechtlichen Anspruch gegen den Inhaber des Betriebs, damit haben die Kinder keine Rechtsbeziehungen untereinander.

Die **steuerlichen Folgen** sind:

— Fehlt die Bestellung eines erforderlichen Ergänzungspflegers, so wird der deshalb schwebend unwirksame Vertrag steuerlich **nicht** anerkannt, d. h., der Betrieb ist so fortzuführen, wie wenn es den Vertrag nicht gäbe. Die Einkünfte stehen daher bei den üblichen Eltern-Kind-Gesellschaftsverträgen weiterhin den Eltern zu. Rechtsgrundlage ist § 12 EStG. Ausnahmen sind denkbar. Ist streitig, ob ein Pfleger bestellt werden muss,

---
43 Urteil vom 27.09.1972, DB 1972 S. 2159.
44 BFH vom 28.11.1973, BStBl II 1974, 289.
45 BGH vom 18.09.1975, DB 1975 S. 2174, BB 1976 S. 22, und BFH vom 01.02.1973, BStBl II 1973, 309, sowie vom 23.06.1976, BStBl II 1976, 678.
46 BFH vom 01.02.1973, BStBl II 1973, 309.

F. Besonderheiten bei Familienpersonengesellschaften

kann der Vertrag anzuerkennen sein, wenn ein echter Bindungswille gegeben ist.[47]

28 — Wird der Vertrag rückwirkend genehmigt durch einen nachträglich bestellten Ergänzungspfleger oder durch das volljährig gewordene Kind selbst, dann wird der Vertrag für die Zukunft auf jeden Fall steuerlich anerkannt. Eine zusätzliche **rückwirkende Anerkennung** setzt voraus, dass es sich bei der Zeit bis zur Genehmigung um eine kurze Zeitspanne handelt und mit der Rückbeziehung keine besonderen steuerlichen Vorteile erstrebt werden.[48] Im Urteil des BFH vom 01.02.1973[49] war die Pflegerbestellung nicht unverzüglich beantragt worden.

Mit Urteil vom 07.06.2006[50] hat der BFH diese Grundsätze etwas gelockert. Der BMF[51] hat aber zu diesem Urteil mit einem Nichtanwendungserlass reagiert.

Inzwischen hat der BFH mit seinem Urteil vom 22.02.2007[52] wieder eine harte Linie vertreten. Hier hat er bestätigt, dass die Bestellung eines Ergänzungspflegers zwar zivilrechtlich, aber nicht mit steuerlicher Wirkung nachgeholt werden kann. Im Streitfall schloss der Vater einen Darlehensvertrag mit seinen minderjährigen Kindern ohne Mitwirkung eines Ergänzungspflegers; die Kinder wurden dabei durch die Mutter vertreten. Die Genehmigung des Ergänzungspflegers wurde erst drei Jahre später nachgeholt.

2.2.4 Genehmigung durch das Vormundschaftsgericht

29 Nach § 1822 Nr. 3, § 1643 Abs. 1 BGB bedürfen der entgeltliche Erwerb eines Erwerbsgeschäfts sowie der Abschluss des Gesellschaftsvertrags, der zum Betrieb eines Erwerbsgeschäfts eingegangen wird, bei minderjährigen Kindern grundsätzlich der Genehmigung des Vormundschaftsgerichts. Dies gilt auch, wenn ein minderjähriges Kind in eine schon bestehende gewerbliche Personengesellschaft aufgenommen wird.

Die vormundschaftsgerichtliche Genehmigung ist im Einzelnen erforderlich bei Beteiligung eines minderjährigen Kindes

— als Gesellschafter einer OHG, als Komplementär oder Kommanditist einer KG.

— als stiller Gesellschafter mit Verlustbeteiligung.[53] Ob die stille Beteiligung typisch oder atypisch ist, spielt keine Rolle.

---

47 BFH vom 13.07.1999, BStBl II 2000, 386, zu einem Vertrag zwischen einer Personengesellschaft einerseits und einem minderjährigen Kind andererseits, wenn die Gesellschaft von den Großeltern und dem Vater des Kindes beherrscht wird.
48 BFH vom 13.05.1980, BStBl II 1981, 297, und vom 23.04.1992, BStBl II 1992, 1024.
49 BStBl II 1973, 307.
50 BStBl II 2007, 294.
51 BMF vom 02.04.2007, BStBl I 2007, 441.
52 IX R 45/06.
53 BFH vom 28.11.1973, BStBl II 1974, 289.

2 Bürgerlich-rechtlich wirksamer Gesellschaftsvertrag

— als stiller Gesellschafter ohne Verlustbeteiligung, aber mit der Verpflichtung zu weiteren Einlagen.

— als Unterbeteiligter an einem Gesellschaftsanteil der Eltern bei Verlustbeteiligung. Auch hier ist es unerheblich, ob die Unterbeteiligung typisch oder atypisch ist.

Die vormundschaftsgerichtliche Genehmigung ist vor allem dann nicht erforderlich, wenn bei einer stillen Beteiligung eine einmalige Kapitaleinlage ohne Beteiligung am Verlust vorliegt.[54]

Anmerkung: Um sicherzugehen, sollte man in der Praxis die Genehmigung des Vormundschaftsgerichts immer einholen. Wenn sie dann nicht erforderlich ist, wird man dies durch das Gericht schon erfahren.

Versagt das Vormundschaftsgericht einem schon geschlossenen Gesellschaftsvertrag die Genehmigung, so ist der Vertrag in Bezug auf den Minderjährigen nichtig (§ 1829 BGB). Erteilt das Vormundschaftsgericht die Genehmigung, so wird der bis dahin schwebend unwirksame Vertrag zivilrechtlich rückwirkend auf den Tag des Vertragsabschlusses wirksam (§ 1829 BGB).

Die **steuerlichen Folgen** sind:

Der Vertrag mit dem Kind wird steuerlich nicht anerkannt, wenn eine erforderliche Genehmigung beim Vormundschaftsgericht nicht beantragt oder wenn sie vom Vormundschaftsgericht nicht erteilt wird. Es gilt für die Gewinnanteile § 12 EStG.

Ist die Genehmigung ausnahmsweise nicht erforderlich, ist der Vertrag auch steuerlich zu beachten.

Wird die Genehmigung erteilt, dann hat sie in der Praxis zivilrechtlich meistens rückwirkende Bedeutung (§ 1829 BGB). Dies wäre nur dann nicht der Fall, wenn der Vertrag – was zu empfehlen wäre – erst mit der Genehmigung wirksam werden soll. Die **rückwirkende Genehmigung** wird steuerlich nicht anerkannt, wenn sie nicht unverzüglich nach Abschluss des Vertrags beantragt und in angemessener Frist erteilt wird.[55] Im Fall des BFH-Urteils vom 08.11.1972[56] war die Genehmigung für den am 05.10.1966 abgeschlossenen Vertrag bereits am 12.12.1966 erteilt worden. Hier bestanden keine Bedenken gegen die Rückwirkung. Zweifelhaft wird es aber, wenn mit dem Antrag ohne Not über mehrere Monate abgewartet wird.[57]

Wird das minderjährige Kind vor Erteilung der Genehmigung volljährig, so tritt gem. § 108 Abs. 3 BGB seine nachträgliche Genehmigung bei Erlan-

---
54 BFH vom 28.11.1973, BStBl II 1974, 289 und 306.
55 BFH vom 01.02.1973, BStBl II 1973, 307, und vom 05.03.1981, BStBl II 1981, 435; H 15.9 Abs. 2 „Vormundschaftsgerichtliche Genehmigung" EStH. Vgl. auch ausführlich Bordewin, DB 1996 S. 1359.
56 BStBl II 1973, 287.
57 Vgl. auch oben F. Rz. 28.

F. Besonderheiten bei Familienpersonengesellschaften

gung der Volljährigkeit rückwirkend an die Stelle der Genehmigung des Vormundschaftsgerichts. Steuerlich sind der Rückwirkung auch hier enge Grenzen gesetzt. Dazu sei auf das BFH-Urteil vom 05.03.1981[58] verwiesen. Dort wurde eine kurze Zeitspanne nicht anerkannt. Zwischen Vertragsabschluss (11.11.1960) und Eintritt der Volljährigkeit des Kindes (24.06.1961) waren $7^1/_2$ Monate vergangen.

3 Prüfung der Mitunternehmerschaft

3.1 Strenge Voraussetzungen bei Familienpersonengesellschaften

31 Von entscheidender Bedeutung für das Vorliegen einer eigenen Einkunftsquelle des Familienpersonengesellschafters ist dessen Mitunternehmerstellung. Der aus § 15 Abs. 1 Satz 1 Nr. 2 EStG stammende Begriff umschreibt die Stellung des Familienangehörigen als einen ausschließlich aus **betrieblichen** Gründen am Ergebnis und Vermögen der Personengesellschaft (einschließlich der atypisch stillen Gesellschaft) Beteiligten. Zunächst sind aufgrund der vertraglichen Abmachungen die formalen Merkmale der Mitunternehmerschaft zu prüfen. Diese sind grundsätzlich die gleichen, wie sie auch bei Beurteilung der Beteiligungsverhältnisse unter Fremden gelten.[59]
Besonderer Wert muss jedoch bei Familiengesellschaften auf das **Gesamtbild der Verhältnisse** bezüglich der einzelnen Beteiligung gelegt werden, denn oft kommt nur in den ausformulierten Regelungen des Gesellschaftsvertrags ein außerbetriebliches Motiv für die „Beteiligung" zum Vorschein, die damit keine betriebliche Einkunftsquelle darstellt.

Beispiel:
Vater V nimmt seinen minderjährigen Sohn S als Kommanditisten zivilrechtlich formwirksam in seinen Gewerbebetrieb auf. Nach dem Gesellschaftsvertrag hat S alle Vermögens-, Gewinnbezugs- und Kontrollrechte uneingeschränkt mit der besonderen Klausel: „S ist verpflichtet, nach einer Heirat mit seiner Ehefrau Gütertrennung gem. § 1414 BGB in einem rechtswirksam geschlossenen Ehevertrag zu vereinbaren. Der Gesellschaft ist dies nachzuweisen. Kommt S dieser Verpflichtung nicht nach, so ist der persönlich haftende Gesellschafter (V) berechtigt, den Kapitalanteil des S zum Buchwert des Zeitpunkts der Eheschließung zu übernehmen. Hierfür ist eine Bilanz der KG nach allgemeinen Grundsätzen ordnungsmäßiger Buchführung aufzustellen."
S ist nicht Mitunternehmer, weil hier ein außerbetriebliches Motiv für die Einschränkung der Mitunternehmerschaft vorliegt.[60]

---
58 BStBl II 1981, 435.
59 Vgl. oben B. Rz. 7 ff.
60 Vgl. BFH vom 29.04.1981, BStBl II 1981, 663.

# 3 Prüfung der Mitunternehmerschaft

In einer Vielzahl von Fällen hat sich deshalb die BFH-Rechtsprechung im Wesentlichen an zwei Kriterien orientiert:
— dem Fremdvergleich und
— dem tatsächlichen Vollzug des Vertrags.

3.2 Fremdvergleich

Der Fremdvergleich besagt, dass ein zivilrechtlich wirksamer Vertrag steuerlich nur dann anerkannt wird, wenn die Vertragsbedingungen auch zwischen Fremden üblich sind.[61] Dabei orientiert sich der BFH am Regelstatut der Rechte und Pflichten, die nach den bürgerlich-rechtlichen Vorschriften für die jeweilige Rechtsform kennzeichnend sind. Geprüft wird, ob der nahe Angehörige mindestens annähernd die Rechtsstellung hat, die nach dem gesetzlichen Regelstatut gegeben ist. Ergibt sich dann aufgrund einer Gesamtschau aller Regelungen des Gesellschaftsvertrags, dass die Rechte des nahen Angehörigen insgesamt erheblich hinter dem Regelstatut zurückbleiben, so führt dies zur Nichtanerkennung der Familienpersonengesellschaft.

32

Wichtig ist, dass nicht jede Einschränkung der Rechtsstellung des Kindes von vornherein zur steuerlichen Nichtanerkennung führt. Einschränkungen sind dann unbeachtlich, wenn alle Gesellschafter gleichmäßig betroffen sind.[62] Beim Fremdvergleich darf nicht berücksichtigt werden, dass die Beteiligung dem nahen Angehörigen unentgeltlich eingeräumt worden ist.[63] Maßgebend ist vielmehr, ob ein fremder Dritter, der die Beteiligung entgeltlich erwirbt, sich mit einer entsprechenden Einschränkung seiner Rechtsstellung einverstanden erklären würde.

Dazu heißt es im BFH-Urteil vom 05.07.1979[62]:

> „Wie der Senat bereits mehrfach entschieden hat, werden Familienangehörige, insbesondere Kinder, die schenkweise als Kommanditisten in eine Familien-KG aufgenommen werden, nur dann Mitunternehmer i. S. von § 15 Abs. 1 Nr. 2 EStG (mit der einkommensteuerrechtlichen Folge, dass ihnen Einkünfte aus Gewerbebetrieb zuzurechnen sind), wenn ihnen wenigstens annäherungsweise diejenigen Rechte eingeräumt sind, die einem Kommanditisten nach den weitgehend dispositiven Vorschriften des HGB für die Kommanditgesellschaft zukommen (so z. B. Urteil des BFH vom 08.02.1979, BStBl II 1979, 405). An diesem Erfordernis fehlt es jedenfalls dann, wenn die Rechtsstellung der in die Familien-KG aufgenommenen Familienangehörigen abweichend von den dispositiven Vorschriften des HGB ausgeprägt und einseitig zugunsten des bisherigen Inhabers des von der KG betriebenen gewerblichen Unternehmens (mit dem Ziel einer weitgehenden Bewahrung der bisherigen Herrschaftsbefugnisse) beschränkt ist, wie dies bei entgeltlich begründeten Kommanditgesellschaf-

---

61 Eppler, DStR 1987 S. 607.
62 BFH vom 05.07.1979, BStBl II 1979, 670.
63 BFH vom 18.01.2001, BStBl II 2001, 393, zu Darlehensverträgen mit volljährigen Kindern.

F. Besonderheiten bei Familienpersonengesellschaften

ten zwischen Fremden wenigstens im Gesamtbild, also in der Summierung der einzelnen Bestimmungen des Gesellschaftsvertrags, nicht üblich ist."

Die einzelnen in den Verträgen immer wieder auftauchenden **Vertragsklauseln** mögen dies verdeutlichen.

3.2.1 Rücktrittsrechte und Rückfallklauseln

33 Bei schenkweiser Vermögensübertragung unter dem Vorbehalt, jederzeit oder nach einer bestimmten Frist eine unentgeltliche Rückübertragung des Vermögens verlangen zu können, ist nach der BFH-Rechtsprechung[64] keine Einkunftsquelle übertragen worden. Dies gilt jedoch nicht bei einer Todesfall-Rückfallklausel.[65]

Bedenken gegen eine steuerliche Anerkennung ergeben sich, wenn der Rückfall einer Schenkung vereinbart ist oder verlangt werden kann, falls z. B. der Beschenkte seinen Familienstand ändert oder einen bestimmten Güterstand, z. B. Gütertrennung, mit seinem künftigen Ehegatten nicht vereinbart oder die begonnene Ausbildung abbricht oder kinderlos verstirbt oder die Erben andere Personen als eheliche Kinder sind oder bei ähnlich einschneidenden Rücktrittsrechten des Schenkers. Auf das BFH-Urteil vom 03.05.1979[66] wird verwiesen.

Beispiel 1:

O hatte als Hauptgesellschafter der O-KG (Gesellschaftsanteil 80 %) veranlasst, dass sein als Diplom-Kaufmann ausgebildeter Neffe N als Handlungsbevollmächtigter der O-KG angestellt wurde. Nach zwei Jahren Einarbeitungszeit wird N Kommanditist mit 15 % Gesellschaftsanteil, die ihm O überträgt. Aufgrund einer Klausel im privaten Schenkungsvertrag muss N die Beteiligung nach drei Jahren auf Verlangen des O zurückübertragen, ohne eine Abfindung zu erhalten, weil die Tochter des O ihre Verlobung mit N aufgelöst hat.

N ist nicht Mitunternehmer der O-KG geworden, weil er aus privaten Gründen aus der Gesellschaft ausgeschlossen werden konnte.

Beispiel 2:[67]

In einer Familien-GmbH & Co. KG übertrugen die Kommanditisten A, B und C, die die Komplementär-GmbH beherrschten und deren Geschäftsführer waren, ihre Kommanditanteile unentgeltlich auf ihre Ehefrauen D, E und F. Alleiniger Zweck dieser Gestaltung war es, die Geschäftsführergehälter der Ehemänner aus dem Anwendungsbereich des § 15 Abs. 1 Nr. 2 EStG herauszulösen und zu abziehbaren Betriebsausgaben zu machen. Bei einer Betriebsprüfung wurden Zusatzverträge entdeckt, in denen es jeweils hieß:

---

64 BFH vom 18.07.1974, BStBl II 1974, 740, vom 16.05.1989, BStBl II 1989, 877, und vom 30.05.2006, BFH/NV 2006 S. 1828. Vgl. auch Littmann/Bitz/Pust, § 15 Rz. 108.
65 BFH vom 27.01.1994, BStBl II 1994, 635.
66 BStBl II 1979, 515.
67 Vgl. Bordewin, DB 1996 S. 1359.

3 Prüfung der Mitunternehmerschaft

„Hiermit mache ich meinem vorgenannten Ehemann das unwiderrufliche und unbefristete Angebot, diesen Kommanditanteil unentgeltlich zurückzuübertragen. Dieses Angebot kann jederzeit ohne Angabe von Gründen von meinem Ehemann angenommen werden."

Bei dieser Gestaltung waren die Ehemänner nach Auffassung des BFH-Urteils vom 16.05.1989[68] wirtschaftliche Eigentümer der Kommanditanteile geblieben (§ 39 AO).

Das Argument, die Rückübertragungsklausel habe nur für den Fall gelten sollen, dass die Eheleute sich auseinanderlebten oder geschieden würden, ließ der BFH mit Rücksicht auf das Klarheitsgebot bei Verträgen unter nahen Angehörigen nicht gelten.

Beispiel 3:

Enkel E hatte bei Aufnahme als Kommanditist ein Chemiestudium begonnen, das ihn später als Produktionsleiter des Betriebs der KG qualifizieren sollte. Als E das Studium aus persönlichen Gründen abbricht, kann Großvater V ihn lt. Gesellschaftsvertrag rückwirkend aus der Gesellschaft ausschließen.

E ist nicht Mitunternehmer, weil ein rückwirkender Ausschluss aus der Gesellschaft vertraglich vorgesehen ist.

Beispiel 4:

V ist nicht beherrschender Gesellschafter einer OHG. Er räumt seinem Kind K zivilrechtlich wirksam eine atypische Unterbeteiligung mit Verlustbeteiligung ein. Die Unterbeteiligung sollte ersatzlos an V zurückfallen, wenn

– S ohne Hinterlassung leiblicher ehelicher Abkömmlinge vor dem V verstirbt oder

– V aus wichtigem Grund den Rücktritt vom Vertrag erklärt. Ein wichtiger Grund ist insbesondere gegeben, wenn

– V zum angemessenen eigenen Lebensunterhalt und dem seines Ehegatten auf die Unterbeteiligung zurückgreifen muss, weil sein eigenes Einkommen dazu nicht mehr ausreicht, oder

– wenn S sich eines groben Undanks gegenüber dem V oder dessen Ehegatten schuldig macht.

Der BFH hat in seinem Urteil vom 27.01.1994[69] entschieden, die vereinbarten Rückfallklauseln seien steuerunschädlich und stünden der Mitunternehmerschaft der Kinder im Rahmen der Unterbeteiligungsgesellschaft nicht entgegen. Die Notfall- und die Undankklausel entsprächen im Wesentlichen den Regelungen in §§ 527 und 530 BGB über den Widerruf einer Schenkung bei Notbedarf des Schenkers bzw. grobem Undank des Beschenkten. Die Vorversterbens-Klausel solle den Erhalt des Unternehmens im Familienbesitz sichern; sie werde mit überwiegender Wahrscheinlichkeit nicht ein-

---

[68] BStBl II 1989, 877.
[69] BStBl II 1994, 634.

F. Besonderheiten bei Familienpersonengesellschaften

treten; ihr Eintritt könne vom Schenker nicht beeinflusst werden; sie ändere nichts daran, dass die Beschenkten jedenfalls zunächst und voraussichtlich auch auf Dauer die rechtliche und wirtschaftliche Stellung von Mitunternehmern erlangt hätten.

3.2.2 Kündigung zum Buchwert

34 Ist im Gesellschaftsvertrag bestimmt, dass dem Kind unter Ausschluss von anteiligen stillen Reserven gekündigt werden kann, es also mit dem Buchwert abgefunden wird, dann ist es nicht Mitunternehmer geworden. Der BFH hat in mehreren Urteilen entschieden, dass diese Regelung einem Fremdvergleich nicht standhält.[70] Ein Kommanditist könne nicht unter der ständigen Drohung der Kündigung zum Buchwert stehen.

Auch eine Abfindungsvereinbarung mit 110 % des Buchwerts ist schädlich.[71]

Eine Kündigungsmöglichkeit ist auch dann schädlich, wenn nur die Beteiligung am Firmenwert, nicht aber an den stillen Reserven in den Einzelwirtschaftsgütern ausgeschlossen ist.[72]

Die Buchwertklausel ist auch bei der atypisch stillen Beteiligung[73] und bei der atypischen Unterbeteiligung schädlich.[74]

Als **unschädlich** wurde die Buchwertklausel bei einmaliger Kündigungsmöglichkeit zum Volljährigkeitszeitpunkt des Kindes angesehen,[75] wenn sie für alle Gesellschafter gilt,[76] und bei eigener Kündigung durch den Kommanditisten.[77]

3.2.3 Kündigungsbeschränkungen

35 Bei entsprechenden Vereinbarungen über Kündigungsbeschränkungen geht die Finanzverwaltung nach folgenden Gesichtspunkten vor:

— Eine für beide Seiten gleichmäßig geltende Mindestlaufzeit (= Kündigungsausschluss) ist nicht zu beanstanden.

— Ein einseitiger Kündigungsausschluss zum Nachteil des als stiller Gesellschafter beteiligten minderjährigen oder volljährigen Kindes von mehr als fünf Jahren und ein Rückzahlungszeitraum der Vermögenseinlage im Falle der Kündigung von mehr als drei Jahren sind schädlich.[78]

---

70 Vgl. BFH vom 29.04.1981, BStBl II 1981, 663; vom 15.10.1981, BStBl II 1982, 342, und vom 05.06.1986, BStBl II 1986, 798.
71 BFH vom 08.02.1979, BStBl II 1979, 405.
72 BFH vom 25.06.1981, BStBl II 1982, 59.
73 BFH vom 27.05.1993, BStBl II 1994, 700.
74 BFH vom 06.07.1995, DB 1995 S. 2454.
75 BFH vom 23.06.1976, BStBl II 1976, 678.
76 BFH vom 22.01.1970, BStBl II 1970, 416.
77 BFH vom 10.11.1987, BStBl II 1989, 758.
78 Vgl. hierzu auch BFH vom 03.05.1979, BStBl II 1979, 515.

3.2.4 Scheidungsklauseln

Auch Scheidungsklauseln können dazu führen, dass eine Mitunternehmerstellung nicht anerkannt wird. Insoweit ist Vorsicht geboten, obwohl nicht jede Scheidungsklausel diese Konsequenz haben muss.[79]

36

Beispiel:
K und S sind Gesellschafter einer GbR. Die GbR verpachtet einer GmbH & Co. KG das gesamte Anlagevermögen. Gesellschafter der KG sind eine GmbH als Komplementär und die Ehefrauen von K und S als Kommanditistinnen. Gesellschafter der GmbH sind K und S.

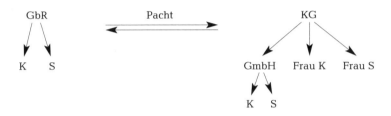

Der KG-Vertrag enthielt folgende Klausel:
„Eine Kommanditistin kann für den Fall der Ehescheidung aus der Gesellschaft ausgeschlossen werden. In diesem Fall tritt ihr Ehemann als Kommanditist in die KG ein. Die Ausschließung erfolgt durch Beschluss der Gesellschafter fristlos."

Der BFH hat mit Urteil vom 26.06.1990[80] bei diesem Sachverhalt entschieden, dass K und S wirtschaftliche Eigentümer der Kommanditanteile seien. Er hat damit eine Mitunternehmerstellung der beiden Frauen abgelehnt. Nach Schmidt[81] war zusätzlich bedeutsam, dass K und S den Pachtvertrag kurzfristig kündigen und damit das Schicksal der KG maßgebend beeinflussen konnten. Wäre die Kommanditistenstellung der Frauen anerkannt worden, wären die Geschäftsführergehälter von K und S Einnahmen aus § 19 EStG gewesen. Auch die Pachteinnahmen der GbR hätten keine gewerblichen Einkünfte dargestellt.[82]

3.2.5 Mehrheitsprinzip und Ausschluss des Widerspruchsrechts

Es kommt immer wieder vor, dass für Beschlüsse der Gesellschafterversammlung abweichend vom Einstimmigkeitsprinzip des § 119 Abs. 1, § 161

37

---
79 BFH vom 04.02.1998, BStBl II 1998, 542, und Littmann/Bitz/Pust, § 15 Rz. 108.
80 BStBl II 1994, 645.
81 FR 1990 S. 649.
82 **Anmerkung:** Nach heutiger Rechtsprechung läge eine mitunternehmerische Betriebsaufspaltung vor ohne große Folgen. Das Anlagevermögen wäre nicht Sonderbetriebsvermögen in der KG, sondern ein eigener Gewerbebetrieb.

F. Besonderheiten bei Familienpersonengesellschaften

Abs. 2 HGB das Mehrheitsprinzip vereinbart wird. Aufgrund der hohen Kapitalbeteiligung hat dann oft der Seniorchef sowohl die einfache als auch die qualifizierte Mehrheit.

Wenn nun gleichzeitig das Widerspruchsrecht der Kinder-Kommanditisten (§ 164 HGB) ausdrücklich ausgeschlossen wird, dann wird von der Rechtsprechung die Familienpersonengesellschaft nicht anerkannt.[83] Die frühere Rechtsprechung, in dem der Ausschluss des Widerspruchsrechts bei ähnlichen Mehrheitsverhältnissen für unschädlich gehalten wurde, ist insoweit durch das Urteil vom 11.10.1988[84] überholt. Hierzu erging auch ein Nichtanwendungserlass des BMF vom 05.10.1989.[85]

Dagegen werden die minderjährigen Kinder als Mitunternehmer anerkannt, wenn der Gesellschaftsvertrag bestimmt, dass Beschlüsse in der Gesellschafterversammlung – abweichend vom Einstimmigkeitsprinzip des § 119 Abs. 1 HGB – mit einfacher Mehrheit zu fassen sind.[86]

3.2.6 Entnahmebeschränkungen

38 Unter fremden Dritten wäre es höchst ungewöhnlich, dass der Kommanditist oder der stille Gesellschafter auf lange Zeit weder über seine Gewinnanteile noch über seine Zinsen aus den Gewinngutschriften verfügen kann.[87] Eine solche Entnahmebeschränkung zwischen Eltern und minderjährigen Kindern als Kommanditisten oder als stille Gesellschafter ist daher selbst dann schädlich, wenn auch der (die) Eltern-Unternehmer Gewinne nur beschränkt entnehmen darf (dürfen), denn Letzteres würde auch nicht mit der Erwägung begründet werden, dass das Vermögen des minderjährigen Kindes sowieso der elterlichen Verwaltung unterliege. Der BFH will grundsätzlich nur eine vorübergehende Verfügungsbeschränkung als steuerlich unbedenklich ansehen (im entschiedenen Fall war eine Verfügungsbeschränkung über zehn Jahre hinweg nicht nur vorübergehend), denn auch ein fremder Gesellschafter würde höchstens für kurze Zeit und dann auch nur durch betriebliche Gründe bedingt Entnahmebeschränkungen auf sich nehmen.

Nicht nur Langzeitentnahmebeschränkungen des Kommanditisten oder des Stillen sind schädlich, sondern auch kurzfristige Beschneidungen der Entnahmemöglichkeiten, wenn sie einseitig das als Kommanditist oder still beteiligte Familienmitglied treffen.[88] Auch fremde Dritte wären damit nicht einverstanden. Einer Anerkennung der Kommanditbeteiligung oder der stillen Beteiligung stünde beispielsweise im Wege, wenn Kinder ihre gut-

---

83 Vgl. BFH vom 11.10.1988, BStBl II 1989, 762, und vom 11.07.1989, BFH/NV 1990 S. 92.
84 BStBl II 1989, 762.
85 BStBl I 1989, 378.
86 BFH vom 07.11.2000, BStBl II 2001, 186.
87 BFH vom 25.09.1969, BStBl II 1970, 114.
88 Vgl. BFH vom 05.06.1986, GmbHR 1986 S. 403.

3 Prüfung der Mitunternehmerschaft

geschriebenen Gewinnanteile und Zinsen voll oder teilweise nur mit Zustimmung der Eltern entnehmen dürfen oder wenn die Kinder nur ihre Steuern und Abgaben sowie die zum Lebensunterhalt notwendigen Beträge entnehmen dürfen und Entnahmen im Übrigen (von Fall zu Fall oder generell) der Zustimmung der Eltern unterliegen, während die Eltern selbst in ihrem eigenen Entnahmerecht völlig frei sind.[89]

Es führt im Jahr der Aufnahme als Gesellschafter auch zur Ablehnung der Mitunternehmerschaft,

— nominell einen Kapitalanteil eines eintretenden Gesellschafters festzulegen und diesen erst durch „Stehenlassen" eines/mehrerer künftiger Gewinnanteile anzusammeln[90]

oder

— den nominell festgelegten Kapitalanteil durch Darlehen von Angehörigen zu leisten, die vertragsgemäß aus dem ersten Gewinnanteil des eintretenden Gesellschafters getilgt werden müssen.[91]

3.2.7 Änderung der Festkapitalkonten

In dem Vertrag einer Familienpersonengesellschaft hatte sich der „Seniorchef" das Recht vorbehalten, mit der ihm zustehenden Stimmenmehrheit in der Gesellschafterversammlung (einseitig) eine Erhöhung seines Festkapitalkontos zu beschließen. Danach hätte er mit der dann vorhandenen qualifizierten Stimmenmehrheit andere Änderungen des Gesellschaftsvertrags allein durchsetzen können. Der BFH hatte in seinem Urteil vom 10.11.1987[92] zu diesem Vertrag keine Bedenken.

39

Die Finanzverwaltung lässt jedoch diese Auslegung des BFH über den entschiedenen Fall hinaus nicht zu.[93]

In den Verträgen sollte daher vereinbart sein, dass allen Gesellschaftern unter gleichen Voraussetzungen Kapitalerhöhungen möglich sind.[94]

3.2.8 Kontrollrechte bei stiller Gesellschaft und Unterbeteiligung

Nach dem BFH-Urteil vom 07.12.1986[95] ist ein stiller Gesellschafter als Mitunternehmer i. S. des § 15 Abs. 1 Nr. 2 EStG anzusehen, wenn die in den §§ 230 ff. HGB für einen stillen Gesellschafter vorgesehenen Rechte so erweitert werden, dass sie im Wesentlichen den Rechten eines Kommanditisten entsprechen:

40

---

89 Vgl. auch H 15.9 Abs. 2 „Verfügungsbeschränkungen" EStH und Littmann/Bitz/Pust, § 15 Rz. 108.
90 BFH vom 01.02.1973, BStBl II 1973, 221
91 BFH vom 01.02.1973, BStBl II 1973, 526.
92 BStBl II 1989, 798.
93 Vgl. Nichtanwendungserlass des BMF vom 05.10.1989, BStBl I 1989, 378.
94 Bordewin, DB 1996 S. 1359.
95 BStBl II 1989, 762.

F. Besonderheiten bei Familienpersonengesellschaften

„Diesen Anforderungen ist genügt, wenn dem stillen Gesellschafter ein Stimm-, Kontroll- und Widerspruchsrecht nach den §§ 164 und 166 HGB eingeräumt wird und er nicht nur am laufenden Unternehmenserfolg, sondern im Falle seines Ausscheidens oder der Beendigung der Gesellschaft auch an den stillen Reserven und am Geschäftswert des Unternehmens beteiligt ist."

Nach § 233 HGB ist der stille Gesellschafter berechtigt, die abschriftliche Mitteilung des Jahresabschlusses zu verlangen und dessen Richtigkeit unter Einsicht der Bücher und Papiere der Gesellschaft zu prüfen. Diese Regelung gilt auch für eine Unterbeteiligung. Die Informationsrechte haben sich aber nicht gegen die Hauptgesellschaft, sondern den Hauptbeteiligten zu richten.[96] Danach ist der Unterbeteiligte berechtigt, von dem Hauptgesellschafter eine jährliche Bilanz über dessen Gesellschaftsanteil zu verlangen, aus der er insbesondere auch die auf diesen Anteil entfallenden Erträgnisse und deren Zusammensetzung (Gewinnanteil, Kapitalzinsen, Geschäftsführergehalt usw.) sowie die Entwicklung des Kapitalkontos und seines Anteils ersehen kann. Die Mitteilung nur des Gewinnanteils des Unterbeteiligten und einer Zusammenstellung der Beträge, mit denen das Konto des Unterbeteiligten zu belasten ist, reicht nach dem BGH-Urteil vom 11.07.1968[93] nicht aus.[97]

In diesen Fällen, je nach weiterer Ausgestaltung, besteht die Möglichkeit, dass die stille Beteiligung oder die Unterbeteiligung steuerlich nicht anerkannt wird.

3.2.9 Nachträgliche Aufhebung oder Nichtanwendung einer kritischen Klausel

41 Wird eine kritische Klausel, die zur steuerlichen Nichtanerkennung führt, nachträglich aufgehoben und/oder durch eine angemessene fremdübliche Vereinbarung ersetzt, so hat dies steuerlich keine Rückwirkung. Die geänderte vertragliche Regelung wirkt steuerlich nur für die Zukunft. Für die Vergangenheit gilt die kritische Klausel.[98]

Wird eine kritische Klausel tatsächlich nicht angewandt, so ist dies unerheblich, weil es auf die vertragliche Gestaltung ankommt.[99]

3.3 Tatsächlicher Vollzug des Vertrags

42 Zur Anerkennung der Mitunternehmerschaft wird neben der Wirksamkeit des zivilrechtlichen Vertrags und dem Fremdvergleich verlangt, dass der Vertrag auch tatsächlich vollzogen wird, d. h. nicht nur auf dem Papier steht.[100] Missbrauchen die Eltern aufgrund ihrer gesetzlichen Vertretungs-

---

96 BGH-Urteil vom 11.07.1968, DB 1968 S. 1530.
97 Bordewin, DB 1996 S. 1369.
98 Vgl. BFH vom 06.07.1995, DB 1995 S. 2454; Bordewin, Fn. 94.
99 BFH vom 18.12.1990, BFH/NV 1991 S. 518 und 520.
100 Vgl. auch Littmann/Bitz/Pust, § 15 Rz. 107, und Schmidt/Wacker, § 15 Rz. 749.

3 Prüfung der Mitunternehmerschaft

macht die Gesellschaftsrechte des Kindes z. B. dadurch, dass die Verfügungsmacht über den Gewinnanteil eingeschränkt wird, so ist dies für die steuerliche Anerkennung schädlich. Im Einzelnen bestehen kritische Bereiche bei Leistung der Einlage, bei der Gewinnverwendung und bei der Nichtentnahme von Gewinnanteilen.

3.3.1 Leistung der Einlage

Je nach Gesellschaftsvertrag kann der eintretende Gesellschafter die vereinbarte Einlage auf unterschiedliche Weise leisten,[101] z. B. durch 43

— eigene vorhandene Mittel,
— eigene Mittel aus Darlehensaufnahme bei Fremden (z. B. Bank),
— geschenkte Mittel von Angehörigen,
— geschenkte Einlagen durch Umbuchung vom Gesellschaftskapitalkonto eines Angehörigen,
— Sacheinlagen, z. B. ein Grundstück wird übertragen,
— Nutzungseinlagen, z. B. ein Grundstück wird verpachtet,
— Leistungseinlagen, z. B. die eigene Arbeitsleistung wird zur Verfügung gestellt.

Alle diese Leistungen dürfen nicht nur im Gesellschaftsvertrag formal vereinbart sein, sondern sie müssen auch tatsächlich durchgeführt werden. Hierzu gehört, sofern eine Kapitalzuführung damit verbunden ist, dass die Einlage auf einem separaten Kapital- oder Einlagekonto gebucht wird.[102] Auch muss ein separates Privatkonto geführt werden, auf dem Entnahmen und Einlagen gebucht werden.

Besteht z. B. der Beitrag eines Kindes darin, dass ein Grundstück an die Familienpersonengesellschaft verpachtet wird, dann ist dieses Grundstück in einer Sonderbilanz zu führen und der Pachtzins auf dem Privat- oder Kapitalkonto des Kindes auch zu buchen.

Bringt ein Kind nur seine eigene Arbeitsleistung ein, dann ist auch das vereinbarte Entgelt auf dem Privat- oder Kapitalkonto zu buchen.

3.3.2 Eröffnungsbilanz

Zum tatsächlichen Vollzug des Vertrags gehört auch, zum Zeitpunkt der 44 Gründung einer Personengesellschaft eine Eröffnungsbilanz zu erstellen.[103] In diesem Urteil hat der BFH die Ordnungsmäßigkeit der Buchführung einer KG deswegen verneint, weil bei ihrer Gründung durch Aufnahme von Kindern in ein bisheriges Einzelunternehmen keine Eröffnungsbilanz auf-

---
101 Vgl. A. Rz. 37 und E. Rz. 24 ff.
102 BFH vom 18.03.1964, BStBl III 1964, 429; Seer, DStR 1988 S. 600, 604; Bordewin, DB 1996 S. 1359.
103 BFH vom 11.10.1973, BStBl II 1974, 65.

F. Besonderheiten bei Familienpersonengesellschaften

gestellt worden war. Nach Auffassung des BFH kann der Gewinn nicht durch Vermögensvergleich ermittelt werden, wenn Eigentümer des Betriebs am Anfang des Wirtschaftsjahres (= 1. Rumpfwirtschaftsjahr) ein anderer ist als am Ende des Wirtschaftsjahres (= 2. Rumpfwirtschaftsjahr).

Dagegen ist es beim Wechsel von Gesellschaftern nicht erforderlich, eine Zwischenbilanz aufzustellen, wenn die Personengesellschaft im Übrigen unverändert fortbesteht,[104] da der Beginn eines Handelsgewerbes hier nicht in Frage steht.[105]

3.3.3 Gewinnverwendung

45 Der BFH verneint den tatsächlichen Vollzug, wenn die Eltern als gesetzliche Vertreter die Gewinnanteile der Kinder entnehmen und für eigene Zwecke verwenden.[106]

Ob eine Gewinnentnahme, die für den Unterhalt des Kindes verwendet wird, zur Versagung der steuerlichen Anerkennung führt, ist streitig. Es liegen hierzu verschiedene Urteile vor:

Mit Urteil vom 03.11.1976[107] entschied der BFH, dass die Verwaltung der Beteiligung durch die Eltern den Rahmen der gesetzlichen Vermögensfürsorge nicht überschreiten darf.

Nach dem Urteil des FG Niedersachsen vom 25.08.1982[108] sind die den Eltern zur Finanzierung der Ausbildung bzw. des Unterhalts der Kinder zu überweisenden Gewinnanteile der stillen Gesellschafter keine Betriebsausgaben, sondern nichtabzugsfähige Zuwendungen i. S. des § 12 Nr. 2 EStG, wenn Eltern ihren Kindern schenkweise eine stille Beteiligung an ihrem Handelsgewerbe einräumen.

Im Urteil vom 30.01.1980[109] entschied der BFH, dass Darlehenszinsen, die auf Vereinbarungen zwischen Vater und Kindern beruhen, bei den gewerblichen Einkünften des Vaters jedenfalls dann in voller Höhe nicht als Betriebsausgaben abzugsfähig sind, wenn sie zu einem erheblichen Teil mit Unterhaltszahlungen des Vaters verrechnet werden.

Nach dem BFH-Urteil vom 10.08.1988[110] gehört es zur erforderlichen tatsächlichen Durchführung eines von einem Kind seinen Eltern gewährten Darlehens, dass die vereinbarten Zinsen tatsächlich an das Kind geleistet und anschließend weder für den Unterhalt des Kindes noch für die eigene Lebensführung verwendet werden.

---

104 BFH vom 09.12.1976, BStBl II 1977, 241.
105 Vgl. oben ausführlich B. Rz. 176 und 177.
106 BFH vom 05.06.1986, BStBl II 1986, 802.
107 BStBl II 1977, 206.
108 EFG 1983 S. 324.
109 BStBl II 1980, 449.
110 BStBl II 1989, 137.

3 Prüfung der Mitunternehmerschaft

Auch die Literatur ist unterschiedlicher Auffassung. Nach Schmidt[111] ist es schädlich, wenn die Eltern den entnommenen Gewinnanteil verwenden, um damit den Unterhalt des Kindes zu bestreiten.[112] Um sicherzugehen, sollte man sich vorsorglich nach der strengeren Auffassung verhalten.[113]

Wichtig ist, dass bei volljährigen Kindern jegliche Einschränkung der Verfügungsmacht über ihren Gewinnanteil zur Versagung der steuerlichen Anerkennung führt. Dies ist darin begründet, dass die gesetzliche Vertretereigenschaft der Eltern i. d. R. mit der Volljährigkeit des Kindes endet.[114]

3.3.4 Nichtentnahme von Gewinnanteilen

Bordewin[115] schreibt hierzu wörtlich: 46

„Von der Frage der tatsächlichen Verwendung entnommener Beträge ist die Frage zu unterscheiden, welche Bedeutung die Nichtentnahme von Gewinnanteilen hat. Dazu ist im Einzelnen auf Folgendes hinzuweisen:

Im Urteil vom 29.01.1976 (BStBl II 1976, 328, 330) hat der Senat erwogen, ob zum tatsächlichen Vollzug des Gesellschaftsverhältnisses in jedem Fall auch gehört, dass dann, wenn die Kinder nach den Bestimmungen des Gesellschaftsvertrags (in Verbindung mit den Vorschriften des HGB) die Auszahlung der ihnen zustehenden Gewinnanteile verlangen können, diese Gewinnanteile der Kinder auch tatsächlich entnommen werden. Der Senat verneinte dies, weil er der Meinung war, dass auch in einer KG zwischen Fremden die Kommanditisten vielfach ihre Gewinnanteile nicht entnehmen, z. B. weil die wirtschaftliche Lage des Unternehmens es erfordert, dass alle Gesellschafter in gleicher Weise auf Entnahmen verzichten, oder weil die KG stehen gelassene Gewinnanteile günstig verzinst.

Nach dem BFH-Urteil vom 13.06.1989 (BStBl II 1989, 720) wird eine Vereinbarung über eine stille Gesellschaft tatsächlich nicht durchgeführt, wenn der Gewinnanteil des stillen Gesellschafters nicht vereinbarungsgemäß ausgezahlt wird und auch keine Vereinbarung über das darlehensweise Stehenlassen des Gewinnanteils vorliegt.

In dem Streitfall des BFH-Urteils vom 21.09.1989 (BFH/NV 1990, S. 692, 693) war nach dem Gesellschaftsvertrag der Gewinnanteil der stillen Gesellschafterin innerhalb von zwei Monaten nach Feststellung des Gewinns auszuzahlen. Die Gewinnermittlung sollte innerhalb von sechs Monaten nach Ablauf des Geschäftsjahres vorgenommen und die stille Gesellschafterin hiervon unterrichtet werden. Stattdessen hatte der Kläger seiner Tochter bereits am 23.12.1983 eine „Gewinnbeteiligung" von 25.000 DM für das Jahr 1983 ausgezahlt, obwohl diese ihre Einlage erst am 20.12.1983 geleistet hatte. Hierzu bestand nach Auffassung des BFH nach den getroffenen Vereinbarungen kein Anlass."

---

111 FR 1974 S. 485, 596.
112 A. A. Seer, DStR 1988 S. 600 und 604; Schlagheck, BBK 1995 S. 675.
113 Bordewin, DB 1996 S. 1359, 1370.
114 Schlagheck, BBK 1995 S. 675.
115 DB 1996 S. 1359 und 1371.

F. Besonderheiten bei Familienpersonengesellschaften

3.4 Zusammenfassung

47 Familienpersonengesellschaften sind grundsätzlich auch steuerlich anzuerkennen. Voraussetzung ist jedoch, dass ein Gesellschaftsvertrag mit klaren und eindeutigen Vereinbarungen abgeschlossen wird, dass er zivilrechtlich wirksam ist, einem Fremdvergleich standhält und dass er auch tatsächlich durchgeführt wird. Dem Angehörigen müssen mindestens annäherungsweise die Rechte und Pflichten eingeräumt werden, die ihm nach den zivilrechtlichen Regeln des jeweiligen Gesellschaftstyps zustehen.[116]

Die im Schrifttum vielfach erhobenen Bedenken gegen die Praxis der Finanzverwaltung und die BFH-Rechtsprechung, in einem Fremdvergleich zu ermitteln, ob außerbetriebliche Erwägungen zu einer nur eingeschränkt eingeräumten Mitunternehmerstellung geführt haben, erscheinen uns nicht gerechtfertigt. Auch ist u. E. **nicht** beabsichtigt, bei Familienpersonengesellschaften einen **anderen Maßstab** als bei Personengesellschaften unter Fremden für die Mitunternehmerschaft anzulegen.[117] Vielmehr zielt der beschriebene Katalog von Ernsthaftigkeitsmerkmalen der Mitunternehmerschaft bei Familienpersonengesellschaften[118] darauf ab, den unter Fremden üblichen und natürlich vorhandenen Interessengegensatz beim Aushandeln der gesellschaftsvertraglichen Bindung als Maßstab anzulegen. Gerade weil nur betriebliche Erwägungen das Beteiligungsverhältnis bestimmen sollen, sind an den Nachweis der Ernsthaftigkeit bei Verträgen von Familienmitgliedern **strenge Anforderungen** zu stellen.[119] Werden dann – oft als vorsorglich bezeichnete – Einschränkungen vereinbart, so bleibt nur die gesamte Abwägung und Würdigung aller Umstände, die das Gesamtbild der Verhältnisse geprägt haben. Die lange Reihe aufgezählter BFH-Entscheidungen[120] bezeugt diese Einschätzung. Wir stellen deshalb als **Merksätze** für die Prüfung der Mitunternehmerschaft bei Familienpersonengesellschaften zusammen:

48 a) Besteht eine formwirksam begründete Beteiligung am Gesamthandsvermögen der Personengesellschaft einschließlich der stillen Reserven? Oder gilt die Abfindung zum Buchwert bei vorzeitigem Ausscheiden für **alle** Gesellschafter ausnahmslos?

b) Ist das Familienmitglied am Gewinn und Verlust beteiligt?

c) Sind die im BGB für die GbR sowie im HGB für OHG und KG vorgesehenen Kontroll- und Kündigungsrechte einschließlich Einsicht in die Auseinandersetzungsbilanz beim Ausscheiden gewährleistet?

---
116 Bordewin, DB 1996 S. 1359.
117 Vgl. auch BVerfG, BStBl II 1970, 652.
118 Vgl. F. Rz. 21 ff., 32 ff., 42 ff.
119 Vgl. statt vieler BFH vom 29.01.1976, BStBl II 1976, 328.
120 Vgl. F. Rz. 21 ff., 32 ff., 42 ff. sowie in H 15.9 EStH.

3 Prüfung der Mitunternehmerschaft

d) Bestehen keine anderen Verträge oder Abmachungen neben dem Gesellschaftsvertrag, die das Mitunternehmerverhältnis betreffende einschränkende Regelungen enthalten? Solche Verträge oder Abmachungen könnten sein: Darlehensverträge, Pachtverträge, unentgeltliche Nutzungsüberlassungsverträge, Angestelltenverträge, Erbverträge, Vermächtnisregelungen, Schenkungsverträge, Erbauseinandersetzungsregelungen.[121]

e) Kann das Familienmitglied ohne außerbetrieblich veranlasste Beschränkungen über zustehende Gewinnanteile verfügen (Entnahmerecht)?

f) Kann das Familienmitglied nach einer von ihm selbst ausgesprochenen Kündigung des Gesellschaftsverhältnisses in angemessener Zeit über das gesamte Auseinandersetzungsguthaben verfügen?

Insbesondere bei an Familienmitglieder geschenkten Mitunternehmeranteilen sollen diese Punkte dabei helfen, den Beurteilungsmaßstab für die Mitunternehmer-Eigenschaft abzugeben.

Sind die Aussagen a) bis f) ausnahmslos bestätigt und bestehen keine Zweifel an der tatsächlichen Durchführung der getroffenen Vereinbarung, so ist die Mitunternehmerschaft und damit eine eigene betriebliche Einkunftsquelle des Familienmitglieds gegeben.

Hier ist der Vorschlag angebracht, in jedem Fall sämtliche Abreden **schriftlich** festzuhalten, damit der Gesellschaftsvertrag später möglichst wenig Spielraum für Streitigkeiten zwischen den Familienmitgliedern lässt. Sobald die Gesellschafter mehrere Generationen umfassen, könnten andernfalls heftige Auseinandersetzungen über Beteiligungsumfang, Stimm- und Entnahmerechte sowie Erbfolgeregelungen[122] auftreten, die die Betriebsführung stören. Die Finanzverwaltung lässt sich für den Fall nur mündlicher Vereinbarungen deren Inhalt im Allgemeinen schriftlich darlegen. Bei Beteiligung minderjähriger Kinder an einer Familienpersonengesellschaft wird das Vormundschaftsgericht vor Genehmigung auf der schriftlichen Festlegung aller getroffenen Vereinbarungen bestehen.

Die gleichen Grundsätze wie für Personengesellschaften gelten auch für die atypische stille Gesellschaft mit Familienangehörigen einschließlich der „GmbH und atypisch Still".[123]

3.5 Folgen der Ablehnung der Mitunternehmerschaft

Sind bürgerlich-rechtliche Formvorschriften nicht eingehalten (fehlt z. B. bei Minderjährigen die vormundschaftsgerichtliche Genehmigung oder der Abschlusspfleger) oder verhindern Entnahmebeschränkungen oder Mög-

---

121 Siehe O. Rz. 1 ff.
122 Siehe O. Rz. 1 ff.
123 Vgl. BFH vom 13.06.1989, BStBl II 1989, 720, und ausführlich Hottmann u. a., O. Rz. 1 ff.

F. Besonderheiten bei Familienpersonengesellschaften

lichkeiten der Kündigung des Gesellschaftsverhältnisses auch gegen den Willen des Familienmitglieds das Mitunternehmerverhältnis, so wird das betroffene Familienmitglied nicht an den Einkünften beteiligt. Wie oben mehrmals schon ausgeführt, besteht **keine betriebliche Einkunftsquelle:** Geleistete Zahlungen aufgrund der zivilrechtlich eingegangenen Verpflichtung sind gem. § 12 Nr. 2 EStG beim Geber nicht vom Einkommen abziehbar und beim Empfänger nicht als Einkünfte zu erfassen. Dies gilt bei den in aller Regel unbeschränkt steuerpflichtigen Familienmitgliedern.

Ist der Geber nicht unbeschränkt steuerpflichtig, so können wiederkehrende Bezüge gem. § 22 Nr. 1 Satz 2 EStG dem Empfänger als sonstige Einkünfte zuzurechnen sein. Diese zusätzliche Auswirkung der ständigen BFH-Rechtsprechung wird im Schrifttum abgelehnt.[124]

Die im Betrieb der Familienpersonengesellschaft erwirtschafteten Gewinne (und Verluste) sind denjenigen zuzurechnen, die sie erzielt haben (vgl. § 2 Abs. 1 Satz 1, 2. Halbsatz EStG). Das nicht als Mitunternehmer zu behandelnde Familienmitglied erzielt somit mangels Einkunftsquelle nicht selbst Einkünfte, sondern es erhält Zuwendungen gem. § 12 Nr. 2 EStG, die der Geber aus den von ihm erzielten Einkünften leistet. Betriebswirtschaftlich sind diese Geber insbesondere bei der KG der (oder die) persönlich haftende(n) Gesellschafter, von denen die „Gesellschaftseinlage" des Familienmitglieds stammt.

Beispiel:

Der alleinige persönlich haftende Gesellschafter V (Kapitalanteil 1.000.000 €) und die bis dahin einzige Kommanditistin, die Ehefrau M (Kapitalanteil 800.000 €), schenken den gemeinsamen Töchtern K und S jeweils eine Kommanditbeteiligung von 100.000 €. Nach dem bürgerlich-rechtlich formwirksam abgeschlossenen Gesellschaftsvertrag mit K und S haben diese bis zur Vollendung des 28. Lebensjahres keine Gesellschaftsrechte. Diese übt vielmehr V ohne Widerrufsrecht von K und S aus.

K und S sind keine Mitunternehmer, weil ihnen sehr lange Zeit keine Gesellschaftsrechte zustehen.[125] Der erzielte Gesamtgewinn der KG ist nur den Mitunternehmern V und M im angemessenen Verhältnis (vgl. § 168 Abs. 2 HGB) zuzurechnen.

Im Verfahren der gesonderten und einheitlichen Gewinnfeststellung sind K und S nicht einzubeziehen. K und S haben jedoch das Recht, gegen den entsprechenden Feststellungsbescheid mit der Ablehnung ihrer Mitunternehmerstellung Einspruch einzulegen.[126]

---

124 Vgl. Knobbe-Keuk, § 12 EStG m.w.N. Zum Problem der Einkunftsquelle vgl. Tipke, Übertragung von Einkunftsquellen im Steuerrecht.
125 Vgl. BFH vom 25.06.1981, BStBl II 1981, 779.
126 Vgl. Tipke/Kruse, Rz. 11 und 12 zu § 180 AO und § 352 Abs. 1 Nr. 1 und 2 AO.

# 4 Angemessenheit der Gewinnverteilung

3.6 Umdeuten in ein anderes Rechtsverhältnis

Ist nach den dargestellten Merkmalen für einen Gesellschafter einer KG die Mitunternehmerstellung abzulehnen, weil dieser z. B. vom Komplementär jederzeit zum Buchwert des Kapitalkontos aus der Gesellschaft hinausgekündigt werden kann, dann ist daran zu denken, den Vertrag in ein anderes Rechtsverhältnis, z. B. in eine typische stille Gesellschaft, umzudeuten. Die Gewinnanteile können dann Betriebsausgaben der KG sein.[127]

50

Beispiel:

Gewerbetreibender B erhielt von seiner Schwester S aufgrund der als Gesellschaftsvertrag bezeichneten Vereinbarung einen Scheck über 100.000 €. Nach der Vereinbarung kann B jederzeit kündigen und S mit dem genannten Betrag abfinden. S ist am Gewinn und Verlust des B beteiligt.

S hat die Stellung einer typisch stillen Gesellschafterin. B kann den Gewinnanteil als Betriebsausgabe gem. § 4 Abs. 4 EStG behandeln, weil eine Mitunternehmerschaft infolge des einseitigen Kündigungsrechts nicht anerkannt werden kann.

4 Angemessenheit der Gewinnverteilung

4.1 Vorbemerkung

Werden die im BGB und HGB geregelten Gesellschaftsverhältnisse im Gesellschaftsvertrag der Familienpersonengesellschaft im Einzelnen ergänzt oder zulässig durch eigene Vertragsinhalte ersetzt, so kann die Mitunternehmerschaft dadurch in Frage gestellt sein.[128] Ist die Mitunternehmerschaft aber dem Grunde nach anzuerkennen, so besteht die Möglichkeit, dass die beteiligten Familienmitglieder die **Gewinnverteilung unangemessen geregelt** haben. Die Faktoren der Gewinnverteilungsabreden sind:

51

Gesellschafterbeitrag:	Vergütung hierfür an den Gesellschafter:
Kapitalleistung (Geld, materielle und immaterielle WG)	angemessene Verzinsung nach dem Verkehrswert
Arbeitseinsatz und andere Dienstleistungen	Tätigkeitsvergütung oder Honorar nach üblichen Sätzen als Mitunternehmerlohn
Haftungsrisiko für Gesellschaftsschulden	Risikoprämien je nach kaufmännisch bewerteter Risikoverteilung für Komplementär und Kommanditisten
allgemeines Unternehmerwagnis und Geschäftswert	Restgewinn nach angemessenem Verhältnis

---

[127] Vgl. BFH vom 29.04.1981, BStBl II 1981, 663.
[128] Vgl. oben F. Rz. 21 ff. und 31 ff.

F. Besonderheiten bei Familienpersonengesellschaften

4.2 Höhe der Gewinnbeteiligung im Einzelnen

4.2.1 Vereinbarungen unter Fremden

52 Bei Gesellschaftsverhältnissen zwischen Fremden wird der Gewinnverteilungsschlüssel im Gesellschaftsvertrag so vereinbart, dass zunächst die besonderen Gesellschafterbeiträge angemessen aus dem erwirtschafteten Gesamtertrag vergütet werden.[129] Danach ist der Restgewinn angemessen zu verteilen.[130] Vergleiche auch §§ 121 und 168 HGB. Die sich ergebende Verteilung des Gesamtgewinns wird als angemessen bezeichnet, weil für sie der natürliche **Interessengegensatz** der Gesellschafter ausschlaggebend war.

Bei Gesellschaftsverhältnissen unter Familienangehörigen fehlt dieser Interessengegensatz oft (schon wegen der im Weg der Schenkung erworbenen Beteiligung), sodass es steuerlich geboten ist, die jeweilige tatsächliche Gesellschafterleistung und den darauf entfallenden Gewinnanteil in ein angemessenes Verhältnis zu bringen.

Die Gewinnverteilung im Rahmen der gesonderten und einheitlichen Gewinnfeststellung ist daher unabhängig von der steuerlichen Anerkennung der Familienpersonengesellschaft und der zivilrechtlichen Gewinnverteilungsabrede auf ihre steuerliche Angemessenheit zu überprüfen. Ziel ist dabei, die Gewinnverteilung wie zwischen Fremden durchzuführen und die zutreffenden Gewinnanteile steuerlich dem Gesellschafter zuzurechnen, der die entsprechenden Gesellschaftsbeiträge geleistet hat.[131]

4.2.2 Steuerlich angemessene Gewinnverteilung bei Mitunternehmerstellung der Beteiligten

4.2.2.1 Mitarbeit aller Gesellschafter

53 Die Mitarbeit **aller** Gesellschafter im Betrieb der Personengesellschaft führt in der Regel zu einer angemessenen Gewinnverteilung. Jeder tätige Mitunternehmer wird darauf achten, dass sämtliche Vorwegvergütungen für Kapital, Arbeit und überlassene Wirtschaftsgüter der Höhe nach zutreffend angesetzt werden und der verbleibende Restgewinn angemessen verteilt wird. Eine Änderung durch das Finanzamt ist nicht geboten.

Beispiel:
An einer Maschinenfabrik (KG) sind der Komplementär (Vater) und die drei Kommanditisten (Kinder) als Betriebsingenieure tätig. Alle vier Gesellschafter

---

[129] Z. B. Vergütungen für Tätigkeit einschl. Tantieme, für Übernahme der vollen persönlichen Haftung als Komplementär, für Kapitaleinlagen, für besondere Leistungen eines Gesellschafters wie Beratung, Vermittlung, Grundstücksüberlassung.

[130] Z. B. nach Köpfen, nach dem Verhältnis der festen Kapitalkonten oder nach dem festgelegten Verhältnis der Aufteilung des Auseinandersetzungsvermögens auf die Gesellschafter.

[131] Vgl. im Einzelnen R 15.9 Abs. 3 EStR; H 15.9 Abs. 3 und Abs. 5 EStH.

4 Angemessenheit der Gewinnverteilung

erhalten vertraglich eine Tätigkeitsvergütung, Tantieme und Restgewinnanteil nach Köpfen. Der Komplementär erhält vorweg eine Haftungsrisikoprämie.

Die Gewinnverteilung ist hier angemessen. Alle Gesellschafter sind tätig und es besteht ein natürlicher Interessengegensatz. Besonderheiten liegen nicht vor.

4.2.2.2 Mitarbeit nicht aller Gesellschafter

Nicht mitarbeitende voll- und minderjährige Gesellschafter können steuerlich nur Gewinnanteile zugerechnet erhalten, die „auf längere Sicht zu einer auch unter Berücksichtigung der gesellschaftsrechtlichen Beteiligung der Mitunternehmer angemessenen Verzinsung des tatsächlichen (gemeinen) Werts des Gesellschaftsanteils führen".[132] Dabei sind die Leistungen der mitarbeitenden Gesellschafter **vorweg** angemessen zu vergüten. Daher kommt es entscheidend auf die Feststellung bei der einzelnen Personengesellschaft an, welche Gesellschafterbeiträge zur Gewinnerzielung in welchem Umfang beigetragen haben. 54

Beispiel:

Ein selbständiger Handelsvertreter für Werkzeugmaschinen erzielte als Einzelunternehmer einen durchschnittlichen Jahresgewinn von 400.000 €. Mit Wirkung ab 01.01.01 errichtet er mit seinen zwei minderjährigen, nicht mitarbeitenden Kindern als Kommanditisten eine formgerecht abgeschlossene KG mit einem Gesamtkapital von 200.000 €. Jeder Kinderkommanditist erhält einen Kommanditanteil von 20.000 €. Die Gesellschaftsbeiträge des Vaters werden **nicht** vorweg vergütet. Jeder Kommanditist erhält nach dem Kapitalverhältnis 10 % von 400.000 € = 40.000 € Gewinnanteil.

Das entspricht einer Verzinsung des eingesetzten Kapitals von 200 %. Dies ist schon deshalb unangemessen hoch, weil eine Handelsvertretung ein besonders arbeitsintensiver Betrieb ist. Unter Fremden ware deshalb z. B. folgende Gewinnverteilung denkbar:

	Vater €	Kind 1 €	Kind 2 €	Gesamt €
Erzielbarer Gewinn				400.000
Tätigkeitsvergütung	180.000			./. 180.000
Haftungsprämie (30 %)	120.000			./. 120.000
Erfolgsprämie (40 % des 300.000 € übersteigenden Gewinns)	40.000			./. 40.000
Restgewinn nach Kapitalanteilen (80 %)	48.000	(10 %) 6.000	(10 %) 6.000	./. 60.000
Gesamtgewinn(anteil)	388.000	6.000	6.000	0

---
132 BFH vom 29.05.1972, BStBl II 1973, 5, und H 15.9 Abs. 3 „Allgemeines" EStH.

F. Besonderheiten bei Familienpersonengesellschaften

Daraus folgt: Gegenstand der Prüfung der Angemessenheit der Gewinnverteilung ist die im Einzelfall vereinbarte **Gewinnverteilungsabrede** bei Abschluss des Gesellschaftsvertrags.[133]

4.2.2.3 Durchführung der steuerlichen Gewinnverteilung bei einer KG

55 Der Gewinnanteil jedes Gesellschafters soll grundsätzlich eine angemessene Rendite des Kommanditanteils sichern.[134] Dabei wird unterschieden zwischen

— **entgeltlich** erworbenem Kommanditanteil (eigene Mittel des Kommanditisten); hier ist die Rendite nach Vorabvergütung der Komplementärleistungen ohne feste Grenze des gemeinen Werts der Kommanditeinlage angemessen festzulegen;[135]

— **unentgeltlich** erworbenem Kommanditanteil (geschenkte Mittel); hier soll die Rendite bis zu 15 % des gemeinen Werts der Kommanditeinlage betragen;[136]

— Gewinnverteilung nach dem **Buchwert der Einlagen,** soweit das Gesellschaftsverhältnis einseitig gekündigt werden kann und eine Auszahlung des Kapitals ohne stille Reserven erfolgt.[137]

4.2.2.4 Ermittlung des Gewinnprozentsatzes bei einem Kommanditisten

56 Einem Kommanditisten kann abweichend vom Gesellschaftsvertrag eine angemessene Rendite seiner Kapitalbeteiligung zugewiesen werden.[138]

Dabei ist zunächst der reale Wert des Gesamthandsvermögens der KG zum Zeitpunkt des Abschlusses der Gewinnverteilungsabrede zu ermitteln. Sämtliche Wirtschaftsgüter sind hierzu mit dem Teilwert anzusetzen. Das gilt auch für Erfindungen, Kundenstamm oder einen (schon vorhandenen derivativen oder originären) Geschäftswert, der gegebenenfalls nach den Grundsätzen des Stuttgarter Verfahrens für die Bewertung nicht notierter Anteile an Kapitalgesellschaften ermittelt werden kann.

Dieser Wert des Gesamthandsvermögens ist nach dem Gesellschaftsvertrag auf die Gesellschafter zu verteilen (wobei darauf hinzuweisen ist, dass die Höhe des nominalen Gesamtkapitals und die Anteile der Gesellschafter hieran im Gesellschaftsvertrag völlig frei festgelegt werden können).

---

133 BFH vom 29.03.1973, BStBl II 1973, 489.
134 BFH vom 04.06.1973, BStBl II 1973, 866.
135 Vgl. H 15.9 Abs. 3 „Eigene Mittel" EStH.
136 Vgl. H 15.9 Abs. 3 „Allgemeines" EStH.
137 Vgl. H 15.9 Abs. 3 „Buchwertabfindung" EStH.
138 Zur Kritik vgl. Littmann/Bitz/Pust, Rz. 109 ff. zu § 15 EStG, mit Zahlenbeispielen zur BFH-Rechtsprechung.

4 Angemessenheit der Gewinnverteilung

Beispiel 1:
Im Fall des Handelsvertreters[139] könnte das festgelegte Gesamtkapital vertraglich auch im Verhältnis 50 : 25 : 25 aufgeteilt werden (100.000 € : 50.000 € : 50.000 €).

Beispiel 2:
Sind die Kapitalanteile einzelner Gesellschafter durch Beschränkung ihrer Gesellschaftsrechte im Wert beeinflusst (z. B. durch Stimmrechts- oder Kündigungsbeschränkungen), so kann dies den realen Wert des Kommanditanteils mindern.[140]

Der künftig angemessene Gewinnanteil des kapitalistisch beteiligten Kommanditisten ergibt sich nun, wenn der vom BFH zugelassene Prozentsatz von 15 % bzw. ein höherer Prozentsatz auf den Anteil des Kommanditisten am realen Gesamthandsvermögen angewendet wird. Dabei ist auf den fiktiven Gewinn abzustellen, der im Durchschnitt der **folgenden fünf Jahre** nach den zum Zeitpunkt der Gewinnverteilungsabrede bekannten Umständen erzielbar ist. Als Anhaltspunkt dient dabei die Gewinnentwicklung der vergangenen fünf Jahre vor der neuen Gewinnverteilungsabrede. Gesellschaftsbeiträge der tätigen Gesellschafter müssen vorher abgezogen werden. Ergebnis ist ein geänderter steuerlicher Gewinnverteilungsschlüssel, der auf das jeweils tatsächlich erzielte Gesamtergebnis so lange unverändert angewendet wird, wie die betrieblichen Verhältnisse gleich bleiben.[141]

Ausnahmsweise ist eine geringere Normalrendite (z. B. 10 % bis 12 %) anzunehmen, wenn zwar die Mitunternehmerschaft besteht, aber das Familienmitglied gar nicht oder unter bestimmten Umständen (z. B. bei Wegzug auf Dauer ins Ausland) nicht an den stillen Reserven beim Ausscheiden beteiligt ist oder die Gewinnanteile nur mit Einschränkungen entnommen werden können.

4.2.2.5 Beispiel einer Änderung der steuerlichen Gewinnverteilung

Ein Steuerpflichtiger (V) betrieb bis zum 31.12.01 ein Einzelunternehmen. Sein Gewinn **nach** Abzug einer kalkulatorischen Tätigkeitsvergütung von 50.000 Euro und einer Haftungsprämie von 30.000 Euro betrug in den vergangenen fünf Jahren durchschnittlich 300.000 Euro (eine Änderung ist nicht zu erwarten), das ausgewiesene (Buch-)Eigenkapital ohne stille Reserven am 31.12.01 500.000 Euro. Geschätztes Realkapital (einschließlich stille Reserven und Geschäftswert): 1.000.000 Euro.

Am 01.01.02 gründet V mit seinen künftig nicht mitarbeitenden Kindern (K 1 und K 2) eine KG, indem er auf sie von seinem nominalen Kapital jeweils 100.000 Euro als Kommanditanteil überträgt und den Restbetrag als

---

139 Oben F. Rz. 54.
140 BFH vom 27.09.1973, BStBl II 1974, 51, und H 15.9 Abs. 3 „Verfügungsbeschränkungen" EStH.
141 H 15.9 Abs. 3 „Allgemeines und Veränderung der Gewinnverteilung" EStH.

F. Besonderheiten bei Familienpersonengesellschaften

Kapitalanteil weiterführt. Den Wert der Kommanditanteile beschränkende Gesellschaftsvertragsklauseln bestehen nicht. Der reale Wert der Kommanditanteile von K 1 und K 2 beträgt daher im Schenkungszeitpunkt = Gründungszeitpunkt der KG (01.01.02) je 200.000 Euro.

	V	K 1	K 2
Nominalkapital	300.000 €	100.000 €	100.000 €
Realkapital	600.000 €	200.000 €	200.000 €

Die Gewinnverteilung lt. Gesellschaftsvertrag wurde wie folgt vereinbart: Restgewinn **nach** Abzug der Vorabvergütungen für V im Verhältnis der Kapitalanteile, also 60 : 20 : 20.

Das Verhältnis zwischen dem Realwert des gesamten Betriebsvermögens bei Abschluss des Gesellschaftsvertrags (1.000.000 Euro) und dem durchschnittlich erzielbaren Gewinn (Restgewinn ohne Tätigkeits- und Haftungsvergütung) von voraussichtlich 300.000 Euro führt zu folgendem steuerlich zugrunde zu legendem Gewinnverteilungsschlüssel:

Realkapital je Kind:	angemessene Verzinsung je Kind lt. BFH:	Verhältnis zum durchschnittlichen Gesamtgewinn ohne Vorwegvergütungen:
200.000 €	15 % = 30.000 €[142]	(zu 300.000 € =) 10 %

Damit ergibt sich folgender **steuerlich angemessener** Gewinnverteilungsschlüssel der KG:

V = Vorwegvergütungen + 80 % vom Restgewinn;
K 1 und K 2 je 10 % vom Restgewinn.

Dieser so festgestellte steuerliche Gewinnverteilungsschlüssel bleibt so lange bestehen, bis eine wesentliche Änderung der Verhältnisse eintritt, die bei Fremden zu einer Änderung der Gewinnverteilungsabrede führt, z. B. Eintritt, Ausscheiden von Gesellschaftern, Änderung des Gesellschaftszwecks.[143]

Die überhöhten Gewinnanteile stellen Zuwendungen i. S. des § 12 Nr. 2 EStG dar; die handelsrechtlich zugewiesenen Gewinnanteile erhöhen den Kapitalanteil des Kommanditisten und sind bei Ausscheiden auszuzahlen. Die aus gutgeschriebenen überhöhten Gewinnanteilen stammenden Zinsgutschriften sind künftig als Vorabvergütung vor Restgewinnverteilung zuzurechnen.

4.2.2.6 Sonderfälle

58 Wurden die Mitunternehmeranteile durch einen Familienangehörigen entgeltlich oder durch Schenkung oder von Todes wegen erworben oder (und)

---
[142] H 15.9 Abs. 3 „Allgemeines" EStH.
[143] H 15.9 Abs. 3 „Veränderung der Gewinnverteilung" EStH.

4 Angemessenheit der Gewinnverteilung

arbeitet der **Familienangehörige** in der Personengesellschaft **mit,** so gilt die 15 %-Grenze nicht. Auch in diesen Fällen muss jedoch geprüft werden, ob die dem Familienangehörigen nach den vertraglichen Vereinbarungen eingeräumte Gewinnquote angemessen ist. Es ist zu untersuchen, ob einem Fremden dieselbe Gewinnbeteiligung eingeräumt worden wäre.[144] Der BFH geht davon aus, dass einem fremden Kommanditisten ein bestimmter Prozentsatz vom Gewinn eingeräumt würde, der zu einer angemessenen Rendite der Einlage des Kommanditisten führt, aber dem Komplementär neben einer mindestens gleich hohen Rendite seiner Einlage eine angemessene Vergütung seiner Sonderleistungen (z. B. Tätigkeitsvergütung, Haftungsprämie usw.) sichert. Auch hier ist die Gewinnverteilungsabrede auf den Zeitpunkt des Vertragsabschlusses zu prüfen. Eine feste Obergrenze ist der Rechtsprechung – anders als bei stillen Familienbeteiligungen mit eigenen Mitteln – bei mitunternehmerischen Beteiligungen von Familienmitgliedern aus eigenen Mitteln nicht zu entnehmen. Man kann aber in diesen Fällen eine Rendite von 25 bis 35 % des gemeinen Werts des Gesellschaftsanteils ansetzen, wenn er aus **eigenen** Mitteln des Familienmitglieds bezahlt wurde. Denn der BFH hat für einen typisch stillen Gesellschafter mit Verlustbeteiligung im Urteil vom 16.12.1981[145] sogar bis zu 35 % zugelassen.

4.2.2.7 Sonderbetriebsvermögen bei der Gewinnverteilung

Sonderbetriebsvermögen wird einkommensteuerlich gleich behandelt wie der Anteil des Gesellschafters am Gesamthandsvermögen. Im Rahmen der Gewinnverteilung hat der Gesellschafter, der Eigentümer des Sonderbetriebsvermögens ist, Anspruch auf eine angemessene Vorabvergütung. Bei Berechnung der Obergrenze für die Angemessenheit des Gewinnanteils muss bei geschenkten Beteiligungen der Wert des Sonderbetriebsvermögens in die Bemessungsgrundlage für den Höchstsatz von 15 % einbezogen werden. Die Überlassung des Sonderbetriebsvermögens ist ein weiterer Gesellschafterbeitrag.

59

Beispiel:

Der Vater nimmt seinen Sohn in den bisher als Einzelunternehmen geführten Betrieb schenkungsweise als Kommanditisten auf. Der Sohn arbeitet nicht mit. Das Kapitalkonto des Vaters nach der Kapitalschenkung beträgt 200.000 € (realer Wert 400.000 €). Die Nominalbeteiligung des Sohnes beläuft sich auf 50.000 € (realer Wert 100.000 €). Ein dem Sohn gehörendes Werkstattgrundstück, ebenfalls vom Vater geschenkt, mit einem Verkehrswert von 300.000 € wird ausschließlich von der KG genutzt (notwendiges Sonderbetriebsvermögen des Sohnes). Der durchschnittlich erzielbare Restgewinn (nach Abzug der

---

144 BFH vom 04.06.1973, BStBl II 1973, 866.
145 BStBl II 1982, 387.

F. Besonderheiten bei Familienpersonengesellschaften

Tätigkeitsvergütung und Haftungsvergütung für den Vater, aber vor Abzug von Mietzahlungen an den Sohn) beträgt 1.000.000 €.

Für den Sohn ist folgender Gewinnanteil steuerlich gerechtfertigt:

Realer Wert des Kommanditanteils	100.000 €
Realer Wert des Sonderbetriebsvermögens	300.000 €
Vom Sohn eingesetztes Realkapital insgesamt	400.000 €

Rendite höchstens 15 % = 60.000 €.

Erhält der Sohn für das Werkstattgebäude jährliche Mietzahlungen von 40.000 €, so entfallen von dem danach verbleibenden Restgewinn von 1.000.000 € ./. 40.000 € = 960.000 € auf ihn noch (60.000 € ./. 40.000 € =) 20.000 € = rd. 2,1 % (aus 960.000 €). Ohne die Zurverfügungstellung des Grundstücks hätte sein steuerlich zulässiger Gewinnanteil (15 % aus 100.000 € = 15.000 €) nur 1,56 % (15.000 € bezogen auf 960.000 € Restgewinn) betragen. Der festgestellte Prozentsatz von 2,1 % ist auf den tatsächlich erzielten Restgewinn in den einzelnen Wj. anzuwenden.

4.2.2.8 Änderung von Gewinnverteilungsabreden bei einer bestehenden Familienpersonengesellschaft

60 Regeln die Gesellschafter in einer durchgreifenden Neuordnung der Gesellschaftsrechte auch die Kapitalbeteiligungen, Auseinandersetzungsregelungen und die Gewinnverteilung neu, so ist die Angemessenheitsprüfung nach den dargestellten Grundsätzen neu vorzunehmen. Im Übrigen ist eine rückwirkende Änderung der Gewinnverteilung bei betrieblicher Veranlassung mindestens auf den Beginn des Wirtschaftsjahrs zulässig.[146]

4.3 Besonderheiten bei stiller Beteiligung und Unterbeteiligung

4.3.1 Atypisch stille Beteiligung und atypische Unterbeteiligung

61 Bei atypischen Beteiligungen liegt – mit wenigen Ausnahmen – regelmäßig eine Mitunternehmerstellung der betreffenden Angehörigen vor. Aus diesem Grunde gelten hier alle Ausführungen zu 4.2 entsprechend. Insbesondere ist vom Realwert der Beteiligung und von den dort dargestellten Prozentsätzen auszugehen: 15 % bei Schenkungen, höher bei Beteiligungen aus eigenen Mitteln.[147]

4.3.2 Typisch stille Beteiligung und typische Unterbeteiligung

62 Hier sind zwei wesentliche Unterschiede zur echten Mitunternehmerstellung zu beachten:

— Grundlage ist der **Nominalwert** der Beteiligung.

---

[146] Vgl. Barske, NWB, F. 18, 2677 ff.; Schmidt/Wacker, § 15 EStG Rz. 729, insbes. zur GmbH & Co. KG; vgl. auch R. Rz. 65 ff.
[147] Vgl. oben F. Rz. 56 bis 59.

4 Angemessenheit der Gewinnverteilung

— Die Rechtsprechung hat für alle Möglichkeiten **feste Prozentsätze** festgelegt.

Der Nominalwert der Beteiligung ist deshalb anzusetzen, weil der typisch still Beteiligte oder der typisch Unterbeteiligte nicht an den stillen Reserven teilhat. Seine Beteiligung ist eine Art schuldrechtlicher Anspruch auf Rückübertragung der Einlage zum Nennwert.

Nach der Rechtsprechung[148] ergeben sich folgende Prozentsätze, die auf die Einlage zu beziehen und dann zum Gesamtgewinn ins Verhältnis zu setzen sind:

— bei typischer stiller Beteiligung aus geschenkten Mitteln und einer Beteiligung am Gewinn und Verlust = 15 %[149]

— bei typischen stillen Beteiligungen, die aus eigenen Mitteln der Kinder finanziert werden, bei Beteiligung am Gewinn und Verlust 35 % und bei Beteiligung lediglich am Gewinn 25 %[150]

Bei typischer stiller Beteiligung aus geschenkten Mitteln und einer Beteiligung nur am Gewinn gibt es eine Besonderheit. Hier hat der BFH mit Urteil vom 21.10.1992[151] entschieden: **63**

„Wendet ein Stpfl. seinen **minderjährigen** Kindern Geldbeträge zu mit der Auflage, diese ihm sogleich wieder als Einlage im Rahmen einer typischen stillen Gesellschaft zur Verfügung zu stellen, sind die Gewinnanteile bei der Ermittlung der Einkünfte aus Gewerbebetrieb jedenfalls dann nicht abziehbare Zuwendungen i. S. des § 12 Nr. 2 EStG, wenn eine Verlustbeteiligung ausgeschlossen ist."

Der BFH hat also diese stille Beteiligung überhaupt nicht anerkannt.

Die Finanzverwaltung hat mit Schreiben vom 01.12.1992[152] diese Rechtsprechung übernommen. In dem BMF-Schreiben geht es zwar um Darlehensverträge zwischen nahen Angehörigen, es ist aber in Tz. 9 am Ende auch zu der nach dem 31.12.1992 schenkweise begründeten stillen Beteiligung Stellung bezogen worden.

Da diese Nichtanerkennung nur für minderjährige Angehörige gilt, ist bei erwachsenen Angehörigen der 12 %-Satz bei nur Gewinnbeteiligung weiterhin anzuwenden.[153]

Wurde im Gesellschaftsvertrag ein zu hoher Gewinnanteil für die Kinder vereinbart, so ist wie bei der Mitunternehmerschaft nicht der gesamte **64**

---
148 H 15.9 Abs. 5 „Eigene Mittel und schenkweise eingeräumte stille Beteiligung" EStH.
149 H 15.9 Abs. 5 „Schenkweise eingeräumte stille Beteiligung" EStH.
150 H 15.9 Abs. 5 „Eigene Mittel" EStH.
151 BStBl II 1993, 289.
152 BStBl I 1992, 729.
153 Vgl. BFH vom 21.10.1992 (a. a. O.); BMF vom 01.12.1992 (a. a. O.); H 15.9 Abs. 4 „Verlustbeteiligung" EStH und H 15.9 Abs. 5 „Schenkweise eingeräumte stille Beteiligung" EStH.

F. Besonderheiten bei Familienpersonengesellschaften

Gesellschaftsvertrag nichtig; vielmehr anerkennt die Finanzverwaltung dann lediglich den Prozentsatz, der sich nach der obigen Berechnungsmethode ergibt. Der überschießende Betrag wird den Eltern bzw. dem Vater oder der Mutter zugerechnet, d. h., der Betriebsausgabenabzug bei den Eltern und die Zurechnung von Einkünften gem. § 20 EStG bei den Kindern verringern sich also.

65

Übersicht mit angenommenen Zahlen

Schenkung an den Stillen		Eigene Mittel des Stillen	
↓	↓	↓	↓
Nur Gewinn-beteiligung	Gewinn-und-Verlust-Beteiligung	Nur Gewinn-beteiligung	Gewinn-und-Verlust-Beteiligung
12 %	15 %	25 %	35 %

Nominalkapital des Stillen	Angemessene Verzinsung	Zukünftiger durchschnittlicher Restgewinn
100.000 €		300.000 €
Schenkung und nur Gewinn	12 % = 12.000 €	= 4 % von 300.000 €
Schenkung, Gewinn und Verlust	15 % = 15.000 €	= 5 % von 300.000 €
Eigene Mittel und nur Gewinn	25 % = 25.000 €	= $8^{1}/_{3}$ % von 300.000 €
Eigene Mittel, Gewinn und Verlust	35 % = 35.000 €	= $11^{2}/_{3}$ % von 300.000 €

Bei einem angenommenen Nominalkapital der stillen Beteiligung von 100.000 Euro und bei einem angenommenen zukünftigen Restgewinn von 300.000 Euro ergibt sich daher je nach Aufbringung des Kapitals und der Beteiligungsart eine Zurechnung des Gewinns bzw. auch Verlustes beim Kind von 4 % bis $11^{2}/_{3}$ %.

Beispiel 1:

Das minderjährige Kind K beteiligt sich zivilrechtlich wirksam typisch still am Betrieb seines Vaters mit 200.000 €. K hat die 200.000 € vor Jahren bei einer Erbschaft von einer Tante erhalten.

V und K haben eine Gewinn-und-Verlust-Beteiligung für K i. H. von 20 % im Gesellschaftsvertrag festgelegt. Der durchschnittliche Restgewinn nach Abzug einer Tätigkeitsvergütung für V wird auf 500.000 € geschätzt. Im Jahre 05 soll K aufgrund eines Gewinns des Einzelunternehmens des V von 432.000 € einen Gewinnanteil von 20 %, also 86.400 €, erhalten. V bucht diesen Betrag bei den Abschlussbuchungen als Aufwand (Buchung: Aufwand still Beteiligter an sonstige Verbindlichkeit 86.400 €).

4 Angemessenheit der Gewinnverteilung

Da die Mittel von einer Tante stammen und diese am Unternehmen nicht beteiligt ist, handelt es sich um eigene Mittel des K. K ist am Gewinn und Verlust beteiligt.

Nominalkapital	Prozentsatz	Geschätzter Restgewinn
200.000 €	35 % = 70.000 € (von 200.000 €)	500.000 € (70.000 € von 500.000 €) = 14 %

K kann also höchstens mit 14 % beteiligt werden. Ihm steht für das Jahr 05 somit ein Gewinn von 60.480 € (14 % von 432.000 €) zu. V hat den Aufwand um 25.920 € zu hoch angesetzt. Insoweit hat er seine GuV zu berichtigen. K hat Einkünfte gem. § 20 EStG i. H. von 60.480 €.

Beispiel 2:

A ist Eigentümer einer Maschinenfabrik in Stuttgart. Am 01.07.08 schloss A mit seinem 10-jährigen **nichtehelichen** Kind F, vertreten durch seine Mutter H, einen notariellen Vertrag mit vormundschaftlicher Genehmigung über eine stille Gesellschaft mit Wirkung vom 01.01.08 ab.

Nach diesem Vertrag erhält F 100.000 € von A aus seinem Betrieb schenkungsweise zur Verfügung gestellt. Diesen Betrag legt F gleichzeitig in die Firma des A ein. F erhält 2 % des Gewinns des A nach Abzug einer Vergütung für Arbeitsleistungen und Haftung des Betriebsinhabers, höchstens jedoch 20 % der Einlage. F nimmt am Gewinn und Verlust des Unternehmens teil. Der Gewinnanteil des F ist jeweils am 01.04. des folgenden Jahres fällig. An den stillen Reserven im Falle der Auflösung oder Veräußerung des Unternehmens im Ganzen ist F nicht beteiligt.

Am 01.07.08 ließ A folgende Buchung durchführen:

Aufwand
für stillen Gesellschafter an Verbindlichkeiten gegenüber
dem stillen Gesellschafter 100.000 €

Bei den vorbereitenden Abschlussbuchungen auf den 31.12.08 wurden über Aufwand 20.000 € als Rückstellung für den Gewinnanteil des F eingestellt.

Das Finanzamt stellte dazu fest:

Am 30.06.08 (vor Abbuchung der 100.000 €) betrug der wirkliche Wert des Betriebsvermögens des A 5.000.000 € und der Buchwert 2.500.000 €.

Am 01.07.08 war für die nächsten fünf Jahre ein durchschnittlicher Jahresertrag nach Abzug einer Vergütung für Arbeitsleistungen und Haftung des Betriebsinhabers von 1.000.000 € zu erwarten.

Es ist davon auszugehen, dass ein Betrag von 300.000 € für Arbeitsleistung und Haftung des Unternehmers A angemessen ist. Im Jahr 08 hat A einen Gewinn von insgesamt 900.000 € erklärt.

Folgende Fragen sind zu stellen:
- Ist F wirksam stiller Gesellschafter des A geworden?
- Wenn ja, wie hoch ist ggf. der Gewinnanteil des F für das Jahr 08?

781

F. Besonderheiten bei Familienpersonengesellschaften

- Wie hoch ist der zutreffende steuerliche Gesamtgewinn des A für das Wirtschaftsjahr = Kalenderjahr 08?

Es liegen keine Umstände vor, die dazu führen, dass die stille Gesellschaft nicht anerkannt werden kann. Die Genehmigung des Vormundschaftsgerichts ist erforderlich, da F auch am Verlust beteiligt ist. Sie liegt vor. Die Schenkung ist notariell beurkundet, also formwirksam erfolgt.

Es handelt sich um eine **typische** stille Gesellschaft und nicht etwa um eine Mitunternehmerschaft. Die Zahlungen sind deshalb insoweit, als sie angemessen sind, Betriebsausgaben. Dabei ist zu beachten, dass bei der typischen stillen Gesellschaft der Nominalwert der Einlage des stillen Gesellschafters dem Realwert dieser Einlage entspricht. Nach dem Wertverhältnis des wirklichen Kapitaleinsatzes (4.900.000 € : 100.000 €) wäre der Gewinnverteilungsschlüssel von 2 % nicht zu beanstanden.

Bei vorausgegangener Kapitalschenkung darf jedoch die höchstzulässige Rendite nur 15 % der Einlage (= 15.000 €) betragen.[154] Das sind im vorliegenden Fall 1,5 % des bereinigten Gewinns. Außerdem sind rückwirkende Vereinbarungen unzulässig. Es ist deshalb ab 01.07.08 nur $^1/_2$ des Jahresgewinnanteils zu berücksichtigen. Der berichtigte vorläufige Gewinn beträgt 1.020.000 € (erklärt 900.000 € + falsche Aufwandsbuchung 100.000 € + Auflösung der Rückstellung 20.000 €). Davon gehen als Vorausvergütung 300.000 € ab. Es bleiben 720.000 €. Davon 1,5 % ergeben 10.800 €. Der Gewinnanteil des stillen Gesellschafters F ab 01.07.08 beträgt 50 % von 10.800 € = 5.400 €. In dieser Höhe ist über Aufwand eine sonstige Verbindlichkeit gegenüber dem typisch stillen Gesellschafter zu buchen.

Berichtigter Gewinn aus Gewerbebetrieb
des A in 08: 1.020.000 €
./. 5.400 €
1.014.600 €

5 Einzelfälle

5.1 Gründung einer KG mit Kind und Enkel unter Einbeziehung eines Firmenwerts – Schenkung – keine Mitarbeit

66 Fabrikant F führte bis 31.12.05 seine Maschinenfabrik als Einzelfirma. Buchwert des Kapitalkontos zum 31.12.05 500.000 €. Nach einer zu Teilwerten aufgestellten Vermögensübersicht ergeben sich insgesamt stille Reserven von 400.000 €. Mit Wirkung vom 01.01.06 hat F mit seiner nicht mitarbeitenden Tochter T und seinem nicht mitarbeitenden Enkel E bürgerlich-rechtlich formwirksam eine KG gegründet und gleichzeitig T und E jeweils einen Kommanditanteil mit einem anteiligen Buchwert von 50.000 € geschenkt.

---

154 Vgl. H 15.9 Abs. 5 „Schenkweise eingeräumte stille Beteiligung" EStH.

5 Einzelfälle

Das Gesellschaftskapital der KG von 500.000 € steht ab 01.01.06 F mit 400.000 €, T mit 50.000 € und E mit 50.000 € zu. Alle Gesellschafter sind Mitunternehmer und am Gewinn der KG je zu ⅓ (nach Köpfen) beteiligt.
Für die Jahre 01 bis 05 werden folgende Angaben gemacht:

Jahr	Gewinn des F (Einzelfirma)	Angemessener Unternehmerlohn für F	Restgewinn
01	180.000 €	80.000 €	100.000 €
02	300.000 €	80.000 €	220.000 €
03	260.000 €	120.000 €	140.000 €
04	320.000 €	120.000 €	200.000 €
05	340.000 €	120.000 €	220.000 €

Der Durchschnitt des Gewinns der letzten fünf Jahre beträgt: 176.000 €

Für die Feststellung des realen Werts des Betriebs ist der Firmenwert mit einzubeziehen. Nach der Rechtsprechung des BFH zur Berechnung des Firmenwerts[155] kann zu dem ermittelten Teilwert des Betriebs der KG noch ein Zuschlag erfolgen. Der Durchschnittsgewinn wird nach Abzug des Unternehmerlohns zugrunde gelegt. Ausgegangen wird von einer üblichen Ertragsquote von 10 % des eingesetzten Kapitals.

Berechnung des Firmenwerts:

Durchschnittsgewinn ohne Unternehmerlohn	176.000 €
Ertragswert = $\dfrac{176.000\ € \times 100}{10}$	1.760.000 €

Firmenwert = Ertragswert ./. Kapital einschl. stille Reserven
= 1.760.000 € ./. 900.000 €   860.000 €
Abschlag für Schätzungsmängel 50 %   430.000 €
                                                           430.000 €

Gesamtwert des Betriebs der KG einschl.
Firmenwert (Buchwert 500.000 € + stille Reserven 400.000 €
+ Firmenwert 430.000 €)   1.330.000 €

Davon entfallen auf einen geschenkten
Kommanditanteil (Buchwert 50.000 €) 10 %   133.000 €

Die Normalrendite beträgt 15 % von 133.000 €   19.950 €

Bezogen auf den Durchschnitts-Restgewinn von 176.000 €
sind das = $\dfrac{19.950\ € \times 100}{176.000\ €}$ 11,34 %

Der angemessene Gewinnanteil je geschenktem Kommanditanteil beträgt somit höchstens 11,34 % des in den Jahren ab 06 tatsächlich erzielten Restgewinns.

---

[155] Z. B. indirekte Methode, vgl. BFH vom 28.10.1976, BStBl II 1977, 73, und vom 08.12.1976, BStBl II 1977, 409.

F. Besonderheiten bei Familienpersonengesellschaften

5.2 Gründung einer KG mit drei Kindern, nur zwei sind volljährig – ein Kind arbeitet mit – Schenkung – kein Abschlusspfleger – Firmenwert – Einschränkung des Kündigungsrechts – negative Ergänzungsbilanz

67 M betreibt seit vielen Jahren eine elektrotechnische Werkstatt in Ludwigsburg. Mit Wirkung vom 01.07.07 gründete er mit seinen drei Kindern die M-KG, in der er sein Einzelunternehmen einbrachte. Die von den Kindern bar zu leistende Einlage von jeweils 500.000 Euro erhielten sie aus privaten Mitteln von M geschenkt. Sohn K ist 25 Jahre alt, Tochter C 19 Jahre und Tochter V 15 Jahre. Sohn K arbeitet in der KG mit.

Der Gesellschaftsvertrag vom 26.06.07 wurde notariell beurkundet und sieht u. a. folgende Vereinbarungen vor:

— Zum Komplementär der KG und zu ihrem Geschäftsführer wird M bestellt. Seine Beteiligung beträgt 50 %.

— Zu Kommanditisten werden seine drei Kinder K, C und V bestellt mit einer Einlage von je 500.000 Euro. Ihre Beteiligung beträgt jeweils 16,66 % ($^1/_6$).

— Die KG erstellt – soweit möglich – eine einheitliche Handels- und Steuerbilanz; Bilanzstichtag der KG ist – wie bei der bisherigen Einzelfirma – der 31.12.

— Der Gewinn und Verlust lt. Handels- und Steuerbilanz wird entsprechend den Beteiligungsverhältnissen auf die vier Gesellschafter verteilt. Gewinne und Verluste der Gesellschafter aus etwaigen Ergänzungsbilanzen und Sonderbilanzen der Gesellschafter werden allerdings nur den jeweiligen Gesellschaftern zugerechnet.

— Das Stimmrecht der Gesellschafter richtet sich nach der Beteiligung, also M 50 %, K, C und V je $^1/_6$.

— Bei einem Ausscheiden erhält jeder Gesellschafter den Teilwert seiner Beteiligung. Sollte allerdings einer der Gesellschafter innerhalb der ersten acht Jahre seit Gründung der KG aus dieser ausscheiden, erhält er nur den Buchwert seiner Beteiligung.

Die übrigen Bestimmungen im Gesellschaftsvertrag entsprechen denen unter Fremden.

Der Gesellschaftsvertrag wurde weder vormundschaftsgerichtlich genehmigt (da nicht beantragt), noch wurden die Kinder durch Abschlusspfleger vertreten.

In der von M zum 30.06.07 erstellten Schlussbilanz der Einzelfirma ergab sich unter Berücksichtigung des nicht zu beanstandenden Gewinns von 300.000 Euro für die Zeit vom 01.01. bis 30.06.07 ein Kapital von 500.000 Euro. Bei vorhandenen stillen Reserven beim Anlagevermögen von 400.000 Euro, beim Umlaufvermögen von 0 Euro und einem originären Fir-

5 Einzelfälle

menwert von 600.000 Euro erstellte die KG zum 01.07.07 folgende – zusammengefasst wiedergegebene – Eröffnungsbilanz, in der alle Wirtschaftsgüter mit den Teilwerten angesetzt wurden:

Aktiva	Eröffnungsbilanz der KG 01.07.07		Passiva
Anlagevermögen	1.600.000 €	Kapital M	1.500.000 €
Firmenwert	600.000 €	Kapital K	500.000 €
Bank	1.500.000 €	Kapital C	500.000 €
(= Bareinlage K, C und V)		Kapital V	500.000 €
Umlaufvermögen	800.000 €	Verbindlichkeiten	1.500.000 €
	4.500.000 €		4.500.000 €

Außerdem erstellte die KG für M folgende negative Ergänzungsbilanz:

Aktiva	Ergänzungsbilanz M 01.07.07		Passiva
Minderkapital	1.000.000 €	Minderwert	
		– Anlagevermögen	400.000 €
		– Firmenwert	600.000 €
	1.000.000 €		1.000.000 €

Die KG ermittelte für das Rumpfwirtschaftsjahr 01.07.07 bis 31.12.07 einen Gewinn von 200.000 Euro. Die Minderwerte in der Ergänzungsbilanz des M zum 31.12.07 wurden zutreffend mit 40.000 Euro gewinnerhöhend aufgelöst.

Der durchschnittliche (Rest-)Gewinn der KG wird in den folgenden Jahren – ohne das Ergebnis der Ergänzungsbilanz des M – voraussichtlich 750.000 Euro betragen, basierend auf den durchschnittlichen Erträgen der letzten fünf Jahre.

Zu einem bürgerlich-rechtlich wirksamen Vertrag gehören

— die **notarielle Beurkundung** (§ 518 BGB). Diese liegt zwar bezüglich des Gesellschaftsvertrags, nicht aber bezüglich des Schenkungsvertrags vor. Dieser Formmangel wird jedoch nach § 518 Abs. 2 BGB durch den tatsächlichen Vollzug geheilt.

— bei Minderjährigen die **vormundschaftsgerichtliche Genehmigung** und die Bestellung eines **Abschlusspflegers.**

Die formelle Unwirksamkeit des Gesellschaftsvertrags kann nicht durch den faktischen Vollzug geheilt werden. Auch bei einer nachträglichen Erfüllung dieser Voraussetzungen könnte der Gesellschaftsvertrag nur mit Wirkung für die Zukunft anerkannt werden, denn rückwirkende Vereinbarungen sind steuerlich unwirksam.

Das bedeutet: Der Vertrag mit der minderjährigen V kann in 07 nicht anerkannt werden. Der auf V entfallende Gewinnanteil ist dem Schenker, also M, zuzurechnen, denn in Höhe dieser Gewinnanteile liegt eine nach § 12 EStG unbeachtliche Einkommensverwendung vor.[156]

---

[156] H 15.9 Abs. 2 „Allgemeines" EStH.

F. Besonderheiten bei Familienpersonengesellschaften

Dagegen sind die bürgerlich-rechtlichen Formerfordernisse bei den Verträgen mit den volljährigen Kindern K und C beachtet worden.

Das Gesellschaftsverhältnis ist mit K und C auch tatsächlich durchgeführt und es sind Bedingungen wie unter Fremden vereinbart worden, denn das Gesellschaftsverhältnis ist nicht befristet, das Stimmrecht nicht eingeschränkt, es wurden keine Entnahmebeschränkungen, keine Rückfallklauseln und keine befristete Gesellschafterstellung vereinbart. Die Einschränkung des Kündigungsrechts ist im vorliegenden Fall nicht schädlich, weil sie zum einen alle Gesellschafter betrifft und zum anderen wirtschaftlich begründet ist. Das heißt, der Gesellschaftsvertrag zwischen M, K und C wird steuerlich dem Grunde nach anerkannt.

Die nach § 242 Abs. 1 HGB zwingend zum 01.07.07 (= Beginn des Handelsgewerbes) erstellte Eröffnungsbilanz einschließlich der negativen Ergänzungsbilanz für M ist nicht zu beanstanden, denn die Einbringung des Einzelunternehmens zum Buchwert ist nach § 24 Abs. 2 UmwStG zulässig. Eine Gewinnauswirkung bei M tritt dadurch nicht ein. Die Schenkungen der Geldbeträge oder der Gesellschaftsanteile führen ebenfalls zu keiner einkommensteuerlichen Auswirkung.

Unabhängig von der Anerkennung der Familiengesellschaft dem Grunde nach ist die Gewinnverteilung steuerlich zu überprüfen.[157] Dabei ist zu unterscheiden zwischen mitarbeitenden und nicht mitarbeitenden Familienangehörigen.[158] Bei **nicht mitarbeitenden** Angehörigen, die ihre Anteile geschenkt erhalten haben, kann mit steuerlicher Wirkung eine Gewinnverteilung nur anerkannt werden, die auf längere Sicht zu einer angemessenen Verzinsung des gemeinen Werts der Gesellschaftsanteile führt.

Da C nicht mitarbeitet, beträgt ihr angemessener Gewinnanteil 15 % von 500.000 Euro = 75.000 Euro. Dies entspricht einem Anteil am Handels- und Steuerbilanzgewinn der KG von 10 % (75.000 Euro = 10 % vom voraussichtlichen Restgewinn von 750.000 Euro).

Die vereinbarte Gewinnverteilung mit C ist somit i. H. von 6,66 %, d. h. zum Teil, unangemessen. Auch insoweit liegt eine nach § 12 EStG unbeachtliche Einkommensverwendung des M vor, sodass der unangemessene Gewinnanteil dem M hinzuzurechnen ist. Es ist allerdings nicht zu beanstanden, wenn die Verteilung dieses unangemessenen Gewinnanteils **allen anderen Gesellschaftern** zugerechnet wird, sofern nicht auch bei ihnen Begrenzungen zu beachten sind.

Die Gewinnverteilung mit K ist nicht zu beanstanden, weil K in der KG mitarbeitet.

---
157 R 15.9 Abs. 3 EStR.
158 H 15.9 Abs. 3 „Allgemeines" EStH.

5 Einzelfälle

Das führt zu folgender Gewinnverteilung:

M: 50 % + 16,67 % + 6,66 % =   **73,33 %**
K: **16,67 %**
C: 16,67 % ./. 6,67 % =   **10,00 %**
V: 16,67 % ./. 16,67 % =   **0**

5.3 Gründung einer GmbH & Co. KG mit minderjähriger Tochter – Sonderkündigungsrecht des Vaters und Abfindung mit stillen Reserven, aber ohne Firmenwert[159] – Schenkung

68 Kaufmann K errichtete zusammen mit seiner Tochter T und der K-GmbH mit Wirkung vom 31.12.01 eine KG. Die K-GmbH wurde persönlich haftende Gesellschafterin ohne Kapitaleinlage, K und T wurden Kommanditisten. Für die minderjährige Tochter T wirkte ein Ergänzungspfleger mit, der Gesellschaftsvertrag wurde vormundschaftsgerichtlich genehmigt. Neben Kapitalausstattung, Geschäftsführung des K, Gewinnverteilung sowie Entnahmeregelung nur für Zinsen und persönliche Steuern war auch die Stimmberechtigung nach den Kapitaleinlagen der Kommanditisten (K 85 Stimmen, T 15 Stimmen) vertraglich geregelt. Die GmbH war nicht stimmberechtigt.

Die Abstimmung erfolgte mit einfacher Mehrheit. Jeder Gesellschafter konnte zum Jahresende, frühestens aber zum 31.12.07, aus der Gesellschaft ausscheiden. In diesem Falle stand ihm als Abfindung die geleistete Kapitaleinlage und das Guthaben auf dem Darlehenskonto sowie auf etwaigen sonstigen Gesellschafterkonten zu. Eine Vergütung für einen Anteil an den stillen Reserven oder am Geschäftswert war ausgeschlossen. Zusätzlich hatte der Kommanditist K ein **Sonderkündigungsrecht.** Er konnte den anderen Gesellschaftern die Kündigung erklären und dadurch ihr Ausscheiden herbeiführen. In diesem Fall sollte die Abfindung anhand einer Abschichtungsbilanz ermittelt werden, in der die stillen Reserven, nicht aber ein immaterieller Firmenwert zu berücksichtigen waren.

Im Jahr 08 änderten die Gesellschafter den KG-Vertrag: Das Sonderkündigungsrecht des Kommanditisten K gegenüber der Tochter T wurde aufgehoben und das Gewinnentnahmerecht der Tochter T in bestimmtem Umfang erweitert. Seit dem Jahr 10 arbeitet die Tochter in dem Unternehmen im kaufmännischen Bereich voll mit.

Ist die Kommanditistin T Mitunternehmerin der KG ab dem Jahr 01 geworden?

Entsprechend der Rechtsauffassung des beklagten Finanzamts hat der BFH entgegen der Meinung des Finanzgerichts die Kommanditistin T in den Jah-

---

[159] Sachverhalt lt. BFH vom 15.10.1981, BStBl II 1982, 342.

F. Besonderheiten bei Familienpersonengesellschaften

ren 01 bis 07 nicht als Mitunternehmerin angesehen.[160] Die Entscheidung wurde wie folgt begründet:

> „Mitunternehmer ist, wer Unternehmerinitiative entfalten kann und ein Unternehmerrisiko trägt. Für einen Kommanditisten ist dies nach ständiger Rechtsprechung des BFH anzunehmen, wenn er wenigstens annähernd die Rechte erlangt hat, die einem Kommanditisten nach den – weitgehend dispositiven – Vorschriften des HGB für die KG zustehen. ... Seine Rechtsstellung kann jedoch durch eine Bestimmung des Gesellschaftsvertrages beeinträchtigt sein, die es einem anderen Gesellschafter gestattet, ihn gegen seinen Willen aus der Gesellschaft zu verdrängen. Der Senat hat in diesem Zusammenhang einen Kommanditisten nicht als Mitunternehmer angesehen, den der persönlich haftende Gesellschafter ohne weitere Voraussetzungen gegen eine Abfindung zum Buchwert aus der Gesellschaft ausschließen konnte (Urteil vom 29.04.1981, BStBl II 1981, 663). Er ist davon ausgegangen, dass ein derart in seiner Rechtsstellung bedrohter Gesellschafter keine hinreichende Unternehmerinitiative entfalten kann und dass auch sein Unternehmerrisiko beschränkt ist, weil er nur mit einer Beteiligung am laufenden Gewinn, nicht aber an den stillen Reserven rechnen kann. Auch im Streitfall steht das Ausschließungsrecht des Kommanditisten K der Mitunternehmerschaft seiner Tochter T im Wege. ...
>
> Ob die Tochter gegenüber der KG die Rechtsstellung einer typischen stillen Gesellschafterin erlangt hat und ihre Ansprüche den Gesellschaftsgewinn mindern (vgl. BFH vom 29.04.1981, BStBl II 1981, 663), konnte der Senat nicht prüfen, da in der vom Finanzamt geführten Revision allein die Beteiligung der Tochter am Unternehmensgewinn streitig ist."

Ergänzend dazu hat der BFH ausgeführt, dass er wegen des vereinbarten Sonderkündigungsrechts des K nur dann die Mitunternehmerschaft der T zugelassen hätte, wenn bei Kündigung des K vertraglich eine Abfindung der T nach dem vollen Wert der Beteiligung einschließlich des Geschäftswerts der KG zu berechnen gewesen wäre. Schließlich hat das Sonderkündigungsrecht des K auch verhindert, dass die T als Mitunternehmerin anzusehen sei, weil K sie an das Unternehmen der KG heranführen wollte, um dessen Fortbestand zu sichern.[161]

Der Leitsatz des BFH-Urteils lautet deshalb:

> „Ein Gesellschafter, der von einem Mitgesellschafter jederzeit aus der Gesellschaft ausgeschlossen werden kann, ist jedenfalls dann nicht Mitunternehmer, wenn die in diesem Fall zu leistende Abfindung nicht auch die Beteiligung am Firmenwert umfasst."

Wird die Mitunternehmerschaft wegen schädlicher Vorbehalte nicht anerkannt, so kann der Gesellschafter einer Gesamthandsgesellschaft (OHG, KG) nach Auffassung des BFH gleichwohl steuerlich nach der Rechtsstel-

---
160 BFH vom 15.10.1981, BStBl II 1982, 342.
161 So ausreichend im Fall des BFH vom 06.04.1979, BStBl II 1979, 620.

5 Einzelfälle

lung eines typisch stillen Gesellschafters behandelt werden.[162] Dies führt dazu, dass die angemessenen Verzinsungsbeiträge der Kapitaleinlage als Betriebsausgaben der Personengesellschaft gem. § 4 Abs. 4 EStG abgezogen werden und dem Gesellschafter Einkünfte aus Kapitalvermögen gem. § 20 Abs. 1 Nr. 4 EStG zufließen.[163]

5.4 Gründung einer stillen Beteiligung mit minderjähriger Tochter – Schenkung – Tochter ist am Gewinn und Verlust beteiligt

Im Revisionsverfahren zum Fall unter 5.3 stellte Kommanditist K als Vertreter der KG den Hilfsantrag, bei der Gewinnermittlung der KG für die „stille Gesellschafterin" T einen angemessenen Gewinnanteil als Betriebsausgaben der KG abzusetzen. K hatte 255.000 Euro und T 45.000 Euro Kommanditeinlagen geleistet. Die beteiligte K-GmbH erhielt nur 10 % ihres Stammkapitals von 20.000 Euro als festen Gewinnanteil. K erhielt jährlich 60.000 Euro als Geschäftsführergehalt von der KG und 10 % vom danach verbleibenden Restgewinn als Tantieme. Der Restgewinn wurde auf K und T im Verhältnis der Kommanditeinlagen (85 : 15) verteilt.

69

Da T am Gewinn und Verlust der KG beteiligt ist, kann für sie als „stille Gesellschafterin"[164] eine durchschnittliche Rendite von 15 % der Einlage als angemessen angesehen werden. Bezogen auf den künftig zu erwartenden Restgewinn der KG ist der angemessene Gewinnverteilungsschlüssel festzulegen. Bei einem zu erwartenden Restgewinn von beispielsweise 100.000 Euro wären dies für T somit (15 % von 45.000 Euro = 6.750 Euro) 6,75 % des tatsächlichen Restgewinns. Angenommen, die KG hätte im Jahr 01 tatsächlich einen Gesamtgewinn vor dem Gewinnanteil der T von 180.000 Euro erzielt, so ergäbe dies folgende steuerliche Gewinnverteilung:

	K-GmbH	Kommanditist K	„Stille Gesellschafterin" T	Summe
	€	€	€	€
Haftungsvergütung	2.000	–	–	2.000
Tätigkeitsvergütung	–	60.000	–	60.000
Tantieme (10 % von 118.000 € =)	–	11.800	–	11.800
Restgewinn (93,25 : 6,75)	–	99.031	7.169	106.200
Gesamtgewinn(anteil)	2.000	170.831	7.169	180.000

Da die „stille Gesellschafterin" T nicht in die gesonderte und einheitliche Gewinnfeststellung einzubeziehen ist, wird der steuerliche gewerbliche

---

162 BFH vom 29.04.1981, BStBl II 1981, 663.
163 Vgl. im Einzelnen Fleischer/Thierfeld, Tz. 1.8. und 3.1.2.
164 Gemäß H 15.9 Abs. 5 „Schenkweise eingeräumte stille Beteiligung" EStH.

F. Besonderheiten bei Familienpersonengesellschaften

Gewinn gem. § 15 Abs. 1 Nr. 2 EStG i. H. von (2.000 Euro + 170.833 Euro =) 172.833 Euro nur den Mitunternehmern K-GmbH und K zugerechnet (§ 180 AO). T bezieht Einkünfte aus Kapitalvermögen gem. § 20 Abs. 1 Nr. 4 EStG i. H. von 7.169 Euro. Darüber hinausgehende Gewinngutschriften der T stammen aus der Gewinnverwendung des K (§ 12 Nr. 2 EStG).[165]

5.5 Enkel gewähren einer Familien-KG nach Schenkung der Geldbeträge jeweils ein Darlehen – Sicherung des Darlehens

70 Die Gesellschafter und Familienangehörigen K, L und M der M-KG schenken von ihren Darlehenskonten bei der M-KG ihren drei Enkeln jeweils 100.000 Euro bürgerlich-rechtlich wirksam mit der Auflage, die geschenkten Mittel der M-KG als Darlehen bei einer Laufzeit zwischen drei und 19 Jahren mindestens bis zum vollendeten 25. Lebensjahr der Enkel ohne Sicherheit zu gewähren.

Der BFH hat in mehreren Urteilen, zuletzt mit Urteil vom 22.01.2002,[166] entschieden, dass es an der betrieblichen Veranlassung eines Darlehens fehlen kann, wenn der Betriebsinhaber oder der **beherrschende** Gesellschafter einer Personengesellschaft seinen Kindern oder sonst nahestehenden Personen Geldbeträge unentgeltlich zuwendet, die entsprechend dem Schenkungsvertrag dem Betrieb sogleich wieder als Darlehen zur Verfügung gestellt werden müssen. In diesen Fällen fehle es an einer endgültigen Vermögensübertragung. Dies gilt auch bei längeren Abständen zwischen Schenkung und Darlehensgewährung.[167]

Schenken **nicht beherrschende** Gesellschafter, verlangt der BFH[168] bei Beurteilung von **Darlehensverträgen** zwischen einer Personengesellschaft und Angehörigen der Gesellschafter den Fremdvergleich. Diese Beurteilung beruht auf dem Grundsatz, dass zum Entstehen einer neuen Einkunftsquelle auch bei Darlehen mit Familienangehörigen die Parteien sämtliche unter Fremden übliche Abreden treffen müssen.[169]

Die Mittel zur Darlehensgewährung an die M-KG stammen von deren Gesellschaftern und bedeuten daher wirtschaftlich nur einen Gläubigerwechsel: Die M-KG muss „Zinsen" und Tilgungsbeträge nun an die Familienangehörigen ihrer Gesellschafter bezahlen. Da ein Fremder bei langer Laufzeit eines Darlehens stets auf einer ausreichenden Sicherheit[170] bestehen würde, sind die Darlehensverträge zwischen der M-KG und den Enkeln

---

165 Vgl. EFG 1982 S. 80.
166 BStBl II 2002, 685, m. w. N. zur BFH-Rechtsprechung.
167 BFH vom 18.01.2001, BStBl II 2001, 393; BMF vom 01.12.1992, BStBl I 1992, 729.
168 BFH vom 14.04.1983, BStBl II 1983, 555, und vom 18.01.2001, BStBl II 2001, 393.
169 Angemessene Zinsen, Sicherheiten, Kündigungs- und Rückzahlungsbedingungen. Vgl. hierzu auch BFH vom 10.04.1984, BStBl II 1984, 705.
170 Z. B. grundbuchliche Sicherheit auf Betriebsgrundstücken der M-KG.

5 Einzelfälle

der Gesellschafter steuerlich nicht anzuerkennen. Die Zinsbeträge i. H. von 18.000 Euro stellen Entnahmen der Gesellschafter K, L und M dar und sind keine Betriebsausgaben. Die Gewinnerhöhung ist den Gesellschaftern nach dem Gewinnverteilungsschlüssel zuzurechnen. Die Zahlungen an die Enkel sind Einkommensverwendung i. S. des § 12 Nr. 2 EStG.

5.6 Gründung einer GmbH & Co. KG – Schenkung – Kinder werden typisch stille Gesellschafter – Schätzung der Gewinnerwartung bei neuem Betrieb

Im Jahr 01 gründeten die Eheleute M und F eine KG, die am 01.10.01 ihren Betrieb aufnahm. Zum 01.01.02 schied Frau F aus der KG aus, gleichzeitig trat die MF-GmbH (Gesellschafter nur M und F) als Komplementärin ohne Einlage ein, M wurde Kommanditist mit einer Einlage von 50.000 Euro. F und die drei gemeinsamen erwachsenen Kinder wurden typisch stille Gesellschafter: F mit einer Einlage von 21.000 Euro, die Kinder mit einer Einlage von je 3.000 Euro, Schenkung und nur Gewinnbeteiligung. Nach dem Gewinnverteilungsschlüssel erhielten vom Restgewinn der KG (nach Abzug von Haftungs- und Tätigkeitsvergütungen) M $^{50}/_{80}$ sowie F $^{21}/_{80}$ und die Kinder je $^{3}/_{80}$. Die Gewinnanteile von F und den drei Kindern wurden gem. § 4 Abs. 4 EStG als Betriebsausgaben gebucht.

Kann die Gewinnerwartung der Jahre 01 bis 05 nach den tatsächlichen Ergebnissen mit 100.000 Euro griffweise geschätzt werden und deshalb für die Kinder[171] nur ein angemessener Gewinnanteil von (12 % von 3.000 Euro =) 360 Euro jährlich, also 0,36 %, als Betriebsausgabe abgesetzt werden?

„Werden Familienangehörige als stille Gesellschafter an einem neu gegründeten Unternehmen beteiligt, so ist eine Gewinnverteilungsabrede, nach der die Anteile der stillen Gesellschafter am Restgewinn (Gewinn nach Abzug der Vergütungen für Sonderleistungen) nach dem Verhältnis des eingesetzten Kapitals zum Gesamtkapital des Unternehmens bestimmt werden, als angemessen anzusehen. Auf die künftige Ertragslage des Unternehmens kann nicht abgestellt werden, da insoweit im Zeitpunkt der Neugründung keine Anhaltspunkte, insbesondere keine Ergebnisse aus zurückliegenden Wirtschaftsjahren vorhanden sind. ... Bei der Neugründung eines Unternehmens sind Einschätzungen der künftigen Ertragslage mangels konkreter, in der Vergangenheit und Gegenwart begründeter Anhaltspunkte nicht möglich. Zwar werden die Unternehmensgründer in der Regel ihre Initiative mit Gewinnerwartungen verbinden. Diese Erwartungen können aber wegen der Ungewissheit, ob das neue Unternehmen sich im Wettbewerb mit eingeführten Betrieben zusätzlich einen Marktanteil erobern und diesen behaupten kann, bei Beginn des Unternehmens betragsmäßig auch nicht annähernd bestimmt werden. Wer in ein Unternehmen Geld investiert, hat allgemein nicht nur Grund zur Annahme, dass er

---

171 Gemäß H 15.9 Abs. 5 „Schenkweise eingeräumte stille Beteiligung" EStH.

F. Besonderheiten bei Familienpersonengesellschaften

sein Kapital vermehren kann, sondern er muss auch das Ausbleiben von Einnahmen und sogar den Kapitalverlust in Betracht ziehen; dies gilt erst recht bei einem seine Tätigkeit erst beginnenden Betrieb. Damit entfällt in Fällen der Neugründung die Anwendung des vom BFH im Beschluss vom 29.05.1972 (BStBl II 1973, 5) entwickelten Prüfungsmaßstabs für die Angemessenheit der Gewinnverteilungsabrede bei dem Eintritt eines Gesellschafters in einen bestehenden Betrieb einer Personengesellschaft oder bei Neugründung einer Personengesellschaft unter Einbringen einer bestehenden Einzelfirma."

Mit dieser Begründung hat das Finanzgericht Baden-Württemberg in seinem Urteil vom 25.02.1982[172] die vereinbarte Gewinnverteilung unverändert anerkannt. Nach unserer Auffassung gilt dies für die Gewinnanteile der Mitunternehmer einer neu gegründeten Personengesellschaft entsprechend.

---

172 EFG 1982 S. 458.

G. BETEILIGUNG EINER PERSONENGESELLSCHAFT AN EINER ANDEREN (DOPPEL- ODER MEHRSTÖCKIGE PERSONENGESELLSCHAFT)

1 Einkommensteuer

1.1 Einführung

Zwischen Personengesellschaften können in beliebigem Umfang wechselseitige Beteiligungsverhältnisse bestehen.[1] Durch die Fähigkeit einer Personenhandelsgesellschaft, unter ihrer Firma Rechte zu erwerben, besteht z. B. für eine OHG die Möglichkeit, sich gesellschaftsrechtlich an einer KG als Kommanditistin zu beteiligen (vgl. §§ 124, 161 HGB). Die Gesellschafterin OHG wird als **Obergesellschaft** und die KG als **Untergesellschaft** bezeichnet. Daneben können die Gesellschafter der OHG sich zusätzlich als natürliche oder juristische Personen an der KG unmittelbar beteiligen. Diese Gestaltung wird als **verbundene Mitunternehmerschaft,** z. T. auch als doppel- oder mehrstöckige Personengesellschaft bezeichnet.

1

Grundfall einer Doppelgesellschaft:

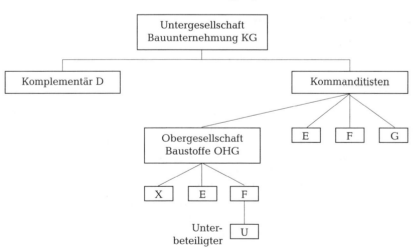

G ist Prokurist der Baustoffe OHG, aber nicht deren Gesellschafter. X ist leitender Angestellter der Bauunternehmung KG, aber nicht deren Gesellschafter.

---

1 Siehe im Einzelnen A. Rz. 69–74.

G. Doppel- oder mehrstöckige Personengesellschaft

2 **Zivilrechtlich** wird die an einer Personenhandelsgesellschaft beteiligte Personenhandelsgesellschaft (OHG, KG) wie jeder andere Gesellschafter behandelt, d. h. die Gesellschafterin „OHG" oder „KG" hat dieselben Rechte und Pflichten wie eine natürliche oder eine juristische Person, die Gesellschafterin einer Personengesellschaft ist. Das bedeutet andererseits, nur die Personenhandelsgesellschaft und nicht deren Gesellschafter ist Mitglied und damit Gesellschafter der Untergesellschaft.

3 Auch **steuerrechtlich** ist eine Personenhandelsgesellschaft als Gesellschafterin einer anderen Personenhandelsgesellschaft und damit als deren Mitunternehmerin anzusehen.[2] Die Gesellschafterin „OHG" bzw. „KG" wird damit auch steuerrechtlich wie jeder andere Gesellschafter behandelt. Dies gilt auch für eine mitunternehmerisch tätige GbR.[3]

4 Die im Einzelnen in den Abschnitten A und B dargestellten Zivilrechts-, Gewinnermittlungs- und Verteilungsprobleme sowie die Entscheidung über den Umfang des steuerlichen Betriebsvermögens einer Personengesellschaft (Gesamthandsvermögen und Sonderbetriebsvermögen) sind deshalb beim Vorliegen einer doppel- bzw. mehrstöckigen Personengesellschaft genauso zu beurteilen. Dies gilt auch hinsichtlich der steuerrechtlichen Folgen bei der Gründung einer Personengesellschaft bzw. beim Eintritt eines weiteren Gesellschafters.

1.2 Gesetzliche Regelung

5 Nach § 15 Abs. 1 Satz 1 Nr. 2 Satz 2 EStG steht der mittelbar über eine oder mehrere Personengesellschaften beteiligte Gesellschafter dem unmittelbar beteiligten Gesellschafter gleich; er ist als Mitunternehmer des Betriebs der Personengesellschaft anzusehen, an der er mittelbar beteiligt ist, wenn er und die Personengesellschaften, die seine Beteiligung vermitteln, jeweils als Mitunternehmer der Betriebe der Personengesellschaften anzusehen sind, an denen sie unmittelbar beteiligt sind. Aus den Gesetzesmaterialien ergibt sich, dass der Zweck dieser Vorschrift sich darauf beschränkt, den nur mittelbar beteiligten Gesellschafter lediglich wegen der Vergütungen i. S. des § 15 Abs. 1 Satz 1 Nr. 2 EStG und des Sonderbetriebsvermögens wie einen unmittelbar beteiligten Gesellschafter zu behandeln.[4]

Diese Regelung gilt nicht nur bei gewerblich tätigen und gewerblich geprägten Personengesellschaften, sondern gem. § 13 Abs. 7 EStG und § 18 Abs. 4 EStG auch bei land- und forstwirtschaftlich und freiberuflich tätigen Personengesellschaften.

---

2 BFH vom 06.11.1980, BStBl II 1981, 307, und vom 24.03.1983, BStBl II 1983, 598.
3 BFH vom 12.10.1989, BStBl II 1990, 168.
4 BFH vom 06.09.2000, BStBl II 2001, 731, siehe auch BFH vom 31.08.1999, BStBl II 1999, 794.

1 Einkommensteuer

Der Gesetzgeber behandelt den Gesellschafter der Obergesellschaft nicht nur als Mitunternehmer der Obergesellschaft, sondern auch – neben der Obergesellschaft als solcher – als **(Sonder-)Mitunternehmer** des Betriebs der **Untergesellschaft,** beschränkt auf den Sonderbetriebsbereich des Gesellschafters der Obergesellschaft bei der Untergesellschaft.

Aus der gesetzlichen Regelung ist abzuleiten, dass sämtliche Gesellschafter der Obergesellschaft nach dem Grundgedanken des § 15 Abs. 1 Satz 1 Nr. 2 EStG sowohl von der Obergesellschaft als auch über diese mittelbar von der Untergesellschaft mit allen Vergütungen für ihre Gesellschaftsbeiträge, als da sind 6

— Gewinnanteile der **Ober**gesellschaft,

— Vergütungen für Tätigkeiten, Überlassung von Wirtschaftsgütern und Zinsen für Darlehen von der **Ober**gesellschaft,

— Vergütungen der Tätigkeit, Überlassung von Wirtschaftsgütern und Zinsen für Darlehen von der **Unter**gesellschaft,

einheitlich und in vollem Umfang Gewinnanteile aus Gewerbebetrieb gem. § 15 Abs. 1 Satz 1 Nr. 2 EStG, aus Land- und Forstwirtschaft (§ 13 Abs. 7 EStG) oder aus selbständiger Arbeit (§ 18 Abs. 4 EStG) beziehen.[5] Sämtliche Regelungen für Sonderbetriebsvermögen (I und II) gelten sinngemäß. Die gleichen Rechtsgrundsätze gelten auch für atypisch stille Unterbeteiligungen, bei denen die Unterbeteiligung als Obergesellschaft und damit unterbeteiligte Mitunternehmer zugleich (mittelbare) Mitunternehmer über die Hauptbeteiligung an der Untergesellschaft sind.[6] Im Grundfall könnte dies z. B. der an der OHG-Beteiligung des F an der Obergesellschaft Baustoffe OHG unterbeteiligte U sein. Die Gewinnermittlung und Gewinnverteilung der Obergesellschaft bleibt von der Wirkung bei der Untergesellschaft unberührt. Bei der Untergesellschaft ist die (mittelbare) Mitunternehmerschaft der Gesellschafter der Obergesellschaft somit in der gesonderten und einheitlichen Gewinnfeststellung zu erfassen. Alle Sonderbetriebseinnahmen und Sonderbetriebsausgaben der (mittelbaren) Mitunternehmer sind bei der Untergesellschaft den (mittelbaren) Mitunternehmern unmittelbar (also nicht der Obergesellschaft) zuzurechnen.[7]

1.3 Steuerliche Konsequenzen im Überblick

Die steuerlichen Konsequenzen dieser Regelung werden nachfolgend mit Hilfe von Beispielen, die sich bei dem Grundfall (siehe Schaubild S. 793) ergeben können, aufgezeigt. 7

---
5 Siehe R 15.8. Abs. 2 EStR.
6 Vgl. Fleischer/Thierfeld, Tz. 4.3.
7 Vgl. Schmidt/Wacker, § 15 Rz. 255, 256 und 610 ff.

795

G. Doppel- oder mehrstöckige Personengesellschaft

Beispiel 1:

Der leitende Angestellte **X** erhält von der KG ein Gehalt von 96.000 € jährlich und eine gewinnabhängige Tantieme von 10 % des Handelsbilanzgewinns der KG, die zusammen nach dem Arbeitsvertrag angemessen sind.

Die Vergütungen der KG (Untergesellschaft) an X stellen Einkünfte des X aus Gewerbebetrieb gem. § 15 Abs. 1 Satz 1 Nr. 2 **Satz 2** EStG bei der KG dar, weil X mittelbarer Mitunternehmer der KG ist. Deshalb unterliegt die Vergütung an X bei der KG auch der Gewerbesteuer. Die Vergütung von 96.000 € erhöht den steuerlichen Gesamtgewinn der **KG** und ist im Rahmen der einheitlichen und gesonderten Gewinnfeststellung der KG X zuzurechnen.

Beispiel 2:

Prokurist **G** erhält von der OHG ein angemessenes Gehalt von 84.000 € jährlich für die Leitung der Einkaufsabteilung. Da die OHG in erheblichem Umfang auch Baumaterial an die KG liefert, ist G mittelbar auch für die KG tätig.

Der Arbeitslohn stellt Einkünfte des G aus nichtselbständiger Arbeit (§ 19 EStG) dar, da G nicht Mitunternehmer der OHG ist. Die Beteiligung der OHG bei der KG spielt für diese Entscheidung keine Rolle. G ist nicht mittelbarer Mitunternehmer der Obergesellschaft OHG. § 15 Abs. 1 Satz 1 Nr. 2 Satz 2 EStG ist **nicht** sinngemäß anwendbar.

Beispiel 3:

Die OHG verpachtet an die KG einen ihr gehörenden Lagerplatz für 12.000 € jährlich.

Der Mietvertrag zwischen der OHG und der KG ist auch für steuerliche Zwecke anzuerkennen. Bei der KG entsteht ein Mietaufwand i. H. von 12.000 €. Das Grundstück gehört zum notwendigen Sonderbetriebsvermögen I der OHG und ist zwingend in der Sonderbilanz der OHG bei der KG zu bilanzieren. Die Überführung aus der Bilanz der OHG in ihre Sonderbilanz bei der KG erfolgt nach § 6 Abs. 5 Satz 2 EStG zwingend zum Buchwert.

Die Mieterträge der OHG sind folglich als Sonderbetriebseinnahmen gem. § 15 Abs. 1 Satz 1 Nr. 2 **Satz 1** EStG im Rahmen der gesonderten und einheitlichen Gewinnfeststellung der KG zu erfassen. Der Gesamtgewinn der KG und der Gewinnanteil der OHG erhöhen sich um 12.000 €. Dieser Gesamtgewinn unterliegt bei der KG der Gewerbesteuer.

In der Buchführung der OHG ist der gesamte Beteiligungsertrag einschl. des Mietertrags von 12.000 € zu erfassen. Der Mietertrag kommt somit trotzdem – als Beteiligungsertrag – den Gesellschaftern der OHG (X, E und F) zugute. Er unterliegt aber bei der OHG wegen der Kürzung gem. § 9 Nr. 2 GewStG nicht noch einmal der Gewerbesteuer.

Beispiel 4:

Gesellschafter X überlässt für jährlich 10.000 € ein **ihm allein** gehörendes immaterielles Wirtschaftsgut der KG. Die KG behandelt diese Vergütung zutreffend als Herstellungskosten ihrer Bauten.

X ist mittelbarer Mitunternehmer der KG. Verträge zwischen Personengesellschaften und ihren Gesellschaftern werden auch dann mit steuerlicher Wirkung anerkannt, wenn sie nur mittelbar beteiligt sind. Das immaterielle Wirtschaftsgut ist Sonderbetriebsvermögen des X bei der KG.

Die Vergütung von 10.000 € gehört zu seinen Sonderbetriebseinnahmen bei der KG, denn sie fällt unter § 15 Abs. 1 Satz 1 Nr. 2 **Satz 2** EStG. Sie erhöht damit den steuerlichen Gesamtgewinn der KG und den Gewinnanteil des X.

Beispiel 5:

Gesellschafter E, der zugleich an der OHG und an der KG beteiligt ist, vermietet ein ihm gehörendes unbebautes Grundstück für 10.000 € jährlich an Y. Dieser untervermietet das Grundstück für 12.000 € an die KG als Lagerplatz.

E ist unmittelbar auch an der KG beteiligt. Die unmittelbare Beteiligung hat Vorrang. Somit ist § 15 Abs. 1 Satz 1 Nr. 2 **Satz 1** EStG anzuwenden. Das Grundstück gehört zum notwendigen Sonderbetriebsvermögen II des E bei der KG, weil für die Vermietung an Y Gründe ausschlaggebend sind, die der Beteiligung des E an der KG unmittelbar zu dienen bestimmt sind.[8] E muss deshalb das Grundstück in einer Sonderbilanz bei der KG als notwendiges Sonderbetriebsvermögen II aktivieren. Die von der KG an Y bezahlte Miete i. H. von 12.000 € stellt bei ihr Betriebsausgaben dar. E erzielt Sonderbetriebseinnahmen von 10.000 €. Seine Grundstücksaufwendungen (z. B. Grundsteuer) sind als Sonderbetriebsausgaben zu erfassen.

1.4 Voraussetzungen im Einzelnen

Nach § 15 Abs. 1 Satz 1 Nr. 2 Satz 2 EStG müssen folgende Voraussetzungen **8**
erfüllt sein, damit ein Gesellschafter der Obergesellschaft als (Sonder-)Mitunternehmer der Untergesellschaft anzusehen ist.

1.4.1 Obergesellschaft als Mitunternehmer

Die Obergesellschaft muss selbst Mitunternehmer der Untergesellschaft **9**
sein, d. h., die Obergesellschaft muss gegenüber der Untergesellschaft alle Merkmale, die an eine Mitunternehmerschaft gestellt sind, erfüllen. Grundvoraussetzung dafür ist, dass die Beteiligung an der Untergesellschaft zu ihrem (Gesamthands-)Vermögen gehört.[9] Mitunternehmerschaft setzt andererseits nicht voraus, dass die Obergesellschaft eine Gesamthandsgemeinschaft ist.

Als Obergesellschaft kommen in Betracht:

— **gewerblich** tätige Personenhandelsgesellschaften,
— gewerblich tätige Gesellschaften bürgerlichen Rechts (GbR),[10]
— gewerblich **geprägte** Personengesellschaften, egal welcher Rechtsform,

---
8 BFH vom 15.01.1981, BStBl II 1981, 314, und vom 24.02.2005, BStBl II 2005, 578.
9 BMF vom 13.05.1996, BStBl I 1996, 621.
10 BFH vom 25.02.1991, BStBl II 1991, 691.

G. Doppel- oder mehrstöckige Personengesellschaft

— land- und forstwirtschaftlich oder freiberuflich tätige Personengesellschaften,[11]

— **vermögensverwaltende** Personengesellschaften, selbst dann, wenn sie sich darauf beschränken, die Beteiligung an der gewerblichen Untergesellschaft oder an einer Untergesellschaft, die ihrerseits nur an einer gewerblichen Personengesellschaft beteiligt ist (mehrstöckige Personengesellschaft), zu halten. Sie selbst muss **keine** gewerbliche Tätigkeit i. S. des § 15 Abs. 1 Satz 1 **Nr. 1** EStG ausüben,[12]

— nach außen auftretende „wirtschaftlich vergleichbare Gemeinschaftsverhältnisse", z. B. eine **Erbengemeinschaft** als Mitglied einer durch Tod eines Gesellschafters in Abwicklung befindlichen Personengesellschaft,[13]

— **Innengesellschaften,** deren Gesellschafter Mitunternehmer sind (atypische stille Gesellschaften, z. B. auch eine atypische GmbH & Still), obwohl zivilrechtlich eine Innengesellschaft als solche nicht Gesellschafter einer anderen Personengesellschaft sein kann. Einkommensteuerrechtlich ist allein entscheidend, dass der nach außen auftretende Gesellschafter (z. B. Einzelunternehmer, GmbH, Personenhandelsgesellschaft) für Rechnung aller Gesellschafter tätig ist, also u. a. auch die Beteiligung an der Untergesellschaft nach Art eines Treuhänders für alle Gesellschafter der Innengesellschaft hält. Aus diesen Gründen ist auch eine atypische stille Unterbeteiligung als Obergesellschaft anzusehen.[14]

10 **Aber:** Die mittelbare Mitunternehmerstellung tritt nicht ein, wenn und soweit Gesellschafterin der Untergesellschaft eine **Kapitalgesellschaft** ist und deren Anteilseigner zu der Personengesellschaft in Rechts- und Leistungsbeziehungen treten. Wegen der zwischengeschalteten juristischen Person kann die mit § 15 Abs. 1 Satz 1 Nr. 2 **Satz 2** EStG verfolgte Absicht, die weit auszulegende Mitunternehmerschaft noch auszudehnen, nicht wirksam werden.[15] Nur bei der Betriebsaufspaltung kann etwas anderes gelten.

> **Beispiel:**
>
> An der H-KG sind die AH-GmbH als Komplementär mit 15 % und R mit 85 % als Kommanditist beteiligt. V ist alleiniger Gesellschafter der AH-GmbH und hat an die H-KG ein Grundstück für 60.000 € Jahresmiete vermietet.
>
> V ist zwar mittelbar über die AH-GmbH an der H-KG beteiligt. Die Voraussetzungen des § 15 Abs. 1 Satz 1 Nr. 2 **Satz 2** EStG liegen aber nicht vor, da ein „Durchgriff" durch die Kapitalgesellschaft unzulässig ist. Auch eine Betriebsaufspaltung liegt nicht vor. V erzielt folglich Einkünfte aus Vermietung und Verpachtung gem. § 21 EStG.

---

11 BFH vom 06.11.2003, BStBl II 2005, 376.
12 BFH vom 06.10.2004, BStBl II 2005, 383.
13 BFH vom 01.03.1994, BStBl II 1995, 241, zu Abschn. III, 3a.
14 BFH vom 02.10.1997, BStBl II 1998, 137.
15 Vgl. Schmidt/Wacker, § 15 Rz. 624, und BFH vom 28.10.1999, BStBl II 2000, 183.

1.4.2 Untergesellschaft

Die Untergesellschaft muss eine **Außen**gesellschaft sein. Dies sind 11
— aktiv gewerblich tätige
  — Personenhandelsgesellschaften (OHG, KG),
  — GbR,
  — Personengesellschaften ausländischen Rechts und
— gewerblich geprägte Personengesellschaften, gleichgültig, welcher Rechtsform.

Die aktiv gewerblich tätigen Personengesellschaften brauchen nicht in vollem Umfang gewerblich tätig zu sein. Im Hinblick auf § 15 Abs. 3 Nr. 1 EStG reicht eine **teilweise** gewerbliche Tätigkeit aus.[16]

1.4.3 Mittelbarer Gesellschafter als Mitunternehmer der Obergesellschaft

Ist ein Gesellschafter sowohl Mitunternehmer bei der Obergesellschaft als 12
auch – unmittelbar – Mitunternehmer bei der Untergesellschaft, greift § 15 Abs. 1 Satz 1 Nr. 2 Satz 2 EStG deshalb nicht ein, weil der Gesellschafter bereits unmittelbar an der Untergesellschaft beteiligt ist und Rechtsbeziehungen zwischen der Obergesellschaft und dem Gesellschafter sowie der Untergesellschaft und dem Gesellschafter jeweils für sich gesehen unter § 15 Abs. 1 Satz 1 Nr. 2 **Satz 1** EStG fallen.

Beispiel 1:

An einer OHG sind A und B je zur Hälfte beteiligt. Daneben besteht eine KG, an der A als Komplementär und die OHG als Kommanditist beteiligt sind. A vermietet der OHG ein unbebautes Grundstück und der KG ein bebautes Grundstück.

Da A sowohl an der OHG als auch an der KG unmittelbar beteiligt ist, gilt für ihn bei beiden Personengesellschaften § 15 Abs. 1 Satz 1 Nr. 2 **Satz 1** EStG. Das unbebaute Grundstück gehört zum notwendigen Sonderbetriebsvermögen I der OHG und das bebaute Grundstück zum notwendigen Sonderbetriebsvermögen I der KG. Die Mieterträge des A stellen Sonderbetriebseinnahmen bei der OHG und bei der KG dar und sind bei der jeweiligen Gewinnermittlung der OHG und der KG zu erfassen. Die Aufwendungen des A im Zusammenhang mit der Vermietung stellen Sonderbetriebsausgaben dar und sind, je nachdem, für welches Grundstück sie anfallen, entweder im Rahmen der Gewinnermittlung der OHG oder der KG gewinnmindernd zu erfassen.

Die Vorschrift des § 15 Abs. 1 Satz 1 Nr. 2 Satz 2 EStG greift nur ein, wenn 13
eine natürliche oder juristische Person zwar **Mitunternehmer** der Obergesellschaft, nicht aber Mitunternehmer der Untergesellschaft ist. Die Gesellschafterstellung dieser Person allein reicht nicht aus, der Gesellschafter muss Mitunternehmer der Obergesellschaft sein, d. h., er muss Mitunterneh-

---
16 Siehe im Einzelnen G. Rz. 61.

G. Doppel- oder mehrstöckige Personengesellschaft

merrisiko tragen und Mitunternehmerinitiative entfalten. Liegen diese Voraussetzungen vor, ist er kraft gesetzlicher Fiktion des § 15 Abs. 1 Satz 1 Nr. 2 Satz 2 EStG als Mitunternehmer der Untergesellschaft anzusehen.

Beispiel 2:
Wie Beispiel 1, aber B vermietet ein unbebautes Grundstück an die OHG und ein bebautes Grundstück an die KG.
Da B an der OHG unmittelbar beteiligt ist, stellt das unbebaute Grundstück gem. § 15 Abs. 1 Satz 1 Nr. 2 **Satz 1** EStG notwendiges Sonderbetriebsvermögen des B bei der OHG dar. Weil B an der KG nicht unmittelbar beteiligt ist, gehört das bebaute Grundstück nicht gem. § 15 Abs. 1 Satz 1 Nr. 2 **Satz 1** EStG zum Sonderbetriebsvermögen. Da B aber über die OHG (Obergesellschaft) mittelbar an der KG beteiligt ist, gehört das bebaute Grundstück gem. § 15 Abs. 1 Satz 1 Nr. 2 **Satz 2** EStG zum notwendigen Sonderbetriebsvermögen des B bei der KG.

1.4.4 Ununterbrochene Mitunternehmerkette

14 Eine ununterbrochene Mitunternehmerkette zwischen Untergesellschaft und Obergesellschaft besteht, wenn der Gesellschafter der Obergesellschaft Mitunternehmer der Obergesellschaft und diese wiederum Mitunternehmer der Untergesellschaft ist. In diesem Fall ist der Gesellschafter der Obergesellschaft als Mitunternehmer des Betriebs der Obergesellschaft und gleichzeitig als Mitunternehmer der Untergesellschaft anzusehen. Die Voraussetzung der Mitunternehmerschaft des mittelbar beteiligten Gesellschafters und der Personengesellschaft, die diese Beteiligung vermittelt, am Betrieb der Personengesellschaft, an der sie unmittelbar beteiligt sind, besagt, dass der mittelbar beteiligte Gesellschafter bei der Obergesellschaft und diese bei der Untergesellschaft eine Rechtsstellung innehaben müssen, die dem Mitunternehmerbegriff genügt.

Beispiel 1:
Bei den folgenden Personengesellschaften liegen folgende Beteiligungsverhältnisse vor:

OHG: A und B je zur Hälfte
KG: OHG und X je zur Hälfte
GbR: KG und Y je zur Hälfte

A und B sind mittelbar über die OHG an der KG beteiligt und deshalb (Sonder-)Mitunternehmer der KG. Gleichzeitig sind sie über die mittelbare Beteiligung der OHG an der GbR mittelbar an der KG beteiligt und deshalb (Sonder-) Mitunternehmer der GbR. X ist über die KG mittelbar an der GbR beteiligt und deshalb (Sonder-)Mitunternehmer der GbR.
Eventuelle Rechtsbeziehungen zwischen A und B und der KG oder der GbR fallen unter § 15 Abs. 1 Satz 1 Nr. 2 Satz 2 EStG. Dasselbe gilt für Rechtsbeziehungen zwischen der GbR und X.
Zur Klarstellung sei darauf verwiesen, dass Y weder unmittelbar noch mittelbar an der KG bzw. der OHG und X weder unmittelbar noch mittelbar an der OHG

1 Einkommensteuer

beteiligt ist. Rechtsbeziehungen zwischen X und der OHG bzw. zwischen Y und der OHG oder der KG fallen deshalb weder unter § 15 Abs. 1 Satz 1 Nr. 2 **Satz 1** noch **Satz 2** EStG.

Beispiel 2:

An der A-KG ist X als atypischer stiller Gesellschafter beteiligt. Die A-KG ihrerseits ist Gesellschafterin und Mitunternehmerin der B-OHG.

X ist als atypischer stiller Gesellschafter unmittelbar an der A-KG beteiligt. Rechtsbeziehungen zwischen ihm und der A-KG fallen deshalb unter § 15 Abs. 1 Satz 1 Nr. 2 **Satz 1** EStG. Daneben ist X über die KG mittelbar an der B-OHG beteiligt und ist somit (Sonder-)Mitunternehmer der B-OHG. Rechtsbeziehungen zwischen X und der B-OHG (z. B. Arbeits-, Miet- und Darlehensverträge) fallen deshalb unter § 15 Abs. 1 Satz 1 Nr. 2 **Satz 2** EStG.

Beispiel 3:

Am Einzelunternehmen des A ist X als atypischer stiller Gesellschafter beteiligt. A ist seinerseits Gesellschafter und Mitunternehmer der B-OHG.

Dieses Beispiel ist genauso zu behandeln wie Beispiel 2. X ist (Sonder-)Mitunternehmer der B-OHG, obwohl zivilrechtlich die atypische stille Gesellschaft nicht Gesellschafterin der B-OHG sein kann. Es kommt aber einkommensteuerrechtlich nur darauf an, dass der nach außen auftretende A für Rechnung **beider** Gesellschafter tätig ist.

Beispiel 4:

An einer OHG sind A, B und C je zu ⅓ beteiligt. Der in der OHG als Arbeitnehmer beschäftigte D ist am Anteil des A mit ⅕ atypisch unterbeteiligt.

D ist als (Sonder-)Mitunternehmer der OHG anzusehen. Rechtsbeziehungen zwischen der OHG und D fallen somit unter § 15 Abs. 1 Satz 1 Nr. 2 **Satz 2** EStG mit der Folge, dass das Gehalt des D zu den Einkünften aus Gewerbebetrieb gehört und im Rahmen der einheitlichen und gesonderten Gewinnfeststellung der OHG als steuerlicher Gesamtgewinn der OHG und als Gewinnanteil des D zu erfassen ist.

1.5 Abgrenzung Doppelgesellschaft – Schwesterpersonengesellschaft

Von einer doppelstöckigen bzw. einer mehrstöckigen Personengesellschaft kann nur gesprochen werden, wenn eine Personengesellschaft **unmittelbar** an einer anderen Personengesellschaft beteiligt ist.

Es spielt dabei weder eine Rolle, ob an der Obergesellschaft und der Untergesellschaft ganz oder teilweise dieselben natürlichen oder juristischen Personen beteiligt sind oder nicht, noch, ob diese mit den jeweils gleichen Beteiligungsverhältnissen (beteiligungsidentische Personengesellschaft) beteiligt sind oder nicht.

G. Doppel- oder mehrstöckige Personengesellschaft

Beispiele:

1. KG
    / | \
    OHG   A   B
    ½   ¼   ¼
    /\
    A   B
    ½   ½

2. KG
    / | \
    OHG   X   Y
    ½   ¼   ¼
    /\
    A   B
    ½   ½

In beiden Fällen liegt eine doppelstöckige bzw. eine mehrstöckige Personengesellschaft vor, weil die OHG an der KG unmittelbar beteiligt ist.

Die Rechtsbeziehungen fallen unter folgende gesetzliche Vorschrift:

	Leistungsgeber	Leistungsnehmer	Rechtsvorschrift EStG
— im Beispiel 1:			
1.	OHG	KG	§ 15 Abs. 1 Satz 1 Nr. 2 **Satz 1**
2.	A, B	OHG	§ 15 Abs. 1 Satz 1 Nr. 2 **Satz 1**
3.	A, B	KG	§ 15 Abs. 1 Satz 1 Nr. 2 **Satz 1**
— im Beispiel 2:			
1.	OHG	KG	§ 15 Abs. 1 Satz 1 Nr. 2 **Satz 1**
2.	A, B	OHG	§ 15 Abs. 1 Satz 1 Nr. 2 **Satz 1**
3.	A, B	KG	§ 15 Abs. 1 Satz 1 Nr. 2 **Satz 2**

Beachte:
Erbringt die Untergesellschaft ihrerseits eine Leistung an einen ihrer Gesellschafter, gilt weder § 15 Abs. 1 Satz 1 Nr. 2 Satz 1 noch Satz 2 EStG. Es sind vielmehr die allgemeinen Vorschriften anzuwenden.[17]

16 Von einer doppelstöckigen bzw. mehrstöckigen Personengesellschaft ist eine Schwesterpersonengesellschaft strikt zu unterscheiden. Von Schwesterpersonengesellschaften spricht man, wenn an zwei Personengesellschaften zwar nicht die Personengesellschaft als solche, aber – ganz oder teilweise – dieselben Gesellschafter als Mitunternehmer beteiligt sind.

---

17 Siehe B. Rz. 84 ff. und 155 ff.

1 Einkommensteuer

Beispiele für Schwesterpersonengesellschaften:

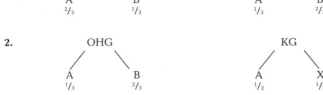

Bei Schwesterpersonengesellschaften ist § 15 Abs. 1 Satz 1 Nr. 2 Satz 2 EStG **nicht** anwendbar. Es gelten somit die allgemeinen Vorschriften des § 15 Abs. 1 Satz 1 Nr. 2 Satz 1 EStG.[18]

1.6 Umfang Mitunternehmeranteil

Bei einer doppel- oder mehrstöckigen Personengesellschaft setzt sich der Mitunternehmeranteil bei den einzelnen Mitunternehmern der Untergesellschaft wie folgt zusammen:

— Bei der Obergesellschaft
  1. Gesellschaftsanteil an der Untergesellschaft
  2. Sonderbetriebsvermögen bei der Untergesellschaft
— Bei den sowohl an der Obergesellschaft als auch an der Untergesellschaft beteiligten Mitunternehmern
  — bei der Obergesellschaft
     1. Gesellschaftsanteil Obergesellschaft
     2. Sonderbetriebsvermögen bei der Obergesellschaft
  — bei der Untergesellschaft
     1. Gesellschaftsanteil Untergesellschaft
     2. Sonderbetriebsvermögen bei der Untergesellschaft
— Bei den nur an der Obergesellschaft beteiligten Mitunternehmern
  — bei der Obergesellschaft
     1. Gesellschaftsanteil Obergesellschaft
     2. Sonderbetriebsvermögen bei der Obergesellschaft
  — bei der Untergesellschaft
     (nur) Sonderbetriebsvermögen bei der Untergesellschaft

17

---

18 Wegen der steuerlichen Behandlung der Schwesterpersonengesellschaften im Einzelnen siehe B. Rz. 103 ff.

G. Doppel- oder mehrstöckige Personengesellschaft

1.7 Steuerliche Behandlung der doppel- oder mehrstöckigen Personengesellschaft

1.7.1 Beteiligung Obergesellschaft an Untergesellschaft

18 Die steuerliche Behandlung der Obergesellschaft richtet sich **ausschließlich** nach § 15 Abs. 1 Satz 1 Nr. 2 **Satz 1 EStG**.

Die in B. dargestellte Ermittlung des Gewinns der Personengesellschaft auf der ersten und der zweiten Stufe gilt deshalb uneingeschränkt. In Fällen der sog. Bilanzierungskonkurrenz ist das Konkurrenzverhältnis auch bei einer doppel- oder mehrstöckigen Personengesellschaft zugunsten der Mitunternehmerschaft zu lösen. Nimmt z. B. eine Obergesellschaft zur Finanzierung der Beteiligung an einer Untergesellschaft ein Darlehen auf, gehört dieses zum notwendigen Sonderbetriebsvermögen II der Obergesellschaft bei der Untergesellschaft und muss in der Sonderbilanz der Obergesellschaft bei der Untergesellschaft passiviert werden. Sollte in diesem Fall zu prüfen sein, ob das Darlehen vom Passivierungsaufschub nach § 5 Abs. 2 a EStG betroffen ist, ist im Verfahren der gesonderten und einheitlichen Feststellung des Betriebsergebnisses der Untergesellschaft zu befinden.[19]

Die Obergesellschaft muss ihre Beteiligung an der Untergesellschaft in ihrer Handels- und Steuerbilanz bilanzieren. In der Steuerbilanz ist dabei die Spiegelbildmethode anzuwenden.[20]

Beispiel 1:

Eine OHG mit den Gesellschaftern A und B gibt einer KG, an der neben der OHG X und Y als Gesellschafter beteiligt sind, ein Darlehen i. H. von 200.000 € zu 8 % Zinsen.

Der Darlehensvertrag zwischen der OHG und der KG wird auch mit steuerlicher Wirkung anerkannt. Bei der KG gehört die Verbindlichkeit zu ihrem negativen Gesamthandsvermögen, die Zinsaufwendungen von 16.000 € mindern ihren Gewinn und entsprechend der Beteiligung den Gewinnanteil der Gesellschafter der KG.

Bei der OHG gehört die Darlehensforderung zu ihrem notwendigen Sonderbetriebsvermögen I bei der KG und ist korrespondierend in ihrer Sonderbilanz zu aktivieren. Die Zinsen stellen Sonderbetriebseinnahmen i. S. des § 15 Abs. 1 Satz 1 Nr. 2 Satz 1. Halbsatz EStG dar mit der Folge, dass sich der steuerliche Gesamtgewinn der KG und der Gewinn der OHG um 16.000 € erhöht.[21]

Der steuerliche Gesamtgewinn der KG beträgt somit 0 €. Aus diesem Grund sind diese Zinsen nicht in die Berechnungen nach § 4 Abs. 4 a EStG einzubeziehen.[22]

---

19 BFH vom 20.09.2007, BStBl II 2008, 483.
20 Siehe im Einzelnen B. Rz. 408 ff.; siehe auch Schmidt/Wacker, § 15 Rz. 622.
21 Siehe im Einzelnen B. Rz. 333.
22 BMF vom 17.11.2005, BStBl I 2005, 1019, Rz. 32.

1 Einkommensteuer

Beispiel 2:

Wie Beispiel 1, aber die KG gibt das Darlehen der OHG, die es für ihre eigenbetrieblichen Zwecke benötigt.

Dieser mit steuerlicher Wirkung anzuerkennende Geschäftsvorfall wird weder von § 15 Abs. 1 Satz 1 Nr. 2 Satz 1 noch von Satz 2 EStG erfasst. Die KG aktiviert die Darlehensforderung, die OHG passiviert die Darlehensverbindlichkeit. Der Gewinn der KG erhöht sich um die Zinserträge, der Gewinn der OHG mindert sich um die Zinsaufwendungen.[23]

Bei einer doppel- oder mehrstöckigen Personengesellschaft ist § 4 Abs. 4 a EStG auf jeder Ebene anzuwenden. Auch in diesem Fall gilt die **gesellschafterbezogene** Betrachtungsweise. Über die grundsätzlichen Ausführungen zu § 4 Abs. 4 a EStG hinaus[24] sind bei doppel- oder mehrstöckigen Personengesellschaften folgende Besonderheiten zu beachten:

- Die Gewinnanteile der Obergesellschaft werden für Zwecke des § 4 Abs. 4 a EStG bei der **Untergesellschaft** erfasst und erhöhen dort das Entnahmepotenzial der Obergesellschaft.

- Konsequenterweise darf dieser Gewinnanteil dafür bei der Berechnung für Zwecke des § 4 Abs. 4 a EStG bei der **Obergesellschaft nicht** mit einbezogen werden, obwohl er in der Buchführung der Obergesellschaft erfasst ist. Der Gewinnanteil von der Untergesellschaft muss also für diese Zwecke vom steuerlichen Gesamtgewinn der Obergesellschaft abgezogen werden.

- Im Wirtschaftsjahr der vollständigen oder teilweisen **Auszahlung** dieses Gewinnanteils an die Obergesellschaft ist dafür für die Obergesellschaft in der Buchführung der Untergesellschaft eine **Entnahme** anzusetzen. Folglich liegt in der Buchführung der Obergesellschaft eine **Einlage** der Gesellschafter vor. Sofern die Auszahlung unmittelbar von der Untergesellschaft an die Gesellschafter der Obergesellschaft erfolgt, liegt bei diesen Gesellschaftern zusätzlich eine Entnahme in der Obergesellschaft vor.[25]

Beispiel 3:

An der am 01.01.01 gegründeten AB-OHG sind A und B mit je 40 % und die D-KG mit 20 % am Vermögen sowie am Gewinn und Verlust beteiligt. Die KG (Gesellschafter X und Y je zur Hälfte) hat ihre Bareinlage von 100.000 € in voller Höhe entrichtet. Außerdem vermietet sie seit 01.01.01 ein unbebautes Grundstück für monatlich angemessen 1.000 € an die OHG. Dieses Grundstück (Buchwert 80.000 €, Teilwert 140.000 €) hat die KG nach § 6 Abs. 5 Satz 2 EStG zutreffend mit dem Buchwert von 80.000 € aus ihrer Buchführung in ihre Sonderbilanz bei der KG überführt. Die Miete wurde von der OHG fristgemäß am 1. eines Monats auf ein Bankkonto der KG überwiesen und bei ihr als Mietauf-

---

23 Siehe auch Beispiel 1 in B. Rz. 157 ff.
24 Siehe B. Rz. 275 ff.
25 BMF vom 17.11.2005, BStBl I 2005, 1019, Rz. 8 und 11.

G. Doppel- oder mehrstöckige Personengesellschaft

wand und in der Sonderbuchführung der KG als Mietertrag gebucht (Gegenkonto Privat). Aufwendungen für das Grundstück sollen aus Vereinfachungsgründen keine angefallen sein.

Der Gewinn des Wirtschaftsjahrs 01 der OHG beträgt (unter Berücksichtigung der Miete als Aufwand) 88.000 € und wurde nach dem Gewinnverteilungsschlüssel mit jeweils 40 % = 35.200 € an A und B und mit 20 % = 17.600 € an die KG verteilt. Zuzüglich dem Gewinn aus der Sonderbilanz mit 12.000 € beträgt der Gewinnanteil der KG folglich 29.600 €. Entnahmen hat die KG in 01 keine getätigt.

Die KG erfasst die Beteiligung an der OHG zutreffend in ihrer Buchführung nach der Spiegelbildmethode.[26] Ihr Gewinn des Wirtschaftsjahrs 01 beträgt (120.000 € + 29.600 € =) 149.600 € und wurde je zur Hälfte auf X und Y verteilt.

Bei der Ermittlung der Überentnahmen der KG ist zu beachten, dass die Überweisung der Bareinlage von 100.000 € an die OHG und die Überführung des Grundstücks zum Buchwert von 80.000 € in das Sonderbetriebsvermögen der KG bei der OHG beim abgebenden Betrieb als Entnahme der beiden Gesellschafter A und B i.H. von je 90.000 € und beim übernehmenden Betrieb als Einlage der KG zu behandeln sind. Obwohl im Gesamtgewinn der KG der Gewinnanteil von der OHG mit 29.600 € enthalten ist, darf er bei der Ermittlung der Überentnahmen oder Unterentnahmen nur i. H. des überwiesenen Betrags von 12.000 € als Einlage i. H. v. je 6.000 € von A und B berücksichtigt werden. Im Übrigen ist für die Berechnung der Überentnahmen oder Unterentnahmen der Gesellschafter A und B von einem Gewinn der KG von 120.000 € auszugehen.

Für die KG ergibt sich im Wirtschaftsjahr 01 in der Buchführung der OHG folgende Berechnung:

Einlage am 01.01.01	100.000 €
+ Einlage Grundstück	80.000 €
./. Entnahme Miete	12.000 €
+ Gewinnanteil KG	29.600 €
Unterentnahmen 01	**197.600 €**

Für die Gesellschafter A und B ergibt sich im Wirtschaftsjahr 01 in der Buchführung der KG bezüglich der Beteiligung der KG an der OHG folgende Berechnung:

Entnahme am 01.01.01	100.000 €
+ Entnahme Grundstück	80.000 €
./. Einlage KG (= überwiesener Gewinnanteil)	12.000 €
Überentnahmen 01	**168.000 €**
Anteil A und B je $^1/_2$ =	**84.000 €**
Nicht abziehbare Schuldzinsen 6 % = jeweils	5.040 €

Die Differenz von 29.400 € zwischen Unterentnahmen bei der OHG und Überentnahmen der Gesellschafter bei der KG ergibt sich, weil der Gewinnanteil der KG noch nicht ins Privatvermögen der Gesellschafter ausbezahlt wurde.

---

26 Wegen Einzelheiten hierzu s. B. Rz. 412 ff.

1 Einkommensteuer

Beispiel 4:

Wie Beispiel 3, im Wirtschaftsjahr 02 überweist die OHG den Gewinnanteil von 17.600 € an die KG. Die KG ihrerseits überweist den Betrag von 29.600 € je zur Hälfte an ihre beiden Gesellschafter.

Die Überweisung des Gewinnanteils von 17.600 € stellt eine Entnahme der KG bei der OHG und eine Einlage von je 8.800 € bei den Gesellschaftern A und B der KG dar. Dadurch mindern sich im Wirtschaftsjahr 02 die Überentnahmen der KG bei der OHG auf 180.000 € und die Überentnahmen von A und B bei der KG auf 150.400 € (Anteil A und B je $^1/_2$ = 75.200 €). Der Differenzbetrag beträgt unverändert 29.600 €. Die Entnahme von A und B erhöht ihre Überentnahmen bei der OHG auf je 90.000 €, insgesamt auf 180.000 €. Somit ergibt sich keine Differenz mehr.

Beispiel 5:

Die OHG ST (Gesellschafter S und T je zur Hälfte) ist an der KG XY neben X und Y zu $^1/_3$ beteiligt. Für das Wj. 02 beträgt der Gewinnanteil der OHG 90.000 €. Die OHG selbst hat in 02 einen Verlust i. H. von 35.000 € erwirtschaftet. Die Summe der Einlagen von S und T betrug je 40.000 € und die Summe der Entnahmen von S und T je 60.000 €. Aus dem Vorjahr stammt bei der OHG eine Unterentnahme von 13.000 € (Anteil S und T je $^1/_2$).

Für das Wj. 02 ergibt sich bei S und T ein Entnahmenüberschuss i. H. von je 20.000 €. Die Unterentnahmen aus 01 werden zur Verrechnung des Verlustes von 35.000 € verwendet, von dem 22.000 € in das Wj. 03 fortgeführt werden. Der Entnahmenüberschuss von je 20.000 € wird nicht weiter gemindert und stellt daher die Überentnahme für das Wj. 02 dar. Der Gewinnanteil der OHG von der KG fließt nicht in die Berechnung ein, weil er noch nicht an die OHG ausbezahlt wurde.

Beispiel 6:

Wie Beispiel 5, im Wj. 03 wird der Gewinnanteil der KG i. H. von 90 000 € überwiesen. Ansonsten liegen für das Wj. 03 dieselben Werte vor.

Für das Wj. 03 ergibt sich ein Einlagenüberschuss von je 25.000 €, denn zu den Einlagen gehört auch der Gewinnanteil von 90.000 €. Der Verlust aus 03 von 35.000 € wird mit diesen Beträgen verrechnet; es verbleibt ein Einlagenüberschuss aus 03 von je 7.500 €. Jetzt wird dieser verbleibende Betrag mit dem verbliebenen Verlust aus 02 von 22.000 € verrechnet. Es verbleibt ein Verlust aus 02 von 7.000 €. Die verbleibenden Überentnahmen betragen 0 €.

1.7.2 Verhältnis Obergesellschafter – Untergesellschaft

Sofern der Obergesellschafter nur an der Obergesellschaft, nicht aber an der Untergesellschaft beteiligt ist, ist § 15 Abs. 1 Satz 1 Nr. 2 **Satz 2** EStG anzuwenden.

1.7.2.1 Arbeits- und Dienstverträge zwischen dem Obergesellschafter und der Untergesellschaft

Die von der Untergesellschaft entrichteten Vergütungen stellen bei ihr im Rahmen ihrer handels- und steuerrechtlichen Gewinnermittlung Aufwand

G. Doppel- oder mehrstöckige Personengesellschaft

dar. Beim Obergesellschafter gehören sie zu den Vergütungen für eine Tätigkeit i. S. des § 15 Abs. 1 Satz 1 Nr. 2 Satz 1 2. Halbsatz EStG, stellen damit Sonderbetriebseinnahmen des Obergesellschafters bei der Untergesellschaft dar und sind im Rahmen der steuerlichen Gewinnermittlung der Untergesellschaft zu erfassen. Die Vergütung erhöht den steuerlichen Gesamtgewinn der Untergesellschaft und den Gewinnanteil des Obergesellschafters und unterliegt neben der ESt auch der GewSt.

Stehen mit den Vergütungen Aufwendungen in einem unmittelbaren oder mittelbaren Zusammenhang, stellen diese Sonderbetriebsausgaben dar und sind bei der Gewinnermittlung der Untergesellschaft zu berücksichtigen.

Beispiel 1:

An einer KG sind X als Komplementär mit 60 % und die AB-OHG als Kommanditist mit 40 % beteiligt. Gesellschafter der OHG sind A und B je zur Hälfte. A ist Geschäftsführer der KG und erhält dafür eine monatliche Vergütung von 10.000 €, die die KG als Lohnaufwand erfasst. Der Gewinn der KG beträgt 400.000 €, der Gewinn der OHG – ohne den Gewinnanteil an der KG – 600.000 €.

Die KG hat das Geschäftsführergehalt an A richtig behandelt. Da A jedoch über die OHG mittelbar an der KG beteiligt und damit (Sonder-)Mitunternehmer der KG ist, stellt das Gehalt für ihn eine Vergütung i. S. von § 15 Abs. 1 Satz 1 Nr. 2 **Satz 2** EStG bei der KG dar. Der steuerliche Gesamtgewinn der KG beträgt somit 520.000 €. Davon entfallen auf A vorweg 120.000 €, auf X 60 % = 240.000 € und auf die AB-OHG 40 % = 160.000 €.

Der steuerliche Gesamtgewinn der KG von 520.000 € unterliegt der Gewerbesteuer. Der Gewerbesteuer-Messbetrag der KG ist für Zwecke der Steuerermäßigung gem. § 35 EStG auf X und die OHG im Verhältnis 60 : 40 zu verteilen. Sowohl der Gewerbesteuer-Messbetrag als auch der auf die einzelnen Mitunternehmer entfallende Anteil ist gesondert und einheitlich festzustellen (§ 35 Abs. 2 Satz 1 EStG). In diese Verteilung darf der Gewinnanteil des mittelbar beteiligten Gesellschafters A nicht einbezogen werden, weil es sich insoweit um einen gewinn**unabhängigen** Vorabgewinnanteil handelt.[27] Deshalb ist für ihn bei der KG kein anteiliger Gewerbesteuer-Messbetrag festzustellen.[28]

Der steuerliche Gesamtgewinn der OHG beträgt 600.000 € + 160.000 € = 760.000 €. Der Gewerbeertrag der OHG beträgt jedoch nach der Kürzung gem. § 9 Nr. 2 GewStG um den Gewinnanteil an der KG von 160.000 € nur 600.000 €. Für die Steuerermäßigung gem. § 35 EStG ist zunächst der Gewerbesteuer-Messbetrag der OHG nach dem allgemeinen Gewinnverteilungsschlüssel (50 : 50) auf A und B zu verteilen. Außerdem ist nach § 35 Abs. 2 Satz 5 EStG in die gesonderte und einheitliche Feststellung der anteilig auf die OHG entfallende Messbetrag von der KG nach Maßgabe des allgemeinen Gewinnverteilungsschlüssels (50 : 50) A und B zuzurechnen.[29]

---
27 BMF vom 19.09.2007, BStBl I 2007, 701, Rz. 20; siehe auch im Einzelnen B. Rz. 423.
28 Schmidt/Glanegger, § 35 Rz. 28.
29 BMF vom 19.09.2007, BStBl I 2007, 701, Rz. 25.

1 Einkommensteuer

Beispiel 2:

Wie Beispiel 1; aber die OHG erzielt – ohne den Gewinnanteil an der KG – einen Verlust von 300.000 €.

Bei der KG ändert sich nichts. Der Gewerbeertrag der OHG beträgt ./. 300.000 €. Dies führt zu einem Gewerbesteuer-Messbetrag von 0 €. Dieser Betrag ist nach § 35 Abs. 2 Satz 5 EStG um den aus der Beteiligung an der KG stammenden anteiligen Gewerbesteuer-Messbetrag zu erhöhen und anteilig entsprechend dem allgemeinen Gewinnverteilungsschlüssel (50 : 50) A und B zuzurechnen.[30]

Gewährt eine Untergesellschaft dem an ihr nur mittelbar über eine Obergesellschaft beteiligten Gesellschafter eine Pensionszusage, gelten dieselben Regelungen wie bei einem unmittelbar beteiligten Gesellschafter.[31] Das heißt, die Untergesellschaft muss unter den Voraussetzungen des § 6 a EStG eine Pensionsrückstellung passivieren. Gleichzeitig muss der mittelbar beteiligte begünstigte Gesellschafter in seiner Sonderbilanz bei der KG nach dem Grundsatz der korrespondierenden Bilanzierung eine Forderung aktivieren.[32] Auch in den Fällen der mittelbaren Beteiligung sind die von der Finanzverwaltung für die unmittelbaren Beteiligungen aufgestellten Übergangs- bzw. Billigkeitsregelungen anzuwenden.[33]

Beispiel 3:

Wie Beispiel 1, aber A hat von der KG im Laufe des Wirtschaftsjahrs eine Pensionszusage erhalten, deren versicherungsmathematischer Barwert i. S. von § 6 a Abs. 3 EStG am Ende des Wirtschaftsjahrs 20.000 € beträgt. Die Voraussetzungen des § 6 a Abs. 1 und 2 EStG sind erfüllt.

Die KG muss in ihrer Handelsbilanz und Steuerbilanz eine Pensionsrückstellung i. H. von 20.000 € gewinnmindernd passivieren (§ 249 HGB, § 6 a EStG). Im Rahmen der Gewinnverteilung ergibt sich eine Gewinnminderung für X von 60 % = 12.000 € und für die AB-OHG von 40 % = 8.000 €. A muss in seiner Sonderbilanz bei der KG eine Forderung i. H. von 20.000 € gewinnerhöhend aktivieren. Dadurch erhöht sich der steuerliche Gesamtgewinn der KG und der Gewinnanteil des A um 20.000 €.

Die Minderung des Beteiligungsertrags der OHG von 8.000 € führt zunächst zu einer Gewinnminderung des Gewinns der OHG. Bei der Gewinnverteilung des Gewinns der OHG mindert den Gewinnanteil der beiden Gesellschafter A und B um je 4.000 €. Für A ergibt sich eine gesamte Gewinnauswirkung von (20.000 € ./. 4.000 € =) 16.000 €.

Ist die Untergesellschaft eine aktiv gewerblich tätige oder eine gewerblich geprägte GmbH & Co. KG und gewährt die Komplementär-GmbH in ihrer Eigenschaft als Geschäftsführerin der KG ihrem Geschäftsführer, der mittelbar über eine Obergesellschaft an der GmbH & Co. KG (Untergesellschaft) beteiligt ist, eine Pensionszusage, so gelten ebenfalls dieselben Regelungen

---

30 BMF vom 19.09.2007, BStBl I 2007, 701, Rz. 26.
31 Siehe im Einzelnen B. Rz. 323–327.
32 BMF vom 29.01.2008, BStBl I 2008, 317, Rz. 15.
33 Siehe hierzu im Einzelnen B. Rz. 326.

G. Doppel- oder mehrstöckige Personengesellschaft

wie bei einer unmittelbaren Beteiligung des GmbH-Geschäftsführers an der GmbH & Co. KG. Das heißt, die GmbH muss in ihrer Sonderbilanz bei der Untergesellschaft nach den Grundsätzen der korrespondierenden Bilanzierung eine Pensionsrückstellung passivieren und der mittelbar beteiligte Gesellschafter muss in seiner Sonderbilanz bei der Untergesellschaft eine Forderung aktivieren. Die Übergangs- bzw. Billigkeitsregelungen sind in diesen Fällen jedoch nicht anzuwenden.[34]

Beispiel 4:

An einer GmbH & Co. KG sind je zur Hälfte beteiligt als Komplementär eine GmbH und als Kommanditist eine OHG. Alleingesellschafter der GmbH ist A, Gesellschafter der OHG sind A und B je zur Hälfte. Geschäftsführerin der KG ist die GmbH und Geschäftsführer der GmbH ist B. Die GmbH erhält von der KG eine Geschäftsführervergütung von monatlich 10.000 €, die sie in vollem Umfang an B weitergibt. Die GmbH gewährte im Laufe dieses Wirtschaftsjahrs ihrem Geschäftsführer B eine Pensionszusage, deren versicherungsmathematischer Barwert am Ende des Wirtschaftsjahrs 15.000 € beträgt. Die GmbH bildete in ihrer Sonderbilanz bei der KG eine Pensionsrückstellung von 15.000 €, weil die Voraussetzungen des § 6 a Abs. 1 und 2 EStG erfüllt sind.

Die GmbH bildete zu Recht in ihrer Sonderbilanz eine Pensionsrückstellung. Jedoch muss B, der über die OHG mittelbar an der GmbH & Co. KG beteiligt ist und deshalb nach § 15 Abs. 1 Satz 1 Nr. 2 Satz 2 EStG wie ein unmittelbar beteiligter Gesellschafter zu behandeln ist, in seiner Sonderbilanz bei der KG nach den Grundsätzen der korrespondierenden Bilanzierung eine Forderung i. H. von 15.000 € aktivieren. Bei der GmbH & Co. KG ändert sich weder ihr Gewinn noch ihr steuerlicher Gesamtgewinn. Jedoch mindert sich der Gewinn der GmbH und erhöht sich der Gewinn des B um jeweils 15.000 €.

1.7.2.2 Mietverträge zwischen Obergesellschafter und Untergesellschaft

22 Über die vorstehenden Ausführungen hinaus gehören die Wirtschaftsgüter, die der Obergesellschafter der Untergesellschaft überlässt, zum notwendigen Sonderbetriebsvermögen I des Obergesellschafters bei der Untergesellschaft und damit zum steuerlichen Gesamtbetriebsvermögen der Untergesellschaft, weil der mittelbar beteiligte Gesellschafter wie ein unmittelbar beteiligter Gesellschafter zu behandeln ist.[35]

Das vom Obergesellschafter der Untergesellschaft überlassene Wirtschaftsgut dient auch der Beteiligung des Gesellschafters an der Obergesellschaft und stellt damit bei dieser Sonderbetriebsvermögen II dar. Jedoch hat Sonderbetriebsvermögen I Vorrang vor Sonderbetriebsvermögen II, damit scheidet eine Bilanzierung dieser Wirtschaftsgüter als Sonderbetriebsvermögen II bei der Obergesellschaft aus.[36]

---

34 BMF vom 29.01.2008, BStBl I 2008, 317, Rz. 15 i. V. m. Rz. 12–14; s. im Einzelnen R. Rz. 52–55.
35 Zu den Voraussetzungen für das Vorliegen von Sonderbetriebsvermögen siehe B. Rz. 96 ff.
36 BFH vom 06.10.1987, BStBl II 1988, 679.

1 Einkommensteuer

Beispiel 1:

An der A-OHG sind A und die XY-KG je zur Hälfte, an der XY-KG X und Y je zur Hälfte beteiligt. X erwirbt ein Grundstück (Anschaffungskosten 800.000 €) und überlässt es der OHG für deren betriebliche Zwecke. Zur Bestreitung des Kaufpreises hat X ein Darlehen i. H. von 500.000 € aufgenommen.

Das Grundstück des X dient unmittelbar der OHG (Untergesellschaft), stellt damit notwendiges Sonderbetriebsvermögen I des X bei der OHG dar und ist in einer Sonderbilanz des X bei der OHG zu bilanzieren. Das Grundstück dient zwar auch der Beteiligung des Gesellschafters X an der KG und wäre somit als notwendiges Sonderbetriebsvermögen II in einer Sonderbilanz des X bei der KG zu bilanzieren. Da aber Sonderbetriebsvermögen I Vorrang hat vor Sonderbetriebsvermögen II, ist das Grundstück zwingend in einer Sonderbilanz des X bei der OHG zu bilanzieren.

Das Darlehen steht mit dem Grundstück in einem unmittelbaren Zusammenhang und muss deshalb als notwendiges Sonderbetriebsvermögen II in der Sonderbilanz des X bei der OHG passiviert werden.

Überlässt jedoch ein Gesellschafter der Obergesellschaft dieser ein Wirtschaftsgut, die es ihrerseits – vertragsgemäß – an die Untergesellschaft weitervermietet, gehört das Wirtschaftsgut zum notwendigen Sonderbetriebsvermögen des Gesellschafters bei der Obergesellschaft, weil vertragliche Vereinbarungen nur zwischen dem Obergesellschafter und der Obergesellschaft vorliegen. Etwas anderes könnte nur gelten, wenn die Obergesellschaft nur zwischengeschaltet wurde, um steuerliche Vorteile zu erlangen bzw. steuerliche Nachteile zu vermeiden.

Beispiel 2:

Wie Beispiel 1, jedoch vermietet X das Grundstück an die KG, die es an die OHG untervermietet.

Durch die Überlassung des Grundstücks an die KG gehören das Grundstück und das Darlehen zum notwendigen Sonderbetriebsvermögen I des X bei der KG. Die Untervermietung an die OHG führt nicht zu Sonderbetriebsvermögen bei der Untergesellschaft, weil bereits im Verhältnis Obergesellschafter – Obergesellschaft (KG) notwendiges Sonderbetriebsvermögen vorliegt.

Aber: Überlässt der Obergesellschafter ein Wirtschaftsgut der Untergesellschaft, die es ihrerseits an die Obergesellschaft untervermietet, ist davon auszugehen, dass die Untergesellschaft nur zwischengeschaltet wurde, um steuerliche Vorteile zu erlangen. Der Mietvertrag mit der Untergesellschaft kann in diesen Fällen u. E. nicht anerkannt werden mit der Folge, dass das Wirtschaftsgut zum notwendigen Sonderbetriebsvermögen I der Obergesellschaft gehört. Es gilt u. E. insoweit dasselbe, als wenn eine Kapitalgesellschaft zwischengeschaltet worden wäre.[37]

---

[37] Siehe Beispiel 24 in B. Rz. 129 mit der dort angeführten BFH-Rechtsprechung.

G. Doppel- oder mehrstöckige Personengesellschaft

Beispiel 3:

Wie Beispiel 1, die OHG vermietet jedoch das Grundstück an die KG.

Die Zwischenschaltung der OHG kann in diesem Fall nicht anerkannt werden. Das Grundstück und das zur Finanzierung des Kaufpreises aufgenommene Darlehen gehören zum notwendigen Sonderbetriebsvermögen des X bei der KG.

Die o. g. Grundsätze gelten auch dann, wenn der Obergesellschafter das Wirtschaftsgut der Untergesellschaft unentgeltlich überlässt.

1.7.2.3 Darlehensverträge zwischen Obergesellschafter und Untergesellschaft

25 Über die Ausführungen in den letzten beiden Kapiteln hinaus sind die Besonderheiten bei Darlehensverträgen zwischen der Personengesellschaft und ihren unmittelbar beteiligten Gesellschaftern auch bei Darlehensverträgen zwischen der Untergesellschaft und dem Obergesellschafter anzuwenden, und zwar auch dann, wenn bei der Gewährung eines Darlehens von der Untergesellschaft an den Obergesellschafter keine betriebliche Veranlassung vorliegt.[38] Die Entnahme ist in diesen Fällen grundsätzlich **allen** Gesellschaftern der Untergesellschaft zuzurechnen.

1.7.2.4 Die Untergesellschaft ist eine GmbH & Co. KG

26 Ist die Untergesellschaft eine GmbH & Co. KG, sind Anteile eines Gesellschafters der Obergesellschaft an der Komplementär-GmbH der Untergesellschaft bei dieser notwendiges Sonderbetriebsvermögen II des Obergesellschafters als Mitunternehmer der Untergesellschaft. Gewinnausschüttungen der GmbH gehören deshalb zu den Sonderbetriebseinnahmen des Obergesellschafters bei der Untergesellschaft. Ist der Obergesellschafter gleichzeitig Geschäftsführer der GmbH, stellt sein Gehalt Sonderbetriebseinnahmen bei der Untergesellschaft dar.[39]

Beispiel 1:

An einer GmbH & Co. KG ist eine GmbH als Komplementär und eine OHG als Kommanditist beteiligt. Gesellschafter der GmbH sind A und B je zur Hälfte, an der OHG sind A und X je zur Hälfte beteiligt. Die GmbH betreibt keinen eigenen Geschäftsbetrieb.

---

38 Siehe im Einzelnen B. Rz. 135 ff.
39 BFH vom 24.02.2005, BStBl II 2006, 361; gl. A. Schmidt/Wacker, § 15 Rz. 617, 716 und 720.

1 Einkommensteuer

Schema:

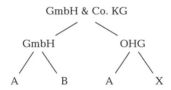

Die GmbH erhält von der KG für die Geschäftsführung aufgrund eines schuldrechtlichen Vertrags eine angemessene Vergütung von monatlich 20.000 €, die die GmbH je zur Hälfte an A und B weiterbezahlt. Im laufenden Wj. nahm die GmbH eine Gewinnausschüttung von je 2.450 € an A und B vor.

A und X sind als unmittelbare Gesellschafter der OHG mittelbar an der GmbH & Co. KG beteiligt und damit (Sonder-)Mitunternehmer, unabhängig davon, ob sie der KG Wirtschaftsgüter überlassen haben oder nicht (§ 15 Abs. 1 Satz 2 Nr. 2 Satz 2 EStG). Da der mittelbar beteiligte Gesellschafter einem unmittelbar beteiligten Gesellschafter gleichsteht, gehört der GmbH-Anteil des A zum notwendigen Sonderbetriebsvermögen II des A bei der GmbH & Co. KG, weil die GmbH keinen eigenen Geschäftsbetrieb betreibt. Der Anteil des B gehört dagegen zu seinem Privatvermögen, weil B weder unmittelbar noch mittelbar an der GmbH & Co. KG beteiligt ist.

Die Gewinnausschüttung gehört i. H. von 2.450 € zu den Vergütungen i. S. von § 15 Abs. 1 Satz 1 Nr. 2 Satz 2 EStG und stellt Sonderbetriebseinnahmen des A bei der GmbH & Co. KG dar. Bei B liegen Einnahmen aus Kapitalvermögen vor.

Die Geschäftsführervergütung, die die GmbH von der KG erhält, stellt bei der GmbH Sonderbetriebseinnahmen dar, gleichzeitig aber auch Sonderbetriebsausgaben, weil im Zusammenhang mit den Sonderbetriebseinnahmen Aufwendungen in dieser Höhe anfallen. Bei A gehört die Vergütung wiederum zu den Sonderbetriebseinnahmen i. S. von § 15 Abs. 1 Satz 1 Nr. 2 Satz 2 EStG, weil er mittelbar an der GmbH & Co. KG beteiligt ist und deshalb wie ein unmittelbar beteiligter Gesellschafter zu behandeln ist.[40]

Hinweis: Wäre A auch an der GmbH & Co. KG als Kommanditist beteiligt, würde der Anteil an der GmbH von vornherein zu seinem notwendigen Sonderbetriebsvermögen bei der KG gehören und die Vergütungen würden von vornherein Sonderbetriebseinnahmen bei der KG darstellen. § 15 Abs. 1 Satz 1 Nr. 2 Satz 2 EStG müsste für die Lösung nicht herangezogen werden.

---

40 Siehe Beispiele in R. Rz. 48 und 51.

G. Doppel- oder mehrstöckige Personengesellschaft

Beispiel 2:
Die Beteiligungsverhältnisse ergeben sich aus folgender Übersicht:

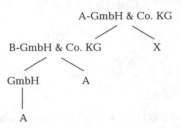

A ist Geschäftsführer der GmbH, die GmbH ist Geschäftsführerin der B-GmbH & Co. KG und die B-GmbH & Co. KG ist Geschäftsführerin der A-GmbH & Co. KG. Weder die GmbH noch die B-GmbH & Co. KG üben einen eigenen Geschäftsbetrieb aus. Die A-GmbH & Co. KG zahlt eine Geschäftsführervergütung i. H. von 200.000 € an die B-GmbH & Co. KG, die diese an die GmbH als ihren Geschäftsführer und die GmbH an ihren Geschäftsführer A weiterbezahlen.

Die Geschäftsführervergütung stellt bei der A-GmbH & Co. KG Lohnaufwand dar, der ihren Gewinn mindert. Bei der B-GmbH & Co. KG liegen Sonderbetriebseinnahmen und gleichzeitig Sonderbetriebsausgaben i. H. von 200.000 € vor, die im Rahmen der steuerlichen Gewinnermittlung der A-GmbH & Co. KG zu erfassen sind. Der steuerliche Gesamtgewinn der A-GmbH & Co. KG ändert sich insoweit nicht.

Bei der GmbH liegen ebenfalls Sonderbetriebseinnahmen und gleichzeitig Sonderbetriebsausgaben i. H. von 200.000 € vor. Fraglich ist, bei welcher KG diese erfasst werden. Die GmbH ist gem. § 15 Abs. 1 Satz 1 Nr. 2 Satz 2 EStG (Sonder-)Mitunternehmerin der A-KG. Der mittelbar Beteiligte steht einem unmittelbar Beteiligten gleich. Das spricht für die Erfassung der Vergütungen als Sonderbetriebseinnahmen bei der A-GmbH & Co. KG (Untergesellschaft). Konsequenterweise stellen dann auch die Aufwendungen der GmbH (Weiterleitung der Vergütung an A) Sonderbetriebsausgaben der GmbH bei der A-GmbH & Co. KG dar.

A ist durch seine Beteiligung an der B-GmbH & Co. KG ebenfalls mittelbar an der A-GmbH & Co. KG beteiligt und steht damit einem unmittelbar Beteiligten gleich. Die Vergütung, die er von der GmbH für die Geschäftsführung der GmbH erhält, steht in einem unmittelbaren Zusammenhang mit der Geschäftsführung für die A-GmbH & Co. KG. Deshalb stellt die Vergütung des A Sonderbetriebseinnahmen bei der A-GmbH & Co. KG dar. Eine Entscheidung des BFH bleibt abzuwarten.

Ebenfalls höchstrichterlich noch nicht entschieden ist, welchem Sonderbetriebsvermögen der GmbH-Anteil des A zuzurechnen ist. Der GmbH-Anteil ist grundsätzlich bei der zuerst gegründeten GmbH & Co. KG als notwendiges Sonderbetriebsvermögen II zu aktivieren.[41] Wurden beide GmbH & Co. KG

---
41 OFD München vom 02.04.2001, DStR 2001 S. 1032.

1 Einkommensteuer

gleichzeitig gegründet, sind sie u. E. bei der Obergesellschaft (B-GmbH & Co. KG) zu aktivieren, weil die unmittelbare Beteiligung Vorrang hat vor der mittelbaren.[42]

Beispiel 3:

Wie Beispiel 2, aber die B-GmbH & Co. KG übt einen eigenen Geschäftsbetrieb aus und bezahlt zusätzlich eine eigene Geschäftsführervergütung an die GmbH, die sie wiederum an A weiterleitet.

Der GmbH-Anteil des A stellt in diesem Fall notwendiges Sonderbetriebsvermögen II der Obergesellschaft (= B-GmbH & Co. KG) dar, weil die unmittelbare Beteiligung der mittelbaren Beteiligung vorgeht. Bezüglich der Geschäftsführervergütung der A-GmbH & Co. KG ändert sich nichts. Dagegen stellt die Geschäftsführervergütung der B-GmbH & Co. KG bei der GmbH Sonderbetriebseinnahmen und Sonderbetriebsausgaben bei der B-GmbH & Co. KG dar und bei A Sonderbetriebseinnahmen bei der B-GmbH & Co. KG.

Ist dagegen der Kommanditist der Untergesellschaft an der Komplementär-GmbH der Obergesellschaft beteiligt, gehört der GmbH-Anteil nur dann zum notwendigen Sonderbetriebsvermögen II der Untergesellschaft, wenn der betreffende Kommanditist in der Obergesellschaft einen beherrschenden Einfluss ausüben kann.[43]

Beispiel 4:

Die Beteiligungsverhältnisse ergeben sich aus folgender Übersicht:

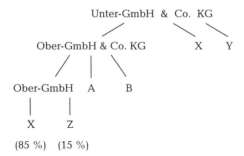

Geschäftsführer der GmbH sind X und Z.

X hat in der Ober-GmbH aufgrund seiner 85%igen Beteiligung einen beherrschenden Einfluss, da Gesellschafterbeschlüsse nach § 47 Abs. 1 GmbHG mit einfacher Mehrheit zustande kommen. Etwas anderes gilt nur, wenn abweichende Vereinbarungen wirksam getroffen worden sind. Bei einer Personengesellschaft werden jedoch Gesellschafterbeschlüsse einstimmig gefasst, sofern im Gesellschaftsvertrag nichts anderes bestimmt ist. X hat damit in der Ober-GmbH & Co. KG keinen beherrschenden Einfluss (über die GmbH-Betei-

---
42 Gl. A. Schulze zur Wiesche, StBp 1992 S. 248.
43 BFH vom 11.12.1990, BStBl II 1991, 510.

G. Doppel- oder mehrstöckige Personengesellschaft

ligung). Auf das Stimmrechtsverhältnis kommt es allerdings dann nicht an, wenn der an der Komplementär-GmbH der Obergesellschaft beteiligte Kommanditist der Untergesellschaft aufgrund seiner Beteiligung an der Komplementär-GmbH der Obergesellschaft alleiniger Geschäftsführer der Obergesellschaft ist. Dann kann er infolge seiner Stellung als Geschäftsführer der Obergesellschaft, die er durch seine Beteiligung an der Komplementär-GmbH erlangt hat, Einfluss auf die Geschäftsführung der Untergesellschaft ausüben, wodurch seine Stellung als Kommanditist gestärkt wird.

X ist jedoch nicht alleiniger Geschäftsführer der Ober-GmbH. Somit kann er auch nicht durch seine Stellung als Geschäftsführer der Komplementär-GmbH der Obergesellschaft beherrschenden Einfluss ausüben. Die Beteiligung, die X an der Ober-GmbH hält, gehört daher nicht zum notwendigen Sonderbetriebsvermögen II bei der Unter-GmbH & Co. KG. X könnte diese Beteiligung jedoch als gewillkürtes Sonderbetriebsvermögen bei der Unter-GmbH & Co. KG aktivieren.

1.7.3 Verhältnis Untergesellschafter – Obergesellschaft

28 Ist ein Gesellschafter der Untergesellschaft zwar nicht an der Obergesellschaft beteiligt, bestehen aber geschäftliche Beziehungen zwischen ihm und der Obergesellschaft, ist weder § 15 Abs. 1 Satz 1 Nr. 2 Satz 1 noch Satz 2 EStG anzuwenden. Der Untergesellschafter ist nicht über eine oder mehrere Personengesellschaften und damit nicht mittelbar beteiligt.

Vertragliche Vereinbarungen zwischen ihm und der Obergesellschaft unterliegen damit den normalen gesetzlichen Bestimmungen.

Das bedeutet:

— Steht der Untergesellschafter in einem Arbeitsverhältnis mit der Obergesellschaft, erzielt er Einkünfte aus nichtselbständiger Arbeit, unabhängig davon, ob er daneben Geschäftsführer der Untergesellschaft ist und insoweit gem. § 15 Abs. 1 Satz 1 Nr. 2 Satz 1 2. Halbsatz EStG Einkünfte aus Gewerbebetrieb erzielt.

— Besteht ein Dienstvertrag, ist der Untergesellschafter z. B. freiberuflich tätig, erzielt er Einkünfte aus selbständiger Arbeit.

— Vermietet er der Obergesellschaft ein Wirtschaftsgut, liegen Einkünfte aus Vermietung und Verpachtung bzw. gem. § 22 Nr. 3 EStG vor.

— Gewährt er der Obergesellschaft ein Darlehen, erzielt er Einkünfte aus Kapitalvermögen.

Wird die Obergesellschaft allerdings nur vorgeschoben, um steuerliche Nachteile zu vermeiden, werden diese Verträge nicht anerkannt.[44]

---

44 Siehe G. Rz. 23 mit Beispiel.

1.7.4 Übertragung von Wirtschaftsgütern

Bei einer doppel- oder mehrstöckigen Personengesellschaft sind zusätzlich **29**
zu den Grundfällen[45] folgende Varianten denkbar:

1. Veräußerungen mit allen sich daraus ergebenden Konsequenzen liegen **30**
vor, wenn
   — der nur an der Obergesellschaft beteiligte Gesellschafter oder
   — der nur an der Untergesellschaft beteiligte Gesellschafter oder
   — der sowohl an der Ober- als auch an der Untergesellschaft beteiligte Gesellschafter

   Wirtschaftsgüter seines Sonderbetriebsvermögens bei der Obergesellschaft oder der Untergesellschaft an einen anderen Gesellschafter, an die Obergesellschaft oder an die Untergesellschaft veräußert, bei der es Sonderbetriebsvermögen oder Gesamthandsvermögen wird.

   Beispiel 1 (vgl. Grundfall G. Rz. 1):
   Gesellschafter X der OHG vermietet seit der Anschaffung das am 05.01.01 für 100.000 € Anschaffungskosten erworbene unbebaute Grundstück an die KG. Zum 31.12.05 verkauft X das Grundstück zum Verkehrswert von 400.000 € an die KG.

   Das Grundstück gehört zum notwendigen Sonderbetriebsvermögen I des mittelbar an der KG beteiligten X und ist mit den Anschaffungskosten von 100.000 € in einer Sonderbilanz des X bei der KG zu aktivieren. Bei der Veräußerung des Grundstücks an die KG im Jahre 05 entsteht ein einkommensteuer- und gewerbesteuerpflichtiger Gewinn von 300.000 €. Der Gewinn der KG und der Gewinnanteil des X erhöhen sich um je 300.000 €. X kann keine Rücklage gem. § 6 b EStG bilden, weil die Sechsjahresfrist noch nicht abgelaufen ist. Die KG hat das Grundstück mit ihren Anschaffungskosten von 400.000 € in ihrer Bilanz zu aktivieren.

   Beispiel 2:
   Wie Beispiel 1, aber X veräußert das Grundstück an die OHG, die es ihrerseits an die KG vermietet.

   Bei X ergeben sich gegenüber Beispiel 1 keine Änderungen. Bei der OHG gehört das von X erworbene Grundstück zu ihrem notwendigen Sonderbetriebsvermögen I bei der KG und muss mit den Anschaffungskosten von 400.000 € aktiviert werden.

2. Die übertragenen Wirtschaftsgüter müssen gem. § 6 Abs. 5 Satz 3 EStG **31**
mit dem **Buchwert** angesetzt werden, wenn
   — der nur an der Obergesellschaft beteiligte Gesellschafter oder
   — der nur an der Untergesellschaft beteiligte Gesellschafter oder
   — der sowohl an der Ober- als auch an der Untergesellschaft beteiligte Gesellschafter

---
45 Siehe ausführlich B. Rz. 379 ff.

G. Doppel- oder mehrstöckige Personengesellschaft

Wirtschaftsgüter seines **Sonderbetriebsvermögens** bei der Untergesellschaft auf

— Gesellschafter der Untergesellschaft,

— Gesellschafter der Obergesellschaft,

— die Obergesellschaft

unentgeltlich oder gegen Gewährung von Gesellschaftsrechten überträgt und der jeweilige Erwerber das Wirtschaftsgut der Untergesellschaft vermietet oder unentgeltlich überlässt. Beim übertragenden Gesellschafter entsteht dadurch kein Gewinn.

Beispiel 3:

Wie Beispiel 1, aber X überträgt das Grundstück unentgeltlich auf G, der es der KG überlässt.

Die Übertragung des Grundstücks muss gem. § 6 Abs. 5 Satz 3 Nr. 3 EStG mit dem Buchwert angesetzt werden. Dadurch ergibt sich bei X in seiner Sonderbuchführung kein Gewinn. G aktiviert das Grundstück in seiner Sonderbilanz bei der KG mit dem Buchwert von 100.000 €.

Beispiel 4:

Wie Beispiel 3, aber X überträgt das Grundstück unentgeltlich auf E, der es der KG überlässt.

Lösung wie Beispiel 3.

Anmerkung: Dieselbe Lösung würde sich ergeben, wenn X das Grundstück an einen anderen Gesellschafter der Obergesellschaft übertragen würde, der nur an der Obergesellschaft beteiligt wäre, und dieser Gesellschafter das Wirtschaftsgut der Untergesellschaft überlassen würde, denn der neue Eigentümer wäre bereits (Sonder-)Mitunternehmer der Untergesellschaft.

Beispiel 5:

Wie Beispiel 3, aber X überträgt das Grundstück unentgeltlich oder gegen Gewährung von Gesellschaftsrechten auf die OHG, die es der KG überlässt.

Lösung wie Beispiel 3.

3. Die übertragenen Wirtschaftsgüter müssen gem. § 6 Abs. 5 Satz 2 EStG ebenfalls mit dem **Buchwert** fortgeführt werden, wenn

— der nur an der Obergesellschaft beteiligte Gesellschafter oder

— der sowohl an der Obergesellschaft als auch an der Untergesellschaft beteiligte Gesellschafter

Wirtschaftsgüter seines Sonderbetriebsvermögens bei der Obergesellschaft nunmehr der Untergesellschaft überlässt. In diesen Fällen liegt die Überführung eines Wirtschaftsguts aus einem Sonderbetriebsvermögen in ein anderes Sonderbetriebsvermögen des Unternehmers vor.

1 Einkommensteuer

1.7.5 Rücklage gem. § 6b EStG bei Doppelgesellschaften

Veräußert ein **Gesellschafter der Obergesellschaft** ein Wirtschaftsgut, das zu seinem Sonderbetriebsvermögen bei der Untergesellschaft gehört, an der er nur mittelbar beteiligt ist, so kann er, sofern die Voraussetzungen des § 6b EStG vorliegen, die sofortige Versteuerung der stillen Reserven durch die Übertragung auf begünstigte Wirtschaftsgüter oder die Bildung einer Rücklage gem. § 6b EStG vermeiden. Diese Rücklage ist in eine Sonderbilanz des Obergesellschafters bei der Untergesellschaft einzustellen und kann auf neues Sonderbetriebsvermögen bei der Untergesellschaft oder der Obergesellschaft übertragen werden. Eine Übertragung ist auch möglich auf Wirtschaftsgüter, die die Untergesellschaft oder die Obergesellschaft angeschafft oder hergestellt hat, soweit die Anschaffungs- oder Herstellungskosten anteilig dem Obergesellschafter zuzurechnen sind.[46] 33

Veräußert die **Untergesellschaft** ein Wirtschaftsgut ihres Gesamthandsvermögens, ist die Bildung einer Rücklage gem. § 6b EStG unabhängig davon möglich, wie lange der Obergesellschafter bei der Untergesellschaft Sonderbetriebsvermögen hat, weil ihm das Wirtschaftsgut auch nicht anteilig zuzurechnen ist. 34

Beispiel 1:

An der AB-OHG sind A, B und die BC-KG seit zehn Jahren beteiligt. Kommanditist C überlässt seit zwei Jahren der OHG ein Grundstück. Die OHG veräußert ein Grundstück ihres Gesamthandsvermögens, das seit acht Jahren zu ihrem Betriebsvermögen gehört.

Die OHG kann in Höhe der gesamten aufgedeckten stillen Reserven eine Rücklage gem. § 6b EStG bilden, weil alle Voraussetzungen erfüllt sind. Der Umstand, dass C erst seit zwei Jahren ein Wirtschaftsgut der OHG überlässt, spielt keine Rolle, weil er nicht am Gesamthandsvermögen der OHG beteiligt ist.

Veräußert die **Obergesellschaft** ein begünstigtes Wirtschaftsgut i. S. des § 6b EStG, das in ihrer Sonderbilanz bei der Untergesellschaft aktiviert ist und seit mindestens sechs Jahren ununterbrochen zum Anlagevermögen einer oder mehrerer ihrer inländischen Betriebsstätten gehört, so kann sie die aufgedeckten stillen Reserven auf begünstigte Wirtschaftsgüter übertragen oder eine Rücklage gem. § 6b EStG bilden, die in ihrer Sonderbilanz bei der Untergesellschaft zu passivieren ist. 35

Zu beachten ist, dass ein Gesellschafterwechsel bei der Obergesellschaft die Sechsjahresfrist bei der Untergesellschaft unterbricht. 36

Beispiel 2:

An einer KG sind seit ihrer Gründung X und die AB-OHG je zur Hälfte beteiligt. An der OHG sind je zur Hälfte beteiligt: A seit zehn Jahren und B seit vier Jahren, der damals den Anteil von C zum Buchwert erworben hat.

---

46 Siehe im Einzelnen B. Rz. 252 ff.

G. Doppel- oder mehrstöckige Personengesellschaft

Die KG veräußert ein Grundstück ihres Gesamthandsvermögens, das seit zehn Jahren zu ihrem Gesamthandsvermögen gehört hat. Der Veräußerungsgewinn beträgt 400.000 €.

Obwohl das Grundstück seit zehn Jahren ununterbrochen zum Anlagevermögen der KG gehört, kann sie nach § 6 b Abs. 3 EStG nur i. H. von 300.000 € eine Rücklage gem. § 6 b EStG bilden, weil B die Sechsjahresfrist nicht erfüllt.

1.8 Ermittlung des Gesamtgewinns

1.8.1 Gesamtgewinn der Untergesellschaft

37 Der steuerliche Gesamtgewinn der Untergesellschaft ist wie folgt zu ermitteln:

Gewinn/Verlust lt. Handelsbilanz/Steuerbilanz der Untergesellschaft
+/./. Gewinn/Verlust lt. Ergänzungsbilanz der Obergesellschaft
+/./. Gewinn/Verlust lt. Ergänzungsbilanzen der übrigen Untergesellschafter
+/./. Gewinn/Verlust lt. Sonderbilanz der Obergesellschaft
+/./. Gewinn/Verlust lt. Sonderbilanzen der übrigen Untergesellschafter
Zwischensumme
+/./. Gewinn/Verlust lt. Sonderbilanzen der (Nur-)Obergesellschafter
Steuerlicher Gesamtgewinn der Untergesellschaft

38 **Anmerkungen:**
1. Der steuerliche Gesamtgewinn der Untergesellschaft ist die Grundlage für die Ermittlung des Gewerbeertrags der Untergesellschaft.
2. Der (eigentliche) Gewinn/Verlust lt. Handelsbilanz/Steuerbilanz der Untergesellschaft ist nach dem Gewinnverteilungsschlüssel auf die Gesellschafter der Untergesellschaft (einschließlich der Obergesellschaft) zu verteilen.
3. An dieser Gewinnverteilung nehmen die (Nur-)Gesellschafter der Obergesellschaft selbst dann nicht teil, wenn sie Sonderbetriebsvermögen bei der Untergesellschaft haben, denn diese Gesellschafter sind zwar neben der Obergesellschaft ebenfalls (Sonder-)Mitunternehmer der Untergesellschaft, nicht aber zivilrechtlich deren Gesellschafter.
4. Der auf die Obergesellschaft entfallende Anteil am Gewinn/Verlust der Untergesellschaft geht in den Gewinn/Verlust der Obergesellschaft ein[47] und ist von den Gesellschaftern der Obergesellschaft als Teil ihres Anteils am Gesamtgewinn der Obergesellschaft zu versteuern.
5. Der Gewinn/Verlust lt. Ergänzungsbilanz bzw. Sonderbilanz der Obergesellschaft ist bei der Gewinnverteilung ausschließlich der Obergesellschaft zuzurechnen. Eine Ergänzungsbilanz ist für die Obergesellschaft

---
47 BFH vom 26.01.1995, BStBl II 1995, 467.

in ihrer Eigenschaft als Gesellschafterin der Untergesellschaft wie bei natürlichen Personen z. B. bei der Gründung der Untergesellschaft oder beim Eintritt der Obergesellschaft in die Untergesellschaft im Rahmen eines Gesellschafterwechsels zu bilden.

6. Soweit die Wirtschaftsjahre von Untergesellschaft und Obergesellschaft nicht übereinstimmen, führt dies zu einer zeitversetzten Versteuerung, sofern kein Rechtsmissbrauch i. S. von § 42 AO vorliegt. Entspricht z. B. das Wirtschaftsjahr der Untergesellschaft dem Kalenderjahr, während das Wirtschaftsjahr der Obergesellschaft davon abweicht, so geht der Anteil der Obergesellschaft am Steuerbilanzgewinn der Untergesellschaft gem. § 4a Abs. 2 Nr. 2 EStG bei den Obergesellschaftern erst in die Besteuerung im Folgejahr ein.

Beispiel 1:

Die AB-OHG ist an der XY-KG beteiligt. Bei beiden Personengesellschaften entspricht das Wj. dem Kj. Die OHG stellt beim Finanzamt den Antrag, ihr Wj. auf einen abweichenden Zeitraum vom 01.02.–31.01. umzustellen. Branchenspezifische oder sonstige plausible Gründe kann sie nicht benennen.

Das Finanzamt darf die nach § 4a Abs. 1 Satz 1 Nr. 2 Satz 2 EStG erforderliche Zustimmung nur erteilen, wenn der Antrag der OHG wirtschaftlich begründet ist (H 4a EStH). Im vorliegenden Fall hat der Antrag der OHG nur zum Ziel, eine Steuerminderung zu erreichen, denn als solche ist auch das Hinausschieben des Entstehens oder der Fälligkeit des Steueranspruchs zu sehen.[48] Damit liegt eine Umgehung i. S. von § 42 AO vor. Das Finanzamt darf deshalb die Zustimmung nicht erteilen.

Ein Missbrauch von Gestaltungsmöglichkeiten i. S. von § 42 AO liegt dagegen nicht vor, wenn die Obergesellschaft ihr Wirtschaftsjahr abweichend vom Wirtschaftsjahr ihrer Untergesellschaft festlegt, wenn dadurch die Entstehung eines Rumpf-Wirtschaftsjahrs vermieden wird.[49]

Beispiel 2:

Eine am 01.04.07 gegründete Holding GmbH & Co. KG wählt als Wj. den Zeitraum vom 01.04. – 31.03. Die Wj. ihrer Untergesellschaften entsprechen alle dem Kalenderjahr.

Die Obergesellschaft kann ihr Wj. gem. § 4a Abs. 1 Satz 2 Nr. 2 EStG ab ihrer Gründung vom 01.04. – 31.03. wählen. Durch diese Wahl hat die Obergesellschaft kein Steuergesetz i. S. von § 42 Abs. 1 Satz 1 AO umgangen, denn das gewählte Wj. umfasst von Anfang an zwölf Monate; die Bildung eines Rumpf-Wj. wurde vermieden.

7. Die zum steuerlichen Gesamtgewinn der Untergesellschaft gehörenden Gewinn-/Verlustanteile des Obergesellschafters, der entweder nur oder auch an der Untergesellschaft beteiligt ist, erhöhen den Gewinnanteil der

---

48 BFH vom 18.12.1991, BStBl II 1992, 486; siehe auch Schmidt/Wacker, § 15 Rz. 256.
49 BFH vom 09.11.2006, bisher noch nicht im BStBl veröffentlicht.

G. Doppel- oder mehrstöckige Personengesellschaft

Obergesellschaft nicht. Sie gehen damit grundsätzlich **nicht** in die steuerliche Gewinnermittlung der Obergesellschaft ein.

Eine Ausnahme gilt nur dann, wenn der Gesellschafter, der sowohl an der Obergesellschaft als auch an der Untergesellschaft beteiligt ist, seinen Anteil an der Untergesellschaft (ausnahmsweise!) in der Sonderbilanz bei der Obergesellschaft aktiviert. In diesem Fall ist der Gewinnanteil dieses Obergesellschafters bei der Untergesellschaft in die Gewinnermittlung der Obergesellschaft einzubeziehen und ihm vorab zuzurechnen.

8. Zum steuerlichen Gesamtgewinn der Untergesellschaft und zum Gewinnanteil des Obergesellschafters gehören auch Gewinne und Verluste aus der Veräußerung oder Entnahme seines Sonderbetriebsvermögens bei der Untergesellschaft. Die Gewinne sind selbst dann nicht nach §§ 16, 34 EStG begünstigt, wenn zum Sonderbetriebsvermögen nur dieses Wirtschaftsgut gehört hat. Es liegt keine Veräußerung des Mitunternehmeranteils vor, denn der Obergesellschafter bleibt als Gesellschafter der Obergesellschaft weiterhin (Sonder-)Mitunternehmer des Betriebs der Untergesellschaft, unabhängig davon, ob er der Untergesellschaft Wirtschaftsgüter zur Nutzung überlässt oder nicht. Der Veräußerungsgewinn bzw. Entnahmegewinn unterliegt folglich auch der GewSt.[50]

9. Für den Gewinn des Obergesellschafters bei der Untergesellschaft entfällt gem. § 35 Abs. 2 Satz 2 EStG eine Steuerermäßigung gem. § 35 EStG, wenn und soweit sein Vorabgewinnanteil – wie regelmäßig – gewinn**unabhängig** ist. In diesem Fall ist für ihn bei der Untergesellschaft kein anteiliger Gewerbesteuer-Messbetrag festzustellen.[51]

10. Bleibt ein ausgeschiedener Gesellschafter an der Personengesellschaft mittelbar über eine Obergesellschaft beteiligt (§ 15 Abs. 1 Nr. 2 Satz 2 EStG), so beschränkt sich der gewerbesteuerliche Verlustvortrag auf diejenigen Verluste der vorangegangenen Erhebungszeiträume, die im Sonderbetriebsvermögensbereich des ausgeschiedenen Gesellschafters entstanden sind,[52] weil sich der Gesetzeszweck darauf beschränkt, den nur mittelbar beteiligten Gesellschafter lediglich wegen der Tätigkeits- und Nutzungsvergütungen und des Sonderbetriebsvermögens wie einen unmittelbar beteiligten Gesellschafter zu behandeln. Folgerichtig sind bei der Gewerbesteuer gem. § 10a Satz 1 GewStG auch nur diejenigen Verluste vorangegangener Erhebungszeiträume mit den Gewinnen aus seinem Sonderbetriebsbereich zu verrechnen, die in dem Sonderbetriebsbereich des mittelbar beteiligten Gesellschafters der Untergesellschaft entstanden sind.

---

50 Vgl. Schmidt/Wacker, § 15 Rz. 619.
51 BMF vom 15.02.2002, BStBl I 2002, 533; siehe auch im Einzelnen B. Rz. 423 und G. Rz. 21.
52 BFH vom 06.09.2000, BStBl II 2001, 731.

1 Einkommensteuer

Beispiel 3:
An der A-GmbH & Co. KG sind die A-GmbH mit einer Beteiligung von 0 % und A als Kommanditist mit 100 % beteiligt. Für die KG hat das Finanzamt einen Gewerbeverlust gem. § 10 a GewStG i. H. von 300.000 € festgestellt, davon entfallen auf den Sonderbetriebsvermögensbereich des A 15.000 €. Mit Ablauf des Jahres 02 hat A seinen Kommanditanteil an die B-GmbH & Co. KG veräußert, an der er ebenfalls zu 100 % als Kommanditist beteiligt ist.
Der vortragsfähige Verlust der KG ist zum 31.12.02 auf 15.000 € festzustellen, weil sich nach dem Ausscheiden des A der gewerbesteuerliche Verlustvortrag auf diejenigen Verluste der vorangegangenen Erhebungszeiträume beschränkt, die im Sonderbetriebsvermögensbereich des A entstanden sind, denn nur insoweit bleibt er wegen der doppelstöckigen Personengesellschaft (Sonder-)Mitunternehmer der A-GmbH & Co. KG.

1.8.2 Gesamtgewinn der Obergesellschaft

Der steuerliche Gesamtgewinn der Obergesellschaft ist wie folgt zu ermitteln:

Gewinn/Verlust aus der eigenen gewerblichen Tätigkeit der Obergesellschaft

+/-/. Gewinn-/Verlustanteil lt. Gewinnverteilung Untergesellschaft

= Gewinn/Verlust lt. Handelsbilanz/Steuerbilanz der Obergesellschaft

+/-/. Gewinn/Verlust lt. Ergänzungsbilanzen der Obergesellschafter

+/-/. Gewinn/Verlust lt. Sonderbilanzen der Obergesellschafter

= steuerlicher Gesamtgewinn der Obergesellschaft

Anmerkungen:

1. Sofern die Mitunternehmer der Obergesellschaft auch Mitunternehmer der Untergesellschaft sind, kann für sie sowohl bei der Obergesellschaft als auch bei der Untergesellschaft eine Ergänzungsbilanz und/oder eine Sonderbilanz zu erstellen sein. Zu beachten ist die richtige Zuordnung des Sonderbetriebsvermögens zum Vermögen der Obergesellschaft oder der Untergesellschaft.

2. Die gem. § 4 Abs. 4 a EStG nichtabzugsfähigen Schuldzinsen der Untergesellschaft sind nicht als Betriebsausgaben der Obergesellschaft zu erfassen. Im Betriebsergebnis der Obergesellschaft wird lediglich das Betriebsergebnis der Untergesellschaft erfasst.

Beispiel 1:
Die A-OHG ist Gesellschafterin der B-KG. Für das Wj. 01 beträgt der Gewinnanteil der OHG 100.000 €. Außerhalb der Buchführung der KG wurde dieser Gewinnanteil um die anteiligen nach § 4 Abs. 4 a EStG nichtabzugsfähigen Schuldzinsen von 8.000 € auf 108.000 € erhöht.

G. Doppel- oder mehrstöckige Personengesellschaft

Die OHG erfasst in ihrer Buchführung des Wj. 01 einen Beteiligungsertrag von 100.000 €. Bei der Gewinnverteilung auf ihre Gesellschafter ist jedoch von einem Gewinn von 108.000 € auszugehen.

3. Der steuerliche Gesamtgewinn der Obergesellschaft ist die Grundlage für die Ermittlung des Gewerbeertrags der Obergesellschaft. Dieser Betrag ist gem. § 9 Nr. 2 GewStG um den Gewinnanteil der Untergesellschaft zu kürzen bzw. gem. § 8 Nr. 8 GewStG um den Verlustanteil der Untergesellschaft zu erhöhen.

4. Die anteilig auf die Obergesellschaft entfallenden Gewerbesteuer-Messbeträge sämtlicher Untergesellschaften sind den Gesellschaftern der Obergesellschaft nach Maßgabe des allgemeinen Gewinnverteilungsschlüssels zuzurechnen (§ 35 Abs. 2 Satz 5 EStG). Dies geschieht bei der Feststellung für die Obergesellschaft.

Dies gilt auch für die Zurechnung eines anteiligen Gewerbesteuer-Messbetrags einer Untergesellschaft an den mittelbar beteiligten Gesellschafter, wenn sich auf der Ebene der Obergesellschaft ein negativer Gewerbeertrag und damit ein Gewerbesteuer-Messbetrag von 0 Euro ergibt.[53]

Beispiel 2:

A ist zu 70 % an der GmbH & Co. KG I beteiligt, die wiederum zu 50 % an der GmbH & Co. KG II beteiligt ist. Für die GmbH & Co. KG II wird ein Gewerbesteuer-Messbetrag von 1.000 € festgestellt, davon entfallen anteilig auf die GmbH & Co. KG I entsprechend dem allgemeinen Gewinnverteilungsschlüssel 50 % = 500 €.

Die GmbH & Co. KG I erzielt einen negativen Gewerbeertrag. Der Gewerbesteuer-Messbetrag beträgt 0 €. Dieser Betrag ist nach § 35 Abs. 2 Satz 5 EStG um den aus der Beteiligung an der GmbH & Co. KG II stammenden anteiligen Gewerbesteuer-Messbetrag von 500 € zu erhöhen und A entsprechend dem allgemeinen Gewinnverteilungsschlüssel mit 70 % = 350 € zuzurechnen.

Beispiel 3:

Es liegen folgende Beteiligungsverhältnisse vor:

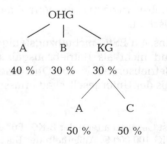

---

53 BMF vom 15.05.2002, BStBl I 2002, 533, Tz. 26 und 27.

1 Einkommensteuer

Für alle Gesellschafter werden Sonder- und/oder Ergänzungsbilanzen geführt.
Die Ergebnisse der einzelnen Buchführungen betragen:

1.	Gewinn der OHG lt. Steuerbilanz	600.000 €
2.	Gewinn lt. Sonderbilanz A bei der OHG	100.000 €
3.	Verlust lt. Ergänzungsbilanz B	./. 50.000 €
4.	Gewinn lt. Sonderbilanz KG bei der OHG	150.000 €
5.	Verlust lt. Ergänzungsbilanz KG bei der OHG	./. 30.000 €
6.	Gewinn der KG lt. Steuerbilanz (ohne Gewinnanteil OHG)	800.000 €
7.	Gewinn lt. Sonderbilanz A bei der KG	70.000 €
8.	Verlust lt. Ergänzungsbilanz A bei der KG	./. 40.000 €
9.	Gewinn lt. Sonderbilanz C bei der KG	80.000 €
10.	Gewinn lt. Sonderbilanz C bei der OHG	50.000 €

Geschäftsführer der OHG und der KG ist C. Er erhält dafür eine Vergütung von der OHG i. H. von 180.000 € und von der KG i. H. von 240.000 €. Diese Beträge wurden von der OHG und der KG gewinnmindernd gebucht und von C als Einkünfte aus nichtselbständiger Arbeit erklärt.

Der Gewinn der OHG und der KG ist nach dem Beteiligungsverhältnis zu verteilen.

Der **steuerliche Gesamtgewinn** der **OHG** ist wie folgt zu ermitteln:

Gewinn der OHG lt. Steuerbilanz	600.000 €
+ Gewinn lt. Sonderbilanz A	100.000 €
+ Gewinn lt. Sonderbilanz KG	150.000 €
Zwischensumme	850.000 €
./. Verlust lt. Ergänzungsbilanz B	50.000 €
./. Verlust lt. Ergänzungsbilanz KG	30.000 €
Zwischensumme	770.000 €
+ Gewinn lt. Sonderbilanz C (50.000 € + 180.000 €)	230.000 €
Steuerlicher Gesamtgewinn der OHG	1.000.000 €

Dieser Gewinn ist wie folgt zu verteilen:

	Summe €	A €	B €	KG €	C €
Gesamtgewinn	1.000.000				
./. Sonderbilanz A	100.000	100.000			
./. Sonderbilanz KG	150.000			150.000	
+ Ergänzungsbilanz B	50.000		./. 50.000		
+ Ergänzungsbilanz KG	30.000			./. 30.000	
Verbleiben	830.000				
./. Sonderbilanz C	230.000				230.000
Verbleiben	600.000	240.000	180.000	180.000	–
Gewinnanteil		340.000	130.000	300.000	230.000

G. Doppel- oder mehrstöckige Personengesellschaft

Der **steuerliche Gesamtgewinn** der **KG** ist wie folgt zu ermitteln:

Gewinn lt. eigener gewerblicher Tätigkeit der KG	800.000 €
+ Gewinnanteil von der OHG	300.000 €
= Gewinn lt. Steuerbilanz KG	1.100.000 €
./. Verlust lt. Ergänzungsbilanz A	40.000 €
+ Gewinn lt. Sonderbilanz A	70.000 €
+ Gewinn lt. Sonderbilanz C (80.000 € + 240.000 €)	320.000 €
Steuerlicher Gesamtgewinn der KG	1.450.000 €

Dieser Gewinn ist wie folgt zu verteilen:

	Summe €	A €	C €
Gesamtgewinn	1.450.000		
+ Ergänzungsbilanz A	40.000	./. 40.000	
./. Sonderbilanz A	70.000	70.000	
./. Sonderbilanz C	320.000		320.000
Verbleiben	1.100.000	550.000	550.000
Gewinnanteil		580.000	870.000

Die Einkünfte aus Gewerbebetrieb des A betragen 340.000 € + 580.000 € = 920.000 €, des C 230.000 € + 870.000 € = 1.100.000 € und des B 130.000 €, insgesamt 2.150.000 €. Der GewSt unterliegen bei der OHG 1.000.000 € und bei der KG 1.450.000 € ./. 300.000 € (§ 9 Nr. 2 GewStG) = 1.150.000 €, insgesamt 2.150.000 €.

Die Aufteilung des Gewerbesteuer-Messbetrags nach § 35 Abs. 2 EStG erfolgt bei der OHG und der KG nach dem allgemeinen Gewinnverteilungsschlüssel ohne Berücksichtigung der Ergebnisse aus Ergänzungsbilanzen und Sonderbilanzen.[54]

5. Die Gesellschafter der Obergesellschaft können auch für den nicht entnommenen Gewinnanteil, soweit er auf den Gewinnanteil der Obergesellschaft an der Untergesellschaft entfällt, die **Begünstigung der nicht entnommenen Gewinne gem. § 34 a EStG** in Anspruch nehmen.[55] Dabei ist nicht erforderlich, dass die Untergesellschaft selbst ihren Gewinn nach § 4 Abs. 1 Satz 1 EStG oder § 5 EStG ermittelt. Jedoch muss die Obergesellschaft ihren Gewinn aus der Untergesellschaft nach § 4 Abs. 1 Satz 1 EStG oder § 5 EStG ermitteln.

Für die Gesellschafter der Obergesellschaft ist nur ein einheitlicher begünstigter Gewinn zu ermitteln, der neben dem Gewinn aus der Obergesellschaft – einschließlich der Ergebnisse aus Ergänzungs- und Sonderbilanzen – auch die Ergebnisse aus einer etwaigen Sonderbilanz nach § 15 Abs. 1 Satz 1 Nr. 2 Satz 2 EStG bei der Untergesellschaft umfasst. Entnahmen des Gesellschafters bei der Obergesellschaft sind zu addieren

---

54 Wegen Einzelheiten siehe G. Rz. 21.
55 Wegen Einzelheiten zu § 34 a EStG s. B. Rz. 428 ff.

1 Einkommensteuer

mit Entnahmen, die von ihm aus seinem Sonderbetriebsvermögen bei der Untergesellschaft (§ 15 Abs. 1 Satz 1 Nr. 2 Satz 2 EStG) getätigt werden. Gleiches gilt für Einlagen.

Zahlungen zwischen der Obergesellschaft und der Untergesellschaft haben keinen Einfluss auf das Begünstigungsvolumen.[56]

Beispiel 4:

Gesellschafter der AB-KG (Obergesellschaft) sind A und B je zur Hälfte. Die AB-KG ist ihrerseits an der C-OHG (Untergesellschaft) beteiligt. Die AB-KG erzielt (einschließlich des von der C-OHG stammenden Gewinnanteils) einen Gewinn von 140.000 €, der A und B je zur Hälfte zugerechnet wird. A erzielt aus einem an die C-OHG vermieteten Grundstück (Sonderbetriebsvermögen des Sondermitunternehmers A bei der C-OHG) einen Gewinn von 10.000 €. Die gesamten Mietzahlungen der C-OHG i. H. v. 30.000 € hat A privat verwendet. Aus der AB-KG hat A 20.000 € entnommen. Weitere Entnahmen oder Einlagen wurden nicht getätigt.

Der nach § 34 a Abs. 1 EStG begünstigte nicht entnommene Gewinn des A beträgt 30.000 € (70.000 € Gewinnanteil Obergesellschaft zzgl. 10.000 € Gewinn aus seinem Sonderbetriebsvermögen bei der Untergesellschaft ./. 20.000 € Entnahmen aus Obergesellschaft ./. 30.000 € Entnahmen aus Sonderbetriebsvermögen bei der Untergesellschaft).

1.9 § 15 a EStG bei doppelstöckigen bzw. mehrstöckigen Personengesellschaften

Gegenüber der normalen Personengesellschaft ergeben sich bei der Anwendung des § 15 a EStG folgende **zusätzliche** Probleme:

1. Ist die Obergesellschaft Kommanditist einer Untergesellschaft in der Rechtsform einer (GmbH & Co.) KG, ist der gesellschaftsrechtlich auf die Obergesellschaft entfallende Anteil am Steuerbilanzverlust der Untergesellschaft einkommensteuerrechtlich unmittelbar nur der Obergesellschaft als solcher zuzurechnen und in deren Gesamtergebnis aus dem eigenen Betrieb und aus dem Anteil an der Untergesellschaft einzubeziehen. Insoweit, als das Kapitalkonto der Obergesellschaft in der Bilanz der Untergesellschaft negativ wird und ein nach § 15 a Abs. 1 EStG verrechenbarer Verlust entsteht, ist dieser bei den Gesellschaftern = Mitunternehmern der Obergesellschaft selbst dann nur verrechenbar, wenn

— sich bei der Obergesellschaft insgesamt noch ein positives Kapitalkonto vorfindet und/oder

— ein oder alle Obergesellschafter für die Verbindlichkeiten der Obergesellschaft unbeschränkt haften.[57]

---

56 BMF vom 11.08.2008, BStBl I 2008, 838, Rz. 15 und 21.
57 BFH vom 18.12.2003, BStBl II 2004, 231.

G. Doppel- oder mehrstöckige Personengesellschaft

Begründung:
Der auf die Obergesellschaft entfallende Verlustanteil an der Untergesellschaft vermindert zwar in der Handelsbilanz der Obergesellschaft nach Maßgabe ihres Gewinn-und-Verlust-Verteilungsschlüssels die Kapitalkonten ihrer Gesellschafter; dies gilt aber nicht für die Steuerbilanz der Obergesellschaft, weil eine im Betriebsvermögen gehaltene Beteiligung an einer Personengesellschaft für die Steuerbilanz des Gesellschafters grundsätzlich keine Bedeutung hat.

Hinweis:
Auch bei doppel- bzw. mehrstöckigen Personengesellschaften setzt sich das Kapitalkonto i. S. des § 15 a Abs. 1 Satz 1 EStG zusammen aus dem Kapitalkonto der Obergesellschaft in der Bilanz der Untergesellschaft +/./. Kapital lt. Ergänzungsbilanz der Obergesellschaft bei der Untergesellschaft. Das Kapital lt. Sonderbilanz der Obergesellschaft bei der Untergesellschaft gehört nicht zum Kapital i. S. von § 15 a Abs. 1 Satz 1 EStG.

Beispiel 1:
An einer GmbH & Co. KG sind beteiligt:
- die A-GmbH als Komplementär ohne kapitalmäßige Beteiligung,
- die AB-OHG (Gesellschafter A und B je zur Hälfte) und A als Kommanditisten je zur Hälfte.

Die Einlagen der Kommanditisten betragen je 100.000 € und sind voll einbezahlt. Die in den Vorjahren gutgeschriebenen Gewinnanteile haben die Kommanditisten jeweils im Folgejahr entnommen. Im Jahr 01 erzielt die GmbH & Co. KG einen Verlust, der i. H. von je 150.000 € auf die OHG und auf A entfällt. Die Kapitalkonten der OHG und des A betragen somit je ./. 50.000 €.

Die OHG erstellt zum 31.12.01 folgenden – zusammengefassten – steuerlichen Jahresabschluss:

Aktiva		Bilanz OHG 31.12.01		Passiva
Verschiedene Aktivposten	800.000 €	Kapital A		300.000 €
		Kapital B		300.000 €
		Beteiligung GmbH & Co. KG		50.000 €
		Verbindlichkeiten		150.000 €
	800.000 €			800.000 €

Aufwand		GuV OHG 01		Ertrag
Aufwendungen	650.000 €	Erlöse aus Leistungen		900.000 €
Beteiligungsverlust	150.000 €			
Gewinn	100.000 €			
	900.000 €			900.000 €

1 Einkommensteuer

Der Gewinn von 100.000 € wurde den Gesellschaftern A und B entsprechend dem Gewinnverteilungsschlüssel je zur Hälfte hinzugerechnet.

- **Gewinnermittlung bei der GmbH & Co. KG**

Im Rahmen der einheitlichen und gesonderten Gewinnfeststellung der GmbH & Co. KG ist der Verlustanteil für A und die OHG mit je 150.000 € festzustellen, wovon je 100.000 € ausgleichsfähig und je 50.000 € nur verrechenbar sind (§ 15 a Abs. 1 Satz 1 EStG).

- **Gewinnermittlung bei der OHG**

1. Nach Auffassung des BFH[58] und der Finanzverwaltung[59] ist die Beteiligung der OHG an der GmbH & Co. KG kein Wirtschaftsgut.
2. Die Feststellung der Höhe des Gewinns bzw. Verlusts an der Untergesellschaft erfolgt ausschließlich im Rahmen der einheitlichen und gesonderten Gewinnfeststellung bei der Untergesellschaft (vgl. § 180 AO). Das gilt auch für die Feststellung des verrechenbaren Verlusts.
3. Die buchmäßige Behandlung der Beteiligung an einer anderen Personengesellschaft erfolgt nach der Spiegelbildmethode, wobei der Bilanzposten „Beteiligung" kein eigenes Wirtschaftsgut darstellt. Dadurch wirkt sich nicht nur der ausgleichsfähige Verlust, sondern auch der verrechenbare Verlust aus der Untergesellschaft kapitalmindernd bei der Obergesellschaft aus.
4. Der bei der Untergesellschaft festgestellte verrechenbare Verlust bleibt auch im Rahmen der Gewinnfeststellung für die Obergesellschaft erhalten. Der als nur verrechenbar festgestellte Verlust kann also durch die Zwischenschaltung einer weiteren Personengesellschaft – unabhängig von deren Kapitalausstattung – nicht in einen ausgleichsfähigen Verlust umqualifiziert werden.

- **Einkünfte aus Gewerbebetrieb des A**

A erzielt bei der GmbH & Co. KG einen Verlustanteil – aufgrund seiner unmittelbaren Beteiligung an der GmbH & Co. KG – von 150.000 €. Gemäß § 15 a Abs. 1 Satz 1 EStG sind davon nur 100.000 € ausgleichsfähig und 50.000 € verrechenbar.

Bei der OHG erzielt A zwar einen Gewinnanteil von ½ von 100.000 € = 50.000 €. Der Gewinn der OHG wurde aber um den Verlust der OHG aus der Beteiligung an der GmbH & Co. KG um 150.000 € gemindert, wovon wiederum 50.000 € nur verrechenbar waren. Dieser verrechenbare Verlust, der i. H. von 50 % = 25.000 € auf A entfällt, bleibt auch bei A nur verrechenbar, obwohl die OHG

- insgesamt einen Gewinn erzielt,
- das Kapitalkonto des A weiterhin positiv ist und
- A für die Verbindlichkeiten der OHG in voller Höhe haftet.

Die steuerpflichtigen Einkünfte aus Gewerbebetrieb des A bei der OHG betragen somit 75.000 €.

---

58 BFH vom 24.03.1999, BStBl II 2000, 399, m. w. N.
59 BMF vom 29.04.1994, BStBl I 1994, 282.

G. Doppel- oder mehrstöckige Personengesellschaft

Bei der Einkommensteuerveranlagung des A sind als Einkünfte aus Gewerbebetrieb aus der Beteiligung an den beiden Personengesellschaften ('/. 100.000 € + 75.000 € =) '/. 25.000 € anzusetzen.

– **Einkünfte aus Gewerbebetrieb des B**

B ist an der GmbH & Co. KG nicht unmittelbar beteiligt. Vom Verlust der GmbH & Co. KG ist ihm daher nichts zuzurechnen.

Der Gewinn der OHG von 100.000 € ist ihm zur Hälfte = 50.000 € zuzurechnen. Allerdings versteuert er Einkünfte aus Gewerbebetrieb von 75.000 €, denn auch bei ihm ist der auf ihn entfallende verrechenbare Verlust der OHG an der GmbH & Co. KG von 25.000 € nur verrechenbar.

Beispiel 2:

Wie Beispiel 1, aber die Erlöse aus Leistungen der OHG betragen nur 600.000 €, deshalb beträgt der Verlust der OHG 200.000 €.

§ 15 a EStG greift bei Verlusten einer OHG selbst dann nicht ein, wenn die Kapitalkonten der Gesellschafter der OHG negativ werden, weil die Gesellschafter einer OHG unbeschränkt haften.

Der Verlust der OHG i. H. von 200.000 € ist aufzuteilen in

– einen Verlust aus der eigenen aktiven gewerblichen Betätigung i. H. von 50.000 €, der mit je 25.000 € auf A und B entfällt und in voller Höhe bei der Einkommensteuerveranlagung zu berücksichtigen ist, und

– einen Beteiligungsverlust aus der Beteiligung der OHG an der GmbH & Co. KG von 150.000 €, der i. H. von 100.000 € ausgleichsfähig und i. H. von 50.000 € nur verrechenbar ist.

Bei der OHG ist damit folgende einheitliche und gesonderte Gewinnfeststellung vorzunehmen:

Verlustanteil A und B jeweils	'/. 100.000 €
Davon ausgleichsfähig	75.000 €
Davon verrechenbar	25.000 €

Bei der Einkommensteuerveranlagung des A werden als Einkünfte aus Gewerbebetrieb angesetzt:

Ausgleichsfähiger Verlust aus der Beteiligung an der GmbH & Co. KG	'/. 100.000 €
Ausgleichsfähiger Verlust aus der Beteiligung an der OHG	'/. 75.000 €
Verlust aus Gewerbebetrieb	'/. 175.000 €

Bei der Einkommensteuerveranlagung des B wird nur der ausgleichsfähige Verlustanteil aus der OHG-Beteiligung von '/. 75.000 € als Einkünfte aus Gewerbebetrieb angesetzt.

42 2. Ist die Obergesellschaft ihrerseits eine KG oder eine andere Personengesellschaft, bei der einzelne Gesellschafter nur beschränkt haften, können sich auch bei der Obergesellschaft durch Verluste negative Kapitalkonten ihrer Gesellschafter ergeben, die unter § 15 a EStG fallen.

1 Einkommensteuer

Zu diesem Zweck ist ein außerbilanzieller – nur für Zwecke des § 15 a EStG maßgeblicher – Merkposten zu bilden, in dem sich die Entwicklung des verrechenbaren Verlusts aus der Obergesellschaft widerspiegelt.

Beispiel 3:

Wie Beispiel 2, aber die Obergesellschaft ist eine KG, an der B als Komplementär und A als Kommanditist je zur Hälfte beteiligt sind.

Der steuerliche Jahresabschluss der Obergesellschaft hat folgendes Aussehen:

Aktiva	Bilanz AB-KG 31.12.01		Passiva
Verschiedene Aktivposten	500.000 €	Kapital B	150.000 €
		Kapital A	150.000 €
		Beteiligung GmbH & Co. KG	50.000 €
		Verbindlichkeiten	150.000 €
	500.000 €		500.000 €

Aufwand	GuV KG 01		Passiva
Aufwendungen	650.000 €	Erlöse aus Leistungen	600.000 €
Beteiligungsverlust	150.000 €	Verlust	200.000 €
	800.000 €		800.000 €

Da B an der KG als Komplementär beteiligt ist und damit unbeschränkt haftet, ändert sich für ihn gegenüber der Lösung von Beispiel 2 nichts. Sein ausgleichsfähiger Verlust beträgt unverändert 75.000 €, sein verrechenbarer Verlust 25.000 €.

Bei A ist dagegen zu prüfen, ob sein Kapitalkonto in der Bilanz der Obergesellschaft – ohne das anteilige Beteiligungskapital der KG bei der GmbH & Co. KG – weiterhin positiv ist.

Das Kapitalkonto des A beträgt ohne seinen Anteil an dem Konto „Beteiligung" 175.000 €, ist also weiterhin positiv. Das heißt, sein Verlustanteil an der AB-KG ist in vollem Umfang ausgleichsfähig. Auch für ihn ändert sich somit gegenüber der Lösung von Beispiel 2 nichts.

Beispiel 4:

Wie Beispiel 3, aber der Verlust der AB-KG beträgt 700.000 €, davon entfallen auf A und B je 350.000 €.

Bei B sind von seinem Gesamtverlustanteil von 350.000 € 325.000 € ausgleichsfähig und – wie bisher – 25.000 € verrechenbar, weil er als Komplementär unbeschränkt haftet und deshalb sein Verlust aus der Beteiligung an der AB-KG in vollem Umfang ausgleichsfähig ist.

G. Doppel- oder mehrstöckige Personengesellschaft

Für A ist folgende Berechnung vorzunehmen:

Sein Gesamtkapital beträgt	./. 100.000 €
Darin ist ein Anteil aus der Beteiligung der AB-KG an der GmbH & Co. KG von enthalten.	./. 25.000 €
Ohne diesen Anteil würde sein Kapitalkonto nur betragen.	./. 75.000 €

Der Verlustanteil des A von 350.000 € ist aufzuteilen in:
- einen Verlustanteil aus der Beteiligung der AB-KG an der GmbH & Co. KG i. H. von ½ von 150.000 € = 75.000 €. Davon sind – wie bisher – 50.000 € ausgleichsfähig und 25.000 € verrechenbar.
- einen Verlustanteil aus eigenem Verlust der AB-KG von 275.000 €. Davon sind 200.000 € ausgleichsfähig und 75.000 € verrechenbar, weil sein Kapitalkonto – ohne den Anteil an der Beteiligung der AB-KG an der GmbH & Co. KG – ./. 75 000 € beträgt.

Hinweis: Ohne diese getrennte Berechnung wäre dieser Verlustanteil nur i. H. von 175.000 € ausgleichsfähig und i. H. von 100.000 € verrechenbar gewesen.[60]

Als Einkünfte aus Gewerbebetrieb des A werden – einschl. seiner unmittelbaren Beteiligung an der GmbH & Co. KG – erfasst:

1. Der ausgleichsfähige Verlust aus der unmittelbaren Beteiligung an der GmbH & Co. KG von	./. 100.000 €
2. Der ausgleichsfähige Verlust aus der Beteiligung an der AB-KG von (50.000 € + 200.000 € =)	./. 250.000 €
Verlust aus Gewerbebetrieb	./. 350.000 €

Als verrechenbarer Verlust des A werden festgestellt:

– im Rahmen der einheitlichen und gesonderten Gewinnfeststellung der GmbH & Co. KG	50.000 €
– im Rahmen der einheitlichen und gesonderten Gewinnfeststellung der AB-KG (25.000 € + 75.000 € =)	100.000 €
Summe	150.000 €

43 **Aber:** Ist das Konto „Beteiligung an einer anderen Personengesellschaft" positiv, führt das zu einem höheren positiven bzw. niedrigeren negativen Kapitalkonto der Obergesellschafter. Auch in diesen Fällen ist hinsichtlich der Frage, ob ein Verlust des Obergesellschafters in vollem Umfang ausgleichsfähig oder teilweise verrechenbar ist, eine Nebenrechnung vorzunehmen.

Beispiel 5:
Wie Beispiel 4, aber die GmbH & Co. KG erzielt einen laufenden Gewinn von 140.000 €, der mit je 70.000 € auf A und die AB-KG zu verteilen ist.
Der steuerliche Jahresabschluss der AB-KG hat folgendes Aussehen:

---

60 Siehe auch Ley, DStR 2004 S. 1498.

1 Einkommensteuer

Aktiva	Bilanz AB-KG 31.12.01		Passiva
Verschiedene Aktivposten	0 €	Kapital B	45.000 €
		Kapital A	45.000 €
Beteiligung GmbH & Co. KG	240.000 €	Verbindlichkeiten	150.000 €
	240.000 €		240.000 €

Aufwand	GuV AB-KG 01		Ertrag
Aufwendungen	650.000 €	Erlöse aus Leistungen	100.000 €
		Beteiligungserträge	140.000 €
		Verlust	410.000 €
	650.000 €		650.000 €

Der Verlustanteil des B von 205.000 € ist von vornherein in vollem Umfang ausgleichsfähig, weil für ihn als unbeschränkt haftenden Komplementär § 15 a EStG nicht eingreift.

Bei Kommanditist A ist dagegen folgende Nebenrechnung vorzunehmen:

Sein Gesamtkapital beträgt	+ 45.000 €
Darin ist ein Anteil aus der Beteiligung der AB-KG an der GmbH & Co. KG von enthalten.	+ 120.000 €
Ohne diesen Anteil würde sein Kapital betragen.	./. 75.000 €

Der Verlustanteil des A von 205.000 € ist aufzuteilen in

- einen Gewinnanteil aus der Beteiligung der AB-KG an der GmbH & Co. KG von ½ von 140.000 € =   + 70.000 €
- einen Verlustanteil am eigenen Verlust der AB-KG von 275.000 €. Davon sind – wie im Beispiel 4 – ausgleichsfähig und verrechenbar, weil sein Kapitalkonto – ohne den Anteil an der Beteiligung der AB-KG an der GmbH & Co. KG – ./. 75.000 € beträgt.   200.000 €   75.000 €

Dieser verrechenbare Verlust kann nur mit künftigen Gewinnen der AB-KG verrechnet werden.

Der nur mittelbar über eine Obergesellschaft beteiligte Gesellschafter wird daher wie ein unmittelbar beteiligter Gesellschafter behandelt.

3. Ein besonderes Problem ergibt sich, wenn für einen Gesellschafter der Obergesellschaft eine Ergänzungsbilanz für Wirtschaftsgüter zu bilden ist, die die Untergesellschaft betreffen. Dies kann sich ergeben beim entgeltlichen Erwerb eines Gesellschaftsanteils an der Obergesellschaft sowie beim Eintritt eines neuen Gesellschafters in die Obergesellschaft (Anwendungsfall des § 24 UmwStG). Nach einer zwischen den obersten FinBeh des Bundes und der Länder abgestimmten Auffassung sind diese Mehrwerte für die

G. Doppel- oder mehrstöckige Personengesellschaft

Wirtschaftsgüter der Untergesellschaft – ohne nähere Begründung – in einer Ergänzungsbilanz für den erwerbenden Obergesellschafter bei der Untergesellschaft zu berücksichtigen.[61] Ley vertritt dagegen mit guten Argumenten die Auffassung, dass diese Ergänzungsbilanz für den Obergesellschafter über die Obergesellschaft bei der Untergesellschaft zu bilden ist.[62] Unseres Erachtens ist der Auffassung von Ley der Vorzug zu geben, weil der nur an der Obergesellschaft beteiligte Gesellschafter nur hinsichtlich seines Sonderbetriebsvermögens an der Untergesellschaft wie ein unmittelbarer Gesellschafter behandelt wird. In der Ergänzungsbilanz werden aber nur Mehrwerte oder Minderwerte für Wirtschaftsgüter des Gesamthandsvermögens ausgewiesen.[63]

Folgt man dieser Auffassung, ergeben sich folgende Konsequenzen:

1. In der Ergänzungsbilanz bei der Untergesellschaft sind dem Obergesellschafter die Mehrwerte für die Wirtschaftsgüter der Untergesellschaft auszuweisen. Das Ergebnis ist über die Obergesellschaft dem Obergesellschafter zuzurechnen.

2. Der Steuerbilanzansatz der Beteiligung an der Untergesellschaft in der Steuerbilanz der Obergesellschaft erhöht sich um das bei der Untergesellschaft gebildete Ergänzungskapital, weil dieses Teil des steuerlichen Gesamtkapitals der Untergesellschaft ist.

3. Bei der Obergesellschaft ist eine Ergänzungsbilanz des Obergesellschafters zu bilden, in welcher die Mehrwerte des Obergesellschafters an Wirtschaftsgütern der Obergesellschaft auszuweisen sind.

Beispiel 6:

An der MF-GmbH & Co. KG sind M und F als Kommanditisten je zur Hälfte am Gewinn und Verlust sowie am Vermögen beteiligt. Die MF-GmbH & Co. KG ist zu 100 % an der ST-GmbH & Co. KG als Kommanditistin beteiligt. Die Komplementäre der beiden GmbH & Co. KG haben jeweils die Rechtsform der GmbH und sind an der KG nicht beteiligt.

Zum 31.12.01 haben die beiden Personengesellschaften folgende – vereinfacht wiedergegebenen – Schlussbilanzen erstellt:

Aktiva	Bilanz MF-GmbH & Co. KG 31.12.01		Passiva
Anteil an		Kapital M	300.000 €
ST-GmbH & Co. KG	200.000 €	Kapital F	300.000 €
Übrige Aktiva	400.000 €		
	600.000 €		600.000 €

---

61 OFD Koblenz vom 28.02.2007, DStR 2007 S. 992.
62 Ley, DStR 2004 S. 1498.
63 Auch bei Anwendung der Auffassung der OFD Koblenz ergibt sich dasselbe steuerliche Gesamtergebnis.

1 Einkommensteuer

Aktiva	Bilanz ST-GmbH & Co. KG 31.12.01		Passiva
Aktiva	200.000 €	Kapital MF-GmbH & Co. KG	200.000 €

Mit Wirkung vom 01.01.02 veräußert F seinen Anteil an S für 600.000 €. Von den anteiligen stillen Reserven des F entfallen 100.000 € auf die ST-GmbH & Co. KG und 200.000 € auf die übrigen Wirtschaftsgüter.

Die Eröffnungsbilanzen der beiden KGs zum 01.01.02 entsprechen ihren Bilanzen zum 31.12.01 mit der Maßgabe, dass das Kapital jetzt dem neuen Gesellschafter S hinzuzurechnen ist.

Darüber hinaus haben die beiden KGs – zutreffend – für ihre Gesellschafter folgende Ergänzungsbilanzen erstellt:

- Bei der **Untergesellschaft**

Aktiva	Ergänzungsbilanz MF-GmbH & Co. KG 01.01.02		Passiva
Mehrwert Aktiva	100.000 €	Mehrkapital	100.000 €

- Bei der **Obergesellschaft**

Aktiva	Ergänzungsbilanz S 01.01.02		Passiva
Mehrwert Aktiva	200.000 €	Mehrkapital	300.000 €
Mehrwert Beteiligung St-GmbH & Co. KG	100.000 €		
	300.000 €		300.000 €

Anmerkungen zu den beiden Ergänzungsbilanzen:
1. Bei der Untergesellschaft ist für den Obergesellschafter über die Obergesellschaft der Mehrwert von 100.000 € auszuweisen. Insoweit mindert sich in den folgenden Jahren über die Mehr-AfA bzw. bei der Veräußerung oder Entnahme der Gewinn der Obergesellschaft um diesen Mehrwert. Dieser Mindergewinn ist bei der Gewinnverteilung der Untergesellschaft der Obergesellschaft zuzurechnen. Erst bei der Gewinnverteilung der Obergesellschaft ist dieser Mindergewinn dem neuen Gesellschafter S zuzurechnen.
2. Bei der Obergesellschaft ist für den neuen Gesellschafter S eine Ergänzungsbilanz zu erstellen, in der zum einen die in den Wirtschaftsgütern der Obergesellschaft aufgedeckten stillen Reserven und zum anderen nach der Spiegelbildmethode der Mehrwert der Beteiligung an der Untergesellschaft zu aktivieren sind. Bei der Ermittlung des Mindergewinns in dieser Ergänzungsbilanz ist zu beachten, dass er sich zusammensetzt aus dem originären Mindergewinn des S bei der Obergesellschaft und dem Beteiligungsergebnis aus der Untergesellschaft nach der Spiegelbildmethode.

Im Wj. 02 hat die MF-GmbH & Co. KG (ohne Beteiligung) einen Verlust von 700.000 € und die ST-GmbH & Co. KG einen Verlust von 500.000 € erzielt. In den Ergänzungsbilanzen ergab sich für die MF-GmbH & Co. KG ein Verlust von 40.000 € und für S ein Verlust von 60.000 €.

G. Doppel- oder mehrstöckige Personengesellschaft

Der steuerliche Gesamtverlust der ST-GmbH & Co. KG beträgt 540.000 € und ist ausschließlich der MF-GmbH & Co. KG zuzurechnen.

Der steuerliche Gesamtverlust der MF-GmbH & Co. KG beträgt 1.300.000 € und ist wie folgt auf M und S zu verteilen:

	Summe €	M €	S €
Gesamtverlust	1.300.000		
./. Ergänzungsbilanz MF-KG	40.000		./. 40.000
./. Ergänzungsbilanz S	60.000		./. 60.000
./. Beteiligungsverlust	500.000	./. 250.000	./. 250.000
./. Verlust MF-GmbH & Co. KG	700.000	./. 350.000	./. 350.000
	0	./. 600.000	./. 700.000

Die Bilanzen zum 31.12.02 haben folgendes Aussehen:

- Bei der **Untergesellschaft**

Aktiva	Bilanz ST-GmbH & Co. KG 31.12.02		Passiva
Aktiva	200.000 €	Verbindlichkeiten	500.000 €
Kapital MF-GmbH & Co. KG	300.000 €		
	500.000 €		500.000 €

Aktiva	Ergänzungsbilanz MF-GmbH & Co. KG 31.12.02		Passiva
Mehrwert Aktiva	60.000 €	Mehrkapital	60.000 €

- Bei der **Obergesellschaft**

Aktiva	Bilanz MF-GmbH & Co. KG 31.12.02		Passiva
Übrige Aktiva	400.000 €	Anteil an ST-GmbH & Co. KG	300.000 €
Kapital M	300.000 €	Verbindlichkeiten	700.000 €
Kapital F	300.000 €		
	1.000.000 €		1.000.000 €

Aktiva	Ergänzungsbilanz S 31.12.02		Passiva
Mehrwert Aktiva	140.000 €	Mehrkapital	200.000 €
Mehrwert Beteiligung ST-GmbH & Co. KG	60.000 €		
	200.000 €		200.000 €

Infolge der hohen Verluste ergeben sich negative Kapitalkonten, sodass nach § 15 a EStG zu prüfen ist, in welcher Höhe diese Verluste abzugsfähig und verrechenbar sind.

1 Einkommensteuer

Nebenrechnung für § 15 a EStG:

1. Bei der ST-GmbH & Co. KG (Untergesellschaft)

	Summe €	M €	S €
Kapital MF-GmbH & Co. KG	./. 300.000	./. 150.000	./. 150.000
+ Kapital lt. Ergänzungsbilanz	+ 60.000		+ 60.000
Summe	./. 240.000	./. 150.000	./. 90.000
Anteiliger Beteiligungsverlust	540.000	250.000	290.000
Davon verrechenbar	240.000	150.000	90.000
Davon abzugsfähig	300.000	100.000	200.000

2. Bei der MF-GmbH & Co. KG (Obergesellschaft)

	Summe €	M €	S €
Kapital MF-GmbH & Co. KG (ohne Beteiligung ST-KG)	./. 300.000	./. 150.000	./. 150.000
+ Kapital lt. Ergänzungsbilanz S	+ 140.000		+ 140.000
Summe	./. 160.000	./. 150.000	./. 10.000
Verlust MF-GmbH & Co. KG (ohne Beteiligungsverlust)	700.000	350.000	350.000
Verlust Ergänzungsbilanz S	60.000		60.000
Summe Verlust MG-GmbH & Co. KG	760.000	350.000	410.000
Davon verrechenbar	160.000	150.000	10.000
Davon abzugsfähig	600.000	200.000	400.000

3. Gesamtergebnis:

	Summe €	M €	S €
Gesamtverlust MF-GmbH & Co. KG	1.300.000	600.000	700.000
Davon verrechenbar	400.000	300.000	100.000
Davon abzugsfähig	900.000	300.000	600.000

Die abzugsfähigen Verluste von 300.000 € bzw. 600.000 € entsprechen den steuerlichen Kapitalkonten der beiden Gesellschafter zum 01.01.02 von 300.000 € für M und (300.000 € + 300.000 € =) 600.000 € für S.

4. Veräußert die Obergesellschaft ihren Anteil an der Untergesellschaft und entsteht dabei ein Veräußerungsgewinn, so ist dieser Veräußerungsgewinn bei der einheitlichen und gesonderten Gewinnfeststellung der Untergesell-

G. Doppel- oder mehrstöckige Personengesellschaft

schaft zu erfassen und mit einem verrechenbaren Verlust der Obergesellschaft zu verrechnen.[64] Insoweit ergibt sich kein nach §§ 16, 34 EStG begünstigter Veräußerungsgewinn. Nach Auffassung des BFH geht das Saldierungsgebot des § 15a EStG vor. Der nur mittelbar über eine Obergesellschaft beteiligte Gesellschafter wird damit wie ein unmittelbar beteiligter Gesellschafter behandelt. Die Obergesellschaft kann dann ihren Gesellschaftern keinen tarifbegünstigten Veräußerungsgewinn mehr vermitteln.

Beispiel 7:

Wie Beispiel 1; am 02.01.02 veräußert die OHG ihre Beteiligung an X und erzielt dabei einen Veräußerungsgewinn von 80.000 €. Der laufende Gewinnanteil der OHG in 02 beträgt 0 €.

Im Rahmen der einheitlichen und gesonderten Gewinnfeststellung der GmbH & Co. KG ist der Veräußerungsgewinn der OHG von 80.000 € mit dem verrechenbaren Verlust der OHG aus 01 von 50.000 € zu verrechnen. Der nach §§ 16, 34 Abs. 1 und 3 EStG begünstigte Veräußerungsgewinn beträgt damit nur noch 30.000 €.

Das bedeutet, es ist **unzulässig,** den verrechenbaren Verlust mit dem laufenden Gewinn der OHG aus ihrer eigenen aktiven gewerblichen Tätigkeit zu verrechnen und den nach §§ 16, 34 EStG begünstigten Veräußerungsgewinn mit 80.000 € festzustellen.

1.10 Veräußerung der Beteiligung an einer anderen Personengesellschaft

1.10.1 Steuerliche Behandlung beim Veräußerer

46 Werden bei einer doppel- bzw. mehrstöckigen Personengesellschaft Beteiligungen an die anderen Gesellschafter oder an einen Dritten veräußert, so handelt es sich unabhängig davon, ob

— ein (Nur-)Gesellschafter der Untergesellschaft seinen Anteil,

— die Obergesellschaft ihren Anteil an der Untergesellschaft,

— ein (Nur-)Gesellschafter der Obergesellschaft seinen Anteil oder

— ein Gesellschafter der Obergesellschaft und der Untergesellschaft seinen Anteil an der Obergesellschaft und/oder seinen Anteil an der Untergesellschaft

veräußert, um die Veräußerung eines Mitunternehmeranteils i. S. von § 16 Abs. 1 Nr. 2 EStG. Der dabei entstehende Veräußerungsgewinn ist nach § 16 Abs. 4, § 34 Abs. 1 und 3 EStG begünstigt. Insoweit gelten in vollem Umfang die Ausführungen bei J. Der Veräußerungsgewinn unterliegt nicht der GewSt, dafür entfällt die Steuerermäßigung gem. § 35 EStG.

---

[64] BFH vom 26.01.1995, BStBl II 1995, 467.

1 Einkommensteuer

Gegenüber der Veräußerung von Anteilen an einer einstöckigen Personengesellschaft sind folgende Besonderheiten zu beachten: **47**

1. Veräußern Gesellschafter, die **nur** an der **Untergesellschaft** beteiligt sind, ihren Anteil an der Untergesellschaft, ergeben sich gegenüber der einstöckigen Personengesellschaft **keine** Unterschiede.

2. Veräußert ein Gesellschafter, der **sowohl** an der **Untergesellschaft als** **48** **auch** an der **Obergesellschaft** beteiligt ist, (nur) seinen Anteil an der Untergesellschaft, ergeben sich ebenfalls **keine** Unterschiede. Dieser Gesellschafter hält **zwei selbständige Mitunternehmeranteile**, die **getrennt veräußert** werden können.

Sofern zum Vermögen bei der Untergesellschaft auch Sonderbetriebsvermögen dieses Gesellschafters gehört, das eine wesentliche Betriebsgrundlage darstellt, ist zu beachten, dass eine nach §§ 16, 34 EStG begünstigte Veräußerung oder Aufgabe nur vorliegt, wenn das Sonderbetriebsvermögen an den Erwerber mitveräußert oder ins Privatvermögen entnommen wird. Überführt er dagegen dieses Wirtschaftsgut in das (notwendige oder gewillkürte) Sonderbetriebsvermögen bei der Obergesellschaft oder in ein Einzelunternehmen, so muss nach § 6 Abs. 5 Satz 2 EStG der Buchwert fortgeführt werden mit der Folge, dass keine begünstigte Veräußerung oder Aufgabe des Mitunternehmeranteils vorliegt.[65]

Nicht zu berücksichtigen ist bei der Veräußerung bzw. Aufgabe dieses Mitunternehmeranteils, dass dieser Untergesellschafter über seinen Anteil an der Obergesellschaft zum (Sonder-)Mitunternehmer der Untergesellschaft geworden ist. Die Vergünstigung der §§ 16, 34 EStG bleibt erhalten.

Aber: Stellt der Gesellschafter die Wirtschaftsgüter seines Sonder- **49** betriebsvermögens weiterhin der Untergesellschaft zur Verfügung, bleibt er deren (Sonder-)Mitunternehmer. Folglich müssen die Wirtschaftsgüter weiterhin zwingend mit dem Buchwert in der Sonderbilanz bilanziert werden. Ist dieses Wirtschaftsgut eine wesentliche Betriebsgrundlage, liegt weder eine begünstigte Veräußerung noch eine begünstigte Aufgabe des Mitunternehmeranteils vor. Die aufgedeckten stillen Reserven sind als laufender – gewerbesteuerpflichtiger – Gewinn zu versteuern.[66] Dafür ist § 35 EStG anwendbar.

3. Veräußert ein Gesellschafter, der **nur** an der **Obergesellschaft** beteiligt **50** ist, seinen Mitunternehmeranteil, so endet auch seine Stellung als (Sonder-)Mitunternehmer bei der Untergesellschaft.

Nachdem gem. § 15 Abs. 1 Satz 1 Nr. 2 Satz 2 EStG der mittelbar Beteiligte einem unmittelbar Beteiligten gleichsteht, veräußert der Gesellschaf-

---

65 Siehe J. Rz. 69–77 und die dortigen Beispiele.
66 Das BFH-Urteil vom 03.02.1994, BStBl II 1994, 709, ist u. E. nicht anwendbar.

G. Doppel- oder mehrstöckige Personengesellschaft

ter der Obergesellschaft gleichzeitig **zwei** Mitunternehmeranteile. Deshalb liegen u. E. **zwei selbständige** Veräußerungstatbestände vor, nämlich

1. die Veräußerung seines Mitunternehmeranteils bei der Obergesellschaft und
2. die Veräußerung seines (Sonder-)Mitunternehmeranteils bei der Untergesellschaft.[67]

Zum Mitunternehmeranteil des Gesellschafters bei der Obergesellschaft gehören nach R 16 Abs. 13 Satz 8 EStR neben dem Anteil am Gesamthandsvermögen der Obergesellschaft einschließlich dem Anteil an der Beteiligung der Obergesellschaft an der Untergesellschaft auch die Wirtschaftsgüter seines Sonderbetriebsvermögens bei der Obergesellschaft.[68] Zum (Sonder-)Mitunternehmeranteil des Gesellschafters bei der Untergesellschaft gehört nur sein Sonderbetriebsvermögen bei der Untergesellschaft.[69]

51 Die Veräußerung oder Aufgabe beider Mitunternehmeranteile ist nach §§ 16, 34 EStG begünstigt. Dafür entfällt in beiden Fällen die Steuerermäßigung gem. § 35 EStG. Zu beachten ist jedoch, dass der Freibetrag nach § 16 Abs. 4 EStG für alle Veräußerungen ab 01.01.1997 und der ermäßigte Steuersatz nach § 34 Abs. 3 EStG für alle Veräußerungen ab 01.01.2001 nur einmal im Leben zu gewähren ist (§ 16 Abs. 4 Satz 2 und § 34 Abs. 3 Satz 4 EStG). Sind mehrere Veräußerungs- oder Aufgabegewinne in einem Jahr zu versteuern, hat der Gesellschafter das Wahlrecht, auf welchen Veräußerungsgewinn er § 16 Abs. 4 und § 34 Abs. 3 EStG anwendet. Der andere Veräußerungs- oder Aufgabegewinn ist begünstigt nach § 34 Abs. 1 EStG (R 34.5 Abs. 2 Satz 5 EStG).

52 **Aber:** Überführt dagegen der Gesellschafter die Wirtschaftsgüter des Sonderbetriebsvermögens bei der Untergesellschaft, die zu den wesentlichen Betriebsgrundlagen gehören, zwingend zum Buchwert in ein anderes (Sonder-)Betriebsvermögen, liegt nur bezüglich der Veräußerung des Mitunternehmeranteils an der Obergesellschaft eine nach §§ 16, 34 EStG begünstigte Veräußerung vor.

Hinweis: Veräußert dieser Gesellschafter nur sein Sonderbetriebsvermögen bei der Untergesellschaft, liegt grundsätzlich ein **laufender** Gewinn vor.[70] Erfolgt die Veräußerung in zeitlichem Zusammenhang mit der Veräußerung des Anteils der Obergesellschaft, so endet die Stellung dieses Gesellschafters als (Sonder-)Mitunternehmer. In diesem Ausnahmefall stellt die Veräußerung des Sonderbetriebsvermögens eine nach

---

[67] Behrens/Quatmann, DStR 2002 S. 481.
[68] OFD Koblenz vom 28.02.2007, DStR 2007 S. 992, und OFD Frankfurt a. M. vom 16.11.2007, Steuer-Journal 05/2008 S. 25.
[69] Gl. A. Ley, KÖSDI 4/97 S. 11079, ausdrücklich offengelassen vom BFH in seinem Urteil vom 01.07.2004, FR 2004 S. 1328 und DStR 2004 S. 1327.
[70] Gl. A. Schmidt/Wacker, § 15 Rz. 619; siehe auch G. Rz. 37.

1 Einkommensteuer

§§ 16, 34 EStG begünstigte Veräußerung des (Sonder-) Mitunternehmeranteils dar. Dafür entfällt § 35 EStG.

4. **Veräußert ein Gesellschafter, der sowohl an der Obergesellschaft als auch an der Untergesellschaft beteiligt ist**, seinen Anteil an der Obergesellschaft, ist zu beachten, dass zu seinem Vermögen gehören 53
   1. sein Mitunternehmeranteil an der Untergesellschaft einschließlich der Wirtschaftsgüter, die zum Sonderbetriebsvermögen bei der Untergesellschaft gehören, weil er diese Wirtschaftsgüter der Untergesellschaft überlassen hat;
   2. sein Mitunternehmeranteil an der Obergesellschaft, der sich aus dem Anteil am Gesamthandsvermögen der Obergesellschaft und dem Anteil an der Beteiligung der Obergesellschaft an der Untergesellschaft zusammensetzt einschließlich der Wirtschaftsgüter, die zum Sonderbetriebsvermögen bei der Obergesellschaft gehören, weil er diese Wirtschaftsgüter der Obergesellschaft überlassen hat.

   Veräußert er nun seinen Anteil an der Obergesellschaft an einen Dritten oder einen anderen Gesellschafter, liegt ein einheitlicher Veräußerungsvorgang vor, der insgesamt nach §§ 16, 34 EStG begünstigt ist. Dafür entfällt § 35 EStG.

   Veräußert er in zeitlichem Zusammenhang mit der Veräußerung seines Anteils an der Obergesellschaft auch seinen Anteil an der Untergesellschaft einschließlich des dortigen Sonderbetriebsvermögens an denselben oder einen anderen Erwerber, liegt ein selbständiger, nach §§ 16, 34 EStG begünstigter, aber nicht unter § 35 EStG fallender Veräußerungsvorgang vor. Sofern er dieses Sonderbetriebsvermögen nicht mitveräußert, gelten insoweit die Ausführungen unter 2.

5. **Veräußert die Obergesellschaft ihren Anteil an der Untergesellschaft**, so gehören zu diesem Anteil auch die Wirtschaftsgüter des Sonderbetriebsvermögens der Obergesellschaft bei der Untergesellschaft. 54

   Der bei der Veräußerung entstehende Veräußerungsgewinn unterliegt bei den Gesellschaftern dem ermäßigten Steuersatz gem. § 34 Abs. 1 oder 3 EStG, sofern alle wesentlichen Betriebsgrundlagen veräußert werden. Dieser Veräußerungsgewinn ist im Rahmen der einheitlichen und gesonderten Gewinnfeststellung der Untergesellschaft zu erfassen und stellt bei der Gewinnermittlung der Obergesellschaft einen Beteiligungsertrag dar. Unseres Erachtens erhalten die Gesellschafter der Obergesellschaft auch einen Freibetrag gem. § 16 Abs. 4 EStG.[71] Der nicht gewerbesteuerpflichtige Gewinn fällt dafür nicht unter § 35 EStG.

   Behält die Obergesellschaft das Sonderbetriebsvermögen zurück, so muss sie es mit dem Buchwert in ihr Betriebsvermögen zurückführen (§ 6

---

[71] Gl. A. Ley, KÖSDI 4/97 S. 11079, Meichelbeck/Vollath, DStR 2001 S. 2189; a. A. Schmidt/Wacker, § 16 Rz. 401 und 582.

G. Doppel- oder mehrstöckige Personengesellschaft

Abs. 5 Satz 2 EStG). Es liegt dann weder eine begünstigte Veräußerung noch eine begünstigte Aufgabe des Mitunternehmeranteils vor. Die aufgedeckten stillen Reserven erhöhen den laufenden Gewinn. Da folglich der Gewinn der Gewerbesteuer unterliegt, ist die Steuerermäßigung gem. § 35 EStG nicht zu gewähren.

55 Zu beachten ist, dass bei der Veräußerung des Anteils der Obergesellschaft die Gesellschafter der Obergesellschaft ihre Stellung als (Sonder-)Mitunternehmer bei der Untergesellschaft verlieren. Sofern der Obergesellschafter nicht unmittelbar an der Untergesellschaft beteiligt ist, aber bei dieser ein Wirtschaftsgut als Sonderbetriebsvermögen bilanziert hat, verliert dieses Wirtschaftsgut die Eigenschaft als Sonderbetriebsvermögen bei der Untergesellschaft. Überführt es der Gesellschafter ins Privatvermögen, liegt eine selbständige nach §§ 16, 34 EStG begünstigte Aufgabe seines (Sonder-)Mitunternehmeranteils vor. Dafür entfällt die Steuerermäßigung gem. § 35 EStG. Überführt er es dagegen (zwingend) zum Buchwert in ein anderes (Sonder-)Betriebsvermögen, so tritt insoweit keine Gewinnauswirkung ein.

Hinweis: Werden Mitunternehmeranteile an einer doppelstöckigen Personengesellschaft in eine andere Personengesellschaft oder in eine Kapitalgesellschaft eingebracht, so gelten die Ausführungen zur Anzahl und zum Umfang der Mitunternehmeranteile entsprechend.[72]

Anmerkung: Eine baldige Entscheidung des BFH hinsichtlich der Zuordnung des (Sonder-)Mitunternehmeranteils eines Obergesellschafters wäre wünschenswert.

56 **Beispiel:**

Es liegen folgende Beteiligungsverhältnisse vor:

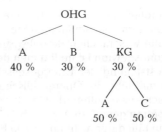

---

[72] Behrens/Quatmann, DStR 2002 S. 481.

1 Einkommensteuer

Folgende Buchwerte und Teilwerte (= gemeine Werte) liegen vor:
- bei der **OHG**:
  - **Gesamthandsvermögen**

	Buchwert €	Teilwert €
A	400.000	800.000
KG	300.000	600.000

  - **Sonderbetriebsvermögen**

	Buchwert €	Teilwert €
A	200.000	500.000
KG	500.000	1.000.000
C	100.000	300.000

- bei der **KG**:
  - **Gesamthandsvermögen** (**ohne** Wert der Beteiligung der KG an der OHG)

	Buchwert €	Teilwert €
A	700.000	1.500.000
C	700.000	1.500.000

  - **Sonderbetriebsvermögen**

	Buchwert €	Teilwert €
A	400.000	600.000
C	300.000	400.000

Alle Wirtschaftsgüter des Sonderbetriebsvermögens stellen wesentliche Betriebsgrundlagen dar. Die drei Gesellschafter sind 60 Jahre alt und haben bisher noch keine Vergünstigungen nach § 16 Abs. 4 und § 34 Abs. 3 EStG in Anspruch genommen.

Es veräußern – alternativ –

1. C seinen Anteil an der KG (einschließlich deren Beteiligung an der OHG) und einschließlich seines Sonderbetriebsvermögens bei der KG an X für 2.700.000 Euro. Das Wirtschaftsgut im Sonderbetriebsvermögen bei der OHG vermietet er weiterhin an die OHG. C besitzt kein weiteres Betriebsvermögen.

2. A (nur) seinen Anteil an der OHG ohne Sonderbetriebsvermögen an D für 800.000 Euro. Das Wirtschaftsgut im Sonderbetriebsvermögen der OHG vermietet er weiterhin an die OHG.

3. A (nur) seinen Anteil an der KG (einschließlich deren Beteiligung an der OHG) und einschließlich seines Sonderbetriebsvermögens bei der KG an Y für 2.900.000 Euro. Das Wirtschaftsgut im Sonderbetriebsvermögen der OHG vermietet er weiterhin an die OHG.

4. die KG ihren Anteil an der OHG einschließlich ihres Sonderbetriebsvermögens für 1.600.000 Euro an Z.

Zu 1:

C veräußert seinen Mitunternehmeranteil an der KG und gibt seinen (Sonder-)Mitunternehmeranteil an der OHG auf, weil das Wirtschaftsgut

G. Doppel- oder mehrstöckige Personengesellschaft

im Sonderbetriebsvermögen der KG in sein Privatvermögen zu überführen ist.

Die Veräußerungs- bzw. Aufgabegewinne ermitteln sich wie folgt:

- bei der Veräußerung des Mitunternehmeranteils an der **KG**

Veräußerungspreis anteiliges Gesamthandsvermögen	1.500.000 €
+ Veräußerungspreis anteiliges Gesamthandsvermögen der KG ($^1/_2$)	300.000 €
+ Veräußerungspreis anteiliges Sonderbetriebsvermögen der KG ($^1/_2$)	500.000 €
+ Veräußerungspreis Sonderbetriebsvermögen bei der KG	400.000 €
Summe Veräußerungspreis	2.700.000 €
./. Buchwert anteiliges Gesamthandsvermögen	700.000 €
./. Buchwert anteiliges Gesamthandsvermögen der KG ($^1/_2$)	150.000 €
./. Buchwert anteiliges Sonderbetriebsvermögen der KG ($^1/_2$)	250.000 €
./. Buchwert Sonderbetriebsvermögen bei der KG	300.000 €
Veräußerungsgewinn	1.300.000 €

- bei der Aufgabe des (Sonder-)Mitunternehmeranteils an der **OHG**

– gemeiner Wert Sonderbetriebsvermögen C	300.000 €
./. Buchwert Sonderbetriebsvermögen C	100.000 €
Aufgabegewinn	200.000 €

Sowohl der Veräußerungsgewinn als auch der Aufgabegewinn sind nach §§ 16, 34 EStG begünstigt. Wegen der Höhe des Veräußerungsgewinns und des Aufgabegewinns entfällt der Freibetrag gem. § 16 Abs. 4 EStG, den C ohnehin nur einmal erhalten hätte. Da C auch den ermäßigten Steuersatz nach § 34 Abs. 3 EStG nur einmal im Leben erhält, wird er den Antrag für den Gewinn von 1.300.000 Euro stellen. Für den Aufgabegewinn von 200.000 Euro verbleibt nur noch die Ermäßigung gem. § 34 Abs. 1 EStG, die von Amts wegen gewährt wird. Ein Antrag des C ist insoweit nicht erforderlich. Gewerbesteuer fällt keine an.

Zu 2:

58 Die Veräußerung des Anteils an der OHG führt zu einem Veräußerungsgewinn von (800.000 Euro ./. 400.000 Euro =) 400.000 Euro. Das Wirtschaftsgut des Sonderbetriebsvermögens bleibt Sonderbetriebsvermögen bei der OHG, weil nunmehr die (Sonder-)Mitunternehmerschaft des A zum Tragen kommt, und ist zwingend mit dem Buchwert fortzuführen (§ 6 Abs. 5 Satz 2 EStG). Somit werden nicht alle stillen Reserven der wesentlichen Betriebsgrundlagen aufgedeckt. Der Veräußerungsgewinn von 400.000 Euro ist folglich als laufender Gewinn zu versteuern, der auch der Gewerbesteuer unterliegt. A erhält die Steuerermäßigung gem. § 35 EStG.

1 Einkommensteuer

Zu 3:
Der Mitunternehmeranteil des A bei der KG setzt sich zusammen aus seinem Anteil am Gesamthandsvermögen einschließlich dem Anteil an der Beteiligung der KG (Obergesellschaft) an der OHG (Untergesellschaft) und seinem Sonderbetriebsvermögen bei der KG. Dieser Mitunternehmeranteil wird im Rahmen eines einheitlichen Veräußerungsvorgangs in vollem Umfang veräußert. Der gesamte Veräußerungsgewinn ist, soweit die Voraussetzungen im Übrigen erfüllt sind, nach §§ 16 und 34 EStG begünstigt. Das Wirtschaftsgut im Sonderbetriebsvermögen der OHG gehört zu einem zweiten Mitunternehmeranteil bei der OHG (Untergesellschaft). Diese Zugehörigkeit hat Vorrang vor dem (Sonder-)Mitunternehmeranteil.

59

Der Veräußerungsgewinn bei der Veräußerung des Mitunternehmeranteils an der KG ermittelt sich wie folgt:

Veräußerungspreis anteiliges Gesamthandsvermögen	1.500.000 €
+ Veräußerungspreis Sonderbetriebsvermögen	600.000 €
+ Veräußerungspreis anteiliges Gesamthandsvermögen der OHG bei der KG ($^1/_2$)	300.000 €
+ Veräußerungspreis anteiliges Sonderbetriebsvermögen der OHG bei der KG ($^1/_2$)	500.000 €
Summe Veräußerungspreis	2.900.000 €
./. Buchwert anteiliges Gesamthandsvermögen	700.000 €
./. Buchwert Sonderbetriebsvermögen	400.000 €
./. Buchwert anteiliges Gesamthandsvermögen der OHG bei der KG ($^1/_2$)	150.000 €
./. Buchwert anteiliges Sonderbetriebsvermögen der OHG bei der KG ($^1/_2$)	250.000 €
Veräußerungsgewinn	1.400.000 €

Zu 4:
Bei der Veräußerung der Beteiligung der KG an der OHG (Untergesellschaft) liegt grundsätzlich eine nach § 34 EStG begünstigte Veräußerung des Mitunternehmeranteils der KG vor. Der Veräußerungsgewinn, der im Rahmen der einheitlichen und gesonderten Gewinnfeststellung der OHG zu ermitteln ist, geht als Beteiligungsertrag in die Gewinnermittlung der KG ein und ist von den Gesellschaftern A und C je zur Hälfte zu versteuern. Einen Freibetrag nach § 16 Abs. 4 EStG erhalten A und C von vornherein wegen der Höhe des Veräußerungsgewinns nicht.

60

G. Doppel- oder mehrstöckige Personengesellschaft

Der Veräußerungsgewinn berechnet sich wie folgt:

Veräußerungspreis Gesamthandsvermögen	600.000 €
+ Veräußerungspreis Sonderbetriebsvermögen	1.000.000 €
Summe Veräußerungspreis	1.600.000 €
./. Buchwert Gesamthandsvermögen	300.000 €
./. Buchwert Sonderbetriebsvermögen	500.000 €
Veräußerungsgewinn	800.000 €
Davon entfallen auf A und C je	400.000 €

Der Veräußerungsgewinn des A ist nach § 34 Abs. 1 oder 3 EStG begünstigt.

Durch die Veräußerung der Beteiligung durch die KG endet auch die (Sonder-)Mitunternehmerschaft des C. Das Wirtschaftsgut im Sonderbetriebsvermögen des C ist grundsätzlich im Wege der Aufgabe des (Sonder-)Mitunternehmeranteils nach § 16 Abs. 3 EStG ins Privatvermögen zu entnehmen. Der dabei entstehende Aufgabegewinn von (300.000 Euro ./. 100.000 Euro =) 200.000 Euro ist nach §§ 16, 34 Abs. 1 und 3 EStG begünstigt. C kann nur einmal § 34 Abs. 3 EStG in Anspruch nehmen. Er wird seine Wahl zugunsten des höheren Veräußerungsgewinns von 400.000 € ausüben.

C hat aber auch die Möglichkeit, dieses Wirtschaftsgut als gewillkürtes Sonderbetriebsvermögen bei der KG zu bilanzieren. Die Überführung des Wirtschaftsguts muss gem. § 6 Abs. 5 Satz 2 EStG mit dem Buchwert erfolgen. In diesem Fall werden die stillen Reserven von 200.000 Euro nicht aufgedeckt. Diese Überführung hat keine Auswirkung auf die Behandlung der Veräußerung des Mitunternehmeranteils der KG an der OHG. Der auf C entfallende Veräußerungsgewinn bleibt nach §§ 16, 34 EStG begünstigt.

Gewerbesteuer fällt insgesamt keine an.

1.10.2 Steuerliche Behandlung beim Erwerber

61 Gegenüber der in J. besprochenen steuerlichen Behandlung beim Erwerber eines Mitunternehmeranteils ergeben sich bei einer doppelstöckigen Personengesellschaft nur Besonderheiten, wenn der Erwerber einen Anteil von einem Gesellschafter der Obergesellschaft erwirbt.

In diesem Fall ist für den Erwerber wie folgt zu verfahren:

1. Bei der **Obergesellschaft** ist für den neuen Gesellschafter eine Ergänzungsbilanz aufzustellen, in der die Mehr- bzw. Minderwerte der Wirtschaftsgüter im Gesamthandsvermögen der Obergesellschaft (ohne den Anteil an der Beteiligung der Obergesellschaft an der Untergesellschaft) zu bilanzieren sind.

1 Einkommensteuer

2. In einer Ergänzungsbilanz für den neuen Gesellschafter bei der **Untergesellschaft** sind darüber hinaus nach Auffassung der Finanzverwaltung[73] und der überwiegenden Meinung in der Literatur[74] die Mehr- bzw. Minderwerte der durch den Anteil der Obergesellschaft repräsentierten Wirtschaftsgüter im Gesamthandsvermögen der Untergesellschaft zu erfassen, soweit sie auf die Anschaffungskosten für den erworbenen Anteil an der Obergesellschaft mittelbar entfallen. Ley[75] befürwortet dagegen die Aktivierung dieser Mehr- bzw. Minderwerte in einer Ergänzungsbilanz der Obergesellschaft bei der Untergesellschaft. Unabhängig davon entsteht bei beiden Varianten bei der Untergesellschaft ein Mehr- oder Mindergewinn, der letztlich dem neuen Gesellschafter zugerechnet wird.

3. In der Ergänzungsbilanz für den neuen Gesellschafter bei der **Untergesellschaft** sind u. E. auch die Mehr- bzw. Minderwerte der Wirtschaftsgüter zu erfassen, die zum Sonderbetriebsvermögen der Obergesellschaft bei der Untergesellschaft gehören.[76] Die Auffassung, diese Mehr- oder Minderwerte in einer Ergänzungsbilanz des neuen Gesellschafters bei der Obergesellschaft zu erfassen, lehnen wir ab.

4. Nach der Spiegelbildmethode kann der neue Gesellschafter die in seiner Ergänzungsbilanz bei der Untergesellschaft erfassten Mehr- oder Minderwerte dieser mittelbaren Beteiligung in einer Ergänzungsbilanz bei der Obergesellschaft bilanzieren. Auf diese Weise werden dann die Mehr- oder Minderergebnisse der Ergänzungsbilanz bei der Untergesellschaft bei der Obergesellschaft erfasst.

Beispiel:

Sachverhalt wie im Beispiel von G. Rz. 56. Die Veräußerung der Mitunternehmeranteile führt bei den Erwerbern zu folgenden Auswirkungen:

Zu 1.:

- Die **Eröffnungsbilanz der KG** wird unverändert fortgeführt. X übernimmt das Buchkapital i. H. von 1.100.000 € von C.

- In einer **Sonderbilanz des X** bei der KG wird das von C erworbene Wirtschaftsgut mit den Anschaffungskosten von 400.000 € aktiviert.

- In einer **Ergänzungsbilanz für X bei der KG** werden die auf C entfallenden und anteilig aufgedeckten stillen Reserven von 800.000 € als Mehrwert aktiviert.

- In einer **Ergänzungsbilanz für X bei der OHG** werden der Mehrwert im Gesamthandsvermögen von 50 % der stillen Reserven = 150.000 € und

---

73 OFD Frankfurt a. M. vom 16.11.2007, Steuer-Journal 05/2008 S. 25.
74 Schmidt/Wacker, § 15 Rz. 471; Seibold in DStR 1998 S. 438; Nickel/Bodden, FR 2003 S. 391.
75 KÖSDI 2005 S. 14614.
76 Siehe im Einzelnen Schmidt/Wacker, § 15 Rz. 471, siehe auch Mayer, DB 2003 S. 2034.

G. Doppel- oder mehrstöckige Personengesellschaft

50 % der stillen Reserven vom Sonderbetriebsvermögen der KG = 250.000 €, zusammen 400.000 €, als Mehrwert aktiviert.

- Das **Kapital des X** beträgt insgesamt (1.100.000 € + 400.000 € + 800.000 € + 400.000 € =) 2.700.000 € und entspricht dem Veräußerungspreis des C und damit den Anschaffungskosten des X.

- Nach der Spiegelbildmethode **kann** X in seiner **Ergänzungsbilanz bei der KG** auch den Mehrwert der Beteiligung an der OHG i. H. von 400.000 € bilanzieren. Im Interesse einer Gesamtdarstellung bei der KG ist dies empfehlenswert, denn die KG weist ihre Beteiligung an der OHG auch in ihrer Bilanz aus.

Zu 2.:

- Hier ergeben sich gegenüber der normalen Personengesellschaft keine Besonderheiten. Der Erwerber D hat die aufgedeckten stillen Reserven von 400.000 € in seiner Ergänzungsbilanz bei der OHG (Untergesellschaft) zu aktivieren. D ist nicht an der Obergesellschaft beteiligt.

Zu 3.:

- Die **Eröffnungsbilanz der KG** wird unverändert fortgeführt. Y übernimmt das Buchkapital i. H. von 1.100.000 € von A.

- In einer **Sonderbilanz des Y** bei der KG wird das von A erworbene Wirtschaftsgut mit den Anschaffungskosten von 600.000 € aktiviert.

- In einer **Ergänzungsbilanz des Y bei der KG** werden die auf A entfallenden und anteilig aufgedeckten stillen Reserven von 800.000 € als Mehrwert aktiviert.

- In einer **Ergänzungsbilanz für Y bei der OHG** werden der Mehrwert im Gesamthandsvermögen von 50 % der stillen Reserven = 150.000 € und 50 % der stillen Reserven vom Sonderbetriebsvermögen der KG = 250.000 €, zusammen 400.000 €, als Mehrwert aktiviert.

- Das **Kapital des Y** beträgt insgesamt (1.100.000 € + 600.000 € + 800.000 € + 400.000 € =) 2.900.000 € und entspricht dem Veräußerungspreis des A und damit den Anschaffungskosten des Y.

- Nach der Spiegelbildmethode **kann** Y in seiner **Ergänzungsbilanz bei der KG** auch den Mehrwert der Beteiligung an der OHG i. H. von 400.000 € bilanzieren. Im Interesse einer Gesamtdarstellung bei der KG ist dies empfehlenswert, denn die KG weist ihre Beteiligung an der OHG auch in ihrer Bilanz aus.

Zu 4.:

- Z wird nur Gesellschafter der OHG (Untergesellschaft). Die Eröffnungsbilanz der OHG wird unverändert fortgeführt, Z übernimmt das Buchkapitalkonto der KG i. H. von 300.000 €.

- Z muss in seiner Ergänzungsbilanz bei der OHG die aufgedeckten anteiligen stillen Reserven der KG von 300.000 € aktivieren.

- In seiner Sonderbilanz muss Z das von der KG erworbene Wirtschaftsgut mit den Anschaffungskosten von 1.000.000 € aktivieren.
- Das Gesamtkapital des Z beträgt damit (300.000 € + 300.000 € + 1.000.000 € =) 1.600.000 € und entspricht den Anschaffungskosten des Z.

1.11 Beteiligung einer nicht gewerblich tätigen Personengesellschaft an einer gewerblich tätigen Personengesellschaft

Nach § 15 Abs. 3 Nr. 1 EStG gilt **in vollem Umfang** als Gewerbebetrieb die mit Einkünfteerzielungsabsicht unternommene Tätigkeit einer Personengesellschaft (OHG, KG, andere Personengesellschaft), wenn die Personengesellschaft **auch** eine gewerbliche Tätigkeit i. S. des § 15 Abs. 1 Satz 1 Nr. 1 EStG ausübt oder gewerbliche Einkünfte i. S. des § 15 Abs. 1 Satz 1 **Nr. 2** EStG bezieht (sog. **Abfärbetheorie**).

62

Andere Personengesellschaften sind z. B. eine GbR, eine Partnerschaft, eine Partenreederei, eine atypische stille Gesellschaft und eine ausländische Personengesellschaft.

Diese gesetzliche Regelung ist zum einen anzuwenden, wenn die Personengesellschaft neben einer nicht gewerblichen Tätigkeit **selbst** unmittelbar eine gewerbliche Tätigkeit ausübt. Auch eine nur geringfügige gewerbliche Tätigkeit führt grundsätzlich zur Umqualifizierung der nicht gewerblichen Einkünfte in gewerbliche.[77] Eine Ausnahme davon gilt nur, wenn die gewerbliche Tätigkeit nur einen „**äußerst geringen Anteil**" ausmacht, weil dies andernfalls unverhältnismäßig und verfassungsrechtlich bedenklich wäre. Nach diesen Grundsätzen ist z. B. eine originäre gewerbliche Tätigkeit von 1,25 % des Gesamtumsatzes unschädlich.[78] Die weitere Rechtsprechung, was unter einem äußerst geringen Anteil zu verstehen ist, bleibt abzuwarten.

Zum anderen gilt die Abfärbetheorie, wenn eine Personengesellschaft, die

— **land- und forstwirtschaftlich** tätig ist und damit Einkünfte aus Land- und Forstwirtschaft bezieht oder

— **freiberuflich** tätig ist und damit Einkünfte aus selbständiger Arbeit bezieht oder

— **vermögensverwaltend** tätig ist und damit Einkünfte aus Kapitalvermögen oder aus Vermietung und Verpachtung bezieht,

unmittelbar an einer **gewerblich** tätigen Personengesellschaft beteiligt ist.

Wegen dieser gesetzlichen Regelung hat bereits das Halten eines Anteils an einer gewerblichen Personengesellschaft – sofern die Beteiligung nicht nur

63

---

77 BFH vom 13.11.1997, BStBl II 1998, 254, und vom 19.02.1998, BStBl II 1998, 603.
78 So BFH vom 11.08.1999, BStBl II 2000, 229.

G. Doppel- oder mehrstöckige Personengesellschaft

äußerst gering ist – zur Folge, dass die gesamten Einkünfte der Obergesellschaft zu Einkünften aus Gewerbebetrieb werden. Die frühere Rechtsprechung ist damit insoweit überholt.[79]

Beispiel 1:

An einer vermögensverwaltend tätigen OHG sind A und B je zur Hälfte beteiligt. Die OHG hat in ihrem Gesamthandsvermögen eine Kommanditbeteiligung i. H. von 10 % an einem gewerblichen Schlachtereibetrieb in der Rechtsform einer KG.

Die Beteiligung an der KG führt nach der aktuellen gesetzlichen Regelung in § 15 Abs. 3 Nr. 1 EStG zur Anwendung der Abfärbetheorie. Dies bedeutet, dass die OHG keine Einkünfte aus Vermietung und Verpachtung i. S. von § 21 EStG, sondern insgesamt gewerbliche Einkünfte erzielt. Sie unterliegt damit auch in vollem Umfang der Gewerbesteuer. Nach der früheren Rechtsprechung wäre dagegen § 15 Abs. 3 Nr. 1 EStG nicht anzuwenden gewesen. Danach hätte die OHG hinsichtlich ihrer originären Einkünfte weiterhin Einkünfte aus Vermietung und Verpachtung erzielt.

64 Dagegen ist die Abfärberegelung des § 15 Abs. 3 Nr. 1 EStG nach Auffassung der Finanzverwaltung und des BFH nicht anzuwenden, wenn die Beteiligung an der gewerblich tätigen Untergesellschaft von einem, mehreren oder allen **Gesellschaftern** der nicht gewerblich tätigen Obergesellschaft persönlich gehalten wird. In diesem Fall sind die Beteiligungserträge nicht in die gesonderte und einheitliche Feststellung der ansonsten nicht gewerblich tätigen Obergesellschaft einzubeziehen, sondern unmittelbar bei der Einkommensteuer- oder Körperschaftsteuerveranlagung der Gesellschafter zu erfassen.[80]

Beispiel 2:

Wie Beispiel 1; an der KG ist jedoch nicht die OHG, sondern sind deren Gesellschafter A und B mit je 5 % beteiligt.

A und B erzielen zwar mit ihrer Kommanditbeteiligung gewerbliche Einkünfte. Diese färben jedoch nicht auf die Einkunftsart der OHG ab, die weiterhin Einkünfte aus Vermietung und Verpachtung i. S. von § 21 EStG erzielt. Die Gewinnanteile aus den Kommanditbeteiligungen werden auch nicht in die Gewinnfeststellung bei der OHG einbezogen.

65 Ebenfalls **unschädlich** wäre es, wenn sich die Beteiligung im Gesamthandsvermögen einer – beteiligungsidentischen – **Schwestergesellschaft** befinden würde. In diesem Fall führen die Beteiligungserträge zwar zur Gewerblichkeit der Schwestergesellschaft; dies färbt jedoch nicht auf die landwirtschaftlich tätige oder vermögensverwaltende Gesellschaft ab.[81]

---

79 BFH vom 06.10.2004, BStBl II 2005, 383.
80 BFH vom 28.06.2006, BStBl II 2007, 378.
81 BFH vom 19.02.1998, BStBl II 1998, 603.

1 Einkommensteuer

Beispiel 3:
Wie Beispiel 1, an der KG ist jedoch nicht die OHG, sondern eine zweite OHG beteiligt, deren Gesellschafter ebenfalls A und B je zur Hälfte sind.

Die landwirtschaftlich tätige OHG erzielt weiterhin Einkünfte aus Land- und Forstwirtschaft, weil zu ihrem Gesamthandsvermögen keine Beteiligung an einer gewerblich tätigen Untergesellschaft gehört. Die Einkünfte der zweiten OHG stellen unabhängig davon, ob sie neben ihrer Beteiligung eigene Einkünfte erzielt oder nicht, in vollem Umfang Einkünfte aus Gewerbebetrieb dar.

Um die Anwendung der Abfärberegelung zu vermeiden, könnte auch die Untergesellschaft in eine GmbH umgewandelt werden. **66**

1.12 Zebragesellschaften

Gehört die Beteiligung an einer **vermögensverwaltend tätigen** GbR (Untergesellschaft) zum Betriebsvermögen eines der Gesellschafter (Zebragesellschaft), gelten folgende Grundsätze: **67**

1. Die Untergesellschaft erzielt nur dann **keine** Einkünfte aus Gewerbebetrieb, wenn sie weder aktiv gewerblich tätig i. S. von § 15 Abs. 1 Nr. 1 EStG noch gewerblich geprägt i. S. von § 15 Abs. 3 Nr. 2 EStG ist. **68**

2. Eine Beteiligung an einer vermögensverwaltenden Personengesellschaft (Untergesellschaft) gehört zum Betriebsvermögen des Gesellschafters, wenn der Gesellschafter **69**

   — eine **Kapital**gesellschaft ist, weil bei einer Kapitalgesellschaft gem. § 8 Abs. 2 KStG alle Einkünfte solche aus Gewerbebetrieb sind,

   — eine gewerblich tätige oder gewerblich geprägte **Personen**gesellschaft (Obergesellschaft) ist, weil bei dieser Personengesellschaft gem. § 15 Abs. 3 Nr. 1 oder 2 EStG ebenfalls alle Einkünfte solche aus Gewerbebetrieb sind,

   — eine **natürliche Person** ist, sofern diese (ausnahmsweise) die Beteiligung in ihrem Einzelunternehmen als notwendiges oder gewillkürtes Betriebsvermögen ausgewiesen hat.

Die Beteiligung ist in der Handelsbilanz als **selbständiger** Vermögensgegenstand mit den Anschaffungskosten oder dem niederen beizulegenden Wert zu bilanzieren.[82] **70**

Für die Bilanzierung in der Steuerbilanz ist dagegen die **Spiegelbildmethode**[83] **nicht** anzuwenden. Vielmehr ist § 39 Abs. 2 Nr. 2 AO zu berücksichtigen, weil die Wirtschaftsgüter bei der vermögensverwaltend tätigen Personengesellschaft nicht zu deren Betriebsvermögen, sondern zu deren Privatvermögen gehören. Folglich sind in der Steuerbilanz des

---

82 Siehe im Einzelnen B. Rz. 412–415.
83 Siehe B. Rz. 416.

G. Doppel- oder mehrstöckige Personengesellschaft

gewerblich tätigen Gesellschafters alle Wirtschaftsgüter der vermögensverwaltend tätigen Personengesellschaft (Untergesellschaft) sowohl nach Auffassung der Finanzverwaltung[84] als auch nach der BFH-Rechtsprechung[85] **anteilig** auszuweisen (Bruchteilsbetrachtung).

71 3. Die verbindliche Entscheidung über die Einkünfte eines **betrieblich** an einer vermögensverwaltenden Personengesellschaft beteiligten Gesellschafters ist sowohl ihrer **Art als auch ihrer Höhe nach** durch das für die persönliche Besteuerung dieses Gesellschafters zuständige **(Wohnsitz-)Finanzamt** zu treffen.[86] Damit hat sich der Große Senat des BFH uneingeschränkt der Auffassung der Finanzverwaltung angeschlossen. Diese Entscheidung verhindert auch eine unnötige Verkomplizierung der Rechtsanwendung, insbesondere für jene Sachverhalte, bei denen Gesellschaftsfinanzamt und Wohnsitzfinanzamt nicht identisch sind.

72 4. Aus diesen Gründen muss eine **Untergesellschaft,** die keine Einkünfte aus Gewerbebetrieb, sondern aus einer **Überschusseinkunftsart** erzielt (wie z. B. geschlossene Immobilienfonds solche aus Kapitalvermögen und aus Vermietung und Verpachtung), ihre Einkünfte für **alle Beteiligten** nach den für diese Einkunftsart geltenden Grundsätzen ermitteln, d. h. durch Gegenüberstellung der zugeflossenen Einnahmen und der abgeflossenen Werbungskosten. Diese so ermittelten Einkünfte werden im Rahmen der gesonderten und einheitlichen Feststellung dieser Einkünfte gesondert und einheitlich festgestellt. Die Abfärbetheorie des § 15 Abs. 3 Nr. 1 EStG ist für die Untergesellschaft nicht anwendbar, weil nicht diese, sondern nur ein Gesellschafter gewerbliche Einkünfte erzielt.

Gewinne aus der Veräußerung von Wirtschaftsgütern des Gesellschaftsvermögens sind nur dann im Rahmen der gesonderten und einheitlichen Feststellung der Untergesellschaft zu berücksichtigen, wenn ein Fall der §§ 17 und 23 EStG vorliegt. Gewinne aus der Veräußerung der Beteiligung selbst bleiben bei der gesonderten und einheitlichen Feststellung unberücksichtigt, auch wenn diese Veräußerung ein privates Veräußerungsgeschäft i.s. des § 23 EStG darstellt.[87]

73 Die vorstehenden Grundsätze bezüglich der Einkünfteermittlung gelten bei der Untergesellschaft unabhängig davon, ob die Beteiligung im Privatvermögen oder im Betriebsvermögen gehalten wird. Sie gelten auch für den Fall, dass sämtliche Beteiligungen im Betriebsvermögen gehalten werden, es sei denn, dass die vermögensverwaltende Personengesellschaft von sich aus betriebliche Einkünfte erklärt und durch Betriebsvermögensvergleich ermittelt hat.

---

84 BMF vom 29.04.1994, BStBl I 1994, 282, Rz. 5.
85 BFH vom 05.12.2004, BStBl II 2005, 340.
86 BFH vom 11.04.2005, GrS, BStBl II 2005, 679.
87 BFH vom 13.10.1993, BStBl II 1994, 86.

1 Einkommensteuer

5. Der gewerblich beteiligte Gesellschafter (**Obergesellschaft**) erzielt aus seiner Beteiligung gewerbesteuerpflichtige Einkünfte aus Gewerbebetrieb und die übrigen betrieblich beteiligten Gesellschafter Einkünfte aus Land- und Forstwirtschaft bzw. aus selbständiger Arbeit (siehe § 20 Abs. 3, § 21 Abs. 3 EStG). **74**

Die Obergesellschaft hat grundsätzlich alle Wirtschaftsgüter der Untergesellschaft anteilig und die der Untergesellschaft überlassenen Wirtschaftsgüter weiterhin in vollem Umfang im **Rahmen ihres eigenen Buchführungswerks**, d. h. in ihrem eigenen Betrieb, zu erfassen und den Gewinnanteil, der sich für sie aus den einzelnen Geschäftsvorfällen der Untergesellschaft ergibt, nach den **Grundsätzen der Gewinnermittlung** (§§ 4, 5 EStG, ausnahmsweise nach § 4 Abs. 3 EStG) zu berechnen und anzusetzen und z. B. Teilwertabschreibungen vorzunehmen. Hinsichtlich der anteiligen Berücksichtigung von AfA, erhöhten Absetzungen und Sonderabschreibungen gilt § 7 a Abs. 7 EStG.

Die Obergesellschaft kann bei Vorliegen der Voraussetzungen auch steuerfreie Rücklagen (z.b. Rücklage für Ersatzbeschaffung nach R 6.6 EStR, Rücklage gem. § 6 b EStG) bilden.

Den betrieblich beteiligten Gesellschaftern sind auch die Gewinne aus der Veräußerung von Wirtschaftsgütern durch die Untergesellschaft zuzurechnen, die bei den übrigen Gesellschaftern – außer in den Fällen der § 17 und § 23 EStG – unbesteuert bleiben. Gleiches gilt, wenn sie durch Veräußerung des Gesellschaftsanteils ihrerseits Anteile an den Wirtschaftsgütern der Untergesellschaft übertragen. Konsequenterweise können sie dafür in Höhe des Veräußerungsgewinns eine Rücklage gem. § 6 b EStG bilden, wenn die dortigen Voraussetzungen erfüllt sind. **75**

Eine Rücklage gem. § 6 b EStG kann auch auf Wirtschaftsgüter übertragen werden, die von der Untergesellschaft erworben werden, weil diese vom betrieblich beteiligten Gesellschafter in seinem Unternehmen anteilig bilanziert werden müssen. Dies gilt wegen § 39 Abs. 2 Nr. 2 AO selbst dann, wenn die Untergesellschaft ihrerseits an einer zweiten vermögensverwaltenden Personengesellschaft beteiligt ist und diese zweite Untergesellschaft die begünstigten Wirtschaftsgüter erwirbt.

6. Bei der Anwendung der Zinsschranke i. S. des § 4 h EStG ist das steuerliche EBITDA betriebsbezogen zu ermitteln. Hält jedoch ein Gesellschafter einer vermögensverwaltenden Personengesellschaft seine Beteiligung im Betriebsvermögen, kommt die Zinsschranke – abweichend von diesem Grundsatz – auf der Ebene des Gesellschafters zur Anwendung. Zinsaufwendungen, Zinserträge und Abschreibungen der Personengesellschaft und die Beteiligungseinkünfte sind anteilig beim Gesellschafter im Rahmen seiner Gewinneinkünfte zu berücksichtigen.[88]

---
88 BMF vom 04.07.2008, BStBl I 2008, 718, Rz. 43.

G. Doppel- oder mehrstöckige Personengesellschaft

7. Auch bei der **Veräußerung** von Wirtschaftsgütern vom betrieblich beteiligten Gesellschafter an die vermögensverwaltende Personengesellschaft (Untergesellschaft) oder umgekehrt ist § 39 Abs. 2 Nr. 2 AO zu beachten. Das bedeutet, eine Veräußerung liegt nur insoweit vor, als die übrigen Gesellschafter das Eigentum an diesem Wirtschaftsgut erhalten oder verlieren.

Beispiel 1:

An der vermögensverwalteten GbR sind A, B und C je zu $1/3$ beteiligt. A bilanziert seine Beteiligung in seinem Einzelunternehmen als gewillkürtes Betriebsvermögen. Die Bilanzierung erfolgt bei beiden Gesellschaftern zutreffend nicht nach der Spiegelbildmethode, sondern nach der Bruchteilsbetrachtung. Am 01.04.08 veräußert A ein am 15.10.01 erworbenes unbebautes Grundstück seines Einzelunternehmens (Anschaffungskosten = Buchwert 120.000 €) zum Teilwert von 360.000 € an die GbR.

Soweit A an der GbR beteiligt ist (= $1/3$), liegt keine Veräußerung des Grundstücks vor, weil die GbR keine Mitunternehmerschaft ist und deshalb § 39 Abs. 2 Nr. 2 AO anzuwenden ist. A muss das Grundstück weiterhin in seinem Einzelunternehmen mit $1/3$ aktivieren, obwohl die GbR zivilrechtlich Eigentümerin des Grundstücks geworden ist, denn nach § 39 Abs. 2 Nr. 2 AO ist das Grundstück trotz Gesamthandsvermögen der GbR steuerrechtlich insoweit weiterhin A zuzurechnen. Der Kaufpreis von 360.000 € ist bei der GbR folglich i. H. von $1/3$ = 120.000 € als Entnahme des A und im Einzelunternehmen des A als Einlage zu behandeln. A erzielt einen Veräußerungsgewinn in Höhe des anteiligen Kaufpreises von ($2/3$ von 360.000 € =) 240.000 € ./. anteiligem Buchwert ($2/3$ von 120.000 € =) 80.000 € = 160.000 €.

Weil das Grundstück seit mehr als sechs Jahren ununterbrochen zu seinem Betriebsvermögen gehört hat, kann A eine Rücklage gem. § 6 b EStG bilden. Eine Übertragung der aufgedeckten stillen Reserven auf das von der GbR erworbene Grundstück ist nicht möglich, weil aus steuerrechtlicher Sicht nur die übrigen Gesellschafter einen Anteil am Grundstück erworben haben. Eine Buchung bei der GbR erfolgt nicht, weil sie nicht buchführungspflichtig ist.

Die Veräußerung ist bei A wie folgt zu buchen:

1. Sonstige Forderung	240.000 €	an	Grundstücke	80.000 €
			Sonstige betriebliche Erträge	160.000 €
2. Bank	360.000 €	an	Sonstige Forderungen	240.000 €
			Privateinlage	120.000 €
3. Sonstige betriebliche Aufwendungen	160.000 €	an	Sonderposten mit Rücklageanteil	160.000 €

1 Einkommensteuer

Beispiel 2:
Wie Beispiel 1, aber das Grundstück gehört der GbR, die es an A veräußert. A hat das Grundstück in seinem Einzelunternehmen mit seinen anteiligen Anschaffungskosten von ¹/₃ von 120.000 € = 40.000 € aktiviert.

Die GbR veräußert aus steuerlicher Sicht nur ²/₃ ihres Grundstücks an A, denn das restliche ¹/₃ ist bereits nach § 39 Abs. 2 Nr. 2 AO als Eigentum des A anzusehen. Die bisherige Bilanzierung des anteiligen Grundstücks in der Bilanz des A mit den anteiligen Anschaffungskosten von 40.000 € war zwingend und ist insoweit unverändert fortzuführen. Die GbR erzielt einen Veräußerungsgewinn von ²/₃ von 240.000 € = 160.000 €, der je zur Hälfte den Gesellschaftern B und C zuzurechnen ist und bei diesen nach § 22 Nr. 2 i. V. m. § 23 EStG steuerpflichtig ist, weil das Grundstück noch keine zehn Jahre zum Vermögen der GbR gehört hat. A muss den hinzuerworbenen Anteil von ²/₃ mit den anteiligen Anschaffungskosten von ²/₃ von 360.000 € = 240.000 € aktivieren. Der Erwerb des anteiligen Grundstücks ist bei A wie folgt zu buchen:

1. Grundstücke	240.000 €	an	Sonstige Verbindlichkeiten	240.000 €
2. Sonstige Verbindlichkeiten	240.000 €			
Privatentnahmen	120.000 €	an	Bank	360.000 €

8. Dieselben Grundsätze wie bei der Veräußerung gelten bei der **Übertragung** von Wirtschaftsgütern von der vermögensverwaltenden Personengesellschaft an den betrieblich beteiligten Gesellschafter (oder umgekehrt) gegen Gewährung bzw. Minderung von Gesellschaftsrechten. Dabei ist zu beachten, dass von vornherein keine Übertragung vorliegt, soweit der betrieblich beteiligte Gesellschafter aus steuerrechtlicher Sicht bereits Eigentümer war oder wird. Soweit eine Übertragung auf die bzw. von den anderen Gesellschaftern vorliegt, ist § 6 Abs. 5 Nr. 3 EStG nicht anzuwenden, weil die vermögensverwaltende Personengesellschaft kein Betriebsvermögen hat.

Deshalb ist zu unterscheiden:

- Erfolgt die Übertragung gegen Gewährung oder Minderung von Gesellschaftsrechten, liegt eine Veräußerung (Tausch) vor.
- Erfolgt die Übertragung unentgeltlich, liegt eine Entnahme bzw. Einlage vor.

Die Auswirkungen sollen an folgendem Beispiel dargestellt werden:

Beispiel 3:
Wie Beispiel 1, aber die Übertragung erfolgt gegen Gewährung von Gesellschaftsrechten.

G. Doppel- oder mehrstöckige Personengesellschaft

Gegenüber Beispiel 1 ergeben sich grundsätzlich keine Unterschiede, weil die Übertragung des Grundstücks i. H. von $^2/_3$ = 240.000 € eine Veräußerung ist. A erzielt folglich ebenfalls einen Veräußerungsgewinn von 160.000 €, für den er eine Rücklage gem. § 6 b EStG bilden kann. Trotz Übertragung ins Gesamthandsvermögen der GbR muss A das Grundstück weiterhin mit seinem ideellen Anteil von $^1/_3$ in seinem Einzelunternehmen aktivieren. Die Bilanzierung erfolgt zwingend mit dem Buchwert von $^1/_3$ = 40.000 €, weil das Grundstück insoweit nach wie vor zum Betriebsvermögen des Einzelunternehmens gehört. Ein Unterschied ergibt sich jedoch insoweit, als A Gesellschaftsrechte erhält, denn insoweit erwirbt er nach § 39 Abs. 2 Nr. 2 AO das anteilige Eigentum an jedem einzelnen Wirtschaftsgut der GbR. Er muss daher in seinem Einzelunternehmen das anteilig erworbene Eigentum an den einzelnen Wirtschaftsgütern der GbR mit den Anschaffungskosten von insgesamt 240.000 € aktivieren. Die Buchung lautet:

Verschiedene Wirtschaftsgüter 240.000 € an Grundstücke 80.000 €

Sonstige betriebliche Erträge 160.000 €

Beispiel 4:

Wie Beispiel 3, A überträgt das Grundstück jedoch unentgeltlich.

In diesem Fall liegt keine Veräußerung vor. Soweit A mittelbar Eigentümer bleibt (= $^1/_3$), muss er das Grundstück weiterhin aktivieren, zwingend mit dem anteiligen Buchwert von $^1/_3$ von 120.000 € = 40.000 €, weil das Grundstück insoweit nach wie vor zum Betriebsvermögen des Einzelunternehmens gehört. Soweit das Eigentum mittelbar auf die Gesellschafter B und C übergeht, liegt eine Entnahme des A vor, die nach § 6 Abs. 1 Nr. 4 EStG mit dem anteiligen Teilwert von $^2/_3$ von 360.000 € = 240.000 € zu bewerten ist. Die Buchung bei A lautet:

Privatentnahme 240.000 € an Grundstücke 80.000 €

Sonstige betriebliche Erträge 160.000 €

Beispiel 5:

Wie Beispiel 2, aber die GbR überträgt das Grundstück gegen Minderung von Gesellschaftsrechten auf A.

Die Lösung ist grundsätzlich dieselbe wie im Beispiel 2, denn A erwirbt nur $^2/_3$ des Grundstücks. Es ergibt sich nur ein Unterschied, soweit die Übertragung des Grundstücks mittelbar von B und C auf A erfolgt, d. h., i. H. von $^2/_3$ von 360.000 € = 240.000 €. Insoweit veräußern nicht nur B und C ihr anteiliges Eigentum am Grundstück, sondern A im Wege des Tauschs auch sein anteiliges Eigentum an den einzelnen Wirtschaftsgütern des Gesamthandsvermögens der GbR. Diese Wirtschaftsgüter müssen anteilig im Einzelunternehmen bilanziert sein, sodass im Einzelunternehmen ein Veräußerungsgewinn entsteht, für den unter den Voraussetzungen des § 6 b EStG eine Rücklage gebildet werden kann.

1 Einkommensteuer

Beispiel 6:
Wie Beispiel 2, aber die GbR überträgt das Grundstück unentgeltlich.

Soweit A bereits mittelbarer Eigentümer des Grundstücks ist (= $1/3$), ergeben sich weder für A noch für B und C Änderungen gegenüber Beispiel 2. Soweit das Grundstück unentgeltlich übertragen wird, liegt bei B und C an A eine steuerlich unbeachtliche Schenkung eines Wirtschaftsguts ihres Privatvermögens vor. A muss diesen unentgeltlich erworbenen Teil des Grundstücks in sein Betriebsvermögen einlegen. Die Bewertung erfolgt nach § 6 Abs. 1 Nr. 5 EStG mit dem anteiligen Teilwert von $2/3$ von 360.000 € = 240.000 €.

9. Der bei der Veräußerung der Beteiligung entstehende Veräußerungsgewinn ist **nicht** nach §§ 16, 34 EStG begünstigt, weil die Beteiligung an einer vermögensverwaltenden Personengesellschaft **kein Mitunternehmeranteil** i. S. des § 16 Abs. 1 Nr. 2 EStG ist. Folglich unterliegt der Gewinn auch der Gewerbesteuer, dafür wird die Steuerermäßigung gem. § 35 EStG gewährt.

— **Ausnahmen:**

a) Die Personengesellschaft ermittelt **freiwillig** ergänzend zur Überschussrechnung den Gewinnanteil des Gesellschafters nach § 4 Abs. 1, § 5 EStG und der Gesellschafter weist den so ermittelten – und nicht offensichtlich unzutreffenden – Anteil am Gewinn und Verlust der Untergesellschaft in seinem Jahresabschluss aus.

b) Der Gesellschafter ist zu **weniger als 10 %** an der Untergesellschaft beteiligt; in diesem Fall ist auf Antrag der Gesellschafter mit Zustimmung des Finanzamts „aus Vereinfachungsgründen" der anteilige Gewinn oder Verlust in Höhe des auf der Ebene der Untergesellschaft nach den Grundsätzen der Überschussrechnung (also in der Regel ohne Veräußerungsgewinne) ermittelten und festgestellten Überschussanteils zu schätzen und auf einem „Beteiligungskonto" erfolgswirksam zu buchen. Auf dem Konto sind außerdem alle Vermögenszuführungen des Beteiligten (= Einlagen) in die Untergesellschaft und alle Vermögensauskehrungen an den Beteiligten (= Entnahmen) zu erfassen.

Bei Veräußerung oder Entnahme des Anteils, bei Beendigung der Untergesellschaft oder in anderen gleichzustellenden Fällen (und erst dann!) ist der Gewinn als Unterschied zwischen dem Veräußerungserlös (nach Abzug von Veräußerungskosten) und dem bis dahin fortentwickelten Buchwert der Beteiligten anzusetzen, und zwar als **laufender** Gewinn. Falls durch dieses Verfahren ungerechtfertigte Steuervorteile des Gesellschafters drohen, kann die Zustimmung des Finanzamts versagt oder zum nächsten Veranlagungszeitraum widerrufen werden.[89]

---
[89] BMF vom 29.04.1994, BStBl I 1994, 282.

G. Doppel- oder mehrstöckige Personengesellschaft

Beispiel 7:
An der vermögensverwaltenden X-KG ist die aktiv gewerblich tätige Y-OHG seit dem 01.01.01 als Kommanditistin mit 5 % am Gewinn und Verlust sowie am Vermögen beteiligt. Die Einlage beträgt 25.000 €. Der Anteil der Y-OHG an den Werbungskostenüberschüssen der Jahre 01–03 beträgt ./. 5.000 €, ./. 4.000 € und ./. 3.000 €. Im Jahr 02 veräußert die X-KG außerhalb der Zehnjahresfrist ein unbebautes Grundstück. Der Erlös wird an die Gesellschafter ausgekehrt; auf die Y-OHG entfallen 1.500 €. Zum 31.12.03 veräußert die Y-OHG ihre Beteiligung für 40.000 €.

Der Buchwert des „Beteiligungs"-Kontos im Zeitpunkt der Beteiligungsveräußerung ist wie folgt zu ermitteln:

Kapitaleinlage 01	25.000 €
Verlustanteil 01	./. 5.000 €
Verlustanteil 02	./. 4.000 €
Anteil an Auskehrung 02	./. 1.500 €
Verlustanteil 03	./. 3.000 €
Buchwert	11.500 €

Die Y-OHG hat die Verlustanteile 01 und 02 in den entsprechenden Jahren jeweils mit positiven Einkünften aus ihrer übrigen Tätigkeit ausgeglichen.

Bei der Gewinnermittlung der Y-OHG für das Jahr 03 sind anzusetzen:

Verlustanteil 03	./. 3.000 €
+ Veräußerungserlös	40.000 €
./. Buchwert	./. 11.500 €
Einkünfte aus Gewerbebetrieb	25.500 €

2 Umsatzsteuer

2.1 Allgemeines

77 Grundsätzlich ergeben sich daraus, dass an einer Gesellschaft eine andere Gesellschaft beteiligt ist, für die Umsatzsteuer keine Besonderheiten. Da Gesellschaften grundsätzlich umsatzsteuerrechtsfähig sind, werden sie als Gesellschafter nicht anders behandelt als jede natürliche Person, die Gesellschafter ist. Handelt es sich bei der Gesellschaft (Hauptgesellschaft), an der eine andere Gesellschaft beteiligt ist, um eine juristische Person, z. B. um eine GmbH oder eine AG, muss geprüft werden, ob eine Organschaft i. S. von § 2 Abs. 2 Nr. 2 UStG vorliegt. Im Falle der Organschaft würde nur ein einheitliches Unternehmen im Sinne des Umsatzsteuerrechts vorliegen. Dies gilt jedoch nur insoweit, als die Unternehmensteile im Inland liegen. Nach § 2 Abs. 2 Nr. 2 Satz 2 UStG sind die Wirkungen der Organschaft auf Innenleistungen zwischen den im Inland gelegenen Unternehmensteilen beschränkt. Bezüglich näherer Einzelheiten vgl. Abschn. 21 a UStR.

2 Umsatzsteuer

2.2 Organschaft bei Beteiligung einer Gesellschaft an einer Kapitalgesellschaft

Gemäß § 2 Abs. 2 Nr. 2 UStG liegt eine Organschaft vor, wenn eine juristische Person nach dem Gesamtbild der tatsächlichen Verhältnisse finanziell, wirtschaftlich und organisatorisch in ein Unternehmen eingegliedert ist. Damit eine Organschaft zwischen der Kapitalgesellschaft und der daran beteiligten Gesellschaft besteht, muss also als Grundvoraussetzung die beteiligte Gesellschaft Unternehmer im Sinne des Umsatzsteuerrechts sein. 78

Die finanzielle Eingliederung der Kapitalgesellschaft in das Unternehmen der beteiligten Gesellschaft ergibt sich grundsätzlich daraus, dass die beteiligte Gesellschaft mehr als 50 v. H. der Stimmrechtsanteile der Kapitalgesellschaft hält. Nach der herrschenden Auffassung[90] kann sie sich auch mittelbar daraus ergeben, dass anstelle der Personengesellschaft die Gesellschafter der Personengesellschaft an der Kapitalgesellschaft beteiligt sind und sich daraus mittelbar bzw. unmittelbar eine Stimmrechtsmehrheit für die beteiligte Gesellschaft ergibt. Im Gegensatz dazu wird nach dem BFH-Urteil vom 18.12.1996[91] für die finanzielle Eingliederung in eine Kapitalgesellschaft gefordert, dass diese unmittelbar nicht unwesentlich an der Organgesellschaft beteiligt ist. 79

Beispiel 1:

A und B sind zu je 50 % an der AB-OHG beteiligt. Die AB-OHG hält 30 % der Anteile an der X-GmbH. A und B sind ebenfalls an der X-GmbH zu je 20 % beteiligt. 80

Die AB-OHG ist mit 30 % wesentlich an der X-GmbH beteiligt. Die direkte Beteiligung der AB-OHG an der X-GmbH reicht allerdings noch nicht für eine finanzielle Eingliederung der X-GmbH in die AB-OHG aus. Da jedoch anzunehmen ist, dass A und B ihre gemeinsame Geschäftspolitik bei der AB-OHG auch bei der X-GmbH durchzusetzen bestrebt sind, sind die Anteile von A und B an der X-GmbH der AB-OHG mittelbar zuzurechnen, sodass sie mittelbar und unmittelbar insgesamt 70 % der Anteile an der X-GmbH hält. Die AB-OHG hat somit die Stimmrechtsmehrheit an der X-GmbH. Die finanzielle Eingliederung der X-GmbH in die AB-OHG ist gegeben.

Die Zurechnung der Anteile der Gesellschafter wie im obigen Fall darf jedoch nicht rein rechnerisch, sondern nur dann erfolgen, wenn zu erwarten ist, dass die Gesellschafter bei der Kapitalgesellschaft im gleichen Sinne stimmen werden wie die beteiligte Gesellschaft. Deshalb ist von Beispiel 1 folgendes Beispiel streng zu unterscheiden:

Beispiel 2:

A ist zu 51 %, B zu 49 % an der AB-OHG beteiligt. Die AB-OHG hält 30 % der Anteile an der X-GmbH. A und B sind ebenfalls an der X-GmbH zu je 15 % 81

---

90 Vgl. BFH-Urteil vom 20.01.1999 XI R 69/97, BFH/NV 1999 S. 1136.
91 BStBl II 1997, 441.

G. Doppel- oder mehrstöckige Personengesellschaft

beteiligt. Abweichend von § 119 Abs. 1 HGB ist im Gesellschaftsvertrag vereinbart, dass bei den von den Gesellschaftern zu fassenden Beschlüssen die Kapitalmehrheit entscheidet.

Die direkte Beteiligung der AB-OHG an der X-GmbH reicht noch nicht für eine finanzielle Eingliederung der X-GmbH in die AB-OHG aus. Die finanzielle Eingliederung wäre jedoch gegeben, wenn man die Beteiligung von A und B an der X-GmbH der AB-OHG zurechnen könnte. Dies ist jedoch nur dann möglich, wenn eindeutig klar ist, dass A und B ihre Stimmrechte bei der X-GmbH im Sinne der AB-OHG ausüben werden. Dies kann bzgl. der Stimmrechte des A erwartet werden, da A seinen Willen bei der AB-OHG durchsetzen kann und deshalb die von ihm bestimmte Geschäftspolitik der AB-OHG auch bei der X-GmbH durchzusetzen bestrebt sein wird. Es kann jedoch nicht bzgl. der Stimmrechte des B erwartet werden, dass die von A bestimmte Geschäftspolitik bei der AB-OHG nicht unbedingt in seinem Sinne sein muss. Deshalb ist lediglich die Beteiligung des A an der X-GmbH der AB-OHG mittelbar zuzurechnen, sodass sie mittelbar und unmittelbar insgesamt nur 45 % der Anteile an der X-GmbH hält. Die AB-OHG hat somit nicht die Stimmrechtsmehrheit an der X-GmbH. Die finanzielle Eingliederung der X-GmbH in die AB-OHG ist nicht gegeben.

82 Bezüglich der wirtschaftlichen und organisatorischen Eingliederung ergeben sich gegenüber den übrigen Fällen der Organschaft (Eingliederung einer Kapitalgesellschaft in ein Einzelunternehmen) keine wesentlichen Besonderheiten. Bezüglich des Sonderfalles der Betriebsaufspaltung vgl. H.

83 Sind alle Voraussetzungen der Organschaft gegeben, ist die eingegliederte Kapitalgesellschaft unselbständig und deshalb nicht Unternehmer. Sie wird zum unselbständigen Teil des Unternehmens der an ihr beteiligten Gesellschaft (Organträgerin). Die Umsätze der Kapitalgesellschaft werden der Organträgerin zugerechnet. Der Kapitalgesellschaft in Rechnung gestellte Vorsteuern können nur von der Organträgerin geltend gemacht werden. Umsätze zwischen der Kapitalgesellschaft (Organgesellschaft) und der Organträgerin sind nicht steuerbare Innenumsätze. Rechnungen, mit denen zwischen der Organgesellschaft und der Organträgerin abgerechnet wird, sind keine Rechnungen i. S. von § 14 UStG. Sie lösen keine Steuer nach § 14 c UStG aus, auch wenn in ihnen Umsatzsteuer gesondert ausgewiesen wird. Andererseits berechtigen sie als bloße innerbetriebliche Abrechnungen die Organträgerin nicht zum Vorsteuerabzug.

H. BETRIEBSAUFSPALTUNG

1 Allgemeines

1.1 Die Aufspaltung eines Betriebs

Nach Abschn. 15 Abs. 1 GewStR stellt die reine Verwaltung eigenen Vermögens und seine Nutzung im Wege der Vermietung oder Verpachtung regelmäßig keine gewerbliche Tätigkeit dar. Für das Vorliegen eines Gewerbebetriebs wird nach § 15 Abs. 2 EStG u. a. vorausgesetzt, dass es sich um eine selbständige nachhaltige Betätigung mit Gewinnerzielungsabsicht handeln muss unter gleichzeitiger Beteiligung am allgemeinen wirtschaftlichen Verkehr.

Häufig treten Besteuerungssachverhalte auf, die äußerlich zunächst den Anschein einer bloßen Vermögensverwaltung haben, die aber bei einer näheren Prüfung der wirtschaftlichen Zusammenhänge die Merkmale einer Betriebsaufspaltung aufweisen. Eine solche liegt vor, wenn zwei Unternehmensbereiche sachlich und personell so eng verbunden sind, dass sie bei wirtschaftlicher Betrachtungsweise als **eine** Wirtschaftseinheit zu beurteilen sind. Diese wirtschaftliche Einheit wird zivilrechtlich in unterschiedliche Erscheinungsformen aufgeteilt, z. B. in eine Betriebs-GmbH und ein Besitzunternehmen in der Rechtsform eines Einzelunternehmens oder einer Personengesellschaft. Steuerlich ist ebenfalls nicht von einem wirtschaftlich einheitlichen Unternehmen auszugehen. Nach der steuerlichen Rechtsauffassung wird die Existenz zweier rechtlich völlig getrennter Unternehmen anerkannt. Wegen der personellen und sachlichen Verflechtung zweier selbständiger Unternehmen wird jedes Unternehmen zum Gewerbebetrieb, auch wenn eine ihrer Art nach vermögensverwaltende Tätigkeit (das Vermieten oder Verpachten von Wirtschaftsgütern) ausgeübt wird.

Die langjährige BFH-Rechtsprechung hat zum Inhalt, dass im Falle einer Betriebsaufspaltung gewerbliche Einkünfte des Besitzunternehmens vorliegen, weil dieses sich weiterhin über das Betriebsunternehmen am allgemeinen wirtschaftlichen Verkehr beteiligt.[1] Obwohl das Besitzunternehmen nur Wirtschaftsgüter, insbesondere Grundstücke, verpachtet, liegt auch hier ein Gewerbebetrieb vor. Die Problematik, dass zu den Merkmalen einer gewerblichen Tätigkeit u. a. auch die Teilnahme am **allgemeinen wirtschaftlichen Verkehr** gehört (vgl. § 15 Abs. 3 EStG), wird dadurch gelöst, dass die hinter beiden Unternehmen stehenden Personen einen einheitlichen Betäti-

---

[1] Vgl. BFH vom 08.01.1971, GrS, BStBl II 1972, 63; vom 18.06.1980, BStBl 1981, 39, und vom 15.01.1998, BStBl II 1998, 478.

H. Betriebsaufspaltung

gungswillen haben, der auf die Ausübung einer gewerblichen Tätigkeit gerichtet ist. Aufgrund dieses **einheitlichen** Betätigungswillens wird die über das Betriebsunternehmen ausgeübte gewerbliche Tätigkeit auch dem Besitzunternehmen zugerechnet.

Auch das Bundesverfassungsgericht hat schon in seinem Beschluss vom 14.01.1969[2] die Verfassungsmäßigkeit dieser BFH-Rechtsprechung anerkannt.

Zu den Merkmalen der „sachlichen und personellen Verflechtung", die für die Annahme einer Betriebsaufspaltung vorliegen müssen, siehe unten.[3]

1.2 Arten der Betriebsaufspaltung

2 Dem Charakter nach ist die Betriebsaufspaltung eine Doppelgesellschaft bzw. eine Betriebsteilung, in der die Funktion eines Betriebs auf **zwei** verschiedene Unternehmen aufgeteilt worden ist. Nach der Art der Entstehung sind die folgenden Fälle zu unterscheiden:

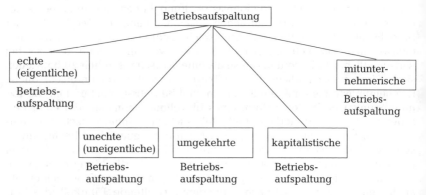

1.2.1 Echte (eigentliche) Betriebsaufspaltung

3 Bei der eigentlichen Betriebsaufspaltung handelt es sich um die Aufspaltung eines bisher einheitlichen, als Einzelunternehmen bzw. in der Form einer Personengesellschaft usw. betriebenen Unternehmens. Hierbei überträgt das bisherige Unternehmen (Besitzunternehmen) die Produktion oder den Vertrieb – meist beides zusammen – auf eine für diesen Zweck neu gegründete oder bereits bestehende Kapitalgesellschaft.[4] Dies gilt auch für diejenigen Fälle, in denen ein in der Rechtsform einer Personengesellschaft

---
2 BStBl II 1969, 389; StRK GewStG § 2 Abs. 1 R 268; DB 1969 S. 468, BB 1969 S. 351.
3 Rz. 51 ff.
4 BFH vom 24.06.1969, BStBl II 1970, 17.

1 Allgemeines

betriebenes einheitliches Unternehmen in eine Besitzpersonengesellschaft und eine Betriebspersonengesellschaft aufgespalten wird.[5] Bei der echten Betriebsaufspaltung behält das bisherige Unternehmen meistens das Anlagevermögen und verpachtet dieses an die Kapitalgesellschaft. Dagegen werden das Umlaufvermögen und nicht selten auch noch Teile des Anlagevermögens wie z. B. Inventar, Fahrzeuge und Maschinen, sofern diese nicht die wesentlichen Betriebsgrundlagen darstellen, auf die Kapitalgesellschaft durch Veräußerung, Sacheinlage oder Sachwertdarlehen übertragen. Aufgrund dieser engen wirtschaftlichen Verflechtung der rechtlich selbständigen Unternehmen erfüllt das Besitzunternehmen, wie oben ausgeführt, die Merkmale eines Gewerbebetriebs. Besitzunternehmen und Betriebs- bzw. Vertriebsunternehmen bleiben selbständige Gewerbebetriebe, deren Gewinne gesondert zu ermitteln sind.[6]

1.2.2 Unechte (uneigentliche) Betriebsaufspaltung

Eine unechte Betriebsaufspaltung ist dann gegeben, wenn keine Aufspaltung eines bisher einheitlichen Unternehmens stattfindet, sondern wenn von vornherein oder nacheinander zwei rechtlich selbständige Unternehmen getrennt errichtet wurden und diese durch die Verpachtung von Anlagevermögen miteinander verbunden sind. Auch diese Form der Betriebsaufspaltung setzt die personelle und sachliche Verflechtung zwischen Besitzunternehmen und Betriebsunternehmen, Letzteres meist eine Kapitalgesellschaft, voraus.

4

Beispiel:
U ist seit dem Jahr 01 Inhaber einer 100 %-Beteiligung an der U-GmbH, die Fräsmaschinen produziert. Im Jahre 07 kaufte er ein Grundstück mit Produktionshalle, das er an die U-GmbH verpachtet. Da dieses Grundstück eine wesentliche Betriebsgrundlage darstellt, ist eine unechte Betriebsaufspaltung entstanden.

1.2.3 Umgekehrte Betriebsaufspaltung

Von einer umgekehrten Betriebsaufspaltung spricht man dann, wenn eine Kapitalgesellschaft einen Teilbetrieb ausgliedert und ihn auf eine Personengesellschaft, die von den Gesellschaftern der Kapitalgesellschaft gegründet worden ist, überträgt. Bei dieser Gestaltungsform handelt es sich beim Besitzunternehmen um eine Kapitalgesellschaft, beim Betriebs- oder Vertriebsunternehmen um eine Einzelfirma bzw. Personengesellschaft.

5

---

5 BFH vom 29.07.1976, BStBl II 1976, 750.
6 BFH vom 24.02.1967, BStBl III 1967, 387.

H. Betriebsaufspaltung

1.2.4 Kapitalistische Betriebsaufspaltung

6 Hier handelt es sich bei beiden Unternehmen um Kapitalgesellschaften. Dabei überlässt eine Kapitalgesellschaft der anderen wesentliche Betriebsgrundlagen. Die überlassende Gesellschaft ist **selbst** an der anderen Kapitalgesellschaft beherrschend beteiligt. Da eine Kapitalgesellschaft immer gewerbliche Einkünfte hat und gewerbesteuerpflichtig ist, hat die Annahme einer Betriebsaufspaltung nur Bedeutung für die Investitionszulage. Nach der sog. Merkmalübertragung sind die von der Betriebsgesellschaft erfüllten Tatbestandsmerkmale (z. B. Betriebsstätte im Fördergebiet) auch dem investierenden Besitzunternehmern zuzurechnen (Einheitsbetrachtung).

1.2.5 Mitunternehmerische Betriebsaufspaltung

7 Im Falle der mitunternehmerischen Betriebsaufspaltung sind beide Unternehmen Personengesellschaften; um eine Haftungsbeschränkung zu erreichen, wird häufig für die Betriebs- bzw. Vertriebspersonengesellschaft die Rechtsform der GmbH & Co. KG gewählt.[7] Beide Personengesellschaften werden von denselben Personen beherrscht.

1.3 Mögliche Rechtsformen der Betriebsaufspaltung

8 Als **Formen** der Betriebsaufspaltung kommt in der Regel eine Aufspaltung eines Betriebs in ein Besitz- und in ein Betriebsunternehmen in Betracht. Die in der Praxis am meisten vertretenen Erscheinungsformen sind:

Besitzunternehmen vermietet an in der Rechtsform	Betriebs- bzw. Vertriebsunternehmen
– Besitzpersonengesellschaft (GbR, OHG, KG, GmbH & Co. KG)	– Betriebs- bzw. Vertriebskapitalgesellschaft (regelmäßig GmbH; evtl. AG)
– Besitzeinzelunternehmen	– Betriebskapitalgesellschaft (oft als Ein-Mann-GmbH)
– Besitzkapitalgesellschaft (regelmäßig GmbH)	– Betriebskapitalgesellschaft (GmbH, AG)
– Besitzkapitalgesellschaft	– Betriebspersonengesellschaft (OHG, KG, GmbH & Co. KG)
	– Vertriebskapitalgesellschaft (GmbH, AG)
	– Vertriebseinzelunternehmen
	– Vertriebspersonengesellschaft (OHG, KG, GmbH & Co. KG)
– Besitzpersonengesellschaft (GbR)	– Betriebspersonengesellschaft (OHG, KG, GmbH & Co. KG)

---

7 Wegen des Verhältnisses zu § 15 Abs. 1 Nr. 2 EStG vgl. unten Rz. 33 ff.

2 Beweggründe für die Betriebsaufspaltung

Neben steuerlichen Beweggründen spielen vor allem wirtschaftliche Gründe eine entscheidende Rolle für Betriebsaufspaltungen. Folgende Gründe seien herausgestellt:

2.1 Haftungsbeschränkung

Bei der häufigsten Aufspaltungsform in Besitzunternehmen und Betriebskapitalgesellschaften wird das wertvolle Anlagevermögen (Grundstücke, Gebäude, Maschinen) aus der Haftung des bisherigen Einzelunternehmers herausgenommen und das unternehmerische Risiko auf die beschränkt haftende Betriebskapitalgesellschaft verlagert. Bei der Produktion und den Dienstleistungen, die künftig die GmbH erbringt, liegen u. U. große Haftungsrisiken (sog. Produzentenhaftung). Schadensersatzansprüche der Kunden resultieren aus diesen Bereichen. Da der Betrieb jedoch nur in gemieteten Räumen ausgeübt wird, ist ein größeres Haftkapital nicht vorhanden. Dagegen beinhaltet die Vermietung der Betriebsgrundlagen durch das Besitzunternehmen keine besonderen Risiken. Es gilt also die Überlegung, dass die Besitzgesellschaft das Vermögen behält und die Betriebskapitalgesellschaft die Risiken trägt.

Man sollte diese haftungsrechtlichen Gesichtspunkte jedoch nicht überbewerten, da diese Haftungsbegrenzungen durch die zivilrechtliche Rechtsprechung über „Produzentenhaftung", „Rechtsscheinhaftung" und „Durchgriffshaftung" durchbrochen werden können.

Ein Fall der Durchgriffshaftung, d. h. einer Haftung der hinter einer Kapitalgesellschaft stehenden Gesellschafter mit ihrem gesamten Vermögen, ist im Falle einer qualifizierten Unterkapitalisierung der Kapitalgesellschaft möglich. Eine solche Unterkapitalisierung liegt vor, wenn das Eigenkapital nicht ausreicht, um die angestrebte oder tatsächliche Geschäftstätigkeit angemessen zu finanzieren. Hier können die Gläubiger auch auf das Privatvermögen der Gesellschafter zurückgreifen. Dies bedeutet jedoch nicht, dass eine vollständige Eigenfinanzierung erforderlich ist. Übliche Finanzierungsmethoden und Kredite Dritter sind zulässig und beschwören noch nicht die Gefahr einer Durchgriffshaftung herauf.

Eine gesetzlich fixierte Variante der Durchgriffshaftung ergibt sich aus dem GmbHG durch das **eigenkapitalersetzende** Gesellschafterdarlehen (§ 32 a GmbHG). Dieser Tatbestand ist dann anzunehmen, wenn ein Gesellschafter der GmbH zu einem Zeitpunkt, in dem ein ordentlicher Kaufmann seiner Gesellschaft Eigenkapital zugeführt hätte, stattdessen Kapital in Form von Darlehen zuführt (§ 32 a Abs. 1 GmbHG).
Über § 32 a Abs. 3 GmbHG wird diese Regelung auf andere Rechtshandlungen ausgedehnt, die der Darlehensgewährung wirtschaftlich entsprechen.

H. Betriebsaufspaltung

Durch diese Generalklausel soll es der Rechtsprechung ermöglicht werden, Grundsätze für vergleichbare Fälle zu erarbeiten. Solche wirtschaftlich gleichwertige Ersatzformen sind u. a. auch bei der Betriebsaufspaltung in folgenden Fällen denkbar:

In mehreren Urteilen hat der BGH bestätigt,[8] dass die Gebrauchsüberlassung aufgrund eines Miet- oder Pachtverhältnisses den Regeln über kapitalersetzende Maßnahmen gem. § 32 a GmbHG unterliegen kann. Werden daher einer GmbH in der Krise Grundstücke oder Maschinen überlassen, so liegt darin eine kapitalersetzende Maßnahme, wenn ein ordentlicher Kaufmann in dieser Situation Eigenkapital zugeführt hätte. Dasselbe gilt, wenn der Gesellschafter seiner GmbH, die sich in der Krise befindet, Wirtschaftsgüter weiterhin überlässt, obwohl er zur Kündigung der Nutzungsverhältnisse berechtigt wäre. Ist danach eine kapitalersetzende Maßnahme anzunehmen, so ist im Falle der Insolvenz der Insolvenzverwalter berechtigt, die Nutzung der überlassenen Gegenstände **unentgeltlich** zu beanspruchen.[9] Die im Falle der Insolvenz vorgesehenen Kündigungsmöglichkeiten gelten dabei nicht. Eine zeitliche Befristung für diese unentgeltliche Überlassung wurde vom BGH nicht konkret festgestellt. Er hat lediglich ausgeführt, dass bei Überlassung des gesamten Anlagevermögens entscheidend sei, auf welche Mindestdauer des Vertrags ein Verpächter hätte bestehen müssen, um seine Investitionskosten zzgl. eines angemessenen Gewinns durch eine ebenfalls angemessene Miete abzudecken. Andererseits sei mit zu berücksichtigen, auf welche Vertragsdauer sich die Gesellschaft mit einem fremden Vertragspartner vernünftigerweise eingelassen hätte. Ist eine bestimmte Mietdauer vertraglich festgelegt, so ist diese maßgebend. Ein Anspruch auf die Übertragung des Wirtschaftsguts scheidet jedoch aus.

Häufig wird in der Anfangsphase der Pachtzins so hoch bemessen, dass die Betriebs-GmbH nicht in der Lage ist, ihn ganz oder teilweise zu erbringen (auch wenn der Pachtzins angemessen ist). Dieser Fall ist dem oben dargestellten Sachverhalt wesensgleich. Wenn nämlich eine Realisierung der entstandenen Pachtzinsforderung unterbleibt, so kann darin eine stammkapitalersetzende Maßnahme gesehen werden. Daraus folgt, dass auch eine stehen gelassene Pachtzinsforderung ohne Kündigung des Pachtvertrags zu einer Haftung gem. § 32 a GmbHG führen kann.

Zu beachten ist, dass der Gesellschafter keinen Anspruch auf die vereinbarte Miete oder Pacht hat, soweit diese aus gebundenem Stammkapital gezahlt werden müsste (§ 30 GmbHG). Wird die Miete trotz der Krise ausbezahlt, so sind die gezahlten Entgelte nach § 31 GmbHG vom vermietenden Gesellschafter zurückzugewähren (BGH vom 16.10.1989, Der Betrieb 1989 S. 2470).

---

[8] Vgl. z. B. BB 1993 S. 240, BGH vom 31.01.2005, GmbHR 2005 S. 534.
[9] BGH vom 11.07.1994, DB 1994 S. 1715.

2 Beweggründe

Nicht jede Darlehensgewährung oder Vermietung von Wirtschaftsgütern führt zu einer Unterkapitalisierung gem. § 32 a GmbHG und damit zu einer Haftung über die Stammeinlagen hinaus. Man sollte jedoch immer prüfen, ob wegen der finanziellen Lage der Betriebs-GmbH fremde Dritte noch Darlehen gewähren würden. Nach § 32 a Abs. 3 Satz 2 GmbHG gelten die **Eigenkapitalersatzregeln** nicht für den nicht geschäftsführenden Gesellschafter, der bis maximal 10 % am Stammkapital beteiligt ist.

Darüber hinaus darf nicht übersehen werden, dass im **Steuerrecht** eine über 13 das Zivilrecht hinausgehende Haftung gerade auch bei der Betriebsaufspaltung gegeben sein kann. Dies gilt vor allem für die Haftung als Geschäftsführer der Betriebs-GmbH gem. § 69 AO und der **Haftung gem. § 74 AO.** Nach der zuletzt genannten Vorschrift haftet der Eigentümer von Gegenständen, die einem Betrieb dienen, an dem er unmittelbar oder mittelbar wesentlich beteiligt ist, für die Betriebssteuern (Umsatz- und Gewerbesteuer). Das bedeutet also u. U. Haftung mit den Wirtschaftsgütern des Besitzunternehmens.

2.2 Betriebsverfassungsrecht

Insbesondere durch den Vierten Teil (§§ 74 ff.) des Betriebsverfassungs- 14 gesetzes sind die Befugnisse der Arbeitnehmer beachtlich verstärkt worden. Bei einer Beschäftigung von regelmäßig mehr als 100 Arbeitnehmern ist ein sog. Wirtschaftsausschuss zu bilden, der sich ausschließlich aus Arbeitnehmervertretern zusammensetzt (§ 107 Abs. 1 Satz 1 BetrVG). Dieser Wirtschaftsausschuss muss von der Geschäftsleitung über die wirtschaftliche Situation des Unternehmens unterrichtet werden. Bereits mit fünf Arbeitnehmern wird die Einrichtung eines Betriebsrats möglich.

Durch die Betriebsaufspaltung lässt sich teilweise Betriebsrat und Bildung eines Wirtschaftsausschusses vermeiden. Regelmäßig werden nämlich in der kapital- und ertragsmäßig interessanten Besitzgesellschaft keine oder nur wenige Arbeitnehmer beschäftigt, sodass dort auf die Einrichtung dieser Gremien nach der **derzeitigen** Rechtslage verzichtet werden kann.

2.3 Mitbestimmungsgesetze

Das Gesetz über die Mitbestimmung der Arbeitnehmer, dessen Verfassungs- 15 mäßigkeit inzwischen anerkannt ist, gewährt den Arbeitnehmern erweiterte Mitspracherechte, so z. B. bei der Zusammensetzung des Aufsichtsrats (§ 7 MitbestG) oder der Bestellung der Geschäftsführer (§ 31 MitbestG). Durch die Aufspaltung eines Betriebs in mehrere Unternehmen mit weniger als 2.000 Arbeitnehmern lässt sich dies **derzeit** noch vermeiden. Auf die Probleme wegen der daraus resultierenden Unübersichtlichkeit hinsichtlich der wirtschaftlichen Situation bei mehreren aufgespaltenen Unternehmen sei jedoch hingewiesen.

H. Betriebsaufspaltung

2.4 Erbrechtliche Gesichtspunkte

16 Diese Gesichtspunkte werden nicht selten überschätzt, sie sollen jedoch aus Gründen der Vollständigkeit angeführt werden. Stirbt ein Unternehmer, so ist der Fortbestand des Betriebs häufig dadurch gefährdet, dass Miterben ohne Rücksicht auf die Liquidität abzufinden sind oder von diesen gar die Auflösung der Erbengemeinschaft im Wege der Zwangsversteigerung verlangt werden kann. Würden jedoch GmbH-Anteile vererbt, so kann kein Miterbe die Auflösung der GmbH verlangen. Da jedoch bei einer Betriebsaufspaltung regelmäßig das Hauptvermögen beim Besitz(personen)unternehmen liegt, wäre hier die Gründung einer reinen GmbH zweckmäßiger.

Allerdings bleibt bei einer Betriebsaufspaltung die unternehmerisch tätige Betriebskapitalgesellschaft von einer Erbauseinandersetzung weitgehend unberührt. Außerdem können dort durch entsprechende Gesellschaftsvertrags- und Testamentsgestaltung ohne weiteres fähige Dritte in die Geschäftsführung berufen werden, wenn die Erben noch minderjährig sind oder sonst nicht in der Lage sind, das Unternehmen zu führen.

2.5 Rechnungslegungs- und Publizitätspflicht

17 Gegenüber einer reinen GmbH bietet die Betriebsaufspaltung die Möglichkeit, die Rechnungs- und Publizitätsregelungen für Kapitalgesellschaften (§§ 264 ff. HGB) zumindest teilweise zu unterlaufen. Zwar muss auch eine Betriebs-GmbH ihren Jahresabschluss beim Handelsregister und evtl. im Bundesanzeiger offenlegen („publizieren"), Erläuterungen des Jahresabschlusses im Anhang vornehmen, einen Lagebericht abfassen und den Jahresabschluss unter bestimmten Voraussetzungen von einem Abschlussprüfer bestätigen lassen. Aber je mehr es gelingt, durch Verlagerung der aktiven Bilanzwerte und durch Verteilung der Umsatzerlöse auf eventuell mehrere Betriebskapitalgesellschaften die Betriebs-GmbH zu einer „kleinen Kapitalgesellschaft" zu machen (vgl. dazu § 267 HGB), desto weniger ist von der GmbH offenzulegen. Ein Konzernabschluss zwischen Besitzpersonen- und Betriebskapitalgesellschaft ist nicht erforderlich.

2.6 Steuerliche Beweggründe

2.6.1 Einkommensteuer

18 Durch eine Betriebsaufspaltung lassen sich die Vorteile einer Personengesellschaft mit den Vorteilen einer GmbH kombinieren.

Haben die Gesellschafter einen hohen ESt-Satz (ESt-Satz VZ 2008 = 45 %, bzw. 28,25 % bei Thesaurierung) und sollen Gewinne thesauriert werden, so unterliegen thesaurierte Gewinne bei der GmbH nur einem KSt-Satz von 15 % (§ 23 KStG). Gewinnausschüttungen der GmbH unterliegen grund-

2 Beweggründe

sätzlich seit dem VZ 2002 dem Halbeinkünfteverfahren nach § 3 Nr. 40 Satz 1 Buchst. d EStG. Bei einem Durchschnittssteuersatz des Gesellschafters von über 40 % verbleibt bei ihm ein höherer Gewinnanteil im Vergleich zum Einzelunternehmen. Dem steht aber ggf. die höhere Belastung mit GewSt in der GmbH (ohne Anrechnungsmöglichkeit) gegenüber.

Das Halbeinkünfteverfahren wird ab 2009 für GmbH-Beteiligungen im Betriebsvermögen durch das Teileinkünfteverfahren abgelöst. Danach sind nur noch 40 % der Einnahmen steuerfrei. Umgekehrt dürfen 60 % der Betriebsausgaben, die mit diesen Einnahmen in Zusammenhang stehen, abgezogen werden (§ 3 c Abs. 2 EStG).

Durch eine entsprechende Ausschüttungspolitik lässt sich bei Gesellschaftern mit geringerem Einkommen die Steuerprogression beeinflussen. **Investitionszulagen** können beim Personenunternehmen steuerfrei vereinnahmt werden, während sie bei der Kapitalgesellschaft zunächst auch steuerfrei sind, bei Ausschüttung aber zur Hälfte (ab 2009 zu 40 %) beim Gesellschafter steuerpflichtig anzusetzen sind (§ 3 Nr. 40 Satz 1 Buchst. d EStG). Dasselbe gilt für **steuerfreie ausländische Erträge**. Solche Vorgänge müssten daher über das Besitzunternehmen abgewickelt werden.

Soweit **Verluste** im Besitzpersonenunternehmen anfallen, sind diese im Rahmen des § 2 Abs. 3 EStG voll bei den Beteiligten ausgleichsfähig. Verluste der GmbH können demgegenüber nur dort rück- oder vorgetragen werden. Durch Vereinbarung einer niedrigen Pacht können zu befürchtende Verluste der GmbH auf das Personenunternehmen verlagert werden, da diesem – trotz geringerer Mieteinnahmen – weiterhin die AfA usw. zustehen. **19**

Ein geringfügiger ertragsteuerlicher Vorteil im Vergleich zu Personenunternehmen i. H. von höchstens 45 % (VZ 2007) aus 920 Euro = 414 Euro ergibt sich durch den **Arbeitnehmerpauschbetrag** (§ 9 a EStG), soweit zwischen der Betriebs-GmbH und den Gesellschaftern ein Arbeitsvertrag abgeschlossen ist.

Im Einzelfall können sich noch weitere ertragsteuerliche Vorteile ergeben, die jedoch ausschließlich aus der Rechtsform der GmbH resultieren, also nicht an das Vorhandensein einer Betriebsaufspaltung geknüpft sind. So könnte z. B. ein mitarbeitender Gesellschafter durch Gehalts- und Pensionsvereinbarungen den Gewerbeertrag bei der Gewerbesteuer mindern, ein Einzelunternehmer jedoch nicht. Dieser hat jedoch die Anrechnungsmöglichkeit für die GewSt gem. § 35 EStG.

2.6.2 Gewerbesteuer

Gewerbesteuerlich ist von zwei Unternehmen auszugehen. Die gewerbesteuerlichen Vergünstigungen des § 11 Abs. 1 Satz 3 Nr. 1 und Abs. 2 Nr. 1 GewSt stehen der GmbH jedoch nicht zu. Durch die Vereinbarung von Pacht- und Gehaltszahlungen sowie durch Pensionszusagen **20**

H. Betriebsaufspaltung

lässt sich der Gewerbeertrag der GmbH entsprechend mindern. Während die Gehaltszahlungen und die Pensionszusage zu Einnahmen gem. § 19 EStG führen und damit bei den Personenunternehmen nicht der GewSt unterliegen, ist die auf die Pachtzahlung und sonstige Erträge entfallende GewSt als Steuerermäßigung gem. § 35 EStG bei der tariflichen ESt in pauschaler Form zu berücksichtigen. Die GewSt-Schuld selbst wird durch die Regelung des § 11 GewStG (Freibetrag, Staffelsätze) beim Personenunternehmen gemindert.

2.6.3 Sonstige Auswirkungen

21 Ein u. U. erheblicher Nachteil der Kapitalgesellschaft im Rahmen der Betriebsaufspaltung liegt darin, dass Ausschüttungen der GmbH von an sich **steuerfreie** Einnahmen (z. B. Investitionszulage oder steuerfreie Einnahmen aufgrund von DBA) bei der Einkommensteuer der Gesellschafter steuerpflichtig erfasst werden müssen. Bei Einzelunternehmen oder Personengesellschaften wären diese steuerfreien Einnahmen nicht zu erfassen. Dies ist jedoch eine Auswirkung, die bei einer „reinen GmbH" auch gegeben wäre.

22 Die **Gesamtveräußerung** des aufgespaltenen Unternehmens ist im Vergleich zur „reinen GmbH" dagegen für einen Erwerber interessanter, denn beim Erwerb von GmbH-Anteilen entsteht keine Abschreibungsmöglichkeit für den Käufer, während die erworbenen Wirtschaftsgüter eines Besitzunternehmens mit den vollen Anschaffungskosten abgeschrieben werden können.

23 Der **größte steuerliche Vorteil** kann jedoch erzielt werden, wenn es gelingt, einen Betrieb so aufzuspalten, dass unter steuerlichen Gesichtspunkten keine Betriebsaufspaltung angenommen werden muss. Die Vorteile dieser Gestaltung liegen vor allem in der völligen Gewerbesteuerfreiheit des Besitzunternehmens und in der Möglichkeit, die stillen Reserven des Besitzunternehmens ggf. steuerfrei zu realisieren (§ 23 Abs. 1 Satz 1 Nr. 1 EStG ist jedoch zu beachten). Die haftungsrechtlichen Vorteile bleiben dabei gleichzeitig erhalten. Da dies aber nur erreicht werden kann, wenn man die Beteiligungsverhältnisse am Besitz- und Betriebsunternehmen unterschiedlich regelt, besteht allerdings die Gefahr, dass früher oder später Interessengegensätze unter den Beteiligten aufkommen. Die Gefahr, dass daran das Unternehmen zugrunde gehen kann, darf nicht unterschätzt werden.

2.6.4 Nachteile der Betriebsaufspaltung

24 Da rechtlich zwei getrennte Unternehmen vorliegen, werden die Verwaltung komplizierter und die Verwaltungskosten höher. Beide Unternehmen haben eine getrennte Buchführung einzurichten und getrennte Jahresabschlüsse zu fertigen. Auch der Beratungsaufwand wird damit größer.
Durch die Aufteilung des Vermögens auf zwei Gesellschaften wird die Kreditbasis insbesondere der GmbH geschmälert. Daher verlangen die Kredit-

geber zusätzliche Sicherheiten durch das Besitzunternehmen. Damit wird die durch die Aufspaltung beabsichtigte Haftungsbeschränkung teilweise zunichte gemacht.

Erhebliche steuerliche Risiken und Folgen ergeben sich u. U., wenn die persönlichen Voraussetzungen der Betriebsaufspaltung z. B. durch Ehescheidung oder Tod wegfallen. Diese Umstände können zu einer oft nicht gewünschten Aufdeckung der stillen Reserven führen. Eine sorgfältige Vertragsgestaltung für solche Wechselfälle ist unumgänglich.

Erbschaftsteuerlich kann die Betriebsaufspaltung ungünstiger sein, weil die Betriebsgrundstücke des Besitzunternehmens nicht nach § 147 BewG bewertet werden. Maßgebend ist gem. § 146 BewG das 12,5fache der von der GmbH an das Besitzunternehmen gezahlten Pacht abzüglich Altersabschlag. Dieser Wert ist meist höher als der nach § 147 BewG bei Personenunternehmen mit 70 % anzusetzende Bodenrichtwert zzgl. Gebäudebuchwert lt. Steuerbilanz. Außerdem werden die GmbH-Anteile mit ihrem gemeinen Wert und nicht mit den Steuerbilanzwerten bewertet.

3 Zivilrechtliche Entstehungsmöglichkeiten der Betriebsaufspaltung

Im Folgenden sollen nur die Möglichkeiten untersucht werden, wie eine 25
Betriebsaufspaltung **bewusst** aus einem bestehenden Gewerbebetrieb oder aus zu gründenden Gewerbebetrieben geschaffen werden kann. In den Fällen der unfreiwillig geschaffenen Betriebsaufspaltung, die bereits dadurch entsteht, dass eine wesentliche Betriebsgrundlage an eine bestehende GmbH vermietet wird, liegt beim (unfreiwillig geschaffenen) Besitzunternehmen die Eröffnung eines Gewerbebetriebs vor. Das bedeutet, dass beim Besitzunternehmen die Wirtschaftsgüter mit dem Teilwert, höchstens jedoch mit den fortgeführten Anschaffungskosten oder Herstellungskosten bei Anschaffung oder Herstellung innerhalb der letzten drei Jahre vor Zuführung anzusetzen sind (§ 6 Abs. 1 Nr. 6 i. V. m. Nr. 5 EStG). Auch bei einer unechten Betriebsaufspaltung werden die GmbH-Anteile notwendiges (Sonder-)Betriebsvermögen. Sie sind daher mit den Anschaffungskosten und nicht mit dem höheren Teilwert einzulegen (§ 6 Abs. 1 Nr. 5 b EStG), da regelmäßig eine wesentliche Beteiligung i. S. des § 17 EStG vorliegt.

3.1 Umwandlung

Eine echte Betriebsaufspaltung im Wege der **(partiellen) Gesamtrechtsnach-** 26
folge wird durch das UmwG ermöglicht. Eine Personenhandelsgesellschaft

H. Betriebsaufspaltung

kann durch Spaltung gem. §§ 123 ff. UmwG Teile ihres Vermögens auf eine (ggf. neu zu gründende) GmbH übertragen (Abspaltung). Ebenso kann ein Einzelkaufmann Teile seines Betriebsvermögens im Wege der Ausgliederung in eine GmbH einbringen (§§ 124 ff. und 125 ff. UmwG). Mit der Eintragung der Spaltung in das Handelsregister geht der im Spaltungsvertrag festgelegte Teil des Vermögens ohne weiteren Rechtsakt auf die GmbH über (§ 131 Abs. 1 Nr. 1 UmwG). Da hier häufig kein **ganzer Betrieb** oder Teilbetrieb i. S. des § 20 UmwStG in die Betriebs-GmbH eingebracht wird, scheidet die unmittelbare Anwendung dieser Vorschrift aus. Aus Billigkeitsgründen gestattete die Finanzverwaltung jedoch bis 1998 die Fortführung der Buchwerte.[10] Durch die Einführung des § 6 Abs. 6 Satz 1 EStG ist festgelegt, dass die offene Einlage in eine Kapitalgesellschaft insoweit zu einer Gewinnrealisierung im bisherigen Personenunternehmen führt. Als Entnahmewert ist der gemeine Wert anzusetzen, d. h. in der Regel der Verkehrswert einschließlich Umsatzsteuer, da die Gesellschaftsanteile der aufnehmenden Kapitalgesellschaft zum Betriebsvermögen des Besitzunternehmens gehören. Der angesetzte gemeine Wert erhöht die Anschaffungskosten der GmbH-Beteiligung. Der Vorgang löst Umsatzsteuer im Herkunfts-Betriebsvermögen aus (§ 3 Abs. 1 b Satz 1 Nr. 1 UStG), ohne dass der übernehmenden GmbH ein Vorsteuerabzug zusteht. Die aufnehmende GmbH hat die Wirtschaftsgüter mit dem gemeinen Wert, d. h. einschließlich Umsatzsteuer, anzusetzen und nicht lediglich mit dem Teilwert zu bewerten.[11]

Dem zivilrechtlichen Vorteil der Gesamtrechtsnachfolge stehen jedoch erhebliche Nachteile formaler Natur gegenüber (Erstellung einer detaillierten Vermögensübersicht, einer Einbringungs- und Aufnahmebilanz), sodass dieser Weg nur zu empfehlen ist, wenn besonderer Wert auf das Übergehen von Vertragsverhältnissen auf die GmbH gelegt werden soll.

3.2 Sachgründung

27 Bei einer sog. Sachgründung wird im Gesellschaftsvertrag der Kapitalgesellschaft festgelegt, dass die vom Gesellschafter zu leistende Einlage nicht in Form von Bargeld, sondern durch Übertragung einzelner Wirtschaftsgüter erbracht wird.

Dieser Weg, um zu einer Betriebsaufspaltung zu gelangen, ist erwägenswert, wenn keine Mittel für eine Bargründung der GmbH vorhanden sind oder Wirtschaftsgüter des bisherigen Einzelunternehmens in die GmbH überführt werden müssen. Gemäß § 5 Abs. 4 GmbHG muss im Gesellschaftsvertrag ausdrücklich festgesetzt werden, welche Gegenstände als Sacheinlage des Besitzunternehmens gegen Gewährung von Gesellschaftsrechten auf die GmbH übergehen sollen. Meist wird hier, dem Zwecke der

---
10 OFD Hamburg vom 16.01.1996, DStR 1996 S. 427.
11 Gl. A. Schmidt/Glanegger, § 6 Rz. 440 „Gesellschaftsrechtliche Einlagen".

3 Entstehungsmöglichkeiten

Betriebsaufspaltung entsprechend, Umlaufvermögen übertragen. Außerdem ist ein Sachgründungsbericht abzufassen, in dem die Umstände dargelegt werden, die für die Angemessenheit der Leistungen der Sacheinlage wesentlich sind. Dieser Bericht wird vom Registerrichter geprüft.

Ein Nachteil dieser Entstehungsvariante liegt in dem oft erheblich langen Gründungszeitraum. Durch die Prüfung der Sachgründungstatbestände liegen zwischen Vertragsabschluss und Eintragung große Zeitabstände, währenddessen das Unternehmen jedoch weiterarbeitet. Zwar können in diesem Gründungsstadium bereits Verbindlichkeiten zu Lasten der künftigen GmbH eingegangen werden. Die Gesellschafter der Gründungs-GmbH haften aber dafür, dass das Stammkapital nicht mit Verbindlichkeiten belastet ist.[12]

Ab VZ 1999 führt die Übertragung einzelner Wirtschaftsgüter auf die GmbH zur Gewinnrealisierung. Soweit die Übertragung gegen Gewährung von Gesellschaftsrechten erfolgt, liegt ein Tausch vor, der zur Aufdeckung der stillen Reserven führt (vgl. § 6 Abs. 6 Satz 1 EStG). Es ist insoweit von einer Entnahme zum Teilwert im bisherigen Personenunternehmen auszugehen, die ebenfalls Umsatzsteuer auslöst. Dementsprechend erhöhen sich die Anschaffungskosten der Kapitalgesellschaft. Werden keine Gesellschaftsrechte für die in die GmbH eingebrachten Wirtschaftsgüter gewährt, so liegt eine verdeckte Einlage vor. Gemäß § 6 Abs. 6 Satz 2 EStG erhöhen sich bei der Übertragung einzelner Wirtschaftsgüter im Wege der verdeckten Einlage die Anschaffungskosten der Beteiligung an der Kapitalgesellschaft um den Teilwert der eingelegten Wirtschaftsgüter. Daraus ist zu schließen, dass auch hier eine Entnahme aus dem bisherigen Gewerbebetrieb zum Teilwert erfolgt. Daher wird durch die verdeckte Einlage ebenfalls Gewinn im bisherigen Unternehmen realisiert.   **28**

Für die im Besitzunternehmen verbleibenden Wirtschaftsgüter sind entsprechend § 6 Abs. 5 Satz 1 EStG die Buchwerte fortzuführen. Es liegt ein Strukturwandel vor.

Soll eine Aufdeckung der stillen Reserven vermieden werden, so bietet sich bei der echten Betriebsaufspaltung nur das **Betriebsverpachtungsmodell** an. Dieses hat zusätzlich den Vorteil, dass bei einem späteren Wegfall der personellen Verflechtung durch das Aufleben des Verpächterwahlrechts keine unerwünschte Betriebsaufgabe stattfindet.   **29**

Beispiel:

U betreibt ein Einzelunternehmen. Buchwert: 100.000 €, Teilwert: 250.000 €. Er teilt seinen Betrieb in der Weise, dass die Grundstücke in seinem Alleineigentum bleiben (Buchwert: 80.000 €, Teilwert: 200.000 €) und die Maschinen sowie das Umlaufvermögen (Buchwert: 20.000 €, Teilwert: 50.000 €) in eine

---

12 Vorbelastungsverbot; BGH vom 09.03.1981, NJW 1981 S. 1373 ff.

H. Betriebsaufspaltung

neu gegründete GmbH im Wege der Sachgründung eingebracht werden. An der GmbH wird seine Frau mit 30 % beteiligt. Nach § 6 Abs. 6 Satz 1 EStG wird hier zwingend Gewinn i. H. von 30.000 € realisiert, wenn U dafür Gesellschaftsanteile erhält. Dasselbe gilt auch im Falle einer verdeckten Einlage (vgl. § 6 Abs. 6 Satz 2 EStG). In beiden Fällen geht der Einlage notwendigerweise eine Entnahme voraus.

Für die Wirtschaftsgüter, die beim Besitzunternehmen verbleiben, müssen die Buchwerte weitergeführt werden **(Zwang zur Buchwertfortführung)**. Diese Wirtschaftsgüter verlassen nicht den betrieblichen Bereich, sondern bleiben Betriebsvermögen.[13]

Werden dagegen alle wesentlichen Betriebsgrundlagen im bisherigen Einzelunternehmen oder in der bisherigen Personengesellschaft belassen und an die im Wege der Bargründung entstandene GmbH verpachtet, so erfolgt keine Aufdeckung der stillen Reserven, da das bisherige Betriebsvermögen des Einzelunternehmens nunmehr zu Betriebsvermögen des Besitzunternehmers wird (sog. Betriebsverpachtungsmodell). Eine freiwillige Betriebsaufgabe i. S. des § 16 Abs. 3 EStG ist nicht gegeben.

30 Wird der **ganze Betrieb** verpachtet, so stünde dem bisherigen Einzelunternehmer gem. R 16 Abs. 5 EStR das Verpächterwahlrecht zu.

Sind aber gleichzeitig die Voraussetzungen der personellen und sachlichen Verflechtung gegeben, so wird diese Betriebsverpachtung im Ganzen überlagert durch die Grundsätze der Betriebsaufspaltung. Daher sind die Einkünfte des Besitzunternehmens auch beim Betriebsverpachtungsmodell gewerbesteuerpflichtig und die GmbH-Anteile an der Betriebskapitalgesellschaft Sonderbetriebsvermögen bei der Besitzpersonengesellschaft bzw. notwendiges Betriebsvermögen beim Besitzeinzelunternehmen.

Fallen später die Voraussetzungen der Betriebsaufspaltung weg, so lebt das **Verpächterwahlrecht** gem. R 16 Abs. 5 EStR wieder auf. Der Stpfl. hat ein Wahlrecht, ob er die stillen Reserven des Besitzunternehmens aufdeckt und anschließend Einkünfte aus Vermietung und Verpachtung bezieht oder ob er weiterhin gewerbliche Einkünfte gem. § 15 EStG bezieht. Diese wären jedoch nicht mehr gewerbesteuerpflichtig.

3.3 Bargründung

31 Die Errichtung der Betriebs-GmbH durch Bareinlage gegen Gewährung von Gesellschaftsrechten ist die einfachste und schnellste Methode, um zu einer Betriebsaufspaltung zu gelangen. Erwirbt die GmbH dann die notwendigen Betriebsmittel von **Dritten,** so bestehen zivilrechtlich keine Bedenken. Problematisch wird es indessen dann, wenn die GmbH die notwendigen Produktionsmittel vom bisherigen Unternehmen erwirbt. Hier

---

13 BFH vom 16.04.1991, BStBl II 1991, 832.

3 Entstehungsmöglichkeiten

besteht die Gefahr einer **verschleierten Sachgründung,** wenn diese Waren, Anlagegüter usw. ganz oder teilweise aus dem eingezahlten Stammkapital beglichen werden. Die Folge davon wäre, dass die Einlage als nicht erbracht gilt und daher eine Nachschusspflicht v. a. im Falle der Insolvenz besteht.

Dieser Nachteil kann dadurch verhindert werden, dass die entsprechenden Wirtschaftsgüter des Einzelunternehmens an die GmbH auf Ziel verkauft werden und die GmbH eine Verbindlichkeit ausweist, die durch spätere Gewinne zu tilgen ist.

Zulässig wäre in diesem Zusammenhang auch die Gründung einer GmbH durch Bareinlage mit anschließender Kapitalerhöhung durch Sacheinlage, wobei hier vor allem das Umlaufvermögen einzubringen wäre.

Im Falle einer verschleierten Sachgründung sind die Ansatzwahlrechte des § 20 UmwStG nicht anwendbar. Es gelten daher die allgemeinen Grundsätze, sodass eine Gewinnrealisierung anzunehmen ist. Es entsteht ein laufender Gewinn, da nicht alle wesentlichen Betriebsgrundlagen eingebracht werden.

Wegen der weiteren steuerlichen Folgen vgl. oben Tz. 3.2, insbesondere die Ausführungen zur Betriebsverpachtung im Ganzen.

Zusammenfassend lässt sich Folgendes festhalten:

— Wird eine GmbH **bar** gegründet und das bisherige Unternehmen an diese GmbH verpachtet, wird die an sich gegebene Betriebsverpachtung im Ganzen überlagert von einer Betriebsaufspaltung, sofern die Voraussetzungen der personellen Verflechtung gegeben sind. Die GmbH-Anteile sind – im Gegensatz zur Betriebsverpachtung im Ganzen – zwingend notwendiges (Sonder-)Betriebsvermögen.

— Werden aus einem bestehenden Betrieb unwesentliche Teile im Wege der Sachgründung auf eine GmbH übertragen und die wesentlichen Betriebsgrundlagen an die GmbH verpachtet, ist für die übertragenen Wirtschaftsgüter keine Buchwertfortführung zulässig. Die ebenfalls dem Grunde nach vorliegende Betriebsverpachtung im Ganzen wird hier überdeckt durch die Betriebsaufspaltung.

— Werden wesentliche Teile des bisherigen Betriebs auf die GmbH übertragen und gleichzeitig andere wesentliche Betriebsgrundlagen der bisherigen Firma an die GmbH verpachtet, liegt keine Betriebsaufgabe des bisherigen Betriebs vor. Das Besitzunternehmen **muss** die Buchwerte zwingend fortführen, während bezüglich der auf die GmbH übertragenen Wirtschaftsgüter ein laufender Gewinn entsteht. Es spielt dabei keine Rolle, ob die Übertragung auf die GmbH offen, d. h. gegen Gesellschaftsrechte, oder verdeckt, also ohne Gegenleistung erfolgt.

32

H. Betriebsaufspaltung

3.4 Zeitpunkt des Abspaltungsvorgangs

33 Es erscheint zweckmäßig, den Bilanzstichtag als Spaltungsstichtag zu wählen, da hierdurch Zwischenabschlüsse vermieden werden.

Besondere Probleme ergeben sich jedoch, wenn die GmbH durch Sacheinlage gegründet wird (§ 5 Abs. 4 GmbHG):

Diese Gründungsform verlangt die vorherige Erstellung des Jahresabschlusses für das bisherige Unternehmen, da die Werte der Sacheinlagen festgestellt sein müssen. Erst anschließend kann die GmbH eingetragen werden; das wäre aber immer nach dem Aufspaltungsstichtag. Da aber kein Gesamt- oder Teilbetrieb umgewandelt wird, gelten auch die Rückbeziehungsmöglichkeiten bis zu acht Monate (§ 20 Abs. 6 UmwStG) nicht. Hier muss versucht werden, die Finanzverwaltung zur Anerkennung der Rückwirkung zu gewinnen, wobei in Anlehnung an § 20 UmwStG eine Frist bis zu drei Monaten von der Finanzverwaltung anerkannt werden müsste. Ohne vorherige Zustimmung wird eine Rückbeziehung in der Praxis bis maximal sechs Wochen nicht beanstandet.

3.5 Mitunternehmerische Betriebsaufspaltung

Das Rechtsinstitut der Betriebsaufspaltung ist zunächst von der Rechtsprechung in Bezug auf die **Betriebs**gesellschaft in der Rechtsform der Kapitalgesellschaft entwickelt worden. Diese Grundsätze gelten aber auch, wenn das **Besitz**- und **Betriebs**unternehmen in der Form von Personengesellschaften geführt werden.

34 Von einer mitunternehmerischen Betriebsaufspaltung spricht man, wenn durch ein Besitz**personen**unternehmen wesentliche Betriebsgrundlagen an eine Betriebs**personen**gesellschaft überlassen werden und die Betriebspersonengesellschaft nicht selbst, sondern nur ihre Gesellschafter an der Betriebspersonengesellschaft beteiligt sind. Wegen der steuerlichen Auswirkung sind zwei Grundfälle zu unterscheiden:

35 1. **Das Besitzunternehmen ist selbst Gesellschafter (Mitunternehmer) der Betriebspersonengesellschaft**

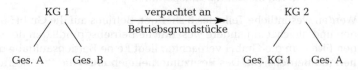

Die KG 1 ist selbst als Gesellschafter an der Betriebspersonengesellschaft KG 2 beteiligt. In diesem Fall ist die Pacht für die überlassenen Wirtschaftsgüter eine Sondervergütung i. S. des § 15 Abs. 1 Nr. 2 EStG. Die Pacht ist bei der Gewinnermittlung der Betriebspersonengesellschaft KG 2 als Betriebs-

3 Entstehungsmöglichkeiten

ausgabe der KG 2 und als Sonderbetriebseinnahme der KG 1 zu erfassen. Die überlassenen Wirtschaftsgüter sind ebenfalls notwendiges Sonderbetriebsvermögen der KG 1. Das gilt auch dann, wenn die Verpachtung durch die KG 1 im Rahmen eines aktiven Gewerbebetriebs erfolgt.[14] Entscheidend ist, dass derjenige (natürliche Person, Personengesellschaft oder Kapitalgesellschaft), der wesentliche Betriebsgrundlagen einer Betriebspersonengesellschaft zur Nutzung überlässt, an dieser selbst beteiligt ist.[15]

2. An der Besitz- und Betriebspersonengesellschaft sind wenigstens teilweise dieselben Personen beteiligt, nicht jedoch das Besitzunternehmen selbst   **36**

Die Tätigkeit der KG 1 erschöpft sich in der Vermietung eines betriebsnotwendigen Grundstücks an die KG 2 (oder OHG). Es handelt sich also um eine sog. Schein-KG, die jedoch gem. § 15 Abs. 3 Nr. 2 EStG Einkünfte aus Gewerbebetrieb erzielt (gewerblich geprägte Personengesellschaft).

Mit Urteil vom 16.06.1994[16] hat der BFH entschieden, dass ein an eine Schwestergesellschaft (KG 2) vermietetes Wirtschaftsgut einer gewerblich geprägten Personengesellschaft (KG 1) als Betriebsvermögen dieser vermietenden Gesellschaft (KG 1) zu erfassen ist. Auch die gewerblich geprägte Personengesellschaft ist wie die unmittelbar gewerblich tätige Personengesellschaft steuerlich als Subjekt der Gewinnerzielung zu beurteilen. Daher sind die Wirtschaftsgüter der vermietenden Gesellschaft auch steuerlich als deren Gesellschaftsvermögen zu beurteilen. Es liegt insoweit kein Sonderbetriebsvermögen der Gesellschafter der nutzenden Personengesellschaft vor. Diese Rechtsprechung hat zur Folge, dass das an die KG 2 zur Nutzung überlassene Grundstück als eigenständiges Betriebsvermögen in der Bilanz der KG 1 auszuweisen ist. Ein Ansatz als Sonderbetriebsvermögen in Sonderbilanzen der Gesellschafter A und B bei der KG 2 kommt nicht in Betracht.

Nachdem der BFH diese Grundsätze zunächst auf eine vermietende Schwestergesellschaft (= Gesellschaften, an denen dieselben Gesellschafter beteiligt sind) beschränkt hat, wenn diese gewerblich geprägt ist, hat er diese Rechtsprechung durch Urteil vom 23.04.1996[17] erweitert. Die Grundsätze der mitunternehmerischen Betriebsaufspaltung haben nunmehr in jedem Fall Vorrang vor der Anwendung des § 15 Abs. 1 Satz 1 Nr. 2 (Lehre

---

14 BFH vom 15.01.1981, BStBl II 1981, 314; BMF vom 10.12.1979, BStBl I 1979, 683.
15 BMF vom 28.04.1998, BStBl II 1998, 583.
16 BStBl II 1996, 82.
17 DB 1996 S. 805.

877

H. Betriebsaufspaltung

vom Sonderbetriebsvermögen), wenn hinter beiden Personengesellschaften beherrschend die gleiche Personengruppe als Mehrheitsgesellschafter steht. Die vermietende Gesellschaft muss nicht unmittelbar selbst gewerblich tätig sein; sie wird dies jedoch durch die Verpachtung im Rahmen der Betriebsaufspaltung.

> **Beispiel:**
>
> Die Gesellschaft bürgerlichen Rechts, bestehend aus A, B und C zu je $1/3$, hat ein Ladengrundstück in guter Geschäftslage an die AB-GmbH & Co. KG vermietet. An dieser AB-GmbH & Co. KG sind A und B zu je 50 % beteiligt. Die GmbH ist nicht am KG-Vermögen beteiligt. In der Grundstücks-GbR gilt laut Gesellschaftsvertrag das Mehrheitsprinzip. In der GmbH & Co. KG wird nach dem Verhältnis der Kapitalbeteiligung abgestimmt.
>
> Das Grundstück ist steuerlich einem eigenständigen Gewerbebetrieb, nämlich der ABC-GbR, zuzuordnen und nicht wie bisher zu $2/3$ in den Sonderbilanzen von A und B bei der GmbH & Co. KG auszuweisen. Das Besitzunternehmen bezieht gewerbliche Einkünfte, die insoweit auch auf C abfärben. Ausschlaggebend für diese Behandlung ist, dass A und B die GbR und die GmbH & Co. KG beherrschen und eine wesentliche Betriebsgrundlage an die GmbH & Co. KG überlassen wird.

Der BFH sieht in der Vorschrift des § 15 Abs. 1 Nr. 2 EStG nicht mehr eine vorrangige Zuordnungsnorm, sondern eine Auffangnorm, die lediglich die Gewerblichkeit sicherstellen soll. Da über die Betriebsaufspaltung die Gewerblichkeit des Besitzunternehmens gewahrt ist, ist ein „Durchgriff" auf die Gesellschafter bei einer nicht gewerblichen Tätigkeit nicht erforderlich.

Die Finanzverwaltung hat die BFH-Rechtsprechung übernommen.[18] Demnach ist bei Vorliegen der personellen und sachlichen Verflechtung zwischen den Personengesellschaften von zwei Gewerbebetrieben (= getrennten Betriebsvermögen) auszugehen. Dabei kommt es nicht darauf an, ob die Vermietung von gewerblich tätigen oder geprägten Personengesellschaften an die Schwestergesellschaft erfolgt oder ob die verpachtende Gesellschaft eine eigene gewerbliche Tätigkeit entfaltet.

Werden jedoch die wesentlichen Betriebsgrundlagen **unentgeltlich** überlassen, sodass in der Besitzgesellschaft ein dauernder Verlust entstehen würde, so ist nach Meinung der Finanzverwaltung (Schreiben vom 28.04.1998, a. a. O.) vorrangig von Sonderbetriebsvermögen bei der nutzenden Personengesellschaft auszugehen. Auch die Besitzgesellschaft muss mit Gewinnerzielungsabsicht handeln, damit sie die Merkmale eines Gewerbebetriebs erfüllt. Dies ist bei unentgeltlicher oder teilentgeltlicher Überlassung nicht gewährleistet. Daher kann hier kein eigenständiger Gewerbebetrieb angenommen werden.

---

[18] BMF vom 28.04.1998, BStBl I 1998, 583.

3 Entstehungsmöglichkeiten

Eine andere Entscheidung gilt, wenn an eine Betriebs**kapital**gesellschaft unentgeltlich wesentliche Betriebsgrundlagen zur Nutzung überlassen werden. In diesem Fall entsteht in der Betriebsgesellschaft durch die Pachtersparnis ein höherer Gewinn, sodass die Besitzgesellschafter letztlich durch höhere **Ausschüttungen** der Kapitalgesellschaft Einnahmen erwarten können. Hier ist das Besitzunternehmen als eigenständiger Gewerbebetrieb zu beurteilen.

Wird von einer Einzelperson eine wesentliche Betriebsgrundlage entgeltlich oder unentgeltlich einer Personengesellschaft zur Nutzung überlassen, so liegt – auch wenn die Einzelperson die Personengesellschaft beherrscht – keine Betriebsaufspaltung vor. Die überlassenen Wirtschaftsgüter sind Sonderbetriebsvermögen der Einzelpersonen im Rahmen der Personengesellschaft (§ 15 Abs. 1 Nr. 2 EStG).

Die Annahme von Sonderbetriebsvermögen bei der Vermietung durch Schwestergesellschaften ist daneben nur noch in den Fällen möglich, in denen eine Beherrschung beider Gesellschaften nicht gegeben ist. 37

In beiden Gesellschaften gilt laut Gesellschaftsvertrag das Mehrheitsprinzip.

Da A und B die GbR nicht beherrschen, liegen die Voraussetzungen für eine mitunternehmerische Betriebsaufspaltung nicht vor. Ihr Anteil an der Grundstücks-GbR ist als Sonderbetriebsvermögen in Sonderbilanzen bei der OHG zu erfassen. Sie beziehen insoweit gewerbliche Einkünfte gem. § 15 Abs. 1 Nr. 2 EStG. C hat demgegenüber Einkünfte aus Vermietung und Verpachtung. Es liegt hier eine sog. **Zebra-Gesellschaft** vor.

Das Vorliegen einer mitunternehmerischen Betriebsaufspaltung hat steuerliche Vor- und Nachteile:

- Durch das Vorliegen von zwei (oder mehr) Gewerbebetrieben ergibt sich ein mehrfacher GewSt-Freibetrag und die Anwendung der Staffelsätze.
- Umgekehrt ist kein gewerbesteuerlicher Verlustausgleich zwischen den Betrieben möglich.
- Soweit Verbindlichkeiten zwischen den Schwestergesellschaften bestehen, können gewerbesteuerlich Dauerschulden vorliegen.
- Wird das Besitzunternehmen veräußert (häufig nur ein einzelnes Grundstück), so sind §§ 16, 34 EStG anwendbar. Bei Vorliegen von Sonderbetriebsvermögen entsteht demgegenüber ein laufender, gewerbesteuerpflichtiger Gewinn.

H. Betriebsaufspaltung

- Die Übertragung von Wirtschaftsgütern zu Buchwerten ist zwischen den Schwestergesellschaften unter bestimmten Voraussetzungen (§ 6 Abs. 5 EStG) möglich.

3.6 Zivilrechtliche Einzelfragen

3.6.1 Behandlung der Arbeitsverhältnisse nach Entstehung einer echten Betriebsaufspaltung

38 Vor dem Entstehen einer echten Betriebsaufspaltung sind die Arbeitnehmer in der Regel an das bisherige Einzelunternehmen oder eine Personengesellschaft vertraglich gebunden. Wegen der durch die Betriebsaufspaltung erfolgten Produktionsverlagerung auf die GmbH müssen an sich auch die Arbeitsverhältnisse auf die GmbH übertragen werden. Dies kann beispielsweise durch „dreiseitigen" Vertrag geschehen (Auflösungsvertrag: Altunternehmer – Arbeitnehmer; Neuvertrag: Arbeitnehmer – Betriebs-GmbH).

39 Nach § 613 a BGB ist dies jedoch nicht erforderlich. Nach dieser Vorschrift gehen die Arbeitsverhältnisse bei einem rechtsgeschäftlichen Betriebs- oder Teilbetriebsübergang kraft Gesetzes zwingend auf das neue Unternehmen über. Zwar ist die echte Betriebsaufspaltung kein Teilbetriebsübergang im engeren Sinn; jedoch ist diese Regelung auch auf Fälle der Verpachtung eines Unternehmens und damit auf Betriebsaufspaltungen anzuwenden.[19]

Man wird den betroffenen Arbeitnehmern jedoch ein Widerspruchsrecht einräumen müssen. In diesem Fall wird das Arbeitsverhältnis nicht übergeleitet, und es muss ggf. nach den gesetzlichen Regeln beendet werden.

Es ist ausreichend, dass das bisherige Unternehmen die Arbeitnehmer über den geplanten Betriebsübergang unterrichtet und auffordert, innerhalb eines Monats einer Übernahme zu widersprechen. Tun sie dies nicht, so gilt das Schweigen als Zustimmung. Die Betriebs-GmbH tritt dann mit allen Rechten und Pflichten in das Arbeitsverhältnis ein. Auch Versorgungsanwartschaften und -zusagen gehen über. Bereits laufende Pensionen verpflichten jedoch weiter das **Besitz**unternehmen. Zusätzlich kann sich eine Haftung der Betriebs-GmbH aus § 25 HGB ergeben.

Fraglich ist, ob die Firmengründung durch Betriebsaufspaltung unter § 111 BetrVG fällt und damit die Zustimmung des Betriebsrats erforderlich ist und ein Sozialplan aufgestellt werden muss. Durch Beschluss des Bundesarbeitsgerichts vom 17.12.1981[20] wurde entschieden, dass eine Betriebsaufspaltung grundsätzlich keine Betriebsänderung i. S. des § 111 BetrVG darstellt und daher kein **Sozialplan** zu erstellen ist. Etwas anderes dürfte allerdings dann gelten, wenn im Zusammenhang mit einer Betriebsaufspaltung Betriebszweige teilweise stillgelegt werden.

---

19 Schaub in Münchner Kommentar zum BGB, § 613 a Tz. 20.
20 BB 1981 S. 1190.

3 Entstehungsmöglichkeiten

Durch Urteil vom 16.06.1987[21] hat das Bundesarbeitsgericht festgestellt, dass auch eine Betriebsaufspaltung eine **Betriebsänderung** i. S. von § 111 Satz 1 Nr. 4 BetrVG sein kann. Dies ist insbesondere dann anzunehmen, wenn der Übergang eines Betriebsteils die Organisation und den Zweck des ursprünglichen Betriebs **grundlegend** ändert. Im Entscheidungsfall hatte das Besitzunternehmen einen eigenständigen Betrieb mit ca. 350 Arbeitnehmern aufrechterhalten und nur einen Teil der mit der Produktion befassten Abteilungen (ca. 450 Arbeitnehmer) auf eine neu gegründete GmbH übertragen. Nach Meinung des Bundesarbeitsgerichts erfordert diese Vorgehensweise zwangsläufig eine **neue Organisation** der Betriebe. Diese Betriebsänderung i. S. des § 111 Satz 2 BetrVG löst einen Anspruch des Betriebsrats auf Verhandlungen über einen Sozialplan aus.

3.6.2 Miet- und Pachtverträge zur Durchführung der Betriebsaufspaltung

3.6.2.1 Inhalt der Pachtverträge

Erst durch den Abschluss der Miet- oder Pachtverträge (oder evtl. auch Leihverträge) wird die steuerrechtliche Verknüpfung zwischen Besitz- und Betriebsunternehmen hergestellt. An sich könnten diese Verträge formfrei abgeschlossen werden. Da jedoch meistens **Grundstücke** über einen längeren Zeitraum als ein Jahr überlassen werden, ist gem. § 581 Abs. 2 i. V. m. §§ 578, 550 BGB Schriftform einzuhalten. 40

Um den steuerlichen Problemen der verdeckten Gewinnausschüttung aus der Betriebs-GmbH zu entgehen, müssen die verpachteten Gegenstände unbedingt genau bezeichnet werden. Dazu kann als Anlage zum Mietvertrag ein besonderes Verzeichnis errichtet werden, in dem die Wirtschaftsgüter mit Anschaffungsjahr und -kosten, Zeitwert, voraussichtlichen Wiederbeschaffungskosten und Nutzungsdauer vermerkt sind. Dies erscheint aus steuerlichen Gründen besonders wichtig, da diese Angaben die Hauptfaktoren für die Bemessung des Pachtzinses sind.

Aus diesen Gründen ist auch festzulegen, wer die laufende Instandhaltung und Ersatzbeschaffung vorzunehmen hat und wer die sonstigen Kosten wie Versicherung, Steuern für die verpachteten Wirtschaftsgüter usw. tragen muss. Angezeigt ist – wegen § 823 BGB – auch eine Vereinbarung über die Durchführung der Verkehrssicherungspflicht. 41

Es sollte auch nicht vergessen werden, eine Vereinbarung darüber zu treffen, was im Falle der Beendigung des Pachtverhältnisses mit den von der Betriebs-GmbH errichteten Anlagen geschehen soll (Beseitigungsverpflichtung, entschädigungsloser Übergang auf das Besitzunternehmen oder Übergang gegen Entschädigung). Auch hier ist die Gefahr einer verdeckten Gewinnausschüttung latent.

---
21 BB 1987 S. 1737.

H. Betriebsaufspaltung

Soweit Umlaufvermögen mitverpachtet wird, ist zivilrechtlich umstritten, ob es sich hier um eine echte Pacht i. S. des § 581 Abs. 1 BGB handelt oder ob nicht die Überlassung von Umlaufvermögen als Darlehen eingeordnet werden muss. Da Umlaufvermögen regelmäßig verbraucht wird, ist ein Darlehensverhältnis anzunehmen. Wenn im Überlassungsvertrag eine Rückgabe- oder Entschädigungsverpflichtung normiert wird, ist dieser Streit ohnehin bedeutungslos. Dasselbe gilt, wenn man das Umlaufvermögen im Wege der Sachgründung in die Betriebs-GmbH eingebracht hat oder die GmbH diese Vermögensstände käuflich erwirbt.

Steuerlich wird der Pächter bei Vereinbarung eines solchen Sachwertdarlehens als **wirtschaftlicher Eigentümer** der Wirtschaftsgüter angesehen. Durch den Übergang des Umlaufvermögens bei Beginn der Verpachtung wird beim Verpächter grundsätzlich kein Gewinn realisiert. Der Übergang erfolgt vielmehr zu Buchwerten. Der **Verpächter** hat eine Sachwertforderung in Höhe der Buchwerte zu aktivieren; in gleicher Höhe erfolgt eine Bestandsveränderung. Dies gilt jedoch nicht, wenn die Wiederbeschaffungskosten gestiegen sind. In diesem Fall hat der Darlehensgeber die höheren Wiederbeschaffungskosten zu aktivieren. Der **Pächter** aktiviert die übernommenen Wirtschaftsgüter zu den Buchwerten oder gegebenenfalls mit den höheren Wiederbeschaffungskosten und passiviert seine Rückgabeverpflichtung in derselben Höhe. Gewerbesteuerlich hat diese Rückgabeverpflichtung Dauerschuldcharakter.

Auch die Überlassung von Know-how, Betriebserfahrungen, Patenten usw. sollten im Pacht- und Überlassungsvertrag ebenso geregelt werden wie Firmenfortführung, eventuelle Kontrollrechte der Gesellschafter und Ähnliches.

Der **Geschäftswert** verbleibt i. d. R. beim Besitzunternehmen, kann aber der Betriebsgesellschaft zur Nutzung überlassen werden. Bleibt jedoch bei einer echten Betriebsaufspaltung nur noch ein Grundstück zurück, während die anderen wesentlichen Grundlagen auf die Betriebsgesellschaft übertragen werden, so geht auch der originäre Geschäftswert mit über. Dies hat zur Folge, dass insoweit eine Gewinnrealisierung eintritt.[22]

3.6.2.2 Hinweise zur Berechnung der angemessenen Pachtzinsen

42 Das Problem der Ermittlung einer richtigen Pachthöhe ist eines der schwierigsten der Betriebsaufspaltung. Zahlt die GmbH eine unangemessen hohe Pacht, so liegt eine verdeckte Gewinnausschüttung vor.

43 Im Einzelnen ist die Angemessenheit zum einen aus der Sicht des Pächters zu beurteilen.[23] Entscheidend ist daher, dass eine angemessene Kapitalverzinsung der **Betriebs-GmbH** verbleibt. Diese liegt vor, wenn der GmbH

---
22 BFH vom 16.06.2004, BFH/NV 2004 S. 1701.
23 BFH vom 04.05.1977, BStBl II 1977, 679.

3 Entstehungsmöglichkeiten

ca. 15 % des vorhandenen Eigenkapitals als Rendite zusteht. Darüber hinaus muss noch die Chance einer Steigerung dieses Zinssatzes bestehen. Falls die Betriebs-GmbH lt. Pachtvertrag selbst zu investieren hat oder Kosten (Versicherungen, Grundsteuer) übernimmt, muss ihr eine entsprechend höhere Rendite zustehen.

Aus der Sicht des **Verpächters** muss der Pachtzins vor allem zwei Elemente enthalten: **44**

— Eine Vergütung für die Abnutzung der überlassenen Gegenstände. Hierfür werden regelmäßig die steuerlichen linearen AfA-Sätze (ohne Sonderabschreibungen) zugrunde gelegt. Ist eine Substanzerhaltungsverpflichtung vereinbart, wird der Wertverzehr jedoch nicht berücksichtigt.

— Eine angemessene Verzinsung des eingesetzten Kapitals. Maßstab für die Angemessenheit sind die Zinssätze für risikofreie Kapitalanlagen (zzt. ca. 5 bis 8 % für Immobilien und 6 bis 10 % für das übrige Vermögen) zzgl. eines individuellen Risikozuschlags. Bemessungsgrundlage ist der tatsächliche Wert der verpachteten Wirtschaftsgüter.

Zulässig wäre es auch, eine Verzinsung für die Mitverpachtung des **Geschäftswertes** bei der Bemessung des Pachtzinses zu berücksichtigen. Hier wäre – ebenso wie für sonstige immaterielle Wirtschaftsgüter – eine Umsatzpacht von 0,5 bis 1 % anzusetzen.

Um zu einer möglichst unangreifbaren Pachthöhe zu gelangen, muss man die voraussichtlichen Gewinne von Besitz- und Betriebsunternehmen schätzen und ermitteln, ob die Renditen nach den oben ausgeführten Maßstäben als angemessen betrachtet werden können. Vereinfacht dargestellt wird man folgendermaßen vorgehen können:

Besitzunternehmen: **45**

vorläufiger Pachtzins
(zusammengefasst aus Abschreibung und Kapitalverzinsung)

+ ggf. Erträge aus Erneuerungs- und Instandhaltungsansprüchen
gegen Betriebskapitalgesellschaft

./. AfA – Gebäude

./. AfA – bewegliches Anlagevermögen

Gewinn nach Betriebsaufspaltung

H. Betriebsaufspaltung

Betriebskapitalgesellschaft:

    erwartete Gewinne
    (geschätzt auf der Grundlage der Verpächtergewinne
    der letzten Jahre vor Betriebsaufspaltung)
./. vereinbarte Pacht
./. durchschnittliche Geschäftsführergehälter
./. ggf. Erneuerungs- und Instandhaltungsverpflichtungen gegenüber Besitzunternehmen
+ AfA, soweit vom Verpächter zu tragen
+ Zinsen und Kosten, die der Verpächter trägt
_____
Gewinn der Betriebs-GmbH nach Betriebsaufspaltung
==========

Man sollte nach Feststellung der Gewinnerwartungen in Besitzunternehmen und Betriebskapitalgesellschaft zunächst ermitteln, welche Beträge sich aus dem Wertverzehr der verpachteten Wirtschaftsgüter und einer angemessenen Kapitalverzinsung ergeben. Ist dieser Betrag ermittelt, so erfolgt die Angemessenheitsprüfung aus der Sicht der Betriebsgesellschaft.

Erreicht der Gewinn der Betriebsgesellschaft die von der BFH-Rechtsprechung geforderte Mindestrendite (15 % des tatsächlichen Werts des Unternehmens), ist die Pachthöhe in der Regel angemessen. Liegt der erwartete Gewinn der Betriebs-GmbH unter dieser Renditeberechnung, so ist der Pachtzins zu hoch bemessen. Hier **muss** der Pachtzins gesenkt werden. Um den Problemen einer verdeckten Gewinnausschüttung aus dem Weg zu gehen, empfiehlt es sich ohnehin, die Pachthöhe so zu bewerten, dass der Restgewinn eine 20%ige Verzinsung des eingesetzten Kapitals erbringt.[24] Ein unangemessen niedriger Pachtzins führt nicht zu einer **verdeckten Einlage**. Soweit an der Betriebskapitalgesellschaft Anteilseigner beteiligt sind, die nicht Gesellschafter des Besitzunternehmens sind, kann sich die Problematik der disquotalen Nutzungseinlage ergeben.[25]

Ergibt die obige Berechnung, dass die Rendite der Betriebs-GmbH zu hoch ist, könnte man u. U. eine Erhöhung der Geschäftsführergehälter vornehmen. Die Angemessenheitsgrenzen für Geschäftsführergehälter müssen jedoch beachtet werden.

46 Für die Pachtzinshöhe kommen folgende Möglichkeiten in Betracht:

— **Fester Pachtzins** (ggf. mit Wertsicherungsklauseln)

    Dies ist dann sinnvoll, wenn nur Grundbesitz vermietet wird und man sich an der Marktmiete orientiert.

---
24 Vgl. dazu Streck, FR 1980 S. 91.
25 BFH vom 26.10.1987, BStBl II 1988, 348; vgl. u. Rz. 46 und 102.

3 Entstehungsmöglichkeiten

— **Umsatzpacht** (ggf. mit Mindest- oder Höchstwert)
Hier empfiehlt sich nicht, eine unpräzise Herabsetzungsklausel für die Pächterin zu vereinbaren, z. B. „Angemessenheit ist jährlich zu überprüfen". Bei unklaren und unbestimmten Formulierungen besteht die Gefahr einer vGA.

— **Gewinnabhängiger Pachtzins**
Trotz der großen Anpassungsfähigkeit dieser Form an geänderte wirtschaftliche Verhältnisse ist sie bedenklich. Der im Verhältnis GmbH–Gesellschafter notwendige Fremdvergleich könnte zur Annahme einer vGA führen.

Ist der von der GmbH gezahlte Pachtzins zu niedrig und führt dies daher zu **laufenden Verlusten** im Besitzunternehmen, so gilt Folgendes: Nach dem Beschluss des Großen Senats des BFH vom 26.10.1987[26] ist der von einem Gesellschafter einer Kapitalgesellschaft gewährte Nutzungsvorteil, ein Wirtschaftsgut, z. B. ein Grundstück, unentgeltlich nutzen zu können, kein einlagefähiges Wirtschaftsgut. Die Aufwendungen für das zur Nutzung überlassene Wirtschaftsgut sind beim Gesellschafter Betriebsausgaben, wenn die Beteiligung zum Betriebsvermögen gehört. Die mit der Nutzungseinlage verbundenen Aufwendungen des Gesellschafters dürfen also nicht als sog. Aufwandseinlage vom Gewinn der GmbH abgezogen werden.

Entgegen dem BFH-Urteil vom 08.11.1960[27] können die Aufwendungen des Besitzunternehmens auch bei **vollständigem Verzicht auf Pachtzahlungen** als Betriebsausgaben abgezogen werden, auch wenn dadurch Dauerverluste entstehen. Als Liebhaberei wird die Betätigung des Besitzunternehmens auch bei Dauerverlusten regelmäßig nicht zu beurteilen sein, da für diese Frage entscheidend ist, ob ein Totalgewinn erzielbar ist. Hierbei müssten sowohl die stillen Reserven in den verpachteten Wirtschaftsgütern des Besitzunternehmens als auch in den Anteilen der Betriebs-GmbH sowie deren künftige Ausschüttungen berücksichtigt werden, sodass eine Gewinnerzielungsabsicht wohl gegeben ist.

Beispiel:

Im Rahmen einer Betriebsaufspaltung wird ein bebautes Betriebsgrundstück an die Betriebs-GmbH verpachtet. Wegen drohender Verluste in der Betriebs-GmbH verzichtet das Besitzunternehmen im Vorhinein für die Jahre 03–05 auf die jährliche Pacht von 150.000 €. Die Aufwendungen im Besitzunternehmen (AfA, Instandhaltung usw.) betragen 120.000 €.

Der jährliche Verlust des Besitzunternehmens i. H. von 120.000 € ist steuerlich anzuerkennen[28] Damit besteht wirtschaftlich die Möglichkeit, **Verluste** wegen der unterbliebenen Mietzahlungen bei der GmbH zu verringern und aus der

---
26 BStBl II 1988, 348.
27 BStBl III 1961, 513.
28 GrS des BFH vom 26.10.1987, BStBl II 1988, 348.

H. Betriebsaufspaltung

GmbH auf die **Gesellschafter zu verlagern,** sodass diese im Rahmen ihrer ESt-Veranlagung einen Verlustausgleich oder -abzug durchführen können. Wegen des Teileinkünfteverfahrens sind gem. § 3 c Abs. 2 EStG nur 60 % zu berücksichtigen.

Soweit bei einer unentgeltlichen oder verbilligten Nutzungsüberlassung Aufwendungen des Besitz-Gesellschafters (Refinanzierungskosten, AfA, Erhaltungsaufwendungen usw.) entstehen und die dadurch bedingten (theoretisch) höheren Gewinnausschüttungen nicht in vollem Umfang dem Überlassenden zugutekommen, sondern auch Nur-Betriebs-Gesellschafter davon profitieren, liegt eine **disquotale Nutzungsüberlassung** vor. Begünstigt dieser disquotale Beitrag insbesondere Familienangehörige, so greift insoweit das Abzugsverbot des § 12 Nr. 1 und 2 EStG. Nur wenn die Nutzungsüberlassung aus gesellschaftsrechtlichen Gründen erfolgt, sind die Aufwendungen voll zu berücksichtigen.[29] Solche gesellschaftsrechtlichen Gründe wären z. B. die dadurch mögliche Vermeidung der Insolvenz. Ausreichend wäre es auch, wenn dem Überlassenden ein über der Beteiligungsquote an der GmbH liegender Anteil an den Gewinnausschüttungen zugestanden wird.

Entstehen in der Betriebs-GmbH laufend Verluste und erweist sich die Pacht als zu hoch, so kann der Pachtvertrag abgeändert und die Pacht gesenkt werden. Diese Herabsetzung der Pacht wird beim Besitzunternehmen wie eine teilentgeltliche Nutzungsüberlassung behandelt, sodass trotz der verringerten Betriebseinnahmen die Aufwendungen des Besitzunternehmens abzugsfähig sind. Die Regelung für die disquotale Nutzungsüberlassung gilt auch in diesem Fall.

Wird auf die bereits entstandene Pacht im Nachhinein verzichtet, liegt eine verdeckte Einlage vor. In Höhe des werthaltigen Teils der Forderung ist der durch die Ausbuchung der Forderung entstandene Ertrag bei der Betriebs-GmbH außerhalb der Bilanz abzusetzen. Nur in dieser Höhe ist die Pacht im Besitzunternehmen als Ertrag zu erfassen. Im selben Umfang entstehen nachträgliche Anschaffungskosten auf die GmbH-Beteiligung.

Beispiel:
Die X-GmbH ist mit der Pacht i. H. von 40.000 € im Rückstand. Der Besitzunternehmer X verzichtet auf die Zahlung, obwohl die X-GmbH noch 10.000 € zahlen könnte, ohne in die Überschuldung zu geraten.

Lösung:
Die X-GmbH bucht den Vorgang:

Sonstige Verbindlichkeit (Pacht)   40.000 €   an   Sonstiger betrieblicher Ertrag   40.000 €

---

[29] BFH vom 28.03.2000, DB 2000 S. 1738, und vom 25.07.2000, DB 2001 S. 20.

3 Entstehungsmöglichkeiten

Außerhalb der Bilanz erfolgt im Rahmen der Einkommensermittlung eine Kürzung in Höhe der Werthaltigkeit, d. h. um 1/. 10.000 €, sodass steuerlich ein Ertrag von 30.000 € verbleibt.

Die GmbH erfasst die Einlage von 10.000 € im steuerlichen Einlagekonto gem. § 27 KStG. Der Besitzunternehmer X bucht seine bereits als Ertrag gebuchte Forderung aus und erhöht seine Beteiligung um den Einlagewert:

X-GmbH-Beteiligung 10.000 €

Sonstiger betrieblicher 30.000 € an Sonstige Forderung 40.000 €
Aufwand

Bei der **mitunternehmerischen Betriebsaufspaltung** werden dauerhafte Verluste im Besitzunternehmen nicht anerkannt.[30] Hier muss auf jeden Fall eine Pachtzahlung vereinbart werden, wenn die Kosten im Besitzunternehmen berücksichtigt werden sollen.

3.6.3 Sonstige abzuschließende Verträge zwischen Besitz- und Betriebsgesellschaft

3.6.3.1 Bestehende Mietverträge mit Dritten

Wurden Wirtschaftsgüter durch das bisherige Unternehmen von Dritten gemietet, so ist ihre Überlassung an die GmbH nur mit Zustimmung des Vermieters zulässig.

Bei Leasingverträgen sind meist Bestimmungen derart enthalten, dass eine Nutzungsüberlassung an Dritte (hier: Betriebs-GmbH) nur mit Zustimmung des Leasinggebers zulässig ist. Wird die Zustimmung verweigert, so ist eine Überlassung nicht möglich. Ob hier ein außerordentliches Kündigungsrecht besteht, ist fraglich.

Fehlt im Leasingvertrag eine Regelung über die Nutzungsüberlassung an Dritte, so kann die Zustimmung nur einvernehmlich erreicht werden.

3.6.3.2 Versicherungsverträge

Nach § 69 Abs. 1 und § 151 Abs. 2 VVG treten Erwerber eines Unternehmens in die Rechte und Pflichten des bisherigen Versicherungsnehmers ein.

3.6.3.3 Übernahme laufender Verträge

Es ist unerheblich, ob es sich bei den sog. laufenden Verträgen (z. B. Liefer- oder Werkleistungsverträgen) um Dauerschuldverhältnisse oder einmalige, aber noch schwebende Geschäfte handelt. In jedem Fall ist die Zustimmung des Vertragspartners erforderlich, wenn die Betriebs-GmbH an die Stelle des bisherigen Unternehmens als Schuldner treten soll. Wird diese verweigert, dann ist lediglich eine interne Vereinbarung zwischen Besitzunterneh-

---
30 BMF vom 28.04.1998, BStBl I 1998, 583.

H. Betriebsaufspaltung

men und Betriebs-GmbH möglich, in der die Rechte und Pflichten aus den betreffenden Verträgen abgetreten werden.

Soweit das bisherige Unternehmen keine höchstpersönlichen Leistungen zu erbringen hat, kann es sich zur Erfüllung seiner Leistungspflichten ohne weiteres der GmbH bedienen (insbesondere bei Lieferungsverträgen). Berechtigt und verpflichtet bleibt im Außenverhältnis jedoch das Besitzunternehmen, falls einer Übertragung des Schuldverhältnisses nicht zugestimmt wird.

Geldansprüche können vom Besitzunternehmen an die Betriebs-GmbH abgetreten werden. Dazu dürfte jedoch keine Veranlassung gegeben sein.

3.6.3.4 Firmenfortführung

50 Wie wichtig es ist, den bisherigen Firmennamen fortzuführen, bedarf keiner besonderen Erörterung. Rechtliche Schwierigkeiten ergeben sich indessen aus § 30 HGB. Danach muss sich jede neue Firma von allen an demselben Ort bereits bestehenden eingetragenen Firmen deutlich unterscheiden.

Es bieten sich folgende Möglichkeiten an:

— Die neu gegründete Betriebs-GmbH führt aufgrund eines Überlassungsvertrags den alten Firmennamen weiter (z. B. Arm und Reich GmbH; § 22 Abs. 2 HGB), während die Besitzgesellschaft einen anderen Firmennamen annimmt (Grundstücksverwaltungsgemeinschaft Arm und Reich).

— Die Besitzgesellschaft führt den Namen des bisherigen Unternehmens weiter, sofern dies ein Personenname ist. Die Betriebs-GmbH setzt diesen Firmennamen mit einem die Tätigkeit umreißenden Zusatz ebenfalls fort („Arm und Reich **Straßenbau** GmbH").

Wird die Firma des bisherigen Unternehmens von der Betriebs-GmbH nach § 22 Abs. 2 HGB übernommen, haftet die Betriebs-GmbH für sämtliche Altverbindlichkeiten des bisherigen Betriebs, es sei denn, es wird nach § 25 Abs. 2 HGB eine abweichende Vereinbarung in das Handelsregister eingetragen.

4 Steuerliche Fragen bei der Entstehung der Betriebsaufspaltung

51 Eine gesetzliche Grundlage für das Rechtsinstitut und die Voraussetzungen einer Betriebsaufspaltung besteht nicht. Die vom Gesetzgeber in § 15 EStG vorgesehene Klarstellung, dass auch die Vermietung von Wirtschaftsgütern im Rahmen einer Betriebsaufspaltung zu gewerblichen Einkünften führt,

4 Steuerliche Fragen bei der Entstehung

ist fallen gelassen worden, nachdem das BVerfG im Beschluss vom 12.03.1983[31] die Verfassungsmäßigkeit dieses Rechtsinstituts bejaht hat. Mit dem BFH[32] ist daher davon auszugehen, dass die Grundsätze der Betriebsaufspaltung weiter gelten, wenn die Voraussetzungen, welche die Rechtsprechung entwickelt hat, vorliegen. Zur „Tatbestandserfüllung" einer Betriebsaufspaltung gehört die **sachliche und personelle Verflechtung** zweier Unternehmensbereiche.

4.1 Personelle Verflechtung

Eine Betriebsaufspaltung ist nur dann gegeben, wenn eine **„personelle und sachliche Verflechtung"** bejaht werden kann, d. h., wenn wesentliche Betriebsgrundlagen überlassen werden und solche Beziehungen natürlicher Personen sowohl zum Besitz- als auch zum Betriebsunternehmen ersichtlich sind, aus denen sich ein **einheitlicher geschäftlicher Betätigungswille** ergibt. Dieser einheitliche geschäftliche Betätigungswille liegt dann vor, wenn die Personen, die das Besitzunternehmen tatsächlich beherrschen, auch in der Lage sind, in der Betriebsgesellschaft ihren Willen durchzusetzen. Paradefall: Unternehmer A ist sowohl am Besitzunternehmen als auch an der Betriebskapitalgesellschaft zu 100 % beteiligt. 52

4.1.1 Beteiligungsidentität

Ob eine personelle Verflechtung vorliegt, ist dann einfach zu entscheiden, wenn in beiden Unternehmen dieselben Personen mit den gleichen Beteiligungsverhältnissen vertreten sind (sog. Beteiligungsidentität). Hier ist wegen der gleichen Interessenlage ein einheitlicher geschäftlicher Betätigungswille gegeben und damit bei Vorliegen der übrigen Voraussetzungen von einer Betriebsaufspaltung auszugehen. 53

Beispiel:

Besitzunternehmen	vermietet an →	Betriebskapitalgesellschaft

A 60 %   A 60 %
B 40 %   B 40 %

4.1.2 Beherrschungsidentität

Schwieriger ist die Rechtslage, wenn an Besitzunternehmen und Betriebskapitalgesellschaft zwar mehrheitlich dieselben Personen beteiligt sind, aber nicht mit derselben Beteiligungshöhe, oder wenn daneben noch Dritte 54

---
31 BStBl II 1985, 475.
32 BFH vom 12.11.1985, BStBl II 1986, 296.

H. Betriebsaufspaltung

an einem der beiden Unternehmen Gesellschaftsanteile besitzen. Es sind folgende Fallgestaltungen denkbar:

55 **a)** Eine Personengruppe ist – wenn auch in unterschiedlicher Höhe – ausschließlich an beiden Unternehmen beteiligt.

Beispiel 1:

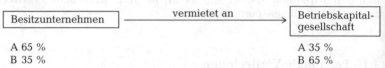

A 65 %   A 35 %
B 35 %   B 65 %

Hier wird man wegen der gleichgerichteten Interessenlage eine geschlossene Personengruppe annehmen können, die zu einer personellen Verflechtung führt (**„Personengruppentheorie"**). Eine Betriebsaufspaltung ist insoweit zu bejahen.

Die **Vermutung,** dass die sowohl an dem Besitzunternehmen als auch an der Betriebsgesellschaft beteiligten Personen gleichgerichtete Interessen haben, **kann widerlegt** werden. Die Vermutung ist widerlegt, wenn ständige Interessengegensätze, die verschiedene Ursachen haben können (z. B. Ausgestaltung der Gesellschaftsrechte, unterschiedliche Stimmrechte, wirtschaftliche oder familiäre Gegensätze), nicht nur möglich, sondern konkret nachweisbar sind.

Aus Meinungsverschiedenheiten und Interessengegensätzen in untergeordneten Fragen zwischen den Gesellschaftern kann nicht auf das Fehlen eines einheitlichen geschäftlichen Betätigungswillens geschlossen werden.

Der Nachweis einer konkreten **Interessenkollision** ist möglich durch Rechtsstreitigkeiten zwischen den zu der Personengruppe gehörenden Personen, durch ein bestimmtes Verhalten eines Gesellschafters in der Gesellschafterversammlung oder auch durch Streitigkeiten bei der Geschäftsführung.

Beispiel 2:

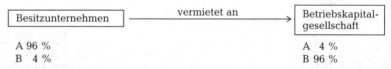

A 96 %   A 4 %
B 4 %   B 96 %

Hier besteht eine extreme Abweichung der Beteiligungsverhältnisse (sog. „Zwerganteil"). Während B ein Interesse an einer möglichst niedrigen Pachtzahlung an das Besitzunternehmen haben dürfte, ist die Interessenlage des A gerade umgekehrt: je höher die Miete, desto höher sein Anteil am Ertrag des Unternehmens. Daher ist hier keine Betriebsaufspaltung anzunehmen.[33] Für A und B liegen Einkünfte aus Vermietung und Verpachtung

---
33 FG Nürnberg vom 10.07.1985, EFG 1986 S. 135, rkr., und BFH vom 24.02.1994, BStBl II 1994, 466; auch die Finanzverwaltung ist dieser Meinung.

4 Steuerliche Fragen bei der Entstehung

und Kapitalvermögen vor. Die Grenze dürfte bei 10 % liegen, d. h., ist B statt mit nur 4 % zu 10 % am Besitzunternehmen beteiligt, müsste man von einer Betriebsaufspaltung ausgehen. Zu beachten ist das Urteil des BFH vom 24.02.1994:[34] Hier waren Ehemann und Ehefrau zu je $^1/_2$ Miteigentümer eines Grundstücks, das an eine GmbH vermietet wurde. Gesellschafter der GmbH waren der Ehemann zu 98 % und die Ehefrau zu 2 %. Der BFH bejahte hier das Vorliegen gleichgerichteter Interessen. Damit war eine Betriebsaufspaltung gegeben.

b) Die Gesellschafter des Besitzunternehmens haben die Mehrheit an der Betriebskapitalgesellschaft.

Beispiel 3:

Besitzunternehmen	vermietet an →	Betriebskapitalgesellschaft
A 33$^1/_3$ %		A 20 %
B 33$^1/_3$ %		B 20 %
C 33$^1/_3$ %		C 20 %
		D 40 %

Die Personengruppe A-B-C hat die Mehrheit sowohl im Besitz- als auch im Betriebsunternehmen. Sie kann ihren Willen in beiden Unternehmen durchsetzen und D ggf. überstimmen. Wegen dieser Beherrschungsmöglichkeit ist eine Betriebsaufspaltung zu bejahen.[35] Die an beiden Unternehmen beteiligten Personen gelten als Personengruppe, die durch gleichgerichtete Interessen verbunden ist („Interessengleichklang"). Dies gilt auch bei unterschiedlicher Beteiligungshöhe. Während A, B und C die Gewinnausschüttungen der Betriebs-GmbH als gewerbliche Einkünfte zu erfassen haben, liegen für D Einkünfte aus Kapitalvermögen vor.

c) Die Gesellschafter der Vermietungsgesellschaft sind nicht alle an der Betriebskapitalgesellschaft beteiligt.

aa) Die Vermietungsgesellschaft ist eine **Gesellschaft des bürgerlichen Rechts**.

Beispiel 4:

Besitzunternehmen (GbR)	vermietet an →	Betriebskapitalgesellschaft
A 33$^1/_3$ %		A 50 %
B 33$^1/_3$ %		B 50 %
C 33$^1/_3$ %		

Obwohl für die Personengruppe A-B am Besitzunternehmen rein rechnerisch eine Mehrheit besteht, muss grundsätzlich eine personelle Verflechtung verneint werden. Zwar können A und B in der Betriebs-GmbH ihren

---
34 BStBl II 1994, 466.
35 BFH vom 10.11.1982, BStBl II 1983, 136.

H. Betriebsaufspaltung

Willen durchsetzen. Eine Beherrschung des Besitzunternehmens scheidet jedoch aus, da gem. § 709 Abs. 1 BGB für jedes Rechtsgeschäft der GbR **Einstimmigkeit** erforderlich ist und damit die maßgebende Personengruppe A-B ihren Willen nicht gegen C durchsetzen kann.[36] Dies wäre nur dann anders, wenn die Gesellschafter A, B und C in ihrem Gesellschaftsvertrag **Mehrheitsentscheidungen vereinbart** hätten.

58 Die **Finanzverwaltung**[37] war in diesen Fällen bisher der Meinung, dass eine nach dem Gesetz (§ 709 Abs. 1 BGB) oder Gesellschaftsvertrag erforderliche Einstimmigkeit der Annahme einer Betriebsaufspaltung nicht entgegensteht, wenn tatsächliche **Interessenkollisionen nicht aufgetreten** sind. Danach wäre bei einfacher Mehrheit einer Personengruppe in beiden Unternehmen von einer Betriebsaufspaltung auszugehen.

Inzwischen hat der BFH durch Urteil vom 21.01.1999[38] unter gründlicher Auseinandersetzung mit der Auffassung des BMF festgestellt, dass grundsätzlich eine **personelle Verflechtung fehlt,** wenn ein nur an der Besitzgesellschaft beteiligter Gesellschafter die **rechtliche Möglichkeit** hat, zu verhindern, dass die beherrschende Personengruppe ihren Willen in Bezug auf die laufende Verwaltung des an die Betriebsgesellschaft überlassenen Wirtschaftsguts durchsetzt.

59 Gilt für das Besitzunternehmen vertraglich oder gesetzlich das **Einstimmigkeitsprinzip,** so wird durch einen auch nur minimal beteiligten **„Nur-Besitz-Gesellschafter"** die Beherrschung des Besitzunternehmens durch die übrigen Gesellschafter ausgeschlossen. Letztere sind nicht in der Lage, ihren geschäftlichen Betätigungswillen durchzusetzen. Besteht jedoch laut Vertrag eine **Einzelgeschäftsführungs- und -vertretungsbefugnis** für einen Besitzgesellschafter, der auch an der Betriebsgesellschaft beteiligt ist, so geht eine gesetzlich oder vertraglich festgelegte Einstimmigkeitsabrede ins Leere. Dieser Geschäftsführer ist befugt, die Geschäfte des täglichen Lebens ohne Zustimmung der übrigen Gesellschafter wahrzunehmen. Dazu gehören auch die Miet- und Pachtangelegenheiten (BFH vom 01.07.2003).[39]

Beispiel 5:

An der Grundstücks-GbR sind A, B und C zu je ¹/₃ beteiligt. A ist durch Vertrag zum alleinvertretungsberechtigten Geschäftsführer bestellt. An der Betriebs-GmbH sind A, B und D zu je ¹/₃ beteiligt.

A bildet mit B eine Personengruppe. Als Geschäftsführer ist er in der Lage, in der Grundstücks-GbR seinen Willen bzw. den Willen der Personengruppe A-B durchzusetzen. Die personelle Verflechtung ist zu bejahen. Das Einstimmigkeitsprinzip hat nur Bedeutung für die Grundlagengeschäfte der GbR (Feststel-

---

36 BFH vom 09.11.1983, BStBl II 1984, 212; vgl. dazu Thierfeld, StSem 1984 S. 305.
37 Vgl. BMF vom 29.03.1985, BStBl I 1985, 121.
38 DStR 1999 S. 622.
39 BStBl II 2003, 1266.

4 Steuerliche Fragen bei der Entstehung

lung des Jahresabschlusses, Auflösung der GbR u. Ä.). C ist nicht in der Lage die Rechte und Pflichten aus dem Mietvertrag zu blockieren.

Der BFH stellt ausdrücklich fest, es sei notwendige, aber hinzunehmende Rechtsfolge seiner Auffassung, dass durch entsprechende Gestaltung die Existenz einer Betriebsaufspaltung vermieden werden könne. Durch Urteil vom 11.05.1999[40] hat der BFH erneut ausdrücklich das Vorliegen der personellen Verflechtung verneint, wenn an der Besitzpersonengesellschaft nicht alle Gesellschafter der Betriebskapitalgesellschaft beteiligt sind. Die Finanzverwaltung hat sich zur Anwendung dieser Urteilsgrundsätze inzwischen geäußert und sich der BFH-Rechtsprechung im Wesentlichen angeschlossen.[41] Bei Vorliegen einer OHG oder KG soll jedoch das Einstimmigkeitsprinzip kraft Gesetzes nicht gelten. Es müsste vertraglich vereinbart werden. Dann könnte auch in diesem Fall ein „Nur-Besitzgesellschafter" die Beschlüsse der OHG und KG blockieren und damit die personelle Verflechtung verhindern.

bb) Die Vermietungsgesellschaft ist eine Bruchteilsgemeinschaft

Ist das Besitzunternehmen wie in vielen Fällen (insbesondere bei Ehegattengrundstücken) eine **Gemeinschaft nach Bruchteilen** (§ 741 BGB), so erfolgt die Verwaltung und Benutzung des gemeinschaftlichen Gegenstandes durch Mehrheitsbeschlüsse (§ 745 BGB). Daher wäre eine personelle Verflechtung zu bejahen, wenn ein Gesellschafter in der Bruchteilsgemeinschaft, die den Grundbesitz vermietet, mehr als 50 % der Anteile hält und in der Besitzkapitalgesellschaft mehr als 50 % der Geschäftsanteile besitzt. Im Zivilrecht ist jedoch streitig, ob das Stimmrecht eines Gemeinschafters dann noch ausgeübt werden kann, wenn es sich um die Vornahme eines Rechtsgeschäfts der Bruchteilsgemeinschaft mit diesem Gesellschafter oder mit einer von ihm beherrschten Kapitalgesellschaft handelt. Daher stellt der BFH darauf ab, ob der Gemeinschafter nach der **tatsächlichen Handhabung** bei Rechtsgeschäften mit der GmbH vom Stimmrecht ausgeschlossen war oder nicht. Konnte der die GmbH beherrschende Gesellschafter daher tatsächlich seinen Willen in der Bruchteilsgemeinschaft durchsetzen, dann sind die Voraussetzungen einer personellen Verflechtung erfüllt,[42] denn damit wäre ein eventueller gesetzlicher Stimmrechtsausschluss vertraglich abbedungen.

Beispiel 6:

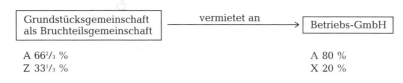

A 66²/₃ %   A 80 %
Z 33¹/₃ %   X 20 %

---
40 DStR 1999 S. 1184.
41 BMF vom 07.10.2002, DStR 2002 S. 1905.
42 BFH vom 12.11.1985, BStBl II 1986, 296.

H. Betriebsaufspaltung

Soweit A **tatsächlich** bei Geschäften des täglichen Lebens, wozu der Abschluss von Mietverträgen gehört, auch dann allein entscheiden kann, wenn Vertragspartner seine GmbH ist, liegt eine Betriebsaufspaltung vor. Als **Folge** für Z sind dann auch bei ihm Einkünfte aus **Gewerbebetrieb** anzunehmen, da es bei der Bestimmung der Einkunftsart der Teilhaber einer Gemeinschaft nach Bruchteilen auf die Tätigkeit der Gemeinschaft ankommt (Abfärbetheorie). Für die Durchsetzung des Willens in einem Unternehmen ist grundsätzlich der Besitz der Mehrheit der Anteile (Stimmen) ausreichend (BStBl II 1993, 134).

Die Abgrenzung zwischen GbR und Bruchteilsgemeinschaft ist schwierig. Eine Bruchteilsgemeinschaft liegt vor, wenn z. B. Grundstücke zur gemeinsamen Verwaltung oder Nutzung erworben werden, ohne dass ein darüber hinausgehender Vertragszweck verfolgt wird.

Beispiel 7:
Eheleute erwerben gemeinsam eine Wohnung, die sie als Ehewohnung nutzen wollen.

Der BFH schließt jedoch ein gemeinsames wirtschaftliches Interesse und damit das Vorliegen einer GbR daraus, dass eine bewusst gewählte Doppelkonstruktion vorliegt und die Gesellschafter mit ihrem Engagement im Besitzunternehmen den über eine bloße Vermögensverwaltung hinausgehenden gemeinsamen wirtschaftlichen Zweck verfolgen, der darin bestehe, die gewerbliche Tätigkeit ihres gemeinsamen Besitzunternehmens zu fördern und zu unterstützen.[43] Das heißt, wenn Personen an der Betriebs-GmbH mehrheitlich beteiligt sind und diese Personengruppe als Bruchteilseigentümer eines Grundstücks im Grundbuch eingetragen ist, geht der BFH trotzdem vom Vorliegen einer GbR mit den entsprechenden Folgen (Einstimmigkeitsprinzip) aus.

Wenn durch eine abweichende vertragliche Bestimmung im Gesellschaftsvertrag einer Gesellschaft des bürgerlichen Rechts (§ 705 BGB) einfache Stimmenmehrheit ausreicht und damit ein nur am Besitzunternehmen beteiligter Gesellschafter überstimmt werden kann, wäre im Beispiel 6 eine Beherrschung durch A gegeben. Eine Betriebsaufspaltung liegt vor, die Grundstücks-GbR hat gewerbliche Einkünfte. X hat die Gewinnausschüttungen der GmbH als Einkünfte aus Kapitalvermögen zu erklären.

Beispiel 8:

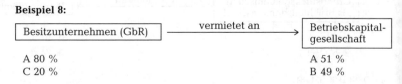

A 80 %   A 51 %
C 20 %   B 49 %

---
43 BFH vom 29.08.2001, BFH/NV 2002 S. 185.

4 Steuerliche Fragen bei der Entstehung

Nach dem Gesellschaftsvertrag genügt in der GbR Stimmenmehrheit (§ 181 BGB findet keine Anwendung). A beherrscht daher das Besitzunternehmen. Da bei Kapitalgesellschaften, sofern nichts anderes vereinbart ist, ebenfalls die Mehrheit der abgegebenen Stimmen entscheidet (vgl. § 47 Abs. 1 GmbHG), kann A in beiden Unternehmen seinen Willen durchsetzen. Daher ist eine Betriebsaufspaltung zu bejahen. Obwohl A die Gewinnausschüttungen der GmbH als Einkünfte aus Gewerbebetrieb erklären muss, „färbt" diese Einkunftsart nicht auf B ab. Dieser hat Einkünfte aus Kapitalvermögen. C erklärt dagegen aus der Vermietung der GbR Einkünfte aus Gewerbebetrieb. Wird im Gesellschaftsvertrag der GbR keine Vereinbarung über die Mehrheitsstimmrechte getroffen, so gilt das Einstimmigkeitsprinzip. Das heißt, C kann Beschlüsse bzw. die Geschäftsführung blockieren. Eine personelle Verflechtung besteht nicht.

cc) Besitzunternehmen ist eine **OHG** oder **KG**. Vgl. dazu Rz 70.

d) Ein Nichtgesellschafter beherrscht faktisch die Gesellschafter.

In extremen Ausnahmefällen kann eine Person oder Personengruppe auch **61** ohne gesellschaftsrechtliche Beteiligung in der Lage sein, ihren Willen im Besitz- und Betriebsunternehmen durchzusetzen. Dies ist dann anzunehmen, wenn es wegen der tatsächlichen Verhältnisse geboten erscheint, dass sich die Gesellschafter bei Ausübung ihrer Gesellschaftsrechte den Vorstellungen Dritter unterordnen.

Beispiel 9:

Die Ehemänner A und B sind als Gesellschafter des bürgerlichen Rechts an einer Besitzgesellschaft beteiligt. Das vorhandene Umlaufvermögen des bisherigen Betriebs wird auf eine GmbH übertragen, deren Gesellschafter A und B sowie die Ehefrauen A und B zu je $1/4$ sind. Das Anlagevermögen wird von der GbR an die GmbH vermietet. Die Ehemänner sind Fachleute und bei der GmbH als Einzelgeschäftsführer angestellt.

Hier ist naholiegend, dass sich die Ehefrauen als Nichtfachleute den Vorstellungen der Ehemänner unterordnen, diese also auch die GmbH beherrschen. Dies gilt insbesondere auch dann, wenn die überlassenen Betriebsgrundlagen unverzichtbar sind.[44] Eine Betriebsaufspaltung mit gewerblichen Einkünften in der Besitz-GbR ist daher anzunehmen.[45] Auch wenn der BFH (a. a. O.) ausführt, dass eine faktische Beherrschung durch die Position als Großgläubiger oder sonstige wirtschaftliche Machtstellung vermittelt werden kann, ist u. E. eine Ausdehnung dieser Urteile abzulehnen. Vor allem das Urteil vom 29.07.1976 ist noch zu sehr von der später vom BVerfG abgelehnten Vorstellung beeinflusst, dass bei Eheleuten eine gleichgerichtete Interessenlage zu vermuten sei. Als Angestellte der

---
44 BMF vom 07.10.2002, BStBl I 2002, 1028 unter IV.
45 BFH vom 29.07.1976, BStBl II 1976, 750, vom 16.06.1981, BStBl II 1982, 662, und vom 15.10.1998, BStBl II 1999, 445.

H. Betriebsaufspaltung

GmbH haben die Ehemänner die Pflicht, in erster Linie die Interessen der Ehefrauen wahrzunehmen und ggf. ihre eigenen Interessen zurückzustellen. Das Urteil sollte daher über den entschiedenen Einzelfall hinaus nicht weiter angewandt werden.

62 Eine faktische Beherrschung lehnt der BFH in seinen Urteilen vom 13.12.1984,[46] vom 26.07.1984[47] und vom 30.07.1985[48] zu Recht ab.[49] Wie schwierig die Abgrenzung zwischen Vermietung und (mitunternehmerischer) Betriebsaufspaltung in diesen Fällen ist, zeigt das Urteil des BFH vom 14.01.1982:[50]

Beispiel 10:

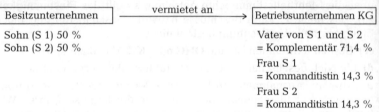

Besitzunternehmen	vermietet an	Betriebsunternehmen KG
Sohn (S 1) 50 %		Vater von S 1 und S 2
Sohn (S 2) 50 %		= Komplementär 71,4 %
		Frau S 1
		= Kommanditistin 14,3 %
		Frau S 2
		= Kommanditistin 14,3 %

Hier verneinte der BFH die Betriebsaufspaltung, weil keine Beherrschung der Betriebsgesellschaft angenommen werden kann, auch wenn man die Anteile der Ehefrauen S 1 und S 2 den Ehemännern zurechnet. Die Ehefrauen konnten nämlich bei der Personengesellschaft (KG) keine Beschlüsse gegen den Willen des Komplementärs durchsetzen. Der BFH weist im Übrigen in der Zurückverweisung des Urteils an das FG ausdrücklich darauf hin, dass auch die (faktische) stillschweigende Mitunternehmerschaft von Sohn 1 und Sohn 2 zu überprüfen sei. Vergleiche auch Urteil des BFH vom 26.07.1984,[51] wonach auch eine starke Stellung eines GmbH-Geschäftsführers, der nur im Besitzunternehmen, nicht aber in der Betriebskapitalgesellschaft beteiligt ist, nicht ausreicht, um eine beherrschende Stellung zu bejahen.

---

46 BStBl II 1985, 657.
47 BStBl II 1985, 714.
48 BB 1986 S. 247.
49 Vgl. dazu auch H 137 Abs. 6 (Faktische Beherrschung) EStH.
50 BStBl II 1982, 476.
51 BB 1984 S. 1921.

4 Steuerliche Fragen bei der Entstehung

Beispiel 11:

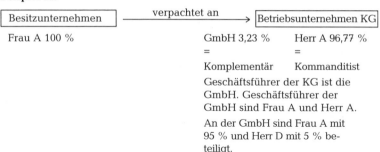

Hier nahm der BFH[52] eine Betriebsaufspaltung an, obwohl Frau A nicht unmittelbar am Betriebsunternehmen beteiligt war. Sie beherrschte jedoch faktisch die Betriebsgesellschaft, da sie trotz ihrer nur geringen mittelbaren Beteiligung von 3,23 % an der Betriebsgesellschaft zusammen mit ihrem Ehemann zur alleinvertretungsberechtigten Geschäftsführerin der GmbH & Co. KG bestellt war und wegen ihrer GmbH-Mehrheit ihren Ehemann von der Geschäftsführung der KG praktisch ausschließen konnte.

Man sollte die personelle Verflechtung aufgrund einer faktischen Beherrschung u. E. nicht über Gebühr ausdehnen. In seinen neueren Urteilen[53, 54, 55] lehnt der BFH eine faktische Beherrschung wegen der beruflichen Ausbildung und der Erfahrung eines Geschäftsführers der Betriebskapitalgesellschaft ab. Der BFH bezeichnet inzwischen die „faktische" Mitunternehmerschaft als „verdeckte" Mitunternehmerschaft und nimmt eine „Innengesellschaft" an. Der „Mietvertrag" wäre danach als Gesellschaftsvertrag zu werten.[56]

4.1.3 Beherrschung durch Familienverband

Nach der früheren Rechtsprechung des BFH war davon auszugehen, dass **63** die Gesellschaftsanteile von Ehegatten und/oder ihren minderjährigen Kindern bei der Frage der Beherrschung zusammenzurechnen sind. Ergab sich daraus eine zahlenmäßige Beherrschung, so galt die widerlegbare Vermutung, dass Ehegatten und minderjährige Kinder die Rechte aus ihren Anteilen einheitlich ausüben.[57]

Nach dem Beschluss des Bundesverfassungsgerichts (BVerfG) vom **64** 12.03.1985[58] ist diese Rechtsprechung mit Art. 3 und 6 GG unvereinbar. Es bedeutet, so das BVerfG, eine verfassungsmäßige Schlechterstellung der

---

52 BFH vom 01.04.1981, BStBl II 1981, 738.
53 BFH vom 26.10.1988, FR 1989 S. 148.
54 BFH vom 12.10.1988, BStBl II 1989, 152.
55 BFH vom 17.03.1987, DB 1987 S. 1919.
56 BFH vom 13.07.1993, BB 1994 S. 588.
57 Vgl. BFH vom 05.02.1981, BStBl II 1981, 376.
58 BStBl II 1985, 475.

H. Betriebsaufspaltung

Ehegatten gegenüber Nichtverheirateten, wenn die Ehegatten Beweis dafür antreten müssten, dass sie keine gleichgerichteten wirtschaftlichen Interessen verfolgten. Nur wenn zusätzlich zur ehelichen Lebensgemeinschaft weitere Beweisanzeichen vorliegen, die für die Annahme einer personellen Verflechtung durch gleichgerichtete wirtschaftliche Interessen sprechen, ist eine Zusammenrechnung der Gesellschaftsanteile möglich.

Beispiel 1:

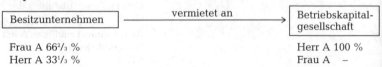

Frau A 66²/₃ %   Herr A 100 %
Herr A 33¹/₃ %   Frau A   –

Nach der früheren Rechtsprechung war eine Betriebsaufspaltung zu bejahen, da die Familie A in beiden Unternehmen die Mehrheit hatte.

Nach dem Beschluss des BVerfG ist dagegen keine Betriebsaufspaltung, sondern bloße Vermietung von Grundbesitz anzunehmen, es sei denn, es liegen zusätzliche Beweisanzeichen vor, die für die Annahme gleichgerichteter wirtschaftlicher Interessen sprechen.

Welche Beweisanzeichen dafür ausreichend sind, lässt das BVerfG offen. Unseres Erachtens trägt aber die Finanzverwaltung die Beweislast für das Vorliegen solcher Umstände. Die Finanzverwaltung war bisher der Meinung, dass jahrelanges konfliktfreies Zusammenwirken oder das überragende Fachwissen eines Ehegatten als besonderer Umstand zu werten sei, der einen einheitlichen Betätigungswillen vermuten lasse. Dieser Ansicht kann nicht gefolgt werden. Es gibt keinen Erfahrungssatz, dass Gesellschaftsverhältnisse nur unter Eheleuten konfliktfrei verlaufen. Ebenso wenig kann aus der Fachmanneigenschaft eines Ehegatten geschlossen werden, dass sich der andere Mitgesellschafter unterordnen würde.

Nur in Sonderfällen kann daher weiter ein Zusammenrechnen der Gesellschaftsanteile bei Ehegatten angenommen werden. Nach dem Urteil des BFH vom 27.11.1985[59] reicht für die Annahme gleichgerichteter wirtschaftlicher Interessen auch nicht aus, wenn die Ehefrau die Mittel für ihre Beteiligung an der Betriebsgesellschaft von ihrem Ehemann durch Schenkung erhalten hat oder dass die Alterssicherung der Ehefrau durch die Beteiligung erfolgen soll. Ebenso wenig ist aus einer vorgenommenen Erbeinsetzung des anderen Ehegatten auf gleichgelagerte wirtschaftliche Interessen zu schließen.

65 Als Anhaltspunkt, der für eine enge Wirtschaftsgemeinschaft spricht, kommt – außer den seltenen Fällen der faktischen Beherrschung[60] – beispielsweise eine **vertragliche Stimmrechtsbindung** der Ehegatten in Frage.

---

[59] BStBl II 1986, 362.
[60] Vgl. dazu oben Rz. 61 ff.

4 Steuerliche Fragen bei der Entstehung

Verzichtet ein Ehegatte vertraglich auf die Ausübung seines Stimmrechts bei den Rechtsgeschäften des täglichen Lebens und in den die Vermietung betreffenden Angelegenheiten, so wäre, genauso wie bei fremden Dritten, eine Beherrschung möglich.

Eine enge „Wirtschaftsgemeinschaft" gem. § 705 BGB mit der Folge einer Betriebsaufspaltung ist nach dem Urteil des BFH vom 24.07.1986[61] auch dann anzunehmen, wenn Ehegatten durch die **mehrere Unternehmen** umfassende, planmäßige, gemeinsame Gestaltung der wirtschaftlichen Verhältnisse darlegen, dass sie aufgrund gleichgerichteter Interessen eine Zweck- und Wirtschaftsgemeinschaft eingegangen sind. Der zu entscheidende Fall wies allerdings einige Besonderheiten auf: Ursprünglich bestand nach dem Prinzip der Beherrschungsidentität[62] eine Betriebsaufspaltung zwischen den Ehegatten. Als Vertragshändler zweier verschiedener Automobilfirmen mussten aus Wettbewerbsgründen **mehrere** Vertriebs-GmbHs gegründet werden, die jeweils im Alleineigentum eines Ehegatten standen, während die Betriebsgrundstücke weiter im Miteigentum beider Ehegatten standen. Wegen dieser besonderen Verhältnisse waren die Besitzgesellschafter immer gezwungen, gemeinschaftlich zu handeln und die jeweiligen Interessen des Alleingesellschafters der einzelnen GmbH zu berücksichtigen, wollten sie nicht den Zerfall der gesamten unternehmerischen Tätigkeit herbeiführen. Nach dem Urteil wäre hier auch bei **Nichtehegatten** eine Wirtschaftsgemeinschaft zwischen Besitz- und Betriebsunternehmen mit einheitlichen gleichgerichteten Interessen anzunehmen.

Unseres Erachtens lässt sich aber aus diesem Urteil keine Grundsatzentscheidung ableiten. Auch wenn ein Besitzunternehmen an mehrere Ein-Mann-GmbHs verpachtet, können daraus allein noch keine gleichgerichteten wirtschaftlichen Interessen angenommen werden.

Beispiel 2:

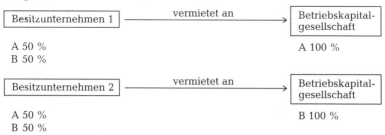

Auch wenn hier im Wirtschaftsleben nach dem Prinzip verfahren wird: „schlägst du meinen Esel nicht, dann schlage ich deinen Esel nicht", und daher im Besitzunternehmen gewisse Rücksichtnahme und Beschränkun-

---
61 BStBl II 1986, 913; BB 1986 S. 2044.
62 Vgl. Rz. 53 ff.

H. Betriebsaufspaltung

gen zu erwarten sind, so ist daraus noch kein **zweckgerichteter Zusammenschluss** im Sinne einer GbR anzunehmen. Eine Innengesellschaft würde voraussetzen, dass sowohl A als auch B ihre Ein-Mann-GmbH für einen **gemeinsamen Zweck** zur Verfügung stellen. Dazu bedarf es aber noch besonderer Umstände.

66 Auch wenn das bloße Aufaddieren von Anteilen bei Ehegatten nicht zulässig ist, so sind auch bei Eheleuten dieselben Rechtsgrundsätze anzuwenden wie bei fremden Dritten.[63]

Liegen Voraussetzungen einer Beteiligungsidentität vor, so ist eine Betriebsaufspaltung gegeben. Sind die Eheleute zwar in unterschiedlicher Höhe, aber an beiden Unternehmen beteiligt, so ist nach den Grundsätzen der Beherrschungsidentität und Personengruppentheorie ebenfalls eine Betriebsaufspaltung anzunehmen.

Eine Betriebsaufspaltung ist bei Ehegatten daher nach den Grundsätzen der Beherrschungsidentität weiterhin anzunehmen, wenn diese Ehegatten jeweils an beiden Unternehmen beteiligt sind.

Beispiel 3:

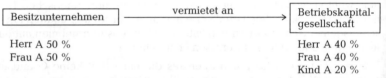

Herr A 50 %
Frau A 50 %

Herr A 40 %
Frau A 40 %
Kind A 20 %

Hier beherrscht die Personengruppe Herr und Frau A beide Unternehmen. Wie bei fremden Dritten ist daher eine Betriebsaufspaltung gegeben. Das Kind kann Mehrheitsentscheidungen nicht blockieren. Bei ihm liegen Einkünfte aus Kapitalvermögen vor.

67 Eine Betriebsaufspaltung entfällt, wenn die Ehegatten nicht jeweils am Besitzunternehmen und Betriebsunternehmen als gemeinsame Gesellschafter beteiligt sind.[64]

Beispiel 4:

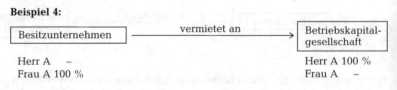

Herr A –
Frau A 100 %

Herr A 100 %
Frau A –

---

63 BFH vom 07.11.1985, BStBl II 1986, 364.
64 BFH vom 30.07.1985, BStBl II 1986, 359 (sog. **Wiesbadener Modell**); H 15.7 Abs. 7 EStH „Wiesbadener Modell".

4 Steuerliche Fragen bei der Entstehung

Hier scheidet eine Betriebsaufspaltung aus, da die beiden Beteiligten im Extremfall zuerst die Interessen ihres eigenen Unternehmens wahren werden.[65] Nur wenn die Voraussetzungen einer (seltenen) Beherrschung im Sinne einer zwischen den Ehegatten vereinbarten Innengesellschaft vorliegen,[66] könnte auch eine personelle Verflechtung gegeben sein.

Das Wiesbadener Modell ist auf den ersten Blick sicher eine hervorragende Gestaltungsmaßnahme. Man erreicht damit, dass die vermieteten Grundstücke Privatvermögen bleiben und eine spätere Besteuerung des Wertzuwachses unterbleibt; gleichzeitig ergibt sich eine erhebliche Gewerbesteuerersparnis. Es reicht dabei auch aus, wenn ein Ehegatte mit 50 % oder mehr an nur **einem** Unternehmen beteiligt ist.

Beispiel 5:

Herr A 50 %   Herr A 100 %
Frau A 50 %   Frau A   –

Auch hier ist eine Beherrschung in beiden Tätigkeitsbereichen durch Herrn A nicht möglich. Da Frau A an der Betriebskapitalgesellschaft nicht beteiligt ist, kann die Gruppentheorie nicht greifen. Eine Betriebsaufspaltung scheidet daher aus.

Dennoch sollte eine solche Gestaltung nicht nur unter steuerlichen Aspekten vorgenommen werden. Es ist darauf hinzuweisen, dass insbesondere in Scheidungs- und Todesfällen der Betrieb in erhebliche Schwierigkeiten geraten kann, da beispielsweise die geschiedene Ehefrau, der die vermieteten Grundstücke gehören, ohne weiteres anderweitig darüber verfügen kann. Es ist zwar überlegenswert, ob man sich nicht durch eine zivilrechtliche Verpflichtung zur Rückübereignung der Betriebsgrundstücke für den Fall der Scheidung schützen kann. Durch Eintragung einer entsprechenden Auflassungsvormerkung im Grundbuch könnte der die Betriebskapitalgesellschaft betreibende Ehegatte in einem solchen Fall wieder auf die Grundstücke zurückgreifen. Es ist zweifelhaft, ob man wegen dieser Vereinbarung nicht doch die Grundsätze der Betriebsaufspaltung anwenden muss. In der Praxis ist es daher angezeigt, bei einer solchen Gestaltung vorher eine verbindliche Auskunft der Finanzverwaltung einzuholen. Wird für den Fall der Scheidung ohne weiteres eine widerrufliche Schenkung vereinbart, so hat der BFH wirtschaftliches Eigentum des Schenkers angenommen.[67] Dagegen hat der BFH eine Rückübertragungsverpflichtung bezüglich eines Grundstücks für den Fall der Scheidung für unschädlich gehalten.[68]

---
65 BFH vom 30.07.1985, BStBl II 1986, 359.
66 Vgl. dazu BFH vom 02.09.1985, BStBl II 1986, 10.
67 BFH vom 26.06.1990, BStBl II 1994, 645.
68 BFH vom 04.02.1998, BStBl II 1998, 542; H 4.8 EStH „Scheidungsklausel".

H. Betriebsaufspaltung

69 **Übersicht über Beherrschungsmöglichkeiten bei Personengesellschaften**

Gesellschaft des bürgerlichen Rechts ohne Stimmrechtsvereinbarung ———>	„Rechnerische" Mehrheit genügt grundsätzlich **nicht** zur Beherrschung. Keine Zusammenrechnung von Ehegattenanteilen; eventuell faktische Beherrschung.
Gesellschaft des bürgerlichen Rechts mit Stimmrechtsausschluss oder Stimmenbindung des Minderheitsgesellschafters ———>	Beherrschung durch Mehrheitsgesellschafter eindeutig gegeben.
Gesellschaft des bürgerlichen Rechts mit vertraglicher Vereinbarung über Beschlussfassung nach Mehrheitsprinzip ———>	Beherrschung durch Mehrheitsgesellschafter gegeben.
Bruchteilsgemeinschaft ohne Stimmrechtsvereinbarung ———>	Rechnerische Mehrheit genügt zur Beherrschung, wenn tatsächliche Handhabung stillschweigenden Ausschluss des „Selbstkontrahierungsverbots" belegt.
Bruchteilsgemeinschaft mit vertraglicher Vereinbarung über Mehrheitsprinzip ———>	Beherrschung durch Mehrheitsgesellschafter gegeben.

Diese Übersicht gilt, wenn einzelne Gesellschafter nur an der Besitzpersonengesellschaft beteiligt sind. Sind Gesellschafter am Besitz- und Betriebsunternehmen beteiligt (Beteiligungsidentität), so sind ihre Anteile jeweils zusammenzurechnen und dieser Gesamtanteil ist für die Frage der Beherrschung in der Besitzpersonengesellschaft nach obigen Grundsätzen zu überprüfen.

70 Wird das Besitzunternehmen in der Rechtsform einer **OHG** oder **KG** geführt und enthält der Gesellschaftsvertrag keine Regelung über die Zulässigkeit von Mehrheitsentscheidungen bei Gesellschafterbeschlüssen, so gilt Folgendes:

Offene Handelsgesellschaft

Für die über den gewöhnlichen Betrieb hinausgehenden Handlungen bedarf es des Beschlusses aller Gesellschafter gem. § 116 Abs. 2 HGB. Dieser Beschluss ist nach § 119 Abs. 1 HGB einstimmig zu fassen. Für normale Geschäftsvorfälle, zu denen auch Mietvertragsangelegenheiten zählen, ist jeder Gesellschafter allein befugt. Danach wäre keine Einstimmigkeit erforderlich. Wegen § 115 Abs. 1 Satz 1 Halbsatz 2 HGB besteht für jeden Gesellschafter jedoch ein Vetorecht. Daher ist auch für Mietvertragsangelegenhei-

4 Steuerliche Fragen bei der Entstehung

ten faktisch von einem Einstimmigkeitserfordernis auszugehen.[69] Das heißt, ein Nur-Besitzgesellschafter kann blockieren.

Kommanditgesellschaft

Für die laufenden Geschäfte des täglichen Lebens ist die Zustimmung der Kommanditisten nicht erforderlich. Insoweit gilt bei einer KG das Einstimmigkeitsprinzip nicht. Da der Abschluss von Mietverträgen zu diesen laufenden Rechtsgeschäften zu zählen ist, wäre der Komplementär zur Geschäftsführung und Vertretung befugt und damit beherrschend. Die Kommanditisten könnten in dieser Angelegenheit nicht blockieren. Da sich die Finanzverwaltung in dieser Frage sehr ungenau ausdrückt,[70] sollte zur Vermeidung einer personellen Verflechtung vertraglich eindeutig geregelt werden, dass der Abschluss, die Kündigung und die Änderung des Pachtvertrages der **Zustimmung aller Gesellschafter** bedarf **(Einstimmigkeitsabrede)**. Ist eine Betriebsaufspaltung erwünscht und sind einzelne Nur-Besitzgesellschafter vorhanden, so sollte umgekehrt das Mehrheitsprinzip oder die Alleingeschäftsführung und -vertretung in den o. g. Bereichen vereinbart werden.

Bei **Kapitalgesellschaften** gilt immer das Mehrheitsprinzip entsprechend den Geschäftsanteilen, es sei denn, es ist vertraglich etwas anderes bestimmt worden.

Beispiel:

V ist alleiniger Eigentümer des Besitzunternehmens und Alleingesellschafter der Betriebs-GmbH. Im Wege der vorweggenommenen Erbfolge möchte er die Kinder zu 50 % an der GmbH beteiligen. Diese Anteile wären aus dem Betriebsvermögen zu entnehmen. Dadurch wird gleichzeitig die Betriebsaufspaltung beendet, da V die Betriebs-GmbH nicht mehr beherrscht. Daher müsste sich V ein Stimmrecht ausbedingen, das über seinem verbliebenen GmbH-Gesellschaftsanteil i. H. von 50 % liegt. Es ist nicht erforderlich, dass V die Geschäftsführung innehat.

4.1.4 Beteiligung minderjähriger Kinder

Anteile minderjähriger Kinder wurden früher immer den Anteilen der Eltern hinzugerechnet. Hatte die „Familie" damit die Mehrheit im Besitz- und Betriebsunternehmen erreicht, war eine Betriebsaufspaltung gegeben.

Aufgrund des Urteils des BVerfG über das Verbot der Zusammenrechnung von Ehegattenanteilen ist die Finanzverwaltung von dieser Auffassung abgegangen. Nunmehr soll die Beteiligung eines minderjährigen Kindes des Besitzunternehmers nur dann mitgezählt werden, wenn besondere Umstände vorliegen, die darauf schließen lassen, dass die Stimmrechte des

---
69 BFH vom 07.12.1999, BFH/NV 2000 S. 601.
70 BMF vom 07.10.2002, BStBl I 2002, 1028.

H. Betriebsaufspaltung

Besitzunternehmers und seines minderjährigen Kindes einheitlich ausgeübt werden. Das soll z. B. regelmäßig der Fall sein, wenn dem Besitzunternehmer die alleinige Vermögenssorge für das minderjährige Kind zusteht.[71] Unseres Erachtens ist diese Auffassung zu weitgehend. Selbst wenn einem Elternteil die ausschließliche Vermögenssorge zugewiesen ist, dürfte er nach dem Rechtsgedanken des § 181 BGB gehindert sein, die Interessen des Kindes bei Gesellschafterbeschlüssen und insbesondere bei Änderungen des Gesellschaftsvertrags zu vertreten. Eine Interessenkollision ist auch beim Abschluss von Mietverträgen anzunehmen, wenn das minderjährige Kind nur an einem Unternehmen beteiligt ist. Nur wenn die Finanzbehörden außerhalb der familiären Beziehung liegende Fakten nachweisen, die Rückschlüsse auf gleichgerichtete wirtschaftliche Interessen zulassen, wird man in Ausnahmefällen die Beteiligungen von minderjährigen Kindern einem Elternteil zurechnen können. Zu denken wäre da allenfalls an einen vergleichbaren Sachverhalt wie im Urteil vom 24.07.1989.[72]

72 Steht die Vermögenssorge beiden Elternteilen zu, so sind die Anteile der minderjährigen Kinder nicht zu berücksichtigen, es sei denn, Eltern und Kinder sind an beiden Gesellschaften beteiligt (Gruppentheorie); in diesem Fall bilden sie wie Fremde eine geschlossene Personengruppe.

Beispiel:

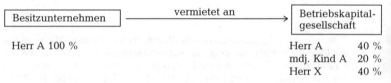

Besitzunternehmen	vermietet an →	Betriebskapital-gesellschaft
Herr A 100 %		Herr A 40 %
		mdj. Kind A 20 %
		Herr X 40 %

Steht das Sorgerecht für das minderjährige Kind beiden Elternteilen zu, so scheidet eine Berücksichtigung des Anteils des minderjährigen Kindes bei Herrn A aus. Eine Betriebsaufspaltung ist nicht gegeben. Hätte im Beispielsfall Herr A das ausschließliche Recht zur Personensorge, so wäre nach Meinung der Finanzverwaltung eine Beherrschung sowohl im Besitzunternehmen als auch in der Betriebskapitalgesellschaft (40 % + 20 %) gegeben. Das Recht zur allgemeinen Vermögenssorge für Herrn A reicht jedoch u. E. nicht aus, um hier eine Betriebsaufspaltung zu begründen.

Wäre Kind A sowie Mutter und Vater A z. B. zu je $^1/_3$ am Besitzunternehmen und Mutter und Vater A zu je $^1/_2$ an der Betriebs-GmbH beteiligt, so wäre nach Auffassung der Finanzverwaltung eine Beherrschung gegeben.[73]

Werden den Kindern allerdings **stimmrechtslose Beteiligungen** eingeräumt, so bleiben diese Anteile bei der Frage der Beherrschung außer Betracht.

---

71 Vgl. R 15.7 Abs. 8 EStR.
72 BStBl II 1989, 913.
73 Vgl. R 15.7 Abs. 8 EStR.

4 Steuerliche Fragen bei der Entstehung

Eine Betriebsaufspaltung könnte damit bewirkt werden. Jedoch nicht im obigen Ausgangsbeispiel.

Beispiel:

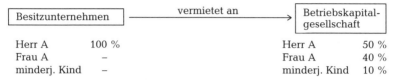

Herr A	100 %	Herr A 50 %
Frau A	–	Frau A 40 %
minderj. Kind	–	minderj. Kind 10 %

Hat das Kind **kein** Stimmrecht, so steht Herr A die Mehrheit in beiden Bereichen zu. Eine Betriebsaufspaltung wäre zu bejahen.

4.1.5 Beherrschung durch mittelbare Mehrheitsbeteiligung

Maßgeblichen Einfluss auf die Betriebskapitalgesellschaft kann auch eine mittelbare Beteiligung gewähren.[74]

Beispiel:

A ist gleichzeitig Alleingesellschafter der C-GmbH. Er ist in der Lage, auf die Geschäftsführung der C-GmbH Einfluss zu nehmen. Auf diese Weise kann er seinen Willen auch in der B-GmbH durchsetzen. Eine Betriebsaufspaltung im Verhältnis des A zur B-GmbH liegt vor. Damit hat A aus der Vermietung **gewerbliche Einkünfte.** Dasselbe gilt aber auch für die Gewinnausschüttung der C-GmbH, da deren Geschäftsanteile zum notwendigen Betriebsvermögen des A gehören. Denn nur über sie hat er den beherrschenden Einfluss auf die B-GmbH.[75]

4.1.6 Abweichung der Kapitalbeteiligung von den Stimmrechten

Entgegen der Regelung des § 47 Abs. 2 GmbHG können durch Gesellschaftsvertrag die Stimmrechte abweichend von der Kapitalbeteiligung festgelegt werden. Es ist z. B. zulässig, dass einzelne Gesellschaftsanteile keine Stimmrechte haben oder manche Gesellschaftsanteile erhöhte Stimmrechte aufweisen (Vorzugsgeschäftsanteile). Für die Frage der Beherrschung kommt es in diesen Fällen allein auf die Stimmrechte an.

---
74 BFH vom 28.11.1979, BStBl II 1980, 162, und vom 10.11.1982, BStBl II 1983, 136.
75 BFH vom 23.07.1981, BStBl II 1982, 60.

H. Betriebsaufspaltung

75 Auch bei **Nießbrauchsbestellung,** z. B. an der Betriebskapitalgesellschaft, ist entscheidend, wem die Stimmrechtsausübung zusteht. Zivilrechtlich ist es möglich, dass entweder der Eigentümer oder der Nießbraucher das Stimmrecht hat. Fehlt eine besondere Vereinbarung, so steht das Stimmrecht weiterhin dem Gesellschafter und nicht dem Nießbraucher zu.[76] Daher würde eine Betriebsaufspaltung auch dann angenommen werden müssen, wenn ein Gesellschafter allein oder eine Personengruppe die Mehrheit sowohl am Besitzunternehmen als auch an der Betriebskapitalgesellschaft besitzt und ein Nießbrauch zugunsten Dritter an der Betriebskapitalgesellschaft eingeräumt wurde, ohne dass der Nießbraucher die Stimmrechte ausüben kann.

Fallen das Eigentum an der wesentlichen Betriebsgrundlage und das Verwaltungs- und Nutzungsrecht auseinander, weil an den Wirtschaftsgütern des Besitzunternehmens der Nießbrauch bestellt wurde, so ist zu prüfen, wer in rechtlich durchsetzbarer Weise das Verwaltungs- und Nutzungsrecht ausüben kann.

Beispiel:

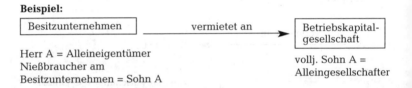

Herr A = Alleineigentümer
Nießbraucher am
Besitzunternehmen = Sohn A

vollj. Sohn A =
Alleingesellschafter

Hier ist eine „Stimmrechtsausübung" im Besitzunternehmen nicht denkbar. Daher ist allein entscheidend, dass Sohn A in Ausübung seines Nießbrauchsrechts an seine Betriebskapitalgesellschaft vermietet hat und damit eine Beherrschung in beiden Unternehmensbereichen durch ihn erfolgt. Vater A hat keinerlei rechtliche Einwirkungsmöglichkeit. Man wird daher eine Betriebsaufspaltung bejahen müssen. Damit bezieht Sohn A aus der Vermietung und den Dividendenerträgen gewerbliche Einkünfte. Die Wirtschaftsgüter des **Besitz**unternehmens gehören allerdings nicht zum notwendigen Betriebsvermögen des Sohnes, da er insoweit weder zivilrechtlicher noch wirtschaftlicher Eigentümer ist. Diese Wirtschaftsgüter sind auch nicht notwendiges Betriebsvermögen des Vaters, da eine Nutzungsvereinbarung nicht zu Betriebsvermögen beim Überlassenden führen kann. Die AfA im Besitzunternehmen kann weder Vater A (keine Einnahmen) noch Sohn A (keine eigenen Kosten) geltend machen.

---

76 Baumbach/Hueck, § 15 Anm. 52.

4 Steuerliche Fragen bei der Entstehung

4.1.7 Mehrfache Betriebsaufspaltungen 76

Beispiel:

A 40 %   A 40 %
B 60 %   B 60 %
= GbR

Seit dem Jahr 01 verpachtet das Besitzunternehmen A und B wesentliche Betriebsgrundlagen an die Betriebskapitalgesellschaft. Insoweit besteht eine Betriebsaufspaltung. Im Jahr 06 verpachtet B ein wesentliches Grundstück (oder Patent) an die GmbH. Hier bestehen **nur** Rechtsbeziehungen zwischen ihm und der GmbH. Eine Gesellschafterleistung an die Besitzgesellschaft A–B kann nicht unterstellt werden. Daher liegt bei B **eine eigene gewerbliche** Tätigkeit vor, die von der ersten Betriebsaufspaltung unabhängig zu beurteilen ist. Daraus folgt, dass hier eine **zweite** Betriebsaufspaltung vorliegt mit dem erfreulichen **Vorteil,** dass die gewerbesteuerlichen Freibeträge zweimal in Anspruch genommen werden können.[77]

Zu beachten ist jedoch, dass eine solche **mehrfache** Betriebsaufspaltung dann nicht angenommen werden kann, wenn B als Alleineigentümer das Grundstück zunächst an das Besitzunternehmen A–B (als Sonderbetriebsvermögen) für dessen eigene Zwecke verpachtet hätte und das Besitzunternehmen dann an die Betriebskapitalgesellschaft weiterverpachten würde. Hier liegt nur **eine** Betriebsaufspaltung vor, B hat weiter Sonderbetriebseinnahmen, die gem. § 15 Abs. 1 Nr. 2 EStG bei der GbR zu erfassen sind.

4.1.8 Mitunternehmerische Betriebsaufspaltung

Wie oben ausgeführt, ist die Aufspaltung eines Betriebs in zwei Betriebsteile 77 an keine Gesellschaftsform gebunden. Es ist daher möglich, dass sowohl die Verpachtungsgesellschaft als auch die Pachtgesellschaft in der Rechtsform von Personengesellschaften betrieben werden.

Beispiel:

Eine GbR mit eigenem aktivem Gewerbebetrieb, bestehend aus den Gesellschaftern A, B und C, verpachtet ein wesentliches Grundstück an die ebenfalls gewerblich tätige ABC-KG, an der die Gesellschafter A, B und C ebenfalls zu je ¹/₃ beteiligt sind.

In diesem Fall tritt das Problem der **Bilanzierungskonkurrenz** zwischen Verpachtungs- und Pachtgesellschaft auf. Es stellt sich die Frage, ob das Grundstück vorrangig als Sonderbetriebsvermögen in der Pachtgesellschaft zu

---
77 BFH vom 23.01.1980, BStBl II 1980, 356.

H. Betriebsaufspaltung

bilanzieren ist oder ob hier – entsprechend dem Handelsrecht – eigenständiges Betriebsvermögen der Verpachtungsgesellschaft besteht.

Bisher hatte die Rechtsprechung den Vorrang des Sonderbetriebsvermögens angenommen. Dementsprechend wäre im obigen Beispiel das Grundstück der ABC-GbR steuerrechtlich der KG zuzuordnen. Die Mietzahlungen wären als Sonderbetriebseinnahmen der KG wieder hinzuzurechnen. Dieser Vorrang der Sonderbetriebsvermögens-Eigenschaft ist durch die neuere Rechtsprechung des BFH überholt. Maßgebend hierfür ist, dass die Personengesellschaft ertragsteuerlich immer mehr verselbständigt wurde und die Rechtsprechung ihr ausdrücklich eine partielle Steuerrechtsfähigkeit zuerkannt hat.[78] Die ertragsteuerliche Verselbständigung der Personengesellschaft wurde darüber hinaus durch die Entscheidung des Großen Senats zur „doppelstöckigen Personengesellschaft" unter Hinweis auf die zivilrechtliche Entwicklung bekräftigt.[79]

78 Die Behandlung von gewerblich tätigen Personengesellschaften kann nicht ohne Auswirkung bleiben auf die Vermietung zwischen ganz oder teilweise personenidentischen Schwesterpersonengesellschaften. Mit Urteil vom 16.06.1994[80] hat der BFH den **Vorrang eigenständigen Betriebsvermögens** bejaht, und zwar selbst dann, wenn die verpachtende Gesellschaft lediglich eine gewerblich geprägte Personengesellschaft (§ 15 Abs. 3 Nr. 2 EStG) oder Grundstücks-GbR darstellt. Vermietet daher eine Personengesellschaft Wirtschaftsgüter an eine ganz oder teilweise gesellschaftsidentische andere Personengesellschaft, so gehören die Wirtschaftsgüter nicht zum Sonderbetriebsvermögen der Gesellschaft bei der mietenden Gesellschaft. Die Qualifikation des Vermögens als eigenständiges Gesellschaftsvermögen und die Einkünfte aus der Verpachtung dieses Vermögens als gewerbliche Einkünfte der Personengesellschaft hat bei der (teilweise) gesellschafteridentischen Personengesellschaft Vorrang vor der Qualifikation des Vermögens als Sonderbetriebsvermögen und der Einkünfte aus der Verpachtung als Sonderbetriebseinkünfte der Gesellschafter bei der leistungsempfangenden Gesellschaft. Diese Auffassung wurde bestätigt durch Urteil vom 24.11.1998.[81]

Beispiel:
Eine lediglich vermietende GmbH & Co. KG (Schein-KG), an der A und B je hälftig beteiligt sind, vermietet ein betriebsnotwendiges Grundstück an die AB-OHG, an der A und B ebenfalls hälftig beteiligt sind.

Das an die OHG zur Nutzung überlassene Grundstück ist als eigenständiges Betriebsvermögen in der Bilanz der GmbH & Co. KG auszuweisen. Die Miet-

---

78 Beschluss des Großen Senats des BFH vom 25.06.1984 zur Aufgabe der „Gepräge-Rechtsprechung", BStBl II 1984, 751.
79 Beschluss des Großen Senats des BFH vom 25.02.1991, BStBl II 1991, 691.
80 BStBl II 1996, 82.
81 BStBl II 1999, 483.

4 Steuerliche Fragen bei der Entstehung

einnahmen sind bei der GmbH & Co. KG als Betriebseinnahmen zu erfassen. Ein Ansatz des Sonderbetriebsvermögens in Sonderbilanzen der Gesellschafter A und B bei der OHG ist nicht zulässig. Dasselbe gilt, wenn eine Grundstücks-GbR, bestehend aus A und B, die Verpachtung vornehmen würde.

Begründet wird diese Rechtsprechung vor allem damit, dass von der Selbständigkeit der Personengesellschaft als Subjekt der Gewinnerzielung und Gewinnermittlung auszugehen ist.

Nachdem der BFH zunächst den Vorrang der mitunternehmerischen Betriebsaufspaltung vor der Anwendung des § 15 Abs. 1 Satz 1 Nr. 2 EStG nur angenommen hat, wenn die verpachtende Personengesellschaft gewerblich tätig oder zumindest gewerblich geprägt ist, ist aufgrund des Urteils vom 23.04.1996[82] anerkannt, dass auch eine nur vermögensverwaltende Personengesellschaft Besitzunternehmen im Sinne der Betriebsaufspaltung sein kann. Sind daher die Voraussetzungen einer Betriebsaufspaltung in Form der personellen und sachlichen Verflechtung erfüllt, so haben die Regeln der Betriebsaufspaltung Vorrang vor der Qualifikation des Vermögens als Sonderbetriebsvermögen der anmietenden Personengesellschaft. Sonderbetriebseinnahmen und Sonderbetriebsvermögen i. S. des § 15 Abs. 1 Nr. 2 EStG sind nur subsidiär zu den Rechtsfolgen einer Betriebsaufspaltung (sog. **Subsidiaritätsthese**).

79

Beispiel:

Die AB-GbR ist Eigentümer eines Grundstücks. A ist mit 60 % und B mit 40 % an der GbR beteiligt. Die GbR vermietet ihr Grundstück an eine gewerblich tätige KG mit den Gesellschaftern A (beteiligt zu 60 %) und B (beteiligt mit 40 %).

Die personelle und sachliche Verflechtung ist gegeben. Es gelten daher die Grundsätze der Betriebsaufspaltung: Das Grundstück ist Betriebsvermögen der AB-GbR; diese bezieht gewerbliche Einkünfte. Die KG-Anteile sind jedoch nicht Sonderbetriebsvermögen des Besitzunternehmens. Sie bleiben selbständig.

Der Vorrang der Grundsätze einer Betriebsaufspaltung vor der Lehre vom Sonderbetriebsvermögen ist nicht nur vorteilhaft:

80

Beispiel:

An der AB-GbR sind A mit 60 % und B mit 40 % beteiligt. Diese GbR vermietet eine wesentliche Betriebsgrundlage an die AC-OHG, an der A mit 60 % und C mit 40 % beteiligt sind. In beiden Gesellschaften gilt das Mehrheitsprinzip.

Da A mit 60 % in beiden Gesellschaften die Mehrheit besitzt und eine wesentliche Betriebsgrundlage vermietet wird, liegt eine mitunternehmerische Betriebsaufspaltung vor. Nach der früheren Rechtsprechung[83] und Verwaltungsmeinung[84] war das Grundstück des A Sonderbetriebsvermögen bei der AC-OHG. Während A daher (gewerbliche) Sonderbetriebseinnahmen bezogen

---

[82] DStR 1996 S. 1521.
[83] BFH vom 18.07.1979, BStBl II 1979, 750.
[84] BMF vom 10.12.1979, BStBl I 1979, 683.

H. Betriebsaufspaltung

hat, erklärte B zu Recht Einkünfte aus Vermietung und Verpachtung. Wegen der unterschiedlichen Einkunftsarten wird eine solche GbR als Zebra-Gesellschaft bezeichnet. Nach den Grundsätzen der jetzigen BFH-Rechtsprechung ist bei der GbR von einem gewerblich tätigen Besitzunternehmen auszugehen. Dies bedeutet, dass auch B gewerbliche Einkünfte bezieht (sog. Abfärbetheorie). Gilt in der GbR jedoch das Einstimmigkeitsprinzip, so kann nicht von einer Beherrschung der AB-GbR durch A ausgegangen werden. B könnte die Beschlüsse der GbR blockieren; A wäre damit nicht beherrschend. Sein Anteil an der Grundstücks-GbR wäre Sonderbetriebsvermögen der OHG, der Anteil des B wäre Privatvermögen.

81 Die Finanzverwaltung hat sich der geänderten BFH-Rechtsprechung angeschlossen.[85]

Sonderbetriebsvermögen wird dagegen in folgenden Fällen anzunehmen sein:

a) Die Voraussetzungen einer Betriebsaufspaltung liegen nicht vor.

Beispiel:

Die AB-GbR (Beteiligungsverhältnis 50 % : 50 %) vermietet eine wesentliche Betriebsgrundlage an die AC-OHG (Beteiligungsverhältnis 50 % : 50 %).

A besitzt weder in der Grundstücks-GbR noch in der OHG die Mehrheit. In diesem Fall greift § 15 Abs. 1 Nr. 2 EStG. Der Grundstücksanteil des A ist als Sonderbetriebsvermögen bei der OHG zu qualifizieren. Für A liegen insoweit Sonderbetriebseinnahmen vor. B bezieht dagegen Einkünfte aus Vermietung und Verpachtung; sein Grundstücksanteil ist Privatvermögen.

b) Verpächter ist eine Einzelperson.

Beispiel:

A ist Eigentümer eines Grundstücks. Er vermietet dieses an die AB-OHG, an der er mit 60 % beteiligt ist. Die Geltung des Mehrheitsprinzips ist ausdrücklich festgelegt.

Obwohl A beherrschend in der Betriebs-OHG ist, kann er nicht als Einzelunternehmer eines Besitzunternehmens angesehen werden. Das Grundstück ist als Sonderbetriebsvermögen der OHG zu beurteilen. Es liegen also keine zwei selbständig nebeneinander bestehenden Unternehmen vor. Insoweit ist keine isolierte Steuerrechtssubjekteigenschaft für A denkbar, wie sie der BFH für Personengesellschaften annimmt.

c) Grundstücksgesellschaft überlässt das Grundstück **unentgeltlich**.

Beispiel:

Die AB-GbR (Beteiligungsverhältnis 50 % : 50 %) überlässt **unentgeltlich** ein Grundstück an die AB-OHG.

In der Grundstücks-GbR entstehen nur Kosten (AfA, Zinsen usw.). Mangels Einnahmen fehlt es an einer Gewinnerzielungsabsicht. Entstehen daher dauerhaft **Verluste**, so stellt die Besitzgesellschaft keinen eigenständigen Gewerbe-

---

[85] BMF vom 28.04.1998, BStBl I 1998, 583.

4 Steuerliche Fragen bei der Entstehung

betrieb dar. In diesem Fall liegt Sonderbetriebsvermögen vor.[85] Dasselbe gilt ggf. bei verbilligter Überlassung.

Liegen die Voraussetzungen einer mitunternehmerischen Betriebsaufspaltung vor, so hat dies beispielsweise folgende Auswirkungen: **82**

— Die aus der Verpachtung resultierenden Einnahmen sind eigene **Betriebseinnahmen** der Verpachtungsgesellschaft und keine Sonderbetriebseinnahmen bei der nutzenden Gesellschaft.

— Besitzunternehmen und Gesellschaft sind rechtlich selbständige Unternehmen. Wird daher das Besitzunternehmen verkauft, wird damit ein selbständiger Betrieb i. S. des § 16 EStG veräußert, auch wenn das Betriebsvermögen z. B. nur aus einem Grundstück besteht.

— Das Besitzunternehmen kann selbständig nach § 20 UmwStG in eine Kapitalgesellschaft eingebracht werden.

— Besitzunternehmen und Betriebsgesellschaft können unentgeltlich auf verschiedene Personen übertragen werden, ohne dass ein Entnahmegewinn entsteht, sofern nicht die Voraussetzungen der Betriebsaufspaltung dadurch wegfallen. Diese Rechtsfolge ist beispielsweise interessant für Erbfolgeregelungen.

— Besitzunternehmen und Betriebsgesellschaft ermitteln als selbständige Unternehmen ihren Gewinn eigenständig. Die Betriebsgesellschaft kann ein vom Besitzunternehmen abweichendes Wirtschaftsjahr wählen.

— Für den Anwendungsbereich des § 7 g EStG sind die Wertverhältnisse beider Unternehmen getrennt zu beurteilen. Bei Mitunternehmerschaft hingegen werden Gesamthandsvermögen und Sonderbetriebsvermögen einheitlich behandelt.

— Sind Besitzunternehmen und Betriebsgesellschaft jeweils Kommanditgesellschaften, so ergibt sich – im Vergleich zur Sonderbetriebsvermögens-Eigenschaft – ein höheres Verlustausgleichsvolumen i. S. des § 15 a EStG. Soweit Sonderbetriebsvermögen bei der Betriebs-KG anzunehmen wäre, ist dieses für die Ermittlung des ausgleichsfähigen Verlustes i. S. des § 15 a EStG nicht zu berücksichtigen.

— Teilwertabschreibungen auf Forderungen gegenüber der Betriebsgesellschaft sind zulässig, da Besitzunternehmen und Betriebsgesellschaft unabhängig voneinander zu bilanzieren haben. Für das Sonderbetriebsvermögen gilt dagegen das Korrespondenzprinzip. Dieses lässt eine Forderungsabschreibung nicht zu.

— Der Freibetrag beim Gewerbertrag von 24.500 Euro (§ 11 Abs. 1 GewStG) und die Staffelung der Steuermesszahlen beim Gewerbeertrag (§ 11 Abs. 2 GewStG) sind sowohl für das Besitzunternehmen als auch für die Betriebsgesellschaft anzuwenden. Ab VZ 2008 ohne Staffelbeträge.

— Erwirtschaftet die Besitzgesellschaft einen positiven Gewerbeertrag, während die Betriebsgesellschaft Verluste erzielt, so ist ein direkter Ver-

H. Betriebsaufspaltung

lustausgleich zur Minderung des Gewerbeertrags zwischen den beiden Betrieben nicht möglich. Soweit das vermietete Wirtschaftsgut Sonderbetriebsvermögen darstellt, sind die Gewinne aus diesem Bereich bei der Ermittlung des Gewerbeertrags der Mitunternehmerschaft mit den Verlusten zu saldieren; sie führen zu einer GewSt-Minderung.

— Die Kreditgewährung von Besitzunternehmen an die Betriebsgesellschaft (oder umgekehrt) kann zu Dauerschulden und damit zu Dauerschuldzinsen bei dem Kredit aufnehmenden Unternehmen führen. Diese zusätzliche GewSt-Belastung gibt es bei der Annahme von Sonderbetriebsvermögen nicht.

Verfahrensrechtlich ist zu beachten, dass bei Vorliegen einer Betriebsaufspaltung für Besitzunternehmen und Betriebsgesellschaft gesonderte Steuererklärungen abzugeben sind und für beide Unternehmen gesonderte Gewinnfeststellungen, Gewerbesteuer-Messbescheide und Gewerbesteuerbescheide ergehen.

4.2 Sachliche Verflechtung durch Verpachtung wesentlicher Betriebsgrundlagen

83 Neben der personellen Verflechtung ist für die Annahme einer Betriebsaufspaltung erforderlich, dass die vom Besitzunternehmen verpachteten Wirtschaftsgüter die **wesentliche Grundlage** des Betriebsunternehmens darstellen. Bei Prüfung dieses Merkmals ist auf die Verhältnisse des Betriebsunternehmens abzustellen; die Verhältnisse des Besitzunternehmens sind unbeachtlich. Hervorzuheben ist, dass es nach der ständigen Rechtsprechung des BFH genügt, wenn das überlassene Wirtschaftsgut bei der Betriebsgesellschaft **nur eine** der wesentlichen Betriebsgrundlagen darstellt.[86]

Als wesentliche Betriebsgrundlagen kommen alle diejenigen Wirtschaftsgüter in Betracht, die nach dem Gesamtbild der Verhältnisse für die Betriebsführung der Betriebsgesellschaft **wirtschaftliches Gewicht** besitzen und bei denen es einen deutlichen Unterschied macht, ob sie sich im Eigenbesitz des Unternehmens befinden oder von fremden Eigentümern gemietet oder gepachtet sind.[87] Demzufolge sind Wirtschaftsgüter nicht schon deshalb als **nicht** wesentlich anzusehen, weil sie auch von Fremden gemietet oder gepachtet werden könnten. Aus der Urteilsbegründung der BFH-Rechtsprechung[88] geht hervor, dass es sich um solche Wirtschaftsgüter handeln muss, die für die Betriebsführung „wesentlich", „notwendig" oder gar

---

86 BFH vom 24.06.1969, BStBl II 1970, 17, vom 20.09.1973, BStBl II 1973, 869, und vom 21.05.1974, BStBl II 1974, 613.
87 BFH vom 24.06.1969, BStBl II 1970, 17; bestätigt im Urteil vom 12.11.1985, BStBl II 1986, 295.
88 BFH vom 24.06.1969, BStBl II 1970, 17.

4 Steuerliche Fragen bei der Entstehung

"unentbehrlich" sind. Ob diese Kriterien im Einzelnen vorliegen, kann nur nach dem Gesamtbild der Verhältnisse des Einzelfalles entschieden werden.

Nach ständiger Rechtsprechung fällt unter die Verpachtung der wesentlichen Betriebsgrundlagen nicht nur die Verpachtung eines ganzen Betriebs oder Teilbetriebs, sondern es genügt auch die Verpachtung wesentlicher Teile des Betriebs, insbesondere von Grundstücken, wie z. B. Hotelgrundstücken, Fabrikgrundstücken u. Ä., die besonderes Gewicht für die Betriebsführung besitzen.[89]

Bei einem Produktionsunternehmen gehören zu den wesentlichen Betriebsgrundlagen die für die Produktion bestimmten und auf die Produktion abgestellten Betriebsgrundstücke und Betriebsvorrichtungen. Maschinen und Einrichtungsgegenstände rechnen zu den wesentlichen Betriebsgrundlagen, soweit sie für die Fortführung des Betriebs unentbehrlich oder nicht jederzeit ersetzbar sind.[90]

Unbeachtlich ist, ob die von der Besitzgesellschaft verpachteten Wirtschaftsgüter auch ihr Eigentum sind. Sie kann selbst Pächterin der Wirtschaftsgüter sein und sie in Unterpacht an die Betriebsgesellschaft weiterverpachten.[91] Bezüglich der Unterverpachtung von Gaststätten und Büroräumen wird auf die BFH-Urteile vom 25.07.1968 und vom 19.04.1972[92] verwiesen. Nach BFH vom 24.04.1991[93] kann auch die **leihweise Überlassung** von Wirtschaftsgütern eine wesentliche Betriebsgrundlage an die beherrschte Betriebskapitalgesellschaft begründen.[94]

Aus der bilanzsteuerrechtlichen Rechtslage ergibt sich ferner, dass zu den wesentlichen Betriebsgrundlagen nicht nur diejenigen Wirtschaftsgüter zu rechnen sind, die im Eigentum des Besitzunternehmens selbst stehen, sondern auch diejenigen, bei denen es sich um Alleineigentum der Gesellschafter (Sonderbetriebsvermögen) des Besitzunternehmens handelt. Wird z. B. das gesamte bisherige Betriebsvermögen einer Besitzpersonengesellschaft an die Betriebskapitalgesellschaft verpachtet und wird im Zuge dieser Verpachtung auch ein Grundstück, das im Alleineigentum eines Gesellschafters steht, mit spezifischen Betriebsgebäuden und Anlagen für die Belange der Betriebskapitalgesellschaft mitverpachtet, so rechnen diese Wirtschaftsgüter weiterhin zum Sonderbetriebsvermögen der Besitzgesellschaft. Daraus folgt, dass es sich bei den Vermietungseinkünften um gewerbliche Einkünfte des Besitzunternehmens handelt.

84

Werden **Patente** und Erfindungen durch einzelne Gesellschafter einer Besitzpersonengesellschaft erst nach Begründung der Betriebsaufspaltung unmit-

85

---

89 BFH vom 16.01.1962, BStBl III 1962, 104, und vom 24.01.1968, BStBl II 1968, 354.
90 H 15.7 Abs. 5 (Wesentliche Betriebsgrundlage) EStH.
91 Vgl. BFH vom 25.07.1968, BStBl II 1968, 677.
92 BStBl II 1968, 677, BStBl II 1972, 634.
93 BStBl II 1991, 713.
94 Vgl. Fichtelmann mit kritischer Anmerkung in GmbHR 1992 S. 442.

H. Betriebsaufspaltung

telbar an die Betriebs-GmbH überlassen, gehören sie im Regelfall **nicht** zum notwendigen Sonderbetriebsvermögen des Gesellschafters bei der Besitzpersonengesellschaft.[95] Bei dieser Sachlage besteht das Nutzungsverhältnis **direkt** zwischen der Betriebs-GmbH und den einzelnen Gesellschaftern der Besitzgesellschaft, also ohne Einschaltung des Besitzunternehmens, mit der Folge, dass die von der Betriebs-GmbH den Gesellschaftern gezahlten Lizenzgebühren nicht zum Gewerbeertrag der Besitzgesellschaft gehören.

Handelt es sich aber bei den Schutzrechten um eine wesentliche Betriebsgrundlage und kann der Inhaber der Schutzrechte seinen Willen in der Betriebsgesellschaft durchsetzen, liegt zwischen dem überlassenden Gesellschafter und der Betriebs-GmbH bezüglich der Schutzrechte ein **weiteres** Verhältnis der Betriebsaufspaltung vor.

Beispiel:

Zwischen einer OHG, an der A mit 70 % und B mit 30 % beteiligt sind, und der Betriebs-GmbH, an der A mit 60 % und B mit 40 % beteiligt sind, besteht seit dem Jahr 01 eine Betriebsaufspaltung. Im Jahre 06 macht A eine Erfindung, die er unmittelbar der GmbH zur Verwertung überlässt. Die Erfindung stellt eine wesentliche Betriebsgrundlage dar.

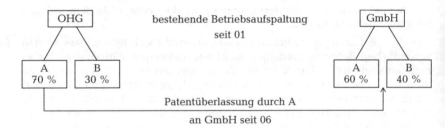

Die im Jahre 06 stattgefundene Patentüberlassung durch A beruht nicht auf der bisherigen Betriebsaufspaltung, da A seine Erfindung nicht über die ursprüngliche Besitzgesellschaft verwertet hat. Es bestehen **direkte** Rechtsbeziehungen zwischen A und der GmbH. Dadurch liegt bei A eine eigene gewerbliche Tätigkeit vor, die unabhängig von der ersten Betriebsaufspaltung zwischen der OHG und der GmbH zu beurteilen ist. Somit ist also eine Betriebsaufspaltung mit **zwei Besitzunternehmen** gegeben. Es ergibt sich dadurch ein steuerlicher Vorteil, dass die gewerbesteuerlichen Freibeträge für jedes Unternehmen, also zweimal, in Anspruch genommen werden können.

Wird durch die direkte Überlassung einer wesentlichen Grundlage durch einen Mitgesellschafter an die Betriebs-GmbH der Gesellschaftszweck der Besitzgesellschaft gestärkt, so ist von Sonderbetriebsvermögen auszugehen.

---

95 BFH vom 23.01.1980, BStBl II 1980, 356.

4 Steuerliche Fragen bei der Entstehung

Beispiel:

Die A-B-GbR hat ein Fabrikgrundstück an die A-B-GmbH verpachtet. Um eine Gewerbeuntersagung zu vermeiden, muss eine Abwasseranlage installiert werden. Dazu stellt Gesellschafter A sein angrenzendes Privatgrundstück durch Mietvertrag mit der GmbH zur Verfügung. Hier liegt Sonderbetriebsvermögen bei der A-B-GbR vor.

Die Annahme einer weiteren eigenständigen Betriebsaufspaltung, entsprechend dem BFH-Urteil vom 23.01.1980,[96] kann auch bei der Überlassung von anderen Wirtschaftsgütern des Anlagevermögens (z. B. bei Betriebsgrundstücken) Bedeutung haben.

Für die Prüfung, ob es sich bei den überlassenen Wirtschaftsgütern um eine wesentliche Betriebsgrundlage handelt, können die nachstehenden Kriterien beigezogen werden: 86

— Sind die Wirtschaftsgüter **speziell** auf die Belange der Betriebsgesellschaft zugeschnitten?

— Fördern die Wirtschaftsgüter **nicht nur unwesentlich** den Funktionsablauf der Betriebsgesellschaft?

— **Rentabilitätssteigerung** durch Auswahl eines günstigen Standorts?

Entscheidend ist, dass die gepachteten Wirtschaftsgüter **funktional wesentlich** sind.

Aus der Rechtsprechung ist die Tendenz erkennbar, dass zu den wesentlichen Betriebsgrundlagen stets die eigentlichen Betriebsgrundstücke, also solche Grundstücke, die zur Ausübung des Betriebs wesentlich und notwendig sind, wie z. B. Fabrikationsgebäude, Lager- und Bürogebäude, Ausstellungs- und Lagerräume bei Handelsunternehmen u. a., gehören. Auch unbebaute Grundstücke können je nach Lage des Einzelfalles und der betrieblichen Besonderheiten zu den wesentlichen Betriebsgrundlagen rechnen, z. B. Abstellflächen für Gebraucht- und Neuwagen eines Kraftfahrzeughändlers, Lagerplatz eines Bauunternehmers. Ein Grundstück ist dann keine wesentliche Betriebsgrundlage, wenn es für die Betriebsgesellschaft von geringer wirtschaftlicher Bedeutung ist.[97] 87

Zu den wesentlichen Betriebsgrundlagen gehören nicht nur die Betriebsgrundstücke, sondern auch bewegliche Wirtschaftsgüter, insbesondere Maschinen, Fahrzeuge und Einrichtungsgegenstände, soweit diese für die Fortführung des Betriebs unentbehrlich oder nicht jederzeit ersetzbar sind. Grenzfälle ergeben sich unter Umständen dann, wenn die Betriebskapitalgesellschaft neben eigenem Anlagevermögen sowohl vom Besitzunternehmen als auch von dritter Seite hinzugepachtete Maschinen, Fahrzeuge und Einrichtungsgegenstände nutzt. Hier muss nach Lage des Einzelfalles und

---

96 BStBl II 1980, 356.
97 BFH vom 12.11.1985, BStBl II 1986, 299; zur Abgrenzung der geringen wirtschaftlichen Bedeutung vgl. Söffing, NWB F. 18, 2802.

H. Betriebsaufspaltung

der Bedeutung der jeweiligen Wirtschaftsgüter für die Produktion darüber befunden werden, inwieweit noch wesentliche Betriebsgrundlagen bezüglich der vom Besitzunternehmen gepachteten Wirtschaftsgüter vorliegen. Außer den beweglichen Wirtschaftsgütern können auch immaterielle Wirtschaftsgüter wesentliche Betriebsgrundlage sein, wie z. B. Firmennamen, Warenzeichenrechte, gewerbliche Schutzrechte, Know-how u. Ä., wenn diese Wirtschaftsgüter für die Betriebskapitalgesellschaft eine wesentliche Geschäftsgrundlage bilden.[98]

88 Bei einem **Fabrikationsunternehmen,** dem auch Handwerksbetriebe gleichzustellen sind, rechnen die für die Fabrikation bestimmten und auf die Fabrikation abgestellten **Betriebsgrundstücke** einschließlich der **Betriebsvorrichtungen** zu den wesentlichen Betriebsgrundlagen. Maschinen für die **Produktion** und **Einrichtungsgegenstände** stellen dann wesentliche Betriebsgrundlagen dar, wenn diese für die Fortführung des Betriebs unentbehrlich oder in ihrer Gesamtheit nicht jederzeit und sofort ersetzbar sind.[99] Aufgrund der besonderen Sachlage im Urteilsfall des BFH vom 12.11.1985,[100] wonach bei einem Fabrikationsunternehmen die Fabrikationsgrundstücke nicht als wesentliche Betriebsgrundlage qualifiziert wurden, kann dieser Entscheidung nicht gefolgt werden. In dem entschiedenen Fall war an eine Betriebs-GmbH ein Gebäude vermietet worden, das im Wesentlichen Büros und Lagerräume enthielt, während die der Fabrikation dienenden Räume sich nur auf einen geringen Teil des Gebäudes bezogen. Nach heutiger Rechtslage ist auch in diesem Fall von einer wesentlichen Betriebsgrundlage auszugehen.

89 Bei **Einzelhandelsunternehmen** dürfte das Betriebsgrundstück **stets** eine wesentliche Betriebsgrundlage sein, denn für ein solches Unternehmen ist der Standort das entscheidende Merkmal für den Geschäftserfolg. Dieser Standort wird beispielsweise im Kernbereich des Publikumsverkehrs (Fußgängerzonen und dgl.) **allein** durch das (eigene) Grundstück gesichert. Die Ausstattung des Gebäudes ist in diesem Fall nicht entscheidend. Daher ist z. B. bei einem **Möbeleinzelhändler** das Grundstück, in dem sich die Ausstellungs- und Lagerräume befinden, als wesentlich zu beurteilen. Nach dem Urteil des BFH vom 04.11.1965[101] handelt es sich bei einem solchen Grundstück um eine wesentliche Betriebsgrundlage.

90 Lager- und Verkaufsgebäude bei **Großhandelsunternehmen** waren früher **nicht** zu den wesentlichen Betriebsgrundlagen zu rechnen, sofern diese nicht speziell für die Belange des Großhandelsunternehmens errichtet worden sind, z. B. mit Kühlräumen. Die Lage des Grundstücks sei für den Geschäftserfolg des Großhandelsunternehmens im Allgemeinen nicht ent-

---

98 BFH vom 11.08.1966, BStBl III 1966, 601, und vom 20.09.1973, BStBl II 1973, 869.
99 BFH vom 19.01.1983, BStBl II 1983, 312.
100 BStBl II 1986, 299.
101 BStBl III 1966, 49.

4 Steuerliche Fragen bei der Entstehung

scheidend. Im Urteilsfall vom 11.11.1970[102] hatte der BFH das Grundstück, in dem ein Verlagsunternehmen betrieben wurde, nicht als wesentliche Betriebsgrundlage betrachtet und folglich eine Betriebsaufspaltung verneint mit der Begründung, dass der Betrieb des Verlagsunternehmens keine besonderen Anforderungen an das von ihm benutzte Gebäude stellte. Ist aber ein solches **Hallengrundstück** von einigem Gewicht, weil in ihm alle betrieblichen Tätigkeiten einschließlich der Verwaltung und Geschäftsführung abgewickelt werden, so ist von einer sachlichen Verflechtung auszugehen.[103] Es ist nicht entscheidend, dass das Grundstück **austauschbar** ist.

In seiner früheren Rechtsprechung hatte der BFH entschieden, dass reine **Büro- und Verwaltungsgebäude** im Allgemeinen nicht für die Bedürfnisse der Betriebsgesellschaft besonders gestaltet sind und daher keine wesentliche Betriebsgrundlage bilden.[104] Nur bei besonderer Ausgestaltung des Bürogebäudes wurde das Vorliegen einer wesentlichen Betriebsgrundlage bejaht („Werbeagentururteil" vom 02.04.1997,[105] wonach ein besonders markantes Gebäude für eine Werbeagentur von besonderer Bedeutung ist).

Der BFH geht nunmehr davon aus, dass jedes Bürogebäude jedenfalls dann eine wesentliche Betriebsgrundlage darstellt, wenn die GmbH nach Art und Umfang ihrer Tätigkeit das Gebäude als Firmensitz und zur Aufnahme der Geschäftsleitung benötigt. Entscheidend ist, dass das Gebäude geeignete Räume enthält, um die Mitarbeiter, die technischen Anlagen und Geräte aufzunehmen und die Betriebsabläufe einschließlich Kundenberatung und -betreuung sowie die büromäßige Verwaltung sinnvoll zu koordinieren.[106] Nur wenn das Grundstück von untergeordneter Bedeutung ist, soll keine wesentliche Betriebsgrundlage anzunehmen sein. Damit scheidet eine sachliche Verflechtung z. B. beim **häuslichen Arbeitszimmer** des Geschäftsführers einer Handelsvertretungs-GmbH oder bei einem **Geräteschuppen** aus.

Die Finanzverwaltung hat sich dieser Rechtsprechung durch BMF-Schreiben vom 18.09.2001[107] (mit Übergangsregelung) angeschlossen.

Eine besondere Gestaltung der an das Betriebsunternehmen verpachteten Anlagegüter bzw. ein ganz spezieller Zuschnitt auf das Tätigkeitsfeld des Betriebsunternehmens kann daher bei Betriebsgrundstücken oder bei einem Maschinenpark nicht verlangt werden; die besondere Gestaltung kann nicht dahin verstanden werden, dass das betreffende Grundstück nur in **diesem** Betrieb verwendbar sein darf.[108]

---

102 BStBl II 1971, 61.
103 BFH vom 27.08.1998, BFH/NV 1999 S. 758.
104 BFH vom 12.11.1985, BStBl II 1986, 299.
105 BStBl II 1997, 565.
106 BFH vom 23.05.2000, BStBl II 2000, 621, und vom 23.01.2001, DStRE 2001 S. 736.
107 BStBl I 2001, 634.
108 Gl. A. Ranft, DStZ 1988 S. 79 ff.

H. Betriebsaufspaltung

In seinem Urteil vom 26.05.1993[109] hatte der X. Senat in Abweichung der Rechtsprechung des VIII. und III. Senats im sog. **"Dachdeckerurteil"** entschieden, dass eine sachliche Verflechtung nicht schon deswegen ausgeschlossen werden kann, weil das Betriebsunternehmen jederzeit am Markt für seine Belange ein **gleichwertiges Grundstück** mieten oder kaufen könnte. Es sei deshalb unbeachtlich, ob das Grundstück auch von anderen Unternehmen genutzt werden könne. Ein Betriebsunternehmen könne auch dann auf ein genutztes Grundstück angewiesen sein, wenn der Betrieb auf einem anderen Grundstück fortgeführt werden könne. Es entscheide deshalb lediglich die **wirtschaftliche Bedeutung** eines **Grundstücks** darüber, ob es als eine wesentliche Betriebsgrundlage angesehen werden kann.

Zu den Folgen aus dem Urteil des BFH vom 26.05.1993, a. a. O., führt die OFD München in einer Verfügung[110] aus:

> "Zu den Auswirkungen des Dachdecker-Urteils vom 26.05.1993 (BStBl II 1993, 718 = DB 1993 S. 1903) auf die Anforderungen an die sachliche Verflechtung im Rahmen einer Betriebsaufspaltung wird im Einvernehmen mit den obersten Finanzbehörden der Länder wie folgt Stellung genommen:
>
> 1. Nach der BFH-Rechtsprechung zum Begriff der wesentlichen Betriebsgrundlage stellen **Fabrikationsgrundstücke** für Produktionsunternehmen im Rahmen einer Betriebsaufspaltung in aller Regel eine wesentliche Betriebsgrundlage dar, weil sie bereits durch ihre Funktion ein besonderes wirtschaftliches Gewicht für die Betriebsgesellschaft besitzen (vgl. auch R 137 Abs. 5 Satz 5 EStR, jetzt: H 15.7 (5) "Wesentliche Betriebsgrundlage" EStH). Ihre betriebliche Notwendigkeit kann nur dann ausnahmsweise in Frage stehen, wenn das überlassene Grundstück verhältnismäßig klein und auch von seiner Funktion her für das Betriebsunternehmen von untergeordneter Bedeutung ist.
>
> 2. Die Ausführungen unter 1. gelten auch für das **Geschäfts-(Laden-)Lokal** im Einzelhandel, weil es die örtliche und sachliche Grundlage der betrieblichen Organisation darstellt, die Eigenart des Betriebs bestimmt und die Ausübung des Gewerbes ohne ein entsprechendes Objekt nicht möglich wäre. Der Laden des Einzelhändlers ist nicht nur wegen seiner Funktion von großem wirtschaftlichem Gewicht, sondern auch wegen seiner Lage, denn der Kundenstamm ist mit der Lage des Geschäftslokals verbunden. Ein Geschäft dieser Art kann nicht ohne Verkaufs- und Lagerräume geführt werden."

92 Aus der jüngeren Rechtsprechung lässt sich daher der Grundsatz ableiten, dass Fabrikationsgrundstücke für Produktionsunternehmen sowie Geschäfts- und Ladenlokale von Handelsunternehmen als wesentliche Betriebsgrundlage im Rahmen einer Betriebsaufspaltung zu qualifizieren sind. Denn bedingt durch ihre Funktion oder Lage besitzen die Grundstücke ein besonderes wirtschaftliches Gewicht für die Betriebsgesellschaft. Ausnahmsweise sind bebaute Grundstücke dann keine wesentliche Grundlage,

---

109 BStBl II 1993, 718.
110 OFD München vom 21.12.1994, S 2240 – 21/2 St 41, DB 1995 S. 118.

4 Steuerliche Fragen bei der Entstehung

wenn das vom beherrschenden Gesellschafter angemietete Grundstück im Verhältnis zu gleichartig genutzten, von Dritten angemieteten Grundstücken oder eigenen Grundstücken der Betriebsgesellschaft von geringer Größe ist (**quantitative Ausnahme**). Auch die **Mitbenutzung durch ein anderes** Unternehmen schließt die sachliche Verflechtung nicht aus.[111]

Ausnahmsweise ist auch bei einem zur Fertigung genutzten Gebäude **keine wesentliche Betriebsgrundlage** anzunehmen. Dies gilt insbesondere, wenn das Gebäude qualitativ nur von geringer wirtschaftlicher Bedeutung ist und damit für den Betrieb entbehrlich wäre.

93

Beispiel:
Ein Lagerschuppen, der von einem Gesellschafter angemietet wurde, ist für einen Großbetrieb von untergeordneter Bedeutung.

Ist das vom beherrschenden Gesellschafter angemietete Gebäude im Verhältnis zu gleichartigen, von Dritten angemieteten Gebäuden nur von **geringer Größe**, so ist keine wesentliche Betriebsgrundlage anzunehmen. Ist das angemietete, bebaute Grundstück nicht besonders auf die Bedürfnisse der GmbH zugeschnitten, so ist eine sachliche Verflechtung zu verneinen, wenn die vom Gesellschafter angemieteten Grundstücke und Gebäude ca. 10 % der gesamten von der GmbH genutzten Grundstücksfläche ausmachen.

Nachstehend eine Übersicht der BFH-Rechtsprechung zum sachlichen Tatbestandsmerkmal „wesentliche Betriebsgrundlage":

94

Art des Betriebs	wesentliche Betriebsgrundlage	Fundstelle in BStBl
Gesamter Betrieb mit Anlage- und Umlaufvermögen	ja	II 1971, 536 II 1973, 27 II 1975, 112 II 1975, 781 II 1976, 88
Garagenbetrieb mit 42 Einzelboxen und 72 Hallenplätzen mit Tankstellen	ja	III 1960, 50
Reinigungsbetrieb mit speziellen Gebäudeeinrichtungen	ja	III 1966, 601
Grundstück mit Druckereieinrichtung (Schriften, Warenbestand, Druckereimaschinen, Büro- und Betriebseinrichtung)	ja	II 1968, 354
Auf die Bedürfnisse des Pächters abgestimmte Hotel- und Gaststättenbetriebe	ja	II 1968, 677
Unbebaute Grundstücke mit Mineralvorkommen (Steinbrüche, Kiesgruben) und Lehmvorkommen	ja	EFG 1971 S. 244

---
111 BFH vom 16.10.2000, BFH/NV 2001 S. 438.

H. Betriebsaufspaltung

Art des Betriebs	wesentliche Betriebsgrundlage	Fundstelle in BStBl
Bagger- und Transportbetrieb	ja	II 1973, 740
Warenzeichen und Formeln (Zusammensetzung von Produkten, Rezepte, Herstellungsverfahren)	ja	II 1973, 869
Grundstück mit Restaurant in günstiger Lage im Zentrum einer Großstadt	ja	II 1975, 234
Verpachtung von Anlagevermögen und Warenlager durch eine Besitz-GmbH an eine Betriebs- und Vertriebs-KG (umgekehrte Betriebsaufspaltung)	ja	II 1977, 357
Patente und nicht patentierte Erfindungen, die ausschließlich in der Betriebskapitalgesellschaft verwertet werden	ja	II 1978, 547
Grundstück, genutzt zu Fabrikations-, Lager- und Verwaltungszwecken	nein	II 1986, 299 (Grundstück wurde in geringem Umfang zu Fabrikationszwecken genutzt und war deshalb für Betriebsgesellschaft von geringer wirtschaftlicher Bedeutung)
Grundstücke eines Fahrradfabrikationsunternehmens	ja	II 1989, 152 (Aussage zur wesentlichen Betriebsgrundlage, wenn verpachtete Wirtschaftsgüter nicht im Eigentum des Besitzunternehmens stehen)
Grundstücke eines Kfz-Handels mit Reparaturwerkstätte	ja	II 1989, 1014
Lagerhalle und Geschäftshaus eines Möbeleinzelhandels	ja	II 1991, 405 (wesentliche Betriebsgrundlage muss auch dann bejaht werden, wenn erst das Betriebsunternehmen [mit Zustimmung des Besitzunternehmens] ein ihm überlassenes Gebäude für seine baulichen Zwecke herrichtet)

4 Steuerliche Fragen bei der Entstehung

Art des Betriebs	wesentliche Betriebsgrundlage	Fundstelle in BStBl
Systemhalle eines Produktionsunternehmens	ja	II 1992, 349
Einräumung eines Nutzungsrechts an einer Erfindung	ja	II 1992, 415 (für die Annahme einer wesentlichen Betriebsgrundlage ist es unbeachtlich, ob die Erfindung oder das Nutzungsrecht eine wesentliche Betriebsgrundlage bildet)
Fabrikationsgrundstück einer Lohnschleiferei	ja	II 1992, 830 (für die Annahme einer wesentlichen Betriebsgrundlage ist es unbeachtlich, dass der Betrieb auch in einem anderen gemieteten oder erworbenen Gebäude ausgeübt werden kann)
Grundstück mit Lebensmitteleinzelhandelsgeschäft	ja	II 1993, 245 (für das Vorliegen einer wesentlichen Betriebsgrundlage werden erstmals neue Abgrenzungskriterien zur Größenrelation und Funktionsrelation aufgestellt)[112]
Büro-, Werkstatt- und Lagergebäude eines Bedachungsgeschäfts	ja	II 1993, 718 (sachliche Verflechtung wird nicht dadurch ausgeschlossen, dass das Betriebsunternehmen jederzeit am Markt ein für seine Belange gleichwertiges Grundstück mieten oder kaufen kann)

---

[112] Siehe Hettler in NWB, Blickpunkt Steuern 5/93, S. 1807 ff.

5 Grundsätze der laufenden Besteuerung bei der Betriebsaufspaltung

5.1 Bewertung der Wirtschaftsgüter beim Aufspaltungsvorgang

95 Bei der Betriebsteilung im Rahmen der echten Betriebsaufspaltung werden häufig **einzelne** Wirtschaftsgüter des bisherigen Unternehmens auf die Betriebsgesellschaft übertragen (z. B. Warenvorräte, Inventar etc.). Eine Einbringung i. S. des § 20 UmwStG liegt jedoch nicht vor, da diese Vorschrift die Einbringung eines Betriebs oder Teilbetriebs voraussetzt. Trotzdem war hier bis 1998 eine Übertragung zu **Buchwerten** zulässig,[113] da die auf die Betriebsgesellschaft übertragenen Wirtschaftsgüter Betriebsvermögen bleiben.[114]

96 Ab 01.01.1999 hat sich die Rechtslage insoweit verändert. Die Übertragung einzelner Wirtschaftsgüter aus dem bisherigen Unternehmen stellt eine (verdeckte) Einlage in die GmbH dar. Auch wenn als Gegenleistung für diese verdeckte Einlage keine neuen Anteile an der GmbH erworben werden, schreibt § 6 Abs. 6 Satz 2 EStG vor, dass sich die Anschaffungskosten für die Beteiligung an der Kapitalgesellschaft um den Teilwert der eingelegten Wirtschaftsgüter erhöhen. Dies bedeutet im Umkehrschluss, dass durch die verdeckte Einlage gleichzeitig ein Gewinn beim Einbringenden realisiert wird. Demgemäß ist die Übertragung einzelner Wirtschaftsgüter zu **Buchwerten** von Besitzunternehmen auf die Betriebskapitalgesellschaft weder bei Begründung der Betriebsaufspaltung noch später möglich.

Dies gilt auch, wenn die Eigentumsübertragung vom bisherigen Personenunternehmen im Wege der partiellen Gesamtrechtsnachfolge über das UmwG erfolgt.

Beispiel:

U ist Inhaber eines Einzelunternehmens. Im Wege der Ausgliederung gem. § 123 Abs. 3 Nr. 1, § 153 ff. UmwG wird das gesamte Betriebsvermögen mit Ausnahme des Fabrikgrundstücks auf die neu gegründete U-GmbH übertragen.

Obwohl die Übertragung im Wege der partiellen Gesamtrechtsnachfolge stattfindet, gilt bzgl. der Wertansätze nicht die Fußstapfentheorie. § 20 UmwStG ist nicht anwendbar, da nicht der ganze Betrieb, d. h. **alle** wesentlichen Grundlagen übertragen werden. Die vorhandenen stillen Reserven der auf die GmbH übergehenden Wirtschaftsgüter sind aufzudecken. Mit diesen Werten werden sie in der GmbH-Bilanz angesetzt. Das Grundstück ist mit dem **Buchwert** im Besitzunternehmen weiterzuführen (§ 6 Abs. 5 EStG).

---

113 Vgl. Tz. 49 des BdF-Schreibens in BStBl I 1978, 235, und BStBl I 1985, 97.
114 BFH vom 27.01.1955, BStBl III 1955, 125.

5 Steuerliche Behandlung

Werden im Rahmen einer echten Betriebsaufspaltung ganz oder teilweise **97**
wesentliche Betriebsgrundlagen auf die Betriebs-GmbH **übertragen**, so
geht ein eventueller (originärer) **Firmenwert** auf die GmbH über.[115] Ausnahmen gelten nur, wenn sämtliche wesentlichen Grundlagen an die Betriebs-GmbH verpachtet werden (= Betriebsverpachtung im Ganzen) oder wenn der Geschäftswert allein auf bestimmten Eigenschaften des zurückbehaltenen Betriebsgrundstücks beruht (z. B. bei einem Apothekengrundstück mit Arztpraxen im Haus). Die Übertragung kann entgeltlich oder unentgeltlich erfolgen.

Geht der Geschäftswert auf die Betriebs-GmbH über, hat das folgende Auswirkungen:

- Eine **entgeltliche Veräußerung** führt nicht zu einer verdeckten Gewinnausschüttung, soweit das Entgelt angemessen ist; das vereinbarte Entgelt ist AfA-Bemessungsgrundlage bei der Betriebs-GmbH (Abschreibung auf 15 Jahre nach § 7 Abs. 1 Satz 3 EStG). Gewinnrealisierung im Besitzunternehmen (= laufender Gewinn mit GewSt).

- Eine **unentgeltliche Übertragung** ist eine verdeckte Einlage i. S. von § 6 Abs. 6 Satz 2 EStG, die zu einer Gewinnrealisierung führt (laufender Gewinn mit GewSt). Der Buchwert der GmbH-Anteile im Besitzunternehmen erhöht sich entsprechend um den Wert der verdeckten Einlage. Der Einlagewert ist AfA-Bemessungsgrundlage bei der Betriebs-GmbH (Abschreibung auf 15 Jahre nach § 7 Abs. 1 Satz 3 EStG).

- Pachtzahlungen für den Geschäftswert führen zu verdeckten Gewinnausschüttungen, da die Betriebs-GmbH Pacht für ein Wirtschaftsgut entrichtet, das ihr zuzurechnen ist.

Soll ein vorhandener Geschäftswert beim Besitzunternehmen verbleiben, so sollten alle wesentlichen Betriebsgrundlagen einschließlich der immateriellen Wirtschaftsgüter lediglich verpachtet werden. Außerdem müssen diese Betriebsgrundlagen maßgebend für die Bildung des Geschäftswerts sein und nicht z. B. die Leistungen der Mitarbeiter.

Findet ein **Verkauf einzelner Wirtschaftsgüter** durch das Besitzunternehmen statt, so hat die Bewertung zu den üblichen Verkaufspreisen (gemeiner Wert) zu erfolgen, da ein ordentlicher, gewissenhafter Geschäftsführer von fremden Dritten diese Preise verlangen oder an sie bezahlen würde. Zahlt die GmbH einen zu hohen Kaufpreis, liegt eine verdeckte Gewinnausschüttung vor; verlangt das Besitzunternehmen zu wenig, ist darin eine verdeckte Einlage zu sehen. **98**

Entsteht durch das Vermieten wesentlicher Betriebsgrundlagen an eine GmbH eine unechte Betriebsaufspaltung, so liegt für das Besitzunternehmen die Eröffnung eines Gewerbebetriebs vor. Daher ist eine Eröffnungsbilanz

---

115 BFH vom 27.03.2001, BStBl II 2001, 771, und vom 16.06.2004, BStBl II 2005, 378.

H. Betriebsaufspaltung

für das Besitzunternehmen zu erstellen, in der die Wirtschaftsgüter mit dem Teilwert, höchstens jedoch mit den fortgeführten Anschaffungskosten, anzusetzen sind, wenn das Wirtschaftsgut innerhalb der letzten drei Jahre vor dem Zeitpunkt der Zuführung angeschafft oder hergestellt worden ist (§ 6 Abs. 1 Nr. 6 EStG). Die **GmbH-Anteile** der Betriebs-GmbH werden notwendiges (Sonder-)Betriebsvermögen im Besitzunternehmen. Sie sind – da wesentlich i. S. des § 17 EStG – grundsätzlich mit ihren Anschaffungskosten anzusetzen (§ 6 Abs. 1 Nr. 5 Satz 1 Halbsatz 2 Buchstabe b EStG).

5.2 Buchführungspflicht

99 Aus der Behandlung des Besitz- und des Betriebsunternehmens als zwei rechtlich selbständige Betriebe folgt, dass auch getrennte Jahresabschlüsse und Aufzeichnungen zu fertigen sind. Die GmbH ist über § 140 AO immer zur Buchführung verpflichtet. Dasselbe gilt, wenn das Besitzunternehmen in der Rechtsform einer OHG oder KG betrieben wird, selbst wenn sich diese Gesellschaften nur auf eine Verpachtungtätigkeit beschränken. Ist das Besitzunternehmen in der Rechtsform einer Gesellschaft des bürgerlichen Rechts begründet worden, ist eine Buchführungspflicht grundsätzlich nur bei Überschreiten der Grenzen des § 141 AO gegeben. Bis zur Aufforderung des Finanzamts, dass Bücher zu führen sind, weil Bilanzierungspflicht besteht, könnte daher die Gewinnermittlung gemäß § 4 Abs. 3 EStG erfolgen. Der BFH geht jedoch in jedem Fall von einer Bilanzierungspflicht aus, weil die Betriebsaufspaltung eine korrespondierende Bilanzierung von Forderungen und Schulden voraussetzt.[116]

5.3 Laufende Besteuerung bei der Einkommensteuer

5.3.1 Einkunftsart beim Besitzunternehmen

100 Einkommensteuerlich sind die **Verpachtungserträge** beim Besitzunternehmen Einkünfte aus Gewerbebetrieb. Bei der Betriebskapitalgesellschaft werden die Pachtzahlungen als Aufwand verbucht. Dies gilt auch, soweit unwesentliche Wirtschaftsgüter mitverpachtet werden. Ebenso beziehen Dritte, die lediglich an der Besitzpersonengesellschaft beteiligt sind, Einkünfte aus Gewerbebetrieb[117] **(Abfärbetheorie)**, vorausgesetzt, eine Betriebsaufspaltung kann bejaht werden.

---

116 BFH vom 07.10.1997, BFH/NV 1998 S. 1202, 1203.
117 BFH vom 02.08.1972, BStBl II 1972, 796.

5 Steuerliche Behandlung

Beispiel:

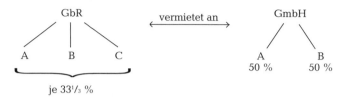

Die Voraussetzungen der personellen und sachlichen Verflechtung sind erfüllt, soweit in der GbR das Mehrheitsprinzip vertraglich vereinbart wurde. Die GbR bezieht als Besitzunternehmen gewerbliche Einkünfte. Diese Einkunftsart „färbt" auch auf C ab.

Diese Betrachtung, dass **ein** Besitzunternehmen vorliegt, führt sogar so weit, dass auch die Verpachtung von Wirtschaftsgütern an fremde Dritte als gewerbliche Betätigung einzuordnen ist, wenn im Übrigen die Voraussetzung einer Betriebsaufspaltung gegeben ist und die Wirtschaftsgüter im Eigentum der Besitzgesellschaft stehen. Hier kann es empfehlenswert sein, dass die Verpachtung an Dritte über eine eigenständige (ggf. personengleiche) GbR abgewickelt wird.

Das Besitzunternehmen hat die Miet- und Pachtzinsen als Ertrag zu buchen. Rückständige Mietzahlungen sind bei Fälligkeit als Forderung auszuweisen; dementsprechend hat die Betriebskapitalgesellschaft eine Verbindlichkeit zu passivieren. Ein Erlass von **entstandenen Mietforderungen** führt bei der Betriebskapitalgesellschaft zu einer Einlage. Das bedeutet, dass bei ihr kein körperschaftsteuerpflichtiger Ertrag angenommen werden darf, auch wenn sie die Verbindlichkeit handelsrechtlich gewinnerhöhend ausgebucht hat (Verbindlichkeit/sonst. betriebl. Ertrag). In diesem Fall ist der entsprechende Betrag bei der Einkommensermittlung der GmbH wieder abzuziehen. Dies gilt allerdings nur dann, wenn der Gesellschafter auf eine **vollwertige Forderung** verzichtet hat. Verzichtet der Gesellschafter aus gesellschaftsrechtlichen Gründen auf eine **nicht mehr vollwertige** Forderung, so führt dies bei der Betriebs-GmbH nur in Höhe des werthaltigen Teils dieser Forderung zu einer Einlage und damit zu einer Einkommensminderung. Die Differenz zwischen Nominalwert der Forderung (aus der Sicht der GmbH: Verbindlichkeiten) und dem Teilwert wirkt sich auch steuerrechtlich bei der GmbH als Ertrag aus. Soweit die Forderung, auf die der Gesellschafter verzichtet, noch werthaltig ist, liegt aus der Sicht des Gesellschafters eine verdeckte Einlage vor, welche die Anschaffungskosten für die GmbH-Anteile erhöht.

Beispiel:

A ist zu 100 % Gesellschafter der A-GmbH. Er hat an diese ein bebautes Grundstück vermietet. Für das Jahr 05 ergibt sich ein Mietrückstand von

H. Betriebsaufspaltung

100.000 €. Da die GmbH in Zahlungsschwierigkeiten ist, erlässt A im Oktober 06 diese Forderung. Sie hat zu diesem Zeitpunkt noch einen Wert von 60.000 €, d. h., sie könnte in dieser Höhe von der GmbH noch ohne insolvenzrechtliche Probleme beglichen werden.

Der Verzicht auf die Mietforderung erfolgt aus gesellschaftsrechtlichen Gründen und stellt daher eine verdeckte Einlage dar. Die GmbH hat die Verbindlichkeit i. H. von 100.000 € auszubuchen. Geschieht dies erfolgswirksam (Buchungssatz: sonstige Verbindlichkeiten an sonstigen betrieblichen Ertrag), so ist bei der Einkommensermittlung nur der tatsächliche Wert der verdeckten Einlage i. H. von 60.000 € einkommensmindernd zu berücksichtigen. Der darüber hinausgehende Ertrag i. H. von 40.000 € bleibt steuerrechtlich bestehen. Im Ergebnis wird also insoweit der bisherige Mietaufwand wieder rückgängig gemacht.

Bilanziert A im Besitzunternehmen, so hat er in Höhe des Teilwerts seiner verdeckten Einlage nachträglich Anschaffungskosten auf die GmbH-Beteiligung zu verbuchen. Im Übrigen entsteht ein sonstiger betrieblicher Aufwand im Besitzunternehmen. Buchungssatz: GmbH-Beteiligung 60.000 € und sonstiger betrieblicher Aufwand 40.000 € an Forderung 100.000 €.

Ermittelt A den Gewinn des Besitzunternehmens durch Einnahme-Überschuss-Rechnung, so sind die Mietforderungen bisher noch nicht als Ertrag erfasst worden. Durch den Verzicht im Oktober 06 ist die Miete in Höhe des entsprechenden Teilwerts zugeflossen und daher mit 60.000 € in 06 als Betriebseinnahme zu erfassen und gleichzeitig den Anschaffungskosten der GmbH-Beteiligung hinzuzurechnen. In Höhe des nicht valutierten Forderungsbetrags hat A weder Einnahmen zu erfassen noch seine Anschaffungskosten zu erhöhen.

Sind an der A-GmbH noch andere Gesellschafter beteiligt, so ist von einer **disquotalen Einlage** auszugehen, sodass sich gegebenenfalls die Anschaffungskosten nur anteilig für A erhöhen. Dies gilt insbesondere, wenn für den Verzicht keine gesellschaftsrechtliche, sondern familiäre Gründe maßgebend sind.

102 Überlässt der Gesellschafter **unentgeltlich** Wirtschaftsgüter der Betriebs-GmbH, so liegt eine **Nutzungseinlage** vor (H 40 „Nutzungsvorteile" KStH). Der Gewinn der Kapitalgesellschaft erhöht sich um die ersparten Mietaufwendungen. Eine Korrektur des Einkommens erfolgt dennoch nicht. Die mit der unentgeltlichen Gebrauchsüberlassung des Grundstücks verbundenen Grundstücksaufwendungen (einschließlich AfA) sind beim Gesellschafter als Betriebsausgaben des Besitzunternehmens zu berücksichtigen, obwohl dort keine Mieteinnahmen vorliegen. Der Betriebsausgabenabzug könnte nur dann versagt werden, wenn auf Dauer gesehen ein Überschuss der Erträge aus der GmbH über diese Betriebsausgaben nicht erwartet werden kann (Liebhaberei-Grundsätze). Sind an der Betriebs-GmbH neben dem Besitz-Gesellschafter noch andere Gesellschafter beteiligt, so kann eine disquotale Nutzungseinlage vorliegen, vor allem wenn diese anderen Gesellschafter Familienangehörige sind. In diesem Fall steht dem Gesellschafter,

5 Steuerliche Behandlung

der das Wirtschaftsgut unentgeltlich überlässt, ein Abzug seiner Kosten nur in Höhe seiner Beteiligung an der GmbH zu.

Beispiel:
U ist Eigentümer eines Fabrikgrundstücks, das er unentgeltlich der U+F-GmbH zur Nutzung überlässt. Die laufenden Kosten, AfA usw. betragen 100.000 €. U ist zu 70 %, seine Ehefrau F zu 30 % an der U+F-GmbH beteiligt.

Durch die Mietersparnis erhöht sich der Gewinn der GmbH. Davon profitiert U über eine höhere Gewinnausschüttung aber nur zu 70 %. Da ein Zusammenhang zwischen dieser Ausschüttung und den Grundstücksaufwendungen besteht, sind 70 % der Aufwendungen im Rahmen des § 3 c Abs. 2 EStG zu $^1/_2$ (ab 2009 zu 60 %) abzugsfähig. Da keine gesellschaftsrechtliche Veranlassung für die disquotale, d. h. über seine Beteiligung hinausgehende Nutzungsüberlassung erkennbar ist, kann keine 100 %ige Berücksichtigung erfolgen. Für F liegt nichtabzugsfähiger **Drittaufwand** vor.

Wegen der nach § 3 c Abs. 2 EStG nur teilweisen Berücksichtigung der Kosten macht eine solche unentgeltliche oder verbilligte Überlassung nur Sinn, wenn in der GmbH eine Verlustperiode vorliegt. Bei einer marktüblichen Verpachtung sind die Grundstückskosten zu 100 % als Betriebsausgaben zu berücksichtigen. § 3 c Abs. 2 EStG findet dann keine Anwendung.

Da die GmbH jedoch Mietaufwendungen spart, erzielt sie (irgendwann) höhere Gewinne, die zu höheren Ausschüttungen an die Gesellschafter führen. Damit liegen Einnahmen i. S. des § 20 Abs. 1 Nr. 1 EStG vor.

Ursächlich hängt mit diesen gem. § 3 Nr. 40 Satz 1 Buchstabe d EStG steuerpflichtigen Einnahmen der Grundstücksaufwand zusammen, sodass gem. § 3 c Abs. 2 EStG nur ein hälftiger (ab 2009: 60 %) Abzug möglich ist.

Unangemessen hohe Pachtvergütungen von der Betriebskapitalgesellschaft 103 an das Besitzunternehmen sind verdeckte Gewinnausschüttungen. Zu niedrige Vergütungen sind grundsätzlich anzuerkennen. Auch wenn die zu niedrige Pachtzahlung zu ständigen Verlusten beim Besitzunternehmen führt, so liegt in Höhe des Verlustes keine verdeckte Einlage vor. Damit sind die Verluste im Besitzunternehmen anzuerkennen.[118] Diese Grundsätze gelten nicht, wenn eine mitunternehmerische Betriebsaufspaltung gegeben ist, d. h. als Betriebsgesellschaft ebenfalls eine Personengesellschaft fungiert. Hier kann das Besitzunternehmen nur über Pachterträge, nicht über Ausschüttungen, die für die Annahme eines Gewerbebetriebs erforderlichen Gewinne erzielen.

Liegen die Voraussetzungen einer Betriebsaufspaltung vor und werden **Darlehen** an die Betriebskapitalgesellschaft gewährt, so gehören die **Darlehenszinsen** dann zu den Einkünften aus Gewerbebetrieb des Besitzunternehmens, wenn dieses selbst Darlehensgeber ist. Daher ist Vorsicht beim Verbuchen solcher Darlehensbeziehungen geboten. Tritt ein einzelner 104

---
[118] BFH vom 26.10.1987, BStBl II 1988, 348.

H. Betriebsaufspaltung

Gesellschafter als Darlehensgeber auf, so liegen grundsätzlich Einkünfte aus Kapitalvermögen vor. Dies gilt nicht, wenn die Darlehensgewährung auf den betrieblichen Interessen des Besitzunternehmens beruht. Indizien dafür sind das Fehlen fremdüblicher Darlehensbedingungen (z. B. Sicherheiten werden nicht gestellt; keine Zinsvereinbarung). Auch ein zeitlicher Zusammenhang zwischen dem Abschluss des Darlehensvertrages und der Begründung der Betriebsaufspaltung indiziert die betriebliche Veranlassung.[119] In diesem Fall gehört das Darlehen zum (Sonder-)Betriebsvermögen (II).

105 Die **GmbH-Anteile** der Betriebsgesellschaft sind zur Führung des Betriebs erforderlich und stellen daher notwendiges Sonderbetriebsvermögen für die Gesellschafter des Besitzunternehmens dar. Somit sind insoweit alle Gewinnausschüttungen der Betriebskapitalgesellschaft – offene und verdeckte – als gewerbliche Einkünfte einzuordnen,[120] und diese Ansprüche erhöhen den Gesamtgewinn der Besitzgesellschaft. Im Rahmen der mitunternehmerischen Betriebsaufspaltung sind die Gesellschaftsanteile an der Betriebspersonengesellschaft jedoch kein Sonderbetriebsvermögen der Besitzgesellschaft.

106 Die **Gewinnausschüttungen** der Betriebskapitalgesellschaft sind im Besitzunternehmen in dem Wirtschaftsjahr zu aktivieren, in welchem ein Gewinnverwendungsbeschluss der Kapitalgesellschaft vorliegt und hierdurch ein verfügbarer Rechtsanspruch auf einen Gewinnanteil in bestimmter Höhe endgültig begründet ist.[121] Die sog. Konzernrechtsprechung (mit phasengleicher Aktivierung) wurde vom BFH aufgegeben. Für die Ausschüttungen gilt der Halbbefreiungstatbestand gem. § 3 Nr. 40 Satz 2 i. V. m. Satz 1 Buchstabe d EStG.

107 Die **Veräußerung** eines GmbH-Anteils durch einen Besitzunternehmer stellt bei diesem laufenden Gewinn dar, für welchen § 3 Nr. 40 Satz 1 Buchstabe a EStG Anwendung findet; §§ 16, 17 EStG sind nicht anwendbar, es sei denn, die Besitzunternehmensanteile werden mitveräußert. In diesem Falle ist § 16 EStG anwendbar.

§§ 16, 34 EStG sind auch anwendbar, wenn eine 100%ige GmbH-Beteiligung veräußert wird (§ 16 Abs. 1 Nr. 1 Halbsatz 2 EStG).

Wird das Besitzunternehmen oder ein Gesellschaftsanteil an der Besitzpersonengesellschaft veräußert, so liegt hier eine Betriebs- bzw. Teilbetriebsveräußerung i. S. der §§ 16, 34 EStG vor (wegen Einzelheiten vgl. unten Rz. 120 ff.).

108 Erzielt die Betriebs-GmbH dauerhaft hohe Verluste, so könnte – isoliert betrachtet – der Wert der Beteiligung unter den Anschaffungskosten liegen.

---
119 BFH vom 19.10.2000, BStBl II 2001, 335.
120 BFH vom 21.05.1974, BStBl II 1974, 613.
121 BFH vom 07.08.2000, BStBl II 2000, 632.

5 Steuerliche Behandlung

Eine **Teilwertabschreibung** auf die Anteile an der Betriebsgesellschaft ist aber nur zulässig, wenn bei einer **Gesamtbetrachtung** beider Unternehmen ein Erwerber weniger als den Buchwert der Anteile bezahlen würde.[122] Es kommt nicht auf den Substanzwert der Betriebs-GmbH an, sondern auf die Bedeutung und Funktion, welche die GmbH für das Besitzunternehmen hat. Werden vom Besitzunternehmen trotz der Krise der GmbH Darlehen oder Einlagen gewährt, so zeigt dies, dass die GmbH bestehen bleiben soll und die GmbH für das Besitzunternehmen von größerer Wichtigkeit ist, als der Substanzwert ausdrückt.

Nach diesem Grundsatz der Gesamtbetrachtung sind auch **Teilwertabschreibungen auf Darlehensforderungen des Besitzunternehmens** gegenüber der GmbH nur zulässig, wenn die GmbH-Beteiligung bedeutungslos für das Besitzunternehmen geworden ist oder beide insolvent sind.

5.3.2 Behandlung der Tätigkeitsvergütung des Gesellschafter-Geschäftsführers

Sehr häufig ist ein Gesellschafter der Betriebs-GmbH auch Geschäftsführer dieser Gesellschaft und bezieht für diese Tätigkeit ein Gehalt. Soweit die Bezüge einschließlich Nebenleistungen angemessen sind, gehören sie zu den Einkünften aus nichtselbständiger Arbeit i. S. des § 19 EStG. Dies gilt auch, wenn es sich um den Besitz-Einzelunternehmer und den alleinigen Gesellschafter einer Betriebs-GmbH handelt.[123]

Sind die Bezüge unangemessen hoch, so liegt eine verdeckte Gewinnausschüttung vor. Sie sind als gewerbliche Einkünfte im Rahmen des Besitzunternehmens zu erfassen.

Beispiel:

Im Rahmen einer Betriebsprüfung wird aufgedeckt, dass der Besitz-Einzelunternehmer U, der zugleich beherrschender Gesellschafter-Geschäftsführer der Betriebskapitalgesellschaft ist, im Jahr 01 ein Gehalt von 500.000 € bezogen hat. Dieses Gehalt ist um 240.000 € überhöht.

Die Einkünfte aus nichtselbständiger Arbeit sind demgemäß um 240.000 € bei U zu kürzen. Da die Anteile an der Betriebsgesellschaft notwendiges Betriebsvermögen des Besitz-Einzelunternehmers U sind, gehört die verdeckte Gewinnausschüttung nicht zu den Einkünften aus Kapitalvermögen, sondern zu den Einkünften aus Gewerbebetrieb (§ 20 Abs. 1 Nr. 1 i. V. m. Abs. 3 EStG).

Gemäß § 3 Nr. 40 Satz 1 Buchstabe d EStG ist die verdeckte Gewinnausschüttung zur Hälfte (ab 2009 mit 40 %) steuerbefreit. Allerdings bleibt die Erhöhung der gewerblichen Einkünfte um die vGA beim Besitzunternehmen ohne Auswirkung auf die Gewerbesteuer, da insoweit nach § 9 Nr. 2 a GewStG eine Kürzung bei der Ermittlung des Gewerbeertrags vorzunehmen ist.

---

122 BFH vom 06.11.2003, BStBl II 2004, 416.
123 BFH vom 09.07.1970, BStBl II 1970, 772.

H. Betriebsaufspaltung

Soweit die ESt-Veranlagung des U bestandskräftig ist, kann gem. § 32 a Abs. 1 Satz 1 KStG eine Änderung des ESt-Bescheids vorgenommen werden.

Der **Verzicht** auf eine bereits entstandene Gehaltsforderung führt zu einer verdeckten Einlage in die GmbH. Dort erfolgt in Höhe der Werthaltigkeit eine Einkommenskorrektur, wenn die Gehaltsverbindlichkeit erfolgswirksam ausgebucht wurde. In dieser Höhe wird beim Gesellschafter ein Zufluss von Arbeitslohn und eine Erhöhung der Anschaffungskosten auf die GmbH-Beteiligung angenommen.

110 Auch **Pensionszusagen** an beherrschende Gesellschafter-Geschäftsführer können gewinnmindernd gebildet werden. Nach der Rechtsprechung darf bei der Berechnung vom Endalter 65 Jahre ausgegangen werden (BFH vom 28.04.1982).[124] Die Pensionierungshöchstgrenze liegt bei 70 Jahren.[125] Auch hier ist jedoch die Angemessenheit dieser Bezüge zu überprüfen. Bei unangemessen hohen Bezügen liegt eine verdeckte Gewinnausschüttung vor. Diese wirkt sich – mangels tatsächlicher Auszahlung – zunächst nur auf der Ebene der Einkommensermittlung der GmbH aus. Arbeitgeberbeiträge zur Sozialversicherung sind ebenfalls Betriebsausgaben bei der GmbH und beim Gesellschafter-Arbeitnehmer steuerfrei nach § 3 Nr. 62 EStG.

5.3.3 Substanzerhaltungsverpflichtung

111 In vielen Pachtverträgen wird eine Substanzerhaltungsverpflichtung (auch Pachterneuerungsverpflichtung genannt) vereinbart. Danach hat die Betriebsgesellschaft unbrauchbar gewordene Gegenstände durch neue zu ersetzen und bei Pachtende im ursprünglichen Zustand (ggf. unter Berücksichtigung der technischen Entwicklung) zurückzugeben.

Zivilrechtlich und wirtschaftlich gehören diese Gegenstände dem **Besitzunternehmen**. Daher sind sie dort zu aktivieren und abzuschreiben, auch soweit während der Pachtzeit Ersatzbeschaffungen erfolgen. Das **Betriebsunternehmen** hat für diese Pachterneuerungsverpflichtung eine Rückstellung zu bilden. Die Höhe bemisst sich hierbei nach den **Wiederbeschaffungskosten**. Diese sind jährlich unter Berücksichtigung des technischen Fortschritts und des Abnutzungsgrads der Wirtschaftsgüter neu zu bemessen. Für gebrauchte Wirtschaftsgüter, die bei Pachtbeginn überlassen werden, sind ebenfalls die Wiederbeschaffungskosten anzusetzen.

Beispiel:

Das Besitzunternehmen hat der Betriebsgesellschaft eine Maschine (Anschaffungskosten 50.000 €) verpachtet. Die Gesamtnutzungsdauer beträgt fünf Jahre. Die Wiederbeschaffungskosten am Ende des 1. und 2. Jahres der Nutzungsdauer betragen für eine neue Maschine 60.000 €.

---

124 BStBl II 1982, 612.
125 BFH vom 21.12.1994, BStBl II 1995, 419.

5 Steuerliche Behandlung

Die Rückstellung für die Substanzerhaltungsverpflichtung ist so zu bemessen, dass sie am Ende der betriebsgewöhnlichen Nutzungsdauer ausreicht, um die Wiederbeschaffungskosten zu finanzieren. Die jährliche Zuführung zur Rückstellung ist ratierlich vorzunehmen. Daher ist am Ende des 1. Jahres die Rückstellung mit 12.000 € anzusetzen. Dieser Betrag ist gem. § 6 Abs. 1 Nr. 3 a Buchstabe e EStG abzuzinsen. Die Abzinsung erfolgt entsprechend der Tabelle 1 zu § 12 Abs. 3 BewG.

Korrespondierend mit der Rückstellung des Pachtunternehmens hat die verpachtende Besitzgesellschaft den Erneuerungsanspruch in **gleicher Höhe** (ohne Abzinsung) zu aktivieren.

Gebucht wird: Rückgabeanspruch (Anspruch auf Substanzerhaltung) an sonstige betriebliche Erträge.

Die Abschreibung wird nach normalen Grundsätzen vom Besitzunternehmen fortgeführt. Da der Ertrag aus dem Rückgabeanspruch auf Zeitwerten beruht und der Aufwand aus der Abschreibung sich nach den meist niedrigeren Anschaffungskosten berechnet, tritt teilweise eine Gewinnrealisierung ein. Auch wenn die Betriebskapitalgesellschaft aufgrund ihrer Substanzerhaltungsverpflichtung während der Pachtzeit neue Wirtschaftsgüter anschafft, sind diese dem Besitzunternehmen zuzurechnen und dort unter Verrechnung mit dem Anspruch zu aktivieren.[126] Die Höhe bemisst sich nach den Anschaffungskosten des Pächters.

Übernimmt der Pächter **gebrauchte Wirtschaftsgüter,** so darf er eine Rückstellung nur bis zu dem Betrag bilden, der den Wiederbeschaffungskosten des Ersatzwirtschaftsguts, bezogen auf den Abnutzungsgrad (Wertigkeitsgrad), im Zeitpunkt des Pachtbeginns entspricht. **112**

Wird das Ersatzwirtschaftsgut später durch den Pächter erworben, so übersteigen die Anschaffungskosten des neuen Wirtschaftsguts die Rückstellung. In Höhe des übersteigenden Teils hat der Pächter einen Wertausgleichsanspruch zu aktivieren. Dieser Anspruch vermindert sich aber wieder in den Folgejahren. Er ist entsprechend abzuschreiben. **113**

Beispiel:

U hat unter anderem eine Maschine, Nutzungsdauer fünf Jahre, gepachtet. Die Maschine wurde schon zwei Jahre im bisherigen Unternehmen genutzt, der Wertigkeitsgrad beträgt daher noch 60 %. Ursprüngliche Anschaffungskosten = 100.000 €; Wiederbeschaffungskosten = 110.000 €. Eine Ersatzbeschaffung ist vereinbart.

U bildet in den nächsten drei Jahren eine Rückstellung von je 22.000 €. Der Rückstellungswert beträgt also am Ende des 3. Jahres 66.000 €. Dieser Betrag ist noch abzuzinsen. Die anschließend vorgenommene Ersatzbeschaffung mit Anschaffungskosten von 110.000 € wird mit der Rückstellung von 66.000 € verrechnet und gleichzeitig ein Anspruch auf Wertausgleich i. H. von 44.000 € aktiviert.

---

126 BFH vom 24.01.1968, BStBl II 1968, 354.

H. Betriebsaufspaltung

Am Ende des Jahres vermindert sich der aktivierte Anspruch auf Wertausgleich um 22.000 €. Ebenso im Folgejahr. Erst ab dem 3. Jahr nach der Neuanschaffung beginnt erneut eine Rückstellungsbildung.

Der Verpächter hat auch hier korrespondierend zu buchen. Er muss im Zeitpunkt des Neukaufs das Wirtschaftsgut mit 110.000 € aktivieren und gleichzeitig eine Wertausgleichsverpflichtung i. H. von 44.000 € passivieren.

5.3.4 Eigene Investitionen der Betriebsgesellschaft

114 Anders als bei der Pachterneuerungsverpflichtung ist der Fall zu beurteilen, wenn die Betriebsgesellschaft selbst Wirtschaftsgüter anschafft oder Gebäude errichtet. Hier handelt es sich um eigene Anlagen, welche die pachtende Betriebsgesellschaft grundsätzlich zu aktivieren und abzuschreiben hat. Bei dieser Vorgehensweise besteht aber die Gefahr, dass das Besitzunternehmen wegen fehlender eigener Neuinvestition „ausblutet" und damit die Betriebsaufspaltung zwangsweise beendet wird.

Ist eine entgeltliche Übernahme der Wirtschaftsgüter durch die Besitzgesellschaft bei Pachtende vorgesehen, so bemisst sich die AfA nach der betriebsgewöhnlichen Nutzungsdauer des Wirtschaftsguts (nicht Pachtdauer!). Dementsprechend entsteht bei der Betriebsgesellschaft je nach Höhe der vom Verpächter bei Pachtende zu entrichtenden Zahlungen ein Gewinn oder Verlust. Bei der Besitzgesellschaft ist bilanzsteuerrechtlich bis zum Übergang nichts zu veranlassen.

Muss der Pächter (GmbH) seine selbst erworbenen Anlagen nach Ablauf der Pachtzeit unentgeltlich dem Verpächter überlassen, so liegt hierin eine (evtl. verdeckte) Gewinnausschüttung. Dies gilt nicht, wenn der gesamte Betrieb an das Besitzunternehmen zurückgegeben wird.[127] Fehlt es an einer vertraglichen Vereinbarung über die Unentgeltlichkeit, so ist zumindest ein zivilrechtlicher Bereicherungsanspruch der Betriebskapitalgesellschaft gegen das übernehmende Betriebsunternehmen und damit Entgeltlichkeit anzunehmen.

5.3.5 Rücklagen für Ersatzbeschaffung gem. § 6 b und Investitionsabzugsbetrag gem. § 7 g EStG

115 Solche Rücklagen bzw. Investitionsabzugsbeträge können nur in dem Unternehmensbereich gebildet und verwendet werden, in dem sie entstanden sind. Dies folgt daraus, dass Besitz- und Betriebsunternehmen auch steuerlich als zwei rechtlich getrennte Unternehmen gelten. Auch bei Anwendung des § 7 g EStG ist von zwei selbständigen Unternehmen auszugehen. Dies hat insbesondere Bedeutung für die jeweils getrennte Ermittlung des Betriebsvermögens gem. § 7 Abs. 2 EStG.

---

[127] BFH vom 31.03.1971, BStBl II 1971, 536.

5 Steuerliche Behandlung

5.3.6 Bilanzierungsfragen beim sog. Sachwertdarlehen

Entscheidet man sich bei Durchführung einer Betriebsaufspaltung nicht für eine Einlage oder den Kauf des Umlaufvermögens durch die Betriebsgesellschaft, so bleibt nur die Übertragung dieser Wirtschaftsgüter an das Betriebsunternehmen mit der Maßgabe, dass dieses die Wirtschaftsgüter veräußern darf. Nach Ablauf der Pachtzeit ist das Betriebsunternehmen jedoch verpflichtet, dieselbe Vorratsmenge in gleicher Art und Güte zurückzugeben. Hier hat das Betriebsunternehmen diese Vorräte unbeschadet der zivilrechtlichen Rechtslage mit den Wiederbeschaffungskosten zu aktivieren, weil es als wirtschaftlicher Eigentümer einzustufen ist. Gleichzeitig ist eine entsprechende Rückgabeverpflichtung zu passivieren. Bei steigenden Preisen erhöht sich diese Rückgabeverpflichtung **nicht,** da es sich hier lediglich um einen Gegenposten zu den aktivierten Gegenständen handelt, der nicht höher bemessen werden kann als die Gegenstände selbst.[128] Das Besitzunternehmen hat den Rückgabeanspruch mit dem gleichen Wert zu aktivieren, mit dem die Betriebsgesellschaft die Rückgabeverpflichtung passiviert hat.

116

5.3.7 Verluste

Verluste der Betriebskapitalgesellschaft sind nur bei ihr rück- und vortragsfähig. Eine Berücksichtigung bei den Gesellschaftern ist grundsätzlich nicht möglich, es sei denn, die GmbH-Anteile sind durch laufende Verluste so in ihrem Wert beeinträchtigt, dass eine **Teilwert-AfA** im Besitzunternehmen zulässig ist (vgl. Rz. 108). Eine solche Teilwertabschreibung ist gem. § 3 c Abs. 2 EStG steuerlich nur zur Hälfte (ab 2009 zu 60 %) zu berücksichtigen. Dementsprechend ist eine Wertaufholung nach § 3 Nr. 40 Satz 1 Buchstabe a EStG auch nur zur Hälfte (zu 60 %) erfolgswirksam. Im Übrigen ist eine Teilwertabschreibung auf die Anteile an der Betriebs GmbH nur zulässig, wenn im Rahmen einer **Gesamtbetrachtung** die GmbH-Beteiligung für die wirtschaftlichen Interessen des Besitzunternehmens wertlos geworden ist. Es ist nicht ausreichend, dass die GmbH selbst kein Vermögen mehr ausweist,[129] solange die Betriebs-GmbH noch eine Funktion für das Besitzunternehmen ausübt.

117

Eine **Organschaft** mit dem Recht des Verlustausgleichs konnte bisher bei Betriebsaufspaltungen nicht angenommen werden, es sei denn, das Besitzunternehmen entfaltet neben der gewerblichen Verpachtung eine eigenständige bedeutsame gewerbliche Tätigkeit[130] oder sie ist als geschäftsleitende Holding einzuordnen.[131] Durch die Neufassung des § 14 KStG, der nur

---
128 BFH vom 13.01.1959, BStBl III 1959, 197.
129 BFH vom 06.11.2003, BStBl II 2004, 416.
130 BFH vom 18.04.1973, BStBl II 1973, 740.
131 BFH vom 17.12.1969, BStBl II 1970, 257.

H. Betriebsaufspaltung

noch eine finanzielle Eingliederung und einen Gewinnabführungsvertrag verlangt, kann nunmehr auch in Betriebsaufspaltungsfällen eine Organschaft begründet werden. Dadurch sind Verluste der Betriebs-GmbH beim Organträger = Besitzunternehmen berücksichtigungsfähig.

Hinweis:
Bei Vorliegen einer umsatzsteuerpflichtigen Organschaft ist auf die **Haftungsdurchbrechung** zu Lasten des Besitzunternehmens zu achten. Steuerschuldner der Umsatzsteuer des Betriebsunternehmens ist das Besitzunternehmen. Dies gilt auch für Steuerschulden, die nach Beantragung des Insolvenzverfahrens bis zur Eröffnung des Verfahrens bei der Betriebs-GmbH entstehen.

5.3.8 Zusammenfassung

118 Als **positive** steuerliche **Folgen** der Betriebsaufspaltung sind folgende Bereiche zu erwähnen:

— Möglichkeit der Verlustzuweisung aus dem Besitzunternehmen an den Gesellschafter (verglichen mit einer „reinen" GmbH).

— Verschonungsabschlag bei der Erbschaftsteuer.

— Gewerbesteuerminderung durch Zahlung von Gesellschafter-Geschäftsführergehältern (anders bei einer Personengesellschaft). Auch die Bildung von Pensionsrückstellungen für Gesellschafter-Geschäftsführer führt zu einer Gewerbesteuerminderung.

— Gegenüber der Allein-GmbH werden bei der Gewerbesteuer zusätzlich Freibeträge von 24.500 Euro beim Gewerbeertrag des Besitzunternehmens gewährt.

— Ausländische steuerfreie Erträge sowie steuerfreie Einnahmen, wie z. B. Investitionszulagen, bleiben im Endergebnis steuerfrei, wenn sie beim Besitzunternehmen vereinnahmt werden. Bei Zugang dieser Erträge in einer Kapitalgesellschaft bleiben diese zunächst zwar auch steuerfrei, sind jedoch bei der Ausschüttung beim Gesellschafter nach dessen Steuersatz zur Hälfte (ab 2009 in Höhe der Abgeltungssteuer von 25 % zuzüglich SolZ und KiSt) einkommensteuerpflichtig.

Als **nachteilige** steuerliche **Folgen** wären zu beachten:

119 — Das Besitzunternehmen ist gewerbesteuerpflichtig. Dies ist insbesondere bei der unechten Betriebsaufspaltung ein sehr nachteiliges Ergebnis. Diese Situation kann jedoch durch die Begründung des „Wiesbadener Modells" vermieden werden.

— Die oft nicht gewollte Beendigung einer Betriebsaufspaltung z. B. in Erbfällen führt zu einer zwangsweisen Aufdeckung der stillen Reserven.

— In der Regel entstehen durch die getrennten Buchführungs- und Bilanzierungspflichten höhere Beratungskosten.

6 Beendigung der Betriebsaufspaltung

6.1 Allgemeines

Die Betriebsaufspaltung entfällt, wenn: **120**
- die sachliche Verflechtung beendet wird
- die personelle Verflechtung wegfällt
- das Besitzunternehmen in die Betriebskapitalgesellschaft eingebracht wird
- die Betriebskapitalgesellschaft auf das Besitzunternehmen umgewandelt wird

Für die sich daraus ergebenden Rechtsfolgen ist unerheblich, ob diese Beendigungstatbestände **bewusst** herbeigeführt wurden („handlungsbedingt") oder zufällig eingetreten sind (z. B. durch Erbfall).

6.2 Beendigung der sachlichen Verflechtung

Wird der Pachtvertrag gekündigt, so endet damit die Betriebsaufspaltung. Dies führt zu einer Betriebsaufgabe i. S. des § 16 Abs. 3 EStG. Im Besitzunternehmen sind daher die Wirtschaftsgüter mit ihrem gemeinen Wert anzusetzen. Diesen Werten sind die jeweiligen Buchwerte gegenüberzustellen. Der sich daraus ergebende Gewinn ist ggf. begünstigt nach § 16 Abs. 4 und § 34 Abs. 1 oder Abs. 3 EStG. Da auch die **GmbH-Anteile** zum (Sonder-)Betriebsvermögen gehören, müssen auch diese Anteile in das Privatvermögen überführt werden. Für diese Anteile ist jedoch gem. § 3 Nr. 40 Satz 1 Buchstabe b EStG und § 3 c Abs. 2 EStG das **Halbeinkünfteverfahren** (ab 2009 das Teileinkünfteverfahren) anzuwenden. Auch dieser Teil des Aufgabegewinns wird dem Aufgabegewinn für die übrigen Wirtschaftsgüter des Betriebsvermögens hinzugerechnet und bei der Anwendung der Freibetragsregelung nach § 16 Abs. 4 EStG mit berücksichtigt. Das heißt, dass auch für die stillen Reserven der GmbH-Anteile der Freibetrag nach § 16 Abs. 4 EStG anteilig zu gewähren ist (vgl. H 15.9 Abs. 13 „Halbeinkünfteverfahren" EStH).

Beispiel:

Besitzunternehmer A (66 Jahre alt) hat den Pachtvertrag mit der ihm zu 100 % gehörenden A-GmbH beendet. Der gemeine Wert der Wirtschaftsgüter des Besitzunternehmens beträgt 200.000 €, die Buchwerte des Aktivvermögens belaufen sich auf 70.000 €. (Hinweis: Eventuelle Verbindlichkeiten sind im Rahmen einer Betriebsaufgabe für die Berechnung des Aufgabegewinns ohne Bedeutung.) In dem Wertansatz von 200.000 € ist die GmbH-Beteiligung mit 50.000 € enthalten; der Buchwert der GmbH-Beteiligung beträgt 20.000 €.

H. Betriebsaufspaltung

Der aus der Betriebsaufgabe resultierende Gewinn bzgl. des GmbH-Anteils ist nach § 3 Nr. 40 Satz 1 Buchstabe b, § 3 c Abs. 2 EStG i. H. von (25.000 € ./. 10.000 € =) 15.000 € (ab 2009: 18.000 €) steuerpflichtig. Der übrige Aufgabegewinn beträgt 150.000 € ./. 50.000 € = 100.000 €. Der Freibetrag nach § 16 Abs. 4 EStG ist anteilig im Verhältnis der Gewinne, die dem Halbeinkünfteverfahren unterliegen, zu den Gewinnen, die der ermäßigten Besteuerung nach § 34 EStG unterliegen, aufzuteilen.

Es gilt daher:

Der Aufgabegewinn nach § 16 EStG beträgt insgesamt 115.000 €. Er übersteigt den maßgebenden Grenzbetrag nach § 16 Abs. 4 EStG i. H. von 136.000 € nicht. Daher hat A Anspruch auf den vollen Freibetrag i. H. von 45.000 €. Dieser Freibetrag wird aufgeteilt, sodass auf den ermäßigt nach § 34 EStG zu besteuernden Anteil des Aufgabegewinns von 100.000 € ein Freibetrag entfällt i. H. von 100.000 € × 45.000 € : 115.000 € = 39.130 €. Insoweit hat A begünstigt nach § 34 EStG noch 68.870 € zu versteuern. Der aus der Überführung der GmbH-Beteiligung resultierende Aufgabegewinn von 15.000 € wird um den anteiligen Freibetrag von 45.000 € × 15.000 € : 115.000 € = 5.870 € gemindert. Dieser Gewinn i. H. von 9.130 € ist nicht mehr begünstigt nach § 34 EStG.

Die sachliche Verflechtung kann auch **schleichend aufgehoben** werden. Dies ist vor allem dann der Fall, wenn bewegliche Wirtschaftsgüter, die eine wesentliche Betriebsgrundlage darstellen, der Betriebsgesellschaft überlassen werden. Durch Abnutzung und Verbrauch verlieren diese Wirtschaftsgüter immer mehr an Bedeutung für die Betriebsgesellschaft. Werden die notwendigen Ersatzinvestitionen von der Betriebsgesellschaft vorgenommen, so „blutet" das Besitzunternehmen immer mehr aus, sodass letzten Endes keine wesentliche Betriebsgrundlage mehr überlassen wird.

Beispiel:

A überlässt seiner Wohnungsbau-GmbH den für ein Bauunternehmen notwendigen Maschinenpark. Die in den Folgejahren notwendigen Ersatzinvestitionen werden von der Wohnungsbau-GmbH selbst vorgenommen, während immer mehr Maschinen aus dem Besitzunternehmen ausscheiden. Dadurch wird die Betriebsaufspaltung beendet, wobei es sehr schwerfällt, den genauen Zeitpunkt zu bestimmen.

Eine ähnliche Situation kann auch dann eintreten, wenn das Besitzunternehmen zunächst eine wesentliche Betriebsgrundlage überlässt. Im Laufe der Jahre wird die Betriebs-GmbH ganz erheblich erweitert. Die dafür notwendigen Investitionen erfolgen ausschließlich über die Betriebs-GmbH, sodass die bisher überlassenen Wirtschaftsgüter immer weniger an Bedeutung für die Betriebs-GmbH aufweisen.

Beispiel:

A überlässt seiner Produktions-GmbH ein zunächst ausreichend großes Grundstück mit 20 Ar. Die GmbH weitet ihre Tätigkeit aus und erwirbt dafür selbst Grundstücke mit einer Fläche von 3.000 Ar. Damit hat das Besitzunternehmen an Bedeutung verloren. Die Betriebsaufspaltung ist beendet.

6 Beendigung der Betriebsaufspaltung

Wird die Verpachtung an die Betriebsgesellschaft beendet und stattdessen an fremde Dritte **weitervermietet,** so ist wegen Wegfalls der sachlichen Verflechtung grundsätzlich von einer Betriebsaufgabe i. S. des § 16 Abs. 3 EStG auszugehen und die stillen Reserven sind aufzudecken. Hat jedoch das Besitzunternehmen alle wesentlichen Betriebsgrundlagen gehalten, sodass es selbst die gewerbliche Tätigkeit hätte weiterführen können, so besteht für das Besitzunternehmen das Wahlrecht gem. R 16.5 EStR: Statt einer Betriebsaufgabe kann von einem **ruhenden Gewerbebetrieb** ausgegangen werden. Die stillen Reserven müssen nicht aufgedeckt werden, das Besitzunternehmen bezieht weiterhin gewerbliche Einkünfte, die jedoch nicht gewerbesteuerpflichtig sind. Dieses Verpächterwahlrecht besteht sowohl bei echter als auch bei unechter Betriebsaufspaltung, sofern **alle wesentlichen Betriebsgrundlagen** verpachtet werden **(qualifizierte Betriebsaufspaltung).**[132]

Wird die **GmbH liquidiert,** bevor die Betriebsaufgabe erklärt wird, so unterliegt der Liquidationserlös voll der Körperschaftsteuer. Der ausgeschüttete Liquidationsgewinn stellt noch Betriebseinnahmen dar. Der Liquidationserlös ist gem. § 16 Abs. 1 Nr. 1 Satz 2 Halbsatz 2 EStG insoweit nicht mehr Teil des nach § 16 EStG begünstigten Veräußerungspreises, als die Bezüge nach § 20 Abs. 1 Nr. 1 oder Nr. 2 EStG zu den Einnahmen aus Kapitalvermögen gehören. Dies bedeutet, dass die Auskehrungen der GmbH – ausgenommen Zahlungen aus dem steuerlichen Einlagekonto gem. § 27 KStG – als laufende Betriebseinnahmen zu erfassen sind. Entsprechend der Regelung in § 17 Abs. 4 EStG entsteht daher nur ein nach § 16 Abs. 4 EStG begünstigter Aufgabegewinn, wenn das zurückgezahlte Stammkapital und die Einlagen höher sind als die Buchwerte der GmbH-Beteiligung. Für sämtliche Erträge gilt das Halbeinkünfteverfahren bzw. Teileinkünfteverfahren gem. § 3 Nr. 40 i. V. m. § 3 c Abs. 2 EStG.

121

6.3 Beendigung der Betriebsaufspaltung wegen Wegfalls der persönlichen Voraussetzungen

6.3.1 Verkauf eines Teils der GmbH-Anteile

Zur Beendigung der Betriebsaufspaltung kommt es außerdem, wenn das Tatbestandsmerkmal der personellen Verflechtung weggefallen ist, auch wenn sich an der Verpachtungstätigkeit nichts verändert hat. Zu denken ist dabei an eine Veränderung der Beteiligungsverhältnisse z. B. durch Verkauf oder Schenkung von Anteilen am Besitz- oder Betriebsunternehmen.

122

---

[132] BFH vom 17.04.2002, DB 2002 S. 1414; BFH vom 14.03.2006, DStR 2006 S. 1170.

H. Betriebsaufspaltung

Beispiel 1:

Besitzunternehmen	Betriebskapital-gesellschaft
A 100 %	A 60 % B 40 %

A verkauft seinen GmbH-Anteil an D. Der Mietvertrag besteht weiter. Er kann nach dem Verkauf der GmbH-Anteile die GmbH nicht mehr beherrschen. Die Voraussetzung einer personellen Verflechtung entfällt.

Die steuerrechtlichen Konsequenzen dieses Vorgangs sind davon abhängig, ob im Besitzunternehmen **sämtliche** wesentlichen Betriebsgrundlagen des Gesamtbetriebs geführt werden, gleichgültig, ob das Besitzunternehmen aus einem aktiven Einzelunternehmen oder einer Personengesellschaft hervorgegangen ist oder eine unechte Betriebsaufspaltung vorliegt. Man spricht hier von einer **qualifizierten** Betriebsaufspaltung.

Werden **alle** wesentlichen Betriebsgrundlagen im Besitzunternehmen gehalten und weiterhin verpachtet, so hat A ein Wahlrecht:

a) Er kann unter Anwendung des Verpachtungserlasses (R 16 Abs. 5 EStR) weiterhin gewerbliche Vermietungseinkünfte beziehen. Die Wirtschaftsgüter des Besitzunternehmens bleiben Betriebsvermögen. Die Vermietungseinkünfte sind jedoch gewerbesteuerfrei. Der Gewinn aus der Veräußerung der GmbH-Anteile ist dagegen laufender (gewerbesteuerpflichtiger!) Gewinn. Dieser Gewinn unterliegt nach § 3 Nr. 40 Satz 1 Buchstabe a EStG dem Halb- bzw. Teileinkünfteverfahren. Werden jedoch **alle** Anteile veräußert, so ist der Vorgang als Teilbetriebsveräußerung gem. § 16 Abs. 1 Nr. 1 Halbsatz 2 EStG einzuordnen. Auch hier gilt das Halb- bzw. Teileinkünfteverfahren nach § 3 Nr. 40 Satz 1 Buchstabe b EStG. In diesem Fall kann, wenn die Voraussetzungen vorliegen, der Freibetrag nach § 16 Abs. 4 EStG gewährt werden; § 34 EStG findet jedoch keine Anwendung.

Statt der gewerblichen Verpachtung kann auch die Betriebsaufgabe erklärt werden, sodass sämtliche stillen Reserven einschließlich des Gewinns aus dem Verkauf der GmbH-Anteile zu versteuern sind. Soweit der Gewinn auf die GmbH-Anteile entfällt, ist das Halb- bzw. Teileinkünfteverfahren anzuwenden. Die in diesem Fall notwendige Überführung der Wirtschaftsgüter des Besitzunternehmens in das Privatvermögen ist gem. §§ 16, 34 EStG begünstigt. Liegen die Voraussetzungen für die Gewährung des Freibetrags gem. § 16 Abs. 4 EStG vor, so ist dieser Freibetrag im Verhältnis der jeweiligen Gewinne anteilig dem nach dem Halbeinkünfteverfahren ermittelten Veräußerungsgewinn der GmbH-Anteile und dem Aufgabegewinn aus dem Besitzunternehmen aufzuteilen.

6 Beendigung der Betriebsaufspaltung

b) Liegt **keine qualifizierte Verpachtung** vor, so ist davon auszugehen, dass damit die gewerbliche Tätigkeit des Besitzunternehmens endet und die stillen Reserven des Besitzunternehmens gem. §§ 16, 34 EStG zu versteuern sind. Der Veräußerungsgewinn aus dem Verkauf der GmbH-Anteile unterliegt dem Halb- bzw. Teileinkünfteverfahren (§ 3 Nr. 40 Satz 1 Buchstabe b, § 3 c Abs. 2 EStG). Ein eventueller Freibetrag gem. § 16 Abs. 4 EStG ist wiederum auf beide Gewinnanteile verhältnismäßig aufzuteilen.

Erfolgt der Wegfall der personellen Verflechtung **gegen den Willen der Beteiligten,** so gelten die o. g. Grundsätze ohne Einschränkung.

Beispiel 2:

| Besitzunternehmen | vermietet an → | Betriebskapitalgesellschaft |

A 66²/₃ %   A 100 %
B 33¹/₃ %

Sowohl im Besitz- als auch im Betriebsunternehmen sind wesentliche Grundlagen vorhanden, A beherrscht beide Unternehmen, da im Besitzunternehmen lt. Vertrag das Mehrheitsprinzip gilt.

A stirbt, den Anteil am Betriebsgrundstück übernehmen im Rahmen der Erbauseinandersetzung die Miterben C und D zur Hälfte (= je 33¹/₃ %), den Anteil an der Betriebs-GmbH erhält die Ehefrau als weitere Miterbin.

Hier sind die Voraussetzungen der Betriebsaufspaltung für B **unfreiwillig weggefallen.** Es sind sämtliche stillen Reserven des Besitzunternehmens von C, D und der Ehefrau anteilig aufzudecken, da diese Personen die auf sie zunächst im Erbwege übergegangene Betriebsaufspaltung durch die Erbauseinandersetzung beendet haben. Auch B hat die auf ihn entfallenden stillen Reserven zu versteuern, obwohl die gewerbliche Tätigkeit ohne sein Zutun beendet wurde.

6.3.2 Verkauf eines Anteils am Besitzunternehmen

Beispiel 3:

| Besitzunternehmen (GbR) | vermietet an → | Betriebskapitalgesellschaft |

A 66²/₃ %   A 66²/₃ %
B 33¹/₃ %   B 33¹/₃ %

Laut Gesellschaftsvertrag der GbR wird nach dem Mehrheitsprinzip abgestimmt. Daher beherrscht A beide Unternehmensbereiche. Zulässigerweise verkauft A seinen Anteil am Besitzunternehmen an D.

Durch die Veräußerung sind die Voraussetzungen einer Betriebsaufspaltung entfallen. A hat einen Mitunternehmeranteil veräußert und damit einen

H. Betriebsaufspaltung

begünstigten Vorgang gem. § 16 Abs. 3, § 3 Nr. 40 Satz 1 Buchstabe b, § 3 c Abs. 2 EStG geschaffen, auch wenn er nicht gleichzeitig seinen GmbH-Anteil veräußert hat. Da die GmbH-Anteile Sonderbetriebsvermögen des Besitzgesellschafters A darstellen, ist eine erfolgswirksame Überführung in das Privatvermögen erforderlich, da eine Weiterführung von Sonderbetriebsvermögen ohne Betrieb nicht möglich ist. Der Vorgang ist nur im Rahmen des Halb- bzw. Teileinkünfteverfahrens begünstigt.

Für den nicht verkaufenden Mitunternehmer im Besitzunternehmen B ist fraglich, ob für ihn die Aufgabe seiner gewerblichen Betätigung angenommen werden muss oder ob er (wahlweise) zumindest vorläufig von einer Besteuerung der stillen Reserven absehen kann („Betriebsvermögen bleibt eingefroren").[133] Unseres Erachtens ist auch der nicht veräußernde Gesellschafter von dem Ende der gewerblichen Tätigkeit in Form einer Betriebsaufspaltung betroffen. Nur wenn das Besitzunternehmen **sämtliche** wesentlichen Grundlagen besitzt, ist B das Verpächterwahlrecht nach R 16 Abs. 5 EStR zu gewähren.[134] Das Besitzunternehmen beteiligt sich – wenn nicht **alle** wesentlichen Grundlagen verpachtet werden – nicht mehr unter Einschaltung einer beherrschten Betriebskapitalgesellschaft am allgemeinen wirtschaftlichen Verkehr. Daher hat B die stillen Reserven des Besitz- und Betriebsunternehmens gem. §§ 16, 34 sowie § 3 Nr. 40 Satz 1 Buchstabe b, § 3 c Abs. 2 EStG zu versteuern. Anschließend bezieht er Einkünfte aus Vermietung und Verpachtung sowie aus Kapitalvermögen.

6.3.3 Insolvenz des Betriebsunternehmens

125 Nach der im Zivilrecht herrschenden sog. Amtstheorie ist der Insolvenzverwalter weder Vertreter des Gemeinschuldners noch Vertreter der Gläubiger. Er wird vielmehr kraft Amtes im eigenen Namen tätig. Daher endet mit seinem Tätigwerden die für eine Betriebsaufspaltung notwendige personelle Verflechtung.

Daher führt die Eröffnung des Insolvenzverfahrens über das Vermögen des Betriebsunternehmens regelmäßig zur Beendigung der personellen Verflechtung und damit zur Beendigung der Betriebsaufspaltung (H 15.7 Abs. 6 Insolvenz des Betriebsunternehmens EStH). Es liegt daher eine Betriebsaufgabe i. S. des § 16 Abs. 1 Satz 3 EStG vor. In Bezug auf die GmbH-Beteiligung, die ja zum (Sonder-)Betriebsvermögen des Besitzunternehmens gehört, wird in der Regel ein Aufgabeverlust vorliegen. Da eine Rückzahlung des Stammkapitals nicht zu erwarten ist, ergibt sich der Verlust aus dem Buchwertansatz der GmbH-Beteiligung. Dieser ist jedoch nach § 3 c Abs. 2 EStG nur zur Hälfte (bzw. zu 60 %) zu berücksichtigen. Er schmälert den eventuellen Aufgabegewinn des Besitzunternehmens und ist daher nicht zunächst mit sonstigen positiven Einkünften des Stpfl. auszugleichen.

---

133 Vgl. Littmann/Bitz, § 15 Anm. 420.
134 BFH vom 17.04.2002, DB 2002 S. 1414, BStBl II 2002, 527.

6 Beendigung der Betriebsaufspaltung

6.3.4 Unentgeltliche Übertragung von Anteilen am Besitz- oder Betriebsunternehmen

Werden Gesellschaftsanteile durch Schenkung an Dritte übertragen, so richtet sich die steuerliche Behandlung danach, ob der Eintritt des Beschenkten Auswirkungen auf die personelle Verflechtung hat. **126**

Ändert sich am einheitlichen wirtschaftlichen Betätigungswillen nichts, z. B. weil sowohl Anteile am Besitz- als auch am Betriebsunternehmen unentgeltlich übertragen wurden, so unterbleibt eine Aufdeckung der stillen Reserven (§ 6 Abs. 3 EStG).

Wird nur ein Anteil von einem der beiden Unternehmensbereiche, z. B. der Anteil an der Betriebs-GmbH, übertragen und endet damit die personelle Verflechtung, so gilt Folgendes:

a) Besitzt das Besitzunternehmen **sämtliche wesentlichen** Grundlagen, dann ist der Verpachtungserlass (R 16 Abs. 5 EStR) anwendbar, wenn das Besitzunternehmen aus einem aktiven Gewerbebetrieb hervorgegangen ist oder bei einer unechten Betriebsaufspaltung eine qualifizierte Verpachtung vorliegt.[134] Bei Übertragung von Anteilen an der Betriebskapitalgesellschaft gelten diese als aus dem Betriebsvermögen entnommen und sind bei der Entnahme mit dem Teilwert anzusetzen. Der dadurch entstehende Entnahmegewinn unterliegt dem Halb- bzw. Teileinkünfteverfahren gem. § 3 Nr. 40 Satz 1 Buchstabe a, § 3 c Abs. 2 EStG.

b) Sind wesentliche Betriebsgrundlagen auf beide Unternehmensbereiche verteilt und wird nur der Gesellschaftsanteil am Besitz- oder Betriebsunternehmen übertragen, dann endet nach Wegfall der personellen Voraussetzungen die gewerbliche Tätigkeit. Da kein „ganzer Betrieb" mehr verpachtet wird, findet der Verpachtungserlass keine Anwendung. Es sind sämtliche stillen Reserven aufzudecken. §§ 16, 34 EStG sowie (für die GmbH-Anteile) § 3 Nr. 40 Satz 1 Buchstabe b, § 3 c Abs. 2 sind anwendbar.

6.3.5 Wegfall der personellen Verflechtung für volljährig werdende Kinder

Die Finanzverwaltung nimmt eine personelle Verflechtung auch dann an, wenn einem Elternteil oder beiden Elternteilen und einem minderjährigen Kind an beiden Unternehmen jeweils zusammen die Mehrheit der Stimmrechte zuzurechnen ist. Ist beiden Elternteilen an einem Unternehmen zusammen die Mehrheit der Stimmrechte zuzurechnen und halten sie nur zusammen mit dem minderjährigen Kind am anderen Unternehmen die Mehrheit der Stimmrechte, liegt, wenn das Vermögenssorgerecht beiden Elternteilen zusteht, grundsätzlich ebenfalls eine personelle Verflechtung vor. **127**

H. Betriebsaufspaltung

Beispiel:

Die Eltern A und B sind Eigentümer eines Grundstücks jeweils zur Hälfte. Dieses Grundstück (wesentliche Betriebsgrundlage) ist verpachtet an die C-GmbH, deren Gesellschafter A und B zu je 20 % sind. 60 % der Anteile stehen dem minderjährigen Sohn S zu.

Es liegt eine Betriebsaufspaltung vor (vgl. R 15.7 Abs. 8 Satz 3 EStR).

Wird in diesen Fällen das Kind in späteren Jahren volljährig, so wäre die personelle Verflechtung beendet, da die Eltern ihren Willen in der Betriebsgesellschaft nicht mehr durchsetzen können. Nach R 16 Abs. 2 Satz 4 EStR wird dem Stpfl. aus Billigkeitsgründen ein Wahlrecht zur Fortsetzung der gewerblichen Tätigkeit entsprechend dem sog. Verpachtungserlass gem. R 16 Abs. 5 EStR eingeräumt. Dies gilt auch dann, wenn nicht alle Betriebsgrundlagen an das Betriebsunternehmen verpachtet sind. Diesem weiterbestehenden Verpachtungsbetrieb sind die üblichen auf einen Betrieb bezogenen Steuervergünstigungen (z. B. Übertragung stiller Reserven nach § 6 b EStG oder Sonderabschreibungen) zu gewähren.

6.3.6 Vermeidung der Auflösung der stillen Reserven

128 Auch wenn wegen fehlender Verpachtung des Gewerbebetriebs im Ganzen der Verpachtungserlass keine Anwendung findet, kann trotz Wegfalls der personellen Verflechtung die Aufdeckung der stillen Reserven vermieden werden. Dies kann durch Einbringung des Besitzunternehmens in die Betriebskapitalgesellschaft im Rahmen einer Kapitalerhöhung geschehen.

Auch das Besitzunternehmen ist nach den Regeln der Betriebsaufspaltung als Gewerbebetrieb anzusehen. Daher kann der Betrieb gem. § 20 UmwStG in eine neue Kapitalgesellschaft oder aber auch in die bisherige Betriebs-GmbH gegen Gewährung **neuer** Gesellschaftsrechte **eingebracht werden.** Dabei ist in der GmbH eine Buchwertfortführung (oder ein Ansatz mit dem gemeinen Wert bzw. ein Zwischenwertansatz) zulässig. An sich müssten dabei allerdings auch die bisher im Betriebsvermögen der Besitzgesellschaft gehaltenen Anteile mit in die Betriebsgesellschaft eingebracht werden. Mit der Einbringung werden diese Anteile eigene Anteile der Kapitalgesellschaft. Der Erwerb eigener Anteile wäre handelsrechtlich jedoch nur zulässig, wenn sie voll eingezahlt sind. Da man für diese Anteile als Gegenleistung gleichzeitig neue Anteile an der Kapitalgesellschaft erhalten müsste, wird aus Vereinfachungsgründen zugelassen, dass die Anteile an der aufnehmenden Kapitalgesellschaft nicht mit eingebracht werden müssen.[135] Die nicht mit eingebrachten GmbH-Anteile sind aber künftig als steuerverstrickte Anteile zu behandeln, für welche § 22 UmwStG anzuwenden ist.

---

135 Vgl. Tz. 20.11 des Umwandlungssteuererlasses vom 25.03.1998, BStBl I 1998, 268.

6 Beendigung der Betriebsaufspaltung

Auch durch die **Umgründung** des Besitzunternehmens in eine **gewerblich** geprägte GmbH & Co. KG (§ 15 Abs. 3 Nr. 2 EStG) könnte die Aufdeckung der stillen Reserven vermieden werden. Da die Gesellschafter ihre Mitunternehmeranteile am bisherigen Besitzunternehmen gem. § 24 UmwStG zu Buchwerten in die KG einbringen können, wäre eine Aufdeckung der stillen Reserven vermeidbar. **129**

Schließlich wäre es auch denkbar, die Betriebskapitalgesellschaft auf das Besitzunternehmen umzuwandeln. Hier wären jedoch die Bestimmungen der §§ 1 bis 18 UmwStG zu beachten. Daraus könnte sich ein steuerpflichtiger Übernahmegewinn gem. § 4 UmwStG ergeben. **130**

6.4 Verpachtung an Dritte

Verpachten die Besitzunternehmer ihre wesentlichen Grundlagen an Dritte, gelten die allgemeinen Regelungen zur Betriebsverpachtung (R 16 Abs. 5 EStR), sofern im Besitzunternehmen sämtliche wesentlichen Grundlagen gehalten werden und das Besitzunternehmen aus einem aktiven Gewerbebetrieb hervorgegangen ist oder wenn von einer unechten qualifizierten Betriebsaufspaltung ausgegangen werden kann. **131**

6.5 Zusammenfassung beider Unternehmen

Wird das Besitzunternehmen in die Betriebskapitalgesellschaft gegen Gewährung **neuer** Anteile eingebracht, so liegt ein Fall des § 20 UmwStG mit den Wahlrechten Buchwertfortführung, gemeiner Wert oder Zwischenwertansatz vor. **132**

6.6 Veräußerung des Besitzunternehmens und der Anteile am Betriebsunternehmen

Wird das gesamte Besitzunternehmen einschließlich der GmbH-Anteile veräußert, liegt eine steuerbegünstigte Betriebsveräußerung gem. §§ 16, 34 EStG vor. Dies gilt auch für den Fall, dass nur das Besitzunternehmen veräußert wird und die GmbH-Anteile gleichzeitig in das Privatvermögen überführt werden. Die Besteuerung der GmbH-Anteile erfolgt nach dem Halbbzw. Teileinkünfteverfahren (§ 3 Nr. 40 Satz 1 Buchstabe b, § 3 c Abs. 2 EStG). § 16 Abs. 4 EStG ist anteilig anwendbar, nicht jedoch § 34 EStG. **133**

H. Betriebsaufspaltung

7 Auswirkungen bei der Gewerbesteuer

7.1 Selbständige Gewerbesteuerpflicht des Besitzunternehmens

134 Liegt ein Fall einer Betriebsaufspaltung vor, wird dadurch die Gewerbesteuerpflicht des Besitzunternehmens begründet, obwohl beim Besitzunternehmen nur eine Vermögensverwaltung vorliegt. Es spielt hierbei keine Rolle, ob die Besitzgesellschaft durch Betriebsaufspaltung entstanden ist oder ob Besitz- und Betriebsgesellschaft als getrennte Betriebe errichtet worden sind.[136] Die BFH-Rechtsprechung begründet diese Auffassung damit, dass sich die Betätigung des Besitzunternehmens aufgrund des einheitlichen geschäftlichen Betätigungswillens von der einer gewöhnlichen Vermietungs- oder Verpachtungstätigkeit wesentlich unterscheidet. Einer reinen Vermögensverwaltung stehe entgegen, dass es sich um eine qualifizierte Verpachtungstätigkeit des Besitzunternehmens handle, deren Zweck darauf gerichtet sei, der von ihr beherrschten Betriebsgesellschaft eine wesentliche Betriebsgrundlage zur Verfügung zu stellen.

135 Aus dem Beschluss des Großen Senats des BFH[137] ergibt sich, dass es für die Frage, ob das Besitzunternehmen eine gewerbliche Betätigung entfaltet, nicht darauf ankommt, ob es mit dem Betrieb der Betriebsgesellschaft ein einheitliches Unternehmen bildet. Daraus folgt, dass im Falle einer Betriebsaufspaltung im Gewerbesteuerrecht stets von **zwei** Unternehmen ausgegangen werden muss. Die langjährige BFH-Rechtsprechung basiert auf der sog. „Durchgriffstheorie", wonach die Verpachtungstätigkeit des Besitzunternehmens eine Gewerbesteuerpflicht deshalb auslöst, weil dieses nach wie vor über die Betriebskapitalgesellschaft am allgemeinen wirtschaftlichen Verkehr teilnimmt.

136 Infolge des fortbestehenden Gewerbebetriebs sind die Miet- oder Pachteinnahmen sowie auch alle anderen Einkünfte, die dem Besitzunternehmen aus der Überlassung oder Nutzung von Wirtschaftsgütern von der Betriebskapitalgesellschaft zufließen, gewerbliche Einkünfte.

Als andere Einkünfte kommen z. B. in Betracht:

— Entgelte für die Überlassung von Wirtschaftsgütern an die Betriebsgesellschaft, die für sich gesehen nicht zur wesentlichen Betriebsgrundlage der Betriebsgesellschaft gehören (z. B. Patente, Warenzeichenrechte, gewerbliche Schutzrechte u. a.)

— Entgelte für die Überlassung von Wirtschaftsgütern an andere verbundene Unternehmen, mit denen wegen fehlender personeller oder sachlicher Voraussetzungen keine Betriebsaufspaltung gegeben ist

---

136 Vgl. hierzu BFH vom 09.06.1959, BStBl III 1960, 50; BFH vom 15.05.1975, BStBl II 1975, 781.
137 BFH vom 08.11.1971, BStBl II 1972, 63.

7 Auswirkungen bei der Gewerbesteuer

— **Entgelte aus Überlassung von Wirtschaftsgütern an fremde Dritte**

Angesichts der Tatsache, dass das Besitzunternehmen mit seinem **gesamten** 137
Betrieb gewerbesteuerpflichtig ist, erstreckt sich die Gewerbesteuerpflicht auch auf die Pachteinnahmen solcher Personen, die an der Betriebsgesellschaft nicht beteiligt sind.

Beispiel 1:

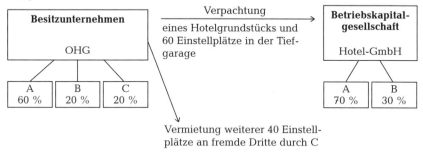

Vermietung weiterer 40 Einstellplätze an fremde Dritte durch C

C hat die 40 Einstellplätze zu seinem Sonderbetriebsvermögen erklärt.

Sowohl die von der Hotel-GmbH geleisteten Pachtzinsen als auch die Mietentgelte aus den an fremde Dritte vermieteten Einstellplätzen unterliegen in **voller** Höhe bei der Besitz-OHG der Gewerbesteuerpflicht. Die dem Besitzgesellschafter C zufließenden Pacht- und Mietzahlungen stellen **gewerbliche Einkünfte** i. S. des § 15 Abs. 1 Nr. 2 EStG dar.

Aufgrund der engen wirtschaftlichen Verflechtungen zwischen Besitzunter- 138
nehmen und Betriebskapitalgesellschaft stellen die Anteile an der Betriebskapitalgesellschaft, soweit sie Personen gehören, die auch am Besitzunternehmen beteiligt sind, notwendiges Betriebsvermögen bzw. notwendiges Sonderbetriebsvermögen der Gesellschafter dar.[138] In den Sonderbilanzen sind die Gewinnausschüttungen der Betriebsgesellschaft dann zu erfassen, wenn ein Ausschüttungsbeschluss gefasst ist.

Beispiel 2:

Nach einem Beschluss der X-Betriebs-GmbH vom 15.03.03 werden von dem erwirtschafteten Gewinn 02 an die beiden Gesellschafter A und B jeweils 60.000 € ausgeschüttet. Die Dividende wird nach Abzug von 20 % (ab 2009: 25 %) Kapitalertragsteuer am 31.03.03 an A und B mit je 48.000 € ausbezahlt. (Der Abzug des Solidaritätszuschlags ist nicht berücksichtigt.)

Beim Besitzunternehmen sind nach Beschlussfassung im Jahr 03 in den Sonderbilanzen unter den Betriebseinnahmen die nachstehenden Beteiligungserträge auszuweisen:

---

138 BFH vom 14.11.1969, BStBl II 1970, 302.

H. Betriebsaufspaltung

	Gesellschafter A	Gesellschafter B
ausgezahlte Dividende	48.000 €	48.000 €
zzgl. Kapitalertragsteuer	12.000 €	12.000 €
	60.000 €	60.000 €

Bei der Ermittlung des Gewerbeertrags 03 für das Besitzunternehmen wird wegen des Schachtelprivilegs nach § 9 Nr. 2 a GewStG der Gewinn des Besitzunternehmens um die Beteiligungserträge gekürzt (s. auch Ausführungen unten). Gemäß § 3 Nr. 40 Satz 1 Buchstabe d EStG sind die Beteiligungserträge zur Hälfte (ab 2009 zu 40 %) steuerbefreit. Insoweit erfolgt auch nur eine Kürzung des Gewerbeertrags. Greift das Schachtelprivileg bei Streubesitzanteilen nicht, so erfolgt gem. § 8 Nr. 5 GewStG eine Hinzurechnung des steuerfrei gebliebenen Gewinns.

139 Aufgrund der Zugehörigkeit der Gesellschaftsanteile an der Betriebsgesellschaft zum notwendigen Betriebsvermögen bzw. zum notwendigen Sonderbetriebsvermögen des Besitzunternehmens sind Veräußerungen von Anteilen der betrieblichen Sphäre zuzurechnen.

Werden nur die Anteile selbst veräußert, handelt es sich um einen normalen Geschäftsvorfall, der zum laufenden Gewinn gehört. Im Falle der Veräußerung der Anteile an der Betriebskapitalgesellschaft mit gleichzeitiger Veräußerung der Anteile am Besitzunternehmen liegt ein steuerbegünstigter Veräußerungsgewinn nach § 16 Abs. 1 Nr. 2 EStG i. V. m. § 34 EStG vor, der von der Gewerbeertragsbesteuerung ausgenommen ist (Abschn. 40 Abs. 1 GewStR).

Stehen die Anteile an der Betriebs-GmbH im Eigentum von Personen, die **nicht** zugleich am Besitzunternehmen beteiligt sind, und gehören diese Anteile auch nicht zu einem anderen Betriebsvermögen der Anteilseigner, sind sie dem Privatvermögen zuzurechnen. Folglich stellen die Gewinnausschüttungen der Betriebsgesellschaft Einnahmen aus Kapitalvermögen dar und unterliegen nicht der GewSt.

7.2 Verhältnis der Betriebsaufspaltung zur Organschaft

140 Eine gewerbesteuerliche Organschaft scheidet bis VZ 2001 nach der ständigen Rechtsprechung bei der typischen Betriebsaufspaltung zwischen dem Besitzunternehmen und der Betriebskapitalgesellschaft **grundsätzlich** aus, weil bei ihr keine Eingliederung der Betriebskapitalgesellschaft in das Besitzunternehmen vorliegt.

Durch die Neufassung des § 2 Abs. 2 Satz 2 GewStG ist **ab VZ 2002** auch in Betriebsaufspaltungsfällen eine Organschaft möglich. Es gelten für die gewerbesteuerliche Organschaft die gleichen Voraussetzungen wie im Körperschaftsteuerrecht (vgl. § 14 KStG). Danach ist neben einem Gewinnabführungsvertrag nur die finanzielle Eingliederung in das Besitzunternehmen erforderlich. Das Tatbestandsmerkmal der wirtschaftlichen Eingliederung ist weggefallen. Dem Besitzunternehmen muss lediglich die Mehrheit der Stimmrechte zustehen und es muss ein Gewinnabführungsvertrag abgeschlossen sein.

Ist von einer gewerbesteuerlichen Organschaft auszugehen, so gilt nach § 2 Abs. 2 Nr. 2 Satz 2 GewStG die Organgesellschaft als Betriebsstätte des Organträgers. Diese Betriebsstättenfiktion führt aber nicht dazu, dass Organträger und Organgesellschaft als einheitliches Unternehmen anzusehen sind. Der Gewerbeertrag der Organgesellschaft ist **getrennt** zu ermitteln und mit dem Gewerbeertrag des Organträgers zusammenzurechnen (Abschn. 41 Abs. 3 GewStR).

Nachdem im Organbereich die Hinzurechnung von Dauerschuldzinsen und Dauerschulden aus Darlehensverhältnissen zwischen Organträger und Organgesellschaft zur Vermeidung einer doppelten steuerlichen Belastung entfällt und ein Verlustausgleich zwischen Besitz- und Betriebsunternehmen möglich ist, können bei der Anerkennung einer gewerbesteuerlichen Organschaft sich in Einzelfällen erhebliche steuerliche Auswirkungen ergeben. Zu beachten ist jedoch, dass das Besitzunternehmen nach dem Gewinnabführungsvertrag verpflichtet ist, auch **zivilrechtlich** die **Verluste** zu **übernehmen.**

7.3 Ermittlung des Gewerbeertrags

7.3.1 Grundsätze zur Ermittlung des Gewerbeertrags

Ausgangspunkt für die Gewerbesteuer ist nach § 7 GewStG der Gewerbeertrag. Maßgebend dafür ist der nach den Vorschriften des EStG oder des KStG zu ermittelnde Gewinn aus Gewerbebetrieb, vermehrt und vermindert um die in den §§ 8 und 9 GewStG bezeichneten Beträge. Zum Gewerbeertrag gehört gem. § 7 Satz 2 GewStG auch der Gewinn aus der Veräußerung oder Aufgabe

1. des Betriebs oder eines Teilbetriebs einer Mitunternehmerschaft,
2. des Anteils eines Gesellschafters, der als Unternehmer (Mitunternehmer) des Betriebs einer Mitunternehmerschaft anzusehen ist,
3. des Anteils eines persönlich haftenden Gesellschafters einer Kommanditgesellschaft auf Aktien,

soweit er nicht auf eine natürliche Person als unmittelbar beteiligte Mitunternehmer entfällt. Grundsätzlich gehört der Gewinn aus der Veräußerung oder Aufgabe des Gewerbebetriebs nicht zum Gewerbeertrag (Abschn. 38 Abs. 3 Satz 1 GewStR). Dies gilt jedoch nicht, soweit eine Kapitalgesellschaft an einer Mitunternehmerschaft beteiligt ist. Veräußert beispielsweise eine GmbH & Co KG einen Teilbetrieb, so ist der auf die GmbH entfallende Veräußerungsgewinnanteil gewerbesteuerpflichtig.

H. Betriebsaufspaltung

142 Das Halbeinkünfteverfahren (ab 2009: Teileinkünfteverfahren) gem. § 3 Nr. 40 und § 3 c Abs. 2 EStG ist bei der Ermittlung des Gewerbeertrags anzuwenden, soweit am Besitzunternehmen natürliche Personen beteiligt sind.

7.3.2 Hinzurechnungen nach § 8 Nr. 1 GewStG

143 Nach § 8 Nr. 1 GewStG sind bestimmte Aufwendungen mit 25 % des Aufwandsbetrags dem Gewerbeertrag hinzuzurechnen, soweit die Summe der Hinzurechnungen den Betrag von 100.000 Euro übersteigt. Es ist unbeachtlich, ob die Aufwendungen im Zusammenhang mit einer Betriebsgründung oder einer Betriebserweiterung angefallen sind.

7.3.3 Hinzurechnungen des Entgelts für Schulden

144 Nach § 8 Nr. 1 a sind 25 % des Entgelts für Schulden dem Gewerbeertrag hinzuzurechnen. Der Begriff des Entgelts umfasst solche Leistungen des Kreditnehmers, die als Gegenleistung für die Nutzung des Fremdkapitals erbracht werden. Dazu gehören sowohl **Zinsen** zu einem festen oder variablen Zinssatz als auch Vergütungen für ein partiarisches Darlehen oder für Gewinnobligationen. Auf die Bezeichnung als Zinsen kommt es nicht an. Auch der Grund der Darlehensaufnahme sowie die Dauer (langfristig oder kurzfristig) ist nicht entscheidend.

Schulden, die zum laufenden Geschäftsverkehr gehören (wie z. B. Warenschulden oder Kontokorrentschulden) sind ebenso hinzurechnen wie z. B. Vorfälligkeitsentschädigungen oder Zinsen für Wechselkredite. **Erbbauzinsen** fallen – trotz des Begriffs „Zinsen" nicht unter die Zurechnungsvorschrift des § 8 Nr. 1 a GewStG, sondern unter die Zurechnungsvorschrift des § 8 Nr. 1 e GewStG. Die Zahlung des Erbbauzinses stellen wirtschaftlich ein Entgelt für die Überlassung des Grundstücks zur Nutzung dar und sind daher mit einer Miete vergleichbar.

145 — **Sachwertdarlehen**

Verpflichtet sich die Betriebsgesellschaft, nach Pachtablauf Wirtschaftsgüter gleicher Art und Güte (z. B. zum Verbrauch bestimmte Rohstoffe, Halb- und Fertigfabrikate) wieder zurückzugeben, hat diese eine entsprechende Rückgabeverpflichtung zu passivieren. Naturgemäß erhält die Betriebsgesellschaft die Verfügungsbefugnis über das übernommene Umlaufvermögen. Für diese sog. Sachwertdarlehen werden häufig keine gesonderten Zinsvereinbarungen getroffen. Statt dessen wird dafür das Pachtentgelt entsprechend erhöht. Der hierauf entfallende Pachtanteil ist von der eigentlichen Pacht auszusondern und daher nicht über § 8 Nr. 1 e, sondern über § 8 Nr. 1 a GewStG zu erfassen.

7 Auswirkungen bei der Gewerbesteuer

— **Darlehensgewährung der Betriebsgesellschaft an das Besitzunternehmer** 146
Zwischen Besitzunternehmen und Betriebsgesellschaft sind Darlehensverträge auch mit steuerlicher Wirkung anzuerkennen. Soweit es sich jedoch um Zinsen für einen durchlaufenden Kredit handelt, bleibt der Aufwand von einer Zurechnung ausgenommen. In entsprechender Anwendung des § 4 Abs. 3 Satz 2 EStG sind durchlaufende Posten weder bei den Betriebseinnahmen noch bei den Betriebsausgaben zu erfassen.

Beispiel:
Das Besitzunternehmen nimmt bei der Hausbank ein Darlehen über 100.000 € zu 6 % Zins auf. Diesen Betrag leitet das Besitzunternehmen an die Betriebs-GmbH zu den gleichen Bedingungen weiter, damit dort eine notwendige Investition getätigt werden kann.

Das Besitzunternehmen kann aus der Kreditaufnahme und der Weitergabe keinen eigenen wirtschaftlichen Nutzen ziehen, so dass die gezahlten Schuldzinsen nicht hinzugerechnet werden.[139] Die Betriebs-GmbH hat jedoch die Hinzurechnung vorzunehmen.

Bei Darlehensgewährungen zwischen Betriebsgesellschaft und Besitzunternehmen kann es durch die Hinzurechnung der Zinszahlungen zu einer 1,25-fachen gewerbesteuerlichen Erfassung kommen. 147

Beispiel:
Das Besitzunternehmen gibt der Betriebsgesellschaft ein langfristig verzinsliches Darlehen. Der Zinsaufwand beträgt 10.000 €.

Steuerliche Behandlung beim Besitzunternehmen:
Die Zinsen sind als Betriebseinnahmen im Gewerbeertrag enthalten und unterliegen damit voll der Gewerbesteuer.

Steuerliche Behandlung der Betriebs-GmbH:
Die Zinszahlung ist Betriebsausgabe. Gewerbesteuerlich sind 25 % der Zinsen gem. § 8 Nr. 1 a GewStG bei der Ermittlung des Gewerbeertrags hinzuzurechnen, so dass dieser Anteil ebenfalls der Gewerbesteuer unterliegt.

7.3.4 Hinzurechnung von Renten und dauernden Lasten

Nach § 8 Nr. 1 b GewStG sind sämtliche Renten und dauernde Lasten dem 148 Gewerbeertrag mit 25 % des Aufwands hinzuzurechnen, **unabhängig davon**, ob sie
a) wirtschaftlich mit der Gründung oder dem Erwerb des Betriebs oder eines Anteils am Betrieb zusammenhängen oder
b) beim Empfänger zur Steuer nach dem Gewerbeertrag heranzuziehen sind.

---
139 BFH vom 11.12.1997, BFH/NV 1998, 1222.

H. Betriebsaufspaltung

149 Nach der ausdrücklichen Regelung in § 8 Nr. 1 b GewStG gelten Pensionszusagen und die darauf beruhenden Rentenzahlungen an die Arbeitnehmer des Betriebs nicht als dauernde Last i. S. dieser Vorschrift. Hauptanwendungsfall sind die gezahlten Kaufpreisrenten für die Übernahme des Betriebs oder einzelner Wirtschaftsgüter, z. B. Grundstücke sowie die Zahlung von betrieblichen Versorgungsrenten an frühere Mitunternehmer. Letztere mindern nämlich den laufenden Gewinn des Unternehmens. Dagegen erfolgt keine Hinzurechnung bei den sog. privaten Versorgungsleistungen, die anlässlich einer (unentgeltlichen) Betriebsübergabe im Rahmen der vorweggenommenen Erbfolge vom Betriebsübernehmer gezahlt werden. Hier handelt es sich um einen privaten Vorgang, der den Gewinn des übernommenen Betriebs nicht mindert.

7.3.5 Hinzurechnung der Miet- und Pachtzinsen

150 Nach § 8 Nr. 1 Buchst. d und § 8 Nr. 1 Buchst. e GewStG ist bei den Miet- und Pachtzinsen zu unterscheiden in solche Aufwendungen, die für

a) **bewegliche** Wirtschaftsgüter des Anlagevermögens und

b) für **unbewegliche** Wirtschaftsgüter des Anlagevermögens

geleistet werden.

151 Soweit **Miet- und Pachtzinsen** (einschl. Leasingraten) bezahlt werden, sind davon $1/4$ von 20 %, d. h. im Endergebnis **5 %** der Miet- und Pachtzinsen dem Gewinn wieder hinzuzurechnen.

152 Bei der Mietzahlung für unbewegliches Vermögen beläuft sich der Hinzurechnungsbetrag auf $1/4$ von 75 % der geleisteten Miet- und Pachtzahlungen, d. h. es erfolgt eine **18,75 %-ige** Hinzurechnung der Miet- und Pachtzinsen. Für die Hinzurechnung ist es unerheblich, ob die Miet- und Pachtzinsen beim Empfänger der Gewerbesteuer unterliegen.

153 Die Abgrenzung zwischen beweglichen und unbeweglichen Wirtschaftsgütern ist gem. R 7.1 EStR vorzunehmen. Bei der Beurteilung, ob ein Miet- oder Pachtvertrag vorliegt, ist entscheidend, ob die Verträge ihrem wesentlichen Gehalt nach Miet- oder Pachtverträge i. S. des Bürgerlichen Rechts sind (vgl. Abschn. 53 GewStR). Im Rahmen der Betriebsaufspaltung liegen regelmäßig die Voraussetzungen für die Annahme eines Miet- bzw. Pachtvertrags vor. Zu den Mieten rechnen auch die Aufwendungen für Instandsetzung, Instandhaltung oder Versicherung des Miet- oder Pachtgegenstandes welche der Mieter zu ersetzen hat.

154 In Betriebsaufspaltungsfällen liegt häufig kein reiner Miet- oder Pachtvertrag vor. So werden häufig auch in der Pacht Zahlungen für die Überlassung von **Lizenzen** oder know how enthalten sein. Diese Aufwendungen unterliegen nach § 8 Nr. 1 f GewStG der Hinzurechnung und zwar in Höhe von $1/4$

7 Auswirkungen bei der Gewerbesteuer

von 25 % der Aufwendungen für die zeitliche befristete Überlassung dieser Rechte.

In den Betriebsaufspaltungsfällen setzt sich die Pacht häufig aus mehreren Elementen zusammen, nämlich
1. die reine Raummiete (Hinzurechnung nach § 8 Nr. 1 e GewStG),
2. Entgelt für die Benutzung der Betriebseinrichtung (§ 8 Nr. 1 d GewStG),
3. Entgelt für Konzessionen und Lizenzen u.a. immaterielle Rechte (§ 8 Nr. 1 Buchst, f GewStG) und
4. Entgelt für die Überlassung des **Geschäftswerts**.

U. E. ist das Entgelt für die Überlassung des **Geschäftswerts** nicht hinzuzurechnen. Eine Berücksichtigung des Geschäftswerts kommt aber nur in Betracht, wenn die Vertragsparteien eine entsprechende Aufteilung des Pachtzinses vorgenommen haben oder andere Umstände eine klare und eindeutige Aufteilung ermöglichen.

7.3.6 Freibetrag für die Zurechnung nach § 8 Nr. 1 GewStG

Die nach § 8 Nr. 1 GewStG insgesamt sich ergebenden Zurechnungsbeträge werden bei der Ermittlung des Gewerbeertrags als Hinzurechnungsbetrag nur berücksichtigt, wenn deren Gesamtsumme **100.000 Euro** übersteigt. Nur der über diesen Freibetrag hinausgehende Hinzurechnungsbetrag ist mit **25 %** bei der Ermittlung des Gewerbeertrags zu berücksichtigen.

Beispiel:
Die Betriebskapitalgesellschaft hat im Jahr 08 Zinsen für ein Darlehen in Höhe von 100.000 € ausgewiesen. Die Pacht für die beweglichen Wirtschaftsgüter beträgt 60.000 €, für das Betriebsgrundstück 300.000 €.

Es ergeben sich folgende Hinzurechnungsbeträge:

Zinsen (§ 8 Nr. 1 a GewStG)	100.000 €
Pacht für bewegliche Wirtschaftsgüter	
(§ 8 Nr. 1 e GewStG) 20 % von 60.000 €	= 12.000 €
Pacht für unbewegliche Wirtschaftsgüter	
(§ 8 Nr. 1 e GewStG) 75 % von 300.000 €	= 225.000 €
Summe	337.000 €
./. Freibetrag	100.000 €
verbleiben	237.000 €
davon 25 %	59.250 €

7.3.7 Ausschüttungen und Dividenden, die nach § 3 Nr. 40 EStG und § 8 b KStG steuerfrei bleiben

Nach § 8 Nr. 5 GewStG erfolgt eine Hinzurechnung der steuerfrei bleibenden Dividenden, wenn die Beteiligung **weniger als 15 %** beträgt. Steuersubjekt bei der Gewerbesteuer ist das gesamte Besitzunternehmen. Da wegen der Beherrschungsvoraussetzung das Besitzunternehmen mehr als 50 % der

H. Betriebsaufspaltung

Beteiligung an der Betriebskapitalgesellschaft aufweisen muss, liegt die Beteiligung immer über 15 %, so dass hier keine Hinzurechnung erfolgt. Diese Vorschrift ist demnach nur von Bedeutung, soweit das Besitzunternehmen noch anderweitig Anteile an Kapitalvermögen unter 15 % besitzt.

7.3.8 Kürzung nach § 9 Nr. 1 GewStG

7.3.8.1 Kürzung um 1,2 % des Einheitswerts des zum Betriebsvermögen gehörenden Grundbesitzes

159 Die Kürzung nach § 9 Nr. 1 Satz 1 GewStG beträgt 1,2 % des Einheitswerts des zum Betriebsvermögen des Unternehmers gehörenden und nicht von der Grundsteuer befreiten Grundbesitzes; maßgebend ist der Einheitswert, der auf den letzten Feststellungszeitpunkt (Hauptfeststellungs-, Fortschreibungs- oder Nachfeststellungszeitpunkt) vor dem Ende des Erhebungszeitraums (§ 14 GewStG) lautet.

160 Die Zugehörigkeit eines Grundstücks zum Betriebsvermögen ist nach den Vorschriften des EStG zu beurteilen. Maßgebend ist dabei der Stand zu Beginn des Kalenderjahres (§ 20 Abs. 1 GewStDV). Ist nur ein Teil eines Grundstücks einkommensteuerrechtlich zum Betriebsvermögen zu rechnen, so ist für die Berechnung der Kürzung nach § 9 Nr. 1 Satz 2 GewStG von dem Teil des Einheitswerts auszugehen, der auf den gewerblichen Zwecken dienenden Teil des Grundstücks entfällt (vgl. Abschn. 59 Abs. 1–4 GewStR).

Eine Entlastung findet daher nicht statt, wenn auf den Grundbesitz wegen dessen Grundsteuerbefreiung keine Grundsteuer anfällt.

Im Fall der Betriebsaufspaltung steht die Kürzung nach § 9 Nr. 1 Satz 1 GewStG demjenigen Unternehmen zu, dem das Grundstück zuzurechnen ist.

7.3.8.2 Erweiterte Kürzung nach § 9 Nr. 1 Satz 2 GewStG

161 Nach § 9 Nr. 1 Satz 2 GewStG kann die erweiterte Kürzung des Gewerbeertrags nur von Unternehmen in Anspruch genommen werden, die ausschließlich eigenen Grundbesitz verwalten und nutzen oder daneben Wohnungsbauten betreuen oder Kaufeigenheime, Kleinsiedlungen und Eigentumswohnungen errichten und veräußern. Die Kürzung erfolgt dann an Stelle eines bestimmten Prozentsatzes des Einheitswerts des Grundbesitzes um den Teil des Gewerbeertrags, der auf die Verwaltung und Nutzung des eigenen Grundbesitzes entfällt.

Zweck der erweiterten Kürzung ist es, die Erträge aus der bloßen Verwaltung und Nutzung eigenen Grundbesitzes von der Gewerbesteuer aus Gründen der Gleichbehandlung mit Steuerpflichtigen freizustellen, die nur Grundstücksverwaltung betreiben.[140] Danach ist § 9 Nr. 1 Satz 2 GewStG grundsätzlich ausgeschlossen, wenn die Verwaltung oder Nutzung des eige-

---

140 BFH vom 18.04.2000, BStBl II 2001, 359 m. w. N.

7 Auswirkungen bei der Gewerbesteuer

nen Grundbesitzes die Grenzen der bloßen Vermögensverwaltung überschreitet. In Betriebsaufspaltungsfällen ist jedoch keine bloß verwaltende Tätigkeit gegeben. Liegt daher eine Betriebsaufspaltung vor, so gilt, dass das gewerbesteuerpflichtige Besitzunternehmen für den Ertrag aus der Vermietung und Verpachtung seines Grundbesitzes an die Betriebsgesellschaft die – nur für vermögensverwaltende Grundstücksunternehmen geltende – erweiterte Kürzung des Gewerbeertrags **nicht** in Anspruch nehmen kann.

162

7.3.8.3 Gewerbesteuerliches Schachtelprivileg nach § 9 Nr. 2 a GewStG

Die Summe des Gewinns und der Hinzurechnungen wird nach § 9 Nr. 2 GewStG gekürzt um die Gewinne aus Anteilen an einer nicht steuerbefreiten Kapitalgesellschaft i. S. des § 2 Abs. 2 Nr. 2 GewStG, an der das Unternehmen zu Beginn des Erhebungszeitraums **mindestens** zu 15 % beteiligt ist. Durch die Vorschrift soll eine gewerbesteuerliche Doppelbelastung ausgeschütteter Gewinne zum einen beim Anteilseigner, zum anderen bei der Kapitalgesellschaft vermieden werden (vgl. BFH, Urteil vom 15.09.2004, BStBl II 2005, 297).

163

Im unmittelbaren Zusammenhang mit Gewinnanteilen stehende Aufwendungen mindern den Kürzungsbetrag, soweit entsprechende Beteiligungserträge zu berücksichtigen sind; insoweit findet § 8 Nr. 1 GewStG keine Anwendung. Die Nichtabziehbarkeit der Aufwendungen wurde durch Jahressteuergesetz 2007 in § 9 Nr. 2 a GewStG eingefügt, nachdem der BFH entschieden hatte, dass diese Aufwendungen nicht die Kürzungsbeträge mindern[141].

164

7.4 Gewerbesteuerpflicht der Betriebskapitalgesellschaft

Aus der in § 2 Abs. 2 Nr. 2 GewStG getroffenen Regelung ergibt sich die Gewerbesteuerpflicht der Betriebskapitalgesellschaft. Danach gilt die Tätigkeit von Kapitalgesellschaften stets und in vollem Umfang als Gewerbebetrieb (Gewerbebetrieb kraft Rechtsform). Dies hat zur Folge, dass ihre Steuerpflicht durch die Betriebsaufspaltung nicht berührt wird, zumal es sich bei dem Besitzunternehmen und der Betriebskapitalgesellschaft um zwei völlig getrennte Gewerbebetriebe handelt.

165

Die von der Betriebsgesellschaft an das Besitzunternehmen geleisteten Pachtzahlungen unterliegen nur unter den Voraussetzungen des § 8 Nr. 7 GewStG einer Hinzurechnungspflicht (vgl. hierzu Ausführungen zu den Miet- und Pachtzinsen beim Besitzunternehmen).

Im Übrigen finden für die Betriebsgesellschaft alle anderen Vorschriften des Gewerbesteuerrechts uneingeschränkte Anwendung. Der Freibetrag nach

---

141 BFH vom 25.01.2006, BStBl II 2006, 644.

H. Betriebsaufspaltung

dem Gewerbeertrag von 24.500 Euro kommt für die Besitz**kapital**gesellschaft **nicht** in Betracht (§ 11 Abs. 1 Satz 3 i. V. m. Abs. 2 Nr. 1 GewStG).

8 Umsatzsteuerrechtliche Behandlung der Betriebsaufspaltung

166 Die Betriebsaufspaltung stellt einen Unterfall der Beteiligung einer Gesellschaft an einer anderen Gesellschaft dar. Zunächst gelten daher die Ausführungen unter G. Rz. 77 ff. In den normalen Fällen der Betriebsaufspaltung, in denen es sich bei der Betriebsgesellschaft um eine Kapitalgesellschaft handelt, ist allerdings besonders naheliegend, dass eine Organschaft i. S. von § 2 Abs. 2 Nr. 2 UStG besteht. Bei der Betriebsaufspaltung im Sinne des Einkommensteuerrechts ist die für die Organschaft erforderliche wirtschaftliche und organisatorische Eingliederung stets gegeben. Zu prüfen ist daher lediglich noch die finanzielle Eingliederung. Hierbei sind die unter G. Rz. 79 ff. dargestellten Grundsätze zu beachten.

Beispiel 1:

167 Am Besitzunternehmen (OHG) sind A zu 65 % und B zu 35 % beteiligt. An der Betriebskapitalgesellschaft sind die OHG zu 30 %, A zu 20 % und B zu 50 % beteiligt. Entsprechend § 119 Abs. 2 HGB wird bei Gesellschafterbeschlüssen der OHG nach Köpfen abgestimmt, sodass einstimmige Entscheidungen erforderlich werden.

Die OHG ist mit 30 % an der Betriebskapitalgesellschaft beteiligt. Da A und B bei der OHG nur einstimmige Beschlüsse treffen können, ist davon auszugehen, dass die Beschlüsse der OHG jeweils sowohl von A als auch von B getragen werden und sie deshalb ihren gemeinsamen Willen entsprechend auch in der Betriebskapitalgesellschaft durchsetzen werden. Somit kann eine finanzielle Eingliederung der Betriebskapitalgesellschaft in die OHG angenommen werden.

Beispiel 2:

168 Am Besitzunternehmen (OHG) sind A zu 65 % und B zu 35 % beteiligt. An der Betriebskapitalgesellschaft sind die OHG zu 25 %, A zu 20 % und B zu 55 % beteiligt. Abweichend von § 119 Abs. 2 HGB wird aufgrund des Gesellschaftsvertrages bei Gesellschafterbeschlüssen nicht nach Köpfen, sondern nach den Beteiligungsverhältnissen abgestimmt.

Aufgrund der Abstimmung nach den Beteiligungsverhältnissen kann A in der OHG seinen Willen durchsetzen. Dagegen kann B in der Betriebskapitalgesellschaft seinen Willen durchsetzen. Somit ist eine einheitliche Willensbildung nicht gewährleistet und eine finanzielle Eingliederung nicht gegeben. Eine Organschaft ist daher ausgeschlossen.

8 Umsatzsteuerrechtliche Behandlung der Betriebsaufspaltung

Beispiel 3:

Am Besitzunternehmen (OHG) sind A zu 33$^1/_3$ %, B zu 33$^1/_3$ % und C zu 33$^1/_3$ % beteiligt. An der Betriebskapitalgesellschaft sind die OHG zu 27 %, A zu 11 %, B zu 11 %, C zu 11 % und D zu 40 % beteiligt.

Gleichgültig, ob bei der OHG nach Köpfen oder Beteiligungsverhältnissen abgestimmt wird, ist eine einheitliche Willensbildung bei OHG und Betriebskapitalgesellschaft nicht gewährleistet. Zwei Beteiligte bei der OHG (z. B. A und B) könnten den dritten Beteiligten bei Beschlüssen der OHG überstimmen. Dieser könnte dann zusammen mit D bei der Betriebskapitalgesellschaft die übrigen Mitgesellschafter überstimmen. Damit ist die finanzielle Eingliederung nicht gegeben und eine Organschaft scheidet aus.

Beispiel 4:

Am Besitzunternehmen (GbR) sind A zu 33$^1/_3$ %, B zu 33$^1/_3$ % und C zu 33$^1/_3$ % beteiligt. Nach dem Gesellschaftsvertrag ist für Gesellschafterbeschlüsse Einstimmigkeit erforderlich. An der Betriebskapitalgesellschaft sind A zu 50 % und B ebenfalls zu 50 % beteiligt.

Nach dem BFH-Urteil vom 20.01.1999[142] ist es für die finanzielle Eingliederung einer Kapitalgesellschaft in eine Personengesellschaft nicht erforderlich, dass die Personengesellschaft selbst wesentlich an der Kapitalgesellschaft beteiligt ist. Es kommt also im Gegensatz zur finanziellen Eingliederung einer Kapitalgesellschaft in eine andere Kapitalgesellschaft[143] auch eine mittelbare finanzielle Eingliederung über die Gesellschafter der Personengesellschaft in die Personengesellschaft in Betracht. Hierzu muss eine einheitliche Willensbildung bei der GbR und der Betriebskapitalgesellschaft gewährleistet sein. Ausgangspunkt hierfür ist, dass A und B bei der Betriebskapitalgesellschaft gleiche Stimmrechte haben. A und B müssen sich also notwendigerweise bei der Betriebskapitalgesellschaft hinsichtlich der Geschäftspolitik einig sein und erforderlichenfalls Kompromisse schließen. Es ist dann weiter davon auszugehen, dass sie diese Geschäftspolitik auch bei Abstimmungen innerhalb der GbR verfolgen. Da jedoch für Beschlüsse innerhalb der GbR Einstimmigkeit erforderlich ist, kann C ihre Geschäftspolitik blockieren. A und B müssen somit innerhalb der GbR auch mit C Kompromisse schließen. Es wäre nun zu weitgehend, wenn man annimmt, dass A und B den mit C innerhalb der GbR gefundenen Kompromiss stets auch innerhalb der Betriebskapitalgesellschaft verfolgen. Somit ist eine finanzielle Eingliederung der Betriebskapitalgesellschaft in die GbR abzulehnen. Es liegt daher keine Organschaft vor.

Beispiel 5:

Am Besitzunternehmen (OHG) sind Frau A zu 65 % und Herr A zu 35 % beteiligt. Die Anteile an der Betriebskapitalgesellschaft hatten die OHG zu 40 % und Herr A zu 60 %. Abweichend von § 119 Abs. 2 HGB wird aufgrund des Gesellschaftsvertrages bei Gesellschafterbeschlüssen nicht nach Köpfen, sondern nach den Beteiligungsverhältnissen abgestimmt.

---

142 XI R 69/97, BFH/NV 1999 S. 1136.
143 Vgl. BFH-Urteil vom 18.12.1996, BStBl II 1997, 441.

H. Betriebsaufspaltung

Während in der OHG Frau A ihren Willen durchsetzen kann, trifft Herr A in der Betriebskapitalgesellschaft allein die Entscheidungen. Entsprechend dem in H. Rz. 63 aufgeführten Beschluss des BVerfG vom 12.03.1985[144] ist es unzulässig zu vermuten, dass bei Ehegatten grundsätzlich gleichgerichtete Interessen vorliegen. Somit ist eine finanzielle Eingliederung mangels zusätzlicher Indizien für gleichgerichtete wirtschaftliche Interessen abzulehnen. Eine Organschaft ist daher nicht gegeben.

172 Die Eingliederung der Organgesellschaft in das Unternehmen der beteiligten Personengesellschaft ist auch dann zu bejahen, wenn die einzige unternehmerische Betätigung der Organträgerin in der Vermietung der wesentlichen Betriebsgrundlagen an die Organgesellschaft besteht und diese Umsätze aufgrund der Organschaft zu nicht steuerbaren Innenumsätzen werden. Anders als bei der Gewerbesteuer[145] ist für die umsatzsteuerrechtliche Organschaft nicht erforderlich, dass die Muttergesellschaft einen nach außen in Erscheinung tretenden Gewerbebetrieb unterhält.[146]

Beispiel 6:

173 Die AB-OHG, an der A und B zu jeweils 50 % beteiligt sind, gliedert aus ihrem Fabrikationsbetrieb den gesamten Produktions- und Verkaufsbereich in der Weise aus, dass sie das Umlaufvermögen (insbesondere Rohstoffe, Halb- und Fertigerzeugnisse) in die neu gegründete AB-GmbH einbringt. Sämtliches für die Führung des Betriebs der GmbH notwendige Anlagevermögen (z. B. Grundstücke mit aufstehenden Betriebsgebäuden, Maschinen) wird an die GmbH verpachtet. Für die Einbringung der Sachwerte erhalten die AB-OHG 40 %, A und B jeweils 30 % des Stammkapitals der AB-GmbH. A und B sind gemeinsam Geschäftsführer der AB-GmbH.

Die AB-OHG ist mit 40 % wesentlich an der AB-GmbH beteiligt. Sie hält damit teils unmittelbar, teils mittelbar über ihre Gesellschafter A und B 100 % des Stammkapitals der AB-GmbH. Es kann davon ausgegangen werden, dass A und B die von ihnen gemeinsam bestimmte Geschäftspolitik bei der AB-OHG auch bei der AB-GmbH verfolgen. Die finanzielle Eingliederung der AB-GmbH in die AB-OHG ist daher vollkommen gegeben. Da eine einkommensteuerrechtlich anzuerkennende Betriebsaufspaltung vorliegt, ist auch die wirtschaftliche und organisatorische Eingliederung gegeben. Somit ist eine Organschaft gegeben, und die AB-GmbH ist unselbständige Organgesellschaft der AB-OHG. Bei der Vermietung der Betriebsgrundlagen an die AB-GmbH handelt es sich daher um nicht steuerbare Innenumsätze.

174 Etwas umstritten ist die umsatzsteuerrechtliche Behandlung der Übertragung des Umlaufvermögens auf die GmbH. Teilweise wird hierzu die Auffassung vertreten, es handle sich insoweit um steuerbare Umsätze, da die Organschaft im Zeitpunkt der Übertragung dieser Gegenstände noch nicht bestehe, sondern erst begründet werde. Würde man dem folgen, wären

---

144 BStBl II 1985, 475.
145 Vgl. Rz. 142.
146 Vgl. Abschn. 21 Abs. 5 Sätze 6 und 7 UStR mit Hinweis auf entsprechende BFH-Urteile.

diese Umsätze auch steuerpflichtig. Die GmbH könnte bezüglich dieser an sie erbrachten Umsätze keinen Vorsteuerabzug geltend machen, da sie mangels Selbständigkeit keine unternehmerische Tätigkeit entfaltet. Diese Auffassung ist jedoch von ihrem wirtschaftlichen Ergebnis her unhaltbar. Es muss vielmehr davon ausgegangen werden, dass die Organschaft bereits vor der Übertragung des Umlaufvermögens auf die GmbH besteht und deshalb auch schon darin nicht steuerbare Umsätze zu sehen sind. Diese Lösung stünde auch im Einklang mit den unter C. Rz. 87 ff. dargestellten umsatzsteuerrechtlichen Grundsätzen bei der Gründung einer Gesellschaft.

9 Haftungsbeschränkung bei der Betriebsaufspaltung bezüglich Betriebssteuern

9.1 Allgemeines

Ein wesentliches Motiv für die Betriebsaufspaltung ist es, die mit dem Produktionsbetrieb verbundenen Haftungsrisiken zu beschränken, indem das wertvolle Anlagevermögen aus der Haftung des Betriebs herausgenommen wird. Dieses Ziel dürfte in Bezug auf zivilrechtliche Ansprüche weitgehend erreicht werden. Inwieweit es in Bezug auf Steueransprüche erreicht wird, soll nachfolgend dargestellt werden. Der Begriff der Haftung soll dabei wie im Zivilrecht in dem Sinne verwendet werden, dass Haftung sowohl Einstehenmüssen für eigene wie auch für fremde Schulden bedeutet (anders der steuerrechtliche Haftungsbegriff, der Haftung nur im Sinne von Einstehenmüssen für fremde Schulden versteht).

175

9.2 Haftung für Umsatzsteuer

Liegt eine umsatzsteuerrechtliche Organschaft vor, ist Umsatzsteuerschuldner der Organträger, also die Besitzgesellschaft. Damit ist das durch die Betriebsaufspaltung aus dem Betriebsunternehmen ausgegliederte Anlagevermögen in vollem Umfang für die von der Betriebsgesellschaft getätigten Umsätze haftbar. Die Betriebsaufspaltung führt also zu keinerlei Haftungsbeschränkung in Bezug auf die Umsatzsteuer. Das Finanzamt kann die Umsatzsteuer aber nicht nur gegenüber der Besitzgesellschaft als Steuerschuldnerin geltend machen, es kann auch die Betriebsgesellschaft für sämtliche Umsatzsteuerschulden der Organträgerin gem. § 73 AO in Haftung nehmen. Allerdings ist diese Haftung weniger bedeutsam, weil bei der Betriebsgesellschaft im Falle von Zahlungsschwierigkeiten ohnehin nicht viel zu holen sein dürfte.

176

H. Betriebsaufspaltung

Wird eine Organschaft vermieden, indem die Beteiligungsverhältnisse z. B. entsprechend dem Beispiel 2 Rz. 160 gestaltet werden, kann die Besitzgesellschaft u. U. für die Umsatzsteuer der Betriebsgesellschaft im Rahmen des § 74 AO in Haftung genommen werden. Voraussetzung ist lediglich, dass die Besitzgesellschaft an der Betriebsgesellschaft wesentlich beteiligt ist, d. h. gem. § 74 Abs. 2 Satz 1 AO, dass sie in der Regel mittelbar oder unmittelbar zu mehr als 25 % an der Betriebsgesellschaft beteiligt ist. Ist diese Voraussetzung gegeben, so haftet die Besitzgesellschaft mit dem an die Betriebsgesellschaft vermieteten Anlagevermögen für die Umsatzsteuer der Betriebsgesellschaft. Dieser Haftung kann sich die Besitzgesellschaft nur dadurch entziehen, dass sie die Gegenstände veräußert, bevor das Finanzamt die Haftung geltend gemacht hat. Das Finanzamt muss die Haftung in der Weise geltend machen, dass es zunächst einen Haftungsbescheid gem. § 191 AO erlässt, in dem die Haftung der Besitzgesellschaft festgestellt wird, und zwar dinglich beschränkt auf das vermietete Anlagevermögen. Es muss weiterhin ein Leistungsgebot gem. § 219 AO erlassen, das mit dem Haftungsbescheid verbunden werden kann. Schließlich muss es die der Haftung unterliegenden Gegenstände pfänden, wenn die Besitzgesellschaft dem Leistungsgebot nicht nachkommt.

9.3 Haftung für Gewerbesteuer

177 Soweit eine gewerbesteuerrechtliche Organschaft vorliegt, gelten die Ausführungen in Rz. 168 entsprechend. Im Übrigen kommt auch für die Gewerbesteuer eine Haftung der Besitzgesellschaft gem. § 74 AO in Betracht, da auch die Gewerbesteuer eine Betriebssteuer im Sinne dieser Vorschrift darstellt.

J. AUSSCHEIDEN EINES GESELLSCHAFTERS AUS EINER BESTEHENDEN PERSONENGESELLSCHAFT

1 Einkommensteuer

1.1 Handelsrechtliche Beurteilung

Jeder Gesellschafter einer Personengesellschaft i. S. von § 705 BGB (= GbR) kann dieser jederzeit kündigen (§ 723 Abs. 1 BGB). Im Gesellschaftsvertrag kann jedoch vereinbart werden, die Personengesellschaft bestehen zu lassen und unter den übrigen Gesellschaftern fortzusetzen (§ 736 BGB).

Bei Personenhandelsgesellschaften (OHG, KG) führt das Ausscheiden eines Gesellschafters dagegen nicht zur Auflösung der Personenhandelsgesellschaft (§ 131 Abs. 3 Satz 1 Nr. 3 i. V. m. § 161 Abs. 2 HGB). Im Gesellschaftsvertrag könnte jedoch die Auflösung der Personenhandelsgesellschaft bei Kündigung eines Gesellschafters geregelt werden.

Wird die Personenhandelsgesellschaft fortgeführt, wächst der Anteil des ausscheidenden Gesellschafters am Gesellschaftsvermögen gem. § 738 BGB, § 105 Abs. 3 und § 161 Abs. 2 HGB den übrigen Gesellschaftern im Verhältnis ihrer Beteiligung am Gesellschaftsvermögen zu. Diese sind verpflichtet, dem Ausscheidenden die Gegenstände, die er der Personengesellschaft zur Benutzung überlassen hat, zurückzugeben, ihn von den gemeinschaftlichen Schulden zu befreien und ihm dasjenige zu zahlen, was er bei der Auseinandersetzung erhalten würde, wenn die Personengesellschaft zur Zeit seines Ausscheidens aufgelöst worden wäre. Am Gewinn und Verlust bleibt er – sofern nichts anderes vereinbart ist – bis zur Übernahme beteiligt.[1]

Schema:

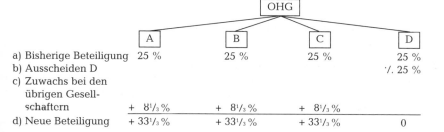

---

[1] BGH, BB 1973 S. 909.

J. Ausscheiden eines Gesellschafters

2 Diese gesetzliche Regelung ist jedoch nicht zwingendes Recht, sondern kann – was häufig geschieht – durch andere vertragliche Vereinbarungen ersetzt werden. So kann z. B. vereinbart werden, dass nur einer oder mehrere, aber nicht alle übrigen Gesellschafter den Anteil des Ausscheidenden erwerben oder dass an die Stelle des ausscheidenden Gesellschafters ein Dritter tritt. Ebenso ist es zulässig, nur einen **Teil eines Anteils** einer Personengesellschaft an einen Dritten oder an die übrigen Gesellschafter zu veräußern.

3 Scheidet dagegen aus einer zweigliedrigen Personengesellschaft ein Gesellschafter aus, ohne dass ein Dritter eintritt, so führt dies zwingend zur Auflösung der Personengesellschaft. Der verbleibende Gesellschafter einer OHG oder einer KG ist berechtigt, das Unternehmen ohne Liquidation allein – **als Einzelunternehmen** – fortzuführen. Dies gilt nach der BGH-Rechtsprechung auch für Gesellschaften des bürgerlichen Rechts.[2]

Bei der Fortführung als Einzelunternehmen liegt eine entgeltliche Übertragung eines Gesellschaftsanteils auf den übernehmenden Gesellschafter i. V. m. einer Gesamtrechtsnachfolge in das Gesellschaftsvermögen vor.[3]

Die Auflösung einer zweigliedrigen Personengesellschaft kann auch dadurch erfolgen, dass die Personengesellschaft ihren Betrieb im Ganzen an einen Gesellschafter veräußert. In diesem Fall sind die stillen Reserven in vollem Umfang aufzulösen und der Veräußerungsgewinn beiden Gesellschaftern entsprechend ihrem Anteil am Gesellschaftsvermögen zuzurechnen.[4]

1.2 Steuerrechtliche Behandlung im Überblick

4 Steuerlich gesehen handelt es sich beim Ausscheiden eines Gesellschafters aus einer Personengesellschaft um

— die **Veräußerung** seines Mitunternehmeranteils,

— die **Aufgabe** seines Mitunternehmeranteils oder

— die **unentgeltliche Übertragung** seines Mitunternehmeranteils.

1.2.1 Veräußerung eines Mitunternehmeranteils

1.2.1.1 Allgemeines

5 Veräußert ein Gesellschafter einer Personengellschaft seinen Mitunternehmeranteil, so sind Gegenstand der Veräußerung die ideellen Anteile des Ausgeschiedenen an den einzelnen materiellen und (bilanzierten und nicht bilanzierten) immateriellen Wirtschaftsgütern des Gesellschaftsvermögens,

---

2 BGHZ 32, 307–314.
3 BFH vom 10.03.1998, BStBl II 1999, 269.
4 BFH vom 20.02.2003, BStBl II 2003, 700; siehe ausführlich N. Rz. 4.

evtl. i. V. m. dem Alleineigentum an Wirtschaftsgütern des Sonderbetriebsvermögens, und nicht der Gesellschaftsanteil als solcher.[5] Gleiches gilt, wenn aus einer zweigliedrigen Personengesellschaft ein Gesellschafter gegen eine Abfindung ausscheidet und der verbleibende Gesellschafter die Personengesellschaft übernimmt und als Einzelunternehmen fortführt.

Die Veräußerung kann **zum Buchwert, über dem Buchwert** oder **unter dem Buchwert** erfolgen. In der Regel richtet sich die Höhe der Abfindung nach dem Gesellschaftsvertrag. Die Gewinne aus der Veräußerung des Anteils eines Gesellschafters, der als Mitunternehmer des Betriebs anzusehen ist, sind gem. § 16 Abs. 1 Nr. 2 EStG begünstigt nach § 16 Abs. 4 EStG und nach § 34 Abs. 1 und 3 EStG. Der Mitunternehmer ist insoweit dem Einzelunternehmer gleichgestellt.

Entsteht bei der Veräußerung des Mitunternehmeranteils ein Verlust, kann dieser entweder im Wege des Verlustausgleichs mit positiven Einkünften verrechnet werden oder, falls dies nicht möglich ist, nach § 10 d EStG im Wege des Verlustabzugs berücksichtigt werden.

Veräußerungsgewinne i. S. von § 16 EStG unterliegen grundsätzlich nicht der Gewerbesteuer, dafür entfällt die Steuerermäßigung gem. § 35 EStG. Nach § 7 Satz 2 GewStG gehört aber zum Gewerbeertrag auch der Gewinn aus der Veräußerung oder Aufgabe von Mitunternehmeranteilen, soweit er nicht auf eine natürliche Person als unmittelbar beteiligter Mitunternehmer entfällt.

Betreibt ein Gesellschafter einer Personengesellschaft daneben noch ein Einzelunternehmen und hat er die Beteiligung an der Personengesellschaft in seinem Einzelunternehmen bilanziert, so hat dieser Bilanzposten keine selbständige Bedeutung, sondern führt ein Eigenleben.[6] Veräußert der Gesellschafter gleichzeitig sowohl sein Einzelunternehmen als auch seinen Mitunternehmeranteil, liegen aus steuerlicher Sicht zwei selbständige Veräußerungsvorgänge vor, die beide unabhängig voneinander zu beurteilen sind. Da die Begünstigungen der § 16 Abs. 4 und § 34 Abs. 3 EStG nur einmal im Leben gewährt werden, hat der Gesellschafter ein Wahlrecht, bei welcher Veräußerung er dieses Wahlrecht in Anspruch nimmt. Das Wahlrecht kann auch unterschiedlich ausgeübt werden, z. B. Inanspruchnahme des Freibetrags bei der Veräußerung des Mitunternehmeranteils und Inanspruchnahme des ermäßigten Steuersatzes bei der Veräußerung des Einzelunternehmens.

1.2.1.2 Begriff Mitunternehmeranteil

Der Begriff des Mitunternehmeranteils i. S. von § 16 Abs. 1 Nr. 2 EStG und § 6 Abs. 3 EStG **erfasst**

---
5 Siehe im Einzelnen J. Rz. 69 ff.
6 Siehe hierzu B. Rz. 416 ff.

J. Ausscheiden eines Gesellschafters

— Gesellschaftsanteile von Personengesellschaften mit Gesamthandsvermögen (OHG, KG, GbR, EWIV),

— Gesellschaftsanteile von Personengesellschaften mit Bruchteilseigentum der Gesellschafter (Partenreederei),

— Gesellschaftsanteile von Personengesellschaften, die als Innengesellschaften kein Gesamthandsvermögen haben können (atypische stille Gesellschaft, atypische stille Unterbeteiligung), und

— Anteile an mit einem Gesellschaftsverhältnis wirtschaftlich vergleichbaren Gemeinschaftsverhältnissen (z. B. Erbengemeinschaft),

setzt

— die Betreibung eines **aktiven** Gewerbebetriebs oder

— eine **gewerblich geprägte** Personengesellschaft voraus und

umfasst

— den Anteil des Mitunternehmers am **Gesamthandsvermögen** der Personengesellschaft **und** sein **Sonderbetriebsvermögen**.[7]

8   Nicht unter § 16 Abs. 1 Nr. 2 EStG fallen Personengesellschaften, die

— Land- und Forstwirtschaft betreiben,

— freiberuflich oder

— vermögensverwaltend tätig sind.

Aber:

1. Zu den Einkünften aus Land- und Forstwirtschaft bzw. aus selbständiger Arbeit gehört nach § 14 bzw. § 18 Abs. 3 EStG auch der Gewinn, der bei der Veräußerung oder Aufgabe dieser Gesellschaftsanteile erzielt wird.

   Dabei gilt § 16 Abs. 4 EStG entsprechend, bei § 14 EStG mit der Maßgabe, dass dieser Freibetrag nicht zu gewähren ist, wenn der Freibetrag nach § 14a Abs. 1 EStG gewährt wird. Für den steuerpflichtigen Teil des Veräußerungs- bzw. Aufgabegewinns ist der ermäßigte Steuersatz gem. § 34 Abs. 1 oder 3 EStG zu gewähren.

2. Die bei der Veräußerung von Anteilen an einer vermögensverwaltend tätigen Personengesellschaft entstehenden Gewinne oder Verluste sind grundsätzlich nicht zu erfassen. Eine Ausnahme besteht bei Beteiligungen i. S. von § 17 EStG und für private Veräußerungsgeschäfte i. S. von § 23 EStG.

3. Bei einer Personengesellschaft mit Betriebsvermögen und Privatvermögen ist Mitunternehmeranteil nicht der gesamte Gesellschaftsanteil, sondern nur der Anteil am Betriebsvermögen.[8] Das bedeutet: Veräußert ein Gesellschafter seinen gesamten Mitunternehmeranteil (Betriebsvermögen und Privatvermögen), so sind Veräußerungsgewinne, aber auch

---

7   BFH vom 31.08.1995, BStBl II 1995, 890.
8   Siehe im Einzelnen B. Rz. 81–83.

eventuelle Veräußerungsverluste der Wirtschaftsgüter des Privatvermögens – außer in den Fällen der §§ 17 und 23 EStG – steuerlich nicht zu erfassen.[9]

1.2.1.3 Grundsätzliche steuerliche Behandlung bei den verbleibenden Gesellschaftern

Bei den verbleibenden Gesellschaftern, denen handelsrechtlich der Anteil des ausscheidenden Gesellschafters entsprechend der Höhe ihrer Beteiligung anwächst, liegt wirtschaftlich betrachtet ein entgeltlicher Erwerb des Anteils des ausgeschiedenen Gesellschafters an den Wirtschaftsgütern der Personengesellschaft vor. Die Zahlungen stellen Anschaffungskosten für die durch den Gesellschaftsanteil anteilmäßig erworbenen Wirtschaftsgüter dar. Dabei ist es – steuerlich gesehen – gleichgültig, ob der Anteil des Ausscheidenden von einem, mehreren oder allen anderen Gesellschaftern oder von „der Personengesellschaft" als solcher erworben wird. Im letzteren Fall liegt der Erwerb des Anteils durch alle anderen Gesellschafter im Verhältnis ihrer Beteiligung am Gesellschaftsvermögen mit Gegenleistung aus dem Gesellschaftsvermögen vor. Es ist ferner ohne Bedeutung, ob nach dem Ausscheiden noch mehrere oder nur noch ein Gesellschafter übrig bleibt, der das Geschäft übernimmt und als Einzelunternehmen fortführt.[10]

Abgrenzung:

Erwirbt bei einer zweigliedrigen Personengesellschaft einer der Gesellschafter den Betrieb der Personengesellschaft im Ganzen, ist dies auch steuerlich zu beachten. Der übernehmende Gesellschafter und künftige Einzelunternehmer hat Anschaffungskosten in Höhe des gesamten Werts der Personengesellschaft und nicht in Höhe des Werts des Mitunternehmeranteils des ausscheidenden Gesellschafters.[11] Der Erwerber kann in diesem Fall AfA hinsichtlich der gesamten Anschaffungskosten, die ihm für den Erwerb des Betriebs erwachsen sind, geltend machen.

Erwerben die verbleibenden Gesellschafter mit dem Mitunternehmeranteil des ausscheidenden Gesellschafters sowohl die Anteile an Wirtschaftsgütern des Betriebsvermögens als auch des Privatvermögens, so stellen die erworbenen Anteile an den Wirtschaftsgütern des Privatvermögens weiterhin Privatvermögen dar, nunmehr Privatvermögen der verbleibenden Gesellschafter. Soweit die Anschaffungskosten fremdfinanziert werden, gehören auch die Verbindlichkeiten zum Privatvermögen.

Beispiel 1:
An einer OHG sind A, B und C je zu $^1/_3$ beteiligt. Die OHG ist Eigentümerin eines Einfamilienhauses (Anschaffungskosten Grund und Boden 100.000 €,

---
9 BFH vom 09.05.1996, BStBl II 1996, 642.
10 BFH vom 14.09.1994, BStBl II 1995, 407, vom 13.11.1997, BStBl II 1998, 290, vom 10.03.1998, BStBl II 1999, 269, und vom 08.09.2005, BStBl II 2006, 128.
11 BFH vom 20.02.2003, BStBl II 2003, 700; siehe ausführlich N. Rz. 4.

J. Ausscheiden eines Gesellschafters

Gebäude 400.000 €), das seit dem Erwerb am 01.01.01 unentgeltlich A überlassen wird und deshalb zum Privatvermögen der OHG gehört. Am 01.01.15 veräußert C seinen gesamten Anteil je zur Hälfte an A und B. Vom Kaufpreis entfallen 200.000 € auf das an A überlassene Grundstück (Anteil Grund und Boden 20 %). Der Teilwert des Grundstücks beträgt 600.000 €.

Die Veräußerung des Mitunternehmeranteils von C ist aufzuteilen. Soweit C die Anteile an den Wirtschaftsgütern des Betriebsvermögens veräußert, liegt eine Veräußerung i. S. des § 16 Abs. 1 Nr. 2 EStG vor. Der dabei entstandene Gewinn ist nach §§ 16, 34 EStG begünstigt. A und B erwerben diesen Mitunternehmeranteil, d. h. den ideellen Anteil an den einzelnen Wirtschaftsgütern des Betriebsvermögens, und müssen die (zusätzlichen) Anschaffungskosten aktivieren.[12]

Soweit C den Anteil an dem zum Privatvermögen gehörenden Grundstück an A und B veräußert, liegt ein nicht steuerpflichtiger Vorgang im Privatvermögen vor. Die anteiligen Anschaffungskosten von 200.000 € dürfen nicht aktiviert werden, weil das Grundstück nach wie vor zum Privatvermögen der OHG gehört. Sollten A und B zum Erwerb des Anteils ein Darlehen aufgenommen haben, gehört dieses Darlehen insoweit ebenfalls zum Privatvermögen.

Beispiel 2:

Wie Beispiel 1, aber A veräußert seinen Anteil und nutzt das Gebäude weiterhin unentgeltlich für private Wohnzwecke.

Die Lösung ist dieselbe wie im Beispiel 1. Die Veräußerung des Anteils an diesem Grundstück ist steuerlich nicht zu erfassen. Bei B und C gehört der erworbene Anteil an diesem Grundstück zum Privatvermögen.

Beispiel 3:

Wie Beispiel 2, aber A muss nach seinem Ausscheiden für die Nutzung des Grundstücks die ortsübliche Miete von monatlich 1.500 € bezahlen.

Der Veräußerungsgewinn des Grundstücks ist nach wie vor nicht steuerpflichtig, da A den Anteil an einem Wirtschaftsgut des Privatvermögens veräußert hat. Bei B und C gehört dagegen das gesamte Grundstück zum Betriebsvermögen, weil es nicht mehr unentgeltlich einem (Ex-)Gesellschafter überlassen wird.[13] Der erworbene Anteil ist mit den Anschaffungskosten von 200.000 € zu aktivieren. Der bisher schon B und C gehörende Anteil muss am 01.01.15 mit dem anteiligen Teilwert von 400.000 € ins Betriebsvermögen eingelegt werden (§ 6 Abs. 1 Nr. 5 EStG). Das Grundstück ist somit mit insgesamt 600.000 € zu bilanzieren, davon entfallen auf den Grund und Boden 120.000 € und auf das Gebäude 480.000 €. Die Miete von monatlich 1.500 € erhöht den Gewinn der OHG, dafür sind alle Aufwendungen, die im Zusammenhang mit dem Grundstück anfallen, ab 01.01.15 als Betriebsausgaben abzugsfähig.

1.2.1.4 Besonderheiten bei atypisch stillen Gesellschaftern

11 Bei Personengesellschaften ohne Gesamthandsvermögen, die Mitunternehmerschaften sind (atypische stille Gesellschaften und atypische stille Unter-

---

12 Wegen Einzelheiten siehe J. Rz. 28 ff.
13 Siehe B. Rz. 81–83 und 90 ff.

1 Einkommensteuer

beteiligungen), gelten unabhängig von der zivilrechtlichen Regelung dieselben Grundsätze wie bei Personengesellschaften mit Gesamthandsvermögen. Die Auflösung der atypischen stillen Gesellschaft durch Ausscheiden des atypischen stillen Gesellschafters wird einkommensteuerrechtlich wie der Fall des Ausscheidens eines Gesellschafters aus einer Personengesellschaft mit Gesamthandsvermögen behandelt. Dasselbe gilt, wenn der Inhaber des Handelsgeschäfts sein Vermögen an den atypischen stillen Gesellschafter veräußert.[14]

1.2.2 Veräußerung eines Teils eines Mitunternehmeranteils

Gewinne aus der Veräußerung eines Teils eines Mitunternehmeranteils sind nach § 16 Abs. 1 Satz 2 EStG mangels Aufdeckung aller stillen Reserven als **laufende** – auch gewerbesteuerpflichtige – **Gewinne** zu versteuern (§ 52 Abs. 34 Satz 1 EStG).[15] Dies gilt auch für Gewinne, die auf mitveräußerte Wirtschaftsgüter des Sonderbetriebsvermögens entfallen. Als Ausgleich erhält der Gesellschafter die Steuerermäßigung gem. § 35 EStG.

12

Bei der Veräußerung nur eines Teils einer Beteiligung ist anhand des Gesellschafts- und des Veräußerungsvertrags zu prüfen, wie viel der Gesellschafter abgegeben hat, insbesondere, ob und inwieweit dies auch für etwaige neben den Kapitalkonten bestehende Privat- und Darlehenskonten zutrifft.[16]

1.2.3 Aufgabe eines Mitunternehmeranteils

Die Aufgabe eines Mitunternehmeranteils ist selten anzutreffen. Selbst wenn der Gesellschafter seinen Anteil an mehrere Erwerber veräußert, liegt keine Aufgabe des Mitunternehmeranteils vor, sondern die nach §§ 16, 34 Abs. 1 und 3 EStG begünstigte Veräußerung von mehreren Teilen eines Mitunternehmeranteils. Nur wenn ein Mitunternehmer Sonderbetriebsvermögen hat und mindestens ein Wirtschaftsgut davon zu den wesentlichen Betriebsgrundlagen gehört und er bei der Veräußerung seines Mitunternehmeranteils dieses Sonderbetriebsvermögen nicht an den Erwerber, sondern an einen Dritten veräußert oder ins Privatvermögen überführt, liegt die nach § 16 Abs. 3, § 34 Abs. 1 und 3 EStG begünstigte Aufgabe eines Mitunternehmeranteils vor.[17] Dafür entfällt die Steuerermäßigung gem. § 35 EStG.

13

Die Übernahme des Unternehmens einer zweigliedrigen KG durch den Komplementär hat keine Aufgabe des Kommanditanteils (= Mitunternehmeranteils) durch den ausscheidenden Gesellschafter zur Folge. Scheidet der Kommanditist ohne Abfindung aus und übernimmt der verbleibende Gesellschafter dessen negatives Kapitalkonto, kann dies als entgeltliche

---

14 Cl. A. Schmidt/Wacker, § 16 Rz. 420–422.
15 Zur früheren Auffassung bis VZ 2001 siehe 7. Auflage J. Rz. 12–16 sowie BFH vom 16.09.2004, BStBl II 2004, 1068, und vom 10.11.2005, BStBl II 2006, 173 und 176.
16 BFH vom 27.05.1981, BStBl II 1982, 211.
17 Siehe auch J. Rz. 74 ff.

J. Ausscheiden eines Gesellschafters

oder unentgeltliche Übertragung des Mitunternehmeranteils zu beurteilen sein.[18]

1.2.4 Unentgeltliche Übertragung eines (Teils eines) Mitunternehmeranteils

1.2.4.1 Persönlicher Anwendungsbereich

14 Bei der unentgeltlichen Übertragung von **Mitunternehmeranteilen** können Übertragender und Aufnehmender natürliche Personen, Personengesellschaften (Mitunternehmerschaften) und Kapitalgesellschaften sein.

Bei der unentgeltlichen Übertragung von **Teilen eines Mitunternehmeranteils** können Aufnehmender nach § 6 Abs. 3 Satz 1 Halbsatz 2 und § 6 Abs. 3 Satz 2 EStG nur natürliche Personen sein.

Bei unentgeltlichen Übertragungen **von einer** oder **auf eine** Kapitalgesellschaft gehen die Regelungen zur **verdeckten Gewinnausschüttung** i. S. des § 8 Abs. 3 KStG oder der **verdeckten Einlage** vor.[19]

Handelt es sich bei der unentgeltlichen Übertragung eines Mitunternehmeranteils oder eines Teils eines Mitunternehmeranteils um eine verdeckte Einlage, greifen die Regelungen über die Betriebsaufgabe.[20] In Fällen der verdeckten Einlage eines Teils eines Mitunternehmeranteils ist § 16 Abs. 1 Satz 2 EStG zu beachten.

> **Beispiel:**
> A überträgt seinen Mitunternehmeranteil im Rahmen einer verdeckten Einlage unentgeltlich auf die A-GmbH, deren Gesellschafter er ist.
>
> Der Übertragungsvorgang führt zur Aufdeckung der stillen Reserven. Der Veräußerungsgewinn ist grundsätzlich nach §§ 16, 34 EStG begünstigt. Die Anschaffungskosten der GmbH-Beteiligung erhöhen sich bei A um den Wert des Mitunternehmeranteils.

1.2.4.2 Mitunternehmeranteil ohne Sonderbetriebsvermögen

15 Weder eine Veräußerung noch eine Aufgabe eines Mitunternehmeranteils i. S. von § 16 Abs. 1 Nr. 2 EStG liegt vor, wenn ein (Teil eines) Mitunternehmeranteil(s) in vollem Umfang unentgeltlich auf einen Dritten übergeht. Wie bei der unentgeltlichen Aufnahme einer natürlichen Person in ein bestehendes Einzelunternehmen[21] tritt nach § 6 Abs. 3 Satz 1 EStG in diesen Fällen keine Gewinn- oder Verlustrealisierung ein; der unentgeltliche Erwerber muss gem. § 6 Abs. 3 Satz 3 EStG den Buchwert des Mitunternehmeranteils

---

18 BFH vom 10.03.1998, BStBl II 1999, 269.
19 BFH vom 18.12.1990, BStBl II 1991, 512.
20 BFH vom 24.08.2000, BStBl II 2005, 173.
21 Siehe hierzu C. Rz. 64 ff.

(= Kapitalkonto der Gesamtbilanz) fortführen, unabhängig davon, aus welchen Gründen der Gesellschafter seinen Anteil unentgeltlich überträgt. Voraussetzung ist nur, dass der Übertragende Mitunternehmer war und der Erwerber Mitunternehmer wird.[22] Bei einer unentgeltlichen Übertragung eines Teils eines Mitunternehmeranteils ist § 6 Abs. 3 EStG nur anzuwenden, wenn der Rechtsnachfolger eine natürliche Person ist. Zu beachten ist, dass der anteilige Übergang der Schulden der Personengesellschaft nichts daran ändert, dass die Übertragung in vollem Umfang unentgeltlich ist.

Eine unentgeltliche Übertragung eines (Teils eines) Mitunternehmeranteils liegt auch dann vor, wenn der Mitunternehmer seinen Anteil zwar entgeltlich überträgt, das Entgelt aber aus privaten Gründen höchstens dem Buchwert entspricht oder sogar unter dem Buchwert liegt.[23] Bei Vereinbarungen zwischen Fremden spricht dagegen eine Vermutung dafür, dass Leistung und Gegenleistung kaufmännisch gegeneinander abgewogen sind und die Übertragung daher vollentgeltlich ist.

Die unentgeltliche Übertragung eines Mitunternehmeranteils setzt den Übergang des wirtschaftlichen Eigentums an den Übernehmer im Rahmen eines wirtschaftlich einheitlichen Vorgangs voraus. Vertraglich vereinbarte Rückfallklauseln und Widerrufsvorbehalte des Übergebers können dem Übergang des wirtschaftlichen Eigentums entgegenstehen, wenn z. B. dem Übergeber ein freies Widerrufsrecht zusteht. Unschädlich ist die Vereinbarung sog. Notfallklauseln, z. B. für folgende Fälle:

- Ehescheidung des Übernehmers,
- Nichtvollendung des Studiums,
- Aufgabe der Mitunternehmerstellung und
- Zwangsvollstreckung in die übertragene Beteiligung.

1.2.4.3 (Teil eines) Mitunternehmeranteil(s) mit Sonderbetriebsvermögen

Zum Mitunternehmeranteil eines Gesellschafters gehören neben seinem Anteil am Gesamthandsvermögen auch die Wirtschaftsgüter seines Sonderbetriebsvermögens.[24] Für die steuerliche Behandlung der unentgeltlichen Übertragung eines (Teils eines) Mitunternehmeranteils ist die Unterscheidung wichtig, ob es sich beim Sonderbetriebsvermögen des Gesellschafters um eine wesentliche Betriebsgrundlage handelt oder nicht. Dabei ist der Begriff „wesentliche Betriebsgrundlage" nicht nach der quantitativen, sondern nach der **funktionalen** Betrachtungsweise auszulegen.[25]

---

22 BFH vom 15.07.1986, BStBl II 1986, 896.
23 BFH vom 07.02.1995, BStBl II 1995, 770; siehe im Einzelnen J. Rz. 55 ff. und Rz. 126.
24 BFH vom 31.08.1995, BStBl II 1995, 890, vom 02.10.1997, BStBl II 1998, 104, und vom 24.08.2000, BStBl II 2005, 173.
25 Wegen der Unterscheidung siehe ausführlich C. Rz. 64.

J. Ausscheiden eines Gesellschafters

1.2.4.3.1 Sonderbetriebsvermögen keine wesentliche Betriebsgrundlage

18 Stellen die Wirtschaftsgüter des Sonderbetriebsvermögens **keine wesentlichen Betriebsgrundlagen** dar, liegt unabhängig davon, ob diese Wirtschaftsgüter

1. unentgeltlich auf den Beschenkten **mitübertragen** werden und bei diesem Sonderbetriebsvermögen bleiben,
2. **Sonderbetriebsvermögen** des Übertragenden bei **dieser** Personengesellschaft bleiben,
3. zum Buchwert in ein **anderes (Sonder-)Betriebsvermögen** des Übertragenden überführt werden,
4. an einen **Dritten veräußert** werden oder
5. ins Privatvermögen des Übertragenden **entnommen** werden,

in vollem Umfang eine zwingend mit dem Buchwert nach § 6 Abs. 3 Satz 1 EStG zu bewertende **unentgeltliche** Übertragung eines (Teils eines) Mitunternehmeranteils vor. Soweit dabei ein Veräußerungsgewinn (bei 4.) bzw. ein Entnahmegewinn (bei 5.) anfällt, liegt ein gewerbe- und einkommensteuerpflichtiger laufender Gewinn vor.[26] Unter den Voraussetzungen des § 6 b EStG kann eine Rücklage gebildet werden. Der verbleibende steuerpflichtige Gewinn unterliegt der Steuerermäßigung gem. § 35 EStG.

1.2.4.3.2 Sonderbetriebsvermögen wesentliche Betriebsgrundlage

19 Gehören zum Mitunternehmeranteil des Mitunternehmers auch ein Wirtschaftsgut oder mehrere Wirtschaftsgüter seines notwendigen Sonderbetriebsvermögens, die eine **funktional wesentliche Betriebsgrundlage** darstellen, ist wie folgt zu unterscheiden:

20 1. Der Mitunternehmer überträgt seinen **gesamten Mitunternehmeranteil** (= gesamter Anteil am Gesamthandsvermögen und alle Wirtschaftsgüter des notwendigen Sonderbetriebsvermögens, die funktional wesentliche Betriebsgrundlagen sind)[27]

- **Alle** Wirtschaftsgüter des funktional wesentlichen Sonderbetriebsvermögens werden auf den Beschenkten **übertragen**

Es liegt eine unentgeltliche Übertragung eines Mitunternehmeranteils i. S. von § 6 Abs. 3 Satz 1 Halbsatz 1 EStG vor. Die Übertragung erfolgt **insgesamt** zwingend zum **Buchwert,** beim Übertragenden ergibt sich dadurch keine Gewinnauswirkung. Der Rechtsnachfolger ist nach § 6 Abs. 3 Satz 3 EStG an diese Buchwerte gebunden.

Beispiel 1:
V überträgt mit Wirkung vom 01.01.02 seinen Anteil an der X-OHG (Buchwert 200.000 €, Teilwert 500.000 €) unentgeltlich auf seine Tochter T. Ebenfalls

---
26 BMF vom 03.03.2005, BStBl I 2005, 458, Tz. 8 und 19.
27 BMF vom 03.03.2005, BStBl I 2005, 458, Tz. 4–7.

1 Einkommensteuer

unentgeltlich überträgt er ein unbebautes Grundstück (Buchwert 50.000 €, Teilwert 150.000 €) und ein bebautes Grundstück (Buchwert 400.000 €, Teilwert 600.000 €). Beide Wirtschaftsgüter hat er zutreffend als notwendiges Sonderbetriebsvermögen in seiner Sonderbilanz aktiviert. Beide Grundstücke gehören zu den funktional wesentlichen Betriebsgrundlagen. Außerdem hat er in seiner Sonderbilanz ein Kfz mit 10.000 € aktiviert (Teilwert 20.000 €), das nicht zu den wesentlichen Betriebsgrundlagen gehört.

V überträgt seinen **gesamten** Mitunternehmeranteil unentgeltlich auf seine Tochter. Die Zurückbehaltung des Kfz ändert daran nichts, weil dieses Wirtschaftsgut nicht zu den funktional wesentlichen Betriebsgrundlagen gehört. Die Übertragung ist zwingend nach § 6 Abs. 3 Satz 1 EStG gewinnneutral mit dem Buchwert vorzunehmen. T ist nach § 6 Abs. 3 Satz 3 EStG an diese Buchwerte gebunden. In der Eröffnungsbilanz der OHG zum 01.01.02 werden folglich die Buchwerte von 200.000 € und in der Sonderbilanz der T die Buchwerte der Grundstücke von 50.000 € und 400.000 € fortgeführt. Die bei der – nach § 6 Abs. 1 Nr. 4 EStG mit dem Teilwert zu bewertenden – Entnahme des Kfz ins Privatvermögen aufgedeckten stillen Reserven von 10.000 € sind in 01 als laufender – gewerbesteuerpflichtiger – Gewinn des V zu versteuern. Im Übrigen entsteht bei der unentgeltlichen Übertragung des gesamten Mitunternehmeranteils kein Gewinn.

- Ein Wirtschaftsgut wird oder mehrere Wirtschaftsgüter des funktional wesentlichen Sonderbetriebsvermögens werden **zurückbehalten** und ins **Privatvermögen** des übertragenden Mitunternehmers überführt

Es liegt eine nach §§ 16, 34 EStG begünstigte **Aufgabe des gesamten Mitunternehmeranteils** vor.[28] Die stillen Reserven im Gesamthandsvermögen und im Sonderbetriebsvermögen sind aufzudecken. Dabei müssen die Wirtschaftsgüter nach § 16 Abs. 3 Satz 7 EStG mit dem gemeinen Wert bewertet werden. Der Rechtsnachfolger muss die aufgedeckten stillen Reserven – wie beim Gesellschafterwechsel – in einer Ergänzungsbilanz aktivieren,[29] d. h., er setzt den übernommenen Anteil insgesamt mit dem Teilwert an. Der Aufgabegewinn unterliegt nicht der Gewerbesteuer, dafür entfällt die Steuerermäßigung gem. § 35 EStG.

Anmerkung: Grundsätzlich dasselbe Ergebnis tritt ein, wenn der Übertragende die Wirtschaftsgüter des Sonderbetriebsvermögens an einen **Dritten veräußert.** Einziger Unterschied: Anstelle der Entnahme mit dem gemeinen Wert muss für das veräußerte Wirtschaftsgut der Veräußerungspreis angesetzt werden. Insoweit könnte auch die Steuerbegünstigung des § 6 b EStG in Anspruch genommen werden.

Hinweis: § 6 Abs. 3 Satz 2 EStG ist nicht anwendbar, da der Übertragende mit der Übertragung des gesamten Mitunternehmeranteils nicht mehr Mitunternehmer ist.

---

28 BFH vom 31.08.1995, BStBl II 1995, 890.
29 Zur buchmäßigen Behandlung siehe im Einzelnen J. Rz. 174 ff.

J. Ausscheiden eines Gesellschafters

Beispiel 2:
Wie Beispiel 1, aber die beiden Grundstücke des Sonderbetriebsvermögens werden von V nicht auf seine Tochter übertragen, sondern weiter an die OHG vermietet. V besitzt kein weiteres Betriebsvermögen/Sonderbetriebsvermögen. Die Teilwerte der Wirtschaftsgüter entsprechen den gemeinen Werten.

Weil V nur seinen Anteil am Gesamthandsvermögen und nicht auch die zum funktional wesentlichen Sonderbetriebsvermögen gehörenden Grundstücke auf T überträgt, ist eine Buchwertfortführung nach § 6 Abs. 3 Satz 1 EStG nicht zulässig. Die stillen Reserven im Gesamthandsvermögen und im Sonderbetriebsvermögen sind aufzudecken. Dabei muss nach § 16 Abs. 3 Satz 7 EStG der gemeine Wert angesetzt werden. V versteuert in 01 einen nach §§ 16, 34 EStG begünstigten Aufgabegewinn i. S. von § 16 Abs. 3 EStG i. H. von (300.000 € + 100.000 € + 200.000 € + 10.000 € =) 610.000 €. In der Eröffnungsbilanz der OHG zum 01.01.02 werden die Buchwerte von 200.000 € fortgeführt. In einer Ergänzungsbilanz für T werden die Mehrwerte von 300.000 € aktiviert und in der Sonderbilanz der T werden die beiden Grundstücke mit den Teilwerten von 150.000 € bzw. 600.000 € aktiviert.

- Ein Wirtschaftsgut wird oder mehre Wirtschaftsgüter des funktional wesentlichen Sonderbetriebsvermögens werden zum Buchwert

  ○ in ein **anderes (Sonder-)Betriebsvermögen** des übertragenden Mitunternehmers überführt (§ 6 Abs. 5 Sätze 1 oder 2 EStG) oder

  ○ gegen Gewährung von Gesellschaftsrechten oder unentgeltlich in das **Gesamthandsvermögen einer anderen Personengesellschaft** überführt, an der der übertragende Mitunternehmer beteiligt ist (§ 6 Abs. 5 Satz 3 EStG)

  Die Übertragung des Anteils am Gesamthandsvermögen fällt nicht unter § 6 Abs. 3 EStG, weil keine unentgeltliche Übertragung eines Teils eines Mitunternehmeranteils, sondern nur die unentgeltliche Übertragung einzelner Anteile an den Wirtschaftsgütern vorliegt. Diese Schenkung findet im Privatvermögen statt und führt zu einer nach § 6 Abs. 1 Nr. 4 EStG mit dem Teilwert zu bewertenden Entnahme. Der sich daraus ergebende Gewinn ist nicht nach §§ 16, 34 EStG begünstigt, weil nur einzelne Anteile an den Wirtschaftsgütern auf den Beschenkten übertragen werden.[30] Dieser laufende Gewinn unterliegt der Gewerbesteuer, dafür erhält der ausscheidende Gesellschafter die Steuerermäßigung gem. § 35 EStG. Der Rechtsnachfolger muss die aufgedeckten stillen Reserven – wie beim Gesellschafterwechsel – in einer Ergänzungsbilanz aktivieren.

Beispiel 3:
Wie Beispiel 2, aber V überführt beide Grundstücke zum Buchwert in sein (gewillkürtes) Sonderbetriebsvermögen bei einer KG.

---

30 BFH vom 19.03.1991, BStBl II 1991, 635, und vom 02.10.1997, BStBl II 1998, 104.

1 Einkommensteuer

Die Überführung der Grundstücke als gewillkürtes Sonderbetriebsvermögen in die KG erfolgt gem. § 6 Abs. 5 Satz 2 EStG zwingend zum Buchwert. Die Übertragung des Anteils am Gesamthandsvermögen fällt dagegen nicht mehr unter § 6 Abs. 3 EStG. Es liegt nur die unentgeltliche Übertragung einzelner Anteile an den Wirtschaftsgütern vor. Dies führt zu einer Entnahme dieser anteiligen Wirtschaftsgüter ins Privatvermögen des V, die nach § 6 Abs. 1 Nr. 4 EStG mit dem Teilwert zu bewerten ist. V muss die stillen Reserven im Gesamthandsvermögen von 300.000 € als laufenden – gewerbesteuerpflichtigen – Gewinn versteuern.

Aber:

Wird im zeitlichen und sachlichen Zusammenhang mit der Übertragung des Mitunternehmeranteils (sog. **Gesamtplanrechtsprechung**[31]) funktional wesentliches Sonderbetriebsvermögen entnommen oder nach § 6 Abs. 5 Sätze 1 bis 3 EStG zum Buchwert in ein anderes Betriebsvermögen/Sonderbetriebsvermögen/Gesamthandsvermögen überführt, kann der Anteil am Gesamthandsvermögen nicht nach § 6 Abs. 3 EStG zum Buchwert übertragen werden. Die im Mitunternehmeranteil enthaltenen stillen Reserven sind in den Fällen, in denen das Sonderbetriebsvermögen zum Buchwert überführt wird, als laufender – gewerbesteuerpflichtiger – Gewinn zu versteuern, soweit ein Buchwertansatz nicht in Betracht kommt.

Beispiel 4:

V ist Gesellschafter der V-KG. Er überträgt am 10.03.01 ein zu den funktional wesentlichen Betriebsgrundlagen gehörendes Grundstück seines notwendigen Sonderbetriebsvermögens zum Buchwert nach § 6 Abs. 5 Satz 3 Nr. 2 auf die von ihm neu gegründete gewerblich geprägte GmbH & Co. KG. Wenige Wochen später, am 01.04.01, überträgt er seinen KG-Anteil unentgeltlich auf seinen Sohn S.

Die Überführung des Grundstücks in das Gesamthandsvermögen der GmbH & Co. KG erfolgt zwingend zum Buchwert nach § 6 Abs. 5 Satz 2 EStG. Diese Lösung wird auch dann nicht rückgängig gemacht, wenn V nur kurze Zeit später seinen verbliebenen Anteil veräußert, aufgibt oder – wie im vorliegenden Fall – unentgeltlich überträgt.

Dagegen kann der verbliebene Mitunternehmeranteil am 01.04.01 **nicht zum Buchwert** nach § 6 Abs. 3 Satz 1 EStG auf den Beschenkten S übertragen werden. Nach der Gesamtplanrechtsprechung ist die Übertragung des Grundstücks im Zusammenhang mit der Übertragung des KG-Anteils zu beurteilen. Danach überträgt V ein funktional wesentliches Wirtschaftsgut seines Sonderbetriebsvermögens nicht auf S.

Damit liegen die Voraussetzungen des § 6 Abs. 3 Satz 1 EStG nicht vor und V muss die stillen Reserven in seinem KG-Anteil im Jahr 01 als laufenden – gewerbesteuerpflichtigen – Gewinn versteuern.

---

31 BFH vom 06.09.2000, BStBl II 2001, 229.

J. Ausscheiden eines Gesellschafters

21 2. Der Mitunternehmer überträgt nur einen **Teil seines Mitunternehmeranteils**

- Übertragung auch eines **quotalen Anteils** des Sonderbetriebsvermögens

Im Falle der unentgeltlichen Übertragung eines Teils eines Anteils am Gesamthandsvermögen bei gleichzeitigem Vorhandensein von funktional wesentlichem Sonderbetriebsvermögen ist § 6 Abs. 3 **Satz 1** EStG nur anwendbar, soweit das funktional wesentliche Sonderbetriebsvermögen in **demselben Verhältnis** übergeht, in dem der übertragene Teil des Anteils am Gesamthandsvermögen zum gesamten Anteil am Gesamthandsvermögen steht.[32] Diese Fälle werden insbesondere bei einer GmbH & Co. KG (anteilige Übertragung KG-Anteil und GmbH-Anteil) und bei einer Betriebsaufspaltung (anteilige Übertragung des Anteils am Besitzunternehmen und Anteil an der Betriebs-GmbH)[33] in Betracht kommen.

Umfasst das Sonderbetriebsvermögen mehrere Wirtschaftsgüter, z. B. Grundstücke, müssen alle funktional wesentlichen Wirtschaftsgüter anteilig übertragen werden.[34] In diesen Fällen ist die Missbrauchsvorschrift des § 6 Abs. 3 Satz 2 EStG nicht anzuwenden. Das bedeutet, die Buchwertfortführung bleibt auch dann bestehen, wenn der Beschenkte seinen Anteil innerhalb der nächsten fünf Jahre veräußert.

Beispiel 5:

An einer OHG ist u. a. V zur Hälfte beteiligt. In der Bilanz der OHG zum 31.12.01 beträgt sein Kapitalkonto 400.000 € (Teilwert 900.000 €). In seiner Sonderbilanz hat V ein unbebautes Grundstück mit 50.000 € aktiviert (Teilwert 150.000 €). Mit Wirkung vom 01.01.02 überträgt V die Hälfte seines Anteils und die Hälfte des Grundstücks unentgeltlich auf seinen Sohn S.

Nach § 6 Abs. 3 Satz 1 Halbsatz 2 EStG sind auch bei der unentgeltlichen Übertragung eines Teils eines Mitunternehmeranteils zwingend die Buchwerte fortzuführen. Weil auch Wirtschaftsgüter des funktional wesentlichen Sonderbetriebsvermögens zum Mitunternehmeranteil des V gehören, ist § 6 Abs. 3 Satz 1 EStG uneingeschränkt nur anzuwenden, wenn diese Wirtschaftsgüter des Sonderbetriebsvermögens im gleichen Verhältnis wie der Anteil am Gesamthandsvermögen unentgeltlich übertragen werden. Weil dies hier der Fall ist, werden anlässlich der unentgeltlichen Übertragung keine stillen Reserven aufgedeckt. S ist nach § 6 Abs. 3 Satz 3 EStG an die Buchwerte gebunden. In der Eröffnungsbilanz der OHG zum 01.01.02 ist das Kapitalkonto des V von 400.000 € auf V und S mit je 200.000 € aufzuteilen. Das Grundstück ist in den Sonderbilanzen von V und S mit je 25.000 € zu aktivieren. Die unentgeltliche

---
32 BFH vom 24.08.2000, BStBl II 2005, 173.
33 BFH vom 04.07.2007, BStBl II 2007, 772.
34 BMF vom 03.03.2005, BStBl I 2005, 458, Tz. 9.

1 Einkommensteuer

Übertragung der Hälfte des Mitunternehmeranteils ist in vollem Umfang gewinnneutral.

Infolge einer unentgeltlichen Übertragung eines Teils eines Mitunternehmeranteils kann eine **mitunternehmerische Betriebsaufspaltung** entstehen, weil das Grundstück des Sonderbetriebsvermögens nunmehr von einer Grundstücksgemeinschaft an die Personengesellschaft vermietet wird. Diese ist gegeben, wenn der unentgeltlich übertragende Gesellschafter zu mehr als der Hälfte an der Personengesellschaft beteiligt ist und nach der Übertragung er und der übernehmende Gesellschafter die Personengesellschaft beherrschen. Hinsichtlich der steuerlichen Behandlung ist zu unterscheiden, ob das Grundstück nach der Übertragung im Gesamthandseigentum oder im Bruchteilseigentum des Übertragenden und des Übernehmenden steht.

Begründen der Übertragende und der Übernehmende hinsichtlich des anteilig übertragenen Wirtschaftsguts des Sonderbetriebsvermögens zivilrechtlich eine **Gesamthandsgemeinschaft** (§ 718 ff. BGB), wird diese unmittelbar zur Besitzpersonengesellschaft. In diesem Fall folgt der unter § 6 Abs. 3 Satz 1 EStG fallenden Übertragung eine Zurechnung des Wirtschaftsguts des Sonderbetriebsvermögens zum Gesamthandsvermögen der Besitzpersonengesellschaft gem. § 6 Abs. 5 Satz 3 EStG unmittelbar nach.

Wird bei der anteiligen Übertragung von Sonderbetriebsvermögen dem Übernehmenden zivilrechtlich ein **Bruchteil zu Eigentum** übertragen (§ 741 BGB), erfolgt im Anschluss an die unentgeltliche Übertragung eines Teils eines Mitunternehmeranteils sowohl beim übertragenden Gesellschafter als auch beim übernehmenden Gesellschafter eine Überführung ihres anteiligen Sonderbetriebsvermögens in das Sonderbetriebsvermögen der Besitzpersonengesellschaft (GbR) gem. § 6 Abs. 5 Satz 2 EStG. Hinsichtlich des Sonderbetriebsvermögens findet hier allerdings kein Rechtsträgerwechsel statt, sondern es erfolgt hier nur ein Zuordnungswechsel von dem Sonderbetriebsvermögen der bisherigen Personengesellschaft in das Sonderbetriebsvermögen der Besitzpersonengesellschaft.[35]

Beispiel 6:

Wie Beispiel 5, aber V ist an der OHG mit 60 % beteiligt. Bei der OHG entscheidet die Mehrheit. Das Grundstück steht nach der Übertragung im Gesamthandsvermögen von V und S.

Zunächst liegt eine unentgeltliche Übertragung eines Teils eines Mitunternehmeranteils nach § 6 Abs. 3 **Satz 1** EStG vor, die zwingend eine Buchwertfortführung vorschreibt. Bei einer späteren Veräußerung des übernommenen Mit-

---

[35] BFH vom 18.08.2005, BStBl II 2005, 830; BMF vom 07.12.2006, BStBl I 2006, 766, Tz. 22.

J. Ausscheiden eines Gesellschafters

unternehmeranteils von S ist die Sperrfrist von fünf Jahren nach § 6 Abs. 3 Satz 2 EStG nicht zu beachten.

Nach der Übertragung des Teils des Mitunternehmeranteils überlässt die Personengruppe V und S das zum Gesamthandsvermögen gehörende Grundstück der OHG. Die Voraussetzungen einer mitunternehmerischen Betriebsaufspaltung liegen lt. Sachverhalt vor, denn die Personengruppe V und S beherrscht sowohl die OHG als auch die GbR. Die Betriebsaufspaltung hat Vorrang vor dem Sonderbetriebsvermögen.

Das bedeutet, die GbR wird zum Besitzunternehmen, mit der Folge, dass der unter § 6 Abs. 3 Satz 1 EStG fallenden Übertragung eine Zurechnung der Wirtschaftsgüter des Sonderbetriebsvermögens zum Gesamthandsvermögen der Besitzpersonengesellschaft unmittelbar nachfolgt. Dadurch ändert sich die bisherige Zuordnung des Grundstücks als Sonderbetriebsvermögen von V und S bei der OHG. Das Grundstück wird Gesamthandsvermögen bei der VS-GbR und ist nach § 6 Abs. 5 Satz 3 EStG in deren Bilanz zwingend mit dem Buchwert von 50.000 € zu aktivieren, weil diese Übertragung gegen Gewährung von Gesellschaftsrechten erfolgt.

Beispiel 7:

Wie Beispiel 6, in der Sonderbilanz des V ist noch eine Darlehensrestschuld von 15.000 € passiviert, die aus der Finanzierung des Grundstücks stammt. V hat auch diese Schuld anteilig zur Hälfte auf S übertragen.

Die steuerliche Behandlung der unentgeltlichen Übertragung des Teils eines Mitunternehmeranteils ändert sich nicht. Jedoch erfolgt die Übertragung des Grundstücks teilweise gegen Gewährung von Gesellschaftsrechten und teilweise gegen Übernahme von Verbindlichkeiten und damit gegen Entgelt.

Berechnung:

Teilwert des Grundstücks	150.000 €	
Übernahme Verbindlichkeit	15.000 €	= 10 %

Der Übertragungsvorgang ist aufzuteilen:

Soweit Gesellschaftsrechte gewährt werden, sind zwingend nach § 6 Abs. 5 Satz 3 Nr. 2 EStG die Buchwerte des Grundstücks fortzuführen. Soweit die Übertragung gegen Übernahme der Darlehensschuld und damit gegen Entgelt erfolgt, müssen die stillen Reserven aufgedeckt werden, denn bei der Übertragung einzelner Wirtschaftsgüter gilt die Trennungstheorie.

Der von V und S im Jahr 02 (= Jahr der Veräußerung) entsprechend ihrem Anteil an dem Grundstück je zur Hälfte zu versteuernde Veräußerungsgewinn berechnet sich wie folgt:

Veräußerungspreis	15.000 €
./. anteiliger Buchwert (10 %)	5.000 €
Veräußerungsgewinn	10.000 €

Sofern die Voraussetzungen des § 6 b EStG vorliegen, können V und S eine Rücklage gem. § 6 b EStG bilden.

1 Einkommensteuer

Das unbebaute Grundstück ist in der Bilanz der VS-GbR wie folgt zu aktivieren:

Fortführung Buchwert (90 % von 50.000 € =)	45.000 €
Anschaffungskosten erworbener Teil (10 % von 150.000 € =)	15.000 €
Summe	60.000 €

Die Eröffnungsbilanz der Besitzpersonengesellschaft zum 01.01.02 hat folgendes Aussehen:

Aktiva	Eröffnungsbilanz VS-GbR zum 01.01.02		Passiva
Grund und Boden	60.000 €	Kapital V	22.500 €
		Kapital S	22.500 €
		Darlehen	15.000 €
	60.000 €		60.000 €

Beispiel 8:
Wie Beispiel 7, aber das Grundstück steht im Bruchteilseigentum von V und S.
Zunächst liegt eine unentgeltliche Übertragung eines Teils eines Mitunternehmeranteils nach § 6 Abs. 3 **Satz 1** EStG vor, die zwingend eine Buchwertfortführung vorschreibt.

Anschließend erfolgt – wegen des fehlenden Rechtsträgerwechsels beim Bruchteilseigentum – sowohl beim übertragenden Gesellschafter als auch beim übernehmenden Gesellschafter eine Überführung des Grundstücks aus dem Sonderbetriebsvermögen bei der OHG in das Sonderbetriebsvermögen bei der Besitzpersonengesellschaft (GbR) gem. § 6 Abs. 5 **Satz 2** EStG. Auch diese Übertragung erfolgt – unabhängig davon, ob eine Darlehensschuld vorliegt – zwingend zum Buchwert, weil kein Eigentumsübergang vorliegt.

Die GbR braucht – mangels Vermögen – keine Eröffnungsbilanz zu erstellen.
Das Grundstück wird in der Sonderbilanz der beiden Gesellschafter bei der GbR mit den bisherigen Buchwerten fortgeführt.
Die Eröffnungs**sonder**bilanzen der beiden Gesellschafter bei der GbR zum 01.01.02 haben folgendes Aussehen:

Aktiva	Eröffnungssonderbilanz V zum 01.01.02		Passiva
Grund und Boden	25.000 €	Kapital	17.500 €
		Darlehen	7.500 €
	25.000 €		25.000 €

Aktiva	Eröffnungssonderbilanz S zum 01.01.02		Passiva
Grund und Boden	25.000 €	Kapital	17.500 €
		Darlehen	7.500 €
	25.000 €		25.000 €

J. Ausscheiden eines Gesellschafters

22
- **Disquotale** Übertragung von Gesamthandsvermögen und Sonderbetriebsvermögen
- **Überquotale** Übertragung von Sonderbetriebsvermögen

Wird anlässlich der Übertragung eines Teils eines Anteils am Gesamthandsvermögen Sonderbetriebsvermögen in größerem Umfang (überquotal) übertragen, als es dem übertragenen Teil des Anteils am Gesamthandsvermögen entspricht, ist der Vorgang in eine Übertragung nach § 6 Abs. 3 Satz 1 EStG für den quotalen Teil des Sonderbetriebsvermögens und eine Übertragung nach § 6 Abs. 5 EStG für den überquotalen Teil des Sonderbetriebsvermögens aufzuteilen.[36] Der Unterschied hat Bedeutung wegen Anwendung der Missbrauchsvorschriften. Hinsichtlich des unter § 6 Abs. 3 Satz 1 EStG fallenden Übertragungsvorgangs ist keine Sperrfrist zu beachten. Dagegen ist für den überquotalen Anteil an den Wirtschaftsgütern die Sperrfrist von drei Jahren gem. § 6 Abs. 5 Satz 4 EStG zu beachten.

Diese Grundsätze gelten auch, wenn die Mitunternehmerstellung des Beschenkten mit der Teilanteilsübertragung erstmals begründet wird.[37]

Beispiel 9:

V und W sind je zur Hälfte an einer OHG beteiligt. V überträgt am 02.01.02 die Hälfte seines Mitunternehmeranteils (Buchwert seines Kapitalkontos 100.000 €, Teilwert 500.000 €) sowie das zu seinem notwendigen Sonderbetriebsvermögen gehörende Grundstück (Buchwert 400.000 €, Teilwert 600.000 €) in vollem Umfang unentgeltlich auf seine Tochter T.

Im Rahmen der unentgeltlichen Übertragung eines Teils eines Mitunternehmeranteils überträgt V das Grundstück **überquotal** auf T. Unter § 6 Abs. 3 EStG fällt nur die Übertragung der Hälfte des Mitunternehmeranteils einschl. der Hälfte des Grundstücks. Diese Übertragung erfolgt zwingend zum Buchwert nach § 6 Abs. 3 Satz 1 EStG. § 6 Abs. 3 Satz 2 EStG greift nicht ein, weil V das Grundstück nicht zurückbehält.

Das überquotal mitübertragene Sonderbetriebsvermögen (50 %) ist nach § 6 Abs. 5 Satz 3 Nr. 3 EStG ebenfalls zwingend mit dem Buchwert anzusetzen. Unter Umständen greift die Sperrfrist gem. § 6 Abs. 5 Satz 4 EStG ein.[38]

Werden im Zusammenhang mit dem überquotal übertragenen Sonderbetriebsvermögen Verbindlichkeiten übernommen, liegt insoweit eine entgeltliche Übertragung vor, auf die § 6 Abs. 5 EStG keine Anwendung findet.[39] Der Übertragungsvorgang ist – nur für den überquotalen Anteil – aufzuteilen in einen teils entgeltlichen, teils unentgeltlichen Vorgang.[40]

---

36 BMF vom 03.03.2005, BStBl I 2005, 458, Tz. 16.
37 BFH vom 06.12.2000, BStBl II 2003, 194.
38 Siehe hierzu B. Rz. 398 i. V. m. Rz. 387–388.
39 BMF vom 07.06.2001, BStBl I 2001, 367, und vom 03.03.2005, BStBl I 2005, 458, Tz. 17.
40 Siehe B. Rz. 402.

1 Einkommensteuer

Beispiel 10:
Die AB-OHG erstellt zum 31.12.01 folgende Bilanz der OHG und Sonderbilanz des A:

Aktiva	Bilanz AB-OHG zum 31.12.01		Passiva
Vermögen	700.000 €	Kapital A	200.000 €
		Kapital B	200.000 €
		Verbindlichkeiten	300.000 €
	700.000 €		700.000 €

Aktiva	Sonderbilanz A zum 31.12.01		Passiva
Unbebautes Grundstück	300.000 €	Kapital	100.000 €
		Darlehen	200.000 €
	300.000 €		300.000 €

Die stillen Reserven betragen bei der OHG insgesamt 600.000 € und beim von A an die OHG vermieteten Grundstück 100.000 €. Das Grundstück stellt eine funktional wesentliche Betriebsgrundlage dar. Mit Wirkung vom 01.01.02 überträgt A die Hälfte seines Anteils am Gesamthandsvermögen und sein Grundstück in vollem Umfang auf seinen Sohn S. S muss die mit dem Grundstück im Zusammenhang stehende Darlehensschuld von 200.000 € übernehmen.

Die Übertragung der **Hälfte** des Mitunternehmeranteils einschl. der **Hälfte des Grundstücks** erfolgt unentgeltlich, obwohl auch Verbindlichkeiten übertragen werden, denn bei der Übertragung eines gesamten Betriebs gilt die sog. Nettomethode.

Zur **unentgeltlichen Übertragung** des Teils des OHG-Anteils gehören
- 50 % vom Gesamthandsvermögen (anteiliger Buchwert 100.000 €) und
- 50 % (= quotale Übertragung) vom Grundstück (anteiliger Buchwert 150.000 €) und
- 50 % der Darlehensschuld (anteiliger Buchwert 100.000 €).

Dieser Teil fällt unter § 6 Abs. 3 Satz 1 EStG. Die Übertragung des Mitunternehmeranteils erfolgt insoweit gewinnneutral zum Buchwert. Weil keine stillen Reserven aufgedeckt worden sind, sind in der Eröffnungsbilanz der OHG zum 01.01.02 die Buchwerte fortzuführen und das Kapital des A von bisher 200.000 € auf A und S mit je 100.000 € aufzuteilen.

Zur **überquotalen Übertragung des Grundstücks** gehören
- 50 % vom Grundstück (anteiliger Buchwert 150.000 €, anteiliger Teilwert 200.000 €) und
- 50 % der Darlehensschuld (anteiliger Buchwert 100.000 €).

Übernimmt bei der unentgeltlichen Übertragung einzelner Wirtschaftsgüter der Beschenkte auch Verbindlichkeiten, ist die Übertragung in einen entgeltlichen Teil und einen unentgeltlichen Teil aufzuteilen. Bei einem anteiligen Teilwert des Grundstücks von (50 % von 400.000 € =) 200.000 € und der anteiligen

J. Ausscheiden eines Gesellschafters

Übernahme der Verbindlichkeit von (50 % von 200.000 € =) 100.000 € erfolgt die überquotale Übertragung des Grundstücks zu 50 % entgeltlich. Der **unentgeltliche** Teil dieses Übertragungsvorgangs fällt unter § 6 Abs. 5 Satz 3 Nr. 3 EStG. Insoweit ist zwingend der anteilige Buchwert des Grundstücks von (50 % von 150.000 € =) 75.000 € fortzuführen. Bei diesem Vorgang bleibt die Verbindlichkeit unberücksichtigt. S muss das Grundstück insoweit nach § 6 Abs. 3 Satz 4 EStG mit dem anteiligen Buchwert von 50 % von 150.000 € = 75.000 € aktivieren.

Der **entgeltliche** Teil dieses Übertragungsvorgangs ist nach den allgemeinen Regelungen des EStG zu lösen. Der Veräußerungspreis entspricht 50 % der Verbindlichkeit = 100.000 €. Der anteilige Buchwert des Grundstücks beträgt (50 % von 150.000 € =) 75.000 €. Somit ergibt sich für A in 01 ein Veräußerungsgewinn von 25.000 €, der unter den Voraussetzungen des § 6 b EStG begünstigt ist. S muss das Grundstück insoweit mit den anteiligen Anschaffungskosten = Veräußerungspreis von 100.000 € aktivieren.

Die Eröffnungsbilanz der AB-OHG und die Sonderbilanz des S zum 01.10.02 haben folgendes Aussehen:

Aktiva	Bilanz AB-OHG zum 01.01.02		Passiva
Vermögen	700.000 €	Kapital A	100.000 €
		Kapital S	100.000 €
		Kapital B	200.000 €
		Verbindlichkeiten	300.000 €
	700.000 €		700.000 €

Aktiva	Sonderbilanz S zum 01.01.02		Passiva
Unbebautes Grundstück	325.000 €	Kapital	125.000 €
		Darlehen	200.000 €
	325.000 €		325.000 €

- **Unterquotale** Übertragung von Sonderbetriebsvermögen

Die unentgeltliche Übertragung eines Teils eines Mitunternehmeranteils ist nur begünstigt, wenn der Rechtsnachfolger eine **natürliche Person** ist. Nach § 6 Abs. 3 Satz 2 EStG muss der Buchwert auch dann fortgeführt werden, wenn funktional wesentliches Sonderbetriebsvermögen nicht oder in geringerem Umfang (unterquotal) übertragen wird, als es dem übertragenen Teil des Anteils am Gesamthandsvermögen entspricht. Eine (geringe) Beteiligung muss auf jeden Fall zurückbehalten werden, denn der sog. Nullkommanditist ist nicht Mitunternehmer.[41]

Die Buchwertfortführung bleibt jedoch nur bestehen, wenn der Beschenkte den übernommenen Mitunternehmeranteil über einen

---

41 BFH vom 28.10.1999, BStBl II 2000, 183.

1 Einkommensteuer

Zeitraum von mindestens fünf Jahren nicht veräußert oder aufgibt. Der Veräußerung des Mitunternehmeranteils steht die Veräußerung nur des Anteils am Gesamthandsvermögen oder eines Teils davon und/oder des mit dem Mitunternehmeranteil übernommenen funktional wesentlichen Sonderbetriebsvermögens oder eines Teils davon innerhalb der Fünfjahresfrist gleich.

Bezogen auf den ursprünglichen Übertragungsvorgang liegen die Voraussetzungen für die Buchwertübertragung nicht mehr vor. Für die gesamte Übertragung nach § 6 Abs. 3 Satz 2 EStG sind rückwirkend auf den ursprünglichen Übertragungsstichtag die Teilwerte anzusetzen (§ 175 Abs. 1 Satz 1 Nr. 2 AO). Der dabei beim Übertragenden entstehende Gewinn ist ein laufender – gewerbesteuerpflichtiger – Gewinn, weil noch nicht einmal die Veräußerung bzw. Aufgabe eines Teils eines Mitunternehmeranteils nach § 16 Abs. 1 Satz 2 EStG begünstigt ist.

Für die Berechnung der **Behaltefrist** von fünf Jahren ist grundsätzlich auf den Übergang des **wirtschaftlichen Eigentums** hinsichtlich des übernommenen Mitunternehmeranteils (= Übergang von Nutzen und Lasten) abzustellen.

Beispiel 11:

Wie Beispiel 9, V behält jedoch das zu seinem notwendigen Sonderbetriebsvermögen gehörende Grundstück (Buchwert 400.000 €, Teilwert 600.000 €) zurück.

Die unentgeltliche Übertragung der Hälfte eines Mitunternehmeranteils fällt nicht unter § 24 UmwStG, sondern unter § 6 Abs. 3 EStG. Die Übertragung ist nach § 6 Abs. 3 Satz 2 EStG zwingend zum Buchwert vorzunehmen, obwohl V das zu den wesentlichen Betriebsgrundlagen gehörende Grundstück zurückbehält, denn es gehört weiterhin zum Betriebsvermögen derselben Mitunternehmerschaft. Auch das Grundstück muss weiterhin mit dem Buchwert von 400.000 € in der Sonderbilanz des V aktiviert werden. T übernimmt den Mitunternehmeranteil mit dem bisherigen anteiligen Buchwert ihres Vaters von (50 % von 100.000 € =) 50.000 €.

Beispiel 12:

Wie Beispiel 11, aber T veräußert den unentgeltlich erhaltenen Anteil am 02.01.05 an einen Dritten für 280.000 €. Der Buchwert des Kapitalkontos beträgt zu diesem Zeitpunkt unverändert 50.000 €.

Weil V im Jahre 02 nicht alle wesentlichen Betriebsgrundlagen anteilig auf S übertragen hat und seit der unentgeltlichen Aufnahme der T in die OHG noch keine fünf Jahre vergangen sind, muss V nach § 6 Abs. 3 Satz 2 EStG rückwirkend im Jahr 02 (= Jahr der unentgeltlichen Übertragung des Teils des Mitunternehmeranteils auf T) die damals darauf entfallenden stillen Reserven i. H. von (50 % von 400.000 € =) 200.000 € als laufenden Gewinn versteuern. Der Gewinn unterliegt der Gewerbesteuer. Das in der Sonderbilanz des V aktivierte

J. Ausscheiden eines Gesellschafters

Grundstück ist von dieser Vorschrift nicht betroffen; es ist unverändert mit dem Buchwert fortzuführen.

Bei T erhöht sich rückwirkend zum 02.01.02 der Buchwert der Beteiligung von (50 % von 100.000 € =) 50.000 € um die aufgedeckten stillen Reserven von 200.000 € auf 250.000 €. Dadurch ändert sich in den Jahren ab 02 auch die AfA.

T erzielt mit der Veräußerung ihres Mitunternehmeranteils einen nach §§ 16, 34 Abs. 1 oder 3 EStG begünstigten, nicht der Gewerbesteuer unterliegenden Veräußerungsgewinn von (280.000 € ./. 250.000 € =) 30.000 €, der allerdings noch um die Änderungen hinsichtlich der AfA ab 02 zu korrigieren ist.

Beispiel 13:
Wie Beispiel 12, aber die Veräußerung erfolgt erst am 02.01.09.

Da seit dem unentgeltlichen Erwerb mehr als fünf Jahre vergangen sind, ist die Übertragung des Teils eines Mitunternehmeranteils nicht mehr rückwirkend der Besteuerung zu unterwerfen. Bei V entsteht damit nicht nachträglich im Jahre 02 ein Gewinn. Der Veräußerungsgewinn von T im Jahr 09 beträgt (280.000 € ./. 50.000 € =) 230.000 €. Korrekturen sind keine vorzunehmen.

Beispiel 14:
Wie Beispiel 11, aber V behält nur 80 % des Grundstücks zurück und überträgt 20 % auf T.

Soweit Mitunternehmeranteil und Sonderbetriebsvermögen einheitlich auf T übertragen werden (= 20 %), erfolgt die Buchwertfortführung zwingend nach § 6 Abs. 3 Satz 1 EStG. Eine Behaltefrist ist insoweit nicht zu beachten.

Hinsichtlich der restlichen unentgeltlichen Übertragung des Teils seines Mitunternehmeranteils (= 30 %) erfolgt die Buchwertfortführung nach § 6 Abs. 3 Satz 2 EStG. Das heißt, die Übertragung erfolgt insgesamt zum Buchwert. Die Behaltefrist von fünf Jahren bezieht sich nur auf diesen restlichen Teil von 30 %, da V nur insoweit das Grundstück zurückbehalten hat.

24 War der Übernehmer bereits vor der unentgeltlichen Teilanteilsübertragung Mitunternehmer dieser Mitunternehmerschaft, ist von einer Veräußerung oder Entnahme des übernommenen Anteils erst auszugehen, wenn der Anteil der Beteiligung nach der Veräußerung oder Entnahme des (Teil-)Mitunternehmeranteils unter dem Anteil der übernommenen Beteiligung liegt oder das mit dem Mitunternehmeranteil übernommene funktional wesentliche Sonderbetriebsvermögen innerhalb der Fünfjahresfrist veräußert oder entnommen wird.[42]

Beispiel 15:
An der VS-OHG sind Vater (V) und Sohn (S) je zur Hälfte beteiligt. V überträgt unentgeltlich die Hälfte seines Anteils auf S, behält aber sein Sonderbetriebsvermögen zurück. Das neue Beteiligungsverhältnis beträgt nach der Übertragung: V 25 % und S 75 %. S veräußert innerhalb der Fünfjahresfrist einen Teil seines Mitunternehmeranteils von 55 % an einen fremden Dritten und behält noch 20 %.

---
42 BMF vom 03.03.2005, BStBl I 2005, 458, Tz. 12.

Die Übertragung des Teils des Anteils des V an S fällt unter § 6 Abs. 3 Satz 2 EStG, weil V sein Sonderbetriebsvermögen nicht übertragen hat. Damit ist die Behaltefrist des § 6 Abs. 3 Satz 2 EStG zu beachten. Da der Anteil des S nach der Veräußerung nur noch 20 % beträgt und damit unter dem Anteil der übernommenen Beteiligung von 25 % liegt, hat er auch einen Teil des übernommenen Mitunternehmeranteils veräußert. Für die ursprüngliche Übertragung von V auf S ist damit **insgesamt** § 6 Abs. 3 EStG nicht anwendbar. Für die gesamte Übertragung nach § 6 Abs. 3 Satz 2 EStG sind rückwirkend auf den ursprünglichen Übertragungsstichtag die Teilwerte anzusetzen (§ 175 Abs. 1 Satz 1 Nr. 2 AO). Der dabei bei V entstehende Gewinn ist ein laufender – gewerbesteuerpflichtiger – Gewinn. Dafür erhält V die Steuerermäßigung gem. § 35 EStG.

Schädliche Veräußerungen i. S. von § 6 Abs. 3 Satz 2 EStG durch den Rechtsnachfolger, die beim Übertragenden zu einem rückwirkenden Ansatz des Teilwerts führen, sind auch

- die Einbringung des Mitunternehmeranteils in eine Kapitalgesellschaft nach § 20 UmwStG,

- die Einbringung eines Mitunternehmeranteils in eine Personengesellschaft nach § 24 UmwStG,

- der Formwechsel einer Personengesellschaft in eine Kapitalgesellschaft nach § 25 UmwStG,

- die Übertragung einzelner Wirtschaftsgüter des übernommenen Sonderbetriebsvermögens gegen Gewährung von Gesellschaftsrechten nach § 6 Abs. 5 EStG.[43]

Ausnahmen:

1. Wird der nach § 6 Abs. 3 Satz 2 EStG übertragene Teil eines Mitunternehmeranteils vom Übernehmer innerhalb der Fünfjahresfrist zum **Buchwert** in eine Kapitalgesellschaft (§ 20 UmwStG) oder in eine Personengesellschaft (§ 24 UmwStG) eingebracht, liegt **keine schädliche Veräußerung** vor, wenn der Einbringende die hierfür erhaltene Beteiligung an der Kapitalgesellschaft oder den erhaltenen Mitunternehmeranteil über einen Zeitraum von **mindestens fünf Jahren** – beginnend mit der ursprünglichen Übertragung des Teils eines Mitunternehmeranteils nach § 6 Abs. 3 Satz 2 EStG – **nicht veräußert oder aufgibt** und die Kapitalgesellschaft oder die Personengesellschaft den eingebrachten Mitunternehmeranteil oder die eingebrachten Wirtschaftsgüter innerhalb der genannten Frist nicht veräußert.

2. Die **unentgeltliche** Weiterübertragung durch den Rechtsnachfolger ist unschädlich; dabei geht die Behaltefrist jedoch auf den Rechtsnachfolger über. Diesem ist die Behaltedauer des Übertragenden anzurech-

---

[43] BFH vom 03.03.2005, BStBl I 2005, 458, Tz. 13.

J. Ausscheiden eines Gesellschafters

nen. Das zurückbehaltene Betriebsvermögen muss aber weiterhin zum Betriebsvermögen derselben Mitunternehmerschaft gehören.

26 **Aber:**

Wird das zurückbehaltene Sonderbetriebsvermögen aufgrund eines **Gesamtplans** zwar vor der unentgeltlichen Übertragung eines Teils eines Mitunternehmeranteils, aber im Zusammenhang damit

- ins Sonderbetriebsvermögen des Übertragenden bei einer anderen Personengesellschaft überführt,
- in sein Einzelunternehmen überführt,
- an einen Dritten veräußert oder
- ins Privatvermögen entnommen,

ist wegen der Gesamtplanrechtsprechung eine Buchwertübertragung nach § 6 Abs. 3 EStG des noch verbliebenen Teils eines Mitunternehmeranteils nicht möglich. Die in ein anderes (Sonder-)Betriebsvermögen überführte funktional wesentliche Betriebsgrundlage des notwendigen Sonderbetriebsvermögens muss dagegen gem. § 6 Abs. 5 Satz 2 EStG zwingend mit dem Buchwert angesetzt werden.[44]

Umkehrschluss: Erfolgt die Übertragung, Veräußerung oder Entnahme der Wirtschaftsgüter des Sonderbetriebsvermögens **nicht** im **zeitlichen und sachlichen Zusammenhang** mit der Übertragung des Teils eines Mitunternehmeranteils, sondern früher, liegt bei der anschließenden Übertragung des verbliebenen Teils eines Mitunternehmeranteils ein Fall des § 6 Abs. 3 Satz 1 EStG vor, mit der Folge, dass die Übertragung zwingend zum Buchwert zu erfolgen hat. Ein zeitlicher Zusammenhang ist auf jeden Fall nicht mehr gegeben, wenn zwischen diesen beiden Vorgängen mehr als ein Jahr liegt.[45]

Beispiel 16:
Wie Beispiel 9, aber V überträgt die Hälfte seines Mitunternehmeranteils unentgeltlich auf T und überführt das Grundstück im zeitlichen Zusammenhang damit in sein Einzelunternehmen.

V überträgt keinen Teil seines Mitunternehmeranteils auf T. Ein Fall des § 6 Abs. 3 Satz 1 EStG liegt daher nicht vor. Auch die Voraussetzungen des § 6 Abs. 3 Satz 2 EStG sind nicht erfüllt, weil das Grundstück nicht Sonderbetriebsvermögen bei der OHG bleibt. Da aber die stillen Reserven des Grundstücks nicht aufgelöst werden, weil die Überführung in sein Einzelunternehmen nach § 6 Abs. 5 Satz 2 EStG zwingend zum Buchwert erfolgt, liegt kein Fall des § 16 Abs. 1 Nr. 2 EStG vor. Die aufgedeckten stillen Reserven von 400.000 € sind als laufender – gewerbesteuerpflichtiger – Gewinn zu versteuern. V erhält dafür die Steuerermäßigung gem. § 35 EStG.

---

44 BMF vom 03.03.2005, BStBl I 2005, 458, Tz. 15.
45 BFH vom 06.09.2000, BStBl II 2001, 229, sog. Gesamtplanrechtsprechung.

Beispiel 17:

Wie Beispiel 16, aber V überführt das Grundstück bereits im Jahre 01 zum Buchwert in sein Einzelunternehmen und überträgt seinen (verbliebenen) Teil seines Mitunternehmeranteils erst im Jahre 03 auf T.

Da zwischen der Überführung des Grundstücks in sein Einzelunternehmen und der Übertragung des (verbliebenen) Mitunternehmeranteils kein zeitlicher und sachlicher Zusammenhang besteht, greift die sog. Gesamtplanrechtsprechung nicht ein. Es liegt die unentgeltliche Übertragung eines Teils eines Mitunternehmeranteils vor, die nach § 6 Abs. 3 Satz 1 Halbsatz 2 EStG zwingend zum Buchwert vorgenommen werden muss.

Beispiel 18:

Wie Beispiel 16, aber V überführt das Grundstück in sein Privatvermögen.

V überträgt keinen Teil seines Mitunternehmeranteils auf T. Ein Fall des § 6 Abs. 3 Satz 1 EStG liegt nach der Gesamtplanrechtsprechung nicht vor. Auch die Voraussetzungen des § 6 Abs. 3 Satz 2 EStG sind nicht erfüllt, weil das Grundstück nicht Sonderbetriebsvermögen bei der OHG bleibt. V überführt neben dem Grundstück auch die auf T übertragenen Anteile an den einzelnen Wirtschaftsgütern in sein Privatvermögen. Die aufgedeckten stillen Reserven von (50 % von 400.000 € =) 200.000 € + 200.000 € = 400.000 € sind nicht nach §§ 16, 34 EStG begünstigt, sondern als laufender – gewerbesteuerpflichtiger – Gewinn zu versteuern, weil die Aufgabe eines Teils eines Mitunternehmeranteils nach § 16 Abs. 1 Satz 2 EStG nicht begünstigt ist. Dafür erhält V die Steuerermäßigung gem. § 35 EStG.

1.2.5 Überblick

Nachfolgend ein Überblick über die Möglichkeiten, die beim Ausscheiden eines Gesellschafters aus einer Personengesellschaft durch Veräußerung auftreten können, und die sich anschließenden steuerlichen Folgen (siehe Grafik auf Seite 984). **27**

1.3 Ausscheiden gegen Barabfindung

1.3.1 Zeitpunkt des Ausscheidens

Der Zeitpunkt des Ausscheidens ist u. a. zur Klärung der folgenden Fragen **28** von Bedeutung:

a) Wie lange ist der ausscheidende Gesellschafter noch am **laufenden** Gewinn beteiligt?
b) In welcher Höhe ist ein begünstigter Veräußerungsgewinn entstanden?
c) Sind steuerliche Mehrgewinne, die nachträglich z. B. aufgrund einer Betriebsprüfung festgestellt worden sind, noch dem ausgeschiedenen Gesellschafter hinzuzurechnen oder nicht?

J. Ausscheiden eines Gesellschafters

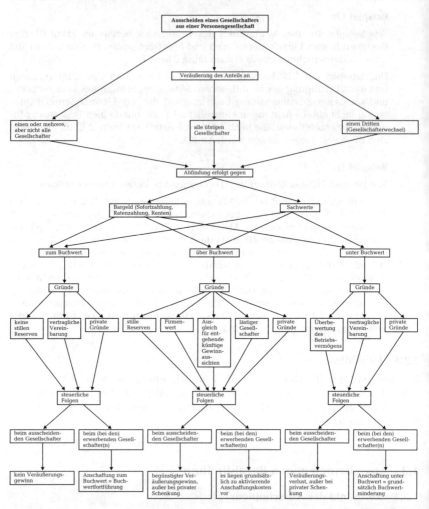

29 Für das Ausscheiden und die Entstehung des Veräußerungsgewinns ist der Zeitpunkt maßgebend, zu dem die Veräußerung vollzogen ist, also der Tag, an dem die Beteiligung auf den Erwerber übergegangen, d. h. der Anteil des Veräußerers am Gesellschaftsvermögen den übrigen Gesellschaftern nach der bürgerlich-rechtlichen Regelung zugewachsen ist.[46] Eine Vorverlegung des Zeitpunkts des Ausscheidens wird steuerlich nicht anerkannt, weil sonst laufender Gewinn in den Veräußerungsgewinn einbezogen wer-

---

46 BFH vom 02.05.1974, BStBl II 1974, 707.

den könnte.[47] Eine Ausnahme lässt die Finanzverwaltung nur zu, wenn zwischen dem tatsächlichen Ausscheiden und dem vereinbarten Zeitpunkt nur eine kurze Zeitspanne (u. E. höchstens bis zu einem Monat, nach teilweiser Ansicht in der Literatur[48] bis zu drei Monate) liegt und kein steuerlicher Vorteil erstrebt wird.[49]

Erfolgt die Übertragung des Gesellschaftsanteils im Jahreswechsel, d. h. im Schnittpunkt der Kalenderjahre, ist unter Würdigung aller Umstände zu entscheiden, ob der Veräußerungsvorgang dem alten oder dem neuen Kalenderjahr (Wirtschaftsjahr) zuzurechnen ist.[50] Es empfiehlt sich daher, den Zeitpunkt des Ausscheidens genau festzulegen, z. B. Ausscheiden am 31.12., mit Ablauf des 31.12., am Ende des Wirtschaftsjahres (= Ausscheiden im alten Jahr) bzw. Ausscheiden **am** 01.01., mit Wirkung vom 02.01. (= Ausscheiden im neuen Jahr). **30**

In die einheitliche und gesonderte Feststellung der Einkünfte, an denen mehrere Personen beteiligt sind, ist auch der Gewinn einzubeziehen, den ein Gesellschafter aus der Veräußerung seines Mitunternehmeranteils am ersten Tag des Wirtschaftsjahres erzielt.[51]

1.3.2 Steuerliche Behandlung im Einzelnen

Das Ausscheiden eines Gesellschafters wird zweckmäßigerweise in folgende Schritte zerlegt: **31**

1. Erstellung der Schlussbilanz der Personengesellschaft zum Stichtag des Ausscheidens;

2. Ermittlung des laufenden Gewinns und des Buchwerts der Beteiligung (Buchwert Kapitalkonto) des ausscheidenden und der verbleibenden Gesellschafter;

3. Feststellung des Abfindungsanspruchs des ausscheidenden Gesellschafters

   a) nach dem Gesellschaftsvertrag oder

   b) nach den gesetzlichen Bestimmungen;

4. Erstellung einer Auseinandersetzungsbilanz (Abschichtungsbilanz) zur Ermittlung der Höhe des Abfindungsanspruchs des ausscheidenden Gesellschafters und der Anschaffungskosten der verbleibenden Gesellschafter;

---

47 BFH vom 18.05.1995, BStBl II 1996, 5.
48 Schmidt/Wacker, § 16 Rz. 443.
49 BFH vom 05.12.1963, HFR 1965 S. 258.
50 BFH vom 02.05.1974, BStBl II 1974, 707; vom 22.09.1992, BStBl II 1993, 228, und BFH vom 10.03.1998, BStBl II 1999, 269.
51 BFH vom 29.04.1993, BStBl II 1993, 666; siehe auch BFH vom 10.03.1998, BStBl II 1999, 269.

J. Ausscheiden eines Gesellschafters

5. Ermittlung des – begünstigten – Veräußerungsgewinns des ausscheidenden Gesellschafters;
6. Erstellung der Eröffnungsbilanz unter Berücksichtigung dieser Auseinandersetzung;
7. Beachtung der künftigen steuerlichen Konsequenzen (z. B. neue AfA-Bemessungsgrundlage).

Erläuterungen

Zu 1: Schlussbilanz

32 Scheidet ein Gesellschafter mit Ablauf eines Wirtschaftsjahres aus einer Personengesellschaft aus, muss ohnehin auf den Bilanzstichtag eine Schlussbilanz erstellt werden. Das bedeutet, dass der Wert des Anteils am Betriebsvermögen entsprechend der gesetzlichen Bestimmung (§ 16 Abs. 2 EStG) für den Zeitpunkt der Veräußerung nach § 4 Abs. 1 oder § 5 EStG ermittelt wird.

Scheidet ein Gesellschafter dagegen im Laufe des Jahres aus einer weiterbestehenden Personengesellschaft aus, ist dies kein Anlass, eine Gewinnfeststellung auf den Zeitpunkt seines Ausscheidens durchzuführen, denn die Identität der Personengesellschaft bleibt erhalten.[52] Es liegt weder die Aufgabe oder Veräußerung des bisherigen noch die Gründung eines neuen Betriebs vor, ein Rumpfwirtschaftsjahr ist nicht zu bilden,[53] auch dann nicht, wenn die Personengesellschaft ihren Gewinn nach einem abweichenden Wirtschaftsjahr ermittelt und der Gesellschafter bereits im Kalenderjahr vor dem Ablauf des Wirtschaftsjahres aus der Personengesellschaft ausscheidet.

Das heißt, die Erstellung einer Bilanz auf den Zeitpunkt des Ausscheidens ist nicht erforderlich. Es reicht aus, wenn der Wert des Betriebsvermögens nach den Grundsätzen des § 4 Abs. 1 oder § 5 EStG rechnerisch ermittelt, notfalls geschätzt wird, gleichgültig, ob ein Veräußerungsgewinn oder -verlust in Frage steht.[54] Es empfiehlt sich aber, freiwillig auf den Zeitpunkt der Veräußerung eine Schlussbilanz zu erstellen.

Bleibt festzuhalten, dass der ausscheidende Gesellschafter sowohl seinen laufenden Gewinn als auch seinen Veräußerungsgewinn unabhängig davon, in welchem Kalenderjahr das Wirtschaftsjahr endet, stets im Kalenderjahr des Ausscheidens versteuern muss.[55]

Beispiel 1:

Eine aus A, B und C bestehende OHG ermittelt ihren Gewinn nach einem abweichenden Wj. vom 01.03. bis 28.02. Am 10.05.02 scheidet A aus der OHG aus.

---

52 BFH vom 14.09.1978, BStBl II 1979, 159.
53 BFH vom 24.11.1988, BStBl II 1989, 312.
54 BFH vom 12.06.1975, BStBl II 1975, 853.
55 BFH vom 24.11.1988, BStBl II 1989, 312.

Das Ausscheiden des A führt nicht zur Bildung eines Rumpf-Wj. Auch in diesem Fall muss die Gewinnfeststellung für das gesamte Wj. vom 01.03.02 bis 28.02.03 erfolgen. Der Gewinnanteil von B und C ist im VZ 03 zu versteuern. Der laufende Gewinnanteil des A und sein Veräußerungsgewinn sind aber bereits im VZ 02 zu versteuern. Damit das Veranlagungsfinanzamt dies feststellen kann, ist in dem Feststellungsbescheid für das Wj. vom 01.03.02 bis 28.02.03 die Dauer der Zugehörigkeit des Gesellschafters zur OHG aufzuführen.

Scheidet aus einer **zweigliedrigen Personengesellschaft** ein Gesellschafter aus, tritt dadurch eine Vollbeendigung der Personengesellschaft ein. Ein noch laufendes Wirtschaftsjahr endet zwingend zu diesem Zeitpunkt, mit der Folge, dass dadurch ein Rumpfwirtschaftsjahr entsteht.[56] Dies gilt auch dann, wenn einer der bisherigen Gesellschafter den Betrieb als Einzelunternehmen fortführt. **33**

Besonderheit bei Gewinnermittlung nach § 4 Abs. 3 EStG: Wurde bisher der Gewinn der Personengesellschaft nach § 4 Abs. 3 EStG ermittelt (insbesondere bei freiberuflichen Sozietäten und Partnerschaften) und stirbt der vorletzte Gesellschafter, so liegt eine Veräußerung des Mitunternehmeranteils durch den verstorbenen Gesellschafter vor, wenn der verbleibende Gesellschafter die Personengesellschaft als Einzelunternehmen fortführt (Fortsetzungsklausel).[57] Für die Berechnung des **Veräußerungsgewinns** muss die Personengesellschaft im **Augenblick des Todes** eines Gesellschafters zur Gewinnermittlung durch **Betriebsvermögensvergleich** übergehen.[58] Der wegen der Veräußerung nicht auf drei Jahre verteilbare, sondern sofort zu versteuernde Übergangsgewinn ist anteilig als laufender Gewinn dem ausscheidenden (verstorbenen) Gesellschafter zuzurechnen.[59] **34**

Dies gilt auch, wenn der (vorletzte) Gesellschafter auf eigenen Wunsch seine Beteiligung veräußert und aus der Personengesellschaft ausscheidet.

Nach Auffassung der Finanzverwaltung gilt dies darüber hinaus auch im Fall der Übernahme aller Wirtschaftsgüter der Personengesellschaft durch die verbleibenden Gesellschafter beim Tod eines Gesellschafters, wenn die Personengesellschaft als solche fortgesetzt wird.[60] Da in diesen Fällen eine Veräußerung eines Mitunternehmeranteils vorliegt, ist diese Auffassung u. E. auch in den Fällen der normalen Veräußerung eines Mitunternehmeranteils an die verbleibenden Gesellschafter und beim Gesellschafterwechsel anzuwenden.

Zu 2: Ermittlung des laufenden Gewinns

Wegen der unterschiedlichen Besteuerung des laufenden Gewinns (keine Begünstigung) und des Veräußerungsgewinns (Freibetrag gem. § 16 Abs. 4 **35**

---

56 BFH vom 30.09.1978, BStBl II 1978, 503, und vom 10.02.1989, BStBl II 1989, 519.
57 Siehe im Einzelnen unten O. Rz. 64–67.
58 Wegen Einzelheiten zum Wechsel der Gewinnermittlungsart siehe C. Rz. 60–63.
59 BFH vom 13.11.1997, BStBl II 1998, 290, und vom 19.08.1999, BStBl II 2000, 179.
60 H 4.5 Abs. 6 (Tod eines Gesellschafters) EStH.

J. Ausscheiden eines Gesellschafters

EStG, ermäßigter Steuersatz gem. § 34 EStG) ist es empfehlenswert, den laufenden Gewinn – im Rahmen der gesetzlichen Bilanzierungs- und Bewertungsvorschriften – so niedrig wie möglich zu halten. Gelegentlich kann es aber auch von Vorteil sein, den Veräußerungsgewinn zu vermindern und den laufenden Gewinn entsprechend zu erhöhen, um den Freibetrag nach § 16 Abs. 4 EStG in voller Höhe ausschöpfen zu können. Fällt der Zeitpunkt des Ausscheidens nicht mit dem Bilanzstichtag zusammen, ist der laufende Gewinn des ausscheidenden Gesellschafters bis zum Tag seines Ausscheidens zu ermitteln.

36 Bei der Abgrenzung laufender Gewinn/Veräußerungsgewinn sind insbesondere folgende Punkte zu beachten:

a) Absetzungen für Abnutzungen sind vom Schluss des letzten Wirtschaftsjahres bis zum Veräußerungszeitpunkt vorzunehmen, sie mindern den laufenden Gewinn und erhöhen den Veräußerungsgewinn. Erstellt die Personengesellschaft zum Zeitpunkt des Ausscheidens freiwillig eine Bilanz, ist die AfA zeitanteilig vorzunehmen.

Beispiel 2:

A scheidet zum 31.08.01 aus einer OHG (Wj. = Kj.) aus. Die OHG erstellt freiwillig zum 31.08.01 eine Bilanz.

Die AfA der bereits in den Vorjahren angeschafften oder hergestellten Wirtschaftsgüter beträgt $^8/_{12}$ der Jahres-AfA.

Die AfA nach § 7 Abs. 1 oder 4 EStG für die in 01 bis zum Ausscheiden des A angeschafften oder hergestellten Wirtschaftsgüter ist zu zwölfteln und beträgt höchstens $^8/_{12}$ der Jahres-AfA.

Wird für ein von der OHG hergestelltes Gebäude die AfA gem. § 7 Abs. 5 Nr. 3 c EStG in Anspruch genommen, so **ist** die AfA in Höhe des vollen Jahresbetrags, hier also zeitanteilig mit $^8/_{12}$, abzuziehen.[61] Eine Zwölftelung dieser AfA ist nicht zulässig.

37 b) Gewinnverwirklichende Veräußerungsgeschäfte, die die Personengesellschaft zwar mit Rücksicht auf die Veräußerung des Mitunternehmeranteils vornimmt, die aber nicht Teil der Veräußerung sind, gehören zum laufenden Gewinn.

38 c) Entnimmt der Gesellschafter im Zusammenhang mit der Veräußerung seines Mitunternehmeranteils an einen Mitgesellschafter im Einverständnis mit dem Erwerber und den Mitgesellschaftern vor der Übertragung des Gesellschaftsanteils bestimmte Wirtschaftsgüter des Gesellschafts-

---

61 Siehe R 7.4 Abs. 8 Satz 1 EStR.

vermögens, gehört der daraus entstehende Entnahmegewinn zum begünstigten Veräußerungsgewinn.[62]

d) Veräußert der ausscheidende Gesellschafter nur einen Teil seines Mitunternehmeranteils an die verbleibenden Gesellschafter und tätigt er im zeitlichen Zusammenhang damit eine Entnahme eines Wirtschaftsguts ins Privatvermögen, so liegt insgesamt kein begünstigter Veräußerungsgewinn vor (§ 16 Abs. 1 Satz 2 EStG).[63]

39

e) Steuerfrei gebildete Rücklagen (z. B. Rücklagen für Ersatzbeschaffung und Rücklagen gem. § 6 b EStG) sind nicht zugunsten des laufenden Gewinns aufzulösen, sondern erhöhen den **Veräußerungs**gewinn.[64] Der bei der Auflösung einer Rücklage gem. § 6 b EStG vorzunehmende Gewinnzuschlag gem. § 6 b Abs. 7 EStG teilt das Schicksal der aufgelösten Rücklage und erhöht ebenfalls den **Veräußerungs**gewinn. Dies gilt auch bei der Auflösung von **Ansparabschreibungen** (= Rücklage) nach § 7 g Abs. 3 ff. EStG einschließlich des Gewinnzuschlags nach § 7 g Abs. 5 EStG.[65]

40

f) Enthält die Bilanz der Personengesellschaft eine Pensionsrückstellung aufgrund einer Pensionszusage an den ausscheidenden Gesellschafter und ist korrespondierend hierzu in der Sonderbilanz des Gesellschafters eine Forderung aktiviert, so bleiben die Bilanzansätze trotz des Ausscheidens unverändert. Das heißt, die Sonderbilanz muss trotz des Ausscheidens des begünstigten Gesellschafters fortgeführt werden, mit der Folge, dass er auch in Zukunft an der Gewinnermittlung und Gewinnverteilung teilnimmt.[66]

41

Wurde dagegen in der Bilanz der Personengesellschaft – wegen Inanspruchnahme der Übergangsregelung nach Art. 28 Abs. 1 EGHGB für Altzusagen – keine Rückstellung passiviert und folglich in der Sonderbilanz des Gesellschafters keine Forderung aktiviert, so bestehen anlässlich des Ausscheidens des Gesellschafters folgende Möglichkeiten:

- Die Pensionsrückstellung wird in der letzten Schlussbilanz der Personengesellschaft vor dem Ausscheiden des Gesellschafters **gebildet**. Die gewinnmindernde Bildung ist zulässig, weil das Nachholverbot gem. § 6 a Abs. 4 Satz 5 EStG nicht eingreift. Gleichzeitig muss in der Sonderbilanz des ausscheidenden Gesellschafters nach den Grundsätzen der korrespondierenden Bilanzierung eine Forderung aktiviert werden, die zu einer Erhöhung des laufenden Gewinns der Personen-

---

62 BFH vom 24.08.1989, BStBl II 1990, 132.
63 BFH vom 24.08.1989, BStBl II 1990, 132.
64 Siehe H 16 Abs. 9 (Rücklage) EStH.
65 BFH vom 10.11.2004, BStBl II 2005, 596, und vom 20.12.2006, BStBl II 2007, 862; siehe auch BMF vom 30.10.2007, BStBl I 2007, 790. BMF vom 25.02.2004, BStBl I 2004, 337, Tz. 30, und BMF vom 25.08.2005, BStBl I 2005, 859, sind überholt.
66 Siehe im Einzelnen mit Beispielen B. Rz. 323–327.

J. Ausscheiden eines Gesellschafters

gesellschaft und des Gewinnanteils des Gesellschafters führt. Der Veräußerungsgewinn ändert sich nicht.

Beispiel 3:
An der AB-OHG sind A, B und C je zu $^1/_3$ beteiligt. Aus Altersgründen scheidet A mit Ablauf des Wj. 01 aus der OHG aus. A hat vor vielen Jahren von der OHG eine Pensionszusage erhalten, die bisher in der Bilanz nicht ausgewiesen wurde, da es sich um eine Altzusage handelt. Der Teilwert der Pensionsverpflichtung beträgt 300.000 €.
Die OHG hat zum 31.12.01 folgende vorläufige Bilanz erstellt:

Aktiva	Bilanz AB-OHG zum 31.12.01		Passiva
Vermögen	1.500.000 €	Kapital A	500.000 €
		Kapital B	500.000 €
		Kapital C	500.000 €
	1.500.000 €		1.500.000 €

Der Gewinn der OHG für das Wj. 01 beträgt 450.000 € und wurde mit je 150.000 € auf die drei Gesellschafter verteilt. Das Aktivvermögen soll – aus Vergleichsgründen – keine stillen Reserven enthalten. A erhält deshalb bei seinem Ausscheiden einen Betrag von 400.000 € (Kapital ./. anteilige Pensionsverpflichtung von 100.000 €).

Bildet die OHG anlässlich des Ausscheidens eine Pensionsrückstellung in Höhe des Teilwerts, hat dies folgende Auswirkungen:

Aktiva	Bilanz AB-OHG zum 31.12.01		Passiva
Vermögen	1.500.000 €	Kapital A	400.000 €
		Kapital B	400.000 €
		Kapital C	400.000 €
		Pensionsrückstellungen	300.000 €
	1.500.000 €		1.500.000 €

Aktiva	Sonderbilanz A zum 31.12.01		Passiva
Forderung	300.000 €	Kapital	300.000 €

Der laufende Gewinn des Wj. 01 der OHG beträgt nur noch 150.000 € und ist mit je 50.000 € auf A, B und C zu verteilen. In der Sonderbilanz des A entsteht ein laufender Gewinn von 300.000 €, sodass der steuerliche Gesamtgewinn wieder 450.000 € und der Gewinn des A (50.000 € + 300.000 € =) 350.000 € beträgt.

A erzielt keinen Veräußerungsgewinn, weil der Veräußerungspreis von 400.000 € dem Buchwert des Kapitalkontos entspricht. Trotz des Ausscheidens des A wird seine Sonderbilanz bei der OHG unverändert fortgeführt. Es bleibt bei einem Veräußerungsgewinn von 0 €. In der Eröffnungsbilanz ist statt des Kapitalkontos des A eine Verbindlichkeit mit 400.000 € auszuweisen.

1 Einkommensteuer

- Die Pensionsrückstellung wird in der letzten Schlussbilanz der Personengesellschaft vor dem Ausscheiden des Gesellschafters **nicht** gebildet.

Trotz des Ausscheidens des Gesellschafters ist die Personengesellschaft wegen des Wahlrechts in Art. 28 Abs. 1 EGHGB nicht zur Bildung der Pensionsrückstellung verpflichtet. Zu beachten ist, dass die ungewisse Verbindlichkeit bei der Ermittlung des Veräußerungspreises berücksichtigt wird und der ausscheidende Gesellschafter damit weniger erhält. Insoweit muss in der Eröffnungsbilanz der Personengesellschaft nach dem Ausscheiden des Gesellschafters die Rückstellung passiviert und in der Sonderbilanz des Gesellschafters nach den Grundsätzen der korrespondierenden Bilanzierung eine Forderung aktiviert werden. Der Veräußerungspreis beträgt wiederum 0 Euro.

Beispiel 4:

Wie Beispiel 3, aber die OHG bildet in der Bilanz zum 31.12.01 keine Pensionsrückstellung. Die vorläufige Bilanz entspricht der endgültigen Bilanz. Bei der Berechnung des Ausscheidungsanspruchs wurde die Pensionsverpflichtung berücksichtigt. A erhält deshalb nur 400.000 €.

Der laufende Gewinn der OHG für das Wj. 01 beträgt 450.000 € und ist mit je 150.000 € auf A, B und C zu verteilen. A erzielt vorläufig einen Veräußerungsverlust von (300.000 € ./. 400.000 € =) 100.000 €. Gleichzeitig muss er jedoch u. E. in seiner Sonderbilanz eine Forderung von 100.000 € aktivieren. Dies führt zu einer Erhöhung des Veräußerungsgewinns. Dieser beträgt jetzt wieder 0 €.

g) Gewinne, die durch in früheren Jahren vorgenommene Bewertungsabschläge oder durch Sonderabschreibungen bzw. erhöhte Absetzungen bedingt sind, erhöhen den **Veräußerungs**gewinn. **42**

h) Wie bereits ausgeführt,[67] wird eine Rückdatierung des Ausscheidens nicht anerkannt. Der ausscheidende Gesellschafter versteuert folglich einen Betrag als laufenden Gewinn, den er gar nicht erhält. Dies führt konsequenterweise dann zu einer Minderung des Veräußerungsgewinns. **43**

Beispiel 5:

Mit Vertrag vom 30.11.01 beschließen die Gesellschafter einer OHG, dass A, der mit 50 % am Gewinn und Verlust und an den stillen Reserven der OHG beteiligt ist, mit Wirkung vom 01.07.01 aus der OHG ausscheidet. Die OHG erstellt zum 01.07.01 eine Schlussbilanz, in der ein Gewinn von 120.000 € ausgewiesen ist. Das Kapital des A wurde unter Berücksichtigung des Gewinnanteils von 50 % = 60.000 € auf 210.000 € festgestellt. Bei einem Abfindungsanspruch von 320.000 € berechnete die OHG einen Veräußerungsgewinn von 110.000 €.

Da die Rückdatierung steuerlich nicht anerkannt werden kann, ist zunächst der laufende Gewinn zum 30.11.01 – notfalls im Schätzungswege – zu ermitteln.

---

[67] Siehe J. Rz. 29.

J. Ausscheiden eines Gesellschafters

Unterstellt, der Gewinn zum 30.11.01 hätte 160.000 € betragen, würde sich der laufende Gewinn des A um ½ von (160.000 € ./. 120.000 € =) 40.000 € = 20.000 € auf 80.000 € erhöhen, und der Veräußerungsgewinn würde sich entsprechend von 110.000 € um 20.000 € auf 90.000 € vermindern.

44 i) Ist ein Gesellschafter ausgeschieden und erhält er eine Abfindung für seinen Anteil an nachträglich aufgedeckten stillen Reserven, z. B. durch die Veräußerung von Wirtschaftsgütern, so gehört die Abfindung zum Veräußerungsgewinn.

j) Gewinne und Verluste aus im Zeitpunkt des Ausscheidens schwebenden Geschäften, die der Gesellschafter nach seinem Ausscheiden erhält, gehören zu nachträglichen, nicht tarifbegünstigten Einkünften aus Gewerbebetrieb,[68] die gem. § 15 Abs. 1 Satz 2 EStG im Rahmen der einheitlichen und gesonderten Gewinnfeststellung zu erfassen sind.

45 k) Werden Gesellschaftsschulden bei der Veräußerung eines Gesellschaftsanteils vom übertragenden Gesellschafter mit befreiender Wirkung gegenüber der Personengesellschaft (und u. U. dem eintretenden Gesellschafter) übernommen mit der Folge, dass der bzw. die Erwerber einen höheren Barpreis zahlen müssen, so verlieren sie ihren betrieblichen Charakter. Vom bisherigen Gesellschafter auf diese Schulden gezahlte Zinsen sind keine nachträglichen Betriebsausgaben.[69]

46 l) Muss der ausgeschiedene Gesellschafter wegen der schlechten wirtschaftlichen Lage der Personengesellschaft mit einer Inanspruchnahme durch deren Gläubiger rechnen – denn das Ausscheiden beseitigt seine Haftung im Außenverhältnis für Verbindlichkeiten der Personengesellschaft nicht –, mindert dies den Veräußerungsgewinn.[70] Bilanztechnisch wird dies durch die Bildung einer Rückstellung in einer fortzuführenden Sonderbilanz dargestellt.[71]

Wird der ausgeschiedene Gesellschafter nach dem Ausscheiden in Anspruch genommen, wirkt sich dies bis zur Höhe des bereits bei der Ermittlung des Veräußerungsgewinns berücksichtigten Betrags nicht mehr aus, eine darüber hinausgehende Inanspruchnahme führt zu einer rückwirkenden Änderung des Veräußerungsgewinns, soweit keine Ausgleichsforderung gegen die Personengesellschaft oder andere Gesellschafter besteht oder diese uneinbringlich ist.[72]

Wird der ausgeschiedene Gesellschafter dagegen nach dem Ausscheiden nicht in Anspruch genommen, erhöht der Betrag, der den Veräußerungs-

---
68 Vgl. Schmidt/Wacker, § 16 Rz. 375.
69 BFH vom 28.01.1981, BStBl II 1981, 464.
70 BFH vom 23.01.1986, BStBl II 1986, 623, vom 12.07.1990, BStBl II 1991, 64, und vom 19.03.1991, BStBl II 1991, 633.
71 Schmidt/Wacker, § 16 Rz. 465.
72 BFH vom 19.07.1993, BStBl II 1993, 894.

gewinn gemindert hat, nachträglich den begünstigten Veräußerungsgewinn.

Wurde das Risiko der Inanspruchnahme dagegen bei der Ermittlung des Veräußerungsgewinns nicht berücksichtigt, führen Leistungen des ausgeschiedenen Gesellschafters an Gesellschaftsgläubiger zu einer rückwirkenden Änderung des Veräußerungsgewinns.

m) Betreibt eine Personengesellschaft einen **gewerblichen Grundstückshandel** und besteht ihr Betriebsvermögen ausschließlich oder nahezu ausschließlich aus zum Umlaufvermögen gehörenden Grundstücken, gehört der Gewinn aus der Veräußerung des Mitunternehmeranteils zum **laufenden Gewinn** dieser Personengesellschaft, der auch der Gewerbesteuer unterliegt.[73]

n) Spätere Änderungen der steuerlichen Auseinandersetzungsbilanz (z. B. Mehrgewinne anlässlich einer Betriebsprüfung) führen zu folgenden unterschiedlichen Ergebnissen bei der Abgrenzung laufender Gewinn/Veräußerungsgewinn:

aa) Der ausgeschiedene Gesellschafter erhielt nur eine pauschale Abfindung, die über dem Buchwert der Beteiligung lag.

– Wird diesem Gesellschafter der anteilig auf ihn entfallende Mehrgewinn nachträglich ausbezahlt, erhöht sich jeweils nur der laufende Gewinn der durch die Betriebsprüfung berichtigten Jahre; der Veräußerungsgewinn bleibt unverändert.

– Erhält dieser Gesellschafter keine Nachzahlung, so sind ihm später festgesetzte steuerliche Mehrgewinne für die Jahre seiner Zugehörigkeit zur Personengesellschaft nach Maßgabe des für die Mehrgewinnjahre gültigen Gewinnverteilungsschlüssels zuzurechnen. Die Zurechnung wird nicht durch die Höhe der Abfindung begrenzt. Dadurch ermäßigt sich der begünstigte Veräußerungsgewinn um diesen Mehrgewinn. **Soweit** die Mehrgewinne höher sind als der das Kapitalkonto in der Handelsbilanz übersteigende Teil der Pauschalabfindung, erleidet der ausgeschiedene Gesellschafter einen entsprechenden Veräußerungsverlust.[74] Die verbleibenden Gesellschafter haben bis zur Höhe der Differenz zwischen dem berichtigten und dem ursprünglichen Buchwert des Kapitalkontos Abstockungen auf die Wirtschaftsgüter der Personengesellschaft vorzunehmen.

Beispiel 6:

Das Kapitalkonto des zum 31.12.01 aus einer OHG ausgeschiedenen Gesellschafters A beträgt 200.000 €. A erhält eine pauschale Abfindung von

---

[73] BFH vom 14.12.2006, BStBl II 2007, 777, und vom 05.06.2008, noch nicht im BStBl veröffentlicht; zur Gewerbesteuer siehe auch B Rz. 454.
[74] BFH vom 24.10.1996, BStBl II 1997, 241.

J. Ausscheiden eines Gesellschafters

250.000 €, der Veräußerungsgewinn beträgt folglich 50.000 €. Durch die Betriebsprüfung wird der Gewinn der OHG des Jahres 01 um 150.000 € erhöht, davon entfallen auf A 30.000 €.

Die Berichtigung der Schlussbilanz und des laufenden Gewinns führen bei A zu einer Erhöhung seines Kapitalkontos auf 230.000 € und zu einer Erhöhung seines laufenden Gewinns um 30.000 €. Dadurch mindert sich sein Veräußerungsgewinn von 50.000 € auf 20.000 €.

Beispiel 7:

Wie Beispiel 6, aber der Mehrgewinn beträgt 300.000 €, davon entfallen auf A 60.000 €.

Obwohl das Kapitalkonto des A in der Schlussbilanz der OHG zum 31.12.01 um 60.000 € auf 260.000 € steigt und damit höher ist als die Abfindung, die er anlässlich seines Ausscheidens erhalten hat, ist A der Mehrgewinn von 60.000 € als laufender Gewinn zuzurechnen. Dadurch mindert sich der Veräußerungsgewinn um 60.000 €, sodass sich ein Veräußerungsverlust von 10.000 € ergibt. A versteuert unabhängig vom Ergebnis der Betriebsprüfung in 01 50.000 €, allerdings nunmehr als laufenden Gewinn. Die verbleibenden Gesellschafter müssen ihre Buchwerte um 10.000 € abstocken. Eine Gewinnauswirkung ergibt sich bei ihnen im Jahre 01 nicht.

bb) Der ausgeschiedene Gesellschafter erhielt eine Abfindung aufgrund einer Auseinandersetzungsbilanz, in der alle stillen Reserven aufgelöst worden sind.

Das bedeutet, dass alle vorhandenen stillen Reserven, also auch die dem steuerlichen Mehrgewinn entsprechenden stillen Reserven der Handelsbilanz, dem ausgeschiedenen Gesellschafter gutgeschrieben worden sind. Er hat bereits den anteiligen Mehrgewinn der Berichtigungsjahre erhalten. Folglich erhöht sich jeweils der laufende Gewinn der Berichtigungsjahre, während sich der Veräußerungsgewinn um diesen Betrag mindert.[75]

cc) Der ausgeschiedene Gesellschafter hat nur den Buchwert seiner Beteiligung oder weniger erhalten und erhält auch keine Nachzahlung.

Die auf ihn entfallenden anteiligen Mehrgewinne sind ihm als laufender Gewinn zuzurechnen[76] und erhöhen sein Kapitalkonto. Folglich liegt ein Ausscheiden unter Buchwert vor. Der ausscheidende Gesellschafter erzielt einen Veräußerungsverlust in Höhe des auf ihn entfallenden Mehrgewinns, sodass sich im Ergebnis nichts ändert.

Die verbleibenden Gesellschafter haben wie bei aa) bis zur Höhe der Differenz zum Buchwert des Kapitalkontos Abstockungen auf die Wirtschaftsgüter vorzunehmen.

---

75 BFH vom 27.05.1981, BStBl II 1982, 211.
76 BFH vom 24.10.1996, BStBl II 1997, 241.

dd) In allen beschriebenen Fällen aber gilt:
- Werden Betriebsausgaben gem. § 4 Abs. 4 a bis 7 und § 4 h EStG nicht zum Abzug zugelassen, so sind die Mehrgewinne entsprechend dem Verteilungsschlüssel auch dem ausgeschiedenen Gesellschafter hinzuzurechnen.
- Ausgaben, die handelsrechtlich Aufwand sind, steuerrechtlich aber Privatentnahmen (z. B. private Kfz-Benutzung), sind, sofern keine abweichende vertragliche Vereinbarung vorliegt, nach dem Gewinnverteilungsschlüssel auf alle Gesellschafter zu verteilen.[77]

Durch die Erhöhung des laufenden Gewinns ändert sich der Veräußerungsgewinn nicht, da der Buchwert der Beteiligung trotz der Gewinnerhöhung gleich geblieben ist.

o) Der Zinsvortrag nach § 4 h Abs. 1 EStG geht beim Ausscheiden eines Gesellschafters anteilig mit der Quote unter, mit der der ausgeschiedene Gesellschafter an der Personengesellschaft beteiligt war (§ 4 h Abs. 5 EStG).[78]

p) Hat die Personengesellschaft vor dem Ausscheiden des Gesellschafters innerhalb der Verbleibens- und Verwendungsvoraussetzungen für erworbene oder selbst hergestellte Wirtschaftsgüter Investitionszulagen erhalten, ist für die steuerliche Behandlung zu beachten, dass nach § 1 Abs. 1 Satz 2 InvZulG die Personengesellschaft als solche und nicht der einzelne Gesellschafter anspruchsberechtigt ist.

Die Verbleibens- und Verwendungsvoraussetzungen beziehen sich daher nicht auf den einzelnen Gesellschafter, sondern auf den Betrieb der Personengesellschaft als solche. Durch das Ausscheiden eines Gesellschafters wird die Identität der Personengesellschaft nicht berührt. Das bedeutet, dass bei einem Ausscheiden von Gesellschaftern

- die verbleibenden Gesellschafter hinsichtlich der von ihnen anteilig erworbenen Wirtschaftsgüter keinen Anspruch auf Investitionszulage erlangen und

- der ausscheidende Gesellschafter hinsichtlich der von ihm anteilig veräußerten Wirtschaftsgüter einen Anspruch auf Investitionszulage nicht verliert.[79]

Zu 3: Feststellung des Abfindungsanspruchs

Die Höhe des Abfindungsanspruchs bestimmt sich in erster Linie nach den Vereinbarungen im Gesellschaftsvertrag. Enthält dieser keine Regelungen,

---
77 Siehe auch B. Rz. 369.
78 BMF vom 04.07.2008, BStBl I 2008, 718, Rz. 52.
79 BMF vom 28.06.2001, BStBl I 2001, 379.

J. Ausscheiden eines Gesellschafters

richtet sich der Anspruch nach den gesetzlichen Bestimmungen (§ 738 BGB, § 105 Abs. 3, § 161 Abs. 2 HGB).[80]

Zu 4: Auseinandersetzungsbilanz

50 Je nachdem, was im Gesellschaftsvertrag vereinbart ist, enthält der Abfindungsanspruch auch die anteiligen stillen Reserven und einen anteiligen Firmenwert. Für die steuerlichen Folgen sowohl beim Ausscheidenden als auch bei den verbleibenden Gesellschaftern kommt es jedoch nur darauf an, was der Ausscheidende tatsächlich erhalten hat, nicht darauf, was er nach Gesetz oder Gesellschaftsvertrag zu beanspruchen hat.

In Höhe des Abfindungsbetrags liegen bei den verbleibenden Gesellschaftern grundsätzlich Anschaffungskosten vor. Sofern der ausscheidende Gesellschafter nur den Buchwert seiner Beteiligung erhält, ist das Aufstellen einer Auseinandersetzungsbilanz nicht erforderlich.

Zu 5: Ermittlung des Veräußerungsgewinns

51 Der Veräußerungsgewinn berechnet sich gem. § 16 Abs. 2 EStG wie folgt:

Veräußerungspreis (= Abfindungsanspruch)
./. Veräußerungskosten
./. Buchwert des Anteils
= Veräußerungsgewinn

52 **Veräußerungspreis** ist alles, was der ausscheidende Gesellschafter anlässlich der Veräußerung im wirtschaftlichen Zusammenhang mit der Veräußerung erhält. Zum Veräußerungspreis (und damit zu den Anschaffungskosten des Erwerbers) gehört auch eine Verpflichtung des Erwerbers, den Veräußerer von einer privaten Schuld gegenüber einem Dritten, die auf Zahlung wiederkehrender Bezüge gerichtet ist, freizustellen. Gleiches gilt für die Verpflichtung zur Freistellung von einer dinglichen Last, die ihrem Rechtsinhalt nach einer rein schuldrechtlichen Verpflichtung gleichwertig ist.[81]

53 Wird die gestundete Kaufpreisforderung für die Veräußerung eines Mitunternehmeranteils in einem späteren VZ ganz oder teilweise uneinbringlich, so stellt dies ein Ereignis mit steuerlicher Rückwirkung auf den Zeitpunkt der Veräußerung dar.[82] Dasselbe gilt, wenn der oder die Erwerber des Mitunternehmeranteils ihre Zusage, den Veräußerer von der Haftung für alle vom Erwerber bzw. den Erwerbern übernommenen Betriebsschulden freizustellen, nicht einhalten und der Veräußerer deshalb in einem späteren

---

80 BFH vom 31.03.1977, BStBl II 1977, 415.
81 BFH vom 12.01.1983, BStBl II 1983, 595; siehe auch H 16 Abs. 10 (Schuldenübernahme durch Erwerber) EStH.
82 BFH vom 19.07.1993, BStBl II 1993, 897.

VZ aus einem als Sicherheit für diese Betriebsschulden bestellten Grundpfandrecht in Anspruch genommen wird.[83]

Gehören zum Veräußerungspreis auch Aktienoptionsrechte, sind diese mit ihrem gemeinen Wert im Veräußerungszeitpunkt, d. h. mit der Optionsprämie, anzusetzen. Spätere Wertveränderungen vollziehen sich in diesen Fällen außerhalb des Vertragsverhältnisses zwischen den Veräußerern und den Erwerbern der Mitunternehmeranteile. Die Besteuerung des Veräußerungsgewinns bleibt deshalb unverändert bestehen.[84]   **54**

Veräußerungskosten liegen vor, wenn ein **Veranlassungszusammenhang**   **55**
zur Veräußerung besteht.[85] Dazu rechnen in erster Linie z. B. Notariats- und Gerichtskosten, Maklerprovisionen, Steuerberatungskosten, Prozesskosten wegen des Kaufpreises.[86]

Aus dem Veranlassungszusammenhang leitet der BFH den allgemeinen Grundsatz her, dass der mit der Anschaffung der einzelnen Wirtschaftsgüter ursprünglich verfolgte Zweck zur Erzielung laufender Gewinne durch die Veräußerung **überlagert** oder **verdrängt** wird. Das kann auch für negative Wirtschaftsgüter zutreffen. Hieraus folgt, dass auch Aufwendungen, die zur Beendigung von Schuldverhältnissen, die bisher durch den laufenden Betrieb veranlasst waren, getätigt werden, zu den Veräußerungs- oder Aufgabekosten gehören können.[87] Bei einer Personengesellschaft stellen derartige Kosten nur dann Veräußerungskosten dar, wenn nicht nur ein Gesellschafter ausscheidet, sondern die Personengesellschaft ihren gesamten Betrieb aufgibt. Führen die verbleibenden Gesellschafter den Betrieb der Personengesellschaft fort, mindern deren anteilige Kosten auf jeden Fall den laufenden Gewinn. Konsequenterweise gehören u. E. allerdings die auf den ausscheidenden Gesellschafter entfallenden anteiligen Kosten zu den Veräußerungskosten, die seinen Veräußerungsgewinn mindern.

Allerdings sind von den Aufwendungen, die das Unternehmen leistet, um eine nicht mehr benötigte Leistung wie Darlehen, Grundstücksnutzung oder Arbeit nicht mehr in Anspruch nehmen und vergüten zu müssen, solche Leistungen zu unterscheiden, die lediglich eine modifizierte Zahlung der zu Zeiten des laufenden Betriebs begründeten Schuld selbst darstellen, z. B. rückständige Mieten und Arbeitslöhne.

Zu den überlagerten bzw. verdrängten Veräußerungskosten im Zusammen-   **56**
hang mit der Aufgabe des Betriebs der Personengesellschaft rechnen z. B.

---

83 BFH vom 19.07.1993, BStBl II 1993, 894; siehe auch H 16 Abs. 10 (Nachträgliche Änderungen des Veräußerungspreises) EStH.
84 Bordewin, FR 1994 S. 555, und Schmidt/Wacker, § 16 Rz. 279.
85 BFH vom 25.01.2000, BStBl II 2000, 458.
86 Siehe H 16 Abs. 12 EStH.
87 BFH vom 20.01.2005, BStBl II 2005, 559.

J. Ausscheiden eines Gesellschafters

- Vorfälligkeitsentschädigungen,[88]
- Abfindungen an einen Pächter, die geleistet wurden, um ihn zur vorzeitigen Aufgabe seines Pachtrechts zu bewegen,[89]
- **Abfindungen für Pensionszusagen** an den ausscheidenden Gesellschafter, weil der Anspruch aus dem Versorgungsvertrag auf monatliche Zahlungen in einen Anspruch auf Kapitalabfindung umgewandelt und damit eine neue Rechtsgrundlage geschaffen wird.[90] Bei diesen Abfindungen handelt es sich nicht nur um die modifizierte Erfüllung einer bestehenden Verpflichtung, sondern um die Umwandlung des Anspruchs auf monatliche Zahlungen in einen Anspruch auf Kapitalabfindung und damit um die Schaffung einer neuen Rechtsgrundlage. Dies gilt unabhängig davon, ob der Abfindungsanspruch in Höhe des Teilwerts der Pensionsverpflichtung vereinbart wird oder niedriger ausfällt.

Beispiel 8:

In der Bilanz zum 31.12.01 einer KG ist eine Pensionszusage (Altzusage) an den Gesellschafter A (Beteiligung 50 %) nicht passiviert und folglich auch keine Forderung in der Sonderbilanz des A ausgewiesen. Mit Ablauf des 31.12.01 scheidet A aus Altersgründen aus der KG aus. In diesem Zusammenhang wird sein Pensionsanspruch in einen Abfindungsanspruch von 400.000 € umgewandelt.

Durch die Umwandlung des Pensionsanspruchs in einen Abfindungsanspruch ist eine neue Rechtsgrundlage geschaffen worden. Die Aufwendungen für den Abfindungsanspruch sind Veräußerungskosten, die i. H. von 200.000 € den laufenden Gewinn der KG und den Gewinnanteil der verbleibenden Gesellschafter mindern, weil die KG ihren Betrieb fortführt. In Höhe des auf A entfallenden Anteils liegen dagegen u. E. Veräußerungskosten vor, die den Veräußerungsgewinn des A um 200.000 € mindern. In der Bilanz der KG ist eine Verbindlichkeit i. H. von 400.000 € zu passivieren. Gleichzeitig ist in der Sonderbilanz des ausscheidenden Gesellschafters nach den Grundsätzen der korrespondierenden Bilanzierung eine Forderung i. H. von 400.000 € zu aktivieren. Insgesamt ergibt sich somit folgendes Ergebnis:

1. Der laufende Gewinn der KG und der Gewinnanteil der verbleibenden Gesellschafter mindert sich um 200.000 €. Dies hat Auswirkungen bei der Gewerbesteuer.
2. Der KG entstehen Veräußerungskosten von 200.000 €, die den Veräußerungsgewinn von A mindern.
3. Der zu aktivierende Betrag in der Sonderbilanz des A erhöht seinen Veräußerungsgewinn um 400.000 €.

---

88 BFH vom 25.01.2000, a. a. O.
89 Das Urteil des BFH vom 06.05.1982, BStBl II 1982, 691, ist überholt; siehe BFH vom 20.01.2005, BStBl II 2005, 559.
90 BFH vom 20.01.2005, a. a. O.

1 Einkommensteuer

4. Der Veräußerungsgewinn des A beträgt insoweit 200.000 €. Dieser Gewinn unterliegt nicht der Gewerbesteuer.

5. Der steuerliche Gesamtgewinn hinsichtlich der Abfindung beträgt 0 €.

Gehört zum Betriebsvermögen einer Personengesellschaft auch eine Beteiligung an einer Kapitalgesellschaft, ist der anteilig auf diese Beteiligung entfallende Veräußerungsgewinn 57
- nach § 3 Nr. 40 Buchst. b EStG i. V. mit § 3 c Abs. 2 EStG grundsätzlich i. H. von 40 % (bis Veranlagungszeitraum 2008 zur Hälfte) steuerfrei, sofern der ausscheidende Gesellschafter eine natürliche Person ist, und
- nach § 8 b Abs. 2 KStG in voller Höhe steuerfrei, sofern der ausscheidende Gesellschafter eine Kapitalgesellschaft ist. Von diesem steuerfreien Veräußerungsgewinn gelten nach § 8 b Abs. 3 Satz 1 KStG 5 % als Ausgaben, die nicht als Betriebsausgaben abgezogen werden dürfen.

Gehören zum Betriebsvermögen einer Personengesellschaft auch Schulden, 58
die zwar in der Handelsbilanz, nicht aber in der Steuerbilanz zu passivieren sind (z. B. Rückstellungen für drohende Verluste aus schwebenden Geschäften), so ist der Veräußerungsgewinn nach § 16 Abs. 2 EStG niedriger als der handelsrechtliche Veräußerungsgewinn. Durch die Rückstellungsverbote (z. B. nach § 5 Abs. 4 a EStG) soll die vorgezogene Erfassung der bislang nur drohenden Verluste aus schwebenden Geschäften steuerbilanziell vermieden werden. Die Rückstellungsverbote besagen jedoch nicht, dass die betreffenden Verluste auch in Fällen ihrer tatsächlichen Verlustrealisierung nicht steuerwirksam werden sollen. Mit der Übertragung des Mitunternehmeranteils auf den oder die Erwerber gegen Reduzierung des Veräußerungspreises ist die endgültige Verlustrealisierung beim veräußernden Gesellschafter eingetreten. Da die mit den Verlusten verbundene Vermögensminderung steuerlich bisher nicht erfasst worden ist, ist sie im Rahmen der Bemessung des Veräußerungsgewinns zu berücksichtigen.[91]

Beispiel 9:
An der ABC-KG sind A, B und C je zu 1/3 am Vermögen sowie am Gewinn und Verlust beteiligt. Die Kapitalkonten der drei Gesellschafter zum 31.12.01 betragen jeweils in der Handelsbilanz 300.000 € und in der Steuerbilanz 500.000 €. Die Differenz von jeweils 200.000 € ist darauf zurückzuführen, dass in der Handelsbilanz der KG nach § 249 Abs. 1 HGB zwingend eine Rückstellung für drohende Verluste aus schwebenden Geschäften i. H. von 600.000 € passiviert ist. In der Steuerbilanz ist diese Rückstellung wegen dem Passivierungsverbot des § 5 Abs. 4 a EStG nicht passiviert und hat sich deshalb steuerlich bisher nicht auf den Gewinn ausgewirkt. A scheidet mit Ablauf des Jahres 01 aus der KG aus und überträgt seinen Mitunternehmeranteil auf die verbleibenden Gesellschafter B und C. Da die stillen Reserven in den aktivierten Wirtschaftsgütern einschließlich Firmenwert 150.000 € betragen, erhält A von B und C einen Betrag von 450.000 €.

---
91 BFH vom 17.10.2007, BStBl II 2008, 555.

J. Ausscheiden eines Gesellschafters

A erzielt aus handelsrechtlicher Sicht einen Veräußerungsgewinn von 150.000 € (450.000 € ./. Buchwert 300.000 €). Der nach § 16 Abs. 2 EStG zu ermittelnde steuerliche Veräußerungsgewinn beträgt ./. 50.000 € (450.000 € ./. Buchwert 500.000 €), weil die endgültige Verlustrealisierung bei A mit seinem Ausscheiden eingetreten ist. Der drohende Verlust mindert folglich nicht den laufenden Gewinn des A, sondern seinen Veräußerungsgewinn. In der Eröffnungsbilanz der KG zum 01.01.02 sind die Aktivposten einschließlich Firmenwert um insgesamt 150.000 € zu erhöhen. Außerdem ist die Rückstellung für drohende Verluste aus schwebenden Geschäften mit 200.000 € zu passivieren, weil B und C diese Schuld beim Erwerb des Mitunternehmeranteils kaufpreismindernd berücksichtigt haben. Das Passivierungsverbot des § 5 Abs. 4 a EStG greift bei B und C nicht mehr ein, weil sie diese Schuld auf A übertragen haben. Würde man § 5 Abs. 4 a EStG anwenden, würde das bei B und C zu einer sofortigen Gewinnminderung von 200.000 € führen. Dies wäre nicht gerechtfertigt, weil nicht B und C, sondern A diesen Aufwand getragen hat. Sobald der Verlust bei der KG eintritt, entsteht eine Gewinnminderung von 400.000 €, die je zur Hälfte auf B und C entfällt.

59 Wird ein Bruchteil eines Mitunternehmeranteils veräußert, ist vom Veräußerungspreis ein gleichartiger Bruchteil des Buchwerts des Mitunternehmeranteils (Kapitalkonto) abzuziehen, auch wenn der Veräußerer diesen nach und nach zu unterschiedlichen Anschaffungskosten erworben hat.[92]

1.3.3 Ausscheiden zum Buchwert

1.3.3.1 Gründe

60 Das Ausscheiden zum Buchwert kann auf folgenden vier Gründen beruhen:

— Die bilanzierten Wirtschaftsgüter enthalten keine stillen Reserven.

— Selbst geschaffene immaterielle Wirtschaftsgüter (insbesondere ein Firmenwert) sind nicht vorhanden.

— Es sind zwar stille Reserven vorhanden, nach den Vereinbarungen im Gesellschaftsvertrag wird bei einem vorzeitigen Ausscheiden eines Gesellschafters aber nur der Buchwert des Kapitalkontos ausbezahlt.

— Trotz vorhandener stiller Reserven verzichtet der ausscheidende Gesellschafter aus privaten Gründen auf einen Mehrbetrag, schenkt also diesen Betrag den verbleibenden Gesellschaftern.

1.3.3.2 Behandlung beim ausscheidenden Gesellschafter

61 Scheidet ein Gesellschafter aus einer Personengesellschaft aus und erhält er nur den Buchwert seiner Beteiligung, liegt entweder

— eine entgeltliche oder

— eine unentgeltliche

Übertragung eines Mitunternehmeranteils vor.

---

[92] BFH vom 13.02.1997, BStBl II 1997, 535.

1 Einkommensteuer

Eine in vollem Umfang **entgeltliche** Veräußerung liegt vor, wenn ausschließlich **betriebliche Gründe** für die Veräußerung des Mitunternehmeranteils zum Buchwert maßgebend waren. In diesen Fällen entsteht beim ausscheidenden Gesellschafter kein Veräußerungsgewinn. Dies gilt nicht nur, wenn keine stillen Reserven vorhanden sind oder im Gesellschaftsvertrag die Buchwertabfindung geregelt ist, sondern auch dann, wenn eine solche Vereinbarung erst beim Ausscheiden des Gesellschafters getroffen wird (z. B. um die Abfindung schneller zu erhalten). Umgekehrt führt der Verzicht auf diesen Mehrbetrag beim Ausscheidenden aber auch nicht zu einem Veräußerungsverlust.

Ist der Veräußerungspreis aus **privaten Gründen** nicht höher als der Buchwert, ist diese Übertragung wie eine **unentgeltliche** Übertragung i. S. von § 6 Abs. 3 EStG zu beurteilen. Auch bei dieser teilentgeltlichen Übertragung aus privaten Gründen entsteht kein Veräußerungsgewinn. **62**

Verzichtet eine aus der Personengesellschaft ausscheidende GmbH aus gesellschaftsrechtlichen Gründen auf ihren Anteil an den stillen Reserven, weil sie z. B. ihren Mitunternehmeranteil zum Buchwert an einen ihrer Gesellschafter veräußert, entsteht ebenfalls kein Veräußerungsgewinn i. S. von § 16 Abs. 1 Nr. 2 EStG.[93] Möglicherweise liegt aber eine verdeckte Gewinnausschüttung der GmbH an ihren Gesellschafter vor. Darüber ist im Rahmen der Körperschaftsteuerveranlagung der GmbH zu entscheiden. Nur wenn die Frage nach der verdeckten Gewinnausschüttung untrennbar mit der Höhe des Gewinnanteils der GmbH bei der Personengesellschaft verbunden ist, ist darüber im Rahmen der Gewinnfeststellung der Personengesellschaft zu entscheiden. Dies ist z. B. dann der Fall, wenn die Anteile an der GmbH zum Sonderbetriebsvermögen der übrigen Gesellschafter der Personengesellschaft gehören. **63**

Beim Ansatz der verdeckten Gewinnausschüttung erfolgt eine doppelte Erfassung der stillen Reserven, und zwar zunächst bei der GmbH und später bei der Aufdeckung der stillen Reserven durch die Personengesellschaft. Der BFH hat die Frage, ob eine doppelte Erfassung der stillen Reserven durch eine Einlage im Zusammenhang mit der Erfassung der verdeckten Gewinnausschüttung zu verhindern ist, ausdrücklich offengelassen.[94]

Gehört bzw. gehören zum Mitunternehmeranteil des ausscheidenden Gesellschafters auch Wirtschaftsgüter des Sonderbetriebsvermögens, so ist zu unterscheiden: **64**

1. Stellt die Übertragung des Mitunternehmeranteils eine Veräußerung i. S. von § 16 Abs. 1 Nr. 2 EStG dar, so sind die Grundsätze wie bei der

---

93 BFH vom 29.10.1991, BStBl II 1992, 832.
94 BFH vom 29.10.1991, BStBl II 1992, 832.

J. Ausscheiden eines Gesellschafters

Veräußerung eines Mitunternehmeranteils über Buchwert sinngemäß anzuwenden.[95]

Das bedeutet: Werden die stillen Reserven der Wirtschaftsgüter des Sonderbetriebsvermögens nicht aufgedeckt, ergeben sich keine Probleme. Werden dagegen die stillen Reserven dieser Wirtschaftsgüter aufgedeckt, liegt bezüglich dieser stillen Reserven ein nach §§ 16, 34 EStG begünstigter Veräußerungs- bzw. Aufgabegewinn vor, denn selbst bei einer teilentgeltlichen Veräußerung über Buchwert aus privaten Gründen sind §§ 16, 34 EStG anzuwenden.

2. Stellt die Übertragung eines Mitunternehmeranteils zum Buchwert dagegen eine unentgeltliche Übertragung dar, sind u. E. die Grundsätze wie bei der unentgeltlichen Übertragung entsprechend anzuwenden.[96]

1.3.3.3 Behandlung bei den verbleibenden Gesellschaftern

65 Der Erwerb des Anteils berührt den Gewinn der erwerbenden Gesellschafter nicht. Die Anschaffungskosten der anteilig erworbenen Wirtschaftsgüter entsprechen den Buchwerten. Die Handels- und Steuerbilanz der Personengesellschaft ist unverändert fortzuführen mit der einen Ausnahme, dass das Kapitalkonto in eine sonstige Verbindlichkeit umzubuchen ist (Buchungssatz: Kapital ausscheidender Gesellschafter an Verbindlichkeiten). Bei der künftigen steuerlichen Behandlung der Wirtschaftsgüter ist zu unterscheiden:

66 — Erfolgte die Buchwertabfindung aus **privaten Gründen,** treten die verbleibenden Gesellschafter gem. § 6 Abs. 3 EStG an die Stelle des ausscheidenden Gesellschafters. Das bedeutet:

1. Die AfA des Rechtsvorgängers ist unverändert fortzuführen.

2. Wird zur Finanzierung des Kaufpreises ein Darlehen aufgenommen, gehört dieses zum Betriebsvermögen. Dafür entrichtete Schuldzinsen sind Betriebsausgaben.[97]

67 — Erfolgte die Buchwertabfindung aus **betrieblichen Gründen,** liegt eine Anschaffung vor. Die verbleibenden Gesellschafter treten bezüglich des erworbenen Anteils an den Wirtschaftsgütern **nicht** in die Rechtsstellung des ausscheidenden Gesellschafters ein.

Beispiel:

An einer OHG sind seit Jahren F, G und H mit je $^1/_3$ am Gewinn und Verlust sowie am Vermögen beteiligt. H scheidet mit Ablauf des Jahres 10 aus der OHG aus. Nach dem Gesellschaftsvertrag erhält er nur den Buchwert seiner Beteiligung von 100.000 €.

---

95 Siehe im Einzelnen unten J. Rz. 70 ff.
96 Gl. A. Schmidt/Wacker, § 16 Rz. 436, siehe im Einzelnen oben J. Rz. 16 ff.
97 BMF vom 13.01.1993, BStBl I 1993, 80, 87, Tz. 38–41.

1 Einkommensteuer

Zum Betriebsvermögen gehören u. a. folgende Wirtschaftsgüter:
1. Ein Gebäude, von der OHG am 10.01.06 erworben, bisherige AfA gem. § 7 Abs. 4 Nr. 1 EStG 3 % der Anschaffungskosten von 200.000 € = 6.000 €, Buchwert 31.12.10 170.000 €, Teilwert 31.12.10 180.000 €.
2. Ein von der OHG hergestelltes Wohngebäude, Fertigstellung am 20.02.08, Herstellungskosten 300.000 €, AfA gem. § 7 Abs. 5 Nr. 3 c EStG 4 % = 12.000 € jährlich, Buchwert 31.12.10 264.000 €, Teilwert 31.12.10 280.000 €.
3. Eine Maschine, von der OHG im Januar 09 für 50.000 € angeschafft, AfA gem. § 7 Abs. 1 EStG 10 % der Anschaffungskosten (Nutzungsdauer zehn Jahre), Buchwert 31.12.10 40.000 €, Teilwert 31.12.10 42.000 €.

Die AfA berechnet sich wie folgt:

Zu 1. Erworbenes Gebäude

Bisherige Bemessungsgrundlage der verbleibenden Gesellschafter (²/₃ von 200.000 € =)	133.333 €
+ Anschaffungskosten für den erworbenen Gebäudeteil (¹/₃ von 170.000 € =)	56.667 €
= neue Bemessungsgrundlage	190.000 €
Die AfA beträgt ab dem Jahre 11 3 % von 190.000 € =	5.700 €

Zu 2. Selbst hergestelltes Gebäude

Bei der Ermittlung der künftigen AfA ist zu beachten, dass die verbleibenden Gesellschafter bzgl. des erworbenen Anteils Anschaffungskosten haben. Damit ist insoweit nur noch eine AfA nach § 7 Abs. 4 EStG möglich.

a) Bisherige anteilige Herstellungskosten der verbleibenden Gesellschafter 200.000 €	
AfA weiterhin gem. § 7 Abs. 5 Nr. 3 c EStG 4 % =	8.000 €
b) Anschaffungskosten für den erworbenen Gebäudeteil (¹/₃ von 264.000 € =) 88.000 €	
AfA gem. § 7 Abs. 4 Nr. 2 EStG 2 % =	1.760 €
AfA ab dem Jahre 11 insgesamt	9.760 €

Zu 3. Bei der linearen AfA ergibt sich keine Änderung der AfA, da der Restbuchwert auf die Restnutzungsdauer zu verteilen ist. Bei einer Restnutzungsdauer von acht Jahren beträgt die AfA 40.000 € : 8 = (unverändert) 5.000 €.

Das Beispiel zeigt: Auswirkungen ergeben sich nur bei der AfA für Gebäude. Aus Vereinfachungsgründen kann in sinngemäßer Anwendung der Regelung zur vorweggenommenen Erbfolge[98] beim Ansatz der linearen AfA die bisherige AfA fortgeführt werden. Wurde das Gebäude dagegen bisher nach § 7 Abs. 5 EStG degressiv abgeschrieben, ist eine Vereinfachungsregelung nicht anwendbar. Die AfA muss so wie im Beispiel dargestellt ermittelt werden.

---

[98] BMF vom 13.01.1993, BStBl I 1993, 80, Tz. 37.

J. Ausscheiden eines Gesellschafters

Bei der Besitzzeitanrechnung (z. B. bei § 6 b EStG) ist zu unterscheiden: Erfolgte das Ausscheiden zum Buchwert aus betrieblichen Gründen, beginnt im Zeitpunkt der Übertragung des Mitunternehmeranteils eine neue Frist zu laufen, weil § 6 b EStG gesellschafterbezogen auszulegen ist.

Erfolgte das Ausscheiden zum Buchwert dagegen aus privaten Gründen, treten die übernehmenden Gesellschafter in die Rechtsstellung des ausscheidenden Gesellschafters ein. Es beginnt keine neue Frist zu laufen.

68 Für den Fortbestand von Überentnahmen und Unterentnahmen im Zusammenhang mit nicht abziehbaren Schuldzinsen i. S. von § 4 Abs. 4 a EStG ist wie folgt zu unterscheiden:

- Liegt eine **unentgeltliche** Übertragung des Mitunternehmeranteils vor, sind eventuelle Überentnahmen bzw. Unterentnahmen des ausscheidenden Gesellschafters von den übernehmenden Gesellschaftern **fortzuführen**.

- Liegt eine **entgeltliche** Übertragung des Mitunternehmeranteils vor, sind eventuelle Überentnahmen bzw. Unterentnahmen des ausscheidenden Gesellschafters von den übernehmenden Gesellschaftern **nicht fortzuführen**.

Der noch nicht verbrauchte Zinsvortrag nach § 4 h Abs. 1 EStG geht nach § 4 h Abs. 5 EStG anteilig mit der Quote unter, mit der der ausgeschiedene Gesellschafter an der Personengesellschaft beteiligt war. Dies gilt allerdings nur bei einer **entgeltlichen** Übertragung des Mitunternehmeranteils, weil bei einer unentgeltlichen Übertragung die verbleibenden Gesellschafter in die Rechtsstellung des ausscheidenden Gesellschafters eintreten (§ 6 Abs. 3 EStG).

1.3.4 Ausscheiden über Buchwert

1.3.4.1 Gründe

69 Liegt der Abfindungsbetrag, den ein ausscheidender Gesellschafter von den verbleibenden Gesellschaftern erhält, über dem Buchwert, so ist das in der Regel auf folgende Gründe zurückzuführen:

— Die bilanzierten Wirtschaftsgüter enthalten stille Reserven.

— Es sind selbst geschaffene immaterielle Wirtschaftsgüter (insbesondere ein Firmenwert) vorhanden.

— Es handelt sich um eine Mehrzahlung für einen lästigen Gesellschafter.

— Der Mehrbetrag stellt einen Ausgleich für entgehende künftige Gewinnaussichten dar.

— Die Mehrzahlung beruht auf privaten Gründen.

Je nachdem, welche Gründe für die Mehrzahlung ausschlaggebend waren, ergeben sich unterschiedliche Auswirkungen bei den Gesellschaftern.

1.3.4.2 Behandlung beim ausscheidenden Gesellschafter

1.3.4.2.1 Ermittlung des Veräußerungsgewinns

Ist die Abfindung des ausscheidenden Gesellschafters höher als der Buchwert seines Kapitalanteils, entsteht – unabhängig vom Grund des Ausscheidens – in Höhe des Differenzbetrags ein Veräußerungsgewinn i. S. des § 16 EStG. Zum begünstigten Veräußerungsgewinn gehören auch Zahlungen, die über den Teilwert des Anteils hinausgehen. Darunter fallen insbesondere

— Abfindungen für einen lästigen Gesellschafter und
— Abfindungen für entgehende künftige Gewinnaussichten.

Dagegen gehört der Mehrbetrag, der dem Ausscheidenden aus privaten Gründen gezahlt wird, **nicht** zum Veräußerungsgewinn; insoweit liegt eine Schenkung vor. Auch in diesem Fall wird ein Mehrbetrag zunächst für die stillen Reserven und den Firmenwert bezahlt, sodass ein Veräußerungsgewinn entsteht. Erst wenn danach noch ein Betrag übrig bleibt, liegt insoweit eine Schenkung vor.

Umgekehrt ist der Fall zu beurteilen, wenn der Gesellschafter seinen Mitunternehmeranteil bewusst unter seinem tatsächlichen Wert im Wege der vorweggenommenen Erbfolge veräußert, die Abfindung aber den Buchwert des Kapitalkontos überschreitet **(teilentgeltliche Veräußerung = gemischte Schenkung).** Hier findet keine Zerlegung in ein teilweise entgeltliches und teilweise unentgeltliches Geschäft statt.[99] Es liegt ein einheitlicher entgeltlicher Übertragungsvorgang vor. Der Veräußerungsgewinn wird durch Gegenüberstellung des Buchwerts des Kapitalkontos und der Gegenleistung ermittelt. Dabei ist unerheblich, ob der Buchwert des Kapitalkontos positiv oder negativ ist.

Zu dieser Gegenleistung (= Anschaffungskosten) gehören in diesem Fall auch übernommene **private** Verbindlichkeiten des Übergebers. Die Verbindlichkeiten sind, soweit sich aus ihrer Übernahme Anschaffungskosten des Betriebsvermögens ergeben, als Betriebsschulden zu passivieren.[100]

Dagegen stellen die übernommenen Verbindlichkeiten des übertragenen Mitunternehmeranteils kein Veräußerungsentgelt und keine Anschaffungskosten dar, sodass der Betriebsübernehmer hinsichtlich der übernommenen positiven und negativen Wirtschaftsgüter die Buchwerte des Übergebers fortzuführen hat.[101]

Beispiel:

A veräußert seinen Mitunternehmeranteil (Buchwert 200.000 €, Teilwert 500.000 €) bewusst unter seinem tatsächlichen Wert für 300.000 € an seinen Sohn.

---

99 BFH vom 10.07.1986, BStBl II 1986, 811, und vom 16.12.1992, BStBl II 1993, 436.
100 BFH vom 08.11.1990, BStBl II 1991, 450.
101 BMF vom 13.01.1993, BStBl I 1993, 80, 85, Tz. 29.

J. Ausscheiden eines Gesellschafters

Es liegt eine gemischte Schenkung vor. Der nach §§ 16, 34 Abs. 1 und 3 EStG begünstigte Veräußerungsgewinn beträgt 100.000 €.

73 Der Veräußerungsgewinn ist bereits am Tag des Ausscheidens verwirklicht, auf den Zeitpunkt des Zufließens kommt es nicht an.[102]

1.3.4.2.2 Übertragung von Wirtschaftsgütern des Sonderbetriebsvermögens

74 Bei der Veräußerung bzw. Aufgabe eines Mitunternehmeranteils kommen für Wirtschaftsgüter, die zum Sonderbetriebsvermögen des ausscheidenden Gesellschafters gehören, folgende Gestaltungsmöglichkeiten in Betracht:

a) Sie werden an die verbleibenden Gesellschafter mitveräußert.
b) Sie werden an einen oder mehrere Dritte veräußert.
c) Der ausscheidende Gesellschafter überführt sie ins Privatvermögen.
d) Der ausscheidende Gesellschafter überführt sie in einen anderen Betrieb.
e) Sie werden weiterhin der Personengesellschaft zur Nutzung überlassen.

Zu a) Mitveräußerung an verbleibende Gesellschafter

75 Die aufgedeckten stillen Reserven erhöhen den nach §§ 16, 34 Abs. 1 und 3 EStG begünstigten Veräußerungsgewinn. Ein Mitunternehmeranteil des Gesellschafters einer Personengesellschaft besteht aus dem Anteil an der Personengesellschaft (Gesellschaftsanteil) und dem Sonderbetriebsvermögen des Mitunternehmers, und er veräußert den gesamten Anteil.[103] Da der Veräußerungsgewinn nicht der Gewerbesteuer unterliegt, entfällt die Steuerermäßigung gem. § 35 EStG.

Zu b) Veräußerung an Dritte

76 Auch hier erhöhen die aufgedeckten stillen Reserven den nach §§ 16, 34 Abs. 1 und 3 EStG begünstigten Veräußerungs- bzw. Aufgabegewinn, und zwar unabhängig davon, ob das Wirtschaftsgut zu den wesentlichen Betriebsgrundlagen gehört hat oder nicht.[104] Der Veräußerungs- bzw. Aufgabegewinn unterliegt wiederum nicht der Gewerbesteuer. Deshalb entfällt die Steuerermäßigung gem. § 35 EStG.

Zu c) Überführung ins Privatvermögen

77 Wirtschaftsgüter des Sonderbetriebsvermögens, die nicht mitveräußert und auch nicht in ein anderes Betriebsvermögen überführt werden, müssen zwingend im Zeitpunkt der Veräußerung des Mitunternehmeranteils ins Privatvermögen überführt werden.[105] Dies führt zu einer nach §§ 16, 34 EStG

---
102 Wegen der Besonderheiten bei Veräußerung gegen Raten und Renten siehe J. Rz. 196 ff. und 210 ff.
103 BFH vom 31.03.1977, BStBl II 1977, 415, vom 19.03.1991, BStBl II 1991, 635, vom 31.08.1995, BStBl II 1995, 890, und vom 02.10.1997, BStBl II 1998, 104.
104 Siehe R 16 Abs. 1 und 2 EStR.
105 BFH vom 28.04.1988, BStBl II 1988, 829.

1 Einkommensteuer

begünstigten Aufgabe des Mitunternehmeranteils. Zum Veräußerungs- bzw. Aufgabegewinn gehören auch die aufgedeckten stillen Reserven des entnommenen Wirtschaftsguts in Höhe der Differenz zwischen Buchwert und gemeinem Wert (§ 16 Abs. 3 Satz 7 EStG). Auch dieser Aufgabegewinn unterliegt nicht der Gewerbesteuer. Dafür entfällt die Steuerermäßigung gem. § 35 EStG.

Zu d) Überführung in einen anderen Betrieb
Unabhängig davon, ob die Wirtschaftsgüter des Sonderbetriebsvermögens in einen anderen Gewerbebetrieb, in einen Betrieb der Land- und Forstwirtschaft oder der selbständigen Arbeit überführt werden, sind sie nach § 6 Abs. 5 Satz 2 EStG zwingend mit dem Buchwert in die Bilanz des anderen Betriebs zu übernehmen. 78

Gehören die Wirtschaftsgüter des Sonderbetriebsvermögens **nicht** zu den wesentlichen Betriebsgrundlagen, stellt die Veräußerung des Mitunternehmeranteils eine nach §§ 16, 34 EStG begünstigte Veräußerung des gesamten Mitunternehmeranteils dar, weil **alle** wesentlichen Betriebsgrundlagen in einem einheitlichen Vorgang auf einen Erwerber übertragen werden. 79

Beispiel 1:
Zum Sonderbetriebsvermögen des Kommanditisten B der ABC-KG gehört ein unbebautes Grundstück (Buchwert 100.000 €, Teilwert 120.000 €). Mit Wirkung vom 01.07.01 veräußert B seinen Kommanditanteil für 500.000 € an den Kommanditisten C. Der Buchwert seines Kapitalkontos beträgt 300.000 €. Das nicht zu den wesentlichen Betriebsgrundlagen gehörende Grundstück überführt er zum Buchwert in sein Einzelunternehmen.

B erzielt einen nach §§ 16, 34 EStG begünstigten Veräußerungsgewinn i. H. von 200.000 €. Die in dem unbebauten Grundstück enthaltenen stillen Reserven von 20.000 € werden erst zu einem späteren Zeitpunkt in seinem Einzelunternehmen versteuert. Der Veräußerungsgewinn unterliegt nicht der Gewerbesteuer, deshalb entfällt die Steuerermäßigung gem. § 35 EStG.

Gehören die Wirtschaftsgüter des Sonderbetriebsvermögens dagegen zu den **wesentlichen Betriebsgrundlagen,** liegt keine nach §§ 16, 34 EStG begünstigte Veräußerung des Mitunternehmeranteils vor, weil nicht alle wesentlichen stillen Reserven des Mitunternehmeranteils in einem einheitlichen wirtschaftlichen Vorgang aufgedeckt werden. 80

Folglich unterliegt der nicht begünstigte Gewinn auch der Gewerbesteuer. Dafür ist die Steuerermäßigung gem. § 35 EStG zu gewähren. 81

Beispiel 2:
Wie Beispiel 1, das Grundstück stellt eine wesentliche Betriebsgrundlage dar. Der von B erzielte Veräußerungsgewinn i. H. von 200.000 € ist **nicht** nach §§ 16, 34 EStG begünstigt, sondern unterliegt dem normalen Steuersatz. Da der Gewinn der Gewerbesteuer unterliegt, ist die Steuerermäßigung gem. § 35 EStG zu gewähren.

J. Ausscheiden eines Gesellschafters

Beispiel 3:
Wie Beispiel 2, B überführt das Grundstück bereits zum 01.06.01 mit dem Buchwert in sein Einzelunternehmen.

Es liegt keine nach §§ 16, 34 EStG begünstigte Veräußerung eines Mitunternehmeranteils vor, weil zwischen der Veräußerung des Mitunternehmeranteils und der Überführung des Wirtschaftsguts des Sonderbetriebsvermögens ein zeitlicher und wirtschaftlicher Zusammenhang besteht.[106] Ein zeitlicher Zusammenhang liegt u. E. jedenfalls dann nicht vor, wenn zwischen der Überführung und der Veräußerung des Mitunternehmeranteils mehr als ein Jahr liegt. Die Lösung ist dieselbe wie im Beispiel 2.

Zu e) Weitere Nutzungsüberlassung

82 Nach dem Ausscheiden aus einer Personengesellschaft können die Wirtschaftsgüter nicht mehr Sonderbetriebsvermögen bei dieser Personengesellschaft sein.

Die Wirtschaftsgüter werden folglich Privatvermögen des ausgeschiedenen Gesellschafters mit der Folge, dass wie bei c) ein nach §§ 16, 34 EStG begünstigter Veräußerungs- bzw. Aufgabegewinn entsteht.

Es ist allerdings auch möglich, dieses Wirtschaftsgut in einen **anderen** Betrieb des ausgeschiedenen Gesellschafters zu überführen. In diesem Fall ergeben sich dieselben steuerlichen Auswirkungen wie bei d).

1.3.4.2.3 Rücklage gem. § 6 b EStG

83 Ist in der Schlussbilanz der Personengesellschaft eine Rücklage gem. § 6 b Abs. 3 oder Abs. 10 EStG passiviert, so kann diese nach dem Ausscheiden eines Gesellschafters in der nachfolgenden Eröffnungsbilanz der Personengesellschaft nur noch in Höhe des Betrags fortgeführt werden, der auf die verbleibenden Gesellschafter entfällt. Der auf den ausscheidenden Gesellschafter entfallende Teil ist grundsätzlich aufzulösen und erhöht den nach §§ 16 und 34 EStG begünstigten Veräußerungsgewinn. Der ausscheidende Gesellschafter kann jedoch nach R 6b.2 Abs. 10 Satz 6 i. V. m. Satz 1 EStR seine anteilige Rücklage noch für die Zeit in seiner Sonderbilanz bei dieser Personengesellschaft weiterführen, für die sie ohne Veräußerung des Mitunternehmeranteils zulässig gewesen wäre. Sofern diese Rücklage innerhalb der Frist von vier Jahren auf ein begünstigtes Wirtschaftsgut übertragen wird, ergibt sich keine Gewinnauswirkung.[107] Muss die Rücklage jedoch wegen Fristablauf aufgelöst werden, führt dies – einschließlich dem fiktiven Gewinnzuschlag nach § 6 b Abs. 7 EStG – im Jahr des Fristablaufs zu nachträglichen Sonderbetriebseinnahmen (§ 24 Nr. 2 i. V. m. § 15 Abs. 1 Satz 2 EStR). Diese erhöhen den laufenden Gewinn.

---

106 BFH vom 19.03.1991, BStBl II 1991, 635, und vom 06.09.2000, BStBl II 2001, 229, sog. Gesamtplanrechtsprechung.
107 Wegen der buchmäßigen Behandlung der Übertragung siehe B. Rz. 258 ff.

Befindet sich die bestehende Rücklage gem. § 6 b EStG in der Sonderbilanz des ausscheidenden Gesellschafters, gilt das eben Gesagte entsprechend.

Soweit der bei der Veräußerung des Mitunternehmeranteils anfallende Veräußerungsgewinn auf begünstigte Wirtschaftsgüter des Gesamthandsvermögens oder Sonderbetriebsvermögens i. S. des § 6 b EStG fällt (insbesondere Grund und Boden, Gebäude und Anteile an Kapitalgesellschaften), kann der ausscheidende Gesellschafter – unabhängig davon, dass die Sonderbilanz von der Personengesellschaft aufzustellen ist – eine Rücklage gem. § 6 b EStG bilden, weil das Wahlrecht zur Bildung dieser Rücklage von ihm persönlich auszuüben ist. Diese Rücklage kann er noch für die Zeit in seiner Sonderbilanz weiterführen, für die sie ohne Veräußerung des Betriebs zulässig gewesen wäre, d. h. grundsätzlich für vier Jahre.

Enthält die von der Personengesellschaft aufgestellte Sonderbilanz keine Rücklage gem. § 6 b EStG oder wurde von dieser gar keine Sonderbilanz aufgestellt, ist diese Sonderbilanz keine Bilanz, die das Änderungsverbot des § 4 Abs. 2 Satz 2 EStG auslöst, denn die grundsätzliche Vermutung, dass die von der Personengesellschaft aufgestellte Sonderbilanz mit dem Mitunternehmer abgestimmt ist, gilt nicht bei einem ausgeschiedenen Gesellschafter. Das heißt, in der geänderten Sonderbilanz kann ohne weiteres die Rücklage gem. § 6 b EStG gebildet werden.[108]

1.3.4.2.4 Freibetrag gem. § 16 Abs. 4 und § 18 Abs. 3 EStG

Die Gewährung dieses Freibetrags setzt Übertragung aller wesentlichen Betriebsgrundlagen bzw. vermögensmäßigen Grundlagen der freiberuflichen Tätigkeit auf den Erwerber voraus. Dazu gehört bei der Veräußerung eines Praxisanteils auch, dass die freiberufliche Tätigkeit in dem bisherigen örtlich begrenzten Wirkungskreis wenigstens für eine gewisse Zeit eingestellt wird.[109] Da die Veräußerung eines Teils eines Praxisanteils nach § 18 Abs. 3 Satz 1 EStG wie bei § 16 EStG nicht mehr begünstigt ist, entfällt auch der Freibetrag gem. § 16 Abs. 4 EStG.[110]

Dagegen kann bei einer teilentgeltlichen Veräußerung eines Mitunternehmeranteils ein Freibetrag nach § 16 Abs. 4 EStG gewährt werden, wenn das Entgelt höher ist als der Buchwert.

Über die Höhe des Freibetrags nach § 16 Abs. 4 EStG wird nach R 16 Abs. 13 Satz 2 EStR bei der Veranlagung zur Einkommensteuer entschieden; deshalb ist im Verfahren zur einheitlichen und gesonderten Gewinnfeststellung nur die Höhe des auf den Gesellschafter entfallenden Veräußerungsgewinns festzustellen.

---

108 BFH vom 25.01.2006, BStBl II 2006, 418; siehe auch H 4.4 „Wahlrecht eines Mitunternehmers" EStH.
109 BFH vom 07.11.1985, BStBl II 1986, 335, und vom 23.01.1997, BStBl II 1997, 498; siehe auch H 18.3 (Veräußerung) EStH.
110 BFH vom 19.04.1994, BStBl II 1995, 407.

J. Ausscheiden eines Gesellschafters

86 Der Freibetrag beträgt **45.000 Euro,** wenn der Mitunternehmer sein 55. Lebensjahr im Zeitpunkt der Veräußerung oder Aufgabe seines Mitunternehmeranteils vollendet hat oder im sozialversicherungsrechtlichen Sinne dauernd berufsunfähig ist.[111] Der Betrag von 45.000 Euro ermäßigt sich um den Betrag, um den der Veräußerungsgewinn **136.000 Euro** übersteigt (§ 16 Abs. 4 Satz 3 EStG). Zum Veräußerungsgewinn in diesem Sinne gehören z. B. auch Beträge aus aufgelösten Rücklagen nebst Gewinnzuschlägen gem. § 6 b Abs. 7 EStG sowie Mehrzahlungen an lästige Gesellschafter. Das bedeutet: Wird durch diese Beträge die Grenze von 136.000 Euro überschritten, ist der Freibetrag von 45.000 Euro um den übersteigenden Betrag zu kürzen.

87 Dieser Freibetrag ist **personenbezogen** und damit in **voller Höhe** zu gewähren, unabhängig davon, wie hoch der Anteil des Mitunternehmers ist. Allerdings steht dieser Freibetrag jedem Stpfl. nur **einmal** zu (§ 16 Abs. 4 Satz 2 EStG), und zwar auch dann, wenn er nicht in voller Höhe von 45.000 Euro in Anspruch genommen wird. Ein nicht ausgeschöpfter Betrag kann nicht vorgetragen werden. Hat aber der Stpfl. bereits für Veräußerungen vor dem 01.01.1996 den Freibetrag gem. § 16 Abs. 4 EStG in Anspruch genommen, bleiben diese unberücksichtigt (§ 52 Abs. 34 Satz 5 EStG).

88 Der Freibetrag wird nicht von Amts wegen, sondern nur auf Antrag gewährt (§ 16 Abs. 4 Satz 1 EStG). Dies ist vor allem von Bedeutung, wenn der Veräußerungsgewinn niedriger ist als 45.000 Euro.

89 Diese Änderungen gelten über § 14 Satz 2 EStG und § 18 Abs. 3 Satz 2 EStG auch für Einkünfte aus Land- und Forstwirtschaft und selbständiger Arbeit. Hat ein Mitunternehmer neben seinem Mitunternehmeranteil an einer Personenhandelsgesellschaft noch einen Betrieb bzw. Anteil an einem Betriebsvermögen anderer Einkunftsart (land- und forstwirtschaftlicher Betrieb oder freiberufliche Praxis), kann er den Freibetrag für **jede** Einkunftsart erhalten.[112]

Beispiel 1:

An einer OHG sind A (60 Jahre) mit 50 %, B (58 Jahre) und C (56 Jahre) mit je 25 % beteiligt. Die Buchwerte der Kapitalkonten betragen für A 600.000 €, für B und C je 300.000 €, die Teilwerte für A 760.000 €, für B und C je 380.000 €. Zum notwendigen Sonderbetriebsvermögen des C gehört ein Grundstück (= wesentliche Betriebsgrundlage), das stille Reserven von 150.000 € enthält. Die Gesellschafter haben bisher weder den Freibetrag nach § 16 Abs. 4 EStG noch den ermäßigten Steuersatz nach § 34 Abs. 3 EStG erhalten.

---

111 BFH vom 28.11.2007, BStBl II 2008, 193.
112 Gl. A. Schmidt/Wacker, § 16 Rz. 581.

1 Einkommensteuer

Alternativen:
1. A veräußert seinen Mitunternehmeranteil für 760.000 € je zur Hälfte an B und C.

   Anlässlich der Veräußerung seines Mitunternehmeranteils erzielt A einen nach §§ 16, 34 EStG begünstigten Veräußerungsgewinn i. H. von 160.000 €. Unabhängig von der Höhe seiner Beteiligung erhält er, weil er das 55. Lebensjahr vollendet hat, den Freibetrag gem. § 16 Abs. 4 EStG i. H. von 45.000 €.

   Der Freibetrag ist um den Betrag zu kürzen, um den der Veräußerungsgewinn höher ist als 136.000 €, das heißt um 24.000 €. Es verbleibt somit ein Freibetrag von 21.000 €.

   Für den steuerpflichtigen Veräußerungsgewinn von 139.000 € erhält A auf Antrag den ermäßigten Steuersatz nach § 34 Abs. 3 EStG. Der Veräußerungsgewinn unterliegt nicht der Gewerbesteuer, deshalb entfällt die Steuerermäßigung gem. § 35 EStG. A sollte sich überlegen, ob er den Freibetrag i. H. von 21.000 € in Anspruch nimmt, weil sonst der Freibetrag in voller Höhe von 45.000 € verwirkt ist. Stellt er keinen Antrag, kann er den Freibetrag bei einer eventuellen späteren Veräußerung eines Einzelunternehmens oder eines anderen Mitunternehmeranteils in Anspruch nehmen.

2. B veräußert seinen Anteil für 380.000 € im Verhältnis 2 : 1 an A und C.

   Der Veräußerungsgewinn des B beträgt 80.000 € und übersteigt damit nicht die Grenze von 136.000 €. Auf Antrag erhält er den Freibetrag gem. § 16 Abs. 4 EStG von 45.000 € in voller Höhe, weil er das 55. Lebensjahr vollendet hat.

   Der steuerpflichtige Veräußerungsgewinn von 35.000 € unterliegt auf Antrag dem ermäßigten Steuersatz gem. § 34 Abs. 3 EStG, im Übrigen siehe 1.

3. C veräußert seinen Anteil für 380.000 € im Verhältnis 2 : 1 an A und B und überführt das Grundstück ins Privatvermögen.

   Der Mitunternehmeranteil des C setzt sich zusammen aus seinem Anteil am Vermögen der OHG und seinem Sonderbetriebsvermögen. Da er das Sonderbetriebsvermögen nicht veräußert, sondern ins Privatvermögen überführt und dieses eine wesentliche Betriebsgrundlage darstellt, liegt die Aufgabe eines Mitunternehmeranteils vor. Der nach §§ 16, 34 EStG begünstigte Aufgabegewinn beträgt 80.000 € + 150.000 € = 230.000 € und übersteigt die Grenze von 136.000 € um 94.000 €.

   Der Freibetrag gem. § 16 Abs. 4 EStG i. H. von 45.000 € ist folglich um 94.000 € zu kürzen. Somit verbleibt kein Freibetrag.

   Der steuerpflichtige Aufgabegewinn von 230.000 € unterliegt nicht der Gewerbesteuer, dafür entfällt die Steuerermäßigung gem. § 35 EStG. Auf Antrag erhält C den ermäßigten Steuersatz gem. § 34 Abs. 3 EStG.

Beispiel 2:

A und B sind je zur Hälfte an einer OHG beteiligt. A, der das 55. Lebensjahr vollendet hat, veräußert im Jahr 01 die Hälfte seines Mitunternehmeranteils an B und erzielt dabei einen Veräußerungsgewinn i. H. von 120.000 €.

J. Ausscheiden eines Gesellschafters

Die Veräußerung eines Teils eines Mitunternehmeranteils fällt nicht unter § 16 Abs. 1 Nr. 2 EStG (§ 16 Abs. 1 Satz 2 EStG) und ist deshalb weder nach § 16 Abs. 4 EStG noch nach § 34 EStG begünstigt. Der Gewinn von 120.000 € ist als **laufender** Gewinn zu versteuern, der auch gewerbesteuerpflichtig ist. A erhält dafür die Steuerermäßigung gem. § 35 EStG.

Beispiel 3:

Wie Beispiel 2, A veräußert im Jahre 03 seinen restlichen Mitunternehmeranteil an B, der den Betrieb als Einzelunternehmen fortführt. Der bei dieser Veräußerung erzielte Gewinn beträgt 150.000 €.

Die Veräußerung des Mitunternehmeranteils fällt unter § 16 Abs. 1 Nr. 2 EStG. Deshalb erhält A auf Antrag sowohl den Freibetrag gem. § 16 Abs. 4 EStG i. H. von 45.000 € als auch den ermäßigten Steuersatz gem. § 34 Abs. 3 EStG. Da der Veräußerungsgewinn nicht der Gewerbesteuer unterliegt, entfällt die Steuerermäßigung gem. § 35 EStG.

Beispiel 4:

Wie Beispiel 2, aber A veräußert seinen Anteil je zur Hälfte an B und C und erzielt einen Veräußerungsgewinn von 240.000 €.

Es liegt eine nach §§ 16, 34 EStG begünstigte Veräußerung von mehreren Teilen eines Mitunternehmeranteils vor. Da der Veräußerungsgewinn von 240.000 € den Betrag von 136.000 € um 104.000 € übersteigt, verbleibt kein Freibetrag. Auf Antrag erhält A den ermäßigten Steuersatz gem. § 34 Abs. 3 EStG. § 35 EStG ist mangels Gewerbesteuerpflicht nicht zu gewähren.

Beispiel 5:

Gesellschafter der ABC-OHG sind A, B und C je zu $1/3$. Alle Gesellschafter sind 60 Jahre alt und haben bisher weder einen Freibetrag nach § 16 Abs. 4 EStG noch den ermäßigten Steuersatz gem. § 34 Abs. 3 EStG erhalten. Die OHG veräußert eine zu ihrem Gesamthandsvermögen gehörende 100%ige GmbH-Beteiligung und erzielt dabei einen Veräußerungsgewinn von 780.000 €.

Die Veräußerung einer im Betriebsvermögen gehaltenen 100%igen Beteiligung an einer Kapitalgesellschaft gilt als Veräußerung eines Teilbetriebs (§ 16 Abs. 1 Nr. 1 Satz 2 EStG). Der dabei entstehende Veräußerungsgewinn ist zur Hälfte steuerfrei (§ 3 Nr. 40 Buchstabe b EStG i. V. m. § 3 c Abs. 2 EStG). Der Freibetrag gem. § 16 Abs. 4 EStG ist vom verbleibenden steuerpflichtigen Veräußerungsgewinn in vollem Umfang abzuziehen, beide Befreiungstatbestände kommen kumulativ in Betracht.

Der steuerpflichtige Veräußerungsgewinn von 390.000 € entfällt je zu $1/3$ = je 130.000 € auf A, B und C. Da alle drei Gesellschafter das 55. Lebensjahr vollendet haben und der anteilige Veräußerungsgewinn die Grenze von 136.000 € nicht übersteigt, erhalten alle Gesellschafter auf Antrag einen Freibetrag von 45.000 €. Damit ist der Freibetrag gem. § 16 Abs. 4 Satz 2 EStG verwirkt. Der verbleibende einkommen- und gewerbesteuerpflichtige Veräußerungsgewinn von je 85.000 € unterliegt nicht dem ermäßigten Steuersatz gem. § 34 Abs. 1 oder 3 EStG, weil er gem. § 34 Abs. 2 Nr. 1 EStG nicht zu den außerordentlichen Einkünften gehört.

1.3.4.2.5 Steuerermäßigung gem. § 34 Abs. 1 und 3 EStG

Zu den nach § 34 Abs. 1 und 3 EStG begünstigten außerordentlichen Einkünften gehören nach § 34 Abs. 2 Nr. 1 EStG

„Veräußerungsgewinne i. S. der §§ 14, 14 a Abs. 1, der §§ 16 und 18 Abs. 3 EStG mit Ausnahme des steuerpflichtigen Teils der Veräußerungsgewinne, die nach § 3 Nr. 40 Buchstabe b i. V. m. § 3 c Abs. 2 EStG teilweise steuerbefreit sind".

Das bedeutet, da die Veräußerung von **Teilen eines Mitunternehmeranteils** nach § 16 Abs. 1 Satz 2 EStG nicht mehr unter § 16 EStG fällt, ist der hierbei erzielte Gewinn weder nach § 34 Abs. 1 EStG noch nach § 34 Abs. 3 EStG begünstigt, sondern als **laufender Gewinn** zu versteuern. Dagegen ist bei einer **teilentgeltlichen** Veräußerung (gemischte Schenkung) eines Mitunternehmeranteils der Veräußerungsgewinn **tarifbegünstigt.**[113]

Wendet der Gesellschafter auf einen Veräußerungs- oder Aufgabegewinn – auch nur teilweise – § 6 b oder § 6 c EStG an, kann gem. § 34 Abs. 1 Satz 4 EStG die Steuerermäßigung gem. § 34 Abs. 1 und 3 EStG in vollem Umfang nicht gewährt werden. Dies gilt u. E. allerdings nur, wenn es sich bei dem Wirtschaftsgut, für dessen Gewinn eine Rücklage gebildet wird, um eine wesentliche Betriebsgrundlage handelt.

Grundsätzlich ist die Steuerermäßigung nach § 34 Abs. 3 EStG die günstigere. Diese Steuervergünstigung erhält ein Stpfl. nach § 34 Abs. 3 Satz 4 EStG **nur einmal** im Leben, wobei Steuerermäßigungen nach § 34 EStG für VZ vor 2001 nicht angerechnet werden (§ 52 Abs. 47 EStG). Aus diesem Grund wird diese Steuerermäßigung nur **auf Antrag** gewährt. Erzielt der Steuerpflichtige in einem VZ mehr als einen Veräußerungs- oder Aufgabegewinn i. S. des § 34 Abs. 2 Nr. 1 EStG, kann er die Steuerermäßigung nach § 34 Abs. 3 EStG nur für einen Veräußerungs- oder Aufgabegewinn beantragen (§ 34 Abs. 3 Satz 5 EStG).

Voraussetzung für die Steuerermäßigung nach § 34 Abs. 3 EStG ist wie für die Gewährung des Freibetrags nach § 16 Abs. 4 EStG, dass der Steuerpflichtige sein **55. Lebensjahr** vollendet hat **oder** im sozialversicherungsrechtlichen Sinne **dauernd berufsunfähig** ist (§ 34 Abs. 3 Satz 1 EStG). Darüber hinaus ist diese Steuerermäßigung auf außerordentliche Einkünfte i. H. von **5 Mio. Euro begrenzt.**

Der ermäßigte Steuersatz beträgt nach § 34 Abs. 3 Satz 2 EStG **56 %** des **durchschnittlichen Steuersatzes,** der sich ergäbe, wenn die tarifliche Einkommensteuer nach dem gesamten zu versteuernden Einkommen zzgl. der dem Progressionsvorbehalt unterliegenden Einkünfte zu bemessen wäre, **mindestens jedoch 15 %.** Auf das um die außerordentlichen Einkünfte (höchstens 5 Mio. Euro) verminderte zu versteuernde Einkommen (verblei-

---
113 BFH vom 10.07.1986, BStBl II 1986, 811.

J. Ausscheiden eines Gesellschafters

bendes zu versteuerndes Einkommen) sind vorbehaltlich des § 34 Abs. 1 EStG die allgemeinen Tarifvorschriften anzuwenden. Das bedeutet: Sind die außerordentlichen Einkünfte höher als 5 Mio. Euro, unterliegen die übersteigenden außerordentlichen Einkünfte der Fünftelregelung gem. § 34 Abs. 1 EStG.

94 Enthält der Veräußerungs- oder Aufgabegewinn auch Gewinne aus der Veräußerung oder Entnahme von Beteiligungen an Kapitalgesellschaften, so erhält der Gesellschafter zwar für den steuerpflichtigen Teil des Gewinns einen Freibetrag gem. § 16 Abs. 4 EStG, wegen § 34 Abs. 2 Nr. 1 EStG nicht aber den ermäßigten Steuersatz gem. § 34 Abs. 1 oder 3 EStG. Der Freibetrag gem. § 16 Abs. 4 EStG ist anteilig im Verhältnis der Gewinne, die dem Halbeinkünfteverfahren unterliegen, zu den Gewinnen, die der ermäßigten Besteuerung nach § 34 EStG unterliegen, aufzuteilen.[114]

Beispiel:

A (65 Jahre alt) ist zu $^1/_3$ an der ABC-OHG beteiligt. Er veräußert seinen Mitunternehmeranteil je zur Hälfte an die übrigen Gesellschafter B und C und erzielt dabei einen Veräußerungsgewinn von 160.000 €. Von diesem Gewinn entfallen 80.000 € auf eine Beteiligung an einer GmbH. A hat bisher weder einen Freibetrag nach § 16 Abs. 4 EStG noch den ermäßigten Steuersatz gem. § 34 Abs. 3 EStG erhalten.

Von dem gesamten Veräußerungsgewinn von 160.000 € sind 40.000 € nach § 3 Nr. 40 Buchstabe b i. V. m. § 3 c Abs. 2 EStG steuerfrei. Da der steuerpflichtige Veräußerungsgewinn i. H. von 120.000 € den Betrag von 136.000 € nicht übersteigt, wird der Freibetrag von 45.000 € in voller Höhe gewährt. Dieser Freibetrag ist im Verhältnis des steuerpflichtigen Gewinns, der dem Halbeinkünfteverfahren unterliegt (40.000 €), zu dem Gewinn, der der ermäßigten Besteuerung nach § 34 unterliegt (80.000 €), d. h. im Verhältnis 1 : 2, aufzuteilen.

Auf den nicht nach § 34 EStG begünstigten steuerpflichtigen Veräußerungsgewinn von 40.000 € entfällt ein Freibetrag von $^1/_3$ von 45.000 € = 15.000 €, sodass ein steuerpflichtiger Gewinn von 25.000 € verbleibt. Auf den nach § 34 EStG begünstigten Veräußerungsgewinn von 80.000 € entfällt ein Freibetrag von $^2/_3$ von 45.000 € = 30.000 €, sodass ein steuerpflichtiger Gewinn von 50.000 € verbleibt, der in voller Höhe dem ermäßigten Steuersatz gem. § 34 Abs. 3 EStG unterliegt.

95 Hat der Gesellschafter die Steuerermäßigung gem. § 34 Abs. 3 EStG bereits verwirkt oder möchte er diese Steuerermäßigung für künftige Veräußerungsgewinne oder Aufgabegewinne aufheben, so erhält er **von Amts wegen** die Steuerermäßigung gem. § 34 Abs. 1 EStG. Nach dieser Vorschrift beträgt die für die außerordentlichen Einkünfte anzusetzende Einkommensteuer das Fünffache des Unterschiedsbetrags zwischen der Einkommensteuer für das um diese Einkünfte verminderte zu versteuernde Einkommen (verbleibendes zu versteuerndes Einkommen) und der Einkommensteuer

---

114 H 16 Abs. 13 (Halbeinkünfteverfahren) EStH.

1 Einkommensteuer

für das verbleibende zu versteuernde Einkommen zzgl. eines Fünftels dieser Einkünfte (sog. **Fünftelregelung**). Ist das verbleibende zu versteuernde Einkommen negativ und das zu versteuernde Einkommen positiv, so beträgt die Einkommensteuer das Fünffache der auf ein Fünftel des zu versteuernden Einkommens entfallenden Einkommensteuer.[115]

Einem Organträger in der Rechtsform einer Personengesellschaft steht für den von der Organgesellschaft abgeführten Gewinn aus einer Veräußerung i. S. des § 16 Abs. 1 Nr. 2 EStG die Vergünstigung des § 34 EStG nicht zu.[116] Organgesellschaft und Organträger bleiben zivil- und steuerrechtlich verschiedene Rechtsträger. Nach § 14 KStG wird dem Organträger nur das Einkommen der Organgesellschaft zugerechnet, ohne dass die steuerliche Rechtsstellung des Organs insgesamt auf den Organträger übergeht. Daraus folgt, dass der Organträger die Tarifvergünstigung nach § 34 EStG nur in Anspruch nehmen kann, wenn er den Tatbestand dieser Vergünstigungsvorschrift **selbst** verwirklicht.

96

Beispiel:

An einer GmbH & Co. KG sind eine GmbH als Komplementärin und eine OHG als Kommanditistin beteiligt. Alleingesellschafterin und Organträgerin der GmbH ist die OHG. Zwischen den beiden Gesellschaften besteht ein steuerlich anerkannter Ergebnisabführungsvertrag. Im Jahre 01 veräußerte die GmbH ihre Beteiligung an der KG an einen Dritten. Den dabei erzielten Veräußerungsgewinn von 800.000 € führte die GmbH an die OHG ab.

Der an die OHG im Rahmen des Ergebnisabführungsvertrags aus der Veräußerung der KG-Beteiligung abgeführte Veräußerungsgewinn von 800.000 € unterliegt bei den Gesellschaftern der OHG dem normalen Steuersatz. Die Tarifvergünstigung des § 34 EStG kann nicht gewährt werden, weil nicht die OHG, sondern ihre Organgesellschaft den Tatbestand der Vergünstigungsvorschrift verwirklichte.

1.3.4.3 Behandlung bei den verbleibenden Gesellschaftern

Ist das Entgelt der verbleibenden Gesellschafter für den Anteil des ausscheidenden Gesellschafters nach kaufmännischen Gesichtspunkten abgewogen, so liegt eine Anschaffung des Anteils an den einzelnen Wirtschaftsgütern, die zum Gesamthandsvermögen der Personengesellschaft gehören, i. S. des § 6 Abs. 1 Nr. 1 und 2 EStG vor. Das gilt auch, wenn der Anteil des Ausgeschiedenen nicht auf alle, sondern nur auf einen oder mehrere der übrigen Gesellschafter übergeht. Die Anschaffungskosten der verbleibenden Gesellschafter für den erworbenen Mitunternehmeranteil setzen sich zusammen aus dem bisherigen anteiligen Buchwert des ausscheidenden Gesellschafters zzgl. der aufgedeckten stillen Reserven einschließlich Firmenwert. Dabei sind die anteilig erworbenen Wirtschaftsgüter gem. § 6

97

---

115 Wegen weiterer Einzelheiten siehe Beispiele in H 34.2 EStH und BMF vom 20.02.2001, BStBl I 2001, 172.
116 BFH vom 14.04.1992, BStBl II 1992, 817.

J. Ausscheiden eines Gesellschafters

Abs. 1 Nr. 7 EStG mit dem Teilwert, höchstens jedoch mit den Anschaffungskosten oder Herstellungskosten anzusetzen.[117] Daraus ergibt sich zwangsläufig die Aktivierung des über den Buchwert hinausgehenden Mehrbetrags.

1.3.4.3.1 Entschädigung für vorhandene stille Reserven

98 Der Mehrbetrag entfällt grundsätzlich auf die stillen Reserven der materiellen und der immateriellen Wirtschaftsgüter. Dabei ist es unbeachtlich, ob die Wirtschaftsgüter aktiviert oder bereits voll abgeschrieben sind oder – wie die selbst geschaffenen immateriellen Wirtschaftsgüter – gar nicht aktiviert werden durften. Die Aufteilung der stillen Reserven muss sich prozentual gleichmäßig auf das Anlagevermögen, auf das Umlaufvermögen und auf die Schuldposten erstrecken. Für die Verteilung des Mehrbetrags steht den verbleibenden Gesellschaftern kein Wahlrecht zu (siehe § 6 Abs. 1 Nr. 7 EStG).

99 Sind in der Schlussbilanz der Personengesellschaft auch steuerfreie Rücklagen enthalten, z. B. eine Rücklage für Ersatzbeschaffung und/oder eine Rücklage nach § 6 b EStG, so sind die stillen Reserven auch auf diese zu verteilen. Das bedeutet, diese Rücklagen sind anteilmäßig aufzulösen.

100 Fraglich ist, welcher Maßstab für die Ermittlung der anteiligen stillen Reserven der zutreffende ist, falls der Gewinnverteilungsschlüssel einerseits und die Beteiligung an den stillen Reserven andererseits auseinanderfallen. Nach der Rechtsprechung des BGH[118] ist der Veräußerungsgewinn der Personengesellschaft handelsrechtlich, wenn nichts anderes vereinbart ist, nach dem Schlüssel für die Verteilung des Jahresgewinns auf die Gesellschafter zu verteilen. Auch steuerrechtlich ist der Veräußerungsgewinn den Gesellschaftern nach diesem Schlüssel zuzurechnen.[119]

Beispiel 1:

An einer OHG waren A, B und C zu je ¹/₃ beteiligt. Abweichend davon betrug die Gewinnbeteiligung des A 45 %. Beim Ausscheiden des A ergaben sich folgende Werte:

	Buchwert	Teilwert
Grundstücke	150.000 €	210.000 €
Maschinen	60.000 €	90.000 €
Waren	90.000 €	120.000 €
	300.000 €	420.000 €

Weitere stille Reserven sind nicht vorhanden.

Für die Ermittlung des Abfindungsanspruchs ist, wenn nichts anderes vereinbart ist, der Gewinnverteilungsschlüssel maßgebend. Von den stillen Reserven von 120.000 € entfallen auf A 54.000 €. Diese sind im Verhältnis 2 : 1 : 1 auf-

---

117 Nach BFH vom 06.07.1995, BStBl II 1995, 831, gilt § 6 Abs. 1 Nr. 7 EStG auch beim Erwerb eines Mitunternehmeranteils.
118 BGH vom 17.11.1955, JZ 1956 S. 219.
119 BFH vom 10.11.1980, BStBl II 1981, 164.

1 Einkommensteuer

zuteilen. Auf das Grundstück entfallen somit 27.000 €, auf die Maschinen und die Waren jeweils 13.500 €.

Beispiel 2:

Wie Beispiel 1, aber die Gesellschafter einigen sich aus betrieblichen Gründen darauf, dass A nur 30.000 € der stillen Reserven erhält.

Die Aufteilung der stillen Reserven ist auch hier zwingend prozentual gleichmäßig vorzunehmen. Auf das Grundstück entfallen 15.000 €, auf die Maschinen und die Waren jeweils 7.500 €.

1.3.4.3.2 Ansatz eines Firmenwerts bei den verbleibenden Gesellschaftern

Verbleibt nach der Verteilung der stillen Reserven auf die aktivierten bzw. nicht aktivierten selbst geschaffenen immateriellen Wirtschaftsgüter noch ein Restbetrag, entfällt dieser gem. § 255 Abs. 4 HGB grundsätzlich auf den Firmenwert. Über § 5 Abs. 1 Satz 1 EStG gilt dies auch für das Steuerrecht. Die verbleibenden Gesellschafter müssen den erworbenen anteiligen Firmenwert in der Handelsbilanz und in der Steuerbilanz aktivieren. Das gilt auch dann, wenn nach dem Gesellschaftsvertrag dem ausscheidenden Gesellschafter kein Anteil am Firmenwert zusteht.[120] **101**

Wird – ausnahmsweise – festgestellt, dass ein Firmenwert nicht oder nicht in voller Höhe der Leistungen der übernehmenden Gesellschafter besteht, können diese Leistungen bei den verbleibenden Gesellschaftern sofort als Betriebsausgaben abgezogen werden.[121] **102**

Beispiel 1:

Die verbleibenden Gesellschafter einer OHG machen geltend, ihre Gegenleistung sei nicht nur ein Entgelt für den erworbenen Mitunternehmeranteil, sondern auch die Abgeltung eines streitigen betrieblichen Schadensersatzanspruchs des ausgeschiedenen Gesellschafters.

Der Mehrbetrag kann nicht bereits dann zum sofortigen Abzug eines Teils der Gegenleistung als Betriebsausgaben führen, wenn feststeht, dass ein solcher Anspruch bestanden hat.[122] Voraussetzung hierfür ist vielmehr, dass dieser Anspruch als unstreitig angesehen werden kann. Nur in diesem Fall ist der Vermutung widerlegt, dass die Mehrabfindung ein Entgelt für stille Reserven und/ oder einen Firmenwert darstellt. Ist der Anspruch dagegen bei objektiver Beurteilung dem Grund und der Höhe nach zweifelhaft, so reicht es zur Widerlegung der Vermutung nicht aus, dass die Abgeltung eines derartigen Anspruchs behauptet wird. Vielmehr muss dann festgestellt werden, dass ein Firmenwert nicht oder nicht in voller Höhe der Leistungen der übernehmenden Gesellschafter besteht.

---

120 BFH vom 21.05.1970, BStBl II 1970, 740.
121 BFH vom 07.06.1984, BStBl II 1984, 584, und vom 29.10.1991, BStBl II 1992, 647.
122 BFH vom 12.06.1975, BStBl II 1975, 807.

J. Ausscheiden eines Gesellschafters

Beispiel 2:
An einer OHG sind A, B und C je zu $^1/_3$ beteiligt. Der Gewinn der OHG beträgt durchschnittlich 180.000 € pro Jahr und wird nach Köpfen verteilt. Im Gesellschaftsvertrag einer OHG ist vereinbart, dass beim Ausscheiden eines Gesellschafters aus Altersgründen dieser neben den stillen Reserven für die bilanzierten Wirtschaftsgüter Ruhegehaltsbezüge erhält, die im Jahr des Ausscheidens 60 % des bisherigen Gewinnanteiles betragen und sich in den Folgejahren um jährlich 5 % eines Gewinnanteils ermäßigen. Sofern die verbleibenden Gesellschafter nach dem Ausscheiden eines Gesellschafters den Betrieb der OHG veräußern, haben sie durch Vertrag sicherzustellen, dass der Übernehmer der OHG die Verpflichtung zur Zahlung der Ruhegehaltsbezüge für den vorher ausgeschiedenen Gesellschafter ohne jede Einschränkung übernimmt. A ist am 31.12.01 aus Altersgründen aus der OHG ausgeschieden. Der Veräußerungspreis von 400.000 € entsprach dem anteiligen Teilwert der bilanzierten Wirtschaftsgüter. Nach Verrechnung mit dem Kapitalkonto des A von 130.000 € ergab sich ein Veräußerungsgewinn von 270.000 €. Der kapitalisierte Betrag der Ruhegehaltsbezüge wurde mit 200.000 € ermittelt. Im Jahr 02 erhielt A Ruhegehaltsbezüge von 38.000 €.

Im Jahr seines Ausscheidens (= 01) erzielt A einen nach §§ 16 und 34 EStG begünstigten Veräußerungsgewinn i. H. von 270.000 €. Der Anspruch des A auf die Ruhegehaltsbezüge ist nicht Teil des Veräußerungsgewinns, es handelt sich insoweit um eine Gewinnverteilungsabrede, die zu laufenden nachträglichen Einkünften aus Gewerbebetrieb führen (§ 15 Abs. 1 Satz 1 Nr. 2 i. V. m. Satz 2 i. V. m. § 24 Nr. 2 EStG), die auch der Gewerbesteuer unterliegen.

Die verbleibenden Gesellschafter B und C müssen die aufgedeckten stillen Reserven von 270.000 € aktivieren. Der kapitalisierte Betrag der Ruhegehaltsbezüge von 200.000 € kann nicht als Anschaffungskosten eines Firmenwerts aktiviert werden, weil es sich um sog. „nachlaufende" Gewinnanteile handelt. Eine Passivierung einer Pensionsrückstellung ist selbst dann nicht möglich, wenn das Vorliegen einer Pensionszusage zu bejahen wäre, denn eine Pensionsrückstellung darf nicht gebildet werden, wenn Pensionsleistungen in Abhängigkeit von künftigen gewinnabhängigen Bezügen vorgesehen sind. Das bedeutet, die laufenden Ruhegehaltszahlungen sind bei der OHG jährlich gewinnmindernd zu erfassen und mindern den Gewinnanteil von B und C. Bei A stellen die nachträglichen Zahlungen Sonderbetriebseinnahmen dar, die den steuerlichen Gesamtgewinn der OHG erhöhen und A zuzurechnen sind. A ist weiterhin Feststellungsbeteiligter.[123]

1.3.4.3.3 Abfindung für entgehende künftige Gewinnaussichten

103 Künftige Gewinnaussichten sind normalerweise Bestandteil des Firmenwerts. Darauf geleistete Mehrzahlungen sind folglich als Teil des Firmenwerts zu aktivieren.

Eine Ausnahme von der Aktivierung der Mehrzahlung als Firmenwert gilt nur in dem Sonderfall, dass der Gesellschafter weder bei der vorzeitigen Veräußerung seines Mitunternehmeranteils noch bei der Liquidation der

---

[123] Gl. A. Schmidt/Wacker, § 15 Rz. 572.

Personengesellschaft einen Anteil am Firmenwert erhalten soll.[124] Ein solcher Fall wird i. d. R. nur bei einer atypischen stillen Gesellschaft, ausnahmsweise auch einmal bei einer OHG oder KG, auftreten.[125]

Diese Mehrzahlung ist mit den Anschaffungskosten zu aktivieren, denn die verbleibenden Gesellschafter erlangen einen betrieblichen Vorteil (Befreiung von einer befristeten Verpflichtung zur Abführung von Teilen des laufenden Gewinns an den ausgeschiedenen Gesellschafter), der ein abnutzbares Wirtschaftsgut darstellt. **104**

Die Anschaffungskosten sind nach Maßgabe der Nutzungsdauer abzuschreiben. Als Nutzungsdauer ist der Zeitraum vom tatsächlichen Ausscheiden bis zur Kündigungsfrist nach dem Gesellschaftsvertrag anzunehmen.

Ein sofortiger Betriebsausgabenabzug dieser Mehrzahlung ist nur möglich, wenn

a) das Gesellschaftsverhältnis nicht im gegenseitigen Einvernehmen, sondern durch einseitige außerordentliche Kündigung vorzeitig aufgelöst worden ist und

b) feststeht, dass im Zeitpunkt des tatsächlichen Ausscheidens kein Firmenwert vorhanden war.

1.3.4.3.4 Lästiger Gesellschafter

Sofern eine Abfindung an einen ausscheidenden Gesellschafter über den Buchwert seines Kapitalkontos zzgl. der stillen Reserven und den Firmenwert hinausgeht, kann es sich auch um eine Mehrzahlung an einen sog. „lästigen Gesellschafter" handeln. **105**

Für die Zahlung der Abfindung müssen objektive Gründe vorliegen. Dabei kommt es nicht nur auf das Urteil der übrigen Gesellschafter an, auch Dritte müssen den Ausscheidenden als lästig empfinden. Ein Anzeichen dafür, dass ein Gesellschafter als lästig empfunden wird, ist auch darin zu sehen, wenn die verbleibenden Gesellschafter den Ausscheidenden erst zum Austritt aus der Personengesellschaft bewogen haben.

Merkmale für einen lästigen Gesellschafter: **106**

— Verfolgung gesellschaftsfremder Interessen

— Handeln zum Nachteil der Personengesellschaft

— Verletzung des Wettbewerbsverbots

— Überschreitung der Entnahmerechte

— Verletzung der Verpflichtung zur Geschäftsführung

— Ungehöriges Benehmen

— Ähnliche Verstöße

---

124 BFH vom 10.08.1978, BStBl II 1979, 74.
125 BFH vom 07.06.1984, BStBl II 1984, 584.

J. Ausscheiden eines Gesellschafters

107 Die Mehrzahlung an einen lästigen Gesellschafter ist sofort als Betriebsausgabe abzugsfähig. Aber auch in diesem Fall muss die Abfindung, soweit sie über den Buchwert des Kapitalkontos hinausgeht, zuerst auf die stillen Reserven und den Firmenwert verteilt werden. Nur der dann noch verbleibende Betrag ist als Betriebsausgabe abzugsfähig. Das gilt auch dann, wenn im Gesellschaftsvertrag eine Abfindung eines während des Bestehens der Personengesellschaft ausscheidenden Gesellschafters über den Buchwert seines Kapitalkontos hinaus ausgeschlossen ist.

1.3.4.3.5 Schenkung der verbleibenden Gesellschafter an den ausscheidenden Gesellschafter

108 Überschreitet die Abfindung des ausscheidenden Gesellschafters den Teilwert seines Kapitalkontos (Buchwert zzgl. stiller Reserven) und liegen dafür **private** Gründe vor, so gehört diese über den Teilwert hinausgehende Mehrzahlung nicht zu den Anschaffungskosten für die erworbenen anteiligen Wirtschaftsgüter. Es handelt sich vielmehr um eine Privatentnahme der verbleibenden Gesellschafter.

1.3.4.3.6 Teilentgeltliche Veräußerung eines Mitunternehmeranteils

109 Ist das Entgelt für den erworbenen Mitunternehmeranteil höher als der Buchwert, aber niedriger als der Teilwert, liegt ein teilentgeltlicher Erwerb vor.[126] Dieser Erwerbsvorgang ist einheitlich zu beurteilen, also nicht in einen entgeltlichen und unentgeltlichen Teil aufzuteilen.

Die Anschaffungskosten setzen sich zusammen aus den Buchwerten der übernommenen Wirtschaftsgüter zzgl. der anteiligen stillen Reserven. Diese sind gleichmäßig um den Prozentsatz aufzulösen, der dem Verhältnis des aufzustockenden Betrags (Unterschied zwischen dem Buchwert des übertragenen Betriebsvermögens und dem Veräußerungspreis) zum Gesamtbetrag der vorhandenen stillen Reserven des beim Veräußerer ausgewiesenen Betriebsvermögens entspricht.

110 Zu einer Aufdeckung der stillen Reserven, die auf einen in dem vom Übertragenden selbst geschaffenen Firmenwert entfallen, kommt es gem. § 255 Abs. 4 HGB erst nach vollständiger Aufdeckung der stillen Reserven, die in den übrigen Wirtschaftsgütern enthalten sind.[127]

> **Beispiel:**
> An einer OHG sind V (70 Jahre alt) und seine beiden Söhne A und B am Gewinn und Verlust sowie am Vermögen je zu $^1/_3$ beteiligt. V überträgt mit Wirkung vom 01.01.02 im Wege der vorweggenommenen Erbfolge seinen Mitunternehmeranteil mit einem Teilwert von 800.000 € auf seine beiden Söhne. Diese verpflichten sich, an ihren Vater V eine Abstandszahlung von je 50.000 €

---

126 Siehe im Einzelnen J. Rz. 72.
127 BMF vom 13.01.1993, BStBl I 1993, 80, 86, Tz. 35; siehe auch oben J. Rz. 101 und 102.

1 Einkommensteuer

und an ihre Schwester T einen Gleichstellungsbetrag von je 130.000 €, insgesamt 360.000 €, zu zahlen.

Die Bilanz der OHG zum 31.12.01 stellt sich – vereinfacht – wie folgt dar:

Aktiva		Bilanz OHG	31.12.01		Passiva
	Buchwert €	Teilwert €		Buchwert €	Teilwert €
Anlage-			Kapital A	300.000	800.000
vermögen	1.500.000	2.340.000	Kapital B	300.000	800.000
Umlauf-			Kapital V	300.000	800.000
vermögen	200.000	260.000	Verbindlich-		
Firmenwert	–	600.000	keiten	800.000	800.000
	1.700.000	3.200.000		1.700.000	3.200.000

V erzielt durch die teilentgeltliche Übertragung seines Mitunternehmeranteils einen nach §§ 16, 34 EStG begünstigten – nicht gewerbesteuerpflichtigen – Veräußerungsgewinn i. H. von 60.000 € (Veräußerungspreis 360.000 € ./. Buchwert Kapitalkonto 300.000 €). Er erhält einen Freibetrag von 45.000 €, sodass ein steuerpflichtiger Gewinn von 15.000 € verbleibt. Mangels Gewerbesteuerpflicht entfällt die Steuerermäßigung gem. § 35 EStG.

Die Anschaffungskosten für A und B betragen 360.000 €. Soweit diese die anteiligen Buchwerte übersteigen (= 60.000 €), sind sie nach folgendem Verhältnis aufzuteilen:

Anteilige stille Reserven im Anlagevermögen (ohne Firmenwert) – ⅓ =	280.000 €
Anteilige stille Reserven im Umlaufvermögen – ⅓ =	20.000 €
Summe	300.000 €

Davon werden 60.000 € (= 20 %) aufgedeckt. Zu einer Aufdeckung der in dem Firmenwert enthaltenen stillen Reserven kommt es folglich nicht. Die Eröffnungsbilanz der OHG hat folgendes Aussehen:

Aktiva	Eröffnungsbilanz OHG	01.01.02	Passiva
Anlagevermögen	1.556.000 €	Kapital A	300.000 €
Umlaufvermögen	204.000 €	Kapital B	300.000 €
Firmenwert	–	Verbindlichkeiten	800.000 €
		Verbindlichkeit V	100.000 €
		Verbindlichkeit T	260.000 €
	1.760.000 €		1.760.000 €

1.3.4.3.7 Buchmäßige Behandlung des Ausscheidens

Soweit der Abfindungsanspruch den Buchwert des Kapitalanteils übersteigt, ist der Differenzbetrag in der Buchführung wie folgt zu behandeln:

J. Ausscheiden eines Gesellschafters

a) **Es liegen Anschaffungskosten für die anteilig erworbenen Wirtschaftsgüter vor.**

Die Buchwerte der einzelnen Wirtschaftsgüter und der Firmenwert sind um die auf sie entfallenden stillen Reserven zu erhöhen (bzw. Passivposten entsprechend zu vermindern). Diese anteilige Aktivierung muss in der Handelsbilanz der Personengesellschaft vorgenommen werden.[128]

Beachte: (Nur) in der Handelsbilanz ist nach HFA die anteilige Aktivierung von selbst geschaffenen immateriellen Vermögensgegenständen und eines Geschäftswerts zulässig.

Wird der Mitunternehmeranteil dagegen nicht von allen verbleibenden Gesellschaftern übernommen, so ist der Mehrwert für die stillen Reserven und für den Firmenwert in der Ergänzungsbilanz (bzw. in mehreren Ergänzungsbilanzen) zu aktivieren.[129]

Die Aktivierung der stillen Reserven hat zur Folge, dass bei den verbleibenden Gesellschaftern keine Gewinnauswirkung eintritt.

Der Abfindungsanspruch ist bis zur Bezahlung als sonstige Verbindlichkeit zu passivieren. Buchungssatz:

Verschiedene Aktivkonten
Verschiedene Passivkonten
Kapital ausscheidender Gesellschafter an Sonstige Verbindlichkeiten

b) **Es handelt sich um eine Mehrzahlung für einen lästigen Gesellschafter.**

Dieser Aufwand stellt sofort abzugsfähige Betriebsausgaben dar und mindert den Gewinnanteil und das Kapitalkonto der verbleibenden Gesellschafter. Bis zur Zahlung ist der Mehrbetrag als sonstige Verbindlichkeit zu passivieren. **Zusätzlich** zu dem Buchungssatz bei a) ist zu buchen:

Sonstige betriebliche Aufwendungen an Sonstige Verbindlichkeiten

c) **Es handelt sich um eine Mehrzahlung für entgehende künftige Gewinnaussichten.**

Immaterielles Wirtschaftsgut an Sonstige Verbindlichkeiten

d) **Die Mehrzahlung ist eine Schenkung.**

Sofern der Mehrbetrag im Zeitpunkt des Ausscheidens noch nicht geleistet worden ist, ist eine Buchung nicht zulässig, weil sonst private Schulden in der Bilanz ausgewiesen würden. Erst im Zeitpunkt der Zahlung ist der Mehrbetrag über die Privatkonten der verbleibenden Gesellschafter zu buchen.

---

128 Stellungnahme IDW RS des HFA 7 beim Institut der Wirtschaftsprüfer, WPg 2002 S. 1259.
129 BFH vom 06.07.1995, BStBl II 1995, 831.

' # 1 Einkommensteuer

Zusätzlich zu dem Buchungssatz bei a) ist im **Zeitpunkt der Zahlung** zu buchen:
Privat verbleibende Gesellschafter an Bank

1.3.4.3.8 Weitere steuerliche Behandlung bei den verbleibenden Gesellschaftern

Steuerrechtlich ist der Erwerb eines Mitunternehmeranteils – abweichend vom Handelsrecht – als Erwerb der ideellen Anteile des Ausgeschiedenen an den einzelnen bilanzierten und nicht bilanzierten Wirtschaftsgütern des Gesellschaftsvermögens anzusehen. Daran knüpft die weitere steuerliche Behandlung bei den verbleibenden Gesellschaftern an. Das heißt, für die erworbenen ideellen Anteile liegen Anschaffungskosten vor, was zu entsprechenden Auswirkungen z. B. bei der Bewertung der Wirtschaftsgüter, bei der AfA-Bemessungsgrundlage, bei der Bildung von steuerfreien Rücklagen führt, also in allen Fällen, in denen der Erwerb und die Anschaffungskosten steuerlich eine Rolle spielen. **112**

Gegenstand des Anschaffungsgeschäfts sind aber nicht nur die stillen Reserven, sondern der gesamte steuerrechtliche Anteil des ausscheidenden Gesellschafters an den einzelnen Wirtschaftsgütern des Gesamthandsvermögens, also auch die anteiligen Buchwerte. Ferner sind die Anschaffungskosten für den Erwerb des Anteils keine nachträglichen Anschaffungskosten der Personengesellschaft für das betreffende Wirtschaftsgut, sondern originäre Anschaffungskosten der erwerbenden Gesellschafter für den Bruchteil am Wirtschaftsgut.

Die Behandlung der Wirtschaftsgüter im Einzelnen:

A. Wirtschaftsgüter des nicht abnutzbaren Anlagevermögens

Eine Gewinnminderung bezüglich der stillen Reserven tritt erst ein, wenn **113**
a) eine Wertminderung eingetreten ist, die zu einer Teilwertabschreibung berechtigt bzw. verpflichtet,
b) das Wirtschaftsgut für private Zwecke eines Gesellschafters entnommen wird oder
c) das Wirtschaftsgut veräußert wird.

B. Wirtschaftsgüter des abnutzbaren Anlagevermögens

Hier tritt bereits im Jahr nach dem Ausscheiden eine Gewinnminderung ein, weil sich die AfA-Bemessungsgrundlage ändert. Es ergeben sich folgende Berechnungen: **114**

a) AfA nach § 7 Abs. 1 EStG

(bisheriger Buchwert + aufgedeckte stille Reserven =) Restbuchwert: Restnutzungsdauer

J. Ausscheiden eines Gesellschafters

b) AfA gem. § 7 Abs. 4 Satz 1 EStG

Grundsatz:

Der **bisherige** Anteil der verbleibenden Gesellschafter wird weiterhin von der bisherigen anteiligen Bemessungsgrundlage abgeschrieben.

Für den **erworbenen** Anteil beginnt ein neuer AfA-Zeitraum von $33^{1}/_{3}$ bzw. 50 Jahren. Die Anschaffungskosten (= bisheriger anteiliger Buchwert + aufgedeckte stille Reserven) stellen die Bemessungsgrundlage für diesen Anteil dar. Die AfA beträgt davon 3 % bzw. 2 %.

Ausnahme:

Aus Vereinfachungsgründen können in entsprechender Anwendung der Regelung zur vorweggenommenen Erbfolge[130] bei Ansatz der linearen AfA die Aufstockungsbeträge wie nachträgliche Anschaffungskosten behandelt werden. Neue Bemessungsgrundlage:

> bisherige Bemessungsgrundlage (Anschaffungs- oder Herstellungskosten)
> + aufgedeckte stille Reserven
> = neue Bemessungsgrundlage
> davon 2 % bzw. 3 %

Diese Regelung führt dazu, dass nach Ablauf von 50 bzw. $33^{1}/_{3}$ Jahren das Gebäude noch nicht voll abgeschrieben ist. Wird allerdings auf diese Weise die volle Absetzung innerhalb der **tatsächlichen** Nutzungsdauer nicht erreicht, so können die weiteren AfA wie in den Fällen des § 7 Abs. 4 Satz 2 EStG (siehe c) bemessen werden.[131]

c) AfA gem. § 7 Abs. 4 Satz 2 EStG

(bisheriger Buchwert + aufgedeckte stille Reserven =)
Restbuchwert: tatsächliche Restnutzungsdauer

Aus Vereinfachungsgründen ist es nach R 7.4 Abs. 9 Satz 2 EStR nicht zu beanstanden, wenn auch in diesen Fällen die weitere AfA in entsprechender Anwendung der Regelung zu b) nach dem bisher bei dem Gebäude angewandten Hundertsatz bemessen wird.

d) AfA gem. § 7 Abs. 5 EStG

Für den erworbenen Anteil ist die AfA nach § 7 Abs. 5 EStG nicht zulässig, da es sich um Anschaffungskosten handelt. Die weitere AfA muss nach § 7 Abs. 4 EStG vorgenommen werden. Dagegen **müssen** die verbleibenden Gesellschafter für ihren ursprünglichen Anteil die AfA nach § 7 Abs. 5 EStG unverändert fortsetzen, weil ein Wechsel zur AfA nach § 7 Abs. 4 EStG nicht möglich ist.[132]

---

130 BMF vom 31.01.1993, BStBl I 1993, 80, Tz. 37.
131 BFH vom 07.06.1977, BStBl II 1977, 606.
132 Siehe im Einzelnen B. Rz. 243 ff.

1 Einkommensteuer

Für den erworbenen Anteil ergibt sich folgende AfA nach § 7 Abs. 4 EStG:

bisheriger **anteiliger** Buchwert des ausgeschiedenen Gesellschafters
+ aufgedeckte stille Reserven
= Anschaffungskosten für den erworbenen Anteil
davon AfA 3 % bzw. 2 %

Aber: Ist der Gesellschafter im Jahr der Fertigstellung des Gebäudes ausgeschieden, können die verbleibenden Gesellschafter für den erworbenen Anteil im folgenden Jahr zur degressiven AfA nach § 7 Abs. 5 EStG übergehen.[133]

Diese Grundsätze gelten auch bei einer teilentgeltlichen Übertragung eines Mitunternehmeranteils im Wege der vorweggenommenen Erbfolge. Die Vereinfachungsregelung[134] kann u. E. bei Inanspruchnahme der degressiven AfA nicht angewendet werden.

e) **GWG**

Gehören zum Betriebsvermögen der Personengesellschaft Wirtschaftsgüter, deren ursprüngliche Anschaffungskosten oder Herstellungskosten **nicht höher** waren als **150 Euro** und die deshalb zwingend nach § 6 Abs. 2 EStG als geringwertige Wirtschaftsgüter abgesetzt wurden, ist wie folgt zu unterscheiden:

1. Übersteigen die Anschaffungskosten der verbleibenden Gesellschafter für diese Wirtschaftsgüter **nicht** die **anteilige** Grenze von 150 Euro nach § 6 Abs. 2 EStG, besteht für die verbleibenden Gesellschafter ein Zwang zur Sofortabschreibung.

2. Übersteigen dagegen die Anschaffungskosten der verbleibenden Gesellschafter die anteilige Grenze von 150 Euro nach § 6 Abs. 2 EStG, ist für diese Anschaffungskosten ein neuer Sammelposten nach § 6 Abs. 2 a EStG zu bilden, der linear in fünf Jahren aufzulösen ist.

Gehören zum Betriebsvermögen der Personengeseilschaft Wirtschaftsgüter, deren ursprüngliche Anschaffungskosten oder Herstellungskosten **höher** als **150 Euro**, aber nicht höher als 1.000 Euro waren und für die deshalb ein **Sammelposten nach § 6 Abs. 2 a EStG** gebildet wurde, ist wie folgt zu unterscheiden:

1. Der Sammelposten ist **noch nicht** vollständig aufgelöst

Der Sammelposten ist in der Bilanz der Personengesellschaft fortzuführen und um die aufgedeckten stillen Reserven **unabhängig** davon zu erhöhen, ob diese höher sind als der dem erworbenen

---
133 BFH vom 03.04.2001, BStBl II 2001, 599.
134 BMF vom 31.01.1993, BStBl I 1993, 80, Tz. 37.

J. Ausscheiden eines Gesellschafters

Gesellschaftsanteil entsprechende Teil von 150 Euro oder nicht, weil Voraussetzung für die Anwendung von § 6 Abs. 2 EStG ist, dass beim ursprünglichen Erwerb der Personengesellschaft geringwertige Wirtschaftsgüter vorlagen. Folglich beginnt für die aufgedeckten stillen Reserven kein neuer Verteilungszeitraum von fünf Jahren, vielmehr sind diese auf die Restnutzungsdauer zu verteilen.

2. Der Sammelposten ist bereits **aufgelöst**

Übersteigen die Anschaffungskosten oder Herstellungskosten der verbleibenden Gesellschafter nicht die anteilige Grenze von 1.000 Euro, ist in der Bilanz der Personengesellschaft zwingend ein neuer Sammelposten gem. § 6 Abs. 2 a EStG zu bilden, der linear auf fünf Jahre zu verteilen ist.[135] Wird dagegen die anteilige Grenze von 1.000 Euro überstiegen, sind die Anschaffungskosten auf die Restnutzungsdauer zu verteilen.

Beispiel 1:

Aus einer OHG scheidet A aus, der zu 25 % an den stillen Reserven beteiligt ist. Zu den übertragenen Wirtschaftsgütern gehört auch ein voll abgeschriebener Taschenrechner mit einem Teilwert von 100 €. Die ursprünglichen Anschaffungskosten der OHG haben 140 € betragen.

Bei dem Taschenrechner handelt es sich um ein GWG i. S. von § 6 Abs. 2 **EStG**, da die ursprünglichen Anschaffungskosten der OHG nicht mehr als 150 € betragen haben. Die Anschaffungskosten der verbleibenden Gesellschafter betragen 25 % von 100 € = 25 € und übersteigen damit nicht die anteilige Grenze von 150 € (25 % von 150 € = 37,50 €). Die Anschaffungskosten von 25 € sind deshalb zwingend nach § 6 Abs. 2 EStG im Jahr der Anschaffung abzuschreiben.

Beispiel 2:

Wie Beispiel 1, aber die ursprünglichen Anschaffungskosten der OHG für den Taschenrechner haben vor drei Jahren 200 € betragen. Die OHG hat deshalb in der Bilanz zum 31.12. des Vorjahres einen Sammelposten gebildet und den Taschenrechner mit dem Restwert von (40 % von 200 € =) 80 € aktiviert. Der Teilwert des Taschenrechners beträgt im Zeitpunkt des Ausscheidens des A noch 120 €.

Obwohl die Anschaffungskosten der verbleibenden Gesellschafter für den Taschenrechner nur 25 % von 120 € = 30 € betragen und damit die anteilige Grenze von (25 % von 150 € =) 37,50 € nicht überschritten ist, darf der Betrag nicht sofort nach § 6 Abs. 2 EStG abgeschrieben werden, weil beim ursprünglichen Erwerb der OHG kein GWG vorlag. Der Sammelposten nach § 6 Abs. 2 a

---

135 Gl.A. Schmidt/Wacker, § 16 Rz. 484 i.V.m. § 15 Rz. 468 und Schmidt/Glanegger, § 6 Rz. 459.

EStG ist um die aufgedeckten stillen Reserven von (30 € ./. 20 € =) 10 € zu erhöhen. Der neue Buchwert von 90 € ist auf die Restnutzungsdauer von zwei Jahren mit jährlich 45 € zu verteilen.

Bei einer teilentgeltlichen Veräußerung (gemischten Schenkung) sind diese Grundsätze ebenfalls anzuwenden. **115**

f) Sonderabschreibungen und erhöhte Absetzungen

Bei der Prüfung der Frage, ob das Ausscheiden eines Gesellschafters Auswirkungen auf die in Anspruch genommenen Sonderabschreibungen und erhöhten Absetzungen hat, ist zu unterscheiden: **116**

1. Ist die Personengesellschaft aufgrund einer gesetzlichen Regelung **selbst anspruchsberechtigt** (z. B. gem. § 1 Satz 2 FördG), ist die in Anspruch genommene Sonderabschreibung bzw. erhöhte Absetzung nicht rückgängig zu machen, selbst wenn der Gesellschafter vor Ablauf eines Verbleibenszeitraums ausscheidet. Das bedeutet, in Höhe der Differenz zwischen Veräußerungspreis und Buchwert dieses Wirtschaftsguts liegt ein Veräußerungsgewinn des ausscheidenden Gesellschafters vor. Das gilt auch dann, wenn aus einer Personengesellschaft alle Gesellschafter bis auf einen ausscheiden, der den Betrieb als Einzelunternehmer fortführt. In diesem Fall sind die Zeiträume der Bindung eines Wirtschaftsguts an die Betriebsstätte der Personengesellschaft und an die Betriebsstätte des Einzelunternehmers zusammenzurechnen.[136] **117**

Die verbleibenden Gesellschafter haben den Buchwert dieses Wirtschaftsguts um die aufgedeckten stillen Reserven zu erhöhen. Eine Sonderabschreibung bzw. erhöhte Absetzung für diese zusätzlichen Anschaffungskosten ist nicht zulässig.[137] Scheiden aus einer Personengesellschaft die Gesellschafter bis auf einen aus, der den Betrieb als Einzelunternehmen fortführt, tritt dieser insoweit in die Rechtsstellung der Personengesellschaft ein mit der Folge, dass er Sonderabschreibungen noch in der Höhe und in dem Zeitraum vornehmen kann, wie es auch die Personengesellschaft noch könnte.[138]

2. Ist dagegen der **einzelne Gesellschafter anspruchsberechtigt,** ist zu unterscheiden: **118**

— Gehört zu den Voraussetzungen der Inanspruchnahme einer Sonderabschreibung bzw. erhöhten Absetzung u. a., dass das Wirtschaftsgut eine bestimmte Zeit **im Betrieb des Stpfl.** verbleiben muss, so bezieht sich diese Regelung bei einer Personengesellschaft auf deren Gesellschafter als Mitunternehmer. Diese können

---
136 BMF vom 14.07.1995, BStBl I 1995, 374.
137 BMF vom 29.03.1993, BStBl I 1993, 279.
138 BMF vom 14.07.1995, BStBl I 1995, 374.

J. Ausscheiden eines Gesellschafters

die erhöhten Absetzungen oder Sonderabschreibungen nur in Anspruch nehmen, wenn sie für die gesamte Dauer des Vergünstigungszeitraums der Personengesellschaft angehören. Scheiden sie vorzeitig aus der Personengesellschaft aus, ist diese Verbleibensvoraussetzung nicht erfüllt. Bescheide der VZ, in denen erhöhte Absetzungen bzw. Sonderabschreibungen geltend gemacht wurden, sind nach § 175 Abs. 1 Nr. 2 und Abs. 2 AO zu ändern. Der Buchwert dieses Wirtschaftsguts ist in Höhe der Differenz zwischen der anteilig vom ausscheidenden Gesellschafter in Anspruch genommenen Sonderabschreibung oder erhöhten Absetzung und der anteiligen planmäßigen AfA zu erhöhen.[139]

— Gehört zu den Voraussetzungen der Inanspruchnahme einer Sonderabschreibung bzw. erhöhten Absetzung u. a., dass das Wirtschaftsgut eine bestimmte Zeit in einer inländischen Betriebsstätte **dieses Betriebs** verbleibt (z. B. nach § 7 g Abs. 6 Nr. 2 EStG), so ist nach R 7g Abs. 7 Satz 4 EStR die Veräußerung des begünstigten Betriebs unschädlich, wenn der begünstigte Betrieb bis zum Ende des Verbleibenszeitraums in der Hand des neuen Eigentümers als selbständiger Betrieb bestehen bleibt. Beim Ausscheiden von Gesellschaftern aus einer Personengesellschaft ist diese Voraussetzung erfüllt, wenn das Wirtschaftsgut im Betrieb der Personengesellschaft bis zum Ablauf der Frist verbleibt.

Die erwerbenden Gesellschafter erhalten von ihren Anschaffungskosten nur dann keine Sonderabschreibungen, wenn Voraussetzung für die Inanspruchnahme auch ist, dass ein neues Wirtschaftsgut erworben wird, denn sie erwerben von dem ausscheidenden Gesellschafter anteilig ein gebrauchtes Wirtschaftsgut.

— Scheidet ein Gesellschafter aus einer Personengesellschaft aus, nachdem diese ein ihr gehörendes Gebäude saniert hat, und übernehmen die übrigen Gesellschafter dessen Anteil, so sind jedem der verbliebenen Gesellschafter nur in Höhe seiner ursprünglichen Beteiligung begünstigte Herstellungskosten i. S. von § 7 h EStG zuzurechnen, weil § 7 h EStG eine personenbezogene Abschreibungsvergünstigung enthält.[140, 141]

Beispiel 3:

Die ABC-OHG, an der C mit $\frac{1}{4}$ beteiligt ist, erwirbt im Januar 01 ein neues Wirtschaftsgut für 200.000 € und nimmt zulässigerweise die Sonderabschrei-

---

[139] R 77 Abs. 2 EStR 1993 i. V. m. BMF vom 27.12.1989, BStBl I 1989, 518, Tz. 13 und 15–18; siehe auch BFH vom 13.07.1993, BStBl II 1993, 243, und vom 07.11.2006, BStBl II 2008, 545.
[140] BFH vom 17.02.2001, BStBl II 2001, 760.
[141] Wegen weiterer Einzelheiten zu Sonderabschreibungen und erhöhten Absetzungen siehe B. Rz. 245 ff., C. Rz. 59, D. Rz. 6.

bung nach § 7 g EStG mit 20 % in 01 in Anspruch. Im Übrigen schreibt sie dieses Wirtschaftsgut nach § 7 Abs. 1 EStG linear mit 10 % ab, sodass der Buchwert am 31.12.01 140.000 € beträgt.

Mit Ablauf des Jahres 01 scheidet C aus der OHG aus und veräußert seinen Anteil je zur Hälfte an A und B. Der anteilige Kaufpreis für das Wirtschaftsgut beträgt 60.000 €.

Nach R 7g Abs. 7 Satz 4 EStR ist diese Sonderabschreibung nicht rückwirkend zu versagen, weil der begünstigte Betrieb bis zum Ende des Verbleibenszeitraums (31.12.02) in der Hand der neuen Eigentümer als selbständiger Betrieb bestehen bleibt. Bei C entsteht folglich insoweit ein Veräußerungsgewinn i. H. von (60.000 € ./. ¹/₄ von 140.000 € = 35.000 € =) 25.000 €.

Die verbleibenden Gesellschafter A und B können wegen § 7 g Abs. 7 EStG weder in Höhe ihrer gesamten Anschaffungskosten von 60.000 € noch in Höhe der aufgedeckten stillen Reserven von 20.000 € eine Sonderabschreibung nach § 7 g EStG in Anspruch nehmen. Die AfA beträgt in 02 daher gem. § 7 Abs. 1 EStG 10 % von (200.000 € + 25.000 € =) 225.000 € = 22.500 €.

C. Wirtschaftsgüter des Umlaufvermögens

Die Gewinnminderung bezüglich der aufgedeckten stillen Reserven tritt grundsätzlich bei der Veräußerung der Wirtschaftsgüter, also i. d. R. schon im folgenden Wirtschaftsjahr, ein. Sollten die Wirtschaftsgüter am Ende des folgenden Wirtschaftsjahres noch zum Betriebsvermögen gehören, kann es zu einer Gewinnminderung kommen, wenn der Teilwert dieser Wirtschaftsgüter gesunken ist.

D. Nicht abziehbare Schuldzinsen

Bei der Berechnung von Überentnahmen und Unterentnahmen im Zusammenhang mit nicht abziehbaren Schuldzinsen i. S. von § 4 Abs. 4 a EStG sind bestehende Überentnahmen oder Unterentnahmen des ausgeschiedenen Gesellschafters nicht zu erfassen, d. h., die erwerbenden (verbleibenden) Gesellschafter beginnen insoweit mit Überentnahmen von 0 Euro.[142]

Der noch nicht verbrauchte Zinsvortrag nach § 4 Abs. 1 EStG geht nach § 4 h Abs. 5 EStG anteilig mit der Quote unter, mit der der ausgeschiedene Gesellschafter an der Personengesellschaft beteiligt war.

1.3.4.4 Bilanzmäßige Behandlung im Einzelnen

Beispiel:

An einer OHG sind die Gesellschafter J, K, L und M zu je 25 % am Gewinn und Verlust sowie am Vermögen beteiligt. Zum 31.12.05 erstellen sie folgende Schlussbilanz:

---

[142] Wegen der Ermittlung der nicht abziehbaren Schuldzinsen im Jahr der Veräußerung des Mitunternehmeranteils siehe B. Rz. 275 ff.

J. Ausscheiden eines Gesellschafters

Aktiva	Bilanz OHG zum 31.12.05		Passiva
Grund und Boden	80.000 €	Kapital J	110.000 €
Gebäude	168.000 €	Kapital K	75.000 €
Maschinen	48.000 €	Kapital L	90.000 €
Betriebs- und Geschäftsausstattung	20.000 €	Kapital M	85.000 €
Waren	90.000 €	Rücklage § 6 b EStG	80.000 €
Forderungen	130.000 €	Rückstellungen	50.000 €
Übrige Besitzposten	84.000 €	Übrige Verbindlichkeiten	130.000 €
	620.000 €		620.000 €

Der Gewinn in 05 der OHG beträgt 100.000 € und ist mit je 25.000 € in den Kapitalkonten der vier Gesellschafter enthalten. Ferner erstellte M folgende Sonderbilanz:

Aktiva	Sonderbilanz M zum 31.12.05		Passiva
Unbebaute Grundstücke	120.000 €	Kapital	120.000 €
	120.000 €		120.000 €

Erläuterungen zu den einzelnen Bilanzposten:

1. Grund und Boden

   Das Grundstück wurde in 01 angeschafft. Der Buchwert entspricht den Anschaffungskosten.

2. Gebäude

   Das Gebäude wurde am 10.07.00 fertig gestellt. Die Herstellungskosten betrugen 240.000 Euro. Das Gebäude wurde bisher nach § 7 Abs. 5 Nr. 3 b EStG abgeschrieben.

3. Maschinen

   Die Maschine wurde im Januar 01 für 146.500 Euro angeschafft und bei einer Nutzungsdauer von zehn Jahren degressiv nach § 7 Abs. 2 EStG abgeschrieben.

4. Betriebs- und Geschäftsausstattung

   Die Wirtschaftsgüter wurden im Juli 03 für 40.000 Euro angeschafft und bei einer Nutzungsdauer von fünf Jahren linear nach § 7 Abs. 1 EStG abgeschrieben.

5. Rücklage

   Die Rücklage wurde anlässlich der Veräußerung eines unbebauten Grundstücks im VZ 02 zulässigerweise gebildet.

1 Einkommensteuer

6. Sonderbilanz

Das Grundstück (Teilwert = gemeiner Wert 190.000 Euro), das eine wesentliche Betriebsgrundlage darstellt, wurde von M in 01 angeschafft und wird seither an die OHG für monatlich 1.000 Euro vermietet. Unter Berücksichtigung der Aufwendungen wurde der Gewinn in 05 in der Sonderbilanz mit 10.000 Euro ermittelt. Auch nach seinem Ausscheiden vermietet M das Grundstück an die OHG.

M (50 Jahre alt) scheidet mit Ablauf 05 aus der OHG aus. Er hat nach dem Gesellschaftsvertrag Anspruch auf die anteiligen stillen Reserven und den Firmenwert. Die OHG erstellt folgende Auseinandersetzungsbilanz, in der alle Wirtschaftsgüter mit dem Teilwert angesetzt sind:

Aktiva	Auseinandersetzungsbilanz OHG 31.12.05		Passiva
Grund und Boden	160.000 €	Kapital J	200.000 €
Gebäude	216.000 €	Kapital K	165.000 €
Maschinen	70.000 €	Kapital L	180.000 €
Betriebs- und Geschäfts-		Kapital M	175.000 €
ausstattung	25.000 €	Rückstellungen	45.000 €
GWG	2.000 €	Übrige Verbindlich-	
Waren	108.000 €	keiten	130.000 €
Forderungen	130.000 €		
Firmenwert	100.000 €		
Übrige Besitzposten	84.000 €		
	895.000 €		895.000 €

Im Einvernehmen mit den übrigen Gesellschaftern wird die Abfindung
a) auf 175.000 Euro
b) auf 200.000 Euro
festgesetzt. Der Betrag ist am 31.03.06 fällig.

Fragen:
1. Wie hoch ist der Veräußerungsgewinn des M?
2. Welche Konsequenzen ergeben sich anlässlich des Ausscheidens bei den verbleibenden Gesellschaftern?
3. Welche Auswirkungen ergeben sich durch das Ausscheiden auf die Eröffnungsbilanz zum 01.01.06?
4. Wie ist die weitere steuerliche Behandlung der aufgedeckten stillen Reserven? Es ist davon auszugehen, dass sich die Teilwerte der Wirtschaftsgüter nicht gemindert haben, alle Waren im Laufe des Jahres 06 veräußert worden und die Rückstellungen aufzulösen sind.

Zu 1. a): Bei der Veräußerung des Gesellschaftsanteils liegt steuerlich die Aufgabe eines Mitunternehmeranteils i. S. von § 16 Abs. 3 EStG vor, weil das zum Sonderbetriebsvermögen gehörende und eine wesentliche

1031

J. Ausscheiden eines Gesellschafters

Betriebsgrundlage darstellende Grundstück ins Privatvermögen des ausscheidenden Gesellschafters überführt wird. Zunächst entsteht bei der Aufgabe dieses Mitunternehmeranteils ein Veräußerungsgewinn i. H. von (175.000 Euro ./. 85.000 Euro =) 90.000 Euro. Soweit dieser Gewinn auf die aufgelöste Rücklage gem. § 6 b EStG entfällt (= 20.000 Euro), ist außerhalb der Buchführung ein Gewinnzuschlag nach § 6 b Abs. 7 EStG i. H. von (20.000 Euro × 6 % = 1.200 Euro × 3 Jahre =) 3.600 Euro vorzunehmen, der den begünstigten Veräußerungsgewinn erhöht, sodass dieser 93.600 Euro beträgt. In Höhe der Differenz zwischen Buchwert und gemeinem Wert (= 70.000 Euro) des zum Sonderbetriebsvermögen gehörenden Grundstücks liegt ein Entnahmegewinn vor (§ 16 Abs. 3 Satz 7 EStG). Der Aufgabegewinn i. S. von § 16 Abs. 3 EStG beträgt somit 163.600 Euro. M erhält weder einen Freibetrag gem. § 16 Abs. 4 EStG noch den ermäßigten Steuersatz gem. § 34 Abs. 3 EStG, weil er sein 55. Lebensjahr noch nicht vollendet hat. Er erhält jedoch von Amts wegen die Tarifbegünstigung gem. § 34 Abs. 1 EStG (sog. Fünftelregelung).

Der einheitlich und gesondert festzustellende Gewinn beträgt damit 100.000 Euro + 10.000 Euro lt. Sonderbilanz + 163.600 Euro Aufgabegewinn = 273.600 Euro. Davon entfallen auf die Gesellschafter J, K und L je 25.000 Euro und auf M 198.600 Euro.

Da der Aufgabegewinn nicht der Gewerbesteuer unterliegt, entfällt insoweit die Steuerermäßigung gem. § 35 EStG.

Zu 1. b): Sofern die Mehrzahlung von 25.000 Euro aus privaten Gründen erfolgte, ändert sich der Aufgabegewinn von 163.600 Euro nicht. Falls jedoch diese Mehrzahlung als Abfindung für einen lästigen Gesellschafter erfolgte, erhöht sich der Aufgabegewinn auf 188.600 Euro.

Zu 2. a): Die verbleibenden Gesellschafter müssen die Anschaffungskosten für die anteilig erworbenen Wirtschaftsgüter einschließlich Firmenwert aktivieren. Es ergibt sich keine Gewinnauswirkung.

Zu 2. b): Auch wenn die Zahlung der verbleibenden Gesellschafter den Abfindungsanspruch lt. Gesellschaftsvertrag übersteigt, sind zunächst die anteilig aufgedeckten stillen Reserven und der Firmenwert zu aktivieren. Sofern die Mehrzahlung aus privaten Gründen erfolgte, liegt **im Zeitpunkt der Zahlung** eine Entnahme der verbleibenden Gesellschafter vor. Liegt dagegen eine Mehrzahlung für einen lästigen Gesellschafter vor, so ist der Betrag im Zeitpunkt der Entstehung der Verbindlichkeit (= Jahr 05) als Betriebsausgaben abzugsfähig. Der laufende Gewinn des Jahres 05 mindert sich um 25.000 Euro und die Gewinnanteile der **verbleibenden** Gesellschafter um je 8.333 Euro.

Der einheitlich und gesondert festzustellende Gewinn beträgt 100.000 Euro ./. 25.000 Euro = 75.000 Euro + 10.000 Euro lt. Sonderbilanz + Aufgabe-

1 Einkommensteuer

gewinn 188.600 Euro = 273.600 Euro und ist wie folgt auf die vier Gesellschafter zu verteilen:

	J	K	L	M
	€	€	€	€
Mehraufwendungen für den lästigen Gesellschafter	./. 8.334	./. 8.333	./. 8.333	–
Gewinnanteil	25.000	25.000	25.000	25.000
Gewinn lt. Sonderbilanz				10.000
Aufgabegewinn				188.600
	16.666	16.667	16.667	223.600

Zu 3. a):

Der Eröffnungsbilanz liegt folgender Buchungssatz zugrunde:

Grund und Boden	20.000 €	an Auseinandersetzungs-	
Gebäude	12.000 €	schuld	175.000 €
Maschinen	5.500 €		
Betriebs- und Geschäftsausstattung	1.250 €		
GWG	500 €		
Waren	4.500 €		
Firmenwert	25.000 €		
Kapital M	85.000 €		
Rücklage § 6 b EStG	20.000 €		
Rückstellungen	1.250 €		

Aktiva	Eröffnungsbilanz OHG zum 01.01.06		Passiva
Grund und Boden	100.000 €	Kapital J	110.000 €
Gebäude	180.000 €	Kapital K	75.000 €
Maschinen	53.500 €	Kapital L	90.000 €
Betriebs- und Geschäftsausstattung	21.250 €	Rücklage § 6 b EStG	60.000 €
GWG	500 €	Auseinandersetzungsschuld M	175.000 €
Waren	94.500 €	Rückstellungen	48.750 €
Forderungen	130.000 €	Übrige Verbindlichkeiten	130.000 €
Firmenwert	25.000 €		
Übrige Besitzposten	84.000 €		
	688.750 €		688.750 €

Zu 3. b):

aa) Falls die Mehrzahlung aus privaten Gründen erfolgte, ändert sich die Eröffnungsbilanz nicht. Der Betrag von 25.000 Euro ist keine Betriebsschuld und darf deshalb nicht passiviert werden.

J. Ausscheiden eines Gesellschafters

bb) Falls die Mehrzahlung für einen lästigen Gesellschafter erfolgte, ergibt sich folgende

Aktiva	Eröffnungsbilanz OHG zum 01.01.06		Passiva
Grund und Boden	100.000 €	Kapital J	101.666 €
Gebäude	180.000 €	Kapital K	66.667 €
Maschinen	53.500 €	Kapital L	81.667 €
Betriebs- und Geschäfts-		Rücklage § 6 b EStG	60.000 €
ausstattung	21.250 €	Auseinandersetzungs-	
GWG	500 €	schuld M	200.000 €
Waren	94.500 €	Rückstellungen	48.750 €
Forderungen	130.000 €	Übrige Verbindlich-	
Firmenwert	25.000 €	keiten	130.000 €
Übrige Besitzposten	84.000 €		
	688.750 €		688.750 €

Zu 4.:

— **Nicht abnutzbares Anlagevermögen**

Zum nicht abnutzbaren Anlagevermögen gehört nur der Grund und Boden. Der Buchwert beträgt unverändert 100.000 Euro.

— **Abnutzbares Anlagevermögen**

Die AfA für die erworbenen anteiligen Wirtschaftsgüter kann erst ab 06 vorgenommen werden, da die Anschaffung erst am 01.01.06 0.00 Uhr erfolgt.

a) Gebäude

Für den erworbenen Anteil kann nur die AfA nach § 7 Abs. 4 Nr. 1 EStG angesetzt werden:

	AfA gem. § 7 Abs. 5 EStG	AfA gem. § 7 Abs. 4 EStG
bisherige anteilige Herstellungskosten der verbleibenden Gesellschafter	180.000 €	
Anschaffungskosten,		54.000 €
davon AfA 5 % bzw. 2 %	9.000 €	1.080 €

Die AfA für das Gebäude beträgt in 06 10.080 €.

b) Maschinen

Die AfA beträgt in 06 20 % von 53.500 Euro (Restbuchwert) = 10.700 Euro.

c) Betriebs- und Geschäftsausstattung

Die AfA beträgt in 06 21.250 Euro : 2½ Jahre = 8.500 Euro.

1 Einkommensteuer

d) GWG

Da die Anschaffungskosten die anteilige Grenze von 150 Euro nicht übersteigen, müssen sie im Jahr der Anschaffung (= 06) gewinnmindernd ausgebucht werden.

e) Firmenwert

Der Firmenwert gehört zum abnutzbaren Anlagevermögen. Seine Nutzungsdauer beträgt gem. § 7 Abs. 1 Satz 3 EStG 15 Jahre. Er ist somit ab 06 jährlich mit $^1/_{15}$ von 25.000 Euro = 1.667 Euro linear nach § 7 Abs. 1 EStG abzuschreiben.

— **Umlaufvermögen**

Durch den höheren Wareneinsatz von 4.500 Euro ergibt sich eine Gewinnminderung.

— **Rücklage § 6 b EStG**

Sofern im Jahr 06 kein begünstigtes Wirtschaftsgut angeschafft bzw. hergestellt worden ist, ist die Rücklage von 60.000 Euro gewinnerhöhend aufzulösen. Die restlichen 20.000 Euro erhöhten bereits 05 den Aufgabegewinn. Ansonsten kann die Rücklage nur noch i. H. von 60.000 Euro übertragen werden. Wird die Rücklage aufgelöst, ist der Gewinnzuschlag gem. § 6 b Abs. 7 EStG aus 60.000 Euro zu berechnen.

— **Rückstellungen**

Da dieser Bilanzposten aufzulösen ist, ergibt sich nur noch eine Gewinnerhöhung von 48.750 Euro (statt 50.000 Euro).

1.3.5 Ausscheiden unter Buchwert

1.3.5.1 Gründe

Das Ausscheiden mit einem Betrag unter dem Buchwert kann auf folgenden Gründen beruhen:

— Die Wirtschaftsgüter sind zulässigerweise nicht mit dem niedrigen Teilwert aktiviert.

— Es sind zwar stille Reserven vorhanden, der ausscheidende Gesellschafter verzichtet jedoch aus betrieblichen Gründen auf einen ihm zustehenden Mehrbetrag.

— Es sind zwar stille Reserven vorhanden, die Gesellschafter sind sich aber darüber einig, dass die Abfindung hinter dem Wert der Beteiligung zurückbleiben soll.

— Der ausscheidende Gesellschafter verzichtet aus privaten Gründen auf einen ihm zustehenden Mehrbetrag, schenkt also diesen Betrag den verbleibenden Gesellschaftern.

J. Ausscheiden eines Gesellschafters

123 Bei einem Ausscheiden unter dem Buchwert sollte zuerst die Schlussbilanz der Personengesellschaft auf eine unrichtige Bilanzierung untersucht und ggf. berichtigt werden. Diese Änderungen erhöhen den laufenden Gewinn, nicht den Veräußerungsgewinn. Ist die Schlussbilanz jedoch nicht zu beanstanden, ergeben sich die nachstehend behandelten Auswirkungen.

1.3.5.2 Behandlung beim ausscheidenden Gesellschafter

124 Liegen **betriebliche** Gründe für die Abfindung unter dem Buchwert vor, so entsteht beim ausscheidenden Gesellschafter in Höhe der Differenz zwischen Abfindung und Buchwert ein Veräußerungsverlust, der mit anderen Einkünften ausgeglichen werden kann.

Beruht die Abfindung unter dem Buchwert auf einer teilentgeltlichen Übertragung und damit auf **privaten** Gründen, ist dies einkommensteuerlich unbeachtlich, es entsteht also **kein** Veräußerungsverlust.[143]

1.3.5.3 Behandlung bei den verbleibenden Gesellschaftern

125 Nach Auffassung des BFH stellt auch in diesem Fall die handelsrechtliche Anwachsung des Anteils des ausscheidenden Gesellschafters am Gesellschaftsvermögen steuerrechtlich eine Anschaffung durch die verbleibenden Gesellschafter dar. Folglich sind Zahlungen der verbleibenden Gesellschafter an den ausscheidenden Gesellschafter auch dann die Gegenleistung für die Veräußerung des Mitunternehmeranteils, wenn sie niedriger sind als der Buchwert der Beteiligung des ausscheidenden Gesellschafters.[144] Dies gilt selbst dann, wenn der Kaufpreis 1 Euro beträgt.[145]

1.3.5.3.1 Der Teilwert der Wirtschaftsgüter ist niedriger als der Buchwert

126 Entspricht die Abfindung dem Teilwert der Beteiligung, so liegen die Anschaffungskosten unter den Buchwerten aller oder einiger Wirtschaftsgüter. Die Buchwerte müssen entsprechend herabgesetzt werden, weil eine Bilanzierung über den tatsächlichen Anschaffungskosten unzulässig ist (§ 6 Abs. 1 Nr. 1 und 2 EStG). Eine Gewinnauswirkung tritt dadurch bei den verbleibenden Gesellschaftern nicht ein.

---

[143] BFH vom 27.05.1981, BStBl II 1982, 211.
[144] BFH vom 11.07.1973, BStBl II 1974, 50.
[145] BFH vom 21.04.1994, BStBl II 1994, 745.

1 Einkommensteuer

Der Buchungssatz lautet:

Kapital ausscheidender Gesellschafter an Verschiedene Aktivkonten
Verschiedene Passivkonten
Sonstige Verbindlichkeiten

Beispiel:

Aktiva	Bilanz OHG zum 31.12.01		Passiva
Grundstück	180.000 €	Kapital A	100.000 €
Maschinen	100.000 €	Kapital B	100.000 €
Waren	70.000 €	Kapital C	100.000 €
Übrige Aktivposten	300.000 €	Übrige Passivposten	350.000 €
	650.000 €		650.000 €

Die Bilanz entspricht den steuerlichen Bilanzierungs- und Bewertungsvorschriften. C, der am Gewinn und Verlust sowie am Vermögen zu je $1/3$ beteiligt ist, scheidet zum 31.12.01 aus der OHG aus. Die Auseinandersetzungsbilanz zeigt folgendes Bild:

Aktiva	Auseinandersetzungsbilanz OHG zum 31.12.01		Passiva
Grundstück	150.000 €	Kapital A	92.000 €
Maschinen	100.000 €	Kapital B	92.000 €
Waren	76.000 €	Kapital C	92.000 €
Übrige Aktivposten	300.000 €	Übrige Passivposten	350.000 €
	626.000 €		626.000 €

C erhält eine Abfindung von 92.000 € und erzielt damit einen Veräußerungsverlust von 8.000 €. Da die Abfindung dem Teilwert der Beteiligung entspricht, tritt bei den verbleibenden Gesellschaftern keine Gewinnauswirkung ein. Die Eröffnungsbilanz zum 01.01.02 hat folgendes Aussehen:

Aktiva	Eröffnungsbilanz OHG zum 01.01.02		Passiva
Grundstück	170.000 €	Kapital A	100.000 €
Maschinen	100.000 €	Kapital B	100.000 €
Waren	72.000 €	Sonstige Verbindlich-	
Übrige Besitzposten	300.000 €	keiten an C	92.000 €
		Übrige Passivposten	350.000 €
	642.000 €		642.000 €

Für die weitere steuerliche Behandlung der Wirtschaftsgüter ergeben sich dieselben Konsequenzen wie beim Ausscheiden über dem Buchwert im Einzelnen dargestellt,[146] nur mit umgekehrten Vorzeichen.

---
146 Siehe J. Rz. 112 ff.

J. Ausscheiden eines Gesellschafters

1.3.5.3.2 Der ausscheidende Gesellschafter verzichtet aus betrieblichen Gründen auf einen Mehrbetrag

127 Auch bei einem objektiven Missverhältnis zwischen Leistung und Gegenleistung kann ein auf betrieblichen Gründen beruhender entgeltlicher Veräußerungsvorgang vorliegen. Verzichtet z. B. der ausscheidende Gesellschafter auf einen ihm zustehenden Mehrbetrag, um die Zustimmung zu seinem vorzeitigen Ausscheiden zu erreichen oder um die Abfindung früher als nach dem Gesellschaftsvertrag vorgesehen zu erhalten, so liegt in vollem Umfang ein entgeltlicher Veräußerungsvorgang vor, selbst dann, wenn der Teilwert der Beteiligung über den Buchwert hinausgeht. Bei den verbleibenden Gesellschaftern entsteht wiederum keine Gewinnauswirkung. Sie müssen die Buchwerte der Wirtschaftsgüter herabsetzen, obwohl deren Teilwert mindestens dem Buchwert entspricht, wenn nicht sogar höher ist, denn eine Bilanzierung über den tatsächlichen Anschaffungskosten ist stets unzulässig.[147]

Die Herabsetzung der Buchwerte ist u. E. wie folgt vorzunehmen:

— Liegt der Teilwert einzelner Wirtschaftsgüter unter dem Buchwert in der Schlussbilanz, so ist der Minderbetrag zunächst auf diese Wirtschaftsgüter zu verteilen, und zwar bis zum Ansatz mit dem Teilwert.

— Der restliche Minderbetrag ist im gleichen Verhältnis von den Buchwerten der **aktivierten** Wirtschaftsgüter – auch derer, die bereits bis zum Teilwert herabgesetzt wurden – mit Ausnahme der Geldkonten[148] abzusetzen.

128 **Sonderfall:** Soweit der Minderbetrag ausnahmsweise nicht von aktiven Wirtschaftsgütern abgesetzt werden kann, weil kein Buchwert vorhanden ist und eine Absetzung von Geldkonten nicht vorgenommen werden darf, ist für den nicht durch Abstockung zu verteilenden Minderbetrag ein passiver Ausgleichsposten zu bilden, der gegen spätere Verlustanteile sowie bei gänzlicher oder teilweiser Beendigung der Beteiligung gewinnerhöhend aufgelöst wird. Dieser Ausgleichsposten ergibt sich aus dem Grundsatz der Bewertung zu den Anschaffungskosten und im Zusammenwirken von Gesellschafts- und Ergänzungsbilanz. Es ist nicht zulässig, in Höhe dieses Differenzbetrags bei den Erwerbern einen laufenden Gewinn auszuweisen.[149]

---

147 BFH vom 11.07.1973, BStBl II 1974, 50, vom 30.01.1974, BStBl II 1974, 352, und vom 21.04.1994, BStBl II 1994, 745.
148 BFH vom 12.12.1996, BStBl II 1998, 180.
149 BFH vom 21.04.1994, BStBl II 1994, 745, und vom 12.12.1996, BStBl II 1998, 180.

1 Einkommensteuer

Beispiel:

Aktiva	Bilanz OHG zum 31.12.01		Passiva
Anlagevermögen	300.000 €	Kapital A	150.000 €
Umlaufvermögen	150.000 €	Kapital B	150.000 €
		Kapital C	150.000 €
	450.000 €		450.000 €

Die Bilanz entspricht den steuerlichen Bilanzierungs- und Bewertungsvorschriften. C, der am Gewinn und Verlust sowie am Vermögen zu je $^1/_3$ beteiligt ist, scheidet zum 31.12.01 aus der OHG aus. Die Auseinandersetzungsbilanz zeigt folgendes Bild:

Aktiva	Auseinandersetzungsbilanz OHG zum 31.12.01		Passiva
Anlagevermögen	320.000 €	Kapital A	170.000 €
Firmenwert	30.000 €	Kapital B	170.000 €
Umlaufvermögen	160.000 €	Kapital C	170.000 €
	510.000 €		510.000 €

Um die Zustimmung zu seinem vorzeitigen Ausscheiden zu erreichen, ist C nach langen Verhandlungen mit einem Betrag von 141.000 € einverstanden. C erzielt einen Veräußerungsverlust von 9.000 €, bei A und B ergibt sich **keine** Gewinnauswirkung. Die aktivierten Wirtschaftsgüter dürfen nur mit ihren Anschaffungskosten angesetzt werden. Die Buchwerte von 300.000 € und 150.000 € müssen folglich um 9.000 € herabgesetzt werden, der Firmenwert ist mangels Anschaffungskosten nicht zu aktivieren. Die Herabsetzung erfolgt grundsätzlich im Verhältnis der Teilwerte, also 2 : 1. Die Eröffnungsbilanz zum 01.01.02 hat folgendes Aussehen:

Aktiva	Eröffnungsbilanz OHG zum 01.01.02		Passiva
Anlagevermögen	294.000 €	Kapital A	150.000 €
Umlaufvermögen	147.000 €	Kapital B	150.000 €
		Verbindlichkeit an C	141.000 €
	441.000 €		441.000 €

Für die weitere steuerliche Behandlung der Wirtschaftsgüter ergeben sich dieselben Konsequenzen wie beim Ausscheiden über dem Buchwert,[150] nur mit umgekehrten Vorzeichen.

1.3.5.3.3 Die Gesellschafter sind sich über die Abfindung unter dem Buchwert einig

Ein teilweiser **unentgeltlicher** Erwerb des Mitunternehmeranteils ist gegeben, wenn sich die Gesellschafter darüber einig sind, dass die Abfindung unter dem Wert der Beteiligung des ausscheidenden Gesellschafters

---
[150] Siehe J. Rz. 112 ff.

J. Ausscheiden eines Gesellschafters

zurückbleiben soll, weil der Ausgeschiedene den Erwerbern aus **betrieblichen** Gründen den Mehrwert unentgeltlich zuwenden will. Nach Auffassung des BFH[151] haben die verbleibenden Gesellschafter gem. § 6 Abs. 3 EStG die Buchwerte fortzuführen. Dies gilt auch dann, wenn der Teilwert der Beteiligung des ausscheidenden Gesellschafters höher ist als ihr Buchwert. Die Vorschrift des § 6 Abs. 4 EStG ist nicht anzuwenden, weil diese nur für die unentgeltliche Übertragung einzelner Wirtschaftsgüter gilt.[152] Bei den verbleibenden Gesellschaftern erhöht sich der Gewinn um die Differenz zwischen der Abfindung und dem Buchwert des Kapitalkontos des ausscheidenden Gesellschafters. Das bedeutet, dass die unentgeltliche Übertragung, soweit sie sich auf einen über dem Buchwert liegenden Wert bezieht, ohne Gewinnauswirkung bleibt.

Buchungssatz:

Kapital ausscheidender Gesellschafter an Sonstige Verbindlichkeiten
                                                           Sonstige betriebliche Erträge

Beispiel:

Sachverhalt wie Beispiel in J. Rz. 124 mit der Abweichung, dass sich die Gesellschafter über die Abfindung unter dem Buchwert einig sind.

C erzielt einen Veräußerungsverlust von 9.000 €, die verbleibenden Gesellschafter A und B müssen die Buchwerte gem. § 6 Abs. 3 EStG fortführen. Dadurch ergibt sich bei ihnen eine Gewinnerhöhung von je 4.500 €. Die Eröffnungsbilanz zum 01.01.02 hat folgendes Aussehen:

Aktiva	Eröffnungsbilanz OHG zum 01.01.02		Passiva
Anlagevermögen	300.000 €	Kapital A	154.500 €
Umlaufvermögen	150.000 €	Kapital B	154.500 €
		Sonstige Verbindlichkeit an C	141.000 €
	450.000 €		450.000 €

Bezüglich der AfA ist davon auszugehen, dass die Wirtschaftsgüter teilweise entgeltlich und teilweise unentgeltlich erworben wurden. Die AfA für den entgeltlich erworbenen Teil ist von den eigenen Anschaffungskosten vorzunehmen, für den unentgeltlich erworbenen Teil ist die AfA des ausscheidenden Gesellschafters fortzuführen. Auch soweit Besitzzeiten eine Rolle spielen (z. B. § 6 b EStG), rechnen die Besitzzeiten des Rechtsvorgängers zum Teil mit.

1.3.5.3.4 Der ausscheidende Gesellschafter verzichtet aus privaten Gründen auf einen Mehrbetrag

131 Es liegt ein teilweise unentgeltlicher Erwerb des Mitunternehmeranteils vor. Die verbleibenden Gesellschafter müssen gem. § 6 Abs. 3 EStG die Buch-

---

151 BFH vom 11.07.1973, BStBl II 1974, 50.
152 Gl. A. Littmann/Hörger/Rapp, § 16 Rz. 176; Herrmann/Heuer/Raupach, § 16 Anm. 226.

1 Einkommensteuer

werte der anteilig erworbenen Wirtschaftsgüter fortführen. Im Gegensatz zum vorigen Fall führt dies jedoch bei den verbleibenden Gesellschaftern zu keiner Gewinnerhöhung.[153] Der Unterschiedsbetrag zwischen dem Buchwert des Kapitalkontos und der Abfindung des ausscheidenden Gesellschafters wird als Einlage der verbleibenden Gesellschafter behandelt.[154]

Buchungssatz:

Kapital ausscheidender Gesellschafter an Sonstige Verbindlichkeiten und
Privat der verbleibenden
Gesellschafter

Beispiel:

Vater (V) überträgt seinen Mitunternehmeranteil mit einem Verkehrswert von 800.000 € (steuerliches Kapitalkonto 400.000 €) im Wege der vorweggenommenen Erbfolge auf seinen Sohn S. S hat an seine Schwester T eine Abstandszahlung i. H. von 200.000 € zu leisten, die er durch Kredit finanziert.

Die Übertragung der Beteiligung von V an S erfolgt teilentgeltlich, denn die Abstandszahlung, die S an seine Schwester entrichten muss, stellt den Veräußerungspreis dar. Dieser liegt – aus privaten Gründen – unter dem Buchwert der Beteiligung des V von 400.000 €, sodass er insgesamt seinen Mitunternehmeranteil unentgeltlich auf S überträgt (§ 6 Abs. 3 Satz 1 EStG). Eine Aufteilung des Veräußerungsvorgangs in einen teils entgeltlichen und teils unentgeltlichen Teil ist nur bei der Veräußerung einzelner Wirtschaftsgüter vorzunehmen. V erzielt keinen Veräußerungsgewinn und S muss gem. § 6 Abs. 3 Satz 3 EStG zwingend die Buchwerte des V fortführen.

Der von S aufgenommene Kredit führt zu einer Betriebsschuld, die zu passivieren ist. Die dafür entrichteten Schuldzinsen sind als Betriebsausgaben abziehbar. Die AfA ist unverändert fortzuführen. Besitzzeiten des Rechtsvorgängers und des Rechtsnachfolgers werden zusammengerechnet. Es beginnt also im Zeitpunkt der Übertragung keine neue Frist zu laufen.[155]

1.3.6 Abfindung bei negativem Kapitalkonto

Beim Ausscheiden eines Gesellschafters mit einem negativen Kapitalkonto ergeben sich folgende Möglichkeiten:

a) Die auf den ausscheidenden Gesellschafter entfallenden stillen Reserven sind höher als sein (negatives) Kapitalkonto, sodass sich insgesamt ein Abfindungsanspruch ergibt.
b) Stille Reserven sind nicht vorhanden bzw. sind niedriger als das negative Kapitalkonto. Der ausscheidende Gesellschafter muss den Differenzbetrag der Gesellschaft zurückbezahlen.
c) Wie b), jedoch wird der Differenzbetrag dem ausscheidenden Gesellschafter aus betrieblichen Gründen erlassen.

---
153 BFH vom 07.02.1995, BStBl II 1995, 770.
154 BFH vom 11.07.1973, BStBl II 1974, 50.
155 BMF vom 13.01.1993, BStBl I 1993, 80, 87, Tz. 38.

1041

J. Ausscheiden eines Gesellschafters

d) Wie b); weil es sich bei dem ausscheidenden Gesellschafter um einen Kommanditisten einer KG handelt und deshalb keine Verpflichtung besteht, den Differenzbetrag zurückzuzahlen, erfolgt auch keine Ausgleichszahlung.

e) Wie b), jedoch wird der Differenzbetrag dem ausscheidenden Gesellschafter aus privaten Gründen erlassen.

133 Zu a): In diesem Fall ergeben sich keine Unterschiede zum Ausscheiden mit einem positiven Kapitalkonto. Der ausscheidende Gesellschafter erzielt einen nach §§ 16, 34 EStG begünstigten Veräußerungsgewinn in Höhe der Differenz zwischen Abfindung und negativem Kapitalkonto.[156] Dabei ist es gleichgültig, auf welche Weise das negative Kapitalkonto entstanden ist. Bei den verbleibenden Gesellschaftern liegen Anschaffungskosten für die anteilig erworbenen Wirtschaftsgüter vor, die in Höhe der aufgedeckten stillen Reserven und des Firmenwerts zu aktivieren sind. Eine Gewinnauswirkung tritt bei den verbleibenden Gesellschaftern nicht ein.

Buchungssatz:

Verschiedene Aktivkonten
Verschiedene Passivkonten   an   Kapital ausscheidender Gesellschafter
                                                       Sonstige Verbindlichkeiten

134 Zu b): Soweit stille Reserven vorhanden sind und mit der Rückzahlung verrechnet werden, liegen beim ausscheidenden Gesellschafter wiederum ein nach §§ 16, 34 EStG begünstigter Veräußerungsgewinn und bei den verbleibenden Gesellschaftern zu aktivierende Anschaffungskosten vor. Bei der Auseinandersetzung einer OHG und einer GbR besteht gem. § 735 BGB grundsätzlich eine Nachschusspflicht. Der Rückzahlungsanspruch der verbleibenden Gesellschafter ist folglich als sonstige Forderung zu aktivieren. Insoweit ergibt sich weder bei den verbleibenden noch beim ausscheidenden Gesellschafter eine Gewinnauswirkung.

Buchungssatz:

Verschiedene Aktivkonten
Verschiedene Passivkonten
Sonstige Forderungen   an   Kapital ausscheidender Gesellschafter

Diese Regelung gilt auch dann, wenn das Kapitalkonto eines beschränkt haftenden Gesellschafters (Kommanditist, atypischer stiller Gesellschafter, atypischer Unterbeteiligter) durch rückzahlungspflichtige Entnahmen negativ geworden ist, weil auch dieses negative Kapitalkonto gesellschaftsrechtlich eine Ausgleichspflicht zum Inhalt hat.

135 Zu c): Ein solcher Fall ist gegeben, wenn der ausscheidende Gesellschafter von den verbleibenden Gesellschaftern ohne Gegenleistung von den Verbindlichkeiten der Personengesellschaft freigestellt wird. Der ausscheidende

---

156 BFH vom 16.12.1992, BStBl II 1993, 436.

1 Einkommensteuer

Gesellschafter erzielt im Zeitpunkt des Ausscheidens einen nach §§ 16, 34 EStG begünstigten Veräußerungsgewinn in Höhe des Minusbetrags seines Kapitalkontos (bzw. bei Vorliegen teilweiser stiller Reserven in Höhe des erlassenen Betrags), und zwar auch dann, wenn der Rückzahlungsanspruch von der Personengesellschaft erlassen wurde, weil er uneinbringlich ist.[157] Dies gilt auch dann, wenn die Freistellung nur im Innenverhältnis zwischen den Gesellschaftern erfolgt, d. h., wenn die Gesellschaftsgläubiger den Ausscheidenden nicht aus seiner persönlichen Haftung für die Schulden der Personengesellschaft entlassen.[158] Bei den verbleibenden Gesellschaftern ergibt sich ein Verlust in Höhe des Forderungserlasses. Eine Aktivierung des Betrags ist nicht möglich, weil damit weder ein materielles noch ein immaterielles Wirtschaftsgut erworben wurde.

Buchungssatz:

Verschiedene Aktivkonten
Verschiedene Passivkonten
Sonstige betriebliche
Aufwendungen   an   Kapital ausscheidender Gesellschafter

Wird der ausscheidende Gesellschafter später wider Erwarten für die Gesellschaftsschulden in Anspruch genommen, so liegt ein Ereignis mit steuerlicher Rückwirkung auf den Zeitpunkt der Veräußerung vor mit der Folge, dass der Feststellungsbescheid vom Jahr des Ausscheidens des Gesellschafters nach § 175 Abs. 1 Nr. 2 AO geändert werden muss.[159] Dabei sind der Veräußerungsgewinn des ausgeschiedenen Gesellschafters und die Übernahmeverluste der verbleibenden Gesellschafter entsprechend zu vermindern.[160] Sofern und soweit die Buchwerte aufgestockt wurden, sind allerdings zunächst diese Buchwerte gewinnneutral zu mindern.

Ausnahme: Wird der ausscheidende Gesellschafter nur im Innenverhältnis von den Gesellschaftsschulden freigestellt, erfolgt allerdings weder beim ausscheidenden noch bei den verbleibenden Gesellschaftern eine Gewinnverwirklichung, wenn der Ausscheidende wegen der schlechten wirtschaftlichen Lage der Personengesellschaft und der verbleibenden Gesellschafter nach wie vor mit seiner vollen Inanspruchnahme durch die Gesellschaftsgläubiger rechnen muss.[161] Der Wert des Befreiungsanspruchs ist notfalls zu schätzen, falls mit einer teilweisen Inanspruchnahme des Ausscheidenden zu rechnen ist.

---

157 Gl. A. Schmidt/Wacker, § 16 Rz. 471.
158 BFH vom 30.11.1977, BStBl II 1978, 149.
159 BFH vom 19.07.1993, BStBl II 1993, 894.
160 BFH vom 10.02.1994, BStBl II 1994, 564.
161 BFH vom 30.11.1977, BStBl II 1978, 149.

J. Ausscheiden eines Gesellschafters

136 **Zu d):** Zunächst ist festzuhalten, dass auch für einen beschränkt haftenden Gesellschafter beim Ausscheiden aus der Personengesellschaft eine Ausgleichsverpflichtung besteht, wenn das negative Kapitalkonto durch rückzahlungspflichtige Entnahmen entstanden ist; siehe „Zu b)". Eine Ausgleichsverpflichtung besteht nur dann nicht, wenn das Kapitalkonto durch Verlustzuweisungen negativ geworden ist (§ 167 Abs. 3 HGB). Handelsrechtlich fällt dieses negative Kapitalkonto im Zeitpunkt des Ausscheidens weg.

137 Der Wegfall des negativen Kapitalkontos führt gem. § 52 Abs. 33 Satz 3 EStG unabhängig davon, ob die Personengesellschaft aufgelöst oder fortgeführt wird, zu einem nach §§ 16, 34 EStG begünstigten Veräußerungsgewinn in Höhe des negativen Kapitalkontos, denn er hat seine Ursachen in der Veräußerung eines Mitunternehmeranteils.[162] Dies gilt unabhängig davon, ob die Verluste, die zur Entstehung bzw. Erhöhung eines negativen Kapitalkontos geführt haben, in vollem Umfang abzugsfähig waren oder nach § 15a EStG als verrechenbare Verluste festgestellt worden sind. Das negative Kapitalkonto dient damit beim Ausscheiden des Gesellschafters nicht nur der Gewinnverteilung, sondern auch der Sicherung der Nachversteuerung der in der Vergangenheit zugewiesenen Verluste.

138 **Aber:** Bei Vermögensübertragungen zwischen Angehörigen spricht eine widerlegbare Vermutung für eine unentgeltliche Übertragung des Mitunternehmeranteils. Sie liegt vor, wenn sich die Beteiligten darüber einig sind, dass der Anteil aufgrund einer Schenkung übergehen sollte. Dieser Beurteilung steht nicht entgegen, dass eine Schenkung bei einem Gesellschaftsanteil regelmäßig nicht in Betracht kommt, wenn dieser keinen Vermögenswert mehr verkörpert.[163] In diesen Fällen der unentgeltlichen Übertragung ist ebenfalls § 6 Abs. 3 EStG anzuwenden, d. h., der ausscheidende Kommanditist erzielt keinen Veräußerungsgewinn, kann aber auch die nach § 15a Abs. 4 EStG gesondert festgestellten verrechenbaren Verluste nicht mehr verrechnen.

139 Bevor es bei der entgeltlichen Übertragung zur endgültigen Feststellung des nach §§ 16, 34 EStG begünstigten Veräußerungsgewinns kommt, müssen noch folgende Punkte geklärt werden:

1. Stand bereits zu einem früheren Zeitpunkt fest, dass ein Ausgleich des negativen Kapitalkontos mit künftigen Gewinnanteilen des Kommanditisten nicht mehr in Betracht kommt, hätte das negative Kapitalkonto bereits in diesem Jahr aufgelöst werden müssen, was zu einer Erhöhung des nicht begünstigten laufenden Gewinns geführt hätte.[164] Sofern für

---

[162] BFH vom 11.08.1994, BStBl II 1995, 253, und vom 10.03.1998, BStBl II 1999, 269.
[163] BFH vom 10.03.1998, BStBl II 1999, 269.
[164] BFH vom 10.11.1980, BStBl II 1981, 164, vom 10.12.1991, BStBl II 1992, 650, und vom 28.01.1992, BStBl II 1992, 881.

dieses Vorjahr eine Berichtigung nach den Vorschriften der AO noch möglich ist, ist diese vorzunehmen.[165]

Aber: Die Besteuerung eines aus der Auflösung des negativen Kapitalkontos eines Kommanditisten resultierenden Veräußerungsgewinns ist sachlich unbillig, wenn dem negativen Kapitalkonto Verluste zugrunde liegen, die der Kommanditist wegen des Ausgleichs- und Abzugsverbots für gewerbliche Tierzucht und Tierhaltung nicht hatte verrechnen können.[166] Dasselbe gilt, soweit das negative Kapitalkonto eines Kommanditisten duch steuerfreie negative Teileinkünfte i. S. von § 3 Nr. 40 i. V. mit § 3 c Abs. 2 EStG entstanden ist.

2. Der durch den Wegfall des negativen Kapitalkontos entstehende, nach §§ 16, 34 EStG begünstigte Veräußerungsgewinn ist um (künftige) Aufwendungen des Kommanditisten zu mindern, die mit seinem Ausscheiden verbunden sind, z. B. Inanspruchnahme aus einer für die KG eingegangenen Bürgschaft.[167] Das gilt selbst dann, wenn die verbleibenden Gesellschafter dem Kommanditisten die Freistellung von der Verpflichtung zugesagt haben, diese Zusage aber nicht werthaltig ist und der Kommanditist die Inanspruchnahme durch die Gläubiger der Personengesellschaft befürchten muss.[168]

140

Diese fortbestehenden Verpflichtungen sind in einer fortzuführenden Sonderbilanz des ausscheidenden Kommanditisten gewinnmindernd als Rückstellung zu passivieren. Dieser Verlust mindert den Veräußerungsgewinn.[169] Wird der ausgeschiedene Gesellschafter später nicht oder nicht in vollem Umfang in Anspruch genommen oder erhält er Ersatz seiner Aufwendungen, ist von einem rückwirkenden Ereignis auszugehen (§ 175 Abs. 1 Nr. 2 AO).[170] Das bedeutet, der Veräußerungsgewinn ist insoweit, als die Rückstellung in der Sonderbilanz durch Wegfall aufzulösen ist, nachträglich zu erhöhen.[171]

3. Wurde der Kommanditist aus einer Bürgschaftsverpflichtung bereits in Anspruch genommen, ist der Rückgriffsanspruch gegenüber der KG in einer Sonderbilanz des Kommanditisten als Forderung zu aktivieren. Ist beim Ausscheiden des Kommanditisten die Rückgriffsforderung wertlos, mindert der Wegfall der in der Sonderbilanz aktivierten Forderung den Veräußerungsgewinn.[172]

141

---

165 BFH vom 12.10.1993, BStBl II 1994, 174; siehe im Einzelnen B. Rz. 203 ff.
166 BFH vom 26.10.1994, BStBl II 1995, 297, und vom 25.01.1996, BStBl II 1996, 289.
167 BFH vom 12.07.1990, BStBl II 1991, 64.
168 BFH vom 26.05.1991, BStBl II 1991, 795, 798.
169 BFH vom 09.02.1993, BStBl II 1993, 747.
170 BFH vom 19.07.1993, BStBl II 1993, 894.
171 Gl. A. Schmidt/Wacker, § 16 Rz. 465.
172 Siehe B. Rz. 154.

J. Ausscheiden eines Gesellschafters

Dasselbe gilt, wenn der Kommanditist in seiner Sonderbilanz eine Forderung gegen die KG aktiviert hat.[173] Diese Forderung ist bisher zwingend mit dem Nennwert aktiviert, weil Teilwertabschreibungen während der Zugehörigkeit eines Gesellschafters zur Personengesellschaft unzulässig sind.[174]

Ist diese Forderung im Zeitpunkt des Ausscheidens des Kommanditisten
- **wertlos,** mindert der Wegfall der in der Sonderbilanz des Kommanditisten aktivierten Forderung den Veräußerungsgewinn;
- **nicht wertlos,** ist sie weiterhin in der Sonderbilanz des ausgeschiedenen Kommanditisten mit dem Nennwert zu aktivieren. Eine Gewinnauswirkung tritt (noch) nicht ein.

Wird die Forderung zu einem späteren Zeitpunkt in vollem Umfang oder teilweise wertlos, mindert sich der Veräußerungsgewinn bzw. Aufgabegewinn mit steuerlicher Wirkung für die Vergangenheit nach § 175 Abs. 1 Satz 1 Nr. 2 AO.[175]

142 Steht danach fest, dass der durch den Wegfall des negativen Kapitalkontos entstandene Veräußerungsgewinn nicht zu verändern ist bzw. trotz Berücksichtigung von künftigen Aufwendungen ein Veräußerungsgewinn übrig bleibt, so ist er, sofern die Verluste nach § 15a EStG nicht ausgleichs- oder abzugsfähig, sondern nur verrechenbar waren, mit diesen zu verrechnen, im Übrigen, begünstigt nach §§ 16, 34 EStG, zu versteuern.[176]

143 Die verbleibenden Gesellschafter müssen zunächst die anteiligen stillen Reserven einschließlich Firmenwert in der Bilanz der KG aktivieren (§ 52 Abs. 33 Satz 4 EStG).[177]

144 In Höhe des Teilbetrags des negativen Kapitalkontos, der die stillen Reserven einschließlich Firmenwert übersteigt, sind bei den Mitunternehmern, auf die der Anteil übergeht, Verlustanteile anzusetzen; d. h., bei ihnen entsteht insoweit ein sofort abzugsfähiger Verlust (R 15a Abs. 6 Satz 4 EStR).[178] Haften die übernehmenden Gesellschafter beschränkt, ist bei ihnen die Beschränkung des Verlustausgleichs nach § 15a EStG zu beachten.[179]

145 Bei dem oder den übernehmenden Gesellschaftern entsteht auch dann ein sofort abzugsfähiger Verlust, wenn der ausscheidende Kommanditist aus dem Wegfall des negativen Kapitalkontos wegen einer zu berücksichtigenden Bürgschaftsverpflichtung keinen Veräußerungsgewinn zu versteuern hat, weil sich die Verbindlichkeiten der übrigen Gesellschafter trotz der Bürgschaftsverpflichtung/Bürgschaftszahlung des Kommanditisten nicht

---

173 BFH vom 19.01.1993, BStBl II 1993, 594.
174 Siehe B. Rz. 145.
175 BFH vom 28.07.1994, BStBl II 1995, 112, und vom 14.12.1994, BStBl II 1995, 465.
176 BFH vom 26.01.1995, BStBl II 1995, 467; siehe auch E. Rz. 50 ff.
177 BFH vom 26.05.1981, BStBl II 1981, 795, und vom 18.02.1993, BStBl II 1994, 224.
178 Wegen der Verteilung dieses Verlustes siehe B. Rz. 205 ff.
179 BMF vom 23.06.1983, BStBl I 1983, 353.

vermindern. An die Stelle der wegfallenden Verbindlichkeit gegenüber dem Gesellschaftsgläubiger aufgrund der Zahlung durch den Bürgen tritt in derselben Höhe bei den übernehmenden Gesellschaftern die Ausgleichsverpflichtung nach § 774 BGB. Ein Gewinn entsteht bei den übernehmenden Gesellschaftern erst dann, wenn der Bürge auf seinen Ersatzanspruch verzichtet oder die Ersatzverpflichteten mit einer Inanspruchnahme durch den Bürgen nicht mehr zu rechnen brauchen.[180]

Veräußert dagegen der Kommanditist mit einem negativen Kapitalkonto seinen Anteil nur an einzelne der übrigen Gesellschafter, stellen die gesamten Aufwendungen des Erwerbers zum Erwerb des Anteils einschließlich des negativen Kapitalkontos Anschaffungskosten dar. Das gilt auch dann, wenn der Anteil an der KG zu einem überhöhten Preis erworben wird,[181] denn eine Fehlmaßnahme liegt nicht vor.[182] **146**

In der Ergänzungsbilanz des bzw. der erwerbenden Gesellschafter(s) ist auf der Aktivseite ein entsprechender Korrekturposten auszuweisen, der erfolgsmindernd gegen spätere Gewinnanteile des Erwerbers aufzulösen ist. Je nach Höhe des Gewinns kann dies dazu führen, dass dieser Korrekturposten bereits am Ende des ersten Wirtschaftsjahres nach dem Erwerb in voller Höhe gewinnmindernd aufzulösen ist.[183] **147**

Dadurch wird vermieden, dass Gesellschaftsanteile mit dem Ziel gehandelt werden, dem Erwerber einen das tarifbesteuerte Einkommen mindernden Erwerbsverlust zu verschaffen, während bei der anschließenden Wiederveräußerung ein tarifbegünstigter Veräußerungsgewinn entsteht.

Hat der übernehmende Gesellschafter den Kommanditanteil **unentgeltlich** erworben, führt er nach § 6 Abs. 3 EStG den Buchwert und damit das negative Kapitalkonto fort. Auch der verrechenbare Verlust geht auf ihn über und kann von ihm selbst dann nur mit künftigen Gewinnen der KG verrechnet werden, wenn er Komplementär ist.[184] **148**

Zu e): Waren private Gründe für den Erlass des Differenzbetrags ausschlaggebend, so handelt es sich um eine unentgeltliche Übertragung eines Mitunternehmeranteils gem. § 6 Abs. 3 EStG. Weder beim ausscheidenden noch bei den verbleibenden Gesellschaftern tritt insoweit (= in Höhe des Differenzbetrags) eine Gewinnauswirkung ein. Zur unentgeltlichen Übertragung trotz Ausgleichsverpflichtung des Ausgeschiedenen siehe BFH.[185] **149**

---

180 BFH vom 22.11.1988, BStBl II 1989, 359; siehe auch OFD Münster vom 31.08.1990, DB 1990 S. 2041.
181 BFH vom 21.04.1994, BStBl II 1994, 745.
182 BFH vom 29.10.1991, BStBl II 1992, 647.
183 Siehe auch J. Rz. 174 ff.
184 BFH vom 10.03.1998, BStBl II 1999, 269.
185 BFH vom 14.11.1979, BStBl II 1980, 96.

J. Ausscheiden eines Gesellschafters

Buchungssatz:
Verschiedene Aktivkonten
Verschiedene Passivkonten
Privat der verbleibenden
Gesellschafter   an   Kapital ausscheidender Gesellschafter

150 Auch die übernommenen Verbindlichkeiten des übertragenen Mitunternehmeranteils stellen bei der Übertragung eines Mitunternehmeranteils im Wege der vorweggenommenen Erbfolge kein Veräußerungsentgelt und keine Anschaffungskosten dar, sodass der Übernehmer des Mitunternehmeranteils hinsichtlich der übernommenen positiven und negativen Wirtschaftsgüter die Buchwerte des Übergebers fortzuführen hat. Dies gilt grundsätzlich auch bei der Übertragung eines Mitunternehmeranteils, dessen steuerliches Kapitalkonto negativ ist, da das Vorhandensein eines negativen Kapitalkontos einer unentgeltlichen Betriebsübertragung nicht entgegensteht.

151 Ist neben der Übernahme des negativen Kapitalkontos noch ein Gleichstellungsgeld oder eine Abstandszahlung zu leisten oder wird eine private Verbindlichkeit übernommen, handelt es sich um eine entgeltliche Vermögensübertragung. Der Übergeber erhält ein Veräußerungsentgelt in Höhe der ihm zusätzlich gewährten Leistungen zzgl. des übertragenen negativen Kapitalkontos, das i. d. R. auch der Veräußerungsgewinn ist, und der Übernehmer hat Anschaffungskosten in entsprechender Höhe.[186]

152 Die folgenden Beispiele zeigen zusammenfassend im Einzelnen diese steuerliche Behandlung.

Beispiel 1:

An einer OHG sind die Gesellschafter R, S und T zu je $1/3$ am Gewinn und Verlust sowie am Vermögen beteiligt. Das Kapitalkonto von R entwickelte sich in den letzten Wj. wie folgt:

Stand 31.12.01 = 01.01.02	70.000 €
Entnahmen 02	./. 20.000 €
Verlust 02	./. 90.000 €
Stand 31.12.02	./. 40.000 €
Entnahmen 03	./. 20.000 €
Verlust 03	./. 20.000 €
Stand 31.12.03	./. 80.000 €
Entnahmen 04	./. 20.000 €
Verlust 04	./. 40.000 €
Stand 31.12.04	./. 140.000 €

Zum Ende des Wj. 04 scheidet R (50 Jahre) aus der OHG aus. S und T verzichten auf einen Ausgleich des negativen Kapitalkontos, weil R vermögenslos ist,

---

[186] BMF vom 13.01.1993, BStBl I 1993, 80, 85, Tz. 27–31.

und stellen R von der Haftung für alle Schulden der OHG frei. Die stillen Reserven betragen: 90.000 € bei einem Grundstück und 60.000 € beim Firmenwert.

Das Ausscheiden des R beinhaltet zwei Vorgänge, nämlich
1. ein Anschaffungsgeschäft, das der normalen Abfindung entspricht, und
2. einen Forderungserlass, weil die verbleibenden Gesellschafter auf ihren Rückzahlungsanspruch verzichten.

R erzielt i. H. von 140.000 € einen nach §§ 16, 34 EStG begünstigten Veräußerungsgewinn. Ein Freibetrag nach § 16 Abs. 4 EStG kann nicht gewährt werden, weil R das 55. Lebensjahr noch nicht vollendet hat. Sollte R wider Erwarten später für Schulden der OHG in Anspruch genommen werden, liegt ein Ereignis mit steuerlicher Rückwirkung auf den Zeitpunkt der Veräußerung vor[187] mit der Folge, dass der Feststellungsbescheid des Jahres 04 entsprechend zu ändern ist.

S und T müssen zunächst die anteilig erworbenen stillen Reserven von 30.000 € und 20.000 € aktivieren. Insoweit ergibt sich keine Gewinnauswirkung. In Höhe des Differenzbetrags von 90.000 € liegt dagegen ein sonstiger betrieblicher Aufwand vor, der zu je 45.000 € auf S und T zu verteilen ist, weil der Forderungserlass auf betrieblichen Gründen beruht.

Beispiel 2:

An einer KG sind der Komplementär A sowie die Kommanditisten B, C und D mit je 25 % am Gewinn und Verlust und am Vermögen beteiligt. Das Kapitalkonto des A beträgt ./. 200.000 €, das der Kommanditisten jeweils ./. 120.000 €. Mit Ablauf des Jahres 01 scheidet B aus der KG aus. Mangels stiller Reserven hat B keinen Anspruch an die KG, lediglich sein durch Verluste entstandenes negatives Kapitalkonto fällt weg. Am 10.05.01 hat B zur Absicherung eines Darlehens der KG eine Bürgschaft i. H. von 300.000 € übernommen. Mit einer Inanspruchnahme des B bei Fälligkeit des Darlehens im Jahre 02 muss gerechnet werden. Die Rückgriffsforderung wird nach den Verhältnissen vom 31.12.01 wertlos sein.

Bei B entsteht durch den Wegfall des negativen Kapitalkontos in 01 grundsätzlich ein nach §§ 16, 34 EStG begünstigter Veräußerungsgewinn i. H. von 120.000 €. Dieser Gewinn mindert sich jedoch um die zu erwartende Inanspruchnahme aus der Bürgschaftsverpflichtung von 300.000 €, für die in der Sonderbilanz des B eine Rückstellung auszuweisen ist. Somit ergibt sich für B in 01 ein Veräußerungsverlust von 180.000 €, der im Wege des Verlustausgleichs bzw. Verlustabzugs zu berücksichtigen ist. Soweit die Verluste, die zu einem negativen Kapitalkonto geführt haben, nach § 15a EStG nicht ausgleichs- oder abzugsfähig, sondern nur verrechenbar waren, können sie im Zeitpunkt des Ausscheidens mit dem Gewinn aus der Nachversteuerung des negativen Kapitalkontos saldiert werden. In diesem Fall wäre im Jahre 01 bei B ein Verlust von insgesamt 300.000 € verrechenbar.

In Höhe des übernommenen negativen Kapitalkontos von 120.000 € entsteht bei den übernehmenden Gesellschaftern ein sofort abzugsfähiger Verlust von 120.000 €, der mit je 40.000 € auf A, C und D zu verteilen ist. Sofern allerdings

---
187 BFH vom 19.07.1993, BStBl II 1993, 894.

J. Ausscheiden eines Gesellschafters

bei den Kommanditisten mit einem Ausgleich ihrer negativen Kapitalkonten durch künftige Gewinne nicht mehr zu rechnen ist, ist der Verlust von 120.000 € in voller Höhe A zuzurechnen. Unberücksichtigt bleibt, dass B wegen der zu berücksichtigenden Bürgschaftsverpflichtung keinen Veräußerungsgewinn zu versteuern hat, denn die Verbindlichkeiten der übrigen Gesellschafter mindern sich nicht. Erst wenn B auf seinen Ersatzanspruch verzichtet oder A, C und D mit einer Inspruchnahme durch den Bürgen nicht mehr zu rechnen brauchen, entsteht bei ihnen ein Gewinn.

Beispiel 3:

Wie Beispiel 2; B wird in 02 in Anspruch genommen. Wegen der Vermögenslosigkeit der übrigen Gesellschafter verzichtet er auf seinen Ersatzanspruch.

Bei B ergibt sich in 02 keine Gewinnauswirkung, weil sich die Ausgabe von 300.000 € bereits in 01 gewinnmindernd ausgewirkt hat. Die Rückstellung in der Sonderbilanz ist gewinnneutral auszubuchen. Bei den Gesellschaftern A, C und D entsteht durch den Verzicht auf den Ersatzanspruch ein laufender Gewinn von 300.000 €, weil die in der Bilanz der KG passivierte Schuld gewinnerhöhend aufzulösen ist. Dieser Gewinn ist nach dem (neuen) Gewinnverteilungsschlüssel allen Gesellschaftern zuzurechnen.

Beispiel 4:

Wie Beispiel 2; weil sich die wirtschaftliche Lage der KG wesentlich gebessert hat, wird B in 02 nicht als Bürge in Anspruch genommen.

Bei B liegt durch den Wegfall der Bürgschaftsverpflichtung ein Ereignis mit steuerlicher Rückwirkung vor mit der Folge, dass der Veräußerungsverlust des Jahres 01 von 180.000 € nachträglich um 300.000 € zu mindern ist. Es ergibt sich somit ein nach §§ 16, 34 EStG begünstigter Veräußerungsgewinn von 120.000 €. Der Feststellungsbescheid des Jahres 01 ist nach § 175 Abs. 1 Nr. 2 AO zu ändern. Die Rückstellung in der Sonderbilanz ist aufzulösen. Bei den übrigen Gesellschaftern ergibt sich in 02 keine Gewinnauswirkung, weil sie ihren Verpflichtungen aus dem Darlehensvertrag nachgekommen sind.

Beispiel 5:

Wie Beispiel 3, B verzichtet jedoch nicht auf seinen Ersatzanspruch und erhält von A in 03 einen Betrag von 50.000 €. Mit weiteren Zahlungen kann wegen Vermögenslosigkeit aller Gesellschafter nicht mehr gerechnet werden.

In 02 ergibt sich weder bei B noch bei den übrigen Gesellschaftern eine Gewinnauswirkung im Zusammenhang mit der Bürgschaftsverpflichtung, weil die Schuld der KG noch nicht weggefallen ist. Durch die nachträgliche Bezahlung des Betrags von 50.000 € liegt ein Ereignis mit steuerlicher Rückwirkung vor. Folglich sind der Veräußerungsverlust des B aus dem Jahre 01 um 50.000 € auf 130.000 € zu mindern und der Feststellungsbescheid des Jahres 01 nach § 175 Abs. 1 Nr. 2 AO zu ändern. Die Rückstellung in der Sonderbilanz ist im Jahre 03 aufzulösen. Eine Gewinnberichtigung des Jahres 03 tritt dadurch bei B nicht ein. Bei den übrigen Gesellschaftern entsteht in 03 durch den Wegfall der Schuld gegenüber B ein laufender Gewinn von 250.000 €, der nach dem (neuen) Gewinnverteilungsschlüssel auf alle Gesellschafter zu verteilen ist.

1 Einkommensteuer

Beispiel 6:

V überträgt seinen Mitunternehmeranteil mit einem Verkehrswert von 600.000 € im Wege der vorweggenommenen Erbfolge auf seinen Sohn S. V hat ein negatives Kapitalkonto von 100.000 €. S hat an seine Schwester T ein Gleichstellungsgeld i. H. von 150.000 € zu zahlen.

Das an T zu zahlende Gleichstellungsgeld zzgl. des übertragenen negativen Kapitalkontos führen zu einem Veräußerungsentgelt i. H. von 250.000 €, das auch gleichzeitig der Veräußerungsgewinn ist, und zu Anschaffungskosten bei S i. H. von ebenfalls 250.000 €.

Beispiel 7:

A ist mit 25 % an der X-KG als Kommanditist beteiligt. Er hat seine Einlage von 100.000 € in voller Höhe geleistet. Bis zum Jahre 01 hat die KG keine Verluste erzielt. Die Gewinne der einzelnen Jahre wurden A stets im Folgejahr in voller Höhe ausbezahlt. Das Kapitalkonto des A entwickelte sich bis zum 31.12.04 wie folgt:

Kapital am 01.01.02	130.000 €
./. Entnahme Gewinn 01	30.000 €
./. Verlust 02	180.000 €
Kapital am 31.12.02 = verrechenbarer Verlust 02	./. 80.000 €
./. Verlust 03	420.000 €
Kapital am 31.12.03	./. 500.000 €
+ Gewinn 04	60.000 €
Kapital am 31.12.04	440.000 €

Im Verlust des Jahres 04 ist eine Teilwertabschreibung auf eine Beteiligung an der Y-GmbH i. H. von 250.000 € enthalten, die wegen § 3 c Abs. 2 EStG nur mit 60 % = 150.000 € zu berücksichtigen ist. Das bedeutet, der zuzurechnende steuerliche Verlust für 03 beträgt nur (420.000 € ./. 100.000 € =) 320.000 € und es ergibt sich ein verrechenbarer Verlust am 31.12.03 von nur (80.000 € + 320.000 € =) 400.000 €.

A ist mit Ablauf des Jahres 04 aus der KG ausgeschieden. Die anteiligen stillen Reserven des A betragen 150.000 €, die im Grundstück und im Firmenwert enthalten sind. Da sein Kapitalkonto trotz Zurechnung der stillen Reserven negativ bleibt (./. 290.000 €), ergibt sich zum 31.12.04 kein Abfindungsguthaben. A scheidet damit ohne Abfindungszahlung aus der KG aus, er muss allerdings das negative Kapitalkonto auch nicht ausgleichen. Die übrigen Gesellschafter, die die KG fortsetzen, übernehmen das negative Kapitalkonto des A im Verhältnis ihrer bisherigen Beteiligung.

Im Wj. 04 ist zunächst der laufende Gewinnanteil des A von 60.000 € nach § 15 a Abs. 2 EStG mit dem verrechenbaren Verlust zu verrechnen. Somit verbleibt vorläufig ein verrechenbarer Verlust von 340.000 €. A erzielt einen Veräußerungsgewinn i. H. des wegfallenden negativen Kapitalkontos von 440.000 €. Der verbleibende verrechenbare Verlust von 340.000 € ist mit diesem Veräußerungsgewinn zu verrechnen. Der verbleibende Veräußerungsgewinn von 100.000 € ist jedoch wegen sachlicher Unbilligkeit nicht zu versteuern, weil es sich insoweit um den im Jahr 03 nicht berücksichtigten Anteil

1051

J. Ausscheiden eines Gesellschafters

an der Teilwertabschreibung der GmbH-Beteiligung handelt. A muss damit im Ergebnis keinen Gewinn aus der Auflösung des negativen Kapitalkontos versteuern.

Die übrigen Gesellschafter, die den Anteil des A übernehmen, müssen zunächst nach § 52 Abs. 33 Sätze 3 und 4 EStG die anteiligen stillen Reserven von 150.000 € aktivieren. Obwohl die übrigen Gesellschafter ein verbleibendes negatives Kapital von (500.000 € ./. 60.000 € ./. 150.000 € =) 290.000 € übernehmen, können sie nur in Höhe des verbleibenden verrechenbaren Verlusts von 190.000 € nach § 52 Abs. 33 Satz 4 EStG Verluste ansetzen. Im Ergebnis geht damit zutreffend das Abzugsverbot des § 3 c Abs. 2 EStG auf die verbleibenden Gesellschafter über.

1.4 Ausscheiden gegen Sachwertabfindung

1.4.1 Allgemeines

153 Ein Ausscheiden gegen Sachwertabfindung liegt vor, wenn ein ausscheidender Gesellschafter als Abfindung andere Wirtschaftsgüter als Geld erhält, z. B. Grundstücke, Maschinen, Waren, aber auch immaterielle Wirtschaftsgüter oder eine noch nicht realisierte Forderung aus einem Grundstücksverkauf.[188] Voraussetzung ist, dass die Wirtschaftsgüter bisher zum Gesamthandsvermögen der Personengesellschaft gehört haben. Bei der Überführung von Wirtschaftsgütern, die bisher schon im Alleineigentum des ausscheidenden Gesellschafters standen und als Sonderbetriebsvermögen aktiviert waren, gelten die Ausführungen in J. Rz. 69 ff.

1.4.2 Grundsätzliche Behandlung

154 Nach der Rechtsprechung des BFH[189] ist der an sich meist einheitliche Vorgang begrifflich in zwei rechtliche Bestandteile zu zerlegen:

1. Veräußerung des Mitunternehmeranteils an die verbleibenden Gesellschafter gegen Entstehung eines Abfindungsanspruchs
2. Veräußerung der Wirtschaftsgüter an den ausscheidenden Gesellschafter zur Tilgung dieses Abfindungsanspruchs

Wichtig ist, dass die Veräußerung des Mitunternehmeranteils mit der Entstehung des Abfindungsanspruchs abgeschlossen und der Veräußerungsgewinn damit bereits verwirklicht ist. Bei den verbleibenden Gesellschaftern ist folglich eine Verbindlichkeit in Höhe des Abfindungsanspruchs auszuweisen.

Die Begleichung dieser Verbindlichkeit durch die Hingabe eines Wirtschaftsguts ist bereits ein Vorgang, der sich nur noch im Betrieb der verbleibenden Gesellschafter abspielt, der ausscheidende Gesellschafter ist bereits ausgeschieden.

---

188 BFH vom 23.11.1995, BStBl II 1996, 194.
189 BFH vom 24.05.1973, BStBl II 1973, 655, und vom 28.11.1989, BStBl II 1990, 561.

1 Einkommensteuer

Diese Grundsätze sind entsprechend bei einer kombinierten Bar- und Sachwertabfindung anzuwenden.

1.4.3 Wertansatz

Für die Frage, mit welchem Wert das an den ausscheidenden Gesellschafter veräußerte Wirtschaftsgut zu bewerten ist, ist zu unterscheiden, ob der Abfindungsanspruch

— entsprechend den gesetzlichen Bestimmungen in einem Geldbetrag oder

— aufgrund einer vertraglichen Vereinbarung in einem Sachwert

besteht.

155

Richtet sich die Abfindungsforderung auf einen Geldbetrag und ist der ausscheidende Gesellschafter damit einverstanden, dass ihm **an Erfüllungs statt** Sachwerte übereignet werden (§ 364 Abs. 2 BGB), so sind Veräußerungspreis beim Ausscheidenden und Anschaffungskosten bei den verbleibenden Gesellschaftern der Nennbetrag der Geldforderung. Dieser Nennbetrag wurde ermittelt auf der Basis der **Teilwerte** der einzelnen Wirtschaftsgüter und entspricht damit dem Teilwert des Mitunternehmeranteils.

Richtet sich die Abfindungsforderung dagegen unmittelbar auf einen oder mehrere Sachwerte, handelt es sich um ein Tauschgeschäft (Sachwert gegen Gesellschaftsanteil). Der Anschaffungspreis des eingetauschten Wirtschaftsguts entspricht dem **gemeinen Wert** des hingegebenen Wirtschaftsguts (§ 6 Abs. 6 EStG). Der Wert des Abfindungsanspruchs ist nach dem gemeinen Wert des oder der Abfindungsgüter zu bestimmen. Falls der gemeine Wert höher ist als der Teilwert, ist zu unterstellen, dass der Differenzbetrag zwischen gemeinem Wert und Teilwert auf den Firmenwert entfällt.

1.4.4 Rechtsfolgen für den ausscheidenden Gesellschafter

Beim ausscheidenden Gesellschafter entsteht – wie bei der Barabfindung – in Höhe des Unterschiedsbetrags zwischen dem Buchwert des Kapitalkontos und dem Abfindungsanspruch (= Veräußerungspreis) abzüglich der Veräußerungskosten ein nach §§ 16, 34 EStG begünstigter Veräußerungsgewinn, wenn der ausscheidende Gesellschafter das empfangene Wirtschaftsgut in sein **Privatvermögen** überführt. § 16 Abs. 2 Satz 3 EStG liegt hier nicht vor, weil auf der Seite des Veräußerers und auf der Seite des Erwerbers weder ganz noch teilweise dieselben Personen Mitunternehmer sind.

156

Bei Überführung der Wirtschaftsgüter in ein anderes **Betriebsvermögen** des ausscheidenden Gesellschafters sind nach § 6 Abs. 5 Satz 3 EStG zwingend die Buchwerte fortzuführen, es sei denn, die Sperrfrist von drei Jahren wird nicht eingehalten oder die Übertragung erfolgt an eine GmbH.[190] Das heißt,

157

---
190 Siehe im Einzelnen B. Rz. 384 ff.

J. Ausscheiden eines Gesellschafters

weder bei der Übertragung einzelner Wirtschaftsgüter noch bei der Übertragung von Teilbetrieben entsteht beim ausgeschiedenen Gesellschafter ein Veräußerungsgewinn nach § 16 EStG.

1.4.5 Rechtsfolgen für die verbleibenden Gesellschafter

158 Die verbleibenden Gesellschafter **erwerben** den Gesellschaftsanteil des ausscheidenden Gesellschafters.

Überträgt der ausgeschiedene Gesellschafter die empfangenen Wirtschaftsgüter in sein **Privatvermögen,** müssen die verbleibenden Gesellschafter zunächst einmal die Buchwerte der Wirtschaftsgüter gewinnneutral um die anteilig auf den ausscheidenden Gesellschafter entfallenden stillen Reserven erhöhen.[191] In der Höhe, in der der Veräußerungspreis des an den ausscheidenden Gesellschafter veräußerten Wirtschaftsguts den um die stillen Reserven erhöhten Buchwert übersteigt, tritt durch das Ausscheiden des Abfindungsguts aus dem Betriebsvermögen bei den verbleibenden Gesellschaftern eine Gewinnrealisierung ein. Damit werden alle stillen Reserven des Abfindungsguts – im Gegensatz zur Barabfindung – aufgedeckt und realisiert. Der bei den verbleibenden Gesellschaftern verwirklichte Veräußerungsgewinn ist als gewerbesteuerpflichtiger, laufender Gewinn zu versteuern. Sofern die Voraussetzungen des § 6b EStG erfüllt sind, können sowohl der ausscheidende als auch die verbleibenden Gesellschafter eine Rücklage bilden.

Überträgt der ausgeschiedene Gesellschafter die empfangenen Wirtschaftsgüter dagegen ins **Betriebsvermögen,** sind nach § 6 Abs. 5 Satz 3 EStG zwingend die Buchwerte fortzuführen, sofern kein Ausnahmefall i. S. von § 6 Abs. 5 Sätze 4 bis 6 EStG vorliegt. Dazu muss das Kapitalkonto des ausscheidenden Gesellschafters an die Buchwerte der übernehmenden Wirtschaftsgüter gewinnneutral angepasst werden.

1.4.6 Fallkombinationen

159 Vorbemerkung: In den nachfolgenden Beispielen entspricht die Beteiligung der Gesellschafter am Gewinn und am Verlust sowie am Vermögen ihren Kapitalkonten. Soweit der ausgeschiedene Gesellschafter weniger als seinen Anteil an den Teilwerten der Wirtschaftsgüter des Betriebsvermögens erhält, wird unterstellt, dass die Minderabfindung auf betrieblichen Gründen beruht. Falls nichts anderes angegeben, entspricht der Teilwert dem gemeinen Wert.

Bei jeder Variante wird die Lösung alternativ dargestellt:
1. Überführung der einzelnen Wirtschaftsgüter ins Privatvermögen.
2. Überführung der einzelnen Wirtschaftsgüter ins Betriebsvermögen.

---
[191] Siehe im Einzelnen J. Rz. 28 ff.

1 Einkommensteuer

A. Stille Reserven nur in den verbleibenden Wirtschaftsgütern   160

Beispiel 1:

Aktiva	Schlussbilanz vor dem Ausscheiden		Passiva
Wirtschaftsgüter I	126.000 €	Kapital A	90.000 €
Wirtschaftsgüter II	54.000 €	Kapital B	54.000 €
		Kapital C	36.000 €
	180.000 €		180.000 €

Aktiva	Auseinandersetzungsbilanz		Passiva
Wirtschaftsgüter I	216.000 €	Kapital A	135.000 €
Wirtschaftsgüter II	54.000 €	Kapital B	81.000 €
		Kapital C	54.000 €
	270.000 €		270.000 €

C scheidet aus. Er erhält die Wirtschaftsgüter II.

1. Der nach §§ 16, 34 EStG begünstigte Veräußerungsgewinn des C beträgt 18.000 €. Bei A und B entsteht kein Gewinn, da in den veräußerten Wirtschaftsgütern keine stillen Reserven enthalten sind.

Buchungssätze:

1. Wirtschaftsgüter I	18.000 €			
Kapital C	36.000 €	an	Sonstige Verbindlichkeiten	54.000 €
2. Sonstige Verbindlichkeiten	54.000 €	an	Wirtschaftsgüter II	54.000 €

Aktiva	Bilanz nach dem Ausscheiden		Passiva
Wirtschaftsgüter I	144.000 €	Kapital A	90.000 €
		Kapital B	54.000 €
	144.000 €		144.000 €

2. Zunächst muss das Kapitalkonto des C an die Buchwerte der Wirtschaftsgüter II erfolgsneutral angepasst werden. Entsprechend sind die Buchwerte der Kapitalkonten der Gesellschafter A und B im Verhältnis ihrer Beteiligung (5 : 3) erfolgsneutral herabzusetzen.

1055

J. Ausscheiden eines Gesellschafters

Die Bilanz hat danach folgendes Aussehen:

Aktiva	Bilanz nach Anpassung der Kapitalkonten		Passiva
Wirtschaftsgüter I	126.000 €	Kapital A	78.750 €
Wirtschaftsgüter II	54.000 €	Kapital B	47.250 €
		Kapital C	54.000 €
	180.000 €		180.000 €

Nun überführt C die Wirtschaftsgüter II zwingend zum Buchwert von 54.000 € in sein Einzelunternehmen (§ 6 Abs. 5 Satz 3 EStG). Die Folge dieser erfolgsneutralen Anpassung der Kapitalkonten ist, dass A und B zu einem späteren Zeitpunkt (z. B. bei Veräußerung oder Entnahme) die gesamten stillen Reserven von 90.000 € allein versteuern müssen. Das heißt, es sind 18.000 € stille Reserven von C auf A und B übergegangen.

Die Bilanz nach dem Ausscheiden des C hat folgendes Aussehen:

Aktiva	Bilanz nach dem Ausscheiden		Passiva
Wirtschaftsgüter I	126.000 €	Kapital A	78.750 €
		Kapital B	47.250 €
	126.000 €		126.000 €

B. Stille Reserven nur in der Sachwertabfindung

Beispiel 2:

Aktiva	Schlussbilanz vor dem Ausscheiden		Passiva
Wirtschaftsgüter I	120.000 €	Kapital A	90.000 €
Wirtschaftsgüter II	60.000 €	Kapital B	45.000 €
		Kapital C	45.000 €
	180.000 €		180.000 €

Aktiva	Auseinandersetzungsbilanz		Passiva
Wirtschaftsgüter I	120.000 €	Kapital A	105.000 €
Wirtschaftsgüter II	90.000 €	Kapital B	52.500 €
		Kapital C	52.500 €
	210.000 €		210.000 €

A scheidet aus. Er erhält die Wirtschaftsgüter II, also nur den Buchwert seines Mitunternehmeranteils.

1. Bei A entsteht kein Veräußerungsgewinn, B und C erzielen einen nicht nach §§ 16, 34 EStG begünstigten, gewerbesteuerpflichtigen laufenden Gewinn i. H. von je 15.000 € = 30.000 €. Sofern die Voraussetzungen vorliegen, können B und C eine Rücklage gem. § 6 b EStG bilden.

1 Einkommensteuer

Buchungssätze:

1. Kapital A	90.000 €	an	Sonstige Verbindlichkeiten	90.000 €
2. Sonstige Verbindlichkeiten	90.000 €	an	Wirtschaftsgüter II Sonstige betriebliche Erträge	60.000 € 30.000 €
3. Sonstige betriebliche Aufwendungen	30.000 €	an	Rücklage § 6 b EStG	30.000 €

Aktiva	Bilanz nach dem Ausscheiden (ohne Rücklage)		Passiva
Wirtschaftsgüter I	120.000 €	Kapital B	60.000 €
		Kapital C	60.000 €
	120.000 €		120.000 €

Aktiva	Bilanz nach dem Ausscheiden (mit Rücklage)		Passiva
Wirtschaftsgüter I	120.000 €	Kapital B	45.000 €
		Kapital C	45.000 €
		Rücklage § 6 b EStG	30.000 €
	120.000 €		120.000 €

2.

Aktiva	Bilanz nach Anpassung der Kapitalkonten		Passiva
Wirtschaftsgüter I	120.000 €	Kapital A	60.000 €
Wirtschaftsgüter II	60.000 €	Kapital B	60.000 €
		Kapital C	60.000 €
	180.000 €		180.000 €

Nun überführt A die Wirtschaftsgüter II zum Buchwert von 60.000 € in sein Einzelunternehmen und versteuert damit die in diesen Wirtschaftsgütern enthaltenen und auf ihn übergegangenen stillen Reserven von 30.000 € zu einem späteren Zeitpunkt allein. Bei B und C ergibt sich keine Gewinnauswirkung.

Die Bilanz nach dem Ausscheiden des A hat folgendes Aussehen:

Aktiva	Bilanz nach dem Ausscheiden		Passiva
Wirtschaftsgüter I	120.000 €	Kapital B	60.000 €
		Kapital C	60.000 €
	120.000 €		120.000 €

J. Ausscheiden eines Gesellschafters

Beispiel 3:

Aktiva	Schlussbilanz vor dem Ausscheiden		Passiva
Wirtschaftsgüter I	180.000 €	Kapital A	80.000 €
Wirtschaftsgüter II	60.000 €	Kapital B	80.000 €
		Kapital C	80.000 €
	240.000 €		240.000 €

Aktiva	Auseinandersetzungsbilanz		Passiva
Wirtschaftsgüter I	180.000 €	Kapital A	90.000 €
Wirtschaftsgüter II	90.000 €	Kapital B	90.000 €
		Kapital C	90.000 €
	270.000 €		270.000 €

B scheidet aus und erhält die Wirtschaftsgüter II.
1. Bei B entsteht ein nach §§ 16, 34 EStG begünstigter Veräußerungsgewinn i. H. von 10.000 €. A und C erzielen einen nicht nach §§ 16, 34 EStG begünstigten, gewerbesteuerpflichtigen laufenden Gewinn von 20.000 €. Sofern die Voraussetzungen vorliegen, kann die Personengesellschaft eine Rücklage gem. § 6b EStG bilden. Wegen der buch- und bilanzmäßigen Folgen siehe Beispiel 2.

Buchungssätze:
1. Wirtschaftsgüter II 10.000 €
   Kapital B 80.000 € an Sonstige Verbindlichkeiten 90.000 €
2. Sonstige Verbindlichkeiten 90.000 € an Wirtschaftsgüter II 70.000 €
                                              Sonstige betriebliche Erträge 20.000 €

Aktiva	Bilanz nach dem Ausscheiden		Passiva
Wirtschaftsgüter I	180.000 €	Kapital B	90.000 €
		Kapital C	90.000 €
	180.000 €		180.000 €

2.

Aktiva	Bilanz nach Anpassung der Kapitalkonten		Passiva
Wirtschaftsgüter I	180.000 €	Kapital A	90.000 €
Wirtschaftsgüter II	60.000 €	Kapital B	60.000 €
		Kapital C	90.000 €
	240.000 €		240.000 €

1 Einkommensteuer

Nun überführt B die Wirtschaftsgüter II zwingend zum Buchwert von 60.000 € in sein Einzelunternehmen und versteuert damit die in diesen Wirtschaftsgütern enthaltenen stillen Reserven von 30.000 € zu einem späteren Zeitpunkt (z. B. bei Veräußerung oder Entnahme) allein (§ 6 Abs. 5 Satz 3 EStG). Das heißt, auf B sind stille Reserven von 20.000 € übergegangen. Bei A und C entsteht dagegen weder jetzt noch zu irgendeinem späteren Zeitpunkt ein Gewinn.

Die Bilanz nach dem Ausscheiden von B hat folgendes Aussehen:

Aktiva	Bilanz nach dem Ausscheiden		Passiva
Wirtschaftsgüter I	180.000 €	Kapital A	90.000 €
		Kapital C	90.000 €
	180.000 €		180.000 €

C. Stille Reserven sowohl in der Sachwertabfindung als auch in den verbleibenden Wirtschaftsgütern 162

Beispiel 4:

Aktiva	Schlussbilanz vor dem Ausscheiden		Passiva
Wirtschaftsgüter I	200.000 €	Kapital A	80.000 €
Wirtschaftsgüter II	40.000 €	Kapital B	80.000 €
		Kapital C	80.000 €
	240.000 €		240.000 €

Aktiva	Auseinandersetzungsbilanz		Passiva
Wirtschaftsgüter I	240.000 €	Kapital A	120.000 €
Wirtschaftsgüter II	120.000 €	Kapital B	120.000 €
		Kapital C	120.000 €
	360.000 €		360.000 €

B scheidet aus und erhält die Wirtschaftsgüter II.

1. Bei B entsteht ein nach §§ 16, 34 EStG begünstigter Veräußerungsgewinn von 40.000 €. Die verbleibenden Gesellschafter müssen die auf B entfallenden stillen Reserven von 40.000 € anteilig auf die Wirtschaftsgüter verteilen, in denen stille Reserven enthalten sind. Der nicht nach §§ 16, 34 EStG begünstigte, gewerbesteuerpflichtige laufende Gewinn von A und C beträgt 53.334 €. Sofern die Voraussetzungen vorliegen, kann die Personengesellschaft eine Rücklage gem. § 6 b EStG i. H. von 53.334 € bilden. Wegen der buch- und bilanzmäßigen Folgen siehe Beispiel 2.

J. Ausscheiden eines Gesellschafters

Buchungssätze:

1. Wirtschaftsgüter I	13.334 €			
Wirtschaftsgüter II	26.666 €			
Kapital B	80.000 €	an	Sonstige Verbindlichkeiten	120.000 €
2. Sonstige Verbindlichkeiten	120.000 €	an	Wirtschaftsgüter II	66.666 €
			Sonstige betriebliche Erträge	53.334 €

Berechnung: Auf den Gesellschafter B entfallen $^1/_3$ der stillen Reserven von 40.000 € bzw. 80.000 € = 13.334 € bzw. 26.666 €. Die restlichen $^2/_3$ entfallen auf die Gesellschafter A und C.

Aktiva	Bilanz nach dem Ausscheiden		Passiva
Wirtschaftsgüter I	213.334 €	Kapital A	106.667 €
		Kapital B	106.667 €
	213.334 €		213.334 €

2.

Aktiva	Bilanz nach Anpassung der Kapitalkonten		Passiva
Wirtschaftsgüter I	200.000 €	Kapital A	100.000 €
Wirtschaftsgüter II	40.000 €	Kapital B	40.000 €
		Kapital C	100.000 €
	240.000 €		240.000 €

Nun überführt B die Wirtschaftsgüter II zum Buchwert von 40.000 € in sein Einzelunternehmen und versteuert damit zu einem späteren Zeitpunkt die darin enthaltenen stillen Reserven von 80.000 €. Auf der anderen Seite versteuern A und C nur noch die in den Wirtschaftsgütern I enthaltenen stillen Reserven von 40.000 € je zur Hälfte zu einem späteren Zeitpunkt (z. B. bei Veräußerung oder Entnahme). Es sind damit stille Reserven von 40.000 € auf B übergegangen.

Die Bilanz nach dem Ausscheiden des B hat folgendes Aussehen:

Aktiva	Bilanz nach dem Ausscheiden		Passiva
Wirtschaftsgüter I	200.000 €	Kapital A	100.000 €
		Kapital B	100.000 €
	200.000 €		200.000 €

1 Einkommensteuer

D. Die gemeinen Werte der Sachwertabfindung sind niedriger als die Teilwerte, aber höher als die Buchwerte

Beispiel 5:

Aktiva	Schlussbilanz vor dem Ausscheiden		Passiva
Wirtschaftsgüter I	180.000 €	Kapital A	120.000 €
Wirtschaftsgüter II	60.000 €	Kapital B	60.000 €
		Kapital C	60.000 €
	240.000 €		240.000 €

Aktiva	Auseinandersetzungsbilanz		Passiva
Wirtschaftsgüter I	210.000 €	Kapital A	150.000 €
Wirtschaftsgüter II	90.000 €	Kapital B	75.000 €
		Kapital C	75.000 €
	300.000 €		300.000 €

C scheidet aus. Als Abfindung wird ohne Rücksicht auf die Teilwerte die Übertragung der Wirtschaftsgüter II vereinbart, deren gemeiner Wert 70.000 € beträgt.

1. Bei C entsteht ein nach §§ 16, 34 EStG begünstigter Veräußerungsgewinn i. H. von 10.000 €. Bei der Bewertung der Wirtschaftsgüter ist der gemeine Wert maßgebend, weil ein Tausch vorliegt, da von Anfang an die Übertragung der Wirtschaftsgüter vereinbart war (§ 6 Abs. 6 Satz 1 EStG). A und B müssen diese 10.000 € u. E. im Verhältnis der stillen Reserven auf die Wirtschaftsgüter I und II verteilen, was zu einem nicht nach §§ 16, 34 EStG begünstigten, gewerbesteuerpflichtigen laufenden Gewinn von 5.000 € führt. Sofern die Voraussetzungen vorliegen, kann die Personengesellschaft eine Rücklage gem. § 6 b EStG bilden. Wegen der buch- und bilanzmäßigen Folgen siehe Beispiel 2.

Buchungssätze:

1. Wirtschaftsgüter I	5.000 €			
Wirtschaftsgüter II	5.000 €			
Kapital C	60.000 €	an	Sonstige Verbindlichkeiten	70.000 €
2. Sonstige Verbindlichkeiten	70.000 €	an	Wirtschaftsgüter II	65.000 €
			Sonstige betriebliche Erträge	5.000 €

Aktiva	Bilanz nach dem Ausscheiden		Passiva
Wirtschaftsgüter I	185.000 €	Kapital A	123.333 €
		Kapital B	61.667 €
	185.000 €		185.000 €

J. Ausscheiden eines Gesellschafters

2. Eine Anpassung des Kapitalkontos des ausscheidenden Gesellschafters C an die Buchwerte der übernommenen Wirtschaftsgüter II ist hier zufälligerweise nicht erforderlich, weil die Buchwerte übereinstimmen. C überführt die Wirtschaftsgüter damit zum Buchwert von 60.000 € in sein Einzelunternehmen und versteuert zu einem späteren Zeitpunkt die stillen Reserven von 30.000 €. A und B versteuern erst zu einem späteren Zeitpunkt die in den Wirtschaftsgütern I enthaltenen stillen Reserven von ebenfalls 30.000 € je zur Hälfte.

Aktiva	Bilanz nach dem Ausscheiden		Passiva
Wirtschaftsgüter I	180.000 €	Kapital A	120.000 €
		Kapital B	60.000 €
	180.000 €		180.000 €

164 E. **Die gemeinen Werte der Sachwertabfindung sind höher als die Teilwerte**

Beispiel 6:

Wie Beispiel 5, aber der gemeine Wert beträgt 100.000 €.

1. Bei C entsteht ein nach §§ 16, 34 EStG begünstigter Veräußerungsgewinn i. H. von 40.000 €. A und B müssen davon 15.000 € im Verhältnis der stillen Reserven auf die Wirtschaftsgüter I und II verteilen. Der Differenzbetrag zwischen dem Teilwert des Kapitals von C in der Auseinandersetzungsbilanz von 75.000 € und dem Ausscheidungsguthaben des C von 100.000 € = 25.000 € ist als Entgelt für den anteilig auf C entfallenden Firmenwert zu behandeln. Es entsteht ein nicht nach §§ 16, 34 EStG begünstigter, gewerbesteuerpflichtiger laufender Gewinn von 32.500 €. Sofern die Voraussetzungen vorliegen, kann die Personengesellschaft eine Rücklage gem. § 6 b EStG bilden. Wegen der buch- und bilanzmäßigen Folgen siehe Beispiel 2.

Buchungssätze:

1. Wirtschaftsgüter I	7.500 €			
Wirtschaftsgüter II	7.500 €			
Firmenwert	25.000 €			
Kapital C	60.000 €	an	Sonstige Verbindlichkeiten	100.000 €
2. Sonstige Verbindlichkeiten	100.000 €	an	Wirtschaftsgüter II	67.500 €
			Sonstige betriebliche Erträge	32.500 €

Aktiva	Bilanz nach dem Ausscheiden		Passiva
Wirtschaftsgüter I	187.500 €	Kapital A	141.667 €
Firmenwert	25.000 €	Kapital B	70.833 €
	212.500 €		212.500 €

2. Es ergibt sich dieselbe Lösung wie im Beispiel 5.

1 Einkommensteuer

F. Die gemeinen Werte der Sachwertabfindung sind niedriger als Teilwerte und Buchwerte

Beispiel 7:

Aktiva	Schlussbilanz vor dem Ausscheiden		Passiva
Wirtschaftsgüter I	120.000 €	Kapital A	90.000 €
Wirtschaftsgüter II	60.000 €	Kapital B	45.000 €
		Kapital C	45.000 €
	180.000 €		180.000 €

Aktiva	Auseinandersetzungsbilanz		Passiva
Wirtschaftsgüter I	120.000 €	Kapital A	110.000 €
Wirtschaftsgüter II	100.000 €	Kapital B	55.000 €
		Kapital C	55.000 €
	220.000 €		220.000 €

A scheidet aus. Als Abfindung wird im Wege eines Tauschs die Übertragung der Wirtschaftsgüter I vereinbart, deren gemeiner Wert 100.000 € beträgt.

1. Bei A entsteht ein nach §§ 16, 34 EStG begünstigter Veräußerungsgewinn i. H. von (100.000 € ./. 90.000 € =) 10.000 €. Dieser Betrag muss von B und C bei den Wirtschaftsgütern II, die stille Reserven enthalten, aktiviert werden. Außerdem entsteht bei B und C ein Veräußerungsverlust von je 10.000 € = 20.000 €, weil der gemeine Wert unter dem Buchwert liegt.

Buchungssätze:

1. Wirtschaftsgüter II	10.000 €			
Kapital A	90.000 €	an	Sonstige Verbindlichkeiten	100.000 €
2. Sonstige Verbindlichkeiten	100.000 €			
Sonstige betriebliche Aufwendungen	20.000 €	an	Wirtschaftsgüter I	120.000 €

Aktiva	Bilanz nach dem Ausscheiden		Passiva
Wirtschaftsgüter II	70.000 €	Kapital B	35.000 €
		Kapital C	35.000 €
	70.000 €		70.000 €

2.

Aktiva	Bilanz nach Anpassung der Kapitalkonten		Passiva
Wirtschaftsgüter I	120.000 €	Kapital A	120.000 €
Wirtschaftsgüter II	60.000 €	Kapital B	30.000 €
		Kapital C	30.000 €
	180.000 €		180.000 €

J. Ausscheiden eines Gesellschafters

Nun überführt A die Wirtschaftsgüter I zum Buchwert von 120.000 € in sein Einzelunternehmen und muss damit weder jetzt noch zu einem späteren Zeitpunkt stille Reserven versteuern, weil die Buchwerte der Wirtschaftsgüter I ihrem Teilwert entsprechen. B und C dagegen versteuern zu einem späteren Zeitpunkt die in den Wirtschaftsgütern II enthaltenen stillen Reserven von 40.000 €.

Die Bilanz nach dem Ausscheiden des A hat folgendes Aussehen:

Aktiva	Bilanz nach dem Ausscheiden		Passiva
Wirtschaftsgüter II	60.000 €	Kapital B	30.000 €
		Kapital C	30.000 €
	60.000 €		60.000 €

1.4.7 Bilanzmäßige Behandlung im Einzelnen

Beispiel 1:

An einer OHG sind die Gesellschafter S, T und U zu je $1/3$ am Gewinn und Verlust sowie an den stillen Reserven beteiligt.

Zum 31.12.01, dem Ende ihres Wj., erstellte die OHG folgende Bilanz, in der ein nicht zu beanstandender laufender Gewinn von 90.000 € bereits in den Kapitalkonten der Gesellschafter anteilig berücksichtigt ist:

Aktiva	Schlussbilanz OHG zum 31.12.01		Passiva
Unbebautes Grundstück	100.000 €	Kapital S	160.000 €
Grund und Boden	40.000 €	Kapital T	130.000 €
Gebäude	190.000 €	Kapital U	70.000 €
Waren	200.000 €	Verbindlichkeiten	420.000 €
Sonstige Aktiva	250.000 €		
	780.000 €		780.000 €

Mit Ablauf des 31.12.01 ist U wegen seines Alters (70 Jahre) aus der OHG ausgeschieden. Er hat bisher weder einen Freibetrag nach § 16 Abs. 4 EStG noch den ermäßigten Steuersatz nach § 34 Abs. 3 EStG erhalten.

Wegen des Ausscheidens erstellten die Gesellschafter folgende Auseinandersetzungsbilanz, in der sie die Wirtschaftsgüter mit ihren Teilwerten ausgewiesen haben:

Aktiva	Auseinandersetzungsbilanz OHG zum 31. 12. 01		Passiva
Unbebautes Grundstück	130.000 €	Kapital S	230.000 €
Grund und Boden	100.000 €	Kapital T	200.000 €
Gebäude	220.000 €	Kapital U	140.000 €
Waren	215.000 €	Verbindlichkeiten	420.000 €
Firmenwert	75.000 €		
Sonstige Aktiva	250.000 €		
	990.000 €		990.000 €

1 Einkommensteuer

Anstelle einer Barabfindung einigten sich die Gesellschafter im Januar 02 auf die Übertragung des unbebauten Grundstücks an U zzgl. eines Barausgleichs von 10.000 €. Das Grundstück überführt U in sein Privatvermögen.

Fragen
1. Wie hoch ist der Veräußerungsgewinn des U und in welchem Jahr ist er zu versteuern?
2. Welche steuerlichen Folgen und in welchem Jahr ergeben sich aus der Übertragung des unbebauten Grundstücks bei S und T?
3. Welche Folgen würden sich ergeben, wenn die OHG das Grundstück vor dem Ausscheiden des U für 130.000 € an einen Dritten veräußern und U danach beim Ausscheiden bar abgefunden würde?

Es liegt eine kombinierte Bar- und Sachwertabfindung vor.

1. U erzielt einen nach §§ 16, 34 EStG begünstigten Veräußerungsgewinn i. S. von § 16 Abs. 1 Nr. 2 EStG i. H. von (140.000 € ./. 70.000 € =) 70.000 €. Dieser Gewinn ist noch im Jahr 01 zu versteuern, weil U mit Ablauf des Jahres 01, also noch im alten Jahr, ausgeschieden ist.

Weil der Veräußerungsgewinn die Grenze von 136.000 € nicht übersteigt und U sein 55. Lebensjahr vollendet hat, erhält er auf Antrag einen Freibetrag gem. § 16 Abs. 4 EStG i. H. von 45.000 €. Somit ergibt sich ein steuerpflichtiger Veräußerungsgewinn von 25.000 €, für den auf Antrag der ermäßigte Steuersatz gem. § 34 Abs. 3 EStG gewährt wird. Der steuerpflichtige steuerliche Gesamtgewinn der OHG beträgt in 01 90.000 € + 25.000 € = 115.000 €.

Da über die Höhe des Freibetrags nach R 16 Abs. 13 Satz 2 EStR bei der Veranlagung zur Einkommensteuer entschieden wird, ist im Verfahren zur einheitlichen und gesonderten Gewinnfeststellung nur die Höhe des auf den ausscheidenden Gesellschafter entfallenden Veräußerungsgewinns (70.000 €) festzustellen.

2. Zum 01.01.02 ergibt sich folgende Eröffnungsbilanz:

Aktiva	Eröffnungsbilanz OHG zum 01.01.02		Passiva
Unbebautes Grundstück	110.000 €	Kapital S	160.000 €
Grund und Boden	60.000 €	Kapital T	130.000 €
Gebäude	200.000 €	Abfindungsschuld	
Waren	205.000 €	an U	140.000 €
Firmenwert	25.000 €	Verbindlichkeiten	420.000 €
Sonstige Aktiva	250.000 €		
	850.000 €		850.000 €

Für die steuerliche Behandlung ist es ohne Bedeutung, ob die Abfindung mit Sachwerten von vornherein vereinbart war oder ob es sich um eine Leistung an Erfüllungs statt handelt. Die Übertragung des Grundstücks ist für S und T ein laufender Geschäftsvorfall im Jahr 02, weil die Vereinbarung über die Übertragung des Grundstücks erst im Jahr 02 erfolgte. Der gewerbesteuerpflichtige, laufende Gewinn von 130.000 € ./. 110.000 € = 20.000 €, der auf S und T zu je 10.000 € entfällt, ist somit erst in 02 zu versteuern. (Hinweis: An dieser Gewinnverteilung hätte sich auch nichts geändert, wenn der Gewinn bereits im Jahre

1065

J. Ausscheiden eines Gesellschafters

01 zu versteuern gewesen wäre.) Sofern die Voraussetzungen vorliegen, kann die OHG eine Rücklage gem. § 6 b EStG i. H. von 20.000 € bilden.

Der Buchungssatz bei der Veräußerung des Grundstücks lautet:

Abfindungsschuld				
an U	140.000 €	an	Unbebautes Grundstück	110.000 €
			Sonstige betriebliche Erträge	20.000 €
			Bank	10.000 €

3. Bei dieser Variante läge keine Sachwert-, sondern eine Barabfindung vor. Die Bilanz nach dem Ausscheiden des U hätte das gleiche Aussehen wie bei der Sachwertabfindung. Allerdings wären die stillen Reserven anders zu versteuern, denn bei der Veräußerung des Grundstücks an den Dritten würde ein **laufender** Gewinn i. H. von 30.000 € entstehen, der je zu $^1/_3$ auf S, T und U zu verteilen wäre.

Es würde sich nach der Veräußerung des Grundstücks, aber vor dem Ausscheiden des U folgende Schlussbilanz ergeben:

Aktiva	Schlussbilanz OHG zum 31. 12. 01		Passiva
Grund und Boden	40.000 €	Kapital S	170.000 €
Gebäude	190.000 €	Kapital T	140.000 €
Waren	200.000 €	Kapital U	80.000 €
Bank	130.000 €	Verbindlichkeiten	420.000 €
Sonstige Aktiva	250.000 €		
	810.000 €		810.000 €

Nunmehr würde U beim Ausscheiden einen Veräußerungsgewinn von (140.000 € ./. 80.000 € =) 60.000 € erzielen. Sein Gesamtgewinn würde wiederum 70.000 € betragen, wovon aber nur noch i. H. von 60.000 € ein nach §§ 16, 34 EStG begünstigter Veräußerungsgewinn vorliegen würde. Bei den verbleibenden Gesellschaftern entstünde in beiden Fällen ein laufender Gewinn i. H. von 20.000 €.

Anmerkung: Sofern bei der Veräußerung des Grundstücks die Voraussetzungen des § 6 b EStG erfüllt wären, könnte die OHG eine Rücklage bilden. Beim Ausscheiden des U wäre dann die auf ihn entfallende Rücklage zugunsten des Veräußerungsgewinns aufzulösen. U würde somit wiederum einen Veräußerungsgewinn von 70.000 € erzielen.[192]

Beispiel 2:

An einer OHG sind A, B und C zu je $^1/_3$ am Gewinn und Verlust sowie am Vermögen beteiligt. Die OHG hat zum 31.12.07 die nachfolgende Schlussbilanz erstellt. Der laufende Gewinn der OHG wurde mit 270.000 € festgestellt und i. H. von je 90.000 € den Kapitalkonten der Gesellschafter gutgeschrieben.

---

[192] Wegen der weiteren Behandlung der um die stillen Reserven aufgestockten Wirtschaftsgüter siehe J. Rz. 112 ff.

1 Einkommensteuer

Aktiva	Steuerbilanz OHG zum 31.12.07		Passiva
Unbebautes Grundstück	150.000 €	Kapital A	200.000 €
Bebautes Grundstück		Kapital B	200.000 €
– Grund und Boden	210.000 €	Kapital C	200.000 €
– Gebäude	640.000 €	Darlehen	600.000 €
Maschinen	400.000 €	Übrige Passiva	600.000 €
Forderungen	180.000 €		
Firmenwert	–		
Übrige Aktiva	220.000 €		
	1.800.000 €		1.800.000 €

Mit Ablauf des Jahres 07 ist C (50 Jahre alt) aus der OHG ausgeschieden. Nach dem Gesellschaftsvertrag hat er Anspruch auf die stillen Reserven und auf den Firmenwert. Statt einer Barabfindung erhält er das unbebaute Grundstück, das er in sein Einzelunternehmen überführt. Die OHG hat deshalb zum 31.12.07 folgende Auseinandersetzungsbilanz erstellt:

Aktiva	Auseinandersetzungsbilanz OHG zum 31.12.07		Passiva
Unbebautes Grundstück	510.000 €	Kapital A	510.000 €
Bebautes Grundstück		Kapital B	510.000 €
– Grund und Boden	240.000 €	Kapital C	510.000 €
– Gebäude	810.000 €	Darlehen	600.000 €
Maschinen	450.000 €	Übrige Passiva	480.000 €
Forderungen	180.000 €		
Firmenwert	125.000 €		
Übrige Aktiva	295.000 €		
	2.610.000 €		2.610.000 €

Das Gebäude wird seit der Anschaffung im April 01 nach § 7 Abs. 4 Nr 1 EStG mit 3 % der Anschaffungskosten von 800.000 € abgeschrieben. Die Maschine (Nutzungsdauer 10 Jahre) wurde am 05.01.06 für 500.000 € erworben und wird nach § 7 Abs. 1 EStG abgeschrieben.

Da C das Grundstück in sein Einzelunternehmen überführt, muss er nach § 6 Abs. 5 Satz 3 EStG zwingend den Buchwert des Grundstücks von 150.000 € fortführen. Obwohl er seinen Mitunternehmeranteil an die verbleibenden Gesellschafter A und B veräußert, entsteht bei ihm folglich kein Veräußerungsgewinn gem. § 16 EStG. Die verbleibenden Gesellschafter A und B müssen ebenfalls die anteiligen Buchwerte der von C erworbenen Anteile an den einzelnen Wirtschaftsgütern fortführen. Aus diesem Grund muss C sein Kapitalkonto i. H. von 200.000 € erfolgsneutral an den Buchwert des unbebauten Grundstücks von 150.000 € anpassen und damit um 50.000 € mindern. Zum Ausgleich müssen A und B ihre Kapitalkonten erfolgsneutral um je 25.000 € auf jeweils 225.000 € erhöhen.

Das bedeutet: Es sind stille Reserven i. H. von 50.000 € von A und B auf C übergegangen mit der Folge, dass C in Zukunft 50.000 € mehr und A und B je

J. Ausscheiden eines Gesellschafters

25.000 € weniger zu versteuern haben. Sofern C von A und B einen Ausgleich für die künftige höhere Steuerbelastung erhält, liegt ein privater Ausgleich vor, denn die Einkommensteuer ist eine private Personensteuer. Diese eventuellen Zahlungen sind daher erfolgsneutral zu buchen.

Die verbleibenden Gesellschafter A und B treten in die Rechtsstellung des C ein. Sie führen nicht nur die Buchwerte der einzelnen Wirtschaftsgüter unverändert fort, sondern auch die AfA.

Aktiva	Eröffnungsbilanz OHG zum 01.01.08		Passiva
Unbebautes Grundstück	–	Kapital A	225.000 €
Bebautes Grundstück		Kapital B	225.000 €
– Grund und Boden	210.000 €	Kapital C	–
– Gebäude	640.000 €	Darlehen	600.000 €
Maschinen	400.000 €	Übrige Passiva	600.000 €
Forderungen	180.000 €		
Übrige Aktiva	220.000 €		
	1.650.000 €		1.650.000 €

1.5 Veräußerung eines Mitunternehmeranteils an einen Dritten (Gesellschafterwechsel)

1.5.1 Allgemeines

168 Veräußert ein Gesellschafter seinen Mitunternehmeranteil an einen anderen Gesellschafter oder an einen Dritten, der damit in die Personengesellschaft eintritt, so gelten die gleichen Grundsätze wie bei der Veräußerung des Anteils an alle verbleibenden Gesellschafter.[193] Das gilt auch, wenn bei einer atypischen stillen Gesellschaft der Inhaber des Handelsgeschäfts dieses an einen Dritten oder der atypisch stille Gesellschafter seinen Anteil an einen Dritten veräußert, die Personengesellschaft eine gewerblich geprägte i. S. von § 15 Abs. 3 Nr. 2 EStG ist[194] sowie in den Fällen, in denen die Personengesellschaft ihren Betrieb verpachtet hat, die Betriebsaufgabe aber bisher noch nicht erklärt hat.[195]

169 Erhält der ausscheidende Gesellschafter mehr als den Buchwert seines Kapitalkontos, so erzielt er einen nach §§ 16, 34 EStG begünstigten Veräußerungsgewinn. Sofern der Veräußerungspreis unter dem Buchwert liegt, entsteht beim ausscheidenden Gesellschafter ein Veräußerungsverlust in Höhe der Differenz zwischen Abfindung und Buchwert. Gehören zum Anteil des ausscheidenden Gesellschafters auch Wirtschaftsgüter des Sonderbetriebs-

---

193 Siehe im Einzelnen J. Rz. 28 ff.
194 Siehe R. Rz. 17 ff.
195 Siehe J. Rz. 299.

vermögens, so gelten dieselben Grundsätze wie beim Ausscheiden von Gesellschaftern.[196] Bei den übrigen Gesellschaftern ergeben sich durch den Gesellschafterwechsel keine Folgen. Der neu eintretende Gesellschafter, der einkommensteuerrechtlich gesehen die Anteile an den einzelnen zum Gesellschaftsvermögen gehörenden Wirtschaftsgütern erworben hat, muss diese anteilig erworbenen Wirtschaftsgüter mit den Anschaffungskosten aktivieren.[197] Ein Wahlrecht, wie es gem. § 24 UmwStG beim Eintritt eines weiteren Gesellschafters in eine bestehende Personengesellschaft gewährt wird, steht dem neuen Gesellschafter hier nicht zu.

Bei einer Schenkung eines Mitunternehmeranteils aus privaten Gründen tritt der neu eintretende Gesellschafter in die Rechtsstellung des ausscheidenden Gesellschafters ein. Nach § 6 Abs. 3 EStG müssen in diesem Fall die Buchwerte fortgeführt werden. Weder beim ausscheidenden noch beim neu eintretenden Gesellschafter kommt es zu einer Gewinnauswirkung. **170**

Beim Wechsel von Gesellschaftern ist es zur Ordnungsmäßigkeit der Buchführung nicht erforderlich, eine Zwischenbilanz aufzustellen. Nur dann, wenn nach dem Ausscheiden eines von zwei Gesellschaftern der andere, nachdem er alleiniger Inhaber der Firma geworden ist, wiederum eine OHG gründet, ist eine Zwischenbilanz erforderlich.[198] Ebenso wenig berührt ein Gesellschafterwechsel oder das Ausscheiden einzelner Gesellschafter den Bestand der Personengesellschaft mit der Folge, dass kein Wechsel des Wirtschaftsjahres vorliegt.[199] **171**

Wird nur ein Teil eines Mitunternehmeranteils veräußert, ist der Veräußerungsgewinn gem. § 16 Abs. 1 Satz 2 EStG als gewerbesteuerpflichtiger, laufender Gewinn zu versteuern. Dabei ist folgende Besonderheit zu beachten: **172**

Übertragen Gesellschafter einer Personengesellschaft, bei der das Festkapitalkonto jedes Gesellschafters dessen Beteiligung an den Sachwerten und den darin enthaltenen stillen Reserven ausdrückt, einen Bruchteil ihres Festkapitalkontos an einen neu eintretenden Gesellschafter, ist in die Berechnung des Veräußerungsgewinns nur der Buchwert des abgegebenen Bruchteils des Festkapitalkontos und nicht ein entsprechender Bruchteil der neben dem Festkapitalkonto noch bestehenden Sonderkonten (Kapitalkonto II, Privatkonto, Darlehenskonto des Gesellschafters usw.) einzubeziehen. Dies gilt nicht, wenn von den Sonderkonten ebenfalls ein Bruchteil veräußert worden ist.[200]

---

196 Siehe J. Rz. 74 ff.
197 BFH vom 06.07.1995, BStBl II 1995, 831, m. w. N.
198 BFH vom 09.12.1976, BStBl II 1977, 241.
199 BFH vom 14.09.1978, BStBl II 1979, 159.
200 BFH vom 27.05.1981, BStBl II 1982, 211.

J. Ausscheiden eines Gesellschafters

1.5.2 Veräußerung zum Buchwert

173 Erfolgt die Veräußerung eines Mitunternehmeranteils an einen Dritten zum Buchwert, tritt an die Stelle des Kapitalkontos des ausgeschiedenen Gesellschafters – in gleicher Höhe – das Kapitalkonto des neu eintretenden Gesellschafters. Eine Gewinnauswirkung ergibt sich nicht.

Falls zum Betriebsvermögen der Personengesellschaft jedoch Gebäude gehören, ist zu beachten, dass sich die AfA-Bemessungsgrundlage für den neu eintretenden Gesellschafter sowohl nach § 7 Abs. 4 EStG als auch nach § 7 Abs. 5 EStG ändert, wobei die AfA nach § 7 Abs. 5 EStG nicht fortgeführt werden darf.[201] In beiden Fällen führt dies zu einer Minder-AfA. Da in der Buchführung der Personengesellschaft in der Regel jedoch der bisherige AfA-Betrag weiterhin abgezogen wird, ist in Höhe des Unterschiedsbetrags in einer Ergänzungsbilanz für den neuen Gesellschafter ein Mehrwert zu aktivieren.

Erfolgt die Veräußerung zum Buchwert im Wege der vorweggenommenen Erbfolge und damit aus **privaten** Gründen, ist die AfA des Rechtsvorgängers dagegen unverändert fortzuführen.

1.5.3 Veräußerung über Buchwert

174 Übersteigen die Aufwendungen des neu eintretenden Gesellschafters bei einem Gesellschafterwechsel den Betrag des für ihn in der Bilanz der Personengesellschaft ausgewiesenen Kapitalkontos, ist für ihn **zwingend** eine Ergänzungsbilanz zu erstellen.[202] In dieser sind die in der Steuerbilanz der Personengesellschaft enthaltenen Wertansätze für die aktiven und passiven Wirtschaftsgüter des Gesamthandsvermögens in der Weise zu korrigieren, dass die Aufwendungen des neuen Gesellschafters für den Erwerb des Gesellschaftsanteils, soweit sie höher sind als das in der Steuerbilanz der Personengesellschaft für ihn ausgewiesene Kapitalkonto, als zusätzliche Anschaffungskosten für die Anteile an den einzelnen (materiellen und immateriellen, bilanzierten und nicht bilanzierten) Wirtschaftsgütern des Gesamthandsvermögens aktiviert werden.[203]

Zu den Anschaffungskosten gehören auch übernommene private Schulden. Eine solche Übernahme kann auch dann vorliegen, wenn sich die Personengesellschaft im Gesellschaftsvertrag verpflichtet hat, diese privaten Schulden zu bezahlen, und weiterhin geregelt ist, dass die Zahlungen den handelsrechtlichen Gewinn der OHG mindern.[204] Die Übernahme dieser pri-

---

[201] Siehe J. Rz. 65 ff.
[202] BFH vom 18.02.1993, BStBl II 1994, 224; siehe auch IDW Stellungnahme (IDW RS HFA 7) vom 01.10.2002, WPg 2002 S. 1259.
[203] BFH vom 10.07.1980, BStBl II 1981, 84, vom 13.10.1983, BStBl II 1984, 101, und vom 29.10.1991, BStBl II 1992, 647.
[204] BFH vom 29.10.1991, BStBl II 1992, 647.

vaten Schuld durch den neuen Gesellschafter erfolgt hier durch den Verzicht auf den entsprechenden Bruchteil des ihm an sich handelsrechtlich zustehenden Gewinnanteils. Darin liegt eine als Entnahme zu behandelnde Zuwendung zugunsten des ausgeschiedenen Gesellschafters.

Steht dagegen fest, dass die bilanzierten und nicht bilanzierten materiellen und immateriellen Einzelwirtschaftsgüter des Gesellschaftsvermögens keine stillen Reserven enthalten und/oder kein Firmenwert vorhanden ist oder dass der neue Gesellschafter gesellschaftsrechtlich an den stillen Reserven und/oder am Firmenwert nicht beteiligt ist, sind die Aufwendungen, soweit sie den Buchwert des Kapitalkontos des ausscheidenden Gesellschafters übersteigen, entweder als Betriebsausgaben sofort abzugsfähig oder als Privatentnahmen gewinnneutral zu erfassen.[205] Zu beachten ist dabei, dass nach § 255 Abs. 4 HGB der Differenzbetrag zwischen dem Veräußerungspreis und dem Wert der einzelnen Vermögensgegenstände abzüglich der Schulden im Zeitpunkt der Übernahme Anschaffungskosten für einen Firmenwert darstellt. Ein Firmenwert ist aber z. B. (noch) nicht vorhanden beim Erwerb eines Mitunternehmeranteils an einem im Aufbau befindlichen Unternehmen, das seinen Geschäftsbetrieb noch nicht begonnen hat. Aber selbst in diesem Fall kann der Differenzbetrag zu den Anschaffungskosten von unfertigen Erzeugnissen gehören und bei diesen zu aktivieren sein.[206] **175**

Bei einer teilentgeltlichen Veräußerung eines Mitunternehmeranteils im Wege der vorweggenommenen Erbfolge an einen neu eintretenden Gesellschafter, bei der der Veräußerungspreis höher ist als der Buchwert des Kapitalkontos, gelten die Ausführungen beim Ausscheiden eines Gesellschafters mit der Maßgabe entsprechend, dass die anteilig aufgedeckten stillen Reserven in einer Ergänzungsbilanz des neu eingetretenen Gesellschafters zu aktivieren sind.[207] **176**

Es ist unzulässig, den über den Buchwert der Beteiligung hinausgehenden Betrag einfach als „Mehrwert Gesellschafteranteil" o. Ä. zu aktivieren. Eine Gewinnauswirkung tritt beim neu eintretenden Gesellschafter nicht ein.

Erwirbt ein neu eintretender Gesellschafter mehrere Gesellschaftsanteile, ist für die Mehrwerte nur eine Ergänzungsbilanz zu führen.[208] **177**

---

205 BFH vom 29.10.1991, BStBl II 1992, 647, und vom 18.02.1993, BStBl II 1994, 224.
206 BFH vom 18.02.1993, BStBl II 1994, 224.
207 Siehe im Einzelnen J. Rz. 69 ff.
208 BFH vom 21.04.1994, BStBl II 1994, 745.

J. Ausscheiden eines Gesellschafters

Beispiel:

178 Die Schlussbilanz einer OHG zum 31.12.01 hat folgendes Aussehen:

Aktiva	Schlussbilanz OHG zum 31.12.01		Passiva
Grund und Boden	50.000 €	Kapital F	70.000 €
Gebäude	100.000 €	Kapital G	70.000 €
Maschinen	40.000 €	Kapital H	70.000 €
Waren	60.000 €	Verbindlichkeiten	190.000 €
Sonstige Aktiva	150.000 €		
	400.000 €		400.000 €

Mit Wirkung vom 01.01.02 veräußert F, der am Gewinn und Verlust sowie am Vermögen zu je 1/3 beteiligt ist, seinen Anteil an den neu eintretenden Gesellschafter J gegen eine Entschädigung von 120.000 €. Die Teilwerte betragen für

Grund und Boden	110.000 €
Gebäude	150.000 €
Maschinen	55.000 €
Waren	85.000 €

1. F erzielt einen nach §§ 16, 34 EStG begünstigten Veräußerungsgewinn i. H. von 50.000 €, der nicht der Gewerbesteuer unterliegt. Dafür entfällt insoweit die Steuerermäßigung gem. § 35 EStG.

2. Der Gesellschafterwechsel zum 01.01.02 hat auf die Bilanzierung bei der OHG folgende Auswirkungen:

Aktiva	Eröffnungsbilanz OHG zum 01.01.02		Passiva
Grund und Boden	50.000 €	Kapital J	70.000 €
Gebäude	100.000 €	Kapital G	70.000 €
Maschinen	40.000 €	Kapital H	70.000 €
Waren	60.000 €	Verbindlichkeiten	190.000 €
Sonstige Aktiva	150.000 €		
	400.000 €		400.000 €

Aktiva	Ergänzungsbilanz J zum 01.01.02		Passiva
Mehrwert Grund und Boden	20.000 €	Mehrkapital	50.000 €
Mehrwert Gebäude	16.667 €		
Mehrwert Maschinen	5.000 €		
Mehrwert Waren	8.333 €		
	50.000 €		50.000 €

Die aufgedeckten stillen Reserven sind zwingend in einer Ergänzungsbilanz zu aktivieren.[209]

---
209 BFH vom 18.02.1993, BStBl II 1994, 224.

1 Einkommensteuer

Wegen der weiteren steuerlichen Behandlung ist zu beachten, dass die aufgedeckten stillen Reserven ausschließlich den neu eingetretenen Gesellschafter betreffen und sich deshalb nur auf seinen Gewinnanteil auswirken können.

Anmerkung:

Nach der Stellungnahme RS HFA 7 des Hauptfachausschusses beim Institut der Wirtschaftsprüfer[210] kann der Unterschiedsbetrag zwischen dem Abfindungsanspruch und dem Buchwert **nicht in der Handelsbilanz** der Personengesellschaft aktiviert werden, weil es sich bei diesem Unterschiedsbetrag nicht um Anschaffungskosten der Gesamtheit der Gesellschafter für das Gesamthandsvermögen handelt. 179

Die Handelsbilanz stimmt somit mit der Steuerbilanz überein. Auch der Maßgeblichkeitsgrundsatz der Handelsbilanz für die Steuerbilanz wird durch diese bilanzielle Darstellung beachtet, denn dieser beschränkt sich auf das Gesamthandsvermögen, soweit es alle Gesellschafter entsprechend ihrer Beteiligung betrifft. Die Mehrwerte in der Ergänzungsbilanz sind dagegen reine steuerliche Werte, für die der Maßgeblichkeitsgrundsatz nicht gelten kann, weil es keine entsprechenden Handelsbilanzen gibt.

1.5.4 Veräußerung unter Buchwert

Liegen betriebliche Gründe für die Veräußerung des Mitunternehmeranteils zu einem Betrag unter dem Buchwert vor, so müssen die Buchwerte entsprechend herabgesetzt werden. Eine Gewinnauswirkung beim neu eintretenden Gesellschafter tritt nicht ein. Die Herabsetzung der Buchwerte ist zwingend in einer Ergänzungsbilanz vorzunehmen mit der Folge, dass in der Bilanz der Personengesellschaft die Buchwerte unverändert fortgeführt werden. Auch in diesem Fall ist der Ansatz eines negativen Firmenwerts nicht zulässig.[211] 180

Soweit der Minderbetrag ausnahmsweise nicht von aktiven Wirtschaftsgütern abgesetzt werden kann, weil kein so hoher Buchwert vorhanden ist und eine Absetzung von Geldkonten nicht vorgenommen werden darf, ist für den nicht durch Abstockung zu verteilenden Minderbetrag ein **passiver Ausgleichsposten** zu bilden, der gegen spätere Verlustanteile sowie bei gänzlicher oder teilweiser Beendigung der Beteiligung gewinnerhöhend aufgelöst wird. Es ist nicht zulässig, in Höhe dieses Differenzbetrags beim Erwerber im Zeitpunkt des Erwerbs des Mitunternehmeranteils einen laufenden Gewinn auszuweisen.[212] 181

Erwirbt ein neu eintretender Gesellschafter mehrere Mitunternehmeranteile teils über und teils unter dem Buchwert, ist nur eine Ergänzungsbilanz zu führen. In dieser sind die Auf- und Abstockungen sowie positive und nega- 182

---
210 WPg 2002 S. 1259, 1263.
211 BFH vom 19.02.1981, BStBl II 1981, 730.
212 BFH vom 21.04.1994, BStBl II 1994, 745, und vom 12.12.1996, BStBl II 1998, 180.

J. Ausscheiden eines Gesellschafters

tive Ausgleichsposten unter Berücksichtigung der unterschiedlichen Erwerbszeitpunkte zusammenzufassen, d. h. zu verrechnen.[213] Wegen weiterer Einzelheiten siehe die Ausführungen zum Ausscheiden von Gesellschaftern.[214]

1.5.5 Ausscheiden eines Kommanditisten mit negativem Kapitalkonto

183 Veräußert ein Kommanditist seinen Mitunternehmeranteil an einer KG an einen Dritten und ist im Zeitpunkt der Veräußerung sein Kapitalkonto negativ, so entsteht ein Veräußerungsgewinn in Höhe der Differenz zwischen dem Veräußerungspreis und dem Buchwert des Kapitalkontos. Dieser Fall ist genauso zu beurteilen wie die Veräußerung des Mitunternehmeranteils an die verbleibenden Gesellschafter.[215]

184 In den Fällen der Veräußerung des Anteils an einen Neugesellschafter entfällt auch die Funktion des negativen Kapitalkontos als Korrekturposten zur Verlustzurechnung, weil der Altgesellschafter sein negatives Kapitalkonto in der Steuerbilanz nachversteuern, d. h. ausgleichen muss.

Auch beim Gesellschafterwechsel mit negativem Kapitalkonto führen die anteiligen stillen Reserven einschließlich Firmenwert zu zusätzlichen Anschaffungskosten und sind in einer Ergänzungsbilanz des neuen Gesellschafters zu aktivieren.

185 Hinsichtlich der übernommenen Verpflichtung zum Ausgleich des negativen Kapitalkontos ist Folgendes zu beachten:
1. Das negative Kapitalkonto des Neugesellschafters entsteht nicht durch Verlustzuweisung, sondern durch entgeltlichen Erwerb des Gesellschaftsanteils.
2. Im Verhältnis zur Personengesellschaft bleibt auch bei einem Gesellschafterwechsel alles beim Alten, d. h., das negative Kapitalkonto korrigiert lediglich den Gewinnverteilungsschlüssel. Es verwandelt sich aufgrund des Gesellschafterwechsels nicht etwa in eine aktivierungspflichtige Forderung der Personengesellschaft gegenüber dem Neugesellschafter. Die Verbindlichkeit gegenüber dem ausgeschiedenen Gesellschafter gehört nicht in die Gesellschaftsbilanz. Sie gehört zum negativen – Sonderbetriebsvermögen des neuen Gesellschafters.
3. Bei der Verpflichtung gegenüber dem Altgesellschafter handelt es sich aber um eine besondere Verpflichtung. Da sie inhaltlich mit dem negativen Kapitalkonto in der Handelsbilanz der Personengesellschaft übereinstimmt, verändert sie sich auch mit diesem und entfällt ganz, wenn das negative Kapitalkonto aufgefüllt ist. Ergibt sich aber die jeweilige Höhe der Verbindlichkeit stets aus der Höhe des negativen Kapitalkontos in

---

213 BFH vom 21.04.1994, BStBl II 1994, 745.
214 J. Rz. 122 ff.
215 Siehe J. Rz. 132 ff.

der Handelsbilanz der Personengesellschaft und ergibt sich gleichzeitig auch das mit der Verbindlichkeit erworbene Aktivum aus der Handelsbilanz der Personengesellschaft (bzw. der Steuerbilanz der Personengesellschaft, korrigiert um die Ergänzungsbilanz), so kann im Fall des Anteilserwerbs gegen Übernahme des negativen Kapitalkontos auf eine Sonderbilanz ganz verzichtet werden.

Der IV. Senat des BFH[216] kam aus diesen Gründen zum Ergebnis, dass in der Ergänzungsbilanz des neuen Gesellschafters ein Ausgleichsposten zu aktivieren ist, der mit den künftigen Gewinnen des neuen Gesellschafters gewinnmindernd zu verrechnen ist. Damit wird im Ergebnis die gewinnneutrale Behandlung des Anschaffungsgeschäfts erreicht. Der Ausgleichsposten hat somit nur die Funktion eines **Korrekturpostens**. Je nach Höhe des Gewinns kann dies dazu führen, dass dieser Korrekturposten bereits am Ende des ersten Wirtschaftsjahres nach dem Erwerb in voller Höhe gewinnmindernd aufzulösen ist.

186

Nach Ansicht des VIII. Senats des BFH[217] bringt dieser Korrekturposten nichts Neues, denn das ist auch die Aufgabe des negativen Kapitalkontos. Seiner Meinung nach gilt damit für den Ausgleichsposten in der Ergänzungsbilanz dasselbe wie für das negative Kapitalkonto in der Gesellschaftsbilanz. Es handelt sich bilanzrechtlich nur um einen „Luftposten" und mit Blick auf die künftige Gewinnverteilung lediglich um einen **„Merkposten"**.

187

Beispiel:

An einer KG sind Komplementär A mit 50 % und die beiden Kommanditisten B und C mit je 25 % beteiligt. C scheidet mit Ablauf des Jahres 01 aus der KG aus und veräußert seinen Anteil an D für 1 €. Sein Kapitalkonto beträgt wegen Verlustzuweisungen ./. 100.000 €. Die stillen Reserven einschl. Firmenwert betragen insgesamt 160.000 €, davon Anteil C 40.000 €. Der nach § 15a Abs. 4 EStG gesondert festgestellte verrechenbare Verlust des C beträgt 100.000 €.

Bei C entsteht ein nach §§ 16, 34 Abs. 1 und 3 EStG begünstigter Veräußerungsgewinn i. H. von 100.001 €. Dieser Gewinn ist mit dem verrechenbaren Verlust von 100.000 € zu verrechnen, sodass sich insoweit für das Jahr des Ausscheidens keine Steuerschuld ergibt.

Bei D liegt ein Erwerb des Anteils von C vor, d. h. – steuerlich gesehen – der Erwerb der Anteile an den einzelnen Wirtschaftsgütern. Die Anschaffungskosten betragen insgesamt 100.001 €. Er muss in seiner Ergänzungsbilanz die anteiligen stillen Reserven von 40.000 € als zusätzliche Anschaffungskosten aktivieren. In Höhe der Differenz von 60.001 € bildet er einen Ausgleichsposten (Korrektur- oder Merkposten). In der Handels- und Steuerbilanz der KG wird das negative Kapitalkonto des C in das des D umgewandelt. Der Erwerbsvorgang ist damit für D gewinnneutral.

---

216 BFH vom 21.04.1994, BStBl II 1994, 745.
217 BFH vom 14.06.1994, BStBl II 1995, 247, und vom 19.02.1998, BStBl II 1999, 266.

J. Ausscheiden eines Gesellschafters

Die nach dem Gewinnverteilungsschlüssel in den folgenden Jahren auf D entfallenden Gewinnanteile darf dieser bis zu einem Betrag von 100.000 € nicht entnehmen, weil sie der Rückgängigmachung des negativen Kapitalkontos dienen.

Dem in der Bilanz der KG für D ausgewiesenen Gewinn von 100.000 € steht in der Ergänzungsbilanz bis zur Höhe von 60.001 € eine Gewinnminderung gegenüber. Insoweit bleibt der Erwerbsvorgang gewinnneutral.

1.5.6 Weitere steuerliche Behandlung beim neu eingetretenen Gesellschafter

1.5.6.1 AfA

188 Da die Veräußerung eines Mitunternehmeranteils an einen Dritten genauso behandelt wird wie die Veräußerung an die verbleibenden Gesellschafter, gelten die Ausführungen beim Ausscheiden von Gesellschaftern entsprechend.[218] Der Anschaffungsvorgang umfasst sowohl den anteiligen Buchwert als auch den Mehrwert, die bilanztechnisch auf die Gesellschaftsbilanz und die Ergänzungsbilanz verteilt sind. Der Erwerber muss die Anschaffungskosten auf die tatsächlich noch verbleibende Restnutzungsdauer und bei Gebäuden (unter Umständen) auf die gesetzlich fingierte Nutzungsdauer verteilen. Dabei ergibt sich wegen des Ausweises der Anschaffungskosten sowohl in der Ergänzungsbilanz (Mehrwert) als auch in der Gesellschaftsbilanz (anteiliger Buchwert) die Besonderheit, dass das betreffende Wirtschaftsgut nach unterschiedlichen Nutzungsdauern abzuschreiben ist, nämlich nach der ursprünglich für die Personengesellschaft maßgebenden Nutzungsdauer und – für den Anteil des Erwerbers – nach der verbleibenden tatsächlichen Nutzungsdauer, die für den Erwerber maßgebend ist.

189 Nach Auffassung der Finanzverwaltung[219] kann aus Vereinfachungsgründen unbeanstandet bleiben, wenn in der Steuerbilanz der Personengesellschaft entsprechend der Handelsbilanz einheitlich abgeschrieben wird (und hinsichtlich des anteiligen Buchwerts auch keine außerbilanziellen Korrekturen erfolgen) und die Mehrwerte in der Ergänzungsbilanz wie nachträgliche Anschaffungskosten behandelt werden.[220]

190 Vergütet der neue Gesellschafter stille Reserven für Wirtschaftsgüter, deren ursprüngliche Anschaffungskosten oder Herstellungskosten bei der Personengesellschaft nicht höher waren als 150 Euro und die deshalb zwingend nach § 6 Abs. 2 EStG als geringwertige Wirtschaftsgüter abgeschrieben wurden, besteht bei Aufwand bis zur anteiligen Grenze von 150 Euro Zwang zur Sofortabschreibung.

Waren die Wirtschaftsgüter bei Erwerb durch die Personengesellschaft dagegen nicht geringwertig i. S. von § 6 Abs. 2 EStG, ist auf den Aufwand

---

218 Siehe im Einzelnen J. Rz. 65 ff.
219 BMF vom 13.01.1993, BStBl I 1993, 80, Tz. 37.
220 Wegen Ermittlung der AfA im Einzelnen siehe J. Rz. 112 ff.

des neuen Gesellschafters § 6 Abs. 2 EStG selbst dann nicht anzuwenden, wenn dieser nicht höher ist als der dem Gesellschaftsanteil entsprechende Teil von 150 Euro, weil Voraussetzung für die Anwendung von § 6 Abs. 2 EStG ist, dass bei der Personengesellschaft geringwertige Wirtschaftsgüter vorlagen. Übersteigen die Anschaffungskosten oder Herstellungskosten des neuen Gesellschafters jedoch nicht die anteilige Grenze von 1.000 Euro, ist in der Ergänzungsbilanz zwingend ein Sammelposten gem. § 6 Abs. 2 a EStG zu bilden und linear auf fünf Jahre abzuschreiben.[221]

Wurde von der Personengesellschaft für die erworbenen oder hergestellten Wirtschaftsgüter ein Sammelposten nach § 6 Abs. 2 a EStG gebildet, ist dieser auch nach einem Gesellschafterwechsel von der Personengesellschaft fortzuführen. Der neue Gesellschafter muss in seiner Ergänzungsbilanz für die anteiligen stillen Reserven ebenfalls einen Sammelposten bilden, der im Jahr des Erwerbs und in den folgenden vier Wirtschaftsjahren linear aufzulösen ist. Nach u. E. unzutreffender Auffassung von Glanegger[222] kann der Erwerber dann seinen Aufwand in der Ergänzungsbilanz sofort abschreiben, wenn dieser Betrag seinen Anteil an der 150 Euro-Grenze nicht überschreitet. Höchstens aus Vereinfachungsgründen kann dieser Auffassung zugestimmt werden.

Die buchungstechnischen Besonderheiten gegenüber dem Erwerb des Mitunternehmeranteils durch die verbleibenden Gesellschafter werden an folgenden Beispielen dargestellt.

Beispiel 1:

A, der am Gewinn und Verlust sowie am Vermögen einer OHG zu 25 % beteiligt war, veräußerte zum 01.01.16 seinen Anteil an den neu eintretenden Gesellschafter B. Zum Betriebsvermögen der OHG gehören u. a. folgende Wirtschaftsgüter:

	Anschaffungs- bzw. Herstellungskosten €	Anteil A (25 %) €	anteiliger Buchwert €	Veräußerungspreis €	anteilige stille Reserven €
1. Bebautes Grundstück					
a) Grund und Boden, angeschafft 01	160.000	40.000	40.000	60.000	20.000
b) Gebäude, hergestellt September 05, AfA gem. § 7 Abs. 5 Nr. 1 EStG	400.000	100.000	35.000	60.000	25.000

---

221 Gl.A. Schmidt/Wacker, § 15 Rz. 468 und Schmidt/Glanegger, § 6 Rz. 459.
222 Schmidt/Glanegger, § 6 Rz. 459.

J. Ausscheiden eines Gesellschafters

	Anschaffungs- bzw. Herstellungs- kosten €	Anteil A (25 %) €	anteiliger Buchwert €	Veräußerungs- preis €	anteilige stille Reserven €
2. Betriebs- und Geschäftsaus- stattung, ange- schafft Januar 14, Nutzungsdauer 5 Jahre, AfA gem. § 7 Abs. 1 EStG	40.000	10.000	6.000	7.200	1.200
3. Laptop, angeschafft Februar 11, voll abgeschrieben, Rest-Nutzungs- dauer 2 Jahre	1.000	250	0	100	100
4. Taschenrechner, als GWG sofort abgeschrieben, Rest-Nutzungs- dauer 2 Jahre	120	30	0	10	10

Fragen:
1. Wie hoch ist die AfA für das Kj. 16 für die abnutzbaren Wirtschaftsgüter, und welcher Anteil entfällt auf B?
2. Ist eine Teilwertabschreibung am 31.12.16 für den Grund und Boden zulässig, wenn der Wert wegen einer voraussichtlich dauernden Wertminderung auf 220.000 € gesunken ist (Wert 31.12.15: 240.000 €)?
3. Wie sind die Bilanzansätze der Wirtschaftsgüter in der Bilanz zum 31.12.16, wenn die stillen Reserven am 01.01.16 in einer Ergänzungsbilanz des B aktiviert worden sind?

Zu 1.:

a) Gebäude

Die AfA beträgt für die verbliebenen Gesellschafter weiterhin (zwingend!) 2,5 % der anteiligen Herstellungskosten von 300.000 € = 7.500 €. B muss das Gebäude linear gem. § 7 Abs. 4 Nr. 1 EStG mit 3 % der Anschaffungskosten von 60.000 € = 1.800 € abschreiben. Die AfA beträgt somit insgesamt 9.300 €.

Bei Inanspruchnahme der degressiven AfA ist u. E. die Vereinfachungsregelung der Finanzverwaltung nicht anwendbar.

1 Einkommensteuer

b) Betriebs- und Geschäftsausstattung

Bei der linearen AfA nach § 7 Abs. 1 EStG ist der Restbuchwert auf die Restnutzungsdauer von drei Jahren zu verteilen. Berechnung: Restbuchwert (24.000 € + 1.200 € =) 25.200 € : 3 = 8.400 €. Auf B entfallen ¼ von 24.000 € : 3 = 2.000 € + (⅓ von 1.200 € =) 400 € = 2.400 €.

c) Laptop

Da die Anschaffungskosten von 100 € die anteilige Grenze von 150 € (= 25 % von 150 € = 37,50 €) übersteigen, darf der Betrag nicht gem. § 6 Abs. 2 EStG sofort abgeschrieben werden, sondern muss in den Sammelposten gem. § 6 Abs. 2 a EStG eingestellt werden. Der Sammelposten ist insoweit im Jahre 16 und in den folgenden vier Wirtschaftsjahren (17 – 20) mit jeweils ⅕ gewinnmindernd aufzulösen. Die AfA im Jahre 16 beträgt 20 € und entfällt in voller Höhe auf B.

d) Taschenrechner

Da die anteilige Grenze von 37,50 € nicht überschritten ist, müssen die Anschaffungskosten gem. § 6 Abs. 2 EStG im Jahr der Anschaffung in voller Höhe abgezogen werden. Die AfA von 10 € entfällt in voller Höhe auf B.

Ergebnis:

Die AfA beträgt insgesamt

für	bei den verbleibenden Gesellschaftern	bei B	Summe
Gebäude	7.500 €	1.800 €	9.300 €
Betriebs- und Geschäftsausstattung	6.000 €	2.400 €	8.400 €
Laptop	–	20 €	20 €
Taschenrechner	–	10 €	10 €
	13.500 €	4.230 €	17.730 €

Zu 2.: Zu dieser Frage sind die Meinungen in der Literatur geteilt. Unseres Erachtens ist bei der Lösung wie folgt vorzugehen: Die Anschaffungskosten für den Anteil am Grund und Boden haben für B 60.000 € betragen. Bei einem Teilwert am 31.12.16 von 220.000 € für den gesamten Grund und Boden entfallen auf den Anteil des B 25 % = 55.000 €. Da der anteilige Teilwert wegen einer voraussichtlich dauernden Wertminderung unter die Anschaffungskosten gesunken ist, kann nach § 6 Abs. 1 Nr. 2 EStG und muss wegen des Maßgeblichkeitsgrundsatzes gem. § 5 Abs. 1 Satz 1 EStG in der Ergänzungsbilanz des B eine Teilwertabschreibung i. H. von 5.000 € vorgenommen werden, obwohl der gesamte Buchwert für den Grund und Boden am 01.01.16 nur 180.000 € beträgt![223]

---

[223] Gl. A. Schmidt/Wacker, § 15 Rz. 467; siehe auch BFH vom 06.07.1995, BStBl II 1995, 831.

J. Ausscheiden eines Gesellschafters

Zu 3.: Die Bilanzansätze entwickeln sich wie folgt:

a) in der Bilanz der OHG

Position	31.12.15	01.01.16	AfA bzw. Teilwertabschreibung	31.12.16
	€	€	€	€
Grund und Boden	160.000	160.000	0	160.000
Gebäude	140.000	140.000	10.000[224]	130.000
Betriebs- und Geschäftsausstattung	24.000	24.000	8.000	16.000
Laptop	0	0	0	0
Taschenrechner	0	0	0	0
Summe	324.000	324.000	18.000	306.000

b) in der Ergänzungsbilanz Gesellschafter B

Position	31.12.15	01.01.16	AfA bzw. Teilwertabschreibung	31.12.16
Grund und Boden	0	20.000	5.000	15.000
Gebäude	0	25.000	./. 700[225]	25.700
Betriebs- und Geschäftsausstattung	0	1.200	400	800
Laptop	0	100	20	80
Taschenrechner	0	10	10	0
Summe	0	46.310	4.730	41.580

Hinweis: Bei einer Veräußerung dieser Wirtschaftsgüter muss nicht nur der Buchwert in der Bilanz der OHG, sondern auch der Buchwert in der Ergänzungsbilanz ausgebucht werden (mit Ausnahme des Sammelpostens). Da der Veräußerungserlös jedoch in der Buchführung der OHG erfasst wird, führt dies in der Ergänzungsbilanz zu einem Verlust, der nur den Gesellschafter B betrifft.

Beispiel 2:

Im Januar 17 wird die Betriebs- und Geschäftsausstattung aus dem Beispiel 1 für 20.000 € + 3.800 € USt veräußert.

Buchungssatz bei der OHG:

Bank	23.800 €	an	Betriebs- und Geschäftsausstattung	16.000 €
			USt	3.800 €
			Sonstige betriebliche Erträge	4.000 €

Buchungssatz in der Ergänzungsbuchführung:

Sonstige betriebliche Aufwendungen	800 €	an	Mehrwert Betriebs- und Geschäftsausstattung	800 €

---

[224] In der Bilanz der OHG wird das Gebäude weiterhin nach § 7 Abs. 5 Nr. 1 EStG mit 2,5 % von 400.000 € abgeschrieben.

[225] Da die Gebäude-AfA insgesamt nur 9.300 € beträgt, in der Bilanz der OHG aber 10.000 € abgezogen werden, muss in der Ergänzungsbilanz des B eine Korrektur von 700 € erfolgen, was zu einer Buchwerterhöhung führt.

1 Einkommensteuer

Von dem sonstigen betrieblichen Ertrag i. H. von 4.000 € entfallen auf B 25 % = 1.000 €, der sonstige betriebliche Aufwand von 800 € ist B allein zuzurechnen.

1.5.6.2 Sonderabschreibungen und erhöhte Absetzungen

Ob ein Gesellschafterwechsel Auswirkungen auf die in Anspruch genommenen Sonderabschreibungen und erhöhten Absetzungen hat, ist wie beim Ausscheiden eines Gesellschafters zu beantworten.[226]

192

1.5.6.3 Nicht abziehbare Schuldzinsen

Wegen der gesellschaftsbezogenen Anwendung der Überentnahmeregelung im Zusammenhang mit nicht abziehbaren Schuldzinsen i. S. von § 4 Abs. 4 a EStG sind bestehende Überentnahmen oder Unterentnahmen des ausgeschiedenen Gesellschafters nicht mehr zu erfassen. Am Tag des Eintritts des neuen Gesellschafters sind folglich die Überentnahmen bzw. Unterentnahmen neu zu berechnen.[227]

193

Der noch nicht verbrauchte Zinsvortrag nach § 4 h Abs. 1 EStG geht nach § 4 h Abs. 5 EStG anteilig mit der Quote unter, mit der der ausgeschiedene Gesellschafter an der Personengesellschaft beteiligt war.

1.5.6.4 Investitionszulage

Persönlich berechtigt zur Inanspruchnahme von Investitionszulagen ist nach § 1 Abs. 1 Satz 2 InvZulG nicht der einzelne Gesellschafter, sondern die Personengesellschaft als solche. Die Verbleibens- und Verwendungsvoraussetzungen beziehen sich daher nicht auf den einzelnen Gesellschafter, sondern auf den Betrieb der Personengesellschaft. Durch das Ausscheiden eines Gesellschafters wird die Identität der Personengesellschaft nicht berührt.

194

Das bedeutet, dass bei einem Gesellschafterwechsel

— der neu eintretende Gesellschafter hinsichtlich der von ihm anteilig erworbenen Wirtschaftsgüter keinen Anspruch auf Investitionszulage erlangt und

— der ausscheidende Gesellschafter hinsichtlich der von ihm anteilig veräußerten Wirtschaftsgüter einen Anspruch auf Investitionszulage nicht verliert.[228]

1.5.6.5 Rücklage gem. § 6 b EStG

Die grundsätzliche steuerliche Behandlung der Bildung und Übertragung von Rücklagen gem. § 6 b EStG im Zusammenhang mit einem Gesellschafterwechsel ist bei B. Rz. 252 ff. mit Beispielen abschließend dargestellt.

195

---

226 Siehe J. Rz. 116 ff.
227 Wegen der Ermittlung der nicht abziehbaren Schuldzinsen im Jahr der Veräußerung des Mitunternehmeranteils siehe B. Rz. 275 ff.
228 BMF vom 28.06.2001, BStBl I 2001, 379.

J. Ausscheiden eines Gesellschafters

1.6 Veräußerung eines Mitunternehmeranteils gegen Raten

1.6.1 Behandlung beim ausscheidenden Gesellschafter

196 Der nach §§ 16, 34 EStG begünstigte Veräußerungsgewinn ist auch bei Ratenzahlung im Jahr der Veräußerung zu versteuern, auf den Zufluss kommt es nicht an. Ist in einem der folgenden Jahre der Restbetrag der Kaufpreisforderung als uneinbringlich anzusehen, so liegt ein Ereignis mit steuerlicher Rückwirkung auf den Zeitpunkt der Veräußerung vor, mit der Folge, dass der Feststellungsbescheid vom Jahr des Ausscheidens des Gesellschafters nach § 175 Abs. 1 Nr. 2 AO geändert werden muss. Dabei ist der Veräußerungsgewinn des ausgeschiedenen Gesellschafters entsprechend zu mindern und die Buchwerte sind in der Eröffnungsbilanz der Personengesellschaft entsprechend zu vermindern.[229]

Der Veräußerungsgewinn berechnet sich wie folgt:

Ratenbarwert
./. Veräußerungskosten
./. Buchwert Mitunternehmeranteil
= Veräußerungsgewinn

197 Bei **verzinslichen** Ratenzahlungen entspricht der Barwert der Kaufpreisforderung dem Nennwert. Die vereinbarten Zinsen sind nicht Teil des Veräußerungsgewinns, sondern gehören beim ausgeschiedenen Gesellschafter zu den Einkünften aus Kapitalvermögen, weil die Kaufpreisforderung zum Privatvermögen gehört.[230]

198 Bei **unverzinslichen** Ratenzahlungen mit einer Laufzeit **bis zu einem Jahr** entspricht der Barwert der Kaufpreisforderung ebenfalls dem Nennwert.[231] Eine Abzinsung findet wegen Geringfügigkeit nicht statt. Das Gleiche gilt, wenn der gesamte Kaufpreis für kurze Zeit zinslos gestundet wird sowie bei Ratengeschäften des täglichen Lebens.

Bei **unverzinslichen** Ratenzahlungen mit einer Laufzeit von **mehr als einem Jahr** ist der Barwert der Kaufpreisforderung niedriger als der Nennwert. Er ist durch Abzinsung zu ermitteln. In der Regel kann ein Zinsfuß von 5,5 % angenommen werden, mit der Folge, dass der Barwert nach Tabelle 2 zu § 12 BewG zu ermitteln ist.[232] Bei Anwendung der Tabellen ist aber zu prüfen, ob die Raten vor- oder nachschüssig zu zahlen sind.[233]

Diese Regelung gilt auch dann, wenn die Vertragsparteien ausdrücklich die Zinslosigkeit der Forderung vereinbart haben.

---
229 BFH vom 19.07.1993, BStBl II 1993, 894, und vom 10.02.1994, BStBl II 1994, 564.
230 BFH vom 23.11.1967, BStBl II 1968, 93.
231 BFH vom 21.10.1980, BStBl II 1981, 160.
232 BFH vom 29.10.1974, BStBl II 1975, 173, siehe auch R 16 Abs. 11 Satz 10 EStR.
233 BFH vom 25.06.1974, BStBl II 1975, 431.

1 Einkommensteuer

Sind die Ratenzahlungen **niedrig verzinst**, d. h. mit weniger als 3 %, so ist der Nennwert der Kaufpreisforderung ebenfalls abzuzinsen.[234] In Höhe der Differenz zwischen den Ratenbarwerten am Ende und am Anfang des Kalenderjahres und den zugeflossenen Ratenbeträgen liegen Zinsen und damit wiederum Einnahmen aus Kapitalvermögen vor. **199**

Wahlrecht: **200**

Beträgt die Ratenzahlungsvereinbarung **mehr als zehn Jahre** und bringen die Ratenvereinbarung sowie die sonstige Ausgestaltung des Vertrags eindeutig die Absicht des **Veräußerers** zum Ausdruck, sich eine Versorgung zu verschaffen, so kann der Veräußerer statt des Grundsatzes der sofortigen Versteuerung wahlweise die sog. **laufende** Versteuerung wählen.[235] Dieses Wahlrecht gilt auch bei **Zeitrenten** mit einer Laufzeit von mehr als zehn Jahren.[236]

Bei der laufenden Versteuerung ist nach R 16 Abs. 11 Satz 7 EStR wie folgt vorzugehen:

1. Die Ratenzahlungen sind nach Tabelle 2 zu § 12 BewG – wie bei der sofortigen Versteuerung – in einen Zins- und Tilgungsanteil aufzuteilen. Aus Vereinfachungsgründen kann der Zinsanteil auch in Anlehnung an die Ertragswerttabelle des § 55 Abs. 2 EStDV bestimmt werden.[237]

2. Der Zinsanteil stellt sofort (vom ersten Jahr an) nachträgliche laufende Einkünfte aus Gewerbebetrieb gem. § 24 Nr. 2 i. V. m. § 15 EStG dar. Die Versteuerung erfolgt nach § 11 Abs. 1 EStG im Jahr des Zuflusses.

3. Der Tilgungsanteil ist mit dem Kapitalkonto des ausscheidenden Gesellschafters und etwaigen Veräußerungskosten zu verrechnen. Sobald und soweit der Buchwert des Kapitalkontos überschritten wird, stellt der Tilgungsanteil ebenfalls nachträgliche – nicht nach §§ 16, 34 EStG begünstigte – Einkünfte aus Gewerbebetrieb gem. § 24 Nr. 2 i. V. m. § 15 EStG dar. Die Versteuerung erfolgt nach § 11 Abs. 1 EStG im Jahr des Zuflusses.

4. Diese nachträglichen Einkünfte unterliegen nicht der Gewerbesteuer, weil sie zum Veräußerungspreis gehören.

5. Die Einkünfte sind trotz § 15 Abs. 1 Satz 2 EStG **nicht** im Rahmen der einheitlichen und gesonderten Gewinnfeststellung, sondern bei der Einkommensteuerveranlagung des ausgeschiedenen Gesellschafters zu erfassen, weil es sich bei diesen Einkünften um den Veräußerungspreis und nicht um Vergütungen für eine Leistung an die Personengesellschaft handelt.[238]

---

234 Wegen Finzelheiten siehe BMF vom 07.12.2001, BStBl I 2001, 1041.
235 Siehe H 16 Abs. 11 (Ratenzahlungen) EStH.
236 BFH vom 26.07.1984, BStBl II 1984, 829; siehe auch H 16 Abs. 11 (Zeitrente) EStH.
237 BMF vom 03.08.2004, BStBl I 2004, 1187.
238 BFH vom 14.05.2002, BStBl II 2002, 532.

J. Ausscheiden eines Gesellschafters

Gehört zum Gesamthandsvermögen der Personengesellschaft oder zum mitveräußerten Sonderbetriebsvermögen des ausscheidenden Gesellschafters auch eine **Beteiligung an einer Kapitalgesellschaft**, so gelten die vorgenannten Regelungen sinngemäß mit folgender Besonderheit:
1. Die Zinsanteile sind jeweils im Jahr des Zuflusses **in voller Höhe** nach § 15 i. V. m. § 24 Nr. 2 EStG als nachträgliche Einkünfte aus Gewerbebetrieb zu versteuern.
2. Die jeweiligen Tilgungsanteile unterliegen nach Verrechnung mit dem Kapitalkonto und unter Berücksichtigung des Halbeinkünfteverfahrens (ab VZ 2009 Teileinkünfteverfahren) bei dem auf die Beteiligung an der Kapitalgesellschaft entfallenden Teil ebenfalls als nachträgliche Einkünfte aus Gewerbebetrieb der Einkommensteuer.[239]

201 Das Wahlrecht der laufenden Versteuerung gilt nur bei der Veräußerung des gesamten Mitunternehmeranteils, auch wenn diese teilentgeltlich erfolgt; dagegen ist die sofortige Versteuerung zwingend vorzunehmen bei der Veräußerung eines Teils eines Mitunternehmeranteils, weil hier ein laufender Gewinn vorliegt.

1.6.2 Behandlung bei den verbleibenden Gesellschaftern

202 Die verbleibenden Gesellschafter bzw. beim Gesellschafterwechsel der neu eintretende Gesellschafter haben die anteilig erworbenen Wirtschaftsgüter einschließlich Firmenwert in Handels- und Steuerbilanz mit dem **Ratenbarwert** als Anschaffungskosten zu aktivieren.

In Höhe des Ratenbarwerts ist eine Verbindlichkeit zu passivieren. Unverzinsliche Ratenzahlungen sind in einen Zins- und einen Tilgungsanteil aufzuteilen. Der Zinsanteil entspricht dem Unterschiedsbetrag zwischen den Ratenbarwerten am Ende und am Anfang des Wirtschaftsjahres und den geleisteten Ratenzahlungen.

Die tatsächlich geleisteten Zinsen bzw. die ermittelten Zinsanteile sind sofort als Betriebsausgaben abzugsfähig. Die geleisteten Raten bzw. die darin enthaltenen Tilgungsanteile sind dagegen als Tilgung der Kaufpreisschuld erfolgsneutral zu behandeln.

Anmerkung: Es wird nicht beanstandet, wenn bei unverzinslichen bzw. niedrigverzinslichen Ratenzahlungen als Verbindlichkeit der Nennwert der Kaufpreisschuld passiviert wird und dafür auf der Aktivseite in Höhe des Zinsanteils ein aktiver Rechnungsabgrenzungsposten ausgewiesen wird.

Beispiel 1:
203 An einer OHG sind A, B und C zu je $^1/_3$ beteiligt. Der 45-jährige C scheidet mit Ablauf des Jahres 01 aus der OHG aus und veräußert seinen Anteil je zur Hälfte an A und B. Der Kaufpreis beträgt 550.000 €, zahlbar in elf Raten à

---
[239] BMF vom 03.08.2004, BStBl I 2004, 1187.

50.000 €, zinslos, erstmals am 31.12.02. Das Kapitalkonto des C in der Schlussbilanz zum 31.12.01 beträgt 200.000 €.

a) **Behandlung beim ausscheidenden Gesellschafter C**

1. Ermittlung des Veräußerungsgewinns:

Ratenbarwert[240] (50.000 € × 8,315)	= 415.750 €
./. Buchwert	200.000 €
./. Veräußerungskosten	0 €
Veräußerungsgewinn (in 01 zu versteuern)	215.750 €

Aus Altersgründen erhält C weder den Freibetrag nach § 16 Abs. 4 EStG noch den ermäßigten Steuersatz gem. § 34 Abs. 3 EStG, dafür von Amts wegen die Fünftelregelung gem. § 34 Abs. 1 EStG. Gewerbesteuer fällt nicht an, dafür entfällt die Steuerermäßigung gem. § 35 EStG. Die laufende Versteuerung kommt nicht in Betracht, da die Ratenzahlungen nicht über zehn Jahre hinausgehen.

2. Ermittlung der Zinseinkünfte im Kalenderjahr 02 für C:

Die Forderung gehört zum Privatvermögen, deshalb gehören die Zinsen gem. § 20 Abs. 1 Nr. 7 EStG zu den Einkünften aus Kapitalvermögen.

Ratenbarwert 31.12.01 (Berechnung siehe oben)	415.750 €
./. Ratenbarwert 31.12.02 lt. Tabelle 2	
50.000 € × 7,745	387.250 €
Tilgung	28.500 €
Ratenzahlung 02	50.000 €
Zinsen	21.500 €

b) **Behandlung bei den verbleibenden Gesellschaftern A und B**

1. Ermittlung Anschaffungskosten:

Die Anschaffungskosten der anteilig erworbenen Wirtschaftsgüter betragen 415.750 €. In Höhe von 215.750 € sind die Buchwerte entsprechend den vorhandenen stillen Reserven aufzustocken. Soweit noch ein Restbetrag übrig bleibt, ist ein Firmenwert zu aktivieren.

2. Passivierung Verbindlichkeit:

Die Kaufpreisschuld ist mit dem Ratenbarwert von 415.750 € zu passivieren.

Buchungssatz:

Verschiedene Wirtschaftsgüter	215.750 €	
Kapital C	200.000 €	
an Auseinandersetzungsschuld C		415.750 €

---

240 Siehe BMF vom 07.12.2001, BStBl I 2001, 1041, Tabelle 2.

J. Ausscheiden eines Gesellschafters

3. **Behandlung der Ratenzahlung in 02:**
Der Betrag i. H. von 50.000 € ist in einen Tilgungsteil von 28.500 € und in einen Zinsanteil von 21.500 € aufzuteilen.

Buchungssatz:

Auseinandersetzungsschuld C	28.500 €		
Zinsaufwendungen	21.500 €	an Bank	50.000 €

205 **Beispiel 2:**
Wie Beispiel 1, jedoch wählt C zulässigerweise die laufende Versteuerung.

a) Behandlung beim ausscheidenden Gesellschafter C

Die Jahresraten von 50.000 € sind nach Tabelle 2 zu § 12 Abs. 1 BewG in einen Zins- und Tilgungsanteil aufzuteilen. Sowohl die Zinsen als auch die in den Tilgungsraten enthaltenen Einkünfte sind nachträgliche laufende – nicht nach §§ 16, 34 EStG begünstigte – Einkünfte aus Gewerbebetrieb (§ 24 Nr. 2 i. V. m. § 15 EStG), die nicht der Gewerbesteuer unterliegen. Die Einkünfte sind nicht im Rahmen der gesonderten und einheitlichen Gewinnfeststellung, sondern im Rahmen der Einkommensteuerveranlagung zu erfassen. Bei der laufenden Versteuerung erhält der ausscheidende Gesellschafter weder einen Freibetrag nach § 16 Abs. 4 EStG noch den ermäßigten Steuersatz gem. § 34 Abs. 1 oder 3 EStG.

Diese Beträge verteilen sich wie folgt auf die einzelnen Jahre der Ratenzahlung:

Jahr	Kapital- wert am Anfang €	Kapital- wert am Ende €	Tilgungs- anteil €	Zins- anteil €	Steuer- pflichtige Einkünfte €
02	415.750	387.250	28.500	21.500	21.500
03	387.250	357.150	30.100	19.900	19.900
04	357.150	325.450	31.700	18.300	18.300
05	325.450	291.950	33.500	16.500	16.500
06	291.950	256.650	35.300	14.700	14.700
07	256.650	219.400	37.250	12.750	12.750
08	219.400	180.100	39.300	10.700	46.350
09	180.100	138.600	41.500	8.500	50.000
10	138.600	94.850	43.750	6.250	50.000
11	94.850	48.700	46.150	3.850	50.000
12	48.700	0	48.700	1.300	50.000
Summe			415.750	134.250	350.000

Das Kapitalkonto des C zum 31.12.01 ist wie folgt weiterzuentwickeln:

Kapital am 31.12.01	200.000 €
./. Tilung 02 bis 07	196.350 €
Buchwert 31.12.07	3.650 €
./. Tilgung 08	3.650 €
Buchwert 31.12.08	0 €

1 Einkommensteuer

Der Restbetrag der Tilgung in 08 (39.300 € ./. 3.650 € =) 35.650 € stellt nachträgliche Einkünfte aus Gewerbebetrieb dar, sodass die gesamten nachträglichen Einkünfte einschl. der Zinsen von 10.700 € 46.350 € betragen. In den Jahren 09 und 12 sind die gesamten Tilgungsbeträge als nachträgliche Einkünfte aus Gewerbebetrieb anzusetzen, sodass diese insgesamt jeweils 50.000 € betragen.

b) **Behandlung bei den verbleibenden Gesellschaftern A und B**

Die steuerliche Behandlung bei den verbleibenden Gesellschaftern A und B ist dieselbe wie im Beispiel 1, unabhängig davon, für welche Möglichkeit sich C entscheidet.

Beispiel 3:

Wie Beispiel 2, jedoch gehört zum Gesamthandsvermögen der OHG eine Beteiligung an einer Kapitalgesellschaft, deren Buchwert 20.000 € und deren Teilwert 55.000 € beträgt.

a) **Behandlung beim ausscheidenden Gesellschafter C**

Gegenüber der Lösung in Beispiel 2 ergibt sich nur insoweit eine Änderung, als der Tilgungsanteil nur zur Hälfte (ab VZ 2009 zu 60 %) zu den nachträglichen Einkünften aus Gewerbebetrieb gehört, soweit er auf den veräußerten Anteil an der Beteiligung an der Kapitalgesellschaft entfällt.

Der steuerpflichtige Veräußerungsgewinn berechnet sich wie folgt:

	Gesamt €	Werte ohne Beteiligung €	Beteiligung €
Veräußerungspreis	415.750	374.175	41.575
./. Buchwert	200.000	180.000	20.000
Veräußerungsgewinn	215.750	194.175	21.575
davon steuerpflichtig	204.962	194.175	10.787

Diese Beträge verteilen sich wie folgt auf die einzelnen Jahre der Ratenzahlung:

Jahr	Kapitalwert am Anfang €	Kapitalwert am Ende €	Tilgungsanteil €	Zinsanteil €	Voll stpfl. Teil des Tilgungsanteils €	Stpfl. Teilbetrag aus Beteiligung €	Steuerpflichtige Einkünfte €
02	415.750	387.250	28.500	21.500	0	0	21.500
03	387.250	357.150	30.100	19.900	0	0	19.900
04	357.150	325.450	31.700	18.300	0	0	18.300
05	325.450	291.950	33.500	16.500	0	0	16.500
06	291.950	256.650	35.300	14.700	0	0	14.700
07	256.650	219.400	37.250	12.750	0	0	12.750
08	219.400	180.100	39.300	10.700	32.005	1.782	44.567
09	180.100	138.600	41.500	8.500	37.350	2.075	47.925
10	138.600	94.850	43.750	6.250	39.375	2.188	47.813
11	94.850	48.700	46.150	3.850	41.535	2.307	47.692
12	48.700	0	48.700	1.300	43.830	2.435	47.565
Summe			415.750	134.250	194.175	10.787	339.212

J. Ausscheiden eines Gesellschafters

b) Behandlung bei den verbleibenden Gesellschaftern A und B

Die steuerliche Behandlung bei den verbleibenden Gesellschaftern A und B ist dieselbe wie im Beispiel 1 und 2, unabhängig davon, für welche Möglichkeit sich C entscheidet.

1.7 Veräußerung eines Mitunternehmeranteils gegen Rente

1.7.1 Abgrenzung der Veräußerungsrenten von den Versorgungsrenten

206 Eine Veräußerungsrente ist gegeben, wenn sich bei der Begründung des Rentenverhältnisses und bei der Bemessung der Rentenhöhe die Beteiligten übereinstimmend (oder doch mindestens der Rentenverpflichtete überwiegend) von dem Gedanken eines angemessenen Entgelts für den Erwerb bestimmter Wirtschaftsgüter leiten ließen.[241]

207 Ist die Rentenvereinbarung dagegen überwiegend durch das Bestreben bestimmt, den Rentenberechtigten angemessen zu versorgen, liegt eine **betriebliche Versorgungsrente** vor.[242] Die betriebliche Veranlassung für solche Fürsorgeleistungen kann sowohl in früher geleisteten Diensten des ausscheidenden Gesellschafters als ausnahmsweise auch in anderen Umständen (z. B. Rücksichtnahme auf das geschäftliche Ansehen des Betriebsübernehmers usw.) zu finden sein.[243] Eine betriebliche Versorgungsrente liegt selbst dann vor, wenn bei der Begründung einer Versorgungsrente, die die Witwe eines verstorbenen Gesellschafters von der Personengesellschaft erhält, der Gedanke der Entlohnung des verstorbenen Gesellschafters für Tätigkeiten im Vordergrund steht.[244] **Betriebliche** Versorgungsrenten kommen **äußerst selten** vor.[245]

208 Bei wiederkehrenden Leistungen im Zusammenhang mit einer Vermögensübertragung zur vorweggenommenen Erbfolge **(Versorgungsleistungen)**, z. B. der Übertragung eines Mitunternehmeranteils von Eltern auf Kinder, soll nach dem Willen der Beteiligten der Vermögensübernehmer wenigstens teilweise eine unentgeltliche Zuwendung erhalten. Es spricht eine widerlegbare Vermutung dafür, dass die wiederkehrenden Leistungen unabhängig vom Wert der übertragenen Vermögenswerte nach dem Versorgungsbedürfnis der Eltern und nach der wirtschaftlichen Leistungsfähigkeit des Verpflichteten bemessen worden sind und insofern familiären, außerbetrieb-

---

241 BFH vom 26.01.1978, BStBl II 1978, 301, und vom 22.09.1982, BStBl II 1983, 99.
242 BFH vom 12.11.1985, BStBl II 1986, 55.
243 BFH vom 27.04.1977, BStBl II 1977, 603.
244 BFH vom 27.06.1989, BStBl II 1989, 888.
245 BFH vom 20.12.1988, BStBl II 1989, 585.

lichen Charakter haben.²⁴⁶ Dies gilt auch, wenn der Übernehmer Versorgungsleistungen an Angehörige des Übergebers zusagt.²⁴⁷

Diese Vermutung ist widerlegt, wenn die Beteiligten Leistung und Gegenleistung nach kaufmännischen Gesichtspunkten gegeneinander abgewogen haben und subjektiv von der Gleichwertigkeit der beiderseitigen Leistungen ausgehen durften, auch wenn Leistung und Gegenleistung objektiv ungleichgewichtig sind;²⁴⁸ in diesem Fall gelten die Grundsätze über die einkommensteuerrechtliche Behandlung wiederkehrender Leistungen im Austausch mit einer Gegenleistung.²⁴⁹

209

---

246 Vgl. unten ausführlich P. Rz. 10 bis 24 (Übersicht P. Rz. 24); BFH vom 16.11.1972, BStBl II 1973, 184; vom 06.03.1975, BStBl II 1975, 600; vom 21.12.1977, BStBl II 1978, 332; vom 18.01.1979, BStBl II 1979, 403, und vom 22.09.1982, BStBl II 1983, 99.
247 BFH vom 05.07.1990, BStBl II 1990, 847.
248 BFH vom 29.01.1992, BStBl II 1992, 465, und vom 16.12.1993, BStBl II 1996, 669.
249 BMF vom 16.09.2004, BStBl I 2004, 922, Tz. 4.

J. Ausscheiden eines Gesellschafters

1.7.2 Übersicht über die steuerliche Behandlung der Renten

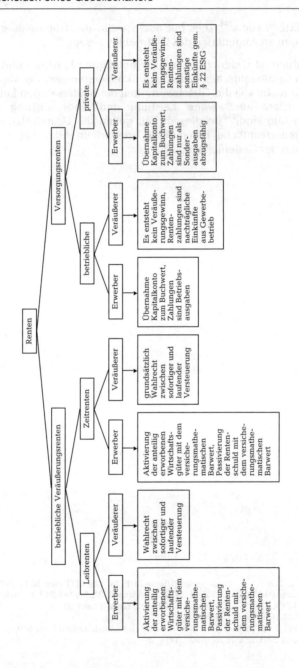

Hinweis:
a) Abgekürzte Leibrenten werden stets wie Leibrenten behandelt.
b) Verlängerte Leibrenten werden wie Renten behandelt, wenn die Mindestlaufzeit der statistischen Lebenserwartung entspricht oder niedriger ist. Sie werden wie Kaufpreisraten behandelt, wenn die Mindestlaufzeit erheblich länger als die statistische Lebenserwartung ist.

1.7.3 Behandlung der Rente beim ausscheidenden Gesellschafter
1.7.3.1 Betriebliche Veräußerungsrente
1.7.3.1.1 Leibrente

Dem ausscheidenden Gesellschafter steht gem. R 16 Abs. 11 EStR das Wahlrecht zwischen der sofortigen und der laufenden Versteuerung zu. **210**

a) Sofortige Versteuerung

Der nicht gewerbesteuerpflichtige, nach §§ 16, 34 EStG begünstigte Veräußerungsgewinn ist im Jahr der Veräußerung des Mitunternehmeranteils zu versteuern und wird wie folgt ermittelt: **211**

Versicherungsmathematischer Rentenbarwert[250]
./. Veräußerungskosten
./. Buchwert Mitunternehmeranteil
= Veräußerungsgewinn i. S. von § 16 Abs. 2 EStG

Das Rentenrecht geht nach der Veräußerung ins Privatvermögen über, deshalb sind die laufenden Rentenbezüge mit dem Ertragsanteil bei den sonstigen Einkünften nach § 22 Nr. 1 Satz 3 Buchstabe a Doppelbuchstabe bb EStG zu erfassen. Der Veräußerungsgewinn kann durch künftige Ereignisse nicht mehr geändert werden. So führt z. B. weder eine Erhöhung der Rente aufgrund einer Wertsicherungsklausel noch der Tod des Rentenberechtigten zu einer Änderung des Veräußerungsgewinns. Es liegt kein rückwirkendes Ereignis vor.[251] Eine Rückwirkung ist in diesen Fällen nur möglich, wenn die Rentenforderung (teilweise) uneinbringlich wird.[252]

b) Laufende Versteuerung

Bei der laufenden Versteuerung ist nach R 16 Abs. 11 Satz 7 EStR wie folgt vorzugehen: **212**

1. Die Rentenzahlungen sind nach Tabelle 2 zu § 12 BewG – wie bei der sofortigen Versteuerung – in einen Zins- und Tilgungsanteil aufzuteilen. Aus Vereinfachungsgründen kann der Zinsanteil auch in Anlehnung an die Ertragswerttabelle des § 55 Abs. 2 EStDV bestimmt werden.[253]
2. Der Zinsanteil stellt sofort (vom ersten Jahr an) nachträgliche laufende Einkünfte aus Gewerbebetrieb gem. § 24 Nr. 2 i. V. m. § 15 EStG dar. Die Versteuerung erfolgt nach § 11 Abs. 1 EStG im Jahr des Zuflusses.
3. Der Tilgungsanteil ist mit dem Kapitalkonto des ausscheidenden Gesellschafters und etwaigen Veräußerungskosten zu verrechnen. Sobald und soweit der Buchwert des Kapitalkontos überschritten wird, stellt der Tilgungsanteil ebenfalls nachträgliche – nicht nach §§ 16, 34 EStG begüns-

---

250 Hilfsweise kann der Barwert auch nach §§ 13, 14 BewG ermittelt werden.
251 Der Beschluss des BFH vom 19.07.1993, GrS, BStBl II 1993, 897, ist nicht anwendbar.
252 Gl. A. Schmidt/Wacker, § 16 Rz. 381; siehe auch BFH vom 18.08.1999, BStBl II 2000, 179.
253 BMF vom 03.08.2004, BStBl I 2004, 1187.

J. Ausscheiden eines Gesellschafters

tigte – Einkünfte aus Gewerbebetrieb gem. § 24 Nr. 2 i. V. m. § 15 EStG dar. Die Versteuerung erfolgt nach § 11 Abs. 1 EStG im Jahr des Zuflusses.

4. Diese nachträglichen Einkünfte unterliegen nicht der Gewerbesteuer, weil sie zum Veräußerungspreis gehören.

5. Die Einkünfte sind trotz § 15 Abs. 1 Satz 2 EStG **nicht** im Rahmen der einheitlichen und gesonderten Gewinnfeststellung, sondern bei der Einkommensteuerveranlagung des ausgeschiedenen Gesellschafters zu erfassen, weil es sich bei diesen Einkünften um den Veräußerungspreis und nicht um Vergütungen für eine Leistung an die Personengesellschaft handelt.[254]

Gehört zum Gesamthandsvermögen der Personengesellschaft oder zum mitveräußerten Sonderbetriebsvermögen des ausscheidenden Gesellschafters auch eine **Beteiligung an einer Kapitalgesellschaft,** so gelten die vorgenannten Regelungen sinngemäß mit folgender Besonderheit:

1. Die Zinsanteile sind jeweils im Jahr des Zuflusses **in voller Höhe** nach § 15 i. V. m. § 24 Nr. 2 EStG als nachträgliche Einkünfte aus Gewerbebetrieb zu versteuern.

2. Die jeweiligen Tilgungsanteile unterliegen nach Verrechnung mit dem Kapitalkonto und unter Berücksichtigung des Halbeinkünfteverfahrens (ab VZ 2009 Teileinkünfteverfahren) bei dem auf die Beteiligung an der Kapitalgesellschaft entfallenden Teil ebenfalls als nachträgliche Einkünfte aus Gewerbebetrieb der Einkommensteuer.[255]

Das Wahlrecht der laufenden Versteuerung gilt nur bei der Veräußerung des gesamten Mitunternehmeranteils, auch wenn diese teilentgeltlich erfolgt; dagegen ist die sofortige Versteuerung zwingend vorzunehmen bei der Veräußerung eines Teils eines Mitunternehmeranteils, weil hier ein laufender Gewinn vorliegt.

Spätere Erhöhungen der Rente aufgrund von Wertsicherungsklauseln sind nicht getrennt zu betrachten und führen nur dazu, dass der Buchwert des Kapitalkontos schneller verrechnet wird bzw., falls dieser schon 0 Euro beträgt, die nachträglichen Einkünfte aus Gewerbebetrieb entsprechend höher werden.

Stirbt der ausgeschiedene Gesellschafter, bevor die laufenden Rentenzahlungen den Buchwert des Kapitalkontos erreicht haben, so entsteht bei ihm (und nicht bei den Erben) in Höhe des Restbuchwerts ein nachträglicher Verlust aus Gewerbebetrieb.

---

[254] BFH vom 14.05.2002, BStBl II 2002, 532.
[255] BMF vom 03.08.2004, BStBl I 2004, 1187.

1.7.3.1.2 Fester Kaufpreis und Leibrente

Setzt sich der Kaufpreis aus einem festen Betrag und wiederkehrenden Bezügen zusammen, so ergeben sich keine Probleme, wenn sich der ausscheidende Gesellschafter bezüglich der Rentenzahlungen für die sofortige Versteuerung entscheidet. **213**

Entscheidet sich der Gesellschafter für die laufende Versteuerung, ist wie folgt zu unterscheiden:

a) Der feste Kaufpreis ist höher als der Buchwert des Kapitalkontos

Der Differenzbetrag zwischen festem Kaufpreis und Buchwert ist zwingend im Jahr der Veräußerung als nach §§ 16, 34 EStG begünstigter, nicht der Gewerbesteuer unterliegender Veräußerungsgewinn zu versteuern. Bei der Berechnung des Freibetrags ist der feste Kaufpreis und der versicherungsmathematische Barwert für die Frage, ob der Veräußerungsgewinn die Grenze von 136.000 Euro überschritten hat, zusammenzurechnen.[256] Der Freibetrag kann jedoch höchstens in Höhe des durch den festen Kaufpreis realisierten Veräußerungsgewinns gewährt werden.[257] Die Rentenzahlungen unterliegen – von der ersten Zahlung an – im Jahr des Zuflusses als nachträgliche, nicht nach §§ 16, 34 EStG begünstigte Einkünfte aus Gewerbebetrieb der Besteuerung. **214**

Beispiel:

Der mit Ablauf des 31.12.01 ausscheidende Gesellschafter A, der an einer OHG zu ¹/₃ beteiligt ist, erhält eine Barzahlung von 160.000 € und ab Januar 02 eine monatliche Rente von 1.200 € (versicherungsmathematischer Barwert 60.000 €). Der Buchwert des Kapitalkontos beträgt 140.000 €. A, der 68 Jahre alt ist, wünscht die laufende Versteuerung. Er hat bisher weder einen Freibetrag nach § 16 Abs. 4 EStG noch den ermäßigten Steuersatz nach § 34 Abs. 3 EStG erhalten.

Im Jahr 01 ist ein Veräußerungsgewinn von 20.000 € zu versteuern. Auf Antrag erhält A den ermäßigten Steuersatz nach § 34 Abs. 3 EStG oder von Amts wegen die Steuervergünstigung gem. § 34 Abs. 1 EStG. Der Freibetrag nach § 16 Abs. 4 EStG kann i. H. von 20.000 € gewährt werden, da der tatsächliche Veräußerungsgewinn von (20.000 € + 60.000 € =) 80.000 € die Grenze von 136.000 € nicht übersteigt. Der nicht ausgeschöpfte Teil des Freibetrags (25.000 €) ist verloren und kann bei künftigen Veräußerungen bzw. Aufgaben von Betrieben oder Mitunternehmeranteilen nicht mehr in Anspruch genommen werden. Ab dem Jahr 02 sind jährlich (12 × 1.200 € =) 14.400 € als nachträgliche Einkünfte aus Gewerbebetrieb zu erfassen (§ 24 Nr. 2 i. V. m. § 15 EStG).

---

256 BFH vom 17.08.1967, BStBl II 1968, 75.
257 BFH vom 21.12.1988, BStBl II 1989, 409.

J. Ausscheiden eines Gesellschafters

b) Der feste Kaufpreis ist niedriger als der Buchwert des Kapitalkontos

215 Im Jahr der Veräußerung des Mitunternehmeranteils ist kein Veräußerungsgewinn zu versteuern. Ab dem Kalenderjahr, in dem die Tilgungsanteile der Rentenzahlungen den um den Kaufpreis geminderten Buchwert des Kapitalkontos übersteigen, unterliegen diese als nachträgliche Einkünfte aus Gewerbebetrieb i. S. des § 15 i. V. m. § 24 EStG zum normalen Tarif der Besteuerung. Gewerbesteuer fällt nicht an. Die Zinsanteile der Rentenzahlungen sind von Anfang an als nachträgliche Einkünfte aus Gewerbebetrieb zu versteuern.

1.7.3.1.3 Abgekürzte Leibrente

216 Wiederkehrende Leistungen auf eine Höchstzeit sind nur ausnahmsweise Versorgungsleistungen, nämlich dann, wenn die zeitliche Beschränkung dem etwaigen künftigen Wegfall der Versorgungsbedürftigkeit des Berechtigten Rechnung trägt.[258] Hiervon ist auszugehen, wenn dadurch eine Versorgungslücke beim Berechtigten geschlossen werden soll (z. B. Wiederheirat des überlebenden Ehegatten oder Eintritt der Versorgungsberechtigten in eine Sozialversicherungsrente).

217 In allen anderen Fällen ist – sofern keine dauernde Last vorliegt – von einer betrieblichen Veräußerungsrente auszugehen, auch dann, wenn Leistung und Gegenleistung nicht wie unter Fremden nach kaufmännischen Gesichtspunkten abgewogen sind.

218 Sind Leistung und Gegenleistung gleichwertig, wird eine abgekürzte Leibrente wie eine Leibrente behandelt.[259] Dies gilt selbst dann, wenn die Höchstlaufzeit weniger als zehn Jahre beträgt, weil der Veräußerer auch in diesem Fall noch das Wagnis eingeht, dass seine Leibrente vor Ablauf des Zeitraums, der als mittlere Lebenserwartung zugrunde zu legen wäre, durch seinen Tod wegfallen kann.

219 Wählt der ausscheidende Gesellschafter die sofortige Versteuerung, so ist der versicherungsmathematische Barwert nach der Höchstlaufzeit und nach der Lebenserwartung zu ermitteln. Der **niedrigere** Wert ist maßgebend für die Ermittlung des Veräußerungsgewinns.[260]

Die laufenden Rentenzahlungen sind mit dem Ertragsanteil nach § 55 EStDV bei den sonstigen Einkünften zu erfassen.

220 Sind Leistung und Gegenleistung nicht gleichwertig, so ist zu unterscheiden:[261]

---

258 BFH vom 26.01.1994, BStBl II 1994, 633, siehe auch BMF vom 16.09.2004, BStBl I 2004, 922, Tz. 34 und 58.
259 BFH vom 30.01.1974, BStBl II 1974, 452.
260 BMF vom 07.12.2001, BStBl I 2001, 1041, III, Tz. 1.2.5.
261 BMF vom 16.09.2004, BStBl I 2004, 922, Tz. 50.

1. Der Wert des Mitunternehmeranteils ist **höher** als der versicherungsmathematische Barwert der Rente.

   a) Der Wert der Rente **übersteigt** den Buchwert des Kapitalkontos
   Es liegt ein teilentgeltlicher Erwerb vor. Wie bei Einmalzahlungen gilt die Einheitstheorie. Das Wahlrecht zur sofortigen bzw. laufenden Versteuerung ist uneingeschränkt anwendbar.

   b) Der Wert der Rente **übersteigt nicht** den Buchwert des Kapitalkontos
   In diesem Fall erfolgt die Übertragung des Mitunternehmeranteils **unentgeltlich**. Der ausscheidende Gesellschafter erzielt wie bei Einmalzahlungen keinen Veräußerungsgewinn. Die wiederkehrenden Leistungen fallen unter § 22 EStG.

2. Der Wert des Mitunternehmeranteils ist **niedriger** als der versicherungsmathematische Barwert der Rente, beträgt aber **mindestens 50 %** des Werts der Rente.

   In diesen Fällen ist Entgeltlichkeit in Höhe des angemessenen Kaufpreises anzunehmen (= Wert des Mitunternehmeranteils). Insoweit gelten die o. g. Grundsätze der sofortigen bzw. der laufenden Versteuerung. Der übersteigende Betrag ist eine Zuwendung i. S. des § 12 Nr. 2 EStG und damit beim ausscheidenden Gesellschafter nicht steuerpflichtig.

3. Der Wert des Mitunternehmeranteils ist **niedriger** als der versicherungsmathematische Barwert der Rente und beträgt **weniger als 50 %** des Werts der Rente.

   In diesen Fällen liegt insgesamt eine Zuwendung i. S. des § 12 Nr. 2 EStG vor, d. h., die Übertragung des Mitunternehmeranteils erfolgt unentgeltlich, ein Veräußerungsgewinn ergibt sich nicht.

1.7.3.1.4 Verlängerte Leibrente

Wiederkehrende Leistungen auf die Lebenszeit des Berechtigten, die für eine Mindestlaufzeit zu erbringen sind (sog. **Mindestzeitrenten** oder verlängerte Leibrenten oder dauernde Lasten), sind nach der Rechtsprechung des BFH[262] und nach Auffassung der Finanzverwaltung[263] stets als wiederkehrende Leistungen im Austausch mit einer Gegenleistung und damit als betriebliche Veräußerungsrente (bzw. dauernde Last) zu behandeln.

1.7.3.2 Betriebliche Versorgungsrente

Bei dieser Rente wird keine Verrechnung mit dem Kapitalkonto vorgenommen, weil die betriebliche Versorgungsrente nicht das Entgelt für die überlassenen Wirtschaftsgüter, sondern grundsätzlich eine Vergütung für früher zugunsten des Betriebs erbrachte Leistungen ist. Von der ersten Rentenzah-

221

222

---

[262] BFH vom 21.10.1999, BStBl II 2002, 650, in Fortführung von BFH vom 31.08.1994, BStBl II 1996, 676, und vom 31.08.1994, BStBl II 1996, 672.
[263] BMF vom 16.09.2004, BStBl I 2004, 922, Rz. 59.

J. Ausscheiden eines Gesellschafters

lung an liegen nachträgliche Einkünfte aus Gewerbebetrieb i. S. des § 15 i. V. m. § 24 EStG vor.

223 Die Zahlungen sind bei der einheitlichen und gesonderten Gewinnfeststellung der Personengesellschaft zu erfassen und unterliegen damit der Gewerbesteuer. Voraussetzung ist allerdings, dass der ausgeschiedene Gesellschafter oder dessen Rechtsnachfolger die Rente als Vergütung für Leistungen erhält, die er früher der Personengesellschaft erbracht hat.

Das Kapitalkonto des ausscheidenden Gesellschafters ist erfolgsneutral auf die Kapitalkonten der verbleibenden Gesellschafter umzubuchen. Erhält der ausscheidende Gesellschafter neben der betrieblichen Versorgungsrente eine einmalige Abfindung in Höhe des Kapitalkontos, ist ebenfalls gewinnneutral umzubuchen.

1.7.3.3 Außerbetriebliche Versorgungsleistungen

224 Werden Mitunternehmeranteile im Wege der vorweggenommenen Erbfolge gegen wiederkehrende Leistungen übertragen, liegen in der Regel private Versorgungsleistungen und damit eine unentgeltliche Übertragung des Mitunternehmeranteils i. S. des § 6 Abs. 3 EStG vor. Der ausscheidende Gesellschafter erzielt keinen Veräußerungsgewinn.[264]

1.7.4 Behandlung der Rente bei den verbleibenden Gesellschaftern

1.7.4.1 Betriebliche Veräußerungsrente

225 Die anteilig erworbenen Wirtschaftsgüter sind nach § 6 Abs. 1 Nr. 7 EStG mit dem Teilwert, höchstens jedoch mit den Anschaffungskosten, zu bewerten.

Anschaffungskosten und i. d. R. gleichzeitig auch Teilwert sind der versicherungsmathematische Barwert der Rente zzgl. Erwerbsnebenkosten. Die Verteilung der stillen Reserven erfolgt wie bei der Barabfindung. Die Ausführungen zum Ausscheiden von Gesellschaftern gelten entsprechend.[265]

> Buchungssatz:
> Kapital ausscheidender Gesellschafter
> Verschiedene Aktivkonten
> Verschiedene Passivkonten
> Firmenwert   an   Rentenverpflichtung

Enthält der Rentenbarwert auch eine Mehrzahlung an den lästigen Gesellschafter, ist zusätzlich zu buchen:

> Sonstige betriebliche Aufwendungen   an   Rentenverpflichtung

---

[264] Siehe die ausführliche Darstellung unter P. Rz. 10 bis 24.
[265] Die Ausführungen zum Ausscheiden von Gesellschaftern gelten entsprechend; siehe J. Rz. 28 ff.

Spätere Änderungen des Rentenbarwerts aufgrund von Wertsicherungsklauseln oder der vorzeitige Wegfall der Rentenverpflichtung infolge des Todes des Berechtigten führen zu keiner Änderung der Anschaffungskosten. Der Rentenbarwert ist – auch beim Ausscheiden eines lästigen Gesellschafters – in voller Höhe zu passivieren. **226**

Die Auflösung der Rentenverpflichtung erfolgt nach der versicherungsmathematischen Methode. Dabei ergibt sich saldiert eine Gewinnminderung in Höhe der Differenz zwischen laufenden Rentenzahlungen und Rentenbarwertminderung. Beim Tod des Rentenberechtigten ist die noch bestehende Rentenverpflichtung gewinnerhöhend aufzulösen. **227**

1.7.4.2 Betriebliche Versorgungsrente

Bei der betrieblichen Versorgungsrente liegt **keine** Anschaffung durch die verbleibenden Gesellschafter vor. Sie erhalten den Mitunternehmeranteil unentgeltlich. Deshalb sind gem. § 6 Abs. 3 EStG die Buchwerte unverändert fortzuführen. Der Rentenbarwert darf nicht passiviert werden. Unabhängig davon, ob der ausscheidende Gesellschafter eine einmalige Abfindung erhält, ist sein Kapitalkonto erfolgsneutral auf die Kapitalkonten der verbleibenden Gesellschafter umzubuchen. **228**

Die laufenden Rentenzahlungen sind (von der ersten Rate an) stets in voller Höhe als Betriebsausgaben abzugsfähig, weil betriebliche Gründe für die Zahlung maßgebend sind.

1.7.4.3 Außerbetriebliche Versorgungsleistungen

Auch bei außerbetrieblichen Versorgungsleistungen (Rente oder dauernde Last) liegt eine unentgeltliche Übertragung des Mitunternehmeranteils vor. Gemäß § 6 Abs. 3 EStG müssen die Buchwerte fortgeführt werden, eine Passivierung der Rentenverpflichtung ist unzulässig. Die Umbuchung des Kapitalkontos des ausscheidenden Gesellschafters auf die verbleibenden Gesellschafter ist **erfolgsneutral** vorzunehmen, weil private Gründe für die Unentgeltlichkeit entscheidend waren.[266] **229**

Buchungssatz:

Kapital ausscheidender Gesellschafter an Kapital verbleibende Gesellschafter

Die laufenden Zahlungen sind Privatentnahmen der verbleibenden Gesellschafter und können gem. § 10 Abs. 1 Nr. 1 a EStG als Sonderausgaben abgezogen werden.[267]

---

266 BFH vom 11.07.1973, BStBl II 1974, 50.
267 Wegen Einzelheiten siehe ausführlich unten P. Rz. 10 ff.

J. Ausscheiden eines Gesellschafters

1.7.4.4 Bilanzmäßige Behandlung im Einzelnen

230 Beispiel 1:

An einer OHG sind G, H und I zu je $^1/_3$ am Gewinn und Verlust sowie am Vermögen beteiligt. G (69 Jahre alt) scheidet mit Ablauf des Jahres 01 aus der OHG aus. Er beantragt den Freibetrag gem. § 16 Abs. 4 EStG und den ermäßigten Steuersatz gem. § 34 Abs. 3 EStG, die er beide bisher noch nicht erhalten hat.

Die Schlussbilanz der OHG zum 31.12.01 hat folgendes Aussehen:

Aktiva	Schlussbilanz OHG	31.12.01	Passiva
Grundstück	250.000 €	Kapital G	170.000 €
Maschinen	100.000 €	Kapital H	130.000 €
Waren	120.000 €	Kapital I	150.000 €
Übrige Aktivposten	180.000 €	Verschiedene Verbindlichkeiten	200.000 €
	650.000 €		650.000 €

Die stillen Reserven betragen beim Grundstück 150.000 €, bei den Maschinen 60.000 €, bei den Waren 30.000 € und beim Firmenwert 180.000 €. A erhält eine monatliche Rente von 3.300 € ab Januar 02, die nachschüssig bis zum Tode des G zu zahlen ist. Der versicherungsmathematische Barwert beträgt zum 31.12.01 309.514 € und zum 31.12.02 297.436 €. Veräußerungskosten i. H. von 4.514 € werden von G getragen.

Abwandlung 1: Sachverhalt wie oben, es wurde jedoch vereinbart, dass die Zahlungen auf Lebenszeit des G, höchstens jedoch elf Jahre lang, laufen sollen (dies entspricht der mittleren Lebenserwartung nach der Sterbetafel).

Abwandlung 2: Sachverhalt wie oben, es wurde jedoch vereinbart, dass die Zahlungen auf Lebenszeit des G, mindestens jedoch elf Jahre lang, laufen sollen. Es ist davon auszugehen, dass keine privaten Versorgungsleistungen vorliegen.

1. Steuerliche Behandlung bei G

G kann im Jahr der Veräußerung, also in 01, zwischen sofortiger und laufender Versteuerung wählen.

a) Sofortige Versteuerung

Der nicht gewerbesteuerpflichtige Veräußerungsgewinn berechnet sich wie folgt:

Rentenbarwert	309.514 €
./. Veräußerungskosten	4.514 €
./. Buchwert	170.000 €
Veräußerungsgewinn 01	135.000 €
./. Freibetrag gem. § 16 Abs. 4 EStG	45.000 €
Steuerpflichtiger Veräußerungsgewinn, begünstigt gem. § 34 Abs. 3 EStG	90.000 €

1 Einkommensteuer

Die Rente wird Privatvermögen. Die Zahlungen sind mit dem Ertragsanteil gem. § 22 Nr. 1 Satz 3 Buchstabe a Doppelbuchstabe bb EStG zu versteuern. Die Einkünfte betragen jährlich 15 % von 39.600 Euro = 5.940 Euro ./. 102 Euro Werbungskosten-Pauschbetrag = 5.838 Euro.

b) Laufende Versteuerung

Im Jahr der Veräußerung liegt kein nach §§ 16, 34 EStG begünstigter Veräußerungsgewinn vor. Erst ab dem Zeitpunkt, in dem die Tilgungsanteile der Rentenzahlungen den Buchwert des Kapitalkontos von G überschreiten, liegen nachträgliche nicht begünstigte Einkünfte aus Gewerbebetrieb gem. § 24 EStG i. V. m. § 15 EStG vor, die nicht der Gewerbesteuer unterliegen.[268] Die Veräußerungskosten sind nicht bereits im Jahr der Veräußerung (= 01) gewinnmindernd zu erfassen, sondern mit dem Kapitalkonto bzw. den Rentenzahlungen zu verrechnen. Der in den Rentenzahlungen enthaltene Zinsanteil stellt von Anfang an nachträgliche Einkünfte aus Gewerbebetrieb dar (§ 24 Nr. 2 i. V. m. § 15 EStG). Er beträgt in 02 und in 03 je 27.522 Euro und in 04 27.641 Euro.

Zu Abwandlung 1: Es liegt eine abgekürzte Leibrente vor. Diese Rente ist stets wie eine Leibrente zu behandeln. Der Rentenbarwert ist bei der sofortigen Versteuerung einmal für Leibrenten und einmal für Zeitrenten zu ermitteln. Für die Ermittlung des Veräußerungsgewinns ist dann der niedrigere Betrag maßgebend.

a) Sofortige Versteuerung

Zunächst ist der maßgebende Rentenbarwert zu ermitteln:

aa) 11 Jahre Zeitrente = Tabelle 7
8,315 × 39.600 € = 329.274 €

bb) Leibrente = Tabelle 8
7,816 × 39.600 € = **309.514 €**

Der steuerpflichtige Veräußerungsgewinn beträgt wie im Grundfall 90.000 Euro und ist nach § 34 Abs. 3 EStG begünstigt.

Der Ertragsanteil beträgt nach § 55 EStDV 21 %. Ab 02 betragen die sonstigen Einkünfte nach § 22 EStG 13 % von 39.600 Euro = 5.148 Euro ./. 102 Euro Werbungskosten-Pauschbetrag = 5.046 Euro.

b) Laufende Versteuerung

Wie Grundfall.

Zu Abwandlung 2: Bei der verlängerten Leibrente ist stets von einer betrieblichen Veräußerungsrente auszugehen. Im Gegensatz zur abgekürzten Leibrente ist hier der höhere Rentenbarwert maßgebend.

---
268 Wegen Einzelheiten siehe Beispiele in J. Rz. 203–205.

J. Ausscheiden eines Gesellschafters

a) Sofortige Versteuerung

Der steuerpflichtige Veräußerungsgewinn berechnet sich wie folgt:

Höherer Rentenbarwert	329.274 €
./. Veräußerungskosten	4.514 €
./. Buchwert	170.000 €
Veräußerungsgewinn 01	154.760 €
./. Freibetrag gem. § 16 Abs. 4 EStG (45.000 € ./. 18.760 € =)	26.240 €
Steuerpflichtiger Veräußerungsgewinn, begünstigt gem. § 34 Abs. 3 EStG	128.520 €

Der Ertragsanteil ist wie beim Grundfall der Tabelle in § 22 EStG zu entnehmen. Die sonstigen Einkünfte betragen ab 02 somit ebenfalls 5.838 Euro.

b) Laufende Versteuerung

Wie Grundfall. Der Zinsanteil beträgt jedoch in 02 17.028 Euro, in 03 15.761 Euro und in 04 14.493 Euro. In dieser Höhe liegen bei G nachträgliche Einkünfte aus Gewerbebetrieb vor.

2. Steuerliche Behandlung bei H und I

Die Eröffnungsbilanz zum 01.01.02 hat folgendes Aussehen:

Aktiva	Eröffnungsbilanz OHG 01.01.02		Passiva
Grundstück	300.000 €	Kapital H	130.000 €
Maschinen	120.000 €	Kapital I	150.000 €
Waren	130.000 €	Rentenverpflichtung	309.514 €
Übrige Aktivposten	180.000 €	Verschiedene Verbind-	
Firmenwert	59.514 €	lichkeiten	200.000 €
	789.514 €		789.514 €

Die Rentenverpflichtung ist bei der Gewinnermittlung nach § 5 EStG wegen der handelsrechtlichen Bilanzierungsvorschriften (siehe § 253 Abs. 1 HGB) nach der versicherungsmathematischen Methode aufzulösen.

Die Ermittlung des Zins- und Tilgungsanteils ergibt:

Barwert der Rente am 31.12.01 (Tabelle 8)	309.514 €
./. Barwert der Rente am 31.12.02 (Tabelle 8)	297.436 €
Tilgungsanteil 02	12.078 €

Die Buchungssätze lauten in 02:

1.	Rentenaufwendungen	39.600 €	an	Bank	39.600 €
2.	Rentenverpflichtung	12.078 €	an	Sonstige betriebliche Erträge	12.078 €

Es tritt somit in 02 insgesamt eine Gewinnminderung von 27.522 Euro ein.

Abwandlung 1: Es ergeben sich dieselben Auswirkungen wie beim Grundfall.

1 Einkommensteuer

Abwandlung 2: Auch hier ergeben sich grundsätzlich dieselben Auswirkungen wie beim Grundfall. Da die Rentenverpflichtung jedoch 329.274 Euro beträgt, ist der Firmenwert mit 79.274 Euro auszuweisen (§ 255 Abs. 4 HGB). Der Tilgungsanteil beträgt nach Tabelle 7 in 02:

Barwert 11 Jahre:	8,315 × 39.600 € =	329.274 €
./. Barwert 10 Jahre:	7,745 × 39.600 € =	306.702 €
Tilgungsanteil 02		22.572 €

Die Buchungssätze in 02 lauten:

1. Rentenaufwendungen	39.600 €	an	Bank	39.600 €
2. Rentenverpflichtung	22.572 €	an	Sonstige betriebliche Erträge	22.572 €

Die Gewinnauswirkung in 02 beträgt saldiert ./. 17.028 €.

Beispiel 2:
Wie Beispiel 1, aber G stirbt am 01.01.05. Rentenzahlungen werden ab 05 nicht mehr entrichtet.

Hat sich G für die sofortige Versteuerung entschieden, treten durch seinen Tod keine Änderungen beim Veräußerungsgewinn ein. Insbesondere kommt eine Berichtigung für das Jahr 01 nicht in Betracht. Hat sich G dagegen für die laufende Versteuerung entschieden, sind noch keine nachträglichen Einkünfte aus Gewerbebetrieb angefallen, weil der Restwert des Kapitalkontos zum 31.12.04 beim Grundfall und bei der Abwandlung 1 (170.000 € ./. 4.514 € ./. 36.115 € =) 129.371 € sowie bei der Abwandlung 2 (170.000 € ./. 4.514 € ./. 71.518 € =) 93.968 € beträgt. In Höhe von 129.371 € bzw. 93.968 € liegt in 05 nach herrschender Literaturmeinung ein nachträglicher Verlust aus Gewerbebetrieb bei G vor (und nicht bei seinen Erben).

Bei H und I führt der Wegfall der Rentenverpflichtung zu einem sonstigen betrieblichen Ertrag (Buchungssatz: Rentenverpflichtung an sonstige betriebliche Erträge). Eine Änderung der Anschaffungskosten tritt nicht ein.

1.8 Veräußerung eines Mitunternehmeranteils gegen laufende Bezüge in Form einer Gewinn- oder Umsatzbeteiligung

1.8.1 Behandlung beim ausscheidenden Gesellschafter

Wird ein Mitunternehmeranteil gegen einen gewinnabhängigen oder umsatzabhängigen Kaufpreis veräußert, stellt das Entgelt nachträgliche, nicht nach §§ 16, 34 EStG begünstigte Einkünfte aus Gewerbebetrieb gem. § 24 Nr. 2 EStG i. V. m. § 15 Abs. 1 Satz 2 EStG dar, sobald es den – ggf. um Einmalzahlungen gekürzten – Buchwert der Beteiligung im Zeitpunkt der Veräußerung zzgl. Veräußerungskosten übersteigt.[269] Die Sofortversteuerung ist mangels Gewinnrealisation im Veräußerungszeitpunkt unzulässig,

231

---
[269] BFH vom 12.10.1978, BStBl II 1979, 64, und vom 14.05.2002, BStBl II 2002, 532.

J. Ausscheiden eines Gesellschafters

weil der Wert des Veräußerungspreises nicht annähernd bestimmbar ist.[270] Nach dieser Rechtsprechung sind die jährlichen Zahlungen nicht in Zins- und Tilgungsanteile aufzuteilen. Dies ist jedoch mit Rücksicht auf die Steuerfreiheit nach § 3 Nr. 40 EStG sowie die volle Erfassung der Zinsen bei Veräußerungsrenten fraglich geworden. Dieser zu versteuernde Gewinn ist weder nach § 16 Abs. 4 EStG noch nach § 34 Abs. 1 oder 3 EStG begünstigt.

Ist der Veräußerer eine natürliche Person, ist über die Erfassung der Entgelte als nachträgliche Betriebseinnahmen nicht im Rahmen der einheitlichen und gesonderten Gewinnfeststellung der Personengesellschaft, sondern bei der Einkommensteuerveranlagung des Veräußerers zu entscheiden, weil es sich nicht um eine Vergütung für eine Leistung des Gesellschafters an die Personengesellschaft i. S. von § 15 Abs. 1 Satz 1 Nr. 2 Satz 1 Halbsatz 2 EStG, sondern um den Kaufpreis aus einem Kaufvertrag handelt.[271]

1.8.2 Behandlung bei den verbleibenden Gesellschaftern

232 Auch bei der Übertragung eines Mitunternehmeranteils gegen eine Gewinn- oder Umsatzbeteiligung liegt ein Erwerb dieses Anteils vor. Die Bewertung der anteilig erworbenen Wirtschaftsgüter richtet sich nach § 6 Abs. 1 Nr. 7 EStG, d. h., die Aktivierung erfolgt mit dem Teilwert, höchstens jedoch mit den Anschaffungskosten. Diese Auffassung ist allerdings nicht zweifesfrei, denn nach § 5 Abs. 2 a EStG sind für Verpflichtungen, die nur zu erfüllen sind, soweit künftig Einnahmen oder Gewinne anfallen, Verbindlichkeiten erst anzusetzen, wenn die Einnahmen oder Gewinne angefallen sind. Der BFH[272] nimmt im Fall des Betriebserwerbs gegen Vergütungen dieser Art deren Passivierungspflicht nur an, weil andernfalls der Zugang der entgeltlich erworbenen und aktivierungspflichtigen Wirtschaftsgüter gewinnerhöhend erfasst werden müsste. Dies würde aber die Grundsätze der periodengerechten Aufwandsabgrenzung verletzen. Deshalb ist in Höhe der nach § 6 Abs. 1 Nr. 7 EStG zu ermittelnden Anschaffungskosten der Wirtschaftsgüter eine Verbindlichkeit auszuweisen. § 5 Abs. 2 a EStG steht dem nicht entgegen.[273]

233 Nach der älteren Rechtsprechung[274] haben die erwerbenden Gesellschafter hinsichtlich schwer bewertbarer immaterieller Wirtschaftsgüter (z. B. Firmenwert, Warenzeichen) ein Wahlrecht. Sie können diese entweder mit dem geschätzten Zeitwert sofort aktivieren und auf der Passivseite eine Verbindlichkeit in entsprechender Höhe bilden oder erst die laufenden Zahlungen als deren Anschaffungskosten behandeln. Unseres Erachtens sind auch die immateriellen Wirtschaftsgüter gem. § 6 Abs. 1 Nr. 7 EStG bereits beim

---

270 Gl. A. Schmidt/Wacker, § 16 Rz. 229.
271 BFH vom 14.05.2002, BStBl II 2002, 532.
272 BFH vom 14.05.2002, BStBl II 2002, 532.
273 Schmidt/Weber-Grellet, § 5 Rz. 315.
274 BFH vom 02.02.1967, BStBl III 1967, 366.

Erwerb zu aktivieren, weil ihr Teilwert i. d. R. ermittelt werden kann. Folglich ist beim Erwerb zu buchen:

Kapital ausscheidender Gesellschafter
Verschiedene Aktivkonten
Verschiedene Passivkonten
Firmenwert an Abfindungsverpflichtung

Soweit die Umsatz- oder Gewinnbeteiligung auch einen Mehrbetrag für einen lästigen Gesellschafter enthält, ist diese Mehrzahlung erst in dem Zeitpunkt als Betriebsausgaben abzugsfähig, in dem die Verbindlichkeit ausgebucht ist. **234**

Eine höchstrichterliche Entscheidung über die Behandlung der jährlichen Zahlungen steht noch aus. Unseres Erachtens sind die Zahlungen gewinnneutral mit der passivierten Verbindlichkeit zu verrechnen. Erst wenn die Verbindlichkeit nicht mehr besteht, sind die weiteren Zahlungen sofort als Betriebsausgaben abzugsfähig bzw. müssen – falls von dem vom BFH eingeräumten Wahlrecht Gebrauch gemacht wird – als Anschaffungskosten der immateriellen Wirtschaftsgüter aktiviert werden. Sollten die künftigen Gewinne oder Umsätze allerdings so gering sein, dass die Zahlungen an den ausscheidenden Gesellschafter insgesamt nicht den passivierten Betrag erreichen, so ist beim Wegfall der Verpflichtung der Restbetrag gewinnerhöhend aufzulösen. **235**

Sollte ausnahmsweise einmal die Gewinn- bzw. Umsatzbeteiligung als Versorgung anzusehen sein, liegt wie bei einer Versorgungsrente ein unentgeltlicher Erwerb vor. Die steuerliche Behandlung entspricht der bei der betrieblichen oder außerbetrieblichen Versorgungsrente.

1.9 Realteilung von Personengesellschaften

1.9.1 Begriff

Beschließen die Gesellschafter einer Personengesellschaft deren Auflösung, findet danach die Liquidation dieser Personengesellschaft statt, sofern nicht eine andere Art der Auseinandersetzung vereinbart ist (§§ 131, 145 Abs. 1, § 161 Abs. 2 HGB). Eine dieser anderen Arten ist z. B. die Naturalteilung des Gesellschaftsvermögens = die Realteilung. **236**

Zivilrechtlich erfolgt die Aufteilung im Wege eines Tauschs (§ 480 BGB), indem die Gesellschafter unter Verzicht auf ihre vermögensmäßige Beteiligung an der Personengesellschaft jeweils Wirtschaftsgüter der Personengesellschaft erhalten. Die Übereignung der Wirtschaftsgüter erfolgt für jeden einzelnen Gegenstand gesondert. Etwas anderes gilt nur dann, wenn es sich bei der übertragenden Personengesellschaft um eine Personenhandelsgesellschaft oder eine Partnerschaftsgesellschaft handelt und an dieser als Gesellschafter Kapitalgesellschaften oder Personenhandelsgesellschaften

J. Ausscheiden eines Gesellschafters

bzw. Partnerschaftsgesellschaften, also **spaltungsfähige Rechtsträger**, beteiligt sind (vgl. § 124 i. V. m. § 3 Abs. 1 Nr. 1 UmwG). In diesem Fall kann das Vermögen der Personengesellschaft nach § 123 Abs. 1 Nr. 1 UmwG unter Auflösung ohne Liquidation auf die Gesellschafter aufgespalten werden mit der Folge, dass durch die Eintragung der Spaltung nach § 125 i. V. m. § 20 Abs. 1 Nr. 1 UmwG eine partielle Gesamtrechtsnachfolge eintritt.

Steuerrechtlich ist die Realteilung dem Grunde nach eine **Betriebsaufgabe**[275] und führt deshalb an sich dazu, dass ein Aufgabegewinn entsteht. Nach § 16 Abs. 3 Satz 2 EStG **müssen** jedoch

bei der Übertragung von **Teilbetrieben, Mitunternehmeranteilen** oder **einzelnen Wirtschaftsgütern** in das jeweilige Betriebsvermögen der einzelnen Mitunternehmer

zwingend die **Buchwerte** fortgeführt werden, sofern die Besteuerung der stillen Reserven sichergestellt ist. Dies ist z. B. dann nicht der Fall, wenn die Wirtschaftsgüter in eine ausländische Betriebsstätte überführt werden, deren Einkünfte durch ein DBA freigestellt sind.

Aber: Bei der Übertragung einzelner Wirtschaftsgüter sind zwei Missbrauchsvorschriften zu beachten.[276]

Diese Grundsätze gelten für Außengesellschaften mit betrieblichem Gesamthandsvermögen (z. B. OHG, KG) und für Innengesellschaften (z. B. atypische stille Gesellschaften) mit gewerblichen Einkünften, aber auch für Personengesellschaften mit Einkünften aus Land- und Forstwirtschaft[277] oder aus selbständiger Arbeit[278] (§ 14 Satz 2, § 18 Abs. 3 Satz 2 i. V. m. § 16 Abs. 3 Satz 2 EStG). Möglich ist auch die Übertragung von einem Gewerbebetrieb in einen Betrieb der Land- und Forstwirtschaft oder der selbständigen Arbeit und umgekehrt. Dass die stillen Reserven dadurch bei der Gewerbesteuer nicht mehr erfasst werden, ist ohne Bedeutung.[279] Die Grundsätze der Realteilung gelten ferner auch in den Fällen der Erbauseinandersetzung.[280]

Die Realteilungsfolgen sind nach § 16 Abs. 3 Satz 2 EStG bei der Ermittlung des Gewinns der Mitunternehmerschaft zu erfassen, unbeschadet dessen, dass das Entstehen eines Aufgabegewinns oder die Buchwertfortführung an personen- und objektbezogene Merkmale gebunden ist, denn Gegenstand einer Realteilung ist das gesamte Betriebsvermögen der Personengesellschaft einschließlich des Sonderbetriebsvermögens der einzelnen Realteiler.

---

275 BFH vom 10.12.1991, BStBl II 1992, 385, vom 01.12.1992, BStBl II 1994, 607, und vom 17.02.1994, BStBl II 1994, 808.
276 Wegen Einzelheiten der Missbrauchsvorschriften siehe J. Rz. 261 ff.
277 BFH vom 23.03.1995, BStBl II 1995, 700.
278 BFH vom 28.01.1993, BStBl II 1993, 509.
279 BFH vom 14.06.1988, BStBl II 1989, 187.
280 BMF vom 14.03.2006, BStBl I 2006, 253, Rz. 10 ff.

1 Einkommensteuer

Eine steuerneutrale Realteilung kann auch angenommen werden, wenn sich wesentliche Betriebsgrundlagen der Personengesellschaft im Sonderbetriebsvermögen der Gesellschafter befinden, sofern Gesellschafts- und Sonderbetriebsvermögen bei den Gesellschaftern Betriebsvermögen bleiben.[281]

Formen der Realteilung:
— Aufteilung einer Mitunternehmerschaft in mehrere Einzelunternehmen
— Aufteilung einer Mitunternehmerschaft in mehrere Mitunternehmerschaften
— Aufteilung einer Mitunternehmerschaft in eine oder mehrere Mitunternehmerschaften und eine oder mehrere Einzelunternehmen

Der Auseinandersetzungsanspruch der Gesellschafter ist in einer **handelsrechtlichen Realteilungsbilanz** zu ermitteln. Diese Bilanz entspricht der Liquiditätseröffnungsbilanz einer Personengesellschaft insoweit, als die in ihr erfassten Wirtschaftsgüter – ggf. unter Einschluss eines Firmenwerts – zwingend zu Verkehrswerten anzusetzen sind. Die in der handelsrechtlichen Realteilungsbilanz ausgewiesenen Kapitalanteile sind deshalb mit dem Wert der Beteiligung an dem – nach Verkehrswerten ermittelten – Schlussvermögen der Personengesellschaft identisch und stellen somit den Auseinandersetzungsanspruch der Gesellschafter dar, der auch für die Besteuerung heranzuziehen ist.

1.9.2 Abgrenzung Realteilung und Sachwertabfindung

Unter Sachwertabfindung versteht man die Abfindung eines ausscheidenden Gesellschafters mit Wirtschaftsgütern des Gesellschaftsvermögens. Während bei einer Realteilung die Auflösung der Personengesellschaft erfolgt, setzt die Sachwertabfindung die **Fortführung des Betriebs** der Personengesellschaft durch einen oder mehrere der bisherigen Mitgesellschafter voraus. Eine Betriebsfortführung liegt unabhängig davon vor, ob der ausscheidende Gesellschafter nur einzelne Wirtschaftsgüter oder einen Teilbetrieb erhält.

Die Unterscheidung zwischen der Realteilung und der Sachwertabfindung ist wegen der unterschiedlichen Rechtsfolgen beim Betriebsfortführer unerlässlich. Dieser darf bei der Sachwertabfindung die stillen Reserven in den zurückbehaltenen Wirtschaftsgütern nicht realisieren, da bei ihm keine Betriebsaufgabe vorliegt.[282]

Die Abgrenzung zwischen Realteilung und Sachwertabfindung gilt ohne Rücksicht darauf, ob die Personengesellschaft zwei- oder mehrgliedrig ist. Auch ein zweigliedriges Personalunternehmen kann bei Sachwertabfindung

---
281 BFH vom 23.03.1995, BStBl II 1995, 700; siehe auch BMF vom 28.02.2006, BStBl I 2006, 228, Tz. IV.1.
282 BMF vom 28.02.2006, BStBl I 2006, 228, Tz. II.

des einen Gesellschafters vom anderen in unverändertem oder verkleinertem Umfang als Einzelunternehmen fortgeführt werden.[283]

Ebenfalls keine Realteilung ist gegeben, wenn sich die Gesellschafter zweier personenidentischer Gesellschaften, die jeweils einen Betrieb unterhalten, dergestalt auseinandersetzen, dass jeder der Gesellschafter einen Betrieb als Einzelunternehmen fortführt, denn die ausscheidenden Gesellschafter erhalten kein Betriebsvermögen von dieser Personengesellschaft, sondern von der Personengesellschaft, die sie als Einzelunternehmen fortführen. In diesem Fall werden entweder jeweils die Mitunternehmeranteile oder jeweils der gesamte Betrieb der jeweiligen Personengesellschaft veräußert oder unentgeltlich übertragen.[284]

1.9.3 Realteilung ohne Wertausgleich

1.9.3.1 Übertragung aller Wirtschaftsgüter ins Privatvermögen der Gesellschafter

243 Da die Realteilung eine Betriebsaufgabe darstellt, entsteht nach § 16 Abs. 3 Satz 1 EStG grundsätzlich ein gem. §§ 16, 34 EStG begünstigter **Aufgabegewinn**.[285] Dieser Aufgabegewinn unterliegt nicht der Gewerbesteuer.[286] Folglich entfällt die Steuerermäßigung gem. § 35 EStG. Dies gilt allerdings nur, wenn die Realteiler alle zugewiesenen Wirtschaftsgüter in ihr **Privatvermögen** überführen oder die Besteuerung der stillen Reserven nicht sichergestellt ist, weil die Gesellschafter die zugewiesenen Wirtschaftsgüter in eine ausländische Betriebsstätte überführen und das Besteuerungsrecht dem ausländischen Staat zusteht.

244 Hieraus ergeben sich verschiedene Folgerungen:
1. Aufgabegewinn des Mitunternehmers ist nach § 16 Abs. 3 Satz 8 EStG die Differenz zwischen dem **gemeinen Wert** der ihm zugeteilten Wirtschaftsgüter und dem **Buchwert seines Kapitalkontos** im Zeitpunkt der Realteilung.
2. Bei der Berechnung des Aufgabegewinns ist grds. auch ein **originärer Firmenwert** anzusetzen,[287] weil dieser von den Realteilern vielfach übernommen und bei der Umstrukturierung berücksichtigt wird und deshalb sowohl in der handelsrechtlichen Realteilungsbilanz als auch in der steuerlichen Aufgabebilanz zu erfassen ist. Die Berücksichtigung des Firmenwerts wird u. E. aber i. d. R. nur vorkommen, wenn die Wirtschaftsgüter in ein anderes (Sonder-)Betriebsvermögen überführt werden. Werden

---

283 Wegen Einzelheiten zur Sachwertabfindung siehe J. Rz. 153 ff.
284 BFH vom 10.03.1998, BStBl II 1999, 269, und vom 20.02.2003, BStBl II 2003, 700; siehe auch J. Rz. 9.
285 Siehe im Einzelnen N. Rz. 2–5.
286 BFH vom 17.02.1994, BStBl II 1994, 809.
287 BFH vom 01.12.1992, BStBl II 1994, 607.

dagegen alle Wirtschaftsgüter ins Privatvermögen überführt, geht der Firmenwert unter und ist dann wie in den übrigen Fällen der Betriebsaufgabe nicht zu berücksichtigen.[288]

3. Gehört zum Mitunternehmeranteil des Gesellschafters auch ein Wirtschaftsgut des Sonderbetriebsvermögens, ist zu unterscheiden: **245**

- Werden die von der Personengesellschaft übertragenen Wirtschaftsgüter und das Wirtschaftsgut des Sonderbetriebsvermögens ins **Privatvermögen** überführt, liegt insgesamt eine Aufgabe des Mitunternehmeranteils vor, denn der Mitunternehmeranteil setzt sich aus dem anteiligen Gesamthandsvermögen und dem Sonderbetriebsvermögen zusammen. Das bedeutet, auch das Wirtschaftsgut des Sonderbetriebsvermögens ist mit dem gemeinen Wert anzusetzen. Es liegt insgesamt ein nach §§ 16, 34 EStG begünstigter Aufgabegewinn vor.

- Werden die von der Personengesellschaft übertragenen Wirtschaftsgüter ins **Privatvermögen** überführt, das Wirtschaftsgut des Sonderbetriebsvermögens dagegen in ein anderes **Sonderbetriebsvermögen** des Gesellschafters, sind die von der Personengesellschaft übertragenen Wirtschaftsgüter mit dem gemeinen Wert anzusetzen, was zu einer Aufdeckung der stillen Reserven führt. Das Wirtschaftsgut des Sonderbetriebsvermögens muss gem. § 6 Abs. 5 Satz 2 EStG zwingend mit dem Buchwert übertragen werden mit der Folge, dass die aufgedeckten stillen Reserven als **nicht** nach §§ 16, 34 EStG begünstigter Gewinn zu versteuern sind, es sei denn, das Wirtschaftsgut des Sonderbetriebsvermögens war keine wesentliche Betriebsgrundlage.

Dieser Gewinn unterliegt trotzdem nicht der Gewerbesteuer, weil nach BFH[289] Veräußerungs- und Aufgabegewinne – unabhängig von der einkommensteuerrechtlichen Begünstigung – bei der Ermittlung des Gewerbeertrags stets auszuscheiden sind, wenn die Veräußerung oder Aufgabe zu einer **endgültigen** Einstellung der gewerblichen Betätigung der Personengesellschaft führt. Die Realteilung ist deshalb gewerbesteuerlich anders zu behandeln als das Ausscheiden eines Gesellschafters.[290]

4. Nach § 16 Abs. 3 Satz 5 EStG gilt der Gewinn aus der Aufgabe des **246** Gewerbebetriebs als laufender Gewinn, soweit einzelne dem Betrieb gewidmete Wirtschaftsgüter im Rahmen der Aufgabe des Betriebs **veräußert** werden und soweit auf der Seite des Veräußerers und auf der Seite des Erwerbers dieselben Personen Unternehmer oder Mitunternehmer sind. Da jedoch die Realteilung als Aufgabe eines Mitunternehmeranteils

---

288 Gl. A. Schmidt/Wacker, § 16 Rz. 551.
289 BFH vom 03.02.1994, BStBl II 1994, 709, und vom 17.02.1994, BStBl II 1994, 809.
290 Siehe J. Rz. 78.

J. Ausscheiden eines Gesellschafters

gilt, liegt keine Veräußerung vor. Der Aufgabegewinn fällt nicht unter § 16 Abs. 3 Satz 5 EStG, sondern ist gem. §§ 16, 34 EStG in vollem Umfang begünstigt.[291]

1.9.3.2 Übertragung aller Wirtschaftsgüter in das (Sonder-)Betriebsvermögen der Gesellschafter

247 Werden im Zuge der Realteilung einer Personengesellschaft Teilbetriebe, Mitunternehmeranteile oder einzelne Wirtschaftsgüter in das jeweilige **(Sonder-)Betriebsvermögen** der einzelnen Mitunternehmer übertragen, so sind die Wirtschaftsgüter gem. § 16 Abs. 3 Satz 2 EStG **zwingend** mit dem **Buchwert** anzusetzen, sofern die Besteuerung der stillen Reserven sichergestellt ist. Unerheblich ist, ob der Betrieb des Realteilers schon seit einiger Zeit besteht oder erst im Zuge der Realteilung entsteht. Der übernehmende Gesellschafter tritt in die Rechtsstellung der Personengesellschaft ein (z. B. hinsichtlich Bewertung gem. § 6 EStG, AfA gem. § 7 EStG und steuerfreie Rücklagen).

Dabei sind folgende Grundsätze zu beachten:[292]

1. Die Regelung in § 16 Abs. 3 EStG hat Vorrang vor den Regelungen in § 6 Abs. 3 und 5 EStG. Diese Vorrangregelung ist vor allem von Bedeutung, wenn im Rahmen der Realteilung einzelne Wirtschaftsgüter bei gleichzeitiger Übernahme von Verbindlichkeiten übertragen werden. Im Anwendungsbereich von § 6 Abs. 5 EStG gilt die Trennungstheorie, wonach die Übernahme von Verbindlichkeiten ein teilentgeltliches Rechtsgeschäft darstellt, das zur anteiligen Aufdeckung der stillen Reserven zwingt. Demgegenüber führt die Übernahme von Verbindlichkeiten bei einer Realteilung nicht zur Aufdeckung von stillen Reserven.

2. Nach der Realteilung muss mindestens eine wesentliche Betriebsgrundlage (nach quantitativer und/oder funktionaler Betrachtungsweise) weiterhin Betriebsvermögen eines Realteilers darstellen.

3. Es ist nicht erforderlich, dass jeder Realteiler wesentliche Betriebsgrundlagen des Gesamthandsvermögens erhält. Verfügt die Personengesellschaft nur über eine wesentliche Betriebsgrundlage, ist auch dann eine steuerneutrale Realteilung anzunehmen, wenn diese nur von einem der Realteiler übernommen wird.

4. Werden einzelne Wirtschaftsgüter des Gesamthandsvermögens ins Gesamthandsvermögen einer anderen Mitunternehmerschaft übertragen, an der der Realteiler ebenfalls beteiligt ist, ist eine Übertragung zu Buchwerten nicht möglich. Dies gilt auch dann, wenn es sich um eine personenidentische Schwesterpersonengesellschaft handelt.

---

[291] Gl. A. Schmidt/Wacker, § 16 Rz. 551 i. V. m. Rz. 3.
[292] BMF vom 28.02.2006, BStBl I 2006, 228, Tz. I und IV.1.

Zu den einzelnen Wirtschaftsgütern i. S. von § 16 Abs. 3 Satz 2 EStG gehören nicht nur liquide Mittel, sondern auch Schulden der Personengesellschaft. Unerheblich ist, ob die Schulden im wirtschaftlichen Zusammenhang mit dem vom Realteiler übernommenen Wirtschaftsgut stehen, ob sie dem rechnerischen Anteil des Gesellschafters am Gesellschaftsvermögen entsprechen oder dazu inkongruent sind. Die inkongruente Übernahme der liquiden Mittel und der vorhandenen Schulden ist kein Entgelt im Sinne eines Wertausgleichs. Dagegen gehören die erst durch die Realteilung entstehenden Schulden, z. B. für eine Wertausgleichsverpflichtung, nicht zu den übernommenen einzelnen Wirtschaftsgütern.

Aber: Keine Realteilung, sondern eine Veräußerung eines Mitunternehmeranteils gegen Barzahlung liegt vor, wenn ein Gesellschafter nur oder fast nur liquide Mittel erhält.

Gehören zum Mitunternehmeranteil des Gesellschafters auch Wirtschaftsgüter des Sonderbetriebsvermögens und werden diese in ein anderes (Sonder-)Betriebsvermögen überführt, sind ebenfalls nach § 16 Abs. 3 Satz 2 EStG zwingend die Buchwerte anzusetzen, weil zum steuerlichen Mitunternehmeranteil auch die Wirtschaftsgüter des Sonderbetriebsvermögens gehören. Es spielt dabei keine Rolle, ob diese Wirtschaftsgüter wesentliche Betriebsgrundlagen sind oder nicht. **248**

Wird ein Wirtschaftsgut des **Sonderbetriebsvermögens** dagegen ins **Privat-** **249**
vermögen überführt, liegt insoweit eine **Entnahme** vor, die zu einem laufenden Entnahmegewinn führt, der allerdings nicht gewerbesteuerpflichtig ist. Die übrigen Wirtschaftsgüter, die der Gesellschafter von der Personengesellschaft übernommen hat, sind trotzdem mit dem Buchwert in das andere (Sonder-)Betriebsvermögen zu überführen, und zwar nach § 16 Abs. 3 Satz 2 EStG, wenn das Wirtschaftsgut des Sonderbetriebsvermögens keine wesentliche Betriebsgrundlage war, und nach § 6 Abs. 5 Satz 3 EStG, wenn das Wirtschaftsgut des Sonderbetriebsvermögens eine wesentliche Betriebsgrundlage war.

Ob eine Realteilung auch dann vorliegt, wenn einzelne Wirtschaftsgüter **250**
oder Teilbetriebe in zwei oder mehrere gewerblich tätige oder gewerblich geprägte Nachfolgepersonengesellschaften überführt werden, ist ab VZ 2001 zweifelhaft, zum einen, weil § 16 Abs. 3 Satz 2 EStG ausdrücklich die Übertragung in das jeweilige Betriebsvermögen der einzelnen Mitunternehmer fordert, zum anderen, weil die wertungsgleiche Bestimmung des § 6 Abs. 5 Satz 3 EStG die Überführung von Einzelwirtschaftsgütern in das Gesamthandsvermögen einer Schwesterpersonengesellschaft nicht anspricht.[293]

---

[293] Nach Ansicht von Schmidt/Wacker, § 16 Rz. 546, ist die Buchwertfortführung zulässig. Siehe auch Carlé/Bauschatz, KöSDi 2002 S. 13133.

J. Ausscheiden eines Gesellschafters

Zur Sicherstellung der Besteuerung der stillen Reserven müssen die Kapitalkonten der Gesellschafter an die Buchwerte der Wirtschaftsgüter der übernommenen Teilbetriebe angeglichen werden.[294]

251 Zum Buchwert der Wirtschaftsgüter gehören auch Mehrwerte oder Minderwerte in den Ergänzungsbilanzen der Gesellschafter, d. h., bei der Kapitalkontenanpassung sind auch Auf- und Abstockungen in den Ergänzungsbilanzen der Gesellschafter zu berücksichtigen,[295] und zwar sowohl in der eigenen als auch in den Ergänzungsbilanzen der Mitgesellschafter. Das bedeutet, die Ergänzungsbilanzen sind zwingend aufzulösen. Das gilt auch dann, wenn einige Gesellschafter die ihnen zugeteilten Wirtschaftsgüter in eine neue Personengesellschaft überführen.

252 Die Kapitalkontenanpassung führt zu einem Übergang von stillen Reserven von einem Gesellschafter auf den bzw. die anderen Gesellschafter. Das bedeutet, bei einer späteren Veräußerung der Wirtschaftsgüter versteuert ein Gesellschafter mehr, der andere weniger.

253 Der Gesellschafter tritt hinsichtlich der übernommenen Teilbetriebe, Mitunternehmeranteile oder der einzelnen Wirtschaftsgüter in die Rechtsstellung der Personengesellschaft ein und übernimmt z. B. die bisherige AfA. Ist in der Schlussbilanz der Personengesellschaft eine Rücklage gem. § 6 b EStG passiviert, kann diese anteilig in einem Einzelunternehmen oder im Sonderbetriebsvermögen des Gesellschafters bei einer anderen Personengesellschaft fortgeführt werden.[296]

254 Bleibt noch festzuhalten, dass bei einer Realteilung die Buchwertfortführung auch dann zulässig ist, wenn im Anschluss an die Realteilung der Gesellschafter seinen übernommenen (Teil-)Betrieb nicht im Rahmen einer eigengewerblichen Tätigkeit nutzt, sondern ihn an den bzw. einen ehemaligen Mitgesellschafter oder an einen Dritten verpachtet. Sind allerdings die Voraussetzungen des Verpachtungserlasses nicht erfüllt oder erklärt der Verpächter bei Nutzungsüberlassung die Betriebsaufgabe, geht der (Teil-)Betrieb in das Privatvermögen über mit der Folge, dass eine Betriebsaufgabe vorliegt und die Wirtschaftsgüter mit dem gemeinen Wert anzusetzen sind.[297]

255 Bringt ein Gesellschafter einer realgeteilten Personengesellschaft den ihm bei der Realteilung zugewiesenen Teilbetrieb anschließend in eine mit einem Dritten errichtete Personengesellschaft ein, steht dieser für den eingebrachten Teilbetrieb das Wahlrecht nach § 24 Abs. 2 UmwStG zwischen

---

294 BFH vom 10.02.1972, BStBl II 1972, 419, und vom 10.12.1991, BStBl II 1992, 385, sowie BMF vom 28.02.2006, BStBl I 2006, 228, Tz. VI.
295 BFH vom 18.05.1995, BStBl II 1996, 70.
296 Siehe R 6b.2 Abs. 9 Satz 3 EStR.
297 BMF vom 28.12.1964, BStBl II 1965, 2, und vom 23.03.1995, BStBl II 1995, 700; siehe auch BMF vom 28.02.2006, BStBl I 2006, 228, Tz. IV.2.

Buchwert, Teilwert und Zwischenwert unabhängig davon zu, dass im Rahmen der Realteilung die Buchwerte angesetzt werden müssen.[298] § 16 Abs. 3 Satz 2 EStG betrifft nur die sich unmittelbar aus der Realteilungsvereinbarung ergebenden Rechtsfolgen. Schließt sich an diese aufgrund einer gesonderten Vereinbarung eine Einbringung in eine andere Personengesellschaft an, sind die für die Einbringung geltenden Gesetzesbestimmungen anzuwenden (Art. 20 Abs. 3 GG). Die Missbrauchsvorschrift des § 16 Abs. 3 Satz 3 EStG greift nicht ein, weil nicht nur einzelne Wirtschaftsgüter eingebracht werden, sondern ein Teilbetrieb.

Hätte der Gesellschafter dagegen bei der Realteilung einzelne Wirtschaftsgüter erhalten und diese anschließend in eine Personengesellschaft eingebracht, hätte gem. § 16 Abs. 3 Satz 3 EStG rückwirkend bei der Realteilung der gemeine Wert angesetzt und damit die stillen Reserven insoweit aufgedeckt werden müssen.

Aber:

Die Realteilung ist nach zutreffender Auffassung der Finanzverwaltung[299] erfolgswirksam zu behandeln, wenn andernfalls gesetzliche Vorschriften, insbesondere des Umwandlungssteuergesetzes, umgangen würden. **256**

Beispiel:

A betreibt u. a. einen Teilbetrieb, in dessen Buchwerten erhebliche stille Reserven ruhen. Dieser Teilbetrieb soll an B veräußert werden. Um die dabei eintretende Gewinnverwirklichung zu vermeiden, bringt A seinen gesamten Betrieb zum Buchwert nach § 24 UmwStG in eine KG mit B ein, der eine Geldeinlage leistet. **Kurze Zeit** später kommt es zur Realteilung, bei der B den Teilbetrieb erhält, um ihn auf eigene Rechnung fortzuführen.

Hier liegt eine Umgehung des § 24 UmwStG vor. Es handelt sich um die verdeckte Veräußerung eines Teilbetriebs. Erfolgt die Realteilung dagegen nicht kurze Zeit nach der Einbringung, ist die Vorgehensweise von A und B nicht zu beanstanden. Als kurze Zeit ist u. E. höchstens ein Zeitraum von zwölf Monaten anzusehen.

1.9.3.3 Mischfälle

Bei der Anwendung von § 16 Abs. 3 Satz 2 EStG (Buchwertfortführung) ist sowohl eine personen- als auch eine objektdifferenzierende Betrachtung anzustellen. Deshalb wird die Gewinnneutralität der Realteilung in Mischfällen, d. h. in Fällen, in denen Wirtschaftsgüter teilweise ins Betriebsvermögen und teilweise ins Privatvermögen überführt werden, dem Grunde nach nicht gefährdet. **257**

Zur Aufdeckung und Versteuerung der stillen Reserven kommt es nur **insoweit,** als dies personenbezogen und/oder objektbezogen geboten ist, weil

---

298 BFH vom 04.05.2004, BStBl II 2004, 893; siehe auch C. Rz. 29.
299 BMF vom 25.03.1998, BStBl I 1998, 268, Tz. 24.18.

J. Ausscheiden eines Gesellschafters

einzelne Realteiler ihnen zugewiesene Wirtschaftsgüter in ihr Privatvermögen übertragen. Dabei handelt es sich nach Auffassung der Finanzverwaltung[300] um Entnahmen der Realteilergemeinschaft, die den Realteilern grundsätzlich nach dem allgemeinen Gewinnverteilungsschlüssel zuzurechnen sind.

Aber:

1. Der Entnahmegewinn ist allein dem Realteiler zuzurechnen, der das Wirtschaftsgut in sein Privatvermögen übernimmt, wenn (bereits) der Gesellschaftsvertrag oder eine im Rahmen der Realteilung schriftlich getroffene Vereinbarung eine solche Regelung enthält.

2. Überführt dagegen ein Gesellschafter sein Wirtschaftsgut des Sonderbetriebsvermögens ins Privatvermögen, ist der Gewinn ausschließlich diesem Gesellschafter zuzurechnen.

Das führt zu folgenden Konsequenzen:

- Die Gesellschafter, die alle ihre zugewiesenen Wirtschaftsgüter in ihr (Sonder-)Betriebsvermögen übertragen, **müssen** nach § 16 Abs. 3 Satz 2 EStG alle übernommenen Wirtschaftsgüter zwingend mit dem **Buchwert** ansetzen.

- Die Gesellschafter, die einzelne der ihnen zugewiesenen Wirtschaftsgüter in ihr Privatvermögen übertragen – unabhängig davon, ob es sich um wesentliche Betriebsgrundlagen handelt oder nicht –, tätigen insoweit eine Entnahme, die der Realteilungsgemeinschaft zuzurechnen ist. Diejenigen Wirtschaftsgüter, die sie in ihr (Sonder-)Betriebsvermögen übertragen, sind dagegen zwingend nach § 16 Abs. 3 Satz 2 EStG mit dem Buchwert anzusetzen. Der Entnahmegewinn ist grundsätzlich allen Gesellschaftern zuzurechnen. Besteht eine Regelung im Gesellschaftsvertrag oder liegt eine Vereinbarung vor, ist jedoch der Gewinn ausschließlich dem entnehmenden Gesellschafter zuzurechnen.

- Die Gesellschafter, die alle ihre zugewiesenen Wirtschaftsgüter in ihr Privatvermögen übertragen, tätigen ebenfalls Entnahmen, die der Realteilungsgemeinschaft zuzurechnen sind. Soweit der Entnahmegewinn aufgrund Gesellschaftsvertrag oder Vereinbarung nur dem entnehmenden Gesellschafter zuzurechnen ist, liegt u. E. gem. § 16 Abs. 3 Satz 1 EStG eine nach §§ 16, 34 EStG **begünstigte Aufgabe eines Mitunternehmeranteils** vor.

Auch in diesen Fällen müssen vor der Ermittlung des Aufgabegewinns die Kapitalkonten an die Buchwerte der übernommenen Wirtschaftsgüter erfolgsneutral angepasst werden.

---

300 BMF vom 28.02.06, BStBl I 2006, 228, Tz. I.

1.9.3.4 Missbrauchsfälle bei der Übertragung einzelner Wirtschaftsgüter

Nach § 16 Abs. 3 Satz 2 EStG ist die Buchwertfortführung bei einer Realteilung auf den ersten Blick stets zulässig, unabhängig davon, ob die Realteiler einen Teilbetrieb, einen Mitunternehmeranteil oder einzelne Wirtschaftsgüter erhalten. Die Aufteilung ist jedoch wichtig, weil nach § 16 Abs. 3 Sätze 3 und 4 EStG (nur) bei der Übertragung einzelner Wirtschaftsgüter zwei **Missbrauchsvorschriften** in das EStG aufgenommen worden sind, die zur Aufdeckung der stillen Reserven zwingen. 258

Das bedeutet andererseits: Geht ein **Teilbetrieb**[301], ein **Mitunternehmeranteil** oder ein Teil eines Mitunternehmeranteils über, enthält das EStG **keine** Missbrauchsvorschriften. Als Teilbetrieb gilt auch in diesem Fall nach § 16 Abs. 1 Nr. 1 Satz 2 EStG eine 100%ige Beteiligung an einer Kapitalgesellschaft. Sofern die Wirtschaftsgüter in ein **Betriebsvermögen** überführt werden und die Besteuerung der stillen Reserven sichergestellt ist, bleibt es dabei, dass stets **zwingend die Buchwerte** fortzuführen sind, unabhängig davon, ob der Realteiler eine natürliche oder eine juristische Person ist, und unabhängig davon, nach wie viel Jahren er diese Wirtschaftsgüter veräußert, denn diese Vorschrift ist subjektbezogen zu sehen.

1.9.3.4.1 Körperschaftsklausel

Die Fortführung der Buchwerte führt bei den Gesellschaftern zu einem Überspringen von stillen Reserven. Sofern dabei stille Reserven auf eine Kapitalgesellschaft übergehen, kann dies wegen der unterschiedlichen Steuersätze und wegen § 3 Nr. 40 EStG bzw. § 8 b KStG zu erheblichen Steuervorteilen führen. 259

Deshalb bestimmt § 16 Abs. 3 Satz 4 EStG, dass bei der Übertragung **einzelner Wirtschaftsgüter** diese mit dem **gemeinen Wert** anzusetzen sind, soweit die Wirtschaftsgüter unmittelbar oder mittelbar auf eine Körperschaft, Personenvereinigung oder Vermögensmasse übertragen werden, obwohl diese Wirtschaftsgüter ins Betriebsvermögen überführt werden.

Über den Gesetzeswortlaut hinaus ist nach Auffassung der Finanzverwaltung[302] eine begünstigte Realteilung i. S. von § 16 Abs. 3 Satz 2 EStG in sinngemäßer Anwendung von § 6 Abs. 5 Satz 4 EStG nur insoweit nicht gegeben, als die Körperschaft, Personenvereinigung oder Vermögensmasse nicht schon bisher unmittelbar oder mittelbar an den übertragenen Wirtschaftsgütern beteiligt war. Dies gilt auch dann, wenn an der real zu teilenden Mitunternehmerschaft ausschließlich Körperschaften, Personenvereinigungen oder Vermögensmassen beteiligt sind. Andererseits gilt diese Missbrauchsvorschrift nicht für natürliche Personen. Diese müssen weiterhin zwingend

---
301 Zum Begriff des Teilbetriebs siehe R 16 Abs. 3 EStR und H 16 Abs. 3 EStH.
302 BMF vom 28.02.2006, BStBl I 2006, 228, Tz. I.

J. Ausscheiden eines Gesellschafters

die Buchwerte fortführen, sofern die Besteuerung der stillen Reserven sichergestellt ist.

Die Auffassung der Finanzverwaltung führt dazu, dass im Rahmen der Realteilung nur die stillen Reserven nach § 16 Abs. 3 Satz 4 EStG aufgedeckt werden, die bisher nicht auf die Körperschaft, Personenvereinigung oder Vermögensmasse entfielen. Zweifelhaft ist, wem dieser Gewinn zuzurechnen ist. Nach dem Gesetzeszweck ist er wohl allen bisherigen Mitunternehmern nach dem vereinbarten Gewinnverteilungsschlüssel zuzurechnen.[303] Sofern allerdings der Gesellschaftsvertrag oder die Vereinbarungen über die Realteilung bestimmen, dass der Gewinn nur den übrigen Gesellschaftern zuzurechnen ist, ist u. E. dieser Vereinbarung zu folgen.

Die bei der Realteilung aufgedeckten stillen Reserven rechnen grundsätzlich nicht zum Gewerbeertrag nach § 7 Satz 1 GewStG. Soweit dieser Gewinn allerdings nicht auf eine natürliche Person als unmittelbar beteiligter Mitunternehmer entfällt, unterliegt er nach § 7 Satz 2 GewStG der Gewerbesteuer.

Beispiel:

An einer GmbH & Co. KG sind die X-GmbH mit 20 % und X mit 80 % am Gewinn und Verlust sowie am Vermögen beteiligt. Im Rahmen der Realteilung dieser KG erhält X einen Teilbetrieb (Buchwert 200.000 €, Teilwert 800.000 €), den er in ein neu eröffnetes Einzelunternehmen überführt. Die GmbH erhält ein Grundstück (Buchwert 400.000 €, Teilwert 800.000 €). Die Vereinbarungen über die Realteilung enthalten keine Regelung über die Gewinnverteilung.

X muss nach § 16 Abs. 3 Satz 2 EStG den übernommenen Teilbetrieb zwingend mit dem Buchwert von 200.000 € in sein neu eröffnetes Einzelunternehmen überführen. Weil die GmbH nur ein einzelnes Wirtschaftsgut erhält, muss die Körperschaftsklausel nach § 16 Abs. 3 Satz 4 EStG beachtet werden. Der Eigentumsanteil der GmbH erhöht sich von bisher mittelbar 20 % auf unmittelbar 100 %, d. h. um 80 %. Somit müssen 80 % der stillen Reserven des Grundstücks = 320.000 € aufgedeckt werden. Weil weder der Gesellschaftsvertrag noch die Vereinbarungen über die Realteilung eine eigenständige Regelung enthalten, ist dieser Gewinn allen Gesellschaftern nach dem allgemeinen Gewinnverteilungsschlüssel zuzurechnen, d. h. der GmbH mit 20 % = 64.000 € und X mit 80 % = 256.000 €. In Höhe des auf die GmbH entfallenden Gewinns von 64.000 € unterliegt der Gewinn nach § 7 Satz 2 GewStG der Gewerbesteuer.

260 Wird der Kapitalgesellschaft im Rahmen der Realteilung auch der Firmenwert zugewiesen, ist dieser Teil der Realteilungsmasse und geht wie jedes andere materielle und immaterielle Wirtschaftsgut in das Betriebsvermögen der Kapitalgesellschaft über. Er geht also – anders als bei der Überführung aller Wirtschaftsgüter ins Privatvermögen – nicht unter. Deshalb sind in diesen Fällen auch die im Firmenwert enthaltenen stillen Reserven aufzude-

---

[303] Gl. A. Schmidt/Wacker, § 16 Rz. 553, und Blümich/Stuhrmann, § 16 Rz. 291.

cken, was zu einer Erhöhung des Veräußerungsgewinns der Kapitalgesellschaften führt.[304]

1.9.3.4.2 Sperrfrist

Erfolgt die Realteilung durch Zuteilung **einzelner Wirtschaftsgüter** und werden innerhalb einer Frist von **drei Jahren** seit der Realteilung zum Buchwert übertragene(r)

— **Grund und Boden des Anlagevermögens,**

— **Gebäude des Anlagevermögens**

— oder **andere wesentliche Betriebsgrundlagen**

veräußert oder **entnommen**, ist für den jeweiligen Übertragungsvorgang nach § 16 Abs. 3 Satz 3 EStG **rückwirkend** der **gemeine Wert** anzusetzen. Bei Grund und Boden sowie Gebäuden des Anlagevermögens greift die Sperrfrist von drei Jahren auch dann ein, wenn diese keine wesentliche Betriebsgrundlagen sind.[305]

Diese Nachversteuerung beschränkt sich allerdings auf das jeweilige Wirtschaftsgut, das innerhalb der Sperrfrist veräußert oder entnommen wird. Hinsichtlich der übrigen Wirtschaftsgüter bleibt es beim ursprünglichen Buchwertansatz.

Der aus der nachträglichen Aufdeckung entstehende Gewinn stellt einen **laufenden** Gewinn dar, der nicht nach §§ 16, 34 EStG begünstigt ist. Dieser Gewinn unterliegt nach § 7 Satz 1 GewStG **nicht** der Gewerbesteuer, weil die Realteilung eine Betriebsaufgabe ist.[306] Soweit allerdings der Gewinn nicht auf eine natürliche Person als unmittelbar beteiligter Mitunternehmer entfällt, unterliegt der Gewinn nach § 7 Satz 2 GewStG der Gewerbesteuer.

Aber: Veräußert der Realteiler innerhalb der Sperrfrist von drei Jahren den Betrieb, Teilbetrieb oder Mitunternehmeranteil, in die er die einzelnen Wirtschaftsgüter übertragen hat, oder gibt er ihn auf, müssen rückwirkend im Rahmen der Realteilung alle stillen Reserven der auf diesen Realteiler übertragenen Wirtschaftsgüter aufgedeckt werden. Zumindest dann, wenn nach den vertraglichen Vereinbarungen dieser Gewinn allein diesem Realteiler zuzurechnen ist, liegt u. E. ein nach §§ 16, 34 EStG begünstigter Veräußerungsgewinn bzw. Aufgabegewinn vor.

Beispiel 1:

A erhält im Rahmen der Realteilung einer OHG mit Wirkung ab 01.01.02 ein bebautes Grundstück (Buchwert Grund und Boden 100.000 €, Gebäude 400.000 €; gemeiner Wert Grund und Boden 250.000 €, Gebäude 750.000 €), das er zum Buchwert in ein bereits bestehendes Einzelunternehmen überführt.

---
304 Gl. A. Herrmann/Heuer/Raupach, § 16 Anm. 466.
305 BMF vom 28.02.2006, BStBl I 2006, 228, Tz. VIII.
306 BFH vom 17.02.1994, BStBl II 1994, 809, sowie BMF vom 28.02.2006, BStBl I 2006, 228, Tz. IX.

J. Ausscheiden eines Gesellschafters

Nach den bei der Realteilung getroffenen Vereinbarungen ist der aus der nachträglichen Aufdeckung der stillen Reserven entstehende Gewinn allein dem veräußernden oder entnehmenden Gesellschafter zuzurechnen. In den Jahren 02 und 03 setzt A die AfA gem. § 7 Abs. 4 Nr. 2 a EStG mit 2 % der ursprünglichen Anschaffungskosten der OHG von 700.000 € an. Zum 31.12.03 beträgt der Buchwert des Gebäudes somit 372.000 €. Mit Wirkung vom 02.01.04 veräußert A sein Einzelunternehmen und erzielt dabei einen Veräußerungsgewinn von insgesamt 1,5 Mio. €. Im Rahmen des Gesamtveräußerungspreises wurde der Teilwert für den Grund und Boden mit 300.000 € und für das Gebäude mit 800.000 € angesetzt.

Obwohl A im Rahmen der Realteilung nur einzelne Wirtschaftsgüter erhalten hat, musste er nach § 16 Abs. 3 Satz 2 EStG die zugewiesenen Wirtschaftsgüter mit dem Buchwert übernehmen. Dies machte die Anpassung seines Kapitalkontos an den Buchwert des Grundstücks erforderlich. Bei der Realteilung ergab sich somit für ihn keine Gewinnauswirkung. A tritt in die Rechtsstellung der OHG ein und muss deshalb auch die bisherige AfA fortführen.

Wegen der Veräußerung des Grundstücks innerhalb der Sperrfrist von drei Jahren muss nach § 16 Abs. 3 Satz 4 EStG bei der Realteilung rückwirkend der gemeine Wert angesetzt werden. Aufgrund der vertraglichen Vereinbarung erzielt A **rückwirkend in 01** einen nach §§ 16, 34 EStG begünstigten, nicht gewerbesteuerpflichtigen Aufgabegewinn von (150.000 € + 350.000 € =) 500.000 €, weil er alle zum Buchwert übertragenen Wirtschaftsgüter innerhalb der Sperrfrist veräußert hat. In seinem Einzelunternehmen ist folglich das Grundstück mit 250.000 € + 750.000 € zu aktivieren. Die AfA beträgt gem. § 7 Abs. 4 Nr. 2 a EStG nunmehr 2 % der Anschaffungskosten von 750.000 € = 15.000 €. Somit sind die Veranlagungen der Jahre 02 und 03 zu berichtigen. Der Gewinn ist jeweils um 1.000 € zu mindern. Dafür ermäßigt sich der Veräußerungsgewinn des Einzelunternehmens im Jahre 04 um (150.000 € + 348.000 € =) 498.000 € und beträgt nur noch 1.002.000 €.

262 Diese Missbrauchsvorschrift will verhindern, dass die Realteilung nicht der Umstrukturierung, sondern der Vorbereitung einer Veräußerung oder Entnahme dient, also z. B. der Ausnutzung der Einkommensteuer-Progression oder der Inanspruchnahme von §§ 16, 34 EStG bei Überführung der Realteilungsmasse in Nachfolgegesellschaften.

263 Die Sperrfrist endet nach § 16 Abs. 3 Satz 2 Halbsatz 2 EStG **drei Jahre nach Abgabe** der „Steuererklärung der Mitunternehmerschaft" – gemeint ist damit die Erklärung zur gesonderten und einheitlichen Gewinnfeststellung! – für den VZ der Realteilung und beginnt damit mit Ablauf des Tags der Abgabe der Erklärung. Dabei lösen nur ausreichend vollständige Feststellungserklärungen den Beginn der Frist aus. § 193 BGB ist nicht anzuwenden, d. h., auch wenn dieser Tag auf einen Sonntag oder Feiertag fällt, wird die Frist nicht verlängert.

264 Erhält ein Gesellschafter neben einem Teilbetrieb auch einzelne Wirtschaftsgüter, so gilt die Missbrauchsklausel nur für die einzelnen Wirt-

1 Einkommensteuer

schaftsgüter, denn insoweit ist die Missbrauchsvorschrift **objektbezogen** zu betrachten.[307]

Beispiel 2:

Bei einer mit Ablauf des Jahres 01 erfolgten Realteilung einer KG erhält A einen Teilbetrieb und ein Grundstück. Den übernommenen Teilbetrieb führt er als Einzelunternehmen fort, das Grundstück überführt er (zwingend zum Buchwert) in ein Sonderbetriebsvermögen bei einer OHG. Die Feststellungserklärung für das Jahr 01 wird von der KG am 23.10.02 abgegeben. A veräußert das Grundstück mit Wirkung vom 01.10.05 an einen Dritten. Der Kaufvertrag wurde am 14.09.05 abgeschlossen.

Maßgebend für die Veräußerung ist nicht der Tag des Vertragsabschlusses, sondern der Übergang des wirtschaftlichen Eigentums. Trotzdem hat A das Grundstück innerhalb der Sperrfrist von drei Jahren veräußert (die Sperrfrist endet erst mit Ablauf des 23.10.05), deshalb sind die im Grundstück enthaltenen stillen Reserven rückwirkend im Jahr 01 als laufender Gewinn der Besteuerung zu unterwerfen. Dieser Gewinn ist grundsätzlich allen Gesellschaftern nach dem allgemeinen Gewinnverteilungsschlüssel zuzurechnen, ausnahmsweise jedoch A, sofern der Gesellschaftsvertrag oder die Vereinbarung über die Realteilung eine entsprechende Bestimmung enthält. An der Buchwertfortführung des Teilbereichs ändert sich nichts.

Beispiel 3:

Wie Beispiel 2, aber A veräußert nur den Teilbetrieb.

Da für den Teilbetrieb keine Missbrauchsvorschrift gilt, führt die Veräußerung nicht zu einer nachträglichen Aufdeckung der stillen Reserven im Jahr 01. Daran ändert sich auch durch die damalige Übertragung des Grundstücks nichts. Andererseits müssen die stillen Reserven des Grundstücks nicht nachträglich aufgedeckt werden, weil dieses nicht innerhalb der Sperrfrist veräußert wird. Es gilt insoweit die objektbezogene Betrachtungsweise.

Voraussetzung für die Anwendung der Missbrauchsvorschrift ist die **Veräußerung** oder **Entnahme** der im Rahmen der Realteilung zugewiesenen Wirtschaftsgüter. Eine Veräußerung in diesem Sinne liegt nicht nur dann vor, wenn das Wirtschaftsgut einzeln veräußert wird, sondern auch, wenn es im Rahmen der Veräußerung des Betriebs, Teilbetriebs oder Mitunternehmeranteils veräußert wird, in den das Wirtschaftsgut überführt wurde.

265

Nach Auffassung der Finanzverwaltung[308] liegt auch in folgenden Fällen eine Veräußerung vor:

- Bei der Einbringung dieser Wirtschaftsgüter zusammen mit einem Betrieb, Teilbetrieb oder Mitunternehmeranteil in eine Kapitalgesellschaft nach § 20 UmwStG, unabhängig davon, ob die Buchwerte, Teilwerte oder Zwischenwerte angesetzt werden.

---

307 Gl. A. Schmidt/Wacker, § 16 Rz. 554.
308 BMF vom 28.02.2006, BStBl I 2006, 228, Tz. VIII.

J. Ausscheiden eines Gesellschafters

- Bei der Einbringung dieser Wirtschaftsgüter zusammen mit einem Betrieb, Teilbetrieb oder Mitunternehmeranteil in eine Personengesellschaft nach § 24 UmwStG, unabhängig davon, ob die Buchwerte, Teilwerte oder Zwischenwerte angesetzt werden.
- Bei einem Formwechsel einer Personengesellschaft in eine Kapitalgesellschaft nach § 25 UmwStG.
- Bei der Übertragung dieser Wirtschaftsgüter auf einen Dritten gegen Gewährung von Gesellschaftsrechten nach § 6 Abs. 5 Satz 3 EStG.

266 Keine Veräußerungen oder Entnahmen sind dagegen

— die Schenkung des Wirtschaftsguts aus betrieblichen Gründen nach § 6 Abs. 4 EStG,

— die unentgeltliche Übertragung von Wirtschaftsgütern zum Buchwert nach § 6 Abs. 5 Satz 3 EStG,

— die unentgeltliche Übertragung des Betriebs, Teilbetriebs oder Mitunternehmeranteils nach § 6 Abs. 3 EStG, in die die Wirtschaftsgüter überführt worden sind.

In diesen Fällen ist jedoch der Rechtsnachfolger an die Dreijahresfrist gebunden.

1.9.3.5 Fallkombination zur Realteilung ohne Wertausgleich

A. Grundfälle

Beispiel 1:

267 A und B sind je zur Hälfte an der AB-OHG beteiligt. Die OHG wird mit Ablauf des Jahres 01 real geteilt. A erhält die Wirtschaftsgüter I, B die Wirtschaftsgüter II. Die Gesellschafter haben im Rahmen der Realteilung schriftlich vereinbart, dass Entnahmegewinne nur dem entnehmenden Gesellschafter zuzurechnen sind, sofern nur ein Gesellschafter Entnahmen tätigt.

Aktiva		Schlussbilanz OHG 31.12.01			Passiva
	Buchwert €	gem. Wert €		Buchwert €	gem. Wert €
Wirtschafts-güter I	100.000	200.000	Kapital A	120.000	200.000
Wirtschafts-güter II	140.000	200.000	Kapital B	120.000	200.000
	240.000	400.000		240.000	400.000

a) A und B überführen die Wirtschaftsgüter in ihr Privatvermögen

268 In diesem Fall beträgt der nach §§ 16 und 34 EStG begünstigte Aufgabegewinn 160.000 €, der mit je 80.000 € auf A und B zu verteilen ist.

b) A und B überführen die Wirtschaftsgüter in ihre Einzelunternehmen oder ins Sonderbetriebsvermögen bei einer anderen Personengesellschaft

Unabhängig davon, ob A und B die Wirtschaftsgüter in bereits bestehende oder in neu eröffnete Betriebe überführen, müssen sie gem. § 16 Abs. 3 Satz 2 EStG die Buchwerte fortführen. Dazu ist erforderlich, die Kapitalkonten der Gesellschafter erfolgsneutral an die Buchwerte der übernommenen Wirtschaftsgüter anzupassen.

Die Eröffnungsbilanzen haben dann folgendes Aussehen:

Aktiva	Eröffnungsbilanz A 01.01.02		Passiva
Wirtschaftsgüter I	100.000 €	Kapital	100.000 €
	100.000 €		100.000 €

Aktiva	Eröffnungsbilanz B 01.01.02		Passiva
Wirtschaftsgüter II	140.000 €	Kapital	140.000 €
	140.000 €		140.000 €

Diese Lösung führt bei A durch die künftige Aufdeckung der stillen Reserven zu einer höheren steuerlichen Belastung als bei B. Aus diesem Grund kann ein Steuererstattungsanspruch vereinbart werden, der nach Auffassung des BFH außerhalb des gewerblichen Bereichs liegt, Gewinnverwendung darstellt und die Erfolgsneutralität der Realteilung nicht beeinträchtigt. Obwohl die Buchwertfortführung zwingend ist, wird A eine Ausgleichszahlung des B durchsetzen können, weil er ansonsten dieser Aufteilung des Vermögens nicht zustimmen wird. Nicht einfach ist es, die Höhe der zu erwartenden Steuermehrbelastung zu ermitteln. Für den Staat kann diese Kapitalangleichung zu einem tatsächlichen Steuerausfall führen, nämlich dann, wenn die stillen Reserven auf die Mitunternehmer übergehen, der einem geringeren Einkommensteuersatz unterliegt.

c) A überführt die Wirtschaftsgüter I in sein Privatvermögen, B die Wirtschaftsgüter II in sein Einzelunternehmen

Die Realteilung ist subjektbezogen zu sehen. Aufgrund der Vereinbarung stellt sie bei A eine Betriebsaufgabe dar, was zu einer Aufdeckung der stillen Reserven führt. B muss dagegen nach § 16 Abs. 3 Satz 2 EStG zwingend die Buchwerte fortführen. Die gesetzliche Regelung zwingt A und B dazu, zunächst ihre Kapitalkonten an die Buchwerte der übernommenen Wirtschaftsgüter anzugleichen. Erst danach kann der Aufgabegewinn des A ermittelt werden.

Dieser nach §§ 16 und 34 EStG begünstigte Aufgabegewinn des A beträgt (200.000 € ./. 100.000 €! =) 100.000 €.

Der künftige Gewinn des B in seiner Einzelfirma beträgt (200.000 € ./. 140.000 € =) 60.000 €.

Die Eröffnungsbilanz des B hat folgendes Aussehen:

Aktiva	Eröffnungsbilanz B 01.01.02		Passiva
Wirtschaftsgüter II	140.000 €	Kapital	140.000 €
	140.000 €		140.000 €

J. Ausscheiden eines Gesellschafters

B. Grundfall und Missbrauchsvorschrift

Beispiel 2:

271 Wie Beispiel 1, Variante b). A veräußert jedoch sein Einzelunternehmen bereits mit Ablauf des 31.12.04. Ein rückwirkend entstehender Gewinn ist allein dem veräußernden oder entnehmenden Gesellschafter zuzurechnen.

Weil A **alle** übernommenen Wirtschaftsgüter I innerhalb der Sperrfrist von drei Jahren veräußert, müssen die Wirtschaftsgüter I rückwirkend mit dem gemeinen Wert angesetzt werden. Bei A entsteht u. E. im Jahre 01 ein nach §§ 16, 34 EStG begünstigter, nicht gewerbesteuerpflichtiger Aufgabegewinn von (200.000 € ./. 100.000 € =) 100.000 €. In der berichtigten Eröffnungsbilanz des A zum 01.01.02 müssen die Wirtschaftsgüter I ebenfalls mit dem gemeinen Wert aktiviert werden.

Bei B tritt gegenüber dem Grundfall keine Änderung ein, weil die Realteilung subjektbezogen zu sehen ist.

Die Eröffnungsbilanzen von A und B zum 01.01.02 haben folgendes Aussehen:

Aktiva	Berichtigte Eröffnungsbilanz A 01.01.02		Passiva
Wirtschaftsgüter I	200.000 €	Kapital	200.000 €
	200.000 €		200.000 €

Aktiva	Eröffnungsbilanz B 01.01.02		Passiva
Wirtschaftsgüter II	140.000 €	Kapital	140.000 €
	140.000 €		140.000 €

Auch im vorliegenden Fall sollte eine Ausgleichszahlung für zusätzliche Steuerzahlungen vereinbart werden. Da diese Ausgleichszahlung private Personensteuern betrifft, ist sie erfolgsneutral zu behandeln.

Beispiel 3:

272 Wie Beispiel 1, Variante b); aber an der OHG sind die B-GmbH und B je zur Hälfte beteiligt. Die B-GmbH erhält die Wirtschaftsgüter I, B die Wirtschaftsgüter II. Ein bei der Realteilung sofort oder rückwirkend entstehender Gewinn ist dem betreffenden Gesellschafter zuzurechnen.

Bei B ändert sich gegenüber dem Grundfall nichts. Er muss zwingend die Buchwerte fortführen, weil die Realteilung subjektbezogen zu sehen ist.

Weil die Wirtschaftsgüter I auf eine GmbH übergehen, ist die Körperschaftsklausel gem. § 16 Abs. 3 Satz 4 EStG zu beachten. Danach müssen die Wirtschaftsgüter I bei der GmbH insoweit mit dem gemeinen Wert angesetzt werden, wie sich der Anteil der GmbH an den Wirtschaftsgütern unmittelbar oder mittelbar erhöht, d. h. i. H. von 50 % = 50.000 €. Dadurch ensteht bei der OHG ein laufender, nicht nach §§ 16, 34 EStG begünstigter Gewinn von 50.000 €, der aufgrund der vertraglichen Vereinbarung allein der B-GmbH zuzurechnen ist. Der Gewinn unterliegt nach § 7 Satz 2 Nr. 1 GewStG der Gewerbesteuer.

Die Eröffnungsbilanzen von der B-GmbH und von B zum 01.01.02 haben folgendes Aussehen:

Aktiva	Eröffnungsbilanz B-GmbH 01.01.02		Passiva
Wirtschaftsgüter I	150.000 €	Kapital	150.000 €
	150.000 €		150.000 €

Aktiva	Eröffnungsbilanz B 01.01.02		Passiva
Wirtschaftsgüter II	140.000 €	Kapital	140.000 €
	140.000 €		140.000 €

Beispiel 4:

Wie Beispiel 1, Variante b); aber die OHG ist eine KG, an der die AB-GmbH als Komplementär ohne vermögensmäßige Beteiligung und A und B je zur Hälfte beteiligt sind. Bei der Realteilung der KG erhält die GmbH nichts, A die Wirtschaftsgüter I und B die Wirtschaftsgüter II.

Es liegt kein Missbrauchsfall gem. § 16 Abs. 3 Satz 4 EStG vor, weil die GmbH an der KG vermögensmäßig nicht beteiligt ist und deshalb im Rahmen der Realteilung keine Wirtschaftsgüter zugewiesen bekommt. Die GmbH erzielt keinen Gewinn. Dadurch können auch keine stillen Reserven auf die GmbH übergehen. Ein Steuerausfall wegen niedrigerer Steuersätze bzw. wegen des Halbeinkünfteverfahrens ist deshalb nicht möglich.

Bei A und B treten dieselben Folgen ein wie im Grundfall, d. h., sie müssen zwingend die Buchwerte fortführen, denn die Realteilung ist subjektbezogen zu sehen.

C. Realteilung und Ergänzungsbilanzen

Beispiel 5:

Wie Beispiel 1, die OHG führt jedoch für B eine Ergänzungsbilanz, weil dieser vor einigen Jahren seinen Anteil im Wege eines Gesellschafterwechsels erworben hat.

Die Ergänzungsbilanz des B hat folgendes Aussehen:

Aktiva	Ergänzungsbilanz B 31.12.01		Passiva
Mehrwert Wirtschaftsgüter I	40.000 €	Mehrkapital	60.000 €
Mehrwert Wirtschaftsgüter II	20.000 €		
	60.000 €		60.000 €

a) A und B überführen die Wirtschaftsgüter in ihr Privatvermögen

Bei der Ermittlung der nach §§ 16, 34 EStG begünstigten Aufgabegewinne von A und B sind auch die Werte der aufzulösenden Ergänzungsbilanz zu berücksichtigen. Die Mehrwerte führen zu einem Mindergewinn von 60.000 €, sodass der Aufgabegewinn insgesamt nur noch 100.000 € beträgt. Dieser Mindergewinn ist aber nicht auf beide Gesellschafter zu verteilen, sondern betrifft nur B. Sein Aufgabegewinn von 80.000 € mindert sich somit um 60.000 € auf 20.000 €. Der Aufgabegewinn des A beträgt unverändert 80.000 €.

J. Ausscheiden eines Gesellschafters

b) A und B überführen die Wirtschaftsgüter in ihre Einzelunternehmen oder ins Sonderbetriebsvermögen bei einer anderen Personengesellschaft

276 Nach § 16 Abs. 3 Satz 2 EStG müssen A und B die Buchwerte fortführen. Dazu ist erforderlich, dass sie ihr Kapitalkonto **erfolgsneutral** an die Summe der Buchwerte der ihnen zugeteilten Wirtschaftsgüter in der Schlussbilanz der OHG anpassen; hierbei sind auch Auf- und Abstockungen in den Ergänzungsbilanzen der Gesellschafter zu berücksichtigen. Diese Grundsätze gelten selbstverständlich in allen Fällen, in denen die Personengesellschaft positive oder negative Ergänzungsbilanzen für ihre Gesellschafter aufgestellt hat.

Zweckmäßigerweise geht man bei der Lösung in zwei Schritten vor.

1. Schritt: Auflösung der Ergänzungsbilanz

Die Schlussbilanz der OHG hat nach der Auflösung der Ergänzungsbilanz folgendes Aussehen:

Aktiva	Schlussbilanz der OHG 31.12.01				Passiva
	Buchwert €	gem. Wert €		Buchwert €	gem. Wert €
Wirtschaftsgüter I	140.000	200.000	Kapital A	120.000	200.000
Wirtschaftsgüter II	160.000	200.000	Kapital B	180.000	200.000
	300.000	400.000		300.000	400.000

Zu beachten ist, dass die Auflösung der Ergänzungsbilanz des B nur zu einer Kapitalveränderung des B führt.

2. Schritt: Erstellung der Eröffnungsbilanzen

Aktiva	Eröffnungsbilanz A 01.01.02		Passiva
Wirtschaftsgüter I	140.000 €	Kapital	140.000 €
	140.000 €		140.000 €

Aktiva	Eröffnungsbilanz B 01.01.02		Passiva
Wirtschaftsgüter II	160.000 €	Kapital	160.000 €
	160.000 €		160.000 €

Wegen der weiteren Auswirkungen siehe Beispiel 1, Buchstabe b.

c) A überführt Wirtschaftsgüter I in sein Privatvermögen, B Wirtschaftsgüter II in sein Einzelunternehmen

277 Die Realteilung ist subjektbezogen zu sehen. Aufgrund der Vereinbarung stellt sie bei A eine Betriebsaufgabe dar, was zu einer Aufdeckung der stillen Reserven führt. Der nach §§ 16 und 34 EStG begünstigte Aufgabegewinn des A beträgt nach Auflösung der Ergänzungsbilanz und Anpassung der Kapitalkonten an die Buchwerte der zu übernehmenden Wirtschaftsgüter (200.000 € ./.

1 Einkommensteuer

140.000 € =) 60.000 €. Der künftige Gewinn des B in seiner Einzelfirma beträgt (200.000 € ./. 160.000 € =) 40.000 €. Das bedeutet, es sind 20.000 € stille Reserven von A auf B übergegangen. Der Aufgabegewinn des A beträgt deshalb nur 60.000 € statt wie bei a) 80.000 €. B versteuert dafür in Zukunft 20.000 € mehr als bei der Lösung zu a).

Die Eröffnungsbilanz des B zum 01.01.02 hat dann folgendes Aussehen:

Aktiva	Eröffnungsbilanz B 01.01.02		Passiva
Wirtschaftsgüter II	160.000 €	Kapital	160.000 €
	160.000 €		160.000 €

Beispiel 6:
Wie Beispiel 1, aber bei der Gründung der OHG brachte B sein Einzelunternehmen zum Buchwert in die OHG ein. Diese wählte für den Buchwertansatz die buchungstechnische Variante drei.[309]

Die Ergänzungsbilanzen haben folgendes Aussehen:

Aktiva	Ergänzungsbilanz A 31.12.01		Passiva
Mehrwert Wirtschaftsgüter I	20.000 €	Mehrkapital	30.000 €
Mehrwert Wirtschaftsgüter II	10.000 €		
	30.000 €		30.000 €

Aktiva	Ergänzungsbilanz B 31.12.01		Passiva
Minderkapital	30.000 €	Minderwert Wirtschaftsgüter I	20.000 €
		Minderwert Wirtschaftsgüter II	10.000 €
	30.000 €		30.000 €

a) A und B überführen die Wirtschaftsgüter in ihr Privatvermögen
Bei der Ermittlung des nach §§ 16, 34 Abs. 1 und 3 EStG begünstigten Aufgabegewinns von A und B sind auch die Werte der beiden Ergänzungsbilanzen zu berücksichtigen. Die Mehrwerte in der Ergänzungsbilanz des A führen zu einem Mindergewinn von 30.000 €, der nur A betrifft. Entsprechend führen die Minderwerte in der Ergänzungsbilanz des B zu einem Mehrgewinn von 30.000 €, der nur B betrifft. Der Aufgabegewinn beträgt daher wie im Beispiel 1, Variante a) insgesamt 160.000 €, dieser entfällt jedoch mit (80.000 € ./. 30.000 € =) 50.000 € auf A und mit (80.000 € + 30.000 € =) 110.000 € auf B.

---

309 Siehe C. Rz. 26.

J. Ausscheiden eines Gesellschafters

b) A und B überführen die Wirtschaftsgüter in ihr Betriebsvermögen

280 Nach § 16 Abs. 3 Satz 2 EStG müssen A und B die Buchwerte fortführen. Dazu ist erforderlich, dass sie ihr Kapitalkonto erfolgsneutral an die Summe der Buchwerte der ihnen zugeteilten Wirtschaftsgüter in der Schlussbilanz der OHG anpassen; hierbei sind auch Auf- und Abstockungen in den Ergänzungsbilanzen der Gesellschafter zu berücksichtigen.[310] Die Ergänzungsbilanzen sind **erfolgsneutral** aufzulösen.

Wie im Beispiel 5 geht man bei der Lösung zweckmäßigerweise in zwei Schritten vor.

1. Schritt: Auflösung der Ergänzungsbilanzen

Die Schlussbilanz der OHG hat nach der Auflösung der Ergänzungsbilanzen folgendes Aussehen:

Aktiva			Schlussbilanz der OHG 31.12.01		Passiva
	Buchwert €	gem. Wert €		Buchwert €	gem. Wert €
Wirtschaftsgüter I	100.000	200.000	Kapital A	150.000	200.000
Wirtschaftsgüter II	140.000	200.000	Kapital B	90.000	200.000
	240.000	400.000		240.000	400.000

Die Auflösung der – positiven – Ergänzungsbilanz des A führt für sich gesehen zu einer Erhöhung der Buchwerte der Aktivposten um 20.000 € bzw. 10.000 € und zu einer Erhöhung seines Kapitalkontos um 30.000 €. Die Auflösung der – negativen – Ergänzungsbilanz des B führt für sich gesehen zu einer Minderung der Buchwerte der Aktivposten um 20.000 € bzw. 10.000 € und zu einer Minderung seines Kapitalkontos um 30.000 €. Während sich die Erhöhung und die Minderung der Buchwerte der Aktivposten aufheben, verbleibt die Erhöhung des Kapitalkontos des A und die Minderung des Kapitalkontos des B.

2. Schritt: Erstellung der Eröffnungsbilanzen

Aktiva	Eröffnungsbilanz A 01.01.02		Passiva
Wirtschaftsgüter I	100.000 €	Kapital	100.000 €
	100.000 €		100.000 €

Aktiva	Eröffnungsbilanz B 01.01.02		Passiva
Wirtschaftsgüter II	140.000 €	Kapital	140.000 €
	140.000 €		140.000 €

---

310 BFH vom 18.05.1995, BStBl II 1996, 70.

c) A überführt Wirtschaftsgüter I in sein Privatvermögen, B Wirtschaftsgüter II in sein Einzelunternehmen

Die Realteilung ist subjektbezogen zu sehen. Aufgrund der Vereinbarung stellt sie bei A eine Betriebsaufgabe dar, was zu einer Aufdeckung der stillen Reserven führt. Der nach §§ 16 und 34 EStG begünstigte Aufgabegewinn des A beträgt nach Auflösung der Ergänzungsbilanzen und Anpassung der Kapitalkonten an die Buchwerte der zu übernehmenden Wirtschaftsgüter (200.000 € ./. 100.000 € =) 100.000 €. Der künftige Gewinn des B in seiner Einzelfirma beträgt (200.000 € ./. 140.000 € =) 60.000 €.

Für B ergibt sich folgende Eröffnungsbilanz:

Aktiva	Eröffnungsbilanz B 01.01.02		Passiva
Wirtschaftsgüter II	140.000 €	Kapital	140.000 €
	140.000 €		140.000 €

D. Realteilung und Sonderbilanzen

Beispiel 7:

Wie Beispiel 1, Variante b), aber A hat der OHG ein unbebautes Grundstück zur Verfügung gestellt, das eine wesentliche Betriebsgrundlage darstellt. Dieses Grundstück ist in der Sonderbilanz des A mit seinen Anschaffungskosten von 80.000 € aktiviert. Der Teilwert des Grundstücks beträgt 130.000 €. A nutzt dieses Grundstück in Zukunft in seinem Einzelunternehmen.

Die von A übernommenen Wirtschaftsgüter I stellen zwar keinen Teilbetrieb dar. Trotzdem muss er nach § 16 Abs. 3 Satz 2 EStG alle übernommenen Wirtschaftsgüter und damit auch das Wirtschaftsgut des Sonderbetriebsvermögens zwingend mit dem Buchwert fortführen. Eine Gewinnauswirkung tritt damit nicht ein.

Seine Eröffnungsbilanz hat folgendes Aussehen:

Aktiva	Eröffnungsbilanz A 01.01.02		Passiva
Wirtschaftsgüter I	100.000 €	Kapital	180.000 €
Grundstück	80.000 €		
	180.000 €		180.000 €

Für B ergeben sich wegen des Sonderbetriebsvermögens des A keine Auswirkungen. Es bleibt also für ihn bei der Lösung im Beispiel 1.

Beispiel 8:

Wie Beispiel 7, aber das Grundstück wird ins Privatvermögen entnommen.

Die Entnahme des Grundstücks führt zu einem Entnahmegewinn von (130.000 € ./. 80.000 € =) 50.000 €, der allein A zuzurechnen ist. Die Überführung der Wirtschaftsgüter I aus dem Gesamthandsvermögen der OHG in das Einzelunternehmen des B fällt zwar nicht unter § 16 Abs. 3 Satz 2 EStG, weil nicht alle wesentlichen Betriebsgrundlagen überführt worden sind, wohl aber unter § 6 Abs. 5 Satz 3 EStG. Deshalb müssen die Buchwerte fortgeführt werden. Folglich ist der Entnahmegewinn als laufender, nicht nach §§ 16, 34 EStG begünstigter Gewinn zu versteuern. Gewerbesteuer fällt keine an.

J. Ausscheiden eines Gesellschafters

Seine Eröffnungsbilanz hat folgendes Aussehen:

Aktiva	Eröffnungsbilanz A 01.01.02		Passiva
Wirtschaftsgüter I	100.000 €	Kapital	100.000 €
	100.000 €		100.000 €

Für B ergeben sich wie im Beispiel 7 keine Auswirkungen.

1.9.4 Realteilung mit Wertausgleich

1.9.4.1 Grundsätze

284 Eine Realteilung mit Wertausgleich liegt vor, wenn die Verkehrswerte der übernommenen Teilbetriebe oder einzelnen Wirtschaftsgüter höher oder niedriger sind als die Verkehrswerte der untergegangenen Gesellschaftsanteile und der Gesellschafter, der zu viel erhalten hat, an den Gesellschafter, der zu wenig erhalten hat, einen Ausgleich (**Spitzenausgleich**) bezahlt. Dabei spielt es keine Rolle, ob Bargeld fließt, ob eine Forderung eingeräumt wird oder ob Sachwerte überlassen werden. Allerdings liegt ein Wertausgleich in diesem Sinne nur dann vor, wenn das gezahlte Bargeld oder der Sachwert aus dem **Privatvermögen** des ausgleichenden Gesellschafters stammt bzw. wenn die Ausgleichsschuld in der privaten Sphäre des zum Ausgleich Verpflichteten begründet wird.

285 Die zum Betriebsvermögen der Personengesellschaft gehörenden Verbindlichkeiten sind als unselbständiger Bestandteil in die Realteilung mit einzubeziehen, unabhängig davon, ob sie eindeutig einem Betrieb, Teilbetrieb oder Mitunternehmeranteil oder einzelnen Wirtschaftsgütern zugeordnet werden können.[311]

Beachte: Tätigt ein Gesellschafter in zeitlichem Zusammenhang mit der Realteilung Einlagen, so handelt es sich regelmäßig um Scheineinlagen, die an dem privaten Charakter des Wertausgleichs nichts ändern.[312]

286 Trotz der Zahlung eines Spitzenausgleichs sind nach § 16 Abs. 3 Satz 2 EStG bei der Übertragung von Teilbetrieben, Mitunternehmeranteilen oder einzelnen Wirtschaftsgütern im Zusammenhang mit einer Realteilung zwingend die Buchwerte fortzuführen. Die Zahlung eines **Spitzenausgleichs** steht einer im Übrigen gewinnneutralen Realteilung des Gesellschaftsvermögens nicht entgegen.[313]

In Höhe des um den anteiligen Buchwert verminderten Spitzenausgleich entsteht ein laufender, nicht nach §§ 16, 34 EStG begünstigter Gewinn beim **ausgleichsberechtigten** Realteiler, weil der Spitzenausgleich ein Entgelt für die Abtretung des Auseinandersetzungsanspruchs in Höhe der Differenz zwischen der Summe der Verkehrswerte der übernommenen Wirtschafts-

---

[311] BFH vom 10.12.1991, BStBl II 1992, 385.
[312] Gl. A. Schmidt/Wacker, § 16 Rz. 550.
[313] BFH vom 01.12.1992, BStBl II 1994, 607; BMF vom 28.02.2006, BStBl I 2006, 228, Tz. I.

güter und dem ursprünglichen Auseinandersetzungsanspruch darstellt. Dieser Gewinn unterliegt nicht der Gewerbesteuer,[314] weil unabhängig von § 16 Abs. 3 Satz 2 EStG die Realteilung nach Gewerbesteuerrecht eine Betriebsaufgabe ist. Soweit jedoch der Gewinn nicht auf eine natürliche Person als unmittelbar beteiligter Mitunternehmer entfällt, unterliegt er nach § 7 Satz 2 GewStG der Gewerbesteuer.

Beim **ausgleichsverpflichteten** Realteiler führt der Spitzenausgleich zu Anschaffungskosten mit der Folge, dass die aus der steuerrechtlichen Schlussbilanz der Personengesellschaft übernommenen Buchwerte der Wirtschaftsgüter und das diesem angeglichene Kapitalkonto in der Fortführungseröffnungsbilanz des ausgleichsverpflichteten Realteilers in Höhe der aufgedeckten stillen Reserven zu erhöhen sind.

Für die Berechnung der AfA gilt in diesen Fällen Folgendes:[315]

- AfA für Gebäude

  Für das Gebäude ergeben sich **zwei** AfA-Reihen. Hinsichtlich des unentgeltlich erworbenen Gebäudeteils muss der erwerbende Realteiler die Buchwerte der Personengesellschaft fortführen. Bezüglich des entgeltlich erworbenen Gebäudeteils hat er Anschaffungskosten in Höhe der Ausgleichszahlung, die Bemessungsgrundlage für die weitere AfA ist.

- AfA für bewegliche Wirtschaftsgüter

  Hinsichtlich der AfA für bewegliche Wirtschaftsgüter gilt grundsätzlich dasselbe wie für die Gebäude-AfA. Da jedoch die Nutzungsdauer des entgeltlich erworbenen Teils des Wirtschaftsguts hier regelmäßig mit der Restnutzungsdauer des unentgeltlich erworbenen Teils des Wirtschaftsguts übereinstimmt, kann in diesen Fällen auf eine Aufspaltung in zwei AfA-Reihen verzichtet werden.

1.9.4.2 Fallkombination zur Realteilung mit Wertausgleich

Beispiel:

A und B sind je zur Hälfte an der AB-OHG beteiligt. Die OHG wird mit Ablauf des Jahres 01 real geteilt. A erhält die Wirtschaftsgüter I, B die Wirtschaftsgüter II.

Aktiva	Schlussbilanz der OHG 31.12.01				Passiva
	Buchwert €	gem. Wert €		Buchwert €	gem. Wert €
Wirtschaftsgüter I	100.000	200.000	Kapital A	150.000	225.000
Wirtschaftsgüter II	200.000	250.000	Kapital B	150.000	225.000
	300.000	450.000		300.000	450.000

---

[314] BFH vom 17.02.1994, BStBl II 1994, 809.
[315] BMF vom 14.03.2006, BStBl I 2006, 253, Rz. 20.

J. Ausscheiden eines Gesellschafters

Wegen der unterschiedlichen gemeinen Werte verpflichtet sich B, an A 25.000 € zu leisten.

a) A und B überführen die Wirtschaftsgüter ins Privatvermögen

290 Nach § 16 Abs. 3 Satz 2 EStG liegt die Aufgabe der Mitunternehmeranteile von A und B vor. Bei der Ermittlung des Aufgabegewinns sind nach § 16 Abs. 3 Satz 7 EStG für die übertragenen Wirtschaftsgüter die gemeinen Werte anzusetzen. Der nach §§ 16 und 34 EStG begünstigte Aufgabegewinn beträgt insgesamt 150.000 € und ist nach § 16 Abs. 3 Satz 8 EStG wie folgt auf die Gesellschafter zu verteilen:

Gesellschafter A

Gemeiner Wert Wirtschaftsgüter I	200.000 €
./. Buchwert Kapital	150.000 €
+ Ausgleichszahlung von B	25.000 €
Aufgabegewinnanteil A	75.000 €

Gesellschafter B

Gemeiner Wert Wirtschaftsgüter II	250.000 €
./. Buchwert Kapital	150.000 €
./. Ausgleichszahlung an A	25.000 €
Aufgabegewinnanteil B	75.000 €

b) A und B überführen die Wirtschaftsgüter in ihre Einzelunternehmen oder ins Sonderbetriebsvermögen bei einer anderen Personengesellschaft

291 Trotz der Zahlung eines Spitzenausgleichs sind nach § 16 Abs. 3 Satz 2 EStG zwingend die Buchwerte fortzuführen, denn die Zahlung eines Spitzenausgleichs steht einer gewinnneutralen Realteilung im Übrigen nicht entgegen.

Nach Auffassung der Finanzverwaltung[316] ist folgende Berechnung vorzunehmen:

Wert der übernommenen Wirtschaftsgüter des B	250.000 €
Geleisteter Spitzenausgleich	25.000 €

B hat 10 % der übernommenen Wirtschaftsgüter entgeltlich angeschafft, A 10 % entgeltlich veräußert.

A erzielt folgenden Veräußerungsgewinn:

Veräußerungspreis	25.000 €
./. anteiliger Buchwert Wirtschaftsgüter II (10 %)	20.000 €
Veräußerungsgewinn	5.000 €

Dieser Veräußerungsgewinn ist nicht nach §§ 16, 34 EStG begünstigt, unterliegt aber nicht der Gewerbesteuer.

---

[316] BMF vom 28.02.2006, BStBl I 2006, 228, Tz. VI, und vom 14.03.2006, BStBl I 2006, 253, Tz. 19–21.

B hat i. H. von 5.000 € zusätzliche Anschaffungskosten der übernommenen Wirtschaftsgüter II. A führt die Buchwerte der übernommenen Wirtschaftsgüter I fort.

Darüber hinaus sind die Kapitalkonten der Gesellschafter an die Buchwerte der ihnen zugeteilten Wirtschaftsgüter erfolgsneutral wie folgt anzupassen:

	A	B
Kapital lt. Schlussbilanz der OHG	150.000 €	150.000 €
+/./. Aufstockung/Abstockung	./. 50.000 €	+ 50.000 €
+ zusätzliche Anschaffungskosten		+ 5.000 €
+/./. Ausgleichszahlung	+ 25.000 €	./. 25.000 €
Kapital lt. Eröffnungsbilanz	125.000 €	180.000 €

Die Eröffnungsbilanzen der beiden Gesellschafter haben folgendes Aussehen:

Aktiva	Eröffnungsbilanz A 01.01.02		Passiva
Wirtschaftsgüter I	100.000 €	Kapital	125.000 €
Sonstige Forderung B	25.000 €		
	125.000 €		125.000 €

Aktiva	Eröffnungsbilanz B 01.01.02		Passiva
Wirtschaftsgüter II	205.000 €	Kapital	180.000 €
		Sonstige Verbindlichkeit A	25.000 €
	205.000 €		205.000 €

Die Gesellschafter versteuern künftig in ihren Einzelfirmen die restlichen stillen Reserven von 145.000 €, und zwar A 100.000 € und B 45.000 €.

c) A überführt Wirtschaftsgüter I in sein Privatvermögen, B Wirtschaftsgüter II in sein Einzelunternehmen

Die Realteilung ist subjektbezogen zu sehen. Aufgrund der Vereinbarung stellt sie bei A eine Betriebsaufgabe dar, was zu einer Aufdeckung der stillen Reserven führt. B muss dagegen nach § 16 Abs. 3 Satz 2 Halbsatz 2 EStG zwingend die Buchwerte fortführen. Wegen der Sicherstellung der Versteuerung aller stillen Reserven zwingt diese gesetzliche Regelung A und B dazu, zunächst ihre Kapitalkonten an die Buchwerte der übernommenen Wirtschaftsgüter anzugleichen. Erst danach kann der Aufgabegewinn des A ermittelt werden.

Der nach §§ 16 und 34 EStG begünstigte Aufgabegewinn des A berechnet sich nach Auffassung der Finanzverwaltung wie folgt:

Gemeiner Wert Wirtschaftsgüter I	200.000 €
./. Buchwert Kapital (nach Anpassung)	100.000 €
+ Ausgleichszahlung von B	25.000 €
./. Minderung Buchwert Wirtschaftsgüter II	20.000 €
Aufgabegewinn	105.000 €

Die Eröffnungsbilanz des B zum 01.01.02 hat folgendes Aussehen:

J. Ausscheiden eines Gesellschafters

Aktiva	Eröffnungsbilanz B 01.01.02		Passiva
Wirtschaftsgüter II	205.000 €	Kapital	180.000 €
		Sonstige Verbindlichkeiten	25.000 €
	205.000 €		205.000 €

Der künftige Gewinn des B in seinem Einzelunternehmen beträgt (250.000 € ./. 205.000 € =) 45.000 €.
Damit versteuern die Gesellschafter A und B wie bei b) die gesamten stillen Reserven von 150.000 €, und zwar A 105.000 € und B 45.000 €.

d) A überführt Wirtschaftsgüter I in sein Einzelunternehmen, B Wirtschaftsgüter II in sein Privatvermögen

293 In diesem Fall stellt die Realteilung bei B eine Betriebsaufgabe dar. Dieser muss nach § 16 Abs. 3 Satz 2 EStG die stillen Reserven auflösen. Bei A sind dagegen nach § 16 Abs. 3 Satz 2 EStG zwingend die Buchwerte fortzuführen. Wegen der Sicherstellung der Versteuerung aller stillen Reserven zwingt diese gesetzliche Regelung A und B dazu, zunächst ihre Kapitalkonten an die Buchwerte der übernommenen Wirtschaftsgüter anzugleichen. Erst danach kann der Aufgabegewinn des B ermittelt werden.

Der nach §§ 16 und 34 EStG begünstigte Aufgabegewinn des B berechnet sich nach Auffassung der Finanzverwaltung wie folgt:

Gemeiner Wert Wirtschaftsgüter II	250.000 €
./. Buchwert Kapital (nach Anpassung)	200.000 €
./. Ausgleichszahlung an A	25.000 €
+ Minderung Buchwert Wirtschaftsgüter II	20.000 €
Aufgabegewinn	45.000 €

Die Eröffnungsbilanz des A zum 01.01.02 hat folgendes Aussehen:

Aktiva	Eröffnungsbilanz A 01.01.02		Passiva
Wirtschaftsgüter I	100.000 €	Kapital	125.000 €
Sonstige Forderungen B	25.000 €		
	125.000 €		125.000 €

Der künftige Gewinn des A in seinem Einzelunternehmen beträgt 100.000 €. Zusätzlich versteuert A im Jahr der Realteilung 5.000 €. Damit versteuern die Gesellschafter auch in diesem Fall die gesamten stillen Reserven von 150.000 €, und zwar A 105.000 € und B 45.000 €.

294 Anmerkung: Die oben[317] dargestellte steuerliche Behandlung der Realteilung ohne Wertausgleich bei Vorliegen von Ergänzungs- und Sonderbilanzen ist bei der Realteilung mit Spitzenausgleich entsprechend anzuwenden. Das bedeutet:

---

317 Siehe J. Rz. 274–283.

1 Einkommensteuer

1. Stellt die Realteilung die Aufgabe eines Mitunternehmeranteils i. S. von § 16 Abs. 3 Satz 2 EStG dar und tritt dadurch eine Gewinnauswirkung ein, so erhöht sich der Aufgabegewinn, wenn für den Gesellschafter eine negative Ergänzungsbilanz erstellt wurde, und mindert sich der Aufgabegewinn, wenn für den Gesellschafter eine positive Ergänzungsbilanz erstellt wurde.

2. Werden dagegen bei der Realteilung mit Spitzenausgleich nach § 16 Abs. 3 Satz 2 EStG die Buchwerte fortgeführt, so ergibt sich trotz Vorliegens von Ergänzungsbilanzen keine Gewinnauswirkung, wenn man vom Spitzenausgleich absieht. Auch in diesen Fällen sind Ergänzungsbilanzen erfolgsneutral aufzulösen.

Auch die Missbrauchsvorschriften sind entsprechend anzuwenden.[318]

1.10 Tausch von Mitunternehmeranteilen

Der Erwerb von Mitunternehmeranteilen gegen die Hingabe eigener Mitunternehmeranteile stellt für alle Beteiligten ein Tauschgeschäft und damit ein entgeltliches Rechtsgeschäft dar. Der Anteilstausch ist gleichzeitig ein entgeltliches Veräußerungsgeschäft und ein entgeltliches Anschaffungsgeschäft. Er erfüllt deshalb für beide Seiten die Tatbestandsvoraussetzungen der Veräußerung eines Mitunternehmeranteils (oder eines Teils eines Mitunternehmeranteils). Weil Gegenstand der Veräußerung hierbei nicht das einheitliche Wirtschaftsgut „Beteiligung an der Personengesellschaft" ist, sondern die Anteile an den einzelnen Wirtschaftsgütern der Personengesellschaft, führt der Tausch der Beteiligungen ebenso wie der Tausch einzelner Wirtschaftsgüter des Betriebsvermögens nach allgemeinen Gewinnermittlungsvorschriften grundsätzlich zur Gewinnrealisierung. Dies gilt auch für den Tausch von Anteilen an gesellschafteridentischen Personengesellschaften.[319]

295

Jeder Tauschpartner muss grundsätzlich die Differenz zwischen dem gemeinen Wert (Teilwert) der erworbenen Beteiligung und dem Buchwert seiner hingegebenen Beteiligung nach Abzug der Veräußerungskosten versteuern. Ein vereinbarter Wertausgleich erhöht den Veräußerungsgewinn beim Empfänger und mindert ihn beim Zahlenden.

Eine Versteuerung der stillen Reserven kann, abgesehen von der Möglichkeit der Bildung einer Rücklage gem. § 6b EStG, soweit der Tausch anteilig auf die Übertragung begünstigter Veräußerungsobjekte entfällt, nicht verhindert werden.

Setzen sich die Gesellschafter zweier gesellschafteridentischer Personengesellschaften dergestalt auseinander, dass jeder allein den Betrieb jeweils

296

---
[318] Siehe J. Rz. 258 ff.
[319] BFH vom 08.07.1992, BStBl II 1992, 946, und vom 20.02.2003, BStBl II 2003, 700.

J. Ausscheiden eines Gesellschafters

einer Personengesellschaft als Einzelunternehmen fortführt, liegt keine Realteilung vor. Zum einen, weil die beiden Betriebe nicht aufgegeben werden, sondern – als Einzelunternehmen – fortbestehen, und zum anderen, weil es sich nicht um einen, sondern um zwei getrennte Betriebe handelt.

In diesen Fällen bietet sich an, die beiden Personengesellschaften zu verschmelzen. Dieser Vorgang fällt unter § 24 UmwStG und kann folglich ohne Aufdeckung von stillen Reserven zum Buchwert erfolgen. Danach kann die Personengesellschaft real geteilt werden, in dem die beiden Gesellschafter die zugewiesenen Wirtschaftsgüter in ihre neu eröffneten oder bereits bestehenden Einzelunternehmen übertragen. Da alle Wirtschaftsgüter der Personengesellschaft ins Betriebsvermögen ihrer Gesellschafter übertragen werden, sind die Wirtschaftsgüter nach § 16 Abs. 3 Satz 2 EStG zwingend mit dem Buchwert anzusetzen. Eine Gewinnauswirkung könnte sich allerdings in einem geringen Umfang ergeben, sofern ein Spitzenausgleich erforderlich werden sollte.

Aber: Wegen der Gesamtplanrechtsprechung[320] des BFH sollte jedoch zwischen der Verschmelzung und der Realteilung mindestens ein Zeitraum von einem Jahr liegen.

1.11 Verpachtung von Betrieben

1.11.1 Allgemeines

297 Das sog. Verpächterwahlrecht, bei einer Betriebsverpachtung im Ganzen diesen Betrieb als ruhenden Gewerbebetrieb fortzuführen oder die nach §§ 16, 34 EStG begünstigte Betriebsaufgabe zu erklären (R 16 Abs. 5 EStR),[321] steht auch der Personengesellschaft mit der Maßgabe zu, dass das Wahlrecht von allen Gesellschaftern einheitlich ausgeübt werden muss.[322]

298 Verpachtet die Personengesellschaft ihren Betrieb im Ganzen an einen ihrer Gesellschafter, steht ihr ebenfalls das Verpächterwahlrecht zu. Solange die Personengesellschaft die Betriebsaufgabe nicht erklärt, stellen die Pachtzahlungen Betriebsausgaben im Einzelunternehmen des Pächters und Betriebseinnahmen der Personengesellschaft dar. Erklärt die Personengesellschaft die Betriebsaufgabe, hat dies für den pachtenden Gesellschafter keine Gewinnauswirkung. Sein Anteil an den einzeln gepachteten Wirtschaftsgütern stellt nunmehr Betriebsvermögen seines eigenen Gewerbebetriebs dar.[323] Die Überführung dieser anteiligen Wirtschaftsgüter in sein Einzelunternehmen erfolgt nach § 6 Abs. 5 Satz 3 Nr. 1 EStG zwingend zum Buchwert.

---

320 BFH vom 06.09.2000, BStBl II 2001, 229.
321 BFH vom 13.11.1963, BStBl III 1964, 124.
322 BFH vom 17.04.1997, BStBl II 1998, 388.
323 Schoor, DStR 1997 S. 1.

1 Einkommensteuer

Dabei ist zu beachten, dass der Firmenwert nicht ins Privatvermögen überführt werden kann, sondern Betriebsvermögen bleibt. Wird der Betrieb nach Erklärung der Betriebsaufgabe und anschließender Betriebsverpachtung im Ganzen zu einem späteren Zeitpunkt an den Pächter oder an einen Dritten veräußert, führt die Veräußerung des Firmenwerts zu nachträglichen, nicht nach §§ 16, 34 EStG begünstigten Einkünften aus Gewerbebetrieb i. S. von § 24 Nr. 2 i. V. m. § 15 Abs. 1 Nr. 1 EStG, die aber nicht der Gewerbesteuer unterliegen.[324]

Nachfolgend wird die Auffassung der Finanzverwaltung[325] zu den Auswirkungen dieses Verpächterwahlrechts dargestellt.

1.11.2 Gesellschafterwechsel

Ein bestehendes Verpächterwahlrecht darf auch in den Fällen des Gesellschafterwechsels weiter ausgeübt werden. Das gilt nur dann nicht, wenn alle bisherigen Gesellschafter ihre Beteiligungen innerhalb eines kurzen Zeitraums vollständig veräußern, es also zu einem gänzlichen Austausch der Gesellschafter kommt. 299

Beispiel:

> Eine gewerblich tätige Personengesellschaft verpachtet ihren Gewerbebetrieb. Die Betriebsaufgabe wird nicht erklärt. Später veräußert ein Gesellschafter seinen Anteil an einen Dritten.

Erklärt die Personengesellschaft keine Betriebsaufgabe, sondern führt sie ihren Betrieb fort, ändert sich daran auch durch einen Gesellschafterwechsel nichts, denn Verpächter ist und bleibt die Personengesellschaft und nur dieser steht das Wahlrecht zu. Folglich erzielt auch der neu eintretende Gesellschafter zwingend Einkünfte aus Gewerbebetrieb gem. § 15 Abs. 1 Satz 1 Nr. 2 EStG und muss, sofern er dem ausscheidenden Gesellschafter mehr als den Buchwert seiner Beteiligung bezahlt hat, diese Mehrwerte in einer Ergänzungsbilanz aktivieren. Die Grundsätze zum Gesellschafterwechsel bei einer aktiv gewerblich tätigen Personengesellschaft[326] gelten damit in derselben Weise.

1.11.3 Ausscheiden von Gesellschaftern

Scheidet ein Gesellschafter einer Personengesellschaft, die ihren Betrieb verpachtet und die Betriebsaufgabe nicht erklärt hat, aus und veräußert er seinen Mitunternehmeranteil an die verbleibenden Gesellschafter, erzielt er einen nach §§ 16, 34 EStG begünstigten Veräußerungsgewinn. Die verblei- 300

---

324 BFH vom 30.01.2002, BStBl II 2002, 387.
325 BMF vom 17.10.1994, BStBl I 1994, 771.
326 Siehe im Einzelnen J. Rz. 168 ff.

J. Ausscheiden eines Gesellschafters

benden Gesellschafter müssen die Anschaffungskosten des erworbenen Anteils aktivieren.[327]

Die verbleibenden Gesellschafter müssen sich sowohl hinsichtlich des hinzuerworbenen Anteils als auch ihrer bisherigen Anteile insgesamt entweder für die Betriebsaufgabe oder für die Betriebsfortführung entscheiden. Dies gilt auch, wenn aus einer Personengesellschaft der vorletzte Gesellschafter ausscheidet und der verbleibende Gesellschafter somit die Personengesellschaft als Einzelunternehmen fortführt.

1.11.4 Gesellschafterbeitritt

301 Die Besonderheit des unter § 24 UmwStG fallenden Gesellschafterbeitritts, wonach die bisherigen Mitunternehmeranteile in eine „neue" Personengesellschaft eingebracht werden, spielt beim Verpächterwahlrecht keine Rolle. Solange die Personengesellschaft die Betriebsaufgabe nicht erklärt, erzielt sie weiterhin gewerbliche Einkünfte (und damit auch der neu eingetretene Gesellschafter) und bleiben die verpachteten Wirtschaftsgüter in ihrem Betriebsvermögen.[328]

1.11.5 Ausscheiden eines verpachtenden Mitunternehmers

302 Verpachtet der Gesellschafter einer gewerblich tätigen oder gewerblich geprägten Personengesellschaft seinen bis dahin von ihm selbst geführten Betrieb im Ganzen an die Mitunternehmerschaft, rechnen der verpachtete Betrieb zu seinem Sonderbetriebsvermögen und die von der Personengesellschaft gezahlten Pachtzinsen gem. § 15 Abs. 1 Satz 1 Nr. 2 EStG zu seinen Sonderbetriebseinnahmen, solange er dieser Personengesellschaft angehört. Das Verpächterwahlrecht steht ihm in dieser Zeit nicht zu. Scheidet er zu einem späteren Zeitpunkt aus der Personengesellschaft aus, lebt das Verpächterwahlrecht wieder auf.

> **Beispiel:**
> A ist zur Hälfte an einer gewerblich tätigen OHG beteiligt. Daneben betreibt er ein Einzelunternehmen, das er mit Ablauf des Jahres 01 einstellt und an die OHG verpachtet. A erklärt die Betriebsaufgabe.
>
> Mit Ablauf des Jahres 04 scheidet A aus der OHG aus. Das frühere Einzelunternehmen wird allerdings weiterhin an die OHG verpachtet. Die anteilig auf A entfallenden stillen Reserven der Wirtschaftsgüter des Gesamthandsvermögens betragen 200.000 €, die stillen Reserven der Wirtschaftsgüter des Sonderbetriebsvermögens 300.000 €.
>
> Mit der Überlassung der Wirtschaftsgüter des bisherigen Einzelunternehmens an die OHG stellen diese notwendiges Sonderbetriebsvermögen dar.[329] Die von der OHG gezahlten Pachtzinsen sind gem. § 15 Abs. 1 Satz 1 Nr. 2 EStG Son-

---

[327] Die Ausführungen bei J. Rz. 1 ff. gelten uneingeschränkt.
[328] Die Ausführungen bei D. Rz. 1 ff. gelten uneingeschränkt.
[329] BFH vom 14.04.1988, BStBl II 1988, 667.

derbetriebseinnahmen. Die Behandlung der Wirtschaftsgüter als Sonderbetriebsvermögen hat Vorrang vor dem Verpächterwahlrecht. Bei Beginn der Verpachtung im Jahre 02 und bis zu seinem Ausscheiden aus der OHG mit Ablauf des Jahres 04 kann er deshalb das Verpächterwahlrecht nicht ausüben. Seinem Antrag kann nicht stattgegeben werden.

Mit seinem Ausscheiden aus der OHG verlieren auch die an die OHG verpachteten Wirtschaftsgüter ihre Eigenschaft als Sonderbetriebsvermögen. Dafür lebt nun das Verpächterwahlrecht wieder auf. A hat zwei Möglichkeiten:

1. Er erklärt die Betriebsaufgabe

Die Wirtschaftsgüter des verpachteten Betriebs, die bisher zum notwendigen Sonderbetriebsvermögen gehört haben, werden ins Privatvermögen überführt. Es liegt eine Betriebsaufgabe vor, weil ein Teil der Wirtschaftsgüter veräußert und ein anderer Teil der Wirtschaftsgüter ins Privatvermögen überführt wird. Die im Zusammenhang mit der Veräußerung des Mitunternehmeranteils aufgedeckten stillen Reserven i. H. von insgesamt 500.000 € sind in vollem Umfang nach §§ 16, 34 EStG begünstigt.

2. Er erklärt die Betriebsaufgabe nicht

Die Wirtschaftsgüter des verpachteten Betriebs, die bisher zum notwendigen Sonderbetriebsvermögen gehört haben, verlieren zwar ihre Eigenschaft als Sonderbetriebsvermögen, nicht aber ihre Eigenschaft als Betriebsvermögen. Der verpachtete Betrieb wird als Einzelunternehmen mit den Buchwerten der verpachteten Wirtschaftsgüter fortgeführt.

Da zumindest einige dieser Wirtschaftsgüter wesentliche Betriebsgrundlagen darstellen, liegt keine gem. §§ 16, 34 EStG begünstigte Veräußerung bzw. Aufgabe des Mitunternehmeranteils vor, weil nicht alle stillen Reserven der wesentlichen Betriebsgrundlagen aufgelöst werden. Die bei der Veräußerung des Mitunternehmeranteils aufgedeckten stillen Reserven der Wirtschaftsgüter des Gesamthandsvermögens i. H. von 200.000 € unterliegen als laufender Gewinn der Einkommensteuer, nicht aber der Gewerbesteuer.[330] Erklärt der Gesellschafter zu irgendeinem späteren Zeitpunkt für das verpachtete Einzelunternehmen die Betriebsaufgabe, entsteht dann ein nach §§ 16, 34 EStG begünstigter Veräußerungsgewinn i. H. von 300.000 €.

1.11.6 Gewerblich geprägte Personengesellschaft

Führt eine GmbH & Co. KG einen aktiven Gewerbebetrieb, den sie nunmehr an einen Dritten verpachtet, so wandelt sie sich zu diesem Zeitpunkt bei Vorliegen der Voraussetzungen des § 15 Abs. 3 Nr. 2 EStG in eine gewerblich geprägte Personengesellschaft um.[331] Dies hat zur Folge, dass die GmbH & Co. KG ihren Betrieb fortführen muss und weiterhin zwingend Einkünfte aus Gewerbebetrieb erzielt. Das Verpächterwahlrecht steht ihr nicht zu. Sie kann deshalb weder bei Beginn der Verpachtung noch während deren Dauer die Betriebsaufgabe erklären.

---
330 BFH vom 03.02.1994, BStBl II 1994, 709.
331 Siehe R. Rz. 17 ff.

J. Ausscheiden eines Gesellschafters

Entfallen aber während der Verpachtung die Voraussetzungen des § 15 Abs. 3 Nr. 2 EStG, z. B. durch Ausscheiden der GmbH oder durch die Aufnahme einer natürlichen Person als Komplementär, lebt das Verpächterwahlrecht wieder auf. Dies gilt unabhängig davon, ob die GmbH & Co. KG ihre Rechtsform wechselt oder nicht, denn die formwechselnde Umwandlung der KG in eine GbR erfolgt zum Buchwert. Auch der Eintritt eines weiteren Gesellschafters führt zu keinem anderen Ergebnis. Scheidet im Zusammenhang mit dem Wegfall der Voraussetzungen des § 15 Abs. 3 Nr. 2 EStG ein Gesellschafter aus der KG aus, führt dies zwar anteilig zu einer Aufdeckung der stillen Reserven, gleichwohl ändert sich am Zustand des verpachteten Gewerbebetriebs nichts. Die verpachtende KG erzielt weiterhin gewerbliche Einkünfte, und die verpachteten Wirtschaftsgüter bleiben in ihrem Betriebsvermögen, solange sie die Betriebsaufgabe nicht ausdrücklich erklärt. Auch in diesem Fall darf das Verpächterwahlrecht von den Gesellschaftern der KG nur einheitlich ausgeübt werden.

Dasselbe gilt bei Beendigung der Betriebsaufspaltung durch Wegfall der sachlichen Verflechtung von Besitzpersonengesellschaft und Betriebspersonengesellschaft. Die Beendigung führt nicht zur Betriebsaufgabe bei der Besitzpersonengesellschaft, wenn außer den Voraussetzungen einer Betriebsaufspaltung auch die Voraussetzungen einer Betriebsverpachtung vorlagen.[332]

2 Umsatzsteuerrechtliche Behandlung

2.1 Allgemeines

304 Das Ausscheiden eines Gesellschafters aus einer weiterbestehenden Personengesellschaft stellt sich umsatzsteuerrechtlich lediglich als die Kehrseite des Eintritts in eine Personengesellschaft dar. Früher war man der Auffassung, mit dem Ausscheiden eines Gesellschafters aus einer Gesellschaft gewähre er der Gesellschaft seinen Gesellschaftsanteil zurück und die Gesellschaft gewähre ihm hierfür als Gegenleistung eine Abfindung. Der Umsatz war gleichwohl i. d. R. nicht steuerbar, da der Ausscheidende in seiner Eigenschaft als Gesellschafter nicht Unternehmer war. War er ausnahmsweise Unternehmer und der Anteil seinem Unternehmen zugeordnet, war der Umsatz nach § 4 Nr. 8 f UStG steuerfrei. Infolge des Urteils des EuGH vom 26.06.2003 Rs. C-442/011[333] muss man nun auch das Ausschei-

---

[332] BFH vom 23.04.1996, BStBl II 1998, 325; BMF vom 28.04.1998, BStBl I 1998, 583.
[333] UR 2003 S. 443.

2 Umsatzsteuerrechtliche Behandlung

den eines Gesellschafters aus einer Gesellschaft in jedem Fall als nichtsteuerbaren Vorgang ansehen.

Soweit die Gesellschaft den Gesellschafter mit Sachwerten abfindet, erbringt die Gesellschaft weiterhin im Rahmen eines tauschähnlichen Umsatzes (§ 3 Abs. 12 Satz 2 UStG) eine Leistung an den Ausscheidenden. Diese Leistung ist, soweit sie im Inland erbracht wird, stets steuerbar, da die Gesellschaft die Leistung im Rahmen ihres Unternehmens erbringt.

2.2 Umsatzsteuerrechtliche Behandlung des Ausscheidens beim Gesellschafter

Die umsatzsteuerrechtliche Behandlung des Ausscheidens beim Gesellschafter soll anhand der nachfolgenden Beispiele verdeutlicht werden:

Beispiel 1:

Der Gesellschafter C scheidet gegen eine Barabfindung von 100.000 € aus der ABC-OHG aus. A, B und C waren jeweils zu gleichen Anteilen an der OHG beteiligt. Die Geschäftsführung der Gesellschafter wird mit der Beteiligung am Gewinn der Gesellschaft abgegolten.

Das Ausscheiden des C aus der ABC-OHG ist ein nicht steuerbarer Vorgang.

Infolge des Ausscheidens des C wächst sein Gesamthandseigentum am Gesellschaftsvermögen den beiden verbleibenden Gesellschaftern A und B zu (vgl. § 738 Abs. 1 Satz 1 BGB). Daraus ergeben sich jedoch keine weiteren umsatzsteuerrechtlichen Folgen. Vielmehr handelt es sich hierbei um einen nicht steuerbaren Vorgang kraft Gesetzes, vergleichbar dem Erbfall.

Beispiel 2:

Der Gesellschafter C scheidet gegen eine Barabfindung von 100.000 € aus der ABC-OHG aus. A, B und C waren jeweils zu gleichen Anteilen an der OHG beteiligt. A bezog für seine Geschäftsführertätigkeit von der BC-OHG ein leistungsbezogenes Entgelt. Im Zusammenhang mit dem Ausscheiden des C aus der ABC-OHG sind bei C aus Beratungskosten Vorsteuern i. H. von insgesamt 2.000 € angefallen.

Das Ausscheiden des C aus der ABC-OHG ist ein nicht steuerbarer Vorgang. Als Geschäftsführer erbrachte C entgeltliche Leistungen an die ABC-OHG und war damit selbst Unternehmer mit steuerpflichtigen Umsätzen. Das Ausscheiden des C hängt mit dieser unternehmerischen Tätigkeit zusammen. Deshalb kann C im Rahmen seines noch bis zur Vollabwicklung bestehenden Unternehmens die 2.000 € Vorsteuern abziehen.

Beispiel 3:

Der Gesellschafter C scheidet zum 01.01.04 aus der ABC-OHG (Großhandelsunternehmen) aus. Die OHG verpflichtet sich zur Zahlung einer Abfindung von 100.000 €. Die Abfindung ist jedoch erst am 31.12.13 zur Zahlung fällig. Zwischenzeitlich ist sie jährlich mit 10 % zzgl. USt zu verzinsen.

Wie in Beispiel 1 ist die Rückgabe der Gesellschaftsbeteiligung nicht steuerbar.

J. Ausscheiden eines Gesellschafters

Die Vereinbarung, die Fälligkeit gegen Zinsen hinauszuschieben, stellt jedoch eine Darlehensgewährung von C an die OHG dar. C wird dadurch nachhaltig in Einnahmeerzielungsabsicht tätig und damit Unternehmer. Die Darlehensgewährung ist steuerbar, jedoch grundsätzlich gem. § 4 Nr. 8 a UStG steuerfrei. Da C die Leistung jedoch für das Unternehmen der OHG erbringt, kann er auf die Befreiung gem. § 9 UStG verzichten. Zuvor muss er allerdings auf die Anwendung des § 19 Abs. 1 gem. § 19 Abs. 2 UStG verzichten. Nach dieser Doppeloption ist die Darlehensgewährung des C an die OHG steuerpflichtig. Da die OHG mit Hilfe des Darlehens steuerpflichtige Handelsumsätze tätigt, kann sie die USt, die ihr C in Rechnung stellt, als Vorsteuer abziehen.

Die USt für die jährliche Teilleistung beträgt 19 % von 10.000 € = 1.900 €. Die Doppeloption zur Steuerpflicht empfiehlt sich in den Fällen, in denen beim Darlehensgeber im Zusammenhang mit der Darlehensgewährung nennenswerte Vorsteuerbeträge anfallen, die er dann abziehen darf.

2.3 Umsatzsteuerrechtliche Behandlung der Abfindung des ausscheidenden Gesellschafters bei der Gesellschaft

308 Erfolgt die Abfindung des ausscheidenden Gesellschafters in Geld, liegt mangels Leistung im umsatzsteuerrechtlichen Sinn bei der Gesellschaft kein steuerbarer Umsatz vor.

Erfolgt dagegen die Abfindung in Sachwerten, handelt es sich stets um eine Leistung im Sinne des UStG. Diese Leistung erfolgt auch stets im Rahmen des Unternehmens und ist daher steuerbar, sofern der Leistungsort wie im Regelfall im Inland liegt.

Erfolgt das Ausscheiden eines oder mehrerer Gesellschafter im Wege der sog. Realteilung,[334] so ergibt sich hieraus kein wesentlicher Unterschied für die umsatzsteuerrechtliche Behandlung gegenüber der Abfindung in Sachwerten. Übernimmt z. B. ein ausscheidender Gesellschafter von der Gesellschaft einen Teilbetrieb, so liegt auch insoweit ein tauschähnlicher Umsatz vor. Der Rückgewähr des Gesellschaftsanteils des Gesellschafters steht als Gegenleistung eine Teilbetriebsveräußerung gegenüber. Auch die Übernahme eines Teilbetriebs stellt somit aus umsatzsteuerrechtlicher Sicht eine Sachwertabfindung im weiteren Sinne dar. Als Besonderheit sind lediglich die Grundsätze für die Geschäftsveräußerung zu beachten. Hiernach liegt eine nach § 1 Abs. 1 a UStG nicht steuerbare Geschäftsveräußerung vor.

309 Sofern der Wert der Sachwertabfindung (Anschaffungskosten bzw. Herstellungskosten i. S. von § 10 Abs. 4 Nr. 1 UStG) nicht höher (gleich oder kleiner) ist als der Wert des zurückgegebenen Gesellschaftsanteils, bestimmt sich die Bemessungsgrundlage im Falle der Steuerpflicht gem. § 10 Abs. 1 i. V. m. § 10 Abs. 2 Satz 2 UStG. Ist dagegen der Wert der Sachwertabfindung höher als der Wert des zurückgegebenen Gesellschafts-

---

334 Vgl. J. Rz. 231 ff.

2 Umsatzsteuerrechtliche Behandlung

anteils, greift stets die Mindestbemessungsgrundlage gem. § 10 Abs. 5 Nr. 1 UStG ein, da der ausscheidende Gesellschafter im Moment seines Ausscheidens noch als Gesellschafter i. S. des § 10 Abs. 5 Nr. 1 UStG anzusehen ist. Dies gilt auch für die Fälle des sog. lästigen Gesellschafters,[335] denn auch in diesen Fällen erhält er die besonders hohe Abfindung in seiner Eigenschaft als Gesellschafter. Eine einschränkende Auslegung des § 10 Abs. 5 Nr. 1 UStG dahin gehend, den lästigen Gesellschafter auszunehmen, verbietet sich auch unter dem Gesichtspunkt, dass der ausscheidende Gesellschafter in diesen Fällen gewissermaßen eine zusätzliche Leistung zur Rückgewährung seines Anteils erbringt, die darin besteht, dass die Gesellschaft von ihm erlöst wird. Da es allerdings schwierig wäre, diese Leistung als zusätzliches Entgelt im Rahmen des tauschähnlichen Umsatzes zu erfassen, ist die Erfassung über die Mindestbemessungsgrundlage vorzuziehen.

Welche Auswirkungen sich bei der Gesellschaft ergeben, falls sie den ausscheidenden Gesellschafter mit Sachwerten abfindet, sollen die nachfolgenden Fälle verdeutlichen:

Beispiel 1:

Der Gesellschafter C scheidet aus der ABC-OHG aus. Er wird von der OHG mit einem Grundstück abgefunden, welches C ab sofort ausschließlich zu eigenen Wohnzwecken nutzt. 310

Die Grundstückslieferung erfolgt im Rahmen eines tauschähnlichen Umsatzes. Sie ist steuerbar, jedoch gem. § 4 Nr. 9 a UStG steuerfrei. Ein Verzicht der OHG auf die Steuerbefreiung nach § 9 UStG scheidet aus, da C bei seinem Ausscheiden nicht Unternehmer ist und er das Grundstück auch nicht unternehmerisch nutzt.

Für den Fall, dass die Gesellschaft innerhalb der letzten zehn Jahre auf dem Grundstück ein Gebäude errichtet und die dabei angefallene USt aufgrund der steuerpflichtigen Nutzung des Gebäudes als Vorsteuer abgezogen hat, löst die steuerfreie Veräußerung an C die Vorsteuerberichtigung gem. § 15 a UStG aus.

Beispiel 2:

Wie Beispiel 1, jedoch nutzt C das Grundstück dadurch, dass er es ab sofort steuerpflichtig an die OHG vermietet. Es ist im notariellen Vertrag vereinbart, dass die OHG bzgl. der Grundstückslieferung an C auf die Befreiung gem. § 9 UStG verzichtet. 311

C war zu ⅓ am Vermögen der ABC-OHG beteiligt. Der gemeine Wert des Gesellschaftsanteils des C beträgt 500.000 €.

Die Grundstückslieferung ist wie im Fall 1 steuerbar. Im Gegensatz zu Fall 1 besteht jedoch nun die Möglichkeit, gem. § 9 UStG auf die Steuerbefreiung nach § 4 Nr. 9 a UStG zu verzichten, da C durch die Vermietung an die OHG zum Unternehmer wird und er daher das Grundstück für sein Vermietungsunternehmen erwirbt.

---

335 Vgl. J. Rz. 100 ff.

J. Ausscheiden eines Gesellschafters

Die USt schuldet C gem. § 13 b Abs. 1 Nr. 3 i. V. m. Abs. 2 UStG im Reverse-Charge-Verfahren. Sie beträgt 19 % von 500.000 € = 95.000 €. C kann diese USt zugleich wieder nach § 15 Abs. 1 Nr. 4 UStG als Vorsteuer abziehen, da er das Grundstück steuerpflichtig an die OHG vermietet.

Wegen der steuerpflichtigen Veräußerung kann bei der OHG keine Vorsteuerberichtigung gem. § 15 a UStG zum Nachteil der OHG eintreten.

Beispiel 3:

312 Der Gesellschafter C scheidet zum 01.01.04 aus der ABC-OHG aus; er wird von der OHG mit einem bebauten Grundstück abgefunden. Das Grundstück hat einen gemeinen Wert von 500.000 €. Das Gebäude wurde zum 01.01.02 fertig gestellt und anschließend als Büroraum der ABC-OHG genutzt. Für die Errichtung des Gebäudes hat die ABC-OHG einen Vorsteuerabzug i. H. von insgesamt 40.000 € in Anspruch genommen. C nutzt das Gebäude, indem er es ab 01.01.04 an Privatleute vermietet.

C war zu $^1/_3$ am Vermögen der ABC-OHG beteiligt. Der gemeine Wert des Gesellschaftsanteils des C zum 01.01.04 beträgt 500.000 €. C und die OHG erwägen bzgl. der Grundstücksveräußerung den Verzicht auf die Befreiung nach § 4 Nr. 9 a UStG. Der Verzicht soll erfolgen, falls er per saldo günstiger ist als eine evtl. erforderlich werdende Vorsteuerberichtigung gem. § 15 a UStG. Im Falle des Verzichts soll C von der OHG einen entsprechenden Ausgleich für die von ihm zu entrichtende USt erhalten.

Der Verzicht auf die Steuerbefreiung nach § 4 Nr. 9 a UStG gem. § 9 UStG ist möglich, da C durch die Vermietung des übernommenen Grundstücks Unternehmer wird. Nicht erforderlich ist, dass C mit dem Grundstück steuerpflichtige Umsätze tätigt (vgl. § 9 UStG). Allerdings unterliegt C in diesem Fall dem Vorsteuerabzugsverbot gem. § 9 UStG, weshalb für ihn der Verzicht nur nachteilig ist, wenn ihn die OHG nicht entsprechend entschädigt. Bei der OHG ist nun eine Vergleichsberechnung anzustellen,

a) welchen Betrag sie aufwenden muss, wenn sie die Steuerbefreiung nach § 4 Nr. 9 a UStG in Anspruch nimmt und dann eine Vorsteuerberichtigung zu ihren Lasten vorzunehmen hat,

b) welchen Betrag sie aufwenden muss, wenn sie auf die Steuerbefreiung nach § 9 UStG verzichtet.

Zu a): Die steuerfreie Veräußerung ist gem. § 15 a Abs. 4 i. V. m. Abs. 6 UStG so zu behandeln, als ob die OHG das Grundstück für den Rest des 10-jährigen Berichtigungszeitraums, also vom 01.01.04 bis 31.12.11, für steuerfreie Umsätze genutzt hätte. Sie muss also $^8/_{10}$ der Vorsteuer von 40.000 € = 32.000 € zurückerstatten. Die Berichtigung hat dabei gem. § 44 Abs. 4 UStDV im VZ Januar 04 zu erfolgen.

Zu b): Die dem C zu entschädigende USt beträgt 19 % von 500.000 € = 95.000 €.

Ergebnis: Die OHG wird nicht auf die Befreiung verzichten und die Vorsteuerberichtigung nach § 15 a UStG vorziehen.

2 Umsatzsteuerrechtliche Behandlung

Beispiel 4:

Der Gesellschafter C scheidet zum 01.01.04 aus der ABC-OHG aus; er wird von der OHG mit einem bebauten Grundstück abgefunden. Das Grundstück hat einen gemeinen Wert von 500.000 €. Das Gebäude wurde zum 01.01.02 fertig gestellt und anschließend als Büroraum der ABC-OHG genutzt. Für die Errichtung des Gebäudes hat die ABC-OHG einen Vorsteuerabzug i. H. von insgesamt 40.000 € in Anspruch genommen. Der gemeine Wert des Gesellschaftsanteils des C zum 01.01.04 beträgt nur 250.000 €. Die hohe Abfindung erhält er nur deshalb, weil bei ihm alle Merkmale eines lästigen Gesellschafters vorliegen. C nutzt das Gebäude, indem er es ab 01.01.04 an Privatleute vermietet.

313

Wie Beispiel 3. Auch in dem vorliegenden Fall ist es für die OHG nicht günstiger, auf die Befreiung gem. § 4 Nr. 9 a UStG zu verzichten. Die USt bemisst sich nämlich nicht nach dem Wert des Gesellschaftsanteils des C (§ 10 Abs. 1 i. V. m. Abs. 2 Satz 2), sondern gem. § 10 Abs. 4 Nr. 1 i. V. m. § 10 Abs. 5 Nr. 1 UStG nach dem gemeinen Wert des Grundstücks (= Einkaufspreis für ein vergleichbares Grundstück).

Gemäß § 10 Abs. 5 Nr. 1 UStG greift nämlich die Mindestbemessungsgrundlage ein, da die Leistung an C als Gesellschafter der OHG erfolgt. Denn C verliert seine Gesellschaftereigenschaft erst nach seinem Ausscheiden.

Während die USt im Falle der Option zur Steuerpflicht 95.000 € beträgt, beträgt die Vorsteuerberichtigung nach § 15 a UStG im Falle der steuerfreien Veräußerung nur 32.000 €. Die OHG wird also nicht auf die Befreiung verzichten und die Vorsteuerberichtigung nach § 15 a UStG vorziehen.

2.4 Umsatzsteuerrechtliche Behandlung der Abfindung des ausscheidenden Gesellschafters mit wiederkehrenden Bezügen

Findet die Gesellschaft den ausscheidenden Gesellschafter in der Weise ab, dass sie sich verpflichtet, dem ausscheidenden Gesellschafter eine Rente zu bezahlen, liegt darin aus umsatzsteuerrechtlicher Sicht die Übernahme einer Verbindlichkeit i. S. des § 4 Nr. 8 g UStG. Es handelt sich nicht, wie früher teilweise vertreten wurde, um eine bloße Leistung im Rechtssinne, sondern auch um eine Leistung im wirtschaftlichen Sinne.[336] Diese Leistung ist steuerbar. Sie ist jedoch gem. § 4 Nr. 8 g UStG steuerbefreit. Gemäß § 9 UStG ist ein Verzicht auf diese Befreiung nur dann möglich, wenn die Leistung an ein Unternehmen erbracht wird. In der Regel wird dies nicht der Fall sein, sodass ein Verzicht auf die Steuerbefreiung ausscheidet.

314

Diese umsatzsteuerrechtliche Behandlung gilt ohne Unterschied, ob es sich um eine Zeitrente, Leibrente oder Unterhaltsrente handelt.[337]

---

336 Vgl. BFH-Urteile vom 18.04.1962, BStBl III 1962, 292, und StRK § 1 Zi. 1 Rechtsspruch 231, zur Abgrenzung vgl. auch BFH-Urteil vom 31.07.1969, BStBl II 1969, 637.
337 Vgl. J. Rz. 201 ff.

J. Ausscheiden eines Gesellschafters

Verpflichtet sich die Gesellschaft, dem ausscheidenden Gesellschafter für eine bestimmte Zeit eine Gewinn- oder Umsatzbeteiligung einzuräumen, liegt darin ebenfalls die Übernahme einer Verbindlichkeit i. S. des § 4 Nr. 8 g UStG, die umsatzsteuerrechtlich ebenso zu behandeln ist, wie oben bei der Rente dargestellt wurde.

Beispiel:

315 Der Gesellschafter C scheidet aus der ABC-OHG aus. Die OHG verpflichtet sich zur Abfindung des C, diesem eine lebenslängliche Rente zu zahlen, deren kapitalisierter Wert 100.000 € beträgt. Der Wert des Gesellschaftsanteils des C beträgt ebenfalls 100.000 €.

Mit der Übernahme der Rentenverpflichtung erbringt die OHG an C eine Leistung im wirtschaftlichen Sinne, da damit über die bloße Entgeltserbringung hinaus ein eigenes wirtschaftliches Ziel verfolgt wird. Die Leistung ist somit steuerbar. Sie ist jedoch als Übernahme einer Verbindlichkeit gem. § 4 Nr. 8 g UStG steuerbefreit. Da die Leistung an einen nichtunternehmerischen Bereich erbracht wird, scheidet auch die Möglichkeit des Verzichts auf die Steuerbefreiung gem. § 9 UStG bei der OHG aus.

2.5 Veräußerung eines Mitunternehmeranteils an einen Dritten (Gesellschafterwechsel)

316 Das Ausscheiden eines Gesellschafters aus einer Gesellschaft kann auch in der Weise erfolgen, dass ein Dritter in die Gesellschafterstellung des ausscheidenden Gesellschafters eintritt und der Dritte den ausscheidenden Gesellschafter abfindet. In diesem Fall ist das Ausscheiden des Gesellschafters aus der Gesellschaft zwar ein nichtsteuerbarer Vorgang. Zugleich erbringt aber der ausscheidende Gesellschafter eine sonstige Leistung (Gewährung von Gesellschaftsanteilen) direkt an den Dritten, da sich die umsatzsteuerrechtlichen Leistungswege stets nach dem zugrunde liegenden Verpflichtungsgeschäft richten. Das Verpflichtungsgeschäft kommt in einem solchen Fall unmittelbar zwischen dem ausscheidenden Gesellschafter und dem Dritten zustande, auch wenn die Wirksamkeit der Abtretung des Gesellschaftsanteils von der Zustimmung der verbleibenden Gesellschafter abhängt.

Die umsatzsteuerrechtliche Auswirkung soll anhand der nachfolgenden Beispiele verdeutlicht werden:

Beispiel 1:

317 Der Gesellschafter C veräußert seinen Anteil an der ABC-OHG mit Zustimmung der verbleibenden Gesellschafter A und B an D zum Barpreis von 100.000 €. Der gemeine Wert des Gesellschaftsanteils beträgt ebenfalls 100.000 €. Sowohl C als auch D betätigen sich außerhalb der OHG nicht unternehmerisch. Die Geschäftsführertätigkeit der Gesellschafter wird durch ihre Beteiligung am Gewinn abgegolten.

2 Umsatzsteuerrechtliche Behandlung

Da C aufgrund seiner Gesellschafterstellung nicht Unternehmer im Sinne des UStG ist, ist seine Leistung an A nicht steuerbar. D wird durch Eintritt in die OHG ebenfalls nicht zum Unternehmer.

Der Übergang des Gesamthandseigentums des C an den einzelnen Aktivposten der OHG auf D ist umsatzsteuerrechtlich nicht relevant. Es handelt sich um einen bloßen Reflex aus dem Übergang des Gesellschaftsanteils.

Beispiel 2:

C ist Inhaber eines Produktionsbetriebs. Zugleich ist C Gesellschafter der ABC-OHG. C ist Zulieferer der OHG. Seine Beteiligung an der OHG ist Unternehmensvermögen des Einzelunternehmens des C.

318

C veräußert mit Wirkung zum 01.01.04 sein gesamtes Einzelunternehmen einschl. der Gesellschaftsbeteiligung an D. Die verbleibenden Gesellschafter A und B stimmen dem Übergang des Gesellschaftsanteils zu.

Die Bilanz der Einzelfirma des C zum 31.12.03 hat vereinfacht folgendes Aussehen:

Aktiva	Eröffnungsbilanz zum 31.12.03		Passiva
Maschinen und Einrichtungsgegenstände	140.000 €	Kapital	250.000 €
Waren	100.000 €	Verbindlichkeiten (ohne Umsatzsteuer aus der Veräußerung)	40.000 €
Beteiligungen an der ABC-OHG	50.000 €		
	290.000 €		290.000 €

Die stillen Reserven betragen bei den Maschinen und Einrichtungsgegenständen 50.000 €, bei den Waren 20.000 € und bei der Beteiligung 50.000 €.

Darüber hinaus ist ein Firmenwert i. H. von 30.000 € vorhanden.

D zahlt für den Erwerb des Einzelunternehmens an C 300.000 € und verpflichtet sich, außerdem die Verbindlichkeiten aus der Veräußerung zu übernehmen.

Die Veräußerung des Einzelunternehmens an D stellt eine Geschäftsveräußerung im Ganzen dar. Sie ist nach § 1 Abs. 1 a UStG nicht steuerbar. D tritt gem. § 1 Abs. 1 a Satz 3 UStG an die Stelle des C.

2.6 Vollständiger Gesellschafterwechsel

Nach der früheren Rechtsprechung des BFH[338] stellt der vollständige Gesellschafterwechsel eine Geschäftsveräußerung im Ganzen von der von den bisherigen Gesellschaftern gebildeten Gesellschaft an die von den eintretenden Gesellschaftern gebildete Gesellschaft dar.

319

Seit dem Urteil des BFH vom 29.10.1987[339] hat sich jedoch die Auffassung durchgesetzt, dass in einem vollständigen Gesellschafterwechsel auch nur

---
338 Zuletzt Urteil des BFH vom 05.03.1970, BStBl II 1970, 535.
339 BStBl II 1988, 92.

J. Ausscheiden eines Gesellschafters

Umsätze von Gesellschaftsanteilen gesehen werden. Die Personengesellschaft ist umsatzsteuerrechtlich den Kapitalgesellschaften weitgehend gleichgestellt. Bei der Kapitalgesellschaft spielt es, abgesehen vom Sonderfall der Organschaft, für die Unternehmeridentität keine Rolle, welche Personengruppe dahintersteht. Das Gleiche muss daher für die Personengesellschaft gelten. Infolge des Gesellschafterwechsels kann es daher allenfalls dazu kommen, dass die Gesellschaft, vergleichbar einer natürlichen Person im Falle der Eheschließung, einen neuen Namen erhält. Die Umsatzsteuerbescheide können an die Personengesellschaft sowohl unter ihrem alten als auch ihrem neuen Namen wirksam adressiert werden, solange nur die Identität der Gesellschaft als solcher eindeutig feststellbar ist.

K. UMWANDLUNG EINER PERSONENGESELLSCHAFT IN EINE ANDERE PERSONENGESELLSCHAFT (FORMWECHSEL)

1 Einkommensteuer

1.1 Begriff des Formwechsels

Ein Rechtsformwechsel kann eintreten ohne Zutun der Gesellschafter, also kraft Gesetzes, oder durch Vereinbarung zwischen den Gesellschaftern.

Der **Rechtsformwechsel kraft Gesetzes** tritt vor allem dann ein, wenn bei einer GbR die Voraussetzungen des § 105 HGB eintreten, also wenn z. B. eine GbR einen Gewerbebetrieb i. S. von § 1 Abs. 2 HGB beginnt oder eine bisher nicht nach § 105 Abs. 2 HGB eingetragene GbR durch Ausweitung des Geschäfts einen kaufmännisch eingerichteten Geschäftsbetrieb benötigt. In diesem Fall wird aus der GbR ohne irgendwelche Willenserklärung der Gesellschafter eine OHG. Die Identität der Personengesellschaft wird dabei nicht berührt. Das Gesellschaftsvermögen der GbR-Gesellschafter wird automatisch zum Vermögen der OHG. Gegebenenfalls sind dementsprechend auch nur berichtigende Änderungen im Grundbuch vorzunehmen, wenn zum Gesellschaftsvermögen ein Grundstück gehört. Die für die GbR vereinbarten vertraglichen Regelungen gelten nach der Verwandlung in eine OHG weiter.

Umgekehrt wird kraft Gesetzes die Personenhandelsgesellschaft (OHG oder KG) zur GbR, wenn sie die gewerbliche Tätigkeit einstellt. Wegen der § 1 Abs. 2, § 105 Abs. 2 HGB werden diese Fälle jedoch selten gegeben sein.

Scheiden aus einer Personenhandelsgesellschaft alle Gesellschafter bis auf einen aus und führt dieser den Betrieb weiter, so wird aus der Personenhandelsgesellschaft ein Einzelkaufmann. Ihm wächst das Gesellschaftsvermögen in vollem Umfang an (§ 738 BGB).

Ein **gewillkürter Unternehmensformwechsel** erfolgt durch eine Vereinbarung zwischen den Gesellschaftern. Dieser Rechtsformwechsel von der Personengesellschaft zu einer anderen Personengesellschaft kann sich nur nach den Bestimmungen des HGB von einer OHG zur KG oder umgekehrt vollziehen. Dieser Formwechsel ist also nicht in **§§ 190 ff. Umwandlungsgesetz** geregelt. Demnach wird eine OHG dadurch zur KG, dass die Gesellschafter eine Haftungsbeschränkung zumindest mit einem Gesellschafter vereinbaren und diese Haftungsbeschränkung durch Vereinbarung oder

K. Umwandlung in Personengesellschaft

durch Ausscheiden des einzigen bzw. letzten Kommanditisten wegfällt. In diesen Fällen spricht man auch von einer **identitätswahrenden** Fortführung der bisherigen Personengesellschaft. Zulässig ist es aber auch, dass das bisherige Gesellschaftsvermögen auf eine neu gegründete Personengesellschaft übertragen wird **(identitätsaufhebende Umwandlung)**.[1] Es ist dabei ohne Bedeutung, wenn die Gesellschafter gleich geblieben sind und im Wesentlichen auch gleiches Vermögen von der untergegangenen Personengesellschaft auf die neu gegründete Gesellschaft übertragen wird.

1.2 Arten

2 Folgende formwechselnde Umwandlungen von Personengesellschaften sind möglich:

a) GbR → OHG

Diese Umwandlung ist nach § 1 Abs. 2 HGB erforderlich, sobald die Gesellschaft ein Handelsgewerbe betreibt, das einen nach Art und Umfang in kaufmännischer Weise eingerichteten Geschäftsbetrieb erfordert. Dasselbe gilt, wenn die Personengesellschaft ihre Firma nach § 2 Satz 2 HGB freiwillig in das Handelsregister eintragen lässt (§ 105 Abs. 2 HGB).

b) GbR → KG

Das zur Umwandlung einer GbR in eine OHG Gesagte gilt gem. § 161 Abs. 2 HGB i. V. m. § 105 Abs. 3 HGB entsprechend.

c) OHG → KG

Die Umwandlung einer OHG in eine KG erfolgt durch satzungsgemäßen Mehrheitsbeschluss der Gesellschafter oder entsprechend § 139 Abs. 1 HGB bei Erbeintritt.

d) KG → OHG

Die Umwandlung erfolgt durch entsprechende Vereinbarungen im Gesellschaftsvertrag über eine Aufhebung der Haftungsbeschränkung (§ 161 HGB).

e) OHG → GbR

Diese Umwandlung erfolgt, wenn der Gewerbebetrieb nach Art und Umfang einen in kaufmännischer Weise eingerichteten Geschäftsbetrieb nicht mehr erfordert (§ 1 Abs. 2 HGB) und die Firma auf Antrag der OHG im Handelsregister gelöscht wurde (§ 2 Satz 3 HGB).

f) KG → GbR

Es gelten dieselben Grundsätze wie bei e).

g) OHG → atypische stille Gesellschaft

---

1 BFH vom 21.06.1994, BStBl II 1994, 856.

h) KG → atypische stille Gesellschaft
i) GbR → atypische stille Gesellschaft
k) atypische stille Gesellschaft → OHG
l) atypische stille Gesellschaft → KG
m) atypische stille Gesellschaft → GbR

Die Umwandlung in den Fällen g) bis m) erfolgt auch hier entsprechend den Vereinbarungen im Gesellschaftsvertrag.

Soweit an der Umwandlung eine OHG oder KG beteiligt ist, muss eine Berichtigung des Handelsregisters erfolgen, die von allen Gesellschaftern vorzunehmen ist (§§ 107, 108, 162 HGB).

1.3 Steuerliche Behandlung

Diese reinen Änderungen der Rechtsform von Personengesellschaften sind einkommensteuerlich ohne Bedeutung, da für beide Gesellschaftsformen die gleichen steuerlichen Bestimmungen gelten. Es wird zwar die Rechtsform bzw. Gesellschaftsform geändert, nicht aber die Identität der Personengesellschaft.[2] Die Überführung ist daher nur als ein Vorfall im Betrieb anzusehen, nicht aber als eine Veräußerung des Betriebs[3] (Ausnahme: Eine gewerblich geprägte Personengesellschaft i. S. des § 15 Abs. 3 Nr. 2 EStG wird in eine GbR umgewandelt). Es sind deshalb zwingend die Buchwerte fortzuführen.[4] Das gilt auch bei der Umwandlung einer atypischen stillen Gesellschaft in eine KG oder OHG und umgekehrt, obwohl hier zivilrechtlich die Identität der Personengesellschaft nicht gewahrt ist und sachenrechtlich eine Änderung der Rechtszuständigkeit hinsichtlich des Betriebsvermögens eintritt. Für Umwandlungen einer OHG oder KG in eine GmbH & Co. KG in der Form des Beitritts einer GmbH zu einer bestehenden Personengesellschaft ohne vermögensmäßige Beteiligung gilt diese Regelung ebenfalls, da auch die GmbH & Co. KG eine KG ist.[5]

Konsequenterweise muss deshalb auf den Umwandlungsstichtag **keine** Zwischenbilanz aufgestellt werden.

Entscheiden sich die Gesellschafter der bisherigen Personengesellschaft jedoch für die **identitätsaufhebende** Umwandlung mit Übergang des Gesellschaftsvermögens der erlöschenden Personengesellschaft auf eine neu gegründete Personengesellschaft, ist § 24 UmwStG anwendbar, weil kein Formwechsel vorliegt.[6] Die neu gegründete Personengesellschaft kann des-

---
2 BFH vom 26.06.1974, BStBl II 1974, 724.
3 Gl. A. Schmidt/Wacker, § 16 Rz. 416.
4 BMF vom 25.03.1998, BStBl I 1998, 268, Tz. 24.02.
5 BFH vom 28.11.1989, BStBl II 1990, 561.
6 BFH vom 21.06.1994, BStBl II 1994, 856.

K. Umwandlung in Personengesellschaft

halb in ihrer Eröffnungsbilanz die eingebrachten Wirtschaftsgüter mit dem Buchwert, dem gemeinen Wert oder einem Zwischenwert ansetzen. Die steuerliche Behandlung dieser Umwandlung ist damit dieselbe wie bei der Verschmelzung von Personengesellschaften. Wegen Einzelheiten hierzu siehe M. sowie C. und D.

Die steuerlichen Folgen dieser Umwandlung könnten höchstens wegen § 42 AO versagt werden. Wird aber eine OHG, eine KG oder eine GbR in eine GmbH & Co. KG umgewandelt, so ist die mit der Umwandlung verbundene Haftungsbeschränkung der bisherigen Gesellschafter regelmäßig ein hinreichender wirtschaftlicher Grund für die Neuordnung der gesellschaftsrechtlichen Beziehungen der Gesellschafter.[7]

Die OHG und die KG verlieren ihre Eigenschaft als Personengesellschaft nicht, wenn sie nicht mehr aktiv gewerblich, sondern nur noch vermögensverwaltend tätig sind (§ 105 Abs. 2 HGB). Sie können die Einstellung der gewerblichen Tätigkeit jedoch zum Anlass nehmen, die Löschung im Handelsregister herbeizuführen (§ 2 Satz 3 HGB). Nach der Löschung liegt eine GbR vor.

Steuerlich liegt nach der Einstellung der gewerblichen Tätigkeit ein ruhender Gewerbebetrieb vor. Sofern der Betrieb im Ganzen an einen Dritten verpachtet wird, hat die weiterhin bestehende Personenhandelsgesellschaft (OHG, KG) oder die durch Formwechsel (Löschung im Handelsregister) entstandene GbR das Wahlrecht zwischen Betriebsfortführung und Betriebsaufgabe (R 16 Abs. 5 EStR).[8] Werden die wesentlichen Betriebsgrundlagen dagegen an verschiedene Personen verpachtet, liegt eine Betriebsaufgabe vor. Es besteht kein Wahlrecht. In diesem Fall sowie bei der freiwilligen Erklärung der Betriebsaufgabe liegt die gleichzeitige Aufgabe aller Mitunternehmeranteile vor. Der nach § 16 Abs. 3 EStG zu ermittelnde Aufgabegewinn ist nach §§ 16, 34 EStG begünstigt.

2 Umsatzsteuer

2.1 Allgemeines

5 Die Umwandlung einer Personengesellschaft in eine andere Personengesellschaft führt grundsätzlich nicht zu einer Geschäftsveräußerung im Ganzen. Dies gilt selbst dann, wenn mit der Umwandlung ein teilweiser oder vollständiger Gesellschafterwechsel verbunden ist.[9]

---

7 BFH vom 21.06. 1994, BStBl II 1994, 856.
8 Siehe ausführlich J. Rz. 297–303.
9 Vgl. J. Rz. 316–319.

2 Umsatzsteuer

Folgende typische Umwandlungen sind demnach umsatzsteuerrechtlich vollständig irrelevant, soweit sie nicht mit einem Gesellschafterwechsel verbunden sind:[10]

Umwandlung von GbR in OHG
Erbengemeinschaft in OHG
Erbengemeinschaft in GbR
OHG in KG
GbR in KG
Erbengemeinschaft in KG

2.2 Umwandlung einer stillen Gesellschaft in eine Außengesellschaft

Bei der Umwandlung einer stillen Gesellschaft in eine Außengesellschaft tritt ein Wechsel in der Person des Unternehmers ein. Während bei der stillen Gesellschaft Unternehmer im Sinne des UStG der nach außen auftretende Inhaber des Handelsgeschäfts ist, wird bei der neu gebildeten Außengesellschaft die Gesellschaft selbst zum Unternehmer. Der bisherige Inhaber verliert seine Unternehmereigenschaft. Dieser Vorgang ist abweichend von den oben[11] dargestellten Grundsätzen als Betriebsveräußerung im Ganzen vom bisherigen Unternehmer an die neu gegründete Außengesellschaft anzusehen, die nach § 1 Abs. 1 a UStG nicht steuerbar ist.

6

Beispiel:

S ist als stiller Gesellschafter am Einzelunternehmen des E mit einer Einlage von 100.000 € (ohne Beteiligung an den stillen Reserven) beteiligt. Zum 01.01.04 wird zwischen S und E vereinbart, dass das Unternehmen fortan als E & Co. KG fortgeführt wird, die Einlage des S wird als Kommanditeinlage fortgeführt.

7

Die Bilanz der Einzelfirma E zum 31.12.03 hat vereinfacht folgendes Aussehen:

Aktiva	Bilanz zum 31.12.03		Passiva
Maschinen und Einrichtungsgegenstände	140.000 €	Kapital	100.000 €
Waren	100.000 €	Einlage stiller Gesellschafter	100.000 €
		Verbindlichkeiten (ohne Umsatzsteuer aus der Einbringung)	40.000 €
	240.000 €		240.000 €

Die stillen Reserven betragen bei den Maschinen und Einrichtungsgegenständen 50.000 € und bei den Waren 20.000 €. Darüber hinaus ist ein Firmenwert

---

10 Vgl. J. Rz. 316–319.
11 Siehe unter K. Rz. 5.

K. Umwandlung in Personengesellschaft

i. H. von 30.000 € vorhanden. Der gemeine Wert der erhaltenen Gesellschaftsanteile bei E beträgt 200.000 €, bei S 100.000 €.

Umsatzsteuerrechtliche Behandlung bei S:

Die Einlage des S in das Einzelunternehmen des E stellt umsatzsteuerrechtlich eine Art Darlehensgewährung, vergleichbar dem partiarischen Darlehen an E, dar. Infolge der Umwandlung der Einlage verliert E seinen Rückzahlungsanspruch und erhält dafür einen Gesellschaftsanteil von der KG. Die Aufnahme des S als Kommanditist ist ein nicht steuerbarer Vorgang (vgl. Urteil des EuGH[12] vom 26.06.2003).

Umsatzsteuerrechtliche Behandlung bei E:

Die Einbringung des Einzelunternehmens stellt bei E eine Geschäftsveräußerung im Ganzen dar. Diese ist nach § 1 Abs. 1 a UStG nicht steuerbar.

Die Aufnahme des E in die KG ist ebenfalls ein nicht steuerbarer Vorgang.[13]

---

12 Rs. C-442/01, UR 2003 S. 443.
13 Vgl. EuGH vom 26.06.2003 Rs. C-442/01, UR 2003 S. 443.

L. UMWANDLUNG EINER PERSONENGESELLSCHAFT IN EINE GMBH

1 Allgemeines

Es gibt sehr verschiedene Motive, die die Gesellschafter einer Personengesellschaft zur Änderung ihrer Rechtsform bewegen können. Als Beispiele seien angeführt: Die Zahl oder Zusammensetzung der Gesellschafter hat sich geändert; Erbregelungen sollen erleichtert werden; der Fortbestand des Unternehmens soll besser gewährleistet sein; eine Haftungsbeschränkung wird gewünscht, die Gewerblichkeit soll gewährleistet bleiben. Nicht zuletzt lassen auch unterschiedliche steuerliche Belastungen eine Umwandlung als zweckmäßig erscheinen.

Zivilrechtlich gibt es mehrere Möglichkeiten, um diese Änderung der Unternehmensform herbeizuführen. Man spricht hier auch von „Umwandlung im weiteren Sinne" und versteht darunter folgende Möglichkeiten:

Aus **zivilrechtlicher** Sicht sind für die Umwandlung im weiteren Sinne vor allem das BGB, HGB, GmbHG sowie das Umwandlungsgesetz (UmwG) die wichtigsten Rechtsgrundlagen. **Steuerrechtlich** ist für die Umwandlung durch Einzel- und Gesamtrechtsnachfolge das Umwandlungssteuergesetz (UmwStG), für die Anwachsung das EStG maßgebend.

2 Zivilrechtliche Grundsätze für die Umwandlung

2.1 Änderung der Unternehmensform durch Einzelrechtsnachfolge

2.1.1 Sachgründung einer GmbH

Es ist jederzeit zulässig, dass die Wirtschaftsgüter einer Personengesellschaft, d. h. sämtliche Aktiva und Passiva, **einzeln** auf eine GmbH übertragen werden. Notwendige Voraussetzung ist hierfür die Neugründung einer GmbH durch Sacheinlage. Statt einer Neugründung könnte die Personenge-

L. Umwandlung in GmbH

sellschaft auch im Rahmen einer Kapitalerhöhung in eine bestehende GmbH eingebracht werden. Das bedeutet, dass das Stammkapital nicht durch Geldeinlagen der Gesellschafter finanziert wird, sondern die (ggf. neuen) GmbH-Gesellschafter sich stattdessen verpflichten, die erforderliche Einlage durch Einbringung ihrer Mitunternehmeranteile zu leisten.

Buchmäßig kann man dies bezüglich der Eröffnungsbilanz der GmbH vereinfacht so darstellen:

Verschiedene Aktiva (Personengesellschaft) an gezeichnetes Kapital GmbH
und Verbindlichkeiten

5 Es ist jedoch nicht erforderlich, dass sämtliche Vermögenswerte, die in die GmbH übergehen, zu haftendem Stammkapital gemacht werden müssen. Zulässig ist es vielmehr auch, dass ein Teil der Aktivwerte zu Gesellschafterdarlehen oder jederzeit ausschüttbaren Kapitalrücklagen gemacht wird.

Beispiel:

Die AB-OHG hat ein Betriebsvermögen (Buchwerte) i. H. von 400.000 €, das A und B je hälftig zusteht. Sie wollen es in eine neu zu gründende GmbH als Sacheinlage einbringen. Das Stammkapital der GmbH soll jedoch nur 25.000 € betragen.

Sowohl handelsrechtlich als auch steuerrechtlich ist es zulässig, die restlichen 375.000 € in der GmbH als Verbindlichkeiten gegenüber Gesellschafter A und B oder als Kapitalrücklage (= ausschüttbares Eigenkapital) zu verbuchen.

6 Zivilrechtlich müsste für die Sachgründung folgender „Fahrplan" eingehalten werden (vgl. §§ 5 ff. GmbHG):

— Abschluss eines notariell beurkundeten GmbH-Vertrags

— Verpflichtung in diesem Vertrag zur Einbringung der bisherigen Personengesellschaft

— genaue Beschreibung dieser Sacheinlage, z. B. in einer Anlage

— Abfassung eines Sachgründungsberichts für das Registergericht, in welchem die für die Bewertung der Sacheinlage wesentlichen Umstände darzulegen sind

— Mitteilung der letzten beiden Jahresergebnisse der Personengesellschaft durch den Geschäftsführer

— vollständige Leistung (= Übereignung) des Betriebsvermögens auf die GmbH in Gründung

— Erstellung einer Aufnahmebilanz (= Eröffnungsbilanz)

— Anmeldung zum Handelsregister

7 Das Umwandlungsgesetz braucht bei dieser Umwandlungsform also nicht angewandt zu werden. Nachteilig ist bei dieser Art der Umwandlung, dass grundsätzlich **jede** bewegliche Sache gem. §§ 929 ff. BGB von der Personengesellschaft auf die GmbH übertragen werden muss, dass Grundstücke ein-

2 Zivilrechtliche Grundsätze

zeln durch Auflassung und Eintragung in das Grundbuch übergehen (§§ 873, 925 BGB) und Forderungen und Rechte gem. §§ 398 ff. BGB abgetreten werden müssen. Ein weiterer Nachteil besteht darin, dass Verbindlichkeiten der Personengesellschaft nicht ohne Zustimmung der Gläubiger mit übergehen oder dass ein Schuldbeitritt der GmbH erklärt werden muss und Dauerschuldverhältnisse wie Miet- und Darlehensverträge ebenfalls nicht einfach fortgeführt werden können. Außerdem kann sich eine Mithaftung der neuen GmbH für Schulden der Personengesellschaft aus § 25 HGB ergeben. Auch die Kostenbelastung ist hier höher; vor allem Grundstücksübertragungen verursachen erheblich größere Kosten als bei der Gesamtrechtsnachfolge.

2.1.2 Sachkapitalerhöhung

Es ist handelsrechtlich auch zulässig, eine Personengesellschaft in eine **schon bestehende** GmbH im Rahmen einer Kapitalerhöhung einzubringen. Zur Durchführung der Kapitalerhöhung bedarf es eines Gesellschafterbeschlusses über die Kapitalerhöhung. Der Beschluss muss sämtliche in § 53 ff. GmbHG an eine Satzungsänderung gestellten Anforderungen erfüllen. Diese sind:

— Mehrheit von ³/₄ der abgegebenen Stimmen.

— notarielle Beurkundung.

— die Kapitalerhöhung muss mindestens einen GmbH-Anteil von 100 Euro umfassen.

— notariell aufgenommene oder beglaubigte Erklärung des Übernehmers für jede auf das erhöhte Kapital zu leistende Stammeinlage.

— im Falle von Sacheinlagen müssen die einzulegenden Gegenstände und der Betrag der damit zu bewirkenden Stammeinlage im Erhöhungsbeschluss festgesetzt werden.

— Anmeldung des Beschlusses beim Handelsregister, wenn bei ausschließlicher Sachkapitalerhöhung der Kapitalerhöhungsbetrag durch Übertragung der Gegenstände auf die GmbH in Gründung erbracht ist. Bei Alleingesellschaftern ist Sicherheitsleistung für den nicht sogleich eingezahlten Erhöhungsbetrag erforderlich. Sacheinlagen sind vor der Eintragung zu bewirken.

— in der Anmeldung ist vom Geschäftsführer zu versichern, dass die notwendigen Einlagen geleistet sind und sich endgültig in der freien Verfügung der Geschäftsführer befinden.

— evtl. Bestimmung über ein Aufgeld.

— Vereinbarung, ob neue Geschäftsanteile der GmbH (§ 55 Abs. 3) ausgegeben werden oder lediglich die vorhandenen Geschäftsanteile betragsmäßig erhöht werden.

L. Umwandlung in GmbH

9 Reicht das vorhandene Vermögen der Personengesellschaft nicht aus, um die übernommene Neueinlage abzudecken, so ist eine Barzuzahlung zulässig. Häufig ist es jedoch wünschenswert, trotz Einbringung eines ganzen Unternehmens das Stammkapital nur minimal zu erhöhen. Auch dies ist zulässig, wenn wenigstens ein „neuer" GmbH-Anteil i. H. von 100 Euro ausgegeben wird (§ 55 Abs. 1 i. V. m. § 5 Abs. 1 GmbHG). Buchungssatz bei der GmbH:

> Verschiedene Aktiva der Personengesellschaft (z. B. 300.000 €) an Gezeichnetes Kapital 100 € und Darlehensverbindlichkeit (oder Rücklage) 299.900 €

2.1.3 Begründung einer Betriebsaufspaltung

10 Möchte man nicht das gesamte Vermögen einer Personengesellschaft auf eine GmbH übertragen, so kann dies auch im Wege einer Betriebsaufspaltung geschehen. Dazu ist ebenfalls erforderlich, dass man eine GmbH neu gründet und sich verpflichtet, als Sacheinlage bestimmte Wirtschaftsgüter der Personengesellschaft auf die GmbH zu übertragen (Sachgründung). Die übrigen Wirtschaftsgüter bleiben bei der bisherigen Personengesellschaft, die damit zum sog. Besitzunternehmen wird. Auch wenn die Voraussetzungen für eine Betriebsaufspaltung (sachliche und personelle Verflechtung) vorliegen, müssen gem. § 6 Abs. 6 Satz 1 oder 2 EStG für die auf die GmbH übertragenen Wirtschaftsgüter die stillen Reserven aufgedeckt werden. Das im Besitzunternehmen verbleibende restliche Betriebsvermögen ist zu Buchwerten weiterzuführen.

2.1.4 Bargründung einer GmbH (verschleierte Sachgründung)

11 Um den bei Sachgründungen erforderlichen Nachweis über die Werthaltigkeit der eingebrachten Wirtschaftsgüter und den Sachgründungsbericht zu vermeiden, wird häufig eine GmbH durch Bareinlage gegründet. Anschließend erwirbt die GmbH die Wirtschaftsgüter der Personengesellschaft unter Verwendung des eingezahlten Bargelds und einer eventuellen Schuldübernahme (sog. **verschleierte Sachgründung**). Die Personengesellschaft wird dann anschließend aufgelöst. Denkbar ist es sogar, dass die Kaufpreiszahlung für den Erwerb der einzelnen Wirtschaftsgüter der Personengesellschaft unter Verrechnung auf eine noch ausstehende GmbH-Einlage erfolgt.

12 Diese verschleierten Sachgründungen ändern nichts an der wirksamen GmbH-Gründung. Jedoch muss die im GmbH-Vertrag übernommene Bareinzahlungsverpflichtung gem. § 19 Abs. 5 GmbHG als noch nicht tatsächlich erbracht betrachtet werden und u. a. im Insolvenzfall nochmals geleistet werden.[1] Zwar wurde zunächst eine Geldeinlage geleistet, die aber durch den Kauf von Sachgütern wieder an die Gesellschafter zurückgeflossen ist. Damit gilt die Geldeinlage nach der Rechtsprechung als nicht erbracht.

---

1 Vgl. OLG Koblenz, Urteil vom 28.04.1988, GmbHR 1988 S. 439.

2 Zivilrechtliche Grundsätze

Ertragsteuerlich liegt auch bei engem zeitlichem oder wirtschaftlichem Zusammenhang zwischen Bargründung und Sacheinlage kein Fall des § 20 UmwStG vor. Daher führen verschleierte Sachgründungen ggf. zur Aufdeckung der stillen Reserven.[2] Nach der neuen Rechtsprechung des BGH führt die Umgehung der Sachgründungsvorschrift dazu, dass das Veräußerungsgeschäft (Kaufvertrag über die einzelnen Wirtschaftsgüter) mit der Kapitalgesellschaft unwirksam ist.[3] Diese Unwirksamkeit führt auch zur Nichtigkeit des dinglichen Erfüllungsgeschäfts. Dies bedeutet, dass die Übergabe der beweglichen Sachen und Grundstücke nicht zu einem wirksamen Eigentumswechsel führt. Dementsprechend hat der einbringende Gesellschafter einen Anspruch gegen die GmbH gem. § 985 BGB auf Herausgabe der Wirtschaftsgüter. Daraus wird teilweise geschlossen, dass wegen der fehlenden Übertragung des Eigentums an den Wirtschaftsgütern keine Gewinnrealisierung bei den Gesellschaftern eintritt.[4] 13

Durch § 19 Abs. 4 und 5 GmbHG n. F. ist das Problem entschärft.

2.2 Änderung der Unternehmensform durch Anwachsung

Auch hier handelt es sich nicht um eine Umwandlung im engeren Sinn. Durch Anwendung der gesellschaftsrechtlichen Vorschriften des BGB und HGB wird jedoch ebenfalls eine „Vermögensübertragung" erreicht. Interessant ist diese Möglichkeit vor allem bei einer beabsichtigten Umwandlung einer GmbH & Co. KG in eine „reine" GmbH. 14

Treten nämlich aus einer Gesellschaft bürgerlichen Rechts oder OHG oder KG alle Gesellschafter entschädigungslos **bis auf einen** aus, dann wächst deren Anteil am Gesellschaftsvermögen nach § 738 BGB, § 105 Abs. 2 HGB dem verbleibenden Gesellschafter zu. Ist der zuletzt verbleibende Gesellschafter eine **Kapitalgesellschaft,** so kann auf diesem Wege aus der Personengesellschaft eine Kapitalgesellschaft werden.

Eine Einzelübertragung der Vermögensgegenstände gem. §§ 873, 929, 398 BGB auf den neuen Rechtsträger ist hier nicht notwendig. Das bisherige Gesamthandseigentum der Personengesellschaft wächst dem verbliebenen Gesellschafter (= GmbH) ohne weiteren Rechtsakt an; er wird Alleineigentümer (§ 738 BGB).

Ein Nachteil dieses Umwandlungsverfahrens liegt in der Weiterhaftung der Ausgeschiedenen für Verbindlichkeiten (§ 159 HGB). Diese können nicht einfach durch Anwachsung übergehen, auch wenn die verbleibende GmbH verpflichtet ist, im Innenverhältnis die ausscheidenden Gesellschafter freizustellen. Die gesamtschuldnerische Haftung aller Gesellschafter gegen- 15

---

2 Vgl. auch BFH-Urteil vom 24.03.1987, BStBl II 1987, 705, 707, Nr. 4, und vom 14.01.1993, BFH/NV 1993 S. 525.
3 BGH-Urteil vom 07.07.2003, GmbHR 2003 S. 1051.
4 Vgl. Dötsch-Patt, Die Körperschaftsteuer, Anm. 182 zu § 20 UmwStG (SESTEG).

L. Umwandlung in GmbH

über den Gläubigern (also im Außenverhältnis) bleibt so lange erhalten, bis alle Verbindlichkeiten des bisherigen Betriebs getilgt sind oder Verjährung gem. § 159 HGB eingetreten ist. Einzige Lösungsmöglichkeit: Die **Gläubiger** genehmigen die Schuldübernahme des verbleibenden Gesellschafters und entlassen damit die ausscheidenden Gesellschafter aus der Haftung.

16 Besteht noch keine GmbH & Co. KG, sondern lediglich eine Personengesellschaft mit natürlichen Personen als Gesellschafter, so ist in diese zunächst eine GmbH aufzunehmen, um eine Anwachsung zu ermöglichen. Der zivilrechtliche Weg sei wie folgt skizziert:

– Bargründung einer GmbH nach allgemeinen Grundsätzen. Die GmbH-Anteile werden von den Gesellschaftern der Personengesellschaft entsprechend ihren bisherigen Kapitalanteilen übernommen (nicht zwingend).

– Eintritt der GmbH in die KG ggf. auch ohne Kapitaleinlage und ohne Beteiligung an Gewinn und Verlust.

– Alle Gesellschafter bis auf die GmbH treten aus der Gesellschaft aus, möglichst ohne Zahlung von Abfindungen.

– Gegebenenfalls Änderung des GmbH-Firmennamens auf den Namen der bisherigen KG (mit Zusatz „GmbH").

– Löschung der KG im Handelsregister.

Dies ist natürlich ein sehr aufwendiges Verfahren. Andererseits können hier erhebliche Notarkosten gespart werden, da die Beschlüsse der Personengesellschaft nicht notariell beurkundet werden müssen und für Grundstücksübergänge keine (teure) Auflassung, sondern lediglich ein Antrag auf Berichtigung des Grundbuchs erforderlich ist. Außerdem entfällt die Prüfung durch das Registergericht, ob die Sacheinlagen angemessen bewertet wurden.

Die Zulässigkeit dieses Verfahrens, bei dem letztlich keine „Gesellschaft" mehr übrig bleibt, ist durch Urteil des BGH vom 19.05.1960[5] anerkannt. Wirtschaftlich betrachtet kommt die Anwachsung der Gesamtrechtsnachfolge nahe. Dennoch sei nochmals ausdrücklich klargestellt, dass hier weder ein errichtender noch ein übertragender Formwechsel im Sinne des Umwandlungsgesetzes vorliegt. Bedeutsam ist die Möglichkeit der Anwachsung v. a. für den Wechsel aus der GmbH & Co. KG auf eine GmbH.

Steuerrechtlich ist davon auszugehen, dass das dem entschädigungslos ausgeschiedenen Kommanditisten gehörende Gesellschaftsvermögen als verdeckte Einlage in das Vermögen der Komplementär-GmbH überführt wird. Da keine neuen Anteile ausgegeben werden, liegt auch keine Sacheinlage i. S. des § 20 Abs. 1 Satz 1 UmwStG vor. Dies führt zur Aufgabe des Mitunternehmeranteils (§ 16 Abs. 3 Satz 1 EStG). Es ist daher ein Aufgabegewinn zu versteuern, der nicht nur die stillen Reserven im eingebrachten

---

5 BGHZ 32, 307.

2 Zivilrechtliche Grundsätze

Gesellschaftsvermögen erfasst, sondern auch die stillen Reserven in den Anteilen an der Komplementär-GmbH, da diese zum Sonderbetriebsvermögen des Mitunternehmeranteils zu rechnen sind. Dieser GmbH-Anteil wird grundsätzlich Privatvermögen.

Anders ist die Rechtslage, wenn gleichzeitig mit dem Ausscheiden des Gesellschafters bei der Komplementär-GmbH eine Kapitalerhöhung beschlossen wird und der Kommanditist die übernommene Einlageverpflichtung durch Übertragung eines Mitunternehmeranteils erfüllt (sog. **erweitertes Anwachsungsmodell**). In diesem Fall ist § 20 UmwStG anwendbar.

2.3 Umwandlung durch Formwechsel und Gesamtrechtsnachfolge

Folgende handelsrechtliche Umwandlungsformen sind für die Umwandlung in eine GmbH von besonderer Bedeutung (§ 1 Abs. 1 UmwG): 17
— Verschmelzung,
— Spaltung (Aufspaltung, Abspaltung, Ausgliederung),
— Formwechsel.

Die GmbH ist ein verschmelzungsfähiger Rechtsträger und kann daher als 18 übernehmender oder neuer Rechtsträger an **Verschmelzungen** beteiligt sein (§ 3 Abs. 1 Nr. 2 UmwG). Es besteht daher die Möglichkeit, eine OHG oder KG auf eine (schon bestehende) GmbH zu verschmelzen. Eine **Gesellschaft bürgerlichen Rechts** (GbR) kann jedoch nicht auf eine GmbH verschmolzen werden. Hier bleibt nur der Weg der Einzelrechtsnachfolge.

Zulässig wäre es auch, durch **Spaltung** Vermögensteile einer Personen**han** 19 **dels**gesellschaft im Wege der **partiellen Gesamtrechtsnachfolge** auf eine GmbH zu übertragen. Die Spaltung wäre in folgenden Arten zulässig (§§ 123 und 138 ff. UmwG):

— Aufspaltung durch gleichzeitige Übertragung von Vermögensteilen auf andere bestehende Rechtsträger zur Aufnahme oder zur Neugründung gegen Gewährung von Anteilen dieser Rechtsträger an die Anteilsinhaber des übertragenden Rechtsträgers. Dieser löst sich auf.

— Abspaltung durch Übertragung von Vermögensteilen auf einen oder mehrere bestehende Rechtsträger (z. B. GmbH) oder Übertragung auf neu gegründeten Rechtsträger (GmbH) gegen Gewährung von Anteilen an die Anteilsinhaber des übertragenden Rechtsträgers, der fortbesteht.

— Ausgliederung durch Übertragung von Vermögensteilen auf eine bestehende GmbH (zur Aufnahme) oder auf eine neu gegründete GmbH (zur Neugründung) gegen Gewährung von Anteilen dieser Rechtsträger an den übertragenden Rechtsträger.

Die wohl wichtigste Umwandlungsform für Personenhandelsgesellschaften 20 ist die Umwandlung durch Formwechsel (§ 1 Abs. 1 Nr. 4 UmwG). Sie führt

L. Umwandlung in GmbH

handelsrechtlich zu keinem Vermögensübergang, sondern nur zu einem identitätswahrenden Rechtsformwechsel des Rechtsträgers (OHG, KG). Formwechselnder Rechtsträger können nicht sämtliche Personenunternehmen sein, sondern nur **Personenhandelsgesellschaften** (§ 191 UmwG).

21 Für die Durchführung des Formwechsels sind folgende Voraussetzungen zu beachten:

a) Entwurf des Umwandlungsbeschlusses, in dem der Gesellschaftsvertrag der GmbH enthalten ist.

b) ggf. Zuleitung des Entwurfs des Umwandlungsbeschlusses an einen Betriebsrat der Personenhandelsgesellschaft spätestens einen Monat vor der Gesellschafterversammlung, die den Formwechsel beschließen soll (§ 194 Abs. 2 UmwG).

c) Jahresabschluss der Personenhandelsgesellschaft zum Schluss des letzten Geschäftsjahres, das vor Wirksamwerden des Formwechsels endet. Der Eigenkapitalausweis in der Bilanz dieses Jahresabschlusses der Personenhandelsgesellschaft kann im Allgemeinen auch zum Vermögensnachweis in Höhe des Stammkapitals der künftigen GmbH herangezogen werden. § 220 UmwG verlangt einen entsprechenden Nachweis.

d) Vermögensaufstellung, in der die Gegenstände und Verbindlichkeiten der Personenhandelsgesellschaft mit dem wirklichen Wert anzusetzen sind, der ihnen am Tag der Erstellung des Umwandlungsberichts beizulegen ist (§ 192 Abs. 2 Satz 1 UmwG).

Neben dieser Vermögensaufstellung ist eine Bilanz zum Nachweis des Werts der Sacheinlage (§ 220 Abs. 1 UmwG) zusammen mit dem Sachgründungsbericht zu erstellen.

Die Gesellschafterversammlung hat den Umwandlungsbeschluss notariell beurkunden zu lassen (§§ 193, 216 ff. UmwG). Anschließend wird der Formwechsel zur Eintragung in das Handelsregister angemeldet (§§ 198, 222 UmwG). Mit der Eintragung der neuen Rechtsform (GmbH) in das Handelsregister besteht nunmehr die Personenhandelsgesellschaft in dieser Rechtsform weiter. Die Gesellschafter der Personenhandelsgesellschaft sind als Gesellschafter an der GmbH beteiligt.

3 Ertragsteuerliche Folgen der Umwandlung

3.1 Allgemeines

Aufgrund EU-rechtlicher Vorgaben ergibt sich eine maßgebliche Änderung des Umwandlungssteuerrechts durch das Gesetz über steuerliche Begleit-

3 Ertragsteuerliche Folgen

maßnahmen zur Einführung der Europäischen Gesellschaft und zur Änderung weiterer steuerrechtlicher Vorschriften (SEStEG).[6] Wie bisher regelt § 20 UmwStG v. a. die Einbringung eines Mitunternehmeranteils in eine Kapitalgesellschaft gegen Gewährung neuer Anteile. Der Kreis der Einbringenden wird jedoch erweitert. Auch Gesellschafter, die ihren **Wohnsitz** oder gewöhnlichen Aufenthalt **in der EU** oder im EWR haben und auch nicht aufgrund eines DBA als im Drittland ansässig angesehen werden, können ihre Mitunternehmeranteile mit den Ansatzwahlrechten des § 20 Abs. 2 UmwStG n. F. einbringen.

Grundsätzlich ist gem. § 20 Abs. 2 Satz 1 UmwStG n. F. das eingebrachte Vermögen mit dem **gemeinen Wert** (nicht mehr mit dem Teilwert) anzusetzen. Auf Antrag der übernehmenden Kapitalgesellschaft kann für jeden Mitunternehmer – getrennt – der Buchwert- oder Zwischenwertansatz für seinen gesamten Mitunternehmeranteil gewählt werden, wenn

— die eingebrachten Verbindlichkeiten die Aktiva nicht überschreiten und

— bei dem übernehmenden Rechtsträger das Besteuerungsrecht der Bundesrepublik Deutschland hinsichtlich des eingebrachten Betriebsvermögens nicht beschränkt ist und

— keine sonstige Gegenleistung – d. h. keine anderen Wirtschaftsgüter außer den neuen Anteilen – gewährt wird.

Das **Maßgeblichkeitsprinzip** gilt **nicht** mehr.

Beispiel:

Eine EU-Personengesellschaft unterhält eine Betriebsstätte in der Bundesrepublik. Diese Betriebsstätte wird in eine EU-Kapitalgesellschaft mit Sitz in Frankreich eingebracht.

Hier ist das Besteuerungsrecht der Bundesrepublik nicht mehr gewährleistet. Daher ist ein Buchwert- oder Zwischenwertansatz nicht zulässig.

Beispiel:

Eine deutsche OHG wird durch Formwechsel auf eine GmbH umgewandelt. Die GmbH soll die Buchwerte weiterführen. Der gemeine Wert der OHG beträgt 800.000 €. Die Schlussbilanz hat folgendes Bild:

Aktiva	OHG-Bilanz zum 31.12.08		Passiva
Verschiedene Aktiva	400.000 €	Kapital A	150.000 €
		Kapital B	150.000 €
		Verbindlichkeiten	100.000 €
	400.000 €		400.000 €

---

[6] Gesetz über steuerliche Begleitmaßnahmen zur Einführung der Europäischen Gesellschaft und zur Änderung weiterer steuerrechtlicher Vorschriften – SEStEG. Die Neuregelungen sind ab dem 13.12.2006 anzuwenden.

L. Umwandlung in GmbH

Das Stammkapital der Ziel-GmbH soll 50.000 € betragen, der Restbetrag soll auf Gesellschafter-Darlehen gebucht werden.

Da die Einbringenden neben den Gesellschaftsanteilen keine anderen Wirtschaftsgüter außer der Darlehensforderung erhalten, müssen die Aktivwerte nicht aufgestockt werden, sodass kein Einbringungsgewinn entsteht. Eine Buchwertfortführung wäre auch zulässig, wenn das restliche Kapital in der GmbH auf Kapitalrücklage gebucht wird.

Haben die Gesellschafter vor der Einbringung Gesellschafterdarlehen in der OHG begründet, so gehen diese als Verbindlichkeiten im Rahmen der Einbringung auf die GmbH über und stellen keine Gegenleistung dar. In diesem Fall ergibt sich eine gewinnneutrale Buchwertfortführung.

Bei der Bewertung der erhaltenen Anteile gilt gem. § 20 Abs. 3 UmwStG n. F. der Wertansatz des übernommenen Vermögens – eventuell gemindert um den Wert der dem Einbringenden gewährten Wirtschaftsgüter – als Anschaffungskosten.

3.2 Voraussetzungen für die Anwendung des § 20 UmwStG

22 § 20 UmwStG gestattet sowohl die erfolgsneutrale Einbringung von Mitunternehmeranteilen (ebenso wie von Einzelfirmen oder Teilbetrieben) zu Buchwerten als auch die Erhöhung der bisherigen Bilanzansätze der Personengesellschaft in der GmbH-Bilanz. Dabei spielt es keine Rolle, ob die Umwandlung durch Einzelrechtsnachfolge (= Sachgründung einer GmbH) oder nach den Regeln des Umwandlungsgesetzes (Gesamtrechtsnachfolge) erfolgte. Wird die Umwandlung durch **Formwechsel** (§ 190 UmwG) vollzogen, so war nach Meinung der Finanzverwaltung nur die Buchwertfortführung trotz der Anwendung des § 20 UmwStG zulässig. Ein höherer Wertansatz war nicht zulässig, da handelsrechtlich die bisherigen Wertansätze (Buchwerte) fortgelten.[7] Mit BMF-Schreiben vom 04.07.2006 gibt die Finanzverwaltung ihre bisherige Auffassung auf und wendet die Bewertungswahlrechte des § 20 UmwStG an. Durch § 25 UmwStG (SESTEG) ist das Bewertungswahlrecht gesetzlich geregelt (DStR 2006 S. 1600). Die sog. verschleierten Sachgründungen führen nicht zur Anwendung des § 20 UmwStG.

23 Wird eine **Betriebsaufspaltung** begründet, d. h., werden z. B. nur Umlaufvermögen und bewegliches Anlagevermögen in die GmbH eingebracht und wesentliche Betriebsgrundlagen der Personengesellschaft zurückbehalten und durch diese an die GmbH vermietet, so ist für das Besitzunternehmen die Buchwertfortführung zwingend. Dagegen müssen die in die Betriebs-

---

[7] BMF vom 25.03.1998, BStBl I 1998, 268, Tz. 20.30.

3 Ertragsteuerliche Folgen

kapitalgesellschaft eingebrachten Wirtschaftsgüter mit dem Teilwert bzw. gemeinen Wert angesetzt werden. Die durch diese Aufspaltung entstandenen GmbH-Anteile sind notwendiges Betriebsvermögen der Besitzpersonengesellschaft. Die Gewinnausschüttungen der GmbH rechnen zu den Einkünften aus Gewerbebetrieb.

Notwendig ist gem. § 20 Abs. 1 UmwStG in allen Fällen der Umwandlung, dass wenigstens **ein** neuer GmbH-Anteil für das eingebrachte Betriebsvermögen gewährt wird. Außerdem müssen **alle** Wirtschaftsgüter, die zu den wesentlichen Grundlagen der einzubringenden Personengesellschaft gehören, in die GmbH eingebracht werden (§ 20 Abs. 1; § 25 UmwStG). Dazu gehören auch wesentliche Grundlagen des Sonderbetriebsvermögens. Wird also beispielsweise ein im Alleineigentum eines Gesellschafters stehendes wesentliches Betriebsgrundstück nicht mit eingebracht, so ist eine Anwendung des § 20 UmwStG für diesen Gesellschafter ausgeschlossen mit der Folge, dass eine Gewinnrealisierung bei ihm erfolgen muss. Dies gilt auch dann, wenn das Grundstück später an die GmbH vermietet wird. Soll auch für diesen Gesellschafter § 20 UmwStG Anwendung finden, so muss das Grundstück bzw. das Sonderbetriebsvermögen im Wege der Einzelrechtsnachfolge auf die GmbH übertragen werden. 24

Werden wesentliche Betriebsgrundlagen vor Einbringung durch Nutzungsänderung in das Privatvermögen überführt, so ist von einer Betriebsaufgabe gem. § 16 Abs. 3 EStG auszugehen. Wird gewillkürtes Betriebsvermögen entnommen oder werden unwesentliche Grundlagen nicht mit eingebracht, so bleibt § 20 UmwStG anwendbar. Für die entnommenen Wirtschaftsgüter ist eine nach § 34 EStG begünstigte Gewinnrealisierung unter Zugrundelegung des Teilwerts nur anzunehmen, wenn in der GmbH der Teilwertansatz gewählt wird.[8] 25

Für die Anwendung des § 20 UmwStG ist ohne Bedeutung, in welcher Rechtsform die bisherige Mitunternehmerschaft geführt wurde. Daher fällt auch die Einbringung einer atypisch stillen Beteiligung unter § 20 UmwStG. Zivilrechtlich könnte eine solche Umwandlung jedoch nur durch Einzelrechtsnachfolge (Sachgründung) begründet werden. 26

3.3 Bewertungsgrundsätze für das eingebrachte Betriebsvermögen

Wie jede neue GmbH hat die aufnehmende Gesellschaft eine Eröffnungsbilanz zu erstellen. Man spricht hier auch von der sog. **Aufnahme-** oder **Übernahmebilanz.** Die Wertansätze dieser Bilanz richten sich nach § 20 27

---
8 Vgl. BFH vom 25.09.1991, BStBl II 1992, 406.

L. Umwandlung in GmbH

UmwStG, wonach die aufnehmende GmbH entweder die gemeinen Werte für die Wirtschaftsgüter der Personengesellschaft oder Buch- oder Zwischenwerte ansetzen darf. Diese Aufnahmebilanz ist mit der Umwandlungsbilanz gem. § 192 Abs. 2 UmwG insoweit verknüpft, als die dort aufgeführten Wirtschaftsgüter auch in die Aufnahmebilanz gehören. Eine **wertmäßige** Verknüpfung besteht jedoch grundsätzlich nicht.

Überblick über die Auswirkungen der verschiedenen Wertansätze

28	Wertansatz bei der „aufnehmenden" GmbH:	Auswirkung beim einbringenden Gesellschafter:
— Buchwert des Mitunternehmeranteils	Umwandlung steuerneutral, jedoch § 20 Abs. 3 und § 22 UmwStG zu beachten. Es entstehen steuerverhaftete GmbH-Anteile, die zum Privatvermögen gehören.
— gemeiner Wert	Es entsteht Veräußerungsgewinn gem. §§ 16, 34 EStG (vgl. § 20 Abs. 4 UmwStG). GmbH-Anteile sind meist Privatvermögen geworden.
— Zwischenwert	Veräußerungsgewinn ist in Höhe der teilweise aufgedeckten stillen Reserven entstanden (§ 20 Abs. 3 UmwStG). Gewinn nicht begünstigt gem. § 34 EStG (§ 20 Abs. 4 UmwStG). Auch keine Gewährung des Freibetrags gem. § 16 Abs. 4 EStG. Die GmbH-Anteile sind steuerverhaftet (§ 22 UmwStG).

29 Grundsätzlich bestimmt die aufnehmende Kapitalgesellschaft, welchen Wertansatz sie in ihrer Aufnahmebilanz wünscht.[9] Die einzubringenden Gesellschafter haben die von der GmbH getroffene Entscheidung zu akzeptieren. Mit dem BMF wird man jedoch zulassen müssen, dass die GmbH für jeden einzelnen Gesellschafter der Personengesellschaft gesondert festlegen darf, ob sie den Wertansatz mit dem gemeinen Wert, Buch- oder Zwischenwertansatz wählt.[10]

---

9 BMF vom 25.03.1998, BStBl I 1998, 268, Tz. 20.32.
10 BMF vom 25.03.1998, BStBl I 1998, 268, Tz. 20.14; streitig: A.A. Dötsch-Patt, Anm. 192 zu § 20 UmwStG.

3 Ertragsteuerliche Folgen

Jeder einzelne Gesellschafter ist nämlich Einbringender i. S. des § 20 UmwStG, und damit sind die für den Einbringenden geltenden Vorschriften auch auf den einzelnen Gesellschafter zu beziehen.

Einbringender kann jede **natürliche Person** sein, die ihren Wohnsitz oder gewöhnlichen Aufenthalt im Hoheitsgebiet eines Mitgliedsstaates der EU oder des EWR hat (§ 1 Abs. 4 Nr. 1 und 2 Buchst. a UmwStG). Einbringender kann aber auch jede inländische und ausländische **Kapitalgesellschaft** oder Europäische Genossenschaft sein, die nach den Rechtsvorschriften eines Mitgliedsstaates der EU oder eines EWR-Staates gegründet ist und die ihren Sitz oder ihre Geschäftsleitung innerhalb des Hoheitsgebiets eines dieser Staaten hat (§ 1 Abs. 3 Nr. 4, Abs. 4 Nr. 2 a Doppelbuchst. aa UmwStG). Ist der Einbringende eine **Personengesellschaft,** gilt dies nur, wenn die einzelnen Gesellschafter die dargestellten Voraussetzungen erfüllen (§ 1 Abs. 3 Nr. 4, Abs. 4 Nr. 2 a Doppelbuchst. aa Halbsatz 2 UmwStG).

Einbringender kann aber auch ein **in einem Drittstaat Ansässiger** sein, wenn das deutsche Besteuerungsrecht an den erhaltenen Anteilen nicht ausgeschlossen oder beschränkt ist (§ 1 Abs. 4 Nr. 2 b UmwStG). An den erhaltenen Anteilen besteht z. B. dann ein deutsches Besteuerungsrecht, wenn sie zu einer inländischen Betriebsstätte gehören oder wenn mit dem Drittstaat ein DBA besteht, das Deutschland das Besteuerungsrecht zuweist.

Beispiel:

A und B wollen ihre Mitunternehmeranteile an der AB-OHG zu einem möglichst niedrigen Wert in eine GmbH einbringen. Die Gewinnverteilung in der OHG erfolgt nach dem Stand der Kapitalkonten, und zwar auch für den Fall der Veräußerung. A ist nicht EU-Staatsangehöriger und beschränkt steuerpflichtig (DBA-Staat; das Besteuerungsrecht hat der Ansässigkeitsstaat). Die Einbringungsbilanz (= Schlussbilanz) der OHG hat folgendes Bild:

Aktiva		Passiva	
Verschiedene Aktiva	400.000 €	Verbindlichkeiten	100.000 €
		Kapital A	150.000 €
		Kapital B	150.000 €
	400.000 €		400.000 €

Es sind stille Reserven i. H. von 200.000 € einschl. Firmenwert vorhanden. Das Stammkapital der GmbH mit 50.000 € soll je zur Hälfte von A und B übernommen werden.

Da A weder Wohnsitz noch gewöhnlichen Aufenthalt in der EU hat und das Besteuerungsrecht an den erhaltenen Anteilen nicht der Bundesrepublik zusteht (vgl. § 1 Abs. 4 Nr. 1 und 2 Buchst. a und § 1 Abs. 4 Nr. 2 b UmwStG), ist § 20 UmwStG nicht anwendbar. Für A muss sein Mitunternehmeranteil mit dem gemeinen Wert (§ 16 Abs. 3 Satz 8 EStG) festgesetzt werden, während für B eine Buchwertfortführung zulässig ist. In der Regel weisen die DBA das Besteuerungsrecht aus der Veräußerung der GmbH-Anteile dem Ansässig-

L. Umwandlung in GmbH

keitsstaat zu, sodass das inländische Besteuerungsrecht für A ausgeschlossen ist.[11] Entsprechend der Gewinnverteilungsabrede entfallen daher auf A stille Reserven mit 100.000 €. Soweit für die eingebrachten Wirtschaftsgüter keine Stammkapitaleinlagen gewünscht werden, können die übersteigenden Beträge als (jederzeit ausschüttbare) Rücklage oder als Gesellschafterdarlehen behandelt werden. Die Aufnahmebilanz der GmbH hat daher folgendes Bild:

Aktiva		Passiva	
Verschiedene Aktiva	500.000 €	Gez. Kapital	50.000 €
		Verbindlichkeiten gegen Gesellschafter A	225.000 €
		Verbindlichkeiten gegen Gesellschafter B	125.000 €
		(oder Rücklage 350.000 €)	
		Verbindlichkeiten	100.000 €
	500.000 €		500.000 €

A hat daher zu versteuern:

Wertansatz des eingebrachten Mitunternehmeranteils in der GmbH:	250.000 €
./. Buchwert seines Kapitalkontos	150.000 €
Veräußerungsgewinn	100.000 €

Auf diesen Veräußerungsgewinn ist § 16 Abs. 4 und § 34 EStG anzuwenden. Für B tritt dagegen keine Gewinnrealisierung ein.

3.4 Buchwertansatz und seine Auswirkung

30 Es kann jeweils nur im Einzelfall entschieden werden, ob die Buchwertfortführung oder ein anderer Wertansatz günstiger ist. Für den Buchwertansatz spricht, dass keine liquiden Mittel für eventuelle Steuerzahlungen aufgebracht werden müssen. Die aufnehmende Kapitalgesellschaft kann umgekehrt nicht von höheren Werten abschreiben, sondern muss die Buchwerte weiterführen. Hat ein Gesellschafter Verlustvorträge im Rahmen seiner Einkommensbesteuerung, so wird sich ein Buchwertansatz häufig nicht als vorteilhaft erweisen.

In der praktischen Durchführung ist die Schlussbilanz (Einbringungsbilanz) der Personengesellschaft identisch mit der Eröffnungsbilanz (Aufnahmebilanz) der GmbH. Lediglich die Kapitalkonten der Personengesellschafter müssen – wie schon erwähnt – nicht voll in Stammkapital umgewandelt wer-

---

11 BMF vom 25.03.1998, BStBl I 1998, 268, Tz. 20.24.

den. Aus ihnen können insoweit offen ausgewiesene Rücklagen oder Gesellschafterdarlehen gebildet werden.

Einbringungskosten, die der aufnehmenden Kapitalgesellschaft zugeordnet werden können, sind bei dieser sofort abzugsfähige Betriebsausgaben, wenn es sich nicht um Kosten handelt, die – wie z. B. die Grunderwerbsteuer – unmittelbar der Übernahme eines bestimmten Wirtschaftsguts zuzuordnen sind. Zu diesen sofort abzugsfähigen Kosten gehören z. B. die Kosten über die Aufstellung der Aufnahmebilanz, die Gutachtenkosten für die Bewertung des eingebrachten Betriebsvermögens, Kosten für die Eintragungen und Berichtigungen des Grundbuchs sowie die Kosten der Eintragung der Umwandlung in das Handelsregister. Die **Kosten** für die **Gesellschaftsgründung** selbst können nur dann von der übernehmenden Kapitalgesellschaft getragen werden, wenn dies ausdrücklich im Gesellschaftsvertrag festgelegt wurde. Ansonsten würde die Kostenübernahme durch die GmbH zu einer verdeckten Gewinnausschüttung führen. Trägt diese Kosten der Gesellschafter, so erhöhen diese die Anschaffungskosten für die übernommene GmbH-Beteiligung. 31

Dagegen mindern die Kosten, die dem Einbringenden zuzuordnen sind, den Einbringungsgewinn und zwar unabhängig vom Bewertungsansatz der GmbH. Solche Aufwendungen sind beispielsweise Beratungskosten in der Planungsphase oder die Kosten für die Einbringungsbilanz.

Gemäß § 23 Abs. 1 UmwStG i. V. m. § 12 Abs. 3 UmwStG tritt die GmbH hinsichtlich AfA und der Inanspruchnahme von Bewertungsfreiheiten voll in die Rechtsstellung der Mitunternehmerschaft ein. Daher ist beispielsweise die degressive oder lineare AfA weiterzuführen. Für die Frage der Besitzzeit im Rahmen des § 6 b EStG ist die Besitzdauer beim einbringenden Unternehmen entscheidend. 32

Aus § 20 Abs. 3 UmwStG ist zu entnehmen, dass der Wertansatz bei der Kapitalgesellschaft gleichzeitig als Veräußerungspreis und als Anschaffungskosten der Gesellschaftsanteile gilt. Wird zu Buchwerten eingebracht, so entsteht daher kein Veräußerungsgewinn bei den Gesellschaftern, und es werden die vorhandenen stillen Reserven auf die GmbH-Anteile übertragen. Werden die steuerverstrickten Anteile innerhalb von sieben Jahren veräußert, so ist die Besteuerung des Anteilseigners gem. § 22 UmwStG vorzunehmen, ohne dass eine Beteiligung i. S. des § 17 EStG vorliegt. 33

Im Einzelnen gilt für die spätere **Veräußerung der GmbH-Anteile** Folgendes:

Erfolgt die Veräußerung der GmbH-Anteile **nach Ablauf von sieben Jahren** ab der Einbringung, so ist das sog. Teileinkünfteverfahren anzuwenden (§ 3 Nr. 40 Buchstabe c EStG). Dies bedeutet, dass der Preis aus der Veräußerung der Anteile **zur Hälfte** (ab 2009: zu 40 %) nach § 3 Nr. 40 Satz 1 Buchstabe c EStG **steuerbefreit** ist. Gemäß § 3 c Abs. 2 Satz 1 EStG sind die bei der Ermittlung des Veräußerungsgewinns maßgebenden **Veräußerungskosten**

L. Umwandlung in GmbH

und die Anschaffungskosten nach § 20 Abs. 3 UmwStG **zur Hälfte** (bzw. ab 2009 zu 40 %) **nichtabzugsfähig**.

Hat die Anmeldung zur Umwandlung vor dem 13.12.2006 stattgefunden, so gilt die alte Fassung des UmwStG weiter (§ 27 Abs. 1 UmwStG) und der steuerpflichtige Teil des Gewinns aus der Veräußerung der einbringungsgeborenen Anteile gilt gem. § 21 Abs. 1 Satz 1 UmwStG a. F. als Veräußerungsgewinn i. S. des § 16 EStG. Dieser Gewinn ist daher gem. § 16 Abs. 4 EStG freibetragsbegünstigt. Eine Tarifermäßigung nach § 34 EStG scheidet jedoch aus.

Hat die Umwandlung vor dem 13.12.2006 stattgefunden, so ist bei einer Veräußerung der einbringungsgeborenen Anteile **innerhalb** von sieben Jahren nach Einbringung eine Steuerbefreiung nach dem Halb- bzw. Teileinkünfteverfahren ausgeschlossen (§ 3 Nr. 40 Satz 3 EStG a. F.). Dadurch soll eine ungerechtfertigte Inanspruchnahme des Halb- bzw. Teileinkünfteverfahrens verhindert werden.

Ohne diese Regelung könnte ein Mitunternehmeranteil zu Buchwerten in eine GmbH eingebracht und anschließend die GmbH-Anteile unter Anwendung des Halbbefreiungstatbestands veräußert werden. Im Ergebnis wäre die Veräußerung des Mitunternehmeranteils über diesen Umweg nur zur Hälfte bzw. ab VZ 2009 zu 60 % steuerpflichtig. Greift § 3 Nr. 40 Satz 3 EStG a. F., so sind die Veräußerungs- und die Anschaffungskosten (§ 20 Abs. 4 UmwStG a. F.) in diesem Fall voll abzugsfähig. Der Veräußerungsgewinn ist nach § 16 Abs. 4 freibetragsbegünstigt, wenn die persönlichen Voraussetzungen vorliegen.

Erfolgt die Veräußerung der einbringungsgeborenen Anteile innerhalb der 7-jährigen Sperrfrist, so ist der Veräußerungsgewinn begünstigt nach § 34 Abs. 1 oder 3 EStG, wenn eine das **gesamte Nennkapital** umfassende Beteiligung vollentgeltlich veräußert wird.[12] Zwar wird § 34 EStG nicht mehr in § 21 UmwStG ausdrücklich für anwendbar erklärt. Da aber in § 21 Abs. 1 Satz 1 UmwStG n. F. ein Veräußerungsgewinn gem. § 16 EStG fingiert wird, ist entsprechend von außerordentlichen Einkünften i. S. des § 34 EStG auszugehen. Für die Anwendung des § 34 EStG ist jedoch Voraussetzung, dass sämtliche stille Reserven aufgedeckt werden. Nur so ist die gebotene Gleichbehandlung mit der begünstigten Veräußerung eines ganzen Betriebs oder eines Mitunternehmeranteils gewährleistet. Die **teilweise Veräußerung** einbringungsgeborener Anteile ist daher – entsprechend der Veräußerung eines Anteils an einem Mitunternehmeranteil – nicht begünstigt.

---

12 Vgl. Dötsch/Patt, § 21 UmwStG a. F. Rz. 111.

3 Ertragsteuerliche Folgen

Beispiel einer Umwandlung vor dem 13.12.2006:
Die Bilanz der OHG zeigt zum Einbringungsstichtag 01.01.06 folgendes Bild:

Aktiva		Passiva	
Anlage- und Umlauf-		Schulden	110.000 €
vermögen	200.000 €	Kapital A	45.000 €
		Kapital B	45.000 €
	200.000 €		200.000 €

Im Anlage- und Umlaufvermögen sind 30.000 € stille Reserven enthalten (Teilwert des eingebrachten Betriebsvermögens also 120.000 €).
Die OHG wird zu Buchwerten in eine GmbH eingebracht. Das Stammkapital der GmbH soll 50.000 € betragen, die Einbringenden erhalten daneben eine Darlehensforderung von je 20.000 €.

Aktiva		Passiva	
Anlage- und Umlauf-		Gez. Kapital	50.000 €
vermögen	200.000 €	Darlehensverbind-	
		lichkeiten gegen	
		Gesellschafter	40.000 €
		Sonstige Schulden	110.000 €
	200.000 €		200.000 €

Da die GmbH das eingebrachte Betriebsvermögen mit Buchwerten angesetzt hat, ergibt sich für die Einbringenden kein Veräußerungsgewinn. Die Anschaffungskosten der GmbH-Anteile sind wie folgt zu ermitteln:
Bilanzansatz des eingebrachten Betriebsvermögens
(Anschaffungskosten nach § 20 Abs. 4 Satz 1 UmwStG a. F.)
je Gesellschafter 45.000 € gesamt 90.000 €
abzügl. gemeiner Wert der für die Einbringung gewährten
Darlehensforderung („anderes Wirtschaftsgut" i. S. des
§ 20 Abs. 4 Satz 2 UmwStG a. F.) je Gesellschafter 20.000 € gesamt ./. 40.000 €
maßgebende Anschaffungskosten der GmbH-Anteile
je Gesellschafter 25.000 € gesamt 50.000 €
Die GmbH-Anteile beinhalten aber tatsächlich einen Wert von 80.000 € (Teilwert des Einzelunternehmens vor der Einbringung = 120.000 € ./. Ausgleichsdarlehen 40.000 €). Bei Veräußerung der Anteile zu diesem Wert entsteht ein Veräußerungsgewinn nach § 21 UmwStG a. F. von 30.000 € (80.000 € ./. Anschaffungskosten 50.000 €). Dieser Betrag entspricht genau den in das GmbH-Vermögen gelangten stillen Reserven.
Erfolgt die Veräußerung nach Ablauf der Sperrfrist von sieben Jahren, so gilt das Halb- bzw. Teileinkünfteverfahren. Beim Verkauf innerhalb von sieben Jahren nach der Umwandlung besteht volle Steuerpflicht, ggf. unter Anwendung von § 16 Abs. 4 und § 34 EStG.
Ist die Umwandlung nach dem 12.12.2006 angemeldet worden, gilt § 22 UmwStG. Dazu unter 4 „Besteuerung beim Anteilseigner".

L. Umwandlung in GmbH

3.5 Wertansatz mit dem gemeinen Wert und seine Auswirkung

34 Eröffnet die GmbH zu gemeinen Werten, so liegt bei den einbringenden Gesellschaftern ein Veräußerungsgewinn gem. §§ 16, 34 EStG vor. Der Ansatz mit dem gemeinen Wert bietet als großen Vorteil die Möglichkeit, dass die GmbH ein höheres AfA-Volumen und damit höhere Aufwendungen erreicht (u. U. hohe Gewerbesteuerersparnis!), ohne dass dafür tatsächlich Geldmittel eingesetzt werden müssen (Liquiditätsvorteil). Nach § 20 Abs. 3 UmwStG gilt der gemeine Wert der eingebrachten Wirtschaftsgüter als erzielter Veräußerungspreis, dem die Kapitalkonten der Gesellschafter gegenüberzustellen sind. Die Differenz ergibt den Veräußerungsgewinn, der gem. § 16 Abs. 4, § 34 EStG begünstigt ist. Übersteigen die stillen Reserven nicht den Grenzbetrag des § 16 Abs. 4 EStG i. H. von 136.000 Euro, so wird – trotz der Steuerpflicht der einbringenden Gesellschafter – wegen des dann ggf. zu gewährenden Freibetrags gem. § 16 Abs. 4 EStG ein Ansatz mit dem gemeinen Wert vorteilhafter sein.

35 Wird der gemeine Wert gewählt, so gehören die GmbH-Anteile zukünftig zum Privatvermögen der Gesellschafter. Dies hat, anders als bei Buchwert- oder Zwischenwertansatz, den Vorteil, dass die Wertsteigerungen der GmbH-Anteile ertragsteuerlich nicht mehr berücksichtigt werden müssen, es sei denn, § 17 EStG greift ein.

36 Nachteilig kann der gemeine Wert dann sein, wenn ein bedeutender Firmenwert vorhanden ist. Der gemeine Wert umfasst nämlich auch den originären Geschäftswert der Mitunternehmerschaft, der hier angesetzt werden **muss.**[13] Sein Ansatz ergibt für die Gesellschafter einen höheren Veräußerungsgewinn, wobei jedoch bei der GmbH eine Abschreibungsmöglichkeit gem. § 7 Abs. 1 Satz 3 EStG entsteht.

Sind in der Mitunternehmerschaft steuerfreie Rücklagen vorhanden (z. B. § 6 b EStG-Rücklage), so müssen diese Rücklagen bei Einbringung zum gemeinen Wert gewinnerhöhend aufgelöst werden. Nach dem BFH-Urteil vom 29.06.1975 (BStBl II 1975, 848) ist dieser Gewinn dem steuerbegünstigten Veräußerungsgewinn hinzuzurechnen.

37 Die Pensionszusage, die eine Personengesellschaft einem Mitunternehmer erteilt hat und die von der GmbH übernommen werden muss, ist als zusätzlich an den Gesellschafter gewährtes Wirtschaftsgut i. S. des § 20 Abs. 3 Satz 3 UmwStG zu behandeln.[14] Sie mindert daher dessen Anschaffungskosten.

38 Rechtlich ist der Ansatz mit dem gemeinen Wert wie ein Anschaffungsgeschäft durch die GmbH zu behandeln (vgl. § 23 Abs. 4 UmwStG). Daher gelten – wenn die Einbringung im Wege der **Einzelrechtsnachfolge** durchgeführt wurde – für die weitere steuerliche Behandlung in der GmbH die all-

---

13 BMF vom 25.03.1998, BStBl I 1998, 268, Tz. 22.11.
14 Vgl. BMF vom 25.03.1998, BStBl I 1998, 268, Tz. 20.44.

3 Ertragsteuerliche Folgen

gemeinen steuerlichen Grundsätze. Daraus folgt beispielsweise, dass die Abschreibungen neu zu ermitteln sind, die Weiterführung einer AfA nach § 7 Abs. 5 EStG nicht zulässig ist, GWG-Vorteile genutzt werden können sowie eine Besitzzeitanrechnung im Rahmen des § 6 b Abs. 4 EStG nicht erfolgen kann.

Beispiel:

Die Gesellschafter A und B der AB-OHG bringen bei ihrer Betriebseinbringung zum 01.04.08 unter anderem folgende Wirtschaftsgüter in ihre neu errichtete GmbH zum gemeinen Wert ein: eine **Maschine** sowie ein **Gebäude,** die beide bisher degressiv (§ 7 Abs. 2 und 5 EStG) abgeschrieben wurden, eine technisch und wirtschaftlich noch nicht verbrauchte **Lagerhalle,** die am 01.10.08 abgebrochen wird, um einem Neubau Platz zu machen, eine elektrische **Schreibmaschine** (ursprüngliche Anschaffungskosten 2.000 €) zum gemeinen Wert von 120 €.

Da ein Anschaffungsgeschäft vorliegt, kann die **Maschine** sowohl linear als auch bis VZ 2007 degressiv abgeschrieben werden.

Für das **Gebäude** kann nur die lineare AfA gem. § 7 Abs. 4 EStG (zeitanteilig) vorgenommen werden, da die Voraussetzungen des § 7 Abs. 5 EStG für die GmbH nicht erfüllt sind.

Bezüglich der **Lagerhalle** liegt ebenfalls ein Erwerbsgeschäft vor. Eine Besitzzeitanrechnung ist unzulässig. Daher ist gem. H 6.4 EStH „Abbruchkosten" von einem Erwerb mit Abbruchabsicht auszugehen und sowohl der gemeine Wert der Lagerhalle als auch die Abbruchkosten sind als Herstellungskosten des Neubaus zu behandeln.

Die **Schreibmaschine** stellt ein GWG dar und kann gem. § 6 Abs. 2 EStG sofort abgeschrieben werden, da diese Vorschrift auch für gebrauchte Wirtschaftsgüter Anwendung findet.

Erfolgt die Einbringung des Betriebsvermögens im Wege der **Gesamtrechtsnachfolge,** so entspricht die steuerliche Behandlung derjenigen beim Zwischenwertansatz (§ 23 Abs. 4, 2. Halbsatz UmwStG). Die aufnehmende Kapitalgesellschaft tritt daher bezüglich der Absetzungen für Abnutzungen, der erhöhten Absetzungen, der Sonderabschreibungen, der Inanspruchnahme einer Bewertungsfreiheit oder eines Bewertungsabschlags sowie der Anwendung der Vorschriften des § 6 Abs. 1 Nr. 1 Sätze 2 und 3 EStG in die Rechtsstellung des Einbringenden ein. Die Bemessungsgrundlage für die Absetzung der einzelnen Wirtschaftsgüter nach § 7 EStG wird gem. § 23 Abs. 3 UmwStG um den in der Aufnahmebilanz angesetzten Mehrbetrag erhöht. Zur Ermittlung der neuen AfA-Bemessungsgrundlage werden also die ursprünglichen Anschaffungs- oder Herstellungskosten um die Differenz zwischen bisherigem Buchwert und dem Ansatz mit dem gemeinen Wert aufgestockt.

L. Umwandlung in GmbH

3.6 Zwischenwertansatz und seine Auswirkungen

39 Entscheidet sich die aufnehmende Kapitalgesellschaft für einen Zwischenwertansatz, so kann sie in ihrer Aufnahmebilanz jeden beliebigen Zwischenwert ansetzen. Nur soweit der eingebrachte Mitunternehmeranteil ein negatives Kapitalkonto aufweist, muss die Sacheinlage mindestens so bewertet werden, dass sich Aktiv- und Passivposten ausgleichen (§ 20 Abs. 2 Satz 2 Nr. 2 UmwStG). Ein originärer Firmenwert ist nur zu berücksichtigen, wenn die übrigen Wirtschaftsgüter schon vollständig mit dem gemeinen Wert angesetzt wurden.

40 Die bei Zwischenwertansatz erforderliche Aufstockung der bisherigen Buchwerte darf nicht wahlweise nur bei einzelnen Wirtschaftsgütern vorgenommen werden. Vielmehr hat eine gleichmäßige Aufstockung der vorhandenen stillen Reserven zu erfolgen.[15] Dazu müssen zunächst die insgesamt vorhandenen stillen Reserven festgestellt werden. Dieser Betrag ist prozentual in das Verhältnis zum gewünschten Aufstockungsbetrag zu setzen. Das dadurch ermittelte Wertverhältnis ist auf die stillen Reserven bei den einzelnen Wirtschaftsgütern anzuwenden.

Beispiel:

Aktiva		Einbringungsbilanz OHG AB 31.12.06		Passiva
	€	gemeiner Wert €		€
			Verbindlichkeiten	50.000
Grundstück	100.000	300.000	Kapital A	80.000
Inventar	40.000	100.000	Kapital B	80.000
Bank	70.000	70.000		
Originärer Firmenwert	–	100.000		
	210.000			210.000

Die aufnehmende AB-GmbH möchte die Buchwerte um 130.000 € aufstocken. Die vorhandenen stillen Reserven betragen einschl. Firmenwert 360.000 €. Da jedoch der Firmenwert bei Zwischenwertansatz grundsätzlich nicht in die Aufstockung mit einbezogen werden darf,[16] sind nur die übrigen stillen Reserven des Grundstücks und des Inventars von insgesamt 260.000 € in das Verhältnis zum Aufstockungsbetrag von 130.000 € zu setzen (= 2 : 1). Daher sind 50 % der stillen Reserven beim Grundstück und 50 % beim Inventar aufzustocken. Der Wertansatz des Grundstücks in der Aufnahmebilanz der GmbH beträgt daher 200.000 €. Das Inventar ist mit 70.000 € anzusetzen.

41 In Höhe des jeweiligen Aufstockungsbetrags entsteht ein Veräußerungsgewinn bei dem Gesellschafter, der nicht nach § 34 EStG tarifbegünstigt ist; ein Freibetrag gem. § 16 Abs. 4 EStG wird ebenfalls nicht gewährt. Dieser

---

15 BMF vom 25.03.1998, BStBl I 1998, 268, Tz. 22.08.
16 BMF vom 25.03.1998, BStBl I 1998, 268, Tz. 22.08.

Veräußerungsgewinn ist gem. §§ 179, 180 Abs. 1 Nr. 2 a AO einheitlich und gesondert zu ermitteln. Soweit die stillen Reserven noch nicht aufgedeckt wurden, bleiben sie steuerverhaftet. Eine spätere Weiterveräußerung der GmbH-Anteile fällt unter die Einkommensbesteuerung nach Maßgabe des § 22 Abs. 1 UmwStG. Dennoch gehören die GmbH-Anteile zum Privatvermögen, da die Personengesellschaft durch die Umwandlung erloschen und damit grundsätzlich kein Betriebsvermögen mehr vorhanden ist. Daher sind auch die laufenden Gewinnausschüttungen als Einkünfte aus Kapitalvermögen zu erfassen. Die spätere Veräußerung der GmbH-Anteile ist auch nicht gewerbeertragsteuerpflichtig (analog Abschn. 40 GewStR).

Der **Zwischenwertansatz** hat bei der GmbH folgende **Auswirkungen:** Die aufnehmende GmbH tritt hinsichtlich der AfA, der erhöhten Abschreibungen und Sonder-AfA sowie der Inanspruchnahme von Bewertungsfreiheiten in die Rechtsstellung der einbringenden Personengesellschaft ein. Ein Anschaffungsgeschäft durch die GmbH kann nicht angenommen werden; daher ist die Inanspruchnahme der Sofortabschreibung für GWG gem. § 6 Abs. 2 EStG nicht zulässig. **42**

Durch die Aufstockung der Buchwerte erhöht sich bei abschreibungsfähigen Wirtschaftsgütern das AfA-Volumen. Daher ist auch eine Neuberechnung der jährlichen Abschreibungsbeträge erforderlich, die gem. § 23 Abs. 2 UmwStG vorzunehmen ist. **43**

Beispiel:
Die AB-OHG bringt u. a. eine Maschine ein (Anschaffungskosten = 40.000 €). Der Buchwert bei einer Nutzungsdauer von zehn Jahren betrug nach Inanspruchnahme von linearer AfA 20.000 €, der gemeine Wert 30.000 €. Die GmbH setzt die Maschine mit 25.000 € an.
Die ursprünglichen Anschaffungskosten von 40.000 € sind um den Aufstockungsbetrag von 5.000 € zu erhöhen. Die Summe von 45.000 € ergibt die neue AfA-Bemessungsgrundlage. Darauf ist der **bisherige AfA-Satz** von 10 % anzuwenden. (Ein Wechsel der AfA-Methoden ist nicht zulässig.) Daher beträgt die neue Jahres-AfA 4.500 € gegenüber bisher 4.000 €.

4 Besteuerung beim Anteilseigner bei Umwandlungen nach dem 12.12.2006

Werden die durch eine Einbringung zu Buchwert oder Zwischenwert entstandenen steuerverstrickten Anteile innerhalb von **sieben Jahren** veräußert, so erfolgt gem. § 22 UmwStG n. F. eine zweistufige Gewinnermittlung. Diese setzt zunächst voraus, dass der gemeine Wert der eingebrachten Mitunternehmeranteile zum Zeitpunkt der Einbringung nachträglich festgestellt wird. Dieser Wert wird als Veräußerungspreis den Anschaffungskosten i. S. des § 20 Abs. 3 UmwStG gegenübergestellt. Die Differenz ergibt

L. Umwandlung in GmbH

den Einbringungsgewinn I. Dieser Differenzbetrag ermäßigt sich um jeweils $1/7$ für jedes seit dem Einbringungszeitpunkt abgelaufene Zeitjahr. Der verbleibende Betrag ist im Jahr der Veräußerung voll steuerpflichtig.

In der zweiten Stufe wird der Veräußerungsgewinn aus dem Verkauf der Anteile dadurch ermittelt, dass man den tatsächlich erzielten Veräußerungspreis für die verkauften Anteile um die Anschaffungskosten gem. § 20 Abs. 3 UmwStG n. F. kürzt und von diesem Betrag den Einbringungsgewinn I ebenfalls wie Anschaffungskosten abzieht.

Beispiel:
A und B bringen ihre Mitunternehmeranteile zum 02.01.2008 in die neu gegründete Ziel-GmbH zu Buchwerten (= 100.000 €) ein. Der gemeine Wert beträgt 800.000 €. Zum 03.01.2011 werden die GmbH-Anteile für 1,3 Mio. € verkauft.

Die Einbringung hat zunächst keine steuerlichen Auswirkungen. Die Anschaffungskosten betragen 100.000 € (§ 20 Abs. 3 UmwStG n. F.). Der Verkauf im Jahr 2011 führt zu folgendem Ergebnis:

Gemeiner Wert der Mitunternehmeranteile	800.000 €
./. Anschaffungskosten	100.000 €
Wertdifferenz (stille Reserven)	700.000 €
Dieser rechnerische Gewinn verringert sich für jedes seit dem Einbringungszeitpunkt abgelaufene Zeitjahr um je ein Siebtel, d. h. hier um $3/7$ von 700.000 € ./.	300.000 €
Einbringungsgewinn I	400.000 €

Dieser Gewinn wird rückwirkend im Jahr der Einbringung (2008) gem. § 16 EStG besteuert. § 16 Abs. 4 und § 34 EStG finden keine Anwendung. Eine Verzinsung erfolgt nicht (§ 233 a Abs. 2 a AO). Gleichzeitig werden auf Antrag die Buchwerte der GmbH zum 03.01.2011 erhöht und neues AfA-Volumen geschaffen und damit eine doppelte Besteuerung dieser stillen Reserven – einmal beim Veräußerer und zum anderen bei einem Verkauf der Wirtschaftsgüter durch die GmbH – vermieden. Diese Erhöhung des Betriebsvermögens bleibt ohne Auswirkung auf den Gewinn der GmbH (§ 23 Abs. 2 UmwStG n. F.).

Der restliche Veräußerungsgewinn beträgt:

Veräußerungspreis	1.300.000 €
./. Anschaffungskosten	100.000 €
./. Einbringungsgewinn I (fiktive Anschaffungskosten; § 22 Abs. 1 Satz 4 UmwStG)	400.000 €
Veräußerungsgewinn	800.000 €

Dieser Gewinn unterliegt gem. § 17 Abs. 1 i. V. m. § 3 Nr. 40 Satz 1 Buchstabe c, § 3 c Abs. 2 EStG dem Halb- bzw. Teileinkünfteverfahren.

Übersteigt der Veräußerungsgewinn den Einbringungsgewinn I, so ist dieser Wertzuwachs in der GmbH nach dem Zeitpunkt der Einbringung nach Maßgabe des Halb- bzw. Teileinkünfteverfahrens zu besteuern.

Beträgt der Veräußerungspreis nur 300.000 €, so bleibt der Einbringungsgewinn I i. H. von 400.000 € gem. § 16 EStG steuerpflichtig. Daneben entsteht ein Veräußerungsverlust i. H. von:

Veräußerungspreis	300.000 €
./. Anschaffungskosten	100.000 €
./. Einbringungsgewinn I	400.000 €
Veräußerungsverlust	200.000 €

Dieser Verlust wird jedoch nur zur Hälfte (ab 2009 zu 60 %) nach § 3 Nr. 40 Satz 1 Buchstabe c, § 3 c Abs. 2 EStG berücksichtigt.

5 Ertragsteuerliche Folgen bei Anwachsung

Die **zivilrechtlich** eleganteste Lösung, eine Personengesellschaft in der Rechtsform der GmbH & Co. KG in eine reine GmbH umzuwandeln, besteht darin, dass die übrigen Mitgesellschafter ohne Abfindungszahlung aus der KG ausscheiden und damit sämtliche Wirtschaftsgüter der verbleibenden GmbH anwachsen (§ 738 BGB) und somit ohne weiteren Rechtsakt auf die GmbH übergehen. Die KG ist von Amts wegen zu löschen.

Steuerlich könnte dieses Umwandlungsvorhaben u. a. dann interessant sein, wenn die Gesellschaft Arbeits-, Miet- und Darlehensverträge mit Gesellschaftern abschließen möchte, da solche Verträge einer reinen GmbH im Gegensatz zu Personengesellschaften steuerlich gewinnmindernd berücksichtigt werden können. Bei der Umwandlung auf eine GmbH könnte damit eine erhebliche Gewerbesteuerersparnis erzielt werden.

Erhalten die ausscheidenden Gesellschafter eine Abfindung, so entsteht ein nach §§ 16, 34 EStG zu beurteilender Veräußerungsgewinn. Scheiden sie jedoch, wie beim sog. Anwachsungsmodell üblich, ohne Abfindung aus, so wird dadurch bei der GmbH eine Vermögensmehrung bewirkt (= verdeckte Einlage). Dies bedeutet, dass die bisher durch die KG-Anteile ausgewiesene Beteiligung am Gesellschaftsvermögen nunmehr in den GmbH Anteilen ruht. Der Betrieb wird lediglich in geänderter Rechtsform weitergeführt. Damit ist eine Besteuerung der stillen Reserven weiterhin sichergestellt. Dennoch nimmt die herrschende Meinung die Aufgabe eines Mitunternehmeranteils an.[17] Bei der Berechnung des Aufgabegewinns sind die gesamten stillen Reserven (einschließlich Firmenwert) der Personengesellschaft zugrunde zu legen. Soweit die GmbH-Anteile zum notwendigen Sonderbetriebsvermögen der Mitunternehmerschaft gehört haben, ist deren gemeiner Wert bei der Berechnung des Aufgabegewinns ebenfalls zu berücksichtigen. Die GmbH-Anteile werden Privatvermögen und ihre Veräußerung ist nur noch unter den Voraussetzungen des § 17 steuerpflichtig.

Will man daher bei der Umwandlung einer GmbH & Co. KG in eine GmbH die Buchwerte fortführen, so muss man den Betrieb der KG gegen Gewährung von Gesellschaftsrechten gem. § 20 UmwStG auf eine neu zu grün-

---

17 Vgl. Schmidt, § 16 Rz. 513; a. A. Seithel, GmbHR 1978 S. 65.

L. Umwandlung in GmbH

dende GmbH übertragen. Eine andere Möglichkeit, die Gewinnrealisierung zu vermeiden, besteht darin, dass die KG-Anteile durch die **Kapitalerhöhung** in die Komplementär-GmbH eingebracht werden (sog. erweitertes Anwachsungsmodell). Voraussetzung für die Anwendung des § 20 UmwStG wäre jedoch, dass der ganze Mitunternehmeranteil, d. h. auch die GmbH-Anteile, die sich im Sonderbetriebsvermögen befinden, mit eingebracht werden müssten. Die GmbH würde also eigene Anteile übernehmen. Nach BMF vom 25.03.1998 ist dies jedoch nicht erforderlich.[18] Die ursprünglichen GmbH-Anteile gelten jedoch ebenfalls als einbringungsgeborene Anteile.

Möglich wäre auch eine **Verschmelzung durch Aufnahme.** Hierbei überträgt die bestehende GmbH & Co. KG, d. h. vor allem die **KG,** das gesamte Vermögen als Ganzes unter Auflösung ohne Abwicklung auf die bereits bestehende Komplementär-GmbH gegen Gewährung von Gesellschaftsrechten. Die bisherigen Gesellschafter der KG erhalten diese Gesellschaftsrechte, die bei der GmbH im Wege einer Kapitalerhöhung zu schaffen sind. Mit der Eintragung der Verschmelzung in das Handelsregister wird die KG aufgelöst, und ihr Vermögen geht auf die GmbH über. Auch hier bestehen die Ansatzwahlrechte des § 20 UmwStG.

Als weitere Umwandlungsmöglichkeit könnte eine Umwandlung durch Formwechsel nach § 190 UmwG vorgenommen werden. Hierbei erhält der bisherige Rechtsträger = KG eine andere Rechtsform, wobei die rechtliche Identität gewahrt bleibt. Voraussetzung ist jedoch, dass nach § 202 Abs. 1 Nr. 2 UmwG die Gesellschafter vor und nach dem Formwechsel identisch sein müssen. Dies bedeutet, dass die Komplementär-GmbH am Vermögen der KG beteiligt ist und anschließend weiterhin für eine gewisse Zeit Gesellschafter der neuen, durch Formwechsel entstandenen GmbH bleibt. Bei der GmbH bestehen auch in diesem Fall die Ansatzwahlrechte gem. § 20 Abs. 2 UmwStG.[19]

6 Umsatzsteuerrechtliche Folgen

48 Da sowohl bei der Personengesellschaft als auch bei der Kapitalgesellschaft die Gesellschaft selbst umsatzsteuerrechtlich Unternehmer ist, bleibt durch die Umwandlung die Unternehmeridentität unberührt. Infolgedessen stellt die Umwandlung der Personengesellschaft in eine Kapitalgesellschaft umsatzsteuerrechtlich einen nicht steuerbaren Vorgang dar.

Zum selben Ergebnis käme man auch, wenn man eine Geschäftsveräußerung annehmen würde, da diese gem. § 1 Abs. 1 a UStG nicht steuerbar ist.

---

18 BMF vom 25.03.1998, BStBl I 1998, 268, Tz. 20.11.
19 BFH vom 19.10.2005, DStR 2006 S. 271; BMF vom 04.07.2006, DStR 2006 S. 1600.

M. VERSCHMELZUNG UND SPALTUNG VON PERSONENGESELLSCHAFTEN

1 Einkommensteuer

1.1 Arten der Verschmelzung

Nach § 2 UmwG ist eine Verschmelzung unter **Auflösung ohne Abwicklung** der Personenhandelsgesellschaft oder Partnerschaftsgesellschaft auf zwei Arten möglich:

1. **Verschmelzung durch Aufnahme**
Das Vermögen einer oder mehrerer Personenhandelsgesellschaften oder Partnerschaftsgesellschaften wird als **Ganzes** auf **eine** andere bestehende Personenhandelsgesellschaft oder Partnerschaftsgesellschaft gegen Gewährung von Gesellschaftsanteilen an die **Gesellschafter** der übertragenden Personenhandelsgesellschaft oder Partnerschaftsgesellschaft eingebracht.

2. **Verschmelzung durch Neugründung**
Das Vermögen zweier oder mehrerer Personenhandelsgesellschaften oder Partnerschaftsgesellschaften wird jeweils als **Ganzes** auf **eine** neue, von ihnen dadurch gegründete Personenhandelsgesellschaft oder Partnerschaftsgesellschaft gegen Gewährung von Gesellschaftsanteilen an die **Gesellschafter** der übertragenden Personenhandelsgesellschaft oder Partnerschaftsgesellschaft übertragen.

Übersicht:

Aktiva	OHG AB		Passiva
Vermögen	1.000 €	Kapital A	500 €
		Kapital B	500 €
	1.000 €		1.000 €

Aktiva	OHG CD		Passiva
Vermögen	600 €	Kapital C	300 €
		Kapital D	300 €
	600 €		600 €

Aktiva	OHG EF		Passiva
Vermögen	400 €	Kapital E	200 €
		Kapital F	200 €
	400 €		400 €

M. Verschmelzung

Verschmelzung durch Aufnahme

Aktiva	OHG	AB	Passiva
Vermögen 1	1.000 €	Kapital A	500 €
Vermögen 2	600 €	Kapital B	500 €
Vermögen 3	400 €	Kapital C	300 €
		Kapital D	300 €
		Kapital E	200 €
		Kapital F	200 €
	2.000 €		2.000 €

Verschmelzung durch Neugründung

Aktiva	Elektro-OHG		Passiva
Vermögen 1	1.000 €	Kapital A	500 €
Vermögen 2	600 €	Kapital B	500 €
Vermögen 3	400 €	Kapital C	300 €
		Kapital D	300 €
		Kapital E	200 €
		Kapital F	200 €
	2.000 €		2.000 €

1.2 Arten der Spaltung

2 Nach § 123 UmwG sind **drei** Arten von Spaltungen zu unterscheiden:
1. Die **Aufspaltung** (§ 123 Abs. 1 UmwG)
2. Die **Abspaltung** (§ 123 Abs. 2 UmwG)
3. Die **Ausgliederung** (§ 123 Abs. 3 UmwG)

3 Eine **Aufspaltung** liegt vor, wenn eine Personenhandelsgesellschaft oder Partnerschaftsgesellschaft unter **Auflösung ohne Abwicklung** ihr Vermögen aufspaltet durch gleichzeitige Übertragung der **Vermögensteile** jeweils als Gesamtheit

— zur **Aufnahme** auf andere bestehende Personenhandelsgesellschaften oder Partnerschaftsgesellschaften oder

— zur **Neugründung** auf andere von ihr dadurch gegründete Personenhandelsgesellschaften oder Partnerschaftsgesellschaften

gegen Gewährung von Gesellschaftsanteilen dieser Personenhandelsgesellschaft oder Partnerschaftsgesellschaft an die Gesellschafter der übertragenden Personenhandelsgesellschaft oder Partnerschaftsgesellschaft.

1 Einkommensteuer

Übersicht:

Beispiel zur Aufspaltung durch Aufnahme

- **Vor der Aufspaltung:**

Aktiva	OHG AB		Passiva
Teilbetrieb I	600 €	Kapital A	600 €
Teilbetrieb II	600 €	Kapital B	600 €
	1.200 €		1.200 €

Aktiva	OHG AC		Passiva
Vermögen	800 €	Kapital A	400 €
		Kapital C	400 €
	800 €		800 €

Aktiva	OHG BD		Passiva
Vermögen	400 €	Kapital B	200 €
		Kapital D	200 €
	400 €		400 €

- **Nach der Aufspaltung:**

Aktiva	OHG AB		Passiva
–		–	

Aktiva	OHG AC		Passiva
Vermögen	800 €	Kapital A	1.000 €
Teilbetrieb I	600 €	Kapital C	400 €
	1.400 €		1.400 €

Aktiva	OHG BD		Passiva
Vermögen	400 €	Kapital B	800 €
Teilbetrieb II	600 €	Kapital D	200 €
	1.000 €		1.000 €

Beispiel zur Aufspaltung durch Neugründung

- **Vor der Aufspaltung:**

Aktiva	OHG ABCD		Passiva
Teilbetrieb I	600 €	Kapital A	300 €
Teilbetrieb II	600 €	Kapital B	300 €
		Kapital C	300 €
		Kapital D	300 €
	1.200 €		1.200 €

M. Verschmelzung

- Nach der Aufspaltung:

Aktiva	OHG AB		Passiva
Teilbetrieb I	600 €	Kapital A	300 €
		Kapital B	300 €
	600 €		600 €

Aktiva	OHG CD		Passiva
Teilbetrieb II	600 €	Kapital C	300 €
		Kapital D	300 €
	600 €		600 €

4 Eine **Abspaltung** liegt vor, wenn eine Personenhandelsgesellschaft oder Partnerschaftsgesellschaft von ihrem Vermögen **einen Teil** oder **mehrere Teile** abspaltet durch Übertragung dieses Teils oder dieser Teile jeweils als Gesamtheit

— zur **Aufnahme** auf eine bestehende oder mehrere bestehende Personenhandelsgesellschaften oder Partnerschaftsgesellschaften oder

— zur **Neugründung** auf eine oder mehrere von ihr dadurch gegründete neue Personenhandelsgesellschaft(en) oder Partnerschaftsgesellschaft(en)

gegen Gewährung von Gesellschaftsanteilen dieser Personenhandelsgesellschaft oder Partnerschaftsgesellschaft an die Gesellschafter der übertragenden Personenhandelsgesellschaft oder Partnerschaftsgesellschaft.

Übersicht:

Beispiel zur Abspaltung durch Aufnahme

- Vor der Abspaltung:

Aktiva	OHG AB		Passiva
Teilbetrieb I	1.200 €	Kapital A	1.000 €
Teilbetrieb II	800 €	Kapital B	1.000 €
	2.000 €		2.000 €

Aktiva	KG AB		Passiva
Vermögen	1.000 €	Kapital A	500 €
		Kapital B	500 €
	1.000 €		1.000 €

1 Einkommensteuer

- **Nach der Abspaltung:**

Aktiva	OHG AB		Passiva
Teilbetrieb I	1.200 €	Kapital A	600 €
		Kapital B	600 €
	1.200 €		1.200 €

Aktiva	KG AB		Passiva
Vermögen	1.000 €	Kapital A	900 €
Teilbetrieb II	800 €	Kapital B	900 €
	1.800 €		1.800 €

Beispiel zur Abspaltung durch Neugründung
- Vor der Abspaltung:

Aktiva	OHG AB		Passiva
Teilbetrieb I	1.200 €	Kapital A	1.000 €
Teilbetrieb II	800 €	Kapital B	1.000 €
	2.000 €		2.000 €

- **Nach der Abspaltung:**

Aktiva	1. OHG AB		Passiva
Teilbetrieb I	1.200 €	Kapital A	600 €
		Kapital B	600 €
	1.200 €		1.200 €

Aktiva	2. OHG AB		Passiva
Teilbetrieb II	800 €	Kapital A	400 €
		Kapital B	400 €
	800 €		800 €

Eine **Ausgliederung** liegt vor, wenn eine Personenhandelsgesellschaft oder Partnerschaftsgesellschaft aus ihrem Vermögen **einen Teil** oder **mehrere Teile** ausgliedert durch Übertragung dieses Teils oder dieser Teile jeweils als Gesamtheit

— zur **Aufnahme** auf eine bestehende oder **mehrere** bestehende Personenhandelsgesellschaften oder Partnerschaftsgesellschaften oder

— zur **Neugründung** auf eine oder mehrere von ihr dadurch gegründete neue Personenhandelsgesellschaft(en) oder Partnerschaftsgesellschaft(en)

gegen Gewährung von Gesellschaftsanteilen dieser Personenhandelsgesellschaft oder Partnerschaftsgesellschaft an die übertragende Personenhandelsgesellschaft oder Partnerschaftsgesellschaft.

M. Verschmelzung

Übersicht:

Beispiel zur Ausgliederung durch Aufnahme
- **Vor der Ausgliederung:**

Aktiva		OHG AB	Passiva
Teilbetrieb I	1.200 €	Kapital A	1.100 €
Teilbetrieb II	1.000 €	Kapital B	1.100 €
	2.200 €		2.200 €

Aktiva		OHG CD	Passiva
Vermögen	1.000 €	Kapital A	500 €
		Kapital B	500 €
	1.000 €		1.000 €

- **Nach der Ausgliederung:**

Aktiva		OHG AB	Passiva
Teilbetrieb I	1.200 €	Kapital A	600 €
		Kapital B	600 €
	1.200 €		1.200 €

Aktiva		OHG CD	Passiva
Vermögen	1.000 €	Kapital A	500 €
Teilbetrieb II	1.000 €	Kapital B	500 €
		Kapital OHG AB	1.000 €
	2.000 €		2.000 €

Beispiel zur Ausgliederung durch Neugründung
- **Vor der Ausgliederung:**

Aktiva		OHG AB	Passiva
Teilbetrieb I	1.200 €	Kapital A	1.100 €
Teilbetrieb II	1.000 €	Kapital B	1.100 €
	2.200 €		2.200 €

- **Nach der Ausgliederung:**

Aktiva		OHG AB	Passiva
Teilbetrieb I	1.200 €	Kapital A	600 €
		Kapital B	600 €
	1.200 €		1.200 €

Aktiva	KG AB		Passiva
Teilbetrieb II	800 €	Kapital A	100 €
Vermögen	200 €	Kapital B	100 €
		Kapital OHG AB	800 €
	1.000 €		1.000 €

Die Spaltung kann nach § 123 Abs. 4 UmwG auch durch gleichzeitige Übertragung auf bestehende und neue Rechtsträger erfolgen.

1.3 Verhältnis UmwG – UmwStG

Das Verhältnis des UmwStG zum UmwG ist für die meisten schwer zu durchschauen. Dies ist nicht nur darauf zurückzuführen, dass das UmwG bisher nicht bestehende Umstrukturierungsmöglichkeiten geschaffen hat, sondern auch sich überschneidende Regelungsbereiche existieren. Dabei sind zu unterscheiden:

1. Umstrukturierungen, die im UmwG und im UmwStG geregelt sind.
2. Fälle, die nur im UmwG, nicht jedoch im UmwStG geregelt sind.
3. Fälle, die zwar im UmwStG, nicht aber im UmwG geregelt sind.

Vom Standpunkt des **Handelsrechts** aus gesehen sind – bezogen auf Personengesellschaften – folgende Umwandlungen nach dem UmwG möglich:

1. Verschmelzung von Personenhandelsgesellschaften auf Personenhandelsgesellschaften (§ 3 Abs. 1 Nr. 1, §§ 39 ff. UmwG)
2. Aufspaltung von Personenhandelsgesellschaften auf Personenhandelsgesellschaften (§ 124 Abs. 1 i. V. m. § 3 Abs. 1 Nr. 1 UmwG)
3. Abspaltung von Personenhandelsgesellschaften auf Personenhandelsgesellschaften (§ 124 Abs. 1 i. V. m. § 3 Abs. 1 Nr. 1 UmwG)
4. Ausgliederung von Personenhandelsgesellschaften auf Personenhandelsgesellschaften (§ 124 Abs. 1 i. V. m. § 3 Abs. 1 Nr. 1 UmwG)
5. Formwechsel von Personenhandelsgesellschaften in GbR (nicht nach dem UmwG – § 214 Abs. 1 –, aber durch Änderung des Unternehmensgegenstandes)
6. Formwechsel von Personenhandelsgesellschaften in Personenhandelsgesellschaften (nicht nach dem UmwG – § 214 Abs. 1 –, aber möglich OHG in KG bzw. KG in OHG)

Dieselben Umstrukturierungsmöglichkeiten gibt es auch für **Partnerschaftsgesellschaften.**

Vom Standpunkt des **Steuerrechts** aus gesehen gilt für Umwandlungen von Personengesellschaften in Personengesellschaften der 9. Teil des UmwStG, der nur aus dem § 24 UmwStG besteht. Dieser trägt die Überschrift

M. Verschmelzung

„Einbringung eines Betriebs, Teilbetriebs oder Mitunternehmeranteils in eine Personengesellschaft".

Darunter fallen:

— Vom UmwG erfasste Einbringungen
  1. Verschmelzung einer Personenhandelsgesellschaft mit einer bzw. auf eine Personenhandelsgesellschaft

     Steuerrechtlich ist stets davon auszugehen, dass Einbringende die Gesellschafter (Mitunternehmer) der untergehenden Personenhandelsgesellschaft sind.
  2. Aufspaltung einer Personenhandelsgesellschaft mit einer bzw. auf eine Personenhandelsgesellschaft

     Bei einer Aufspaltung findet allerdings § 24 UmwStG nur analog Anwendung. Steuerrechtlich liegt hier eine Realteilung vor.[1]
  3. Abspaltung einer Personenhandelsgesellschaft mit einer bzw. auf eine Personenhandelsgesellschaft, wenn das abgespaltene Vermögen in einem Betrieb, Teilbetrieb oder Mitunternehmeranteil besteht

     Steuerrechtlich ist davon auszugehen, dass die Sacheinlage für Rechnung der Gesellschafter durch die übertragende Personenhandelsgesellschaft eingebracht wird und daher die Gesellschafter als Einbringende gelten.
  4. Ausgliederung aus einer Personenhandelsgesellschaft in eine Personenhandelsgesellschaft, wobei ein Mitunternehmeranteil übergeht

     Dabei ist steuerrechtlich von der Einbringung durch die Mitunternehmer auszugehen.

— Nicht vom UmwG erfasste Einbringungen
  1. Gründung einer Personenhandelsgesellschaft durch
     — Aufnahme eines Gesellschafters gegen Bareinlage in ein Einzelunternehmen oder
     — Zusammenlegung von Betrieben, ohne dass eine Ausgliederung zugrunde liegt[2]
  2. Einbringung einer Sacheinlage in eine bestehende Personengesellschaft im Wege der Einzeleinbringung[3]
  3. Aufnahme eines weiteren Gesellschafters in eine Personengesellschaft gegen Bareinlage anderer Wirtschaftsgüter oder lediglich der Arbeitskraft[4]

---

[1] Siehe hierzu im Einzelnen J. Rz. 236 ff. und BMF vom 25.03.1998, BStBl I 1998, 268, Tz. 24.19.
[2] Siehe C.
[3] Siehe D.
[4] Siehe D.

1 Einkommensteuer

4. Verschmelzung von Personengesellschaften durch **Einzelrechtsnachfolge** in folgenden Formen:
   — Die Gesellschafter einer Personengesellschaft bringen ihre Mitunternehmeranteile in eine andere Personengesellschaft ein.
   — Die Gesellschafter zweier Personengesellschaften bringen ihre Mitunternehmeranteile in eine andere Personengesellschaft ein.
   — Eine Personengesellschaft überträgt ihr gesamtes Vermögen auf eine andere Personengesellschaft gegen Gewährung von Gesellschaftsrechten an die Gesellschafter der übertragenden Personengesellschaft.
   — Die übernehmende Personengesellschaft tritt der übertragenden Personengesellschaft als Gesellschafterin bei, wobei anschließend die bisherigen Gesellschafter der übertragenden Personengesellschaft ausscheiden.
— Nicht unter das UmwStG fällt
   — der Formwechsel, und zwar weder von Personenhandelsgesellschaften in GbRs noch von Personenhandelsgesellschaften in Personenhandelsgesellschaften. Diese Umwandlung ist steuerrechtlich zwingend erfolgsneutral (zum Buchwert) vorzunehmen.[5]

1.4 Steuerliche Behandlung der Verschmelzung

Bei beiden Arten der Verschmelzung veräußern die Gesellschafter der übertragenden Personengesellschaft ihren Mitunternehmeranteil an die aufnehmende Personengesellschaft. Als Gegenleistung erhalten sie Mitunternehmeranteile an der aufnehmenden Personengesellschaft. Folglich erwerben sie diese Mitunternehmeranteile.

Normalerweise müssten bei der Veräußerung der Mitunternehmeranteile die stillen Reserven aufgelöst und versteuert werden. Bei der Verschmelzung liegt jedoch ein Fall des § 24 UmwStG vor, weil die Einbringung eines Betriebs, Teilbetriebs oder Mitunternehmeranteils auch die Verschmelzung von Personengesellschaften umfasst. Nach Auffassung der Finanzverwaltung[6] bringen in diesem Fall die Gesellschafter der Personengesellschaft, die mit einer anderen Personengesellschaft verschmolzen werden soll, ihre Gesellschaftsanteile (Mitunternehmeranteile) in die aufnehmende Personengesellschaft gegen Gewährung von Mitunternehmeranteilen an dieser Personengesellschaft ein. Die aufnehmende Personengesellschaft wird damit Gesellschafterin der einbringenden Personengesellschaft. Die beiden Personengesellschaften können dann zusammengelegt werden.[7]

---

5 Siehe K.
6 BMF vom 25.03.1998, a. a. O., Tz. 24.01.
7 BFH vom 21.06.1994, BStBl II 1994, 856.

M. Verschmelzung

Folglich richtet sich die steuerliche Behandlung bei beiden Arten der Verschmelzung nach § 24 Abs. 2 UmwStG. Danach darf die übernehmende Personengesellschaft das eingebrachte Betriebsvermögen in ihrer Bilanz einschließlich der Ergänzungsbilanzen für ihre Gesellschafter mit seinem Buchwert, seinem gemeinen Wert oder einem Zwischenwert ansetzen. Das Wahlrecht kann von der übernehmenden Personengesellschaft für **jeden** Gesellschafter **anders** ausgeübt werden. Ergänzungsbilanzen können bzw. müssen in denselben Fällen erstellt werden wie bei der Gründung einer Personengesellschaft. Sind im Fall der Einbringung von Mitunternehmeranteilen bereits Ergänzungsbilanzen vorhanden (z. B. aus einem früheren Erwerb der Beteiligung durch den Einbringenden), schließt die Einbringung zum Buchwert auch die Fortführung der Buchwerte in den Ergänzungsbilanzen ein, denn die Ergänzungsbilanz gehört mit zum Buchwert des Mitunternehmeranteils i. S. des § 1 Abs. 5 Nr. 4 UmwStG.

Setzt die Personengesellschaft das eingebrachte Betriebsvermögen mit dem gemeinen Wert an, ist wie bei der Einbringung eines Einzelunternehmens bzw. beim Eintritt eines weiteren Gesellschafters in eine Personengesellschaft[8] auch in den Fällen der Verschmelzung der Gewinn aus der Veräußerung des Mitunternehmeranteils bei den einbringenden Gesellschaftern in einen laufenden Gewinn und einen nach §§ 16, 34 EStG begünstigten Veräußerungsgewinn aufzuteilen (wegen der Berechnung siehe Beispiel in diesem Abschnitt).

10 Bleibt noch zu klären, ob die Gesellschafter die Steuerermäßigung gem. § 35 EStG erhalten. Für den unter §§ 16 und 34 EStG fallenden Veräußerungsgewinn ist dies von vornherein ausgeschlossen.[9] Der fiktive laufende Gewinn unterliegt dagegen der Gewerbesteuer, dafür ist die Steuerermäßigung gem. § 35 EStG zu gewähren.

11 Erfolgt die Verschmelzung nach den Vorschriften des UmwG und damit im Wege der Gesamtrechtsnachfolge, darf – wie bei Spaltung eines Einzelunternehmens im Wege der Ausgliederung durch Aufnahme[10] – als steuerlicher Übertragungsstichtag der Stichtag angesehen werden, für den die Schlussbilanz der einbringenden Personengesellschaft aufgestellt ist; dieser Stichtag darf höchstens **acht Monate** vor der Anmeldung der Verschmelzung zur Eintragung in das Handelsregister liegen (§ 24 Abs. 4 i. V. m. § 20 Abs. 6 UmwStG und § 17 Abs. 2 Satz 4 UmwG).[11]

12 Gehören zum Vermögen der einbringenden Gesellschafter auch Wirtschaftsgüter, die in der bisherigen Personengesellschaft als (notwendiges oder gewillkürtes) Sonderbetriebsvermögen in einer Sonderbilanz des einbringenden Gesellschafters bilanziert waren, erfüllen diese die Voraussetzungen

---

8 Siehe C. Rz. 29 ff. und D. Rz. 5.
9 Siehe B. Rz. 417 ff.
10 Siehe C. Rz. 17.
11 Wegen Einzelheiten siehe C. Rz. 18 ff. und D.

1 Einkommensteuer

des § 24 UmwStG unabhängig davon, ob sie in das Gesamthandsvermögen der aufnehmenden Personengesellschaft gelangen oder weiterhin Sonderbetriebsvermögen der einbringenden Gesellschafter bleiben.[12] Folglich muss das Wahlrecht zwischen Buchwert, gemeinem Wert und Zwischenwert bei jedem Gesellschafter einheitlich für alle Wirtschaftsgüter ausgeübt werden, die bisher zum Gesamthandsvermögen oder zu seinem Sonderbetriebsvermögen gehört haben und auch in der eingebrachten Personengesellschaft zum Gesamthandsvermögen oder zu seinem Sonderbetriebsvermögen gehören.[13]

Abschließend sei noch vermerkt, dass **sowohl in den Fällen der Verschmelzung durch Aufnahme** als **auch** der **Verschmelzung durch Neugründung** das **Wahlrecht** zwischen Buchwert, gemeinem Wert und Zwischenwert für das Betriebsvermögen **aller bisherigen Personengesellschaften** besteht.

Beispiel:

Die OHG AB und die OHG CD werden am 01.01.02 zur OHG ABCD verschmolzen. An dieser OHG sollen die Gesellschafter A, B, C und D (jeweils 50 Jahre alt), die bisher mit je 50 % am Kapital und Gewinn der jeweiligen OHG beteiligt waren, mit je 25 % am Kapital und Gewinn beteiligt werden.

Die OHG AB und die OHG CD erstellen zum 31.12.01 folgende Schlussbilanz:

Aktiva	Bilanz OHG AB zum 31.12.01		Passiva
Grund und Boden	100.000 €	Kapital A	300.000 €
Gebäude	320.000 €	Kapital B	300.000 €
Maschinen	210.000 €	Verschiedene	
Sonstige Aktiva	820.000 €	Verbindlichkeiten	850.000 €
	1.450.000 €		1.450.000 €

Anmerkungen zu den Bilanzposten:

– Gebäude

Das Gebäude wurde vor sechs Jahren und acht Monaten für 400.000 € erworben und wird gem. § 7 Abs. 4 Nr. 1 EStG abgeschrieben.

– Maschinen

Die Maschine wird nach § 7 Abs. 1 EStG mit jährlich 30.000 € abgeschrieben.

Aktiva	Bilanz OHG CD zum 31.12.01		Passiva
Grund und Boden	80.000 €	Kapital C	250.000 €
Gebäude	245.000 €	Kapital D	250.000 €
Betriebs- und Geschäfts-		Rücklage § 6 b EStG	100.000 €
ausstattung	212.500 €	Übrige	
Sonstige Aktiva	592.500 €	Verbindlichkeiten	530.000 €
	1.130.000 €		1.130.000 €

---

12 BFH vom 21.06.1994, BStBl II 1994, 856.
13 BFH vom 26.01.1994, BStBl II 1994, 458; siehe auch C. Rz. 49 ff.

M. Verschmelzung

Anmerkungen zu den Bilanzposten:

– Grund und Boden
Der Grund und Boden wurde vor sieben Jahren für 80.000 € erworben.

– Gebäude
Die Herstellungskosten des Gebäudes haben 350.000 € betragen. Die AfA beträgt seit der Fertigstellung vor sechs Jahren gem. § 7 Abs. 5 Nr. 3 b EStG jährlich 17.500 €.

– Betriebs- und Geschäftsausstattung
Die Anschaffung erfolgte am 04.04.01. Die AfA wurde gem. § 7 Abs. 1 EStG mit 20 % der Anschaffungskosten berechnet.

– Rücklage § 6 b EStG
Die Rücklage wurde anlässlich der Veräußerung eines unbebauten Grundstücks in 01 gebildet.

OHG AB	Buchwert	gemeiner Wert	stille Reserven
Grund und Boden	100.000 €	160.000 €	60.000 €
Gebäude	320.000 €	380.000 €	60.000 €
Maschinen	210.000 €	240.000 €	30.000 €
Firmenwert	–	250.000 €	250.000 €
Summe	630.000 €	1.030.000 €	400.000 €

OHG CD			
Grund und Boden	80.000 €	200.000 €	120.000 €
Gebäude	245.000 €	315.000 €	70.000 €
Betriebs- und Geschäfts-ausstattung	212.500 €	237.500 €	25.000 €
Firmenwert	–	185.000 €	185.000 €
Rücklage § 6 b EStG	100.000 €	–	100.000 €
Summe	637.500 €	937.500 €	500.000 €

Aufgabe:

– Wie sieht die Eröffnungsbilanz der OHG ABCD zum 01.01.02 aus, wenn die Gesellschafter vereinbart haben,

a) die Buchwerte fortzuführen?

b) wegen der zutreffenden Kapitalverteilung die gemeinen Werte anzusetzen?

– Welche steuerliche Behandlung ergibt sich bei den Gesellschaftern im Zusammenhang mit der Verschmelzung?

– Wie sieht die weitere steuerliche Behandlung der eingebrachten Wirtschaftsgüter bei der OHG aus?

1 Einkommensteuer

Lösung:

Allgemeines

Da alle bisherigen Gesellschafter an der neuen OHG beteiligt werden, ist § 24 UmwStG anwendbar. Die OHG ABCD hat das Wahlrecht, das eingebrachte Betriebsvermögen in ihrer Eröffnungsbilanz mit dem Buchwert, gemeinen Wert oder einem Zwischenwert anzusetzen.

In der Regel ist den Gesellschaftern zu empfehlen, in der Eröffnungsbilanz der Personengesellschaft die Wirtschaftsgüter mit dem gemeinen Wert anzusetzen. Die Versteuerung eines Veräußerungsgewinns kann durch die Aufstellung einer negativen Ergänzungsbilanz vermieden werden. Ob eine solche negative Ergänzungsbilanz aufgestellt wird, steht im Belieben eines jeden Gesellschafters. Es ist also nicht erforderlich, dass alle Gesellschafter eine negative Ergänzungsbilanz erstellen.

a) Einbringung zum Buchwert

Die Eröffnungsbilanz der OHG ABCD zum 01.01.02 hat folgendes Aussehen:

Aktiva	Eröffnungsbilanz OHG ABCD zum 01.01.02		Passiva
Grund und Boden	180.000 €	Kapital A	300.000 €
Gebäude	565.000 €	Kapital B	300.000 €
Maschinen	210.000 €	Kapital C	250.000 €
Betriebs- und Geschäfts-		Kapital D	250.000 €
ausstattung	212.500 €	Rücklagen § 6 b EStG	100.000 €
Sonstige Aktiva	1.412.500 €	Verschiedene	
		Verbindlichkeiten	1.380.000 €
	2.580.000 €		2.580.000 €

Die OHG ABCD tritt gem. § 24 Abs. 4 i. V. m. § 23 Abs. 1 und § 12 Abs. 3 1. Halbsatz UmwStG in die Rechtsstellung der bisherigen Personengesellschaften ein. Das bedeutet, die AfA wird in unveränderter Höhe fortgesetzt. Sofern bzgl. der Rücklage gem. § 6 b EStG keine besondere Vereinbarung getroffen wurde, ist sie nunmehr allen vier Gesellschaftern gleichmäßig zuzurechnen.

Der Wert, mit dem das eingebrachte Betriebsvermögen in der Bilanz der OHG ABCD angesetzt wird, gilt für die Gesellschafter gem. § 24 Abs. 3 UmwStG als Veräußerungspreis. Es entsteht somit aus der Verschmelzung der OHGs kein Veräußerungsgewinn.

Hinweis: War die „alte" Personengesellschaft eine KG und bestanden zum Verschmelzungsstichtag verrechenbare Verluste i. S. von § 15 a EStG, so gehen diese bei Buchwertfortführung auf die neue KG oder OHG über. Diese verrechenbaren Verluste können aber – wie beim gewerbesteuerlichen Verlustvortrag – nur von den künftigen Gesellschaftern abgezogen werden, die auch als Kommanditisten an der übertragenden KG beteiligt waren (mitunternehmerbezogene Betrachtung der verrechenbaren Verluste).

1187

M. Verschmelzung

b) Einbringung mit dem gemeinen Wert

16 Die Eröffnungsbilanz der OHG ABCD zum 01.01.02 hat folgendes Aussehen:

Aktiva	Eröffnungsbilanz OHG ABCD zum 01.01.02		Passiva
Grund und Boden	360.000 €	Kapital A	500.000 €
Gebäude	695.000 €	Kapital B	500.000 €
Maschinen	240.000 €	Kapital C	500.000 €
Betriebs- und Geschäfts-		Kapital D	500.000 €
ausstattung	237.500 €	Verschiedene	
Firmenwert	435.000 €	Verbindlichkeiten	1.380.000 €
Sonstige Aktiva	1.412.500 €		
	3.380.000 €		3.380.000 €

Bei den Gesellschaftern entstehen folgende Veräußerungsgewinne:

Gesellschafter A:

Anteiliger gemeiner Wert der eingebrachten Wirtschaftsgüter	
= Veräußerungspreis (§ 24 Abs. 3 UmwStG)	500.000 €
./. anteiliger Buchwert	300.000 €
Veräußerungsgewinn	200.000 €

Gesellschafter B:
Wie Gesellschafter A.

Gesellschafter C:

Anteiliger gemeiner Wert der eingebrachten Wirtschaftsgüter	
= Veräußerungspreis (§ 24 Abs. 3 UmwStG)	500.000 €
./. anteiliger Buchwert	250.000 €
Veräußerungsgewinn	250.000 €

Gesellschafter D:
Wie Gesellschafter C.

Hinweis: Ein Gewinnzuschlag nach § 6 b Abs. 7 EStG ist nicht vorzunehmen, weil die Rücklage gem. § 6 b EStG erstmals in der Bilanz zum 31.12.01 gebildet wurde.

Setzt die OHG die eingebrachten Wirtschaftsgüter mit dem gemeinen Wert an, entsteht bei den Gesellschaftern in Höhe der gesamten stillen Reserven ein Veräußerungsgewinn i. S. von § 16 EStG, der allerdings wegen § 16 Abs. 2 Satz 3 EStG i. V. m. § 24 Abs. 3 Satz 3 UmwStG in einen laufenden Gewinn und in einen nach §§ 16, 34 EStG begünstigten Veräußerungsgewinn aufzuteilen ist. Insoweit, als auf der Seite des Veräußerers und auf der Seite des Erwerbers dieselben Personen Mitunternehmer sind, gilt der Gewinn als laufender Gewinn. Da die von der CD-OHG aufgelöste Rücklage gem. § 6 b EStG nicht in die fiktiv neue OHG eingebracht wird, erhöht der dadurch entstehende Gewinn von 100.000 € in vollem Umfang den begünstigten Veräußerungsgewinn.[14] Der aufzuteilende Gewinn von C und D beträgt nur noch je 200.000 €.

---

14 Siehe C. Rz. 58.

Die Gesellschafter waren bisher zu je 50 % an ihren Personengesellschaften beteiligt und sind an der erweiterten Personengesellschaft zu je 25 % beteiligt. Ihre aufzuteilenden Gewinne von je 200.000 € sind folglich je zur Hälfte (= je 100.000 €) als laufender Gewinn und als ein nach §§ 16, 34 EStG begünstigter Veräußerungsgewinn zu behandeln. Bei C und D beträgt somit der begünstigte Veräußerungsgewinn insgesamt (100.000 € + 50.000 € =) 150.000 €.

Die Gesellschafter erhalten keinen Freibetrag nach § 16 Abs. 4 EStG, weil keiner von ihnen sein 55. Lebensjahr vollendet hat. Der nach § 34 Abs. 1 EStG begünstigte Veräußerungsgewinn fällt nicht unter die Steuerermäßigung gem. § 35 EStG. Der fiktive laufende Gewinn unterliegt der Gewerbesteuer, dafür ist die Steuerermäßigung gem. § 35 EStG zu gewähren.

Da die Wirtschaftsgüter als angeschafft gelten, ist die AfA völlig neu zu berechnen.

Die AfA berechnet sich ab 02 wie folgt:

– **Gebäude**
a) 3 % der Anschaffungskosten von 380.000 € = 11.400 €
b) 2 % der Anschaffungskosten von 315.000 € = 6.300 €
(die Voraussetzungen gem. § 7 Abs. 5 EStG liegen nicht vor)

– **Maschinen**
a) lineare AfA gem. § 7 Abs. 1 EStG
Die AfA beträgt bei einer Restnutzungsdauer von sieben Jahren 240.000 € : 7 = 34.286 €.
b) degressive AfA gem. § 7 Abs. 2 EStG
Die AfA beträgt 20 % von 240.000 € = 48.000 €.

– **Betriebs- und Geschäftsausstattung**
a) lineare AfA gem. § 7 Abs. 1 EStG
Die AfA beträgt bei einer Restnutzungsdauer von neun Jahren und neun Monaten
237.500 € : 117 Monate = 2.030 € monatlich = 24.360 € jährlich.
b) degressive AfA gem. § 7 Abs. 2 EStG
Die AfA beträgt 20 % von 237.500 € = 47.500 €.

1.5 Steuerliche Behandlung der Spaltung

Zunächst ist zu klären, ob die Spaltung einer Personenhandelsgesellschaft in andere Personenhandelsgesellschaften[15] bzw. einer Partnerschaftsgesellschaft in andere Partnerschaftsgesellschaften Vorgänge sind, die unter das UmwStG fallen.

Nach Auffassung der Finanzverwaltung[16] sind als Einbringende stets die Gesellschafter (Mitunternehmer) der Personengesellschaft und nicht die Personengesellschaft selbst anzusehen, wenn Betriebsvermögen einer Per-

---
15 Zur Spaltung von Personengesellschaften in Kapitalgesellschaften siehe L. Rz. 22 ff.
16 BMF vom 25.03.1998, BStBl I 1998, 268, Tz. 24.04 i. V. m. Tz. 20.05.

M. Verschmelzung

sonengesellschaft in eine andere Personengesellschaft eingebracht wird.[17] Das gilt auch dann, wenn lediglich ein Teilbetrieb und nicht das gesamte Betriebsvermögen der Personengesellschaft eingebracht wird.

1.5.1 Aufspaltung

18 Bei einer Aufspaltung wird die Personengesellschaft aufgelöst. Das Vermögen der Personengesellschaft wird in diesem Zusammenhang – im Wege einer Realteilung – auf die einzelnen Gesellschafter verteilt. Das bedeutet, die bisherigen Gesellschafter der aufgelösten Personengesellschaft bringen keine Mitunternehmeranteile in die (bestehende oder neu gegründete) aufnehmende Personengesellschaft ein, sondern die übernommenen Wirtschaftsgüter.

Dies führt zu folgenden steuerlichen Konsequenzen:

1. Die Verteilung der Wirtschaftsgüter auf die Gesellschafter der aufgespaltenen und damit aufgelösten Personengesellschaft stellt eine Realteilung i. S. von § 16 Abs. 3 Satz 2 EStG dar. Da die Wirtschaftsgüter in ein anderes Betriebsvermögen eingebracht werden, entsteht kein Veräußerungsgewinn, vielmehr sind die Buchwerte zwingend fortzuführen.[18]
2. Handelt es sich bei den übernommenen und in die aufnehmende Personengesellschaft eingebrachten Wirtschaftsgütern um einen Teilbetrieb, so fällt der Einbringungsvorgang unter § 24 UmwStG und die Personengesellschaft hat nach § 24 Abs. 2 UmwSt das Wahlrecht, das eingebrachte Betriebsvermögen mit dem Buchwert, dem gemeinen Wert oder einem Zwischenwert anzusetzen.[19] Die Einbringung ist in diesen Fällen ein von der Realteilung zu trennendes Rechtsgeschäft. Die Entscheidung des BFH erging noch zur Rechtslage vor 1995. Zur aktuellen Rechtslage liegt noch keine Entscheidung des BFH vor. Sie kann u. E. jedoch nicht anders ausfallen. Ein Missbrauchsfall nach § 16 Abs. 3 Satz 3 EStG ist nicht möglich, weil ein Teilbetrieb eingebracht wird.

Sind die Gesellschafter (Mitunternehmer) der übertragenden Personengesellschaft bereits Gesellschafter (Mitunternehmer) der aufnehmenden Personengesellschaft, liegt eine Kapitalerhöhung vor, die wie der Eintritt eines weiteren Gesellschafters in die aufnehmende Personengesellschaft zu behandeln ist.[20] Wird die aufnehmende Personengesellschaft dagegen erst gegründet, liegt ein Einbringungsvorgang vor, bei dem die allgemeinen Grundsätze gelten.[21]

3. Handelt es sich bei den auf die aufnehmende Personengesellschaft übertragenen Wirtschaftsgütern nur um einzelne Wirtschaftsgüter, sind bei

---

17 BFH vom 16.02.1996, BStBl II 1996, 342.
18 Die steuerliche Behandlung der Realteilung ist ausführlich in J. Rz. 236 ff. dargestellt.
19 BFH vom 04.05.2004, BStBl II 2004, 893; siehe auch Schulze zur Wiesche, DStZ 2004 S. 366.
20 Siehe im Einzelnen D. Rz. 7 ff.
21 Siehe im Einzelnen C. Rz. 9 ff.

der Realteilung grundsätzlich nach § 16 Abs. 3 Satz 2 EStG ebenfalls die Buchwerte fortzuführen. Bei der anschließenden Einbringung der Wirtschaftsgüter in die aufnehmende Personengesellschaft ist § 24 UmwStG nicht anwendbar, da weder ein Mitunternehmeranteil noch ein Teilbetrieb eingebracht wird. Die Einbringung fällt jedoch unter § 6 Abs. 5 Satz 3 Nr. 1 EStG. Die eingebrachten Wirtschaftsgüter sind zwingend mit dem Buchwert anzusetzen. Die aufnehmende Personengesellschaft tritt in die Rechtsstellung des Gesellschafters ein.

Aber: Die Einbringung gegen Gewährung von Gesellschaftsrechten stellt einen tauschähnlichen Vorgang und damit eine Veräußerung dar, deshalb greift die Missbrauchsvorschrift des § 16 Abs. 3 Satz 3 EStG ein.[22] Folglich müssen (rückwirkend) bei der Realteilung die stillen Reserven aufgedeckt werden. Dadurch entsteht ein Gewinn, der grundsätzlich nach dem Gewinnverteilungsschlüssel allen Gesellschaftern zuzurechnen ist. Sofern eine vertragliche Vereinbarung besteht, ist dieser Gewinn jedoch dem einbringenden Gesellschafter zuzurechnen.

Die Wirtschaftsgüter werden bei der aufnehmenden Personengesellschaft mit dem gemeinen Wert aktiviert.

Aber: Soweit an der aufnehmenden Personengesellschaft auch Kapitalgesellschaften als Gesellschafter (Mitunternehmer) beteiligt sind, müssen bereits bei der Realteilung nach § 16 Abs. 3 Satz 4 EStG die gemeinen Werte angesetzt werden. Dies führt zu einer (anteiligen) Aufdeckung der stillen Reserven bei der übertragenden Personengesellschaft. Dieser Gewinn ist der Kapitalgesellschaft zuzurechnen.

Beispiel:
An der AB-OHG sind A und B je zur Hälfte beteiligt. Die AB-OHG hat zum 31.12.01 folgende Schlussbilanz erstellt:

Aktiva	Bilanz AB-OHG zum 31.12.01		Passiva
Teilbetrieb I	500.000 €	Kapital A	450.000 €
Wirtschaftsgüter II	400.000 €	Kapital B	450.000 €
	900.000 €		900.000 €

Durch Beschluss der Gesellschafterversammlung wurde die OHG nach den Vorschriften des § 123 UmwG unter Auflösung ohne Abwicklung aufgespalten. Der Teilbetrieb I (gemeiner Wert 800.000 €) wurde gegen Gewährung von Gesellschaftsrechten an A auf die bereits seit mehreren Jahren bestehende A-KG übertragen, die Wirtschaftsgüter II (gemeiner Wert 800.000 €) wurden gegen Gewährung von Gesellschaftsrechten an B zur Erfüllung dessen Einlageverpflichtung auf die am 01.01.02 neu gegründete B-KG übertragen. Die Spaltung soll steuerlich nach Möglichkeit nicht zur Aufdeckung von stillen Reserven führen. Soweit jedoch stille Reserven aufzudecken sind, sollen die Gewinne den betreffenden Gesellschaftern zugerechnet werden.

---
22 BMF vom 28.02.2006, BStBl I 2006, 228, Tz. VIII.

M. Verschmelzung

Die A-KG (Gesellschafter sind A und X je zur Hälfte) hat zum 31.12.01 folgende Bilanz erstellt:

Aktiva	Bilanz A-KG zum 31.12.01		Passiva
Vermögen	900.000 €	Kapital A	450.000 €
		Kapital X	450.000 €
	900.000 €		900.000 €

Der gemeine Wert des Vermögens der A-KG beträgt 1.600.000 €. Nach der Übertragung des Teilbetriebs I von der OHG ist A mit $^2/_3$ ($^1/_2$ von 1.600.000 € = 800.000 € + 800.000 € =) 1.600.000 € und X mit $^1/_3$ ($^1/_2$ von 1.600.000 € =) 800.000 € an der A-KG beteiligt.

Die B-KG (Gesellschafter sind B und Y je zur Hälfte) hat zum 01.01.02 folgende Eröffnungsbilanz erstellt:

Aktiva	Bilanz B-KG zum 01.01.02		Passiva
Ausstehende Einlagen B	800.000 €	Kapital B	800.000 €
Bank	800.000 €	Kapital Y	800.000 €
	1.600.000 €		1.600.000 €

Lösung:
Das Steuerrecht folgt nicht dem Handelsrecht. Die Vorschriften des UmwG und des UmwStG sind nicht identisch. Die Aufspaltung ist steuerrechtlich wie folgt in ihre einzelnen Schritte zu zerlegen:

1. Die Verteilung des Vermögens der übertragenden AB-OHG stellt eine Realteilung dar. Nach § 16 Abs. 3 Satz 2 EStG sind – unabhängig davon, ob einzelne Wirtschaftsgüter oder Teilbetriebe übergehen – zwingend die Buchwerte fortzuführen, sofern die Besteuerung der stillen Reserven sichergestellt ist. Dies erfolgt duch eine erfolgsneutrale Anpassung der Kapitalkonten an die Buchwerte der übernommenen Wirtschaftsgüter (Teilbetriebe).[23] Somit sind im 1. Schritt keine stillen Reserven aufzulösen.

2. Die Übertragung des Teilbetriebs I von A auf die A-KG stellt steuerlich eine Kapitalerhöhung dar, die unter § 24 UmwStG fällt. Nach Auffassung der Finanzverwaltung[24] bringen A und X ihre Mitunternehmeranteile der A-KG in die „neue" KG ein. Die „neue" KG hat die Wahl, das eingebrachte Betriebsvermögen mit dem Buchwert, gemeinem Wert oder Zwischenwert anzusetzen. Da die Aufdeckung der stillen Reserven nicht gewünscht ist, werden von der KG für beide Gesellschafter die Buchwerte fortgeführt.

   Buchungstechnisch am sinnvollsten ist es, in der Bilanz der KG zum 01.01.02 die gemeinen Werte anzusetzen und die Minderwerte in Ergänzungsbilanzen der Gesellschafter auszuweisen.[25] Die Missbrauchsvorschrift gem. § 16 Abs. 3 Satz 3 EStG greift von vornherein nicht ein, weil A im Rahmen der Realteilung nicht einzelne Wirtschaftsgüter, sondern einen Teil-

---

23 Siehe im Einzelnen J. Rz. 243 ff.
24 BMF vom 25.03.1998, BStBl I 1998, 268, Tz. 24.02.
25 Siehe im Einzelnen D. Rz. 7 ff.

betrieb erhalten hat. Somit sind auch hier keine stillen Reserven aufzudecken.

3. Die Übertragung der Wirtschaftsgüter II von B auf die B-KG fällt nicht unter § 24 UmwStG, weil B weder einen Teilbetrieb noch einen Mitunternehmeranteil einbringt, sondern nur einzelne Wirtschaftsgüter. Nach § 6 Abs. 5 Satz 3 Nr. 1 EStG müssen die Wirtschaftsgüter von der B-KG grundsätzlich mit dem Buchwert fortgeführt werden. Es greift jedoch die Missbrauchsvorschrift des § 16 Abs. 3 Satz 3 EStG ein, weil B im Rahmen der Realteilung nur einzelne Wirtschaftsgüter erhalten hat. Somit müssen im Rahmen der Realteilung die gesamten in den einzelnen Wirtschaftsgütern enthaltenen stillen Reserven von 400.000 € aufgedeckt werden. Dieser Gewinn ist aufgrund der vertraglichen Vereinbarung allein B zuzurechnen. Er erzielt u. E. einen nach §§ 16, 34 EStG begünstigten Veräußerungsgewinn.[26]

Fazit:

Die Aufspaltung der AB-OHG ist nur dann ohne Aufdeckung der stillen Reserven möglich, wenn die Gesellschafter Teilbetriebe in die aufnehmende Personengesellschaft einbringen.

1.5.2 Abspaltung

Bei einer Abspaltung bleibt die übertragende Personengesellschaft bestehen. Es liegt folglich bei der übertragenden Personengesellschaft keine Realteilung i. S. des § 16 Abs. 3 Satz 2 EStG vor,[27] sondern eine Veräußerung eines Teils eines Mitunternehmeranteils, die gem. § 16 Abs. 1 Satz 2 EStG nicht nach §§ 16, 34 EStG begünstigt ist. Trotzdem sind die einzelnen Gesellschafter als Einbringende anzusehen,[28] weil vor der Einbringung in die aufnehmende Personengesellschaft die übertragenen Wirtschaftsgüter gegen Minderung von Gesellschaftsrechten auf die Gesellschafter übertragen werden. Diese Übertragung erfolgt nach § 6 Abs. 5 Satz 3 Nr. 1 EStG aber nicht zum Buchwert, weil die Wirtschaftsgüter nicht in ein Betriebsvermögen des Gesellschafters (Mitunternehmers) gelangen, sondern ins Gesamthandsvermögen einer anderen Personengesellschaft. In diesem Zusammenhang müssen **alle stillen Reserven** aufgedeckt werden.

In die – bereits bestehende oder neu gegründete – aufnehmende Personengesellschaft werden wiederum nicht die Mitunternehmeranteile der Gesellschafter, sondern die auf sie übertragenen Wirtschaftsgüter eingebracht. Es gelten somit dieselben Grundsätze wie bei der Aufspaltung, d. h., bei einer Einbringung von Teilbetrieben ist § 24 UmwStG anwendbar, bei der Einbringung einzelner Wirtschaftsgüter gilt § 6 Abs. 5 Satz 3 Nr. 1 EStG. Das Wahlrecht der Personengesellschaft gem. § 24 Abs. 2 UmwStG läuft jedoch ins Leere, weil bereits bei der Übertragung der Wirtschaftsgüter auf die Gesell-

---

26 Siehe J. Rz. 261.
27 Schulze zur Wiesche, DStZ 2004 S. 366.
28 BMF vom 25.03.1998, BStBl I 1998, 268, Tz. 24.04 i. V. m. Tz. 20.05.

M. Verschmelzung

schafter die Teilwerte angesetzt werden müssen und insoweit nunmehr die Buchwerte den Teilwerten (i. d. R. = gemeiner Wert) entsprechen.

Die Abspaltung ist deshalb nur zu empfehlen, wenn die Gesellschafter die stillen Reserven aufdecken möchten.

Beispiel:
An der AB-OHG sind A und B je zur Hälfte beteiligt. Die OHG hat zum 31.12.01 folgende Schlussbilanz erstellt:

Aktiva	Bilanz AB-OHG zum 31.12.01		Passiva
Teilbetrieb I	300.000 €	Kapital A	600.000 €
Teilbetrieb II	400.000 €	Kapital B	600.000 €
Wirtschaftsgüter I	500.000 €		
	1.200.000 €		1.200.000 €

Durch Beschluss der Gesellschafterversammlung wurden vom Vermögen der OHG nach den Vorschriften des § 123 UmwG Vermögensteile abgespalten. Die Teilbetriebe (Teilwerte = gemeine Werte jeweils 800.000 €) wurden gegen Gewährung von Gesellschaftsrechten zur Erfüllung der Einlageverpflichtung auf die am 01.01.02 neu gegründeten A-KG und B-KG übertragen. Die Spaltung soll steuerlich nach Möglichkeit nicht zur Aufdeckung von stillen Reserven führen. Die neu gegründeten KGs erstellten zum 01.01.02 folgende Eröffnungsbilanzen:

Aktiva	Bilanz A-KG zum 01.01.02		Passiva
Ausstehende Einlagen A	800.000 €	Kapital A	800.000 €
Bank	800.000 €	Kapital X	800.000 €
	1.600.000 €		1.600.000 €

Aktiva	Bilanz B-KG zum 01.01.02		Passiva
Ausstehende Einlagen B	800.000 €	Kapital B	800.000 €
Bank	800.000 €	Kapital Y	800.000 €
	1.600.000 €		1.600.000 €

Lösung:
Das Steuerrecht folgt nicht dem Handelsrecht. Die Vorschriften des UmwG und des UmwStG sind nicht identisch. Die Abspaltung ist steuerrechtlich wie folgt in ihre einzelnen Schritte zu zerlegen.

1. Weil die OHG bei einer Abspaltung nicht aufgelöst wird, sondern bestehen bleibt, stellt die Verteilung der Teilbetriebe der übertragenden AB-OHG auf ihre Gesellschafter keine Realteilung dar. Es liegt jedoch eine Übertragung von Wirtschaftsgütern gegen Minderung von Gesellschaftsrechten vor, d. h., eine Veräußerung eines Teils eines Mitunternehmeranteils. Diese Übertragung fällt grundsätzlich unter § 6 Abs. 5 Satz 3 Nr. 1 EStG. Eine Übertragung zum Buchwert ist allerdings nicht möglich, weil die Wirtschaftsgüter nicht in ein Betriebsvermögen der Mitunternehmer, sondern ins Gesamthandsvermögen einer anderen Personengesellschaft überführt werden. Die

steuerliche Behandlung der Übertragung richtet sich damit nach § 6 Abs. 6 Satz 1 EStG und erfolgt mit dem gemeinen Wert. Dies führt bei der OHG zu einem Veräußerungsgewinn von (500.000 € + 400.000 € =) 900.000 €. Dieser Gewinn ist beiden Gesellschafter mit je 450.000 € zuzurechnen. Weil es sich nicht nur um die Veräußerung von Teilen von Mitunternehmeranteilen, sondern gleichzeitig auch um die Veräußerung von Teilbetrieben i. S. von § 16 Abs. 1 Nr. 1 Satz 1 EStG handelt, ist der Veräußerungsgewinn nach §§ 16, 34 EStG begünstigt.

2. Die Einbringung der Teilbetriebe in die A-KG und B-KG gegen Gewährung von Gesellschaftsrechten erfolgt nach den Vorschriften des UmwStG. Weil jedoch bereits alle stillen Reserven aufgedeckt worden sind, entsprechen die Buchwerte den gemeinen Werten von jeweils 800.000 €. Weitere stille Reserven sind nicht vorhanden und deshalb auch nicht aufzulösen.

Fazit:
Die Abspaltung führt zur Aufdeckung der stillen Reserven. Es gelten dieselben Grundsätze wie bei der Übertragung auf eine Schwesterpersonengesellschaft.[29]

1.5.3 Ausgliederung

Auch bei einer Ausgliederung bleibt die übertragende Personengesellschaft bestehen. Wesentlicher Unterschied zur Abspaltung ist, dass nicht die einzelnen Gesellschafter die Gesellschaftsanteile der aufnehmenden Personengesellschaft erhalten, sondern die übertragende Personengesellschaft oder Partnerschaftsgesellschaft selber. Somit werden vor der Einbringung in die aufnehmende Personengesellschaft keine Wirtschaftsgüter von der übertragenden Personengesellschaft auf die Gesellschafter übertragen. Folglich liegt weder eine Realteilung i. S. von § 16 Abs. 3 Satz 2 EStG noch eine Übertragung gegen Minderung von Gesellschaftsrechten i. S. von § 6 Abs. 5 Satz 3 Nr. 1 EStG vor. Vielmehr werden die Wirtschaftsgüter unmittelbar von der übertragenden Personengesellschaft gegen Gewährung von Gesellschaftsrechten auf die übernehmende Personengesellschaft übertragen. Als Einbringender ist jedoch nicht die Personengesellschaft anzusehen, sondern der einzelne Gesellschafter.[30]

Die Ausgliederung stellt somit eine Einbringung von Teilen von Mitunternehmeranteilen der einzelnen Gesellschafter dar. Dieser Vorgang fällt unmittelbar unter § 24 UmwStG. Die aufnehmende Personengesellschaft hat nach § 24 Abs. 2 UmwStG die Wahl, das eingebrachte Betriebsvermögen mit dem Buchwert, gemeinen Wert oder einem Zwischenwert anzusetzen. Zu beachten ist, dass auch bei einem Ansatz des gemeinen Werts die Steuerermäßigung gem. §§ 16 und 34 EStG nicht zu gewähren ist, weil die Veräußerung eines Teils eines Mitunternehmeranteils nach § 24 Abs. 3 Satz 2 UmwStG nicht begünstigt ist.[31]

---

29 Siehe B. Rz. 403.
30 BMF vom 25.03.1998, BStBl I 1998, 268, Tz. 24.04 i. V. m. Tz. 20.05.
31 Siehe C. Rz. 32.

M. Verschmelzung

Beispiel:
An der AB-OHG sind A und B je zur Hälfte beteiligt. Die OHG hat zum 31.12.01 folgende Schlussbilanz erstellt:

Aktiva	Bilanz AB-OHG zum 31.12.01		Passiva
Teilbetrieb I	700.000 €	Kapital A	600.000 €
Wirtschaftsgüter II	500.000 €	Kapital B	600.000 €
	1.200.000 €		1.200.000 €

Durch Beschluss der Gesellschafterversammlung wurden vom Vermögen der OHG nach den Vorschriften des § 123 UmwG Vermögensteile ausgegliedert. Der Teilbetrieb (gemeiner Wert 1.000.000 €) wurde von der AB-OHG gegen Gewährung von Gesellschaftsrechten zur Erfüllung der Einlageverpflichtung auf die am 01.01.02 neu gegründete D-KG (Gesellschafter sind je zur Hälfte die AB-OHG und D) übertragen. Die Ausgliederung soll steuerlich nach Möglichkeit nicht zur Aufdeckung von stillen Reserven führen. Die neu gegründete KG erstellte zum 01.01.02 folgende Eröffnungsbilanz:

Aktiva	Bilanz D-KG zum 01.01.02		Passiva
Ausstehende Einlagen		Kapital OHG	1.000.000 €
OHG	1.000.000 €	Kapital D	1.000.000 €
Bank	1.000.000 €		
	2.000.000 €		2.000.000 €

Lösung:
Die Ausgliederung des Teilbetriebs der AB-OHG auf die D-KG stellt eine Einbringung von zwei Mitunternehmeranteilen dar. Diese Einbringung fällt unter § 24 UmwStG.[32] Einbringender ist nach Auffassung der Finanzverwaltung nicht die AB-OHG, sondern sind die einzelnen Mitunternehmer, also A und B.[33] Das gilt auch dann, wenn lediglich ein Teilbetrieb und nicht das gesamte Betriebsvermögen der Personengesellschaft eingebracht wird. Die KG hat somit nach § 24 Abs. 2 UmwStG das Wahlrecht, das eingebrachte Betriebsvermögen mit dem Buchwert, dem gemeinen Wert oder einem Zwischenwert anzusetzen. Da lt. Sachverhalt keine stillen Reserven aufgedeckt werden sollen, erfolgt die Einbringung zum Buchwert.[34] Dazu muss für die OHG eine Ergänzungsbilanz erstellt werden, in der für die Wirtschaftsgüter des Teilbetriebs ein Minderwert von 300.000 € passiviert und ein Minderkapital von 300.000 € aktiviert wird.

1.6 Einbringungsfolgegewinn

21 Im Fall der Einbringung in eine bereits bestehende Personengesellschaft kann sich unabhängig von der zivilrechtlichen Art der Einbringung (Einzelrechtsnachfolge oder Gesamtrechtsnachfolge) ein Gewinn aus der Über-

---
32 BMF vom 25.03.1998, BStBl I 1998, 268, Tz. 24.01.
33 BMF vom 25.03.1998, BStBl I 1998, 268, Tz. 24.04 i. V. m. Tz. 20.05.
34 Wegen Einzelheiten siehe C. Rz. 9 ff.

nahme des Betriebsvermögens im Rahmen der Einbringung i. S. des § 24 UmwStG ergeben (sog. Einbringungsfolgegewinn). Dies ist insbesondere denkbar durch die Vereinigung von wegen vorangegangener Teilwertabschreibungen in unterschiedlicher Höhe bilanzierten Forderungen und Verbindlichkeiten. Dieser Gewinn entsteht bei der **übernehmenden** Personengesellschaft unmittelbar **nach der Einbringung** im Zeitpunkt des steuerlichen Übertragungsstichtags. Er gehört damit zum laufenden, gewerbesteuerpflichtigen Gewinn.

Nach § 24 Abs. 4 UmwStG gilt ohne Einschränkung u. a. § 23 Abs. 6 UmwStG und nach dieser Vorschrift gilt § 6 Abs. 1 und 3 UmwStG entsprechend. Danach kann die aufnehmende Personengesellschaft – unabhängig vom Bewertungsansatz für das eingebrachte Betriebsvermögen – in Höhe des gesamten Einbringungsfolgegewinns eine den steuerlichen Gewinn mindernde **Rücklage** bilden und erhält damit eine Steuerstundung. Die übernehmende Personengesellschaft kann die Rücklage auf einen Teil des Einbringungsfolgegewinns beschränken. Die gebildete Rücklage ist in den auf ihre Bildung folgenden **drei** Wirtschaftsjahren mit **mindestens je einem Drittel** gewinnerhöhend aufzulösen.

Die gebildete Rücklage ist nach § 6 Abs. 3 UmwStG **rückwirkend** gewinnerhöhend aufzulösen, wenn der übernehmende Rechtsträger den auf ihn übergegangenen **Betrieb** innerhalb von **fünf** Jahren nach dem steuerlichen Übertragungsstichtag in eine Kapitalgesellschaft einbringt oder ohne triftigen Grund veräußert oder aufgibt. Bereits erteilte Steuerbescheide, Steuermessbescheide, Freistellungsbescheide oder Feststellungsbescheide sind zu ändern, soweit sie auf der Anwendung des § 6 Abs. 1 UmwStG beruhen. Unseres Erachtens entfällt die Steuervergünstigung ebenfalls, d. h., die Rücklage ist rückwirkend gewinnerhöhend aufzulösen, wenn die übernehmende Personengesellschaft sofort nach der Einbringung oder innerhalb des Dreijahreszeitraums zur Gewinnermittlung nach § 4 Abs. 3 EStG zurückkehrt, weil Rücklagen bei dieser Gewinnermittlungsart nicht möglich sind.

1.7 Verluste bei beschränkter Haftung (§ 15 a EStG)

Im Fall der Einbringung eines Mitunternehmeranteils an einer KG durch den Kommanditisten gehen die verrechenbaren Verluste i. S. des § 15 a EStG der Personengesellschaft, deren Anteile eingebracht werden, **nicht verloren**. Der Einbringende kann die verrechenbaren Verluste von seinem Gewinnanteil an der aufnehmenden Personengesellschaft in Abzug bringen, soweit diese auf den Gewinnanteil der übernehmenden Personengesellschaft an der Personengesellschaft entfallen, deren Anteile eingebracht worden sind. Der Verlust aus der Beteiligung als Kommanditist an einer KG, soweit er nicht ausgeglichen oder abgezogen werden darf, mindert spätere Gewinne des Mitunternehmers aus seiner Beteiligung an der KG.

22

M. Verschmelzung

Bei der Verschmelzung zweier KGs zu Buchwerten gehen die verrechenbaren Verluste i. S. des § 15 a EStG der **übertragenden** Personengesellschaft **nicht verloren.** Ein bereits vor der Einbringung im Wege der Verschmelzung zweier KGs bei der **aufnehmenden** KG vorhandener verrechenbarer Verlust i. S. des § 15 a EStG wird durch die Einbringung i. S. d. § 24 UmwStG **nicht berührt.** Er kann von den bisherigen Gesellschaftern der übernehmenden Personengesellschaft mit den zukünftigen Gewinnanteilen, die auf deren Altanteile entfallen, verrechnet werden.

2 Umsatzsteuer

23 Sowohl die Verschmelzung durch Aufnahme als auch die Verschmelzung durch Neugründung vollziehen sich in der Form der Übertragung von Gesellschaftsanteilen.

Der **Beispielsfall** unter M. Rz. 13 beurteilt sich somit aus umsatzsteuerrechtlicher Sicht wie folgt:

> A und B als Gesellschafter der AB-OHG sowie C und D als Gesellschafter der CD-OHG übertragen jeweils ihre Gesellschaftsanteile auf die ABCD-OHG und erhalten dafür Anteile an der ABCD-OHG. Die Geschäftsführung der Gesellschafter wird mit der Beteiligung am Gewinn der Gesellschaft abgegolten.
>
> Die Übertragung der Anteile von A, B, C und D auf die neu gegründete ABCD-OHG ist nicht steuerbar, da A, B, C und D ihre Anteile nicht im Rahmen eines Unternehmens veräußern. Durch Vereinigung sämtlicher Anteile in der Hand der ABCD-OHG löst sich sowohl die AB-OHG als auch die CD-OHG auf.[35]
>
> Die Aufnahme der Gesellschafter A, B, C und D in die neu gegründete ABCD-OHG vollzieht sich dagegen nicht im Leistungsaustausch und ist ein nicht steuerbarer Vorgang.[36] Soweit der ABCD-OHG hierbei vorsteuerbelastete Aufwendungen entstehen, ist sie unter den Voraussetzungen des § 15 UStG zum Vorsteuerabzug berechtigt.

---

35 Vgl. N. Rz. 34 ff.
36 EuGH-Urteil vom 26.06.2003 Rs. C-442/01, UR 2005 S. 443.

N. AUFLÖSUNG DER PERSONENGESELLSCHAFT

1 Einkommensteuer

1.1 Grundlagen

1.1.1 § 16 EStG

Gemäß § 16 EStG wird unter anderem die Veräußerung oder Aufgabe des ganzen Gewerbebetriebs, eines Teilbetriebs oder eines Gesellschaftsanteils (§ 16 Abs. 1 und Abs. 3 EStG) der Besteuerung unterworfen. Auch ohne diese Vorschriften wären diese Vorgänge steuerpflichtig, da in diesen Vorgängen jeweils der letzte betriebliche Akt gesehen werden muss. Daraus ergibt sich, dass § 16 EStG keine konstitutive Norm darstellt, sondern nur klarstellen will. Sinn ist, jahrelang aufgestaute stille Reserven bei der Besteuerung durch die eventuelle Gewährung des Freibetrags gem. § 16 Abs. 4 EStG und durch die Anwendung des § 34 EStG zu begünstigen.

Die Personengesellschaft löst sich im Normalfall auf:
— durch Veräußerung des ganzen Betriebs
— durch Aufgabe des Betriebs i. S. des § 16 EStG
— durch allmähliche Liquidation

Eine Personengesellschaft kann sich auch im Zusammenhang mit folgenden Vorgängen auflösen, die aber von den drei Normalfällen zu unterscheiden sind:
— die Veräußerung eines Mitunternehmeranteils[1]
— die unentgeltliche Betriebsübertragung bei Erbauseinandersetzung und vorweggenommener Erbfolge[2]
— die Betriebsaufspaltung[3]
— die Realteilung[4]
— die Betriebsverpachtung

Zum Beispiel kann sich zivilrechtlich eine Personengesellschaft auch durch den Austritt aller Gesellschafter bis auf einen auflösen. Ertragsteuerlich entstehen aber gegenüber dem Austritt eines einzelnen Gesellschafters keine

---
1 Vgl. J. Rz. 1 bis 319 in allen Varianten.
2 Vgl. O. Rz. 1 bis 126 und P. Rz. 1 bis 93.
3 Vgl. H. Rz. 1 bis 177.
4 Vgl. J. Rz. 236 bis 294.

N. Auflösung

besonderen Probleme.[5] Es sei daher auch insoweit auf die ausführliche Darstellung zur Veräußerung eines Mitunternehmeranteils verwiesen.[6]

1.1.2 § 34 a EStG

Jeder Gesellschafter einer Personengesellschaft kann gem. § 34 a Abs. 1 EStG für nicht entnommene Gewinne für jeden VZ gesondert beim Finanzamt einen Antrag stellen, dass diese nur mit 28,25 % besteuert werden. Der begünstigte Gewinn ist gem. § 34 a Abs. 3 EStG als Begünstigungsbetrag vom Finanzamt gesondert festzustellen.

Entnimmt der Gesellschafter in einem späteren VZ einen Teil oder den ganzen Betrag, ist dieser gem. § 34 a Abs. 4 mit 25 % nachzuversteuern.

Es stellt sich nun die Frage, wie bei einer Betriebsveräußerung, einer Betriebsaufgabe oder einer allmählichen Liquidation zu verfahren ist, wenn zu diesem Zeitpunkt noch ein Begünstigungsbetrag gesondert festgestellt ist.

Aus § 34 a Abs. 6 EStG ist zu folgern, dass die Nachversteuerung unabhängig von einer Betriebsveräußerung oder -aufgabe durchzuführen ist.

Der Gewinn aus § 16 EStG kann ebenfalls begünstigt werden; in diesem Falle muss der Gesellschafter allerdings auf den Freibetrag gem. § 16 Abs. 4 EStG verzichten, § 34 a Abs. 1 Satz 1 EStG.

Die ESt auf die nachzuversteuernden Beträge kann gem. § 34 a Abs. 6 Satz 2 EStG für einen Zeitraum von höchstens zehn Jahren gestundet werden, wenn erhebliche Härten für den Gesellschafter vorliegen.

1.2 Veräußerung des Gewerbebetriebs

2 Eine Betriebsveräußerung liegt vor, wenn der Betrieb mit seinen wesentlichen Grundlagen gegen Entgelt so auf **einen** Erwerber übertragen wird, dass der Betrieb als geschäftlicher Organismus fortgeführt werden kann.[7] Daher ergeben sich in diesem Falle auch bei einer Personengesellschaft keine Besonderheiten. Die §§ 16, 34 EStG sind auf alle Beteiligten entsprechend ihrer Anteile anzuwenden. Werden einzelne unwesentliche Wirtschaftsgüter nicht mitveräußert, sondern in das Privatvermögen überführt, gilt auch bei einer Personengesellschaft § 16 Abs. 3 Satz 7 EStG. Die meisten Probleme, die bei der Veräußerung des ganzen Gewerbebetriebs einer Personengesellschaft entstehen können, sind oben[8] schon dargestellt; d. h., es ist entsprechend zu verfahren. Besonders interessant ist z. B. der Fall, dass eine Personengesellschaft veräußert wird und **Sonder-** und **Ergänzungsbilanzen** vorhanden sind.

---

5 Vgl. BFH vom 10.03.1998, BStBl II 1999, 269.
6 Vgl. Fn. 1.
7 R 16 Abs. 1 EStR.
8 J. Rz. 1 bis 319 (Ausscheiden eines Gesellschafters).

1 Einkommensteuer

Beispiel 1:
Die OHG ABC veräußert ihren Gewerbebetrieb einschl. des **Sonderbetriebsvermögens** des C an K mit Wirkung zum 31.12.05 aufgrund eines notariell beurkundeten Vertrags vom 13.07.05. K übernimmt nicht sämtliche Wirtschaftsgüter. Die drei Gesellschafter behalten den betrieblich genutzten PKW (Buchwert 10.000 €, gemeiner Wert 15.000 € und Teilwert 13.000 €) und auch 50 % des Bankdarlehens zurück. K übernimmt daher von den Schulden des Gesamthandsvermögens 50 % des Bankdarlehens und die Warenverbindlichkeiten. Der Kaufpreis beträgt für das Gesamthandsvermögen 810.000 € und für das Sonderbetriebsvermögen 75.000 €, wobei K das Darlehen des Sonderbetriebsvermögens übernimmt. Die Veräußerungskosten beim Gesamthandsvermögen i. H. von 5.000 € übernehmen A, B und C, die beim Sonderbetriebsvermögen i. H. von 2.000 € übernimmt K. Die gesamte Grunderwerbsteuer übernimmt ebenfalls K. A, B und C sind zu je ⅓ an Gewinn, Verlust und den stillen Reserven beteiligt. Sie sind alle älter als 55 Jahre.

Die Schlussbilanzen sind nicht zu beanstanden und haben folgendes Bild:

Aktiva	Bilanz OHG zum 31.12.05		Passiva
Grund und Boden	200.000 €	Warenverbind-	
Gebäude	300.000 €	lichkeiten	100.000 €
Inventar	50.000 €	Bankdarlehen	200.000 €
PKW	10.000 €	Kapital A	200.000 €
Maschinen	70.000 €	Kapital B	200.000 €
Waren	30.000 €	Kapital C	200.000 €
Forderungen	200.000 €		
Bank/Kasse	40.000 €		
	900.000 €		900.000 €

Aktiva	Sonderbilanz C zum 31.12.05		Passiva
Parkplatz	100.000 €	Darlehen	65.000 €
		Kapital	35.000 €
	100.000 €		100.000 €

Der Veräußerungsgewinn aus dem Gesamthandsvermögen errechnet sich wie folgt:

Veräußerungspreis	810.000 €	
+ gemeiner Wert PKW (§ 16 Abs. 3 Satz 7 EStG)	15.000 €	825.000 €
./. gemeiner Wert des Bankdarlehens zu 50 %	100.000 €	
./. Veräußerungskosten	5.000 €	
./. Wert des Betriebs (= Kapital)	600.000 €	705.000 €
Veräußerungsgewinn aus dem Gesamthandsvermögen		120.000 €

Der Veräußerungsgewinn aus dem Sonderbetriebsvermögen beträgt:

Veräußerungspreis	75.000 €
./. Kapital	35.000 €
Veräußerungsgewinn	40.000 €

1201

N. Auflösung

Der Gesamtveräußerungsgewinn beträgt daher 160.000 €. Er verteilt sich auf A mit 40.000 € (¹/₃ von 120.000 €) = ¹/₄, auf B mit 40.000 € = ¹/₄ und auf C mit 80.000 € (¹/₃ von 120.000 € + 40.000 € aus dem Sonderbetriebsvermögen) = ¹/₂.
A, B und C erhalten auf Antrag jeweils einen Freibetrag von 45.000 € (§ 16 Abs. 4 Satz 1 EStG). Stellen sie den Antrag, haben A und B nichts zu versteuern (40.000 € ./. 45.000 € = 0). Der nicht ausgenutzte Betrag von 5.000 € geht verloren. A und B erhalten bei späteren Veräußerungen keinen Freibetrag mehr (§ 16 Abs. 4 Satz 2 EStG). C hat 35.000 € gem. §§ 16, 34 EStG zu versteuern, wenn er den Antrag auf den Freibetrag stellt (Veräußerungsgewinn 80.000 € ./. Freibetrag 45.000 €).

Beispiel 2:
Gesellschafter M hat zur Erlangung einer Gesellschafterstellung seiner OHG ein Grundstück mit dem Teilwert von 150.000 € in das Gesamthandsvermögen übertragen, die OHG hat aber in der OHG-Bilanz für diesen Gesellschafter zulässig nur ein Kapital von 100.000 € angesetzt. M musste also eine **Ergänzungsbilanz** erstellen. Der Betrieb wird veräußert.

Es ergeben sich folgende Bilanzen:

Aktiva	OHG-Bilanz		Passiva
Grundstück	100.000 €	Kapital M	100.000 €
	....	Kapital übrige Gesellschafter	....
	100.000 €		100.000 €

Aktiva	Ergänzungsbilanz M		Passiva
Grundstück	50.000 €	Kapital	50.000 €
	50.000 €		50.000 €

Vom Veräußerungsgewinn, der auf M entfällt, sind die Mehranschaffungskosten bzw. der Mehrteilwert (gegenüber dem Buchwert in der Bilanz der OHG) i. H. von 50.000 € abzuziehen.

4 Abgrenzungsprobleme können entstehen, wenn eine **Personengesellschaft mit zwei Gesellschaftern** besteht und ein Gesellschafter veräußert oder ausscheidet. Der BFH hatte mit Urteil vom 20.02.2003[9] einen solchen Fall zu entscheiden.
Der Fall war besonders problematisch, weil zwei GbRs bestanden und jeder einen Betrieb übernahm. Mit den Beispielen 3 und 4 stellen wir die Problematik mit Zahlen etwas genauer dar.

Beispiel 3:
A und B betreiben zusammen zwei GbRs mit je einem Friseurbetrieb. Sie einigen sich dahin gehend, dass jeder einen Friseurbetrieb ab 01.01.09 allein weiterbetreibt. Für beide Betriebe wurde zum 31.12.08 je eine Schlussbilanz

---
9 BStBl II 2003, 700.

erstellt. A übernahm den Betrieb a (gemeiner Wert 110.000 €, Kapitalkonto A und B je 40.000 €). B übernahm den Betrieb b (gemeiner Wert 90.000 €, Kapitalkonto A und B je 35.000 €). Ausgleichszahlungen wurden nicht geleistet. Liegt eine Realteilung, eine Betriebsaufgabe, eine Gesamtbetriebsveräußerung vor oder sind Anteilsveräußerungen bzw. unentgeltliche Anteilsübertragungen gegeben?

Eine **Realteilung** liegt nicht vor, denn die beiden Betriebe können einkommensteuerlich nicht als **eine** Einheit gewertet werden. Damit hat z. B. A von B, dem ehemaligen Mitgesellschafter, kein anteiliges Betriebsvermögen vom Betrieb a übernommen.

Die hier infrage stehende Realteilung darf nicht verwechselt werden mit der **erweiterten Realteilung** im Rahmen einer Erbauseinandersetzung. Dort kann es nämlich zur Verteilung von mehreren Wirtschaftsgütern mit Buchwertfortführung unter den Erben kommen.[10]

Gesetzt den Fall, dass A und B im Rahmen einer Erbengemeinschaft die beiden Betriebe längere Zeit gemeinsam führten, können sie die Buchwerte des von ihnen jeweils übernommenen Betriebs gem. § 6 Abs. 3 EStG fortführen.

Ohne Ausgleichszahlung[11] lässt sich auch kaum eine **Betriebsveräußerung** begründen. Man hat Schwierigkeiten mit dem Entgelt. Wenn man davon ausgeht, dass das Entgelt in dem Verzicht des A auf seine Gesellschaftsrechte in den Betrieben a ($^1/_2$ von 110.000 € = 55.000 €) und b ($^1/_2$ von 90.000 € = 45.000 €) zu sehen ist, dann werden nicht alle stillen Reserven aufgedeckt.

Die stillen Reserven im Betrieb a betragen 30.000 € (110.000 € ./. 80.000 €). Aufgedeckt würden aber nur 20.000 € (55.000 € + 45.000 € = 100.000 € ./. 80.000 €).

Genauso ist es, wenn man davon ausgeht, dass A und B ihre **Mitunternehmeranteile getauscht** haben. Auch dann werden die stillen Reserven ungleichmäßig und nicht voll aufgedeckt.

Aus diesen Gründen sind wir der Meinung, dass hier eine **Betriebsaufgabe** vorliegt. A und B geben beide Betriebe gem. § 16 EStG auf. Sie versteuern gemeinsam beim Betrieb a 30.000 € (110.000 € ./. 80.000 €) und im Betrieb b 20.000 € (90.000 € ./. 70.000 €), also insgesamt 50.000 €. A ist im Betrieb a zu $^1/_2$ Veräußerer und Erwerber. Daher ist sein Gewinn ein laufender Gewinn gem. § 16 Abs. 2 Satz 3 und Abs. 3 Satz 5 EStG. Bei B gilt dies für den Betrieb b genauso.[12] Dass jeweils die gemeinen Werte anzusetzen sind, ergibt sich aus § 16 Abs. 3 Satz 5 EStG. Damit versteuert A im Betrieb a 15.000 € als laufenden Gewinn, während B für seine 15.000 € den Freibetrag gem. § 16 Abs. 4 EStG und/oder die Ermäßigung gem. § 34 EStG in Anspruch nehmen kann. Im Betrieb b gilt dies für die 10.000 € bei A und B umgekehrt.

Die jeweiligen Erwerber erwerben die Gewerbebetriebe als Privatvermögen. Sie eröffnen daher jeweils gem. § 6 Abs. 1 Nr. 6 i. V. m. Nr. 5 EStG einen Betrieb. Da die Wirtschaftsgüter vor Betriebsaufgabe Betriebsvermögen waren, sind sie mit den gemeinen Werten gem. § 6 Abs. 1 Nr. 5 Satz 3 EStG anzuset-

---

10 Siehe oben O. Rz. 11.
11 Vgl. aber unten Beispiel 4.
12 Vgl. Littmann/Hörger/Rapp, § 16 Rz. 128 a bis c; Schmidt/Wacker, § 16 Rz. 97.

N. Auflösung

zen. Daher können beide diese hohen Werte abschreiben, soweit es sich um abnutzungsfähige Wirtschaftsgüter handelt.[13]

Beispiel 4:
Wie Beispiel 3. A zahlt an B zum Ausgleich der verschiedenen gemeinen Werte 10.000 €.

Hier ist ersichtlich, dass A und B sich entgeltlich auseinandersetzen wollten. Daher könnte – wie auch der BFH ausführt – jeweils eine Betriebsveräußerung vorliegen. Wenn eine Personengesellschaft alle wesentlichen Grundlagen an einen Erwerber veräußert, dann ist dies als Betriebsveräußerung i. S. des § 16 Abs. 1 Nr. 1 EStG zu werten. Dabei ist es unstreitig, dass eine Personengesellschaft ihren Gewerbebetrieb an einen ihrer Gesellschafter veräußern kann. Inzwischen wird jeder Personengesellschaft eine eigene Rechtszuständigkeit zugebilligt. Damit sind schuldrechtliche Beziehungen zwischen ihr und ihren Gesellschaftern möglich.[14] Voraussetzung ist aber in vorliegendem Beispiel, dass die jeweiligen GbRs eine Schlussbilanz erstellt und den jeweiligen Veräußerungsgewinn beiden Gesellschaftern – dem allgemeinen Gewinnverteilungsschlüssel entsprechend, z. B. je zur Hälfte – zugerechnet haben.

Entgelt ist für den Betrieb a, den A erwirbt:

- die Zahlung des A an den B von 10.000 € im Rahmen eines abgekürzten Zahlungswegs
- der Verzicht des A an seinen Gesellschaftsrechten im Betrieb a mit 55.000 € ($^1/_2$ von 110.000 €) und im Betrieb b mit 45.000 € ($^1/_2$ von 90.000 €)

Dem Entgelt von 110.000 € stehen die Kapitalkonten von 80.000 € entgegen. A und B versteuern daher als GbR des Betriebes a 30.000 € mit denselben Rechtsfolgen wie im Beispiel 3.

Beim Betrieb b gilt dies entsprechend.

Entgelt ist für B beim Betrieb b:

- sein Verzicht an seinen Gesellschaftsrechten in den Betrieben a und b i. H. von insgesamt 100.000 € wie bei A
- abzgl. der erhaltenen Ausgleichszahlung von 10.000 €

Dem Entgelt von 90.000 € stehen die beiden Kapitalkonten von 70.000 € entgegen. Lösung daher wie im Beispiel 3. Insgesamt werden wie bei der Betriebsaufgabe 50.000 € versteuert.

Es könnten aber – wie auch der BFH ausführt – Anteilsveräußerungen in Form eines Tausches vorliegen. Ob sie jeweils die gesamten Betriebe oder nur die Gesellschaftsanteile veräußern wollten, hängt von ihrem Willen ab und wie sie sich buchmäßig verhalten haben. Geht man von Anteilsveräußerungen und damit von einem Tausch aus, ist wie folgt vorzugehen:

A will den Betrieb a übernehmen. Er veräußert daher seinen Gesellschaftsanteil an der GbR mit dem Betrieb b. Sein Veräußerungsgewinn errechnet sich wie folgt:

---

[13] Die Abschreibungsmöglichkeit war der vom BFH zu entscheidende Streit.
[14] Vgl. § 124 HGB für die OHG und oben A. Rz. 58 für die GbR; siehe auch BFH vom 20.02.2003, BStBl II 2003, 700.

A erhält als Preis den Gesellschaftsanteil des B
am Betrieb a = ½ von 110.000 €   55.000 €
./. Ausgleichszahlung an B   10.000 €
Veräußerungspreis   45.000 €
./. Buchwert des Gesellschaftsanteils
des A am Betrieb b   35.000 €
Veräußerungsgewinn   10.000 €

A versteuert die 10.000 € gem. §§ 16, 34 EStG und B stockt die 10.000 € im Betrieb b entsprechend auf.

B will den Betrieb b übernehmen. Er veräußert daher seinen Gesellschaftsanteil an der GbR mit dem Betrieb a. Sein Veräußerungsgewinn errechnet sich wie folgt:

B erhält als Preis den Gesellschaftsanteil des A
am Betrieb b = ½ von 90.000 €   45.000 €
+ Ausgleichszahlung von A   10.000 €
Veräußerungspreis   55.000 €
./. Buchwert des Gesellschaftsanteils des B
am Betrieb a   40.000 €
Veräußerungsgewinn   15.000 €

B versteuert die 15.000 € gem. §§ 16, 34 EStG und A stockt die 15.000 € im Betrieb a entsprechend auf.

Wenn man von Anteilsveräußerungen ausgeht, versteuern A und B zusammen genau die Hälfte der gesamten stillen Reserven von 50.000 €, nämlich 25.000 €. Die Aufstockungsbeträge sind dementsprechend auch nur 25.000 €.

Da der Sachverhalt im entschiedenen Fall nicht ganz geklärt war, verwies der BFH an das FG zurück. Dieses hat nun zu entscheiden, ob Betriebsveräußerungen oder Anteilsveräußerungen vorliegen.

1.3 Die Aufgabe des Gewerbebetriebs

Die Aufgabe eines Gewerbebetriebs im Ganzen ist anzunehmen, wenn alle wesentlichen Betriebsgrundlagen innerhalb kurzer Zeit und damit in einem einheitlichen Vorgang – nicht nach und nach – entweder in das Privatvermögen überführt oder an verschiedene Erwerber veräußert oder teilweise veräußert und teilweise in das Privatvermögen überführt werden und damit der Betrieb als selbständiger Organismus des Wirtschaftslebens zu bestehen aufhört.[15]

Wie bei der Veräußerung eines Gewerbebetriebs einer Personengesellschaft ergeben sich bei der Aufgabe eines Gewerbebetriebs einer Personengesellschaft dieselben Probleme wie bei der Veräußerung oder der Aufgabe eines

---

[15] BFH vom 24.06.1976, BStBl II 1976, 670, vom 29.10.1981, BStBl II 1982, 381, und R 16 Abs. 2 EStR.

N. Auflösung

Einzelbetriebs. Zusätzlich kann nur die Verteilung des Veräußerungsgewinns auf die beteiligten Gesellschafter problematisch werden, insbesondere wenn **Ergänzungs-** oder **Sonderbilanzen** vorhanden sind.

Beispiel:

Im obigen Beispiel 1 zur Betriebsveräußerung[16] ist der gesamte Betrieb nicht an K veräußert worden, sondern A, B und C haben sich geeinigt, mit Wirkung vom 31.12.05 den Betrieb wie folgt aufzugeben:

- A, B und C veräußern die Maschinen für 100.000 € an X und die Waren für 30.000 € an Y.
- Mit dem erhaltenen Geld erfüllen sie die Warenverbindlichkeiten und zahlen die Kosten i. H. von 5.000 € im Bereich des Gesamthandsvermögens. Im Bereich des Sonderbetriebsvermögens entstehen keine Kosten.
- Zur Ablösung des Bankdarlehens treten A, B und C die Forderungen an die Bank ab und bürgen zur Sicherheit zusätzlich.
- A übernimmt den betrieblichen PKW zum gemeinen Wert von 15.000 € und das betriebliche Inventar zum gemeinen Wert von 70.000 €.
- B übernimmt Grund und Boden und Gebäude zum gemeinen Wert von 570.000 €.
- C übernimmt das übrig gebliebene Geldvermögen.
- Sämtliche nicht veräußerten Wirtschaftsgüter werden in das Privatvermögen übernommen, d. h., auch C überführt die Wirtschaftsgüter aus seiner Sonderbilanz in das Privatvermögen, den Parkplatz mit dem gemeinen Wert von 140.000 €.

Wenn wie hier die Gesellschafter sich einig sind, wer welches Wirtschaftsgut zu welchem Wert übernimmt und was verkauft werden soll, ist an sich die Erstellung einer Auseinandersetzungsbilanz nicht erforderlich, zu Kontrollzwecken für die Berechnungen jedoch meistens zu empfehlen. Sie sähe hier wie folgt aus:

Aktiva	Auseinandersetzungsbilanz OHG zum 31.12.05		Passiva
Grund und Boden und Gebäude	570.000 €	Warenverbindlichkeiten	100.000 €
Inventar	70.000 €	Bankdarlehen	200.000 €
PKW	15.000 €	Rückstellung	
Maschinen	100.000 €	Aufgabekosten	5.000 €
Waren	30.000 €	Kapital A	240.000 €
Forderungen	200.000 €	Kapital B	240.000 €
Bank/Kasse	40.000 €	Kapital C	240.000 €
	1.025.000 €		1.025.000 €

---

[16] N. Rz. 3.

1 Einkommensteuer

Der Aufgabegewinn aus dem Gesamthandsvermögen errechnet sich wie folgt (auch ohne Erstellung einer Auseinandersetzungsbilanz):

Veräußerungspreis (Maschinen und Waren)	130.000 €	
+ gemeiner Wert Grund und Boden und Gebäude	570.000 €	
+ gemeiner Wert PKW	15.000 €	
+ gemeiner Wert Inventar	70.000 €	
+ Forderungen	200.000 €	
+ Bank/Kasse-Guthaben	40.000 €	1.025.000 €
./. Warenverbindlichkeiten	100.000 €	
./. Bankdarlehen	200.000 €	
./. Veräußerungskosten	5.000 €	
./. Wert des Betriebs (= Kapital)	600.000 €	905.000 €
Aufgabegewinn aus dem Gesamthandsvermögen		120.000 €

Bei der Berechnung könnte man als Veräußerungspreis auch nur 30.000 € als Überschuss über die bezahlten Verbindlichkeiten ansetzen, müsste die Verbindlichkeiten dann jedoch herausnehmen. Auch könnte man bei der Berechnung die Forderungen und das Bankdarlehen weglassen, weil diese Posten verrechnet wurden.

Der Aufgabegewinn ließe sich auch folgendermaßen ermitteln:

Stille Reserven Maschinen	30.000 €
Stille Reserven für Grund und Boden und Gebäude	70.000 €
Stille Reserven PKW	5.000 €
Stille Reserven Inventar	20.000 €
	125.000 €
./. Kosten	5.000 €
Aufgabegewinn aus dem Gesamthandsvermögen	120.000 €

Aus der Sonderbilanz ergibt sich folgender Aufgabegewinn (auch hier wäre die Erstellung einer „Auseinandersetzungsbilanz" zu Kontrollzwecken denkbar):

Parkplatz gemeiner Wert	140.000 €
./. Darlehen	65.000 €
./. Kapital	35.000 €
Aufgabegewinn aus dem Sonderbetriebsvermögen	40.000 €

Das Beispiel zeigt, dass eine Betriebsveräußerung und eine Betriebsaufgabe dann zum selben Ergebnis führen, wenn bei der Betriebsveräußerung genau die stillen Reserven vom Erwerber mitbezahlt werden, die die Differenz zwischen den gemeinen Werten und Buchwerten der einzelnen Wirtschaftsgüter ausmachen.

Im vorliegenden Beispiel zur Betriebsaufgabe haben A, B und C gemeinsam genauso viel gem. §§ 15, 16 und 34 EStG zu versteuern wie beim Beispiel 1 oben zur Betriebsveräußerung.

Wenn einzelne Gesellschafter verschiedene Wirtschaftsgüter übernehmen, werden sie sich im Normalfall durch Ausgleichszahlungen ausgleichen, wobei das Sonderbetriebsvermögen außer Betracht zu bleiben hat:

N. Auflösung

Der Gesamtwert der Aktivgüter betrug		1.025.000 €
Schulden und Kosten		./. 305.000 €
Verbleiben (= Kapital 600.000 € + stille Reserven 120.000 €)		720.000 €

A, B und C stehen daher jeweils (¹/₃ =) 240.000 € zu. Da C das übrig gebliebene Geldvermögen erhält, ergibt sich folgende Berechnung:

A erhielt	15.000 €	(PKW)	
	+ 70.000 €	(Inventar)	
	= 85.000 €,	also zu wenig	155.000 €
C erhielt	30.000 €		
	+ 40.000 €		
	./. 5.000 €		
	65.000 €,	also zu wenig	175.000 €
		zusammen	330.000 €
B erhielt	570.000 €,	also zu viel	330.000 €

Also hat B seine beiden Mitgesellschafter A und C auszuzahlen.

Insgesamt haben A, B und C als Aufgabegewinn aus dem Gesamthandsvermögen 120.000 € zu versteuern. Wie viel entfällt auf jeden Einzelnen? Bei Aufgabe eines Gewerbebetriebs, an dem mehrere Personen beteiligt waren, ist gem. § 16 Abs. 3 Satz 8 EStG für jeden einzelnen Beteiligten der gemeine Wert der Wirtschaftsgüter anzusetzen, die er bei der Auseinandersetzung erhalten hat. Damit ist bei jedem Gesellschafter wie folgt vorzugehen:

Gemeiner Wert der erhaltenen Güter
+ Ausgleichszahlungen von anderen Gesellschaftern
./. Ausgleichszahlungen an andere Gesellschafter
./. Buchwert des Gesellschaftsanteils (= Kapitalkonto)

= anteiliger Aufgabegewinn[17]

Daraus ergibt sich nun für die einzelnen Gesellschafter:

A	Gemeiner Wert PKW	15.000 €	
	+ gemeiner Wert Inventar	70.000 €	
	+ Ausgleich von B	155.000 €	
	./. Buchwert Kapitalkonto	200.000 €	40.000 €
B	Gemeiner Wert Gebäude–Grundstück	570.000 €	
	./. Ausgleich an A + C	330.000 €	
	./. Buchwert Kapitalkonto	200.000 €	40.000 €
C	Geld	65.000 €	
	+ Ausgleich von B	175.000 €	
	./. Buchwert Kapitalkonto	200.000 €	40.000 €
	insgesamt		120.000 €

Wie im Betriebsveräußerungsfall versteuern daher die Gesellschafter gleich viel; A 40.000 €, B 40.000 € und C mit dem Sonderbetriebsvermögen 80.000 €.

Aus diesen Berechnungen lässt sich erkennen, dass die anteiligen Aufgabegewinne genauso hoch sind, als wenn man den allgemeinen Gewinnvertei-

---

17 Vgl. Schmidt/Wacker, § 16 Rz. 392.

1 Einkommensteuer

lungsschlüssel angewendet hätte (120.000 € : 3 = 40.000 €), vorausgesetzt, die Gesellschafter gleichen sich aus. Gleichen sie sich nicht aus, werden die anteiligen Aufgabegewinne verschieden hoch ausfallen.

Im vorliegenden Fall könnte man auf den Gedanken kommen, vor Berechnung der anteiligen Aufgabegewinne die jeweiligen Kapitalkonten aufgrund des gemeinsamen Gewinns von 25.000 € (Verkauf der Maschinen ./. Kosten) um je $^1/_3$ von 25.000 € zu erhöhen. Durch die höheren Kapitalkonten ergäben sich dann zwar jeweils geringere anteilige Aufgabegewinne (40.000 € ./. $^1/_3$ von 25.000 €). Da aber der gemeinsam erzielte Gewinn von 25.000 € den drei Gesellschaftern wieder anteilig hinzugerechnet werden muss, kann man sich die Berechnung mit den Kapitalkonten ersparen. Beides führt zum selben Ergebnis.

1.4 Allmähliche Auflösung der Personengesellschaft (Liquidation)

1.4.1 Allgemeines

Eine Betriebsaufgabe i. S. des § 16 EStG liegt nur vor, wenn in einem einheitlichen wirtschaftlichen Vorgang die wesentlichen Wirtschaftsgüter an Dritte veräußert oder in das Privatvermögen überführt werden. Daraus folgt, dass eine allmähliche Auflösung nicht unter § 16 EStG fallen kann. Eine OHG, die nach Einstellung des Betriebs ihr Vermögen nach und nach liquidiert, ist während der Abwicklung, und solange sie als OHG nach außen auftritt, steuerlich als fortbestehend zu behandeln, d. h., sie erzielt keinen begünstigten Aufgabegewinn, sondern laufenden Gewinn.[18]

6

Nach h. M. liegt ein einheitlicher wirtschaftlicher Vorgang und damit noch eine Betriebsaufgabe vor, wenn die Abwicklung innerhalb von drei bis sechs Monaten erfolgt. In Ausnahmefällen kann die Frist sich auch auf einen Zeitraum bis zu einem Jahr erstrecken.[19] Es hängt daher vom Einzelfall ab, ob man die Aufgabehandlungen wirtschaftlich noch als einen einheitlichen Vorgang werten kann. Bei einem Klein- oder Mittelbetrieb, der auch noch unkompliziert abgewickelt werden kann, wäre eine Frist von einem Jahr bei weitem überzogen.[20]

Im Grunde genommen sind die Probleme bei der Aufgabe oder allmählichen Auflösung eines Einzelbetriebs und einer Personengesellschaft gleich, sodass insoweit auf die einschlägige Literatur zu § 16 EStG verwiesen werden kann.

Die Entscheidung, ob bei einer Personengesellschaft eine Betriebsaufgabe oder eine allmähliche Auflösung vorliegt, ist im Verfahren der einheitlichen und gesonderten Gewinnfeststellung zu treffen.

---

18 BFH vom 26.09.1961, BStBl III 1961, 517, vgl. auch von Wallis, DStZ 1966 S. 33.
19 Vgl. z. B. BFH vom 08.09.1976, BStBl II 1977, 66.
20 Vgl. auch H 16 Abs. 2 (Allgemeines) EStH mit weiteren Fundstellen.

N. Auflösung

1.4.2 Zivilrechtliche Auflösungsgründe

7 Die zivilrechtlichen Auflösungsgründe einer Personengesellschaft (Zeitablauf, Gesellschafterbeschluss, Insolvenz usw.)[21] bedeuten steuerlich nicht die Vollbeendigung der Gesellschaft. Nach dem BFH-Urteil vom 21.05.1971[22] tritt die Vollbeendigung einer Personengesellschaft grundsätzlich erst dann ein, wenn alle gemeinsamen Rechtsbeziehungen, zu denen auch das Rechtsverhältnis zwischen der Gesellschaft und dem Finanzamt gehört, unter den Gesellschaftern beseitigt sind. Durch die zivilrechtlichen Auflösungsgründe entsteht daher eine Abwicklungsgesellschaft, und es ist entscheidend, wie die Beteiligten weiter verfahren. Drei Fälle sind denkbar:

— Die Beteiligten lassen durch einen gemeinsamen Beschluss (= neuen Gesellschaftsvertrag) eine neue werbende Personengesellschaft entstehen. Einkommensteuerlich entstehen dann keine Probleme, weil der Betrieb im Grunde genommen nur weitergeführt wird.

— Die Abwicklungsgesellschaft wickelt innerhalb eines einheitlichen wirtschaftlichen Vorgangs den Gewerbebetrieb tatsächlich ab. Es liegt dann eine Betriebsaufgabe gem. §§ 16, 34 EStG vor.

— Die Abwicklungsgesellschaft löst sich nur allmählich, d. h. nicht in einem einheitlichen wirtschaftlichen Vorgang, auf. Dann sind bei den Beteiligten laufende Gewinne zu erfassen.

1.4.3 Negative Kapitalkonten in der Liquidationsbilanz

8 Müssen Personengesellschaften, vor allem infolge ständiger Verluste, aufgelöst werden, wird jeweils zu einem bestimmten Stichtag eine steuerliche Liquidationsbilanz erstellt. Hier entstehen dann häufig wegen der negativen Kapitalkonten Probleme.

Beispiel 1:

Eine OHG, mit den Gesellschaftern A und B (beteiligt zu je $^1/_2$), macht im Jahre 08 einen Verlust von 60.000 €, beendet ihren Betrieb zum 31.12.08 und erstellt zum 31.12.08 folgende steuerliche Liquidationsbilanz:

Aktiva	OHG-Bilanz 31.12.08		Passiva
Grundstück	200.000 €	Verbindlichkeiten	80.000 €
Gebäude	300.000 €	Sonstige	
Waren	20.000 €	Verbindlichkeiten	220.000 €
Forderungen	80.000 €	Bankdarlehen	500.000 €
Kapital A	100.000 €		
Kapital B	100.000 €		
	800.000 €		800.000 €

---

21 Vgl. oben A. Rz. 66–68 und zum Tod eines Gesellschafters unten O. Rz. 50 ff.
22 BStBl II 1971, 540.

1 Einkommensteuer

Da A und B auch nach der Liquidation **voll haften**, entsteht durch die Abwicklung kein Veräußerungsgewinn zwischen den negativen Kapitalbeträgen bis 0. Der Verlust im Jahre 08 kann von A und B aber steuerlich geltend gemacht werden.[23]

Will im vorliegenden Fall nur B ausscheiden und sagt A, der unter Übernahme aller Aktiven und Passiven den Betrieb allein fortführen will, dem B zu, ihn von den bestehenden Gesellschaftsschulden den Gläubigern gegenüber freizustellen, so führt auch diese Zusage nicht zur Gewinnverwirklichung für den ausscheidenden B, wenn bei seiner Vermögenslage die Freistellung wirtschaftlich ohne Bedeutung ist und B daher nach wie vor mit seiner Inanspruchnahme durch die Gesellschaftsgläubiger rechnen muss.[24] In diesem Fall liegt übrigens keine Auflösung der Gesellschaft vor, sondern die Übertragung eines Gesellschaftsanteils.[25]

Sagt A bei Ausscheiden des B die Freistellung zu und ist B mittellos, ist bei B ein Veräußerungsgewinn (hier i. H. von 100.000 Euro) anzunehmen, und A hat einen weiteren Verlust von 100.000 Euro. Das Kapitalkonto des B ist auf das Kapitalkonto des A umzubuchen.

Übersteigt in der steuerlichen Liquidationsbilanz einer KG der nach dem Gewinnverteilungsschlüssel einem **Kommanditisten** zuzurechnende Verlust dessen positives Kapitalkonto, so ist bei der einheitlichen und gesonderten Gewinnfeststellung der überschießende Verlustbetrag auf die übrigen Gesellschafter – auf Kommanditisten bis zur Höhe eines evtl. verbleibenden Kapitalkontos – entsprechend der getroffenen Verteilungsabrede aufzuteilen.[26]

Der Große Senat des BFH, der in seinem Beschluss vom 10.11.1980[27] das negative Kapitalkonto des Kommanditisten bei einer bestehenden KG anerkannt hat, führt zum vorliegenden Problem Folgendes wörtlich aus:[28]

„1. Im Zuge der Liquidation der Gesellschaft fällt das negative Kapitalkonto des Kommanditisten weg (§ 167 Abs. 3 HGB). An dem Abwicklungsgewinn, der sich aus einem Vergleich der letzten Jahresbilanz mit der Liquidationsschlussbilanz nach Auflösung der stillen Reserven ergibt und der nach dem Schlüssel für die Verteilung des Jahresgewinns auf die Gesellschafter zu verteilen ist (BGH-Urteil vom 17.11.1955, II ZR 42/54, JZ 1956, 219), nimmt auch der Kommanditist teil und hat den auf ihn entfallenden Gewinnanteil zur Deckung seines vorhandenen negativen Kapitalkontos zu verwenden (§ 169 Abs. 1 Satz 2 HGB). Ein danach noch verbleibendes negatives Kapitalkonto des Kommanditisten in der Liquidationsschlussbilanz fällt weg, da der Kom-

---
23 Vgl. BFH vom 10.03.1998, BStBl II 1999, 269.
24 BFH vom 24.11.1965, BStBl III 1966, 141.
25 Fn. 23.
26 FG München vom 30.03.1960, EFG 1960 S. 412; BFH vom 24.10.1996, BStBl II 1997, 241; Schmidt/Wacker, § 15 a Rz. 4.
27 BStBl II 1981, 164.
28 BStBl II 1981, 169.

N. Auflösung

manditist an einem aus der Liquidationsschlussbilanz sich ergebenden Verlust nur bis zum Betrag seines Kapitalanteils und seiner noch rückständigen Einlage teilnimmt (§ 167 Abs. 3 HGB). Den übersteigenden Verlust und damit das negative Kapitalkonto des Kommanditisten haben die persönlich haftenden Gesellschafter ohne Beschränkung und die übrigen Kommanditisten bis zum Betrag ihrer Kapitalanteile und ihrer noch rückständigen Einlagen zu tragen. Die Verteilung erfolgt nach dem Verhältnis, das dem für die Verteilung eines Jahresverlustes geltenden Schlüssel entspricht. Die Erwägungen, die den BGH veranlasst haben, die Verteilung des Abwicklungsgewinns nach dem für die Verteilung des Jahresgewinns geltenden Schlüssel vorzunehmen (BGH-Urteil II ZR 42/54), treffen auch hier zu.

2. Beim Wegfall eines negativen Kapitalkontos eines Kommanditisten ergibt sich in Höhe dieses Kapitalkontos ein steuerpflichtiger Gewinn des Kommanditisten. Mit der steuerrechtlichen Anerkennung der Verlustverteilung auf den Kommanditisten beim Vorhandensein eines negativen Kapitalkontos ist auch die Entscheidung für die Entstehung eines steuerpflichtigen Gewinns bei Wegfall des negativen Kapitalkontos gefallen; dieser steuerpflichtige Gewinn ist eine rechtlich notwendige Folge aus der früheren Verlustzurechnung. Für die Gesellschafter, auf die das negative Kapitalkonto zu verteilen ist, bedeutet dies – auch steuerrechtlich – einen Verlust.

Diese Grundsätze gelten nicht nur im Fall der gesellschaftsrechtlichen Auflösung, sondern auch dann, wenn eine Gesellschaft ihre werbende Tätigkeit tatsächlich eingestellt hat."

Davon zu unterscheiden sind die Fälle, in denen die KG nicht liquidiert wird und nur einzelne Kommanditisten mit negativem Kapitalkonto ausscheiden.[29]

Beispiel 2:

Bei einer KG sind der Komplementär A und die Kommanditisten B, C und D jeweils mit 25 % am Gewinn, Verlust und an den stillen Reserven beteiligt. Die KG macht im Jahre 08 einen laufenden Verlust von 200.000 €, will sich auflösen und erstellt zum 31.12.08 folgende steuerliche Liquidationsbilanz:

Aktiva	KG-Bilanz	31.12.08	Passiva
Grundstück	200.000 €	Verbindlichkeiten	200.000 €
Gebäude	300.000 €	Sonstige	
Waren	20.000 €	Verbindlichkeiten	220.000 €
Forderungen	80.000 €	Bankdarlehen	440.000 €
Kapital A	100.000 €	Kapital C	20.000 €
Kapital B	60.000 €	Kapital D	80.000 €
Verlust	200.000 €		
	960.000 €		960.000 €

Das negative Kapitalkonto des B ist nicht durch Entnahmen entstanden.

---

[29] Vgl. hierzu J. Rz. 132 ff.

1 Einkommensteuer

An sich wären auf jeden Gesellschafter 50.000 Euro Verlust zu verteilen. Für den Komplementär A und den Kommanditisten D ist dies möglich, für den Kommanditisten C nur i. H. von 20.000 Euro. Auf den Kommanditisten B kann nichts verteilt werden, weil er schon ein negatives Kapitalkonto hat. Bis zu dieser Entscheidung stellen sich die Kapitalkonten wie folgt dar:

Aktiva	KG-Bilanz	31.12.08		Passiva
...				...
...				...
Kapital A		150.000 €	Kapital C	0 €
Kapital B		60.000 €	Kapital D	30.000 €
Rest-Verlust		80.000 €		
		... €		... €

Der Restverlust von 80.000 Euro müsste wieder anteilig, d. h. jetzt $^1/_2$ auf A und $^1/_2$ auf D, verteilt werden. Da dies bei D wieder nicht ausreicht, muss der Rest auf A verteilt werden:

Aktiva	KG-Bilanz	31.12.08		Passiva
...				...
...				...
Kapital A		200.000 €	Kapital C	0 €
Kapital B		60.000 €	Kapital D	0 €
		... €		... €

Da aber auch das Kapitalkonto B wegfällt, sieht die Bilanz endgültig wie folgt aus:

Aktiva	KG-Bilanz	31.12.08		Passiva
...				...
...				...
Kapital A		260.000 €	Kapital B	0 €
			Kapital C	0 €
			Kapital D	0 €
		... €		... €

Rechtlich ergibt sich daraus im Rahmen der Auflösung Folgendes:
— B macht einen Veräußerungsgewinn i. H. von 60.000 Euro (negatives Kapitalkonto bis 0 Euro). Die Besteuerung dieses Gewinns ist grundsätzlich nicht sachlich unbillig, weil der steuerpflichtige Gewinn rechtliche Folge aus der früheren Verlustzuweisung ist. So BFH vom 06.09.2005.[30]

---
30 BFH/NV 2006 S. 11.

N. Auflösung

- C macht einen Verlust i. H. von 20.000 Euro
  (sein positives Kapitalkonto wird aufgebraucht, ein negatives Kapitalkonto entsteht nicht mehr).
- D macht einen Verlust i. H. von 80.000 Euro
  (auch sein positives Kapitalkonto wird voll aufgebraucht).
- A macht einen Verlust i. H. von 160.000 Euro
  (sein negatives Kapitalkonto wächst von 100.000 Euro auf 260.000 Euro an oder, anders ausgedrückt, vom laufenden Verlust entfallen auf ihn 100.000 Euro, da C und D insgesamt nur 100.000 Euro ausgleichen können. Hinzu kommt noch die Auflösung des negativen Kapitalkontos des B).

11 Da durch die Liquidation bei den Kommanditisten keine negativen Kapitalkonten entstehen, wird § 15 a EStG dadurch nicht berührt. Sollte bei B ein verrechenbarer Verlust festgestellt sein, ist dieser mit seinem Veräußerungsgewinn auszugleichen, § 15 a Abs. 2 EStG. Die Problematik bei der Liquidation darf nicht verwechselt werden mit der Problematik, die beim Ausscheiden eines Kommanditisten bei weiterbestehender KG entsteht. Denn dort kann § 15 a EStG anwendbar sein.[31]

Beispiel 3:

Bei einer KG sind der Komplementär A mit 50 % und die Kommanditisten B und C jeweils mit 25 % an Gewinn, Verlust und den stillen Reserven beteiligt. Die KG macht im Jahr 08 einen laufenden Verlust von 100.000 €, will sich auflösen und erstellt zum 31.12.08 folgende steuerliche Liquidationsbilanz:

Aktiva	KG-Bilanz	31.12.08	Passiva
Diverses Anlage- und Umlaufvermögen	300.000 €	Diverse Verbindlichkeiten	290.000 €
Verlust	100.000 €	Kapital A	20.000 €
		Kapital B	10.000 €
		Kapital C	80.000 €
	400.000 €		400.000 €

Vom Verlust entfallen an sich auf A 50.000 Euro und auf B und C je 25.000 Euro. Da B nur 10.000 Euro ausgleichen kann, entfallen vom Restverlust i. H. von 15.000 Euro auf A 10.000 Euro und auf C 5.000 Euro (anteilig entsprechend der Gewinnverteilung). Die Bilanz hat dann folgendes Bild:

Aktiva	KG-Bilanz	31.12.08	Passiva
Diverses Anlage- und Umlaufvermögen	300.000 €	Diverse Verbindlichkeiten	290.000 €
Kapital A	40.000 €	Kapital B	0 €
		Kapital C	50.000 €
	340.000 €		340.000 €

---

31 Vgl. oben E. Rz. 51, Beispiel 2.

Entsteht bei einer Liquidationsbilanz beim Komplementär buchmäßig ein negatives Kapitalkonto, bleiben jedoch für Kommanditisten positive Kapitalkonten übrig, so sind diese positiven Kapitalkonten Ausgleichsforderungen gegen den Komplementär. C kann also von A 50.000 Euro fordern. Die Ausgleichsforderungen der Kommanditisten können jedoch höher sein, wenn trotz Liquidation im Betrieb noch stille Reserven ruhen.

Ist in diesen Fällen der Komplementär zahlungsunfähig, können die Ausgleichsforderungen auf 0 Euro abgeschrieben werden, sodass sich der Verlust dieser Kommanditisten entsprechend erhöht.

Wäre dies im vorgegebenen Beispiel der Fall, hätte C im Jahre 08 nicht nur einen Verlust von 30.000 Euro, sondern einen solchen von 80.000 Euro, d. h. in Höhe seines ganzen Kapitalkontos vor Verlustzuweisung.[32] Da auch in diesem Fall kein negatives Kapitalkonto entstehen kann, wird § 15 a EStG nicht berührt.

1.5 Gesellschafterforderungen bei Insolvenz oder Liquidation der Gesellschaft

Entscheidend ist, welche Art von Forderung vorliegt. Zu unterscheiden ist zwischen Darlehen, Bürgschaften und Warenlieferungen.

Beispiel:

G ist Gesellschafter der G-OHG. Sein Kapitalkonto beträgt 50.000 €. Außerdem betreibt er daneben ein gewerbliches Einzelunternehmen. Im Jahr 01 gewährt er der OHG, mit der sein Einzelunternehmen in Geschäftsbeziehungen steht und die sich in Zahlungsschwierigkeiten befindet, aus Mitteln seines Einzelunternehmens ein Darlehen i. H. von 100.000 €, das mit 10 % verzinst werden muss. Außerdem übernimmt er für eine Schuld der OHG gegenüber der B-Bank i. H. von 100.000 € eine selbstschuldnerische Bürgschaft nach den §§ 765, 773 Abs. 1 Nr. 1 BGB.

Im Jahr 04 wird die OHG insolvent. G wird aus der Bürgschaft in Anspruch genommen, ohne Ersatz von der OHG zu erhalten. Bei der Liquidation der OHG fallen seine Darlehensforderung und eine zusätzliche Forderung aus Warenlieferungen seines Einzelunternehmens an die OHG i. H. von 20.000 € aus.

Das **Darlehen** des G an seine OHG stellt Eigenkapital des G in der OHG dar. Die Darlehenshingabe war in Bezug auf sein Einzelunternehmen betrieblich veranlasst. Außerdem diente es seiner Beteiligung an der OHG. Nach dem BFH-Urteil vom 08.12.1982[33] hat bei dieser Bilanzierungskonkurrenz die Mitunternehmerschaft Vorrang. Das Darlehen ist also in der Steuerbilanz der OHG als Passivposten (Buchung: „Geldkonto an Darlehen") zu erfassen

---

32 Vgl. hierzu FG München vom 30.03.1960, EFG 1960 S. 412.
33 BStBl II 1983, 570.

N. Auflösung

und in einer Sonderbilanz als Einlage einzubuchen (Buchung: „Darlehen an Einlage"). Die Zinsen sind Sonderbetriebseinnahmen des G in der OHG.

Da das Darlehen nicht in der Bilanz des Einzelunternehmens bilanziert werden durfte, scheidet eine Forderungsabschreibung im Einzelunternehmen aus. Bei der Liquidation der OHG hat G folgendes steuerliches Kapitalkonto:

Kapitalkonto (Gesamthandsbilanz)	50.000 €
Darlehenskonto (Sonderbilanz)	100.000 €
steuerliches Kapitalkonto	150.000 €
Liquidationserlös	0 €
(Sonder-)Verlust G	150.000 €

13 Die Übernahme der **Bürgschaft** im Jahre 01 ist nicht zu bilanzieren. Insbesondere ist keine Rückstellung in einer Sonderbilanz des G zu bilden, solange mit einer Inanspruchnahme aus der Bürgschaft nicht zu rechnen ist.[34]

Mit der Erfüllung der Bürgschaftsverpflichtung geht die Forderung der B-Bank gegen die OHG kraft Gesetzes nach § 774 Abs. 1 BGB auf den Bürgen G über. Einkommensteuerlich stellt die Tilgung der Schuld der OHG durch G eine Einlage des G dar. Die auf ihn übergegangene Bankforderung hat G in seiner Sonderbilanz zu aktivieren (Buchung: „Sonstige Forderung an Einlage") und ein steuerliches Mehrkapital von 100.000 Euro auszuweisen. Die OHG hat anstelle der bisherigen Schuld eine Ausgleichsverpflichtung gegen G zu passivieren.

Kann G seine Forderung gegen die OHG nicht realisieren, erleidet er einen (Sonder-)Verlust in der OHG. Buchung in der Sonderbuchführung: „Abschreibung Sonstige Forderung 100.000 Euro an Sonstige Forderung 100.000 Euro".

Da die OHG ihre Ausgleichsverpflichtung gegenüber G nicht mehr erfüllen kann, entsteht bei der OHG insoweit ein Gewinn. Buchung in der OHG: „Ausgleichsverpflichtung G 100.000 Euro an Sonstiger betrieblicher Ertrag 100.000 Euro". Dieser Gewinn ist entsprechend dem Gewinnverteilungsschlüssel auf die Gesellschafter – also auch auf G – zu verteilen. Dadurch vermindert sich der steuerliche Sonderverlust des G.

14 Die **Forderung** des G aus **Warenlieferungen** hat ihre Ursache nicht im Gesellschaftsverhältnis, sondern sie resultierte aus Lieferungen des Einzelunternehmens an die OHG zu Bedingungen, wie sie auch zwischen Gesellschaftsfremden herrschen. Diese Forderung war deshalb im Einzelunternehmen G zu aktivieren. Ihr Ausfall führt zu einer Gewinnminderung im Einzelunternehmen des G. Buchung: „Abschreibung Forderung 20.000 Euro an Forderung 20.000 Euro".

---
34 BFH vom 19.01.1967, BStBl III 1967, 336.

Der Verlust einer Forderung eines Gesellschafters gegen seine Gesellschaft realisiert sich also ganz allgemein erst mit Beendigung der Gesellschaft oder bei Ausscheiden des Gesellschafters gegen Entgelt aus der Gesellschaft. Bei Forderungen aus Warenlieferungen kann sich der Verlust früher realisieren.

1.6 Forderungen bei Veräußerung oder Aufgabe der Personengesellschaft

1.6.1 Die Forderung aus einer Betriebsveräußerung im Ganzen

Beispiel:
Die Gesellschafter der ABC-OHG veräußern das gesamte Unternehmen an D. Sie erzielen einen Gewinn und versteuern ihn gem. §§ 16 und 34 EStG. Nach einiger Zeit stellt sich heraus, dass D nicht zahlen kann. Die Gesellschafter A, B und C wollen den Forderungsausfall steuerlich geltend machen. Möglich?

Nach früherer Rechtsprechung war die Kaufpreisforderung bei Veräußerung eines ganzen Betriebs notwendiges Privatvermögen, ihr Ausfall daher ebenfalls Privatangelegenheit.[35] Dies wurde damit begründet, dass die Betriebsveräußerung der letzte betriebliche Akt ist, d. h., dass die Forderung bzw. der Erlös unmittelbar in das Privatvermögen übergeht. Der BFH hatte mit dieser Begründung sogar einen Erlass der ESt aus Billigkeitsgründen abgelehnt.[36] Daraus ergab sich, dass in obigem Beispiel die Gesellschafter A, B und C den Forderungsausfall steuerlich nicht geltend machen konnten. Später hat der Große Senat des BFH mit Beschlüssen vom 19.07.1993[37] entschieden, dass der Ausfall dieser Forderung ein Ereignis mit steuerlicher **Rückwirkung** auf den Zeitpunkt der Veräußerung darstellt (§ 175 Abs. 1 Satz 1 Nr. 2 AO). Der Veräußerungsgewinn ist daher rückwirkend zu berichtigen.[38] Die nicht ausgefallene Forderung bleibt aber trotzdem weiterhin Privatvermögen, in der Literatur z. T. noch strittig.[39]

1.6.2 Die Forderung aus einer Veräußerung eines Teilbetriebs

Obwohl bei einer Teilbetriebsveräußerung die Begünstigungen der §§ 16, 34 EStG gewährt werden, soll nach h. M. die Kaufpreisforderung Betriebsvermögen des Restbetriebs bleiben, es sei denn, sie werde entnommen.[40]

---

35 BFH vom 24.09.1976, BStBl II 1977, 127, vom 19.01.1978, BStBl II 1978, 295, und vom 28.01.1981, BStBl II 1981, 464; BFH/NV 1987 S. 24 und 25.
36 BFH vom 24.09.1976, BStBl II 1977, 127.
37 BStBl II 1993, 894 und 897; Littmann/Hörger/Rapp, § 16 Rz. 109 d und 176 a; Schmidt/Wacker, § 16 Rz. 352 und 381.
38 Vgl. hierzu auch BFH-Urteile vom 10.02.1994, BStBl II 1994, 564, vom 28.07.1994, BStBl II 1995, 112, vom 14.12.1994, BStBl II 1995, 465, und vom 19.08.1999, BStBl II 2000, 179 (Leibrente).
39 BFH vom 16.12.1997, BStBl II 1998, 379, und Schmidt/Wacker, § 16 Rz. 381.
40 Vgl. Schmidt/Wacker, § 16 Rz. 382 m. w. N.

N. Auflösung

Fällt die Forderung aus, so ist sie nach bisheriger h. M. Aufwand des Jahres des Ausfalls. Begründet wird dies damit, die Veräußerung eines Teilbetriebs sei bilanzrechtlich ein der Veräußerung eines einzelnen Wirtschaftsguts gleichwertiger Geschäftsvorfall. Es geht hier um zwei Fragen. Ist die Forderung betrieblich oder privat und wie ist ihr Ausfall zu behandeln?

Vom BFH ist die erste Frage noch nicht entschieden worden. Wenn man die Rechtsprechung des BFH zur Besteuerung einer Leibrente bei Veräußerung eines Betriebs[41] zugrunde legt, erscheint uns die Ansicht der h. M. sehr zweifelhaft. Hier hat der BFH ein Wahlrecht angenommen: Entweder Anwendung des § 16 EStG und private Versteuerung der Rente gem. § 22 EStG oder keine Anwendung des § 16 EStG mit Besteuerung der Rente gem. §§ 15, 24 EStG, sobald und soweit der Buchwert überschritten ist. Es bleibt also weiter abzuwarten, wie der BFH diese Frage in naher Zukunft entscheidet. Wir meinen, vom Sinn des § 16 EStG her ist die Forderung nur dann betrieblich zu erfassen, wenn bei Veräußerung des Teilbetriebs auf die Begünstigungen der §§ 16, 34 EStG verzichtet wird.

Die zweite Frage ist entschieden. Im Hinblick auf die Beschlüsse des Großen Senats des BFH vom 19.07.1993[42] ist u. E. davon auszugehen, dass sich – wie bei einer Betriebsveräußerung im Ganzen – der Veräußerungsgewinn bei der Teilbetriebsveräußerung materiell-rechtlich rückwirkend mindert und daher die frühere Veranlagung gem. § 175 Abs. 1 Satz 1 Nr. 2 AO zu ändern ist.[43]

1.6.3 Forderungen des Sonderbetriebsvermögens bei Veräußerung oder Aufgabe der Personengesellschaft

Beispiel:

17 A ist Kommanditist einer GmbH & Co. KG. Er hat seiner KG ein Grundstück und ein Patent zur Nutzung zur Verfügung gestellt. Außerdem hält er 20 % des GmbH-Anteils. Damit führt er im Jahr 05 folgende

Aktiva	Sonderbilanz A	31.12.05	Passiva
Grundstück	200.000 €	Kapital	390.000 €
Patent	120.000 €		
GmbH-Anteil	70.000 €		
	390.000 €		390.000 €

Im Jahr 07 veräußert er die Wirtschaftsgüter des Sonderbetriebsvermögens an B für 500.000 €. Sämtliche Gesellschafter der KG veräußern im Jahre 09 das KG-Vermögen und geben den Betrieb auf.

---

41 Z. B. BFH vom 30.01.1974, BStBl II 1974, 452.
42 BStBl II 1993, 894 und 897. Vgl. auch Schmidt/Wacker, § 16 Rz. 382.
43 Vgl. ausführlich unten Rz. 27, auch zur Abgrenzungsproblematik.

1 Einkommensteuer

Bei Veräußerung der Wirtschaftsgüter des Sonderbetriebsvermögens im Jahr 07 entsteht bei A ein laufender Gewinn gem. § 15 EStG i. H. von 110.000 € (500.000 € ./. 390.000 €). Die dabei entstehende Forderung von 500.000 € kann A privat oder betrieblich behandeln.

Behandelt er die Forderung privat (keine Sonderbilanz) und fällt sie später aus, erleidet er einen privaten Vermögensverlust, den er steuerlich nicht geltend machen kann. Eine rückwirkende Berichtigung gem. § 175 Abs. 1 Satz 1 Nr. 2 AO ist u. E. nicht zulässig, weil es sich bei Entstehung der Forderung nicht um einen Fall der Betriebsaufgabe oder Betriebsveräußerung handelt. Die Rechtsprechung hat bisher diese Fälle, soweit ersichtlich, nicht entschieden.

Behandelt A diese Forderung als gewillkürtes Betriebsvermögen betrieblich, d. h., führt er eine Sonderbilanz nur mit dieser Forderung, kann er den eventuellen Ausfall steuerlich als Aufwand geltend machen.

Sofern die Forderung noch im Jahr 09 bei Veräußerung oder Aufgabe der KG besteht, wird sie zwingend Privatvermögen, weil ihre Beziehung zum Betriebsvermögen der KG entfällt. Sie wird gem. § 16 Abs. 3 EStG entnommen.

Ein dabei entstehender Entnahmegewinn oder -verlust ist bei A im Rahmen seines Veräußerungsgewinns gem. §§ 16, 34 EStG zu berücksichtigen, weil die Entnahme der Forderung im unmittelbaren Zusammenhang mit der Betriebsveräußerung oder -aufgabe erfolgte.

Die Forderung ist nun privat, ein eventueller Ausfall nach der Betriebsveräußerung oder -aufgabe ist jetzt mit Sicherheit ein rückwirkendes Ereignis gem. § 175 Abs. 1 Satz 1 Nr. 2 AO, d. h., der Aufwand mindert jetzt rückwirkend den Veräußerungsgewinn gem. § 16 EStG. Entsteht dabei sogar ein Verlust, wäre dieser rückwirkend als Veräußerungsverlust steuerlich anzuerkennen.

1.7 Schulden und Zinsen bei Betriebsaufgabe und Betriebsveräußerung

1.7.1 Schulden und Zinsen bei Betriebsaufgabe bzw. einer Betriebsveräußerung im Ganzen

Durch mehrere Entscheidungen[44] hat der BFH diese Fragen grundsätzlich gelöst. Drei Leitsätze der fünf Urteile seien wörtlich wiedergegeben:

---
44 BStBl II 1981, 460 ff.

N. Auflösung

— Urteil vom 11.12.1980:[45]

> „Zinszahlungen für Verbindlichkeiten, die bis zur Vollbeendigung eines Gewerbebetriebs trotz Verwertung des Aktivvermögens nicht getilgt werden konnten, können nachträgliche Betriebsausgaben sein. Dem steht nicht entgegen, dass die Zinsen in früheren Veranlagungszeiträumen als Sonderausgaben behandelt worden sind."

— Urteil vom 11.12.1980:[46]

> „Verbindlichkeiten, die zur Ablösung anderer Verbindlichkeiten eingegangen werden, welche bis zur Vollbeendigung eines Gewerbebetriebs trotz Verwertung des Aktivvermögens nicht getilgt werden konnten, haben ihre Ursache im früheren Gewerbebetrieb. Aufwendungen im Zusammenhang mit einer derartigen Umschuldung sind ebenso wie die für die neuen Verbindlichkeiten bezahlten Zinsen nachträgliche Betriebsausgaben."

— Urteil vom 11.12.1980:[47]

> „Soweit es ein Steuerpflichtiger bei Aufgabe eines Gewerbebetriebs unterlässt, vorhandene aktive Wirtschaftsgüter zur Berichtigung der Betriebsschulden einzusetzen, sind die verbleibenden Schulden in Höhe des unterlassenen Ausgleichs nicht mehr durch die frühere gewerbliche Tätigkeit veranlasst. Auf diese Verbindlichkeiten gezahlte Schuldzinsen können nicht als nachträgliche (gewerbliche) Betriebsausgaben anerkannt werden."

Aus diesen Urteilen folgt, dass bei Betriebsveräußerungen und Betriebsaufgaben überschuldeter Betriebe zumindest fiktiv das Aktivvermögen mit den Schulden saldiert werden muss. Nur die Schulden, die nach tatsächlichem oder fiktivem Abzug der Aktivgüter noch übrig bleiben, sind Betriebsschulden geblieben. Die anderen Schulden werden, wenn sie nicht beglichen werden, obwohl sie hätten beglichen werden können, Privatvermögen. Übrig gebliebene Schulden müssen daher möglicherweise aufgeteilt werden, wobei man wohl dem Stpfl. ein Wahlrecht einräumen muss. Nur die Zinsen der Betriebsschulden sind Betriebsausgaben.[48]

Der BFH hat in weiteren Entscheidungen diese Rechtsprechung bestätigt.[49]

Im neuesten Urteil vom 28.03.2007[50] fasst der BFH alle möglichen Varianten zusammen.

---

45 BStBl II 1981, 460; angemerkt sei, dass bis zum VZ 1984 private Schuldzinsen als Sonderausgaben geltend gemacht werden konnten.
46 BStBl II 1981, 462.
47 BStBl II 1981, 463.
48 **Anmerkung:** Diese Rechtsprechung gilt bei Veräußerung einer privaten Einkunftsquelle nicht, vgl. BFH vom 21.12.1982, BStBl II 1983, 373, zur Veräußerung eines Mietshauses. Auch das Urteil des BFH vom 16.09.1999, BStBl II 2001, 528, ändert daran nichts, weil es sich nur auf angefallene Zinsen während der Vermietungsphase bezieht.
49 BFH vom 19.01.1982, BStBl II 1982, 321; vom 21.11.1989, BStBl II 1990, 213; vom 12.11.1997, BStBl II 1998, 144, vom 07.07.1998, BStBl II 1999, 209, und vom 19.08.1998, BStBl II 1999, 353. Vgl. auch Schmidt/Wacker, § 16 Rz. 371 mit vielen weiteren Nachweisen.
50 BStBl II 2007, 642.

Diese Rechtsprechungsgrundsätze gelten auch für Personengesellschaften. Zunächst wurde dies für die Veräußerung von Gesellschaftsanteilen entschieden. Die Leitsätze zweier BFH-Urteile hierzu:

— Urteil vom 28.01.1981:[51]

„Werden Gesellschaftsschulden bei der Veräußerung eines Gesellschaftsanteils vom übertragenden Gesellschafter mit befreiender Wirkung gegenüber der Gesellschaft und dem eintretenden Gesellschafter übernommen, so verlieren sie ihren betrieblichen Charakter. Vom bisherigen Gesellschafter auf diese Schulden gezahlte Zinsen sind keine nachträglichen Betriebsausgaben."

— Urteil vom 27.01.1984:[52]

„1. Auch bei der Veräußerung eines Mitunternehmeranteils sind Schuldzinsen für betrieblich begründete zurückbehaltene Verbindlichkeiten nachträgliche Betriebsausgaben, soweit der Veräußerungserlös und der Verwertungserlös aus zurückbehaltenen Aktivwerten nicht zur Schuldentilgung ausreichen.

2. Die Schuldzinsen sind – darüber hinausgehend – auch noch dann und so lange nachträgliche Betriebsausgaben, als der Schuldentilgung Auszahlungshindernisse hinsichtlich des Veräußerungserlöses, Verwertungshindernisse hinsichtlich der zurückbehaltenen Aktivwerte oder Rückzahlungshindernisse hinsichtlich der früheren Betriebsschulden entgegenstehen."

Durch das Urteil vom 13.02.1996[53] wurden diese Rechtsprechungsgrundsätze auch auf die Personengesellschaft selbst ausgedehnt:

— Leitsatz 1 dieses Urteils:

„Zahlt der Gesellschafter einer Personengesellschaft Zinsen für Verbindlichkeiten, die die Gesellschaft bei Aufgabe ihres Betriebs nicht getilgt hat, obwohl ihr bei ordnungsgemäßer Abwicklung ausreichende Mittel zur Verfügung gestanden hätten, kann er die Zinsen nicht als (nachträgliche) Betriebsausgaben abziehen."

Daraus ergibt sich, dass für die Personengesellschafter immer ein Tilgungsgebot besteht, gleich, ob sie ihren Anteil veräußern oder die Gesellschaft auflösen.

Beispiel:

Die ABC-OHG gibt ihren Betrieb zum 31.12.10 auf. Sie erstellt folgende

Aktiva	Schlussbilanz zum 31.12.10		Passiva
Aktiva	120.000 €	Schulden	450.000 €
Kapital A	300.000 €	Kapital C	70.000 €
Kapital B	100.000 €		
	520.000 €		520.000 €

---

51 BStBl II 1981, 464.
52 BStBl II 1985, 323.
53 BStBl II 1996, 291.

N. Auflösung

Die OHG macht einen Veräußerungsverlust von 30.000 € geltend. Nach langen Verhandlungen einigen sich A, B und C, dass A von den Schulden 300.000 €, B 100.000 € und C 50.000 € übernimmt.

Kam der Veräußerungsverlust durch Veräußerung der Aktiva zustande, d. h., hat die OHG für die angesetzten Aktiva von 120.000 Euro nur einen Veräußerungserlös von 90.000 Euro erzielt, dann müssen A, B und C damit zum Teil ihre Schulden ablösen. Nur die übrig bleibenden Schulden bleiben Betriebsschulden. Nehmen wir an, sie einigen sich, dass der Erlös durch drei geteilt wird, dann kann A Zinsen nur aus einer Darlehenshöhe von 270.000 Euro, B von 70.000 Euro und C von 20.000 Euro abziehen, ganz gleich, ob sie den Erlös zur Schuldentilgung verwenden oder nicht. Das Gleiche gilt, wenn sie das Aktivvermögen in das Privatvermögen überführen und die gemeinen Werte insgesamt einen Betrag von 90.000 Euro ausmachen, § 16 Abs. 3 EStG.

1.7.2 Schulden und Zinsen bei Teilbetriebsaufgabe bzw. einer Teilbetriebsveräußerung

19 Auch hier kommt man zur Saldierung,[54] je nachdem, welche Auffassung man zur entstehenden Forderung bei einer Teilbetriebsveräußerung[55] hat. Das folgende umfassende Beispiel möge dies verdeutlichen.

Beispiel:

Die ABC-OHG betreibt einen Zigarettengroßhandel und eine Zigarrenproduktion. Sie hat organisatorisch die beiden Bereiche scharf getrennt, sodass Teilbetriebe i. S. des § 16 EStG vorliegen. Die Zigarrenproduktion geht äußerst schlecht. Die OHG veräußert daher diesen für sich gesehen überschuldeten Teilbetrieb an den Z mit Wirkung zum 31.12.06. Zum 31.12.06 ergäbe sich, wenn sie besonders erstellt würde, für diesen Teilbetrieb folgende Abschlussbilanz:

Aktiva	Bilanz Zigarrenproduktion zum 31.12.06		Passiva
Maschinen	30.000 €	Verbindlichkeiten	80.000 €
Vorräte	20.000 €	Bankdarlehen	320.000 €
Forderungen	50.000 €		
Kapital A	100.000 €		
Kapital B	100.000 €		
Kapital C	100.000 €		
	400.000 €		400.000 €

Laut Kaufvertrag hat Z 50.000 € zu zahlen, wobei er zwar die Verbindlichkeiten, aber nicht das Bankdarlehen übernimmt. Die Gesellschafter buchen daher in ihrer verbleibenden Buchführung zum 31.12.06:

---

54 Entsprechend N. Rz. 18.
55 Vgl. oben N. Rz. 16.

Forderung an Z	50.000 €			
Verbindlichkeiten	80.000 €	an	Maschinen	30.000 €
			Vorräte	20.000 €
			Forderungen	50.000 €
			und	
			Sonstiger	
			betrieblicher Ertrag	30.000 €

Die 30.000 € versteuern die Gesellschafter gem. §§ 16, 34 EStG korrekt.

Am 06.07.11 wird Z mit dem erworbenen Zigarrenproduktionsbetrieb insolvent und klagt gegen die OHG bei Gericht einen Schadensersatzanspruch i. H. von 70.000 € ein mit der Begründung, die OHG hätte ihm bewusst einen Verlustbetrieb veräußert.

Daraufhin bucht die OHG die immer noch offene Forderung von 50.000 € über „Sonstigen betrieblichen Aufwand" aus und bildet zusätzlich i. H. von 70.000 € eine Schadensersatzrückstellung.

Geht man mit der h. M. davon aus, dass die Teilbetriebsveräußerung bilanzrechtlich einen der Veräußerung eines einzelnen Wirtschaftsgutes gleichwertigen Geschäftsvorfall darstellt,[56] dann ist dieser Fall einfach zu entscheiden. Sowohl die bei Veräußerung entstehende Forderung als auch die im Teilbetrieb vorhandenen Schulden sind dann betrieblich. Auch Rückstellungen wären denkbar.

Nimmt die OHG aber bei Versteuerung der Teilbetriebsveräußerung die Vergünstigungen der §§ 16, 34 EStG in Anspruch, muss sie damit rechnen, dass Verwaltung und BFH die nach der Teilbetriebsveräußerung aus ihr stammenden und noch vorhandenen Wirtschaftsgüter als Privatvermögen betrachten.

Daraus folgt, dass die OHG nach dieser Auffassung die Kaufpreisforderung nie hätte betrieblich einbuchen dürfen, denn durch die Anwendung des § 16 EStG wurde sie zur privaten Forderung. Daher ist nach dieser Auffassung im Jahre 11 auch die Ausbuchung über sonstigen betrieblichen Aufwand falsch. Ebenso falsch ist die Einbuchung der Rückstellung im Jahre 11, denn die Schadensersatzforderung entsteht nach Anwendung des § 16 EStG im privaten Bereich.

Durch die oben dargestellten Zinsurteile des BFH ist nach dieser Auffassung das Belassen des Darlehens in der Buchführung problematisch geworden. Denn das Darlehen ist durch diese Rechtsprechung jetzt nur insoweit betrieblich geblieben, als es bei Saldierung mit den Aktivgütern übrig geblieben ist. Die OHG hat die Aktivgüter durch den Verkauf verwertet. Die Aktivgüter mit dem Gesamtbuchwert von 100.000 Euro hat sie an Z für 130.000 Euro veräußert (50.000 Euro in bar und 80.000 Euro durch Übernahme der Verbindlichkeiten). Damit sind vom Bankdarlehen i. H. von 320.000 Euro 130.000 Euro abgedeckt worden, d. h., es blieben bei Saldie-

---

56 Vgl. oben N. Rz. 16.

N. Auflösung

rung 190.000 Euro übrig. Nur dieser Betrag ist daher nach dieser Auffassung eine Betriebsschuld geblieben, und die Zinsen daraus sind Aufwand. Das restliche Darlehen wurde privat. Die OHG hätte es daher nach dieser Auffassung zum 31.12.06 zum Teil ausbuchen müssen:

| Darlehen | 130.000 € | an | Kapital A, B, C | 130.000 € |

Es bleibt in diesem Falle weiter abzuwarten, wie der BFH eines Tages zum Charakter der Forderung – als Betriebs- oder Privatvermögen – entscheidet.

1.7.3 Schulden und Zinsen bei Betriebsaufgabe und -veräußerung im Rahmen des Sonderbetriebsvermögens

Mit seinem Urteil vom 13.02.1996[57] hat der BFH zu diesen Fragen eindeutig Stellung genommen. Pfalzgraf/Meyer[58] haben dieses Urteil ausgewertet.

1.7.3.1 Schulden im Sonderbetriebsvermögen II

20 Zum notwendigen Sonderbetriebsvermögen II gehören die Wirtschaftsgüter, die nicht unmittelbar für betriebliche Zwecke der Personengesellschaft genutzt werden, aber in einem unmittelbaren wirtschaftlichen Zusammenhang mit der Beteiligung des Gesellschafters an der Personengesellschaft stehen. Schulden gehören auch dazu. Wird ein Darlehen zum Erwerb oder zur Aufstockung der Beteiligung aufgenommen, ist der unmittelbare wirtschaftliche Zusammenhang mit der Beteiligung gegeben. Solange die Mitunternehmerstellung besteht, sind die Zinsen Sonderbetriebsausgaben.

Nach BFH vom 13.02.1996[57] sind die vom Gesellschafter zur Erfüllung seiner Einlagepflicht aufgenommenen Verbindlichkeiten den Gesamthandsschulden gleichgestellt, wenn es um die Beendigung der Gesellschaft geht. Die gezahlten Zinsen sind daher über die Beendigung der Gesellschaft hinaus als nachträgliche Betriebsausgaben absetzbar, allerdings nur, wenn sie aus dem Veräußerungserlös des Mitunternehmeranteils nicht getilgt werden können. Es besteht daher ein **Tilgungsgebot**. Unterbleibt die Tilgung, fehlt der Veranlassungszusammenhang zwischen Beteiligung und Schuld des Gesellschafters. In diesem Falle sind dann die Zinsen nicht mehr abziehbar.

Beispiel:
Der Betrieb der ABC-OHG wird zum 31.12.10 aufgegeben. Gesellschafter A erhält vom Aufgabegewinn 100.000 € überwiesen. Seine Beteiligung hat A ursprünglich mit einem Bankdarlehen von 200.000 € finanziert. Seine Sonderbilanz zum 31.12.10 hat folgendes Bild:

Aktiva	Sonderbilanz A zum 31.12.10		Passiva
Kapital	170.000 €	Darlehen	170.000 €

---

[57] BStBl II 1996, 291.
[58] DStR 1996 S. 1425.

1 Einkommensteuer

Tilgt A mit dem überwiesenen Betrag zum Teil das Darlehen, bleibt das Restdarlehen i. H. von 70.000 Euro Betriebsvermögen, und die Zinsen sind nachträgliche Betriebsausgaben gem. §§ 24, 15 EStG.

Tilgt A nicht, wird das Darlehen i. H. von 100.000 Euro Privatvermögen, und die Zinsen sind insoweit nichtabzugsfähig. Wird dabei das Darlehen nicht aufgeteilt zum Zeitpunkt der Betriebsaufgabe, sind die Zins- und Tilgungsraten jeweils mit $^{100}/_{170}$ privat und mit $^{70}/_{170}$ betrieblich. In solch einem Fall empfiehlt sich die sofortige Aufteilung des Darlehens in zwei Konten, um den privaten Anteil eher tilgen zu können.

Tilgt A nicht, kann er das private Darlehen von 100.000 Euro in einen anderen Finanzierungszusammenhang, auch in eine andere Einkunftsart, **umwidmen.** Im Urteil vom VIII. Senat des BFH vom 07.08.1990[59] wurde allerdings noch ein Einvernehmen mit dem Darlehensgeber verlangt. Es ging um die Veräußerung eines mit Darlehensmitteln angeschafften Mietwohngrundstücks. Der Veräußerer hatte den Kaufpreis festverzinslich angelegt und wollte die Schuldzinsen als Werbungskosten aus § 20 EStG geltend machen. Da das Einvernehmen mit der Bank nicht nachgewiesen war, verwies der BFH das Verfahren wieder zurück an das Finanzgericht. Die Literatur hat das Urteil angegriffen, und andere Senate des BFH haben differenzierter entschieden. Später hat der VIII. Senat in seinem Urteil vom 07.03.1995[60] seine Rechtsprechung geändert und das Einvernehmen mit dem Gläubiger nicht mehr verlangt.[61] Diese Rechtsprechung wurde u. a. auch in den Urteilen vom 07.07.1998 und vom 19.08.1998[62] bestätigt.

1.7.3.2 Schulden im Sonderbetriebsvermögen I

Zum Sonderbetriebsvermögen I gehören die Wirtschaftsgüter, die unmittelbar betrieblichen Zwecken der Personengesellschaft dienen. Werden diese Wirtschaftsgüter fremdfinanziert, gehören diese Schulden ebenfalls zum Sonderbetriebsvermögen I. Sie dienen dann über den Finanzierungszusammenhang unmittelbar dem Betrieb der Personengesellschaft, sind aber stets mit dem aktiven Sonderbetriebsvermögen I verbunden.[63]

Nach Auflösung der Personengesellschaft richtet sich der Zinsabzug nach der künftigen Verwendung des aktiven Sonderbetriebsvermögens I. Dagegen besteht keine Verpflichtung des Gesellschafters, den Liquidationserlös aus der Mitunternehmerschaft zur Tilgung der Schulden aus dem Sonderbetriebsvermögen zu verwenden.

---

59 BStBl II 1991, 15.
60 BStBl II 1995, 697.
61 Vgl. zur Rechtsprechungsentwicklung und zum Streit in der Literatur das BFH-Urteil vom 07.03.1995, Schmidt/Drenseck, § 9 Rz. 12 und 82, sowie Pfalzgraf/Meyer, DStR 1996 S. 1425.
62 BStBl II 1999, 209, 213 a. E., und BStBl II 1998, 353.
63 Vgl. Pfalzgraf/Meyer, DStR 1996 S. 1425.

N. Auflösung

Beispiel 1:
Der Betrieb der ABC-OHG wird zum 31.12.10 aufgegeben. Gesellschafter A erhält vom Aufgabegewinn 100.000 € überwiesen. A hat seit Jahren der OHG ein Grundstück zur Nutzung überlassen, das er mit einem Kredit erworben hat. Die Sonderbilanz hat folgendes Bild:

Aktiva	Sonderbilanz A 31.12.10		Passiva
Grundstück	200.000 €	Darlehen	160.000 €
		Kapital	40.000 €
	200.000 €		200.000 €

Wenn A das Grundstück nicht veräußert, kann er auch das Darlehen belassen, d. h., die Zinsen sind abzugsfähig, wenn er das Grundstück einer Einkunftsquelle zuführt. Vermietet er das Grundstück privat, sind die Zinsen Werbungskosten aus Vermietung und Verpachtung, vermietet er es als Betriebsvermögen in einem anderen Betrieb, sind die Zinsen Betriebsausgaben. A ist nicht verpflichtet, den von der OHG überwiesenen Betrag von 100.000 Euro zur Tilgung des Darlehens in der Sonderbilanz zu verwenden. Insoweit ergibt sich **kein Tilgungsgebot.**[64]

Veräußert A das Grundstück entweder im wirtschaftlichen Zusammenhang mit der Liquidation der OHG oder einige Zeit später, gilt das Saldierungsgebot innerhalb des Sonderbetriebsvermögens I. Das Darlehen wird in diesem Augenblick Privatvermögen, wenn A den Erlös aus dem Verkauf des Grundstücks nicht zur Tilgung des Darlehens verwendet. Zur Umwidmungsproblematik, die in letzterem Fall entstehen kann, vgl. oben.[65]

Beispiel 2:
Wie Beispiel 1, A hat jedoch seiner OHG kein Grundstück überlassen, sondern eine mit einem Darlehen finanzierte Maschine, die inzwischen abgeschrieben ist:

Aktiva	Sonderbilanz A 31.12.10		Passiva
Maschine	1 €	Darlehen	160.000 €
Kapital	159.999 €		
	160.000 €		160.000 €

Muss in diesem Falle A die überwiesenen 100.000 Euro verwenden, um das Darlehen zum Teil zu tilgen, oder besteht kein Tilgungsgebot und kann A trotzdem die Zinsen gem. §§ 24, 15 EStG als nachträgliche laufende Betriebsausgaben geltend machen? Das Urteil des BFH vom 13.02.1996[66] ist hierzu nicht eindeutig. Pfalzgraf/Meyer[67] meinen hierzu wörtlich:

---

[64] BFH vom 13.02.1996, BStBl II 1996, 291.
[65] Vgl. oben N. Rz. 20.
[66] BStBl II 1996, 291.
[67] DStR 1996 S. 1425.

1 Einkommensteuer

„Soweit der VIII. Senat des BFH im umgekehrten Fall aktives Sonder- **22**
betriebsvermögen I nicht zur Tilgung von Geschäftsschulden der Personengesellschaft einsetzt und damit Gesamthands- sowie Sonderbetriebsvermögen steuerlich trennt, könnte man geneigt sein, hier entsprechend zu verfahren, und ein Tilgungsgebot zu verneinen. Der Steuerpflichtige wäre damit in der Verwendung seiner liquiden Mittel gegenüber einem Einzelunternehmer erkennbar freier. Seine Entscheidung, nicht zu tilgen, würde durch einen fortbestehenden Zinsabzug honoriert.

Das aktive Sonderbetriebsvermögen I ist (nur) über den Sachverhalt der Nutzungsüberlassung mit dem Betrieb der Personengesellschaft verbunden und daher nach bürgerlich- bzw. handelsrechtlichen Vorschriften bei Liquidation der Gesellschaft an den Gesellschafter als Eigentümer zurückzugeben. Eine in diesem Sinne beendbare Beziehung der Bankschulden zum Betrieb ist nicht ohne weiteres gegeben. Sie ist zwar unstreitig zu bejahen, solange das aktive Sonderbetriebsvermögen wertmäßig der Schuld entspricht. Wird aber dieses Aktivvermögen aufgrund seiner Nutzung durch die Gesellschaft wertlos, erfahren die betreffenden Bankschulden eine endgültige betriebliche Veranlassung. Der bisherige Finanzierungszusammenhang zum aktiven Wirtschaftsgut erlischt. Damit aber reduziert sich eine Veranlassung der zurückbleibenden Schulden allein auf dessen frühere Nutzung durch die Personengesellschaft, die letztlich auch ursächlich für den Wertverzehr war. Infolgedessen unterscheidet sich die zum Sonderbetriebsvermögen I gehörende Schuld qualitativ nicht mehr von Schulden des Sonderbetriebsvermögens II. Es spricht daher einiges dafür, ein Tilgungsgebot zu bejahen.

Bei unterlassener Tilgung wäre der weitere Zinsabzug als nachträgliche Betriebsausgaben (§ 24 Nr. 2 EStG) ausgeschlossen. Nach dem gegenwärtigen Stand der Rechtsprechung ist jedenfalls eine für den Steuerpflichtigen günstigere Auffassung u. E. nicht vertretbar."

Diese Argumentation hat viel für sich. Als Berater sollte man in einem solchen Fall an ein mögliches Tilgungsgebot denken. Letztlich bleibt abzuwarten, wie der BFH zukünftig entscheidet.

1.7.3.3 Schulden im Gesamthandsvermögen

Bislang war ungeklärt, ob ein Gesellschafter sein aktives Sonderbetriebsver- **23**
mögen zur Tilgung von Gesellschaftsschulden verwenden muss. Der BFH hat dies mit Urteil vom 13.02.1996[68] verneint.

Der dritte Leitsatz lautet wörtlich:

„Zahlt ein Gesellschafter Zinsen für fortbestehende Gesellschaftsverbindlichkeiten, so muss er sich nicht entgegenhalten lassen, dass er die Aktivwerte sei-

---
68 BStBl II 1996, 291.

N. Auflösung

nes Sonderbetriebsvermögens zur Tilgung dieser Verbindlichkeiten hätte einsetzen können."

Pfalzgraf/Meyer[69] meinen hierzu:

„Die steuerlich vorteilhafte Berechtigung zur freien Verfügung über das Sonderbetriebsvermögen I trotz bestehender Gesellschaftsschulden hat nach Auffassung des VIII. Senats des BFH eine zivilrechtliche Grundlage. Danach ist entsprechend dem Zweck der Liquidation nur das Gesellschaftsvermögen zur Begleichung von Gesellschaftsschulden zu verwenden. Der Gesellschaft zur Nutzung überlassene Wirtschaftsgüter hingegen sind dem Gesellschafter bei Liquidation der Gesellschaft zurückzugeben (§ 732 BGB, § 105 Abs. 2, § 161 Abs. 2 HGB); sie nehmen an der Liquidation also nicht teil. Infolgedessen muss sich der Gesellschafter eine zugunsten der Gesellschaftsschulden unterlassene Verwertung nicht vorhalten lassen. Ohne Einfluss ist, ob der Gesellschafter gegenüber Gesellschaftsschulden beschränkt oder unbeschränkt haftet. Gesellschaft und Gesellschafter bilden zur Beurteilung des fortbestehenden betrieblichen Veranlassungszusammenhangs von Schulden keine Einheit. Darin liegt ein erheblicher Unterschied zum Einzelunternehmer, der grundsätzlich das gesamte aktive Betriebsvermögen verwerten muss."

Hieraus ergeben sich Gestaltungsmöglichkeiten:

1.7.3.3.1 Schuldenumschichtung ins Gesamthandsvermögen

Beispiel:

Die Gesellschafter der AB-OHG planen, den Betrieb aufzulösen. Sie führen Wirtschaftsgüter im Sonderbetriebsvermögen, die mit Krediten angeschafft wurden. Es liegen folgende Bilanzen vor:

Aktiva	Bilanz AB-OHG zum 31.12.10		Passiva
Aktiva	200.000 €	Schulden	600.000 €
Kapital A	270.000 €		
Kapital B	130.000 €		
	600.000 €		600.000 €

Aktiva	Sonderbilanz A zum 31.12.10		Passiva
Grundstück	200.000 €	Darlehen	20.000 €
		Kapital	180.000 €
	200.000 €		200.000 €

---

69 DStR 1996 S. 1425.

Aktiva	Sonderbilanz B zum 31.12.10		Passiva
Grundstück	150.000 €	Darlehen	110.000 €
		Kapital	40.000 €
	150.000 €		150.000 €

A und B müssen die Schulden in der Gesellschaftsbilanz mit den Aktiva verrechnen, sodass sie Zinsen aus Schulden i. H. von 400.000 Euro als nachträgliche Betriebsausgaben gem. §§ 24, 15 EStG geltend machen können. Die im Sonderbetriebsvermögen befindlichen Grundstücke brauchen sie für die Gesellschaftsbilanz nicht zu verwerten. Wären die Grundstücke jedoch Gesellschaftsvermögen, bestünde Tilgungszwang, d. h., sie müssten die Grundstücke veräußern, und nur der noch übrige Teil der Schulden bliebe Betriebsvermögen.

Für den Fall, dass A und B ihre Grundstücke veräußern, aber die Darlehen in den Sonderbilanzen nicht tilgen wollen, würden die Darlehen Privatvermögen und die Zinsen könnten steuerlich nicht mehr geltend gemacht werden (Saldierungsgebot innerhalb des Sonderbetriebsvermögens I).[70] In diesem Fall wäre es sinnvoll, vor der Betriebsaufgabe und dem Verkauf der Grundstücke des Sonderbetriebsvermögens die Schulden im Sonderbetriebsvermögen durch Geldübertragungen aus dem Gesamthandsvermögen in das Sonderbetriebsvermögen umzuschichten. Bei A würde das Darlehen i. H. von 20.000 Euro, bei B i. H. von 110.000 Euro entfallen. Die 130.000 Euro insgesamt würden die Schulden im Gesamthandsvermögen erhöhen (jetzt 730.000 Euro) und blieben bei Betriebsaufgabe Betriebsvermögen mit der Folge, dass die Zinsen als Betriebsausgaben abzugsfähig wären.

Ein Gestaltungsmissbrauch läge u. E. nicht vor, weil es den Gesellschaftern überlassen bleibt, ob und wie sie das Gesamthands- und das Sonderbetriebsvermögen finanzieren.[71]

1.7.3.3.2 Überführung von Wirtschaftsgütern in das Sonderbetriebsvermögen

Beispiel:

Die Gesellschafter der AB-OHG planen, den Betrieb aufzulösen. Im Gesellschaftsvermögen befinden sich zwei Grundstücke, die sie nicht veräußern wollen. Es liegt folgende Bilanz vor:

---

70 Vgl. N. Rz. 21.
71 Vgl. auch Pfalzgraf/Meyer, DStR 1996 S. 1425, mit einem ähnlichen Beispiel.

N. Auflösung

Aktiva	Bilanz AB-OHG zum 31.12.10		Passiva
Grundstück 1	200.000 €	Schulden	840.000 €
Grundstück 2	250.000 €	Kapital B	20.000 €
Sonstige Aktiva	350.000 €		
Kapital A	60.000 €		
	860.000 €		860.000 €

Geben A und B bei dieser Situation den Betrieb auf, ergeben sich aufgrund des Saldierungsgebots nur noch Schulden i. H. von 40.000 Euro (840.000 Euro ./. 800.000 Euro), deren Zinsen sie als nachträgliche Betriebsausgaben abziehen können. Dabei ist es gleichgültig, ob sie alle Aktiva oder nur Teile davon oder überhaupt keine Aktiva verkaufen.

In diesem Fall wäre daher zu überlegen, die Grundstücke in das Sonderbetriebsvermögen zu überführen. So könnten A und B z. B. jeweils ein Grundstück übernehmen. Die Überführung kann gem. § 6 Abs. 5 Satz 3 EStG seit 01.01.2001 wieder zum Buchwert erfolgen.[72] Bei der späteren Betriebsaufgabe wären die Grundstücke in das Privatvermögen zu überführen, und ein entstehender Entnahmegewinn wäre genauso tarifbegünstigt, wie wenn sie noch im Gesamthandsvermögen wären, § 16 Abs. 3 EStG. Auch hier ist u. E. ein Gestaltungsmissbrauch nicht anzunehmen, weil den Gesellschaftern nicht vorgeschrieben werden kann, in welcher zivilrechtlichen Struktur sich ihre Wirtschaftsgüter befinden müssen.

Zu beachten ist allerdings, ob Schulden vorhanden sind, die im wirtschaftlichen Zusammenhang mit den zu überführenden Wirtschaftsgütern stehen. Diese Schulden, z. B. bei Erwerb der Wirtschaftsgüter eingegangen, müssten mit den zu überführenden Wirtschaftsgütern in das Sonderbetriebsvermögen überführt werden.

Nehmen wir an, dass dies im vorliegenden Beispiel nicht der Fall ist, dann blieben für A und B noch Schulden i. H. von 490.000 Euro (840.000 Euro ./. 350.000 Euro) übrig, deren Zinsen sie als nachträgliche Betriebsausgaben abziehen könnten.

1.7.4 Schuldenerlass nach Veräußerung oder Aufgabe des Betriebs

26 Mit Urteil vom 06.03.1997[73] hat der BFH dieses Problem im 2. Leitsatz wie folgt entschieden:

> „Wird eine Verbindlichkeit, die bei Veräußerung oder Aufgabe eines Gewerbebetriebs im Betriebsvermögen verbleibt, später erlassen, so führt dieser Vorgang rückwirkend zu einer Erhöhung des Veräußerungs- oder Aufgabegewinns."

---

72 In der Zeit vom 01.01.1999 bis zum 31.12.2000 war in diesem Falle der Teilwert anzusetzen. Vgl. hierzu die 7. Auflage dieses Bandes.
73 BStBl II 1997, 509.

1 Einkommensteuer

Vereinfacht lag dem Urteil folgender Sachverhalt zugrunde:

„K war Kommanditist einer GmbH & Co. KG. Er gewährte der KG ein Darlehen über 800.000 DM, das er bei einer Bank finanzierte. Über das Vermögen der KG wurde im Jahr 12 der Konkurs eröffnet. K fiel mit seiner Forderung im Konkursverfahren aus, musste die Zinsen des Kredits bei der Bank aber weiter bezahlen. Die Zinsen wurden dem K laufend auf seinem Kontokorrentkonto bei der Bank belastet. Im Jahr 13 wurde der Betrieb der KG aufgegeben. Im Jahr 16 kam es zu einem Vergleich zwischen K und der Bank, wobei dem K ein Teil des Kredits erlassen wurde."

Der BFH kam zunächst zum Ergebnis, dass die Refinanzierungsschuld des K bei der Bank notwendiges Sonderbetriebsvermögen des K blieb und er somit grundsätzlich die zu zahlenden Zinsen als Sonderbetriebsausgaben geltend machen konnte.

Der Teilerlass der Refinanzierungsschuld erhöhte lt. BFH aber nicht den Gewinn des Jahres 16, des Jahres, in dem der Vergleich zustande kam, sondern war ein rückwirkendes Ereignis gem. § 175 Abs. 1 Satz 1 Nr. 2 AO zum Zeitpunkt der Betriebsaufgabe im Jahre 13. Der BFH meinte wörtlich:

27

„Werden im Zusammenhang mit der Betriebsaufgabe Betriebsschulden erlassen, so erhöht sich hierdurch der Aufgabegewinn (BFH-Urteil vom 18.12.1990, BStBl II 1991, 784). Das gilt auch für Schulden aus dem Bereich des Sonderbetriebsvermögens, wenn der Betrieb einer Personengesellschaft aufgegeben wird. Denn auch in die Ermittlung eines Veräußerungs- oder Aufgabegewinns ist nicht nur das Gesellschaftsvermögen der Personengesellschaft als solcher, sondern auch das Sonderbetriebsvermögen der einzelnen Gesellschafter mit einzubeziehen (Senatsurteil vom 28.07.1994, BStBl II 1995, 112)."

Wichtig ist noch eine weitere Aussage des BFH, nämlich, dass der Schuldenerlass nur insoweit zurückwirkte, als die erlassene Schuld im Zeitpunkt der Betriebsaufgabe bestand. Da K einen Teil der nach der Betriebsaufgabe entstandenen Zinsen auf dem Kontokorrentkonto „stehen ließ", führte der Erlass dieser angesammelten Zinsschuld nur zu einem laufenden Gewinn der späteren Jahre.

Im Urteil vom 12.10.2005[74] hat der BFH diese Rechtsprechung bestätigt.

1.8 Ereignisse nach Auflösung der Personengesellschaft

Solche Ereignisse stellen entweder nachträgliche positive oder negative Einkünfte aus Gewerbebetrieb gem. §§ 15, 24 Nr. 2 EStG dar oder sie ändern rückwirkend den Veräußerungs- oder Aufgabegewinn. Zeitlich vor den Beschlüssen des Großen Senats des BFH vom 19.07.1993[75] gab es einige Vorgänge, die sich auf der Vermögensebene abspielten, z. B. der Ausfall der

28

---
74 BFH/NV 2006 S. 713.
75 BStBl II 1993, 894 und 897.

N. Auflösung

Kaufpreisforderung, weil man annahm, dass durch die Anwendung des § 16 EStG die Forderung privat war.[76] Durch die neue Rechtsprechung wirken sich jetzt fast alle Ereignisse steuerlich aus. Littmann/Hörger/Rapp[77] haben hierzu einiges zusammengetragen.

1.8.1 Rückwirkende Berichtigung

29 Auch bei bestandskräftiger Veranlagung ist der Veräußerungsgewinn gem. § 175 Abs. 1 Satz 1 Nr. 2 AO zu berichtigen:

— Ausfall der Kaufpreisforderung, auch teilweise[78]

— Anfechtung oder Nichtigkeit des Kaufvertrags aus betrieblichen Gründen[79]

— Rücktritt oder Erlass aus privaten Gründen[80]

— Erlass aus betrieblichen Gründen[81]

— Vergleich oder Urteil nach Kaufpreiszahlung[82]

— der Buchwert des Betriebsvermögens wurde zu hoch oder zu niedrig angesetzt[83]

— Tilgungsleistungen von Verbindlichkeiten sind zu hoch oder zu niedrig[84]

— Änderungen der gemeinen Werte der ins Privatvermögen überführten Wirtschaftsgüter[85]

— Veräußerungs- und Aufgabekosten ändern sich[86]

— Änderung des Veräußerungspreises für einzelne Wirtschaftsgüter beim Aufgabegewinn[87]

1.8.2 Kein rückwirkendes Ereignis

30 Ist der Kaufvertrag zunächst wirksam und auch tatsächlich vollzogen, können andere Ereignisse auftreten, die nicht i. S. des § 175 Abs. 1 Satz 1 Nr. 2 AO zurückwirken:

---

76 Vgl. oben N. Rz. 15 ff.
77 § 16 Rz. 109 a–114; vgl. auch Schmidt/Wacker, § 16 Rz. 384 ff.
78 Vgl. oben N. Rz. 15 ff.
79 BFH vom 28.03.2000, BStBl II 2002, 227, und vom 17.02.2004, BStBl II 2005, 46; Bordewin, FR 1994 S. 555/9.
80 BFH vom 21.12.1993, BStBl II 1994, 648, zu § 17 EStG; Bordewin, FR 1994 S. 560; Groh, DB 1995 S. 2235 und 2237; a. A. Littmann/Hörger/Rapp, § 16 Rz. 113 m. w. N.
81 Littmann/Hörger/Rapp, § 16 Rz. 113 und 132; Bordewin, FR 1994 S. 555.
82 BFH vom 10.02.1994, BStBl II 1994, 564, und vom 19.08.2003, BStBl II 2004, 107.
83 Littmann/Hörger/Rapp, § 16 Rz. 109 a, 132 ff.
84 Littmann/Hörger/Rapp, § 16 Rz. 109 a, 132 ff.
85 Littmann/Hörger/Rapp, § 16 Rz. 109 a und 93.
86 Littmann/Hörger/Rapp, § 16 Rz. 109 a, 121 und 122.
87 Littmann/Hörger/Rapp, § 16 Rz. 109 a; BFH vom 10.02.1994, BStBl II 1994, 564; Groh, DB 1995 S. 2239.

- das Ereignis ist als neuer Vertrag anzusehen[88]
- die Rückabwicklung der Veräußerung[89]
- laufende Gewinne oder Verluste, die nicht mit der Veräußerung im Zusammenhang stehen[90]
- die Verpflichtung zur Rückabwicklung[91]
- Zurückbehaltung von einzelnen Wirtschaftsgütern, um sie später einzeln zu veräußern[92]
- längere oder kürzere Laufzeit bei wiederkehrenden Bezügen[93]
- Änderungen des Werts von entnommenen Wirtschaftsgütern[94]

2 Umsatzsteuer

2.1 Allgemeines

Die Auflösung einer Personengesellschaft kann, abgesehen von den Fällen der Verschmelzung (siehe M.), auf zwei Arten erfolgen: **31**
- durch Liquidation
- durch Ausscheiden aller Gesellschafter aus der Personengesellschaft bis auf einen

2.2 Auflösung einer Personengesellschaft durch Liquidation

Auch eine im Liquidationsstadium befindliche Personengesellschaft bleibt **32** umsatzsteuerrechtlich Unternehmer, und zwar so lange, bis der letzte Besitzposten veräußert und die letzte USt-Schuld beglichen ist. Erfolgt die Veräußerung des Gesellschaftsvermögens an Dritte oder an Gesellschafter außerhalb des Gesellschaftsverhältnisses, ergeben sich keine weiteren Besonderheiten. Die Verteilung des Liquidationserlöses unter den Gesellschaftern ist umsatzsteuerrechtlich irrelevant. Auch wenn man darin den Rückerwerb der Gesellschaftsanteile von den Gesellschaftern sieht, hat das keine umsatzsteuerrechtlichen Auswirkungen. Wie beim Ausscheiden eines Gesellschafters ist darin ein nicht steuerbarer Vorgang zu sehen.

---
88 BFH vom 21.04.1994, BStBl II 1994, 745.
89 BFH vom 21.10.1999, BStBl II 2000, 424, zu § 17 EStG.
90 Littmann/Hörger/Rapp, § 16 Rz. 126 ff. mit vielen Nachweisen.
91 Littmann/Hörger/Rapp, § 16 Rz. 109 a.
92 BFH vom 09.09.1993, BStBl II 1994, 105.
93 Littmann/Hörger/Rapp, § 16 Rz. 95 und 99.
94 BFH vom 10.02.1994, BStBl II 1994, 564, und vom 01.04.1998, BStBl II 1998, 569.

N. Auflösung

33 **Beispiel 1:**

Die OHG ABC (vgl. Beispiel 1 in N. Rz. 3) veräußert ihren Gewerbebetrieb an K, ausgenommen den PKW. Im gleichen Zuge veräußert C auch den Parkplatz, den er bisher der OHG unentgeltlich zur Verfügung gestellt hatte, an K.

Den PKW, für den der Vorsteuerabzug zutreffend in vollem Umfang geltend gemacht worden war, übernimmt A für eine ausschließlich private Nutzung. Sein gemeiner Wert beträgt 15.000 €.

Es handelt sich um eine Geschäftsveräußerung im Ganzen. Die Zurückbehaltung des PKW vermag daran nichts zu ändern, da der PKW keine wesentliche Betriebsgrundlage darstellt. Die Geschäftsveräußerung ist nach § 1 Abs. 1 a UStG nicht steuerbar.

Die Übernahme des PKW von A erfolgt im Rahmen eines Leistungsaustauschs mit der OHG. Der Wert des PKW wird auf das Auseinandersetzungsguthaben des A i. H. von 15.000 € angerechnet. Die USt bei der OHG hieraus beträgt $^{19}/_{119}$ von 15.000 € = 2.395 €.

Die Veräußerung des Parkplatzes von C an K ist nicht steuerbar. Aufgrund der unentgeltlichen Überlassung des Grundstücks von C an die OHG wurde C nicht zum Unternehmer.

Beispiel 2:

34 Die OHG ABC (vgl. Beispiel 1 in N. Rz. 3) veräußert ihren Gewerbebetrieb an K, ausgenommen den PKW. Im gleichen Zuge veräußert C auch den Parkplatz, den er bisher der OHG gegen ein Sonderentgelt von monatlich 300 € zur Verfügung gestellt hatte, an K.

Den PKW, für den der Vorsteuerabzug zutreffend in vollem Umfang geltend gemacht worden war, übernimmt A für eine ausschließlich private Nutzung. Sein Teilwert entspricht dem Netto-Einkaufspreis eines vergleichbaren PKW und beträgt 15.000 € (netto). Die Übernahme des PKW wird auf sein Auseinandersetzungsguthaben mit 15.000 € angerechnet.

Es handelt sich wie in Beispiel 1 um eine Geschäftsveräußerung von der OHG an K. Sie ist nach § 1 Abs. 1 a UStG nicht steuerbar.

Aufgrund der Vermietung des Parkplatzes an die OHG war K ebenfalls Unternehmer. Der Parkplatz stellte sein Unternehmen dar. Die Veräußerung des Parkplatzes an K stellt somit eine weitere nicht steuerbare Geschäftsveräußerung dar. Der Berichtigungszeitraum des § 15 a UStG läuft bei K gem. § 15 Abs. 1 a Satz 3 i. V. m. § 15 Abs. 6 a UStG weiter.

Die Übernahme des PKW von A erfolgt im Rahmen eines Leistungsaustauschs mit der OHG. Die OHG tätigt insoweit eine steuerbare und steuerpflichtige Lieferung an A. Hierbei greift nach § 10 Abs. 5 Nr. 1 i. V. m. Abs. 4 Nr. 1 UStG die Mindestbemessungsgrundlage ein, da es sich bei dem Anrechnungsbetrag um einen Bruttobetrag handelt und somit das Entgelt nach § 10 Abs. 1 UStG (12.605 €) niedriger ist als der Wert nach § 10 Abs. 4 Nr. 1 UStG (Einkaufspreis netto 15.000 €). Die hieraus resultierende USt beträgt somit 19 % von 15.000 € = 2.850 €.

35 Erfolgt die Liquidation durch Realteilung des Gesellschaftsvermögens unter allen Gesellschaftern, also im Rahmen des Gesellschaftsverhältnisses, erbringt die Personengesellschaft steuerbare und i. d. R. auch steuerpflichtige Umsätze in Form von tauschähnlichen Umsätzen, da die Gegenleistung der Gesellschafter in der Verrechnung mit dem Auseinandersetzungsguthaben bzw. in der Rückgewähr ihrer Gesellschaftsanteile besteht.

Beispiel 3:

Die ABC-OHG (vgl. Beispiel in N. Rz. 5) gibt zum 31.12.05 ihren Betrieb wie folgt auf: **36**

Die Maschinen werden für insgesamt (brutto) 100.000 € an X und die Waren (kein ermäßigter Steuersatz) für 30.000 € an Y veräußert.

A übernimmt den betrieblichen PKW, für den der Vorsteuerabzug zutreffend in vollem Umfang geltend gemacht worden war, zum gemeinen Wert von 15.000 € und das betriebliche Inventar zum gemeinen Wert von 70.000 €.

B übernimmt Grund und Boden und Gebäude zum gemeinen Wert von 570.000 €. Soweit dadurch sein Anteil am Gesamtwert der OHG überschritten wird, hat er einen Barausgleich zu leisten.

C, der den Parkplatz bisher der OHG gegen ein Sonderentgelt von monatlich 300 € überlassen hatte, versucht diesen anderweitig zu vermieten.

Von der Möglichkeit, auf Steuerbefreiungen zu verzichten, wird kein Gebrauch gemacht.

Die Veräußerung der Maschinen und der Waren ist steuerbar und steuerpflichtig. Die USt für die Maschinen beträgt $^{19}/_{119}$ von 100.000 € = 15.966 €. Die USt für die Waren beträgt $^{19}/_{119}$ von 30.000 € = 4.790 €.

Die Übernahme des PKW und des Inventars durch A erfolgt im Leistungsaustausch. Das Entgelt ergibt sich aus der Verrechnung mit dem Auseinandersetzungsguthaben des A und beträgt somit insgesamt brutto 85.000 €. Die USt hieraus beträgt $^{19}/_{119}$ von 85.000 € = 13.571 €.

Die Übernahme des Grund und Bodens mit Gebäude durch B erfolgt ebenfalls im Leistungsaustausch. Die Lieferung an B ist steuerbar, jedoch nach § 4 Nr. 9 a UStG steuerfrei.

C tätigt mit der einkommensteuerrechtlichen Entnahme des Parkplatzes aus dem (Sonder-)Betriebsvermögen der OHG keinen steuerbaren Umsatz. Der Parkplatz befindet sich weiterhin im Unternehmen des C.

Da die Übernahme zu den gemeinen Werten erfolgt, greift in keinem Fall die Mindestbemessungsgrundlage nach § 10 Abs. 5 Nr. 1 UStG ein.

2.3 Auflösung einer Personengesellschaft durch Austritt aller Gesellschafter bis auf einen

Der Austritt kann entweder in der Weise erfolgen, dass ein Gesellschafter die Anteile aller übrigen Gesellschafter erwirbt oder dass alle Gesellschafter bis auf einen gegen Abfindung seitens der Gesellschaft aus der Gesellschaft ausscheiden. **37**

N. Auflösung

2.3.1 Erwerb der Anteile aller übrigen Gesellschafter durch einen Gesellschafter

38 Da die Gesellschafter als solche keine Unternehmer sind, ist die Veräußerung ihres Gesellschaftsanteils in aller Regel nicht steuerbar. Sollte ein Gesellschaftsanteil ausnahmsweise einmal zum Unternehmensvermögen eines Gesellschafters als Einzelunternehmer gehören, wäre die Veräußerung des Gesellschaftsanteils zwar steuerbar, jedoch steuerfrei nach § 4 Nr. 8 f UStG. In diesem Fall käme allerdings eine Option zur Steuerpflicht dann in Frage, wenn der erwerbende Gesellschafter den Erwerb von vornherein im Hinblick auf sein späteres Einzelunternehmen tätigt. Der veräußernde Gesellschafter hätte dann die USt abzuführen, der erwerbende Unternehmer den Vorsteuerabzug. Die Option wäre zur Erlangung des Vorsteuerabzugs sinnvoll, wenn bei der Veräußerung nennenswerte vorsteuerbelastete Kosten anfallen.

39 Mit der Vereinigung aller Anteile in der Hand eines Gesellschafters erlischt die Personengesellschaft. Das Gesellschaftsvermögen wird kraft Anwachsung Alleineigentum des verbleibenden Gesellschafters. Dieser Vorgang ist vergleichbar der Gesamtrechtsnachfolge nicht steuerbar.

Beispiel:

40 An der ABC-OHG sind A, B und C jeweils zu einem Drittel beteiligt. Die Geschäftsführung der Gesellschafter wird mit der Beteiligung am Gewinn der Gesellschaft abgegolten. Während A und B sich außerhalb der OHG nicht unternehmerisch betätigen, hat C für sich einen Gewerbebetrieb, der als Zulieferbetrieb der OHG fungiert. C führt seinen Anteil an der OHG zulässigerweise im Betriebsvermögen seines Einzelunternehmens. Durch Vertrag vom 15.12.03 verpflichten sich B und C, ihren Anteil zum 31.12.03 für jeweils 100.000 € netto auf A zu übertragen. A führt ab 01.01.04 den Betrieb der OHG als Einzelunternehmen fort. C hat sich vor Abschluss des Vertrags hierüber steuerlich und wirtschaftlich beraten lassen. Es wurde ihm hierfür insgesamt 100 € USt in Rechnung gestellt. Er berechnet A seinerseits für die Übertragung seines Anteils 100.000 € zzgl. 19.000 € USt.

Aufgrund der Vereinigung aller Anteile an der OHG in der Hand des A geht deren Vermögen durch Anwachsung in das Alleineigentum des A über. Dieser Vorgang ist nicht steuerbar. A wird mit der Fortführung der Geschäfte der OHG selbst zum Unternehmer. Die Veräußerung des Anteils von B und A ist mangels Unternehmereigenschaft des B nicht steuerbar.

Die Veräußerung des Anteils von C an A ist als Hilfsgeschäft im Rahmen des Einzelunternehmens des C steuerbar. Der Verzicht auf die Steuerfreiheit nach § 4 Nr. 8 f UStG ist gem. § 9 UStG zulässig, da A den Anteil ausschließlich im Hinblick auf den späteren Betrieb des Einzelunternehmens erwirbt. A kann die ihm in Rechnung gestellten 19.000 € USt daher auch als Vorsteuer geltend machen.

Da C die Beratung für die steuerpflichtige Veräußerung des Gesellschaftsanteils in Anspruch genommen hat, kann er die ihm diesbezüglich in Rechnung gestellten 100 € USt als Vorsteuer abziehen.

2.3.2 Ausscheiden aller Gesellschafter bis auf einen gegen Abfindung seitens der Gesellschaft

Erfolgt die Abfindung der ausscheidenden Gesellschafter in Geld, so liegt weder bei der Gesellschaft noch bei den ausscheidenden Gesellschaftern ein steuerbarer Vorgang vor. Das Ausscheiden vollzieht sich außerhalb eines umsatzsteuerrechtlichen Leistungsaustauschs.[95] **41**

Erfolgt die Abfindung der ausscheidenden Gesellschafter in Sachwerten, so erbringt die OHG im Rahmen von tauschähnlichen Umsätzen steuerbare Umsätze. Sie sind steuerpflichtig, sofern keine Befreiungsvorschrift eingreift. **42**

Erfolgt eine Abfindung mit einem Grundstück, ist dieser Umsatz nach § 4 Nr. 9 a UStG steuerfrei, soweit nicht auf die Steuerfreiheit verzichtet wird und die Voraussetzungen für eine Option nach § 9 UStG vorliegen. In diesem Fall ist weiter zu prüfen, ob eine Vorsteuerberichtigung nach § 15 a UStG vorzunehmen ist. **43**

Beispiel:

An der ABC-OHG sind A, B und C jeweils zu $^1/_3$ beteiligt. Die Geschäftsführung der Gesellschafter wird mit der Beteiligung am Gewinn der Gesellschaft abgegolten. Die Gesellschafter betätigen sich nur innerhalb der OHG unternehmerisch. Zum 31.12.13 scheiden B und C aus der OHG aus. B erhält als Abfindung von der OHG ein unbebautes Grundstück der OHG mit einem Verkehrswert von 200.000 €. Im notariell beurkundeten Vertrag zwischen der ABC-OHG und C ist vereinbart, dass die ABC-OHG auf die Befreiung nach § 4 Nr. 9 a UStG verzichtet. **44**

C erhält entsprechend dem Wert seines Gesellschaftsanteils i. H. von 200.000 € ein Grundstück mit aufstehender Lagerhalle der OHG mit einem Verkehrswert von 200.000 €. Im notariell beurkundeten Vertrag zwischen der ABC-OHG und C ist vereinbart, dass die ABC-OHG auf die Befreiung nach § 4 Nr. 9a UStG verzichtet.

Das Grundstück, mit dem B abgefunden wird, hatte die OHG im Kalenderjahr 06 als Vorratsgrundstück umsatzsteuerfrei für 40.000 € erworben. Das Grundstück, mit dem C abgefunden wurde, hatte die OHG im Kalenderjahr 10 erworben. Anlässlich des Erwerbs wurde ihr USt i. H. von 4.200 € gesondert in Rechnung gestellt. Die OHG hat darauf eine Lagerhalle für 120.000 € zzgl. 19.200 € USt erstellen lassen. Die Halle wurde ab 01.01.11 in Gebrauch genommen.

Da A, der als Einzelunternehmer den Betrieb der OHG fortführt, hierzu die Lagerhalle benötigt, mietet er sie von C ab 01.01.14 zur ortsüblichen Miete von monatlich 700 € zzgl. 19 % = 133 € USt.

Von Seiten der OHG liegen gegenüber B und C tauschähnliche Umsätze vor, da die Gegenleistung für die Grundstückslieferungen in der Rückgewähr von Gesellschaftsanteilen besteht.

---

95 Vgl. EuGH vom 26.06.2003 Rs. C-442/01, UR 2005 S. 443.

N. Auflösung

Die Lieferung an B ist zwar steuerbar, jedoch nach § 4 Nr. 9 a UStG steuerfrei. Die Lieferung an C ist steuerbar und steuerpflichtig, da die OHG gem. § 9 UStG zulässigerweise auf die Steuerbefreiung nach § 4 Nr. 9 a UStG verzichtet hat. Die Lieferung des Grundstücks mit aufstehender Lagerhalle erfolgt an das Vermietungsunternehmen des C. Das Entgelt für dieses Grundstück besteht im Wert des Gesellschaftsanteils des C i. H. von 200.000 €.

C schuldet die anfallende USt gem. § 13 b Abs. 1 Nr. 3 i. V. m. Abs. 2 UStG im Reverse-Charge-Verfahren. Die USt beträgt 19 % von 200.000 € = 38.000 €. Die Grunderwerbsteuer gehört gem. Abschn. 149 Abs. 7 Satz 5 UStR nicht zur Bemessungsgrundlage.[96] C darf diese USt zugleich gem. § 15 Abs. 1 Nr. 4 UStG als Vorsteuer abziehen, da er mit Hilfe des Grundstücks steuerpflichtige Vermietungsumsätze an A tätigt. Der Verzicht auf die an sich gem. § 4 Nr. 12 a UStG bestehende Steuerfreiheit ist ebenfalls gem. § 9 UStG zulässig.

Die Rückgewähr der Gesellschaftsanteile an die OHG ist bei B und C ein nicht steuerbarer Vorgang.[97]

Eine Vorsteuerberichtigung gem. § 15 a UStG tritt nicht ein, da beide Grundstücksübertragungen zu keiner vorsteuerrelevanten Nutzungsänderung i. S. von § 15 a UStG führen.

45 Im vorliegenden Fall besteht zwischen den Gesellschaftsanteilen und den Abfindungen keine Wertgleichheit, da C für das Grundstück im Gegensatz zu B auch noch 38.000 Euro Umsatzsteuer abzuführen hat. Dies hat jedoch keine umsatzsteuerrechtlichen Auswirkungen. Das USt-Recht setzt nämlich keine Wertgleichheit zwischen Leistung und Gegenleistung voraus. Ist der Wert der Abfindung (Einkaufspreis bzw. Selbstkosten i. S. des § 10 Abs. 4 Nr. 1 UStG) dagegen höher, greift die Mindestbemessungsgrundlage gem. § 10 Abs. 5 Nr. 1 i. V. m. § 10 Abs. 4 UStG ein. In den Fällen des Ausscheidens von Gesellschaftern aus einer Personengesellschaft gegen Abfindung liegt eine Leistung der Personengesellschaft an einen Gesellschafter i. S. des § 10 Abs. 5 UStG vor.[98]

---

96 Vgl. BFH vom 20.12.2005 V R 14/4, UR 2006 S. 337.
97 Vgl. EuGH vom 26.06.2003 Rs. C-442/01, UR 2005 S. 443.
98 Vgl. J. Rz. 301.

O. ERBFOLGE, ERBAUSEINANDERSETZUNG UND DIE PERSONENGESELLSCHAFT

1 Einkommensteuer

1.1 Einleitung

Stirbt der Inhaber eines Einzelbetriebs, wird von den Erben häufig eine OHG oder eine KG errichtet. Dabei ist das UmwStG nicht anwendbar. Hinzu kommt, dass viele Erbfälle, die in der Praxis auftauchen, sehr komplex sind, d. h., dass nicht nur Einzelbetriebe auf mehrere Erben übergehen, sondern dass auch das Privatvermögen bei der Auseinandersetzung eine große Rolle spielt. Am schwierigsten sind die Erbfälle zu beurteilen, bei denen der Erblasser u. a. schon Gesellschafter einer Personengesellschaft war. Die Erben müssen sich dann nicht nur um die Auseinandersetzung des Vermögens bemühen, sondern auch klären, wer in der Personengesellschaft die Rechtsnachfolge antritt und in welcher Art und Weise dies zu geschehen hat.

1

Seit Jahrzehnten kämpfte die Rechtsprechung damit, beim Erbfall und bei der Erbauseinandersetzung ertragsteuerlich eine Lösung zu finden, die allen Beteiligten gerecht wird. Die Rechtsprechung war dabei einem steten Wandel unterworfen. Inzwischen hat ein Beschluss des Großen Senats vom 05.07.1990[1] hoffentlich für einige Jahre Ruhe gebracht. Vor diesem Beschluss galten sogar unterschiedliche Regeln bei der Auseinandersetzung von Betriebs- und Privatvermögen.

Entscheidend war und ist, ob man in der Erbauseinandersetzung einen **unentgeltlichen oder** einen **entgeltlichen** Vorgang zu sehen hat. Wertet man die Erbauseinandersetzung als unentgeltlichen Vorgang, so erzielt der weichende Miterbe keinen Veräußerungsgewinn. Andererseits hat der übernehmende Miterbe keine Anschaffungskosten. Damit muss er im betrieblichen Bereich später einmal die stillen Reserven versteuern. Sieht man die Erbauseinandersetzung als entgeltlichen Vorgang, so erzielt der ausscheidende Miterbe im betrieblichen Bereich einen – zwar tarifbegünstigten, aber dennoch – steuerpflichtigen Veräußerungsgewinn. Andererseits kann der übernehmende Miterbe aufstocken, sodass dieser jetzt eine höhere AfA-Bemessungsgrundlage hat und später im betrieblichen Bereich geringere stille Reserven versteuern muss.

---

1 BStBl II 1990, 837.

O. Erbfolge, Erbauseinandersetzung

1.2 Bürgerlich-rechtliche Grundsätze

2 Aufgrund der Gesamtrechtsnachfolge geht das Vermögen als Ganzes, damit auch der Betrieb, auf einen oder mehrere Erben über (§ 1922 BGB). Dies geschieht entweder kraft letztwilliger Verfügung, z. B. Testament, Erbvertrag, oder kraft Gesetzes. Sind mehrere Erben da, entsteht eine Erbengemeinschaft mit Gesamthandsvermögen. Die Erben können zwar über einzelne Nachlassgegenstände nicht verfügen, eine Verfügung über den Anteil an der gesamten Erbschaft ist im Gegensatz zu den sonstigen Gesamthandsgemeinschaften (Personengesellschaft und Gütergemeinschaft) jedoch schon kraft Gesetzes möglich (§ 2033 Abs. 1 BGB). Die Verwaltung des Nachlasses erfolgt gemeinschaftlich (§ 2038 BGB).

Für die einkommensteuerliche Behandlung ist noch wichtig zu wissen,

— dass jeder Erbe jederzeit die Erbauseinandersetzung verlangen, notfalls darauf klagen kann (§ 2042 BGB),

— dass Teilungsanordnungen des Erblassers in einem Testament für die Erben dann nicht verbindlich sind, wenn alle einverständlich etwas anderes vereinbaren,

— dass Vermächtnisnehmer und Pflichtteilsberechtigte nicht als Erbe betrachtet werden, sondern nur einen schuldrechtlichen Anspruch gegen die Erben auf Erfüllung des Vermächtnisses oder des Pflichtteils haben (§§ 1939, 2147, 2174 und 2303 BGB),

— dass die Erben gleichzeitig auch Vermächtnisnehmer (Vorausvermächtnis) sein können,

— dass bei einer Auflage im Testament der Begünstigte ebenfalls nicht Erbe ist und bürgerlich-rechtlich noch nicht einmal einen schuldrechtlichen Anspruch darauf hat, dass die Auflage erfüllt wird (§§ 1940, 2192 BGB),

— dass bei Leistungen an Nichterben (Vermächtnis, Pflichtteil, Auflage) keine Erbauseinandersetzung vorliegt und

— dass die Erbauseinandersetzung durch Teilung des Nachlasses in Natur oder nach Veräußerung der einzelnen Gegenstände in Geld oder gemischt erfolgen kann.

1.3 Die frühere ertragsteuerliche Rechtslage

1.3.1 Betriebsvermögen

3 Früher gingen Rechtsprechung[2] und Verwaltung von einem einheitlichen privaten Vorgang aus, wenn die Erbauseinandersetzung zeitnah zum Erbfall erfolgte.

---

2 BFH vom 26.07.1963, BStBl III 1963, 480, und vom 19.05.1983, BStBl II 1983, 380.

1 Einkommensteuer

Der Leitsatz des BFH-Urteils vom 26.07.1963[3] lautet: „Wird ein zu einem Nachlass gehörendes Unternehmen nur von einem oder einigen Miterben fortgeführt und scheiden die anderen Miterben innerhalb angemessener Frist aus der Erbengemeinschaft gegen eine Abfindung aus, so handelt es sich um einen erbrechtlichen, außerbetrieblichen Vorgang, der bei dem abgefundenen Erben nicht zu einem Veräußerungsgewinn i. S. des § 16 EStG führt."

Daraus ergab sich:

— Die betriebliche Erbauseinandersetzung in angemessener Frist war noch ein Vorgang des Erbens, privat und unentgeltlich.

— Erfolgte die betriebliche Erbauseinandersetzung auf den Todestag oder in angemessener Frist danach, so war einkommensteuerlich davon auszugehen, dass die den Betrieb fortführenden Erben den ganzen Betrieb unmittelbar und unentgeltlich vom Erblasser erworben haben und daher die Buchwerte fortführen konnten.

— Abfindungszahlungen an weichende Erben bei einer Erbauseinandersetzung in angemessener Frist waren nicht betrieblich, sondern privat veranlasst; daher hatten sie durch ihr „Weichen" keine stillen Reserven des Betriebes aufgedeckt.

— Die Mitunternehmereigenschaft als eine persönliche Eigenschaft wurde nicht mit oder durch die Erbschaft erworben, sondern nur durch eine eigene Willensentscheidung des Erben.

1.3.2 Privatvermögen

Der BFH hatte diese Grundsätze zum Betriebsvermögen zunächst auch auf das Privatvermögen übertragen.[4] Nur wenige Jahre später ist er dann davon wieder abgerückt.[5]

1.4 Die Entscheidung des Großen Senats des BFH vom 05.07.1990[6]

Mit dieser Entscheidung hat die Entwicklung der Rechtsprechung vorläufig einen Abschluss gefunden.

Die Leitsätze lauten:

„Im Einkommensteuerrecht ist grundsätzlich davon auszugehen, dass die Erbauseinandersetzung dem Erbfall als selbständiger Rechtsvorgang nachfolgt und mit diesem keine rechtliche Einheit bildet.

Abfindungszahlungen eines Erben im Rahmen der Erbauseinandersetzung und Aufwendungen für den Erwerb des Erbteils eines Miterben führen beim

---

3 BStBl III 1963, 480.
4 BFH vom 07.10.1980, BStBl II 1980, 157.
5 BFH vom 09.07.1985, BStBl II 1985, 722, und vom 22.09.1987, BStBl II 1988, 250.
6 BStBl II 1990, 837.

O. Erbfolge, Erbauseinandersetzung

Leistenden grundsätzlich zu Anschaffungskosten. In gleicher Höhe entsteht beim weichenden Miterben ein Veräußerungserlös. Hierauf hat keinen Einfluss, ob die Leistungen aus dem erlangten Nachlassvermögen erbracht werden."

Wichtig ist, dass der Große Senat diese Entscheidung nicht nur zum Betriebsvermögen, sondern auch zum Privatvermögen und zu Mischnachlässen getroffen hat; d. h., es ist heute in allen Bereichen von einheitlichen Grundsätzen auszugehen.

Mit dem **BMF-Schreiben vom 11.01.1993, jetzt ersetzt durch Schreiben vom 14.03.2006,**[7] hat die Verwaltung ausführlich zu dieser Entscheidung des Großen Senats Stellung genommen.

1.5 Der Erbfall

1.5.1 Allgemeines

6 Der Übergang des Vermögens vom Erblasser auf den Alleinerben oder die Miterben ist kein Anschaffungsvorgang, sondern ein unentgeltlicher Erwerb kraft Gesetzes. Nicht nur zivilrechtlich, sondern auch ertragsteuerrechtlich treten der Alleinerbe oder die Miterben voll in die Rechtsstellung des Erblassers ein.

1.5.2 Zum Nachlass gehört nur ein Betrieb

7 Ist nur ein Erbe vorhanden, führt er gem. § 6 Abs. 3 EStG die Buchwerte des Betriebs fort.

Sind **mehrere Erben** vorhanden, übernehmen sie zusammen gem. § 6 Abs. 3 EStG die Buchwerte des Betriebs. Es entsteht bürgerlich-rechtlich eine **Erbengemeinschaft** und einkommensteuerlich eine **Mitunternehmerschaft**. Im Einzelnen:

— Da § 6 Abs. 3 EStG gilt, ist keine Betriebsveräußerung des Erblassers gem. §§ 16, 34 EStG anzunehmen.

— Da mehrere Personen gemeinschaftliche Einkünfte haben, ist eine einheitliche und gesonderte Gewinnfeststellung hinsichtlich der Einkünfte aus dem Betrieb zu machen.

— Die Miterben werden unmittelbar Mitunternehmer, haben daher auch Einkünfte aus derselben Einkunftsart wie vorher der Erblasser, d. h. bei einem Gewerbebetrieb solche aus § 15 EStG, bei einem landwirtschaftlichen Betrieb aus § 13 EStG und bei einer Steuerberaterpraxis solche aus

---

7 BMF vom 11.01.1993, BStBl I 1993, 62, und vom 14.03.2006, BStBl I 2006, 253.

§ 18 EStG, es sei denn, einer der Erben hat nicht die entsprechende Qualifikation.[8] Das Kapitalkonto des Erblassers wird entsprechend den Erbquoten auf die Erben aufgeteilt.[9]

Beispiel 1:

E stirbt. Zum Nachlass gehört nur ein Betrieb.

a) Alleinerbe A veräußert den Betrieb sofort.

Selbst wenn A nie Unternehmer sein wollte, den Betrieb sogar in ganz kurzer Zeit nach dem Erbfall veräußert, hat er einen Veräußerungsgewinn gem. §§ 16, 34 EStG zu versteuern. Andernfalls würden die stillen Reserven nicht erfasst. Es wäre falsch, dem Erblasser den Veräußerungsgewinn anzulasten, denn dieser veräußert nicht; die Entscheidung zur Veräußerung fällt erst später durch den Erben. Dieser ist aber sofort nach dem Tod des Erblassers Mitunternehmer.

b) Die Erbengemeinschaft A und B veräußert den Betrieb sofort.

Genauso ist zu entscheiden, wenn nicht nur ein Erbe, sondern eine Erbengemeinschaft vorhanden ist und diese den Betrieb veräußert. Dann trifft die Erbengemeinschaft diese Entscheidung.[10]

Beispiel 2:

Zum Nachlass gehört ein landwirtschaftlicher Betrieb. Erben sind der Sohn S und die Tochter T je zur Hälfte. Der Sohn S, der Landwirt ist, führt den Betrieb mit Zustimmung seiner Schwester S in vollem Umfang für eigene Rechnung weiter. S ist Angestellte bei der Post und hilft ab und zu im landwirtschaftlichen Betrieb aus.

Fünf Jahre nach dem Erbfall erfolgt die notarielle Erbauseinandersetzung. S übernimmt den landwirtschaftlichen Betrieb, T erhält das sonstige Vermögen und eine Abfindungszahlung.

Nach Rz. 8 und 9 des BMF vom 14.03.2006[11] erkennt die Verwaltung eine Erbauseinandersetzung steuerlich **rückwirkend** an, wenn sie innerhalb von sechs Monaten nach Erbfall erfolgt. Die Zustimmung der T, dass S den Betrieb auf eigene Rechnung führen kann, ist keine Erbauseinandersetzung, weil es gerade im landwirtschaftlichen Bereich um viele Grundstücke geht.

Daraus ergibt sich, dass S und T Mitunternehmer blieben. Sie haben gemeinsame laufende Einkünfte aus § 13 EStG bis zur Auseinandersetzung. Mit der Teilung überträgt T dadurch, dass S eine Abfindung an sie zahlt, teilentgeltlich ihren Mitunternehmeranteil am landwirtschaftlichen Betrieb und hat insoweit, aber erst im Jahr 05, die stillen Reserven zu versteuern.[12]

---

8 BFH vom 19.05.1981, BStBl II 1981, 665.
9 Vgl. Rz. 1 bis 5 des BMF vom 14.03.2006, Fn. 7.
10 Vgl. Rz. 54 des BMF vom 14.03.2006, Fn. 7.
11 Fn. 7; bei Teilungsanordnung ist auch ein längerer Zeitraum denkbar, BFH vom 04.05.2000, BStBl II 2002, 580, und BMF vom 05.12.2002, BStBl I 2002, 1392.
12 Vgl. Söffing, DB 1991 S. 777, und Rz. 14 bis 17 des BMF vom 14.03.2006, Fn. 7.

O. Erbfolge, Erbauseinandersetzung

1.5.3 Zum Nachlass gehört nur Privatvermögen

8 Miterben werden im Rahmen der Erbengemeinschaft Miteigentümer zur gesamten Hand. Soweit die übernommenen Wirtschaftsgüter zur Erzielung von Einkünften dienen, gilt § 11 d EStDV. Bei Kapitalvermögen und Miethäusern z. B. sind einheitliche und gesonderte Feststellungen zu fertigen, wobei die Aufteilung nach der Erbquote erfolgt.[13]

1.5.4 Mischnachlass

9 Hier gelten dieselben Grundsätze, also Anwendung von § 6 Abs. 3 EStG und § 11 d Abs. 1 EStDV. Wichtig ist, dass der BFH § 15 Abs. 3 Nr. 1 EStG nicht anwendet.[14] Nach dieser Vorschrift gilt die Tätigkeit einer OHG, einer KG oder einer anderen Personengesellschaft, z. B. einer GbR, in vollem Umfang als Gewerbebetrieb, wenn die Gesellschaft auch nur zum Teil gewerblich tätig ist. Da diese sog. Infektionsnorm bei der Erbengemeinschaft nicht gilt, wird das Betriebsvermögen des Erblassers Betriebsvermögen der Erbengemeinschaft, und Privatvermögen des Erblassers bleibt bei der Erbengemeinschaft Privatvermögen. Auch die Einkunftsarten ändern sich nicht. Eine Ausnahme ist nur bei den Einkünften aus § 18 EStG mangels Qualifikation denkbar.[15]

1.5.5 Übertragung des Erbanteils

10 Wird der Anteil an einer Erbschaft übertragen, insbesondere veräußert, so tritt der Erwerber in die bisherige Rechtsstellung des Veräußerers und damit in die Erbengemeinschaft ein (vgl. §§ 2033, 2371 ff. BGB). Auch hier gelten die dargestellten Grundsätze.

> **Beispiel:**
>
> A, B und C sind Erben des E. A veräußert kurze Zeit nach dem Erbfall seinen Anteil an der Erbschaft an den Miterben B. Zur Erbschaft gehört auch ein Gewerbebetrieb.
>
> An sich liegt keine Erbauseinandersetzung vor, weil die Erbengemeinschaft erhalten bleibt. Da A Mitunternehmer wurde, hat er die anteiligen stillen Reserven des Betriebs auch zu versteuern.

Der BFH führt in einer früheren Entscheidung vom 08.09.1971[16] wörtlich aus:

„Veräußert ein Miterbe seinen Anteil am ungeteilten Nachlass, zu dem auch ein Handelsgeschäft (Gewerbebetrieb) gehört, so führt dies bei ihm nur

---
13 Vgl. BMF vom 14.03.2006, Fn. 7, Rz. 1 und 2.
14 Vgl. auch BMF vom 14.03.2006, Fn. 7, Rz. 4.
15 Vgl. oben O. Rz. 7.
16 BStBl II 1972, 12.

dann zu einem Veräußerungsgewinn i. S. von § 16 Abs. 1 Nr. 2 EStG, wenn er bereits als Miterbe zugleich als Mitunternehmer dieses Betriebs anzusehen war.

Ein Veräußerungsgewinn kann deshalb nur dann erzielt werden, wenn nicht nur ein Erbanteil veräußert wird, sondern mit dem Erbanteil zugleich ein Gesellschaftsanteil. Das aber setzt voraus, dass der Veräußerer über seinen Anteil am Betriebsvermögen des Unternehmens nicht nur als Miterbe verfügt, sondern als Mitunternehmer, als welchen ihn ggf. die Fortführung des ererbten, den Erben zur gesamten Hand gehörenden Unternehmens ausweist."

Da nach der Entscheidung des Großen Senats jeder Erbe sofort als Mitunternehmer anzusehen ist, führt damit die Übertragung eines Erbanteils zu einem Veräußerungsgewinn, wenn in der Erbschaft auch ein Betrieb enthalten ist.[17]

1.6 Erbauseinandersetzung ohne Abfindung

1.6.1 Grundsätze

Setzt sich eine Erbengemeinschaft ohne Abfindung auseinander, gelten die von der Rechtsprechung erstellten Grundsätze zur Realteilung gewerblicher Personengesellschaften entsprechend.[18] Man spricht von der **erweiterten Realteilung**.[19]

Ob nur Privatvermögen, ob nur Betriebe, Teilbetriebe, Mitunternehmeranteile oder ob ein Mischnachlass in diesem Sinne übergeht, spielt keine Rolle. Hier liegt in vollem Umfang ein unentgeltlicher Erwerb vor. **Tauschgrundsätze finden keine Anwendung.** Die Erben sind jeweils nach § 6 Abs. 3 EStG bzw. § 11 d Abs. 1 EStDV an die Anschaffungs- und Herstellungskosten des Rechtsvorgängers gebunden. Stille Reserven werden nicht realisiert.[20]

Beispiel:

E stirbt am 15.01.05. A und B sind Erben zu je ½. Aus dem Nachlass übernehmen mit Wirkung zum 01.01.07 A ein Mietwohngrundstück (Wert 1 Mio. €) und einen Gewerbebetrieb (Wert 400.000 €) und B das elterliche Wohnhaus (Wert 900.000 €), den Haushalt (Wert 300.000 €) und das Geldvermögen (Wert 200.000 €).

A und B erwerben voll unentgeltlich. Soweit Einkunftsquellen übernommen wurden, treten die Erben voll in die Fußstapfen des E.

---

17 Vgl. BMF vom 14.03.2006, Fn. 7, Rz. 37, 39, 41, 46.
18 Vgl. oben J. Rz. 236 ff.
19 Hörger, DStR 1999 S. 565.
20 Vgl. BMF vom 14.03.2006, Fn. 7, Rz. 10, 22, 32.

O. Erbfolge, Erbauseinandersetzung

Beim Mietwohngrundstück heißt dies, dass nach dem Tode des E die Erben A und B zunächst gemeinsam Einkünfte aus VuV haben, und nach der Erbauseinandersetzung stehen diese A ab 01.01.07 allein zu.

Auch beim Betrieb gilt nichts anderes. Obwohl A und B sofort nach dem Tode des E Mitunternehmer sind, das Kapitalkonto des E aufgeteilt werden muss und beide laufende Einkünfte aus § 15 EStG haben, hat B keinen Veräußerungsgewinn gem. §§ 16, 34 EStG zu versteuern und dementsprechend hat auch A keine Anschaffungskosten. Die beiden Kapitalkonten werden zum 01.01.07 wieder vereinigt, und dies selbst dann, wenn die Erbauseinandersetzung erst Jahre nach dem Tod des E stattfindet.

Diese Grundsätze gelten auch dann, wenn ein Miterbe unentgeltlich aus der Erbengemeinschaft oder unentgeltlich nur als Mitunternehmer des Betriebs ausscheidet. In diesem Falle übernehmen der oder die anderen Erben die Anteile an den Wirtschaftsgütern, insbesondere den Mitunternehmeranteil, erneut gem. § 6 Abs. 3 EStG und § 11 d Abs. 1 EStDV unentgeltlich.

1.6.2 Aufteilung nur eines Betriebs

12 § 6 Abs. 5 und § 16 Abs. 3 EStG wurden in letzter Zeit mehrfach geändert.[21] Nach § 6 Abs. 5 Satz 3 EStG gelten die allgemeinen Regeln zur Erbauseinandersetzung[22] ab 01.01.2001 auch dann, wenn **einzelne Wirtschaftsgüter** aus der Mitunternehmerschaft (hier Erbengemeinschaft) in das Alleineigentum eines Mitunternehmers überführt werden.

Beispiel:

E stirbt. Erben sind A, B und C. Der Nachlass besteht im Wesentlichen aus einem Einzelbetrieb, der in zwei Teilbetriebe aufgegliedert werden kann. Außerdem gehört zum Betriebsvermögen ein wertvolles Grundstück, das den beiden Teilbetrieben nicht unmittelbar dient. Die Erben beschließen, erfolgsneutral zu teilen. A und B übernehmen je einen Teilbetrieb, C das Grundstück ohne jede Ausgleichszahlung.

A und B führen jeweils ihre Teilbetriebe zwingend mit den Buchwerten fort (§ 6 Abs. 3 EStG). Bei C, der nur ein Einzelwirtschaftsgut übernimmt, gilt ab 01.01.2001 ebenfalls die Buchwertfortführung (§ 6 Abs. 5 Satz 3 EStG). Da die Mitunternehmerschaft aufgelöst wird, liegt keine Sachwertabfindung vor.[23]

---

21 Ausführlich oben J. Rz. 236 ff.
22 Vgl. O. Rz. 11.
23 Zur Abgrenzung ausführlich oben J. Rz. 240 mit vielen Alternativen.

1.7 Erbauseinandersetzung mit Abfindung

1.7.1 Zum Nachlass gehört nur ein Betrieb

1.7.1.1 Abfindung aus eigenen Mitteln

Übernimmt ein Miterbe im Rahmen der Auseinandersetzung einen Betrieb, für den er deshalb weniger als den anteiligen Verkehrswert bezahlen muss, weil der andere Miterbe ebenfalls Nachlassgegenstände erhält, so stellt nur die tatsächlich zu leistende Abfindung Veräußerungsentgelt und Anschaffungskosten dar. Im Verhältnis der gezahlten Abfindung zum Wert des übernommenen Betriebs erwirbt der den Betrieb übernehmende Miterbe entgeltlich, im Übrigen unentgeltlich. Unentgeltlich wird daher insoweit übernommen, als man wertmäßig am Gesamtnachlass beteiligt ist.[24] In der Literatur werden noch weitere Lösungswege vorgeschlagen.[25] Wir vertreten hier die absolut herrschende Meinung.

Beispiel 1:

A, B und C sind zu je 1/3 Erben des E. Der Nachlass besteht im Wesentlichen aus einem Betrieb (Wert 3 Mio. €, Buchwert des Kapitalkontos 600.000 €).

C scheidet aus der Erbengemeinschaft aus und soll von A und B aus eigenen Mitteln jeweils 500.000 € erhalten.

C hat gem. §§ 16, 34 EStG einen Veräußerungsgewinn von 800.000 € zu versteuern (1 Mio. € Abfindung ./. 200.000 € Eigenkapitalanteil). A und B stocken die Buchwerte um je 400.000 € auf. Buchung in der Mitunternehmerschaft: „Kapital C 200.000 € und diverse Aktiva 800.000 € an Auseinandersetzungsverbindlichkeit gegen C 1 Mio. €". Die Miterben A und B haben zusammen damit den Betrieb zu 1/3 entgeltlich (1 Mio. € Abfindung zu 3 Mio. € Wert des Betriebs) und zu 2/3 unentgeltlich übernommen (A und B sind zu 2/3 am Gesamtnachlass beteiligt).

Beispiel 2:

E stirbt am 06.02.05. Seine Kinder A, B und C erben zu gleichen Teilen. Der Nachlass besteht ausschließlich aus einem Gewerbebetrieb. Mit Wirkung zum 01.07.05 übernimmt A den Betrieb.

Aktiva	Bilanz E	31.12.04	Passiva
Grundstück	100.000 €	Verbindlichkeiten	200.000 €
Abschreibbares		Kapital E	600.000 €
Anlagevermögen	400.000 €		
Umlaufvermögen	300.000 €		
	800.000 €		800.000 €

---

24 Vgl. BMF vom 14.03.2006, BStBl I 2006, 253, Rz. 14 bis 17, und BFH vom 28.07.1999, BStBl II 2000, 61.
25 Vgl. ausführlich Schmidt/Wacker, § 16 Rz. 619 und 620.

O. Erbfolge, Erbauseinandersetzung

Die stillen Reserven betragen im Grundstück 90.000 €, im abschreibbaren Anlagevermögen 120.000 € und im Umlaufvermögen 30.000 €; der Wert des Betriebs ist somit 840.000 €.

A bezahlt an B und C eine **Abfindung** i. H. von 560.000 € ($^2/_3$ Kapitalkonto = 400.000 € + $^2/_3$ stille Reserven im Grundstück 60.000 €, im abschreibbaren Anlagevermögen 80.000 € und im Umlaufvermögen 20.000 €).

A, B und C sind sofort nach dem Tod des E, also ab 07.02.05, Mitunternehmer. Die Übernahme durch A am 01.07.05 wird daher grundsätzlich wie die Veräußerung von Mitunternehmeranteilen behandelt. B und C haben einen Veräußerungsgewinn gem. §§ 16, 34 EStG zu versteuern und A hat aufzustocken.

Für B und C beträgt der Veräußerungsgewinn insgesamt 160.000 € (560.000 € ./. $^2/_3$ Kapitalkonto = 400.000 €), und A stockt in dieser Höhe verteilt auf die einzelnen Güter auf.

A bucht am 01.07.05: „Kapital E 600.000 € und diverse Aktiva 160.000 € an Kapital A 200.000 € und Sonstige Verbindlichkeit 560.000 €". Die Aktiva sind jeweils um $^2/_3$ der stillen Reserven zu erhöhen.

Aktiva	Bilanz A	01.07.05	Passiva
Grundstück	160.000 €	Verbindlichkeiten	200.000 €
Abschreibbares Anlagevermögen	480.000 €	Sonstige Verbindlichkeiten	560.000 €
Umlaufvermögen	320.000 €	Kapital A	200.000 €
	960.000 €		960.000 €

14 **Wie geht es bei A weiter?** Die Rechtsprechung geht von der **Trennungstheorie** aus, d. h., der Vorgang wird in einen entgeltlichen und in einen unentgeltlichen Teil aufgespalten, und zwar nach dem Verhältnis der Anschaffungskosten zu den übernommenen Werten.[26] Beim entgeltlichen Teil liegen daher keine nachträglichen, sondern originäre Anschaffungskosten vor.

Der entgeltliche Teil beträgt im vorliegenden Fall

$$\frac{560.000 \text{ € (Anschaffungskosten)}}{840.000 \text{ € (Anrechnungswert)}} = {}^2/_3.$$ Damit beträgt der unentgeltliche Teil $^1/_3$.

Dies bedeutet:

— Bei der AfA ist von zwei AfA-Reihen auszugehen.[27]

— Geleistete Erhaltungsaufwendungen bei Gebäuden können zum Teil anschaffungsnaher Herstellungsaufwand sein.[28]

— In Abbruchfällen kann es wegen der Dreijahresregel zu zwei verschiedenen Lösungen kommen.[29]

---

26 Vgl. BMF vom 14.03.2006, Fn. 24, Rz. 14, 15, 16 und 20.
27 BMF vom 14.03.2006, Fn. 24, Rz. 20.
28 BMF vom 18.07.2003, BStBl I 2003, 386.
29 H 6.4 (Abbruchkosten), EStH.

1 Einkommensteuer

— Bei Sonderabschreibungen gibt es zusätzliche Probleme.
— Bei § 6 b EStG sind die Fristen getrennt zu beachten, usw.

Nehmen wir z. B. an, das abschreibbare Anlagevermögen sei ein Gebäude. Dann ist dieses Gebäude mit dem anzusetzenden Wert von 480.000 Euro zu ¹/₃ unentgeltlich erworben (= 160.000 Euro) und zu ²/₃ entgeltlich erworben (= 320.000 Euro). Wurde dieses Gebäude bisher nach § 7 Abs. 4 Satz 1 EStG mit 2 % oder 2,5 % oder 3 % abgeschrieben, ändert sich beim AfA-Satz nichts. Die 320.000 Euro sind neu, d. h., sie sind sowohl AfA-Bemessungsgrundlage als auch AfA-Volumen. Die 160.000 Euro sind dagegen nur AfA-Bemessungsgrundlage. AfA-Volumen ist insoweit die Differenz zwischen der angesetzten AfA-Bemessungsgrundlage und der bis zur Erbauseinandersetzung durch den Erblasser und die Erbengemeinschaft in Anspruch genommenen AfA.

Wurde das Gebäude bisher nach § 7 Abs. 5 EStG abgeschrieben, sind zusätzlich die AfA-Sätze verschieden, weil der entgeltlich erworbene Teil nur gem. § 7 Abs. 4 EStG abgeschrieben werden kann, während der unentgeltliche Teil i. H. von ¹/₃ der bisherigen AfA-Bemessungsgrundlage mit den vorgesehenen Staffelsätzen weiter nach § 7 Abs. 5 EStG abgeschrieben werden muss.[30]

Beim **laufenden Gewinn** vom 07.02.05 bis zum 01.07.05 ergibt sich eine **15** Besonderheit. Grundsätzlich wäre er einheitlich und gesondert für A, B und C festzustellen. Durch die wichtige Vereinfachungsregelung in Rz. 8 und 9 des BMF vom 14.03.2006[31] können jedoch die Beteiligten rückwirkend den laufenden Gewinn dem die Einkunftsquelle übernehmenden Miterben zurechnen, wenn die Auseinandersetzung innerhalb von sechs Monaten nach dem Erbfall erfolgt. Dies wäre hier der Fall. A, B und C könnten sich daher einigen, dass A den laufenden Gewinn vom 07.02.05 ab allein zu versteuern hat.

Alternative zu Beispiel 2:

Neben dem dargestellten Betrieb 1 ist ein weiterer Betrieb 2 im Wert von **16** 260.000 € und Barvermögen im Wert von 160.000 € vorhanden. B übernimmt den Betrieb 2 und C das Barvermögen.

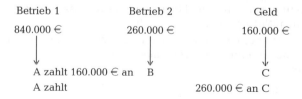

---

30 R 7.4 Abs. 10 EStR analog.
31 Fn. 24.

O. Erbfolge, Erbauseinandersetzung

Der Gesamtwert der Erbschaft beträgt 1.260.000 €. Jedem stehen 420.000 € zu. A zahlt daher an B 160.000 € und an C 260.000 €.

Bei B und C entstehen keine Probleme. C erhält nur Geld. B erhält zum Betrieb 2 ebenfalls Geld. Da er nichts bezahlt, hat er keine Anschaffungskosten. Betrieb 2 geht daher gem. § 6 Abs. 3 EStG auf B voll unentgeltlich über. Er übernimmt die Buchwerte.

A hat i. H. von 420.000 € Anschaffungskosten. Er übernimmt jetzt den Betrieb 1 zu

$$\frac{420.000\ €}{840.000\ €} = {}^1/_2\ \text{entgeltlich.}$$

B und C erhalten zusammen 420.000 € von A. Dafür geben sie ½ des Gesamtbuchwerts (= Kapitalkonto) i. H. von 300.000 € hin. Sie erzielen daher zusammen einen **Veräußerungsgewinn** i. H. von **120.000 €** gem. §§ 16, 34 EStG. Da sie zu gleichen Teilen beteiligt waren, sind die 120.000 € zu je ½ auf B und C aufzuteilen.

A **stockt** die 120.000 € entsprechend dem Verhältnis der stillen Reserven **auf** (90.000 € zu 120.000 € zu 30.000 € = insgesamt 240.000 €).

Das Grundstück ist daher um ⅜ von 120.000 € = 45.000 €, das Anlagevermögen um ⁴/₈ = 60.000 € und das Umlaufvermögen um ⅛ = 15.000 € aufzustocken.

Aktiva	Bilanz A	01.07.05	Passiva
Grundstück	145.000 €	Verbindlichkeiten	200.000 €
Abschreibbares Anlagevermögen	460.000 €	Sonstige Verbindlichkeiten	420.000 €
Umlaufvermögen	315.000 €	Kapital A	300.000 €
	920.000 €		920.000 €

Was fällt bei Gegenüberstellung des Grundfalles zur Alternative auf?

Obwohl A, B und C ab 07.02.05 als Mitunternehmer zu je ⅓ gelten, veräußern B und C zum 01.07.05 nur ½ und nicht ⅔ des ganzen Betriebs 1. Deshalb beträgt das Kapitalkonto des A am 01.07.05 nicht ⅓ von 600.000 Euro, sondern ½ von 600.000 Euro. A hat den Betrieb zu ½ entgeltlich und zu ½ unentgeltlich erworben. Man muss sich daher von den Beteiligungsverhältnissen zu Beginn völlig lösen und dabei vor allem den richtigen Bruchteil (Anschaffungskosten – in Höhe der Ausgleichszahlung – zum Wert der erhaltenen Wirtschaftsgüter) ermitteln.

17 Wird bei der Erbauseinandersetzung ein **Betrieb mit einem GmbH-Anteil gegen eine Abfindung** übernommen, gibt es Probleme beim veräußernden Miterben.

Beispiel 3:

A, B und C erben am 08.08.03 von ihrem Vater einen Gewerbebetrieb (Wert 6 Mio. €, Buchwert des Kapitalkontos 1,8 Mio. €). Im Betrieb befindet sich ein 30 %-Anteil an der Z-GmbH (Wert 1,1 Mio. €, Buchwert 200.000 €). C scheidet

zum 31.12.03 aus der Erbengemeinschaft aus und erhält von A und B aus eigenen Mitteln jeweils 1 Mio. €. Er ist zu ⅓ beteiligt.
C hat einen Veräußerungsgewinn von 1,4 Mio. € zu versteuern (2 Mio. € Abfindung ./. 600.000 € Eigenkapitalanteil). Ohne GmbH-Anteil wären nur die §§ 16, 34 EStG anzuwenden. Da aber der GmbH-Anteil ab 01.01.2009 im Teileinkünfteverfahren, zuvor im Halbeinkünfteverfahren, zu beurteilen ist, ist er hier zunächst abzuspalten.
C versteuert daher zunächst gem. § 16 EStG 300.000 € (1,1 Mio. € ./. 200.000 €, davon ⅓). Im Teileinkünfteverfahren sind dies 60 %, also 180.000 €, im Halbeinkünfteverfahren 150.000 € (§ 3 Nr. 40 Buchstabe b i. V. m. § 3 c Abs. 2 EStG).
Nach Abzug der 300.000 € verbleiben 1,1 Mio. €. Diese sind von C auch gem. §§ 16, 34 EStG zu versteuern. Ein Freibetrag, der gem. § 16 Abs. 4 EStG grundsätzlich zu gewähren wäre, entfällt schon deshalb, weil der Gewinn zu hoch ist.
A und B stocken die Buchwerte des Aktivvermögens um 1,4 Mio. € auf. Buchung in der Mitunternehmerschaft: „Kapital C 600.000 € und diverse Aktiva 1,4 Mio. € an Auseinandersetzungsverbindlichkeit gegen C 2 Mio. €".
Vom Aufstockungsbetrag entfallen auf den GmbH-Anteil 300.000 € und auf die übrigen Wirtschaftsgüter 1,1 Mio. €. A und B haben den Betrieb zu ⅓ entgeltlich (2 Mio. Abfindung zu 6 Mio. Wert des Betriebs) und zu ⅔ unentgeltlich übernommen (A und B sind zu ⅔ am Gesamtnachlass beteiligt). Nach der Trennungstheorie sind sämtliche zu bilanzierenden Wirtschaftsgüter dementsprechend aufzuspalten. Dies bedeutet, dass z. B. bei der AfA von zwei AfA-Reihen auszugehen ist.

Aktiva		Bilanz A/B		Passiva
	€	€		€
GmbH-Anteil	200.000		Sonstige	
+	300.000 =	500.000	Verbindlichkeiten	2.000.000
Sonstige Aktiva			Kapital A	600.000
	1.600.000		Kapital B	600.000
+	1.100.000	2.700.000		
		3.200.000		3.200.000

1.7.1.2 Abfindung mit Gegenständen des Betriebs (Sachwertabfindung)

Wird ein ausscheidender Gesellschafter mit Wirtschaftsgütern des Gesellschaftsvermögens abgefunden, liegt eine Sachwertabfindung vor. Die Abgrenzung zur Realteilung ist schwierig und sehr umstritten.[32] Nach wohl h. M. wird bei einer Realteilung die Personengesellschaft aufgelöst, während die Sachwertabfindung die Fortführung des Betriebs der Personengesellschaft durch einen oder mehrere der bisherigen Mitgesellschafter voraussetzt. Werden nur einzelne Wirtschaftsgüter herausgegeben, liegt daher eine Sachwertabfindung vor.

---

32 Vgl. BMF vom 14.03.2006, Fn. 24, Rz. 51 und 52. Vgl. auch zur Abgrenzung Schmidt/Wacker, § 16 Rz. 536, und oben J. Rz. 240 ff.

O. Erbfolge, Erbauseinandersetzung

Die Rechtsfolgen sind beim Betriebsfortführer sehr unterschiedlich. Bei der Sachwertabfindung sind die stillen Reserven der zurückbehaltenen Wirtschaftsgüter nicht zu realisieren, während dies bei der Realteilung möglich ist.

Beispiel:
Erben sind A und B zu je $^1/_2$. Zum Nachlass gehört nur ein Betrieb (Wert 1 Mio. €, Buchwert des Kapitalkontos 200.000 €). A übernimmt diesen Betrieb. B erhält ein Betriebsgrundstück (Wert 500.000 €, Buchwert 50.000 €), das er ins Privatvermögen übernimmt.

Weil B seinen Mitunternehmeranteil veräußert, erzielt er zunächst einen Veräußerungsgewinn von 400.000 €. A hat die Buchwerte aufzustocken, beim Grundstück um 225.000 € auf 275.000 €. Anschließend veräußert A das Grundstück und erzielt dabei einen laufenden Gewinn von 225.000 €.

Im Einzelnen:

Aktiva			Bilanz			Passiva
	BW	TW	st. R.		BW	TW	st. R.
	T€	T€	T€		T€	T€	T€
Grundstück	50	500	450	Kapital A	100	500	400
Aktiva	150	500	350	Kapital B	100	500	400
	200	1.000	800		200	1.000	800

Veräußerungsgewinn B, §§ 16, 34 EStG:
Gemeiner Wert Grundstück   500.000 €
Kapitalkonto   ./. 100.000 €
    400.000 €

Buchwertaufstockung A:
Stille Reserven realisiert   400.000 €
$^{45}/_{80}$ entfallen auf Grundstück =   225.000 €
Restliche stille Reserven   175.000 €

Buchung:
Grundstück   225.000 €
Aktiva   175.000 €
Kapital B   100.000 €   an   Abfindungsverpflichtung   500.000 €

Aktiva				Bilanz vor Sachwertabfindung	Passiva
	T	T	T		T
Grundstück	50	+ 225	= 275	Kapital	100
Aktiva	150	+ 175	= 325	Abfindungsverpflichtung	500
			600		600

Buchung:
Abfindungs-
verpflichtung   500.000 €   an   Grundstück   275.000 €
    Sonstige
    betriebliche Erträge   225.000 €

Aktiva	Bilanz nach Sachwertabfindung		Passiva
Aktiva	325.000 €	Kapital A	325.000 €

Ab 01.01.2001 hat B (wieder) die Möglichkeit, das Grundstück zum Buchwert in einem eigenen Betrieb weiterzuführen (§ 6 Abs. 5 Satz 3 EStG).[33] **19**

1.7.2 Privatvermögen

Hier gelten dieselben Grundsätze. Die neue Rechtsprechung bewirkt, dass **20** schon bei Auseinandersetzungen nur im Privatbereich in vielen Fällen die Erwerbe in ein unentgeltliches und in ein entgeltliches Geschäft aufgeteilt werden müssen. Der BFH meint, diese Fälle seien rechnerisch lösbar.

Soweit Entgeltlichkeit angenommen wird, bedeutet dies:
— Die AfA bemisst sich aus dem Entgelt.
— Die Sonder-AfA-Vorschriften oder das EigZulG kommen zur Anwendung.
— Weiterveräußerungen können die Tatbestände der §§ 17, 23 EStG erfüllen.
— Geleistete Erhaltungsaufwendungen bei Gebäuden können als anschaffungsnahe Herstellungskosten[34] für den entgeltlich erworbenen Teil in Betracht kommen.

Soweit Unentgeltlichkeit angenommen wird, bedeutet dies:
— Die AfA kommt nur nach Rechtsnachfolgegesichtspunkten in Betracht, § 11 d Abs. 1 EStDV.
— Bei Weiterveräußerungen liegt dann ein privates Veräußerungsgeschäft gem. § 23 EStG vor, wenn die Frist nach Anschaffung durch den Erblasser und Veräußerung durch den Erben gewahrt ist.
— Geleistete Erhaltungsaufwendungen bei Gebäuden sind immer sofort abzugsfähige Werbungskosten.

1.7.2.1 „Ein" Wirtschaftsgut

Beispiel:

A und B sind Erben eines Zweifamilienhauses, je zur Hälfte. Der Erblasser hat dieses Zweifamilienhaus im Jahre 01 für 200.000 € erworben. Zum Zeitpunkt des Erbfalles im Jahre 11 hat das Zweifamilienhaus einen Wert von 600.000 €, fünf Jahre später einen solchen von 800.000 €. Der Grund-und-Boden-Anteil beträgt jeweils 20 %.

a) Die Erbengemeinschaft wird fortgeführt.

---

33 Vgl. BMF vom 14.03.2006, Fn. 24, Rz. 52. Zur früheren Rechtslage vgl. die 7. Auflage 2000 dieses Bandes, O. Rz. 18.
34 R 21.1 Abs. 4 EStR.

O. Erbfolge, Erbauseinandersetzung

Die Einkünfte aus Vermietung und Verpachtung werden einheitlich und gesondert festgestellt. Gemäß § 11 d Abs. 1 EStDV wird die AfA des Erblassers weitergeführt, also gem. § 7 Abs. 4 EStG 2 % aus 160.000 € (200.000 € ./. 20 %) = 3.200 €.

b) Sofort nach dem Erbfall lassen sich A und B als Bruchteilseigentümer zu je ½ im Grundbuch eintragen.

Gemäß § 11 d EStDV führt jeder die AfA des Erblassers aus seiner übernommenen Hälfte, also jeweils 1.600 €, weiter. Der Wert des Grundstücks ist bedeutungslos.

c) Sofort nach dem Erbfall übernimmt A das Zweifamilienhaus und zahlt B eine Abfindung in Höhe des halben Werts des Grundstücks, also 300.000 €.

Den entsprechend seiner Erbquote direkt zuzuordnenden Teil übernimmt A entsprechend § 11 d EStDV, also AfA 1.600 €. Die andere Hälfte ist entgeltlich erworben, denn A zahlt aus eigenem Vermögen, d. h. über seinen Erbteil hinaus, 300.000 €. Damit kann A diesen Teil gem. § 7 Abs. 4 EStG abschreiben, und zwar mit 2 % aus 240.000 € (300.000 € ./. 20 %) = 4.800 €.

d) A übernimmt das Zweifamilienhaus erst fünf Jahre nach dem Erbfall und zahlt dementsprechend an B 400.000 € für dessen ideelle Hälfte.

Hier stellt sich die Frage, welcher Wert maßgebend ist. Da der BFH in seinem Urteil vom 09.07.1985[35] auf die Grundsätze des Urteils von 1957 verweist, sind die **Wertverhältnisse** zum Zeitpunkt der **Erbauseinandersetzung** maßgebend. Daraus folgt, dass B für die entgeltlich erworbene Hälfte aus 400.000 € abzgl. 20 % = 80.000 € für Grund und Boden abschreiben kann. Dies ist im vorliegenden Fall sehr verständlich, denn B zahlt ja aus seinem eigenen Vermögen tatsächlich 400.000 €, d. h. nicht 300.000 € für den Wert zum Zeitpunkt des Erbfalles.

1.7.2.2 „Mehrere" Wirtschaftsgüter

21 In der Praxis dürften vor allem die Fälle Schwierigkeiten bereiten, in denen Anschaffungskosten auf mehrere Wirtschaftsgüter anteilig zu verteilen sind.[36]

Beispiel:

A und B sind zu je ½ Erben eines Zweifamilienhauses (Wert 800.000 €, Anschaffungskosten des Erblassers insoweit 200.000 €), einer Eigentumswohnung (Wert 600.000 €, Anschaffungskosten des Erblassers insoweit 100.000 €) und 400.000 € Geldvermögen.

Alternative 1:

A übernimmt das Zweifamilienhaus und 100.000 € vom Geldvermögen. B übernimmt die Eigentumswohnung und 300.000 € vom Geldvermögen.

Bei dieser Aufteilung ohne Abfindungszahlung (jeder erhält einen Wert von 900.000 €) übernehmen A und B gem. § 11 d EStDV diese Wirtschaftsgüter und

---
35 BStBl II 1985, 722.
36 Vgl. BMF vom 14.03.2006, Fn. 24, Rz. 28 und 29.

schreiben die Gebäudewerte – unterstellt, sie sind vermietet – wie der Erblasser weiter ab.

Alternative 2:

A übernimmt das Zweifamilienhaus und die Eigentumswohnung, B übernimmt das Geld. Als Ausgleich hat A daher an B 500.000 € zu zahlen.

Zweifamilienhaus	Eigentumswohnung	Geld
800.000 €	600.000 €	400.000 €

A zahlt 500.000 € an B

Bei B entstehen keine Probleme. Er erhält nur Geld.

A hat insoweit Anschaffungskosten für die von ihm übernommenen Wirtschaftsgüter, als er mehr zahlt, als seinem Erbteil entspricht. Sein Erbteil beträgt 900.000 € (800.000 € + 600.000 € + 400.000 €, davon $^1/_2$). Da er einen Wert von 1.400.000 € übernimmt (800.000 € + 600.000 €), zahlt er über seinen Erbteil hinaus, d. h. aus eigenem Vermögen, 500.000 €. Somit sind diese 500.000 € seine Anschaffungskosten.

Diese Anschaffungskosten sind im Verhältnis der Verkehrswerte auf die übernommenen Wirtschaftsgüter aufzuteilen.

Zunächst erwirbt A die beiden Grundstücke in Höhe seines Erbteils von 900.000 € unentgeltlich und führt insoweit bei jedem Objekt die AfA gem. § 11 d Abs. 1 EStDV fort. In Höhe von 500.000 € erwirbt A entgeltlich.

A übernimmt **entgeltlich** im Verhältnis der gezahlten Abfindung zum Wert der übernommenen Güter, wobei dann dieser Bruch ins Verhältnis zu den übernommenen Werten gesetzt werden muss:

Entgeltlich:

Zweifamilienhaus	$^5/_{14}$ von 800.000 €	285.714 €
Eigentumswohnung	$^5/_{14}$ von 600.000 €	214.286 €
		500.000 €

Unentgeltlich:

Zweifamilienhaus	$^9/_{14}$ von 200.000 €	128.571 €
Eigentumswohnung	$^9/_{14}$ von 100.000 €	64.286 €

Für die entgeltlich übernommenen Teile ist das AfA-Volumen identisch mit der Bemessungsgrundlage. Bei den unentgeltlich übernommenen Teilen ist das jeweilige AfA-Volumen die Differenz zwischen der angesetzten AfA-Bemessungsgrundlage und der bis zur Erbauseinandersetzung durch den Erblasser und die Erbengemeinschaft in Anspruch genommenen AfA.

Daraus ergibt sich nun, dass A beim Zweifamilienhaus – jeweils nach Abzug des Grund-und-Boden-Anteils – von 285.714 € gem. § 7 Abs. 4 EStG abschreiben muss. Dieser Betrag ist sowohl AfA-Bemessungsgrundlage als auch AfA-Volumen. Die 128.571 € sind nur AfA-Bemessungsgrundlage, hier muss – wie beim Erblasser – gem. § 7 Abs. 4 oder Abs. 5 EStG abgeschrieben werden.[37]

Bei der Eigentumswohnung ergibt sich die gleiche Lösung.

---

[37] Vgl. BMF vom 14.03.2006, Fn. 24, Rz. 31.

O. Erbfolge, Erbauseinandersetzung

Alternative 3:

22 B will unbedingt die Eigentumswohnung übernehmen und bewohnen, und A will so hoch wie möglich das Zweifamilienhaus als Mietobjekt abschreiben können. Was können sie tun?

Da es immer auf den Zeitpunkt der Auseinandersetzung, nicht auf den Zeitpunkt des Erbfalles ankommt, können A und B die Objekte zunächst ein bis zwei Jahre gemeinsam weiterführen, in dieser Zeit durch **Reparaturen** beim Zweifamilienhaus die Geldmittel verbrauchen und dann erst die Erbauseinandersetzung durchführen. Zunächst sind die Reparaturen Werbungskosten bei A und B.

Wenn jetzt das Geldvermögen auch wertmäßig im Zweifamilienhaus steckt, d. h., A und B gehen von einem Wert des Zweifamilienhauses von 1.200.000 € aus, ergibt sich folgendes Bild:

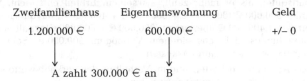

Werden diese Reparaturen im Rahmen einer ordnungsgemäßen Verwaltung durchgeführt, kann § 42 AO nicht angewandt werden. A hat dann gegenüber der Alternative 1 jetzt auch noch 300.000 € Anschaffungskosten. Es ist dann wie folgt aufzuteilen:

Entgeltliche Übernahme bei A
Zweifamilienhaus: $3/12$ von 1.200.000 € = 300.000 €

Unentgeltliche Übernahme bei A
Zweifamilienhaus: $9/12$ von 200.000 € = 150.000 €

A schreibt nun, nach Abzug des Grund-und-Boden-Anteils von 300.000 €, neu gem. § 7 Abs. 4 EStG ab. Die 150.000 € sind dagegen – abzgl. Grund und Boden – nur AfA-Bemessungsgrundlage, die – wie beim Erblasser – gem. § 7 Abs. 4 oder Abs. 5 EStG abgeschrieben werden.

Alternative 4:

23 Wie Alternative 3, aber die 400.000 € Geldvermögen werden von A und B zunächst verwendet, um einen **Umbau** beim Zweifamilienhaus durchzuführen.

In diesem Fall sind die Umbaukosten Herstellungskosten und daher bei Gebäuden, die nach § 7 Abs. 4 Satz 1 oder Abs. 5 EStG abgeschrieben werden,[38] der ursprünglichen Bemessungsgrundlage zuzuschlagen.[39]

A und B gehen bei der Erbauseinandersetzung ebenfalls von einem Wert des Zweifamilienhauses von 1.200.000 € aus, dann ergibt sich das gleiche Bild wie in der Alternative 3.

---

[38] Normalfall gem. H 7.4 (AfA nach nachträglichen Anschaffungs- oder Herstellungskosten) EStH.

[39] R 7.4 Abs. 10 EStR mit Zuschlag zum Restwert ist nur bei einer AfA gem. § 7 Abs. 4 Satz 2 EStG denkbar.

Zweifamilienhaus	Eigentumswohnung	Geld
1.200.000 €	600.000 €	+/– 0
↓	↓	

A zahlt 300.000 € an B

Entgeltliche Übernahme bei A
Zweifamilienhaus: $^{3}/_{12}$ von 1.200.000 € = 300.000 €
Unentgeltliche Übernahme bei A
Zweifamilienhaus: $^{9}/_{12}$ von 600.000 € = 450.000 €
(200.000 € + 400.000 € Herstellungskosten)
Hinsichtlich der 300.000 € hat sich gegenüber der Alternative 3 nichts geändert, d. h. neue, volle AfA gem. § 7 Abs. 4 EStG nach Abzug des Grund- und Bodenanteils.
Bei den 450.000 € sind wie im Reparaturfall vom ursprünglichen, vom Erblasser übernommenen Anteil (d. h. von $^{9}/_{12}$ von 200.000 € = 150.000 €) der Grund-und-Boden-Anteil herauszurechnen. Die Differenz von 300.000 € ist dann dem Gebäudeanteil zuzuschlagen und – wie beim Erblasser – gem. § 7 Abs. 4 oder Abs. 5 EStG abzuschreiben. Daraus folgt, dass beim Reparaturfall 400.000 € Werbungskosten bei A und B werden, während jetzt nur noch 300.000 € bei A zusätzlich über die AfA Werbungskosten werden. Die fehlenden 100.000 € sind $^{3}/_{12}$ von 400.000 €, die bei B ohne Auswirkung „verbleiben". Der Reparaturfall ist daher in doppelter Hinsicht günstiger.

1.7.3 Mischnachlass

1.7.3.1 Abfindung mit Geldmitteln des Nachlasses

Der Große Senat des BFH meint, es sei unerheblich, aus welchem Vermögensbereich der Abfindende die Mittel nimmt. Es spiele keine Rolle, ob er die Mittel aus dem zugeteilten Nachlass nehme oder aus seinem eigenen Vermögen. So allgemein stimmt diese Aussage nicht. Denn was im Rahmen der Erbauseinandersetzung aus dem Gesamthandsvermögen den einzelnen Erben zugeteilt wird, kann keine Abfindungszahlung sein.[40]

Beispiel:

A und B sind Erben des E. Der Nachlass besteht aus einem Betrieb (Wert 600.000 €), einem privaten Grundstück (Wert 400.000 €) und Wertpapieren (Wert 200.000 €). A übernimmt den gesamten Nachlass und zahlt B innerhalb von vier Wochen 600.000 €, nachdem er kurz zuvor die Wertpapiere und das Grundstück an einen Dritten veräußert hat.
Hier liegt eine Teilung ohne Abfindungszahlung vor.[41] A übernimmt daher den Betrieb gem. § 6 Abs. 3 EStG. Man muss hier unterstellen, dass die Teilung zum Zeitpunkt der Erbauseinandersetzung gewollt war.

---
40 Vgl. BMF vom 14.03.2006, Fn. 24, Rz. 30.
41 Vgl. Söffing, DB 1991 S. 832, Märkle, WP 1990 S. 675.

O. Erbfolge, Erbauseinandersetzung

Der Fall ist genauso zu entscheiden, als wenn A und B zunächst gemeinsam, d. h. als Erbengemeinschaft, das Grundstück und die Wertpapiere veräußert hätten. Dann hätten sie nur einen Betrieb (Wert 600.000 €) und Geldvermögen (Wert 600.000 €) zu verteilen gehabt.

Derselbe Fall wird aber dann kritisch, wenn die Beteiligten dies zunächst nicht wollten. Nehmen wir an, A bekommt von B die Schuld für zwei Jahre gestundet, veräußert deshalb – mit neuem Entschluss – die Wertpapiere und das Grundstück erst zwei Jahre später und zahlt dann kurz darauf die Abfindung an B, so wird man nicht mehr von einer Aufteilung ohne Abfindungszahlung ausgehen können. In diesem Falle läge eine Abfindung vor, B hätte einen anteiligen Veräußerungsgewinn zu versteuern und A müsste aufstocken.

1.7.3.2 Aufteilung der Anschaffungskosten bei mehreren Wirtschaftsgütern

25 Besonders schwierig in der Praxis werden diese Fälle dann, wenn bei Mischnachlässen ein oder mehrere Betriebe teilentgeltlich übernommen werden. Denn dann entstehen nur zum Teil Veräußerungsgewinne, und es muss auch nur zum Teil aufgestockt werden.

Beispiel 1 (zwei Erben mit Ausgleichszahlung):

E stirbt. Seine Erben sind sein Sohn A und seine Tochter B zu je $^1\!/_2$. Zur Erbschaft gehören:
- Gewerbebetrieb I: Kapitalkonto 500.000 €, Unternehmenswert 800.000 €
- Gewerbebetrieb II: Kapitalkonto 150.000 €, Unternehmenswert 400.000 €
- Privates Mietwohngrundstück, Anschaffungskosten des Vaters 200.000 €, Verkehrswert 600.000 €, Grund-und-Boden-Anteil jeweils 20 %
- Private Aktien, Börsenwert 100.000 €
- Privater 20 %-GmbH-Anteil, Verkehrswert 300.000 €, Anschaffungskosten beim Vater 100.000 €

A übernimmt den Gewerbebetrieb I, den GmbH-Anteil und das Grundstück, B den Rest. Sie setzen sich unmittelbar nach dem Erbfall auseinander. A zahlt an B einen Ausgleich i. H. von 600.000 €.

Betrieb I	GmbH-Anteil	Grundstück	Betrieb II	Aktien
800.000 €	300.000 €	600.000 €	400.000 €	100.000 €

A zahlt 600.000 € an B

Da B keine Ausgleichsleistungen zu erbringen hat, ihr vielmehr noch eine Ausgleichsforderung zusteht, erwirbt sie voll unentgeltlich. Sie setzt also den Betrieb II gem. § 6 Abs. 3 EStG fort. Sollten die Anschaffungskosten der privaten Aktien einmal eine Rolle spielen, zum Beispiel bei § 20 Abs. 2 Nr. 1 EStG (Abgeltungsverfahren ab 01.01.2009), § 17 (Halbeinkünfteverfahren bis 31.12.2008, Teileinkünfteverfahren ab 01.01.2009), § 6 Abs. 1 Nr. 5 EStG, gelten diejenigen ihres Vaters (§ 11 d Abs. 1 EStDV).

1 Einkommensteuer

A übernimmt entgeltlich im Verhältnis seiner Abfindungszahlung (= Anschaffungskosten) zu den Werten, die er übernimmt. Er zahlt 600.000 € und erhält Werte i. H. von 1.700.000 €. Er übernimmt also zu $^6/_{17}$ entgeltlich. Dieser Bruch ist dann im Verhältnis der Anrechnungswerte einzusetzen. Unentgeltlich übernimmt er den Rest, also zu $^{11}/_{17}$. Die Lösung entspricht einer gemischten Schenkung.

Entgeltlich:

Betrieb I	$^6/_{17}$ von 800.000 €	282.353 €
GmbH-Anteil	$^6/_{17}$ von 300.000 €	105.882 €
Grundstück	$^6/_{17}$ von 600.000 €	211.765 €
Anschaffungskosten insgesamt		600.000 €

Unentgeltlich:

Betrieb I	$^{11}/_{17}$ von 500.000 €	323.529 €
GmbH-Anteil	$^{11}/_{17}$ von 100.000 €	64.706 €
Grundstück	$^{11}/_{17}$ von 200.000 €	129.411 €

Soweit die Wirtschaftsgüter unentgeltlich übernommen sind, gilt § 6 Abs. 3 EStG bzw. § 11 d Abs. 1 EStDV, d. h. zum Beispiel, dass beim **Grundstück** der Betrag von 129.411 € abzgl. des Grund- und Bodenanteils restliche AfA-Bemessungsgrundlage ist, von der A weiterhin so abschreiben muss, wie sein Vater bisher abgeschrieben hat, also entweder nach § 7 Abs. 4 oder Abs. 5 EStG. Das AfA-Volumen ist entsprechend zu kürzen.

Soweit entgeltlich erworben wurde, liegen Anschaffungskosten vor. Beim Grundstück bedeutet dies, dass die 211.765 € abzgl. Grund-und-Boden-Anteil neu abgeschrieben werden müssen, und zwar nach § 7 Abs. 4 EStG. Dieser Betrag ist sowohl AfA-Bemessungsgrundlage als auch AfA-Volumen.

Hinsichtlich des **Gewerbebetriebs I** ist zunächst festzustellen, dass B diesen anteilig veräußert hat. Der Veräußerungsgewinn, der von B gem. §§ 16, 34 EStG nach Abzug eines anteiligen Freibetrags versteuert werden muss, errechnet sich wie folgt:

Veräußerungspreis	282.353 €
./. anteiliges Kapitalkonto	
(= $^6/_{17}$ von 500.000 €)	176.471 €
Veräußerungsgewinn	105.882 €

Diesen Betrag hat A auf die Werte der Wirtschaftsgüter anteilig aufzustocken, die stille Reserven enthalten. Gleichzeitig hat er die anteilige Auseinandersetzungsverbindlichkeit einzubuchen und das anteilige Kapitalkonto, d. h. den unentgeltlichen Teil vom gesamten Kapital, zu übernehmen.

Aktiva	Bilanz A		Passiva
Aktiva	500.000 €	Kapital	323.529 €
Aufstockungsbetrag	105.882 €	Sonstige	
		Verbindlichkeiten	282.353 €
	605.882 €		605.882 €

O. Erbfolge, Erbauseinandersetzung

Probe:

Unentgeltlicher Erwerb	323.529 €
Entgeltlicher Erwerb	282.353 €
	605.882 €
Gesamtkapital	./. 500.000 €
Aufgedeckte stille Reserven	105.882 €

A bucht daher in der vom Vater übernommenen Bilanz:

Verschiedene Wirtschaftsgüter	105.882 €		
und Kapital	176.471 €	an Sonstige Verbindlichkeiten	282.353 €

Den **20 %-GmbH-Anteil** hat B ebenfalls anteilig veräußert. Den Veräußerungsgewinn hat sie, wenn E den Anteil **vor dem 01.01.2009** erworben hat, § 52 a Abs. 10 EStG, entweder gem. § 23 oder gem. § 17 EStG zu versteuern.

Veräußerungspreis ($^6/_{17}$ von 300.000 €)	105.882 €
./. anteilige Anschaffungskosten ($^6/_{17}$ von 100.000 €)	35.294 €
Veräußerungsgewinn B	70.588 €

§ 23 EStG liegt vor, wenn der GmbH-Anteil innerhalb eines Jahres vor der Erbauseinandersetzung von V angeschafft wurde (§ 23 Abs. 1 Satz 3 EStG).

Andernfalls gilt § 17 EStG, weil B beim Erwerb im Rahmen der Erbschaft gem. § 39 AO zu 10 % als beteiligt gilt. Im Halbeinkünfteverfahren werden dann 50 % davon, also 35.294 €, erfasst (§ 3 Nr. 40 Buchstaben j oder c EStG).

Ist der GmbH-Anteil **nach dem 31.12.2008** erworben worden, gilt § 17 EStG mit dem Teileinkünfteverfahren (§ 3 Nr. 40 Buchstabe c EStG). Zu versteuern sind dann 60 %.

26 **Beispiel 2 (drei Erben, Ausgleichszahlung nur an einen Erben):**

A, B und C sind Erben des E. Zum Nachlass gehören:

– Gewerbebetrieb:	Kapitalkonto	200.000 €
	Unternehmenswert	600.000 €
– Private Eigentumswohnung:	Anschaffungskosten	80.000 €
	Gemeiner Wert	100.000 €
– Haushalt, Jacht, Geld:	Wert	300.000 €
– Mietshaus (privat vermietet):	Anschaffungskosten	300.000 €
	Verkehrswert	500.000 €

A übernimmt den Gewerbebetrieb und die Eigentumswohnung, C das Mietshaus und B das restliche Privatvermögen. Zum Ausgleich muss A an B 200.000 € zahlen.

1 Einkommensteuer

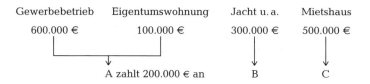

Die Erbschaft beträgt insgesamt 1.500.000 €. Jedem stehen 500.000 € zu.
C zahlt nicht; er übernimmt daher das Mietshaus gem. § 11 d EStDV und führt damit die AfA des Erblassers fort. A hat Anschaffungskosten und B muss einen Veräußerungsgewinn versteuern.

A übernimmt entgeltlich:
- Gewerbebetrieb $^2/_7$ von 600.000 € =   171.429 €
- Eigentumswohnung $^2/_7$ von 100.000 € =   28.571 €

Anschaffungskosten insgesamt   200.000 €

A übernimmt unentgeltlich:
- Gewerbebetrieb $^5/_7$ von 200.000 € =   142.858 €
- Eigentumswohnung $^5/_7$ von 80.000 € =   57.142 €

B versteuert gem. §§ 16, 34 EStG
Preis = entgeltlicher Wert des Betriebs   171.429 €
./. anteiliges Kapitalkonto = $^2/_7$ von 200.000 €   57.142 €
Veräußerungsgewinn   114.287 €

A stockt auf:

Aktiva	Bilanz A nach Übernahme		Passiva
Aktiva bisher	200.000 €	Kapital jetzt	
Aufstockung		($^5/_7$ von 200.000 €)	142.858 €
(= Veräußerungs-		Sonstige	
gewinn B)	114.287 €	Verbindlichkeit	
		(entgeltlicher Anteil)	171.429 €
	314.287 €		314.287 €

Zu beachten ist, dass C – obwohl er an sich Mitunternehmer des Betriebs zu $^1/_3$ ist – hier nichts versteuern muss, weil er von A keinen Ausgleich erhält.
Bei der Eigentumswohnung kann sich die Aufteilung in einen entgeltlichen und unentgeltlichen Teil z. B. in folgenden Fällen auswirken:
- Veräußerung innerhalb von zehn Jahren nach Auseinandersetzung. Dann ist § 23 EStG nur hinsichtlich des entgeltlichen Teils erfüllt. Zum Beispiel Veräußerung für 120.000 €:

Veräußerungspreis $^2/_7$ von 120.000 €   34.286 €
./. anteilige Anschaffungskosten $^2/_7$ von 100.000 € 28.571 €
Privater Veräußerungsgewinn   5.715 €

Hierbei wird unterstellt, dass die Zehnjahresfrist zwischen Anschaffung durch den Erblasser und dem Verkauf verstrichen ist. Ansonsten müsste auch der unentgeltlich übernommene Teil überprüft werden.

O. Erbfolge, Erbauseinandersetzung

– Einlage innerhalb von drei Jahren nach Auseinandersetzung. Damit ist gem. § 6 Abs. 1 Nr. 5 a EStG der entgeltliche Teil mit den Anschaffungskosten und der unentgeltliche mit dem Teilwert einzulegen. Zum Beispiel Einlage bei einem Teilwert = Kurswert von 120.000 €:

Entgeltlicher Teil $^2/_7$ von 100.000 € =	28.571 €
Unentgeltlicher Teil $^5/_7$ von 120.000 € =	85.714 €
Einlagewert	114.285 €

Beispiel 3 (drei Erben, Ausgleichszahlungen von zwei Erben):
27 Darstellung in Kurzform bei einer Erbschaft mit zwei Betrieben und zwei Personen, die einen Ausgleich zahlen (BW = Buchwert, AW = Anrechnungswert, AK = Anschaffungskosten):

Betrieb 1	Grundstück privat	Betrieb 2	Aktien privat
80.000 € BW	60.000 € AK	90.000 € BW	100.000 € AK
260.000 € AW	140.000 € AW	320.000 € AW	180.000 € AW

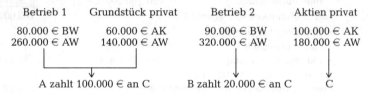

A zahlt 100.000 € an C   B zahlt 20.000 € an C   C

1. Aktien: C: § 11 EStDV
2. Betrieb 2:

Entgeltlich $^{20}/_{320}$ = $^1/_{16}$ von 320.000 € =	20.000 €
Unentgeltlich = $^{15}/_{16}$ von 90.000 € =	84.375 €

C: §§ 16, 34 EStG Preis =	20.000 €	
./. anteiliges Kapital $^1/_{16}$ von 90.000 € =	5.625 €	
Veräußerungsgewinn =	14.375 €	

Aktiva	Bilanz B		Passiva
Aktiva	90.000 €	Kapital	84.375 €
Aufstockung	14.375 €	Sonstige	
		Verbindlichkeiten	20.000 €
	104.375 €		104.375 €

3. Betrieb 1 und Grundstück:

Entgeltlich Betrieb 1 $^{100}/_{400}$ = $^1/_4$ = von 260.000 € =	65.000 €
Grundstück $^{100}/_{400}$ = $^1/_4$ von 140.000 € =	35.000 €
Unentgeltlich Betrieb 1 = $^3/_4$ von 80.000 € =	60.000 €
Grundstück = $^3/_4$ von 60.000 € =	45.000 €

C: §§ 16, 34 EStG Preis =	65.000 €	
./. anteiliges Kapital $^1/_4$ von 80.000 € =	20.000 €	
Veräußerungsgewinn =	45.000 €	

Aktiva		Bilanz A	Passiva
Aktiva	80.000 €	Kapital	60.000 €
Aufstockung	45.000 €	Sonstige Verbindlichkeiten	65.000 €
	125.000 €		125.000 €

1.8 Abfindung, Schuldübernahme und Anschaffungskosten

Sieht man das Problem der Schuldübernahme rein wirtschaftlich, müssten die von einem Erben übernommenen Schulden bei ihm voll Anschaffungskosten darstellen.

Nehmen wir an, S und P erben zu je $^1/_2$ nur ein Gebäudegrundstück mit dem Verkehrswert von 600.000 Euro. Dieses Grundstück sei mit einer noch valutierten Hypothekenschuld von ebenfalls 600.000 Euro belastet. Dann ist der Wert der Erbschaft 0 Euro. Übernimmt nun S das Grundstück mit der Schuld, muss er aus eigenem Vermögen die ganze Schuld begleichen, um das Grundstück auch wirtschaftlich zu erhalten. Da er aus eigenem Vermögen 600.000 Euro erbringt, müsste er auch Anschaffungskosten i. H. von 600.000 Euro haben.

Nehmen wir an, S ist Alleinerbe dieses mit einer Hypothekenschuld belasteten Grundstücks. Dann müsste man, bliebe man konsequent, auch in diesem Fall S 600.000 Euro Anschaffungskosten zubilligen. Da aber S in die volle Rechtsstellung des Erblassers tritt (Universalsukzession), kann man dies bei einer Erbschaft wohl kaum annehmen. Dies hat den Großen Senat des BFH veranlasst – im Gegensatz zur vorweggenommenen Erbfolge, wo er grundsätzlich voll Anschaffungskosten annimmt –, die Schulden bei Erbauseinandersetzungen nicht zu berücksichtigen.

Der Große Senat des BFH[42] meint hierzu wörtlich:

> „Wie sich das dem Miterben entsprechend seiner Erbquote zugeteilte Nachlaßvermögen zusammensetzt, hat dagegen keine Bedeutung. Die wertmäßige Angleichung kann auch dadurch bewirkt werden, daß der Miterbe Verbindlichkeiten der Erbengemeinschaft übernimmt; ob dabei sein rechnerischer Anteil an den Verbindlichkeiten überschritten wird, ist ebenfalls ohne Belang. Soweit der Wert des Erlangten den Wert seines Erbanteils übersteigt, muß der begünstigte Erbe Ausgleichszahlungen leisten; sie bilden für ihn Anschaffungskosten."

Dem hat sich die Verwaltung angeschlossen.[43] Jetzt hat der IX. Senat des BFH im Urteil vom 14.12.2004[44] eine andere Meinung vertreten. Der Leitsatz lautet:

---

42 BFH vom 05.07.1990, BStBl II 1990, 837 und 844 unter 2. a) dritter Absatz.
43 Vgl. hierzu BMF vom 14.03.2006, Fn. 24, Rz. 18, 23–25 und 34.
44 BStBl II 2006, 296. Vgl. hierzu ausführlich Zimmermann, DB 2006 S. 1392, mit mehreren Beispielen. Vgl. auch Schmidt/Wacker, § 16 Rz. 630.

O. Erbfolge, Erbauseinandersetzung

„Die von einem Miterben im Rahmen einer Erbauseinandersetzung übernommenen Schulden der Erbengemeinschaft bilden insoweit Anschaffungskosten der von ihm übernommenen Nachlassgegenstände, als sie seinen Anteil am Nachlass übersteigen."

Im Ausgangsbeispiel hätte danach S 300.000 Euro ($^1/_2$ von 600.000 Euro) neue Anschaffungskosten. Es gäbe danach zwei AfA-Reihen wie bei einer gemischten Schenkung. Da dieses Urteil des IX. Senats von der Verwaltung nicht angenommen wurde,[45] bleiben wir bei unserer bisherigen Meinung, die sich mit der Rechtsprechung des Großen Senats des BFH deckt.

Dies gilt in beiden Alternativen, bringt aber, wenn Abfindungen gezahlt werden, bei der anteiligen Berechnung der Anschaffungskosten rechnerische Probleme mit sich.

Beispiel:

Die Erbschaft besteht aus einem Zweifamilienhaus (Wert 800.000 €), einer Eigentumswohnung (Wert 500.000 €), Geldvermögen von 300.000 € und einer privaten Schuld von 100.000 €. Erbe B übernimmt die 300.000 € und Erbe A den Rest. A zahlt an B 450.000 €.

Zweifamilienhaus	Eigentumswohnung	Schuld	Geld
800.000 €	500.000 €	100.000 €	300.000 €

A zahlt 450.000 € an B

Nach Ansicht des Großen Senats des BFH betragen die Anschaffungskosten des A 450.000 €. Diese hat er aufzuteilen:

Entgeltlich:

Zweifamilienhaus	$^{4,5}/_{13}$ von 800.000 € =	276.923 €
Eigentumswohnung	$^{4,5}/_{13}$ von 500.000 € =	173.077 €
		450.000 €

oder

Zweifamilienhaus	$^{4,5}/_{12}$ von 738.462 €	
	(800.000 € − $^8/_{13}$ von 100.000 €) =	276.923 €
Eigentumswohnung	$^{4,5}/_{12}$ von 461.538 €	
	(500.000 € − $^5/_{13}$ von 100.000 €) =	173.077 €
		450.000 €

Damit sind i. H. von $^{8,5}/_{13}$ die Objekte jeweils **unentgeltlich** übernommen.

Die Schuld von 100.000 € ist privat. Es stellt sich daher die Frage, ob die Schuld das bleibt, was sie war, oder ob sie umgewidmet werden muss. Der BFH hat dieses Problem zwar nicht angesprochen. Da aber Anschaffungskosten ganz neu entstehen, wird man wohl nicht umhinkönnen, in Höhe des entgeltlichen Teils auch die Schuld **umzuwidmen.** Dies spielt vor allem dann eine große Rolle, wenn auch ein Betrieb anteilig entgeltlich übernommen wird.[46]

---

45 Nichtanwendungserlass BStBl I 2006, 306.
46 Vgl. oben O. Rz. 25 ff. und BMF vom 14.03.2006, Fn. 24, Rz. 24, 25 und 34.

Daraus ergibt sich einmal, dass es **falsch** wäre, den entgeltlichen Bruch mit dem Nettowert zu berechnen:

Entgeltlich:
Zweifamilienhaus	$^{4,5}/_{12}$ von 800.000 € =	300.000 €
Eigentumswohnung	$^{4,5}/_{12}$ von 500.000 € =	187.500 €
		487.500 €

Werden mehrere Wirtschaftsgüter übernommen, entspricht nach der Netto-Methode die Summe der entgeltlichen Werte nicht der Ausgleichszahlung.

Zum anderen ist die Schuld nach Auseinandersetzung aufzuteilen. Die Schuld ist zu $^{8,5}/_{13}$ nach wie vor Privatvermögen, denn insoweit hat A unentgeltlich übernommen, dies sind 65.385 €. Entgeltlich ist die Schuld i. H. von $^{4,5}/_{13}$ übernommen, dies sind 34.615 €. Dieser Teil ist auf die beiden Objekte zu verteilen.

Daraus ergibt sich:
Privatvermögen		65.385 €
Eigentumswohnung entgeltlich	$^{5}/_{13}$ von 34.615 € =	13.313 €
Zweifamilienhaus entgeltlich	$^{8}/_{13}$ von 34.615 € =	21.302 €
		100.000 €

Wer dies anders sieht, sollte sich überlegen, wie die Schuld zu behandeln wäre, hinge sie mit der Eigentumswohnung zusammen. Auch in diesem Falle wäre der entgeltliche Teil von $^{4,5}/_{13}$, nämlich 34.615 €, auf die beiden Objekte aufzuteilen. Der unentgeltliche Teil bliebe auch in diesem Falle das, was er ist, nämlich mit der Eigentumswohnung verbunden.

Setzt sich die Ansicht des IX. Senats des BFH durch, müssten zur Ausgleichszahlung von 450.000 € noch 50.000 € (= ½ der Schuld) hinzugerechnet werden, sodass von 500.000 € Anschaffungskosten auszugehen wäre. Dann würde sich der entgeltliche Wert wie folgt darstellen:

Zweifamilienhaus	$^{5}/_{13}$ von 800.000 € =	307.692 €
Eigentumswohnung	$^{5}/_{13}$ von 500.000 € =	192.308 €
		500.000 €

Alternative:

A und B begleichen zunächst die Schuld aus dem vorhandenen Geldvermögen und teilen danach:

Zweifamilienhaus	Eigentumswohnung	Schuld	Geld
800.000 €	500.000 €	+/– 0	200.000 €

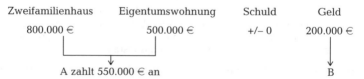

A zahlt 550.000 € an B

B erhält auch in diesem Fall 750.000 € insgesamt, A hat aber um 100.000 € höhere Anschaffungskosten.

Entgeltlicher Erwerb:
Zweifamilienhaus	$^{5,5}/_{13}$ von 800.000 € =	338.462 €
Eigentumswohnung	$^{5,5}/_{13}$ von 500.000 € =	211.538 €
		550.000 €

O. Erbfolge, Erbauseinandersetzung

Daraus folgt, dass es bei der Verteilung von reinem Privatvermögen günstiger ist, die übernommenen Schulden vor der Auseinandersetzung so weit wie möglich abzubauen.

Bei einer zeitlich vorgezogenen Erbauseinandersetzung, bei der ein Miterbe Schulden übernimmt, können Anschaffungskosten entstehen, wenn die Schuldübernahme eine Gegenleistung dafür ist, dass der Miterbe Grundbesitz vorzeitig aus der Erbmasse erhält.[47]

1.9 Vermächtnis, Pflichtteil, Auflagen, höferechtliche Abfindung

29 Die Erfüllung dieser Verpflichtungen (vgl. §§ 2147, 2303 und 1940 BGB) führt beim Erben **nicht zu Anschaffungskosten**. In Anlehnung an das Zivilrecht hat der Große Senat des BFH für das Ertragsteuerrecht auch insoweit entschieden, dass

— der Alleinerbe oder die Erbengemeinschaft den **gesamten Nachlass** vom Erblasser unmittelbar und unentgeltlich übernimmt

— und dass demgemäß die Erfüllung von Erbfallschulden (§ 1967 Abs. 2 BGB), zu denen neben Vermächtnissen (§ 2147 BGB) auch Pflichtteilsansprüche (§§ 2303 ff. BGB) und Auflagen (§ 1940 BGB) gehören, die den oder die Erben nur schuldrechtlich belasten, keinen Anschaffungs- und Veräußerungsvorgang, sondern grundsätzlich nur einen **zweiten unentgeltlichen Erwerb** des Berechtigten vom Erben oder der Erbengemeinschaft darstellt.[48] Dies gilt auch für höferechtliche Abfindungsansprüche.[49]

1.9.1 Privatvermögen

Beim Privatvermögen stellt sich somit die Frage, ob auch entgeltliche und teilentgeltliche oder nur unentgeltliche Vorgänge vorliegen können.

Beispiel 1:

Sohn S ist Erbe seines Vaters V. S erwirbt mehrere private Grundstücke. Laut Testament ist er verpflichtet, seiner Tante T das Grundstück G zu übertragen. S erwirbt sämtliche Grundstücke im Rahmen der Erbfolge gem. § 11 d EStDV (erster unentgeltlicher Erwerb). Anschließend erwirbt T das Grundstück G aufgrund des Vermächtnisses ebenfalls gem. § 11 d EStDV (zweiter unentgeltlicher Erwerb). T hat keine Anschaffungskosten.

Beim **Vorausvermächtnis** ist dies nicht anders. Ein Vorausvermächtnis liegt vor, wenn ein Miterbe mit einem Vermächtnis bedacht wird. Damit will der Erblasser einem der Erben einen zusätzlichen Vermögensvorteil zuwenden.

---

47 BFH vom 19.12.2006, BStBl II 2008, 216.
48 Vgl. BMF vom 14.03.2006, Fn. 24, Rz. 60–66; BFH vom 07.12.1990, BStBl II 1991, 350, vom 24.09.1991, BStBl II 1992, 330, und vom 17.10.1991, BStBl II 1992, 392. Vgl. auch unten O. Rz. 48 und 49.
49 BFH vom 25.11.1993, BStBl II 1994, 596.

1 Einkommensteuer

Die Zuweisung des Gegenstandes erfolgt daher – im Gegensatz zur Teilungsanordnung – außerhalb des Erbteils, d. h. über den Erbteil hinaus.[50] Ein Vorausvermächtnis kann anrechnungspflichtig oder nicht anrechnungspflichtig sein.

Beispiel 2:

Sohn S und Tochter T sind Erben ihres Vaters V. S und T erwerben mehrere Grundstücke. Im Testament hat V der T ohne Anrechnung auf ihren Erbteil das Grundstück G vermacht.

Zunächst erben S und T gemeinsam alle Grundstücke gem. § 11 d EStDV unentgeltlich. Anschließend erwirbt T das Grundstück G aufgrund des Vermächtnisses unentgeltlich gem. § 11 d EStDV. T hat keine Anschaffungskosten.[51]

Anders ist die Situation beim **Kaufrechtsvermächtnis**. Dies liegt vor, wenn der Vermächtnisnehmer das Recht hat, einen Nachlassgegenstand zu einem bestimmten Preis zu erwerben. Ertragsteuerlich entstehen dann in Höhe des Preises Anschaffungskosten des Vermächtnisnehmers.[52]

Beispiel 3 (Kaufrechtsvermächtnis und § 23 EStG):

Sohn S und Tochter T sind Erben ihres Vaters V. Es ist nur ein Mietwohngrundstück mit zum Todestag geschätztem Wert von 240.000 € vorhanden. Weil T ihren Vater vor dessen Tod lange Zeit gepflegt hat, verfügt V im Testament, dass T das Grundstück allein übernehmen darf, dass sie aber dem S $^1/_4$ des Werts des Grundstücks zu bezahlen hat. Das Grundstück ist seit 20 Jahren im Eigentum der V. T übernimmt und veräußert ein Jahr nach dem Erbfall das Grundstück zu dem Schätzwert von 240.000 € an einen Fremden.

S und T erben das Grundstück gemeinsam unentgeltlich gem. § 11 d EStDV. T erhält später das Grundstück von der Erbengemeinschaft teilentgeltlich, weil sie einen Ausgleich zu erbringen hat. Sie hat Anschaffungskosten von 60.000 € ($^1/_4$ von 240.000 €). Damit hat sie das Grundstück zu $^1/_4$ entgeltlich erworben (Zahlung 60.000 € zum Wert des erhaltenen Grundstücks von 240.000 €). $^3/_4$ sind unentgeltlich. Soweit T das Grundstück innerhalb von zehn Jahren **entgeltlich** erwirbt und veräußert, erfüllt sie den Tatbestand des § 23 EStG. Im Ergebnis wird der Vorgang wie eine Erbauseinandersetzung aufgrund einer Teilungsanordnung gegen Ausgleichszahlungen behandelt.[53]

Der Gewinn gem. § 23 EStG errechnet sich daher wie folgt:

Veräußerungspreis $^1/_4$ von 240.000 €	= 60.000 €
Anschaffungskosten (Ausgleichszahlung)	= 60.000 €
Gewinn	+/0 €

Dies ist verständlich, wenn man bedenkt, dass in der Zeit, in der T Eigentümerin des Grundstücks war, auch keine stillen Reserven anwuchsen.

---

50 Littmann/Hörger, § 16 Rz. 962, 963.
51 BMF vom 14.03.2006, a. a. O., Rz. 64, und Littmann/Hörger, § 16 Rz. 692, 963.
52 BMF, a. a. O., Rz. 63, und Littmann/Hörger, § 16 Rz. 948, 949.
53 Littmann/Hörger, § 16 Rz. 949 und 972.

O. Erbfolge, Erbauseinandersetzung

1.9.2 Betriebsvermögen

Hier ist wichtig, dass ein Entnahmegewinn des oder der Erben vorliegt, wenn ein Wirtschaftsgut des übernommenen Betriebs vermacht wird und das Vermächtnis erfüllt wird.

Beispiel:
A und B sind Erben. Sie übernehmen einen Betrieb, sollen aber lt. Testament des Erblassers E ihrer Tante T 200.000 € zahlen und ihrem Onkel O ein Betriebsgrundstück (Wert 200.000 €, Buchwert 40.000 €) übertragen.

A und B übernehmen den Betrieb als Mitunternehmer und haben Vermächtnisse zu erfüllen. Die Zahlung an die Tante ist ertragsteuerlich ohne Bedeutung, ganz gleich, wie A und B das Geld aufbringen. Nehmen sie das Geld aus dem Betrieb, liegt eine ertragsteuerlich neutrale Entnahme vor.

Das Grundstück wird zwar auch entnommen. Aber A und B müssen den Entnahmegewinn von 160.000 € als laufenden Gewinn versteuern, denn nur sie sind Mitunternehmer des Betriebs, und sie entnehmen. O hat damit nichts zu tun.

O übernimmt das Grundstück mit dem Entnahmewert von 200.000 €. Den anteiligen Entnahmewert für das Gebäude (d. h. die 200.000 € abzgl. des Werts des Grund und Bodens) kann er neu abschreiben, wenn er es vermietet oder betrieblich nutzt. Im letzteren Falle wäre es zunächst mit 200.000 € einzulegen. Zu begründen ist dies über § 11 d Abs. 1 EStDV, denn er übernimmt das Grundstück aus privaten Gründen unentgeltlich und legt es anschließend in einen Betrieb ein (§ 6 Abs. 1 Nr. 5 EStG).[54]

1.9.3 Darlehen

Die Erbfallverbindlichkeiten Pflichtteil und Vermächtnis sind privat veranlasst. Müssen die verpflichteten Erben Darlehen aufnehmen, um diese Verpflichtungen zu erfüllen, sind diese Darlehen ebenfalls privat. Die frühere Sekundärfolge-Rechtsprechung ist überholt.[55]

1.10 Zinszahlungen bei Erbfällen

Bei Erbauseinandersetzungen entstehen mehrere Probleme im Zusammenhang mit der steuerlichen Abzugsmöglichkeit von Zinsen.[56]

1.10.1 Unentgeltliche Übertragungen

Ein Alleinerbe erbt ein Grundstück mit einem noch valutierten Hypothekendarlehen. Da der Erbe hier in die volle Rechtsstellung des Erblassers eintritt,

---

[54] Vgl. BMF vom 14.03.2006, Fn. 24, Rz. 60.
[55] BFH vom 02.03.1993, BStBl II 1994, 619, vom 27.07.1993, BStBl II 1994, 625, und vom 25.11.1993, BStBl II 1994, 623. Dem hat sich die Verwaltung angeschlossen, BMF vom 11.08.1994, BStBl I 1994, 603. Vgl. BMF vom 14.03.2006, Fn. 24, Rz. 35 und 63.
[56] Ausführlich hierzu und mit vielen Beispielen Meyer, FR 1997 S. 8.

war schon immer unbestritten, dass diese Zinsen vom Erben geltend gemacht werden können, wenn das Grundstück sich als Einkunftsquelle erweist. Dies gilt selbstverständlich auch, wenn mehrere Erben ein solches Objekt erben.

Beispiel:

Erben sind A und B zu je $^1/_2$. Zum Nachlass gehören ein Betrieb (Wert 1 Mio. €) und ein privates Mietwohngrundstück (Wert 2 Mio. €). Auf dem Grundstück lastet eine Grundschuld. Das damit gesicherte Darlehen ist zum Erwerb des Grundstücks aufgenommen worden. Bei der Auseinandersetzung übernimmt A den Betrieb und B das belastete Grundstück mit der Schuld. Abfindungen werden nicht gezahlt.

Obwohl keine Anschaffungskosten entstehen, kann B die Schuldzinsen für das gesicherte Darlehen weiterhin als Werbungskosten abziehen.

1.10.2 Teilentgeltliche Übertragungen

Ein Erbe übernimmt im Rahmen der Erbauseinandersetzung ein Grundstück oder einen Betrieb und hat einen Miterben auszugleichen. Muss er die Ausgleichszahlung, die ja zu Anschaffungskosten führt, finanzieren, steht das Darlehen wirtschaftlich mit der jeweiligen Einkunftsquelle im Zusammenhang, die Zinsen sind daher als Werbungskosten oder Betriebsausgaben abzugsfähig.

Beispiel 1:

Erben sind A und B zu je $^1/_2$. Der Nachlass besteht aus einem Betrieb (Wert 3 Mio. €) und einem Privatgrundstück (Wert 1 Mio. €). A übernimmt den Betrieb, B das Privatgrundstück. A leistet an B eine Abfindung von 1 Mio. €, die er fremdfinanziert.

A erwirbt den Betrieb zu $^1/_3$ entgeltlich und hat Anschaffungskosten i. H. von 1 Mio. €. Er stockt die Buchwerte in Höhe der realisierten stillen Reserven auf und passiviert eine betriebliche Abfindungsverpflichtung.

Der Bankkredit löst diese Abfindungsverpflichtung ab. Die Zinsen sind deshalb Betriebsausgaben.

Beispiel 2:

Sachverhalt wie in Beispiel 1, Rz. 25. A muss seine Ausgleichsverpflichtung von 600.000 € voll fremdfinanzieren.

Das Darlehen ist wie die Anschaffungskosten zu behandeln, d. h., es entfällt jeweils in gleicher Höhe auf die „angeschafften" Wirtschaftsgüter. 211.765 € gehören daher zum Grundstück. Wenn es vermietet wird, sind die Zinsen daraus Werbungskosten. 282.353 € sind als betriebliches Darlehen einzubuchen. Buchung: „Entnahme an Darlehen", weil es sich um einen Privatvorgang handelt. Die restlichen 105.882 € betreffen den GmbH-Anteil.

O. Erbfolge, Erbauseinandersetzung

Müsste A die Ausgleichszahlung nicht voll finanzieren, wäre sie entsprechend den Anschaffungskostenwerten aufzuteilen.[57]

In der Praxis dürfte sich, um Zins und Tilgung auseinanderzuhalten, empfehlen, das Darlehen auch bei der Bank getrennt zu führen, d. h. im vorliegenden Fall von vornherein drei Bankkonten einzurichten.

1.10.3 Übernahme vom Objekt losgelöster Verbindlichkeiten

32 Ein Miterbe übernimmt schon bestehende Verbindlichkeiten der Erbengemeinschaft. Hier ist dann entscheidend, mit welchem Vermögen sie beim Erben im Zusammenhang stehen. Im BMF-Schreiben vom 14.03.2006[58] ist ausgeführt:

„Auch bei einem **Mischnachlass** kann die Abstimmung mit dem Auseinandersetzungsguthaben des Miterben dadurch erreicht werden, dass der Miterbe Verbindlichkeiten der Erbengemeinschaft übernimmt. Wie sich derartige Schulden in der Folge bei den Miterben auswirken, hängt davon ab, mit welchem Vermögen sie in Zusammenhang stehen und wie dieses Vermögen beim Erben verwendet wird. So kann Privatvermögen der Erbengemeinschaft beim Miterben Betriebsvermögen und die damit zusammenhängende Verbindlichkeit Betriebsschuld werden."[59]

Beispiel 1:

A und B teilen den Nachlass ohne Abfindungszahlungen. B erhält dabei das private Mietwohngrundstück des Erblassers zugeteilt. Um eine Abfindungszahlung an A zu vermeiden, übernimmt B eine Schuld des Erblassers von 300.000 €, die dieser zum Erwerb einer Segeljacht aufgenommen hatte.

Obwohl die Schuld beim Erblasser im Zusammenhang mit dessen privater Lebensführung stand, steht sie bei B im Zusammenhang mit seinen Einkünften aus Vermietung und Verpachtung. Die Schuldzinsen sind deshalb Werbungskosten.

Beispiel 2 (zwei Erben und mehrere verschiedene Darlehen):

A übernimmt das ganze Vermögen mit Schulden und zahlt dem B 50.000 €; A muss diesen Betrag finanzieren:

Betrieb	Eigentumswohnung	Darlehen bei Eigentumswohnung	Privates Darlehen
AW 90.000 €	AW 60.000 €	20.000 €	30.000 €
BW 45.000 €	AK 33.000 €		

AW = Anrechnungswert
BW = Buchwert des Kapitalkontos
AK = Anschaffungskosten

---

57 Da das Darlehen keine Nachlassverbindlichkeit ist, sondern völlig neu im Zusammenhang mit Anschaffungsvorgängen aufgenommen wurde, sind die in Rz. 25 und 34 des BMF-Schreibens vom 14.03.2006, Fn. 24, erläuterten Zinsprobleme hier nicht einschlägig.
58 Fn. 24, Rz. 34.
59 Vgl. auch das Beispiel in O. Rz. 28.

Entgeltlich:
Betrieb $\quad 5/15 = 1/3 \times 90.000 = 30.000 \, €$ $\Big\} = 50.000 \, €$
Eigentumswohnung $\quad 5/15 = 1/3 \times 60.000 = 20.000 \, €$

Unentgeltlich:
Betrieb $\quad 2/3 \times 45.000 = 30.000 \, €$
Eigentumswohnung $\quad 2/3 \times 33.000 = 22.000 \, €$

B: §§ 16, 34 EStG $\quad$ Preis = $\quad\quad\quad 30.000 \, €$ (entgeltlich)
$\quad$ ./. anteiliges Kapital $1/3$ von $45.000 \, € = \quad \underline{15.000 \, €}$
$\quad\quad\quad\quad$ Veräußerungsgewinn = $\quad 15.000 \, €$

A: Darlehen (drei verschiedene Arten):
1. Finanzierung Ausgleich = $50.000 \, €$, wie entgeltliche Übernahme: Betrieb $30.000 \, €$, Eigentumswohnung $20.000 \, €$
2. Übernahme $20.000 \, €$: entgeltlich $1/3 = 6.667 \, €$: für Betrieb $9/15 = 4.000 \, €$, für Eigentumswohnung $6/15 = 2.667 \, €$ Unentgeltlich $2/3 = 13.333 \, €$ für Eigentumswohnung. Das Darlehen bleibt insoweit weiter im wirtschaftlichen Zusammenhang mit der Eigentumswohnung erhalten.
3. Übernahme $30.000 \, €$: entgeltlich $1/3 = 10.000 \, €$: für Betrieb $9/15 = 6.000 \, €$, für Eigentumswohnung $6/15 = 4.000 \, €$ Der unentgeltliche Teil ist uninteressant. Dieser Teil bleibt weiterhin negatives Privatvermögen.

An Darlehen entfallen daher auf den Betrieb $30.000 \, € + 4.000 \, € + 6.000 \, € = 40.000 \, €$ und auf die Eigentumswohnung $20.000 \, € + 2.667 \, € + 13.333 \, € + 4.000 \, € = 40.000 \, €$.

Aktiva	Bilanz A (vor Einbuchung der Darlehen)		Passiva
Aktiva	45.000 €	Kapital	30.000 € (unentgeltlicher Teil)
Aufstockung	15.000 €	Sonstige Verbindlichkeit	30.000 € (entgeltlicher Teil)
	60.000 €		60.000 €

Buchungen:
Sonstige Verbindlichkeit	an	Darlehen	30.000 €
Privatentnahme	an	Darlehen	4.000 €
Privatentnahme	an	Darlehen	6.000 €

Aktiva	Bilanz A (nach Einbuchung der Darlehen)		Passiva
Aktiva	45.000 €	Kapital	20.000 €
Aufstockung	15.000 €	Darlehen	40.000 €
	60.000 €		60.000 €

O. Erbfolge, Erbauseinandersetzung

Würde sich die Ansicht des IX. Senats des BFH[60] durchsetzen, kämen hier zur Ausgleichszahlung von 50.000 € noch 25.000 € Anschaffungskosten (½ der Darlehen) hinzu. Der entgeltliche Erwerb des A wäre dann nicht $^5/_{15}$, sondern ½ (75.000 € Anschaffungskosten zu 150.000 € übernommenen Werten). Die Zahlen müssten dann entsprechend angepasst werden.

1.10.4 Übernahme von Verbindlichkeiten über die Erbquote hinaus

34 Die Übernahme von Schulden über die Erbquote hinaus kann trotz fehlender Anschaffungskosten zu Betriebsvermögen führen, das den Schuldzinsenabzug ermöglicht.[61]

Beispiel:

A und B sind Miterben zu je ½. Zum Nachlass gehören ein Betrieb (Wert 3 Mio. €) sowie ein privates Grundstück (Wert 2 Mio. €), das mit einer noch valutierten Hypothek von 1 Mio. € belastet ist. A übernimmt den Betrieb und die Verbindlichkeit, B erhält das Grundstück.

Hier ist von einer gewinnneutralen Teilung eines Mischnachlasses auszugehen, da nach dem Beschluss des Großen Senats des BFH vom 05.07.1990[62] auch beim Mischnachlass eine Wertangleichung zur Vermeidung von Ausgleichszahlungen durch überproportionale Übernahme von Nachlassverbindlichkeiten erreicht werden kann.

Die von A zusätzlich zum Betrieb übernommene private Nachlassschuld bleibt keine Privatschuld, sondern wandelt sich nach der Übernahme durch A in eine Betriebsschuld um mit der Folge, dass A künftig die auf diese Schuld entfallenden Schuldzinsen als Betriebsausgaben abziehen kann.

Würde sich die Ansicht des IX. Senats des BFH[63] auch hier durchsetzen, wäre eine gewinnneutrale Teilung nicht mehr möglich. Es entstünden Anschaffungskosten i. H. von 500.000 € (½ der Schuld). A würde den Betrieb zu $^1/_{16}$ entgeltlich übernehmen (500.000 € zu 3 Mio. € = $^5/_{30}$ = $^1/_6$) und müsste entsprechend aufstocken, während B insoweit die stillen Reserven gem. §§ 16, 34 EStG versteuern müsste – ein kaum praktikables Ergebnis.

1.10.5 Erbfallverbindlichkeiten

35 Pflichtteil – Vermächtnis – sowie höferechtliche Abfindungsansprüche sind privat veranlasst. Müssen die verpflichteten Erben Darlehen aufnehmen, um diese Verpflichtungen zu erfüllen, sind diese Darlehen ebenfalls privat. Die frühere Sekundärfolge-Rechtsprechung ist überholt.[64]

---

60 BFH vom 14.12.2004, BStBl II 2006, 296. Vgl. hierzu oben O. Rz. 28.
61 So BMF vom 14.03.2006, Fn. 24, Rz. 34.
62 BStBl II 1990, 837.
63 BFH vom 14.12.2004, BStBl II 2006, 296. Vgl. hierzu oben O. Rz. 28.
64 BFH vom 02.03.1993, BStBl II 1994, 619, vom 27.07.1993, BStBl II 1994, 625, und vom 25.11.1993, BStBl II 1994, 623. Dem hat sich die Verwaltung angeschlossen, BMF vom 11.08.1994, BStBl I 1994, 603. Vgl. BMF vom 14.03.2006, Fn. 24, Rz. 35 und 63.

1.11 Erbauseinandersetzung bei verpachtetem Betrieb

Die gleichen Grundsätze gelten, wenn ein Unternehmer, der einen Gewerbebetrieb verpachtet hat, stirbt. Nicht ganz einfach sind dabei die Fälle zu entscheiden, wenn einer der Erben der Pächter des Betriebs ist. **36**

Beispiel 1:
E verpachtete seinen Gewerbebetrieb im Ganzen an X. Er gibt keine Erklärung zur Betriebsaufgabe ab. Mit dem Tod des E am 15.03.01 geht sein Gewerbebetrieb auf seine Söhne A und B über.

A übernimmt den Betrieb zum 01.01.06.

Bis zum 31.12.05 führen A und B den Verpächterbetrieb weiter. Sie haben als Mitunternehmer Einkünfte aus § 15 EStG, genauso wie E vor seinem Tod. Es ist jetzt nur eine einheitliche und gesonderte Feststellung zu machen.

Wenn A zum 01.01.06 den Betrieb übernimmt und dem B eine Abfindung bezahlt, hat er, soweit stille Reserven aufgedeckt werden, aufzustocken. In gleicher Höhe hat B einen Veräußerungsgewinn gem. §§ 16, 34 EStG zu versteuern, denn es liegt auch in diesem Fall die Veräußerung eines Mitunternehmeranteils vor.

A kann dann ab 01.01.06 den Verpachtungsgewerbebetrieb mit zum Teil aufgestockten stillen Reserven weiterführen. Entschließt er sich einige Zeit später, den Gewerbebetrieb aufzugeben, versteuert er die restlichen stillen Reserven gem. §§ 16, 34 EStG im Rahmen dieser Betriebsaufgabe.[65]

Beispiel 2:
Der Stpfl. E verpachtete seinen Gewerbebetrieb im Ganzen an A. E gab keine Erklärung zur Betriebsaufgabe ab, sodass er weiterhin Einkünfte aus Gewerbebetrieb bezog. Mit dem Tod des E ging der Betrieb unentgeltlich auf die Erbengemeinschaft A und B über. Nach dem Erbfall setzte die Erbengemeinschaft A/B das Pachtverhältnis zu A fort.

Dass von einer Gewinnrealisierung abgesehen werden kann, ergibt sich aus einer alternativen Entwicklung des Sachverhalts:

a) Wäre nur B Erbe, würde B den Verpachtungsgewerbebetrieb gem. § 6 Abs. 3 EStG mit den Buchwerten übernehmen. Damit ergibt sich keine Änderung aufgrund der „Fußstapfentheorie". Das Pachtverhältnis bestünde weiter.

b) Wären B und C Erben, würden sie zusammen als Erbengemeinschaft den Verpachtungsgewerbebetrieb wie bei a) übernehmen.

c) Wäre A Erbe, fielen der Verpachtungsgewerbebetrieb und der eigene Betrieb zusammen. A würde auch hier den Betrieb des E gem. § 6 Abs. 3 EStG übernehmen.

Damit kann auch der Ausgangsfall nicht anders entschieden werden, d. h., es gilt zunächst § 6 Abs. 3 EStG für die Erbengemeinschaft A und B.

---

65 Vgl. R 16 Abs. 5 EStR. Zum Wahlrecht bei Erben vgl. Schmidt/Wacker, § 16 Rz. 704. Zu den wesentlichen Betriebsgrundlagen bei verpachtetem Betrieb vgl. BFH vom 11.10.2007, BStBl II 2008, 220.

O. Erbfolge, Erbauseinandersetzung

Da A und B sofort nach dem Tod des E im Rahmen des Verpachtungsgewerbebetriebs als Mitunternehmer gelten, ist das Pachtverhältnis zu A auch steuerlich weiterzuführen.

A und B haben gemeinsam eine eigene Einkunftsquelle Verpachtungsgewerbebetrieb. Ihre Verpachtungsleistung an A ist daher voll anzuerkennen. Es wäre falsch, nur bei B zu $^1/_2$ einen Verpachtungsgewerbebetrieb anzunehmen, d. h. die Pachtzahlung des A an sich selbst in der Gesellschaft außer Betracht zu lassen.[66]

1.12 Teilauseinandersetzung

37 Nach Auffassung des Großen Senats stellen die bei einer Teilauseinandersetzung geleisteten Abfindungen unabhängig von der Beteiligung am noch nicht auseinandergesetzten Restnachlass Anschaffungskosten und Veräußerungsentgelt dar.[67]

Beispiel 1:

A und B sind Erben zu je $^1/_2$. Zum Nachlass gehören ein Betrieb (Wert 1 Mio. €, Buchwert des Kapitalkontos 200.000 €) und ein privates Grundstück (Wert 500.000 €). Bei einer Teilauseinandersetzung im Jahre 05 übernimmt A den Betrieb und zahlt an B eine Abfindung i. H. von 500.000 €. Das Grundstück verwalten sie weiter gemeinsam.

B erzielt im Jahre 05 einen Veräußerungsgewinn gem. §§ 16, 34 EStG i. H. von 400.000 € (Preis 500.000 € ./. anteiliges Kapitalkonto 100.000 €). A stockt die Buchwerte des Betriebs um 400.000 € auf. Die Übernahme des Grundstücks durch A oder B bleibt zunächst außer Betracht.[68]

Wenn die Miterben von Anfang an eine weitere Auseinandersetzung planten, mindern nach Auffassung des Großen Senats umgekehrte Abfindungen die ursprünglichen Anschaffungskosten.

Nach dem BMF-Schreiben vom 14.03.2006[69] ist davon immer auszugehen, wenn seit der vorangegangenen Teilauseinandersetzung nicht mehr als fünf Jahre vergangen sind. Dagegen ist eine spätere weitere Teil- oder Endauseinandersetzung nicht mehr mit vorangegangenen Teilauseinandersetzungen als Einheit zu betrachten, sondern als eine selbständige Auseinandersetzung.[70]

---

66 Vgl. BFH vom 18.07.1979, BStBl II 1979, 750, vom 06.11.1980, BStBl II 1981, 307, vom 19.02.1981, BStBl II 1981, 433, vom 24.03.1983, BStBl II 1983, 598, vom 25.06.1984, GrS, BStBl II 1984, 751, und vom 25.04.1985, BStBl II 1985, 622. Vgl. zu diesen Fällen Schmidt/Wacker, § 16 Rz. 716.
67 Vgl. BMF vom 14.03.2006, Fn. 24, Rz. 56 und 57.
68 Vgl. BMF vom 14.03.2006, Fn. 24, Rz. 56.
69 BMF vom 14.03.2006, Fn. 24, Rz. 58.
70 Vgl. BMF vom 14.03.2006, Fn. 24, Rz. 58.

1 Einkommensteuer

Beispiel 2:

Wie Beispiel 1, aber bei der Auseinandersetzung im Jahre 05 stand fest, dass B das Grundstück erhalten sollte. Im Jahre 06 übernimmt B das Grundstück mit dem immer noch anzusetzenden Wert von 500.000 € und zahlt an A 250.000 €.

Der Fall muss so beurteilt werden, wie wenn es sich um eine Erbauseinandersetzung in einem Zuge gehandelt hätte. Damit hat dann A den Betrieb übernommen und hat an B nur 250.000 € (500.000 € ./. 250.000 €) gezahlt. Da A und B jeweils im Wert von 750.000 € ($^1/_2$ von 1,5 Mio. €) erbten, hat A den Betrieb zu $^1/_4$ entgeltlich erworben (Zahlung 250.000 €, Erwerb 1 Mio. €). B hat daher durch die Übertragung des Mitunternehmeranteils von $^1/_4$ gem. §§ 16, 34 EStG einen Veräußerungsgewinn von 200.000 € zu versteuern (Preis 250.000 € ./. $^1/_4$ Kapitalkonto = 50.000 €), und A muss dementsprechend die Buchwerte um 200.000 € aufstocken.

Aus der Sicht des Jahres 06 ist daher der Veräußerungsgewinn des B nicht mehr 400.000 €, sondern nur noch 200.000 €, und A muss nicht 400.000 €, sondern nur 200.000 € aufstocken.

Der Große Senat des BFH hat offengelassen, wann diese Berichtigung zu geschehen hat. Die Verwaltung[71] hat sich u. E. zu Recht für eine Rückwirkung entschieden. Umgekehrte Abfindungen werden als Ereignisse gem. § 175 Abs. 1 Nr. 2 AO behandelt, sodass die Berichtigungen im vorliegenden Fall im Jahre 05 vorzunehmen sind. Wie soll denn auch dem B im vorliegenden Fall die Minderung des Veräußerungsgewinns mit Freibetragsberechnung anders zugutekommen?

1.13 Verhinderung der Entstehung von Veräußerungsgewinnen bei Erbauseinandersetzungen

1.13.1 Verhinderung durch die Erben

Vielfach dürfte bei den Erben der Wunsch bestehen, bei der Erbauseinandersetzung Veräußerungsgewinne zu vermeiden. Ziel muss daher sein, eine erfolgsneutrale Teilung ohne Abfindung zu erreichen, denn diese führt zu einer unentgeltlichen Übernahme der Erbschaft durch die Erben in vollem Umfang.

1.13.1.1 Schaffung von Privatvermögen

Gegenstand der erfolgsneutralen Teilung eines Mischnachlasses ist das Vermögen der Erbengemeinschaft im Zeitpunkt der Auseinandersetzung, nicht im Zeitpunkt des Erbfalls. Durch Vermögensverschiebungen innerhalb des Gesamthandsvermögens der Erbengemeinschaft können daher bis zur Erbauseinandersetzung die Voraussetzungen für eine erfolgsneutrale Teilung geschaffen werden. Nach dem BMF-Schreiben vom 14.03.2006[72] kommt es

---

71 BMF vom 14.03.2006, Fn. 24, Rz. 59.
72 Fn. 24, Rz. 33 Satz 2.

O. Erbfolge, Erbauseinandersetzung

dabei nicht darauf an, ob bereits im Zeitpunkt des Erbfalls ein Mischnachlass bestanden hat oder ob sich im Zuge der Verwaltung des Nachlasses privates Nachlassvermögen gebildet hat.

1.13.1.1.1 Sofortige Entnahme liquider Mittel

39 Nach dem BMF-Schreiben vom 14.03.2006[73] soll eine Gestaltung nur dann nach § 42 AO steuerschädlich sein, wenn liquide Mittel im engen zeitlichen Zusammenhang mit der Auseinandersetzung aus einem Betrieb entnommen werden, um Privatvermögen zu schaffen. Diese Verwaltungsvorschrift, d. h. nur Satz 3 der Rz. 33, wird von der Literatur heftig angegriffen.[74] Wir schließen uns dieser Kritik an. Denn die Vermeidung der Besteuerung stiller Reserven beim abgebenden Miterben bewirkt nämlich die alleinige Erfassung der stillen Reserven beim übernehmenden Miterben, zu dessen Lasten sich dann spätere Realisierungstatbestände (Veräußerung, Entnahme, Betriebsaufgabe) auswirken.

> **Beispiel:**
> A und B sind Miterben zu je ½. Der Nachlass besteht nur aus einem Betrieb, Wert 800.000 €, Kapitalkonto 600.000 €. Der Betrieb hat liquide Mittel im Wert von 400.000 €.
>
> Übernimmt nun A alsbald nach dem Erbfall den Betrieb und B – nach Entnahme – die liquiden Mittel, läge zwar eine erfolgsneutrale Teilung vor. Nach dem BMF-Schreiben vom 14.03.2006[75] wäre aber diese Entnahme schädlich, d. h., die Verwaltung nimmt in diesem Fall eine Veräußerung des Mitunternehmeranteils des B an. B hätte dann gem. § 16 EStG einen Veräußerungsgewinn i. H. von 100.000 € (400.000 € ./. 300.000 €) gem. § 34 EStG zu versteuern, und A müsste entsprechend aufstocken. Ist B nicht älter als 55 Jahre und auch nicht dauernd berufsunfähig, erhielte er einen Freibetrag.

Ob diese Verwaltungsauffassung durch den BFH eines Tages bestätigt wird, ist offen. Unseres Erachtens liegt eine erfolgsneutrale Teilung vor. Die stillen Reserven bleiben dem Betrieb erhalten.

1.13.1.1.2 Allmähliche Entnahme liquider Mittel zum Erwerb privater Güter

> **Beispiel:**
> **40** Wie Beispiel in Rz. 39. A und B kommen aber überein, den Betrieb vier Jahre lang zusammen weiterzuführen. In den ersten drei Jahren entnehmen sie sukzessive 400.000 € und erwerben damit zum 01.07.04 ein privates Mietshaus. Zum 31.12.04 setzen sie die Erbengemeinschaft auseinander. A übernimmt den Betrieb mit dem jetzigen Wert von 400.000 € und B das Grundstück.

---

73 Fn. 24, Rz. 33 Satz 3.
74 Obermeier, NWB F. 3, 8517 und 8552; Söffing, DStR 1991 S. 201 und 204 und DB 1991 S. 828 und 831, sowie Felix, KÖSDI 1990 S. 8281.
75 Fn. 24, Rz. 33 Satz 3.

Da keiner eine Ausgleichszahlung zu erbringen hat, liegt jetzt eine erfolgsneutrale Teilung vor, die auch die Verwaltung anerkennen muss.

1.13.1.1.3 Allmähliche Entnahme liquider Mittel zum Lebensunterhalt

Beispiel:

A und B sind Miterben zu je ½. Zum Nachlass gehören ein Betrieb (Wert 600.000 €) und ein Wertpapierdepot (Wert 500.000 €). A und B bestreiten ihren Lebensunterhalt, indem sie ein Jahr ausschließlich Entnahmen aus dem Betrieb tätigen. Nach einem Jahr sind die Wertverhältnisse gleich. A übernimmt den Betrieb, B das Wertpapierdepot.

Da keine Ausgleichszahlungen erfolgen, liegt eine nicht zu beanstandende Realteilung vor. Stille Reserven werden nicht aufgedeckt.

1.13.1.1.4 Allmähliche Entnahme liquider Mittel zu Reparaturen an privaten Gütern

Beispiel:

A und B sind Miterben zu je ½. Zum Nachlass gehören ein Betrieb (Wert 900.000 €) und zwei Mietwohngrundstücke (Wert 700.000 €). Zur Renovierung der Grundstücke werden aus dem Betrieb liquide Mittel i. H. von 100.000 € entnommen. Der Wert des Betriebs sinkt auf 800.000 €, der Wert der Grundstücke steigt auf 800.000 €. Bei der anschließenden Erbauseinandersetzung übernimmt A den Betrieb und B die Grundstücke.

Auch hier liegt eine nicht zu beanstandende erfolgsneutrale Teilung vor. Stille Reserven werden nicht aufgedeckt.

1.13.1.2 Übernahme von bestehenden Schulden

Die erfolgsneutrale Teilung bei einem Mischnachlass kann auch dadurch erreicht werden, dass einzelne Miterben vorhandene Schulden der Erbengemeinschaft übernehmen, wobei die Schulden ihre bisherige Eigenschaft als Betriebs- oder Privatschulden verlieren.[76]

Beispiel:

A, B und C sind Miterben zu je ⅓. Zum Nachlass gehören ein Betrieb (Wert 400.000 €), Mietwohngrundstück 1 (Wert 600.000 €), Mietwohngrundstück 2 (Wert 400.000 €), Hausrat (Wert 200.000 €) und eine Jacht (Wert 200.000 €).

A übernimmt bei einer sofortigen Erbauseinandersetzung den Betrieb, B das Mietwohngrundstück 1 und C den Rest des Vermögens. C übernimmt zusätz-

---
76 Vgl. oben O. Rz. 28, 31, 32 und BMF vom 14.03.2006, Fn. 24, Rz. 25 und 34.

lich das betriebliche Darlehen von 200.000 €. Dadurch erreichen die drei Erben eine erfolgsneutrale Teilung. Abfindungszahlungen sind nicht erforderlich. Sowohl der Betrieb als auch das Restvermögen haben dann einen Wert von 600.000 €. Zur Problematik, ob durch die Übernahme des betrieblichen Darlehens Anschaffungskosten entstehen, vgl. oben.[77]

Bei C hängen die Schulden jetzt zu $4/8$ = 100.000 € mit dem Mietwohngrundstück 2 zusammen, die Zinsen sind daher insoweit Werbungskosten. Mit dem Hausrat und mit der Jacht stehen die Schulden mit je $2/8$ = 50.000 € zusammen. Die Zinsen sind insoweit Lebensführungskosten.

1.13.1.3 Begründung von Betriebsschulden

44 Ein Fall des Gestaltungsmissbrauchs (§ 42 AO) liegt dann vor, wenn liquide Mittel nur durch Schuldaufnahme beschafft werden, um zu einer erfolgsneutralen Realteilung zu kommen. Im BMF-Schreiben vom 14.03.2006[78] heißt es wörtlich:

„Die vom BFH in seinem Beschluss vom 05.07.1990 (BStBl II 1990, 837) zur Wertangleichung zugelassene Möglichkeit der Übernahme von Verbindlichkeiten der Erbengemeinschaft über die Erbquote hinaus bezieht sich nur auf Nachlassverbindlichkeiten. Dabei kommt es nicht darauf an, ob die Verbindlichkeit bereits im Zeitpunkt des Erbfalls bestanden hat oder ob sie erst im Zuge der Verwaltung des Nachlasses entstanden ist. Geht die Erbengemeinschaft dagegen im engen zeitlichen Zusammenhang mit der Erbauseinandersetzung Verbindlichkeiten ein, um insoweit eine gewinnneutrale Realteilung zu ermöglichen, handelt es sich nicht mehr um Nachlassverbindlichkeiten (§ 42 AO)."

Beispiel:
A und B sind Erben zu je $1/2$. Zum Nachlass gehören ein Betrieb (Wert 600.000 €) und ein privates Grundstück (Wert 400.000 €). A und B nehmen ein betriebliches Darlehen i. H. von 100.000 € auf. Bei der sofortigen Erbauseinandersetzung übernimmt B das Grundstück mit den zuvor aus dem Betrieb entnommenen Barmitteln (Wert dann 500.000 €). A übernimmt den Betrieb mit der Schuld (Wert jetzt ebenfalls 500.000 €).

Die Schuldaufnahme dient hier allein dem Zweck, die Voraussetzungen für eine erfolgsneutrale Teilung ohne Abfindung zu schaffen. Es ist daher gem. § 42 AO davon auszugehen, dass A den Betrieb gegen eine Abfindung von 100.000 € übernimmt, die er fremdfinanziert. Bei B entsteht ein Veräußerungsgewinn.

Erfolgt die Erbauseinandersetzung nicht sofort, sondern erst einige Zeit, etwa ein Jahr, später, kann § 42 AO nicht angewandt werden. Denn einem Unternehmer kann man nicht vorschreiben, wie er seinen Betrieb finanziert. Es liegt hier eine ordnungsgemäße Verwaltung vor.[79]

---

[77] O. Rz. 28, 33 und 34.
[78] Fn. 24, Rz. 25.
[79] Vgl. auch BMF vom 14.03.2006, Fn. 24, Rz. 33.

1.13.1.4 Teilauseinandersetzung

Beispiel:

Erben sind A und B. Die Erbschaft wollen beide wie folgt übernehmen:

Betrieb	Grundstück	Aktien	Geldvermögen
700.000 €	900.000 €	300.000 €	600.000 €

```
      A                        B
```

Übernehmen beide sofort diese Güter, müsste A an B 350.000 € als Ausgleich bezahlen. Hinsichtlich des Betriebs entstünde bei B ein sofort zu versteuernder Veräußerungsgewinn gem. §§ 16, 34 EStG, und A müsste aufstocken.

Hier können sich A und B die Regelungen zur Teilauseinandersetzung zunutze machen. Nach Auffassung des Großen Senats stellen die bei einer Teilauseinandersetzung geleisteten Abfindungen grundsätzlich unabhängig von der Beteiligung am noch nicht auseinandergesetzten Restnachlass Anschaffungskosten und Veräußerungsentgelt dar.[80] Wenn die Miterben von Anfang an eine weitere Auseinandersetzung planten, mindern nach Auffassung des Großen Senats umgekehrte Abfindungen die ursprünglichen Anschaffungskosten.

Im BMF-Schreiben vom 14.03.2006[81] ist davon immer auszugehen, wenn seit der vorangegangenen Teilauseinandersetzung **nicht mehr als fünf Jahre** vergangen sind.

Dagegen ist eine spätere weitere Teil- oder Endauseinandersetzung nicht mehr mit vorangegangenen Teilauseinandersetzungen als Einheit zu betrachten, sondern als eine selbständige Auseinandersetzung.[82]

Im vorliegenden Fall könnten daher A und B wie folgt vorgehen:

— Im Jahr 01 übernimmt A den Betrieb und B die Aktien und 400.000 Euro vom Geldvermögen. Im Jahr 01 liegt dann eine erfolgsneutrale Teilung vor. B hätte nichts zu versteuern.

— Im Jahr 06 übernimmt A das Grundstück und B die restlichen 200.000 Euro. A hat dann als Ausgleich 350.000 Euro zu zahlen, also genauso viel wie in dem Fall der sofortigen Auseinandersetzung. Der große Unterschied ist aber der, dass B nichts versteuern muss und dass die Anschaffungskosten des A von 700.000 Euro jetzt voll auf das Grundstück durchschlagen.

---

80 Vgl. BMF vom 14.03.2006, Fn. 24, Rz. 56 und 57.
81 Fn. 24, Rz. 58.
82 Vgl. BMF vom 14.03.2006, Fn. 24, Rz. 58.

O. Erbfolge, Erbauseinandersetzung

1.13.2 Verhinderung durch den Erblasser

46 Der Erblasser kann nicht nur durch die Bestimmung der einzelnen Erben in einem Testament oder Erbvertrag gestalten, sondern auch durch Teilungsanordnungen und Einsetzung von Vermächtnissen. Hierzu heißt es im BMF-Schreiben vom 14.03.2006[83] wörtlich:

„Durch eine Teilungsanordnung (§ 2048 BGB) wird lediglich die Art und Weise der Erbauseinandersetzung durch den Erblasser festgelegt. Deshalb gehen auch bei der Teilungsanordnung zunächst alle Nachlassgegenstände auf die Erbengemeinschaft und nicht einzelne Nachlassgegenstände unmittelbar auf denjenigen Miterben über, der sie aufgrund der Teilungsanordnung erhalten soll. Verhalten sich die Miterben jedoch bereits vor der Auseinandersetzung entsprechend der Teilungsanordnung, ist dies auch steuerrechtlich anzuerkennen, solange die tatsächliche Auseinandersetzung innerhalb einer sich an den Umständen des Einzelfalls orientierten Frist vorgenommen wird. Dies gilt auch bei Anordnung einer Testamentsvollstreckung. Setzen sich die Miterben einverständlich über die Teilungsanordnung hinweg, ist für die steuerliche Beurteilung die tatsächliche Auseinandersetzung maßgeblich. Solange die Teilungsanordnung von den Erben vor der Auseinandersetzung beachtet wird, sind die Veranlagungen vorläufig nach § 165 Abs. 1 Satz 1 AO durchzuführen."

1.13.2.1 Teilungsanordnung

Beispiel:

47 Laut Testament sind A und B Miterben zu je $1/2$. Die Erbschaft besteht aus einem Betrieb (Wert 600.000 €) und Immobilien im Wert von 900.000 €. Im Testament ist verfügt, dass A den Betrieb und B die Immobilien zu übernehmen hat.

Halten sich die Miterben an diese Teilungsanordnung bei der Auseinandersetzung, liegt eine erfolgsneutrale Teilung vor. A und B übernehmen jeweils unentgeltlich die ihnen zugeteilten Werte.

Zahlt B – entgegen der Teilungsanordnung – an A einen Ausgleich i. H. von 150.000 €, hat B insoweit also Anschaffungskosten und damit die Immobilien zum Teil entgeltlich übernommen. B muss diese daher nach den oben dargestellten Grundsätzen entsprechend abschreiben.

Setzt der Erblasser allerdings einen Testamentsvollstrecker ein, wird die Teilungsanordnung bindend (§ 2203 BGB), in diesem Fall ist die erfolgsneutrale Teilung zwingend.

---

[83] BMF vom 14.03.2006, Fn. 24, Rz. 67. Vgl. auch BFH vom 04.05.2000, BStBl II 2002, 850.

1.13.2.2 Vermächtnis

Das Vermächtnis ist zivilrechtlich nur ein schuldrechtlicher Anspruch (§ 2174 BGB). Seine Erfüllung führt steuerlich nicht zur Entstehung von Anschaffungskosten.[84]   **48**

Beispiel 1:

E hat zwei Söhne A und B. Sein Vermögen besteht in einem Betrieb (Wert 900.000 €). A soll einmal den Betrieb übernehmen. Um die Aufdeckung stiller Reserven zu verhindern, setzt E in seinem Testament nur den A als Erben ein. Seinem Sohn B setzt er ein Barvermächtnis i. H. von 400.000 € aus.

Da das Barvermächtnis kein Entgelt darstellt, übernimmt A als Alleinerbe den Betrieb gem. § 6 Abs. 3 EStG mit seinen Buchwerten. Die Zahlung durch A an den B ist privat.

Bei der rechnerischen Bemessung der Höhe des Vermächtnisses kann E berücksichtigen, dass die stillen Reserven des Betriebs von A im Laufe der Zeit allein zu versteuern sind.

Beispiel 2:

Wie Beispiel 1, E verfügt aber im Testament ein Sachvermächtnis. A muss dem B ein Betriebsgrundstück im Wert von 400.000 € übertragen.

Dies wäre die wohl schlechteste Anordnung des E, denn jetzt entsteht ein laufender Entnahmegewinn bei A.[85]

Eine Erbeinsetzung beider Söhne wäre hier günstiger. Würde A dann den Betrieb und B das Grundstück übernehmen, wären die Grundsätze zur Sachwertabfindung anzuwenden; dann wäre ein Teil des Gewinns ein Veräußerungsgewinn.[86]

1.13.2.3 Vorausvermächtnis

Das Vorausvermächtnis kann sich auch auf einen Betrieb beziehen.[87]   **49**

Hierzu meint das BMF-Schreiben vom 14.03.2006[88] wörtlich: „Betrifft das **Sachvermächtnis** dagegen einen **ganzen Betrieb,** so erzielt die Erbengemeinschaft (oder der Alleinerbe) keinen Veräußerungs- oder Aufgabegewinn. Der Vermächtnisnehmer führt nach § 6 Abs. 3 EStG[89] die Buchwerte der Erbengemeinschaft fort.

Beispiel:

Laut Testament des E sind dessen Erben seine Söhne A und B. Die Erbschaft besteht aus einem Betrieb (Wert 800.000 €) und einem Mietwohngrundstück

---

84 BMF vom 14.03.2006, Fn. 24, Rz. 60. Vgl. auch oben Rz. 29.
85 BMF vom 14.03.2006, Fn. 24, Rz. 60.
86 Vgl. oben O. Rz. 18.
87 BMF vom 14.03.2006, Fn. 24, Rz. 65.
88 BMF vom 14.03.2006, Fn. 24, Rz. 61.
89 Früher § 7 Abs. 1 EStDV.

O. Erbfolge, Erbauseinandersetzung

(Wert 400.000 €). A soll den Betrieb als Vorausvermächtnis erhalten, wobei der Wert auf die Erbschaft angerechnet wird.

A übernimmt den Betrieb und B das Mietwohngrundstück. A zahlt an B einen Ausgleich von 200.000 €.

In diesem Fall führt die Ausgleichszahlung nicht zu Anschaffungskosten bei A und zu einem Veräußerungsgewinn bei B. A übernimmt vielmehr den Betrieb gem. § 6 Abs. 3 EStG mit seinen Buchwerten. Die Ausgleichszahlung ist privat. B übernimmt das Grundstück gem. § 11 d EStDV mit den Werten des E.

Es besteht die Möglichkeit, dass die Verwaltung diese Art Vorausvermächtnis, weil ein Ausgleich bezahlt wird, in eine Teilungserklärung umdeutet[90] und damit im obigen Beispiel bei A zu Anschaffungskosten und bei B zu einem Veräußerungsgewinn kommt. Wie diese Fälle letztendlich behandelt werden, muss der Rechtsprechung überlassen werden.

Das Vorausvermächtnis ist daher bei voller Betriebsübertragung auf einen Erben ohne Ausgleichsverpflichtung das wohl beste Instrument, um Veräußerungsgewinne zu vermeiden. Bei Übertragung von einzelnen Wirtschaftsgütern ist das Vorausvermächtnis dagegen ungünstig, weil dann laufende Entnahmegewinne entstehen.

1.14 Personengesellschaften – bürgerlich-rechtliche Grundlagen

1.14.1 Grundsätze

Im Vergleich zu den echten Personengesellschaften sei vorweg erwähnt, dass bürgerlich-rechtlich überhaupt keine Probleme entstehen, wenn ein GmbH-Gesellschafter oder ein Aktionär verstirbt. Die **GmbH-Anteile** und die **Aktien** fallen in die Erbmasse. Die Erben treten die Rechtsnachfolge entsprechend ihren Erbquoten im Rahmen der Gesamthand Erbengemeinschaft an. Die Beteiligungen werden wie alle anderen Gegenstände, z. B. Grundstücke, Mobiliar oder Bargeld, behandelt, d. h., es kommt darauf an, wie die Erbengemeinschaft diese Anteile auf einzelne Erben im Rahmen der Erbauseinandersetzung überträgt. Solange keine Übertragungen stattfinden, ist Rechtsinhaber die Erbengemeinschaft zur gesamten Hand. Stirbt ein **still Beteiligter** oder ein **Unterbeteiligter**, ergeben sich ebenfalls keine Besonderheiten, da diese Anteile bürgerlich-rechtlich im Grunde nur schuldrechtliche Ansprüche sind.

Stirbt dagegen ein Gesellschafter einer echten Personengesellschaft, kann man nicht einfach davon ausgehen, dass der oder die Erben an die Stelle des Erblassers treten. Hier kommt es vielmehr entscheidend darauf an, ob und wie die Beteiligten Regelungen getroffen haben.

Hat der Gesellschaftsvertrag nichts geregelt, führt der Tod eines GbR-Gesellschafters automatisch zur Auflösung der Personengesellschaft (§ 727

---

[90] Vgl. BMF vom 14.03.2006, Fn. 24, Rz. 68.

Abs. 1 BGB). Bei der OHG, der KG und der Partnerschaft bewirkt der Tod eines Gesellschafters nur dessen Ausscheiden aus der Gesellschaft (§ 131 Abs. 3 und § 161 Abs. 2 HGB sowie § 9 Abs. 2 PartGG). Die Gesellschaft bleibt also bestehen. Beim Tod eines Kommanditisten oder stillen Gesellschafters wird die Gesellschaft kraft Gesetzes mit den Erben fortgesetzt (§§ 177, 234 Abs. 2 HGB).

1.14.2 Schlichte Fortsetzungsklausel

51 Ist im Gesellschaftsvertrag einer GbR vereinbart, dass beim Tod eines Gesellschafters die Gesellschaft von den übrigen Gesellschaftern fortgesetzt werden soll, wächst bürgerlich-rechtlich der Anteil des ausscheidenden Gesellschafters den übrigen Gesellschaftern zu. Haben OHG-Gesellschafter, Komplementäre oder Partner im Gesellschaftsvertrag nichts geregelt, ergibt sich bei deren Tod automatisch dieselbe Rechtsfolge. Die Erben haben in diesem Fall nur Anspruch auf Abfindungen (§ 738 BGB, § 105 Abs. 3 HGB, § 161 Abs. 2 HGB). Der Abfindungsanspruch richtet sich der Höhe nach im Allgemeinen nach dem echten Wert des Betriebs, also einschließlich der stillen Reserven und des Firmenwerts (§ 738 Abs. 1 BGB). Da diese Vorschrift aber nicht zwingend ist, kann eine Abfindung zu Buchwerten vereinbart werden. Im Gesellschaftsvertrag sollte ein Berechnungsmodus vorgeschrieben sein (Wertgutachten oder bestimmte Werte), um Streitigkeiten über die Höhe des Auseinandersetzungsguthabens zu vermeiden.

1.14.3 Nachfolgeklausel

52 Ist im Gesellschaftsvertrag eine Nachfolgeklausel vereinbart, treten die Nachfolger an die Stelle des verstorbenen Gesellschafters. Nach § 9 Abs. 4 Satz 2 PartGG ist dies auch bei einer Partnerschaft möglich, wenn eine Person nachfolgen soll, die Partner sein kann. Ein Aufnahmevertrag muss nicht zusätzlich abgeschlossen werden. Hierbei kann vereinbart sein, dass der einzige Erbe oder alle Erben voll (= **einfache Nachfolgeklausel**)**,** dass ein Erbe oder mehrere von vielen Erben voll (= **qualifizierte Nachfolgeklausel**)[91] oder dass ein Erbe oder mehrere Erben von vielen Erben anteilig (= **Teilnachfolgeklausel**)[92] in den Gesellschaftsanteil nachfolgen. Bürgerlich-rechtlich ist dabei zu unterscheiden zwischen einer rechtsgeschäftlichen und einer erbrechtlichen Nachfolgeklausel im Gesellschaftsvertrag.

— **Rechtsgeschäftliche Verfügung**

53 Soll die Gesellschafterstellung aufgrund des Gesellschaftsvertrags automatisch auf einen **Nichterben** übergehen (= rechtsgeschäftliche Verfügung), dann ist dies nur möglich, wenn der Begünstigte schon Gesellschafter der Gesellschaft ist. Ist dies dagegen ein fremder Dritter, dann ist die Nachfolge-

---

91 Schmidt/Wacker, § 16 Rz. 672.
92 Schmidt/Wacker, § 16 Rz. 676.

O. Erbfolge, Erbauseinandersetzung

klausel als rechtlich unwirksamer Verfügungsvertrag zugunsten und zu Lasten Dritter (des Nichterben) anzunehmen. Diese Klausel kann nur in eine Eintrittsklausel (siehe unten) umgedeutet werden.[93]

— **Erbrechtliche Verfügung**

54 Soll der Gesellschaftsanteil aufgrund des Gesellschaftsvertrags automatisch auf einen oder mehrere Erben übergehen (= erbrechtliche Verfügung), dann erwerben die Begünstigten den Anteil unmittelbar. Der Gesellschaftsanteil wird entweder voll oder anteilig direkt vererblich, er fällt nicht in die Erbmasse der Erbengemeinschaft, d. h. nicht in das Gesamthandsvermögen. Der Gesellschaftsanteil spaltet sich vielmehr beim Erbfall entsprechend der Nachfolgeregelung auf und geht derart gesplittet, ohne die Erbengemeinschaft jemals passiert zu haben, in das Individualvermögen der Nachfolger über. Es bedarf daher keiner Auseinandersetzung. Nachfolger des Gesellschaftsanteils werden nicht die Erbengemeinschaft wie sonst bei allen anderen Wirtschaftsgütern, auch nicht zwingend alle Erben, sondern die nachfolgenden Erben, wie dies im Gesellschaftsvertrag entsprechend ihrer Nachfolgequote geregelt ist. Es handelt sich also um eine **„Sonderrechtsnachfolge außerhalb der Erbengemeinschaft"**.[94] Intern bleibt die Erbquote aber ausschlaggebend für die vermögensmäßige Ausgleichspflicht des oder der berufenen Erben gegenüber den weichenden Erben.[95]

Der BGH hat mit seinem Urteil vom 04.05.1983[96] die Sonderrechtsnachfolge bei einem Kommanditanteil bestätigt. Die Leitsätze dieses Urteils lauten:

„1. Die vererblich gestellte Mitgliedschaft in einer Personengesellschaft wird im Erbfall nicht gemeinschaftliches Vermögen der mehreren Nachfolger-Erben, sondern gelangt im Wege der Sondererbfolge unmittelbar und geteilt ohne weiteres Dazutun an die einzelnen Nachfolger (Übereinstimmung mit BGHZ 22, 186; 68, 225).

2. Die so aufgeteilten Gesellschaftsanteile der Nachfolger gehören dennoch zum Nachlass."

Begründet wird diese Rechtsprechung damit, dass eine Erbengemeinschaft nicht Mitglied einer Personengesellschaft sein kann. Das beruht im Wesentlichen darauf, dass es sich hier meist um persönlichkeitsbezogene Arbeits- und Haftungsgemeinschaften handelt, in denen Rechte und Pflichten in der Regel sachgerecht nur von voll verantwortlichen und selbst handlungsfähigen Personen wahrgenommen werden können. Diese Auffassung geht bereits auf die Rechtsprechung des Reichsgerichts[97] zurück und ist in § 139 HGB vorausgesetzt.

---

93 Vgl. Krüger, DStR 1980 S. 78.
94 BGH vom 10.02.1977, BGHZ 68, 225, 237 ff. = BB 1977 S. 809, und DB 1977 S. 1120.
95 BFH vom 13.12.1990, BStBl II 1992, 510.
96 GmbHR 1984 S. 39.
97 DR 1943 S. 1224.

1 Einkommensteuer

Die Sonderrechtsnachfolge lässt daher vom Eigentum her zwei Erbmassen entstehen.

Beispiel 1:

Eine OHG besteht aus C, D und E zu je ⅓. Im Gesellschaftsvertrag ist bestimmt, dass das jeweils älteste Kind voll in den Gesellschaftsanteil nachfolgen soll. E stirbt. Außer dem Gesellschaftsanteil (Wert 300.000 €) ist weiteres Vermögen mit einem Wert von 500.000 € vorhanden. Erben sind A (ältestes Kind) und B zu je ½.

Zwei Vermögensmassen sind eigentumsmäßig getrennt zu beurteilen:

A erwirbt aufgrund einer **qualifizierten Nachfolgeklausel** den gesamten Anteil des E am OHG-Vermögen, also 300.000 €, automatisch. Der Erbe B ist eigentumsmäßig daran nicht beteiligt.

Das übrige Vermögen des E erben alle Erben, also auch A. Insoweit besteht Gesamthandsvermögen des A und des B im Rahmen einer normalen Erbengemeinschaft. Dieses Vermögen gehört A und B zusammen.

Bei der Erbauseinandersetzung muss sich A wertmäßig den übernommenen Gesellschaftsanteil anrechnen lassen, also hier einen Wert von 300.000 €. Da wertmäßig die gesamte Erbmasse 800.000 € beträgt, hat A vom übrigen Vermögen noch 100.000 € zu erhalten.

Hätte das übrige Vermögen nur einen Wert von 200.000 €, müsste A, da die gesamte Erbmasse wertmäßig jetzt nur 500.000 € beträgt, in das übrige Vermögen 50.000 € einzahlen, das dann wertmäßig allein B zustünde.

Eine Sonderrechtsnachfolge der Erben in den Gesellschaftsanteil des Erblassers ist nur möglich, wenn und soweit dies der Gesellschaftsvertrag zulässt. Sind die Regelungen im Gesellschaftsvertrag und im Testament (oder bei gesetzlicher Erbfolge) widersprüchlich, so hat das Gesellschaftsrecht grundsätzlich Vorrang. Durch eine testamentarische Anordnung kann eine gesellschaftsvertragliche Regelung nicht unterlaufen werden.

Beispiel 2:

Gesellschafter E hat im Gesellschaftsvertrag seiner OHG im Falle seines Todes als Nachfolger seinen Bruder B und im Testament seinen einzigen Sohn S zum Alleinerben bestimmt. E stirbt.

B kann nun, weil er nicht zumindest Miterbe ist, in die Gesellschaft nicht automatisch nachfolgen. Denn die Rechtsprechungsgrundsätze des BGH zur Sonderrechtsnachfolge gehen von einer Erbenstellung aus. Die Klausel im Gesellschaftsvertrag ist daher als rechtlich unwirksamer Verfügungsvertrag zugunsten und zu Lasten Dritter (des Nichterben B) anzusehen und muss in eine Eintrittsklausel umgedeutet werden (siehe unten).

Soll jemand im Gesellschaftsvertrag automatisch nachfolgen, d. h. nicht nur ein Eintrittsrecht erhalten, dann muss er Erbe oder Miterbe sein.

O. Erbfolge, Erbauseinandersetzung

1.14.4 Eintrittsklausel

57 Ist im Gesellschaftsvertrag bestimmt, dass ein **Erbe** in die Gesellschaft an die Stelle des Verstorbenen eintreten kann, dann spaltet sich die Nachfolge in einen schuldrechtlichen und in einen vollziehenden Teil auf.[98] Die Nachfolge wird durch ein Rechtsgeschäft unter Lebenden bewirkt. Der Erbe gibt nach dem Tode des Gesellschafters an die anderen Gesellschafter eine einseitige Erklärung ab, ob er in die Gesellschaft eintritt oder nicht.

Macht der **Erbe** von seinem Eintrittsrecht keinen Gebrauch, ist von einer Fortsetzungsklausel auszugehen, d. h., der Erblasser scheidet aus der Gesellschaft aus.

Tritt der **Erbe** in die Gesellschaft ein, ist nach wohl h. M.[99] entscheidend, wie die Eintrittsklausel auszulegen ist. Ist die Eintrittsklausel zivilrechtlich so zu verstehen, dass die verbleibenden Gesellschafter den ihnen angewachsenen Gesellschaftsanteil des Erblassers vorübergehend als Treuhänder halten **(Treuhandlösung),** dann entspricht diese Regelung einer Nachfolgeklausel. Ist die Eintrittsklausel zivilrechtlich aber so zu verstehen, dass der Erbe einen Abfindungsanspruch erwirbt und mit diesem beim Eintreten seine Einlagepflicht erfüllt **(Abfindungslösung; erbrechtliche Lösung),** dann liegt eine Fortsetzungsklausel vor, d. h., der Erblasser scheidet aus und der Erbe erwirbt den Gesellschaftsanteil entgeltlich mit dem Abfindungsanspruch.

Besteht das Eintrittsrecht zugunsten eines **Nichterben,** dann ist nach Schmidt/Wacker[100] entscheidend, ob dieser Nichterbe mit einem Vermächtnis bedacht ist oder nicht.

> **Beispiel:**
>
> Gesellschafter E hat im Gesellschaftsvertrag seiner OHG im Falle seines Todes seinem Bruder B ein Eintrittsrecht eingeräumt und im Testament seinen einzigen Sohn S zum Alleinerben bestimmt. E stirbt.
>
> Ist im Testament B mit einem Vermächtnis in Höhe des Werts des Gesellschaftsanteils bedacht worden, steht ihm das Gesellschaftskapital schuldrechtlich zur Verfügung, d. h., er kann dieses Kapital von dem Erben S verlangen und damit sein Eintrittsrecht positiv mit diesem Kapital ausüben. B tritt damit mit dem Kapital des E in die Gesellschaft ein.
>
> Ist im Testament B nicht bedacht, hat er zwar nach wie vor ein Eintrittsrecht. Da aber in diesem Fall der Gesellschaftsanteil kraft Erbrechts auf den Erben übergeht, kann B nur mit eigenem Kapital, im Zweifel in Höhe des Abfindungsanspruchs des Erben gegenüber den Altgesellschaftern, eintreten. Der Erbe S hat in diesem Fall nur einen Abfindungsanspruch gegen die Altgesellschafter.

Kann ein Eintrittsberechtigter mit dem Kapital des Erblassers in die Gesellschaft eintreten, handelt es sich um einen erbrechtlichen Vorgang. Kann ein

---

[98] Krüger, DStR 1980 S. 78.
[99] BFH vom 27.07.1993, BStBl II 1994, 625; Schmidt/Wacker, § 16 Rz. 677; Märkle, DStR 1993 S. 1616; Groh, DB 1990 S. 2135.
[100] § 16 Rz. 679.

Eintrittsberechtigter dagegen nur mit eigenem Kapital in die Gesellschaft eintreten, ist dies ein rein gesellschaftsrechtlicher Vorgang.

Um eine GbR-Gesellschaft sich nicht automatisch auflösen zu lassen, ist im Gesellschaftsvertrag zumindest zusätzlich zu regeln, dass die Gesellschaft unter den übrigen Gesellschaftern fortbestehen soll, wenn der Berechtigte von seinem Eintrittsrecht keinen Gebrauch macht. Bei der OHG, beim Komplementär und bei der Partnerschaft ist diese Regelung nicht erforderlich (§ 131 Abs. 3, § 161 Abs. 2 HGB und § 9 Abs. 2 PartGG).

1.14.5 Übertragung des Gesellschaftsanteils unter Lebenden mit Wirkung auf den Todesfall

In diesem Sonderfall ist im Gesellschaftsvertrag bestimmt, dass der bisherige Gesellschafter, sollte er vom vorgesehenen Nachfolger überlebt werden, im Falle seines Todes auf diesen Nachfolger seinen Gesellschaftsanteil unter Fortsetzung der Gesellschaft überträgt. Damit wird über den Gesellschaftsanteil schon unter Lebenden verfügt, der Vollzug wird aber auf den Todesfall hinausgeschoben. Die als Nachfolger vorgesehene Person muss dem aufschiebend bedingten Eintritt in die Gesellschaft zustimmen, da die Gesellschafterstellung auch Pflichten mit sich bringt, die dem Nachfolger nicht gegen seinen Willen auferlegt werden können.[101]

Im Gegensatz zur Eintrittsklausel gibt in diesem Fall der Nachfolger seine Zustimmung schon vor dem Tode des Gesellschafters, sodass er mit dem Tod des Gesellschafters automatisch nachfolgt. Die Wirkung ist die einer Nachfolgeklausel; der Gesellschaftsanteil fällt nicht in die Erbmasse.

---

101 Vgl. Krüger, DStR 1980 S. 77.

O. Erbfolge, Erbauseinandersetzung

59 ### 1.14.6 Übersicht

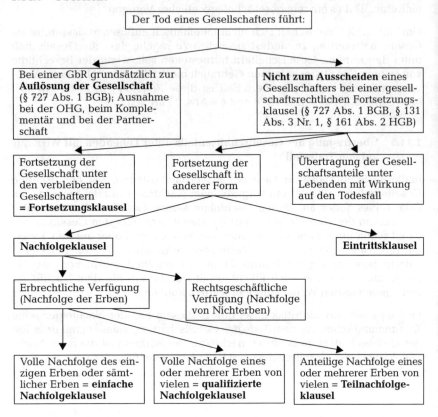

1.15 Personengesellschaften – einkommensteuerliche Folgen

1.15.1 Ausgangsfall

60 Eine OHG besteht aus C, D und E. E stirbt. Aufgrund gesetzlicher oder testamentarischer Erbfolge sollen A und B zu je ½ Erben sein:

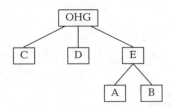

Das Einkommensteuerrecht passt sich der Regelung des bürgerlichen Rechts an. Es kommt darauf an, was im Einzelnen geregelt wurde.

1.15.2 Auflösung der Gesellschaft

61 Der Gesellschaftsvertrag sieht für den Fall des Todes eines GbR-Gesellschafters überhaupt nichts vor oder der Gesellschaftsvertrag bestimmt bei den anderen Personengesellschaften die Auflösung.

Bürgerlich-rechtlich ist damit die Gesellschaft aufgelöst (§ 727 Abs. 1 BGB, § 131 Abs. 1 Nr. 2, § 161 Abs. 2 HGB). Daraus wäre eigentlich zu schließen, dass alle Gesellschafter einen Veräußerungsgewinn gem. § 16 EStG zu versteuern hätten. Da aber die Auflösung der Gesellschaft wirtschaftlich noch nicht zu ihrem sofortigen vollständigen Erlöschen führt, sondern die Gesellschaft in die Liquidationsphase eintritt, sind die Erben des verstorbenen Gesellschafters – hier A und B – an der Liquidationsgesellschaft beteiligt. Sie werden steuerlich Mitunternehmer der Liquidationsgesellschaft.[102] Daraus folgt, dass die Erben A und B für die Dauer der Liquidation grundsätzlich laufende Einkünfte aus Gewerbebetrieb haben.

62 Führt dabei die Liquidation zu einer echten Auflösung der Gesellschaft innerhalb eines einheitlichen wirtschaftlichen Vorgangs, entsteht bei den Erben A und B und den Altgesellschaftern C und D ein Aufgabegewinn gem. § 16 EStG. Bekanntlich entstehen in der Praxis in solchen Aufgabefällen erhebliche Schwierigkeiten bei Ermittlung der einzelnen gemeinen Werte (§ 16 Abs. 3 EStG).

Entschließen sich die Beteiligten unter Verzicht auf die Liquidation, die Gesellschaft als produktive Gesellschaft fortzuführen oder neu zu begründen, ergibt sich kein Aufgabegewinn gem. § 16 EStG bei den Personen, die fortführen, wohl aber bei den Ausscheidenden, ganz gleich, ob dies Erben oder Altgesellschafter sind.[103]

63 Die Verwaltung hat im BMF-Schreiben vom 14.03.2006[104] eine steuerlich unschädliche Rückwirkung laufender Einkünfte für sechs Monate anerkannt. Nehmen wir an, ein Erbe, z. B. A, erklärt im Rahmen einer **erfolgsneutralen Teilung** kurz nach dem Tode des E, er wolle ausscheiden, d. h. mit der Liquidationsgesellschaft nichts zu tun haben, dann kann bei ihm weder § 15 noch § 16 EStG in Betracht kommen, da jetzt der der Erbengemeinschaft zustehende Gesellschaftsanteil von vornherein nur für Rechnung der verbleibenden Erben (hier B) verwaltet wird. Denn die Grundsätze der Realteilung gelten auch hier. A wird dann andere Wirtschaftsgüter übernehmen.

---

102 Vgl. Schmidt/Wacker, § 16 Rz. 680, BFH vom 01.03.1994, BStBl II 1995, 241.
103 Vgl. Schmidt/Wacker, § 16 Rz. 682, BFH vom 22.06.1967, BStBl III 1967, 630.
104 BMF vom 14.03.2006, Fn. 24, Rz. 8 und 9.

O. Erbfolge, Erbauseinandersetzung

Beispiel 1:
Gesellschafter einer OHG sind C und E. E stirbt am 13.06.01. Im Juni 02 vereinbaren die Erben des E mit C, dass C das Handelsgeschäft zum 01.07.02 unter Abfindung der Erben übernimmt und die OHG mit dem Tode des E aufgelöst ist. Den Erben soll daher seit 13.06.01 kein Gewinn mehr zustehen.

Aufgrund der Vereinbarung **hat sich die OHG** am 13.06.01 **aufgelöst**. Die Erben treten zusammen mit C in eine Liquidationsgesellschaft ein. Eine rückwirkende Vereinbarung ist steuerlich unbeachtlich.[105] Auch die Vereinfachungsregelung der Verwaltung im BMF-Schreiben vom 14.03.2006[106] ist nicht anwendbar, weil sechs Monate nach dem Erbfall überschritten sind. Somit sind alle Erben Mitunternehmer geworden. Alle Beteiligten haben daher in der Zeit vom 13.06.01 bis 01.07.02 Einkünfte aus Gewerbebetrieb. Außerdem sind am 01.07.02 für die Erben die §§ 16, 34 EStG anzuwenden (Veräußerung eines Mitunternehmeranteils).

Beispiel 2:
Sachverhalt wie Beispiel 1 unter O. Rz. 25 mit dem Unterschied, dass der Gewerbebetrieb I ein OHG-Anteil ist, der E gehört. In dieser OHG ist für den Tod eines Gesellschafters die Auflösung der OHG vorgesehen. Durch den Tod des E entsteht dann eine Liquidationsgesellschaft.

Nehmen wir an, dass sich die Beteiligten unter Verzicht auf die Liquidation entschließen, die Gesellschaft als produktive Gesellschaft fortzuführen. Nur B möchte ausscheiden.

Was ändert sich gegenüber der bisherigen Lösung?

B veräußert jetzt zwar keinen Gewerbebetrieb. Sie veräußert einen anteiligen Mitunternehmeranteil. Das Ergebnis ist jedoch dasselbe. Sie hat wie im Grundfall einen Veräußerungsgewinn i. H. von 105.882 € gem. §§ 16, 34 EStG zu versteuern.

A muss aufstocken. Da dies fast immer in der steuerlichen Hauptbilanz wegen der Veränderung der Kapitalverhältnisse unter den Gesellschaftern nicht möglich ist – steuerlich aber zulässig –, muss A eine Ergänzungsbilanz einrichten.

Aktiva	Ergänzungsbilanz		Passiva
Verschiedene		Auseinandersetzungs-	
Wirtschaftsgüter	105.882 €	verbindlichkeit	282.353 €
Kapital	176.471 €		
	282.353 €		282.353 €

1.15.3 Fortsetzungsklausel

64 Der Gesellschaftsvertrag sieht eine Fortsetzung der Gesellschaft, aber keine Nachfolge der Erben vor. Bei der OHG, beim Komplementär und bei der Partnerschaft ergibt sich diese Rechtsfolge kraft Gesetzes auch dann, wenn

---

105 BFH vom 21.12.1972, BStBl II 1973, 389.
106 BMF vom 14.03.2006, Fn. 24, Rz. 8 und 9.

keine Fortsetzungsklausel besteht (§ 131 Abs. 3 Nr. 1, § 161 Abs. 2 HGB und § 9 Abs. 2 PartGG).

Bürgerlich-rechtlich wächst im Ausgangsfall[107] der Anteil des Erblassers E den Altgesellschaftern C und D zu, bei E entsteht ein Abfindungsanspruch, den die Erben A und B erben. Damit scheidet der Erblasser freiwillig aus der Gesellschaft aus.[108] Es liegt vertraglich eine durch den Tod des Gesellschafters auflösend bedingte Beteiligung vor.

Für den Fall, dass der Gesellschaftsvertrag auch ein Eintrittsrecht der Erben ausschließt, veräußert damit der Erblasser E zum Zeitpunkt seines Todes den Gesellschaftsanteil an die Alt-Gesellschafter C und D. Es entsteht bei E ein Veräußerungsgewinn gem. §§ 16, 34 EStG in Höhe der Differenz zwischen dem Kapitalkonto und dem Abfindungsanspruch.[109] C und D haben Anschaffungskosten und müssen daher ihre Anteile aufstocken. Dies gilt auch insoweit, als zu den Erben einer der bisherigen Gesellschafter gehört oder der Erblasser den Abfindungsanspruch einem Dritten vermacht hat.[110] Soweit nicht ein Ausscheiden zu Buchwerten vereinbart ist, sollte im Gesellschaftsvertrag ein Berechnungsmodus vorgesehen sein, um Streitigkeiten über die Höhe des Abfindungsanspruchs zu vermeiden.[111] Die Vereinnahmung der Abfindungszahlung durch die Erben ist nicht einkommensteuerpflichtig.

Sofern beim Erblasser Wirtschaftsgüter des **Sonderbetriebsvermögens** bilanziert waren, werden diese mit seinem Tode, d. h. mit seinem Ausscheiden aus der Gesellschaft, notwendiges Privatvermögen, sofern die Erben nicht schon an dieser Gesellschaft beteiligt sind oder die Wirtschaftsgüter sofort in ein anderes ihnen gehörendes Betriebsvermögen überführen, § 6 Abs. 5 Satz 2 EStG.[112]

Bei der Fortsetzungsklausel ist keine Änderung der Rechtsprechung eingetreten, da hier schon nach bisheriger Rechtsprechung ein Veräußerungsgeschäft angenommen wurde.[113]

Beispiel 1:

E ist Gesellschafter der CDE-OHG. Der Gesellschaftsvertrag sieht für den Fall des Todes eines Gesellschafters zwar die **Fortsetzung der Gesellschaft,** aber weder ein Nachfolge- noch ein Eintrittsrecht der Erben vor. Nach dem Gesellschaftsvertrag sollen die **Erben** durch eine **Gewinnbeteiligung von 10 %** des

---

107 Oben O. Rz. 60.
108 BFH vom 07.02.1964, BStBl III 1964, 328. Vgl. auch BFH vom 13.11.1997, BStBl II 1998, 290, zu einer Sozietät mit Gewinnermittlung gem. § 4 Abs. 3 EStG, BFH vom 19.08.1999, BStBl II 2000, 179, und Rz. 69 des BMF-Schreibens vom 14.03.2006, Fn. 24.
109 BFH vom 26.03.1981, BStBl II 1981, 614, und vom 19.08.1999, BStBl II 2000, 179; Schmidt/Wacker, § 16 Rz. 661.
110 BFH vom 15.04.1993, BStBl II 1994, 227.
111 Vgl. hierzu Jahrmarkt, INF 1986 S. 150.
112 BFH vom 07.02.1980, BStBl II 1980, 383, Schmidt/Wacker, § 16 Rz. 662.
113 Vgl. auch Rz. 69 des BMF-Schreibens vom 14.03.2006, Fn. 24.

O. Erbfolge, Erbauseinandersetzung

Gewinns der OHG **für 15 Jahre** abgefunden werden. Bei Abfassung dieser Klausel entsprach die geschätzte Höhe der Abfindung etwa dem realen Wert des Gesellschaftsanteils. E stirbt, seine Erben sind A und B.

Durch den Tod des E löst sich die Gesellschaft nicht auf. Bürgerlich-rechtlich wächst der Anteil des E am Eigentum der Gesellschaft den Altgesellschaftern zu. In der Person des E entsteht ein Abfindungsanspruch, den er seinen Erben A und B vererbt.

Daraus folgt grundsätzlich, dass E einen Veräußerungsgewinn gem. § 16 EStG zu versteuern hat (nicht A und B) und C und D aufstocken müssen. Grundsätzliche Buchung in der OHG: „Kapital E und diverse Wirtschaftsgüter in Höhe der stillen Reserven an Sonstige Verbindlichkeit gegen A und B".

Da im vorliegenden Fall das Entgelt nicht in einer Einmalzahlung, sondern in Form einer sonstigen wiederkehrenden Leistung zu erbringen ist und gleichzeitig ein Veräußerungsgeschäft vorliegt, hat die OHG als Anschaffungskosten für die einzelnen Wirtschaftsgüter deren Teilwert anzusetzen.[114] Fraglich ist, ob das Urteil des BFH vom 18.10.1994[115] – zum Privatvermögen ergangen – hier anwendbar ist. Danach wäre als Anschaffungskosten der Durchschnittswert gem. § 15 Abs. 3 BewG anzusetzen.[116] Die Schuld kann buchhalterisch aufgelöst werden, darüber hinausgehende Zahlungen sind Aufwand. Fraglich ist inzwischen, ob auch versicherungsmathematisch aufgelöst werden kann, indem jährlich der Barwert der Zahlungen als Tilgungswert neu ermittelt wird.[117] Sofern ein Geschäftswert anzusetzen ist, hat die OHG gem. BFH-Urteil vom 02.02.1967[118] ein Wahlrecht. Sie kann den Geschäftswert sofort aktivieren oder laufend aktivieren, nachdem die Zahlungen die Höhe der ansonsten aktivierten Güter erreicht haben. Erst wenn der Geschäftswert erreicht ist, sind die weiteren Zahlungen Aufwand. Die Höhe des Geschäftswerts muss zu Beginn der Zahlungen festgestellt werden. Da aber der Geschäftswert gem. § 7 Abs. 1 Satz 3 EStG ab Erwerb des OHG-Anteils abzuschreiben ist, kann er in diesem Fall nur noch bis zum vorhandenen AfA-Volumen aufgestockt werden.

Der Veräußerer E hat ein Wahlrecht, das die Erben ausüben müssen. Danach können die Zahlungen betrieblich erfasst werden, d. h. als laufende Einkünfte gem. § 24 Abs. 2, § 15 EStG, sobald und soweit das ehemalige Kapitalkonto überschritten wird. Es kann aber auch die Veräußerung des Gesellschaftsanteils gem. §§ 16, 34 EStG gewählt werden. Zu versteuern ist dann die Differenz zwischen Kapitalkonto und Teilwert des Anteils. Erhalten die Erben weitere Zahlungen, so ist der Zinsanteil aus § 22 Nr. 1 Satz 3 Buch-

---

114 BFH vom 18.08.1977, BStBl II 1977, 884.
115 BStBl II 1995, 169.
116 Vgl. auch Rz. 51 des BMF-Schreibens vom 16.09.2004, BStBl I 2004, 922.
117 Vgl. Rz. 53 des BMF-Schreibens vom 16.09.2004, Fn. 116.
118 BStBl III 1967, 366.

stabe a EStG oder aus § 55 EStDV zu ermitteln und als Einkünfte aus § 20 EStG zu versteuern. Da E schon verstorben ist, kommt nur noch § 55 EStDV in Betracht.[119]

Die einkommensteuerliche Erfassung der Abfindung kommt bei der Veranlagung des Erblassers nur in Betracht, wenn sie sofort oder in zeitlich begrenzten Raten gezahlt wird.[120] Bei laufenden Bezügen wie hier gilt der Gewinn nicht im Zeitpunkt der Veräußerung, sondern im Zeitpunkt des Zuflusses als realisiert.[121] Dies bedeutet im vorliegenden Fall, dass nur der eventuelle Veräußerungsgewinn gem. §§ 16, 34 EStG beim Erblasser zu erfassen ist. Alle laufenden Zahlungen haben die Erben zu versteuern, weil durch den Tod des E die Einkunftsquelle übergegangen ist.[122]

Beispiel 2:

Sachverhalt wie Beispiel 1 unter O. Rz. 25 mit dem Unterschied, dass der Gewerbebetrieb I ein OHG-Anteil ist, der E gehört. In dieser OHG ist für den Fall des Todes eines Gesellschafters die **Fortsetzung** mit den verbleibenden Gesellschaftern vereinbart. A und B einigen sich, dass A den Abfindungsanspruch i. H. von 800.000 € anstelle des OHG-Anteils übernimmt.

Erblasser E scheidet aus der Gesellschaft aus. Er hat daher die Differenz zwischen dem Kapitalkonto von 500.000 € und dem gemeinen Wert von 800.000 € (= Abfindungsanspruch), also 300.000 €, gem. §§ 16, 34 EStG zu versteuern.

Die Altgesellschafter stocken ihre Anteile um 300.000 € auf. Dies kann in der Hauptbilanz geschehen, da sie gemeinsam einen Mitunternehmeranteil erworben haben.

Der Abfindungsanspruch i. H. von 800.000 € fällt zwar in die Erbmasse. Wenn sich aber A und B einig sind, dass bei der Erbauseinandersetzung A diesen Anspruch übernimmt, ist er diesem zuzurechnen.

Es ergibt sich daher folgendes Bild:

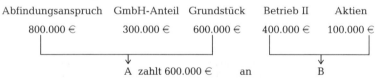

Es stellt sich nun die Frage, ob A wie im Grundfall unter O. Rz. 25 durch die Ausgleichszahlung von 600.000 Euro an B Anschaffungskosten hat, die wie im Grundfall auf die drei erworbenen Wirtschaftsgüter zu verteilen sind, oder ob es sich um eine Vermögensangelegenheit handelt.

---

119 Vgl. Rz. 57 des BMF-Schreibens vom 16.09.2004, Fn. 116.
120 BFH vom 20.01.1959, BStBl III 1959, 192.
121 BFH vom 29.07.1960, BStBl III 1960, 404.
122 Vgl. BFH vom 19.08.1999, BStBl II 2000, 179, zur Veräußerung eines Gesellschaftsanteils gegen abgekürzte Leibrente.

O. Erbfolge, Erbauseinandersetzung

Das BMF-Schreiben vom 14.03.2006[123] geht davon aus, dass liquide Mittel des Nachlasses nicht zu Anschaffungskosten führen können. In Rz. 30 heißt es wörtlich: „Keine Anschaffungskosten liegen vor, soweit eine Abfindungszahlung dem Wert übernommener liquider Mittel des Nachlasses (z. B. Bargeld, Bankguthaben, Schecks) entspricht, weil es sich wirtschaftlich um einen Leistungsaustausch Geld gegen Geld handelt, der einer Rückzahlung der Abfindungszahlung gleichsteht."

Darunter ist u. E. auch der Abfindungsanspruch für einen OHG-Anteil zu rechnen. Und da dieser Anspruch höher ist als der Ausgleichsanspruch der B gegen A, handelt es sich um eine Realteilung.

A übernimmt den GmbH-Anteil und das Grundstück gem. § 11 d EStDV und B den Betrieb II und die Aktien gem. § 6 Abs. 3 EStG und § 11 d Abs. 1 EStDV. A und B hätten den Nachlass auch so aufteilen können, dass der B der Abfindungsanspruch gegen die Altgesellschafter i. H. von 600.000 Euro und dem A i. H. von 200.000 Euro zustand. In diesem Falle wäre es überhaupt nicht zu einer Ausgleichsverpflichtung zwischen den Erben gekommen.

Beispiel 3:

Wie Beispiel 2, jedoch ist der Abfindungsanspruch gegen die Altgesellschafter der OHG wesentlich geringer, z. B. bei folgender Situation:

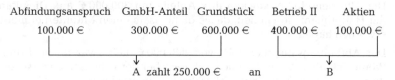

Abfindungsanspruch	GmbH-Anteil	Grundstück	Betrieb II	Aktien
100.000 €	300.000 €	600.000 €	400.000 €	100.000 €

A zahlt 250.000 € an B

Jetzt hat A 150.000 € Anschaffungskosten (Ausgleichszahlung 250.000 € ./. Abfindungsanspruch 100.000 €) für die Wirtschaftsgüter GmbH-Anteil und Grundstück.

A erwirbt daher entgeltlich im Verhältnis 150.000 € zu 900.000 € = $^1/_6$.

Entgeltlich:

GmbH-Anteil $^1/_6$ von 300.000 € =	50.000 €
Grundstück $^1/_6$ von 600.000 € =	100.000 €
Anschaffungskosten insgesamt	150.000 €

Unentgeltlich:

GmbH-Anteil $^5/_6$ von 100.000 € =	83.334 €
Grundstück $^5/_6$ von 200.000 € =	166.666 €

Der Veräußerungsgewinn beim GmbH-Anteil gem. § 23 oder § 17 EStG, wenn E den Anteil **vor dem 01.01.2009** erworben hat, § 52 a Abs. 10 EStG, errechnet sich jetzt für B wie folgt:

---

123 Fn. 24, Rz. 30 und 33.

Veräußerungspreis ($^1/_6$ von 300.000 €)	50.000 €
./. anteilige Anschaffungskosten ($^1/_6$ von 100.000 €)	16.667 €
Veräußerungsgewinn B	33.333 €

Im Halbeinkünfteverfahren sind davon 50 % = 16.666 € zu versteuern.

Ist der GmbH-Anteil **nach dem 31.12.2008** erworben worden, gilt § 17 EStG mit dem Teileinkünfteverfahren. B muss dann 60 % versteuern.

1.15.4 Einfache Nachfolgeklausel

Eine solche Klausel liegt vor, wenn alle Erben (gemäß Erbrecht) in den Gesellschaftsanteil (gemäß Gesellschaftsvertrag) nachfolgen. Es darf also kein Erbe von der Nachfolge ausgeschlossen sein.

1.15.4.1 Die Erbfolge

Die Erben übernehmen im Ausgangsfall[124] entsprechend ihrer Quote gemäß Gesellschaftsvertrag (nicht gemäß dem Erbrecht) den Gesellschaftsanteil auch einkommensteuerlich und führen daher den Buchwert des E gem. § 6 Abs. 3 EStG fort. Die Erben werden automatisch Mitunternehmer und haben sofort echte Einkünfte aus Gewerbebetrieb.[125]

In der Person des Erblassers entsteht kein Veräußerungs- oder Entnahmegewinn. Die Erben haben keine Anschaffungskosten, auch dann nicht, wenn sie Vermächtnis- und Pflichtteilsansprüche zu erfüllen haben.[126]

Bei einer **Freiberufler-Sozietät** oder einer eingetragenen **Partnerschaft** können sich Probleme ergeben, wenn ein Berufsfremder in die Gesellschaft nachfolgt, an der Erblasser bisher als Gesellschafter beteiligt war. In diesem Fall haben alle Gesellschafter sofort nach dem Tod gewerbliche Einkünfte.[127] „Die Durchsäuerungstheorie, nach der eine Personengesellschaft dann gewerblich tätig ist, wenn auch nur einer der Gesellschafter die freiberufliche Qualifikation nicht besitzt, hängt also wie ein Damoklesschwert über jeder Sozietät, wenn man die einfache Nachfolgeklausel vereinbart."[128]

Durch das Zugeständnis der Verwaltung, bei einer Erbauseinandersetzung innerhalb von sechs Monaten nach dem Erbfall nur dem Übernehmenden die Einkünfte zuzurechnen,[129] lässt sich dieser Fall dadurch lösen, dass der Berufsfremde rechtzeitig mit Rückwirkung aus der Gesellschaft ausscheidet.

---

[124] Oben Q. Rz. 60.
[125] BFH vom 16.05.1995, BStBl II 1995, 714, vom 04.05.2000, BStBl II 2002, 850, und Schmidt/Wacker, § 16 Rz. 665.
[126] Vgl. BMF vom 14.03.2006, Fn. 24, Rz. 71, 60–63.
[127] BFH, BStBl II 1985, 584.
[128] Märkle/Franz, BB 1991 S. 2494.
[129] Vgl. BMF vom 14.03.2006, Fn. 24, Rz. 8 und 9.

O. Erbfolge, Erbauseinandersetzung

70 Beim **Sonderbetriebsvermögen** ergibt sich keine Besonderheit, wenn die Erbquote und die Übernahmeanteile aufgrund des Gesellschaftsvertrags identisch sind. Da das Sonderbetriebsvermögen in das Gesamthandsvermögen der Erbengemeinschaft fällt, sind hierfür die Quoten der Erbschaft und nicht des Gesellschaftsvertrags entscheidend. Es kommt daher insoweit darauf an, wie sich die Erben auseinandersetzen, d. h., im Rahmen des Gesellschaftsvertrags stehen die Nachfolgequoten fest, im Rahmen der sonstigen Erbschaft sind sie änderbar.

1.15.4.2 Die Erbauseinandersetzung

71 Der IV. Senat des BFH hat mit Urteil vom 13.12.1990[130] zur **einfachen Nachfolgeklausel** entschieden:

„Mitunternehmeranteile, die vom Erblasser gesondert auf die Miterben übergegangen sind, können in die Erbauseinandersetzung einbezogen und abweichend aufgeteilt werden. Ausgleichszahlungen an die weichenden Miterben führen auch in diesem Fall zu Anschaffungskosten."

Der VIII. Senat des BFH hat mit Urteil vom 29.10.1991[131] die Entscheidung des IV. Senats bestätigt.

Nach diesen Urteilen gelten – wie bisher – für die Auseinandersetzung von Nachlässen mit Einzelbetrieben einerseits und Gesellschaftsanteilen mit vereinbarter einfacher Nachfolgeklausel andererseits dieselben Grundsätze. Zwar räumt der BFH in seinen Entscheidungen durchaus ein, dass eine Erbengemeinschaft rechtlich nicht in der Lage ist, Gesellschafter zu werden, und daher die Beteiligung geteilt im Wege der Einzelrechtsnachfolge auf die einzelnen Erben übergeht. Durch diese Ausgliederung verlieren die (geteilten) Beteiligungen aber nach Auffassung des Gerichts nicht jede Beziehung zum Nachlass. Vielmehr müssen nach der Rechtsprechung des Erbrechtssenats des BGH[132] die Gesellschaftsanteile als Nachlassgegenstände auch in die Erbauseinandersetzung einbezogen und als Vorabempfang berücksichtigt werden. Auch der Gesellschaftsrechtssenat des BGH[133] geht davon aus, dass sich die Ansprüche der Miterben untereinander nach dem Wert ihrer Erbquote, d. h. ihrem Anteil am Gesamtnachlass einschließlich der ausgegliederten Gesellschaftsanteile, richten. Hieraus folgert der BFH, dass auch steuerlich die im Wege der Einzelrechtsnachfolge erlangten Gesellschaftsanteile in die Auseinandersetzung der Erben einzubeziehen sind. Erfolgt diese Auseinandersetzung ohne Abfindungszahlungen, so ist der den Gesellschaftsanteil erhaltende Miterbe nach § 6 Abs. 3 EStG an die

---
130 BStBl II 1992, 510.
131 BStBl II 1992, 512.
132 BGHZ 98, 48 = DB 1986 S. 1515 = BB 1986 S. 2084.
133 BGHZ 47, 293 = DB 1967 S. 982; BGHZ 91, 132 = DB 1984 S. 1871; Urteil vom 03.07.1989, DB 1989 S. 1915.

1 Einkommensteuer

Buchwerte des Erblassers gebunden; die weichenden Erben erzielen keine Veräußerungsgewinne.[134]

Übernimmt z. B. im Ausgangsfall[135] A den Gesellschaftsanteil des E und B ein in der Erbmasse sich befindendes privates Mietshaus, übernehmen beide unentgeltlich, wenn keine Ausgleichszahlungen erforderlich werden. Zahlt jedoch A für die Übernahme des Gesellschaftsanteils an B einen Ausgleich, hat A Anschaffungskosten und muss in einer Ergänzungsbilanz aufstocken, während B einen Veräußerungsgewinn gem. §§ 16, 34 EStG zu versteuern hat.

Beim Sonderbetriebsvermögen ergeben sich keine Besonderheiten.[136]

Beispiel 1 mit Ausgleichszahlung:

Gesellschafter einer OHG sind C, D und E. E ist Eigentümer eines Grundstücks, das die OHG nutzt und deshalb Sonderbetriebsvermögen des E darstellt. Im Gesellschaftsvertrag ist ein Nachfolgerecht zugunsten aller Erben vereinbart. E stirbt. Seine Erben sind A und B zu je ½.

Bei der Erbauseinandersetzung übernimmt A den OHG-Anteil und das Grundstück des E und leistet dafür eine Ausgleichszahlung an B. B übernimmt ein privates Grundstück des E. Es wird von folgenden Anrechnungswerten (AW) ausgegangen:

Nachlass			Zuteilung	A	B
		€	€	€	€
OHG-Anteil:	Buchwert	100.000	AW: 200.000	200.000	
Sonderbetriebs-vermögen:	Buchwert	200.000	AW: 600.000	600.000	
Mehrfamilien-haus:	Anschaffungs-kosten:	100.000	AW: 600.000		600.000
AW Nachlass:			1.400.000	800.000	600.000
AW Erbteil:			700.000		
Mehrempfang:				100.000	

Wegen des Mehrempfangs leistet A eine Ausgleichszahlung an B i. H. von 100.000 €.

Die OHG-Bilanz zum Zeitpunkt des Erbfalls hatte folgendes Bild:

Aktiva			OHG –C, D, E –Bilanz			Passiva
Aktiva	Buchwert	AW	Aktiva	Buchwert	AW	
	€	€		€	€	
	300.000	(600.000)	Kapital C	100.000	(200.000)	
			Kapital D	100.000	(200.000)	
			Kapital E	100.000	(200.000)	
	300.000	(600.000)		300.000	(600.000)	

---
134 Märkle/Franz, BB 1991 S. 2494, und Rz. 71 des BMF-Schreibens vom 14.03.2006, Fn. 24.
135 Oben O. Rz. 60.
136 Insoweit gelten die allgemeinen Aussagen in O. Rz. 70.

O. Erbfolge, Erbauseinandersetzung

73 Nach dem Gesellschaftsvertrag durften beide Erben A und B in den OHG-Anteil des E nachfolgen. Dann ging mit dem Tod des E der OHG-Anteil im Wege der **Sonderrechtsnachfolge** unmittelbar und unentgeltlich und nach der Nachfolgequote geteilt auf beide Erben A und B über, da eine Erbengemeinschaft nicht Mitglied einer werbenden Personengesellschaft sein kann (einfache Nachfolgeklausel).

Der OHG-Anteil geht also am Nachlass vorbei unmittelbar auf A und B im Wege der Sonderrechtsnachfolge über. Gleichwohl ist der OHG-Anteil in die Erbauseinandersetzung mit einzubeziehen – zwar nicht dinglich, aber doch wertmäßig. Nach § 6 Abs. 3 EStG sind somit **A und B Mitunternehmer** der OHG mit einem Kapitalkonto von jeweils 50.000 Euro geworden.

Das Grundstück, das **Sonderbetriebsvermögen** des E war, gelangt mit dinglicher Wirkung in das gesamthänderische Eigentum der Erbengemeinschaft und behält, da beide Erben Mitunternehmer werden, seine Eigenschaft als Sonderbetriebsvermögen. In einer Sonderbilanz bilanzieren es A und B gemeinsam.

Aktiva	Sonderbilanz A und B		Passiva
Grundstück	200.000 €	Kapital A	100.000 €
		Kapital B	100.000 €
	200.000 €		200.000 €

Durch den Erbauseinandersetzungsvertrag sind der Mitunternehmeranteil und der Anteil am Sonderbetriebsvermögen des B auf A und der Anteil des A am privaten Mehrfamilienhaus ist auf B übergegangen.

Da B keine Ausgleichszahlung erbringt, also Unentgeltlichkeit vorliegt, ist die Folge, dass B für das Mehrfamilienhaus keine Anschaffungskosten hat, sondern nach § 11 d EStDV die AfA-Bemessungsgrundlage des E übernimmt.

Die Ausgleichszahlung von 100.000 Euro, die A wegen des Mehrempfangs an B leisten muss, führt aber bei A zu Anschaffungskosten und bei B zu einem Veräußerungsgewinn, wenn dadurch stille Reserven aufgelöst werden. Der ausgleichspflichtige Erbe A erwirbt in Höhe des AW seines Erbteils unentgeltlich, in Höhe der Ausgleichszahlung entgeltlich.

Entsprechend, nur umgekehrt, ist die Behandlung bei B.

74 Bei der Erbauseinandersetzung ist also nach der **Trennungstheorie** in ein teils entgeltliches und ein teils unentgeltliches Geschäft aufzuteilen. Dies alles gilt nach dem Urteil des VIII. Senats des BFH vom 29.10.1991[137] auch für den übertragenen Mitunternehmeranteil des B, wenn die Übertragung im Rahmen der **Erbauseinandersetzung** erfolgt.

---
137 BStBl II 1992, 512.

1 Einkommensteuer

Nach Auffassung des VIII. Senats handelt es sich hier – etwa im Gegensatz zur vorweggenommenen Erbfolge, bei der die Einheitstheorie gilt – nicht um einen einheitlichen Erwerbsvorgang, sondern um zwei rechtlich selbständige Vorgänge:

1. die Erfüllung des Auseinandersetzungsanspruchs durch Realteilung (unentgeltlicher Teil) und
2. die Abfindungsvereinbarung wegen des Mehrempfangs (entgeltlicher Teil).

Der entgeltliche Teil ergibt sich aus dem Verhältnis

$$\text{Ausgleichsleistung} : \text{AW-Zuteilung}$$

hier: $100.000 \, € : 800.000 \, € = 1/8$

Der unentgeltliche Teil ergibt sich aus dem Verhältnis

$$\text{AW-Erbteil} : \text{AW-Zuteilung}$$

hier: $700.000 \, € : 800.000 \, € = 7/8$

Die Anschaffungskosten bzw. der Veräußerungserlös in Höhe der Ausgleichsleistung sind auf die übernommenen Vermögensgegenstände im **Verhältnis ihrer Verkehrswerte** aufzuteilen:

Ausgleichszahlung 100.000 €

OHG-Anteil: AW 200.000 €   Sonderbetriebsvermögen: AW 600.000 €

$1/4$ $3/4$

$= 25.000 \, €$ $= 75.000 \, €$

Dies lässt sich rechnerisch einfacher darstellen:

Entgeltliche Übernahme:

$$\text{OHG-Anteil} \ \frac{100.000 \, €}{800.000 \, €} = 1/8 \times 200.000 \, € = 25.000 \, €$$

$$\text{Sonderbetriebsvermögen} \ \frac{100.000 \, €}{800.000 \, €} = 1/8 \times 600.000 \, € = 75.000 \, €$$

B veräußert damit $1/8$ des OHG-Anteils und $1/8$ seines Anteils am Sonderbetriebsvermögen und realisiert insoweit einen tarifbegünstigten Veräußerungsgewinn gem. § 16 EStG:

Veräußerungserlös	100.000 €
$1/8$ Buchwert Kapitalkonto	./. 12.500 €
$1/8$ Buchwert Sonderbetriebsvermögen	./. 25.000 €
Veräußerungsgewinn	62.500 €

A hat Anschaffungskosten und muss die Buchwerte in Höhe der stillen Reserven aufstocken:

in der Ergänzungsbilanz:	Mehraktiva	+ 12.500 €
in der Sonderbilanz:	Grundstück	+ 50.000 €

Diese Beträge errechnen sich wie folgt:

Stille Reserven OHG-Anteil $100.000 \, € = 1/5$ von $62.500 \, € =$ 12.500 €

O. Erbfolge, Erbauseinandersetzung

Stille Reserven
Sonderbetriebsvermögen 400.000 € = ⁴/₅ von 62.500 € = 50.000 €
Oder:
Stille Reserven OHG-Anteil 100.000 € × ¹/₈ = 12.500 €
Stille Reserven Sonderbetriebsvermögen 400.000 € × ¹/₈ = 50.000 €
Daraus ergeben sich folgende Bilanzen:

Aktiva	Ergänzungsbilanz A		Passiva
Mehraktiva	12.500 €	Kapital	12.500 €
	12.500 €		12.500 €

Aktiva	Sonderbilanz A		Passiva
Grundstück	250.000 €	Auseinandersetzungs-verbindlichkeit	100.000 €
		Kapital	150.000 €
	250.000 €		250.000 €

Beispiel 2:

E stirbt. Seine Erben sind zu je ¹/₃ A, B und C. In der Erbmasse befinden sich private Aktien (Wert 100.000 €, Anschaffungskosten bei E 80.000 €), eine private Jacht (Wert 300.000 €), ein privates Gebäudegrundstück (Wert 500.000 €, Anschaffungskosten bei E 300.000 €) und ein OHG-Anteil (Wert 600.000 €, Kapitalkonto E 200.000 €). Im Gesellschaftsvertrag ist eine **einfache Nachfolgeklausel** vereinbart. Bei der Auseinandersetzung einigen sich die Erben dahin gehend, dass A den OHG-Anteil und die Aktien, B die Jacht und C das Grundstück übernimmt. Dementsprechend hat A an B als Ausgleich 200.000 € zu zahlen.

OHG-Anteil	Aktien	Jacht	Grundstück
600.000 €	100.000 €	300.000 €	500.000 €

A zahlt 200.000 € an B   B   C

Durch die Ausgleichszahlung hat jeder der Erben einen Wert i. H. von 500.000 € erhalten.

C übernimmt das Grundstück gem. § 11 d Abs. 1 EStDV mit den Werten des E. Er schreibt weiter ab wie vorher E, also aus 300.000 Euro abzüglich des Grund-und-Boden-Anteils. Da er keinen Ausgleich bezahlt, hat er keine neuen Anschaffungskosten. Er erhält auch keinen Ausgleich in Geld. Daher hat er für den OHG-Anteil auch keinen Veräußerungsgewinn gem. §§ 16, 34 EStG zu versteuern. Für ihn ist es eine erfolgsneutrale Realteilung. C war zwar aufgrund der einfachen Nachfolgeklausel bis zur Erbauseinandersetzung Mitunternehmer. Es wäre aber falsch anzunehmen, er müsse daher einen Veräußerungsgewinn versteuern, wenn er aus der OHG ausscheidet. Denn bei Erbauseinandersetzungen gelten keine Tauschgrundsätze.

B übernimmt die Jacht gem. § 11 d Abs. 1 EStDV. Er hat nichts bezahlt, hat also auch keine neuen Anschaffungskosten. Da er 200.000 Euro von A erhält, veräußert er an A den OHG-Anteil und die Aktien teilentgeltlich.

A erwirbt den OHG-Anteil und die Aktien teilentgeltlich. Der entgeltliche Anteil errechnet sich aus dem Verhältnis Zahlung zum Wert der erhaltenen Güter:

Entgeltlich:
OHG-Anteil	²/₇ von 600.000 € =	171.429 €
Aktien	²/₇ von 100.000 € =	28.571 €
		200.000 €

Unentgeltlich:
OHG-Anteil	⁵/₇ von 200.000 € =	142.858 €
Aktien	⁵/₇ von 80.000 € =	57.142 €
		200.000 €

Sofern nicht § 17 oder § 23 EStG bei B einschlägig ist, veräußert er die Aktien ohne steuerliche Auswirkungen. Auch bei A sind die Anschaffungskostenbeträge der Aktien (28.571 Euro entgeltlich und 57.142 Euro unentgeltlich) nur bedeutsam, wenn er später einen Tatbestand des § 17, des § 23 oder des § 6 Abs. 1 Nr. 5 EStG erfüllt.[138] Bei A und B sind die §§ 17 und 23 EStG nur anwendbar, wenn die Aktien **vor dem 01.01.2009** erworben wurden, § 52 a Abs. 10 EStG.

Sind sie **nach dem 31.12.2008** erworben worden, gilt entweder § 20 Abs. 2 Satz 1 EStG (Abgeltungsverfahren) oder § 17 EStG (Teileinkünfteverfahren).

B veräußert den **OHG-Anteil** an A teilentgeltlich und hat daher einen Veräußerungsgewinn gem. §§ 16, 34 EStG zu versteuern.

Preis (entgeltlicher Teil) =	171.429 €
./. anteiliges Kapital = ²/₇ von 200.000 € =	57.142 €
Veräußerungsgewinn =	114.287 €

Die ²/₇ sind vom Gesamtkapital aller drei Erben zu berechnen, weil B nicht seinen echten Anteil (¹/₃ des übernommenen Kapitals des E), sondern aufgrund der Rechtsprechung des BFH vom Gesamtkapital aller Erben einen Teil abgibt. Er veräußert nur, soweit ein anderer Erbe Anschaffungskosten hat; und der hat nur insoweit Anschaffungskosten, soweit er aus eigener Tasche etwas aufwendet!

---
138 Vgl. hierzu Beispiel 1 zu O. Rz. 25 und zu P. Rz. 33.

O. Erbfolge, Erbauseinandersetzung

A hat in Höhe des entgeltlichen Teils Anschaffungskosten. Da er im Rahmen einer OHG erwirbt, hat er eine Sonder- und Ergänzungsbilanz zu erstellen.[139] Als sonstige Verbindlichkeit ist der Teil der Ausgleichsverpflichtung zu passivieren, der auf den OHG-Anteil entfällt ($^2/_7$ von 600.000 Euro).

Aktiva	Sonderbilanz A		Passiva
Kapital	171.429 €	Sonstige Verbindlichkeit	171.429 €
	171.429 €		171.429 €

Aktiva	Ergänzungsbilanz A		Passiva
Diverse Wirtschaftsgüter	114.287 €	Kapital	114.287 €
	114.287 €		114.287 €

Beispiel 3:
A und B sind zu je 50 % Erben des E. E war Gesellschafter einer aus B, C und E bestehenden OHG. Nach dem Gesellschaftsvertrag soll im Falle des Todes eines Gesellschafters die Gesellschaft **mit dessen Erben fortgeführt werden**. B übernimmt kurz nach dem Erbfall den gesamten Anteil des Erblassers und bezahlt dafür dem A einen Abfindungsbetrag.

Zunächst geht der Gesellschaftsanteil des E gem. § 6 Abs. 3 EStG auf die Erben A und B über (einfache Nachfolgeklausel). Da A und B sofort nach dem Erbfall auch Mitunternehmer sind, löst die Übertragung des Gesellschaftsanteils des A auf den B gegen eine Abfindung bei A einen Veräußerungsgewinn aus, und B muss in einer Ergänzungsbilanz die aufgedeckten stillen Reserven aufstocken. Dass B schon Mitgesellschafter der OHG war, ändert an der grundsätzlichen einkommensteuerlichen Folge nichts.[140]

Beispiel 4:
Eine OHG besteht aus C, D und E. Im Gesellschaftsvertrag ist eine Nachfolgeklausel zugunsten der jeweiligen Erben vorgesehen. E stirbt. Seine Erben A und B **verzichten auf ihr Nachfolgerecht** und lassen sich auszahlen.

Durch die Nachfolgeklausel wurden die Erben A und B automatisch Mitgesellschafter und Mitunternehmer. Mit dem Tode des E übernehmen sie daher automatisch gem. § 6 Abs. 3 EStG den Gesellschaftsanteil zu Buchwerten. Wenn sie jetzt auf ihre Gesellschaftsanteile verzichten, veräußern sie diese an die Altgesellschafter C und D, denn sie scheiden durch den Verzicht aus der Gesellschaft aus. Die stillen Reserven haben daher die Erben A

---

[139] Sonderbilanz deshalb, weil eine sonstige Verbindlichkeit zu passivieren ist, mit der A persönlich belastet ist. Wenn nur die Wirtschaftsgüter, die in der Hauptbilanz aktiviert sind, aufzustocken wären, wäre nur eine Ergänzungsbilanz zu erstellen.
[140] Schmidt/Wacker, § 16 Rz. 670.

und B gem. §§ 16, 34 EStG zu versteuern. Ihr Verzicht hat nicht dieselben Folgen wie eine Fortsetzungsklausel. Die Entscheidung der Erben kann nämlich nicht mehr dem Erblasser angelastet werden. Der Fall kann nicht anders beurteilt werden als die Veräußerung eines Einzelbetriebs durch die Erben, die mit dem Betrieb nichts zu tun haben wollen.

Beispiel 5:

Eine OHG besteht aus C, D und E. Im Gesellschaftsvertrag ist beim Tod eines Gesellschafters eine **Nachfolge** mit den Erben vereinbart. E stirbt am 17.04.01. Seine Erben A und B vereinbaren mit C und D am 17.09.01 ihr **Ausscheiden** gegen Abfindung durch C und D. Da sich in der Erbmasse auch ein **privates Grundstück** befindet (der Verkehrswert entspricht dem Verkehrswert des OHG-Anteils des E), soll A die Abfindung von C und D allein erhalten und B das Grundstück übernehmen.

A und B sind durch die Nachfolgeklausel automatisch Gesellschafter und Mitunternehmer geworden. Bei der Abfindung handelt es sich um einen gesellschaftsrechtlichen Vorgang. A und B haben daher einen Veräußerungsgewinn gem. §§ 16, 34 EStG zu versteuern.[141] Dass nur einer, nämlich A, sich von den Altgesellschaftern abfinden lässt, ist einkommensteuerlich uninteressant; es ist eine Angelegenheit auf Vermögensebene.

Das Grundstück übernimmt B gem. § 11 d EStDV, da hinsichtlich des Grundstücks zwischen A und B nur eine Erbauseinandersetzung stattfindet und B aus eigenem Vermögen nichts zuzahlt. Insoweit liegt eine erfolgsneutrale Realteilung vor. A erhält den Abfindungsanspruch und B das Grundstück.

1.15.5 Qualifizierte Nachfolgeklausel

Hier sieht der Gesellschaftsvertrag volle Nachfolge nur eines oder mehrerer von vielen Erben vor.

1.15.5.1 Die Erbfolge

Nehmen wir im Ausgangsfall der OHG C, D, E mit den Erben A und B des E[142] an, dass lt. Gesellschaftsvertrag nur A der Nachfolger des verstorbenen E ist. Zivilrechtlich geht der Gesellschaftsanteil des E dann unmittelbar, in vollem Umfang und unverändert auf den qualifizierten Nachfolger-Miterben A über. Der andere Miterbe B erlangt keinen gesellschaftsrechtlichen Abfindungsanspruch gegen die Gesellschaft, sondern nur einen auf Erbrecht beruhenden schuldrechtlichen Wertausgleichsanspruch gegen den Miterben A.

---
141 So schon BFH vom 21.12.1965, BStBl III 1966, 195.
142 Oben O. Rz. 60.

O. Erbfolge, Erbauseinandersetzung

Einkommensteuerlich stehen sich zwei Rechtsauffassungen konträr gegenüber.

80 Eine Ansicht kommt zur Mitunternehmerschaft aller Erben.[143] Zur Begründung wird angeführt, dass nach Auffassung des BGH die Ansprüche auf den Gewinnanteil und das Auseinandersetzungsguthaben in das Gemeinschaftsvermögen eingehen und dass der Nachfolgeerbe diese Vermögensrechte erst in der Erbauseinandersetzung erlangen würde. Bis zur Auseinandersetzung liege die Unternehmerinitiative beim Nachfolge-Erben, das Unternehmerrisiko aber bei allen Erben. Wegen der dominanten Bedeutung des Unternehmerrisikos werde man zunächst alle Miterben als Mitunternehmer anzusehen haben.

Die herrschende Meinung[144] geht davon aus, dass nur der qualifizierte Nachfolge-Erbe Mitunternehmer werden kann, weil der Nichtnachfolge-Erbe gesellschaftsrechtlich mit der Personengesellschaft nie etwas zu tun hat.

Sie verneint die Mitunternehmerschaft wegen fehlender Mitunternehmerinitiative und hält die wertmäßige Beteiligung der ausgeschlossenen Miterben am laufenden Gewinn und Verlust und an den stillen Reserven nicht für ausreichend.

1.15.5.2 Die Erbauseinandersetzung ohne Sonderbetriebsvermögen

81 Hier ist zu unterscheiden zwischen einer Erbauseinandersetzung ohne oder mit Ausgleichszahlungen.

> **Beispiel 1 (ohne Ausgleichszahlung):**
> E stirbt. Seine Erben sind zu ½ A und B. A übernimmt kurze Zeit nach dem Tod des E einen OHG-Anteil des E (Wert von 400.000 €). B übernimmt eine private Eigentumswohnung im Wert von 300.000 € und Geldvermögen im Wert von 100.000 €. Im Gesellschaftsvertrag war bestimmt, dass A allein nachfolgen soll.

In dieser Situation bringt die qualifizierte Nachfolgeklausel zugunsten des A keine Probleme. A folgt sofort in der OHG dem E nach, d. h., er übernimmt den OHG-Anteil gem. § 6 Abs. 3 EStG mit seinem Buchwert. Da kein Ausgleich bezahlt wird, liegt eine erfolgsneutrale Teilung vor. B übernimmt die Eigentumswohnung gem. § 11 d Abs. 1 EStDV in der Rechtssituation des Vorgängers.

82 Muss bei einer qualifizierten Nachfolgeklausel der Nachfolger bei der Erbauseinandersetzung eine **Ausgleichszahlung** erbringen, hat er **keine**

---

143 Groh, DB 1990 S. 2135 ff, 2140, DB 1991 S. 724 ff., 726, DB 1992 S. 1312 und DStR 1994 S. 413; Gebel, BB 1995 S. 173; Siegmann, NJW 1995 S. 481; Paus, DStZ 1993 S. 183; Pohl, FR 1998 S. 793.

144 BFH vom 29.10.1991, BStBl II 1992, 512, und vom 27.07.1993, BStBl II 1994, 625; BMF vom 14.03.2006, Fn. 24, Rz. 72–74; Söffing, DB 1991 S. 773 und DStR 1991 S. 798; Märkle/Franz, BB 1991 S. 2494; Felix, FR 1991 S. 613 ff., 617; Märkle, DStR 1993 S. 1616; Hübner, DStR 1995 S. 197; Schmidt/Wacker, § 16 Rz. 672.

Anschaffungskosten. Dementsprechend haben die anderen Erben auch **keine Veräußerungsgewinne** zu versteuern. Die Zahlungen sind reine Vermögensangelegenheit. Dies folgt aus dem Umstand, dass nur der Nachfolger Erbe des Mitunternehmeranteils und damit auch nur allein Mitunternehmer in der Personengesellschaft wird.[145]

Beispiel 2 (mit Ausgleichszahlung):

Sachverhalt wie Beispiel 2 oben O. Rz. 75. Es ist jedoch keine einfache Nachfolgeklausel vereinbart, sondern nur A soll im Gesellschaftsanteil nachfolgen **(qualifizierte Nachfolgeklausel).**

In diesem Falle sind nur die steuerlichen Rechtsfolgen zur Übernahme des OHG-Anteils anders. Bei den Aktien ändert sich nichts. Die Zahlung des A ist daher i. H. von 171.429 Euro ($^2/_7$ von 600.000 Euro) Vermögensangelegenheit. Er hat insoweit keine Anschaffungskosten und daher nicht aufzustocken, d. h., er hat keine Sonder- und keine Ergänzungsbilanz zu erstellen. Er übernimmt den OHG-Anteil des E gem. § 6 Abs. 3 EStG. Dementsprechend hat B auch keinen Veräußerungsgewinn zu versteuern.

1.15.5.3 Die Erbauseinandersetzung mit Sonderbetriebsvermögen

Beispiel 1 (ohne Ausgleichszahlung):

Gesellschafter der OHG sind C, D und E. E stirbt. Erben sind A und B je zur Hälfte. Zum Nachlass gehören ein OHG-Anteil (Wert 600.000 €; Buchwert des Kapitalkontos des Erblassers 100.000 €), ein der OHG überlassenes Grundstück (Wert 400.000 €, Buchwert 200.000 €) und ein Privatgrundstück (Wert 1 Mio. €, Anschaffungskosten des Erblassers 100.000 €). Aufgrund der im Gesellschaftsvertrag verbrieften qualifizierten Nachfolgeklausel tritt nur A in die OHG ein. Bei der anschließenden Erbauseinandersetzung erhält A außerdem das der OHG zur Nutzung überlassene Grundstück. B bekommt das Privatgrundstuck. **Ausgleichszahlungen erfolgen nicht.**

A erwirbt den Gesellschaftsanteil unentgeltlich direkt von E, § 6 Abs. 3 EStG. Beide Grundstücke fallen jedoch in das Gesamthandsvermögen der Erbengemeinschaft. Dabei verliert das der OHG überlassene Grundstück zur Hälfte seine Eigenschaft als Sonderbetriebsvermögen, was zu einem **Entnahmegewinn bei E** von 100.000 Euro führt. Bei der nachfolgenden Erbauseinandersetzung, bei der A dieses Grundstück zu $^1/_2$ gem. § 11 d Abs. 1 EStDV und zu $^1/_2$ über § 6 Abs. 3 EStG erhält und B das Privatgrundstück gem. § 11 d Abs. 1 EStDV übernimmt, **entstehen weder Anschaffungskosten noch Veräußerungsentgelte.** A legt die zuvor entnommene Grundstückshälfte mit dem Teilwert von 200.000 Euro wieder in das Sonderbetriebsvermögen (Gesamtbuchwert nunmehr 300.000 Euro) ein. B setzt hinsichtlich des Privatgrundstücks die Steuerwerte fort, § 11 d Abs. 1 EStDV.

---
145 BFH vom 29.10.1991, BStBl II 1992, 512.

O. Erbfolge, Erbauseinandersetzung

Begründet wird dieses Ergebnis damit, dass der Gesellschaftsanteil in das Einzelvermögen des qualifizierten Erben, das Sonderbetriebsvermögen jedoch in das Gesamthandsvermögen der Erbengemeinschaft übergeht. Durch diese vermögensmäßige Trennung des Mitunternehmeranteils behält das bisherige Sonderbetriebsvermögen nur noch in Höhe der Erbquote des qualifizierten Nachfolgers seine Eigenschaft als Sonderbetriebsvermögen. Soweit es innerhalb der Erbengemeinschaft anteilig den nicht als Gesellschafter berufenen Miterben zuzurechnen ist, wandelt es sich zu notwendigem Privatvermögen.

Dies führt zu einem laufenden Entnahmegewinn, der vom Erblasser zu versteuern ist, weil er es war, der mit der gesellschaftsvertraglichen Regelung der qualifizierten Nachfolgeklausel den teilweisen Übergang des Sonderbetriebsvermögens in das Privatvermögen ausgelöst hat.

Beispiel 2 (mit Ausgleichszahlung):
Wie Beispiel 1 in O. Rz. 72, jedoch soll nur A in den Gesellschaftsanteil des E nachfolgen.

84 Nach der Rechtsprechung des BFH wird auch in diesem Fall **nur A Mitunternehmer.** Die **Ausgleichszahlung,** die A an den ausgeschlossenen B leistet, stellt **keine Anschaffungskosten** dar. A wird aufgrund der qualifizierten Nachfolgeklausel unabhängig von einer Ausgleichszahlung Gesellschafter. Er führt deshalb in der OHG die Buchwerte des E fort.

85 Das zum **Sonderbetriebsvermögen** gehörende Grundstück geht dagegen in das gesamthänderische Eigentum der Erbengemeinschaft über und wird dort steuerlich entsprechend der Erbquote den einzelnen Miterben zugerechnet. Soweit das Sonderbetriebsvermögen nicht nachfolgeberechtigten Miterben zuzurechnen ist, wird es beim Erbfall mit dem Teilwert entnommen, den der Erblasser als laufenden Gewinn zu versteuern hat.[146]

Wenn nun der nachfolgeberechtigte Miterbe A das Sonderbetriebsvermögen bei der Erbauseinandersetzung erwirbt und für den dadurch erhaltenen Mehrempfang eine Ausgleichsleistung erbringt, hat er insoweit Anschaffungskosten und muss die Buchwerte des Sonderbetriebsvermögens um die bruchteiligen Anschaffungskosten aufstocken. Im vorliegenden Fall entsteht im Zeitpunkt des Erbfalls ein Entnahmegewinn, soweit das Grundstück dem nicht nachfolgeberechtigten B zuzurechnen ist:

½ Teilwert		300.000 €
½ Buchwert	./.	100.000 €
Entnahmegewinn		200.000 €

Dieser Entnahmegewinn ist als laufender Gewinn noch dem E zuzurechnen. Bei der Erbauseinandersetzung erwirbt dann A die Hälfte des dem B zuzu-

---
146 Vgl. Groh, Fn. 143.

rechnenden Grundstücks, hat insoweit Anschaffungskosten und muss den Buchwert aufstocken.

Das Grundstück ist in der Sonderbilanz des A wie folgt anzusetzen:

$^{1}/_{2}$ Buchwert nach E:	100.000 €
anteilige Anschaffungskosten ($^{1}/_{8}$ des Teilwerts des Grundstücks)	75.000 €
$^{3}/_{8}$ des Teilwerts des Grundstücks (600.000 × $^{3}/_{8}$)	225.000 €
Bilanzansatz	400.000 €

$^{1}/_{2}$ des Grundstücks hat A im Rahmen des § 6 Abs. 3 EStG mit dem Buchwert direkt von E übernommen. $^{1}/_{8}$ hat er entgeltlich von B erworben, und $^{3}/_{8}$ hat er unentgeltlich von B übernommen, nachdem $^{1}/_{2}$ des Grundstücks zuvor von E entnommen wurde (§ 11 d Abs. 1 EStDV). Der Buchwert war 200.000 Euro. Hinzu kam also die Hälfte der stillen Reserven (= 200.000 Euro). Ansatz also 400.000 Euro.

Groh[139] meint, dass damit die qualifizierte Nachfolgeklausel gestorben sei, da bei Familiengesellschaften durchweg Sonderbetriebsvermögen üblich sei, das anteilig entnommen werden müsse, ohne dass zur Begleichung der Steuern tatsächlich Mittel flössen. **86**

In der Praxis gibt es einige Möglichkeiten, **die Aufdeckung von stillen Reserven beim Sonderbetriebsvermögen zu vermeiden.** So hat Märkle in einem lesenswerten Aufsatz[147] alle denkbaren Möglichkeiten untersucht.[148] Das von ihm verfasste Schaubild[149] am Ende des Aufsatzes zeigt die Ergebnisse: **87**

Tauglich sind danach: **88**

– Schenkungen im Rahmen der vorweggenommenen Erbfolge in verschiedenster Art[150]

– Einbringung des Sonderbetriebsvermögens in das Gesamthandsvermögen der Personengesellschaft

– Alleinerbschaft des Nachfolgers mit Vermächtnissen zugunsten der Enterbten

– Ausgliederung des Sonderbetriebsvermögens auf eine zweite Personengesellschaft

Wird **Sonderbetriebsvermögen** zu Buchwerten **in die Personengesellschaft eingebracht,** kann der Gesellschafter im Gesellschaftsvertrag ohne Probleme eine Person zum qualifizierten Nachfolger bestimmen. Denn beim Tod

---
147 FR 1997 S. 135 ff.: „Strategien zur Vermeidung der Zwangsentnahme von Sonderbetriebsvermögen bei qualifizierter Nachfolge".
148 Daragan und Zacher-Röder, DStR 1999 S. 89, sowie Fleischer, DStR 1999 S. 972, haben diese Überlegungen vertieft. Weitere Fundstellen bei Schmidt/Wacker, § 16 Rz. 675.
149 Siehe Seite 1309.
150 Siehe unten P.

O. Erbfolge, Erbauseinandersetzung

dieses Gesellschafters erbt dann der Nachfolger den Wert des gesamten Gesellschaftsanteils einschließlich des vorher eingebuchten Sonderbetriebsvermögens. Fraglich ist nur, ob dies in der Praxis so einfach geht. Denn durch die Einbringung erhöht sich das Kapital des betreffenden Gesellschafters mit den möglichen weiteren Folgen wie z. B. Stimmrechte, Gewinnanteile usw. In vielen Fällen werden daher die anderen Gesellschafter nicht zustimmen.

89 Wird der gesamte Gesellschaftsanteil zusammen mit dem Sonderbetriebsvermögen verschenkt, sind gem. § 6 Abs. 3 Satz 1 1. Halbsatz EStG die stillen Reserven nicht aufzudecken. Jetzt ist auch die Schenkung eines Bruchteils des Gesellschaftsanteils mit dem gesamten oder anteiligen Sonderbetriebsvermögen tauglich, § 6 Abs. 3 Satz 1 2. Halbsatz EStG. Auch die Schenkung des ganzen oder anteiligen Gesellschaftsanteils ist jetzt tauglich, § 6 Abs. 3 Satz 2 EStG.

Sehr interessant ist auch der **„Vermächtnisfall":**

90 Ziel dabei ist, dass der Erblasser im Gesellschaftsvertrag und im Testament dafür Sorge trägt, dass Gesellschaftsanteil und Sonderbetriebsvermögen zusammenbleiben. Dies wäre z. B. dadurch möglich, dass der Erblasser nur den oder nur die im Gesellschaftsvertrag Qualifizierten als Erben einsetzt und für die anderen potenziellen Erben Geldvermächtnisse verfügt. Denn die Erfüllung von Geldvermächtnissen führt nicht zu Anschaffungskosten und damit auch nicht zur Aufdeckung von stillen Reserven.[151]

---

151 Vgl. Rz. 60 des BMF-Schreibens vom 14.03.2006, Fn. 24.

1 Einkommensteuer

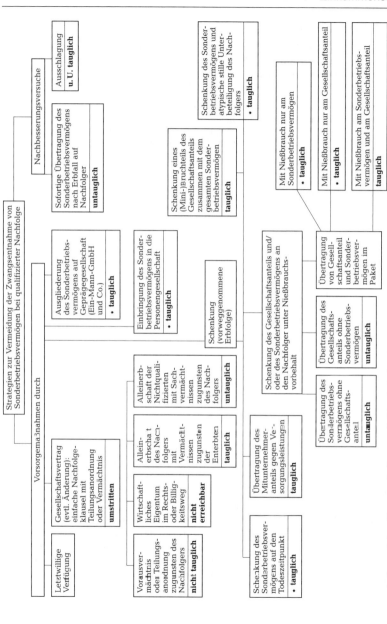

- Aufgrund der Gesetzesänderung ab 01.01.2001 (§ 6 Abs. 5 EStG) wieder tauglich.
  In der Zeit vom 1.1.1999 bis zum 31.12.2000 nicht tauglich, vgl. 7. Auflage dieses Bandes.

O. Erbfolge, Erbauseinandersetzung

Beispiel 3 (Vermächtnis mit Ausgleichszahlung):

E ist OHG-Gesellschafter. Sein Anteil hat einen gemeinen Wert von 600.000 €. Er hat zusätzlich an die OHG ein Grundstück verpachtet, Wert 1.400.000 €. Außerdem ist er noch Eigentümer eines Mietwohngrundstücks, Wert 600.000 €, und Inhaber von Geldvermögen, Wert 400.000 €.

Im Gesellschaftsvertrag ist eine qualifizierte Nachfolge zugunsten seines Sohnes A vereinbart. Im Testament hat E seinen Sohn A zum Alleinerben eingesetzt. Seinen Töchtern B und C hat er je einen Vermächtnisanspruch von je $^{1}/_{3}$ des Werts der gesamten Erbschaft eingeräumt. Seinem Sohn A stellt er anheim, wie er die Vermächtnisansprüche erfüllt. E stirbt.

Kurze Zeit danach einigen sich die Kinder dahin gehend, dass A den OHG-Anteil und das an die OHG verpachtete Grundstück übernimmt. B übernimmt das Mietwohngrundstück und C das Geldvermögen, den Rest hat A jeweils auszugleichen. A muss insoweit ein Darlehen aufnehmen.

Die Erbschaft hat einen Wert von 3 Mio. €. Jedem Kind stehen daher 1 Mio. € zu.

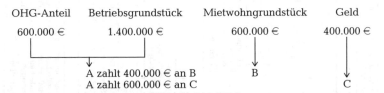

Wären alle drei Kinder Erben, entstünde bei B und C ein Veräußerungsgewinn. Außerdem wäre das Betriebsgrundstück als Sonderbetriebsvermögen anteilig zu Lasten des E zu entnehmen.[152]

Durch die Vermächtnisregelung im Testament vereinfacht sich die Rechtslage. A erwirbt den OHG-Anteil kraft der qualifizierten Nachfolgeregelung allein und das Betriebsgrundstück als Sondervermögen aufgrund seiner Erbenstellung ebenfalls allein. Er kann diese Objekte gem. § 6 Abs. 3 EStG mit den Buchwerten fortführen. Mietwohngrundstück und Geldvermögen (Aktien, Zinspapiere usw.) gehen gem. § 11 d Abs. 1 EStDV zunächst auf A als Alleinerbe über. Die anschließende Übertragung (= Erfüllung der Vermächtnisansprüche) erfolgt steuerlich ebenfalls gem. § 11 d Abs. 1 EStDV. Der einzige Nachteil in dieser Gestaltung ist der Umstand, dass die Ausgleichszahlungen des A an B und C eine Vermögensangelegenheit darstellen und daher ein deswegen aufzunehmendes Darlehen nicht betrieblich wird, A also die Zinsen nicht abziehen kann. Die früher geltende Sekundär-Folgerechtsprechung[153] ist inzwischen überholt.[154]

---

152 Vgl. hierzu Beispiel 2, Rz 83 ff.
153 So noch in Rz. 37 und Rz. 70 des alten BMF-Schreibens vom 11.01.1993, Fn. 7.
154 Vgl. oben O. Rz. 35.

92 Eine weitere Möglichkeit, die Aufdeckung der stillen Reserven beim Sonderbetriebsvermögen zu vermeiden, ergibt sich durch die Rechtsprechung zum **Betriebsvermögen zwischen Schwestergesellschaften.**

Der BFH hat mit Urteil vom 16.06.1994[155] entschieden, dass die Wirtschaftsgüter, die eine gewerblich tätige oder geprägte Personengesellschaft an eine ganz oder teilweise personenidentische Personengesellschaft (Schwestergesellschaft) vermietet, zum Betriebsvermögen der vermietenden Personengesellschaft und nicht der nutzenden Personengesellschaft gehören.

Wenig später hat der BFH mit Urteil vom 21.11.1994[156] für den Bereich des Bewertungsrechts entsprechend entschieden.

Vor allem der 3. Leitsatz dieses Urteils ist wichtig:

„Die Qualifikation des Vermögens als Gesellschaftsvermögen und die Einkünfte aus der Verpachtung dieses Vermögens als Einkünfte der gewerblich geprägten Personengesellschaft nach § 15 Abs. 3 Nr. 2 EStG hat bei ganz oder teilweise gesellschafteridentischen Personengesellschaften Vorrang vor der Qualifikation des Vermögens als Sonderbetriebsvermögen und der Einkünfte aus der Verpachtung als Sonderbetriebseinkünfte der Gesellschafter bei der leistungsempfangenden Gesellschaft nach § 15 Abs. 1 Satz 1 Nr. 2 Halbsatz 2 EStG."

Die gewerbliche Prägung der Verpachtungsgesellschaft reicht danach aus, die Anwendbarkeit des § 39 Abs. 2 Nr. 2 AO und damit die Annahme von Sonderbetriebsvermögen auszuschließen.

Mit Schreiben vom 18.01.1996[157] will der BMF diese Urteile nur sehr eingeschränkt anwenden:

„Die Rechtsgrundsätze der BFH-Urteile sind zu beachten. Abweichend davon gehören die vermieteten Wirtschaftsgüter zum Betriebsvermögen der nutzenden Personengesellschaft, wenn die Überlassung der Wirtschaftsgüter durch die vermietende Personengesellschaft ausschließlich im Interesse eines, mehrerer oder aller Gesellschafter liegt.

Ein derartiges eigenwirtschaftliches Interesse der Gesellschafter der vermietenden Gesellschaft an der Vermietung ist zu vermuten, wenn

— zu Bedingungen vermietet wird, die unter fremden Dritten nicht üblich sind, oder

— eine eigene Leistungspflicht der Gesellschafter gegenüber der nutzenden Personengesellschaft besteht, zu deren Erfüllung sich die Gesellschafter der überlassenden Personengesellschaft bedienen. Dies kann z. B. der Fall sein, wenn das überlassene Wirtschaftsgut für die nutzende Personengesellschaft eine wesentliche Betriebsgrundlage darstellt."

---
155 BStBl II 1996, 82.
156 BStBl II 1996, 93.
157 BStBl I 1996, 86.

O. Erbfolge, Erbauseinandersetzung

Bei allen Gestaltungen darf dieses BMF-Schreiben vom 18.01.1996 nicht außer Acht gelassen werden, will man Streitigkeiten mit der Finanzverwaltung vermeiden.

Beispiel 4 (Schwestergesellschaften und Sonderbetriebsvermögen):

93 Sachverhalt wie im Beispiel 3. E will jedoch seine Töchter B und C aus persönlichen Gründen nicht nur als Vermächtnisnehmerinnen, sondern als Erbinnen einsetzen. Er überlegt, wie er die teilweise Entnahme des Betriebsgrundstücks **bei seinem Tode** verhindern kann. Er gründet eine Parallelgesellschaft in der Form einer Ein-Mann-GmbH und Co. GbR, bringt das Betriebsgrundstück gem. § 6 Abs. 5 EStG zum Buchwert[158] in die GbR ein und verpachtet dieses wie bisher an die Hauptgesellschaft:

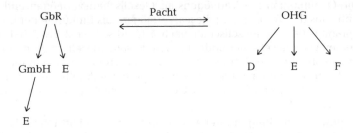

Weiter setzt er seine drei Kinder im Testament zu Erben ein. In der OHG hat sein Sohn A ein alleiniges – also qualifiziertes – Nachfolgerecht. In der GbR wird ein Nachfolgerecht zugunsten seiner Töchter B und C – damit ebenfalls qualifiziert – eingeräumt. E ist in der OHG nur zu ⅓ beteiligt und kann sich auch sonst gegen den Willen von D und F nicht durchsetzen. Eine mitunternehmerische Betriebsaufspaltung liegt daher nicht vor; keine personelle Verflechtung.

E hat nur dann Erfolg, wenn die GbR entweder selbst gewerblich tätig ist oder gewerblich geprägt ist. In diesem Falle bleibt die GbR beim Tod des E erhalten und damit das Grundstück weiter Betriebsvermögen, denn die Töchter B und C erben diese GbR aufgrund der qualifizierten Nachfolgeregelung. Sohn A wird allein Gesellschafter in der OHG anstelle des E, ebenfalls aufgrund der qualifizierten Nachfolgeregelung.

Ist die GbR nicht gewerblich tätig oder gewerblich geprägt, ist das Grundstück weiterhin Sonderbetriebsvermögen des E in der OHG. In diesem Falle bringt die Gründung der GbR nichts. Beim Tod des E ist dann trotz qualifizierter Nachfolgeregelung in der GbR das Grundstück zu Lasten des E anteilig zu entnehmen.[159]

---

158 In der Zeit vom 01.01.1999 bis 31.12.2000 konnte dies nur zum Teilwert geschehen. Vgl. insoweit die 7. Auflage dieses Bandes.
159 Vgl. oben Beispiel 2, O. Rz. 83 ff.

Kann die GbR nicht gewerblich tätig sein, käme die gewerbliche Prägung in Betracht. Nach § 15 Abs. 3 Nr. 2 EStG darf eine natürliche Person aber nicht persönlich haften. Also müsste eine GbR m.b.H. gegründet werden, bei der zwar die GmbH, nicht jedoch E voll haften dürfte. Diese Rechtsform ist in der Praxis nicht leicht zu handhaben. Auch die Gründung einer zweiten GmbH anstelle des E als Gesellschafter in der GbR ist denkbar. Die gewerbliche Prägung der GbR wäre zwar erreicht, das Grundstück gehört dann aber den beiden GmbHs zur gesamten Hand mit dem zusätzlichen steuerlichen Nachteil, dass die Pachteinnahmen dann zwingend in die beiden GmbHs fließen würden.

Wenn die GbR keinen Gewerbebetrieb führen kann, wäre noch zu überlegen, an ihrer Stelle eine KG zu gründen. Dann wäre zwar die gewerbliche Prägung mit einer GmbH als Komplementärin und dem E als Kommanditisten leichter erreichbar. Die Gründung wäre aber teurer, und zusätzlich müsste der Registerrichter überzeugt werden, die KG im Handelsregister einzutragen. Hierfür wird grundsätzlich Gewerblichkeit verlangt.

Mit der Gründung einer Schwestergesellschaft lässt sich daher das Problem des Sonderbetriebsvermögens zwar mit Schwierigkeiten, aber doch lösen, wenn die zu gründende Schwestergesellschaft

— entweder eine gewerblich tätige GbR

— oder eine gewerblich geprägte GbR m.b.H.

— oder eine gewerblich geprägte KG ist.

Vergessen werden darf dabei aber nicht der GmbH-Anteil. Bei der Gründung einer GbR oder einer KG mit Beteiligung einer GmbH als Gesellschafterin der GbR oder KG werden die GmbH-Anteile notwendiges Sonderbetriebsvermögen des E. Die GmbH-Anteile werden dann, bevor sie aufgrund einer Teilungsanordnung oder eines Vermächtnisses auf den Nachfolger übergehen, beim Durchgang durch die Erbengemeinschaft in Höhe der Quote der Nichtqualifizierten Privatvermögen. Dies ist allerdings nicht tragisch, wenn sie wegen der fehlenden Beteiligung der GmbH am Vermögen der Zweitgesellschaft keine stillen Reserven enthalten.[160]

Eine zusätzliche Möglichkeit, die Aufdeckung der stillen Reserven beim Sonderbetriebsvermögen zu vermeiden, folgt aus der Rechtsprechung des BFH zur **mitunternehmerischen Betriebsaufspaltung.** Mit Urteil vom 23.04.1996[161] gab der BFH seine zehn Jahre geltende Rechtsprechung zur Betriebsaufspaltung insoweit auf. Die mitunternehmerische Betriebsaufspaltung hat jetzt wieder Vorrang vor der Qualifikation des Vermögens als Sonderbetriebsvermögen.[162]

---

160 Märkle, a.a.O.
161 BStBl II 1998, 325, DStR 1996 S. 1757 ff., FR 1996 S. 748 ff., DB 1996 S. 805 ff.
162 Vgl. H. Rz. 34 ff.

O. Erbfolge, Erbauseinandersetzung

Märkle nimmt in einem Aufsatz[163] wie folgt Stellung:

„Im Konkurrenzkampf zwischen Sonderbetriebsvermögen bei der nutzenden Gesellschaft und eigenständigem Betriebsvermögen der nutzungsüberlassenden Ausgliederungsgesellschaft hat das Sonderbetriebsvermögen endgültig den Kürzeren gezogen. Das bedeutet sowohl für diejenigen Gesellschafter, die Sonderbetriebsvermögen beseitigen wollen, um sorglos isoliert zu Lebzeiten über den Gesellschaftsanteil verfügen zu können, als auch für jene, die bei qualifizierter Nachfolgeklausel im Gesellschaftsvertrag der Hauptgesellschaft in der Zweitgesellschaft in Bezug auf das bisherige Sonderbetriebsvermögen und jetzige Betriebsvermögen der Zweitgesellschaft dort eine nicht adressatengleiche qualifizierte Nachfolge anordnen wollen, uneingeschränkte Gestaltungsfreiheit."[164]

Diese Rechtsprechung löst das Problem des Sonderbetriebsvermögens in Erbfällen nur dann, wenn die mitunternehmerische Betriebsaufspaltung beim Tod des Betroffenen erhalten bleibt.

Beispiel 5 (Betriebsaufspaltung und Sonderbetriebsvermögen):
Ausgangssituation wie Beispiel 3, die Erbschaft nach E besteht aus:

A soll den OHG-Anteil und das an die OHG vermietete Betriebsgrundstück erhalten, B das Mietwohngrundstück und C das Geldvermögen.

Auch wenn E in der OHG eine Beteiligung von mehr als 50 % hält oder sich sonst durchsetzen kann, also jetzt eine Betriebsaufspaltung vorliegt, bringt die Rechtsprechung zur mitunternehmerischen Betriebsaufspaltung nichts. Die qualifizierte Nachfolgeklausel bewirkt zwar, dass der OHG-Anteil direkt auf A übergeht. Das Grundstück fällt aber in die normale Erbmasse und lässt die Betriebsaufspaltung zerbrechen, denn A ist beim Grundstück nur zu $^1/_3$ beteiligt. Er kann daher seinen Willen nicht wie E vor seinem Tod in beiden Vermögensmassen durchsetzen. Der größte Teil der stillen Reserven des Grundstücks muss dann bei E versteuert werden.[165]

Beispiel 6 (Betriebsaufspaltung und Sonderbetriebsvermögen):
E ist zusammen mit seiner Frau F und seinen drei Kindern A, B und C Gesellschafter einer OHG. Wert seines Anteils 400.000 €. Seit Jahren verpachtet er ein wertvolles Grundstück an diese OHG; dies ist daher Sonderbetriebsvermögen; Wert des Grundstücks 2 Mio. €. A soll seinen 40%igen Anteil in der

---
163 DStZ 1997 S. 233: Der Fluch des Sonderbetriebsvermögens – wie entgeht man ihm?
164 Vgl. oben Beispiel 2, O. Rz. 83 ff.
165 Vgl. hierzu M o o g , DB 1997 S. 298 ff.

OHG allein erben, eine qualifizierte Nachfolgeklausel ist vereinbart. Ansonsten ist gesetzliche Erbfolge vorgesehen.

E überträgt vor seinem Tod 12 % seines Grundstücks auf seine Familienmitglieder. Seinen restlichen Grundstücksanteil von 88 % sollen seine Frau F und seine Töchter B und C erhalten (Teilungsanordnung).

Im Übrigen ist noch Geldvermögen des E i. H. von 1 Mio. € vorhanden, das bei seinem Tode so verteilt werden soll, dass eine Realteilung möglich ist.

Es ergibt sich nach Begründung der Grundstücksgemeinschaft folgendes Bild:

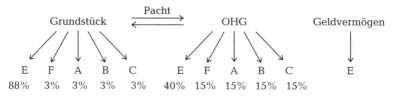

Solange das Grundstück E allein gehörte, lag keine mitunternehmerische Betriebsaufspaltung vor. E konnte seinen Willen in der OHG mit 40 % nicht durchsetzen, es sei denn, E hätte besondere zusätzliche Stimmrechte gehabt.

Aufgrund des BFH-Urteils vom 23.04.1996[166] liegt mit Übertragung der Grundstücksanteile des E von 12 % auf die Familienmitglieder eine Betriebsaufspaltung vor. Dieselbe Personengruppe beherrscht sowohl den Besitz als auch den Betriebsgewerbebetrieb. Dass die Anteile verschieden verteilt sind, spielt keine Rolle.

Das Grundstück muss bei Übertragung der 12 % auf die Familienmitglieder gem. § 6 Abs. 5 EStG mit seinem Buchwert[167] aus der OHG als Sonderbetriebsvermögen ausgegliedert und als eigenständiger Betrieb des E geführt werden. Beim Tod des E folgt sein Sohn gem. § 6 Abs. 3 EStG voll in die Rechtsstellung des E in der OHG nach (qualifizierte Nachfolgeklausel).

Den Grundstücksanteil des E erben zwar zunächst die Familienmitglieder F, A, B und C. Im Todeszeitpunkt bleibt aber die Betriebsaufspaltung erhalten, weil dieselbe Personengruppe im Besitz- und Betriebsunternehmen das Sagen hat. Bei der Erbauseinandersetzung können dann F, B und C den Grundbesitzanteil des E erhalten und steuerlich gem. § 6 Abs. 3 EStG mit den Buchwerten weiterführen, wenn keine Ausgleichszahlungen erforderlich sind.

E vererbt wertmäßig 88 % des Grundstücks, also 1.760.000 Euro, den OHG-Anteil mit 400.000 Euro und das Geldvermögen mit 1 Mio. Euro, also insgesamt 3.160.000 Euro. Wertmäßig stehen davon F ½ und den Kindern je ⅙

---
166 BStBl II 1998, 325.
167 In der Zeit vom 01.01.1999 bis 31.12.2000 war hier der Teilwert maßgebend. Vgl. hierzu die 7. Auflage dieses Bandes.

O. Erbfolge, Erbauseinandersetzung

zu, §§ 1931, 1371 BGB. F hat daher wertmäßig 1.580.000 Euro und die Kinder haben je 526.667 Euro zu erhalten. Da A nur den Gesellschaftsanteil mit 400.000 Euro vorweg erhält, ist eine erfolgsneutrale Teilung denkbar. Das Grundstück und das Geldvermögen müssen – ohne steuerliche Auswirkung – nur noch auf F, A, B und C so aufgeteilt werden, dass jeder wertmäßig so viel erhält, wie ihm zusteht.

Besonders zu beachten sind bei diesen Überlegungen **Ausgleichszahlungen**.

Muss im vorliegenden Fall A als qualifizierter Nachfolger in der OHG Ausgleich an die anderen Familienmitglieder zahlen, so entstehen bei ihm keine Anschaffungskosten und bei den anderen Familienmitgliedern keine Veräußerungsgewinne.

Müssen im vorliegenden Fall F, B und C für den Erhalt des Grundstücks an A Ausgleichszahlungen erbringen, entstehen bei ihnen Anschaffungskosten, und A muss einen Veräußerungsgewinn versteuern. Das Besitzunternehmen ist ein Gewerbebetrieb, bei dem die normalen Regeln der steuerlichen Erbauseinandersetzung gelten. Dies kann aber dadurch verhindert werden, dass auch das Besitzunternehmen als Personengesellschaft mit qualifizierter Nachfolgeregelung gegründet oder dies später so geregelt wird. Dabei müssten diejenigen zukünftigen Erben qualifizierte Nachfolger werden, die Ausgleichszahlungen erbringen müssen.

96 Zusammengefasst lässt sich zum **Betriebsaufspaltungsfall** feststellen:

— Bei Erbeinsetzungen aller Beteiligten ist die Ausgliederung eines Grundstücks aus einer Personengesellschaft als Sonderbetriebsvermögen, verbunden mit einer qualifizierten Nachfolge beim Gesellschaftsanteil, nur dann vernünftig, wenn bei Ausgliederung nicht nur eine mitunternehmerische Betriebsaufspaltung entsteht, sondern auch im Erbfall erhalten bleibt.

— Unschädlich sind dabei Ausgleichszahlungen des qualifizierten Nachfolgers.

— Ausgleichszahlungen der anderen Erben führen aber im Besitzunternehmen grundsätzlich zu Anschaffungskosten und Veräußerungsgewinnen, es sei denn, auch das Besitzunternehmen wird als Personengesellschaft mit qualifizierten Nachfolgeklauseln gegründet.

1.15.6 Teilnachfolgeklausel

97 Bei dieser Klausel ist im Gesellschaftsvertrag bestimmt, dass beim Tode eines Gesellschafters, der von mehreren Miterben beerbt wird, bestimmte Miterben mit dem ihrer Erbquote entsprechenden Bruchteil der Mitgliedschaft des Erblassers in die Gesellschaft nachfolgen und die übrigen Erben

von der Gesellschaft abzufinden sind.[168] In diesem Falle spaltet sich der Gesellschaftsanteil auf. Für einen Bruchteil ist die Nachfolgeregelung anzuwenden, für den anderen Bruchteil gilt die Fortsetzungsklausel.

Beispiel (mit Ausgleichszahlung, anteilige Nachfolge):
Eine OHG besteht aus C, D und E. Im Gesellschaftsvertrag ist bestimmt, dass jeweils nur das älteste Kind, und zwar nur entsprechend seiner **Erbquote,** in der Gesellschaft **nachfolgen** soll. E stirbt. Testamentarische Erben sind zu je $1/2$ seine beiden Söhne A und B. Der Nachlass besteht neben dem Gesellschaftsanteil aus einem **privat vermieteten Gebäudegrundstück,** einem von E **bewohnten Einfamilienhaus** und einem **privaten Aktiendepot.** Der älteste Sohn A übernimmt kurz nach dem Tod des E durch Auseinandersetzungsvertrag alle Vermögenswerte und bezieht selbst das Einfamilienhaus. Um B auszahlen zu können, nimmt er ein Darlehen auf und hat Zinsen zu zahlen.

98

Soweit hinsichtlich des Gesellschaftsanteils eine Nachfolge ausgeschlossen ist (hier zu $1/2$ für B), wächst der anteilige Gesellschaftsanteil des E den Altgesellschaftern C und D zu. In der Person des E ist insoweit § 16 EStG anzuwenden, und C und D stocken ihre Anteile auf. A hat insoweit nur einen schuldrechtlichen Anspruch gegen die Gesellschaft (d. h. die Altgesellschafter). Soweit eine Nachfolge stattfindet, kommt § 6 Abs. 3 EStG zum Zuge, sodass A zu $1/2$ den Buchwert des Gesellschaftsanteils des E weiterführt. Da nur A nachfolgen durfte, liegt eine Teilnachfolgeklausel vor.

Das vermietete Gebäudegrundstück, das Einfamilienhaus und das Aktiendepot gehen jeweils zu $1/2$ auf A gem. § 11 d Abs. 1 EStDV über. A hat danach insoweit die gleiche rechtliche Stellung wie zuvor E, insbesondere bezogen auf die Anschaffungskosten und die AfA. Da A den B voll ausgleicht, erwirbt A die jeweils andere Hälfte des Gebäudegrundstücks, des Einfamilienhauses und des Aktiendepots entgeltlich. A hat insoweit Anschaffungskosten mit allen Konsequenzen. Die Ausgleichszahlung des A ist entsprechend den Verkehrswerten auf diese Wirtschaftsgüter zu verteilen. Da jedoch die rechnerisch ermittelten Anschaffungskosten für den halben Gesellschaftsanteil keine Rolle spielen, ist dieser anteilige Betrag auszuscheiden. Insoweit liegt eine Vermögensangelegenheit vor.

Das **Darlehen** steht im Zusammenhang mit der Übernahme der beiden Gebäudegrundstücke, des Gesellschaftsanteils und des Aktiendepots. Das Darlehen ist daher entsprechend den gemeinen Werten dieser vier Objekte aufzuteilen. Soweit danach das Darlehen auf das Mietwohngrundstück entfällt, sind die Zinsen Werbungskosten aus Vermietung und Verpachtung; soweit es auf das selbstgenutzte Einfamilienhaus entfällt, können die Zinsen überhaupt nicht abgezogen werden, und soweit es auf das Aktiendepot entfällt, sind die Zinsen Werbungskosten aus Kapitalvermögen.[169] Da bei der Übernahme des Gesellschaftsanteils keine Anschaffungskosten entstehen,

99

---
168 Schmidt/Wacker, § 16 Rz. 676.
169 So schon BFH vom 19.05.1983, BStBl II 1983, 380.

O. Erbfolge, Erbauseinandersetzung

ist dieser Darlehensteil aufgrund des BFH-Urteils vom 02.03.1993[170] als Privatvermögen zu betrachten. Und da die sog. Sekundär-Rechtsprechung zu den Zinsen nicht mehr gilt, sind die anteiligen Zinsen für diesen Darlehensteil keine Sonderbetriebsausgaben mehr.[171]

1.15.7 Eintrittsklausel oder Übernahmerechte für sämtliche Erben

100 Der Gesellschaftsvertrag sieht vor, dass die Gesellschaft nach dem Tode des E fortgesetzt wird und dass die Erben A und B in die Gesellschaft anstelle des E eintreten oder den Gesellschaftsanteil des E übernehmen können.

Ist im Gesellschaftsvertrag für die Erben keine Nachfolge, sondern nur das Recht zum Eintritt festgelegt, so liegen bürgerlich-rechtlich erhebliche Unterschiede im Vergleich zur Nachfolge vor. Insbesondere wird ein Eintritt oder ein Übernahmerecht durch einseitige Erklärung des Berechtigten ausgeübt, während eine Nachfolge automatisch geschieht.

Hat der Nachfolge-Erbe kein Interesse an der Gesellschaft, muss er ausscheiden. Hat der mit einem Eintrittsrecht versehene Erbe kein Interesse, ist er nie in der Gesellschaft gewesen.[172]

Machen alle Erben von ihrem Eintrittsrecht keinen Gebrauch, scheidet der Erblasser aus der Gesellschaft aus. Wie bei einer Fortsetzungsklausel[173] erzielt dann der Erblasser E ertragsteuerlich einen Veräußerungsgewinn gem. §§ 16, 34 EStG und die Altgesellschafter C und D stocken die Aktivwerte in Höhe der stillen Reserven auf. Den Erben steht nur der Auseinandersetzungsanspruch des E zu, er ist ertragsteuerlich ohne Bedeutung.

Treten alle Erben in die Gesellschaft ein, ergeben sich bei der **Abfindungslösung (= erbrechtliche Lösung)** zunächst dieselben ertragsteuerlichen Rechtsfolgen wie bei der Fortsetzungsklausel.[174]

Ertragsteuerlich erzielt daher der Erblasser E einen tarifbegünstigten Veräußerungsgewinn, während die Altgesellschafter die Buchwerte um die realisierten Reserven aufstocken müssen. Die Erben erwerben gegen Verrechnung mit ihrem Abfindungsanspruch den aufgestockten Mitunternehmeranteil des E von den Altgesellschaftern.[175]

Die Verwaltung legt das Eintrittsrecht immer erbrechtlich aus und lässt daher im BMF-Schreiben vom 14.03.2006[176] Folgendes zu:

101 Wird das **Eintrittsrecht innerhalb von sechs Monaten nach dem Erbfall ausgeübt,** so gelten:

---

170 BStBl II 1994, 619.
171 Vgl. oben O. Rz. 35.
172 Vgl. oben O. Rz. 57.
173 Vgl. oben O. Rz. 64 ff. mit drei ausführlichen Beispielen.
174 Vgl. oben O. Rz. 57.
175 Vgl. BMF vom 14.03.2006, Fn. 24, Rz. 70 Sätze 1 bis 3.
176 Vgl. BMF vom 14.03.2006, Fn. 24, Rz. 70 Satz 4.

— wenn alle Erben von ihrem Eintrittsrecht Gebrauch machen, die Regeln über die **einfache Nachfolgeklausel** mit voller Rückwirkung auf den Erbfall,[177]

— wenn nur einer oder einige Erben von ihrem Eintrittsrecht Gebrauch machen, die Regeln über die **Teilnachfolgeklausel**.[178]

Treten also A und B innerhalb von sechs Monaten in die Gesellschaft ein, gelten sie als vom Todestag des E an als Mitunternehmer. Sie übernehmen daher den Gesellschaftsanteil des E gem. § 6 Abs. 3 EStG mit seinem Buchwert.

Tritt nur A ein, wird nur er entsprechend der Teilnachfolgeklausel mit dem Todestag des E Mitunternehmer. Ausgleichszahlungen an B führen nicht zu Anschaffungskosten; sie sind privat.

Die **Treuhandlösung**[179] wird von der Verwaltung nicht angesprochen. Ist die Eintrittsklausel bei entsprechender Formulierung im Gesellschaftsvertrag als Treuhandlösung auszulegen, liegt ertragsteuerlich eine Nachfolgeklausel vor. Halten die Altgesellschafter den Gesellschaftsanteil für die Erben einige Zeit treuhänderisch, kommt es formal auf die Frist von sechs Monaten nicht an. Wenn die Erben A und B dann später als sechs Monate nach dem Tod des Erblassers in die Gesellschaft eintreten, ist formal immer noch von einem Nachfolgerecht auszugehen, d. h., sie treten mit dem Buchwert des Gesellschaftsanteils ein.[180] Nicht geklärt ist, ob dies auch dann noch gilt, wenn die Altgesellschafter den Gesellschaftsanteil für die Erben sehr lange, z. B. mehrere Jahre, treuhänderisch halten. Um Streit mit der Finanzverwaltung zu vermeiden, sollte u. E. die Frist von sechs Monaten auch im Treuhandfall eingehalten werden.

Anders ist zu entscheiden, wenn die Erben A und B nicht aufgrund des alten Gesellschaftsvertrags, sondern aufgrund einer **neuen Vereinbarung** mit den Altgesellschaftern C und D anstelle des Erblassers eintreten dürfen. Dann ist zunächst beim Erblasser ein Veräußerungsgewinn entstanden, denn er ist, weil er überhaupt keine Nachfolgeregelung getroffen hat, aufgrund seines eigenen Willens aus der Gesellschaft ausgeschieden. Die Altgesellschafter müssen daher ihre Buchwerte aufstocken, und die eintretenden Erben können unter Umwandlung des Auseinandersetzungsanspruchs in Kapital Gesellschafter werden.

102

1.15.8 Eintrittsklausel oder Übernahmerechte nicht für alle Erben

Der Gesellschaftsvertrag sieht vor, dass die Gesellschaft nach dem Tode des E fortgesetzt wird und dass nur der Erbe A voll anstelle des E in die Gesell-

103

---
177 Vgl. oben O. Rz. 68 ff.
178 Vgl. oben O. Rz. 97 ff.
179 Vgl. oben O. Rz. 57 und Schmidt/Wacker, § 16 Rz. 677 und 678.
180 Schmidt/Wacker, § 16 Rz. 677.

schaft eintreten oder den Gesellschaftsanteil des E voll übernehmen kann. A übernimmt sofort den Anteil des E.

Hier liegt eine **qualifizierte Eintrittsklausel** vor. Wie schon erläutert, besteht bürgerlich-rechtlich ein erheblicher Unterschied im Vergleich zur Nachfolgeklausel. Der Eintritt wird durch eine einseitige Erklärung ausgeübt, während die Nachfolge automatisch geschieht.

Trotzdem behandelt der BFH schon im Urteil vom 26.03.1981[181] die qualifizierte Eintrittsklausel wie die qualifizierte Nachfolgeklausel. Er meint, die einkommensteuerliche Beurteilung der qualifizierten Nachfolgeklausel „muss auch dann Platz greifen, wenn der Gesellschaftsvertrag zwar keine qualifizierte Nachfolgeklausel, wohl aber eine **qualifizierte Eintrittsklausel** enthält, also eine Bestimmung, der zufolge nur einer von mehreren Miterben berechtigt ist, in die Gesellschaft einzutreten, und zwar in der Weise, dass er in vollem Umfange die Rechtsstellung des verstorbenen Gesellschafters übernimmt. Denn macht in diesem Falle der durch die Eintrittsklausel qualifizierte Miterbe alsbald nach dem Erbfall von seinem Eintrittsrecht Gebrauch, so entspricht der rechtliche und wirtschaftliche Gehalt des damit geschaffenen Zustands demjenigen, der bei einer qualifizierten Nachfolgeklausel unmittelbar mit dem Erbfall entsteht."

Im Ergebnis übernimmt daher A gem. § 6 Abs. 3 EStG den vollen Anteil des E. Bei dieser Entscheidung ist es unerheblich, ob die qualifizierte Eintrittsklausel erbrechtlich oder als Treuhandlösung auszulegen ist.[182]

In diesem Sinne hat sich auch die Verwaltung[183] für den Fall entschieden, dass A innerhalb von sechs Monaten nach dem Erbfall von seinem Eintrittsrecht Gebrauch macht. Tritt A allerdings nicht ein, ist von einer Fortsetzungsklausel auszugehen, also vom Ausscheiden des E.

1.15.9 Eintrittsklausel oder Übernahmerecht fremder Dritter, insbesondere der Altgesellschafter

104 Der Gesellschaftsvertrag sieht vor, dass die Gesellschaft nach dem Tode des E fortgeführt wird und dass die Erben A und B nur nachfolgen, wenn die Altgesellschafter C und D oder ein fremder Dritter, z. B. M, von ihrem Übernahmerecht hinsichtlich des Gesellschaftsanteils des E keinen Gebrauch machen.

Übernehmen die Altgesellschafter C und D oder ein fremder Dritter M den Gesellschaftsanteil des E und sind sie weder als Erben noch als Vermächtnisnehmer eingesetzt, dann handelt es sich um einen gesellschaftsrechtlichen Vorgang. E scheidet aus und versteuert gem. §§ 16, 34 EStG und C, D oder M müssen mit eigenem Kapital eintreten.

---
181 BStBl II 1981, 614.
182 Vgl. oben O. Rz. 100 und 101.
183 Rz. 70 des BMF-Schreibens vom 14.03.2006, Fn. 24.

Ist C, D oder M der Gesellschaftsanteil vermächtnisweise zugewandt, so wollen Schmidt/Wacker[184] bei Treuhandlösung eine Nachfolgeklausel annehmen und damit C, D oder M mit dem Buchwert eintreten lassen. Da die Verwaltung nur bei Erben die Eintrittsklausel in eine Nachfolgeklausel[185] umdeutet, sollte diese Lösung nicht gesucht werden. Auch in diesem Fall ist u. E. davon auszugehen, dass E gem. §§ 16, 34 EStG versteuern muss. C, D oder M können dann, weil sie einen Vermächtnisanspruch auf den Gesellschaftsanteil haben, mit dem Kapital des E eintreten, benötigen also kein eigenes Kapital.

Im Urteil des BFH vom 21.12.1965[186] wurden in einem besonderen Fall zwei Erben sechs Monate nach Erbfall von den verbleibenden Gesellschaftern abgefunden. Der BFH nahm schon damals einen Veräußerungsgewinn nicht des Erblassers, sondern der ausscheidenden Erben an. An sich hätte man hier zu einem Veräußerungsgewinn des Erblassers kommen müssen. Der Erblasser E hat nämlich in dieser Alternative seinen Erben die Möglichkeit genommen, in die Gesellschaft nachzufolgen oder einzutreten, wenn die Altgesellschafter von ihrem Übernahmerecht Gebrauch machen. Denn bei Übernahme durch die Altgesellschafter scheidet eine Sonderrechtsnachfolge aus. Entscheidendes Gewicht legte der BFH aber auf die Tatsache, dass die Erben zunächst ½ Jahr die Gesellschaft fortgesetzt haben. Sie konnten diese Rechtswirkung nicht rückwirkend beseitigen. Sie wollten tatsächlich als Mitunternehmer in der Gesellschaft verbleiben. Damit seien die Erben nicht auf erbrechtlicher, sondern auf gesellschaftsrechtlicher (betrieblicher) Grundlage abgefunden worden. Der Vorgang könne nicht anders beurteilt werden als die nach einem Erbfall vorgenommene Veräußerung eines zum Nachlass gehörenden Betriebs an dritte, nicht zur Erbengemeinschaft gehörende Personen. In dem Urteil war einer der Erben gleichzeitig Altgesellschafter. Dieser konnte den auf ihn entfallenden Buchwertanteil gem. § 6 Abs. 3 EStG fortführen, und die weichenden Erben mussten gem. § 16 EStG ihren Teil versteuern, obwohl der Altgesellschafter den gesamten Gesellschaftsanteil übernahm. Hätte der Erbe und Altgesellschafter den gesamten Anteil sofort übernommen, käme bei ihm § 6 Abs. 3 EStG für seinen ihm zuzurechnenden Anteil und beim Erblasser für die anderen Anteile § 16 EStG zur Anwendung.

Die spätere Entscheidung des Großen Senats des BFH vom 05.07.1990[187] ändert an diesen Ausführungen nichts. Wenn zwei Erben mit einem bedingten Eintrittsrecht tatsächlich den Gesellschaftsanteil des Erblassers fortführen, ist heute umso mehr von einer Mitunternehmerschaft auszugehen.

---

184 § 16 Rz. 679, streitig.
185 Rz. 70 des BMF-Schreibens vom 14.03.2006, Fn. 24.
186 BStBl III 1965, 195.
187 BStBl II 1990, 837.

O. Erbfolge, Erbauseinandersetzung

1.15.10 Tod eines Kommanditisten

105 Bei einer KG, bestehend aus C und D als Komplementären und E als Kommanditisten, verstirbt E; seine Erben sind A und B.

Im Gegensatz zu OHG-Gesellschaftern oder Komplementären bewirkt der Tod eines Kommanditisten nicht dessen Ausscheiden aus der Gesellschaft, § 131 Abs. 3, § 177 HGB. Daher wird der Gesellschaftsanteil gem. § 1922 BGB vererbt. Der oder die Erben treten automatisch mit dem Erbfall an die Stelle des Kommanditisten mit dessen Rechten und Pflichten, und zwar nicht die Erbengemeinschaft als solche, sondern jeder Erbe mit dem seiner Erbquote entsprechenden Teil des Gesellschaftsanteils des Erblassers.[188] Damit gilt einkommensteuerlich § 6 Abs. 3 EStG; die stillen Reserven werden nicht aufgedeckt.

Bestimmt der Gesellschaftsvertrag, dass kein Erbe nachfolgen soll, haben die Erben einen Abfindungsanspruch, der in der Person des Erblassers entsteht. E hat daher einen Veräußerungsgewinn gem. §§ 16, 34 EStG zu versteuern, und die Altgesellschafter müssen ihre Kapitalkonten aufstocken.

Soll lt. Gesellschaftsvertrag nur ein Erbe nachfolgen, kann er nur mit dem auf ihn kraft Erbrechts entfallenden Teil nachfolgen.[189] Insoweit gilt daher § 6 Abs. 3 EStG. Für den übrigen Anteil entsteht beim Erblasser ein Veräußerungsgewinn gem. §§ 16, 34 EStG.

1.15.11 Nachfolgeklausel zugunsten eines Vermächtnisnehmers

106 Ein Vermächtnisnehmer ist kein Erbe. Er kann daher in den Gesellschaftsanteil nicht unmittelbar nachfolgen. Die Nachfolgeklausel zu seinen Gunsten ist daher in ein Eintrittsrecht umzudeuten.[190]

Nehmen wir an, eine OHG besteht aus C, D und E. Im Gesellschaftsvertrag ist für den Tod des E eine **Nachfolgeklausel zugunsten von A, B und N** vorgesehen. E stirbt. In seinem Testament hat er seine Söhne A und B zu seinen Erben bestimmt, die sein gesamtes Vermögen mit Ausnahme des Gesellschaftsanteils erhalten sollen. Sein Neffe **N erhält als Vermächtnis den Gesellschaftsanteil**, d. h., er soll an die Stelle des E in die Gesellschaft eintreten.

a) Alle Beteiligten vereinbaren kurz nach dem Tod des E, dass dem Willen des Erblassers gemäß N in die Gesellschaft eintritt.

Aufgrund der Nachfolgeklausel im Gesellschaftsvertrag werden die Erben A und B automatisch Mitgesellschafter, sie folgen also E in dessen Gesellschafterstellung nach.

---

188 So schon das RG, DR 1943 S. 1228.
189 BGHZ 22, 194.
190 Vgl. O. Rz. 53 unter „rechtsgeschäftliche Verfügung".

Die Nachfolgeklausel für den Vermächtnisnehmer N ist in ein Eintrittsrecht umzudeuten.[191]

Aufgrund des Testaments sind A und B verpflichtet, den Gesellschaftsanteil auf N zu übertragen. Da sie nicht nur automatisch Gesellschafter, sondern auch Mitunternehmer wurden, scheiden sie bei Übertragung des Gesellschaftsanteils aus. Damit haben A und B einen Veräußerungsgewinn gem. §§ 16, 34 EStG zu versteuern, und N hat als Eintretender Anschaffungskosten. Es liegt ein gesellschaftsrechtlicher Vorgang vor.

b) Die Erben A und B sind mit dem Eintritt des N einverstanden, aber die Altgesellschafter C und D nicht. Nach einigem Streit einigen sie sich nach etwa einem Jahr doch noch, dass N in die Gesellschaft eintritt.

Durch die Nachfolgeklausel führen zunächst die Erben den Gesellschaftsanteil gem. § 6 Abs. 3 EStG fort. Nach einem Jahr übernimmt dann N den Anteil von den Erben A und B im Rahmen einer gesellschaftsrechtlichen Regelung. Lösung daher wie unter a).

c) Wie Ausgangssituation, jedoch hat lt. Gesellschaftsvertrag N **weder ein Nachfolge- noch ein Eintrittsrecht.**

Jetzt hat N keinerlei Recht, aufgrund des alten Gesellschaftsvertrags in die Gesellschaft hineinzukommen. Wenn N aufgrund des Vermächtnisses in die Gesellschaft eintritt, handelt es sich – wie bei den anderen Alternativen auch – um einen gesellschaftsrechtlichen Vorgang. Es liegt eine neue gesellschaftsrechtliche Einigung vor. Die Altgesellschafter C und D müssen zustimmen. Ohne diese Zustimmung wird N nie Gesellschafter.

Da A und B aber zunächst nachfolgen, scheiden sie bei Eintritt des N aus. A und B haben daher die stillen Reserven gem. §§ 16, 24 EStG zu versteuern. N ist Vermächtnisnehmer. Er tritt daher mit dem Kapital des E in die Gesellschaft ein.[192]

1.15.12 Nicht entnommene Gewinne gem. § 34 a EStG bei Erbauseinandersetzungen

1.15.12.1 Grundlagen

Ab dem VZ 2008 können Steuerpflichtige mit Gewinnbesteuerung und Bilanzierung für nicht entnommene Gewinne gem. § 34 a Abs. 1 EStG einen besonderen Steuersatz von **28,25 %** in Anspruch nehmen. Einzelheiten zu dieser Regelung sind – vor allem für Personengesellschaften – oben[193] dargestellt. Werden die mit diesem Sondertarif besteuerten nicht entnommenen (thesaurierten) Gewinne später wieder entnommen, erfolgt eine Nachver-

---

191 Vgl. O. Rz. 53 unter „rechtsgeschäftliche Verfügung".
192 Vgl. O. Rz. 57.
193 Vgl. B. Rz. 428 ff.

O. Erbfolge, Erbauseinandersetzung

steuerung mit einem weiteren besonderen linearen Sondersteuersatz von 25 % plus SolZ und KiSt (§ 34 a Abs. 4 EStG). Der **nachversteuerungspflichtige Betrag** wird gem. § 34 a Abs. 3 EStG besonders ermittelt und jährlich besonders festgestellt.[194]

In Erbfällen geht die Verpflichtung zur Nachversteuerung gem. § 6 Abs. 3 und § 34 a Abs. 7 EStG **automatisch** auf den Rechtsnachfolger, d. h. auf den Erben, bei mehreren Erben auf diese entsprechend der Erbquote über, allerdings unter der Voraussetzung, dass der bzw. die Erben Unternehmer bzw. Mitunternehmer geworden sind. Der Rechtsnachfolger hat also den nachversteuerungspflichtigen Betrag fortzuführen.[195]

1.15.12.2 Einzelbetrieb

108 Hat z. B. der Erbe eines Betriebs ein **Vermächtnis** zu erfüllen, und ist ein nachversteuerungspflichtiger Betrag vorhanden, ist dieser nachzuversteuern, soweit die Entnahmen den laufenden Gewinn übersteigen (§ 34 a Abs. 4 EStG – **Nachversteuerungsbetrag**).[196]

> **Beispiel 1:**
>
> Sohn S hat von seinem Vater V einen Betrieb geerbt mit dem Vermächtnis, seiner Mutter M 100.000 € aus dem Betrieb zu zahlen. S hat einen nachversteuerungspflichtigen Betrag von 40.000 € übernommen. Der laufende Gewinn beträgt 20.000 €.
>
> Da die Entnahme von 100.000 € den laufenden Gewinn um 80.000 € übersteigt, ist der festgestellte nachversteuerungspflichtige Betrag des Vorjahres von 40.000 € nachzuversteuern mit 25 %, § 34 a Abs. 4 EStG. S müsste nicht nachversteuern, wenn der laufende Gewinn 100.000 € oder mehr betrüge.
>
> In diesem Fall wäre der nachversteuerungspflichtige Betrag fortzuschreiben, § 34 a Abs. 3 EStG.[197]

109 Wird der Nachlass unter den Erben ohne Wertausgleich **real aufgeteilt**, liegt ein unentgeltlicher Vorgang vor. § 6 Abs. 3 und § 34 a Abs. 7 EStG sind anzuwenden.

> **Beispiel 2:**
>
> V stirbt am 15.03.03. Zur Erbschaft gehören ein Betrieb und sonstiges Nachlassvermögen im Wert von jeweils 600.000 €, das A und B erben. A übernimmt zum 31.12.03 den Betrieb und B das sonstige Vermögen. Im Betrieb wurde ein nachversteuerungspflichtiger Betrag zum 31.12.02 von 100.000 € festgestellt. Der Gewinn 03 beträgt 300.000 €, die Entnahmen 80.000 €.
>
> Der nachversteuerungspflichtige Betrag ist zum 15.03.03 auf A und B je zur Hälfte übergegangen. Beide wurden Mitunternehmer. Im Rahmen der Erbaus-

---

[194] Vgl. B. Rz. 443.
[195] Schmidt/Wacker § 34 a, Rz. 85; Littmann/Dörfler § 34 a, Rz. 169.
[196] Zum Unterschied nachversteuerungspflichtiger Betrag und Nachversteuerungsbetrag vgl. § 34 a Abs. 3 und 4 EStG und oben B. Rz. 446.
[197] Weitere Beispiele bei Schulze zur Wiesche DB 2008, S. 1933.

einandersetzung zum 31.12.03 übernimmt A den Mitunternehmeranteil des B. Damit geht auf A zu diesem Zeitpunkt gem. § 34 a Abs. 7 EStG auch der auf B entfallende nachversteuerungspflichtige Betrag über. Zum 31.12.03 ist der nachversteuerungspflichtige Betrag mit 100.000 € auf A fortzuschreiben. Dieser Betrag ist nicht, auch nicht teilweise, zu versteuern, weil im Jahre 03 die Entnahmen nicht höher sind als der Gewinn.

Werden bei der Erbauseinandersetzung **Abfindungen** bezahlt und daher ein Betrieb teilentgeltlich übernommen, stellt sich die Frage, wie ein vorhandener nachversteuerungspflichtiger Betrag weiter zu behandeln ist.

110

Beispiel 3:[198]

A, B und C sind zu je 1/3 Erben des E. Der Nachlass besteht im Wesentlichen aus einem Betrieb (Wert 3 Mio. €, Buchwert des Kapitalkontos 600.000 €; nachversteuerungspflichtiger Betrag zum 31.12.03 90.000 €.

C scheidet zum 31.12.03 aus der Erbengemeinschaft aus und soll von A und B aus eigenen Mitteln jeweils 500.000 € erhalten; Gewinn 04 100.000 €; Entnahmen A und B je 30.000 €.

C hat gem. §§ 16, 34 EStG einen Veräußerungsgewinn von 800.000 € zu versteuern (1 Mio. € Abfindung ./. 200.000 € Eigenkapitalanteil). A und B stocken die Buchwerte um je 400.000 € auf. Buchung in der Mitunternehmerschaft: „Kapital C 200.000 € und diverse Aktiva 800.000 € an Auseinandersetzungsverbindlichkeit gegen C 1 Mio. €". Die Miterben A und B haben zusammen damit den Betrieb zu 1/3 entgeltlich (1 Mio. € Abfindung zu 3 Mio. € Wert des Betriebs) und zu 2/3 unentgeltlich übernommen (A und B sind zu 2/3 am Gesamtnachlass beteiligt).

Wie im Beispiel 2 dargestellt, geht zunächst der festgestellte nachversteuerungspflichtige Betrag vom Erblasser auf die drei Erben über, § 34 a Abs. 7 und § 6 Abs. 3 EStG.

Da C ausscheidet und dafür eine Abfindung erhält, liegt insoweit ein entgeltliches Geschäft vor. C veräußert zum 31.12.03 seinen Mitunternehmeranteil an A und B. Damit ist die Vorschrift des § 34 a Abs. 6 Nr. 1 EStG erfüllt. Weder A und B noch C können den Anteil des C am nachversteuerungspflichtigen Betrag fortführen. C hat also seinen Anteil von 1/3 zum 31.12.03 nachzuversteuern. Dies sind 25 % von 1/3 von 90.000 € = 7.500 € (+ Soli + KiSt).

A und B können für das Jahr 04 gem. § 34 a Abs. 1 EStG beantragen, den nicht entnommenen Gewinn (100.000 € ./. 60.000 €) = 40.000 € begünstigt zu versteuern. Der entnommene Gewinn von 60.000 € ist normal zu besteuern. Stellen sie den Antrag, sind zum 31.12.04 40.000 € neu und 60.000 € (= 2/3 von 90.000 €) vom Vorjahr, also insgesamt 100.000 € als nachversteuerungspflichtiger Betrag festzustellen.

---

198 Erweitertes Beispiel 1 von oben O. Rz. 13.

O. Erbfolge, Erbauseinandersetzung

1.15.12.3 Bestehende Personengesellschaft

Bei der Personengesellschaft ist entscheidend, welche Klausel im Gesellschaftsvertrag für den Todesfall eines Gesellschafters vereinbart oder ob überhaupt nichts geregelt ist.

1.15.12.3.1 Auflösung der Personengesellschaft

111 Die Gesellschaft wird aufgelöst, wenn der Gesellschaftsvertrag für den Fall des Todes eines GbR-Gesellschafters überhaupt nichts vorsieht oder bei den anderen Gesellschaftsformen (OHG, KG) die Auflösung der Personengesellschaft bestimmt. In diesem Fall entsteht eine Liquidationsgesellschaft[199], an der die Erben des verstorbenen Gesellschafters beteiligt sind und Mitunternehmer werden.

Führt die Liquidation zu einer echten Auflösung, entsteht bei den Altgesellschaftern und den Erben ein Aufgabegewinn gem. §§ 16, 34 EStG.[200] In diesem Falle müssen alle Beteiligten ihren Anteil von einem vorhandenen nachversteuerungspflichtigen Betrag sofort versteuern (§ 34 a Abs. 6 Nr. 1 EStG). Insoweit entfällt eine Begünstigung nach § 16 Abs. 4 und § 34 EStG.

Wird die Gesellschaft trotz zivilrechtlicher Auflösung als produktive Gesellschaft fortgeführt, liegt zivilrechtlich eine Neugründung vor. Ein Aufgabegewinn gem. §§ 16, 34 EStG ergibt sich dann bei den Personen, die ausscheiden, ganz gleich, ob dies Altgesellschafter oder Erben sind.[201] Diese müssen dann ihren Anteil an einem vorhandenen nachversteuerungspflichtigen Betrag sofort versteuern gem. § 34 a Abs. 6 Nr. 1 EStG. Die anderen übernehmen diesen Betrag unentgeltlich, anteilig gem. § 6 Abs. 3 und § 34 a Abs. 7 EStG.

1.15.12.3.2 Fortsetzungsklausel

112 Die Gesellschaft wird fortgeführt, wenn dies im Gesellschaftsvertrag vorgesehen und eine Nachfolge der Erben ausgeschlossen ist.[202] In diesem Falle scheidet der Gesellschafter mit dem Tod aus der Gesellschaft aus. Er versteuert seinen Veräußerungsgewinn gem. §§ 16, 34 EStG. Ein vorhandener nachversteuerungspflichtiger Betrag ist sofort zu besteuern (§ 34 a Abs. 6 Nr. 1 EStG). Die Begünstigungen gem. §§ 16 Abs. 4 und 34 EStG entfallen insoweit.

Hatte der Erblasser Sonderbetriebsvermögen, wird dieses mit seinem Tod notwendiges Privatvermögen. Der Entnahmegewinn wird im Rahmen der §§ 16, 34 EStG mit erfasst. Ein eventuell vorhandener nachversteuerungspflichtiger Betrag ist sofort als laufender Gewinn zu versteuern (§ 34 a Abs. 6 Nr. 1 EStG).

---

199 Vgl. oben O. Rz. 61.
200 Vgl. oben O. Rz. 62.
201 Vgl. oben O. Rz. 62.
202 Vgl. oben O. Rz. 64.

1.15.12.3.3 Einfache Nachfolgeklausel

Diese Klausel liegt vor, wenn alle Erben (gemäß Erbrecht) in den Gesellschaftsanteil (gemäß Gesellschaftsvertrag) nachfolgen.[203] Ein eventuell nachversteuerungspflichtiger Betrag des Erblassers geht anteilsmäßig wie der Erbteil auf die Miterben über (§ 34 a Abs. 7 EStG). **113**

Müssen die Erben Vermächtnisse oder Abfindungen aufbringen und ist ein nachversteuerungspflichtiger Betrag vorhanden, können diese Zahlungen eine Nachversteuerung auslösen, wenn Entnahmen aus dem Betriebsvermögen erfolgen.[204]

Beispiel 1:

A und B sind zu je 50 % Erben des E. E war Gesellschafter einer aus C, D und E bestehenden OHG. Nach dem Gesellschaftsvertrag soll im Falle des Todes eines Gesellschafters die Gesellschaft **mit dessen Erben fortgeführt werden**. B übernimmt kurz nach dem Erbfall den gesamten Anteil des Erblassers und bezahlt dafür dem A einen Abfindungsbetrag.

Zunächst geht der Gesellschaftsanteil des E gem. § 6 Abs. 3 EStG auf die Erben A und B über (einfache Nachfolgeklausel). Ein vorhandener nachversteuerungspflichtiger Betrag geht ebenfalls gem. § 6 Abs. 3 und § 34 a Abs. 7 EStG unentgeltlich auf A und B über.

Da A und B sofort nach dem Erbfall auch Mitunternehmer sind, löst die Übertragung des Gesellschaftsanteils des A auf den B gegen eine Abfindung bei A einen Veräußerungsgewinn gem. §§ 16, 34 EStG aus, und B muss in einer Ergänzungsbilanz die aufgedeckten stillen Reserven aufstocken. 50 % des nachversteuerungspflichtigen Betrags (= Anteil des B) bleiben dem B erhalten. Da A seinen Gesellschaftsanteil veräußert, hat er den ihm zuzurechnenden Anteil (= 50 %) des nachversteuerungspflichtigen Betrags sofort zu versteuern, § 34 a Abs. 6 Nr. 1 EStG. Eine Vergünstigung gem. §§ 16 Abs. 4 und 34 EStG entfällt insoweit.

Bei einem **Mischnachlass** kommt es entscheidend darauf an, wie Betriebe oder Personengesellschaftsanteile übernommen werden. **114**

Beispiel 2:

Wie Beispiel 2 oben O. Rz. 75. Zusätzlich ist im OHG-Anteil ein nachversteuerungspflichtiger Betrag von 100.000 € zum Jahresende vor dem Tod des E festgestellt worden.

Durch die einfache Nachfolgeklausel werden zunächst die drei Erben A, B und C Rechtsnachfolger und Mitunternehmer. Sie übernehmen auch den nachversteuerungspflichtigen Betrag unentgeltlich gem. § 6 Abs. 3 und § 34 a Abs. 7 EStG.

Im Rahmen der Erbauseinandersetzung veräußert B den OHG-Anteil teilentgeltlich an den A. Soweit er entgeltlich veräußert, nämlich zu 2/7, hat er 2/7 des

---

203 Siehe oben O. Rz. 68 ff.
204 Siehe oben O. Rz. 108 und 110 mit Beispielen und Schulze zur Wiesche DB 2008, S. 1933 ebenfalls mit Beispielen.

O. Erbfolge, Erbauseinandersetzung

nachversteuerungspflichtigen Betrags sofort zu versteuern (§ 34 a Abs. 6 Nr. 1 EStG). Die beiden anderen Erben A und C sind davon nicht betroffen, denn den Tatbestand erfüllt nur B. Zu versteuern sind als laufender Gewinn 2/7 von 100.000 € = 28.571 €. Den unentgeltlichen Teil von 71.429 € (5/7 von 100.000 €) führt B gem. § 6 Abs. 3 und § 34 a Abs. 7 EStG als zum Teil eigenen und zum Teil von A und C unentgeltlich erworbenen fort.

1.15.12.3.4 Qualifizierte Nachfolgeklausel

115 Hier sieht der Gesellschaftsvertrag volle Nachfolge nur eines oder mehrerer von vielen Erben vor.

Werden keine Ausgleichs-, Abstands- oder Vermächtniszahlungen erforderlich, sind die Fälle einfach zu lösen.

Beispiel 1:
Wie Beispiel 1 oben O. Rz. 81.
Ist ein nachversteuerungspflichtiger Betrag gem. § 34 a EStG vorhanden, übernimmt diesen der qualifizierte Erbe A unentgeltlich gem. § 6 Abs. 3 und § 34 a Abs. 7 EStG.

116 Muss ein qualifizierter Erbe eine Ausgleichszahlung erbringen, hat er nach der Rechtsprechung[205] keine Anschaffungskosten. Dementsprechend haben die anderen Erben auch keine Veräußerungsgewinne gem. §§ 16, 34 EStG zu versteuern. Die Zahlungen sind reine Vermögensangelegenheit.

Beispiel 2:
Wie Beispiel 2 oben O. Rz. 82.
Durch die qualifizierte Nachfolgeklausel für A hat dieser bei Übernahme des OHG-Anteils keine Anschaffungskosten und die anderen Miterben veräußern nicht. Es liegt eine Vermögensangelegenheit vor. A übernimmt daher einen vorhandenen nachversteuerungspflichtigen Betrag unentgeltlich gem. § 6 Abs. 3 und § 34 a Abs. 7 EStG.

Muss der qualifizierte Erbe Verpflichtungen aus dem übernommenen Betriebsvermögen erbringen, tätigt er, weil keine Anschaffungskosten entstehen, eine Entnahme, die unter den Voraussetzungen des § 34 a Abs. 4 EStG zu einer Nachversteuerung führen kann.

117 Oft wird im Fall einer qualifizierten Nachfolge Sonderbetriebsvermögen voll oder anteilig in das Privatvermögen überführt und damit entnommen. Diese Entnahme kann ebenfalls unter den Voraussetzungen des § 34 a Abs. 4 EStG zu einer Nachversteuerung führen.[206]

---

205 BFH vom 29.10.1991, BStBl II 1992, 51; vgl. auch oben O. Rz. 82.
206 Schulze zur Wiesche DB 2008, S. 1933 (1937).

2 Umsatzsteuer

2.1 Erbauseinandersetzung bei Erbengemeinschaften

Stirbt ein Einzelunternehmer und hinterlässt er sein Vermögen mehreren Erben, so ist zunächst die Erbengemeinschaft Inhaber des Unternehmens. Erfolgt in einem derartigen Fall eine Erbauseinandersetzung in der Weise, dass ein Erbe das Unternehmen übernimmt, um es fortzuführen, und dieser die übrigen Erben in Geld oder auch in Sachwerten aus dem Unternehmen abfindet, hat dies keinerlei umsatzsteuerrechtliche Auswirkungen. Die Übereignung eines Wirtschaftsguts, das sich bisher im Unternehmen des Verstorbenen befand, an einen Miterben zwecks Erbauseinandersetzung ist nicht steuerbar. Es gilt hier der Grundsatz, dass erbrechtliche Vorgänge nicht steuerbar sind und auch noch die Erbauseinandersetzung zu den erbrechtlichen Vorgängen zu rechnen ist. Dieser Grundsatz wurde vom RFH in seinem Urteil vom 03.05.1935[207] bestätigt und entspricht auch heute noch der herrschenden Meinung. Führt dagegen die Erbengemeinschaft selbst das Unternehmen fort, wird sie als Personenzusammenschluss zum Unternehmer. Löst sich die Erbengemeinschaft dann erst nach einiger Zeit auf, gelten die Ausführungen unter N. Rz. 28 ff.

118

Beispiel 1:

A, B und C sind die Erben des E. Sie veräußern gemeinsam drei Monate nach dem Erbfall den von E übernommenen Betrieb (Fabrikationsunternehmen) an F. Der Betrieb wurde in der Zwischenzeit vom angestellten Personal fortgeführt.

119

Durch die inzwischen erfolgte Betriebsfortführung durch das angestellte Personal wurde die Erbengemeinschaft ABC zum umsatzsteuerrechtlichen Unternehmer. Die Veräußerung des Betriebs nach drei Monaten stellt eine Geschäftsveräußerung im Ganzen an F dar, die nach § 1 Abs. 1 a UStG nicht steuerbar ist.

Beispiel 2:

A, B und C sind zu je $^1/_3$ Miterben des E, der am 30.06.01 verstarb. Zum Nachlass gehört ein Gewerbebetrieb. In einem Erbauseinandersetzungsvertrag mit Wirkung zum 01.01.03 wird vereinbart, dass A und B den Betrieb übernehmen und C eine Abfindung von 50.000 € erhält. Bis zur Erbauseinandersetzung wurde der Fabrikationsbetrieb durch das angestellte Personal fortgeführt.

120

Durch die Betriebsfortführung wird zunächst die Erbengemeinschaft ABC zum Unternehmer. Infolge der Erbauseinandersetzung veräußert C seinen Anteil an die verbleibende Gemeinschaft AB. Die Anteilsveräußerung des C ist nicht steuerbar, da C als Beteiligter an der Erbengemeinschaft nicht selbst Unternehmer im Sinne des Umsatzsteuerrechts wird. Infolge des Ausscheidens sind A und B jeweils zu $^1/_2$ am Betrieb beteiligt. Dieser Vorgang ist lediglich ein Reflex

---

[207] RStBl II 1935, 863.

O. Erbfolge, Erbauseinandersetzung

aus der Veräußerung des Anteils des C und löst umsatzsteuerrechtlich keine Folgen aus. Zwischen der zunächst bestehenden Erbengemeinschaft ABC und der späteren Personengesellschaft AB ist die Unternehmeridentität gewahrt. Es liegt keine Geschäftsveräußerung von der Erbengemeinschaft ABC an die Personengesellschaft AB vor.

Beispiel 3:

121 A und B sind je zu $^1/_2$ Miterben des Erblassers E. Der Nachlass besteht aus einem Gewerbebetrieb mit einem als gewillkürtes Betriebsvermögen geführten Mietwohngrundstück. Entsprechend einer Teilungsanordnung des E erhält A den Betrieb und B das Grundstück. A hat an B zusätzlich 50.000 € zu zahlen. E stirbt am 15.04.01. Die Erbauseinandersetzung erfolgt mit Wirkung zum 01.01.02. In der Zwischenzeit wurde der Gewerbebetrieb im Einverständnis mit A und B von dem angestellten Personal fortgeführt.

Gewerbebetrieb und Mietwohngrundstück waren bei E Teile seines einheitlichen Unternehmens im Sinne des Umsatzsteuerrechts. Hieran hätte sich auch nichts geändert, wenn das Mietwohngrundstück nicht im Betriebsvermögen geführt worden wäre.

Aufgrund der Unternehmensfortführung im Auftrag der Erbengemeinschaft wird diese zum Unternehmer. Sowohl die Umsätze aus dem eigentlichen Gewerbebetrieb als auch die (steuerfreien) Umsätze aus dem Mietwohngrundstück sind der Erbengemeinschaft AB zuzurechnen. Die Erbauseinandersetzung stellt sich wirtschaftlich als Veräußerung des Erbanteils des B an die Gemeinschaft AB (bzw. den verbleibenden A) dar. Damit erlischt die Erbengemeinschaft und A wird kraft Anwachsung zum Alleineigentümer des Gewerbebetriebs. Dieser Vorgang ist nicht steuerbar. A tritt als Rechtsnachfolger an die Stelle der Erbengemeinschaft. Als Gegenleistung erhält B das Mietwohngrundstück zzgl. 50.000 €. Die Rückgewähr des Anteils ist bei B ein nichtsteuerbarer Vorgang. Die Grundstücksübertragung von der Gemeinschaft AB (bzw. dem verbleibenden A) auf B ist eine nichtsteuerbare Teilbetriebsveräußerung i. S. des § 1 Abs. 1 a UStG. Da das Grundstück vermietet war, kann es als ein in der Gliederung des Unternehmens gesondert geführter Betrieb angesehen werden.

2.2 Erbfolge beim Tod eines Gesellschafters

2.2.1 Allgemeines

122 Da die Gesellschaft selbst der Unternehmer im Sinne des Umsatzsteuerrechts ist, ist es aus umsatzsteuerrechtlicher Sicht grundsätzlich gleichgültig, wer an der Personengesellschaft beteiligt ist. Da im Erbfall stets ein Erbe vorhanden ist, besteht die Personengesellschaft (z. B. auch als Abwicklungsgesellschaft) grundsätzlich fort. Eine Ausnahme hiervon besteht, wenn bei einer Gesellschaft aus zwei Personen ein Gesellschafter stirbt und Alleinerbe der verbleibende Gesellschafter ist. In diesem Fall verwandelt sich die Gesellschaft automatisch kraft Gesetzes in ein Einzelunternehmen. Der Vorgang ist nicht steuerbar.

Darüber hinaus kann der Erbfall aber gewisse umsatzsteuerrechtliche Auswirkungen zur Folge haben, wobei zu unterscheiden ist, welche bürgerlich-rechtlichen Folgen der Gesellschaftsvertrag vorsieht, also zwischen

— Auflösung,
— Fortsetzung unter den verbleibenden Gesellschaftern,
— Nachfolgeklausel und
— Eintrittsklausel.

2.2.2 Auflösung

Löst sich die Gesellschaft mangels anderer Vereinbarungen im Gesellschaftsvertrag auf, setzt sie sich gleichwohl aus umsatzsteuerrechtlicher Sicht zunächst mit dem bzw. den Erben fort bis zur sog. Vollbeendigung.[208] **123**

2.2.3 Fortsetzung unter den verbleibenden Gesellschaftern

Die Gesellschaft bleibt bestehen, wobei der Gesellschaftsanteil des Verstorbenen den verbleibenden Gesellschaftern zuwächst. Dieser Vorgang ist nicht steuerbar. Erfolgt die Abfindung des oder der Erben in Geld, ist dies ebenfalls ein nichtsteuerbarer Vorgang. Erfolgt die Abfindung dagegen in Sachwerten, handelt es sich um unentgeltliche Lieferungen oder sonstige Leistungen, die nach § 3 Abs. 1 b Nr. 1 bzw. Abs. 9 a UStG entgeltlichen Leistungen gleichgestellt sein können. **124**

Ein Sonderfall ergibt sich dann, wenn der vorletzte Gesellschafter einer Personengesellschaft stirbt. Die Personengesellschaft wird in diesem Fall kraft Gesetzes zum Einzelunternehmen. Die Abfindung des bzw. der Erben stellt in diesem Fall unentgeltliche Lieferungen oder sonstige Leistungen dar, die nach § 3 Abs. 1 b Nr. 1 bzw. Abs. 9 a UStG entgeltlichen Leistungen gleichgestellt sein können. Die Leistungen erfolgen zu unternehmensfremden Zwecken, da der Einzelunternehmer die Leistungen aufgrund seiner früheren Gesellschafterstellung (= Nichtunternehmer) zu erbringen hat, die Ursache hierfür also im nichtunternehmerischen Bereich liegt.

2.2.4 Nachfolgeklausel

Aufgrund einer Nachfolgeklausel tritt kraft Gesetzes ein Gesellschafterwechsel ein. Dieser Vorgang ist nicht steuerbar. **125**

2.2.5 Eintrittsklausel

Macht der Erbe von der Eintrittsklausel Gebrauch, ergibt sich wie im Fall O. Rz. 114 ein Gesellschafterwechsel kraft Gesetzes. Der Vorgang ist nicht steuerbar. Tritt der Erbe dagegen nicht ein, sondern lässt sich abfinden, so gelten die Ausführungen unter Rz. 113. **126**

---

[208] Vgl. hierzu N. Rz. 29 ff.

P. DIE VORWEGGENOMMENE ERBFOLGE

1 Einkommensteuer

1.1 Allgemeines

Unter vorweggenommener Erbfolge sind Vermögensübertragungen unter Lebenden im Vorgriff auf die künftige Erbfolge zu verstehen. Nach dem Willen der Beteiligten soll dabei der Übernehmer das zu übertragende Vermögen in vollem Umfang oder wenigstens teilweise unentgeltlich erhalten. Werden dem Übernehmer Leistungen auferlegt, so stellt sich einkommensteuerlich – wie bei der Erbauseinandersetzung – die Frage, ob und inwieweit es sich bei der Vermögensübertragung um einen unentgeltlichen, um einen entgeltlichen oder um einen teilentgeltlichen Vorgang handelt.

Früher hat sich die BFH-Rechtsprechung vor allem bei der Abgrenzung zwischen unentgeltlichem Vorgang und teilentgeltlichem Vorgang nach dem Zivilrecht gerichtet. Eine Schenkung unter Auflage (z. B. Gleichstellungsgelder bei einer Schenkung zu erbringen) wurde als voll unentgeltlicher Erwerb angesehen. Eine gemischte Schenkung, also ein teilentgeltliches Geschäft, nahm man dagegen an, wenn im Übergabevertrag in Kenntnis des höheren Verkehrswertes die Beteiligten bewusst einen niedrigeren Kaufpreis vereinbart hatten. In diesem Falle waren die vom Übernehmer zu erbringenden Leistungen Anschaffungskosten.

Durch den **Beschluss des Großen Senats des BFH** vom 05.07.1990[1] hat sich die Behandlung der vorweggenommenen Erbfolge grundlegend verändert. Die Leitsätze lauten:

„— Überträgt ein Vermögensinhaber der Einkünfteerzielung dienendes Privatvermögen im Wege der vorweggenommenen Erbfolge, so stellen vom Vermögensübernehmer zugesagte Versorgungsleistungen weder Veräußerungsentgelt noch Anschaffungskosten dar.
— Sagt der Vermögensübernehmer im Hinblick auf die Vermögensübergabe sog. Gleichstellungsgelder an Angehörige zu, führt dies zu einem Veräußerungsentgelt des Übergebers und zu Anschaffungskosten des Übernehmers.
— Zum Veräußerungsentgelt und zu den Anschaffungskosten gehören auch die Übernahme von Verbindlichkeiten und die Zusage einer Abstandszahlung."

---
[1] BStBl II 1990, 847.

P. Die vorweggenommene Erbfolge

Zu diesem BFH-Beschluss hat die Verwaltung in einem ausführlichen **BMF-Schreiben vom 13.01.1993, ergänzt durch BMF-Schreiben vom 26.02.2007**[2], Stellung genommen.

Dabei ist zunächst festzustellen, dass der Beschluss des Großen Senats die vorherige Rechtsprechung zur gemischten Schenkung nicht berührt. Im Gegenteil, viele Fälle der vorweggenommenen Erbfolge werden zusätzlich zu Fällen der gemischten Schenkung.[3] Wenn also die Beteiligten bei Übergabe eines Wirtschaftsgutes dies zum Teil entgeltlich und zum Teil unentgeltlich gestalten wollen, bleibt es bei der bisherigen Lösung, d. h. bei einer gemischten Schenkung. Die neue Rechtsprechung schlägt nur durch auf die Fälle, die bisher unter dem Begriff „Schenkung unter Auflage" als unentgeltlicher Erwerb anzusehen waren.

1.2 Grundsätze zur Übertragung von Privat- und Betriebsvermögen

1.2.1 Abgrenzung entgeltlich, teilentgeltlich und unentgeltlich allgemein

Die Übertragung von privaten Wirtschaftsgütern auf nahestehende Personen kann vollentgeltlich (Kauf), teilentgeltlich (gemischte Schenkung) oder unentgeltlich (Schenkung) erfolgen.

Wenn und soweit Entgeltlichkeit gegeben ist (vollentgeltliches Geschäft oder entgeltlicher Teil einer gemischten Schenkung), führt dies ertragsteuerlich **beim Erwerber** zu einem Anschaffungsgeschäft mit Anschaffungskosten in Höhe des Entgelts. Dies hat u. a. folgende steuerliche Auswirkungen:

— Eine mögliche AfA ist aus den Anschaffungskosten zu berechnen.

— Reparaturen u. ä. Maßnahmen im Anschluss an den Erwerb bei einem Grundstück können als anschaffungsnahe Herstellungskosten gem. § 6 Abs. 1 a EStG anzusehen sein.

— Bei einer Veräußerung innerhalb von einem bzw. zehn Jahren nach dem Erwerb kann bei privaten Wirtschaftsgütern ein privates Veräußerungsgeschäft gem. § 23 EStG vorliegen. Bei den Einkünften aus Kapitalvermögen kann ab 01.01.2009 § 20 Abs. 2 EStG anwendbar sein.

— Bei einer Einlage in ein Betriebsvermögen innerhalb von drei Jahren nach der Anschaffung ist § 6 Abs. 1 Nr. 5 Buchstabe a EStG zu beachten.

— Auf die Anschaffungskosten des erworbenen Wirtschaftsguts können bei Vorliegen der sonstigen Voraussetzungen § 6 b-EStG-Rücklagen übertragen werden.

Beim Veräußerer führt die Annahme von Entgelt zu einem Veräußerungsgeschäft mit einem Veräußerungserlös in Höhe des Entgelts. Aus diesem Entgelt ist bei privaten Wirtschaftsgütern ein eventueller Gewinn aus einem

---

2 BStBl I 1993, 80, und BStBl I 2007, 269.
3 Vgl. auch Rz. 2 des BMF-Schreibens vom 13.01.1993, Fn. 2.

privaten Veräußerungsgeschäft gem. § 23 EStG und bei Kapitalvermögen ab 01.01.2009 gem. § 20 Abs. 2 EStG zu berechnen.
Die Abgrenzung richtet sich nach folgenden Grundsätzen:

1.2.1.1 Vollentgeltlicher Erwerb (Kauf)

Die Übertragung eines Wirtschaftsgutes auf nahestehende Personen ist vollentgeltlich, wenn die Beteiligten subjektiv Leistung und Gegenleistung wie unter Fremden gegeneinander abgewogen haben.[4] Dies ist insbesondere der Fall, wenn die Beteiligten einen Kaufvertrag schließen und darin einen Kaufpreis vereinbaren, der dem Wert des Wirtschaftsgutes annähernd entspricht.

3

Erklären die Beteiligten, dass sie mit dem Kaufpreis eine angemessene Gegenleistung für die Übertragung des Wirtschaftsgutes vereinbaren wollen, so hat die Finanzverwaltung dem zu folgen, es sei denn, dass sich nach den Gesamtumständen des Einzelfalles Zweifel aufdrängen. Das kann z. B. der Fall sein, wenn Leistung und Gegenleistung so weit auseinanderfallen, dass die Differenz nicht mehr durch eine bloße Fehleinschätzung des Werts des Wirtschaftsgutes erklärt werden kann.

Beispiel:
Vater V überträgt ein Grundstück auf seinen Sohn S. In einem Kaufvertrag wird ein Kaufpreis von 160.000 € vereinbart. Die Beteiligten sind ohne genaue Wertermittlung davon ausgegangen, dass der Kaufpreis dem Wert des Grundstücks entspricht. Der vom Finanzamt durch eine überschlägige Schätzung ermittelte Verkehrswert des Grundstücks beträgt 170.000 €.
Das Finanzamt kann ohne weitere Nachprüfung von einem vollentgeltlichen Erwerb ausgehen. Die Anschaffungskosten des S wie auch der Veräußerungserlös des V betragen 160.000 €.

1.2.1.2 Teilentgeltlicher Erwerb (gemischte Schenkung)

Die Übertragung eines Wirtschaftsgutes auf nahestehende Personen ist teilweise entgeltlich, wenn in dem Vertrag eine Gegenleistung vereinbart wurde, die unter dem Verkehrswert liegt, und die Parteien dies wussten oder für möglich hielten.[5] Davon kann ausgegangen werden, wenn die Beteiligten in einem notariellen Kaufvertrag in Kenntnis eines möglichen höheren Verkehrswertes den Kaufpreis bewusst ermäßigt haben.

4

Bei der gemischten Schenkung sind nach der sog. **Trennungstheorie** der vollentgeltliche und der voll unentgeltliche Teil getrennt zu beurteilen. Dies gilt nicht bei Betrieben und Mitunternehmeranteilen. Hier gilt die **Einheitstheorie**.[6]

---

4 Vgl. BFH vom 26.01.1978, BStBl II 1978, 301, und vom 22.09.1982, BStBl II 1983, 99.
5 BFH vom 17.07.1980, BStBl II 1981, 11, vom 18.03.1980, BStBl II 1981, 794, vom 21.10.1981, BStBl II 1982, 83, vom 12.07.1988, BStBl II 88, 942, und vom 27.07.2004, BStBl II 2006, 9; BMF vom 13.01.1993, BStBl I 1993, 80, Rz. 14 und 15 mit Änderung durch BMF vom 26.02.2007, BStBl I 2007, 269, Tz. 14.
6 Vgl. unten P. Rz. 44 ff.

P. Die vorweggenommene Erbfolge

Beispiel:
V überträgt ein bebautes Grundstück (Verkehrswert 200.000 €) zum Preis von 150.000 € auf seinen Sohn S. Im Übrigen entspricht der Kaufvertrag dem zwischen Fremden Üblichen. Den Beteiligten ist bekannt, dass der Verkehrswert des Grundstücks deutlich mehr als 150.000 € beträgt.

Es liegt eine gemischte Schenkung vor. S hat das Grundstück zu 75 % entgeltlich erworben und damit Anschaffungskosten i. H. von 150.000 €. In Höhe von 25 % liegt ein unentgeltlicher Erwerb vor. S ist insoweit an die AfA-Bemessungsgrundlage des Rechtsvorgängers V gebunden (§ 11 d Abs. 1 EStDV). S hat damit zwei verschiedene AfA-Beträge zu errechnen.

1.2.1.3 Unentgeltlicher Erwerb (Schenkung)

5 Die Übertragung eines Wirtschaftsgutes auf nahestehende Personen im Rahmen einer vorweggenommenen Erbfolge ist unentgeltlich, wenn beim Erwerber keine Anschaffungskosten entstehen. Ist dies der Fall, ist beim Erwerber bei Privatvermögen § 11 d Abs. 1 EStDV oder bei einem Betrieb § 6 Abs. 3 EStG anzuwenden.

Beispiel 1:
Vater V überträgt im Rahmen eines Vertrages über eine vorweggenommene Erbregelung ein **privates Grundstück** mit einem Verkehrswert von 200.000 € auf seinen Sohn S. Dieser hat nach dem Vertrag folgende Auflage zu erfüllen:

- Zahlung von Gleichstellungsgeldern i. H. von 150.000 € an drei Geschwister **oder**
- Übernahme von Verbindlichkeiten des V i. H. von 100.000 € **oder**
- Zahlung einer Leibrente oder einer dauernden Last im Barwert von 150.000 € an V oder andere Angehörige **oder**
- Einräumen eines Nießbrauchs- oder eines anderen Nutzungsrechtes an dem übertragenen Grundstück zugunsten des V oder eines anderen Angehörigen.

In allen vier Fällen lag nach früherer Rechtsprechung ein unentgeltlicher Erwerb im Rahmen einer Schenkung unter Auflage vor.

Jetzt ist nur noch bei Zahlung einer Leibrente oder dauernden Last und bei Einräumung eines Nutzungsrechtes ein unentgeltlicher Vorgang anzunehmen. In diesen Alternativen übernimmt S das Grundstück gem. § 11 d Abs. 1 EStDV. Die von S zu zahlende Leibrente bzw. dauernde Last gehört bei ihm ab 01.01.2008 nicht mehr zu den Sonderausgaben. V hat die Leibrente bzw. die dauernde Last ab 01.01.2008 nicht mehr nach § 22 Nr. 1 b EStG zu versteuern.[7] Das Nutzungsrecht ist nicht anzusetzen.

In den anderen Alternativen ist bei S nach der neueren Rechtsprechung von Anschaffungskosten auszugehen und wie bei einer gemischten Schenkung zu verfahren.

---
[7] Gesetzesänderung, vgl. unten P. Rz. 10 ff.

Werden **Betriebe, Teilbetriebe** oder **Mitunternehmeranteile** unentgeltlich 6
übertragen (verschenkt), ist nicht in allen Fällen § 6 Abs. 3 EStG anwendbar.
Hier entstehen vor allem Probleme, **wenn einzelne Wirtschaftsgüter zurückbehalten werden.**

> **Beispiel 2:**
> Der Inhaber einer Maschinenfabrik überträgt diese im Wege der vorweggenommenen Erbfolge unentgeltlich auf seinen Sohn.
> **Alternative a):**   Vater V behält nichts zurück.

Da alle wesentlichen Grundlagen übergehen, gilt § 6 Abs. 3 EStG, Fußstapfentheorie. Der Sohn übernimmt alle Wirtschaftsgüter mit den angesetzten Werten. Es wird nur der „Aktendeckel umgeschrieben, aus Alt mach Jung".[8]

> **Alternative b):** V richtet sich in seinem Ferienhaus ein Zimmer ein, in das er das gesamte Inventar seines betrieblichen Büros überführt. Außerdem belässt er den betrieblichen PKW, den er zuvor teilweise privat nutzte, nicht im Betrieb.

Auch hier gehen alle wesentlichen Grundlagen über, weil sowohl das Inventar als auch der PKW im Normalfall nicht wesentlich sind. Die Rechtsprechung geht davon aus, dass § 6 Abs. 3 EStG grundsätzlich erhalten bleibt. Seit dem BFH-Urteil vom 19.02.1981[9] sieht man in der Zurückhaltung unwesentlicher Grundlagen eine Entnahme, d. h., die stillen Reserven des Inventars und des PKW sind als laufender Gewinn zu versteuern.[10]

> **Alternative c):** Zusätzlich zu b) überträgt V das Eigentum an dem betriebsnotwendigen Grundstück noch nicht auf seinen Sohn S. Dieser hat für die Nutzung jedoch nichts zu bezahlen.

Es ist bei einem Betrieb oft sehr schwer festzustellen, was die wesentlichen Betriebsgrundlagen sind.[11] Die Rechtsprechung kennt zwei Betrachtungsweisen. Nach der **funktionellen Betrachtung** sind die Wirtschaftsgüter wesentlich, ohne die der Betrieb nicht funktioniert, ohne die man sich den Betrieb nicht vorstellen kann. Nach der **Stillen-Reserve-Betrachtungsweise** sind die Wirtschaftsgüter wesentlich, in denen erhebliche stille Reserven ruhen und die nicht von untergeordneter Bedeutung sind.[12]

Grundstücke sind nach diesen Überlegungen so gut wie immer wesentliche Betriebsgrundlagen.

---

8 Vgl. H 16 Abs. 6 (Übertragung der wesentlichen Betriebsgrundlagen) EStH.
9 BStBl II 1981, 566.
10 H 16 Abs. 6 (zurückbehaltene Wirtschaftsgüter) EStH.
11 Vgl. H 16 Abs. 8 (Begriff der wesentlichen Betriebsgrundlage) und H 16 Abs. 5 (wesentliche Betriebsgrundlagen) EStH.
12 BFH vom 02.10.1997, BStBl II 1998, 104, vom 10.11.2005, BStBl II 2006, 176, und vom 04.07.2007, BStBl II 2007, 772. Vgl. auch BMF vom 16.08.2000, BStBl I 2000, 1253.

P. Die vorweggenommene Erbfolge

Da in vorliegender Alternative nicht alle wesentlichen Betriebsgrundlagen übergehen, liegt eine Betriebsaufgabe mit allen Konsequenzen vor. V hat die stillen Reserven des Betriebs gem. §§ 16, 34 EStG zu versteuern. Er hat nicht nur eine steuerliche Schlussbilanz, sondern auch einen betrieblichen Vermögensstatus zu erstellen. Den Vermögensstatus mit seinen gemeinen Werten gem. § 16 Abs. 3 Satz 7 EStG hat S als Steuerbilanz zu übernehmen, § 6 Abs. 1 Nr. 6 i. V. m. Nr. 5 Satz 3 EStG. § 16 Abs. 3 Satz 7 EStG entspricht hier einer Entnahme.

Beispiel 3:

Rechtsanwalt V überträgt mit Wirkung zum 31.12. 04 seine Praxis unentgeltlich auf seinen Sohn S, der bisher als angestellter Rechtsanwalt bei ihm beschäftigt war. V ermittelt seinen Gewinn gem. § 4 Abs. 3 EStG. Im Erdgeschoss seines Wohnhauses befindet sich die Praxis. Die Praxisräume werden dem S unentgeltlich überlassen.

Die ertragsteuerlichen Konsequenzen sind für V erdrückend.

Wie im Beispiel 2, Alternative c) liegt eine Betriebsaufgabe vor. Die Praxisräume sind wesentliche Grundlage. Da sie nicht mitübertragen wurden, ist § 6 Abs. 3 EStG nicht anwendbar.

V hat im Jahr 04 alle stillen Reserven der Praxis gem. § 16 EStG zu versteuern, dies sind vor allem die stillen Reserven in den Praxisräumen, dem sonstigen Anlagevermögen (PKW!) und in einem eventuellen Praxiswert.

Da bei einer Betriebsaufgabe von der § 4 Abs. 3 EStG-Rechnung zum Bestandsvergleich zu wechseln ist, hat V die Zu- und Abrechnungen zu ermitteln und einen eventuellen Gewinnzuschlag ebenfalls im Jahr 04 als laufenden Gewinn zu versteuern. Dies sind bei einem Freiberufler im Wesentlichen die ausstehenden Forderungen.[13]

V hat also im Jahr 04 zusammen den laufenden Gewinn, den Zuschlagsgewinn und den Aufgabegewinn zu versteuern.

Um dies teilweise zu verhindern, hätte er

— entweder die Praxisräume nach Errichtung von Teileigentum auf den S unentgeltlich übertragen müssen

— oder das ganze Wohnhaus auf den S unentgeltlich übertragen müssen (auch unter Vorbehalt des dinglichen Wohnrechts für die Wohnräume denkbar)

— oder zumindest die Übertragung der Praxis zum 02.01.05 vornehmen müssen.

Bei den ersten beiden Alternativen läge dann keine Betriebsaufgabe vor, d. h., § 6 Abs. 3 EStG wäre anwendbar. Bei der dritten Alternative hätte V den Aufgabegewinn und den Zuschlagsgewinn im Jahre 05 und den laufenden Gewinn im Jahre 04 zu versteuern.

---

13 R 4.6 EStR mit Anlage (zu R 4.6).

1 Einkommensteuer

Beispiel 4:
Vater V ist Gesellschafter der Z-GmbH & Co. KG mit einer Beteiligung von 8 %. **8**
An der GmbH ist er mit 20 % beteiligt. Außerdem hat er der KG ein betriebsnotwendiges Grundstück verpachtet. V überträgt unentgeltlich mit Zustimmung der anderen KG-Gesellschafter seine 8%ige KG-Beteiligung auf seinen Sohn S. V behält die GmbH-Beteiligung und das Grundstück zurück. Auch der Pachtvertrag besteht weiter.

Die GmbH-Beteiligung und das Grundstück sind notwendiges Sonderbetriebsvermögen bei V und wesentliche Grundlage seiner KG-Beteiligung. Folglich liegt auch hier wie im Beispiel 2, Alternative c) und im Beispiel 3 eine vollständige Betriebsaufgabe bei V vor. § 6 Abs. 3 EStG ist nicht anwendbar. V hat die stillen Reserven der KG- und der GmbH-Beteiligung sowie des Grundstücks gem. §§ 16, 34 EStG zu versteuern.[14]

Um dem zu entgehen, muss er **alles unentgeltlich** in einem einheitlichen wirtschaftlichen Vorgang auf S übertragen. Überträgt er zuerst das Sonderbetriebsvermögen oder Teile davon und lässt sich zwischen den Übertragungsvorgängen zu viel Zeit, können sogar laufende Entnahmegewinne entstehen. Die Höhe der Beteiligungen spielt insoweit keine Rolle.

V kann sich auch einen Teil seines Mitunternehmeranteils (z. B. 1 %) zurückbehalten. In diesem Fall muss ab VZ 2002 nicht mehr wie nach dem früheren Recht der entsprechende Teil des Sonderbetriebsvermögens übertragen werden. Allerdings muss S den übertragenen Mitunternehmeranteil mindestens fünf Jahre halten (Behaltefrist), § 6 Abs. 3 Satz 1 Halbsatz 2 und Satz 2 EStG.

V kann auch einen Teil seines Mitunternehmeranteils zurückbehalten und das Sonderbetriebsvermögen zum Teil unentgeltlich oder voll unentgeltlich auf S übertragen.[15]

Zu beachten ist, dass die **Veräußerung** eines Teils eines Mitunternehmeranteils nicht mehr gem. §§ 16, 34 EStG begünstigt ist, also laufenden Gewinn darstellt, § 16 Abs. 1 Satz 2 EStG.

1.2.2 Das Problem der Anschaffungskosten bei einzelnen Leistungen

Zunächst ist festzuhalten, dass lt. BFH-Beschluss vom 05.07.1990[16] nicht **9**
alles Entgelt ist, was der Übernehmer aufzubringen bzw. zu leisten hat. Man muss die einzelnen Leistungsarten unterscheiden:

1.2.2.1 Private Versorgungsleistungen

In diesem Bereich hat sich durch den Beschluss des Großen Senats des BFH **10**
vom 05.07.1990[16] im Vergleich zur früheren Rechtslage nichts geändert.

---
14 H 16 Abs. 4 (Sonderbetriebsvermögen) EStH.
15 Schmidt/Glanegger, § 6 Rz. 477. Zu Gründungsfällen mit unentgeltlichen Übertragungen vgl. oben C. Rz. 64 und 65.
16 Fn. 1; vgl. hierzu ausführlich Groh, DB 1990 S. 2187.

P. Die vorweggenommene Erbfolge

Die Leistungen sind unentgeltlich. Das Problem der Anschaffungskosten entsteht daher bei einer privaten Versorgungsleistung nicht.

Die spätere Rechtsprechung des BFH hat allerdings den Begriff der privaten Versorgungsleistung stark eingeschränkt. Insbesondere hat der Große Senat des BFH mit zwei weiteren Beschlüssen vom 12.05.2003 – GrS 1/00[17] und GrS 2/00[18] – neue Grundsätze zur steuerlichen Beurteilung der Vermögensübergabe gegen Versorgungsleistungen aufgestellt. Die Finanzverwaltung hat zum zweiten Mal ihren Rentenerlass überarbeitet, sodass jetzt drei Erlasse vorliegen:

— BMF vom 23.12.1996, BStBl I 1996, 1508 = Rentenerlass I

— BMF vom 16.08.2002, BStBl I 2002, 893 = Rentenerlass II

— BMF vom 16.09.2004, BStBl I 2004, 922 = Rentenerlass III

Die beiden ersten Erlasse sind aufgehoben, es gilt nur noch der letzte.[19]

Heute liegen in vielen Fällen keine Versorgungsleistungen mehr vor, die bis zum Beschluss des Großen Senats des BFH vom 05.07.1990[20] noch welche waren. Das **BMF-Schreiben vom 16.09.2004**[21] fasst die neue Rechtsprechung umfassend zusammen. Wie bisher bleibt es bei **Vermögensübertragungen gegen wiederkehrende Leistungen** bei der grundsätzlichen Unterscheidung zwischen Veräußerungsleistungen, Unterhaltsleistungen und privaten Versorgungsleistungen:

11 — **Veräußerungsleistungen** sind wiederkehrende Leistungen, die im Austausch mit einer Gegenleistung stehen und eine nicht steuerbare oder steuerbare Vermögensumschichtung und einen steuerbaren Zinsanteil enthalten.[22] Hier entstehen neue Anschaffungskosten.

12 — **Unterhaltsleistungen** sind Zuwendungen, die nach § 12 Nr. 2 EStG nicht abziehbar sind (Ausnahme: § 33 a EStG). Sie sind beim Empfänger auch grundsätzlich nicht zu versteuern (vgl. § 22 Nr. 1 Satz 2 EStG). Hier entstehen keine neuen Anschaffungskosten beim Beschenkten. Die Wirtschaftsgüter sind gem. § 6 Abs. 3 EStG oder § 11 d Abs. 1 EStDV mit den Werten des Rechtsvorgängers anzusetzen.

— **Private Versorgungsleistungen** sind wiederkehrende Leistungen im Zusammenhang mit einer Vermögensübertragung, die beim Verpflichteten als Sonderausgaben nach § 10 Abs. 1 Nr. 1 a EStG abzuziehen und bei dem Berechtigten als wiederkehrende Bezüge nach § 22 Nr. 1 b EStG zu versteuern sind. Auch hier entstehen beim Übernehmer keine neuen

---

17 BStBl II 2004, 95.
18 BStBl II 2004, 100.
19 Vgl. Rentenerlass III, Rz. 65.
20 Fn. 1.
21 BStBl I 2004, 922 (= **Rentenerlass**).
22 Rz. 1 des Rentenerlasses vom 16.09.2004, Fn. 21.

Anschaffungskosten. Auch hier sind die § 6 Abs. 3 EStG, § 11 d Abs. 1 EStDV anzuwenden.

Eine Versorgungsleistung kann nach der neueren Rechtsprechung nur noch angenommen werden, wenn Vermögen mit Rücksicht auf die künftige Erbfolge übertragen wird und sich der Vermögensübergeber in Gestalt der Versorgungsleistungen typischerweise Erträge seines Vermögens vorbehält, die allerdings vom Vermögensübernehmer erwirtschaftet werden müssen.[23]

Als **Gegenstand der Vermögensübergabe** kommt nur noch eine die **Existenz** des Vermögensübernehmers wenigstens teilweise **sichernde Wirtschaftseinheit** in Betracht.[24] Gleichzeitig muss auch die Versorgung des Übergebers aus dem übertragenen Vermögen wenigstens teilweise sichergestellt sein:[25] **13**

Es genügt nicht, wenn das übergebene Vermögen lediglich seiner Art nach existenzsichernd und ertragbringend ist, die erzielbaren laufenden Nettoerträge des übergebenen Vermögens jedoch die vereinbarten wiederkehrenden Leistungen nicht abdecken.

Eine **existenzsichernde Wirtschaftseinheit** liegt vor, wenn Vermögen übertragen wird, das als dauerhafte Anlage geeignet und bestimmt ist, dem Übernehmer die Fortsetzung des Wirtschaftens zu ermöglichen und dabei wenigstens teilweise die Existenz des Übergebers zu sichern. Durch das Jahressteuergesetz 2008 wurden die zu berücksichtigenden Versorgungsleistungen erheblich eingeschränkt, § 10 Abs. 1 Nr. 1 a mit § 52 Abs. 23 e EStG.[26] Ab 01.01.2008 kommen nur noch folgende Arten von Vermögensgegenständen in Betracht: **14**

— Betriebe, Teilbetriebe

— Mitunternehmeranteile (einschließlich atypisch stiller Beteiligungen)

— 50 % betragende Anteile an Kapitalgesellschaften, wenn der Übergeber als Geschäftsführer tätig war und der Übernehmer diese Tätigkeit nach der Übertragung übernimmt

Auch die sog. Wirtschaftsüberlassungsverträge gegen Versorgungsleistungen sind begünstigt, da es sich hier um eine Vorstufe zur gesamten Vermögensübergabe handelt.[27]

Keine existenzsichernden Wirtschaftseinheiten sind dagegen: **15**

— Geldübergabe (sog. Unterhaltskauf)

— Wertpapiere und vergleichbare Kapitalforderungen (z. B. Festgeld, Sparbücher, typische stille Beteiligungen)

— Grundstücke jeder Art

---

23 Vgl. BFH vom 15.07.1991, BStBl II 1992, 78, und Rz. 3 des Rentenerlasses, Fn. 21.
24 Rz. 6 des Rentenerlasses, Fn. 21.
25 Rz. 7 des Rentenerlasses, Fn. 21.
26 JStG 2008 vom 20.12.2007, BGBl I 2007, 3150. Zur früheren Rechtslage vgl. die 9. Auflage dieses Bandes.
27 Vgl. Rz. 9–11 des Rentenerlasses, Fn. 21.

P. Die vorweggenommene Erbfolge

— eigengenutzte Wohnungen oder Gebäude[28]
— ertragloses Vermögen, z. B. Hausrat, Wertgegenstände, Sammlungen usw.

Ein Mindestwert für die übertragene Wirtschaftseinheit wird nicht festgelegt. Jedoch ist aus dem Begriff „existenzsichernd" zu schließen, dass bei geringfügigen Vermögenswerten keine existenzsichernde Wirtschaftseinheit übertragen wurde.

Beispiel 1:
Der Vater überträgt eine 5%ige OHG-Beteiligung im Wert von ca. 10.000 €. Die zu erwartende Rendite ist so gering, dass sie nicht als existenzsichernd beurteilt werden kann.

Die Mindestgrenze dürfte fließend sein, je nachdem, wie hoch die Erträge sind. Bei einem Wert von 30.000 Euro und mehr dürften im Allgemeinen genügend Erträge anfallen.

Ein weiteres Problem ist die **Surrogation** des übergebenen Vermögens. **Veräußert** der Übernehmer die existenzsichernde Wirtschaftseinheit an einen Dritten und erwirbt er mit dem Veräußerungserlös eine andere Wirtschaftseinheit, so haben die Leistungen dann weiterhin Versorgungscharakter – und bleiben abzugsfähig –, wenn die erworbene Wirtschaftseinheit ebenfalls „existenzsichernd und ausreichend ertragbringend" ist.[29]

Beispiel 2:
Der gegen Rentenleistung übertragene Betrieb wird veräußert und mit dem Erlös ein OHG-Anteil erworben. Der Abzug als Sonderausgaben ist weiterhin möglich.

Erfolgt die Übertragung des erworbenen Vermögens wiederum im Wege der vorweggenommenen Erbfolge, so bleibt der Sonderausgabenabzug ebenfalls erhalten.[30]

Beispiel 3:
Der vom Vater gegen Versorgungsrente vom Großvater übernommene Betrieb wird nach kurzer Zeit unentgeltlich vom Vater auf den Enkel übertragen.
Der Vater kann die Versorgungsrente weiterhin als Sonderausgaben geltend machen.

16 Werden nur Teile des übernommenen Vermögens auf Dritte übertragen, sind die nach der Übertragung entrichteten wiederkehrenden Leistungen an den Übergeber weiterhin als Versorgungsleistungen zu beurteilen, wenn der nicht übertragene Teil des übernommenen Vermögens noch eine exis-

---
28 BFH vom 10.11.1999, BStBl II 2002, 653.
29 Rz. 28, 31 des Rentenerlasses, Fn. 21.
30 Rz. 29 des Rentenerlasses, Fn. 21.

tenzsichernde und ausreichend ertragbringende Wirtschaftseinheit darstellt.[31]

17 Die ausreichend ertragbringende Wirtschaftseinheit muss nicht nur existenzsichernd, sondern auch ertragbringend sein. Eine ausreichend ertragbringende Wirtschaftseinheit ist dann gegeben, wenn nach überschlägiger Berechnung die Versorgungsleistungen nicht höher sind als die langfristig erzielbaren Erträge aus der übergebenen Wirtschaftseinheit.[32] Die Erträge sind grundsätzlich nach den Regeln der Einkunftsermittlung festzustellen. Bei einer GmbH-Beteiligung ist auf die mögliche Gewinnausschüttung abzustellen.[33] Diese Einkünfte sind jedoch noch in folgender Weise zu bereinigen:

— Die AfA ist den Einkünften hinzuzurechnen.

— Außergewöhnliche Aufwendungen (z. B. größerer Erhaltungsaufwand) sind ebenfalls hinzuzurechnen.

— Schuldzinsen für übernommene Verbindlichkeiten, die die Einkünfte mindern, sind wieder hinzuzurechnen.[34]

Bei **unzureichenden Nettoerträgen** können nur Veräußerungs- oder Unterhaltsleistungen vorliegen. Die Abgrenzung richtet sich nach wie vor danach, ob der Wert des übertragenen Vermögens mindestens die Hälfte des Barwerts der wiederkehrenden Leistungen erreicht oder nicht.[35] Hierzu hat der Große Senat des BFH[36] u. a. folgende Grundsätze aufgestellt: Hat das übergebene Vermögen beim Übergeber – etwa wegen dessen fortgeschrittenen Alters – nur geringe Erträge abgeworfen, sind jedoch beim Übernehmer ausreichende Erträge zu erwarten, obliegt es demjenigen, der sich darauf beruft, nachzuweisen, dass im Zeitpunkt der Vermögensübergabe für die Zukunft ausreichend hohe Nettoerträge zu erwarten sind. Insoweit kann insbesondere auch die tatsächliche spätere Entwicklung als Beweisanzeichen herangezogen werden. Im Fall der Übertragung eines gewerblichen Unternehmens gegen wiederkehrende Bezüge im Zuge der vorweggenommenen Erbfolge besteht eine nur in seltenen Ausnahmefällen widerlegbare Vermutung dafür, dass die Beteiligten im Zeitpunkt der Übertragung angenommen haben, der Betrieb werde auf Dauer ausreichend Gewinne erwirtschaften, um die wiederkehrenden Leistungen abzudecken. Das gilt jedenfalls dann, wenn der Betrieb tatsächlich vom Erwerber fortgeführt wird.

Liegt eine private Versorgungsrente vor, sind die Leistungen ab 01.01.2008 als **dauernde Last** abzuziehen, § 10 Abs. 1 a EStG.[37]

---

31 So Rz. 30 des Rentenerlasses, Fn. 21.
32 BFH vom 13.12.2005, BStBl II 2008, 16.
33 BFH vom 21.07.2004, BStBl II 2005, 133.
34 Vgl. Beispiel in Rz. 27 des Rentenerlasses, Fn. 21.
35 Rz. 7 und 50 des Rentenerlasses Fn. 21.
36 BStBl II 2004, 95.
37 Zur früheren Rechtslage vgl. die 9. Auflage des vorliegenden Bandes.

P. Die vorweggenommene Erbfolge

18
Beispiel 4:
V überträgt seinen Mitunternehmeranteil an S gegen Versorgungsleistungen:

Wert des Anteils	500.000 €
Kapitalkonto des V	50.000 €
Durchschnittlicher Gewinn	45.000 €
Durchschnittliche Jahres-AfA	7.500 €
Versorgungsleistungen S an V jährlich	25.000 €

Den Durchschnittserträgen von 45.000 Euro ist die AfA i. H. von 7.500 Euro hinzuzurechnen. Die Summe von 52.500 Euro reicht aus, um die Versorgungsleistungen von 25.000 Euro zu finanzieren. Daher liegt eine private Versorgungsleistung vor. Die Folgen sind:

— S kann die Versorgungsleistungen voll als Sonderausgaben abziehen.

— V hat dementsprechend die Versorgungsleistungen gem. § 22 Nr. 1 b EStG voll zu versteuern.

— Es liegt ein voll unentgeltlicher Vorgang vor, d. h., der Mitunternehmeranteil ist von S gem. § 6 Abs. 3 EStG mit dem Buchwert fortzuführen.

Beträgt der Wert der Versorgungsleistung 70.000 Euro, dann reichen die Durchschnittserträge von 52.500 Euro nicht aus, um die Versorgungsleistungen zu finanzieren. In diesem Falle ist die 50-%-Grenze in Rz. 50 des Rentenerlasses zu überprüfen.

Ist der kapitalisierte Versorgungswert höher als 1 Mio. Euro, liegt eine Unterhaltsleistung vor. Diese ist dann bei S nicht als Sonderausgabe abziehbar und dementsprechend bei V auch nicht zu versteuern, § 12 EStG. Der Mitunternehmeranteil ist gem. § 6 Abs. 3 EStG mit dem Buchwert fortzuführen.[38]

Ist von einer teilentgeltlichen Veräußerung des Mitunternehmeranteils auszugehen und ist der Barwert der Rente höher als der Wert des Anteils, ist Entgeltlichkeit in Höhe des angemessenen Kaufpreises anzunehmen. Für den übersteigenden Betrag gilt § 12 Nr. 2 EStG.[39]

Nur wenn Leistung und Gegenleistung ausgewogen wären, ist von einem entgeltlichen bzw. teilentgeltlichen Geschäft auszugehen.[40]

19 Versorgungsleistungen, und damit unentgeltliche Übertragungen, liegen nur vor, wenn **Empfänger des Vermögens** entweder Abkömmlinge oder gesetzlich erbberechtigte entferntere Verwandte des Übergebers oder ausnahmsweise auch familienfremde Dritte sind.[41]

Versorgungsleistungen liegen nach Rz. 36 des Rentenerlasses[42] auch nur dann vor, wenn **Empfänger der Leistungen** bestimmte Personen sind. Hierzu

---
38 Vgl. Rz. 50 Satz 6 des Rentenerlasses, Fn. 21.
39 Rz. 50 Satz 5 des Rentenerlasses, Fn. 21, und unten Beispiel, Alternative c, d und e (P. Rz. 65).
40 Vgl. Rz. 50 Sätze 1 und 2 des Rentenerlasses, Fn. 21.
41 Rz. 35 des Rentenerlasses, Fn. 21; BFH vom 16.12.1997, BStBl II 1998, 718.
42 Fn. 21.

zählen: der Übergeber, dessen Ehegatte sowie erb- und pflichtteilsberechtigte Abkömmlinge des Übergebers. Nicht dazu gehören Geschwister, Haushälterin, Lebensgefährte bei nicht eingetragener Lebenspartnerschaft.

Beispiel 5:

Die Großeltern haben vor 20 Jahren den Betrieb an die Eltern gegen Versorgungsleistungen übergeben. Diese übertragen nunmehr den Betrieb auf die Kinder. Die Kinder treten in die Verpflichtung der Eltern gegenüber den Großeltern ein. Obwohl die Versorgungsempfänger den Betrieb nicht unmittelbar selbst übergeben haben, liegen – soweit die übrigen Voraussetzungen erfüllt sind – begünstigte Versorgungsleistungen vor.[43]

Im Übrigen ist darauf zu achten, dass die Versorgungsverträge rechtswirksam vereinbart und tatsächlich durchgeführt werden. Rückwirkende Vereinbarungen sind steuerrechtlich nicht anzuerkennen. Werden Versorgungsleistungen willkürlich für eine gewisse Zeit nicht mehr erbracht, so sind sie steuerlich nicht anzuerkennen, auch wenn später die vereinbarten Zahlungen wieder aufgenommen werden.   **20**

Dem Umfang nach gehören zu den Versorgungsleistungen alle im Vermögensübergabevertrag vereinbarten wiederkehrenden Leistungen in Geld oder Geldeswert, d. h. neben Geld- auch Sachzuwendungen oder Dienstleistungen. Mit einzubeziehen sind aber auch beispielsweise die Übernahme von Reparaturaufwendungen oder von Ertragsteuern.[44] Müssen die Versorgungsleistungen finanziert werden, sind die Schuldzinsen nicht zusätzlich als Sonderausgaben abzugsfähig.[45]

Soweit ein Einzelnachweis nicht geführt wird, ist die Höhe der Aufwendungen für Verpflegung, Heizung und Beleuchtung nach den ungekürzten Werten der Sachbezugsverordnung zu schätzen.[46]

Nicht abziehbar sind jedoch die durch persönliche Arbeit erbrachten Dienstleistungen, da insoweit keine Kosten entstehen.

Wird eine Wohnung oder werden einzelne Räume zu Wohnzwecken überlassen, führt dies beim Übernehmer nicht zu Aufwendungen i. S. des § 10 EStG. Dasselbe gilt bei einem Vorbehaltsnießbrauch zugunsten des Übergebers. Lediglich Sachleistungen wie Strom, Wasser, Heizung usw., die der Übernehmer zu tragen hat, sind Sonderausgaben. Nicht zu berücksichtigen dagegen sind Lasten, die vom Eigentümer (Übernehmer) geschuldet werden, wie z. B. Feuerversicherung, Grundsteuer, Finanzierungskosten.[47] Ausgenommen davon sind ab 01.01.2008 Leistungen, die auf den Wohnteil eines   **21**

---

[43] Rz. 36 des Rentenerlasses, Fn. 21.
[44] Rz. 42–45 des Rentenerlasses, Fn. 21.
[45] BFH vom 14.11.2001, BStBl II 2002, 413.
[46] Rz. 43 des Rentenerlasses, Fn. 21, sowie H 10.3 (Altenteilsleistungen) EStH.
[47] Rz. 45 des Rentenerlasses, Fn. 21.

P. Die vorweggenommene Erbfolge

Betriebs der Land- und Forstwirtschaft entfallen, § 10 Abs. 1 Nr. 1 a Satz 3 EStG.

22 Liegen keine Versorgungsleistungen vor, ist von Veräußerungs- und/oder Unterhaltsleistungen auszugehen,[48] d. h., die Leistungen sind dann Entgelt und führen zu Anschaffungskosten. Dies ist der Fall, wenn

— keine ertragbringende Wirtschaftseinheit gegeben ist oder

— nicht auf Lebenszeit bezahlt wird[49] oder

— nicht der begünstigte Personenkreis vorliegt[50] oder

— die Leistungen kaufmännisch abgewogen sind.

23 Dann gilt Folgendes:

— Leistung und Gegenleistung sind ausgeglichen: voll entgeltlich[51]

— der Wert des Vermögens ist höher als der Barwert:[52]
bis Barwert entgeltlich, Rest unentgeltlich

— der Barwert ist höher als das Vermögen:[53]
bis Vermögenswert entgeltlich, Rest § 12 Nr. 2 EStG

— ist der Barwert mehr als doppelt so hoch wie der Vermögenswert, liegt insgesamt eine Unterhaltsrente vor[54]

---

48 Rz. 49 und 50 des Rentenerlasses, Fn. 21.
49 Rz. 34 des Rentenerlasses, Fn. 21.
50 Rz. 35 und 36 des Rentenerlasses, Fn. 21.
51 Rz. 50 Satz 2 des Rentenerlasses, Fn. 21.
52 Rz. 50 Satz 3 des Rentenerlasses, Fn. 21.
53 Rz. 50 Satz 4 des Rentenerlasses, Fn. 21.
54 Rz. 50 Satz 6 des Rentenerlasses, Fn. 21, § 12 Nr. 2 EStG. Vgl. ausführlich Fall 89 in Kopei/Zimmermann zu fünf Alternativen bei einer Betriebsübertragung und unten Rz. 65 zu einem ähnlichen Fall bei einer Übertragung eines Mitunternehmeranteils.

1 Einkommensteuer

Übersicht zu Versorgungsleistungen:[55]

Ertragbringende und existenzsichernde Wirtschaftseinheit i. S. von § 10 Abs. 1 a EStG **und** Erträge **höher** als Versorgungsleistungen.
Alle sonstigen Voraussetzungen erfüllt

= Versorgungsleistung (§§ 10, 22 EStG) als **dauernde Last** abzugsfähig

Übernommenes Vermögen wird gem. § 6 Abs. 3 EStG und § 11 d Abs. 1 EStDV angesetzt.

Keine Versorgungsleistung, weil
– **keine** ertragbringende Wirtschaftseinheit i. S. von § 10 Abs. 1 a EStG vorliegt oder
– **nicht** auf Lebenszeit bezahlt wird (Rz. 34) oder
– **nicht** begünstigter Personenkreis gegeben ist (Rz. 35 und 36) oder
– Leistungen kaufmännisch **abgewogen** sind.

↓

= Veräußerungs- und/oder Unterhaltsleistung, Rz. 49 und 50

↓

1. Leistung und Gegenleistung ausgeglichen: **voll entgeltlich,** Rz. 48 Satz 2
2. Wert Vermögen höher als Barwert, **teilentgeltlich,** Rz. 50 Satz 3
   – bis Barwert entgeltlich
   – Rest unentgeltlich
3. Barwert höher als Vermögen, Rz. 50 Satz 4
   – bis Vermögenswert entgeltlich
   – Rest § 12 Nr. 2 EStG
4. Barwert mehr als doppelt so hoch wie Vermögenswert, insgesamt Unterhaltsrente, Rz. 50 Satz 6, § 12 Nr. 2 EStG

Soweit entgeltlich, ist der übernommene Wert mit seinen Anschaffungskosten anzusetzen.
Ausnahmen bei Übergabe von Betrieben, Teilbetrieben und Mitunternehmeranteilen möglich (Einheitstheorie)

---

[55] Die Rz. sind solche des Rentenerlasses, Fn. 21.

P. Die vorweggenommene Erbfolge

1.2.2.2 Abstandszahlungen

25 Diese liegen vor, wenn einmalige Zahlungen des Übernehmers an den Übergeber vereinbart werden. Der Übernehmer erbringt hier eigene Aufwendungen, um das Vermögen übertragen zu erhalten. Der Übergeber erlangt einen Gegenwert für das übertragene Vermögen. Die Voraussetzungen eines Anschaffungs- und Veräußerungsgeschäfts sind damit gegeben.[56] Es liegen **Anschaffungskosten** vor.

1.2.2.3 Geldleistungen an Dritte

26 Hat der Übernehmer Geldleistungen an Dritte zu erbringen, liegt darin im Gegensatz zur früheren Rechtsprechung ein Entgelt, das der Übernehmer an den Übergeber leistet. Begründet wird dies damit, dass der Übernehmer die Geldleistung als Teilentgelt auch an den Übergeber habe erbringen können, damit dieser sie an die Ausgleichsberechtigten weiterleite; die direkte Leistung an die Ausgleichsberechtigten stelle nur eine Abkürzung des Zahlungsweges dar. Auf die zivilrechtliche Einordnung als Schenkungsauflage oder Gegenleistung aus einem Austauschvertrag komme es nicht an.[56]

In diesen Geldleistungen sind daher **Anschaffungskosten** für die übertragenen Wirtschaftsgüter zu sehen. Für den bisherigen Vermögensinhaber ergibt sich ein Veräußerungsentgelt, das an die Stelle des übertragenen Vermögens tritt.

1.2.2.4 Leistungen aus übernommenem Vermögen

27 Hier wird in einem Übergabevertrag vereinbart, dass der Übernehmer Bestandteile des übernommenen Vermögens an Dritte, insbesondere Angehörige, übertragen soll.

Aus steuerlicher Sicht erwirbt der Übernehmer unentgeltlich, wenn er Teile des übertragenen Vermögens Angehörigen zu überlassen hat. Diese Verpflichtung ist keine Gegenleistung des Übernehmers für die Übertragung des Vermögens; sie mindert vielmehr von vornherein das übertragene Vermögen.[57]

> **Beispiel:**
>
> Vater V überträgt unentgeltlich ein Mehrfamilienhaus im Wege der vorweggenommenen Erbfolge auf seinen Sohn S. Es wird vereinbart, dass die drei Wohnungen in Eigentumswohnungen umgewandelt werden. Eine Wohnung hat S sofort seiner Schwester T zu übertragen.
>
> Hier übernimmt S voll unentgeltlich. Die an T zu übertragende Wohnung ist steuerlich nur eine Verminderung des übertragenen Vermögens. Sie ist S steuerrechtlich von vornherein nicht zuzurechnen. T übernimmt sie daher gem. § 11 d Abs. 1 EStDV.

---

56 Vgl. Rz. 7 des BMF-Schreibens vom 13.01.1993, Fn. 2.
57 Vgl. Rz. 8 des BMF-Schreibens vom 13.01.1993, Fn. 2.

Offen lässt der BFH, wie diese Fälle zu beurteilen sind, wenn die Verpflichtung des Übernehmers nicht unmittelbar nach Übergabe, sondern z. B. erst nach Jahren erfüllt wird. Überträgt S im vorliegenden Beispiel die Eigentumswohnung an T erst fünf Jahre nach der Übergabe des ganzen Hauses, ist diese Wohnung so lange dem S zuzurechnen, solange er wirtschaftlich Nutzen und Lasten trägt.[58] Dadurch ändert sich aber nichts an der Grundentscheidung, dass S in diesem Falle alle Wohnungen unentgeltlich erworben hat, diese also nach § 11 d Abs. 1 EStDV zu behandeln hat, soweit sie nicht Konsumgut sind.

Auch T, die die Wohnung erst nach fünf Jahren nach der Schenkung an S erhält, hat § 11 d Abs. 1 EStDV anzuwenden, wenn die Wohnung nicht bei ihr zum Konsumgut wird. Sie übernimmt die Werte, wie sie sich bei S in den fünf Jahren entwickelt haben.

1.2.2.5 Einräumung von Nutzungsrechten

Zu den Sachleistungen aus dem übergebenen Vermögen gehört auch die Verpflichtung zur Einräumung von **Nutzungsrechten,** insbesondere eines Nießbrauchs; das Nutzungsrecht wird vom Übergeber, nicht vom Übernehmer zugewendet.[59] Ein entgeltlicher Erwerb liegt insoweit nicht vor. Auch die Verpflichtung zur Einräumung einer Gesellschaftsbeteiligung führt nicht zu Anschaffungskosten.[60]

28

Beispiel:

Vater V übergibt im Wege vorweggenommener Erbfolge seiner Tochter T ein Mehrfamilienhaus, Wert 2 Mio. €. T wird verpflichtet, sowohl dem V als auch ihrer Tante S, der Schwester des V, jeweils ein dingliches Wohnrecht auf Lebenszeit an ganz bestimmten Wohnungen einzuräumen.

Bei V handelt es sich um ein vorbehaltenes dingliches Wohnrecht, bei S um ein unentgeltlich eingeräumtes dingliches Wohnrecht. T erwirbt bei beiden Wohnungen nur die Substanz, also nicht den ganzen Wert des Hauses. Sie wendet daher nichts auf, hat daher keine Anschaffungskosten.

Nur für den Fall, dass sie die Wohnrechte eines Tages entgeltlich ablösen sollte, hat sie in Höhe des Entgelts nachträgliche Anschaffungskosten. Dabei spielt es keine Rolle, ob es sich um ein vorbehaltenes oder ein unentgeltlich eingeräumtes dingliches Recht – Nießbrauch oder Wohnrecht – handelt.[61]

Die Verwaltung betrachtet demgegenüber die Ablösung des Zuwendungsnießbrauchs als reine Vermögensangelegenheit und wendet daher § 12 EStG an.[62]

---

58 Vgl. Rz. 21 des BMF-Schreibens vom 13.01.1993, Fn. 2, mit einem Beispiel.
59 Rz. 10 des BMF-Schreibens vom 13.01.1993, Fn. 2.
60 Groh, DB 1990 S. 2187.
61 BFH vom 28.11.1991, BStBl II 1992, 381, im Rahmen einer Erbauseinandersetzung; vom 21.07.1992, BStBl II 1993, 484, und vom 15.12.1992, BStBl II 1993, 488, und Rz. 57, 59 und 62 des BMF-Schreibens vom 24.07.1998, BStBl I 1998, 914.
62 BMF-Schreiben vom 15.11.1984, BStBl II 1984, 562, Rz. 25 und 46, sowie BMF-Schreiben vom 24.07.1998, BStBl I 1998, 914, Rz. 61 ff.

P. Die vorweggenommene Erbfolge

1.2.2.6 Sachleistungen aus eigenem Vermögen

29 Insoweit hat der BFH keine spezielle Aussage getroffen. Da es aber gleichgültig ist, ob der Übernehmer Geld leistet oder anstelle dessen aus eigenem Vermögen eine Sachleistung erbringt, liegen auch hier **Anschaffungskosten** vor.[63]

1.2.2.7 Wahlrechte oder anderes Verhalten des Übernehmers

30 Wie verfahren werden soll, wenn der Berechtigte zwischen einer Sach- und Geldleistung wählen kann, und was geschieht, wenn eine Geldleistungspflicht durch eine Sachleistungspflicht abgelöst oder diese durch einen Geldbetrag ersetzt wird, lässt sich der Entscheidung des BFH nicht entnehmen. Die Verwaltung hat sich jedoch entschieden.[64]

> **Beispiel 1:**
>
> Vater V überträgt im Wege der vorweggenommenen Erbfolge unentgeltlich seinem Sohn S ein Mehrfamilienhaus. S verpflichtet sich im Übergabevertrag, seiner Schwester T eine ganz bestimmte Wohnung davon zu übertragen. V stirbt kurz nach der Vereinbarung. S und T wünschen keine Aufteilung des Hauses in Eigentumswohnungen. Sie einigen sich, dass S an die T in Höhe des Werts der Wohnung eine Abfindung zahlt.
>
> Hätten S und T sich entsprechend dem Übergabevertrag verhalten, hätten sie beide unentgeltlich erworben: S das Mehrfamilienhaus ohne die der T zugedachte Wohnung und T die ihr zugedachte Wohnung.[65] Wenn nun S diese Wohnung gegen Zahlung einer Abfindung übernimmt, liegt nur eine Art verkürzter Zahlungsweg vor. Damit hat S nur für diese Wohnung Anschaffungskosten, d. h., muss er ein Darlehen aufnehmen, um die Abfindung zu finanzieren, ist dieses Darlehen wirtschaftlich nur dieser Wohnung zuzurechnen, auch wenn sie keine Eigentumswohnung ist. Auch bei der AfA (siehe unten) spielt dies eine Rolle.
>
> **Beispiel 2:**
>
> Wie Beispiel 1. V vereinbart aber mit S im Übergabevertrag, dass S an T entweder die Wohnung zu übertragen oder eine Abfindung in Höhe des Werts dieser Wohnung zu leisten hat.
>
> Der Fall ist genauso zu entscheiden. S soll wirtschaftlich das Mehrfamilienhaus ohne die der T zugedachte Wohnung erhalten. Wenn er die Wohnung überträgt, hat er nichts zu leisten, also liegt insoweit ein unentgeltlicher Erwerb vor.[65] Will er die Wohnung übernehmen, zahlt er aus eigenem Vermögen die Abfindung.[63]

---

[63] Vgl. Rz. 7 des BMF-Schreibens vom 13.01.1993, Fn. 2.
[64] Rz. 7 und 8 des BMF-Schreibens vom 13.01.1993, Fn. 2.
[65] Vgl. Rz. 8 des BMF-Schreibens vom 13.01.1993, Fn. 2.

1.2.2.8 Übernahme von Verbindlichkeiten

Der Große Senat führt hierzu aus:

„In der Übernahme von Verbindlichkeiten des Veräußerers durch den Erwerber liegen in steuerrechtlicher Beurteilung grundsätzlich **Anschaffungskosten** des Wirtschaftsguts; die Begleichung der Verbindlichkeit führt zu Aufwendungen des Erwerbers, die er auf sich nimmt, um die Verfügungsmöglichkeit über das Wirtschaftsgut zu erlangen.

Bei **Erbauseinandersetzungen** sind die übernommenen Schulden keine Anschaffungskosten. Hier tritt der übernehmende Erbe voll in die Rechtsstellung des Erblassers, d. h., er übernimmt die Anschaffungs- oder Herstellungskosten des Erblassers. Nur wenn er aus eigener Tasche, aus eigenem Vermögen etwas leistet, liegen neue Anschaffungskosten vor.[66]

Die **vorweggenommene Erbfolge** sieht der BFH mehr wirtschaftlich, da es sich hier um eine Einzelrechtsnachfolge handelt. Daraus ergibt sich, dass wie bei einem Kauf im Wirtschaftsleben oder einer gemischten Schenkung übernommene Verbindlichkeiten Anschaffungskosten darstellen.[67]

Beispiel:

Vater V ist Eigentümer eines Mehrfamilienhauses mit einem Verkehrswert von 600.000 €. Das Haus ist noch mit einer Hypothekenschuld i. H. von 400.000 € belastet. V hat zwei Töchter, A und B.

a) V stirbt. A übernimmt das Haus mit der Schuld und gleicht B mit einer Zahlung i. H. von 100.000 € aus.

b) V schenkt das Haus der A mit der Verpflichtung, an B 100.000 € zu zahlen.

Zu a) Es handelt sich um eine Erbauseinandersetzung. Damit sind („neue") Anschaffungskosten nur die 100.000 € in Form der Ausgleichszahlung. A übernimmt das Haus entgeltlich mit $1/6$ = 100.000 € und unentgeltlich mit $5/6$.

Zu b) Es liegt eine vorweggenommene Erbfolge vor. A hat 500.000 € Anschaffungskosten (= die Ausgleichszahlung von 100.000 € und die Übernahme der Hypothekenschuld von 400.000 €).
A übernimmt das Haus entgeltlich mit $5/6$ = 500.000 € und unentgeltlich mit $1/6$.

1.2.2.9 Die einzelnen Leistungen sind nicht sofort zu erbringen

Hier ist zu unterscheiden zwischen Bedingung, Befristung und Betagung.

Eine **aufschiebende Bedingung**[68] liegt vor, wenn die Entstehung einer Leistungsverpflichtung von einem Ereignis abhängt, dessen Eintritt ungewiss ist (z. B. Heirat). Anschaffungskosten entstehen hier erst bei Eintritt des Ereignisses, wobei auch die Wertverhältnisse zu diesem Zeitpunkt maßgebend sind.

---

66 Vgl. oben O. Rz. 28.
67 Vgl. Rz. 9 des BMF-Schreibens, Fn. 2.
68 Rz. 21 des BMF-Schreibens vom 13.01.1993, Fn. 2.

P. Die vorweggenommene Erbfolge

Beispiel 1:[68]

V überträgt im Wege der vorweggenommenen Erbfolge auf seinen Sohn S zum 01.01.05 ein schuldenfreies Mehrfamilienhaus. V hat die Herstellungskosten i. H. von 400.000 € mit jährlich 2 % bis auf 320.000 € abgeschrieben. S verpflichtet sich, an seine Schwester T im Zeitpunkt ihrer Heirat einen Betrag von 300.000 € zu zahlen. T heiratet am 01.01.10. Das Mehrfamilienhaus hat zu diesem Zeitpunkt einen Wert von 600.000 € (Grund und Boden 120.000 €, Gebäude 480.000 €).

S hat das Mehrfamilienhaus zunächst unentgeltlich erworben und setzt gem. § 11 d EStDV die AfA des V fort. Zum 01.01.10 entstehen dem S Anschaffungskosten i. H. von 300.000 €. Nach dem Verhältnis der Verkehrswerte zum 01.01.10 entfallen auf das Gebäude 240.000 € und auf den Grund und Boden 60.000 €. Die Gegenüberstellung der Anschaffungskosten und des Verkehrswertes des Gebäudes ergibt, dass S das Gebäude jeweils zur Hälfte entgeltlich für 240.000 € und zur Hälfte unentgeltlich erworben hat.

Die AfA berechnen sich ab 05 wie folgt:

AfA 01.01.05 bis 31.12.09:

    5 Jahre × 2 % von 400.000 € =   40.000 €

ab 01.01.10:

AfA unentgeltlich erworbener Gebäudeteil:

    2 % von 200.000 € ($^1/_2$ von 400.000 €) =   4.000 €

AfA entgeltlich erworbener Gebäudeteil:

    2 % von 240.000 € =   4.800 €

Der verbleibende Abschreibungszeitraum beträgt für den unentgeltlich erworbenen Gebäudeteil 35 Jahre und für den entgeltlich erworbenen Gebäudeteil 50 Jahre, wenn keine kürzere Nutzungsdauer nachgewiesen wird.

33 Eine **aufschiebende Befristung**[69] liegt vor, wenn die Entstehung einer Leistungsverpflichtung von einem Ereignis abhängt, dessen Eintritt sicher, der Zeitpunkt aber ungewiss ist (z. B. Tod). Auch hier entstehen die Anschaffungskosten erst bei Eintritt des Ereignisses. Auch hier sind die Wertverhältnisse zu diesem Zeitpunkt maßgebend.

Beispiel 2:

Wie Beispiel 1, nur verpflichtet sich S, an die T zum Zeitpunkt des Todes des V den Geldbetrag zu zahlen. V stirbt am 01.01.10.

Beispiel 2 ist wie Beispiel 1 zu lösen, da die Anschaffungskosten jeweils erst später, d. h. mit Heirat bzw. mit dem Tod des V, entstehen. Es ist ein Fall der aufschiebenden Befristung.

34 Eine **bloße Betagung**[70] liegt vor, wenn nur der Eintritt der Fälligkeit (nicht der Entstehung) der Leistungsverpflichtung von einem bestimmten Termin

---
69 Rz. 19 des BMF-Schreibens vom 13.01.1993, Fn. 2.
70 Rz. 20 des BMF-Schreibens vom 13.01.1993, Fn. 2.

abhängt. Hier liegen Anschaffungskosten bereits im Zeitpunkt der Vermögensübertragung vor.

Die Abgrenzung zwischen aufschiebender Befristung und bloßer Betagung ist oft schwierig.

Beispiel 3:
Vater V überträgt seinem Sohn S im Wege vorweggenommener Erbfolge ein vermietetes Gebäudegrundstück, Wert 300.000 €. S soll seiner Schwester T erst beim Tod des V 150.000 € zahlen. In der Zwischenzeit hat S der T jährlich 6 % Zinsen aus den 150.000 € zu entrichten.

Aus dem Umstand, dass S die 150.000 € sofort zu verzinsen hat, ist u. E. zu schließen, dass der T die Forderung sofort zusteht. Damit sind auch die Zinsen sofort von der T gem. § 20 EStG zu versteuern. Es liegt u. E. ein Fall der bloßen Betagung vor, bei der der Eintritt der Fälligkeit nur von einem bestimmten Termin, dem Tod des V, abhängt.

S erwirbt sofort zu $^{1}/_{2}$ entgeltlich und zu $^{1}/_{2}$ unentgeltlich. Die Zinsen sind bei ihm Werbungskosten aus § 21 EStG.

Wäre die Zinspflicht nicht vereinbart, müsste man das Beispiel 3 wie das Beispiel 2 lösen; also Anschaffungskosten erst später.

Sind entstandene Geldleistungspflichten erst nach mehr als einem Jahr zu einem bestimmten Zeitpunkt fällig, sind die Anschaffungskosten nach Abzinsung des Gegenwartswerts zu ermitteln.[71]

1.2.3 Trennungstheorie

Wie bei einer normalen gemischten Schenkung[72] gilt bei Annahme von Anschaffungskosten auch bei der vorweggenommenen Erbfolge grundsätzlich die Trennungstheorie.[73] Der Vorgang ist in einen entgeltlichen und einen unentgeltlichen Teil aufzuteilen. Der entgeltliche und der unentgeltliche Teil berechnen sich nach dem Verhältnis des Entgelts (ohne Anschaffungsnebenkosten) zum Verkehrswert des Wirtschaftsgutes. Werden mehrere Wirtschaftsgüter teilentgeltlich übertragen, sind die Anschaffungskosten nach Zuordnung durch die Vertragsparteien bzw. dem Verhältnis der Verkehrswerte den einzelnen Wirtschaftsgütern zuzurechnen.[74]

Beispiel 1:
Vater V überträgt im November 01 seinem Sohn S im Wege vorweggenommener Erbfolge 100 private Aktien der Z-AG. Anschaffungskosten Januar 01

35

36

---

71 Rz. 11 des BMF-Schreibens vom 13.01.1993, Fn. 2, mit Beispiel, und BFH vom 21.10.1980, BStBl II 1981, 160.
72 Vgl. oben P. Rz. 4.
73 Ausnahme vgl. unten P. Rz. 49–61; BFH vom 17.07.1980, BStBl II 1981, 11, vom 22.09.1987, BStBl II 1988, 250, und Rz. 14, 16–18 des BMF-Schreibens vom 13.01.1993, Fn. 2.
74 Rz. 14 des BMF-Schreibens vom 13.01.1993 und Abänderung durch BMF-Schreiben vom 26.02.2007, Fn. 2. Vgl. hierzu auch die Berechnungsbeispiele oben O. Rz. 20–27 zur Erbauseinandersetzung.

P. Die vorweggenommene Erbfolge

insgesamt 50.000 €. V hat die Aktien i. H. von 20.000 € mit **Kredit** angeschafft. S übernimmt diesen Kredit und zahlt seiner Schwester T einen **Wertausgleich** von 5.000 €. Wert der Aktien im November 01 immer noch 50.000 €. Im Februar 02 veräußert S die Aktien für 60.000 € an der Börse.

S hat Anschaffungskosten in Höhe der Übernahme des Kredits und in Höhe der Ausgleichszahlung, also insgesamt i. H. von 25.000 €. Da der Wert zum Zeitpunkt der Schenkung 50.000 € beträgt, hat S die Aktien zu je $^1/_2$ entgeltlich und unentgeltlich angeschafft. Bei Veräußerung im Februar 02 **(vor dem 01.01.2009)** erfüllt S mit den entgeltlich erworbenen Aktien § 23 EStG. Veräußerungsgewinn 30.000 € ./. 25.000 € = 5.000 €. Im Halbeinkünfteverfahren hat S 2.500 € zu versteuern, § 3 Nr. 40 Buchstabe j i. V. m. § 3 c Abs. 2 EStG. Da es sich um private Aktien handelt, ist § 20 Abs. 2 Nr. 1 EStG und nicht § 23 EStG anzuwenden, wenn die Aktien **nach dem 31.12.2008** erworben wurden; Abgeltungssteuer gem. §§ 32 d, 43 EStG.

Beispiel 2:

37

Vater V überträgt seiner Tochter A einen privaten GmbH-Anteil (Wert 200.000 €, Anschaffungskosten bei V 60.000 €), ein Gebäudegrundstück (Wert 300.000 €, Anschaffungskosten bei V 90.000 €) und eine Jacht (Wert 100.000 €, Anschaffungskosten bei V 120.000 €) mit der Verpflichtung, ihrer in den USA lebenden Schwester B eine Abfindung von 200.000 € zu leisten.

A erwirbt zum Teil entgeltlich, zum Teil unentgeltlich. Der entgeltliche Teil ermittelt sich aus dem Verhältnis Zahlung (= Anschaffungskosten) zu dem erworbenen Gesamtwert, dem Verkehrswert, wobei man aber diesen Bruch sofort auf die Einzelwerte in Beziehung setzen kann.

Entgeltlich

GmbH-Anteil	$^2/_6$ von 200.000 € =	66.667 €
Gebäudegrundstück	$^2/_6$ von 300.000 € =	100.000 €
Jacht	$^2/_6$ von 100.000 € =	33.333 €
	insgesamt =	200.000 €

Unentgeltlich

GmbH-Anteil	$^4/_6$ von 60.000 € =	40.000 €
Gebäudegrundstück	$^4/_6$ von 90.000 € =	60.000 €
Jacht	$^4/_6$ von 120.000 € =	80.000 €

Insgesamt betragen die Anschaffungskosten für A daher beim GmbH-Anteil 106.667 €, beim Gebäudegrundstück 160.000 € und bei der Jacht 113.333 €.

Alternative:

Die Anschaffungskosten können auch anders aufgeteilt werden.[75] A dürfte z. B. beim Gebäudegrundstück an einer höheren AfA interessiert sein. V und A vereinbaren deshalb am Gebäudegrundstück die volle Zuordnung der 200.000 € als Anschaffungskosten. Dann wäre das Grundstück voll entgeltlich

---

[75] BMF vom 26.02.2007, BStBl I 2007, 269, Tz. 14, 47 mit Beispiel 1.

und die beiden anderen Wirtschaftsgüter voll unentgeltlich erworben. Die Wirtschaftsgüter wären dann wie folgt anzusetzen:

Entgeltlich

GmbH-Anteil	–	0 €
Gebäudegrundstück	$^2/_3$ von 300.000 € =	200.000 €
Jacht	–	0 €
	insgesamt =	200.000 €

Unentgeltlich

GmbH-Anteil	$^1/_1$ von 60.000 € =	60.000 €
Gebäudegrundstück	$^1/_3$ von 90.000 € =	30.000 €
Jacht	$^1/_1$ von 120.000 € =	120.000 €

Insgesamt betragen dann für A die Anschaffungskosten beim GmbH-Anteil 60.000 €, beim Gebäudegrundstück 230.000 € und bei der Jacht 120.000 €, also ein völlig anderes Ergebnis als beim Grundfall.

Beispiel 3:

Vater V überträgt im Wege vorweggenommener Erbfolge seinem Sohn S ein vermietetes Zweifamilienhaus mit einem Verkehrswert von 600.000 €. Der Grund- und Bodenanteil soll 20 % betragen. S hat nur seiner Schwester T als Ausgleich 300.000 € zu bezahlen. Anschaffungskosten des Objekts bei V: 400.000 €.

S hat die Hälfte des Werts auszugleichen. Daher hat er zu $^1/_2$ unentgeltlich und zu $^1/_2$ entgeltlich erworben.

Die entgeltlich übernommene Hälfte schreibt er gem. § 7 Abs. 4 EStG von 240.000 Euro (300.000 Euro ./. 20 %) ab. Da entgeltlich erworben, beträgt das AfA-Volumen ebenfalls 240.000 Euro. Hinsichtlich der anderen Hälfte gilt § 11 d EStDV. Also AfA wie beim Rechtsvorgänger, daher § 7 Abs. 4 oder Abs. 5 EStG von 160.000 Euro (200.000 Euro ./. 20 %), wobei als AfA-Volumen die Hälfte des noch vorhandenen Werts bei V maßgeblich ist.

Beispiel 4:

Vater V überträgt ein Mehrfamilienhaus im Wege der vorweggenommenen Erbfolge auf seinen Sohn S (Wert 1,2 Mio. €). Es wird vereinbart, dass die drei Wohnungen in Eigentumswohnungen umgewandelt werden. Die Wohnung im Erdgeschoss hat S sofort seiner Schwester T zu übertragen, an der Wohnung im 1. Obergeschoss behält sich V das lebenslange dingliche Wohnrecht vor (Wert 80.000 €). Die Wohnung im 2. Obergeschoss ist vermietet.

Außerdem soll S seinem Vater V 120.000 € und seiner Schwester T 100.000 € als Ausgleich bezahlen. Die Wohnungen sind gleichwertig.

Wertmäßig erhält S 500.000 € (1.200.000 € ./. Wohnung im Erdgeschoss = 400.000 € ./. dingliches Wohnrecht = 80.000 € ./. Zahlungen i. H. von 220.000 €). Auch die Schwester erhält einen Wert von 500.000 € (Wohnung im Erdgeschoss und 100.000 €).

P. Die vorweggenommene Erbfolge

S hat Teile des übertragenen Vermögens Angehörigen zu überlassen. Diese Verpflichtung ist keine Gegenleistung des Übernehmers für die Übertragung des Vermögens; sie mindert vielmehr von vornherein das übertragene Vermögen.[76] Die an die T zu übertragende Wohnung ist S daher steuerrechtlich von vornherein nicht zuzurechnen. Entsprechend ist das dingliche Wohnrecht zu sehen.[77]

Die Zahlung des S an den V ist eine Abstandszahlung. S erbringt hier eigene Aufwendungen, um das Vermögen übertragen zu erhalten. V erlangt einen Gegenwert für das übertragene Vermögen. Die Voraussetzungen eines Anschaffungs- und Veräußerungsgeschäfts sind damit gegeben.[73] Es liegen Anschaffungskosten vor.

S hat Geldleistungen an Dritte zu erbringen. In diesen Geldleistungen sind daher Anschaffungskosten für die übertragenen Wirtschaftsgüter zu sehen.

Daraus ergibt sich Folgendes:

— S erwirbt die beiden Eigentumswohnungen im 1. und 2. Obergeschoss gegen Entgelt, die Wohnung im Erdgeschoss unentgeltlich.

— Insgesamt hat S einen Wert von 500.000 Euro übernommen. An Anschaffungskosten sind ihm jedoch nur 220.000 Euro (120.000 Euro + 100.000 Euro) entstanden.

— Diese 220.000 Euro Anschaffungskosten sind auf die beiden Wohnungen wie folgt zu verteilen, es sei denn, die Parteien wollen die Aufteilung anders vornehmen:[78]

Wohnung 1. Obergeschoss	Wohnung 2. Obergeschoss
Wert 320.000 € (400.000 € ./. 80.000 €)	Wert 400.000 €

Entgeltlich

1. Obergeschoss $^{22}/_{72}$ von 320.000 €	= 97.778 €
2. Obergeschoss $^{22}/_{72}$ von 400.000 €	= 122.222 €
zusammen	220.000 €

Von diesen Werten (AfA-Bemessungsgrundlage und -Volumen) ist eine mögliche entgeltliche AfA vorzunehmen. Die bisherige AfA-Bemessungsgrundlage des V ist von S – wenn möglich – mit $^{50}/_{72}$ fortzuführen.

Beispiel 5:

Sohn S erhält von seinem Vater V einen 60 %igen, privaten GmbH-Anteil im Verkehrswert von 1 Mio. € im Wege der vorweggenommenen Erbfolge übertragen. S übernimmt die darauf lastende Verbindlichkeit von 300.000 € und zahlt an seinen Bruder ein Gleichstellungsgeld von 200.000 €. Außerdem hat S an V

---

76 Vgl. Rz. 8 des BMF-Schreibens vom 13.01.1993, Fn. 2.
77 Rz. 10 des BMF-Schreibens vom 13.01.1993, Fn. 2.
78 BMF vom 26.02.2007, BStBl I 2007, 269, Tz. 14.

eine lebenslange Rente von jährlich 18.000 € zu bezahlen. Die sonstigen Voraussetzungen des § 10 Abs. 1 a Satz 2 Nr. c EStG seien erfüllt.

Die durchschnittlichen Einkünfte aus dem GmbH-Anteil betragen 43.000 € pro Jahr.

Werden neben den **Versorgungsleistungen Gleichstellungsgelder** oder andere Einmalzahlungen an den Vermögensübergeber erbracht, so erwirbt der Übernehmer das erhaltene Vermögen **teilweise entgeltlich**. Bei Übernahme von Privatvermögen liegen insoweit immer Anschaffungskosten vor.

S erwirbt den GmbH-Anteil zu $^1\!/_2$ entgeltlich und zu $^1\!/_2$ unentgeltlich. Er übernimmt die Verbindlichkeit von 300.000 Euro und zahlt ein Gleichstellungsgeld von 200.000 Euro, hat also insgesamt 500.000 Euro Anschaffungskosten. Dem steht der übernommene Wert von 1 Mio. Euro gegenüber.

Handelt es sich nun bei der Rente um eine Versorgungsrente im Sinne des Rentenerlasses[79] (dann liegt kein Entgelt vor) oder fällt die Rente überhaupt nicht unter die Versorgungsleistungen[80] (dann wäre sie als Entgelt anzusehen)?

Der 60 %ige GmbH-Anteil ist eine existenzsichernde und ertragbringende Wirtschaftseinheit,[81] weil Erträge anfallen, die zumindest teilweise die Existenz des Übergebers sichern.

Liegt eine Versorgungsrente vor?

Um dies[82] bejahen zu können, ist zu prüfen, ob die gesamten Versorgungsleistungen durch die anteiligen Erträge gedeckt oder nicht gedeckt werden. Die durchschnittlichen Einkünfte betragen 43.000 Euro. Davon entfallen auf den unentgeltlichen (begünstigten) Teil $^1\!/_2$, dies sind 21.500 Euro. Da S 18.000 Euro zu erbringen hat, liegt eine Versorgungsrente vor. S kann die Rente voll als Sonderausgaben abziehen (dauernde Last), und V hat sie gem. § 22 Nr. 1 a EStG voll zu versteuern.[83] Die Versorgungsrente führt nicht zu Anschaffungskosten. Wäre dies der Fall, weil keine Versorgungsrente vorläge, würde sich auch das Verhältnis entgeltlich/unentgeltlich ändern.[84]

1.2.4 Zinsbelastungen

Zinsbelastungen können dadurch entstehen, dass der Übernehmer

— vorhandene Verbindlichkeiten des Übergebers übernimmt oder
— neue Verbindlichkeiten aufnimmt, um seine Verpflichtungen (z. B. Ausgleichszahlungen) erfüllen zu können.

---

79 Fn. 21.
80 Vgl. oben P. Rz. 10 ff. und Rz. 50 des Rentenerlasses, Fn. 21.
81 Rz. 7–12 des Rentenerlasses, Fn. 21.
82 Im Rahmen von Rz. 27 des Rentenerlasses vom 16.09.2004, Fn. 21.
83 Vgl. oben P. Rz. 10 ff.
84 Vgl. Rz. 50 des Rentenerlasses, Fn. 21, und Beispiel P. Rz. 65.

P. Die vorweggenommene Erbfolge

In beiden Fällen sind die Zinsen als Werbungskosten oder Betriebsausgaben abziehbar, wenn und soweit der Übernehmer das betreffende Wirtschaftsgut zur Erzielung steuerpflichtiger Einkünfte einsetzt. Dies gilt auch, wenn die Verbindlichkeiten, die der Übernehmer übernehmen muss, beim Übergeber ursprünglich privat veranlasst waren.[85]

Entstehen Anschaffungskosten für mehrere Wirtschaftsgüter und werden zu deren Bezahlung Darlehen aufgenommen, ist das Darlehen entsprechend aufzuteilen.

Beispiel:

Wie Beispiel 2 oben unter P. Rz. 37. A muss die Abfindung von 200.000 € finanzieren.

In diesem Fall ist das Darlehen – wie die einzelnen Anschaffungskosten – auf die drei Wirtschaftsgüter zu verteilen. Die 200.000 € entfallen daher zu 66.667 € auf den GmbH-Anteil, zu 100.000 € auf das Gebäudegrundstück und zu 33.333 € auf die Jacht. Die Zinsen sind dann beim GmbH-Anteil Werbungskosten im Rahmen des § 20 EStG, beim Gebäudegrundstück Werbungskosten aus § 21 EStG und bei der Jacht steuerlich uninteressant.

1.3 Die Übertragung einzelner Wirtschaftsgüter des Betriebsvermögens

1.3.1 Unentgeltliche Übertragung

42 Die unentgeltliche Übertragung einzelner Wirtschaftsgüter des Betriebsvermögens stellt beim Übergeber regelmäßig eine Entnahme des Wirtschaftsguts dar. Die anschließende Übertragung im Rahmen der vorweggenommenen Erbfolge erfolgt im Privatvermögen nach den hierfür geltenden Grundsätzen.[86]

Beispiel:

Vater V überträgt seiner Tochter T im Rahmen der vorweggenommenen Erbfolge ein betrieblich erfasstes Mehrfamilienhaus. Anschaffungskosten des Objekts bei V im Jahre 01 600.000 €, Teilwert im Jahre 06 bei Übertragung 800.000 €, Buchwert zu diesem Zeitpunkt 520.000 €.

V entnimmt das Haus und hat daher 280.000 € (800.000 € ./. 520.000 €) als laufenden Gewinn zu versteuern. T übernimmt das Haus als Privatvermögen gem. § 11 d EStDV mit dem Teilwert von 800.000 €. Von diesem Wert abzgl. des Werts des Grund und Bodens hat sie gem. § 7 Abs. 4 EStG abzuschreiben.[87]

---

85 BFH vom 08.11.1990, BStBl II 1991, 450, und Rz. 22 des BMF-Schreibens vom 13.01.1993, Fn. 2.
86 Rz. 33 des BMF-Schreibens vom 13.01.1993, Fn. 2.
87 R 7.3 Abs. 6 und R 7.4 Abs. 10 Nr. 1 EStR.

1 Einkommensteuer

1.3.2 Teilentgeltliche Übertragung

Werden einzelne Wirtschaftsgüter des Betriebsvermögens teilentgeltlich auf **43**
den Übernehmer übertragen, handelt es sich in Höhe des unentgeltlich
übertragenen Teils um eine Entnahme (anteiliger Teilwert) und in Höhe des
entgeltlich übertragenen Teils um eine Veräußerung.[88]

Beispiel:

Vater V überträgt im Wege der vorweggenommenen Erbfolge an seinen Sohn S ein betriebliches Grundstück (Mietshaus), das S ins Privatvermögen übernimmt (Buchwert 100.000 €; Teilwert 300.000 €). S wird verpflichtet, an seine Schwester T 150.000 € zu bezahlen.

V bucht zunächst:

Sonstige Forderung	150.000 €			
Entnahme	150.000 €	an	Grundstück	100.000 €
			und Sonstige betriebliche Erträge	200.000 €

Anschließend entnimmt er die Forderung, denn sie steht ja durch den Übergabevertrag der T zu. Man kann sich dies auch so vorstellen, dass V der T die Forderung geschenkt hat.

Buchung:

Entnahme	150.000 €	an	Sonstige Forderung	150.000 €

Buchungstechnisch betrachtet ist der Vorgang bei V wie eine reine Entnahme zu sehen. Da der Vorgang aber in Wirklichkeit jetzt – anders als früher – zum Teil eine Veräußerung darstellt, ist die Vergünstigung des § 6 b EStG möglich.

Bei S liegt zu je $^{1}/_{2}$ ein entgeltlicher und ein unentgeltlicher Vorgang vor. Hinsichtlich des entgeltlichen Teils ist als AfA, von 150.000 € ausgehend, § 7 Abs. 4 EStG anwendbar. Hinsichtlich des unentgeltlichen Teils[89] ist der halbe Teilwert (150.000 €) anzusetzen und die AfA gem. § 7 Abs. 4 EStG vorzunehmen. Da daher beide Teile gleich zu beurteilen sind, kann S von 300.000 € gem. § 7 Abs. 4 EStG abschreiben (jeweils abzgl. des Werts des Grund und Bodens).

1.4 Die Übertragung von Betrieben, Teilbetrieben und Mitunternehmeranteilen

1.4.1 Abgrenzung entgeltlich, teilentgeltlich und unentgeltlich

Zunächst ist festzuhalten, dass die bisherigen Ausführungen grundsätzlich **44**
auch hier gelten. Damit führen Abstandszahlungen, Ausgleichsleistungen,
Sachleistungen aus eigenem Vermögen und die Übernahme von allgemeinen Verbindlichkeiten zu Entgelten und damit zu Anschaffungskosten beim

---

88 Rz. 34 des BMF-Schreibens vom 13.01.1993, Fn. 2; a. A. Schmidt/Glanegger, § 6 Rz. 162 „volle Entnahme" mit weiteren Hinweisen zur Rechtsprechung.
89 § 11 d EStDV, R 7.3 Abs. 6 und R 7.4 Abs. 10 Nr. 1 EStR.

P. Die vorweggenommene Erbfolge

Übernehmer. Versorgungsleistungen, Leistungen aus übernommenem Vermögen und die Einräumung von Nutzungsrechten sind kein Entgelt und führen daher nicht zu Anschaffungskosten.[90] Gegenüber der Behandlung des Privatvermögens gibt es bei der Übertragung von Betrieben, Teilbetrieben und Mitunternehmeranteilen allerdings **zwei wesentliche Ausnahmen:**

— Zum einen gilt beim Übergeber nicht die Trennungs-, sondern die **Einheitstheorie.**[91] Beim Übernehmer sind die Rechtsfolgen umstritten.

— Zum anderen wird die Übernahme von **betrieblichen Verbindlichkeiten** nicht zum Entgelt gerechnet.[92]

Außerdem ist festzuhalten, dass die Auswirkungen, ob unentgeltlich oder (teil-)entgeltlich übertragen wurde, wesentlich umfangreicher sind als beim Privatvermögen.

45 Erfolgt die Betriebsübertragung in vollem Umfang **unentgeltlich,** so übernimmt der Erwerber nach § 6 Abs. 3 EStG nicht nur die Buchwerte, sondern darüber hinaus auch alle anderen steuerrechtlich relevanten Merkmale der einzelnen Wirtschaftsgüter des Aktivvermögens. Dies hat insbesondere folgende Auswirkungen:

— vom Übergeber in Anspruch genommene Abschreibungsmethoden (z. B. degressive Gebäudeabschreibung, Sonderabschreibungen, erhöhte Absetzungen) sind vom Übernehmer unverändert weiterzuführen

— die Vorbesitzzeiten i. S. des § 6 b EStG sind beim Übernehmer anzurechnen

— die Verbleibensfristen nach den Investitionszulagengesetzen werden nicht unterbrochen

— die pauschalen Buchwerte des § 55 Abs. 1 bis 4 EStG gehen unverändert auf den Erwerber über und unterliegen bei ihm weiterhin der Verlustausschlussklausel des § 55 Abs. 6 EStG

— steuerfreie Rücklagen (§§ 6 b, 6 c EStG, R 6.6 EStR) sind nicht aufzulösen; sie gehen ebenfalls unverändert auf den Übernehmer über

46 Erfolgt dagegen die Betriebsübertragung in vollem Umfang **entgeltlich,** so hat der Erwerber die von ihm aufgewendeten Anschaffungskosten zu aktivieren. Die bisherigen steuerrechtlichen Eigenschaften der Wirtschaftsgüter überleben den Transfer auf den Erwerber nicht. Für die Wirtschaftsgüter des Anlagevermögens beginnt auf der Grundlage der Anschaffungskosten in vollem Umfang eine neue Abschreibung mit neuen AfA-Sätzen. Die Vorbesitzzeiten i. S. des § 6 b EStG sind nicht anzurechnen. Andererseits stehen die vom Erwerber aufgewendeten Anschaffungskosten – soweit die übrigen Voraussetzungen erfüllt sind – als Reinvestitionsvolumen für Gewinnüber-

---

90 Vgl. oben P. Rz. 9 ff.
91 Vgl. unten P. Rz. 49 ff. und 54 ff.
92 Vgl. unten P. Rz. 59 ff.

tragungen nach den §§ 6 b, 6 c EStG zur Verfügung. Die pauschalen Buchwerte des § 55 EStG gehen nicht auf den Erwerber über, die Verlustausschlussklausel des § 55 Abs. 6 EStG kommt ausschließlich beim Veräußerer zur Anwendung; nicht abziehbare Verluste erhöhen in vollem Umfang den Veräußerungsgewinn. Steuerfreie Rücklagen nach den §§ 6 b, 6 c EStG, R 6.6 EStR sind vom Veräußerer aufzulösen; sie erhöhen ebenfalls den tarifbegünstigten Veräußerungsgewinn.

Wird ein **teilentgeltlicher** Betriebserwerb in einen entgeltlichen und einen unentgeltlichen Anteil aufgespalten, so ergeben sich für die Übernahme der einzelnen Wirtschaftsgüter anteilig sowohl die Rechtsfolgen einer unentgeltlichen Betriebsübertragung i. S. des § 6 Abs. 3 EStG als auch die Rechtsfolgen einer entgeltlichen Anschaffung. Hat der Übergeber beispielsweise die degressive Gebäudeabschreibung (§ 7 Abs. 5 EStG) in Anspruch genommen, so entstehen beim Übernehmer zwei AfA-Reihen. Für den unentgeltlich erworbenen Anteil hat der Übernehmer die degressive Abschreibung fortzuführen. Der entgeltlich erworbene Anteil kann demgegenüber im Regelfall nur linear nach § 7 Abs. 4 EStG abgeschrieben werden.[93]

47

Zusätzliche Probleme gibt es, wenn der Übernehmer mehrere Leistungen erbringt, die für sich betrachtet entweder eindeutig entgeltlich oder eindeutig unentgeltlich sind.

Beispiel:
Vater V überträgt seinen Betrieb oder seinen Mitunternehmeranteil (Wert 1 Mio. €, Buchwert des Kapitalkontos 200.000 €) auf seinen Sohn S. S hat folgende Verpflichtungen:
a) Gleichstellungsgeld i. H. von 500.000 € an seine Schwester T.
   Herausgabe eines übernommenen betrieblichen Grundstücks an T, Wert 400.000 €.
b) Abstandszahlung an V i. H. von 500.000 €.
   Versorgungsrente an V i. H. von 400.000 €.

In beiden Alternativen sind die Verpflichtungen i. H. von 500.000 Euro Entgelt und i. H. von 400.000 Euro kein Entgelt. Da aber der Wert des Betriebs bzw. Mitunternehmeranteils mit 1 Mio. Euro fast dem jeweiligen Gesamtbetrag der Leistungen des S entspricht, stellt sich die Frage des vollen Entgelts i. H. von 900.000 Euro.

Bei Verträgen zwischen Fremden spricht eine Vermutung dafür, dass Leistung und Gegenleistung kaufmännisch gegeneinander abgewogen sind und die Vermögensübertragung daher vollentgeltlich ist.[94]

Umgekehrt besteht bei Vereinbarungen zwischen Familienangehörigen eine Vermutung dahin gehend, dass die Leistungen beider Seiten nicht

48

---
93 So Märkle, DStR 1993 S. 1005.
94 BFH, BStBl II 1972, 696.

kaufmännisch abgewogen sind,[95] es sei denn, dass Leistung und Gegenleistung objektiv gleichwertig sind.[96] Die Gleichwertigkeit muss aber vom Stpfl. substantiiert dargetan und notfalls nachgewiesen werden.[97] Wird Vermögen auf künftige Erben übertragen, so wird vermutet, dass Leistung und Gegenleistung nicht kaufmännisch gegeneinander abgewogen sind. Je nach Art der vom Übernehmer zu erbringenden Leistungen ist das Geschäft steuerlich teilentgeltlich oder gar unentgeltlich. Den Vertragsparteien steht jedoch die Möglichkeit offen, durch klare und eindeutige Vereinbarungen nachzuweisen, dass tatsächlich ein auf äquivalenten Leistungen beruhendes Geschäft abgeschlossen und volle Entgeltlichkeit gewollt ist. In diesem Fall ist eine vollentgeltliche Veräußerung anzunehmen.[98] Wegen des Freibetrags gem. § 16 EStG ist in manchen solcher Übertragungen die Veräußerung von vornherein gewollt; denn der Übernehmer kann dann die hohen Werte größtenteils wieder abschreiben.

1.4.2 Rechtsfolgen beim Übergeber

1.4.2.1 Teilentgelt höher als der Buchwert des Kapitalkontos

49 Problematisch sind die Übertragungen nur dann, wenn sie teilentgeltlich vorgenommen werden. Wird ein Betrieb, Teilbetrieb oder Mitunternehmeranteil teilentgeltlich zu einem Veräußerungspreis über dem Buchwert des Kapitalkontos übertragen, so gilt für den Veräußerer die **Einheitstheorie**. Das Teilentgelt ist mit dem Buchwert des Kapitalkontos zu vergleichen, und zusätzliche Anschaffungskosten sind nur zu berücksichtigen, wenn das Teilentgelt den Buchwert des Kapitalkontos des Vorgängers überschreitet.[99] Folgt man bei der Übergabe eines Unternehmens der Einheitsbetrachtung, ergibt sich ein Veräußerungsgewinn nur dann, wenn die Ausgleichsleistungen (ggf. zzgl. einer Abstandszahlung) das Kapitalkonto übersteigen. Der BFH hat hierzu in seinem Urteil vom 10.07.1986[100] zu einem teilentgeltlichen Veräußerungsfall, nicht im Rahmen der vorweggenommenen Erbfolge, Folgendes ausgeführt:

„Eine Aufteilung des Vorgangs nach Art eines Doppelgeschäfts (wie im Privatvermögen oder bei § 17 EStG) ist bei einer teilentgeltlichen Übertragung eines Betriebs oder eines Mitunternehmeranteils nicht angezeigt. Sie würde dazu führen, dass stets ein Teil des Betriebs oder des Mitunternehmeranteils als verkauft, der andere als unentgeltlich übertragen angesehen werden müsste; sofern der Verkehrswert des Unternehmens bzw. des Mitunterneh-

---

95 BFH, BStBl II 1985, 610.
96 BFH, BStBl II 1979, 135.
97 BFH, BStBl II 1983, 99.
98 Vgl. Theilacker, S. 73.
99 BFH vom 10.07.1986, BStBl II 1986, 811, vom 22.09.1994, BStBl II 1995, 367 a. E., und vom 27.09.2006, BFH/NV 2007 S. 37; vgl. auch Rz. 35–38 des BMF-Schreibens vom 13.01.1993 und vom 26.02.2007, BStBl I 2007, 269, Fn. 2.
100 BStBl II 1986, 813 und 814.

meranteils über seinem Buchwert bzw. dem Kapitalkonto des Gesellschafters liegt, würde jede Gegenleistung einen Gewinn entstehen lassen. Demgemäß könnte der Erwerber die stillen Reserven nur in dem unentgeltlich übertragenen Anteil des Betriebsvermögens oder Mitunternehmeranteils fortführen. Wird die teilentgeltliche Übertragung dagegen als einheitlicher Vorgang betrachtet, ergibt sich ein Veräußerungsgewinn nur dann, wenn die Gegenleistung den Buchwert der Mitunternehmerbeteiligung übersteigt; der Erwerber kann gem. § 7 Abs. 1 EStDV[101] die stillen Reserven seines Vorgängers fortführen, soweit sie nicht durch die gewährte Gegenleistung aufgelöst worden sind. Das entspricht aber dem Sinn der Buchwertfortführung. Eine abweichende Auffassung ließe sich schwerlich mit dem Wortlaut des § 16 Abs. 2 EStG vereinbaren; danach ist der Veräußerungsgewinn durch Gegenüberstellung des Veräußerungspreises mit dem Buchwert des Betriebsvermögens bzw. des Mitunternehmeranteils am Betriebsvermögen zu ermitteln."

50 Der Große Senat des BFH hat sich in seinem Beschluss vom 05.07.1990[102] nur mit der Frage auseinandergesetzt, welche Leistungen des Übernehmers als Entgelt zu werten sind. Er hat sich nicht dazu geäußert, ob die Einheitstheorie auch auf eine **teilentgeltliche Übertragung** von Betrieben, Teilbetrieben und Mitunternehmeranteilen im Rahmen einer vorweggenommenen Erbfolge anzuwenden ist. Nach der im Schrifttum hierzu einhellig vertretenen Auffassung[103] wie auch nach Auffassung der Finanzverwaltung[104] sind jedoch auch teilentgeltliche Betriebsübertragungen in vorweggenommener Erbfolge auf der Seite des Übergebers nach der Einheitstheorie zu beurteilen.

Beispiel 1:

51 Vater V – 60 Jahre alt – überträgt seinen Mitunternehmeranteil an einer OHG (gemeiner Wert 800.000 €) auf seinen Sohn S. S hat an seine Schwester T ein Gleichstellungsgeld i. H. von 400.000 € zu zahlen. Der Buchwert des Kapitalkontos des V in der OHG beträgt 300.000 €.

Das Veräußerungsentgelt ist höher als der Buchwert des Kapitalkontos. V erzielt daher einen Veräußerungsgewinn von 100.000 €. In seinem Urteil vom 10.07.1986[105] führt der BFH hierzu aus:

„Dieser Veräußerungsgewinn ist tarifbegünstigt, auch wenn nicht alle stillen Reserven aufgelöst werden."

---

101 Jetzt § 6 Abs. 3 EStG.
102 Fn. 1.
103 Vgl. Schmidt/Wacker, § 16 Rz. 58 und 59; Groh, DB 1990 S. 2187; Mundt, DStR 1991 S. 698 und 702; Stefan, DB 1991 S. 2051; Märkle/Franz, BB, Beilage 5/91 S. 18; LS, DStR 1990 S. 668; Märkle, DStR 1993 S. 1005; a. A. Trompeter BB 1996 S. 2494, er befürwortet die Trennungstheorie auch bei Übergabe von Betrieben.
104 BMF-Schreiben vom 13.01.1993, Fn. 2, Rz. 35 und 38.
105 Fn. 99.

P. Die vorweggenommene Erbfolge

V erhält auf Antrag den vollen Freibetrag von 45.000 €, da der Veräußerungsgewinn 136.000 € nicht übersteigt. V muss daher nur 55.000 € gem. § 34 EStG versteuern. Dass er nur einen OHG-Anteil veräußert, spielt keine Rolle.

Beispiel 2:

52 Vater V übergibt seinen Betrieb an seinen Sohn S gegen Versorgungsleistungen:

Durchschnittlicher Gewinn	90.000 €
Durchschnittliche Jahres-AfA	15.000 €
Rentenzahlungen S an V jährlich	50.000 €
Wert des Betriebs	1.000.000 €
Gleichstellungsleistung an Schwester T	500.000 €
Kapitalkonto des V	100.000 €

S hat den Betrieb ohne Berücksichtigung der Rente zu 50 % entgeltlich erworben; Gleichstellungsgeld 500.000 €; Wert des Betriebs 1 Mio. €.

Es ist zu prüfen, ob eine Versorgungsrente im Sinne des Rentenerlasses vom 16.09.2004[106] gegeben ist. Da zu 50 % ein unentgeltlicher Übergang vorliegt, ist dementsprechend bei der Prüfung der „ausreichenden" Erträge quotal vorzugehen. Den Durchschnittserträgen von 90.000 Euro ist die AfA von 15.000 Euro hinzuzurechnen, davon 50 % = 52.500 Euro. Dies reicht aus, um die Versorgungsleistung zu finanzieren. Es liegt daher eine private Versorgungsrente vor. S kann die Rente voll als Sonderausgaben abziehen (dauernde Last)[107] und V hat sie voll gem. § 22 Nr. 1 a EStG zu versteuern. Gleichzeitig ist damit festgestellt, dass die Rente kein Entgelt ist.[108] Bei Anwendung der Einheitstheorie ist daher die Rente außer Betracht zu lassen.

V erzielt somit einen Veräußerungsgewinn i. H. von 400.000 Euro (500.000 Euro ./. 100.000 Euro, Einheitstheorie). S stockt diesen Betrag bei den Aktiva auf. Da es bei der Lösung „50 % entgeltlich und 50 % unentgeltlich" bleibt, ist bei S entsprechend weiter vorzugehen.[109]

1.4.2.2 Teilentgelt bis zur Höhe des Buchwerts des Kapitalkontos

53 Nach rein mathematischer Betrachtung müsste sich ein Veräußerungsverlust ergeben. Nach h. M. ist in diesen Fällen jedoch ein Verlustausweis nicht möglich. Es ist vielmehr von einer voll unentgeltlichen Betriebsübertragung gem. § 6 Abs. 3 EStG auszugehen. Der Übernehmer hat die Buchwerte unverändert weiterzuführen.[110]

---

106 Fn. 21.
107 Vgl. oben P. Rz. 10 ff.
108 Vgl. Rz. 50 des Rentenerlasses, Fn. 21.
109 Vgl. unten P. Rz. 54 ff.
110 Vgl. BFH vom 11.07.1973, BStBl II 1974, 50, vom 30.01.1974, BStBl II 1974, 352, vom 27.05.1981, BStBl II 1982, 211, vom 10.07.1986, BStBl II 1986, 811, und Knobbe-Keuk, StbJb 1986/87 S. 128 und 142; Märkle, StbJb 1987/88 S. 309 und 325; Reiss, FR 1990 S. 381 und 384; Schmidt/Wacker, § 16 Rz. 58 und 59; LS, DStR 1990 S. 668; Korn, KÖSDI 1993 S. 9337; Theilacker, S. 75; Märkle, DStR 1993 S. 1105; a. A. für den Bereich der Land- und Forstwirtschaft: Felix, FR 1991 S. 613 und 656.

Dem hat sich auch die Finanzverwaltung angeschlossen.[111]

Beispiel:
Wie Beispiel 1 oben P. Rz. 51. Die Ausgleichsverpflichtung des S beträgt aber nur 200.000 €.
Jetzt hat V keinen Veräußerungsgewinn zu versteuern. S übernimmt den OHG-Anteil gem. § 6 Abs. 3 EStG mit den Buchwerten. Die Ausgleichverpflichtung führt nicht zu Anschaffungskosten. Sie ist Vermögensangelegenheit.

Die Übertragung eines Mitunternehmeranteils im Rahmen der vorweggenommenen Erbfolge erfolgt fast immer aus privaten Gründen. Wird der Mitunternehmeranteil ausnahmsweise aus **betrieblichen Gründen** zu einem Preis veräußert, der **unter** dem Kapitalkonto des Gesellschafters liegt, so erzielt der Veräußernde einen Veräußerungsverlust. Die Gesellschaft hat in ihrer Bilanz in Höhe des Differenzbetrags Abstockungen auf die Buchwerte der bilanzierten Wirtschaftsgüter vorzunehmen.[112] Bargeld und Forderungen können wegen des Nominalprinzips allerdings nicht abgestockt werden.

1.4.3 Rechtsfolgen beim Übernehmer
1.4.3.1 Die Problematik der Einheitstheorie allgemein

Es stellt sich ganz einfach die Frage, ob die Einheitstheorie auch beim Übernehmer gilt. Ausgangspunkt ist die Eröffnungsbilanz des Übernehmers. Einig ist man sich über die Wertansätze. Bei einer teilentgeltlichen Veräußerung, bei der stille Reserven aufgedeckt werden – Entgelt liegt über dem Buchwert des Kapitalkontos –, hat der Erwerber aufzustocken. Werden keine stillen Reserven aufgedeckt, hat der Übernehmer die Bilanzansätze des Übergebers gem. § 6 Abs. 3 EStG fortzuführen.
Ungeklärt ist die steuerliche Wertung der Bilanzansätze in der **Folgezeit.**
Denkbar sind vier Lösungsmöglichkeiten:
— **Einheitstheorie**
— **Trennungstheorie,** auf die Eröffnungsbilanz des Übernehmers bezogen
— **Trennungstheorie,** auf die Buchwerte des Veräußerers bezogen
— **Nachträgliche Anschaffungskosten**

Wertet man die teilentgeltliche Betriebsübernahme als einen einheitlichen Vorgang, so hat der Übernehmer in seiner Eröffnungsbilanz ausschließlich eigene Anschaffungskosten für vollständig neue Wirtschaftsgüter aktiviert. Teilt man dagegen die Übernahme in einen entgeltlichen und einen unentgeltlichen Teil auf, so enthalten die Bilanzansätze des Übernehmers qualitativ neben eigenen Anschaffungskosten auch vom Übergeber nach § 6 Abs. 3 EStG anteilig übernommene Buchwerte. Die Wirtschaftsgüter sind daher zum Teil völlig neu erworben und zum Teil vom Rechtsvorgänger als alte

---
111 Vgl. Rz. 38 des BMF-Schreibens vom 13.01.1993, Fn. 2.
112 BFH vom 12.12.1996, BStBl II 1998, 180.

P. Die vorweggenommene Erbfolge

Wirtschaftsgüter übernommen. Behandelt man die Aufstockungsbeträge als nachträgliche Anschaffungskosten, hat der Übernehmer die alten Wirtschaftsgüter des Rechtsvorgängers übernommen.

Sind die Anschaffungskosten (z. B. Abstandssumme, Gleichstellungsgeld) geringer als das Kapitalkonto, werden zwar keine stillen Reserven aufgedeckt. Die Wertansätze in der Schlussbilanz des Übergebers und der Eröffnungsbilanz des Übernehmers sind daher der Höhe nach identisch. Dennoch stellt sich die Frage, ob dem Übernehmer z. B. in Höhe eines Gleichstellungsgeldes qualitativ eigene Anschaffungskosten entstehen oder ob er die alten Buchwerte übernimmt. Bejaht man eigene Anschaffungskosten, so übernimmt der Übernehmer die Buchwerte des Übergebers nach § 6 Abs. 3 EStG lediglich in Höhe der Differenz zwischen den Anschaffungskosten (z. B. dem Gleichstellungsgeld) und dem Kapitalkonto, geht man von der Trennungstheorie aus.

Im Urteil vom 22.09.1994[113] hat der BFH a. E. Folgendes wörtlich ausgeführt:

„Eine unterschiedliche Behandlung des Geschäfts beim Betriebsübergeber und beim Betriebsübernehmer, nämlich als einheitliches entweder entgeltliches oder unentgeltliches Geschäft beim Betriebsübergeber und als teilentgeltliches Geschäft beim Betriebserwerber mit der Folge, dass dieser die Buchwerte der übernommenen Wirtschaftsgüter nur anteilig fortführt und im Übrigen seine Aufwendungen als Anschaffungskosten aktiviert, kommt nach Auffassung des Senats nicht in Betracht."

Damit geht der BFH auch beim Übernehmer von der Einheitstheorie aus. Die Verwaltung sieht dies anders.[114]

In der Literatur werden verschiedene Lösungen angeboten. Pape, Stephan, Obermeier, Trompeter und Obermüller[115] wollen immer in einen unentgeltlichen und entgeltlichen Teil aufteilen, z. T. mit unterschiedlichen Ergebnissen. Halbig[116] geht von § 6 Abs. 3 EStG aus und will aufgedeckte stille Reserven als nachträgliche Anschaffungskosten aktivieren. Märkle, Korn und Schmidt/Wacker[117] wollen immer einheitlich verfahren.

1.4.3.2 Teilentgelt bis zur Höhe des Buchwerts des Kapitalkontos

55 Da der Übernehmer in diesem Falle die Buchwerte des Übergebers gem. § 6 Abs. 3 EStG fortzuführen hat, geht die Verwaltung im BMF-Schreiben vom 13.01.1993[118] davon aus, dass er **qualitativ keine eigenen Anschaffungskos-**

---

113 BStBl II 1995, 367.
114 Rz. 35–38 des BMF-Schreibens vom 13.01.1993, Fn. 2.
115 Pape, INF 1991 S. 221 und 245; Stephan, DB 1991 S. 2051; Obermeier, DStR 1993 S. 77 und 85; Trompeter, BB 1996 S. 2494; Obermüller, INF 1991 S. 409.
116 INF 1991 S. 533.
117 Märkle, DStR 1993 S. 1005; Korn, KÖSDI 2001 S. 12705; Schmidt/Wacker, § 16 Rz. 59.
118 Fn. 2, Rz. 38.

ten hat. Damit sind die Abschreibungen des Übergebers einfach fortzusetzen. Die Vorbesitzzeiten sind zwar anzurechnen und die Verbleibensfristen laufen zwar weiter, aber nur hinsichtlich des unentgeltlichen Teils.[119] Die vom Übernehmer zu erbringenden Leistungen, die an sich zu Entgelt führen (z. B. Gleichstellungsgelder und Abstandszahlungen), sind ertragsteuerlich als unbeachtliche Zuwendungen gem. § 12 Nr. 2 EStG anzusehen. Sie führen nicht zu Anschaffungskosten.

Diese Auffassung der Verwaltung ist grundsätzlich zu begrüßen. Sie bringt nur bei den Vorbesitzzeiten und Verbleibensfristen Komplizierungen. Geht man von der Einheitstheorie aus, werden neue Fristen in Gang gesetzt.

1.4.3.3 Teilentgelt höher als der Buchwert des Kapitalkontos

Nach Ansicht der Verwaltung[120] soll hier die Trennungstheorie gelten, d. h. anders als beim Übergeber. **56**

Trennt man die erworbenen Wirtschaftsgüter in einen entgeltlichen und einen unentgeltlichen Teil, sind diese aus der Sicht des Erwerbers zum Teil mit den **neuen** Anschaffungskosten (= entgeltlich) und zum Teil mit den **alten** Anschaffungskosten des Übergebers (= unentgeltlich) anzusetzen. Eine Trennung in einen unentgeltlichen und einen entgeltlichen Anteil ist nach Auffassung der Finanzverwaltung dabei nicht nur bei der AfA, sondern auch bei den Verbleibensfristen (Investitionszulagengesetze) und bei den Vorbesitzzeiten (§ 6 b EStG) vorzunehmen. Nur in Bezug auf den unentgeltlich übertragenen Teil der Wirtschaftsgüter werden beim Übergeber Verbleibensfristen nicht unterbrochen und Vorbesitzzeiten beim Übernehmer angerechnet.[121] Offen ist, ob bei der Trennung auf die Eröffnungsbilanz des Übernehmers oder die Buchwerte beim Veräußerer abzustellen ist.[122]

Im Beispiel 1, P. Rz. 51, wären alle Wirtschaftsgüter zu ½ entgeltlich und zu ½ unentgeltlich erworben, stellt man auf den Erwerber ab. Der entgeltliche Bruch ergibt sich aus dem Verhältnis der gesamten Anschaffungskosten (400.000 Euro) zum Verkehrswert des Mitunternehmeranteils (800.000 Euro).

Die Trennungstheorie führt in der Praxis zu erheblichen Schwierigkeiten. Will man diesen Schwierigkeiten aus dem Wege gehen, sollte man die aufgestockten Beträge als **nachträgliche Anschaffungskosten** behandeln. Die Finanzverwaltung lässt dies in Rz. 37 Abs. 2 des BMF-Schreibens vom 13.01.1993[123] zu. Damit unterstellt sie, dass die Buchwerte gem. § 6 Abs. 3 EStG übergegangen sind. **57**

---
119 Fn. 2, Rz. 41.
120 BMF vom 13.01.1993, Rz. 35, Fn. 2, mit einem ausführlichen Beispiel.
121 Rz. 41 des BMF-Schreibens vom 13.01.1993, Fn. 2.
122 Märkle, DStR 1993 S. 1005, sehr ausführlich.
123 Fn. 2.

P. Die vorweggenommene Erbfolge

Aus dogmatischen und aus praktischen Gründen halten wir es für vernünftiger, von der **Einheitstheorie** auch beim Übernehmer auszugehen. Wenn der Übergeber die stillen Reserven zum Teil schon versteuern muss, bietet sich dieser Weg geradezu an. Außerdem kann man auf den BFH[124] verweisen.

1.4.4 Übernahme von privaten Verbindlichkeiten

58 Unter privaten Verbindlichkeiten sind hier nicht nur solche zu verstehen, die mit Privatvermögen zusammenhängen, sondern auch solche, die in einem anderen Betriebsvermögen passiviert sind. Hier gelten unbestritten die unter P. Rz. 31 ff. dargestellten Ausführungen. Die Übernahme von privaten Verbindlichkeiten führt daher in jedem Fall zu Anschaffungskosten beim Übernehmer.[125]

Beispiel:

Vater V überträgt seinen Mitunternehmeranteil an einer OHG (Buchwert des Kapitalkontos 200.000 €; gemeiner Wert 600.000 €) auf seine Tochter T. T hat aber eine Verbindlichkeit des V i. H. von 100.000 € zu übernehmen, die V beim Kauf eines Sportwagens eingegangen ist. Außerdem hat sie eine betriebliche Verbindlichkeit aus einem Einzelbetrieb des V i. H. von 150.000 € zu übernehmen.

Beide Verbindlichkeiten stellen Veräußerungsentgelte und Anschaffungskosten dar. Da sie zusammen höher sind als der Buchwert des Kapitalkontos, hat V einen Veräußerungsgewinn von 50.000 € (100.000 € + 150.000 € ./. 200.000 €) gem. §§ 16, 34 EStG zu versteuern. Die betriebliche Schuld in seinem Einzelbetrieb hat er zu „entnehmen", weil es sich um einen privaten Vorgang handelt.

Buchung:

Verbindlichkeit 150.000 € an Privateinlage 150.000 €

Bei T liegt ein teilentgeltliches Anschaffungsgeschäft vor. Sie hat nach der Einheitstheorie die 50.000 € aufzustocken; und zwar, da es sich um einen OHG-Anteil handelt, hat sie dies im Rahmen einer Ergänzungsbilanz zu tun.

Aktiva	Ergänzungsbilanz T		Passiva
Diverse Anlage- und Umlaufvermögen	50.000 €	Kapital	50.000 €

Die Weiterbehandlung des Anlage- und Umlaufvermögens bei T ergibt sich aus den allgemeinen Grundsätzen.[126]

Die Verbindlichkeiten sind in einer Sonderbilanz zu passivieren.

---

124 BFH vom 22.09.1994, BStBl II 1995, 367.
125 BFH vom 08.11.1990, BStBl II 1991, 450, und Rz. 27 des BMF-Schreibens vom 13.01.1993, Fn. 2.
126 Vgl. oben P. Rz. 56.

Aktiva	Sonderbilanz T	Passiva
Kapital	250.000 €	Sonstige Verbindlichkeiten 250.000 €

1.4.5 Übernahme von betrieblichen Verbindlichkeiten

1.4.5.1 Vollentgeltliche Betriebsveräußerung

Die oben[127] dargestellten Ausführungen gelten auch hier. Die Übernahme von Verbindlichkeiten des Veräußerers durch den Erwerber führt im Rahmen eines vollentgeltlichen Betriebserwerbs zu Anschaffungskosten. Der Große Senat des BFH verweist insoweit u. a. auf die Urteile vom 31.05.1972[128] und vom 17.01.1989,[129] in denen der BFH allein die Übernahme bestehender Betriebsschulden als Veräußerungsentgelt und Anschaffungskosten gewertet hat.

59

1.4.5.2 Unentgeltliche Betriebsübertragung

Der Große Senat des BFH beurteilt in seinem Beschluss vom 05.07.1990[130] diese Rechtsfrage bei unentgeltlicher Übertragung von Betrieben, Teilbetrieben und Mitunternehmeranteilen anders. Er führt wörtlich aus:

„Eine abweichende Beurteilung ist jedoch geboten, wenn ein Betrieb oder ein Mitunternehmeranteil übertragen wird und zum Betriebsvermögen, wie es regelmäßig der Fall ist, Verbindlichkeiten gehören. Wie sich aus § 16 Abs. 1 und Abs. 3 EStG ergibt, führt die Übertragung eines Gewerbebetriebs ggf. zu einem Gewinn, wenn der Betrieb im Ganzen veräußert oder aber vom bisherigen Betriebsinhaber aufgegeben wird; Letzteres verlangt, dass der Betrieb als selbständiger Organismus des Wirtschaftslebens zu bestehen aufhört.[131] Wird ein Betrieb im Ganzen unentgeltlich auf einen Dritten übertragen, ist weder der Tatbestand der Betriebsveräußerung noch der Betriebsaufgabe oder der Entnahme erfüllt. Da der Übergeber danach keinen Gewinn verwirklicht, muss der Übernehmer hinsichtlich der vorhandenen positiven und negativen Wirtschaftsgüter des Betriebs an die Buchwerte seines Vorgängers anknüpfen . . .[132] Dies schließt es aus, im Übergang der Verbindlichkeiten ein Entgelt zu sehen."[133]

60

Man kann sich dies so vorstellen: Bei einer Erbfolge tritt der Erbe voll in die Rechtsstellung des Erblassers ein. Er übernimmt damit alle Wirtschaftsgüter so, wie sie beim Erblasser steuerlich zu behandeln waren. Man spricht von Gesamtrechtsnachfolge. Er hat daher keine eigenen Anschaffungskosten,

---

127 P. Rz. 31.
128 BStBl II 1972, 696.
129 BStBl II 1989, 563.
130 BStBl II 1990, 847, Fn. 1.
131 BFH vom 07.10.1974, GrS 1/73, BStBl II 1974, 168, sowie vom 29.11.1988, BStBl II 1989, 602, und vom 07.04.1989, BStBl II 1989, 847.
132 BFH vom 23.04.1971, BStBl II 1971, 686.
133 BFH, BStBl II 1971, 686, und vom 24.08.1972, BStBl II 1973, 111.

P. Die vorweggenommene Erbfolge

sondern er übernimmt die Anschaffungskosten des Erblassers. Bei dieser Denkweise ist kein Raum dafür vorhanden, sich die Verbindlichkeiten als umgewidmet vorzustellen und dann neue Anschaffungskosten anzunehmen. Bei einer unentgeltlichen Übertragung eines Betriebs, Teilbetriebs oder Mitunternehmeranteils im Wege einer Schenkung ist dies genauso, wenn man § 6 Abs. 3 EStG anwendet. Diese Vorschrift geht auch von einer „kleinen Gesamtrechtsnachfolge" aus, eben von sämtlichen Wirtschaftsgütern eines Betriebs, Teilbetriebs oder Mitunternehmeranteils, die gleichzeitig unentgeltlich übergehen.

1.4.5.3 Teilentgeltliche Betriebsübertragung

61 Da die Verwaltung[134] nicht unterscheidet zwischen einer unentgeltlichen und einer teilentgeltlichen Übertragung, kommt sie grundsätzlich in den Fällen, bei denen ein Betrieb, Teilbetrieb oder Mitunternehmeranteil teilentgeltlich übergeht und in diesem Zusammenhang Betriebsschulden übernommen werden, nicht zur Annahme von Veräußerungsentgelten und Anschaffungskosten.

Auch das Urteil des BFH vom 09.11.1990 und ein Teil des Schrifttums[135] gehen davon aus, dass die Übernahme betrieblicher Verbindlichkeiten auch bei teilentgeltlichen Betriebsübertragungen generell nicht zu Anschaffungskosten des Übernehmers führt. In dem Urteil vom 16.12.1992[136] sieht der BFH dies anders. Danach gehören die Betriebsschulden bei teilentgeltlichen Übertragungen zum Entgelt dazu.

Beispiel:
Vater V überträgt im Wege der vorweggenommenen Erbfolge seinen Betrieb auf seinen Sohn S (Buchwert des Kapitalkontos 100.000 €; Teilwert Aktiva 400.000 €). S übernimmt auch die im Betrieb bestehenden Schulden i. H. von 100.000 € und hat an seine Schwester T als Ausgleich 60.000 € zu zahlen sowie ihr ein in seinem Eigentum stehendes Grundstück im Wert von 90.000 € zu übertragen.

S und T erhalten wertmäßig gleich viel; S 150.000 € (400.000 € ./. 100.000 € Schulden ./. 60.000 € Ausgleich ./. 90.000 € eigenes Grundstück) und T 150.000 € (60.000 € Ausgleich + 90.000 € Grundstück des S). Da S nur Schulden des Betriebs übernimmt und das Kapitalkonto des Betriebs nicht negativ ist,[137] hat S nach Verwaltungsauffassung nur Anschaffungskosten i. H. von 150.000 € (60.000 € Ausgleich und 90.000 € eigenes Grundstück). Die Schuldübernahme i. H. von 100.000 € wird dann nach dieser Auffassung nicht berücksichtigt. Danach hat S 50.000 € aufzustocken (Anschaffungskosten 150.000 € ./. Kapital Betrieb 100.000 €). V hat dementsprechend gem. §§ 16, 34 EStG 50.000 € zu versteuern.

---

134 Rz. 29 des BMF-Schreibens vom 13.01.1993, Fn. 2.
135 BStBl II 1991, 450. Schmidt/Wacker, § 16 Rz. 68; Mundt, DStR 1991 S. 698; Pape, INF 1991 S. 221 und 222; Schnoor, StBp 1992 S. 29 und 32.
136 BStBl II 1993, 436.
137 Vgl. Rz. 30 und 31 des BMF-Schreibens vom 13.01.1993, Fn. 2.

Wie das BFH-Urteil vom 22.09.1994,[138] Schmidt/Wacker[139] und Märkle[140] sind wir der Meinung, dass auch beim Erwerber die Einheitstheorie anzuwenden ist.[141] Dieser Grundsatz sollte auch dann gelten, wenn Verbindlichkeiten übernommen werden.

Märkle meint:

„Der BFH-Rechtsprechung kann nach alledem m. E. lediglich entnommen werden, dass die Übernahme betrieblicher Verbindlichkeiten nur dann nicht zu Anschaffungskosten führt, wenn die Übertragung des Betriebs oder Mitunternehmeranteils unentgeltlich ... erfolgt. Erfolgt die Übertragung dagegen entgeltlich, so liegt in der Übernahme der betrieblichen Verbindlichkeiten nach allgemeinen Grundsätzen eine zusätzliche Gegenleistung für die einzelnen aktiven Wirtschaftsgüter. Diese Grundsätze sind konsequent auch bei der Beurteilung teilentgeltlicher Betriebsübertragungen zu beachten.

Wenn es richtig wäre, dass man in Anwendung der Trennungstheorie eine teilentgeltliche Betriebsübertragung beim Übernehmer in einen entgeltlichen und einen unentgeltlichen Anteil aufteilen muss, dann könnten auch die übernommenen betrieblichen Verbindlichkeiten von der Aufteilung nicht ausgenommen und nicht insgesamt dem unentgeltlichen Teil zugeordnet werden; sie wären dann vielmehr, soweit sie anteilig den entgeltlichen Teil betreffen, als Anschaffungskosten zu behandeln.

Da ich ... auch beim Erwerber die Anwendung der Einheitstheorie bevorzuge, mithin eine teilentgeltliche Betriebsübertragung auf der Grundlage der Einheitstheorie auch beim Übernehmer als einen einheitlichen vollentgeltlichen oder voll unentgeltlichen Vorgang betrachte, komme ich zu anderen Ergebnissen.

Bei einem Teilentgelt bis in Höhe des Kapitalkontos erfolgt die Betriebsübertragung nach § 7 Abs. 1 EStDV (jetzt § 6 Abs. 3 EStG) in vollem Umfang unentgeltlich. Der unentgeltliche Erwerber übernimmt demzufolge mit den aktiven Wirtschaftsgütern auch die betrieblichen Verbindlichkeiten unentgeltlich. Ist das Teilentgelt höher als das Kapitalkonto, so ist die Übertragung wie eine vollentgeltliche Betriebsveräußerung zu behandeln. Aus der Übernahme der betrieblichen Verbindlichkeiten ergeben sich daher zusätzliche Anschaffungskosten für die aktiven Wirtschaftsgüter. Der Erwerber aktiviert in seiner Eröffnungsbilanz ausschließlich eigene Anschaffungskosten ..."

Auf das obige Beispiel bezogen bedeutet dies, da das Teilentgelt höher als der Buchwert des Kapitalkontos ist, dass V nicht 50.000 Euro, sondern 150.000 Euro gem. §§ 16, 34 EStG zu versteuern und S dementsprechend auch nicht nur 50.000 Euro, sondern 150.000 Euro aufzustocken hat.

---
138 BStBl II 1995, 367.
139 § 16 Rz. 59.
140 DStR 1993 S. 1009.
141 Vgl. oben P. Rz. 54.

P. Die vorweggenommene Erbfolge

Berater sollten sich auf beide Lösungsmöglichkeiten einstellen, bis diese Rechtsfrage endgültig entschieden ist.

1.4.5.4 Das negative Kapitalkonto

62 Nach Rz. 31 des BMF-Schreibens vom 13.01.1993[142] soll für den Fall, dass neben der Übernahme eines negativen Kapitalkontos noch entgeltliche Leistungen erbracht werden (z. B. Gleichstellungsgelder), eine entgeltliche Vermögensübertragung vorliegen. Anschaffungskosten seien dann die entgeltlichen Leistungen und das negative Kapitalkonto.[143]

Beispiel 1:

Vater V überträgt seinem Sohn S seinen Betrieb unentgeltlich. Der gemeine Wert beträgt 160.000 €.

Aktiva		Bilanz V	Passiva
Aktiva	100.000 €	Verbindlichkeiten	300.000 €
Kapital	200.000 €		
	300.000 €		300.000 €

S übernimmt den Betrieb vollständig gem. § 6 Abs. 3 EStG zu seinen Buchwerten. Die Verbindlichkeiten werden nicht zu Anschaffungskosten.

Alternative:

63 S hat seiner Schwester T 80.000 € als Ausgleich zu zahlen.

Das an T zu zahlende Gleichstellungsgeld von 80.000 € zzgl. des negativen Kapitalkontos führen nach Rz. 31 des BMF-Schreibens vom 13.01.1993[142] zu einem Veräußerungsentgelt i. H. von 280.000 €, das gleichzeitig bei V der Veräußerungsgewinn gem. §§ 16, 34 EStG ist. S hat in gleicher Höhe Anschaffungskosten und muss aufstocken.

Buchung: „Aktiva 280.000 € an Kapital V 200.000 € und sonstige Verbindlichkeiten 80.000 €."

Aktiva		Bilanz S	Passiva
Aktiva	380.000 €	Verbindlichkeiten	300.000 €
		Sonstige Verbindlichkeiten	80.000 €
	380.000 €		380.000 €

Der Unterschied zwischen Grundfall und Alternative ist enorm. Soll dies auch gelten, wenn S z. B. nur 10 Euro an seine Schwester zahlen muss? Diese Ausführungen in Rz. 31 des BMF-Schreibens vom 13.01.1993[142] in dieser vereinfachten Form zum negativen Kapitalkonto halten wir nicht für richtig.

---

142 Fn. 2.
143 Vgl. auch BFH vom 16.12.1992, BStBl II 1993, 436, und H 16 Abs. 7 (Negatives Kapitalkonto) EStH.

Einmal verweist der Große Senat des BFH in seinem Beschluss vom 05.07.1990[144] auf zwei frühere Urteile des BFH vom 23.04.1971[145] und vom 24.08.1972.[146] In beiden Urteilen wurde ein Betrieb bzw. Mitunternehmeranteil im Rahmen einer vorweggenommenen Erbfolge mit negativem Kapitalkonto übertragen. In beiden Fällen hat der BFH die Übertragung aber nicht als entgeltliches Veräußerungsgeschäft, sondern insgesamt als einen auf familiären Gründen beruhenden unentgeltlichen Vorgang i. S. des § 6 Abs. 3 EStG beurteilt. Er sah daher in der Übernahme der betrieblichen Verbindlichkeiten weder ein Veräußerungsentgelt noch Anschaffungskosten für die aktiven Wirtschaftsgüter.

Zum anderen ist u. E. bedeutsam, dass ein negatives Kapitalkonto durch betriebliche Verluste und durch Entnahmen entstehen kann. Und Entnahmen dürften diese Rechtsfolgen nicht so stark beeinflussen. Folgende Beispiele mögen dies verdeutlichen:

Beispiel 2:
Vater V überträgt auf seine Tochter T seinen Mitunternehmeranteil an einer OHG (Buchwert des Kapitalkontos 100.000 €; gemeiner Wert des Anteils 600.000 €). T hat die anteiligen betrieblichen Verbindlichkeiten des V in der OHG i. H. von 180.000 € zu übernehmen sowie ihrem Bruder S ein Gleichstellungsgeld von 210.000 € zu erbringen (600.000 € ./. 180.000 € = 420.000 €, davon ¹/₂ = 210.000 €).

In Höhe des Gleichstellungsgeldes hat die T Anschaffungskosten. Die Verbindlichkeiten werden nach Verwaltungsauffassung nicht berücksichtigt. Da die Anschaffungskosten i. H. von 210.000 € den Buchwert des Kapitalkontos um 110.000 € übersteigen, liegt nach der Einheitstheorie insoweit ein Veräußerungsgewinn des V gem. §§ 16, 34 EStG i. H. von 110.000 € vor, und die T hat aufzustocken.

Da es sich um einen OHG-Anteil handelt, muss T eine Ergänzungsbilanz und eine Sonderbilanz einrichten:

Aktiva	Ergänzungsbilanz T		Passiva
Diverses Anlage- und Umlaufvermögen	110.000 €	Kapital	110.000 €

Aktiva	Sonderbilanz T		Passiva
Kapital	390.000 €	Sonstige Verbindlichkeiten	390.000 €

Beispiel 3:
Wie Beispiel 2, V hat ein negatives Kapitalkonto von 50.000 €. Dies ist im Vergleich zu Beispiel 2 dadurch entstanden, dass V mit Zustimmung der restlichen OHG-Gesellschafter kurz vor Übertragung des OHG-Anteils auf T 150.000 €

---

144 Fn. 1.
145 BStBl II 1971, 686.
146 BStBl II 1973, 111.

P. Die vorweggenommene Erbfolge

für private Zwecke entnommen hat. Wert des OHG-Anteils damit nur noch 450.000 € (600.000 € ./. 150.000 € Entnahme).

An Gleichstellungsgeld hat S daher auch nur 135.000 € zu erbringen (450.000 € ./. 180.000 € = 270.000 €, davon $^1/_2$ = 135.000 €).

Nach Rz. 31 des BMF-Schreibens vom 13.01.1993[142] soll T Anschaffungskosten haben i. H. von 185.000 € (Gleichstellungsgeld 135.000 € + Höhe des negativen Kapitalkontos 50.000 €). Damit soll V auch einen Veräußerungsgewinn i. H. von 185.000 € gem. §§ 16, 34 EStG versteuern. T hat diesen Betrag aufzustocken, d. h. eine Ergänzungsbilanz und eine Sonderbilanz einzurichten:

Aktiva	Ergänzungsbilanz T		Passiva
Diverses Anlage- und Umlaufvermögen	185.000 €	Kapital	185.000 €

Die sonstigen Verbindlichkeiten der Sonderbilanz betragen 315.000 € (180.000 € + 135.000 €).

Die Entnahme bewirkt also, dass im Beispiel 3 185.000 Euro zu versteuern sind, während es im Beispiel 2 nur 110.000 Euro sind, u. E. ein unannehmbares Ergebnis.

Hinzu kommt, dass nach dieser Verwaltungsauffassung beim Vorhandensein eines negativen Kapitalkontos eine Ausgleichsleistung von nur einem Euro einen Veräußerungsgewinn in Höhe des negativen Kapitalkontos plus einen Euro auslöst. Wird dagegen auf die Ausgleichsleistung verzichtet, soll ein voll unentgeltlicher Vorgang gem. § 6 Abs. 3 EStG vorliegen.

Einem Berater kann daher nur geraten werden, seinen Mandanten zu empfehlen, vor Übergabe eines Betriebs im Rahmen der vorweggenommenen Erbfolge ein negatives Kapitalkonto durch eine Einlage auszugleichen, denn das negative Kapitalkonto erhöht nach dieser Auffassung den Veräußerungsgewinn.

Insgesamt wäre es u. E. vernünftiger, auch beim negativen Kapitalkonto von denselben Grundsätzen auszugehen und nicht danach zu differenzieren, ob sonstige Entgelte vorliegen oder nicht.

Dies wäre dann einfach, wenn man auch bei der teilentgeltlichen Übertragung von der Einheitstheorie ausginge.[147]

1.4.6 Unentgeltliche Übertragung eines Mitunternehmeranteils gegen Versorgungsleistungen

65 Viele der oben dargestellten Probleme können auftauchen, wenn ein Mitunternehmeranteil gegen Versorgungsleistungen unentgeltlich übertragen wird. Dies soll an einem zusammenfassenden Beispiel dargestellt werden:

---

147 Vgl. oben P. Rz. 61.

1 Einkommensteuer

Beispiel:

Vater V überträgt im Wege der vorweggenommenen Erbfolge seinen Mitunternehmeranteil an der UMV-OHG (Buchwert 600.000 €, gemeiner Wert 1 Mio. €) auf seinen Sohn S gegen eine monatliche Leibrente von 12.000 €. Der versicherungsmathematische Wert der Rente und der Wert nach dem BewG betragen:
a)   960.000 €
b) 2.400.000 €
c) 1.600.000 €
d)   700.000 €
e)   500.000 €

Wie sind die steuerrechtlichen Auswirkungen bei V und S?

Alternative a):

Bei der geringen Differenz zwischen dem gemeinen Wert des Mitunternehmeranteils von 1 Mio. € und der Gegenleistung, Rentenwert 960.000 €, ist von einem entgeltlichen Geschäft auszugehen. Es ist anzunehmen, dass die Beteiligten zumindest subjektiv die Vorstellung hatten, dass Leistung und Gegenleistung sich ausgleichen. Es liegt eine **Veräußerungsrente** vor.[148]

Der Vater veräußert daher den Mitunternehmeranteil. Er versteuert entweder gem. §§ 16, 34 EStG 360.000 €. Die Rente ist dann gem. § 22 Nr. 1 Satz 3 Buchstabe a Doppelbuchstabe bb EStG mit ihrem Ertragsanteil zu erfassen. Oder er versteuert die stillen Reserven gem. §§ 15, 24 EStG, sobald der Buchwert des Kapitalkontos überschritten ist. Die Zinsen sind bei Veräußerungen ab 01.01.2004 bereits von Anfang an im Zeitpunkt des Zuflusses gem. §§ 15, 24 EStG zu erfassen.[149] Der Sohn hat Anschaffungskosten i. H. von 960.000 € und muss daher die Buchwerte der einzelnen Wirtschaftsgüter i. H. von 360.000 € in einer Ergänzungsbilanz aufstocken. Die Rente ist in einer Sonderbilanz zu passivieren und versicherungsmathematisch – in Ausnahmefällen auch buchhalterisch – aufzulösen. Die Zinsen sind Sonderbetriebsausgaben.

Alternative b):

Zunächst ist zu prüfen, ob die Erträge des Mitunternehmeranteils ausreichen, die Leibrente zu finanzieren:

- Wirft der Mitunternehmeranteil genügend Erträge ab, um die Leibrente voll zu finanzieren, dann liegt eine **Versorgungsrente** vor. In diesem Fall ist der Mitunternehmeranteil vom Sohn gem. § 6 Abs. 3 EStG weiterzuführen. Die Rente ist beim Sohn als dauernde Last voll als Sonderausgabe abzugsfähig und beim Vater gem. § 22 Nr. 1 b EStG voll zu versteuern.

- Ist dies nicht der Fall, weil der Mitunternehmeranteil nur noch Verluste bringt, oder reichen die Erträge nicht aus, um die Leibrente voll zu finanzieren, liegt keine Versorgungsrente vor. Da dann der Barwert der Rente mehr als doppelt so hoch ist wie der Wert des übertragenen Vermögens, ist nach Rz. 50 Satz 6 des Rentenerlasses § 12 Nr. 2 EStG anzunehmen.

---

148 Rz. 4 des Rentenerlasses, Fn. 21.
149 R 16 Abs. 11 Satz 7 EStR und Schmidt/Heinicke, § 4 Rz. 78.

P. Die vorweggenommene Erbfolge

Es liegt eine **Unterhaltsrente bei einem Mitunternehmeranteil** vor. Damit hat der Vater nichts zu versteuern und der Sohn keine Abzugsmöglichkeit als Sonderausgaben. Der Sohn setzt den Mitunternehmeranteil gem. § 6 Abs. 3 EStG mit seinen Buchwerten an. Die Rentenschuld ist privat.

Alternative c):
Auch hier ist zunächst zu überprüfen, ob die Erträge des Mitunternehmeranteils ausreichen, die Leibrente zu finanzieren:

– Wirft der Mitunternehmeranteil genügend Erträge ab, um die Leibrente voll zu finanzieren, liegt eine **Versorgungsrente** vor. In diesem Fall ist die Rente beim Sohn wie in der Alternative b) eine dauernde Last, also voll Sonderausgabe, und beim Vater gem. § 22 Nr. 1 b EStG voll zu versteuern. Der Sohn hat den Mitunternehmeranteil mit seinen Buchwerten gem. § 6 Abs. 3 EStG weiterzuführen.

– Bringt der Mitunternehmeranteil nur noch Verluste oder reichen die Erträge nicht aus, die Leibrente voll zu finanzieren, liegt keine Versorgungsrente vor. Es ist dann von einer **teilentgeltlichen Veräußerung** bei einem Mitunternehmeranteil des Betriebs auszugehen. Da der Barwert der Rente höher ist als der Wert des Mitunternehmeranteils, ist nach Rz. 50 Satz 4 des Rentenerlasses von einer Entgeltlichkeit in Höhe des angemessenen Kaufpreises auszugehen. Der übersteigende Betrag ist eine Zuwendung i. S. des § 12 Nr. 2 EStG.[150]

Geht man nun von einem Kaufpreis von 1 Mio. € aus, veräußert der Vater den Betrieb und hat wie in der Alternative a) zu verfahren. Also entweder Versteuerung gem. §§ 16, 34 EStG i. H. von 400.000 € (1 Mio. € ./. 600.000 € Buchwert). Die Rente ist dann gem. § 22 Nr. 1 Satz 3 Buchstabe a Doppelbuchstabe bb EStG mit dem Ertragsanteil zu erfassen. Oder die stillen Reserven sind gem. §§ 15, 24 EStG zu versteuern, sobald der Buchwert des Kapitalkontos überschritten ist. Die Zinsen sind ab 01.01.2004 von Anfang an zu versteuern. Der Sohn hat Anschaffungskosten i. H. von 1 Mio. € und muss die Buchwerte der einzelnen Wirtschaftsgüter in einer Ergänzungsbilanz um 400.000 € aufstocken. Die Rente ist in einer Sonderbilanz zu passivieren und wie in Alternative a) aufzulösen. Die Zinsen sind Betriebsausgaben.

Alternative d):
– Wirft der Mitunternehmeranteil genügend Erträge ab, um die Leibrente voll zu finanzieren, liegt eine **Versorgungsrente** vor mit der Lösung wie in der Alternative c).

– Reichen die Erträge des Mitunternehmeranteils nicht aus, die Leibrente voll zu finanzieren, liegt ein **teilentgeltlicher Vorgang** im Sinne der Rz. 50 Satz 3 des Rentenerlasses vor. Es gilt hier die Einheitsbetrachtung. Das Teilentgelt wird mit dem Buchwert des Kapitalkontos verglichen und zusätzliche Anschaffungskosten sind nur zu berücksichtigen, wenn das Teilentgelt den Buchwert überschreitet.[151] Folglich hat der Vater gem. §§ 16, 34 EStG unter

---

[150] Rz. 50 Satz 5 des Rentenerlasses, Fn. 21.
[151] BFH, BStBl II 1986, 811, sowie Rz. 35 des BMF-Schreibens vom 13.01.1993, BStBl I 1993, 80, und oben P. Rz. 49 ff.

1 Einkommensteuer

Abzug eines eventuellen Freibetrags folgenden Veräußerungsgewinn zu versteuern:

Veräußerungspreis	700.000 €
Buchwert	600.000 €
Veräußerungsgewinn	100.000 €

Der Sohn hat die Buchwerte in einer Ergänzungsbilanz um 100.000 € aufzustocken. Die Rente ist vom Vater gem. § 22 Nr. 1 Satz 3 Buchstabe a Doppelbuchstabe bb EStG mit ihrem Ertragsanteil zu erfassen. Beim Sohn ist die Verbindlichkeit in einer Sonderbilanz zu passivieren und versicherungsmathematisch aufzulösen. Die Zinsen sind Betriebsausgaben.

Auch beim Teilentgelt hat der Vater das Wahlrecht, die stillen Reserven im Zuflusszeitpunkt nach §§ 15, 24 EStG in voller Höhe zu versteuern, sobald und soweit diese den Buchwert des Kapitalkontos des Mitunternehmeranteils zzgl. Veräußerungskosten übersteigen.[152] Bei Veräußerungen ab 01.01.2004 ist der Zinsanteil bereits von Anfang an im Zeitpunkt des Zuflusses als nachträgliche Betriebseinnahmen gem. §§ 15, 24 EStG zu erfassen.[153]

Alternative e):

Vorzugehen ist wie in der Alternative d):[154]

- Wirft der Mitunternehmeranteil genügend Erträge ab, um die Leibrente voll zu finanzieren, liegt auch hier eine **Versorgungsrente** vor mit der Lösung wie in der Alternative c).

- Kann der Mitunternehmeranteil die Leibrente nicht voll finanzieren, ist auch hier das Teilentgelt mit dem Buchwert des Kapitalkontos zu vergleichen. Da das Teilentgelt mit 500.000 € niedriger ist als der Buchwert mit 600.000 €, liegt ein **unentgeltlicher Vorgang** vor. Der Vater hat nichts zu versteuern und der Sohn setzt die Buchwerte des Mitunternehmeranteils gem. § 6 Abs. 3 EStG an. Die Rente ist Privatangelegenheit.

1.5 Das Sonderbetriebsvermögen

1.5.1 Die Übertragung einzelner Wirtschaftsgüter des Sonderbetriebsvermögens ins Privatvermögen oder in ein anderes Betriebsvermögen des Übernehmers

1.5.1.1 Die unentgeltliche Übertragung

Hier gilt Rz. 33 des BMF-Schreibens vom 13.01.1993 entsprechend.[155]

Beispiel:

Vater V überträgt seinem Sohn S im Rahmen der vorweggenommenen Erbfolge unentgeltlich einen Parkplatz, den er, V, seiner OHG zur Nutzung überlassen

---
152 Schmidt/Wacker, § 16 Rz. 228.
153 Vgl. R 16 Abs. 11 Satz 7 EStR und Schmidt/Heinicke, § 4 Rz. 78.
154 Vgl. Rz. 50 Satz 3 des Rentenerlasses, Fn. 21.
155 Fn. 2. Vgl. auch P. Rz. 42 und B. Rz. 379 ff.; vgl. auch BMF vom 03.03.2005, BStBl I 2005, 458, Rz. 20.

P. Die vorweggenommene Erbfolge

hatte (Buchwert 100.000 €, Teilwert 300.000 €). S ist an der OHG nicht beteiligt.

V muss den Parkplatz vor Übertragung entnehmen. V hat daher einen laufenden Gewinn im Rahmen seines Sonderbetriebsvermögens i. H. von 200.000 €.

Ganz gleich, ob S den Parkplatz privat nutzt, betrieblich nutzt oder ob er ihn der OHG weiter zur Verfügung stellt: Er übernimmt ihn als Privatvermögen gem. § 11 d EStDV. Er hat ihn daher mit 300.000 € anzusetzen bzw. einzulegen.

1.5.1.2 Die teilentgeltliche Übertragung

67 Hier gelten Rz. 34 und 28 des BMF-Schreibens vom 13.01.1993 entsprechend.[156]

Beispiel:
Wie Beispiel oben P. Rz. 66. Nur soll S als Ausgleich seiner Schwester T 150.000 € zahlen oder mit dem Grundstück in Zusammenhang stehende Verbindlichkeiten i. H. von 150.000 € übernehmen.

In beiden Alternativen handelt es sich um eine teilentgeltliche Übertragung. Denn auch die Übernahme von Verbindlichkeiten im Rahmen der Übertragung einzelner Wirtschaftsgüter ist Entgelt.[157]

V bucht den Vorgang auch jetzt als Entnahme, die Verbindlichkeit als Einlage. Da es sich aber um eine teilentgeltliche Übertragung handelt, kann V in Höhe der Hälfte der stillen Reserven (= 100.000 Euro) eine § 6 b-Rücklage bilden.

Bei S spielt das Teilentgelt grundsätzlich keine Rolle, es sei denn, er würde innerhalb von zehn Jahren nach Schenkung verkaufen, § 23 EStG. Er setzt den Parkplatz mit 300.000 Euro an, mit 150.000 Euro als eigenes Entgelt (Kauf) und mit 150.000 Euro gem. § 11 d EStDV (Entnahmewert des unentgeltlichen Teils bei V). Auch wenn S den Parkplatz betrieblich nutzt, hat er ihn mit 300.000 Euro einzulegen, i. H. von 150.000 Euro als Anschaffungskosten nach § 6 Abs. 1 Nr. 5 a EStG und i. H. von 150.000 Euro als Teilwert nach § 6 Abs. 1 Nr. 5 Satz 1 1. Halbsatz EStG.

1.5.2 Die Übertragung einzelner Wirtschaftsgüter des Sonderbetriebsvermögens in ein anderes Sonderbetriebsvermögen derselben Mitunternehmerschaft

1.5.2.1 Die unentgeltliche Übertragung

68 Wird ein Wirtschaftsgut des Sonderbetriebsvermögens, z. B. ein der Mitunternehmerschaft überlassenes Grundstück, unentgeltlich auf einen anderen Gesellschafter derselben Personengesellschaft übertragen, ist zwingend der Buchwert fortzuführen, § 6 Abs. 5 Satz 3 Nr. 3 EStG. Wird es ausnahmsweise aus betrieblichen Gründen unentgeltlich übertragen, hat der Übertra-

---

156 Vgl. auch oben P. Rz. 43, B. Rz. 379 ff. und Fn. 2.
157 Vgl. Rz. 28 des BMF-Schreibens vom 13.01.1993, Fn. 2.

gende einen Aufwand in Höhe des Buchwerts und der Erwerber Betriebseinnahmen und Anschaffungskosten in Höhe des gemeinen Werts, § 6 Abs. 4 EStG.[158]

1.5.2.2 Die teilentgeltliche Übertragung

Wird ein Wirtschaftsgut teilentgeltlich aus einem Sonderbetriebsvermögen in ein anderes Sonderbetriebsvermögen derselben Mitunternehmerschaft übertragen, ist der Vorgang nach dem Verhältnis des gezahlten Entgelts zum Verkehrswert in einen entgeltlichen und in einen unentgeltlichen Teil aufzuspalten.[159]

69

Beispiel:

Vater V und Sohn S sind Mitunternehmer einer OHG. V überträgt ein eigenes Grundstück, das die OHG nutzt, unentgeltlich auf S. Die OHG nutzt das Grundstück weiter. Wert des Grundstücks 300.000 €, Buchwert im Sonderbetriebsvermögen des V 100.000 €. S hat seiner Schwester T als Ausgleich 150.000 € zu zahlen.

Der unentgeltliche Teil wird im Gegensatz zum Beispiel in P. Rz. 67 nicht entnommen, er geht mit dem halben Buchwert auf S über, § 6 Abs. 5 Satz 3 Nr. 3 EStG. Der entgeltliche Teil wird veräußert. V hat daher als laufenden Gewinn 100.000 € (Veräußerungspreis 150.000 € ./. 1/2 Buchwert = 50.000 €) zu versteuern. S stockt das Grundstück in seiner Sonderbilanz auf. Sonderbilanz V bisher 100.000 €; Sonderbilanz S nachher 200.000 €.

Wacker[160] und andere Autoren wollen in diesen Fällen nicht die Trennungs-, sondern die Einheitstheorie anwenden. Wacker verweist auf das Urteil des BFH vom 25.07.2000[161] zur teilentgeltlichen Übertragung aus einer Gesamthand. Die Verwaltung hat dieses Urteil im BStBl nicht veröffentlicht; will es also nicht anwenden. Dem Urteil können wir auch nicht folgen. Die BFH-Rechtsprechung hat nämlich bisher die Einheitstheorie nur bei Übertragung von Betrieben, Teilbetrieben und Mitunternehmeranteilen angewandt.[162] Selbst bei der teilentgeltlichen Übertragung einzelner Wirtschaftsgüter, bei denen der Tatbestand des § 17 EStG erfüllt war, hat der BFH die Trennungstheorie bevorzugt.[163] Ob hier eine allgemeine Änderung der Rechtsprechung vorliegt, ist nicht klar.

---

158 Vgl. oben B. Rz. 387 ff. In der Zeit vom 01.01.1999 bis 31.12.2000 konnte hier nur zum Teilwert übertragen werden, vgl. die 7. Auflage dieses Bandes.
159 Vgl. oben B. Rz. 396, BMF vom 27.03.1998, DStR 1998 S. 766, Schmidt/Wacker, § 15 Rz. 665 und 676. In der Zeit vom 01.01.1999 bis 31.12.2000 war der Gewinn voll zu realisieren, vgl. die 7. Auflage dieses Bandes.
160 Schmidt/Wacker, § 15 Rz. 665 und 676.
161 DStR 2000 S. 1905.
162 Vgl. oben P. Rz. 49 ff. und 54 ff.
163 BFH vom 17.07.1980, BStBl II 1981, 11, und vom 10.07.1986, BStBl II 1986, 811. Vgl. auch BMF vom 27.03.1998, DStR 1998 S. 766.

P. Die vorweggenommene Erbfolge

1.5.3 Das Sonderbetriebsvermögen bei Übertragung des gesamten Mitunternehmeranteils

1.5.3.1 Das Sonderbetriebsvermögen als wesentliche oder unwesentliche Betriebsgrundlage

70 Soll der Mitunternehmeranteil gem. § 6 Abs. 3 EStG unentgeltlich übergehen, ist Voraussetzung, dass auch diejenigen Wirtschaftsgüter des Sonderbetriebsvermögens mit übertragen werden, die von der Funktion her für die Mitunternehmerschaft wesentlich sind. Im Rahmen des § 6 Abs. 3 EStG kommt im Gegensatz zu § 16 EStG nur die funktionale Betrachtung zur Anwendung.[164] In diesem Fall stellen auch übernommene Verbindlichkeiten in der Mitunternehmerschaft selbst und als negatives Sonderbetriebsvermögen kein Entgelt dar.

Beispiel:

Vater V ist Mitunternehmer einer OHG. Er überträgt unentgeltlich seinen Mitunternehmeranteil und ein in seinem Eigentum stehendes Fabrikgrundstück, das die OHG nutzt, auf seinen Sohn S. S übernimmt auch die anteiligen Verbindlichkeiten in der OHG und ein Hypothekendarlehen, das V bei Erwerb des Grundstücks aufgenommen hat.

Das Grundstück ist wesentliche Betriebsgrundlage der Mitunternehmerschaft. Da V seine komplette betriebliche Stellung unentgeltlich übertragen hat, somit alle wesentlichen Betriebsgrundlagen übergingen, ist § 6 Abs. 3 EStG anwendbar.[165] Unseres Erachtens ist in diesem Zusammenhang Rz. 33 des BMF-Schreibens vom 13.01.1993 ohne Bedeutung, weil das Grundstück und daher auch das damit im Zusammenhang stehende Hypothekendarlehen nicht isoliert betrachtet werden können.

71 Sollten in solchen Fällen **unwesentliche Betriebsgrundlagen** zurückbehalten und ins Privatvermögen überführt werden, liegen nur insoweit Entnahmen vor. § 6 Abs. 3 EStG ist daher trotzdem anwendbar.[166]

72 Werden bei unentgeltlicher Übertragung des Mitunternehmeranteils **wesentliche Wirtschaftsgüter des Sonderbetriebsvermögens** nicht mit übertragen, sondern **ins Privatvermögen überführt,** liegt eine nach §§ 16, 34 EStG begünstigte Aufgabe des Mitunternehmeranteils vor. Dabei sind alle stillen Reserven, nicht nur die des Sonderbetriebsvermögens, aufzudecken.[167]

---

164 BMF-Schreiben vom 03.03.2005, BStBl I 2005, 458, Rz. 3; zum Begriff mit Beispielen vgl. oben C. Rz. 64.
165 Vgl. Rz. 29 des BMF-Schreibens vom 13.01.1993, Fn. 2, und BMF-Schreiben vom 03.03.2005, Fn. 155, Rz. 4.
166 BFH vom 19.02.1981, BStBl II 1981, 566, und BMF-Schreiben vom 03.03.2005, Fn. 155, Rz. 8. Vgl. auch H 16 Abs. 6 (Übertragung der wesentlichen Betriebsgrundlagen) EStH.
167 Vgl. BFH-Urteil vom 19.03.1991, BStBl II 1991, 635, und BMF-Schreiben vom 03.03.2005, Fn. 155, Rz. 5 und 7; H 16 Abs. 6 (Betriebsaufgabe) EStH.

1 Einkommensteuer

Auf das obige Beispiel bezogen heißt dies, dass V die stillen Reserven im OHG-Anteil und im Grundstück gem. §§ 16, 34 EStG zu versteuern hat, wenn er das Grundstück nicht auf S überträgt. S muss aufstocken, da er die Werte als Privatvermögen gem. § 11 d EStDV übernimmt. Er muss dann mit den höheren Werten neu anfangen,[168] d. h., er muss eine Ergänzungsbilanz einrichten.

Diese Lösung ist sehr umstritten. Einmal wird von Reiß[169] und Schön[170] die Ansicht vertreten, Wirtschaftsgüter des Sonderbetriebsvermögens könnten überhaupt keine wesentlichen Betriebsgrundlagen sein. Zum anderen gibt es die Meinung, dass grundsätzlich auch dann keine Betriebsaufgabe beim Mitunternehmeranteil vorliegt, wenn er ohne die wesentlichen Güter des Sonderbetriebsvermögens übertragen wird:[171]

Werden im zeitlichen und sachlichen Zusammenhang mit der unentgeltlichen Übertragung des Mitunternehmeranteils **einzelne wesentliche Wirtschaftsgüter des Sonderbetriebsvermögens** nach § 6 Abs. 5 Sätze 1 bis 3 EStG **zum Buchwert überführt,** kann § 6 Abs. 3 EStG auf die Übertragung des Mitunternehmeranteils nicht angewandt werden. Auch eine Betriebsaufgabe gem. §§ 16, 34 EStG liegt nicht vor. Die stillen Reserven des Mitunternehmeranteils sind vielmehr als laufender Gewinn zu versteuern.[172] Dies wäre z. B. der Fall, wenn V im obigen Beispiel das Fabrikgrundstück in seinen Einzelbetrieb überführen würde, § 6 Abs. 5 Satz 2 EStG. Der Buchwertansatz beim Grundstück bliebe unberührt. **73**

Werden der Mitunternehmeranteil und das Sonderbetriebsvermögen zusammen **teilentgeltlich** übertragen, z. B. bei Ausgleichs- oder Abstandszahlungen, so ist dieser Vorgang entweder voll entgeltlich oder unentgeltlich zu beurteilen, je nachdem, ob das Entgelt höher oder niedriger ist als der Buchwert der Kapitalkonten des Mitunternehmeranteils einschließlich des Sonderbetriebsvermögens insgesamt.[173]

1.5.3.2 Das Sonderbetriebsvermögen ist vom Übernehmer herauszugeben

Beispiel:

Vater V überträgt unentgeltlich im Wege der vorweggenommenen Erbfolge seinen OHG-Anteil auf seinen Sohn S. S wird verpflichtet, ein Mietshaus – als gewillkürtes Sonderbetriebsvermögen erfasst – seiner Schwester T zu übertragen, die es in das Privatvermögen übernimmt. **74**

---

168 Vgl. R 7.3 Abs. 6 und 7.4 Abs. 9 EStR.
169 In Kirchhof/Söhn, § 16 Rz. C 47 ff.
170 In BB 1988 S. 1866.
171 Gebel, DStR 1996 S. 1880.
172 BMF-Schreiben vom 03.03.2005, Fn. 155, Rz. 6 und 7 mit einem Beispiel.
173 Vgl. oben P. Rz. 49 ff. und 54 ff.

P. Die vorweggenommene Erbfolge

Es liegt auch hier ein unentgeltlicher Vorgang vor. S hat den Mitunternehmeranteil gem. § 6 Abs. 3 EStG mit seinem Buchwert zu übernehmen. Da stille Reserven aufgedeckt werden, fragt es sich, wer diese zu versteuern hat. Entscheidend ist, ob noch V oder erst S entnimmt. T ist nicht betroffen, da sie das Grundstück als Privatvermögen erhält. Übergibt S aufgrund einer Verpflichtung durch V das Miethaus im unmittelbaren Anschluss an die Übertragung des Mitunternehmeranteils an die T, hat V zu versteuern, ansonsten S.[174]

1.5.4 Das Sonderbetriebsvermögen bei Übertragung eines Teils eines Mitunternehmeranteils

75 In diesem Bereich sind sehr viele Fragen umstritten. Für die Praxis hat sich vieles dadurch geklärt, dass die Finanzverwaltung in dem oben schon erwähnten umfangreichen, lange erwarteten Schreiben vom 03.03.2005[175] Stellung bezogen hat. Dieses Schreiben ist für alle Übertragungen nach dem 31.12.2000 anzuwenden.[176]

1.5.4.1 Übertragung mit nicht wesentlichem Sonderbetriebsvermögen

Beispiel:

76 Vater V ist Mitunternehmer einer OHG. Er überträgt unentgeltlich 50 % seines Gesellschaftsanteils auf seine Tochter T. Gleichzeitig schenkt er seiner Tochter einen PKW, den V im Sonderbetriebsvermögen geführt hat.

Bei nicht wesentlichem Sonderbetriebsvermögen wie bei diesem PKW ist es völlig gleichgültig, ob der Schenker quotal, überquotal oder unterquotal überträgt. Hier hat V den PKW zu 100 %, also überquotal, geschenkt. Denn in jedem Fall ist für den Teilanteil am Gesellschaftsvermögen § 6 Abs. 3 Satz 1 EStG anwendbar. Die T führt den Teilanteil mit seinem Buchwert fort. Beim PKW kommt es darauf an, ob sie ihn als Sonderbetriebsvermögen wie V weiterführen kann, dann ist der Buchwert anzusetzen. Nutzt sie den PKW privat, entnimmt sie ihn. Dann hat T einen laufenden Gewinn zu versteuern.[177]

1.5.4.2 Quotale Übertragung eines Teils des Sonderbetriebsvermögens

Beispiel 1:

77 Vater V ist Mitunternehmer einer OHG. Er überträgt unentgeltlich 50 % seines Gesellschaftsanteils auf seine Tochter T. Vom Fabrikgrundstück, das er der OHG verpachtet hat, überträgt er ebenfalls 50 % auf T.

---

174 Vgl. Rz. 32 des BMF-Schreibens, Fn. 2.
175 BMF-Schreiben in BStBl I 2005, 458.
176 BMF-Schreiben in BStBl I 2005, 458 Rz. 23 ff.
177 BMF-Schreiben vom 03.03.2005, Fn. 164, 176, Rz. 19.

Da V den Teilanteil seiner OHG-Beteiligung und einen Teil des Sonderbetriebsvermögens in demselben Verhältnis überträgt, ist § 6 Abs. 3 Satz 1 EStG auf beide Objekte anwendbar. T führt jeweils 50 % der Buchwerte fort.[178]

Entsteht infolge einer unentgeltlichen Übertragung nach § 6 Abs. 3 EStG eine mitunternehmerische Betriebsaufspaltung, können Probleme entstehen.[179]

Beispiel 2:
A ist zu 60 % an der AB-OHG beteiligt, der er auch ein im Sonderbetriebsvermögen befindliches Grundstück zur Nutzung überlässt. Im Jahr 02 überträgt A die Hälfte seines Mitunternehmeranteils ($^1/_2$ des Gesamthandsanteils und $^1/_2$ des Sonderbetriebsvermögens) unentgeltlich auf C. Die AC-GbR überlässt das Grundstück der ABC-OHG entgeltlich zur Nutzung.

Zunächst liegt eine unentgeltliche Teil-Mitunternehmeranteilsübertragung nach § 6 Abs. 3 Satz 1 EStG vor, die zwingend eine Buchwertfortführung vorschreibt. Im zweiten Schritt ändert sich aufgrund der steuerlichen Beurteilung des neu entstandenen Gebildes als mitunternehmerische Betriebsaufspaltung die bisherige Zuordnung des Grundstücks als Sonderbetriebsvermögen bei der OHG. Das Grundstück ist Gesamthandsvermögen bei der AC-GbR. Die damit verbundene Übertragung des Sonderbetriebsvermögens in das Gesamthandsvermögen erfolgt nach § 6 Abs. 5 Satz 3 EStG zum Buchwert.

1.5.4.3 Unterquotale Übertragung eines Teils des Sonderbetriebsvermögens

Beispiel:
Wie Beispiel 1 zu Rz. 77. V überträgt aber nur 25 % des Grundstücks.

Jetzt ist § 6 Abs. 3 Satz 2 EStG anzuwenden. In Rz. 11 des BMF-Schreibens[180] heißt es wörtlich:

„Voraussetzung für die Buchwertübertragung ist, dass der Übernehmer den übernommenen Mitunternehmeranteil über einen Zeitraum von mindestens fünf Jahren nicht veräußert oder aufgibt. Der Veräußerung des Mitunternehmeranteils steht die Veräußerung nur des Anteils am Gesamthandsvermögen oder eines Teils davon und/oder des mit dem Mitunternehmeranteil übernommenen funktional wesentlichen Sonderbetriebsvermögens oder eines Teils davon innerhalb der Fünfjahresfrist gleich. Bezogen auf den ursprünglichen Übertragungsvorgang liegen die Voraussetzungen für die Buchwertübertragung nicht mehr vor. Für die gesamte Übertragung nach

---

178 BFH vom 24.08.2000, BStBl II 2005, 173, und BMF-Schreiben vom 03.03.2005, a. a. O., Rz. 9.
179 Vgl. hierzu ausführlich BMF-Schreiben vom 03.03.2005, a. a. O., Rz. 22 mit folgendem Beispiel mit Lösung.
180 BMF-Schreiben vom 03.03.2005, a. a. O.

P. Die vorweggenommene Erbfolge

§ 6 Abs. 3 Satz 2 EStG sind rückwirkend auf den ursprünglichen Übertragungsstichtag die Teilwerte anzusetzen (§ 175 Abs. 1 Satz 1 Nr. 2 AO). Der dabei beim Übertragenden entstehende Gewinn ist laufender Gewinn (§ 16 Abs. 1 Satz 2 i. V. m. § 16 Abs. 3 EStG). Für die Berechnung der Behaltefrist ist grundsätzlich auf den Übergang des wirtschaftlichen Eigentums hinsichtlich des übernommenen Mitunternehmeranteils (= Übergang von Nutzen und Lasten) abzustellen."

Das BMF-Schreiben geht hier sehr weit. Wenn T auch nur einen kleinen Teil des Sonderbetriebsvermögens, z. B. im Ausgangsbeispiel nur 5 % des übernommenen Grundstücksanteils, veräußert, muss V die stillen Reserven aller übertragenen Wirtschaftsgüter als laufenden Gewinn rückwirkend versteuern. Ob dies von der Rechtsprechung so bestätigt wird, ist zweifelhaft.

Sicher ist, dass diese Rechtsfolgen sich auf die zurückbehaltenen Wirtschaftsgüter des V nicht auswirken. Er kann diese nach den allgemeinen Regeln zukünftig verschenken oder veräußern.

Schwierig werden die Fälle dann, wenn der Übernehmer bereits vor der Schenkung Mitunternehmer war und anschließend etwas veräußert oder entnimmt. Insoweit sei auf das BMF-Schreiben[181] mit einem ausführlichen Beispiel verwiesen.

1.5.4.4 Überquotale Übertragung eines Teils des Sonderbetriebsvermögens

Beispiel:

79 Wie Beispiel 1 zu Rz. 77. V überträgt aber der T das ganze Grundstück.

Hierzu ist im BMF-Schreiben vom 03.03.2005[182] wörtlich ausgeführt:

„Wird anlässlich der Teilanteilsübertragung von Gesamthandsvermögen Sonderbetriebsvermögen in größerem Umfang (überquotal) übertragen, als es dem übertragenen Teil des Anteils am Gesamthandsvermögen entspricht, ist der Vorgang in eine Übertragung nach § 6 Abs. 3 Satz 1 EStG für den quotalen Teil des Sonderbetriebsvermögens und eine Übertragung nach § 6 Abs. 5 EStG für den überquotalen Teil des Sonderbetriebsvermögens aufzuteilen."

Auf das Beispiel bezogen heißt das, dass die T den 50 %-Anteil am Mitunternehmeranteil und einen 50 %-Anteil am Grundstück gem. § 6 Abs. 3 Satz 1 EStG zwingend mit den Buchwerten fortführen muss. 50 % des Grundstücks stehen unter dem Vorbehalt des § 6 Abs. 5 Satz 4 EStG.

Wird nun das Grundstück innerhalb der Sperrfrist des Satzes 4 entnommen oder veräußert, hat V 50 % der stillen Reserven rückwirkend zum Zeitpunkt

---

181 BMF-Schreiben vom 03.03.2005, a. a. O., Rz. 12.
182 A. a. O., Rz. 16.

der Übertragung zu versteuern. Später müsste T die stillen Reserven irgendwann versteuern.

V kann zum Übertragungszeitpunkt auch 50 % der stillen Reserven des Grundstücks in einer Ergänzungsbilanz erfassen. Nehmen wir an, 50 % der stillen Reserven betrügen 100.000 Euro. Dann ergäbe sich folgende Ergänzungsbilanz des V:

Aktiva	Ergänzungsbilanz V		Passiva
Kapital	100.000 €	Grundstück	100.000 €

Bei einem späteren Verkauf müsste dann immer V die 50 % der stillen Reserven versteuern, auch Jahre nach Ablauf der Sperrfrist. Auf die Sperrfrist käme es nicht mehr an.

Buchung im Ergänzungsbilanzbereich bei Verkauf:

Grundstück an s. b. Ertrag 100.000 €, s. b. Ertrag an G + V 100.000 € und G + V an Kapital 100.000 €. Durch diese Buchungen hat sich die Ergänzungsbilanz aufgelöst.

1.6 Mischfälle

Werden sowohl ein Betrieb oder ein Mitunternehmeranteil als auch private Wirtschaftsgüter gegen Entgelt übertragen, entstehen infolge der verschiedenen Rechtsfolgen im betrieblichen Bereich und bei den privaten bzw. einzelnen betrieblichen Wirtschaftsgütern zusätzliche Probleme.

80

Hier ist zunächst festzustellen, wie viel Anschaffungskosten vorliegen und in welchem Verhältnis sie auf die beiden Bereiche aufzuteilen sind. Sodann ist jeder Bereich für sich zu beurteilen.[183]

Beispiel:
Vater V überträgt unentgeltlich im Wege der vorweggenommenen Erbfolge seinem Sohn S sein Aktiendepot (Wert 100.000 €), seinen Mitunternehmeranteil an einer OHG (Wert 180.000 €) und ein Mietshaus (Wert 220.000 €). S soll als Ausgleich seiner Schwester T eine seiner Jachten (Wert 150.000 €) und einen eigenen PKW (Wert 60.000 €) übertragen sowie 40.000 € zahlen.

T zahlt keinen Ausgleich. Sie übernimmt daher voll unentgeltlich die ihr zugewiesenen privaten Wirtschaftsgüter gem. § 11 d EStDV.

Da es keine Rolle spielt, ob S als Ausgleich Geld bezahlt oder aus seinem eigenen Vermögen Werte überträgt, hat er Anschaffungskosten i. H. von 250.000 €. Die 250.000 € Anschaffungskosten bei S entfallen anteilig auf die übernommenen Wirtschaftsgüter. Teilt S entsprechend den Verkehrswerten auf, hat er daher das Aktiendepot, den Mitunternehmeranteil und das Mietshaus zu je $^1/_2$ anteilig entgeltlich und unentgeltlich übernommen (übernommene Werte 500.000 €; Anschaffungskosten 250.000 €).

---

[183] Vgl. Rz. 47 des BMF-Schreibens vom 13.01.1993 und Rz. 47 des BMF-Schreibens vom 26.02.2007 mit Beispiel 2, Fn. 2.

P. Die vorweggenommene Erbfolge

Entsprechend den Verkehrswerten liegen daher Anschaffungskosten vor beim Aktiendepot i. H. von 50.000 €, beim Mitunternehmeranteil i. H. von 90.000 € und beim Mietshaus i. H. von 110.000 €.

Vereinfacht dargestellt:

Aktien $\quad \dfrac{250.000 \text{ € AK}}{500.000 \text{ € WG}} \quad = {}^1/_2 \times 100.000 \text{ €} = \quad 50.000 \text{ €}$

Mitunternehmeranteil $\quad \dfrac{250.000 \text{ € AK}}{500.000 \text{ € WG}} \quad = {}^1/_2 \times 180.000 \text{ €} = \quad 90.000 \text{ €}$

Mietshaus $\quad \dfrac{250.000 \text{ € AK}}{500.000 \text{ € WG}} \quad = {}^1/_2 \times 220.000 \text{ €} = \quad \underline{110.000 \text{ €}}$

$$250.000 \text{ €}$$

Beim Aktiendepot und beim Mietshaus gilt die Trennungstheorie, d. h. zu $^1/_2$ gem. § 11 d EStDV Fortführung der Werte des V und zu $^1/_2$ Anschaffungskosten. Insoweit gelten dann die Grundsätze der gemischten Schenkung.

Was den Mitunternehmeranteil angeht, kommt es darauf an, wie hoch der Buchwert des Kapitalkontos ist. Ist das Kapitalkonto niedriger als die Anschaffungskosten i. H. von 90.000 €, z. B. 80.000 €, dann liegt ein entgeltlicher Vorgang vor. Dann hat V 10.000 € gem. §§ 16, 34 EStG zu versteuern und S hat die 10.000 € aufzustocken.[184]

Ist der Buchwert des Kapitalkontos höher als die Anschaffungskosten, liegt ein voll unentgeltlicher Erwerb gem. § 6 Abs. 3 EStG vor.[185]

Alternative:

Die Aufteilung kann auch anders vorgenommen werden. Vereinbaren V und S, dass die 250.000 € Anschaffungskosten i. H. von 220.000 € dem Mietshaus und der Rest von 30.000 € jeweils zu $^1/_2$ den beiden anderen Wirtschaftsgütern zugeordnet werden, dann ergibt sich folgende Aufteilung:

Aktien $^1/_2$ von 30.000 € $\qquad = 15.000 \text{ €}$

Mitunternehmeranteil $^1/_2$ von 30.000 € $\qquad = 15.000 \text{ €}$

Mietshaus $\qquad = 220.000 \text{ €}$

Beim Aktiendepot gilt die Trennungstheorie, d. h.

$\dfrac{15.000 \text{ AK}}{100.000 \text{ Wert}} = 15\,\%$ entgeltlich und 85 % unentgeltlich.

Das Mietshaus ist voll entgeltlich erworben.

Beim Mitunternehmeranteil kommt es auf das Kapitalkonto an. Hierzu sei auf die Ausführungen zum Grundfall verwiesen.

---

184 Vgl. oben P. Rz. 56 mit den zusätzlichen ungelösten Problemen.
185 Vgl. oben P. Rz. 55.

1.7 Nicht entnommene Gewinne gem. § 34 a EStG bei vorweggenommener Erbfolge

Im Wesentlichen kann auf die Ausführungen oben zur Erbauseinandersetzung verwiesen werden.[186]

81

Ist ein nachversteuerungspflichtiger Betrag bei Schenkung eines Betriebs oder eines Mitunternehmeranteils vorhanden, ist entscheidend, ob ein unentgeltlicher, teilentgeltlicher oder entgeltlicher Vorgang vorliegt.

Beispiel 1:

Wie Beispiel 1 oben P. Rz. 51.
Hier veräußert V seinen Mitunternehmeranteil an seinen Sohn S. Ist ein nachversteuerungspflichtiger Betrag vorhanden, hat er diesen gem. § 34 Abs. 6 Nr. 1 EStG sofort zu versteuern.

82

Beispiel 2:

Wie Beispiel oben P. Rz. 53.
Hier veräußert V nicht. Der Mitunternehmeranteil geht vielmehr gem. § 6 Abs. 3 und § 34 a Abs. 7 EStG unentgeltlich über. Dies gilt dann auch für einen vorhandenen nachversteuerungspflichtigen Betrag, § 6 Abs. 3 und § 34 a Abs. 7 EStG.

83

Beispiel 3:

Wie Beispiel oben bei P. Rz. 47.
Es ist für den Betrieb oder den Mitunternehmeranteil ein nachversteuerungspflichtiger Betrag vorhanden.

84

Kommt man zum Ergebnis, dass die 500.000 € jeweils Entgelt sind, hat S den Betrieb oder den Mitunternehmeranteil zu $^1/_2$ **entgeltlich** und zu $^1/_2$ **unentgeltlich** übernommen (Wert Betrieb 1 Mio. €).

Soweit S entgeltlich übernommen hat, muss der Vater V den nachversteuerungspflichtigen Betrag als laufenden Gewinn gem. § 34 Abs. 6 Nr. 1 EStG sofort versteuern. Ansonsten ist bei V § 16 i. V. mit § 34 EStG anzuwenden.

Soweit S unentgeltlich übernommen hat, hat er den nachversteuerungspflichtigen Betrag gem. § 6 Abs. 3 und § 34 a Abs. 7 EStG fortzuführen.[187]

Beispiel 4:

Wie Beispiele oben P. Rz. 66 und 67
V überträgt einen Parkplatz seines **Sonderbetriebsvermögens** unentgeltlich bzw. teilentgeltlich dem S.

85

Da hier Entnahmen vorliegen, muss V grundsätzlich die stillen Reserven als laufenden Gewinn versteuern. Im Beispiel zu P. Rz. 67 kann V zum Teil eine § 6 b-Rücklage bilden. Es liegt in beiden Fällen kein Problem des § 34 a EStG vor, denn der Gewinn ist entnommen.

---

186 O. Rz. 107 ff.
187 Dies gilt für alle teilentgeltlichen Betriebsübertragungen; vgl. z. B. auch Beispiel oben P. Rz. 61.

P. Die vorweggenommene Erbfolge

Beispiel 5:

86 Wie Beispiel oben P. Rz. 69

Soweit das Grundstück im **Sonderbetriebsvermögen** verbleibt, damit unentgeltlich übergeht, geht auch ein im Sonderbetriebsvermögen vorhandener nachversteuerungspflichtiger Betrag gem. § 6 Abs. 3 und § 34 a Abs. 7 EStG auf den Erwerber über.

Soweit das Grundstück als veräußert gilt, werden die stillen Reserven versteuert. Es liegt dann für die Veräußerung kein Problem des § 34 a EStG vor. Sollte ein nachversteuerungspflichtiger Betrag im Sonderbetriebsvermögen des V vorhanden sein, verbleibt er insoweit bei V – auch als Einzelposten des Sonderbetriebsvermögens –, weil kein Tatbestand des § 34 a Abs. 6 EStG erfüllt ist. Es hängt dann von § 34 a Abs. 4 EStG ab, wann dieser Posten aufzulösen und nach zu versteuern ist. Dieser Posten ist einfach als Teil des Betriebsvermögens des V zu sehen.

1.8 Kosten bei vorweggenommener Erbfolge

87 Wird im Rahmen der vorweggenommenen Erbfolge Vermögen übertragen, entstehen vielfach Kosten, z. B. Notar- und Gerichtsgebühren, Rechtsberatungskosten bei Rechtsanwälten und Steuerberatern, Fahrtkosten und sonstige Reisekosten der Beteiligten usw.

Hierbei sind zwei Fälle zu unterscheiden, je nachdem, ob Anschaffungskosten entstehen oder nicht.

1.8.1 Anschaffungskosten entstehen

88 Hier ist die Rechtslage eindeutig. Der BFH hat in seinem Urteil vom 10.10.1991[188] bei einer gemischten Schenkung in den Gründen kurz und bündig wörtlich festgestellt:

„Da ein Anschaffungsvorgang gegeben ist, rechnen diese Kosten (= Notarkosten) als Anschaffungsnebenkosten in voller Höhe zu den Anschaffungskosten."

Der BFH teilt also nicht auf. Die Verwaltung hat sich[189] dem voll angeschlossen. Eine Aufteilung entgeltlich/unentgeltlich unterbleibt daher.

Eine Aufteilung ist aber erforderlich, wenn mehrere Wirtschaftsgüter gleichzeitig geschenkt werden, wobei direkt zuzuordnende Kosten vorweg zuzurechnen sind.

Beispiel:

Vater E schenkt seinem Sohn S seinen Gewerbebetrieb (Wert 500.000 €), ein Miethaus (Wert 400.000 €) und eine Jacht (Wert 300.000 €). S soll seine Schwester T zu $^1/_2$ ausgleichen. S zahlt an T einen Ausgleich i. H. von 600.000 €. Es entstehen Anwalts- und Steuerberaterkosten i. H. von 10.000 €

---

[188] BStBl II 1992, 239.
[189] Rz. 13 des BMF-Schreibens vom 13.01.1993, Fn. 2.

für die allgemeine Rechtsberatung. Zusätzlich werden noch Notar- und Grundbuchgebühren i. H. von 6.000 € nur für die Übertragung des Mietshauses fällig.

S übernimmt die einzelnen Wirtschaftsgüter zu je $^1/_2$ entgeltlich und unentgeltlich. Bei Ermittlung dieser Verhältnisse bleiben die Anschaffungsnebenkosten außer Betracht.[190]

Von der Ausgleichszahlung entfallen daher, wenn man von den Verkehrswerten ausgeht, als Anschaffungskosten auf

den Gewerbebetrieb	$^1/_2 \times 500.000$ €	=	250.000 €
das Mietshaus	$^1/_2 \times 400.000$ €	=	200.000 €
die Jacht	$^1/_2 \times 300.000$ €	=	150.000 €
zusammen			600.000 €

Die **direkt** zuzuordnenden Nebenkosten sind den entsprechenden Wirtschaftsgütern zuzuschlagen. In vorliegendem Fall gehören die 6.000 Euro Notar- und Grundbuchgebühren zum Mietshaus. Eine Aufteilung entgeltlich/unentgeltlich ist hier nicht erforderlich.[191]

Die **übrigen** allgemeinen Kosten, hier die Rechtsberatungskosten, sind im Verhältnis der Werte der einzelnen übernommenen Wirtschaftsgüter aufzuteilen. Damit entfallen auf

den Gewerbebetrieb	$^5/_{12} \times 10.000$ €	=	4.167 €
das Mietshaus	$^4/_{12} \times 10.000$ €	=	3.333 €
die Jacht	$^3/_{12} \times 10.000$ €	=	2.500 €
zusammen			10.000 €

Diese Kosten werden den anteiligen Anschaffungskosten zugeschlagen und wie diese weiter behandelt. Auch hier ist eine Aufteilung entgeltlich/unentgeltlich nicht erforderlich.

An Anschaffungskosten entfallen daher insgesamt auf

den Gewerbebetrieb	254.167 €
das Mietshaus	209.333 €
die Jacht	152.500 €

Beim Mietshaus und bei der Jacht gilt die Trennungstheorie, d. h. getrennte AfA-Reihen. Bei der Jacht gilt dies nur, wenn sie vermietet ist (§ 22 Nr. 3 EStG). Außerdem kann bei beiden Wirtschaftsgütern noch § 23 EStG in Frage kommen.[192]

Beim Betrieb gilt für den Übergeber die Einheitstheorie, wobei der Buchwert des Kapitalkontos mit den 250.000 Euro verglichen werden muss, also ohne die Anschaffungsnebenkosten.[193]

---

190 Vgl. Rz. 14 des BMF-Schreibens vom 13.01.1993 und Rz. 14 des BMF-Schreibens vom 26.02.2007, Fn. 2.
191 Rz. 13 des BMF-Schreibens vom 13.01.1993, Fn. 2.
192 Vgl. Beispiel 1 oben P. Rz. 35 ff.
193 Rz. 14 und Rz. 35 ff. des BMF-Schreibens vom 13.01.1993, Fn. 2, vgl. auch oben P. Rz. 54 ff.

P. Die vorweggenommene Erbfolge

1.8.2 Anschaffungskosten entstehen nicht

Beispiel:

89
Vater E schenkt seinem Sohn S seinen Gewerbebetrieb (Wert 500.000 €) und gleichzeitig seiner Tochter T ein Mietwohngrundstück (Wert 400.000 €) und zum Ausgleich noch 100.000 € in bar. Zu diesem Ergebnis kamen die Beteiligten nach schwierigen Besprechungen mit einem Rechtsanwalt und einem Steuerberater. An Kosten und Gebühren sind insgesamt 10.000 € angefallen, die Sohn und Tochter zu je $^1/_2$ übernehmen. Da eine erfolgsneutrale Teilung vorliegt, entstehen keine Anschaffungskosten.

Das FG Stuttgart hat in einem Urteil von 28.06.1964[194] festgestellt, dass im Zusammenhang mit einer vorweggenommenen Erbfolge entstehende Kosten, insbesondere Beratungskosten, nicht als Betriebsausgaben abgezogen werden können. Diese Rechtsauffassung ist vom BFH durch das nicht veröffentlichte Urteil vom 09.02.1967[195] bestätigt worden. Zur Begründung wird ausgeführt, Schenkungen seien privat veranlasst. Hier werde ein Gebiet berührt, das einkommensteuerlich unbeachtlich sei. Das FG meint allerdings, dass ausnahmsweise ein Betriebsausgabenabzug in Betracht komme, wenn ein besonderes betriebliches Interesse an einer vorweggenommenen Erbfolge bestehe. Zu beachten ist u. E., dass die Urteile lange vor dem Beschluss des Großen Senats des BFH vom 05.07.1990[196] ergangen sind, also in einer Zeit, in der von Anschaffungskosten bei Schenkungen keine Rede war.

Die Verwaltung hat in Rz. 13 des BMF-Schreibens vom 13.01.1993[197] ganz knapp festgestellt:

„Nebenkosten eines in vollem Umfang unentgeltlichen Erwerbs führen weder zu Anschaffungskosten noch zu Werbungskosten. Nicht zu den Anschaffungskosten gehört die Schenkungsteuer."

Götz ist in einem Aufsatz[198] zu folgendem Ergebnis gekommen: „Nachdem vorweggenommene Erbfolgeregelungen ohne Bezug zum Betrieb bzw. zur Einkunftsquelle nicht vorstellbar sind, führt die in der Literatur vertretene Auffassung im Ergebnis stets zur Bejahung des Betriebsausgaben-Werbungskostenabzugs von Rechtsberatungskosten." Götz meint unter Hinweis auf einige wenige Fundstellen in der Literatur, dass nur dann Rechtsberatungskosten nichtabzugsfähig sind, wenn ausschließlich persönliche Gründe für die vorweggenommene Erbfolgeregelung maßgebend waren.

Ob dem so allgemein gefolgt werden kann, ist offen. Wir meinen aber, dass Nebenkosten, vor allem Rechtsberatungskosten, dann sicher abzugsfähig

---

194 EFG 1965 S. 8.
195 IV 296/64.
196 Fn. 1.
197 Fn. 2.
198 Vom 07.04.1997 in NWB, F. 3, S. 10011.

sind, wenn bei der vorweggenommenen Erbfolgeregelung besondere Gestaltungen erforderlich sind, z. B. Gründungen sowie Umwandlungen von Betrieben, Eintritt eines Gesellschafters, Änderung von Gesellschaftsverträgen, Realteilung von Betrieben, Aufteilung von Gebäudegrundstücken usw.[199] Ansonsten kommt es für die Abzugsfähigkeit dieser Kosten darauf an, ob ein starker wirtschaftlicher Bezug zu den Einkunftsquellen angenommen werden kann oder ob die Einkunftsquellen ohne wirtschaftliche Besonderheiten übertragen werden.

Dementsprechend ist auch im Eingangsfall zu entscheiden. Bei den Steuerberaterkosten[200] und bei den Rechtsanwaltskosten kommt es u. E. für den Abzug darauf an, ob auch gewichtige wirtschaftliche Erwägungen dafür ausschlaggebend waren, dass der Sohn den Gewerbebetrieb und die Tochter das Mietwohngrundstück unentgeltlich erhielt. Ist dies der Fall, hat der Sohn Betriebsausgaben im Rahmen des übernommenen Betriebs und die Tochter Werbungskosten beim Mietwohngrundstück.

2 Umsatzsteuer

2.1 Allgemeines

Die vorweggenommene Erbfolge stellt umsatzsteuerrechtlich keinen erbrechtlichen Vorgang dar. Es ist daher grundsätzlich nicht möglich, die unter O. Rz. 107 ff. aufgezeigten Lösungen auf die vorweggenommene Erbfolge zu übertragen. **90**

2.2 Übertragung eines Einzelunternehmens im Wege der vorweggenommenen Erbfolge auf mehrere künftige Erben

Führen die im Wege der vorweggenommenen Erbfolge bedachten künftigen Erben das Einzelunternehmen in der Form einer Personengesellschaft fort, so stellt die Übertragung eine Geschäftsveräußerung im Ganzen an die Personengesellschaft dar, die nach § 1 Abs. 1 a UStG nicht steuerbar ist. **91**

---
199 A. A. Stahl, KÖSDI 1986 S. 6416 ff.
200 Steuerberaterkosten sind ohne Probleme bis 31.12.2005 noch als Sonderausgaben abziehbar.

2.3 Übertragung eines Gesellschaftsanteils im Wege der vorweggenommenen Erbfolge

92 Der Vorgang ist nicht steuerbar, wenn der Gesellschafter nicht Unternehmer ist bzw. der Gesellschaftsanteil nicht zu seinem Unternehmen gehört.

Gehört der Gesellschaftsanteil zum Unternehmen des übertragenden Gesellschafters, ist die unentgeltliche Übertragung des Gesellschaftsanteils, sofern es sich um keine Geschäftsveräußerung i. S. von § 1 Abs. 1 a UStG handelt, nach § 3 Abs. 9 a Nr. 2 UStG zwar steuerbar, jedoch nach § 4 Nr. 8 f UStG **steuerfrei**. Ein Verzicht auf die Befreiung ist nach Verwaltungsauffassung bei Unentgeltlichkeit nicht zulässig.[201] Die steuerfreie Veräußerung schließt den Vorsteuerabzug bezüglich der Vorsteuern aus, die im Zusammenhang mit der Anteilsübertragung angefallen sind. Der Vorsteuerabzug kann jedoch u. E. erlangt werden, wenn wie im nachfolgend dargestellten Beispiel 1 vorgegangen wird:

Beispiel 1:

Der Gesellschafter C überträgt die Hälfte seines Gesellschaftsanteils an der ABC-OHG auf seinen Sohn D. Die Übertragung erfolgt im Rahmen des Unternehmens des C und ist steuerbar. Im Falle der Steuerpflicht würde für die Übertragung USt i. H. von 8.000 € anfallen. Deshalb berechnet C dem D für die Übertragung 8.000 €. C wird durch den Eintritt in die OHG zum Unternehmer mit steuerpflichtigen Umsätzen, da er eine entgeltliche Geschäftsführertätigkeit übernimmt. Anlässlich der Übertragung des Anteils ist bei C Vorsteuer i. H. von 1.000 € angefallen.

Aufgrund der Berechnung der 8.000 € liegt eine entgeltliche Leistung des C vor. Deshalb ist die Option zur Steuerpflicht nach § 9 Abs. 1 UStG zulässig. Da das Entgelt von 8.000 € nicht kostendeckend ist, ergibt sich die USt i. H. von 8.000 € aus der Mindestbemessungsgrundlage nach § 10 Abs. 5 Nr. 1 i. V. m. Abs. 4 Nr. 3 UStG. Diese USt darf C dem D nach § 14 Abs. 4 Satz 2 UStG in Rechnung stellen und D darf sie als Vorsteuer abziehen. C darf aufgrund der steuerpflichtigen Veräußerung die Vorsteuer von 1.000 € abziehen.

93 Überträgt der Gesellschafter seinen gesamten Gesellschaftsanteil, kann die Übertragung auch dann nicht steuerbar sein, wenn sie im Rahmen seines Unternehmens erfolgt, sofern es sich wie im nachfolgend dargestellten Beispiel 2 um eine Geschäftsveräußerung handelt.

Beispiel 2:

Der Gesellschafter C überträgt seinen gesamten Gesellschaftsanteil an der ABC-OHG auf seinen Sohn D. C hatte als Gesellschafter-Geschäftsführer entgeltliche steuerpflichtige Leistungen an die Gesellschaft erbracht und war dadurch zum Unternehmer geworden. Sein Sohn C übernimmt mit dem Gesellschaftsanteil auch die entgeltliche Geschäftsführertätigkeit. Anlässlich der Übertragung des Anteils ist bei C Vorsteuer i. H. von 1.000 € angefallen.

---

201 Vgl. Abschn. 148 Abs. 2 Satz 3 UStR.

C erbringt mit der Anteilsübertragung eine nicht steuerbare Geschäftsveräußerung. Da C im Rahmen des übertragenen Unternehmens steuerpflichtige Umsätze getätigt hatte, darf er die im Zusammenhang mit der Anteilsübertragung angefallene Vorsteuer abziehen.

Handelt es sich bei dem übertragenden Gesellschafter um den vorletzten Gesellschafter einer Personengesellschaft und überträgt er seinen Anteil auf den verbleibenden Gesellschafter, erlischt die Gesellschaft und verwandelt sich kraft Gesetzes in ein Einzelunternehmen. Dieser Vorgang ist nicht steuerbar.

Q. NIESSBRAUCH UND PERSONENGESELLSCHAFTSANTEIL

1 Allgemeine zivilrechtliche Grundlagen

Gemäß §§ 1030, 1068 BGB ist der Nießbraucher berechtigt, die Nutzungen einer Sache oder eines Rechts zu ziehen. Beim **Einzelbetrieb** sind die bei Bestellung eines Nießbrauchs auftretenden zivilrechtlichen Fragen weitgehend geklärt. Ist der Nießbrauch an einem Einzelbetrieb eingeräumt, kann ihn der Nießbraucher selbst führen, verpachten oder unentgeltlich einem Dritten überlassen. Der Nießbraucher kann auch zugunsten des Eigentümers auf Dauer oder auf eine begrenzte Zeit auf die Ausübung des Nießbrauchs verzichten.

Der Nießbraucher ist in seinen unternehmerischen Entscheidungen aber eingeschränkt. So darf er z. B. die bisherige wirtschaftliche Bestimmung des Betriebs nicht verändern (§ 1036 Abs. 2 BGB). Auch Umgestaltungen und wesentliche Veränderungen sind ihm untersagt (§ 1037 Abs. 1 BGB). Außerdem hat er nach den Regeln einer ordnungsgemäßen Wirtschaft zu verfahren (§ 1036 Abs. 2 BGB). Daher ist es ihm z. B. nicht erlaubt, aus einem Einzelhandelsgeschäft ein Großhandelsunternehmen zu machen oder die Branche zu wechseln oder völlig andere Dienstleistungen als bisher anzubieten.

Der Nießbraucher muss die maschinellen Anlagen sowie die Betriebseinrichtungen warten und in einem leistungsfähigen Zustand erhalten. Er ist außerdem verpflichtet, die nötigen Ersatzbeschaffungen vorzunehmen. Die im Rahmen dieser Verpflichtung erworbenen Wirtschaftsgüter gehen in das Eigentum des Nießbrauchsbestellers, also des Eigentümers, über. Erwirbt der Nießbraucher dagegen ohne vertragliche Verpflichtung Wirtschaftsgüter, die die Kapazität des Betriebs erweitern, bleiben die Eigentumsrechte bei ihm.

Das Anlagevermögen bleibt Eigentum des Nießbrauchsbestellers; das Umlaufvermögen geht dagegen in das Eigentum des Nießbrauchers über. Dieser ist deshalb verpflichtet, bei Beendigung des Nießbrauchs die Waren bzw. Roh- und Hilfsstoffe in gleicher Qualität und Menge zurückzugeben.

Der Nießbraucher hat diejenigen öffentlichen und privaten Verpflichtungen des Betriebs zu erfüllen, die üblicherweise aus den Einnahmen bestritten werden. Dazu gehören z. B. die Zinsen für das Fremdkapital, die laufenden Betriebssteuern (Umsatzsteuer, Gewerbesteuer, Grundsteuer, Kfz-Steuer usw.), Löhne sowie Instandhaltungsmaßnahmen.[1]

---
1 Vgl. hierzu ausführlich Paus, BB 1990 S. 1675.

Q. Nießbrauch und Personengesellschaftsanteil

2 Beim Nießbrauch an einem Personen**gesellschaftsanteil,** also an einem Recht, sind dagegen sehr viele Fragen zivilrechtlich immer noch offen. So ist z. B. noch nicht abschließend geklärt, in welcher Form und mit welchem Inhalt ein Nießbrauch als dingliches Recht am Gesellschaftsanteil begründet werden kann.[2] Einig ist man sich darin, dass der Nießbrauch an einem Gesellschaftsanteil nur zulässig ist, wenn entweder der Gesellschafter aufgrund des Gesellschaftsvertrags über seinen Anteil frei verfügen kann oder wenn die anderen Gesellschafter der Nießbrauchsbestellung zustimmen. Dies ergibt sich aus den §§ 717, 719 BGB, also dem abdingbaren Grundsatz der Nichtübertragbarkeit der Gesellschaftsrechte.

Viele andere Fragen hängen davon ab, was für eine Art von Nießbrauch bestellt wird, ob es ein Vollrechtsnießbrauch oder ein Ertragsnießbrauch ist, wobei hier zusätzlich verschiedene Unterarten angesprochen werden und man sich dabei auch im Sprachgebrauch nicht einig ist.

Der Streit kommt daher, weil wir uns mit dieser Frage im Spannungsverhältnis zwischen **Gesellschaftsrecht** und **Sachenrecht** befinden.[3] Es geht dabei konkret um die Frage, ob es möglich ist, die gesellschaftlichen Verwaltungsrechte des Gesellschafters (Nießbrauchsbestellers) mit den sachenrechtlichen Verwaltungsrechten des Nießbrauchers in Einklang zu bringen.[4]

Der dingliche Nießbrauch geht grundsätzlich vom Verwaltungsrecht des Nießbrauchers aus (§ 1068 Abs. 2, § 1036 Abs. 2 BGB). Soweit der Nießbrauch jedoch in ein Gesellschaftsverhältnis eingreift, hat das Gesellschaftsrecht Vorrang vor dem Sachenrecht. Sieht der Gesellschaftsvertrag z. B. vor, dass im Falle der Anteilsübertragung an bestimmte Personen diese nur die Stellung von stillen Gesellschaftern erlangen können, so kann der Nießbraucher für die Zeit des Nießbrauchs auch nicht die volle Gesellschafterstellung erreichen.[5] Im Innenverhältnis gestattet es das Sachenrecht aber z. B., den Nießbrauch in Bezug auf die Verwaltungsbefugnis genau zu umschreiben, z. B. dem Gesellschafter (Nießbrauchsbesteller) weitgehende Verwaltungsbefugnisse zu belassen.

---

2 BFH vom 01.03.1994, BStBl II 1995, 241, 244. Vgl. auch Schmidt/Wacker, § 15 Rz. 305; Littmann/Bitz/Pust, § 15 Rz. 31b.
3 Gschwendtner, NJW 1995 S. 1875.
4 Gschwendtner, DStZ 1995 S. 708.
5 Schulze zur Wiesche, DStR 1995 S. 318; BB 2004 S. 355.

2 Der Nießbrauch am Gesellschaftsanteil selbst

2.1 Zivilrecht

Der Nießbrauch am Gesellschaftsanteil selbst kann in zweifacher Art bestellt werden; einmal als Vollrechtsnießbrauch mit Treuhandverhältnis, zum anderen als echter Nießbrauch. Wie dabei der Nießbrauch eingeräumt wird, spielt im Gegensatz zum Nießbrauch an Gewinnanteilen keine Rolle. Es kann also ein Zuwendungsnießbrauch, ein Vorbehaltsnießbrauch oder ein Vermächtnisnießbrauch sein.

2.1.1 Der Vollrechtsnießbrauch mit Treuhandverhältnis

Beim sog. **Vollrechtsnießbrauch** wird der Nießbrauch als dingliches Recht **am Anteil an einer Personengesellschaft** im Rahmen eines **Treuhandverhältnisses** begründet. Diese Form ist zivilrechtlich seit langem anerkannt, wenn der Gesellschaftsvertrag die Übertragung des Anteils zulässt oder die Mitgesellschafter der Übertragung zustimmen.[6] Der Nießbraucher wird Gesellschafter, allerdings auf Zeit. Er wird im Handelsregister eingetragen. Er übt im Verhältnis zur Gesellschaft allein alle Rechte aus dem Gesellschaftsverhältnis aus. Ihm stehen also die Stimmrechte in der Gesellschafterversammlung zu. Er haftet für die Schulden der Gesellschaft nach außen; bei einer OHG z. B. gem. § 128 HGB. Der bisherige Gesellschafter und Nießbrauchsbesteller scheidet aus der Gesellschaft aus. Das Innenverhältnis ist ein Treuhandverhältnis,[6] ausgestaltet nach den zivilrechtlichen Nießbrauchsregeln.

Daraus ergibt sich, dass der bisherige Gesellschafter/Nießbrauchsbesteller nur schuldrechtliche Ansprüche gegen den Nießbraucher hat.

2.1.2 Der echte Nießbrauch

Nach einer im zivilrechtlichen Schrifttum herrschenden Ansicht kann inzwischen auch ein Gesellschaftsanteil als solcher nach sachenrechtlichen Grundsätzen mit einem Nießbrauch belastet werden.[7] Der BFH entnimmt in seinem Urteil vom 01.03.1994[7] der einschlägigen, aber nicht eindeutigen Rechtsprechung des BGH, dass auch dieser die **echte Nießbrauchslösung** als zulässige Alternative zur Treuhandlösung ansieht. Der Nießbraucher wird in diesem Fall nicht Gesellschafter, dies bleibt vielmehr der Nießbrauchsbesteller. Sowohl Nießbraucher als auch Nießbrauchsbesteller üben je nach Vereinbarung einzelne Rechte aus. Wenn hierüber keine Verein-

---

6 Schmidt/Wacker, § 15 Rz. 305; Gschwendtner, NJW 1995 S. 1875; Paus, BB 1990 S. 1675; Schulze zur Wiesche, FR 1999 S. 281 und BB 2004 S. 355; Korn, DStR 1999 S. 1461 ff. und 1464, und BGH vom 09.11.1998, DStR 1999 S. 246.

7 BFH vom 01.03.1994, BStBl II 1995, 241; Gschwendtner, NJW 1995 S. 1875.

Q. Nießbrauch und Personengesellschaftsanteil

barungen vorliegen, ist im Einzelnen strittig, welche Rechte dem Nießbraucher und welche dem Nießbrauchsbesteller zustehen.[8] Im Außenverhältnis haftet im Gegensatz zur Treuhandlösung der Nießbrauchsbesteller.

2.1.3 Gemeinsamkeiten

5 Dem Nießbrauchsbesteller bleibt in beiden Varianten trotz allem die Substanz des Gesellschaftsanteils, d. h., dem Nießbraucher stehen nur die Früchte zu, also der Ertrag. Daraus folgt, dass der Nießbraucher nur die Gesellschafterrechte in Anspruch nehmen kann, die sich auf den laufenden Geschäftsbetrieb beziehen, z. B. die allgemeine Verwaltung, Einkauf, Verkauf, die Buchführung, die Bilanzerstellung, die Gewinnfeststellung und Gewinnverteilung. Dagegen braucht der Nießbraucher die Zustimmung des Nießbrauchsbestellers bei Fragen oder Änderungen, die das Gesellschaftsverhältnis in seiner Substanz betreffen, z. B. Kündigung des Gesellschaftsvertrags, Änderungen des Gesellschaftsvertrags und Änderungen der Gewinn- bzw. Vermögensbeteiligung sowie die Aufnahme neuer Gesellschafter. Auch die Verpflichtung aus einer beschlossenen Einlagenerhöhung hat nur der Gesellschafter, nicht der Nießbraucher zu erfüllen. Leistet der Gesellschafter, so steht ihm grundsätzlich insoweit auch der Gewinn zu.[9]

Zu seiner Wirksamkeit bedarf der Nießbrauchsvertrag bei beiden Alternativen keiner notariellen Beurkundung. Dies gilt auch dann, wenn zum Gesellschaftsvermögen ein Grundstück gehört; denn die Einräumung eines Nießbrauchs entspricht zivilrechtlich der Übertragung des Rechts, hier also der Übertragung des Gesellschaftsanteils, § 1069 BGB.

Um von vornherein Streitigkeiten aus dem Wege zu gehen, ist bei beiden Alternativen dringend zu empfehlen, im Nießbrauchsvertrag und/oder im Gesellschaftsvertrag die Rechte und Pflichten des Nießbrauchers und des bisherigen Gesellschafters (Nießbrauchsbestellers) genauestens zu regeln. Vergleiche unten Q. Rz. 30 die hierzu erstellte **„Checkliste"**.

Dies gilt ganz besonders für

— die Ausübung der Stimmrechte zu allen möglichen Entscheidungen in der Gesellschafterversammlung

— die Gewinnverteilung

— die spätere Auflösung des Nießbrauchsvertrags[10]

---

8 Vgl. Schmidt/Wacker mit weiteren Nachweisen, § 15 Rz. 305 und Fn. 6.
9 Schulze zur Wiesche, DStR 1995 S. 318; BB 2004 S. 355.
10 Paus, BB 1990 S. 1675.

2.2 Mitunternehmerstellung

2.2.1 Nießbraucher

Ob der **Nießbraucher Mitunternehmer** ist, hängt bei beiden Alternativen von seiner rechtlichen und tatsächlichen Stellung im Einzelfall ab. Dabei ist das Innenverhältnis zwischen Nießbraucher und Nießbrauchsbesteller entscheidend. Der Umstand, dass es sich um eine Rechtsposition auf Zeit handelt, spielt keine Rolle.

Beim **Vollrechtsnießbrauch mit Treuhandverhältnis** ist nach h. M. der **Nießbraucher** regelmäßig Mitunternehmer, es sei denn, seine rechtliche oder tatsächliche Stellung ist erheblich eingeschränkt.[11] Nach h. M. ist der Nießbraucher beim Vollrechtsnießbrauch nicht an den stillen Reserven beim Anlagevermögen und am Geschäftswert beteiligt.[12] Trotzdem trägt er ein **Mitunternehmerrisiko**. Er haftet nach außen und ist am Gewinn und evtl. auch am Verlust beteiligt.

Beim Vollrechtsnießbrauch mit Treuhandverhältnis hat der Nießbraucher meistens auch eine genügende **Mitunternehmerinitiative** in Form von Verwaltungsrechten. Hier ist vor allem das Stimmrecht in der Gesellschafterversammlung zu nennen. Dies gilt auch dann, wenn er das Stimmrecht nur zusammen mit dem Nießbrauchsbesteller ausüben kann.[13] Nach dem BFH-Beschluss des Großen Senats vom 25.06.1984 ist unverzichtbare Voraussetzung, dass der Nießbraucher am Gewinn beteiligt ist. Dies setzt aber voraus, dass er auch insoweit das Stimmrecht hat und dieses wahrnimmt.[14]

Beim Vollrechtsnießbrauch lässt sich die Mitunternehmerstellung auch mit dem Treuhandverhältnis selbst begründen. Denn in dieser Situation übt der Nießbraucher die Treuhand im eigenen Interesse und für eigene Rechnung mit dem Ziel aus, aufgrund des Nutzungsrechts eigene Einkünfte zu erzielen. Es liegt also eine eigennützige Treuhand vor.[15]

Auch beim **echten Nießbrauch** am Gesellschaftsanteil ist im Normalfall der **Nießbraucher** Mitunternehmer.[16] Entscheidend ist, welche Rechte und Pflichten er hat. Wie beim Vollrechtsnießbrauch ist auch der echte Nießbraucher nicht an den stillen Reserven beim Anlagevermögen und am Geschäftswert beteiligt. Er haftet meistens nicht nach außen. Er ist aber am Gewinn

---

11 BFH vom 11.04.1973, BStBl II 1973, 528, vom 29.01.1976, BStBl II 1976, 374, und vom 01.03.1994, BStBl II 1995, 241. Littmann/Bitz/Pust, § 15 Rz. 32, und Schmidt/Wacker, § 15 Rz. 306; Schulze zur Wiesche, FR 1999 S. 281; BB 2004 S. 356; Korn, DStR 1999 S. 1461, jeweils mit weiteren Nachweisen; a. A. Balke, FR 1987 S. 129.
12 BFH vom 28.01.1992, BStBl II 1992, 605.
13 Paus, BB 1990 S. 1675; Schulze zur Wiesche, DStR 1995 S. 318; BB 2004 S. 355; Schmidt/Wacker, § 15 Rz. 306.
14 BStBl II 1984, 51, Schulze zur Wiesche, DStR 1995 S. 318; BB 2004 S. 355.
15 Gschwendtner, DStZ 1995 S. 708.
16 Schmidt/Wacker, § 15 Rz. 306; Littmann/Bitz/Pust, § 15 Rz. 32; Korn, DStR 1999 S. 1461; alle mit weiteren Nachweisen.

und evtl. am Verlust beteiligt. Außerdem hat er die für die Mitunternehmerinitiative erforderlichen Mitwirkungsrechte, also vor allem die Rechte nach §§ 164, 166 HGB. Sehr entscheidend sind aber auch hier die Stimmrechte, die er im Normalfall hat und auch ausübt.

Nach Schmidt/Wacker[17] und Littmann/Bitz/Pust[18] ist der Nießbraucher bei beiden Formen im Normalfall Mitunternehmer, unabhängig davon, ob das Rechtsverhältnis dinglicher oder schuldrechtlicher Natur ist oder ob es sich um einen unentgeltlichen Zuwendungsnießbrauch oder einen Vorbehaltsnießbrauch handelt.

2.2.2 Der Nießbrauchsbesteller

8 Lange Zeit war umstritten, ob auch der **Nießbrauchsbesteller** Mitunternehmer ist und welcher Einkunftsart seine Einkünfte zuzuordnen sind. Zum Teil wurde ein Ruhen der Mitunternehmerstellung während der Zeit des eingeräumten Nießbrauchs angenommen, eine Art Unterbrechung ähnlich einer Verpachtung eines Gewerbebetriebs.[19]

Inzwischen geht die h. M. davon aus, dass beim **Vollrechtsnießbrauch** im Normalfall neben dem Nießbraucher auch der **Nießbrauchsbesteller** Mitunternehmer ist.[20] Ihm verbleibt nämlich die Beteiligung an den stillen Reserven und dem Geschäftswert im Liquidationsfall, die Zuständigkeit für Änderungen des Gesellschaftsvertrags, der Gewinnverteilung und des Auseinandersetzungsguthabens. Er trägt das Risiko der Wertminderung der Beteiligung bei Werteinbußen am Anlagevermögen.[20] Im Normalfall hat er auch das Widerspruchsrecht gem. § 164 und die Kontrollrechte gem. § 166 HGB.

9 Nun hat der BFH mit dem oben erwähnten Urteil vom 01.03.1994[21] diese Frage für den Fall des **echten Nießbrauchs** auch bejaht. Zum Mitunternehmerrisiko meint der BFH, der Nießbrauchsbesteller behält einen hinreichenden Bestand an vermögensrechtlicher Substanz und einen hinreichenden Bestand an gesellschaftsrechtlichen Mitwirkungsrechten zurück, die seine bisherige Stellung als Gesellschafter und Mitunternehmer aufrechterhalten. Mit fortbestehender Beteiligung am Geschäftswert, am Auseinandersetzungsguthaben, am Verlust und der weiterbestehenden Haftung im Außenverhältnis trage der Nießbrauchsbesteller ein hinreichendes Mitunternehmerrisiko. Die Mitunternehmerinitiative sei gegeben, weil er die Möglichkeit zur Ausübung von Rechten habe, die den Stimm-, Kontroll- und Widerspruchsrechten eines Kommanditisten lt. HGB wenigstens angenähert sind. Auch das Verbot der Stimmrechtsabspaltung gem. § 717 Satz 1 BGB

---

17 Schmidt/Wacker, § 15 Rz. 306.
18 Littmann/Bitz/Pust, § 15 Rz. 32.
19 Schulze zur Wiesche, DStR 1995 S. 318 mit weiteren Nachweisen; BB 2004, S. 355.
20 Schmidt/Wacker, § 15 Rz. 309; Littmann/Bitz/Pust, § 15 Rz. 32 a.
21 BStBl II 1995, 241.

stehe dem nicht entgegen. Die Nießbrauchsbestellung führe nicht zur Abspaltung einzelner Rechte, sie führe nur zu einer vorübergehenden Verteilung der Kompetenzen zur Ausübung der Mitwirkungsrechte zwischen Gesellschafter und Nießbraucher.

Dem Gesellschafter verbleibe das Zustimmungsrecht zu Maßnahmen, die sein Recht beeinträchtigen. Diese wären z. B.: Änderungen des Gesellschaftsvertrags, Grundlagengeschäfte, außergewöhnliche Geschäfte, Änderung der Gewinnbeteiligung, Beschneidung des Auseinandersetzungsguthabens u. a. Dem Gesellschafter verbleibe auch die Ausübung der für diesen Kernbereich erforderlichen gesellschaftsrechtlichen Kontroll- und Informationsrechte.

2.2.3 Zusammenfassung

Nach allem lässt sich feststellen, dass im Normalfall beim Vollrechtsnießbrauch und beim echten Nießbrauch sowohl Nießbraucher als auch Nießbrauchsbesteller Mitunternehmer sind. Da es auf das Gesamtbild ankommt, ist jedoch zu beachten, dass es auch anders sein kann. So ist in Ausnahmefällen denkbar, dass nur der Nießbraucher oder nur der Nießbrauchsbesteller Mitunternehmer ist. Auch in diesem Zusammenhang sei empfohlen, die Rechte und Pflichten der Beteiligten genau zu umschreiben (vgl. **Checkliste** unten Q. Rz. 30).   **10**

2.3 Ertragsteuerliche Rechtsfolgen

2.3.1 Gewinnverteilung allgemein

Da beim Vollrechtsnießbrauch und beim echten Nießbrauch im Normalfall sowohl Nießbraucher als auch Nießbrauchsbesteller Mitunternehmer sind, war lange Zeit strittig, wie die Erträge und Verluste aus dem Gesellschaftsanteil auf die beiden zu verteilen sind.   **11**

Bis zum Urteil des BFH vom 01.03.1994[22] wurde z. B. die Meinung vertreten, dass dem Nießbraucher über seine zivilrechtlichen Ansprüche hinaus der ganze Gewinn steuerlich zugerechnet werden müsse, sodass er laufend mehr versteuert, als ihm zusteht.[23] Das Urteil des BFH vom 01.03.1994[22] hat diese Probleme entschieden. Danach sind dem Nießbraucher nur die laut Gewinnverwendungsbeschluss der Gesellschafter festgestellten **entnahmefähigen Handelsbilanz-Gewinnanteile** zuzurechnen. Die übrigen Gewinnanteile (aus Rücklagen, aus aufgedeckten stillen Reserven des Anla-

---

22 BStBl II 1995, 241.
23 Vgl. mit entsprechenden Nachweisen Littmann/Bitz/Pust, § 15 Rz. 33; Schulze zur Wiesche, DStR 1995 S. 318.

gevermögens u. a.) verbleiben dem Nießbrauchsbesteller,[24] wenn nichts anderes vereinbart ist.

Die Gewinnverteilung ist danach in mehreren Schritten vorzunehmen:
— Im ersten Schritt ist nach den allgemeinen Regeln festzustellen, welcher Gewinnanteil auf den nießbrauchsbelasteten Gesellschaftsanteil insgesamt entfällt.
— Im zweiten Schritt ist dieser Gewinnanteil auf Nießbraucher und Nießbrauchsbesteller aufzuteilen.
— Im dritten Schritt ist festzulegen, wem Sondervergütungen und Erträge aus dem Sonderbetriebsvermögen zuzurechnen sind.

2.3.2 Kapitalkonten

12 Sowohl beim Vollrechtsnießbrauch als auch beim echten Nießbrauch bleibt der Gesellschafter Gesamthandseigentümer. Damit ist der Kapitalanteil am Gesellschaftsvermögen dem Gesellschafter zuzurechnen. Dies gilt im Normalfall nicht nur für das Festkapitalkonto, sondern auch für die variablen Kapitalkonten und für Rücklagekonten. Dem Nießbraucher ist grundsätzlich nur das Konto zuzurechnen, auf dem die Zuschreibung des entnahmefähigen Gewinns erfolgt, zzgl. evtl. eingerichteter Privatkonten.[25]

2.3.3 Der handelsrechtliche Gewinnanteil

13 Der handelsrechtliche Gewinnanteil setzt sich zusammen aus dem Vorabgewinn und der Verteilung des Restgewinns. Zum handelsrechtlichen Vorabgewinn rechnen vor allem die Haftungsvergütung und die Vorabverzinsung der Kapitalkonten.

Beim Vollrechtsnießbrauch haftet der Nießbraucher gem. § 128 HGB, und beim echten Nießbrauch haftet der Nießbrauchsbesteller gem. § 128 HGB. Ist für diese Haftung nun eine Haftungsvergütung vereinbart worden, steht sie entweder dem Nießbraucher oder dem Nießbrauchsbesteller zu.

Genauso ist es mit der Vorabverzinsung der Kapitalkonten. Je nachdem, für wen Kapitalkonten geführt werden, stehen die Zinsen entweder dem Nießbraucher oder dem Nießbrauchsbesteller zu.

2.3.4 Entnahmefähiger Gewinn

14 Dem Nießbraucher stehen alle Erträge zu, die mit seinem Beteiligungsrecht im Zusammenhang stehen. Dabei ist Grundlage der Handelsbilanzgewinn.

Sind im Gesellschaftsvertrag oder dem Nießbrauchsvertrag Entnahmebeschränkungen vereinbart, dann sind diese zu Lasten des Nießbrauchers zu berücksichtigen.

---

24 Schmidt/Wacker, § 15 Rz. 307; Littmann/Bitz/Pust, § 15 Rz. 33 a.
25 Schulze zur Wiesche, DStR 1995 S. 318.

Dem Nießbraucher können Gewinne nicht zugerechnet werden, die vertragsgemäß oder gesetzlich zur Auffüllung bzw. Wiederauffüllung des Kapitalkontos des Gesellschafters verwendet werden müssen, vor allem, wenn Verluste vorausgegangen sind.[25]

Außerordentliche Erträge aus dem Verkauf von Anlagegütern werden schon zivilrechtlich grundsätzlich nicht dem Nießbraucher, sondern dem Gesellschafter zugerechnet. Es handelt sich insoweit um eine Wertsteigerung der dem Gesellschafter zustehenden Substanz. Dies gilt auch für Wertsteigerungen beim Firmenwert.

2.3.5 Sondervergütungen

Da im Normalfall Nießbraucher und Nießbrauchsbesteller Mitunternehmer sind, können bei beiden Sondervergütungen anfallen. Führt z. B. der Nießbraucher die Geschäfte, gewährt er ein Darlehen oder überlässt er ein einzelnes Wirtschaftsgut zur Nutzung, so sind entsprechend vereinbarte Entgelte ihm zuzurechnen. Tut dies der Nießbrauchsbesteller, hat er diese Entgelte zu versteuern.

2.3.6 Sonderbetriebsvermögen, Sonderbilanzen

Stellt der **Nießbraucher** als Mitunternehmer der Gesellschaft einzelne Wirtschaftsgüter, die nicht mit dem Nießbrauch belastet sind, zur Verfügung, sind diese bei ihm Sonderbetriebsvermögen und für ihn ist eine Sonderbilanz zu erstellen. Weil das Wirtschaftsgut nicht in das Gesamthandsvermögen gelangt, gehört es weiterhin dem Nießbraucher. Dies gilt auch für ein Darlehen, das der Nießbraucher der Gesellschaft zur Verfügung stellt.

Stellt der **Nießbrauchsbesteller** als Mitunternehmer einzelne Wirtschaftsgüter zur Verfügung, sind diese bei ihm Sonderbetriebsvermögen. Insoweit gelten keine Besonderheiten. Wird der Nießbrauch am Anteil bestellt, hat dies auch keine Entnahme des Sonderbetriebsvermögens beim Nießbrauchsbesteller zur Folge.[25] Voraussetzung ist nur, dass der Nießbrauchsbesteller weiterhin Mitunternehmer bleibt und das Wirtschaftsgut weiterhin von der Gesellschaft genutzt wird.

Ein Sonderproblem zum **Darlehen** wirft Schulze zur Wiesche auf.[25] Er meint wörtlich:

„Fraglich ist die Verpflichtung zur Darlehensüberlassung des künftigen Gewinns. Die im Zeitpunkt der Nießbrauchsbestellung bestehenden Darlehen werden als Sonderbetriebsvermögen weiterhin dem Anteilseigner als Darlehensgeber zugerechnet. Fraglich ist, wer die Verpflichtung zur Darlehensgewährung aus künftigen Gewinnen zu erfüllen hat. Der Gesellschaft gegenüber ist der Anteilseigner hierzu verpflichtet. Erfüllen jedoch kann die Verpflichtung nur der Nießbraucher. Da dem Nießbraucher die Erträge zustehen, wird er insoweit den zivilrechtlichen Anspruch auf Rückzahlung

Q. Nießbrauch und Personengesellschaftsanteil

des Darlehens haben. Ist der Gesellschafter als Darlehensgeber der Gesellschaft gegenüber anzusehen und der Nießbraucher nur Erfüllungsgehilfe gegenüber dem Anteilseigner, hat der Gesellschafter grundsätzlich den Rückzahlungsanspruch, den sich jedoch der Nießbraucher wegen seines Gewinnanspruchs abtreten lassen kann."

Diesen Überlegungen schließen wir uns an.

2.3.7 Gewinnverteilung konkret

19 Berücksichtigt man die Ausführungen zu Rz. 11 bis 18, dann dürfte dies bei konkreten Gewinnverteilungen keine besonderen Schwierigkeiten machen, wenn durch klare Vereinbarungen feststeht, was dem Nießbraucher und dem Nießbrauchsbesteller zuzurechnen ist.

> **Beispiel:**
> K ist Kommanditist der M-KG. Er ist am Gewinn und Verlust mit 20 % beteiligt. K hat der Gesellschaft ein Grundstück zur Nutzung überlassen; Jahrespacht 60.000 €. Er veräußert dieses Grundstück zum 31.12.06 mit einem außerordentlichen Ertrag im Rahmen seiner Sonderbuchführung i. H. von 110.000 €. Mit Wirkung zum 01.10.06 hat K dem N den Nießbrauch (echter Nießbrauch) an seinem Gesellschaftsanteil bestellt. N ist Geschäftsführer der KG, Jahresgehalt 120.000 €, kein Gesellschafter. Laut Gesellschaftsvertrag darf der Gewinn i. H. von 80 % entnommen werden, 20 % sind dem Kapitalkonto II des K zuzuschreiben. Der Gewinnanteil des Jahres 06 beträgt für K 80.000 €.
>
> Ab 01.10.06 wird N zum Mitunternehmer, sodass sein Jahresgehalt aufzuteilen ist. N erzielt gem. § 19 EStG i. H von 90.000 € ($^9/_{12}$ von 120.000 €) Einkünfte aus nichtselbständiger Tätigkeit und gem. § 15 Abs. 1 Nr. 2 EStG i. H. von 30.000 € ($^3/_{12}$ von 120.000 €) Einkünfte aus Gewerbebetrieb.
>
> Der Gewinnanteil von 80.000 € steht K bis zum 30.09.06 voll zu, also $^9/_{12}$ von 80.000 € = 60.000 €. Der Rest (20.000 €) ist mit 80 % (entnahmefähiger Teil) = 16.000 € dem Nießbraucher und mit 20 % (nicht entnahmefähiger Teil) = 4.000 € dem Gesellschafter zuzurechnen.
>
> Daraus ergibt sich folgende **Gewinnverteilung** für den gewerblichen Gewinn:
>
> | | Gesamter Anteilsgewinn | K Gesellschafter | N Nießbraucher |
> | --- | --- | --- | --- |
> | Gewinnanteil | 80.000 € | 64.000 € | 16.000 € |
> | Geschäftsführergehalt | 30.000 € | | 30.000 € |
> | Pacht | 60.000 € | 60.000 € | |
> | Gewinn aus Veräußerung des Grundstücks | 110.000 € | 110.000 € | |
> | | 280.000 € | 234.000 € | 46.000 € |

2.4 Besonderheiten im Ertragsteuerrecht

2.4.1 Keine Bilanzierung des Nießbrauchsrechts

Das Nießbrauchsrecht an dem Gesellschaftsanteil ist nach h. M. weder beim Nießbraucher noch beim Nießbrauchsbesteller bilanzmäßig auszuweisen.[26] Wird das Nießbrauchsrecht **unentgeltlich** eingeräumt, dann würde die Aktivierung den Ausweis nicht realisierter Gewinne bedeuten. Wird das Nießbrauchsrecht **entgeltlich** eingeräumt, dann ist dieser Vorgang steuerlich wie eine Verpachtung anzusehen, d. h., dann sind die einzelnen Zahlungen des Nießbrauchers an den Gesellschafter bei diesem laufende Einkünfte gem. § 15 Abs. 1 Nr. 2 EStG, weil der Gesellschafter im Normalfall Mitunternehmer bleibt, ansonsten Einkünfte aus Vermietung und Verpachtung.

20

2.4.2 Verluste in der Personengesellschaft

Je nach Vereinbarung kann auf den Nießbraucher auch ein Verlust entfallen. Da der Nießbraucher die entnahmefähigen Gewinne, die ihm zustehen, wohl auch entnimmt, dürfte sein Kapitalkonto i. d. R. gleich null sein.

21

Das Vernünftigste wäre, den Verlustanteil des Nießbrauchers auf einem Verlustverrechnungskonto zu buchen, wenn der Nießbraucher laut Nießbrauchsvertrag verpflichtet ist, den Verlust mit künftigen Gewinnen auszugleichen. Der Nießbraucher darf in diesem Falle erst wieder entnehmen, wenn sein Kapitalkonto einen Gewinn ausweist.

Da der Verlust dem Nießbraucher steuerlich zuzurechnen ist, ist § 15 a EStG anwendbar, wenn ein negatives Kapitalkonto entsteht. Dem Nießbraucher wäre dann ein verrechenbarer Verlust gem. § 15 a Abs. 4 EStG zuzuweisen.

Bitz[27] sieht die Angelegenheit viel komplizierter. Er meint hierzu:

„Ein auf den Nießbraucher entfallender Verlust (wie im Gewinnfall bereinigt um a. o. Gewinne oder Verluste aus Anlageverkäufen) vermindert dann zwar bilanztechnisch das Kapitalkonto des Anteilseigners (Nießbrauchsbestellers), weil das Konto des Nießbrauchers infolge Entnahme i. d. R. gleich null ist, im Innenverhältnis hat der Nießbraucher diesem gegenüber jedoch eine Verbindlichkeit in Form einer Rückgabeverpflichtung. Diese Verpflichtung ist sinnvollerweise in einer Ergänzungsbilanz zu passivieren dergestalt, dass auf der Aktivseite das entstandene Minderkapital und auf der Passivseite die Rückgabeverpflichtung bilanziert werden; beim Nießbrauchsbesteller spiegelbildliche Verfahrensweise . . . .

Sinkt durch einen Verlustanteil, der nach dem Gesellschaftsvertrag auf den nießbrauchsbelasteten Gesellschaftsanteil entfällt, allerdings auf dem Kapitalkonto des Anteilseigners das Eigenkapital unter die Pflichteinlage, so kann der Nießbraucher ihm zustehende Gewinnanteile gem. § 169 Abs. 1

---

26 Paus, BB 1990 S. 1675.
27 Littmann/Bitz/Pust, § 15 Rz. 33 c. Vgl. auch Schulze zur Wiesche, BB 2004 S. 355.

Q. Nießbrauch und Personengesellschaftsanteil

HGB erst wieder entnehmen, wenn der Kapitalanteil durch entsprechende Gewinne bis zur Höhe der Pflichteinlage aufgefüllt worden ist. Da dem Nießbraucher die zur Minderung der Pflichteinlage führenden Verluste zugerechnet werden, sind ihm trotz fehlender Entnahmeberechtigung auch die zukünftig nichtentnahmefähigen Gewinne zur Versteuerung zuzuweisen, da sich durch die Wiederauffüllung der Pflichteinlage die Haftung des Nießbrauchers gegenüber dem Nießbrauchsbesteller für die in der Vergangenheit entstandenen Verluste entsprechend mindert (gl. A. Biergans, DStR 1985 S. 333)."

Diese Rechtsfragen wären viel einfacher zu lösen, wenn man, wie vorgeschlagen, dem Nießbraucher ein Kapitalkonto in der Hauptbilanz zuweist, auf dem auch seine Verluste gebucht würden.

Um von vornherein in diesem Bereich Streitfragen überhaupt nicht entstehen zu lassen, schlagen wir vor, dass diese im Gesellschafts- und/oder dem Nießbrauchsvertrag von vornherein geregelt werden. Vergleiche **Checkliste** unten Q. Rz. 30.

2.4.3 Ergänzungsbilanzen

22 Ergänzungsbilanzen sind im Allgemeinen erforderlich[28] bei:

— Inanspruchnahme personenbezogener Steuervergünstigungen

— Einbringung einzelner Wirtschaftsgüter in die Personengesellschaft

— Einbringung eines Betriebs, Teilbetriebs oder Mitunternehmeranteils

— Gesellschafterwechsel

Da der Nießbraucher nicht Miteigentümer des Gesamthandsvermögens ist, können normalerweise Ergänzungsbilanzen nur beim Gesellschafter/Nießbrauchsbesteller in Betracht kommen.

Nehmen wir nun an, dem Nießbraucher wird erlaubt, ein einzelnes Wirtschaftsgut[29] oder einen Betrieb[30] in das Gesamthandsvermögen zum Buchwert einzubringen, dann ist selbstverständlich für ihn eine Ergänzungsbilanz für den steuerlichen Mehr- oder Minderwert zu errichten. Dies kann dann eine Ergänzungsbilanz für einen Nießbraucher sein. Diese Situation kann aber auch so ausgelegt werden, dass zum Zeitpunkt der Einbringung der Nießbraucher echter Gesellschafter wurde, wenn die anderen Gesellschafter ihm insoweit einen Teil des Gesamthandsvermögens übertragen haben. Dieser Fall darf nicht mit dem Sonderbetriebsvermögen verwechselt werden.

---

28 Vgl. oben B. Rz. 217 ff.
29 Vgl. oben C. Rz. 6.
30 Vgl. oben C. Rz. 9 ff.

2 Der Nießbrauch am Gesellschaftsanteil selbst

2.4.4 Das Nießbrauchsentgelt

Das vom Nießbraucher an den Nießbrauchsbesteller für die Nießbrauchsüberlassung am Gesellschaftsanteil bezahlte **laufende Entgelt** ist beim Nießbraucher eine Sonderbetriebsausgabe und beim Nießbrauchsbesteller eine Sonderbetriebseinnahme.[31]

23

Ist das Entgelt ein **Einmalbetrag,** so ist es in der Sonderbilanz des Nießbrauchers als aktiver RAP anzusetzen und auf die Laufzeit des Nießbrauchs zu verteilen; entsprechend ist beim Nießbrauchsbesteller ein passiver RAP zu bilden.[31]

Nach Ansicht des Instituts der Wirtschaftsprüfer[32] ist dagegen bei entgeltlichem Erwerb durch den Nießbraucher ein immaterielles Wirtschaftsgut des Anlagevermögens erworben worden, dessen Anschaffungskosten bei Einmalzahlung dem Zahlungsbetrag entsprechen, bei jährlichen Leistungsentgelten deren Barwert. Folgt man dieser Ansicht, so stellt die Abschreibung der Anschaffungskosten über die Nutzungszeit Sonderbetriebsausgaben dar. Hinzu kommt der geleistete Zinsanteil als Aufwand.[31] Entsprechendes gilt beim Mitunternehmer-Nießbrauchsbesteller. Dieser hat bei laufendem Entgelt in der Sonderbilanz den Barwert zu aktivieren und in gleicher Höhe eine Verbindlichkeit zu passivieren. Die Vereinnahmung der Jahresentgelte führt in Höhe der Barwertminderung der Forderung zur Tilgung, der übersteigende Betrag wird erfolgswirksam vereinnahmt. Zusätzlich ist die Verbindlichkeit ratierlich erfolgswirksam aufzulösen. Bei Einmalzahlung ist nach dieser Ansicht dem vereinnahmten Betrag in der Sonderbilanz in gleicher Höhe eine Verbindlichkeit gegenüberzustellen, die entsprechend der vereinbarten Laufzeit des Nießbrauchs zeitanteilig erfolgswirksam aufzulösen ist.[33]

2.4.5 Der Nießbrauch am Sonderbetriebsvermögen

2.4.5.1 Unentgeltlich oder entgeltlich eingeräumter Nießbrauch

Wird der Nießbrauch nicht am Gesellschaftsanteil selbst, sondern an einem Wirtschaftsgut, z. B. an einem Grundstück, bestellt, das dem Gesellschafter gehört und von der Gesellschaft genutzt wird, dann ist dieses vom Gesellschafter nicht zu entnehmen. Das Grundstück bleibt weiterhin Sonderbetriebsvermögen des Gesellschafters. Dies gilt so lange, als keine Nutzungsänderung und keine Änderung in der Stellung des Gesellschafters eintritt, denn der Gesellschafter bleibt weiterhin Eigentümer.[34]

24

---

31 Littmann/Bitz/Pust, § 15 Rz. 34; Biergans, DStR 1985 S. 327 und 333.
32 Eingabe zur einkommensteuerrechtlichen Behandlung des Nießbrauchs an den BdF, Fachnachrichten 1983, 42 und 47.
33 Vgl. auch Schulze zur Wiesche, DStR 1995 S. 318.
34 BFH vom 01.03.1994, BStBl II 1995, 241.

Q. Nießbrauch und Personengesellschaftsanteil

Ist der Nießbraucher am Grundstück nicht gleichzeitig Mitunternehmer, erzielt er Einkünfte aus Vermietung und Verpachtung in Höhe des Ertrags; beim Gesellschafter sind die Zahlungen Sonderbetriebsausgaben, weil das Wirtschaftsgut weiterhin Sonderbetriebsvermögen bleibt. Wird in diesem Falle ein Entgelt für den Nießbrauch bezahlt, liegt eine Verpachtung vor. Beim Nießbraucher sind Werbungskosten und beim Gesellschafter sind Sonderbetriebseinnahmen anzusetzen.[35]

Ist der Nießbraucher Mitunternehmer, weil gleichzeitig am Gesellschaftsanteil und am Grundstück des Gesellschafters, das dessen Sonderbetriebsvermögen ist, der Nießbrauch bestellt wird, dann ist aus denselben Gründen, wie eingangs dargestellt, eine Entnahme nicht vorzunehmen.[36] Der Nießbraucher erzielt dann Sonderbetriebseinnahmen gem. § 15 Abs. 1 Nr. 2 EStG, der Gesellschafter entsprechend Sonderbetriebsausgaben. Wird in diesem Fall ein Entgelt für den Nießbrauch bezahlt, gilt für beide Beteiligte das in Rz. 23 Ausgeführte.

2.4.5.2 Vorbehaltsnießbrauch

Beispiel:

Vater V überträgt im Wege der vorweggenommenen Erbfolge seinen Mitunternehmeranteil an der OHG V+Z auf seinen Sohn S. Dem V gehört ein Grundstück, das die OHG nutzt. Dieses Grundstück überträgt V ebenfalls auf S, behält sich aber das lebenslange unentgeltliche Nießbrauchsrecht vor. Gleichzeitig vermietet es V an S, der das Grundstück weiterhin der OHG überlässt. Es stellt sich die Frage, ob der Mitunternehmeranteil nach § 6 Abs. 3 EStG unentgeltlich übergeht oder ob bei V eine Betriebsaufgabe vorliegt.

Der BFH hat in seinem Urteil vom 12.04.1989[37] zu der Frage der unentgeltlichen Übertragung eines Betriebs i. S. des § 7 Abs. 1 EStDV (jetzt § 6 Abs. 3 Satz 1 EStG) ausgeführt, dass die Bestellung des Vorbehaltsnießbrauchs an dem übertragenen Grundstück die Übertragung des Betriebs nach § 7 Abs. 1 EStDV nicht ausschließt. Die Betriebsübertragung mit Buchwertfortführung nach § 6 Abs. 3 EStG hängt von der Verschaffung des wirtschaftlichen Eigentums an allen wesentlichen Betriebsgrundlagen ab. Dabei muss der gesamte betriebliche Organismus auf den Erwerber übergehen. Deshalb ist ein Vorbehaltsnießbrauch unschädlich für die Übertragung nach § 6 Abs. 3 EStG, sofern der Betrieb vom Übernehmer (hier: S) im bisherigen Umfang fortgeführt werden kann, wenn er das nießbrauchsbelastete Grundstück z. B. als Mieter oder Pächter nutzt. Die Übertragung des Grundstücks unter dem Nießbrauchsvorbehalt ist ein unentgeltlicher Vorgang.

Der Vorbehaltsnießbraucher verliert grundsätzlich das wirtschaftliche Eigentum an dem belasteten Grundstück auch dann, wenn sich der Vor-

---
35 Vgl. hierzu oben Q. Rz. 23.
36 Vgl. BFH vom 01.03.1994, BStBl II 1995, 241.
37 BStBl II 1989, 653.

2 Der Nießbrauch am Gesellschaftsanteil selbst

behaltsnießbraucher den Nießbrauch auf Lebenszeit vorbehalten hat. Denn auch in diesem Fall ist der Herausgabeanspruch des zivilrechtlichen Eigentümers nur für eine begrenzte Zeit ausgeschlossen.

Da damit S zivilrechtlicher und wirtschaftlicher Eigentümer sowohl des Mitunternehmeranteils als auch des Grundstücks als Sonderbetriebsvermögen wurde, liegt keine Betriebsaufgabe vor, sondern eine unentgeltliche Übertragung gem. § 6 Abs. 3 EStG. V hat die stillen Reserven nicht zu versteuern.

Das Grundstück ist an V vermietet. Daraus ergeben sich folgende Konsequenzen:

— V hat als Vorbehaltsnießbraucher Einkünfte aus Vermietung und Verpachtung. Der Nießbrauch ist bei ihm ein privates Recht. Die AfA steht ihm zu; insoweit hat er Werbungskosten.

— S hat im Sonderbetriebsvermögen die Gebäude-AfA zu buchen (AfA an Gebäude). Diese ist aber – weil sie ihm nicht zusteht – durch eine Nutzungsentnahme in gleicher Höhe zu korrigieren (Entnahme an AfA). Die Mietzahlungen sind laufende Sonderbetriebsausgaben.

Ist aber eine Nutzungsüberlassung des nießbrauchsbelasteten Grundstücks an den Übernehmer S von vornherein ausgeschlossen oder erfolgt keine Überlassung des Betriebsgrundstücks vom Vorbehaltsnießbraucher V an den Übernehmer S, liegt keine Buchwertübertragung nach § 6 Abs. 3 Satz 1 EStG vor. Es handelt sich dann um eine Betriebsaufgabe beim Übergeber V.

V hat dann die gesamten stillen Reserven des Mitunternehmeranteils und des Grundstücks zu versteuern.

2.4.6 Einheitliche und gesonderte Gewinnfeststellung

Beim Vollrechts- und beim echten Nießbrauch am Gesellschaftsanteil sind – wie ausführlich dargestellt – im Normalfall sowohl der Nießbraucher als auch der Nießbrauchsbesteller Mitunternehmer.

Daher ist wie bei der atypischen stillen Unterbeteiligung eine einheitliche und gesonderte Gewinnfeststellung im Verhältnis Nießbraucher/Nießbrauchsbesteller zu fertigen.[38] Da der Nießbraucher an dem Gewinnanteil des Gesellschafters beteiligt ist und der Ertrag aus dem Gewinnanteil beiden ertragsteuerlich zugerechnet wird, sind die Voraussetzungen des § 180 Abs. 1 Nr. 2 a AO erfüllt.

Dadurch sind grundsätzlich **zwei** einheitliche und gesonderte Gewinnfeststellungen zu machen:

— zunächst bei der Hauptgesellschaft ohne Berücksichtigung des Nießbrauchs,
— anschließend für das Verhältnis Nießbraucher/Nießbrauchsbesteller.

---

38 Vgl. unten U. Rz. 54 zur atypischen stillen Unterbeteiligung.

Q. Nießbrauch und Personengesellschaftsanteil

Wenn der Nießbrauch wegen des Steuergeheimnisses nicht geheim gehalten werden muss, wenn also alle Hauptgesellschafter davon wissen, dann ist es zulässig, gem. § 179 Abs. 2 Satz 3 AO nur **eine** einheitliche und gesonderte Gewinnfeststellung zu fertigen. Davon geht das Beispiel oben in Rz. 19 aus.

2.4.7 Gestaltungsüberlegungen

26 Da der Nießbrauch wohl am häufigsten im Familienverband vorkommt, sind auch die Überlegungen, die oben unter F. für die Familiengesellschaften dargestellt sind, zu beachten. Wenn diese Überlegungen berücksichtigt werden, bietet die Nießbrauchseinräumung am Gesellschaftsanteil eine weitere Möglichkeit, Einkunftsquellen auf Kinder zu übertragen.

> **Beispiel 1:**
>
> Großvater G ist Kommanditist. Er bestellt seiner Enkelin E den Nießbrauch an seinem Kommanditanteil (Vollrechtsnießbrauch oder echter Nießbrauch). Die Kontrollrechte der E nehmen die Eltern als gesetzliche Vertreter wahr.

E stehen die Einkünfte aus der Nießbrauchsbestellung zu. Sie wird im Normalfall neben G zur Mitunternehmerin. Paus[39] meint zu diesem Fall, dass es bei dieser Gestaltung unschädlich sei, wenn die Eltern die von G übertragenen Einkünfte der E für deren Unterhalt verwenden. Da die Einkünfte nicht von den Eltern stammten, können sie nicht in Unterhaltsleistungen der Eltern umgedeutet werden. Dies gelte auch dann, wenn die Eltern die übrigen Anteile an der Gesellschaft halten. Wir schließen uns dieser Ansicht an.

27 Bestellen Eltern einem minderjährigen Kind ein Nießbrauchsrecht an einem Kommanditanteil, sollte zur Wahrnehmung der Gesellschafterrechte ein Dritter als Dauerpfleger bestellt werden, z. B. ein Onkel, eventuell auch der Steuerberater. Auch diese Aussage von Paus[39] können wir nur unterstützen. Denn durch die **Dauerpflegschaft** ist sichergestellt, dass von der Finanzverwaltung die tatsächliche Durchführung des Vertrags[40] anerkannt wird.

Zu dem Fall, dass Einkünfte in einer ganz bestimmten Höhe und/oder für eine ganz bestimmte Zeit auf Kinder verlagert werden sollen, bringt Paus[39] Folgendes:

> **Beispiel 2:**
>
> 28 „Der Großvater beabsichtigt, seinen Betrieb auf den Sohn zu übertragen. Nach eingehenden Besprechungen mit dem Steuerberater wird folgende Gestaltung gewählt: Er bringt seinen Betrieb in eine Personengesellschaft ein, die er mit dem Sohn gründet. Dieser übernimmt die Stellung des Komplementärs (falls nicht eine GmbH beteiligt wird), der Großvater wird Kommanditist. Liegen hohe stille Reserven im Grundbesitz, führt die Personengesellschaft die Buchwerte des eingebrachten Einzelunternehmens fort, § 24 UmwStG. Liegen die

---

39 BB 1990 S. 1675.
40 Vgl. oben F. Rz. 41 ff.

2 Der Nießbrauch am Gesellschaftsanteil selbst

stillen Reserven hauptsächlich im Firmenwert, ist es meist vorteilhaft, die Teilwerte anzusetzen und damit die stillen Reserven aufzudecken. Diese unterliegen nur dem ermäßigten Steuersatz. Gegebenenfalls kann der Freibetrag für Betriebsveräußerungen abgezogen werden. Die Abschreibungen auf den zu aktivierenden Firmenwert mindern dagegen in den folgenden 15 Jahren die Steuer mit dem normalen Steuersatz. Der Barwert dieser künftigen Steuerersparnisse liegt regelmäßig über der Belastung des Einbringungsgewinns.

Später bestellt der Großvater seinem Enkel für eine begrenzte Zeit, z. B. bis zum voraussichtlichen Ende des Studiums, ein Nießbrauchsrecht an seinem Kommanditanteil. Solange der Enkel noch minderjährig ist, sollte eine dritte Person als Pfleger die Kontrollrechte wahrnehmen.

Dem Enkel werden so Einkünfte ohne das entsprechende Vermögen und ohne jeden Einfluss auf die Geschäftsführung übertragen, zudem genau in Höhe der Unterhaltsansprüche, die er andernfalls gegen seine Eltern geltend machen könnte. Werden höhere Einkünfte übertragen, führt das im Regelfall zu einer weiteren Steuerersparnis. Die Beträge müssen dann aber i. d. R. als Vermögen des Enkels angesammelt werden, zumindest solange dieser minderjährig ist.

Noch etwas flexibler ist man in der Bemessung der übertragenen Einkünfte, wenn der Nießbrauch zu Anfang nur für einige wenige Jahre bestellt und anschließend jeweils wieder für einen begrenzten Zeitraum verlängert wird."

29 Um dem Problem des Gestaltungsmissbrauchs zu entgehen, sollte u. E. der Nießbrauch zu Beginn mindestens zehn Jahre bestellt werden.

Wenn der Inhaber eines Gesellschaftsanteils sein Kind an den Betrieb langsam heranführen will, d. h. seine Stellung zunächst nicht voll abgeben will, ergibt sich auch die Möglichkeit, mit einem **Vorbehaltsnießbrauch** zu gestalten.

Beispiel 3:

K ist Komplementär einer KG. Mit Zustimmung der Kommanditisten überträgt er den Gesellschaftsanteil auf seinen volljährigen Sohn S, behält sich aber den Nießbrauch an dem Gesellschaftsanteil vor (Vollrechtsnießbrauch oder echter Nießbrauch).

Vorteil dieser Regelung ist, dass nur noch der entnahmefähige Gewinnanteil bei K verbleibt, seine Einkünfte vermindern sich also, während der nicht entnahmefähige Gewinnanteil jetzt dem Sohn S zuzurechnen ist.

Diese Gestaltung ist aber dann meistens ungünstig, wenn der Sohn bisher zwar keine gewerblichen Einkünfte aus dieser KG bezieht, jedoch als Prokurist, als Darlehensgeber oder als Verpächter eines Grundstücks Überschusseinkünfte hat. Dieses Entgelt würde jetzt als Sondervergütung gem. § 15 Abs. 1 Nr. 2 EStG gewerblich, weil S Mitunternehmer wird. Außerdem kann das Problem des Sonderbetriebsvermögens auftauchen.

Dieser Nachteil einer Nießbrauchsbestellung ist auch bei einer GmbH & Co. KG zu beachten:

1411

Q. Nießbrauch und Personengesellschaftsanteil

Beispiel 4:
K ist Kommanditist einer KG. Vollhafter ist eine GmbH, die K allein hält. Sein Sohn S ist Geschäftsführer der GmbH, die wiederum die Geschäfte der KG führt. S ist nicht beteiligt an der KG.

S hat als Geschäftsführer Einkünfte gem. § 19 EStG. Vermietet er zusätzlich ein Grundstück an die KG, hat er Einkünfte aus Vermietung und Verpachtung gem. § 21 EStG.

Sollte nun K entweder dem S den Nießbrauch bestellen an seinem KG-Anteil (Vollrechts- oder echter Nießbrauch) oder den KG-Anteil unter Vorbehalt des Nießbrauchs auf S übertragen, dann hätte dies im Normalfall zur Folge, dass beide, also K und S, Mitunternehmer sind. Die bisherigen nicht gewerblichen Einkünfte des S würden gewerblich.[41]

2.4.8 Checkliste der erforderlichen Vereinbarungen

30 Um Streitigkeiten zwischen dem Nießbrauchsbesteller und dem Nießbraucher sowie zwischen diesen beiden und der Finanzverwaltung von vornherein zu unterbinden, sollten im **Nießbrauchsvertrag** die wichtigsten Punkte geregelt werden. Hier kommen in Betracht:

— Art des Nießbrauchs (Vollrechts- oder echter Nießbrauch)

— Beginn und Ende des Nießbrauchs (Rückgabepflichten)

— Haftung im Innenverhältnis

— Art und Anzahl der Kapitalkonten für den Nießbraucher (eventuell Festkapital, variables Kapitalkonto, Rücklagekonto)

— Entnahmefähiger Gewinnanteil des Nießbrauchers

— Haftungsvergütung

— Vorabverzinsung

— Gewinnanteile aus Rücklagen

— Gewinnanteile aus laufend aufzulösenden stillen Reserven

— Gewinnanteile aus stillen Reserven des Anlagevermögens und des Geschäftswerts bei Veräußerung oder Liquidation

— Gewinnanteile zur Auffüllung oder Wiederauffüllung der Kapitalkonten

— Auseinandersetzungsguthaben

— Sondervergütungen

— Verlusttragung

— Verlustverteilung

— Buchung des Verlustes (beim Nießbraucher oder Nießbrauchsbesteller)

— Verluste aus Instandhaltungen

— Aufwand durch laufende Steuern (GewSt, GrSt, Kfz-Steuer)

---

[41] Durchgriffstheorie des BFH, vgl. unten R. Rz. 50 und 51.

— Wer trägt die Wertminderung der Beteiligung?
— Wer trägt die Werteinbußen beim Anlagevermögen?
— Entnahmebeschränkungen
— Stimmrechte
— Informationsrechte
— Kontrollrechte
— Widerspruchsrechte
— Kündigungsrechte
— Rechtsausübung zur Änderung des Gesellschaftsvertrags
— Rechtsausübung zur Änderung der Gewinn- und Vermögens-Beteiligung
— Rechtsausübung zur Aufnahme neuer Gesellschafter
— Rechtsausübung zur Kündigung bisheriger Gesellschafter

3 Der Nießbrauch an Gewinnanteilen

3.1 Zivilrecht

Der Nießbrauch kann zivilrechtlich in der Weise auf den Gewinnanteil beschränkt werden, dass der Nießbraucher keinerlei Verwaltungsrechte, keinerlei Entscheidungsbefugnisse erlangt. Einzelheiten sind heftig umstritten,[42] auch die Begriffsdefinition.[43] Diese Art Nießbrauch soll gegenüber dem Nießbraucher nur bezüglich der künftigen Gewinnansprüche dingliche Wirkung haben, die vom Nießbrauchsbesteller und Gesellschafter nicht beeinträchtigt werden können. Diese Art Nießbrauch am Gesellschaftsanteil ist auf die Vermögensrechte Gewinnanspruch und Auseinandersetzungsguthaben beschränkt.[44] Im Allgemeinen werden drei Arten unterschieden:

— Der **Ertragsnießbrauch**
— Der **Nießbrauch an einzelnen Gewinnansprüchen**
— Der **Nießbrauch am Gewinnstammrecht**

3.1.1 Der Ertragsnießbrauch

Die Gesellschafter können die Zustimmung zur Nießbrauchsbestellung davon abhängig machen, dass diese sich auf die Fruchtziehungsrechte, also

---

42 Schmidt/Wacker, § 15 Rz. 308 ff.; Littmann/Bitz/Pust, § 15 Anm. 32 (3); Schulze zur Wiesche, DStR 1995 S. 318; Paus, BB 1990 S. 1675; Haas, in Festschrift Ludwig Schmidt 1993 S. 315.
43 Schulze zur Wiesche, a.a.O., Fn. 42.
44 Haas, Fn. 42.

Q. Nießbrauch und Personengesellschaftsanteil

den Ertrag, beschränkt. Als Ertragsnießbrauch wird daher im Allgemeinen der Nießbrauch bezeichnet, der sich nur auf die entnahmefähigen Erträge und das Auseinandersetzungsguthaben bezieht. Haas[42] meint:

„Das Sachenrecht gestattet, die Ansprüche des Nießbrauchers auf die künftigen Erträge im Innenverhältnis durch Vereinbarungen auszugestalten. So steht es der Begründung des Ertragsnießbrauchs nicht entgegen, dass dem Nießbrauchsbesteller z. B. weitgehende Verfügungs- und Verwaltungsbefugnisse vorbehalten bleiben, die die Befugnisse des Nießbrauchers am Gesellschaftsanteil einschränken."

3.1.2 Nießbrauch an einzelnen Gewinnansprüchen

33 Gemäß § 1069 Abs. 2 BGB kann an einem Recht, das nicht übertragbar ist, kein Nießbrauch bestellt werden. Aus § 717 Satz 1 BGB ergibt sich, dass Ansprüche, die den Gesellschaftern aus dem Gesellschaftsverhältnis zustehen, nicht übertragbar sind. § 717 Satz 2 BGB lässt aber eine Ausnahme zu. Danach sind Ansprüche auf einen Gewinnanteil oder auf das Auseinandersetzungsguthaben übertragbar. Übertragbar sind auch Ansprüche, deren Befriedigung vor der Auseinandersetzung verlangt werden kann.[45]

Damit ist der Nießbrauch auch an einzelnen, bereits entstandenen und künftigen Gewinnansprüchen zulässig. Dies ist insoweit vorteilhaft, da diese Nießbrauchsbestellung nicht der Zustimmung der übrigen Gesellschafter bedarf, es sei denn, im Gesellschaftsvertrag ist etwas anderes vereinbart. Die Abtretung bietet jedoch dem Nießbraucher keine Sicherheit für den künftigen Bestand des Anspruchs, da der Nießbrauch an dem Gewinnanspruch keine dingliche Belastung des Gesellschaftsanteils begründet, im Gegensatz zur Nießbrauchsbestellung am Anteil selbst.[44] Wird der Gesellschaftsanteil veräußert oder die Gesellschaft aufgelöst, geht der Nießbrauch an künftigen Gewinnansprüchen ins Leere; er setzt sich nur an den Surrogaten fort.[42]

3.1.3 Der Nießbrauch am Gewinnstammrecht

34 Aus § 717 Satz 2 BGB wird im Schrifttum überwiegend hergeleitet, dass die Bestellung eines Nießbrauchs am Gewinnstammrecht die Mitgliedschaft des Nießbrauchsbestellers selbst nicht betreffe, also zulässig sei.[46] Der Nießbraucher erwerbe nur einzelne Ansprüche auf den jeweiligen Gewinn aus eigenem Recht. Das Gewinnstammrecht entspreche dem Rentenstammrecht für den einzelnen Gewinnbezug, das mit dem Nießbrauch belastet werden könne.[42]

---

45 Haas, Fn. 42, mit weiteren Nachweisen.
46 Haas, Fn. 42; Bitz, DB 1987 S. 1506, mit weiteren Nachweisen.

3 Der Nießbrauch an Gewinnanteilen

3.1.4 Gemeinsamkeiten

Der Nießbrauch bezieht sich in allen drei Arten nur auf den Gewinnanspruch, soweit er als Gläubigerrecht entstanden ist. Dieser Anspruch besteht i. d. R. aus dem handelsrechtlichen **Vorabgewinn** (Haftungsvergütung, Kapitalverzinsung) und dem Anteil am **Restgewinn**. Der Nießbraucher ist aber im Normalfall nur an den Erträgen aus dem laufenden Geschäftsbetrieb beteiligt, nicht an den **stillen Reserven** im Anlagevermögen.[42] Der Nießbrauch umfasst auch nur den Gewinn, soweit dieser zur Entnahme durch den Gesellschafter freigegeben ist. 35

Die **Sondervergütungen,** die der Gesellschafter von der Gesellschaft aufgrund besonderer Vereinbarungen außerhalb des Gesellschaftsrechts erhält, fallen nicht unter den Begriff des Gewinnanteils, also insbesondere Darlehenszinsen, Vergütungen für Dienstleistungen und Entgelte für Vermietungen und Verpachtungen von Wirtschaftsgütern. 36

3.2 Mitunternehmerstellung

Beim Ertragsnießbrauch, beim Nießbrauch an einzelnen Gewinnansprüchen und beim Nießbrauch am Gewinnstammrecht ist der **Nießbraucher nicht Mitunternehmer.** Das Rechtsverhältnis ist in allen drei Varianten einkommensteuerlich wie eine Vorausabtretung künftiger Gewinnansprüche zu werten. **Mitunternehmer** ist und bleibt nur der **Gesellschafter.** Hierin sind sich alle einig.[47] 37

Der Nießbraucher hat daher im Gegensatz zum Gesellschafter keine Einkünfte gem. § 15 EStG. Er bezieht seine Einkünfte nicht unmittelbar von der Personengesellschaft, sondern erhält sie aus dem Vermögen des Gesellschafters bzw. des Nießbrauchsbestellers.

3.3 Ertragsteuerliche Rechtsfolgen

3.3.1 Allgemeines

Der Gesellschafter ist und bleibt Mitunternehmer. Er hat **sämtliche Gewinnanteile** zunächst voll gem. § 15 Abs. 1 Nr. 2 EStG zu versteuern. Damit sind viele Probleme, die oben im Rahmen der Mitunternehmerstellung des Gesellschafters aufgetaucht sind,[48] auch hier bedeutsam. So hat z. B. auch in dieser Nießbrauchsart im Normalfall der Nießbraucher nur einen Anspruch auf die entnahmefähigen Handelsbilanz-Gewinnanteile.[49] 38

---

47 Vgl. BFH vom 13.05.1976, BStBl II 1976, 592, vom 09.04.1991, BStBl II 1991, 809, und vom 16.05.1995, BStBl II 1995, 714 und 716, und Fn. 42.
48 Vgl. oben Q. Rz. 3 ff.
49 BFH vom 01.03.1994, BStBl II 1995, 241; vgl. oben Q. Rz. 11 und Rz. 14.

Q. Nießbrauch und Personengesellschaftsanteil

Um von vornherein keine Abgrenzungsprobleme oder sonstige Streitigkeiten zwischen Gesellschafter und Nießbraucher entstehen zu lassen, empfiehlt es sich, so viel wie möglich im Nießbrauchsvertrag genau zu vereinbaren. Auf die oben[50] angegebene **Checkliste** sei insoweit verwiesen.

Darzustellen sind daher hier die Probleme, die **durch die Weiterleitung der Gewinnanteile vom Gesellschafter an den Nießbraucher** zusätzlich entstehen können.

Je nach Rechtsgrundlage der Nießbrauchsbestellung, dem wirtschaftlichen Zusammenhang mit einer Einkunftsquelle oder der privaten oder betrieblichen Veranlassung ergeben sich dabei unterschiedliche Rechtsfolgen.

3.3.2 Der Zuwendungsnießbrauch an Gewinnanteilen

39 Dieser liegt vor, wenn der Gesellschafter schenkweise aus **privatem Anlass** den Nießbrauch an einem Gewinnanteil bestellt.

Beispiel:

S ist Gesellschafter der U-KG. Er bestellt seinem Vater V zu Versorgungszwecken einen **Quotennießbrauch** von 10 % an seinem Gewinnanteil. Der Gewinnanteil ist einkommensteuerlich voll dem S zuzurechnen. Er ist Gesellschafter und hat Einkünfte gem. § 15 Abs. 1 Nr. 2 EStG. S kann die 10%ige Gewinnquote nicht als Sonderbetriebsausgabe abziehen; die Nießbrauchsbestellung ist privat veranlasst. Die Zuwendung fällt unter § 12 Nr. 2 EStG. Die Verpflichtung ist freiwillig eingegangen und V ist unterhaltsberechtigt. Daher kann S die Zahlungen auch nicht als Sonderausgaben in Form der dauernden Last abziehen. Da keine existenzsichernde Wirtschaftseinheit übertragen wird, liegen auch keine Versorgungsleistungen im Sinne der neueren Rechtsprechung vor.[51]

Dementsprechend muss der Nießbraucher, also der Empfänger dieser Gelder, V, diese auch nicht als sonstige Bezüge versteuern, § 22 Nr. 1 Satz 2 EStG.

Für S kommt nur die Regelung gem. § 33 a Abs. 1 EStG in Frage. Er kann also einen Freibetrag wegen der Unterstützung bedürftiger Personen erhalten, wenn die Zuwendungen zwangsläufig geleistet werden und der Empfänger nicht zu hohe eigene Einkünfte und Bezüge hat.

3.3.3 Anteilsübertragung unter Nießbrauchsvorbehalt an Gewinnanteilen

40 In dieser Variante überträgt der Gesellschafter aus **privatem Anlass** den Gesellschaftsanteil und behält sich dabei den Nießbrauch an dem Gewinnanteil vor. Ertragsteuerlich ist der Vorgang so zu sehen, als habe sich der Schenker die Erträge aus dem übertragenen Anteil ganz oder zum Teil zurückbehalten.[52]

---

50 Vgl. oben Q. Rz. 30.
51 Vgl. unten Q. Rz. 40, 41.
52 BFH vom 05.07.1990, GrS, BStBl II 1990, 847; vgl. auch BMF vom 13.01.1993, BStBl I 1993, 80, zur vorweggenommenen Erbfolge.

3 Der Nießbrauch an Gewinnanteilen

Beispiel 1:
Vater V schenkt seinem Sohn S seinen Gesellschaftsanteil an der U-KG. Dabei lässt V sich von S den Nießbrauch an den Erträgen aus dem Gesellschaftsanteil bis zu seinem Tod einräumen.

Nach dem Beschluss des Großen Senats des BFH vom 05.07.1990[52] sind zurückbehaltene Erträge aus dem übertragenen Vermögen kein Entgelt.[53] S hat den Anteil daher unentgeltlich erworben.

S erwirbt als Anteilsübernehmer den Gesellschaftsanteil nicht etwa eingeschränkt, sondern voll. Er hat als Mitunternehmer die Gewinnanteile voll zu versteuern, auch insoweit sie durch den Nießbrauch belastet sind.

Zur Abzugsfähigkeit der Leistungen des S an den V ist bei S Voraussetzung, dass **Versorgungsleistungen** gegeben sind.

Entsprechend der Rechtsprechung dürften in diesen Fällen Versorgungsleistungen fast immer vorliegen.[54] S erhält als Gesellschafter eine existenzsichernde und ertragbringende Wirtschaftseinheit in Gestalt des Gesellschaftsanteils, deren Erträge ausreichen, um die wiederkehrenden Leistungen zu erbringen. Da der Nießbraucher V nur die entnahmefähigen Gewinnanteile[55] erhält, ist der Gesamtertrag im Normalfall höher.

Die dem V zustehenden Entgelte sind für S daher eine **dauernde Last** gem. § 10 Abs. 1 Nr. 1 a EStG. Er kann die Entgelte daher voll als Sonderausgaben abziehen.

Haas[56] meint hierzu wörtlich:

„Die Abzugsfähigkeit ist auch nicht durch § 12 Nr. 2 EStG ausgeschlossen. Es liegt keine Zuwendung des Nießbrauchsbestellers vor, da sich der Vermögensübertragende einen Teil der Erträge seines Vermögens durch die Einräumung eines Nießbrauchs zurückbehalten hat mit der Folge, dass keine Zuwendung des Anteilsübernehmers vorliegt. Die Ausführungen des BFH zur Übernahme von Versorgungsleistungen durch den Vermögensübernehmer treffen auch auf den Nießbrauchsvorbehalt im Rahmen einer Vermögensübertragung bzw. Anteilsübertragung zu. Der vorbehaltene Nießbrauch dient dem Zweck, die Versorgung des Schenkers zu sichern, der sich insoweit die Erträge vorbehalten hat, die daher nicht in das Vermögen des beschenkten Anteilsübernehmers gelangt sind, sodass insoweit keine Zuwendung erfolgt ist."

Der Nießbraucher hat trotz des vorbehaltenen Nießbrauchs keine originären Einkünfte aus § 15 Abs. 1 Nr. 2 EStG. Er erhält hinsichtlich des vorbehaltenen Gewinns keine Leistungen von der Gesellschaft, sondern nur vom

---
53 Vgl. Rz. 10 des BMF vom 13.01.1993, Fn. 52.
54 Vgl. BMF vom 16.09.2004, BStBl I 2004, 922 = Rentenerlass, Rz. 6 ff., und oben P. Rz. 10 ff. ausführlich und mit Übersicht in P. Rz. 24.
55 Vgl. oben Q. Rz. 14 und 19.
56 Haas, Fn. 42.

Q. Nießbrauch und Personengesellschaftsanteil

Gesellschafter. Nachträgliche Einkünfte gem. § 24 Nr. 2, § 15 Abs. 1 Nr. 2 EStG scheiden aus. Grundlage für die Gewinnüberlassung ist nicht die frühere Gesellschafterstellung, sondern die Nießbrauchsbestellung an den Gewinnansprüchen.[57] Da – wie ausgeführt – § 12 Nr. 2 EStG ausscheidet, hat der **Vater** V als Nießbraucher **Einkünfte gem.** § **22 Nr. 1 b** EStG.

Diese Fallgestaltung darf nicht mit der Übertragung eines Vollrechts unter Nießbrauchsvorbehalt verglichen werden. Denn in diesem Fall behält der Nießbraucher die Einkunftsquelle.[58]

Beispiel 2:

Vater V ist Eigentümer eines Mietshauses. Er überträgt dieses im Wege der vorweggenommenen Erbfolge auf seinen Sohn S unter Nießbrauchsvorbehalt.

Hier hat nach der Rechtsprechung V die Einkunftsquelle behalten. V versteuert daher die Mieteinkünfte.

Beispiel 3:

Vater V ist Kommanditist einer KG. Er überträgt diesen Gesellschaftsanteil auf seinen Sohn S. Dieser bestellt dem V den Nießbrauch am Gesellschaftsanteil in Form des Vollrechtsnießbrauchs oder des echten Nießbrauchs.

In diesem Falle sind beide Mitunternehmer. Beide versteuern gem. § 15 Abs. 1 Nr. 2 EStG. Hier treten alle Probleme auf, die oben[59] dargestellt sind.

3.3.4 Der Vermächtnisnießbrauch

42 Ein Vermächtnisnießbrauch liegt vor, wenn ein oder mehrere Erben aufgrund eines Testaments oder Erbvertrags verpflichtet sind, einem Dritten den Nießbrauch einzuräumen, §§ 2147 ff. BGB. Der Dritte hat dann einen schuldrechtlichen Anspruch gegen den oder die Erben, den Nießbrauch zu bestellen, § 2174 BGB. Dieser Nießbrauch ist auch an Gewinnanteilen zulässig. Wird der Nießbrauch an Gewinnanteilen aufgrund eines Vermächtnisses eingeräumt, handelt es sich um einen **privaten Vorgang.**

Die Bestellung des Nießbrauchs an Gewinnanteilen aufgrund eines Vermächtnisses stellt kein Entgelt dar.[60] Damit entstehen auch keine Anschaffungskosten, wenn ein Erbe ein angeordnetes Vermächtnis erfüllt;[61] der Erbe erwirbt daher den Gesellschaftsanteil unentgeltlich.

Beim Vermächtnisnießbrauch ist zu unterscheiden, ob der Nießbrauch zugunsten der Ehefrau bzw. zugunsten der Abkömmlinge des Erblassers einzuräumen ist oder ob der Nießbrauch anderen Personen zu bestellen ist.

---

57 Haas, Fn. 42.
58 Vgl. BFH vom 28.07.1981, BStBl II 1982, 380.
59 Vgl. oben Q. Rz. 3 bis 30.
60 BFH vom 17.10.1991, BStBl II 1992, 392, und vom 27.02.1992, BStBl II 1992, 612.
61 Vgl. auch BMF vom 14.03.2006, BStBl I 2006, 253, Rz. 60 ff., zur Erbauseinandersetzung.

3 Der Nießbrauch an Gewinnanteilen

3.3.4.1 Vermächtnisnießbrauch zugunsten des Ehepartners bzw. der Abkömmlinge des Erblassers

Dieser Vermächtnisnießbrauch wird wie ein Vorbehaltsnießbrauch behandelt, d. h., der Nießbraucher hat Einkünfte gem. § 22 Nr. 1 b EStG mit dem vollen Wert des Gewinnanspruchs, der Nießbrauchsbesteller kann die Leistungen voll als dauernde Last, d. h. gem. § 10 Abs. 1 Nr. 1 a EStG als Sonderausgaben, abziehen. **43**

Grund ist, dass diese Art Nießbrauchsbestellung von der Rechtsprechung wie eine **Versorgungsleistung** zugunsten des Vermögensübergebers angesehen wird.[62] Wie bei der Übertragung des Vermögens unter Nießbrauchsvorbehalt unter Lebenden ist Voraussetzung, dass Vermögen im Sinne der Rechtsprechung zu den Versorgungsleistungen übergeht.[63] Bei Nießbrauchsbestellung am Gewinnanspruch dürfte regelmäßig eine Versorgungsleistung vorliegen, weil der Nießbraucher nur den entnahmefähigen Teil[64] des Gewinns erhält, die Wirtschaftseinheit Gesellschaftsanteil somit Erträge erwirtschaftet, die ausreichen, die wiederkehrenden Leistungen (Nießbrauch) zu erbringen.

Beispiel:

Großvater G vererbt seinen Gesellschaftsanteil an einer KG seinem Enkel E. E wird im Testament verpflichtet, zugunsten seines Vaters V den Nießbrauch am Gewinnanteil auf Lebenszeit einzuräumen.

Im Normalfall ist der Gesellschaftsanteil eine ertragbringende Wirtschaftseinheit im Sinne der Rechtsprechung zu den Versorgungsleistungen bzw. des Rentenerlasses.[65] Damit liegt eine Versorgungsleistung vor. E kann daher die Zahlungen an V in Form der dauernden Last gem. § 10 Abs. 1 Nr. 1 a EStG als Sonderausgaben[66] voll abziehen.

Dementsprechend muss Vater V gem. § 22 Nr. 1 b EStG die Leistungen voll versteuern.

3.3.4.2 Vermächtnisnießbrauch zugunsten anderer Personen

Unterhaltsleistungen, freiwillige Leistungen und Leistungen aufgrund freiwillig begründeter Rechtspflichten kommen als abzugsfähige Sonderausgaben gem. § 10 EStG nur in Betracht, wenn Versorgungsleistungen im Sinne der neueren Rechtsprechung vorliegen. **44**

Liegen **keine Versorgungsleistungen** vor, z. B. weil keine ertragbringende Wirtschaftseinheit gegeben ist[67] oder weil der Versorgungsempfänger nicht

---

62 Haas, Fn. 42.
63 BMF vom 16.09.2004, BStBl I 2004. 922, Rz. 6 ff. = Rentenerlass, und oben P. Rz. 10–24 ausführlich (Übersicht in P. Rz. 24).
64 Vgl. oben Q. Rz. 14.
65 Vgl. Fn. 63.
66 Rz. 36 des Rentenerlasses, Fn. 63.
67 Vgl. oben Q. Rz. 40 und 41, Fn. 54.

Q. Nießbrauch und Personengesellschaftsanteil

zum berechtigten Personenkreis gehört,[68] dann greift § 12 Nr. 2 EStG. Dies gilt vor allem, wenn die wiederkehrenden Leistungen ohne Bezug zu einem dafür erhaltenen Vermögenswert versprochen werden.[69] Die Abziehbarkeit scheitert aber auch dann, wenn das Vermächtnis im sachlichen Zusammenhang mit einer erhaltenen Gegenleistung steht. Nach den BFH-Entscheidungen vom 05.07.1990[70] und vom 27.02.1992[71] ist dann der Nießbrauchswert zunächst mit dem abgefundenen Vermögensanspruch zu verrechnen. Ist der Nießbrauchswert höher, liegt nach dieser Rechtsprechung eine freiwillige Leistung des Erblassers vor, die nicht zu Bezügen beim Empfänger führt.[72]

Beispiel 1:

V vererbt den Gesellschaftsanteil an einer KG seinem Sohn S. S wird im Testament verpflichtet, dem T, einem Freund und Mitgesellschafter des V, für zehn Jahre den Nießbrauch am Gewinnanteil einzuräumen. T hat keine Ansprüche gegen V.

T gehört nicht zum berechtigten Personenkreis im Sinne der Rechtsprechung zu den Versorgungsleistungen.[73] Die Leistungen erfolgen freiwillig. Es greift § 12 Nr. 2 EStG. S kann die Leistungen nicht als Sonderausgaben abziehen. Dementsprechend hat T gem. § 22 Nr. 1 b EStG auch nichts zu versteuern.

Beispiel 2:

Wie Beispiel 1. T hatte jedoch einen Anspruch gegen V aus dem Verkauf eines Grundstücks i. H. von 100.000 €. Durch die Nießbrauchsbestellung soll dieser Anspruch abgegolten werden. Der Nießbrauchswert ist höher als 100.000 €.

Jetzt ist zunächst zu verrechnen. In Höhe von 100.000 € ist ein entgeltliches Geschäft ohne Auswirkungen anzunehmen. Da der Nießbrauchswert höher als 100.000 € ist, liegt insoweit eine freiwillige Leistung des Erblassers vor (§ 12 Nr. 2 EStG).

Auch in dieser Alternative kann daher S keine Sonderausgaben geltend machen, und T hat nichts zu versteuern.[74]

3.3.5 Entgeltlich eingeräumter Nießbrauch an Gewinnanteilen

45 Hier ist zunächst zu unterscheiden, ob das Entgelt für die Einräumung des Nießbrauchs mit einer Einkunftsart im Zusammenhang steht oder ob die Zahlung privat veranlasst ist.

---

68 Vgl. oben P. Rz. 10 bis 24 mit Übersicht und Rz. 36 des Rentenerlasses, Fn. 63.
69 Haas, Fn. 42.
70 GrS, BStBl II 1990, 847.
71 BStBl II 1992, 618.
72 Haas, Fn. 42.
73 BMF vom 16.09.2004, BStBl I 2004, 922 = Rentenerlass, Rz. 36.
74 Vgl. Haas, Fn. 42; Rentenerlass, a. a. O., Rz. 50 Satz 4, und oben P. Rz. 65, Alternative c.

3 Der Nießbrauch an Gewinnanteilen

3.3.5.1 Nießbrauchsbestellung im Zusammenhang mit dem Gesellschaftsanteil selbst

Die Nießbrauchsbestellung steht im Zusammenhang mit dem Gesellschaftsanteil, ist also betrieblich veranlasst, wenn sie im Betrieb der Personengesellschaft oder in der Beteiligung ihre Ursache hat.[74]

46

Beispiel 1:
G beteiligt sich als Kommanditist an einer KG. Da er das Kapital von 300.000 € nicht voll aufbringen kann, räumt er dem N für 20 Jahre für 100.000 € den Nießbrauch i. H. von $^1/_3$ am Gewinnanteil ein. Der Kapitalwert dieses **Quotennießbrauchs** soll ebenfalls 100.000 € betragen. G muss das Entgelt an N nach Ablauf der 20 Jahre nicht zurückzahlen.

G ist Mitunternehmer, N nicht.[75] G hat daher als **Nießbrauchsbesteller** die Gewinnanteile voll gem. § 15 Abs. 1 Nr. 2 EStG zu versteuern. Da die Nießbrauchsbestellung betrieblich veranlasst ist, kann er die Gewinnüberlassung von $^1/_3$ nach Verrechnung mit dem Gegenwert als Sonderbetriebsausgabe abziehen.

Dies ist buchungstechnisch dadurch zu erreichen, dass G die ausbezahlten Gewinnanteile jährlich voll als Sonderbetriebsausgaben bucht, den Kapitalwert des Nießbrauchs jährlich neu berechnet und die Wertunterschiede als Sonderbetriebseinnahmen erfasst (= versicherungsmathematische Methode).[74] Der Kapitalwert ist dabei in einer Sonderbilanz jährlich neu zu passivieren.

Die Verrechnungsmethode oder buchhalterische Methode ist u. E. hier nicht anwendbar, weil sie im Handelsrecht nicht zulässig ist (§ 5 EStG, § 253 Abs. 1 Satz 2 HGB). G ist buchführungspflichtig. Danach wären zunächst jährlich die abgeführten Gewinnanteile mit der in der Sonderbilanz passivierten Nießbrauchslast zu verrechnen und erst wenn diese Last verbraucht ist, wären die abgeführten Gewinnanteile Sonderbetriebsausgaben.[76]

Aufgrund der BFH-Urteile vom 13.08.1985[77] und vom 03.06.1986[78] hat der **Nießbraucher** die erhaltenen Gewinnansprüche erst gem. § 22 Nr. 1 b EStG als sonstige Einkünfte zu versteuern, sobald sie das geleistete Entgelt (hier 100.000 Euro) übersteigen.[79]

Unseres Erachtens ist diese Verrechnungsmethode heute aufgrund der neueren Rechtsprechung zu den wiederkehrenden Leistungen nicht mehr anwendbar. Zu versteuern ist vielmehr der gem. § 22 EStG, § 55 EStDV zu berechnende Ertragsanteil, und zwar im Rahmen der Einkünfte aus Kapital-

---
75 Vgl. oben Q. Rz. 37.
76 Haas, Fn. 42, lässt diese Frage offen.
77 BStBl II 1985, 709.
78 BStBl II 1986, 674.
79 So Haas, Fn. 42.

vermögen gem. § 20 EStG.[80] Vergleiche hierzu die BFH-Urteile vom 25.11.1992[81] und vom 26.11.1992.[82]

Beispiel 2:
Wie Beispiel 1, Gesellschafter G muss das Entgelt jedoch nach 20 Jahren an den Nießbraucher N zurückzahlen.

Muss G das Entgelt zurückzahlen, dann ist die Nießbrauchsbestellung der Einräumung einer typischen stillen Gesellschaft vergleichbar. In diesem Falle stellen die an den Nießbraucher ausbezahlten Gewinnanteile nur das Entgelt für die Kapitalüberlassung dar.[83]

Die ausbezahlten Gewinnanteile sind dann beim Gesellschafter jeweils sofort und voll Sonderbetriebsausgaben und beim Nießbraucher i. d. R. sofort und voll Einnahmen aus Kapitalvermögen.[81]

Beispiel 3:
Wie Beispiel 1, G benötigt die 100.000 € jedoch nicht für den Gesellschaftsanteil selbst, sondern für den Kauf eines Grundstücks, das er der Gesellschaft entgeltlich oder unentgeltlich zur Nutzung überlassen will.

Das Grundstück wird bei G Sonderbetriebsvermögen. Da die Nießbrauchsbestellung auch in diesem Fall betrieblich veranlasst ist, ist der Fall wie Beispiel 1 zu lösen; bei G daher Sonderbetriebsausgaben bei versicherungsmathematischer Auflösung der Nießbrauchsbelastung, bei N Einkünfte gem. § 22 EStG, § 55 EStDV mit dem Ertragsanteil im Rahmen des § 20 EStG.[80]

3.3.5.2 Nießbrauchsbestellung im Zusammenhang mit anderen Einkunftsarten

Beispiel 1:
G ist Kommanditist einer KG. Für 100.000 € räumt er dem N den Nießbrauch an seinen Gewinnanteilen für zehn Jahre ein. Der Kapitalwert des Nießbrauchs soll 130.000 € betragen. G verwendet diesen Betrag für den Erwerb eines Einzelhandelsgeschäfts. G muss die 100.000 € nicht zurückzahlen.

G hat als Mitunternehmer die Gewinnanteile gem. § 15 Abs. 1 Nr. 2 EStG zu versteuern. Da die Nießbrauchsbestellung mit dem Erwerb des Einzelbetriebs im Zusammenhang steht, kann er die Gewinnüberlassung an N nach Verrechnung mit dem Gegenwert als Betriebsausgabe in seinem Einzelbetrieb geltend machen. Auch hier hat dies mit der versicherungsmathematischen Auflösungsmethode[84] zu erfolgen. Als Nießbrauchswert sind

---
80 Vgl. BMF vom 16.09.2004, BStBl I 2004, 922 = Rentenerlass, Rz. 53 und 57.
81 BStBl II 1996, 663.
82 BStBl II 1993, 298.
83 Paus, BB 1990 S. 1675.
84 Wie oben Q. Rz. 46 zu Beispiel 1 und Fn. 80.

130.000 Euro anzusetzen. Dass weniger bezahlt wurde, spielt keine Rolle. Das Handelsrecht (§ 5 EStG) ist auch hier maßgebend, wenn G in seinem Einzelbetrieb buchführungspflichtig ist.

Der Nießbraucher versteuert den gem. § 22 EStG, § 55 EStDV ermittelten Ertragsanteil gem. § 20 EStG.[84]

Beispiel 2:
Wie Beispiel 1, G verwendet jedoch das Entgelt für den Erwerb eines Miethauses.

Jetzt steht die Nießbrauchseinräumung mit den Einkünften aus Vermietung und Verpachtung im Zusammenhang. Haas[85] will die ausbezahlten Gewinnanteile beim Gesellschafter G mit dem Gegenwert von 130.000 Euro verrechnen; die übersteigenden Beträge seien Werbungskosten bei den Einkünften aus Vermietung und Verpachtung (§§ 9, 21 EStG).

Inzwischen hat sich jedoch die Rechtsprechung geändert. Gemäß Rz. 53 Rentenerlass[86] (mit Hinweis auf die Rechtsprechung) sind bei einer dauernden Last die Zinsen als Werbungskosten entweder aus den Ertragsanteilstabellen der § 22 EStG, § 55 EStDV oder nach finanzmathematischen Grundsätzen zu berechnen.

Der Nießbraucher versteuert den gem. § 22 EStG, § 55 EStDV ermittelten Ertragsanteil gem. § 20 EStG.[87]

3.3.5.3 Nießbrauchsbestellung ohne Zusammenhang mit einer Einkunftsart

Beispiel:
G hat sich von seiner Frau F scheiden lassen. Er hat durch Urteil den Zugewinn der F mit 130.000 € auszugleichen. G ist Kommanditist einer KG. Er bietet seiner Frau den Nießbrauch an seinen Gewinnanteilen für zwölf Jahre an. F ist einverstanden.

Auch hier hat G die Gewinnanteile gem. § 15 Abs. 1 Nr. 2 EStG als Mitunternehmer zu versteuern.[88] Jahrelang konnte ein Gesellschafter die Überlassung der Gewinnanteile in diesem Fall als dauernde Last im Rahmen der Sonderausgaben abziehen; allerdings erst, wenn der Wert der Gegenleistung, hier also 130.000 Euro, überschritten wurde.[89]

Diese Verrechnungsmethode ist jedoch nach der neueren Rechtsprechung nicht mehr möglich. Denn dauernde Lasten sind bei entgeltlichen Geschäften nur noch dann abzugsfähig, wenn die in den Leistungen enthaltenen

---
85 Fn. 42.
86 Fn. 80.
87 Wie oben Q. Rz. 46 zu Beispiel 1 und Fn. 80.
88 Vgl. oben Q. Rz. 37.
89 Haas, Fn. 42.

Q. Nießbrauch und Personengesellschaftsanteil

Zinsanteile als Werbungskosten oder Betriebsausgaben in Betracht kommen. Der Sonderausgabenabzug ist bei privaten entgeltlichen Geschäften nicht mehr zulässig.[90]

F hat den aus § 55 EStDV zu ermittelnden Ertragsanteil gem. § 20 EStG zu versteuern.

3.4 Gestaltungsüberlegungen

49 Der **Zuwendungsnießbrauch** an Gewinnanteilen ist steuerlich uninteressant.[91]

50 Der **Vorbehaltsnießbrauch** kann wie bei einer Betriebsübertragung gegen eine Versorgungsleistung eine sinnvolle Maßnahme im Rahmen der vorweggenommenen Erbregelung darstellen.[92] Schenkt der Vater seinem Sohn seinen Gesellschaftsanteil an einer Personengesellschaft unter Vorbehalt des Nießbrauchs an den Gewinnanteilen, dann kann der Sohn die an den Vater weitergeleiteten Gewinnanteile im Normalfall als dauernde Last gem. § 10 Nr. 1 a EStG im Rahmen der Sonderausgaben abziehen. Der Vater hat dementsprechend voll Einkünfte gem. § 22 Nr. 1 b EStG.[93] Der Vater ist hierbei als Nießbraucher unter Umständen besser gesichert als ein Rentenberechtigter, denn der Nießbrauch ist dinglicher, Rentenforderungen sind nur schuldrechtlicher Art.[94]

51 Auch der **Vermächtnisnießbrauch** ist steuerlich geeignet, wenn er zugunsten des Ehepartners oder zugunsten der Abkömmlinge des Erblassers eingeräumt ist. Auch hier sind die Leistungen beim Zahlenden voll als dauernde Last im Rahmen der Sonderausgaben abziehbar. Der Berechtigte muss die Leistungen gem. § 22 Nr. 1 b EStG voll versteuern.[95] Der Vermächtnisnießbrauch ist vor allem dann interessant, wenn er nur für eine vorübergehende Zeit eingeräumt wird. So lassen sich z. B. Einkünfte auf Kinder bis zum Ende ihrer Ausbildung verlagern.[96]

52 Der **entgeltlich eingeräumte Nießbrauch** ist weniger zu empfehlen. Einmal ist jede Art sehr kompliziert. Außerdem geht es, wenn überhaupt eine Verlagerung von Einkünften zulässig ist, im Allgemeinen nur um die in den Gewinnanteilen enthaltenen Zinsen. Es gibt allerdings auch Ausnahmen.[97]

---

90 BFH vom 09.02.1994, BStBl II 1995, 47, vgl. auch Rentenerlass (Fn. 80), Rz. 54.
91 Vgl. oben Q. Rz. 39.
92 Paus, BB 1990 S. 1675.
93 Vgl. oben Q. Rz. 40, 41.
94 Wie Fn. 92.
95 Vgl. oben Q. Rz. 43.
96 Paus, Fn. 92.
97 Ausnahme oben Beispiel 2 in Q. Rz. 46.

4 Testamentsvollstreckung am Gesellschaftsanteil

4.1 Allgemeines

Die Testamentsvollstreckung am Anteil an einer Personengesellschaft ist sehr eng mit dem Nießbrauch am Anteil an einer Personengesellschaft verwandt. Es geht daher wie beim Nießbraucher um die Frage, ob der Testamentsvollstrecker Mitunternehmer ist. **53**

4.2 Testamentsvollstreckung an einem Kommandit-Anteil

Wird die Testamentsvollstreckung an einem **Kommandit-Anteil** angeordnet, so sind die dabei entstehenden Fragen weitgehend entschieden. Bei einer **normalen Testamentsvollstreckung (= Verwaltungstestamentsvollstreckung)** ist nur der Gesellschafter-Erbe Mitunternehmer.[98] Dies deshalb, weil der Testamentsvollstrecker im Interesse und für Rechnung des Erben tätig wird. Das gesamte Ergebnis der Tätigkeit des Testamentsvollstreckers, auch das Eingehen von Verbindlichkeiten, geht zugunsten und zu Lasten des Erben. Der Erbe kann nach Erbrecht auch alles herausverlangen, was der Testamentsvollstrecker in Ausübung seines Amtes erworben hat.[98] Der Erbe hat daher das Ergebnis, d. h. die Einkünfte, zu versteuern, und zwar nach § 15 Abs. 1 Nr. 2 EStG. **54**

Dem Testamentsvollstrecker fließt nur die Vergütung zu. Diese ist im Normalfall gem. § 18 Abs. 1 Nr. 3 EStG im Rahmen der selbständigen Tätigkeit steuerpflichtig.

Ordnet der Erblasser an, dass der Testamentsvollstrecker **Treuhänder** sein soll, so ändert sich nichts. So hat der BFH in seinem sehr wichtigen Urteil hierzu vom 16.05.1995[99] die **Treuhand-Testamentsvollstreckung** in diesem Sinne entschieden. Auch hier ist der Testamentsvollstrecker kein Mitunternehmer.

Beim Treuhand-Nießbrauch ist neben dem Gesellschafter auch der Nießbraucher Mitunternehmer.[100] Dies deshalb, weil insoweit eine **eigennützige Treuhand** vorliegt. Beim Treuhand-Testamentsvollstrecker ist dies anders. Er übt sein Verwaltungsrecht im Interesse des Erben und auf dessen Rechnung aus. Es liegt daher eine **fremdnützige Treuhand** vor. Da im Einkommensteuerrecht das Innenverhältnis maßgebend ist, kommt es daher trotz Treuhandverhältnis hier zu unterschiedlichen Ergebnissen. **55**

---

98 BFH vom 07.10.1970, BStBl II 1971, 119, und vom 01.06.1978, BStBl II 1978, 499; Gschwendtner, DStZ 1995 S. 708 mit weiteren Nachweisen; Schmidt/Wacker, § 15 Rz. 301; Littmann/Bitz/Pust, § 15 Rz. 35; Ritzrow StLex 2, 37–42, 49, Tz. 5.3.
99 BStBl II 1995, 714.
100 Vgl. oben Q. Rz. 3 und Q. Rz. 6.

Q. Nießbrauch und Personengesellschaftsanteil

56 Ob der Erbe die **Vergütung des Testamentsvollstreckers** als Sonderbetriebsausgabe abziehen kann oder ob diese privat veranlasst ist, hängt davon ab, ob die Tätigkeit im wirtschaftlichen Zusammenhang mit der Einkunftsquelle steht, hier also mit dem Anteil an der Personengesellschaft. Im Urteil vom 01.06.1978[101] hat der BFH den Abzug als Sonderbetriebsausgabe mit ausführlicher Begründung bejaht.

4.3 Testamentsvollstreckung an einem OHG- oder Komplementäranteil

57 Nach h. M. wird die **normale Testamentsvollstreckung (= Verwaltungstestamentsvollstreckung)** an einem OHG- oder Komplementäranteil als unzulässig angesehen.[102] Bitz meint hierzu wörtlich:

„Begründet wird dies damit, dass die gesetzliche Befugnis des Testamentsvollstreckers, Verbindlichkeiten für den Nachlass einzugehen, im Widerstreit mit der Stellung des Erben steht, der für alle Gesellschaftsverbindlichkeiten persönlich und unbeschränkt, d. h. nicht nur begrenzt auf den Nachlass, haftet. ... Der Erbe kann sich der unbeschränkten Haftung dadurch entziehen, dass er nach § 139 Abs. 1 HGB in die Stellung eines Kommanditisten zurücktritt; zulässig ohne Zustimmung des Testamentsvollstreckers."[103]

58 Die **treuhänderische Testamentsvollstreckung** am OHG- bzw. Komplementäranteil ist dagegen zivilrechtlich zulässig. Dabei ist aber die Frage, ob der Treuhänder-Testamentsvollstrecker Mitunternehmer ist, offen. Im Urteil vom 01.08.1978[104] hat der BFH den Treuhand-Testamentsvollstrecker nur wie einen Bevollmächtigten des Erben behandelt. Dagegen ist im Urteil vom 11.06.1985[105] ein Treuhänder-Komplementär ohne Kapital und trotz Freistellung von der Außenhaftung (im Innenverhältnis) als Mitunternehmer angesehen worden.

Ist nur der Erbe Mitunternehmer, entstehen kaum Probleme.[106] Ist aber sowohl der Testamentsvollstrecker als auch der Erbe Mitunternehmer, ergeben sich ähnliche Probleme wie oben beim Nießbrauch dargestellt.[107] Da der Testamentsvollstrecker aber eine bestimmte Vergütung erhält, ist die Gewinnverteilung hier viel einfacher.

59 Zum Abzug der Vergütung des Testamentsvollstreckers als Sonderbetriebsausgabe vgl. oben Rz. 56. Die Frage ist hier genauso zu entscheiden.

---

101 BStBl II 1978, 499.
102 BGH, BGHZ 68, 225, 239, m.w.N.; Hehemann, BB 1995 S. 1301; Littmann/Bitz/Pust, § 15 Rz. 35, und Schmidt/Wacker, Fn. 98.
103 Vgl. hierzu auch Marotzke, JZ 1986 S. 457 und 462.
104 BStBl II 1978, 499.
105 BStBl II 1987, 33.
106 Vgl. oben Q. Rz. 54 und 55.
107 Vgl. oben Q. Rz. 11 ff.

R. BESONDERHEITEN BEI DER GMBH & CO. KG

1 Zivil- und handelsrechtliche Grundlagen

1.1 Begriff

Die GmbH & Co. KG ist eine KG gem. § 161 Abs. 1 HGB mit mindestens einer persönlich haftenden GmbH (vgl. hierzu § 19 Abs. 2 HGB). In der Praxis ist meistens nur eine GmbH Vollhafter (= Komplementär), während andere, meistens Einzelpersonen, die Kommanditisten sind. Man spricht von einer echten, eigentlichen oder typischen GmbH & Co. KG oder von einer GmbH & Co. KG im engeren Sinn, wenn bei einer KG nur eine GmbH Komplementär ist. Es sind jedoch auch andere Gestaltungen denkbar, z. B. dass neben der GmbH mehrere natürliche Personen als Komplementäre oder dass auch eine oder mehrere GmbHs zusätzlich als Kommanditisten beteiligt sind.[1] Auch ist denkbar, dass an einer KG nur GmbHs beteiligt sind. Fünf Schaubilder mögen dies verdeutlichen (— = Komplementär):

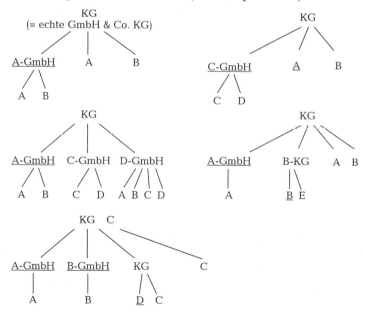

---

[1] Vgl. auch oben A. Rz. 69 ff.

R. GmbH & Co. KG

In der Praxis nicht ganz einfach zu handhaben ist der Fall, dass eine GmbH Komplementärin mehrerer KGs ist:

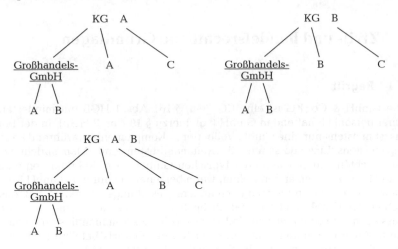

2 Man spricht von einer **doppelstöckigen** oder dreistufigen **GmbH & Co. KG**, wenn an einer KG als einziger Komplementär nicht eine GmbH, sondern wieder eine GmbH & Co. KG beteiligt ist.

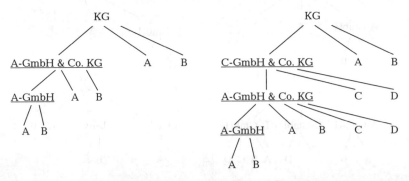

3 In der Praxis hat die GmbH & Co. KG bei den sog. **Abschreibungs-** oder **Verlustzuweisungsgesellschaften** in den 70er-Jahren geradezu einen Boom erlebt.[2] Diese Publikumsgesellschaften haben zahlreiche Besonderheiten gegenüber dem Normalbild einer GmbH & Co. KG. Die Gesellschaftsverträge werden vorformuliert, die meist mehr als 100 Kommanditisten können durch eine einfache Kündigungserklärung ausscheiden, außerdem haben die Kommanditisten sehr eingeschränkte Kontrollrechte.[2]

---

2 Vgl. Binz/Sorg, § 1 Rz. 6.

1 Grundlagen

Bei der sog. **Einheitsgesellschaft**,[3] einer weiteren Besonderheit, besitzt die KG alle Anteile ihrer eigenen Komplementär-GmbH:

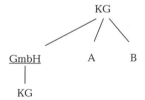

Alle diese Formen sind zivilrechtlich inzwischen anerkannt, selbst die Einheitsgesellschaft.[4]

Entscheidender Gesichtspunkt ist bei all den möglichen Formen der GmbH & Co. KG, dass die beteiligten Gesellschaften bürgerlich-rechtlich selbständig sind.

1.2 Geschäftsführung

Bei einer KG ist grundsätzlich jeder persönlich haftende Gesellschafter geschäftsführungsbefugt. Die Kommanditisten sind von der Geschäftsführung grundsätzlich ausgeschlossen, nur bei ungewöhnlichen Geschäften ist ihre Zustimmung erforderlich (§ 164 HGB). Bei der typischen GmbH & Co. KG ist daher die GmbH als alleinige Komplementärin auch allein zur Führung der Geschäfte der KG berechtigt und verpflichtet (§ 161 Abs. 2, § 114 HGB). Da die GmbH eine juristische Person ist, damit nicht selbst handeln kann, benötigt sie einen oder mehrere Geschäftsführer (§§ 6, 35 GmbHG). Die Geschäftsführer der GmbH führen die Geschäfte der KG daher aufgrund einer doppelten Ermächtigung. In der Literatur hat sich dafür der Begriff „mittelbare Geschäftsführer der GmbH & Co. KG" eingebürgert.[5]

Die Geschäftsführer der GmbH werden entweder schon im Gesellschaftsvertrag der GmbH oder nach Errichtung der GmbH durch Beschluss der Gesellschafter der GmbH bestellt. Da es sich bei der GmbH um eine von der KG grundsätzlich getrennt zu betrachtende juristische Person handelt, haben die Kommanditisten der KG kein Recht, bei der Bestellung der Geschäftsführer mitzuwirken.[6] Bei der echten GmbH & Co. KG ist dies unproblematisch, weil dort im Allgemeinen die Kommanditisten der KG gleichzeitig die einzigen Gesellschafter der GmbH sind.

Zu Geschäftsführern der GmbH können Gesellschafter der GmbH, die Kommanditisten der KG oder dritte Personen bestellt werden. Wie bei der Bestel-

---
3 Vgl. Binz/Sorg, § 1 Rz. 5.
4 Hesselmann/Lüke, § 4 Rz. 23 ff.
5 Hesselmann/Mussaeus, § 5 Rz. 12 und 21.
6 Vgl. Hesselmann/Mussaeus, § 5 Rz. 34.

lung haben die Kommanditisten der KG auch keine Mitwirkungsrechte, wenn und soweit der Umfang der Rechte und Pflichten oder die Abberufung der Geschäftsführer zur Debatte steht. Dies ist eine rein interne Angelegenheit der GmbH.

6 Daraus ergibt sich weiter, dass keine unmittelbaren Rechtsbeziehungen zwischen der GmbH & Co. KG und den Geschäftsführern der GmbH entstehen bzw. bestehen. Die Geschäftsführer der GmbH sind aufgrund ihres mit der GmbH abgeschlossenen Vertrags nicht berechtigt und verpflichtet, die Geschäfte der GmbH & Co. KG zu führen. Dass sie dieses Recht persönlich haben, ergibt sich nur mittelbar, nämlich über den Geschäftsführervertrag zwischen KG und GmbH.

> **Beispiel:**
>
> Eine GmbH bestellt bei ihrer Gründung einen Geschäftsführer. Jahre später tritt sie als Komplementär in eine Kommanditgesellschaft ein. Soll der Geschäftsführer der GmbH hier aufgrund seines Dienstvertrages mit der GmbH berechtigt und verpflichtet sein, die Geschäfte der GmbH & Co. KG zu besorgen? Stellt sich also der Dienstvertrag als ein Vertrag „zugunsten und zu Lasten" der GmbH & Co. KG dar?
>
> Diese Frage ist eindeutig zu verneinen. Bei Abschluss des Dienstvertrages hat man in keiner Weise an den späteren Eintritt der GmbH in die Kommanditgesellschaft gedacht. Der Geschäftsführer wurde aufgrund des Vertrages allein berechtigt und verpflichtet, die Geschäfte der GmbH zu besorgen. Zu diesen gehört mit dem Eintritt der GmbH in die Kommanditgesellschaft automatisch die Führung der Geschäfte der GmbH & Co. KG.

Auch was die Rechte und Pflichten betrifft, sind die beiden Geschäftsführungsbereiche verschieden ausgestaltet. Der Geschäftsführer der KG hat bei Erfüllung der ihm obliegenden Verpflichtungen nur für die Sorgfalt einzustehen, die er in eigenen Angelegenheiten anzuwenden pflegt (§ 161 Abs. 2, § 105 Abs. 2 HGB, § 708 BGB). Dagegen hat der Geschäftsführer der GmbH die Sorgfalt eines ordentlichen Geschäftsmannes anzuwenden (§ 43 GmbHG).

Daraus folgt, dass bei der Geschäftsführung für die GmbH die Haftung der Handelnden gegenüber der Gesellschaft weit strenger ist, sollten irgendwelche Verpflichtungen des Geschäftsführers nicht oder nicht richtig erfüllt werden.[7]

7 Wie ausgeführt, können die Kommanditisten der KG nicht direkt Einfluss nehmen auf die Rechte und Pflichten oder die Abberufung der Geschäftsführer bei der GmbH. Sie können aber, was die Geschäftsführung der KG angeht, sich eine sehr starke, geradezu beherrschende Stellung einräumen

---

7 Vgl. Hesselmann/Mussaeus, § 5 Rz. 59 ff.

lassen. So könnten sie z. B. im KG-Gesellschaftsvertrag eine Klausel dahin gehend durchsetzen, dass die Komplementär-GmbH für jedes einzelne Geschäft oder für eine bestimmte Art von Geschäften der vorherigen Zustimmung der Kommanditisten bedarf oder überhaupt nur nach deren Weisungen zu handeln hat.[8]

1.3 Vertretung

Bei der GmbH & Co. KG sind die Kommanditisten von der Vertretung zwingend ausgeschlossen (§ 170 HGB). Die KG kann nur durch Komplementäre vertreten werden. Damit wird die typische GmbH & Co. KG **organschaftlich** durch die Komplementär-GmbH vertreten. Da einem Kommanditisten aber Generalvollmacht, Prokura oder Handlungsvollmacht erteilt werden kann, kann man die Kommanditisten jedoch dadurch zu **rechtsgeschäftlichen** Vertretern der GmbH & Co. KG bestellen.[9]

8

Auch können z. B. die Geschäftsführer oder die Prokuristen der GmbH gleichzeitig zu Prokuristen der GmbH & Co. KG bestellt werden.

Unzulässig ist aber, dass bei einer echten GmbH & Co. KG die KG durch einen Prokuristen der KG und einen gesamtvertretungsberechtigten Geschäftsführer der GmbH vertreten wird, denn dadurch würde die rechtliche Selbständigkeit der beiden Gesellschaften durchbrochen.[10]

Endet die Vertretungsbefugnis der GmbH für die GmbH & Co. KG, so erlöschen gleichzeitig die Befugnisse der GmbH-Geschäftsführer als „mittelbare Vertreter" der GmbH & Co. KG. Ihre Stellung als gesetzliche Vertreter der GmbH bleibt jedoch weiterhin erhalten.[11]

1.4 Außenhaftung

Bei einer KG haftet bekanntlich der Komplementär voll (§ 161 Abs. 2, § 128 HGB), während die Kommanditisten nur in Höhe ihrer Einlage haften (§§ 171, 172 HGB).[12] Damit haftet bei einer typischen GmbH & Co. KG nur die GmbH voll. Daraus ergibt sich, dass die GmbH & Co. KG ein Gebilde ist, das – wie die GmbH selbst – im Normalfall eine volle Haftungsbeschränkung für die Beteiligten herbeiführt.

9

Allerdings ist es möglich, in der Praxis jedoch kaum zu finden, dass die Haftungsbeschränkung der Kommanditisten im Außenverhältnis durch Absprache mit jedem einzelnen Vertragsgegner aufgehoben wird.

---

8 Binz/Sorg, § 5 Rz. 3.
9 Binz/Sorg, § 5 Rz. 2.
10 So OLG Hamburg vom 15.12.1960, GmbHR 1961 S. 128.
11 Vgl. Hesselmann/Mussaeus, § 5 Rz. 45 ff.
12 Vgl. auch oben A. Rz. 56 sowie E. Rz. 7, 30 und 43.

Auch im Innenverhältnis der Gesellschafter zueinander kann für einzelne oder alle Kommanditisten die nach außen hin beschränkte Haftung erweitert werden. Geht dies so weit, dass die Kommanditisten sich im KG-Gesellschaftsvertrag gegenüber der Komplementär-GmbH verpflichten, diese von jeglicher persönlichen Inanspruchnahme für die Verbindlichkeiten der KG freizustellen, so ist nach h. M. davon auszugehen, dass die **Kommanditisten unbeschränkt haften.**[13]

Dagegen erscheint es unbedenklich, wenn im KG-Gesellschaftsvertrag vereinbart wird, dass die Komplementär-GmbH von einer Beteiligung am Verlust der KG ausgeschlossen ist, denn damit ist weder eine Änderung der Haftungsverhältnisse noch die Begründung einer Nachschusspflicht im Liquidationsfall für die GmbH verbunden.[14]

1.5 Aufsichtsorgane

10 Gemäß § 52 GmbHG kann die GmbH nach dem Gesellschaftsvertrag auf freiwilliger Grundlage einen **Aufsichtsrat** bestellen. Nach dem Mitbestimmungsgesetz (MitbestG) sind bestimmte GmbHs sogar zur Bestellung eines Aufsichtsrats verpflichtet (vgl. §§ 1, 6 MitbestG).

Für die GmbH & Co. KG besteht zwar keine Verpflichtung zur Bestellung eines Aufsichtsorgans, auf freiwilliger Basis ist dies jedoch möglich. Auch die Bezeichnung ist meistens anders, nämlich **Beirat** oder **Verwaltungsrat.**

Der Anlass für die Bestellung eines neutralen und fachkundigen Gremiums kann sehr verschieden sein, z. B.:

— Unterstützung und Beratung der Geschäftsführung

— Kontrolle der Geschäftsführung

— Koordinationsfunktion bei vielen Beteiligten

— Schiedsrichterfunktion bei Streit

— Verlagerung von Entscheidungsbefugnissen von der Gesellschafterversammlung auf dieses Gremium

— Vorbereitung der Unternehmensnachfolge, auch der Nachfolge in der Geschäftsführung usw.[15]

Der Beirat (Verwaltungsrat) kann entweder nur bei der Komplementär-GmbH und dort sogar zusätzlich zu einem aufgrund des BVG und des MitbestG zu bildenden Aufsichtsrat bestellt werden. Der Beirat kann aber auch nur bei der GmbH & Co. KG eingerichtet werden. Letztlich kann der Beirat

---

13 Binz/Sorg, § 5 Rz. 76.
14 Binz/Sorg, § 5 Rz. 78.
15 Vgl. hierzu im Einzelnen Binz/Sorg, § 10 Anm. 1 ff.

1 Grundlagen

auch bei beiden Gesellschaften gleichzeitig gebildet werden, wobei es nicht erforderlich ist, dass jeweils dieselben Personen beteiligt sind. Der Beirat bei der KG kann auch gleichzeitig Aufsichtsrat der GmbH sein. Aus praktischen und finanziellen Gründen ist zu empfehlen, nur einen Beirat bei einer Gesellschaft zu bilden. Im Gesellschaftsvertrag können dann die Aufgaben und Zuständigkeiten so geregelt werden, dass der Einfluss auf die Geschäftsführung der Komplementär-GmbH gegeben ist. Ein Beirat bei der GmbH hat einen unmittelbaren Einfluss auf die Geschäftsführer. Ein Beirat bei der GmbH & Co. KG kann dagegen – und dies genügt – die Geschäftsführer über die Kontrolle der Komplementär-GmbH mittelbar beeinflussen.[16]

1.6 Motive zur Bildung einer GmbH & Co. KG

In früheren Jahren ist die GmbH & Co. KG häufig errichtet worden, um als Personengesellschaft so weit wie möglich der steuerlichen Doppelbelastung zu entgehen und trotzdem bürgerlich-rechtlich die Haftung voll zu beschränken. Ist die GmbH & Co. KG auch heute nach Einführung des Teil- bzw. Halbeinkünfteverfahrens für die GmbH und nach Abschaffung der Vermögensteuer – hier mit doppelter Belastung – überhaupt noch interessant?

Scheidle[17] hat in einem lesenswerten Aufsatz schon 1986 nachgewiesen, dass die GmbH & Co. KG ihre Existenzberechtigung hat, weil sie die Elemente der Kapitalgesellschaft und der Personengesellschaft in sehr vorteilhafter Weise verbindet. Bei der Rechtsformwahl entscheidet bekanntlich eine Vielzahl von Einzelgesichtspunkten zivilrechtlicher, steuerlicher und betriebswirtschaftlicher Art, deren Darstellung hier zu weit ginge. Wir verweisen daher auf die einschlägige Literatur[18] und zählen hier nur einige Gesichtspunkte auf, die bedeutsam sein können:

> Leitungsbefugnis, Sicherung des Managements, Nachfolgeregelung, Trennung zwischen Leitungsbefugnis und Gesellschafterstellung, Auskunfts- und Einsichtsrechte, Kontrollrechte, Haftungsbeschränkung, Kapitalstruktur, Kapitalbeschaffung, Finanzierungsmöglichkeiten, Rechnungslegung, Publizitätspflichten, Mitbestimmungsfragen, Prüfungspflicht, Kostenstruktur, Fehleranfälligkeit, Rechtsformkosten, Steuerbelastung, Fragen des steuerlichen Verlustausgleichs und Trennung von Produktion und Vertrieb.

---

16 Vgl. zu diesem Fragenkomplex Binz/Sorg, § 9 Rz. 2 ff.
17 BB 1986 S. 2065.
18 Hesselmann/Mueller-Thuns, § 2 Rz. 1 ff.; Scheidle, a. a. O., m. w. N. Zur Rechtsformwahl allgemein und sehr ausführlich Hottmann u. a., A. Rz. 1 bis 43.

2 Mitunternehmerschaft

2.1 Allgemeines

12 Die GmbH & Co. KG ist eine Personengesellschaft. Damit ist sie nicht selbständiges Steuersubjekt im Sinne des Ertragsteuerrechts. Vielmehr sind die einzelnen Gesellschafter die jeweiligen Mitunternehmer. Die Gewinnanteile werden bei den natürlichen Personen als Einkünfte aus Gewerbebetrieb der Einkommensteuer unterworfen, und bei der GmbH unterliegen sie der Körperschaftsteuer.

Die Voraussetzungen der Mitunternehmerschaft nach § 15 Abs. 1 Nr. 2 EStG sind bei einer GmbH & Co. KG genauso zu prüfen und festzustellen wie bei einer anderen Personengesellschaft. Es gelten daher insoweit die gleichen oben schon beschriebenen Kriterien zur Mitunternehmerschaft allgemein,[19] zur verdeckten Mitunternehmerschaft,[20] zur Familiengesellschaft[21] und zum negativen Kapitalkonto beim Kommanditisten.[22]

2.2 Komplementär-GmbH als Mitunternehmer

13 Die Komplementär-GmbH ist im Hinblick auf ihre Außenhaftung für die KG-Schulden und ihre Geschäftsführungs- und Vertretungsbefugnis im Allgemeinen Mitunternehmer, auch wenn sie nicht am Vermögen und nicht am Verlust beteiligt ist und für ihre Tätigkeit und ihr Haftungsrisiko keine gewinnabhängige, sondern eine feste Vergütung erhält. Dies gilt auch dann, wenn sie im Innenverhältnis weisungsgebunden ist.[23] In der Praxis ist es oft üblich und allgemein anerkannt, dass die GmbH nur ihre Arbeitskraft, d. h. keine Kapitaleinlage, einbringt und trotzdem Mitunternehmerin ist.

Ist die Komplementär-GmbH von der Geschäftsführung ausgeschlossen oder ist sie uneingeschränkt den Weisungen der Kommanditisten unterworfen, ist sie trotzdem Mitunternehmer, denn schon ein Kommanditist ist nur aufgrund seiner Kontrollrechte Mitunternehmer, obwohl er nur ein beschränktes Haftungsrisiko hat. Die GmbH hat aber im Allgemeinen nicht nur die gleichen Kontrollrechte, sondern ein volles Haftungsrisiko.[24]

---

19 B. Rz. 1 ff.
20 B. Rz. 36 ff.
21 F. Rz. 1 ff.
22 E. Rz. 1 ff.
23 BFH vom 17.01.1980, BStBl II 1980, 336, 338, vom 11.12.1986, BStBl II 1987, 553, und vom 25.04.2006, BStBl II 2006, 595; Schmidt/Wacker, § 15 Rz. 709; Schulze zur Wiesche, FR 1976 S. 112; Fichtelmann, INF 1975 S. 289 und 292; Seithel, GmbHR 1975 S. 136; Lersch/Schaaf, GmbHR 1973 S. 167.
24 BFH vom 11.06.1985, BStBl II 1987, 33, vom 25.04.06, BStBl II 2006, 595, und oben B. Rz. 19.

Auch wenn die Komplementär-GmbH weder am Gewinn noch am Verlust beteiligt ist und nur einen Gewinnanteil in Form einer Haftungsprämie erhält, ist sie Mitunternehmerin.[25] Nach dem BFH-Urteil vom 11.06.1985[26] ist ein Komplementär auch dann Mitunternehmer, wenn er keine Kapitaleinlage erbracht hat und im Innenverhältnis (zu den Kommanditisten) wie ein Angestellter behandelt und von der Haftung freigestellt wird. Entscheidend ist daher das Haftungsrisiko der Komplementär-GmbH. Daraus folgt, nur wenn das Haftungsrisiko im Innenverhältnis ausgeschlossen und die GmbH nicht Geschäftsführerin ist, ist sie nicht Mitunternehmerin.[27]

Fehlt der Komplementär-GmbH **ausnahmsweise** die Mitunternehmereigenschaft, sind die Einkünfte der GmbH aus der GmbH & Co. KG, insbesondere die Gewinnanteile aus der KG, trotzdem gewerbliche Einkünfte, da die GmbH kraft ihrer Rechtsform nur gewerbliche Einkünfte haben kann (§ 15 Abs. 3 Nr. 2 EStG, § 8 Abs. 2 KStG). Lediglich bei der Ausschüttung der GmbH an ihre Gesellschafter und bezüglich der GmbH-Anteile selbst ergeben sich Konsequenzen. Da die GmbH-Anteile dann nicht in die Mitunternehmereigenschaft einbezogen werden, sie auch nicht zur Führung des „KG-Betriebs" notwendig sind, sind sie in diesem Ausnahmefall nicht zum Sonderbetriebsvermögen der anderen KG-Gesellschafter zu rechnen. Daraus ergibt sich, dass dann die Gewinnausschüttungen der GmbH an ihre Gesellschafter zu den Einkünften nach § 20 EStG gehören und damit auch nicht der Gewerbesteuerpflicht der KG unterliegen. Außerdem sind in diesem Falle Veräußerungen der GmbH-Anteile nur über §§ 17 und 23 EStG, **ab 01.01.2009** gem. §17 und § 20 Abs. 2 Nr. 1 EStG (§ 52 a Abs. 10 EStG), steuerlich zu erfassen.

14

2.3 Kommanditisten der GmbH & Co. KG als Mitunternehmer

Die Kommanditisten sind regelmäßig Mitunternehmer, obwohl ihre Haftung beschränkt ist und sie außer ihren geringen Mitwirkungs- und Kontrollrechten keine Unternehmerinitiative haben.[28]

15

Problematisch ist die Stellung der Kommanditisten bei den Familienpersonengesellschaften. Insoweit gelten jedoch die allgemeinen Überlegungen, d. h., Besonderheiten bei der GmbH & Co. KG gibt es nicht.[29]

Im Allgemeinen sind auch die Kommanditisten bei den sog. **Verlustzuweisungsgesellschaften** (Abschreibungsgesellschaften, Publikums-KGs) Mitunternehmer. Diese Gesellschaften sind regelmäßig GmbH & Co. KGs. Ihre Besonderheit ist, dass die Kommanditisten in einer unbestimmten Vielzahl

16

---

25 FG Münster vom 13.12.1974, EFG 1975 S. 471, und vom 16.09.1975, EFG 1976 S. 228.
26 BStBl II 1987, 33.
27 Fn. 25 und Sudhoff, DB 1975 S. 995.
28 BFH vom 03.07.1975, BStBl II 1975, 818, vgl. auch oben B. Rz. 19.
29 Vgl. oben F. Rz. 31 ff.

in der Öffentlichkeit geworben werden, dass sie nur Kapitalanleger sind, dass sie auf die schon unabänderlich gefertigten Verträge keinen Einfluss mehr haben und dass keine persönlichen Beziehungen zu den Trägern der Unternehmen vorliegen.

Obwohl sie eher dem Idealtyp der Körperschaft entsprechen, werden sie nach h. M. als Personengesellschaft und einkommensteuerlich als Mitunternehmerschaft gesehen.[30] Zu weiteren Einzelheiten sei auf die einschlägige Literatur verwiesen.[31]

2.4 Die Geprägevorschrift des § 15 Abs. 3 Nr. 2 EStG

2.4.1 Allgemeines

17 Aufgrund der früheren BFH-Rechtsprechung[32] war die Betätigung einer GmbH & Co. KG, an der eine GmbH als alleiniger Komplementär beteiligt ist, stets als Gewerbebetrieb anzusehen, auch wenn die KG nicht gewerblich, z. B. nur vermögensverwaltend oder landwirtschaftlich, tätig war. Der BFH begründete diese Rechtsprechung damit, dass die GmbH immer kraft Rechtsform (§ 8 Abs. 2 KStG, § 2 Abs. 2 Nr. 2 GewStG a. F.) gewerbliche Einkünfte habe und sie die KG als alleinige Komplementärin präge (Geprägetheorie; **Geprägerechtsprechung**). Diese Geprägerechtsprechung hat der Große Senat mit seinem Beschluss vom 25.06.1984 aufgegeben.[33]

Mit dem Steuerbereinigungsgesetz 1986 vom 19.12.1985[34] hat der Gesetzgeber durch die Vorschrift des § 15 Abs. 3 Nr. 2 EStG die frühere Geprägerechtsprechung wieder eingeführt.

18 Eine **GbR**, die vermögensverwaltend, kleingewerblich oder landwirtschaftlich tätig ist, ist gem. § 105 Abs. 2, § 2 Satz 1 und § 3 Abs. 2 HGB zivilrechtlich eine OHG, wenn sie im Handelsregister eingetragen ist. Dies gilt auch über § 161 Abs. 2 HGB für die **GbR m. b. H.** Diese ist nach der Eintragung eine KG.

Ist eine Gesellschaft als **KG** im Handelsregister eingetragen, ist sie zivilrechtlich eine echte KG, auch wenn sie vermögensverwaltend, kleingewerblich oder landwirtschaftlich tätig ist.

19 Inzwischen hat der BGH[35] die **GbR** im Bereich der Haftung der OHG gleichgestellt. Der BGH hat entschieden, dass die Gesellschafter einer GbR für die Verbindlichkeiten der GbR grundsätzlich auch persönlich und unbeschränkt mit ihrem Vermögen haften. Eine Beschränkung der Haftung auf das Gesell-

---

30 BFH, GrS, vom 25.06.1984, BStBl II 1984, 751; Schmidt/Wacker, § 15 Rz. 705 ff. m. w. N.
31 Z. B. Dornfeld u. a., Handbuch der Bauherrengemeinschaften und geschlossenen Immobilienfonds, und Pelke/Lieser, Recht der steuerbegünstigten Kapitalanlagen.
32 Z. B. Urteil vom 03.08.1972, BStBl II 1972, 799.
33 BStBl II 1984, 751, vgl. Schmidt/Wacker, § 15 Rz. 211.
34 BStBl I 1985, 735.
35 Vgl. oben A. Rz. 6, 35, 58 und 60.

schaftsvermögen ist nur noch dadurch möglich, dass dies mit jedem einzelnen Gläubiger besonders vereinbart wird.

Eine **GmbH u. Co GbR** m. b. H.[36] wird es in der Praxis kaum noch geben, weil sie, um die Haftungsbeschränkung zu erreichen, auch als vermögensverwaltende, kleingewerbliche oder landwirtschaftliche KG ins Handelsregister eingetragen werden kann.

Aus allem ergeben sich **ertragsteuerlich** folgende Konsequenzen:

Besteht weiterhin eine **GmbH u. Co GbR,** dann kann diese keine gewerblich geprägte Personengesellschaft nach § 15 Abs. 3 Nr. 2 EStG sein, wenn auch natürliche Personen Gesellschafter sind. Denn diese Personen haften nicht mehr beschränkt.[37]

Soweit bisher eine **GmbH u. Co GbR** als gewerblich geprägte Personengesellschaft anerkannt war, ist dies jetzt nicht mehr richtig. Diese GbR hatte, durch die neue Rechtsprechung zur GbR bedingt, von Anfang an kein Betriebs-, sondern Privatvermögen. Die Verwaltung hat die Übergangsprobleme für die Zeit bis zum 31.12.2001 durch zwei BMF-Schreiben geregelt.[38]

2.4.2 Tatbestandsmerkmale des § 15 Abs. 3 Nr. 2 EStG

2.4.2.1 Einkünfteerzielungsabsicht

Es muss im Einzelnen festgestellt werden, dass die Personengesellschaft eine Tätigkeit ausübt, die unter eine der Einkunftsarten des EStG fällt. In Betracht kommen insbesondere Tätigkeiten, die unter die Einkunftsarten Land- und Forstwirtschaft, selbständige Arbeit, Vermietung und Verpachtung und Kapitalvermögen fallen. Der Gesetzgeber wollte verhindern, dass eine steuerlich irrelevante Tätigkeit allein dadurch, dass sie im Rechtskleid einer gewerblich geprägten Personengesellschaft ausgeübt wird, in den steuerlich relevanten Bereich verlagert wird. Fehlt es an der Einkünfteerzielungsabsicht, so gehört auch die Tätigkeit der gewerblich geprägten Personengesellschaft in den Bereich der Liebhaberei.[39]

20

Das Tatbestandsmerkmal „Einkünfteerzielungsabsicht" ist im Sinne des Beschlusses des Großen Senats vom 25.06.1984[40] auszulegen. Es kommt somit darauf an, ob – ggf. unter Einbeziehung des Sonderbetriebsvermögens der Gesellschaft und etwaiger Betriebsaufgabe- bzw. Betriebsveräußerungsgewinne – eine Vermögensmehrung in Form eines Totalgewinnes angestrebt

---

36 Vgl. auch Schmidt/Wacker, § 15 Rz. 227, und oben A. Rz. 15, 35 und 58, 60.
37 Schmidt/Wacker, § 15 Rz. 227.
38 BMF vom 18.07.2000, BStBl I 2000, 1198, und vom 28.08.2001, BStBl I 2001, 614; Schmidt/Wacker, § 15 Rz. 227.
39 Schmidt/Weber-Grellet, § 15 Rz. 24 ff., und Schmidt/Wacker, § 15 Rz. 225 ff.
40 BStBl II 1984, 751, zur Rechtsfrage Nr. 4 – Gewinnerzielungsabsicht bei Verlustzuweisungsgesellschaften.

wird. Aufbauend auf den Ausführungen des Großen Senats hat sich der BFH in mehreren weiteren Urteilen mit dem Begriff Liebhaberei[41] befasst; einige von ihnen aus neuerer Zeit:

vom 09.02.1993, BStBl II 1993, 658	(Mietkaufmodell) Liebhaberei angenommen
vom 14.09.1995, BStBl II 1995, 778	(Ersterwerbergemeinschaft mit Rückkaufangebot) Liebhaberei offen gelassen
vom 12.12.1995, BStBl II 1996, 219	(Verlustzuweisungsgesellschaft) eine Vermutung zur Liebhaberei angenommen[42]
vom 14.09.1999, BStBl II 2000, 67	(Bauherrenmodell) Liebhaberei verneint
vom 05.09.2000, BStBl II 2000, 676	(geschlossener Immobilienfonds) Liebhaberei angenommen
vom 31.05.2001, BStBl II 2002, 276	(Steuerberaterpraxis mit langjährigen Verlusten) Liebhaberei angenommen
vom 17.11.2004, BStBl II 2005, 337	(Möbeleinzelhändler) Liebhaberei offen gelassen
vom 14.12.2004, BStBl II 2005, 392	(Rechtsanwaltspraxis mit langjährigen Verlusten) Liebhaberei bejaht
vom 24.08.2006, BStBl II 2007, 256	(Ferienwohnung) Liebhaberei offen gelassen
vom 10.05.2007, BStBl II 2007, 873	(langfristige Vermietung eines Grundstücks) Liebhaberei bejaht
vom 23.05.2007, BStBl II 2007, 874	(Neugründung eines Gewerbebetriebs) Liebhaberei offen gelassen

21 Der Begriff der Einkünfteerzielungsabsicht und damit der Liebhaberei in § 15 Abs. 3 EStG ist sehr umstritten.

Einmal streitet man um den Begriff selbst. Ist die Einkünfteerzielungsabsicht nur der Oberbegriff für die Unterarten Gewinnerzielungsabsicht und Überschusserzielungsabsicht? Nach h. M. ist dies zu bejahen. Vor allem geht es um die Einbeziehung von Veräußerungsgewinnen und sonstigen Vermögensmehrungen.[43]

---

41 Zur Auslegung des Begriffs der Liebhaberei durch den Großen Senat siehe auch Leingärtner, DStR 1985 S. 131.
42 Zu diesem Urteil sehr kritisch: Loritz, BB 1997 S. 1281.
43 Christoffel/Dankmeyer, DB 1986 S. 347 ff.; Herzig/Kessler, DStR 1986 S. 451; Henkel/Jakobs, FR 1995 S. 145; Kreidl/Kächele, DStR 1995 S. 625, mit einem Zahlenbeispiel; Eisgruber, DStR 1995 S. 1569; Lüdemann, BB 1996 S. 2650, fasst die verschiedenen Meinungen zusammen.

Zum anderen ist strittig, ob die Gewinnerzielungsabsicht auf der Ebene der Gesellschaft und/oder des Mitunternehmers gegeben sein muss. Nach Auffassung des BFH[44] müssen diese Voraussetzungen kumulativ erfüllt sein. Wird die Gewinnerzielungsabsicht bereits bei der Gesellschaft verneint, ist sie beim Gesellschafter von vornherein nicht zu prüfen.[45]

Es ist weiter strittig, ob die Einkünfteerzielungsabsicht vor und nach der erfolgenden Umqualifizierung der vermögensverwaltenden Gesellschaft in eine gewerblich geprägte Gesellschaft vorliegen muss. Nach Schmidt/Wacker[46] reicht es aus, dass diese Absicht erst nach der gewerblichen Prägung in Form einer Gewinnerzielungsabsicht vorliegt. Er begründet dies m. w. N. unter Hinweis auf das BFH-Urteil vom 25.06.1996[47] zu § 15 Abs. 3 Nr. 1 EStG. Lüdemann[48] kommt in einem ausführlichen Aufsatz zum Ergebnis, dass die Einkünfteerzielungsabsicht vor und nach der erfolgenden Umqualifizierung vorliegen muss.

Bei den Einkünften aus Vermietung und Verpachtung scheint uns die Problematik durch das BMF-Schreiben vom 23.07.1992[49] vorerst so gut wie geklärt. In dieser Einkunftsart kann nur in Ausnahmefällen Liebhaberei angenommen werden. Der BMF geht bei Gebäuden von einer grundsätzlichen Nutzungsdauer von 100 Jahren aus. In dieser langen Zeit ist das Gesamtergebnis so gut wie immer positiv. Der BMF hat dabei nicht nur die üblichen Grundstücksverwaltungsgesellschaften im Auge, sondern auch die geschlossenen Immobilienfonds.[50]

2.4.2.2 Personengesellschaft

In Betracht kommen: OHG, KG, GbR, Partenreederei, ausländische Gesellschaften, auch die atypische stille Gesellschaft.[51] Bei der Partnerschaft entsteht diese Problematik nicht, weil hier nur natürliche Personen Gesellschafter sein können (vgl. § 1 Abs. 1 PartGG).

2.4.2.3 Keine Tätigkeit i. S. des § 15 Abs. 1 Nr. 1 EStG

Liegt bereits ein gewerbliches Unternehmen wegen gewerblicher Tätigkeiten der Gesellschaft vor, ist eine „gewerbliche Prägung" i. S. des Abs. 3 Nr. 2 EStG nicht mehr erforderlich. Das gilt auch für Personengesellschaften, die nur zum Teil gewerblich, zum Teil aber vermögensverwaltend etc. tätig sind; ihre Tätigkeit gilt in vollem Umfang als Gewerbebetrieb. § 15 Abs. 3 Nr. 1

---

44 BFH vom 21.08.1990, BStBl II 1991, 564.
45 Littwin, BB 1996 S. 243, hat hier praktische und systematische Bedenken.
46 § 15 Rz. 225.
47 BStBl II 1997, 202.
48 A. a. O. = Fn. 43.
49 BStBl I 1992, 434.
50 Vgl. aber das oben zitierte Urteil des BFH vom 05.09.2000, BStBl II 2000, 676, in dem bei einem geschlossenen Immobilienfonds Liebhaberei angenommen wurde.
51 Bordewin, FR 1985 S. 98; a. A. Christoffel/Dankmeyer, DB 1986 S. 347.

R. GmbH & Co. KG

EStG ist insoweit eine gesetzliche Festschreibung der sog. **„Durchsäuerungstheorie"** oder **Abfärbetheorie,** d. h., selbst wenn neben der Vermögensverwaltung etc. nur eine geringfügige gewerbliche Tätigkeit ausgeübt wird, ist die gesamte Tätigkeit gewerblich.

Mit Urteil vom 06.10.2004[52] hat der BFH entschieden, dass es nicht zu einer „Abfärbung" kommt, wenn sich eine vermögensverwaltende Personengesellschaft (Obergesellschaft) mit Einkünften aus Vermietung und Verpachtung an einer gewerblich tätigen anderen Personengesellschaft (Untergesellschaft) beteiligt. Der BMF ist anderer Meinung. Mit Schreiben vom 18.05.2005 hat er ausgeführt, dass dieses Urteil über den entschiedenen Einzelfall hinaus nicht angewandt werden darf (Nichtanwendungserlass).[53] Es gehe nicht an, dass eine Personengesellschaft verschiedene Einkünfte hat.

2.4.2.4 Ausschließlich eine oder mehrere Kapitalgesellschaften als persönlich haftende Gesellschafter

24 Die Kapitalgesellschaften sind in § 1 Abs. 1 Nr. 1 KStG abschließend aufgezählt: SE, AG, KG a. A., GmbH. Nur wenn ausschließlich eine oder mehrere dieser Gesellschaften persönlich haftende Gesellschafter sind, ist die Personengesellschaft gewerblich geprägt. Die gewerbliche Prägung wird somit bereits ausgeschlossen durch

— Beteiligung einer natürlichen Person als persönlich haftender Gesellschafter oder

— Beteiligung einer der in § 1 Abs. 1 Nr. 2 bis 6 KStG genannten Körperschaften (z. B. EG, SCE, Verein, rechtsfähige Stiftung) als persönlich haftender Gesellschafter.

Beispiel 1:

Gesellschafter einer OHG sind die M-GmbH und A. Die OHG ist landwirtschaftlich tätig.

Die OHG ist keine gewerblich geprägte Personengesellschaft, weil auch A persönlich haftet. Sie hat Einkünfte aus Landwirtschaft.

Beispiel 2:

Gesellschafter einer KG sind die A-GmbH, A und B. Die GmbH und A sind Komplementäre. Die KG ist vermögensverwaltend tätig.

Die KG ist keine gewerblich geprägte Personengesellschaft, weil nicht nur die GmbH, sondern auch A persönlich haftet. Die KG hat Einkünfte gem. § 20 bzw. § 21 EStG.

---

52 BStBl II 2005, 383; vgl. auch BFH vom 06.11.2003, BStBl II 2005, 377.
53 BStBl I 2005, 698.

Beispiel 3:

Einziger Komplementär der A & Co. KG ist A. A scheidet aus, an seine Stelle tritt eine GmbH, die allein zur Führung der Geschäfte befugt ist. Die Gesellschaft ist nach wie vor lediglich vermögensverwaltend tätig.

Mit Eintritt der GmbH in die KG wird ein Gewerbebetrieb i. S. des § 15 Abs. 3 Nr. 2 EStG begründet. Sämtliche Wirtschaftsgüter sind mit den sich aus § 6 Abs. 1 Nr. 6 und 5 EStG ergebenden Werten betriebseröffnend einzubuchen.[54]

Beispiel 4:

Bei der X-GmbH & Co. KG ist die X-GmbH die alleinige persönlich haftende Gesellschafterin, die auch die Geschäfte führt. Als weiterer persönlich haftender Gesellschafter tritt Kaufmann Z in die KG ein. Die Gesellschaft ist nach wie vor lediglich vermögensverwaltend tätig.

Mit Eintritt des Z ist der Gewerbebetrieb i. S. des § 15 Abs. 3 Nr. 2 EStG beendet. Die stillen Reserven sind zu versteuern. Eine Anwendung der Rechtsprechung zum Strukturwandel, d. h. ein „Einfrieren" des Betriebsvermögens bis zur späteren Veräußerung bzw. Entnahme,[55] scheidet u. E. aus, da sich hier die Struktur der Gesellschaft durch eine willentliche Maßnahme (Eintritt des Z) gewandelt hat, die zur Zwangsentnahme führt. Mit dem Eintritt des Z ermittelt die KG ihre Einkünfte durch Einnahmen-Überschuss-Rechnung, wobei die anteiligen Einkünfte der X-GmbH wieder als gewerbliche umqualifiziert werden müssen und nach Bilanzierungsgrundsätzen zu ermitteln sind. Es liegt eine sog. **Zebragesellschaft** vor.[56]

2.4.2.5 Geschäftsführungsbefugnis

Weitere Voraussetzung einer gewerblich geprägten Personengesellschaft ist, dass nur eine oder mehrere der Kapitalgesellschaften, die persönlich haftende Gesellschafter sind, oder Personen, die nicht Gesellschafter sind, zur Geschäftsführung befugt sind. Geschäftsführungsbefugnis ist dabei die Befugnis, die Geschäfte der Gesellschaft auf gesellschaftsrechtlicher Grundlage zu führen (Innenverhältnis). Die gesellschaftsrechtliche Grundlage ergibt sich aus dem Gesellschaftsvertrag oder ergänzend aus dem Gesetz.[57] Auf die gesetzliche Vertretungsmacht (Außenverhältnis) kommt es somit nicht an. Das Gesetz stellt den Fall, dass nur die persönlich haftende Kapitalgesellschaft zur Geschäftsführung befugt ist, dem Fall gleich, dass lediglich Personen, die nicht Gesellschafter sind, zur Geschäftsführung befugt sind. Zivilrechtlich ist es allerdings sehr streitig, ob es zulässig ist, gesellschaftsvertraglich unter Ausschluss aller Gesellschafter die Geschäftsführung einem Nichtgesellschafter zu übertragen.

---

54 Vgl. hierzu das ausführliche Beispiel zu R. Rz. 26.
55 BFH vom 29.10.1981, BStBl II 1982, 381.
56 Vgl. oben G. Rz. 67 ff., und Schmidt/Wacker, § 15 Rz. 201.
57 Vgl. oben A. Rz. 41 ff.

R. GmbH & Co. KG

Mit der entsprechenden Gestaltung der Geschäftsführungsbefugnis kann man mit relativ einfachen Mitteln eine gewerblich geprägte Personengesellschaft erreichen oder ausschließen.

Beispiel 1:
Gesellschafter der vermögensverwaltenden KG sind die X-GmbH, die Y-GmbH und die Z-GmbH. Die Geschäftsführungsbefugnis steht lediglich der X-GmbH zu.

Eine gewerblich geprägte Personengesellschaft ist gegeben. Es ist nicht erforderlich, dass der Kreis der persönlich haftenden und der zur Geschäftsführung befugten Kapitalgesellschaften identisch ist.

Beispiel 2:
Die vermögensverwaltende GmbH & Co. KG besteht aus der persönlich haftenden Gesellschafterin A-GmbH und dem Kommanditisten Z. Die Geschäftsführungsbefugnis steht nach dem Gesellschaftsvertrag der A-GmbH zu. Die A-GmbH bestellt Z zu ihrem alleinigen Geschäftsführer.

Eine gewerblich geprägte Personengesellschaft ist gegeben, denn die Geschäftsführung der KG liegt allein bei der GmbH, die durch ihr Organ Z handelt.

Beispiel 3:
Die vermögensverwaltende GmbH & Co. KG besteht aus der persönlich haftenden Gesellschafterin A-GmbH und dem Kommanditisten Z. Die Geschäftsführungsbefugnis steht nach dem Gesellschaftsvertrag der A-GmbH und Z zu:

a) einzeln oder

b) gemeinschaftlich.

Eine gewerblich geprägte Personengesellschaft ist in beiden Fällen nicht gegeben, da zur Geschäftsführung nicht ausschließlich die Kapitalgesellschaft oder eine gesellschaftsfremde Person, sondern auch der beschränkt haftende Gesellschafter Z bestellt wurde.[58]

2.4.3 Die Entstehung einer gewerblich geprägten KG und deren Rechtsfolgen im Einzelnen

26 Wie ausgeführt, kann durch zivilrechtliche Veränderungen an einer vermögensverwaltenden Personengesellschaft eine gewerblich geprägte Personengesellschaft entstehen.[59]

Beispiel:
Seit Jahren verwaltet die A-KG nur noch ein ihr gehörendes Grundstück. Sie war ursprünglich gewerblich tätig, hat aber dann mit Wirkung zum 31.12.05 ihren Gewerbebetrieb eingestellt und den Aufgabegewinn gem. §§ 16, 34 EStG

---

[58] Die Vorschrift des § 164 HGB ist abdingbar; BGHZ 36, 293, DB 1962 S. 298; BGHZ 51, 201, DB 1969 S. 256.

[59] Vgl. oben R. Rz. 24 Beispiel 3.

versteuert. Komplementär und Geschäftsführer ist A, die Kommanditisten sind B und C. Gewinnbeteiligung zu je ¹/₃. Für die Geschäftsführertätigkeit erhält A jährlich vorab 1.000 €. Für das Jahr 09 ist noch nichts gebucht worden.

Das Grundstück war als Lagerplatz seit dem Jahr 02 für monatlich 2.000 € an M vermietet, angeschafft für 100.000 €. Teilwert und gemeiner Wert 31.12.05 200.000 €; Teilwert und gemeiner Wert 01.07.09 220.000 €. Mit Wirkung zum 01.12.09 veräußerte die KG diesen Lagerplatz für 235.000 € an M. M zahlte die Miete im Voraus jeweils am 3. eines Monats. Die Mieten Mai bis November 09 wurden aufgrund der Verkaufsverhandlungen von M erst am 20.01.10 bezahlt. Aufwendungen 1. Halbjahr 2.000 €, 2. Halbjahr bis 01.12.09 1.000 €, jeweils auch fristgerecht bezahlt.

Die drei Gesellschafter möchten im Laufe des Jahres 10 wieder gewerblich tätig werden. Um die persönliche Haftung des A zukünftig auszuschließen, haben sie **jeweils** mit Wirkung zum **01.07.09** – alle Verträge wurden beim Notar am 15.05.09 abgeschlossen – folgende rechtliche Veränderungen vorgenommen:

- Zunächst gründete A mit einer Bareinlage von 50.000 € allein die A-GmbH.
- Dann wurde die GmbH zur Komplementärin und alleinigen Geschäftsführerin in der KG bestellt.
- Schließlich wurde die Komplementärstellung des A in eine Kommanditistenstellung umgewandelt. Der Geschäftsführervertrag wurde aufgelöst.
- Letztlich vereinbarten sie folgende angemessene Gewinnverteilung: GmbH 10 % (für ihre Gesellschafterstellung und Geschäftsführertätigkeit), A, B und C jeweils 30 %.
- Die Geschäfte der GmbH führt der unbeteiligte Dritte D.

Welche Einkunftsart liegt vor und wie hoch sind die Einkünfte 09 bei A, B, C und der A-GmbH, soweit die Einkünfte aus der KG stammen?

Lösung:

a) Die Änderungen zum 01.07.09

Durch die rechtlichen Veränderungen entstand zum 01.07.09 eine GmbH & Co. KG. Diese KG war fast das ganze Jahr über nur vermögensverwaltend tätig, sie hat nur ein Grundstück vermietet. Da aber zum 01.07.09 ausschließlich die A-GmbH Komplementärin und Geschäftsführerin wurde, liegt ab diesem Stichtag eine gewerblich geprägte KG gem. § 15 Abs. 3 Nr. 2 EStG vor. Die KG ist ab diesem Zeitpunkt buchführungspflichtig (§ 140 AO) und hat trotz Vermögensverwaltung jetzt gewerbliche Einkünfte. Es ist daher zum 01.07.09 eine Eröffnungsbilanz zu erstellen (§ 6 Abs. 1 Nr. 6 i. V. m. Nr. 5 EStG). Für die Zeit vorher ist eine einheitliche und gesonderte Feststellung der Einkünfte gem. § 21 EStG, danach gem. § 15 EStG zu fertigen.

b) Einkünfte gem. § 21 EStG bis zum 30.06.09

Bei § 21 EStG gilt das Zu- und Abflussprinzip des § 11 EStG. Die Mietansprüche Mai und Juni 09 sind mangels Zufluss in 09 nicht mehr zu erfassen. Sie sind erst im Jahr 10 als Einnahmen aus Vermietung und Verpachtung der Gesell-

R. GmbH & Co. KG

schafter A, B und C anzusetzen, und zwar außerhalb der ab 01.07.09 entstehenden gewerblichen Einkunftsquelle.

Von den Werbungskosten sind die des 1. Halbjahres anzusetzen; auch insoweit ist § 11 EStG zu beachten. AfA-Probleme entstehen nicht. Folglich sind die Wertverhältnisse bis 30.06.09 ohne Bedeutung.

Mieteinnahmen Januar bis April 09 (4 × 2.000 €)	8.000 €
Werbungskosten	./. 2.000 €
Überschuss	6.000 €

c) Einkünfte gem. § 15 EStG im 2. Halbjahr 09

Das Grundstück war zum 31.12.05 gem. § 16 Abs. 3 EStG mit dem gemeinen Wert ins Privatvermögen zu überführen. Zum Stichtag 01.07.09 ist es gem. § 6 Abs. 1 Nr. 6 i. V. m. Nr. 5 EStG wieder in das Betriebsvermögen einzulegen. Die Mieteinnahmen und die Aufwendungen sind nach Bilanzierungsgrundsätzen zu beurteilen. Im Einzelnen:

Das Grundstück ist zum 01.07.09 mit dem Teilwert einzulegen (§ 6 Abs. 1 Nr. 5 1. Halbsatz EStG). Satz 3 dieser Vorschrift kommt nicht zur Anwendung, weil der Anschaffungszeitpunkt länger als drei Jahre zurückliegt. Da das Grundstück zum 01.12.09 veräußert wurde, ist die Wertdifferenz als betrieblicher Ertrag zu versteuern.

Die Mietansprüche Juli bis November 09 sind entstanden, sie sind daher anzusetzen.

Die Mietansprüche Mai und Juni 09 sind als Privatvermögen nicht einlegbar. Sie haben keinerlei Auswirkungen im Rahmen der gewerblichen Einkünfte ab 01.07.09.

Kaufpreis	235.000 €	
Einlage	./. 220.000 €	
Ertrag	15.000 €	
Mieten Juli bis November 09 5 × 2.000 € =	+ 10.000 €	
	25.000 €	
Ertrag insgesamt		25.000 €
Allgemeiner Aufwand		./. 1.000 €
Gewinn		24.000 €

d) Zusammenfassung

Die Einkünfte **gem. § 21 EStG** betragen 6.000 €.

Davon erhält A als Geschäftsführer 500 € (1.000 € : 2) vorab. Die restlichen Einkünfte sind auf die drei Gesellschafter A, B und C zu je ⅓ aufzuteilen. Jedem sind daher noch 1.833 € zuzurechnen, sodass A insgesamt 2.334 € erhält, B und C je 1.833 €.

Die Einkünfte **gem. § 15 EStG** betragen 24.000 €.

Dieser Gewinn ist wie folgt zu verteilen:

GmbH 10 %	A 30 %	B 30 %	C 30 %
2.400 €	7.200 €	7.200 €	7.200 €

2.4.4 Doppel- und mehrstöckige GmbH & Co. KG

§ 15 Abs. 3 Nr. 2 Satz 2 EStG fingiert für den Fall der Beteiligung einer gewerblich geprägten Personengesellschaft an einer anderen Personengesellschaft für die Frage, ob die andere Personengesellschaft ebenfalls eine gewerblich geprägte Personengesellschaft ist, dass die Obergesellschaft einer Kapitalgesellschaft gleichsteht.

Beispiel 1:

Die Y-GmbH & Co. KG (gewerblich geprägte Personengesellschaft) ist alleinige Komplementärin und Geschäftsführerin der vermögensverwaltenden Z-GmbH & Co. KG.

Bei der Qualifizierung der Einkünfte der Z-GmbH & Co. KG wird fingiert, dass die Y-GmbH & Co. KG eine Kapitalgesellschaft sei (§ 15 Abs. 3 Nr. 2 Satz 2 EStG). Damit erfüllt die Z-GmbH & Co. KG die Voraussetzungen einer gewerblich geprägten Personengesellschaft i. S. des § 15 Abs. 3 Nr. 2 Satz 1 EStG.

Die Fiktion kommt nach dem Gesetzeswortlaut nicht zur Anwendung, wenn die Obergesellschaft einen Gewerbebetrieb kraft gewerblicher Betätigung hat. Nach dem Sinn des Gesetzes ist trotzdem eine gewerbliche Prägung anzunehmen. Wenn schon eine nicht gewerbliche KG die Gewerblichkeit vermitteln kann, dann muss dies umso mehr gelten, wenn diese KG selbst einen Gewerbebetrieb betreibt.[60]

Beispiel 2:

Die Y-GmbH & Co. KG (Werkzeughersteller) ist alleinige Komplementärin und Geschäftsführerin der vermögensverwaltenden Z-GmbH & Co. KG.

Bei der Qualifikation der Einkünfte der Z-GmbH & Co. KG kommt die Fiktion des § 15 Abs. 3 Nr. 2 Satz 2 EStG zur Anwendung. Die Z-GmbH & Co. KG ist eine gewerblich geprägte Personengesellschaft i. S. des § 15 Abs. 3 Nr. 2 Satz 1 EStG, weil an ihr eine gewerblich tätige Personengesellschaft als persönlich haftender Gesellschafter beteiligt ist.

2.4.5 Gestaltungsmöglichkeiten

Mit der Verwendung einer gewerblich geprägten Personengesellschaft bleibt dem steuerlichen Berater der Gestaltungsspielraum erhalten, auch bei schlicht vermögensverwaltender Tätigkeit die Merkmale eines Gewerbebetriebs herbeizuführen.

Er kann z. B. die Vorteile im Bereich der Zulagen und der Abschreibungen erlangen, die Betriebsvermögen voraussetzen:

---

[60] BFH vom 08.06.2000, BStBl II 2001, 162; Schmidt/Wacker, § 15 Rz. 217 m. w. N.; strittig.

R. GmbH & Co. KG

— Investitionszulagen nach § 2 InvZulG 1999, 2005 und 2007[61]
— lineare Absetzungen nach § 7 Abs. 4 Nr. 1 EStG (sowie degressive Absetzungen gem. § 7 Abs. 2 EStG bis 31.12.2007, § 52 Abs. 21 a EStG)

Die gewerblich geprägte Personengesellschaft kann aber auch eingesetzt werden, um eine sonst drohende Aufdeckung stiller Reserven zu vermeiden. Hier kommen folgende Sachverhalte in Betracht:

— Wegfall der aktiven Tätigkeit eines Einzelunternehmens oder einer Personengesellschaft
— Wegfall der personellen Voraussetzungen bei einer Betriebsaufspaltung
— Betriebliche Umgestaltung des verpachteten Betriebs bei der Betriebsverpachtung
— Realteilung
— Umwandlung einer GmbH in ein Einzelunternehmen oder in eine Personengesellschaft[62]

29 Zwei Beispiele zur **Betriebsaufspaltung** und **Betriebsverpachtung** mögen dies verdeutlichen.

Beispiel 1:

Betriebsgrundstück — eine wesentliche Betriebsgrundlage → GmbH (Fabrikationsbetrieb)

A 50 %   A 50 %
B 50 %   B 50 %

B will lediglich seinen GmbH-Anteil an C veräußern. Mit der Veräußerung wäre die Betriebsaufspaltung beendet, da die am Besitzunternehmen mehrheitlich beteiligte Personengruppe nicht mehr mehrheitlich an der GmbH beteiligt wäre. Die Anwendung des Verpachtungserlasses[63] auf das Besitzunternehmen scheitert, weil nur eine wesentliche Betriebsgrundlage und nicht alle wesentlichen Betriebsgrundlagen, also kein „Betrieb", an die GmbH verpachtet wurden.[64] Mit dem Verkauf des GmbH-Anteils an C läge beim Besitzunternehmen eine Betriebsaufgabe vor.

A und B vermeiden diese Folge, indem sie vor Veräußerung des GmbH-Anteils an C das Besitzunternehmen in eine GmbH & Co. KG umgründen.

Beispiel 2:

A verpachtet sein Einzelunternehmen (Bäckerei, Konditorei und Gaststätte) an B. Nach mehreren Jahren will B den Betrieb umgestalten und eine Diskothek eröffnen. Da nach der Umgestaltung nicht mehr der frühere Betrieb in Form

---

61 Vgl. auch BMF vom 20.01.2006, BStBl I 2006, 119.
62 Sehr ausführlich hierzu Neufang/Henrich, INF. 1995 S. 107, und Mohr, GmbH-Beratungspraxis, 1997 S. 44.
63 BStBl II 1965, 4; R 16 Abs. 5 EStR.
64 Hierzu siehe auch BFH vom 13.12.1983, BStBl II 1984, 474 und vom 11.10.2007, BStBl II 2008, 220.

der Verpachtung weitergeführt, sondern ein anderer Betrieb eröffnet wird, entfallen die Voraussetzungen des Verpachtungserlasses;[65] A gibt seinen verpachteten Gewerbebetrieb auf. Er hat die stillen Reserven zu versteuern.
A vermeidet diese Folge, indem er vor der Umbaumaßnahme das verpachtete Unternehmen in eine Ein-Mann-GmbH & Co. KG umgründet. Zwar sind ab diesem Zeitpunkt die Pachterlöse mit Gewerbesteuer belastet; ggf. kann die GmbH & Co. KG den Pachtvertrag aber dahin gehend abändern, dass sie nunmehr nur noch Grundbesitz (ohne Betriebsvorrichtungen) verpachtet und somit die erweiterte Kürzung gem. § 9 Nr. 1 Satz 2 GewStG erhält.

Um nicht zu verwirren: Selbstverständlich kann in beiden Beispielen auch eine reine GmbH gegründet werden. Der Nachteil ist aber, dass dann das Grundstück in die GmbH eingebracht werden muss. Bei den vorgeschlagenen Lösungen wird das Grundstück nur Gesamthandsvermögen einer Personengesellschaft.

3 Gründung der GmbH & Co. KG

Eine GmbH & Co. KG kann in sehr unterschiedlicher Weise begründet werden. Man kann dabei drei Entstehungsarten unterscheiden:

a) Vollständige Unternehmensneugründung
b) Zusammenschluss bestehender Gesellschaften
c) „Umwandlung" einer GmbH auf eine GmbH & Co. KG

3.1 Unternehmensneugründung

3.1.1 Errichtung der GmbH

Ist zunächst weder eine KG noch eine GmbH vorhanden, so bedarf es für die Errichtung einer GmbH & Co. KG zweier selbständiger Gesellschaftsverträge. Notwendig ist der Abschluss eines GmbH-Vertrags und – davon getrennt – der Abschluss eines KG-Gesellschaftsvertrags.
Die Gründung der GmbH erfolgt durch notariell beurkundeten GmbH-Vertrag (§ 2 Abs. 1 GmbHG). Dabei gelten die allgemeinen Regeln z. B. über Stammkapital (§ 5 GmbHG: mindestens 25.000 Euro), Mindesteinzahlung (§ 7 Abs. 2 GmbHG) und sonstiger Mindestinhalt des Gesellschaftsvertrags (§ 3 GmbHG). Auch die Wahlmöglichkeit zwischen Bar- und Sachgründung ist gegeben. Damit ist es auch zulässig, ein bestehendes Handelsgeschäft in die GmbH einzubringen. Eine Aufdeckung stiller Reserven ist hierbei nicht geboten, da § 20 UmwStG neben dem gemeinen Wert und Zwischenwert

---

65 BFH vom 19.01.1983, BStBl II 1983, 412.

R. GmbH & Co. KG

auch den Buchwertansatz zulässt. Da sich bei einer Sachgründung wegen der damit verbundenen Prüfungspflicht durch das Registergericht die Eintragung der GmbH oft erheblich verzögert, sind Sacheinlagen meist nicht besonders zweckmäßig.

32 Soweit **Minderjährige** an der GmbH beteiligt werden sollen, ist die Genehmigung des Vormundschaftsgerichts erforderlich (§ 1822 Nr. 3 BGB). Außerdem bedarf es eines Ergänzungspflegers, auch wenn nur einer der gesetzlichen Vertreter zu den Mitgründern der GmbH gehört (§§ 1629, 1795 BGB).

33 Im GmbH-Gesellschaftsvertrag ist der Gesellschaftszweck genau zu bezeichnen. Bei einer GmbH-Gründung im Rahmen der Errichtung einer GmbH & Co. KG ist dabei den Anforderungen an den „Gegenstand des Unternehmens" besondere Aufmerksamkeit zu widmen. Eine zu „schwammige" Kennzeichnung der Geschäftstätigkeit wie z. B. „Handel mit Waren" genügt nicht den gesetzlichen Anforderungen.

> **Beispiel:**
> Die A-GmbH hat als Gegenstand des Unternehmens die „Beteiligung an anderen Unternehmen" angegeben. Dies ist für Dritte zu wenig informativ. Damit besteht ein Eintragungshindernis, das nur durch notariell beurkundete Vertragsänderung behoben werden kann.

Korrekterweise wäre der Tätigkeitsbereich wie folgt zu umschreiben: „Gegenstand des Unternehmens ist die Geschäftsführung für die X-KG, die den Betrieb von Gaststätten zum Gegenstand hat."

3.1.2 Errichtung der KG

34 Für den Abschluss des KG-Gesellschaftsvertrags genügt im Grundsatz eine formlose Einigung der Gesellschafter über den Vertragsabschluss (wegen Einzelheiten vgl. Abschn. A.). Auf ein Sonderproblem ist jedoch hinzuweisen: Es ist die Frage zu stellen, ob zunächst die GmbH in das Handelsregister eingetragen sein muss, bevor die KG ihre Geschäfte aufnehmen und in das Handelsregister eingetragen werden kann.

Die Rechtsprechung des BGH hat in den letzten Jahren anerkannt, dass auch die „GmbH in Gründung", d. h. nach Abschluss des notariell beurkundeten Gesellschaftsvertrags, z. B. grundbuch-, konto-, scheck- und wechselfähig ist. In konsequenter Fortführung dieser richtigen Entscheidung hat der BGH inzwischen entschieden, dass auch der „GmbH in Gründung" die Fähigkeit zukommt, Gesellschafter und Komplementär einer KG zu sein.[66]

35 Da auch eine noch nicht in das Handelsregister eingetragene GmbH & Co. KG bereits rechtsgeschäftlich im Außenverhältnis tätig werden kann, kommt dem Problem der **Haftung** bis zur Eintragung besondere Bedeutung zu. Schließt die GmbH & Co. KG Rechtsgeschäfte im Gründungsstadium ab, so

---

66 BGH vom 09.03.1981, BGHZ 80, 129.

haften die Kommanditisten nur in Höhe ihrer Einlage (§ 171 Abs. 1 HGB), da dem Vertragspartner erkennbar ist, dass er mit einer KG abschließt, bei der nur die in der Firma genannte GmbH unbeschränkt persönlich haftet.[67] Aber auch bei einer GmbH in Gründung ist nach außen erkennbar, dass die Gesellschafter nur bis zur Höhe ihrer Einlageschuld haften wollen, sodass auch nur insoweit eine Haftungsverpflichtung entstehen kann.

Nach Abschluss der GmbH- **und** KG-Gesellschaftsverträge ist auch steuerlich von einer GmbH & Co. KG auszugehen. Damit ist die **Buchführung** dementsprechend einzurichten. Für Verträge mit Gesellschaftern gelten steuerlich die allgemeinen Regeln. Ertragsteuerlich sind auf der Grundlage der Gesellschaftsverträge einheitliche und gesonderte Gewinnfeststellungen durchzuführen. Soweit die GmbH keinen Betrieb einbringt, entstehen keine besonderen Probleme bezüglich eventueller Übernahmegewinne.[68] 36

3.2 Zusammenschluss bestehender Gesellschaften

Ist sowohl eine eingetragene GmbH als auch eine KG vorhanden, so reicht für die Entstehung einer GmbH & Co. KG aus, dass die GmbH in Abänderung des KG-Vertrags als Komplementär eintritt und der oder die bisherigen Komplementäre aus der KG ggf. ausscheiden. Natürlich können die Altkomplementäre auch weiter Komplementäre bleiben oder – was häufig geschieht – Kommanditisten werden. Es ist weder zivilrechtlich noch steuerrechtlich erforderlich, dass die GmbH eine Einlage in die KG leistet oder dass die eintretende GmbH die Kapitalkonten der Altkomplementäre übernimmt. Das Vermögen der GmbH wird bei dieser Entstehungsform nicht zu Vermögen der KG. Dazu bedarf es besonderer Einlagevorgänge. 37

3.3 Umwandlung einer GmbH in eine GmbH & Co. KG

3.3.1 Allgemeines

Gemäß §§ 2 ff. UmwG ist die Umwandlung einer GmbH in eine Personengesellschaft durch Formwechsel oder Verschmelzung zulässig, auch wenn an der übernehmenden Personengesellschaft eine Kapitalgesellschaft beteiligt ist. 38

Eine andere Möglichkeit, das bisher in der Rechtsform der GmbH betriebene Unternehmen auf eine KG zu übertragen, besteht darin, dass sich die GmbH an einer neu zu errichtenden oder bestehenden KG als Gesellschafter beteiligt. Im Gesellschaftsvertrag ist dann vorzusehen, dass der gesamte Betrieb mit allen Aktiva und Passiva auf die KG zu übertragen ist. Der Vollzug dieser Verpflichtung ist für jedes einzelne Wirtschaftsgut nach den 39

---
67 BGH vom 25.06.1973, BGHZ 59, 61, 66.
68 Vgl. dazu oben C. Rz. 1 ff.

R. GmbH & Co. KG

Regeln des Sachenrechts (§§ 925, 873, 929, 398 BGB) durchzuführen und daher unter Umständen aufwendig. Bei einer Ausgliederung des Betriebs nach § 123 Abs. 3 UmwG geht das Vermögen der GmbH im Wege der Gesamtrechtsnachfolge über. Auch hier ist § 24 UmwStG anwendbar.

Die **Übertragung des Betriebsvermögens** von der GmbH auf die entstehende GmbH & Co. KG ist in diesem Fall **steuerlich** neutral möglich. Nach § 24 UmwStG ist als Wertansatz für das übernommene Betriebsvermögen der gemeine Wert, Buch- oder Zwischenwertansatz möglich. Wegen der steuerlichen Auswirkungen und zur Frage, welcher Wertansatz günstiger ist, vgl. Abschn. C.

3.3.2 Umwandlung durch Formwechsel

40 Empfehlenswert ist häufig der Formwechsel der GmbH in die Rechtsform der GmbH & Co. KG (§ 194 Abs. 1 Nr. 1 UmwG). Da die bestehende (Alt-) GmbH durch den Formwechsel untergeht, ist folgende Vorgehensweise erforderlich:

Zunächst wird eine Neu-GmbH gegründet. Ihr wird ein Gesellschaftsanteil an der Alt-GmbH übertragen. Zusammen mit den bisherigen Gesellschaftern der Alt-GmbH beschließt die Neu-GmbH den Formwechsel in die Kommanditgesellschaft. Dabei übernimmt die Neu-GmbH die Komplementär- und die übrigen Gesellschafter übernehmen die Kommanditistenstellung. **Steuerrechtlich** gelten für den Formwechsel einer GmbH in eine KG die §§ 14, 17 und 18 UmwStG.

Als weitere Umwandlungsmöglichkeit ist noch die Umwandlung in der Form zu erwähnen, dass die GmbH zunächst in eine gewöhnliche KG (oder OHG) gem. §§ 190 ff. UmwG umgewandelt wird. Das Umwandlungsgesetz lässt also die Umwandlung einer GmbH im Wege des Formwechsels in eine durch die GmbH-Gesellschafter erst noch zu gründende Personengesellschaft zu (Umwandlung unter Errichtung einer Personengesellschaft). Diese errichtende Umwandlung ist nur zulässig, wenn alle anwesenden Gesellschafter zustimmen (§ 233 UmwG). Mit dem Umwandlungsbeschluss sind mindestens Firma und Sitz der neuen Gesellschaft zu bestimmen (§ 194 UmwG). Die neue Gesellschaft entsteht mit der Eintragung des Umwandlungsbeschlusses. Dabei kann die Umwandlung sowohl in eine OHG als auch in eine KG beschlossen werden. Die Komplementärstellung kann dann anschließend von einer GmbH übernommen werden.

41 Der **Vorteil** der Umwandlung nach dem Umwandlungsgesetz liegt darin, dass die GmbH sich in der Rechtsform der Personengesellschaft fortsetzt (Identität des Rechtsträgers). Die Gesellschafter der GmbH sind nunmehr Gesellschafter an der Personengesellschaft (Kontinuität der Mitgliedschaft bei dem neuen Rechtsträger).

Steuerrechtlich gelten für den Formwechsel einer GmbH in eine Personengesellschaft die §§ 9 und 18 UmwStG. Nach § 9 Satz 1 UmwStG sind im Falle

3 Gründung

des Formwechsels einer Kapitalgesellschaft in eine Personengesellschaft die Vorschriften der §§ 3–8 und 10 UmwStG entsprechend anzuwenden.

§ 3 UmwStG gestattet, dass die Wirtschaftsgüter in der steuerlichen Schlussbilanz der GmbH mit den **Buchwerten** angesetzt werden. Zulässig wäre auch eine Bewertung zu **Zwischenwerten** oder zum **gemeinen Wert**. Nach § 4 Abs. 1 UmwStG sind die in der Übertragungsbilanz angesetzten Werte als Übernahmewerte im Betriebsvermögen der Personengesellschaft anzusetzen **(Buchwertverknüpfung).** Als Rechtsnachfolgerin tritt die Personengesellschaft grundsätzlich in die steuerliche Rechtsstellung der übertragenden Körperschaft ein. Soweit sich wesentliche Beteiligungen i. S. des § 17 EStG im Privatvermögen befinden, gelten diese gem. § 5 Abs. 2 UmwStG als mit den Anschaffungskosten in das Betriebsvermögen eingelegt. Infolge der Übertragung des Betriebsvermögens von der GmbH auf die Personengesellschaft ergibt sich ggf. gem. § 4 Abs. 4 UmwStG ein Übernahmegewinn oder -verlust. Ein solcher Übernahmegewinn ist anzusetzen, soweit die Übernahmewerte über den Anschaffungskosten liegen.

42

> **Beispiel:**
>
> Die X-GmbH, bestehend aus den Gesellschaftern A und B, soll im Wege des Formwechsels auf eine GmbH & Co. KG umgewandelt werden. Dabei sollen sämtliche Vermögenswerte der GmbH in einem Akt zu Buchwerten auf die KG übergehen. Die Anschaffungskosten der GmbH-Anteile betrugen je 25.000 €. Der gemeine Wert des GmbH-Vermögens beläuft sich auf 300.000 € (Aktiva 400.000 €; Verbindlichkeiten 100.000 €), der Buchwert auf 200.000 €. Es sollen die Buchwerte weitergeführt werden. Die Gewinnrücklagen betragen 100.000. €.
>
> **Zivilrechtliche Lösung:** A und B beschließen als Gesellschafter der X-GmbH die Umwandlung in eine KG. Die neue Gesellschaft entsteht mit der Eintragung des Umwandlungsbeschlusses (§ 202 UmwG). Das Vermögen ist der KG zuzurechnen. A (oder B) ist Vollhafter. Nach Gründung der Y-GmbH tritt diese in die KG als Komplementär ein, A (bzw. B) wird zum Kommanditisten. A (B) haftet für Gesellschaftsschulden aus seiner Komplementärzeit weiter unbeschränkt.
>
> **Steuerrechtliche Lösung:** Nach den in § 3 UmwStG festgelegten Wahlrechten ist eine Buchwertfortführung zulässig, sodass die bei der GmbH vorhandenen stillen Reserven nicht aufzudecken sind. Dagegen ist der Übernahmegewinn der KG-Gesellschafter steuerpflichtig. Er ermittelt sich wie folgt:
>
> Gem. § 7 UmwStG gilt für die vorhandenen offenen Rücklagen eine Ausschüttungsfiktion. Der Rücklagenbetrag ist den Gesellschaftern als Einkünfte gem. § 20 Abs. 1 Nr. 1 EStG zuzurechnen. Ab VZ 2009 unterliegen die Einkünfte der Abgeltungsteuer, wenn die GmbH-Anteile zum Privatvermögen gehören. Der fingierte Ausschüttungsbetrag beträgt 100.000 €. Zur Vermeidung einer Doppelbesteuerung wird gem. § 4 Abs. 5 Satz 2 UmwStG der Übernahmegewinn um diesen fiktiven Ausschüttungsbetrag vermindert bzw. ein Übernahmeverlust entsprechend erhöht. Daher gilt gem § 4 Abs. 4, § 5 Abs. 2 UmwStG:

1451

Übernahmewert (Buchwert der übernommenen Wirtschaftsgüter)	200.000 €
./. Buchwert (Anschaffungskosten) der untergegangenen GmbH-Anteile	50.000 €
Übernahmegewinn (vorläufig)	150.000 €
((Übernahmegewinn	150.000 €))
./. gem. § 7 UmwStG als ausgeschüttet geltender Betrag	./. 100.000 €
Übernahmegewinn (vorläufig)	50.000 €

Der Wertansatz der untergegangenen GmbH-Anteile ergibt sich gem. § 5 Abs. 2 UmwStG aus den Anschaffungskosten der GmbH-Anteile, da hier eine wesentliche Beteiligung i. S. des § 17 EStG vorliegt (vgl. § 6 Abs. 1 Ziff. 5 EStG).

Das Vermögen der X-GmbH wird zunächst in das Betriebsvermögen der AB-KG gem. § 4 Abs. 1 UmwStG übernommen, und zwar mit den in der steuerlichen Schlussbilanz der X-GmbH ausgewiesenen Werten, d. h. also mit dem Buchwert. Tritt später die Y-GmbH in die KG ein, so braucht sie dafür keine Einlage zu leisten. In diesem Fall ändert sich lediglich die Bezeichnung des Kapitalkontos für den bisherigen Komplementär, sofern die Höhe des Kapitalkontos unverändert bleibt.

4 Betriebsvermögen bei der GmbH & Co. KG

4.1 Allgemeines

43 Sowohl bei einer aktiv gewerblich tätigen als auch bei einer gewerblich geprägten GmbH & Co. KG gehört ihr Vermögen zum steuerlichen Betriebsvermögen. Das Gleiche gilt, wenn sie Einkünfte aus Land- und Forstwirtschaft oder aus selbständiger Arbeit bezieht. Nur wenn die GmbH & Co. KG ausschließlich vermögensverwaltend tätig ist und kein Fall des § 15 Abs. 3 Nr. 2 EStG vorliegt, gehört ihr Vermögen zum Privatvermögen. Für die Abgrenzung zwischen notwendigem Betriebsvermögen, gewillkürtem Betriebsvermögen und Privatvermögen gelten die allgemeinen Grundsätze.[69]

4.2 Sonderbetriebsvermögen der GmbH

44 Zum notwendigen Sonderbetriebsvermögen I der GmbH gehören alle in ihrem Eigentum stehenden Wirtschaftsgüter, die sie der GmbH & Co. KG zur Nutzung überlässt oder die in einem unmittelbaren wirtschaftlichen Zusammenhang mit der Beteiligung der GmbH an der GmbH & Co. KG stehen.[70] Einkommensteuerrechtlich hat § 15 Abs. 1 Satz 1 Nr. 2 Satz 1 EStG als

---

[69] Siehe B. Rz. 72 ff.
[70] Siehe im Einzelnen B. Rz. 121 ff.

Spezialvorschrift Vorrang vor dem Maßgeblichkeitsgrundsatz gem. § 5 Abs. 1 Satz 1 EStG. Obwohl diese Wirtschaftsgüter weiterhin in der Handelsbilanz der GmbH zu bilanzieren sind, müssen sie steuerlich in der Sonderbilanz der GmbH ausgewiesen werden und gehen auf diese Weise in die steuerliche Gesamtbilanz der GmbH & Co. KG ein.[71] Alle Aufwendungen und Erträge im Zusammenhang mit diesen Wirtschaftsgütern stellen Sonderbetriebsausgaben und Sonderbetriebseinnahmen der GmbH dar und sind im Rahmen der einheitlichen und gesonderten Gewinnfeststellung der GmbH & Co. KG zu erfassen.

Beispiel 1:

Die S-GmbH ist eine von mehreren Gesellschaftern der in finanziellen Schwierigkeiten befindlichen S-GmbH & Co. KG. Sie hat der KG vor einigen Jahren ein Fälligkeitsdarlehen von 200.000 € gewährt (Zinssatz angemessen 6 %), das in der Bilanz der KG passiviert und in der Sonderbilanz der S-GmbH mit den Anschaffungskosten = Nennwert von 200.000 € aktiviert ist. Am 31.12.01 beträgt der Teilwert der Forderung nur noch 50.000 €. Im März 02 verzichtet die GmbH auf ihre Forderung gegenüber der KG.

Die S-GmbH & Co. KG muss das Darlehen in ihrer Bilanz zum 31.12.01 weiterhin mit dem Nennwert von 200.000 € passivieren. Die S-GmbH muss die Darlehensforderung in ihrer Sonderbilanz nach dem Grundsatz der additiven Gewinnermittlung mit korrespondierender Bilanzierung trotz Wertminderung zwingend mit dem Nennwert von 200.000 € aktivieren. Eine Gewinnauswirkung ergibt sich somit zum 31.12.01 nicht.

Der Verzicht auf die Forderung im März 02 ist **gewinnneutral**.

Bei der KG ist zu buchen:

Darlehen 200.000 € an Verrechnungskonto S-GmbH 200.000 €

Bei der GmbH in der Sonderbilanz ist zu buchen (spiegelbildlich):

Entnahmen
(Verrechnungskonto) 200.000 € an Forderungen 200.000 €

Beispiel 2:

Wie Beispiel 1, aber die KG hat das Darlehen von einer Bank aufgenommen und die GmbH hat erst Anfang 02 einen Anteil an der KG zum Buchwert erworben. Zusätzlich hat die S-GmbH die Darlehensforderung im April 02 von der Bank für 50.000 € erworben. Im Juli 02 verzichtete die S-GmbH auf ihre Darlehensforderung.

In diesem Fall ist der Grundsatz der korrespondierenden Bilanzierung durchbrochen, denn die KG muss die Schuld mit ihrem Nennwert = 200.000 € passivieren und die S-GmbH muss ihre Darlehensforderung mit ihren Anschaffungskosten von 50.000 € aktivieren. Nach Auffassung der Finanzverwaltung ist auch in diesem Fall der Verzicht auf das Gesellschafterdarlehen wie eine Einlage in der Bilanz der KG und wie eine Entnahme in der Sonderbilanz der S-GmbH zu behandeln. Die sich ergebende Differenz aus dem Wegfall der Verbindlichkeit bei der KG und der Forderung in der Sonderbilanz der

---

71 BFH vom 18.07.1979, BStBl II 1979, 750; siehe auch B. Rz. 98 und 100.

R. GmbH & Co. KG

S-GmbH ist durch Bildung eines passiven Ausgleichspostens in der Ergänzungsbilanz des verzichtenden Gesellschafters zu neutralisieren. Eine Gewinnauswirkung tritt durch diese buchmäßige Behandlung weder bei der KG noch bei der S-GmbH bereits im Zeitpunkt des Forderungsverzichts ein, sondern erst bei der späteren Veräußerung des Mitunternehmeranteils bzw. der Liquidation der KG durch (gewinnmindernden) Wegfall des Ausgleichspostens in der Ergänzungsbilanz.

Buchungssätze:
- bei der KG:
  Verbindlichkeiten 200.000 € an Verrechnungskonto GmbH 200.000 €

- in der Ergänzungsbuchführung der S-GmbH:
  Minderkapital 150.000 € an Ausgleichsposten 150.000 €

- in der Sonderbuchung:
  Verrechnungskonto GmbH 50.000 € an Forderungen 50.000 €

Zur Abgrenzung folgendes

Beispiel 3:
An der VS-GmbH GmbH & Co. KG sind V und S je zur Hälfte beteiligt. Die VS-GmbH ist Komplementärin und Geschäftsführerin der KG, an dieser jedoch vermögensmäßig nicht beteiligt. Die Anteile an der GmbH gehören zum notwendigen Sonderbetriebsvermögen II von V und S bei der KG. Die KG hat in ihrer Bilanz eine Forderung gegenüber der GmbH i. H. von 100.000 € aktiviert. Wegen finanzieller Schwierigkeiten der GmbH verzichtet die KG zugunsten ihrer Gesellschafter mit Wirkung vom 01.06.01 auf ihre Forderung, deren gemeiner Wert zu diesem Zeitpunkt noch 40.000 € beträgt.

Bei der KG, der GmbH und den Gesellschaftern V und S ergeben sich folgende Auswirkungen:[72]

1. Der Forderungsverzicht führt grundsätzlich zu einer verdeckten Entnahme durch V und S aus dem Gesellschaftsvermögen der KG. Da jedoch die Beteiligung an der GmbH zum notwendigen Sonderbetriebsvermögen II von V und S gehört, ist der Forderungsverzicht so zu behandeln, als hätten V und S die Forderung zunächst zum Buchwert von 100.000 € in das Sonderbetriebsvermögen übernommen und selbst den Verzicht erklärt.

2. Bei der KG entsteht dadurch kein Aufwand, denn ihrem Forderungsverlust steht eine Privatentnahme der Gesellschafter gegenüber.

3. In Höhe des werthaltigen Teils der Forderung (= gemeiner Wert von 40.000 €) liegt eine verdeckte Einlage von V und S in das Betriebsvermögen der GmbH vor. Der Differenzbetrag von 60.000 € führt zu einem Ertrag bei der GmbH.

4. In Höhe des gemeinen Werts der Forderung von 40.000 € liegen bei den Gesellschaftern nachträgliche Anschaffungskosten auf die GmbH-Beteiligung vor, die zu einer Erhöhung der Buchwerte der Beteiligung führen.

---

72 BFH vom 29.07.1997, BStBl II 1998, 652.

Entspricht diese Erhöhung nicht dem Wert der verdeckten Einlage, können dem Buchwert der Beteiligung keine nachträglichen Anschaffungskosten in Höhe dieses Werts zugeschrieben werden; gleicht die Werterhöhung durch die verdeckte Einlage nicht einmal die bereits eingetretene Wertminderung der Beteiligung aus und gilt dies auch noch für den Bewertungsstichtag, ist die Beteiligung auf den niedrigeren Teilwert abzuschreiben.

5. Der Differenzbetrag zwischen Buchwert und gemeinem Wert der Forderung (= 60.000 €) führt bei den Gesellschaftern in ihrem Sonderbetriebsvermögen zur Realisierung eines Aufwands.

Zum notwendigen (passiven) Sonderbetriebsvermögen I gehört z. B. eine Verbindlichkeit, wenn die GmbH ihrem Gesellschafter-Geschäftsführer eine gewinnabhängige Tantieme zugesagt hat.[73]

Wie bei jedem anderen Gesellschafter können auch bei der GmbH einzelne Wirtschaftsgüter zu ihrem notwendigen Sonderbetriebsvermögen II gehören.

Beispiel 4:

Die MF-GmbH ist Komplementärin und Geschäftsführerin der MF-GmbH & Co. KG mit einem Anteil von 50 %. Neben dieser Tätigkeit hält sie eine Beteiligung von 60 % an der Z-GmbH, welche intensive und dauerhafte Geschäftsbeziehungen zur MF-GmbH & Co. KG unterhält (jährliche Umsätze durchschnittlich 1 Mio. €).

Die Anteile der MF-GmbH an der Z-GmbH gehören zu ihrem notwendigen Sonderbetriebsvermögen II bei der MF-GmbH & Co. KG, weil sie aufgrund der intensiven und dauerhaften Geschäftsbeziehungen dazu bestimmt und geeignet sind, das operative Geschäft der MF-GmbH & Co. KG in erheblichem Maße zu fördern.

Damit steht aber zugleich fest, dass diese Beteiligung an der Z-GmbH auch dazu dienen soll, die gewerbliche Betätigung der MF-GmbH entscheidend zu fördern. Denn die durch diese Beteiligung intendierte wesentliche Steigerung der Umsätze und Erträge der MF-GmbH & Co. KG bewirkt gleichsam reflexartig (durch Gewinnausschüttungen der MF-GmbH) auch eine erhebliche Verbesserung der Vermögenslage und Ertragslage der MF-GmbH.[74]

Beispiel 5:

Wie Beispiel 4, im Laufe des Jahres 01 gerät die Z-GmbH in finanzielle Schwierigkeiten. Da die Z-GmbH von dritter Stelle keine Kredite mehr erhält, gewährt ihr die MF-GmbH ein Darlehen über 500.000 €.

Das krisenbestimmte und damit eigenkapitalersetzende Darlehen (§ 32 a Abs. 1 Satz 1 GmbHG) gehört – wie die Beteiligung selbst – zum notwendigen Sonderbetriebsvermögen II bei der MF-GmbH & Co. KG. Es stellt – anders als in den Fällen des § 17 EStG – ein selbständiges Wirtschaftsgut dar, das nach § 253

---

73 BFH vom 13.07.1993, BStBl II 1994, 282.
74 BFH vom 20.04.2005, BStBl II 2005, 694.

Abs. 2 HGB i. V. m. § 6 Abs. 1 Nr. 2 EStG mit den Anschaffungskosten (Nennwert) oder dem niederen Teilwert zu bewerten ist.[75] Die Darlehensforderung teilt den betrieblichen Charakter der Beteiligung der MF-GmbH an der Z-GmbH, denn die MF-GmbH hat ein eigenes starkes betriebliches Interesse daran, die in die Krise geratene Z-GmbH durch Zuführung des dringend erforderlichen und von dritter Seite nicht zu erlangenden Fremdkapitals zu stützen. Etwas anderes würde nur dann gelten, wenn festgestellt werden könnte, dass für die Darlehenshingabe lediglich private Erwägungen, z. B. der Wunsch nach einer günstigen Kapitalanlage, maßgeblich wären.

4.3 Sonderbetriebsvermögen der übrigen Gesellschafter

45 Auch für diese Gesellschafter gelten die allgemeinen Ausführungen bei B.[76] Zum notwendigen Sonderbetriebsvermögen II der unbeschränkt und beschränkt steuerpflichtigen Kommanditisten einer GmbH & Co. KG gehören danach grundsätzlich die Geschäftsanteile an der Komplementär-GmbH, denn diese Anteile ermöglichen es dem Kommanditisten, über seine Stellung in der Komplementär-GmbH Einfluss auf die Geschäftsführung der GmbH & Co. KG auszuüben und diese letztlich zu bestimmen. Dadurch wird die Stellung des Kommanditisten, die ihm aufgrund seiner unmittelbaren Beteiligung an der KG zukommt, verstärkt.[77] Dabei muss aber unterschieden werden:

1. Übt die GmbH neben ihrer Geschäftsführertätigkeit bei der GmbH & Co. KG keine andere gewerbliche Tätigkeit aus oder besteht daneben nur ein eigener Geschäftsbetrieb von ganz untergeordneter Bedeutung, gelten die obigen Ausführungen uneingeschränkt.

2. Betreibt die GmbH dagegen neben ihrer Geschäftsführertätigkeit für die GmbH & Co. KG noch einen eigenen Geschäftsbetrieb von nicht ganz untergeordneter Bedeutung, gehören die GmbH-Anteile nicht zum notwendigen Sonderbetriebsvermögen II bei der KG.[78] Sie können aber als gewillkürtes Sonderbetriebsvermögen aktiviert werden.

Aber:

Selbst in diesem Fall gehören die GmbH-Anteile zum notwendigen Sonderbetriebsvermögen II, wenn die GmbH auch wirtschaftlich mit der KG verflochten ist, d. h., wenn aus Sicht der GmbH & Co. KG die Geschäftsbeziehungen zur GmbH von nicht geringer Bedeutung sind.[79]

---

75 BFH vom 18.12.2001, BStBl II 2002, 733, vom 16.05.2001, BStBl II 2002, 436, und vom 20.04.2005, BStBl II 2005, 694.
76 Siehe B. Rz. 121 ff. und 132 ff.
77 BFH vom 05.12.1979, BStBl II 1980, 119.
78 BFH vom 12.11.1985, BStBl II 1986, 55, vom 11.12.1990, BStBl II 1991, 510, und vom 07.07.1992, BStBl II 1993, 328; siehe auch B. Rz. 127.
79 OFD München vom 02.04.2001, DStR 2001 S. 1032.

4 Betriebsvermögen

Beispiel:
An der AB-GmbH & Co. KG sind neben der – vermögensmäßig nicht beteiligten – Komplementär-GmbH A und B als Kommanditisten je zur Hälfte beteiligt. Geschäftsführerin der KG ist die GmbH. Die GmbH (Gesellschafter sind A und B je zur Hälfte) unterhält daneben einen eigenen Geschäftsbetrieb von nicht ganz untergeordneter Bedeutung. Die GmbH hat den Alleinvertrieb für die Produkte der GmbH & Co. KG übernommen.

Grundsätzlich gehören die Anteile an der GmbH nicht zum notwendigen Sonderbetriebsvermögen II der Kommanditisten A und B, weil die GmbH einen eigenen Geschäftsbetrieb von nicht ganz untergeordneter Bedeutung unterhält. Sie könnten aber jederzeit als gewillkürtes Sonderbetriebsvermögen aktiviert werden.

Im vorliegenden Fall gehören die Anteile von A und B an der GmbH trotz deren eigenen Geschäftsbetriebs aber zu ihrem notwendigen Sonderbetriebsvermögen II bei der GmbH & Co. KG, weil die beiden Gesellschaften auch **wirtschaftlich** miteinander verbunden sind, denn die GmbH übernimmt den Alleinvertrieb der Produkte der KG.

Diese Grundsätze gelten sinngemäß bei einer doppelstöckigen GmbH & Co. KG für die von den Gesellschaftern der Obergesellschaft gehaltenen Anteile an der Komplementär-GmbH der Untergesellschaft.[80]

Ist die GmbH Komplementärin bei mehreren GmbH & Co. KGs, so sind die GmbH-Anteile Sonderbetriebsvermögen in der zuerst gegründeten GmbH & Co. KG. Dies ist eine logische Folge des zeitlichen Ablaufs, da die GmbH-Anteile bereits bei der zuerst gegründeten KG notwendiges Sonderbetriebsvermögen II darstellen. Bei gleichzeitiger Gründung mehrerer Kommanditgesellschaften hat der Gesellschafter ein Wahlrecht, bei welcher GmbH & Co. KG der Anteil als notwendiges Sonderbetriebsvermögen aktiviert wird.[81]

Zum notwendigen Sonderbetriebsvermögen II gehören auch Wirtschaftsgüter, die im Eigentum eines GmbH Gesellschafters und Kommanditisten der GmbH & Co. KG stehen, wenn sie der Gesellschafter an die GmbH vermietet und diese sie an die GmbH & Co. KG weitervermietet hat.[82]

---

80 Siehe G. Rz. 26 und 27.
81 OFD München vom 02.04.2001, DStR 2001 S. 1032.
82 BFH vom 15.01.1981, BStBl II 1981, 314, vom 07.04.1994, BStBl II 1994, 796, und vom 24.02.2005, BStBl II 2005, 578; siehe auch Beispiel 24 in B. Rz. 129.

5 Gewinnermittlung

5.1 Allgemeines

46 Weil die GmbH & Co. KG eine Personengesellschaft ist, gelten bei ihr die Ausführungen bei B. Rz. 63 ff. entsprechend. Darüber hinaus ergeben sich folgende Besonderheiten.

5.2 Geschäftsführergehälter

47 Bei der steuerlichen Behandlung der Geschäftsführergehälter ist zu unterscheiden, ob die Geschäftsführer selbst an der GmbH & Co. KG als Kommanditisten beteiligt sind oder nicht. Unerheblich ist dagegen, ob der Geschäftsführer gleichzeitig auch Gesellschafter der GmbH ist.

Die GmbH erbringt ihre nachhaltige ausgeführte Geschäftsführerleistung im Rahmen eines umsatzsteuerbaren Leistungsaustauschs, wenn die Leistung gegen Sonderentgelt ausgeführt wird, was regelmäßig der Fall sein wird. Die GmbH ist bereits aus diesem Grund Unternehmerin i. S. des § 2 Abs. 1 UStG. Für eventuelle damit im Zusammenhang stehende Aufwendungen ist nach den allgemeinen Voraussetzungen des § 15 UStG ein Vorsteuerabzug möglich. Die Vorsteuer- bzw. Umsatzsteuerbeträge sind im Rahmen der Sonderbuchführung des Gesellschafters zu erfassen. Als Gegenkonto für die Umsatzsteuer ist bei der GmbH auf einem Verrechnungskonto zu buchen.

Die Geschäftsführer der GmbH tätigen keinen steuerbaren Leistungsaustausch, weil sie in einem Arbeitsverhältnis zur GmbH stehen, unabhängig davon, ob sie Kommanditisten der KG sind oder nicht.

5.2.1 Geschäftsführer der GmbH ist nicht an der GmbH & Co. KG beteiligt

48 Erhält der Geschäftsführer sein Gehalt unmittelbar von der GmbH ausbezahlt, liegen bei der GmbH Betriebsausgaben vor, die insoweit als Sonderbetriebsausgaben im Rahmen der einheitlichen und gesonderten Gewinnfeststellung zu erfassen sind, als sie für die Geschäftsführertätigkeit der KG bezahlt werden. Hat die GmbH keinen eigenen Geschäftsbetrieb, ist das Geschäftsführergehalt einschließlich der gesetzlichen und freiwilligen sozialen Aufwendungen in voller Höhe als Sonderbetriebsausgabe im Rahmen der einheitlichen und gesonderten Gewinnfeststellung der GmbH & Co. KG zu erfassen.[83] Das Gleiche gilt, wenn die GmbH keine ins Gewicht fallende, von der Tätigkeit der GmbH & Co. KG abgrenzbare gewerbliche Tätigkeit ausübt.[84] Übt dagegen die GmbH eine ins Gewicht fallende, klar abgrenz-

---

[83] Wegen der buchmäßigen Behandlung im Einzelnen siehe B. Rz. 347 ff.
[84] BFH vom 21.03.1968, BStBl II 1968, 579.

5 Gewinnermittlung

bare Tätigkeit aus, ist aber das Geschäftsführergehalt nicht auf die beiden Bereiche aufgeschlüsselt, so sind die anteiligen Bezüge nach § 162 AO zu schätzen. Die GmbH hat ihrerseits gegenüber der GmbH & Co. KG einen Anspruch auf Ersatz ihrer Auslagen (Gehalt zzgl. sozialer Aufwendungen). Dieser Auslagenersatz ist ebenfalls im Rahmen der einheitlichen und gesonderten Gewinnfeststellung der GmbH & Co. KG als Sonderbetriebseinnahme zu erfassen, sofern er nicht bereits im allgemeinen Gewinnanteil mit abgegolten ist. Der Geschäftsführer der GmbH erzielt Einkünfte aus nichtselbständiger Arbeit.

Beispiel:

An der GmbH & Co. KG sind am Vermögen sowie am Gewinn und Verlust als Komplementär die A-GmbH mit 10 % sowie die Kommanditisten B und C mit je 45 % beteiligt. Der Handelsbilanzgewinn der GmbH & Co. KG beträgt 150.000 €. Der GmbH entstehen für ihren Geschäftsführer D Aufwendungen i. H. von 120.000 € (Gehalt 100.000 €, soziale Aufwendungen 20.000 €). Sie erhält von der GmbH & Co. KG nur 72.000 € (Gehalt 60.000 €, soziale Aufwendungen 12.000 €) + 13.680 € USt ersetzt, weil sie noch einen eigenen Geschäftsbetrieb betreibt.

Gebucht wurde

bei der KG:

Geschäftsführungskosten	72.000 €	an Bank	85.680 €
Vorsteuer	13.680 €		

bei der GmbH:

1. Gehälter	100.000 €			
Soziale Aufwendungen	20.000 €	an	Bank	120.000 €
2. Bank	85.680 €	an	Erlöse aus Geschäftsführungskostenersatz	72.000 €
			Verrechnungskonto	13.680 €
3. Verrechnungskonto	13.680 €	an	Bank	13.680 €

in der Sonderbuchführung der GmbH bei der KG:

1. Geschäftsführervergütung	72.000 €	an	Erlöse aus Geschäftsführungskostenersatz	72.000 €
Verrechnungskonto	13.680 €		Umsatzsteuer	13.680 €
2. Umsatzsteuer	13.680 €	an	Verrechnungskonto	13.680 €

1459

R. GmbH & Co. KG

Die einheitliche und gesonderte Gewinnfeststellung ist wie folgt durchzuführen:

	Insgesamt €	GmbH €	B €	C €
Gewinn lt. Steuerbilanz KG	150.000	15.000	67.500	67.500
+ Geschäftsführervergütung GmbH	72.000	72.000		
./. Sonderbetriebsausgaben GmbH (= Kosten Geschäftsführer)	72.000	72.000		
Steuerlicher Gesamtgewinn	150.000	15.000	67.500	67.500

Daneben ist bei der Gewinnfeststellung der GmbH das restliche Geschäftsführergehalt einschl. der anteiligen sozialen Aufwendungen von 48.000 € als Betriebsausgabe anzusetzen. Der Geschäftsführer D erzielt steuerpflichtige Einnahmen aus nichtselbständiger Arbeit i. H. von 100.000 €.

49 Erhält der Geschäftsführer sein Gehalt – im abgekürzten Zahlungsweg – direkt von der GmbH & Co. KG, liegt steuerlich gesehen eine Gewinnentnahme der GmbH vor, die in der Sonderbuchführung der GmbH auf ihrem Verrechnungskonto gebucht wird.

In diesem Fall ist zu buchen:

bei der KG:

Geschäftsführungskosten	72.000 €			
Vorsteuer	13.680 €	an	Bank	73.680 €
			Verrechnungskonto GmbH	12.000 €

bei der GmbH:

Gehälter	100.000 €			
Soziale Aufwendungen	20.000 €			
Verrechnungskonto KG	12.000 €	an	Bank	60.000 €
			Erlöse aus Geschäftsführungskostenersatz	72.000 €

in der Sonderbuchführung der GmbH bei der KG:

Geschäftsführervergütung	72.000 €	an	Erlöse aus Geschäftsführungskostenersatz	72.000 €
Verrechnungskonto	13.680 €	an	Umsatzsteuer	13.680 €
Umsatzsteuer	13.680 €	an	Verrechnungskonto	13.680 €

Die Gewinnverteilung ist dieselbe wie im Beispiel 1.

5.2.2 Geschäftsführer der GmbH ist auch Kommanditist der GmbH & Co. KG

50 Die obigen Ausführungen bezüglich der Behandlung dieser Vergütungen bei der GmbH gelten auch in diesem Fall. Zu beachten ist jedoch, dass es sich bei dem Gehalt des Geschäftsführers einschließlich der gesetzlichen und freiwilligen sozialen Aufwendungen um einen Vorausgewinn des Kommanditisten i. S. von § 15 Abs. 1 Satz 1 Nr. 2 EStG handelt.[85] Unerheblich ist dabei, ob der Geschäftsführer sein Gehalt von der GmbH oder unmittelbar von der KG erhält. Hat die GmbH noch einen eigenen Geschäftsbetrieb und erhält der Kommanditist auch dafür eine Geschäftsführervergütung, liegen bei der GmbH insoweit abzugsfähige Betriebsausgaben und beim Geschäftsführer Einkünfte aus nichtselbständiger Arbeit vor.[86]

Beispiel 1:

Wie Beispiel in R. Rz. 48. Geschäftsführer der GmbH & Co. KG ist jedoch Kommanditist B, der gleichzeitig Gesellschafter der A-GmbH ist.

Die einheitliche und gesonderte Gewinnfeststellung ist wie folgt durchzuführen:

	Insgesamt €	GmbH €	B €	C €
Gewinn lt. Steuerbilanz KG	150.000	15.000	67.500	67.500
+ Geschäftsführervergütung GmbH	72.000	72.000		
./. Sonderbetriebsausgaben GmbH (= Kosten Geschäftsführer)	72.000	72.000		
Zwischensumme	150.000	15.000	67.500	67.500
+ Geschäftsführervergütung B	72.000		72.000	
Steuerlicher Gesamtgewinn	222.000	15.000	139.500	67.500

Daneben ist bei der Gewinnfeststellung der GmbH das restliche Geschäftsführergehalt einschl. der anteiligen sozialen Aufwendungen von 48.000 € als Betriebsausgabe anzusetzen. Der Kommanditist B erzielt insoweit Einnahmen aus nichtselbständiger Arbeit i. H. von 40.000 €. Die gesetzlichen sozialen Aufwendungen i. H. von 12.000 €, die seinen Gewinnanteil erhöhen, sind bei ihm Sonderausgaben i. S. von § 10 Abs. 1 Nr. 2 und 3 EStG.[87]

Ist ein Gesellschafter einer Personengesellschaft über diese Personengesellschaft mittelbar an einer GmbH & Co. KG beteiligt, so ist § 15 Abs. 1 Satz 1 Nr. 2 Satz 2 EStG anzuwenden mit der Folge, dass der mittelbar beteiligte Gesellschafter dem unmittelbar beteiligten Gesellschafter gleichsteht und damit gewerbliche Einkünfte gem. § 15 Abs. 1 Satz 1 Nr. 2 EStG bezieht, die ihm bei der einheitlichen und gesonderten Gewinnfeststellung der GmbH & Co. KG unmittelbar zuzurechnen sind.

Beispiel 2:

An einer GmbH & Co. KG sind beteiligt als Komplementär die A-GmbH (Gesellschafter A und B zu je 50 %) und als Kommanditisten eine OHG (Gesellschafter A und B zu je 50 %) sowie B. Geschäftsführer der GmbH & Co. KG ist A.

---

85 BFH vom 14.12.1978, BStBl II 1979, 284.
86 Wegen weiterer Einzelheiten siehe Hottmann/Fanck, Fall 55.
87 Siehe auch B. Rz. 319.

R. GmbH & Co. KG

A ist über die OHG mittelbar an der GmbH & Co. KG beteiligt. Diese mittelbare Beteiligung steht gem. § 15 Abs. 1 Satz 1 Nr. 2 Satz 2 EStG einer unmittelbaren Beteiligung gleich. Die Tätigkeitsvergütung, die A für seine Geschäftsführertätigkeit zugunsten der GmbH & Co. KG erhält, gehört deshalb bei ihm zu seinen Einkünften aus Gewerbebetrieb i. S. von § 15 Abs. 1 Satz 1 Nr. 2 EStG. Dieser Betrag erhöht im Rahmen der einheitlichen und gesonderten Gewinnfeststellung der GmbH & Co. KG zunächst den Gewinn der GmbH & Co. KG und ist dem A vorweg zuzurechnen.

Erbringt ein Kommanditist, der zugleich Alleingesellschafter und Geschäftsführer der Komplementär-GmbH und einer Schwester-Kapitalgesellschaft der GmbH & Co. KG ist, über die zwischengeschaltete Schwester-Kapitalgesellschaft Verwaltungs- und Managementleistungen an die KG, sind die hierfür gezahlten Vergütungen als Sonderbetriebseinnahmen des Kommanditisten zu erfassen.[88]

Ist dagegen an einer GmbH & Co. KG neben der Komplementär-GmbH auch als Kommanditist eine GmbH beteiligt und ist Geschäftsführer der GmbH & Co. KG eine Person, die an beiden GmbHs als Gesellschafter beteiligt ist, gehört das Geschäftsführergehalt zu den Einkünften aus nichtselbständiger Arbeit.[89]

5.3 Pensionszusagen an den Gesellschafter-Geschäftsführer

52 Auch bei der steuerlichen Behandlung von Pensionszusagen an den Gesellschafter-Geschäftsführer ist zu unterscheiden, ob der Geschäftsführer an der GmbH & Co. KG als Kommanditist beteiligt ist oder nicht.

5.3.1 Geschäftsführer der GmbH & Co. KG ist nicht an der GmbH & Co. KG beteiligt

53 Ist der Geschäftsführer, dem von der Komplementär-GmbH eine Pensionszusage erteilt wird, nicht zugleich Kommanditist der GmbH & Co. KG, kann die Komplementär-GmbH für ihre Pensionszusage eine Pensionsrückstellung bilden, unabhängig davon, ob und in welcher Höhe der Geschäftsführer an ihr beteiligt ist (R 6a Abs. 8 EStR). Diese Schuld der GmbH steht aber im Zusammenhang mit ihrer Beteiligung an der GmbH & Co. KG, gehört somit zum notwendigen Sonderbetriebsvermögen der GmbH und ist in einer Sonderbilanz zu passivieren. Das bedeutet, die jährlichen Zuführungen zu dieser Rückstellung sind Sonderbetriebsausgaben der GmbH und im Rahmen der einheitlichen und gesonderten Gewinnfeststellung zu erfassen.

Sofern die GmbH daneben noch eine ins Gewicht fallende, von der Tätigkeit der GmbH & Co. KG klar abgrenzbare gewerbliche Tätigkeit ausübt, ist

---

[88] BFH vom 06.07.1999, BStBl II 1999, 720, vom 10.07.2002, BStBl II 2003, 191, und vom 07.12.2004, BStBl II 2005, 390; siehe auch B. Rz. 322.
[89] Wegen Einzelheiten siehe G.

nicht nur das Geschäftsführergehalt, sondern auch die Pensionszusage aufzuteilen. Soweit die Pensionszusage auf die Geschäftsführertätigkeit für die abgrenzbare gewerbliche Tätigkeit der GmbH entfällt, ist die Pensionsrückstellung in der Bilanz der GmbH zu ermitteln. Die jährliche Zuführung zur Pensionsrückstellung ist als Betriebsausgabe bei der Gewinnermittlung der GmbH zu berücksichtigen.

Hat die GmbH gegenüber der GmbH & Co. KG nach dem Gesellschaftsvertrag einen Aufwendungsersatzanspruch, ist dieser bei der GmbH in der Sonderbilanz zu aktivieren. Bei der KG ist eine Rückstellung für ungewisse Verbindlichkeiten zu passivieren, deren Höhe sich nach § 6 a EStG bestimmt.[90]

Beispiel:
A brachte sein Einzelunternehmen am 01.01.01 in die A-GmbH & Co. KG ein. Gesellschafter dieser KG sind als Komplementärin die GmbH (ohne vermögensmäßige Beteiligung) und als einziger Kommanditist A. A ist auch Alleingesellschafter der GmbH. Zu Geschäftsführern der – keinen eigenen Geschäftsbetrieb betreibenden – A-GmbH wurden A und B bestellt, zur Geschäftsführerin der KG die A-GmbH. B war bereits seit 20 Jahren als Prokurist im Einzelunternehmen des A tätig. Am 02.01.02 erteilte die A-GmbH ihrem Geschäftsführer B eine Pensionszusage und bildete in ihrer Handelsbilanz und Steuerbilanz zum 31.12.02 eine Pensionsrückstellung, die sie mit dem Teilwert nach § 6 a Abs. 3 EStG von 530.000 € bewertete. Diesen Wert hatte sie unter Berücksichtigung des Eintrittszeitpunkts des B in das Einzelunternehmen ermittelt. Nach dem Gesellschaftsvertrag der KG war diese verpflichtet, der A-GmbH deren Kosten zu ersetzen.

Die Bildung der Pensionsrückstellung in der **Handelsbilanz** der A-GmbH ist dem Grunde und der Höhe nach nicht zu beanstanden. Das Dienstverhältnis hat zwar erst mit dem tatsächlichen Dienstantritt bei der A-GmbH begonnen. Ist aber ein Betrieb durch Rechtsgeschäft i. S. von § 613 a BGB auf einen anderen Inhaber übergegangen, tritt der neue Betriebsinhaber kraft Gesetzes in die Rechte und Pflichten aus dem im Zeitpunkt des Betriebsübergangs bestehenden Arbeitsverhältnis ein. Der BFH[91] lässt offen, ob § 613 a BGB auch auf den vorliegenden Fall anzuwenden ist, bei dem das Einzelunternehmen nicht in die A-GmbH, sondern in die A-GmbH & Co. KG eingebracht wird und der Arbeitnehmer nicht von der KG als Rechtsnachfolgerin des Einzelunternehmens, sondern von der GmbH weiterbeschäftigt wird. Er hält es aber eher für unwahrscheinlich. Weil B aber wirtschaftlich gesehen für die KG tätig ist, diese den mit dieser Beschäftigung verbundenen Aufwand trägt und den der Arbeitsleistung des B entsprechenden Ertrag erzielt, sieht sich nach Auffassung des BGH das Gesellschaftsrecht veranlasst, der Doppelfunktion des Geschäftsführers der – keinen eigenen Geschäftsbetrieb betreibenden – Komplementär-GmbH einer erweiterten Auslegung der im Verhältnis zwischen GmbH und Geschäftsführer bestehenden Regelungen Rechnung zu tragen. Folglich wurde der Teilwert mit 530.000 € richtig ermittelt.

---

90 BFH vom 07.02.2002, BStBl II 2005, 88.
91 BFH vom 07.02.2002, BStBl II 2005, 88.

R. GmbH & Co. KG

Durch die Erteilung der Pensionszusage entsteht der GmbH auch aus steuerlicher Sicht eine ungewisse Verbindlichkeit, die nach allgemeinen Grundsätzen zu behandeln ist. Jedoch darf die GmbH nicht in ihrer Steuerbilanz, sondern muss in ihrer Sonderbilanz bei der KG eine Rückstellung bilden, die mit dem nach § 6 a Abs. 3 EStG ermittelten Teilwert von 530.000 € zu bewerten ist und den steuerlichen Gesamtgewinn der KG um 530.000 € mindert.

Weil die KG lt. Gesellschaftsvertrag zum Ersatz der Aufwendungen der KG verpflichtet ist, muss sie für diese – wegen der Unsicherheit des Eintritts des Versorgungsfalls – ungewisse Verbindlichkeit in ihrer Handelsbilanz und Steuerbilanz eine Rückstellung nach § 249 Abs. 1 Satz 1 HGB i. V. m. § 5 Abs. 1 Satz 1 EStG bilden. Die Höhe dieser Rückstellung ist nach § 6 a Abs. 3 EStG zu bemessen und beträgt damit ebenfalls 530.000 €. Dadurch mindert sich der Steuerbilanzgewinn der KG und der Gewinnanteil aller Gesellschafter ebenfalls um 530.000 €. Dies ist gerechtfertigt, denn der Aufwendungsersatz dient generell dazu, alle Gesellschafter und nicht nur den vorleistenden Gesellschafter mit den Aufwendungen nach dem Gewinnverteilungsschlüssel zu belasten. Dabei kommt es nicht darauf an, ob sich die KG zur Zahlung an den Versorgungsberechtigten oder zum Aufwandsersatz gegenüber der GmbH verpflichtet hat. Die zeitliche Zuordnung einer solchen Verpflichtung hängt nicht von der Person des Empfängers ab.

Die GmbH muss in ihrer Sonderbilanz den Anspruch auf Aufwendungsersatz nach den Grundsätzen der additiven Gewinnermittlung mit korrespondierender Bilanzierung gewinnerhöhend mit 530.000 € aktivieren. Dadurch ergibt sich in der Sonderbilanz insoweit eine Gewinnauswirkung von 0 €.

Die steuerliche Gesamtgewinnauswirkung beträgt ./. 530.000 €. Dieser Gewinn ist nach dem Gewinnverteilungsschlüssel auf die GmbH und auf A zu verteilen.

5.3.2 Geschäftsführer der GmbH ist auch Kommanditist der GmbH & Co. KG

54 Verspricht die an einer GmbH & Co. KG beteiligte Komplementär-GmbH, die lediglich die Geschäfte der KG führt, ihrem Geschäftsführer, der zugleich Kommanditist der KG ist, eine Pension, so entsteht in der Person der GmbH eine ungewisse Verbindlichkeit, für die in ihrer Handelsbilanz eine Rückstellung gebildet werden muss (bei Neuzusagen nach dem 31.12.1986) bzw. gebildet werden kann (bei Altzusagen vor dem 01.01.1987).[92]

Sind die Voraussetzungen des § 6 a Abs. 1 und 2 EStG erfüllt, so muss oder darf die GmbH unter Beachtung des Grundsatzes der Maßgeblichkeit der Handelsbilanz in ihrer Steuerbilanz eine Pensionsrückstellung bilden. Die Gewährung der Pensionszusage steht in einem unmittelbaren Zusammenhang mit der Beteiligung der GmbH an der GmbH & Co. KG. Die freiwillig oder zwingend von der GmbH zu bildende Pensionsrückstellung stellt deshalb einen Sonderaufwand der GmbH i. S. von § 15 Abs. 1 Satz 1 Nr. 2 EStG dar, der bei der einheitlichen und gesonderten Gewinnermittlung der

---

[92] Wegen Einzelheiten zur Bildung und Auflösung von Pensionsrückstellungen mit Beispielen siehe B. Rz. 323 bis 327 und G. Rz. 21.

GmbH & Co. KG zu erfassen ist. Die Pensionsrückstellung muss in der **Sonderbilanz** der GmbH passiviert werden.

Die dadurch eintretende Minderung des steuerlichen Gesamtgewinns der KG ist durch einen gleich hohen Ansatz des Anspruchs auf die Sondervergütung in der Sonderbilanz des Kommanditisten-Geschäftsführers oder bei entsprechender Vereinbarung anteilig in den Sonderbilanzen aller Kommanditisten unter Beachtung des Grundsatzes **korrespondierender Bilanzierung** auszugleichen.[93]

Beispiel:

Wie Beispiel in R. Rz. 53, jedoch wurde die Pensionszusage dem Kommanditisten A erteilt.

Die Lösung ist grundsätzlich dieselbe wie im Beispiel in R. Rz. 53; jedoch muss A in seiner Sonderbilanz nach dem Grundsatz der additiven Gewinnermittlung mit korrespondierender Bilanzierung eine Forderung in Höhe der von der KG passivierten Rückstellung aktivieren. Der steuerliche Gesamtgewinn der GmbH & Co. KG berechnet sich wie folgt:

Bilanz der KG	./. 530.000 €
Sonderbilanz der GmbH	0 €
Sonderbilanz A	+ 530.000 €
Steuerlicher Gesamtgewinn	0 €

Der Gewinn der KG ist nach dem allgemeinen Gewinnverteilungsschlüssel auf die GmbH und auf A zu verteilen. Der Gewinn aus der Sonderbilanz des A ist dagegen ausschließlich A zuzurechnen.

Übt die GmbH daneben noch eine ins Gewicht fallende, von der Tätigkeit der GmbH & Co. KG klar abgrenzbare gewerbliche Tätigkeit aus, ist die Pensionsrückstellung aufzuteilen. Soweit die Pensionszusage auf die Geschäftsführertätigkeit für die abgrenzbare gewerbliche Tätigkeit der GmbH entfällt, kann bzw. muss die GmbH in ihrer Steuerbilanz eine Pensionsrückstellung bilden. Soweit die Pensionszusage auf die Geschäftsführertätigkeit der GmbH & Co. KG entfällt, kann bzw. muss die GmbH in ihrer Sonderbilanz bei der GmbH & Co. KG eine Pensionsrückstellung bilden. Nur in Höhe der in der Sonderbilanz der GmbH passivierten Pensionsrückstellung ist entweder in der Sonderbilanz des Kommanditisten-Geschäftsführers oder anteilig in den Sonderbilanzen aller Kommanditisten unter Beachtung des Grundsatzes korrespondierender Bilanzierung eine Forderung zu aktivieren.[94]

---

[93] BFH vom 16.12.1992, BStBl II 1993, 792; BMF vom 29.01.2008, BStBl I 2008, 317, Rz. 12–14.
[94] Wegen der Angemessenheit der Pensionszusage an die Geschäftsführer der GmbH siehe BFH vom 08.11.2000, BStBl II 2005, 653, vom 20.12.2000, BStBl II 2005, 657, vom 07.11.2001, BStBl II 2005, 659, vom 04.09.2002, BStBl II 2002, 622, und vom 31.03.2004, BStBl II 2005, 664, m. w. N.; siehe auch Hottmann u. a., F. Rz. 75 ff.

R. GmbH & Co. KG

5.4 Dividenden der Komplementär-GmbH

56 Gehören die Beteiligungen der Gesellschafter der Komplementär-GmbH zu ihrem notwendigen oder gewillkürten Sonderbetriebsvermögen bei der GmbH & Co. KG,[95] stellen die Gewinnausschüttungen der GmbH bei diesen Kommanditisten Sonderbetriebseinnahmen dar.[96] Auch für diese Einnahmen gilt das Halbeinkünfteverfahren gem. § 3 Nr. 40 EStG. Andererseits rechnen Aufwendungen, die mit diesen Einnahmen in Zusammenhang stehen, z. B. Zinsen für ein zum Erwerb der Geschäftsanteile aufgenommenes Darlehen, zu den Sonderbetriebsausgaben.

> **Beispiel:**
>
> Eine GmbH ist als Komplementärin an einer GmbH & Co. KG beteiligt. Daneben übt sie keine gewerbliche Tätigkeit aus. An der GmbH sind A und B zu je 50 % beteiligt, die gleichzeitig Kommanditisten der GmbH & Co. KG sind. Der Gewinnanteil der GmbH im Rahmen der einheitlichen und gesonderten Gewinnfeststellung der GmbH & Co. KG für das Jahr 01 beträgt 30.000 €. Am 10.06.02 beschließt die Gesellschafterversammlung der GmbH, eine Dividende von insgesamt 20.000 € auszuschütten. Am 15.07.02 werden nach Abzug von 20 % Kapitalertragsteuer und 5,5 % Solidaritätszuschlag an A und B je ein Betrag von 7.890 € ausbezahlt.
>
> Bei A und B liegen im Zeitpunkt der Beschlussfassung der Gesellschafterversammlung (= 10.06.02) Sonderbetriebseinnahmen i. H. von je 10.000 € vor, weil ihre Geschäftsanteile zu ihrem notwendigen Sonderbetriebsvermögen gehören. Die Sonderbetriebseinnahmen sind je zur Hälfte (= je 5.000 €) gem. § 3 Nr. 40 d) EStG steuerfrei.
>
> Die einbehaltene KapSt wird bei den Einkommensteuerveranlagungen 02 der Gesellschafter A und B auf deren ESt-Schuld angerechnet (§ 36 Abs. 2 Nr. 2 EStG). Dasselbe gilt für den einbehaltenen Solidaritätszuschlag.

57 Wie im Beispiel dargestellt, ist der Dividendenanspruch der Kommanditisten gegenüber der Komplementär-GmbH i. d. R. erst dann zu aktivieren, wenn dieser entstanden ist.[97]

Die Konzernrechtsprechung des BGH,[98] die zur phasengleichen Aktivierung von Dividendenansprüchen geführt hatte, wurde vom BFH[99] – von äußerst seltenen Fällen abgesehen – und von der Finanzverwaltung[100] aufgegeben. Dies betrifft auch Personengesellschaften, die Gesellschafter einer GmbH sind, und gilt auch, wenn sich die GmbH-Beteiligungen im Sonderbetriebsvermögen II der Gesellschafter einer GmbH & Co. KG befinden.[101]

---

95 Siehe R. Rz. 45.
96 BFH vom 15.10.1975, BStBl II 1976, 188, und vom 05.12.1979, BStBl II 1980, 119.
97 BFH vom 02.04.1980, BStBl II 1980, 702, und vom 03.12.1980, BStBl II 1981, 184.
98 BGH vom 03.11.1975, BGHZ 65, 230; BFH vom 08.03.1989, BStBl II 1989, 714.
99 BFH vom 07.08.2000, GrS, BStBl II 2000, 632.
100 BMF vom 11.10.2000, BStBl I 2000, 1510.
101 BFH vom 31.10.2000, BStBl II 2001, 185.

5.5 Körperschaftsteuerguthaben der Komplementär-GmbH

Ist bei der Komplementär-GmbH noch ein KSt-Guthaben aus der Zeit der Anwendung des Anrechnungsverfahrens vorhanden, wird dieses nach § 37 Abs. 4 KStG im **Regelfall** letztmalig auf den **31.12.2006 ermittelt** (nicht im Rahmen einer gesonderten Feststellung festgestellt).

58

Dieses Guthaben wird in den Jahren **2008 bis 2017** jeweils am 30.09. von Amts wegen mit jeweils $^1/_{10}$ an die Kapitalgesellschaft ausgezahlt. Im Jahr 2008 kann es zu einer späteren Auszahlung kommen, wenn der Bescheid über die Festsetzung des KSt-Guthabens erst nach dem 31.08.2008 bekannt gegeben wird. Dabei stellt § 37 Abs. 5 Satz 6 KStG, wonach § 10 d Abs. 4 und 5 EStG sinngemäß gilt, klar, dass ein Bescheid über die Festsetzung des KSt-Guthabens zu erlassen, aufzuheben oder zu ändern ist, wenn sich die Grundlagen für die Ermittlung des KSt-Guthabens ändern. Diese Situation kann sich insbesondere aufgrund der Ergebnisse einer steuerlichen Außenprüfung ergeben.

Dieses KSt-Guthaben stellt bei der GmbH eine – im Regelfall – am 31.12.2006 entstandene – aber nicht sofort fällige –, nach § 37 Abs. 4 Satz 5 KStG **unverzinsliche** Forderung dar. Diese Forderung ist grundsätzlich in der Bilanz zum **31.12.2006** auszuweisen, bei abweichenden Wirtschaftsjahren dagegen in der Bilanz, die als erste nach der letztmaligen Feststellung des KSt-Guthabens aufgestellt wird. Durch die Einbuchung der Forderung entsteht in der Buchführung ein Ertrag, der nach § 37 Abs. 7 KStG nicht zu den Einkünften i. S. des EStG gehört. Das bedeutet, bei der Ermittlung des Einkommens ist der Betrag abzuziehen und als steuerfrei zu behandeln.[102]

Die Forderung ist nach den allgemein gültigen Bilanzierungsregeln **abzuzinsen**. Der dabei entstehende Aufwand und der künftige Ertrag durch die Neubewertung der Forderung dürfen das Einkommen ebenfalls nicht beeinflussen. Sie sind also bei der Einkommensermittlung außerhalb der Buchführung hinzuzurechnen bzw. zu kürzen.

Erhöht sich bei der GmbH nachträglich das KSt-Guthaben, d. h., wird ihre Forderung höher, ist der Erhöhungsbetrag auf die restlichen Auszahlungstermine des Auszahlungszeitraums gleichmäßig zu verteilen.

Ermäßigt sich dagegen bei der GmbH nachträglich das KSt-Guthaben, ist zu ermitteln, in welcher Höhe noch ein Restguthaben besteht, und dieses ist auf die restlichen Termine gleichmäßig zu verteilen. Ist die Ermäßigung so hoch, dass sich eine Überzahlung ergibt, muss der Differenzbetrag innerhalb eines Monats nach Bekanntgabe des geänderten Bescheids über den Anspruch auf das KSt-Guthaben an das Finanzamt entrichtet werden.

Beträgt der nach § 37 Abs. 5 Satz 1 und 3 KStG festgesetzte Anspruch auf Auszahlung des Körperschaftsteuerguthabens nicht mehr als 1.000 Euro, ist

---

102 BFH vom 15.07.2008, BStBl II 2008, 886.

er aus Billigkeitsgründen in einer Summe auszuzahlen. Für die Auszahlung des Einmalbetrags gilt § 37 Abs. 5 Satz 5 KStG entsprechend.[103]

Erhöht sich der Anspruch später durch eine geänderte Festsetzung auf einen Betrag von mehr als 1.000 Euro, ist der ausgezahlte Betrag nicht zurückzufordern, um den Vereinfachungseffekt nicht zu beeinträchtigen. Ergibt sich aus der geänderten Festsetzung ein Auszahlungsanspruch, der den bisher ausgezahlten Einmalbetrag um nicht mehr als 1.000 Euro übersteigt, ist der übersteigende Betrag ebenfalls in einer Summe auszuzahlen. Ein höherer übersteigender Betrag ist nach § 37 Abs. 6 Satz 1 KStG auf die verbleibenden Fälligkeitstermine des Auszahlungszeitraums zu verteilen.

Beispiel 1:
Der Bescheid über die Festsetzung des KSt-Guthabens wurde am 15.07.2008 bekannt gegeben. Das Guthaben wurde mit 8.000 € festgesetzt, der jährliche Auszahlungsbetrag mit 800 € ermittelt. Nach einer Außenprüfung ergibt sich, dass das KSt-Guthaben am 31.12.2006 nur 6.000 € betragen hat. Der Bescheid vom 15.07.2008 wird am 19.11.2009 geändert. Zu diesem Zeitpunkt sind die Raten für 2008 und 2009 bereits ausbezahlt.

Das verbleibende KSt-Guthaben beträgt noch (6.000 € ./. 800 € ./. 800 € =) 4.400 €. Dieser Betrag ist in den Jahren 2010 – 2017 in acht gleichen Beträgen von 550 € jeweils am 30.09. auszuzahlen.

Beispiel 2:
Wie Beispiel 1, aber bei der Außenprüfung ergibt sich, dass das KSt-Guthaben am 31.12.2006 nur 1.000 € betragen hat.

Es ergibt sich eine Überzahlung von (1.000 € ./. 800 € ./. 800 € =) 600 €. Dieser Betrag ist spätestens am 29.12.2009 fällig.

5.6 Zwangsversteuerung von ehemaligem EK 02 der Komplementär-GmbH

59 Durch das Jahressteuergesetz wurde im Regelfall der Teilbetrag EK 02 und damit die ausschüttungsabhängige KSt-Erhöhung abgeschafft. Die betroffene Komplementär-GmbH **muss** nach § 37 Abs. 5 KStG das auf den Beständen des Teilbetrags EK 02 zum 31.12.2006 lastende KSt-Erhöhungspotenzial in **zehn gleichen Jahresraten** jeweils am **30.09.** der Jahre **2008 bis 2017** an das Finanzamt entrichten, allerdings zu einem sehr moderaten Ablösungstarif, nämlich nur mit $^3/_{100}$ **des Schlussbestands** dieses Teilbetrags.

Aus diesem Grund wird der Teilbetrag EK 02 im Regelfall letztmalig zum 31.12.2006 ermittelt und festgestellt. Nach der Kleinbetragsregelung in § 37 Abs. 5 Satz 3 KStG ist ein am 31.12.2006 noch vorhandener KSt-Erhöhungsbetrag nur festzusetzen, wenn er 1.000 Euro übersteigt. Dies entspricht einem Bestand des EK 02 i. H. von 33.366 Euro. Diese Kleinbetragsregelung

---

103 BMF vom 21.07.2008, BStBl I 2008, 741.

wird bei den meisten Komplementär-GmbHs dazu führen, dass eine ablösende KSt-Erhöhung nicht zu zahlen ist.

Der nach § 38 Abs. 6 Satz 8 KStG **nicht verzinsliche** Anspruch des Finanzamts entsteht gem. § 38 Abs. 6 Satz 3 KStG kraft Gesetzes am 01.01.2007. Die von einer Nachzahlung betroffenen Kapitalgesellschaften müssen ihre Zahlungsverpflichtung erstmals in der Bilanz auf den ersten nach dem 01.01.2007 fallenden Bilanzstichtag passivieren. Die Verpflichtung ist mit **5,5 % abzuzinsen**. Der sich dadurch im Wirtschaftsjahr der erstmaligen Passivierung ergebende Ertrag ist außerhalb der Buchführung zu **neutralisieren**. In den Folgejahren führt jeweils der Unterschiedsbetrag zwischen der jährlichen Zahlung und der Verringerung der Gesamtverbindlichkeit (Zinsanteil) zu einem bilanziellen Aufwand, der ebenfalls außerbilanziell zu neutralisieren ist.

Bei Entrichtung des KSt-Erhöhungsbetrags in **einer Summe** statt in zehn Jahresbeträgen wird nach § 37 Abs. 7 Satz 3 KStG der Ablösungsbetrag mit 5,5 % **abgezinst**. Der Antrag ist zu allen Stichtagen bis 2015 möglich, letztmals am 30.09.2015 (§ 37 Abs. 7 Satz 2 KStG). Bei späterer Antragstellung bezieht sich der Antrag nur noch auf die dann noch offenen Jahresraten. Raten für zurückliegende Zeiträume müssen ohne Abschlag gezahlt werden. Wird der Antrag gestellt, ist zu dem auf den Zeitpunkt der Antragstellung folgenden Zahlungstermin die Summe aller noch ausstehenden Jahresbeträge, abgezinst mit 5,5 %, zu entrichten.

Wird der Bescheid über die Festsetzung des KSt-Erhöhungsbetrags aufgehoben oder geändert, ist nach § 38 Abs. 10 KStG u. a. § 36 Abs. 6 KStG entsprechend anzuwenden. Das bedeutet: Bei einer Erhöhung des KSt-Erhöhungsbetrags ist der Mehrbetrag innerhalb eines Monats nach Bekanntgabe des Änderungsbescheids an das Finanzamt zu entrichten. Bei einer Minderung des KSt-Erhöhungsbetrags ist die verbleibende Zahlungsverpflichtung gleichmäßig auf die verbleibenden Fälligkeitstermine des Zahlungszeitraums zu verteilen, d. h., es kommt zu einer entsprechenden Minderung der noch ausstehenden Jahresbeträge.

5.7 Beirats- und Aufsichtsratsvergütungen

5.7.1 Aufsichtsorgan bei der GmbH & Co. KG

Besteht bei einer GmbH & Co. KG ein Aufsichtsrat, ein Verwaltungsrat oder ein Beirat und erhalten deren Mitglieder eine Vergütung, so ist zu unterscheiden:

— Sind die Mitglieder dieser Organe keine Mitunternehmer der GmbH & Co. KG, so erzielen sie Einkünfte aus sonstiger selbständiger Arbeit i. S. von § 18 Abs. 1 Nr. 3 EStG. Die GmbH & Co. KG kann diese Vergütungen in voller Höhe als Betriebsausgaben abziehen. § 10 Nr. 4 KStG

R. GmbH & Co. KG

ist nicht zu beachten, weil die GmbH & Co. KG eine Personengesellschaft ist.

— Sind die Mitglieder dieser Organe dagegen Mitunternehmer der GmbH & Co. KG, gehören diese Vergütungen zu den Einkünften aus Gewerbebetrieb i. S. von § 15 Abs. 1 Satz 1 Nr. 2 EStG und erhöhen den steuerlichen Gesamtgewinn der KG. In der Steuerbilanz der GmbH & Co. KG werden diese Vergütungen weiterhin in voller Höhe als Betriebsausgaben abgezogen.

5.7.2 Aufsichtsorgan bei der Komplementär-GmbH

61 Besteht ein Aufsichtsrat, ein Verwaltungsrat oder ein Beirat unmittelbar bei der GmbH und erhalten dessen Mitglieder eine Vergütung, so ist zu unterscheiden:

a) Das Organ wird nur in eigenen Angelegenheiten der GmbH tätig

62 Die Mitglieder dieser Organe erzielen, unabhängig davon, ob sie an der GmbH und/oder an der GmbH & Co. KG beteiligt sind oder nicht, Einkünfte aus sonstiger selbständiger Arbeit i. S. von § 18 Abs. 1 Nr. 3 EStG. Die GmbH kann ihre Auslagen wegen des Teilabzugsverbots des § 10 Nr. 4 KStG nur zur Hälfte als Betriebsausgaben abziehen.

b) Das Organ wird nur in Angelegenheiten der GmbH & Co. KG tätig

63 Unabhängig davon, ob die Mitglieder dieser Organe ihre Vergütungen von der GmbH oder von der GmbH & Co. KG erhalten, liegen bei ihnen Einkünfte aus sonstiger selbständiger Arbeit i. S. von § 18 Abs. 1 Nr. 3 EStG vor, wenn sie an der GmbH & Co. KG nicht beteiligt sind, und Einkünfte aus Gewerbebetrieb i. S. von § 15 Abs. 1 Satz 1 Nr. 2 EStG, wenn sie an der GmbH & Co. KG beteiligt sind. Bei der GmbH stellen die Aufwendungen in allen Fällen in voller Höhe Sonderbetriebsausgaben dar und sind im Rahmen der einheitlichen und gesonderten Gewinnfeststellung der GmbH & Co. KG zu erfassen. Das Teilabzugsverbot des § 10 Nr. 4 KStG ist nicht zu beachten, weil die Besteuerungsgrundsätze der Personengesellschaft anzuwenden sind. Erhält die GmbH von der GmbH & Co. KG einen Ersatz ihrer Aufwendungen, liegen bei der GmbH Sonderbetriebseinnahmen vor. Die GmbH & Co. KG kann diese Auslagen als Betriebsausgaben abziehen.

c) Das Organ wird sowohl in Angelegenheiten der GmbH als auch der GmbH & Co. KG tätig

64 Soweit die Vergütungen gezahlt werden für Angelegenheiten der GmbH, sind die Ausführungen zu a), soweit sie für Angelegenheiten der GmbH & Co. KG gezahlt werden, sind die Ausführungen zu b) entsprechend anzuwenden.

5.8 Gründungskosten der Komplementär-GmbH und der GmbH & Co. KG

Die Gründungskosten der GmbH & Co. KG sind nach den für Personengesellschaften geltenden Grundsätzen als Betriebsausgaben abziehbar.

65

Die Gründungskosten der GmbH sind keine Sonderbetriebsausgaben, selbst wenn die GmbH nur zu dem Zweck gegründet wurde, Komplementärin einer GmbH & Co. KG zu sein. Sie sind vielmehr originäre Betriebsausgaben der GmbH, die im Rahmen ihrer Körperschaftsteuerveranlagung zu berücksichtigen sind.

Ebenfalls nicht zu den Sonderbetriebsausgaben, sondern zu ihren originären Betriebsausgaben gehören die Aufwendungen einer Komplementär-GmbH, die nicht unmittelbar durch die Beteiligung an der GmbH & Co. KG veranlasst sind, z. B. Kosten für die Erstellung des Jahresabschlusses der GmbH sowie Beiträge für die Industrie- und Handelskammer.[104]

Die beim Wechsel im Gesellschafterbestand einer Personengesellschaft nach § 1 Abs. 2 a GrErwStG und bei der Anteilsvereinigung nach § 1 Abs. 3 GrErwStG anfallende Grunderwerbsteuer gehört in beiden Fällen nach Auffassung der Finanzverwaltung[105] – entgegen der überwiegenden Literaturmeinung – nicht zu den sofort abzugsfähigen Betriebsausgaben oder Werbungskosten, sondern stellt Anschaffungskosten i. S. des § 255 Abs. 1 HGB der GmbH-Anteile dar.

5.9 Sonstige Vergütungen

Vermietet der Kommanditist der GmbH & Co. KG, der auch Gesellschafter der GmbH ist, ein Wirtschaftsgut an die GmbH und vermietet diese es an die GmbH & Co. KG weiter, gehört das Wirtschaftsgut zum notwendigen Sonderbetriebsvermögen des Kommanditisten.[106] Folglich gehören die Vergütungen zu den Sonderbetriebseinnahmen i. S. von § 15 Abs. 1 Satz 1 Nr. 2 EStG und mit diesen Wirtschaftsgütern im Zusammenhang stehende Aufwendungen zu den Sonderbetriebsausgaben.

66

---

104 BFH vom 18.05.1995, BStBl II 1996, 295.
105 LfSt Bayern vom 20.08.2007, DStR 2007 S. 1679, unter Hinweis auf FG München vom 21.06.2005, EFG 2007 S. 252.
106 Siehe R. Rz. 45.

6 Gewinnverteilung

6.1 Allgemeines

67 Der BFH hat die Grundsätze für die steuerliche Anerkennung der Gewinnverteilung bei einer GmbH & Co. KG in mehreren Urteilen zusammengefasst.[107] Danach sind die besonderen Grundsätze, wie sie bei Familienpersonengesellschaften und für verdeckte Gewinnausschüttungen gelten, entsprechend anzuwenden. Das bedeutet, vertragliche Vereinbarungen der Gesellschafter über die Gewinnverteilung können nur dann steuerliche Anerkennung finden, wenn sie keine Abreden enthalten, die unter Fremden nicht getroffen werden.

6.2 Gewinnverteilung bei kapitalmäßiger Beteiligung der Komplementär-GmbH

68 Der Gewinnanteil der GmbH muss ihrem Beitrag zur Erzielung des Gewinns der GmbH & Co. KG entsprechen. Beiträge der GmbH sind insbesondere die Führung der Geschäfte für die GmbH & Co. KG, die Übernahme der persönlichen, unbeschränkten Haftung für die Verbindlichkeiten der GmbH & Co. KG und die Leistung einer Kapitaleinlage.

Deshalb ist die Gewinnbeteiligung der GmbH angemessen, wenn sie **auf Dauer**

— **Ersatz ihrer Auslagen** und

— **eine den Kapitaleinsatz und das evtl. vorhandene Haftungsrisiko gebührend berücksichtigende Beteiligung am Gewinn**

einräumt, mit der sich eine aus gesellschafterfremden Personen bestehende GmbH zufriedengegeben hätte.

Wichtig: Der vertraglichen Gestaltung der Beteiligten kann nur dann nicht gefolgt werden, wenn sich ernste Bedenken gegen die Angemessenheit der Gewinnverteilung ergeben, die zu einer **wesentlich** anderen Gewinnverteilung führen würden.

Zeitlich gesehen, muss der Ersatz der Aufwendungen nicht sofort entrichtet werden. Zwischen der GmbH & Co. KG und der GmbH kann – steuerlich wirksam – auch vereinbart werden, dass die KG die Vergütung im Wege eines abgekürzten Zahlungsweges sofort an den begünstigten Gesellschafter der KG und der GmbH – u. U. zu einem wesentlich späteren Fälligkeitszeitpunkt – ausbezahlt. Derartige Vereinbarungen sind vor allem bei Gewährungen von Pensionszusagen anzutreffen. In diesen Fällen muss die GmbH & Co. KG ihren Aufwand im Wege einer Rückstellung für ungewisse

---

107 BFH vom 15.11.1967 und vom 25.04.1968, BStBl II 1968, 152, 174, 175, 307 und 741.

6 Gewinnverteilung

Verbindlichkeiten passivieren und die GmbH muss einen Aufwendungsersatzanspruch in derselben Höhe als Forderung aktivieren.[108]

6.2.1 Angemessene Vergütung für Geschäftsführung

Es reicht aus, wenn der GmbH sämtliche Aufwendungen ersetzt werden, die ihr im Zusammenhang mit ihrer geschäftsführenden Tätigkeit entstehen. Ein Gewinnzuschlag auf diese Aufwendungen braucht der GmbH nicht zugestanden zu werden.[109] Sofern die GmbH noch einen eigenen Geschäftsbetrieb hat, kann sich der Ersatz auf die Gehälter einschließlich der sozialen Aufwendungen beschränken. Das Gleiche gilt, wenn die GmbH nicht nur Geschäftsführerin der GmbH & Co. KG ist, sondern dieser auch noch Wirtschaftsgüter zur Verfügung stellt oder ihr Darlehen gewährt. Erschöpft sich die Tätigkeit der GmbH dagegen in der Geschäftsführung, gehen viele Finanzämter – u. E. zu Recht – davon aus, dass Geschäftsführungskosten die gesamten Kosten der GmbH sind.

69

6.2.2 Angemessene Vergütung für darlehens- und pachtweise überlassenes Vermögen der GmbH

Die Vergütungen (Zins, Pacht) sind angemessen, wenn sie den unter gesellschaftsfremden Personen üblichen Bedingungen entsprechen. Auf klare und eindeutige Vereinbarungen ist zu achten. Nicht vergessen werden darf die Verzinsung eines etwaigen Guthabens der GmbH auf dem Verrechnungskonto in der KG, wenn der Gesellschaftsvertrag eine Verzinsung vorsieht.

70

6.2.3 Angemessene Vergütung für die kapitalmäßige Beteiligung

Eine Vergütung ist i. d. R. angemessen, wenn die durchschnittliche Rendite der GmbH für ihre Beteiligung der Vergütung der übrigen Gesellschafter für den Kapitaleinsatz entspricht. Bei Überprüfung der angemessenen Rendite sind die Beiträge aller Gesellschafter mit den tatsächlichen Werten zu berücksichtigen.

71

Der BFH[110] hat konkrete Zahlen angegeben, an denen sich die Praxis orientieren kann. Er sieht i. d. R. eine Rendite von **20 % des Kapitaleinsatzes** als angemessen an, stellt aber klar, dass eine niedrigere Rendite bei besonderen Umständen (z. B. Aufbaujahre oder schlechte Ertragslage) nicht ausgeschlossen ist. Hottmann/Fanck[111] sehen dagegen in Anlehnung an das Stuttgarter Verfahren eine Rendite von 10 % zuzüglich 3 % für das Haftungsrisiko als angemessen an.

---

108 BFH vom 07.02.2002, BStBl II 2005, 88; siehe im Einzelnen R. Rz. 53 mit dem dortigen Beispiel.
109 Binz, S. 304.
110 BFH vom 15.11.1967, BStBl II 1968, 152.
111 Siehe Fall 56.

6.2.4 Angemessene Vergütung für das Haftungsrisiko

72 Der GmbH steht eine besondere Risikoprämie zu, weil sie mit ihrem gesamten Vermögen für die Verbindlichkeiten der GmbH & Co. KG haftet.[112]

Die zu berücksichtigende Belastung der GmbH besteht aber nach Auffassung des BFH in der Regel nur darin, dass sie u. U. mit dem **über ihre Einlage** hinaus etwa vorhandenen Vermögen für die Verbindlichkeiten der GmbH & Co. KG haftet.

Dabei gilt:

— Ist das zusätzliche Vermögen der GmbH unerheblich, kann es für die Bemessung einer Haftungsrisikoentschädigung außer Betracht bleiben.

— Tritt die GmbH in ein Unternehmen ein, in dem ihre Haftung wahrscheinlich nicht aktuell werden wird, ist eine Haftungsrisikoentschädigung ebenfalls nicht erforderlich.

Liegt ein besonderes Haftungsrisiko vor, so kann die Vergütung entsprechend einer banküblichen Avalprovision (2 % bis 6 %) auf denjenigen Teil des Gesamtvermögens der GmbH berechnet werden, der über die Kapitaleinlage der GmbH bei der GmbH & Co. KG hinausgeht,[113] wobei allerdings als Obergrenze der Betrag der ungesicherten Schulden anzusetzen wäre.[114]

Zusammenfassend lässt sich sagen: Tritt eine neu gegründete GmbH in ein wirtschaftlich gesundes Unternehmen als Komplementär ein und leistet sie in Höhe ihres Stammkapitals eine Kapitaleinlage, braucht eine Haftungsrisikoentschädigung nicht gezahlt zu werden.

6.2.5 Form der Gewinnverteilung

73 Es ist grundsätzlich unerheblich, ob die oben genannten Leistungen der GmbH bei der Gewinnverteilung einzeln berücksichtigt werden oder ob die Vergütung für die im Einzelnen zu berücksichtigenden Faktoren mit einem einheitlichen Prozentsatz vom Gewinn abgegolten werden. Entscheidend ist nur, dass nach den Erkenntnismöglichkeiten im Zeitpunkt der Gewinnverteilungsabrede für die GmbH ein Entgelt zu erwarten ist, das im Durchschnitt zu einer angemessenen Vergütung aller Leistungen der GmbH führt.

Das bedeutet: Im Normalfall reicht folgende Gewinnverteilung für die GmbH aus:

1. Ersatz sämtlicher Aufwendungen für die Geschäftsführung und
2. Verzinsung der Kapitaleinlage in Höhe von 20 %.

Der GmbH fließen dann Jahr für Jahr fixe Beträge zu.

---

112 BFH vom 15.11.1967 und vom 25.04.1968, BStBl II 1968, 152, 174, 175, 307 und 741.
113 OFD Hannover vom 27.05.1969, GmbHR 1970 S. 23.
114 Siehe unten R. Rz. 78; Hesselmann, Rz. 203.

6.3 Gewinnverteilung, wenn die Komplementär-GmbH weder am Kapital noch an den stillen Reserven der KG beteiligt ist

6.3.1 Allgemeines

Hat die GmbH keine Vermögenseinlage erbracht (Regelfall), entfällt die Notwendigkeit, der GmbH ein Entgelt für ihren Kapitaleinsatz zu gewähren, da sie die Möglichkeit hat, ihr Vermögen anderweitig ertragbringend anzulegen, und so eine angemessene Rendite der eingezahlten Stammeinlagen der Gesellschafter erwirtschaften kann.[115]

74

Dagegen hat die GmbH selbstverständlich auch in diesem Fall einen Anspruch auf angemessene Vergütung für darlehens- oder pachtweise der GmbH & Co. KG überlassenes Vermögen sowie auf Ersatz ihrer Auslagen für die Geschäftsführertätigkeit.

6.3.2 Angemessene Vergütung für das Haftungsrisiko

Damit die Gewinnbeteiligung der GmbH als angemessen angesehen werden kann, muss die GmbH ein Entgelt dafür erhalten, dass sie die Komplementär-Funktion innerhalb der GmbH & Co. KG innehat und damit das besondere Risiko eingeht, für die Schulden der GmbH & Co. KG in Anspruch genommen zu werden, ohne dafür im Insolvenzfall aus dem Gesellschaftsvermögen der GmbH & Co. KG Ersatz zu erhalten.[116]

75

Ein Anhaltspunkt für die Höhe dieses Entgelts, das fest oder gewinnabhängig sein kann, ist eine im Wirtschaftsleben übliche Avalprovision. Zu berücksichtigen ist dabei, dass das Risiko der GmbH vielfach höher zu veranschlagen ist, z. B. wenn der KG-Vertrag für die GmbH auf längere Zeit unkündbar ist, das Haftungsrisiko also langfristig übernommen wird. Es ist daher zu prüfen, ob und in welchem Umfang die GmbH ggf. ihr Risiko durch Kündigung des Gesellschaftsverhältnisses und Ausscheiden aus der KG begrenzen kann.

Als angemessene Vergütung für die Übernahme des Haftungsrisikos kann – je nach dem Gewicht des Risikos im Einzelfall – eine Avalprovision zwischen 2 % und 6 % des Stammkapitals der GmbH als ausreichend angesehen werden.[117] Dabei muss die Möglichkeit eines etwaigen Ausfalls in gewinnlosen Jahren durch einen entsprechend höheren Vergütungssatz berücksichtigt werden.

Wichtig: Eine Gewinnverteilungsabrede, die im Zeitpunkt ihrer Vereinbarung diesen Grundsätzen entspricht, kann dann zu einer verdeckten Gewinnausschüttung führen, wenn sich die wirtschaftliche Lage der KG verändert und insbesondere das Haftungsrisiko so steigt, dass eine aus fremden

---

115 BFH vom 03.02.1977, BStBl II 1977, 346.
116 BFH vom 15.11.1967, BStBl II 1968, 152.
117 BFH vom 03.02.1977, BStBl II 1977, 346.

R. GmbH & Co. KG

Gesellschaftern bestehende GmbH das Gesellschaftsverhältnis kündigen und entweder aus der KG ausscheiden oder ein wesentlich höheres Leistungsentgelt fordern und erhalten würde.

6.4 Änderung der Gewinnverteilung

76 Bei einer Änderung der Gewinnverteilung zu Lasten der GmbH und zugunsten der Kommanditisten, die gleichzeitig an der GmbH beteiligt sind, ist immer zu prüfen, ob eine verdeckte Gewinnausschüttung vorliegt. Dies ist nach Auffassung des BFH[118] dann nicht der Fall, wenn ein ordentlicher und gewissenhafter Geschäftsleiter der Änderung zugestimmt hätte, weil sich der der GmbH verbleibende Gewinnanteil immer noch als hochwertig darstellt und weil die GmbH nach den Umständen des Einzelfalles bei einem Ausscheiden des Kommanditisten durch Kündigung außerstande gewesen wäre, das Unternehmen mit ähnlichem Erfolg allein fortzuführen.[119]

6.5 Verdeckte Gewinnausschüttung bei der GmbH & Co. KG

6.5.1 Grundsatz

77 Verdeckte Gewinnausschüttungen sind vor allem denkbar, wenn die Gesellschafter der GmbH gleichzeitig Kommanditisten der KG sind oder diesen zumindest nahestehen. Von dieser Fallgestaltung wird im Folgenden ausgegangen. Werden in einem solchen Fall der KG von der (Komplementär-) GmbH Vorteile zugewendet, die ein ordentlicher, gewissenhafter, fremder Geschäftsführer einem Dritten nicht gewähren würde, liegen verdeckte Gewinnausschüttungen (vGA) vor (vgl. R 36 Abs. 1 KStR).

6.5.2 Einzelfälle der verdeckten Gewinnausschüttung

a) Gewinnverteilungsabrede

78 Ist die Gewinnbeteiligung der Komplementär-GmbH an einer GmbH & Co. KG unangemessen niedrig, so liegt darin eine vGA zugunsten der Kommanditisten.

> **Beispiel:**
> Die X-GmbH hat eine Einlage von 50.000 € in die Z-KG geleistet. Die Einlage der beiden Kommanditisten, die gleichzeitig GmbH-Gesellschafter sind, beträgt ebenfalls je 50.000 €. Nach der Gewinnverteilungsabrede sollen die GmbH 10 %, die Kommanditisten je 45 % des Gewinns (nach Berücksichtigung der Geschäftsführungsvergütung und des Haftungsrisikos) erhalten.

---

118 BFH vom 25.11.1976, BStBl II 1977, 477.
119 Wegen der allgemeinen Ausführungen zur Änderung der Gewinnverteilung siehe B. Rz. 366 ff.

6 Gewinnverteilung

Bezogen auf den Kapitaleinsatz müsste jedem Gesellschafter 33¹/₃ %-Anteil am Gewinn zustehen.

Durch den Verzicht der GmbH auf einen angemessenen Gewinnanteil (33¹/₃ %) steigt automatisch der Gewinn der Kommanditisten. Daher ist eine vGA gegeben.

Werden die Gewinnanteile im Verhältnis der Einlagen bemessen und der GmbH der Ersatz ihrer Auslagen zugesagt sowie das evtl. vorhandene Haftungsrisiko durch einen entsprechenden Vorabgewinnanteil (ca. 2–6 % des GmbH-Vermögens) berücksichtigt, so ist die Gewinnverteilungsabrede angemessen. **Keine vGA** liegt aber vor, wenn die GmbH **keine Einlage** leistet und daher insoweit kein Gewinnanspruch vereinbart wurde. Die GmbH erhält in diesem Fall nur Auslagenersatz und das Haftungsrisiko vergütet. Dies ist zulässig.

b) Geschäftsführungsvergütung

Erhält die GmbH, die die Geschäftsführung der KG übernommen hat, eine unangemessen niedrige Vergütung, so ist der Differenzbetrag zur angemessenen Vergütung als vGA zu behandeln. Die GmbH muss als „angemessene Vergütung" mindestens Ersatz der ihr entstehenden Geschäftsführungskosten (Gehalt des Geschäftsführers, evtl. Bürokosten usw.) erhalten. Es ist allerdings nicht notwendig, dass ihr die entstandenen Kosten im Sinne einer Vorabvergütung ersetzt werden; es genügt auch, wenn der entsprechend höhere Gewinnanteil neben einer angemessenen Kapitalverzinsung und Haftungsprämie diese Kosten mit abdeckt. Einfacher ist aber eine vertragliche Vereinbarung, bei der die KG Kostenersatz vorweg zusichert. Damit steht der GmbH diese Sondervergütung auch bei Verlusten der KG zu. Die Problematik einer vGA wird dadurch vermieden.

Häufig wird die Geschäftsführervergütung aber auch direkt von der KG ausbezahlt. Selbst wenn in diesem Fall die Geschäftsführervergütung unangemessen niedrig sein sollte, liegt hier keine vGA vor, da durch die niedrige Gehaltszahlung der KG-Gewinn und damit auch der Gewinnanteil der GmbH steigt. Sicherlich eine überlegenswerte Methode.

c) Übernahme des Haftungsrisikos

Hat die GmbH eigenes Vermögen, das über die evtl. geleistete Einlage bei der GmbH hinausreicht, so unterliegt dieses Vermögen einem besonderen Haftungsrisiko, da die GmbH als Komplementär im Insolvenzfall dafür geradestehen muss. Für die Übernahme dieses erweiterten Haftungsrisikos muss der GmbH eine Sondervergütung zugebilligt werden, wenn dieses Risiko nicht bereits in der normalen Gewinnverteilungsabrede berücksichtigt wurde. Als angemessen werden hier die für Avalprovisionen üblichen Prozentsätze zwischen 2 % und 6 %, bezogen auf das vorhandene GmbH-Vermögen, je nach Wahrscheinlichkeit der Inanspruchnahme angesehen. Ist dieses Risiko nicht berücksichtigt, so liegt eine vGA vor. Es ist empfehlens-

R. GmbH & Co. KG

wert, diese Haftungsvergütung als Gewinnvorab auszugestalten. Sie ist auch in Verlustjahren zu gewähren.

d) Nutzungsüberlassungen

81 Überlässt die GmbH ihrer KG Wirtschaftsgüter, z. B. Grundstücke, zur Nutzung, so hat sie dafür – anders als die übrigen Gesellschafter – ein angemessenes Entgelt zu verlangen. Tut sie das nicht, so erhöht sich dadurch der auf die Gesellschafter zu verteilende Gesamtgewinn. Da dieser erhöhte Gewinnanteil nicht zuerst die GmbH durchlaufen hat, sondern diese darauf verzichtet hat, ist eine vGA gegeben („verhinderte Vermögensmehrung"). Dies führt zu einer Erhöhung der Körperschaftsteuer. Die „Ausschüttung" selbst ist bei den Gesellschaftern nicht mehr zu berücksichtigen, da sie bereits im erhöhten Gewinnanteil dieser Gesellschafter erfasst ist. Für diesen Teil des Gewinns gilt das Halb- bzw. ab 2009 das Teileinkünfteverfahren.

6.5.3 Folgen einer verdeckten Gewinnausschüttung

82 Schüttet die GmbH die ihr aus der KG zugeflossenen Gewinnanteile im Rahmen einer vGA z. B. in Form von Kauf- oder Mietverträgen an ihre Gesellschafter aus, dann gelten hierfür normale Grundsätze: Das steuerliche Einkommen der GmbH wird erhöht, die KSt entsprechend festgesetzt, und beim Anteilseigner, dem die vGA zuzurechnen ist, werden die Einkünfte nach dem Halb- bzw. Teileinkünfteverfahren erfasst. Während aber die Einkommenserhöhung der GmbH **außerhalb des einheitlichen und gesonderten Gewinnfeststellungsverfahrens** durchzuführen ist und den steuerlichen Gewinn der Mitunternehmerschaft nicht berührt, sind die verdeckten Ausschüttungen im Jahr ihres Entstehens im Rahmen der einheitlichen und gesonderten Gewinnausschüttung als Sonderbetriebseinnahmen der Kommanditisten zu erfassen. Dies setzt voraus, dass die GmbH-Anteile den Kommanditisten gehören und ihnen daher als notwendiges Sonderbetriebsvermögen zuzurechnen sind.

83 Erfolgt die vGA in der Form, dass die GmbH gegenüber der KG **auf Einnahmen verzichtet**, z. B. durch nicht vollständigen Ersatz des Geschäftsführeraufwands, so ist das Einkommen der GmbH entsprechend zu erhöhen. Dies geschieht im Rahmen der einheitlichen und gesonderten Gewinnfeststellung durch Erhöhung des steuerlichen GmbH-Gewinnanteils. Da sich bei den Gesellschaftern die vGA durch einen höheren Handelsbilanzgewinnanteil bereits niedergeschlagen hat, ist ihnen nichts mehr zuzurechnen.

Beispiel:

K 1 und K 2 sind mit 50 % an der X-GmbH & Co. KG beteiligt. Der Handelsbilanzgewinn 06 beträgt 100.000 €. Laut Gesellschaftsvertrag soll der Gewinn auf die Kommanditisten im Verhältnis 50:50 verteilt werden. Die Geschäftsführung hat ein fremder Dritter übernommen, der von der KG direkt bezahlt wurde. Für die Übernahme des Haftungsrisikos wäre ein Gewinnanteil der GmbH i. H. von 5.000 € angemessen, der jedoch nicht bezahlt wurde.

An der handelsrechtlichen Gewinnverteilung von je 50.000 € für K 1 und K 2 ist nichts zu ändern. Ihnen stehen steuerlich an sich nur je 47.500 € und der GmbH 5.000 € zu, jedoch ist den Kommanditisten bereits die vGA durch den Gewinnverzicht der GmbH (= 5.000 €) zugeflossen. Da die GmbH-Anteile zum Sonderbetriebsvermögen der Gesellschafter gehören, sind die „Ausschüttungen" dem Grunde nach Sonderbetriebseinnahmen. Diese 5.000 € Sonderbetriebseinnahmen sind aber vor ihrer „Ausschüttung" an die GmbH-Gesellschafter-Kommanditisten auch bei der GmbH als Ertrag steuerlich zu erfassen. Es muss also so getan werden, als hätte die GmbH diesen Gewinnanteil von 5.000 € erhalten, versteuert und dann sofort an die Gesellschaft ausgekehrt. Die Gewinnfeststellung hat daher folgendes Bild:

	HB-Gewinn-anteil €	steuerl. Korrektur wegen vGA €	Sonder-betriebs-einnahmen €	Gesamt €
GmbH	–	+ 5.000	–	5.000
K 1	50.000	./. 2.500	+ 2.500*	50.000
K 2	50.000	./. 2.500	+ 2.500	50.000
				105.000

---

* Die Sonderbetriebseinnahmen von jeweils 2.500 € stellen die vGA dar und unterliegen dem Halbeinkünfteverfahren (§ 3 Nr. 40 Satz 1 Buchstabe d EStG). Diese Beträge sind K 1 und K 2 bereits mit dem höheren Handelsbilanzgewinnanteil zugeflossen.

7 Buchführung bei der GmbH & Co. KG und der GmbH

7.1 Allgemeines

Für beide Gesellschaften sind getrennte Buchhaltungen einzurichten und zu führen. Die Geschäftsvorfälle der GmbH und der KG dürfen nicht vermischt werden. Deshalb empfiehlt es sich, in der Buchführung der GmbH ein eigenes Bank- oder Postgirokonto anzulegen. Unbedingt erforderlich ist dies allerdings nicht, da die KG Einnahmen und Ausgaben für die GmbH empfangen bzw. leisten kann und der GmbH auf einem Verrechnungskonto gutschreiben bzw. belasten kann. Der Betrag auf dem Verrechnungskonto ist dann gelegentlich zu verrechnen (z. B. mit dem Gewinnanteil).

Andererseits sollte die GmbH wegen der Gefahr verdeckter Gewinnausschüttungen keine Kosten der KG übernehmen.

7.2 Buchführung der KG

85 Bei der GmbH & Co. KG gibt es buchführungsmäßig gesehen gegenüber einer konventionellen Personengesellschaft nur wenige Besonderheiten.[120] Wichtig ist eine genaue vertragliche Regelung und praktische Führung der Gesellschafterkonten. Für die Komplementär-GmbH sind – wie für alle Gesellschafter einer Personengesellschaft – einzurichten

— ein **Kapitalkonto I** und **II** sowie

— als Unterkonto vom Kapitalkonto II ein **Verrechnungs-** oder **Privatkonto**.

Auf dem Kapitalkonto I wird nur die Kapitaleinlage der GmbH in die KG gebucht. Beträgt diese 0 Euro, entfällt dieses Konto.

Die allgemeinen Buchführungs-, Bewertungs- und Bilanzierungsvorschriften gem. §§ 238–263 HGB gelten auch für die GmbH & Co. KG. Darüber hinaus gelten für sie gem. § 264 a Abs. 1 HGB auch die ergänzenden Vorschriften des HGB für Kapitalgesellschaften, wenn als persönlich haftende Gesellschafter nur Kapitalgesellschaften beteiligt sind, was bei der GmbH & Co. KG grundsätzlich der Fall ist. Das heißt, die GmbH & Co. KG muss i. d. R. die Vorschriften über den Jahresabschluss der Kapitalgesellschaften und den Lagebericht (§§ 264–289 HGB), über den Konzernabschluss und Konzernlagebericht (§§ 290–315 HGB), über die Prüfung (§§ 316–324 HGB), über die Offenlegung, Veröffentlichung und Vervielfältigung (§§ 325–329 HGB) und die Verordnungsermächtigung für Formblätter und andere Vorschriften (§ 330 HGB) beachten.

Darüber hinaus enthält § 264 c HGB besondere Bestimmungen für die OHG und die KG i. S. des § 264 a HGB. Soweit diese den Ausweis des Kapitalkontos betreffen (§ 264 Abs. 2 HGB), sind diese Bestimmungen bereits unter B. dargestellt.[121]

Danach sind

1. Ausleihungen, Forderungen und Verbindlichkeiten gegenüber Gesellschaftern i. d. R. als solche jeweils **gesondert** auszuweisen oder im Anhang anzugeben. Werden sie unter anderen Posten ausgewiesen, so muss diese Eigenschaft vermerkt werden (§ 264 c Abs. 1 HGB).[122]

2. Das sonstige Vermögen der Gesellschafter (Privatvermögen) darf nicht in die Bilanz und die auf das Privatvermögen entfallenden Aufwendungen und Erträge dürfen nicht in die Gewinn-und-Verlust-Rechnung aufgenommen werden (§ 264 c Abs. 3 Satz 1 HGB). Dies gilt insbesondere auch für die Ertragsteuern (KSt, ESt) der Gesellschafter.

3. In der Gewinn-und-Verlust-Rechnung darf jedoch nach dem Posten „Jahresüberschuss/Jahresfehlbetrag" ein dem (deutschen Körperschaft-)

---

120 Siehe im Einzelnen B. Rz. 163 ff., 223 ff. und 346 ff.
121 Wegen Einzelheiten siehe B. Rz. 178 ff.; siehe auch Hottmann u. a., E. 173 ff.
122 Förschle/Hoffmann in Beck'scher Bilanzkommentar, § 264 c Rz. 22.

7 Buchführung

Steuersatz der Komplementär-GmbH entsprechender Steueraufwand der Gesellschafter offen abgesetzt oder hinzugerechnet werden (§ 264 c Abs. 3 Satz 2 HGB).

4. Ist die GmbH & Co. KG persönlich an der Komplementär-GmbH beteiligt, sind diese Anteile in ihrer Bilanz auf der Aktivseite entweder unter dem Posten „Anteile an verbundenen Unternehmen" oder „Beteiligungen" gesondert auszuweisen (§ 264 c Abs. 4 Satz 1 HGB). Für diese Anteile ist nach dem Posten „Eigenkapital" in Höhe des aktivierten Betrags ein Sonderposten unter der Bezeichnung „Ausgleichsposten aktivierte eigene Anteile" entsprechend den Vorschriften des § 274 Abs. 4 HGB (Rücklage für eigene Anteile) zu bilden (§ 264 c Abs. 4 Satz 2 HGB).

5. Bilanzierungshilfen für Aufwendungen für die Ingangsetzung und Erweiterung des Geschäftsbetriebs (§ 269 HGB) und aktivisch latente Steuern (§ 274 Abs. 2 HGB) dürfen von diesen Personengesellschaften aktiviert werden. In Höhe des aktivierten Betrags ist nach dem Posten „Eigenkapital" ein Sonderposten entsprechend den Rücklagen nach §§ 269, 274 Abs. 2 HGB zu passivieren (§ 264 c Abs. 4 Satz 3 HGB).

7.3 Buchführung der Komplementär-GmbH

7.3.1 Laufende Buchhaltung

Die Buchhaltung der typischen Komplementär-GmbH, die daneben keinen eigenen Geschäftsbetrieb hat, ist einfach, weil sich bei ihr nur wenige Geschäftsvorfälle ereignen (Kosten für Geschäftsführung, Beiträge, Steuern, Gewinnanteil). Trotzdem muss sie laufend geführt werden. Die Komplementär-GmbH benötigt in der Regel folgende Konten:

— **aktive Bestandskonten**

Nicht eingeforderte Einzahlungsverpflichtungen der Gesellschafter
Beteiligung KG (= Kapitalkonto der GmbH bei der KG)
Bank- und Kassenkonto
Vorsteuer
Forderungen

— **passive Bestandskonten**

Gezeichnetes Kapital (Stammkapital)
Rücklagen
Gewinnvortrag/Verlustvortrag
Jahresüberschuss/Jahresfehlbetrag
Rückstellungen (insbesondere für Steuern)
Umsatzsteuer
Andere Verbindlichkeiten

R. GmbH & Co. KG

— **Ertragskonten**
Erlöse aus Geschäftsführungskostenersatz
Erträge aus Beteiligung KG

— **Aufwandskonten**
Gehälter einschließlich sozialer Aufwendungen
Beiträge
Betriebssteuern (Gewerbe- und Körperschaftsteuer)
Allgemeine Verwaltungskosten (Bankspesen)
Buchführungs- und Beratungskosten
Verluste aus Beteiligung KG

7.3.2 Jahresabschluss

87 Die GmbH hat bei der Aufstellung des Jahresabschlusses folgende Regelungen des HGB zu beachten:

Nach § 264 HGB haben die gesetzlichen Vertreter der GmbH den Jahresabschluss um einen Anhang zu erweitern, der mit der Bilanz und der G+V eine Einheit bildet, sowie einen Lagebericht zu erstellen. Zum Inhalt des Anhangs siehe §§ 284 und 285 HGB, zum Inhalt des Lageberichts § 289 HGB. Da es sich bei der typischen Komplementär-GmbH (i. d. R.) um eine kleine Kapitalgesellschaft i. S. des § 267 Abs. 1 HGB handelt, braucht sie nach § 266 Abs. 1 HGB nur eine verkürzte Bilanz aufzustellen, hat nach § 276 HGB Erleichterungen bei der Aufstellung der G+V und muss keinen Lagebericht aufstellen. Der Jahresabschluss muss nach § 264 HGB grundsätzlich in den ersten drei Monaten des Geschäftsjahres für das vergangene Geschäftsjahr aufgestellt werden. Sofern es einem ordnungsgemäßen Geschäftsgang entspricht, dürfen kleine Kapitalgesellschaften den Jahresabschluss auch später aufstellen, jedoch innerhalb der ersten sechs Monate des Geschäftsjahres. Eine kleine Kapitalgesellschaft ist nach § 316 HGB nicht verpflichtet, den Jahresabschluss durch einen Abschlussprüfer prüfen zu lassen. Ferner muss sie nur die Bilanz und den Anhang zum Handelsregister des Sitzes der GmbH einreichen, und zwar erst spätestens vor Ablauf des zwölften Monats des dem Bilanzstichtag nachfolgenden Geschäftsjahres (§ 326 HGB). Eine Verpflichtung zur Veröffentlichung des Jahresabschlusses und des Lageberichts (sofern dieser freiwillig aufgestellt wird) besteht dagegen für kleine Kapitalgesellschaften nicht (§ 325 Abs. 2 HGB). Allerdings müssen sie nach § 325 Abs. 1 Satz 2 HGB nach der Einreichung des Jahresabschlusses zum Handelsregister im Bundesanzeiger einen Hinweis veröffentlichen, bei welchem Handelsregister und unter welcher Nummer der Jahresabschluss eingereicht wurde.[123]

---

[123] Wegen Einzelheiten siehe Hottmann u. a., E.

7.4 Buchmäßige Behandlung im Einzelnen

Beispiel:

An der AB-GmbH & Co. KG sind beteiligt:

— die AB-GmbH als Komplementärin und einzige Geschäftsführerin, Kapitaleinlage 0 Euro,
— A und B als Kommanditisten mit einer Kommanditeinlage von je 300.000 Euro.

An der AB-GmbH (Stammkapital 25.000 Euro) sind A und B mit je 50 % am Kapital und am Gewinn beteiligt. Ihre Einlagen haben sie in voller Höhe geleistet. Die GmbH ist nur als Komplementär der GmbH & Co. KG tätig, einen eigenen Geschäftsbetrieb unterhält sie nicht. Die Einlage von 25.000 Euro hat sie der KG als Darlehen zur Verfügung gestellt, Zinssatz 8 % = 2.000 Euro.

Geschäftsführer der GmbH sind die Kommanditisten A und B, die dafür eine Vergütung von jährlich je 50.000 Euro erhalten. Aus Vereinfachungsgründen wird die Auszahlung direkt von der KG an A und B geleistet, dafür entfällt eine Erstattung an die GmbH. Von der Vergütung wurden keine Abzüge einbehalten, weil A und B weder steuerrechtlich noch sozialversicherungsrechtlich Arbeitnehmer sind. Die Vergütung wurde bei der KG als Aufwand gebucht. Bei der GmbH wurde nichts gebucht.

Der Gewinn der GmbH & Co. KG in 02 (ohne Sonderbilanzen) beträgt 400.000 Euro. Er ist wie folgt zu verteilen:

Die GmbH erhält vorweg Ersatz ihrer Auslagen für die Geschäftsführung sowie eine Haftungsrisikoprämie von – angemessenen – 5 % ihres Stammkapitals. Der Restgewinn entfällt auf A und B je zur Hälfte.

Die GmbH hat ihren Gewinnanteil für 01 im August 02 im höchstmöglichen Umfang von 4.000 Euro ausgeschüttet und auf Privatkonten ihrer Gesellschafter überwiesen. Außer der KSt von 487 Euro und des Solidaritätszuschlags von 26 Euro sind bei der GmbH in 02 keine Aufwendungen angefallen.

a) Sonderbilanzen für A und B

Die Sonderbilanzen der Kommanditisten A und B zum 31.12.02 haben jeweils folgendes Aussehen:

Aktiva	Sonderbilanz zum 31.12.02		Passiva
Beteiligung AB-GmbH	12.500 €	Kapital	12.500 €
	12.500 €		12.500 €

Als laufender Geschäftsvorfall ist nur die Geschäftsführervergütung und die Gewinnausschüttung der GmbH für das Jahr 01 zu buchen. Die Buchungssätze lauten jeweils bei A und B

R. GmbH & Co. KG

	1. Privatentnahme	50.000 €	an	Erträge aus Geschäfts- führervergütung	50.000 €
	2. Privatentnahme	2.000 €	an	Dividendenerträge GmbH	2.000 €

b) Sonderbilanz GmbH

In der Sonderbuchführung der GmbH ist zu buchen:

	1. Geschäfts- führer- vergütung	100.000 €	an	Erträge aus Geschäfts- führungskostenersatz	100.000 €
	2. Verrechnungs- konto	2.000 €	an	Zinserträge	2.000 €

Dadurch ergibt sich eine Gewinnauswirkung von 2.000 Euro.

Aktiva	Sonderbilanz GmbH zum 31.12.02		Passiva
Darlehensforderung	25.000 €	Kapital	25.000 €
	25.000 €		25.000 €

c) Ermittlung und Verteilung des steuerlichen Gewinns

Der steuerliche Gesamtgewinn der GmbH & Co. KG berechnet sich wie folgt:

Gewinn lt. Bilanz der KG	400.000 €
+ Gewinn lt. Sonderbilanz A	52.000 €
+ Gewinn lt. Sonderbilanz B	52.000 €
+ Gewinn lt. Sonderbilanz GmbH	2.000 €
Steuerlicher Gesamtgewinn GmbH & Co. KG	506.000 €

Dieser Gewinn ist wie folgt zu verteilen:

		GmbH	A	B
	€	€	€	€
Steuerlicher Gesamtgewinn	506.000			
./. Gewinn lt. Sonderbilanz GmbH	2.000	2.000		
./. Gewinn lt. Sonderbilanz A	52.000		52.000	
./. Gewinn lt. Sonderbilanz B	52.000			52.000
./. Vorweggewinn GmbH	1.250	1.250		
Restgewinn	398.750		199.375	199.375
Gewinnanteil		3.250	251.375	251.375

d) Zu versteuerndes Einkommen der GmbH

Das zu versteuernde Einkommen der GmbH entspricht ihrem steuerlichen Gesamtgewinn bei der GmbH & Co. KG von 3.250 Euro. Gewerbesteuer ist keine zu entrichten, weil der Gewerbeertrag wegen der Kürzung gem. § 9 Nr. 2 GewStG 0 Euro beträgt.

e) Handelsbilanzgewinn der GmbH

Der Handelsbilanzgewinn ermittelt sich wie folgt:

Zu versteuerndes Einkommen	3.250 €
./. Körperschaftsteuer (15 %)	487 €
./. Solidaritätszuschlag	26 €
= Handelsbilanzgewinn	2.737 €

f) Bilanz der GmbH

Die Bilanz der GmbH zum 31.12.02 hat folgendes Aussehen:

Aktiva		Bilanz AB-GmbH zum 31.12.02	Passiva
A. Anlagevermögen		A. Eigenkapital	
Beteiligung		Gezeichnetes Kapital	25.000 €
GmbH & Co. KG	26.250 €	Jahresüberschuss	2.737 €
B. Umlaufvermögen		B. Rückstellungen	
Bank	2.000 €	Steuerrückstellung	513 €
	28.250 €		28.250 €

7.5 Zusammenfassendes Beispiel

A. Sachverhalt

An der im Handelsregister eingetragenen gewerblich tätigen VS-KG sind seit der Gründung vor 15 Jahren am Vermögen sowie am Gewinn und Verlust V als Komplementär mit 60 % und sein Sohn S als Kommanditist mit 40 % beteiligt. Die Einlagen von 120.000 Euro bzw. 80.000 Euro sind in voller Höhe geleistet. Die Feststellungsbescheide der Jahre bis 05 sind bestandskräftig und können nach den Vorschriften der AO nicht berichtigt werden. Einziger Geschäftsführer der KG ist V, der dafür aufgrund eines Vertrags eine monatliche – angemessene – Vergütung von 10.000 Euro + 1.900 Euro USt erhält.

I. Jahresabschluss 06

Die KG hat im April 07 zum 31.12.06 folgende Bilanzen erstellt:
Dadurch ergibt sich eine Gewinnauswirkung von 2.000 Euro.

Aktiva		Handels- und Steuerbilanz VS-KG 31.12.06	Passiva
Grund und Boden		Kapital I V	120.000 €
Sonnenstr. 8	100.000 €	Kapital II V ./.	180.000 €
Gebäude Sonnenstr. 8	300.000 €	Kapital I S	80.000 €
Übrige Aktivposten	490.000 €	Kapital II S ./.	120.000 €
Kapital V	60.000 €	Pensionsrückstellungen	140.000 €
Kapital S	40.000 €	Übrige Passivposten	850.000 €
	990.000 €		990.000 €

Aktiva		Sonderbilanz V 31.12.06	Passiva
Unbebautes Grundstück	200.000 €	Kapital	150.000 €
		Darlehen	50.000 €
	200.000 €		200.000 €

R. GmbH & Co. KG

Anmerkungen zu beiden Bilanzen:

1. Grundstück Sonnenstraße 8

Das Grundstück wurde vor zehn Jahren für 600.000 Euro erworben (Anteil Grund und Boden 100.000 Euro). Das Gebäude wird – zutreffend – nach § 7 Abs. 4 Satz 1 EStG mit jährlich 4 % von 500.000 Euro = 20.000 Euro abgeschrieben. Teilwert = gemeiner Wert am 31.12.06: Grund und Boden 270.000 Euro, Gebäude 480.000 Euro.

2. Pensionsrückstellung

Die Geschäftsführervergütung wird jeweils am Monatsende auf ein privates Girokonto des V überwiesen. Lediglich das Dezembergehalt wurde erst am 03.01.07 überwiesen.

Die KG bucht die Vergütung als Lohnaufwand i. H. von 10.000 Euro monatlich und nimmt den Vorsteuerabzug von monatlich 1.900 Euro in Anspruch. V überweist die USt von 1.900 Euro jeweils bis zum 10. des Folgemonats von einem privaten Girokonto an das Finanzamt.

Bereits vor zehn Jahren hat die KG ihrem Geschäftsführer V eine dem Grund und der Höhe nach nicht zu beanstandende Pensionszusage erteilt. Die Pensionsleistungen beginnen mit Erreichung des 65. Lebensjahres. Die seit dem Jahr der Zusage passivierte Pensionsrückstellung wurde um 12.000 Euro auf den nach § 6 a Abs. 3 EStG zum 31.12.06 ermittelten Teilwert von 140.000 Euro aufgestockt. Die Voraussetzungen des § 6 a Abs. 1 EStG sind erfüllt.

In der Sonderbuchführung des V wurde weder die laufende Geschäftsführervergütung noch die USt, noch die Pensionszusage gebucht.[124] Nach den Vereinbarungen im Gesellschaftsvertrag sind Vergütungen an einen Gesellschafter stets diesem hinzuzurechnen.

3. Jahresfehlbetrag

Aufgrund einer Wirtschaftskrise erzielte die KG im Wirtschaftsjahr 06 einen Verlust von 300.000 Euro, der nach den Vereinbarungen im Gesellschaftsvertrag mit 180.000 Euro auf V und mit 120.000 Euro auf S verteilt wurde. Die Verlustanteile wurden auf den jeweiligen Kapitalkonten II gebucht. V und S sind nicht verpflichtet, die negativen Kapitalkonten auszugleichen.

4. Unbebautes Grundstück

Dieses Grundstück wurde von V im Jahre 03 für 200.000 Euro erworben und wird seither zum ortsüblichen Mietwert von monatlich 500 Euro umsatzsteuerfrei an die KG vermietet. Die KG buchte die auf ein privates Girokonto des V überwiesene Miete als Aufwand bei der KG und als Ertrag in der Sonderbuchführung des V (Gegenkonto: Privat). Nach Einbuchung der von einem privaten Girokonto des V überwiesenen Grundstücksaufwendungen von

---

124 Die Übergangsregelung in BMF vom 29.01.2008, BStBl I 2008, 317 ist nicht anzuwenden.

3.600 Euro (Grundsteuer und Zinsen) ergab sich in der Sonderbuchführung des V ein Gewinn von 2.400 Euro.

Der Teilwert = gemeine Wert des Grundstücks beträgt am 31.12.06 und in den folgenden Monaten 250.000 Euro.

II. Gründung der VS-GmbH

Mit Wirkung zum 01.01.07 gründeten V und S zivilrechtlich formwirksam die VS-GmbH mit einem Stammkapital von 50.000 Euro. Gesellschafter der GmbH sind V und S je zur Hälfte mit einer Stammeinlage von jeweils 25.000 Euro. Von dieser Einlage haben V und S zum 01.01.07 jeweils 12.500 Euro eingezahlt. Überwiesen haben Sie allerdings jeweils 13.000 Euro, weil die GmbH für die Übernahme der Gründungskosten ein Agio von jeweils 500 Euro berechnete. Die GmbH wurde ins Handelsregister eingetragen.

Gebucht wurde von der GmbH:

Bank	26.000 €	an	Gezeichnetes Kapital	25.000 €
			Sonstige betriebliche Erträge	1.000 €

Die Gründungskosten von 600 Euro hat die GmbH bei Zahlung als Aufwand gebucht.

Sinn und Zweck der GmbH ist der Eintritt in die VS-KG als Komplementär und die Übernahme der Geschäftsführung der KG. Einen eigenen Geschäftsbetrieb soll sie nicht und hat sie im Jahr 07 auch nicht unterhalten.

Zum Geschäftsführer der GmbH wurde nur V bestellt. Er erhält dafür ein angemessenes Gehalt von monatlich 10.000 Euro.

III. Beitritt der GmbH in die KG

Dem Gesellschaftszweck der GmbH entsprechend trat die GmbH umgehend mit Wirkung vom 01.01.07 mit einer am 01.02.07 fälligen Einlage von 50.000 Euro als weiterer Gesellschafter in die KG ein und wurde als Komplementär aufgenommen. Alle notwendigen Änderungen wurden ins Handelsregister eingetragen.

Im Gesellschaftsvertrag wurde insoweit Folgendes geregelt:

1. Die Beteiligungsverhältnisse betragen ab 01.01.07:
   GmbH 10 % – V 54 % – S 36 %

2. Die GmbH sowie V und S sind sich darüber einig, dass der Verkehrswert des Gesamthandsvermögens der KG (Aktivvermögen ./. Schulden) am 01.01.07 unter Berücksichtigung der Bareinlage der GmbH 500.000 € beträgt.

3. V wechselt mit Wirkung vom 01.01.07 in die Rechtsstellung eines Kommanditisten.

4. Der Name der Firma lautet ab sofort VS-GmbH & Co. KG.

R. GmbH & Co. KG

5. In der Steuerbilanz der KG zum 01.01.07 sollen alle Wirtschaftsgüter und Schulden der KG mit den Verkehrswerten angesetzt werden. Das gilt auch für die Kapitalkonten der Gesellschafter, wobei die Kapitalkonten II von V und S in unveränderter Höhe übernommen werden sollen. Gleichzeitig soll die Aufnahme der GmbH in die KG – falls möglich – gewinnneutral erfolgen.
6. Zum Geschäftsführer der KG wird ab 01.01.07 die GmbH bestellt. V scheidet am selben Tag aus der Geschäftsführung aus. Einzelheiten werden in einem separaten Geschäftsführungsvertrag geregelt.
7. Die GmbH erhält vom Gewinn der KG vorab einen Betrag i. H. von 3.000 € (= 6 % von 50.000 €) für ihr Haftungsrisiko. Der Restbetrag wird entsprechend den Beteiligungsverhältnissen mit 10 % auf die GmbH, 54 % auf V und 36 % auf S verteilt.

In der Buchführung der GmbH wurde der Beitritt in die KG (erst) bei Überweisung der Einlage am 01.02.07 wie folgt gebucht:

Beteiligung KG   50.000 €   an   Bank   50.000 €

Die KG hat zum 01.01.07 und zum 31.12.07 folgende – vereinfacht wiedergegebenen – vorläufigen Bilanzen der VS-GmbH & Co. KG erstellt.

	01.01.07	31.12.07
Aktiva		
Noch ausstehende Einlagen GmbH	50.000	0
Grund und Boden Sonnenstr. 8	270.000	270.000
Gebäude Sonnenstr. 8	480.000	480.000
Übriges Aktivvermögen	490.000	1.043.000
	1.290.000	1.793.000
Passiva		
Kapital I GmbH	50.000	50.000
Kapital II GmbH	0	23.000
Kapital I V	330.000	330.000
Kapital II V	./. 180.000	./. 72.000
Kapital I S	220.000	220.000
Kapital II S	./. 120.000	./. 48.000
Pensionsrückstellungen	140.000	140.000
Übrige Passivposten	850.000	1.150.000
	1.290.000	1.793.000

7 Buchführung

IV. Noch zu überprüfende Geschäftsvorfälle des Jahres 07

1. Darlehen

Zur Finanzierung ihrer Einlage nahm die GmbH am 01.02.07 ein Fälligkeitsdarlehen von 25.000 Euro auf (Zinssatz 6 %). Die Zinsen sind vierteljährlich mit 375 Euro (6 % von 25.000 Euro, davon $^1/_4$), beginnend am 30.04.07, zu entrichten. Sie wurden im Jahre 07 pünktlich überwiesen und bei Fälligkeit gebucht.

2. Geschäftsführung

Geschäftsführerin der KG ist ab 01.01.07 die GmbH, vertreten durch ihren Geschäftsführer V. Dafür erhält die GmbH eine Vergütung von monatlich 10.000 Euro + 1.900 Euro USt. Sie hat ihre USt-Schuld von 1.900 Euro jeweils bis zum 10. des darauf folgenden Monats an das Finanzamt abgeführt.

Bezüglich der Pensionszusage wurde zwischen der KG und der GmbH vereinbart:

1. Die GmbH gewährt ihrem Geschäftsführer V ab 01.01.07 eine Pensionszusage im gleichen Umfang wie bisher die KG.
2. Die KG tritt ihre Pensionsverpflichtung nicht an die GmbH ab.
3. Die künftigen Pensionsleistungen an V werden zwischen der KG und der GmbH aufgeteilt. Soweit die Leistungen auf den Zeitraum bis zum 31.12.06 entfallen, trägt die Kosten die KG, und soweit die Leistungen auf die Zeit ab 01.01.07 entfallen, trägt die Kosten die GmbH.
4. Die jährlichen Zuführungen zur Pensionsverpflichtung werden jeweils am Ende des Jahres der KG in Rechnung gestellt.

Der nach § 6 a Abs. 3 EStG ermittelte Barwert der Pensionsverpflichtung beträgt 156.000 Euro, davon entfallen auf die GmbH 14.000 Euro.

Aufgrund der am 29.12.07 bei der KG eingegangenen Rechnung über 14.000 Euro + 2.660 Euro USt = 16.660 Euro überwies die KG diesen Betrag am 13.01.08.

Gebucht wurde in **07**:

- bei der **KG** (nur)

Gehälter	120.000 €	an	Bank	142.800 €
Vorsteuer	22.800 €			

- bei der **GmbH**

1. Gehälter	120.000 €	an	Bank	120.000 €
2. Bank	142.800 €	an	Gehälter	120.000 €
			USt	22.800 €

1489

R. GmbH & Co. KG

3.	USt	20.900 €	an	Bank	20.900 €
4.	Gehälter	14.000 €	an	Rückstellung	14.000 €

3. Übertragung unbebautes Grundstück

Am 01.10.07 übertrug V – ohne Gesamtplan – sein unbebautes Grundstück unentgeltlich auf die GmbH, die den Mietvertrag mit der KG fortsetzte. Allerdings musste die GmbH das Darlehen i. H. von 50.000 Euro übernehmen. Die Grundstückskosten betrugen auch im Jahre 07 3.600 Euro und wurden bis einschließlich September von V und ab Oktober von der GmbH getragen.

Gebucht wurde

– in der **Sonderbuchführung** des V

1.	Privat	4.500 €	an	Mieterträge	4.500 €
2.	Grundstücksaufwendungen	2.700 €	an	Privat	2.700 €
3.	Darlehen	50.000 €	an	Grundstücke	200.000 €
	Privat	150.000 €			

– in der **Buchführung** der **GmbH**

1.	Grundstücke	50.000 €	an	Darlehen	50.000 €
2.	Bank	1.500 €	an	Mieterträge	1.500 €
3.	Grundstücksaufwendungen	900 €	an	Bank	900 €

V. Jahresabschluss 07
1. Jahresabschluss der KG

Die KG hat zum 31.12.07 in ihrem vorläufigen Jahresabschluss einen Gewinn von 203.000 Euro ausgewiesen, der auf den Kapitalkonten II der Gesellschafter erfasst und wie folgt auf die Gesellschafter verteilt wurde:

	Gesamt	GmbH	V	S
Gewinn	203.000 €			
./. Haftungsvergütung	3.000 €	+ 3.000 €		
Verbleiben	200.000 €	+ 20.000 €	+ 108.000 €	+ 72.000 €
Gewinnanteil		23.000 €	108.000 €	72.000 €

2. Jahresabschluss der GmbH

Die GmbH hat noch keinen Jahresabschluss aufgestellt. Mit Ausnahme der in den vorhergehenden Sachverhalten aufgezeigten Buchungen sind bei der GmbH keine Geschäftsvorfälle angefallen. Die GmbH musste auch keine Steuervorauszahlungen leisten. Der Hebesatz der Gemeinde beträgt 400. Die GmbH ist nach dem Gesellschaftsvertrag mit der KG berechtigt, ihren Gewinnanteil zu entnehmen.

VI. Aufgabe

1. Erstellen Sie – falls erforderlich – die berichtigte Steuerbilanz der VS-KG und die berichtigte Sonderbilanz des V zum 31.12.06 und verteilen Sie den steuerlichen Gesamtgewinn der KG auf die beiden Gesellschafter.
2. Erstellen Sie – falls erforderlich – die berichtigten Steuerbilanzen der VS-GmbH & Co. KG zum 01.01.07 und zum 31.12.07 sowie eventuelle Ergänzungsbilanzen der Gesellschafter.
3. Ermitteln Sie den steuerlichen Gesamtgewinn der VS-GmbH & Co. KG und verteilen Sie diesen auf die drei Gesellschafter.
4. Prüfen Sie, ob § 15 a EStG in den Jahren 06 und/oder 07 bei V und S zur Anwendung kommt und begründen Sie Ihre Entscheidung.
5. Erstellen Sie die Handelsbilanz der VS-GmbH zum 01.01.07 sowie Handelsbilanz und Steuerbilanz der VS-GmbH zum 31.12.07. § 272 Abs. 1 Satz 3 HGB ist nicht anzuwenden. Dabei soll sowohl in der Handelsbilanz als auch in der Steuerbilanz der niedrigst mögliche Jahresüberschuss ausgewiesen werden.

Lösung:
1. Jahresabschluss 06 der KG

Die KG ist als Kaufmann i. S. von § 1 Abs. 1 HGB verpflichtet, Bücher zu führen (§ 238 Abs. 1 HGB) und einen Jahresabschluss zu erstellen (§ 242 Abs. 1 bis 3 HGB). Die Aufstellung der Handelsbilanz zum 31.12.06 im April 07 liegt innerhalb der entsprechenden Zeit (§ 243 Abs. 3 HGB), die der BFH mit einem Jahr festgelegt hat (H 5.2 „Jahresabschluss" EStH).

Die gewerblich tätige KG muss den Gewinn für steuerliche Zwecke durch Betriebsvermögensvergleich nach § 5 EStG ermitteln. Bei der Aufstellung der Steuerbilanz sind damit – soweit sich aus den Steuergesetzen nichts anderes ergibt – die handelsrechtlichen Rechnungslegungsvorschriften zu beachten (H 5.2 „Allgemeines" EStH).

Die steuerliche Buchführungspflicht der KG erstreckt sich auch auf das Sonderbetriebsvermögen der Gesellschafter (H 5.1 „Jahresabschluss einer Personenhandelsgesellschaft" und H 5.1 „Gewinnermittlung für Sonderbetriebsvermögen der Gesellschafter" EStH).

Handelsrechtlich sind für nach dem 31.12.1986 mit Rechtsanspruch erteilte Pensionszusagen auch dann zwingend Pensionsrückstellungen nach § 249

R. GmbH & Co. KG

Abs. 1 Satz 1 HGB zu bilden, wenn Berechtigter ein Gesellschafter einer Personengesellschaft ist.

Diese Rückstellung muss auch in der Steuerbilanz passiviert werden, weil die Voraussetzungen des § 6 a Abs. 1 EStG erfüllt sind. Wegen § 6 a Abs. 5 EStG ist es unerheblich, dass V kein Arbeitnehmer ist.

Nach dem Grundsatz der additiven Gewinnermittlung mit korrespondierender Bilanzierung muss der Passivposten in der Steuerbilanz der KG durch einen gleich hohen Aktivposten in der Sonderbilanz des Gesellschafters ausgeglichen werden.

Das bedeutet, dass die Sonderbilanz fehlerhaft ist. Weil die Bescheide der Vorjahre bestandskräftig sind und nicht berichtigt werden können, ist der Fehler grundsätzlich in der Bilanz des ersten Jahres, dessen Veranlagung geändert werden kann, erfolgswirksam richtigzustellen (§ 4 Abs. 2 EStG; R 4.4 Abs. 1 Satz 3 EStR). Folglich ist in der Sonderbilanz des V zum 31.12.06 gewinnerhöhend eine Forderung i. H. von 140.000 Euro zu aktivieren. Der Gewinn in der Sonderbilanz erhöht sich dadurch auf 142.400 Euro.

Der steuerliche Gesamtgewinn der KG des Jahres 06 ist wie folgt zu ermitteln:

Gewinn lt. Bilanz der KG	./. 300.000 €
Gewinn lt. Sonderbilanz V	142.400 €
Steuerlicher Gesamtgewinn	./. 157.600 €

Dieser Verlust ist wie folgt auf die beiden Gesellschafter zu verteilen:

	Gesamtbetrag	V	S
	€	€	€
Steuerlicher Gesamtgewinn	./. 157.600		
./. Gewinn lt. Sonderbilanz V	./. 142.400	+ 142.400	
Gewinn KG	./. 300.000	./. 180.000	./. 120.000
Einkünfte aus Gewerbebetrieb		./. 37.600	./. 120.000

V kann seinen Verlust mit anderen Einkünften verrechnen, weil er als Komplementär nicht unter § 15 a EStG fällt. Ohne Bedeutung ist, dass er ab 01.01.07 nur noch als Kommanditist an der KG beteiligt ist. S kann dagegen seinen Verlust nur i. H. von 80.000 Euro mit anderen positiven Einkünften verrechnen. Der Restbetrag von 40.000 Euro führt zu einem negativen Kapitalkonto und stellt nach § 15 a Abs. 1 EStG einen verrechenbaren Verlust dar, der nach § 15 a Abs. 4 EStG gesondert festgestellt werden muss.

7 Buchführung

2. Gründung der VS-GmbH

Die Gründung erfolgte zivilrechtlich formwirksam, d. h. nach den Vorschriften des GmbHG. Die GmbH hätte nach § 242 Abs. 1 HGB zum 01.01.07 folgende Eröffnungsbilanz erstellen müssen:

Aktiva	Eröffnungsbilanz GmbH zum 01.01.07		Passiva
A. Noch ausstehende Einlagen davon eingefordert 0 €	25.000 €	A. Eigenkapital I. Gezeichnetes Kapital II. Kapitalrücklage	50.000 € 1.000 €
B. Umlaufvermögen I. Bank	26.000 €		
	51.000 €		51.000 €

Die Gründungskosten müssen sowohl handelsrechtlich (§ 248 Abs. 1 HGB) als auch steuerrechtlich (§ 8 Abs. 1 KStG i. V. m. § 4 Abs. 4 EStG) zwingend als Aufwand erfasst werden. Eine Aktivierung als Bilanzierungshilfe nach § 269 HGB ist nicht möglich.

3. Beitritt der GmbH in die KG

Die Aufnahme eines weiteren Gesellschafters in eine Personengesellschaft fällt unter § 24 UmwStG, weil aufgrund der steuerlichen Fiktion davon auszugehen ist, dass V und S ihre Mitunternehmeranteile an der bisherigen KG in eine neue, durch die neu hinzutretende GmbH vergrößerte KG einbringen. Nach § 24 Abs. 2 Satz 1 UmwStG hat die „neue" KG das eingebrachte Betriebsvermögen in ihrer Bilanz einschließlich der Ergänzungsbilanzen für ihre Gesellschafter mit dem gemeinen Wert anzusetzen. Auf Antrag der KG kann nach § 24 Abs. 2 Satz 2 UmwStG auch – wie gewünscht – der Buchwert angesetzt werden. Der Umstand, dass V in Zukunft nicht mehr als Komplementär, sondern als Kommanditist an der KG beteiligt ist, ändert daran nichts.

Allerdings sollen zulässigerweise in der Eröffnungsbilanz der KG zum 01.01.07 alle Wirtschaftsgüter mit den Verkehrswerten, d. h. aus steuerlicher Sicht mit den gemeinen Werten angesetzt werden.

Die von der KG aufgestellte Eröffnungsbilanz zum 01.01.07 ist falsch und muss nach folgender Berechnung wie folgt korrigiert werden:

Verkehrswert des Gesamthandsvermögens der KG	500.000 €
Davon Anteil GmbH 10 % =	50.000 €
Davon Anteil V 54 % =	270.000 €
Davon Anteil S 36 % =	180.000 €

R. GmbH & Co. KG

Die Summe der Kapitalkonten I und II sind folglich wie folgt zu erhöhen:

Anteil am Gesamthandsvermögen des V	270.000 €
Bisher ausgewiesenes Kapital des V (330.000 € ./. 180.000 € =)	150.000 €
Mehrkapital	120.000 €
Anteil am Gesamthandsvermögen des S	180.000 €
Bisher ausgewiesenes Kapital des S (220.000 € ./. 120.000 € =)	100.000 €
Mehrkapital	80.000 €

Da bereits alle aktivierten Wirtschaftsgüter mit den gemeinen Werten angesetzt sind, ist der Mehrbetrag von 200.000 Euro als Firmenwert zu aktivieren.

Die Änderungen können vorgenommen werden, denn das Bewertungswahlrecht nach § 24 Abs. 2 UmwStG ist erst als ausgeübt anzusehen, wenn die KG die Steuererklärung (Feststellungserklärung) für das Wirtschaftsjahr, in dem die Einbringung stattgefunden hat, einschließlich der zugehörigen Bilanz (§ 60 Abs. 1 EStDV) beim Finanzamt eingereicht hat. Dies ist noch nicht geschehen.

Der Wert, mit dem das eingebrachte Betriebsvermögen in der Bilanz der KG einschließlich der Ergänzungsbilanzen für ihre Gesellschafter angesetzt wird, gilt nach § 24 Abs. 3 UmwStG für den Einbringenden als Veräußerungspreis. Da die VS-GmbH & Co. KG die Buchwerte angesetzt hat, entsteht für V und S kein Veräußerungsgewinn.

Bei der GmbH entsteht von vornherein kein Veräußerungsgewinn, weil sie nur eine Bareinlage entrichtet hat. Die Buchung in ihrer Bilanz ist im Ergebnis nicht zu beanstanden. Sie hätte zwar bereits am 01.01.07 eine Verbindlichkeit ausweisen müssen, durch die Zahlung am 01.02.07 wäre diese aber auszubuchen gewesen.

Die GmbH & Co. KG tritt nach § 24 Abs. 4 i. V. m. § 23 Abs. 1 i. V. m. § 4 Abs. 2 Satz 3 und § 12 Abs. 3 erster Halbsatz UmwStG in die Rechtsstellung der KG ein, d. h., sie muss die bisherige AfA fortführen.

Weil die GmbH keinen eigenen Geschäftsbetrieb unterhält, sondern ausschließlich für die KG tätig ist, gehören die Gesellschaftsanteile von V und S zu ihrem notwendigen Sonderbetriebsvermögen II und sind mit den Anschaffungskosten von je 25.500 Euro in ihren Sonderbilanzen zu aktivieren. In Höhe der noch nicht getätigten Einzahlungen von je 12.500 Euro ist eine Verbindlichkeit in den Sonderbilanzen von V und S auszuweisen.

4. Noch zu überprüfende Geschäftsvorfälle des Jahres 07

4.1 Darlehen

Bei der Bilanzierung des Darlehens ist zu unterscheiden:

Handelsrechtlich ist die Darlehensschuld in der Bilanz der GmbH mit ihrem Nennwert = Rückzahlungsbetrag von 26.000 Euro zu passivieren (§ 253

Abs. 1 Satz 2 HGB). Der Zinsaufwand für die Zeit vom 01.11. bis 31.12.07 i. H. von $^2/_{12}$ von 1.500 Euro = 250 Euro muss als sonstige Verbindlichkeit passiviert werden.

Steuerrechtlich stellt die Darlehensschuld notwendiges Sonderbetriebsvermögen II der GmbH dar und muss zwingend in ihrer Sonderbilanz passiviert werden, denn das Darlehen steht im Zusammenhang mit der Finanzierung der Einlage. Insoweit ist der Maßgeblichkeitsgrundsatz durchbrochen, weil das EStG eine Spezialvorschrift in § 15 Abs. 1 Nr. 2 EStG enthält.

Die Schuldzinsen i. H. von 3 x 375 Euro = 1.125 Euro + 250 Euro = 1.375 Euro stellen Sonderbetriebsausgaben dar. In der Sonderbilanz sind das Darlehen mit 25.000 Euro und eine sonstige Verbindlichkeit mit 260 Euro zu bilanzieren.

4.2 Geschäftsführung

Für die KG stellen die Zahlungen für die Geschäftsführung durch die GmbH einen betrieblichen Aufwand dar. Ihre Buchung ist deshalb nicht zu beanstanden.

Bei der GmbH stellen die Aufwendungen für ihren Geschäftsführer in voller Höhe Sonderbetriebsausgaben dar, weil V in seiner Eigenschaft als Geschäftsführer der GmbH nur für die KG tätig wird. Folglich sind die Ersatzleistungen der KG bei der GmbH als Sonderbetriebseinnahmen zu erfassen. Auch die USt ist in der Sonderbuchführung auszuweisen. Das Geschäftsführergehalt des V stellt bei diesem ebenfalls Sonderbetriebseinnahmen dar.

Die Vereinbarungen über die Pensionszusage führen dazu, dass die KG weiterhin für ihre bestehen bleibende Verpflichtung eine Pensionsrückstellung zu passivieren hat. Bei der Berechnung des versicherungsmathematischen Barwerts (= Barwert der künftigen Pensionsleistungen) am Schluss der folgenden Wirtschaftsjahre ist wie bei ausgeschiedenen Arbeitnehmern der in der Zeit bis zum 31.12.2006 ratierlich erdiente Pensionsanspruch zugrunde zu legen (vgl. § 2 Abs. 1 Satz 1 BetrAVG). Somit ist die Pensionsrückstellung in der Bilanz der KG zum 31.12.07 mit 142.000 Euro zu passivieren.

Bei der GmbH steht die übernommene Pensionszusage ebenfalls im Zusammenhang mit ihrer Geschäftsführertätigkeit und damit mit ihrer Beteiligung bei der KG. Die sofort nach ihrer Gründung übernommene Pensionsverpflichtung führt nicht zu einer verdeckten Gewinnausschüttung, weil wegen der Übernahme der Verpflichtung keine Probezeit eingehalten werden muss. Die Zusage ist auch finanzierbar, weil die GmbH die entstehenden Kosten von der KG ersetzt erhält.

Der auf die GmbH entfallende Teil der Pensionsverpflichtung (= 14.000 Euro) muss in ihrer Sonderbilanz als Rückstellung passiviert werden. Handelsrechtlich ist die Pensionsrückstellung in der Bilanz der GmbH zu passivieren.

R. GmbH & Co. KG

In der Sonderbilanz des V ist nach dem Grundsatz der additiven Gewinnermittlung mit korrespondierender Bilanzierung eine Forderung mit insgesamt 156.000 Euro zu aktivieren.
Der Kostenersatz der KG stellt bei ihr Aufwand dar. Da die Rechnung erst in 08 beglichen wurde, ist in der Bilanz der KG zum 31.12.07 eine sonstige Verbindlichkeit i. H. von 14.000 Euro einzustellen. Der Vorsteuerabzug steht der KG bereits im Jahre 07 zu, weil die Rechnung noch in 07 eingegangen ist.
Die berichtigten Buchungssätze lauten:

- bei der **KG**

1.	Gehälter	14.000 €	an	Sonstige Verbind-	
	Vorsteuer	2.660 €		lichkeiten	16.600 €
2.	Gehälter	2.000 €	an	Pensionsrückstel-	
				lungen	2.000 €

- in der **Sonder**buchführung der **GmbH**

1.	Gehälter	120.000 €	an	Verrechnungs-	
				konto	120.000 €
2.	Verrechnungskonto	142.800 €	an	Gehälter	120.000 €
				USt	22.800 €
3.	USt	20.900 €	an	Verrechnungs-	
				konto	20.900 €
4.	Gehälter	14.000 €	an	Rückstellung	14.000 €
5.	Sonstige		an	Gehälter	14.000 €
	Forderungen	16.660 €		USt	2.660 €

- in der **steuerlichen** Buchführung der **GmbH**

1.	Verrechnungskonto	120.000 €	an	Bank	120.000 €
2.	Bank	142.800 €	an	Verrechnungs-	
				konto	142.800 €
3.	Verrechnungskonto	20.900 €	an	Bank	20.900 €
4.	Rückstellungen	14.000 €	an	Gehälter	14.000 €

- in der **handelsrechtlichen** Buchführung der **GmbH**

1.	Sonstige			Gehälter	14.000 €
	Forderungen	16.660 €	an	USt	2.660 €

– in der **Sonder**buchführung des **V**

1. Privatentnahme	120.000 €	an	Sonstige betriebliche Erträge	120.000 €
2. Sonstige Forderungen	14.000 €	an	Sonstige betriebliche Erträge	14.000 €

Dies führt zu folgenden Bilanzberichtigungen:

- bei der **KG**

Sonstige Verbindlichkeiten	+ 16.660 €
Pensionsrückstellung	+ 2.000 €
USt	./. 2.660 €

- in der **Sonderbilanz** der **GmbH**

Sonstige Forderungen	+ 16.660 €
USt	+ 4.560 €
Rückstellungen	+ 14.000 €
Verrechnungsposten	./. 1.900 €

- bei der **GmbH**

USt	./. 1.900 €
Rückstellungen	./. 14.000 €
Verrechnungsposten	+ 1.900 €

- in der **Sonderbilanz** des **V**

Sonstige Forderungen	+ 14.000 €
Privatentnahmen	+ 120.000 €

4.3 Übertragung unbebautes Grundstück

Die Übernahme von Verbindlichkeiten stellt Entgelt dar. Die Übertragung des Grundstücks ist nach der Trennungstheorie in einen entgeltlichen Vorgang (soweit die GmbH das Darlehen übernimmt) und in einen unentgeltlichen Vorgang aufzuteilen. Der entgeltliche Teil beträgt 20 % (250.000 Euro : 50.000 Euro), der unentgeltliche Übertragungsteil 80 %.

Berechnung des Veräußerungsgewinns für den **entgeltlichen** Übertragungsteil:

Veräußerungspreis	50.000 €
./. anteiliger Buchwert (20 %)	40.000 €
Veräußerungsgewinn	10.000 €

Weil das Grundstück keine sechs Jahre zum Sonderbetriebsvermögen des V gehört hat, kann V in seiner Sonderbilanz keine Rücklage nach § 6 b EStG bilden.

Soweit die Übertragung des Grundstücks **unentgeltlich** erfolgt, liegt eine verdeckte Einlage des V in die GmbH vor (R 40 KStR). Diese verdeckte Ein-

R. GmbH & Co. KG

lage fällt aber nicht unter § 6 Abs. 6 Satz 2 EStG, sondern wegen § 6 Abs. 6 Satz 4 EStG unter die Spezialvorschrift des § 6 Abs. 5 Satz 3 Nr. 3 EStG. Diese verdeckte Einlage ist grundsätzlich gewinnneutral zum Buchwert vorzunehmen. Dies gilt jedoch nach § 6 Abs. 5 Satz 5 EStG nicht, soweit der Anteil einer Kapitalgesellschaft an dem Wirtschaftsgut unmittelbar oder mittelbar begründet wird oder dieser sich erhöht. Im vorliegenden Fall erhöht sich der Anteil der GmbH von 0 % auf 100 %, deshalb ist zwingend der Teilwert anzusetzen.

Berechnung:

Anteiliger Teilwert (80 %)	200.000 €
./. anteiliger Buchwert (80 %)	160.000 €
Gewinn	40.000 €

Nach § 6 Abs. 6 Satz 2 EStG erhöhen sich die Anschaffungskosten der Beteiligung des V um den Teilwert von 200.000 Euro auf 225.500 Euro.

Die GmbH muss das übernommene Grundstück in ihrer **Handelsbilanz** aktivieren. Die Bewertung erfolgt hinsichtlich des entgeltlichen Teils der Übertragung mit den tatsächlichen Anschaffungskosten von 50.000 Euro (= Übernahme der Verbindlichkeiten). Soweit eine verdeckte Einlage vorliegt, ist eine Verbuchung mit den tatsächlichen Anschaffungskosten (0 Euro) zulässig. Die Buchungen der GmbH sind (auch hinsichtlich Miete und Grundstücksaufwendungen) nicht zu beanstanden.

Steuerrechtlich stellt das Grundstück notwendiges Sonderbetriebsvermögen I der GmbH dar und muss in ihrer Sonderbilanz aktiviert werden, hinsichtlich des entgeltlichen Teils mit den Anschaffungskosten von 50.000 Euro und hinsichtlich des unentgeltlichen Teils mit dem Teilwert von 200.000 Euro, insgesamt mit 250.000 Euro. Das Darlehen teilt das Schicksal des Grundstücks und muss als notwendiges Sonderbetriebsvermögen II ebenfalls in der Sonderbilanz bilanziert werden. Die Miete stellt Sonderbetriebseinnahmen und die Grundstücksaufwendungen stellen Sonderbetriebsausgaben dar.

Es ergeben sich folgende Bilanzberichtigungen:

- in der **Handelsbilanz** der GmbH
    Keine.
- in der **Steuerbilanz** der GmbH

Grundstücke	./. 50.000 €
Darlehen	./. 50.000 €
Verrechnungsposten	+ 600 €

- in der **Sonderbuchführung** der **GmbH**

Grundstücke	+ 250.000 €
Darlehen	+ 50.000 €
Verrechnungsposten	+ 199.400 €

- in der **Sonderbuchführung** des **V**

Beteiligung	+ 200.000 €
Privatentnahmen	./. 150.000 €

5. Jahresabschluss 07

5.1 Jahresabschluss der KG

Da die VS-GmbH & Co. KG in die Rechtsstellung der VS-KG eintritt, beträgt die AfA unverändert für das Gebäude 4 % von 500.000 Euro = 20.000 Euro und für den Firmenwert 0 Euro. Die AfA ist aufzuteilen auf die Bilanz der KG und die Ergänzungsbilanzen der Gesellschafter V und S. Dies kann auf verschiedene Arten und Weisen erfolgen.
In diesem Beispiel wird die Verteilung wie folgt vorgenommen:

- für das **Gebäude**
  - in der Bilanz der KG (4 % von 480.000 € =)   19.200 €
  - in der Ergänzungsbilanz des V (zusätzlich 60 % von 800 € =)   480 €
  - in der Ergänzungsbilanz des S (zusätzlich 40 % von 800 € =)   320 €
- für den **Firmenwert**
  - in der Bilanz der KG ($^1/_{15}$ von 200.000 € =)   13.334 €
  - in der Ergänzungsbilanz des V
    (Minder-AfA $^1/_{15}$ von 120.000 € =)   ./. 8.000 €
  - in der Ergänzungsbilanz des S
    (Minder-AfA $^1/_{15}$ von 80.000 € =)   ./. 5.334 €

In den **Ergänzungsbilanzen** ergeben sich folgende Gewinnauswirkungen:

- bei V (./. 480 € + 8.000 € =)   7.520 €
- bei S (./. 320 € + 5.334 € =)   5.014 €

Der Gewinn der **VS-GmbH & Co. KG** berechnet sich wie folgt:

Erklärter Gewinn	203.000 €
./. AfA Gebäude, Firmenwert	32.534 €
./. Mehraufwand für Pensionszusage	16.000 €
Berichtigter Gewinn lt. Bilanz KG	154.466 €

Der Gewinn in den **Sonderbuchführungen** berechnet sich wie folgt:

- bei der **GmbH**

Erklärter Gewinn	0 €
Mieterträge	+ 1.500 €
./. Grundstücksaufwendungen	./. 900 €
./. Zinsaufwendungen (1.125 € + 250 € =)	./. 1.375 €
Verlust	./. 775 €

- bei **V**

Erklärter Gewinn (4.500 € ./. 2.700 € =)	1.800 €

R. GmbH & Co. KG

Geschäftsführergehälter	+ 120.000 €
Zuführung Pensionszusage	+ 16.000 €
Sonstige betriebliche Erträge (Grundstücksverkauf)	+ 50.000 €
Gewinn	187.800 €
Der steuerliche Gesamtgewinn beträgt:	
Gewinn VS-GmbH & Co. KG	154.466 €
+ Ergänzungsbilanz V	+ 7.520 €
+ Ergänzungsbilanz S	+ 5.014 €
./. Sonderbilanz GmbH	./. 775 €
+ Sonderbilanz V	+ 187.800 €
Steuerlicher Gesamtgewinn	354.025 €

Der steuerliche Gesamtgewinn ist wie folgt auf die Gesellschafter zu verteilen:

	Summe €	GmbH €	V €	S €
Steuerlicher Gesamtgewinn	354.025			
./. Ergänzungsbilanz V	7.520		+ 7.520	
./. Ergänzungsbilanz S	5.014			+ 5.014
+ Sonderbilanz GmbH	775	./. 775		
./. Sonderbilanz V	187.800		+ 187.800	
Verbleibt Gewinn KG	154.466			
./. Vorabvergütung GmbH	3.000	+ 3.000		
Verbleiben	151.466			
Verteilung 10 : 54 : 36		+15.146	+ 81.792	+ 54.528
Gewinnanteil		17.371	277.112	59.542

Bei der ESt-Veranlagung des S wird der für den VZ 06 nach § 15 a Abs. 4 EStG gesondert festgestellte Verlust von 40.000 Euro nach § 15 a Abs. 2 EStG mit dem Gewinn des V aus seiner Beteiligung an der VS-GmbH & Co. KG verrechnet. Zum Gewinn der KG gehören auch die Gewinne der Ergänzungsbilanz des betreffenden Gesellschafters.

5.2 Jahresabschluss der GmbH

Zwischen Handelsbilanz und Steuerbilanz der GmbH besteht von vornherein der Unterschied, dass nahezu alle Wirtschaftsgüter der GmbH zu deren Sonderbetriebsvermögen gehören und deshalb aus steuerlicher Sicht in der Sonderbilanz der GmbH bilanziert werden müssen. In der Steuerbilanz der GmbH ist insoweit ein steuerlicher Ausgleichsposten auszuweisen.

Darüber hinaus stellt die Beteiligung an einer Personengesellschaft aus handelsrechtlicher Sicht einen Vermögensgegenstand, aus steuerlicher Sicht aber kein Wirtschaftsgut dar. Die Beteiligung an der KG ist deshalb in der Handelsbilanz mit den Anschaffungskosten zu aktivieren. Der Ansatz des niedrigeren beizulegenden Werts nach § 253 Abs. 2 HGB scheidet aus, weil der Wert nicht gemindert ist. Der Anspruch auf Auszahlung des Gewinns ist als Forderung in der Handelsbilanz auszuweisen.

In der Steuerbilanz kann die Beteiligung an der KG grundsätzlich nicht bilanziert werden. Es ist jedoch zulässig, nach der sog. Spiegelbildmethode die Beteiligung in der Steuerbilanz in Höhe des steuerlichen Gesamtkapitals zu aktivieren.

In der handelsrechtlichen Gewinn-und-Verlust-Rechnung sind alle Aufwendungen und Erträge zu erfassen, auch soweit sie mit der Beteiligung an der KG in Zusammenhang stehen. In der steuerlichen Gewinn-und-Verlust-Rechnung der GmbH erscheinen dagegen nur die Gründungskosten und der Steueraufwand als originäre Aufwendungen. Als Ertrag ist der steuerliche Gesamtgewinnanteil der GmbH auszuweisen.

Bei der Erstellung des Jahresabschlusses sind noch die Steuerrückstellungen zu bilden. Bei der GmbH ergibt sich keine Gewerbesteuerschuld, weil der Gewerbeertrag negativ ist, denn in Höhe des Beteiligungsertrags von 17.371 Euro ist eine Minderung nach § 9 Nr. 2 GewStG vorzunehmen, weil dieser Gewinn bereits bei der KG der Gewerbesteuer zu unterwerfen ist.

Die KSt beträgt 15 % von 16.771 Euro = 2.515 Euro, der Solidaritätszuschlag davon 5,5 % = 138 Euro.

Berechnung:

	GuV nach Handelsrecht €	GuV nach Steuerrecht €
Beteiligungsertrag	18.146	
Steuerlicher Gesamtgewinnanteil		17.371
+ Mieterträge	1.500	
./. Grundstückskosten	900	
./. Zinsaufwendungen	1.375	
./. Gründungskosten	600	600
Gewinn vor Körperschaftsteuer	16.771	16.771
./. Körperschaftsteuer	2.515	2.515
./. Solidaritätszuschlag	138	138
Jahresüberschuss	14.118	14.118

R. GmbH & Co. KG

Berichtigte Bilanz der VS-GmbH & Co. KG zum 01.01.07 und 31.12.07

	01.01.07	31.12.07
Aktiva		
Noch ausstehende Einlagen GmbH	50.000	0
Grund und Boden Sonnenstr. 8	270.000	270.000
Gebäude Sonnenstr. 8	480.000	460.800
Übriges Aktivvermögen	490.000	1.043.000
Firmenwert	200.000	186.666
	1.490.000	1.960.466
Passiva		
Kapital I GmbH	50.000	50.000
Kapital II GmbH	0	18.146
Kapital I V	450.000	450.000
Kapital II V	./. 180.000	./. 98.208
Kapital I S	300.000	300.000
Kapital II S	./. 120.000	./. 65.472
Pensionsrückstellungen	140.000	142.000
Übrige Passivposten	850.000	1.164.000
	1.490.000	1.960.466

Ergänzungsbilanzen für V und S

	V		S	
	01.01.07 in €	31.12.07 in €	01.01.07 in €	31.12.07 in €
Aktiva				
Minderkapital	330.000 €	322.480 €	220.000 €	214.986 €
	330.000 €	322.480 €	220.000 €	214.986 €
Passiva				
Minderwert Grund und Boden Sonnenstr. 8	102.000 €	102.000 €	68.000 €	68.000 €
Minderwert Gebäude Sonnenstr. 8	108.000 €	108.480 €	72.000 €	72.320 €
Minderwert Firmenwert	120.000 €	112.000 €	80.000 €	74.666 €
	330.000 €	322.480 €	220.000 €	214.986 €

7 Buchführung

Sonderbilanzen der Gesellschafter

Aktiva	Sonderbilanz V zum 31.12.06		Passiva
Unbebautes Grundstück	200.000 €	Kapital	290.000 €
Sonstige Forderungen	140.000 €	Darlehen	50.000 €
	340.000 €		340.000 €

Aktiva	Sonderbilanz V zum 31.12.07		Passiva
GmbH-Beteiligung	225.500 €	Kapital	369.000 €
Sonstige Forderungen	156.000 €	Darlehen	12.500 €
	381.500 €		381.500 €

Aktiva	Sonderbilanz S zum 31.12.07		Passiva
GmbH-Beteiligung	25.500 €	Kapital	13.000 €
		Darlehen	12.500 €
	25.500 €		25.500 €

Aktiva	Sonderbilanz GmbH zum 31.12.07		Passiva
Unbebautes Grundstück	250.000 €	Kapital	172.850 €
Sonstige Forderungen	16.660 €	Pensionsrückstellung	14.000 €
		Darlehen	75.000 €
		Sonstige Verbindlichkeiten	250 €
		USt	4.560 €
	266.660 €		266.660 €

Handelsbilanz und Steuerbilanz der GmbH zum 31.12.07

Aktiva	Handelsbilanz	Steuerbilanz
Ausstehende Einlagen	25.000	25.000
Unbebautes Grundstück	50.000	0
Beteiligung an GmbH & Co. KG	50.000	240.996
Sonstige Forderungen an KG	16.660	0
Sonstige Forderungen an KG (Gewinn)	18.146	0
Bank	1.775	1.775
	161.581	267.771

1503

R. GmbH & Co. KG

	Handelsbilanz	Steuerbilanz
Passiva		
Gezeichnetes Kapital	50.000	50.000
Kapitalrücklage	1.000	1.000
Jahresüberschuss	14.118	14.118
Steuerlicher Ausgleichsposten		200.000
Pensionsrückstellungen	14.000	0
Steuerrückstellungen	2.653	2.653
Darlehen (50.000 € + 25.000 €)	75.000	0
Sonstige Verbindlichkeiten	250	0
USt	4.560	0
	161.581	267.771

8 Übertragung von Wirtschaftsgütern

89 Die entgeltliche und unentgeltliche Übertragung einzelner Wirtschaftsgüter von der Personengesellschaft auf ihre Gesellschafter und umgekehrt ist aus sachlichen Gesichtspunkten bereits ausführlich in B. dargestellt.[125] Das gilt auch für die – insbesondere die GmbH & Co. KG betreffende – Missbrauchsvorschrift gem. § 6 Abs. 5 Satz 5 EStG.[126] Auf Einzelheiten kann deshalb an dieser Stelle verzichtet werden.

9 Veräußerung eines Anteils

9.1 Veräußerung nur eines GmbH-Anteils

90 Sofern die GmbH-Anteile der Kommanditisten zu deren Sonderbetriebsvermögen gehören, erhöhen bzw. vermindern die bei der Veräußerung dieser Anteile entstandenen Gewinne oder Verluste den steuerlichen Gesamtgewinn der Personengesellschaft gem. § 15 Abs. 1 Satz 1 Nr. 2 EStG.

Ist der veräußernde Gesellschafter Alleingesellschafter der GmbH und veräußert er im Laufe eines Jahres seine gesamte Beteiligung, gilt diese Veräußerung gem. § 16 Abs. 1 Nr. 1 Satz 2 EStG als Veräußerung eines Teil-

---

125 Siehe B. Rz. 379 ff.
126 Siehe B. Rz. 389 ff.

9 Veräußerung eines Anteils

betriebs, die gem. §§ 16, 34 EStG begünstigt ist. Das Gleiche gilt, wenn die Geschäftsanteile im Eigentum mehrerer Mitunternehmer derselben Personengesellschaft stehen und zum (Sonder-)Betriebsvermögen der Mitunternehmer bei dieser Personengesellschaft gehören und alle im Laufe eines Jahres ihre gesamte Beteiligung veräußern (R 16 Abs. 3 Satz 7 EStR).

Beispiel 1:

An einer GmbH & Co. KG sind eine GmbH als Komplementär sowie die Kommanditisten A und B beteiligt. A und B sind auch zu 50 % am Vermögen und Gewinn und Verlust der GmbH beteiligt.

Im Oktober 01 veräußert A seinen GmbH-Anteil an C und erzielt dabei einen Veräußerungsgewinn i. H. von 40.000 €.

Der Veräußerungsgewinn gehört zu den laufenden, gewerbesteuerpflichtigen Einkünften aus Gewerbebetrieb gem. § 15 Abs. 1 Satz 1 Nr. 2 EStG. Die Veräußerung eines Teilbetriebs i. S. von § 16 Abs. 1 Nr. 1 Satz 2 EStG bzw. eines Teils eines Mitunternehmeranteils liegt nicht vor.

Beispiel 2:

Wie Beispiel 1, jedoch veräußert auch B seinen Anteil im November 01 an D und erzielt dabei einen Veräußerungsgewinn i. H. von 40.000 €.

Der Veräußerungsgewinn beider Gesellschafter gehört zu den Einkünften aus Gewerbebetrieb gem. § 15 Abs. 1 Satz 1 Nr. 2 EStG. Nunmehr liegt aber die gem. §§ 16, 34 EStG begünstigte Veräußerung eines Teilbetriebs gem. § 16 Abs. 1 Nr. 1 Satz 2 EStG vor. Dieser Gewinn unterliegt der Gewerbesteuer, dafür erhalten die Gesellschafter die Steuerermäßigung gem. § 35 EStG.

9.2 Veräußerung GmbH-Anteil und Mitunternehmeranteil

Veräußert ein Gesellschafter sowohl seinen GmbH-Anteil als auch seinen Mitunternehmeranteil an der KG in vollem Umfang, liegt die nach §§ 16, 34 EStG begünstigte Veräußerung eines Mitunternehmeranteils i. S. von § 16 Abs. 1 Nr. 2 EStG vor, denn der Mitunternehmeranteil besteht aus dem Gesellschaftsanteil und dem Sonderbetriebsvermögen.[127]

91

Dagegen ist die Veräußerung eines **Teils eines Mitunternehmeranteils** nicht nach §§ 16, 34 EStG begünstigt. Der dabei erzielte Gewinn ist nach § 16 Abs. 1 Satz 2 EStG als laufender, gewerbesteuerpflichtiger Gewinn zu behandeln.[128]

Beispiel:

A ist zu 50 % an der AB-GmbH und als Kommanditist an der AB-GmbH & Co. KG beteiligt. Im Jahre 02 veräußert er die Hälfte seines GmbH-Anteils

---

127 Wegen weiterer Einzelheiten siehe J. Rz. 70 ff.; BFH vom 19.03.1991, BStBl II 1991, 635, und vom 02.10.1997, BStBl II 1998, 104.
128 Siehe im Einzelnen J. Rz. 12.

und die Hälfte seines Mitunternehmeranteils an den neu eintretenden Gesellschafter C. Der Veräußerungsgewinn beträgt 300.000 €.

Der bei der Veräußerung eines Teils eines Mitunternehmeranteils erzielte Gewinn ist als laufender Gewinn zu versteuern.

9.3 Veräußerung nur des Mitunternehmeranteils

92 Veräußert ein Kommanditist nur seinen Mitunternehmeranteil, behält er aber seinen GmbH-Anteil, kann dieser nicht mehr zum Sonderbetriebsvermögen gehören und wird deshalb grundsätzlich in das Privatvermögen überführt. In diesem Fall liegt die Aufgabe eines Mitunternehmeranteils i. S. von § 16 Abs. 3 EStG vor. Der nach §§ 16, 34 EStG begünstigte Aufgabegewinn setzt sich zusammen aus dem Veräußerungsgewinn des Mitunternehmeranteils und dem Entnahmegewinn des GmbH-Anteils. Als Entnahmegewinn ist nach § 16 Abs. 3 Satz 7 EStG der Unterschiedsbetrag zwischen dem gemeinen Wert und dem Buchwert des GmbH-Anteils anzusetzen.

Überführt der Gesellschafter seinen GmbH-Anteil in einen anderen Gewerbebetrieb, muss er nach § 6 Abs. 5 Satz 2 EStG den Buchwert fortführen, mit der Folge, dass bei der KG nur die im Gesellschaftsanteil enthaltenen stillen Reserven aufgedeckt werden. Da die GmbH-Anteile eine wesentliche Betriebsgrundlage darstellen, liegt weder eine Veräußerung eines Mitunternehmeranteils i. S. von § 16 Abs. 1 Nr. 2 EStG noch eine Aufgabe eines Mitunternehmeranteils i. S. von § 16 Abs. 3 EStG vor. Die aufgedeckten stillen Reserven sind deshalb als laufender Gewinn zu versteuern.

Veräußert die GmbH ihren Mitunternehmeranteil, unterliegt der Gewinn nach § 7 Satz 2 GewStG der Gewerbesteuer, unabhängig davon, ob der gesamte Anteil oder nur der Teil eines Mitunternehmeranteils veräußert wird. Der Gewinn ist nicht nach §§ 16, 34 EStG begünstigt, weil die GmbH keine natürliche Person ist.

10 Organschaft bei der GmbH & Co. KG

10.1 GmbH & Co. KG als Organträger

93 Grundsätzlich ist die GmbH & Co. KG auch geeignet, Organträger zu sein. Soweit sie die Voraussetzung der gewerblich geprägten Personengesellschaft erfüllt (vgl. § 15 Abs. 3 Nr. 2 EStG), beruht die „gewerbliche Betätigung" nur auf der gewählten Rechtsform. § 14 Abs. 1 Satz 1 KStG verlangt aber für die Anerkennung einer Organschaft, dass der Organträger eine **eigene gewerbliche Tätigkeit** entfaltet. Diese Voraussetzung erfüllt die gewerblich geprägte Personengesellschaften i. S. des § 15 Abs. 3 Nr. 2 EStG (§ 14 Abs. 1 Satz 1 Nr. 2 KStG) **nicht**.

10.2 Komplementär-GmbH als Organträger

Da die Komplementär-GmbH einen Gewerbebetrieb kraft Rechtsform unterhält, könnte sie durchaus Organträger gegenüber einer KG sein. Im Verhältnis zu der KG, an der die GmbH beteiligt ist, scheidet dies jedoch aus. Organ im Rahmen einer Organschaft kann nur eine Kapitalgesellschaft sein und nicht eine KG.[129]

94

10.3 GmbH & Co. KG als Organ

Organschaft setzt voraus, dass **eine Kapitalgesellschaft** als Organ die Tätigkeit des Organträgers fördert (§ 14 KStG). Da die GmbH & Co. KG auch steuerrechtlich als Personengesellschaft gilt, scheidet eine Organstellung aus.

95

10.4 Komplementär-GmbH als Organ

Denkbar wäre, dass die GmbH Organ der KG sein kann. Nach dem Wegfall der organisatorischen Eingliederung als Tatbestandsmerkmal kann eine von den Kommanditisten beherrschte Komplementär-GmbH Organ der GmbH & Co. KG sein, wenn die Voraussetzungen der finanziellen Eingliederung nach § 14 Abs. 1 Nr. 1 KStG **unmittelbar gegenüber der Personengesellschaft** selbst vorliegen. Das heißt, dass die Beteiligung an der GmbH unmittelbar zum Gesamthandsvermögen der Gesellschaft gehören müsste. Da dies jedoch bei der GmbH & Co. KG nicht möglich ist, scheidet ein Organverhältnis aus.

96

11 Umsatzsteuerliche Fragen im Zusammenhang mit der GmbH & Co. KG

11.1 Allgemeines

Wie jede andere Personengesellschaft ist auch die GmbH & Co. KG umsatzsteuerrechtsfähig. Auch die für die Unternehmereigenschaft erforderliche Selbständigkeit ist stets gegeben.

97

---
129 BFH vom 07.03.1973, BStBl II 1973, 562.

R. GmbH & Co. KG

Auch die Gesellschafter der GmbH & Co. KG können Unternehmer sein, und zwar sowohl die als Komplementärin fungierende GmbH als auch die Kommanditisten.

11.2 Komplementär-GmbH als Unternehmer

98 Die GmbH ist umsatzsteuerrechtsfähig und wird Unternehmer im Sinne des Umsatzsteuerrechts, sofern sie die Tatbestandsmerkmale des § 2 UStG erfüllt, also

1. selbständig,
2. nachhaltig und
3. in Einnahmeerzielungsabsicht

tätig ist.

11.2.1 Selbständigkeit

99 Die Selbständigkeit ist bei einer GmbH grundsätzlich zu bejahen, sofern sie nicht als Organgesellschaft nach § 2 Abs. 2 Nr. 2 UStG in ein anderes Unternehmen eingegliedert ist. Bei der Komplementär-GmbH ist zu prüfen, ob eine finanzielle, wirtschaftliche und organisatorische Eingliederung in die GmbH & Co. KG gegeben ist. Dies ist jedoch in aller Regel nicht der Fall.

Nach der Rechtsprechung des BFH[130] ist die finanzielle Eingliederung nicht gegeben, da nicht die KG an der GmbH, sondern umgekehrt die GmbH an der KG beteiligt ist. Zwar ist nach der Rechtsprechung des BFH hinsichtlich der Eingliederung einer juristischen Person in eine Personengesellschaft auch eine mittelbare Eingliederung über die Gesellschafter der Personengesellschaft ausreichend, jedoch soll eine mittelbare Beteiligung einer KG an der geschäftsführenden GmbH über die Kommanditisten ausscheiden, weil eine unmittelbare Beteiligung nicht denkbar sei.[131] Die finanzielle Eingliederung ist allerdings in dem Sonderfall der sog. Einheitsgesellschaft gegeben, da bei der sog. Einheitsgesellschaft die KG selbst die Inhaberin sämtlicher Anteile an der Komplementär-GmbH ist.[132] Die mögliche Einheitsgesellschaft entkräftet überdies das Argument, eine unmittelbare Beteiligung der KG an der GmbH sei nicht denkbar. Die neuere Rechtsprechung stellt für die finanzielle Eingliederung in erster Linie darauf ab, ob durch die finanzielle Verflechtung zwischen Organgesellschaft und Organträger eine einheitliche Willensbildung bei der Organgesellschaft und dem

---

130 Vgl. BFH vom 14.12.1978, BStBl II 1979, 288, und Abschn. 21 Abs. 2 Satz 3 UStR.
131 Birkenfeld in Hartmann/Metzenmacher, § 2 UStG Rz. 359.
132 Vgl. Abschn. 21 Abs. 4 Satz 5 UStR und Beispiel 6 in Rn. 6 des BMF-Schreibens vom 31.05.2007, BStBl I 2007, 503.

11 Umsatzsteuerliche Fragen

Organträger gewährleistet ist.[133] Stellt man darauf ab, kann die finanzielle Eingliederung bejaht werden.

Des Weiteren ist eine wirtschaftliche Eingliederung erforderlich. Diese wurde bisher abgelehnt, wenn die GmbH ihre Tätigkeit für die KG auf die Geschäftsführung beschränkte. Da die GmbH insoweit nach bisheriger Auffassung[134] keine Leistung an die KG erbrachte, handelte es sich insoweit allenfalls um ein Merkmal der organisatorischen Eingliederung. Nachdem nun allerdings der BFH auch bezüglich der Geschäftsführertätigkeit gegen Sonderentgelt einen Leistungsaustausch annimmt,[135] muss die Geschäftsführertätigkeit gegen Sonderentgelt als Merkmal der wirtschaftlichen Eingliederung anerkannt werden. Ein weiteres Merkmal der wirtschaftlichen Eingliederung könnte etwa dann gegeben sein, wenn die GmbH neben der Geschäftsführung der KG noch eine eigene wirtschaftliche Tätigkeit entfaltet und durch diese Tätigkeit die unternehmerische Tätigkeit der KG ergänzt, indem sie z. B. von der KG produzierte Waren im **eigenen** Namen (nicht im Namen der KG) veräußert.

Schließlich ist auch eine organisatorische Eingliederung erforderlich. Dies erfordert im Grundsatz, dass die KG durch organisatorische Maßnahmen sicherstellt, dass in der GmbH ihr Wille tatsächlich ausgeführt wird. Im Allgemeinen ergibt sich aber ein umgekehrtes Bild dahin gehend, dass nicht der Wille der KG in der GmbH, sondern aufgrund der Geschäftsführung der GmbH umgekehrt der Wille der GmbH in der KG ausgeführt wird. Allerdings wird die organisatorische Eingliederung trotz dieses Mangels anzunehmen sein, wenn es sich um eine sog. Einheitsgesellschaft handelt.

Ob letztlich die GmbH organschaftlich in die KG eingegliedert sein kann, entscheidet das Gesamtbild der Verhältnisse. Aufgrund der neueren Entwicklung der Rechtsprechung scheint es jedenfalls eher möglich, eine organschaftliche Eingliederung der GmbH in die KG anzunehmen.

Beispiel

An der A-GmbH & Co. KG sind die A-GmbH als Komplementärin und B und C als Kommanditisten beteiligt. Sämtliche Anteile an der A-GmbH hält die A-GmbH & Co. KG. Die A-GmbH & Co. KG produziert Waren, die von der A-GmbH im eigenen Namen vertrieben werden.

Im vorliegenden Fall sind sämtliche Tatbestandsmerkmale der Organschaft für die A-GmbH gegeben.

Die finanzielle Eingliederung ist gegeben, da eine sog. Einheitsgesellschaft vorliegt und die A-GmbH & Co. KG sämtliche Anteile der A-GmbH hält.

Die wirtschaftliche Eingliederung ist gegeben, da die A-GmbH mit der Veräußerung der Waren im eigenen Namen eine eigene wirtschaftliche

100

---
133 BFH vom 22.11.2001, UR 2002 S. 127.
134 BFH vom 17.07.1980, BStBl II 1980, 622.
135 BFH vom 06.06.2002, BStBl II 2003, 36; vgl. auch Abschn. 6 Abs. 3 Satz 6 und Abs. 4 Satz 4 UStR.

Tätigkeit entfaltet und mit dieser Tätigkeit die A-GmbH & Co. KG wirtschaftlich ergänzt.

Die organisatorische Eingliederung ist schließlich gegeben, da der von der Geschäftsführung repräsentierte Wille der A-GmbH & Co. KG unmittelbar in der A-GmbH wirkt (Personalunion der Geschäftsführer).

Als Folge der Organschaft ist die A-GmbH unselbständiger Unternehmensteil der A-GmbH & Co. KG. Fließen Leistungen von der A-GmbH zur A-GmbH & Co. KG oder von der A-GmbH & Co. KG zur A-GmbH, so handelt es sich hierbei um nicht steuerbare Innenumsätze. Dies gilt auch bzgl. der Geschäftsführertätigkeit der A-GmbH.

11.2.2 Nachhaltige Tätigkeit in Einnahmeerzielungsabsicht

101 Sofern die Komplementär-GmbH nicht als Organgesellschaft in die KG eingegliedert ist, erbringt sie mit ihrer Geschäftsführertätigkeit Leistungen an die KG. Wenn sie hierfür ein Sonderentgelt erhält, ist sie Unternehmerin und tätigt steuerbare und steuerpflichtige Leistungen an die KG. Die KG darf unter den Voraussetzungen des § 15 UStG die ihr von der GmbH berechnete Umsatzsteuer als Vorsteuer abziehen.

Beispiel:

102 Die X-GmbH & Co. KG besteht aus dem Komplementär-Gesellschafter X-GmbH und den Kommanditisten B und C. Die X-GmbH ist keine Organgesellschaft der X-GmbH & Co. KG. Die X-GmbH erhält für ihre Geschäftsführertätigkeit eine vom Gewinn unabhängige Vergütung i. H. von jährlich 50.000 €. Der verbleibende Gewinn wird nach dem Verhältnis der Gesellschaftsanteile auf die X-GmbH, B und C aufgeteilt. Die X-GmbH hat einen PKW, den sie zu 60 % für ihre Geschäftsführertätigkeit einsetzt. Im Übrigen überlässt sie den PKW ihrem angestellten Geschäftsführer G (Arbeitnehmer) zur privaten Nutzung.

Während nach bisheriger Auffassung die Geschäftsführertätigkeit keine umsatzsteuerrechtlich relevante Leistung der X-GmbH an die X-GmbH & Co. KG darstellte, liegt nach der nunmehr geänderten Auffassung des BFH zwischen der X-GmbH und der X-GmbH & Co. KG ein Leistungsaustausch vor.[136] Da die X-GmbH keine Organgesellschaft der X-GmbH & Co. KG ist und somit selbständig tätig ist, erbringt sie nachhaltig Leistungen an die X-GmbH & Co. KG und ist damit Unternehmerin. Die Vergütung von 50.000 € ist steuerbar und steuerpflichtig. Die USt beträgt $^{19}/_{119}$ von 50.000 € = 7.983 €. Sie kann unter den Voraussetzungen des § 15 UStG von der X-GmbH & Co. KG als Vorsteuer abgezogen werden.

Da die X-GmbH Unternehmerin ist und den PKW zu 100 % unternehmerisch nutzt (zu 60 % für ihre Geschäftsführertätigkeit und zu 40 % durch steuerpflichtige Nutzungsüberlassung an G), kann sie den PKW ihrem Unternehmen zuordnen. Als Folge hat sie für die diesbezüglich anfallenden Vorsteuern den vollen Vorsteuerabzug.

---

[136] Urteil vom 06.06.2002, BStBl II 2003, 36; vgl. auch Abschn. 6 Abs. 3 Satz 6 und Abs. 4 Satz 4 UStR.

11 Umsatzsteuerliche Fragen

Kein Leistungsaustausch liegt nach Verwaltungsauffassung[137] vor, wenn die GmbH als persönlich haftende Gesellschafterin lediglich eine sog. Haftungsvergütung erhält. In diesem Fall erbringt die GmbH keine Leistung an die KG, weil sich die Haftung als unabdingbare Rechtsfolge aus dem Gesellschafterstatus ergibt.

Erbringt die GmbH jedoch Geschäftsführungsleistungen und erhält sie hierfür ein Sonderentgelt, ist eine zusätzlich an die GmbH entrichtete Haftungsvergütung zusätzliches Entgelt für die steuerpflichtige Geschäftsführungsleistung der GmbH.[138]

11.2.3 Ergänzende Beispiele:

Beispiel 1:

Die X-GmbH ist Komplementär-GmbH der X-GmbH & Co. KG. Die X-GmbH ist keine Organgesellschaft der X-GmbH & Co. KG. Ihre Geschäftsführertätigkeit wird durch ihre Beteiligung am Gewinn und Verlust abgegolten. Zusätzlich erhält sie eine Haftungsrisikoprämie i. H. von angemessenen 5 % ihres Stammkapitals i. H. von 100.000 € = 5.000 €.

Die X-GmbH erbringt mit ihrer Geschäftsführertätigkeit keine entgeltliche Leistung an die KG. Sie ist insoweit nicht unternehmerisch tätig. Auch die Haftungsrisikoprämie ist kein Entgelt für eine Leistung der GmbH an die KG, weil sich die Haftung unabdingbar aus dem Status der GmbH als persönlich haftende Gesellschafterin ergibt.[139] Somit ist die GmbH keine Unternehmerin und es fällt bei ihr weder Umsatzsteuer noch Vorsteuer an.

Beispiel 2:

Die X-GmbH ist Komplementär-GmbH der X-GmbH & Co. KG. Die X-GmbH ist keine Organgesellschaft der X-GmbH & Co. KG. Die X-GmbH erhält für ihre Geschäftsführertätigkeit eine angemessene Vergütung i. H. von monatlich 1.000 €. Weiterhin erhält sie eine Haftungsrisikoprämie i. H. von angemessenen 5 % ihres Stammkapitals i. H. von 100.000 € = 5.000 €. Die X-GmbH verzichtet gem. § 19 Abs. 2 UStG auf die Anwendung des § 19 Abs. 1 UStG.

Mit ihrer Geschäftsführertätigkeit erbringt die X-GmbH nachhaltig Leistungen an die X-GmbH & Co. KG gegen Entgelt. Diese Leistungen sind steuerbar und steuerpflichtig. Aufgrund des Verzichts auf die Kleinunternehmerregelung nach § 19 Abs. 1 UStG unterliegt die X-GmbH der Regelbesteuerung. Die Übernahme des Haftungsrisikos ergibt sich als unabdingbare Rechtsfolge aus dem Gesellschafterstatus der GmbH und stellt somit keine Leistung an die KG dar. Die Verwaltung geht in diesem Fall davon aus, dass die Haftungsrisikoprämie zusätzliches Entgelt für die Geschäftsführertätigkeit der GmbH ist.[140] Somit

---
137 Vgl. Rn. 13 des BMF-Schreibens vom 31.05.2007, BStBl I 2007, 503, und Abschn. 6 Abs. 6 Satz 2 und 3 UStR.
138 Vgl. Beispiel 15 in Rn. 13 des BMF-Schreibens vom 31.05.2007, BStBl I 2007, 503, und Abschn. 6 Abs. 6 Satz 4 UStR.
139 Vgl. Abschn. 6 Abs. 6 Satz 2 und 3 UStR.
140 Vgl. Beispiel 15 in Rn. 13 des BMF-Schreibens vom 31.05.2007, BStBl I 2007, 503, und Abschn. 6 Abs. 6 Satz 4 UStR.

R. GmbH & Co. KG

beträgt die Umsatzsteuer bei der GmbH pro Kalenderjahr $^{19}/_{119}$ von 17.000 € (12.000 € + 5.000 €) = 2.714,28 €. Die Kleinunternehmerregelung des § 19 UStG kommt infolge des Verzichts nach § 19 Abs. 2 UStG nicht zur Anwendung. Die X-GmbH & Co. KG darf diese USt unter den Voraussetzungen des § 15 UStG als Vorsteuer abziehen.

Soweit bei der GmbH im Rahmen ihrer Tätigkeit für die KG Vorsteuern anfallen, hat die GmbH hieraus den Vorsteuerabzug.

Beispiel 3:

Die X-GmbH ist Komplementär-GmbH der X-GmbH & Co. KG. Die X-GmbH ist keine Organgesellschaft der X-GmbH & Co. KG. Geschäftsführer der GmbH ist G. Er übt für die GmbH die Geschäftsführertätigkeit gegenüber der KG aus. G hat nach seinem Anstellungsvertrag mit der GmbH einen Anspruch auf Arbeitslohn i. H. von monatlich 5.000 €. Dieser Arbeitslohn wird dem G nach Abzug der anfallenden Lohnsteuer direkt von einem Konto der KG überwiesen. Die anfallende Lohnsteuer wird von der GmbH angemeldet und für die GmbH direkt von einem Konto der KG an das Finanzamt überwiesen.

Die Zahlungen der KG an den G und an das Finanzamt erfolgen im abgekürzten Zahlungsweg. Sie sind so zu behandeln, als ob die KG diese Beträge an die GmbH geleistet hätte und die GmbH dann den Arbeitslohn an G bzw. das Finanzamt ausbezahlt hätte. Mit ihrer Geschäftsführertätigkeit erbringt die X-GmbH daher eine nachhaltig Leistungen an die X-GmbH & Co. KG gegen Entgelt. Diese Leistungen sind steuerbar und steuerpflichtig. Die Umsatzsteuer bei der GmbH beträgt monatlich $^{19}/_{119}$ von 5.000 € = 798,32 €. Bei entsprechender Rechnungsstellung darf die KG diese Umsatzsteuer als Vorsteuer abziehen. Im Hinblick darauf sollte die GmbH der KG die Umsatzsteuer i. H. von 19 % von 5.000 € = 950 € berechnen.

Beispiel 4:

Die X-GmbH ist Komplementär-GmbH der X-GmbH & Co. KG. Die X-GmbH & Co. KG tätigt ausschließlich steuerfreie Umsätze, die den Vorsteuerabzug ausschließen. Geschäftsführer der GmbH ist G, der 50 % der GmbH-Anteile hält. Die GmbH ist formell Geschäftsführer der KG. Die GmbH ist hierfür lediglich am Gewinn und Verlust der KG beteiligt. G ist als Kommanditist an der KG beteiligt. Mit der KG hat er einen Anstellungsvertrag, wonach er die Geschäftsführertätigkeit für die KG auszuüben hat und hierfür monatlich 5.000 € erhält. In diesem Arbeitsvertrag sind Regelungen über Urlaubsanspruch, Lohnfortzahlung im Krankheitsfall und feste Arbeitszeiten, die ihn nach allgemeinen Kriterien zum Arbeitnehmer qualifizieren. Einkommensteuerrechtlich sind seine Bezüge nach § 15 Abs. 1 Satz 1 Nr. 2 EStG Einkünfte aus Gewerbebetrieb und damit keine Einkünfte aus nichtselbständiger Tätigkeit.

Die X-GmbH erbringt als Geschäftsführerin keine entgeltlichen Leistung an die KG. Sie ist nicht unternehmerisch tätig. G erbringt aufgrund des Anstellungsvertrags mit der KG seine Leistungen direkt an die KG. Diese Leistungen sind zwar entgeltlich, jedoch nicht steuerbar, da G nicht selbständig im Sinne des UStG ist. Zwar gelten für die Einordnung als selbständig bzw. unselbständig grundsätzlich für die Umsatzsteuer wie für die Einkommensteuer dieselben Kriterien. Dies gilt jedoch nicht, wenn Vergütungen für eine im Grundsatz

11 Umsatzsteuerliche Fragen

unselbständige Tätigkeit lediglich aufgrund der Sonderregelung des § 15 Abs. 1 Satz 1 Nr. 2 EStG zu Gewinneinkünften umqualifiziert werden.[141] Es fällt somit bei G keine Umsatzsteuer an, die wegen des Vorsteuerabzugsverbots nach § 15 Abs. 1 Nr. 1 UStG nicht als Vorsteuer abgezogen werden könnte.

Beispiel 5:

An der A-GmbH & Co. KG sind die A-GmbH als Komplementärin und B und C als Kommanditisten beteiligt. Sämtliche Anteile an der A-GmbH hält die A-GmbH & Co. KG. Die A-GmbH & Co. KG tätigt ausschließlich steuerfreie Umsätze, die den Vorsteuerabzug nach § 15 Abs. 2 Nr. 1 UStG ausschließen. Geschäftsführer der A-GmbH ist A, der zugleich Kommanditist der A-GmbH & Co. KG ist. Für ihre durch A ausgeübte Geschäftsführertätigkeit gegenüber der A-GmbH & Co. KG hat die A-GmbH der A-GmbH & Co. KG im Jahr 01 60.000 € zzgl. 19 % = 11.400 € USt berechnet. Die GmbH ist auch wirtschaftlich in die KG eingegliedert.

Im vorliegenden Fall sind sämtliche Tatbestandsmerkmale der Organschaft für die A-GmbH gegeben.[142] Die finanzielle Eingliederung ist gegeben, da eine sog. Einheitsgesellschaft vorliegt und die A-GmbH & Co. KG sämtliche Anteile der A-GmbH hält. Die wirtschaftliche Eingliederung ist lt. Sachverhalt gegeben.

Die organisatorische Eingliederung ist schließlich gegeben, da der von der Geschäftsführung repräsentierte Wille der A-GmbH & Co. KG unmittelbar in der A-GmbH wirkt (Personalunion der Geschäftsführer).

Als Folge der Organschaft ist die A-GmbH unselbständiger Unternehmensteil der A-GmbH & Co. KG. Bezüglich der Geschäftsführertätigkeit der A-GmbH liegt ein nicht steuerbarer Innenumsatz vor. Die Abrechnung mit gesondertem Ausweis der USt führt nicht zu einer Steuer nach § 14 c UStG, da es sich nicht um eine Rechnung bzw. Urkunde i. S. des § 14 c UStG, sondern um eine sog. innerbetriebliche Abrechnung handelt. Die KG hat hieraus schon mangels Vorliegens einer Rechnung i. S. von § 14 UStG keinen Vorsteuerabzug.

11.3 Aufsichtsratstätigkeit bei der GmbH & Co. KG

Sowohl bei der KG als auch bei der GmbH kann die Einrichtung eines Aufsichtsrats vereinbart werden. Die Aufsichtsräte sind selbständig nachhaltig in Einnahmeerzielungsabsicht tätig und somit Unternehmer i. S. von § 2 UStG.[143] Der Ort der Leistung bestimmt sich gem. § 3a Abs. 4 Nr. 3 i. V. m. Abs. 3 Satz 1 UStG nach dem Sitzort des Unternehmens, bezüglich dessen die Aufsichtsratstätigkeit ausgeübt wird.

---

141 Vgl. Beispiel 3 in Rn. 4 des BMF-Schreibens vom 31.05.2007, BStBl I 2007, 503, und Abschn. 17 Abs. 2 Satz 2 UStR.
142 Vgl. Beispiel 6 in Rn. 6 des BMF-Schreibens vom 31.05.2007, BStBl I 2007, 503, und Abschn. 21 Abs. 4 Satz 5 UStR.
143 Vgl. Abschn. 6 Abs. 4 Satz 14 UStR.

R. GmbH & Co. KG

Beispiel 1:

104 Die M-GmbH & Co. KG ist ein geschlossener Immobilienfond. An ihr sind 150 Kommanditisten mit einer Einlage von jeweils 10.000 € beteiligt. Nach dem Gesellschaftsvertrag überwacht ein von den Kommanditisten gewählter fünfköpfiger Aufsichtsrat die Geschäftsführung. Unter anderem sind A, B und C Mitglieder des Aufsichtsrates, wobei A und C Kommanditisten der M-GmbH & Co. KG sind, während B keinen Kommanditanteil an der M-GmbH & Co. KG hat. A, B und C erhalten für das Jahr 01 eine Aufsichtsratsvergütung i. H. von jeweils 5.000 €. A und B sind noch in weiteren Aufsichtsräten tätig und haben aus diesen Tätigkeiten im Jahr 01 insgesamt mehr als 100.000 € bezogen. C ist dagegen im Übrigen nur als Arbeitnehmer tätig.

Die M-GmbH & Co. KG vermietet das von ihr bebaute Grundstück zu 50 % steuerpflichtig an Unternehmer und zu 50 % steuerfrei zu Wohnzwecken an Endmieter.

Die Aufsichtsräte erbringen an die M-GmbH & Co. KG Leistungen i. S. des § 3a Abs. 4 Nr. 3 UStG. Dies gilt auch für die Kommanditisten A und C, da die Aufsichtsratstätigkeit nicht notwendigerweise mit ihrer Stellung als Kommanditisten verbunden ist. Sie werden durch diese Leistungen Unternehmer i. S. des § 2 UStG. Diese Leistungen sind steuerbar und steuerpflichtig. C ist allerdings aufgrund seines geringen Gesamtumsatzes Kleinunternehmer i. S. des § 19 Abs. 1 UStG und braucht deshalb keine USt abzuführen. Bei A und B ergibt sich aus ihrer Aufsichtsratstätigkeit für die M-GmbH & Co. KG im Jahr 01 eine USt i. H. von $^{19}/_{119}$ von 5.000 € = 798 €. Bei Erteilung einer entsprechenden Rechnung oder Gutschrift ist die M-GmbH & Co. KG berechtigt, 50 % dieser USt als Vorsteuer geltend zu machen. Bezüglich der restlichen 50 % der Vorsteuer fällt die M-GmbH & Co. KG unter das Vorsteuerabzugsverbot des § 15 Abs. 2 UStG.

Beispiel 2:

105 Die V-GmbH & Co. KG ist ein Unternehmen der gewerblichen Wirtschaft. An ihr sind die V-GmbH als Komplementär-GmbH sowie 20 Kommanditisten beteiligt. Die Kommanditisten sind zugleich die Gesellschafter der V-GmbH und halten deren Anteile am Stammkapital. Nach dem Gesellschaftsvertrag überwacht gem. § 52 GmbHG ein von den Gesellschaftern der V-GmbH gewählter fünfköpfiger Aufsichtsrat die Geschäftsführung der V-GmbH. Unter anderem ist M Mitglied dieses Aufsichtsrates.

M erhält für das Jahr 01 eine Aufsichtsratsvergütung i. H. von 5.000 €. Er ist noch in weiteren Aufsichtsräten tätig und hat aus diesen Tätigkeiten im Jahr 01 insgesamt mehr als 100.000 € bezogen.

Die V-GmbH übt außerhalb ihrer Geschäftsführertätigkeit für die V-GmbH & Co. KG keine weitere Tätigkeit aus. Ihre Geschäftsführertätigkeit wird durch ihre Beteiligung am Gewinn und Verlust abgegolten.

Die Aufsichtsratstätigkeit des M gegenüber der V-GmbH ist steuerbar und steuerpflichtig. Die USt beträgt $^{19}/_{119}$ von 5.000 € = 798 €. Die V-GmbH darf diese USt nicht als Vorsteuer geltend machen, da sie nicht Unternehmer ist. Auch die V-GmbH & Co. KG darf diese USt nicht als Vorsteuer geltend machen, da nicht sie, sondern die V-GmbH Leistungsempfängerin ist.

11.4 Gründung der GmbH & Co. KG

Bezüglich der Gründung einer GmbH & Co. KG gelten zunächst die in C. Rz. 87 ff. dargestellten Grundsätze. Bezüglich des Vorsteuerabzugs aus Gründungskosten ist zu unterscheiden, ob sich die Kosten aus der Gründung der GmbH oder aus der Gründung der KG ergeben. Vorsteuern aus Kosten der Gründung der KG können grundsätzlich abgezogen werden, sofern nicht das Vorsteuerabzugsverbot nach § 15 Abs. 2 UStG eingreift.

106

Vorsteuern aus Kosten der Gründung der GmbH können jedenfalls dann nicht abgezogen werden, wenn sich die GmbH ausschließlich als Geschäftsführerin der KG betätigt und diese Tätigkeit lediglich durch ihre Beteiligung am Gewinn und Verlust abgegolten wird. In diesem Fall wird die GmbH nicht Unternehmer.

Erhält die GmbH jedoch für ihre Geschäftsführertätigkeit eine besondere Vergütung, wird sie dadurch zum Unternehmer und erbringt steuerpflichtige Leistungen. Ihr steht deshalb auch der Vorsteuerabzug aus den Gründungskosten zu.

11.5 Veräußerung einer GmbH & Co. KG

Wird eine GmbH & Co. KG in der Weise veräußert, dass sämtliche Kommanditanteile sowie sämtliche Anteile an der Komplementär-GmbH in fremde Hände gelangen, so liegt dennoch keine Geschäftsveräußerung im Ganzen vor. Der Veräußerungsvorgang ist lediglich als eine Veräußerung von Gesellschaftsanteilen zu behandeln, die entweder mangels Unternehmereigenschaft der Veräußerer nicht steuerbar oder nach § 4 Nr. 8 f UStG steuerfrei ist.

107

Beispiel:

An der A-GmbH & Co. KG sind die A-GmbH als Komplementärin und B und C als Kommanditisten beteiligt. B und C halten jeweils 50 % des Stammkapitals der A-GmbH. B und C sind im Übrigen nicht unternehmerisch tätig. Zum 01.01.02 veräußern B und C ihren Kommanditanteil sowie ihre Anteile an der A-GmbH an D.

108

Auch nach der Veräußerung der Anteile an D besteht die A-GmbH & Co. KG fort. Es liegt keine Geschäftsveräußerung im Ganzen an D vor. Die Veräußerung der Anteile von B und C an D ist nicht steuerbar, da B und C weder in ihrer Eigenschaft als Kommanditisten der A-GmbH & Co. KG noch als Gesellschafter der A-GmbH Unternehmer sind.

S. ERBSCHAFT- UND SCHENKUNGSTEUER

1 Die Reform des Erbschaftsteuer- und Bewertungsrechts ab 2009

1.1 Anstoß der Reform

Mit Beschluss vom 07.11.2006[1] hatte das Bundesverfassungsgericht entschieden, dass die Bewertung von Grundbesitz sowie von Betriebsvermögen unter Einschluss der nicht börsennotierten Anteile an Kapitalgesellschaften in der bis Ende 2008 geltenden Fassung verfassungswidrig sei.

Das Gericht begründete dies wie folgt:

- Der für alle Vermögensarten einheitliche Steuertarif gebietet eine in ihren Relationen **realitätsgerechte Ausgestaltung** der Wertermittlungsvorschriften.

- Dies ist nur gewährleistet, wenn durchgängig der sog. **gemeine Wert** – also der Verkehrswert – Bewertungsansatz ist.

- Die derzeit angewandten Grundsätze zur Wertermittlung führen bei wesentlichen Vermögensgegenständen, insbesondere bei Grundstücken und beim Betriebsvermögen, nicht zu Wertansätzen, die dem Verkehrswert nahekommen.

- Es bleibt dem Gesetzgeber jedoch unbenommen, nach Ermittlung realitätsgerechter Wertansätze in einem zweiten Schritt sog. **Verschonungsregelungen** einzuführen. Einzelne Vermögensgegenstände dürfen steuerrechtlich begünstigt werden. Dies könne sogar dazu führen, dass bestimmte Steuergegenstände bei Vorliegen ausreichender Gemeinwohlgründe im Ausnahmefall vollständig von der Besteuerung ausgenommen werden.

Der Gesetzgeber musste die Vorgaben des Bundesverfassungsgerichts bis spätestens 31. Dezember 2008 umsetzen. **Andernfalls hätte die Erbschaft- und Schenkungsteuer nach diesem Zeitpunkt nicht mehr erhoben werden dürfen.** Bis zum – rechtzeitigen – Inkrafttreten einer Neuregelung galt jedoch laut Bundesverfassungsgericht das alte Recht weiter.

---
1 1 BvL 10/02, BStBl II 2007, 192.

S. Erbschaft- und Schenkungsteuer

1.2 Das Gesetz zur Reform des Erbschaftsteuer- und Bewertungsrechts

Zwischenzeitlich wurde das **Gesetz zur Reform des Erbschaftsteuer- und Bewertungsrechts**[2] verabschiedet, mit dem die Vorgaben des Bundesverfassungsgerichts grundsätzlich **mit Wirkung ab dem 01.01.2009** umgesetzt werden.

Das ErbStRG kann – bezogen auf die Besteuerung einer Personengesellschaft – in drei große Blöcke gegliedert werden:

- **Neue Steuerbegünstigungen** für Betriebsvermögen (Artikel 1)
- **Neue Bewertungsregelungen** (Artikel 2)
- **Steuerermäßigung** bei der Einkommensteuer zur Verhinderung einer Doppelbelastung mit Erbschaft- und Einkommensteuer (Artikel 5)

Die neuen Bewertungsregelungen betreffen – den Vorgaben des Bundesverfassungsgerichts entsprechend – das **Betriebsvermögen** (inklusive das der Personengesellschaften und der Anteile an Kapitalgesellschaften), das **Grundvermögen** und das **land- und forstwirtschaftliche Vermögen**. Das übrige Vermögen wurde regelmäßig schon nach geltendem Recht mit dem gemeinen Wert erfasst.

Sowohl beim Betriebsvermögen als auch für den Grundbesitz wird im neuen Bewertungsgesetz ab 2009 vor allem der **gemeine Wert** als Bewertungsziel festgelegt (§ 12 ErbStG i. V. m. §§ 9, 109 und § 177 BewG), der möglichst aus zeitnahen Verkäufen vergleichbarer Vermögenswerte abgeleitet werden soll. Soweit dies nicht möglich ist, sind Bewertungsmethoden im Bewertungsgesetz geregelt, deren Ziel ebenfalls die Bewertung zum Verkehrswert ist.

Die neuen Bewertungsregeln werden voraussichtlich beim Betriebsvermögen der Personengesellschaften zu Werterhöhungen führen.

Mit dem ErbStRG werden jedoch insbesondere die Verschonungsregelungen für das Unternehmensvermögen (= land- und forstwirtschaftliches, gewerbliches und freiberufliches Betriebsvermögen, Mitunternehmeranteile und Beteiligungen an Kapitalgesellschaften von regelmäßig mehr als 25 %) gegenüber dem bisherigen Recht deutlich verbessert.

1.3 Anwendungszeitpunkt

Nach Artikel 6 Abs. 1 ErbStRG tritt die Reform mit Wirkung **ab dem 01.01.2009** in Kraft. Bei Erwerben bis zum Tag des Inkrafttretens des Erbschaftsteuerreformgesetzes gilt grundsätzlich das bisherige Recht weiter, hierzu wird auf die in der vorherigen 9. Auflage dargestellte Rechtslage ver-

---

2 Erbschaftsteuerreformgesetz – ErbStRG vom 24.12.2008, BGBl I 2008, 3018.

1 Die Reform des Erbschaftsteuer- und Bewertungsrechts ab 2009

wiesen. In der vorliegenden Auflage wird die ab 2009 geltende Rechtslage aufgezeigt.

1.4 Wahlrecht

Artikel 3 ErbStRG enthält ein **Wahlrecht für Erwerbe in der Zeit zwischen dem 01.01.2007 und dem 31.12.2008.** An sich würde für Erwerbe in dieser Zeit noch das bisherige Recht gelten. In Erbfällen kann der Erwerber jedoch nach Artikel 3 Abs. 1 ErbStRG bereits die Anwendung des neuen Rechts wählen.

Dieses Wahlrecht gilt ausdrücklich **nur** für **Erbfälle,** nicht für Schenkungen. Macht der Erbe von diesem Wahlrecht Gebrauch, dann wird das neue Recht in Gänze angewandt. Es greifen also nicht nur die – teilweise verbesserten – Verschonungsregelungen des neuen Rechts, sondern auch die beim Grund-, Betriebsvermögen und land- und forstwirtschaftlichem Vermögen zu höheren Wertansätzen führenden neuen Bewertungsregeln. Allerdings wird die Anwendung der im **neuen** Recht **höheren** persönlichen **Freibeträge** ausdrücklich **ausgeschlossen** (Artikel 3 Abs. 1 Satz 1 und 2 ErbStRG).

Nach Artikel 3 Abs. 1 ErbStRG gilt das Wahlrecht **bis** zum **30.06.2009** (Artikel 6 Abs. 3 ErbStRG) zunächst für die Fälle, in denen die Erbschaftsteuerfestsetzung noch nicht unanfechtbar ist. Artikel 3 Abs. 2 ErbStRG räumt dieses Wahlrecht aber auch in den Fällen ein, in denen die Steuerfestsetzung am Tag der Verkündung bereits bestandskräftig festgesetzt ist. In beiden Fällen kann und muss das Wahlrecht innerhalb von sechs Monaten nach Inkrafttreten des Gesetzes ausgeübt werden.

Die Ausübung des Wahlrechts kann nach Artikel 3 Abs. 3 ErbStRG nicht deshalb widerrufen werden, weil gegen die Verschonungsvoraussetzungen der §§ 13 a und 19 a ErbStG verstoßen wurde. Somit hätte ein Erwerber (freiwillig) eine höhere Bewertung gewählt, könnte jedoch die neuen Vergünstigungen dank des Verstoßes nicht (weiter) erhalten und die bisherigen Begünstigungen (225.000 Euro Freibetrag und 35 % Bewertungsabschlag) wären aufgrund der Ausübung des Wahlrechts erloschen. Den Gesetzeswortlaut streng ausgelegt, müsste jedoch ein Wahlrechtswiderruf aus anderen Gründen möglich sein.

1.5 Missbrauchsklausel

Die **Verschonungsregelungen** des neuen § 13 a ErbStG können nach § 37 Abs. 3 ErbStG **nicht** angewendet werden, wenn begünstigtes Vermögen
- bereits Gegenstand einer vor dem 01.01.2007 ausgeführten Schenkung war und

S. Erbschaft- und Schenkungsteuer

- diese Schenkung aufgrund eines vertraglichen Rückforderungsrechts nach dem 11.11.2005 (Datum der Koalitionsvereinbarung mit Ankündigung des ErbSt-Reformvorhabens der Großen Koalition) herausgegeben werden muss und derselbe Vermögensgegenstand erneut
- vor dem 01.01.2011 von Todes wegen oder durch Schenkung unter Lebenden
- von dem gleichen Erblasser/Schenker an den gleichen Erwerber (wie bei der ersten Schenkung) erneut übergeht.

Hiermit soll verhindert werden, dass begünstigt ausgeführte „Alt"-Zuwendungen aufgrund vertraglicher Widerrufs- und Rücktrittklauseln rückabgewickelt und nach neuem (steuerlich günstigerem) Recht erneut vorgenommen werden. Für Erstschenkungen in 2007 und 2008 gilt dies nicht.

2 Die erbschaft- und schenkungsteuerliche Qualifizierung der Personengesellschaft

2   Die erbschaftsteuerliche Qualifizierung der Personengesellschaft zielt auf die Frage, ob die Gesellschaft als solche Erwerber oder Schenker im Sinne des ErbStG sein kann, ob also die steuerlichen Folgen stets die Gesellschafter treffen oder die Gesellschaft selbst. Die Frage hat insbesondere für die Tarifvorschriften (Steuerklassen, Freibeträge, Steuersätze) erhebliche Bedeutung.

3   Der BFH hat in seiner Entscheidung vom 07.12.1988[3] jedenfalls den Personenhandelsgesellschaften grundsätzlich die Fähigkeit zugebilligt, Beteiligter im Sinne des ErbStG (Erwerber, Schenker) sein zu können. Diese Entscheidung war in vieler Hinsicht rätselhaft und hat eine Reihe von Missverständnissen zur Folge gehabt bis hin zu der Vorstellung, dass jede Leistung an eine Personengesellschaft, die als freigebige Zuwendung zu qualifizieren war, nach der höchsten Steuerklasse zu besteuern sei. Diese Fragen sind nicht geklärt, sondern durch die Entscheidung des BFH vom 14.09.1994[4] überholt worden. In dieser Entscheidung kehrt der BFH zum traditionellen Verständnis der Personengesellschaften zurück, das insbesondere beinhaltet, dass das Gesellschaftsvermögen der Personengesellschaften nicht Vermögen der Personengesellschaft als solcher, sondern gemeinschaftliches Vermögen der Gesellschafter ist (§ 718 Abs. 1 BGB). Da sich vor diesem Hintergrund die Vermögensverschiebungen zwischen Leistendem und der Gesellschaft stets im Vermögen der Gesellschafter niederschlagen, wird seit

---
[3] II R 150/85, BStBl II 1989, 237.
[4] II R 95/92, BStBl II 1995, 81.

2 Die erbschaft- und schenkungsteuerliche Qualifizierung

dieser Entscheidung des BFH vom 14.09.1994 der Besteuerung von steuerbaren Zuwendungen ausschließlich die verwandtschaftliche Beziehung zu dem jeweiligen Gesellschafter zugrunde gelegt.[5]

Damit ist der Status quo beschrieben. Derzeit schwer einzuschätzen ist indessen die zukünftige Entwicklung. Denn da das ErbStG an das Zivilrecht anknüpft und dieses insbesondere durch das Umwandlungsgesetz vom 28.10.1994 erhebliche Strukturveränderungen erfahren hat, das Verständnis des Gesamthandsvermögens sich ändert und durch das Gesetz vom 17.07.1996 auch der Begriff der rechtsfähigen Personengesellschaft in den Kreis der Gesellschaften eingefügt wurde (§ 14 Abs. 2 BGB), wird sich die uneingeschränkte Berufung auf § 718 BGB nicht mehr ohne weiteres aufrechterhalten lassen.[6] Auch hat der auch für das Erbschaft- und Schenkungsteuerrecht zuständige 2. Senat des BFH in seinem Beschluss zur grunderwerbsteuerlichen Behandlung der formwechselnden Umwandlung einer Personengesellschaft in eine Kapitalgesellschaft oder umgekehrt die Regelungen des Umwandlungsrechts dahin gehend interpretiert, dass bei einer derartigen Umwandlung kein Rechtsträgerwechsel von den Gesellschaftern der Personengesellschaft auf die Gesellschaft selbst bzw. umgekehrt verbunden sei. Wenn diese Entscheidung richtig wäre,[7] würde die Zuordnung des Gesellschaftsvermögens zu den Gesellschaftern durch § 718 Abs. 1 BGB durch ein übergeordnetes Wertungsprinzip des Gesellschaftsrechts verdrängt. Hieraus müssten sich Folgen für die erbschaft- und schenkungsteuerliche Behandlung der Personengesellschaften ergeben, weil damit der Entscheidung vom 14.09.1994 die gedankliche Grundlage entzogen wäre. Die dann unbeschränkte Steuerrechtsfähigkeit der Personengesellschaften im Erbschaft- und Schenkungsteuerrecht würde zu ähnlichen Fragestellungen hinführen, wie sie die Steuerverwaltung für Kapitalgesellschaften durch den gleich lautenden Ländererlass vom 15.03.1997[8] zu regeln versucht hat.

4

---

5 Zum Teil wird vertreten – Daragan, ZEV 1998 S. 367 ff.; Wohlschlegel, ZEV 1995 S. 94 ff.
 –, dass Personengesellschaften keine Personenvereinigungen i. S. des § 2 Abs. 1 Nr. 1 Buchstabe d ErbStG seien und diese Vorschrift als spezifisch erbschaft- bzw. schenkungsteuerliche Regelung die Erwerbereigenschaft von Personengesellschaften generell ausschließe. Dieser Auffassung kann nicht gefolgt werden, weil sie den Begriff der Personenvereinigung u. a. abweichend von § 97 Abs. 1 BewG interpretiert. Ob Personengesellschaften Erwerber sein können, richtet sich allein nach den materiellen Erwerbstatbeständen (§§ 3, 7 ErbStG) und damit nach der zivilrechtlichen Frage, ob und unter welchen Voraussetzungen den Personengesellschaften die Rechtsfähigkeit zuerkannt werden kann.
6 Vgl. BGH vom 29.01.2001 II ZR 331/00, NJW 2001 S. 1056, DStR 2001 S. 310 m. Anm. Goette.
7 Es ist ernstlich zweifelhaft, ob der BFH die grunderwerbsteuerliche Frage zutreffend entschieden hat – vgl. unter T. Rz. 4. Bereits die zivilrechtliche Reichweite der die formwechselnde Umwandlung prägenden Identitätsfiktion ist umstritten, vgl. Lutter/Decher, vor § 190 Rz. 5 f.
8 BStBl I 1997, 350; vgl. nunmehr R 18 ErbStR 2003.

S. Erbschaft- und Schenkungsteuer

Bezogen auf die Kapitalgesellschaft hat zwischenzeitlich die Entscheidung des BFH vom 07.11.2007[9] für eine gewisse Unruhe gesorgt.[10] Der BFH kommt hier – anders als die in R 18 Abs. 8 ErbStR 2003 niedergelegte Verwaltungsauffassung – zu der Auffassung, dass die überhöhte Leistung der Gesellschaft an eine dem Gesellschafter nahestehende Person keine Schenkung des Gesellschafters an die ihm nahestehende Person, sondern eine Zuwendung der Gesellschaft an die dem Gesellschafter nahestehende Person darstellt. Abzuwarten bleibt, ob sich diese Rechtsprechung verfestigt und eventuell auch auf die erbschaft- und schenkungsteuerliche Qualifizierung der Personengesellschaft übergreift.

5 Bis auf weiteres bleibt es jedoch bei der durch die Entscheidung des BFH vom 14.09.1994 geschaffenen Entscheidungs- und Verwaltungspraxis, deren Konsequenzen anhand der nachfolgenden Beispiele illustriert werden sollen:

Beispiel 1:

E schenkt seinen Kindern S und T ein wertvolles Grundstück in der Form von Bruchteilseigentum zu je ½ mit der Auflage, dieses in eine zu gründende Gesellschaft bürgerlichen Rechts einzulegen. Die Kinder gründen die Gesellschaft und erfüllen die Auflage.

Folgt man der Auffassung, dass die Gesellschaft selbst Rechtsträger und schenkungsteuerlich Erwerber sein kann, so ergibt sich bei den Kindern zumindest keine unmittelbare Bereicherung.[11] Der Erwerb wäre mit einer gleichwertigen Leistungsauflage belastet, sodass sich kein steuerbarer Erwerb ergeben würde. Der Erwerb der Gesellschaft könnte nach § 7 Abs. 1 Nr. 2 ErbStG besteuert werden.[12]

Folgt man der Entscheidung des BFH vom 14.09.1994, so sind zweifelsohne die Kinder bereichert. Die Auflage, die Grundstücksanteile in die Gesellschaft einzulegen, wäre eine Auflage, die nur die Verwendung des zugewandten Vermögens innerhalb der Vermögenssphäre der Kinder betreffen würde, und könnte deshalb allenfalls für die Bestimmung des Zuwendungsgegenstandes und den Zeitpunkt der Entstehung der Steuer Bedeutung haben. Eine sachgerechte Würdigung würde zu einer mittelbaren Schenkung eines GbR-Anteils oder einer Werterhöhung eines solchen führen, die erst ausgeführt ist (§ 9 Abs. 1 Nr. 2 ErbStG), wenn die Einlage zumindest bis zur Auflassung und der Erteilung einer Eintragungsbewilligung[13] („T und S in Gesellschaft bürgerlichen Rechts") durchgeführt ist.

---

9 II R 28/06, BStBl II 2008, 258.
10 Vgl. zur Kritik i. e. Hübner, DStR, 2008 S. 1357.
11 Zu der Frage, ob eine mittelbare Bereicherung vorliegen kann, vgl. R 18 Abs. 3 ErbStR.
12 Diese Qualifizierung setzt allerdings nach R 18 Abs. 2 Satz 3, Abs. 3 ErbStR voraus, dass der subjektive Wille des Schenkers nicht darauf gerichtet ist, durch die den Kindern auferlegte Leistung an die Gesellschaft die Kinder selbst durch die Begründung oder Werterhöhung einer Beteiligung an der Gesellschaft zu bereichern.
13 Zur Ausführung einer Grundstücksschenkung vgl. Moench, § 9 Rz. 28 ff.

Beispiel 2:

Vater (V) und Sohn (S) sind Gesellschafter einer Personengesellschaft. Die variablen Kapitalkonten der Gesellschaft sind nach dem Gesellschaftsvertrag mit 6 % zu verzinsen. Das variable Kapitalkonto des V weist einen positiven Saldo von 800.000 € aus, das von S einen negativen von ./. 400.000 €. Um die hierdurch ungünstig beeinflusste Gewinnverteilung zugunsten des V im Sinne einer vorweggenommenen Erbfolge zu gestalten, vereinbaren S und V, auf die Verzinsung der variablen Kapitalkonten zukünftig zu verzichten.

In dem Verzicht auf die Verzinsung wird eine freigebige Zuwendung von V an S zu sehen sein. Eine nicht steuerbare Gesellschafterleistung an die Gesellschaft[14] liegt nicht vor. Der Wert der Zuwendung ergibt sich durch eine Kapitalisierung des Jahreswerts mit dem Vervielfältiger für eine wiederkehrende Leistung unbestimmter Dauer (§ 13 Abs. 2 BewG), höchstens mit dem der Lebenserwartung des V entsprechenden Vervielfältiger nach § 14 BewG (basierend auf der jeweils aktuellen Sterbetafel des Statistischen Bundesamtes).

3 Die erbschaft- und schenkungsteuerliche Behandlung der Nachfolge in Personengesellschaftsanteile

3.1 Erwerbe von Todes wegen

3.1.1 Die zivilrechtliche Vererblichkeit von Personengesellschaftsanteilen

Anders als bei Kapitalgesellschaftsanteilen (vgl. § 15 Abs. 1 GmbHG) ist die Vererblichkeit von Anteilen an Personengesellschaften keine Selbstverständlichkeit. Es bedarf vielmehr besonderer – gesetzlicher oder gesellschaftsvertraglicher – Regelungen, um eine Vererblichkeit der Anteile ohne Beeinträchtigung sicherzustellen. **6**

In der Vergangenheit sah das gesetzliche Regelstatut sämtlicher Personengesellschaften vor, dass mit dem Tod des Gesellschafters[15] die Auflösung der Gesellschaft, also deren Übergang in das Liquidationsstadium, verbunden war. Der Anteil an einer solchen Personengesellschaft i. L. war und ist – anders als der Anteil an einer werbenden Gesellschaft – per se vererblich.[16] Die Gesellschaft kann ggf. die Fortsetzung beschließen. **7**

---
14 R 18 Abs. 2 und 3 ErbStR 2003.
15 Ausnahme: § 177 HGB a. F. für den Tod eines Kommanditisten; § 234 Abs. 2 HGB für den stillen Gesellschafter.
16 H. M., vgl. nur MünchKomm BGB/Ulmer, 4. Aufl., § 727 Rz. 13 m. w. N., § 727 Rz. 9 m. w. N., BGH NJW 1995 S. 3315.

S. Erbschaft- und Schenkungsteuer

8 Dieses Regelstatut hat der Gesetzgeber durch das Handelsrechtsreformgesetz[17] grundlegend verändert, sodass nach den gesetzlichen Regelungen Folgendes gilt:

- Bei der GbR bleibt es bei der bisherigen Regelung: Die Gesellschaft geht mit dem Tod des Gesellschafters in das Liquidationsstadium über (§ 727 BGB). Die Erben des verstorbenen Gesellschafters werden Gesellschafter der Gesellschaft i. L.

- Der Tod des Gesellschafters einer OHG oder des Komplementärs einer KG hat nicht die Auflösung der Gesellschaft zur Folge, sondern dessen Ausscheiden und die Fortsetzung der Gesellschaft unter den übrigen Gesellschaftern (§ 131 Abs. 3, § 161 Abs. 2 HGB – gesetzliche Fortsetzungsklausel). Verbleibt nur ein Gesellschafter, so geht das Gesellschaftsvermögen auf diesen über. Der Abfindungsanspruch fällt in den Nachlass. Verstirbt der einzige Komplementär, so wird die Gesellschaft aufgelöst.[18]

- Ein Anteil eines Kommanditisten geht auf dessen Erben über (§ 177 HGB – einfache Nachfolgeklausel).

9 In der Praxis werden indessen die Folgen des Todes eines Gesellschafters grundsätzlich vertraglich fixiert, sodass die vom Gesetz vorgegebenen Regelungen nur in Ausnahmefällen zur Anwendung kommen dürften.

Die Gestaltungspraxis bietet eine Vielzahl von Klauseln an, die die Überleitung der Gesellschaftsanteile auf andere Personen anstreben; nicht alle haben die Vererblichkeit des Anteils zur Folge. So führt etwa eine Fortsetzungsklausel keineswegs zur Vererblichkeit des Anteils, sondern zum Ausscheiden des verstorbenen Gesellschafters mit seinem Tode, sodass nicht der Anteil in den Nachlass fällt, sondern lediglich der Abfindungsanspruch. Auch eine Eintrittsklausel hat gerade nicht die Vererblichkeit des Anteils zur Folge. Eine (Sonder-)Rechtsnachfolge in den Anteil ergibt sich dagegen in den Fällen der – einfachen oder qualifizierten – Nachfolgeklausel, die auf eine Fortsetzung der Gesellschaft mit einem oder mehreren Erben hinauslaufen. Eine derartige Klausel ist damit auch Voraussetzung für eine – mittelbare – Nachfolge in den Anteil kraft Vermächtnisses,[19] weil dieses zunächst voraussetzt, dass ein Erbe Gesellschafter wird, der dann in Erfüllung des Vermächtnisses den Anteil auf den Vermächtnisnehmer übertragen muss. Auch hierfür muss der Gesellschaftsvertrag den erforderlichen Rahmen eröffnen, weil ansonsten die Erfüllung des Vermächtnisses an der erforderlichen Zustimmung der anderen Gesellschafter scheitern kann.

---

17 Vom 22.06.1998, BGBl I 1998, 1474.
18 Frey/v. Bredow, ZIP 1998 S. 1621, BFH vom 16.12.2004, III R 38/00, ZEV 2005 S. 315 m. Anm. Hübner.
19 Der Übergang von Einzelwirtschaftsgütern auf den Nachfolger im Wege des Vermächtnisses ist ertragsteuerlich nachteilig; vgl. Rz. 60 und 65 des BMF vom 14.03.2006, BStBl I 2006, 253.

3 Die Behandlung der Nachfolge in Personengesellschaftsanteile

3.1.2 Die Fortsetzungs- und Übernahmeklausel

Die Besonderheit der Fortsetzungsklausel besteht darin, dass sie die Nachfolge in den Gesellschaftsanteil allein durch das Gesellschaftsrecht regelt. Folge der Fortsetzungsklausel ist das Ausscheiden des verstorbenen Gesellschafters und die Anwachsung seiner Beteiligung am Gesellschaftsvermögen aufseiten der verbleibenden Gesellschafter (§ 738 BGB). Die Regelungszuständigkeit des Erbrechts beschränkt sich auf das Surrogat der Beteiligung am Gesellschaftsvermögen, den Abfindungsanspruch (§ 738 Abs. 1 Satz 2 BGB). Es handelt sich also um einen Erwerb der verbleibenden Gesellschafter, der lediglich durch den Tod eines Gesellschafters ausgelöst wird, jedoch keinen erbrechtlichen, sondern einen allein gesellschaftsrechtlichen Rechtsgrund hat, und der auch nicht unentgeltlich, sondern entgeltlich erfolgt. Hieraus erklären sich die Schwierigkeiten des Erbschaftsteuerrechts, diesen Rechtsvorgang zu erfassen.

10

Das Gesetz bedient sich einer Fiktion: Es fingiert eine Schenkung auf den Todesfall (§ 3 Abs. 1 Nr. 2 Satz 2 ErbStG), wobei ein unentgeltlicher und damit steuerbarer Erwerb angenommen wird, soweit die zu leistende Abfindung hinter dem Steuerwert des Anteils zurückbleibt. In diesem Zusammenhang schafft die neue Bewertung des Betriebsvermögens ab 01.01.2009 aufgrund der Reform des Erbschaftsteuer- und Bewertungsrechts[20] eine wesentliche Veränderung im Vergleich zur Rechtslage bis Ende 2008. Bisher bewirkte die Maßgeblichkeit der Steuerbilanzwerte für den Steuerwert des Anteils, dass selbst eine Buchwertabfindung regelmäßig nicht zur Festsetzung von Erbschaftsteuer gegen die verbleibenden Gesellschafter führen konnte. Die praktische Bedeutung dieses Tatbestandes war demzufolge gering. Nach der neuen Rechtslage orientiert sich der Steuerwert am **gemeinen Wert** des **Gesellschaftsanteils** und dürfte daher im Regelfall erheblich höher als der Abfindungsanspruch der Erben sein. Dies führt somit zu einem steuerbaren Erwerb der verbleibenden Gesellschafter.

11

Nach der Rechtsprechung des BFH[21] greift § 3 Abs. 1 Nr. 2 Satz 2 ErbStG auch im Fall einer zweigliedrigen Gesellschaft und auch dann ein, wenn der Übergang des Anteils nicht auf einer Fortsetzungsklausel, sondern auf einem Übernahmerecht eines länger lebenden Gesellschafters beruht.

Gleichfalls unter § 3 Abs. 1 Nr. 2 Satz 2 ErbStG zu subsumieren ist die Rechtsnachfolge aufgrund einer sog. rechtsgeschäftlichen Nachfolgeklausel, die zusammen mit den Nachfolgeklauseln besprochen wird.[22]

---

20 Erbschaftsteuerreformgesetz – ErbStRG vom 24.12.2008, BGBl I 2008, 3018.
21 BFH vom 01.07.1992 II R 12/90, BStBl II 1992, 925, zu der korrespondierenden Vorschrift des § 7 Abs. 7 ErbStG.
22 Vgl. unter Rz. 20.

1525

3.1.3 Die Nachfolgeklauseln

3.1.3.1 Erbrechtliche Nachfolgeklauseln

12 Die Frage der Nachfolge in einen Personengesellschaftsanteil wird regelmäßig von zwei Interessenlagen beherrscht: Zum einen liegt es im Interesse des potenziellen Erblassers, für eine Nachfolge in der Gruppe seiner Erben zu sorgen und damit die Beteiligung als solche innerhalb seiner Familie fortbestehen zu lassen. Das Interesse der anderen Gesellschafter geht i. d. R. dahin, Veränderungen in der Zusammensetzung des Gesellschafterbestandes zu beeinflussen, insbesondere keine zufallsabhängigen und unbeeinflussbaren Veränderungen hinnehmen zu müssen. Das richtige Instrument hierfür kann, wenn eine Nachfolgeklausel gewählt wird, allenfalls eine **qualifizierte Nachfolgeklausel** sein. Nur diese erlaubt es den anderen Gesellschaftern, auf die Auswahl des Nachfolgers gezielt Einfluss zu nehmen, weil sie bewirkt, dass nur einer oder einige von mehreren Erben in die Gesellschafterstellung nachfolgen. Die **einfache Nachfolgeklausel** führt dagegen zu einer unkontrollierbaren Aufnahme sämtlicher Erben in den Kreis der Gesellschafter. Es liegt auf der Hand, dass eine derartige Entwicklung u. U. das Ende der Gesellschaft herbeiführen kann. Auch die Auswahl des geeigneten Nachfolgers und dessen Einsetzung im Rahmen der Auseinandersetzung der Miterbengemeinschaft oder durch ein Vermächtnis kann erhebliche Abwicklungsprobleme mit sich bringen, weil die Interessenlage der anderen Gesellschafter und der verschiedenen Miterben extrem divergieren können. Auch steuerlich birgt eine derart zweistufige Nachfolgekonzeption Risiken.

13 Beide Klauseln, sowohl die qualifizierte als auch die einfache Nachfolgeklausel, führen zu einer **Sonderrechtsnachfolge** in die Gesellschafterstellung des verstorbenen Gesellschafters, die ohne Durchgangserwerb der Miterbengemeinschaft zu einem unmittelbaren Anfall der Gesellschafterstellung bei dem oder den Miterben führt. Werden mehrere Miterben Nachfolger, so erfolgt die unmittelbare Nachfolge im Wege eines „automatischen Splittings des Mitgliedschaftsrechts"[23] entsprechend der Erbquoten. Dieses automatische Splitting hat jedenfalls bei der einfachen Nachfolgeklausel zur Folge, dass die erbschaftsteuerliche Behandlung dieser Klausel keine besonderen Schwierigkeiten bereitet. Da die Miterben unmittelbar im Verhältnis ihrer Erbquoten erwerben, ergibt sich die Erwerbsquote ebenso, wie dies bei einem Durchgangserwerb der Miterbengemeinschaft der Fall wäre.

14 Nicht übersehen werden darf, dass die Nachfolgeklauseln lediglich die gesellschaftsrechtlichen Voraussetzungen für die Vererblichkeit des Anteils entweder allgemein – einfache Nachfolgeklausel – oder aber eingeschränkt – qualifizierte Nachfolgeklausel – schaffen. Damit ist es jedoch nicht getan:

---

23 K. Schmidt, Gesellschaftsrecht, S. 1335.

3 Die Behandlung der Nachfolge in Personengesellschaftsanteile

Es muss auch sichergestellt werden, dass der in Betracht gezogene Nachfolger auch die Voraussetzungen für den Erwerb von Todes wegen erfüllt, den die Nachfolgeklausel fordert: Zur Vererblichkeit des Anteils muss der Erwerb durch Erbanfall hinzutreten. Mit anderen Worten: Der Betreffende muss Erbe werden. Wird diese Koordination versäumt, geht die Nachfolgeklausel ins Leere.

Beispiel 3:

Der Gesellschaftsvertrag der ABC-OHG enthält die qualifizierte Nachfolgeklausel, wonach der älteste Sohn (S) des A in dessen Gesellschafterstellung nachfolgen soll. A hat mit seiner Ehefrau ein Berliner Testament geschlossen, wonach sich die Eheleute gegenseitig zu Alleinerben einsetzen. Für den Fall, dass A zuerst verstirbt, ist der Erwerb der Ehefrau (F) mit dem Vermächtnis zugunsten des S belastet, wonach diesem der Gesellschaftsanteil zu übertragen ist.

Die Nachfolgeregelung ist missglückt. Da S nicht Erbe ist, kann er nicht in die Gesellschafterstellung des A nachfolgen. Die Nachfolgeklausel macht den Gesellschaftsanteil für einen Erwerb durch Erbfolge durch S vererblich. Dies gilt aber nur für S. Die Alleinerbin F erfüllt nicht die Voraussetzungen der Nachfolgeklausel, sodass sie nicht in den Anteil nachfolgen kann. Dies wäre aber Voraussetzung, wenn sie den Gesellschaftsanteil durch Erfüllung des Vermächtnisses auf S übertragen soll. Ergebnis: Geht man davon aus, dass die Gesellschaft beim Ausscheiden eines Gesellschafters unter den anderen fortgesetzt wird, so erwirbt die Alleinerbin mit dem Nachlass lediglich einen Abfindungsanspruch (§ 738 BGB). Der Anteil des A wächst den anderen Gesellschaftern an.

Zum besseren Verständnis der erbschaftsteuerlichen Problematik ist es erforderlich, zunächst die erbschaftsteuerliche Behandlung des Miterbenerwerbs und die Bedeutung der Erbauseinandersetzung darzustellen.

3.1.3.1.1 Der erbschaftsteuerliche Erwerb der Miterben

Der Erwerb der Miterben ist Erwerb durch Erbanfall (§ 3 Abs. 1 Nr. 1 ErbStG). Die gesetzliche Formulierung dieses Erwerbstatbestandes knüpft explizit an die erbrechtlichen Regelungen des BGB an und bezieht sich damit auf die Vorschriften der §§ 1922, 1942 BGB. Der Erwerb durch Erbanfall ist gekennzeichnet von den Prinzipien der kraft Gesetzes eintretenden Gesamtrechtsnachfolge in das Vermögen des Erblassers im Zeitpunkt des Todes („Vonselbsterwerb") und durch das sog. Anfallprinzip, wonach der Anfall des Vermögens ohne weiteres, also insbesondere ohne eine Annahmehandlung oder -erklärung, erfolgt. Mit diesem Vorgang, dem automatischen Übergang des erblassereigenen Vermögens auf die Erben im Zeitpunkt des Todes, ist der Tatbestand des Erwerbs durch Erbanfall vollendet und abgeschlossen. Damit ist auch der Erwerbsgegenstand bestimmt. Die Miterben erwerben einen Anteil am Gesamthandsvermögen der Miterbengemeinschaft „durch Erbanfall". Daneben gibt es keinen Erwerbstat-

S. Erbschaft- und Schenkungsteuer

bestand, der etwa den Erwerb im Rahmen der Auseinandersetzung unter den Miterben der Besteuerung unterwerfen würde, es sei denn, dieser Erwerb geht über die Erbquote hinaus und erfolgt insoweit unentgeltlich (freigebige Zuwendung nach § 7 Abs. 1 Nr. 1 ErbStG).

Diese Regelung des Miterbenerwerbs schließt es aus, dass die Auseinandersetzung unter den Miterben erbschaftsteuerliche Bedeutung hat. Dabei kommt es auch nicht darauf an, ob Teilungsanordnungen des Erblassers (§ 2048 BGB) vorliegen, ob diese beachtet werden oder nicht. Maßgebend für die Besteuerung des Erwerbs der Miterben ist allein deren Erbquote.

3.1.3.1.2 Die einfache Nachfolgeklausel[24]

16 Bei der einfachen Nachfolgeklausel erwerben die Nachfolger unmittelbar einen ihrer Erbquote entsprechenden Teil der Gesellschaftsbeteiligung des Erblassers. Sie erwerben diesen Anteil ungeachtet des Umstandes, dass es sich um eine Sonderrechtsnachfolge entsprechend ihren Erbteilen handelt, also genau so, wie sie erwerben würden, wenn der Gesellschaftsanteil in das Gesamthandsvermögen der Miterbengemeinschaft fiele. Es ist deshalb ohne Zweifel richtig, dass das automatische Splitting der Gesellschaftsbeteiligung im Verhältnis der Erbquoten faktisch zu einer Teilauseinandersetzung in diesem Verhältnis führt. Das Erbschaftsteuerrecht kann sich deshalb damit begnügen, die einfache Nachfolgeklausel schlicht zu ignorieren. Auch für die Gewährung der Begünstigungen der §§ 13 a und 19 a ErbStG ergeben sich keine Besonderheiten: Die Miterben erwerben unmittelbar begünstigtes Vermögen.

3.1.3.1.3 Die qualifizierte Nachfolgeklausel[25]

17 Die qualifizierte Nachfolgeklausel führt dagegen zu einer **von den Erbquoten abweichenden** Sonderrechtsnachfolge in den Gesellschaftsanteil durch den Nachfolger. Unabhängig von der Frage, ob und wie diese Abweichung unter den Erben auszugleichen ist, hat der BFH in ständiger Rechtsprechung[26] auch die qualifizierte Nachfolgeklausel wie eine sich selbst vollziehende Teilungsanordnung behandelt. Anders als bei der einfachen Nachfolgeklausel ergibt sich jedoch bei der qualifizierten Nachfolgeklausel die Frage, ob es richtig sein kann, auch bei den nicht nachfolgenden Miterben im Hinblick auf den Gesellschaftsanteil einen „Erwerb durch Erbanfall" anzunehmen. Denn genau dazu führt die Rechtsprechung des BFH, die den Gesellschaftsanteil und das übrige Nachlassvermögen den einzelnen Mit-

---

24 Beispiel: „Durch den Tod eines Gesellschafters wird die Gesellschaft nicht aufgelöst, sondern mit den Erben des Verstorbenen fortgesetzt." Vgl. auch § 177 HGB.
25 Beispiel: „Durch den Tod des Gesellschafters A wird die Gesellschaft nicht aufgelöst, sondern mit dem ältesten Sohn des A fortgesetzt." Vgl. allgemein zur qualifizierten Nachfolgeklausel Hübner, ZErb 2004 S. 34.
26 BFH vom 10.11.1982 II R 85 – 86/78, BStBl II 1983, 329; bestätigt in dem Urteil vom 01.04.1992 II R 21/89, BStBl II 1992, 669.

3 Die Behandlung der Nachfolge in Personengesellschaftsanteile

erben entsprechend deren Erbquoten zuordnet. In der Vergangenheit hatte diese Praxis des BFH keinen nennenswerten Nachteil,[27] zumindest wurden die Nachteile dieser Rechtsprechung als solche selten erkannt. Sie hatte jedoch den Vorteil, dass die Erbschaftsteuerfestsetzung eventuelle Ausgleichsleistungen des Nachfolgers zur Herstellung der Quotenparität ignorieren konnte.

Beispiel 4 (mit Rechtslage bis Ende 2008):

Miterbe A ist durch eine qualifizierte Nachfolgeklausel zur Nachfolge in die Gesellschafterstellung des E berufen. Der Steuerwert des Anteils beläuft sich nach Berücksichtigung der Begünstigungen nach § 13 a ErbStG auf 2 Mio., der Verkehrswert auf 6 Mio. Weitere Miterben, die zu gleichen Erbteilen wie A erwerben, sind B und C. Das übrige Nachlassvermögen besteht in Wertpapieren, deren Kurswert sich auf 3 Mio. beläuft. A ist zur Zahlung einer Ausgleichsleistung an B und C i. H. von 3 Mio. verpflichtet.

18

Folgt man der Rechtsprechung des BFH, so errechnet sich der steuerbare Erwerb der einzelnen Miterben wie folgt:

Steuerwert des Gesellschaftsanteils	2.000.000 €
Übriges Vermögen	3.000.000 €
Zusammen:	5.000.000 €
Erwerbsanteile jedes Miterben (jeweils 1/3), gerundet (§ 10 Abs. 1 Satz 5 ErbStG):	1.666.600 €

Die Ausgleichsansprüche von B und C werden nicht berücksichtigt, weil sie als Maßnahmen im Rahmen der Erbauseinandersetzung ohne erbschaftsteuerliche Bedeutung sind.

Folgt man dagegen der zivilrechtlichen Rechtslage und vollzieht die Sonderrechtsnachfolge des A in den Gesellschaftsanteil erbschaftsteuerlich nach, müssen auch die Ausgleichsansprüche von B und C berücksichtigt werden:

	A €	B und C €
Gesellschaftsanteil	2.000.000	
Übriges Vermögen	1.000.000	2.000.000
Ausgleichsansprüche	./. 3.000.000	3.000.000
Erwerb der Beteiligten	0	5.000.000

Das Beispiel macht deutlich, dass die Berücksichtigung der Sonderrechtsnachfolge die Bewertungsdiskrepanzen zwischen dem Steuerwert des Anteils und den in Höhe ihres Nennwerts anzusetzenden Ausgleichsansprüchen voll auf die Steuerfestsetzung durchschlagen lässt. Diese – zivilrechtliche – Lösung dürfte deshalb zu einem nicht unerheblichen Streitpotenzial unter den Miterben führen, das die Lösung des BFH vermeidet. Diese Streit schlichtende Wirkung geht allerdings zu Lasten des A, was sich ab 2009 dank der neuen verkehrswertgerechten Bewertung relativiert hat.

---

[27] Eine Folge war stets, dass der Vorteil des günstigen Bewertungsverfahrens aufgrund der Rechtslage bis Ende 2008 nicht nur dem Nachfolger zugutekam, sondern sich auf alle Miterben verteilte.

S. Erbschaft- und Schenkungsteuer

19 Die Rechtsprechung des BFH ist jedoch noch fragwürdiger geworden, insbesondere durch die Einfügung des § 13 Abs. 2 a ErbStG a. F., der mit Wirkung ab dem 01.01.1996 durch die Nachfolgeregelung des § 13 a ErbStG ersetzt wurde, und auch durch die Regelung des § 19 a ErbStG.[28]

3.1.3.2 Rechtsgeschäftliche Nachfolgeklauseln

20 Nach der Rechtsprechung des Bundesgerichtshofs sind Nachfolgeklauseln grundsätzlich nur als sog. erbrechtliche Nachfolgeklauseln möglich. Die Nachfolge einer Person in den Anteil an einer Personengesellschaft bedeutet regelmäßig auch eine Nachfolge in die gesellschaftsrechtlichen Pflichten und kann deshalb für den Nachfolger nachteilig sein. Das deutsche Recht kennt jedoch keine Verträge zu Lasten Dritter. Die Nachfolge in die gesellschaftsrechtlichen Pflichten kann deshalb nicht allein durch den Gesellschaftsvertrag hergestellt werden; hinzukommen muss ein erbrechtlicher Rechtsgrund.[29] Daraus leitet der BGH ab, dass Nachfolgeklauseln die Funktion haben, einen Gesellschaftsanteil vererblich zu stellen und damit die gesellschaftsvertragliche Voraussetzung für eine Rechtsnachfolge in den Gesellschaftsanteil zu schaffen. Die Nachfolge setzt jedoch außerdem voraus, dass durch erbrechtliche Verfügung die Rechtsnachfolge gleichfalls angeordnet wird. Fehlt es daran, so kommt eine Umdeutung der Nachfolgeklausel in eine Eintrittsklausel in Betracht.[30]

21 Aus der Begründung des BGH ergibt sich allerdings auch, in welchen Fällen eine rechtsgeschäftliche Nachfolgeklausel ausnahmsweise für eine Rechtsnachfolge in den Anteil des Erblassers ausreicht: Ist der Nachfolger bereits an der Gesellschaft beteiligt, so bedeutet die Verankerung einer Nachfolgeklausel im Gesellschaftsvertrag nicht eine vertragliche Regelung mit Bezug auf einen Dritten, sondern mit Bezug auf einen Gesellschafter und damit eine am Gesellschaftsvertrag beteiligte Person. In diesem Fall ergibt sich die Rechtsnachfolge allein auf der Grundlage der gesellschaftsvertraglichen Regelung; eine Erbeinsetzung des Nachfolgers ist entbehrlich und – wenn sie gleichwohl erfolgt – nicht ursächlich für die Rechtsnachfolge in den Gesellschaftsanteil.

22 Erbschaftsteuerlich kann es sich deshalb nicht um einen Erwerb durch Erbanfall handeln. Rechtsgrund für den Erwerb ist allein der Gesellschaftsvertrag. Damit kommt als Steuertatbestand allein § 3 Abs. 1 Nr. 2 Satz 2 ErbStG in Betracht.

---

28 Vgl. zu den sich aus diesen Gesetzesänderungen ergebenden Konsequenzen Rz. 118 ErbStR 2003.
29 BGH vom 10.02.1977 II ZR 120/75, BGHZ 68, 225. Der BGH begründet seine Entscheidung auch damit, dass das deutsche Recht Verfügungen unter Lebenden zugunsten und zu Lasten Dritter nicht kennt.
30 BGH vom 10.02.1977 II ZR 120/75, BGHZ 68, 225, und vom 20.09.1977 II ZR 214/75, NJW 1978 S. 264.

3 Die Behandlung der Nachfolge in Personengesellschaftsanteile

3.1.4 Die Eintrittsklausel[31]

Während die Nachfolgeklausel grundsätzlich eine Erbfolge in der Person des Nachfolgers voraussetzt, verschafft eine Eintrittsklausel auch einem Nichterben ein Eintrittsrecht aufgrund einer rein gesellschaftsvertraglichen Bestimmung. Eine derartige Bestimmung hat die Qualität eines Vertrages zugunsten eines Dritten (§§ 328, 331 BGB). Bei der Eintrittsklausel sind zwei Varianten zu unterscheiden. Dabei ergibt sich die Frage, unter welchen Erwerbstatbestand der Erwerb zu subsumieren ist und worin der Gegenstand des Erwerbs zu sehen ist. Beide Fragen haben für die erbschaftsteuerliche Behandlung der Eintrittsklausel erhebliche Bedeutung.

23

3.1.4.1 Die Treuhandvariante

Im Fall der sog. Treuhandvariante geht der Gesellschaftsanteil des verstorbenen Gesellschafters im Zeitpunkt seines Todes auf die verbleibenden Gesellschafter über, die diesen als Treuhänder des Eintrittsberechtigten bis zu dessen Entscheidung über die Ausübung des Eintrittsrechts halten.[32] Da der Anteil als solcher fortbesteht, entstehen keine Abfindungsansprüche. Allerdings bestehen dieses Treuhandverhältnis und der Ausschluss des Abfindungsanspruchs[33] nur vorübergehend. Übt der Eintrittsberechtigte sein Eintrittsrecht aus, übertragen die verbliebenen Gesellschafter den vorübergehend treuhänderisch gehaltenen Anteil auf ihn. Andernfalls endet deren Treuhänderstellung, der Anteil wächst den verbliebenen Gesellschaftern an, der Abfindungsanspruch entsteht und fällt in den Nachlass.

24

Gegenstand des Erwerbs ist bei der Treuhandvariante das Eintrittsrecht, das sich unmittelbar aus der als Vertrag zugunsten eines Dritten zu qualifizierenden Eintrittsklausel des Gesellschaftsvertrages ergibt. Der Erwerb des Eintrittsberechtigten ist demzufolge nach § 3 Abs. 1 Nr. 4 ErbStG steuerbar. R 55 Abs. 2 Satz 3 ErbStR 2003 qualifiziert den Erwerb als Erwerb von Todes wegen, ohne den Erwerbstatbestand zu spezifizieren.

Übt der Eintrittsberechtigte sein Eintrittsrecht aus, so erwirbt er den Gesellschaftsanteil. Dieser ist Erwerbsgegenstand und nach § 12 Abs. 5 ErbStG zu bewerten.

3.1.4.2 Die Abfindungsvariante

Die Abfindungsvariante sieht zunächst das Ausscheiden des verstorbenen Gesellschafters mit allen damit verbundenen Folgen vor. Der Anteil wächst

25

---

31 Ausführlich Hübner, ErbStB 2006 S. 17.
32 Vgl. BGH vom 29.09.1977 II ZR 214/75, NJW 1978 S. 264: „Der Wert der Beteiligung kann dem Berechtigten ... dadurch übertragen werden, ..., dass unter Ausschluss eines solchen Abfindungsanspruchs die übrigen Gesellschafter den ihnen damit zugefallenen Kapitalanteil des Ausgeschiedenen treuhänderisch für den Eintrittsberechtigten halten und bei dessen Eintritt auf ihn übertragen." Vgl. a. Ebenroth, Tz. 886.
33 Der Abfindungsausschluss ist durch die Nichtausübung des Eintrittsrechts auflösend bedingt, vgl. MünchKomm BGB/Ulmer, 4. Aufl., § 727 Rz. 59; Ebenroth, 1992, Rz. 886.

S. Erbschaft- und Schenkungsteuer

also den verbliebenen Gesellschaftern an. Die Eintrittsklausel wendet dem Eintrittsberechtigten das Recht zu, in die Gesellschaft aufgenommen zu werden, wobei ihm der Abfindungsanspruch zweckgebunden mit dem Ziel zugewandt wird, damit seine Einlageverpflichtung zu erfüllen.[34] Der Abfindungsanspruch wird dem Eintrittsberechtigten außerhalb der Eintrittsklausel zugewandt: In Betracht kommt ein (Voraus-)Vermächtnis, eine Schenkung auf den Todesfall oder auch eine Teilungsanordnung, wenn der Eintrittsberechtigte Miterbe geworden ist.[35]

26 Die Frage nach dem Erwerbstatbestand und nach dem Erwerbsgegenstand ist bei der Abfindungsvariante schwieriger zu beantworten. Es liegt nahe, nicht an die Zuwendung des Eintrittsrechts anzuknüpfen, sondern an die Zuwendung des Abfindungsanspruchs.[36] Es ist allerdings sehr fraglich, ob diese Qualifizierung des Erwerbs sachgerecht ist. Es ist zu berücksichtigen, dass die Zuwendung des Abfindungsanspruchs (z. B. durch Vermächtnis: § 3 Abs. 1 Nr. 1 ErbStG) und des Eintrittsrechts (§ 3 Abs. 1 Nr. 4 ErbStG) unselbständige Elemente einer einheitlich zu würdigenden Zuwendung sind. Richtig ist zwar, dass nur einer der unterschiedlichen Tatbestände zur Anwendung kommen kann. Es liegt eine Tatbestandskonkurrenz vor, wobei der speziellere Tatbestand, also derjenige, der dem Sachverhalt besser gerecht wird, weil er aufgrund seines besonderen Zuschnitts den zu würdigenden Sachverhalt normspezifisch erfassen kann, dem allgemeineren Tatbestand vorgeht. Es kann kein Zweifel bestehen, dass der wesentliche Gehalt der Eintrittsklausel in der Zuwendung des Eintrittsrechts zu sehen ist und die Zuwendung des Abfindungsanspruchs lediglich ein Mittel ist, dieses Ziel zu erreichen.

Damit ergibt sich eine sachlich zufriedenstellende Gleichbehandlung beider Varianten der Eintrittsklausel.[37]

3.1.5 Die Nachfolge in Personengesellschaftsanteile durch Vermächtnis

27 Die Nachfolge in einen Anteil an einer Personengesellschaft kann auch durch ein Vermächtnis erreicht werden. Bei einer derartigen Gestaltung müssen indessen zwei Gesichtspunkte beachtet werden: Zum einen muss durch eine Nachfolgeklausel sichergestellt werden, dass der Erbe auch die Beteiligung erwirbt.[38] Dies erfordert eine Nachfolgeklausel und eine auf

---

34 Vgl. hierzu BGH vom 25.05.1987 II ZR 195/86, BB 1987 S. 1555: „Er bringt als Einlage das Erlöschen des schon entstandenen Abfindungsanspruchs ein..."
35 Die Rechtsprechung des BGH nimmt allerdings – im Zweifel – vorrangig eine Nachfolgeklausel an, wenn die Eintrittsberechtigte Erbe geworden ist: BGH vom 29.09.1977 II ZR 214/75, NJW 1978 S. 264; BGHZ 68, 225, BB 1977 S. 809; Ebenroth, Rz. 885; K. Schmidt, Gesellschaftsrecht, S. 1342.
36 So Gebel, Betriebsvermögen und Unternehmensnachfolge, 1997, Rz. 533; ihm folgend Jülicher in Troll/Gebel/Jülicher, ErbStG, § 13 a Rz. 40.
37 So im Ergebnis auch R 55 Abs. 2 Satz 4 ErbStR 2003.
38 Vgl. hierzu das Beispiel bei Rz. 14.

diese abgestimmte Erbeinsetzung. Zum anderen müssen rechtzeitig auf der gesellschaftsvertraglichen Ebene die Weichen dahin gestellt werden, dass die Übertragung der Beteiligung vom Erben auf den Vermächtnisnehmer, die im Wege der Abtretung (§§ 398, 413 BGB) erfolgen muss, von den anderen Gesellschaftern nicht durch die Verweigerung der hierfür erforderlichen Zustimmung vereitelt werden kann. Denn dann würde die Erfüllung des Vermächtnisses durch einen Umstand unmöglich, den der Erbe nicht zu vertreten hat. Er würde demnach von der Pflicht zur Erfüllung des Vermächtnisses nach § 275 BGB frei.

Aus steuerlicher Sicht muss sichergestellt werden, dass zeitgleich mit dem Mitunternehmeranteil auch das betriebswesentliche Sonderbetriebsvermögen des Erblassers auf den Vermächtnisnehmer übertragen wird. Ergibt sich hier nur eine geringe zeitliche Differenz, so erwirbt der Vermächtnisnehmer keinen Mitunternehmeranteil, sondern Einzelwirtschaftsgüter, was sowohl ertragsteuerlich eine vollständige Entnahme des Betriebsvermögens zur Folge hat[39] als auch zu einer umfassenden Versagung der Begünstigungen nach den §§ 13 a und 19 a ErbStG führt. Angesichts dieser Risiken ist von einer Nachfolgegestaltung durch Vermächtnis dringend abzuraten. 28

3.1.6 Der Erwerb einer Hinterbliebenenversorgung

Sieht der Gesellschaftsvertrag einer Personengesellschaft Versorgungsansprüche der Hinterbliebenen eines Gesellschafters vor, so ergibt sich die Frage, ob diese Ansprüche der Erbschaftsteuer unterliegen. Diese Frage stellt sich in zweifacher Hinsicht: Zum einen unter dem Gesichtspunkt des Umfangs des steuerbaren Erwerbs, zum anderen aber ergibt sich eine korrespondierende Fragestellung im Hinblick auf den Umfang des Versorgungsfreibetrages (§ 17 Abs. 1 Satz 2 ErbStG). 29

Die Rechtsprechung des BFH nahm in der Vergangenheit grundsätzlich einen steuerbaren Erwerb nach § 3 Abs. 1 Nr. 4 ErbStG an. Ausgelöst durch die Rechtsprechung des BVerfG,[40] gab der BFH diese Rechtsprechung auf.[41] Zwar hält der BFH an dem Grundsatz fest, wonach die Versorgungsansprüche der Hinterbliebenen eines Gesellschafters einer Personengesellschaft steuerbar sind. Anders als nach seiner früheren Rechtsprechung will der BFH jedoch nunmehr eine Ausnahme von diesem Grundsatz dann machen, wenn „der persönlich haftende Gesellschafter wie ein Angestellter gegenüber den die Gesellschaft beherrschenden anderen Gesellschaftern gebunden war". Im Ergebnis ist nunmehr die Tätigkeit des Gesellschafters daraufhin zu untersuchen, ob sie als regeltypischer Ausfluss seiner Gesellschafter- 30

---

39 Vgl. Rz. 61 und 65 des BMF-Schreibens vom 14.03.2006, BStBl I 2006, 253.
40 BVerfG vom 09.11.1988 1 BvR 243/86, BStBl II 1989, 938.
41 BFH vom 13.12.1989 II R 31/89, BStBl II 1990, 325, sowie II R 211/85, BStBl II 1990, 325: Zur Behandlung von Hinterbliebenenansprüchen bei einer GmbH: BFH vom 13.12.1989 II R 23/85, BStBl II 1990, 322.

stellung (notwendige Selbstorganschaft) anzusehen ist oder ob diese ausnahmsweise im Innenverhältnis derart beschränkt ist, dass sie der eines Angestellten angenähert ist. Als Indiz dafür ist anzusehen, wenn der persönlich haftende Gesellschafter **überhaupt nicht oder nur geringfügig** am Kapital und/oder Liquidationserlös beteiligt ist und ihm im Innenverhältnis von den anderen Gesellschaftern die **Freistellung von der persönlichen Haftung** zugesagt ist. Das Erfordernis der nur geringfügigen Beteiligung am Kapital sah der BFH bei einer Beteiligungsquote von 13 % nicht als erfüllt an.

3.2 Begünstigte Erwerbe unter Lebenden

31 Vor dem Inkrafttreten des StÄndG 2001 vom 20.12.2001[42] war die Begünstigung an das Vorliegen einer vorweggenommenen Erbfolge geknüpft. Durch das StÄndG 2001 wurde der Begriff der vorweggenommenen Erbfolge durch die Worte „Schenkung unter Lebenden" ersetzt und die Anwendung dieser Neuregelung auf alle Erwerbe nach dem 31.12.1995 angeordnet.

32 In seiner Entscheidung vom 25.01.2001,[43] die die Auslegung des Begriffs der vorweggenommenen Erbfolge im Kontext des § 13 Abs. 2 a ErbStG a. F. zum Gegenstand hatte, hatte der BFH die Auffassung vertreten, eine vorweggenommene Erbfolge könne nur dann bejaht werden, wenn der Erwerbsvorgang einem Erwerb durch Erbanfall materiell vergleichbar sei, insbesondere vollständig und endgültig erfolge. Diese Entscheidung wurde in der Literatur massiv kritisiert; auch die Steuerverwaltung distanzierte sich von dieser Entscheidung durch einen Nichtanwendungserlass,[44] an dessen Stelle durch das StÄndG 2001 eine gesetzliche Neuregelung trat, die auch auf alle offenen Fälle rückwirkend anzuwenden ist (§ 37 Abs. 3 ErbStG a. F.).[45]

3.2.1 Teilentgeltliche Zuwendung – gemischte Schenkung – und Schenkung unter Auflage

33 Die Problematik des teilentgeltlichen Erwerbs und der Zuwendung unter einer Auflage betrifft nicht nur die Erwerbe im Rahmen einer Schenkung unter Lebenden (§ 7 Abs. 1 Nr. 1,[46] Nr. 2 ErbStG). Insbesondere die Problematik der Nutzungs- oder Duldungsauflage ergibt sich auch bei Erwerben von Todes wegen (§ 3 Abs. 1 Nr. 2, § 10 Abs. 5 Nr. 2 ErbStG). Gleichwohl sind die auftretenden Fragen in erster Linie bei Schenkungen unter Leben-

---

42 BGBl I 3794, 3810.
43 II R 52/98, BStBl II 2001, 414.
44 Gleich lautende Ländererlasse vom 15.05.2001, BStBl I 2001, 350.
45 Dazu ausführlich Hübner, DStR 2003 S. 4.
46 Die Berücksichtigung der Auflage, die den Beschenkten belastet, wird bei diesem nicht durch § 10 Abs. 5 Nr. 2 ErbStG angeordnet, sondern ergibt sich bereits aus dem Tatbestand des § 7 Abs. 1 Nr. 1 ErbStG selbst: „ ... soweit der Bedachte ... bereichert wird."

3 Die Behandlung der Nachfolge in Personengesellschaftsanteile

den wichtig und werden deshalb nachfolgend in diesem Zusammenhang behandelt.

3.2.1.1 Die schenkungsteuerliche Behandlung der gemischten Schenkung und der Schenkung unter Auflage

Die schenkungsteuerliche Behandlung der gemischten Schenkung und der Schenkung unter Auflage ist in R 17 ErbStR 2003 geregelt. Die Verwaltungsanweisungen sehen – aufgrund der Differenz zwischen Verkehrs- und Steuerwert wohl bis Ende 2008 – eine unterschiedliche Behandlung vor: 34

— Erfolgt eine Schenkung z. T. gegen eine Gegenleistung (**gemischte Schenkung**; z. B. Grundstücksschenkung gegen Übernahme einer noch valutierten Grundschuld) oder ist sie mit einer Auflage belastet, die dem Schenker Aufwendungen im Sinne von Geld- oder Sachleistungen auferlegt (sog. **Leistungsauflage**; z. B. Ausgleichsleistungen an Geschwister), so ist der Erwerb in einen entgeltlichen und in einen unentgeltlichen Erwerb aufzuteilen. Diese Aufteilung ist deshalb erschwert, weil der Steuerwert der Gegenleistung oder der Leistungsauflage regelmäßig ein anderes Wertniveau hat als der Steuerwert des hingegebenen Gegenstandes (z. B. eines Grundstücks, nur bis Ende 2008!). Die Aufteilung kann nach der Rechtsprechung des BFH[47] nicht durch eine schlichte Subtraktion des Steuerwerts der Gegenleistung oder der Leistungsauflage vom Steuerwert des geschenkten Gegenstandes erfolgen. Erforderlich ist vielmehr eine Umrechnung, die den Verkehrswert der Bereicherung auf das Steuerwertniveau kürzt (bis Ende 2008). Bei dieser Rechnung wird auch der Steuerwert einer etwa übernommenen Verbindlichkeit auf das Steuerwertniveau des hingegebenen Gegenstandes gekürzt (**integrierte Schuldenkappung**), was deren steuermindernde Wirkung einschränkt. Unter Umständen kann es sinnvoll sein, diesen Effekt zu vermeiden.

Beispiel 5 (Rechtslage bis Ende 2008):

Vater V schenkt seinem Sohn S ein Grundstück mit einem Verkehrswert (VW) von 1 Mio. € und einem Grundbesitzwert (SW = Steuerwert) von 500.000 €, das mit einer Grundschuld belastet ist. Im Zeitpunkt der Übertragung ist die Grundschuld i. H. von 400.000 € valutiert. S übernimmt die Darlehensschuld.

Der Steuerwert der Schenkung errechnet sich wie folgt:

$$\text{VW der Bereicherung} \times \frac{\text{SW Grundstück}}{\text{VW Grundstück}} =$$

$$(1.000.000 \text{ €} ./. 400.000 \text{ €}) \times \frac{500.000 \text{ €}}{1.000.000 \text{ €}} = 300.000 \text{ €}$$

Im Fall des Erwerbs von Todes wegen oder einer Schenkung allein des Grundstücks mit anschließender Vererbung der Schuld sind dagegen lediglich (500.000 € ./. 400.000 € =) 100.000 € zu versteuern. Rechnerisch wird also die

---
47 Vgl. die Nachweise zur Rechtsprechung des BFH in den ErbStR.

S. Erbschaft- und Schenkungsteuer

Schuld auf das Steuerwertniveau (200.000 € statt 400.000 €) gekürzt – integrierte Schuldenkappung.

Dieser Nachteil der gemischten Schenkung sollte vermieden werden, indem man sicherstellt, dass die Schuld von Todes wegen auf den Nachfolger übergeht.

— Demgegenüber werden sog. **Nutzungs- oder Duldungsauflagen**,[48] die dem Beschenkten auferlegen, ein bereits bestelltes Nutzungsrecht zu dulden oder ein solches zu bestellen, grundsätzlich mit ihrem Steuerwert vom Steuerwert des hingegebenen Gegenstandes abgezogen. Von diesem Grundsatz gab es allerdings bis Ende 2008 eine wichtige Ausnahme, wenn nämlich die Nutzungs- oder Duldungsauflage dem Schenker selbst, seinem Ehegatten oder – bei Erwerben von Todes wegen – dem Ehegatten des Erblassers zugutegekommen ist (§ 25 Abs. 1 Satz 1 ErbStG a. F.). Dieses Abzugsverbot führte dazu, dass die Auflage im Ergebnis nicht steuermindernd berücksichtigt wurde. § 25 Abs. 1 Satz 2 ErbStG a. F. gewährte lediglich einen Anspruch, die Steuer bis zum Erlöschen der Auflage zinslos zu stunden oder – § 25 Abs. 1 Satz 3 ErbStG a. F. – diese Steuer mit ihrem Barwert abzulösen.

35 § 25 ErbStG wurde jedoch ab dem 01.01.2009 mit dem Gesetz zur Reform des Erbschaftsteuer- und Bewertungsrechts[49] ersatzlos aufgehoben. Somit gilt der Grundsatz, dass Nutzungs- und Duldungsauflagen mit ihrem Steuerwert vom Steuerwert des hingegebenen Gegenstandes abgezogen werden können. Für Erwerbe bis Ende 2008 gilt § 25 ErbStG a. F. grundsätzlich weiter.

---

48 Zu zivil- und gesellschaftsrechtlichen Eckpunkten der Übertragung von Gesellschaftsanteilen unter Vorbehaltsnießbrauch vgl. die Darstellung von Brandi/Mühlmeier in GmbHR 1997 S. 734.
49 Erbschaftsteuerreformgesetz – ErbStRG vom 24.12.2008, BGBl I 2008, 3018.

3 Die Behandlung der Nachfolge in Personengesellschaftsanteile

Übersicht 1: entgeltlicher/unentgeltlicher Erwerb   **36**

Gegenleistung	Auflagen	
	Leistungsauflagen	Nutzungs-/Duldungsauflagen
Beispiel: Zahlung	Ausgleichsleistungen an Geschwister	Nießbrauchsrecht
Übernahme von Verbindlichkeiten	Versorgungsleistungen (dauernde Last)[51]	Wohnrecht

Schenkung unter Lebenden: gemischte Schenkung	Abzug der Last vom Erwerb
Erwerb durch Erbanfall: Abzug vom Vermögensanfall	

3.2.1.2 Die Schenkung von Anteilen an einer vermögensverwaltenden Personengesellschaft

Die Problematik der gemischten Schenkung kann sich dann nicht ergeben,   **37**
wenn aktive Wirtschaftsgüter und die damit zusammenhängenden Schulden
nicht selbst Gegenstand der Zuwendung bzw. Gegenleistung sind, sondern
als unselbständige Teile einer umfassenden wirtschaftlichen Einheit anzusehen sind, die als solche den Gegenstand der Zuwendung bildet. Diese Situation ergibt sich bei der Schenkung von Anteilen an Personengesellschaften,
die gewerblich oder freiberuflich tätig oder gewerblich geprägt sind. Hier
bildet der Gesellschafts- bzw. Mitunternehmeranteil den Schenkungsgegenstand. Dies ergab sich insbesondere aus § 12 Abs. 5 ErbStG a. F., der auf die
Vorschriften des Bewertungsgesetzes und damit auf die saldierende Bewertung nach den §§ 95 ff., 98 a BewG a. F. verwies. Für Personengesellschaften, die nicht unter diese Vorschriften fallen, sieht das Bewertungsgesetz
keine Zusammenfassung der verschiedenen Wirtschaftsgüter und keine saldierende Bewertung vor. Damit ergibt sich die Frage, wie die Schenkung

---

50 Es ist auffällig, dass das Schenkungsteuerrecht bei der Qualifizierung der Vermögensübertragung gegen Versorgungsleistung zu einer diametral entgegengesetzten Wertung als das Ertragsteuerrecht kommt: Ertragsteuerlich handelt es sich um einen unentgeltlichen Erwerb des existenzsichernden Vermögens; schenkungsteuerlich um einen Erwerb unter Leistungsauflage, der zur Anwendung der Grundsätze der gemischten Schenkung führt, vgl. dazu BFH vom 02.03.2005 II R 11/02, ZEV 2005 S. 353 m. Anm. Hübner.

S. Erbschaft- und Schenkungsteuer

eines derartigen Personengesellschaftsanteils schenkungsteuerlich zu behandeln ist.

38 Der BFH hat sich in seiner Entscheidung vom 14.12.1995[51] für eine saldierende Bewertung ausgesprochen. Diese Bewertungsmethode ergebe sich aus der Natur der Sache, weil Zuwendungsgegenstand – dies wiederum ergebe sich aus der Maßgeblichkeit des Zivilrechts für das Schenkungsteuerrecht – der Anteil an der Personengesellschaft selbst sei. Der BFH hat weiter ausgeführt, dass bei dieser saldierenden Bewertung die Wirtschaftsgüter des Gesellschaftsvermögens mit den Steuerwerten anzusetzen seien. Die Auffassung des BFH ist durchaus nicht zweifelsfrei, und insbesondere der zuletzt genannte Gesichtspunkt ist äußerst fragwürdig.[52] Die Verwaltung hat auf die Entscheidung mit einem Nichtanwendungserlass reagiert,[53] dessen Haltbarkeitsdauer zwischenzeitlich abgelaufen ist: Der BFH hat durch Urteil vom 17.02.1999[54] seine Entscheidung vom 14.12.1995 bestätigt.

39 Für Erwerbe ab dem 01.01.1996 hat der Gesetzgeber die Frage entschieden und mit dem Gesetz zur Reform des Erbschaftsteuer- und Bewertungsrechts[55] erneut bekräftigt. Nach § 10 Abs. 1 Satz 3 ErbStG a. F. gilt der Erwerb eines Anteils an einer Gesellschaft, die weder gewerblich noch freiberuflich tätig noch gewerblich geprägt ist und deshalb nicht nach § 12 Abs. 5 ErbStG zu bewerten ist, als Erwerb der anteiligen Wirtschaftsgüter.[56] Damit ist die alte Verwaltungsauffassung nunmehr im Gesetz mit der Folge verankert, dass die Grundsätze der gemischten Schenkung anzuwenden sind. Dies wurde ab 2009 durch eine weitere Ergänzung von Satz 4 (bisher Satz 3) bestätigt. Die beim Erwerb der anteiligen Wirtschaftsgüter übergehenden Schulden und Lasten der Gesellschaft sind bei der Ermittlung der Bereicherung des Erwerbers wie eine Gegenleistung zu behandeln. Laut Gesetzesbegründung soll mit der Ergänzung klargestellt werden, dass die Grundsätze der **gemischten Schenkung** anzuwenden sind. Allerdings ist die Hürde zur Umgehung dieser Klippe nicht allzu hoch: Es bedarf lediglich einer gewerblichen Prägung, die auch bei einer Gesellschaft bürgerlichen Rechts recht einfach herbeizuführen ist, um in den Anwendungsbereich des § 12 Abs. 5 ErbStG zu gelangen. Das hat zudem den weiteren Vorteil, dass damit zugleich der Zugang zu den Begünstigungen der §§ 13 a und 19 a ErbStG eröffnet wird. Fraglich ist jedoch, ob die für diese Begünstigungen notwendige 50%-Grenze des (neuen) Verwaltungsvermögens i. S. des § 13 b Abs. 2 ErbStG eingehalten werden kann.

---

51 II R 79/94, BStBl II 1996, 546.
52 Vgl. zur Kritik i. e. Hübner, NWB F 10, 1195.
53 Gleich lautende Ländererlasse vom 09.09.1996, BStBl I 1996, 1172.
54 II R 65/97, DStR 1999 S. 1067.
55 Erbschaftsteuerreformgesetz – ErbStRG vom 24.12.2008, BGBl I 2008, 3018.
56 Beachte aber H 26 ErbStH 2003.

3 Die Behandlung der Nachfolge in Personengesellschaftsanteile

3.2.2 Mittelbare Zuwendungen

Die Anerkennung mittelbarer Zuwendungen beruht auf dem im Zivilrecht **40** wurzelnden Umstand, dass Entreicherungs- und Bereicherungsgegenstand nicht identisch sein müssen. Schenkungsgegenstand ist nicht der Entreicherungs-, sondern der Bereicherungsgegenstand. Auf welche Weise die Zuwendung dieses Gegenstandes bewirkt wird, ist grundsätzlich ohne Bedeutung. Aus diesem Umstand folgt: Die Möglichkeit einer mittelbaren Zuwendung ist nicht auf Grundstücke beschränkt. Möglich ist auch die mittelbare Zuwendung eines Betriebes, eines Teilbetriebes, eines Mitunternehmeranteils, einer Beteiligung an einer Kapitalgesellschaft und auch der Wertsteigerung eines dem Beschenkten bereits gehörenden Gegenstandes[57] (z. B. Gesellschaftsanteil).

Die Annahme einer mittelbaren Zuwendung ist keineswegs, wie häufig zu lesen ist, bei Erwerben von Todes wegen ausgeschlossen. Diese Aussage trifft in erster Linie – sie ist vom BFH auch nur insoweit in diesem Sinn getroffen[58] – auf Erwerbe durch Erbanfall zu, weil dort der Erwerber unmittelbar beim Erbfall in das Vermögen des Erblassers in dem Zustand nachfolgt, in dem sich dieses befindet. Denkbar ist bei den Erwerben von Todes wegen ein mittelbarer Erwerb jedoch insbesondere in den Fällen der Schenkung auf den Todesfall (§ 3 Abs. 1 Nr. 2 Satz 1 ErbStG) und in den Fällen des § 3 Abs. 1 Nr. 4 ErbStG.[59]

R 56 Abs. 2 ErbStR 2003[60] zur Anwendung der §§ 13 a und 19 a ErbStG aner- **41** kennt implizit die Möglichkeit, Betriebsvermögen im Wege einer mittelbaren Zuwendung zu übertragen. Allerdings beschränkt er die Begünstigungen der §§ 13 a und 19 a ErbStG auf solche mittelbare Zuwendungen, mit denen eine Beteiligung am Betrieb des Schenkers zugewandt werden soll.

Beispiel 6:

Einzelunternehmer E beteiligt seinen Sohn S an seinem Unternehmen. Die Beteiligten schließen einen Gesellschaftsvertrag über die Gründung einer OHG. Die auf S entfallende Einlage wird durch eine Umbuchung vom Kapitalkonto des E erbracht.

Nach R 51 Abs. 3 ErbStR 2003 muss „das Betriebsvermögen im Zusammenhang mit dem Erwerb . . . einer Beteiligung einer Personengesellschaft übergehen. Diese Begriffe sind nach ertragsteuerlichen Grundsätzen abzugrenzen." Es ist durchaus die Frage, ob E auf S einen Mitunternehmeranteil übertragen kann, weil er selbst als Einzelunternehmer nicht Inhaber eines solchen Anteils ist.

---

57 BFH vom 13.03.1996 II R 51/95, BStBl II 1996, 548.
58 BGH vom 23.01.1991 II B 46/90, BStBl II 1991, 310; das gilt auch für BFH vom 28.06.1995 II R 89/92, BStBl II 1995, 786, trotz der weiter gehenden – vom entschiedenen Sachverhalt nicht gedeckten – Formulierung des Leitsatzes. Vgl. auch BFH vom 10.07.1996 II R 32/94, BFH/NV 1997 S. 28.
59 Hübner, DStR 2003 S. 4 und 7.
60 Vgl. auch R 76 Abs. 1 ErbStR 2003.

S. Erbschaft- und Schenkungsteuer

Ohne Zweifel und unabhängig davon, ob die Umbuchung ertragsteuerlich eine Entnahme bedeutet, liegt zumindest eine mittelbare Zuwendung eines Mitunternehmeranteils vor, die auch nach R 56 Abs. 2, R 76 Abs. 1 ErbStR 2003 begünstigt ist. Dabei ist unbedeutend, welche Vermögensbestandteile E an S leistet, weil nach dem Willen der Beteiligten[61] nicht dieser, sondern der Mitunternehmeranteil geschenkt sein soll. Dieser ist zivilrechtlich und schenkungsteuerlich Zuwendungsgegenstand.

42 Die Steuerverwaltung hat sich in einem gleich lautenden Ländererlass zu den Fragen verdeckter Zuwendungen im Umfeld von Kapitalgesellschaften geäußert.[62] Die in diesen Erlassen abgehandelten Fragen können sich bei Personengesellschaften so lange nicht ergeben, als der BFH an seiner Rechtsprechung festhält, wonach erbschaft- und schenkungsteuerlich davon auszugehen ist, dass die Gesellschafter selbst und nicht die Gesellschaft Träger des Gesamthandsvermögens sind (§ 718 BGB).[63] Denn nach dieser Rechtsprechung können lediglich die Gesellschafter Zuwendungsempfänger sein, nicht die Gesellschaft als solche.

Beispiel 7:

V, der an der Gesellschaft seiner Kinder (TS-GbR) nicht beteiligt ist, wendet „der GbR" ein Grundstück zu.

Da die GbR nicht Erwerber im schenkungsteuerlichen Sinn sein kann, handelt es sich um eine Schenkung an die Kinder T und S. Zuwendungsgegenstand ist die Werterhöhung[64] des jeweiligen Anteils der T und des S am Gesellschaftsvermögen.

3.2.3 Schenkung treuhänderisch gehaltener Beteiligungen

43 Die Steuerverwaltung vertritt in einer Reihe abgestimmter Ländererlasse[65] die Auffassung, dass die Schenkung von Anteilen an Personengesellschaften, die nicht von dem Mitunternehmer unmittelbar, sondern von einem Treuhänder für den Treugeber-Gesellschafter gehalten werden, nicht der Gesellschaftsanteil als solcher, sondern der Herausgabeanspruch aus dem Treuhandverhältnis Gegenstand der Schenkung sein soll. Dieser Anspruch

---

61 Zur Bedeutung des Parteiwillens für die Bestimmung des Zuwendungsgegenstandes bei mittelbaren Zuwendungen vgl. BFH vom 09.11.1994 II R 87/92, BStBl II 1995, 83, BFH vom 26.09.1990 II R 50/88, BStBl II 1991, 32.
62 Nunmehr R 18 ErbStR 2003; vgl. zu der Rechtsprechung des BFH in diesem Zusammenhang BFH vom 25.10.1995 II R 67/93, BStBl II 1995, 160, vom 17.04.1996 II R 16/93, BStBl II 1996, 454, und vom 19.06.1996 II R 83/92, BStBl II 1996, 616.
63 BFH vom 14.09.1994 II R 95/92, BStBl II 1995, 81. Zu der Frage, ob auch zukünftig von dieser Rechtsprechung ausgegangen werden kann, vgl. Hübner, DStR 1997 S. 897, und BFH vom 15.07.1998 II R 82/76, BStBl II 1998, 630.
64 Zur Zuwendung einer Werterhöhung vgl. bereits bei Fn. 50.
65 Vgl. etwa FM Bayern vom 14.06.2005, ZEV 2005 S. 341.

sei mit seinem gemeinen Wert zu bewerten (§ 12 Abs. 1 ErbStG, § 9 BewG) und sei kein begünstigtes Vermögen. Der Erlass ist in der Literatur zu Recht auf einhellige Ablehnung gestoßen.[66] Gleichwohl wird die Beratungspraxis die Verwaltungsauffassung beachten und Alternativgestaltungen anbieten müssen.[67] Auf eine Möglichkeit – zumindest für Erbfälle – verweist die Finanzverwaltung in einem Folgeerlass selbst:[68] Ist im Treuhandvertrag und im Gesellschaftsvertrag festgelegt, dass die Treuhandschaft beim Tod des Treugebers bzw. bei Abtretung des Anspruchs aus dem Treuhandvertrag endet und der Erbe bzw. Beschenkte unmittelbar in die Gesellschafterstellung des (dann ehemaligen) Treuhänders eintritt, ist Zuwendungsgegenstand nicht der Herausgabeanspruch des Erwerbers gegen den Treuhänder gemäß § 667 BGB, sondern die Gesellschaftsbeteiligung unmittelbar.

3.3 Sonstige Erwerbstatbestände

§ 7 ErbStG enthält in den Abs. 5 bis 7 Sonderregelungen, die zum Teil einen steuerbaren Erwerb begründen (Abs. 6 und 7), während Abs. 5 nur eine Bewertungsfrage anspricht. Von diesen Vorschriften hatte bis Ende 2008 lediglich § 7 Abs. 7 ErbStG eine gewisse praktische Bedeutung erlangt. **44**

§ 7 **Abs. 5** ErbStG soll bei der Schenkung einer Beteiligung an einer Personengesellschaft verhindern, dass der Beschenkte zwar formal an den stillen Reserven nicht oder nur bedingt beteiligt wird, diese jedoch in den der Zuwendung folgenden Jahren nach und nach mit der Folge aufgelöst werden, dass sie dem Beschenkten über seine Gewinnbeteiligung anteilig schenkungsteuerfrei zufließen. Für den nach dem Wortlaut der Vorschrift typischen Anwendungsfall, nämlich den der Buchwertklausel, hatte die Vorschrift bis Ende 2008 ihren Anwendungsbereich seit der Maßgeblichkeit der Steuerbilanzwerte weitgehend verloren. Lediglich dann, wenn sich im Betriebsvermögen Wirtschaftsgüter befanden, die im konkreten Fall mit höheren Werten als den Steuerbilanzwerten zu bewerten waren (Betriebsgrundstücke, Anteile an Kapitalgesellschaften, ausländisches Betriebsvermögen), oder wenn eine unter dem Buchwert liegende Abfindung vereinbart war,[69] konnte sich theoretisch ein Anwendungsfall für die Vorschrift ergeben. Dann ordnete das Gesetz an, dass die aus der Abfindungsklausel sich ergebende Beschränkung nicht wertmindernd zu berücksichtigen sei. Die Bereicherung galt insoweit als auflösend bedingt erworben (§ 5 Abs. 1 **45**

---

66 V. Oertzen, ZEV 2005 S. 341; Wachter, DStR 2005 S. 1844; Hannes/Otto, ZEV 2005 S. 464; Trompeter, ZErb 2005 S. 404; Lüdicke/Kaiser, DStR 2005 S. 1926; Heinrichshofen, ErbStB 2005 S. 239; Daragan, DB 2005 S. 2210 und 2212; Rödl/Seifried, BB 2006 S. 20.
67 Hannes/Otto, ZEV 2005 S. 464.
68 Vgl. etwa FM Baden-Württemberg vom 16.02.2007, DStR 2007 S. 627.
69 Zur gesellschaftsrechtlichen Zulässigkeit derartiger Abfindungsbeschränkungen vgl. K. Schmidt, Gesellschaftsrecht, S. 1472 m. w. N.

S. Erbschaft- und Schenkungsteuer

Satz 1 BewG). Sind während der Dauer der Beteiligung nicht alle stillen Reserven an den Gesellschafter ausgekehrt worden, so kann er eine Korrektur der ursprünglichen Steuerfestsetzung nach § 5 Abs. 2 BewG beantragen.[70] Eine finanzgerichtliche Entscheidung zu dieser Vorschrift ist – soweit ersichtlich – seit dem Inkrafttreten des ErbStG 1974 nicht ergangen. Vergleiche im Übrigen H 20 ErbStH 2003. Möglicherweise erlangt diese Vorschrift ab 2009 neue Bedeutung, da sich künftig der Steuerwert des Gesellschaftsanteils erhöht und sich bei einem späteren Ausscheiden des Gesellschafters zu Buchwerten durchaus eine nicht unbeträchtliche Differenz ergeben mag.

46 In § 7 Abs. 6 ErbStG wird die Zuwendung eines überhöhten Gewinnanteils sowie die nachträgliche Gewährung oder Erhöhung eines überhöhten Gewinnanteils als eigenständige Schenkung qualifiziert. Die Bewertung erfolgt anhand der bewertungsrechtlichen Regelungen zur Bewertung wiederkehrender Leistungen (§§ 13 ff. BewG). Auch zu dieser Vorschrift des ErbStG 1974 ist eine finanzgerichtliche Entscheidung nicht bekannt.[71] Die Vorschrift ist deshalb in der Praxis recht schwierig zu handhaben, weil zum einen die Anwendungsfälle[72] umstritten sind und zum anderen auch die Bewertung erhebliche Probleme bereitet. Dies gilt nicht nur für die Festlegung einer Angemessenheitsgrenze, sondern auch für die Prognose des zukünftigen Jahreswerts der überhöhten Gewinnbeteiligung.[73]

47 § 7 Abs. 7 ErbStG wurde ebenso wie die Parallelvorschrift des § 3 Abs. 1 Nr. 2 Sätze 2 und 3 ErbStG durch das StEntlG 1999/2000/2002[74] neu gefasst. Die Bestimmung wurde durch die Beschlussempfehlung des Finanzausschusses vom 02.03.1999[75] in das Gesetzgebungsverfahren eingebracht. Die Gesetzesbegründung[76] offenbart die Schwächen der gesetzlichen Neuregelungen, denn sie macht deutlich, dass die Bestimmungen weitgehend unausgegoren sind.

Nach der gesetzlichen Neuregelung ab dem 05.03.1999 gilt als Schenkung auch „der auf dem Ausscheiden eines Gesellschafters beruhende Übergang des Anteils oder des Teils eines Anteils eines Gesellschafters einer Personengesellschaft oder Kapitalgesellschaft auf die anderen Gesellschafter oder die Gesellschaft, soweit der Wert, der sich für seinen Anteil zur Zeit seines Ausscheidens nach § 12 ergibt, den Abfindungsanspruch übersteigt". Entspre-

---

70 Vgl. auch Tz. 3.2 des Einführungserlasses zum ErbStG 1974 vom 20.12.1974, BStBl I 1975, 42.
71 Vgl. jedoch zur Vorgeschichte BFH vom 29.11.1961 II 282/58 U, BStBl III 1962, 323, vom 25.06.1969 II 131/63, BStBl II 1969, 653, und vom 27.10.1972 II B 7/72, BStBl II 1973, 14. Zur Anwendung vgl. Tz. 3.3 des Einführungserlasses zum ErbStG 1974, Fn. 59, und Erlass des FM Baden-Württemberg vom 24.08.1977 – S 3715 – 2/75, ErbSt-Kartei BW, Karte 7 zu § 7 ErbStG und R 21 ErbStR 2003.
72 Vgl. hierzu die Darstellung bei Moench, § 7 Rz. 238 f.
73 Vgl. Moench (Fn. 61), Rz. 242 ff.; zu den Einzelheiten der Bewertung bis Ende 2008 vgl. Tz. 3.3 des Einführungserlasses (Fn. 59).
74 Steuerentlastungsgesetz 1999/2000/2002 vom 24.03.1999, BGBl I 1999, 402.
75 BT-Drucks. 14/442.
76 BT-Drucks. 14/443, S. 40 f.

chendes soll gelten, „wenn der Geschäftsanteil eines Gesellschafters (sc. einer Kapitalgesellschaft) bei dessen Ausscheiden eingezogen wird".[77] Ab 2009 wird § 7 Abs. 7 ErbStG vermehrt Bedeutung gewinnen, da die Differenz zwischen Steuerwert (neu: Verkehrswert) und der überwiegenden Zahl der Abfindungsansprüche zunehmen wird.[78] Nur für den Erben begrenzt der ab 2009 neu eingefügte Satz 3 i. V. m. § 10 Abs. 10 ErbStG dessen Bereicherung auf den erhaltenen Abfindungsanspruch, nicht jedoch für die verbleibenden Gesellschafter.

4 Der erbschaftsteuerliche Wert des Betriebsvermögens

48 Die Bewertung des inländischen Betriebsvermögens ist in § 12 Abs. 5 ErbStG, des ausländischen Betriebsvermögens in § 12 Abs. 7 ErbStG jeweils durch eine Verweisung auf die Regelungen des Bewertungsgesetzes geregelt:

Einzelheiten über die ab dem 01.01.2009 neu anzuwendenden Bewertungsvorschriften werden sich künftig wieder aus den Erbschaftsteuerrichtlinien ergeben, die jedoch bei der vorliegenden 10. Auflage noch nicht fertig gestellt sind. Die nachstehenden Ausführungen geben daher die Rechtslage aufgrund des neu in Kraft getretenen Gesetzestextes und mitunter auch die Rechtsauffassung der Autoren wieder.

4.1 Das Verfahren der Wertermittlung

Bis zum 31.12.2006 erfolgten gesonderte Feststellungen mit Feststellungsbescheid (§ 179 Abs. 1 AO) lediglich für Grundbesitz und damit grundsätzlich auch für die wirtschaftlichen Untereinheiten der Betriebsgrundstücke (§ 12 Abs. 3 ErbStG a. F., §§ 138 BewG a. F.). Eine gesonderte Feststellung für Betriebsvermögen, Anteile an Kapitalgesellschaften oder Personengesellschaften war nicht vorgesehen, die Werte wurden im Rahmen der sog. Amtshilfe als unselbständige Bemessungsgrundlage (§ 157 Abs. 2 AO) ermittelt. Einwendungen gegen die Höhe des Wertansatzes für Betriebsvermögen einer Personengesellschaft erfolgten mittels Rechtsbehelf gegen den Erbschaftsteuer- bzw. Schenkungssteuerbescheid.

---

[77] Zur ausführlichen Kritik an dieser Neuregelung vgl. Hübner in Viskorf u. a., § 3 ErbStG Rz. 150 ff.; zur Rechtslage vor dem Inkrafttreten des StEntlG 1999/2000/2002 vgl. die 7. Aufl. dieses Bandes.
[78] Casper/Altgen, DStR 2008 S. 2319.

S. Erbschaft- und Schenkungsteuer

Mit Inkrafttreten des Jahressteuergesetzes 2007[79] sind ab 01.01.2007 auf jeder Ebene Erklärungen abzugeben und die Werte gesondert festzustellen (§§ 151 ff BewG).

Örtlich zuständig für die gesonderten Feststellungen sind
— für Betriebsgrundstücke die jeweiligen Lagefinanzämter
— für Betriebsvermögen bzw. Personengesellschaften das Finanzamt, in dessen Bezirk sich die Geschäftsleitung befindet.

Für die gesonderten Feststellungen sind i. d. R. mehrere Finanzämter zuständig, was den praktischen Umgang mit den neuen gesonderten Feststellungen nicht vereinfacht hat, da beispielsweise zur Feststellung des Werts der Anteile an einer Holdinggesellschaft zunächst die Werte für Tochter- und Enkelgesellschaften und eigene sowie Grundstücke dieser Gesellschaften festzustellen sind.

Einwendungen gegen diese Wertansätze müssen, da mehrere Verwaltungsakte vorliegen, jeweils gegen die einzelnen Feststellungsbescheide erfolgen und können nicht wie bisher (mit Ausnahme der Grundbesitzwerte) gegen den Erbschaft- bzw. Schenkungsteuerbescheid vorgebracht werden.

Weiter wurde in § 156 BewG die Möglichkeit gesetzlich geregelt, zur Ermittlung der Besteuerungsgrundlagen eine Außenprüfung durchzuführen.

4.2 Der Bewertungsgegenstand

49 Bewertungsgegenstand ist die wirtschaftliche Einheit des Gewerbebetriebs als solche. Der Wert war bis Ende 2008 nicht im Wege der Gesamtbewertung (§ 2 Abs. 1 Satz 2 BewG), sondern durch eine Einzelbewertung der einzelnen, zu der wirtschaftlichen Einheit gehörenden Wirtschaftsgüter zu ermitteln (§ 98 a BewG a. F.). Ab 2009 erfolgt die Wertermittlung mit Hilfe eines **Gesamtbewertungsverfahrens,** bei dem der Verkehrswert/Steuerwert der einzelnen Wirtschaftsgüter grundsätzlich nicht mehr festzustellen ist. Diese gehen in dem neuen Gesamtwert (= Ertragswert des ganzen Unternehmens) unter. Gleiches gilt für die Unternehmensverbindlichkeiten.

50 Durch das StÄndG 2001[80] wurde die Anknüpfung an die maßgeblichen Vorschriften des EStG neu gefasst.[81] Nunmehr umfasst der Katalogtatbestand des § 97 Abs. 1 Nr. 5 BewG „Gesellschaften i. S. des § 15 Abs. 1 Nr. 2 und Abs. 3 oder § 18 Abs. 4 Satz 2 des Einkommensteuergesetzes". Damit sind nun unzweifelhaft die gewerblich tätigen (§ 15 Abs. 1 Nr. 2 EStG), die teilgewerblichen (§ 15 Abs. 3 Nr. 1 EStG) und die gewerblich geprägten Gesell-

---

79 JStG 2007 vom 13.12.2006, BGBl I 2006, 2878.
80 Steueränderungsgesetz vom 20.12.2001, BGBl I 2001, 3794.
81 Zur Kritik an den Unzulänglichkeiten der vorhergehenden Regelung vgl. ausführlich Hübner in DStR 2000 S. 1205 ff.

4 Der erbschaftsteuerliche Wert des Betriebsvermögens

schaften (§ 15 Abs. 3 Nr. 2 EStG) erfasst.[82] Nach § 96 BewG steht die Ausübung eines freien Berufs i. S. des § 18 Abs. 1 Nr. 1 EStG und die Tätigkeit eines Einnehmers einer staatlichen Lotterie (§ 18 Abs. 1 Nr. 2 EStG) einer gewerblichen Tätigkeit gleich. Nach der Gesetzesbegründung[83] soll die ebenfalls durch das StÄndG 2001 in das Gesetz aufgenommene Verweisung auf § 18 Abs. 4 Satz 2 EStG „klarstellen . . . , dass es sich auch bei Gesellschaften i. S. des . . . § 18 Abs. 4 Satz 2 EStG bewertungsrechtlich um Gewerbebetriebe handelt".

Einen Gewerbebetrieb bilden auch die („ . . . alle . . .") **Wirtschaftsgüter**, die 51
zum Betriebsvermögen einer Körperschaft, Personenvereinigung oder Vermögensmasse i. S. des § 97 Abs. 1 Nr. 1 bis 5 BewG gehören. Während die Frage der gewerblichen Tätigkeit bei Kapitalgesellschaften im Hinblick auf § 8 KStG (§ 3 Abs. 1 AktG; § 13 Abs. 3 GmbHG etc.) keine Bedeutung hat, muss die Gewerblichkeit bei Personengesellschaften im Einzelfall geprüft und festgestellt werden. Handelt es sich dagegen um eine vermögensverwaltende Personengesellschaft, die auch nicht gewerblich geprägt ist (§ 15 Abs. 3 Nr. 2 EStG), so folgt die erbschaftsteuerliche Behandlung aus § 10 Abs. 1 Satz 4 ErbStG.[84]

Der Zusammenschluss mehrerer selbständiger Unternehmensträger zu 52
Arbeitsgemeinschaften, der lediglich die gemeinsame Erfüllung eines Werk- oder Werklieferungsvertrages zum Gegenstand hat und häufig in der Rechtsform einer Gesellschaft bürgerlichen Rechts erfolgt, begründet i. d. R. keinen eigenen, von den Gewerbebetrieben der an der Arbeitsgemeinschaft beteiligten Unternehmensträger getrennten Gewerbebetrieb.[85]

Der ertragsteuerliche Begriff des Gewerbebetriebes ist auch in den Fällen 53
der Betriebsverpachtung und der Betriebsaufspaltung maßgebend. Liegt eine **Betriebsverpachtung im Ganzen** vor, so ist maßgebend, ob und wie der Verpächter das ihm zustehende Wahlrecht ausübt (R 16 Abs. 5 EStR 2005). Liegen sowohl die sachlichen als auch die persönlichen Voraussetzungen der Betriebsaufspaltung vor, so bilden das Besitz- und das Betriebsunternehmen je eine selbständige wirtschaftliche Einheit des Betriebsvermögens. Allerdings ist die Beteiligung an der Betriebskapitalgesellschaft als (Sonder-)Betriebsvermögen in die Ermittlung des erbschaftsteuerlichen Werts des Besitzunternehmens einzubeziehen. Die Formulierung in § 97 Abs. 1 Nr. 5 Satz 2, 2. Halbsatz BewG, wonach die Zuordnung zum Sonderbetriebsvermögen anderen Zuordnungen vorgeht, darf nicht dahin interpretiert werden, dass das Bewertungsrecht die Bilanzierungskonkurrenz in den Fällen

---

82 Zur Rechtslage vor dem StÄndG 2001 vgl. die 7. Aufl. dieses Bandes.
83 BT-Drucks. 14/6877, S. 33.
84 Vgl. hierzu unter Rz. 37.
85 Vgl. § 2 a GewStG; die gleich lautende Vorschrift des § 98 BewG wurde durch das StÄndG 2001 aufgehoben, da eine besondere bewertungsrechtliche Bestimmung entbehrlich erschien (BT-Drucks. 14/6877, S. 33).

S. Erbschaft- und Schenkungsteuer

der mitunternehmerischen Betriebsaufspaltung anders als das Einkommensteuerrecht, nämlich zugunsten einer Zuordnung zum Sonderbetriebsvermögen, lösen will.[86]

54 Die Bewertung nach § 12 Abs. 5 ErbStG und die Gewährung der Begünstigungen nach den §§ 13 a, 19 a ErbStG setzt voraus, dass **im Zeitpunkt der Steuerentstehung** (§§ 9, 11 ErbStG) der Gewerbebetrieb als solcher bereits besteht.

Der Zeitpunkt, ab dem ein Gewerbebetrieb im bewertungsrechtlichen Sinn besteht, richtet sich infolge der Verweisung in § 95 BewG ebenfalls nach ertragsteuerlichen Gesichtspunkten. Hat sich der Steuerpflichtige entschlossen, einen Gewerbebetrieb zu eröffnen, so beginnt einkommensteuerlich der Gewerbebetrieb nicht erst mit der werbenden Tätigkeit: Vielmehr genügen bereits **Vorbereitungshandlungen zur Annahme einer bereits abgeschlossenen Betriebseröffnung**, wenn die wesentlichen Grundlagen des Betriebs vorhanden sind und der Vorgang der Betriebseröffnung abgeschlossen ist.[87] Entsprechendes gilt für Personengesellschaften: Ist der Gesellschaftsvertrag, der grundsätzlich keiner besonderen Form bedarf, geschlossen, so ist der Geschäftsbeginn bereits mit der ersten Vorbereitungshandlung anzunehmen. Nicht maßgebend ist der gewerbesteuerliche Gewerbebegriff, der einen Gewerbebetrieb erst ab dem Beginn der werbenden Tätigkeit annimmt (R 18 GewStR).

55 Eine nur **vorübergehende Einstellung** der werbenden Tätigkeit beendet den Gewerbebetrieb nicht. Auch bei einer endgültigen Einstellung ist einkommensteuerlich – anders als gewerbesteuerlich (R 19 GewStR) – auch die auf die Liquidation des Betriebes gerichtete Tätigkeit noch als gewerblich anzusehen. Der Vorgang der Betriebsaufgabe erstreckt sich über einen Zeitraum, der kaum exakt abgegrenzt werden kann. Erst nach dem Abschluss dieses Vorgangs, der dann anzunehmen ist, wenn die letzte wesentliche Betriebsgrundlage veräußert oder in die Vermögensverwaltung überführt ist,[88] ist der Gewerbebetrieb beendet. Dies gilt unabhängig davon, ob eventuell noch nachträgliche Betriebseinnahmen oder -ausgaben anfallen. Liegt eine dem Grunde nach vermögensverwaltende Tätigkeit vor, die lediglich durch eine gewerbliche Prägung nach § 15 Abs. 3 Nr. 2 EStG oder eine Betriebsaufspaltung als gewerbliche qualifiziert ist, so endet der Gewerbebetrieb mit dem Wegfall einer Voraussetzung dieser Qualifikation.

---

[86] Vgl. zu dieser Frage Hübner in DStR 2000 S. 1205 und 1209 und das BMF-Schreiben vom 28.04.1998, BStBl I 1998, 583.
[87] BFH vom 20.04.1995 IV R 101/94, BStBl II 1995, 710, vom 10.07.1991 VIII R 126/86, BStBl II 1991, 840, vom 10.12.1992 XI R 45/88, BStBl II 1993, 538, und vom 17.06.1993 IV R 110/91, BStBl II 1993, 752.
[88] Vgl. Schmidt/Wacker, § 16 Rz. 195.

4 Der erbschaftsteuerliche Wert des Betriebsvermögens

Beispiel 8:

V und seine Tochter T sind Gesellschafter einer Personenbesitz- und einer Betriebskapitalgesellschaft. V hält jeweils 51 % der Gesellschaftsanteile. V hat seine Ehefrau (M) zur Alleinerbin eingesetzt, die die Anteile an der Besitz- und an der Betriebsgesellschaft aufgrund eines Vermächtnisses zugunsten T auf diese übertragen soll. Der Gesellschaftsvertrag der Besitzgesellschaft enthält eine Fortsetzungsklausel.

Infolge der Fortsetzungsklausel wächst der Gesellschaftsanteil des V im Zeitpunkt seines Todes der T an (§ 3 Abs. 1 Nr. 2 Satz 2 ErbStG). Die Anteile an der Betriebsgesellschaft gehen im Rahmen des Erbanfalls auf M über. Damit fehlt es an der persönlichen Verflechtung, sodass die Betriebsaufspaltung im Zeitpunkt des Todes des V endet. T erwirbt nicht Betriebsvermögen i. S. des § 12 Abs. 5 ErbStG, sondern Anteile an Einzelwirtschaftsgütern (§ 10 Abs. 1 Satz 4 ErbStG), die nach den Vorschriften für das übrige Vermögen bzw. Grundvermögen zu bewerten sind (§ 12 Abs. 1 ErbStG). Auch die Begünstigungen des § 13 a ErbStG können nicht gewährt werden.

4.3 Der Umfang des Betriebsvermögens

Nach § 2 Abs. 1 Satz 1 ist jede wirtschaftliche Einheit für sich zu bewerten und zugleich der Wert nach Satz 2 im Ganzen festzustellen. Das Bewertungsgesetz sieht somit eine **Gesamtbewertung** vor, bei der der Wert der in dieser Einheit enthaltenen Einzelwirtschaftsgüter untergeht. Ziel ist nicht ein möglicher Einzelveräußerungspreis, sondern der Beitrag des Wirtschaftsguts zum Gesamtertrag des Betriebs.

§ 98 a BewG in der Fassung bis Ende 2008 hatte diesen grundlegenden Gedanken des Bewertungsgesetzes für Betriebsvermögen außer Kraft gesetzt. Künftig erfolgt jedoch generell eine Gesamtbewertung für Betriebsvermögen, mit einigen wenigen Ausnahmen. Folglich wird die Frage des Umfangs der wirtschaftlichen Einheit wieder an Bedeutung verlieren.

Nach § 95 Abs. 1 BewG umfasst das Betriebsvermögen alle Teile eines Gewerbebetriebes i. S. des § 15 Abs. 1 und 2 EStG, die bei der steuerlichen Gewinnermittlung zum Betriebsvermögen gehören. Weitere Ergänzungen finden sich in den § 96 für die freien Berufe, in § 97 für Betriebsvermögen von Körperschaften, Personenvereinigungen und Vermögensmassen, in § 99 für die Betriebsgrundstücke und in § 103 BewG für die Schulden und Abzüge.

4.3.1 Betriebsgrundstücke (§ 99 BewG)

Bis Ende 2008 wurde entsprechend § 99 BewG für die Zuordnung von betrieblich genutzten Grundstücken zum Betriebsvermögen ein „Alles-oder-nichts-Prinzip" angewendet. Nach § 99 Abs. 2 BewG a. F. gehörte ein Grundstück in vollem Umfang zum Betriebsvermögen, wenn es zu mehr als der Hälfte seines Werts dem Gewerbebetrieb diente. Diente das Grundstück

1547

nur zur Hälfte seines Werts oder zu einem geringeren Wert dem Gewerbebetrieb, war es nach § 99 Abs. 2 Satz 2 BewG a. F. in vollem Umfang dem Grundvermögen zuzurechnen. Dasselbe galt nach § 99 Abs. 2 Satz 3 BewG a. F., wenn an dem Grundstück neben dem Betriebsinhaber noch andere Personen beteiligt waren. In diesem Fall gehörte auch der Anteil des Betriebsinhabers an dem Grundstück nicht zum Betriebsvermögen. Betroffen waren vor allem auch Grundstücke, die im Miteigentum von Ehegatten stehen. Diese Grundstücke gehörten auch dann nicht – auch nicht anteilig – zum Betriebsvermögen, wenn sie von einem der Ehegatten in vollem Umfang zu betrieblichen Zwecken genutzt wurden.

Beim Ansatz von Grundstücken des Gesamthandsvermögen ordnete § 99 Abs. 2 Satz 4 BewG a. F. in Übereinstimmung mit § 97 Abs. 1 BewG an, dass die zum Gesellschaftsvermögen einer Mitunternehmerschaft gehörenden Grundstücke stets und ohne Ausnahme als Betriebsgrundstücke zu qualifizieren waren. Dies galt nicht für Grundstücke im Sonderbetriebsvermögen (§ 97 Abs. 1 Nr. 5 Satz 2 BewG a. F.), die sich ausnahmsweise an der ertragsteuerlichen Zuordnung orientierten.

Mit dem Erbschaftsteuerreformgesetz wurde § 99 Abs. 2 BewG gestrichen und damit das bisherige „Alles-oder-nichts-Prinzip" aufgegeben. Somit richtet sich insgesamt die Zuordnung von Grundstücken zum Betriebsvermögen nach **ertragsteuerlichen Zuordnungsregeln.** Dies gilt nun sowohl für Grundbesitz im Sonder- als auch im Gesamthandsvermögen.

Befinden sich auf dem Grundstück Wirtschaftsgüter, die nicht zur wirtschaftlichen Einheit des Grundvermögens gehören (wie z. B. Betriebsvorrichtungen, § 176 Abs. 2 Nr. 2 BewG), sind diese zwar Teil der wirtschaftlichen Einheit des Betriebsvermögens nach § 95 BewG, jedoch nicht mit der (Unter-)Einheit des Betriebsgrundstücks abgegolten. Dies kann z. B. bei einer Mindestbewertung nach § 11 Abs. 2 Satz 3 BewG zum Tragen kommen.

4.3.2 Der Ansatz von Schulden (§ 103 BewG)

§ 103 BewG regelt, dass Schulden und sonstige Abzüge, die nach § 95 Abs. 1 BewG zum Betriebsvermögen gehören, grundsätzlich steuerlich berücksichtigt werden, soweit sie zum Betriebsvermögen im Sinne des Bewertungsgesetzes gehören und damit in wirtschaftlichem Zusammenhang stehen.

Die Absätze 2 und 3 haben mit der Einführung der Gesamtbewertung ihre Bedeutung weitgehend verloren. Ausnahme ist die Mindestbewertung nach § 11 Abs. 2 Satz 3 BewG.

4.3.3 Besonderheiten bei Personengesellschaften (Gesamthandsvermögen)

Nach § 97 Abs. 1 BewG sind alle Wirtschaftsgüter des Gesamthandsvermögens dem Betriebsvermögen zuzurechnen. Dies gilt abweichend von der

4 Der erbschaftsteuerliche Wert des Betriebsvermögens

ertragsteuerlichen Qualifizierung auch dann, wenn die Wirtschaftsgüter ausschließlich der privaten Nutzung durch einen Gesellschafter dienen.

Beispiel 9:
Zum Gesamthandsvermögen einer Personengesellschaft gehört ein PKW, der ausschließlich von der Ehefrau eines Gesellschafters genutzt wird.
Der PKW ist zwar ertragsteuerlich notwendiges Privatvermögen (H 13 Abs. 11 EStR), erbschaftsteuerlich gleichwohl Betriebsvermögen (§ 97 Abs. 1 BewG: „. . . alle Wirtschaftsgüter . . ."). § 109 BewG enthält für diese Konstellation keine eigene Bewertungsvorschrift, weil die Vorschriften des materiellen Bilanzsteuerrechts für Wirtschaftsgüter des notwendigen Privatvermögens keine Bewertungsvorschriften enthalten. Die Bewertung ab 2009 dürfte zumindest für das vereinfachte Ertragswertverfahren wieder zu einer Einzelbewertung führen (§ 200 Abs. 2 BewG).

Diese Besonderheit ermöglicht es – wie im bisherigen Recht – bei Personengesellschaften, ohne Rücksicht auf die Art der Nutzung solche Wirtschaftsgüter in den Kreis des durch die §§ 13 a und 19 a ErbStG begünstigten Gesamthandsvermögens aufzunehmen, die zwar nicht ertragsteuerlich, wohl aber erbschaftsteuerlich zum Betriebsvermögen einer Personengesellschaft gehören.

Demgegenüber kommt es bei Wirtschaftsgütern, die dem persönlich gehaltenen Vermögen der Gesellschafter zuzuordnen sind, zu einer unmittelbaren Anknüpfung an die ertragsteuerliche Zuordnung. Die Zuordnung zum **Sonderbetriebsvermögen** setzt demnach eine – im Rahmen einer objektiven Förderungsmöglichkeit getroffene – Bestimmung voraus, dem Betrieb zu dienen.[89]

Sie gehören nach § 97 Abs. 1 Satz 1 Nr. 5 Satz 2 BewG zum Betriebsvermögen und der wirtschaftlichen Einheit der Personengesellschaft, die jeder anderen Zurechnung vorgeht. Dies gilt auch für Schulden eines, mehrerer oder aller Gesellschafter.

4.4 Die Bewertung des Betriebsvermögens

4.4.1 Allgemeines

Die Bewertung von Betriebsvermögen incl. den Anteilen an Personengesellschaften wurden mit dem Gesetz zur Reform des Erbschaftsteuer- und Bewertungsrechts[90] völlig neu geregelt. Die bisherige Bewertung bei Personengesellschaftsanteilen mit Steuerbilanzwerten ist zugunsten einer neuen vom Bundesverfassungsgericht geforderten Bewertung mit dem **Verkehrswert** entfallen.

---
89 Schmidt/Heinicke, § 4 Rz. 150.
90 Erbschaftsteuerreformgesetz – ErbStRG vom 24.12.2008, BGBl I 2008, 3018.

S. Erbschaft- und Schenkungsteuer

§ 12 Abs. 1 ErbStG verweist hinsichtlich der Bewertung für Erbschaft- und Schenkungsteuerzwecke auf die Vorschriften des Ersten Teils des Bewertungsgesetzes (= §§ 1 bis 16 BewG). Ausnahmen regeln die Absätze 2 bis 7:

- **Grundbesitz** i. S. des § 151 Abs. 1 Satz 1 Nr. 1 BewG
- Inländisches **Betriebsvermögen** i. S. des § 151 Abs. 1 Satz 1 Nr. 2 BewG
- Anteile an **Kapitalgesellschaften** i. S. des § 151 Abs. 1 Satz 1 Nr. 3 BewG
- **Anteile** an Wirtschaftsgütern und Schulden i. S. des § 151 Abs. 1 Nr. 4 BewG

sind mit dem am Bewertungsstichtag (§ 11 ErbStG = Steuerentstehungszeitpunkt § 9 ErbStG) festgestellten Wert anzusetzen.

- **Bodenschätze**, die nicht zum Betriebsvermögen gehören, jedoch abzüglich AfA bei der Einkommensbesteuerung anzusetzen sind, werden mit dem ertragsteuerlichen Wert angesetzt.
- **Ausländischer** Grundbesitz und **ausländisches** Betriebsvermögen werden nach § 31 i. V. m. § 9 BewG mit dem gemeinen Wert bewertet.

§ 151 BewG bestimmt, welche Werte **gesondert festzustellen** sind (mit dem Jahressteuergesetz 2007[91] eingeführt), und wird durch § 157 BewG für die neue Bewertung ab 2009 ergänzt:

- Grundvermögen und Betriebsgrundstücke: Grundbesitzwerte (§§ 159, 176 bis 198 BewG)
- Anteile an Kapitalgesellschaften: Anteilswert (§ 11 Abs. 2 BewG)
- Betriebsvermögen incl. der Personengesellschaften: Betriebsvermögenswert (§§ 109 Abs. 1 und 2, 11 Abs. 2 BewG)

Ausländisches Vermögen unterliegt weiterhin nicht einer gesonderten Feststellung (§ 151 Abs. 4 BewG).

Nach § 11 Abs. 1 BewG werden **börsennotierte** Wertpapiere mit dem **Börsenkurs** angesetzt. **Anteile an Kapitalgesellschaften,** die nicht an der deutschen Börse gehandelt werden, sind nach Abs. 2 Satz 1 mit dem **gemeinen Wert** anzusetzen. Die Sätze 2 bis 4 regeln Einzelheiten der Ermittlung des gemeinen Werts.

Ab 2009 wird hinsichtlich der Ermittlung des gemeinen Werts von **Betriebsvermögen** von **Gewerbebetrieben** und für **gewerbliche Mitunternehmeranteile** über § 109 Abs. 1 und 2 BewG auf § 11 Abs. 2 BewG verwiesen (= Rechtsformneutralität bei der Bewertung).

Aufgrund der Streichung des § 11 Abs. 2 S. 3 BewG ab 2009 gilt die nachfolgend dargestellte Bewertung grundsätzlich für alle Steuerarten, ausgenommen andere Steuergesetze enthalten besondere Bewertungsvorschriften (§ 1 Abs. 2 BewG).

---

[91] JStG vom 20.12.2007, BGBl I 2007, 3150.

4.4.2 Grundsätze der Bewertung

Als Bewertungsziel ist der gemeine Wert vorgegeben. Dieser ist nach § 11 Abs. 2 Satz 2, 1. Halbsatz vorrangig aus **Verkäufen** abzuleiten, die innerhalb von einem Jahr vor dem Erwerbszeitpunkt zwischen fremden Dritten erfolgt sind (innerhalb einer Familiengesellschaft zustande gekommene Veräußerungen können somit nicht herangezogen werden). Man beachte hierbei die Ableitung, d. h., der veräußerte Anteil an einer Personengesellschaft muss nicht vollständig mit dem vererbten oder verschenkten Anteil identisch sein. Eine Ableitung z. B. aus einer hälftigen Veräußerung auf einen kleineren Anteil ist möglich. Allerdings werden Besonderheiten wie z. B. Gesellschafterdarlehen, mehrheitsvermittelnder Anteil usw. im Rahmen der Ableitung werterhöhend oder wertmindernd zu berücksichtigen sein.

Liegen Verkäufe **nicht** vor (oder nur unter nahestehenden Personen), ist der Wert des Betriebsvermögens nach § 11 Abs. 2 Satz 2, 2. Halbsatz BewG unter

- Berücksichtigung der **Ertragsaussichten** oder
- einer anderen anerkannten, auch **im gewöhnlichen Geschäftsverkehr** für nichtsteuerliche Zwecke **üblichen** Methode

zu ermitteln. Dabei ist jeweils die Sicht eines gedachten Erwerbers maßgeblich.

Durch das Abstellen auf die Erwerbersicht sollen Überbewertungen vermieden werden. Dagegen dürften etwaige Synergie- oder Verbundeffekte eines gedachten Käufers nicht werterhöhend zu berücksichtigen sein.

Insgesamt ist weiter zu beachten, dass nach Satz 3 die Summe der gemeinen Werte der betrieblichen Einzelwirtschaftsgüter abzüglich Schulden **(Substanzwert)** den Mindestwert der Unternehmensbewertung bilden (= hier wieder Einzelbewertung). Hinsichtlich der Betriebsgrundstücke und der Schulden wird auf die §§ 99 und 103 BewG verwiesen.

Für eine Bewertung unter Berücksichtigung der Ertragsaussichten bietet § 11 Abs. 2 Satz 4 i. V. m. §§ 199 bis 203 BewG ein vereinfachtes Ertragswertverfahren an, zumindest dann, wenn dies **nicht** zu **offensichtlich unzutreffenden** Ergebnissen führt (§ 199 Abs. 1 BewG). Letzteres dürfte in der Praxis Probleme bereiten, da naturgemäß keine festen Grenzwerte vorgegeben werden können. Jeder Einzelfall ist für sich zu beurteilen. Allerdings ist das vereinfachte Ertragswertverfahren seitens des Erwerbers nicht zwingend anzuwenden, sodass bei der Gefahr einer Überbewertung auf andere Bewertungsmethoden (Ertragswertverfahren oder andere allgemein anerkannte Methoden) zurückgegriffen werden kann. Seitens der Finanzverwaltung könnte ein denkbarer Fall eine Veräußerung unter fremden Dritten nach dem Bewertungsstichtag zu einem deutlich höheren Preis als der Wert nach vereinfachtem Verfahren sein.

S. Erbschaft- und Schenkungsteuer

4.4.3 Bewertung unter Berücksichtigung der Ertragsaussichten

Sofern keine tatsächlichen Verkäufe vorliegen, schwebt dem Gesetzgeber eine Unternehmensbewertung unter Berücksichtigung der Ertragsaussichten vor. Nach der Gesetzesbegründung wird zumindest bei Beteiligungen an großen Gesellschaften die Ertragswertmethode angewandt, da diese von der Frage ausgehe, welches Kapital ein gedachter Investor einsetzen würde, um aus seinem Invest eine angemessene Rendite zu erzielen.

Die Ertragsbewertung steht zum Vorteil des Erwerbers nicht unter dem gesetzlichen „Üblichkeitsvorbehalt" der anderen Methoden. Wichtig daher, und wohl nicht unstreitig, wird in der Anwendung des Gesetzes die Abgrenzung zwischen den Bewertungsmethoden sein. Vom Gesetzeswortlaut her wird bei einer Ertragsbewertung nicht definitiv auch eine Berücksichtigung des Vermögens ausgeschlossen. Somit dürften auch gemischte Verfahren (z. B. Mittelwertmethode) oder Übergewinnverrentung (Ergänzung des Substanzwerts durch Prognose der zukünftigen Gewinne wie z. B. beim Stuttgarter Verfahren) möglich sein.

Betriebswirtschaftliche Methoden (auch) unter Berücksichtigung/Kapitalisierung der Ertragsaussichten sind beispielsweise:

4.4.3.1 IdW Standard S 1

Das derzeit wohl gebräuchlichste betriebswirtschaftliche Verfahren zur Ermittlung des Unternehmenswerts dürfte das Ertragswertverfahren nach IdW Standard S 1 sein.

Dabei werden die vom Erwerber aufgrund einer Aufwands- und Ertragsplanung zu erwartenden Zukunftserträge nach Steuern kapitalisiert. Der Kapitalisierungszinssatz entspricht der Rendite aus einer zur Investition in das zu bewertende Unternehmen vergleichbaren Alternativanlage. Der **Kapitalisierungszinssatz** setzt sich im Ergebnis zusammen aus dem Basiszinssatz einer langfristigen Anleihe der öffentlichen Hand und einem Risikozuschlag, der branchen- und unternehmensspezifische Risiken berücksichtigt. Des Weiteren werden Wirtschaftsgüter, die nicht betriebsnotwendig sind, zusätzlich zum Ertragswert mit dem eigenständig zu ermittelnden gemeinen Wert angesetzt werden. Die Unternehmenserträge sind dabei um die auf diese Wirtschaftsgüter entfallenden Erträge und Aufwendungen zu bereinigen.

Folgende Grundsätze prägen dieses Ertragswertverfahren:

- stets zukunftsorientiert (im Gegensatz zum vereinfachten Ertragswertverfahren)
- grundsätzlich unbegrenzte Lebensdauer unterstellt
- prognostizierte Überschüsse werden um nicht betriebsnotwendige Erträge und Aufwendungen korrigiert
- Abzinsung der finanziellen Überschüsse mit dem unternehmensspezifischen Kapitalisierungszinssatz

4 Der erbschaftsteuerliche Wert des Betriebsvermögens

4.4.3.2 Discounted-cash-Flow-Methode

Auf der gleichen konzeptionellen Grundlage wie der IdW Standard S1 beruht das Discounted-cash-Flow-Verfahren. Anders als beim Ertragswertverfahren werden allerdings nicht die zu erwartenden Zukunftserträge, sondern die **zukünftigen Zahlungsströme** abgezinst.

4.4.3.3 AWH-Verfahren (Handwerk)

Der vom Zentralverband des Deutschen Handwerks entwickelte AWH-Standard entspricht strukturell der Grundkonzeption des Ertragswertverfahrens nach IdW Standard S 1.

Ausgangspunkt der **Ertragsprognose** sind allerdings die Jahresabschlüsse der vergangenen drei bis fünf Jahre, die insbesondere um außerordentliche Aufwendungen und Erträge korrigiert werden. Der Kapitalisierungszinssatz setzt sich aus einem Basiszins und einem hier standardisierten Risikozuschlag zusammen. Im Kapitalisierungszinssatz wird die Prägung des Unternehmens durch den Unternehmer abgebildet. Bei Personenunternehmen wird zudem der durchschnittliche Jahresgewinn um einen kalkulatorischen Unternehmerlohn in Höhe eines Meistergehalts gemindert.

4.4.3.4 Leitfaden der Oberfinanzdirektionen Münster und Rheinland

Nach dem Leitfaden der Oberfinanzdirektionen Münster und Rheinland zur Bewertung von (Anteilen an) Kapitalgesellschaften für ertragsteuerliche Zwecke erfolgt die Unternehmensbewertung grundsätzlich im Ertragswertverfahren auf der Basis der – ggf. gewichteten – Gewinne der letzten drei bis fünf Jahre. Allerdings bildet der **Substanzwert** die **Bewertungsuntergrenze**. Der Kapitalisierungszins setzt sich auch hier zusammen aus einem Basiszins und einem Sicherheitszuschlag. Für die Jahre 2005 und 2006 wurde der Basiszins mit 4,6 % und der Sicherheitszuschlag mit 3,85 % angenommen. Zudem wird der Kapitalisierungszins um eine Ertragsteuerbelastung von 35 % gemindert.

4.4.4 Bewertung anhand anderer anerkannter Methoden

Die Ertragswertmethode ist nicht für die Bewertung jedes Unternehmens geeignet bzw. im jeweiligen maßgeblichen Wirtschaftskreis üblich. Um dennoch das Bewertungsziel eines Verkehrswerts zu erreichen, können auch andere Bewertungsmethoden angewandt werden.

Die Gesetzesbegründung nennt hierzu **vergleichsorientierte Methoden** und **Multiplikatorenmethoden.** Bei Letzteren ist nicht unumstritten, ob diese – je nach Anknüpfungspunkt – auch zu den Ertragswertmethoden gerechnet werden müssen. Beispielsweise bei Einsatz sog. Ergebnismultiplikatoren. Diese Multiplikatoren werden – soweit möglich – anhand von echten Verkaufsfällen empirisch für verschiedene Branchen ermittelt, indem der Kaufpreis durch das EBIT (= Gewinn vor Zinsen und Steuern) dividiert wird. Der

S. Erbschaft- und Schenkungsteuer

Unternehmenswert ergibt sich dann als Produkt aus EBIT und dem jeweiligen Vervielfältiger. Dieses Verfahren kann auch einen guten Anhaltspunkt bieten, um die Plausibilität der Werte im vereinfachten Ertragswertverfahren zu prüfen.

Denkbar sind weiter beispielsweise bei freiberuflichen Praxen die Bewertung mit einem Prozentsatz des Umsatzes, für Zeitschriftenverlage nach der Anzahl der Abonnements, für Brauereien nach dem Hektoliterausstoß oder für Versicherungen nach der Prämiensumme.

Die **Feststellungslast,** ob eine derartige Methode anstelle der Ertragswertmethode anwendbar ist, trägt der sich jeweils darauf Berufende.

4.4.5 Bewertung mit dem vereinfachten Ertragswertverfahren

57 Die als Regelbewertung vorgesehenen betriebswirtschaftlichen Bewertungsmethoden sind in den Einzelheiten recht aufwändig. Die §§ 199 bis 203 BewG regeln daher entsprechend der Ermächtigung in § 11 Abs. 2 Satz 4 BewG ein vereinfachtes Ertragswertverfahren.

Bewertungsmaßstab ist dabei ein Gesamtbewertungsverfahren, bei dem der Verkehrswert/Steuerwert der einzelnen Wirtschaftsgüter grundsätzlich nicht mehr festzustellen ist. Diese gehen in dem neuen Gesamtwert = Ertragswert des ganzen Unternehmens unter. Gleiches gilt für die Unternehmensverbindlichkeiten.

Das vereinfachte Verfahren kann grundsätzlich generell angewandt werden, eine in einem Vorgängergesetzesentwurf vorgesehene Größenbegrenzung wurde nicht umgesetzt. Eine Anwendung ist jedoch ausgeschlossen, wenn das vereinfachte Verfahren zu einem offensichtlich unzutreffenden Ergebnis führt. Dies kann beispielsweise die bessere Erkenntnis aus einem zeitnahen Verkauf nach dem Erwerb oder eine für diese Branche alleinig übliche nichtertragsorientierte Bewertungsmethode sein.

Beim vereinfachten Ertragswertverfahren wird ein **Kapitalisierungsfaktor** auf den **Durchschnittsertrag** angewandt, der in den letzten drei vor dem Bewertungsstichtag endenden Wirtschaftsjahren erzielt wurde (§ 200 Abs. 1 BewG). Ein laufendes Wirtschaftsjahr kann einbezogen werden, wenn es für die Herleitung des zukünftigen Jahresertrags von Bedeutung ist.

4.4.5.1 Ermittlung des jeweiligen Jahresertrags

Ausgangspunkt für den Durchschnittsertrag bildet entsprechend § 202 Abs. 1 BewG der Gewinn i. S. von § 4 Abs. 1 Satz 1 EStG, also der Steuerbilanzgewinn. Ergebnisse aus Sonder- oder Ergänzungsbilanzen bleiben dabei unberücksichtigt. Bei Einnahme-Überschussrechnung entsprechend § 202 Abs. 2 BewG der Gewinn i. S. von § 4 Abs. 3 EStG. Bei einer Personengesellschaft wird damit zunächst nur das Gesamthandsvermögen bewertet, das Sonderbetriebsvermögen wird in einem weiteren Schritt extra bewertet.

4 Der erbschaftsteuerliche Wert des Betriebsvermögens

Der Gewinn erhöht sich insbesondere um die folgenden **Hinzurechnungen** (§ 202 Abs. 1 Satz 2 Nr. 1 BewG):

- Investitionsabzugsbeträge, Sonderabschreibungen oder erhöhte Absetzungen, Bewertungsabschläge, Zuführungen zu steuerfreien Rücklagen sowie Teilwertabschreibungen. Es sind nur die normalen Absetzungen für Abnutzung zu berücksichtigen.
- Absetzungen auf den Geschäfts- und Firmenwert oder auf firmenwertähnliche Wirtschaftsgüter, einmalige Veräußerungsverluste oder außerordentliche Aufwendungen
- Nicht enthaltene Investitionszulage, soweit künftig mit weiteren zulagebegünstigten Investitionen gerechnet werden kann
- Ertragsteueraufwand (Körperschaftsteuer, Zuschlagsteuern und Gewerbesteuer) im Gewinnermittlungszeitraum

Spiegelbildlich hierzu sind vom Gewinn folgende **Abzüge** (§ 202 Abs. 1 Satz 2 Nr. 2 BewG) vorzunehmen:

- Gewinnerhöhende Auflösung steuerfreier Rücklagen oder aus der Anwendung des § 6 Abs. 1 Nr. 1 Satz 4 und Nr. 2 Satz 3 EStG
- Einmalige Veräußerungsgewinne oder außerordentliche Erträge
- Im Gewinn enthaltene Investitionszulage, soweit künftig nicht mit weiteren zulagebegünstigten Investitionen gerechnet werden kann
- Bei inhabergeführten Personenunternehmen ein angemessener Unternehmerlohn, wie er einem vergleichbaren fremden Arbeitnehmer gezahlt würde (bei Handwerksbetrieben beispielsweise das übliche Meistergehalt), und ein fiktiver Lohnaufwand für bislang unentgeltlich tätige Familienangehörige des Eigentümers i. S. v. § 15 AO
- Erträge aus der Erstattung von Ertragsteuern (Körperschaftsteuer, Zuschlagsteuern und Gewerbesteuer) im Gewinnermittlungszeitraum

Zusätzlich sind vom Gewinn entsprechend § 202 Abs. 1 Satz 2 Nr. 3 BewG **Hinzurechnungen und Abzüge** für wirtschaftlich nicht begründete Vermögensminderungen und -mehrungen vorzunehmen, die gesellschaftsrechtlichen Bezug und Ausfluss auf den zukünftigen Jahresertrag haben (z. B. verdeckte Gewinnausschüttung bei Kapitalgesellschaften, überhöhte Pachtzahlungen).

Aus dem Gewinn ausgenommen werden zudem die Erträge und Aufwendungen (z. B. Mieten, Finanzierungskosten) im Zusammenhang mit

- Wirtschaftsgütern, die nicht betriebsnotwendig sind und deshalb aus dem Unternehmen herausgelöst werden können, ohne die eigentliche Unternehmenstätigkeit zu beeinträchtigen (§ 200 Abs. 2 BewG),
  oder
- Wirtschaftsgütern, die innerhalb von zwei Jahren vor dem Betriebsübergang eingelegt wurden (§ 200 Abs. 4 BewG),

S. Erbschaft- und Schenkungsteuer

Gleiches gilt für übernommene Verluste aus Beteiligungen an anderen Gesellschaften (§ 200 Abs. 2 bis 4 BewG) oder damit zusammenhängende Erträge.

Diese Wirtschaftsgüter werden **zusätzlich zum Ertragswert** für das – übrige – Unternehmensvermögen mit dem **gemeinen Wert** erfasst. Die Beteiligungen werden wegen der Qualifizierung als Sonderbetriebsvermögen damit zusammenhängende Aufwendungen im Ergebnis der Personengesellschaft berücksichtigt. Zusätzlich wird der gemeine Wert des Sonderbetriebsvermögens dem jeweiligen Gesellschafter extra zu seinem anteiligen Gesamthandswert hinzugerechnet.

Weiter wird das letztendlich ermittelte Betriebsergebnis zur Abgeltung des Steueraufwands pauschal um 30 % gemindert (§ 202 Abs. 3 BewG).

Sind Unternehmen durch Umwandlung, Einbringung von Betrieben oder Umstrukturierungen wie z. B. Verschmelzungen entstanden, sind bei der Ermittlung des Durchschnittsertrags die früheren Betriebsergebnisse zugrunde zu legen, ggf. mit Anpassungen, die sich aus einem Rechtsformwechsel ergeben (§ 201 Abs. 3 BewG). Ebenso ist ein Wechsel des Unternehmenscharakters oder eine Unternehmensneugründung durch einen entsprechend verkürzten Ermittlungszeitraum zu berücksichtigen.

Abschließend sind die für jedes Jahr gesondert ermittelten Betriebsergebnisse zu addieren und durch drei zu dividieren, um den in der Vergangenheit tatsächlich erzielten Durchschnittsertrag zu erhalten (§ 201 Abs. 2 Sätze 3 und 4 BewG).

4.4.5.2 Vervielfältiger

Der so ermittelte Jahresertrag wird mit einem Kapitalisierungsfaktor multipliziert (§ 200 Abs. 1 BewG). Letzterer ermittelt sich aus zwei Faktoren (§ 203 BewG):

- **Basiszins** (langfristig erzielbare Rendite öffentlicher Anleihen)

  und

- gesetzlich vorgegebener Zuschlag von **4,5 %**

Der Basiszins wird jährlich ermittelt und durch das Bundesfinanzministerium im Bundessteuerblatt veröffentlicht. Er ist für alle Bewertungsstichtage im Kalenderjahr anzuwenden. Für das Jahr 2009 beträgt er 3,61 % (BMF-Schreiben vom 07.01.2009).

Somit ergibt sich ein Kapitalzinsfuß von 8,11 % (3,61 % + 4,5 %), was einem Vervielfältiger von 12,33 (= 100 : 8,11) entspricht.

4.4.5.3 Sonderbetriebsvermögen der Gesellschafter und Ergänzungsbilanzen

Das vereinfachte Ertragswertverfahren berechnet nur den Unternehmenswert der Personengesellschaft, d. h. der Gesamthand. Das Sonderbetriebsvermögen der Gesellschafter ist dabei ausdrücklich nicht abgegolten (§ 109 Abs. 2, § 202 Abs. 1 Satz 1 BewG).

Für dessen Wirtschaftsgüter und Schulden ist zusätzlich der jeweilige gemeine Wert zu ermitteln (z. B. für Grundstücke mit dem Grundbesitzwert, §§ 176 bis 198 BewG).

Ergänzungsbilanzen sind künftig unbeachtlich.

4.4.6 Bewertung mit dem Substanzwert

Entsprechend § 11 Abs. 2 Satz 3 BewG bildet der (neue) Substanzwert die Untergrenze aller vorgenannten Bewertungsmethoden. Davon dürfte nur die Ableitung aus Verkäufen ausgenommen sein. 58

Beim Mindestwert wird wieder auf eine Einzelbewertung zurückgegriffen. Für die betrieblichen Einzelwirtschaftsgüter und sonstigen aktiven Ansätze (incl. entgeltlich oder selbst geschaffener immaterieller Wirtschaftsgüter, ausgenommen ein Geschäfts- oder Firmenwert) müssen die gemeinen Werte (§ 10 BewG, Teilwert) ermittelt und davon die zum Betriebsvermögen (= wirtschaftliche Einheit) gehörenden Schulden (und sonstige Abzüge) abgezogen werden.

Dies macht stets eine parallele Ermittlung des Substanzwerts erforderlich, die sich an den Regelungen von Abschn. 42 bis 53 VStR 1989 orientieren kann. Die damaligen Grundsätze zur **Überleitung der Steuerbilanz auf die Vermögensaufstellung** werden insoweit möglicherweise wieder Bedeutung erlangen.

Der **Liquidationswert** (= zusätzlicher Abzug von Liquidationskosten wie z. B. Arbeitnehmerabfindungen, Steuerbelastungen etc.) ist nach der Gesetzesbegründung nur anzusetzen, wenn feststeht, dass die Gesellschaft nicht weiter betrieben werden soll. Dies erstaunt, zumal bei der Bewertung von Betrieben der Land- und Forstwirtschaft Liquidationskosten pauschal mit 10 % berücksichtigt werden (§ 166 Abs. 2 BewG).

4.5 Die Aufteilung des erbschaftsteuerlichen Werts des Betriebsvermögens bei Personengesellschaften

Die vorgenannten Bewertungsmethoden beziehen sich grundsätzlich auf den Wert des Gesamthandsunternehmens. Um den gefundenen Wert auf die einzelnen Gesellschafter einer Personengesellschaft zu verteilen, sieht § 97 Abs. 1 a folgende Berechnung vor:

Gesellschaftsvermögen (Gesamthandsvermögen)
= Wert nach § 109 Abs. 2 i. V. m. § 11 Abs. 2 BewG

Das kann der Wert nach vereinfachtem Ertragswertverfahren, nach anderen Ertragswertverfahren, nach anerkannten anderen Methoden oder der Substanzwert sein.

S. Erbschaft- und Schenkungsteuer

⇨ Der Buchwert des Kapitalkontos eines Gesellschafters ist diesem vorweg zuzurechnen (§ 97 Abs. 1 a Nr. 1 a BewG).

⇨ Der verbleibende Wert des Gesellschaftsvermögens ist nach dem Gewinnverteilungsschlüssel (ohne Vorabgewinne) auf die Gesellschafter aufzuteilen (§ 97 Abs. 1 a Nr. 1 b BewG).

+ Sonderbetriebsvermögen (des einzelnen Gesellschafters)
= Wert nach § 109 Abs. 2 i. V. m. § 202 Abs. 1 Satz 1 BewG

⇨ Der gemeine Wert der einzelnen Wirtschaftsgüter incl. der Schulden ist zu ermitteln und dem jeweiligen Gesellschafter zuzurechnen (§ 97 Abs. 1 a Nr. 2 BewG).

= Wert des Anteils des einzelnen Gesellschafters (§ 97 Abs. 1 a Nr. 3 BewG)

Ergänzungsbilanzen, die bis Ende 2008 in die Wertaufteilung einzubeziehen waren, sind ab 2009 aus der Formel des § 97 Abs. 1 a gestrichen worden (vgl. 9. Auflage, Rz. 79) und damit künftig unbeachtlich.

5 Die Begünstigung der Nachfolge in Personengesellschaftsanteile

5.1 Das begünstigte Vermögen

59 Die §§ 13 a, 13 b und 19 a ErbStG stehen in einem engen sachlichen Zusammenhang mit den Vorschriften des ErbStG, die die Steuerbarkeit und damit auch den Gegenstand des Erwerbs regeln (§§ 3, 7 ErbStG). Der Bezug zwischen den §§ 13 a, 13 b und 19 a ErbStG und den §§ 3, 7 ErbStG ist von einer vergleichbaren Qualität, wie der zwischen den steuerbegründenden Vorschriften und der Bewertungsvorschrift des § 12 ErbStG. Begünstigt kann ein Erwerb nur sein, wenn der Erwerbsgegenstand, der sich aus einer Auslegung der §§ 3, 7 ErbStG ergibt, im konkreten Fall unter die Begünstigungsvorschriften fällt. Dabei stellen sich auch Fragen, die in zumindest vergleichbarer Form auch im Bereich des § 12 ErbStG zu beantworten sind: Wie sind Sachleistungsansprüche auf begünstigtes Vermögen zu behandeln? Ist es möglich, über den Gegenstand des Erwerbs durch die Leistung eines anderen als des geschuldeten Gegenstandes „an Erfüllungs statt" zu disponieren?

Bei den unmittelbaren Erwerben von Todes wegen (Erbanfall, Fortsetzungs- und Nachfolgeklausel) ist die Bestimmung des Erwerbsgegenstandes unproblematisch. Zweifelhaft und umstritten ist lediglich die Bestimmung des Erwerbsgegenstandes bei der Eintrittsklausel im Fall der Abfindungsvariante. Nach zutreffender Ansicht[92] ist auch in diesem Fall der Gesellschaftsanteil der Gegenstand des Erwerbs und nicht etwa der Abfindungsanspruch. Zweifelsfragen ergeben sich jedoch in den Fällen des zweistufigen Erwerbs.

5.1.1 Der Erwerbsgegenstand in den Fällen des zweistufigen Erwerbs

Der Gesetzgeber hat durch das JStG 1997 die begünstigten Erwerbsvorgänge gegenüber der alten Rechtslage bei § 13 Abs. 2 a ErbStG a. F. massiv ausgedehnt und dies mit dem ErbStRG fortgesetzt. Diese Änderungen im JStG 1997 dienten dem Ziel, die mit einer Beschränkung der Begünstigung auf Erwerbe durch Erbanfall verbundene Einengung der erbrechtlichen Gestaltungsmöglichkeiten zu beseitigen und zugleich weitestmöglich die Begünstigung bei dem Erwerber zu konzentrieren, der tatsächlich das Unternehmen fortführt. Allerdings führt die Ausdehnung der begünstigten Erwerbsvorgänge auch zu Folgeproblemen, insbesondere bei zweistufigen Erwerben.

60

Zweistufige oder mittelbare Erwerbe sind solche Erwerbe, in denen der Erwerber letztlich einen anderen Gegenstand erhält, als ihm unmittelbar beim Tode des Erblassers zufällt. Klassisches Beispiel für derartige Erwerbe bildet das Vermächtnis: Im Zeitpunkt des Todes des Erblassers fällt dem Vermächtnisnehmer lediglich ein schuldrechtlicher Anspruch auf Erfüllung des Vermächtnisses an (§§ 2176, 2174 BGB). Erst durch die Erfüllung des Vermächtnisses erhält der Vermächtnisnehmer den ihm zugedachten Gegenstand. Ähnlich verhält es sich in den Fällen einer Schenkung auf den Todesfall (§ 2301 Abs. 1 BGB). Weitere Beispielsfälle dieser Fallgruppe bilden die Erwerbe nach § 3 Abs. 1 Nr. 4 ErbStG, durch eine Leistung an Erfüllungs statt (§ 364 Abs. 1 BGB) und die sog. Abfindungserwerbe nach § 3 Abs. 2 Nr. 4 ErbStG. In all diesen Fällen muss die Frage geklärt werden, worin der Erwerbsgegenstand zu sehen ist. Denn erst dann lässt sich die Frage entscheiden, ob die Begünstigung gewährt werden kann.

Beim **Vermächtnis** steht die weit überwiegende Meinung auf dem Standpunkt, dass Erwerbsgegenstand der schuldrechtliche Sachleistungsanspruch auf Erfüllung des Vermächtnisses ist.[93] Obwohl bei dieser Ausgangslage die Begünstigung des Erwerbs begünstigungsfähigen Vermögens durch Vermächtnis einer Begründung bedürfte, wird diese Frage nicht erörtert. Nach allgemeiner Auffassung ist also der Erwerb begünstigungsfähigen Vermögens durch Vermächtnis begünstigt, obwohl es nicht erbschaftsteuerlicher Erwerbsgegenstand ist. Der BFH hatte eine zunächst im Rahmen eines Obiter Dictum angedeutete Rechtsprechungsänderung in einem nachfol-

61

---
92 Vgl. Rz. 25.
93 Zur Kritik an dieser h. M. vgl. Hübner, S. 95.

genden Urteil wieder zurückgenommen.[94] Ausgenommen ist nach R 55 Abs. 4 Satz 3 ErbStR 2003 jedoch das Verschaffungsvermächtnis, weil in diesem Fall das erworbene Vermächtnis nicht vom Erblasser stamme.

62 Demgegenüber wird die Frage des Erwerbsgegenstandes bei **Schenkungen auf den Todesfall** – soweit ersichtlich – kaum ernsthaft diskutiert,[95] obwohl sich dort die nämliche Problematik stellt. Allgemein geht die Praxis davon aus, dass Erwerbsgegenstand der geschenkte Gegenstand ist, obwohl Zeitpunkt der Steuerentstehung – anders als bei Schenkungen unter Lebenden (§ 9 Abs. 1 Nr. 2 ErbStG: Ausführung der Zuwendung) – bereits der Todeszeitpunkt ist (§ 9 Abs. 1 Nr. 1). Zur Begünstigung vgl. R 55 Abs. 1 Nr. 2 und 3 ErbStR 2003.

63 Auch in den Fällen des § 3 Abs. 1 Nr. 4 ErbStG erwirbt der Erwerber zunächst nur einen schuldrechtlichen Anspruch. Gleichwohl wird allgemein angenommen, dass der zur Erfüllung dieses Anspruchs geleistete Gegenstand Erwerbsgegenstand im Sinne des ErbStG ist. Dies ist besonders offensichtlich in den unter diese Vorschrift zu subsumierenden Fällen der Eintrittsklausel.[96]

64 Wird ein auf eine Geldleistung gerichteter Anspruch erworben, der durch eine **Sachleistung „an Erfüllungs statt"** (§ 364 Abs. 1 BGB) erfüllt wird, so ergibt sich insoweit die Frage, ob hierdurch der erbschaftsteuerliche Gegenstand des Erwerbs ausgetauscht wird. Nachdem dies der BFH in seiner Entscheidung vom 07.10.1998[97] und unter Aufgabe seiner früheren Rechtsprechung[98] verneint hatte, kann die Frage in Übereinstimmung mit R 55 Abs. 4 Satz 2 ErbStR 2003 als geklärt angesehen werden: Erwerbsgegenstand ist der Geldleistungsanspruch, der mit seinem Nennwert zu bewerten ist (§ 12 Abs. 1 BewG).

65 In den Fällen der sog. **Abfindungserwerbe** nach § 3 Abs. 2 Nr. 4 ErbStG geht es dagegen nicht um eine Frage des Erwerbsgegenstandes: Dieser kann in einer Bar- oder Sachleistung zu sehen sein, je nach Gestaltung im Einzelfall. Hier geht es allein um die Frage, ob dieser Erwerb, der in der Sache ein entgeltlicher Erwerb unter Lebenden ist, nach den §§ 13 a, 19 a ErbStG begünstigt sein soll. R 55 Abs. 4 Satz 4 ErbStR 2003 lehnt dies ab.[99] Diese Auffassung ist unzutreffend und führt auch zu Ergebnissen, die mit der Zielsetzung des Gesetzgebers nicht übereinstimmen.

---

94 BFH vom 02.07.2004 II R 9/02, BStBl II 2004, 1039, vom 09.04.2008 II R 24/06, BFH/NV 2008 S. 1379.
95 Vgl. lediglich Troll/Gebel/Jülicher, § 3 Rz. 251.
96 Vgl. Rz. 22 ff.
97 II R 52/96, BStBl I 1999 S. 23.
98 BFH vom 30.09.1981 II R 64/80, BStBl II 1982, 76, und vom 17.02.1982 II R 160/80, BStBl II 1982, 350.
99 BStBl I 1997, 673, Rz. 24.

5 Die Begünstigung der Nachfolge in Personengesellschaftsanteile

5.1.2 Mitunternehmeranteil als begünstigtes Vermögen

Zum begünstigten inländischen und – seit 2009 gesetzlich ergänzt – in einem EU-Mitgliedsstaat oder im EWR-Raum belegenen Betriebsvermögen (§ 13 b Abs. 1 Nr. 2, § 19 a Abs. 2 ErbStG) gehört auch „ein Anteil an einer Gesellschaft i. S. des § 15 Abs. 1 Satz 1 Nr. 2 und Abs. 3 oder § 18 Abs. 4 des Einkommensteuergesetzes . . . oder eines Anteils daran". Da diese Begriffe explizit auf ertragsteuerliche Regelungen Bezug nehmen, sind diese Begriffe auch nach ertragsteuerlichen Grundsätzen auszulegen (R 51 Abs. 3 ErbStR 2003). Das bedeutet bei der – unmittelbaren oder mittelbaren – Rechtsnachfolge in Mitunternehmeranteile insbesondere, dass sichergestellt werden muss, dass **betriebswesentliches Sonderbetriebsvermögen** parallel mit dem Gesellschaftsanteil auf den Erwerber übergeht. In dieser Problematik, die sich in besonderer Schärfe in den Fällen der Betriebsaufspaltung stellt, liegt ein erhebliches Gefahrenpotenzial.

Beispiel 10:

An der Betriebskapitalgesellschaft (S-GmbH) ist neben dem Senior-Gesellschafter S (51 %) auch dessen Tochter T beteiligt (49 %). Im Gesellschaftsvermögen der Besitzgesellschaft mit identischen Beteiligungsverhältnissen befindet sich umfangreicher Grundbesitz, auf dem das Unternehmen der Betriebsgesellschaft betrieben wird. Weiterer betriebswesentlicher Grundbesitz wie auch die Anteile an der Betriebskapitalgesellschaft werden von S und T unmittelbar gehalten.

Die Nachfolgeregelungen sehen Folgendes vor: Alleinerbe des S soll seine Ehefrau F sein. Deren Erwerb ist mit Vermächtnissen beschwert, wonach sie verpflichtet ist, den Anteil des S an der Besitzgesellschaft, den von S unmittelbar gehaltenen betriebswesentlichen Grundbesitz und die Geschäftsanteile des S an der Betriebskapitalgesellschaft auf T zu übertragen. Der Gesellschaftsvertrag der Besitzgesellschaft enthält keine Nachfolgeklausel.

Die Nachfolgekonzeption krankt insbesondere an dem Problem, dass der Gesellschaftsvertrag der Besitzgesellschaft keine Nachfolgeklausel enthält, kraft derer die Alleinerbin den Gesellschaftsanteil des S erwirbt. Dieses Defizit führt unmittelbar im Zeitpunkt des Todes dazu, dass die persönliche Verflechtung entfällt und damit die Betriebsaufspaltung beendet ist. Damit sind sämtliche stillen Reserven zu versteuern. Erbschaftsteuerlich kann bei dieser Sachlage kein Mitunternehmeranteil auf T übergehen; sie erwirbt lediglich Einzelwirtschaftsgüter, die nicht nach § 13 b Abs. 1 Nr. 2, sondern allenfalls – die Geschäftsanteile des S an der Betriebskapitalgesellschaft – nach § 13 b Abs. 1 Nr. 3 ErbStG begünstigt sind. Das gesamte übrige Vermögen, also sowohl der Grundbesitz und insbesondere der Abfindungsanspruch, der infolge der Auflösung der Besitzgesellschaft entsteht und in den Nachlass fällt, ist nicht begünstigt.

Das Beispiel zeigt die Gefahren, die eine Abspaltung des Sonderbetriebsvermögens von dem Gesellschaftsanteil birgt. Sicherster Weg dürfte es sein, T zur Alleinerbin nach S zu machen und die Versorgungsbedürfnisse der Ehefrau auf anderem Weg abzudecken. Auch die Einfügung einer Nachfolge-

S. Erbschaft- und Schenkungsteuer

klausel in den Gesellschaftsvertrag dürfte die Probleme nicht endgültig lösen: Die Gefahr, dass sich bei der Erfüllung der Vermächtnisse Fehler einstellen, die sowohl ertragsteuerlich[100] als auch erbschaftsteuerlich nachteilig sind, darf nicht unterschätzt werden und sollte durch eine völlig andere Nachfolgekonzeption ausgeräumt werden.

69 Beim **Grundbesitz** wurde die erhebliche Divergenz in der Frage der Zuordnung zum Betriebsvermögen zwischen dem Erbschaftsteuerrecht (§ 99 BewG) und dem Einkommensteuerrecht (R 4.2 EStR 2005) ab 2009 durch Aufhebung des § 99 Abs. 2 BewG beseitigt. Die Zuordnung eines Grundstücks bzw. eines Grundstücksanteils folgt jetzt der ertragsteuerlichen Zuordnung.

70 Begünstigt ist grundsätzlich auch **gewillkürtes Sonderbetriebsvermögen** und **freiberufliches Betriebsvermögen**.

71 Der § 13 b Abs. 1 Nr. 2 ErbStG verweist weiterhin ausdrücklich auch auf die Regelungen des § 15 Abs. 3 EStG und damit auf die Möglichkeit, nicht begünstigtes Vermögen durch eine Einlage in eine gewerblich geprägte Personengesellschaft – auch in der Rechtsform der GmbH & Co. GbR – in den Kreis des begünstigten Vermögens einzubringen. Damit ist es möglich, grundsätzlich jedes Vermögen, insbesondere auch Kapitalgesellschaftsanteile unterhalb der Beteiligungsgrenze des § 13 b Abs. 1 Nr. 3 ErbStG, in den Kreis des begünstigten Vermögens einzubeziehen. Jedoch muss ab 2009 zunächst die Hürde des Verwaltungsvermögens des § 13 b Abs. 2 ErbStG genommen werden, womit der Gesetzgeber diesen seit langem unerwünschten Konstruktionen den Boden entziehen will. Ob dies dauerhaft gelingt oder durch neue Holdingkonstruktionen umgangen werden kann, bleibt abzuwarten.

72 Bei nicht in einem EU-Mitgliedsstaat oder im EWR-Raum belegenem ausländischem Vermögen ist es allerdings erforderlich, dieses in eine Gesellschaft mit Sitz oder Geschäftsleitung im Inland oder EU/EWR-Ausland einzubringen, wenn die Begünstigung in Anspruch genommen werden soll (vgl. R 51 Abs. 4 ErbStR 2003).

5.2 Die begünstigten Erwerbsvorgänge

73 Im Gegensatz zum Recht bis Ende 2008 enthalten die neuen §§ 13 a, 13 b und 19 a ErbStG keine Ausführungen mehr, für welche Art von Erwerben (von Todes wegen oder unter Lebenden) die Steuerbegünstigungen für Betriebsvermögen, für Betriebe der Land- und Forstwirtschaft und für Anteile an Kapitalgesellschaften gewährt werden. Daher dürften die in der 9. Auflage aufgezeigten Probleme (Tz. 4.2 – z. B. bei Abfindungserwerben

---

[100] BMF vom 11.01.1993, BStBl I 1993, 62, Rz. 67 und 73.

nach § 3 Abs. 2 Nr. 4 ErbStG) möglicherweise überholt sein. Die endgültige Positionierung der Finanzverwaltung bleibt jedoch abzuwarten.

Der Begriff der vorweggenommenen Erbfolge und die Restriktionen der Verwaltungsauffassung (zumindest bis Ende 2008) wurden unter Tz. 3.2 ff. erläutert. Auf diese Ausführungen wird verwiesen.

Wird aufgrund einer Anordnung des Erblassers oder im Rahmen der Teilung des Nachlasses das Betriebsvermögen auf einen Dritten übertragen, kann auch nur dieser die neuen Begünstigungen in Anspruch nehmen (§ 13 a Abs. 3 i. V. m. § 13 b Abs. 3 ErbStG).

§ 3 Abs. 1 Nr. 2 ErbStG regelt, dass der durch den Tod eines Gesellschafters ausgelöste Übergang eines Gesellschaftsanteils auf die bisherigen Mitgesellschafter oder die Gesellschaft als Schenkung auf den Todesfall gilt, soweit der Steuerwert zum Todestag Abfindungsansprüche Dritter übersteigt. Für Schenkungen aufgrund eines Ausscheidens des Gesellschafters mit Abfindung unter dem Steuerwert gilt gem. § 7 Abs. 7 ErbStG Entsprechendes. Auf die Absicht des Gesellschafters, die verbleibenden Gesellschafter oder die Gesellschaft zu bereichern, kommt es dabei nicht an.

Bislang waren diese Vorschriften für die Praxis ohne größere Bedeutung, da i.d.R. der – relativ niedrige – Steuerwert des bisherigen Bewertungsrechts durch die Abfindung erreicht wurde. Abfindungen des Erben, die unter dem reellen Wert des Gesellschaftsanteils liegen (z. B. um den Fortbestand der Gesellschaft zu sichern), führen künftig – je nach Verwandtschaftsgrad – zur Erbschaft- bzw. Schenkungsteuer bei der Gesellschaft bzw. den Mitgesellschaftern. Allerdings können – soweit die restlichen Voraussetzungen vorliegen – auch die neuen Begünstigungen für Betriebsvermögen beansprucht werden. Der Erwerb des Erben beschränkt sich auf seinen Abfindungsanspruch (§ 10 Abs. 10 ErbStG).

5.3 Die Begünstigungen

5.3.1 Allgemeines

Mit dem **Gesetz zur Reform des Erbschaftsteuer- und Bewertungsrechts**[101] wurden – neben einer neuen Bewertung – auch die Begünstigungen für das Unternehmensvermögen incl. der Anteile an Personengesellschaften ab 2009 deutlich verbessert:

- **Verschonungsabschlag** in Höhe von **85 %**
  - ▷ gleitender Abzugsbetrag von 150.000 Euro
  - ▷ Verwaltungsvermögen maximal 50 % des Betriebsvermögens
  - ▷ Arbeitsplatzklausel = Lohnsumme in sieben Jahren ≥ 650 % der Ausgangslohnsumme (ohne Indexierung)

---

101 Erbschaftsteuerreformgesetz – ErbStRG vom 24.12.2008, BGBl I 2008, 3018.

S. Erbschaft- und Schenkungsteuer

- ▷ zeitanteilige Nachversteuerung, soweit vor Ablauf von sieben Jahren das begünstigte Betriebsvermögen veräußert oder aufgegeben oder wesentliche Betriebsgrundlagen veräußert oder entnommen werden
- ▷ Nachversteuerung bei Überentnahmen innerhalb von sieben Jahren
- alternativ **Verschonungsabschlag** von **100 %**, dann ersatzweise
  - ▷ Verwaltungsvermögen maximal 10 % des Betriebsvermögens
  - ▷ Arbeitsplatzklausel = Lohnsumme in zehn Jahren ≥ 1000 % der Ausgangslohnsumme (ohne Indexierung)
  - ▷ zeitanteilige Nachversteuerung, soweit vor Ablauf von zehn Jahren das begünstigte Betriebsvermögen veräußert oder aufgegeben oder wesentliche Betriebsgrundlagen veräußert oder entnommen werden
  - ▷ Nachversteuerung bei Überentnahmen innerhalb von zehn Jahren
- **Tarifbegrenzung** des § 19 a ErbStG künftig zu 100 %

Bis Ende Juni 2009 kann bei einem Erbfall vom 01.01.2007 bis zum 31.12.2008 das neue Bewertungs- und Erbschaftsteuerrecht (allerdings ohne die erhöhten persönlichen Freibeträge) beantragt werden. Sinn macht dies tendenziell bei Personengesellschaften mit begünstigtem Betriebsvermögen (Art. 3 Abs. 1 des ErbStRG).

Die Verschonungsregelungen des neuen § 13 a ErbStG können nach § 37 Abs. 3 ErbStG nicht angewendet werden, wenn begünstigtes Vermögen

- bereits Gegenstand einer vor dem 01.01.2007 ausgeführten Schenkung war

  und

- diese Schenkung aufgrund eines vertraglichen Rückforderungsrechts nach dem 11.11.2005 herausgegeben werden muss

  und derselbe Vermögensgegenstand erneut

- vor dem 01.01.2011 von Todes wegen oder durch Schenkung unter Lebenden
- von dem gleichen Erblasser/Schenker an den gleichen Erwerber (wie bei der ersten Schenkung) erneut übergeht.

5.3.2 Verschonungsabschlag

74 Begünstigtes Vermögen nach § 13 b Abs. 1 Nr. 2 ErbStG ist u. a. der Erwerb eines Anteils an einer Gesellschaft i. S. des § 15 Abs. 1 Satz 1 Nr. 2 und Abs. 3 EStG. Für dieses wird entsprechend § 13 a Abs. 1 i. V. m. § 13 b Abs. 4 ErbStG ein sog. Verschonungsabschlag von **85 %** gewährt. Voraussetzung ist, dass der Betrieb mindestens sieben Jahre fortgeführt und die in dieser Zeit gezahlten Löhne **650 %** der Ausgangslohnsumme nicht unterschreiten. Außerdem darf das Betriebsvermögen **nicht** zu **mehr** als der **Hälfte** aus sog. Verwaltungsvermögen bestehen (siehe Tz. 5.3.5).

5 Die Begünstigung der Nachfolge in Personengesellschaftsanteile

Im Vergleich zum bisherigen Bewertungsabschlag, nach dessen Berücksichtigung das Betriebsvermögen im Umfang von 65 % der Erbschaftsteuer unterlag, wird das Betriebsvermögen künftig lediglich im Umfang von 15 % der Erbschaftsteuer unterworfen.

Weiter kann der Erwerber des Unternehmensvermögens auch die **völlige Freistellung** wählen. Hierbei gelten nach § 13 a Abs. 8 ErbStG allerdings engere Voraussetzung (Zehnjahresfrist, Lohnsummengrenze **1.000 %,** Verwaltungsvermögen ≤ **10 %** des Betriebsvermögens). Zu beachten ist, dass das Wahlrecht **unwiderruflich** ist.

Beide Verschonungsabschläge können **mehrfach** – auch bei Erwerben vom selben Schenker/Erblasser – gewährt werden. Jedoch ist der 85 %-Abschlag zwingend anzuwenden, ein Wahlrecht zur vollständigen Versteuerung ist nicht mehr vorgesehen. Kombiniert mit der **Schuldenkappung** des § 10 Abs. 6 Satz 4 ErbStG kann dies ggf. – z. B. bei überschuldetem Vermögen – nachteilig sein.

5.3.3 „Gleitender" Abzugsbetrag

In § 13 a Abs. 2 ErbStG wird ein erwerberbezogener „gleitender" Abzugsbetrag von 150.000 Euro geregelt, der bei wertvollerem Betriebsvermögen abschmilzt. Der Abzugsbetrag mindert sich um die Hälfte des Betrags, um den das Betriebsvermögen den Betrag von 150.000 Euro übersteigt. Damit ergibt sich ab einem steuerpflichtigen Teil des Betriebsvermögens von 450.000 Euro kein Abzugsbetrag mehr.

Der Abzugsbetrag von 150.000 Euro bezieht sich auf den steuerpflichtigen Teil des Betriebsvermögens von 15 %. Dies führt dazu, dass das Betriebsvermögen bis zu einem Grenzbetrag von 1 Mio. Euro ganz von der Erbschaftsteuer freigestellt wird. Auch die Abschmelzregelung bezieht sich nach § 13 a Abs. 2 Satz 2 ErbStG auf den steuerpflichtigen Teil des Betriebsvermögens von 15 %. Dies hat zur Folge, dass erst ab einem „Brutto"-Betriebsvermögen von 3 Mio. Euro der Abzugsbetrag nicht mehr gewährt wird.

Der Abzugsbetrag kann – wie im bisherigen Recht – nur ein Mal innerhalb von zehn Jahren vom selben Schenker/Erblasser berücksichtigt werden.

Beispiel:

Das begünstigte Betriebsvermögen hat einen Wert von 2,4 Mio €. Nach Abzug des Verschonungsabschlags von 85 % beläuft sich der steuerpflichtige Teil des Betriebsvermögens auf 360.000 € (= 15 % × 2,4 Mio €).

Berechnung der Abschmelzung des Abzugsbetrags:

Das steuerpflichtige Betriebsvermögen (= 360.000 €) übersteigt den Betrag von 150.000 € um 210.000 €. Der Abzugsbetrag von 150.000 € vermindert sich daher um 105.000 € (= ¹/₂ × 210.000 €) auf 45.000 €.

Das Betriebsvermögen unterliegt damit in Höhe von 315.000 € (= 360.000 € ./. 45.000 €) der Erbschaftsteuer.

S. Erbschaft- und Schenkungsteuer

5.3.4 Tarifbegrenzung beim Erwerb von Betriebsvermögen

Die bisherige Steuerermäßigung nach § 19 a ErbStG für den Erwerb von Betriebsvermögen durch natürliche Personen, die den Steuerklassen II und III unterliegen, wurde beibehalten. Danach vermindert sich die auf den steuerpflichtigen Teil des erworbenen Betriebsvermögens (15 %) entfallende Erbschaftsteuer nach Steuerklasse II oder III um einen Entlastungsbetrag in Höhe des Unterschieds der Steuer nach den Steuerklassen II oder III zur Steuer nach Steuerklasse I. Letztlich wird damit das erworbene Betriebsvermögen der Steuerbelastung nach Steuerklasse I unterworfen. Die bisherige Beschränkung des Entlastungsbetrags bis Ende 2008 auf 88 % des Steuerunterschieds wurde aufgegeben.

5.3.5 Voraussetzungen: Kein schädliches Verwaltungsvermögen

Die vorgenannten Begünstigungen werden nicht gewährt, wenn das Verwaltungsvermögen (§ 13 b Abs. 2 ErbStG) **50 %** bzw. **10 % des Werts des Unternehmens** übersteigt. Bewegt sich das Verwaltungsvermögen unter dieser Grenze, ist das gesamte Betriebsvermögen ganz bzw. teilweise steuerfrei. Übersteigt es die 50 %-Grenze, ist das gesamte Betriebsvermögen voll zu besteuern.

Der Anteil des Verwaltungsvermögens bestimmt sich nach dem Verhältnis der Summe der gemeinen Werte des Verwaltungsvermögens zum gemeinen Wert des Betriebs (§ 13 b Abs. 2 Satz 4 ErbStG). Dabei mindern betriebliche Schulden (ggf. auch indirekt) den Wert des Gesamtbetriebs. Unklar ist, ob Schulden zugleich das Verwaltungsvermögen mindern, wenn – wie beispielsweise bei einem Anschaffungsdarlehen – zwischen den Schulden und einzelnen Wirtschaftsgütern des Verwaltungsvermögens ein unmittelbarer Finanzierungszusammenhang besteht (bisherige Tendenz: kein Abzug).

Ausgenommen aus der Begünstigung wird allerdings stets solches Verwaltungsvermögen, das im Besteuerungszeitpunkt **weniger als zwei Jahre** zum Betriebsvermögen gehört (§ 13 b Abs. 2 Satz 3 ErbStG). Damit soll verhindert werden, dass nicht begünstigtes Privatvermögen durch kurzfristige Einlage in ein Betriebsvermögen der Begünstigung unterworfen werden kann.

Zum Verwaltungsvermögen gehören folgende **Wirtschaftsgüter:**

a) **Dritten zur Nutzung überlassener Grundbesitz**

Kein Verwaltungsvermögen sind danach z. B. vermietete Schiffe, Flugzeuge, Konzessionen, Rechte und Lizenzen.

Ausdrücklich aus dem Verwaltungsvermögen ausgenommen sind die von einem gewerblichen Besitzunternehmen im Rahmen einer **Betriebsaufspaltung** an die Betriebsgesellschaft verpachteten Grundstücke. Dabei gelten die ertragsteuerlichen Abgrenzungsgrundsätze unter Einbeziehung der sog. Gruppentheorie. Ausgenommen sind zudem Grundstücke, die der Mitunter-

5 Die Begünstigung der Nachfolge in Personengesellschaftsanteile

nehmer seiner Mitunternehmerschaft zur eigenbetrieblichen Nutzung überlässt und die deshalb zum **Sonderbetriebsvermögen** gehören.

Ebenfalls aus dem Verwaltungsvermögen ausgenommen sind Grundstücke, die im Rahmen einer **Betriebsverpachtung** im Ganzen überlassen sind. Dies gilt allerdings nur eingeschränkt. Neben der Erzielung von Gewinneinkünften ist Grundvoraussetzung, dass das Unternehmen vor seiner Verpachtung im Ganzen die Voraussetzungen für begünstigtes Vermögen erfüllt hat. Zudem muss der Betrieb

- unbefristet an den Erben (= Pächter und Beschenkter)

oder

- deshalb befristet an einen Dritten verpachtet worden sein, weil der Beschenkte den Betrieb noch nicht führen kann.

Im zweiten Fall darf die Verpachtung im Zeitpunkt des Betriebsübergangs höchstens auf zehn Jahre befristet sein; diese Frist beginnt bei noch nicht 18 Jahre alten Beschenkten mit Vollendung des 18. Lebensjahrs.

Eine weitere Ausnahme gilt für die Grundstücksverpachtung im **Konzern**. Häufig werden die im Konzern eigenbetrieblich genutzten Grundstücke durch eine Konzerngesellschaft verwaltet. Um hier zu einem angemessenen wirtschaftlichen Ergebnis zu kommen, werden auch diejenigen Grundstücke aus dem Verwaltungsvermögen ausgenommen, die innerhalb eines Konzerns zur Nutzung überlassen werden. Dabei ist der Konzernbegriff im Sinne der Zinsschranke nach § 4 h EStG maßgeblich. Wie auch bei den vorgenannten Ausnahmen wäre es allerdings schädlich, wenn die Grundstücke letztendlich an Dritte außerhalb des Konzerns weiterüberlassen werden.

Eine Ausnahmeregelung enthält das verabschiedete Erbschaftsteuergesetz auch für **Wohnungsunternehmen** in Form einer Personen- oder Kapitalgesellschaft. Die von diesen überlassenen Grundstücke und Grundstücksteile gehören dann nicht zum Verwaltungsvermögen, wenn der Hauptzweck des Betriebs in der Vermietung von Wohnungen i. S. des § 181 Abs. 9 BewG besteht, dessen Erfüllung einen wirtschaftlichen Geschäftsbetrieb (§ 14 AO) erfordert.

Schließlich sind auch Grundstücke aus dem Verwaltungsvermögen ausgenommen, die an Dritte zur **land- und forstwirtschaftlichen Nutzung** überlassen werden.

b) Anteile an Kapitalgesellschaften bis zu 25 % Beteiligung

Zum Verwaltungsvermögen gehören auch Anteile an Kapitalgesellschaften bis zu einer Beteiligungsquote von 25 %. Auch hier gilt die Zusammenrechnungsmöglichkeit bei Verfügungsbeschränkung und Stimmrechtsbindung (§ 13 b Abs. 2 Satz 2 Nr. 2 ErbStG). Ausgenommen sind Beteiligungen von Kredit- oder Finanzdienstleistungsinstituten. Die Funktion der Beteiligung

S. Erbschaft- und Schenkungsteuer

ist nicht von Bedeutung. Bei Einkaufs- oder Verkaufsgesellschaften könnte sich die Änderung von Gesellschaftsverträgen anbieten (Zusammenrechnung von gebundenen Anteilen zur Prüfung der 25 %-Grenze).

c) Beteiligungen an vermögensverwaltenden Gesellschaften

Anteile an Personengesellschaften und Beteiligungen an Kapitalgesellschaften über 25 % gehören dann zum Verwaltungsvermögen, wenn **deren** Verwaltungsvermögen mehr als 50 % umfasst.

> **Beispiel:**
> Vererbt wird ein Anteil an der A-KG von 20 %. Diese hält eine 100 %-GmbH-Beteiligung. Das Verwaltungsvermögen der GmbH beträgt 60 %.
>
> Die GmbH-Beteiligung ist somit bei der KG insgesamt schädliches Verwaltungsvermögen. Angenommen, der Wert des GmbH-Anteils beträgt nun 55 % des gesamten Unternehmenswerts der KG, ist der Erbfall somit nicht steuerbegünstigt **(Infektionsklausel).**

d) Wertpapiere sowie vergleichbare Forderungen

Wertpapiere und vergleichbare Forderungen sind schädliches Verwaltungsvermögen sofern sie nicht Hauptzweck eines Kredit- oder Finanzdienstleistungsinstituts sind. Den Wertpapieren vergleichbare Forderungen, die zum Verwaltungsvermögen gerechnet werden, liegen nicht bei Kundenforderungen oder dem Kassenbestand vor. Gleiches gilt vermutlich für Tages- oder Festgeldkonten.

e) Kunstgegenstände, Münzen, Edelmetalle und Edelsteine

Kunstgegenstände, Bibliotheken, Archive, Münzen, Edelmetalle und Edelsteine werden als Verwaltungsvermögen eingestuft, sofern sie nicht zum Umlaufvermögen gehören.

5.4 Verstöße gegen die Begünstigungsvoraussetzungen

75 Mit den Behaltensregelungen versucht der Gesetzgeber, gewährte Begünstigungen nachträglich zu versagen, wenn sich der Erwerber der erhöhten Sozialbindung entzieht, die auf dem Erwerb lastet und die die sachliche Rechtfertigung für die deutliche Besserstellung gegenüber anderen Erwerbern bildet.

5.4.1 Lohnsummenerhalt

Voraussetzung für den Verschonungsabschlag von 85 % ist, dass die Lohnsumme des Betriebs innerhalb von sieben Jahren nach dem Erwerb 650 % der Ausgangslohnsumme nicht unterschreitet (§ 13 a Abs. 1 Satz 2 ErbStG). Andernfalls kommt es im Umfang des Unterschreitens zur Versagung des 85 %igen Verschonungsabschlags. Wählt der Erwerber unwiderruflich die

5 Die Begünstigung der Nachfolge in Personengesellschaftsanteile

vollständige Freistellung, dann ist es schädlich, wenn die Lohnsumme des Betriebs innerhalb von zehn Jahren nach dem Erwerb 1.000 % der Ausgangslohnsumme unterschreitet.

Ausgangslohnsumme nach § 13 a Abs. 2 Satz 3 ErbStG ist die durchschnittliche Lohnsumme der letzten fünf Wirtschaftsjahre vor dem Besteuerungszeitpunkt. § 13 a Abs. 4 ErbStG enthält eine ausführliche Definition des Begriffs „Lohnsumme". Danach umfasst die Lohnsumme **alle Vergütungen** (Löhne, Gehälter und andere Bezüge sowie Vorteile), die im maßgebenden Wirtschaftsjahr an die auf den Gehaltslisten erfassten Beschäftigten gezahlt werden. Vergütungen an solche Arbeitnehmer, die nicht ausschließlich oder überwiegend in dem Betrieb tätig sind, bleiben außer Ansatz. Zu berücksichtigen sind alle Geld- und Sachleistungen für die von den Beschäftigten erbrachte Arbeit. Zu den Löhnen und Gehältern gehören auch alle von den Beschäftigten zu entrichtenden **Sozialbeiträge, Einkommensteuern** und Zuschlagsteuern. Dies gilt auch dann, wenn sie vom Arbeitgeber einbehalten und im Namen des Arbeitnehmers an den Sozialversicherungsträger oder das Finanzamt abgeführt werden (Ansatz des AG-Anteils ist umstritten). Auch alle vom Beschäftigten empfangenen **Sondervergütungen, Prämien, Gratifikationen,** Abfindungen, Zuschüsse zu Lebenshaltungskosten, Familienzulagen, Provisionen, Teilnehmergebühren und vergleichbare Vergütungen zählen zu den Löhnen und Gehältern. Bei Unternehmensgruppen im Inland bzw. EU/EWR-Raum zählen auch die von den Untergesellschaften gezahlten Löhne anteilig zur Lohnsumme des Mutterunternehmens, sofern dieses unmittel- oder mittelbar zu mehr als 25 % beteiligt ist. Ausgenommen sind damit die in Drittstaaten angefallenen Lohnzahlungen.

Die Lohnsummengrenze ist nach § 13 a Abs. 1 Satz 4 ErbStG **nicht** zu beachten, wenn die Ausgangslohnsumme **0 Euro** beträgt (Einmannbetrieb) oder der Betrieb **nicht mehr** als **zehn Beschäftigte** hat.

Eine Einschränkung für den Abzugsbetrag von 150.000 Euro („gleitende" Freigrenze) ergibt sich aus einem Unterschreiten der Lohnsumme nicht. Die Lohnsummenregelung betrifft nach § 13 a Abs. 1 ErbStG nur den Verschonungsabschlag.

Beispiel:

Vater V überträgt im Wege der vorweggenommenen Erbfolge sein gewerbliches Einzelunternehmen auf seinen Sohn S. Der Betrieb hat einen Verkehrswert von 3 Mio. €. S erhält die 85 %ige Freistellung des Betriebsvermögens von der Erbschaftsteuer.

Nach Ablauf der Siebenjahresfrist wird festgestellt, dass die in diesem Zeitraum gezahlten Löhne nur 520 % der Ausgangslohnsumme betragen haben. Die Mindestlohnsumme von 650 % wurde um 130 Prozentpunkte, also um 20 %, unterschritten.

S. Erbschaft- und Schenkungsteuer

	ursprüngliche ErbSt	korrigierte ErbSt
Wert des Betriebs	3.000.000 €	3.000.000 €
Verschonungsabschlag 85 %	./. 2.550.000 €	
korrigierter Verschonungsabschlag 80 % von 2.550.000 € =		./. 2.040.000 €
steuerpflichtiges Betriebsvermögen	450.000 €	960.000 €
persönlicher Freibetrag	./. 400.000 €	./. 400.000 €
steuerpflichtiger Erwerb	50.000 €	560.000 €
Erbschaftsteuer zunächst	3.500 €	
Korrigierte Erbschaftsteuer		84.000 €
Erbschaftsteuernachzahlung		80.500 €

5.4.2 Veräußerungsverbot

Sowohl für den Verschonungsabschlag von 85 % wie auch für den gleitenden Abzugsbetrag von 150.000 Euro ist nach § 13 a Abs. 5 ErbStG Voraussetzung, dass innerhalb von sieben Jahren nach dem Besteuerungszeitpunkt weder der Betrieb noch ein Teilbetrieb noch eine wesentliche Betriebsgrundlage veräußert oder ins Privatvermögen oder zu betriebsfremden Zwecken überführt werden. Wählt der Erwerber die völlige Steuerfreistellung, dann beträgt die Behaltensfrist zehn Jahre.

Das Gesetz enthält keine ausdrückliche Regelung zu den Fällen, in denen das verschonte Vermögen innerhalb der Behaltensfrist von sieben oder zehn Jahren verschenkt wird oder erneut ein Erbfall eintritt. Entsprechend der bis Ende 2008 geltenden Regelung sollte die bisherige Verschonung für die Restlaufzeit mit der Folge weiter bestehen, dass eine Veräußerung durch den Rechtsnachfolger zur nachträglichen Korrektur beim Rechtsvorgänger führt, wenn dessen Behaltensfrist noch nicht abgelaufen ist. Daneben beginnt beim Rechtsnachfolger eine neue Verschonungsregelung mit neuer Frist zu laufen, sodass bei vorzeitiger Veräußerung auch bei ihm eine Nachbelastung eintreten kann (entsprechend dem bisherigen Recht R 62 Abs. 2 und R 67 Abs. 2 Satz 3 ErbStR 2003).

a) Schädliche Handlungen:

Die **Aufgabe** eines Betriebs oder Teilbetriebs und die **Entnahme** einer wesentlichen Betriebsgrundlage stehen der **Veräußerung** gleich.

Wie bisher ist unbedeutend, aus welchem Grund die Veräußerung oder Aufgabe erfolgt.[102] Zur rückwirkenden Versagung der erbschaftsteuerlichen Begünstigungen für Betriebsvermögen kommt es daher auch im Fall der Insolvenz.[103] Schädlich ist weiter die Aufhebung der gesellschaftsrechtlichen Bindungen (Stimmrechtsbindung, Verfügungsbeschränkungen), sofern

---
102 BFH vom 16.02.2005 II R 39/03, BStBl II 2005, 571.
103 BFH vom 21.03.2007 II R 19/06 (NV), BFH/NV 2007 S. 1321.

5 Die Begünstigung der Nachfolge in Personengesellschaftsanteile

diese aufgrund der Zusammenrechnung bei Prüfung der 25 %-Grenze zu begünstigtem Betriebsvermögen führten.

Jedoch kommt es bei Veräußerung oder Aufgabe des Betriebs nur zeitanteilig zur rückwirkenden Versagung der in Anspruch genommenen Vergünstigungen (kein „Fallbeileffekt"). Dies gilt anders als im bisherigen Recht auch dann, wenn die Aufgabe oder Veräußerung während der ersten fünf Jahre nach dem Erwerbszeitpunkt erfolgt. Für jedes **volle Jahr der Betriebsfortführung** bleibt der Verschonungsabschlag von 85 % zu **einem Siebtel** und der bei zehnjähriger Behaltensfrist zur Anwendung kommende Verschonungsabschlag von 100 % zu **einem Zehntel** erhalten. Der gleitende Abzugsbetrag entfällt bei einem Verstoß allerdings vollständig.

b) Unschädliche Handlungen

Umwandlungen jeglicher Art (z. B. Einbringung von Personenunternehmen oder Mitunternehmeranteilen in eine Kapitalgesellschaft, § 20 UmwStG, oder in eine Personengesellschaft, § 24 UmwStG) führen nicht zur rückwirkenden Versagung der erbschaftsteuerlichen Begünstigungen, sofern die bei Einbringung erlangten Anteile ihrerseits nicht innerhalb von sieben bzw. zehn Jahren nach Erbfall oder Schenkung veräußert werden.

c) Reinvestitionsklausel

In den Fällen der Veräußerung von begünstigtem Betriebsvermögen ist von der Nachversteuerung abzusehen, wenn der Veräußerungserlös innerhalb der nach § 13 b Abs. 1 ErbStG begünstigten Vermögensart verbleibt. Dies wird angenommen, wenn der Erlös **innerhalb von sechs Monaten** in entsprechendes Vermögen investiert wird, das nicht zum Verwaltungsvermögen gehört. Zu den begünstigten Investitionen gehören neben der Anschaffung von neuen Betrieben, Betriebsteilen oder Anlagegütern, die das veräußerte Vermögen im Hinblick auf den ursprünglichen oder einen neuen Betriebszweck ersetzen, auch beispielsweise die Tilgung von betrieblichen Schulden oder die Erhöhung von Liquiditätsreserven. Dabei muss die Reinvestition immer innerhalb derselben Vermögensart erfolgen.

5.4.3 Überentnahmeregelung

Neben dem Veräußerungsverbot für sieben bzw. zehn Jahre kommt es auch dann zu einer Korrektur der Erbschaftsteuer, wenn der Erwerber des Betriebs bis zum Ende des letzten in die Behaltensfrist fallenden Wirtschaftsjahrs sog. Überentnahmen tätigt.

Die Korrektur ist insoweit vorzunehmen, als die Entnahmen im jeweiligen Behaltenszeitraum den Gewinn und die Einlagen in diesem Zeitraum um **mehr als 150.000 Euro** übersteigen. In diesem Fall ist nämlich davon auszugehen, dass mit den Entnahmen auch auf geerbte Substanz zugegriffen wird. Die Korrektur erfolgt auf der Basis der Überentnahme. Verluste bleiben unberücksichtigt, d. h., sie mindern das Entnahmevolumen nicht.

S. Erbschaft- und Schenkungsteuer

Führt die Überentnahmeregelung zu einer Korrektur des begünstigten Betriebsvermögens, dann kann dies auch dazu führen, dass der Abzugsbetrag von 150.000 Euro in geringerem Umfang abgeschmolzen wird.

5.4.4 Anzeigepflichten

Sowohl der Verstoß gegen die Behaltensregelungen als auch das Unterschreiten der jeweiligen Lohnsummengrenze sind vom Erwerber schriftlich anzuzeigen (§ 13 a Abs. 6 ErbStG). Die Anzeige hat bei Verstoß gegen die Behaltensregelung innerhalb eines Monats und bei Unterschreiten der Lohnsummengrenze innerhalb von sechs Monaten zu erfolgen. Die Verjährung der Steuer endet nicht vor dem Ablauf des vierten Jahres, nachdem die Finanzbehörde von dem Unterschreiten bzw. der schädlichen Verwendung Kenntnis erlangt.

5.4.5 Doppelbelastung mit Einkommen- und Erbschaftsteuer

Im betrieblichen Bereich kann es zu Doppelbelastungen mit Erbschaftsteuer einerseits und Einkommensteuer andererseits kommen (z. B. bei Veräußerung von Betriebsvermögen durch den Erwerber incl. der stillen Reserven).

Mit dem Erbschaftsteuerreformgesetz wird nunmehr das Problem der Doppelbelastung angegangen, indem die Möglichkeit der Anrechnung der Erbschaftsteuer auf die Einkommensteuer eröffnet wird; diese Regelung gilt allerdings **nicht** für Schenkungsfälle.

Bei Anwendung der Regelung ist zu berücksichtigen, dass ein einkommensteuerpflichtiger Veräußerungsgewinn umso mehr durch nach dem Erwerbszeitpunkt geschaffene stille Reserven beeinflusst wird, je später die Veräußerung erfolgt. Der neue § 35 b Satz 1 EStG lässt daher die Anrechnung nur zu, wenn die der Einkommensteuer unterliegende Realisierung im Erwerbsjahr oder innerhalb der folgenden vier Jahre erfolgt. Diese Frist bezieht sich auf den Veranlagungszeitraum, also auf das Kalenderjahr. Konkret bedeutet dies, dass die Anrechnung genutzt werden kann, wenn der einkommmensteuerliche Realisierungstatbestand **bis** zum **Ablauf des vierten auf das Erwerbsjahr folgenden Kalenderjahres** verwirklicht wird (Anrechnungszeitraum).

Die Anrechnung gilt für jedwede im Anrechnungszeitraum erzielten Einkünfte, die auch der Erbschaftsteuer unterlegen haben. Sie erfolgt technisch in der Weise, dass die um sonstige Steuerermäßigungen gekürzte tarifliche Einkommensteuer, die auf die mit Erbschaftsteuer vorbelasteten Einkünfte entfällt, um einen der Vorbelastung mit Erbschaftsteuer entsprechenden Prozentsatz ermäßigt wird. Dieser Prozentsatz bestimmt sich nach § 35 b Satz 2 EStG nach dem Verhältnis, in dem die festgesetzte Erbschaftsteuer zu dem Betrag steht, der sich ergibt, wenn dem erbschaftsteuerpflichtigen Erwerb i. S. von § 10 Abs. 1 ErbStG (= Bereicherung des Erwerbers, soweit sie nicht nach §§ 5, 13, 13 a, 16, 17 und 18 ErbStG steuerfrei ist) die Frei-

5 Die Begünstigung der Nachfolge in Personengesellschaftsanteile

beträge nach §§ 16 und 17 ErbStG und der steuerfreie Betrag nach § 5 ErbStG hinzugerechnet werden.

Beispiel:

Vater V vererbt sein Einzelunternehmen (Verkehrswert 5.000.000 €) seinem vierzigjährigen Sohn S. Weiteres Vermögen hat Sohn S, der den 85 %igen Verschonungsabschlag erhält, nicht erworben.

Für S ergibt sich zunächst folgende Erbschaftsteuerbelastung

	ursprüngliche Erbschaftsteuer
Wert des Betriebs	5.000.000 €
Verschonungsabschlag 85 % =	./. 4.250.000 €
steuerpflichtiges Betriebsvermögen	750.000 €
persönlicher Freibetrag	./. 400.000 €
steuerpflichtiger Erwerb	350.000 €
Erbschaftsteuer 15 %	52.500 €

Im dritten Jahr veräußert der Sohn den Betrieb (Buchwert des Kapitalkontos = 1.000.000 €) für 4.000.000 €. Er erzielt damit einen Veräußerungsgewinn von 3.000.000 €. Da weitere Einkünfte nicht erzielt werden, beläuft sich die hierauf zu entrichtende Einkommensteuer (ohne Berücksichtigung von Sonderausgaben usw.) auf 1.334.586 €.

Dies führt bei S zu einer endgültigen Erbschaftsteuerbelastung in folgender Höhe:

	korrigierte Erbschaftsteuer
Wert des Betriebs	5.000.000 €
Verschonungsabschlag 2/7 von 4.250.000 € =	./. 1.214.286 €
steuerpflichtiges Betriebsvermögen (gerundet)	3.785.700 €
persönlicher Freibetrag	./. 400.000 €
steuerpflichtiger Erwerb	3.385.700 €
Erbschaftsteuer 19 %	643.283 €

Die auf die vorbelasteten Einkünfte entfallende tarifliche Einkommensteuer ist nach der Kommentierung zum früheren § 35 EStG prozentual entsprechend dem Satz der Erbschaftsteuerbelastung zu mindern.

Lösung zum vorstehenden Beispiel:

Die auf das erworbene Betriebsvermögen zu entrichtende Erbschaftsteuer beträgt 17 % (643.283 € : 3.785.700 € × 100). Wendet man diesen Prozentsatz auf die tarifliche Einkommensteuer an, die auf die realisierten stillen Reserven entfällt, dann ergibt sich eine Steuerermäßigung von (17 % × 1.334.586 € =) 226.880 €. Damit ist noch Einkommensteuer von 1.107.706 € zu entrichten.

Die Neuregelung des § 35 b EStG zur Anrechnung der Erbschaftsteuerbelastung auf die Einkommensteuer ist nach § 52 Abs. 50 c EStG erstmals für

5.5 Die Steuerstundung (§ 28 ErbStG)

76 § 28 Abs. 1 ErbStG wurde durch das ErbStRG nicht verändert und besteht deshalb in der Fassung des JStG 1996 fort. Die Vorschrift enthält verschiedene Restriktionen und erfasst – unverständlicherweise – nicht das gesamte durch die §§ 13 a und 19 a ErbStG begünstigte Vermögen. Dabei dürfte der Bedarf beim Erwerber von Anteilen an Kapitalgesellschaften nach einer entsprechenden Stundungsregelung mindestens ebenso groß sein wie in den anderen von § 28 Abs. 1 ErbStG erfassten Fällen. Da auch Minderheitsbeteiligungen begünstigt sind, hat der Erwerber häufig keinen entscheidenden Einfluss auf das Ausschüttungsverhalten der Gesellschaft, sodass ihm die Zahlung der Erbschaftsteuer schwerfallen kann.

Die zinslose Stundung nach § 28 Abs. 1 ErbStG kann nur insoweit gewährt werden, als dies zur Erhaltung des Betriebs notwendig ist. Dies ist nach der Rechtsprechung des BFH[104] nicht der Fall, soweit der Steuerpflichtige die geschuldete Steuer aus eigenem Vermögen oder aus anderem erworbenen Vermögen leisten kann. Nach einer Entscheidung des FG München[105] darf die Stundung nicht von einer Sicherheitsleistung abhängig gemacht werden.[106]

6 Die Tarifstruktur des ErbStG

6.1 Freibeträge und Tarifverlauf

77 Durch das Gesetz zur Reform des Erbschaftsteuer- und Bewertungsrechts[107] ist die Freibetrags- und die Tarifsatzstruktur neu geregelt worden. Von besonderer Bedeutung ist die **Erhöhung der persönlichen Freibeträge** (§ 16 ErbStG) für alle Steuerklassen. Bei den Steuersätzen des § 19 ErbStG wurden die Eingangsstufen für die Betroffenen nach oben aufgerundet sowie die Steuersätze für die Steuerklassen II und III inhaltlich zusammengefasst

---

104 BFH vom 11.05.1988 II B 28/88, BStBl II 1988, 730.
105 Vom 07.08.1991 4 K 10197/86, UVR 1991 S. 340.
106 Zurückhaltender R 86 Abs. 3 ErbStR 2003: „Von einer Sicherheitsleistung ist ... i. d. R. abzusehen." § 28 ErbStG wurde lediglich um einen den Bereich der Personengesellschaften nicht betreffenden neuen Absatz 3 erweitert, der eine Stundungsmöglichkeit für zu Wohnzwecken vermietete Grundstücke i. S. des § 13 c ErbStG oder zu eigenen Wohnzwecken genutzten Grundbesitz vorsieht.
107 Erbschaftsteuerreformgesetz – ErbStRG vom 24.12.2008, BGBl I 2008, 3018.

6 Die Tarifstruktur des ErbStG

und deutlich angehoben. Die eingetragenen **Lebenspartnerschaften** nach Lebenspartnerschaftsgesetz (LPartG vom 16.02.2001) wurden den Ehegatten bis auf die Steuerklasse III nahezu gleichgestellt (persönlicher Freibetrag, Versorgungsfreibetrag, Zugewinnausgleich usw.). Insgesamt stellt sich die Tarifstruktur nunmehr wie folgt dar:

Steuerklasse (§ 16 ErbStG)	Verwandtschaftsgrad	Freibetrag		Differenz
		künftig	bisher	Erhöhung
I	Ehegatte	500.000 €	307.000 €	193.000 €
	Kinder, Stiefkinder und Kinder vorverstorbener Kinder/Stiefkinder	400.000 €	205.000 €	195.000 €
	Kinder lebender Kinder/Stiefkinder	200.000 €	51.200 €	148.800 €
	Weitere Abkömmlinge der Kinder/Stiefkinder und **Eltern** und Großeltern bei Erwerb von Todes wegen	100.000 €		48.800 €
II	**Eltern** und Großeltern bei Schenkung unter Lebenden	20.000 €	10.300 €	9.700 €
	Geschwister			
	Nichten und **Neffen**			
	Stiefeltern			
	Schwiegersohn, Schwiegertochter			
	Schwiegereltern			
	Geschiedener Ehegatte			
III	Eingetragene **Lebenspartner**	500.000 €	5.200 €	494.800 €
	Sonstige Erwerber	20.000 €		14.800 €
Beschränkte Steuerpflicht		1.100 €	2.000 €	900 €

Wie im bisherigen Recht ist zusätzlich noch ein **Versorgungsfreibetrag** i. H. von 256.000 Euro für Ehegatten und Lebenspartner bzw. bis zu 52.000 Euro für Kinder und Stiefkinder (gestaffelt nach Lebensalter) abzuziehen (§ 17 ErbStG). Dieser ist um steuerfrei erhaltene Versorgungsbezüge (z. B. Witwen-/Waisenrente) zu kürzen.

S. Erbschaft- und Schenkungsteuer

Steuersätze (§ 19 Abs. 1 ErbStG)							
Wert des Erwerbs bis		Steuerklasse I		Steuerklasse II		Steuerklasse III	
künftig	bisher	künftig	bisher	künftig	bisher	künftig	bisher
75.000 €	52.000 €	7 %	7 %	30 %	12 %	30 %	17 %
300.000 €	256.000 €	11 %	11 %	30 %	17 %	30 %	23 %
600.000 €	512.000 €	15 %	15 %	30 %	22 %	30 %	29 %
6 Mio €	5.113.000 €	19 %	19 %	30 %	27 %	30 %	35 %
13 Mio €	12.783.000 €	23 %	23 %	50 %	32 %	50 %	41 %
26 Mio €	25.565.000 €	27 %	27 %	50 %	37 %	50 %	47 %
> 26 Mio €	> 25.565.000 €	30 %	30 %	50 %	40 %	50 %	50 %

Für gewisse Grenzbereiche zwischen den Eingangsstufen sieht § 19 Abs. 3 ErbStG eine **Härteregelung** vor. Um hier einen schnellen Überblick zu gewinnen, wird auf nachstehende Tabelle der maßgebenden Grenzwerte für die Anwendung des Härteausgleichs **ab 2009** verwiesen:

Wertgrenze gem. § 19 Abs. 1 ErbStG	Härteausgleich gem. § 19 Abs. 3 ErbStG bei Überschreiten der letztvorhergehenden Wertgrenze bis einschl. ... EUR in Steuerklasse		
	Steuerklasse I	Steuerklasse II	Steuerklasse III
75.000 €	–	–	–
300.000 €	82.600 €	–	–
600.000 €	334.200 €	–	–
6 Mio €	677.400 €	–	–
13 Mio €	6.888.800 €	10.799.900 €	10.799.900 €
26 Mio €	15.260.800 €	–	–
> 26 Mio €	29.899.900 €	–	–

6.2 Der Generationensprung

Um der gestiegenen Lebenserwartung Rechnung zu tragen, könnte überlegt werden, den Nachlass testamentarisch direkt auf die nächste Generation zu übertragen (wenn die persönlichen Freibeträge in beiden Generationen überschritten werden). Dieser Generationensprung hätte den Vorteil, dass das Vermögen nur einmal versteuert und im Ergebnis ein Erbschaftsteuerfall vollständig eingespart wird. Auch fallen alle zukünftigen Erträge und stillen Reserven des Vermögens erbschaftsteuerlich unbesteuert in der nächsten Generation an. Alternativ hierzu kann eine Nutzungs- oder Duldungsauflage zur Absicherung der Zwischengeneration dienen.

78

Wird die nächste Generation der Enkel als Erbe eingesetzt, ist Folgendes zu beachten:

- Kinder sind pflichtteilsberechtigt (§ 2303 Abs. 1 BGB).
- die Zahl der Enkel und Urenkel steht beim Tod des Erblassers häufig noch nicht fest.
- Die finanzielle Absicherung der Kinder und der Enkelkinder – soweit Urenkel als Erben eingesetzt sind – könnte erfolgen durch
    — Geld- oder Sachvermächtnis,
    — Nießbrauch, Rente, dauernde Last.

Kann jedoch die zweite Generation sowohl die Grenzen des Verwaltungsvermögens (§ 13 b Abs. 2 ErbStG) als auch die Behaltensregelungen des § 13 a Abs. 5 ErbSt erfüllen (und der Personengesellschaftsanteil nur zu 15 % bzw. 0 % versteuert werden), könnte ein Generationensprung entbehrlich sein.

T. GRUNDERWERBSTEUER

1 Die grunderwerbsteuerliche Rechtsfähigkeit der Personengesellschaft

1.1 Der Steuergegenstand des Grunderwerbsteuerrechts

Die Grunderwerbsteuer besteuert den durch Vorgänge des Rechtsverkehrs ausgelösten Rechtsträgerwechsel (§ 1 GrEStG) im Hinblick auf inländische Grundstücke (§ 2 GrEStG). Es handelt sich deshalb um eine **Rechtsverkehrsteuer**. Dieser Umstand, der eine zentrale Bedeutung zivilrechtlicher Kategorien gerade für das Grunderwerbsteuerrecht zur Folge haben muss, schließt es jedoch nicht aus, dass auch das Grunderwerbsteuerrecht eigene, originär grunderwerbsteuerliche Kategorien kennt, die die grundsätzliche **Maßgeblichkeit des Zivilrechts** modifizieren. Dies zeigt sich an vielen Stellen: Das Grunderwerbsteuerrecht fingiert einen Rechtsträgerwechsel in den Fällen des § 1 Abs. 2 a und des § 1 Abs. 3 GrEStG, obwohl zivilrechtlich in diesen Fällen eine Veränderung der Zuordnung gerade nicht vorliegt. In den Fällen des § 1 Abs. 2 GrEStG genügt für den steuerbaren Erwerbsvorgang ausdrücklich ein Minus gegenüber dem Rechtsträgerwechsel, nämlich die Übertragung der Verwertungsbefugnis. Die Liste der Beispiele ließe sich fortsetzen.

Die Personengesellschaft, seit langem ein Mysterium des Zivilrechts, bereitet auch im Grunderwerbsteuerrecht nicht unerhebliche Schwierigkeiten. Auch hier handelt es sich um Regelungen, die zwar an zivilrechtliche Vorgaben anknüpfen, jedoch durch originär grunderwerbsteuerliche Regelungen ergänzt und modifiziert werden. Dieses Nebeneinander unterschiedlicher Regelungszusammenhänge erzeugt eine Vielzahl von Abgrenzungs- und Zweifelsfragen, die dadurch nicht einfacher zu beantworten sind, dass sich das zivilrechtliche Verständnis der Personengesellschaft derzeit im Umbruch befindet. Die im Vordringen befindliche Auffassung[1] bildet geradezu einen Gegenpol zu der Rechtslage, wie sie lange Jahre Allgemeingut war und auch von dem Gesetzgeber des Grunderwerbsteuergesetzes 1940 und 1983 vorausgesetzt worden war. Die folgende Darstellung kann bei dieser Sachlage nur eine Momentaufnahme der aktuellen Fragestellungen und

---

1 Vgl. insbes. BGH vom 29.01.2001 II ZR 331/00, NJW 2001 S. 1056 = DStR 2001 S. 310 m. Anm. Goette.

T. Grunderwerbsteuer

der sich abzeichnenden Lösungsansätze sein. Deutlich dürfte vor allem eines werden: Die ungeklärten Fragen und Probleme werden eher zunehmen. Die Planungs- und Gestaltungssicherheit, die ein rechtsstaatliches Steuerrecht bieten muss und die für eine Rechtsverkehrsteuer völlig unverzichtbar ist, wird dagegen tendenziell eher abnehmen.

1.2 Die zivilrechtliche Ausgangslage

3 Die zivilrechtliche Qualifikation der Personengesellschaft hat sich durch das UmwG 1995, das einen identitätswahrenden Formwechsel einer Kapitalgesellschaft in eine Personengesellschaft und umgekehrt vorsieht, durch die Rechtsfigur der rechtsfähigen Personengesellschaft (§ 14 Abs. 2 BGB) und insbesondere durch die Entscheidung des BGH vom 29.01.2001[2] und die an diese Entscheidung anschließenden Folgeentscheidungen[3] fundamental verändert. Auf der Grundlage dieser Entwicklung ist davon auszugehen, dass die Personengesellschaften unter Einschluss der GbR ungeachtet des Umstandes, dass es sich nicht um juristische Personen handelt, eigenständige und von ihren Gesellschaftern zu unterscheidende Rechtsträger sind. Der Vorstellungswelt des Gesetzgebers des GrEStG entspricht diese Verselbständigung der Personengesellschaft nicht, wie insbesondere die Befreiungstatbestände der §§ 5, 6 GrEStG belegen. Bislang hat der Gesetzgeber auf die zivilrechtliche Entwicklung noch nicht reagiert, sodass sich die Frage stellt, ob das neuere zivilrechtliche Verständnis trotz der offensichtlichen Abweichung vom Verständnis des GrEStG der Besteuerung zugrunde zu legen ist oder ob stattdessen an der Vorstellungswelt des Gesetzgebers, die sich auch explizit in dem geltenden GrEStG niedergeschlagen hat, festzuhalten ist. Besonders deutlich wird diese Frage, wenn es darum geht, ob ein heterogener Formwechsel, der zivilrechtlich unter Wahrung der Identität und damit ohne Rechtsträgerwechsel (Rechtsnachfolge) stattfindet, auch grunderwerbsteuerlich in diesem Sinne zu interpretieren ist.[4]

1.3 Die Auswirkungen der zivilrechtlichen Diskussion auf das Grunderwerbsteuerrecht

4 Die Konzeption des heutigen Grunderwerbsteuerrechts wurzelt in einer Zeit, in der die rechtliche Unselbständigkeit der Gesamthand von niemandem angezweifelt wurde. Das Gesellschaftsvermögen wurde allgemein,

---

2 II ZR 331/00, NJW 2001 S. 1056 = DStR 2001 S. 310.
3 Vgl. zu dieser Entwicklung etwa die Darstellung bei Palandt/Sprau, BGB 65. Aufl. 2006, § 705 Rn. 24 ff., m. w. N.
4 So BFH vom 04.12.1996 II B 116/96, DStR 1997 S. 112, dem die Verwaltung folgt: FM Baden-Württemberg vom 18.09.1997 – S 4520/2, DStR 1997 S. 1576.

1 Die grunderwerbsteuerliche Rechtsfähigkeit der Personengesellschaft

wenn auch als Sondervermögen vom übrigen Vermögen der Gesellschafter getrennt, als gemeinschaftliches Vermögen der Gesellschafter angesehen.[5] Diese gedankliche Grundlage führt zwangsläufig zu der Überlegung, dass die Einlage eines Grundstücks in das Gesellschaftsvermögen oder die Entnahme eines Grundstücks aus dem Gesellschaftsvermögen jedenfalls insoweit nicht der Grunderwerbsteuer unterliegen kann, als der betreffende Gesellschafter vor und nach der Einlage/Entnahme an dem Grundstück beteiligt bleibt, weil insoweit ein Rechtsträgerwechsel nicht vorliegt. Völlig anders müsste das Ergebnis sein, wenn man die Frage auf der Grundlage der rechtlichen Selbständigkeit der Gesellschaft beantworten will. Ist die Gesellschaft ein selbständiger Rechtsträger, dann hat eine Einlage/Entnahme einen vollständigen Rechtsträgerwechsel vom Gesellschafter auf die Gesellschaft oder umgekehrt zur Folge und unterliegt deshalb uneingeschränkt der Besteuerung. Es ist offensichtlich, dass ein Systemwechsel in der Frage der Rechtsfähigkeit der Personengesellschaft für das Grunderwerbsteuerrecht Folgen haben muss. Dabei stellt sich auch die Frage, ob ein Wechsel im zivilrechtlichen Verständnis der Personengesellschaft unmittelbar auf das Grunderwerbsteuerrecht durchschlagen muss oder ob das Grunderwerbsteuerrecht, losgelöst vom Zivilrecht, für seinen Bereich insoweit eine eigene Sachgesetzlichkeit geschaffen hat, in deren Rahmen die gedanklichen Grundlagen der überkommenen Gesamthandsdoktrin so lange fortleben, bis der Gesetzgeber durch eine eindeutige Festlegung seiner Intention gerade für die Grunderwerbsteuer neues Recht setzt. **5**

Folgt man der Auffassung, der auch der BFH in seiner überschlägigen[6] Prüfung in der zitierten Entscheidung zuneigt, wonach eventuelle Strukturänderungen des Zivilrechts unmittelbar auf das Grunderwerbsteuerrecht durchschlagen, so wird die Systemkonsistenz des Grunderwerbsteuerrechts durch Rechtsentwicklungen in Frage gestellt, die außerhalb des Steuerrechts und möglicherweise auch ohne eine steuerrechtsbezogene Willensbildung des Gesetzgebers stattfinden. Die Entscheidung des BFH ist auch deshalb sehr kühn, weil, anders als von ihm offenbar unterstellt, der Meinungsstreit im Zivilrecht noch nicht als abgeschlossen angesehen werden kann, **6**

---

5 Vgl. auch den unmissverständlichen Wortlaut des § 718 Abs. 1 BGB. Zutreffend erkannt hat der BFH die Zusammenhänge in der Entscheidung vom 22.10.1986 II R 118/84, BStBl II 1987, 183.

6 Der BFH ist allerdings von der Richtigkeit seiner Auffassung derart überzeugt, dass er sich zu deutlichen Formulierungen berufen fühlt: „Es bestehen keine ernstlichen Zweifel daran, dass das Grunderwerbsteuerrecht den zivilrechtlichen Vorgaben des Umwandlungsrechts mangels ausdrücklich anders lautender Vorschriften folgen muss ... " Es ist dem BFH allerdings entgangen, dass die zivilrechtliche Reichweite der sog. Identitätsfiktion durchaus umstritten ist, vgl. die Darstellung des Meinungsstandes bei Lutter/Decher, § 190 UmwG, Rz. 5 ff. Wenn noch nicht einmal geklärt ist, wie weit das Identitätsprinzip zivilrechtlich reicht, wie kann es dann zweifelsfrei sein, dass diesem Prinzip steuerlich zu folgen ist?

T. Grunderwerbsteuer

zumal es auch der Gesetzgeber bewusst[7] unterlassen hat, in die überkommenen Regelungssysteme explizit einzugreifen. Er hat das Recht der Personengesellschaft weiterhin im besonderen Schuldrecht belassen, und er hat auch die Regelung des § 718 Abs. 1 BGB nicht verändert. Die Rechtsentwicklung, der Meinungsstreit in der rechtswissenschaftlichen Literatur und die höchstrichterliche Rechtsprechung sollten die Fragen letztendlich entscheiden. Bei diesem Stand der Rechtsentwicklung das Steuerrecht an eine Entwicklungstendenz anzubinden, von der nicht sicher zu sagen ist, ob und insbesondere wann sie allgemein akzeptiert sein wird, und dabei sehenden Auges gravierende Systemlücken im Grunderwerbsteuerrecht zu produzieren, das kann wohl nicht die Aufgabe der höchstrichterlichen Rechtsprechung sein.

7 Demgegenüber wird man – unabhängig davon, welcher Auffassung man in dem zivilrechtlichen Theorienstreit zuneigt – darauf bedacht sein müssen, ohne eine ausdrückliche Artikulation des gesetzgeberischen Willens die systematische Geschlossenheit des Grunderwerbsteuerrechts zu wahren. Dies ist jedoch nur möglich, wenn man den einschlägigen Regelungen[8] des Grunderwerbsteuerrechts auch über ihren unmittelbaren Anwendungsbereich eine systembildende Funktion dahin zubilligt, dass sich in diesen Vorschriften eine eigenständige grunderwerbsteuerliche Sicht der Gesamthand verfestigt hat. Denn es kann nicht ernsthaft bezweifelt werden, dass die §§ 5, 6 und 7 Abs. 2 und 3 GrEStG auf dem traditionellen Verständnis der Gesamthand beruhen, dieses voraussetzen und der Fortbestand dieser Vorschriften mit der Auffassung des BFH in einem unauflöslichen Widerspruch steht. Bei dieser Sachlage mit wehenden Fahnen das Theorienlager zu wechseln bedeutet nichts anderes, als dem Gesetzgeber des Grunderwerbsteuergesetzes den Boden unter den Füßen wegzuziehen. Das Ergebnis muss dementsprechend ausfallen:

Beispiel 1:

8 M ist Gesellschafter einer GmbH mit einem Geschäftsanteil von 25.000 €. Um einer Anteilsvereinigung nach § 1 Abs. 3 GrEStG zu entgehen, hält auch seine Ehefrau F einen Geschäftsanteil im Nennbetrag von 1.500 €. M möchte den Betrieb der GmbH veräußern. Das im Gesellschaftsvermögen befindliche Grundstück möchte er jedoch behalten. Er wandelt deshalb die GmbH formwechselnd in eine Personenhandelsgesellschaft um und entnimmt das Grundstück.

Folgt man der Auffassung des BFH, so unterliegt die formwechselnde Umwandlung nicht der Grunderwerbsteuer, weil ein Rechtsträgerwechsel von der Gesellschaft (GmbH) auf die Gesellschafter (§ 718 BGB) nicht vorliegt. Gleichwohl wird die Entnahme so behandelt, als sei das Grundstück anteiliges Vermögen des Gesellschafters M. Er erhält also dem Grunde nach die Steuer-

---

7 Es handelt sich um eine bewusste Entscheidung, die im Rechtsausschuss des Bundestages im Rahmen der Beratungen zum Umwandlungsbereinigungsgesetz getroffen wurde.
8 Gemeint sind die §§ 5, 6 und 7 Abs. 2 und 3 GrEStG.

1 Die grunderwerbsteuerliche Rechtsfähigkeit der Personengesellschaft

befreiung des § 6 Abs. 2 GrEStG, die ihm § 6 Abs. 4 Satz 1 GrEStG, der die Gewährung der Befreiung nach der Folgerechtsprechung des BFH[9] von einer unmittelbaren Beteiligung am Gesamthandsvermögen abhängig macht, nur für die Dauer von fünf Jahren verwehrt.

Beispiel 2:

Ein großer Konzern beabsichtigte im Jahr 1996 – vor dem Inkrafttreten des § 1 Abs. 2 a GrEStG – eine Konzerngesellschaft (T-AG) auf deren Muttergesellschaft (M-AG) zu verschmelzen. Um die Grunderwerbsteuer zu sparen, wurde der umfangreiche Grundbesitz der T-AG in eine OHG eingebracht, an der die T-AG zu 99,9 beteiligt war. Die Verschmelzung der T-AG auf die M-AG hätte indessen einen zeitnahen Gesellschafterwechsel in der OHG zur Folge gehabt, sodass nach der Rechtsprechung des BFH zu § 5 Abs. 2 GrEStG[10] die Befreiung nach dieser Vorschrift nicht hätte in Anspruch genommen werden können.[11] Im Hinblick auf die Rechtsprechung des BFH zur formwechselnden Umwandlung vom 04.12.1996[12] wird die OHG formwechselnd in eine GmbH umgewandelt.[13]

9

Folgt man der Rechtsprechung des BFH, so fällt lediglich bei der Einbringung des Grundbesitzes in die OHG Grunderwerbsteuer aus 0,1 der Bemessungsgrundlage an. Es stellt sich deshalb die Frage, ob die formwechselnde Umwandlung – für eine Frist von fünf Jahren – einen rückwirkenden Wegfall der Steuerbefreiung nach § 5 Abs. 2 GrEStG nach sich ziehen wird (§ 5 Abs. 3 GrEStG). In diese Richtung tendieren die Steuerverwaltung und die wohl h. M. in der Literatur.[14]

Beispiel 3:

Eine große Konzerngesellschaft (A) möchte ihren umfangreichen Grundbesitz auf ein anderes Konzernunternehmen (B) übertragen. Zu diesem Zweck wird eine Personengesellschaft gegründet, an der A zu 94 % und B zu 6 % beteiligt ist. A legt die Grundstücke in das Gesamthandsvermögen ein, wobei lediglich Steuer aus 6 % der Bemessungsgrundlage anfällt (§ 5 Abs. 2 GrEStG). Nach Ablauf von fünf Jahren (§ 5 Abs. 3 GrEStG) wird diese Gesellschaft formwechselnd in eine GmbH umgewandelt. Sodann werden die Geschäftsanteile an der GmbH von A auf B übertragen, bis sich die ursprünglichen Beteiligungsverhältnisse umgekehrt haben. Sodann erfolgt eine erneute formwechselnde Umwandlung in eine Personengesellschaft mit der Folge, dass für eine Sachentnahme des Grundbesitzes nach Ablauf weiterer fünf Jahre (§ 6 Abs. 4

10

---

9 BFH vom 04.04.2001 II R 57/98, BStBl II 2001, 587, mit nicht überzeugender Begründung.
10 Ständige Rechtsprechung, vgl. nur BFH, jeweils vom 16.01.1991 II R 78/88, BStBl II 1991, 376, und II R 38/87, BStBl II 1991, 374, vgl. Rz. 49 ff.; vgl. nunmehr § 5 Abs. 3 GrEStG.
11 Ein derartiger Gesellschafterwechsel lässt sich dadurch vermeiden, dass die M-AG auf die T-AG verschmolzen wird.
12 Vgl. oben Fn. 4.
13 Zum Verhältnis zwischen § 5 GrEStG und § 1 Abs. 2 a GrEStG vgl. Rz. 33 ff.
14 So, offenbar in der Absicht, die Folgen der BFH-Rechtsprechung zu begrenzen, Erlasse FM Baden-Württemberg vom 10.07.1998 S 4514/2 und 14.02.2002 3 – S 4400/15, GrESt-Kartei BW Karten 6 und 10 zu §§ 5–6 GrEStG; vgl. auch Hofmann, § 5 Rz. 32; Viskorf in Boruttau, § 5 Rz. 67, 85c und 92 m.w.N.

T. Grunderwerbsteuer

Satz 1 GrEStG)[15] die anteilige Steuerbefreiung nach § 6 Abs. 2 GrEStG in Anspruch genommen werden kann.

11 Die Ergebnisse zeigen, dass allein mit Einschränkungen der einschlägigen Befreiungstatbestände keine systemkonforme Gesamtlösung erreicht werden kann. Gerade der Umstand, dass für diese einschränkenden Auslegungen eben doch wieder auf Systemgedanken zurückgegriffen werden muss, die eine Zuordnung des Gesamthandsvermögens zum Gesellschafter zum Gegenstand haben,[16] zeigt, dass eine Missachtung der systematischen Grundstruktur des GrEStG bei der Behandlung des heterogenen Formwechsels an anderer Stelle eine Überbetonung dieser Strukturgedanken nach sich ziehen muss, ohne dass dadurch die entstandenen systematischen Verwerfungen überzeugend behoben werden könnten. Im Grunde sind die Alternativen überdeutlich greifbar:

- **1. Alternative:** Man folgt wie der BFH dem Identitätsgedanken mit der Folge, dass Träger des Gesamthandsvermögens die Gesamthand selbst ist. Konsequenzen:

    1.: Der heterogene Formwechsel ist nicht steuerbar (BFH).

    2.: Die §§ 5, 6 und 7 Abs. 2 und 3 GrEStG haben ihre Daseinsberechtigung verloren. Personengesellschaften sind, da sie grunderwerbsteuerlich unbeschränkt als Rechtsträger zu qualifizieren sind, wie Kapitalgesellschaften zu behandeln.

- **2. Alternative:** Man folgt der grunderwerbsteuerlichen Systematik, die von einer Zuordnung des Gesellschaftsvermögens zu den Gesellschaftern ausgeht, was bei einem heterogenen Formwechsel zwingend einen Rechtsträgerwechsel und damit die Steuerbarkeit des Formwechsels zur Folge haben muss. In diesem Fall können die §§ 5, 6 und 7 Abs. 2, 3 GrEStG aufrechterhalten werden.

- Eine weitere Variante gibt es nicht. Insbesondere können die Versuche, die Folgen der BFH-Rechtsprechung durch eine restriktive Auslegung der Befreiungstatbestände der §§ 5, 6 und 7 Abs. 2 GrEStG oder durch eine extensive Auslegung der Einschränkungen dieser Befreiungen (§ 5 Abs. 3, § 6 Abs. 4, § 7 Abs. 3 GrEStG) zu begrenzen, insgesamt nicht überzeugen.

Der Umstand, dass der Formwechsel einer Personengesellschaft in eine Kapitalgesellschaft als solche auf der Ebene der Gesellschaft mangels Rechtsträgerwechsel nach der BFH-Rechtsprechung nicht der Grunderwerbsteuer unterliegt, schließt indes nicht aus, dass im Zusammenhang mit diesem Formwechsel auf der Ebene der Gesellschafter ein Tatbestand des § 1 Abs. 3 GrEStG erfüllt wird. So dürfte beim quotenwahrenden hetero-

---

15 BFH vom 04.04.2001 II R 57/98, BStBl II 2001, 587; vgl. bereits oben bei Rz. 8.
16 So jedenfalls Hofmann, Fn. 14; im Ergebnis auch der BFH in der erwähnten Entscheidung vom 04.04.2001, Fn. 15.

1 Die grunderwerbsteuerliche Rechtsfähigkeit der Personengesellschaft

genen Formwechsel einer Personengesellschaft mit Grundbesitz in eine Kapitalgesellschaft einer der Tatbestände des § 1 Abs. 3 Nr. 1 und 2 GrEStG verwirklicht werden, wenn einer der beteiligten Gesellschafter vermögensmäßig zu mindestens 95 % an der formwechselnden Gesellschaft beteiligt ist.[17] Ob hierzu der Formwechsel zur Wahrung des Erfordernisses der Identität der Anteilsinhaber mit einer Anteilsübertragung verbunden sein muss, ist umstritten und höchstrichterlich noch nicht geklärt.[18] Nach einer früheren Entscheidung des BFH setzt die Anteilsvereinigung i. S. von § 1 Abs. 3 Nr. 2 GrEStG jedenfalls keinen Anteilsübergang zwischen verschiedenen Rechtsträgern voraus.[19]

1.4 Die grunderwerbsteuerliche Selbständigkeit der Personengesellschaft

1.4.1 Die Bedeutung der grunderwerbsteuerlichen Selbständigkeit der Personengesellschaft

Der BFH argumentiert in seiner Entscheidung vom 04.12.1996[20] auch damit, dass die grunderwerbsteuerliche Selbständigkeit der Personengesellschaft anerkannt sei, und sieht auch unter diesem Gesichtspunkt eine sachliche Nähe zur zivilrechtlichen Selbständigkeit der Personengesellschaft. Beides hat indessen nichts miteinander zu tun.

Es ist zuzugeben, dass in der Tat der Personengesellschaft eine grunderwerbsteuerliche Selbständigkeit zugebilligt wird. Die Personengesellschaft ist als solche Beteiligte am Festsetzungsverfahren (§§ 13, 19 GrEStG). Zu der hier angesprochenen Frage ist festzuhalten, dass in der Tat der Übergang von Grundstücken auf eine Personengesellschaft als ein in vollem Umfang steuerbarer Vorgang qualifiziert wird. Diese gesetzliche Behandlung sctzt die grunderwerbsteuerliche Selbständigkeit der Personengesellschaft voraus. Der oben dargelegten – zivilrechtlichen – Zuordnung des Gesellschaftsvermögens wird allein durch Steuerbefreiungen (§§ 5, 6 und 7 Abs. 2 und 3 GrEStG) Rechnung getragen.

Gleichwohl lassen sich daraus keine durchgreifenden Argumente für die Auffassung des BFH zur Nichtsteuerbarkeit der formwechselnden Umwandlung ableiten. Die steuerliche Selbständigkeit der Personengesellschaft im Grunderwerbsteuerrecht ist eine reine Frage der Gesetzestechnik; materielle Bedeutung im Hinblick auf die dem Grunderwerbsteuergesetz zugrunde liegende Zuordnung des Gesellschaftsvermögens kommt ihr nicht zu. Der Gesetzgeber wollte erkennbar vermeiden, dass jede Veränderung

12

---
17 Vgl. Finanzgericht Münster, Urteil vom 16.02.2006 8 K 1785/03 GrE, EFG 2006 S. 1034.
18 Vgl. dazu ausführlich Hofmann in UVR 2007 S. 222 f. und Behrens/Schmitt in UVR 2008 S. 16 f. und 53 f.
19 Vgl. BFH vom 10.08.1988 II R 193/85, BStBl II 1988, 959.
20 Fn. 4.

T. Grunderwerbsteuer

der Beteiligungsverhältnisse eine Steuerbelastung nach sich zieht. Denn eine solche Veränderung wäre nicht nur bei einer Veränderung des Gesellschafterbestandes, sondern u. U. – je nach Ausgestaltung des Gesellschaftsvertrages – bereits bei einem unterschiedlichen Entnahmeverhalten, bei unterschiedlichen Gewinnanteilen[21] etc. grunderwerbsteuerlich nachzuvollziehen, d. h., sie müsste als steuerbarer Erwerbsvorgang qualifiziert werden. Dies ist der Sinn der vom Gesetzgeber gewählten Konzeption: Die Zuordnung des Gesellschaftsvermögens zu den Gesellschaftern sollte grunderwerbsteuerlich durchschlagen, ohne dass zugleich jede Änderung der Beteiligungsverhältnisse eine Grunderwerbsteuerfestsetzung zur Folge hat. Letzteres aber wäre die zwangsläufige Folge gewesen, wenn die oben dargelegten Fragen als solche der Steuerbarkeit geregelt worden wären. Diese Probleme vermeidet der vom Gesetzgeber gewählte Weg: Die Einlage in eine Personengesellschaft ist in vollem Umfang steuerbar, jedoch partiell befreit.[22] Bei dieser Sachlage und gesetzgeberischen Motivation kann der grunderwerbsteuerlichen Selbständigkeit der Personengesellschaft keine für die anstehende Rechtsfrage ausschlaggebende Bedeutung zuerkannt werden.

13 Wesentliche Folge der grunderwerbsteuerlichen Selbständigkeit der Personengesellschaft ist, dass ein **Wechsel im Gesellschafterbestand grundsätzlich grunderwerbsteuerlich irrelevant** ist. Es liegt auf der Hand, dass diese Gesetzeskonzeption zwangsläufig zu Lücken im Besteuerungssystem führt, die der Gesetzgeber durch die § 5 Abs. 3, § 6 Abs. 4 und § 7 Abs. 3 GrEStG nur partiell selbst geschlossen hat. Die Entwicklung der Rechtsprechung zeigt, dass es eine wesentliche Aufgabe des BFH war, die verbliebenen Lücken durch eine systemorientierte Auslegung zu schließen. Dies ist ihm teilweise durchaus gelungen.[23]

1.4.2 Die Reichweite der grunderwerbsteuerlichen Selbständigkeit der Personengesellschaften

14 Die Reichweite der Selbständigkeitsfiktion ist zur einen Seite durch die Fallgruppen beschränkt, die als reine **Innengesellschaften** ein Gesamthandsvermögen nicht kennen. Diesen Gesellschaften ist eigentümlich, dass das „Quasi-Gesellschaftsvermögen" rechtlich Vermögen nur eines Gesellschafters ist und lediglich schuldrechtliche Abreden über die Ergebnisbeteiligung eine mittelbare, nicht jedoch eine dingliche Beteiligung an diesem Vermögen vermitteln. Zu dieser Fallgruppe gehört etwa die **stille Gesellschaft** (§ 230 Abs. 1 HGB) und die **Unterbeteiligung**,[24] aber auch die **Ehegattenin-**

---

21 Vgl. zu diesem Gedanken BFH vom 17.07.1975 II R 141/74, BStBl II 1976, 159.
22 Aus dieser Gesetzgebungstechnik ergibt sich eine Reihe von Folgeproblemen und Gesetzeslücken, denen der BFH etwa mit seiner bereits erwähnten Rechtsprechung zu § 5 Abs. 2 GrEStG – vgl. oben Fn. 10 – vor der Geltung des § 5 Abs. 3 GrEStG entgegengetreten ist.
23 Vgl. Rz. 30 ff.
24 Vgl. dazu Baumbach/Hopt, § 105 Rz. 38 ff.; K. Schmidt, Gesellschaftsrecht, S. 1864 ff.

nengesellschaft.[25] Dabei macht es grunderwerbsteuerlich keinen Unterschied, ob die Beteiligung typisch oder atypisch ausgestaltet ist und damit dem stillen Gesellschafter eine Mitunternehmerstellung vermittelt.

Zur anderen Seite verläuft die Grenze zur Selbständigkeit dort, wo insbesondere die Beteiligungsrechte am Gesamthandsvermögen keinen Veränderungen unterliegen und deshalb aus Praktikabilitätsgründen[26] kein Bedarf nach einer Verselbständigung der Gesamthand besteht. Dies trifft auf die **Gütergemeinschaft** und die Miterbengemeinschaft zu. Beide werden deshalb grunderwerbsteuerlich wie Bruchteilsgemeinschaften behandelt. Bei der Gütergemeinschaft zeigt sich dies daran, dass bei einem Erwerb eines Grundstücks zum Gesamtgut für jeden Ehegatten der Erwerbstatbestand anteilig erfüllt ist.[27] Bei der **Miterbengemeinschaft** wird der Verkauf des Erbteils wie ein anteiliger Verkauf des durch die Erbquote repräsentierten Miteigentumsanteils an dem zum Nachlass gehörenden Grundstück behandelt. Zu dieser Fallgruppe gehören auch die Fälle, in denen die Gesellschafter selbst den Durchgriff durch die Gesellschaft und damit die unmittelbare Zuordnung eines im Gesamthandsvermögen befindlichen Grundstücks zu einem Gesellschafter dadurch bewirken, dass ein **Anteil an einer Personengesellschaft mit einem bestimmten Grundstück untrennbar verbunden**[28] wird, was insbesondere bei Wohnungseigentumsgrundstücken vorkommt. Die Übertragung eines derart ausgestalteten Gesellschaftsanteils bedeutet im wirtschaftlichen Ergebnis die Übertragung des damit verbundenen Grundstücks und wird grunderwerbsteuerlich auch so behandelt.

15

2 Steuerbare Rechtsträgerwechsel

Erwirbt oder veräußert eine Personengesellschaft ein Grundstück, so wird dem i. d. R. ein **Austauschvertrag** zugrunde liegen. Austauschverträge sind solche Verträge, in denen die eine Leistung erbracht wird, um einen Leis-

16

---

25 Vgl. K. Schmidt, Fn. 22, S. 1733; MünchKomm/Ulmer, vor § 705 BGB, Rz. 53 ff.
26 Gerade die Grenzziehung zur Gütergemeinschaft und zur Erbengemeinschaft macht deutlich, dass der grunderwerbsteuerliche Selbständigkeit der Personengesellschaft ein Zweckgebilde ist, das die praktische Handhabung der Personengesellschaft im Grunderwerbsteuerrecht erleichtern soll. Folgerungen für das grunderwerbsteuerliche Verständnis der Gesamthand lassen sich aus einer derart motivierten Gesetzestechnik kaum ableiten.
27 Es handelt sich bei dem nicht unmittelbar erwerbenden Ehegatten um einen anteiligen Durchgangserwerb, der nach § 3 Nr. 4 GrEStG befreit ist, vgl. Pahlke/Franz, § 3 Rz. 30.
28 BFH vom 02.02.1994 II R 84/90, BFH/NV 1994 S. 024, und vom 18.08.1993 II R 51/91, BStBl II 1993, 879. Nach der Rechtsprechung des BFH, der diese Fälle dem Erwerb eines Übereignungsanspruchs gleichstellt, erfordert diese Fallgruppe typischerweise, dass „der Gesellschafter ggf. durch einseitige Erklärung (z. B. Kündigung) seine Gesellschafterstellung ohne weiteres in einen Anspruch auf Übertragung des Eigentums an einem Grundstück umwandeln kann".

tungsaustausch zu bewirken, um also die Gegenleistung zu erlangen. Derartige Verträge liegen dem Rechtsverkehr der Gesellschaft mit Nichtgesellschaftern ausschließlich zugrunde.

Ist an dem Rechtsverkehrsvorgang neben der Gesellschaft jedoch ein Gesellschafter beteiligt, so kommt – neben dem auch hier möglichen Austauschvertrag – auch eine **gesellschaftsvertragliche Grundlage** für den Rechtsträgerwechsel in Betracht. Diese Unterscheidung, die es immer gab, hat sich das GrEStG nunmehr in § 8 Abs. 2 Nr. 2 GrEStG ausdrücklich zu eigen gemacht. Für beide Fallgruppen müssen – nicht nur im Hinblick auf § 8 GrEStG – eigene Regeln gelten. Die Abgrenzung ist freilich nicht immer einfach, weil auch die Gesellschafter nicht immer Wert darauf legen, den wahren Rechtsgrund zu offenbaren, und die Vertragsgestaltungen häufig eher darauf abzielen, einen anderen Rechtsgrund vorzutäuschen, um eine Minderung der Bemessungsgrundlage zu erreichen. Infolge der Neuregelung des § 8 Abs. 2 GrEStG wird sich die Interessenlage gegenüber dem früheren Rechtszustand häufig anders darstellen.

Im Hinblick auf die Bestimmung der Bemessungsgrundlage ergibt sich ein wesentlicher Unterschied daraus, dass diese bei einer gesellschaftsvertraglichen Grundlage die Minderung/Erhöhung des Werts der Beteiligung umfassen muss, während dies bei einer austauschvertraglichen Grundlage nicht der Fall ist.

Beispiel:[29]

17 Gesellschafter A erwirbt von einer Gesellschaft, an der er mit einem Anteil von 95 % beteiligt ist, ein Grundstück durch einen Kaufvertrag zu einem Kaufpreis von 3 Mio. €. Der Verkehrswert beläuft sich auf 4 Mio. €.

Ergibt die Prüfung des Vorgangs, dass dem Rechtsträgerwechsel ungeachtet der Diskrepanz zwischen Verkehrswert und Kaufpreis ein reiner Austauschvertrag zugrunde liegt – „A hat ein gutes Geschäft gemacht" –, so richtet sich die Bemessungsgrundlage allein nach dem vereinbarten Kaufpreis. Führt die Prüfung jedoch zu dem Ergebnis, dass durch den Kaufvertrag eine eigentlich gewollte Entnahme verdeckt werden soll, so besteht die Gegenleistung in der Minderung des Werts der Beteiligung. Durch das JStG 1997 wurde die Ermittlung der Bemessungsgrundlage vereinfacht: Maßgebend ist nunmehr der Grundbesitzwert nach den §§ 138 ff. BewG (§ 8 Abs. 2 Nr. 2 GrEStG).

---

29 Vgl. BFH vom 05.11.1980 II R 28/75, BStBl II 1981, 174; vgl. aber BFH vom 06.12.1989 II R 95/86, BStBl II 1990, 186. Die in der letztgenannten Entscheidung des BFH vertretene Auffassung wird nach der Einfügung des § 8 Abs. 2 Nr. 2 GrEStG nicht mehr praktiziert werden können. Es wird unvermeidbar sein, den Rechtsgrund des Rechtsträgerwechsels eindeutig zu bestimmen.

2 Steuerbare Rechtsträgerwechsel

2.1 Rechtsträgerwechsel auf gesellschaftsvertraglicher Grundlage

2.1.1 Die Bemessungsgrundlage

Das JStG 1997 hat für die Rechtsträgerwechsel auf gesellschaftsvertraglicher Grundlage eine wesentliche Neuregelung gebracht. Bemessungsgrundlage ist in diesen Fällen **nicht mehr die Gegenleistung** (§ 8 Abs. 1, § 9 GrEStG), sondern der nach den Vorschriften des Bewertungsgesetzes zu ermittelnde **Grundbesitzwert**. Damit haben sich die Erlassregelungen über die Ermittlung der Gegenleistung in diesen Fällen erübrigt.[30] Die Neuregelung beruht auf der Erwägung, dass sich der Wert des Gesellschaftsvermögens um den Wert des eingebrachten Grundstücks erhöht. Damit wird deutlich, dass es sich bei der Regelung des § 8 Abs. 2 Nr. 2 GrEStG weniger um eine Durchbrechung des § 8 Abs. 1 GrEStG handelt als vielmehr um eine Vorschrift zur Bewertung der Gegenleistung und damit um eine Konkretisierung der § 8 Abs. 1, § 9 GrEStG.[31] Tatsächlich ist durch die Neuregelung in der Praxis ein spürbarer Vereinfachungseffekt eingetreten. Wenngleich der Grundbesitzwert im Einzelfall erst ermittelt werden muss und konkrete Aussagen über die Höhe der zu erwartenden Steuerbelastung daher kaum getroffen werden können, lässt sich doch die Größenordnung der anfallenden Grunderwerbsteuer relativ gut abschätzen.

18

Die Differenzierung macht es nunmehr zwingend erforderlich, über die Rechtsgrundlage des Rechtsträgerwechsels definitiv zu entscheiden. Während früher der BFH die Frage nach dem Rechtsgrund offengelassen und lediglich über die einzelnen Elemente entschieden hatte, aus denen sich je nach Sachlage die Gegenleistung zusammensetzte,[32] muss nun in allen Fällen eindeutig bestimmt werden, ob ein Austauschvertrag oder eine gesellschaftsvertragliche Grundlage zugrunde liegt. Dies wird vor allem deshalb nicht immer einfach sein, weil die Beteiligten u. U. versuchen werden, den wahren Rechtsgrund zu verschleiern, um entweder die Bemessungsgrundlage günstig zu beeinflussen oder auch, um der Ungewissheit über die Höhe der Grundbesitzwerte zu entgehen. Es wird deshalb einer Beurteilung aller

---

30 Vgl. Erlass FM Baden-Württemberg vom 08.08.1995 – S 4521/12, GrESt-Kartei BW Karte 22 zu §§ 8–10 GrEStG; Erlass FM Bayern, DB 1995 S. 1685.
31 Diese Neuregelung geht darauf zurück, dass die Behandlung derartiger Rechtsträgerwechsel durch die Steuerverwaltung in der Vergangenheit unklar war. Es war offensichtlich, dass die Verwaltungspraxis ohne eine vereinfachende Neuregelung nicht zu einer einheitlichen Handhabung zu bewegen war.
32 Wie dies allerdings ohne die Entscheidung über den Rechtsgrund des Rechtsträgerwechsels möglich sein soll, ist nicht verständlich. Vgl. BFH vom 05.11.1980 II R 28/75, BStBl II 1981, 174: „Dabei ist es gleichgültig, ob man den Vertrag vom ... als Kaufvertrag oder als gesellschaftsrechtlichen Vorgang (Entnahme) ansieht." Vgl. auch Entscheidung des BFH vom 06.12.1989 II R 95/86, BStBl II 1990, 186, und BFH vom 05.03.1997 II R 81/94, BFH/NV 1997 S. 613.

T. Grunderwerbsteuer

Umstände des Einzelfalls bedürfen, um die zutreffende Rechtsgrundlage zu bestimmen.[33]

2.1.2 Einlage und Entnahme

19 Rechtsträgerwechsel auf gesellschaftsvertraglicher Grundlage kommen in mannigfacher Form vor. In erster Linie gehören in diese Kategorie die **Sacheinlagen und -entnahmen,** die den Übergang von Wirtschaftsgütern aus dem unmittelbaren Vermögen der Gesellschafter in das Gesamthandsvermögen bzw. umgekehrt zur Folge haben. Allerdings muss es sich dabei um eine Leistung handeln, die sowohl als Gesellschafterbeitrag den Gesellschaftszweck fördern und zugleich der Eigenkapitalbildung der Gesellschaft dienen[34] soll (Sacheinlage), während die Entnahme die vormalige Zweckwidmung des betreffenden Gegenstandes aufhebt und zugleich das Eigenkapital der Gesellschaft mindert.

Das Zivilrecht kennt nicht nur die Einbringung zu Eigentum (quoad dominum), sondern auch die Einbringung zur Nutzung (quoad usum) und die Einbringung dem Werte nach (quoad sortem).[35] Eine Einlage im zivilrechtlichen Sinn ist nur die **Einbringung zu Eigentum,** die auch grunderwerbsteuerlich einen steuerbaren Tatbestand darstellt. Nicht steuerbar ist dagegen die **Einbringung zur Nutzung,** die lediglich eine Gebrauchsüberlassung zum Gegenstand hat. Zwischen beiden Einbringungsformen steht die **Einbringung dem Werte nach,** die eine schuldrechtliche Abrede dahin enthält, dass die Vermögenslage im Verhältnis zwischen dem einbringenden Gesellschafter und der Gesellschaft so zu sehen ist, als hätte der Einbringende das Eigentum auf die Gesellschaft übertragen. Liegt ein derartiger Fall vor, so handelt es sich um eine **Übertragung der Verwertungsbefugnis** auf die Gesellschaft, die nach § 1 Abs. 2 GrEStG steuerbar ist.

20
Beispiel:[36]

Die Gesellschafter einer OHG sind u. a. zu folgenden Beiträgen verpflichtet:

- A soll ein Grundstück „zu Eigentum der Gesellschaft einbringen"
- B soll ein zu Werbezwecken geeignetes Grundstück „zur Nutzung einbringen"
- C soll ein Grundstück „dem Werte nach einbringen"

Die Begründung der Einlageverpflichtung des A unterliegt der Grunderwerbsteuer nach § 1 Abs. 1 Nr. 1 GrEStG, weil er zur Übereignung verpflichtet ist.

Die Einbringung zur Nutzung ist als reine Gebrauchsüberlassung nicht steuerbar. Die Rechtsträgerschaft des B bleibt unberührt.

---

[33] BFH vom 19.08.1994 I B 148/93, BFH/NV 1995 S. 535, und vom 21.06.1983 VIII R 237/80, BStBl II 1983, 563.
[34] Zum gesellschaftsrechtlichen Begriff der Einlage vgl. K. Schmidt, Fn. 2, S. 567.
[35] Vgl. hierzu K. Schmidt, Fn. 2, S. 570.
[36] Nach K. Schmidt, Fn. 2, S. 570.

Die Einbringung des C unterliegt, wenn die Voraussetzungen der BFH-Rechtsprechung erfüllt sind (vgl. unten), der Grunderwerbsteuer nach § 1 Abs. 2 GrEStG, obwohl auch bei diesem Sachverhalt die dingliche Zuordnung nicht verändert wird.

Wird die Gesellschaft aufgelöst, so können B und C – nicht dagegen A – die Rückgabe der ihnen gehörenden Grundstücke verlangen (§ 985 BGB), C allerdings nur unter Anrechnung auf seine Liquidationsquote.

Die **Einbringung dem Werte nach** unterliegt nach der Rechtsprechung des BFH[37] dann der Besteuerung nach § 1 Abs. 2 GrEStG, wenn „alle Wertsteigerungen und Wertminderungen des Grundstücks der Gesellschaft und nur vermittels des Gesellschaftsverhältnisses den einzelnen Gesellschaftern zugutekommen, das Grundstück muss also im Innenverhältnis wie Eigentum der Gesellschaft behandelt werden. Die Verwertungsbefugnis ist noch nicht übertragen, wenn sich die Gesellschafter für den Fall der Veräußerung des Grundstücks, des Ausscheidens eines Gesellschafters oder der Liquidation der Gesellschaft noch nicht über die Verteilung der stillen Reserven oder möglicher Wertminderungen geeinigt haben."   21

Wird ein Grundstück, das bereits zuvor dem Werte nach in die Gesellschaft eingebracht war, nunmehr zu Eigentum eingebracht, so ist bei der Steuerfestsetzung § 1 Abs. 6 GrEStG zu beachten.[38]

2.1.3 Sonstige Fälle des Rechtsträgerwechsels auf gesellschaftsvertraglicher Grundlage

Ein Rechtsträgerwechsel auf gesellschaftsvertraglicher Grundlage liegt auch in den Fällen vor, in denen sich die Rechtszuständigkeit durch Vorgänge ändert, die unter das Umwandlungsgesetz **(Verschmelzung,**[39] **Spaltung,**[40] **Vermögensübertragung**[41]**)** fallen. Diese Fälle unterscheiden sich von den Fällen der Sacheinlage dadurch, dass die Rechtsnachfolge nicht durch Rechtsgeschäft im Wege der Einzelrechtsnachfolge vonstattengeht, sondern durch eine Gesamtrechtsnachfolge (§ 20 Nr. 1, § 131 Abs. 1 Nr. 1, § 176 Abs. 3 Satz 1, § 177 Abs. 1 UmwG). Demzufolge unterliegen diese Vorgänge der Besteuerung nicht nach § 1 Abs. 1 Nr. 1, sondern nach § 1 Abs. 1 Nr. 3 GrEStG. Maßgebend für die Frage, ob ein Rechtsträgerwechsel vorliegt, sind die zivilrechtlichen Folgen der genannten Gestaltungen. Ob es sich bei einer Verschmelzung einer Personengesellschaft auf eine andere Personengesellschaft oder eine Kapitalgesellschaft ertragsteuerlich um einen Einbringungsvorgang nach den §§ 20, 24 UmwStG handelt, ist demgegenüber für   22

---

37 BFH vom 27.08.1975 II R 52/70, BStBl II 1976, 30 m. w. N., und vom 17.12.1975 II R 35/69, BStBl II 1976, 465; vgl. auch Pahlke/Franz, § 1 Rz. 256 f.; Fischer in Boruttau, § 1 Rz. 739 f.
38 FG Rheinland-Pfalz vom 14.05.1976, EFG 1976 S. 581; vgl. auch Pahlke/Franz, § 1 Rz. 260.
39 §§ 2, 20 Abs. 1 Nr. 1 UmwG.
40 §§ 123, 131 Abs. 1 Nr. 1 Satz 1 UmwG.
41 § 174 Abs. 1, § 176 Abs. 1 i. V. m. § 20; § 177 Abs. 1 i. V. m. § 131 UmwG.

T. Grunderwerbsteuer

die grunderwerbsteuerliche Qualifizierung unerheblich. Zu den Steuerbefreiungen (§ 6 GrEStG) vgl. Rz. 43 ff.

23 Beim **Formwechsel**[42] hängt die Beantwortung der Frage, ob ein Rechtsträgerwechsel – auf gesellschaftsvertraglicher Grundlage – vorliegt, davon ab, ob ein Wechsel von einer Personengesellschaft zu einer Kapitalgesellschaft oder umgekehrt vorliegt.[43] Nachdem die Verwaltung ihren Widerstand gegen die unzutreffende BFH-Auffassung aufgegeben hat, unterliegen diese Fälle nicht mehr der Besteuerung.[44] Es wird allerdings abzuwarten sein, ob und wie der Gesetzgeber auf die entstandenen Besteuerungslücken reagieren wird, ggf. in welchem Umfang die Rechtsprechung unter Heranziehung des § 42 AO die Folgen ihrer Auffassung einschränken wird.

24 Scheidet bei einer zweigliedrigen Gesellschaft ein Gesellschafter aus und wächst aufgrund einer entsprechenden gesellschaftsvertraglichen Regelung das Gesellschaftsvermögen dem verbleibenden Gesellschafter an (**Anwachsung** i. S. des § 738 BGB), so wird hierdurch der Tatbestand der Anteilsvereinigung (§ 1 Abs. 3 GrEStG) regelmäßig nicht erfüllt, weil die Gesellschaft mit dem Ausscheiden des vorletzten Gesellschafters als solche zu bestehen aufhört. Vielmehr liegt ein steuerbarer Vorgang nach § 1 Abs. 1 Nr. 3 GrEStG vor[45] (sog. **Anwachsungserwerb**). Dieser Erwerb beruht auf einer **gesellschaftsvertraglichen Grundlage,** weil ein derartiger Grundstücksübergang zwischen der Gesellschaft und ihrem Gesellschafter die Gesellschafterstellung des beteiligten Gesellschafters in rechtlicher Hinsicht berührt oder verändert.[46]

25 Durch das StEntlG 1999/2000/2002 wird der Tatbestand der **Anteilsvereinigung** (§ 1 Abs. 3 GrEStG) mit Wirkung ab dem 01.01.2000 allerdings so ausgedehnt, dass er nunmehr auch für Personengesellschaften praktische Bedeutung erlangt.

Nach der für **Erwerbsvorgänge bis zum 31.12.1999** gültigen Rechtslage kann ein Fall der **Anteilsvereinigung** nach § 1 Abs. 3 Nr. 1 oder 2 GrEStG nur in den Fällen **mittelbarer Beteiligung** vorliegen, etwa wenn die Anteile an der Personengesellschaft zum Teil unmittelbar, zum Teil mittelbar über eine Kapitalgesellschaft gehalten werden (Ein-Mann-GmbH & Co. KG).[47] Ein Erwerb aller Anteile liegt jedoch dann nicht vor, wenn ein weiterer Gesellschafter (GmbH) an der Gesellschaft beteiligt ist, selbst wenn dessen Beteiligung sich nur auf null Prozent beläuft.[48] Die Anteilsvereinigung bein-

---

42 §§ 190 ff., 190 Abs. 1, § 202 UmwG.
43 Vgl. bereits Rz. 4 ff.
44 Vgl. bereits oben Fn. 4.
45 Vgl. Pahlke/Franz, § 1 Rz. 178.
46 Vgl. BFH vom 13.09.2006 II R 37/05, BStBl II 2007, 59.
47 Vgl. zu einer durch einen Treuhänder vermittelten Anteilsvereinigung BFH vom 05.11.1986 II R 237/85, BStBl II 1987, 225. Zur GmbH & Co. KG vgl. BFH vom 21.01.1997 II R 176/83, BFH/NV 1988 S. 664.
48 BFH vom 26.07.1995 II R 68/92, BStBl II 1995, 736.

haltet einen fiktiven Erwerb der im Gesellschaftsvermögen gehaltenen Grundstücke durch den Anteilseigner von der Gesellschaft[49] und beruht damit nicht auf einer gesellschaftsvertraglichen, sondern auf einer austauschvertraglichen Grundlage. Dasselbe gilt für den Erwerb sämtlicher Anteile nach § 1 Abs. 3 Nr. 3 oder 4 GrEStG, wobei in diesen Fällen die gesetzliche **Fiktion** dahin geht, dass ein Erwerb der zum Gesellschaftsvermögen gehörenden Grundstücke vom veräußernden alleinigen Anteilsinhaber erfolgt.[50] Dieser Unterschied hat Bedeutung insbesondere für die Anwendbarkeit personenbezogener Befreiungsvorschriften (§ 3 Nr. 2 bis 7 GrEStG).[51] Die Qualifizierung der Rechtsgrundlage ist bei diesen Erwerbsvorgängen jedoch ohne weitere Bedeutung, weil die Bestimmung der Bemessungsgrundlage aus einer eigenständigen Vorschrift folgt (§ 8 Abs. 2 Nr. 3 GrEStG).

Für Erwerbsvorgänge, die nach dem 31.12.1999 stattfinden, stellt sich die Frage, ob der Tatbestand des § 1 Abs. 3 GrEStG auch bei Personengesellschaften erfüllt sein kann, wenn sich in der Person eines Gesellschafters 95 % der Anteile unmittelbar oder mittelbar vereinigen. Das hatte die Steuerverwaltung zunächst angenommen.[52] Nach der Rechtsprechung des BFH[53] ist jedoch der Begriff des „Anteils an einer Personengesellschaft" keiner quotalen Betrachtung zugänglich, sondern in einem umfassenden Sinn zu verstehen. Deshalb kommt eine Anteilsvereinigung bei der Personengesellschaft auch angesichts der Absenkung der Beteiligungsschwelle nicht in Betracht. Die Verwaltung hat ihre Auffassung zwischenzeitlich der Rechtsprechung des BFH angepasst.[54] **26**

Vor dem Inkrafttreten des JStG 1997 hatte die unterschiedliche Behandlung der beiden Tatbestände – § 1 Abs. 1 Nr. 3 GrEStG einerseits, § 1 Abs. 3 GrEStG andererseits – insbesondere im Hinblick auf die unterschiedliche Bemessungsgrundlage (§ 8 Abs. 1 – Gegenleistung – in den Fällen des § 1 Abs. 1 Nr. 3 GrEStG; § 8 Abs. 2 Nr. 3 GrEStG in den Fällen des § 1 Abs. 3 GrEStG) nicht unerhebliche Nachteile und eine relative Schlechterstellung der Personengesellschaften in diesem Punkt mit sich gebracht.[55] Dieser Nachteil ist durch die Rechtsänderungen des JStG 1997 entfallen, weil auch die Anwachsung auf den letzten verbleibenden Gesellschafter ein Rechtsträgerwechsel auf gesellschaftsvertraglicher Grundlage ist, sodass auch insoweit der Grundbesitzwert die Bemessungsgrundlage bildet (§ 8 Abs. 2 Nr. 2 GrEStG). **27**

---

49 BFH vom 31.03.1982 II R 92/81, BStBl II 1982, 424; bestätigt in BFH vom 08.06.1988 II R 143/86, BStBl II 1988, 785.
50 Fischer in Boruttau, § 1 Rz. 851.
51 Vgl. dazu Rz. 40 ff.
52 Gleich lautende Ländererlasse vom 07.02.2000, BStBl I 2000, 344 zu Tz. 7.1.2.
53 Urteil vom 26.07.1995 II R 68/92, BStBl II 1995, 736.
54 Gleich lautende Ländererlasse vom 26.02.2003, BStBl I 2003, 271 zu Tz. 7.1.2.
55 Vgl. hierzu deutlich BFH vom 13.09.1995 II R 80/92, BStBl II 1995, 903.

T. Grunderwerbsteuer

2.2 Rechtsträgerwechsel auf austauschvertraglicher Grundlage

28 Die grunderwerbsteuerliche Behandlung von Rechtsträgerwechseln auf austauschvertraglicher Grundlage ist im Grundsatz unproblematisch. Bemessungsgrundlage ist die Gegenleistung (§ 8 Abs. 1, § 9 GrEStG). Es gelten die allgemeinen Grundsätze.

Schwierigkeiten bei der Qualifizierung des Rechtsgrundes sind jedoch insoweit denkbar, als im Rahmen von Austauschverträgen zwischen Gesellschaft und Gesellschafter eine Gegenleistung vereinbart wird, die vom Wert des Grundstücks abweicht. In solchen Fällen wäre es vertretbar, die gesellschaftsvertragliche von der austauschvertraglichen Veranlassung zu trennen und entsprechend zu besteuern.

> **Beispiel:**
> Ein Gesellschafter verkauft seiner Gesellschaft ein Grundstück zu einem weit überhöhten/deutlich reduzierten Kaufpreis. Die Gesellschaft veräußert an ihren Gesellschafter zu einem überhöhten/deutlich reduzierten Kaufpreis.

Derartige Abweichungen von einer nach kaufmännischen Gesichtspunkten üblichen Kaufpreisbildung sollen grunderwerbsteuerlich nicht nachvollzogen werden. So vertritt etwa Viskorf[56] die Auffassung, dass in derartigen Fällen stets der vereinbarte Kaufpreis zugrunde zu legen sei, unabhängig davon, ob er dem tatsächlichen Wert des Grundstücks entspricht. Ähnlich äußert sich die Verwaltung. In dem Erlass des FinMin Baden-Württemberg vom 21.08.1996[57] heißt es – allerdings in anderem Zusammenhang –: „Die Grunderwerbsteuer berechnet sich auch dann nach dem Wert der Gegenleistung, wenn diese niedriger ist als der Wert des Grundstücks (§ 8 Abs. 2 Nr. 1 GrEStG). Ein symbolischer Kaufpreis kann aber nicht als grunderwerbsteuerliche Gegenleistung angesehen werden." Ein solcher symbolischer Kaufpreis ist nach der BFH-Rechtsprechung anzunehmen, wenn der Kaufpreis in einem so krassen Missverhältnis zum Wert des Grundstücks steht, dass er sich dazu in keinerlei Relation bringen lässt und daher nicht ernsthaft vereinbart ist.[58]

2.3 Veränderungen des Gesellschafterbestandes

29 Veränderungen des Gesellschafterbestandes führen bei einem selbständigen Rechtsträger, der kraft seiner Rechtsfähigkeit selbst Träger des Gesellschaftsvermögens ist, nicht zu einem steuerbaren Vorgang, weil die Zuordnung des Gesellschaftsvermögens durch die Veränderung der Zusammensetzung der Gesellschafter nicht berührt wird. Anders ist dies jedoch dann,

---

56 Boruttau, § 8 Rz. 74.
57 Erlass vom 06.08.1993 – S 4500/30 in der durch Erlass vom 21.08.1996 geänderten Fassung, GrESt-Kartei BW §§ 8–10 GrEStG, Karte 19.
58 Vgl. hierzu BFH vom 12.07.2006 II R 65/04, BFH/NV 2006 S. 2128 m. w. N.

wenn Träger des Gesellschaftsvermögens die Gesellschafter selbst sind. Die Personengesellschaften lassen sich eindeutig weder der einen noch der anderen Gruppe zuordnen. Zwar geht das GrEStG in den §§ 5, 6 und 7 Abs. 2 und 3 GrEStG davon aus, dass Träger des Gesellschaftsvermögens die Gesellschafter sind.[59] Andererseits wird grunderwerbsteuerlich aus den genannten Gründen[60] die Personengesellschaft mit einer gewissen Selbständigkeit ausgestattet. Vor diesem Hintergrund liegt es auf der Hand, dass nicht jede Form des Gesellschafterwechsels grunderwerbsteuerlich irrelevant bleiben kann. Dabei geht es um folgende Fallgruppen:

— vollständiger Wechsel des Gesellschafterbestandes einer Grundbesitzgesellschaft

— die Fälle des § 1 Abs. 2 a GrEStG

— Gesellschafterwechsel in den Fällen, in denen ein Grundstück mit der Gesellschafterstellung untrennbar verbunden wurde[61]

— Gesellschafterwechsel in sachlichem oder zeitlichem Zusammenhang mit der Einlage eines Grundstücks[62]

2.3.1 Die Rechtsprechung des BFH zum Gesellschafterwechsel

Nach der ständigen Rechtsprechung des BFH[63] kann die Übertragung sämtlicher Anteile an einer nur Grundbesitz haltenden Personengesellschaft nach § 42 AO i. V. m. § 1 Abs. 1 Nr. 1 GrEStG der Grunderwerbsteuer unterliegen. Nach der Rechtsprechung des BFH indiziert die **vollständige Übertragung der Anteile an einer Grundbesitz verwaltenden Personengesellschaft** das Vorliegen einer **Umgehungsabsicht** i. S. des § 42 AO, weil dasselbe wirtschaftliche Ergebnis mit einer Veräußerung des Grundbesitzes zwischen den Altgesellschaftern und den Neugesellschaftern erreicht werden kann und dieser Vorgang nach § 1 Abs. 1 Nr. 1 GrEStG der Besteuerung unterliegt.

30

> „Eine missbräuchliche Rechtsgestaltung zur Steuerumgehung liegt danach vor, wenn die Parteien unter Ausnutzung einer zivilrechtlichen Wahlmöglichkeit, also der Möglichkeit verschiedener Gestaltung, den vom Steuergesetz erfassten – ‚angemessenen' – Weg vermeiden und stattdessen einen Weg beschreiten, der zwar nach der Wertung des Steuergesetzes ebenfalls besteuerungswürdig ist, aber als solcher keinen Steuertatbestand erfüllt (Senatsurteil vom 9. März 1994 II R 82/91, BFH/NV 1994, 903). . . . Die Vorschrift [§ 42 AO] schließt nur aus, dass der Steuerpflichtige sich für steuerrechtliche Zwecke auf die von ihm gewählte Gestaltung beruft (BFH-Urteile in BFH/NV 1994, 903; in BFHE 160, 57, BStBl II 1990, 446, und vom 14. Mai 1986 II R 22/84, BFHE 146,

---

59 Vgl. oben Rz. 4 ff.
60 Vgl. Rz. 13.
61 Vgl. hierzu bereits Rz. 15.
62 Vgl. hierzu Rz. 49 ff.
63 Vgl. BFH vom 06.03.1996 II R 38/93, BStBl 1996, 377.

T. Grunderwerbsteuer

480, BStBl II 1986, 620). Für die Prüfung, ob ein bestimmter zivilrechtlich verfolgter Weg i. S. des § 42 Satz 1 AO 1977 angemessen und deshalb – entgegen der Wertung des Steuergesetzes – der Besteuerung zugrunde zu legen ist, kommt es deshalb nicht darauf an, ob der Steuerpflichtige sich auf die gewählte Gestaltung berufen könnte, weil sie als solche zu billigen oder zu missbilligen wäre."[64]

Diese Rechtsprechung geht sehr weit. Sie stellt im Ergebnis jede Maßnahme unter den Vorbehalt der **Besteuerungswürdigkeit** nach diesen sehr allgemein gehaltenen Grundsätzen und entzieht damit jeder Gestaltung eine wesentliche Grundlage: die Planungssicherheit. Auch kann dem BFH der Vorwurf nicht erspart werden, dass es ihm in vielen Jahren nicht gelungen ist, die Rechtsprechungsgrundsätze gestaltungssicher zu umschreiben.[65]

31 Die Besteuerung der Anteilsübertragungen nach diesen Vorschriften setzt nach der Rechtsprechung des BFH eine vollständige Übertragung sämtlicher Anteile voraus. Diese Voraussetzung wird vom BFH in einer Weise hochgehalten, die in einem sehr merkwürdigen Spannungsverhältnis zu der wirtschaftlichen Betrachtungsweise steht, die bei der Prüfung des § 42 AO durchzuführen ist.

Beispiel:[66]

A und B halten sämtliche Anteile an der AB-GmbH & Co. KG zu gleichen Teilen, und zwar sowohl die Kommanditanteile als auch die Geschäftsanteile der Komplementär-GmbH. Die Komplementär-GmbH ist am Gesamthandsvermögen der KG mit einem Anteil von 0 beteiligt. Die Gesellschafter A und B verkaufen sowohl sämtliche KG-Anteile als auch sämtliche Geschäftsanteile an der GmbH an C und D.

Der BFH hat eine Übertragung sämtlicher Anteile verneint, weil die Komplementär-GmbH weiterhin als Gesamthänder am Vermögen der KG beteiligt bleibt. Der Umstand, dass die Beteiligung am Gesamthandsvermögen nur 0 betrage, ändere daran nichts.[67]

---

64 BFH vom 06.03.1996, Fn. 63.
65 Dieser Vorwurf ist dem BFH nicht nur für den hier angesprochenen Bereich zu machen, sondern auch in anderen Fällen. Ein besonders trauriges Beispiel dieser Beliebigkeit, mit der der BFH Grundsätze ohne jede Trennschärfe aufstellt und dann lediglich einzelfallorientiert anwendet, ist die Rechtsprechung zum einheitlichen Vertragswerk.
66 Nach BFH vom 09.09.1992 II R 69/89, BFH/NV 1993 S. 326; bestätigt in BFH vom 26.07.1995 II R 67/92, BFH/NV 1996 S. 171.
67 Diese Rechtsprechung ist deshalb unverständlich, weil sie im Umfeld des § 42 AO eine von der Rechtsprechung selbst formulierte Besteuerungsvoraussetzung über den wirtschaftlichen Gehalt des Vorgangs stellt. Der BFH geht mit seinen eigenen Leitsätzen um, als handele es sich um Gesetze, die den Anwendungsbereich des § 42 AO beschränkten. Nicht ohne Grund hat die Verwaltung die zitierte Entscheidung nicht im BStBl veröffentlicht. Dieser Umgang des BFH mit seiner eigenen Rechtsprechung war auch der Grund dafür, dass die Verwaltung versucht hat, die rechtsprechungsbedingten Umgehungsmöglichkeiten durch § 1 Abs. 2 a GrEStG einzuschränken.

Es ist wohl kaum plausibel zu begründen, dass die Frage nach der Besteuerungswürdigkeit des Vorgangs, die der BFH bei seiner Prüfung nach § 42 AO in den Vordergrund stellt und die wohl nicht an Formalien gemessen werden kann, weil sie stets eine wertende Betrachtung voraussetzt, allein deshalb anders zu beantworten sein soll, weil eine GmbH mit 0 % am Gesamthandsvermögen beteiligt bleibt, obwohl auch deren Geschäftsanteile übertragen werden.

Weitere Voraussetzung ist nach der Rechtsprechung, dass sich die Tätigkeit der Gesellschaft in der **Verwaltung eigenen Grundbesitzes** erschöpft. Die Gesellschaft darf keine darüber hinausgehenden Aktivitäten entwickeln. Tut sie dies, kann nicht besteuert werden, auch wenn der eigene Grundbesitz sehr umfangreich ist.[68] Die Eintragung der Gesellschaft und die damit verbundene – handelsrechtliche (§ 5 HGB) – Vermutung eines vollkaufmännischen Gewerbes schließen die Anwendung der Rechtsprechung nicht aus, wenn tatsächlich nur eigener Grundbesitz verwaltet wird. Nimmt die Gesellschaft jedoch in einer über die Verwaltung eigenen Vermögens hinausgehenden Weise am allgemeinen wirtschaftlichen Verkehr tatsächlich teil, etwa durch gewerblichen Grundstückshandel, so kommt die Anwendung der Rechtsprechung nicht in Betracht. Der Anwendung der BFH-Rechtsprechung steht jedoch nicht entgegen, dass die ausschließliche Grundbesitzverwaltung in der Form einer gewerblich geprägten Personengesellschaft erfolgt. In diesen Fällen wird die Anwendung jedoch regelmäßig daran scheitern, dass nicht alle Gesellschaftsanteile übertragen werden.[69]

32

Schuldner der Steuer ist die Gesellschaft.[70]

2.3.2 Die Regelung des § 1 Abs. 2 a GrEStG

Die Regelung des § 1 Abs. 2 a GrEStG ist eine Reaktion der Steuerverwaltung auf die unter 2.3.1 geschilderte, wegen ihrer unflexiblen Anwendung leicht zu umgehende Rechtsprechung des BFH. Das eigentliche Problem liegt jedoch in dem gedanklichen Spagat des GrEStG bei der Behandlung der Personengesellschaften. Zwischen der den §§ 5, 6 und 7 Abs. 2 und 3 GrEStG zugrunde liegenden Zuordnung des Gesellschaftsvermögens zu den Gesellschaftern und der grunderwerbsteuerlichen Selbständigkeit der Personengesellschaft ergibt sich ein Spannungsverhältnis, das eine klare Orientierungsvorgabe des Gesetzgebers herausfordern müsste. Gerade angesichts der sich abzeichnenden Umorientierung des zivilrechtlichen Verständnisses der Gesamthand liegt eine konsequente Verselbständigung der Personengesellschaften nahe: Erforderlich wäre hierzu freilich die Strei-

33

---

68 BFH vom 13.11.1991 II R 7/88, BStBl II 1992, 202; vgl. aber § 1 Abs. 2 a GrEStG, der diesen Gesichtspunkt nicht übernommen hat.
69 Vgl. bereits das Beispiel bei Rz. 31.
70 BFH vom 12.12.1996 II R 61/93, BStBl II 1997, 299.

T. Grunderwerbsteuer

chung der §§ 5, 6 und 7 Abs. 2 und 3 GrEStG.[71] Ob sich der Gesetzgeber allerdings zu dieser auch mit einer massiven Steuervereinfachung verbundenen Lösung wird durchringen können, erscheint fraglich. Es zeichnet sich ab, dass die Besteuerungslücken größer werden. Insbesondere die Rechtsprechung zur formwechselnden Umwandlung eröffnet Gestaltungsspielräume, die effektiv genutzt werden können.[72] In diesem Gesamtzusammenhang ist die Regelung des § 1 Abs. 2 a GrEStG zu sehen, die allerdings lediglich einen kleinen Ausschnitt aus dem Gesamtkomplex aufgreift und insoweit Stückwerk bleibt.

34 Die Regelung **fingiert einen Erwerbsvorgang,** wenn sich innerhalb einer 5-jährigen Frist der Gesellschafterbestand mittelbar oder unmittelbar um mindestens 95 % ändert. Das Gesetz löst sich von der Rechtsprechung des BFH, weil es einen steuerbaren Vorgang bereits annimmt, wenn innerhalb der genannten Frist **95 % der Anteile** auf andere Gesellschafter übergehen, wobei allerdings **Erwerbe von Todes** wegen **außer Betracht** bleiben. Für Anteilsübertragungen im Wege der Schenkung gilt dies aufgrund des ausdrücklichen Wortlauts des § 1 Abs. 2 a Satz 2 GrEStG hingegen nicht.[73]

Die Steuerverwaltung hat in gleich lautenden Ländererlassen vom 26.02.2003[74] die Auslegung des § 1 Abs. 2 a GrEStG durch die Verwaltung geregelt:

35 Nach Tz. 2 des Erlasses erfasst die Regelung nicht nur Grundbesitz haltende Gesellschaften im Sinne der BFH-Rechtsprechung. Unter die Regelung fallen auch andere Gesellschaften, insbesondere auch gewerblich tätige.[75] Nach Tz. 3 erfasst die Regelung nur solchen Grundbesitz, der während des maßgeblichen Fünfjahreszeitraums durchgängig von der Gesellschaft gehalten wurde. Der Erlass weist ausdrücklich darauf hin, dass er auch solchen Grundbesitz umfasst, an dem der Gesellschaft nur die **Verwertungsbefugnis** (§ 1 Abs. 2 GrEStG) zusteht.

36 Eine steuerbare **Änderung des Gesellschafterbestandes** liegt nur vor, wenn bereits bestehende (derivativer Erwerb) oder neu entstehende Gesellschaftsanteile (originärer Erwerb) auf **neue Gesellschafter** übergehen. Soweit

---

71 Stichwort: Abschaffung von problembeladenen Begünstigungen und Verbreiterung der Bemessungsgrundlage, die auch eine Senkung des Tarifs finanzieren könnte.
72 Vgl. bereits oben die Beispiele Rz. 8 ff.
73 Vgl. hierzu auch Rz. 42 und BFH vom 12.10.2006 II R 79/05, BStBl II 2007, 409.
74 Gleich lautender Ländererlass vom 26.02.2003, BStBl I 2003, 271, zuletzt geändert durch Ländererlasse aus dem Jahr 2007, z. B. FM Baden-Württemberg vom 11.10.2007 3 – S 450.1/6.
75 Die von Pahlke/Franz (vgl. § 1 Rz. 273) für gerechtfertigt erachtete teleologische Reduktion auf Grundbesitz verwaltende Personengesellschaften setzt zunächst die Feststellung eines derartigen Gesetzeszwecks voraus. Dies dürfte kaum gelingen, denn es war durchaus Wille des Gesetzgebers, über die Rechtsprechung des BFH hinaus besteuerungswürdige Fälle zu erfassen (vgl. z. B. Fischer in Boruttau, § 1 Rz. 818 f.; Hofmann, § 1 Rz. 90; siehe auch BFH vom 11.09.2002 II B 113/02, BStBl II 2002, 777). Auch Pahlke/Franz räumt inzwischen ein, dass sich die Praxis auf eine strikt am Wortlaut orientierte Auslegung des § 1 Abs. 2 a GrEStG einzustellen hat.

2 Steuerbare Rechtsträgerwechsel

Anteilsrechte nur zwischen solchen Personen übertragen werden, die bereits Gesellschafter sind (sog. Altgesellschafter, dazu rechnen z. B. die Gründungsgesellschafter),[76] ist diese Voraussetzung nicht erfüllt. In Betracht kommt jedoch die Anwendung des § 1 Abs. 3 GrEStG in der durch das StEntlG 1999/2000/2002 geänderten Fassung für Übertragungen nach dem 31.12.1999.

Das Gesetz sieht ausdrücklich vor, dass auch mittelbare Beteiligungen zu berücksichtigen sind.

Demgegenüber sind andere Besonderheiten wie Sonder- oder Vorzugsrechte nicht mehr zu berücksichtigen.

Die Veräußerung eines Grundstücks an eine Personengesellschaft – gleichgültig, ob auf gesellschaftsvertraglicher oder austauschvertraglicher Grundlage – ist nach § 5 GrEStG insoweit partiell befreit, als der Übertragende am Gesamthandsvermögen der Gesellschaft selbst beteiligt ist. Soweit die Befreiung des § 5 GrEStG nicht eingreift, geht die für die Übertragung auf die Gesellschaft zu erhebende Steuer der für einen nachfolgenden Gesellschafterwechsel nach § 1 Abs. 2 a GrEStG zu erhebenden Steuer vor (§ 1 Abs. 2 a Satz 3 GrEStG). Damit soll eine zweifache Besteuerung vermieden werden. Dies gilt auch insoweit, als nach der Rechtsprechung des BFH die Befreiung nach § 5 Abs. 2 GrEStG (vgl. nunmehr § 5 Abs. 3 GrEStG) nicht zu gewähren ist.[77] Mit Urteil vom 27.04.2005 II R 61/03 (BStBl II 2005, 649) hat der BFH entschieden, dass die Befreiung nach § 6 Abs. 3 GrEStG bei fingierten Erwerbsvorgängen nach § 1 Abs. 2 a GrEStG jedenfalls bei einer unmittelbaren Änderung des Gesellschafterbestands entsprechend anwendbar ist.

§ 6 Abs. 3 GrEStG ist in Verbindung mit § 1 Abs. 2 a GrEStG auch beim fingierten Erwerb von Grundstücken einer Kapitalgesellschaft, die der Personengesellschaft gemäß § 1 Abs. 3 GrEStG zuzurechnen sind, anwendbar.

Beispiel:

Gesellschafter der AB-GmbH & Co. KG sind die GmbH als Komplementärin (ohne Vermögensbeteiligung) sowie A und B als Kommanditisten (Anteil jeweils 50 %). Zum Vermögen der KG gehören eigene Grundstücke und eine 100 %ige Beteiligung an der grundbesitzenden Z-GmbH. A und B gründen die Y-KG und übertragen ihre Anteile an der GmbH & Co. KG auf diese neue KG.

Der Gesellschafterwechsel ist steuerbar nach § 1 Abs. 2 a GrEStG, weil mehr als 95 % der Anteile am Gesellschaftsvermögen der AB-GmbH & Co. KG auf eine neue Gesellschafterin – die Y-KG – übertragen werden. Der Vorgang ist jedoch nach § 6 Abs. 3 GrEStG steuerfrei, soweit die eigenen Grundstücke der AB-GmbH & Co. KG betroffen sind, weil A und B nach der Anteilsübertragung weiterhin zu jeweils 50 % am Gesellschaftsvermögen der erwerbenden Gesamthand (Y-KG) mittelbar beteiligt sind, die gesamthänderische Bindung

37

---
76 Vgl. Tz. 4 des gleich lautenden Ländererlasses vom 26.02.2003, a. a. O.
77 Vgl. hierzu Rz. 49 ff.

zu den Grundstücken damit erhalten bleibt.[78] Er ist darüber hinaus aber auch insoweit nach § 6 Abs. 3 GrEStG befreit, als davon der Grundbesitz der Z-GmbH betroffen ist. Sind mindestens 95 % der Anteile an einer Gesellschaft mit Grundbesitz in der Hand einer Personengesellschaft vereinigt, stellt die Weiterübertragung der vereinigten Anteile auf eine andere Gesamthand sich als Übertragung der durch Anteilsvereinigung in der Hand der übertragenden Gesamthand gewonnenen Rechtsstellung dar. Wenngleich Grundstücke nicht unmittelbar übertragen werden, so wird doch deren grunderwerbsteuerliche Zuordnung verändert. Die zum Vermögen der übertragenden Gesamthand gehörende Stellung als Zurechnungsträger derjenigen Grundstücke, die zum Vermögen der Gesellschaft gehören, deren Anteile übergehen, geht von der einen auf die andere Gesamthand über. Dies rechtfertigt die grundsätzliche Begünstigung aus § 6 Abs. 3 GrEStG für den insoweit nach § 1 Abs. 3 Nr. 3 oder 4 GrEStG der Steuer unterliegenden Erwerb.[79]

38 Die Regelung des § 1 Abs. 2 a GrEStG genießt ausweislich des Gesetzeswortlauts den Vorrang vor § 1 Abs. 3 GrEStG.

Unter Tz. 10 verweist der Erlass vom 26.02.2003 darauf, dass auf den Erwerb die Befreiungsvorschriften des § 3 GrEStG anzuwenden sind. Der insoweit ergänzende und einschränkende Erlass FM Baden-Württemberg vom 28.04.2005 – S 4501/6, DStR 2005 S. 1012 wurde mit Erlass FM Baden-Württemberg vom 11.10.2007 3 – S 450.1 / 6 wieder aufgehoben.[80]

Beispiel (nach Tz. 10 des Erlasses):

39 A, B und C sind Gesellschafter einer Personengesellschaft. A veräußert seinen Anteil von 90 % an seinen Sohn D, B seinen Anteil von 8 % an den fremden E. C, der einen Anteil von 2 % hält, bleibt Gesellschafter.

Der Erlass weist nun zutreffend darauf hin, dass § 3 GrEStG anwendbar ist. Das bedeutet konkret, dass der Erwerb des D steuerfrei bleibt (§ 3 Nr. 6 GrEStG), soweit er von A herrührt. Der Erlass verlässt jedoch die Konzeption des Gesetzes, als er den Umfang der Befreiung auf 90 % bemisst. Die Fiktion des Gesetzes ist auf einen Erwerb der im Gesellschaftsvermögen befindlichen Grundstücke durch C, D und E (Gesellschaft 2) von A, B und C (Gesellschaft 1) gerichtet. Es liegt in der Logik dieser Fiktion, dass der Anteil des D i. H. von 90 % nur anteilig von A stammt, somit nur i. H. von 90 %. Tatsächlich dürften deshalb im Verhältnis A – D nur 81 % der Bemessungsgrundlage befreit sein.

Der Erlass nimmt nunmehr auch zu den Steuerbefreiungen der §§ 5 ff. GrEStG Stellung. Auch diese müssen eingreifen. Das bedeutet, dass auch der fiktive Erwerb des C anteilig befreit sein muss (§ 6 Abs. 1 i. V. m. Abs. 3 GrEStG). Da diese Vorschrift lediglich auf die Übereinstimmung der Beteiligungsquote vor und nach dem Erwerbsvorgang abstellt, stellt sich das Problem der persönlichen Zuordnung wie in § 3 GrEStG nicht.

---

78 Vgl. BFH vom 18.03.2005 II R 21/03, BFH/NV 2005 S. 1867.
79 Vgl. das zur Anwendung des § 5 Abs. 2 GrEStG ergangene Urteil des BFH vom 16.01.2002 II R 52/00, BFH/NV 2002 S. 153.
80 Vgl. hierzu auch BFH vom 12.10.2006 II R 79/05, BStBl II 2007, 409.

Nach geltender Verwaltungsauffassung umfasst die Summe der Befreiungen somit 92 % der Bemessungsgrundlage.

Die Ermittlung der Bemessungsgrundlage wurde durch das StEntlG 1999/2000/2002 vereinfacht: Bemessungsgrundlage ist danach der Grundbesitzwert (§ 8 Abs. 2 Nr. 3 GrEStG). **40**

Steuerschuldner ist die Gesellschaft (§ 13 Nr. 6 GrEStG), an die auch der Steuerbescheid zu richten ist. Die Gesellschaft hat nach § 19 Abs. 1 Nr. 3 a GrEStG jeden Gesellschafterwechsel und die Aufnahme neuer Gesellschafter **anzuzeigen**.

Die Neuregelung darf nach der Rechtsprechung des BFH[81] nicht auf Erwerbsvorgänge angewandt werden, die vor dem Inkrafttreten des Gesetzes stattgefunden haben. Für die Frage, ob sich innerhalb von fünf Jahren der Gesellschafterbestand um mindestens 95 % geändert hat, dürfen nur Anteilsübertragungen herangezogen werden, die nach dem Inkrafttreten des Gesetzes, also ab dem 01.01.1997, stattgefunden haben.

3 Steuerbefreiungen

Das GrEStG enthält eine Reihe von Steuerbefreiungen, die in unterschiedlichen Vorschriften zusammengefasst sind (§§ 3 bis 7 GrEStG). Die Vorschriften des § 4 GrEStG („Besondere Ausnahmen von der Besteuerung") sind im vorliegenden Zusammenhang ohne Bedeutung, sodass nur die Vorschriften des § 3 GrEStG und die besonders auf Personengesellschaften zugeschnittenen Vorschriften der §§ 5 bis 7 GrEStG zu behandeln sind. **41**

3.1 Die Anwendbarkeit der personenbezogenen Befreiungsvorschriften (§ 3 Nr. 2 bis 7 GrEStG)

Die zwiespältige Behandlung der Personengesellschaften durch das GrEStG führt zu der Frage, ob bei den Erwerben, an denen nach dem Verständnis des Grunderwerbsteuergesetzes die Personengesellschaft als solche beteiligt ist, auch solche Befreiungsvorschriften angewandt werden können, die einen Erwerbsvorgang mit einem der Gesellschafter voraussetzen. Diese Frage lässt sich allein für die §§ 5, 6 und 7 Abs. 2 und 3 GrEStG eindeutig beantworten, weil diese Vorschriften gerade auf derartige Konstellationen zugeschnitten sind. Schwieriger ist dies in einigen Fällen des § 3 GrEStG[82] zu entscheiden. Denn diesen Vorschriften liegt regelmäßig die Vorstellung **42**

---
81 BFH vom 08.11.2000 II R 64/98, BStBl II 2001, 422.
82 Vgl. § 3 Nr. 2 bis 7 GrEStG.

zugrunde, dass an dem Erwerbsvorgang natürliche Personen unmittelbar beteiligt sind.

Die Problematik ergibt sich insbesondere auch in den Fällen, in denen der Erwerbsvorgang auf einer Fiktion beruht. So enthält § 1 Abs. 2 a GrEStG die Fiktion eines Erwerbsvorgangs zwischen zwei Gesellschaften. Gleichwohl will der Erlass vom 26.02.2003[83] die personenbezogenen Befreiungen auch in diesem Fall zulassen,[84] greift also insoweit durch die beteiligten Personengesellschaften auf die hinter diesen stehenden Gesellschafter durch. Allerdings sollte die Befreiung des § 3 Nr. 2 GrEStG insoweit zunächst keine Anwendung finden.[85] Nach der Rechtsprechung des BFH,[86] der die Finanzverwaltung erst nach einigem Zögern gefolgt ist, gilt § 3 Nr. 2 GrEStG jedoch auch für Änderungen im Gesellschafterbestand i. S. von § 1 Abs. 2 a GrEStG, die im Wege der Schenkung erfolgen.

43 Auch die Erwerbe nach § 1 Abs. 3 GrEStG haben fiktive Erwerbsvorgänge zum Gegenstand. In den Fällen der Nr. 1 und 2 wird ein Erwerb von der Gesellschaft, in den Fällen der Nr. 3 und 4 ein Erwerb vom vormaligen – mittelbaren – Alleingesellschafter fingiert. Die Steuerverwaltung hat auch in den Fällen der Nr. 1 und 2 einen Durchgriff durch die Gesellschaft angeordnet mit der Folge, dass auch insoweit personenbezogene Befreiungsvorschriften angewandt werden können.[87]

44 Damit kommen insbesondere die Befreiungsvorschriften des § 3 Nr. 2 (schenkweiser Übergang von Gesellschaftsanteilen), des § 3 Nr. 4 (Erwerb durch den Ehegatten des Veräußerers) und des § 3 Nr. 6 GrEStG (Erwerb durch Verwandte in gerader Linie) in Betracht.

Zu möglichen Folgewirkungen der schenkweisen Übertragung eines Anteils an einer Gesamthand nach der steuerbegünstigten Einbringung eines Grundstücks auf die nach § 5 Abs. 2 GrEStG zunächst nicht erhobene Grunderwerbsteuer vgl. Rz. 53.

3.2 Die Befreiungsvorschriften der §§ 5, 6 und 7 Abs. 2 und 3 GrEStG

45 Die Vorschriften der §§ 5, 6 und 7 Abs. 2 und 3 GrEStG offenbaren die gedankliche Grundlage des grunderwerbsteuerlichen Verständnisses der Personengesellschaft: Das Gesetz geht davon aus, dass Träger des Gesell-

---

83 BStBl II 2003, 271.
84 Vgl. Rz. 37.
85 So noch z. B. Erlass FM Baden-Württemberg vom 28.04.2005 S 4505/18, GrESt-Kartei BW Karte 6 zu § 3 GrEStG.
86 Vgl. BFH vom 12.10.2006 II R 79/05, BStBl II 2007, 409.
87 Erlass FM Baden-Württemberg vom 28.04.2005 – S 4505/18, GrESt-Kartei BW Karte 6 zu § 3 GrEStG, zuletzt geändert durch Erlass FM Baden-Württemberg vom 11.10.2007 3 – S 450.1/6.

schaftsvermögens die Gesellschafter selbst sind (§ 718 BGB).[88] Allein diese Vorstellung kann es rechtfertigen, einen Erwerbsvorgang nur insoweit der Besteuerung zu unterwerfen, als dieser zu einer Verschiebung der Beteiligungsrechte an einem Grundstück führt.

Nach § 5 Abs. 2 GrEStG wird beim Übergang eines Grundstücks von einem Alleineigentümer auf eine Personengesellschaft die Steuer insoweit nicht erhoben, als der Veräußerer über seinen Anteil am Gesellschaftsvermögen am Grundstück auch nach der Veräußerung beteiligt bleibt. **46**

Beispiel:

A legt in die ABC-OHG, an der er zu 1/3 beteiligt ist, ein Grundstück ein. Der Verkehrswert beläuft sich auf 2 Mio. €, die auch seinem Kapitalkonto gutgeschrieben werden. Der Grundbesitzwert beträgt 900.000 €.

Es handelt sich um einen Rechtsträgerwechsel auf gesellschaftsvertraglicher Grundlage. Bemessungsgrundlage ist der Grundbesitzwert nach den §§ 138 ff. BewG (§ 8 Abs. 2 Nr. 2 GrEStG), also 900.000 €. Da A nach der Einlage über seinen Anteil am Gesamthandsvermögen weiter zu 1/3 an dem Grundstück beteiligt ist, wird der Besteuerung nur 2/3 der Bemessungsgrundlage, also 600.000 €, zugrunde gelegt. Die Steuerschuld beläuft sich auf 21.000 € (§ 11 Abs. 1 GrEStG).

§ 5 Abs. 2 GrEStG ist auch auf ausländische Gesellschaften anzuwenden, vorausgesetzt, es handelt sich dabei um Gesamthandsgemeinschaften i. S. von § 5 GrEStG.[89]

Geht umgekehrt ein Grundstück von einer Gesamthand auf einen Alleineigentümer über, so regelt § 6 Abs. 2 GrEStG die Steuerbefreiung korrespondierend zu § 5 Abs. 2 GrEStG.

Entsprechendes gilt für eine Veräußerung einer Bruchteilsgemeinschaft an eine Personengesellschaft (§ 5 Abs. 1 GrEStG). **47**

Beispiel:

Die Bruchteilsgemeinschaft A/B (Beteiligungsverhältnis 1 : 1) verkauft ihr Grundstück an eine Personengesellschaft, an der neben A und B auch C mit einem Anteil von 50 % beteiligt ist. Der Kaufpreis orientiert sich am Verkehrswert und beläuft sich auf insgesamt 4 Mio. €. Der Grundbesitzwert beträgt 2,5 Mio. €.

Es handelt sich um zwei Rechtsträgerwechsel – jeder Miteigentumsanteil ist ein Grundstück i. S. des GrEStG[90] – auf austauschvertraglicher Grundlage, sodass die Gegenleistung die Bemessungsgrundlage bildet (§ 8 Abs. 1 GrEStG). Vor der Veräußerung sind A und B jeweils zu 1/2 an dem Grundstück beteiligt,

---

88 Vgl. zu dieser Frage bereits Rz. 4 ff.
89 Zur Entscheidung dieser Frage siehe Schreiben des Bundesministeriums der Finanzen vom 24.12.1999 IV B 4 – S 1300 – 111/99, BStBl I 1999, 1076, und die dort veröffentlichte Auflistung (Anhang Tabellen 1 und 2) ausländischer Gesellschaften; vgl. Erlass FM Baden-Württemberg vom 30.10.2008 3-S 451.4/21, DB 2008 S. 2455.
90 BFH vom 23.06.1976 II R 139/71, BStBl II 1976, 693, std. Rspr.

T. Grunderwerbsteuer

danach nur noch zu jeweils 1/4. Jeweils die Hälfte der auf die einzelnen Miteigentumsanteile entfallenden Gegenleistung ist also der Besteuerung zugrunde zu legen. Die Steuerschuld beläuft sich deshalb für jeden Erwerbsvorgang auf 35.000 €, zusammen also auf 70.000 €.

Für den umgekehrten Fall – Übertragung von einer Personengesellschaft auf eine Bruchteilsgemeinschaft – enthält § 6 Abs. 1 GrEStG eine korrespondierende Steuerbefreiung.

48 Die Übertragung von Grundstücken zwischen zwei Personengesellschaften regelt § 6 Abs. 3 GrEStG durch eine Verweisung auf § 6 Abs. 1 GrEStG.

> **Beispiel:**
> Die X-OHG veräußert ein Grundstück an die Y-KG. A ist an der X-OHG mit 50 % und an der Y-KG mit 40 % beteiligt. B ist an der X-OHG mit 25 % und an der Y-KG mit 30 % beteiligt.
>
> Der Erwerbsvorgang ist in dem Umfang von der Grunderwerbsteuer befreit, in dem die Beteiligungen an beiden Gesellschaften übereinstimmen. Bei A beläuft sich dieser Anteil auf 40 %, bei B auf 25 %. Damit ist der Erwerb insgesamt zu 65 % der Bemessungsgrundlage von der Grunderwerbsteuer befreit.

49 § 7 Abs. 2 GrEStG regelt die reale – flächenweise – Teilung eines einer Personengesellschaft gehörenden Grundstücks entsprechend § 6 Abs. 2 GrEStG, weil das Gesetz davon ausgeht, dass der einzelne Gesellschafter Alleineigentum an dem jeweiligen Grundstück erhält.

3.3 Einschränkungen der Befreiungsvorschriften

3.3.1 Die gesetzlichen Regelungen der § 5 Abs. 3, § 6 Abs. 4 und § 7 Abs. 3 GrEStG

50 Nach den § 5 Abs. 3, § 6 Abs. 4 und § 7 Abs. 3 GrEStG greifen die Befreiungen der § 5 Abs. 1 und 2, § 6 Abs. 1 bis 3 und § 7 Abs. 2 GrEStG nur unter Einschränkungen:

— Die Befreiungen des § 5 Abs. 1 und 2 GrEStG greifen insoweit nicht ein, da sich der Anteil des Veräußerers an der Gesamthand innerhalb von fünf Jahren nach dem Übergang des Grundstücks auf die Gesamthand vermindert (§ 5 Abs. 3 GrEStG).

— Die Befreiungen der § 6 Abs. 1 bis 3 und § 7 Abs. 2 GrEStG greifen insoweit nicht ein, als ein Gesellschafter – im Fall der Erbfolge sein Rechtsvorgänger – den Anteil innerhalb von fünf Jahren vor dem Erwerbsvorgang erworben hat (§ 6 Abs. 4 Satz 1, § 7 Abs. 3 Satz 1 GrEStG).[91]

---

[91] Zu der Frage, wie Wertsteigerungen nach dem Erwerb der Beteiligung zu behandeln sind, wenn der Erwerb innerhalb der Fünfjahresfrist erfolgt, vgl. BFH vom 16.07.1997 II R 27/95, BB 1997 S. 1884.

3 Steuerbefreiungen

— Die Befreiungen der § 6 Abs. 1 bis 3 und § 7 Abs. 2 Satz 2 GrEStG greifen auch insoweit nicht ein, als eine vom Beteiligungsverhältnis abweichende Auseinandersetzungsquote innerhalb der letzten fünf Jahre vor der Auflösung der Gesamthand vereinbart worden ist (§ 6 Abs. 4 Satz 2, § 7 Abs. 3 Satz 2 GrEStG).

— Auf Grundstückserwerbe einer Gesamthand von einer Kapitalgesellschaft sind §§ 5 und 6 GrEStG nicht anzuwenden, sofern nicht die Kapitalgesellschaft ihrerseits am Vermögen der Gesamthand beteiligt ist, der sie ein Grundstück überträgt.[92]

3.3.2 Die einschränkende Rechtsprechung des BFH zu den § 5 Abs. 2, Abs. 1 und § 6 Abs. 3 GrEStG

Es ist auffällig, dass in der Vergangenheit das Gesetz die aus der grunderwerbsteuerlichen Verselbständigung der Personengesellschaften bei gleichzeitiger Aufrechterhaltung der gedanklichen Zuordnung des Gesellschaftsvermögens zu den Gesellschaftern folgenden Gestaltungsspielräume nur in den Fällen durch gesetzliche Vorschriften eingeschränkt hat, in denen ein Grundstück aus dem Gesamthandsvermögen auf einen oder mehrere Gesellschafter übertragen wurde (§ 6 Abs. 4, § 7 Abs. 3 GrEStG), nicht aber im umgekehrten Fall. Freilich sind auch insoweit steuermindernde Gestaltungen möglich. 51

Beispiel:

A und B wollen gemeinsam eine OHG gründen, an der beide zu gleichen Teilen beteiligt sein sollen. Während A eine Bareinlage erbringen soll, soll B ein ihm gehörendes Grundstück in die Gesellschaft einlegen. Um Grunderwerbsteuer zu sparen, vereinbaren die Gesellschafter zunächst, dass B zu 99 % an der Gesellschaft beteiligt sein soll. Erst nach der Einlage des Grundstücks soll die Beteiligungsparität hergestellt werden.

Nimmt man den Wortlaut des § 5 Abs. 2 GrEStG für bare Münze, so geht die Rechnung der Gesellschafter auf. Lediglich 1 % der Bemessungsgrundlage (§ 8 Abs. 2 Nr. 2 GrEStG) unterliegt der Besteuerung. Liegt dieser Wert unter 2.500 €, so ist der Erwerb insgesamt befreit.[93]

Es liegt auf der Hand, dass der Wortlaut der genannten Vorschriften hinter dem Willen des Gesetzgebers zurückbleibt. Letztlich muss die Auslegung der Befreiungsvorschriften dem Ergebnis zumindest nahekommen, das sich ergeben würde, wenn die grunderwerbsteuerliche Zuordnung des Gesamthandsvermögens zu den Gesellschaftern konsequent vollzogen worden wäre. Dann müsste die auf die Einlage folgende Veränderung der Beteiligungsverhältnisse unmittelbar der Besteuerung unterliegen, weil sie einen partiellen Rechtsträgerwechsel zur Folge hat. Überträgt man diese Überle- 52

---
92 BFH vom 18.03.2005 II R 21/03, GmbHR 2005 S. 1507.
93 Pahlke/Franz, § 3 Rz. 16.

1605

T. Grunderwerbsteuer

gung auf die vom Gesetz gewählte Regelung, so kann die Befreiung insoweit nicht gewährt werden, als nach einem vorgefassten Plan **in sachlichem oder zeitlichem Zusammenhang mit dem Erwerbsvorgang die Beteiligungsverhältnisse verändert werden.**[94] Begünstigungsfähig ist der Erwerb durch die Personengesellschaft nur in dem Ausmaß, in dem der Einbringende (Veräußerer) an dem Grundstück beteiligt bleibt. Dasselbe gilt auch dann, wenn der betreffende Gesellschafter durch gesellschaftsvertragliche Abreden so gestellt wird, als sei er während der Dauer seiner Beteiligung an der Gesellschaft und bei deren Beendigung über das Gesamthandsvermögen nicht wie ein Eigentümer anteilig an den Wertveränderungen des Grundstücks beteiligt.[95] Dabei macht es keinen Unterschied, ob der Einbringende (Veräußerer) seine gesamthänderische Beteiligung planmäßig völlig (durch Ausscheiden aus der Gesellschaft) oder teilweise (durch Verminderung seiner Beteiligung) aufgibt oder ob sich seine Beteiligung durch Hinzutritt weiterer Gesellschafter verringert. Denn die Steuervergünstigung knüpft an die „Höhe des Anteils am Vermögen der Gesamthand" an.[96]

Diese Rechtsprechung hat der BFH zunächst zu § 5 Abs. 2 GrEStG entwickelt und dann auf § 5 Abs. 1 GrEStG ausgedehnt.[97] Sie gilt auch in den Fällen des § 6 Abs. 3 GrEStG.[98]

53 Durch das StEntlG 1999/2000/2002 hat der Gesetzgeber die Vorschrift des § 5 GrEStG um einen Abs. 3 ergänzt, der nunmehr eine gesetzliche Regelung vorsieht. Die vorstehend dargelegte Rechtsprechung des BFH hat damit für Gewerbe nach dem 31.12.1999 (§ 23 Abs. 6 Satz 2 GrEStG) ihre Bedeutung eingebüßt. Mit der Bestimmung des maßgeblichen Zeitraums (fünf Jahre) ist allerdings auch eine massive Verschlechterung gegenüber der bisherigen Rechtslage verbunden. Denn die Rechtsprechung und die Literaturmeinung haben bisher wesentlich geringere Fristen als fünf Jahre im Auge gehabt.

Wird nach der steuerbegünstigten Einbringung eines Grundstücks in eine Gesamthand ein Anteil an dieser Gesamthand schenkweise übertragen, ist fraglich, ob die nach § 5 Abs. 2 GrEStG zunächst nicht erhobene Grunderwerbsteuer gem. § 5 Abs. 3 GrEStG anteilig nachzuerheben ist.

> **Beispiel:**
> Gesamthänder A hat ein Grundstück in eine KG eingebracht, an der er zu 100 % beteiligt ist. Die Grunderwerbsteuer für diesen Vorgang ist nach § 5 Abs. 2 GrEStG zunächst nicht erhoben worden. Vor Ablauf von fünf Jahren

---

[94] BFH vom 16.01.1991 II R 38/87, BStBl II 1991, 374; II R 78/88, BStBl II 1991, 376.
[95] BFH vom 06.09.1995 II R 76/92, BStBl II 1995, 799 m. w. N.
[96] BFH vom 06.09.1995, Fn. 95.
[97] BFH vom 16.01.1991 II R 78/88, BStBl II 1991, 376.
[98] BFH vom 12.06.1996 II R 63/94, BFH/NV 1997 S. 146, und vom 24.04.1996 II R 52/93, BStBl II 1996, 458.

nach dieser Einbringung überträgt A einen Gesellschaftsanteil im Wege der Schenkung auf seine Lebensgefährtin.

Nach Verwaltungsauffassung ist die für den Einbringungsvorgang zunächst nach § 5 Abs. 2 GrEStG nicht erhobene Grunderwerbsteuer gem. § 5 Abs. 3 GrEStG entsprechend dem schenkweise übertragenen Gesellschaftsanteil anteilig nachzuerheben.[99]

4 Festsetzungsverfahren

§ 17 GrEStG regelt die **örtliche Zuständigkeit** für die Durchführung des Besteuerungsverfahrens. § 17 Abs. 3 GrEStG[100] sieht eine gesonderte Feststellung von Besteuerungsgrundlagen bei Umwandlungen aufgrund eines Bundes- oder Landesgesetzes[101] und in den Fällen der fiktiven Rechtsträgerwechsel nach dem § 1 Abs. 2 a und Abs. 3 GrEStG vor. Diese Regelungen werden durchgängig ergänzt durch die Vorschriften der §§ 138 ff. BewG, weil in den genannten Fällen stets der Grundbesitzwert die Bemessungsgrundlage bildet. Deshalb muss vor der gesonderten Feststellung nach § 17 Abs. 3 GrEStG zunächst das jeweilige Lagefinanzamt den Grundbesitzwert des betroffenen Grundstücks feststellen (§ 138 Abs. 5 BewG; § 18 Abs. 1 Nr. 1 AO), der seinerseits wiederum Grundlagenbescheid für die gesonderte Feststellung nach § 17 Abs. 3 GrEStG ist.

54

Nach § 18 GrEStG haben Gerichte, Behörden und insbesondere Notare das zuständige Finanzamt über solche Vorgänge zu unterrichten, die die Übertragung von Anteilen an einer Personenhandelsgesellschaft oder einer Gesellschaft bürgerlichen Rechts betreffen, wenn zum Vermögen der Gesellschaft ein im Inland belegenes Grundstück gehört (§ 18 Abs. 2 Satz 2 GrEStG). Die Beteiligten, also insbesondere auch die Personengesellschaft selbst, sind in den Fällen des § 1 Abs. 2 a und Abs. 3 GrEStG zur Anzeige verpflichtet (§ 19 Abs. 1 Nr. 3 a bis 7 GrEStG).

55

Steuerschuldner ist in den Fällen des § 1 Abs. 2 a GrEStG die Gesellschaft (§ 13 Nr. 6 GrEStG), in den Fällen des § 1 Abs. 3 GrEStG der Erwerber oder die beteiligten Unternehmen oder Personen (§ 13 Nr. 5 GrEStG), in den übrigen Fällen die an dem Erwerbsvorgang beteiligten natürlichen oder juristischen Personen (§ 13 Nr. 1 und 2 GrEStG).

56

---

99 Vgl. Erlass FM Baden-Württemberg vom 07.11.2008 3-S 451.4/25 – entgegen Finanzgericht Saarland vom 12.08.2008 2 K 2417/04, gegen das Revision eingelegt wurde Az. des BFH: II R 58/08 –.
100 Vgl. hierzu ausführlich den gleich lautenden Ländererlass vom 18.07.2007, BStBl I 2007, 549.
101 Verschmelzung, Spaltung, Vermögensübertragung, Formwechsel (vgl. insoweit Rz. 22).

T. Grunderwerbsteuer

57 Der Erwerber eines Grundstücks darf erst in das Grundbuch eingetragen werden,[102] wenn er die sog. **Unbedenklichkeitsbescheinigung** vorlegt, aus der sich ergibt, dass der Eintragung steuerliche Bedenken nicht entgegenstehen (§ 22 Abs. 1 GrEStG). Das Finanzamt hat die Bescheinigung zu erteilen, wenn die Grunderwerbsteuer entrichtet, sichergestellt oder gestundet worden ist oder wenn Steuerfreiheit gegeben ist. Es darf die Bescheinigung auch in anderen Fällen erteilen, wenn nach seinem Ermessen die Steuerforderung nicht gefährdet ist (§ 22 Abs. 2 GrEStG).

---

102 Zur materiell-rechtlichen Bedeutung der Eintragung ins Grundbuch vgl. § 873 Abs. 1 BGB.

U. VERFAHRENSRECHTLICHE BESONDERHEITEN

1 Allgemeines

Bei den Steuern, die sich als Folge des Bestehens einer Personengesellschaft ergeben können, ist zu unterscheiden, ob es sich um Steuern handelt, die die Personengesellschaft als solche betreffen, oder um Steuern, die die Gesellschafter der Personengesellschaft betreffen.

Bei Steuern, welche die Personengesellschaft als solche betreffen, ist die Personengesellschaft selbst Steuerschuldner. Sie ist als Steuerschuldner Steuerpflichtiger i. S. des § 33 AO. Sie hat über ihre Geschäftsführer bezüglich der sie selbst betreffenden Steuern Steuererklärungen abzugeben und auch sonst alle Pflichten zu erfüllen, die sich aus den Vorschriften der AO ergeben, z. B. die Mitwirkungspflicht nach § 90 AO oder die Berichtigungspflicht nach § 153 AO.

Steuern, die die **Personengesellschaft** als solche betreffen, sind:

- Umsatzsteuer
- Gewerbesteuer
- Kraftfahrzeugsteuer für Fahrzeuge, die für die Personengesellschaft zugelassen sind
- pauschale Lohnsteuer
- Grunderwerbsteuer

Zu den Steuern, welche nur die **Gesellschafter** der Personengesellschaft betreffen können, gehört insbesondere die Einkommensteuer.

Bei der Einkommensteuer ist Steuerschuldner der jeweilige Gesellschafter der Personengesellschaft. Der Gesellschafter ist Steuerpflichtiger i. S. des § 33 AO. Er hat grundsätzlich die Verpflichtung zur Abgabe von Steuererklärungen.

Soweit sich die Besteuerungsgrundlagen für die Einkommensteuer aus der Personengesellschaft ergeben, werden diese nach § 180 Abs. 1 i. V. m. § 179 Abs. 2 AO einheitlich und gesondert festgestellt.

Einheitlich und gesondert festgestellt werden demnach die Einkünfte, welche die Gesellschafter aus der Personengesellschaft beziehen.

Gesonderte Feststellung dieser Besteuerungsgrundlagen bedeutet dabei, dass die Besteuerungsgrundlage nicht als unselbständiger Bestandteil des Steuerbescheides ermittelt, sondern in einem besonderen Feststellungs-

U. Verfahrensrechtliche Besonderheiten

bescheid, der selbständig anfechtbar ist, festgestellt wird. Aufgrund der gesonderten Feststellung kann die Besteuerungsgrundlage selbständig Bestandskraft erlangen. Die gesondert festgestellte Besteuerungsgrundlage wird ohne weitere Überprüfung auf ihre Richtigkeit in den Steuerbescheid eingebaut.

Beispiel:

4   Der Gesamtgewinn der AB-OHG beträgt nach den Vorschriften des EStG 100.000 €. Er verteilt sich auf A und B zu je 50.000 €. Das Finanzamt hat den Gesamtgewinn durch materiell bestandskräftigen Feststellungsbescheid aufgrund fehlerhafter Rechtsanwendung mit nur 80.000 € festgestellt und auf A und B mit je 40.000 € verteilt. Bei der Einkommensteuerveranlagung des A wird der Fehler entdeckt.

Der Gewinn des A muss aufgrund von § 182 Abs. 1 AO bei seiner Einkommensteuerveranlagung mit 40.000 € zugrunde gelegt werden, obwohl der richtige Gewinnanteil des A 50.000 € beträgt. Der richtige Gewinnanteil von 50.000 € darf der Einkommensteuerveranlagung erst zugrunde gelegt werden, nachdem der Gewinnfeststellungsbescheid entsprechend berichtigt worden ist. Dies setzt voraus, dass hierfür nach den Vorschriften der AO Korrekturmöglichkeiten bestehen.

5   Einheitliche Feststellung der Besteuerungsgrundlage bedeutet darüber hinaus, dass die Besteuerungsgrundlage für alle Gesellschafter der Personengesellschaft in einem einheitlichen Verfahren festgestellt wird.

Beispiel:

Der Gesamtgewinn der BC-OHG beträgt 100.000 €. Er verteilt sich auf B und C zu je 50.000 €. B und C sind einzelvertretungsbefugte Geschäftsführer der BC-OHG. B hat eine Erklärung zur einheitlichen und gesonderten Feststellung des Gewinns abgegeben, wonach der Gesamtgewinn 120.000 € beträgt, wovon auf B und C je 60.000 € entfallen. Dementsprechend hat das Finanzamt den Gesamtgewinn durch Feststellungsbescheid mit 120.000 € festgestellt und auf B und C mit je 60.000 € verteilt. Gegen den Feststellungsbescheid legt C fristgerecht Einspruch ein und weist darauf hin, dass der Gesamtgewinn nur 100.000 € und sein Anteil dementsprechend nur 50.000 € beträgt.

Im Einspruchsverfahren hat das Finanzamt den Feststellungsbescheid auf seine Richtigkeit hin zu überprüfen. Dabei ist § 179 Abs. 2 Satz 2 AO zu berücksichtigen mit der Folge, dass nicht nur der gegenüber C ergangene Feststellungsbescheid, sondern auch der gegenüber B ergangene Feststellungsbescheid korrigiert werden muss, da die Entscheidung gegenüber B und C nur einheitlich ergehen kann. Verfahrensrechtlich wird die einheitliche Feststellung dadurch gewährleistet, dass B zum Einspruchsverfahren des C nach § 360 Abs. 3 AO notwendig hinzuzuziehen ist und die Rechtsbehelfsentscheidung nach § 366 AO auch dem B mit Wirkung gegen B zuzustellen ist.

6   Scheidet ein Gesellschafter während eines Kalenderjahres aus einer Gesellschaft aus, so ist er für das betreffende Kalenderjahr noch in den dieses Kalenderjahr betreffenden Feststellungsbescheid aufzunehmen.

Beispiel:

A und B betreiben gemeinsam eine Steuerberatersozietät. Mit Wirkung zum 01.01.02 veräußerte A seinen Anteil an C. Das Finanzamt erfasste den Veräußerungsgewinn des A im einheitlichen und gesonderten Gewinnfeststellungsbescheid betreffend die Sozietät für das Jahr 02. A ist der Auffassung, der Veräußerungsgewinn sei nicht mehr im Rahmen des Gewinnfeststellungsbescheides der Sozietät, sondern lediglich bei seiner Einkommensteuerveranlagung anzusetzen, da er den Gewinn allein erzielt habe.

Mit Urteil vom 29.04.1993[1] hat der BFH festgestellt, der Veräußerungsgewinn gehöre gem. § 18 Abs. 3 i. V. m. § 16 Abs. 1 Nr. 2 EStG zu den Einkünften des Gesellschafters aus seiner Beteiligung an der Personengesellschaft und sei deshalb grundsätzlich auch verfahrensrechtlich als Bestandteil der gesondert festzustellenden Einkünfte anzusehen. Ausnahmsweise könne allerdings § 30 AO der Einbeziehung in den Gewinnfeststellungsbescheid entgegenstehen, wenn der ausscheidende Gesellschafter ein schutzwürdiges Geheimhaltungsinteresse geltend machen könne.

2 Erklärungspflicht bezüglich der Feststellungsbescheide

§ 181 Abs. 2 AO legt fest, wer eine Erklärung zur gesonderten Feststellung abzugeben hat. Erklärungspflichtig ist danach grundsätzlich jeder, dem der Gegenstand der Feststellung ganz oder teilweise zuzurechnen ist. Hat jedoch einer der Erklärungspflichtigen eine Erklärung zur gesonderten Feststellung abgegeben, so sind die anderen Feststellungsbeteiligten insoweit von der Erklärungspflicht gem. § 181 Abs. 2 Satz 3 AO befreit. Ist von einem Feststellungsbeteiligten zwar eine Erklärung zur gesonderten Feststellung abgegeben worden, diese jedoch unrichtig oder unvollständig, bleibt die Verpflichtung der übrigen Feststellungsbeteiligten bestehen, die Unrichtigkeit zu berichtigen bzw. die unvollständigen Angaben zu ergänzen. Bezüglich der Erklärungspflicht besteht somit eine Art von Gesamtschuldnerschaft. Dadurch wird u. a. gewährleistet, dass sich keiner der Feststellungsbeteiligten seiner steuerstrafrechtlichen Verantwortung entziehen kann.

Beispiel:

Bei der AB-OHG sind A und B Geschäftsführer. Nach der internen Aufgabenverteilung ist A für den kaufmännischen Bereich einschl. der Steuerangelegenheiten zuständig, während B für den technischen Bereich verantwortlich ist.

---
1 BStBl II 1993, 666.

U. Verfahrensrechtliche Besonderheiten

A gibt beim Finanzamt eine Erklärung zur einheitlichen und gesonderten Gewinnfeststellung der OHG ab, in welcher der Gewinn fälschlicherweise anstelle von 200.000 € mit nur 70.000 € erklärt wird. B weiß, dass der Gewinn 200.000 € beträgt, von A aber nur mit 70.000 € erklärt wurde. Er stellt jedoch den Fehler nicht gegenüber dem Finanzamt richtig. Aufgrund dessen wird der Gewinn vom Finanzamt mit nur 70.000 € festgestellt und entsprechend auf A und B verteilt. Die Feststellungsbescheide betreffend A und B werden deren Einkommensteuerveranlagung zugrunde gelegt mit der Folge, dass deren Einkommensteuer zu niedrig festgesetzt wird.

Obwohl B überhaupt nicht tätig geworden ist, hat er sich der Steuerhinterziehung nach § 370 AO schuldig gemacht, da er das Finanzamt pflichtwidrig über steuerlich erhebliche Tatsachen in Unkenntnis gelassen hat.

3 Adressierung und Bekanntgabe von Bescheiden

3.1 Allgemeines

9 Ein Steuerbescheid kann nur dann gegenüber demjenigen wirksam werden, den er betrifft, wenn er an den Betroffenen als Adressaten gerichtet ist. Bezüglich der Adressierung von Bescheiden ist demzufolge zu unterscheiden, ob die Personengesellschaft selbst Steuerschuldner ist oder ob sich der Bescheid (Feststellungsbescheid) gegen die Gesellschafter richtet.

Beispiel 1:

10 Es soll ein USt-Bescheid betreffend die Umsätze der AB-OHG ergehen.

Die AB-OHG ist bei der USt selbst Steuersubjekt. Demzufolge ist der USt-Bescheid folgendermaßen zu adressieren:

An die
AB-OHG

11 Die Feststellungsbescheide hinsichtlich der Besteuerungsgrundlagen für die Einkommensteuer betreffen nicht die Personengesellschaft, sondern deren Gesellschafter. Deshalb muss in den Feststellungsbescheiden zum Ausdruck kommen, dass sie mit Wirkung für und gegen die Gesellschafter ergehen.

Beispiel 2:

12 Der Gewinnfeststellungsbescheid betreffend den Gewinn der AB-OHG soll ergehen. Gesellschafter der AB-OHG sind A und B.

Der Gewinnfeststellungsbescheid betrifft nicht die AB-OHG, sondern A und B als Gesellschafter der AB-OHG, da Steuersubjekt bei der Einkommensteuer die Gesellschafter der Personengesellschaft sind. Demzufolge müssten die Gewinnfeststellungsbescheide an sich folgendermaßen adressiert sein:

Herrn A
als Gesellschafter der AB-OHG

Herrn B
als Gesellschafter der AB-OHG

In der Praxis ergeht jedoch der Bescheid regelmäßig an einen Empfangsbevollmächtigten. Empfangsbevollmächtigter ist im vorliegenden Fall A. Hier ist auch folgende Adressierung ausreichend:

Herrn A
als Geschäftsführer
der AB-OHG

Der Bescheid ergeht an Sie als Empfangsbevollmächtigten der AB-OHG mit Wirkung für und gegen alle Feststellungsbeteiligten. (Im Feststellungsbescheid sind A und B als Feststellungsbeteiligte mit ihrem jeweiligen Gewinnanteil aufgeführt.)

Keine ausreichende Adressierung läge jedoch dann vor, wenn der Bescheid an Herrn A als Geschäftsführer der AB-OHG gerichtet wäre, ohne dass darauf hingewiesen wird, dass der Bescheid an ihn mit Wirkung für und gegen die (im Bescheid aufgeführten) Feststellungsbeteiligten ergeht. Der Feststellungsbescheid wäre dann weder gegenüber A noch gegenüber B wirksam ergangen. Nach § 119 Abs. 1 AO muss ein Verwaltungsakt nämlich inhaltlich hinreichend bestimmt sein. Gerade im Bereich der Adressierung hat die Rechtsprechung für die inhaltlich hinreichende Bestimmtheit sehr strenge Maßstäbe aufgestellt. Es muss ausgeschlossen sein, dass der Eindruck entsteht, der Bescheid erginge an einen anderen. Im vorliegenden Fall könnte man aber aus der Adressierung entnehmen, dass der Bescheid so wie etwa der Umsatzsteuerbescheid die Personengesellschaft selbst betrifft. **13**

3.2 Besonderheiten bei der Adressierung von Bescheiden, die die Personengesellschaft als solche betreffen

Bescheide, die die Personengesellschaft selbst betreffen, müssen im Adressfeld die Personengesellschaft so benennen, dass sie als Adressat des Bescheids eindeutig identifiziert werden kann. **14**

Bei Handelsgesellschaften sind die Bescheide der Gesellschaft daher unter ihrer Firma bekannt zu geben.

Bei Personengesellschaften, die keine Firma haben, wird die Identität des Steuerschuldners durch Angabe des geschäftsüblichen Namens ausreichend gekennzeichnet.

U. Verfahrensrechtliche Besonderheiten

Beispiel 1:

15 Die Kohlenhandlung des verstorbenen Josef Müller wird von seinen Erben als GbR fortgeführt.

Der Umsatzsteuerbescheid ist folgendermaßen zu adressieren:[2]
Brennstoffhandlung
Josef Müller Erben GbR
Postfach 11 11
54290 Trier

16 Personengesellschaften sind über ihre Organe handlungsfähig. Eine wirksame Bekanntgabe eines Bescheids an eine Personengesellschaft setzt voraus, dass der Bescheid in den Machtbereich des zuständigen Organs, z. B. des Geschäftsführers, gelangt. Hierfür genügt im Allgemeinen, dass der Bescheid an die Personengesellschaft adressiert ist, da unterstellt werden kann, dass in einem solchen Fall der Bescheid automatisch an den Geschäftsführer gelangt.

17 Hat jedoch die nichtrechtsfähige Personenvereinigung keine Geschäftsadresse, so ist als Empfänger eine natürliche Person (z. B. der Geschäftsführer) anzugeben mit dem Hinweis, dass der Bescheid die Personengesellschaft betrifft.

Beispiel 2:

18 Zum Bau einer Rheinbrücke bei Bonn hat sich eine Arbeitsgemeinschaft gebildet, die umsatzsteuerrechtlich als Unternehmer auftritt. An sie ist ein Umsatzsteuerbescheid zu adressieren. Geschäftsführende Firma für die Arge ist die Firma Rheinische Betonbau GmbH & Co. KG.

Der Bescheid ist zweckmäßigerweise folgendermaßen zu adressieren:[3]

Anschriftenfeld
Firma
Rheinische Betonbau GmbH & Co. KG
Postfach 90 11
50890 Köln

Bescheidkopf
Für
Arge Rheinbrücke Bonn

19 Hat eine nichtrechtsfähige Personenvereinigung keinen Geschäftsführer, so kann der Bescheid einem der Mitglieder nach Wahl des Finanzamts bekannt gegeben werden. Damit der Bescheid gegenüber der Personengesellschaft wirksam wird, ist bei der Bekanntgabe an das Mitglied darauf hinzuweisen, dass ihm der Bescheid als einem Vertreter der Personengesellschaft bekannt gegeben wird.[4]

---
2 Vgl. AEAO zu § 122, Tz. 2.4.1.2, BStBl I 1998, 630.
3 Vgl. AEAO zu § 122, Tz. 2.4.1.2 (a. a. O.).
4 Vgl. AEAO zu § 122, Tz. 2.4.1.3 (a. a. O.).

Ist über das Vermögen einer Personengesellschaft das Insolvenzverfahren eröffnet worden und die Verfügungsbefugnis auf den Insolvenzverwalter übergegangen, so reicht es für eine wirksame Bekanntgabe eines Bescheids an die Personengesellschaft nicht mehr aus, dass der Bescheid an die Personengesellschaft gerichtet ist. Der nur an die Personengesellschaft gerichtete Bescheid würde möglicherweise in die Hände ihrer bisherigen Geschäftsführer gelangen. Diese können jedoch nach der Eröffnung des Insolvenzverfahrens für die Personengesellschaft nicht mehr wirksam Bescheide entgegennehmen. Mit der Eröffnung des Insolvenzverfahrens hat nämlich die Personengesellschaft die Verwaltungs- und Verfügungsbefugnis über ihr Vermögen verloren. Sie ist gewissermaßen entmündigt. Die Verwaltungs- und Verfügungsbefugnis geht auf den Insolvenzverwalter über. Die Bescheide betreffend die Personengesellschaft sind daher an den Insolvenzverwalter zu adressieren mit dem Hinweis, dass der Bescheid die Personengesellschaft betrifft.[5] 20

Beispiel 3:
Über das Vermögen der A-KG ist das Insolvenzverfahren eröffnet worden. Zum Insolvenzverwalter ist K bestellt. Es soll die USt gegen die A-KG als Massekosten festgesetzt werden. 21

Der Bescheid ist folgendermaßen zu adressieren:

Herrn K
als Insolvenzverwalter der A-KG
oder
Adressfeld
Herrn K
Bescheiderläuterung
Der Bescheid ergeht an Sie als Insolvenzverwalter über das Vermögen der A-KG.

Nach § 270 InsO kann das Insolvenzgericht in dem Beschluss über die Eröffnung des Insolvenzverfahrens die Eigenverwaltung anordnen. In diesem Fall geht die Verfügungsbefugnis nicht auf den Insolvenzverwalter über. Die Bescheide können also weiterhin an die Geschäftsführer bekannt gegeben werden. Nach § 171 InsO kann die Eigenverwaltung auch nachträglich durch Beschluss des Insolvenzgerichts angeordnet oder aufgehoben werden. Die Beschlüsse sind öffentlich bekannt zu machen. Nach der öffentlichen Bekanntmachung der Aufhebung der Eigenverwaltung müssen die Bescheide betreffend die Personengesellschaft an den Insolvenzverwalter adressiert werden mit dem Hinweis, dass der Bescheid die Personengesellschaft betrifft. 22

Ist eine Personengesellschaft des Handelsrechts im Stadium der Liquidation, so tritt an die Stelle der Geschäftsführer als zur Vertretung der Abwicklungs- 23

---

5 Vgl. AEAO zu § 122, Tz. 2.9 (a. a. O.).

gesellschaft befugtes Organ der Liquidator. Die Bescheide betreffend die Personengesellschaft i. L. sind daher dem Liquidator bekannt zu geben.[6]

Beispiel 4:

24 Die A-KG befindet sich in Liquidation. Zum Liquidator ist L bestellt. Gegen die A-KG soll USt festgesetzt werden.

Der Bescheid ist folgendermaßen zu adressieren:

Herrn L
als Liquidator der A-KG

Würde der Bescheid lediglich an die A-KG adressiert, so bestünde die Möglichkeit, dass der Bescheid in die Hände der bisherigen Geschäftsführer gelangt. Er wäre damit inhaltlich nicht hinreichend bestimmt und somit nichtig.

3.3 Adressierung von Bescheiden, welche die Gesellschafter betreffen

25 Feststellungsbescheide sind grundsätzlich an die Gesellschafter zu richten. Dementsprechend muss an sich der einzelne Gesellschafter im Adressfeld aufgeführt sein. Aus Vereinfachungsgründen wird es jedoch bei der Bekanntgabe an einen Empfangsbevollmächtigten als ausreichend angesehen, wenn im Anschriftenfeld anstelle aller Gesellschafter die geschäftsübliche Sammel- oder Kurzbezeichnung der Gesellschaft angegeben wird, verbunden mit dem Hinweis, dass der Bescheid dem Empfangsbevollmächtigten mit Wirkung für und gegen alle Feststellungsbeteiligten bekannt gegeben wird, wenn sich im Übrigen aus dem Bescheid alle weiteren Angaben über die Gesellschafter entnehmen lassen.[7]

26 Auch wenn ein Feststellungsbescheid nicht an einen Empfangsbevollmächtigten mit Wirkung für und gegen alle Feststellungsbeteiligten, sondern an einen einzelnen Feststellungsbeteiligten bekannt gegeben wird, ist grundsätzlich erforderlich, dass in dem Bescheid sämtliche anderen Feststellungsbeteiligten mit dem auf sie entfallenden Gewinnanteil angegeben werden. In den Fällen der Einzelbekanntgabe nach § 183 Abs. 2 Satz 1 AO[8] ist es nach § 183 Abs. 2 Satz 2 AO zulässig, dass dem Feststellungsbeteiligten, dem der Bescheid bekannt gegeben werden soll, lediglich die alle Gesellschafter betreffenden Besteuerungsgrundlagen, sein Anteil, die Zahl der Beteiligten und die ihn persönlich betreffenden Besteuerungsgrundlagen bekannt gegeben werden (sog. verkürzter Feststellungsbescheid). Macht allerdings der Beteiligte in einem solchen Fall geltend, er habe ein berechtigtes Interesse, den gesamten Inhalt des Bescheids zu erfahren, so ist ihm nach § 183 Abs. 2 Satz 3 AO der gesamte Inhalt des Feststellungsbescheids

---

6 Vgl. AEAO zu § 122, Tz. 2.7.2 (a. a. O.).
7 Vgl. AEAO zu § 122, Tz. 2.5.1 (a. a. O.).
8 Vgl. unten Rz. 34.

3 Adressierung

mitzuteilen. Das Erfordernis, den gesamten Inhalt des Bescheids mitzuteilen (weil ein berechtigtes Interesse i. S. des § 183 Abs. 3 Satz 3 AO besteht), betrifft jedoch nicht die Adressierung, sondern die Begründung des Bescheids. Fälschlicherweise erlassene verkürzte Bescheide führen deshalb nicht zur Unwirksamkeit des Bescheids, der dem Beteiligten bekannt gegeben wurde. Solche Begründungsmängel sind im Übrigen nach § 126 Abs. 1 Nr. 2 AO dadurch heilbar, dass die fehlenden Angaben nachträglich mitgeteilt werden.

Beispiel 1:
A ist als Kommanditist an der X-KG beteiligt. Neben ihm sind noch weitere 98 Kommanditisten vorhanden. Das Finanzamt hat A den Gewinnfeststellungsbescheid der X-KG in der vereinfachten Form dadurch bekannt gegeben, dass ihm am 01.03. der Gesamtgewinn, sein prozentualer Anteil, die Zahl der Beteiligten sowie sein betragsmäßiger Gewinnanteil mitgeteilt wurden. A rügte sofort, dass ihm nicht der gesamte Inhalt des Feststellungsbescheids bekannt gegeben wurde, worauf ihm das Finanzamt am 02.04. eine Ausfertigung des gesamten Feststellungsbescheids zusandte. 27

Der Feststellungsbescheid ist gegenüber A bereits am 01.03. wirksam geworden. Es spielt keine Rolle, dass die fehlenden Angaben erst am 02.04. mitgeteilt wurden. Sollte A allerdings aufgrund der fehlenden Angaben versäumt haben, rechtzeitig gegen den Bescheid Einspruch einzulegen, so könnte ihm nach § 110 AO i. V. m. § 126 Abs. 3 AO Wiedereinsetzung in den vorigen Stand gewährt werden.

Ist in einem Feststellungsbescheid ein Beteiligter unrichtig bezeichnet, etwa weil ein Beteiligter verstorben ist und an seine Stelle die Erben getreten sind, so macht die unrichtige Bezeichnung den Bescheid gegenüber den richtig bezeichneten Gesellschaftern nicht unwirksam. Es handelt sich insoweit um einen unbedeutenden Begründungsmangel. Der Bescheid kann lediglich gegenüber dem nicht aufgeführten Beteiligten keine Wirksamkeit erlangen. Die Wirksamkeit gegenüber dem nicht aufgeführten Beteiligten kann dadurch herbeigeführt werden, dass ihm gegenüber ein besonderer berichtigter Bescheid ergeht (vgl. § 182 Abs. 3 AO). 28

Beispiel 2:
An der A-KG sind B, C und D als Kommanditisten beteiligt. Im Februar 03 ist D verstorben. Erben des D sind E und F. Das Finanzamt hat den einheitlichen und gesonderten Gewinnfeststellungsbescheid betreffend das Jahr 01 an A im März 03 mit dem Hinweis bekannt gegeben: Der Bescheid ergeht an Sie als Empfangsbevollmächtigten mit Wirkung für und gegen alle Feststellungsbeteiligten. Im Feststellungsbescheid ist noch D als Beteiligter aufgeführt. 29

Der Bescheid kann gegen D nicht mehr wirksam werden, da D im Zeitpunkt der Bekanntgabe an A bereits verstorben war. Der Bescheid kann aber auch nicht gegen E und F als Rechtsnachfolger des D wirksam werden, da sie im Bescheid nicht aufgeführt sind. Gegen die übrigen Feststellungsbeteiligten ist der Bescheid jedoch wirksam geworden. Damit der Bescheid auch gegenüber E und F wirksam wird, ist eine Ausfertigung des Bescheids mit der Maßgabe herzustellen, dass an die Stelle von D seine Gesamtrechtsnachfolger E und F getreten sind. Dieser Bescheid kann entweder E und F unmittelbar oder über einen Empfangsbevollmächtigten bekannt gegeben werden.

3.4 Bekanntgabe von Bescheiden an Empfangsbevollmächtigte gem. § 183 AO

30 Grundsätzlich muss jeder Feststellungsbeteiligte eine eigene Ausfertigung des einheitlichen und gesonderten Feststellungsbescheids erhalten, damit dieser ihm gegenüber wirksam wird. Abweichend von diesem Grundsatz sieht jedoch § 183 Abs. 1 AO eine vereinfachte Bekanntgabe von einheitlichen und gesonderten Feststellungsbescheiden an Empfangsbevollmächtigte vor. Die Vereinfachung beruht darauf, dass sämtliche Bescheide für die Feststellungsbeteiligten durch Bekanntgabe einer einzigen Ausfertigung des einheitlichen und gesonderten Feststellungsbescheids an einen gemeinsamen Empfangsbeteiligten wirksam werden. Erforderlich ist hierfür lediglich

ein gemeinsamer Empfangsbevollmächtigter

und

der Hinweis: „Der Bescheid ergeht an Sie als Empfangsbevollmächtigten mit Wirkung für und gegen alle Feststellungsbeteiligten."

Dem Erfordernis eines gemeinsamen Empfangsbevollmächtigten trägt § 183 Abs. 1 AO in drei Stufen Rechnung:

31 Auf der ersten Stufe bestimmt § 183 Abs. 1 Satz 1 AO, dass die Gesellschafter von Personengesellschaften für die sie als Gesellschafter betreffenden Verwaltungsakte einen gemeinsamen Empfangsbevollmächtigten bestimmen sollen. Falls sie dieser Sollvorschrift entsprechen und den geforderten Empfangsbevollmächtigten bestellen, kann das Finanzamt durch Bekanntgabe an diesen von der vereinfachten Bekanntgabemöglichkeit Gebrauch machen. Darauf hinzuweisen ist in diesem Zusammenhang, dass der Empfangsbevollmächtigte nach § 183 Abs. 1 Satz 1 AO voraussetzt, dass tatsächlich alle Feststellungsbeteiligten mit ihm einverstanden sind. Hat dagegen ein Beteiligter eine Erklärung zur einheitlichen und gesonderten Feststellung abgegeben und sich ohne Wissen der übrigen Beteiligten in der für die Angabe des Empfangsbevollmächtigten vorgesehenen Spalte selbst als Empfangsbevollmächtigten eingetragen, müssen die übrigen Beteiligten dies nicht gegen sich gelten lassen.

32 Falls die Gesellschafter dieser Sollvorschrift nicht entsprechen, ergibt sich bei Personengesellschaften regelmäßig ein Empfangsbevollmächtigter auf der zweiten Stufe nach § 183 Abs. 1 Satz 2 AO. Danach gilt nämlich ein zur Vertretung der Gesellschaft Berechtigter auch als Empfangsbevollmächtigter der Gesellschafter. Da regelmäßig ein Geschäftsführer vorhanden ist, kann

das Finanzamt diesem die Bescheide vereinfacht bekannt geben. Sind mehrere Geschäftsführer vorhanden, kann sich das Finanzamt nach seinem Ermessen einen von ihnen aussuchen und diesem den Bescheid mit Wirkung für und gegen alle Feststellungsbeteiligten bekannt geben.

Ist ausnahmsweise kein zur Vertretung der Gesellschaft Berechtigter vorhanden, z. B. weil der Geschäftsführer gestorben ist und noch kein neuer Geschäftsführer bestellt ist, so kann auf der dritten Stufe ein Empfangsbevollmächtigter nach § 183 Abs. 1 Satz 3 AO vom Finanzamt bestimmt werden. Das Finanzamt muss dazu zunächst sämtliche Beteiligten auffordern, einen Empfangsbevollmächtigten zu benennen, und ihnen hierfür eine angemessene Frist setzen. Die Aufforderung ist jedem Beteiligten in jeweils einer Ausfertigung wirksam bekannt zu geben. Zugleich mit der Aufforderung muss es einen der Beteiligten als Empfangsbevollmächtigten vorschlagen und darauf hinweisen, dass diesem die die Gesellschafter betreffenden Verwaltungsakte mit Wirkung für und gegen alle Feststellungsbeteiligten bekannt gegeben werden, soweit die Gesellschafter nicht einen anderen Empfangsbevollmächtigten benennen. Lassen die Beteiligten die vom Finanzamt gesetzte Frist verstreichen, kann das Finanzamt die die Gesellschafter betreffenden Verwaltungsakte – also insbesondere die Feststellungsbescheide – dem vorgeschlagenen Empfangsbevollmächtigten mit Wirkung für und gegen alle Feststellungsbeteiligten vereinfacht bekannt geben. **33**

Das vereinfachte Bekanntgabeverfahren findet jedoch seine Grenzen durch § 183 Abs. 2 i. V. m. Abs. 3 AO. Hiernach darf das vereinfachte Verfahren bei Empfangsbevollmächtigten der zweiten und dritten Stufe (also bei solchen Empfangsbevollmächtigten, die nicht von den Gesellschaftern als Empfangsbevollmächtigte bestellt sind) in folgenden Fällen nicht angewandt werden, sofern die nachfolgend aufgeführten Umstände dem Finanzamt bekannt sind bzw. ins Handelsregister eingetragen sind:[9] **34**

— die Gesellschaft ist inzwischen aufgelöst

— zwischen den Beteiligten bestehen ernstliche Meinungsverschiedenheiten

— ein Gesellschafter ist inzwischen aus der Gesellschaft ausgeschieden

— die Zusendung eines Feststellungsbescheids an einen Erben, der nicht in die Gesellschafterstellung des Rechtsvorgängers eintritt, wird erforderlich

— über das Vermögen der Gesellschaft ist das Insolvenzverfahren eröffnet worden

— durch einen Bescheid wird das Bestehen oder Nichtbestehen einer Gesellschaft erstmals mit steuerlicher Wirkung festgestellt

---

9 Vgl. AEAO zu § 122, Tz. 2.5.5 (a. a. O.).

U. Verfahrensrechtliche Besonderheiten

In diesen Fällen muss also grundsätzlich jedem Feststellungsbeteiligten ein eigener Bescheid zugesandt werden. Nach dem Ausscheiden eines Gesellschafters muss jedoch nur dem ausgeschiedenen Gesellschafter ein eigener Bescheid zugesandt werden.

35 Haben jedoch die Gesellschafter selbst dem Finanzamt entsprechend § 183 Abs. 1 Satz 1 AO einen gemeinsamen Empfangsbevollmächtigten benannt, kann das Finanzamt weiterhin an diesen vereinfacht bekannt geben, es sei denn, dieser hat der Bekanntgabe an ihn widersprochen (§ 183 Abs. 3 Satz 1 AO). Widerruft ein anderer Beteiligter seine Vollmacht, so muss das Finanzamt diesem Beteiligten einen eigenen Bescheid zusenden (§ 183 Abs. 3 Satz 1 AO). Für die Wirksamkeit des Widerrufs ist jedoch nach § 183 Abs. 3 Satz 2 AO erforderlich, dass der Widerruf dem Finanzamt zugegangen ist.

Beispiel 1:

36 Aus der ABCD-OHG ist D mit Wirkung zum 31.12.03 ausgeschieden. Zum gemeinsamen Empfangsbevollmächtigten i. S. des § 183 Abs. 1 Satz 1 AO wurde A benannt. Das Ausscheiden des D wurde im Februar 04 im Handelsregister eingetragen und in der üblichen Form bekannt gemacht. Im März 04 gibt das Finanzamt dem A den Gewinnfeststellungsbescheid für 02 wie im Vorjahr bekannt. Der Bescheid enthält den Hinweis, er ergehe mit Wirkung für und gegen alle Feststellungsbeteiligten.

Da D seine Vollmacht für A nicht widerrufen hat, kann das Finanzamt gem. § 183 Abs. 3 Satz 1 AO auch nach dem Ausscheiden des D dem A den Bescheid mit Wirkung für und gegen D bekannt geben.

Beispiel 2:

37 Aus der ABCD-OHG ist D mit Wirkung zum 31.12.03 ausgeschieden. Ein gemeinsamer Empfangsbevollmächtigter i. S. des § 183 Abs. 1 Satz 1 AO wurde dem Finanzamt nicht benannt. Das Ausscheiden des D wurde im Februar 04 im Handelsregister eingetragen und in der üblichen Form bekannt gemacht. Im März 04 gibt das Finanzamt dem A als Geschäftsführer den Gewinnfeststellungsbescheid für 02 wie im Vorjahr bekannt. Der Bescheid enthält den Hinweis, er ergehe an ihn als Empfangsbevollmächtigten mit Wirkung für und gegen alle Feststellungsbeteiligten.

Das Finanzamt hat A als Empfangsbevollmächtigten nach § 183 Abs. 1 Satz 2 AO behandelt. Gemäß § 183 Abs. 2 Satz 1 AO kann A nach dem Ausscheiden des D nicht mehr als Empfangsbevollmächtigter des D fingiert werden. Der Bescheid ist somit zwar für die übrigen Gesellschafter wirksam bekannt gegeben, nicht jedoch für D. Solange D keinen wirksamen Bescheid hat, kann der Bescheid D gegenüber nicht bestandskräftig werden. Damit ist aber wegen der Notwendigkeit einer einheitlichen Entscheidung auch die formelle Bestandskraft bzgl. der übrigen Gesellschafter in Frage gestellt. Legt D später Einspruch ein, sind die übrigen (geschäftsführenden) Gesellschafter gem. § 360 Abs. 3 AO zum Verfahren hinzuzuziehen,[10] und die Einspruchsentscheidung hat allen Gesellschaftern gegenüber einheitlich zu ergehen.

---

10 Vgl. unten Rz. 46.

D braucht übrigens, um Einspruch einlegen zu können, nicht abzuwarten, bis ihm gegenüber der Feststellungsbescheid wirksam bekannt gegeben ist. Für seine Einspruchsbefugnis genügt es, dass durch die Bekanntgabe gegenüber den übrigen Gesellschaftern der Rechtsschein eines Bescheids geschaffen worden ist.[11]

3.5 Vereinfachte Bekanntgabe von Einheitswertbescheiden nach § 183 Abs. 4 AO

38 Trotz der Abschaffung der Vermögensteuer ab 01.01.1997 und der Gewerbekapitalsteuer zum 01.01.1998 werden auch in Zukunft Einheitswertbescheide ergehen. So haben die Einheitswerte des Grundvermögens weiterhin Bedeutung für die Grundsteuer. Daher sind die Sonderregelungen für die Bekanntgabe von Einheitswertbescheiden weiterhin von Bedeutung.

39 Wenn eine wirtschaftliche Einheit Ehegatten oder Ehegatten mit ihren Kindern oder Alleinstehenden mit ihren Kindern zugerechnet wird, so können in Fällen, in denen kein gemeinsamer Empfangsbevollmächtigter nach § 183 Abs. 1 AO vorhanden ist, nach § 183 Abs. 4 i. V. m. § 122 Abs. 7 AO die Feststellungsbescheide über den Einheitswert in der Weise bekannt gemacht werden, dass ihnen eine einzige Ausfertigung unter ihrer gemeinsamen Anschrift übermittelt wird. Voraussetzung ist jedoch, dass diese Beteiligten

— eine gemeinsame Anschrift haben,

— keinen Antrag gestellt haben, dass ihnen der Bescheid einzeln bekannt gegeben wird, und

— dem Finanzamt nicht bekannt ist, dass zwischen ihnen ernstliche Meinungsverschiedenheiten bestehen.

Beispiel:

40 Die Eheleute A und B sind gemeinsam Eigentümer eines mit einem Wohngebäude bebauten Grundstücks. Ein Empfangsbevollmächtigter nach § 183 Abs. 1 AO ist nicht vorhanden. Das Finanzamt schickt den Einheitswertbescheid bzgl. dieses Grundstücks in einer Ausfertigung an die gemeinsame Anschrift von A und B. Der Bescheid hat folgende Adresse:

Herrn und Frau A und B

Der Bescheid ist nach § 183 Abs. 4 i. V. m. § 122 Abs. 7 AO beiden Eheleuten gegenüber wirksam bekannt gegeben.

---

11 Vgl. BFH vom 31.07.1980, BStBl II 1981, 33.

U. Verfahrensrechtliche Besonderheiten

4 Rechtsbehelfsbefugnis bei einheitlichen Feststellungsbescheiden

41 Während grundsätzlich jeder von einem Verwaltungsakt Betroffene gegen diesen einen Rechtsbehelf einlegen kann, ist die Rechtsbehelfsbefugnis bei einheitlichen Feststellungsbescheiden gem. § 352 AO in folgenden Fällen eingeschränkt:

— Ein zur Vertretung der Gesellschaft berufener Geschäftsführer ist vorhanden.

— Ein zur Vertretung der Gesellschaft berufener Geschäftsführer ist nicht vorhanden, jedoch ist ein gemeinsamer Empfangsbevollmächtigter von den Gesellschaftern bestimmt worden.[12]

In diesen Fällen können gem. § 352 Abs. 1 und 2 AO grundsätzlich nur die zur Geschäftsführung berufenen Gesellschafter und die Empfangsbevollmächtigten[13] Rechtsbehelfe einlegen.

42 Dies gilt jedoch nicht in den Fällen des § 352 Abs. 1 Nr. 4 AO, soweit es sich also darum handelt, wer an dem festgestellten Betrag beteiligt ist und wie dieser sich auf die einzelnen Beteiligten verteilt. In diesen Fällen kann jeder Beteiligte Rechtsbehelf einlegen. Nach der Rechtsprechung des BFH ist sogar derjenige rechtsbehelfsbefugt, der geltend macht, er sei zu Unrecht als Beteiligter nicht in die einheitliche Feststellung einbezogen worden.[14]

43 Dies gilt weiterhin nicht in den Fällen des § 352 Abs. 1 Nr. 5 AO, soweit es sich also um Fragen handelt, die einen Gesellschafter persönlich angehen, z. B. um die Berücksichtigung von Sonderbetriebsausgaben. In diesen Fällen ist auch derjenige rechtsbehelfsbefugt, der in dieser Frage persönlich betroffen ist.

44 Andere als die zur Vertretung berufenen Geschäftsführer und die Empfangsbevollmächtigten können grundsätzlich hinsichtlich der Verhältnisse, die sie nicht persönlich, sondern die Gesellschaft als Ganzes betreffen, keinen zulässigen Einspruch einlegen. Ausgenommen von dieser Einschränkung sind jedoch nach § 352 Abs. 1 Nr. 3 AO die ausgeschiedenen Gesellschafter, gegen die ein Feststellungsbescheid ergangen ist oder zu ergehen hätte. Ist ein Gesellschafter ausgeschieden, kann dieser unbeschränkt Einspruch einlegen. Ist die Gesellschaft insgesamt aufgelöst, kann jeder Feststellungsbeteiligte unbeschränkt Einspruch einlegen.

45 Aus § 352 Abs. 1 Nr. 3 AO ergibt sich im Übrigen, dass ein Gesellschafter selbst dann Einspruch gegen einen die Gesellschafter betreffenden Feststellungsbescheid einlegen kann, wenn das Finanzamt fälschlicherweise davon

---

12 Vgl. Rz. 31.
13 Vgl. Rz. 31 ff.
14 Vgl. BFH vom 26.03.1971, BStBl II 1971, 478.

ausgegangen ist, dass der ausgeschiedene Gesellschafter für den betreffenden Feststellungszeitraum kein Gesellschafter war und ihn deshalb im Feststellungsbescheid nicht berücksichtigt hat. Dies gilt nicht nur für die Fälle, in denen der Gesellschafter einen Verlustanteil zugerechnet bekommen möchte, sondern auch dann, wenn er eine Gewinnbeteiligung geltend macht. Obwohl eine Gewinnbeteiligung im Folgebescheid für den Steuerpflichtigen nur nachteilige Folgen haben kann, nimmt der BFH ein berechtigtes Interesse des ausgeschiedenen Gesellschafters an, dass seine Gesellschafterstellung für das betreffende Kalenderjahr festgestellt wird.

5 Hinzuziehung zum Rechtsbehelfsverfahren

Gemäß § 360 Abs. 3 AO sind im Rechtsbehelfsverfahren gegen einheitliche Feststellungsbescheide grundsätzlich alle Feststellungsbeteiligten zum Verfahren hinzuzuziehen (notwendige Hinzuziehung). Soweit allerdings ein Feststellungsbeteiligter gem. § 352 Abs. 1 AO nicht selbst befugt wäre, Einspruch einzulegen, hat die Hinzuziehung nach § 360 Abs. 3 Satz 2 AO zu unterbleiben.[15]   **46**

Sofern eine notwendige Hinzuziehung z. B. eines ausgeschiedenen Gesellschafters unterlassen wurde, kann diese Hinzuziehung ggf. noch im Klageverfahren nachgeholt und der Fehler dadurch geheilt werden.

6 Verfahrensrechtliche Behandlung der stillen Gesellschaft

6.1 Allgemeines

Für die einkommensteuerrechtliche Behandlung der stillen Gesellschaft ist zu unterscheiden, ob es sich um eine typische oder atypische stille Gesellschaft handelt. Während der Stille bei der typischen stillen Gesellschaft Einkünfte aus Kapitalvermögen hat, hat er bei der atypischen stillen Gesellschaft Einkünfte aus Gewerbebetrieb. Dies hat auch verfahrensrechtliche Konsequenzen.   **47**

---
15 Vgl. z. B. BFH vom 30.03.1978, BStBl II 1978, 503.

6.2 Verfahrensrechtliche Behandlung der typischen stillen Gesellschaft

48 Da weder die Voraussetzungen des § 180 Abs. 1 Nr. 2 a noch des Abs. 2 AO erfüllt sind, wird keine einheitliche und gesonderte Feststellung der Einkünfte getroffen.

Die Einkünfte des Stillen aus seiner Beteiligung sind Einkünfte aus Kapitalvermögen und werden wie andere Einkünfte ohne gesonderte Feststellung bei der Einkommensteuerveranlagung als unselbständige Besteuerungsgrundlage erfasst.

Die Ausschüttungen des nach außen auftretenden Gesellschafters an den Stillen stellen bei dem Ausschüttenden Betriebsausgaben dar. Sie werden bei ihm ebenso wie andere Betriebsausgaben erfasst, also entweder bei seiner Einkommensteuerfestsetzung oder im Falle einer gesonderten Gewinnfeststellung bei dieser.

6.3 Verfahrensrechtliche Behandlung der atypischen stillen Gesellschaft

49 Da die Voraussetzungen von § 180 Abs. 1 Nr. 2 a und 3 AO vorliegen, sind einheitliche und gesonderte Gewinnfeststellungen und Einheitswertfeststellungen zu treffen.

7 Unterbeteiligung an einer Personengesellschaft

7.1 Allgemeines

50 Der Gesellschafter einer Personengesellschaft kann einen anderen an seiner Gesellschaftsbeteiligung derart beteiligen, dass dieser, ohne selbst Gesellschafter der Personengesellschaft zu werden, mittelbar über den Gesellschafter der Personengesellschaft am Betriebsergebnis der Personengesellschaft beteiligt wird. Nachfolgend sollen zur besseren Klarheit der Darstellung der Gesellschafter der Personengesellschaft als Hauptbeteiligter und der mittelbar Beteiligte als Unterbeteiligter bezeichnet werden. Zwischen Hauptbeteiligtem und Unterbeteiligtem besteht ebenfalls ein Gesellschaftsverhältnis. Dies wird nachfolgend als Untergesellschaft bezeichnet, während die eigentliche Personengesellschaft, an der der Hauptbeteiligte beteiligt ist, als Hauptgesellschaft bezeichnet wird.

Die unter Rz. 47–49 dargestellten Grundsätze für die stille Gesellschaft sind entsprechend auf die Unterbeteiligung anwendbar. Es ist also wie bei der

7.2 Typische stille Unterbeteiligung

Der typisch stille Unterbeteiligte hat Einkünfte aus Kapitalvermögen. Diese sind erstmals bei seiner Einkommensteuerveranlagung als unselbständige Besteuerungsgrundlage festzustellen.

51

Die Ausschüttungen des Hauptbeteiligten an den Unterbeteiligten stellen beim Hauptbeteiligten Sonderbetriebsausgaben dar. Diese Sonderbetriebsausgaben sind grundsätzlich im Rahmen der einheitlichen und gesonderten Gewinnfeststellung betreffend die Hauptgesellschaft zu berücksichtigen. Dies führt beim Hauptbeteiligten in den Fällen zu Problemen, in denen er die Unterbeteiligung vor den übrigen Gesellschaftern der Personengesellschaft geheim halten möchte.

Beispiel:

B ist Kommanditist bei der A-KG. An seinem Kommanditanteil hat B ohne Wissen der Mitgesellschafter den C unterbeteiligt, obwohl im Gesellschaftsvertrag vereinbart war, dass Unterbeteiligungen nur mit Zustimmung aller Gesellschafter erfolgen dürfen. Handelt ein Gesellschafter dieser Vereinbarung zuwider, kann er nach dem Gesellschaftsvertrag aus der Gesellschaft ausgeschlossen werden.

52

Bei der Beteiligung des C handelt es sich um eine typische stille Unterbeteiligung.

Von seinem Gewinnanteil für das Jahr 01 i. H. von 20.000 € führte B im Jahr 01 10.000 € an C ab. Im Rahmen der Gewinnfeststellung bei der Personengesellschaft für das Jahr 01 machte B seine Sonderbetriebsausgaben aufgrund der Beteiligung des C nicht geltend. Der Gewinn des B wurde somit im Rahmen eines Gesamtgewinnes von 100.000 € auf 20.000 € für 01 bestandskräftig festgestellt. Erst später bei seiner Einkommensteuerveranlagung 01 machte B die 10.000 € Sonderbetriebsausgaben geltend, indem er auf sein Geheimhaltungsinteresse gegenüber den Mitgesellschaftern hinwies.

Das Finanzamt lehnte die Berücksichtigung unter Hinweis auf § 182 Abs. 1 AO ab.

Nach dem BFH-Urteil vom 11.09.1991[16] können Sonderbetriebsausgaben nur im Rahmen des für die Gesellschaft durchzuführenden Gewinnfeststellungsverfahrens geltend gemacht werden. Der BFH führt hierzu aus (es handelte sich im entschiedenen Fall um Aufwendungen für ein Darlehen, die der Gesellschafter vor seinen Mitgesellschaftern geheim halten wollte):

„Die einheitliche und gesonderte Feststellung von Einkünften dient der Richtigkeit, der Rechtssicherheit und der Gleichbehandlung, indem durch ein Finanzamt für alle Beteiligten die in tatsächlicher und rechtlicher Hinsicht erforderlichen Beurteilungen getroffen werden. Gegenüber diesen Gesichts-

---

16 BStBl II 1992, 4.

U. Verfahrensrechtliche Besonderheiten

punkten hat das Interesse des einzelnen Beteiligten, seine Verhältnisse vor den Mitbeteiligten geheim zu halten, prinzipiell zurückzutreten, zumal er sich freiwillig mit den anderen Mitbeteiligten zur gemeinsamen Einkunftserzielung verbunden hat. Darüber hinaus sind die Schwierigkeiten zu berücksichtigen, die sich bei Aussonderung von Sonderbetriebseinnahmen und Sonderbetriebsausgaben aus dem Feststellungsverfahren ergeben, wenn diese zugleich mehrere Beteiligte betreffen.

Die Herausnahme bestimmter Betriebsausgaben und Betriebseinnahmen aus dem einheitlichen Feststellungsverfahren ist überdies im Hinblick auf die beabsichtigte Geheimhaltung wirkungslos, da diese sich auf die Festsetzung der Gewerbesteuer auswirken und der entsprechende Bescheid der Gesellschaft bekannt zu geben ist. Ob in ganz besonders gelagerten Ausnahmefällen eine Anwendung des § 227 AO in Betracht kommt, weil Sonderbetriebsausgaben nicht im Feststellungsverfahren geltend gemacht werden konnten, kann dahinstehen. Der Streitfall gibt dafür keine Anhaltspunkte. Über die Billigkeitsmaßnahme müsste zudem in einem besonderen Verfahren entschieden werden."

53 Nach diesem Urteil führt der Weg zur Berücksichtigung derartiger geheim zu haltender Sachverhalte nur über einen Billigkeitserlass. Dabei rechtfertigt – wie der entschiedene Fall zeigt – das Geheimhaltungsinteresse für sich allein den Billigkeitserlass noch nicht. Es müssen noch besondere Umstände hinzukommen. Beispielsweise muss der gegebene Sachverhalt es als völlig unzumutbar erscheinen lassen, ihn gegenüber den übrigen Mitgesellschaftern zu offenbaren. Eine Rolle beim Billigkeitserlass wird auch spielen, inwieweit der Steuerpflichtige dazu beiträgt, die mit der Abweichung für das Finanzamt verbundenen Schwierigkeiten zu bewältigen, indem er das Finanzamt rechtzeitig darauf hinweist. Es wird auch eine Rolle spielen, ob dasselbe Finanzamt für die gesonderte Feststellung und die Einkommensteuerfestsetzung zuständig ist oder ob es verschiedene Finanzämter sind.

Das Argument, die Sonderbetriebsausgabe habe auch Auswirkungen bei der Gewerbesteuer der Gesellschaft, ist allerdings bei der echten stillen Unterbeteiligung unbeachtlich, da nach § 8 Nr. 3 GewStG insoweit eine Hinzurechnung erfolgen müsste.

Ein Billigkeitserlass dürfte vorliegend bei B gleichwohl ausscheiden, da er seine Mitgesellschafter hintergeht und insoweit nicht als erlasswürdig erscheint.

7.3 Atypische stille Unterbeteiligung

54 Bei der atypischen stillen Unterbeteiligung ist grundsätzlich für die Untergesellschaft eine einheitliche und gesonderte Gewinnfeststellung zu treffen.[17] Da der atypische stille Unterbeteiligte an dem Gewinnanteil des Hauptbeteiligten beteiligt ist und der Ertrag aus dem Gewinnanteil beiden ertragsteuer-

---

[17] Vgl. BFH vom 05.11.1973, BStBl II 1974, 414.

rechtlich zugerechnet wird, sind alle Voraussetzungen des § 180 Abs. 1 Nr. 2 a AO erfüllt. Dementsprechend wird der Gewinnanteil des Hauptbeteiligten zunächst im Rahmen der einheitlichen und gesonderten Gewinnfeststellung bei der Hauptgesellschaft ohne Berücksichtigung der Unterbeteiligung ermittelt. Anschließend ist eine einheitliche und gesonderte Feststellung bezüglich der Untergesellschaft vorzunehmen, in welcher der Gewinnanteil des Hauptbeteiligten auf die Beteiligten an der Untergesellschaft verteilt wird. Nur der in der „Unter"-Feststellung ermittelte Gewinnanteil wird bei der Einkommensteuerveranlagung des Hauptbeteiligten und der des Unterbeteiligten zugrunde gelegt.

In der Praxis kommt es allerdings in den Fällen, in denen die atypische stille Unterbeteiligung nicht geheim gehalten werden soll, vor, dass der Unterbeteiligte bereits in die einheitliche und gesonderte Gewinnfeststellung bei der Hauptgesellschaft einbezogen wird. Dieses Verfahren dient der Vereinfachung. Es ist nach § 179 Abs. 2 Satz 3 AO zulässig, weil danach eine „Unter"-Feststellung ergehen „kann", also nicht unbedingt ergehen muss.

8 Feststellungsverjährung für einheitliche und gesonderte Feststellungen

8.1 Allgemeines

Gemäß § 181 Abs. 1 AO finden die Vorschriften über die Steuerfestsetzung sinngemäß auch Anwendung auf die gesonderte Feststellung von Besteuerungsgrundlagen. Daraus folgt, dass die die Personengesellschaften betreffenden einheitlichen und gesonderten Feststellungen der Feststellungsverjährung unterliegen.

55

8.2 Feststellungsverjährung bei einheitlichen und gesonderten Gewinnfeststellungen

Die Verjährung beginnt mit Ablauf des Jahres, in dem die Erklärung zur einheitlichen und gesonderten Gewinnfeststellung abgegeben wird (§ 170 Abs. 2 Nr. 1 i. V. m. § 181 Abs. 1 Satz 2 AO). Wird die Erklärung allerdings erst nach mehr als drei Jahren nach Ablauf des Jahres, für welches die Gewinnfeststellung zu treffen ist, abgegeben, beginnt die Verjährung mit Ablauf des dritten Jahres, das auf das Jahr der Gewinnfeststellung folgt.
Die Feststellungsfrist dauert gem. § 169 Abs. 2 Nr. 2 AO im Normalfall vier Jahre, sofern keine Steuerhinterziehung oder leichtfertige Steuerverkürzung vorliegt.

56

U. Verfahrensrechtliche Besonderheiten

57 Der Ablauf der Feststellungsfrist kann aufgrund der verschiedenen Tatbestände des § 171 AO gehemmt sein. Daneben kann jedoch auch noch die besondere Ablaufhemmung gem. § 181 Abs. 5 Satz 1 AO eingreifen. Danach kann auch nach Ablauf der Feststellungsverjährung eine gesonderte Feststellung noch insoweit erfolgen, als die gesonderte Feststellung für eine Steuerfestsetzung von Bedeutung ist. Hierbei ist allerdings strittig, ob die Ablaufhemmung eintritt, wenn die gesonderte Feststellung nicht mehr für alle Feststellungsbeteiligten von Bedeutung ist, weil bei einem oder mehreren die Festsetzungsverjährung bereits eingetreten ist. So hat der BFH in seinem Urteil vom 10.12.1992[18] im Falle einer Bilanzberichtigung entschieden, die Ablaufhemmung nach § 181 Abs. 5 Satz 1 AO greife nicht ein, weil die Feststellung nicht mehr bei allen Beteiligten infolge der inzwischen eingetretenen Festsetzungsverjährung verwertet werden könne. Die Verwaltung lehnt diese Auffassung ab.[19] Im Sinne der Verwaltungsauffassung haben auch andere Senate des BFH entschieden.[20] Richtigerweise wird man wohl davon ausgehen müssen, dass die Ablaufhemmung für die Feststellungsbeteiligten eingreift, bei denen die Festsetzungsverjährung bezüglich des Folgebescheides noch nicht eingetreten ist. Andernfalls wäre die Regelung in § 181 Abs. 5 Satz 2 AO sinnlos, wonach im Feststellungsbescheid darauf hinzuweisen ist, dass die Feststellung nur für diejenigen Steuerfestsetzungen von Bedeutung ist, für welche die Festsetzungsfrist im Zeitpunkt der gesonderten Feststellung noch nicht abgelaufen ist. Allerdings ist die Ablaufhemmung im Falle einer Bilanzberichtigung problematisch, wenn sie nur für einen Teil der Feststellungsbeteiligten eintritt und es dadurch zu unterschiedlichen Werten für die Feststellungsbeteiligten kommt, welche dann über mehrere Jahre fortzuführen wären. Insofern mag die o. a. Entscheidung des BFH vom 10.12.1992 als Entscheidung in einem Sonderfall gerechtfertigt sein. Wirkt sich dagegen die Ablaufhemmung nur für das betreffende Kalenderjahr aus (z. B. wegen Erfassung weiterer Betriebseinnahmen), ist der Verwaltungsauffassung zu folgen.

58 **Beispiel:**

Entsprechend der im Kj. 02 abgegebenen Erklärung zur einheitlichen und gesonderten Gewinnfeststellung wurde der Gewinn der AB-OHG für das Kj. 01 auf insgesamt 2.000 € festgestellt und A und B je i. H. von 1.000 € zugerechnet. Die Gewinnanteile von A und B wurden bei deren Einkommensteuerveranlagung für das Kj. 01 berücksichtigt. Im Kj. 07 werden Tatsachen bekannt, die eine Erhöhung des Gesamtgewinns der OHG auf 50.000 € gem. § 173 Abs. 1 Nr. 1 AO rechtfertigen würden. Die Feststellungsverjährungsfrist für das Kj. 01 ist zu diesem Zeitpunkt vorbehaltlich des § 181 Abs. 4 AO bereits abgelaufen. Während A seine Einkommensteuererklärung für das Kj. 01 im Kj. 02 abgegeben hat, hat B seine Einkommensteuererklärung für 01 erst im Kj. 03 abge-

---

18 So IV. Senat des BFH vom 10.12.1992, BStBl II 1994, 381.
19 Vgl. BMF vom 24.05.1994, BStBl I 1994, 302.
20 Z. B. III. Senat des BFH vom 10.12.1998, BStBl II 1999, 390.

geben. Demzufolge ist bei A die Festsetzungsverjährungsfrist für die Einkommensteuer des Jahres 01 bereits abgelaufen, während die Festsetzungsverjährungsfrist bei B für das Kj. 01 erst mit Ablauf des Jahres 07 abläuft. Ein Gewinnfeststellungsänderungsbescheid wäre sowohl für die Einkommensteuerfestsetzung des A als auch des B von Bedeutung (vgl. § 175 Abs. 1 Nr. 1 AO). Da für die Einkommensteuerfestsetzung des B die Festsetzungsverjährungsfrist noch nicht abgelaufen ist, kann gem. § 181 Abs. 5 Satz 1 AO der Gewinnfeststellungsänderungsbescheid im Kj. 07 noch ergehen. Dieser Änderungsbescheid darf jedoch lediglich noch bei B berücksichtigt werden. Damit gewährleistet ist, dass eine Berücksichtigung bei A nicht mehr erfolgt, schreibt § 181 Abs. 5 Satz 2 AO vor, dass der Feststellungsbescheid etwa folgenden Hinweis enthalten muss:

„Der Feststellungsbescheid ist nur für eine Steuerfestsetzung von Bedeutung, für die die Festsetzungsfrist im Zeitpunkt des Ergehens des Feststellungsbescheides noch nicht abgelaufen ist. Hierbei bleibt § 171 Abs. 10 AO außer Betracht."

8.3 Feststellungsverjährung bei Einheitswertbescheiden

Die unter Rz. 56 ff. dargestellten Grundsätze gelten entsprechend. Da jedoch Hauptfeststellungen nicht jedes Jahr stattfinden und nur für Hauptfeststellungen die gesetzliche Pflicht zur Abgabe einer Erklärung besteht, bringt § 181 Abs. 3 Satz 3 AO für eventuell erforderlich werdende Fortschreibungen bezüglich der vor der nächsten Hauptfeststellung liegenden Folgejahre eine Sonderregelung. Danach verläuft die Feststellungsverjährung für Fortschreibungen parallel zur Feststellungsverjährung für die Hauptfeststellung. Die auf das Jahr der Hauptfeststellung folgende Fortschreibung verjährt also beispielsweise ein Jahr später als die Hauptfeststellung.

59

Literaturverzeichnis

Adler/Düring/Schmaltz	Rechnungslegung und Prüfung der Unternehmen, Schäffer-Poeschel-Verlag, Stuttgart, 6. Auflage 1999
Baumbach/Hopt	Handelsgesetzbuch, Kurzkommentar, Verlag C. H. Beck, München, 33. Auflage 2008
Baumbach/Hueck	GmbH-Gesetz, Kurzkommentar, Verlag C. H. Beck, München, 19. Auflage 2008
Beck'scher Bilanzkommentar	Verlag C. H. Beck, München, 6. Auflage 2006
Binz/Sorg	Die GmbH u. Co. KG, Verlag C. H. Beck, München, 10. Auflage 2005
Blümich (Bearbeiter)	EStG, KStG, GewStG, Kommentar, Verlag Franz Vahlen, München, 16. Auflage, Loseblatt
Boruttau	Grunderwerbsteuergesetz, Kommentar, Verlag C. H. Beck, München, 16. Auflage 2006
Brönner	Die Besteuerung der Gesellschaften, des Gesellschafterwechsels und der Umwandlungen, Schäffer-Poeschel-Verlag, Stuttgart, 18. Auflage 2007
Bruschke	Verkehrsteuern, Erich Fleischer Verlag, Achim, 5. Auflage 2006
Dötsch/Bearbeiter	Kommentar zum KStG, UmwStG, Schäffer-Poeschel-Verlag, Stuttgart, Loseblatt
Ebenroth u. a.	Erbrecht, Verlag C. H. Beck, München, 2. Auflage 2007
Falterbaum/Bolk/Reiß/Eberhart	Buchführung und Bilanz, Erich Fleischer Verlag, Achim, 20. Auflage 2007
Fleischer/Thierfeld	Stille Gesellschaft im Steuerrecht, Erich Fleischer Verlag, Achim, 8. Auflage 2008
Gebel	Betriebsvermögensnachfolge, Verlag Vahlen, München, 2. Auflage 2002
Gürsching/Stenger	Kommentar zum Bewertungsgesetz, Verlag Dr. Otto Schmidt KG, Köln, Loseblatt
Haritz/Benkert	UmwStG, Verlag C. H. Beck, München, 2. Auflage 2000
Hartmann/Metzenmacher	Umsatzsteuer, Erich Schmidt Verlag, Berlin, 7. Auflage, Loseblatt

Literaturverzeichnis

Herrmann/Heuer/Raupach	Kommentar zur Einkommensteuer und Körperschaftsteuer, Dr. Otto Schmidt Verlag, Köln, 21. Auflage, Loseblatt
Hesselmann (Bearbeiter)	Handbuch der GmbH u. Co. KG, Verlag Dr. Otto Schmidt, Köln, 19. Auflage 2005
Hofmann	Grunderwerbsteuergesetz, Kommentar, NWB-Verlag, Herne/Berlin, 8. Auflage 2004
Horschitz/Groß/Weidner/Fanck	Bilanzsteuerrecht und Buchführung, Schäffer-Poeschel-Verlag, Stuttgart, 11. Auflage 2007
Hottmann u. a.	Die GmbH im Steuerrecht, Erich Fleischer Verlag, Achim, 2. Auflage 2006
Hottmann/Fanck	Besteuerung von Gesellschaften, Erich Fleischer Verlag, Achim, 11. Auflage 2009
Hübner	Die Unternehmensnachfolge im Erbschaft- und Schenkungsteuerrecht, Verlag Recht und Wirtschaft, Heidelberg, 1998
Knobbe-Keuk	Bilanz- und Unternehmenssteuerrecht, Verlag Dr. Otto Schmidt, Köln, 9. Auflage 1993
Kopei/Zimmermann	Bilanzsteuerrecht, Erich Fleischer Verlag, Achim, 12. Auflage 2006
Küting/Weber	Handbuch der Rechnungslegung Band I a, Schäffer-Poeschel-Verlag, Stuttgart, 5. Auflage 2002, Loseblatt
Lange/Grützner/Kussmann/Reiß	Personengesellschaften im Steuerrecht, NWB-Verlag, Herne, 7. Auflage 2008
Lenski/Steinberg	Kommentar zum Gewerbesteuergesetz, Verlag Dr. Otto Schmidt KG, Köln, Loseblatt
Littmann/Bitz/Pust	Kommentar zum EStG, Schäffer-Poeschel-Verlag, Stuttgart, 15. Auflage, Loseblatt
Lutter (Hrsg)	Umwandlungsgesetz, Verlag Dr. Otto Schmidt, Köln, 4. Auflage 2009
Maiberg	Gesellschaftsrecht, J. Schweitzer-Verlag, München, 7. Auflage 1990
Moench	Erbschaft- und Schenkungsteuerkommentar, Luchterhand Verlag, Köln, Loseblatt
Münchener Kom. HGB	Verlag C. H. Beck, München, 2. Auflage 2005 ff.
Münchener Kom. BGB	Verlag C. H. Beck, München, 5. Auflage 2007 ff.
Pahlke/Franz	Grunderwerbsteuergesetz, Kommentar, Verlag C. H. Beck, München, 3. Auflage 2005

Literaturverzeichnis

Palandt	Bürgerliches Gesetzbuch, Kommentar, Verlag C. H. Beck, München, 68. Auflage 2009
Rau/Dürrwächter/Flick/Geist	Kommentar zum Umsatzsteuergesetz, Verlag Dr. Otto Schmidt, Köln, 8. Auflage, Loseblatt
Rössler/Troll	Bewertungsgesetz, Kommentar, Vahlen-Verlag, München, Loseblatt
Schmidt/Bearbeiter	Kommentar zum EStG, C. H. Beck Verlag, München, 27. Auflage 2008
Schmidt, Karsten	Gesellschaftsrecht, Carl Heymanns Verlag KG, Köln, Berlin, Bonn, München, 4. Auflage 2002
Schmitt/Hörtnagel/Stratz	UmwG, UmwStG, Verlag C. H. Beck, München, 5. Auflage 2009
Schwedhelm	Die Unternehmensumwandlung, Dr. Otto Schmidt Verlag, Köln, 6. Auflage 2008
Spangemacher	Gewerbesteuer, Erich Fleischer Verlag, Achim, 13. Auflage 2000
Theilacker	Die vorweggenommene Erbfolge, Schäffer-Poeschel-Verlag, 1993
Tipke/Kruse	Abgabenordnung, Finanzgerichtsordnung, Kommentar, Verlag Dr. Otto Schmidt, Köln, Loseblatt
Troll/Gebel/Jülicher	Erbschaftsteuer- und Schenkungsteuergesetz, Kommentar, Verlag Franz Vahlen, München, Loseblatt
Ulmer	Die Gesellschaft bürgerlichen Rechts und Partnerschaftsgesellschaft. Systematischer Kommentar der §§ 705–740 BGB, Verlag C. H. Beck, München, 4. Auflage 2004
Viskorf/Glier/Hübner/Knobel/Schuck	Erbschaftsteuer- und Schenkungsteuergesetz, Bewertungsgesetz, Kommentar, Verlag Neue Wirtschaftsbriefe, Herne, 2. Auflage 2004

Abkürzungen

A
a. A.	anderer Ansicht
a. a. O.	am angegebenen Ort
ABG	Allgemeines Berggesetz
Abs.	Absatz
Abschn.	Abschnitt
a. E.	am Ende
a. F.	alte Fassung
AfA	Absetzung für Abnutzung
AG	Aktiengesellschaft
AktG	Aktiengesetz
Anm.	Anmerkung
a. o.	außerordentlich
AO	Abgabenordnung
Arge	Arbeitsgemeinschaft
Art.	Artikel

B
Bad.-Württ.	Baden-Württemberg
BB	Betriebsberater (= Zeitschrift)
BBK	Buchführung, Bilanz, Kostenrechnung (= Zeitschrift)
Bd.	Band
BdF	Bundesminister der Finanzen
BdF-Erl.	Erlass des Bundesministers der Finanzen
BetrAVG	Gesetz zur Verbesserung der betrieblichen Altersversorgung
BetrVG	Betriebsverfassungsgesetz
BewG	Bewertungsgesetz
BFH	Bundesfinanzhof
BFHE	Sammlung der Entscheidungen des Bundesfinanzhofs
BFH/NV	Sammlung amtlich nicht veröffentlichter Entscheidungen des BFH (= Zeitschrift)
BFM	Bundesministerium der Finanzen
BGB	Bürgerliches Gesetzbuch
BGBl	Bundesgesetzblatt
BGH	Bundesgerichtshof
BGHZ	Entscheidungen des BGH in Zivilsachen
BMF	Bundesminister(ium) der Finanzen
Bp	Betriebsprüfung
BRD	Bundesrepublik Deutschland
BStBl	Bundessteuerblatt
BVerfG	Bundesverfassungsgesetz
BVG	Betriebsverfassungsgesetz
BW	Baden-Württemberg
bzw.	beziehungsweise

D
DB	Der Betrieb (= Zeitschrift)
Db	Durchführungsbestimmung
DBA	Doppelbesteuerungsabkommen
DeuStBT	Deutscher Steuerberatertag (= Zeitschrift)
d. h.	das heißt
DM	Deutsche Mark
DNotZ	Deutsche Notarzeitschrift
DR	Deutsches Recht (= Zeitschrift)
DStR	Deutsches Steuerrecht (= Zeitschrift)
DStRE	DStR Entscheidungsdienst (= Zeitschrift)
DStZ	Deutsche Steuerzeitung (= Zeitschrift)
DV(O)	Durchführungsverordnung

E
€	Euro
EFG	Entscheidungen der Finanzgerichte (= Zeitschrift)
eG	eingetragene Genossenschaft
EG	Erdgeschoss
EG	Europäische Gemeinschaft
EGBGB	Einführungsgesetz zum BGB
EGHGB	Einführungsgesetz zum HGB
EigZul	Eigenheimzulage
EigZulG	Eigenheimzulagengesetz
einschl.	einschließlich
ErbSt	Erbschaftsteuer
ErbStG	Erbschaftsteuergesetz
ErfVO	Erfinderverordnung
Erl.	Erlass

Abkürzungen

EStB	Der Ertragsteuerberater (= Zeitschrift)	GWB	Gesetz gegen Wettbewerbsbeschränkungen
EStDV	Einkommensteuer-Durchführungsverordnung	GWG	Geringwertiges Wirtschaftsgut
EStG	Einkommensteuergesetz	GuV	Gewinn-und-Verlust-Rechnung
EStR	Einkommensteuer-Richtlinien		
etc.	et cetera		
e. V.	eingetragener Verein	**H**	
EW	Einheitswert	HFA	Hauptfachausschuss beim Institut der Wirtschaftsprüfer
EWG	Europäische Wirtschaftsgemeinschaft	HFR	Höchstrichterliche Finanzrechtsprechung (= Zeitschrift)
EWIV	Europäische wirtschaftliche Interessenvereinigung	HGB	Handelsgesetzbuch

F		**I**	
FA	Finanzamt	i. d. F.	in der Fassung
ff.	folgende	i. d. R.	in der Regel
FG	Finanzgericht	IdW	Institut der Wirtschaftsprüfer
FGO	Finanzgerichtsordnung	INF	Information (Zeitschrift)
FinBeh	Finanzbehörde	InsO	Insolvenzordnung
FinMin	Finanzministerium	InvZulG	Investitionszulagengesetz
FM	Finanzministerium	i. H.	in Höhe
Fn.	Fußnote	i. S.	im Sinne
FördG	Fördergebietsgesetz	i. V.	in Verbindung
FR	Finanzrundschau (= Zeitschrift)	i. V. m.	in Verbindung mit

G		**J**	
G	Gesetz	JDStJG	Jahrbuch der Deutschen Steuerjuristischen Gesellschaft (= Zeitschrift)
GbR	Gesellschaft des bürgerlichen Rechts	JStG	Jahressteuergesetz
gem.	gemäß	JStErgG	Jahressteuerergänzungsgesetz
GenG	Genossenschaftsgesetz	JZ	Juristische Zeitung
GewSt	Gewerbesteuer		
GewStDV	Gewerbesteuer-Durchführungsverordnung	**K**	
GewStG	Gewerbesteuergesetz	KapSt	Kapitalertragsteuer
GewStR	Gewerbesteuer-Richtlinien	KFR	Kommentierte Finanzrechtsprechung (= Zeitschrift)
ggf.	gegebenenfalls		
gl. A	gleicher Ansicht	Kfz	Kraftfahrzeug
GmbH	Gesellschaft mit beschränkter Haftung	KG	Kommanditgesellschaft
		KG a.A.	Kommanditgesellschaft auf Aktien
GmbHG	GmbH-Gesetz		
GmbHR	GmbH-Rundschau (= Zeitschrift)	Kj.	Kalenderjahr
		km	Kilometer
GrESt	Grunderwerbsteuer	Komm.	Kommentar
GrEStG	Grunderwerbsteuergesetz	KSt	Körperschaftsteuer
GrS	Großer Senat	KStG	Körperschaftsteuergesetz

Abkürzungen

L
LKW — Lastkraftwagen
LSW — Lexikon des Steuer- und Wirtschaftsrechts (= Zeitschrift)
lt. — laut
Ltd. — Private Limited Company

M
MitbestG — Mitbestimmungsgesetz
MU — Mitunternehmer
MUE — Mitunternehmer-Erlass
m. w. N. — mit weiteren Nachweisen

N
Nr. — Nummer
NJW — Neue Juristische Wochenschrift (= Zeitschrift)
NWB — Neue Wirtschaftsbriefe (= Zeitschrift)

O
o. a. — oben angeführt
OFD — Oberfinanzdirektion
OG — Obergeschoss
o. g. — oben genannt
OHG — Offene Handelsgesellschaft

P
PartGG — Partnerschaftsgesellschaftsgesetz
PKW — Personenkraftwagen

R
RAP — Rechnungsabgrenzungsposten
RFH — Reichsfinanzhof
RG — Reichsgericht
RGR — Reichsgerichtsräte-Kommentar
Rn. — Randnummer
RStBl — Reichssteuerblatt
RVO — Rechtsverordnung
Rz. — Randziffer

S
S. — Seite
s. — siehe

SCE. — Societas Cooperativa Europaea = Europäische Genossenschaft
SE. — Societas Europaea = Europäische Aktiengesellschaft
sog. — so genannt
sonst. — sonstige
StÄndG — Steueränderungsgesetz
StandOG — Standortsicherungsgesetz
StB — Der Steuerberater (= Zeitschrift)
Stbg — Die Steuerberatung (= Zeitschrift)
StBereinG — Steuerbereinigungsgesetz
StBp — Steuerliche Betriebsprüfung (= Zeitschrift)
StbJB — Steuerberater-Jahrbuch
StEntlG — Steuerentlastungsgesetz 1999/2000/2002
StLex — Steuer-Lexikon (= Zeitschrift)
StMBG — Missbrauchsbekämpfungs- und Steuerbereinigungsgesetz
Stpfl. — Steuerpflichtiger
StRK — Steuerrechtskommentar
StSem — Steuer-Seminar (= Zeitschrift)
StuW — Steuer und Wirtschaft (= Zeitschrift)

T
T — Tausend
Tz. — Textziffer

U
u. a. — unter anderem
u. Ä. — und Ähnliches
u. E. — unseres Erachtens
UmwG — Umwandlungsgesetz
UmwStG — Umwandlungssteuergesetz
UntStFG — Gesetz zur Fortentwicklung des Unternehmenssteuerrechts vom 20.12.2001
UR — Umsatzsteuerrundschau (= Zeitschrift)
USt — Umsatzsteuer
UStDB 51 — Umsatzsteuer-Durchführungsbestimmungen 1951
UStDV — Umsatzsteuer-Durchführungsverordnung
UStG — Umsatzsteuergesetz
usw. — und so weiter

1637

Abkürzungen

UVR	Umsatzsteuer- und Verkehrsteuer-Rundschau (= Zeitschrift)	VVG	Versicherungsvertragsgesetz
		VuG	Verlust-und-Gewinn-Rechnung
		VZ	Veranlagungszeitraum

V
- VAG — Versicherungsaufsichtsgesetz
- Verb(indl.) — Verbindlichkeiten
- VermBG — Vermögensbildungsgesetz
- vGA — verdeckte Gewinnausschüttung
- vgl. — vergleiche
- v. H. — vom Hundert
- VO — Verordnung
- VorSt — Vorsteuer
- VSt — Vermögensteuer
- VStR — Vermögensteuer-Richtlinien
- VVaG — Versicherungsverein auf Gegenseitigkeit

W
- Wj. — Wirtschaftsjahr
- WohneigFG — Wohneigentumsförderungsgesetz
- WPg — Wirtschaftsprüfung (= Zeitschrift)

Z
- z. B. — zum Beispiel
- ZEV — Zeitschrift für Erbrecht und Vermögensnachfolge
- z. H. — zu Händen
- Ziff. — Ziffer

Stichwortverzeichnis

Die Zahlenangaben verweisen auf die Randziffern
(Beispiel: B. 104 – Kapitel B., Randziffer 104). Soweit die Steuerart nicht angegeben ist, betreffen die Hinweise die ESt, das Zivil- oder das Verfahrensrecht.

A

Abfärbetheorie   B. 30

Abfindung
— der Erben durch Gewinnbeteiligung   O. 66
— der Gesellschafter durch Gesellschaft, USt   N. 41
— des austretenden Gesellschafters, USt   J. 31, J. 304
— mit Gegenständen des Betriebs bei Erbauseinandersetzung   O. 18
— mit Grundstück, USt   J. 312
— mit wiederkehrenden Bezügen, USt   J. 314

Abfindungsanspruch   J. 31, J. 49

Abfindungsvariante
— ErbSt   S. 25

Abfindungszahlungen bei Erbauseinandersetzungen   O. 13

Abgekürzte Leibrente   J. 216

Abgrenzung Doppelgesellschaft – Schwesternpersonengesellschaft   G. 15
— Schwesternpersonengesellschaften   G. 15

Abschreibungen
— AfA bei Gebäuden   B. 243
— erhöhte Abschreibungen   B. 245, J. 116, J. 192
— erhöhte Absetzungen   C. 59, C. 73
— Sonderabschreibungen   B. 245, C. 59, J. 116, J. 192
— weitere Behandlung bei Einbringung   C. 68
— weitere Behandlung nach Ausscheiden   J. 112

— weitere Behandlung nach Gesellschafterwechsel   J. 188

Abschreibungsgesellschaften, GewSt   B. 454

Abspaltung   C. 10

Abstandszahlungen   P. 25, R. 3

Abweichendes Wirtschaftsjahr   C. 78

Abwicklungsgesellschaft   N. 6, O. 61

Abzinsung von Verbindlichkeiten   B. 149

Additive Gewinnermittlung   B. 65
— mit korrespondierender Bilanzierung   B. 145, B. 166

Adressierung von Bescheiden   U. 9
— betreffend die Gesellschafter   U. 25
— betreffend die Personengesellschaft   U. 14

Änderung der Gewinnverteilung
— bei der Familienpersonengesellschaft   F. 57
— bei der GmbH & Co. KG   R. 75

AG-Begriff   A. 12, B. 10

Aktive Ausgleichsposten gem. § 15 a EStG   E. 51

Angemessener Pachtzins bei Betriebsaufspaltung   H. 40

Annäherung Mitunternehmer an Einzelunternehmer   B. 69

Anrechnung von Besitzzeiten   C. 66

Anschaffungskosten bei vorweggenommener Erbfolge   P. 9

Anschaffungskosten der GmbH-Beteiligung   B. 148

1639

Stichwortverzeichnis

Anschaffungskosten für mehrere Wirtschaftsgüter bei Erbauseinandersetzung
— drei Erben, Ausgleichszahlung nur an einen Erben O. 26
— drei Erben, Ausgleichszahlungen von zwei Erben O. 27
— vgl. auch O. 21–23 O. 25
— zwei Erben mit Ausgleichszahlung O. 25

Anteilsübertragung unter Nießbrauchsvorbehalt an Gewinnanteilen Q. 40

Anteilsvereinigung, GrESt T. 25 f., T. 37

Anwachsung L. 14
— bei Umwandlung in GmbH L. 2, L. 14, L. 44
— des Gesellschaftsvermögens, USt N. 39
— GrESt T. 27

Anzeigepflicht, GrESt T. 55

Arbeitseinsatz B. 363

Arbeitsgemeinschaft
— GewSt B. 452
— Mitunternehmerschaft B. 21
— USt B. 533

Arbeitsleistungen B. 316
— Allgemeines B. 316
— laufende und einmalige Vergütungen B. 317
  — Abfindungen B. 317
  — Arbeitnehmer- und Arbeitgeberanteile zur Sozialversicherung B. 317
  — Beiträge an eine Direktversicherung B. 317
  — Ersatz von Aufwendungen B. 317
  — Jubiläumszuwendungen B. 317
  — Vermittlungsprovisionen B. 317
  — vermögenswirksame Leistungen B. 317
  — Zuschläge für Sonntags-, Feiertags- und Nachtarbeit und Überstunden B. 317

Arbeitsverhältnisse zwischen Personengesellschaft und dem Ehegatten eines Gesellschafters B. 293

Atypisch still Unterbeteiligter bei § 15 a EStG E. 33

Atypisch stille Gesellschaft B. 95, F. 61
— als Familiengesellschaft F. 61
— Aufgabe des Gewerbebetriebs N. 5
— Ausscheiden von Gesellschaftern J. 11
— Betriebsvermögen B. 95
— gewerbesteuerliche Behandlung B. 453
— Gründung C. 43
— und § 15a EStG E. 23

Atypische Unterbeteiligung F. 61

Aufgabe eines Mitunternehmeranteils J. 13

Aufhebung F. 41
— einer Klausel bei Familienpersonengesellschaft F. 41

Auflagen bei Erbauseinandersetzung O. 29

Auflösung der Personengesellschaft N. 1, O. 61
— allmähliche Auflösung N. 6
— Aufgabe des Gewerbebetriebs N. 5
— Auflösungsarten N. 1
— Auflösungsgründe A. 66, B. 66, N. 7
— bei Tod eines Gesellschafters O. 61
— Betriebsaufgabe N. 5
— Betriebsveräußerung N. 2 f.
— Bürgschaft N. 13
— Darlehen N. 12
— durch Austritt, USt N. 37
— ertragsteuerliche Folgen N. 1
— Forderungen bei Veräußerung oder Aufgabe N. 14
— Gesellschafterforderungen N. 12
— Liquidation N. 6
— Liquidation, USt N. 32
— negative Kapitalkonten N. 8

1640

Stichwortverzeichnis

— Schulden N. 18
— Tod O. 50, O. 61, O. 105
— USt N. 32, O. 122
— Zinsen N. 18
— Zivilrecht A. 66

Aufsichtsrat
— GmbH & Co. KG R. 10
— USt R. 103

Aufsichtsratsvergütungen bei der GmbH & Co. KG R. 60

Aufspaltung C. 10

Aufspaltungsvorgang bei Betriebsaufspaltung H. 25

Aufstellung der Eröffnungsbilanz B. 176
— der Schlussbilanz B. 175

Aufteilung der Anschaffungskosten bei mehreren Wirtschaftsgütern O. 21 ff.

Aufwandseinlage H. 46
— Beteiligungsidentität H. 53
— Firmenfortführung H. 50
— Firmenname H. 50
— Verlust H. 46

Auseinandersetzungsbilanz J. 31, J. 50

Ausgleichszahlungen
— bei Erbauseinandersetzungen O. 13 ff., O. 21 ff., O. 71 ff., O. 82, O. 84, O. 90, O. 98
— bei Realteilung J. 284
— bei vorweggenommener Erbfolge P. 1, P. 25 f., P. 35 ff., P. 43 ff.

Ausgliederung C. 10, C. 15

Ausscheiden des Gesellschafters, USt J. 304
— Abfindung mit wiederkehenden Bezügen J. 314
— Barabfindung J. 305
— Behandlung der Abfindung des ausscheidenden Gesellschafters bei der Gesellschaft J. 308

— Behandlung des Ausscheidens beim Gesellschafter J. 305
— Sachwertabfindung J. 308

Ausscheiden des Kommanditisten bei noch nicht verrechenbarem Verlust E. 50

Ausscheiden eines Gesellschafters aus einer bestehenden Personengesellschaft
— Ausscheiden gegen Barabfindung
  — Abfindung bei negativem Kapitalkonto J. 132
  — Grundsätze der steuerlichen Behandlung J. 31
  — über Buchwert J. 69
  — unter Buchwert J. 122
  — Zeitpunkt J. 28
  — zum Buchwert J. 60
— Ausscheiden gegen Sachwertabfindung J. 153
  — Allgemeines J. 153
  — bilanzmäßige Behandlung im Einzelnen J. 166
  — Fallkombinationen J. 159
  — grundsätzliche Behandlung J. 154
  — handelsrechtliche Beurteilung H. 176
  — Rechtsfolgen für den ausscheidenden Gesellschafter J. 156
  — Rechtsfolgen für die verbleibenden Gesellschafter J. 158
— Überblick J. 4
— Veräußerung eines Mitunternehmeranteils an einen Dritten J. 168
  — Veräußerung mit negativem Kapitalkonto J. 183
  — Veräußerung über Buchwert J. 174
  — Veräußerung unter Buchwert J. 180
  — weitere steuerliche Behandlung beim neu eingetretenen Gesellschafter J. 188

1641

Stichwortverzeichnis

— Veräußerung eines Mitunternehmeranteils gegen laufende Bezüge in Form einer Gewinn- oder Umsatzbeteiligung
  — Behandlung bei den verbleibenden Gesellschaftern   J. 202, J. 231 f.
  — Behandlung beim ausscheidenden Gesellschafter   J. 231
— Veräußerung eines Mitunternehmeranteils gegen Raten   J. 196
  — Behandlung beim ausscheidenden Gesellschafter   J. 196
— Veräußerung eines Mitunternehmeranteils gegen Rente
  — abgekürzte Leibrente   J. 216
  — Abgrenzung der Veräußerungsrenten von den Versorgungsrenten   J. 206
  — Behandlung bei den verbleibenden Gesellschaftern   J. 225
  — Behandlung beim ausscheidenden Gesellschafter   J. 210
  — bilanzmäßige Behandlung im Einzelnen   J. 230
  — Übersicht   J. 209
  — verlängerte Leibrente   J. 221
— Wertansatz   J. 155

Ausscheiden eines Gesellschafters über Buchwert   J. 69
— Behandlung bei den verbleibenden Gesellschaftern   J. 97
  — Abfindung für entgehende künftige Gewinnaussichten   J. 103
  — Ansatz eines Firmenwerts   J. 101
  — buchmäßige Behandlung   J. 111
  — Entschädigung für vorhandene stille Reserven   J. 98
  — lästiger Gesellschafter   J. 105
  — Schenkung   J. 108
  — teilentgeltliche Veräußerung   J. 109
  — weitere steuerliche Behandlung   J. 112

— Behandlung beim ausscheidenden Gesellschafter   J. 70
  — Ermittlung des Veräußerungsgewinns   J. 70
  — Freibetrag   J. 84
  — Steuerermäßigung gem. § 34 EStG   J. 90
  — Übertragung von Wirtschaftsgütern des Sonderbetriebsvermögens   J. 74
  — bilanzmäßige Behandlung im Einzelnen   J. 121
  — buchmäßige Behandlung des Ausscheidens   J. 111
  — Gründe   J. 69

Ausscheiden eines Gesellschafters unter Buchwert   J. 122
— Behandlung bei den verbleibenden Gesellschaftern   J. 125
— Behandlung beim ausscheidenden Gesellschafter   J. 124
— Gründe   J. 122

Ausscheiden eines Gesellschafters zum Buchwert   J. 60
— Behandlung bei den verbleibenden Gesellschaftern   J. 65
— Behandlung beim ausscheidenden Gesellschafter   J. 61
— Gründe   J. 60

Ausscheiden gegen Abfindung seitens der Gesellschaft, USt   N. 41

Außengesellschaften, Begriff   A. 22

Außenprüfung, ErbSt   S. 48

Außerbetriebliche Versorgungsrenten   J. 224, J. 229

Ausstehende Einlagen   C. 3

Austauschvertrag   A. 3

Austritt aller Gesellschafter, USt   N. 37

Austritt eines Gesellschafters aus einer bestehenden Personengesellschaft
— ESt   J. 1
— USt   J. 304
— Zivilrecht   A. 61

Stichwortverzeichnis

Ausweis des Jahresergebnisses B. 197

Auswirkungen des Eintritts in eine Gesellschaft auf bereits bestehende Rechtsbeziehungen B. 336

B

Bareinlage A. 37

Bar-Einzahlung bei § 15a EStG E. 25

Bargründung
— bei Betriebsaufspaltung H. 31
— bei Umwandlung in GmbH H. 31, L. 10, L. 23
— USt C. 88

Bauleistung gem. §§ 48–48 d EStG B. 307

Bauträger E. 78, E. 90, E. 92

Befreiungsvorschriften, GrESt T. 42 ff.

Begründung einer Betriebsaufspaltung H. 25

Begünstigung
— ErbSt S. 59 ff.

Begünstigung nicht entnommener Gewinne (§ 34 a EStG) B. 428
— Antrag B. 440
— Ausnahmen von der Nachversteuerung B. 448
— Begünstigungsbetrag B. 444
— begünstigungsfähige Gewinne B. 436
— Belastungsvergleich B. 429
— Besonderheiten bei Personengesellschaften B. 439
— Gewinnermittlung bei einer Personengesellschaft B. 435
— Nachversteuerungsbetrag B. 446
— Nachversteuerungsfälle B. 447
— nachversteuerungspflichtiger Betrag B. 443
— nicht entnommener Gewinn B. 438
— Voraussetzungen B. 432
— Vorbemerkung B. 428
— Wahlrecht B. 445

Beherrschung bei Betriebsaufspaltung H. 53
— durch Familienverband H. 63
— durch mittelbare Mehrheitsbeteiligung H. 73
— durch Personengruppen H. 52

Beherrschungsidentität H. 54

Beirat bei GmbH & Co. KG R. 10, R. 60

Beiratsvergütungen bei der GmbH & Co. KG R. 60

Bekanntgabe von Bescheiden U. 9
— an Empfangsbevollmächtigte U. 30

Besitzgesellschaft
— zur Realteilung J. 267, J. 297

Besitzpersonengesellschaft B. 126, B. 144
— eines Gesellschafters an der Betriebs-GmbH B. 126

Besitzunternehmen B. 146
— bei Betriebsaufspaltung H. 8

Besitzzeiten, Anrechnung C. 66

Bestehende Rechtsbeziehungen bei Eintritt in eine Gesellschaft B. 336

Beteiligter, mittelbar B. 71, G. 1

Beteiligung an einer Kapitalgesellschaft B. 233
— Beteiligungserträge B. 237
— Bewertung B. 233 f.
— — Teilwertabschreibungen B. 235
— Bilanzierung B. 233
— buchmäßige Behandlung B. 236
— Dividende B. 236
— Einbringung in Personengesellschaft C. 44
— Kapitalertragsteuer B. 238
— Kapitalherabsetzung B. 233
— Kapitalrückzahlungen B. 233
— Solidaritätszuschlag B. 238
— Veräußerung von Anteilen an Kapitalgesellschaften B. 242

1643

Stichwortverzeichnis

Beteiligung an einer Personengesellschaft
— buchmäßige Behandlung in der Handelsbilanz B. 412
— buchmäßige Behandlung in der Steuerbilanz B. 416

Beteiligung einer Personengesellschaft an einer anderen Personengesellschaft
— § 15 a EStG bei Doppelgesellschaften G. 41
— Abgrenzung Doppelgesellschaft – Schwesterpersonengesellschaft G. 15
— allgemein G. 1
— bei Betriebsaufspaltung H. 51
— bei der Gewerbesteuer B. 476
— Beteiligung einer nicht gewerblich tätigen Personengesellschaft an einer gewerblich tätigen Personengesellschaft G. 62
    — Grundsätze G. 62
— buchmäßige Behandlung G. 40
— Einführung G. 1
— Ermittlung des Gesamtgewinns G. 37
    — Gesamtgewinn der Obergesellschaft G. 39
    — Gesamtgewinn der Untergesellschaft G. 37
— gesetzliche Regelung G. 5
— steuerliche Behandlung der Doppelgesellschaft G. 18
    — Arbeits- und Dienstverträge zwischen dem Obergesellschafter und der Untergesellschaft G. 21
    — Beteiligung Obergesellschaft an Untergesellschaft G. 18
    — Darlehensverträge zwischen Obergesellschafter und Untergesellschaft G. 25
    — Rücklage gem. § 6 b EStG bei Doppelgesellschaftern G. 33
    — Übertragung von Wirtschaftsgütern G. 29
— Untergesellschaft ist eine GmbH & Co. KG G. 26
— Verhältnis Obergesellschafter – Untergesellschaft G. 20
— Verhältnis Untergesellschafter – Obergesellschaft G. 28
— steuerliche Konsequenzen im Überblick G. 7
— Umfang Mitunternehmeranteil G. 17
— Veräußerung der Beteiligung an einer anderen Personengesellschaft G. 46
    — steuerliche Behandlung beim Erwerber G. 61
    — steuerliche Behandlung beim Veräußerer G. 46
— Voraussetzungen im Einzelnen
    — mittelbarer Gesellschafter als Mitunternehmer der Obergesellschaft G. 12
    — Obergesellschaft als Mitunternehmer G. 8
    — Untergesellschaft G. 11
    — ununterbrochene Mitunternehmerkette G. 14
— Zebragesellschaften G. 67

Beteiligungen an Kapitalgesellschaften B. 126
— eines Kommanditisten an der Komplementär-GmbH B. 126

Beteiligungserträge B. 237

Beteiligungsidentität H. 53
— Beherrschungsidentität H. 54

Betriebliche Veräußerungsrente J. 206, J. 225

Betriebliche Versorgungsrente J. 206, J. 222, J. 228

Betriebsaufgabe N. 5, P. 7
— bei § 4 Abs. 3 EStG-Rechnung P. 7

Betriebsaufspaltung B. 112, B. 144, H. 1, H. 34, H. 87
— Allgemeines H. 1
— Arten H. 2
— Arten der Betriebsaufspaltung H. 2

Stichwortverzeichnis

- Aufspaltungsvorgang H. 1
- Bargründung H. 31
- Beherrschung H. 54
- Besitzunternehmen H. 3
- Beteiligungsidentität H. 53
- Betriebsunternehmen H. 3
- Betriebsverfassungsrecht H. 14
- Betriebsverpachtungsmodell H. 29
- Beweggründe H. 9, H. 18
  - Einkommensteuer H. 18
  - Einnahmen H. 21
  - Gewerbesteuer H. 20
- Bewertung der Wirtschaftsgüter H. 95
- Buchführungspflicht H. 99
- echte (eigentliche) Betriebsaufspaltung H. 3
- eigenkapitalersetzende H. 12
- Einkommensteuer H. 18, H. 100
- Einstimmigkeitsprinzip H. 57
- Entstehung H. 25
- Entstehungsmöglichkeiten H. 25
- faktische H. 60
- Familiengesellschaft H. 63
- Gewerbeertrag H. 141
- Gewerbesteuer H. 20
- GmbH-Anteile H. 105
- Grundstücke II. 87
- Haftungsbeschränkung H. 10
  - eigenkapitalersetzende Gesellschafterdarlehen H. 12
- kapitalistische H. 6
- mehrfache H. 76
- Mietverträge H. 40
- minderjährige Kinder H. 71
- Mitbestimmungsgesetze H. 15
- mitunternehmerische B. 112, H. 7, H. 35, H. 77
- Nachteile H. 24
- Organschaft H. 134
- Pachtverträge H. 40
- personelle Verflechtung H. 52, H. 64
- Publizitätspflicht H. 17
- Rechtsformen der Betriebsaufspaltung H. 8
- Rücklagen, steuerfreie H. 115
- Sachgründung H. 27
- sachliche Verflechtung H. 83
- Sachwertdarlehen H. 116, H. 145
- Stimmrechte, Abweichung H. 75
- Substanzerhaltungsverpflichtung H. 111
- Tätigkeitsvergütungen H. 109
- umgekehrte H. 2, H. 5
- Umwandlung H. 26
- Umwandlung in GmbH L. 1
- Umwandlung, echte H. 26
- unechte (uneigentliche) Betriebsaufspaltung H. 4
- USt H. 166
- Veräußerung H. 107
- Verluste H. 117
- Verpächterwahlrecht H. 30
- wesentliche Betriebsgrundlage H. 83
- Wiesbadener Modell H. 67
- Zeitpunkt H. 37
- zivilrechtliche Einzelfragen H. 38

Betriebseinbringung, USt C. 96

Betriebs-GmbH B. 144

Betriebsgrundstück, ErbSt S. 56

Betriebsschulden
- Erbauseinandersetzung O. 44

Betriebsübertragung bei vorweggenommener Erbfolge P. 44, P. 60

Betriebsübertragung unentgeltlich
- bei Freiberuflerpraxis P. 7 f.
- bei GmbH & Co. KG P. 8
- Zurückbehaltung einzelner Wirtschaftsgüter P. 6

Betriebsunternehmen B. 146
- bei Betriebsaufspaltung H. 8

Betriebsveräußerung N. 2
- bei Erbauseinandersetzung O. 7
- Ergänzungsbilanz N. 3

Stichwortverzeichnis

— Rückstellung nach Veräußerung oder Aufgabe   N. 17
— Schulden   N. 18
— Sonderbilanz   N. 2
— Teilbetrieb   N. 19
— Zinsen   N. 18

Betriebsverfassungsrecht bei Betriebsaufspaltung   H. 14

Betriebsvermögen   B. 72
— bei der GmbH & Co. KG   R. 43
— einer atypischen stillen Gesellschaft   B. 95
— ErbSt   S. 59 ff.
— Gesamthandsvermögen   B. 75 ff.
— Grundsätze   B. 72
— handelsrechtliches Vermögen   B. 73

Betriebsverpachtung   H. 29
— Erbauseinandersetzung   O. 36

Betriebsverpachtungsmodell   H. 29
— Bargründung   H. 31
— Verpächterwahlrecht   H. 30

Bewertungswahlrechte   B. 227
— bei Umwandlung   L. 27

Bilanzaufstellung   B. 175

Bilanzbündeltheorie   B. 66

Bilanzmäßige Behandlung beim Austritt eines Gesellschafters im Einzelnen   J. 121, J. 166, J. 230

Bloße Einlageverpflichtung bei § 15 a EStG   E. 27

Bruchteilsgemeinschaft   B. 112
— Begriff   A. 28, B. 34

Buchführung bei der GmbH & Co. KG   R. 85 ff.

Buchführungspflicht
— Allgemeines   B. 167
— bei Betriebsaufspaltung   H. 99

Buchmäßige Behandlung
— Ausscheiden eines Gesellschafters   J. 111
— Ergänzungsbilanz   B. 217

— Sonderbetriebsvermögen   B. 222
— Sonderbilanz   B. 222
— Vergütungen für Arbeitsleistungen   B. 347
— Vergütungen für die Gewährung von Darlehen   B. 349
— Vergütungen für die Überlassung von Wirtschaftsgütern   B. 350
— Vergütungen für Dienstleistungen   B. 348

Buchmäßige Besonderheiten in der Bilanz der Personengesellschaft   B. 178
— Ausweis des Jahresergebnisses   B. 197
— Einlagen   B. 194
— Entnahmen   B. 194
— Kapitalkonten
  — handelsrechtliche Bestimmungen   B. 179
  — steuerrechtliche Bestimmungen   B. 189
— negatives Kapitalkonto   B. 201

Buchwertansatz bei Umwandlung in GmbH   L. 30

Buchwertklausel
— Allgemeines   B. 11

Bürgerlich-rechtliche Grundlagen
— Allgemeines   A. 1
— bei GmbH & Co. KG   R. 1
— bei Konkurs oder Liquidation   N. 11
— Tod eines Gesellschafters   O. 50

Bürgschaft   B. 154
— bei § 15 a EStG   E. 50
— bei Auflösung des Betriebs   N. 13

Bürogemeinschaft   B. 28

D

Dachfonds   E. 87

Darlehen   E. 85

Darlehen der Personengesellschaft an ihre Gesellschafter   B. 155
— betriebliche Veranlassung   B. 157
— betriebliche Zwecke   B. 157

1646

Stichwortverzeichnis

— marktübliche Konditionen B. 157
— marktunübliche günstige Konditionen B. 157
— private Zwecke B. 157
— Bewertung B. 156
— keine betriebliche Veranlassung B. 158
— nicht verkehrsüblich gesichert B. 158
— unübliche Konditionen B. 158
— zinsloses Darlehen B. 158
— Teilwertabschreibung B. 156

Darlehen des Gesellschafters an die Personengesellschaft
— Abgrenzung B. 135
— an Angehörige eines Gesellschafters B. 296, F. 70
— an Gesellschafter B. 135, B. 155
— bei Auflösung des Betriebs N. 12
— bei Konkurs oder Liquidation N. 11
— buchmäßige Behandlung B. 349
— Bürgschaften B. 154
— Sonderbetriebsvermögen B. 137
— weder Eigenkapital noch Sonderbetriebsvermögen B. 150
— zwischen Schwesternpersonengesellschaften B. 161

Darlehenskonto und § 15 a EStG E. 15

Darlehenssicherung bei Familien-KG F. 70

Dauerergänzungspfleger F. 27

Dauerschulden
— bei der GewSt B. 468

Denkmalgeschützte Wohnung E. 90

Dienstleistungen
— Vergütungen für buchmäßige Behandlung B. 348

Dividende B. 236
— der Komplementär-GmbH R. 56

Doppelbesteuerung E. 79

Doppelgesellschaft G. 1
— bei § 15 a EStG E. 9

— GewSt B. 476
— Verlustabzug bei der GewSt B. 479

Doppelgesellschaft (siehe Beteiligung einer Personengesellschaft an einer anderen) G. 1

Doppelstöckige GmbH & Co. KG R. 27
— bei § 15 a EStG E. 13

E

Echte Betriebsaufspaltung H. 3

Echte Treuhand B. 23

eG, Begriff A. 16

Ehegatten-Arbeitsverhältnisse B. 293

Eigenkapital, ErbSt B. 136

Eigenkapitalersetzende Darlehen H. 12

Eignung der Gesellschaftsformen A. 35

Einbringung, GrESt T. 19
— Einbringung dem Werte nach T. 19, T. 21
— Einbringung zu Eigentum T. 19
— Einbringung zur Nutzung T. 19
— Einbringungsgewinn I L. 43
— Mitunternehmerschaft L. 21

Einbringung der Wirtschaftsgüter eines Betriebs teilweise ins Gesamthandsvermögen und teilweise ins Sonderbetriebsvermögen C. 49

Einbringung einer 100%igen Beteiligung C. 44
— an einer Kapitalgesellschaft C. 44
— Missbrauchsvorschrift C. 45

Einbringung eines Betriebs, Teilbetriebs oder Mitunternehmeranteils, ESt C. 9
— Allgemeines C. 9
— bilanzmäßige Behandlung im Einzelnen C. 81
— Einbringung mit Zuzahlung
   zu Buchwerten C. 39
— zu Teilwerten C. 41
— Firmenwert C. 26, C. 29, C. 36, C. 40
— Geltungsbereich C. 10
— Grundfälle C. 20

1647

- Einbringung mit Zuzahlung C. 38
- Einbringung zum Teilwert C. 29
- Einbringung zum Zwischenwert C. 36
- Schenkung einer Beteiligung C. 64
- Sonderfälle
  - Anwendung des § 6 b auf den Einbringungsgewinn C. 47
  - Behandlung einer Pensionsverpflichtung C. 48
  - Behandlung von Sonderabschreibungen, erhöhten Absetzungen und Investitionszulagen C. 59
  - Einbringung von steuerfreien Rücklagen C. 46
  - Einbringung von Wirtschaftsgütern teilweise ins Gesamthandsvermögen und teilweise ins Sonderbetriebsvermögen C. 49
  - Zurückbehaltung einzelner Wirtschaftsgüter C. 54
  - Zurückbehaltung von steuerfreien Rücklagen C. 58
- steuerliche Folgen bei der Personengesellschaft C. 66
  - Anrechnung von Besitzzeiten C. 66
  - Behandlung bei abweichendem Wirtschaftsjahr C. 78
  - weitere Behandlung der AfA C. 68
  - weitere Behandlung von Sonderabschreibungen, erhöhten Absetzungen und Investitionszulage C. 73
  - Wertausgleich für übertragene stille Reserven durch unterschiedliche Gewinnverteilung C. 77
- unentgeltliche Übertragung C. 64
- USt C. 96 f., C. 99, C. 101
- Wahlrecht C. 20
- Wahlrecht bei der Gewinnermittlung nach § 4 Abs. 3 EStG C. 60
- Zeitpunkt C. 61
- zusammenfassendes Beispiel C. 81

Einbringung einzelner Wirtschaftsgüter
- aus dem Betriebsvermögen C. 8
- aus dem Privatvermögen C. 7

Einbringung von steuerfreien Rücklagen C. 46

Einbringung zum Buchwert C. 26

Einbringungsfolgegewinn M. 21

Einfache Nachfolgeklausel, ErbSt O. 68

Eingetragene Lebenspartnerschaften F. 16

Einheit der Personengesellschaft B. 71

Einheitsgesellschaft R. 4

Einheitstheorie P. 49, P. 52
- bei vorweggenommener Erbfolge P. 44, P. 49, P. 54, P. 61
- Veräußerungsleistungen P. 51
- Versorgungsleistungen P. 52

Einkommensteuer bei Betriebsaufspaltung H. 18

Einlage durch Umbuchung auf ein Darlehenskonto bei § 15a EStG E. 28

Einlageminderung bei § 15 a EStG E. 44

Einlagen A. 36
- allgemein B. 194
- Arten A. 36
- Begriff E. 7
- bei einer atypischen stillen Beteiligung B. 196
- bei einer GbR B. 196
- bei einer KG B. 195
- GrESt T. 19
- OHG B. 194
- und § 15 a EStG E. 12, E. 20

Eintragung im Register A. 33

Eintritt
- eines Gesellschafters A. 61, D. 1
- eines Gesellschafters in eine Sozietät D. 10

Stichwortverzeichnis

— eines Vermächtnisnehmers bei Tod eines Gesellschafters O. 106
— einzelner Erben bei Tod eines Gesellschafters O. 103
— fremder Dritter bei Tod eines Gesellschafters O. 57
— sämtlicher Erben bei Tod eines Gesellschafters O. 57, O. 100
— Übernahme von Verbindlichkeiten D. 14
— USt D. 12, D. 14
— Vorsteuerabzug D. 12

Eintrittsklausel O. 57, O. 100 ff., S. 23
— Abfindungsvariante S. 25
— in Gesellschaftsverträgen O. 57
— Treuhandlösung O. 101, O. 103 f.
— Treuhandvariante S. 24
— USt O. 126

Einzelrechtsnachfolge C. 13
— bei Gründung C. 13

Entgeltliche Überlassung von Wirtschaftsgütern an Gesellschafter B. 89

Entnahmebeschränkungen bei der Familiengesellschaft F. 38

Entnahmen B. 194, B. 270
— Abgrenzungen B. 272
— entgeltliche Überlassung des Kfz B. 272
— Überlassung im Rahmen einer Geschäftsführertätigkeit B. 273
— atypische stille Beteiligung B. 196
— bei Erbauseinandersetzung O. 39
— GbR B. 196
— KG B. 195
— OHG B. 194
— private Kfz-Nutzung B. 270
— Schuldzinsenkürzung (§ 4 Abs. 4 a EStG) B. 275

Entnahmen, GrESt T. 19

Entnahmerecht A. 38
— und Mitunternehmerschaft B. 14, E. 40

Entstehung der Betriebsaufspaltung H. 25

Entstehung der Gesellschaften A. 33

Erbauseinandersetzung O. 11
— Abfindung bei Betrieb mit GmbH-Anteil O. 17
— Abfindungszahlungen O. 13
— Abfindung aus eigenen Mitteln O. 13
— Abfindung mit Gegenständen des Betriebs O. 18
— Abfindung mit Geldmitteln des Nachlasses O. 24
— Abfindung mit Schuldübernahme O. 28
— Auflagen O. 29
— Aufteilung der Anschaffungskosten bei mehreren Wirtschaftsgütern O. 25
— Begründung von Betriebsschulden O. 44
— Betrieb mit einem GmbH-Anteil O. 17
— Betriebsveräußerung O. 7
— Entnahme liquider Mittel O. 39
— Erbersatzanspruch O. 29
— Erbfallverbindlichkeiten O. 35
— höferechtliche Abfindung O. 29
— laufender Gewinn O. 15
— Mischnachlass O. 24
— Mitunternehmereigenschaft O. 7
— ohne Abfindung O. 11
— Pflichtteilsansprüche O. 29
— Privatvermögen O. 20
— Realteilung O. 11
— Rückwirkung O. 7
— Teilauseinandersetzung O. 37
— Teilungsanordnung O. 47
— Übernahme bestehender Schulden O. 34
— Übertragung des Erbanteils O. 10
— USt O. 118
— Veräußerungsgewinn: dessen Verhinderung O. 38
— Vermächtnis O. 29

1649

Stichwortverzeichnis

— Verpachtungsgewerbebetrieb O. 36
— Wertverhältnisse, Stichtag O. 20
— zeitlich vorgezogen O. 29
— Zinsen O. 30

Erbauseinandersetzungen bei Personengesellschaften, ESt O. 50
— Abfindung der Erben durch Gewinnbeteiligung an der OHG O. 66
— Auflösung der Gesellschaft O. 61
— Ausgleichszahlungen O. 72
  — ohne Ausgleichszahlungen O. 81
— Betriebsaufspaltung und Sonderbetriebsvermögen O. 95
— bürgerlich-rechtliche Grundlagen O. 50
— Eintritt eines Vermächtnisnehmers O. 106
— Eintrittsklausel O. 57, O. 100
  — für alle Erben O. 100
  — nicht für alle Erben O. 103
— Fortsetzungsklausel O. 51, O. 64
— keine Regelung im Gesellschaftsvertrag O. 61
— Kommanditist, Tod O. 105
— laufender Gewinn O. 15
— Liquidationsgesellschaft O. 61
— mit unternehmerischer Betriebsaufspaltung O. 94
— Nachfolge einzelner Erben O. 79
— Nachfolge sämtlicher Erben O. 68, O. 79
— Nachfolgeklausel O. 52
  — einfache O. 68
  — qualifizierte O. 78
  — zugunsten eines Vermächtnisnehmers O. 106
— Realteilung O. 63
— Rückwirkung O. 101
— Schwestergesellschaften O. 92
  — mit Sonderbetriebsvermögen O. 93
— Sonderbetriebsvermögen O. 70, O. 83 ff.
— Sonderrechtsnachfolge O. 54
— Sozietät O. 69
— stille Beteiligung O. 50
— Tod eines Kommanditisten O. 105
— Trennungstheorie O. 14, O. 74
— Übernahmerechte für sämtliche Erben O. 100
— Übertragung des Gesellschaftsanteils mit Wirkung auf den Todesfall O. 58
— Unterbeteiligung O. 50
— Vermächtnis O. 29
— Vermächtnis und Nachfolge O. 106
— Verzicht auf Nachfolgerecht O. 77

Erbbaurecht, ErbSt B. 129

Erbengemeinschaft
— als Unternehmer, USt O. 119
— Begriff O. 2

Erbersatzanspruch O. 29

Erbfall O. 6
— Betrieb O. 7
— Mischnachlass O. 9
— Privatvermögen O. 8
— Übertragung Erbanteil O. 10

Erbfolge O. 1
— bei Tod eines Gesellschafters
  — Auflösung O. 123
  — Eintrittsklausel O. 126
  — ESt O. 50
  — Fortsetzung unter den verbleibenden Gesellschaftern O. 124
  — Nachfolgeklausel O. 125
  — USt O. 122
— bürgerlich-rechtliche Grundsätze O. 2
— einkommensteuerrechtliche Grundsätze O. 2
— USt O. 122
— vorweggenommene P. 1

Erbschaftsteuerreform, Reform des Erbschaftsteuer- und Bewertungsrechts
— Überblick S. 1

Ergänzungsbilanz B. 217, C. 83
— bei § 15 a EStG E. 14

Stichwortverzeichnis

Ergänzungspfleger F. 26, F. 28

Erhöhte Absetzungen B. 245, C. 59, C. 73, J. 116, J. 192

Ermäßigter Steuersatz C. 36, C. 43, C. 47, C. 50, J. 90, J. 121, J. 135, J. 155 ff., J. 161, J. 166, J. 198, J. 202, J. 211, R. 90

Ernsthaftigkeit der Mitunternehmerstellung bei Familienpersonengesellschaften F. 1

Eröffnungsbilanz
— Aufstellung B. 176
— bei Umwandlung in GmbH L. 27

Errichtung der GmbH R. 31

Errichtung der GmbH & Co. KG R. 34

Ertragsnießbrauch Q. 32

Ertragsrisiko B. 47

Ertragswertverfahren (vereinfachtes)
— ErbSt S. 57

Erwerb aller Anteile, USt N. 38
— bei Auflösung der Personengesellschaft, USt N. 38

Europäische Aktiengesellschaft A. 12

Europäische Genossenschaft A. 16

EWIV
— Außengesellschaft A. 22
— Begriff A. 9
— Eignung A. 35
— Eintragung A. 33
— Gesamthandsvermögen A. 25, A. 31
— Geschäftsführung A. 46
— Gewinnverteilung A. 39
— Haftung A. 55
— Mitunternehmerschaft B. 21
— Personengesellschaft A. 20
— Vertretung A. 46

F

5. Bauherrenerlass E. 83

Fahrten des Gesellschafters zwischen Wohnung und Betrieb B. 339

Familienpersonengesellschaft F. 1

— Ablehnung der Mitunternehmerschaft F. 49
— Änderung der Festkapitalkonten F. 39
— Angemessenheit der Gewinnverteilung F. 51
— Ausschluss des Widerspruchsrechts F. 37
— Außengesellschaften F. 25
— Beteiligung fremder Dritter F. 18
— Darlehenssicherung F. 70
— Ehegatten F. 8
— eingetragene Lebenspartnerschaften F. 16
— Eltern und Kinder F. 9
— Entnahmebeschränkungen F. 38
— Erbengemeinschaft F. 20
— Ergänzungspfleger F. 27
— Eröffnungsbilanz F. 44
— Familienangehörige F. 7
— Festkapitalkonten F. 39
— Firmenwert bei Gründung einer Familien-KG F. 66 f.
— Folgen der Ablehnung der Mitunternehmerschaft F. 49
— Fremdvergleich F. 32
— Genehmigung durch Vormundschaftsgericht F. 29
— Geschwister F. 13
— Gesellschafterstämme F. 17
— Gesellschaftsvertrag F. 20
— Gewinnbeteiligung F. 52
— Gewinnprozentsatz F. 56
— Gewinnverteilung F. 53, F. 55
— Gewinnverwendung F. 45
— GewSt B. 478
— Großeltern und Enkel F. 10
— Gründung einer GmbH & Co. KG mit Kindern F. 71
— Gründung einer KG mit drei Kindern, zwei sind volljährig F. 67, F. 69
— Gründung einer KG mit Kind und Enkel F. 66
— Gründung einer stillen Beteiligung mit minderjähriger Tochter F. 69

1651

Stichwortverzeichnis

- Haftungsbeschränkung F. 6
- Innengesellschaften F. 25
- Kontrollrechte bei stiller Gesellschaft und Unterbeteiligung F. 40
- kritische Klausel F. 41
- Kündigung zum Buchwert F. 34
- Kündigungsbeschränkungen F. 35
- Lebensgefährte F. 15
- Leistung der Einlage F. 43
- Mehrheitsprinzip F. 37
- Mitarbeit F. 53 f., F. 66
- Mitunternehmerschaft F. 8, F. 31
- Motive zur Gründung F. 3
- Nichtentnahme von Gewinnanteilen F. 46
- notarielle Beurkundung des Schenkungsvertrags F. 25
- Onkel/Tante und Neffe/Nichte F. 12
- Pflegerbestellung F. 26
- Rechtsformen F. 18
- Rückfallklauseln F. 33
- Rücktrittsrechte F. 33
- Rückwirkung F. 30
- Schätzung der Gewinnerwartung F. 71
- Scheidungsklauseln F. 36
- Schenkung einer stillen Beteiligung F. 69, F. 71
- Schenkung eines Kommanditanteils F. 66 ff.
- Schenkung und Darlehensgewährung F. 70
- Schwiegereltern und Schwiegerkinder F. 11
- Sonderbetriebsvermögen F. 59
- steuerliche Anerkennung F. 2, F. 20
- stille Beteiligung F. 61
- tatsächlicher Vollzug des Vertrags F. 42
- Umdeuten in ein anderes Rechtsverhältnis F. 50
- Unterbeteiligung F. 61
- Unternehmernachfolge F. 4
- Verlobte F. 14
- Vertragsklauseln F. 32
- Vor- und Nachteile F. 19
- vorweggenommene Erbfolge F. 5
- Widerrufsrechte F. 33
- zivilrechtliche Wirksamkeit F. 24

Finanzplandarlehen E. 18

Firmenfortführung bei Betriebsaufspaltung H. 51

Firmenwert H. 97
- bei Ausscheiden eines Gesellschafters J. 101
- bei Begründung einer Betriebsaufspaltung H. 97
- bei Einbringung eines Betriebs in eine Personengesellschaft C. 26, C. 29, C. 36, C. 40
- bei Gründung einer Familien-KG F. 66 f.
- Gewinnverteilung der Familiengesellschaft F. 53
- Gründung einer Familien-KG F. 65

Folgen bei der Personengesellschaft C. 66
- Behandlung bei abweichendem Wirtschaftsjahr C. 78
- Besonderheiten C. 66
  - Bilanzenzusammenhang C. 67
  - Einbringungskosten C. 67
  - Gewinnermittlung nach Durchschnittssätzen C. 67
  - Gewinnhinzurechnung nach § 4 Abs. 4 a EStG C. 67
  - Überblick C. 66
- weitere Behandlung der AfA C. 68
  - Ansatz mit dem Buchwert C. 68
  - Ansatz mit dem gemeinen Wert im Wege der Einzelrechtsnachfolge C. 68
  - Ansatz mit dem gemeinen Wert im Wege der Gesamtrechtsnachfolge C. 69
  - Ansatz mit einem Zwischenwert C. 70

Stichwortverzeichnis

— weitere Behandlung von Sonderabschreibungen, erhöhten Absetzungen, Investitionsabzugsbeträgen und Investitionszulagen C. 73

— Wertausgleich für übertragene stille Reserven durch unterschiedliche Gewinnverteilung C. 77

Fonds mit mehreren Einkunftsarten E. 85

Forderungen
— bei Aufgabe der Gesellschaft N. 14
— bei Konkurs oder Liquidation N. 11
— bei Veräußerung der Gesellschaft N. 14
— bei Veräußerung eines Teilbetriebs N. 16
— des Sonderbetriebsvermögens bei Veräußerung oder Aufgabe der Personengesellschaft N. 17

Form des Gesellschaftsvertrags A. 33
— bei Familiengesellschaften F. 20

Formwechsel
— Anwachsung L. 44
— atypisch stille Beteiligung L. 26
— Besteuerung beim Anteilseigner L. 44
— Bewertungsgrundsatz L. 27
— Buchwertansatz L. 30
— Einbringungskosten L. 31
— Ertragsteuer L. 22
— ESt K. 2
— gemeiner Wert L. 34
— Gesamtrechtsnachfolge L. 17
— Pensionszusage L. 37
— USt K. 6
— Zwischenwertansatz L. 39

Formwechsel, GrESt T. 3, T. 11, T. 23

Formwechselnde Umwandlung L. 17
— GrESt T. 8 ff.

Fortsetzungsklausel O. 51, O. 64, S. 10

Freiberufler und Mitunternehmerschaft B. 26

Freiberufliche GbR B. 113
Freibetrag gem. § 16 Abs. 4 EStG C. 36, C. 47, J. 84 ff., J. 152
Fremdfinanzierung E. 78
Fremdkapital und § 15 a EStG E. 15
Fremdvergleich F. 32

G

GbR
— Bargründung C. 5
— Begriff A. 6
— GmbH & Co. GbR mit Haftungsbeschränkung A. 15
— mit Haftungsbeschränkung A. 6, A. 35, A. 57
— Mitunternehmerschaft B. 21

Gebäude-AfA B. 243
Gegenseitiger Vertrag A. 3
Gelegenheitsgesellschaft B. 21
Gemischte Schenkung P. 4
Genehmigung des Gesellschaftsvertrags durch Vormundschaftsgericht F. 25
Geprägerechtsprechung R. 17
Geprägevorschrift R. 17
Geringwertige Wirtschaftsgüter C. 68
Gesamtbewertungsverfahren
— ErbSt S. 49

Gesamtbilanz der Personengesellschaft B. 138, B. 164
Gesamtgewinn der Mitunternehmerschaft B. 163
— Ermittlung in zwei Stufen B. 163

Gesamthandsgemeinschaft A. 29
Gesamthandsvermögen der Personengesellschaft
— Begriff A. 25 ff., B. 77
— Betriebsvermögen B. 78
— Privatvermögen B. 81

Gesamtrechtsnachfolge C. 14
— bei Gründung C. 14

1653

Stichwortverzeichnis

— bei Umwandlung in GmbH L. 1, L. 17
— GrESt T. 22
Geschäftsbesorgungsvertrag B. 25
Geschäftsführer B. 508
— PKW-Überlassung an den Geschäftsführer B. 508
Geschäftsführergehalt B. 316
— bei GmbH & Co. KG R. 47
Geschäftsführertätigkeit B. 504
— bei GmbH & Co. KG R. 5, R. 25
— Geschäftsführertätigkeit gegen Sonderentgelt B. 504
Geschäftsführungsbefugnis A. 41
Geschäftsveräußerung C. 103, P. 93
Geschäftswert und Mitunternehmerschaft B. 11
Geschlossene Fonds E. 83
Geschlossener Immobilienfonds B. 304
Gesellschaften A. 2
— Abgrenzung von der Begriffsbestimmung her A. 6
— andere Rechtsgebilde A. 2
— Art der Einzahlung A. 36
— Auflösung A. 66
— Außen-, Innengesellschaft A. 22
— Austritt A. 61
— Einigung A. 35
— Eintritt A. 61
— Entnahmerecht A. 38
— Entstehung A. 33
— Form des Gesellschaftsvertrags A. 33
— gemeinsamer Zweck A. 3
— Geschäftsführungs- und Vertretungsbefugnis A. 41
— Gesellschafterwechsel A. 61
— Gewinn-und-Verlust-Rechnung A. 38
— Haftung im Außenverhältnis A. 50
— Kapital A. 36
— Mindesteinzahlung A. 36

— nicht rechtsfähige A. 19
— rechtsfähige A. 19
— Registereintrag A. 33
— Vereinigung mit und ohne Rechtsfähigkeit A. 19
— Vermögensstruktur A. 27
Gesellschafter, USt
— Selbständigkeit juristischer Personen B. 505
— Selbständigkeit natürlicher Personen B. 505
— Tarifbegrenzung gem. § 32 c EStG J. 97
Gesellschafter einer Personengesellschaft
— Unternehmereigenschaft, USt B. 502
Gesellschafteraustritt
— ESt J. 1
— USt J. 304
Gesellschafterdarlehen B. 135, E. 18
Gesellschaftereintritt
— ESt D. 1
— USt D. 12
Gesellschafterforderungen bei Konkurs oder Liquidation N. 11
Gesellschafterleistungen, USt B. 523
Gesellschafterwechsel, GrESt T. 29
— ESt J. 168
— ESt (siehe auch unter „Ausscheiden eines Gesellschafters aus einer bestehenden Personengesellschaft") J. 195
— Grundstück mit der Gesellschafterstellung untrennbar verbunden T. 29
— in sachlichem oder zeitlichem Zusammenhang mit der Einlage eines Grundstücks T. 29
— USt J. 316, J. 319
— Veränderung in Gesellschafterbestand mittelbar oder unmittelbar um mindestens 95 % T. 34, T. 36

Stichwortverzeichnis

- vollständiger Wechsel des Gesellschafterbestandes T. 29
- Zivilrecht A. 61

Gesellschaftsebene B. 503

Gesellschaftsgründung, vgl. Gründung

Gesellschaftsformen A. 1

Gesellschaftsleistungen, USt B. 505

Gesellschaftsverhältnis
- bei der Familiengesellschaft F. 20
- bei der verdeckten Mitunternehmerschaft B. 42
- fehlerhaft B. 37

Gesellschaftsvertrag A. 34
- bei der Familiengesellschaft F. 21
- bei Tod des Gesellschafters O. 50

Gesetz zur Reform des Erbschaftsteuer- und Bewertungsrechts S. 56, S. 73, S. 77
- Bundesverfassungsgericht
  - Verkehrswert S. 56

Gesonderte Feststellung S. 56
- des verrechenbaren Verlustes gem. § 15 a Abs. 4 EStG E. 49
- ErbSt S. 48
- GrESt T. 54
- Grundbesitzwerte S. 56

Gesplittete Einlagen E. 18

Gestaltungsmöglichkeiten
- bei gewerblich geprägter GmbH & Co. KG R. 27
- im Rahmen des § 15 a EStG E. 62

Gewerbeertrag B. 462
- Gewinn aus Gewerbebetrieb B. 463
- Grundsätze B. 462
- Hinzurechnungen B. 466
  - Entgelte für Schulden B. 467
  - Erträge aus Beteiligungen an Kapitalgesellschaften B. 472
  - Gewinnanteile des stillen Gesellschafters B. 469
  - Gewinnanteile und Verlustanteile einer Personengesellschaft B. 476

- Gewinnminderung durch Teilwertabschreibung und Veräußerungsverluste B. 475
- Hinzurechnung nach § 8 Nr. 1 GewStG B. 467
- Hinzurechnung nach § 8 Nr. 5 GewStG B. 474
- Kürzung gemäß § 9 Nr. 2 a GewStG B. 473
- Miet- und Pachtzinsen für bewegliche und unbewegliche Wirtschaftsgüter B. 470
- Renten und dauernde Lasten B. 468
- Kürzungen B. 466
- Kürzungen für Grundbesitz B. 477

Gewerbesteuer B. 449
- Arbeitsgemeinschaften B. 452
- atypisch stille Gesellschaft B. 453
- Beginn der Steuerpflicht B. 457
- Betriebsausgaben B. 457
- Beweggründe bei Betriebsaufspaltung H. 18
- dauernde Lasten B. 469
- Dauerschuldentgelte B. 468
- Ende der Steuerpflicht B. 458 f.
- Familienpersonengesellschaften B. 478
- Fortbestand der Gewerbesteuerpflicht des Besitzunternehmens bei Betriebsaufspaltung H. 134
- Gewerbeertrag B. 462, B. 466
- Gewerbeverlust nach § 10 a GewStG B. 479
- gewerbliche Tätigkeit B. 450
- Gewinn aus Gewerbebetrieb B. 463
- Gewinnanteil an Kapitalgesellschaft B. 477
- Gewinnanteil an Personengesellschaft B. 476
- Gewinnanteil stiller Gesellschafter, GewSt B. 470
- Hinzurechnungen B. 466
- Kürzung des Gewerbeertrags B. 477
- Organschaft B. 456
- Renten B. 469

1655

Stichwortverzeichnis

Gewerbeverlust B. 479

Gewerblich geprägte Personengesellschaft B. 108, J. 168, R. 17

Gewerbliche Tätigkeit i. S. des UStG B. 450

Gewerblicher Grundstückshandel J. 46

Gewillkürtes Sonderbetriebsvermögen B. 132

Gewinn
— Beteiligung A. 38
— handelsrechtlicher A. 38
— steuerlicher A. 38

Gewinnanteil an einer Kapitalgesellschaft bei der Gewerbesteuer B. 477

Gewinnanteil an einer Personengesellschaft bei der Gewerbesteuer B. 476

Gewinnaussichten, künftige J. 103

Gewinnbeteiligung
— Begriff A. 38
— bei Veräußerung eines Mitunternehmeranteils J. 231
— und Mitunternehmerschaft B. 12

Gewinnermittlung
— additive B. 65, B. 166
— auf der ersten Stufe im Einzelnen B. 223
— auf der zweiten Stufe im Einzelnen B. 310
— bei der GmbH & Co. KG R. 46
— nach § 4 Abs. 3 EStG bei Einbringung eines Betriebs C. 60
— nach Durchschnittssätzen bei der Land- und Forstwirtschaft C. 67

Gewinnerzielungsabsicht bei der GewSt B. 449

Gewinnrücklagen und § 15 a EStG E. 12

Gewinnverteilung B. 352
— Beginn B. 364
— bei der GmbH & Co. KG R. 68
— nach Arbeitseinsatz B. 363
— nach Kapitaleinsatz B. 362

— nach Köpfen B. 360
— steuerliche Mehrgewinne B. 369
— steuerrechtliche Regelung B. 354
— Einschränkungen der Maßgeblichkeit B. 358
— Grundsatz der Maßgeblichkeit der Handelsbilanz B. 354
— Maßstäbe der Gewinnverteilung B. 359
— zivilrechtliche Grundlagen B. 352
— gesetzliche Regelung B. 352

Gewinnzurechnung gem. § 15 a Abs. 3 EStG E. 43

Gleichbehandlung Mitunternehmer – Einzelunternehmer B. 69 f.

Gleichstellungsgelder, siehe Abfindung R. 93

GmbH
— als Organ R. 95
— als Organträger R. 94
— Begriff A. 11
— Errichtung R. 31

GmbH & atypisch Still B. 126

GmbH & Co. GbR mit Haftungsbeschränkung A. 35, A. 60

GmbH & Co. KG R. 30
— Abschreibungsgesellschaft R. 3
— Aufsichtsorgane R. 10
— Aufsichtsrat R. 10, R. 103
— Aufsichtsratsvergütungen R. 60
— Außenhaftung R. 9
— Begriff R. 1
— Beirat R. 10
— Beiratsvergütungen R. 60
— Betriebsvermögen R. 43
— Buchführung der Komplementär-GmbH R. 86
— buchmäßige Behandlung im Einzelnen R. 88
— Dividenden der Komplementär-GmbH R. 56 f.
— doppelstöckige GmbH & Co. KG R. 2, R. 27
— Einheitsgesellschaft R. 4

Stichwortverzeichnis

— Errichtung der GmbH R. 31
— Errichtung der KG R. 34
— Geprägerechtsprechung R. 17
— Geprägevorschrift R. 17
— Geschäftsführergehälter R. 47, R. 79
— Geschäftsführung R. 4, R. 25
— Gestaltungsmöglichkeiten bei gewerblich geprägter KG R. 28
— Gewinnverteilung R. 67, R. 75
— GmbH als Organ R. 96
— GmbH als Organträger R. 93
— Gründung R. 30
— Gründung der GmbH & Co. R. 30
— Gründungskosten R. 65
— KG als Organ R. 95
— KG als Organträger R. 94
— Kommanditisten als Mitunternehmer R. 15
— Komplementär-GmbH als Mitunternehmer R. 13
— Komplementär-GmbH, USt R. 98
— Mitunternehmerschaft R. 12
— Motive zur Errichtung R. 11
— Organschaft bei der GmbH & Co. KG R. 93
— Pensionszusagen R. 52
— Publikumsgesellschaft R. 3
— Sonderbetriebsvermögen der GmbH R. 44
— Sonderbetriebsvermögen der übrigen Gesellschafter R. 45
— sonstige Vergütungen R. 66
— Umfang der Einkünfte R. 46
— Umwandlung R. 38
— Umwandlung in GmbH & Co. KG R. 38
— USt R. 98
— Veräußerung der KG, USt R. 107
— Veräußerung eines GmbH-Anteils R. 90
— Veräußerung eines Mitunternehmeranteils R. 92

— Veräußerung GmbH-Anteil und Mitunternehmeranteil R. 91
— verdeckte Gewinnausschüttung bei der GmbH & Co. KG R. 77
— Verlustabzug bei der GewSt B. 479
— Verlustzuweisungsgesellschaft R. 2, R. 16
— Vertretung R. 8
— Verwaltungsrat R. 10
— zivil- und handelsrechtliche Grundlagen R. 1
— Zusammenveranlagung bestehender Gesellschaften R. 37

Gründung, ESt C. 1, C. 87
— atypische stille Gesellschaft C. 43
— Ausgangsumsätze des Gesellschafters C. 88
— Bargründung C. 88
— Einbringung eines Betriebs C. 97
— Einbringung eines Betriebs, Teilbetriebs oder Mitunternehmeranteils C. 96
— Einbringung eines Mitunternehmeranteils C. 101
— Einbringung eines Teilbetriebs C. 99
— Sacheinlage C. 93
— Sachgründung C. 89
— Bargründung C. 2
— einer GbR C. 5
— einer KG C. 4
— einer OHG C. 3
— Betrieb, Teilbetrieb, Mitunternehmeranteil, ESt (siehe auch unter Einbringung eines Betriebs, Teilbetriebs oder Mitunternehmeranteils) C. 3
— der GmbH & Co. KG R. 106
— einer atypischen stillen Gesellschaft C. 43
— einer Betriebsaufspaltung H. 24, H. 51
— einer GmbH & Co. KG mit minderjähriger Tochter F. 68
— einer KG mit drei Kindern, zwei sind volljährig F. 67

1657

Stichwortverzeichnis

- einer KG mit Kind und Enkel F. 66
- einer stillen Beteiligung mit minderjähriger Tochter F. 69
- Eingangsumsätze C. 87
- Pensionsverpflichtungen C. 102
- Sachgründung, ESt (siehe auch unter Einbringung einzelner Wirtschaftsgüter aus dem Betriebsvermögen und dem Privatvermögen) C. 6
- Zeitpunkt der Einbringung C. 16, C. 61
- zusammenfassendes Beispiel C. 81

Gründung der Personengesellschaft, USt C. 87
- Ausgangsumsätze C. 88
  - Bargründung C. 88
  - Einbringung eines Betriebs C. 97
  - Einbringung eines Mitunternehmeranteils C. 101
  - Einbringung eines Teilbetriebs C. 99
  - Sachgründung C. 89
  - Übernahme der Pensionsverpflichtungen C. 102
  - Zurückbehaltung einiger Wirtschaftsgüter C. 103
- Eingangsumsätze C. 88

Gründung einer GmbH & Co. KG mit Kindern F. 71

Gründungskosten bei der GmbH & Co. KG R. 65

Grunderwerbsteuer, GrESt T. 1
- Anteilsvereinigung T. 25 f.
- Anwachsung T. 24, T. 27
- Anzeigepflicht T. 55
- Befreiungsvorschriften T. 45, T. 50
- Einbringung T. 19 f.
- Einlage T. 19
- Entnahme T. 19
- Festsetzungsverfahren T. 54
- Formwechsel T. 3, T. 11, T. 23
- formwechselnde Umwandlung T. 8 ff.
- Gesamtrechtsnachfolge T. 22
- örtliche Zuständigkeit T. 54
- personenbezogene Befreiungsvorschriften T. 25, T. 42
- Rechtsfähigkeit T. 5
- Rechtsträgerwechsel T. 1, T. 3, T. 5, T. 11, T. 16 ff., T. 28, T. 52
- Rechtsverkehrsteuer T. 1
- Schuldner der Steuer T. 32, T. 40, T. 56
- Selbständigkeit der Personengesellschaft T. 12 ff., T. 33
- Spaltung T. 22
- Steuerbefreiungen T. 41
- Steuergegenstand T. 1
- Unbedenklichkeitsbescheinigung T. 57
- Veränderungen des Gesellschafterbestandes T. 29, T. 36
- Vermögensübertragung T. 22
- Verschmelzung T. 22

Grundfälle der Einbringung von Betrieben, Teilbetrieben oder Mitunternehmeranteilen C. 20
- Einbringung zum gemeinen Wert C. 29
  - Bilanzberichtigung bei fehlerhaftem Ansatz der gemeinen Werte C. 35
  - Grundsätze C. 29
- Einbringung zum Zwischenwert C. 36
- Wahlrecht C. 20
  - Buchwert C. 20
  - gemeiner Wert C. 20
  - Zwischenwert C. 20

Grundstücke
- als Sonderbetriebsvermögen B. 96, B. 134
- die Wohnzwecken der Gesellschafter dienen B. 84
- entgeltliche Überlassung B. 89
- steuerfreie Entnahme Grund und Boden B. 94

— unentgeltliche Überlassung B. 85
— verbilligte Überlassung B. 91
Gütergemeinschaft, GrESt T. 15

H

Haftbetrag E. 8
Hafteinlage E. 7
Haftsumme E. 8
Haftung A. 51
— Begriff A. 50
— bei Betriebsaufspaltung H. 9
— — GewSt H. 177
— — USt H. 176
— bei GmbH & Co. KG R. 9
— im Außenverhältnis A. 50 f.
— im Innenverhältnis A. 51
— im Rahmen des § 15 a EStG E. 7, E. 30
— und Mitunternehmerschaft B. 12
Haftung, Wiederaufleben bei § 15 a EStG E. 45
Haftungsbeschränkung
— bei Betriebsaufspaltung H. 10, H. 175
— bei GbR A. 60
— bei GmbH & Co. GbR A. 60
— Haftung für Gewerbesteuer H. 177
— Haftung für Umsatzsteuer H. 176
Haftungsminderung bei § 15 a EStG E. 43
Handelsbilanz B. 163, B. 168, B. 183
Handelsrechtliches Vermögen B. 73
Hilfsgesellschaft B. 21
Hinterbliebenenversorgung S. 29
Hinzuziehung zum Rechtsbehelfsverfahren U. 46

I

Immobilienfonds im Ausland E. 79
Innengesellschaft
— Begriff A. 22

— GrESt T. 14
— USt B. 497
Insolvenz H. 125
— bei Betriebsaufspaltung H. 125
Interessengegensatz der Gesellschafter bei der Familiengesellschaft F. 31
Interessengemeinschaft A. 6, B. 21, B. 27
Interessenkollision bei Betriebsaufspaltung H. 53
Investitionsabzugsbetrag B. 248, C. 59
Investitionszulagen C. 59

J

Jahresergebnis, Ausweis B. 197
Jahressteuergesetz 2007, ErbSt S. 48, S. 56
Joint Ventures B. 21
Juristische Person A. 21

K

Kapitalanteil bei der Familiengesellschaft F. 31, F. 39
Kapitalersetzende Darlehen B. 140 f.
— § 15 a EStG E. 17
Kapitalgesellschaft, Begriff A. 20
Kapitalistische Betriebsaufspaltung H. 6
Kapitalistische KG A. 20
Kapitalkonto B. 178
— Ausweis des Gewinns B. 198
— bei einer atypischen stillen Gesellschaft B. 196
— bei einer GbR B. 196, F. 52
— bei einer KG B. 195
— bei einer OHG B. 190
— bei Liquidation N. 8
— handelsrechtliche Bestimmungen B. 179

Stichwortverzeichnis

— negatives B. 201
— steuerrechtliche Bestimmungen B. 189

Kapitalrisiko B. 46

Kapitalrücklagen und § 15 a EStG E. 12

Kartell A. 5

Kaufrechtsvermächtnis O. 29

KG
— als Organ R. 95
— als Organträger R. 93
— Bargründung C. 4
— Begriff A. 8
— Einbringung eines Betriebs, Teilbetriebs oder Mitunternehmeranteils C. 9
— Einbringung einzelner Wirtschaftsgüter, aus dem Privatvermögen C. 6
— Sachgründung C. 6
— Tod eines Kommanditisten O. 105

KGaA, Begriff A. 13

Kinder als Mitunternehmer F. 9

Körperschaftsteuerguthaben der Komplementär-GmbH R. 58

Kommanditist
— als Mitunternehmer B. 18, R. 15
— Gewinnprozentsatz bei der Familiengesellschaft F. 56
— Tod O. 105
— wird bei § 15 a EStG Komplementär E. 57

Kommanditist wird Komplementär E. 57

Komplementär wird Kommanditist bei § 15 a EStG E. 58

Komplementär-GmbH
— als Mitunternehmer R. 13
— USt R. 94

Konkurs- und Gesellschafterforderungen N. 12

Konsortium A. 5, B. 22

Kontokorrentverbindlichkeit B. 83

Konzern A. 5

Korrekturposten bei § 15 a EStG E. 23

Korrespondierende Bilanzierung B. 148

Kosten der Lebensführung B. 230

Kündigungsbeschränkungen bei der Familiengesellschaft F. 35

Künftige Gewinnaussichten J. 103

Kürzungen bei der GewSt B. 462, B. 466

L

Laborgemeinschaft B. 27

Lästiger Gesellschafter J. 105
— Ausscheiden, USt J. 314

Laufender Gewinn bei Erbauseinandersetzung O. 15

Leibrente
— Begriff J. 210
— ESt J. 211
— USt J. 308

Leistung einer Einlage bei § 15 a EStG E. 24

Leistungen
— an Arbeitnehmer, USt B. 505
— an Arbeitsgemeinschaften B. 533
— aus übernommenem Vermögen P. 27

Leistungen der Personengesellschaft, USt B. 505
— Leistungen der Gesellschaft an Gesellschafter oder diesen nahestehende Personen B. 506
— Leistungen an Arbeitnehmer B. 505
— Leistungen der Gesellschaft an außenstehende Personen B. 509
— Leistungen der Gesellschaft an den Geschäftsführer B. 509
— Nutzungsüberlassung des PKW B. 508
— unentgeltliche Leistungen B. 506
— verbilligte Leistungen B. 508

Leistungen des Gesellschafters, USt
B. 523, B. 525
— gegen Gewinnbeteiligung B. 525
— gegen Sonderentgelt B. 524, B. 529
— Leistungen an Arbeitsgemeinschaften B. 533
— Leistungen des Gesellschafters an die Gesellschaft gegen Sonderentgelt B. 529
— Leistungen des Gesellschafters an die Gesellschaft ohne Sonderentgelt B. 525
— verbilligte Leistungen des Gesellschafters an die Gesellschaft B. 531

Leistungsaustausch B. 504
— bei Gründung C. 87
— Geschäftsführer B. 504
— — Sonderentgelt B. 504
— — unentgeltliche Leistung B. 505

Leistungsaustauschebene B. 503

Leistungseinlage A. 37

Liquidation
— bei Tod eines Gesellschafters O. 61
— einer KG und § 15 a EStG E. 55
— und Gesellschaftsforderungen N. 12

Liquidation einer Personengesellschaft N. 6
— USt N. 32

Liquidationsbilanz N. 8

Liquidationsgesellschaft bei Tod eines Gesellschafters O. 61

Ltd. A. 11

M

Managementleistungen B. 322

Mehrfache Betriebsaufspaltung H. 76

Mehrgewinne, steuerliche B. 369

Merkposten bei § 15 a EStG E. 51

Meta-Verbindung B. 21

Miet- und Pachtzinsen bei Betriebsaufspaltung H. 40

Mietverträge bei Betriebsaufspaltung H. 40

Minderjährige Kinder bei Betriebsaufspaltung H. 71

Mindestbemessungsgrundlage B. 508

Mindestbemessungsgrundlage i. S. der USt bei Sachleistungen C. 90

Mischfälle bei vorweggenommener Erbfolge P. 80

Mischnachlass O. 24

Mitarbeit der Gesellschafter bei der Familienpersonengesellschaft F. 30, F. 53

— und Mitunternehmerschaft B. 17

Mitbestimmung bei Betriebsaufspaltung H. 15

Miterbengemeinschaft, GrESt T. 15

Mittelbar Beteiligter B. 71, G. 1, G. 12
— bei Betriebsaufspaltung H. 73

Mittelbare Beteiligung, GrESt T. 25

Mitunternehmeranteil S. 66
— als begünstigtes Vermögen S. 66
— Aufgabe J. 13
— unentgeltliche Übertragung J. 15
— Veräußerung an einen Dritten H. 7, J. 168
— Veräußerung an verbleibende Gesellschafter J. 5
— Veräußerung eines Teils eines Mitunternehmeranteils J. 12

Mitunternehmerische Betriebsaufspaltung B. 112, H. 7, H. 34 f., H. 77
— Überlassung von Wirtschaftsgütern B. 112

Mitunternehmerschaft B. 1
— Beginn und Ende B. 17
— Begriff B. 7
— bei Arbeitsgemeinschaften B. 21
— bei Doppelgesellschaft G. 9, G. 12
— bei Erbauseinandersetzung O. 6
— bei GmbH & Co. KG R. 12
— bei Interessengemeinschaften B. 21

1661

Stichwortverzeichnis

— bei Kommanditisten R. 15
— bei stiller Gesellschaft B. 22
— bei Unterbeteiligung B. 22
— bürgerlich-rechtliche Haftung B. 13
— der Obergesellschaft G. 9
— eines mittelbar beteiligten Gesellschafters G. 12
— Folgen der Ablehnung bei Familienpersonengesellschaft F. 49
— Mitunternehmerinitiative B. 7, B. 43
— Mitunternehmerrisiko B. 7, B. 43
— Umdeuten in ein anderes Rechtsverhältnis bei Familiengesellschaft F. 50
— und Beteiligung am Geschäftswert B. 10
— und Beteiligung am Gewinn B. 12
— und Beteiligung am Verlust B. 12
— und Beteiligung am Vermögen B. 10
— und Beteiligung an den stillen Reserven B. 10
— und Entnahmerecht B. 14
— und Gesellschafter B. 6
— und Gewerbebetrieb B. 2
— und Mitarbeit B. 15
— USt B. 502

N

Nachfolge S. 27
— anteilig durch Erben O. 68
— einzelner Erben O. 68
— in Personengesellschaftsanteile durch Vermächtnis S. 27
— sämtlicher Erben O. 68
Nachfolgeklausel S. 12
— einfache S. 12, S. 16
— ESt O. 52, O. 68, O. 78
— qualifizierte S. 12, S. 17
— Sonderrechtsnachfolge S. 13
Nachgelagerte Einlagen bei § 15 a EStG E. 22
Nachschusspflicht E. 16

Nachversteuerung
— § 15 a EStG E. 41, E. 47
— § 34 a EStG N. 1

Negatives Kapitalkonto bei § 15 a EStG
— bei atypischen stillen Gesellschaftern B. 215
— bei den übrigen Gesellschaftern B. 216
— bei Liquidation N. 8
— bei vorweggenommener Erbfolge P. 62
— beim Ausscheiden J. 132
— beim Gesellschafterwechsel J. 183
— beim Kommanditisten B. 201
— siehe Verlustabzug P. 62

Nicht abziehbare Betriebsausgaben B. 229

Nicht entnommene Gewinne
— § 15 a EStG E. 41
— § 34 a EStG N. 1

Nicht entnommene Gewinne gem. § 34 a EStG bei Erbauseinandersetzungen O. 107
— Abfindungen O. 110
— Auflösung der Personengesellschaft O. 111
— Ausgleichszahlung O. 116
— einfache Nachfolgeklausel O. 113
— Einzelbetrieb O. 108
— Fortsetzungsklausel O. 112
— Mischnachlass O. 114
— Nachversteuerungsbetrag O. 108
— nachversteuerungspflichtiger Betrag O. 107
— qualifizierte Nachfolgeklausel O. 115
— reale Aufteilung O. 109
— Vermächtnis O. 108

Nicht entnommene Gewinne gem. § 34 a EStG bei vorweggenommener Erbfolge P. 81
— entgeltliche Übertragung P. 82
— Entnahmen P. 85

Stichwortverzeichnis

— Sonderbetriebsvermögen P. 85 f.
— teilentgeltliche Übertragung P. 84
— unentgeltliche Übertragung P. 83
Nichtrechtskräftige Gesellschaften A. 19
Nießbrauch am Gewinnstammrecht Q. 34, Q. 37
Nießbrauch an einzelnen Gewinnansprüchen Q. 33
Nießbrauch und Personengesellschaftsanteil
— § 15 a EStG Q. 21
— am Gesellschaftsanteil selbst Q. 2
— am Sonderbetriebsvermögen Q. 24
— an Gewinnanteilen Q. 31
— Anteilsübertragung unter Nießbrauchsvorbehalt an Gewinnanteilen Q. 40
— Checkliste der erforderlichen Vereinbarungen Q. 30
— Darlehensüberlassung des künftigen Gewinns Q. 18
— echter Nießbrauch Q. 4
— einheitliche und gesonderte Gewinnfeststellung Q. 25
— entgeltlich eingeräumter Nießbrauch Q. 45
   — an Gewinnanteilen Q. 45
— entnahmefähiger Gewinn Q. 14
— Ergänzungsbilanzen Q. 22
— Ertragsnießbrauch Q. 32
— Gestaltungsüberlegungen Q. 26, Q. 49
— Gewinnverteilung Q. 11, Q. 19
— handelsrechtlicher Gewinnanteil Q. 13
— Kapitalkonten Q. 12
— Mitunternehmerstellung Q. 6
   — echter Nießbrauch Q. 7
— Ertragsnießbrauch Q. 37
— Nießbrauch am Gewinnstammrecht Q. 37
— Nießbrauch an einzelnen Gewinnansprüchen Q. 37

— Vollrechtsnießbrauch Q. 6
— Nießbrauch am Gewinnstammrecht Q. 34, Q. 37
— Nießbrauch an einzelnen Gewinnansprüchen Q. 33
— Nießbrauchsbestellung im Zusammenhang mit anderen Einkunftsarten Q. 47
— Nießbrauchsbestellung ohne Zusammenhang mit einer Einkunftsart Q. 48
— Nießbrauchsentgelt Q. 23
— Quotennießbrauch Q. 39
— Sonderbetriebsvermögen Q. 16, Q. 24
— Sonderbilanzen Q. 16
— Sondervergütungen Q. 15, Q. 36
— Übertragung eines Vollrechts unter Nießbrauchsvorbehalt Q. 41
— Verluste in der Personengesellschaft Q. 21
— Vermächtnisnießbrauch Q. 42, Q. 51
— Versorgungsleistungen Q. 41
— Vollrechtsnießbrauch Q. 3
— Vorbehaltsnießbrauch Q. 25, Q. 29, Q. 50
— zivilrechtliche Grundlagen Q. 1
— Zuwendungsnießbrauch Q. 49
   — an Gewinnanteilen Q. 39
Nießbraucher H. 75
Nießbrauchsrecht als notwendiges Sonderbetriebsvermögen B. 121
Nießbrauchsvorbehalt bei Übertragung eines Vollrechts Q. 41
Notarielle Beurkundung A. 34, F. 25
Notwendiges Sonderbetriebsvermögen B. 121
Nutzungseinlage A. 37
Nutzungsrechte bei vorweggenommener Erbfolge P. 28

O

Örtliche Zuständigkeit, GrESt T. 54
Offene Treuhand B. 23

1663

Stichwortverzeichnis

OHG
— als Kommanditist   F. 68
— Bargründung   C. 3
— Begriff   A. 7
— Einbringug eines Betriebs, Teilbetriebs, Mitunternehmeranteils, ESt   C. 9
— Einbringung einzelner Wirtschaftsgüter aus dem Betriebsvermögen   C. 8
— Einbringung einzelner Wirtschaftsgüter aus dem Privatvermögen   C. 7
— Mitunternehmerschaft   B. 17
— Obergesellschaft bei Doppelgesellschaft   G. 9, G. 12
— Sachgründung   C. 6
— Tod eines OHG-Gesellschafters   O. 50

Organgesellschaft   B. 126

Organschaft, USt   G. 78
— bei Beteiligung an Kapitalgesellschaft, USt   G. 78
— bei der GmbH & Co. KG   R. 93
— Gewerbesteuer bei Betriebsaufspaltung   H. 140
— organschaftsähnliches Verhältnis, USt   B. 498

Organträger   B. 126

P

Pachtzins bei Betriebsaufspaltung   H. 42

Partiarisches Rechtsverhältnis   A. 4

Partnerschaft   A. 9, B. 113

Partnerschaftsgesellschaft als Gesellschafterin einer GmbH & Co. KG   B. 31
— als Treuhänder   B. 31

Partnerschaftsgesellschaften   C. 10

Pensionsleistungen   B. 324

Pensionszahlungen   B. 323

Pensionszusagen
— an den früheren Gesellschafter   B. 327
— an den Gesellschafter-Geschäftsführer   R. 52
— an einen Gesellschafter   B. 323

Pensionszusagen an einen Gesellschafter   B. 323
— Übergangsregelung   B. 326

Pensionszusagen an Hinterbliebene eines früheren Gesellschafters   B. 327

Personelle Verflechtung bei Betriebsaufspaltung   H. 52
— Wegfall   H. 122

Personenbezogene Befreiungsvorschriften, GrESt   T. 25, T. 42

Personenbezogene Steuervergünstigungen   B. 227

Personengesellschaft
— Auflösung   O. 50
— Begriff   A. 20
— erbschaft-/schenkungsteuerliche Qualifizierung   S. 2 f.
— Nachfolge in Gesellschaftsanteile
  — ErbSt   S. 6 f., S. 59 ff.
— Steuersubjekt   B. 63
— Subjekt der Gewinnermittlung   B. 63
— Umwandlung in eine andere Personengesellschaft, ESt   K. 1
— vermögensverwaltende, ESt   B. 93
— Verschmelzung   M. 1

Personengesellschaft, GrESt   T. 5, T. 12
— Rechtfähigkeit   T. 5
— Selbständigkeit   T. 12 ff.

Personengruppentheorie   H. 55
— Ehegatten   H. 63

Personenhandelsgesellschaften   B. 168

Personenversicherungen   B. 298
— betriebliche   B. 301
— private   B. 299

Pflegerbestellung bei der Familiengesellschaft   F. 26

Pflichteinlage   E. 8

Pflichtteilsansprüche   O. 29

Poolvertrag   A. 5

Stichwortverzeichnis

Praxisgemeinschaft B. 28

Praxisübertragung unentgeltlich P. 7 f.

Private Equity Fonds E. 77

Private Limited Company A. 11

Privatfahrten B. 512

— des Arbeitnehmers B. 512

Privatkonten, § 15 a EStG E. 15

Privatvermögen bei Erbauseinandersetzung O. 20

Privatvermögen der Personengesellschaft B. 75, B. 80

Publikumsgesellschaft B. 25

Publikums-KG E. 9

Publizität H. 17

Q

Qualifikationsnorm B. 65

Qualifizierte Nachfolgeklausel, ESt O. 78 ff.

Quotennießbrauch Q. 39

R

Rangrücktritt B. 141

— einfacher B. 141

— qualifizierter B. 141

Ratenzahlung J. 196

Realteilung J. 236

— Abgrenzung, Realteilung und Sachwertabfindung J. 240

— Ausgleichzahlungen J. 284

— Begriff J. 236

— bei Erbauseinandersetzung O. 11, O. 63

— Fallkombinationen J. 266, J. 289

— Formen J. 238

— Missbrauchsvorschriften J. 258

— mit Wertausgleich J. 284

— ohne Wertausgleich J. 243

— Übertragung aller Wirtschaftsgüter ins Privatvermögen J. 243

— Übertragung aller Wirtschaftsgüter ins (Sonder-)Betriebsvermögen J. 247

— USt J. 308

Realteilung mit Wertausgleich

— Fallkombinationen J. 289

Rechtlicher Vorteil F. 26

Rechtsanwaltssozietät B. 527

Rechtsbehelfsbefugnis bei einheitlichen Feststellungsbescheiden U. 41

Rechtsbehelfsverfahren, Hinzuziehung U. 46

Rechtsbeziehungen bei Eintritt in eine Gesellschaft B. 336

Rechtsfähige Gesellschaften A. 19

Rechtsträgerwechsel, GrESt T. 1, T. 3, T. 5, T. 11, T. 16 ff., T. 28

— Austauschvertrag T. 16

— austauschvertragliche Grundlage T. 28

— gesellschaftsvertragliche Grundlage T. 16

Rechtsverhältnisse zwischen einer Personengesellschaft und Angehörigen eines Gesellschafters B. 293

— Arbeitsverhältnisse mit dem Ehegatten eines Gesellschafters B. 293

— Darlehensverträge B. 296

Registereintrag A. 33

Rendite bei Familiengesellschaft F. 55

Renten

— GewSt B. 469

Rückdeckungsversicherung B. 325

Rücklage für Ersatzbeschaffung bei Betriebsaufspaltung H. 115

Rücklage gem. § 6 b EStG B. 251

— bei Betriebsaufspaltung H. 118

— gesellschafterbezogene Regelung Rz. 256 ff, B. 251 f.

Rücklage gem. § 6 b EStG bei Personengesellschaften B. 251

— gesellschafterbezogene Regelung B. 252

1665

Stichwortverzeichnis

— Veräußerung von Anteilen an Kapitalgesellschaften B. 263

Rücklage gem. § 6 b EStG/Einbringung C. 46

Rücklage gem. § 6 b EStG bei Personengesellschaften
— Sonderbetriebsvermögen B. 259
— Übertragungsmöglichkeiten B. 258, B. 261
— übertragender Gesellschafter einer Kapitalgesellschaft B. 262

Rückstellung
— eines Gesellschaftsvertrags B. 17
— nach Teilbetriebsveräußerung N. 19

Rückstellungen
— für drohende Verluste aus schwebenden Geschäften B. 228

Rücktrittsrechte bei Familiengesellschaft F. 33

Rückwirkung
— bei Abschluss des Gesellschaftsvertrages B. 17
— bei Erbauseinandersetzung O. 7, O. 101

Rückwirkungsverbot bei Familiengesellschaft F. 27, F. 31

S

Sacheinlagen A. 37, E. 26
— GrESt T. 19

Sachentnahmen, GrESt T. 19

Sachgründung
— bei Betriebsaufspaltung H. 27
— bei Umwandlung in GmbH L. 3
— USt C. 89

Sachkapitalerhöhung L. 8

Sachleistungen aus eigenem Vermögen bei vorweggenommener Erbfolge P. 29

Sachliche Verflechtung H. 87
— bei Betriebsaufspaltung H. 83
— Grundstücke H. 87

Sachwertabfindung
— Abgrenzung zur Realteilung J. 240
— Allgemeines J. 153
— bilanzmäßige Behandlung im Einzelnen J. 166
— Fallkombinationen J. 159
— grundsätzliche Behandlung J. 154
— Rechtsfolgen für den ausscheidenden Gesellschafter J. 156
— Rechtsfolgen für die verbleibenden Gesellschafter J. 158
— Wertansatz J. 155

Sachwertdarlehen bei Betriebsaufspaltung H. 116

SCE A. 16

SCE-Ausführungsgesetz A. 16

SCE-Beteiligungsgesetz A. 16

Schadensersatzverpflichtung B. 376

Schätzung der Gewinnerwartung bei neuem Betrieb F. 71

Schenkung P. 4 f., S. 33
— Anteile an einer vermögensverwaltenden Personengesellschaft S. 37
— einer Beteiligung C. 64
— einer stillen Beteiligung F. 69 ff.
— eines Kommanditanteils F. 65 ff.
— gemischte Schenkung S. 34
— mittelbare Zuwendungen S. 40
— Nutzungs- oder Duldungsauflagen S. 34
— Schenkung unter Auflage S. 34
— Treuhänder–Beteiligungen S. 43
— und Darlehensgewährung bei Familien-KG F. 70
— unter Auflage, ErbSt P. 5

Schiffsfonds E. 80

Schlussbilanz, Aufstellung B. 175 f.

Schuld und Haftung A. 50

Schuldbeitritt D. 11

Schulden
— bei Betriebsaufgabe und Betriebsveräußerung N. 18

Stichwortverzeichnis

— bei Betriebsaufgabe und Betriebsveräußerung im Rahmen des Sonderbetriebsvermögens N. 20
— bei der Veräußerung oder Aufgabe der Gesellschaft N. 18
— bei Teilbetriebsaufgabe bzw. einer Teilbetriebsveräußerung N. 19
— im Gesamthandsvermögen bei Betriebsaufgabe N. 23
— im Sonderbetriebsvermögen I bei Betriebsaufgabe N. 21
— im Sonderbetriebsvermögen II bei Betriebsaufgabe N. 20

Schuldenerlass nach Veräußerung oder Aufgabe des Betriebs N. 26

Schuldübernahme D. 11

Schuldumschichtung ins Gesamthandsvermögen bei Betriebsaufgabe N. 24

Schuldzinsenkürzung (§ 4 Abs. 4 a EStG)
— gemischtes Kontokorrentkonto B. 278
— Investitionsdarlehen B. 277
— Überentnahmen B. 279 f.
— Zinsschranke (§ 4 h EStG) B. 283
— zweistufige Prüfung B. 275
    — betrieblich veranlassten Schuldzinsen B. 275
    — privat veranlasste Schuldzinsen B. 275

Schwesternpersonengesellschaften B. 103
— Abgrenzung Doppelgesellschaft G. 15
— Darlehen B. 161

SE A. 12

SE-Ausführungsgesetz A. 12

Selbständigkeit der Personengesellschaft
— GewSt B. 450
— GrESt T. 12 ff., T. 33
— USt B. 498

Selbstkontrahieren F. 26

Selbstorganschaft, USt B. 498

SEStEG L. 21
— Einbringungsgewinn I L. 43
— Mitunternehmerschaft L. 21

SE-Verordnung A. 12

Societas Cooperativa Europaea A. 16

Societas Europaea A. 12

Sonderabschreibungen B. 245, C. 59, C. 73, J. 192

Sonderabschreibungen zur Förderung kleiner und mittlerer Betriebe nach § 7 g EStG B. 248

Sonderbetriebsausgaben B. 338
— Arten B. 338
— buchmäßige Behandlung B. 346

Sonderbetriebseinnahmen B. 337
— Arten B. 337
— bei der GewSt B. 463
— buchmäßige Behandlung B. 346

Sonderbetriebsvermögen
— Begriff B. 96
— bei § 15 a EStG E. 14
— bei Betriebsaufgabe N. 5
— bei der Gewinnermittlung der Familiengesellschaft F. 51, F. 59
— bei Erbauseinandersetzung O. 70, O. 83
— bei Veräußerung des Gewerbebetriebs N. 2
— bei vorweggenommener Erbfolge P. 66
— buchmäßige Behandlung B. 222
— Darlehen B. 137
— der GmbH R. 44
— der übrigen Gesellschafter R. 45
— Einteilung des Sonderbetriebsvermögens B. 120
    — gewillkürtes Sonderbetriebsvermögen B. 132
    — notwendiges Sonderbetriebsvermögen B. 121
— Freibetrag gem. § 16 Abs. 4 EStG J. 84
— gewillkürtes Sonderbetriebsvermögen B. 132

1667

Stichwortverzeichnis

— notwendiges Sonderbetriebsvermögen B. 121
— Schwesternpersonengesellschaft B. 103
  — Überlassung durch eine gewerblich geprägte Personengesellschaft B. 108
  — Überlassung durch eine land- und forstwirtschaftlich oder freiberuflich tätige Personengesellschaft B. 118
  — Überlassung durch eine vermögensverwaltend tätige Personengesellschaft B. 119
  — Überlassung im Rahmen einer Betriebsverpachtung B. 114
  — Überlassung im Rahmen einer mitunternehmerischen Betriebsaufspaltung B. 112
— Veräußerung J. 74
— Wirtschaftsgüter im Alleineigentum eines Gesellschafters B. 97
  — mitunternehmerische Betriebsaufspaltung B. 99
  — Zuführung aus dem Privatvermögen B. 97
  — Zuführung aus einem Betriebsvermögen B. 98
— Wirtschaftsgüter, die einer Bruchteils- oder Gesamthandsgemeinschaft gehören B. 103

Sonderbilanz B. 222
— bei § 15 a EStG E. 4

Sonderentgelt B. 503, B. 524

Sonderkündigungsrecht bei Familienpersonengesellschaft F. 68

Sonderrechtsnachfolge S. 13
— rechtsgeschäftliche S. 20

Sondervergütungen bei § 15 a EStG E. 14

Sozialplan bei Betriebsaufspaltung H. 39

Sozietät B. 26 ff., O. 69

Spaltung L. 19, M. 17
— GrESt T. 22

Start-up-GmbH E. 77

Steuerabzug für im Inland erbrachte Bauleistungen (§§ 48 – 48 d EStG) B. 307

Steuerbefreiungen, GrESt T. 41

Steuerbilanz B. 163, B. 175, B. 225

Steuerermäßigung gem. § 35 EStG
— Anrechnungsüberhang B. 426
— anteiliger Gewerbesteuer-Messbetrag B. 423
— gewerbliche Einkünfte B. 420
— persönlicher Anwendungsbereich B. 417
— unterjähriger Gesellschafterwechsel B. 424
— Verfahrensrecht B. 427

Steuerfreie Rücklagen, Einbringung in Personengesellschaft C. 46

Steuergegenstand, GrESt T. 1

Steuerrechtliche Gewinnverteilung B. 354
— Einschränkung der Maßgeblichkeit B. 358
— Grundsatz der Maßgeblichkeit der Handelsbilanz B. 354
— Maßstäbe der Gewinnverteilung B. 359

Steuerschuldner, GrESt T. 32, T. 40, T. 56

Steuerstundungsmodelle (vgl. Verluste im Zusammenhang mit Steuerstundungsmodellen gem. § 15 b EStG) E. 65

Stille Gesellschaft, allgemein
— Begriff A. 17
— bei Erbauseinandersetzung O. 50
— GrESt T. 14
— KStG B. 498

Stille Gesellschaft, atypische
— Begriff A. 23
— Betriebsvermögen B. 95
— Gründung C. 43
— Mitunternehmerschaft B. 22

— Übertragung von Wirtschaftsgütern   B. 406

Stille Gesellschaft, typische
— Begriff   A. 23
— Gewinnanteile bei der Gewerbesteuer   B. 470
— Tod des Inhabers   O. 50

Stille Reserven
— und § 15 a EStG   E. 40
— und Mitunternehmerschaft   B. 10

Stimmrechte   B. 16, H. 75

Substanzerhaltungsverpflichtung bei Betriebsaufspaltung   H. 111

Substanzwert
— ErbSt   S. 58

Surrogation bei Versorgungsleistungen   P. 15

Syndikat   A. 5

T

Tätigkeitsvergütungen   B. 64, B. 316, B. 328, B. 347, B. 361
— bei Betriebsaufspaltung   H. 109
— bei Familiengesellschaft   F. 32

Tarifvorschriften, ErbSt   S. 2

Tausch von Mitunternehmeranteilen   J. 295

Tauschähnlicher Umsatz   B. 506
— PKW-Überlassung   B. 506

Teilauseinandersetzung   O. 37

Teilbetriebseinbringung, USt   C. 99

Teilbetriebsveräußerung   N. 19

Teileigentum   A. 28

Teilhaberversicherung   B. 300

Teilungsanordnung   O. 46

Teilwert, Einbringung zum   C. 29

Teilwert von eigenkapitalersetzenden Darlehen   B. 146

Teilwertansatz bei Umwandlung in GmbH   L. 34

Testamentsvollstreckung
— am Gesellschaftsanteil   Q. 53
— an einem Kommandit-Anteil   Q. 54
— an einem OHG- oder Komplementäranteil   Q. 57

Tod
— des Inhabers   O. 50
— eines Kommanditisten   O. 105
— eines OHG-Gesellschafters   O. 52

Trennungstheorie   O. 14, O. 74, P. 4
— nachträgliche Anschaffungskosten   P. 57

Treugeber   B. 24

Treuhänder-Kommanditist   B. 24

Treuhänder-Komplementär   B. 24

Treuhänderstellung   B. 31

Treuhand
— bei Eintrittsklausel   O. 101, O. 103 f.
— Testamentsvollstreckung   Q. 54

Treuhand und Mitunternehmerschaft   B. 23
— echte Treuhand   B. 23
— Kontrollrechte   B. 25
— Mitwirkungsrechte   B. 25
— offene Treuhand   B. 23
— Publikumsgesellschaft   B. 25
— Publikumspersonengesellschaft   B. 25
— Treugeber   B. 24
— Treuhänder-Kommanditist   B. 24
— Treuhänder-Komplementär   B. 24
— unechte Treuhand   B. 23
— verdeckte Treuhand   B. 23
— Verlustzuweisungsgesellschaft   B. 25
— Verwaltungstreuhand   B. 23

Treuhand und Nießbrauch   Q. 3

Typisch stille Beteiligung   F. 62

Typisch stille Gesellschaft
— Begriff   A. 22
— und § 15 a EStG   E. 27, E. 39

Typische Unterbeteiligung   F. 62

Stichwortverzeichnis

U

Überentnahme B. 279

Überführung von Wirtschaftsgütern in das Sonderbetriebsvermögen bei Betriebsaufgabe N. 25

Überlassung von Wirtschaftsgütern B. 64, B. 334

— buchmäßige Behandlung B. 350

Übernahme bestehender Schulden bei Erbauseinandersetzung O. 43

Übernahme von Pensionsverpflichtungen, USt C. 102

Übernahmerechte für die Erben O. 100

Übertragung des Erbanteils O. 10

Übertragung des Gesellschaftsanteils unter Lebenden mit Wirkung auf den Todesfall O. 58

Übertragung eines Einzelunternehmens im Wege der vorweggenommenen Erbfolge auf mehrere künftige Erben, USt P. 91

Übertragung eines Gesellschaftsanteils im Wege der vorweggenommenen Erbfolge, USt P. 92

Übertragung von Wirtschaftsgütern B. 379 ff., B. 387 ff., B. 393 ff.

— Arten B. 379

— aus einem anderen Betrieb in das Gesamthandsvermögen und umgekehrt, gegen Gewährung (Minderung) von Gesellschaftsrechten C. 8

— bei einer atypischen stillen Gesellschaft B. 405

— bei vorweggenommener Erbfolge P. 42

— Entgelt entspricht tatsächlichem Wert B. 382

— Entgelt höher als tatsächlicher Wert B. 383

— entgeltliche Übertragungen B. 381

— Modalitäten B. 380

— Übertragung auf eine Schwestergesellschaft B. 403

— Übertragung gegen Gewährung von Gesellschaftsrechten B. 384

— Übertragung gegen Minderung von Gesellschaftsrechten B. 384

— Übertragung innerhalb des Vermögens des Gesellschafters B. 404

— Übertragung teilweise entgeltlich, teilweise gegen Gewährung (Minderung) von Gesellschaftsrechten B. 401

— Übertragung teilweise entgeltlich, teilweise unentgeltlich B. 402

— unentgeltliche Übertragung B. 393

Übertragungstreuhand B. 23

Umbuchung von Verlusten bei § 15 a EStG E. 49

Umgekehrte Betriebsaufspaltung H. 5

Umsatzbeteiligung des ausscheidenden Gesellschafters, USt J. 231, J. 314

Umsatzsteuerrechtsfähigkeit B. 496, C. 8

Umsatzsteuerrechtsfähigkeit der Personengesellschaft B. 496

Umwandlung R. 38

— einer Einzelrechtsnachfolge L. 4

— einer Personengesellschaft in GmbH L. 1

— Einzelfirma in Betriebsaufspaltung H. 26

— Einzelfirma in Personengesellschaft, siehe Einbringung R. 38

— GmbH in GmbH & Co. KG R. 38

— Personengesellschaft in andere Personengesellschaft
  — ESt K. 1
  — USt K. 5

— Personengesellschaft in GmbH
  — Bewertungsgrundsätze L. 27
  — Buchwertansatz L. 27, L. 30
  — ertragsteuerlich L. 14, L. 22
  — Teilwertansatz L. 34

Stichwortverzeichnis

— zivilrechtlich L. 4

— Zwischenwertansatz L. 39

— Personengesellschaft in Kapitalgesellschaft L. 48

— Sachkapitalerhöhung L. 8

— stille Gesellschaft in Außengesellschaft, USt K. 6

— von Personengesellschaften K. 2

— Zivilrecht L. 4

Umwandlung einer Personengesellschaft, USt K. 5

— Umwandlung einer stillen Gesellschaft in eine Außengesellschaft K. 6

Umwandlungsbilanz bei Umwandlung in GmbH L. 21

Unechte Betriebsaufspaltung H. 4

Unechte Treuhand B. 23

Unentgeltliche Leistung B. 509 f.

— Arbeitnehmer B. 510

Unentgeltliche Überlassung von Wirtschaftsgütern an Gesellschafter B. 85

Unentgeltliche Übertragung des KG-Anteils bei § 15 a EStG E. 56

Unentgeltliche Übertragung eines Betriebs, Teilbetriebs, Mitunternehmeranteils oder Teils eines Mitunternehmeranteils C. 64, P. 6

Unentgeltliche Übertragung von Anteilen am Besitz- oder Betriebsunternehmen H. 126

Unterbeteiligung

— atypisch A. 23

— Begriff A. 18

— Mitunternehmerschaft B. 21

— typisch A. 23

— verfahrensrechtliche Behandlung U. 49

Unterbeteiligung, GrESt T. 14

Unterentnahmen B. 279

Untergesellschaft bei der Doppelgesellschaft G. 1

Unterhaltsrente, USt J. 314

Unternehmereigenschaft B. 497

— des Gesellschafters B. 502

— Einnahmeerzielungsabsicht B. 497, B. 501

— nachhaltige Tätigkeit B. 499

— Selbständigkeit B. 497 f.

— Selbständigkeit juristischer Personen B. 504

— Wohnungseigentümergemeinschaften B. 501

Unternehmereigenschaft der Personengesellschaft B. 497

— gewerbliche oder berufliche Tätigkeit, USt B. 499

— Selbständigkeit der Personengesellschaft, USt B. 498

Unternehmereigenschaft, USt

— Gesellschafter B. 502

— Personengesellschaft B. 496

Unternehmerinitiative B. 7

— mittelbar B. 44

Unternehmerrisiko B. 7

Untrennbare Verbindung zwischen Gesellschaftsanteil und Grundstück, GrESt T. 15

Unverzinslichkeit der Darlehensforderungen B. 144

V

Venture capital E. 77

Veräußerung B. 242, H. 133

— Anteil an einer Erbschaft O. 10

— Anteile am Betriebsunternehmen H. 133

— Besitzunternehmen H. 133

— Beteiligungen an Kapitalgesellschaften B. 242

— Betriebsaufspaltung H. 122

— eines Anteils einer GmbH & Co. KG R. 90

— eines Mitunternehmeranteils J. 316

— an einen Dritten, USt J. 316

Stichwortverzeichnis

— Erbauseinandersetzung O. 1
— Freibetrag gem. § 16 Abs. 4 EStG
  J. 84
— Gewerbebetrieb
  — Ergänzungsbilanz N. 3
  — Sonderbetriebsvermögen N. 3
— GmbH & Co. KG, USt R. 107
— Mitunternehmeranteil, allgemein
  J. 5
— Mitunternehmeranteil an einen
  Dritten J. 168
— Mitunternehmeranteil an verbleibende Gesellschafter J. 1
— Mitunternehmeranteil gegen
  Gewinn- oder Umsatzbeteiligung
  J. 231
— Mitunternehmeranteil gegen Raten
  J. 196
— Sonderbilanz N. 2
— Teil eines Mitunternehmeranteils
  J. 12
— Teilbetrieb N. 19
— Wirtschaftsgüter des Sonderbetriebsvermögens J. 74
— Zinsen bei Gewerbebetrieb N. 18

Veräußerungsgewinn
— allgemein J. 31, J. 70 f., J. 73 f., N. 2, N. 18
— Gewerbesteuer B. 463
— Verhinderung bei Erbauseinandersetzung O. 38

Veräußerungsrenten J. 206

Verbilligte Leistungen B. 508
— des Gesellschafters B. 531

Verbundene Unternehmen A. 69, G. 1

Verdeckte Einlage B. 148

Verdeckte Gewinnausschüttung C. 9, R. 77

Verdeckte Mitunternehmerschaft B. 35
— Begriff B. 36
— Gesellschaftsverhältnis B. 42
— Mitunternehmerinitiative B. 43

— sachlicher Anwendungsbereich
  B. 40
— zeitlicher Anwendungsbereich B. 41

Verdeckte Treuhand B. 23

Vereinfachtes Ertragswertverfahren,
ErbSt S. 57

Verfahren
— Besonderheiten bei Personengesellschaften U. 1
— stille Gesellschaft U. 48
— Unterbeteiligung U. 50

Verfügung, Begriff A. 28

Vergütungen
— Arbeitsleistungen der Gesellschafter B. 316
— buchmäßige Behandlung B. 347 f.
— einmalige B. 317
— für Hingabe von Darlehen B. 332
— für Pensionszusagen B. 323
— für Pensionszusagen an früheren
  Gesellschafter B. 327
— für Überlassung von Wirtschaftsgütern B. 334
— laufende B. 317

Verlustabzug bei beschränkter Haftung
(§ 15 a EStG) E. 1, E. 58
— Ausscheiden eines Kommanditisten
  bei noch nicht verrechnetem Verlust E. 50
— Auswirkungen allgemein E. 3
— Bedeutung des § 15 a EStG E. 1
— Begriff des Kapitalkontos E. 10
— Begriff des Kommanditisten E. 9
— Bürgschaft E. 19
— Darlehenskonten E. 15
— Einlageminderung E. 44
— entsprechende Anwendung des
  § 15 a EStG E. 59
— Ergänzungsbilanz E. 14
— erweiterte Haftung und Verlustausgleich E. 30
— Gesamthandsvermögen, Sonderbetriebsvermögen E. 15
— gesonderte Feststellung E. 49

Stichwortverzeichnis

- Gestaltungsmöglichkeiten E. 62
- Gewinnzurechnung E. 43
- Haftungsminderung E. 43
- kapitalersetzende Gesellschafterdarlehen E. 17
- Kommanditist
  - wird bei § 15 a EStG Komplementär E. 57
- Komplementär und Kommanditist E. 58
- Liquidation der KG E. 55
- Privatkonten E. 15
- Reihenfolge der Verlustberücksichtigung E. 4
- Sonderbetriebsvermögen E. 14
- Sonderbilanz E. 14
- Sondervermögen E. 14
- Übertragung des KG-Anteils E. 50
- Umbuchung von Verlusten E. 52
- unentgeltliche Übertragung des KG-Anteils E. 56
- Verhalten, wenn Verluste drohen E. 64
- Verlustausgleichsbeschränkung E. 29
- Verlustausgleichsvolumen E. 14
- Verlustverrechnung E. 5, E. 40
- Verrechnungskonten E. 15

Verlustausgleich E. 5, E. 30
- horizontaler E. 5
- vertikaler E. 5

Verlustausgleichsbeschränkung bei § 15 a EStG E. 29

Verlustausgleichsvolumen E. 14
- bei § 15 a EStG E. 14

Verlustbeteiligung, Begriff A. 38
- und Mitunternehmerschaft B. 13

Verluste bei beschränkter Haftung gem. § 15 a EStG E. 1
- Eröffnung des Insolvenzverfahrens E. 2
- KG erheblich überschuldet E. 2
- Voraussetzung der Anwendung E. 2

Verluste bei Betriebsaufspaltung H. 46

Verluste im Zusammenhang mit Steuerstundungsmodellen gem. § 15 b EStG E. 65
- 5. Bauherrenerlass E. 83
- Anfangsphase E. 71
- Bauträger E. 78, E. 92
- Berechnung des Verlustes E. 97
- Dachfonds E. 87
- Dauer des Betrachtungszeitraums E. 72
- Doppelbesteuerung E. 79
- Eigenkapital E. 73
- Eigentümersanierung E. 88
- Einzelinvestition E. 98
- Erwerb einer denkmalgeschützten Wohnung mit Modernisierungszusage E. 90
- Erwerb eines Grundstücks und Neubau E. 89
- Fremdfinanzierung E. 78
- geschlossene Fonds E. 83
- gesonderte Gebühren E. 88
- Immobilienfonds im Ausland E. 79
- Lebensversicherung E. 96
- modellhafte Gestaltung E. 69
- Nebenleistungen E. 94 f.
- nicht betroffene Steuersparmodelle E. 75
- Private Equity Fonds E. 77
- Rentenversicherung E. 96
- Sonderbetriebsvermögen E. 71
- Start-up-GmbH E. 77
- Venture capital E. 77, E. 83
- Vergleich mit § 2 b EStG E. 65
- Verlustphase E. 71
- Verlustquote E. 71
- Wirkungsweise des § 15 b EStG E. 67
- zeitliche Anwendung E. 99
- Zweck des § 15 b EStG E. 65

Verlustverrechnung E. 5, E. 40
Verlustverteilung B. 352
Verlustzuweisungsgesellschaft B. 25, R. 3, R. 16

1673

Stichwortverzeichnis

Vermächtnisansprüche O. 29, O. 48, O. 106

Vermächtnisnießbrauch Q. 42, Q. 51

Vermittlungsprovisionen B. 302
— bei gewerblich tätigen oder gewerblich geprägten Personengesellschaften B. 302
— bei Personengesellschaften mit Einkünften aus Vermietung und Verpachtung B. 305

Vermögensverwaltend tätige Personengesellschaft, ErbSt B. 71, B. 93

Verpachtungsgewerbebetrieb O. 36

Verpächterwahlrecht B. 102

Verrechenbarer Verlust E. 3

Verrechnungskonten E. 15
— und § 15 a EStG E. 15

Verschleierte Sachgründung H. 31, L. 11
— mitunternehmerische H. 34

Verschmelzung C. 10

Verschmelzung von Personengesellschaften M. 1
— Arten M. 1
— USt M. 23

Verschmelzung von Personengesellschaften, GrESt T. 22

Verschonungsabschlag S. 74

Versorgungsfall B. 324

Versorgungsleistungen
— private P. 10
— Teilentgelt P. 52

Versorgungsrenten J. 222, J. 228, P. 10

Vertragliche Verlustübernahme bei § 15 a EStG E. 39

Vertragsgestaltung bei Familiengesellschaften F. 21
— Versorgungsleistungen P. 10

Vertragsübernahme bei Betriebsaufspaltung H. 47

Vertretungsbefugnis A. 41
— bei GmbH & Co. KG R. 8

Vervielfältigungstheorie B. 31

Verwaltungsrat R. 10

Verwaltungstestamentsvollstreckung Q. 54

Verwaltungstreuhand B. 23

Verwaltungsvermögen S. 39, S. 73 f.

Verwertungsbefugnis, GrESt T. 35

Verzicht
— auf Eintrittsrecht bei Tod eines Gesellschafters O. 104
— auf Nachfolgerecht bei Tod eines Gesellschafters O. 68, O. 77

Verzicht auf Darlehensforderung B. 147
— aus eigenbetrieblichen Interessen B. 147
— aus gesellschaftlichen Gründen B. 147

Vollständiger Gesellschafterwechsel, USt J. 319

Vorabgewinnmodell D. 9

Vorausvermächtnis O. 29

Vorbehaltsnießbrauch Q. 24, Q. 50

Vorgesellschaft B. 21

Vorgezogene Einlagen bei § 15 a EStG E. 23

Vormundschaftsgericht bei der Familiengesellschaft F. 29

Vorsteuerabzug aus den Reparaturkosten B. 515

Vorsteuerabzugsverbot bei Gründung der Gesellschaft
— bei Komplementär-GmbH R. 106

Vorweggenommene Erbfolge P. 1
— Abstandszahlungen P. 25
— Anschaffungskosten P. 9, P. 37
— Ausgleichszahlungen P. 26
— Bedingung P. 32
— Befristung P. 33
— Betagung P. 34

Stichwortverzeichnis

— Betriebsübertragung   P. 44, P. 60
— dauernde Last   P. 17
— dingliches Wohnrecht   P. 39
— Einheitstheorie   P. 44, P. 49
— einzelne Wirtschaftsgüter werden übertragen   P. 42, P. 68
— Empfänger der Leistungen bei Versorgungsleistungen   P. 19
— Empfänger des Vermögens bei Versorgungsleistungen   P. 19
— entgeltlich, teilentgeltlich, unentgeltlich   P. 2, P. 42, P. 60, P. 66, P. 68
— ertragbringende Wirtschaftseinheit   P. 17
— Existenz sichernde Wirtschaftseinheit   P. 13
— Geldleistungen an Dritte   P. 26
— Gleichstellungsgelder bei Versorgungsleistungen   P. 40
— Kosten   P. 87
— Kredit   P. 36
— Leistungen aus übernommenem Vermögen   P. 27
— Leistungen sind nicht sofort zu erbringen   P. 32
— Mischfälle   P. 80
— negatives Kapitalkonto   P. 62
— Nutzungsrechte   P. 28
— Rentenerlass   P. 10
— rückwirkende Vereinbarungen   P. 20
— Sachleistungen aus eigenem Vermögen   P. 29
— Sonderbetriebsvermögen   P. 66
— Surrogation   P. 15
— Trennungstheorie   P. 4, P. 35, P. 54, P. 57
— Typus 3   P. 22
— Umfang der Versorgungsleistungen   P. 20
— Unterhaltsleistungen   P. 12
— USt   P. 90
— Veräußerungsleistungen   P. 11, P. 22
— Verbindlichkeiten werden übernommen   P. 31, P. 58

— Versorgungsleistungen
— Übersicht   P. 24
— Wahlrechte   P. 30
— Wirtschaftsüberlassungsverträge   P. 14
— Zinsen   P. 41

W

Wahlrecht bei Einbringung eines Betriebs in eine Personengesellschaft bei Gewinnermittlung nach § 4 Abs. 3 EStG   C. 60

Wegfall des Pensionsanspruchs   B. 324

Wertansätze bei Umwandlung in GmbH   L. 27

Wertansatz bei Einbringung eines Betriebs, Teilbetriebs oder Mitunternehmeranteils   C. 20

Wertansatz bei Sachgründung   C. 6

Wertausgleich durch Gewinnverteilung   C. 76

Wesentliche Betriebsgrundlage
— bei Betriebsaufspaltung   H. 83
— bei vorweggenommener Erbfolge   P. 66
— funktionelle Betrachtung   P. 6
— stille Reserve   P. 6

Widerrufsrechte bei der Familiengesellschaft, vgl. Rücktrittsrechte   F. 33

Wiesbadener Modell   H. 68
— Kommanditgesellschaft   H. 71
— mitunternehmerische Betriebsaufspaltung   H. 77
— Nießbrauch   H. 75
— offene Handelsgesellschaft   H. 71

Wirkung der Rückbeziehung   C. 18

Wirtschaftseinheit   P. 14

Wirtschaftsguter
— des Gesamthandsvermögens   B. 78
— des Sonderbetriebsvermögens   B. 96

Wohnungseigentum   A. 28

1675

Z

Zebra-Gesellschaft   H. 37, H. 80
— Anteile   H. 108
— Anteilsveräußerung   H. 133
— Aufwandseinlage   H. 46
— Beendigung   H. 120
— Besitzunternehmen   H. 133
— Buchführungspflicht   H. 99
— Darlehen   H. 104
— Firmenwert   H. 97
— Geschäftswert   H. 41
— Gewerbesteuer   H. 134
— Gewinnausschüttung   H. 106
— Insolvenz   H. 125
— Investitionsabzugsbetrag   H. 115
— laufenden Besteuerung   H. 95
— Miet- und Pachtverträge   H. 40
— Patente   H. 85
— Rücklagen für Ersatzbeschaffung   H. 115
— sachliche Verflechtung   H. 83
— Sachwertdarlehen   H. 116
— Substanzerhaltungsverpflichtung   H. 111
— Tätigkeitsvergütung   H. 109
— Teilwertabschreibung   H. 108
— Übertragung von Anteilen   H. 126
— Veräußerung   H. 133
— Verluste   H. 117
— zivilrechtliche   H. 38

Zebragesellschaften   G. 67

Zeitkongruente Einlagen bei § 15 a EStG   E. 21

Zeitliche Erfassung der Vergütungen   B. 335

Zeitpunkt der Einbringung   C. 16

Zeitpunkt des Ausscheidens   J. 28

Zeitrenten
— ESt   J. 209
— USt   J. 314

Zinsen
— bei Abfindungen in Erbfällen   O. 30

— bei Betriebsaufgaben und Betriebsveräußerungen   N. 18
— bei Erbauseinandersetzungen   O. 30
— bei GewSt   B. 466
— bei Teilbetriebsaufgabe bzw. einer Teilbetriebsveräußerung   N. 19
— bei vorweggenommener Erbfolge   P. 41

Zinsen bei Betriebsaufgabe und Betriebsveräußerung im Rahmen des Sonderbetriebsvermögens   N. 20

Zinsschranke (§ 4 h EStG)
— Ausnahmen von der Zinsschranke   B. 289
— Betrieb   B. 284
— Escape-Klausel   B. 291
— Grundsätze   B. 283
— Kapitalforderungen/Fremdkapital   B. 285
— nicht konzernangehörige Betriebe   B. 290
— steuerliches EBITDA   B. 287
— weitere steuerliche Behandlung des Zinsvortrags   B. 292
— Zinsaufwendungen/Zinserträge   B. 286
— Zusammenfassung   B. 292

Zivilrechtliche Gewinnverteilung   B. 352
— gesetzliche Regelung   B. 352

Zivilrechtliche Grundlagen
— Allgemeines   A. 1
— bei Familienpersonengesellschaften   F. 24
— bei GmbH & Co. KG   R. 1

Zuordnung zum Unternehmen   B. 507
— PKW   B. 507

Zurechnungsnorm (§ 15 Abs. 1 Nr. 2 EStG)   B. 65

Zurückbehaltung einzelner Wirtschaftsgüter bei Einbringung eines Betriebs   C. 54, C. 103

Stichwortverzeichnis

Zurückbehaltung von steuerfreien Rücklagen bei Einbringung eines Betriebs C. 58

Zusammenfassende Beispiele
— Aufsichtsratstätigkeit bei der GmbH & Co. KG R. 103
— bei Einbringung in eine Personengesellschaft C. 81
— beim Ausscheiden eines Gesellschafters J. 121, J. 166, J. 230
— Familienpersonengesellschaften F. 57
— GmbH & Co. KG, USt R. 88, R. 97
— Gründung der GmbH & Co. KG R. 106
— Komplementär-GmbH als Unternehmer R. 98
— nachhaltige Tätigkeit in Einnahmeerzielungsabsicht R. 101
— Selbständigkeit R. 99
— Organschaft R. 93
— Veräußerung einer GmbH & Co. KG R. 107

Zusammenschluss bestehender Gesellschaften bei GmbH & Co. KG R. 37

Zuwendungsnießbrauch an Gewinnanteilen Q. 39

Zwangsversteuerung von ehemaligem EK 02 der Komplementär-GmbH R. 59

Zweistufige Erwerbe S. 60

Zwischenwert C. 20, C. 36

Zwischenwertansatz bei Umwandlung in GmbH L. 39

1677

Grüne Reihe
Das gesamte Steuerrecht
in 16 Bänden auf über 10.000 Seiten.

Maier · Bd. 1
Staats- und Verfassungsrecht

Lammerding · Bd. 2
Abgabenordnung/FGO

Niemeier/Schlierenkämper/Schnitter/Wendt · Bd. 3
Einkommensteuer

Kirschbaum/Volk · Bd. 4
Lohnsteuer

Spangemacher/Schnitter · Bd. 5
Gewerbesteuer

Jäger/Lang · Bd. 6
Körperschaftsteuer

Sander · Bd. 7
Volkswirtschaft

Spangemacher/Zimmermann/Zimmermann-Hübner · Bd. 8
Handels- und Gesellschaftsrecht

Falterbaum/Bolk/Reiß/Eberhart · Bd. 10
Buchführung und Bilanz
Lösungsheft zu Band 10

Lippross · Bd. 11
Umsatzsteuer

Wenzig · Bd. 12
Außenprüfung/Betriebsprüfung

Bruschke · Bd. 13
Verkehrsteuern

Kussmann · Bd. 14
Vollstreckung

Lammerding/Hackenbroch · Bd. 15
Steuerstrafrecht

Schulz · Bd. 16
Erbschaftsteuer/Schenkungsteuer

Grotherr/Herfort/Strunk · Bd. 17
Internationales Steuerrecht

Zu beziehen über Ihre Buchhandlung oder direkt von der
efv-Verlagsbuchhandlung
Postfach 25 49 · 49015 Osnabrück
Tel. (0541) 669 62 02 · Fax 640 27
www.efv-online.de · buch@efv-os.de

Ihr Partner im Steuerrecht

Erich Fleischer Verlag
Fachverlag für Steuerrecht
Postfach 1264 · 28818 Achim · Tel. (04202) 517-0 · Fax 517 41 · www.efv-online.de · info@efv-online.de

Bitte fordern Sie unser Verlagsverzeichnis an!

Praxisfälle des Steuerrechts.

Heinke/Merkel/Merkel · Bd. 1
Abgabenordnung
68 praktische Fälle

Günther · Bd. 2
Einkommensteuer
65 praktische Fälle

Walden · Bd. 3
Umsatzsteuer
91 praktische Fälle

Kopei/Zimmermann · Bd. 4
Bilanzsteuerrecht
90 praktische Fälle

Seemann/Jäger/Lang · Bd. 5
Körperschaftsteuer
46 praktische Fälle

Hottmann/Fanck · Bd. 7
Besteuerung von Gesellschaften
71 praktische Fälle

Dammeyer · Bd. 8
Lohnsteuer
60 praktische Fälle

Woring · Bd. 9
Finanzgerichtsordnung
60 praktische Fälle

Pietsch/Schulz/Zeilfelder · Bd. 10
Erbschaftsteuer/ Schenkungsteuer
68 praktische Fälle

Altmann · Bd. 11
Buchführung
100 praktische Fälle

Grümmer/Kierspel · Bd. 12
Internationales Steuerrecht
120 praktische Fälle

Sorg · Bd. 13
Kosten- und Leistungsrechnung
63 praktische Fälle

Sorg/Birk/Angermayer-Michler · Bd. 14
Internationale Rechnungslegung nach IFRS
32 praktische Fälle

Die Steuerbibliothek.

Zu beziehen über Ihre Buchhandlung oder direkt von der
efv-Verlagsbuchhandlung
Postfach 25 49 · 49015 Osnabrück
Tel. (0541) 669 62 02 · Fax 640 27
www.efv-online.de · buch@efv-os.de

Erich Fleischer Verlag
Fachverlag für Steuerrecht   Postfach 1264 · 28818 Achim · Tel. (04202) 517-0 · Fax 517 41 · www.efv-online.de · info@efv-online.de

Bitte fordern Sie unser Verlagsverzeichnis an!